DIREITO CONSTITUCIONAL

DIÁLOGOS EM HOMENAGEM AO 80º ANIVERSÁRIO DE J. J. GOMES CANOTILHO

ANA CLÁUDIA NASCIMENTO GOMES
BRUNO ALBERGARIA
MARIANA RODRIGUES CANOTILHO
Coordenadores

Prefácio
José Manuel Mendes

DIREITO CONSTITUCIONAL

DIÁLOGOS EM HOMENAGEM AO 80º ANIVERSÁRIO DE J. J. GOMES CANOTILHO

Belo Horizonte

2021

© 2021 Editora Fórum Ltda.

É proibida a reprodução total ou parcial desta obra, por qualquer meio eletrônico, inclusive por processos xerográficos, sem autorização expressa do Editor.

Conselho Editorial

Adilson Abreu Dallari
Alécia Paolucci Nogueira Bicalho
Alexandre Coutinho Pagliarini
André Ramos Tavares
Carlos Ayres Britto
Carlos Mário da Silva Velloso
Cármen Lúcia Antunes Rocha
Cesar Augusto Guimarães Pereira
Clovis Beznos
Cristiana Fortini
Dinorá Adelaide Musetti Grotti
Diogo de Figueiredo Moreira Neto (*in memoriam*)
Egon Bockmann Moreira
Emerson Gabardo
Fabrício Motta
Fernando Rossi
Flávio Henrique Unes Pereira

Floriano de Azevedo Marques Neto
Gustavo Justino de Oliveira
Inês Virgínia Prado Soares
Jorge Ulisses Jacoby Fernandes
Juarez Freitas
Luciano Ferraz
Lúcio Delfino
Marcia Carla Pereira Ribeiro
Márcio Cammarosano
Marcos Ehrhardt Jr.
Maria Sylvia Zanella Di Pietro
Ney José de Freitas
Oswaldo Othon de Pontes Saraiva Filho
Paulo Modesto
Romeu Felipe Bacellar Filho
Sérgio Guerra
Walber de Moura Agra

FÓRUM
CONHECIMENTO JURÍDICO

Luís Cláudio Rodrigues Ferreira
Presidente e Editor

Coordenação editorial: Leonardo Eustáquio Siqueira Araújo
Aline Sobreira de Oliveira

Av. Afonso Pena, 2770 – 15º andar – Savassi – CEP 30130-012
Belo Horizonte – Minas Gerais – Tel.: (31) 2121.4900 / 2121.4949
www.editoraforum.com.br – editoraforum@editoraforum.com.br

Técnica. Empenho. Zelo. Esses foram alguns dos cuidados aplicados na edição desta obra. No entanto, podem ocorrer erros de impressão, digitação ou mesmo restar alguma dúvida conceitual. Caso se constate algo assim, solicitamos a gentileza de nos comunicar através do *e-mail* editorial@editoraforum.com.br para que possamos esclarecer, no que couber. A sua contribuição é muito importante para mantermos a excelência editorial. A Editora Fórum agradece a sua contribuição.

Dados Internacionais de Catalogação na Publicação (CIP) de acordo com a AACR2

D536	Direito Constitucional: diálogos em homenagem ao 80º aniversário de J. J. Gomes Canotilho/ Ana Cláudia Nascimento Gomes, Bruno Albergaria, Mariana Rodrigues Canotilho (Coord.).– Belo Horizonte : Fórum, 2021.
	1058 p; 17x24cm
	ISBN: 978-65-5518-191-3
	1. Direito Constitucional. 2. Direito Internacional Público. 3. Direito Público. I. Gomes, Ana Cláudia Nascimento. II. Albergaria, Bruno. III. Canotilho, Mariana Rodrigues. IV. Título.
	CDD 341.2
	CDU 342

Elaborado por Daniela Lopes Duarte - CRB-6/3500

Informação bibliográfica deste livro, conforme a NBR 6023:2018 da Associação Brasileira de Normas Técnicas (ABNT):

GOMES, Ana Cláudia Nascimento; ALBERGARIA, Bruno; CANOTILHO, Mariana Rodrigues (Coord.). *Direito Constitucional*: diálogos em homenagem ao 80º aniversário de J. J. Gomes Canotilho. Belo Horizonte: Fórum, 2021. 1058 p. ISBN 978-65-5518-191-3.

Ao Senhor Doutor Gomes Canotilho, pela vida e obra intensamente dedicadas ao magistério jurídico e ao engrandecimento material do Direito Público.

Gratidão que não se mede!

Agradecemos à Dra. Ana Maria Gonçalves Rodrigues (esposa do Doutor Gomes Canotilho) e à Dra. Andreia Dias, pela importante e silenciosa ajuda, a qual nos viabilizou realizar esse sonho coletivo.

Soneto de aniversário

Passem-se dias, horas, meses, anos
Amadureçam as ilusões da vida
Prossiga ela sempre dividida
Entre compensações e desenganos.

Faça-se a carne mais envelhecida
Diminuam os bens, cresçam os danos
Vença o ideal de andar caminhos planos
Melhor que levar tudo de vencida.

Queira-se antes ventura que aventura
À medida que a têmpora embranquece
E fica tenra a fibra que era dura.

E eu te direi: amiga minha, esquece...
Que grande é este amor meu de criatura
Que vê envelhecer e não envelhece.

(Vinícius de Moraes)

SUMÁRIO

BIOGRAFIA 31

SUBSÍDIOS PARA BIBLIOGRAFIA DO PROF. DOUTOR JOSÉ JOAQUIM GOMES
CANOTILHO 37
1   Doutrina 37
1.1   Monografias 37
1.1.1 Obras em colaboração 39
1.1.2 Obras colectivas 39
1.1.3 Outras 41
1.2   Artigos em monografias 41
1.3   Artigos em publicações periódicas 46
2   Constituição 51
3   Lições e sumários de lições 52
4   Jurisprudência crítica 52
5   Pareceres 55
6   Artigos em Dicionários 55
7   Recensões 55
8   Discursos 57
9   Prefácios de livros 57
10   Vária 58

PREFÁCIO
UM HOMEM EM PERMANENTE AMANHECER
José Manuel Mendes 65

APRESENTAÇÃO
A PRODUÇÃO CIENTÍFICA DE JOSÉ JOAQUIM GOMES CANOTILHO
BRINDA O DIREITO PÚBLICO E O DIREITO CONSTITUCIONAL; BRINDEMOS
AGORA JOSÉ JOAQUIM GOMES CANOTILHO: É AGORA JOSÉ! 69

PARTE I
ARTIGOS DO SENHOR DOUTOR GOMES CANOTILHO

EM ALGUMA PARTE ALGUMA – A MÃO DE SOPRO CONTRA O MURO ESCURO
– DISCURSO DE ELOGIO DO DOUTORANDO *HONORIS CAUSA*,
O EX-PRESIDENTE DA REPÚBLICA DO BRASIL, LUÍS INÁCIO LULA DA SILVA ... 77
    Fraternidade aberta 78
    Em alguma parte alguma 79
    Lula da Silva e o seu primeiro diploma 80

REGRESSO AO BRASIL PARA DISCUTIR QUESTÕES CONSTITUCIONAIS DO TRABALHO 87
1)   Dizer a norma nas questões de trabalho (Porto Alegre, maio de 1994) 88
A)   Dizer a norma na crise do Estado regulativo 88
1   A crise do Estado regulativo 88
2   O direito reflexivo 89
B)   Convocação dos deuses 90
1   O trilema dos modelos: o juiz dos tribunais de trabalho e as máscaras de Júpiter, Hércules e Hermes 90
2   Dos modelos à prática. Dos "modelos de juiz" aos paradigmas de Estado 91
C)   A problematização do direito de trabalho e dos direitos fundamentais 92
1   Juiz do trabalho: um juiz legal e natural? 92
2   O juiz de trabalho: um juiz das liberdades e dos direitos? 92
3   Exemplos 93
    Exemplo 1 – A escravatura 93
    Exemplo 2 – *A greve ilícita* 93
    Exemplo 3 – *A cláusula de closed-shop* 93
4   Um direito com princípios 94
2)   O direito constitucional desertou do direito de trabalho? (Porto, Colóquio Luso-Brasileiro, 26 de março de 2010) 95
    §§ 1º – O mote provocatório 95
    §§ 2º – A inscrição territorial das leis 96
    §§ 3º – Direito ao trabalho e direito de trabalho 97
    §§ 4º – Direito ao trabalho e "dialéctica do não trabalho" 98
3)   Constituição e direitos sociais (Coimbra, X Encontro Jutra, 10-12 de abril 2014) 100
4)   Fundamentalismo "Austeridatário" e erosão das normas reguladoras do trabalho (Campinas, julho de 2014) 102
    Modo Discursivo III 102
    Consensus e modo discursivo dominante: o problema do crescimento 102
    §§ – Modo Discursivo IV – O travão à dívida é também um travão ao Estado Social? Qual ou quais as causas da crise? 104
    §§ – Modo Discursivo V – O que significa compromisso e consenso na situação de "coalescência" provocada pela crise financeira 104
    §§ – Modo Discursivo VI – O que significa compromisso e consenso relativamente ao indicador sintético da qualidade da despesa pública? 105
    §§ – Modo Discursivo VII – Constitucionalização da dívida e garantias constitucionais de irrevisibilidade 106

THE AGE OF DIGNITY E A DIGNIDADE DA PESSOA HUMANA – CANSAÇO DO MAINSTREAM TEÓRICO-FILOSÓFICO 107
    Parte I – Fenomenologia 107
    §§ 1 – A emergência da memória 107

1	O cinzento de Hegel	107
2	As novas teorias do direito	108
3	Fragmentos diletantes do meu além fenomenológico	108
4	Fenomenologia e responsividade	111
	§§ – Pergunta ou perguntas: o teste da pobreza e o teste da injustiça	112
	§§ – *A responsability to protect*: onde e quem deve proteger?	113
	Parte II – *The age of dignity* e a dignidade da pessoa humana – Cansaço do *mainstream* teórico-filosófico?	114
A	"Aqui, lá e em todo o lugar"	114
B	Enquadramento	115
I	Normativização jurídico-constitucional	115
1	Referências textuais constitucionais	115
2	Referências textuais internacionais	115
3	Sentido da internacionalização e constitucionalização da dignidade da pessoa humana	115
II	Recorte teórico-dogmático	116
1	A teoria do objecto	116
2	A teoria da dádiva humana	117
3	A teoria do reconhecimento	118
4	A teoria da realização	119
	§§ – A dignidade da pessoa humana como fundamento da República	119
I	As dimensões normativo-constitucionais da dignidade da pessoa humana	119
1	Função primeira: respeito e dever de protecção	119
2	Função segunda: fundamento da liberdade e liberdades	120
3	Função terceira: inclusão do outro	121
4	Função quarta: radicação social existencial de pessoas	122
5	Função quinta: desigualdade	123
II	Dignidade-princípio e dignidade-direito	123

PARTE II
ARTIGOS DOS INTERLOCUTORES JURÍDICOS E AMIGOS DO SENHOR DOUTOR GOMES CANOTILHO

LA *DEMOCRACIA SIMULATIVA* EN LA ERA DE LA POSMODERNIDAD
ELOY GARCÍA 127

1	Joaquim Gomes Canotilho, el *"eveilleur"* de Coimbra permanentemente alerta en tiempos de turbanza	127
2	*La Democracia simulativa* y la política constitucional construida como hiperrealidad virtual	131
3.1	La noción de *"Democracia simulativa"* de Ingolfur Blühdorn y sus aporías lógicas	141
3.2	La crisis financiera de 2008 y la pandemia de 2020: los letales efectos de dos meteoritos que han impactado nuestra existencia. Individuo, Tiempo y Lenguaje en su circunstancia de presente	148

| 3.3 | ¡Vade retro simulacro! | 153 |
| Bibliografía | | 153 |

AS RELAÇÕES ENTRE PROGRAMAS E PLANOS TERRITORIAIS E A HARMONIZAÇÃO ENTRE AS RESPETIVAS NORMAS
FERNANDO ALVES CORREIA 157

Nota prévia 157
1   Um esclarecimento prévio: a distinção entre programas e planos territoriais 158
2   O princípio da harmonização entre as normas dos programas e dos planos como princípio constitucional 161
3   Os princípios regentes das relações entre as normas dos programas e dos planos ... 162
4   As relações entre programas, entre programas e planos e entre planos 168
4.1   Relações entre o Programa Nacional da Política de Ordenamento do Território e os programas setoriais e especiais 169
4.2   Relações entre os programas territoriais de âmbito nacional e os programas regionais 171
4.3   Relações entre os programas nacionais e regionais e os programas intermunicipais 171
4.4   Relações entre os programas nacionais e regionais e os planos territoriais 172
4.5   Relações entre os programas intermunicipais e os planos territoriais 175
4.6   Relações entre o plano diretor municipal e os restantes planos territoriais 175
5   Os instrumentos ou mecanismos de prevenção e de resolução dos conflitos ou das colisões de normas dos programas e dos planos 177
Referências 180

LA CONSTITUCIÓN DEL ALGORITMO. EL DIFÍCIL ENCAJE DE LA CONSTITUCIÓN ANALÓGICA EN EL MUNDO DIGITAL
FRANCISCO BALAGUER CALLEJÓN 183

Introducción 183
1   ¿Qué fue de la constitución analógica? 184
2   Algoritmos y fuentes del Derecho 187
3   Algoritmos y derechos 188
Conclusiones 192

JURISDIÇÃO CONSTITUCIONAL, DEMOCRACIA EM CRISE E A EFETIVAÇÃO DE DIREITOS FUNDAMENTAIS NO BRASIL
GILMAR FERREIRA MENDES 195

1   Introdução 195
2   Os fundamentos da crise da democracia constitucional no Brasil 197
2.1   Ordem constitucional brasileira pós-1988 197
2.2   Origens da crise democrática brasileira 198

2.3	O papel da Corte Constitucional em tempos de populismo	201
3	A atuação do Supremo Tribunal Federal como agente estabilizador da crise institucional	202
3.1	A conformação do uso de acordos em investigações criminais	203
3.2	A afirmação da liberdade de expressão no ambiente universitário	206
4	Conclusão	208
	Referências	209

NOTAS ACERCA DO DIREITO FUNDAMENTAL À PROTEÇÃO DE DADOS PESSOAIS NA CONSTITUIÇÃO FEDERAL BRASILEIRA DE 1988
INGO WOLFGANG SARLET 211

	Introdução	211
1	O direito à proteção de dados pessoais como direito fundamental implícito na Constituição Federal de 1988 e a PEC nº 17/19	214
2	Âmbito de proteção do direito fundamental à proteção de dados pessoais	219
2.1	Para além da privacidade e da autodeterminação informativa	219
2.2	Proteção de dados pessoais	222
3	Dimensão subjetiva e objetiva e multifuncionalidade do direito à proteção de dados pessoais	224
3.1	O direito à proteção de dados pessoais como direito subjetivo	224
3.2	A dimensão objetiva: deveres de proteção e de organização e procedimento	227
4	Titulares e destinatários do direito (e correspondentes deveres de proteção) à proteção de dados	230
4.1	Titularidade	230
4.2	Destinatários	232
4.2.1	Órgãos estatais: Legislativo, Executivo e Judiciário	233
4.2.2	Particulares: o problema da eficácia do direito fundamental à proteção de dados pessoais na esfera das relações privadas	234
5	Limites e restrições	237
	Considerações finais	239
	Referências	240

REPRESENTANTES DOS TRABALHADORES E DESPEDIMENTO: UMA PROTEÇÃO ADEQUADA E EFICAZ?
JOÃO LEAL AMADO 245

1	O direito à proteção adequada dos representantes dos trabalhadores	245
2	O despedimento patronal e o art. 410º do Código do Trabalho	248
2.1	Procedimento disciplinar e suspensão preventiva	248
2.2	A presunção legal de ausência de justa causa	250
2.3	Os meios de reação contra o despedimento	250
2.3.1	Suspensão do despedimento facilitada	251
2.3.2	Impugnação do despedimento acelerada?	252
2.4	Os efeitos da ilicitude do despedimento	253
3	Balanço: uma proteção adequada e eficaz?	256

O "MÍNIMO ESSENCIAL" DOS DIREITOS SOCIAIS: VALÊNCIAS E RISCOS DE UM CONCEITO MULTIFUNCIONAL
JOAQUIM DE SOUSA RIBEIRO 259

1	O conteúdo essencial dos direitos, liberdades e garantias	259
2	Transposição para o domínio dos direitos sociais	261
3	O conceito de *minimum core* na ordem internacional dos direitos humanos	262
4	Justificação da adoção do conceito, no âmbito do Pacto Internacional dos Direitos Económicos, Sociais e Culturais	264
5	Crítica à teoria absoluta do *minimum core*	264
6	Valência do conceito, na ordem constitucional. O direito a um mínimo de existência condigna	267
7	Necessidade de um critério aberto e flexível de fiscalização. O mínimo essencial como elemento componente de um *standard* único de avaliação	271
8	Risco de efeitos contraprodutivos. O mínimo essencial como o máximo de extensão da fundamentalidade dos direitos sociais. Crítica	275
9	Conclusão	279

PODER JUDICIÁRIO E SEGURANÇA JURÍDICA EM TEMPOS DE PANDEMIA
JOSÉ ANTONIO DIAS TOFFOLI 283

1	Introdução	283
2	Poder Judiciário e segurança jurídica	284
3	O Supremo Tribunal Federal na pandemia da Covid-19	286
3.1	A tecnologia a serviço da jurisdição constitucional	286
3.2	Priorização dos casos relativos à pandemia e segurança jurídica	288
4	Conclusão	292
	Referências	293

O *PRINCÍPIO DA DEMOCRACIA E A DIGNIDADE COMO VALOR*: "COMPONENTES" DO PROJETO-*PROJETAR* DO DIREITO? UMA *CONVERSATION PIECE* COM HABERMAS E WALDRON
JOSÉ MANUEL AROSO LINHARES 295

Referências 314

O TRIÂNGULO DIALÉTICO DE CANOTILHO E A TESE DA CONSTITUIÇÃO DIRIGENTE EM PAÍSES DE MODERNIDADE TARDIA: SOBRE COMO NÃO PODEMOS DAR UM SALTO EM DIREÇÃO À DESCONSTITUCIONALIZAÇÃO
LENIO LUIZ STRECK 317

1	Introdução: por que a Constituição ainda deve "constituir-a-ação"	317
2	De como o constitucionalismo não morreu	319
3	Os obstáculos ao "constituir" da Constituição que deve sobreviver em face da falta de resolução do triângulo dialético de Canotilho	321
4	Conclusão	327
	Referências	329

CORRUPÇÃO NO BRASIL: A DURA LUTA PARA DESNATURALIZAR AS COISAS ERRADAS
LUÍS ROBERTO BARROSO 331

    Nota prévia – J. J. Gomes Canotilho e o Brasil............................ 331

    Parte I – As raízes do atraso.. 333

I   Introdução 333

II   Origens remotas da corrupção no Brasil 334

III   Causas imediatas da corrupção 334

IV   Corrupção estrutural, sistêmica e institucionalizada. O pacto oligárquico 335

V   Reação da sociedade e das instituições..................................... 335

    Parte II – Nada será como antes 336

I   A reação às mudanças: o pacto oligárquico contra-ataca........ 336

II   O paralelo com a Itália... 337

III   Os custos da corrupção 338

IV   A corrupção é crime violento, praticado por gente perigosa 338

V   A tentativa de sequestro da narrativa 339

VI   Conclusão: um novo paradigma 339

ESTADO INTERCONSTITUCIONAL DE DIREITO E SEUS DESAFIOS NA REPÚBLICA.COM
LUIZ EDSON FACHIN, CHRISTINE PETER DA SILVA................................ 341

1   Chamamentos do século XXI 341

2   Plano de trabalho.. 343

3   Interconstitucionalidade: premissas teóricas........................... 344

4   Pressupostos do Estado interconstitucional e democrático de direito 347

4.1   Soberania global 347

4.2   Transterritorialidade 348

4.3   Cidadania global 350

5   Desafios contemporâneos da jurisdição interconstitucional no Brasil 351

6   Diálogos interconstitucionais 354

    Referências... 355

DIREITO PROCESSUAL CONSTITUCIONAL: PARALELO ENTRE A DOUTRINA DE CANOTILHO E O PANORAMA BRASILEIRO
LUIZ FUX... 357

1   Direito processual constitucional e direito constitucional processual............. 357

2   Processo constitucional 357

3   Direito constitucional judicial 359

4   Direito constitucional processual 360

OS DESAFIOS DOS MOVIMENTOS MIGRATÓRIOS: AS RESPOSTAS DA UNIÃO EUROPEIA
MANUEL PORTO 373

1   Uma longa tradição de emigração da Europa para os outros continentes 373
2   A experiência bem-sucedida de abertura na União Europeia, com a circulação livre das pessoas dentro do seu espaço 374
3   Um novo mapa do mundo, com o decurso do século XXI 375
4   Um valor básico a ter em conta, a igualdade entre os seres humanos 376
5   As "justificações" dos encerramentos 377
5.1   Uma "justificação" de ordem cultural, estando em causa um problema de identidade do espaço de imigração, um país ou um outro espaço (como a Europa) 377
5.2   Imigração e criminalidade 379
5.3   As dificuldades de, por razões de ordem económica e social, se integrarem fluxos numerosos de imigrantes 379
6   Caminhos a seguir 380
6.1   O Novo Pacto sobre Migração e Asilo 380
6.2   O apoio ao desenvolvimento de países menos favorecidos 381
6.2.1   A abertura do nosso mercado aos demais países do mundo 382
6.2.2   Apoios financeiros e de outras naturezas a países mais desfavorecidos 383
7   Conclusões 383
    Referências 384

A ERA DA INFORMAÇÃO E O FORTALECIMENTO DA DEMOCRACIA PARTICIPATIVA: REFLEXÕES SOBRE AS NOVAS TECNOLOGIAS E A TRANSPARÊNCIA DAS INFORMAÇÕES PÚBLICAS
MARCO AURÉLIO MELLO 389

1   A homenagem e o homenageado 389
2   Introdução 390
3   O que é democracia? 391
4   Democracia participativa, controle social sobre as decisões públicas e a importância do direito fundamental à informação 395
5   Vivemos uma "democracia digital"? 397
6   Conclusão 399

O MODELO E A EXPERIÊNCIA SEMIPRESIDENCIAL NA CONSTITUIÇÃO DE 1976
PAULO RANGEL 401

1   A construção do "arquétipo" de sistema semipresidencial a partir da experiência francesa 401
1.1   A génese da Constituição de 1958: preponderância do Executivo e tradição bonapartista 401
1.2   As linhas de força do debate constituinte: "presidencialização" ou regresso ao orleanismo? 403

1.3	A evidência dos poderes presidenciais na versão originária da Constituição de 1958	405
1.4	A revisão constitucional de 1962, a eleição directa do presidente e o fechar do ciclo constituinte	407
1.5	A interminável disputa em torno da qualificação do "novo" sistema de governo – A tese duvergeriana e as experiências de coabitação	409
1.6	As respostas da doutrina francesa à "provocação duvergeriana"	411
1.7	O sistema francês visto de fora: reavaliação do semipresidencialismo e rejeição da tese do "sistema-camaleão"	413
2	A qualificação do sistema de governo português e a querela terminológica	417
2.1	A corrente que rejeita a qualificação do sistema como sistema semipresidencial	417
2.2	A remoção dos obstáculos taxionómicos, substantivos e terminológicos à qualificação do sistema português	420
3	O requisito da eleição "popular" do presidente	422
3.1	O lugar da eleição directa nos sistemas semipresidenciais	422
3.2	As razões das opções constituintes pela eleição directa	426
3.3	As razões de ser da eleição directa do presidente no sistema português	429
4	Excurso histórico e analítico sobre os mandatos presidenciais	431
4.1	Os cinco presidentes e a sua reeleição	431
4.2	A não verificação da "tese dos ovos e dos cestos"	432
4.3	As leituras "parlamentarizantes" dos poderes presidenciais	433
4.4	As provas de vida do "semipresidencialismo" em contexto de leituras "pró-parlamentares"	434
4.5	Os mandatos mais recentes e a primeira declaração de estado de emergência	437
5	O acervo constitucional de poderes presidenciais "próprios"	438
5.1	Os poderes "próprios" ou "exclusivos" do presidente português	438
5.2	O poder de dissolução parlamentar	439
5.3	O poder de veto político como um poder de conformação substantiva	441
5.4	A legitimidade para activar a fiscalização preventiva e o veto por inconstitucionalidade	443
5.5	Um enorme composto de poderes presidenciais	444
6	O Governo como órgão autónomo responsável pela política geral	444
6.1	A presidência do Conselho de Ministros como competência própria e exclusiva do primeiro-ministro	444
6.2	A inexistência de qualquer domínio material reservado ao presidente	445
7	A responsabilidade do Governo perante a Assembleia da República	446
7.1	A manifestação precoce da responsabilidade parlamentar na formação do Governo	446
7.2	O apuramento inicial da responsabilidade: a investidura parlamentar	447
7.3	A relação de responsabilidade permanente: moções de censura e confiança	448
8	A relação do Governo com o presidente da República como uma relação de responsabilidade assimétrica	451
8.1	A dificuldade da qualificação da relação presidente-Governo	451
8.2	O poder de nomeação do primeiro-ministro e do Governo	451

8.3	A *vexata quaestio* da admissibilidade constitucional dos governos de iniciativa presidencial	454
8.4	O poder presidencial de demissão do Governo	456
8.5	O sistema de governo português como um sistema semipresidencial com assimetria de responsabilidades	459

O EQUÍVOCO DO "SEMIPRESIDENCIALISMO" (A CONTROVÉRSIA SOBRE O SISTEMA DE GOVERNO EM PORTUGAL)
VITAL MOREIRA 463

1	Introdução	463
2	Os sistemas de governo e o chamado "semipresidencialismo"	464
2.1	Tipos de sistemas de governo	464
2.2	O "semipresidencialismo", em especial	468
2.2.1	Os sistemas mistos	468
2.3	O lugar do chefe do Estado no sistema de governo	472
3	O sistema de governo em Portugal	473
3.1	Origens do sistema de governo	473
3.2	O sistema de poder político na Constituição de 1976	475
3.2.1	Quadro político-institucional	475
3.2.2	O Presidente da República	477
3.2.2.1	Eleição e mandato presidencial	477
3.2.2.2	Independência partidária	478
3.2.2.3	Os poderes do Presidente da República depois de 1982	479
3.2.2.4	Tipologia dos poderes do Presidente da República	481
3.2.2.4.1	Atos próprios de exercício livre	481
3.2.2.4.2	Atos próprios de exercício obrigatório	481
3.2.2.4.3	Atos próprios dependentes de proposta, autorização ou outro ato alheio	482
3.2.2.4.4	Condicionamento de atos presidenciais	482
3.2.2.4.5	Atos que são condição de existência e/ou eficácia de atos alheios	483
3.2.2.4.6	Veto político de atos legislativos	483
3.2.2.4.7	Fiscalização da constitucionalidade	484
3.2.2.4.8	Atos sujeitos a referenda governamental	485
3.2.2.5	Irresponsabilidade presidencial pelos atos de outros órgãos	485
3.2.2.6	Irresponsabilidade efetiva do Presidente da República no desempenho das suas funções	486
3.2.3	A Assembleia da República	487
3.2.4	O Governo	489
3.3	Prática do sistema político	491
3.3.1	Eleição presidencial e eleições parlamentares	491
3.3.2	Nomeação dos governos	492
3.3.3	Veto legislativo	493
3.3.4	Dissolução parlamentar	494

3.3.5	Presidência do Conselho de Ministros	494
3.3.6	Demissão dos governos	495
3.3.7	Mensagens à Assembleia da República e comunicações ao país	495
3.3.8	Declinação pessoal dos poderes discricionários	496
3.4	Caraterização do sistema de governo	497
3.4.1	As duas tradições do sistema de governo em Portugal	497
3.4.2	Qualificação do sistema de governo no período constitucional transitório (1976-82)	497
3.4.3	A qualificação do sistema de governo depois de 1982	499
3.4.4	Crítica das leituras não parlamentares do sistema de governo	500
3.4.4.1	Inconsequência da leitura semipresidencial	500
3.4.4.2	Crítica de outras qualificações não parlamentares	504
3.4.5	Justificação da qualificação parlamentar	505
4	Sistema de governo e "poder moderador" do Presidente da República	509
4.1	Natureza e função do "poder moderador"	509
4.2	Incompatibilidade do "poder moderador" com o "semipresidencialismo"	511
4.3	O poder moderador na CRP	512
5	Conclusão	514
	Referências	518

PARTE III
ARTIGOS DOS DISCÍPULOS JURÍDICOS E AMIGOS DO SENHOR DOUTOR GOMES CANOTILHO

O PAPEL DA CONSTITUIÇÃO NA MODELAÇÃO DA ORDEM PÚBLICA INTERNACIONAL
AFONSO PATRÃO 525

I	Introdução: a ordem pública internacional e os valores irredutíveis do ordenamento jurídico	525
II	A impossibilidade de sobreposição da Constituição à excepção de Ordem Pública Internacional	530
III	A parametrização da Ordem Pública Internacional em face do direito internacional e do direito da União Europeia	535
IV	A relatividade especial dos direitos humanos: a *ordem pública verdadeiramente internacional* e a *importância dos valores a proteger*	539
V	Conclusão	543

DENSIFICAÇÃO JURÍDICA DO PRINCÍPIO DA ECOINOVAÇÃO. A INOVAÇÃO JURÍDICO-ECOLÓGICA COMO RESPOSTA ADEQUADA À EMERGÊNCIA CLIMÁTICA E AMBIENTAL
ALEXANDRA ARAGÃO 545

    Parte I – O problema: crise ecológica em tempo de "cisne verde" 545

1   Consciência jurídica da gravidade da crise ecológica 547
2   Urgência ecológica 549
3   Consciência jurídica da urgência ecológica 550
4   O ponto zero da urgência ecológica: as declarações de emergência climática e ambiental 552
4.1   Força jurídica da declaração europeia de emergência climática e ambiental no plano internacional 553
4.2   Força jurídica da declaração europeia de emergência climática e ambiental no plano interno 555
4.3   Consequências jurídicas da declaração europeia de emergência climática e ambiental 556

    Parte II – A solução: direito da transição ecológica 560

1   Ecoinovação para a transição ecológica e justa 562
2   Princípio de inovação 564
3   Contribuição do direito para a ecoinovação 568
3.1   Direito da ecoinovação 568
3.2   Inovação jurídico-ecológica 569
3.2.1   Graus de inovação jurídico-ecológica 570
3.2.2   Cenários de inovação jurídico-ecológica 571
3.2.3   Resultados da inovação jurídico-ecológica 573

    Conclusão: direito da transição ecológica e estratégias jurídicas de inovação 576
    Referências 576

DA *CONSTITUIÇÃO DIRIGENTE* À "JURISPRUDÊNCIA CONSTITUCIONAL DIRIGENTE BRASILEIRA"?: COGITAÇÕES *AD HONOREM* SOBRE A NOSSA JURISPRUDÊNCIA CONSTITUCIONAL COGENTE
ANA CLÁUDIA NASCIMENTO GOMES 581

1   Da escolha do nosso tema sob o mote principal da nossa homenagem 581
2   Um dos erros da *Constituição dirigente,* segundo Gomes Canotilho: "A Constituição dirigente como centro de direção ou direção sem centro" 586
3   Sob a ótica processual: a multiplicidade de hipóteses decisórias cogentes do STF ... 587
4   Jurisdicional constitucional cogente dirigente? 597
    Referências 598

JUSTIÇA CONSTITUCIONAL E(M) DEMOCRACIAS FRÁGEIS: UM DIÁLOGO COM GOMES CANOTILHO NO CRUZAMENTO ENTRE A CRISE DEMOCRÁTICA E A "FUNÇÃO REPUBLICANA" DO JUIZ CONSTITUCIONAL
ANA RAQUEL GONÇALVES MONIZ 601

1   Introdução: Gomes Canotilho, democracia e justiça constitucional 601

2	A crise da democracia: tirania(s) da maioria e populismo	602
3	As "democracias frágeis" e o "dirigismo constitucional": as respostas do "constitucionalismo moralmente reflexivo"	605
4	Rumo a um conceito material de democracia? Sentido e limites *democráticos* da democracia	607
5	A "função republicana" do juiz constitucional: a partir das "democracias frágeis" ... e mais além	611
5.1	A redensificação da Constituição pelo juiz constitucional	613
5.2	O problema (da ampliação) das competências do juiz constitucional	617
5.3	Os limites das decisões do juiz constitucional: a justiça constitucional como realização *jurídica* da Constituição	620
6	Conclusões	623
	Referências	624

EM BUSCA DE UMA PERSPETIVA SUBSTANCIAL DO CONCEITO DE "SUSPENSÃO DE DIREITOS FUNDAMENTAIS"
ANA RITA GIL 631

1	Introdução	631
2	Perspetivas sobre o conceito de suspensão de direitos fundamentais na doutrina portuguesa	633
3	Tentativa de resposta substancial para a significação de suspensão de direitos fundamentais	637
3.1	Pontos de partida	637
3.2	A suspensão de direitos como uma inversão estrutural controlada pela proibição do excesso	641
3.3	Análise	644
4	Reflexão final	646

OS ALGORITMOS E O DIREITO: UM PERCURSO (*NADA*) LÓGICO
BRUNO ALBERGARIA 647

Da breve introdução, afinal, o que é um algoritmo? 650
Dos códigos algorítmicos ou *civil law* 653
Do *big data* ou *common law* 654
O *xeque-mate* jurídico 656
Como início: da gestão à decisão 660
Doutor Ross 661
O teste de Turing do direito 662
Da fundamentação da decisão 666
Deep AI 669
Do direito universal ao algoritmo-mestre: uma fórmula para tudo? 670
Do direito emotivo: uma condição humana 671
Conclusão 674
Referências 674

A LEI DE TERRAS DE MACAU: OPÇÕES E INQUIETAÇÕES
DULCE LOPES 679
1   Introdução à Lei de Terras de Macau 679
2   Caraterização do contrato de concessão temporária de terras 680
3   A caducidade da concessão temporária de terras pelo decurso do tempo 683
3.1   A dimensão "constitucional" da proteção do direito de aproveitamento das terras 683
3.2   A dimensão legal: caducidade preclusiva ou caducidade-sanção? 685
4   Notas finais: o papel da Administração na apreciação e declaração da caducidade 691
       Referências 693

NE BIS IN IDEM: BREVE PONDERAÇÃO MACROCOMPARATIVA – CHINA E PORTUGAL
FILIPA PAIS D'AGUIAR 695
       Elementos introdutórios 695
       Breve ponderação macrocomparativa: a RP 699
       Breve ponderação macrocomparativa: a RPC 711
       Síntese comparativa 728
       §1 Diferenças 728
       §2 Semelhanças 729
       Considerações finais 729
       Glossário 729
       Referências 730

A SUSTENTABILIDADE COMO PRINCÍPIO JURÍDICO DE PONDERAÇÃO: DIMENSÕES MATERIAIS, PROCEDIMENTAL E METÓDICA DE APLICAÇÃO
FLÁVIO PAIXÃO DE MOURA JÚNIOR 735
1   O surgimento e a afirmação política do conceito moderno de sustentabilidade 736
2   A sustentabilidade como princípio estruturante 743
3   A dimensão procedimental da sustentabilidade 749
4   O programa multidimensional da sustentabilidade 751
5   A metódica integrativa procedimental-material da sustentabilidade 756
6   Notas conclusivas 765
       Referências 766

A LIBERDADE COMO PRINCÍPIO FUNDAMENTAL DO ESTADO DEMOCRÁTICO DE DIREITO E DA TRANSFORMAÇÃO SOCIAL
FLÁVIO PANSIERI 771
       A minha homenagem 771
1   Introdução 771
2   O constitucionalismo democrático como meio para a garantia da liberdade no século XXI 772

3	As liberdades instrumentais de Amartya Sen	775
4	A liberdade como fundamento da democracia	777
5	Conclusão	779
	Referências	780

O CONTROLE PREVENTIVO DE CONSTITUCIONALIDADE EM PORTUGAL E NO BRASIL: A EXÓTICA CRIAÇÃO DA FISCALIZAÇÃO PROFILÁTICA DA CONSTITUCIONALIDADE PELO STF

HÉLIO PINHEIRO PINTO 781

	Palavras ao homenageado	781
	Introdução	782
1	Fiscalização judicial preventiva de constitucionalidade em Portugal	783
1.1	Conceito e requisitos do processo de fiscalização preventiva em Portugal	783
1.2	Efeitos da decisão do Tribunal Constitucional português	785
2	Fiscalização preventiva de constitucionalidade no Brasil	787
2.1	Fiscalização preventiva de constitucionalidade realizada pelos poderes Legislativo e Executivo	788
2.2	Fiscalização preventiva da constitucionalidade realizada pelo Poder Judiciário brasileiro	790
2.2.1	Compreensão prévia da questão	790
2.2.2	O controle preventivo da constitucionalidade material e formal na jurisprudência do STF e a sua incompatibilidade com a Constituição Federal	792
2.2.3	Princípio da separação dos poderes e destinatários das normas reguladoras do processo legislativo: competência para fiscalização preventiva da constitucionalidade conferida exclusivamente a órgãos políticos	795
2.2.4	A impropriedade do mandado de segurança para deflagração de um processo de fiscalização preventiva da constitucionalidade: a ausência de direito líquido e certo do parlamentar-impetrante e o prejuízo para o direito líquido e certo de todos os demais	798
2.2.5	A (quase) universalização jurisprudencial do controle preventivo de constitucionalidade e a subversão do modelo de fiscalização da constitucionalidade das normas	799
2.2.6	O objeto do controle judicial preventivo da constitucionalidade e a incoerência do STF: a recusa de fiscalizar profilaticamente a legitimidade material de projetos de lei violadores de cláusulas pétreas	801
2.2.7	A desproporção em relação aos mecanismos de fiscalização preventiva constitucionalmente instituídos em Portugal: fiscalização exordial, amplo objeto do controle, rol de legitimados ativos extenso e inultrapassabilidade parlamentar do "veto" judicial	802
	Conclusão	804
	Referências	805

PAZ(ES), CONSTITUCIONALISMO(S) E VIOLÊNCIA(S) NA(S) CIDADE(S) DOS HOMENS – EM DIÁLOGO COM (A OBRA DE) JOSÉ JOAQUIM GOMES CANOTILHO
JOÃO CARLOS LOUREIRO 809

I	Paz e guerra(s) na vida de Gomes Canotilho	810
1	Rua 15 de agosto e outras: nascer num mundo em guerra, crescer num país em ditadura	810
2	Praça do Império e Guerra Colonial	813
3	Avenida da Liberdade: Revolução de Abril e o fim da Guerra	815
II	Violência(s): entre o sagrado e o profano	817
1	Estado, violências e paz	817
2	Os novos sagrados: entre o Estado e a economia	820
3	Violência(s) e paz(es): *lineamenta* teoréticos e dogmáticos	821
3.1	A cidade subterrânea ou a avenida das pré-compreensões	821
3.2	Violências múltiplas: aproximações	823
4	Constitucionalismos múltiplos: a relevância no combate à violência	824
4.1	Constitucionalismo(s): à procura das raízes	826
4.2	Violência: alguns contributos constitucionais, ou entre bens fundamentais e vítimas	827
4.2.1	Bens fundamentais e violência	827
4.2.2	Vítimas: relevância, estatuto e direitos	827
4.3	Paz e pessoa(s): a cidade dos homens e o fundamento, ou sobre um constitucionalismo antissacrificial e antipatológico	828
4.4	Constitucionalismo, (neo/pós)colonialismo e paz	829
4.5	Promessas da paz: constitucionalismo e profecia	830
III	Avenida(s) da Paz: (alguns) contributos para um constitucionalismo da paz em tempos de (neo)globalização	831
1	Constitucionalismo e cultura(s) da paz: entre o geral e o específico	832
2	Constitucionalismo e práticas da paz: o bispo na piroga e outras andanças ...	834
2.1	Disposições	834
2.2	Gestos	835
2.3	Instituições	836
3	Constitucionalismo e textos da paz: a Constituição de 1976	837
3.1	A primeira Constituição: a revolução como "anjo da paz"	837
3.2	Constituição de 1976: brevíssima referência	838
4	Constitucionalismo global, paz e cosmopolitismo	840
4.1	Constitucionalismo: entre a utopia e a apocalítica	840
4.1.1	Canotilhos? Sobre o uno e o múltiplo	840
4.1.2	Utopia(s): abraços e distância	841
4.1.3	Apocalíptica(s)? A "escalada aos extremos"	842
4.2	Constitucionalismo e paz: entre a internacionalidade e o cosmopolitismo ...	844
IV	Cantata (do constitucionalismo) da paz	845

AGÊNCIAS REGULADORAS: (BREVE) VISÃO COMPARADA DAS REALIDADES EUROPEIA E BRASILEIRA
JOÃO NUNO CRUZ MATOS CALVÃO DA SILVA 849
1   Estado regulador 849
1.1   Estado regulador: privatizações, liberalizações e regulação pública 849
1.2   Estado regulador: garantia dos serviços essenciais 850
2   Agências reguladoras 852
2.1   Agências reguladoras na Europa: o caso de Portugal 852
2.1.1   Regulação independente na Europa: breve nota 852
2.1.2   Agências reguladoras em Portugal: independência 853
2.1.3   Agências reguladoras em Portugal: poderes 855
2.2   Agências reguladoras da União Europeia (UE) 857
2.2.1   Agências da UE: do seu surgimento 857
2.2.2   Agências da UE: limitações à delegação de poderes (o princípio Meroni) 859
2.2.3   Agências da UE: reforço progressivo de competências 860
2.3   Crítica (geral) ao modelo das agências independentes 861

DIREITO CONSTITUCIONAL INTERNACIONAL HUMANITÁRIO OU O OTIMISMO
MÁRCIA MIEKO MORIKAWA 863
I   Introdução 863
II   Deambulação do direito internacional humanitário 863
III   Teoria do terreno 864
IV   Encontro com o "constitucionalismo da dignidade humana" 865
V   *Good governance* humanitária 865
VI   O Estado humanitário em tempos de pandemia 866
VII   Direito constitucional internacional humanitário ou o otimismo 866
       Referências 867

UM PASSEIO PELOS JARDINS DO DIREITO – HIPERTEXTOS, TRANSCIÊNCIA E TRANSJURIDICIDADE
MARCÍLIO TOSCANO FRANCA FILHO, ALESSANDRA MACEDO FRANCA 869
1   Introdução: de árvores a enciclopédias 869
2   Dos jardins-labirintos aos labirintos em rede 874
3   O universo complexo: transciência e *hiperlinks* 878
4   Juridicidade complexa e radicalização das interações: a transjuridicidade ... 881
5   Conclusão 883
    Referências 885

A CONSTITUIÇÃO BRASILEIRA E A SUA FORÇA NORMATIVA: UM DIÁLOGO COM KONRAD HESSE
NÉVITON GUEDES 889
I   A importância e as tarefas da Constituição 889
II   As dificuldades e os inimigos da Constituição 890
III   As condições e pressupostos da força normativa da Constituição 891
IV   O caso brasileiro 892

CORRUPÇÃO E LAVAGEM DE DINHEIRO: OS CASOS DE ENTREGA DISSIMULADA E DE RECEBIMENTO INDIRETO DA VANTAGEM INDEVIDA
NUNO BRANDÃO 897
I   O problema 897
II   A natureza pós-delitual do crime de lavagem de dinheiro 899
III   Corrupção: modalidades e vantagens suscetíveis de lavagem 902
IV   Corrupção passiva 904
V   Corrupção ativa 908
VI   Proposições conclusivas 911
       Referências 913

TOMEMOS A SÉRIO A DIGITALIZAÇÃO: *RULE OF LAW* TAMBÉM NA REDE!
PAULA VEIGA 915
1   Introito e contextualização 915
2   Tópico I: Covid-19 e *apps* de rastreamento – Uma estranha experiência 917
3   Tópico II: *Digitalização* e *liberdade* – um novo contrato social? 919
4   Algumas previsões e conclusões 922
       Referências 926

DIREITO INTERNACIONAL NA ERA DA GLOBALIZAÇÃO: MUDANÇAS DE PARADIGMAS NO SISTEMA INTERNACIONAL E NA ORDEM JURÍDICA INTERNACIONAL
PAULO CANELAS DE CASTRO 929
       Introdução 929
I   Do Modelo de Vestefália da coexistência estadual à cooperação internacional, por vezes institucionalizada 936
1   O sistema internacional até ao fim do século XVIII 936
2   Mudanças no sistema internacional do século XIX 939
3   Reorganização do sistema internacional no fim do século XIX e impacto na estrutura do Direito Internacional 942
II   A globalização – Breve caracterização de processo histórico contemporâneo ... 951
III   Os impactos da globalização no sistema internacional e no Direito Internacional ... 959
1   Globalização e sistema internacional 959
2   Globalização e Direito Internacional 964

2.1	Reconhecimento de novos sujeitos de Direito Internacional	964
2.2	Novas tendências no procedimento de formação de regras jurídicas internacionais	991
2.3	Impacto da globalização na conceção da soberania e do papel e estatuto do Estado	998
	Observações Finais	1003

MOTO-PERPÉTUO: A REPOSIÇÃO DO CONTROLE NO SEIO DO CONSTITUCIONALISMO
RODOLFO VIANA PEREIRA 1015

Constitucionalismo e polissemia conceitual 1017
O controle como elemento catalisador de consenso teórico 1024
A Constituição atordoada 1028
Referências 1033

O PAPEL DOS TRIBUNAIS CONSTITUCIONAIS NACIONAIS NA DEMOCRACIA CONSTITUCIONAL EUROPEIA
TERESA VIOLANTE 1039

1	"Integração à força" e défice democrático: o papel dos tribunais constitucionais nacionais na democracia constitucional europeia	1039
2	O impacto da crise da zona euro em Portugal	1042
3	A jurisprudência constitucional sobre cortes remuneratórios	1044
4	A jurisprudência constitucional da austeridade e o princípio da separação de poderes	1046
4.1	A jurisprudência constitucional da austeridade e a separação horizontal de poderes	1046
4.2	A jurisprudência constitucional de austeridade e a separação vertical de poderes	1047
5	A jurisprudência constitucional da austeridade como foco de resistência à "integração à força"	1050
	Conclusões	1050

SOBRE OS AUTORES 1053

BIOGRAFIA

Foto: Alan Santos/PR
Cerimônia de entrega da Comenda da Ordem Nacional do Cruzeiro do Sul em 3.10.2018
Palácio do Planalto, Brasília/DF.

José Joaquim Gomes Canotilho, filho de José Gomes Canotilho e de Maria Antónia Avelãs, nasceu em Pinhel, distrito da Guarda, em 15 de agosto de 1941. Fez os estudos liceais em Pinhel e Coimbra, vindo a completar nesta última cidade o curso liceal no ano de 1959. Em 1959/1960, matriculou-se na Faculdade de Direito de Coimbra, obtendo a licenciatura em Direito no ano de 1965. Convidado neste ano para assistente de Ciências Políticas, iniciou as suas funções docentes em março de 1966 e, desde então, quer como docente, quer como investigador, tem estado funcionalmente ligado à Faculdade de Direito de Coimbra.

Cargos públicos e académicos
– Professor de Direito, Faculdade de Direito da Universidade de Coimbra (1965 – 1967; 1970 – 2011)
– Defensor Oficioso no Tribunal Militar Territorial de Viseu e Oficial de Justiça na Guiné (outubro de 1967 – outubro de 1970)
– Vice-Reitor da Universidade de Coimbra (março de 1975 – setembro de 1976)
– Vice-Presidente do Conselho Directivo da Faculdade de Direito de Coimbra (1989 – 1990)
– Membro do Conselho Superior dos Tribunais Administrativos e Fiscais (1987 – 1991)
– Conselheiro de Estado (1996 – 2002)
– Presidente do Conselho Directivo do Centro de Estudos de Ordenamento, do Urbanismo e do Ambiente (Cedoua) (1996 – 2000)

- Membro da Comissão de Avaliação das Universidades Portuguesas (2000 – 2001)
- Presidente da Comissão de Avaliação das Faculdades de Direito Portuguesas (2003)
- Fundador e Presidente da Assembleia-Geral da Associação Cívica República do Direito (2000 – 2003)
- Presidente da Assembleia de Representantes da Faculdade de Direito de Coimbra (2000 – 2003)
- Presidente do Conselho Directivo do Centro de Estudos *Jus Gentium Conimbrigae*
- Membro do Instituto Interdisciplinar de Investigação da Universidade de Coimbra
- Responsável português do Colóquio Portugal – Brasil, ano 2000, na área do Direito
- Presidente da Comissão de Avaliação das Faculdades de Direito Portuguesas (2003 – 2006)
- Presidente do Conselho Científico da Faculdade de Direito da Universidade de Coimbra (2004 – 2005)
- Presidente da Comissão Instaladora do Tribunal Universitário Judicial Europeu (2006 – 2009)
- Codirector, em parceria com o Prof. Doutor Boaventura Sousa Santos, do Curso de Doutoramento *Direito, Cidadania e Justiça para o Séc. XXI*, FDUC/FEUC (2008 – 2012)
- Membro da Comissão para a Revisão do Conceito Estratégico da Defesa Nacional (2011 – 2012)
- Presidente do Conselho de Curadores da Agência de Avaliação e Acreditação do Ensino Superior (2008 – 2013)
- Membro do Conselho de Curadores da Fundação Francisco Manuel dos Santos (2009 – 2013)
- Diretor do Tribunal Universitário Judicial Europeu – Universidade de Coimbra (2009 – 2013)
- Membro da Comissão da Comemoração do Centenário da Instauração da República em Portugal (2010 – 2011)
- Fundador e Presidente da Associação República do Direito para Debater o Direito da República
- Membro do Conselho Geral da Faculdade de Psicologia e Ciências da Educação da Universidade de Coimbra (2013 – 2015)
- Administrador não executivo da Fundação Calouste Gulbenkian (2013 – 2017)
- Membro do Conselho Superior do Ministério Público (2016 – 2017)

Colaboração em revistas
- Redactor da revista de cultura e arte *Vértice* (1970 – 1973)
- Fundador e director da *Revista Cedoua (Centro de Estudos de Direito de Ordenamento, do Urbanismo e do Ambiente)*
- Fundador e membro do Conselho Editorial da revista *Cadernos de Ciência da Legislação*
- Proprietário e redactor da *Revista de Legislação e de Jurisprudência*
- Membro da Comissão Editorial da Fundação Calouste Gulbenkian
- Membro do Conselho de Redacção da revista *Polis*
- Membro do Conselho Editorial da revista *Cuestiones Constitucionales*
- Membro assessor da *Revista Anuário Ibero-Americano da Justiça Constitucional*

Carreira académica
– Licenciatura em Direito na Faculdade de Direito da Universidade de Coimbra (1960 – 1965)
– Mestrado em Ciências Político-Económicas na Faculdade de Direito de Coimbra (1970 – 1971)
– Doutoramento em Ciências Jurídico-Políticas (1982)
– Professor Associado de Ciências Jurídico-Políticas (1987)
– Professor Agregado em Ciências Jurídico-Políticas (1993)
– Professor Catedrático de Ciências Jurídico-Políticas (1994)

Actividade docente
– Aulas teóricas de *Direito Internacional Público* e aulas práticas de *Direito Constitucional e Direito Cooperativo* (1966 – 1967, 1970 – 1974)
– Aulas teóricas de *Direito Constitucional* (1974 – 1979, 1982 – 2007)
– Aulas teóricas de *Ciência Política* (1981 – 1982)
– Regência da cadeira de *Direito Administrativo* nos cursos de *Mestrado* professados na Faculdade de Direito de Coimbra
– Cocoordenador do *1º Programa de Doutoramento* na Faculdade de Direito de Coimbra (2000)
– Coordenador dos cursos de *Mestrado* e *Doutoramento* na Universidade Autónoma de Lisboa
– Regência de cursos de *Mestrado* na Faculdade de Direito na Universidade de Macau
– Regência do segundo módulo no IV Programa de Doutoramento da Faculdade de Direito da Universidade de Coimbra
– Coordenação do Programa de Doutoramento da Faculdade de Direito e da Faculdade de Economia da Universidade de Coimbra, *Direito, Justiça e Cidadania no Século XXI* (2006 – 2007)
– Coordenador científico do grupo de investigação em Direito Público e Teoria Política, no Cejea – Centro de Estudos Jurídicos, Económicos e Ambientais, Universidade Lusíada, Lisboa (2018)

Arguições académicas
– Arguição da tese de doutoramento *A Constituição Dualista* de Francisco Lucas Pires
– Arguição da tese de doutoramento *O Plano Urbanístico e o Princípio da Igualdade* de Fernando Alves Correia
– Arguição da tese de doutoramento *Utopia e Constituição* de Paulo Ferreira da Cunha
– Arguição da tese de doutoramento *O Poder de Substituição no Direito Constitucional Português* de Paulo Otero
– Arguição da tese de doutoramento *A Responsabilidade do Legislador* de Maria Lúcia Amaral Pinto Correia
– Arguição da tese de doutoramento *A Função Pública* de Nuno de Sousa
– Arguição da tese de doutoramento *Reserva de Lei* de António Vaz
– Arguição da tese de doutoramento *Constituição Bio-Médica* de João Loureiro
– Arguição da tese de doutoramento *A Liberdade de Expressão* de Jónatas Machado
– Arguição da tese de doutoramento *As Restrições nos Direitos Fundamentais Não Constitucionalmente Autorizadas* de Jorge Novais

– Arguição da tese de doutoramento *Interpretação Constitucional e Poder Judicial* de Cristina Queirós
– Arguição no concurso para provas de agregação do Doutor Vital Moreira
– Arguição no concurso para provas de agregação do Doutor Jónatas Machado

Saudações académicas
– Discurso proferido no Doutoramento de Aníbal José Monteiro Santos de Almeida, Francisco António Lucas Pires, António de Santos Justo, António Joaquim de Matos Pinto Monteiro e Manuel da Costa Andrade
– Discurso proferido na homenagem ao Doutor Rogério Guilherme Ehrhardt Soares
– Oração de elogio ao Presidente do Brasil, José Sarney, na cerimónia de Doutoramento *Honoris Causa* na Sala dos Capelos da Universidade de Coimbra
– Oração de elogio do Presidente de Portugal, Mário Soares, na cerimónia de Doutoramento *Honoris Causa* na Sala dos Capelos
– Discurso proferido no Doutoramento *Honoris Causa* do Presidente do Parlamento Europeu Doutor Josep Borrell Fontelles, em 28 de abril de 2006
– Oração de elogio do Presidente de Cabo Verde, António Mascarenhas Monteiro, na cerimónia de Doutoramento *Honoris Causa* na Sala dos Capelos
– Oração de elogio dos Doutores António dos Santos Justo, Francisco Lucas Pires, Manuel Costa Andrade e António Pinto Monteiro no acto de imposição de *insígnias doutorais* na Sala dos Capelos
– Padrinho do Professor Pinto Ferreira, na cerimónia de Doutoramento *Honoris Causa* dos Doutores Caio Maio Fábio Konder Comparato, Velhinho de Lacerda, Vicente Marta Rangel e Pinto Ferreira por ocasião do Colóquio Portugal-Brasil, ano 2000, celebração dos 500 anos de Descoberta do Brasil
– *Última Lição* do Professor Doutor Rogério Soares na Faculdade de Direito de Coimbra
– Elogio do Professor Afonso Rodrigues Queiró por ocasião da criação do Prémio Afonso Rodrigues Queiró
– Apresentação do livro *História Constitucional do Brasil* de Paulo Bonavides e Paes de Andrade em Fortaleza e Coimbra
– Carta Aberta ao Professor Paulo Bonavides *Para uma Teoria Constitucional do Cidadão Participativo*

Livros de homenagem
– Colaboração no livro de homenagem ao Professor Ferrer Correia (*Tomemos a Sério os Direitos Económicos, Sociais e Culturais*)
– Colaboração no livro de homenagem ao Professor José Joaquim Teixeira Ribeiro (*A Lei do Orçamento na Teoria da Lei*)
– Colaboração no livro de homenagem ao Professor Afonso Rodrigues Queiró (*O Poder Discricionário das Autoridades Militares Fidelidade à República e Fidelidade à Nato*)
– Colaboração no livro de homenagem ao Professor Eduardo Correia (*Teoria da Legislação Geral e Teoria da Legislação Penal*)
– Colaboração no livro de homenagem dos setenta e cinco anos da Coimbra Editora (*A Legitimação do Poder Judicial*)

- Colaboração no livro de homenagem ao Professor Paulo Bonavides (*A Principialização do Direito Constitucional*)
- Colaboração no livro de homenagem ao Professor Manuel Gonçalves Ferreira Filho (*Legislação Governamental*)
- Colaboração no livro de homenagem ao Professor José Afonso da Silva (*Estado Constitucional Ecológico e Democracia Sustentada*)
- Colaboração no livro de homenagem ao Dr. José Narciso da Cunha Rodrigues (*Omissões Normativas*)
- Colaboração no livro de homenagem ao Ministro Sílvio de Figueiredo Teixeira
- Colaboração no livro de homenagem ao Doutor Rogério Soares (*O Direito Constitucional Passa, O Direito Administrativo Passa Também*)
- Colaboração no livro de homenagem ao Professor Inocêncio Galvão Teles (*Direito Privado e Dogmática dos Direitos Fundamentais*)
- Colaboração no livro de homenagem ao Professor Celso Ribeiro Bastos (*Para um Direito Constitucional de Regulação*)
- Colaboração no livro de homenagem ao Professor Garcia Pelayo (*Direito Constitucional – de uma disciplina dirigente a uma disciplina dirigida*)
- Colaboração no livro de homenagem a Francisco Salgado Zenha (*A Liberdade de Ensino na Constituição*)
- Colaboração no livro de homenagem ao Professor Peter Häberle (*Interconstitucionalidade e Interculturalidade*)
- Colaboração no livro de homenagem a Francisco Lucas Pires (*Da Constituição Dirigente ao Direito Comunitário Dirigente*)

Prémios e distinções
- Comendador – Medalha do Rio Branco – atribuída pelo Ex-Presidente do Brasil José Sarney, 1986
- Prémio Pessoa 2003 (Portugal), *Jornal Expresso*, com patrocínio da Caixa Geral de Depósitos (atribuído a pessoas de nacionalidade portuguesa que tenham distinguido como protagonistas na vida científica, artística ou literária)
- Prémio Valdemar Ferreira, Academia Internacional de Economia e Direito, São Paulo, 2003
- Comenda da Ordem da Liberdade atribuída pelo Senhor Presidente da República Portuguesa, Dr. Jorge Sampaio, 2004
- Atribuição da Medalha do Município de Pinhel, 2004 (Portugal)
- Comenda da Ordem do Infante D. Henrique atribuída pelo Senhor Presidente da República Portuguesa, Dr. Jorge Sampaio, 2005
- Membro Honorário do Instituto de Advogados Brasileiros de São Paulo, 2005
- Medalha da Academia Internacional de Direito de São Paulo
- Membro Honorário do Município de João Pessoa
- Membro Honorário da Academia Internacional de Direito de São Paulo
- Medalha de Ouro da Ordem dos Advogados Portuguesa, 2013
- Doutoramento *Honoris Causa* pela Universidade Federal de Minas Gerais, 2013
- Doutoramento *Honoris Causa* pela Pontifícia Universidade Católica do Rio Grande do Sul, 2015

– Comenda da Ordem Nacional do Cruzeiro do Sul, concedida pelo Presidente do Supremo Tribunal Federal José Antônio Dias Toffoli, no exercício do cargo de Presidente da República, 2018 (Decreto de 25 de setembro de 2018, Ministério das Relações Exteriores).

SUBSÍDIOS PARA BIBLIOGRAFIA DO
PROF. DOUTOR JOSÉ JOAQUIM GOMES CANOTILHO[1]

1 Doutrina

1.1 Monografias

CANOTILHO, José Joaquim Gomes. *"Brancosos" e interconstitucionalidade*: itinerários dos discursos sobre a historicidade constitucional. Coimbra: Almedina, 2006. 345 p. (O tempo e a norma; 1). ISBN 972-40-2743-0.

_____. *Constituição dirigente e vinculação do legislador*: contributo para a compreensão das normas constitucionais programáticas. Coimbra: Coimbra Editora, 1982. 539 p. Orig. dissertação de doutoramento em Ciências Políticas na Faculdade de Direito de Coimbra.

_____. *Constituição dirigente e vinculação do legislador*: contributo para a compreensão das normas constitucionais programáticas. reimpr. Coimbra: Coimbra Editora, 1994. [6], 539, [2] p. ISBN 972-32-0063-5.

_____. *Constituição dirigente e vinculação do legislador*: contributo para a compreensão das normas constitucionais programáticas. 2. ed. Coimbra: Coimbra Editora, 2001. XXXII, 539 p. ISBN 972-32-0996-9.

_____. *Dalla costituzione dirigente al diritto comunitario dirigente*. Traduzione a cura di Rosemary Pereira de Oliveira. Lecce: Pensa Editore, 2004. 44 p. (Costituzionalismi Difficili; 5). ISBN 88-89267-10-0.

---

[1] A presente bibliografia é constituída pelas seguintes secções:
1 Doutrina
1.1 Monografias
1.2 Artigos em monografias
1.3 Artigos em publicações periódicas
2 Constituição
3 Lições e sumários de lições
4 Jurisprudência crítica
5 Pareceres
6 Artigos em dicionários
7 Recensões
8 Discursos
9 Prefácios de livros
10 Vária
As publicações encontram-se organizadas, em cada secção, por entrada principal, sendo os títulos organizados por ordem alfabética, apresentando-se em primeiro lugar os trabalhos individuais, em segundo lugar os trabalhos em colaboração e, por fim, obras colectivas por si organizadas ou coordenadas. Nos prefácios optou-se pela apresentação da referência bibliográfica da monografia e não pelo seu tratamento analítico. As menções a organizadores, compiladores e anotadores são dadas sempre que se considerou essencial para a correcta localização das obras.
Tentou-se completar a bibliografia, percorrendo as revistas a que durante mais tempo têm dado a sua colaboração. No entanto, muitos outros artigos se encontram dispersos por publicações que não puderam ser analisadas, e, por isso, este trabalho vai intitulado de *Subsídios para...*

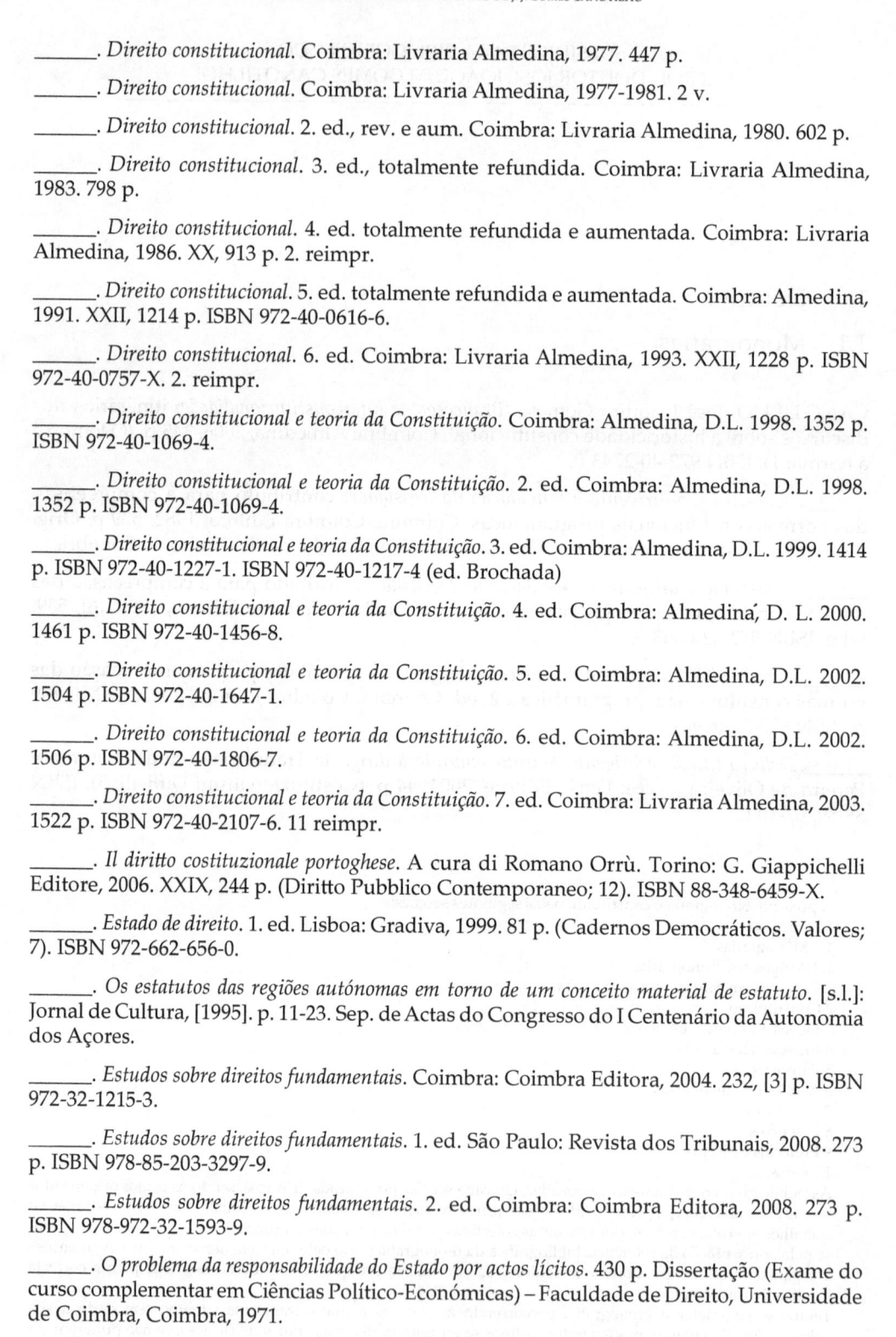

_____. *Direito constitucional*. Coimbra: Livraria Almedina, 1977. 447 p.

_____. *Direito constitucional*. Coimbra: Livraria Almedina, 1977-1981. 2 v.

_____. *Direito constitucional*. 2. ed., rev. e aum. Coimbra: Livraria Almedina, 1980. 602 p.

_____. *Direito constitucional*. 3. ed., totalmente refundida. Coimbra: Livraria Almedina, 1983. 798 p.

_____. *Direito constitucional*. 4. ed. totalmente refundida e aumentada. Coimbra: Livraria Almedina, 1986. XX, 913 p. 2. reimpr.

_____. *Direito constitucional*. 5. ed. totalmente refundida e aumentada. Coimbra: Almedina, 1991. XXII, 1214 p. ISBN 972-40-0616-6.

_____. *Direito constitucional*. 6. ed. Coimbra: Livraria Almedina, 1993. XXII, 1228 p. ISBN 972-40-0757-X. 2. reimpr.

_____. *Direito constitucional e teoria da Constituição*. Coimbra: Almedina, D.L. 1998. 1352 p. ISBN 972-40-1069-4.

_____. *Direito constitucional e teoria da Constituição*. 2. ed. Coimbra: Almedina, D.L. 1998. 1352 p. ISBN 972-40-1069-4.

_____. *Direito constitucional e teoria da Constituição*. 3. ed. Coimbra: Almedina, D.L. 1999. 1414 p. ISBN 972-40-1227-1. ISBN 972-40-1217-4 (ed. Brochada)

_____. *Direito constitucional e teoria da Constituição*. 4. ed. Coimbra: Almedina, D. L. 2000. 1461 p. ISBN 972-40-1456-8.

_____. *Direito constitucional e teoria da Constituição*. 5. ed. Coimbra: Almedina, D.L. 2002. 1504 p. ISBN 972-40-1647-1.

_____. *Direito constitucional e teoria da Constituição*. 6. ed. Coimbra: Almedina, D.L. 2002. 1506 p. ISBN 972-40-1806-7.

_____. *Direito constitucional e teoria da Constituição*. 7. ed. Coimbra: Livraria Almedina, 2003. 1522 p. ISBN 972-40-2107-6. 11 reimpr.

_____. *Il diritto costituzionale portoghese*. A cura di Romano Orrù. Torino: G. Giappichelli Editore, 2006. XXIX, 244 p. (Diritto Pubblico Contemporaneo; 12). ISBN 88-348-6459-X.

_____. *Estado de direito*. 1. ed. Lisboa: Gradiva, 1999. 81 p. (Cadernos Democráticos. Valores; 7). ISBN 972-662-656-0.

_____. *Os estatutos das regiões autónomas em torno de um conceito material de estatuto*. [s.l.]: Jornal de Cultura, [1995]. p. 11-23. Sep. de Actas do Congresso do I Centenário da Autonomia dos Açores.

_____. *Estudos sobre direitos fundamentais*. Coimbra: Coimbra Editora, 2004. 232, [3] p. ISBN 972-32-1215-3.

_____. *Estudos sobre direitos fundamentais*. 1. ed. São Paulo: Revista dos Tribunais, 2008. 273 p. ISBN 978-85-203-3297-9.

_____. *Estudos sobre direitos fundamentais*. 2. ed. Coimbra: Coimbra Editora, 2008. 273 p. ISBN 978-972-32-1593-9.

_____. *O problema da responsabilidade do Estado por actos lícitos*. 430 p. Dissertação (Exame do curso complementar em Ciências Político-Económicas) – Faculdade de Direito, Universidade de Coimbra, Coimbra, 1971.

_____. *O problema da responsabilidade do Estado por actos lícitos*. Coimbra: Livraria Almedina, 1974. 364 p.

_____. *Protecção do ambiente e direito de propriedade: crítica de jurisprudência ambiental*. Coimbra: Coimbra Editora, 1995. 109 [6] p. Sep. da *Revista de Legislação e de Jurisprudência*. ISBN 972-32-0698-6.

_____. *O tempo curvo de uma carta (fundamental) ou o direito constitucional interiorizado*. Porto: Conselho Distrital do Porto da Ordem dos Advogados, 2006. 27, [3] p. (Os Espaços Curvos do Direito; 1).

_____. *Teoría de la constitución*. Tradução de Carlos Lema Añón. Madrid: Dykinson, 2004. (Cuadernos Bartolomé de las Casas, n. 31). Tradução parcial de: Direito constitucional e teoria da Constituição, 6. ed. ISBN 84-97721-98-5.

1.1.1 Obras em colaboração

_____; MOREIRA, Vital. *Constituição da República Portuguesa*: anotada. 2. ed., rev. e ampl. Coimbra: Coimbra Editora, 1984-1985. 2 v.

_____; MOREIRA, Vital. *Constituição da República Portuguesa*: anotada. 3. ed. rev. Coimbra: Coimbra Editora, 1993. 1135 p. ISBN 972-32-0592-0.

_____; MOREIRA, Vital. *Constituição República Portuguesa anotada*. 4. ed. Coimbra: Coimbra Editora, 2007-2010. v. I – Artigos 1º a 107º. ISBN 978-972-32-1462-8; v. II – Artigos 108º a 296º. ISBN 978-972-32-1839-8.

_____; MOREIRA, Vital. *Constituição da República Portuguesa*: anotada. 4. ed. rev. Coimbra: Coimbra Editora, 2007-2010. 1085 p. 2 v. v. I – Artigos 1º a 107º. ISBN 978-972-32-1462-8. v. II – Artigos 108º a 296º. 2010 ISBN 978-972-32-1839-8.

_____; MACHADO, Jónatas. *"Reality shows" e liberdade de programação*. Coimbra: Coimbra Editora, 2003. 112 p. (Argumentum; 12). ISBN 972-32-11599.

_____; MACHADO, Jónatas; RAPOSO, Vera Lúcia (Colab.). *A questão da constitucionalidade das patentes "Pipeline" à luz da Constituição Federal Brasileira de 1988*. Coimbra: Almedina, 2008. 143 p. ISBN 978-972-40-3536-9.

_____; MOREIRA, Vital. *Fundamentos da Constituição*. Coimbra: Coimbra Editora, 1991. 310, [1] p. ISBN 972-32-0474-6.

_____; MOREIRA, Vital. *Os poderes do Presidente da República*: especialmente em matéria de defesa e política externa. Coimbra: Coimbra Editora, 1991. 117, [2] p. (Argumentum; 1). ISBN 972-32-04681.

PORTUGAL. *Constituição da República Portuguesa*: anotada. J. J. Gomes Canotilho, Vital Moreira Coimbra: Coimbra Editora, 1978. XIII, 619 p.

1.1.2 Obras colectivas

AB VNO AD OMNES: 75 anos da Coimbra Editora: 1920-1995. Org. de Antunes Varela, Diogo Freitas do Amaral, Jorge Miranda, J. J. Gomes Canotilho. Coimbra: Coimbra Editora, 1998. 1446 p. ISBN 972-32-0807-5.

ARS IVDICANDI: estudos em homenagem ao Prof. Doutor António Castanheira Neves. Org. Jorge de Figueiredo Dias, José Joaquim Gomes Canotilho, José de Faria Costa. Coimbra: Coimbra Editora, 2008. 3 v. (Studia iuridica; 90, 91, 92. Ad honorem; 3). ISBN 9789723215724

(Obra completa). ISBN 9789723215700 (v. 1). ISBN 9789723216981 (v. 2). ISBN 9789723216998 (v. 3).

COLÓQUIO DA VIRTUDE E FORTUNA DA REPÚBLICA AO REPUBLICANISMO PÓS-NACIONAL, Coimbra, 2010 – *Da virtude e fortuna da república ao republicanismo pós-nacional*. Org. Comissão Nacional para as Comemorações do Centenário da República, Ius Gentium Conimbrigae da Faculdade de Direito da Universidade de Coimbra. Coord. J. J. Gomes Canotilho, Vital Moreira. Casal de Cambra: Caleidoscópio, 2011. 167 p. ISBN 978-989-658-118-3.

DESAFIOS à igreja de Bento XVI: 16 personalidades portuguesas reflectem sobre o futuro da Igreja. A. [sic] Gomes Canotilho *et al*. 1. ed. Cruz Quebrada: Casa das Letras, 2005. 218, [2] p. (Religiões). ISBN 972-46-1629-0.

DIREITO constitucional ambiental brasileiro. Org. José Joaquim Gomes Canotilho, José Rubens Morato Leite; Coaut. Alexandra Aragão *et al*. São Paulo: Saraiva, 2007. XIX, 433 p. ISBN 978-85-02-061521.

DIREITO constitucional ambiental brasileiro. Org. José Joaquim Gomes Canotilho, José Rubens Morato Leite; Coaut. Alexandra Aragão *et al*. 3. ed. rev. São Paulo: Editora Saraiva, 2010. 490 p. ISBN 978-85-02-091696.

DIREITO constitucional ambiental brasileiro. Org. José Joaquim Gomes Canotilho, José Rubens Morato Leite; Coaut. Alexandra Aragão *et al*. 4. ed. rev. São Paulo: Saraiva, 2011. 490 p. ISBN 978-85-02-10571-3.

DIREITOS fundamentais sociais. Coord. J. J. Gomes Canotilho, Marcus Orione Gonçalves Correia, Érica Paula Barcha Correia; Aut. J. J. Gomes Canotilho *et al*. São Paulo: Saraiva, 2010. 219 p. ISBN 978-85-02-09034-7.

O DIREITO e os medicamentos: vigilância sanitária, direito do consumidor e regulamentação das práticas químico-farmacêuticas. Org. Vitor Francisco Ferreira e Wilson da Costa Santos. Aut. José Joaquim Gomes Canotilho *et al*. Rio de Janeiro: Sociedade Interamericana de Vigilância Sanitária, 2011. v. 1. ISBN 9788579613784.

DIREITOS humanos, estrangeiros, comunidades migrantes e minorias. Coord. científica José Joaquim Gomes Canotilho; adjunta do coord. Ana Sofia Chieira; investigadores Ana Luísa Riquito *et al*. 1. ed. Oeiras: Celta, 2000. VI. 287 p. ISBN 972-774-069-3.

ENTRE discursos e culturas jurídicas. Coord. José Joaquim Gomes Canotilho, Lenio Luiz Streck. Coimbra: Coimbra Editora, 2006. 278, [4] p. (Studia Iuridica; 89). ISBN 978-97-232-1461-1.

FRANCISCO Salgado Zenha: liber amicorum. Org. Eduardo Paz Ferreira, José Joaquim Gomes Canotilho, Mário Mesquita, Miguel Galvão Teles, Teresa Ambrósio, Xencora Camotim. Coimbra: Coimbra Editora, 2003. 772 p. ISBN 972-32-1202-1.

INTRODUÇÃO ao direito do ambiente. Coord. científica José Joaquim Gomes Canotilho. Coaut. Cláudia Maria Cruz *et al*. Lisboa: Universidade Aberta, 1998. 255, [1] p. (Universidade Aberta; 148). ISBN 972-674-232-3. 1. ed. 2. impr. 2002.

O REGIME jurídico internacional dos rios transfronteiriços. Org. J. J. Gomes Canotilho. Coimbra: Coimbra Editora, 2006. 766 p. (RevCEDOUA; 15/16). ISBN 972-321340-0.

SOBRE o capitalismo português. Armando Castro *et al*. Coimbra: Atlântida Editora, 1971. 231 p. (Textos Vértice. Economia)

1.1.3 Outras

POCOCK, J. G. A. *El momento maquiavélico*: el pensamiento político florentino y la tradición republicana atlântica. Estudio preliminar y notas de Eloy García. Comentario crítico de Joaquím Gomes Canotilho. Traducción de Marta Vázquez-Pimentel y Eloy García. 2. ed. Madrid: Tecnos, 2008. Colección de ciencias sociales. Serie de ciencia política.

ZIPPELIUS, Reinhold. *Teoria geral do Estado*. Tradução de Karin Praefke Aires Coutinho. Coordenação de J. J. Gomes Canotilho. 3. ed. Lisboa: Fundação Calouste Gulbenkian, 1997. XV, 599, [2] p. (Manuais universitários). ISBN 972-31-0761-9.

1.2 Artigos em monografias

_____. O acordo político para a revisão constitucional. *In*: *Sistema eleitoral português*: debate político e parlamentar. Lisboa: Imprensa Nacional-Casa da Moeda, 1998. ISBN 972-27-0893-7. p. 153-158.

_____. O administrado e as suas máscaras. *In*: *Estudos em homenagem ao Prof. Doutor Sérvulo Correia*. Coimbra: Coimbra Editora, 2010. v. 1. p. 307-317.

_____. Arquivo e peregrinação. *In*: CICLO DE CONFERÊNCIAS ARCHIVUM ET JUS, Coimbra, 2004-2005. *Archivum et Jus*: actas. Coimbra: Arquivo da Universidade de Coimbra, 2006. ISBN 972-594-103-9. p. 49-59.

_____. O ativismo judiciário: entre o nacionalismo, a globalização e a pobreza. *In*: *O novo constitucionalismo na era pós-positivista*: homenagem a Paulo Bonavides. São Paulo: Saraiva, 2009. ISBN 978-85-02-08316-5. p. 47-58.

_____. The autonomy of the Macau Special Administrative Region: between centripetalism and good governance. *In*: *One country, two systems, three legal orders* – perspectives of evolution. Berlin; Heidelberg: Springer, 2009. ISBN 978-3-540-68571-5. p. 745-750.

_____. O círculo e a linha – Da "liberdade dos antigos" à "liberdade dos modernos" na teoria republicana dos direitos fundamentais: 1ª parte. *In*: *Tratado Luso-Brasileiro da dignidade humana*. São Paulo: Quartier Latin, 2008. ISBN 85-7674-348-5. p. 177-190.

_____. Comentário. *In*: *Portugal e a construção europeia*. Coimbra: Almedina, 2003. ISBN 972-40-1833-4. p. 175.

_____. Compreensão jurídico-política da carta. *In*: *Carta de direitos fundamentais da União Europeia*. Coimbra: Coimbra Editora, 2001. ISBN 972-32-1036-3. p. 13-15.

_____. Conclusões. *In*: COLÓQUIO COMEMORATIVO DO XXV ANIVERSÁRIO DO TRIBUNAL CONSTITUCIONAL, Lisboa, 2008. *XXV anos de jurisprudência constitucional portuguesa*. Coimbra: Coimbra Editora, 2009. ISBN 978-972-32-1780-3. p. 475-478.

_____. A concretização da Constituição pelo legislador e pelo Tribunal Constitucional. *In*: *Nos dez anos da Constituição*. Lisboa: Imprensa Nacional-Casa da Moeda, 1986. p. 345-372.

_____. Constituição, direitos fundamentais e tutela judicial efectiva ou defesa da justiça pública justiça republicana. *In*: COLÓQUIO SOBRE O TEMA DIREITOS FUNDAMENTAIS, 1999. *Colóquio sobre o tema direitos fundamentais*. [Org.] Supremo Tribunal de Justiça. [Lisboa: STJ, 2000]. p. 15-28.

_____. Constituição europeia: as suas soberanias e as duas legitimidades: os estados e os povos. *In*: *Europa, Portugal e a Constituição europeia*. Lisboa: Colibri: Instituto de História Contemporânea: Fundação Mário Soares, 2006. ISBN 972-772-666-6. p. 105-123.

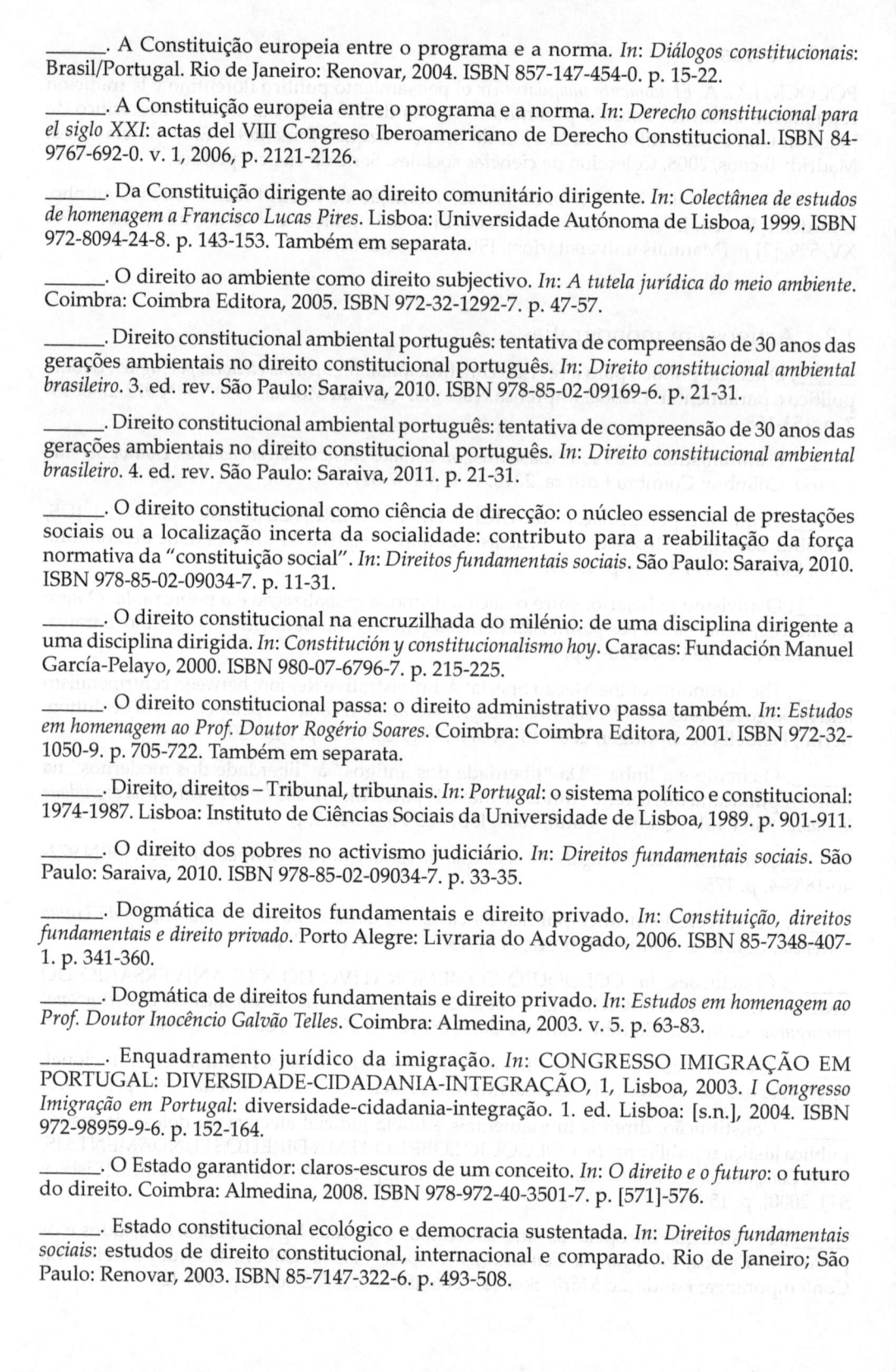

_____. A Constituição europeia entre o programa e a norma. In: *Diálogos constitucionais*: Brasil/Portugal. Rio de Janeiro: Renovar, 2004. ISBN 857-147-454-0. p. 15-22.

_____. A Constituição europeia entre o programa e a norma. In: *Derecho constitucional para el siglo XXI*: actas del VIII Congreso Iberoamericano de Derecho Constitucional. ISBN 84-9767-692-0. v. 1, 2006, p. 2121-2126.

_____. Da Constituição dirigente ao direito comunitário dirigente. In: *Colectânea de estudos de homenagem a Francisco Lucas Pires*. Lisboa: Universidade Autónoma de Lisboa, 1999. ISBN 972-8094-24-8. p. 143-153. Também em separata.

_____. O direito ao ambiente como direito subjectivo. In: *A tutela jurídica do meio ambiente*. Coimbra: Coimbra Editora, 2005. ISBN 972-32-1292-7. p. 47-57.

_____. Direito constitucional ambiental português: tentativa de compreensão de 30 anos das gerações ambientais no direito constitucional português. In: *Direito constitucional ambiental brasileiro*. 3. ed. rev. São Paulo: Saraiva, 2010. ISBN 978-85-02-09169-6. p. 21-31.

_____. Direito constitucional ambiental português: tentativa de compreensão de 30 anos das gerações ambientais no direito constitucional português. In: *Direito constitucional ambiental brasileiro*. 4. ed. rev. São Paulo: Saraiva, 2011. p. 21-31.

_____. O direito constitucional como ciência de direcção: o núcleo essencial de prestações sociais ou a localização incerta da socialidade: contributo para a reabilitação da força normativa da "constituição social". In: *Direitos fundamentais sociais*. São Paulo: Saraiva, 2010. ISBN 978-85-02-09034-7. p. 11-31.

_____. O direito constitucional na encruzilhada do milénio: de uma disciplina dirigente a uma disciplina dirigida. In: *Constitución y constitucionalismo hoy*. Caracas: Fundación Manuel García-Pelayo, 2000. ISBN 980-07-6796-7. p. 215-225.

_____. O direito constitucional passa: o direito administrativo passa também. In: *Estudos em homenagem ao Prof. Doutor Rogério Soares*. Coimbra: Coimbra Editora, 2001. ISBN 972-32-1050-9. p. 705-722. Também em separata.

_____. Direito, direitos – Tribunal, tribunais. In: *Portugal*: o sistema político e constitucional: 1974-1987. Lisboa: Instituto de Ciências Sociais da Universidade de Lisboa, 1989. p. 901-911.

_____. O direito dos pobres no activismo judiciário. In: *Direitos fundamentais sociais*. São Paulo: Saraiva, 2010. ISBN 978-85-02-09034-7. p. 33-35.

_____. Dogmática de direitos fundamentais e direito privado. In: *Constituição, direitos fundamentais e direito privado*. Porto Alegre: Livraria do Advogado, 2006. ISBN 85-7348-407-1. p. 341-360.

_____. Dogmática de direitos fundamentais e direito privado. In: *Estudos em homenagem ao Prof. Doutor Inocêncio Galvão Telles*. Coimbra: Almedina, 2003. v. 5. p. 63-83.

_____. Enquadramento jurídico da imigração. In: CONGRESSO IMIGRAÇÃO EM PORTUGAL: DIVERSIDADE-CIDADANIA-INTEGRAÇÃO, 1, Lisboa, 2003. *I Congresso Imigração em Portugal*: diversidade-cidadania-integração. 1. ed. Lisboa: [s.n.], 2004. ISBN 972-98959-9-6. p. 152-164.

_____. O Estado garantidor: claros-escuros de um conceito. In: *O direito e o futuro*: o futuro do direito. Coimbra: Almedina, 2008. ISBN 978-972-40-3501-7. p. [571]-576.

_____. Estado constitucional ecológico e democracia sustentada. In: *Direitos fundamentais sociais*: estudos de direito constitucional, internacional e comparado. Rio de Janeiro; São Paulo: Renovar, 2003. ISBN 85-7147-322-6. p. 493-508.

_____. Estado constitucional ecológico e democracia sustentada. *In: Estado de direito ambiental*: tendências. Rio de Janeiro: Forense Universitária, 2004. ISBN 85-218-0345-1. p. 3-16.

_____. Estilo e norma constitucional: a propósito do "direito constitucional técnico". *In: Doutrina*. Coordenação de James Tubenchlak. 1. ed. Rio de Janeiro: ID – Instituto de Direito, 1996. v. 1. p. 527-535.

_____. Formação de magistrados ou formação de juristas? *In: Modelos de formação e carreiras judiciárias*. Lisboa: Sindicato dos Magistrados do Ministério Público, 2004. ISBN 972-9363-09-9. p. 47-54.

_____. A governance do terceiro capitalismo e a constituição social: considerações preambulares. *In: Entre discursos e culturas jurídicas*. Coimbra: Coimbra Editora, 2006. ISBN 978-972-32-1461-1. p. 145-154.

_____. O imposto especial sobre o jogo no contexto jurídico-constitucional fiscal. Colaboração de Suzana Tavares da Silva. *In: O tributo*: reflexão multidisciplinar sobre sua natureza. Rio de Janeiro: Forense, 2007. ISBN 85-309-2474-6. p. 9-21.

_____. Interkonstitutionalität und Interkulturalität. *In: Verfassung im Diskurs der Welt*: Liber Amicorum für Peter Häberle zum siebzigsten Geburtstag. Tübingen: Mohr Siebeck, 2004. ISBN 3-16-148361-8. p. 83-91.

_____. Internormatividade desportiva e "homo sportivus". *In: Ars Iudicandi*: Estudos em homenagem ao Prof. Doutor Jorge de Figueiredo Dias. Coimbra: Coimbra Editora, 2009. ISBN 978-972-32-1794-0. v. 4. p. 151-165. Também em separata.

_____. [Intervenções]. *In*: COLÓQUIO PARLAMENTAR SOBRE O DIREITO DE PETIÇÃO, Lisboa, 1995. *O direito de petição*: Colóquio Parlamentar. Lisboa: Assembleia da República, 1995. ISBN 972-556-188-0. p. 14-48.

_____. Judicialismo e política: tópicos para uma intervenção. *In: Constituição e processo*: entre o direito e a política. Belo Horizonte: Fórum, 2011. ISBN 978-85-7700-445-4. p. 139-154.

_____. Das jüngste Werk Peter Häberles: Europäische Verfassungslehre in Einzelstudien (Baden-Baden, 1999): ein "principe" auf dem Gebiet des Verfassungsrechts. *In: Die Welt des Verfassungsstaates*: Erträge des Wissenschaftlichen Kolloquiums zu Ehren von Prof. Dr. Dr. h.c. mult. Peter Häberle aus Anlaß seines 65. Geburtstages. Baden-Baden: Nomos, 2001. ISBN 3-7890-7494-2. p. 229-241.

_____. Jurisdição constitucional e intranquilidade discursiva. *In: Perspectivas constitucionais nos 20 anos da Constituição de 1976*. Coimbra: Coimbra Editora, 1996. ISBN 972-32-0752-4. v. 1. p. [871]-887.

_____. Law shopping and good governance. *In*: JEAN MONNET CONFERENCE, Macau, 2008. *The European Union at 50*: assessing the past, looking ahead: proceedings of the Jean Monnet Conference held in Macau on the 27th-28th May 2008. Ed. Paulo Canelas de Castro. Macau: University of Macau, 2010. ISBN 978-99965-1-012-0. p. 493-512.

_____. Legislação governamental. *In: As vertentes do direito constitucional contemporâneo*. Rio de Janeiro: América Jurídica, 2002. ISBN 85-87984-35-7. p. 63-67.

_____. Legitimidade do poder judicial. *In*: COLÓQUIO A JUSTIÇA EM PORTUGAL, Lisboa, 1999. *Colóquio "A Justiça em Portugal"*. Organização do Conselho Económico e Social. Lisboa: Conselho Económico e Social, 1999. ISBN 972-8395-29-9. p. 197-205.

_____. Liberdade e exclusivo na constituição. *In: Direito industrial*. Coimbra: Almedina, 2005. ISBN 972-40-2440-7. v. 4. p. [57]-71.

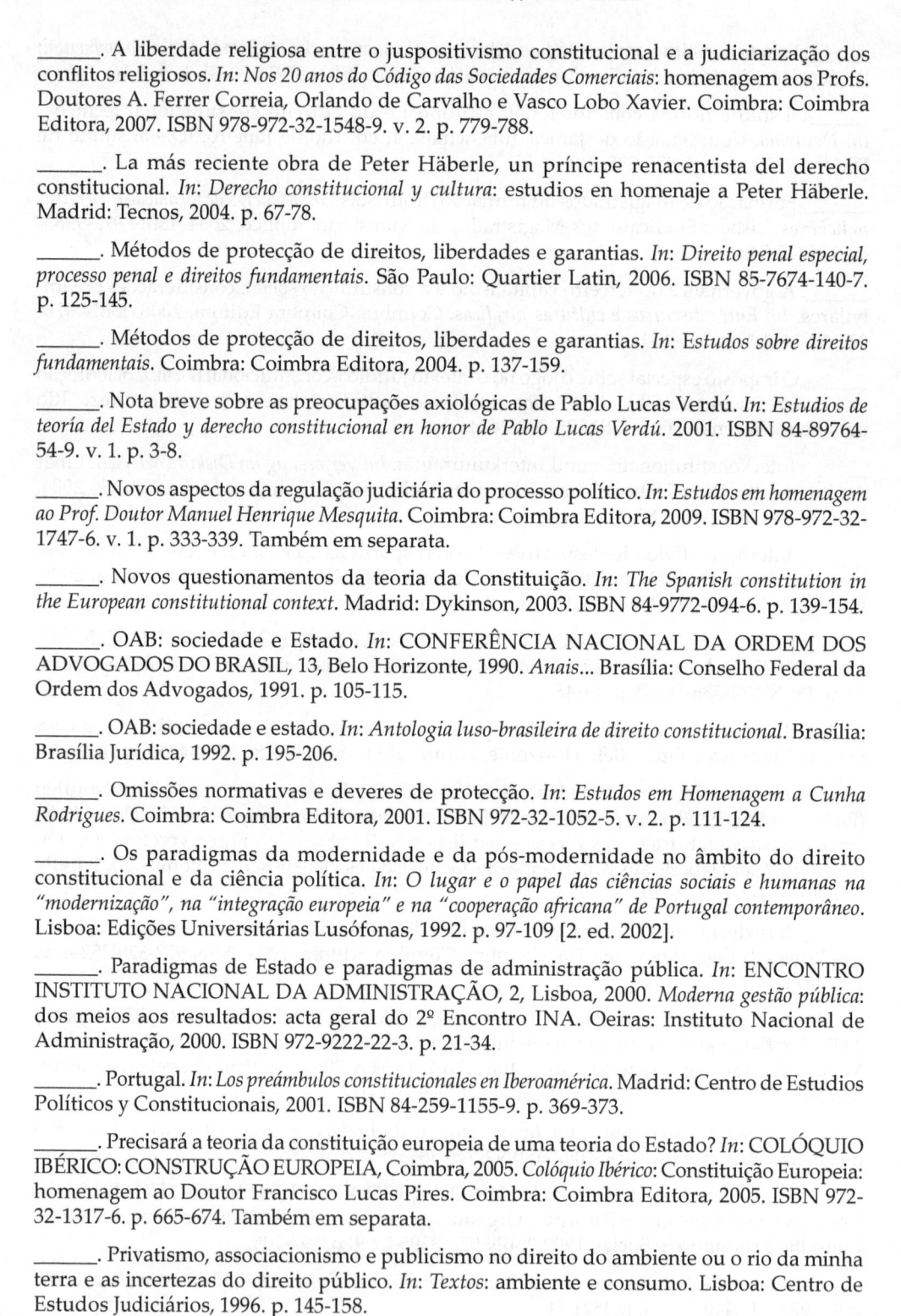

_____. A liberdade religiosa entre o juspositivismo constitucional e a judiciarização dos conflitos religiosos. In: *Nos 20 anos do Código das Sociedades Comerciais*: homenagem aos Profs. Doutores A. Ferrer Correia, Orlando de Carvalho e Vasco Lobo Xavier. Coimbra: Coimbra Editora, 2007. ISBN 978-972-32-1548-9. v. 2. p. 779-788.

_____. La más reciente obra de Peter Häberle, un príncipe renacentista del derecho constitucional. In: *Derecho constitucional y cultura*: estudios en homenaje a Peter Häberle. Madrid: Tecnos, 2004. p. 67-78.

_____. Métodos de protecção de direitos, liberdades e garantias. In: *Direito penal especial, processo penal e direitos fundamentais*. São Paulo: Quartier Latin, 2006. ISBN 85-7674-140-7. p. 125-145.

_____. Métodos de protecção de direitos, liberdades e garantias. In: *Estudos sobre direitos fundamentais*. Coimbra: Coimbra Editora, 2004. p. 137-159.

_____. Nota breve sobre as preocupações axiológicas de Pablo Lucas Verdú. In: *Estudios de teoría del Estado y derecho constitucional en honor de Pablo Lucas Verdú*. 2001. ISBN 84-89764-54-9. v. 1. p. 3-8.

_____. Novos aspectos da regulação judiciária do processo político. In: *Estudos em homenagem ao Prof. Doutor Manuel Henrique Mesquita*. Coimbra: Coimbra Editora, 2009. ISBN 978-972-32-1747-6. v. 1. p. 333-339. Também em separata.

_____. Novos questionamentos da teoria da Constituição. In: *The Spanish constitution in the European constitutional context*. Madrid: Dykinson, 2003. ISBN 84-9772-094-6. p. 139-154.

_____. OAB: sociedade e Estado. In: CONFERÊNCIA NACIONAL DA ORDEM DOS ADVOGADOS DO BRASIL, 13, Belo Horizonte, 1990. *Anais...* Brasília: Conselho Federal da Ordem dos Advogados, 1991. p. 105-115.

_____. OAB: sociedade e estado. In: *Antologia luso-brasileira de direito constitucional*. Brasília: Brasília Jurídica, 1992. p. 195-206.

_____. Omissões normativas e deveres de protecção. In: *Estudos em Homenagem a Cunha Rodrigues*. Coimbra: Coimbra Editora, 2001. ISBN 972-32-1052-5. v. 2. p. 111-124.

_____. Os paradigmas da modernidade e da pós-modernidade no âmbito do direito constitucional e da ciência política. In: *O lugar e o papel das ciências sociais e humanas na "modernização", na "integração europeia" e na "cooperação africana" de Portugal contemporâneo*. Lisboa: Edições Universitárias Lusófonas, 1992. p. 97-109 [2. ed. 2002].

_____. Paradigmas de Estado e paradigmas de administração pública. In: ENCONTRO INSTITUTO NACIONAL DA ADMINISTRAÇÃO, 2, Lisboa, 2000. *Moderna gestão pública*: dos meios aos resultados: acta geral do 2º Encontro INA. Oeiras: Instituto Nacional de Administração, 2000. ISBN 972-9222-22-3. p. 21-34.

_____. Portugal. In: *Los preámbulos constitucionales en Iberoamérica*. Madrid: Centro de Estudios Políticos y Constitucionais, 2001. ISBN 84-259-1155-9. p. 369-373.

_____. Precisará a teoria da constituição europeia de uma teoria do Estado? In: COLÓQUIO IBÉRICO: CONSTRUÇÃO EUROPEIA, Coimbra, 2005. *Colóquio Ibérico*: Constituição Europeia: homenagem ao Doutor Francisco Lucas Pires. Coimbra: Coimbra Editora, 2005. ISBN 972-32-1317-6. p. 665-674. Também em separata.

_____. Privatismo, associacionismo e publicismo no direito do ambiente ou o rio da minha terra e as incertezas do direito público. In: *Textos*: ambiente e consumo. Lisboa: Centro de Estudos Judiciários, 1996. p. 145-158.

_____. Privatizações e direitos, liberdades e garantias: a propósito do sigilo de correspondência no serviço de telecomunicações. In: *O direito na sociedade contemporânea*. Rio de Janeiro: Forense, 2005. ISBN 85-309-1801-0. p. [399]-403.

_____. O provedor de justiça e o efeito horizontal de direitos, liberdades e garantias. In: *Provedor de Justiça – 20º Aniversário 1975-1995: sessão comemorativa na Assembleia da República: 30 de Novembro de 1995*. Lisboa: [s.n.], 1996. ISBN 972-95884-7-3. p. 59-73.

_____. A questão do autogoverno das magistraturas como questão politicamente incorrecta. In: *Ab uno ad omnes*: 75 anos da Coimbra Editora: 1920-1995. Coimbra: Coimbra Editora, 1998. ISBN 972-32-0807-5. p. 247-264.

_____. Representação: entre a forma de governo representativa e a representação de nada no direito constitucional português. In: RES PUBLICA: CIDADANIA E REPRESENTAÇÃO POLÍTICA EM PORTUGAL: 1820-1926, Lisboa, 2010-2011 – *Res publica*: cidadania e representação política em Portugal: 1820-1926. Lisboa: Assembleia da República: Biblioteca Nacional de Portugal, 2010. ISBN 978-972-565-464-4. p. 142-153.

_____. A responsabilidade por danos ambientais: aproximação juspublicística. In: *Direito do ambiente*. Oeiras: INA, 1994. ISBN 972-9222-10-X. p. 397-407.

_____. Sedimentação dos direitos fundamentais e local incerto da sociabilidade. In: *La Constitución portuguesa de 1976*: un estudio académico treinta años después. Madrid: Centro de Estudios Políticos y Constitucionales, 2006. ISBN 84-259-1343-8. p. 73-86.

_____. Ter cidadania/ser cidadão: aproximação à historicidade da implantação cidadã. In: *Cidadania uma visão para Portugal*. 1. ed. Lisboa: Gradiva, 2007. ISBN 978-989-616-168-2. p. 113-126.

_____. A teoria da Constituição e as insinuações do hegelianismo democrático. In: *O homem e o tempo*: Liber Amicorum para Miguel Baptista Pereira. Porto: Fundação Eng. António de Almeida, 1999. ISBN 972-8386-26-5. p. [413]-422.

_____. Terrorismo e direitos fundamentais. In: *Criminalidade organizada e criminalidade de massa*: interferências e ingerências mútuas. Coimbra: Almedina, 2009. ISBN 978-972-40-3831-5. p. 19-30.

_____. O tom e o dom na teoria jurídico-constitucional dos direitos fundamentais. In: *Direito constitucional*. 1. ed. Brasília: Consulex, 1998. v. 2. p. 62-75.

_____. Tomemos a sério os cidadãos difíceis. In: *Direitos humanos, democracia e república*: homenagem a Fábio Konder Comparato. São Paulo: Quartier Latin do Brasil, 2009. ISBN 85-7674-390-6. p.[591]-600.

_____. A utilização do domínio público pelos cidadãos. In: *Em homenagem ao Professor Doutor Diogo Freitas do Amaral*. Coimbra: Almedina, 2010. ISBN 978-972-40-4300-5. v. 1. p. 1073-1086.

_____. Tribunal de Contas como instância dinamizadora do Princípio Republicano. In: ASSEMBLEIA-GERAL DA ORGANIZAÇÃO DAS ISC da CPLP, 5 Porto, 2008. *V Assembleia-Geral da Organização das ISC da CPLP*. Lisboa, Centros de Estudo e Formação, 2008. p. 23-36.

_____; ARAGÃO, Maria Alexandra. Análise jurídica sobre aspectos ambientais relevantes. In: PORTUGAL. Laboratório Nacional de Engenharia Civil. *Estudo para análise técnica comparada das alternativas de localização do novo aeroporto de Lisboa na zona da Ota e na zona do campo de tiro de Alcochete*: 2ª fase – avaliação comparada das duas localizações. Lisboa: LNEC, 2008. p. 26-37.

_____; CASTRO, Paulo Jorge Canelas de. Do efeito directo do artigo 33º do acordo TRIPS. In: *Homenagem ao Prof. Doutor André Gonçalves Pereira*. Lisboa: Faculdade de Direito da Universidade de Lisboa, 2006. p. 747-801. Também em separata.

_____; MACHADO, Jónatas. O estatuto jurídico da Universidade Católica Portuguesa: para uma compreensão republicana do direito ao ensino. *In*: *Francisco Salgado Zenha*: liber amicorum. Coimbra: Coimbra Editora, 2003. ISBN 972-32-1202-1. p. 369-444. Também em separata.

1.3 Artigos em publicações periódicas

_____. A 2ª revisão da Constituição da República e a identidade constitucional. *Revista Jurídica da Associação Académica da Faculdade de Direito de Lisboa*, n. 13/14, p. 257-259, jan./jun. 1990.

_____. O acto administrativo com efeito conformador de relações jurídicas entre particulares. *RevCedoua: Revista do Centro de Estudos de Direito do Ordenamento, do Urbanismo e do Ambiente*, Coimbra, ano 6, n. 11, p. 121-125, 2003. ISSN 0874-1093.

_____. Actos autorizativos jurídico-públicos e responsabilidade por danos ambientais. *Boletim da Faculdade de Direito*, Coimbra, v. 69, p. 1-69, 1993. ISSN 0303-9773. Também em separata.

_____. Apresentação de Jürgen Habermas: por ocasião do Colóquio 'Da Virtude e Fortuna da República ao Republicanismo Pós-Nacional'. *Boletim da Faculdade de Direito*, Coimbra, v. 86, p. 475-489, 2010. ISSN 0303-9773. Republicado em: COLÓQUIO DA VIRTUDE E FORTUNA DA REPÚBLICA AO REPUBLICANISMO PÓS NACIONAL, Coimbra, 2010. *Da virtude e fortuna da república ao republicanismo pós-nacional*. Casal de Cambra: Caleidoscópio, 2011. ISBN 978-989-658-118-3. p. 129-140. Também em separata.

_____. Apresentação do livro "Repensar a política" de Paulo Ferreira da Cunha. *Revista da Faculdade de Direito da Universidade do Porto*, ano 4, p. 95-101, 2007. ISSN 1645-1430.

_____. The autonomy of the Macau Special Administrative Region: between centripetalism and good governance. *Boletim da Faculdade de Direito*, Coimbra, v. 83, p. 491-499, 2007. ISSN 0303-9773. Republicado em: OLIVEIRA, Jorge Costa; CARDINAL, Paulo (Ed.). *One country, two systems, three legal orders* – Perspectives of evolution. Berlin: Springer-Verlag, 2009. p. 745-750.

_____. O círculo e a linha: da "liberdade dos antigos" à "liberdade dos modernos" na teoria republicana dos direitos fundamentais. *Revista de História das Ideias*. Coimbra, v. 9, t. 3, p. 733-758, 1987. ISSN 0870-0958. Republicado em: *Estudos sobre direitos fundamentais*. Coimbra: Coimbra Editora, 2004. p. 7-34. Republicado em: MIRANDA, Jorge; SILVA, Marco Antonio Marques da (Coord.). *Tratado luso-brasileiro da dignidade humana*. São Paulo: Quartier Latin, 2008. ISBN 85-7674-348-5. p. [177]-190. Também em separata.

_____. Cláusulas de rigor e direito constitucional. *Revista de Legislação e de Jurisprudência*, Coimbra, ano 141, n. 3971, p. 70-90, 2011. ISSN 0870-8487.

_____. A Constituição Européia entre o programa e a norma. *Revista da Academia Brasileira de Direito Constitucional*, Curitiba, v. 7, p. 291-299, 2005. ISSN 1676-1480.

_____. A Constituição de 1976 dez anos depois: do grau zero da eficácia à longa marcha através das instituições. *Revista Crítica de Ciências Sociais*, Coimbra, n. 18-19-20, p. 269-279, fev. 1986. ISSN 0254-1106.

_____. Constituição e autonomia local. *Seara Nova*, Lisboa, n. 1573, p. 3-4, 1976.

_____. Constituição e défice procedimental. *Estado e Direito*, Lisboa, v. 1, n. 2, p. 33-43, Sem. 2 1988. ISSN 1647-2071.

_____. Constituição e "tempo ambiental". *RevCEDOUA: Revista do Centro de Estudos de Direito do Ordenamento, do Urbanismo e do Ambiente*, Coimbra, ano 2, v. 2, p. 9-14, 1999. ISSN 0874-1093.

_____. Derecho, derechos; Tribunal, tribunales. *Revista de Estudios Politicos*, Madrid, n. 60/61, p. 819-829, abr./set. 1988. Nueva época. ISSN 0048-7694.

_____. Direito à emanação de normas legais individuais? *Revista de Legislação e de Jurisprudência*, Coimbra, ano 127, n. 3847, p. 290-294, fev. 1995. ISSN 0870-8487.

_____. Direito constitucional ambiental português: tentativa de compreensão de 30 anos das gerações ambientais no direito constitucional português. *Temas de Integração*, Coimbra, n. 21, p. 23-35, Sem. 1, 2006.

_____. O direito constitucional como ciência de direcção: o núcleo essencial de prestações sociais ou a localização incerta da socialidade: contributo para a reabilitação da força normativa da "constituição social". *Revista da Academia Brasileira de Direito Constitucional*, Curitiba, v. 10-B, p. 105-127, 2006. ISSN 1676-1480.

_____. Direito constitucional de conflitos e protecção de direitos fundamentais. *Revista de Legislação e de Jurisprudência*, Coimbra, ano 125, n. 3815, p. 35-39, 1992; n. 3821, p. 231-234; n. 3822, p. 264-267, 1993; n. 3823, p. 293-295. ISSN 0870-8487.

_____. O direito constitucional entre o moderno e o pós-moderno. *Revista Brasileira de Direito Comparado*, Rio de Janeiro. n. 9, p. 76-90, sem. 2, 1990. ISSN 1517-2163.

_____. Direito de organização e direito de função pública. *Boletim da Faculdade de Direito*, Coimbra, v. 68, p. 359-380, 1992. ISSN 0303-9773. Argumento de doutoramento para as provas do lic. Nuno José Vasconcelos de Albuquerque e Sousa, na Faculdade de Direito da Universidade de Coimbra em 30 de outubro de 1992. Também em separata.

_____. "Discurso moral" ou "discurso constitucional", "reserva de lei" ou "reserva de governo"? *Boletim da Faculdade de Direito*, Coimbra, v. 69, p. 699-717, 1993. ISSN 0303-9773. Argumento de doutoramento referente à tese de doutoramento apresentada por Manuel Afonso Vaz no núcleo do Porto da Universidade Católica Portuguesa, em 23 de julho de 1993. Também em separata.

_____. Dizer a norma nas questões de trabalho. *Questões Laborais*, Coimbra, ano 1, n. 2, p. 65-75, 1994. ISSN 0872-8267.

_____. Dos direitos individuais ao direito à paz: entre a paz perpétua e a tópica política. *Boletim da Faculdade de Direito*, Coimbra, v. 84, p. 25-33, 2008. ISSN 0303-9773.

_____. Electrosmog e relações de vizinhança ambiental: primeiras considerações. *RevCEDOUA: Revista do Centro de Estudos de Direito do Ordenamento, do Urbanismo e do Ambiente*, Coimbra, ano 5, n. 10, v. 2, p. 9-12, 2002. ISSN 0874-1093.

_____. Entre a justiça e a prudência: uma carta para o Centro de Estudos Judiciários. *Revista do CEJ*, n. 4, p. 7-16, 1º sem. 2006. ISSN 1645-829X.

_____. Estado adjectivado e teoria da constituição. *Revista da Academia Brasileira de Direito Constitucional*, Curitiba, v. 3, p. 455-474, 2003. ISSN 1676-1480. Também publicado em: SILVA, Luciano Nascimento (Coord.). *Estudos jurídicos de Coimbra*. Colaboração de Anabela Miranda Rodrigues *et al*. Curitiba: Juruá, 2007. ISBN 978-85-362-1551-8. p. 107-126.

_____. Estado constitucional ecológico e democracia sustentada. *RevCEDOUA: Revista do Centro de Estudos de Direito do Ordenamento, do Urbanismo e do Ambiente*, Coimbra, ano 4, n. 8, p. 9-16, 2001. ISSN 0874-1093.

_____. O Estado no direito constitucional internacional. *Revista de História das Ideias*, Coimbra, v. 26, p. 343-352, 2005. ISSN 0870-0958. Também em separata.

_____. Estilo e norma constitucional: a propósito do "direito constitucional técnico". *Legislação: Cadernos de Ciência de Legislação*, Oeiras, n. 16, p. 5-13, abr./jun. 1996. ISSN 0871-9497.

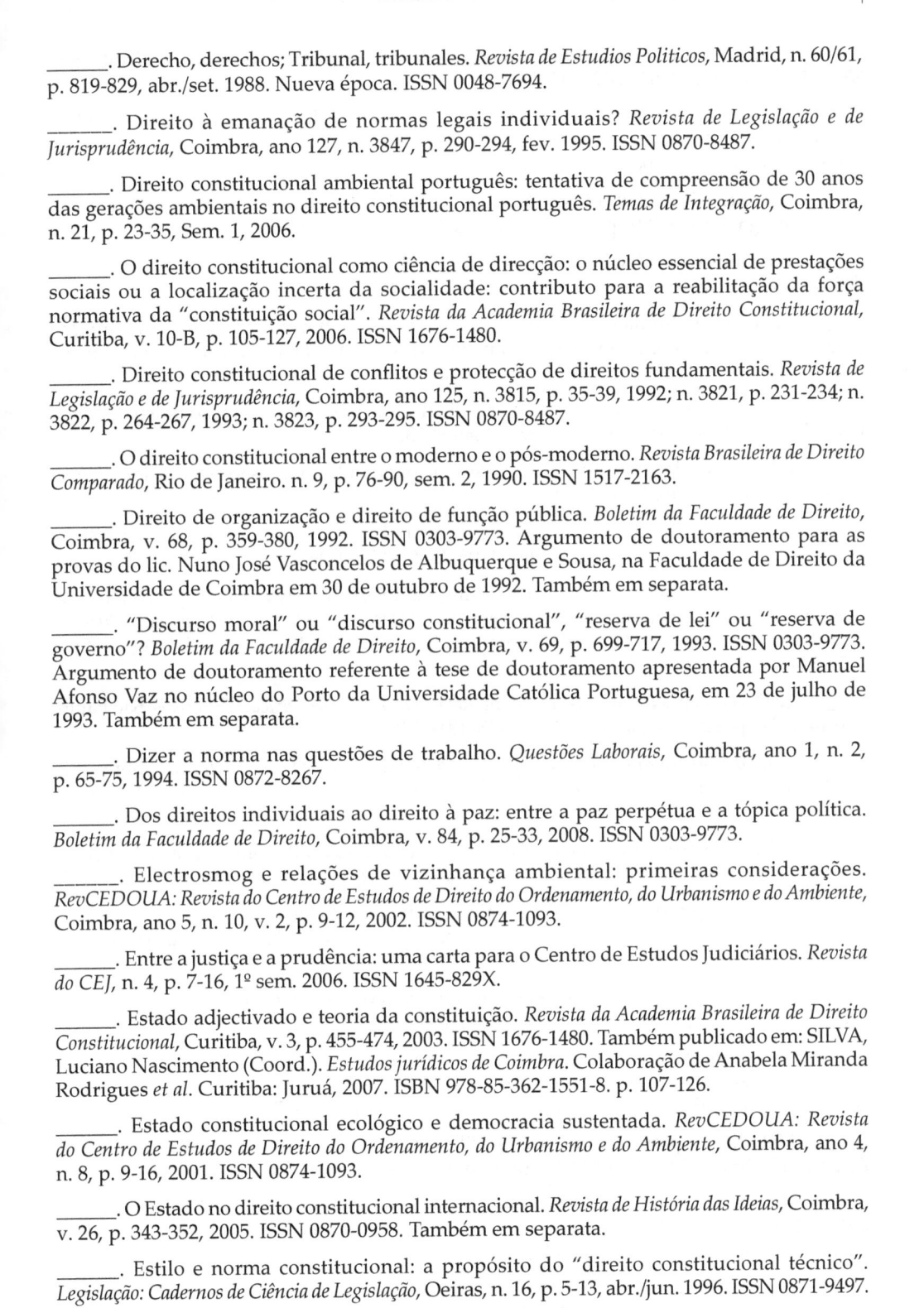

_____. Existe um direito constitucional da regulação? *Revista do Advogado*, São Paulo, ano 23, n. 73, p. 109-111, 2003. ISSN 0101-7497.

_____. Fidelidade à República ou fidelidade à NATO? *Boletim da Faculdade de Direito*, Coimbra, v. 1, p. 131-207, 1984. Número Especial – Estudos em homenagem ao Prof. Doutor Afonso Rodrigues Queiró. Também em separata.

_____. Formação de magistrados ou formação de juristas?: uma carta para Bolonha. *Scientia Iuridica*, Braga, t. 53, n. 298, p. 7-30, jan./abr. 2004. ISSN 0870-8185.

_____. Os impulsos modernos para uma teoria da legislação. *Legislação: Cadernos de Ciência de Legislação*, Oeiras, n. 1, p. 7-14, abr./jun. 1991. ISSN 0871-9497.

_____. Intervenções humanitárias e sociedade de risco: contributos para uma aproximação ao problema do risco nas intervenções humanitárias. *Nação e Defesa*, Lisboa, 2ª Série, n. 97, p. 17-26, Primavera 2001. ISSN 0870-757X. Também em separata.

_____. Julgar e decidir: as invisíveis manhas da decisão nos "tribunais académicos". *Julgar*, Lisboa, n. 1, p. 13-18, jan./abr. 2007. ISSN 1646-6853.

_____. Julgar e decidir entre a antecâmara e a racionalidade da decisão. *Revista do CEJ*, n. 6, p. 9-14, 1º sem. 2007. ISSN 1645-829X.

_____. Juridicização da ecologia ou ecologização do Direito. *Revista Jurídica do Urbanismo e do Ambiente*, Coimbra, n. 4, p. 69-79, dez. 1995. ISSN 0872-9336.

_____. Jurisdicción constitucional y nuevas inquietudes discursivas. Del mejor método a la mejor teoría. *Fundamentos: Cuadernos monográficos de teoría del estado, derecho público e historia constitucional*, n. 4, p. 425-440, 2006. Exemplar dedicado a: La Rebelión de las Leyes. ISSN 1575-3247.

_____. Justiça constitucional e justiça penal. *Revista Brasileira de Ciências Criminais*, São Paulo, ano 14, n. 58, p. 329-344, jan./fev. 2006. ISSN 1314-5400.

_____. A lei do orçamento na teoria da lei. *Boletim da Faculdade de Direito*, Coimbra, v. 2, p. 543-583, 1979. Número Especial – Estudos em homenagem ao Prof. Doutor J. J. Teixeira Ribeiro. Também em separata.

_____. Leitura de prosa arcaica na cerimónia de atribuição do Prémio Pessoa 2003. *Revista Brasileira de Direito Comparado*, Rio de Janeiro, n. 27, p. 231-240, sem. 2, 2004. ISSN 1517-2163.

_____. Leitura de prosa arcaica na cerimônia de atribuição do Prêmio Pessoa 2003: a história que vai contar-se é, afinal, uma história de poetas. *In Ius et Iustitia*, Araras, n. 1, p. 81-91, 2004. ISSN 1807-5223.

_____. Mal-estar da constituição e pessimismo pós-moderno. *Lusíada: Revista de Ciência e Cultura*, Porto, n. 1, p. 55-65, mar. 1991. Série Direito. ISSN 0872-2498.

_____. Metodología "fuzzy" y "camaleones normativos" en la problemática actual de los derechos económicos, sociales y culturales. *Derechos y Libertades: Revista del Instituto Bartolomé de las Casas*, Madrid, ano 3, n. 6, p. 35-49, fev. 1998. ISSN 1133-0937.

_____. Métodos de protecção de direitos, liberdades e garantias. *Boletim da Faculdade de Direito*, Coimbra, p. 793-814, 2003. Volume comemorativo. ISSN 0303-9773.

_____. No "sexénio" do Tribunal Constitucional português: para uma teoria pluralística da jurisdição constitucional no Estado constitucional democrático português. *Revista do Ministério Público*, Lisboa, ano 9, n. 33/34, p. 9-27, jan./jun. 1988.

_____. Uma norma que abalou Portugal: a norma impositiva da unicidade sindical. *Revista de História das Ideias*, Coimbra, v. 17, p. 527-559, 1995. ISSN 0870-0958. Também em separata.

_____. Nova ordem mundial e ingerência humanitária: claros-escuros de um novo paradigma internacional. *Boletim da Faculdade de Direito*, Coimbra, v. 71, 1995, p. 1-26. ISSN 0303-9773. Também em separata.

_____. Offenheit vor dem Völkerrecht und Völkerrechtsfreundlichkeit des portugiesischen Rechts. *Archiv des Völkerrechts*, Tübingen, Band 34, heft 1, p. 47-71, 1996. ISSN 0003-892X.

_____. Ordem constitucional, direitos fundamentais e partidos políticos. *Nação e Defesa*, Lisboa, ano 4, n. 10, p. 81-105, abr./jun. 1979. ISSN 0870-757X.

_____. As palavras e os homens: reflexões sobre a Declaração Conjunta Luso-Chinesa e a institucionalização do recurso de amparo de direitos e liberdades na ordem jurídica de Macau. *Boletim da Faculdade de Direito*, Coimbra, v. 70, p. 107-131, 1994. ISSN 0303-9773. Republicado em: *Revista Jurídica de Macau*, p. 331-352, 1999. Número especial. Também em separata.

_____. Para uma teoria pluralística da jurisdição constitucional no Estado constitucional democrático português. *Revista do Ministério Público*, ano 9, n. 33-34, p. 9-27, jan./jun. 1988. ISSN 0870-6107.

_____. Pela mão de Mariana: a propósito do negocialismo partidário na revisão constitucional. *Seara Nova*, Lisboa, n. 56, p. 3-7, abr. 1997. ISSN 0870-5291.

_____. Uma peregrinação "constitucional" pela rua da interioridade. *Território Artes*. n. 1, p. 55-57, set. 2007. ISSN 1646-8252.

_____. Princípio da sustentabilidade como princípio estruturante do direito constitucional. *Tékhne*, v. 8, n. 13, p. 7-18, 2010. ISSN 1645-9911.

_____. El principio democrático: entre el Derecho constitucional y el Derecho administrativo. *Revista de Derecho Constitucional Europeo*, n. 11, p. 49-64, 2009. Exemplar dedicado a: Homenaje a Peter Häberle, I. ISSN 1697-7890.

_____. Princípios: entre a sabedoria e a aprendizagem. *Boletim da Faculdade de Direito*, Coimbra, v. 82, p. 1-14, 2006. ISSN 0303-9773. Republicado em: *Ars Iudicandi*: estudos em homenagem ao Prof. Doutor António Castanheira Neves. Coimbra: Coimbra Editora, 2008. v. 1. p. 375-387. ISBN 978-972-32-1570-0. Também em separata.

_____. Principios y "nuevos constitucionalismos": el problema de los nuevos principios. *Revista de Derecho Constitucional Europeo*, n. 14, p. 321-364, 2010. ISSN 1697-7890.

_____. Privatismo, associativismo e publicismo na justiça administrativa do ambiente: as incertezas do contencioso ambiental. *Revista de Legislação e de Jurisprudência*, Coimbra, ano 128, n. 3857, p. 232-235, dez. 1995; n. 3858/3859, p. 265-271, jan./fev. 1996; n. 3860, p. 322-325, mar. 1996; n. 3861, p. 354-360, abr. 1996. ISSN 0870-8487.

_____. O problema da dupla revisão na Constituição Portuguesa. *Fronteira*, Porto, ano 2, n. 6, p. 84-104, abr./jun. 1979. Também em separata.

_____. Procedimento administrativo e defesa do ambiente. *Revista de Legislação e de Jurisprudência*, Coimbra, ano 123, n. 3794, p. 134-137, set. 1990; n. 3795, p. 168-171, out. 1990; n. 3798, p. 261-270, jan. 1991; n. 3799, p. 289-293, fev. 1991; n. 3800, p. 325-326, mar. 1991; ano 124, n. 3802, p. 7-10, maio 1991. ISSN 0870-8487.

_____. Protecção de direitos fundamentais através de organização e procedimento. *Revista da Faculdade de Direito da Universidade do Porto*, Porto, ano 8, p. 197-206, 2011. ISSN 1645-1430.

_____. Relações jurídicas poligonais, ponderação ecológica de bens e controlo judicial preventivo. *Revista Jurídica do Urbanismo e do Ambiente*, Coimbra, n. 1, p. 55-66, jun. 1994. ISSN 0872-9336.

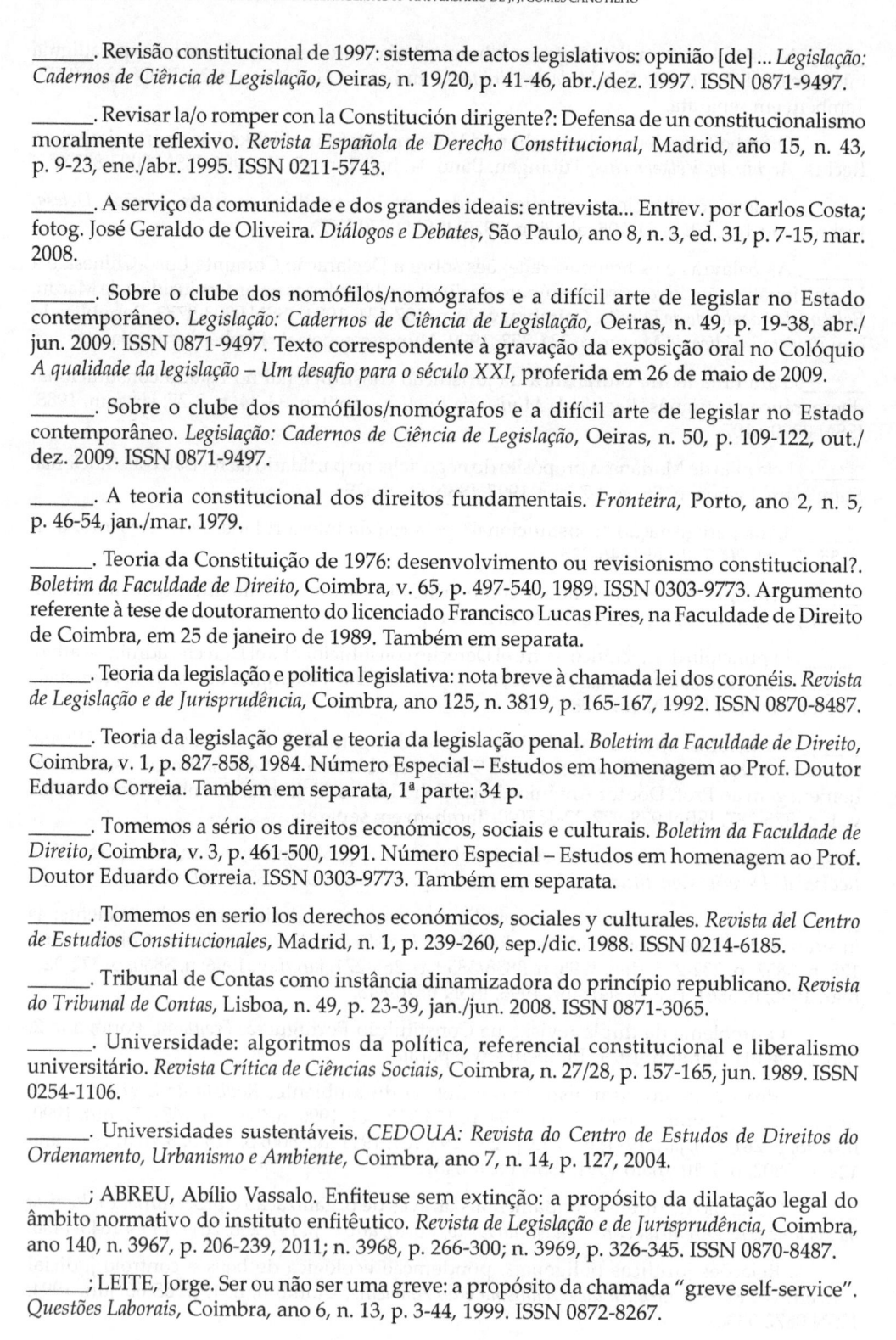

_____. Revisão constitucional de 1997: sistema de actos legislativos: opinião [de] ... *Legislação: Cadernos de Ciência de Legislação*, Oeiras, n. 19/20, p. 41-46, abr./dez. 1997. ISSN 0871-9497.

_____. Revisar la/o romper con la Constitución dirigente?: Defensa de un constitucionalismo moralmente reflexivo. *Revista Española de Derecho Constitucional*, Madrid, año 15, n. 43, p. 9-23, ene./abr. 1995. ISSN 0211-5743.

_____. A serviço da comunidade e dos grandes ideais: entrevista... Entrev. por Carlos Costa; fotog. José Geraldo de Oliveira. *Diálogos e Debates*, São Paulo, ano 8, n. 3, ed. 31, p. 7-15, mar. 2008.

_____. Sobre o clube dos nomófilos/nomógrafos e a difícil arte de legislar no Estado contemporâneo. *Legislação: Cadernos de Ciência de Legislação*, Oeiras, n. 49, p. 19-38, abr./jun. 2009. ISSN 0871-9497. Texto correspondente à gravação da exposição oral no Colóquio *A qualidade da legislação – Um desafio para o século XXI*, proferida em 26 de maio de 2009.

_____. Sobre o clube dos nomófilos/nomógrafos e a difícil arte de legislar no Estado contemporâneo. *Legislação: Cadernos de Ciência de Legislação*, Oeiras, n. 50, p. 109-122, out./dez. 2009. ISSN 0871-9497.

_____. A teoria constitucional dos direitos fundamentais. *Fronteira*, Porto, ano 2, n. 5, p. 46-54, jan./mar. 1979.

_____. Teoria da Constituição de 1976: desenvolvimento ou revisionismo constitucional?. *Boletim da Faculdade de Direito*, Coimbra, v. 65, p. 497-540, 1989. ISSN 0303-9773. Argumento referente à tese de doutoramento do licenciado Francisco Lucas Pires, na Faculdade de Direito de Coimbra, em 25 de janeiro de 1989. Também em separata.

_____. Teoria da legislação e politica legislativa: nota breve à chamada lei dos coronéis. *Revista de Legislação e de Jurisprudência*, Coimbra, ano 125, n. 3819, p. 165-167, 1992. ISSN 0870-8487.

_____. Teoria da legislação geral e teoria da legislação penal. *Boletim da Faculdade de Direito*, Coimbra, v. 1, p. 827-858, 1984. Número Especial – Estudos em homenagem ao Prof. Doutor Eduardo Correia. Também em separata, 1ª parte: 34 p.

_____. Tomemos a sério os direitos económicos, sociais e culturais. *Boletim da Faculdade de Direito*, Coimbra, v. 3, p. 461-500, 1991. Número Especial – Estudos em homenagem ao Prof. Doutor Eduardo Correia. ISSN 0303-9773. Também em separata.

_____. Tomemos en serio los derechos económicos, sociales y culturales. *Revista del Centro de Estudios Constitucionales*, Madrid, n. 1, p. 239-260, sep./dic. 1988. ISSN 0214-6185.

_____. Tribunal de Contas como instância dinamizadora do princípio republicano. *Revista do Tribunal de Contas*, Lisboa, n. 49, p. 23-39, jan./jun. 2008. ISSN 0871-3065.

_____. Universidade: algoritmos da política, referencial constitucional e liberalismo universitário. *Revista Crítica de Ciências Sociais*, Coimbra, n. 27/28, p. 157-165, jun. 1989. ISSN 0254-1106.

_____. Universidades sustentáveis. *CEDOUA: Revista do Centro de Estudos de Direitos do Ordenamento, Urbanismo e Ambiente*, Coimbra, ano 7, n. 14, p. 127, 2004.

_____; ABREU, Abílio Vassalo. Enfiteuse sem extinção: a propósito da dilatação legal do âmbito normativo do instituto enfitêutico. *Revista de Legislação e de Jurisprudência*, Coimbra, ano 140, n. 3967, p. 206-239, 2011; n. 3968, p. 266-300; n. 3969, p. 326-345. ISSN 0870-8487.

_____; LEITE, Jorge. Ser ou não ser uma greve: a propósito da chamada "greve self-service". *Questões Laborais*, Coimbra, ano 6, n. 13, p. 3-44, 1999. ISSN 0872-8267.

_____; MACHADO, Jonatas. Bens culturais, propriedade privada e liberdade religiosa. *Revista do Ministério Público*, Lisboa, ano 16, n. 64, p. 11-38, out./dez. 1995. ISSN 0870-6107. Também em separata.

_____; MACHADO, Jonatas. Metódica multinível: acordos internacionais do estado português com comunidades religiosas. *Revista de Legislação e de Jurisprudência*, Coimbra, ano 139, n. 3962, p. 254-269, 2010. ISSN 0870-8487.

_____; MOREIRA, Vital. A fiscalização da constitucionalidade das normas de Macau. *Boletim da Faculdade de Direito*, Macau, ano 1, n. 1, p. 21-42, 1997. ISSN 8073-9854.

_____; MOREIRA, Vital. A fiscalização da constitucionalidade das normas de Macau. *Revista do Ministério Público*, Lisboa, ano 12, n. 48, p. 9-40, out./dez. 1991. ISSN 0870-6107. Também em separata.

_____; SILVA, Suzana Tavares da. Método multinível: "Spill-over effects" e interpretação conforme o direito da União. *Revista de Legislação e de Jurisprudência*, Coimbra, ano 138, n. 3955, p. 182-199, 2009. ISSN 0870-8487.

2 Constituição

PORTUGAL. *Constituição da República Portuguesa de 2 de Abril de 1976*: alterada pela Lei Constitucional nº 1/82, de 30 de Setembro. Ed. org. por J. J. Gomes Canotilho e Vital Moreira Coimbra: Coimbra Editora, 1982. 243 p.

_____. *Constituição da República Portuguesa de 2 de Abril de 1976*: alterada pelas leis constitucionais nºs. 1-82 e 1-89; Lei do Tribunal Constitucional. Ed. org. J. J. Gomes Canotilho, Vital Moreira Coimbra: Coimbra Editora, 1989. 213 p. ISBN 972-32-0405-3.

_____. *Constituição da República Portuguesa de 2 de Abril de 1976*: alterada pelas leis constitucionais nºs. 1/82 e 1/89; Lei do Tribunal Constitucional. Ed. org. J. J. Gomes Canotilho, Vital Moreira. 2. ed. rev. Coimbra: Coimbra Editora, 1989. 213, [2] p. ISBN 972-32-0416-9.

_____. *Constituição da República Portuguesa de 2 de Abril de 1976*: alterada pelas leis constitucionais nº 1/82, 1/89 e 1/92; Lei do Tribunal Constitucional. Ed. org. J. J. Gomes Canotilho, Vital Moreira. 3. ed. rev. Coimbra: Coimbra Editora, 1993. 209 p. ISBN 972-32-0553-X.

_____. *Constituição da República Portuguesa de 2 de Abril de 1976*: revista pelas leis constitucionais nºs 1/82, 1/89, 1/92 e 1/97; Lei do Tribunal Constitucional. Ed. org. J. J. Gomes Canotilho, Vital Moreira. 4. ed. rev. Coimbra: Coimbra Editora, 1997. 272 p. ISBN 972-32-0792-3.

_____. *Constituição da República Portuguesa de 2 de Abril de 1976*: revista pelas leis constitucionais nºs 1/82, 1/89, 1/92 e 1/97; Lei do Tribunal Constitucional. Ed. org. por J. J. Gomes Canotilho, Vital Moreira. 5. ed. rev. Coimbra: Coimbra Editora, 1998. 280 p. ISBN 972-32-0846-6.

_____. *Constituição da República Portuguesa; Lei do Tribunal Constitucional*. Ed. por J. J. Gomes Canotilho e Vital Moreira. 3. ed. rev. Coimbra: Coimbra Editora, 1993. 209, [2] p. ISBN 972-32-0553-X.

_____. *Constituição da República Portuguesa; Lei do Tribunal Constitucional*. Ed. por J. J. Gomes Canotilho e Vital Moreira. 4. ed. rev. Coimbra: Coimbra Editora, 1997. 272 p. ISBN 972-32-0792-3.

_____. *Constituição da República Portuguesa; Lei do Tribunal Constitucional*. Ed. J. J. Gomes Canotilho e Vital Moreira. 5. ed. rev. Coimbra: Coimbra Editora, 1998. 280 p. ISBN 972-32-0846-6.

_____. *Constituição da República Portuguesa; Lei do Tribunal Constitucional*. J. J. Gomes Canotilho, Vital Moreira. 6. ed. rev. Coimbra: Coimbra Editora, 2002. 286 p. ISBN 972-32-1084-3. Uma reimp.

_____. *Constituição da República Portuguesa; Lei do Tribunal Constitucional*. J. J. Gomes Canotilho, Vital Moreira. 7. ed. rev. Coimbra: Coimbra Editora, 2005. 262 p. ISBN 972-32-1278-1.

_____. *Constituição da República Portuguesa; Lei do Tribunal Constitucional*. J. J. Gomes Canotilho, Vital Moreira. 8. ed. rev. 3. reimpr. Lisboa: Wolters Kluwer; Coimbra Editora, 2010. 262 p. ISBN 972-32-1356-7.

3   Lições e sumários de lições

_____. *Direito constitucional*. [Coimbra]: Serviço de Textos da U.C., 1976-77. 746 p. Tópicos de estudo de direito constitucional da Faculdade de Direito de Coimbra no ano lectivo de 1976-77.

_____. *Direito constitucional e ciência política*: segundo as aulas... Coimbra: Secção de Textos da Faculdade de Direito da Universidade de Coimbra, 1989. 105 p.

_____. Relatório sobre programa, conteúdos e métodos de um curso de teoria da legislação. *Boletim da Faculdade de Direito*, Coimbra, v. 63, p. 405-494, 1987. ISSN 0303-9773. Também em separata.

_____. Tópicos de um curso de mestrado sobre direitos fundamentais, procedimento, processo e organização. *Boletim da Faculdade de Direito*, Coimbra, v. 66, p. 151-201, 1990. ISSN 0303-9773. Também em separata.

4   Jurisprudência crítica

_____. Acto administrativo "interno" ou "preparatório" e recorribilidade, anotação ao Acórdão de 17 de Janeiro de 1989, do Supremo Tribunal Administrativo. *Revista de Legislação e de Jurisprudência*, Coimbra, ano 123, n. 3793, p. 112-118, 1990. ISSN 0870-8487.

_____. Acto administrativo plural ou geral: requisitos de recorribilidade: fundamentação, anotação ao Acórdão de 11 de Maio de 1989, do Governo Regional da Madeira. *Revista de Legislação e de Jurisprudência*, Coimbra, ano 123, n. 3790, p. 15-20, 1990. ISSN 0870-8487.

_____. O caso da quinta do Taipal: protecção do ambiente e direito de propriedade, anotação. *Revista de Legislação e de Jurisprudência*, Coimbra, ano 128, n. 3850/3851, p. 13-25, 44-57, 1995. ISSN 0870-8487.

_____. Caso Varizo: extradição no caso de prisão perpétua, anotação ao Acórdão nº 474/95 - Processo nº 518/94, do Tribunal Constitucional. *Revista de Legislação e de Jurisprudência*, Coimbra, ano 128, n. 3857, p. 242-251, 1995. ISSN 0870-8487.

_____. Competência quanto à fixação e eliminação de portagens rodoviárias, anotação ao Acórdão nº 24/98 - Processo nº 621/97, do Tribunal Constitucional. *Revista de Legislação e de Jurisprudência*, Coimbra, ano 131, n. 3887/3888, p. 50-96, 1998. ISSN 0870-8487.

_____. A composição do Conselho do Ministério Público e a limitação temporal ao exercício do cargo de Procurador-Geral da República, anotação ao Acórdão nº 254/92, Plenário, de 2 de Julho - Processo nº 364/92, do Tribunal Constitucional. *Revista de Legislação e de Jurisprudência*, Coimbra, ano 125, n. 3818, p. 129-158, 1992. ISSN 0870-8487.

_____. Criação de vagas adicionais de acesso ao ensino superior e princípios da igualdade e separação e interdependência de poderes, anotação ao Acórdão nº 1/97 - Processo nº 845/96, do Tribunal Constitucional. *Revista de Legislação e de Jurisprudência*, Coimbra, ano 130, n. 3875/3876, p. 48-83, 1997. ISSN 0870-8487.

_____. O direito à informação procedimental por parte dos candidatos a concurso público e o princípio da transparência no Estado democrático de Direito, anotação aos Acórdãos 176/92 e 177/92 de 7 de Maio: Acórdão 176/92 - Processo nº 214/90, Acórdão 177/92 - Processo nº 313/91, do Tribunal Constitucional. *Revista de Legislação e de Jurisprudência*, Coimbra, ano 125, n. 3821, p. 234-256, 1992. ISSN 0870-8487.

_____. Direito à objecção de consciência e exigência de declaração de expressa disponibilidade para cumprir o serviço cívico, anotação ao Acórdão nº 5/96 – Processo nº 534/94, do Tribunal Constitucional. *Revista de Legislação e de Jurisprudência*, Coimbra, ano 129, n. 3865, p. 107-121, 1996. ISSN 0870-8487.

_____. Direito de voto dos não residentes no território nacional, anotação ao Acórdão nº 320/89 - Processo nº 72/89, do Tribunal Constitucional. *Revista de Legislação e de Jurisprudência*, Coimbra, ano 122, n. 3788, p. 324-356, 1990. ISSN 0870-8487.

_____. Garantias constitucionais e normas de direito processual penal, anotação ao Acórdão nº 70/80 - Processo nº 229/89, do Tribunal Constitucional. *Revista de Legislação e de Jurisprudência*, Coimbra, ano 123, n. 3792, p. 89-96, 1990. ISSN 0870-8487.

_____. Inaplicabilidade do disposto no Art. 22º da Constituição à responsabilidade decorrente do exercício da função jurisdicional, anotação ao Acórdão de 9 de Outubro de 1990, do Supremo Tribunal Administrativo, Contenciosos Administrativo. *Revista de Legislação e de Jurisprudência*, Coimbra, ano 124, n. 3803, p. 77-86, 1991. ISSN 0870-8487.

_____. Inconstitucionalidade da Lei de criação das regiões administrativas, anotação ao Acórdão nº 709/97 - Processo nº 532/97, do Tribunal Constitucional. *Revista de Legislação e de Jurisprudência*, Coimbra, ano 130, n. 3882, p. 263-288, 1998. ISSN 0870-8487.

_____. Inconstitucionalidade de algumas disposições do Decreto nº 335/V da Assembleia da República, relativamente aos objectores de consciência, anotação ao Acórdão nº 363/91, de 30 de Julho de 1991 - Processo nº 351/91, do Tribunal Constitucional. *Revista de Legislação e de Jurisprudência*, Coimbra, ano 124, n. 3807, p. 167-200, 1991. ISSN 0870-8487.

_____. Inconstitucionalidade de uma das disposições do Decreto nº 356/V da Assembleia da República, relativo à lei eleitoral das autarquias, anotação ao Acórdão nº 364/91, de 31 de Julho de 1991 - Processo nº 367/91, do Tribunal Constitucional. *Revista de Legislação e de Jurisprudência*, Coimbra, ano 124, n. 3806, p. 135-147, 1991. ISSN 0870-8487.

_____. Inconstitucionalidade do assento do Supremo Tribunal de Justiça, de 28 de Maio de 1987, por virtude da violação que envolve do princípio da não discriminação dos filhos, anotação ao Acórdão nº 359/91, de 9 de Julho de 1991 - Processo nº 36/90, do Tribunal Constitucional. *Revista de Legislação e de Jurisprudência*, Coimbra, ano 124, n. 3811, p. 294-327, 1992. ISSN 0870-8487.

_____. A jurisprudência constitucional referendária de 1998, anotação aos Acórdãos nº 288/98, n. 531/98 e nº 532/98, do Tribunal Constitucional. *Revista de Legislação e de Jurisprudência*, Coimbra, ano 131, n. 3894/3896, p. 266-350, 1999. ISSN 0870-8487.

_____. Legislação sobre incompatibilidades e inconstitucionalidade, anotação ao Acórdão nº 256/90, do Tribunal Constitucional. *Revista de Legislação e de Jurisprudência*, Coimbra, ano 123, n. 3796/3797, p. 206-245, 1990. ISSN 0870-8487.

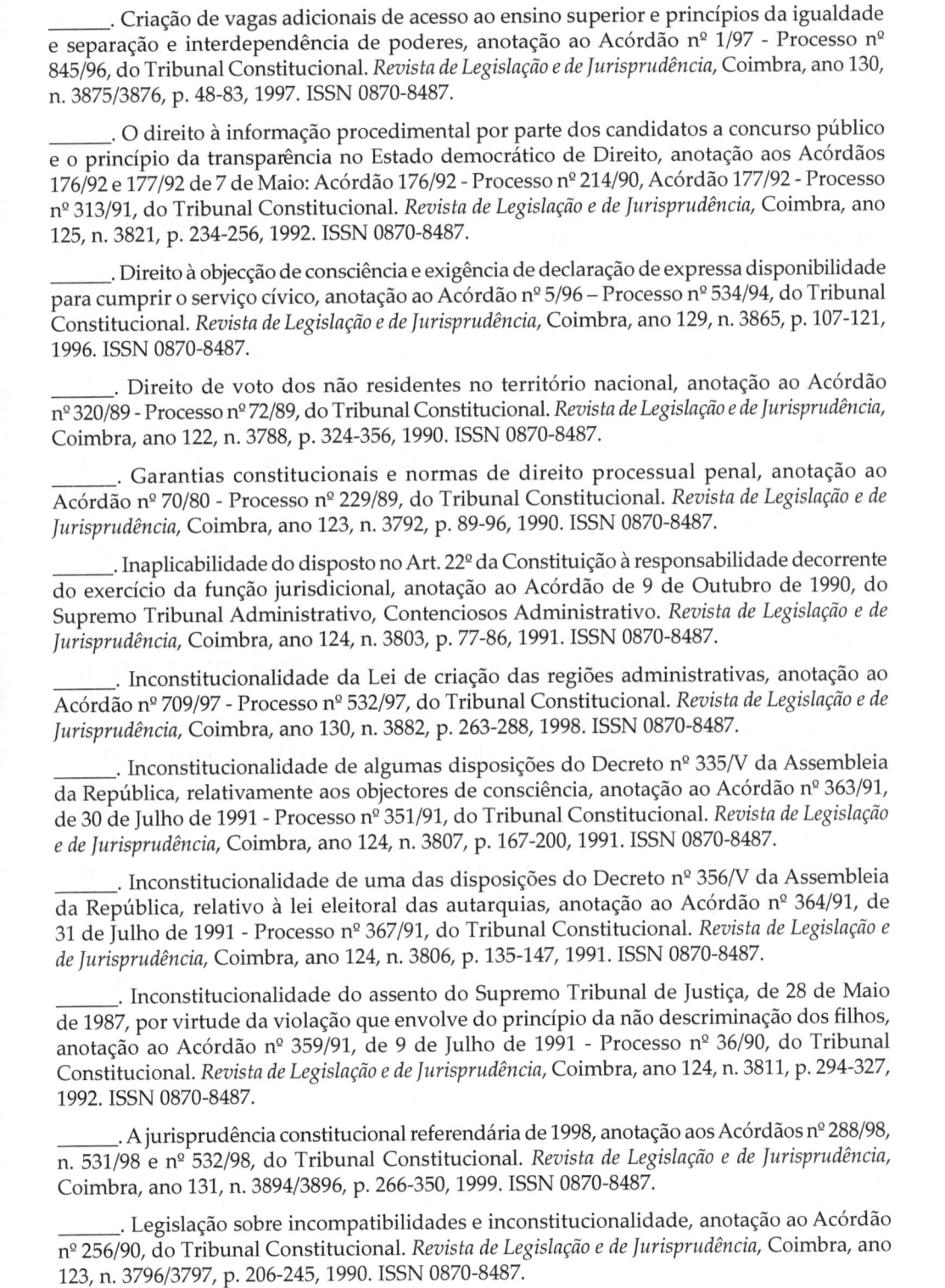

_____. Legitimidade para impugnar o acto administrativo de autorização para instalação de uma sala de ordenha, anotação ao Acórdão de 28 de Setembro de 1989, do Supremo Tribunal Administrativo. *Revista de Legislação e de Jurisprudência*, Coimbra, ano 124, n. 3813, p. 359-365, 1992. ISSN 0870-8487.

_____. Lei habilitante e princípio da igualdade, anotação ao Acórdão nº 289/2005 - Processo nº 80/2004, do Tribunal Constitucional. *Revista de Legislação e de Jurisprudência*, Coimbra, ano 135, n. 3937, p. 235-248, 2006. ISSN 0870-8487.

_____. Perda de mandato e consequente inelegibilidade por parte de titulares de órgãos autárquicos acusados de irregularidades no exercício das suas funções, anotação ao Acórdão de 25 de Fevereiro de 1993, do Supremo Tribunal Administrativo. *Revista de Legislação e de Jurisprudência*, Coimbra, ano 125, n. 3825, p. 370-382, 1993. ISSN 0870-8487.

_____. A problemática constitucional da Lei das Propinas: Lei nº 20/92, de 14 de Agosto, anotação ao Acórdão nº 148/94, de 8 de Fevereiro, do Tribunal Constitucional. *Revista de Legislação e de Jurisprudência*, Coimbra, ano 127, n. 3841 e 3842, p. 115-155, 1994. ISSN 0870-8487.

_____. Proposta de referendo sobre a interrupção voluntária da gravidez, anotação ao Acórdão nº 617/2006 - Processo nº 924/2006, do Tribunal Constitucional. *Revista de Legislação e de Jurisprudência*, Coimbra. ISSN 0870-8487, ano 136, n. 3944, p. 275-320, 2007, p. 115-155.

_____. Responsabilidade civil do Estado por danos decorrentes do não exercício culposo da função legislativa, anotação ao Acórdão de 7 de Maio de 2002, do Tribunal da Relação de Lisboa. *Revista de Legislação e de Jurisprudência*, Coimbra, ano 134, n. 3927/3928, p. 202-224, 2001. ISSN 0870-8487.

_____. Responsabilidade civil extracontratual do Estado: facto ilícito, culpa, dano e nexo causal, anotação ao Acórdão de 7 de Março de 1989, do Supremo Tribunal Administrativo. *Revista de Legislação e de Jurisprudência*, Coimbra, ano 123, n. 3799, p. 293-307, 1991. ISSN 0870-8487.

_____. Responsabilidade extracontratual do Estado por facto ilícito culposo e dano não patrimonial, anotação ao Acórdão de 12 de Dezembro de 1989, do Supremo Tribunal Administrativo. *Revista de Legislação e de Jurisprudência*, Coimbra, ano 125, n. 3816, p. 74-85, 1992. ISSN 0870-8487.

_____. Sentido da limitação da reserva da competência da Assembleia da República à fixação de bases gerais, anotação ao Acórdão nº 368/92 - Processo nº 162/92, do Tribunal Constitucional. *Revista de Legislação e de Jurisprudência*, Coimbra, ano 126, n. 3829/3830, p. 121-128, 1993. ISSN 0870-8487.

_____. Sobre o âmbito e objecto das comissões parlamentares de inquérito, anotação ao Acórdão nº 195/94 - Processo nº 478/93, do Tribunal. *Revista de Legislação e de Jurisprudência*, Coimbra, ano 127, n. 3845, p. 238-259, 1994. ISSN 0870-8487.

_____. Sobre o problema da colaboração do Estado com os pais na educação religiosa dos filhos, anotação ao Acórdão nº 174/93 - Processo nº 322/88, do Tribunal Constitucional. *Revista de Legislação e de Jurisprudência*, Coimbra, ano 126, n. 3832/3834, p. 201-278, 1994. ISSN 0870-8487.

_____. Sondagens eleitorais e direito de antena em estações de radiotelevisão privada, anotação ao Acórdão nº 418/99 - Processo nº 112/97, do Tribunal Constitucional. *Revista de Legislação e de Jurisprudência*, Coimbra, ano 132, n. 3904, p. 218-224, 1999. ISSN 0870-8487.

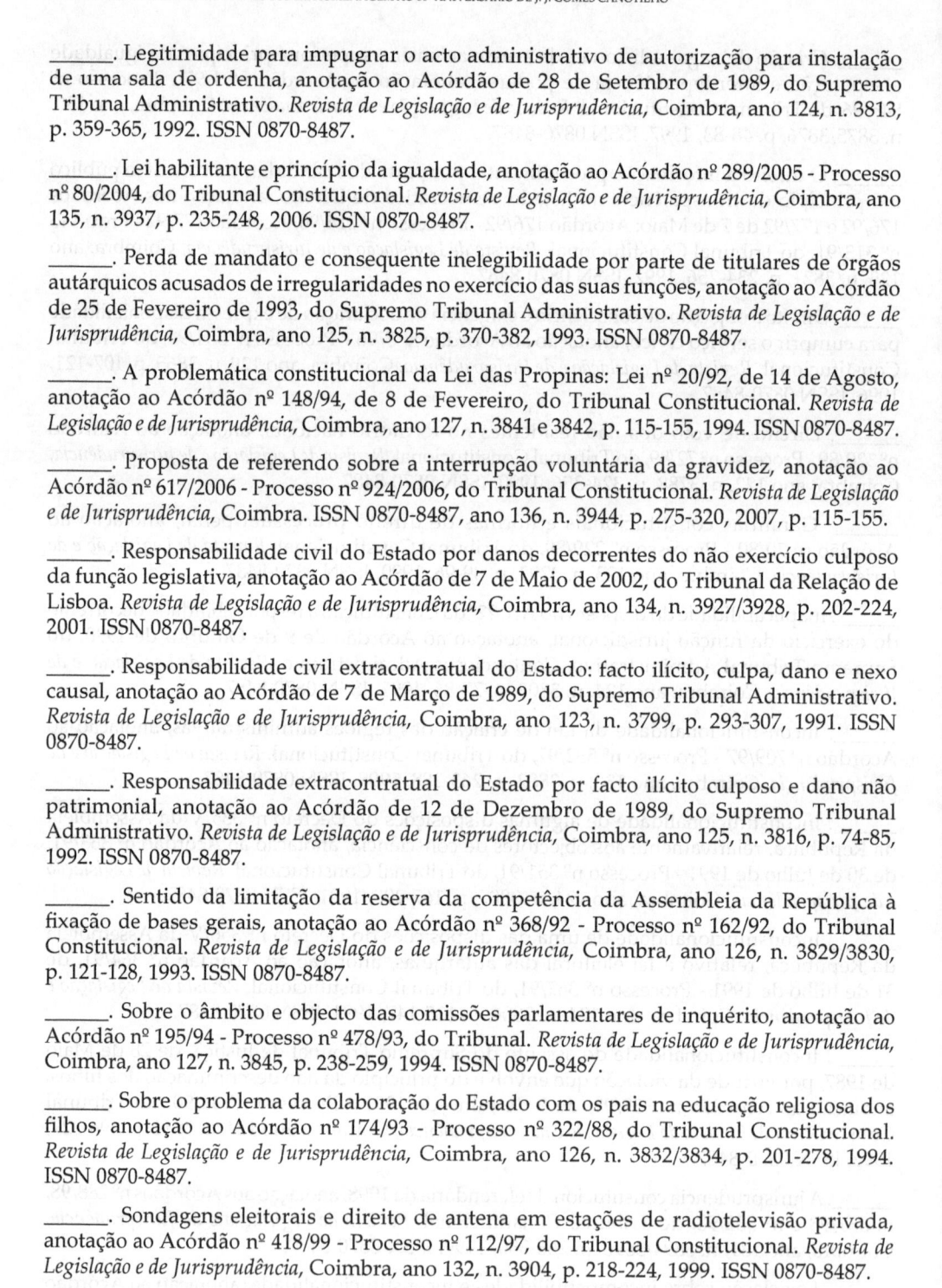

5 Pareceres

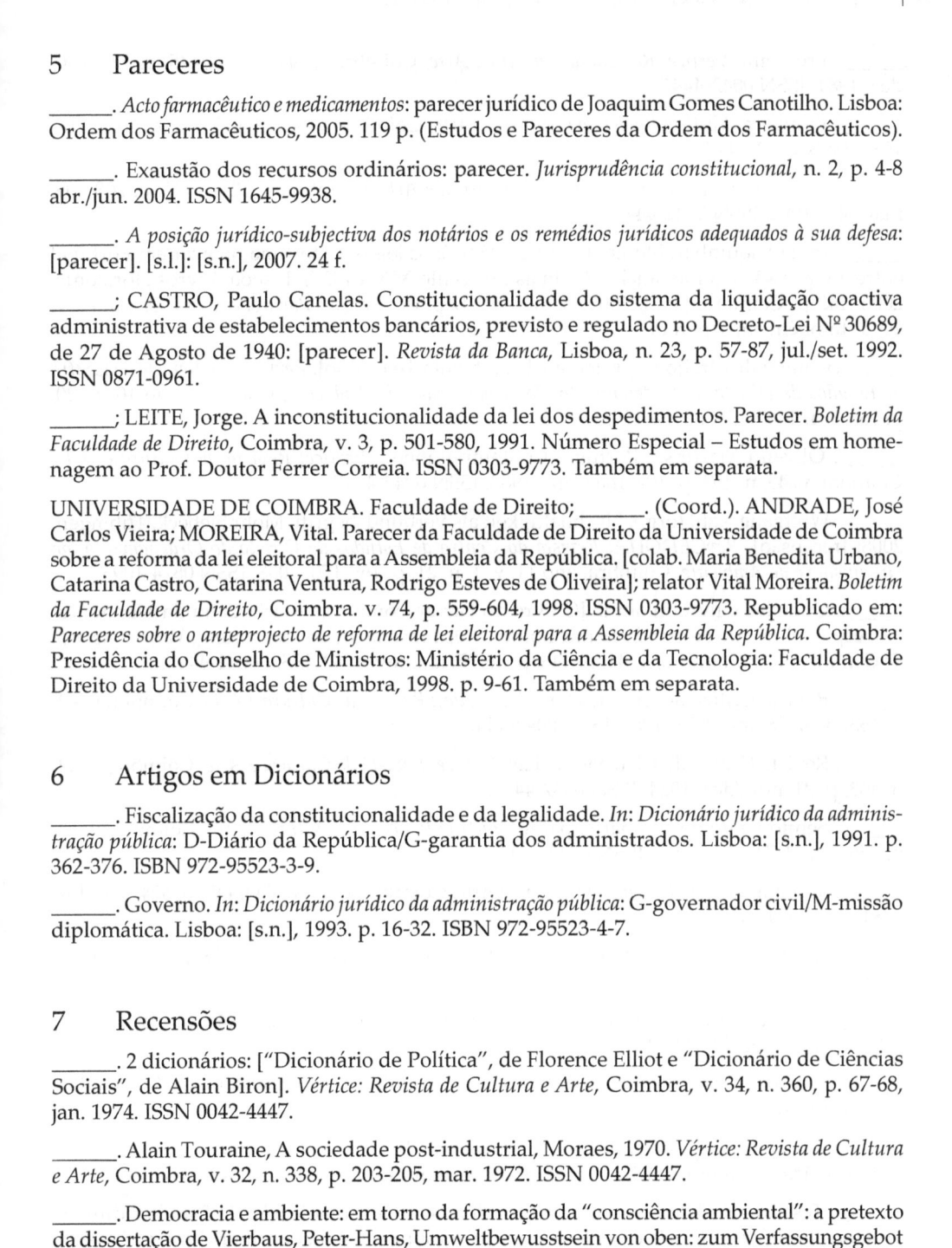

_____. *Acto farmacêutico e medicamentos*: parecer jurídico de Joaquim Gomes Canotilho. Lisboa: Ordem dos Farmacêuticos, 2005. 119 p. (Estudos e Pareceres da Ordem dos Farmacêuticos).

_____. Exaustão dos recursos ordinários: parecer. *Jurisprudência constitucional*, n. 2, p. 4-8 abr./jun. 2004. ISSN 1645-9938.

_____. *A posição jurídico-subjectiva dos notários e os remédios jurídicos adequados à sua defesa*: [parecer]. [s.l.]: [s.n.], 2007. 24 f.

_____; CASTRO, Paulo Canelas. Constitucionalidade do sistema da liquidação coactiva administrativa de estabelecimentos bancários, previsto e regulado no Decreto-Lei Nº 30689, de 27 de Agosto de 1940: [parecer]. *Revista da Banca*, Lisboa, n. 23, p. 57-87, jul./set. 1992. ISSN 0871-0961.

_____; LEITE, Jorge. A inconstitucionalidade da lei dos despedimentos. Parecer. *Boletim da Faculdade de Direito*, Coimbra, v. 3, p. 501-580, 1991. Número Especial – Estudos em homenagem ao Prof. Doutor Ferrer Correia. ISSN 0303-9773. Também em separata.

UNIVERSIDADE DE COIMBRA. Faculdade de Direito; _____. (Coord.). ANDRADE, José Carlos Vieira; MOREIRA, Vital. Parecer da Faculdade de Direito da Universidade de Coimbra sobre a reforma da lei eleitoral para a Assembleia da República. [colab. Maria Benedita Urbano, Catarina Castro, Catarina Ventura, Rodrigo Esteves de Oliveira]; relator Vital Moreira. *Boletim da Faculdade de Direito*, Coimbra. v. 74, p. 559-604, 1998. ISSN 0303-9773. Republicado em: *Pareceres sobre o anteprojecto de reforma de lei eleitoral para a Assembleia da República*. Coimbra: Presidência do Conselho de Ministros: Ministério da Ciência e da Tecnologia: Faculdade de Direito da Universidade de Coimbra, 1998. p. 9-61. Também em separata.

6 Artigos em Dicionários

_____. Fiscalização da constitucionalidade e da legalidade. In: *Dicionário jurídico da administração pública*: D-Diário da República/G-garantia dos administrados. Lisboa: [s.n.], 1991. p. 362-376. ISBN 972-95523-3-9.

_____. Governo. In: *Dicionário jurídico da administração pública*: G-governador civil/M-missão diplomática. Lisboa: [s.n.], 1993. p. 16-32. ISBN 972-95523-4-7.

7 Recensões

_____. 2 dicionários: ["Dicionário de Política", de Florence Elliot e "Dicionário de Ciências Sociais", de Alain Biron]. *Vértice: Revista de Cultura e Arte*, Coimbra, v. 34, n. 360, p. 67-68, jan. 1974. ISSN 0042-4447.

_____. Alain Touraine, A sociedade post-industrial, Moraes, 1970. *Vértice: Revista de Cultura e Arte*, Coimbra, v. 32, n. 338, p. 203-205, mar. 1972. ISSN 0042-4447.

_____. Democracia e ambiente: em torno da formação da "consciência ambiental": a pretexto da dissertação de Vierbaus, Peter-Hans, Umweltbewusstsein von oben: zum Verfassungsgebot demokratischer Willensbildung: [recensão]. *Cedoua: Revista do Centro de Estudos de Direito do Ordenamento, do Urbanismo e do Ambiente*, Coimbra, ano 1, n. 1, p. 93-95, 1998. ISSN 0874-1093.

_____. Exército e sociedade na óptica de um militar. *Vértice: Revista de Cultura e Arte*, Coimbra, v. 34, n. 361, p. 118-120, fev. 1974. ISSN 0042-4447.

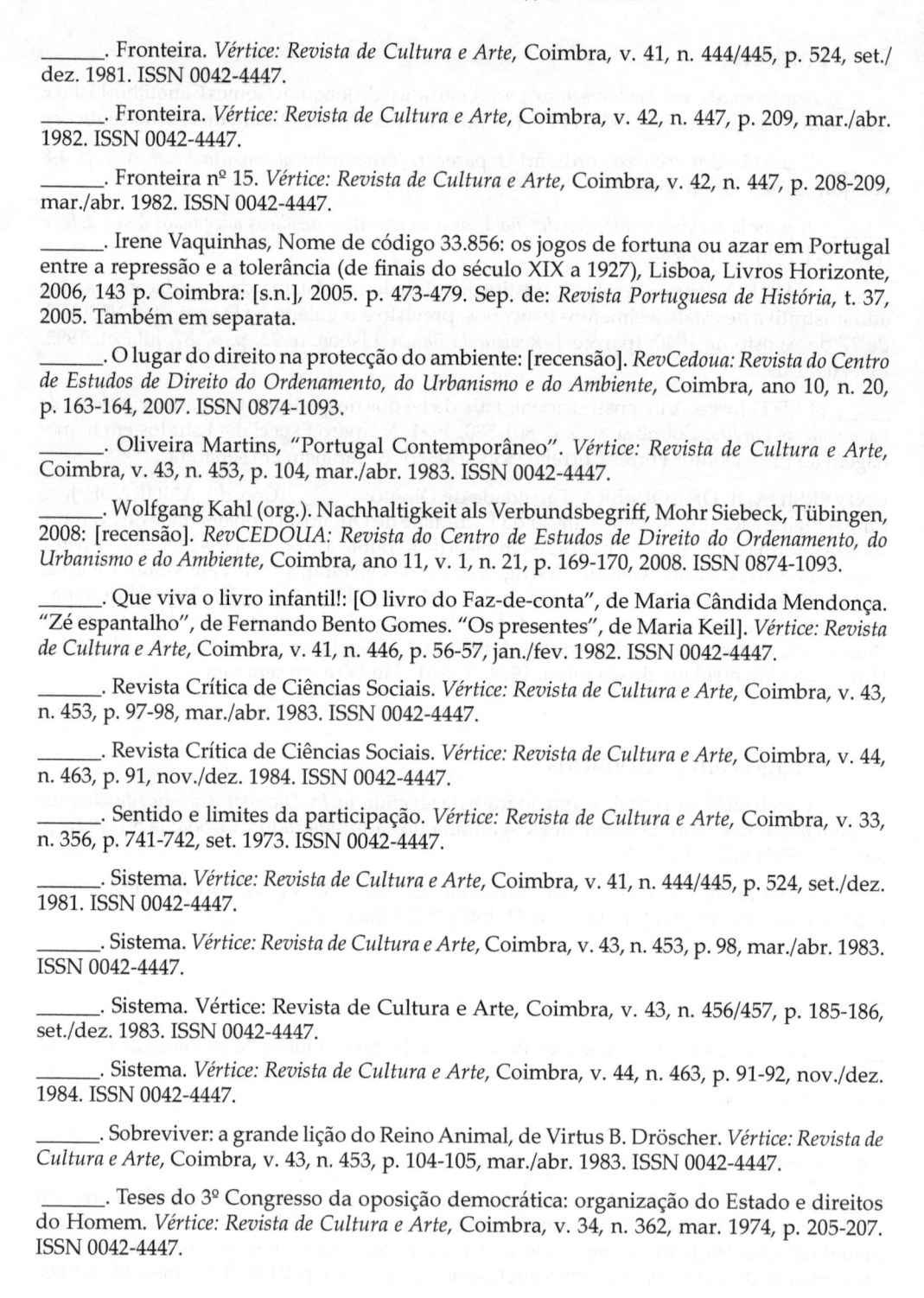

_____. Fronteira. *Vértice: Revista de Cultura e Arte*, Coimbra, v. 41, n. 444/445, p. 524, set./dez. 1981. ISSN 0042-4447.

_____. Fronteira. *Vértice: Revista de Cultura e Arte*, Coimbra, v. 42, n. 447, p. 209, mar./abr. 1982. ISSN 0042-4447.

_____. Fronteira nº 15. *Vértice: Revista de Cultura e Arte*, Coimbra, v. 42, n. 447, p. 208-209, mar./abr. 1982. ISSN 0042-4447.

_____. Irene Vaquinhas, Nome de código 33.856: os jogos de fortuna ou azar em Portugal entre a repressão e a tolerância (de finais do século XIX a 1927), Lisboa, Livros Horizonte, 2006, 143 p. Coimbra: [s.n.], 2005. p. 473-479. Sep. de: *Revista Portuguesa de História*, t. 37, 2005. Também em separata.

_____. O lugar do direito na protecção do ambiente: [recensão]. *RevCedoua: Revista do Centro de Estudos de Direito do Ordenamento, do Urbanismo e do Ambiente*, Coimbra, ano 10, n. 20, p. 163-164, 2007. ISSN 0874-1093.

_____. Oliveira Martins, "Portugal Contemporâneo". *Vértice: Revista de Cultura e Arte*, Coimbra, v. 43, n. 453, p. 104, mar./abr. 1983. ISSN 0042-4447.

_____. Wolfgang Kahl (org.). Nachhaltigkeit als Verbundsbegriff, Mohr Siebeck, Tübingen, 2008: [recensão]. *RevCEDOUA: Revista do Centro de Estudos de Direito do Ordenamento, do Urbanismo e do Ambiente*, Coimbra, ano 11, v. 1, n. 21, p. 169-170, 2008. ISSN 0874-1093.

_____. Que viva o livro infantil!: [O livro do Faz-de-conta", de Maria Cândida Mendonça. "Zé espantalho", de Fernando Bento Gomes. "Os presentes", de Maria Keil]. *Vértice: Revista de Cultura e Arte*, Coimbra, v. 41, n. 446, p. 56-57, jan./fev. 1982. ISSN 0042-4447.

_____. Revista Crítica de Ciências Sociais. *Vértice: Revista de Cultura e Arte*, Coimbra, v. 43, n. 453, p. 97-98, mar./abr. 1983. ISSN 0042-4447.

_____. Revista Crítica de Ciências Sociais. *Vértice: Revista de Cultura e Arte*, Coimbra, v. 44, n. 463, p. 91, nov./dez. 1984. ISSN 0042-4447.

_____. Sentido e limites da participação. *Vértice: Revista de Cultura e Arte*, Coimbra, v. 33, n. 356, p. 741-742, set. 1973. ISSN 0042-4447.

_____. Sistema. *Vértice: Revista de Cultura e Arte*, Coimbra, v. 41, n. 444/445, p. 524, set./dez. 1981. ISSN 0042-4447.

_____. Sistema. *Vértice: Revista de Cultura e Arte*, Coimbra, v. 43, n. 453, p. 98, mar./abr. 1983. ISSN 0042-4447.

_____. Sistema. Vértice: Revista de Cultura e Arte, Coimbra, v. 43, n. 456/457, p. 185-186, set./dez. 1983. ISSN 0042-4447.

_____. Sistema. *Vértice: Revista de Cultura e Arte*, Coimbra, v. 44, n. 463, p. 91-92, nov./dez. 1984. ISSN 0042-4447.

_____. Sobreviver: a grande lição do Reino Animal, de Virtus B. Dröscher. *Vértice: Revista de Cultura e Arte*, Coimbra, v. 43, n. 453, p. 104-105, mar./abr. 1983. ISSN 0042-4447.

_____. Teses do 3º Congresso da oposição democrática: organização do Estado e direitos do Homem. *Vértice: Revista de Cultura e Arte*, Coimbra, v. 34, n. 362, mar. 1974, p. 205-207. ISSN 0042-4447.

8 Discursos

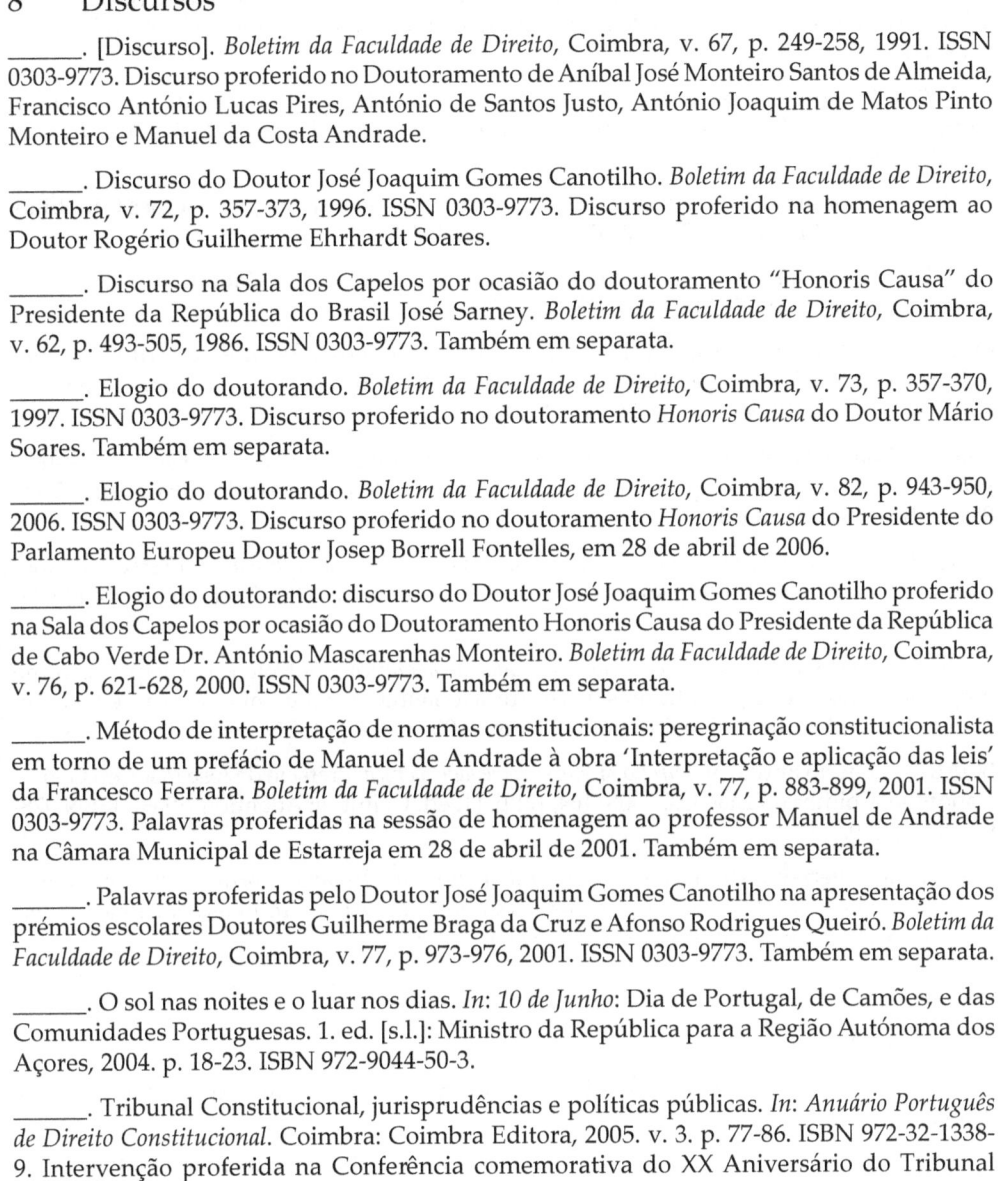

_____. [Discurso]. *Boletim da Faculdade de Direito*, Coimbra, v. 67, p. 249-258, 1991. ISSN 0303-9773. Discurso proferido no Doutoramento de Aníbal José Monteiro Santos de Almeida, Francisco António Lucas Pires, António de Santos Justo, António Joaquim de Matos Pinto Monteiro e Manuel da Costa Andrade.

_____. Discurso do Doutor José Joaquim Gomes Canotilho. *Boletim da Faculdade de Direito*, Coimbra, v. 72, p. 357-373, 1996. ISSN 0303-9773. Discurso proferido na homenagem ao Doutor Rogério Guilherme Ehrhardt Soares.

_____. Discurso na Sala dos Capelos por ocasião do doutoramento "Honoris Causa" do Presidente da República do Brasil José Sarney. *Boletim da Faculdade de Direito*, Coimbra, v. 62, p. 493-505, 1986. ISSN 0303-9773. Também em separata.

_____. Elogio do doutorando. *Boletim da Faculdade de Direito*, Coimbra, v. 73, p. 357-370, 1997. ISSN 0303-9773. Discurso proferido no doutoramento *Honoris Causa* do Doutor Mário Soares. Também em separata.

_____. Elogio do doutorando. *Boletim da Faculdade de Direito*, Coimbra, v. 82, p. 943-950, 2006. ISSN 0303-9773. Discurso proferido no doutoramento *Honoris Causa* do Presidente do Parlamento Europeu Doutor Josep Borrell Fontelles, em 28 de abril de 2006.

_____. Elogio do doutorando: discurso do Doutor José Joaquim Gomes Canotilho proferido na Sala dos Capelos por ocasião do Doutoramento Honoris Causa do Presidente da República de Cabo Verde Dr. António Mascarenhas Monteiro. *Boletim da Faculdade de Direito*, Coimbra, v. 76, p. 621-628, 2000. ISSN 0303-9773. Também em separata.

_____. Método de interpretação de normas constitucionais: peregrinação constitucionalista em torno de um prefácio de Manuel de Andrade à obra 'Interpretação e aplicação das leis' da Francesco Ferrara. *Boletim da Faculdade de Direito*, Coimbra, v. 77, p. 883-899, 2001. ISSN 0303-9773. Palavras proferidas na sessão de homenagem ao professor Manuel de Andrade na Câmara Municipal de Estarreja em 28 de abril de 2001. Também em separata.

_____. Palavras proferidas pelo Doutor José Joaquim Gomes Canotilho na apresentação dos prémios escolares Doutores Guilherme Braga da Cruz e Afonso Rodrigues Queiró. *Boletim da Faculdade de Direito*, Coimbra, v. 77, p. 973-976, 2001. ISSN 0303-9773. Também em separata.

_____. O sol nas noites e o luar nos dias. In: *10 de Junho*: Dia de Portugal, de Camões, e das Comunidades Portuguesas. 1. ed. [s.l.]: Ministro da República para a Região Autónoma dos Açores, 2004. p. 18-23. ISBN 972-9044-50-3.

_____. Tribunal Constitucional, jurisprudências e políticas públicas. In: *Anuário Português de Direito Constitucional*. Coimbra: Coimbra Editora, 2005. v. 3. p. 77-86. ISBN 972-32-1338-9. Intervenção proferida na Conferência comemorativa do XX Aniversário do Tribunal Constitucional, em Lisboa, 28 de novembro de 2003.

9 Prefácios de livros

ANDRÉ, Adélio Pereira. *Defesa dos direitos e acesso aos tribunais*. Prefácio de José Joaquim Gomes Canotilho. Lisboa: Livros Horizonte, 1980.

COLÓQUIO DE DIREITO INTERNACIONAL, Coimbra, 1997. *Colóquio de Direito Internacional*: Comunidade dos Países de Língua Portuguesa. Introdução de José Joaquim Gomes Canotilho. Coimbra: Almedina, 2003. 250 p. ISBN 972-40-1948-9.

FERREIRA, Lier Pires; GUANABARA, Ricardo; JORGE, Vladimyr Lombardo (Org.). *Curso de teoria geral do Estado*. Prefácio de José Joaquim Gomes Canotilho. Rio de Janeiro: Elsevier, 2009. ISBN 978-85-352-3406-0.

HABERMAS, Jürgen. *Um ensaio sobre a Constituição da Europa*. Prefácio de José Joaquim Gomes Canotilho. Tradução de Marian Toldy e Teresa Toldy. Lisboa: Edições 70, 2012. 174 p. ISBN 978-972-44-1700-4.

LOPES, José Mouraz. *O espectro da corrupção*. Introdução de José Joaquim Gomes Canotilho. Coimbra: Almedina, 2011. 134 p. ISBN 978-972-40-4542-9.

NUNES, Rui. *Regulação da saúde*. Prefácio de José Joaquim Gomes Canotilho. 2. ed. Porto: Vida Económica, 2009. 352 p. ISBN 9789727883059.

OLIVEIRA, Umberto Machado de; ANJOS, Leonardo Fernandes dos (Coord.). *Ativismo judicial*. Colaboração de George Marmelstein et al. Prefácio de José Joaquim Gomes Canotilho. Curitiba: Juruá, 2010. 300 p. ISBN 978-8536231778.

PAULA, Marco Aurélio Borges de; MAGRINI, Rachel de Paula (Coord.). *Estudos de direito público*. Prefácio de José Joaquim Gomes Canotilho. 1. ed. Mato Grosso do Sul: Cepejus, 2009. 889 p. ISBN 978-8562809002.

PEREIRA, José Matos. *Direito e normas técnicas na sociedade da informação*. Prefácio de José Joaquim Gomes Canotilho. Lisboa: Universidade Autónoma, D.L. 2001. 253 p. ISBN 972-8094-47-7.

PEREIRA, Rodolfo Viana. *Direito constitucional democrático*: controle e participação como elementos fundantes e garantidores da constitucionalidade. Apresentação de José Joaquim Gomes Canotilho. Rio de Janeiro: Lumen Juris, 2008. X, 328 p. ISBN 978-85-375-0227-3.

SOARES, Rogério Ehrhardt. *Direito público e sociedade técnica*. Prefácio de José Joaquim Gomes Canotilho. Coimbra: Tenacitas, 2008. 164, [2] p. (1. ed. Coimbra: Atlântida, 1969). ISBN 978-972-8758-18-9.

SOUZA, José Ferreira Marnoco e. *Constituição Política da República Portuguesa*: Comentário. Prefácio e edição lit. de José Joaquim Gomes Canotilho. Lisboa: Imprensa Nacional – Casa da Moeda, 2011. 449 p. ISBN 978-972-27-1997-1.

10 Vária

_____. *Admirar os outros*. Coimbra: Almedina; Coimbra Editora, 2010. XIV, 301, [1] p. ISBN 978-972-40-4228-2.

_____. Abertura. In: *O Mercosul e a União Europeia*. Coimbra: Faculdade de Direito, 1994. p. 47.

_____. O anti-igualitarismo da "Nova Direita". *Vértice: Revista de Cultura e Arte*, Coimbra, v. 41, n. 444/445, p. 455-459, set./dez. 1981. ISSN 0042-4447.

_____. Apresentação. *RevCedoua: Revista do Centro de Estudos de Direito do Ordenamento, do Urbanismo e do Ambiente*, Coimbra, ano 1, v. 1, p. 7, 1998. ISSN 0874-1093.

_____. A caiadura e a oxidação. *RevCedoua: Revista do Centro de Estudos de Direito do Ordenamento, do Urbanismo e do Ambiente*, Coimbra, ano 11, v. 1, n. 21, p. 5, 2008. ISSN 0874-1093.

_____. Carta de agradecimento à Academia Internacional de Direito e Economia e ao Instituto dos Advogados de São Paulo. *Revista do Instituto dos Advogados de São Paulo*, São Paulo, ano 3, n. 5, p. 295-298, jan./jun. 2000. ISSN 1415-7683.

_____. Coimbra, Universidade, Património Mundial?. *RevCedoua: Revista do Centro de Estudos de Direito do Ordenamento, do Urbanismo e do Ambiente*, Coimbra, ano 7, v. 1, n. 13, p. 3, 2004. ISSN 0874-1093.

_____. A construção é circular e o ambiente é fechado. *RevCedoua: Revista do Centro de Estudos de Direito do Ordenamento, do Urbanismo e do Ambiente*, Coimbra, ano 7, n. 13, p. 167-168, 2004. ISSN 0874-1093.

_____. *Curriculum vitae*. Coimbra: [s.n.], 1982. 10 f.

_____. Da burocracia autoritária à tecnocracia social. *Vértice: Revista de Cultura e Arte*, Coimbra, v. 32, n. 345/346, p. 742-765, out./nov. 1972. ISSN 0042-4447.

_____. Das "minas" às "escombreiras". *RevCedoua: Revista do Centro de Estudos de Direito do Ordenamento, do Urbanismo e do Ambiente*, Coimbra, ano 9, v. 1, n. 17, p. 3, 2006. ISSN 0874-1093.

_____. El derecho constitucional como un compromiso permanentemente renovado: conversación con el Profesor José Joaquim Gomes Canotilho. Por Eloy García. *Anuario de Derecho Constitucional y Parlamentario*, año 1998, n. 10, p. 7-61. Também em separata.

_____. Ecologia, poluição e meio ambiente. *Vértice: Revista de Cultura e Arte*, Coimbra, v. 33, n. 354/355, p. 642-645, jul./ago. 1973. ISSN 0042-4447.

_____. Ecossistemas de profundidade. *RevCedoua: Revista do Centro de Estudos de Direito do Ordenamento, do Urbanismo e do Ambiente*, Coimbra, ano 13, v. 1, n. 25, p. 5, 2010. ISSN 0874-1093.

_____. Em busca da ideologia perdida: a propósito dos recentes movimentos sindicais. *Vértice: Revista de Cultura e Arte*, Coimbra, v. 35, n. 372, p. 6-14, jan. 1975. ISSN 0042-4447.

_____. Entrevista com J. J. Gomes Canotilho. *RTDC: Revista Trimestral de Direito Civil*, Rio de Janeiro, ano 4, v. 14, p. 283-301, abr./jun. 2003. ISSN 1518-2010.

_____. Estado social: claros-escuros de um conceito. *Vértice: Revista de Cultura e Arte*, Coimbra, v. 31, n. 327/328, p. 358-365, abr./maio 1971. ISSN 0042-4447. Republicado, com notas, em: *Sobre o capitalismo português*. Coimbra: Atlântida Editora, 1971. p. 205-228.

_____. Estudo sobre liberdade e religião em Portugal. *Vértice: Revista de Cultura e Arte*, Coimbra, v. 33, n. 356, p. 792-793, set. 1973. ISSN 0042-4447.

_____. Extinção da PIDE/DGS. *Vértice: Revista de Cultura e Arte*, Coimbra, v. 34, n. 364, p. 426-427, maio 1974. ISSN 0042-4447.

_____. Fahrenheit 451. Florest Focus. *RevCedoua: Revista do Centro de Estudos de Direito do Ordenamento, do Urbanismo e do Ambiente*, Coimbra, ano 6, v. 1, n. 11, p. 3, 2003. ISSN 0874-1093.

_____. O fascismo de "pés de lã". *Vértice: Revista de Cultura e Arte*, Coimbra, v. 42, n. 450/451, p. 778-781, set./dez. 1982. ISSN 0042-4447.

_____. Fomos a Fátima... *RevCedoua: Revista do Centro de Estudos de Direito do Ordenamento, do Urbanismo e do Ambiente*, Coimbra, ano 6, v. 2, n. 12, p. 3, 2003. ISSN 0874-1093.

_____. Gramática "rotular". *RevCedoua: Revista do Centro de Estudos de Direito do Ordenamento, do Urbanismo e do Ambiente*, Coimbra, ano 14, v. 1, n. 27, p. 5, 2011. ISSN 0874-1093.

_____. Os inimigos do pensamento utópico: da contra-utopia à futurologia. *Vértice: Revista de Cultura e Arte*, Coimbra, v. 33, n. 356, p. 698-723, set. 1973. ISSN 0042-4447.

_____. Inundações, desastres, catástrofes. *RevCedoua: Revista do Centro de Estudos de Direito do Ordenamento, do Urbanismo e do Ambiente*, Coimbra, ano 10, v. 2, n. 20, p. 5, 2007. ISSN 0874-1093.

_____. Isolar a Colina Sagrada. *RevCedoua: Revista do Centro de Estudos de Direito do Ordenamento, do Urbanismo e do Ambiente*, Coimbra, ano 3, v. 2, n. 6, p. 3, 2000. ISSN 0874-1093.

_____. Lei dos partidos políticos. *Vértice: Revista de Cultura e Arte*, Coimbra, v. 34, n. 370/371, p. 906-907, nov./dez. 1974. ISSN 0042-4447.

_____. Liber 25. *Vértice: Revista de Cultura e Arte*, Coimbra, v. 41, n. 444/445, p. 525, set./dez. 1981. ISSN 0042-4447.

_____. A luta na zona perigosa. *Vértice: Revista de Cultura e Arte*, Coimbra, v. 35, n. 376/377, p. 296-298, maio/jun. 1975. ISSN 0042-4447.

_____. Monumento Yoshua Tree: o tempo e o espírito do lugar. *RevCedoua: Revista do Centro de Estudos de Direito do Ordenamento, do Urbanismo e do Ambiente*, Coimbra, ano 3, v. 1, n. 5, p. 3, 2000. ISSN 0874-1093.

_____. Na berma da legalidade nenhuma. E, contudo, são casas!. *RevCedoua: Revista do Centro de Estudos de Direito do Ordenamento, do Urbanismo e do Ambiente*, Coimbra, ano 5, v. 1, n. 9, p. 3, 2002. ISSN 0874-1093.

_____. A natureza voltará sempre a correr. *RevCedoua: Revista do Centro de Estudos de Direito do Ordenamento, do Urbanismo e do Ambiente*, Coimbra, ano 12, v. 1, n. 23, p. 5, 2009. ISSN 0874-1093.

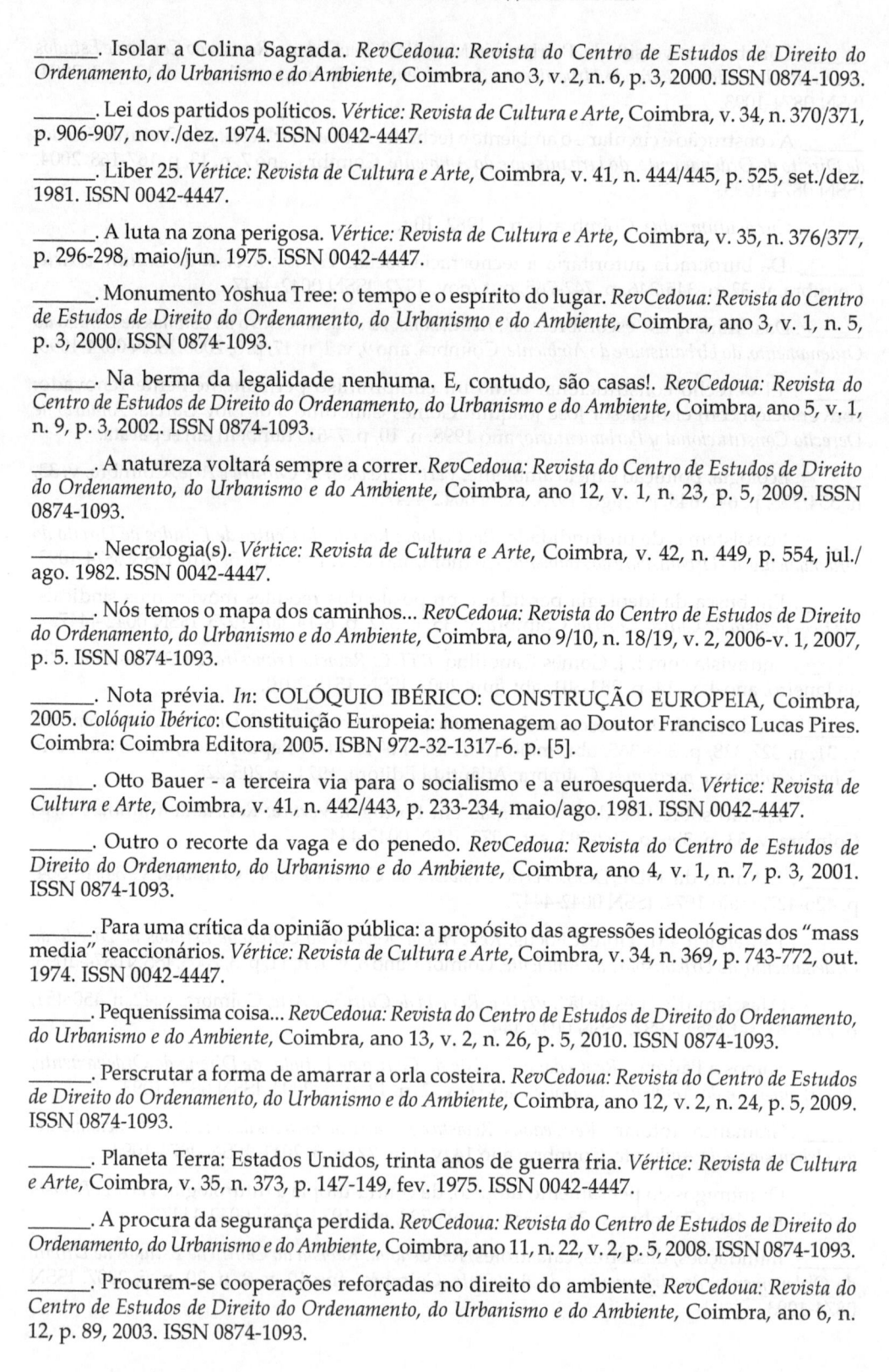

_____. Necrologia(s). *Vértice: Revista de Cultura e Arte*, Coimbra, v. 42, n. 449, p. 554, jul./ago. 1982. ISSN 0042-4447.

_____. Nós temos o mapa dos caminhos... *RevCedoua: Revista do Centro de Estudos de Direito do Ordenamento, do Urbanismo e do Ambiente*, Coimbra, ano 9/10, n. 18/19, v. 2, 2006-v. 1, 2007, p. 5. ISSN 0874-1093.

_____. Nota prévia. In: COLÓQUIO IBÉRICO: CONSTRUÇÃO EUROPEIA, Coimbra, 2005. *Colóquio Ibérico*: Constituição Europeia: homenagem ao Doutor Francisco Lucas Pires. Coimbra: Coimbra Editora, 2005. ISBN 972-32-1317-6. p. [5].

_____. Otto Bauer - a terceira via para o socialismo e a euroesquerda. *Vértice: Revista de Cultura e Arte*, Coimbra, v. 41, n. 442/443, p. 233-234, maio/ago. 1981. ISSN 0042-4447.

_____. Outro o recorte da vaga e do penedo. *RevCedoua: Revista do Centro de Estudos de Direito do Ordenamento, do Urbanismo e do Ambiente*, Coimbra, ano 4, v. 1, n. 7, p. 3, 2001. ISSN 0874-1093.

_____. Para uma crítica da opinião pública: a propósito das agressões ideológicas dos "mass media" reaccionários. *Vértice: Revista de Cultura e Arte*, Coimbra, v. 34, n. 369, p. 743-772, out. 1974. ISSN 0042-4447.

_____. Pequeníssima coisa... *RevCedoua: Revista do Centro de Estudos de Direito do Ordenamento, do Urbanismo e do Ambiente*, Coimbra, ano 13, v. 2, n. 26, p. 5, 2010. ISSN 0874-1093.

_____. Perscrutar a forma de amarrar a orla costeira. *RevCedoua: Revista do Centro de Estudos de Direito do Ordenamento, do Urbanismo e do Ambiente*, Coimbra, ano 12, v. 2, n. 24, p. 5, 2009. ISSN 0874-1093.

_____. Planeta Terra: Estados Unidos, trinta anos de guerra fria. *Vértice: Revista de Cultura e Arte*, Coimbra, v. 35, n. 373, p. 147-149, fev. 1975. ISSN 0042-4447.

_____. A procura da segurança perdida. *RevCedoua: Revista do Centro de Estudos de Direito do Ordenamento, do Urbanismo e do Ambiente*, Coimbra, ano 11, n. 22, v. 2, p. 5, 2008. ISSN 0874-1093.

_____. Procurem-se cooperações reforçadas no direito do ambiente. *RevCedoua: Revista do Centro de Estudos de Direito do Ordenamento, do Urbanismo e do Ambiente*, Coimbra, ano 6, n. 12, p. 89, 2003. ISSN 0874-1093.

_____. Que viva o livro infantil!: [O livro do Faz-de-conta", de Maria Cândida Mendonça. "Zé espantalho", de Fernando Bento Gomes. "Os presentes", de Maria Keil]. *Vértice: Revista de Cultura e Arte*, Coimbra, v. 41, n. 446, p. 56-57, jan./fev. 1982. ISSN 0042-4447.

_____. O regresso dos deuses turbulentos. *RevCedoua: Revista do Centro de Estudos de Direito do Ordenamento, do Urbanismo e do Ambiente*, Coimbra, ano 7, v. 2, n. 14, p. 3, 2004. ISSN 0874-1093.

_____. A Revisão Constitucional: a Constituição entre a "Paz Burguesa" e a "Luta por Posições Constitucionais". *Vértice: Revista de Cultura e Arte*, Coimbra, v. 42, n. 447, p. 187-189, mar./abr. 1982. ISSN 0042-4447.

_____. Sedes. *Vértice: Revista de Cultura e Arte*, Coimbra, v. 31, n. 324, p. 48-51, jan. 1971. ISSN 0042-4447.

_____. O segundo programa do MFA. *Vértice: Revista de Cultura e Arte*, Coimbra, v. 35, n. 373, p. 82-85, fev. 1975. ISSN 0042-4447.

_____. Sentido e limites da participação. *Vértice: Revista de Cultura e Arte*, Coimbra, v. 33, n. 356, p. 741-742, set. 1973. ISSN 0042-4447.

_____. Sionismo e racismo: o direito à autodeterminação dos povos. *Vértice: Revista de Cultura e Arte*, Coimbra, v. 41, n. 440/441, p. 13-22, jan./abr. 1981. ISSN 0042-4447.

_____. "Somos fortes nas palavras e fracos nos atos": entrevista... Pelo Desembargador Demóstenes M. Braga. *Diálogos e Debates*, São Paulo, ano 1, n. 1, p. 8-11, set. 2000.

_____. Tem as quinas viradas ao revés... *RevCedoua: Revista do Centro de Estudos de Direito do Ordenamento, do Urbanismo e do Ambiente*, Coimbra, ano 5, v. 2, n. 10, p. 3, 2002. ISSN 0874-1093.

_____. Trauma e energia. *RevCedoua: Revista do Centro de Estudos de Direito do Ordenamento, do Urbanismo e do Ambiente*, Coimbra, ano 14, v. 2, n. 28, p. 5, 2011. ISSN 0874-1093.

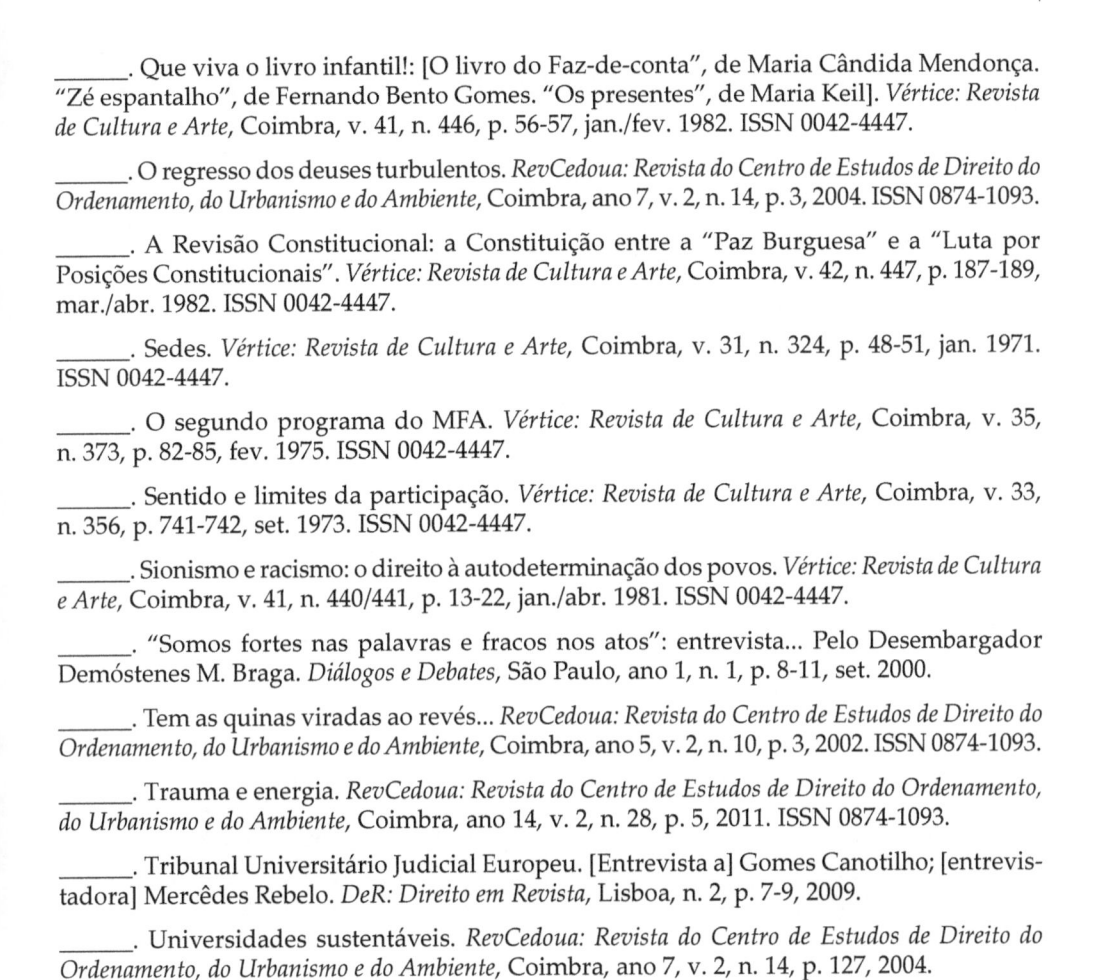

_____. Tribunal Universitário Judicial Europeu. [Entrevista a] Gomes Canotilho; [entrevistadora] Mercêdes Rebelo. *DeR: Direito em Revista*, Lisboa, n. 2, p. 7-9, 2009.

_____. Universidades sustentáveis. *RevCedoua: Revista do Centro de Estudos de Direito do Ordenamento, do Urbanismo e do Ambiente*, Coimbra, ano 7, v. 2, n. 14, p. 127, 2004.

_____. Viver luminosamente... *RevCedoua: Revista do Centro de Estudos de Direito do Ordenamento, do Urbanismo e do Ambiente*, Coimbra, ano 4, v. 2, n. 8, p. 3, 2001. ISSN 0874-1093.

INTERROGAÇÕES à justiça: 36 juízes respondem a António de Araújo, Daniel Proença de Carvalho, Francisco Sarsfield Cabral, José Joaquim Gomes Canotilho, Sofia Pinto Coelho. Coord. Juízes-Conselheiros do Supremo Tribunal de Justiça Armando Gomes Leandro, Fernando Pinto Monteiro, José Gonçalves da Costa. Prefácio de António Barreto. 3. ed. Coimbra: Tenacitas, 2003. 437 p. ISBN 972-8758-10-3.

NUNES, A. J. Avelãs; CANOTILHO, José Joaquim Gomes; MOREIRA, Vital. A nova Constituição da U.R.S.S.: intervenções de Avelãs Nunes, Joaquim Gomes e Vital Moreira numa mesa-redonda organizada pela RDP. *Vértice: Revista de Cultura e Arte*, Coimbra, v. 37, n. 402/403, p. 699-712, nov./dez. 1977. ISSN 0042-4447.

DESENHO DE HOMENAGEM
Francisco Balaguer Callejón

PREFÁCIO

UM HOMEM
EM PERMANENTE AMANHECER

Regressar às pedras originais com o porvir dos actos, formas e vivências: havidas, por haver. Nunca como quem acrisola os cristais do percurso numa substância em que nostalgia e crepúsculo se melancolizam, empobrecendo horizontes que irão sendo apelo, viagem em construção. Talvez aqui José Joaquim Gomes Canotilho nos interpele, senhor que é da tangibilidade convocante, do (in)cognoscível de quanto esplende na pergunta, no perguntar, em curso elaborativo: magma gnosiológico e transfigurador. Mesmo em contexto-limite (travessia do aporético), sempre nos propôs uma doutrina sem dogmas, no avesso dos positivismos e opacizações do inquestionável declarado. Daí o reafeiçoamento, se não até reorientação sem fractura axiológica, das suas obras primígenas. E, diante do que emerge, nos confronta, um sobressalto desconfrangido: seja nos diálogos com a produção teórica além-habitat e, desde logo, de ordem científico-metodológica nas Escolas da Europa e americanas, seja no olhar conformador das dimensões ambientais que penetram hoje, um hoje com decénios já, a vida dos homens e das leis.

Os sucessivos aprimoramentos desse texto decisivo que é *Constituição dirigente e vinculação do legislador: contributo para a compreensão das normas constitucionais programáticas*, 1982, como da bibliografia sequente, desvelam, a par do académico rebelde à procrastinação da legenda consolidada, uma personalidade investida na aventura sem diques dos debates fundadores. Se os eixos estruturantes surgem incalcinados, afluem novos temas, vozes, ajustes (se necessário, modificadores), incisões cuja finura torna projectivas as sínteses a que chega. Implicantes no ínsito suprematismo, provisórias enquanto vértices outros não afloram – num *continuum* operatório.

Idêntica marca de água se depara nos tratados e manuais a que neste livro retornamos (*Direito constitucional*, 1977, *Direito constitucional e teoria da Constituição*, 1998), ensaios de sólida envergadura (*"Brancosos" e interconstitucionalidade: itinerário dos discursos sobre a historicidade constitucional*, 2006, sob pretexto saramaguiano, com segmentos judicativos irradiando crítica e *ostinato rigore*, argúcia e polémica, fulgor de argumentação, desassombro, sageza), peças oratórias e inúmeros dispersos, à espera de mão que as colha no arquipélago das circunstâncias para uma disponibilização imperiosa.

Regressar, pois. Rever, facetar e esculpir "a perfeição das coisas" (Cesário) no arco de tonalidades que é clave dominante. Um domínio para que convergem o discorrer e problematizar da filosofia, os legados da música, a pintura, os barros febris da linguagem. O poético, segundo o Aristóteles impreterível nos trajectos metódicos (e eidéticos?) da interpretação jurídica.

Pedras longínquas, recentes. Talhadas de maneira solitária ou em colaboração. A elas voltar, arquitecturas à mercê da História: rio acutilado pelo ímpeto das instabilidades e, contudo, deveniente – por quanto permanece imperimido, tenso de actualidade, energia motriz na turbulência dos tempos. E a jornada é tanto do autor de *Fundamentos da Constituição*, 1991, com Vital Moreira, e *Estudos sobre direitos fundamentais*, 2004, como dos que neste empreendimento o celebram, unidos no apreço feito cadinho de dívida e cordura, discípulos, colegas, estudantes, leitores advindos de mundividências diferenciadas, introduzindo observações e peculiares contributos, adjacentes da Universidade (pós)-humboldtiana ou cumprindo-se por veredas insertas nas modelações anglo-saxónicas, vinculados (é a posição que reitero) ao paradigma da Constituição dirigente, não despida de disposições programáticas, progressista, ou adeptos da polaridade neutralista, navegadores do Direito concebido como descoberta ou tributários de um pragmaticismo a interferir apenas nas encruzilhadas do quotidiano.

Pedras talhadas, insisto. E refinamento, policromia, sonoridade.

Não estranham, por isso, contágio, vizinhança, presença interagente de poetas e ficcionistas, compositores, figuras do pensamento multissectorial nos escritos de José Joaquim Gomes Canotilho, porventura um nómada "iluminista" (sem cicatrizes de datação oitocentista) que à luz do "acento agudo" da contemporaneidade (Celan) se estrutura e nos molda, intercompondo conhecimentos como sangues transfundidos. Nele, esse retorno a lugares ontocognoscentes consubstancia o que nas tábuas se não descortinava ainda e um cinzelar de réplica ao adverso, congénito, instigador, enquanto tramitação-decantação de saberes não vergados à sagração dos absolutos (que, todavia, são amiúde notórios ao frequentá-lo [*besuchen*]) nem à pressão líquida dos modismos. E, por incindível prática, a busca de uma textura formal em que pulsam marcadores de uma estética consciente, limpidez e complexidade, elegância, ritmo, eloquência, depuração lexical aquém do impenetrável, manejo dos ingredientes tropológicos que vão da sinestesia à metáfora, eleita para melhor circundar o "claro enigma" (Drummond) e incluir os destinatários em redes de intercâmbio e/ou aprendizagem. Não se nos depara, ademais, a mínima pulsão exornativa ou o "canto do signo" (E. Lourenço) doado aos *happy few*; ao invés: uma fluida malha de concisão, disciplina enunciativa, *meditatio*, comprazida imaginação e claridade.

Percebe-se, então, nos opúsculos, separatas e capítulos de vários volumes (*v.g.*), sobre Administração Pública, ecologia e recursos naturais, regime dos fármacos em impreterível adstrição ao bem comum – para me reportar, *au hasard de la plume*, a áreas nodais do Constitucionalista (topo de escala transnacional) – como nos interceptam imagens, falas, traços, sinergias, rizomas de epicentros culturais: Carlos de Oliveira e Mozart, Borges, Häberle, Kant, Camões, Marx, Verdi, Stieglitz, João Cabral, Paul Klee, José Afonso, Konrad Hesse, Pessoa, Foucault, Derrida (toda a enumeração é pobreza e incompletude), na galeria dos veios inumeráveis: arquitrave do que somos. Ninguém, áugure ou lenhador da sabedoria, reside na exterioridade de um apetrechamento sem fim e, como tal, à polilogia depuradíssima de um jurista a quem não faltaram, não faltam, "honesto estudo" e cintilações do génio que na recorrência cognoscitiva como na *inventio* plástica nos desafia e incita.

Do amigo, dilecto, guardo reserva. E apeteceria, detidamente, narrar episódios, andamentos, rasgos, subtrair-lhe ao recato parágrafos que trago por mil cadernos, oferecer aproximações a um retrato do Doutor na Universidade de Coimbra e noutras instituições congéneres, cidadão, *traveller*, ser de família, amor e convívio, nas manifestações apreensíveis pelas sete partidas dos "dias comuns" (José Gomes Ferreira).

Tenteando, ancorado no que sei, sem expeditismos, intromissões e erros, revelar nele, como num daguerreótipo da tecnologia 5G, o crepitar íntimo nas evidências do rosto reconhecido. Aí, medula da generosidade e inteligência extremas de que tantos usufruíram, o apego às "coisas simples", à terra, a "que não foi vista da janela do comboio" (Fernando Namora), um espírito temerário, o gosto pela introversão, pouco importa se cingida a ténue melancolia, em contraponto o júbilo dos afectos e leituras, a *auctoritas* despojada de ênfase, perseguindo a abertura do(s) sentido(s), os sonhos, silêncios, deslumbramentos e humores desconcertantes, o riso, uma inclinação ataráxica (?), a esperança ao fundo dos cepticismos, a capacidade de ouvir, compreender, despertar trilhos parados.

Acompanhá-lo nas horas solenes e anódinas da *polis* será desvendar-lhe o jeito raro de "admirar os outros", a irredutibilidade altruísta, os inconformismos e intervenções subtis a conter tempestades ou rasgar clareiras. Os colegas e alunos, por exemplo, o comprovarão.

Apeteceria, detidamente. Porque do Professor, nas múltiplas extensões (não obliteradas as subjectivas) nos ocupamos: compromisso docente; engenho no grafar da produção teórico-jurídica, hermenêutica, de húmus doutrinal em universo lusófono numa cartografia cosmopolita – para lá dos perímetros germânicos, ibéricos, europeus; na elevação da pessoa, e das pessoas (comunidade palingenésica), a valor axial do direito; nas irrigações filosófico-culturais e técnicas da normação, do inteligir constitucional. Do Professor, da estatura a partir da qual nos conclama, envolve, integra no périplo dos possíveis em zonas de profundez epistemológica. Como neste volume se averba.

Apeteceria. E estou seguro do embaraço, desconforto, com que dobrará o cabo destas notas, agora em *allegro (ma non troppo)* percursor do epílogo.

No ocidente da vida, observando sem refluir os passos as moradas e os pretéritos, no oposto das violências simbólicas, sequer da arrogância do mocho em estéril torre de marfim, o Mestre – recorro à acribia académica para repudiar a vulgaridade qualificativa – reponderada as razões do adquirido e, por díese, apura a pauta do que virá. Ao acervo se acolhem no futuro (cisterna do desejo, os clássicos no-lo asseguram) as páginas que amadureçam. E são também humanismo combativo, impressão digital no melhoramento das sociedades, que a ciência jurídica absorve e propulsiona. Como, em Portugal e no Brasil, as Constituições nascidas para conferir memória e destino a democracias não capturáveis por refluxos desfiguradores, pela inércia ou corrosão do político sem reticularidade solidária. José Joaquim Gomes Canotilho, que tem o mundo contrastivo, multipolar, por endereço, entendendo-se com Habermas, Jankélévitch, Spinoza, Konrad Hesse e, *among other lights*, Malraux, deste não reproduzirá o bordão disfórico ("une vie ne vaut rien"), forte ele se pronuncie, sim o imperativo, epifânico afinal, da asserção que lhe sela uma aura incomum: "rien ne vaut une vie". Os caminhos não se crispam perante um homem em permanente amanhecer e cada movimento de "melodia" juspoética a definir-se realiza a eternidade.

Portugal, maio de 2021.

José Manuel Mendes
Poeta, romancista, ensaísta e crítico literário português, natural de Luanda. Licenciou-se em Direito na Universidade de Coimbra. Foi professor do ensino secundário e deputado pelo PCP. Advogado de profissão, foi nomeado presidente da Associação Portuguesa de Escritores. Colaborou em diversos jornais e revistas: *Cadernos de Literatura, A Capital, Colóquio/Letras, Diário de Lisboa, Diário de Notícias, Expresso, Jornal de Letras, República, Seara Nova, Vértice* etc., tendo sido director da revista *O Escritor*, órgão da APE. Estreou-se literariamente com a colectânea de poemas Salgema (1969), afirmando-se, desde logo, como um poeta ideologicamente comprometido e seguidor da estética e ideologia neorrealistas. O empenhamento na criação de uma poesia de combate é reforçado no seu livro seguinte, *A Esperança Agredida* (1973). Na poesia, destacam-se ainda a antologia *Rosto Descontínuo* (1992) e *Presságios do Sul* (1993). As suas obras de ensaio e crítica literária, em que se destaca *Por uma Literatura de Combate* (1975), revelam um carácter interventivo, presente também nas obras de ficção, nomeadamente no romance *Ombro, Arma!* (1978), um dos mais importantes romances sobre a Guerra Colonial. Da sua obra fazem ainda parte o romance *O Despir da Névoa* (1984), o livro de contos *O Homem do Corvo* (1988), as crónicas de *Os Relógios e o Vento* (1995) e, novamente, as breves narrativas de *O Rio Apagado* (1997).

APRESENTAÇÃO

A PRODUÇÃO CIENTÍFICA DE JOSÉ JOAQUIM GOMES CANOTILHO BRINDA O DIREITO PÚBLICO E O DIREITO CONSTITUCIONAL; BRINDEMOS AGORA JOSÉ JOAQUIM GOMES CANOTILHO: É AGORA JOSÉ!

Todo operador e estudioso do direito público, em geral, e do direito constitucional, em particular, tem ciência da importância científica da obra de *José Joaquim Gomes Canotilho*. Não se pode navegar pela construção e desenvolvimento do recente constitucionalismo sem passar pela sua produção científica. De fato, as suas contribuições jurídicas (livros, artigos, palestras, pareceres, orientações, arguições etc.) espraiaram para muito além de seu país de origem – Portugal – para alcançar interlocutores, discípulos, estudiosos e leitores em diversos outros países (Brasil, Espanha, França, Itália, Alemanha, Angola, Santo Tomé e Príncipe, Cabo Verde, China etc.). Como nas grandes navegações lusitanas, a *nau juspublicística* de Gomes Canotilho viajou por vários mares do direito, de forma inovadora, crítica, longeva, persistente e rigorosa. Contudo, a sua genialidade (ou seria generosidade?) não se restringe somente ao mundo acadêmico, mas também perpassa o cosmos pessoal. Assim, o nosso homenageado construiu laços, raízes e frutos jurídicos, acadêmicos e pessoais em vários desses sítios; com percursos físicos e/ou intelectuais que se converteriam, *a posteriori*, em verdadeiro tráfego de ideias sobre o *direito público* e de amizades.

Animados por essa *nau*, porque fomos e estamos a seguir há tempos a sua bandeira, entendemos que é chegado o momento de comemorar tamanho feito acadêmico; pela quantidade e qualidade dos terrenos jurídicos desvendados, semeados e construídos pelo Senhor Doutor Gomes Canotilho.

Assim, o livro que ora se apresenta foi arquitetado tendo como escopo não deixar passar em brancas nuvens o *80º aniversário do Senhor Doutor Gomes Canotilho*, a serem completados no próximo dia 15.8.2021. Afinal, se para qualquer cidadão completar 80 anos já é algo maravilhoso, o que se dirá quando essa comemoração vem acompanhada de uma vida plena, dedicada de corpo e alma, *à produção do conhecimento*, de forma *científica, plural e responsável*, com atingimento do ápice da carreira acadêmica, sendo cultuado e referenciado em vários países, e inúmeras vezes premiado e prestigiado.

Neste universo – que é especificamente o caso de nosso homenageado –, sobressai da comemoração outro sentido, mais profundo, nobre e imperativo: os propósitos do *reconhecimento*, da *gratidão* e do *registro*, face à perenidade que a contribuição jurídica de Gomes Canotilho alçou, para as presentes e futuras gerações do direito. Com efeito, agora, como já ressaltado, diante da insígnia que Gomes Canotilho cunhou ao direito público (e ao direito constitucional, em particular), as suas contribuições não podem mais ser ignoradas em um estudo jurídico razoavelmente sério.

Motivados especialmente por esses três desígnios – reconhecimento, gratidão e registro – que nós, coordenadores da presente obra, procuramos reunir interlocutores e discípulos, simultaneamente amigos e admiradores do Doutor José Joaquim Gomes Canotilho e do direito público, para o desempenho desse objetivo comum: o de celebrar coletivamente os seus 80 (oitenta) anos e a grandiosidade de sua obra, cuja profundidade e extensão já não é possível dimensionar, considerando-se que as sementes jurídicas que ele semeou continuam e continuarão a germinar em vários campos científicos.

Os convites foram, dessa forma, direcionados àqueles interlocutores e discípulos que consideramos "mais próximos", considerando-se mesmo a limitação material do livro. E essa relação de "relação de proximidade" foi aferida, evidentemente, pelas nossas lentes, com a certeza de que vários outros amigos tenham, infelizmente, ficado de fora dessa "nossa festa"; deselegância acadêmica que, todavia, somente pode ser atribuída a nós, coordenadores, considerando que o livro foi feito às escondidas do homenageado. No nosso seleto rol de convidados, encontram-se amigos colegas doutores da Faculdade de Direito da Universidade de Coimbra; amigos debatedores da comunidade científica e jurídica; amigos alunos, assistentes e/ou orientandos do nosso homenageado, além de nomes de referência do direito público nacional e internacional.

Provenientes da profícua convivência acadêmica na Faculdade de Direito da Universidade de Coimbra são os seguintes interlocutores e discípulos: Doutores Fernando Alves Correia, João Leal Amado, Joaquim Sousa Ribeiro, José Manuel Aroso Linhares, Manuel Porto, Paulo Castro Rangel e Vital Moreira (primeira hipótese); e, Doutores(as) Afonso Patrão, Alexandra Aragão, Ana Cláudia Nascimento Gomes, Ana Raquel Gonçalves Moniz, Ana Rita Gil, Bruno Albergaria, Dulce Lopes, Filipa Pais d'Aguiar, Flávio Paixão de Moura Júnior, Hélio Pinheiro Pinto, João Carlos Loureiro, João Nuno Cruz Matos Calvão da Silva, Márcia Mieko Morikawa, Marcílio Toscano Franca Filho (em coautoria com Alessandra Macedo Franca), Néviton Guedes, Nuno Brandão, Paula Veiga, Paulo Canelas Castro, Rodolfo Viana Pereira e Teresa Violante (segunda hipótese).

Outros articulistas são amigos cujas relações de amizade foram construídas na comunidade acadêmica e/ou jurídica: Doutores Eloy García (Catedrático de *Derecho Constitucional de la Universidad Complutense de Madrid*), Francisco Balaguer Callejón (Catedrático de *Derecho Constitucional de la Universidad de Granada*), Gilmar Ferreira Mendes (Ministro do STF), Ingo Wolfgang Sarlet, Lenio Luiz Streck, Luís Roberto Barroso (Ministro do STF) e Flávio Pansieri. Ainda, os Ministros do STF, com relação de apreço e consideração pelo nosso homenageado: Doutores José Antônio Dias Toffoli, Luiz Edson Fachin (em coautoria com a Doutora Christine Peter da Silva), Luiz Fux e Marco Aurélio de Mello.

Ainda, há que se destacar o prefácio como verdadeira obra literária do Dr. José Manuel Mendes, dileto amigo do nosso homenageado e premiadíssimo escritor português, com dezenas de livros publicados e em várias línguas. Pelo prefácio, apresenta-se, em tons afetuosos e poéticos, a mente incessante (jurídica e literária) de *Um homem em permanente amanhecer*, como de fato é o Doutor Gomes Canotilho.

O conteúdo da obra fora dividido em três partes. A primeira delas (*I*) integralmente dedicada ao nosso homenageado. Ela é composta pelo vastíssimo currículo do Doutor Gomes Canotilho (em permanente construção e, apesar do nosso esforço, poderá conter lacunas de citações pela dificuldade de se "fechar a bibliografia" de sua biografia); por três textos de sua autoria; pelo desenho afetuoso do Doutor Francisco Balaguer Callejón; e, ainda, por um retrato de nosso homenageado, tirado justamente em sua última visita ao Brasil, em função das comemorações dos 30 anos da Constituição brasileira (foto da cerimônia de entrega da Comenda da Ordem Nacional do Cruzeiro do Sul, no grau de Comendador, entregue pelo então Presidente da República Michel Temer, no Palácio do Planalto, em 3.10.2018). Os artigos do Doutor Gomes Canotilho foram selecionados pela Dra. Ana Maria, entre aqueles pelos quais o nosso homenageado tem especial apreço e consideração. São eles: (1) *Em alguma parte alguma – A mão de sopro contra o muro escuro – Discurso de elogio do Doutorando Honoris Causa, o Ex-Presidente da República do Brasil, Luís Inácio Lula da Silva* (proferido na Sala dos Capelos, em 30.3.2011); (2) uma coletânea constituída por 4 palestras afetas ao Direito do Trabalho, inseridas em *Regresso ao Brasil para discutir questões constitucionais do trabalho*, elaboradas e proferidas em períodos diversos; e, (3) *The age of dignity e a dignidade da pessoa humana – Cansaço do mainstream teórico-filosófico*, de dezembro de 2016. A segunda parte – (*II*) – é constituída pelas contribuições dos "amigos interlocutores" do Doutor Gomes Canotilho e, a última – (*III*) – pelas contribuições de seus "amigos discípulos".

A despeito da ampla liberdade temática concedida aos articulistas para a realização dos artigos (tendo por orientação a forte luz provinda do farol doutrinário do Doutor José Joaquim Gomes Canotilho e os maiores propósitos do livro: reconhecimento, gratidão e registro), é nítida a ampla harmonia interna e intercomunicação entre as contribuições dos interlocutores e dos discípulos de nosso homenageado, orquestrados pelas preocupações e inquietações sobre as mais atuais questões do direito e da vida democrática.

Nessa linha, sobre as fragilidades hodiernas da democracia, da república, do Estado de direito e dos direitos fundamentais ante o mundo virtual e as novas tecnologias, apresentamos as ricas contribuições dos Doutores Eloy Garcia, Francisco Balaguer Callejón, Ingo Wolfgang Sarlet, Luiz Edson Fachin (em coautoria com Doutora Christine Peter da Silva), Marco Aurélio de Mello, Bruno Albergaria e Paula Veiga. Também as instigantes análises dos Doutores Luís Roberto Barroso e Nuno Brandão no tema da corrupção. Acerca da importância do controle no conteúdo material do princípio democrático, apresentamos a contribuição de Rodolfo Viana Pereira. Densas reflexões jusfilosóficas sobre o princípio da democracia foram elaboradas pelo Doutor José Manuel Aroso Linhares.

Na amplitude dos temas relacionados às relevantes funções do Poder Judiciário e/ou da jurisdição constitucional na atualidade, inclusive pandêmica, apresentamos as importantes análises dos Doutores Gilmar Ferreira Mendes, José Antônio Dias Toffoli,

Luiz Fux, Ana Cláudia Nascimento Gomes, Ana Raquel Gonçalves Moniz, Hélio Pinheiro Pinto e Teresa Violante.

Os direitos fundamentais e a força normativa da Constituição, em geral, a eficácia de direitos sociais, o dirigismo constitucional, a restrição e a suspensão de direitos, em especial, foram âmbitos escolhidos e brilhantemente tratados pelos Doutores João Leal Amado, Joaquim Sousa Ribeiro, Ana Rita Gil e Néviton Guedes.

O sistema de governo de Portugal (semipresidencialismo), passado em revista por nosso homenageado em inúmeras de suas obras, foi alvo de profundas sugestões e críticas dos Doutores Paulo Castro Rangel e Vital Moreira, este, aliás, grande parceiro de academia do Doutor Gomes Canotilho, com quem compartilhou o sucesso de obras escritas a quatro mãos.

Um maravilhoso texto sobre o percurso do Doutor Gomes Canotilho nos "logradouros" do constitucionalismo é apresentado pelo Doutor João Carlos Loureiro. Outro passeio jusfilosófico pelos labirintos do direito foi cursado pelos Doutores Marcílio Toscano Franca Filho e Alessandra Macedo Franca e é ora apresentado.

No âmbito do direito ambiental e do direito urbanístico, os quais sempre foram tão dignos para o nosso homenageado, trazemos à lume as acuradas análises dos Doutores Fernando Alves Correia, Alexandra Aragão e Flávio Paixão de Moura Júnior. Estudos nos âmbitos do direito comparado, do direito comunitário ou do direito internacional mereceram as atenções cuidadosas dos Doutores Manuel Porto, Afonso Patrão, Dulce Lopes (que também faz a interlocução com o direito ambiental e urbanístico), Filipa Pais d'Aguiar, João Nuno Cruz Matos Calvão da Silva, Márcia Mieko Morikawa e Paulo Canelas de Castro.

Pela qualidade material dos artigos que compõem a presente obra, nós, coordenadores, estamos profundamente honrados de poder trazer à lume para os operadores do direito e a comunidade jurídica um livro que, por isso, já é um sucesso editorial manifesto. Pelo cumprimento, *com distinção e louvor*, de seus propósitos honoríficos, nós, coordenadores, estamos ainda muito mais felizes! Afinal, Senhor Doutor Gomes Canotilho, com diferentes graus de intensidade e modos, tem um papel absolutamente fundamental em nossos percursos jurídicos, profissionais e pessoais; como orientador acadêmico ou de vida. De nossa parte, temos, por tal razão, que agradecer penhoradamente a todos os articulistas que embarcaram nesse *transatlântico* conosco, para brindar coletivamente o 80º aniversário de nosso grande mestre e, principalmente, a sua majestosa e sólida contribuição para o desvendamento dos mares do direito público.

Temos a convicção de que todos os *obrigados* destinados ao Doutor Gomes Canotilho serão ainda poucos para agradecer a *dimensão* e o *valor* do presente que ele ofertou e oferta à ciência jurídica. E é como nos sentimos agora frente a ele a à sua obra: infinitamente agradecidos e agraciados! *"É agora José"* (e para o direito, será sempre) o *nosso júbilo!*

Não poderíamos deixar de registrar vivos agradecimentos à Dra. Ana Maria Gonçalves Rodrigues, esposa querida do nosso homenageado, que, para além de vários contatos realizados, seleção de textos, fez ainda a parte mais difícil: manter em absoluto segredo a nossa surpresa, quando tudo se passava ao lado dele. Iguais agradecimentos à Dra. Andreia Dias, diligente secretária que se incumbiu da remessa e do recebimento de inúmeras mensagens eletrônicas, para além de recordar nomes e contatos que se mostravam preciosos para a maior alegria de nosso homenageado.

Finalmente, um efusivo obrigado à Editora Fórum, especialmente destinados às pessoas de seu Diretor, Dr. Luis Cláudio Rodrigues Ferreira, à Dra. Marina Tavares e ao Sr. Leonardo Araújo; estes com os quais mantemos intensos e diários contatos. A Editora Fórum esteve literalmente ao nosso lado desde os primórdios do projeto do livro, tendo nos auxiliado diuturnamente para o êxito editorial. Sem ela, esse nosso barco coletivo não teria conseguido aportar em bom solo!

Agora é a vez de nossos leitores embarcarem nessa viagem e desfrutarem, também eles, de alguns dos frutos erigidos das sementes jurídicas direta ou indiretamente difundidas pelo Doutor Gomes Canotilho!

A todos, o nosso Bem-Haja!

Belo Horizonte e Braga, 20 de maio de 2021.

Ana Cláudia Nascimento Gomes
Doutora em Direito Público pela Universidade de Coimbra.

Bruno Albergaria
Doutor em Ciências Jurídico-Econômicas pela Universidade de Coimbra.

Mariana Rodrigues Canotilho
Doutora em Direito Constitucional Europeu pela Universidade de Granada.

PARTE I

ARTIGOS DO
SENHOR DOUTOR GOMES CANOTILHO

PARTE I

ARTIGOS DO
SENHOR DOUTOR GOMES CANOTILHO

EM ALGUMA PARTE ALGUMA –
A MÃO DE SOPRO CONTRA O MURO ESCURO –
DISCURSO DE ELOGIO DO DOUTORANDO
HONORIS CAUSA, O EX-PRESIDENTE DA REPÚBLICA
DO BRASIL, LUÍS INÁCIO LULA DA SILVA

Sala dos Capelos da Universidade de Coimbra – 30.3.2011

Magnífico Reitor Cancelário,
Sua Excelência Senhor Presidente da República de Portugal,
Sua Excelência Senhora Presidente da República Federativa do Brasil,
Sua Excelência Senhor Presidente da República de Cabo Verde,
Senhor Primeiro-Ministro de Portugal,
Senhor Presidente do Supremo Tribunal de Justiça,
Senhor Presidente do Tribunal Constitucional,
Senhores Ministros,
Senhores Embaixadores,
Senhor Procurador-Geral da República,
Senhor Director da Faculdade de Direito,
Senhores Reitores e Vice-Reitores,
Excelentíssimas autoridades Civis, Militares e Religiosas,
Senhores Doutores,
Senhor Presidente da Direcção-Geral da Associação Académica de Coimbra,
Prezados Membros do Conselho-Geral e do Senado da Universidade de Coimbra,
Caros Estudantes,
Minhas Senhoras e meus Senhores,

A concessão do grau e insígnias de Doutor *Honoris Causa* aos presidentes do Brasil democraticamente eleitos vem ganhando o estatuto de lei mental na Faculdade de Direito da Universidade de Coimbra. Aflora sempre nestas narrativas universitárias uma estranha sedução de cumplicidade legitimatória e de reiterada fraternidade política e académica. Para aqueles que, como nós, ergueram o direito e a justiça a tema da sua vida, trata-se sempre de fazer jorrar o pão do espírito e as luzes do entendimento na sedimentação da memória colectiva. Entenderam os meus pares da Faculdade de Direito confiar-me o encargo – sempre honroso e estimulante – de traçar o perfil humano e político do estadista global que é o ex-presidente da República do Brasil, Luís Inácio Lula da Silva. Tentarei corresponder, na medida das minhas possibilidades, à confiança em mim depositada.

Fraternidade aberta

A Universidade de Coimbra vem abrindo, de forma lenta, mas segura, os seus abraços de fraternidade académica a mundos outros de pessoas outras distantes e diferentes do microcosmos, tipicamente coimbrão, das borlas e capelos. Ao longo da nossa carreira académica – a caminho do fim –, pudemos observar a adaptação dos ritos e das ritualidades, dos ditos e das falas, dos hinos e das alegrias universitárias, ao pulsar da vida, da criatividade, da cultura, da investigação, da dedicação às causas nobres das pessoas e dos povos. Só assim, só através da fraternidade académica aberta, é possível evitar que estas cerimónias, pretendidamente solenes, terminem num sistema fechado, peregrinando em torno dele próprio, ensimesmado no rodopio dos trajes, na elegância grave das orações, na cumplicidade interfaculdades, ou, até, na vertigem de cortejos com cores únicas dentro das respectivas faculdades.

Esta abertura tem-nos permitido acolher presidentes da república, reis de monarquias, homens de organizações internacionais e supranacionais. Por aqui soaram hinos de alegria nos doutoramentos *honoris causa* dos presidentes eleitos da República do Brasil, Tancredo Neves, José Sarney e Fernando Henrique Cardoso. Sob os olhares dos reis da monarquia portuguesa, assistimos à cerimónia de sagração doutoral do Rei de Espanha, D. Juan Carlos de Bourbon. Sepultando a inimizade nenhuma de tempos coloniais e revificando a imensa amizade de agora, o abraço fraterno pousou nos ombros de Aristides Pereira, Joaquim Chissano e Mascarenhas Monteiro. Nos cadeirais desta sala ocuparam os seus lugares de honra académica os presidentes da República Federal da Alemanha, Karl Carstens e Richard von Weizãcker, e o presidente da República da Argentina, Fernando de la Rua. As lonjuras da admiração académica navegam até as Nações Unidas, acarinhando Javier Pérez de Cuellar, e voltam à Europa da União Europeia para prestar justiça à contribuição de pessoas tão dedicadas à causa europeia como Jacques Delors e Josep Borrell Fontelles. Perto de nós, pertíssimo de nós, as homenagens da academia coimbrã centraram-se em políticos da República Democrática Portuguesa como Mário Soares, Jorge Sampaio e Almeida Santos.

Muitos outros teriam merecido estas honras doutorais. Na lei mental da Faculdade de Direito e nas actas escritas dos seus Conselhos Científicos estará certamente registada a vontade de sentirmos a presença de Nelson Mandela. Os "longos caminhos para a liberdade" – o título do célebre livro de Mandela – não raro começam na clandestinidade. As vitórias não raro deixam de ter o selo dos vencedores. Com Mandela, a política, a velha arte da política, recupera dimensões de admirável humanidade e humanismo. Em vez do ressentimento, a compreensão. Em vez da justiça histórica, a bonomia na liberdade de todos. "Voltei várias vezes a lembrar às pessoas que as lutas de libertação não eram uma batalha contra qualquer grupo ou cor, mas uma luta contra o sistema da repressão". Mandela tem sucessores e admiradores noutros continentes. Um deles está conosco. Aqui e agora.

Em alguma parte alguma

Apresenta-se a pedir o grau de doutor o Ex-Presidente da República do Brasil, Luís Inácio Lula da Silva. O simbolismo desta sagração doutoral convoca-nos para as memórias dos seus antecessores. Estamos ainda a ouvir Tancredo Neves: "Valeu a pena ter vivido até aqui para viver este momento". Infelizmente, viveu pouco. Não chegou a tomar posse de Presidente da República do Brasil. Os ecos da fala de José Sarney, cercada de "águas demais" e "águas de menos", estão próximos: "chego aqui carregado de memórias". Mais um enlaçamento de fraternidade académica é dado com a presente cerimónia.

Em alguma parte alguma – o refrão é do genial poeta brasileiro Ferreira Gullar – estaria escrito, mesmo na Bíblia, que um "menino que nunca foi menino" discursaria perante os doutores. Em alguma parte alguma, estaria escrito que a "mão do sopro contra o muro escuro" tivesse viajado em "pau de arara" do longínquo Pernambuco, trazendo-nos sabedoria regada com "azeite da alma e da luta". Em alguma parte alguma, lemos ou ouvimos que o não escrito da arte da política se transmutaria em dito germinado em "pátria de águas", "sertões de seca", florestas de "madeira vermelha", "morros afavelados com copacabanas". Em alguma parte alguma, estaria previsto que a última nau reapareceria encantada numa "ilha de lençóis" feita de acúmulo de areias e de vidas carregadas de lutas.

Não é fácil, para nós, adoçar o verbo em ambiente de falas graves. Em troca das "reminiscências clássicas", das "pitadas de arcaísmo", dos "galões de estilo", das "camisas de força teóricas", tentaremos encontrar uma maneira leve de tratar coisas graves. Ninguém ousará perguntar quem é, donde vem e para que este romeiro, justamente considerado cidadão do mundo. O menos que se poderá afirmar é que estamos perante um intérprete vivo do Brasil contemporâneo. Intérprete do Brasil, dissemos – do Brasil: "Brasil, o nosso claro enigma", eis o mote já discutido pelos melhores e mais lúcidos intérpretes. Todos eles – assim se lê no prefácio de uma colecção de livros patrocinada pelo Ministério das Relações Externas do Brasil para comemorar os quinhentos anos do achamento do Brasil – tentam "compreender a nação e os cidadãos, nas suas origens, no seu devir colonial e, finalmente, soberano". Todos eles avançam os olhos por todo o mapa do país, tomam emprestadas lunetas para melhor alcançar outras épocas e civilizações, com o intento de chamar a atenção para as grandes conquistas que foram feitas. Feitas desde sempre: pelo mais anónimo dos índios e dos escravos, profissionais liberais, latifundiários, capitães de indústria, tomando o país, uma das nações mais adiantadas da América Latina. Querem também acercar-se das causas das injustiças sociais, combatê-las pelas armas das palavras, saber o porquê de tanta miséria e sofrimento por parte de um povo, no entanto, trabalhador e sempre disposto a buscar a prosperidade e o progresso moral, seja dos seus, seja da nação.

Livros admiráveis foram tecendo a publicidade crítica brasileira: *O abolicionismo*, de Joaquim Nabuco, *Os Sertões*, de Euclides da Cunha, a *América Latina*, de Manuel Bonfim, *Populações Meridionais do Brasil*, de Oliveira Viana, *Vida e morte de bandeirantes*, de Alcântara Machado, *Retrato do Brasil*, de Paulo Prado, *Introdução a história da sociedade patriarcal do Brasil*, de Gilberto Freire, *Raízes do Brasil*, de Sérgio Buarque de Holanda, *Formação do Brasil contemporâneo*, de Caio Prado Júnior, *A evolução burguesa do Brasil*, de Florestan Fernandes, *O povo brasileiro*, de Darcy Ribeiro, *Os donos do poder*, de Raimundo Faoro.

Outros olhares diferentes perfilam-se também a concorrer para a solução do enigma. Juscelino Kubitscheck, também ele Doutor *Honoris Causa* desta nossa universidade, arrojou lançar o último grito de modernidade, deslocando o centro do poder para o centro do Cerrado. Outros clamam as "Diretas, já", nestes se incluía o sindicalista Lula – para restabelecer a democracia e dotar o Brasil de uma constituição cidadã. O achamento político ganhará com Lula da Silva uma nova forma de descoberta. Começa na *Educação pela pedra*, de João Cabral de Melo Neto: "No sertão a pedra não sabe leccionar, e se leccionasse não ensinaria nada; lá não se aprende a pedra: lá a pedra, uma pedra à nascença entranha a alma". Manoel de Barros, outro grande poeta brasileiro, dá também o tom: "Sentado a uma mesa ninguém é genial". E ninguém é genial sobretudo numa terra, como assinala Buarque de Holanda, onde "andam as coisas trocadas porque toda ela não é República, sendo casa a casa". A República abre-se agora à experiência popular constituinte saudada por muitos e queridos publicistas brasileiros como Paulo Bonavides, Fábio Konder Comparato, Dalmo de Abreu Dallari e José Afonso da Silva. Por outras palavras: a política na República, diríamos com Foucault, não se reconduz a uma dialéctica da negatividade; a política transporta positividade e com positividade deve ser exercida. Da poesia para o filósofo, do filósofo para o povo. Do povo para o homem do povo: Lula da Silva.

Lula da Silva e o seu primeiro diploma

Lula da Silva não escreveu livros tecnicamente densos sobre o enigma brasileiro. Desfraldou as normas da razão prática. Desde a migração de Pernambuco para a grande cidade de São Paulo, da tinturaria do primeiro emprego, da fábrica de parafusos, do sindicato dos metalúrgicos, da prisão dos militares, do movimento das "Diretas, já", da mobilização nacional contra a corrupção, do "instituto da cidadania", até a Presidência da República, foi acumulando observações sobre observações. O Brasil, nosso enigma, não era, não devia ser, um problema insolúvel. Também não se podia reduzir a um problema de caricatura: "o jeito ou jeitinho". Muito menos uma fatalidade. Na Presidência da República, Lula da Silva afirmou: "E eu, que durante tantas vezes fui acusado de não ter um diploma superior, ganho o meu primeiro diploma, o diploma de Presidente da República do meu país". Perante este júri universitário, quais foram, afinal, as obras, as investigações, os feitos que legitimam a sagração doutoral?

Em primeiro lugar, teve de enfrentar um problema de difícil decifração para matemáticos, lógicos e filósofos: o problema da impensabilidade de um metalúrgico sindicalista na presidência da República. Muitos intelectuais, muitos políticos, muitos jornalistas, muita gente de bem, sustentavam o "teorema indemonstrável": a possibilidade de um homem do povo erguer-se democraticamente no Brasil a primeiro magistrado da nação. Hoje mesmo, no meu correio electrónico, uma descendente de portugueses criticava a deliberação da Universidade de Coimbra e da sua Faculdade de Direito. A academia de Lula não descobre qualquer triângulo de transformação do mundo. Tampouco descobriu a "caverna" de Platão para entrar na galeria dos filósofos. Aproximou-se, porém, de outra fonte de sabedoria – o povo. Se há nota de argúcia política e intelectual, sempre aconchegada em quentura telúrica, essa é a da sua entranhada ligação ao povo brasileiro. Não do povo abstracto que ele próprio não reconhece a sua imagem, mas que serve repetidamente para grandes registos retóricos. Aprendemos repetidamente: o povo é um infinito, um espaço de gente que inclui outras gentes, um ente vivo que agrupa todos os humanos criados, uma abrangência de mulheres e de homens, uma representação de nós que abarca todos nós, uma imagem do globo com continentes de pessoas, um remoinho de gerações, das passadas às futuras. Por mais bonitas que sejam as fórmulas, neste todo de todo não se vislumbram mulheres e homens concretos, "crianças que acordam mais cedo que o céu" (Mia Couto, assim poetizou), exilados perto de ninguém, malvados de raça e raças de malvados, mães de luta e mães de luto. Convenhamos: mesmo nas prosas de filósofos da política e de constitucionalistas, o povo continua uma abstracção, uma permanência de permanências, um instante de existência representativa, um lugar de ausência de presenças humanas. O achamento do Brasil leva-nos a um povo suficientemente plural e pluralmente brasileiro: "um representativo e oxigenado sopro de gente, de rua, de praça, de favela, de fábrica, de trabalhadores, de cozinheiros, de estudantes, de aposentados, de servidores civis e militares". Povo será ainda a gente da "Cidade de Deus" e da "Tropa de Elite". Povo será ainda os "sem terra" e os "com terra". Lula da Silva acrescentará, comovido até às lágrimas, como as imagens de televisão transmitiram para todo o mundo: povo são os catadores de lixo, de São Paulo e de outras grandes cidades de consumo, que dia e noite, noite e dia, ganham o pão palmilhando quilómetros e recolhendo toneladas de desperdícios. Foi este povo que tomou o destino nas próprias mãos ao celebrar um acordo de muitos milhões de reais com o governo do Presidente Lula. Povo são os que pedem audiências ao Presidente da República e outra coisa não almejam senão pôr à prova a disponibilidade de "poderes planaltos" e de "poderes alvoradas" para abrir as suas portas àqueles que sempre foram relegados para os confins da indiferença, para as margens da não inclusão, para as rodas dos enjeitados. As pesquisas aí estão a provar – valendo o que valem, de certo – as notas de excelente do exame popular. Em 2010, a pesquisa Datafolha, no jornal *Folha de S.Paulo*, revelou que o Presidente Lula da Silva obteve a melhor popularidade entre todos os presidentes. Nas pesquisas feitas desde 1990, 76% dos pesquisados consideram o governo como óptimo. Estamos longe de julgar infalível a "voz do povo" como sucedâneo de "voz de Deus". Mas, para quem começou por se defrontar com o problema da impensabilidade de ser Presidente da República, a voz do povo contribui para decifrar o enigma e demonstrar o teorema.

Não bastava responder com altas classificações ao "teste do povo", ou, se preferirmos, ao teste de popularidade. Um outro desafio, sempre explicitado nas suas campanhas eleitorais, dizia respeito à luta pelo reconhecimento e inclusão do outro. As políticas públicas – de erradicação da pobreza, de redistribuição da riqueza, de protecção do meio ambiente, de melhoria das condições globais das pessoas e do povo – marcam sempre os juízos de legitimação de qualquer poder. Ao responder pelo que fez e pelo que não fez, pelo prometido e pelo realizado, pelo resultado e não pelo propagandeado, nos difíceis campos da cidadania e da exclusão, Lula da Silva transpõe com êxito a avaliação intersubjectivamente feita, em nível nacional e em nível internacional. Dois prestigiosos órgãos de informação – *Le Monde* e *El País* – consideram-no o "Homem do Ano", em 2009, pelo forte crescimento e afirmação internacional do país. O influente *Financial Times* coloca-o na lista das 50 pessoas que moldaram a década pelo seu "charme e habilidade" e por ser o "líder mais popular da história do País".

Por sua vez, o Fórum Económico Mundial, reunido em Davos, na Suíça, em 2010, confere-lhe a distinção inédita de "Estadista Global" pela sua actuação no meio ambiente, erradicação da pobreza e distribuição da riqueza. Também a Organização das Nações Unidas não hesita em condecorá-lo pelos seus projectos contra a fome e desnutrição infantil. Já em 2011, recebe o Prémio Liberdade – Cortes de Cádis pela luta contra a pobreza e exclusão social. Ainda ontem, recebeu em Portugal o Prémio Norte-Sul. Perante este reconhecimento mundial de um homem que luta pelo reconhecimento, e, mais do que isso que, colocou as instâncias do poder decididamente voltadas para a defesa da dignidade das pessoas e dos povos, é legítimo concluir que Lula da Silva colocou a razão prática ao serviço da justiça. Justiça bem no sentido de Amartya Sen, também doutorado há poucos dias pela Universidade de Coimbra. A justiça perfeita não existe ou não se alcança por transcendências ou metafísicas concentradas em redor de institucionalismos políticos que não se ocupam das sociedades efectivas e das pessoas concretas. Humano, incontornavelmente humano, é, sim, reduzir as injustiças, comparando experiências e alcançando resultados. As políticas de direitos humanos também passam por aqui e bom será deixar registadas as palavras de Amartya Sen quanto à dignidade dos direitos económicos, sociais e culturais:

> A exclusão de todos os direitos económicos e sociais do recinto sagrado dos direitos humanos, deixando que esse espaço fique apenas reservado para a liberdade e para outros direitos da primeira geração, não é mais do que uma tentativa, dificilmente sustentável, de traçar uma linha na areia.

Ao lado do Presidente da República comovidamente envolvido na promoção da justiça social, ergue-se também o diplomata empenhado na promoção da paz. Enquanto Presidente, Lula da Silva levou a mensagem da paz a todos os foros do mundo. Seja nos areópagos dos globalismos mercantilistas ou dos mundialismos alternativos, seja nas conferências sobre o clima e ambiente ou nas convenções sobre a pobreza e a paz, em todos os palcos mundiais, a voz clara, calorosa e convincente do Presidente do Brasil marcava o caminho da "ecologia da paz", para utilizarmos palavras crismadas pelo Papa Bento XVI.

A paz transporta, porém, a sedução de palavras bonitas, filosoficamente meditadas: a "paz perpétua", o "desenvolvimento sustentado", os "novos direitos", os "patriotismos constitucionais", a "cidade cosmopolita". Mais uma vez, corremos o risco de serem elas a ocupar o espaço do nosso imaginário. Os conhecidos "danos colaterais" servem mesmo para ocultar o sofrimento de pessoas e de povos existencialmente vergados às perfídias do realismo da política internacional. E neste contexto que as políticas tópicas da paz e do desenvolvimento lançam raízes perto de milhões de seres humanos à procura de uma vida menos desumana e mais justa. Muhammad Yunus, com o seu sistema de microcrédito, é enaltecido em nome da paz e não da economia. Amartya Sen é galardoado com o Prémio Nobel da economia tendo em conta os seus contributos para pensar e transformar o mundo das injustiças. Ao lado destes, agitam-se os moralistas da política internacional, inventando estratégias de guerra para, logo em seguida, se converterem em humanistas reconstrutivos da paz imposta pela guerra.

Perante estes arautos defensores da "moralidade da guerra", erguem-se vozes, como a de Lula da Silva, a marcar a diferença entre a paz humana e a desumanidade da guerra. Se nos for permitida uma aproximação à sua forma de ver o mundo – que é também a da diplomacia brasileira – diríamos: é trágico que os senhores da guerra leiam a Carta das Nações Unidas como uma declaração de amor em prol das suas "guerras justas". Não admira, assim, que Lula da Silva tenha já sido proposto como candidato a Prémio Nobel da Paz, em 2011.

Os méritos legitimadores desta honra doutoral conferida pela Universidade de Coimbra ao Ex-Presidente da República do Brasil contam ainda com a ajuda da língua portuguesa. Sim, a língua portuguesa, "vai senhora de si, soberba e altiva" quando entoada por Lula da Silva em qualquer instância internacional. O "povão" a que ele se orgulha de pertencer fala português. Já aqui, em cerimónia como esta, foi realçado, pelo Doutor Avelãs Nunes no elogio de Tancredo Neves, o património mundial que é a língua portuguesa:

> a língua de Camões e de Vieira; de Eça, de Ferreira de Castro e de Aquilino; a língua de Castro Alves e de Machado de Assis; de Graciliano, de Guimarães Rosa e de Lins do Rego; de Torga e de Jorge Amado; de Mello Neto e de José Gomes Ferreira; língua que também é a de Baltazar Lopes, a de Amílcar Cabral e de Agostinho Neto.

Nós acrescentaríamos mais algumas lembranças de português. Língua cantada por Chico Buarque e por José Afonso, por Amália Rodrigues, Maria Bethânia e Cesária Évora; língua reinventada por Mia Couto, Luandino Vieira e José Saramago; língua arquitectada por Oscar Niemeyer e Siza Vieira; língua que faz luz na "Estação da Luz" no Museu de Língua Portuguesa em São Paulo, onde o avô e o neto desfolham originais de Graciliano e descobrem étimos profundos na sopa das letras. Língua portuguesa é a fala do "inferninho" na Cidade de Deus, fingindo haver poesia num inferninho, poesia que deveras há. Ouçamos: lá onde "falha a fala, fala a bala". O filme é belo, a poesia é belíssima:

> "Poesia, minha tia, ilumina as certezas dos homens e os tons das minhas palavras
> E que arrisco a prosa mesmo com balas atravessando fonemas"
> E o verbo, aquele que é maior que
> O seu tamanho, que diz, faz e acontece.

Dráuzio Varella faz-nos parar na Estação Carandiru e quase nos conclama a declamar os mandamentos sagrados dos presos. Ouçam senhores doutores:

> Entre nós, um crime jamais prescreve, doutor. No mundo do crime, a palavra empenhada tem maior força do que um exército.
> Numa cadeia, ninguém conhece a moradia da Verdade.

Tantos cidadãos difíceis, a viver num mundo concentracionário, mas em que o crime vira poesia e a cadeia inspira mandamentos!

Mas não se trata só da língua destes ou daqueles. E também a língua erguida à pátria por Fernando Pessoa e espalhada por pátrias em todo o mundo: do Brasil a Timor, Angola, Moçambique, Cabo Verde, Guiné e São Tomé e Príncipe e Portugal. E a língua do cantar de Caetano Veloso: "A língua é a minha pátria e eu não tenho pátria. Tenho mátria e quero frátria". Por outras palavras, portuguesíssimas palavras: tenho mãe e quero fraternidade.

Minhas Senhoras e meus Senhores,

Lula da Silva ostenta já várias condecorações e honrarias nacionais e internacionais. Pela sua ressonância universitária, cumpre mencionar a outorga do grau de Doutor *Honoris Causa* pela Universidade Federal da Bahia, Universidade Federal de Pernambuco, Universidade Estadual de Montes Claros, Escola de Altos Estudos em Ciências Sociais (Ecole d' Hautes Etudes en Sciences Sociales, Science Po), Universidade de Duke (Estados Unidos da América), Universidade de Santiago de Compostela (Espanha) e Fundação Oswaldo Cruz.

Muitas outras universidades estão na lista de espera para o mesmo fim. Temos a honra de a Universidade de Coimbra ser a primeira a conferir o grau de Doutor *Honoris Causa* ao cidadão Lula da Silva. Mas não vem só. Traz outro cidadão para o acompanhar, o Ex-Reitor desta Universidade, Doutor Fernando Seabra Santos. Caberá ao meu colega de Faculdade, Doutor Coutinho de Abreu, o encargo académico de, na prosa incisiva e contida que lhe é peculiar, recortar o perfil pessoal e universitário daquele que, durante treze anos, marcou indelevelmente os destinos da Universidade de Coimbra.

Seja-nos permitido lembrar o jovem da brigada Vitor Jara e o adulto de "hoje". Na trajectória académica de Seabra Santos ecoam sempre as sinfonias da cumplicidade cidadã a par dos cálculos rigorosos de engenheiro civil. Na defesa do presente e futuro de uma universidade mergulhada nas suas raízes medievais, nunca deixou de assinalar a simbiose das ciências e das humanidades como ADN indispensável de uma instituição assente em pessoas que tanto regressam a Platão e a Aristóteles como inventam e discutem a poesia dos triângulos de Arquimedes. Enquanto reitor – eis uma nota de imprescindível registo – promoveu a instituição do Grupo de Coimbra com algumas das melhores e mais célebres universidades brasileiras. E vale lembrar que no abraço das academias está presente José Bonifácio d'Andrada e Silva, o patriarca do constitucionalismo brasileiro que por aqui andou estudando tudo, do direito à química e à mineralogia. Mais do que isso: pôs os seus conhecimentos à prova, fabricando armas para dar luta às tropas invasoras de Napoleão. Compreende-se, assim, a invocação de José Bonifácio por ocasião da Constituição do grupo de Coimbra:

> Por ocasião da constituição do Grupo de Coimbra de Universidades Brasileiras, os Reitores e representantes das Universidades do Grupo evocam a figura de José Bonifácio d' Andrada e Silva que transportou deste seu forno de metalurgia, em Coimbra, a chama com que incendiou na alma e no coração dos brasileiros a ânsia pela liberdade, pela independência.

Um ex-reitor da Universidade de Coimbra, acompanha um ex-presidente da República. Um "metalúrgico" Andrada e Silva, que amalgamou "tantos metais diversos", no Laboratório Chimico da Universidade de Coimbra, anuncia e inicia o metalúrgico,

Lula da Silva, na sua longa caminhada para a sabedoria política. O feno da amizade entre Portugal e Brasil sai mais temperado. E mais robusta fica uma universidade cuja missão primeira é ainda, neste mundo de "especialistas especialmente especializados", formar mulheres-cidadãs e homens-cidadãos, rectos, fraternos e sábios.

    Magnífico Reitor Cancelário,
    O cidadão José Inácio Lula da Silva, Ex-Presidente da República do Brasil, é um "cidadão do mundo", um "estadista prestigiado", um lutador contra a miséria, a fome e a desigualdade. Afirmou-se como um mensageiro da paz e da Justiça. Deu sempre ressonância mundial à língua portuguesa. Tal como o estatuário do Padre António Vieira, arrancou da montanha da injustiça pedras toscas, duras, brutas e informes. Desbastou nelas o destino que joga com a vida das pessoas, eliminou o grosso do desamparo e esculpiu alguns pedaços de humanismo político. Os valores cimeiros da nossa cultura – a dignidade da pessoa e dos povos, a liberdade, a solidariedade, a igualdade e a justiça – marcaram os seus actos como primeiro magistrado da Pátria irmã. O grau de doutor pela Universidade de Coimbra, sob proposta da Faculdade de Direito, é a expressão simbólica da sua imensa sabedoria. Sabedoria regada, como dissemos, com azeite da alma e da luta. Peço-vos, por tudo isto, Magnífico Reitor, que ordeneis a imposição de insígnias doutorais ao eminente humanista e homem de estado aqui presente, o Ex-Presidente da República do Brasil, Luís Inácio Lula da Silva.

REGRESSO AO BRASIL PARA DISCUTIR QUESTÕES CONSTITUCIONAIS DO TRABALHO

1) Dizer a norma nas questões de trabalho (Porto Alegre, maio de 1994).
2) O direito constitucional desertou do direito de trabalho? (Porto, Colóquio Luso-Brasileiro, 26 de março de 2010).
3) Constituição e direitos sociais (Coimbra, X Encontro Jutra, 10-12 de abril 2014).
4) Fundamentalismo "Austeridatário" e erosão das normas reguladoras do trabalho (Campinas, julho de 2014).

1) Dizer a norma nas questões de trabalho
   (Porto Alegre, maio de 1994)

A) Dizer a norma na crise do Estado regulativo

As considerações a submeter a este auditório crítico não beneficiam das *leges artis* dos juslaboristas. Partem de um cultor do direito constitucional que, como generalista jurídico, se vê obrigado a relançar os olhos em direcção a um dos espaços jurídicos onde se torna cada vez mais difícil dizer a norma e dizer o direito. Por outro lado, carecemos de competência para nos pronunciarmos sobre a "justiça" do trabalho, pois nunca, na nossa actividade profissional, acompanhámos as tramas jurídico-processuais das questões levantadas perante cortes dedicadas a problemas juslaboristas. Com estas advertências, tentemos compreender os problemas teóricos, dogmáticos e praxeológicos do "dizer a norma" em questões do trabalho.

1   A crise do Estado regulativo

Aqui no Brasil, como em grande parte do mundo que acreditava (ou acredita) no projecto da modernidade política, o problema do dizer o direito nas questões de trabalho entronca na chamada crise do *direito regulativo*. Não é desconhecido por ninguém que o chamado Estado Social pretendia (e pretende) ancorar-se em dois instrumentos de regulação: o dinheiro e o direito.[1] Acontece que o dinheiro, visível ou invisivelmente, regula demais nalgumas situações e noutras de menos. O direito, esse debate-se com a contradição de, ao querer regular em excesso ("inflamação legislativa", "jurisdição"), acabar por ver os mecanismos jurídicos de regulação perderem força directiva. Também o direito regula demais e de menos as situações da vida. No mundo específico do direito de trabalho, os impactos fractais relativamente à legislação tradicional e os impulsos no sentido da situatividade do direito (leia-se referência em relação à situação concreta e dependência desta) são descritos por T. Koopmans em termos incisivos. Escutemo-lo:

> O carácter desta legislação que tem tipicamente como objecto criar uma sociedade nova, mudou enormemente e de forma quase imperceptível. As leis mais antigas, incidentes, por exemplo, no direito de trabalho, eram ainda fiéis às técnicas legislativas tradicionais: formulavam, com efeito, certas regras de conduta sobre diferentes sujeitos, tal como a segurança e higiene nas fábricas, o trabalho de menores, as obrigações financeiras dos empregadores e os efeitos jurídicos das convenções colectivas. O mesmo método deixou, porém, de ser adequado quando a questão que se coloca é a de formular planos de segurança social ou de estabelecer normas em matéria de investimento e de concorrência.[2]

---

[1] Assim, precisamente, RITTER, Ernst-Hasso. Das Recht als Steuerungsmedium im Kooperativen Staat. *In*: GRIMM, Dieter (Org.). *Wachsende Staatsaufgaben Sinkende Steuerungsfahigkeit des Rechts*. Baden-Baden: [s.n.], 1990. p. 69.

[2] KOOPMANS, T. *Legislature and judiciary, present tends* apud CAPPELLETTI, M. *Le pouvoir des juges*. Paris: [s.n.], 1990. p. 45.

2   O direito reflexivo

Para descrever deste "novo" Estado emergente do novo estado de coisas, recorre-se a conceitos exóticos como "direito reflexivo", "direito ecológico", "direito processual". Se compreendemos bem as coisas, pretende-se, no fundo, dizer que o direito deve "autolimitar-se" se quiser continuar a ter papel regulativo, ou que o direito tem de autorreconhecer-se como *situativo*, isto é, flexível e em sintonia com as situações, se quiser continuar a servir como elemento de regulação numa sociedade complexa. O direito do Estado abdica da sua função directamente rectora, para assumir as vestes de orientação indirecta; deixa de fixar direitos para poder estimular mediadoramente prestações de terceiros; deixa de dirigir para cooperar. Alguns exemplos tornarão mais explícita a mensagem do Estado *cooperativo*. No mundo do trabalho, o direito do Estado não deve impor regras fixas, mas favorecer e proporcionar a concertação social; a reserva de lei quanto às relações de trabalho tem de ceder progressivamente o seu espaço à reserva de contratação colectiva; a assunção de responsabilidade directa nos esquemas da segurança social será convenientemente substituída por estímulos a poupança-reformas privadas.[3]

Se o legislador e o Estado se tornam situativamente dependentes da flexibilidade, da legitimidade funcional, da mobilização de informações para garantir uma melhor calculabilidade do comportamento dos actores, uma melhor coordenação dos interesses, uma maior segurança nos investimentos, uma superior mobilização de recursos, compreender-se-á que, pouco a pouco, interesses particulares se convertam em interesses gerais, e que os interesses, sobretudo económicos, se transformem em interesses situativamente reais. Compreender-se-á também que, neste mundo *neocorporativo*, a relativização do peso do direito tenha como consequência a perda de autoridade do próprio direito. Desde logo, a redução da complexidade conseguida pelo Estado cooperativo acaba por reduzir a igualdade de oportunidades e a participação dos cidadãos na formação dos consensos legitimatórios. Numa situação destas, em que o legislador e o Executivo perderam a crença no direito hierárquico e olham com agrado para o desenvolvimento de um direito pluralmente pactuado, ninguém melhor poderá dizer o direito do que um juiz há muito habituado ao caso e às suas circunstâncias. Se a estratégia jurídica não é a da imposição voluntarista, mas a da persuasão voluntária, se o direito rígido (*hard-law*) deve ceder o passo a um direito *soft* caracterizado por regras de ponderação em vez de ordens ou proibições, se a "aplicação imperfeita" do *direito* se afigura mais "performante" que uma *aplicação perfeita de normas* postas, então emerge como figura privilegiada quem, desde sempre, reivindicou para si a tarefa de dizer o "bom direito" – o juiz. Mas qual juiz? Certamente aquele que melhor compreender a passagem do *absolutismo binário* (permitido/interdito, válido/não válido) para uma *circulação plural* de vozes (acordos, concertações).[4] Mas estará o juiz em condições de "jogar o jogo do direito" num mundo-ambiente com poucas regras, algumas regras, alguns princípios e muitas polifonias? A resposta obriga-nos a convocar os deuses.

---

[3]   Uma visão das "estruturas" do Estado cooperativo é-nos fornecida por RITTER, Ernst-Hasso. Das Recht als Steuerungsmedium im Kooperativen Staat. *In*: GRIMM, Dieter (Org.). *Wachsende Staatsaufgaben Sinkende Steuerungsfähigkeit des Rechts*. Baden-Baden: [s.n.], 1990. p. 73.

[4]   Cfr. OST, François. Jupiter, Hercule, Hermés: trois modèles du juge. *In*: BOURETZ, Pierre (Org.). *La force du droit*. [s.l.]: [s.n.], 1991. p. 255.

B) Convocação dos deuses

1 O trilema dos modelos: o juiz dos tribunais de trabalho e as máscaras de Júpiter, Hércules e Hermes

Justifiquemos, em primeiro lugar, a convocação dos deuses. A epígrafe acabada de ler sugere, com efeito, a existência de três modelos de actores judiciais afivelando a máscara de outros tantos deuses: o "Juiz-Júpiter", o "Juiz-Hércules" e o "Juiz-Hermes". Tomem-se, porém, e desde já, as devidas cautelas quanto a estes divinos de modelos. Como se salienta num importante número da *Revue de l'École Nationale de la Magistrature*, não existem, nos espaços complexos, plurais e heterogéneos das vivências judiciais, "modelos" de juízes divinamente puros. As palavras da revista merecem ser aqui transcritas: "Il n'existe à l'evidence plus aucun modele de réference, aucun définition univoque d'un métier qui tend à devenir multiforme et pluraliste".[5]

Não obstante a inexistência de modelos de referência, os autores têm procurado desvendar alguns traços caracterizadores dos homens cuja missão e função é "dizer o direito" nas nossas cidades. Uns falam de "Juiz pacificador", de "Juiz-árbitro" e de "Juiz-educador".[6] Outros pretendem encontrar as diversas posturas interpretativas dos juízes falando de "médiuns" e de "sábios".[7] Pertence a R. Dworkin a modelização mais insinuante das formas de *jurisdictio* através do recurso a figuras mitológicas. O seu "Juiz-Hércules" faz hoje parte dos arsenais teóricos voltados para a compreensão das decisões e interpretações dos juízes. Eis a definição de R. Dworkin: "[...] juiz imaginário, com um poder intelectual e uma paciência sobrehumanas que aceita o direito como integridade",[8] isto é, a *integridade da legislação*, pois os criadores das leis devem assegurar a coerência dos princípios informadores dessas leis. A integridade impõe-se, também, como integridade na interpretação-aplicação (*adjudication*), pois aqueles a quem cabe "dizer" o "que é a lei" devem interpretá-la e aplicá-la de forma coerente. É através desta operação interpretativa moldada pela coerência de princípios que o "Juiz-Hércules" se converte num criador "pós-interpretativo", deslocando para a actividade jurisprudencial a forma autêntica de realização do direito. O "Juiz-Hércules" está, porém, longe do "Juiz-Júpiter". Para este o direito reclama a escritura em tábuas – Códigos, Constituições, Estatutos –, cabendo-lhe, de uma forma dedutiva e linear, dizer para cada feito submetido à decisão o direito codificado em regras gerais e abstractas.

Um juiz do trabalho dificilmente afivelará qualquer destas máscaras. Ele sabe bem, pelos casos submetidos ao seu julgamento – despedimentos com ou sem justa causa, despedimentos colectivos, remunerações salariais, tempo de férias, processos disciplinares, greves lícitas ou ilícitas, concorrência de práticas desleais para com a empresa – que o modelo de Júpiter o obrigará a procurar desesperadamente uma

---

[5] Cfr. *Revue de l'École Nationale de la Magistrature*, n. 3, p. 14-15, jun. 1990.
[6] Assim precisamente, OST, F. Juge pacificateur, juge arbitre, juge entraîneur. Trois modèles de justice. In: GERARD, Ph ; OST, F. ; VAN DE KERCHOVE, M. *Fonction de juger et pouvoir judiciaire. Transformations et déplacements*. Bruxelles: [s.n.], 1983. p. 1-70.
[7] Desde logo, ARNAUD, A. J. Le Medium et le Savant/Signification politique de l' interpretation juridique. *Archives de Philosophie du droit*, 1972. p. 165 e ss.
[8] Cfr. DWORKIN, Ronald. *Law's empire*. Cambridge, Mass.: [s.n.], 1986. cap. 7.

Constituição, um Código, um Pacto internacional, demasiado transcendentes e afastados das teias de interesses e dos conflitos de direitos e deveres contextualizadores da situação concreta. Mas também não ignora serem as suas convicções de justiça, a sua coerência e integridade de princípios, insuficientes para criar um "direito justo". Entre o "Código" e o "dossier", entre a "dedução" e a "revelação", entre o "sagrado da lei" e a "existencialidade da decisão", deve existir um qualquer "médium", uma qualquer ligação hermenêutica possibilitadora de uma *jurisdictio* compreensiva das suas racionalidades jurídicas, a saber, a racionalidade jurídico-legiferante e a racionalidade jurisprudencial. A insinuação de um outro modelo de juiz é clara. Apresentamo-lo. Trata-se do "Juiz-Hermes", considerado por R. Dworkin quase tão inteligente quanto o "Juiz-Hércules".[9] Ele é o mediador judiciário assegurador da passagem entre duas margens, tentando compreender os jogos e as suas estratégias no espaço cada vez mais digitalizado do jurídico. Parece ser este o modelo mais próximo da nossa pós-modernidade. O paradigma do "direito codificado" e do seu juiz jupiteriano liga-se ao holismo normativo moderno, defrontando-se, hoje, com o problema da multiplicação das fontes de direito vivo e com o pluralismo dos actores jurídicos. Por sua vez, o modelo "herculeano" de juiz aproxima-se demasiado do "criacionismo judicial", substituindo a "miopia legalista" pela "miopia jurisprudencial" subjectivamente reveladora do direito.

2 Dos modelos à prática. Dos "modelos de juiz" aos paradigmas de Estado

Coloquemos entre parêntesis os modelos e preocupemo-nos com os conflitos quotidianos reclamando o acesso ao juiz do trabalho. Pede-se-lhe para conciliar a declaração de "empresas em dificuldades" com o princípio da estabilidade do emprego; exige-se-lhe a decisão expedita sobre a licitude ou ilicitude de uma greve marcada para o dia seguinte pelos controladores aéreos; reclama-se a sua intervenção para impedir que a estratégia de *"dumping"* social" das multinacionais aumente perversamente o número dos desempregados. Estes exemplos – e muitos outros poderiam ser referidos – são indicadores de um problema insusceptível de se reconduzir, de forma linear e simplista, a "modelos de juiz". Torna-se patente estar em causa a mudança de "paradigmas de Estado", confrontando-se o juiz, como qualquer outro "mediador jurídico", com a realidade de um direito *soft*, ou na formulação de F. Ost, de um "direito líquido", intersticial e informal. Os motes são conhecidos: desregulação, flexibilidade, livre circulação de pessoas, de mercadorias e de capitais, liberalização, mundialização. Se existe perplexidade, verificamos a disponibilidade normativa dos espaços jurídicos, a fluidez das regras e a "regressão" moral da liberdade, como exigir do juiz do trabalho uma postura moralmente reflexiva capaz de articular a "ordem" e a "desordem", a "força" e a "justiça", a *hard law* e a *soft law* das questões sociais e macroeconômicas? Por outras palavras: como exigir um *pathos* moral perante a desnormativização e, pior ainda, a amoralização da liberdade individual e colectiva? Acabámos de falar em liberdade.

---

[9] Cfr. DWORKIN, Ronald. *Law's empire.* Cambridge, Mass.: [s.n.], 1986. cap. 9. Para uma análise "sugestiva" dos três modelos de juiz, veja-se OST, François. Jupiter, Hercule, Hermés: trois modèles du juge. *In*: BOURETZ, Pierre (Org.). *La force du droit.* [s.l.]: [s.n.], 1991. p. 241.

Mas algum dia foi o juiz do trabalho um juiz da liberdade? Com esta interrogação passamos para um outro núcleo problemático desta fala: o de saber se o juiz dos tribunais de trabalho passou a juiz de direitos fundamentais ou permanece como decisor jurisdicional de soluções controvertidas de trabalho e de emprego.

C) A problematização do direito de trabalho e dos direitos fundamentais

1 Juiz do trabalho: um juiz legal e natural?

A pergunta tem o seu ar de provocação, mas aqui fica registada. O "juiz do trabalho", ou, se se preferir, os tribunais de trabalho, terão, aos olhos do público, a áurea do *juiz natural* e do *juiz ordinário*? Como se sabe, o sentido constitucional de "juiz legal" é o da exigência de predeterminação legal da criação e definição de competências e atribuições de um órgão jurisdicional, proibindo-se, deste modo, a criação de tribunais extraordinários ou a atribuição e avocação de competências a outros tribunais. Hoje, porém, discute-se o problema de saber se a garantia do juiz legal não implicará ainda a predeterminação de regras de individualização do julgador e a conexão material do juiz à causa, quer através do recurso a elementos de conexão territorial (o "juiz da terra", o "juiz natural"), quer a elementos de conexão funcional ou hierárquica ("juiz especializado", "juiz de instância".

Se tivermos em conta todas estas dimensões – predeterminação do tribunal, predeterminação do juiz-órgão, predeterminação do juiz-pessoa –, parece correcto defender que o "juiz de trabalho" é um juiz legal. Todavia, nem sempre o "juiz de trabalho" surge aos olhos do público como um "juiz ordinário". Por juiz ordinário entende-se o juiz com competência genérica para todo o tipo de matérias e de pessoas. Consequentemente, a ideia de recortar uma jurisdição especializada em relações de trabalho nem sempre favorece a imagem deste juiz. O facto de ter competência específica não perturba, à partida, a sua inserção dentro do corpo único de magistrados, nem se pode confundir competência específica com "tribunal especial" ou "extraordinário". Neste sentido, "juiz de trabalho" pode e deve considerar-se como um juiz legal, um juiz natural e um juiz ordinário. Mas não ficam arredadas todas as reservas, pelo menos sob o ponto de vista constitucional.

2 O juiz de trabalho: um juiz das liberdades e dos direitos?

Uma questão sistematicamente colocada pelos cultores do direito constitucional aos colegas juslaboristas e, em geral, aos cultores dos paradigmas civilísticos é esta: o "juiz de trabalho" é um juiz "especializado" em relações jurídicas de trabalho, dotadas de autonomia e substantividade próprias, ou afivelará também a máscara de juiz ordinário das liberdades e dos direitos fundamentais? Por outras palavras, eventualmente já indiciadoras do problema que nos ocupa: os juízes do trabalho tomam em conta os direitos, liberdades e garantias dos trabalhadores, desde que plasmados em instrumentos normativos juslaborais, ou chamam-nos também directamente à colação, independentemente da sua expressa positivação nas tábuas reguladoras das questões jurídico-laborais? Noutros termos: como é que as normas constitucionais consagradoras de direitos, liberdades e garantias dos trabalhadores vinculam, enquanto normas directamente aplicáveis, os juízes das causas juslaborais (cfr. CRP, art. 18º/1)? As interrogações precedentes tocam de perto a complexa problemática dos esquemas relacionais entre o direito constitucional e o direito privado e, sobretudo, a questão dos chamados efeitos ou *eficácia dos direitos fundamentais nas relações jurídicas privadas*. Trata-se do problema conhecido na doutrina alemã por *Drittwirkung* de direitos fundamentais e na doutrina americana por *State action doctrin*.

3 Exemplos

Alguns exemplos possibilitarão talvez uma melhor inteligibilidade do discurso.

Exemplo 1 – A escravatura

Neste país – o Brasil – a escravatura não teve uma simples ressonância cultural. Suponhamos, porém, que, não obstante o progresso civilizacional, se regressava agora, em nome da autonomia da vontade, a "contratos de escravatura". O juiz de trabalho assume-se apenas como julgador de questões de retribuição reguladas pelo contrato ou reivindica a sua qualidade de juiz ordinário defensor das liberdades e, propondo a ligação entre os "livres" e os "escravos", afirma dignidade da pessoa humana, o desenvolvimento da personalidade, o nascimento livre com direitos simultaneamente pessoais e civilizacionais, aplicando-os aos "casos de trabalho" submetidos à sua decisão? Mesmo que a resposta seja inequívoca, qual o *instrumentarium jurídico utilizado pelo juiz do trabalho*? Os conhecidos princípios formais dos "bons costumes", da "boa-fé" ou da "ordem pública", como são trabalhados na juscivilística, ou o corpus dos direitos e liberdades plasmados na Constituição e nos Pactos Internacionais dos Direitos do Homem?

Exemplo 2 – *A greve ilícita*

Neste segundo exemplo o "juiz de trabalho" é chamado a decidir um despedimento com "justa causa": despedimento resultante de greve ilícita de trabalhador. Acontece, porém, que foram cem os trabalhadores grevistas, e cinco os despedidos (todos delegados sindicais). A nossa pergunta é agora esta: o "juiz de trabalho" limita-se a certificar a ilicitude da greve e a consequente regularidade do despedimento, ou pode, como o Juiz-Hermes, desvendar as "mini-irracionalidades" do "tomador" e do "dador" do trabalho e aplicar ao caso o princípio material constitucional da igualdade?

Exemplo 3 – *A cláusula de closed-shop*

As entidades patronais e as organizações sindicais chegam a acordo quanto à não contratação de trabalhadores não sindicalizados inserindo nos respectivos contratos colectivos de trabalho uma cláusula de *closed-shop*. Como será possível chegar ao juiz de trabalho? E no caso de o feito ser submetido a julgamento, como poderia o juiz modelar a "lei privada" dos contratantes segundo os direitos de liberdade sindical, constitucionalmente consagrados?

Os exemplos poderiam multiplicar-se. Eles afiguram-se-nos suficientemente ilustrativos do problema colocado atrás: se as relações de trabalho podem ser compreendidas como relações autónomas sem qualquer aplicabilidade directa, pelos juízes, dos direitos fundamentais. A posição que adiantaremos é esta: concepção do contrato de trabalho como um contrato regulador de uma relação de troca de uma prestação de trabalho por uma prestação remuneratória, dificilmente poderá continuar imune ao efeito directo dos direitos e liberdades, pois, como é evidente, a prestação de trabalho e a prestação remuneratória não absorvem a personalidade do trabalhador.[10] Mas como actuará o juiz de trabalho? Isso conduz-nos precisamente à parte final do nosso discurso.

4 Um direito com princípios

Em alguma coisa o juiz do trabalho considerar-se-á "filho de Júpiter": ele terá de continuar a ser um "homem da lei" e, desde logo, da lei fundamental democraticamente pactuada – a Constituição. Se não quisermos retornar sobre os passos da luta pela legitimação/legitimidade democráticas em que se têm comprometido várias gerações, não podemos acreditar apenas num "direito de revelação" que silencie o *acquis* democrático. Como notou Jürgen Habermas "a legiferação política continua a desempenhar, no Estado constitucional democrático, uma função primordial".[11] Neste contexto, não nos repugna a acusação de *neopositivismo* quando está em causa o recurso à normatividade constitucional. Preferíamos falar aqui de *normativismo pós-positivista*. Como resulta já de algumas sugestões anteriores, num Estado constitucional democrático, dotado de um catálogo de direitos fundamentais directamente vinculantes de entidades públicas e privadas, não pode conceber-se uma *inventio* jurisprudencial que não tenha em conta a parametricidade desses direitos. Mal iria um sistema jurídico em que os juízes – "liberais" ou "conservadores", "activistas" ou "passivos", "construtivistas" ou "não construtivistas" – se automovimentassem hermeneuticamente, desconhecendo a natureza deôntica das normas constitucionais garantidoras de direitos, liberdades e garantias. De um modo mais rotundo: aqui, no Brasil, dizer a norma em matéria laboral e social significa que, ao tronco argumentativo-judicativo, pertencerão os direitos individuais e os direitos sociais plasmados na Constituição de 1988, concretamente invocados nos litígios laborais submetidos a decisões de *jurisdictio*.

Não bastam, é certo, as normas constitucionais para daí deduzirmos, em termos lineares e unidirectivos, um dizer justo para as causas do trabalho e do emprego. Um "juiz-Júpiter" concentrado no alto das normas constitucionais garantidoras do "direito ao trabalho", "proibitivas de despedimento sem justa causa", "impositivos de pleno emprego", "redistributivas dos lucros das empresas", não se aperceberia que, em termos *situativos*, o direito do trabalho passou a incorporar *conversacionalmente* o imperativo

---

[10] Assim, precisamente, RAMM, Thilo. Grundrecht und Arbeitsrecht. *Juristenzeitung*, 1991, 1. p. 1.
[11] Cfr. HABERMAS, Jürgen. *Faktizität and Geltung, Beitrage zur Diskurstheorie des Rechts and des demokratischen Rechtsstaates*. Frankfurt/M: [s.n.], 1992. p. 240.

"moral" de "menos trabalho, mas trabalho para todos". O juiz do trabalho – pode ser Hércules ou pode ser Hermes – descobrirá que o *texto pré-interpretativo da Constituição* não impedirá um *resultado pós-interpretativo* construído sobre uma argumentação razoável assente em novos paradigmas jurídico-legais. E esta dificilmente fugirá a este parâmetro retórico: os juízes têm o dever de fazer cumprir os direitos e princípios constitucionais até ao ponto em que a execução deixe de ser útil para aqueles cujos direitos se supõem proteger.[12] A aplicação das normas asseguradoras de direitos sociais poderá obrigar os juízes do trabalho a "descobrir" que, hoje, antes da "partilha dos lucros" está dramaticamente a *partilha de postos de trabalho*.[13] E com esta conclusão, "reflexiva" e porventura desencantada, terminarei esta pequena conversa sobre o dizer da norma em direito do trabalho. Mas o desencanto termina aqui. Enquanto as mulheres e homens continuarem a participar criativamente no desenvolvimento intersubjectivo e comunicativo de uma sociedade mais igualitária, creio que não há outro caminho senão o de perfilianismo à crença num direito pobre e dos pobres, nem que seja para a gestão dos modos transitivos.

2) O direito constitucional desertou do direito de trabalho? (Porto, Colóquio Luso-Brasileiro, 26 de março de 2010).

§§ 1º – O mote provocatório

Há uns anos atrás, o nosso colega e amigo Jorge Leite, então dinamizador da renovação do direito de trabalho na Faculdade de Direito de Coimbra, fez esta advertência: os constitucionalistas estão a fugir do direito do trabalho. A censura tinha razão de ser porque, sobretudo a partir dos meados dos anos noventa de século passado, o direito do trabalho começara a sofrer o impacto da globalização nas relações jurídicas do trabalho. Mas não só isso: as constituições vincadamente pragmático-emancipatórias como era (e é) a Constituição portuguesa de 1976 perderam força normativa perante o surgimento de constelações políticas pós-nacionais (como é o caso da União Europeia), que apelavam a princípios comuns de estruturação jurídico-política claramente dissonantes das imposições constitucionais nacionais. A jurisprudência dos tribunais constitucionais e dos tribunais supranacionais também se encarregou de consensualizar os diferendos e as diferenças dialécticas, sobrecarregando o recurso à dignidade da pessoa humana como forma de dar guarida a uma "jurisprudência de mínimos de existência", expulsando quaisquer tentativas de dar subjectividade, actualidade e execução às normas constitucionais consagradoras de direitos sociais. O próprio sujeito do direito do trabalho – o trabalhador –, que na influente doutrina alemã era já reconvertido em "tomador do trabalho", não resiste às pulverizações das máscaras da pessoa, surgindo como contratante, utente, consumidor etc. Por último, a própria doutrina laborista também não conseguiu fugir aos dilemas que lhe vão sendo colocados. Tarde começou a entender que o *direito do trabalho* transportava pulsões internas de erosão do *direito ao*

---

[12] Utilizamos aqui a formulação de DWORKIN, Ronald. *Law's empire*. Cambridge, Mass.: [s.n.], 1986. cap. 10.
[13] Cfr., precisamente, BEUTHIEN. *Arbeitnehmer oder Arbeitsteilhaber? Zur Zukunft des Arbeitsrecht in der Wirtschaftsordnung*. [s.l.]: [s.n.], 1987.

trabalho e demorou a entender que o garantismo estático deste direito perturba seriamente a efectivação *do direito pelo trabalho* (cfr., fundamentalmente, V. Romagnoli, "Dove vai l diritto ao lavoro?", *Valori e principi del regime republicano*, v. 2, *Diritti e liberta*, dir. de Silvano Labriola, Roma-Bari, 2006, p. 324, onde se pode ver a clara distinção entre "diritto al lavoro", "diritto del lavoro" e "diritto por il lavoro").

Olhando para a modernidade, sobretudo para a "modernidade da crise" deste primeiro decénio do séc. XXI, é fácil também verificar que o tema central de cidadania aponta para o trabalho. Ulrich Beck, o notável estudioso de sociedade de risco, aponta mesmo a falta de trabalho como dialéctica típica da que ele chama "dialécticas de mais modernidade" (cfr. Ulrich Beck, *Weltrisikogesellschaft*, Frankfurt/M, 2007, p. 379). A crise económico-financeira do último triénio mereceu deste mesmo publicista um comentário criticamente cruel: as tensões sociais agravaram-se porque as respostas dos governos à crise se reconduzem, no fundo, "a um socialismo de Estado para ricos e a um neoliberalismo para pobres" (entrevista de U. Beck ao jornal *Die Zeit*, de fevereiro de 2010). Daí a leitura teórica deste autor: "as dialécticas da mais modernidade nascem da continuidade (radicalizada) dos princípios básicos da modernidade (racionalização) que elimina os fundamentos das instituições básicas (sociedade do pleno emprego)" (cfr. Ulrich Beck, *Weltrisikogesellschaft*, *cit*., p. 379).

§§ 2º – A inscrição territorial das leis

O problema do direito do trabalho inscreve-se no quadro amplo da desterritorialização das leis. Como escreve uma ilustre jurista italiana, estamos perante esquemas de direito sem confins (cfr. Maria Rosario Ferraresi, *Diritto Sconfinato*, Roma-Bari, 2006). Nas arenas jurídicas globais, onde se vai alicerçando um esquema de *law shopping* e de *forum shopping*, o direito do trabalho e o direito ao trabalho perdem o arrimo das constituições nacionais (das "constituições como confins") e surgem piedosamente nas "constituições infinitas" dos direitos humanos. De uma forma ou de outra, o direito do trabalho dilui-se na *lex mercatoria*. Não é este o lugar adequado para analisar com profundidade as refracções da conversão da *lex mercatoria* em "não lugar do direito" e em "direito do não lugar". Mas alguns tópicos têm sido sublinhados pelos autores: a *lex mercatoria* contribui para a erosão do direito do Estado, apela à desregulação estatal através dos esquemas reguladores dos contratos-tipo, dos usos contratuais e das decisões arbitrais, dissolve a relação jurídico-laboral nas estratégias tecnoempresariais, e, ancorada na indispensabilidade de investimento, transforma-se em "lei de todos", desde a lei que disciplina os contratos de investimento até a lei que define as relações laborais do emprego e da formação profissional (cfr. Maria Rosario Ferraresi, *Diritto Sconfinado, cit.* p. 76).

Não admira, assim, que um dos mais ilustres cultores do direito de trabalho, Alain Supiot, tenha aproveitado uma obra colectiva dedicada a um dos mais lúcidos e penetrantes defensores do constitucionalismo societário (cfr. *Soziologische Jurisprudenz-Festschrift für Günther Teubner*, Berlin, 2009, p. 375; o título do autor é *The Territorial Inscription of Laws*, para denunciar os riscos que corre este mundo desterritorializado). Desde os riscos ecológicos aos riscos financeiros, até ao risco social (*standards* mínimos de justiça social). O risco sistémico, adverte o autor em referência, é um "risco de civilização".

Estas breves referências demonstram-nos que, em rigor, o direito constitucional não desertou do direito do trabalho. Tal como este, sofre o impacto do desconfinamento jurídico, político e económico. Isso não significa que o trabalho tenha deixado de merecer relevância constitucional. Um conhecido cultor do direito constitucional da teoria da constituição como ciência da cultura (cfr. Peter Häberle, *Verfassungslehre als Kulturwisseuschaft*, 2. ed. Berlin, 1998, p. 848 e ss.), "deu-se ao trabalho" de analisar os textos das constituições de diferentes países – em nível europeu e mundial – concluindo que a "crise da sociedade do trabalho" pode e deve responder a novos desafios, mas o trabalho "é um aspecto de actualização científico-cultural e do contrato constitucional" (Peter Häberle, *cit.*, p. 869 e ss.). Como e em que medida se deve recortar esta actualização do contrato constitucional?

§§ 3º – Direito ao trabalho e direito de trabalho

Se o direito constitucional tem revelado dificuldades em conferir normatividade prática às suas disposições relativas ao trabalho – quer se trate de normas e princípios referentes aos direitos, liberdades e garantias dos trabalhadores, quer se trate de preceitos referentes aos direitos económicos, sociais e culturais do trabalho –, também a doutrina laborista demonstra grandes dificuldades nas respostas às "dialécticas da mais modernidade", já atrás referidas. As dificuldades podem sintetizar-se da seguinte forma: o direito do trabalho concebido como o direito regulador dos trabalhadores por conta de outrem radicou-se como um dos "poucos e indubitáveis exemplos do progresso da cultura jurídica" (cfr., precisamente, A. Accornero, *Era il secolo del lavoro*, Bologna, 1997, que cita F. Wieacker). Em abono da verdade, dir-se-á que este progresso continua a verificar-se em alguns domínios como os dos direitos de personalidade dos trabalhadores (trabalhadores e trabalhadoras). Subjacente à filosofia do direito do trabalho, escondia-se uma *metanarrativa* e um *garantismo*. *Metanarrativa* porque algumas constituições (como a italiana, mas, sobretudo, a portuguesa) viam nos esquemas de organização colectiva dos trabalhadores e nos sujeitos "tomadores de trabalho" os pressupostos subjectivos da reconstrução política, social e económica. *Garantismo* porque na centralidade e expansão do "trabalho dependente" ou "trabalho por conta de outrem", por prazo indeterminado e em posto ou lugar fixo, repousava o compromisso de prossecução do pleno emprego e de distribuição do rendimento de forma tendencionalmente justa. As lutas laborais pela "jornada de trabalho", direitos sociais e liberdades dos trabalhadores afastam-se cada vez mais da problemática do direito ao trabalho, estrategicamente concebida, e dos direitos pelo trabalho (direito do mercado de trabalho, do emprego e da ocupação profissional). O garantismo laboral não evitou, porém, que o direito ao trabalho começasse a navegar procurando outras formas jurídico-funcionais. Tragicamente – e nós acompanhámos o difícil combate do direito do trabalho – o garantismo perdeu o tom emancipatório para se rigidificar em torno da disciplina jurídica dos despedimentos, sobretudo dos despedimentos sem justa causa, apoiados num sistema jurídico, como o português, em que a proibição dos despedimentos por justa causa constituía uma norma solene formalmente vazada na Constituição. Só tarde se deu conta de que o garantismo contra o despedimento era apenas uma das linhas de reivindicação dos movimentos e organizações laborais, sendo a outra a política do emprego e da formação profissional.

Isto é tanto mais decisivo quando se tem em conta que o direito do trabalho, estruturado em termos nacionais e para o território nacional, passou a confrontar-se com o direito à liberdade de deslocação para obter trabalho. Esta liberdade, configurada como liberdade económica fundamental pelo direito da União Europeia, assinalava o ponto de passagem para a outra margem. De um direito de fronteira, o direito de trabalho passou a direito sem fronteiras (F. Mancini, "Dal diritto di frontieri al diritto senza frontieri", *Revista Trimestrale di Diritto e Procedura Civile*, 1998, p. 768).

O "direito de trabalho" nacional, sedimentado na legislação de trabalho, na jurisprudência e nos contratos colectivos de trabalho, conseguia garantir a milhares de pessoas o bilhete de viagem para a cidadania. A Constituição portuguesa consagrou esta cidadania laboralmente crismada. A cidadania laboral pressupunha a garantia de um complexo de bens – profissionalidade, rendimento adequado e garantido, perspectiva de carreira, tempo indeterminado.

A isto se acrescentava a centralidade do contrato colectivo de trabalho que emprestava às fontes normativas estatais regras participadas pelos destinatários. Daí a emergência do trabalhador-tipo: o trabalhador dotado de um contrato de trabalho de tempo integral e indeterminado que, como afirma um autor, era o "símbolo juridificado de um código de referência cultural que o comum dos mortais, não tendo possibilidade nem de escolher nem de contestar, outra coisa não podia senão neutralizar" (cfr. Romagnoli, *Dove va il diritto al lavoro?*, cit., p. 35).

§§ 4º – Direito ao trabalho e "dialéctica do não trabalho"

Dissemos atrás que a dialéctica do não trabalho ligada à erosão do princípio do pleno emprego era uma das dialécticas da "maior modernidade" no sentido que ele empresta a Ulrich Beck. A "maior modernidade" coloca os constitucionalistas perante um urgente reexame dos pressupostos antropológicos dos direitos fundamentais. Estranho era já que assentando a base antropológica da comunidade nas ideias do indivíduo como pessoa, como cidadão e como trabalhador, a legislação, a jurisprudência e a doutrina se tivessem encarregado de neutralizar esta "trindade estruturante" para reconduzir tudo ao denominador comum da "dignidade da pessoa humana" e dos mínimos de condições existenciais. Embora o projecto constitucional do trabalhador tipo – o trabalhador assalariado por conta de outrem – tivesse sido forjado num clima de narratividade emancipatória, talvez não seja inexacto dizer que o trabalho era e é um passaporte de reconhecimento da pessoa: "quem não trabalha não tem, mas sobretudo não é" (cfr. Romagnoli, *cit.* p. 336). A "desocupação e o não trabalho", que agora não têm fronteiras nem idades, coloca-nos perante a incontornável responsabilidade de dar mais atenção ao direito do trabalho. Mas como estruturar juridicamente uma pretensão juridicamente accionável para obter um posto de trabalho? Podemos ainda apelar para as normas constitucionais como declarações de amor a favor dos trabalhadores e das suas organizações representativas? Será possível encontrar ainda um mínimo de resguardo do direito ao trabalho na Carta Europeia dos Direitos Fundamentais? As fórmulas linguísticas deixaram de ter a vontade das "palavras de luta" e converteram-se em instrumentos difíceis de indicadores sociais.

O tom "mais moderno" já foi assinalado: "Le droit du travail ruine le droit au travail". O garantismo laboral tarda a compreender que ao trabalho perdido se soma o trabalho não encontrado (cfr. Romagnoli, *cit.*, p. 344). Precisamente por isso, é sugerido por alguns autores que, para reapropriar-se da solidariedade perdida, o direito do trabalho deveria restituir à economia as oportunidades de autorregulação que ela perdeu. Neste sentido, deviam atenuar-se as dimensões vinculísticas e neutralizar-se a estandardização dos tratamentos económico-normativos (cfr. Romangoli, *cit.*, p. 344). As leituras neoliberais não andam muito longe da filosofia subjacente a estas insinuações. São elas que tocam a finados pela morte do contrato colectivo, pela morte das organizações sindicais, pela morte da constituição do trabalho, pela morte dos direitos de personalidade do trabalhador. O contestado modelo da democracia social em que o capital, ele próprio, unificava o terreno social (e aqui se encontravam o ideal liberal e o ideal social democrata) proclama-se, hoje, como insustentável perante os chamados "fenómenos de fragmentação". A palavra mais elegante que vemos na literatura especializada (cfr. Y. Moulier Boutang, *Le capitalisme cognitif*, Amsterdam, 2007) é a do "capitalismo cognitivo", ou seja, a do capital sem força do trabalho ou com a deslocalização desta assente em especulação financeira e imobiliária. Se quisermos, porém, propor a releitura do ordenamento normativo do trabalho perante tal capitalismo em que o mundo da finança se apresenta como estrutura autorreferencial (cfr. A. Negri, "Sovranità, oggi: Vecchia frammentazioni, nuove eccedenze. *In*: *Fest-für V. Teubner*, Berlin, 2009, p. 99), ou seja, como estrutura autónoma e independente dos fluxos da economia real, temos de submeter os nossos dogmas a uma profunda reflexão. Quais são esses dogmas? Em síntese, poderemos individualizá-los: (1) a disciplina vinculística dos despedimentos; (2) política do direito ao trabalho centrada quase exclusivamente na estabilidade do emprego; (3) elevação do posto de trabalho à categoria próxima do direito real (cfr. Romagnoli, *cit.*, p. 396).

E a reflexão é tanto mais imperativa quando o "princípio da realidade" das "medidas de excepção tomadas pela *governance*" – culto e prémio do trabalho/generalização da precariedade, apologia do aumento do tempo de vida activa e do trabalho sénior/redução das condições de reforma, aumento de fluxos migratórios e procura de emprego/respostas racistas e xenófobas – causa uma erosão "fractal" em todo o edifício normativo-constitucional do direito do trabalho. Os constitucionalistas não desertaram: olham, sim, para os desafios da "mais modernidade" ou da "contemporaneidade". Alguma coisa ficou da constituição do trabalho. E essa é a de que o direito para o trabalho passa por promover o "direito ao trabalho" como condição ineliminável da democracia. Promover o emprego e a ocupação profissional é uma tarefa semelhante à de promover a democracia. Desde logo, lutando pelo reconhecimento do respeito da dignidade através do trabalho, combatendo contra a sobrevivência de discriminações. Lutando por uma reorganização político-administrativa dos serviços de emprego "de formação profissional", acentuando a ideia de serviço e não a de "função pública". Defendendo a tutela de ocupação e de política do trabalho não contra o mercado, mas dentro do mercado, através de programas de formação coerentes, evitando uma separação radical entre o mundo dos processos formativos e o universo do emprego. Era este, afinal, o objectivo da estratégia de Lisboa incidente sobre a articulação de modelos normativos e esquemas organizativos.

3) Constituição e direitos sociais
(Coimbra, X Encontro Jutra, 10-12 de abril 2014).

A) Estado social
   I – Considerações introdutórias
      1. Normativização constitucional
      2. Direitos fundamentais e sociais com dimensão material da república portuguesa
      3. Democracia económica e social e cláusula da socialidade
         3.1. Compreensão democrático-social
         3.2. Entendimento liberal e neoliberal
      4. Miolo infraestruturante da socialidade
   II – Modelos
      1. Solidariedade e solidaridade
      2. Propostas de realização do bem comum
         2.1. A legitimação substancial positiva da democracia constitucional
         2.2. Teoria da justiça social
         2.3. Teoria da solidariedade
      3. Erosão do "Estado social" e globalização
         3.1 Globalidade, globalismo, globalização
      4. Morfogénese do Estado – transição
         4.1. A ideia de garantias
            4.1.1. O modelo estadual
            4.1.2. O modelo de mercado
            4.1.3. O modelo de regulação

B) Normatividade e jusfundamentalidade socioeconómicas
   I – Normativização
      1. Normativização
         1.1. Normas objectivas
         1.2. Normas subjectivas
      2. Universalização e univerlizibilidade dos direitos sociais
      3. Narrativo-emancipatória e sustentabilidade económica
      4. Direitos positivos prestacionais e contracultura da socialidade
   II – Conflitualidade normativo-valorativa da constituição positiva
      1. Modelo constitucional
         1.1. Indivisibilidade de direitos
         1.2. Justiça distributiva e social
      2. Modelo contrafactual
         2.1. Bens sociais como mercadorias (*modification of all basic services*)
         2.2. Contraculturas da socialidade (hiperconsumismo, "liquidificação do social", privatização da esfera pública, ética do desejo, informação e qualificação para o cuidar de si, novas formas de *governance* das políticas públicas sociais)
   III – Constitucionalizar e constituir
      1. Constitucionalização

1.1 Inscrições no texto constitucional de prescrições normativas referentes aos direitos económicos, sociais e culturais
2. "Constituição" ou constituir
    2.1 Conformação político-legal pelas autoridades competentes dos direitos sociais, adopção de políticas públicas, compreensão e diálogo com parceiros sociais, interpretação do "constitucionalizar" e do "constituir" por instituições contramajoritárias (tribunais).
IV – Subjectivização e objectivização das normas jusfundamentais
    1. A pausa do direito subjectivo
        1.1. Os direitos sociais não são direitos ou não são direitos pautados pela *universalidade*
        1.2. Não são direitos absolutos válidos *erga omnas*
        1.3. Não são direitos *líquidos, definidos e definitivos*
        1.4. Não são direitos exercidos autonomamente *sem custos*
        1.5. São direitos *justiciáveis* perante os tribunais
    2. Os dados evidentes de referência
V – Paradigma estatalista e paradigma contratual-social
    1. Aprofundamento da distinção entre "constitucionalizar" e constituir
        1.1. Constituir infraconstitucional de outros pressupostos económicos
        1.2. *Set of legal decision-making*
            1.2.1. Decisões políticas e legislativas
            1.2.2. Europeias
            1.2.3. Internacionais
        1.3. *Governance e regulação*
        1.4. Abandono do princípio da justiça distributivo-social e discurso de austeridade (convergência)
        1.5. *Targeting within universalismo (survival-band)*
VI – Normatividade e jusfundamentalidade socioeconómica
    1. Dimensões discursivas – a contiguidade existencial
    Teste
        1.1. Capacidade para operar como receptáculo dos vários discursos argumentativos incidentes sobre as questões da pobreza, da política económica do emprego, das políticas tributárias e fiscais, das políticas de saúde, ensino e segurança social
        1.2. Abertura de teorias de justiça e da filosofia políticas
        1.3. Capacidade modular expressa na captação de sentido proporcionada pelos conceitos ligados a ideias de "normativização", "standarização", "transferencialização" e _____.
        1.4. Aptidão de entrosamento e da rede possibilitadora da justificação de "direitos sociais fundamentais" ou "direitos sociais básicos"
        1.5. Força normativo-constitucional possibilitadora de uma dogmática policêntrica
    2. Dimensões jurídicas
        2.1. Dimensão garantística
            2.1.1. A condignidade existencial como dimensão material da liberdade e como dimensão material da justiça social

2.1.2. Dimensão jurídico-subjectiva directamente derivada de normas constitucionais jusfundamentais (ex.: dignidade da pessoa humana, garantia da integridade física e psíquica, desenvolvimento da personalidade). Enquanto normas subjetivizadoras de direitos permitiriam a aplicabilidade directa e controlo em sede de fiscalização judicial

3. Dimensão sociocultural

Os direitos sociais como normas autónomas

   3.1. Garantidoras de acesso a bens sociais
   3.2. Impositivas da criação de pressupostos de protecção (serviços públicos de saúde, serviços de ensino, serviços de segurança social)
   3.3. Fundamentadoras de garantia de condignidade existencial referentes a determinadas capacidades

4. A articulação de dimensões normativo-garantísticas com dimensões normativo-sociais

   4.1. Dever jurídico de protecção
   4.2. Pretensão jurídica social e subjectiva
   4.3. Direitos subjectivos sociais ancorados em normas infraconstitucionais
   4.4 Proibição de retrocesso

VII – O constituir do social

1. Protecção normativa de direitos fundamentais legalmente concretizados – *O problema fundamental*

   1.1 "Conteúdo de protecção" originariamente incluído pelas normas constitucionais
   1.2. Conteúdos "acrescentados" ou desenvolvidos por lei à sombra da reserva de conformação
      1.2.1. Reserva de conformação legal
      1.2.2. Conteúdos "somados" pela intervenção legislativa
      1.2.3. O "efeito *cliquet*"/*a stand-still Klamel*

C) A nova estrutura conceitual dos direitos sociais

4)   Fundamentalismo "Austeridatário" e erosão das normas reguladoras do trabalho (Campinas, julho de 2014).

Modo Discursivo III

Consensus e modo discursivo dominante:
o problema do crescimento

O discurso sobre a dívida enfrenta um outro modo argumentativo que vem desde L.V. Stein: "um Estado sem dívida pública ou faz demasiado pouco pelo seu futuro ou exige demais ao passado. Isto conduz a políticas de crescimento e a políticas de crédito consideradas como "boas políticas públicas".[14] Nestes termos:

---

[14] Cfr. P. Kirchhof, ob. e loc. citados.

1. A economia (também a economia privada) e o Estado pressionam a favor do crescimento, considerando o crédito como instrumento para aumentar "produtividade e bem-estar".
2. É certo que os princípios para a economia privada e para o Estado são diferentes: a economia satisfaz as necessidades dos produtores de mercadorias e serviços; o Estado garante a paz, a segurança e o direito.
3. A *produtividade* do Estado não reside estruturalmente em prestações objectivas e serviços, mas na organização de uma sociedade pacífica sob o império do direito, em que se garante a *liberdade*, a *igualdade* em termos de *status social básico*, a possibilidade de desenvolvimento da pessoa e a *segurança* no desenvolvimento. Nem mais, nem menos.
4. Contudo, a "realidade democrática" e o "devedor fiscal" obrigam os decisores a um aumento de prestações do Estado, o que significa, muitas vezes, a antecipação de programas adicionais de pagamento e, por fim, aumento de impostos.
5. Por mais bondade que haja nos imperativos de sociedade, estes não podem perturbar a *regra de ouro* assente no *princípio de equilíbrio* orçamental material: (i) a despesa pública deve financiar-se mediante impostos e rendimentos do património público; (ii) o que implica a limitação da possibilidade de *equilíbrio formal* mediante o recurso ao crédito; (iii) o recurso ao crédito deve limitar-se a despesas de investimento capazes de gerar base tributária para financiamento do déficit. Se os Estados revelam uma censurável indiferença perante esta "regra de ouro" isso significa que, mais tarde ou mais cedo, de forma autónoma ou heterónoma, terão de optar pelo *travão à dívida*.

O que significa "travar a dívida"?
i) Desde logo, limitar o compromisso estatal no recurso a crédito.
ii) Limitar a legitimidade constitucional do recurso ao crédito a casos de necessidade extraordinária.
iii) Vincular os empréstimos a despesas de financiamento – *investimento* de que poderão beneficiar as gerações futuras.
iv) Subordinar as políticas orçamentais a travões heteronomiamente vinculantes, quer porque estão definidos em pactos internacionais (ex.: Pacto para o Euro de reforço de coordenação da política económica para a competitividade e divergência; Tratado de Estabilidade, coordenação e Governança da União Económica e Monetária, Tratado de Maastricht) ou em normas constitucionais parametricamente vinculativas dos limites *do déficit* e da *dívida pública*. O "travão à dívida" assenta nesta ideia básica: o endividamento estatal não se autofinancia e por isso o rigor deste travão significa:
   – o equilíbrio orçamental é um "dever", uma "obrigação", uma "imposição constitucional";
   – o equilíbrio orçamental pressupõe limites quantitativos de endividamento máximo (3% do déficit em relação ao PIB e 60% de dívida em relação ao PIB);
   – esta preferência por elementos quantitativos é preferível a fórmulas indeterminadas como "necessidades extraordinárias", vinculação de investimentos produtivos", "reserva de conjuntura";
   – *convergência* do direito constitucional com o direito europeu.

§§

Modo Discursivo IV – O travão à dívida é também um travão ao Estado Social? Qual ou quais as causas da crise?

Cremos que o *Consensus* – pelo menos social – é difícil de alcançar quando se pergunta pela causa da crise. Como é sabido, para uns a causa da crise é a *dívida* (superdívida) soberana, e, para outros, a causa da crise é a acumulação insustentável de dívidas do sector privado em certos países da Zona Euro (P. de Grauwe). Entre Lisboa e Dublin, as duas causas tornam-se responsáveis pela estratégia da *deflação pela dívida*: (i) a *tomada pelos* governos de dívida de privados (principalmente bancos); (ii) *estabilizadores automáticos*, em virtude da baixa de receitas originada pela recessão; (iii) políticas neutralizadoras de *rigidez estrutural* (mercado de trabalho, serviços de Estado) derivada de movimentos divergentes de competitividade da Zona Euro, conducentes à introdução de *reformas estruturais* (custos unitários de trabalho, protecção do emprego, despesas sociais) capazes de dar resposta às referidas divergências.

É neste preciso contexto que começam os "dissensos", as "discordâncias" e as "cismas". As reformas estruturais apontam para um *equilíbrio de subemprego* com despedimentos crescentes e inacessibilidade ao mercado de trabalho. Os destinatários das reformas estruturais perguntam se as políticas da dívida não significarão "socialismos de Estado para ricos e neoliberalismo para pobres" (U. Beck). Em vez de se obrigarem os agentes económicos à justa assumpção de perdas financeiras pelas más escolhas (ex.: "bolha" do imobiliário e *boom* de consumo), obrigam-se as autoridades políticas a socializar perdas, reportando-as sobre o Estado ou sobre os activos dos bancos centrais. Mais do que isso: a "bola de neve" move-se implacavelmente, as finanças públicas giram em torno delas próprias, em detrimento da economia. Por sua vez, os critérios de sustentabilidade subjacentes ao Tratado de Maastricht pressupunham haver (i) um volume de crescimento razoável dos vários países da zona euro (3%); (ii) uma inflação média de 2%; (iii) uma taxa de endividamento público estável (taxa de 60% do PIB da dívida e déficit orçamental restringido a 3% do PIB). Ninguém em *democracia* pode ser "objecto" de medidas totalitárias: a dívida pública continua a crescer e os Estados endividados são obrigados a reembolsar em curto prazo, o que só se poderá fazer com uma recessão prolongada. Como falar, então, em *consensos* e reforma institucional?

§§

Modo Discursivo V – O que significa compromisso e consenso na situação de "coalescência" provocada pela crise financeira

Muitos autores têm salientado, como já anotámos, que o problema da crise financeira não é, em primeiro lugar, uma questão a colocar do lado do Estado. Na situação actual, o problema dos limites à dívida pública relaciona-se com a ideologia fundamentalista do *neoliberalismo*. Este fundamentalismo, ao contrário dos totalitarismos político-ideológicos, é uma *ideologia de coalescência* que opera através de um acoplamento estrutural entre o sistema político e o sistema económico. No caso concreto, a solução da crise passa também pela variável intermediária do poder político. Ou seja, uma ideologia como a do neoliberalismo que procura reduzir o espaço do sistema político, equilíbrio do sub-emprego, estado social de mínimos, sobretudo do sistema estatal, é sobretudo uma ideologia política na medida em que, na sua radicalidade, procura a submissão de toda a sociedade através de meios políticos e dentro da armação do universo político. A própria emergência de instituições regulatórias funcionalmente delineadoras (FMI, Banco Mundial, Organização Mundial do Comércio, Banco Central Europeu) e os seus modos de actuação demonstram que as relações extrasistémicas – sobretudo do sistema económico – com o sistema político e social – implicam esquemas de *governance* carecidos de pontes para as diferentes esferas da sociedade. Daí a insistência – nos sistemas democráticos – da necessidade de negociação, diálogo e compromisso que se revelam funcionalmente adaptáveis ao sistema económico.

E se outras considerações forem necessárias, o recente caso da amortização através de depósitos privados demonstra bem que a "coalescência" de operadores e reguladores económicos tende a alavancar uma nova forma do "constitucionalismo societal dentro do próprio sistema financeiro".[15] Se compreendemos bem, impõe-se a institucionalização de esquemas organizatório-funcionais politicamente neutrais e portadores de conhecimentos (económicos, financeiros, organizatórios) capazes de amortecer o "choque das confrontações políticas" mediante a positividade das análises empiricamente sustentadas (ex: "comissão independente de finanças", "comissão de análise das autonomias regionais e locais"). Não temos certeza da bondade política destes esquemas, correndo-se mesmo o risco de eles constituírem o *"lado obscuro da diferenciação* funcional dos sistemas". Em último termo, o problema que nos é colocado entronca no significado do consenso relativamente ao indicador sintético da *qualidade da despesa pública*. A isso dedicaremos umas breves linhas que ajudarão a colocar algumas provocações.

§§

Modo Discursivo VI – O que significa compromisso e consenso relativamente ao indicador sintético da qualidade da despesa pública?

Como é sabido, o indicador sintético da qualidade de despesa pública tem como referência as despesas susceptíveis, pela sua natureza, de sustentar objectivos estratégicos, particularmente o crescimento e o emprego. Nestas despesas incluem-se as despesas de educação, de saúde, de investigação. A regra do freio ao endividamento consagrada nos diplomas europeus e em algumas constituições coloca a questão debatida por alguns economistas alemães (Peter Bofunger/Gustav Horn): *die Schuldenbremse gefährdt die gesamtswirtschafts Stabilität und die Zukunft unserer Kinder.* "O travão à dívida ameaça a estabilidade económica global e o futuro dos nossos filhos". E a questão é esta: como podem e devem os Estados financiar as despesas do futuro e as despesas de qualidade relativamente às quais os mercados financeiros não querem investir. Nesta pergunta está

---

[15] Cfr. KJAER, Poul; TEUBNER, Gunther; FEBRAJO, Alberto. *The financial crisis in constitutional perspective*. The dark side of functional differentiation. Oxford: (s.n.), 2011. p. 418 e ss.

implicada uma outra: em que medida a regra do endividamento constitui uma cláusula travão do Estado social considerado responsável pelos déficites?

§§
Modo Discursivo VII – Constitucionalização da dívida e garantias constitucionais de irrevisibilidade

A problemática do compromisso e do consenso pode atrair para o centro de gravitação da crise alguns princípios básicos da Constituição como o da independência nacional e da unidade do Estado, os direitos, liberdades e garantias, os direitos dos trabalhadores, das comissões de trabalhadores e das associações sindicais, a autonomia regional (CRP, art. 288º). Para algumas correntes de opinião, estes princípios colocam entraves à "constitucionalização da dívida" se, através do travão, se pretenderem revisões apócrifas da Constituição.

É óbvio que não há qualquer "garantia de eternidade para o Estado devedor". Por que então o argumento de Constituição? E por que não a Europa como argumento? As breves referências à Europa pretendem ser uma confissão: fé no projeto europeu e na Europa como o espaço cultural mais estimulante do mundo.

Alguns casos discutidos em Portugal demonstrarão as consequências trágicas do "talibanismo da austeridade".

Exemplos:
1. A taxa social única a cargo dos trabalhadores
2. A caducidade das convenções colectivas de trabalho
3. A redução do pagamento de indemnização por despedimentos ilegais
4. A expropriação retroactiva das pensões
5. Taxas fiscais expropriativas dos rendimentos do trabalho
6. A invenção de um novo imposto – contribuição de solidariedade social – a pagar apenas por alguns cidadãos (trabalhadores e pensionistas)

THE AGE OF DIGNITY E A DIGNIDADE DA PESSOA HUMANA – CANSAÇO DO *MAINSTREAM* TEÓRICO-FILOSÓFICO

Parte I – Fenomenologia
§§ 1 – A emergência da memória[1]
1   O cinzento de Hegel

A nossa intervenção neste colóquio está sobrecarregada de desassossegos. Começa por ser uma soletração de ignorância filosófica e termina numa angústia emergencial. No caminho que não é "caminho caminhando", vislumbramos futurismos de instantes[2] em que se misturam magrezas esqueléticas deôntico-lógicas com "espessuras ontológicas". Mesmo que quiséssemos nos atrever a captar pinceladas de "ser vermelho rosa" com a pretensão estulta de estarmos aí junto de um *Sachverhalt* cheio de tons, cores e espaços, acabaríamos num qualquer ponto cego cheio de cinzenturas não muito longe do célebre cinzento hegeliano: "Se a filosofia pinta cinzento sobre cinzento é porque uma forma de vida envelheceu. O cinzento sobre o cinzento da filosofia não pode rejuvenescê-la, mas somente compreendê-la. O mocho de Minerva levanta voo ao anoitecer".[3] Se a forma de vida envelheceu e só nos resta compreendê-la, então a via menos sacra para estar aqui convosco é assumir um *Pasearse* (Agamben) e não nos desviar para o "caminho da floresta", que pode conduzir-nos a locais e tempos sombrios. Tanto mais que, hoje como ontem, "tudo aquilo que é existe numa facticidade opaca e sem sentido que atordoa e provoca náuseas".[4] Esta afirmação de Hannah Arendt, se não precisa de ser virada ao contrário, carece, porém, da luz da publicidade. O célebre ataque à tagarelice – *Das Licht der Öffentlichkeit Verdunkelt alles* (Heidegger) seria trágico se, com a crítica da iluminação

---

[1]   Fonte de inspiração SCHWARTZ, L. (Ed.). *The Emergency of memory*. Conversation with WG Sebadd. New York: Seven Stories Press, 2016.
[2]   Lembramos VIRÍLIO, P. *Le Futurisme de L'Instant*. Paris: Galilée, 2009.
[3]   Utilizamos, com uma simples alteração (não sei se Hegel se referia a corujas ou a mochos), a tradução proposta pelo tradutor português, ARENDT, Hannah. *A promessa de política*. Lisboa: Relógio de Água, 2009. p. 11.
[4]   Citamos ARENDT, Hannah. *Homens em tempos sombrios*. Lisboa: Relógio de Água, 1991. p. 9.

do domínio público, a existência e a experiência da banalidade do mal aproveitassem o crepúsculo para fugir à fenomenologia da *Menschenheit* e do *Lebenswelt* quotidianos com as suas inescapáveis estruturas experienciais da ética e da política, resumidas em três dimensões: alteridade, responsividade e justiça.

2   As novas teorias do direito

Perguntámo-nos se o tema escolhido justificaria hoje uma reflexão filosófica e teorética. À cautela, consultámos obras gerais sobre as novas teorias do direito e sobre as novas teorias fenomenológicas. Entre as primeiras, seguimos o roteiro de Buckel, Christensen e Fischer-Lescano, *Neue Theorien des Rechts*,[5] e concluímos que dificilmente novas teorias do direito dariam apoio às nossas preocupações. Para facilitar a compreensão deste mote, bastará referir a sistematização e os núcleos problemáticos. Num primeiro agregado, com o título "Separação e ligação do direito e da política", individualizam-se: (i) "positivismo democrático": Habermas e Maus; (ii) desconstrução da justiça: Nietzsche e Derrida; (iii) teorias do sistema: Luhmann. No segundo núcleo dedicado à "política do direito" registam-se os seguintes tópicos: "teoria jurídica processual: Wietholter, Partisanen der Rechtskritik: Critical Legal Studies etc., teoria jurídica neomaterialista, poder e direito. Foucault, "teorias jurídicas feministas", "campo jurídico de Bourdieu", "conformação do direito: Agamben". A terceira parte intitulada "fragmentação e responsividade do direito" inclui as "teorias da fragmentação radical", "pensamento jurídico pós-positivista", "teoria da interpretação: Davidson", "neopragmatismo: Brandon", "teorias jurídicas psicoanalíticas", "neuroteorias do direito", "teorias económicas do direito". Finalmente, na quarta parte, com o título geral "pluralismo jurídico transnacional", incorporam-se as "teorias dos processos jurídicos transnacionais", as "teorias jurídicas evolutivas" e as "teorias jurídicas deliberativas". Mais estimulantes foram os ensinamentos colhidos na conhecida obra de Sophie Loidolt, *Einführung in die Rechtsphänomenologie*.[6] Aqui encontrei *maîtres penseurs* obrigatórios: Hannah Arendt, Ehrard Denninger, Emmanuel Levinas, Jacques Derrida, Bernhard Waldenfels. Com a releitura de alguns destes filósofos foi possível recuperar os laços de Ariadne colocados, nesta altura da vida, nas encruzilhadas mais recônditas da minha própria memória. Memória esta quase infantil, mas que retrata os caminhos de muitos amigos da geração de 60/70. É indispensável regressar às tertúlias e experienciar convosco as tentativas de estar próximo do sentido, existência e ser dos direitos humanos. No arco temporal que decorreu até agora procurei, lenta e pesadamente, o *genesis* neuronal de uma qualquer memória de amizade e simpatia fenomenológica.

3   Fragmentos diletantes do meu além fenomenológico

Com efeito, e como se revelará em alguns dos desenvolvimentos seguintes, tento acompanhar críticas e anticríticas aos ontologismos transcendentais, às pré-compreensões

---

[5]   BUCKEL; CHRISTENSEN; FISCHER-LESCANO. *Neue Theorien des Rechts*. 2. ed. Stuttgart: [s.n.], 2009.
[6]   Cfr. LOIDOLT, Sophie. *Einführung in die Rechtsphänomenologie*. Tübingen: [s.n.], 2010.

apriorísticas e aos fixismos naturais que acompanham a fundamentação jusfilosófica dos direitos do homem. Antes da resposta, optei pela *Frage* primeira: alguma vez houve qualquer comunicação intelectual com a fenomenologia no meu próprio caminho e na minha floresta imaginária? Com grande "espanto" descobri o registo de fragmentos diletantes do meu "além" fenomenológico. O lápis das anotações é agora um sublinhado longínquo sartriano do "existencialismo como humanismo". A pretexto do existencialismo, verifiquei que as minhas leituras da década de 60 e 70 do século passado haviam tocado na filosofia da existência com o acento fenomenológico de Jean Paul Sartre, Simone de Beauvoir e Gabriel Marcel. Arrumado a um canto lá estavam Kierkgaard e Merleau-Ponty. A minha hostilidade política a Heidegger e Carl Schmitt afastou-me das fenomenologias existenciais do chamado "existencialismo político alemão". Nelas cabem o *ser* e a *decisão* da banalidade do mal.

Nos começos da década de setenta do século passado, depois da experiência hiperbólica do mal situada e entranhada aí na guerra colonial, o existencialismo cedeu definitivamente o passo ao estruturalismo marxista. Nicos Poulantzas e Althusser eram agora os gurus ideológicos de uma cultura influente em largos sectores da "esquerda". Apesar de tudo, o próprio Nicos Poulantzas estivera ligado ao círculo francês de Charles Donius, Bernard Chenot e Albert Brimo do existencialismo fenomenológico. O marxismo estruturalista converte-se, porém, em *mainstream* político-filosófico, obrigando mesmo Nicos Poulantzas a renegar a sua tese *Nature des choses et droit. Essai sur la dialectique du fait et du valeur* (1965). Sabe-se, hoje (sei hoje!), que Hannah Arendt tinha razão quanto às vertigens tanáticas das ideologias. Escreve esta autora:

> O perigo de trocar — a necessária segurança do pensamento filosófico pela explicação total da ideologia e pela sua *Weltanschaung* não é tanto o risco de ser iludido por alguma suposição geralmente vulgar e sempre destituída de crítica como o de trocar a liberdade inerente da capacidade humana de pensar pela camisa-de-forças da lógica, que pode subjugar o homem quase tão violentamente como uma força externa.[7]

É isso o que "vem a ser": tanto as *Ordensburgen* como as escolas do *Comintern* transmutam-se em instrumentos da banalidade do mal. Quer no *Dasein* quer na *medula estruturante*, residem "holocaustos e *gulags*". Aucht das Bösen: a banalidade do mal esconde-se hoje como nos totalitarismos problematizados por H. Arendt nas dramáticas imigrações e migrações. A nossa rota fenomenológica procura, mais uma vez, não perguntar por quem dobram os sinos.[8] Aos nossos olhos, as migrações e imigrações convocam a ordem segura de uma *Menscheinheit* nos limiares da intolerabilidade. O porquê e o por quem da superlatividade de "holocaustos" e "sacrificialidades imolatórias" não escondem hoje a realidade por trás da ideia. A encíclica *Laudato si* relembra a realidade de uma criança (de tantas crianças) nas "praias de Lampeduza".

Se a realidade é superior à ideia, como se lê na encíclica *Laudato si*,[9] temos de admitir que "na realidade concreta que nos interpela, aparecem vários sintomas que

---

[7] Cfr. ARENDT, Hannah. *As origens do totalitarismo*. 6. ed. Lisboa: [s.n.], 2004. p. 623.
[8] Cfr. ECO, Umberto. *Cinco escritos morais*. Lisboa: Relógio de Água, 2016. p. 71.
[9] Cfr. PAPA FRANCISCO. *Laudato si*: sobre o cuidado da casa comum. Segunda Carta Encíclica. Lisboa: [s.n.], 2015. p. 85.

mostram o erro, tais como a degradação ambiental, a ansiedade, a perda de sentido da vida". Diríamos que aniquilam a dignidade da pessoa humana em todas as refracções do "nosso ser". Daí a indispensabilidade de uma filosofia mais forte, capaz de convocar uma fenomenologia dos direitos humanos e de levar a sério os problemas de *alteridade, responsividade* e *justiça* incrustados na realidade ou, melhor, no *Lebenswelt* de toda a humanidade. A realidade do *mal* e da *banalidade do mal* justifica a releitura de Hannah Arendt. O desassossego da *vita activa* e da nossa condição *humana* insinua o nosso atrevimento fenomenológico: (i) acomodar ideias à realidade, e desviarmo-nos de metafísicas e ontologias transcendentais; (ii) ultrapassar os esquemas essencialistas da *Wesenslehre* a favor da convocação das experiências humanas, às quais se associam outras figuras como "sentido do acontecer", privação forte (*Entzug*), alienação; (iii) recuperar os sujeitos com a sua mortalidade e finitude mas também com a sua natalidade e existencialidade radicadas numa *praxis* activa; (iv) recuperar a política, bem no sentido aristotélico, e proceder às "análises do poder" e da "condição humana". Nesta perspectiva, torna-se incontornável articular os direitos humanos com a ética *de alteridade*, o *dever de responsividade* e a *poiesis da justiça*. Não cabe aqui discutir se a problematização dos direitos humanos desenvolvida por Hannah Arendt pode reconduzir-se a uma leitura fenomenológica do "humano e da natureza humana". Alguns autores recentes salientam que o "paradoxo dos direitos humanos" analisado na Parte II, IX/2, a propósito da Declaração dos Direitos inalienáveis do Homem no seu livro *As Origens do Totalitarismo*, representa uma abordagem fenomenológica crítica sob vários aspectos: (i) o mero *bloss Menschensein* nada mais é do que um ser humano abstracto que não existia em parte alguma, pois até os selvagens viviam dentro de algum tipo de ordem social; (ii) a isto acresce o déficite quanto ao sentido de realidade (*Wirklichkeitsinn*); (iii) a notável intuição da banalidade do bem – aqui direitos humanos – antes da banalidade do mal. Vale a pena perceber a existência do direito a ter direitos:

> Só conseguimos perceber a existência de um direito a ter direitos (e isto significa viver numa estrutura onde se é julgado pelas acções e opiniões) e de um direito de pertencer a algum tipo de comunidade organizada, quando surgiram milhões de pessoas que haviam perdido esses direitos e não podiam recuperá-los devido à nova situação política global.

Falta ainda a fenomenologia da banalidade do mal.
Mais rigorosamente:

> os direitos que podem ser exigidos como direitos humanos, os direitos à afirmação da dignidade humana de cada um, da vida e da liberdade, da igualdade de todos os homens perante a lei assentam numa consciência originária do direito ou à consciência de um direito originário.

Isso significa uma compreensão radicalmente ética (não ontológica) do discurso (jurídico) dos direitos do homem (Aroso Linhares). Mas também – defendemos nós – uma experiência ética juridicamente relevante, pois estes "direitos que são mais legítimos que qualquer legislação e mais justos que qualquer justificção jurídica" (Levinas) transportam uma radical subjectividade. Vale a pena dar um exemplo de uma "experiência originária" do outro. A invocação de infinita responsabilidade perante o outro permite a recolha de ideias fortes para a actuação social. A dignidade, o respeito, o reconhecimento, a hospitalidade, a fraternidade e a igualdade conformam-se como dimensões essenciais em determinados espaços humanos.

Os modos de experiência social permitem a recolha responsiva para a actuação social e pretensões do outro. A dignidade, o respeito e o reconhecimento devem, por exemplo, ser dimensões essenciais em determinados espaços humanos, como exemplo, centros de pessoas idosas e instituições psiquiátricas, pois aí é frequente a marginalização, a humilhação e os tratos degradantes. A participação adquire um sentido humano existencial quando se possibilita a participação àqueles que, por princípio, são considerados inaptos para a participação, como os portadores de deficiência e até os assoberbados com a assistência permanente à família. A invocação de todos os critérios assinalados – redistribuição de rendimentos, reconhecimento, igual dignidade, participação – permite neutralizar as maldades que, por vezes, salpicam a razão jurídica. Sirva-nos de exemplo o Acórdão do Tribunal Constitucional português sobre subvenções aos atletas de alta competição. A norma discriminava a favor dos atletas olímpicos e em desfavor dos atletas paraolímpicos. Note-se: estavam em causa subsídios estatais e não promoções publicitárias privadas. Note-se: quer os atletas olímpicos quer os paraolímpicos estão sujeitos aos mesmos códigos, às mesmas regras e aos mesmos princípios definidos pelo Comité Olímpico Internacional. Mesmo assim, a decisão do Tribunal Constitucional sobre os atletas de valor olímpico limita-se a lançar um frio olhar olímpico sobre o tratamento desigual. Nesta sentença, não apenas se viola o princípio da igualdade como se excomunga o valor da diferença. Não apenas se nega o imperativo constitucional da eliminação das desigualdades fácticas e jurídicas, como se faz uma clamorosa pesagem monetária das dignidades olímpicas e paraolímpicas com rotunda violação da igual dignidade de todos os estimados atletas. Não se nega apenas a igualdade nas medidas redistributivas como se nega o *reconhecimento* com a aceitação da positividade das diferenças. Seria bom que, no futuro, o Tribunal Constitucional aprendesse a utilizar o critério da dignidade, do reconhecimento e da participação. A bem da inclusividade cidadã. O provedor de Justiça poderia sugerir outra interpretação mais resitadora da igualdade em casos futuros.

4   Fenomenologia e responsividade

Quando no início desta fala revelei o abandono de uma obra de Maurice Merleau-Ponty para me envolver no estruturalismo marxista de Althusser e de Poulantzas, não imaginava que o diálogo entre fenomenologia e marxismo iria continuar, sobretudo nos filósofos associados à chamada "filosofia desconstrutiva". Só na preparação desta humilde soletração descobri que a tradição do diálogo entre fenomenologia e marxismo continuava, nele assumindo papel relevante o filósofo da ética da responsividade.[10] É, porém, com a leitura das últimas obras de Bernhard Waldenfels *Sozialität und Alterität – Modi sozialer Erfahrung*,[11] *Topographie des Fremden – Studien zur Phänemonlogie*

---

[10] Cfr. WALDENFELS, B.; BROEKMAN, Jan; PAZANIN, Ante. *Phenomenology and Marxism*. London: Routledge, London, 2013 (publicado originalmente em ingles em 1984).
[11] Cfr. WALDENFELDS, Bernhard. *Sozialität und Alterität – Modi Sozialer Erfahrung*. Frankfurt: Suhrkamp, 2015.

des Fremdens (1997) que tentei compreender a articulação dos direitos humanos com a topografia do estrangeiro e da fenomenologia da estraneidade. Nos tempos actuais, em que o "voo do mocho de Minerva" irá encontrar uma ordem também crepuscular (B. Waldenfels, *Ordnung in Zwielicht*, de 1987), impõe-se a "abertura da experiência" (*Offenheit der Erfahrung*) que B. Waldenfels vai apurando sucessivamente (i) mudança, deslocação de lugar e de tempo – modos de experiência em pessoa (*Ortsverschiebungen, Zeitverschiebungen: Modi leibhaftiger Erfahrung*);[12] (ii) hiperfenómenos: modos de experiência hiperbólica – *Hyperphänomene: Modi hyperbolischer Erfahrung*;[13] (iii) Socialidade e alteridade – modos da experiência social – *Sozialität und Alterität. Modi sozialer Erfahrung*.[14] Depois da topografia do estrangeiro,[15] todas estas obras vêm tornar mais responsiva a própria responsividade. É que a abertura à experiência, à generatividade da ordem e à pluralidade das formas de vida (Lebensformen) permite-nos finalmente a resposta às pretensões do outro na *Form* da ordem do *logo*. Aqui, em sede de expropriação ética do acontecer ao anoitecer (*Enteignung der Ereignis*), da dessubjectivação e da despersonalização, pergunto-me se a banalidade – não sabemos se do bem ou do mal – pode ocultar-se atrás da falta de resposta. *Keine Antwort ist auch ein Antwort*. Mas pode ser um silêncio banalmente mau para um *Homo Respondens* sinceramente embrenhado numa experiência social intercomunicativa. Tentámos testar esta resposta sem resposta numa curta intervenção na Universidade Católica do Rio Grande do Sul.

§§ – Pergunta ou perguntas: o teste da pobreza e o teste da injustiça

Onde há paz, onde há a mesma razão, há o mesmo direito. Mas será assim? Corremos o risco de cavar um mundo biblicamente farisaico. No plano da ciência jurídica, um autor teve a corajosa ideia de desafiar a responsabilidade social dos juristas colocando as seguintes questões: É (será) possível uma opção pelos pobres na ciência do direito? O problema é que a opção pelos pobres exige, como já escrevi, lançar um olhar crítico sobre as premissas de qualquer invocação ou evocação. O que são e quais são os pobres? Pobres são os proletários no sentido marxista da luta de classes? Pobres são os pobres de espírito no sentido bíblico? Pobres são os excluídos da sociedade de conhecimento? Pobres são os que vivem em favelas ou em bairros de lata? Pobres são os que vivem em países pobres? Pobres são os "fracos e oprimidos" desde os doentes aos perseguidos? Pobres são os que vivem no limite de uma existência minimamente condigna? Pobres são os beneficiários de um rendimento social de inserção? Pobres são os que aspiram as gotas impuras de países com ebola? Pobres são os que morrem nas novas jangadas junto às praias de Lampedusa? Basta de interrogações. Mas é tempo de a ciência do direito terminar com todas as vertigens tanáticas: quer as que conduzem à banalidade do mal quer as que, bem dentro dos nossos tempos e espaços, quase abençoam com muitos sestércios à mistura, a banalidade do bem.

---

[12] WALDENFELDS, Bernhard. *Ortsverschiebungen, Zeitverschiebungen*: Modi leibhaftiger Erfahrung. Frankfurt: Suhrkamp, 2009.
[13] WALDENFELDS, Bernhard. *Hyperphänomene*: Modi hyperbolischer Erfahrung. Frankfurt: Suhrkamp, 2012.
[14] WALDENFELDS, Bernhard. *Sozialität und Alterität*. Modi sozialer Erfahrung. Frankfurt: Suhrkamp, 2015.
[15] Não convocamos aqui *Sinne und Kunste im Wechselspiel* – Modi asthetischer Erfahrung. Frankfurt: Suhrkamp, 2010.

Helmut Schmidt, falecido há poucos anos, esgrimiu palavras heroicas para lembrar os laços eternos. Nós somos os depositários do "cânone ocidental". Somos os leitores de Dante e de Shakespeare. Nós somos, nós temos. Nós temos um grande número de valores fundamentais comuns. Nós acreditamos na indispensabilidade de direitos. Nós somos os filhos do iluminismo. Nós temos a separação do "reino de Deus" e do "reino de César". Nós instaurámos a divisão de poderes. Nós temos em comum os encantos da música, da arte e da literatura. Nós somos, nós temos. Bem dentro da Vossa realidade, há quem reclame mais sabedoria, mais competência, mais igualdade, mais virtude. Chame-se ou não a isto os ruídos da terceira modernidade, impõe-se a entrada no auditório dos "cidadãos não cândidos" interessados numa verdadeira ecologia ética e política e uma fenomenologia de experiência. E a uma fenomenologia da justiça, a verdadeira tarefa dos humanos antes de se elevarem para a terra prometida. Utilizando as palavras de A. Sen, tudo começa e recomeça com o combate à injustiça através do sopro emancipatório da capacitação das pessoas.

§§ – *A responsability to protect*: onde e quem deve proteger?

As "hiperexperiências" dos tempos não são "hiperbólicas". Por isso, à contingência da ordem, à relação entre o normal e o estranho e estrangeiro, à fenomenologia da resposta, a fenomenologia responsiva responde decisivamente para os modos de experiência social traduzida na socialidade e alteridade: *Keine Sozialität ohne Alterität, keine Alterität ohne Sozialität*. Se houvesse tempo para continuar o caminho, pedia a companhia de Tony Judt e da sua resposta. Aproximamo-nos do tópico da terceira modernidade: o da *banalização do bem*. Passou a ser nossa referência obrigatória o registro feito pelo historiador norte-americano Tony Judt, no seu ensaio *Um tratado sobre os nossos actuais descontentamentos* (Lisboa, 2012).

Numa conferência por ele proferida em Nova York, em outubro de 2009, vale a pena ler:

> [...] A primeira pergunta veio de um aluno de doze anos. Este jovem foi "direito à questão". Ok, então, diariamente se tivermos uma conversa ou mesmo um debate sobre alguns desses assuntos e se mencionar a palavra socialismo, às vezes é como se tivesse caído um tijolo na conversa e já não há maneira de o voltar a pôr onde estava. O que é que recomendaria para repor a conversa?

Tony Judt convidou o seu arguto interlocutor a acompanhá-lo numa viagem desde o Canadá aos Países Nórdicos da Europa. Um outro mundo – o da socialidade – progressivamente construído dava dignidade económica e social a todas as pessoas. Esse mundo – o do "bem-estar", o do "Estado social", o da "democracia económica e social" – passou a ser alvo de todas as desconstruções. Onde estava o "bem saúde", agora está a *commoditie* da saúde. Onde se tinha arriegado o "bem educação", passou-se a implantar a *commoditie* instrução. Onde se dispunha do acesso à água, passou-se a ter-se direito à compra de uma marca de água. O problema não está em incorporar uma *governance* outra – pública ou privada – orientada para os resultados em termos de optimização de recursos e de eficácia gestionária e organizatória. A questão é saber como todos estes bens podem ser acessíveis com positividade igualitário-social que é fornecida pelos mecanismos distributivos e redistributivos de riqueza. A nosso ver, e seguindo Tony Judt, só isto poderá evitar a transmutação fatal da banalidade do bem numa outra banalidade que H. Arendt estudou com uma lucidez inultrapassável. Referimo-nos à banalidade do mal.

Parte II – *The age of dignity* e a dignidade da pessoa humana – Cansaço do *mainstream* teórico-filosófico?
A "Aqui, lá e em todo o lugar"

1. Há muita metafísica, muita ontologia, muita antropologia, muita pseudorreligião, muito palavreado, em torno do uso e abuso da dignidade da pessoa humana. Um prestigiado jurista evita habilmente o "xamã" do feiticeiro e propõe uma entrada mais fresca e musical: "Aqui, lá e em todo o lugar".[16] "Aqui, lá e em todo o lugar", a invocação da dignidade da pessoa humana aí está na discursividade jurídico-constitucional. Eis os exemplos escolhidos pelo autor em referência:

> O Sr. Wackeneim, na França, queria tomar parte em um espectáculo conhecido como "arremesso do anão", no qual frequentadores de uma casa nocturna deveriam atirá-lo à maior distância possível. A Sra. Evans, no Reino Unido, após perder os ovários, queria implantar em seu útero os embriões fecundados com seus óvulos e o sêmen do ex-marido, de quem se divorciara. A família da Sra. Englaro, na Itália, queria suspender os procedimentos médicos e deixá-la morrer em paz, após dezessete anos em estado vegetativo. O Sr. Ellwanger, no Brasil, gostaria de continuar a publicar textos negando a ocorrência do Holocausto. O Sr. Lawrence, nos Estados Unidos, desejava poder manter relações homoafetivas com seu parceiro, sem ser considerado um criminoso. A Sra. Lais, na Colômbia, gostaria de ver reconhecido o direito de exercer sua actividade de trabalhadora do sexo, também referida como prostituição. O Sr. Gründens, na Alemanha, pretendia impedir a republicação de um livro que era baseado na vida de seu pai e que considerava ofensivo à sua honra. A Sra. Grootboom, na África do Sul, em situação de grande privação, postulava do Poder Público um abrigo para si e para sua família. O jovem Perruche, na França, representado por seus pais, queria receber uma indenização pelo facto de ter nascido, isto é, por não ter sido abortado, tendo em vista que um erro de diagnóstico deixou de prever o risco de grave lesão física e mental de que veio a ser acometido.

> Todos esses casos, decididos por cortes superiores ao redor do mundo, têm um traço comum: subjacente à decisão de cada um deles, de modo implícito ou expresso, esteve presente a necessidade de se fixar o sentido e o alcance da ideia de dignidade humana.

---

[16] Cfr. BARROSO, Luís Roberto. "Aqui, lá e em todo o lugar": a dignidade da pessoa humana no direito contemporâneo e no discurso transnacional. *Revista dos Tribunais*, ano 101, p. 127-196, 2012. O texto é a tradução do trabalho em inglês Here, there and everywhere: human dignity in contemporary law and in the transnational discourse. *Boston College International and Comparative Law Review*, v. 35, n. 2. A frase inicial – elucida o autor – é uma referência à canção de John Lennon e Paul McCartney, cantada pelos Beatles e intitulada *Here, there and everywhere*. Para outros desenvolvimentos sobre a "dignidade da pessoa humana como fundamento da República", *vide* MIRANDA, Jorge. *Manual de direito constitucional*. 6. ed. Coimbra: [s.n.], 2015. v. IV. p. 239; NOVAIS, Jorge Reis. *A dignidade da pessoa humana*. Coimbra: [s.n.], 2015. v. I. p. 17 e ss.

Nas últimas décadas, a dignidade humana tornou-se um dos maiores exemplos de *consenso* ético do mundo ocidental, sendo mencionada em incontáveis documentos internacionais, em constituições nacionais, leis e decisões judiciais.[17]

B Enquadramento
I Normativização jurídico-constitucional
1 Referências textuais constitucionais

1. A Constituição da República Portuguesa (CRP, art. 1º) ergue a *dignidade da pessoa humana* e a *vontade popular* à base ("baseada") da República. De igual modo, o Tratado da União Europeia (TUE) realça a dimensão fundante da dignidade da pessoa humana: "A União *funda-se* nos valores do respeito pela *dignidade da pessoa humana* [...]". Mais longe vai a Carta dos Direitos Fundamentais da União Europeia, ao dedicar o Título I à *dignidade* (valor da dignidade) e ao densificar em termos jusfundamentais o sentido da dignidade do ser humano.[18]

2 Referências textuais internacionais

2. Já antes, as convenções internacionais do após-guerra convocavam a ideia-valor da dignidade. A Declaração Universal dos Direitos do Homem consagra no seu art. 1º que "Todos os seres humanos nascem livres e iguais em *dignidade* e em *direitos*". A Convenção Europeia dos Direitos do Homem (de 1950) parece não ter reflectido sobre a bondade da "força fundante" da dignidade da pessoa humana. Diversamente, o Pacto Internacional sobre os Direitos Civis e Políticos (16.12.1966) alude, no Preâmbulo, ao "reconhecimento da *dignidade* inerente à pessoa humana" e reconhece que os direitos iguais e inalienáveis decorrem da *"dignidade* inerente à pessoa humana".[19]

3 Sentido da internacionalização e constitucionalização da dignidade da pessoa humana

3. Ao conferirem valor fundante à dignidade da pessoa humana ("dignidade inerente à pessoa humana"), as constituições nacionais e as convenções internacionais

---

[17] Cfr. a literatura mais recente: BARAK, A. *Human dignity*. The constitutional value and the constitutional right. Cambridge: [s.n.], 2015; DUPRE, Catherine. *The age of dignity*. Human rights and constitutionalism in Europe. Oxford: [s.n.], 2015.

[18] Cfr. a recente reconstrução de GOOS, C. *Innere Freiheit*: Eine Rekonstruktion des grundgesetzlichen Würdebegriffs. Bonn: [s.n.], 2011. p. 75 e ss.

[19] Sobre várias refracções no direito internacional e direito constitucional comparado, cfr: HÄBERLE, P. A dignidade da pessoa humana como fundamento da comunidade estatal. *In*: SARLET, I. (Org.). *Dimensões de dignidade*: ensaios de filosofia do direito e direito constitucional. Porto Alegre: [s.n.], 2005. p. 89 e ss.; HÖNIG, Dieter. Die Menschenwürde des Grundgesetzes in der Rechtsprechung der Bundesrepublik Deutschland. *EUGRZ*, n. 34, 2007. p. 633 e ss.; HABERMAS, J. *O conceito de dignidade*. [s.l.]: [s.n.], [s.d.]. p. 29 e ss.; A BARAK, A. *Human dignity*. The constitutional value and the constitutional right. Cambridge: [s.n.], 2015. p. 37 e ss. Para uma compreensão abrangente das incidências da dignidade da pessoa humana nos vários ramos do direito cfr. MIRANDA, Jorge; SILVA, M. A. Marques da. *Tratado luso-brasileiro da dignidade da pessoa humana*. 2. ed. São Paulo: [s.n.], 2009.

parecem reconhecer um *pressuposto antropológico* comum de natureza civilizacional e cultural, independentemente das *teorias* ou *compreensões* filosóficas que procuram iluminar o seu sentido. "Aqui, lá e em todo o lugar", a dignidade da pessoa humana torna-se um "consenso ético" do discurso transnacional.[20] Não basta, porém, aludir a este pressuposto antropológico. Se quisermos aproximar-nos da dignidade da pessoa humana como princípio fundante da República,[21] necessário se torna uma aproximação jurídica tendente a desvendar o seu *conteúdo jurídico-normativo*, a sua *função jurídico-dogmática* e a sua *eficácia e relevo jurídicos*.[22]

4. Embora haja dificuldade em recortar, de modo seguro, o *conteúdo* jurídico-normativo, é aceitável que uma primeira dimensão[23] se reconduza ao reconhecimento de um *direito geral* do ser humano a ser tratado como *pessoa*.[24] A partir deste reconhecimento, pode dizer-se que o conteúdo básico e irredutível é, desde logo, o de a pessoa humana ser um *sujeito de direito e de direitos* e um *fim em si mesma*. É neste sentido que se fala também da *constitucionalização da pessoa*.[25]

II   Recorte teórico-dogmático[26]

1   A teoria do objecto

5. A subjectividade jurídica inerente à dignidade da pessoa humana implica, primordialmente, *autonomia e proibição da sua instrumentalização*. Nos termos da conhecida "teoria do objecto" (inspirada na filosofia kantiana), impõe-se a *proibição da degradação do sujeito-pessoa em objecto* (teoria ou fórmula do objecto). Algumas das principais refracções jusfundamentais desta proibição constam, hoje, dos textos constitucionais (direito à vida, direito à integridade, proibição da tortura, proibição da escravidão e do trabalho forçado). A Carta dos Direitos Fundamentais da União Europeia condensa outras dimensões normativas no domínio da medicina e da biologia (consentimento livre e esclarecido, proibição de práticas eugénicas, proibição de transformar o corpo humano ou as suas partes, enquanto tais, numa fonte de lucros, proibição da clonagem reprodutiva dos seres humanos).[27] O problema desta fórmula é a de que ela capta, com rigor, os casos (ex.: caso do "arremesso do anão", caso do "trabalho escravo") de

---

[20]   Cfr. o estimulante ensaio de BARROSO, Luís Roberto. "Aqui, lá e em todo o lugar": a dignidade da pessoa humana no direito contemporâneo e no discurso transnacional. *Revista dos Tribunais*, ano 101, p. 127-196, 2012.
[21]   A articulação de dignidade humana e *respublica* é acentuada em trabalhos recentes. Cfr. DUPRE, Catherine. *The age of dignity*. Human rights and constitutionalism in Europe. Oxford: [s.n.], 2015. p. 21 e ss.
[22]   *Vide*, desenvolvidamente, "as projecções da dignidade da pessoa humana" em MIRANDA, Jorge. *Manual de direito constitucional*. 6. ed. Coimbra: [s.n.], 2015. p. 245.
[23]   Cfr. SARLET, I. (Org.). *Dimensões de dignidade*: ensaios de filosofia do direito e direito constitucional. Porto Alegre: [s.n.], 2005; BRITO, M. Nogueira de. *A dignidade*. [s.l.]: [s.n.], [s.d.]. p. 154 e ss.
[24]   Cfr. Enders, anotação ao art. 1º da *Grundgesetz no Berliner Kommentar zum Grundgesetz* (2007, p. 34).
[25]   Cfr. RODOTÀ, S. *Dal Soggetto alla Persona*. Napoli: [s.n.], 2007; *La Vita e le Regole*. Milano: [s.n.], 2006.
[26]   Cfr. MICHAEL; MORLOK. *Grundrechte*. Baden-Baden [s.n.], 2008. p. 97 e ss.
[27]   A fórmula da teoria do objecto remonta a G. Dürig, sob a influência de Kant. Cfr. SARLET, I. (Org.). *Dimensões de dignidade*: ensaios de filosofia do direito e direito constitucional. Porto Alegre: [s.n.], 2005; BRITO, M. Nogueira de. *O conceito constitucional*. [s.l.]: [s.n.], [s.d.]. p. 165 e ss.; NOVAIS, Jorge Reis. *A dignidade da pessoa humana*. Coimbra: [s.n.], 2015. v. II. p. 250; 209 ss., que refere o caso Dashner para discutir o "trágico problema" da "tortura preventiva para salvamento".

degradação da pessoa em "simples objecto" (teste da evidência), mas demonstra pouca operacionalidade para densificar normativamente outros casos de "coisificação" do sujeito-pessoa (maus tratos, penas degradantes, reféns). Por outro lado, a "fórmula do objecto" é reiteradamente reconduzível à situação da degradação resultante de *poderes públicos* coercivos (designadamente dos poderes estatais). Também entre *privados* e no seio da sociedade civil existem numerosos lenhos coisificadores da pessoa (tráfico de seres humanos, transformação do corpo humano ou das suas partes em fonte de lucros, degradação com fins lúdicos da pessoa (caso do "anão", caso da simulação de suicídio, discutida no célebre Acórdão Ómega do Tribunal de Justiça da União Europeia).[28] Falta, assim, uma formulação da "teoria do objecto" em termos de *eficácia horizontal*. O sinal de "alerta vermelho" ou de "paragem obrigatória" entendido como barreira absoluta e intransponível (uma "proibição-limite") vale perante todos os actores, sejam "poderes públicos" sejam "poderes privados".[29]

2 A teoria da dádiva humana

6. A dignidade da pessoa humana apontaria para a existência de determinados "dons" ("teoria da dádiva humana") que lhe emprestam especial densidade normativa[30] relativamente a outros seres vivos. Os vários filões histórico-culturais (a ideia de *imago-Dei* de S. Tomás de Aquino, a ideia de igualdade universal do ser humano dos estoicos, a imagem do ser humano renascentista de Pico della Mirandola, com a sua célebre *Gratio Hominis Dignitate*, o postulado kantiano da autonomia ética) pouco adiantam quanto à definição do conteúdo jurídico deste princípio fundante.[31] O facto de se tratar, muitas vezes, de cosmovisões éticas e religiosas dificulta até o seu enraizamento nos contextos multiculturais.[32] Além disso, a "teoria do dote" transporta tensões no plano de ordens constitucionais nacionais ou supranacionais orientadas para uma neutralidade secular

---

[28] Cfr. na jurisprudência constitucional portuguesa os Acs. TC nºs 144/2004, 196/2004, 303/2004 referentes à incriminação do lenocínio. Renovando a perspectiva marxista, Cfr. BONEFELD, W.; PSYCHOPEDIS, K. (Ed.). *Human dignity*: social autonomy and the critique of capitalism. Aldershot: [s.n.], 2005.

[29] Cfr., por último, LADEUR, Karl Heinz; AUGSBERG, I. *Die Funktion der Menschenwürde im im Verfassungsstaat*. Tübingen: [s.n.], 2008. p. 10 e ss.

[30] Sobre esta teoria de H. Hofmann (*Mitgifttheorie* – Teoria da Dádiva), veja-se a síntese de HÄBERLE, P. A dignidade da pessoa humana como fundamento da comunidade estatal. *In*: SARLET, I. (Org.). *Dimensões de dignidade*: ensaios de filosofia do direito e direito constitucional. Porto Alegre: [s.n.], 2005. p. 119 e ss.; MICHAEL; MORLOK. *Grundrechte*. Baden-Baden: [s.n.], 2008. p. 97.

[31] Cfr. LOUREIRO, João. Pessoa, dignidade e cristianismo. *In*: *Est. Hom. Castanheira Neves*. Coimbra: [s.n.], 2008. v. I. p. 682 e ss.

[32] Chamando a atenção para a "necessária secularização e universalização da dignidade num contexto multicultural", *vide* SARLET, I. (Org.). *Dimensões de dignidade*: ensaios de filosofia do direito e direito constitucional. Porto Alegre: [s.n.], 2005. p. 37 e ss. A contextualização crítica ver-se-á em SANTOS, Boaventura Sousa. Por uma concepção multicultural dos direitos humanos. *RCDS*, v. 48, 1997. p. 18 e ss.; SIEGESLEITNER; KNOEPFFLER (Org.). *Menschenwürde im interkulturellen Dialog*. [s.l.]: [s.n.], [s.d.]. No plano do direito constitucional, *vide* BAHR, Petr; MICHAEL, Hans (Org.). *Menschenwürde und der säkularen Verfassungsordnung*. Tübingen: [s.n.], 2006. Salientando a orientação do Tribunal Constitucional português quanto a uma compreensão aberta do princípio da dignidade da pessoa humana e, por isso mesmo, rebelde à "excessiva conceptualização" e "identificação apriorística de conceitos", cfr. AMARAL, Maria Lúcia. O princípio da dignidade da pessoa humana na jurisprudência constitucional. *JC*, v. 13, 2007. p. 6. Cfr. ainda PECES BARBA, G. *Curso de derechos fundamentales*. Madrid: [s.n.], 1995; mais recentemente, *idem*, *Reflexiones sobre los derechos sociales*. *In*: GARCIA MANRIQUE, R. (Org.). *Derechos sociales y ponderación*. Madrid: [s.n.], 2007. p. 85 e ss.

(ex.: a dignidade da pessoa esgrimida nos casos de "aborto" e protecção de embriões, defesa de posições radicais antropocêntricas no debate do princípio da sustentabilidade).[33] De qualquer modo, a ideia do homem como *plastes et pictor* (de Pico della Mirandola), ou seja, como construtor e pintor de si próprio e dos seus projectos experienciando a sua *liberdade e autodeterminação*, convoca a ideia de *dignitatis humanis* na qualidade de poder de autotransformação da existência humana. A República baseada na dignidade da pessoa humana (CRP, art. 1º) aponta decisivamente para o seu relevo normativo-constitucional no âmbito dos direitos de liberdade e autodeterminação.

3 A teoria do reconhecimento

7. A dignidade da pessoa humana implica o *reconhecimento* pelo outro dessa mesma dignidade. Sem *comunicação* (daí o nome que se dá por vezes a esta teoria: "teoria da comunicação") com outras pessoas de igual dignidade revela-se infrutífera qualquer construção, aquisição e desenvolvimento interior e intersubjectivo da pessoa. As precompreensões culturais desta abordagem (desde as teorias contratualistas e da teoria do imperativo categórico *kantiano* até às teses actuais do reconhecimento) permitem intuir problemas de grande densidade intersubjectiva (reconhecimento dos outros: dos deficientes, dos marginalizados, dos mendigantes de direito de asilo, dos discriminados, dos que são "sujeitos à exclusão sistémica"). Por sua vez, a compreensão normativa do reconhecimento e do compromisso recíproco de solidariedade fornece apoios jurídico-constitucionais à garantia pública de uma existência condigna, de um rendimento de inserção, de mecanismos providenciais. Note-se, porém, que a dimensão comunitária do reconhecimento da dignidade da pessoa parece apontar para a ideia de compromisso entre *pessoas nascidas*, inseridas na comunidade política, o que pode deixar sem resposta algumas questões no domínio da medicina e da biologia (ex.: garantia da dignidade genética do ser humano),[34] explicitadas em importantes convenções e declarações internacionais como a Declaração Universal sobre o Genoma e os Direitos Humanos, de 1997, a Convenção Europeia sobre os Direitos do Homem e a Biomedicina, de 1997, e respectivo Protocolo Adicional de 1998, e, como já foi referido, a Carta de Direitos Fundamentais da União Europeia.

---

[33] Cfr. BAHR, P.; HEINIG, M. (Ets.). *Menschenwürde in der säkularen Verfassungsordnung*: Rechtswissenschaftluhe und theologische perspektiven, Tübingen: [s.n.], 2006.

[34] Sobre a dimensão comunicativa e relacional da dignidade da pessoa humana como o reconhecimento pelo(s) outro(s), cfr. SARLET, I. (Org.). *Dimensões de dignidade*: ensaios de filosofia do direito e direito constitucional. Porto Alegre: [s.n.], 2005. p. 22. Vejam-se também as sugestões de MIRANDA, Jorge. *Manual de direito constitucional*. 6. ed. Coimbra: [s.n.], 2015. v. IV. p. 251 ss.; MODERNE, F. La dignité de la personne comme príncipe constitutionnel dans les Constitutions Portugaises et Françaises. *In*: MIRANDA, Jorge. *Perspectivas constitucionais*. Coimbra: [s.n.], 1997. v. I. p. 198; BRITO, M. Nogueira de. *O conceito constitucional*. [s.l.]: [s.n.], [s.d.]. p. 167 e ss. Deve ter-se em conta que o problema da dignidade da pessoa humana como reconhecimento (da própria identidade e da diferença) tem sido analisado por outras correntes modernas (ex.: teorias feministas). No plano filosófico, deve salientar-se a influência de Levinas no recorte da "intersubjectividade", do "inter-humano" e da "exterioridade". Cfr. LEVINAS, Emmanuel. *Totalidade e infinito*. Ensaios sobre a exterioridade. 3. ed. Lisboa: [s.n.], 2008. *Vide* também HABERMAS, J. *Die Einbeziehung des Anderen*. [s.l.]: [s.n.], [s.d.]. p. 30 ss.; PECES BARBA, G. Reflexiones sobre los derechos sociales. *In*: GARCIA MANRIQUE, R. (Org.). *Derechos sociales y ponderación*. Madrid: [s.n.], 2007. p. 15 e ss.

4 A teoria da realização

8. A chamada *teoria da realização ou do* êxito[35] insiste nesta ideia básica: a dignidade da pessoa adquire-se mediante um processo criativo de autodesenvolvimento e de formação da identidade pessoal. Inserida na complexidade sistémica, a dignidade da pessoa converte-se funcionalmente num dever, pois, no jogo dos vários papéis que um sujeito desempenha, cabe-lhe a tarefa ("dignidade como prestação") de criar, em primeiro lugar, a sua própria identidade exteriorizada de forma insubstituível. Registe-se a acusação dirigida à funcionalização da pessoa: (i) transmuta as questões relativas à dignidade da pessoa em problemas de desenvolvimento "performante" da personalidade; (ii) dá como adquirida a possibilidade igual e originária de êxito na formação da própria dignidade; (iii) ignora que a dignidade da pessoa pertence também aos pobres que podem não ter culpa de ser pobres, aos deficientes que reclamam igual dignidade mesmo com a evidência da sua incapacidade, aos dementes que já não têm consciência da sua própria dignidade.[36]

§§ – A dignidade da pessoa humana como fundamento da República

I As dimensões normativo-constitucionais da dignidade da pessoa humana

9. Em face do relativo insucesso das teorias no recorte jurídico-material da dignidade da pessoa humana, considera-se jurídico-constitucionalmente necessário e adequado *descobrir a razão* de o texto constitucional português (tal como outros textos constitucionais e convenções internacionais) elevar esta dignidade a princípio constitucionalmente superior e fundante da República.[37] Por outras palavras: como e em que medida a dignidade da pessoa humana é a base (cfr. art. 1º: "Portugal é uma República *baseada* na dignidade da pessoa humana") da República?

1 Função primeira: respeito e dever de protecção

10. A primeira *função normativo-dogmática* desta dimensão fundante aponta para a exigência ou imposição de respeito e de protecção da dignidade da pessoa humana. Para além de quaisquer compreensões filosóficas (ontológicas, jusnaturalistas), a dignidade da pessoa é base da República enquanto *valor* intrínseco que acolhe e impõe como fim em si mesmo o respeito da pessoa, dotada de um *forum internum* resistente a quaisquer compreensões ou dirigismos exteriores, públicos ou privados (cfr. CRP,

---

[35] Temos aqui sobretudo em mente o trabalho de LUHMANN, N. *Grundrechte als Institution.* [s.l.]: [s.n.], 1965. p. 61 e ss. Sobre a "teoria da prestação", cfr. ALEXANDRINO, J. M. Perfil constitucional da dignidade da pessoa humana: um esboço tratado a partir da variedade de concepções. In: *Est. Hom. Oliveira Acensão.* Coimbra: [s.n.], 2008. p. 496 e ss.; BRITO, M. Nogueira de. *O conceito constitucional.* [s.l.]: [s.n.], [s.d.]. p. 176 e ss.

[36] Cfr. MIRANDA, Jorge. *Manual de direito constitucional.* 6. ed. Coimbra: [s.n.], 2015. v. IV. p. 253 ss.

[37] Cfr. STERN, K. Die normative Dimension der Menschenwürdengarantie. *Fest. Badura,* 2004. p. 571; MIRANDA, Jorge. *Manual de direito constitucional.* 6. ed. Coimbra: [s.n.], 2015. v. IV. p. 239 e ss.; DI CIOMMO, M. *Dignità humana e stato costituzionale.* Firenze: [s.n.], 2010; RUGGERI, A. Appunti per uno studio sulla Dignità dell'Uomo, Secondo Diritto Costituzionale. *RTAIC,* v. 1, 2011.

art. 69º, relativo à infância). Nesta perspectiva, os esquemas organizativos (estaduais ou outros) devem manter a distância exigida pelas dimensões de *liberdade, autonomia* e *interioridade* postuladas pela dignidade da pessoa humana (cfr. CRP, art. 67º/2/e). Em termos jurídico-constitucionais, a dignidade da pessoa humana fornece as bases da República enquanto limite ao poder e imperativo de liberdade. Por outras palavras, a República baseada na dignidade da pessoa reconduz-se a uma *ordem jurídico-política de liberdade*, essencialmente concebida como "ordem de não dominação".[38]

11. Perante as experiências históricas da aniquilação do ser humano (escravatura, inquisição, nazismo, estalinismo, polpotismo, genocídios étnicos), a dignidade da pessoa humana erigida à base da República significa, sem transcendências ou metafísicas, o reconhecimento do *homo noumenon*, ou seja, da pessoa como limite e fundamento do domínio político da República. Neste sentido, a República concebe-se como uma organização política que serve ao homem; não é o homem que serve aos aparelhos político-organizatórios. A compreensão da dignidade da pessoa humana associada à ideia de *homo noumenon*[39] justificará, por exemplo, a conformação constitucional da República portuguesa, em que é proibida a pena de morte (art. 24º), a tortura (art. 25º/2) e a prisão perpétua (art. 30º/1). A pessoa ao serviço da qual está a República também pode *cooperar* na e com a República, autocompreendendo-se como alguém disposto a assumir a condição de *cidadão*, ou seja, a de um "membro normal e plenamente cooperante ao longo da sua *vida*"[40] na *vida* republicano-comunitária.

2 Função segunda: fundamento da liberdade e liberdades

12. A dignidade da pessoa humana dá fundamento às *liberdades*, ou, se se preferir, aos direitos, liberdades e garantias. Isto significa que, no âmbito dos direitos fundamentais *pessoais*, ela é raiz de um *núcleo essencial* (CRP, art. 18º) justificador da proibição de aniquilações físico-existenciais da pessoa (pena de morte, prisão perpétua, violação da integridade física e moral, escravidão, servidão, trabalho forçado, tráfico de seres humanos) e da imposição de limites rigorosos a quaisquer actos ingerentes e restritivos de direitos, liberdades e garantias (dos direitos pessoais, da liberdade, da vida privada, dos dados pessoais, do pensamento) (cfr. CRP, art. 18º). Neste sentido, a República baseada na dignidade da pessoa humana é uma ordem jurídico-política *respeitadora* e *garantidora dos direitos e liberdades fundamentais*.[41]

---

[38] Esta articulação do ideal de não dominação com a tradição republicana ver-se-á em PETTIT, Philip. *A theory of freedom from the psychology to the politics agency*. Cambridge: [s.n.], 2001. Há tradução brasileira (*Teoria da liberdade*. Belo Horizonte: [s.n.], 2007): "nós achamos o ideal da liberdade política como o centro da longa tradição republicana".

[39] Amplas sugestões em SCHACHTSCHNEIDER, Karl Albrecht. *Res publica – res populi. Grundlegung einer Allgemeinen Republiklehre. Ein Beitrag zur Freiheits – Recht – und Staatslehre*, Berlin: [s.n.], [s.d.]. p. 125.

[40] Utilizamos, assim, o conceito de pessoa que nos fornece RAWLS, J. *Political liberalism*. [s.l.]: [s.n.], [s.d.]. p. 39 e ss. (p. 46 da tradução portuguesa). Cfr. também MIRANDA, Jorge. *Manual de direito constitucional*. 6. ed. Coimbra: [s.n.], 2015. v. IV. p. 180 e ss.

[41] A dignidade da pessoa humana assumir-se-ia como fundamento da validade dos direitos fundamentais e como fundamento das pretensões jurídicas que em nome da dignidade da pessoa são atribuídas ou reconhecidas aos titulares de direitos. Sem dignidade não existirão direitos fundamentais e sem direitos fundamentais não existirá qualquer dignidade. Neste sentido, diz-se que com a consagração do respeito e protecção da dignidade da pessoa humana reconhece-se um direito aos direitos. Cfr. Enders, anotação ao art. 1º da *Grundgesetz no Berliner Kommentar zum Grundgesetz* (2007. p. 423 e ss.).

13. A dignidade da pessoa humana dá vida a liberdades fundamentais *concretas*.[42] Esta nota é importante por dar o devido relevo a uma dimensão constitutiva: as *liberdades* não se esgotam numa simples defesa perante o poder nem se desenvolvem num mundo socialmente abstracto. Desde logo, a República convoca a dignidade da pessoa humana para impor a *liberdade* individual e o *respeito de direitos* em situações em que a dignidade do ser humano corre o *risco* de ser violada, desrespeitada e desprotegida. O reconhecimento da dignidade da pessoa-outro[43] em *situações de particular vulnerabilidade* e indefesa[44] é uma outra e indeclinável dimensão normativo-constitucional (ex.: respeito da greve de fome nas prisões, respeito da pessoa refugiada).

3 Função terceira: inclusão do outro

14. A dignidade da pessoa humana é princípio fundante da República como *princípio da inclusão do outro*.[45] A dignidade da pessoa humana exprime, assim, a abertura da República à ideia de *comunidade constitucional inclusiva* pautada pelo multiculturalismo mundividencial, religioso ou filosófico. O expresso reconhecimento da dignidade da pessoa humana como *núcleo essencial* da República significará, neste contexto, a liberdade de consciência, de conhecimento e de identidade cultural em oposição a "verdades" ou "fixismos" políticos, religiosos ou filosóficos. Também o republicanismo clássico exprimia esta ideia através dos *princípios da não identificação e da neutralidade*, pois a República autocompreendia-se como *ordem livre* na medida em que se não identificasse com qualquer "tese", "dogma", "religião" ou "verdade" de compreensão do mundo e da vida.[46] Isto mesmo salienta John Rawls ao afirmar que o republicanismo não pressupõe qualquer doutrina religiosa, filosófica ou moral abrangente (J. Rawls). A dimensão fundante da dignidade da pessoa humana em comunidades constitucionais inclusivas tem hoje importantes refracções no nível do direito da União Europeia. O Tratado da União Europeia (TUE) reafirma o valor fundante do "respeito pela dignidade da pessoa" (art. 2º) e a Carta dos Direitos Fundamentais da União Europeia (CFDUE) que, nos termos do art. 6º/1 do Tratado da União Europeia, tem o "mesmo valor jurídico dos Tratados", considera-a valor indivisível e universal (Preâmbulo), conferindo-lhe mesmo um título (Título I) autónomo em que reagrupa os *direitos de dignidade* (dignidade do

---

[42] Cfr. MIRANDA, Jorge. *Manual de direito constitucional*. 6. ed. Coimbra: [s.n.], 2015. v. IV. p. 247 ss.
[43] Vide HÄBERLE, P. *Europäische Verfassungslehre*. 6. ed. Baden-Baden: [s.n.], 2009. p. 288, que acentua ligação, conexão e relevância com o outro (*der Da-Bezug*).
[44] Cfr. MIRANDA, Jorge; CORTÊS, António. Anotação ao art. 1º da CRP. *In*: MIRANDA, Jorge; MEDEIROS, Rui. *Constituição portuguesa anotada*. 2. ed. [s.l.]: [s.n.]. 2010. v. I. p. 84.
[45] Sobre este princípio cfr. HABERMAS, J. *Die Einbeziehung des Anderen*. [s.l.]: [s.n.], [s.d.]. Sobre a dignidade humana na referência ao outro (*Du-Bezug*) cfr. HÄBERLE, P. A dignidade humana como fundamento da comunidade estatal. *In*: SARLET, I. (Org.). *Dimensões de dignidade*: ensaios de filosofia do direito e direito constitucional. Porto Alegre: [s.n.], 2005. p. 123; MIRANDA, Jorge. *Manual de direito constitucional*. 6. ed. Coimbra: [s.n.], 2015. v. IV. p. 256 ss. e 259 ss.
[46] Sobre o conceito de *comunidade constitucional inclusiva*, vide, entre nós, desenvolvidamente, MACHADO, Jónatas. *Liberdade religiosa numa comunidade constitucional inclusiva*. Coimbra: [s.n.], 1996. p. 128 e ss. Sob um ponto de vista antropológico, cfr. GUEDES, Armando Marques. *Entre factos e razões* – Contextos e enquadramentos da antropologia jurídica. Coimbra: [s.n.], 2004. No plano constitucional, cfr. BRITO, M. Nogueira de. *As andanças de Cândido*: introdução ao pensamento político do século XX. Lisboa: [s.n.], 2009. p. 143 e ss.

ser humano, direito à vida, direito à integridade do ser humano, proibição da tortura e dos tratos ou penas desumanas ou degradantes, proibição da escravidão e do trabalho forçado). Nas "Anotações relativas à Carta dos Direitos Fundamentais", esclarece-se, em anotação ao art. 1º – dignidade do ser humano – que "A dignidade do ser humano constitui não só um direito fundamental em si mesmo, mas também a própria base dos direitos fundamentais". No linguajar deste livro, isso significa que a dignidade da *pessoa-ser humano* é (i) um *princípio* fundante, sendo questionável se será também; (ii) *direito fundamental* normativamente consagrado e incorporado no direito de todos os Estados-Membros da União Europeia (cfr. *infra*, II).

4 Função quarta: radicação social existencial de pessoas

15. É discutida a *componente social-existencial da dignidade da pessoa humana*. Ela tem sido particularmente analisada nos casos jurisprudenciais incidentes sobre o direito à *existência condigna* e *independente* (cfr. CDFUE, art. 25º,[47] referente aos direitos das pessoas idosas), o direito à *existência minimamente digna* (ex.: direito ao subsídio de desemprego, direito ao rendimento social de inserção). O problema, a nosso ver, reconduz-se à questão de saber se os chamados direitos sociais não transportarão também um *núcleo de dignidade da pessoa humana* justificador e legitimador de deveres de protecção desses direitos. No contexto da Constituição da República Portuguesa, em que se consagra a incumbência do Estado relativamente aos direitos e deveres sociais (CRP, arts. 63º e ss.), direitos e deveres culturais (CRP, arts. 73 e ss.) e direitos e deveres económicos, dificilmente se poderá aceitar uma resposta negativa (cfr. por exemplo, o art. 59º referente aos direitos dos trabalhadores, o art. 64º, respeitante ao direito à saúde, arts. 67º e ss., sobre família, paternidade, maternidade, infância, cidadãos portadores de deficiência, pessoas idosas). Mesmo que se discuta se é possível, em termos jurídico-constitucionais, derivar directamente da garantia da dignidade da pessoa humana o direito a prestações individuais, fica sempre como imperativo de uma República baseada na dignidade da pessoa humana a garantia do *núcleo desta dignidade* no âmbito dos direitos económicos, sociais e culturais.[48] Dito de outro modo: a *dignidade da pessoa humana* constitui fundamento da *República* garantidora de *direitos sociais*, pois a vida é a base da dignidade da pessoa humana e da República que nela se fundamenta (República garantidora de uma "existência humana digna").[49]

---

[47] Cfr. VÍTOR, Paula Távora. Direitos das pessoas idosas. *In*: SILVEIRA, Alessandra; CANOTILHO, Mariana (Org.). *Carta de Direitos Fundamentais da União Europeia, comentada.* Coimbra: [s.n.], 2013. p. 312 e ss., com referências à jurisprudência do Tribunal de Justiça da União Europeia.

[48] Cfr. MIRANDA, Jorge. *Manual de direito constitucional*. 6. ed. Coimbra: [s.n.], 2015. v. IV. p. 260 e ss.; LOUREIRO, João. Proteger é preciso, viver também: a jurisprudência constitucional portuguesa e o direito da segurança social. *In*: AAVV. *Nos XXV anos de jurisprudência constitucional portuguesa.* Coimbra: [s.n.], 2009, que considera dispensável o apelo para a dignidade da pessoa humana dada a autonomização deste direito na Constituição portuguesa. Nos tempos mais recentes, a dignidade humana captada pelos juízes (*judge-made concept*) tem sido abordada com profundidade em vários quadrantes culturais: *vide*, por ex., LARSEN, L. Bourgogne (Ed.). *La dignité saisie par les juges*. Bruxelles: [s.n.], 2010; DI CIOMMO, M. *Dignità humana e stato costituzionale*. Firenze: [s.n.], 2010; DUPRE, Catherine. *The age of dignity*. Human rights and constitutionalism in Europe. Oxford: [s.n.], 2015.

[49] Cfr. Acórdão do Tribunal Constitucional nº 509/02 (rendimento social de inserção), em que se procura recortar jurisprudencialmente um direito subjectivo público, de natureza positiva, a um mínimo existencial. Cfr., precisamente, sobre este direito a um mínimo existencial, ANDRADE, J. C. Vieira de. O direito a um mínimo

5 Função quinta: desigualdade

16. O princípio geral da *igualdade* constitui também uma expressão incontornável do princípio fundante da dignidade da pessoa humana. Não existe dignidade da pessoa humana de primeira classe e dignidade da pessoa humana de segunda classe. Esta ideia remonta à filosofia estoica e à compreensão cristã da pessoa humana. É retomada pela tradição republicana ("estado de natureza de cidadãos livres e iguais", "leis gerais iguais para todos"). A Carta dos Direitos Fundamentais da União Europeia condensa hoje as principais refracções da dignidade da pessoa humana em sede de direitos de *igualdade* (CDFUE, arts. 20º e ss.): não discriminação, diversidade cultural, religiosa e linguística, igualdade entre homens e mulheres, tratamento de crianças e de pessoas idosas, integração das pessoas portadoras de deficiência. É legítimo concluir destas considerações que a dignidade da pessoa humana constitui fundamento da República enquanto *dignidade igual* de todas as pessoas (cfr. CRP, art. 18º), sendo neste sentido que o art. 13º/1 da CRP estabelece que todos os cidadãos têm a mesma *dignidade social*.

II Dignidade-princípio e dignidade-direito

17. A dignidade da pessoa humana consagrada no art. 1º da Constituição foi analisada nas considerações precedentes como princípio fundante da ordem constitucional republicana. Dito de outra forma: a dignidade da pessoa humana compreendeu-se até agora como princípio *objectivo* fundamental do Estado de direito constitucional republicano.[50] Isso não significa que ela deva se limitar à natureza de princípio exclusivamente objectivo. Uma parte da doutrina sustenta mesmo que existe um autêntico *direito fundamental* à *dignidade da pessoa humana*.[51] Já atrás foi salientado[52] que a República garantidora de direitos pressupõe o respeito e garantia da dignidade da pessoa humana. Sem dignidade da pessoa, não há quaisquer direitos. É duvidoso, porém, que se possa falar de um direito fundamental à dignidade da pessoa humana, desde logo porque esse direito teria de ser *relativizado* quando estivesse em colisão com outros direitos e houvesse necessidade de ponderação, resultando no enfraquecimento do próprio valor fundante da dignidade da pessoa.[53]

---

de existência condigna como direito fundamental a prestações estaduais positivas – Uma decisão singular do Tribunal Constitucional. JC, v. I, 2004. p. 4 e ss.; NOVAIS, Jorge Reis. *Direitos sociais*. Teoria jurídica dos direitos sociais enquanto direitos fundamentais. Coimbra: [s.n.], 2010. p. 382 e ss.; BITTENCOURT NETO, E. *Direito mínimo para uma existência digna*. Porto Alegre: [s.n.], 2010; TORRES, Ricardo Lobo. *Direito ao mínimo existencial*. Rio de Janeiro: [s.n.], 2009; *idem*, A metamorfose dos direitos sociais em mínimo existencial. *In*: SARLET, I. (Org.). *Direitos fundamentais sociais*: estudos de direito constitucional, internacional e comparado. Rio de Janeiro: [s.n.], 2003. p. 1 e ss.

[50] Vide a doutrina portuguesa: COSTA, J. M. Cardoso da. O princípio da dignidade da pessoa humana na Constituição e na jurisprudência constitucional portuguesa. *In*: *Estudos em Homenagem a Manoel Gonçalves Ferreira Filho*. São Paulo: [s.n.], 1999. p. 191 e ss.; CANOTILHO, J. J. Gomes; MOREIRA, Vital. *Constituição da República Portuguesa* – Anotada. 4. ed. Coimbra: [s.n.], [s.d.]. p. 198; ANDRADE, J. C. Vieira de. *Os direitos fundamentais na Constituição Portuguesa de 1976*. 3. ed. Coimbra: [s.n.], [s.d.]. p. 113 e ss.

[51] Cfr. *supra*.

[52] Uma análise aprofundada foi feita na Alemanha por Enders (*Die Menschenwürden in der Verfassungsordnung*, 1997. p. 92 e ss.).

[53] A não ser que se eleve a dignidade a direito fundamental supremo, de natureza ou valor absoluto, imune a ponderações como, de resto, tem sido avançado por uma parte da doutrina. Veja-se esta posição em MIRANDA, Jorge; CORTÊS, António. Anotação ao art. 1º da CRP. *In*: MIRANDA, Jorge; MEDEIROS, Rui. *Constituição*

18. É razoável admitir que ele funcione como *reserva de subjectividade* capaz de influenciar a aplicação/o desenvolvimento dos direitos fundamentais relacionados com a pessoa. Neste sentido, aludem alguns autores a *direitos de dignidade* e à dignidade da pessoa humana como *princípio protector de* direitos (cfr. Ac. Tc. n.º 101/2009). A Constituição portuguesa consagra normas que carregam de *subjectividade* e *jusfundamentalidade* a dignidade da pessoa: art. 13º/1, consagrador da *dignidade social igual*; art. 26º/2 e 3, que impõe o estabelecimento legal de garantias contra a utilização contrária à *dignidade humana* de informações relativas às pessoas e famílias (nº 2) e a previsão legal da garantia da *dignidade pessoal* nos casos de criação, desenvolvimento e utilização de tecnologias e de experimentação científica; art. 67/2/*e* que estabelece a regulamentação da procriação assistida em termos que salvaguardem a *dignidade da pessoa humana* (cfr. Ac. TC nº 101/2009).[54]

19. A dimensão objectiva impregnada de irradiações subjectivas serve de "reserva de argumentação" ao Tribunal Constitucional português. Em sucessivas decisões, o princípio da dignidade da pessoa humana, compreendido como princípio aberto à história e à cultura, ergueu-se, por via jurisprudencial, a *princípio operativo de transformação da ordem jurídica portuguesa*.[55] Nesta medida, realça-se também a *capacidade normogenética* do princípio, "para além das clássicas dimensões interpretativa e integradora".[56] Tem, assim, sentido o apelo à *unidade da pessoa*.[57]

Brasil, dezembro de 2016.

---

portuguesa anotada. 2. ed. [s.l.]: [s.n.]. 2010. v. I, que salientam, na senda de Castanheira Neves, é "fazer prevalecer sobre os bens, valores e interesses objectivos a pessoa como sujeito e pólo de referência de todos os valores". Sobre esta "resistência à ponderação" de um hipotético direito fundamental da dignidade da pessoa humana, cfr. HÖNIG, Dieter. Die Menschenwürde des Grundgesetzes in der Rechtsprechung der Bundesrepublik Deutschland. *EUGRZ*, n. 34, 2007. p. 640; *Vide* NOVAIS, Jorge Reis. *A dignidade da pessoa humana*. Coimbra: [s.n.], 2015. v. I. p. 81, que clarifica "os riscos da identificação entre dignidade e direitos fundamentais".

[54] Esta oscilação no entendimento de reserva de subjectividade da dignidade humana aflora na jurisprudência da União Europeia, sobretudo depois do caso Países Baixos/Parlamento e Conselho (4.10.2001) incidente sobre a validade relativa à protecção de invenções tecnológicas: "Compete ao Tribunal de Justiça e sua fiscalização da conformidade dos actos das instituições com os princípios gerais do direito comunitário, assegurar o respeito do direito fundamental à dignidade da pessoa humana e à integridade da pessoa", *vide* a anotação de J. L. Cruz Vilaça ao art. 1º da Carta dos Direitos Fundamentais da União Europeia em SILVEIRA, Alessandra; CANOTILHO, Mariana (Org.). *Carta de Direitos Fundamentais da União Europeia, comentada*. Coimbra: [s.n.], 2013. *Vide*, na literatura constitucionalista, WEINRIB, L. Human dignity as rights-protecting principle. *NJCL*, v. 17, 2014. p. 325 ss.

[55] Cfr. Maria Lúcia AMARAL, Maria Lúcia. O princípio da dignidade da pessoa humana na jurisprudência constitucional. *JC*, v. 13, 2007, que salienta (i) a progressiva adaptação do direito penal e processual penal à ordem constitucional; (ii) a descoberta de direitos fundamentais não escritos, como é o caso do direito ao mínimo de sobrevivência condigna; (iii) a delimitação do âmbito de protecção de diferentes direitos. *Vide* também Acs. TC nº 15/91, 349/91, 9572001, 474/95, 130/88, 232791, 62/2002, 144/2004. No direito brasileiro, cfr. SARLET, Ingo. *Dignidade da pessoa humana e direitos fundamentais*. 5. ed. [s.l.]: [s.n.], 2007. p. 71 e ss.: "não há como reconhecer que existe um direito fundamental à dignidade", ou seja, não há um direito fundamental à dignidade, como algo que possa ser objecto de concessão pela ordem estatal ou comunitária (p. 105). *Vide* também os trabalhos recentes de MCCRUDDEN, Christopher. Human dignity and judicial interpretation of human rights. *EJIL*, v. 19, 2008. p. 655 e ss.

[56] Cfr. GOMES, Andreia S. Esteves. A dignidade da pessoa humana e o seu valor jurídico partindo da experiência constitucional portuguesa. *In*: MIRANDA, Jorge; SILVA, M. A. Marques da. *Tratado luso-brasileiro da dignidade da pessoa humana*. 2. ed. São Paulo: [s.n.], 2009. p. 35.

[57] Cfr. MIRANDA, Jorge. A dignidade da pessoa humana e a unidade valorativa do sistema de direitos fundamentais. *In*: MIRANDA, Jorge; SILVA, M. A. Marques da. *Tratado luso-brasileiro da dignidade da pessoa humana*. 2. ed. São Paulo: [s.n.], 2009. p. 169.

PARTE II

ARTIGOS DOS INTERLOCUTORES JURÍDICOS E AMIGOS DO SENHOR DOUTOR GOMES CANOTILHO

LA *DEMOCRACIA SIMULATIVA* EN LA ERA DE LA POSMODERNIDAD

ELOY GARCÍA

1   Joaquim Gomes Canotilho, el *"eveilleur"* de Coimbra permanentemente alerta en tiempos de turbanza

Tuve noticia del profesor Gomes Canotilho a principios de los años ochenta del pasado siglo. Pese a la cercanía geográfica y a su más que notable afinidad étnico-sociológica (en el fondo éramos el mismo pueblo), España y Portugal se venían dando tercamente la espalda desde 1668, fecha del Tratado de Lisboa que consagraba la independencia portuguesa y resignaba a la Monarquía Hispánica a plegarse ante el doloroso éxito de la *"Restauraçâo Lusa"*. A partir de aquella fecha histórica, España se esforzaría lo indecible por disimular la amputación, ignorando y hasta menospreciando a un Portugal que, a su vez, respondería procurando afirmarse sólidamente frente a España, o al menos exhibiendo una autosuficiencia nacional que blandía orgullosamente en forma de bandera anti-castellana. Los contactos civiles entre las poblaciones de las dos naciones eran casi inexistentes, y cuando se producían, salvo en lugares fronterizos, resultaban epidémicos y en buena medida folklóricos. Mucho de eso mismo se repetía puntualmente en el mundo académico. Bien es cierto que Coimbra, la capital del universo de la lengua portuguesa, parecía ser un poco la excepción. Allí y gracias a una inveterada tradición de proximidad rayana, en el terreno jurídico - y junto a la vieja colaboración entre *ius*-administrativistas que en los años cuarenta iniciarían los profesores Caetano y López Rodó-, el Dr. Rogerio Soares que regentaba la cátedra de Derecho Corporativo, había procurado profundizar intelectualmente en una relación de vecindad académica forjada desde la amistad personal con los colegas de Santiago, los profesores Manuel Ramírez, primero, y Gumersindo Trujillo después, y con menor entusiasmo con la Universidad de Salamanca. Pero la instabilidad de los docente compostelanos – catedráticos de entrada que apenas permanecían dos o tres años en una Facultad tenida como de acceso y desde la que concursaban rápidamente a otras plazas universitarias españolas más apetecibles - y las notables diferencias ideológicas con quienes ocupaban la cátedra salmantina, Tierno Galván primero y Pedro de Vega, más tarde, malograron la continuidad y las posibilidades del intercambio de saberes constitucionales tanto con

Santiago como con la ciudad del Tormes. A pesar de todo, la Revolución portuguesa de 1974 había comenzado a trastocar radicalmente la política, las vidas y también, como no, las percepciones mutuas de unos y otros, suscitando una enorme curiosidad entre los españoles y motivando a los portugueses a intentar trazar una suerte de puente ibérico democrático que nos contagiara algo de la ruptura revolucionaria del 25 de abril (la última revolución ideológica de Europa) y ayudara a remover una férrea dictadura militar que muy pronto acabaría transmutándose en la primera democracia posmoderna del nuevo mundo que estaba empujando sigilosamente debajo de nuestros pies desde la década de los sesenta. Para un joven profesor de la Universidad de Alcalá de Henares (Madrid) que, asediado por incontables preguntas, se esforzaba con denuedo por intentar aprender derecho constitucional en la España de mediados de los ochenta, como yo era entonces, la lectura del *Direito Constitucional* de Gomes Canotilho que iba por la cuarta edición (1985), significaría un tremendo *schock* intelectual. Se trataba de un libro sorprendentemente bien organizado, firmado por un desconocido que, acreditaba además un consumado dominio del derecho y de la doctrina española. No terminaba de encajarme ¿De dónde procedía todo aquél saber que por supuesto no podía ser improvisado? ¿Quién era aquél profesor que no parecía tener antecedentes portugueses? ¡Un nuevo maestro del derecho constitucional que no era, ni francés, ni alemán, ni italiano, ni siquiera un petulante académico norteamericano! ¿Cómo se había gestado aquello sin que nadie en España se hubiera dado cuenta de nada? Una lectura más detenida y minuciosa del texto me confirmó en mi apreciación inicial y me descubrió una labor que combinaba el rigor de un Manual para estudiantes, con la profunda densidad cultural y problemática propia de un Tratado académico acorde con los tiempos. Dos libros en uno que, a mayores, destacaba por su cosmopolitismo fuertemente impregnado de un apabullante conocimiento del derecho alemán, justamente en un momento en que la doctrina española se lanzaba a una deriva introspectiva – a mi juicio desacertada – centrada en el cultivo de la normatividad positiva y de la ley nacional. Parecía la obra de un profesor alemán que escribiendo en portugués y dotado de mentalidad democrática avanzada, manejaba con soltura las más relevantes claves de las doctrinas constitucionales comparadas. Con razón - años después - un académico de la reputación del profesor Ingo von Münch, de la Universidad de Hamburgo, calificaría a Gomes Canotilho como el profesor de derecho alemán más importante de nacionalidad no alemana que existía fuera de Alemania. Pronto descubrí que la razón de su dominio del derecho y de su actualización en la cultura política germana, respondía en buena medida – y con independencia de sus muchas lecturas - a *Constituição dirigente e vinculação do legislador: contributo para a compreensão das normas constitucionais programáticas,* su tesis doctoral defendida en 1982, que era un trabajo – para decirlo en portugués –"*esmagador*" concebido en Coimbra pero madurado definitivamente en Freiburg de Brisgovia, en el seminario de Konrad Hesse, en intercambio y debate crítico con la cualificada doctrina alemana que por allí pasaba. ¡Estaba ante un gigante del derecho constitucional europeo que cumplía apenas cincuenta años y que todavía continuaba investigando y prometiendo frutos para el futuro! Y me impresionó mucho más a medida que me fui introduciendo en el conocimiento del conjunto de sus trabajos - entre la que se contaba también una *Constituição da República Portuguesa Anotada* (1984-1985), escrita en colaboración con, el para mí, todavía desconocido Vital Moreira

–, tanto incluso que decidí escribirle. Tuve que superar cierto temor reverencial para, argumentando la condición de gallego, rogarle en mi carta que me escuchara personalmente. Creo que fue en 1987 cuando fui a visitarlo a Coimbra, me atendió bien, aunque sin entusiasmo, ni nada que pareciera deseo de impactar a su interlocutor y de crearse una clientela académica propagadora de su autoridad intelectual. Gomes Canotilho demostraba una naturalidad pasmosa no exenta de distinción y de encanto personal, que irradiaba apostura cargada de sencillez. Desde su humildad y su evidente timidez, escuchó con atención mi propuesta de solicitar una bolsa para estudiar un año bajo su dirección, una cuestión problemática que acaba de plantearse en España sobre la posible recuperación de la doctrina de la Personalidad jurídica del Estado – la vieja tesis de la escuela de Alemana de Derecho Público y de Jellinek – y su plausible compatibilidad con la teoría de la Constitución que él tanto demostraba dominar. Le gustó la propuesta porque vió en ella una posibilidad de apoyarme y de acercarse a una doctrina española en la que también deseaba profundizar. Su aceptación fue clave para que la Universidad Complutense donde me había trasladado un año antes, me concediera la licencia docente imprescindible para disfrutar de la beca de estudios que el Gobierno portugués me concedía para residir en Coimbra durante el curso 1988-1989. La oportunidad resultó fascinante y aunque había disfrutado anteriormente de estancias en otras universidades europeas, aquella experiencia en Coimbra terminó siendo definitiva en mí vida y en la decantación de mi vocación académica. Ni antes ni después, cuando he tenido la posibilidad de conocer alguno de los mejores y más reputados centros de investigación universitaria de Europa y América, pude encontrar lo que vi en las personas y en la atmosfera científica que se respiraba en aquella *Coimbra* del Mondego de la que se había hecho lenguas Unamuno. Y eso dejando aparte lo que desde aquél instante ha venido representando en mí fuero íntimo, la familia Rodrigues-Canotilho, Joaquim, Ana María, Mariana y Pedro, y ahora sus pequeños.

Coimbra vivía probablemente uno de sus mejores momentos intelectuales, sin que sus protagonistas fueran plenamente conscientes de la irrepetible Facultad que entre todos habían logrado construir. Los Doctores Orlando Carvalho y Rogerio Soares, eran dos figuras cimeras al tiempo rigurosas e inteligentes. De una cultura ciclópea y cargada de sorna el primero, con una obra sólida y mirada aristocrática el segundo, y del que me sorprendió especialmente su *Dereito Público e Sociedade Tecnica* (1969), un trabajo que recogía las construcciones de la dogmática germana de finales de los setenta, especialmente de Ernest Fortsthoff. A su lado un coloso del derecho Penal como Figueredo Diaz, al que me habían recomendado vivamente tanto Mario Chiavario como Marino Barbero. Me parece que el Doctor Manuel Porto, no estaba aquel año, como tampoco estaba el profesor Cardoso da Costa, magistrado e inminente Presidente del Tribunal Constitucional, pero si sus discípulos y amigos, aunque faltaba también Barbosa de Melo, cuya mujer Cecilia era una bibliotecaria gentil y dedicada que me ayudó mucho en mis pesquisas en el deslumbrante fondo bibliográfico de Coimbra. Y por encima de ellos, sobrevolaban las autorizadas figuras de un Alfonso Queiró y un Baptista Machado, ancianos maestros del saber que continuaban acudiendo casi todos los días a sus gabinetes en la Facultad y trajinando con pesados libros que yo luchaba de reojo por identificar, algunas veces con éxito. Recuerdo asimismo un numeroso grupo de doctores y docentes de diferentes categorías, junto con asistentes y funcionarios, los doctores Avelas Nunhes, Vierira de Andrade, Faria Costa, Casalta Navais, Coutinho de Abreu, Miguel Beleza, y en la cátedra de derecho público los colaboradores Jónatas Machado, Benedicta Urbano y Lucia Amaral ... Mención aparte merecen los doctores Vital Moreira, María Manuel Leitão Marques, Jorge Leite, Henrique Meireles y Coutinho de Almeida, con los que construí lazos de amistad personal que se prolongan hasta el presente. Todos convivían caballerosamente sin olvidar - como me dijo en una ocasión François Parmentier- las graves heridas que las distintas posiciones ante el 25 de abril, había dejado en las relaciones humanas. Recuerdo particularmente un duro debate entre Viera de Andrade y Vital Moreira al que acudió toda la Facultad y en el que se midieron dos colosos de la oratoria y del derecho.

En aquel ambiente de estudio y de polémica Joaquim Canotilho destacaba por la serenidad de su profunda *sagesse*. Tengo en la retina de mi memoria el recuerdo de con cuanto respeto arguyó en el tribunal de tesis de Lucas Pires. Todo el mundo veía en él lo que iba a ser, una personalidad del derecho constitucional focal que había despertado la atención de profesores e investigadores de toda Europa, como tendría ocasión de oír improvisadamente años después en un coloquio en Turín de boca de Giorgio Lombardi, en presencia de Antonio Baldassarre y del siempre inconmovible Walter Leisner, que asentían con sus gestos a la calidad científica del profesor de Coimbra. Y lo mismo empezaría a suceder en España de mano de Pedro Cruz y de Javier Pérez Royo de Sevilla, que junto con Pepe Acosta de Córdoba, serían de los primeros autores españoles en conocer y difundirían su obra. Pero no voy a repetir aquí lo que ya se expuso en la entrevista que por encargo del profesor Garrorena publiqué en el anuario de la Asamblea de Murcia en 1998, *"El derecho constitucional como un compromiso permanente renovado"*. Espero que pronto tenga continuidad y pueda ser traducida y publicada en portugués. Solo quiero decir que en tres ocasiones posteriores he sido testigo de la fuerza de la naturaleza que es capaz de encarnar Gomes Canotilho.

Primero en 2003 cuando recibió el premio Pessoa donde, tanto en el acto de entrega como en su discurso de aceptación, hizo gala de la fraternidad académica de la que había salido su figura. Más allá de sus impresionantes cualidades personales, Joaquim Canotilho se reconocía el resultado de las condiciones intelectuales que la Coimbra de su época consiguió propiciar.

Segundo en 2005, cuando el profesor Canotilho organizó el Coloquio Ibérico sobre la Constitución Europea su capacidad de convocatoria entre la doctrina española que permitió discutir desde la península el futuro de una Unión a los que las dos naciones habían sido las últimas en incorporarse. ¡Qué enorme adelanto en apenas tres décadas! Y no sólo en lo material.

Tercero en 2010, cuando junto con Vital Moreira formó la comisión que presidida por Artur Santos Silva, organizó la celebración del centenario de la instauración de la Republica en Portugal y fue decisivo en la concesión del doctorado Honoris causa por Coimbra a John Pocock, el maestro de la John Hopkins de Baltimore, autor del importantísimo libro, *El Momento maquiavélico. El pensamiento político florentino y la tradición republicana atlántica (1975)* y padre de la Escuela de Cambridge. Se trataba de abrirse a una nueva corriente, el pensamiento republicano cívico y de incorporar al derecho constitucional el discurso democrático que representaba, lo que significaba una vocación permanente comprometida con la renovación del saber que era la gran inquietud que mueve el quehacer cotidiano del maestro de Coimbra.

Y ahora, próximo a cumplir ochenta años, nuestro homenajeado continúa siendo un despertador de sueños, un *"eveilleur"* con profundo sentido de la responsabilidad académica e investigadora, comprometido con la enseñanza como servicio público. Fue precisamente Gomes Canotilho quien me dio a conocer no hace mucho a Ingolfur Blühdorn y me señaló la necesidad de traducir su obra para explicar lo que estaba sucediendo en el mundo de la política y de la Constitución de los postmodernos. Y por eso me apresuro a decirlo públicamente y a reseñar mínimamente el significado de su aportación, una vez que el libro ha sido recientemente publicado en América, como demostración palmaria de la permanente capacidad de Gomes Canotilho de estar siempre alerta frente a los acontecimientos y de seguir buscando respuestas intelectuales en los libros que a pesar de todo continúa leyendo y recomendando a quienes de una u otra forma nos sentimos sus amigos y discípulos, como ha venido haciendo toda su vida.

2   La *Democracia simulativa* y la política constitucional construida como hiperrealidad virtual

La *Democracia simulativa: nueva política tras el giro posdemocrático* (Bogotá, 2020), de Ingolfur Blühdorn,[1] es el libro que recoge la aportación del sector más experimentado y consciente de los profesores alemanes de teoría política y derecho público a uno de los problemas más acuciantes de nuestros días, la pérdida de contenido de la Democracia y su metamorfosis en una nueva realidad en la que lo real y sus recreaciones virtuales[2] se

---

[1]   BLÜHDORN, Ingolfur, *La Democracia simulativa*: nueva política tras el giro posdemocrático. Temis, Bogotá, 2020. El libro fue publicado inicialmente en alemán 2013 y su traducción al español puede considerarse una novedad absoluta en la que se incorpora un capítulo más en forma de Epílogo, que se redacta para hacer frente al debate que el original suscitaría entre los autores germanos.

[2]   El término "virtual" que resulta crucial para comprender las tesis que aquí se defienden, es hoy en español una palabra anfibológica de doble uso, que induce a la misma confusión que describe la más reciente de sus acepciones. Y es que la recientísima evolución de su significado a finales del siglo XX y comienzos del XXI, incorpora otra nueva significación vinculada a la idea de una realidad creada artificialmente que sin embargo no es una verdadera realidad tangible, pero que – y aquí estriba una clave de la confusión real y no sólo semántica que envuelve al término – mantiene también simultáneamente viva y en perfecto uso la acepción tradicional de "virtual" como posibilidad o factibilidad potencial de algo que es muy probable que se alcance o realice efectivamente porque reúne todas las características precisas para ser, aunque todavía ciertamente no sea, o no exista plena y tangiblemente en sentido real y estricto. Así pues, lo realmente irreal pero artificial (y virtualmente) presente ante nuestros sentidos, se contrapone a lo plausiblemente (virtualmente) realizable, generando de este modo una enorme confusión lingüística. Es de esta forma como la palabra virtual se hace anfibológica e introduce una terrible ambigüedad que induce a engaño en mundos como la política, donde la confusión ("el hacer creer") es una constante básica de su permanente quehacer. Esto es, la actual doble acepción del término permite que convivan en un misma palabra dos significaciones alternativas muy diferentes, la tradicional de posibilidad o potencialidad (un hecho virtualmente posible, que es previsible hacer realidad) que no desaparece de nuestros usos lingüísticos habituales, junto con la nueva significación posmoderna que representa lo que solo existe en nuestra recreación imaginaria de la realidad y que sirve para marcar la existencia de dos realidades, una auténtica (lo que MAQUIAVELO llamaba la *"verità effettuale"*, en nuestro caso de la política constitucional) y otra virtual, es decir, que generando la impresión en nuestro consciente de ser real ha sido artificialmente creada por la tecnología y consecuentemente no existe en la *"verità effettuale"* de las cosas (políticas) aunque si incida considerablemente sobre ella paralizándola y lastimando la capacidad del hombre para afrontar la vida desde una conciencia inteligente de su propia realidad. Como cabe comprender fácilmente el problema adquiere dimensiones desquiciantes cuando ambas versiones de lo virtual/real se presentan juntas en una realidad constitucional que difícilmente es capaz de distinguir una y otra. Más adelante efectuaremos

entremezclan confusamente dando paso a un mundo político muy diferente y todavía no suficientemente definido. Se trata de una contribución al debate sobre lo que está sucediendo en la democracia constitucional que la colombiana editorial Temis acaba de traducir al español, en un momento particularmente lábil y proceloso, cuando embates de dimensiones telúricas, sigilosamente fomentados por la degradación de sus ficciones institucionales,[3] están llevando a los arrogantes triunfadores de la confrontación ideológica que durante más de cuarenta años mantuvo escindido al mundo en dos bloques irreconciliables, a una situación insostenible que pone en jaque la propia continuidad del Estado forjado en la idea democrática.[4] Y es que, como intuyera proféticamente John Fitzgeral Kennedy en su famoso discurso *Ich bin ein Berliner*,[5] tras la Caída del Muro el agotamiento del modelo credencial de las ideologías terminó abocando a las democracias constitucionales – carentes de adversario en que proyectarse y desde el que fundamentar su legitimidad en una dialéctica de binarios

---

otras consideraciones sobre las cuestiones que plantea este término que etimológicamente procede del latín *"virtú"* en su derivación medieval relacionada con la acción que emprende un hombre. Un término que significativamente tiene que ver con las cualidades que un ser humano precisa para imponerse a los hechos desde la acción. Significativa procedencia etimológica de nuestra acepción contemporánea virtual o virtualizar que demuestra que la acción crea la realidad, pero también la desfigurara al extremo de ser capaz de engañar al ser humano ensoñándolo. Huelga decir que el uso del término en sentido posmoderno carece de precedentes antes de BURKE, que, como se explicará luego, será el primer autor en darse cuenta de las consecuencias que el nuevo significado trae consigo para la política y que permiten que una representación virtual (potencialmente posible) se convierta en virtualmente inexistente (*"fantasiada"*) cuando no falseada.

[3] Cuando se habla de ficciones políticas o constitucionales, se quiere aludir al hecho de que las construcciones jurídicas públicas trabajan con elucubraciones artificiales, en la plena conciencia de que se trata de ficciones instrumentales de la razón que operan como sucede con el derecho privado (y la persona jurídica es buen ejemplo, como lo son también los diferentes órganos del Estado, incluido el Congreso) para dar una estructura operativa a lo real y nunca para darle una apariencia que permita encubrirla. Otra cosa muy distinta sucede cuando esta parte real y efectiva que soporta la ficción racional del derecho, desaparece y queda sólo la estructura que permite razonar sin fundamento. La representación política es uno de los supuestos más conocidos para el derecho constitucional y al que un autor tan clásico como LEIHBOLZ ha dedicado muchas páginas (véase *Das Wesen der Repräsentation und der Gestaltwandel der Demokratie im 20. Jahrhundert*, 1966). Pero lo importante a nuestros efectos es que las ficciones no son falsedades, son solo elucubraciones o artificios de la razón que responden a un propósito primero que es real y que tiene como único objeto ayudar a razonar. Son como el cálculo matemático a la física, permiten avanzar en las hipótesis que surgen en la investigación científica, pero descansan siempre en un supuesto real.

[4] En su origen, el concepto de Estado y también la Constitución, y las palabras que los expresan, tienen por fondo la preocupación por la estabilidad, es decir, por la necesidad de ordenar una existencia política, un gobierno permanente y continuo. Y por eso en el fondo gobernabilidad y estabilidad son lo mismo, aunque proceden de caminos históricos diferentes, uno derivado del latín por la vía del derecho inglés, el otro también del latín, pero a través del lenguaje hablado por la política que en el continente desemboca en el poder de los príncipes y en el Estado moderno.

[5] KENNEDY, John F, *Cives Romanus Sun*. Berlín, 1961. Paradójicamente sería KENNEDY el primero en incorporar a la política de manera generalizada las técnicas de lo virtual. No es una anécdota el dato que se repite frecuentemente de que su aparición en la televisión en el último debate antes de las elecciones, convenientemente preparado y acicalado por los primeros expertos en imagen de la historia, frente a la barba de días que exhibiera su rival Nixon, fue la clave que decantó su nominación como Presidente de los Estados Unidos. Más allá de ese dato, no hay duda de que hay bastante de todo ese mundo virtual en la realidad (y en la simulación) kennediana. Y una prueba de ello está en el fenomenal foso que media entre sus promesas y sus realizaciones efectivas, entre las que se cuenta la guerra de Vietnam que sería una guerra televisada (se ha dicho que la guerra se perdió en la televisión, cuando los electores norteamericanos se despertaban todos los días con las imágenes de sus hombres luchando y muriendo en las selvas de Indochina) y la derrota fue virtual igual que era así como la guerra tuvo también un fuerte componente virtual. Y algo de ello debe haber cuando en la Guerra de Irak en ningún caso se permitió ver cadáveres por la televisión. Nixon, que aprendía siempre de sus errores, hizo de la TV instrumento de gobierno cuando llegó finamente a la presidencia y ese fue el gran mérito de un Roger Allies hoy tan en boga.

como la que presidió la Guerra Fría-[6] a procurar superar las abrumadoras deficiencias de su realidad política a base de restañarla y de recomponerla virtualmente[7] y, en

---

[6] La anécdota de Idro Montanelli, es concluyente al efecto. Preguntado el gran periodista italiano por quién votaría en las elecciones, respondió literalmente: "Votaré por la Democracia Cristiana, tapándome para no oler los hedores que desprende la urna, pero no quiero el comunismo". El voto estaba dirigido contra el adversario y no desconocía los errores y debilidades de los propios partidarios que eran considerados un mal menor y no un beneficio.

[7] Continuando lo expuesto, hay que señalar que en realidad la primera vez que la simulación virtual se puso en marcha como proyecto ideológico completo fue en la Gran Bretaña de los setenta. En un país en desastre y sin esperanza la toma del poder por Margaret Thatcher se construyó sobre dos objetivos. Primero, convencer a una sociedad que auto-percibía su decadencia en términos dramáticos, de que la responsabilidad del fracaso nacional era del laborismo. Segundo, ofrecer al electorado no tanto un proyecto ideológico como anti-ideológico o de repudio a lo ideológico, a lo que se procuró sustituir por una colección de imágenes virtuales dirigidas a sugerir una realidad figurada que fue enormemente atractiva para un país harto de complicados dogmas marxistas y que se expresaban en fórmulas como capitalismo popular. En el fondo ambos objetivos eran dos caras de la misma moneda, pero lo cierto es que operaron secuencialmente en fases diferentes. La primera vino marcada por eslogan de estilo del famoso cartel *"Labour isn't Working"* en el que una cola en forma de serpiente de parados en busca de trabajo insinuaban que el laborismo estaba pasado y no podía ofrecer trabajo a los británicos (lo cierto es que los que formaban aquella cola no eran parados sino actores) La idea se debió a un creativo de la luego conocida empresa publicitaria de los hermanos Saatchi. Después vendrían los ensayos y las construcciones más elaboradas, pero igualmente virtuales del llamado neoliberalismo que no era otra cosa que una recreación virtual de un liberalismo pasado que pretendidamente había hecho grande Inglaterra y que en realidad nunca existió como tal proyecto ideológico. Todo venía de la reconstrucción arbitraria de las ideas que procedían de muy atrás, del siglo XVIII, pero que ya no tenían juego, ni por supuesto vida real. Buena prueba de lo dicho es que Maurice Saatchi sería recompensado en 2005 con el título de barón. El éxito del proyecto cultural de los conservadores se acredita desde el momento en que el laborismo para recuperar el poder, acudió a los mismos modelos políticos sólo que orientados hacia el centro, que están presentes en las conocidas elucubraciones sobre los *cachat-party*. De lo que se trataba entonces, era de incluir a las clases medias desideologizadas en el proyecto que votaba laborista. Es Tonny Blair quien, apoyándose en un sociólogo como ANTHONY GIDDENS, construirá un modelo virtual de conciliación entre clases que la beligerancia thatcheriana parecía hacer imposible. Serán los tiempos de los *"spin doctor"* y de los líderes que sabían representar pero que no eran capaces de contar en sus libros de Memorias nada que en verdad le hubiera sucedido en su experiencia política. Por poner un ejemplo de lo que se pretende decir, cualquiera que lea las memorias de MARGARET THATCHER o de alguno de sus sucesores laboristas (particularmente BLAIR) o de los conservadores y las confronte con el *Informe personal* de HAROLD WILSON y sus predecesores como RICHARD CROSMAN que escribiría sus famosos *The Diaries of a Cabinet Minister: Minister of Housing* (1964), entenderá que se pretende decir aquí. Las memorias de THATCHER y BLAIR, son dos ejercicios de fingimiento muy probablemente escritos en parte por terceras personas a sueldo que desfiguran la realidad para ofrecer una imagen figurada que no dicen nada de lo que en realidad sucedió en una *"verità effettuale"* de la política que no es tal. En todo caso, es crucial dejar claro que tras esos proyectos hay sólo intereses y no ideología, ni por supuesto ideas nuevas. La simulación virtual que urdieron los Torys británicos en los años 70, no fue un nuevo proyecto intelectual con repuestas generales y omnicomprensivas propias del sistema ideológico de pensamiento, sino la negación misma de la ideología en favor de los intereses de un grupo reducidísimo o de una minoría que para conseguir sus objetivos precisaba estar vinculada férreamente al poder público. Intereses encubiertos - eso sí – por la lozana apariencia de recuperar viejas y buenas ideas de un pasado remoto (el "mercado", el "buen gobierno") o ingeniosas expresiones vacuas pero resonantes y mediáticamente atractivas ("soberanía del consumidor"). Lo mismo cabe repetir de todos los proyectos políticos que, salvando las distancias, desde la Italia de Berlusconi al México de Peña Nieto, se han fraguado al servicio de intereses y no de ninguna política, ni siquiera conservadora. No hay argumentos, no hay pensamiento, sólo intereses económicos, personales o de cualquier otro tipo que precisan del poder para florecer y prosperar. Pero en todo caso, lo importante es que ese modelo fue en buena medida durante la parte final de la Guerra Fría, un instrumento de batalla que marcó la ruptura del punto de equilibrio en el que hasta los años setenta estaba instalada la contienda capitalismo-socialismo, de manera que mientras los Estados Unidos perdían batalla tras batalla en los escenarios laterales donde se había desplazado el conflicto para evitar una confrontación directa que hubiera concluido en un conflicto que habría implicado el fin de la humanidad por la segura utilización de armas nucleares, los soviéticos se encontraban con que sus éxitos en Vietnam, Camboya, y con la revolución portuguesa no se correspondían con el creciente prestigio de la tecnología y los modos de vida occidentales que habían prendido en sus propias filas. El resultado ya lo conocemos: el derrumbe en 1989 de un ejército que fue derrotado sin disparar un solo tiro. Cuando todo acabó, el mundo virtual se había instalado firmemente y respondía en el mundo constitucional y participaba ya de otra cultura que también era cultura política.

última instancia, de transmutarla poco a poco en lo que Baudrillard definiría como una *"hiperrealidad"*, dónde - como en el viejo cuento de hadas - lo real es siempre ficción y la ficción se hace continuamente realidad.[8] En este sentido han bastado apenas las tres décadas transcurridas desde la conclusión de la eufemísticamente llamada Tercera Guerra Mundial, para poder avistar con claridad el abismo que venía asomando a través de las deshilachadas costuras de un Estado Constitucional corroído hasta las entrañas por el tremendo *decalage* que contraponía su praxis a los supuestos conformadores que debían servirle de referencia. Una distancia real, que se evidencia en síntomas tan alarmantes como: la clamorosa desconexión gobernantes-gobernados y su desenfrenada irresponsabilización democrática mal disfrazada a través del inútil recurso a una banal *"responsividad"* mediática,[9] la paulatina degradación de la fuerza dirigente de lo normativo en retórica vacua socialmente inefectiva salvo para generar ensoñaciones que proyectan *"fantasías"*,[10] la reinvención imaginaria de ejecutivos y gobiernos que re-interpretando vía realidad virtual sus cometidos constitucionales (o reconstruyéndolos virtualmente) pugnan obstinadamente por alcanzar un hiper-liderazgo desde el que imponerse y cabildear en la sociedad y el Estado,[11] la irrefrenable reconversión de los partidos que socializaban democráticamente la política en meros mecanismos jerárquicos de un acarreo clientelar que ha terminado contagiando a la antaño neutral burocracia; la escandalosa degeneración de la acción política en el menester profesional de una minoría insolidariamente entregada al monoteísta culto a la deidad Poder, la arrogación por la judicatura de funciones normativas privativas del Parlamento representativo que –a más de falsear el rol de la magistratura- introducen entropía en un sistema concebido en regla legicéntrica[12] o, y por sintetizarlo todo en un solo suceder, la sibilina suplantación

---

[8] BAUDRILLARD, Jean. *Simulacres et simulation*, Paris, 1981. (traducido al español en el libro *Cultura y simulacro*), BAUDRILLARD significativamente acude a la literatura para recordar un cuento de JORGE LUIS BORGES sobre un mapa, para construir su categoría. Ya hace tiempo el pensamiento constitucional se había planteado el tema. GIOVANNI SARTORI en *Homo videns: televisione e post-pensiero* (Roma-Bari, 1997) se formula la pregunta sobre si ver la tele realmente cambia la naturaleza humana. ¿Es la televisión realmente una herramienta antropogénica? No hay duda de que esto es así, pero en aquél momento lo que estaba en discusión era más la cultura televisiva que la recreación virtual de la realidad efectuada y organizada técnicamente como un sustituto de la ideología.

[9] Es mucho lo que se ha escrito al respecto, pero para obtener una referencia breve y clara conviene ver el ensayo de JUAN LINZ, "Algunas reflexiones precautorias y no ortodoxas sobre la democracia hoy" (Revista de Estudios Políticos, núm. 166, 2014). Y asimismo el clásico estudio de THOMPSON, *El escándalo político. Poder y visibilidad en la era de las medias* (2000).

[10] Ver por todos, LUCIANO VANDELLI, *Trastornos de las instituciones políticas* (2007). Más recientemente, Octavie Laroque: *Les lois symboliques. Une étude à partir du droit de la propriété littéraire et artistique*. París 2021.

[11] Frente a los tradicionales ejecutivos balanceados del régimen constitucional en el que, en función del modelo de división de poderes, existen contrapesos a un ejecutivo que tiene en sus manos los resortes del Estado, en los últimos tiempos aparecen hiperliderazgos que buscan reforzar la personalidad política situada en gobierno, desembarazándola de controles institucionales internos. El objetivo es conquistar el poder y su capacidad financiera para ponerlo a su propio servicio o del grupo por él representado. Lo importante no es ejercer la función gubernamental sino administrar el presupuesto clientelarmente. Berlusconi es un ejemplo muy claro de lo que quiere decirse que supone incluso vaciar la vieja administración de cuadros y llenarla de lo que algún autor llama "ñoquis" del italiano *"gnocchi"* (pasta hecha a base de papas que se rellenan de carne) y son una forma eufemística de referirse a personas nombradas en cargos públicos que no hacen otra cosa que percibir un sueldo y las prebendas del cargo, pero no prestan la función para la que en teoría fueron nombrados que por supuesto no se les exige, porque es sólo un encubrimiento – y de ahí el eufemismo - de la retribución que perciben. En el *spoils system* esta figura no tiene demasiados efectos negativos, pero en sistemas de burocracia consolidada como el francés lo destruye por completo.

[12] Decía Jean Bautrin, el personaje BALZAC tan ponderado por HERMAN HELLER: "Entonces ya no hay principios y tan sólo quedan los acontecimientos".

de la lógica de la política democrática por otra lógica del poder y la dominación[13] dramáticamente aniquiladora de lo que Thomas Paine llamaría *"Governmente by Society"*. Un deterioro que hasta fechas relativamente recientes parecía haber sido históricamente congelado y hasta exitosamente sustraído a la percepción de nuestra auto-conciencia colectiva, gracias a la sigilosa transformación de las ficciones que daban vida a la política y al gobierno constitucional, en una gigantesca colección de logradas réplicas virtuales -auténticas figuras de cartón piedra- escandalosamente huecas, donde ya nada era ni respondía realmente a lo que representaba o declaraba ser. Un escamoteo de substancias que, tal y como ha venido recordando John Pocock, resulta extremadamente difícil de detectar para la inteligencia consciente de los hombres (la que conforma nuestra idea de nosotros mismos y de nuestras relaciones en comunidad) porque el reiterado recurso a artificios e instrumentos virtuales insuflaba técnicamente en las instituciones replicadas un fulgurante resplandecer y una prestancia externa que les depara apariencia de ilusoria vitalidad y los perfiles de las auténticas realidades constitucionales, aunque ciertamente no se corresponda a la *veritá effettuale* del existir democrático.

En este orden de consideraciones, todo indica que la deshumanizada, y por tantos flancos invasiva, autosuficiencia del desarrollo tecnológico, ha contribuido a modo de émbolo de presión a desatar primero y propagar después, un fenomenal proceso de transformación cultural (en el que confluyen factores muy complejos) que a pesar de no haber sido gestado y promovido inicialmente en los anticipadores y dirigentes dominios de la política, ha traído consigo un drástico giro en el entendimiento y la práctica real de la democracia, insuficientemente comprendido y asumido por una *intelligentzia iuspublicista* que se resiste a digerir el impacto de las demoledoras implicaciones que lo nuevo comporta para lo constitucional.[14]

---

[13] Para decirlo en pocas palabras, la lógica del poder es enormemente simple y responde a tres o cuatro principios presididos por una sola regla: dominar. La Política, por el contrario, resulta enormemente compleja y tiene una sola regla: integrar, democrática o no democráticamente, a la sociedad en la Política. El secreto de la exitosa suplantación de la lógica de la Política democrática por la lógica del Poder estriba en que esta última no se presenta como tal sino que se ampara en los ropajes de una institucionalidad y una mecánica política previamente desustanciada y formalizada que mantiene una apariencia externa que no se corresponde con su vacío interno y que incluso resulta reforzada en su brillo, y por consiguiente en su capacidad de atracción o seducción por una técnica virtual que se pone en marcha justamente para paliar esta desvitalización. El resultado es doble: por un lado, el hombre político se ve fijado en su atención por algo que no es en realidad, la participación de todos en la Política (verdadera significación de la democracia), pero, por otro, los constantes cambios que inexorablemente se operan en la vida, y respecto de los cuales la vida democrática no representa una excepción, no pueden ser recogidos, interpretados y operados por unas instituciones y una dinámica política que porque los desconoce no puede afrontarlos por carecer de una radiografía real de la situación capaz de depararle los medios efectivos de hacerle frente. Se trata de un pez que muerde su cola.

[14] ALAIN, *El ciudadano contra los poderes*. Madrid 2017. El problema del intelectual en el momento presente es que también su figura resulta ser una creación ideológica y como tal atada a sus grandezas y miserias, que de alguna forma ha venido a intentar prolongar y dar continuidad en el tiempo al mundo de lo virtual. La grandeza y miseria de los intelectuales se manifiesta casi en su propio origen a raíz del Affaire Dreyfus cuando para defender la verdad asumen el papel colectivo como grupo de "sabios reconocidos". Esa función que se explica en el contexto del papel de la educación en la Francia de la III º República, pierde realidad cuando se traslada a un mundo universal en el que los intelectuales pretenden ser los portadores de unas verdades ideológicas que se ofrecen como afirmaciones inefables e inexorables. Eso es justamente lo que denuncia BENDA en su famoso libro *La Trahison des clercs* de 1927. El fin de la cultura ideológica también ha arrastrado consigo la figura del intelectual en el doble sentido, de portador de una ideología que muestra el inevitable camino al futuro, y de fuente incuestionable del saber que adoctrina más que enseña, que traslada verdades indiscutibles antes que prepara para razonar y discutir. Por eso en la Francia patria de los intelectuales, el *"maîtres á penser"* (GLUCKSMANN) ha dejado paso al *"eveilleur"* (SIRINELLI). Me he ocupado de este tema en el estudio de presentación de, ALAIN, *El ciudadano contra los poderes*. Madrid 2017.

Así las cosas, los datos concluyen señalando que ha llegado el instante de asumir que de repente y sin que hubiera mediado anuncio previo, el universo de lo constitucional se ha topado de bruces con los primeros brotes de un αρχή empírico que contiene en su ADN una idea rupturista de cómo concebir el escenario democrático, o frente a un inmenso ensayo –todavía por revalidar en términos de legitimidad (Teubner) -[15] de replanteamiento del *agire* democrático impuesto por el uso, y que en el ámbito de las instituciones constitucionales y su praxis cotidiana, opera recorriendo en un doble circuito simulativo-real y perceptivo-intelectual que se retroalimenta internamente. Por una parte, generando técnicamente desde la institución o el mecanismo constitucional desvitalizado que funge como prenda de la ficción virtual, una fantasía en forma de imagen susceptible de dar apariencia de autenticidad a algo que siendo mero *simulacro* -o réplica virtualmente fingida- atrapa nuestra mente con su ensoñación y disfraza lo que acontece en una realidad de la que se desentiende y de la que renuncia a ser contemporáneo. Se trata de una *"simulación"* técnico-virtual de la Constitución, que nubla la percepción de lo real a fuerza de suplantar un entendimiento de la política fundado en argumentos enmarcados en el tiempo existencial y reemplazarlo por otra comprensión puramente sensorial y emotiva ("del ojo", en lúcida expresión de Walter Benjamin),[16] que obra a través de impresiones figuradas y estáticas que son siempre estructuralmente fugaces, epistemológicamente elementales y apropiativamente individuales, y que no se compadecen con lo que sucede en la *veritá effettuale* de la política, que continúa viva y evolucionando según su propia dinámica. Es así como, de otra parte, la política que ha metamorfoseado su substancia -y emplea medios técnico-virtuales para presentar como realidad tangible lo que sólo es cartón-piedra artificialmente potenciado- transita en sus hechos por unos derroteros muy diferentes que escapan al conocimiento general y que se esfuerzan por desactivar uno a uno los distintos mecanismos de acción democrática aparentando inyectarles la fascinante y subyugadora fuerza vital que caracteriza a las recreaciones de la técnica virtual. De este modo, la *"hiperrealidad"* constitucional virtualmente replicada ahuyenta cualquier tentación *"intelectual"* y enerva todo proyecto de acción política que aspire a incidir sobre la efectiva realidad de la democracia. La *"veritá effettuale"* de la política se sirve de la petrificación de una institucionalidad constitucional tecnológicamente simulada e inerte y, por tanto, incapaz de responder verazmente a cualquier desafío real nuevo, para avanzar favoreciendo una concentración del poder que es el peor enemigo de la democracia. De este modo el simulacro institucional,

---

[15] Muy importante al respecto la reflexión de GÜNTHER TEUBNER en su libro *Constitutional Fragments: Societal Constitutionalism and Globalization* (2012) en el que explica muy bien qué significa fundamentar la legitimidad sobre lo que los financieros llaman derivados y que endosan la responsabilidad a un tercero que actúa como fuente de justificación, aunque en sí misma carezca de legitimidad alguna. Es lo que se llama acreditar, algo que forma parte del sistema que se está imponiendo en las universidades españolas y también colombianas, aunque bien es cierto de otra forma, y que tan grave daño está haciendo a nuestro saber. Dar por acreditada la posesión de un conocimiento científico sin que necesariamente exista un punto de partida inicial que suponga un examen sobre el fondo del saber, puede convertirse en un fraude en el que los diferentes responsables de verificar el conocimiento se endosan sucesivamente la responsabilidad sin que nadie responda ciertamente de otra cosa que de reconocer lo que los anteriores le atestiguan. La función de un poder público es verificar por sí mismo, nunca aceptar las verificaciones que otros le trasladan que supone algo así como renunciar a su capacidad de juzgar por sí mismo. Lo que antes se llamaba soberanía y ahora se conoce como capacidad autorreferencial.

[16] En su importantísimo trabajo *La obra de arte en la época de su reproductibilidad técnica*, traducción española, Madrid, 2008, pág. 12.

fruto de la ensoñación virtual inducida desde la tecnología, desvía la percepción de los problemas reales de la vida constitucional y desde su dominio de la imaginación, identifica fantasía con realidad permitiendo que los desafíos cotidianos de una *veritá effettuale* de la democracia totalmente des-institucionalizados, escapen a las posibilidades efectivas del hombre para dominar colectivamente una política que procede a liquidar el viejo postulado constitucional que asociaba publicidad a democracia.

No hacen al caso mayores disquisiciones. Conviene recordar solo, que una inteligencia tan lúcida como Maquiavelo, en los albores de la Modernidad, fue capaz de advertir de manera clara el exacto significado de esa disociación entre el pensamiento forjado como fantasía y un efectivo discurrir de la política que hoy hace particularmente factible la tecnología virtual, cuando describe en sus *Ghiribizzii* (ensoñaciones o fantasías) *al Soderini,* de 1506,[17] el dilema que entrampa a un hombre que preso de los límites que le impone su propia naturaleza, se muestra incapaz de acomodarse al cambio de planos que le reclama la siempre viva marcha de los acontecimientos y que, precisamente por ello, carece de la disposición intelectual necesaria para, recurriendo a la acción, dominar humanamente una realidad que está permanentemente mutando en términos colectivos y mostrando a cada instante una nueva faz. Entonces –advierte el genial florentino- es muy probable que la *"fantasía"* tome el relevo a los hechos construidos en clave colectiva (*"Fortuna"* o Historia), y que en su condición de fuerza creativa no racional inmanente en los hombres y por la que cada cual se ve compelido a completar una individualidad que forma parte de lo que al ser humano le otorga su propia personalidad, se torne fuente imaginativa de conducta "irreal" y proceda a reconvertir la acción política de los hombres en una pasividad resignada que dé al traste con cualquier posibilidad efectiva de un *"vivere civile"* basado en el obrar compartido y democrático del ser político colectivo. También Rousseau, en el séptimo paseo de sus testamentarias *Meditaciones de un paseante solitario* de (1777), alude a esta crucial dicotomía en las construcciones mentales, distinguiendo entre la *"rêverie"* que identifica con el *"ensueño"* (soñar despierto), la *"fabulación"* y el *"desvarío"* que sólo ven fantasía y que embelesándonos (*"ensimismándonos"* o *"encaprichándonos"*) con sus auto-construidas imágenes nos deparan un ocio individual intrascendente en la acción real, y aquella otra muy diferente forma

---

[17] MAQUIAVELO, El Príncipe, "Io credo che, come la Natura ha facto ad l'huomo diverso volto, così li habbi facto diverso ingegno et diversa fantasia. Da questo nascie che ciascuno secondo lo ingegno et fantasia sua si governa. Et perché da l'altro canto e tempi sono varii et li ordini delle cose sono diversi, ad colui succedono ad votum e suoi desiderii, et quello che è felice che riscontra el modo del procedere suo con el tempo, et quello per opposito, è infelice che si diversifica con le sue actioni da el tempo et da l'ordine delle cose. Donde può molto bene essere che dua, diversamente operando, habbino uno medesimo fine, perché ciascuno di loro può conformarsi con el riscontro suo, perché e' sono tanti ordini di cose quanti sono provincie et stati. Ma, perché e tempi et le cose universalmente et particularmente si mutano spesso, et li huomini non mutono le loro fantasie né e loro modi di procedere, adcade che uno ha un tempo buona fortuna e uno tempo trista. Et veramente, chi fussi tanto savio che conoscessi e tempi et l'ordine delle cose et adcomodassisi ad quelle, harebbe sempre buona fortuna o e' si guarderebbe sempre da la trista, et verrebbe ad essere vero che 'l savio comandassi alle stelle et a' fati. Ma, perché di questi savi non si truova, havendo li huomini prima la vista corta, et non potendo poi comandare alla natura loro, ne segue che la Fortuna varia et comanda ad li huomini, et tièglì sotto el giogo suo." En español, véase la Antología de Maquiavelo de Miguel Ángel GRANADA (Madrid 2002) pág 266 y ss También en el capítulo XVIII de *El Príncipe*, Maquiavelo dice que, "gli uomini in universali iudacano più alli occhi che alle mani". El sentido de esta afirmación hay que comprenderlo en el contexto en que está escrito este capítulo XVIII y sus alusiones a la naturaleza de los príncipes y a la debilidad de la comprensión humana y situarla en el contexto de la obra de Maquiavelo.

de *"pensamiento"* del hombre que se identifica con la *"meditación"* o *"reflexión"* activa, basada en el *"pensar"* que trabajosamente conduce a la acción o a la reflexión como labores que se alumbran en el existir colectivo y por las cuales nos encontramos mediatizados en un mundo que siempre es político.[18] La primera se define en pasiva y presupone un abandono del actuar humano, una renuncia *a priori* al hacer para ser; la segunda es activa y exige un esfuerzo intelectual enraizado en la realidad. La *"ensoñación"* nos paraliza haciéndonos creer operativos; la *"reflexión"* nos obliga a enfrentar un universo en el que debemos dominar o aceptar ser dominados por los antagonismos que la vida repetidamente suscita. La *"ensoñación"* nos aleja del tiempo real; el *"pensamiento"* nos hace sus contemporáneos y nos predispone a una acción que resuelve la realidad mientras nos batimos con ella. La una nos vence con su ilusión individual inundándonos con todo ese deleite y esa sensación de falsa dinámica que sólo es "ensueño" y "fantasía", y que nos envuelve haciéndonos creer que actuamos cuando en realidad sólo aceptamos pasivamente; la otra, nos fuerza a contrastar en la *"verità effectuale"* de las cosas lo que pensamos con lo que hacemos o pretendemos hacer y con aquello otro en lo que fracasamos. Una nos conduce a dejar pasar la vida "en-soñando" hacerla; otra nos aboca a procurar hacerla en el existir compartido, aunque seguramente no lo consigamos. Una nos "ensimisma" en una individualidad que "ensoñamos" en proyección colectiva; otra nos fuerza a rehacer permanentemente nuestro obrar distinguiendo democráticamente entre medios instrumentales y fines existenciales.

Cuando en un ordenamiento o régimen constitucional, la "ensoñación" (*"fantasía"*) toma el relevo al "pensar" (*"intelectual"*) consciente y "reflexivo", la democracia se acartona en unas formas institucionales que brillan desvitalizadas de sus componentes reales, alejando al hombre de su campo de acción político y reemplazándolo credencialmente por los artefactos que ofrece la tecnología artificial, que es justamente virtual. Es así como la ficción suplanta a la realidad política y, también, como la pérdida de sustancia de una Constitución nos sitúa ante la visión de una colección de réplicas institucionales virtualmente refiguradas, que continuamente nos están trasladando la impresión sensorial de encontrarnos inmersos en una existencia democrática que en realidad no es más que pura ilusión (*"simulación"*) fantástica, y que sutilmente nos aleja de cualquier forma de acción y apropiación colectiva de los asuntos que a todos afectan, y a la que apoyándonos en la acertada conceptualización que Ingolfur Blühdorn construye en su magnífico libro, podemos llamar *Democracia simulativa*.

En este sentido y procurando ahondar todavía un poco más en una comprensión real de nuestro argumento, es importante añadir que muy seguramente resulte posible localizar la primera gran plasmación histórica de un entendimiento de la política que –salvando las distancias– se aproxime y guarde cierto paralelismo con lo que acontece en nuestro incierto y virtual siglo XXI, remontándose a la Inglaterra de los tiempos iniciales de emergencia de la sociedad burguesa. Una experiencia histórica que por

---

[18] ROUSSEAU, *Meditaciones de un paseante solitario*, Madrid, 2017, pág. 101 y ss. Cito por la traducción: "Algunas veces he pensado con bastante profundidad; pero raramente con agrado casi siempre contra mi voluntad y como por fuerza; la fantasía me descansa y divierte, la reflexión me fatiga y me entristece; pensar fue siempre para mí una ocupación penosa y sin encanto. En ocasiones mis fantasías desembocan en la meditación, pero lo más frecuente es que mis meditaciones desemboquen en el universo con las alas de la imaginación, en el éxtasis que supera cualquier otro goce."

lo demás no coincide exactamente en su modo de gestación, estructura y manera de autocomprensión interna con lo que, según la magistral conceptualización de Koselleck, terminaría siendo la gran matriz teórica de la sociedad que irrumpirá pujantemente en la Francia y Alemania de los (siglos XVIII y comienzos del XIX), desde la acción de un Estado preexistente y acusadamente dirigente. Como advirtiera agudamente Otto Hintze en su crítica a *Economía y Sociedad* de Weber, los tipos ideales no siempre resultan trasladables de manera automática a las realidades históricas. Y es que, contradiciendo a Habermas, algo o mucho de todo esto puede repetirse tranquilamente en relación con la Inglaterra que surge tras la Revolución de 1640 y que dará pie a la *"sociedad especulativa"* –también llamada *"sociedad del Crédito"* o *"sociedad del Trade"*- que regirá en los años 1685 y siguientes, cuando los valores e instrumentos financieros desempeñaron el papel conductor que en buena medida hoy cabe reconocer a la tecnología que hace posible el mundo virtual. Con la fundamental diferencia, no obstante, de que aquellos medios y mecanismos financieros eran siempre heterónomos, instrumentales y mecánicamente operativos respecto de una realidad humana en sí misma dinámica y con soporte material en una expansión política que los gobernaba, en tanto que, por el contrario, la tecnología actual tiende a ser auto-referencial y a generar realidades e instituciones petrificadas que ilusionan al pensamiento con ensoñaciones virtuales y que nos deparan impresiones sensoriales, confundiéndonos (*"enfabulándonos"*) en la percepción de una realidad que se autonomiza del obrar humano y en la cual, la acción y la reflexión de nuestras conciencias –nuestro saber consciente y nuestro obrar colectivo-, no llega a ser, ni a conseguir emprender nada.

Los autores que han estudiado aquel tiempo (Caroline Robbins el primero y más recientemente Paul Lanford y Julian Hoppit)[19] nos han narrado con detalle cómo la bolsa de valores y el comercio transatlántico iniciaron la fabulosa cadena que propició la irrupción de una estatalidad soportada en nuevos mecanismos o figuras institucionales -o en viejas completamente reformuladas- del estilo del Parlamento y su fundamento representativo, el *"Prime Minister"* (por entonces *the First Lord of the Treasury*) o los ejércitos profesionales permanentes,[20] y que aumentó el peso de las relaciones sociales

---

[19] Especialmente importantes al respecto son los trabajos de JULIAN HOPITT. Ver tanto, *A land of liberty? England 1689-1727*, Oxford 2000, como *Britain's political economies: Parliament and economic life, 1660-1800*. 2017. No es una casualidad que uno de los problemas que interesan a la actualmente más representativa crítica histórica tengan que ver con la importancia de la deuda en los procesos de que desembocaron en las revoluciones burguesas (tanto en Gran Bretaña, donde Lord North pretendió extender los impuestos a los colonos americanos no representados en el Parlamento, como en Francia, donde los Estados Generales fueron llamados por un rey que no sabía de donde obtener recursos financieros). Un buen ejemplo al respecto en el libro de MICHEL SONENSCHER, *Before the Deluge. Public Debt, inequality, and the intellectual origins of the Frenche Revolution*. Pricenton, 2007.

[20] Significativamente el actual *Prime minister* británico se llama todavía hoy *First Lord of The Trausury*. Como las palabras conservan habitualmente las huellas de sus raíces, el cargo hace referencia a la aparición de la figura de un cabeza del ejecutivo que se separa y diferencia del monarca básicamente en base a su responsabilidad ante el Parlamento. El proceso resulta enormemente ilustrativo de lo que sucedió en Inglaterra, a partir de 1697, Reino Unido, a resultas de la irrupción de la sociedad especulativa basada en el dinero y en el crédito. El líder del ejecutivo buscaba naturalmente afirmarse en su débil posición institucional inicial, acudiendo al Parlamento para contrabalancear la capacidad del rey de deponerle a su antojo. Ahora bien, para evitar incurrir en un contrapeso mayor como el que suponía pasar a depender de las dos Cámaras del Parlamento, la mejor opción era tener dominado el Parlamento y para ello bastaba la *"influence"*, es decir la alianza con los diferentes grupos de intereses presentes en la alta Cámara y desde ella –ya que los Lores eran dueños directos o indirectos de muchos (aproximadamente un tercio) de los escaños de los Comunes por su condición de *Lands Lords*– nada

por vía de la influencia de mecanismos como el *"placemann"* y que –en última instancia– terminaría abriendo definitivo camino a una forma de pensar construida en torno a las Ideologías, que –tal y como explicaba Judith Shklar–[21] resultarían ser el sucesor histórico en el pensamiento occidental de unas utopías que culminaran en la obra de Jean Jacques Rousseau. Un mundo utópico que hoy, una vez hechas añicos las elucubraciones conceptuales que se sustentaban en las ideologías, lanza su postrero canto del cisne, rebrotando sorpresivamente en un lamento declaradamente pesimista preñado de malos augurios y de premoniciones catastróficas para el inmediato presente, que se verbaliza en términos y concepto del estilo de distopía, atopía, heteropía o ucronía. Expresiones de un malestar posmoderno que no tiene en las obsoletas y desmochadas ideologías vía de canalización intelectual apropiada para encajar la protesta ante los acontecimientos de una realidad que no solo no domina el hombre, sino que incluso parece no pertenecer a lo humano.

Reveladoras son pues, las implicaciones de este giro acusadamente rupturista en el discurrir de la historia del pensamiento, que viene marcado por el tránsito y la sustitución o, mejor dicho - en la medida en que no incorpora ideas, ni figuras o instituciones nuevas y se sirve de las preexistentes- por una suplantación del pensamiento ideológico por otro tipo de pensamiento virtual que resulta ser un pensamiento tecnológicamente figurado ("fantasiado") y en realidad espurio y que conduce y se traduce en un auténtico "no-pensamiento". Pero llegados a este punto y sin perjuicio de lo que más adelante se pueda decir al respecto procede a continuación disponerse a dar un salto lógico hasta nuestro inmediato presente para señalar que hoy, en el año 2020, la política y las instituciones democráticas virtualmente replicadas por la tecnología -como ya se dijo- se están demostrando incapaces de situarse a la altura de los acontecimientos que se suceden vertiginosamente en la *"veritá effettuale"* de las cosas de la política, y que en buena medida encuentran expresión intelectual en las referidas distopías. Ello acontece muy especialmente en los casos en que esas situaciones tienen lugar en sociedades democráticas virtualizadas, integradas por ciudadanías pasivas, entregadas al ocio y a la sensibilidad, y cada vez más desarmadas para hacer frente a un mal llamado populismo que ciertamente no es más ni representa otra cosa, que la vieja demagogia de Aristóteles revivida. En este sentido, basta echar una ojeada alrededor para comprobar que cualquier movimiento o líder político que se atreva a levantar la bandera de la demagogia, sea de derecha o izquierda, encuentra automática acogida en el cuerpo electoral o en las calles de las principales capitales sin que –y aquí reside el motivo de la alarma que cunde sin cesar– unas instituciones constitucionales acusadamente virtualizadas, se muestren en condiciones de comprender y consecuentemente de protagonizar y encauzar con su acción política una respuesta que racionalice en términos democráticos cuanto de necesidad real pueda haber en sus frecuentemente ilusas aspiraciones.

---

había de difícil en comprar con dádivas una mayoría suficiente para que la teórica dependencia de la Cámara se viera proyectada en la realidad como una relación inversa en que era la Cámara la que dependía de (la Bolsa) del *First Lord* que repartía ese botín que ahora llamamos presupuesto. A cambio, el sistema obtenía legitimidad (una legitimidad de la que estaban excluidos quienes como los colonos de Virginia o Nueva Inglaterra no estaban representados en el Parlamento) y que consistía en repartir dinero de manera que el Parlamento era una verdadera instancia de *Legitimidad up out* y no una cámara legislativa que compitiera con la jurisdicción de *Common Law*.

[21] JUDITH N. SHKLAR, *Men and Citizens: A Study of Rousseau's Social Theory*, 1971.

En este sentido, es cierto que existen notables diferencias entre las situaciones específicas de todos esos regímenes políticos y que resulta imposible articular una categorización susceptible de explicar lo que está sucediendo en el conjunto de las democracias constitucionales. Pero también lo es que yerran quienes afirman que estamos presenciando la amenaza de un simple retorno al fascismo o el reverdecer de un neo-marxismo curado de sus más groseros errores. Como advirtiera Carl Marx en *El 18 de Brumario de Luis Bonaparte*, la historia nunca se repite dos veces y cuando parece hacerlo, la primera es como tragedia y la segunda como comedia. Y esto es predicable tanto de la ideología neo-marxista, como del populismo rampante que desde los postulados de la vieja derecha totalitaria se propone construir en Europa o en América un discurso político soportado en lo negativo y en la protesta xenófoba, el odio y la culpabilización dolosa de todo lo foráneo. Ambos proyectos ideológicos se encuentran indefectiblemente superados, y desde ellos solo una cosa parece cierta: la democracia constitucional está siendo sistemáticamente cuestionada en la actualidad por la fractura de imponentes dimensiones que separa una mecánica de gobierno del pueblo - *"hiperrealmente"* reconstruido por la técnica virtual - de un ejercicio real del poder en el que nadie sabe a ciencia cierta quién está tomando las decisiones que efectivamente dirigen nuestras vidas. Una fractura que los vertiginosos instrumentos virtuales y los revolucionarios medios de la imagen, se esfuerzan en colmar a partir de recreaciones de la fantasía (*"fancy"*) y de ficciones que rayan y, las más de las veces, resultan ser puras simulaciones, y cuya única solución positiva estriba en una veracidad democrática soportada desde los viejos hallazgos intelectuales que en un pasado todavía vivo hicieron la esencia del humanismo cívico.

3.1 La noción de *"Democracia simulativa"* de Ingolfur Blühdorn y sus aporías lógicas

De lo hasta ahora expuesto se desprende que nos alejamos, aunque sea de modo parcial y calculado, del tenor exacto del concepto de *"Democracia simulativa"* tal y como lo ha sintetizado con talento Ingolfurd Blühdorn en el libro que ahora se comenta. Lo que no significa repudiar, ni por supuesto negar, la definición en sí, sino más bien todo lo contario, aceptarla, hacerlo propia y felicitarse por el "hallazgo" intelectual que incorpora, así como reconocer que su puesta en uso permite abordar de manera plástica el estudio de la realidad de nuestro momento constitucional desde una conceptualización lúcida y analíticamente enriquecedora. Y precisamente, de aquí procede la razón que ha impulsado la traducción de este libro, que no encierra más ambición que poner al alcance de la *iuspublicística* que escribe y piensa en español, la posibilidad de conocer directamente el trabajo que ha imaginado la categoría de *"Democracia simulativa"*, para que una vez asimilada y admitida su utilidad como definición crucial para la comprensión intelectual de la situación por la que atraviesa la Democracia Constitucional, pueda ser invocado operativa e instrumentalmente en el enfoque de los problemas y desafíos que inundan las realidades constitucionales del presente. Así pues, para no desviarnos de los objetivos previstos, y si –como es el caso– admitimos sustancialmente la categoría de *"Democracia simulativa"* como premisa de nuestro propio razonamiento, lo que procede es señalar las aporías en que eventualmente pudiera haber incurrido Blühdorn al formularla, sin que ello impida su aceptación como *topos* referenciales básico para el estudio de la realidad constitucional de nuestro inmediato presente. De este modo, remarcamos tres acotaciones que responden a otras tantas puntualizaciones a la muy potente y sugestiva idea de *"Democracia Simulativa"* que Bhüldorn construye de manera tan original. En primer lugar, resulta obligado detenerse a revisar las consecuencias de esta categoría como concepto superador de las estériles querellas que agitan el estado del arte de la "fisiopatología" de la Democracia de los Modernos y que en alguna medida explican la parálisis creativa que atenaza a la doctrina constitucionalista, compensada por el desbordante "activismo" asumido por los Tribunales Constitucionales en las últimas décadas. En segundo lugar, la consideración se dirige a las dudas que cabría albergar acerca de si el pensamiento virtual que nos anega es un auténtico pensamiento o más bien resulta ser un a-pensamiento, o un mero subterfugio para proscribir de manera indirecta toda reflexión intelectual, justamente cuando más la necesitamos, cuando la realidad discurre por derroteros que niegan las premisas que hacían humana nuestra existencia y democrática nuestra convivencia. En tercer lugar, asalta la duda de si no estaremos asistiendo a una fase particularmente des-estructuradora de los problemas democráticos en la que aparecen simultáneamente entremezclados elementos procedentes del viejo mundo ideológico y supuestos provenientes de la naciente cultura virtual, que se disputan la atracción de nuestras conciencias en medio de una generalizada confusión en la que la Constitución político-real se superpone y se ve forzada a convivir con la Constitución virtual, algo que, sin dejar de suponer un terrible dislate, también abre enormes posibilidades a las propuestas de redefinición de la política democrática que ambicionando subordinar la técnica al servicio del hombre, buscan recuperar el objetivo que siempre inspiró la democracia y al que se refería John Dunn cuando la definía como un largo e inacabado viaje: una continua marcha en pos de los procedimientos que permiten hacer efectiva la implicación de todos en Política.

A este respecto y comenzando por lo primero, conviene advertir que el enjuiciamiento positivo de las bondades pacificadoras de la idea de *"Democracia simulativa"* (que el propio Blühdorn efectúa sin rubor) obedece con total seguridad a una clara y premeditada estrategia argumentativa del autor dirigida a evitar las trampas problemáticas y a neutralizar las interminables querellas que hoy enfangan a la doctrina política y constitucional y atenazan su capacidad de construcción intelectual. Una fórmula que permite dejar expedito el camino para que Blühdorn pueda articular su razonamiento desde un término pacífico y léxico-descriptivo que se muestra como una categoría exactamente inversa de lo que representa y supone un "concepto de combate" o un "concepto político polémico", y cuyo principal mérito no consiste por consiguiente en polemizar, sino en dejar atrás la polémica, en quedar al margen y fuera de la discusión mediante el socorrido recurso de aparcarla, de rodearla, de ignorarla y en resumidas cuentas, de superarla. Lo que lleva a Blühdorn a presentar como secundario lo principal, para poder centrarse en el estudio de los problemas tangibles que afectan a sectores concretos de la actividad pública.

Desde este proceder, Blühdorn llega a la definición de *"Democracia simulativa"* más como el punto de partida lógico y neutralizador que prescinde de toda una serie de querellas o trampas conceptuales tenidas por irresolubles, que como resultante final de una batalla doctrinal decidida en torno a la naturaleza de nuestra democracia y a los males que la aquejan, llámense estos, *pos*terioridad cronológica, crisis, desfallecimiento, debilidad, degradación, decadencia, baja calidad, falta de intensidad o incluso corrupción. La *"Democracia simulativa"* se nos antoja pues, más como comienzo de un ciclo, que como el punto final o el término conclusivo de otro. Más como premisa resuelta que como solución a una contienda por resolver, que puede quedar lógicamente aplazada porque por el momento no tiene nada que decir ni que aportar, a la resolución definitiva de los problemas que se suceden en la *"veritá effettuale"* de la política democrática. Problemas que están directamente relacionados con la movilidad, el medio ambiente, las infraestructuras, el saneamiento, los residuos, el agua, los recursos escasos, la contaminación nuclear o, y en definitiva con las grandes cuestiones que inquietan a la sociedad actual y respecto de alguna de los cuales Bhüldorn es un exponente de primer orden por sus importantes trabajos en materia de sostenibilidad ambiental.

Y es que el objetivo principal del autor alemán consiste en impartir esperanza en un mundo atormentado y aparentemente desbordado por los desafíos que amenazan su supervivencia y que tienen expresión en las distopías o ucronías que florecen por doquier en estas últimas desoladoras décadas. Y todo ello se explica desde la convicción de que hace gala Blühdorn, según la cual la modernidad ha llegado a un punto de no retorno en que al hacerse posmoderna requiere constatar lo existente y no cuestionarlo. Un posicionamiento que contraviene la opción de quienes arremeten sin ambages contra la viabilidad teórica de nuestra actual Democracia, olvidando proponer soluciones y dejándonos reducidos a la obligación de problematizar sin comprometerse en la tarea de articular respuestas tangibles a cuestiones concretas. Se trata de un posicionamiento que lleva a Blühdorn a admitir lo existente en el plano de los supuestos de principio, para pasar inmediatamente a examinar las soluciones tangibles desde las que es posible intentar remediar los males concretos o al menos, si eso no fuera así, encontrar planteamientos que no se vean perturbados desde una contemplación negativa que desarme *a priori* cualquier iniciativa constructiva en condiciones de ofrecerse en cada particular ámbito de la actividad del derecho público. Es obvio que semejante planteamiento incurre en el evidente riesgo de desconectar la solución de los problemas de la praxis de la misma idea democrática. Pero no cabe duda de que, la democracia precisa resolver asuntos reales implicando al conjunto del ser social en los retos concretos que afectan a nuestro existir colectivo. La democracia no solo es una teoría, antes que nada es una realidad que se hace real en la misma tangibilidad de los problemas cotidianos. Y eso nos llevaría a ver y a considerar sector por sector, cómo se construye la acción del Estado y cuál es la posición de la sociedad.

Pero más allá de esto, y por lo que hace a la segunda de las objeciones a la construcción de Bühldorn, es obligado señalar que con la *"simulación de la democracia"* no se pretende aludir en ningún caso a la diferencia que media entre una especulación teórica y su presunta inejecución práctica -el recurrente problema que obsesionó al pensamiento ideológico marxista del siglo XIX y que tuvo su correlato en el derecho constitucional del XX en la distinción entre normatividad y normalidad- antes bien a la pérdida de identidad y al vaciamiento esencial que sufren unas instituciones constitucionales que, como ya se dijo, tras los acontecimientos de 1989, subsisten en muchos casos gracias a su reconstrucción virtual como estructuras sin materia, como réplicas orgánicas dotadas de apariencia figurada, idóneas para atrapar nuestros sentidos pero absolutamente incapaces de desarrollar las funciones y los efectivos cometidos democráticos que en origen determinaron su existencia, por mucho que virtualmente consigan aparentar lo contrario y por mucho que resulten capaces de obtener el acatamiento pasivo de quienes deberían ser sus dominadores activos.

Dicho de otro modo, la contradicción que opone al contenido sustancial que naturalmente debiera informar la existencia y el funcionamiento normal de las instituciones democráticas y su manejo práctico-real en la vida constitucional, una vez han recibido la ilusión reconstituyente y el peculiar estímulo de la fantasía y la magia sensorial que emanan de lo virtual, no guarda ninguna relación con aquel conflicto entre conciencia y realidad que Marx describiera con legendaria claridad en la *Ideología alemana* y en otros de sus escritos juveniles. No se trata, por consiguiente, de un supuesto clásico de falsa conciencia. No estamos ante un caso en que lo real quede oculto a la percepción del consciente humano por una superestructura de lazos encubridores de otra estructura de clases organizada según dicta la forma de producción dominante. La enajenación de la conciencia humana, si es que se la puede llamar así, procede en esta ocasión del falseamiento que produce una técnica que sustituye al hombre creando una *"hiperrealidad"*, pero que lo hace a-intelectualmente, es decir, introduciendo un artificio replicante que ofrece como resultado una realidad compuesta de dos caras superpuestas que se integran con desigual función en un único cuerpo. Y es que si por arriba, aparece una cara resplandeciente y brillante, que invita fantasiosamente a ensoñarse en la irrealidad política, por debajo, subsiste otra opaca y obscurecedora, que nubla todo lo que realmente acontece en la vida real. Un espejo doble que, por la parte, el anverso refleja una realidad que no existe pero que reviste apariencia de hiperrealidad fantaseada y que atrae a los hombres que la contemplan ensimismados, mientras por otra, en el reverso, permite que discurran ocultamente los acontecimientos de una acción política, con frecuencia inconfesable, que nada tiene que ver con la fantasía democrática a que induce a creer el espejismo virtual que la permite y ampara. Y conviene reiterar y dejar muy claro esta última aseveración, porque prueba que con la categoría de *"simulativo"*, Bühldorn, no pretende reproducir las críticas sobre la enajenación que proceden de la ideología marxista, sino aludir a la distinción entre la realidad virtual y no real, y aquella otra que corresponde a la *"veritá effettuale"* de las cosas. A la dicotomía que contrapone lo que efectivamente está pasando, aquello que se fabrica como artificio político-virtual. A la dualidad que discierne entre la realidad tangible que se va forjando cada día desde la acción y el pensamiento reflexivo, de aquello otro que se inventa en los laboratorios de ideas. Y es que aquello que es real y potencialmente posible si se realiza efectivamente con la intervención humana, es algo muy diferente de aquello otro que la técnica virtual crea como realidad no real y que por ello no tiene existencia en la realidad que sólo puede corresponder a los hechos.

Lo virtual y esta palabra resulta crucial en el actual momento posmoderno, porque es el modo de denominar una elucubración fantasiosa que viene apoyada en los artificios que embaucan la mente, convirtiendo la reflexión en pura y simple ensoñación cuando no se ve soportada en un *"substratum in the actual"*. Algo que como intuyera premonitoriamente la gran inteligencia de Edmund Burke en su crucial *Letter to Sir Hercules Langrishe*[22] de 1792, comporta además de una suplantación disimulada, el propósito consciente de cercenar el pensamiento, de hacerlo no solo irreal o no real, sino de impedir su existencia como tal pensamiento creativo. Esta es la verdadera dimensión de lo virtual en el momento actual, ya que lejos de constituir solo una forma de no-pensamiento enclavada en un momento específico concreto, va bastante más allá de frenar la reflexión momentáneamente y de vincularla a un factor fijo, en la medida en que termina inhibiendo la propia función de pensar que acaba tornándose perfectamente prescindible. Y eso quiere decir que una construcción virtual de la realidad al simular la realidad, determina que el pensamiento se transforme en una imagen estática que disociada de la evolución de las cosas de la realidad, aniquila cualquier forma auténtica de pensar a fuerza de esterilizarla, de tornarla incapaz de adaptarse al cambio para dejarla atada, fijada sólidamente a un simulacro que, más allá de convertirla en una parodia, la desconecta de todo lo que sucede y le impide pensar y en consecuencia crear intelectivamente. Que sustituye pensamiento por ensoñación, razón por fantasía, inteligencia por imagen, acción política por disfrute, ser efectivo por imaginado. La democracia se transforma de una realidad en una ilusión; de una acción en una fabulación; de un hecho tangible en una asunción virtual; de un quehacer político en constante vigilancia como quería Alain, en un sueño plebiscitario que no dice nada, aunque pretende poderlo todo, como bien puede ser predicado de los intentos de recuperar unas instituciones de democracia directa que –a mayores– como tales nunca existieron en la Democracia constitucional.

Pero y mucho más allá de todo esto, lo expuesto pretende dejar zanjado rotundamente que lo virtual no solo no es una forma de pensar más, como lo fue la ideológica, lo utópico y lo está siendo hoy en día la anti o contra-utopía, sino que es exactamente su contrario. Más aún todavía, es su perfecta negación misma, porque allí donde se impone lo virtual el pensamiento salta pulverizado como posibilidad existencial. Muerto de manera inexorable el pensamiento ideológico, lo virtual puede ser un instrumento útil en una creación intelectual a la que auxilie y no aspire a sustituir en cuanto pensamiento por la ensoñación, pero cuando se invierte la relación y lo tecnológico-virtual pasa a convertirse de objeto de dominio en sujeto dominador, el pensamiento se transforma en una entelequia que vaga sin norte en un mundo de espectros y reliquias.

Entendido de este modo, lo *simulativo* o el *simulacro*, se convierte en el refugio al que se acoge un pensamiento virtual que no solo es figurado, sino que resulta demoledor y definitivamente aniquilador de la propia necesidad de pensar. Algo que desarma la inteligencia humana frente a un mundo que a pesar de todo sigue cambiando y renovándose. Por eso, en aquellos escenarios políticos donde el pensamiento virtual ha sustituido a la reflexión intelectual, el resultado ha sido muy pronto un enorme vacío, un páramo desierto y desolado en el que no es posible pensar, en el que no hay ideas que ofrecer a lo que de repente acontece y en el que nadie es capaz de comprender lo que es nuevo y carece de registro precedente. Tras lo virtual no queda nada, apenas una tierra arada con sal en la que la funesta manía de pensar ha sido sustituida por imágenes

---

[22] EDMUND BURKE afirma en su famosa *Letter. The Writings and Speches of Edmund Burke*, vol. II, pág. 601 y ss.

risueñas, por propuestas vanas, por reiteradas exhibiciones de personajes hueros pero alegres y bien presentados y convenientemente disfrazados, por ensoñaciones programáticas y continuas llamadas a objetivos fútiles y hasta infantiles, relacionados con los hábitos de consumo, con los sentimientos, con las alegrías, con la felicidad misma. En la que las instituciones son tan solo apariencia y emanación de un bien hacer que no tiene porqué concretarse en hechos tangibles. En la que lo intelectual no existe, carece de sentido y en definitiva es perfectamente prescindible si puede ser reemplazado por lo virtual que no es otra cosa que una forma adulterada y bastarda de pensar. Por eso la *"Democracia simulativa"* es una categoría que delata una cristalización política perversa, incompatible con la creación intelectual -a la que expulsa a empellones de la realidad política como si se tratara de falsa moneda- y negadora del gobierno de un pueblo al que le arrebata la capacidad de conocer críticamente, de pensar con la razón, de afrontar intelectualmente los hechos, es decir, conociendo -y respetando- el nombre que las cosas tienen en razón a su sustancia.

Frente a la tesis de su neutralidad cognoscitiva, la categorización de Bühldorn resulta útil y al mismo tiempo insuficiente, porque deja atrás una bomba de relojería en condiciones potenciales de estallar en cualquier momento y de convertir la democracia en un montón de lemas huecos prefabricados por *thinks tanks*, *spin doctors*, agencias de *marketing* internacionales, proveedores de imágenes, encuestadores y pseudo-científicos cuantitativos... que construyen (*"fantasean"*) el porvenir afirmando averiguarlo. Algo que sirvió en su día para que nombres como *Saatchi & Saatchi* pasaran a ser ejemplo universal de cómo ordenar la política allí donde la democracia consistía en dejar de pensar para pasar a ensoñar, a fantasear, a imaginar irrealmente. Donde la Constitución era poco menos que un referente a invocar desde la técnica jurídica y no una lealtad sustancial a la que acatar por encima de la mera legalidad. Dónde, en definitiva, el hombre ha dejado de ser ciudadano creyendo vanamente haberse convertido en un individuo libre que puede ejercer plenamente su soberanía decidiendo simple e individualmente lo que le ofrece su imaginación o lo que la técnica de los que la definen ha puesto fantásticamente ante sus ojos.

Y es que, más allá de lo que explica Bühldorn y también de lo que sostiene Baudrillard –su inspirador-, lo *simulativo* no solo significa fabricar una *hiperrealidad* democrática que se alimenta de ilusión y de pasividad humana, sino que también implica claramente romper cualquier vínculo que pueda conectar a esa réplica *simulada* con la auténtica realidad, que continúa evolucionando según su propio curso y que siempre va más allá del modelo temporal real que en origen sirvió de referente a la *hiperreal* replicada. Una réplica, en suma, que en la medida en que carece de auténtica realidad resta inevitablemente petrificada. La *simulación* supone, en resumidas cuentas, un intento, necesariamente fracasado de antemano, de frenar el cambio en la vida de los hombres y, como tal, significa asimismo que la completa totalidad de su *"fantasía"* se encontrará siempre forzosamente llamada a perecer cuando la nueva realidad ocupe el lugar de la que anteriormente se sirviera para levantar su particular *simulacro*. Se entiende así, pues, la enorme complicación en que se hallará inmersa una democracia constitucional que aspira a ser verdadera y que no pudiendo valerse de ninguna réplica *simulativa*, deba enfrentarse sola a su propia realidad y desde ella, procurar dar respuesta a los desafíos de una vida democrática en continuo movimiento con los únicos instrumentos que tiene a su alcance: la razón colectiva construida en el diálogo veraz y la participación activa y consensuada de todos en una política también igualmente veraz.

Y todo esto nos sitúa ante la tercera nota a que aludíamos en un principio y a la que, a mi entender, tampoco presta Bühldorn la atención que merece. Se trata de que en la marcha real de los acontecimientos conviven habitualmente entremezcladas réplicas *hiperreales* con modelos reales, elementos parcialmente virtuales con realidades institucionales auténticamente operativas en clave de su funcionalidad natural, la fantasía imaginada con lo objetivamente verdadero, de manera que muchas veces resulta difícil y hasta prácticamente imposible, discernir lo cierto de lo recreado, la ilusión y lo fantástico de lo efectivamente existente, el sueño de la verdad, lo que existe realmente de lo que ha fabricado la técnica, lo que perciben los sentidos de aquel juicio que construye la razón. Y es que en la vida (como en el mundo de la química que solo conoce los elementos y fórmulas puras en los laboratorios de los científicos y no en la realidad de la naturaleza) no caben los tipos puros, solo hay supuestos tangibles integrados por elementos provenientes de muchas procedencias que tendencialmente apuntan con preferencia hacia lo real o hacia lo virtualmente fabricado y eso genera un extraordinario nivel de confusión en el que lo virtual termina prevaleciendo por su enorme capacidad de fabricar en el hombre la sensación de haber alcanzado lo que no tiene y sin embargo codicia; de sentir un disfrute pleno que en realidad no existe. Apariencia y *simulacro* frente a la realidad efectiva de las cosas - veracidad contra apariencia-, es un conflicto en el que las instituciones constitucionales presionadas por la exigencia de mostrar realizaciones concretas tienen siempre más fácil optar por la réplica que por la veracidad, aunque la veracidad sea la única solución democrática que permita decir no a una exigencia imposible de un sector social.

En semejante contexto, solo una toma de conciencia colectiva respecto de cuáles puedan ser aquellas exigencias de la realidad que hagan viables las reformas que la institucionalización constitucional requiere para recuperar una identidad democrática real y en la medida de lo posible plena, permitirá romper el circuito que deriva de una *hiperrealidad* fabricada y servirá para instar al Estado Constitucional a cumplir con sus funciones con efectividad democrática, tal y como fueron concebidas en términos originales. Además, ello supondría romper con la *simulación* generalizada que está lastrando gravemente nuestra democracia, sembrando confusión en la sociedad e impidiendo que se reconstruyan los fundamentos de algo que inicialmente respondió a una identidad real, posibilitando paralelamente el surgimiento de nuevos mecanismos alternativos que hagan real el autogobierno de la propia sociedad.

Pero no se trata de formular aquí una nueva teorización sobre los problemas de la democracia, sino de resaltar la utilidad de una categoría instrumental como la *"Democracia simulativa"* para afrontar los problemas contemporáneos de la democracia. Y antes de ir más allá y de optar definitivamente entre desgranar o rechazar los razonamientos de Ingolfur Bülhdorn, convendría despejar la cuestión que desde hace más de dos lustros flota en el ambiente y que nos obliga a dar cuenta urgente de una coyuntura caracterizada por el hecho de que la *simulación* haya chocado finalmente con la realidad.

3.2 La crisis financiera de 2008 y la pandemia de 2020: los letales efectos de dos meteoritos que han impactado nuestra existencia. Individuo, Tiempo y Lenguaje en su circunstancia de presente

Para responder a estas cuestiones de la manera más elocuente posible, tal vez fuera útil apelar a una metáfora fácilmente inteligible desde los parámetros criterios de la comunicación virtual imperantes en nuestro momento cultural, abriendo un paréntesis y ensoñando que en 2008, el espacio arrojó contra el universo de las democracias constitucionales un gigantesco meteorito envuelto en fuego que chocó estrepitosamente contra nuestro planeta, y cuyo golpe fue seguido de una ola de convulsiones y catastróficos incendios que -en forma de crisis financiera-[23] colapsaron y en buena medida consiguieron arruinar las condiciones ambientales que daban vida (económica) a las criaturas que poblaban la Tierra y articulaban su relación mutua. Una catástrofe que afectó letalmente a los enormes dinosaurios que (al igual que los actuales colosos financieros) lastrados por el enorme peso de sus anteriores éxitos, sufrían paralizados con su mastodóntica envergadura que les impedía abandonar ágilmente las confortables posiciones que ocupaban, y escapar raudos a los gases tóxicos que envenenaban su atmosfera, y que privándoles de alimento amenazaba con dejar expedito su nicho existencial a otras especies. Además, y por si todo ello no hubiera sido suficiente, en 2020 por segunda vez, cuando la situación todavía no se había superado y los grandes saurios aun luchaban por evitar su extinción, otro segundo enorme meteorito – está vez en forma de pandemia sanitaria - volvió a castigar la Tierra poniendo en peligro la salud y el orden colectivo de sus habitantes (la sociabilidad y la supervivencia humana y productiva), demostrando que -como advirtiera Ulrich Beck-[24] los riesgos catastróficos eran una constante estructural periódica en un mundo altamente tecnificado, pero incapaz de organizar políticamente los enormes recursos que su avanzada ciencia le ofrecía para garantizar la propia supervivencia y hacer frente así a los desafíos que los artificios de los seres vivos o la irritada naturaleza, siempre estaban prestas a desatar en cualquier instante.

Evidentemente no se trata de construir aquí una de las distopías que tanto abundan en el tiempo de las pos-ideologías, que es también la época de los grandes Estados Constitucionales articulados desde una *hiperrealidad* institucional que presenta como realidad lo que únicamente es una réplica y un coloso artificial, virtualmente fabricado. Por mucho que autores claves de la generación precedente se hayan servido de esa forma negativa de pensamiento para referenciar sus elucubraciones constitucionales, no puede ser esta la opción adecuada para construir una reflexión sobre lo que está sucediendo en un momento en que pese a ignorar los riesgos que están por venir, si sabemos a ciencia cierta que existen y que son reales porque la vida humana es contingente y perecedera. Pero en cambio, su invocación si puede permitir lanzar una hipótesis que invirtiendo los términos de la narración atribuya a los hombres y más concretamente a su desconocimiento del significado último de lo que supone la democracia, la

---

[23] ALBERTO FEBBRAJO; POUL KJAER; GÜNTHER TEUBNER, *The Financial Crisis: A Constitutional Perspective: the Dark Side of Functional Differentiation*, Hart Publishing, 2011.
[24] ULRICH BECK, *La sociedad del riesgo global*, 2006

responsabilidad de evitar una catástrofe similar a la que hace millones de años provocó un meteorito que fue arrojado desde el cielo.

Y es que a diferencia de lo ocurrido en la gran extinción que se produjo en el Holoceno, lo que parece estar sucediendo en la presente etapa de la vida geológica de la tierra -que Paul Crutzen ha llamado Antropoceno -[25], es que los hombres no solo han desbordado incluso a todas las demás especies colocándolas al borde de la extinción, sino que, además, ha pretendido crear el mundo, dominar sus reglas, enseñorearse y hasta dictar las normas de la misma evolución humana. Es el hombre quien a través de la técnica se ha hecho monstruoso y disponiendo de la capacidad de hacer el mundo se dirige absurdamente a destruirlo. Y no es que la causa última de todo ello estribe en una imposición de la técnica a la inerme voluntad humana, sino que reside en la propia voluntad del hombre de no ajustarse a una conformación democrática del orden político. La autonomía de los procesos tecnológicos que aparece cuando los instrumentos creados artificialmente por el saber humano se hacen independientes de cualquier referente que no sean ellos mismos, es una consecuencia de la renuncia del hombre a imponer políticamente puntos materiales ajenos a la técnica que sirvan como instrumentos de control para valorarla y hacerla dependiente. Es cierto que a diferencia de lo sucedido en la Inglaterra de fines del XVII, en el actual momento posmoderno la técnica no cuenta con un dato económico real que sujete y que corte el camino a la expansión del crédito y las finanzas cuando las circunstancias efectivas de la vida real no lo favorecen. No disponemos ahora de un testigo inmueble que fije las posibilidades de oscilación de la ilusión humana porque el hombre ha renunciado voluntariamente a establecer cualquier prenda que cumpla esta función, justamente para favorecer que la expansión del factor tecnológico sea mayor y más potente. Dicho de otro modo, creando un mundo virtual en la política y construyendo un modelo democrático "simulado", hemos renunciado a dominar unas fuerzas que hemos pretendido hacer independientes. Porque es una ficción perversa olvidar que la técnica está siempre gobernada por uno o por muchos hombres. Ya que el desarrollo tecnológico puede ser puesto al servicio del interés colectivo o particular, porque la técnica en su conjunto –incluidos también los poderosos medios de lo virtual– es siempre un instrumento dominado por el hombre que se sirve de ella para fines que como acreditan los hechos, pueden ser destructivos o constructivos, beneficioso para el conjunto humano o para unos pocos, objeto de dominio de la política democrática o dominar a ésta pretextando ser incontrolables. En suma, los meteoritos que amenazan la supervivencia de la especie humana en nuestra distopía, no tienen su origen en el cielo, ni proceden de fuerzas ignotas del espacio, sino que son la consecuencia del hacer humano y tienen su causa eficiente en la voluntad de nuestros semejantes de obtener un resultado que en ocasiones no se puede alcanzar por medios democráticos y termina necesariamente en catástrofe. Esto vale tanto para la mal llamada crisis de 2008, que no es otra cosa que el producto del fracaso en dominar a través del mundo financiero una división mundial de la producción que había escapado a las reglas que tras la segunda

---

[25] P. J. CRUTZEN y E. F. STOERMER, "The Anthropocene", *Global Change Newsletter* (2000), núm. 41, págs. 17-18. Las mismas tesis mantiene al respecto el importante libro de DUNCAN KELLY, *Politics and the Anthropocene*. Oxford 2019.

guerra mundial tomaron cuerpo en Bretton Woods,[26] como para la propagación del mal llamado coronavirus que se debe mucho más a la forma irracional e incompetente de afrontarlo y de organizar la curación que a la enfermedad misma propiamente dicha, que médicamente forma parte de los muchos males que existen, más o menos ocultos, y que amenazan potencialmente la salud humana. Y otro tanto puede repetirse de los muchos retos que eventualmente nos amenazan en forma de necesidad de agua para el consumo y alimentación humana, de gestión y almacenamiento de residuos nucleares, de sostenibilidad de la explotación de la naturaleza, de contaminación ambiental, que son otros tantos meteoritos que penden sobre nuestras cabezas amenazando con desatar en cualquier momento una crisis gigantesca, que las instituciones virtualizadas acogerán, muy probablemente, como un imprevisto novedoso que desbordará sus limitadas capacidades de afrontarla porque antes han desbordado sus posibilidades de impedirla y de prevenirla democráticamente. Esto es, de ordenarla y dominarla conscientemente en clave colectiva, poniendo encima de la mesa la realidad de la situación y las alternativas para impedir que suceda.

En el fondo lo que acontece es que por un lado hemos perdido la conciencia del significado de las cosas e incluso carecemos de las palabras adecuadas para expresarla y denominarla, mientras que, por otro, como ignoramos lo que estamos haciendo, como apenas tenemos conciencia de las consecuencias de nuestros actos, como no podemos dominarlos, somos incapaces de ponerlos al servicio de los auténticos problemas que afectan al existir colectivo, que a fin de cuentas es el propósito de la política democrática.

En suma, pues, no estamos ante un problema técnico sino frente a un problema de índole político, de democracia, de gobierno, de organización de la existencia colectiva con base en valores humanos compartidos por todos. La técnica puede ser útil al hombre que vive colectivamente si es el hombre quien domina colectivamente su propia existencia.

---

[26] En este sentido es muy importante recordar que el origen de la catástrofe financiera de 2008 y que todavía se mantiene en sus efectos en forma de tipos cero de los principales Bancos Centrales del mundo (técnicamente tipo cero significa no retribuir el ahorro e incluso no cubrir los gastos de transformación en que el sector financiero por tomar los activos financieros del ahorrador y prestarlo a las empresas o a los operadores económicos), está en la decisión del presidente americano NIXON en 1971, de abandonar la convertibilidad del dólar en oro, ante los continuos déficit de la balanza norteamericana que se habían convertido ya en estructurales e insostenibles. El resultado fue que el valor del dólar paso a flotar libremente en base a criterios especulativos sin dimensión real ninguna (la fantasía sustituyó al dato objetivo de la diferencia entre importaciones y exportaciones). Y como la divisa norteamericana era la base sobre la que se soportaba el sistema financiero internacional, en el sistema financiero mundial todo adquirió un valor especulativo. La confianza en Estados Unidos, más que su posición real de intercambio propiamente dicho, permitió que el país mantuviera financieramente la posición de primera economía y motor económico del mundo que había obtenido después de la recuperación que trajo consigo la política del *New Deal* de ROOSEVELT y la expansión que supuso la Guerra Mundial. Y a mayores, la expansión de los modelos financieros recibió un espaldarazo considerable cuando en la presidencia de CLINTON se levantaron las restricciones a la banca financiera que terminó fusionándose con al comercial. La consecuencia fue un mundo en que la política a secas no importaba a nadie porque quiénes gobernaban efectivamente eran los tipos financieros y la persona que los marcaba. De este modo ALAN GREENSPAN llegó a ser el hombre más poderoso del mundo. Del presidente de la Reserva Federal norteamericana dependía todo, él era el único referente político verdaderamente importante de dimensión mundial. Todo esto parece absurdo leído desde hoy y más si se atiende al perfil profesional del personaje, un económetra que había hecho su fortuna desde una empresa dedicada a medir stokcs y que creía en la posibilidad real de calcularlo todo y de reducirlo todo a números (un artificio, a fin de cuentas) y desde este cálculo cuantitativo del mercado, marcar el futuro del mundo. Sus *Memorias* (*The Age of Turbulence: Adventures in a New World*, 2007) son equiparables a las de otros personajes de la época, por su aparente sencillez y hasta con la ingenuidad que le servía para tomar las grandes decisiones financieras. Un buen ejemplo de las consecuencias del impacto de lo virtual en la simulación de la Democracia.

Y precisamente en eso consiste la democracia. El único régimen político concebido y preparado para afrontar el cambio en razón a disponer de procedimientos que prevén su propia transformación como bien explican los autores que estudian instituciones como la reforma o mutación constitucional.

Por eso lo fundamental es primero clarificar nuestra situación objetiva y de eso se ocupa precisamente Blühdorn con su definición de *"Democracia simulativa"* que aceptamos con la matizaciones y correcciones que hemos expresado anteriormente. Pero además es necesario explicar también qué ha hecho posible que el hombre haya terminado siendo insensible a las propias realidades humanas. ¿Cómo se explica que el hombre haya llegado al extremo de amenazar su propia supervivencia como especie olvidando que en un existir colectivo la primera regla de la democracia consiste en implicar a todos en el conocimiento, debate y solución de los problemas políticos que son los que resuelven las cuestiones que afectan a todos? ¿Cómo es posible que la distopía pesimista y negadora de las posibilidades del hombre en la vida ocupe el lugar de la reflexión política constructiva destinada a resolver entre todos los problemas que son de todos? No podemos extendernos demasiado en responder a estas cuestiones, pero organizando algunas ideas es posible enumerar tres cuestiones relacionadas respectivamente con: la categoría de Hombre, con su capacidad de dominar la realidad que expresa su idea de Tiempo, y con el Lenguaje que expresando las cosas da una identidad precisa a los problemas y a las realidades de la vida.

En relación con el individuo, señala Blühdorn en otro trabajo reciente,[27] que las continuas llamadas a la emancipación del hombre y a su autodeterminación individual, han destruido el concepto tradicional de libertad basado en su condición de ser social, de persona que vive colectivamente y han quebrado la noción de autoridad articulada en base a la existencia de un interés común. No hace al caso entrar aquí en detalles, pero la preocupación por la enajenación ha olvidado de una parte que el individuo es un ser colectivo en el que conviven dos dimensiones inescindibles que construyen conjuntamente su personalidad, la intimista y la social. Mientras que, por otra, la continuada potenciación de las capacidades individuales del hombre a través de la técnica, han llevado a olvidar que la sociedad no es una suma numérica de seres aislados sino una existencia compartida en la que el hombre aislado es un hombre desarmado.

Los grandes logros en derechos de los últimos decenios nos hacen pensar que la preocupación por aquello que Rousseau llamaba *"amour de soi-même"* (gusto por uno mismo) ha devorado completamente a la preocupación por el *"amour propre"* (lo que uno es en función de la relación social en que está inserto). Es decir que el hombre a través de una extensión cada más amplia de sus derechos ha procurado emanciparse de su condición de ser social. Ha buscado convertir la libertad en un instrumento capaz de hacerle innecesaria la existencia de otros hombres. El mito del buen salvaje sólo que al revés. De la sociabilidad a la individualidad en este caso en vez de la individualidad a la sociabilidad como reclamaban las viejas teorías del contrato social. De manera que la libertad se ha convertido en una aspiración a vivir asocialmente en un mundo en el que cada uno atiende a sus propias necesidades. La necesidad se hace subjetiva y pretende

---

[27] INGOLFUR BHÜLDORN, *In Search of Legitimacy: Policy Making in Europe and the Challenge of Complexity*, 2008.

negar la dimensión social de la libertad. Nada que ver en definitiva con las doctrinas que en los siglos XVII y XVIII construyeron nuestras ideas de derechos que continúan, no obstante, estando presentes como tales en nuestras constituciones y condicionando la interpretación que los Tribunales Constitucionales hacen de ellas.

No resulta muy difícil comprender así que el hombre haya podido llegar a adquirir las dimensiones gigantescas de los viejos saurios. Pero se trata de una visión equívoca, porque esa circunstancia sólo se ha dado en ciertas personas que ocultan su hacer en los socorridos pliegues de la *"Democracia simulativa"*. Para los demás tan solo resta una sociedad fragmentada en individuos que aspiran a esa condición y en consecuencia carecen de los valores integradores que toda existencia precisa.

En segundo lugar, el Tiempo es un concepto clave en cualquier cultura porque expresa la capacidad de auto-dominarse colectivamente que una sociedad posee. El tiempo es una ficción socialmente compartida que permite ordenar la convivencia. Y la idea moderna de Tiempo que se construye en torno al artilugio mecánico del reloj que tanto fascinara a Hobbes, descansaba en la idea de la razón humana como gran dominador de la vida. Lo que nos ha pasado es que el tiempo-razón como obra humana, ha perdido uno de sus elementos componentes esenciales cuando hemos comprendido que la idea ilustrada de un futuro predecible y alcanzable por los procedimientos dirigidos por la acción humana, es más una ensoñación que una realidad tangible, que la vida no tiene escrito un futuro ineluctable y que solo el pasado puede darnos las certezas necesarias para actuar en el presente. En ese sentido es altamente significativo en el campo del derecho, la enorme eclosión de magníficos historiadores del derecho, estudiosos como John Pocock en el mundo anglosajón, Antonio Hespana en Portugal, Foravanti en Italia, en Francia Halpérin o en Alemania Stolleis, desde distintos enfoques y posiciones coinciden en situar en el conocimiento del pasado la vía para explicar y valorar las diferentes opciones que ofrece el presente. Lo que ha sucedido es simplemente que se ha operado un enorme giro en nuestra concepción posmoderna del Tiempo, para la que el pasado ocupa el lugar que antes correspondía al futuro y eso implica transformaciones trascendentales en la manera de entender los problemas y de manejarlos.

Pero no todo acaba aquí. El cambio en la idea de libertad y en nuestra concepción del tiempo como expresión de una forma de dominar la vida hacia un futuro determinado, se ha visto acompañado de una crisis general del lenguaje que permite expresar los conceptos y las soluciones. Y es que la posmodernidad nos ha cogido intelectualmente con un lenguaje inapropiado, cuajado de categorías inoperantes y esto tiene especial importancia para las instituciones y se aprecia particularmente en nuestra idea de derecho construida en el paradigma ilustrado. Y conceptos y categorías como *"disrupción"*, Poder Constituyente evolutivo o Constitución en red, son solo tres testigos evidentes de un cambio en el lenguaje constitucional que no ha hecho más que comenzar.

En este sentido es evidente que el lenguaje no crea la realidad, pero si expresa la toma de conciencia de su existencia, de manera que aquello que no se puede decir simplemente no existe en nuestra conciencia de la realidad, en nuestro conocimiento de la *"veritá effettuale"* de las cosas. Por eso, están surgiendo constantemente términos nuevos que no se limitan a reemplazar a los preexistentes, sino a explicar una nueva realidad que antes no se daba, que antes no existía y a la que urge dar nombre antes de intentar afrontarla.

3.3 ¡Vade retro simulacro!

En semejante contexto parecería todo un atrevimiento aspirar a presentar la respuesta que consiga darnos una solución definitiva en condiciones de afrontar con éxito los retos que nos opone este difícil siglo XXI, que lleva ya varias décadas recorridas. De hecho, debemos conformarnos con bastante menos, porque incluso más que explicar lo que está sucediendo, lo único que podemos intentar seriamente es procurar no confundirnos. Es decir, conseguir que nuestras incertezas no se vean incrementadas por el peor de los errores que consiste en creer falsamente lo que es simulado, en confundir lo real con lo figurado, lo aparente con lo tangible, la *"veritá effettuale"* de las cosas con los *"Ghiribizzi"* de la imaginación. Por eso, hoy cobra un especial sentido profético la narración bíblica que recoge la respuesta que nuestro Señor diera a la tercera de las tentaciones a que le sometió el diablo antes de asumir su misión divina. Y es que cuando el demonio llevó a Cristo a un encumbrado monumento y le mostró desde allí todos los reinos del mundo y la gloria de ellos, le dijo: *"Todas estas cosas te daré si me adoras, postrándote delante de mí"*. Jesús le rechazó respondiendo: *"Vade retro Satanás! .... está escrito: adorarás al Señor tu Dios, y a Él sólo servirás"*.[28]

¡Vade retro Satanás!, reza la letanía que desde hace siglos vienen repitiendo ritualmente los exorcistas para conjurar las tentaciones del diablo y expulsarlo del cuerpo humano. Tal vez tenga un significado profundo el hecho de que en un mundo repleto de democracias virtualizadas, la veracidad material de la vida colectiva y de la acción pública que en ella tiene lugar, se haya convertido en exigencia irrenunciable de la existencia de una solución colectiva para los problemas que nos aquejan, tal y como lo fue para Jesucristo vencer al espejismo con que Satanás lo tentaba antes de bajar a la Tierra y mezclarse con los hombres para ofrecerles una verdad en la que creía firmemente (*"verazmente"*), como acreditarían sólidamente sus hechos. Pero para proceder de este modo, en democracia hay que desterrar antes la simulación de la vida constitucional y abrir el camino que permita afrontar sin mixtificaciones ideológicas ni injertos virtuales, tanto los problemas de la institucionalidad como los retos tangibles que se presentan en los diferentes sectores que integran la intervención del Estado en la vida social.

Bibliografía

ALAIN. *El ciudadano contra los poderes*. Madrid 2017.

BAUDRILLARD, Jean. *Cultura y simulacro*, Barcelona, 1977.

BECK, Ulrich. *La sociedad del riesgo global*, Barcelona, 2006

BENDA. *La Trahison des clercs*. París, 1927.

BENJAMÍN, Walter. *La obra de arte en la época de su reproductibilidad técnica*. Madrid, 2008,

---

[28] "Jesús fue conducido del Espíritu de Dios al desierto, para que fuese tentado (πειρασθῆναι) por el diablo [...] Y después de haber ayunado cuarenta días con cuarenta noches, el diablo le subió a un monumento muy encumbrado y le mostró todos los reinos del mundo y la gloria de ellos. Y le dijo: todas estas cosas te daré si, postrándote delante de mí, me adoras. Entonces Jesús le respondió: ¡Vade retro Satanás!, porque está escrito: adorarás al Señor tu Dios, y a él sólo servirás" (Mateo 4, 1-11).

BLAIR, Tony. *Memorias*. Madrid, 2011.

BLÜHDORN, Ingolfur. *In Search of Legitimacy: Policy Making in Europe and the Challenge of Complexity*, 2008.

BLÜHDORN, Ingolfur. *La Democracia simulativa: nueva política tras el giro posdemocrático*. Temis, Bogotá, 2020.

BURKE, Edmund. *The Writings and Speches of Edmund Burke*, vol. II

CANOTILHO, Joaquim Gomes. *Constituição dirigente e vinculação do legislador: contributo para a compreensão das normas constitucionais programáticas*. Coimbra 1982

CANOTILHO, Joaquim Gomes. *Constituição República Portuguesa Anotada* (1984-1985), Coimbra 1985.

CANOTILHO, Joaquim Gomes. *Para una recepción crítica del pensamiento republicano: la teoría constitucional como respuesta al desafío de tres positivismos postmodernos* en la traducción española de *El Momento Maquivélico* de John Pocock, más abajo referido.

CROSMAN, Richard, *The Diaries of a Cabinet Minister: Minister of Housing*. Londres, 1964.

FEBBRAJO/KJAER/TEUBNER. *The Financial Crisis: A Constitutional Perspective: the Dark Side of Functional Differentiation*, 2011.

GARCÍA, Eloy. "Carl Schmitt y la cultura política post-histórica: una hipótesis acerca de la renaissance anglosajona de Schmitt", en *Historia constitucional, Revista Electrónica de Historia Constitucional*, núm. 14,

GARCÍA, Eloy. "El derecho constitucional como un compromiso permanente renovado" en Anuario de Derecho Constitucional y parlamentario. Murcia, 1989.

GRANADA, Miguel Ángel. *Antología de Maquiavelo*. Madrid, 2002.

GREENSPAN, Alan .*The Age of Turbulence: Adventures in a New World*, Nueva York, 2007.

HOPITT, Julian. *A land of liberty? England 1689-1727*. Oxford 2000.

HOPITT, Julian. *Britain's political economies: Parliament and economic life*, 1660-1800. Oxford, 2017.

KELLY, Duncan. *Politics and the Anthropocene*. Oxford 2019.

KENNEDY, John F. *Cives Romanus Sun*. Berlín, 1961.

LEIHBOLZ, Gerhard, *Das Wesen der Repräsentation und der Gestaltwandel der Demokratie im 20. Jahrhundert*, 1966.

LINZ Juan, "Algunas reflexiones precautorias y no ortodoxas sobre la democracia hoy" en *Revista de Estudios Políticos*, núm. 166, 2014).

POCOCK, John. *El Momento Maquiavélico. El pensamiento Republicano y la Tradición republicana Atlántica*. Madrid 2008.

POCOCK, John. *Virtud, Comercio e Historia*. Bogota, 2019.

ROUSSEAU, J.J. *Meditaciones de un paseante solitario*, Madrid, 2017

SARTORI, Giovanni, *Homo videns: televisione e post-pensiero*. Roma-Bari, 1997.

SHKLAR, Judith N. *Men and Citizens: A Study of Rousseau's Social Theory*. 1969, Cambridge,

SOARES, Guillerme, *Direito Público e Sociedade Tecnica*. Coimbra, 1969.

SONENSCHER, Michel, *Before the Deluge. Public Debt, inequality, and the intelectual origins of the Frenche Revolution*. Pricenton, 2007.

TEUBNER, Günther. *Constitutional Fragments: Societal Constitutionalism and Globalization*. Oxford, 2012.

THATCHER Margaret. *Los años de Downing Street*. Madrid 1994.

THOMPSON, John B. *El escándalo político. Poder y visibilidad en la era de las medias*. Barcelona, 2000.

VANDELLI, Luciano. *Trastornos de las instituciones políticas*. Madrid, 2007.

WILSON, Harold, *Informe personal*. Barcelona, 1974.

Informação bibliográfica deste texto, conforme a NBR 6023:2018 da Associação Brasileira de Normas Técnicas (ABNT):

GARCÍA, Eloy. La democracia simulativa en la era de la posmodernidad. *In*: GOMES, Ana Cláudia Nascimento; ALBERGARIA, Bruno; CANOTILHO, Mariana Rodrigues (Coord.). *Direito Constitucional*: diálogos em homenagem ao 80º aniversário de J. J. Gomes Canotilho. Belo Horizonte: Fórum, 2021. p. 127-155. ISBN 978-65-5518-191-3.

AS RELAÇÕES ENTRE PROGRAMAS E PLANOS TERRITORIAIS E A HARMONIZAÇÃO ENTRE AS RESPETIVAS NORMAS

FERNANDO ALVES CORREIA

Nota prévia

Este artigo constitui uma singela homenagem ao Prof. Doutor José Joaquim Gomes Canotilho, "por ocasião dos seus 80 anos". Singela homenagem ao querido mestre e amigo, de quem fui aluno e tive a honra de ser assistente, na cadeira de Direito Constitucional, no início da minha carreira universitária, no longínquo ano letivo de 1976-1977, que fez parte dos júris das minhas provas de doutoramento e de agregação, e integrou os júris dos meus concursos para Professor Associado e Professor Catedrático da Faculdade de Direito da Universidade de Coimbra. Parca homenagem ao ilustre professor, ao insigne e brilhante jurista, ao homem de cultura e ao cidadão exemplar, que marcou indelevelmente sucessivas gerações de alunos e de professores universitários nas faculdades de direito dos países lusófonos, sobretudo nas áreas de direito constitucional, ciência política, direito administrativo e direito do ambiente, em que produziu uma obra monumental, e que deixou a sua decisiva chancela na criação da Licenciatura e Mestrado em Administração Público-Privada e do Centro de Estudos de Direito do Ordenamento, do Urbanismo e do Ambiente (CEDOUA), ambos da Faculdade de Direito de Coimbra.

A escolha de um tema de direito do urbanismo para este artigo de homenagem permite-me recordar o momento em que o Prof. Doutor José Joaquim Gomes Canotilho transmitiu ao Prof. Doutor Manuel Carlos Lopes Porto e a mim próprio a sua brilhante ideia de criar, na Faculdade de Direito de Coimbra, o CEDOUA, tendo como associadas fundadoras três instituições de grande prestígio nacional e internacional, sediadas em Coimbra – a Universidade de Coimbra, através da sua Faculdade de Direito, a Associação Nacional de Municípios Portugueses (ANMP) e o Centro de Estudos e Formação Autárquica (CEFA) –, e cuja concretização teve lugar por escritura pública de 18.3.1994.

1 Um esclarecimento prévio: a distinção entre programas e planos territoriais

Pretendemos abordar, neste artigo, os princípios regentes das relações entre as normas dos programas e dos planos, a teia das relações entre programas e planos e os instrumentos ou mecanismos consagrados pelo legislador para evitar e resolver as colisões de normas das diferentes espécies de programas e de planos.

Mas, antes de avançarmos, torna-se necessário analisar a distinção entre programas e planos territoriais.

A Lei de Bases da Política Pública de Solos, de Ordenamento do Território e de Urbanismo (LBPSOTU), aprovada pela Lei nº 31/2014, de 30 de maio, alterada pela Lei nº 74/2017, de 16 de agosto, e pelo Decreto-Lei nº 3/2021, de 7 de janeiro, no uso da autorização legislativa concedida pela Lei nº 68/2020, de 5 de novembro, bem como o Regime Jurídico dos Instrumentos de Gestão Territorial (RJIGT), aprovado pelo Decreto-Lei nº 80/2015, de 14 de maio, alterado pelos decretos-leis nºs 81/2020, de 2 de outubro, e 25/2021, de 29 de março, que regulamentou e desenvolveu aquela lei de bases, instituíram um *sistema de gestão territorial* (cuja designação mais adequada seria, na nossa ótica, *sistema de programação e planeamento territorial*, dado que a expressão "gestão territorial" ou "gestão do território" tem o significado de execução ou concretização dos planos) em que assenta a política de solos, de ordenamento do território e de urbanismo, a qual, nos termos do art. 38º, nº 2, daquela lei e do art. 2º, nº 1, do mencionado regime, se organiza, num quadro de interação coordenada, nos âmbitos nacional, regional, intermunicipal e municipal, em função da natureza e da incidência territorial dos interesses públicos prosseguidos.

O sistema de gestão territorial é integrado por um conjunto de *instrumentos de gestão territorial* (seria, porventura, mais rigorosa a fórmula *instrumentos de programação e de planeamento territorial*), os quais têm como finalidade a concretização dos âmbitos nacional, regional, intermunicipal e municipal de um tal sistema. Assim, o âmbito nacional é concretizado através do "programa nacional da política de ordenamento do território" (PNPOT), dos "programas setoriais" e dos "programas especiais de ordenamento do território". O âmbito regional é concretizado através dos "programas regionais de ordenamento do território"; o âmbito intermunicipal é concretizado através dos "programas intermunicipais", dos "planos diretores intermunicipais", dos "planos de urbanização intermunicipais" e dos "planos de pormenor intermunicipais"; e o âmbito municipal através dos "planos municipais de ordenamento do território" (que englobam os "planos diretores municipais" (PDM), os "planos de urbanização" e os "planos de pormenor") (arts. 37º a 43º da LBPSOTU e 2º do RJIGT).

A LBPSOTU e o RJIGT introduziram novidades de grande relevo na *estrutura* do sistema de gestão territorial, ou, numa formulação mais rigorosa, na *estrutura* do sistema de programação e de planeamento territorial. Tais novidades traduziram-se, por um lado, na *distinção* entre *programas* e *planos* e, por outro lado, na introdução do âmbito *intermunicipal* como um dos *níveis* de programação e de planeamento territorial.

Se a segunda novidade é de aplaudir, na medida em que veio aprofundar a índole *multinível* do sistema de programação e de planeamento territorial, no quadro do pluralismo de entes públicos territoriais portugueses, sobejam-nos as dúvidas quanto ao acerto da primeira novidade, tendo em conta a familiaridade do conceito de "plano" e a circunstância de que esta figura sempre abrangeu os instrumentos de planeamento territorial desprovidos e os dotados de *eficácia plurissubjetiva*. Não havia, por isso, necessidade de complexificar os "instrumentos de gestão territorial" com a nova figura de "programas territoriais".

O caráter *coordenado* e *multinível* do planeamento territorial português materializa-se, como já referimos, em *programas*, que estabelecem o quadro estratégico de desenvolvimento territorial e as suas diretrizes programáticas ou definem a incidência espacial de políticas nacionais a considerar em cada nível de planeamento, sendo, por isso, *instrumentos de orientação*, que se limitam, em regra, a fixar *opções gerais* no que respeita à organização do território por eles abrangido e a estabelecer *diretivas* quanto ao ordenamento do espaço, a desenvolver e a densificar em planos, não tendo, por isso, idoneidade para definir as *modalidades* e *intensidades* de uso, ocupação e transformação do solo, e em *planos* que condensam opções e ações concretas em matéria de planeamento e organização do território e definem o uso do solo, assumindo, assim, a natureza de *instrumentos de afetação* do espaço, ao mesmo tempo que servem de *parâmetro de validade* dos atos administrativos de gestão urbanística (arts. 38º, nºs 1, alíneas a) e b), e 2, da LBPSOTU e 1º a 3º do RJIGT).

Esta distinção entre *programas* e *planos* percorre transversalmente todo o sistema de gestão territorial gizado pela Lei de Bases e pelo RJIGT. Os primeiros vinculam apenas as entidades públicas (quer a entidade pública que os aprovou, quer os restantes entes públicos), enquanto os segundos vinculam, para além das entidades públicas, ainda, direta e imediatamente, os particulares, isto é, têm *eficácia plurissubjetiva* (arts. 46º, nºs 1 e 2, da LBPSOTU e 3º do RJIGT). Somente os *planos territoriais* vinculam direta e imediatamente os particulares. Daí que as normas dos programas territoriais necessitem para vincular os particulares da intermediação das normas dos planos territoriais. Isto mesmo resulta do nº 5 do art. 3º do RJIGT, nos termos do qual "as normas dos programas territoriais que, em função da sua incidência territorial urbanística, condicionem a ocupação, uso e transformação do solo são obrigatoriamente integradas nos planos territoriais", do nº 1 do art. 78º da LBPSOTU, que determina que "o conteúdo dos planos especiais de ordenamento do território em vigor deve ser transposto, nos termos da lei, para o plano diretor intermunicipal ou municipal e outros planos intermunicipais ou municipais aplicáveis à área abrangida pelos planos especiais, até 13 de julho de 2021", e, bem assim, do art. 198º, nº 1, do RJIGT, na redação do Decreto-Lei nº 25/2021, de 29 de março, segundo o qual "o conteúdo dos planos especiais em vigor deve ser integrado no prazo e nas condições estabelecidas pelo artigo 78º da lei de bases gerais da política pública de solos, do ordenamento do território e urbanismo, tendo por objeto as normas identificadas nos termos do nº 2 do mesmo artigo, mediante revisão, alteração das disposições do plano territorial incompatíveis ou alteração por adaptação nos termos do nº 2 do artigo 121º".

Quanto aos *programas*, podem ser, como foi sublinhado, de âmbito *nacional*, *regional* e *intermunicipal* (arts. 40º a 42º da LBPSOTU e 30º a 68º do RJIGT). Os primeiros abrangem o *programa nacional da política de ordenamento do território*, os *programas setoriais* e os *programas especiais* (que compreendem os programas da orla costeira, os programas das áreas protegidas, os programas de albufeiras de águas públicas, os programas de ordenamento dos estuários e, ainda, os "planos de ordenamento dos parques arqueológicos", previstos na Lei nº 107/2001, de 8 de setembro, e no Decreto-Lei nº 131/2002, de 11 de maio). Os segundos, isto é, os *programas de* âmbito *regional*, são os agora denominados *programas regionais*, que substituem os atuais planos regionais de ordenamento do território, os quais continuam em vigor até a sua alteração ou revisão, como decorre do art. 79º da LBPSOTU.

Relativamente aos programas setoriais e regionais, importa, ainda, referir o disposto no art. 200º, nºs 1 e 2, do RJIGT, na redação do Decreto-Lei nº 25/2021. Prescreve o primeiro que "os planos setoriais expressamente previstos por lei e os planos regionais de ordenamento do território em vigor são equiparados, para todos os efeitos, aos programas setoriais e aos programas regionais, respetivamente", e o segundo que "na sua alteração ou revisão, os planos setoriais e os planos regionais de ordenamento do território a que se refere o número anterior adotam a forma do programa territorial que lhes corresponde".

Os terceiros, ou seja, os *programas de* âmbito *intermunicipal*, são de elaboração facultativa e abrangem ou a área geográfica correspondente à totalidade de uma entidade intermunicipal (área metropolitana ou comunidade intermunicipal) ou a área geográfica de dois ou mais municípios territorialmente contíguos integrados na mesma comunidade intermunicipal, salvo situações excecionais, autorizadas pelo membro do Governo responsável pela área do ordenamento do território, após parecer das comissões de coordenação e desenvolvimento regional (arts. 42º, nº 1, da LBPSOTU e 61º, nº 2, alíneas a) e b), do RJIGT).

Quer isto dizer que os programas intermunicipais ou abrangem todos os municípios integrados na mesma entidade intermunicipal, havendo, assim, um novo nível de ordenamento do espaço correspondente ao território dos municípios que fazem parte da mesma entidade intermunicipal, e cabendo aos respetivos órgãos representativos a competência para a sua aprovação (o conselho metropolitano, nas áreas metropolitanas, e a assembleia intermunicipal, nas comunidades intermunicipais, como resulta do art. 68º, nº 1, alínea a), do RJIGT) ou abrangem dois ou mais municípios territorialmente contíguos integrados na mesma entidade intermunicipal, podendo haver, neste caso, a constituição de uma *associação de municípios* para o fim específico da elaboração e aprovação do *programa intermunicipal* (a aprovação tem lugar por deliberação das assembleias municipais interessadas, mediante proposta apresentada pelas respetivas câmaras municipais, como flui do art. 68º, nº 1, alínea b), do RJIGT). De qualquer modo, a nova LBPSOTU e o novo RJIGT vieram reforçar virtuosamente o associativismo municipal no âmbito do ordenamento e do planeamento do espaço, não só através da previsão dos *programas intermunicipais*, como também dos *planos territoriais* de âmbito intermunicipal, que englobam os planos diretores intermunicipais (que assumem a designação de "planos metropolitanos de ordenamento do território", quando abrangerem todos os municípios que integram uma área metropolitana), os planos de urbanização intermunicipais e os planos de pormenor intermunicipais (arts. 42º, nº 4, da LBPSOTU e 110º a 114º do RJIGT).

No que respeita aos *planos territoriais de* âmbito *intermunicipal*, há que realçar três notas: a primeira é que a aprovação de um plano diretor intermunicipal dispensa a elaboração de planos diretores municipais e substitui-os (arts. 42º, nº 5, *in fine*, da

LBPSOTU e 113º, nº 4, do RJIGT); a segunda consiste em que a existência de um plano diretor, de um plano de urbanização ou de um plano de pormenor de âmbito intermunicipal exclui a possibilidade de existência, no nível municipal, de planos territoriais do mesmo tipo, na área por eles abrangida, sem prejuízo das regras relativas à dinâmica de planos territoriais (art. 44º, nº 5, da LBPSOTU); e a terceira traduz-se em que a existência de um plano intermunicipal não prejudica o direito de cada município de gerir autonomamente o seu território de acordo com o previsto nesse plano (art. 42º, nº 7, da mesma lei).

Quanto aos *planos territoriais de âmbito municipal*, estabelecem, nos termos da Constituição e da lei, de acordo com as diretrizes estratégicas de âmbito regional, e com opções próprias de desenvolvimento estratégico local, o regime de uso do solo e a respetiva execução e continuam a abarcar os planos diretores municipais, os planos de urbanização e os planos de pormenor (arts. 43º, nºs 1 e 2, da LBPSOTU e 69º do RJIGT). O plano diretor municipal é de elaboração obrigatória, salvo se houver um plano diretor intermunicipal, e estabelece, nomeadamente, a estratégia de desenvolvimento territorial municipal, o modelo territorial municipal, as opções de localização e de gestão de equipamentos de utilização coletiva e as relações de interdependência com os municípios vizinhos (arts. 43º, nº 3, da LBPSOTU e 95º do RJIGT). Por seu lado, o plano de urbanização desenvolve e concretiza o plano diretor municipal e estrutura a ocupação do solo e o seu aproveitamento, definindo a localização das infraestruturas e dos equipamentos coletivos principais (arts. 43º, nº 4, da LBPSOTU e 98º do RJIGT). E o plano de pormenor desenvolve e concretiza o plano diretor municipal, definindo a localização e a volumetria das edificações, a forma e organização dos espaços de utilização coletiva e o traçado das infraestruturas (arts. 43º, nº 5, da LBPSOTU e 101º do RJIGT).[1]

2 O princípio da harmonização entre as normas dos programas e dos planos como princípio constitucional

A Constituição da República Portuguesa (CRP) prevê, no seu art. 65º, nºs 2, alínea a), 4 e 5, uma *diversidade* de instrumentos de planeamento territorial (disposições estas que abrangem também os instrumentos de programação territorial), os quais são elaborados e aprovados ou pelo Estado, ou pelas regiões autónomas, ou pelas entidades intermunicipais ou, finalmente, pelos municípios, mas sendo todos eles o produto de uma *colaboração* e de uma *concertação* entre aquelas pessoas coletivas.

Ora, da existência, consagrada nos mencionados preceitos constitucionais, de uma *pluralidade* de programas e de planos territoriais deflui necessariamente o *princípio constitucional da conjugação ou da harmonização entre as normas dos programas e dos planos*, o qual visa obstaculizar os conflitos ou colisões entre elas.

---

[1] Para mais desenvolvimentos sobre o sistema de planeamento urbanístico português, cf. as nossas obras: *Manual de direito do urbanismo*. 4. ed. Coimbra: Almedina, 2008. v. I. p. 346-602; A Nova Lei de Bases Gerais da Política Pública de Solos, de Ordenamento do Território e do Urbanismo: alguns princípios fundamentais. *Revista do CEDOUA*, ano 17, n. 34, p. 9-21, 2014; L'Évolution de la Législation d'Urbanisme du Portugal de 2012 à 2017. In: GRIDAUH. *Droit de L'Aménagement, de l'Urbanisme et de l'Habitat*. Paris: Editions le Moniteur, 2018. p. 521-538; e Evolução do direito do urbanismo em Portugal de 2012 a 2017. *Revista do CEDOUA*, ano 21, n. 41, p. 9-25, 2018.

A multiplicação e a proliferação de normas de diferentes programas e planos colocam o problema da sua coexistência, o qual pode ser gerador de conflitos.[2] Essas normas constantes de vários tipos de programas e de planos não podem, sob pena de ficarem gravemente comprometidas a coerência e a eficácia do sistema de programação e planificação territorial, entrar em conflito, antes devem estar devidamente conjugadas ou harmonizadas. Significa isto que não pode deixar de considerar-se implícito nas citadas normas constitucionais o *princípio da conjugação ou da harmonização* entre as normas dos programas e dos planos. E é em aplicação deste princípio constitucional, ínsito no art. 65º, nºs 2, alínea *a*), 4 e 5, da Lei Fundamental, que o legislador ordinário tece uma trama de relações entre as várias figuras de programação e de planeamento territorial e prevê um conjunto de *mecanismos* de *prevenção* e de *resolução* dos *conflitos* ou das *colisões* de normas constantes dos diferentes tipos de programas e de planos.

Todos eles fazem parte de um sistema global de programação e de planeamento territorial, que deve ser, em si mesmo, coerente e consistente.

No exórdio do RJIGT (Decreto-Lei nº 80/2015, de 14 de maio), sublinha-se que se pretende clarificar "o âmbito das relações entre os diversos níveis de planeamento, estabelecendo-se um princípio de prevalência cronológica uniforme, com obrigatoriedade de atualização e adaptação dos instrumentos anteriores". O sentido deste princípio é o de que deve prevalecer o programa ou o plano mais recente, devendo haver uma atualização e uma adaptação dos instrumentos de programação e de planeamento anteriores, de modo ao restabelecimento da harmonização entre as disposições de todos eles. Mas cremos que o mesmo não nos esclarece sobre os princípios que devem reger as relações entre programas, entre programas e planos e entre planos, sobre a teia das relações entre os instrumentos de programação e de planeamento territorial e acerca dos mecanismos de prevenção de colisões entre as normas dos programas e dos planos e, ainda, sobre as respostas do ordenamento jurídico urbanístico nos casos de colisões ou conflitos entre as normas daqueles instrumentos de programação e de planeamento territorial.

3 Os princípios regentes das relações entre as normas dos programas e dos planos

O aparecimento de conflitos, de colisões ou de antinomias entre normas dos programas e planos tem como causas específicas a existência de diversos tipos de programas e planos que se sobrepõem territorialmente, da competência de uma pluralidade de órgãos administrativos, a diversidade de contextos em que eles são elaborados e aprovados e, bem assim, a ausência, no nosso ordenamento jurídico urbanístico, de uma *relação de necessidade* entre os programas e os planos, podendo um programa ou um plano hierarquicamente inferior e abrangente de uma área restrita

---

[2] Cf. LEBRETON, Jean-Pierre. Articulation des Règles d'Aménagement et d'Urbanisme Avec les Autres Normes d'Occupation des Sols. *In*: GRIDAUH. *"L'Articulation des Règles d'Occupation des Sols en Europe", Colloque International de Nice.* [s.l.]: Les Cahiers du GRIDAUH, 1998. n. 1. p. 52; e MIRANDA, João. *A dinâmica jurídica do planeamento territorial (a alteração, a revisão e a suspensão dos planos).* Coimbra: Coimbra Editora, 2002. p. 163-169.

preceder temporalmente um programa ou plano hierarquicamente superior e incidente sobre uma área mais vasta.³

Têm sido, tradicionalmente, apontados como *critérios* de resolução de conflitos de normas o critério *cronológico* (de acordo com o princípio *lex posterior derogat legi priori*), o critério da *especialidade* (com base no princípio *lex specialis derogat legi generali*), o critério da *hierarquia* (segundo o princípio *lex superior derogat legi inferiori*) e o critério da *competência* (baseado na repartição constitucional e legal de competências normativas).⁴

Nenhum dos princípios ou critérios enunciados se aplica *qua tale*, nas relações entre os programas e os planos, cuidando o legislador de urdir uma trama de relações entre eles, que obedece a um conjunto específico e complexo de princípios.

Continuamos a pensar que o princípio mais importante disciplinador das relações entre os vários instrumentos de gestão territorial é o *princípio da hierarquia*. Com efeito, se, de acordo com o art. 128º, nº 1, do RJIGT, "a compatibilidade ou a conformidade entre os diversos programas e planos territoriais é condição da respetiva validade" e se, de harmonia com o art. 129º, nº 1, também do RJIGT, "são nulas as normas de programas e de planos que violem qualquer programa ou plano territorial com o qual devessem ser compatíveis ou conformes", terá de concluir-se que há uma *relação de hierarquia* entre programas, entre programas e planos e entre planos. Vai no mesmo sentido a obrigação de alteração ou atualização por adaptação dos planos territoriais de âmbito intermunicipal e municipal sempre que entre em vigor um programa territorial de âmbito nacional ou regional e contenham disposições que com ele não sejam compatíveis, como resulta do art. 44º, nº 6, da LBPSOTU e dos arts. 27º, nº 6, 28º, 29º e 121º, nº 1, alínea b), do RJIGT.⁵

Princípio esse que não deve ser entendido, em termos gerais, de forma *rígida*, mas de forma *flexível* ou *mitigada* – *princípio da hierarquia mitigada* que o próprio legislador proclamou, no exórdio do Decreto-Lei nº 316/2007, de 19 de setembro, como princípio regente das relações entre instrumentos de gestão territorial. Como salienta J.-B. Auby:

> la vision pyramidale, qui consiste à percevoir le système normatif en matière d'urbanisme comme un ensemble ordonné de haut en bas, du plus large géographiquement au plus local [...] n'est pas conforme aux réalités d'aujourd'hui, dans lesquelles se perçoivent plutôt des rapports d'influence réciproque des différents niveaux normatifs ou, pour le dire autrement, une certaine circularité.⁶

O referido princípio não tem, nos casos em que comanda as relações entre diferentes tipos de programas e planos, a mesma força vinculativa, impondo que o programa

---

³ Cf., sobre este ponto, MIRANDA, João. A dinâmica jurídica do planeamento territorial (a alteração, a revisão e a suspensão dos planos). Coimbra: Coimbra Editora, 2002. p. 147-148.
⁴ Cf. MIRANDA, João. A dinâmica jurídica do planeamento territorial (a alteração, a revisão e a suspensão dos planos). Coimbra: Coimbra Editora, 2002. p. 149-156.
⁵ Também no direito espanhol vigora o princípio da hierarquia dos planos, cuja consequência é a nulidade de pleno direito das disposições violadoras da relação hierárquica. Cf. ESTÉVEZ GOYTRE, Ricardo. *Manual de derecho urbanístico*. Granada: Comares, 2016. p. 77-81; e RAMÓN FERNÁNDEZ, Tomás. *Manual de derecho urbanístico*. 25. ed. Pamplona: Civitas/Thomson Reuters, 2017. p. 48.
⁶ Cf. AUBY, Jean-Bernard. Sanction de la Hiérarchie des Normes et Documents d'Aménagement et d'Urbanisme. In: GRIDAUH. "L'Articulation des Règles d'Occupation des Sols en Europe", *Colloque International de Nice*. [s.l.]: Les Cahiers du GRIDAUH, 1998. n. 1. p. 37-38.

ou plano inferior consagre disposições *conformes* às do programa ou plano superior (*princípio da conformidade*, que traduz uma relação hierárquica mais *rigorosa* e *estreita*), ou se limitando a exigir que o programa ou o plano inferior respeite as *diretivas* do superior, determinando apenas que o primeiro não contenha disposições *contrárias* ou *incompatíveis* com as do segundo (*princípio da compatibilidade*, que espelha uma relação hierárquica *menos exigente* e *menos apertada*). Enquanto a relação de conformidade exclui qualquer diferença, a não ser no grau de detalhe, entre os elementos de comparação – precisamente os elementos a respeitar, de um lado, e do outro, os elementos subordinados, que devem ser conformes aos primeiros –, a relação de compatibilidade exige somente que não haja contradição entre eles. Por isso, quando um programa ou um plano deva ser compatível com um programa ou um plano hierarquicamente superior, a entidade que elabora e aprova aquele dispõe de um amplo poder discricionário na escolha das soluções que dizem respeito ao ordenamento do espaço, sendo-lhe vedadas apenas aquelas que contrariarem as diretivas do programa ou do plano ou que ponham em causa as opções fundamentais nele condensadas ou o destino geral dos solos nele traçado. Ao invés, quando um programa ou um plano deva ser *conforme* com um programa ou um plano hierarquicamente superior, a entidade que elabora e aprova aquele tem uma obrigação estrita de desenvolver e de especificar a disciplina contida no programa ou no plano hierarquicamente superior.[7]

Resulta do que vem de ser referido que a *compatibilidade* e a *conformidade* são dois meios de gestão da diversidade de programas e de planos, dois modos de expressão de uma relação de hierarquia e dois tipos de obrigação de respeito de uma regra jurídica por uma outra. Mas apenas a primeira possibilita à entidade que suporta a obrigação de respeito a manutenção da sua margem de manobra, seja qual for o grau de precisão da regra superior, sendo, por isso, mais adequada para evidenciar a descentralização no domínio do direito do urbanismo.[8]

A *flexibilidade do princípio da hierarquia* tem a sua expressão na possibilidade geral de um programa ou um plano posterior procederem à alteração de um programa ou de um plano preexistente, mesmo que se trate de um programa ou de um plano hierarquicamente superior, desde que o programa ou o plano posterior respeite as regras

---

[7] J. Morand-Deviller e S. Ferrari sublinham que a obrigação de *conformidade* indica uma relação de estrita identidade, enquanto a obrigação de *compatibilidade*, noção funcional e instrumental, é mais flexível, apresentando-se como uma *ausência de contrariedade* com as *opções fundamentais* constantes do *schéma de cohérence territoriale* (SCOT). Adiantam que a relação de compatibilidade é uma relação de direito *souple* e que a sua aplicação é objeto de uma jurisprudência *nuancée* em que a análise das circunstâncias de cada caso desempenha um papel determinante. Realçam, ainda, que o juiz tem progressivamente reforçado o seu controlo sobre a compatibilidade dos *plans locaux d'urbanisme* (PLU) com os *schémas de cohérence territoriale* (SCOT), indicando como exemplos de anulações de um *plan d'occupation des sols* (POS), antecedentes dos atuais PLU, as disposições relativas à criação de uma zona artesanal e industrial, quando o SCOT previa no mesmo espaço zonas rurais de habitação dispersa, as prescrições de um POS que desprezaram a proteção de zonas vitícolas inscrita no SCOT ou, ainda, as disposições de um POS que permitiam a criação de um campo de *golf* num espaço arborizado protegido por um SCOT. Mas, *a contrario*, quando o destino geral dos solos e as opções fundamentais do SCOT não são desrespeitados, certas "contrariedades" e discordâncias serão admitidas: por exemplo, a compatibilidade de um POS que criou uma zona de urbanização futura numa área verde prevista pelo SCOT, com o fundamento de que a zona apenas cobre 5% do espaço natural. Cf. DEVILLER, Jacqueline Morand; FERRARI, Sébastien. *Droit de l' urbanisme*. 10. ed. Paris: Dalloz, 2018. p. 66-67.

[8] Cf. BONICHOT, Jean-Claude. Compatibilité, Cohérence, Prise en Compte: Jeux de Mots ou Jeux de Rôle?. In: PRIET, François. *Mélanges Henri Jacquot*. Orléans: Presses Universitaires d'Orléans, 2006. p. 57.

procedimentais exigidas, alicerce-se numa justa *ponderação* das normas do programa ou do plano a alterar, numa adequada *fundamentação* das alterações a introduzir e numa rigorosa *identificação* das disposições alteradas e proceda a uma adequada *publicidade* das normas objeto de alteração. Uma tal possibilidade geral está condensada nos arts. 44º, nº 7, da LBPSOTU e 28º, nº 5, do RJIGT. O primeiro determina que "o programa ou o plano territorial posterior avalia e pondera as regras dos programas ou planos preexistentes ou em preparação, identificando expressamente as normas incompatíveis a alterar ou a revogar nos termos da lei", enquanto o segundo estatui que, "quando procedam à alteração de programa ou de plano territorial preexistente, os novos programas e planos territoriais indicam expressamente as disposições incompatíveis que determinam a sua alteração".

A *plasticidade* do mencionado *princípio* resulta também da *ratificação governamental* do plano diretor municipal (ou do plano diretor intermunicipal), que implica a revogação ou a alteração das disposições constantes do programa setorial, especial ou regional em causa e dos respetivos elementos documentais, de modo a que traduzam a atualização da disciplina vigente (art. 91º, nº 1, do RJIGT, na redação do Decreto-Lei nº 25/2021).[9] E, quando se verifica uma situação destas, os programas de âmbito nacional e regional devem ser alterados por força de posterior ratificação e publicação dos planos municipais ou intermunicipais, como resulta do art. 116º, nº 3, do RJIGT, para efeitos de reposição da harmonização entre as disposições dos diferentes programas e planos territoriais.[10]

O segundo *princípio* regulador das relações entre as normas dos vários programas e planos é o princípio da *contracorrente* (*Gegenstromprinzip*), o qual se concretiza pela obrigação de o programa ou plano hierarquicamente superior e mais amplo tomar em consideração as disposições de um programa ou plano hierarquicamente inferior e abrangente de uma área mais restrita.[11] Este princípio – que tem também uma função preventiva de colisões de disposições dos programas e planos – está expressamente contemplado, para além de outros, no citado art. 44º, nº 7, da LBPSOTU e nos arts. 25º, nº 4, e 76º, nº 4, do RJIGT. O primeiro foi anteriormente transcrito, enquanto, nos termos do terceiro, "a elaboração de planos municipais obriga a identificar e a ponderar

---

[9] Refutando o entendimento de que as relações entre planos se regem por um princípio da hierarquia, ainda que mitigado, e defendendo a ideia de que as relações entre planos, nomeadamente entre planos municipais, são regidas por um princípio de adequação funcional, que determina a aplicação exclusiva de um único plano a cada parcela do território, de acordo com um critério de prevalência do plano de maior proximidade, cf. MONTEIRO, Cláudio. Ordenamento e planeamento do território. *Revista do Departamento de Geografia e Planeamento Regional da Universidade Nova de Lisboa*, n. 7, p. 151-164, 2003.

[10] No direito italiano, encontramos também autores que, em face da admissibilidade de planos situados num grau inferior de modificarem outros colocados num grau superior, contestam a utilização do "princípio da hierarquia" nas relações entre planos. Procuram, antes, um outro princípio norteador das relações entre figuras planificatórias, defendendo que esse novo princípio é o da "hierarquia de interesses". Segundo esta nova conceção das relações entre planos, as antinomias entre estes não seriam resolvidas com base no tipo de plano que criou as prescrições (princípio hierárquico), mas com base no *princípio cronológico*, nos termos do qual as prescrições sucessivas prevalecem sobre as precedentes. De harmonia com o princípio da "hierarquia dos interesses", o interesse territorial que emerge como o mais atual e merecedor de satisfação, com base na ponderação dos interesses em jogo, tem aplicação geral, vindo, assim, "atualizado" numa *nova prescrição urbanística*, ab-rogativa da antecedente. Cf. S. MATTEUCI, Stefano Civitarese; URBANI, Paolo. *Diritto urbanistico, organizzazione e rapporti*. 7. ed. Torino: Giappichelli, 2020. p. 57-58.

[11] Cf. HOPPE, Werner; BÖNKER, Christian; GROTEFELS, Susan. Öffentliches Baurecht. 4. Aufl. München: Beck, 2010. p. 43-44; e a nossa obra *O plano urbanístico e o princípio da igualdade*. 2. reimpr. Coimbra: Almedina, 2001. p. 194, nota 52.

os programas, os planos e os projetos, com incidência na área em causa, considerando os que já existam e os que se encontrem em preparação, por forma a assegurar as necessárias compatibilizações". No mesmo sentido, o segundo artigo mencionado do RJIGT estabelece que "os programas e os planos territoriais avaliam e ponderam as regras dos instrumentos de ordenamento do espaço marítimo nacional preexistentes, identificando expressamente as normas incompatíveis que devem ser revogadas ou alteradas". Programas e planos territoriais que, no caso de serem aprovados em violação de instrumentos de ordenamento do espaço marítimo, sempre que não tenham sido previstas as necessárias medidas de compatibilização, são nulos, nos termos do art. 129º, nº 2, do RJIGT.

Quando os três preceitos referem que o programa ou o plano territorial posterior avalia e pondera as regras dos programas ou planos preexistentes ou em preparação, identificando expressamente as normas incompatíveis a alterar ou a revogar nos termos da lei, está a considerar tanto os programas e planos hierarquicamente superiores, como os hierarquicamente inferiores ou do mesmo nível hierárquico. O princípio da *contracorrente* implica, assim, uma *obrigação* de *identificação* e de *ponderação* dos programas e planos hierarquicamente inferiores preexistentes ou em elaboração por parte do programa ou plano hierarquicamente superior que esteja a ser elaborado e que abranja a área daqueles. O mesmo parece traduzir, sobretudo, uma *obrigação de procedimento*, isto é, um dever de *identificar* aqueles programas e planos e de *ponderar* as respetivas soluções, e não tanto uma *obrigação de conteúdo*, dado que o programa ou plano hierarquicamente superior pode consagrar *soluções* diferentes do preexistente programa ou plano hierarquicamente inferior, embora não o deva fazer sem uma *fundamentação adequada*.[12]

O terceiro princípio regente das relações entre as normas dos programas e dos planos é o *princípio da articulação*. Caracteriza-se este pela obrigação de *compatibilização recíproca* entre programas e planos que não estão subordinados ao princípio da hierarquia, a qual se traduz na proibição da coexistência de programas e planos que contenham disposições contraditórias. É aquele princípio que rege as relações entre dois ou mais programas setoriais ou entre dois ou mais programas especiais que incidem sobre a mesma área territorial, os quais não podem conter normas contraditórias. Para evitar uma situação destas, já sabemos que, segundo o nº 5 do art. 28º do RJIGT, "quando procedam à alteração de programa ou de plano territorial preexistente, os novos programas e planos territoriais indicam expressamente as disposições incompatíveis que determinam

---

[12] A propósito da caracterização do *princípio da contracorrente*, recorremos à expressão "tomar em consideração", o que nos remete para a obrigação *de prise en compte* ou *de prise en considération*, utilizada no direito francês para traduzir a relação entre certos instrumentos de planificação territorial ou entre certos documentos de urbanismo. Com efeito, apesar de se discutir na doutrina o alcance daquela obrigação, regra geral, o juiz considera que numa relação *de prise en compte*, tal como na relação de compatibilidade, o ato subordinado não se pode afastar da norma superior. Não deve existir, em princípio, em tal relação contrariedade entre eles. Mas no regime da *prise en compte*, este princípio não tem um caráter absoluto, podendo ser derrogada, sob controlo do juiz, a norma superior por motivos determinados e apenas na medida em que tais motivos o justifiquem. Cf., sobre este ponto, JACQUOT, Henri. La Notion de Prise en Compte d'un Document de Planification Spatial: Enfin une Définition Jurisprudentielle. *In*: GRIDAUH. *Droit de l'Aménagement, de l'Urbanisme et de l'Habitat.* Paris: Le Moniteur, 2005. p. 71-85; JACQUOT, Henri; PRIET, François. *Droit de l'Urbanisme.* 7. ed. Paris: Dalloz, 2015. p. 178-181; e BONICHOT, Jean-Claude. Compatibilité, Cohérence, Prise en Compte: Jeux de Mots ou Jeux de Rôle?. *In*: PRIET, François. *Mélanges Henri Jacquot.* Orléans: Presses Universitaires d'Orléans, 2006. p. 54-55; 59-60.

a sua alteração", e, de harmonia com o estatuído no art. 116º, nº 2, também do RJIGT, "os programas de âmbito nacional e regional são alterados sempre que entrem em vigor novos programas, de âmbito nacional ou regional, que com eles não sejam compatíveis".

O apontado *princípio da articulação* expressa também a obrigação de harmonização entre as soluções adotadas por planos municipais aplicáveis no território de um mesmo município e que não estejam subordinados ao princípio da hierarquia (*v.g.*, a obrigação de articulação entre as disposições de dois ou mais planos de urbanização que abranjam diferentes áreas incluídas em perímetros urbanos ou outras áreas que possam ser destinadas a usos e a funções urbanas de um mesmo município), bem como entre as prescrições dos planos municipais de ordenamento do território que abranjam territórios de municípios vizinhos.[13] [14] Foi, aliás, com o objetivo de criar as condições de *articulação*

---

[13] Como tivemos ensejo de escrever noutra altura, a articulação ou harmonização entre os planos de municípios vizinhos não se deve confinar aos municípios de um país, antes deve abranger, nas zonas fronteiriças, os municípios localizados de um e de outro lado da fronteira. Concretamente nos casos de Portugal e Espanha, há uma premente necessidade de instituir formas de cooperação entre os municípios transfronteiriços no domínio específico do planeamento territorial, com vista a estabelecer um mínimo de coerência na organização dos espaços raianos. Cf. o nosso artigo Problemas atuais do direito do urbanismo em Portugal. *Revista do CEDOUA*, ano I, n. 2, 1998. p. 29, nota 23, e a bibliografia aí citada. Tais formas de cooperação entre os municípios transfronteiriços encontram-se, hoje, disciplinadas na Convenção-Quadro Europeia sobre a Cooperação Transfronteiriça entre as Coletividades ou Autoridades Territoriais, que entrou em vigor no nosso país em 11.4.1989, depois de ter sido aprovada, para ratificação, pelo Decreto do Governo nº 29/87, de 13 de agosto. Para uma análise jurídica daquela Convenção-Quadro, cf. BRITO, Wladimir. A Convenção-Quadro Europeia sobre a Cooperação Transfronteiriça entre as colectividades ou autoridades territoriais, BFDUC. *Studia Juridica*, Coimbra, v. 47, 2000. p. 183 e ss. Saliente-se que o Decreto do Presidente da República nº 11/2003, de 1 de março, ratificou a Convenção entre a República Portuguesa e o Reino da Espanha sobre Cooperação entre Instâncias e Entidades Territoriais, a qual foi aprovada pela Resolução da Assembleia da República nº 13/2003, também de 1 de março. Ora, no âmbito desta Convenção, cabe perfeitamente a articulação ou harmonização entre planos territoriais de municípios vizinhos de Portugal e de Espanha, como resulta claramente do art. 10º, nº 4, alínea c), daquela Convenção Internacional. Importa referir também a figura dos Agrupamentos Europeus de Cooperação Territorial, regidos pelo Decreto-Lei nº 376/2007, de 8 de novembro, que adota as medidas necessárias para garantir a aplicação em Portugal do Regulamento (CE) nº 1 082/2006, do Parlamento Europeu e do Conselho, de 5 de junho, os quais são pessoas coletivas públicas de natureza associativa, constituídas por entidades de dois ou mais Estados-Membros da União Europeia, tendo como atribuições específicas, *inter alia*, a promoção da "realização de estudos, planos, programas e projectos ou outras formas de relacionamento entre agentes, estruturas e entidades públicas susceptíveis de contribuírem para o desenvolvimento dos respectivos territórios [...]". Ora, dois ou mais municípios fronteiriços de Portugal e de Espanha podem criar um "Agrupamento Europeu de Cooperação Territorial" e incluir, nas suas atribuições, formas de articulação ou de harmonização entre os planos municipais pertencentes a cada um dos municípios ou mesmo a elaboração de um plano territorial conjunto para áreas transfronteiriças. Sublinhe-se, por último, a Resolução do Conselho de Ministros nº 105/2020, de 14 de dezembro, que aprovou o "Modelo de Implementação e Monitorização da Estratégia Comum de Desenvolvimento Transfronteiriço", na qual se afirma a vontade de "trabalhar com as comunidades de trabalho transfronteiriças, euroregiões, eurocidades, agrupamentos europeus de cooperação territorial e comunidades intermunicipais transfronteiriças, bem como com outras entidades locais transfronteiriças, para facilitar a cooperação entre os dois países e entre as respetivas autoridades regionais e locais, para a execução dos Programas de Cooperação Territorial Europeia, e para implementar projetos conjuntos, serviços partilhados, troca de boas práticas e experiências, e, bem assim, melhorar a coordenação conjunta em vários domínios relevantes".

[14] A obrigação de harmonização entre os planos de municípios vizinhos aparece-nos também no §2º, nº 2, do *Baugesetzbuch* alemão. Nos termos deste preceito, devem os planos de municípios vizinhos (*die Bauleitpläne benachbarter Gemeinden*) ser harmonizados entre si. A obrigação de harmonização material entre os planos de municípios vizinhos constitui uma manifestação especial da obrigação de ponderação de interesses do plano, prevista no §1º, nº 7, daquele Código. Segundo a jurisprudência administrativa germânica, municípios vizinhos, para efeitos desta disposição legal, são os municípios cujos territórios confinam entre si, bem como aqueles cujos interesses são atingidos por um plano de outro município. Ao município é reconhecido um direito de participação na elaboração dos planos dos municípios vizinhos (*Anspruch auf Beteiligung*), com a finalidade de garantir uma articulação entre as disposições dos respetivos planos. Se um município for atingido "diretamente e de modo substancial" pelos efeitos de um plano de um município vizinho e tiver havido violação da obrigação

ou *harmonização* entre planos diretores municipais de municípios vizinhos que o art. 7º, nº 1, alínea e), da Portaria nº 277/2015, de 10 de setembro, impõe a inclusão, nas *comissões consultivas* de elaboração, alteração e de revisão dos planos diretores municipais, de representantes dos municípios vizinhos.

Apesar de, atualmente, não haver qualquer controlo governamental da observância do princípio da articulação entre planos diretores municipais de municípios vizinhos, o respeito a ele não pode deixar de ser objeto de ponderação no seio da *comissão consultiva* que acompanha a sua elaboração, alteração ou revisão, prevista no art. 83º do RJIGT, e no *parecer final* elaborado pela respetiva comissão de coordenação e desenvolvimento regional, nos termos do art. 85º, nº 1, do mesmo diploma legal.

Resulta, assim, do exposto que as relações entre os programas e os planos são muito complexas, sendo pautadas por uma *influência recíproca* entre os vários instrumentos de programação e de planeamento da responsabilidade das diferentes entidades públicas ou por uma *repercussão circular* dos programas e dos planos entre si e não simplesmente por uma *influência linear*, orientada ou de cima para baixo (princípio da *hierarquia*), ou de baixo para cima (princípio da *contracorrente*) ou, ainda, em sentido horizontal (princípio da *articulação*). Para expressar esta ideia, a doutrina alemã fala do princípio dos *fluxos recíprocos*, cujo significado é o de que deve ser criada uma relação de harmonização ou de coerência permanente entre todos os programas e planos a todos os níveis.[15]

4 As relações entre programas, entre programas e planos e entre planos

Apresentados os princípios regentes das relações entre as normas dos programas e dos planos, estamos, agora, em condições de analisar as relações entre os vários tipos de programas, entre os programas e os planos e entre os planos territoriais.

Importa referir, desde já, que o legislador nem sempre é claro e rigoroso no manuseamento dos princípios e dos conceitos acima enunciados. Daí que tenhamos necessidade de apontar, em relação a algumas normas legais, certas deficiências e incorreções. De facto, os arts. 44º e 45º da LBPSOTU e os arts. 25º a 29º do RJIGT, devido à utilização de conceitos de conteúdo genérico, fluido e impreciso, nem sempre nos dão uma ideia clara da teia das relações entre os vários programas, entre os programas e os planos e entre os planos.

Deixaremos de fora da nossa pesquisa os problemas da articulação e compatibilidade dos programas e planos territoriais com os instrumentos de ordenamento do

---

de harmonização (*Abstimmungsgebot*), goza aquele de um direito à revisão material desse plano, o qual pode ser exigido judicialmente, através de uma "ação de vizinhança entre municípios" (*zwischengemeindliche Nachbarklage* ou *Gemeindenachbarklage*). Cf. M. Uechtritz em SPANNOWSKY, Willy; UECHTRITZ, Michael. *Baugesetzbuch Komentar*. 3. Aufl. München: Beck, 2018. p. 88-96, §2º; GELZER, Konrad; BIRK, Hans-Jörg. *Bauplanungsrecht*. 5. Aufl. Köln: Otto Shmidt, 1991. p. 18-19; U. Battis, em BATTIS, Ulrich; KRAUTZBERGER, Michael; LÖHR, Rolf-Peter. *Baugesetzbuch Kommentar*. 13. Aufl. München: Beck, 2016. p. 109-113, §2º; W. Bielenberg, em ERNST, Werner; ZINKAHN, Willy; BIELENBERG, Walter. *Baugesetzbuch*. München: Beck, 1990. v. I. p. 46-57, §2º; e V. PILTZ, Bauplanungsrecht, 4. Aufl., Kohlhammer, Stuttgart, 1987, p. 22.

[15] Cf., por todos, ROSSI, Mathias. Vue d'Ensemble sur la Planification Spatiale. In: GRIDAUH. " Le Contenu des Plans d'Urbanisme et d'Aménagement dans les Pays d'Europe de l'Ouest", Colloque International de Genève-Lausanne. [s.l.]: Les Cahiers du GRIDAUH, 2006. n. 15. p. 157.

espaço marítimo nacional, a que se referem os arts. 45º da LBPSOTU e 25º e 129º, nº 2, do RJIGT, já que estes últimos não encontram o seu regime jurídico gizado nestes dois diplomas legais.

4.1 Relações entre o Programa Nacional da Política de Ordenamento do Território e os programas setoriais e especiais

Uma análise das relações entre o PNPOT e os outros instrumentos de gestão territorial não pode deixar de ter como ponto de partida a caracterização das disposições daquele instrumento de ordenamento do território. E não pode, também, deixar de tomar em consideração os objetivos e as características de cada um dos instrumentos de gestão territorial que se relacionam com o PNPOT.

Notas típicas das disposições do PNPOT são a sua *elevada imprecisão*, o seu acentuado *grau de abstração* e a sua *fraca densidade normativa*. Com elas queremos significar que o PNPOT se limita a estabelecer as *opções estratégicas* com relevância para a organização do território nacional e a consubstanciar o *quadro de referência* a considerar na elaboração dos demais programas e planos territoriais (art. 30º do RJIGT). Neste sentido, o PNPOT desempenha um relevante papel de *enquadramento estratégico* dos programas e dos planos e de *instrumento de coerência* de todo o sistema de gestão territorial.

As notas características anteriormente apontadas às disposições do PNPOT não põem em causa a *superioridade hierárquica* do PNPOT em face dos programas setoriais e especiais. É isso o que decorre da fórmula do nº 3 do art. 26º do RJIGT, ainda que deficientemente expressa, segundo a qual "a elaboração dos programas setoriais e especiais é condicionada pelas orientações definidas no programa nacional de política de ordenamento do território". No mesmo sentido vai o nº 4 do vigente PNPOT, aprovado pela Lei nº 99/2019, de 5 de setembro, que, sob a epígrafe "diretrizes para os instrumentos de gestão territorial", indica, no seu nº 1.5:

> a Estratégica, o Modelo Territorial, as Medidas de Política e as Diretrizes do PNPOT constituem o referencial para a elaboração, alteração ou revisão dos instrumentos de gestão territorial de âmbito nacional, regional, intermunicipal e municipal, devendo ser integradas, traduzidas e desenvolvidas nos vários programas e planos, em função da sua dinâmica e tendo em consideração os objetivos, conteúdos e funções de cada tipo de instrumento.

Uma tal *superioridade hierárquica* é pautada pelo *princípio da compatibilidade*, cujo sentido é o de que os instrumentos de gestão territorial em vigor à data da publicação do PNPOT, bem como aqueles que vierem a ser elaborados ou revistos no futuro estão sujeitos a uma *obrigação de compatibilidade* com as disposições do PNPOT. Por isso, a expressão utilizada no nº 1 do art. 26º do RJIGT, nos termos da qual "o programa nacional da política de ordenamento do território, os programas setoriais, os programas especiais e os programas regionais traduzem um compromisso recíproco de compatibilização das respetivas opções", não parece espelhar corretamente as relações entre o PNPOT e aqueles instrumentos de gestão territorial. Com efeito, se pode falar-se de um *compromisso recíproco de compatibilização* das opções destes instrumentos de gestão territorial, isso é o *resultado* da aplicação dos princípios que regem as relações entre as disposições destes, designadamente do *princípio da hierarquia*.

Importa sublinhar que são as *características* das disposições do PNPOT acima indicadas – ou, dizendo as coisas de outro modo, a *própria substância* das suas disposições – que justificam que a sua força vinculativa em face dos demais instrumentos de gestão territorial seja comandada pelo *princípio da compatibilidade*, o qual é menos exigente ou rigoroso do que o *princípio da conformidade*. De facto, enquanto a relação de conformidade exclui qualquer diferença entre os elementos de comparação – precisamente os elementos a respeitar, de um lado, e do outro, os elementos subordinados, que devem ser conformes aos primeiros –, a relação de compatibilidade exige somente que não haja contradição entre eles.

Se o PNPOT se limita a estabelecer *orientações, opções, diretrizes, princípios* e *regras orientadoras*, compreende-se que as entidades que elaboram e aprovam instrumentos de planeamento hierarquicamente inferiores ao PNPOT disponham de um amplo poder discricionário na escolha das soluções que dizem respeito ao ordenamento do espaço, sendo-lhe vedadas apenas aquelas que contrariarem as diretivas do PNPOT, que ponham em causa as opções fundamentais nele condensadas ou que impeçam a concretização do modelo de organização espacial nele traçado.[16]

Note-se, porém, que a circunscrição das disposições do PNPOT ao estabelecimento das *grandes opções* e *orientações* quanto ao ordenamento do território não se fundamenta unicamente em *razões técnicas*, dada a dificuldade, se não mesmo impossibilidade, de, a nível nacional, definirem-se normas concretas e detalhadas sobre ocupação, uso e transformação do solo. Baseia-se também em *razões jurídico-constitucionais*, relacionadas com a repartição constitucional de atribuições e competências entre o Estado, as Regiões Autónomas dos Açores e da Madeira e as autarquias locais, em especial os municípios, ínsita no art. 65º, nº 4, da Lei Fundamental, e decorrente dos princípios constitucionais da *autonomia político-administrativa* das regiões autónomas e da *autonomia* e da *descentralização administrativa* das autarquias locais (arts. 6º, 225º a 234º e 235º a 243º da CRP).

Por isso, se os municípios, ao elaborarem e aprovarem os seus planos, não podem contrariar as *opções* e *orientações* constantes do PNPOT – e discurso similar pode ser feito em relação às *opções* e *orientações* constantes dos programas setoriais, especiais e regionais –, também o Estado deve respeitar as atribuições e competências dos municípios em matéria de ordenamento e planeamento territorial. Daí que lhe esteja constitucionalmente vedado elaborar e aprovar instrumentos de gestão territorial que contenham normas de tal modo concretas e detalhadas sobre a ocupação, uso e transformação do solo que eliminem ou reduzam substancialmente as atribuições e competências dos municípios ou destruam, desvirtuem ou esvaziem a sua margem de manobra sobre aquelas matérias.[17]

---

[16] Cf. JACQUOT, Henri; PRIET, François. *Droit de l'Urbanisme*. 7. ed. Paris: Dalloz, 2015. p. 156-157, e LEBRETON, Jean-Pierre. La Compatibilité en Droit de l'Urbanisme. *L'Actualité Juridique-Droit Administratif*, n. 7/8, 1991. p. 491-496.

[17] Cf. MADIOT, Yves. Répartition des Compétences d'Aménagement et d'Urbanisme et Degré de Précision des Règles. In: GRIDAUH. *"L'Articulation des Règles d'Occupation des Sols en Europe"*, Colloque International de Nice. [s.l.]: Les Cahiers du GRIDAUH, 1998. n. 1. p. 17.

4.2 Relações entre os programas territoriais de âmbito nacional e os programas regionais

Também as relações entre os programas territoriais de âmbito nacional (o PNPOT, os programas setoriais e os programas especiais) e os programas regionais são comandadas pelo *princípio da hierarquia mitigada*, na modalidade de *compatibilidade*. Isso resulta claramente, ainda que expresso de forma imperfeita, do disposto nos nºs 1 e 2 do art. 44º da LBPSOTU. Estipula o primeiro que "o programa nacional da política de ordenamento território, os programas sectoriais e os programas especiais prosseguem objetivos de interesse nacional e estabelecem os princípios e as regras orientadoras da disciplina a definir pelos programas regionais", enquanto o segundo dispõe que "os programas regionais prosseguem os objetivos de interesse regional e respeitam o disposto nos programas territoriais de âmbito nacional". Vão no mesmo sentido o nº 2 do art. 26º do RJIGT, ao estabelecer que "o programa nacional da política de ordenamento do território, os programas setoriais e os programas especiais prosseguem objetivos de interesse nacional e estabelecem os princípios e as regras que devem ser observados pelos programas regionais", bem como o nº 4 do mesmo preceito, ao estatuir que "os programas regionais prosseguem os objetivos de interesse regional e respeitam o disposto nos programas territoriais de âmbito nacional".

Idêntico princípio está espelhado no nº 4 do vigente PNPOT, aprovado pela Lei nº 99/2019, de 5 de setembro, que, sob a epígrafe "diretrizes para os instrumentos de gestão territorial", indica, no seu nº 1.27:

> as mudanças críticas, os princípios da coesão territorial e os desafios territoriais identificados na Estratégia do PNPOT, assim como os Sistemas e o Modelo Territorial são desenvolvidos e objetivados nos Programas Regionais de Ordenamento do Território (PROT) no âmbito da definição de um quadro de referência estratégico regional, orientador para os planos territoriais e para os instrumentos de programação estratégica e operacional de âmbito regional.

4.3 Relações entre os programas nacionais e regionais e os programas intermunicipais

De modo semelhante, as relações entre os programas nacionais e regionais e os programas intermunicipais, caso existam, são pautadas pelo princípio da *hierarquia*, entendida de *modo flexível*, na modalidade de *compatibilidade*. Ainda que apresentadas de modo imperfeito, é o que parece resultar dos nºs 1 e 2 do art. 27º do RJIGT, quando prescrevem, respetivamente, que "os programas regionais definem o quadro estratégico a desenvolver pelos programas e pelos planos intermunicipais e municipais" e que "os programas e os planos intermunicipais, bem como os planos municipais devem assegurar a programação e a concretização das políticas com incidência territorial, que, como tal, estejam assumidas pelos programas territoriais de âmbito nacional e regional".

Especificamente no que respeita às relações entre o PNPOT e os programas intermunicipais, idêntico princípio parece derivar do nº 4 do vigente PNPOT, aprovado pela Lei nº 99/2019, de 5 de setembro, que, sob a epígrafe "diretrizes para os instrumentos de gestão territorial", indica, no seu nº 1.42:

o PNPOT tem os programas intermunicipais como instrumentos relevantes, cuja elaboração deve ser fomentada no quadro das comunidades intermunicipais, com o objetivo de reforçar redes de colaboração e articulação e de concretizar as medidas de política nos domínios dos sistemas natural, urbano, económico, social, conetividade e de governança, seja nos contextos metropolitanos, onde existe uma elevada densidade de relações físicas e funcionais que carecem de estruturação e otimização, seja nos demais territórios, onde o incremento de massa crítica e de racionalidade do acesso a serviços de interesse geral e de serviços de interesse económico é crucial.

4.4 Relações entre os programas nacionais e regionais e os planos territoriais

No campo das relações entre os programas nacionais e regionais e os planos intermunicipais e municipais, a legislação é mais clara no sentido de uma relação de *hierarquia mitigada*, na modalidade de uma relação de *compatibilidade*. Assim, o art. 44º, n 3, da LBPSOTU preceitua que "os planos territoriais de âmbito intermunicipal e municipal devem desenvolver e concretizar as orientações definidas nos programas territoriais preexistentes de âmbito nacional ou regional, com os quais se devem compatibilizar".[18] O mesmo resulta dos transcritos nºs 1 e 2 do art. 27º do RJIGT, assim como dos nºs 1 e 2 do art. 28º do mesmo diploma, os quais *impõem a atualização*, através da figura da *alteração por adaptação* dos planos intermunicipais e municipais em consequência da superveniente entrada em vigor de programas nacionais, regionais ou intermunicipais que contenham prescrições incompatíveis com as dos vigentes planos intermunicipais ou municipais [art. 121º, nº 1, alínea b), do RJIGT]. O primeiro especifica que "os programas estabelecem o prazo para a atualização dos planos de âmbito intermunicipal ou municipal preexistentes, após audição, respetivamente, da entidade intermunicipal ou de outra associação de municípios responsável pelo plano territorial a atualizar ou dos municípios abrangidos" – prazo esse que pode ser acordado com a entidade intermunicipal, a associação de municípios ou os municípios, através da celebração de *contratos interadministrativos* –, ao passo que o segundo especifica:

> sem prejuízo do disposto no número anterior, a entidade responsável pela elaboração do programa deve dar conhecimento, à comissão de coordenação e desenvolvimento regional territorialmente competente, dos prazos estabelecidos para a atualização dos planos territoriais.

---

[18] Embora o art. 44º, nº 3, da LBPSOTU refira expressamente o *princípio da hierarquia*, na modalidade de *compatibilidade*, nas relações entre os programas nacionais e os planos territoriais, devemos fazer um ajustamento do aludido princípio nas relações entre os programas setoriais e os planos territoriais. Com efeito, a *superioridade hierárquica* dos primeiros em face dos segundos será pautada pelo princípio da *conformidade* ou pelo princípio da *compatibilidade*, conforme o grau maior ou menor de concreteza das disposições do programa setorial. Nos casos em que o programa setorial procede à localização de grandes empreendimentos públicos com incidência territorial, as disposições do plano territorial devem estar em *conformidade* com as normas do programa setorial. Mas, nas hipóteses em que o programa setorial se limita a fixar as estratégias de desenvolvimento respeitantes aos diversos setores da administração central, o princípio da *compatibilidade* traduz melhor o grau de vinculação do programa sectorial em relação ao plano territorial. Cf., sobre este ponto, MIRANDA, João. *A dinâmica jurídica do planeamento territorial (a alteração, a revisão e a suspensão dos planos)*. Coimbra: Coimbra Editora, 2002. p. 159, nota 400.

As consequências da "falta de atualização de planos territoriais" no prazo fixado (art. 29º do RJIGT) são muito severas. Em primeiro lugar, a não atualização do plano territorial, no prazo fixado ou acordado, determina a suspensão das normas do plano territorial, intermunicipal ou municipal que deviam ter sido alteradas, não podendo, na área abrangida, haver lugar à prática de quaisquer atos ou operações que impliquem ocupação, uso e transformação do solo (art. 29º, nº 1). Para esse efeito, nos termos do nº 2 do art. 29º do RJIGT, na redação do Decreto-Lei nº 25/2021, "após audição da câmara municipal, a realizar até ao 20º dia útil anterior ao termo do prazo de atualização do plano territorial, a comissão de coordenação e desenvolvimento regional territorialmente competente deve, no dia seguinte ao termo do prazo de atualização, emitir uma declaração identificando as normas objeto da suspensão prevista no número anterior, a qual deve ser publicitada no Diário da República e na plataforma colaborativa de gestão territorial, no prazo de 10 dias". A referida suspensão vigora desde o fim do prazo de atualização do plano territorial até a atualização do mesmo (art. 29º, nº 2, na redação do Decreto-Lei nº 25/2021).

Em segundo lugar, a falta de iniciativa, por parte da entidade intermunicipal, da associação de municípios ou do município, tendente a desencadear o procedimento de atualização do plano territorial, bem como o atraso da mesma atualização por facto imputável às referidas entidades, determina a suspensão do respetivo direito de candidatura a apoios financeiros comunitários e nacionais, até a data da conclusão do processo de atualização, bem como a não celebração de contratos-programa (art. 29º, nº 4).

Queremos sublinhar a possibilidade de a entidade intermunicipal, a associação de municípios ou o município comprovarem que o atraso da atualização se deve a *facto não imputável* às referidas entidades. Na verdade, se a culpa de um tal atraso for também imputável aos órgãos ou agentes da administração central, seria injusto – e, por isso mesmo, inadmissível – que esta viesse, depois, a "penalizar" aquelas entidades por um comportamento de que também é responsável. Impedir num caso desses a entidade intermunicipal, a associação de municípios ou o município de se candidatar a apoios financeiros comunitários e nacionais representaria um autêntico *venire contra factum proprium*, coisa que é, de todo, incompatível com o *princípio do Estado de direito democrático*, pois este exige que o Estado proceda com *boa-fé* no seu relacionamento com aquelas entidades. O princípio da *boa-fé* é, de resto, um daqueles por que a Administração se deve pautar, por força do disposto no art. 266º, nº 2, da CRP.

Por conseguinte, nos casos em que se comprove que foi também por culpa da administração central que as referidas entidades não procederam à atualização dos seus planos territoriais no prazo assinalado, seria fazer uma interpretação inconstitucional da norma do art. 29º, nº 4, do RJIGT, porque violadora do *princípio do Estado de direito democrático*, consagrado no art. 2º da CRP.

De qualquer modo, se a "sanção" da suspensão das normas do plano territorial, intermunicipal ou municipal que deviam ter sido alteradas e a consequente proibição, na área abrangida, da prática de quaisquer atos ou operações que impliquem ocupação, uso e transformação do solo, enquanto durar essa suspensão, é compreensível, na medida em que é uma "sanção" relacionada com o não cumprimento de "um dever de atualização de planeamento", temos muitas dúvidas de que a "sanção" da proibição do direito de candidatura a apoios financeiros comunitários e nacionais, até a data da conclusão do processo de atualização, bem como a não celebração de contratos-programa por parte da entidade intermunicipal, da associação de municípios ou do município não seja uma "sanção" que se apresenta como *excessiva* – e, assim, como violadora do *princípio da proporcionalidade*, entendido este no sentido de *proibição do excesso* (consagrado nos arts. 18º, nº 2, e 270º, relativamente às restrições de direitos, liberdades e garantias; no art. 266º, que o indica como um dos princípios por que se deve nortear a Administração; e no art. 272º, nº 2, relativamente às medidas de polícia, preceitos estes todos da Constituição). *Princípio da proporcionalidade* que é, de resto, implicado pelo próprio *princípio do Estado de direito democrático*.[19]

Seja como for, as normas citadas do RJIGT que impõem um *dever de atualização* e de *alteração por adaptação* dos planos territoriais quando entrar em vigor um programa territorial que contenha disposições incompatíveis com as desses planos consagram um *princípio de compatibilidade diferida*, o qual significa que a obrigação de compatibilização do instrumento de gestão territorial inferior com o superior está sujeita a um prazo de concretização.[20]

Considerando, porém, que, de acordo com o art. 44º, nº 3, da LBPSOTU, segundo o qual "os planos territoriais de âmbito intermunicipal e municipal devem desenvolver e concretizar as orientações definidas nos programas territoriais preexistentes de âmbito nacional ou regional, com os quais se devem compatibilizar", pensamos que não se aplica, entre nós, o denominado *princípio da compatibilidade limitada*, traduzido na ideia de que a referida *obrigação de alteração* de planos territoriais que contenham normas incompatíveis com o PNPOT aplicar-se-ia, em primeira mão, aos programas regionais de ordenamento do território já existentes. Por isso, no caso de existirem planos diretores municipais compatíveis com um PROT, deveria ser este o primeiro a ser alterado se for incompatível com o superveniente PNPOT, pois é o PROT que desenvolve os princípios, os objetivos e as orientações consagrados no PNPOT e constitui o quadro estratégico a desenvolver pelos planos diretores intermunicipais e municipais. O referido princípio da *compatibilidade limitada*, que se aplica, no direito francês, nos casos em que a lei o estipular expressamente, tem o sentido de que, no caso de sobreposição de mais de dois instrumentos de gestão territorial de natureza global sobre o mesmo território, as normas do plano inferior não necessitam ser compatíveis com o conjunto das normas dos programas ou planos superiores, mas somente com as do programa ou plano que lhe é imediatamente superior.[21]

Assinale-se, por último, no tocante às relações entre o PNPOT e os planos diretores municipais e intermunicipais, que o referido *princípio da hierarquia*, na modalidade de *compatibilidade*, parece derivar também do nº 4 do vigente PNPOT, aprovado pela Lei nº 99/2019, de 5 de setembro, que, sob a epígrafe "diretrizes para os instrumentos de gestão territorial", indica, no seu nº 1.49:

---

[19] Cf. CANOTILHO, José Joaquim Gomes; MOREIRA, Vital. *Constituição da República Portuguesa anotada*. 4. ed. Coimbra: Coimbra Editora, 2007. v. I. p. 203-212 (Anotação ao Artigo 2º); 392-393 (Artigo 18º); e CANOTILHO, José Joaquim Gomes; MOREIRA, Vital. *Constituição da República Portuguesa anotada*. 4. ed. Coimbra: Coimbra Editora, 2010. v. II. p. 801-802 (Anotação ao Artigo 266º).

[20] Cf. JACQUOT, Henri; PRIET, François. *Droit de l'Urbanisme*. 7. ed. Paris: Dalloz, 2015. p. 159-160.

[21] Cf. JACQUOT, Henri; PRIET, François. *Droit de l'Urbanisme*. 7. ed. Paris: Dalloz, 2015. p. 157-159.

o PNPOT aponta para a necessidade de se ponderar a essência do PDM e de se adotarem orientações e práticas consentâneas com a necessidade de um planeamento mais explícito e firme nos princípios e regras gerais de organização e de regime de uso do solo e de salvaguarda de riscos e mais flexível nas regras de gestão, incorporando dispositivos orientadores da sua dinâmica futura, mecanismos de programação em função de informação de gestão e soluções de remissão para outras figuras de gestão territorial (planos de urbanização e planos de pormenor) e para regulamentos municipais.

4.5 Relações entre os programas intermunicipais e os planos territoriais

No caso de existirem programas intermunicipais, as suas relações com os planos territoriais são igualmente pautadas pelo princípio da *hierarquia flexível*, de acordo com o *princípio da compatibilidade*. Ainda que escrito de modo imperfeito, é o que resulta do art. 44º, nº 4, da LBPSOTU, segundo o qual "os planos territoriais de âmbito municipal devem ainda atender às orientações definidas nos programas intermunicipais preexistentes", bem como do art. 27º, nº 3, do RJIGT, do qual se estatui, de modo idêntico, que "os planos territoriais de âmbito municipal devem atender às orientações definidas nos programas intermunicipais preexistentes".

4.6 Relações entre o plano diretor municipal e os restantes planos territoriais

Vejamos, por fim, as relações entre o plano diretor municipal, o plano de urbanização e o plano de pormenor. O que vamos referir vale também para as relações entre o plano diretor intermunicipal, o plano de urbanização intermunicipal e o plano de pormenor intermunicipal, caso existam.

Não há que falar nas relações entre planos intermunicipais e planos municipais, pois eles excluem-se mutuamente, sendo impossível a sua coexistência. Com efeito, já sabemos que o nº 5 do art. 44º da LBPSOTU sentencia:

> a existência de um plano diretor, de um plano de urbanização ou de um plano de pormenor de âmbito intermunicipal exclui a possibilidade de existência, ao nível municipal, de planos territoriais do mesmo tipo, na área por eles abrangida, sem prejuízo das regras relativas à dinâmica dos planos territoriais.

De modo idêntico, o art. 27º, nº 4, do RJIGT decreta:

> a existência de um plano diretor, de um plano de urbanização ou de um plano de pormenor de âmbito intermunicipal exclui a possibilidade de existência, na respetiva área de abrangência, de planos municipais do mesmo tipo, sem prejuízo das regras relativas à dinâmica de planos territoriais.

As relações entre as várias espécies de planos municipais de ordenamento do território são claramente comandadas pelo *princípio da hierarquia*. Assim, o PDM tem uma superioridade hierárquica em relação ao plano de urbanização e ao plano de pormenor e o plano de urbanização uma superioridade hierárquica em face do plano de pormenor. Isto resulta de uma pluralidade de preceitos do RJIGT.

O art. 27º, nº 5, do RJIGT indica, desde logo, que "o plano diretor municipal define o quadro estratégico de desenvolvimento territorial do município, sendo o instrumento de referência para a elaboração dos demais planos municipais". Apontam no mesmo sentido os arts. 95º, nºs 1 e 2, e 96º, nº 1, alíneas k) e l), do mesmo diploma legal. Com efeito, o PDM:

> é o instrumento que estabelece a estratégia de desenvolvimento territorial municipal, a política municipal de solos, de ordenamento do território e de urbanismo, o modelo territorial municipal, as opções de localização e de gestão de equipamentos de utilização coletiva e as relações de interdependência com os municípios vizinhos, integrando e articulando as orientações estabelecidas pelos programas de âmbito nacional, regional e intermunicipal [...] é um instrumento de referência para a elaboração dos demais planos municipais, bem como para o desenvolvimento das intervenções setoriais da administração do Estado no território do município, em concretização do princípio da coordenação das respetivas estratégias de ordenamento territorial.

E contém, entre o mais, "a especificação qualitativa e quantitativa dos índices, dos indicadores e dos parâmetros de referência, urbanísticos ou de ordenamento, a estabelecer em plano de urbanização e em plano de pormenor, bem como os de natureza supletiva aplicáveis na ausência destes", bem como "a programação da execução das opções de ordenamento estabelecidas e a definição de unidades operativas de planeamento e gestão do plano, identificando, para cada uma destas, os respetivos objetivos e os termos de referência para a necessária elaboração de planos de urbanização e de pormenor".

Por sua vez, "o plano de urbanização desenvolve e concretiza o plano diretor municipal e estrutura a ocupação do solo e o seu aproveitamento, fornecendo o quadro de referência para a aplicação das políticas urbanas e definindo a localização das infraestruturas e dos equipamentos coletivos principais" (art. 98º, nº 1), podendo abranger "qualquer área do território do município incluída em perímetro urbano por plano diretor municipal eficaz e, ainda, os solos rústicos complementares de um ou mais perímetros urbanos, que se revelem necessários para estabelecer uma intervenção integrada de planeamento" ou "outras áreas do território municipal que possam ser destinadas a usos e a funções urbanas, designadamente à localização de instalações ou parques industriais, logísticos ou de serviços ou à localização de empreendimentos turísticos e equipamentos e infraestruturas associados" [art. 98º, nº 2, alíneas a) e b)].

Por último, "o plano de pormenor desenvolve e concretiza em detalhe as propostas de ocupação de qualquer área do território municipal, estabelecendo regras sobre a implantação das infraestruturas e o desenho dos espaços de utilização coletiva, a implantação, a volumetria e as regras para a edificação e a disciplina da sua integração na paisagem, a localização e a inserção urbanística dos equipamentos de utilização coletiva e a organização espacial das demais atividades de interesse geral", abrangendo "áreas contínuas do território municipal, que podem corresponder a uma unidade ou subunidade operativa de planeamento e gestão ou a parte delas" (art. 101º, nºs 1 e 2).

Quanto ao grau de vinculação da relação hierárquica entre planos municipais de ordenamento do território, cremos que, nas relações entre o PDM e os planos de urbanização e os planos de pormenor, o princípio da hierarquia deve ser pautado pelo *princípio da compatibilidade* ou pelo *princípio da conformidade*, em função do caráter mais *genérico* ou mais *concreto* das disposições do PDM. Mas, no que toca à relação hierárquica entre o plano de urbanização e o plano de pormenor, dado o caráter mais *concreto*, *denso* e *especificado* do plano de urbanização, deverá aquela ser pautada pelo *princípio da conformidade*. De qualquer modo, o caráter mais ou menos *dúctil* ou mais ou menos *rigoroso* da relação hierárquica entre as várias espécies de planos municipais dependerá da "estrutura concreta das normas-planos" colocadas em confronto.

Seja como for, o princípio da hierarquia entre as várias modalidades de planos municipais é também *temperado* ou *mitigado*, com o objetivo de introduzir *flexibilidade* no sistema de planeamento. É possível, assim, aprovar um plano de urbanização que contenha disposições incompatíveis com as normas do PDM, revogando ou alterando para a respetiva área as disposições deste, e, bem assim, aprovar um plano de pormenor que encerre, para a área por ele abrangida, disposições incompatíveis com o PDM ou desconformes com um plano de urbanização, revogando ou alterando as disposições destes. E, como já tivemos ensejo de sublinhar, na sequência das alterações introduzidas ao RJIGT pelo Decreto-Lei nº 316/2007, foi eliminada a exigência da *ratificação governamental* nos casos de alteração de disposições do PDM por planos de urbanização e por planos de pormenor e de alteração das disposições dos planos de urbanização por planos de pormenor.

Mas, como já tivemos ocasião de acentuar, entendemos que a alteração dos PDM por planos de urbanização e por planos de pormenor e de planos de urbanização por planos de pormenor, para além de estar sujeita à observância das regras procedimentais, designadamente o acompanhamento, a concertação e a participação, não pode deixar de se alicerçar numa *justa ponderação* das normas dos planos a alterar, numa adequada *fundamentação* das alterações a introduzir, numa rigorosa *identificação* das disposições alteradas e numa adequada *publicidade* das normas objeto de alteração. A não ser assim, estar-se-á perante uma violação do *princípio da hierarquia* dos planos, que desencadeia a nulidade das normas dos planos que devessem ser compatíveis ou conformes com as dos planos hierarquicamente superiores (arts. 128º, nº 1, e 129º, nº 1, do RJIGT).

Para encerrarmos a análise da problemática das relações entre os vários tipos de programas e de planos territoriais, importa recordar que os princípios da *contracorrente* e da *articulação* desempenham também um importante papel nas relações entre os programas e os planos. Mas o seu perímetro de aplicação já foi indicado, em traços gerais, um pouco mais acima.

5 Os instrumentos ou mecanismos de prevenção e de resolução dos conflitos ou das colisões de normas dos programas e dos planos

A legislação infraconstitucional prevê, igualmente, como já dissemos, alguns *instrumentos* ou *mecanismos* que procuram prevenir os conflitos ou as colisões de normas dos programas e dos planos. Vejamos os principais.

O primeiro consiste na *colaboração* de várias entidades públicas no procedimento de elaboração dos programas e dos planos territoriais. A associação ao procedimento de formação dos programas e dos planos de vários sujeitos de direito público possibilita o conhecimento e a ponderação das disposições dos programas e dos planos já em vigor ou em elaboração, daí resultando um efeito preventivo de conflitos entre as respetivas normas. Veja-se, por exemplo, o art. 82º, nº 1, alínea a), do RJIGT, segundo o qual o *acompanhamento* da elaboração dos planos municipais visa "promover a respetiva conformidade ou compatibilização com os programas de âmbito regional e nacional, bem como a sua harmonização com quaisquer outros planos, programas e projetos, de interesse municipal ou intermunicipal".

O segundo instrumento preventivo do surgimento de conflitos de normas de planos territoriais é a *ratificação governamental* dos planos diretores municipais ou planos diretores intermunicipais. Esta tem, de harmonia com o art. 51º da LBPSOTU e os arts. 90º, nº 2, e 91º do RJIGT, caráter excecional e ocorre apenas nas situações em que, no âmbito do respetivo procedimento de elaboração e aprovação, seja suscitada pelo órgão responsável pela respetiva elaboração, por si ou pelos serviços ou entidades com competências consultivas, a sua incompatibilidade com programa especial, regional ou setorial. Mas a mesma tem, nos casos em que é exigida, um caráter *legitimador* da revogação ou da alteração das disposições constantes do programa setorial, especial ou regional em causa e dos respetivos elementos documentais, pelo que não deixa de exercer uma *função preventiva* das *colisões ilegais* entre as normas dos planos diretores intermunicipais ou municipais e as dos programas setoriais, especiais e regionais.

O terceiro mecanismo diz respeito à prevenção de conflitos entre um plano territorial preexistente e um posterior programa territorial e consiste, por um lado, na *obrigação de alteração ou atualização* dos planos territoriais de âmbito intermunicipal e municipal desconformes ou incompatíveis com um posterior programa territorial de âmbito nacional ou regional (art. 27º, nº 6, do RJIGT) e, por outro lado, no *dever* de os programas *estabelecerem o prazo* para a atualização dos planos de âmbito intermunicipal ou municipal preexistentes, após audição, respetivamente, da entidade intermunicipal ou de outra associação de municípios responsável pelo plano territorial a atualizar ou dos municípios abrangidos (art. 28º, nº 1, do RJIGT). O art. 28º do RJIGT determina, como já sabemos, as consequências da falta de atualização dos planos territoriais em resultado da superveniente entrada em vigor de um programa territorial.

O quarto mecanismo preventivo de colisões entre normas de programas e de planos tem a ver com programas e planos situados em *idêntico ou diferente nível hierárquico*, tendo em conta o assinalado *princípio da hierarquia mitigada ou flexível*, e traduz-se na *imposição* de os *novos* programas e planos territoriais, quando procedam à alteração de programa ou de plano territorial preexistente (de idêntico nível hierárquico ou de nível hierárquico superior), *indicarem expressamente* as disposições incompatíveis que determinam a sua alteração (art. 28º, nº 5, do RJIGT). Pode invocar-se no mesmo sentido, qual seja o de um programa ou um plano posterior, mesmo de nível hierárquico inferior, alterar um anterior programa ou plano territorial o art. 44º, nº 7, da LBPSOTU, nos termos do qual "o programa ou o plano territorial posterior avalia e pondera as regras dos programas ou planos preexistentes ou em preparação, identificando expressamente as normas incompatíveis a alterar ou a revogar nos termos da lei".

O quinto mecanismo preventivo de conflitos entre normas dos programas e dos planos está ínsito nos citados arts. 51º da LBPSOTU e 90º, nº 2, e 91º, nº 1, do RJIGT e consiste na *revogação* ou a *alteração* das disposições constantes do programa setorial, especial ou regional em consequência da *ratificação governamental* de planos diretores intermunicipais e municipais.

O sexto mecanismo preventivo de colisões entre normas de programas e de planos traduz-se na necessidade de, nos casos em que um programa ou um plano de grau hierárquico inferior alterar ou revogar as normas de um programa ou plano hierarquicamente superior, com base no princípio da *hierarquia mitigada* ou *flexível*, esse programa ou plano situado num patamar hierárquico superior ser posteriormente alterado ou revisto, de modo a ser restabelecida a *harmonia* e a *coerência* entre os vários instrumentos de gestão territorial. É assim que, nos casos em que a *ratificação governamental* de plano diretor municipal ou intermunicipal implica a revogação ou a alteração das disposições constantes do programa setorial, especial ou regional em causa e dos respetivos elementos documentais, de modo a que traduzam a atualização da disciplina vigente, deve o antecedente programa setorial, especial ou regional ser posteriormente alterado ou revisto. Atente-se no que dispõe o art. 116º, nº 3, do RJIGT, que determina que os programas de âmbito nacional e regional devem ser alterados por força de posterior ratificação e publicação dos planos municipais ou intermunicipais. A justificação deste dever encontra-se na necessidade da reposição da harmonização entre as disposições dos diferentes programas e planos territoriais.

A tudo isto acresce que estamos perante uma consequência do denominado "princípio de prevalência cronológica uniforme", que, segundo o preâmbulo do RJIGT (o Decreto-Lei nº 80/2015, de 14 de maio), obriga à atualização e adaptação dos instrumentos de gestão territorial anteriores.

Se, não obstante os *mecanismos de prevenção* de conflitos de normas de programas e de planos, estes vierem a ocorrer na realidade, há que gerir tais colisões. Falhando a prevenção, há que partir para a gestão dos conflitos de normas dos programas e dos planos. Foi com este objetivo que o legislador criou um *meio* de *resolução* das colisões, cominando com a sanção de *nulidade* as normas de programas e de planos que violem qualquer programa ou plano territorial com o qual devessem ser compatíveis ou conformes, e abrindo, consequentemente, a *via* da sua impugnação contenciosa junto dos tribunais administrativos. Na verdade, depois de o art. 128º, nº 1, do RJIGT proclamar que "a compatibilidade ou a conformidade entre os diversos programas e planos territoriais é condição da respetiva validade", veio prescrever, no art. 129º, nº 1, que "são nulas as normas de programas e de planos que violem qualquer programa ou plano territorial com o qual devessem ser compatíveis ou conformes".[22] Estamos perante um exemplo

---

[22] Sublinhe-se que a *sanção de nulidade* está também prevista, no direito alemão, no caso de os planos municipais não cumprirem a *obrigação de adaptação* aos *fins* do ordenamento do território, condensada no §1º, alínea 4, do *Código do Urbanismo (Baugesetzbuch)*, nos termos do qual "os planos urbanísticos devem adaptar-se aos fins do ordenamento do território" (*die Bauleitpläne sind den Zielen der Raumordnung anzupassen*). A referida *obrigação de adaptação* significa que os planos urbanísticos não podem ser *contrários* aos *fins* do ordenamento do território, antes devem *concretizá-los* ("*Anpassen" bedeutet konkretisierung der landesplanerischen Ziele in der Bauleitplanung*) – fins esses definidos nos planos de ordenamento do território que abrangem toda área da Federação ou toda a área de um Estado federado (*Raumordnungsplänen für das Landesgebiet*) e nos planos regionais, que abarcam apenas uma parte do território do estado federado (*Regionalplänen*). Cf. U. Battis em BATTIS, Ulrich; KRAUTZBERGER, Michael; LÖHR, Rolf-Peter. *Baugesetzbuch Kommentar*. 13. Aufl. München: Beck, 2016. p. 32-35, §1º; e F. Dirnberger em SPANNOWSKY, Willy; UECHTRITZ, Michael. *Baugesetzbuch Komentar*. 3. Aufl. München: Beck, 2018, p. 25-31, §1º.

em que o legislador optou por uma solução de *nulidade parcial*, porquanto são nulas as normas dos programas e dos planos incompatíveis ou desconformes, não o programa ou o plano na sua totalidade, desde que se conclua pela *divisibilidade* deste, isto é, pela suscetibilidade e utilidade da sua continuação em vigor na parte não afetada por um tal vício de ilegalidade.

Resulta do exposto que os instrumentos de gestão dos conflitos de normas dos programas e dos planos são, entre nós, exclusivamente de caráter jurisdicional, não havendo lugar a quaisquer mecanismos de natureza administrativa.

O efeito da *nulidade* das normas dos programas e dos planos verifica-se, desde logo, por determinação da lei, nos casos de violação do *princípio da hierarquia*. Mas cremos que idêntica consequência deve ser assacada à violação do princípio da *contracorrente*, quando o programa ou o plano hierarquicamente superior e mais amplo não *identificar* e não *ponderar*, de modo *especialmente grave* e *evidente*, as disposições de um programa ou um plano hierarquicamente inferior preexistente e abrangente de uma área mais restrita. E o mesmo se poderá dizer da violação, também de *modo especialmente grave* e *evidente*, do *princípio da articulação*, tal como o definimos anteriormente.

A razão da equiparação, no campo dos tipos de invalidade, dos casos de violação dos mencionados três princípios (da *hierarquia*, da *contracorrente* e da *articulação*) encontra-se na circunstância de em todos eles se verificar uma *ofensa clara e manifesta* ao *princípio da harmonização* entre as normas dos programas e dos planos, em termos de se verificarem as mesmas razões de ordem material que justificam a sanção da *nulidade* das respetivas normas e, bem assim, do regime do pedido de declaração de ilegalidade com força obrigatória geral dos planos dotados de eficácia plurissubjetiva, que pode ser apresentado, na generalidade dos casos, a todo o tempo.[23]

Referências

AUBY, Jean-Bernard. Sanction de la Hiérarchie des Normes et Documents d'Aménagement et d'Urbanisme. *In*: GRIDAUH. *"L'Articulation des Règles d'Occupation des Sols en Europe", Colloque International de Nice*. [s.l.]: Les Cahiers du GRIDAUH, 1998. n. 1.

BATTIS, Ulrich; KRAUTZBERGER, Michael; LÖHR, Rolf-Peter. *Baugesetzbuch Kommentar*. 13. Aufl. München: Beck, 2016.

BONICHOT, Jean-Claude. Compatibilité, Cohérence, Prise en Compte: Jeux de Mots ou Jeux de Rôle?. *In*: PRIET, François. *Mélanges Henri Jacquot*. Orléans: Presses Universitaires d'Orléans, 2006.

BRITO, Wladimir. A Convenção-Quadro Europeia sobre a Cooperação Transfronteiriça entre as colectividades ou autoridades territoriais, BFDUC. *Studia Juridica*, Coimbra, v. 47, 2000.

CANOTILHO, José Joaquim Gomes; MOREIRA, Vital. *Constituição da República Portuguesa anotada*. 4. ed. Coimbra: Coimbra Editora, 2007. v. I.

---

[23] Não se ignora, porém, que o art. 74º, nº 2, do Código de Processo nos Tribunais Administrativos veio prever um prazo de seis meses para a declaração de ilegalidade formal ou procedimental das normas, desde que ela não configure uma inconstitucionalidade, nem se trate de ilegalidade por carência absoluta de forma legal ou de preterição de consulta pública exigida por lei. Estamos perante uma solução antiformalista, conquanto não se trate de vícios especialmente graves, a qual está em consonância com o regime instituído no art. 144º, nº 2, do Código do Procedimento Administrativo em matéria de regulamentos administrativos. Para mais desenvolvimentos, cf. o nosso artigo O contencioso dos planos urbanísticos em Portugal: um possível modelo a ser seguido no Brasil e na Iberoamérica. *Revista Americana de Urbanismo*, año II, n. 2, p. 21-60, jun./dic. 2019.

CANOTILHO, José Joaquim Gomes; MOREIRA, Vital. *Constituição da República Portuguesa anotada*. 4. ed. Coimbra: Coimbra Editora, 2010. v. II.

CORREIA, Fernando Alves. A Nova Lei de Bases Gerais da Política Pública de Solos, de Ordenamento do Território e do Urbanismo: alguns princípios fundamentais. *Revista do CEDOUA*, ano 17, n. 34, 2014.

CORREIA, Fernando Alves. Evolução do direito do urbanismo em Portugal de 2012 a 2017. *Revista do CEDOUA*, ano 21, n. 41, 2018.

CORREIA, Fernando Alves. L'Évolution de la Législation d'Urbanisme du Portugal de 2012 à 2017. *In*: GRIDAUH. *Droit de L'Aménagement, de l'Urbanisme et de l'Habitat*. Paris: Editions le Moniteur, 2018.

CORREIA, Fernando Alves. *Manual de direito do urbanismo*. 4. ed. Coimbra: Almedina, 2008. v. I.

CORREIA, Fernando Alves. O contencioso dos planos urbanísticos em Portugal: um possível modelo a ser seguido no Brasil e na Iberoamérica. *Revista Americana de Urbanismo*, año II, n. 2, jun./dic. 2019.

CORREIA, Fernando Alves. *O plano urbanístico e o princípio da igualdade*. 2. reimpr. Coimbra: Almedina, 2001.

CORREIA, Fernando Alves. Problemas actuais do direito do urbanismo em Portugal. *Revista do CEDOUA*, ano I, n. 2, 1998.

DEVILLER, Jacqueline Morand; FERRARI, Sébastien. *Droit de l' urbanisme*. 10. ed. Paris: Dalloz, 2018.

ERNST, Werner; ZINKAHN, Willy; BIELENBERG, Walter. *Baugesetzbuch*. München: Beck, 1990. v. I.

ESTÉVEZ GOYTRE, Ricardo. *Manual de derecho urbanístico*. Granada: Comares, 2016.

GELZER, Konrad; BIRK, Hans-Jörg. *Bauplanungsrecht*. 5. Aufl. Köln: Otto Shmidt, 1991.

HOPPE, Werner; BÖNKER, Christian; GROTEFELS, Susan. *Öffentliches Baurecht*. 4. Aufl. München: Beck, 2010.

JACQUOT, Henri; PRIET, François. *Droit de l'Urbanisme*. 7. ed. Paris: Dalloz, 2015.

JACQUOT, Henri. La Notion de Prise en Compte d'un Document de Planification Spatial: Enfin une Définition Jurisprudentielle. *In*: GRIDAUH. *Droit de l'Aménagement, de l'Urbanisme et de l'Habitat*. Paris: Le Moniteur, 2005.

LEBRETON, Jean-Pierre. Articulation des Règles d'Aménagement et d'Urbanisme Avec les Autres Normes d'Occupation des Sols. *In*: GRIDAUH. *"L'Articulation des Règles d'Occupation des Sols en Europe", Colloque International de Nice*. [s.l.]: Les Cahiers du GRIDAUH, 1998. n. 1.

LEBRETON, Jean-Pierre. La Compatibilité en Droit de l'Urbanisme. *L'Actualité Juridique-Droit Administratif*, n. 7/8, 1991.

MADIOT, Yves. Répartition des Compétences d'Aménagement et d'Urbanisme et Degré de Précision des Règles. *In*: GRIDAUH. *"L'Articulation des Règles d'Occupation des Sols en Europe", Colloque International de Nice*. [s.l.]: Les Cahiers du GRIDAUH, 1998. n. 1.

MATTEUCI, Stefano Civitarese; URBANI, Paolo. *Diritto urbanistico, organizzazione e rapporti*. 7. ed. Torino: Giappichelli, 2020.

MIRANDA, João. *A dinâmica jurídica do planeamento territorial (a alteração, a revisão e a suspensão dos planos)*. Coimbra: Coimbra Editora, 2002.

MONTEIRO, Cláudio. Ordenamento e planeamento do território. *Revista do Departamento de Geografia e Planeamento Regional da Universidade Nova de Lisboa*, n. 7, 2003.

PILTZ, Volker. *Bauplanungsrecht*. 4. Aufl. Stuttgart: Kohlhammer, 1987.

RAMÓN FERNÁNDEZ, Tomás. *Manual de derecho urbanístico*. 25. ed. Pamplona: Civitas/Thomson Reuters, 2017.

ROSSI, Mathias. Vue d'Ensemble sur la Planification Spatiale. *In*: GRIDAUH. « *Le Contenu des Plans d'Urbanisme et d'Aménagement dans les Pays d'Europe de l'Ouest", Colloque International de Genève-Lausanne*. [s.l.]: Les Cahiers du GRIDAUH, 2006. n. 15.

SPANNOWSKY, Willy; UECHTRITZ, Michael. *Baugesetzbuch Komentar*. 3. Aufl. München: Beck, 2018.

Informação bibliográfica deste texto, conforme a NBR 6023:2018 da Associação Brasileira de Normas Técnicas (ABNT):

CORREIA, Fernando Alves. As relações entre programas e planos territoriais e a harmonização entre as respetivas normas. *In*: GOMES, Ana Cláudia Nascimento; ALBERGARIA, Bruno; CANOTILHO, Mariana Rodrigues (Coord.). *Direito Constitucional*: diálogos em homenagem ao 80º aniversário de J. J. Gomes Canotilho. Belo Horizonte: Fórum, 2021. p. 157-182. ISBN 978-65-5518-191-3.

LA CONSTITUCIÓN DEL ALGORITMO. EL DIFÍCIL ENCAJE DE LA CONSTITUCIÓN ANALÓGICA EN EL MUNDO DIGITAL

FRANCISCO BALAGUER CALLEJÓN

Introducción

El título de este texto habría sido impensable hace unos años, especialmente para un Homenaje al profesor Gomes Canotilho, a quién dediqué en 2011, en coherencia con las preocupaciones del momento en que lo escribí y con su trayectoria intelectual "El final de una época dorada. Una reflexión sobre la crisis económica y el declive del Derecho constitucional nacional". Si me he atrevido a preparar esta nueva contribución con una temática tan aparentemente extraña es porque el propio Profesor Canotilho, como es habitual en los grandes maestros, ha abierto el camino de la reflexión sobre el mundo digital con aportaciones sugerentes.[1]

Ciertamente, en el año 2011 la crisis económica era motivo de especial inquietud para el constitucionalismo. Pero antes de que los problemas que planteaba se resolvieran, se abrió paso el impresionante desarrollo de las compañías tecnológicas, con todo un universo de desafíos para el derecho constitucional que se comenzaron a vislumbrar con nitidez a partir del año 2016. En el 2021 la crisis sanitaria, esa matrioska que porta todas las demás crisis en su interior, nos ha enfrentado a una nueva crisis económica y a un crecimiento extraordinario de las compañías tecnológicas que nos sitúa de lleno en un mundo digital tan tecnológicamente avanzado como constitucionalmente deficitario.

Ni que decir tiene que los constitucionalistas nos movemos en este terreno con la misma incomodidad que la propia constitución. No porque la constitución sea "analógica" como tal, sea cual sea el sentido que le demos a ese término, sino porque la constitución, como ocurre con el entero constitucionalismo que conocemos, se forjó en un mundo analógico y, como bien dice Juan Francisco Sánchez Barrilao, el mundo

---

[1] Cfr. José Joaquim Gomes Canotilho "Sobre a indispensabilidade de uma Carta de Direitos Fundamentais Digitais da União Europeia", *R. Trib. Reg. Fed. 1a Região*, Brasília, DF, v. 31, n. 1, 2019.

digital ha cambiado, en gran medida, su objeto.² Para expresarlo con las tan citadas y bellas palabras de Mario Benedetti, "cuando creíamos que teníamos todas las respuestas, de pronto, cambiaron todas las preguntas".

El mundo digital es un territorio ignoto y lleno de peligros para la constitución. No lo es sólo porque el formato haya cambiado y sus pistas de lectura ya no se adaptan a los equipos, sino porque los factores de poder del mundo digital no se ajustan a las previsiones constitucionales. Por diversos motivos que analizaremos seguidamente, "la constitución del algoritmo" (entendida esta expresión en el doble sentido de constitucionalizar el algoritmo y de digitalizar la constitución) tendrá que partir de nuevas bases si quiere controlar esos factores de poder.

Algunas ya vienen impuestas por la propia dinámica de los cambios históricos que estamos experimentando. Por ejemplo, en materia de "constitución económica" pensada para el marco nacional,³ o de derechos fundamentales que hoy se están refugiando en el puerto seguro de los derechos del consumidor⁴ o de la configuración de las fuentes del Derecho en el contexto de la globalización,⁵ en un mundo cada vez más regulado desde el ámbito privado a través del contrato. Otras tendrán que configurarse a través de un proceso de reflexión que nos permita redefinir el lugar que le corresponde a la constitución en un contexto digital y globalizado.

Si hubiera podido alargar más el título de este texto, habría insertado alguna cautela, al estilo de las que se utilizaban hace tiempo para comenzar los títulos de libros y artículos, con frases tales como "materiales para el estudio de [...]" o "una aproximación a [...]". Ningún tema más apropiado para volver a nuestras dudas metodológicas de antaño. Un terreno muy poco firme sobre el que sabemos muy poco, aunque la urgencia nos obliga a recorrerlo con precaución y paso vacilante.

1 ¿Qué fue de la constitución analógica?

En la tapia que cierra la parte norte de la hermosa fuente de los jardines del Triunfo en Granada, justo enfrente del edificio del Hospital Real (sede del Rectorado de la Universidad), alguien tiene la costumbre de escribir graffiti que proyectan una luz tan intensa como la que ilumina los juegos de agua durante la noche. Recuerdo siempre uno, ya desaparecido, motivado seguramente por la crisis financiera y sus devastadoras consecuencias para nuestra juventud: "no quepo en un cielo tan bajito".

¿Qué otra cosa podía ser la constitución que un espacio de libertad destinado a ampliar nuestro horizonte y a elevar nuestro cielo? Y, sin embargo, en este siglo XXI la

---

2   Juan Francisco Sánchez Barrilao, "El derecho constitucional ante la era de ultrón: la informática y la inteligencia artificial como objeto constitucional", *Estudios de Deusto*, Vol. 64/2, Julio-Diciembre 2016, p. 239.

3   Cfr. Francisco Balaguer Callejón, "Costituzione economica e globalizzazione", *federalismi.it*, numero speciale. 5/2019, 25 Ottobre 2019, pp. 42-54:https://www.federalismi.it/ApplOpenFilePDF.cfm?artid=40502&dpath=document&dfile=25102019205029.pdf&content=Costituzione%2Beconomica%2Be%2Bglobalizzazione%2B%2D%2Bstato%2B%2D%2Bdottrina%2B%2D%2B.

4   Cfr. Augusto Aguilar Calahorro, "El sujeto de derecho en la sociedad del consumo: el ciudadano como consumidor", en M.A. García Herrera, J. Asensi Sabater y F. Balaguer Callejón, *Constitucionalismo crítico*: liber amicorum Carlos de Cabo Martín, Tirant lo Blanch, Valencia 2016.

5   Cfr. Alessandro Pizzorusso, "La producción normativa en tiempos de globalización", ReDCE, n. 11, Enero-Junio de 2009: https://www.ugr.es/~redce/REDCE11/articulos/10AlessandroPizzorusso.htm.

mayor parte del balance está llena de fracasos. Algunos de esos fracasos los hemos visto con la crisis económica y forman parte de las grandes crisis del constitucionalismo en este nuevo siglo y milenio.[6] Otros tienen que ver con el mundo digital y su incidencia en los procesos comunicativos y en la configuración del espacio público, incluidos los procesos electorales nacionales. Los grandes agentes globales, los especuladores financieros y las compañías tecnológicas han desatado fuerzas que el Estado no puede controlar y ante las que la constitución se encuentra inerme.[7]

La constitución regula un mundo que en parte no existe ya o es socialmente irrelevante, si tenemos en cuenta a las nuevas generaciones de nativos digitales. En los cursos que imparto en diferentes países sobre estas temáticas hago siempre las mismas preguntas al auditorio, jóvenes de unos veinte años: ¿quién ha escrito una carta y la ha enviado por correo alguna vez en su vida? El porcentaje no suele alcanzar el 5% ¿quién ha utilizado alguna vez un teléfono fijo? Un porcentaje similar, inferior al 5% ¿quién ha leído alguna vez un periódico impreso? Aquí el porcentaje nunca supera el 3% ¿quién se informa habitualmente a través de periódicos digitales? No llega al 10%, del auditorio, el resto utiliza la información que procede de las redes sociales y de aplicaciones de Internet.

Frente a esta evolución, algunos de los preceptos constitucionales que afectan a estos ámbitos son hoy una reliquia. No porque las normas que contienen no deban ser preservadas y garantizada su eficacia, sino porque en el mundo digital el poder estatal que la constitución regula se ve incapaz de hacerlo. Cuando antes se enviaba una carta a través del servicio postal, no era necesario firmar ningún contrato para que llegara intacta a destino porque el Estado garantizaba que nadie abriría esa carta en el proceso de envío y entrega y que si lo hacía incurriría en responsabilidad penal. Exactamente lo contrario de lo que ocurre ahora con la correspondencia en el mundo digital, que es procesada como cualquier otra actividad en la red por las compañías tecnológicas para extraer datos que posteriormente utiliza con finalidad comercial.

El problema no es que la constitución regule una parte de la realidad que ya prácticamente no existe (la analógica) sino que no regule la realidad que se ha impuesto y que configura un nuevo tipo de sociedad que vive en un mundo digital. Algo que, naturalmente, no tiene que ver solamente con la transformación de los derechos fundamentales establecidos en la constitución sino también con la aparición de nuevos derechos que deben ser regulados para poder ofrecer condiciones de seguridad jurídica y de protección frente a los agentes globales que en la actualidad los lesionan de manera masiva.[8]

---

[6] Cfr. Francisco Balaguer Callejón, "El final de una época dorada. Una reflexión sobre la crisis económica y el declive del Derecho constitucional nacional", en *Estudos em Homenagem ao Professor Doutor José Joaquim Gomes Canotilho*, Vol. II, Constituição e Estado: entre Teoria e Dogmática, Coimbra Editora, Coimbra, 2012, pp. 99-122. Cfr. igualmente F. Balaguer Callejon, "Uma Interpretação Constitucional da Crise Econômica", *Revista de Direito Público*, n. 54, Nov-Dez/2013, Instituto Brasiliense de Direito Público (IDP), Brasilia (Brasil).

[7] Cfr. Francisco Balaguer Callejón: "As duas grandes crises do constitucionalismo diante da globalização no século XXI", *Espaço Jurídico Journal of Law [EJJL]*, 19 (3), 2018, pp. 681-702. https://portalperiodicos.unoesc.edu.br/espacojuridico/article/view/20205. Cfr. igualmente, Francisco Balaguer Callejón, "Redes sociais, companhias tecnológicas e democracia", *Revista Estudos Institucionais*, v. 6, n. 2, p. 579-599, maio/ago. 2020: https://www.estudosinstitucionais.com/REI/article/view/485

[8] Cfr. a este respecto la *Carta Portuguesa de Direitos Humanos na Era Digital*, que se ha aprobado mediante la Lei n.º 27/2021 de 17 de maio y que entrará en vigor en el mes de julio, a los 60 días de su publicación. Cfr. igualmente la iniciativa sobre una Carta de derechos fundamentales digitales de la Unión Europea: www.

En todo caso, hay que coincidir con el Profesor Gomes Canotilho, en que la solución no consiste solo en regular la inteligencia artificial para garantizar los derechos, sino que es necesario el desarrollo de estructuras y procedimientos que hagan posible el control efectivo basado en la salvaguarda de la persona como principio y fin del sistema.[9] La regulación es importante justamente para establecer una base legal sobre la que puedan operar los mecanismos de control, pero no es suficiente.

En la sociedad digital ocupa un lugar esencial el algoritmo, como instrumento de configuración de la nueva realidad que se expande por el mundo físico y el virtual. A través del algoritmo se procesan datos para ordenar la realidad. En ocasiones esa ordenación se realiza directamente, sobre soportes físicos, como es el caso, por ejemplo, de los vehículos autónomos. La conducción se produce mediante el procesamiento de una cantidad ingente de datos que se reciben de diversas fuentes, incluidas las cámaras situadas en el vehículo.

En estos casos, los problemas jurídicos que puedan plantearse tienen que ver con la actividad misma, no con la regulación previa que realiza el algoritmo, que no tiene una configuración normativa, sino que expresa una actuación del procesador informático previamente definida por seres humanos. Si en esa definición se incorporan instrucciones inadecuadas que provocan daños, la responsabilidad será de quiénes han diseñado esas instrucciones.

Cuestión diferente es la de los algoritmos que tienen una configuración normativa y que se mueven dentro del esquema de las fuentes del derecho por insertarse en procesos decisionales públicos o condicionar regulaciones que afectan a los derechos constitucionales. En estos casos es necesario plantearse la dimensión constitucional del algoritmo en una doble perspectiva. Por un lado, en relación con *el sistema de fuentes del derecho* y con la necesidad de preservar los principios fundamentales del ordenamiento jurídico, que no permiten dejar ámbitos de regulación que afecten a derechos fuera del circuito representativo de la democracia pluralista.

Por otro lado, la dimensión constitucional del algoritmo debe abordarse en relación con *el sistema de derechos constitucionales*, que no puede renunciar a la garantía de los derechos en virtud de que su lesión se produzca a través de procedimientos informáticos mediante algoritmos. El algoritmo no deja de ser un instrumento destinado a una finalidad concreta y utilizado para mejorar procesos y obtener rendimientos de diversa naturaleza (aunque en última instancia sean esencialmente económicos). Esa finalidad debe ser compatible con la constitución, como también deben serlo los algoritmos que se diseñan para conseguirla.

---

digitalcharter.eu. Cfr. también el proyecto de Carta de derechos digitales desarrollado por el gobierno de España: https://portal.mineco.gob.es/RecursosArticulo/mineco/ministerio/participacion_publica/audiencia/ficheros/SEDIACartaDerechosDigitales.pdf. Cfr. por último, con un alcance diferente, la Carta de las Naciones Digitales, suscrita en Montevideo en 2019 por diez países, entre ellos Portugal: https://www.gov.uk/government/publications/digital-nations-charter/digital-nations-charter

[9] "o cerne problemático da revolução algorítmica não está na 'regulação' da IA ancorada apenas em direitos fundamentais, mas no desenvolvimento objectivo de estruturas organizacionais e mecanismos procedurais que permitam um efectivo controlo pelas autoridades competentes e tribunais com mecanismos adequados à salvaguarda do sujeito colocado no princípio e no fim do sistema", José Joaquim Gomes Canotilho "Sobre a indispensabilidade de uma Carta de Direitos Fundamentais Digitais da União Europeia", cit., p. 69.

En general, no puede dejar de señalarse la existencia de una cierta incompatibilidad lógica entre los algoritmos y la vertiente procesal del derecho, como proceso público, plural y participativo. Esa vertiente procesal es especialmente relevante en la configuración del sistema de fuentes, que debe responder a criterios formales de participación, en sus distintos niveles, que reflejen el pluralismo social y político. Pero también lo es en la actividad de la administración o en la jurisdiccional: en el debate interno en los órganos colegiados, en la diversidad de instancias, en institutos tales como el voto particular, en la necesidad de motivación. Todas estas condiciones formales definen procesos que no pueden ser sustituidos por los algoritmos sin afectar a los principios constitucionales.

2   Algoritmos y fuentes del Derecho

La primera cuestión que se nos plantea en la relación entre los algoritmos y las fuentes del derecho es si realmente podemos hablar de los algoritmos como fuentes del derecho. Los algoritmos como tales son un instrumento técnico de procesamiento de datos, pero su resultado puede tener una configuración normativa. Pensemos, por ejemplo, en su uso en procesos de elaboración de normas para facilitar la labor normativa. O en los supuestos en los que el uso de algoritmos determina un marco resolutorio similar al que se produce en la aplicación de normas.

¿Son los algoritmos una nueva fuente del derecho? Para contestar a esta pregunta tendríamos que definir previamente cuándo estamos en presencia de una fuente del derecho que incorpore normas al ordenamiento jurídico. Desde mi punto de vista no son operativos a estos efectos ni el postulado de la generalidad de las normas ni el de la abstracción porque si bien ambos se configuraron históricamente, como indicara N. Bobbio,[10] como principios lógicos inherentes a las normas, en realidad respondían a una configuración ideológica destinada a garantizar la igualdad formal y la seguridad jurídica.

Una distinción operativa, a este respecto, es la de A. Pizzorusso:[11] son normas jurídicas aquellas que tienen efectos *erga omnes*, frente a todos (aunque no sean generales ni abstractas). Por el contrario, carecen de esa condición normativa los actos que tienen efectos *inter partes*. Hay que descartar, por tanto, que el negocio jurídico sea fuente del derecho por más que en el sistema kelseniano esa condición tenga sentido.[12] En principio no puede considerarse fuente del derecho, porque limita sus efectos a las partes que lo suscriben, sin perjuicio de que para esas partes sea vinculante y esté jurisdiccionalmente garantizado.

Desde la percepción clásica de la generalidad de la ley, esta diferenciación puede causar perplejidad, especialmente si tenemos en cuenta las normas singulares[13] y las contrastamos con los contratos que las grandes compañías tecnológicas hacen suscribir a los usuarios de sus servicios digitales y que pueden alcanzar e incluso superar los dos

---

[10] cfr. N. Bobbio, *Teoria della Norma Giuridica*, G. Giappichelli Editore, Torino, 1958, pp. 230 y ss.
[11] A. Pizzorusso, *Delle Fonti del Diritto. Commentario del Codice Civile, art. 1-9*, Nicola Zanichelli Editore/Soc.Ed. Del Foro Italiano, Bologna-Roma, 1977, pp. 15 y ss. Hay segunda edición de 2011.
[12] Cfr. H. Kelsen, *Reine Rechtslehre*, 2a Edición, de 1960, Verlag Franz Deuticke, Viena, reimpresión de 1967, p. 240.
[13] Cfr. J.A. Montilla Martos, *Las leyes singulares en el ordenamiento constitucional español*, Civitas, Madrid, 1994.

mil millones de usuarios en todo el mundo (como es el caso de Facebook, YouTube o WhatsApp).[14] Sin embargo, desde una perspectiva jurídica lo que tenemos aquí es una relación *inter partes* en la que una compañía firma un compromiso con cada una de las personas que hacen uso de sus servicios, aunque esa parte del contrato sean casi tres mil millones.

En efecto, el régimen jurídico de ese contrato seguirá siendo el mismo que si se suscribiera entre esa compañía y un solo usuario. Por tanto, el régimen jurídico de los algoritmos que se diseñen en el marco de ese contrato, aunque afecten a miles de millones de personas será también ajeno al ámbito de lo normativo, de las fuentes del derecho. Sin embargo, no podemos desconocer que estas compañías generan un espacio propio de vida, aunque sea virtual, una especie de "ecosistema" en el que se mueven miles de millones de personas diariamente bajo las condiciones que se definen en esos contratos[15].

Siendo los algoritmos un instrumento, su régimen jurídico no puede depender de la naturaleza de los procesos técnicos que realizan ni del código fuente en sí mismo considerado, sino del ámbito específico en el que se utilizan. Donde se plantea de manera más problemática ese uso es en el ámbito de la Administración Pública. Aquí es donde se desarrolla actualmente el debate sobre si los algoritmos son o no fuente del derecho, con diversidad de respuestas doctrinales.[16] Sea cual sea la respuesta a esa pregunta, hay que coincidir con Andrés Boix en que si materialmente realizan las mismas funciones que los reglamentos deben estar sometidos a las similares garantías.[17]

3   Algoritmos y derechos

Los problemas que plantean los algoritmos al sistema constitucional de derechos se extienden por una amplia relación de materias que afectan a un gran número de derechos constitucionales, ya sea mediante la utilización de los algoritmos ya sea

---

[14] Cfr. https://backlinko.com/social-media-users.

[15] Cfr. Francisco Balaguer Callejón, "The impact of the new mediators of the digital age on freedom of speech", en prensa.

[16] Cfr., por ejemplo: José Joaquim Gomes Canotilho "Sobre a indispensabilidade de uma Carta de Direitos Fundamentais Digitais da União Europeia", citado; Agustí Cerrillo i Martínez "El impacto de la inteligencia artificial en el derecho administrativo ¿nuevos conceptos para nuevas realidades técnicas?" en *La Administración al día, Estudios*, 9/5/2019, INAP; Andrés Boix Palop, "Los algoritmos son reglamentos: La necesidad de extender las garantías propias de las normas reglamentarias a los programas empleados por la administración para la adopción de decisiones", *Revista de Derecho Público: teoría y método*, n°.1, 2020; Juli Ponce Solé "Inteligencia artificial, Derecho administrativo y reserva de humanidad: algoritmos y procedimiento administrativo debido tecnológico", *La Administración al día, Estudios*, 11/4/2019, INAP; Luis Arroyo Jiménez, "Algoritmos y reglamentos", *Almacén del Derecho*, 25/2/2020. Por lo que se refiere al uso de algoritmos en los procedimientos administrativos, cfr. Isaac Martín Delgado, "La gestión electrónica del procedimiento administrativo", *QDL* 21, octubre de 2009 y, del mismo autor, "Naturaleza, concepto y régimen jurídico de la actuación administrativa automatizada", *Revista de Administración Publica*, núm. 180, Madrid, septiembre-diciembre 2009. En cuanto a los procedimientos judiciales, cfr. Goretty Carolina Martínez Bahena "La inteligencia artificial y su aplicación al campo del Derecho", *alegatos*, n. 82, México, septiembre/diciembre de 2012; Susana de la Sierra "Inteligencia artificial y justicia administrativa: una aproximación desde la teoría del control de la Administración Publica", en *La Administración al día, Estudios*, 12/3/2020, INAP. Cfr. igualmente, Javier de la Cueva, "Código fuente, algoritmos y fuentes del Derecho" *El Notario del siglo XXI*, Enero-Febrero de 2021.

[17] Cfr. Andrés Boix Palop, "Los algoritmos son reglamentos: La necesidad de extender las garantías propias de las normas reglamentarias a los programas empleados por la administración para la adopción de decisiones", citado.

mediante su propio diseño. En lo que se refiere a este último, se plantea de manera constante la cuestión de los sesgos y de su incidencia sobre los principios constitucionales que están orientados a promover la igualdad y a proteger a los grupos más vulnerables de la sociedad.

El argumento de que los sesgos son un reflejo de la realidad y que el diseño del algoritmo no es responsable de corresponderse con esa realidad carece de consistencia constitucional y resulta expresivo de la desatención permanente de los valores constitucionales por parte de las compañías tecnológicas. Esos sesgos son tan inaceptables como la realidad que reflejan.[18] Se podría decir que esa desatención es comprensible porque estas compañías trabajan en un ámbito global y no se les puede pedir que particularicen sus condiciones en virtud de las exigencias constitucionales y legales de países concretos.

La triste realidad, sin embargo, es que compañías que tienen su matriz en el país con la constitución más antigua del mundo moderno, no han tenido la menor sensibilidad hacia esos valores constitucionales mientras que sí han modulado sus contenidos por voluntad propia en virtud de criterios que parecen inspirados en el código Hays. Es posible, por tanto, desde un punto de vista técnico, adaptarse a la realidad de los sistemas constitucionales de los países democráticos que comparten unos principios comunes, en términos generales.

El choque con la constitución es inevitable porque en el ordenamiento constitucional de los países democráticos, de manera expresa o implícita (a través, por ejemplo, de la formulación de las políticas públicas) existe un mandato de promoción de la igualdad y de prohibición de la discriminación.[19] Como siempre nos ha enseñado el Profesor Gomes Canotilho, la constitución no es neutral frente a la realidad, sino que proporciona en mayor o menor medida, la base cultural y normativa para promover su transformación.[20] El diseño de algoritmos con sesgos que normalicen y perpetúen la desigualdad de género es, por tanto, contraria a la constitución y no debe ser permitida por el ordenamiento jurídico.

Por lo que se refiere a la utilización de los algoritmos, la lesión de derechos fundamentales es permanente y afecta a un gran número de derechos. Baste pensar en la extracción de datos a partir de la actividad en internet de los usuarios, con la vulneración de un gran número de derechos, desde el secreto de las comunicaciones

---

[18] Como se indica en el informe *Algorithms in decision-making*, del Science and Technology Committee (House of Commons), de 23 de mayo de 2018: "Algorithms, in looking for and exploiting data patterns, can sometimes produce flawed or biased 'decisions' —just as human decision-making is often an inexact endeavour. As a result, the algorithmic decision may disproportionately discriminate against certain groups, and are as unacceptable as any existing 'human' discrimination". Cfr. en: https://publications.parliament.uk/pa/cm201719/cmselect/cmsctech/351/35102.htm.

[19] Cfr. Mariana Rodrigues Canotilho, *El principio de igualdad en el derecho constitucional europeo*, Thomson Reuters, Madrid, 2017.

[20] Por más que el proyecto emancipatorio que las constituciones contienen tenga que adaptarse a las transformaciones de nuestro tiempo sobre la base de un constitucionalismo moralmente reflexivo: "Uno de los desafíos con los que se enfrenta este constitucionalismo moralmente reflexivo consiste en la sustitución de un derecho autoritariamente dirigente pero ineficaz, mediante otras fórmulas que permitan completar el proyecto de modernidad —donde no se hubiese realizado— en las condiciones complejas de la posmodernidad". J.J. Gomes Canotilho "¿Revisar la/o romper con la Constitución dirigente? Defensa de un constitucionalismo moralmente reflexivo", *Revista Española de Derecho Constitucional*, n. 43, enero-abril de 1995, p. 23.

a la intimidad. Como el teléfono móvil se ha convertido en una especie de "anejo inseparable" del usuario, no hay espacio alguno de intimidad frente a la extracción de datos por las compañías tecnológicas, incluyendo también a los "altavoces inteligentes" que se pueden activar por las compañías dentro del domicilio para recabar datos, con la excusa de mejorar la asistencia al usuario.[21]

Pero los problemas más graves vienen después, con el uso que se les da a esos datos cuando se procesan por los algoritmos para enviar publicidad personalizada, dirigida individualmente en función del propio proceso de extracción de datos y, eventualmente, de los perfiles psicológicos que se han elaborado del usuario. El tránsito que realizara Facebook a la propaganda política subliminal personalizada hace algunos años marca el punto álgido de la afectación del completo sistema constitucional de algunos Estados (comenzando por su propio país de origen, Estados Unidos, en las elecciones presidenciales de 2016, algo que aparentemente no se ha repetido en las de 2020).[22]

¿Qué se puede hacer desde la constitución nacional para evitar esas lesiones masivas de derechos? Hasta ahora se ha hecho bien poco, ciertamente por la dificultad que tienen los Estados para controlar a compañías globales que se sitúan fuera de sus fronteras. Un problema previo es el de la naturaleza contractual de la relación entre la compañía que ofrece los servicios y los usuarios de los servicios. Se plantea aquí la cuestión, señalada por el Profesor Gomes Canotilho, de una "ciber-Drittwirkung" en las relaciones jurídico-privadas que se desarrollan a través de internet.[23]

La tendencia suele ser la de intervenir en estas cuestiones a través de la protección de los derechos del consumidor o de otros derechos, como la protección de datos, que se utilizan de manera instrumental. Esto es algo que se ha visto favorecido en los Estados miembros de la Unión Europea por la importante normativa europea en la materia. No parece haber, sin embargo, una conciencia clara de la necesidad de proteger los derechos fundamentales directamente, tal y como han sido configurados en la constitución.

Es comprensible que en un mundo cada vez más orientado a la economía y cada vez más condicionado por la globalización, los derechos del consumidor asuman un papel más relevante y se configure este título como un "refugio" un puerto seguro al que llevar los restos del naufragio de los derechos fundamentales reconocidos en la constitución. Es algo que hemos visto en España, por ejemplo, en relación con otros derechos constitucionales que, en los años más difíciles de la anterior crisis económica, se canalizaron a través de la protección de los consumidores, especialmente por el Tribunal de Justicia de la Unión Europea.[24]

---

[21] Cfr. D. Lynskey "'Alexa, are you invading my privacy?' – the dark side of our voice assistants", The Guardian, 9/10/2019: https://www.theguardian.com/technology/2019/oct/09/alexa-are-you-invading-my-privacy-the-dark-side-of-our-voice-assistants.

[22] Hasta donde conocemos y con los matices que habría que indicar: Cfr. Francisco Balaguer Callejón, "Inteligência artificial, democracia e direitos", en prensa actualmente en Brasil.

[23] Cfr. José Joaquim Gomes Canotilho, "Das Constituições dos Direitos à Crítica dos Direitos", *Direito Público* No 7 – Jan-Fev-Mar/2005, p. 88.

[24] Cfr. Augusto Aguilar Calahorro, "El sujeto de derecho en la sociedad del consumo: el ciudadano como consumidor", anteriormente citado.

La transformación global de la economía ha provocado que la antigua "constitución económica" nacional, donde se ajustaban los factores productivos en el seno de la propia constitución, ya no tenga una capacidad real de ordenación de la economía. Lo mismo se puede decir en relación con la protección de los derechos de los trabajadores que, aunque sigue existiendo, se ve cada vez más debilitada por las condiciones económicas impuestas desde fuera del Estado. La integración supranacional no ha sido muy eficaz, desde esa perspectiva, para proteger al orden constitucional frente a los agentes globales.

La categoría central del sistema de derechos, en este nuevo contexto de disolución de la constitución económica, es el consumidor. Derechos que no se garantizan ya de manera eficaz con carácter general se les protegen a las personas en su calidad de consumidores o usuarios de sus titulares. No hay, por tanto, una fundamentación democrática y constitucional de los derechos sino estrictamente comercial, orientada a mantener la seguridad jurídica en el intercambio de mercancías y en la prestación de servicios. Algo que contrasta extraordinariamente con las condiciones de ejercicio de los demás derechos.

Entre los nativos digitales, particularmente, no existe una clara conciencia de pérdida en relación con derechos tales como la intimidad o el secreto de las comunicaciones. De hecho, en la encuesta que mencionaba anteriormente hay un dato constante y muy inquietante en relación con la última pregunta que suelo hacer: ¿quién ha leído alguna vez las condiciones de uso de las aplicaciones de Internet antes de aceptarlas? La respuesta: 0%, ni una sola persona de entre los nativos digitales (y seguramente muy pocas en las generaciones anteriores) sabe mínimamente a qué se compromete cuando contrata con las compañías tecnológicas.

En estas condiciones los únicos movimientos relevantes para limitar el daño a la privacidad vienen justamente de las propias compañías que, ya sea por promocionar su imagen, ya sea por dañar a la competencia o, si atendemos a sus declaraciones, porque realmente les preocupa el daño que están provocando a los derechos, están adoptando mecanismos que limitan las posibilidades de extracción de datos y de seguimiento de la actividad en internet de los usuarios, como es el caso reciente de Apple y de Google.[25]

La escasa preocupación de los nativos digitales por su derecho a la intimidad se explica en gran medida porque han sido "dopados" muy tempranamente por las compañías tecnológicas, con aplicaciones que están destinadas justamente a la exhibición pública y a la búsqueda de reconocimiento a través del uso de las redes sociales. Su cultura no tiene nada que ver con la de la constitución sino con una visión mercantil de sus propios derechos que se activa solamente cuando consideran que el producto que reciben es deficitario. Las propias aplicaciones de Internet, con las valoraciones permanentes de todo aquello que se utiliza refuerzan esa percepción (ya sea en el ámbito de los restaurantes, hoteles, viajes o en cualquier otro).

---

[25] Cfr. G. López Escalante, "Apple acorrala a Facebook por la privacidad de los datos y la publicidad personalizada" *CincoDías* 13/10/2020: https://cincodias.elpais.com/cincodias/2020/09/25/companias/1601022719_152434.html
Cfr. igualmente, M. Jiménez, "Apple y Google desatan la 'tormenta perfecta' en el negocio de la publicidad" *CincoDías*, 5/3/2021: https://cincodias.elpais.com/cincodias/2021/03/04/companias/1614891002_466650.html y M. Jiménez, "Google promete acabar con las 'cookies' y el rastreo individual en internet para la publicidad" *CincoDías*, 3/3/2021: https://cincodias.elpais.com/cincodias/2021/03/03/companias/1614799113_760776.html.

Es desde luego, un paso más en la descomposición del orden constitucional, que se manifiesta también en la pérdida de valor de lo normativo en el plano de los derechos y de la política. Como indica Shoshana Zuboff, algunas compañías tecnológicas como Facebook han contribuido a debilitar los fundamentos de la convivencia, que estaban asentados en un sentido común compartido basado en la confianza en las normas.[26]

Ahora bien, resulta significativo, en mi opinión, que esta máquina generadora de caos en la que se han convertido las redes sociales y el impulso que han dado al populismo en Estados Unidos, Brasil y otros países, se haya limitado a los circuitos políticos y no haya afectado al tráfico económico. Si aplicáramos la proliferación de *fake news*, el desarrollo de la posverdad y la "realidad alternativa" (*alternative facts*) al ámbito económico o al tecnológico, el colapso económico sería inevitable.

Se evidencia aquí de nuevo el deterioro de la constitución frente a la economía y la tecnología, los grandes factores de legitimación del siglo XXI, que caminan ya por sus propias vías, desvinculadas de la idea de progreso y libertad que ha ido históricamente unida al constitucionalismo.[27] Lo que se puede situar fuera del Estado, en el ámbito global, se externaliza, como la propia "constitución económica". Lo que no se puede situar fuera del Estado se denigra, se deteriora y se inhabilita para impedir que pueda funcionar adecuadamente y controlar a los factores económicos y a los agentes tecnológicos. Lo mismo cabría decir de los derechos constitucionales: los que no se pueden instrumentar y canalizar a la vertiente económica, para garantizar la seguridad del tráfico comercial, se ven desatendidos, vulnerados o desplazados.

Conclusiones

El cambio civilizatorio que está suponiendo la transformación hacia la sociedad digital deja a la constitución en una posición muy difícil frente a los factores de poder que se están configurando en el nuevo orden global. No se trata solo de nuevas estructuras, procedimientos y técnicas en la sociedad digital, que podemos representar simbólicamente a través del algoritmo, cada vez más presente en nuestras vidas. Se trata también de nuevos paradigmas, de patrones culturales que están cambiando la forma de pensar y los valores que inspiran a nuestras sociedades.

Estas transformaciones no son el producto del azar ni de un mero desarrollo tecnológico al servicio del progreso de las sociedades para contribuir al bienestar general. Por el contrario, se trata de nuevos factores de poder que están generando una

---

[26] "Society renews itself as common sense evolves. This requires trustworthy, transparent, respectful institutions of social discourse, especially when we disagree. Instead, we are saddled with the opposite, nearly 20 years into a world dominated by a political-economic institution that operates as a chaos machine for hire, in which norm violation is key to revenue" Shoshana Zuboff, "The Coup We Are Not Talking About", *The New York Times*, 29/1/2021, p. 8: https://www.nytimes.com/2021/01/29/opinion/sunday/facebook-surveillance-society-technology.html.

[27] Cfr. Francisco Balaguer Callejón, "Constitution, démocratie et mondialisation. La légitimité de la Constitution face à la crise économique et aux réseaux sociaux", *Mélanges en l'honneur du Professeur Dominique Rousseau. Constitution, justice, démocratie*. L.G.D.J, Paris 2020. Existe versión portuguesa: "Constituição, democracia e globalização. A legitimidade da Constituição frente à crise econômica e às redes sociais", en Angelo Viglianisi Ferraro Francisco Balaguer Callejón, Ricardo Maurício Freire Soares, Flávia Sulz Campos Machado (Organizadores), *Racionalidade, Direito e Cidadania*, Editora Studio Sala de Aula, Salvador, 2021.

destrucción total de la política y un debilitamiento extremo de los valores y los derechos constitucionales. Los algoritmos no se diseñan a sí mismos: incluso dentro del marco del *machine learning* alguien tiene que pensar para qué van a servir además de para cumplir su finalidad última, que es generalmente la de reportar beneficios económicos.

La creciente incompatibilidad entre la constitución y los algoritmos no es una cuestión técnica, sino una construcción ideológica compleja al servicio de un mayor beneficio de los grandes agentes globales de nuestra época. Reconstruir el orden requiere una "constitución del algoritmo" en el sentido no sólo de una digitalización de la constitución, sino también de una constitucionalización de la tecnología, inteligencia artificial incluida, que la ponga al servicio de la sociedad y controle los intereses económicos de las grandes compañías.

Esa constitución del algoritmo tendrá que reconfigurar la posición que los nuevos procedimientos deben tener en el sistema de las fuentes del derecho. Igualmente deberá reordenar el entero sistema de los derechos fundamentales para establecer una conexión directa entre los derechos constitucionales y las nuevas técnicas digitales. De ese modo se podrá evitar que los derechos fundamentales se vulneren masivamente o se conviertan en un mero accesorio de los derechos vinculados al mercado. El algoritmo no puede ser un título habilitante para la lesión de los derechos. La constitución no puede seguir de espaldas a una realidad como la del mundo digital, en la que se desenvuelve ya una gran parte de la actividad económica y de la vida de las personas.

Informação bibliográfica deste texto, conforme a NBR 6023:2018 da Associação Brasileira de Normas Técnicas (ABNT):

BALAGUER CALLEJÓN, Francisco. La constitución del algoritmo. El difícil encaje de la constitución analógica en el mundo digital. *In*: GOMES, Ana Cláudia Nascimento; ALBERGARIA, Bruno; CANOTILHO, Mariana Rodrigues (Coord.). *Direito Constitucional*: diálogos em homenagem ao 80º aniversário de J. J. Gomes Canotilho. Belo Horizonte: Fórum, 2021. p. 183-193. ISBN 978-65-5518-191-3.

JURISDIÇÃO CONSTITUCIONAL, DEMOCRACIA EM CRISE E A EFETIVAÇÃO DE DIREITOS FUNDAMENTAIS NO BRASIL

GILMAR FERREIRA MENDES

1 Introdução

As democracias contemporâneas vivem um momento de expiação diante da emergência do recrudescimento do populismo em nível global. Estratégias de desinformação e discursos sectários de radicalização política têm influenciado o debate público, colocando em risco garantias individuais. Se o século passado assistiu a um claro processo de espraiamento de ordens constitucionais baseadas na representatividade e no pluralismo, os tempos atuais parecem indicar um verdadeiro movimento de reversão dessas conquistas.[1] O corolário natural dessa realidade é a emergência de movimentos populares com pautas largas e bastante abrangentes que dão cores à manifestação da virtude política.

O campo do direito constitucional tem se reorientado para investigar as raízes e os possíveis desdobramentos desse cenário de decadência da democracia. Nos últimos anos, publicistas norte-americanos como Mark A. Graber, Sanford Levinson e Mark Tushnet apontam vivermos em tempos de "constitucionalismo democrático em crise" (*constitutional democracy in crisis*),[2] Tom Guinsburg e Azuz Huq se referem a um movimento de "retrocesso constitucional" (*constitutional retrogression*)[3] e Jack Balkin

---

[1] Como diagnosticado em artigo recente de Zachary Elkins, embora o número absoluto das democracias constitucionais no mundo permaneça relativamente constante, em muitas democracias constitucionais recentes, as práticas democráticas têm se enfraquecido em uma velocidade muito maior do que se observou no processo de fortalecimento das constituições nos anos anteriores. Nesse sentido, cf. ELKINS, Zachary. Is the sky falling? Constitutional crisis in historical perspective. *In*: GRABER, Mark A.; LEVINSON, Sanford; TUSHNET, Mark (Ed.). *Constitutional democracy in crisis?* New York: Oxford University Press, 2018.

[2] GRABER, Mark A.; LEVINSON, Sanford; TUSHNET, Mark (Ed.). *Constitutional democracy in crisis?* New York: Oxford University Press, 2018.

[3] HUQ, Aziz Z.; GINSBURG, Tom. How to lose a constitutional democracy. *SSRN Eletronic Journal*, v. 78, 2017.

fala até mesmo em uma "putrefação constitucional" (*constitutional rot*).[4] A principal controvérsia que se impõe consiste em saber qual afinal deve ser o papel das Cortes Constitucionais diante desse processo de deterioração das bases do Estado democrático.[5]

O presente artigo pretende densificar essa discussão global do constitucionalismo contemporâneo a partir da análise da crise democrática brasileira. Apesar de episódios recentes da nossa história apresentarem semelhanças com tendências de ascensão do populismo[6] no resto do mundo, as raízes da crise democrática brasileira são mais complexas e não podem ser explicadas unicamente pela referência ao movimento internacional.[7]

Nesse quadro, a primeira parte do artigo realiza um breve panorama sobre os fundamentos da crise da democracia brasileira. O texto busca explorar a polarização do cenário político nacional e o fortalecimento de discursos populistas no contexto da ordem constitucional de 1988, responsável por inaugurar o período de maior estabilidade democrática do país. Em especial, são destacados os riscos do crescente desencanto com a política e do sentimento social por reformas profundas vis-à-vis as funções institucionais do Poder Judiciário e especificamente o papel contramajoritário das cortes constitucionais na defesa dos direitos fundamentais. Entre os riscos, analisa-se em destaque a possibilidade de os tribunais passarem a buscar sua legitimidade democrática na suposta vontade da população, em detrimento da ordem constitucional estabelecida.

Tendo como base essa problemática, a segunda parte do texto analisa como, de fato, o Supremo Tribunal Federal vem atuando neste momento de crise. Dois casos são destacados para exemplificar a atuação do STF como elemento de estabilização da nossa democracia, salvaguardando os direitos individuais mesmo diante de inegável pressão popular. O primeiro deles trata de decisões referentes à negociação de acordos de colaboração premiada no âmbito da operação Lava-Jato, nas quais a Corte teve que discutir a prática de instrumento de inegável importância para o combate à corrupção ante os limites institucionais desenhados pela Constituição de 1988, bem como os direitos de delatores e delatados. Já o segundo caso destaca a atuação do Supremo Tribunal Federal na defesa da liberdade de expressão no ambiente universitário à época das eleições gerais de 2018. Em um contexto de crescimento de discursos sectários e do recrudescimento das divergências entre setores da população, o STF foi instado a garantir o pluralismo de ideias ante atos administrativos e judiciais tendentes a violar liberdade tão relevante ao sistema constitucional brasileiro.

---

[4] BALKIN, Jack M. Constitutional crisis and constitutional rot. *Maryland Law Review*, v. 77, n. 147, p. 147-160, 2017.

[5] PIN, Andrea. The transnational drivers of populist backlash in Europe: The role of courts. *German Law Journal*, v. 20, n. 2, p. 225-244, 2019. Disponível em: https://www.cambridge.org/core/product/identifier/S2071832219000142/type/journal_article.

[6] Para os fins do presente artigo, utiliza-se a expressão "populismo" na sua definição mais comumente utilizada pela literatura, como um modelo de atividade política, ainda que desprovido de conteúdo substancial. Nesse snetido, cf. TUSHNET, Mark. Varieties of populism. *German Law Journal*, v. 20, n. 3, p. 382-389, 2019. Disponível em: https://www.cambridge.org/core/product/identifier/S2071832219000270/type/journal_article.

[7] DALY, Tom Gerald. Populism, public law, and democratic decay in Brazil: understanding the rise of Jair Bolsonaro. *Law and Ethics of Human Rights (LEHR) Journal*, p. 1-22, 2019.

2 Os fundamentos da crise da democracia constitucional no Brasil

2.1 Ordem constitucional brasileira pós-1988

O Brasil vive atualmente o seu mais longo período histórico de ordem democrática. A Constituição Federal de 1988 superou institucionalmente um modelo de democracia meramente formal baseado no autoritarismo do Regime Militar iniciado em 1964. Coube ao texto constitucional reunir as aspirações de uma sociedade que se afastava de mais de duas décadas de repressão. Isso explica seu foco em uma agenda social que transcende de longe aspectos meramente formais. Em um país onde o acesso aos direitos sociais básicos ainda não foi garantido a milhões de pessoas, não surpreende que a Assembleia Constituinte de 1987 tenha sido tão generosa. A Carta Magna também refletiu a perspectiva de que um Estado constitucional é também um local de síntese e de proclamação dessas aspirações historicamente esquecidas.

A inclusão das "aspirações utópicas" da sociedade na Constituição,[8] que, para muitos, era apenas de natureza simbólica, levou ao surgimento de organizações sociais criticamente envolvidas na conquista desses valores. Vivemos agora lado a lado com um número cada vez maior de movimentos sociais que defendem vários interesses, como a igualdade racial, a proteção ambiental, a reforma agrária, os direitos indígenas, os direitos dos consumidores, entre outros. Na luta política para expandir a cidadania, tem havido demandas permanentes para tornar esses programas realidade, mesmo por meio de demandas judiciais.

Nesse contexto, o papel do Poder Judiciário na consolidação da democracia tornou-se absolutamente relevante. Os direitos fundamentais, que são procedimentos de natureza e garantias objetivas para a proteção do marco constitucional, têm merecido tratamento singular pelo Supremo Tribunal Federal, na medida em que, atualmente, constituem um dos mais completos sistemas constitucionais do mundo. O STF passou a enfrentar casos de importância histórica; casos em que foram discutidas questões como racismo,[9] antissemitismo,[10] reforma do sistema prisional,[11] lealdade partidária[12] e pesquisa científica envolvendo células-tronco humanas.[13] Além de seu papel como

---

[8] HÄBERLE, Peter. *El Estado constitucional*. Tradução de Hector Fix-Fierro. México D.F: Universidad Autônoma de México, 2001. p. 7.

[9] Além do HC nº 82.424, citado na nota abaixo, o racismo pautou também os julgamentos sobre as políticas afirmativas para negros e pardos em universidades públicas brasileiras, quando se destacou a sua importância para vencer um quadro de "racismo estrutural e institucional ainda existente na sociedade brasileira" (STF, Tribunal Pleno. ADC nº 41. Rel. Min. Roberto Barroso. *DJe*, 16 ago. 2017). No mesmo sentido: STF, Tribunal Pleno. ADPF nº 186. Rel. Min. Ricardo Lewandowski. *DJe*, 17 out. 2014.

[10] Sobre o tema, é o caso do HC nº 82.424, no qual se definiu que o antissemitismo seria uma forma de racismo e, portanto, seria imprescritível de acordo com a Constituição Federal (STF, Tribunal Pleno. HC nº 82.424. Rel. Min. Moreira Alves, Rel. p/ Acórdão Min. Maurício Corrêa. *DJe*, 19 mar. 2004).

[11] Na oportunidade, o Supremo Tribunal Federal determinou uma série de obrigações ao Poder Executivo e ao Judiciário tendo em vista o "quadro de violação massiva e persistente de direitos fundamentais" no âmbito do sistema prisional brasileiro, caracterizado pela Corte como "estado de coisas inconstitucional" (STF, Tribunal Pleno. Medida Cautelar na ADPF nº 347. Rel. Min. Marco Aurélio. *DJe*, 18 fev. 2016).

[12] Sobre o tema, importantes decisões foram tomadas pelo Supremo Tribunal Federal no julgamento dos seguintes casos: STF, Tribunal Pleno. MS nº 26.602. Rel. Min. Eros Grau. *DJe*, 16 out. 2008; STF, Tribunal Pleno. MS nº 26.603. Rel. Min. Celso de Melo. *DJe*, 18 dez. 2008; STF, Tribunal Pleno. MS nº 26.604. Rel. Min. Cármen Lúcia. *DJe*, 2 out. 2008.

[13] STF, Tribunal Pleno. ADI nº 3.510. Rel. Min. Ayres Britto. *DJe*, 28 maio 2013.

garantias processuais dos direitos fundamentais, as reivindicações constitucionais são constantemente usadas como um instrumento único para defender a jurisdição e a autoridade das decisões da Suprema Corte.[14] Todas essas medidas estão à disposição dos cidadãos para proteger seus direitos e interesses fundamentais perante a Corte, e indicam um sistema constitucional que está entre os mais ricos em termos de garantias processuais de direitos.

Além do fortalecimento da Corte Constitucional – e esse pode ser o legado mais importante da Constituição de 1988 – um novo arranjo de poder institucional foi consolidado. Os poderes Executivo, Legislativo e Judiciário se tornaram maduros e prontos para manter um diálogo inteligente e político que vai além do partidarismo. Entidades consideradas essenciais à função jurisdicional do Estado também foram capacitadas, definindo uma estrutura de poder verdadeiramente poliárquica.

O Ministério Público do Brasil obteve fortes garantias de autonomia administrativa, financeira e política, sendo completamente destacado do Executivo, sem estar subordinado aos poderes Legislativo ou Judiciário. O Departamento de Polícia Federal do Brasil, embora ainda subordinado ao Ministério da Justiça, conquistou grande autonomia na aplicação da lei. A Constituição também reforçou a relevância do controle político e financeiro sobre a Administração Pública. O fortalecimento do Tribunal de Contas da União (TCU), do Conselho Nacional de Justiça (CNJ) e da extinta Controladoria-Geral (CGU) – hoje denominada Ministério da Transparência, Fiscalização e Controle – foi fundamental para a melhoria do combate à corrupção. Essas vitórias notáveis demonstram que a CF/1988 estabeleceu uma forte ordem democrática inédita no Brasil, suficientemente forte para garantir o Estado de direito mesmo diante de situações tensas.

2.2 Origens da crise democrática brasileira

Compreender o chamado processo de crise democrática no Brasil envolve desvendar como acontecimentos históricos recentes se traduziram em uma reconformação das instituições outrora fortalecidas pelo processo constituinte de 1988. O texto constitucional vigente tem mostrado possuir força normativa suficiente para regular situações extremas de fragilidade do sistema de governo adotado. Todavia, nos últimos anos, diversos fatores políticos, econômicos e sociais têm dado azo ao recrudescimento do discurso populista, sem que seja tarefa simples identificar as causas da decadência democrática no país.[15]

Os primeiros sintomas da recente crise democrática tornaram-se aparentes a partir da eclosão das manifestações em massa no Brasil em junho de 2013, que ficaram conhecidas como *Manifestações de Junho* ou *Jornadas de Junho*. Essas manifestações representaram o maior movimento político popular desde o período da redemocratização

---

[14] Tal característica está especialmente presente no caso da reclamação, prevista no art. 102, I, "l", da Constituição Federal.

[15] Como bem destaca Tom Daly: "At every turn, the Brazilian context reminds us that identifying democratic decay is difficult, that assessments cannot be based on superficial analysis, and that what democracy means, and who 'owns' the democratic system, are far from settled questions" (DALY, Tom Gerald. Populism, public law, and democratic decay in Brazil: understanding the rise of Jair Bolsonaro. *Law and Ethics of Human Rights (LEHR) Journal*, p. 1-22, 2019. p. 8).

que resultou no fim da ditadura militar na década de 1980. A onda de protestos foi desencadeada pela ação do chamado Movimento Passe Livre (MPG), que iniciou protestos contra o aumento nos preços das passagens de ônibus no município de São Paulo/SP. Os desdobramentos dessas manifestações, porém, acabaram por englobar pautas bastante diversas, como a ineficiência de serviços públicos de saúde e educação, a luta contra a desigualdade socioeconômica, a insatisfação com uma suposta ausência de alternância no Poder Executivo e – principalmente – a luta contra a corrupção arraigada no sistema político.[16] Os protestos também foram impulsionados pelo intenso uso de redes sociais e diversas formas de comunicação em massa. A principal particularidade dos movimentos de junho de 2013 diz respeito à tentativa de seus participantes de desvencilhá-lo de qualquer caráter partidário.[17] Como esperado, essas manifestações ocorreram dentro de regras institucionais e constitucionais.

A eclosão desses movimentos populares foi sucedida por uma crise política desencadeada pela chamada Operação Lava-Jato. Em março de 2014, a operação revelou atos de corrupção e lavagem de dinheiro relacionados à empresa estatal Petrobras. O esquema de corrupção incluía políticos que apontavam pessoas-chave para altos cargos na Petrobras, e essas pessoas, por sua vez, supostamente serviam como intermediários em benefícios em contratos com o governo que serviam camufladamente para o financiamento de partidos políticos e campanhas eleitorais. As investigações tiveram como alvo quatro grupos que poderiam estar envolvidos nesses esquemas: operadores financeiros, gerentes da Petrobras, políticos e empresários, principalmente da indústria da construção. Essas tensões políticas levaram a novos protestos populares de rua contra o governo em 2015.[18]

No plano do Poder Executivo, a situação se tornou ainda mais sensível em dezembro de 2015, quando o presidente da Câmara dos Deputados aceitou uma oferta de *impeachment* contra a então Presidente Dilma Rousseff. O episódio pode ser compreendido como consequência da deterioração da articulação política em um sistema de presidencialismo de coalização, tornando insustentável o equilíbrio entre poderes. A denúncia de *impeachment* foi direcionada à presidente por crimes de falsidade contra a lei orçamentária, apontando que ela usou indevidamente dinheiro de bancos estatais para cobrir déficits orçamentários em 2014. Segundo a acusação, essas manipulações financeiras teriam sido feitas principalmente para esconder um crescente déficit público antes de sua reeleição. Em 12.5.2016, depois que dois terços dos membros da Câmara dos Deputados aceitaram essas acusações, o Senado Federal brasileiro decidiu suspender a presidência de Dilma Rousseff por 180 dias. O então Vice-Presidente Michel Temer assumiu a chefia do Poder Executivo. Em 31 de agosto, o Senado Federal cassou o mandato da presidente da República de forma definitiva.

Essa não foi a primeira vez que um presidente eleito brasileiro enfrentou um *impeachment*. Em 1992, o Ex-Presidente Fernando Collor também havia sido acusado de

---

[16] SAAD-FILHO, Alfredo. Mass protests under "left neoliberalism": Brazil, June-July 2013. *Critical Sociology*, v. 39, n. 5, p. 657-669, 2013. p. 657.

[17] WINTERS, Matthew S.; WEITZ-SHAPIRO, Rebecca. Partisan protesters and nonpartisan protests in Brazil. *Journal of Politics in Latin America Winters*, p. 137-150, 2014.

[18] MELO, Marcus André. Latin America's new turbulence: crisis and integrity in Brazil. *Journal of Democracy*, n. 2, p. 50-65, 2016. p. 52.

crimes de malversação e também acabou passando por um processo de impedimento. No contexto da CF/88, portanto, assistiu-se a dois processos de destituição de presidentes da República, sem que a normalidade institucional tivesse sido violada em qualquer dessas ocasiões. Durante o processo de *impeachment* da Presidente Dilma Rousseff, o STF foi instado duas vezes a examinar a legalidade do procedimento levado a cabo pelo Congresso Nacional.[19] Nas duas ocasiões, a Corte Constitucional buscou assegurar o cumprimento do contraditório de ampla defesa à investigada, sem interferir de forma indevida na autonomia das casas legislativas do Parlamento.

A crise política, no entanto, não se arrefeceu após a conclusão do processo de *impeachment*. Durante os anos de 2016 e 2017, o governo do Presidente Michel Temer também sofreu dura resistência popular, sobretudo em virtude do seu perfil reformista e por conta das mudanças de política econômica e orçamentária implementadas, como a aprovação da Emenda Constitucional nº 95/2016, que estabeleceu limites individualizados de despesas primárias para os próximos vinte exercícios financeiros no âmbito dos três poderes, do Ministério Público da União, do Conselho Nacional do Ministério Público, do Tribunal de Contas da União e da Defensoria Pública da União. A EC nº 95/2016 objetivava reverter o quadro de degeneração das contas públicas nacionais ocasionado pelo exacerbado aumento de despesas nos últimos anos. Contudo, a alteração constitucional gerou forte resistência, sobretudo por seus possíveis impactos nos gastos com ações e serviços públicos de saúde.

O período eleitoral do final de 2018 foi marcado por uma turbulenta polarização entre grupos apoiadores do Partido dos Trabalhadores (PT) e eleitores do candidato Jair Bolsonaro, que então se apresentava como uma alternativa ao *establishment* político vigente, defendendo pautas que poderiam ser identificadas como de direita ou de extrema-direita.[20] Observou-se ainda uma mudança de paradigma da propaganda eleitoral, que passou a se desenvolver intensamente por meio de redes sociais, em detrimento do modelo até então predominante de comunicação de massa em rádio e TV.[21] Além disso, o combate a notícias falsas apresentou-se como um desafio a ser enfrentado pelo Poder Judiciário, tendo o Tribunal Superior Eleitoral (TSE) analisado 50 (cinquenta) processos judiciais em que se veiculava pedidos de retirada de conteúdos supostamente falsos na internet.[22]

---

[19] O Plenário do Supremo Tribunal Federal analisou a questão em duas decisões principais, a saber: STF, Tribunal Pleno. Medida Cautelar na ADPF nº 378. Rel. Min. Edson Fachin, Rel. p/ Acórdão Min. Roberto Barroso. *DJe*, 3 ago. 2016; STF, Tribunal Pleno. Medida Cautelar na ADI nº 5.498. Rel. Min. Marco Aurélio, Rel. p/ Acórdão Min. Teori Zavascki. *DJe*, 10 maio 2017. Outras importantes decisões também analisaram o tema: STF, Tribunal Pleno. Medida Cautelar no MS nº 34.127. Rel. Min. Roberto Barroso, Rel. p/ Acórdão Min. Teori Zavascki. *DJe*, 10 out. 2016; STF, Tribunal Pleno. Medida Cautelar no MS nº 34.130. Rel. Min. Edson Fachin. *DJe*, 31 ago. 2016; STF, Tribunal Pleno. Medida Cautelar no MS nº 34.131. Rel. Min. Edson Fachin. *DJe*, 9 maio 2016.

[20] Para uma análise dos fatores políticos e sociais que explicam a ascendência do governo do presidente eleito, cf. DALY, Tom Gerald. Populism, public law, and democratic decay in Brazil: understanding the rise of Jair Bolsonaro. *Law and Ethics of Human Rights (LEHR) Journal*, p. 1-22, 2019.

[21] Tal fenômeno encontra paralelo com ocorrido nas eleições norte-americanas, conforme analisado em profundidade na obra BENKLER, Yoachai; FARIS, Robert; ROBERTS, Hal. *Network propaganda*: manipulation, desinformation, and radicalization in American politics. New York: Oxford University Press, 2018.

[22] Nesse sentido, cf. TSE atuou com celeridade no julgamento de processos sobre fake news durante as Eleições 2018. *Tribunal Superior Eleitoral*, 16 nov. 2018. Disponível em: http://www.tse.jus.br/imprensa/noticias-tse/2018/Novembro/tse-atuou-com-celeridade-no-julgamento-de-processos-sobre-fake-news-durante-as-eleicoes-2018.

Apesar de todos esses acontecimentos sugerirem uma tendência de crise, seria um exagero afirmar a existência de um desmantelamento estrutural da ordem democrática. Apesar dos percalços recentes, observa-se um ainda sólido empenho da sociedade com os principais elementos constitucionais que erguem a democracia, como a garantia do cumprimento dos resultados dos pleitos eleitorais, a proteção de direitos individuais a e a liberdade de imprensa.[23] A manutenção deste tênue equilíbrio, no entanto, invariavelmente depende da atuação de um Poder Judiciário independente ante os avanços populistas.

2.3 O papel da Corte Constitucional em tempos de populismo

O avanço populista em geral impõe um sensível questionamento acerca da legitimidade democrática das cortes constitucionais, uma vez que os juízes têm o poder de revisar decisões tomadas por agentes políticos eleitos na esteira do discurso de revisão do *establishment* político.[24]

Diante da emergência populista exsurge um conflito entre, de um lado, a agenda reformista supostamente ancorada na vontade popular e, de outro, a defesa dos limites de reforma da ordem jurídica que devem ser guardados pelas cortes constitucionais.[25] A princípio, essa situação pode gerar um enfraquecimento das cortes constitucionais, que passam a se ver ameaçadas no exercício do seu clássico mandado contramajoritário. Torna-se, assim, imperioso que as cortes constitucionais reajam para proteger minorias e garantias individuais estabelecidas.

Há, todavia, uma possibilidade alternativa. Embora as cortes constitucionais sejam em geral consideradas "alvos" dos governos populistas, é possível que os tribunais acabem adotando um caminho de incorporação do populismo. Ao invés de reagir, os tribunais podem acabar buscando reconstruir a sua legitimidade democrática incorporando o discurso de que os tribunais devem "falar pelo povo" e representar a vontade popular.[26]

A crise democrática brasileira parece estar marcada pela tendência de se adotar o segundo modelo. O contexto de crise democrática nos últimos anos tem tornado cada vez mais significativa a influência do Poder Judiciário e do Ministério Público na formação da opinião pública. A estrutura poliárquica de poder criada pela Constituição Federal de 1988 permitiu que os tribunais e os órgãos incumbidos da realização de funções essenciais

---

[23] DALY, Tom Gerald. Populism, public law, and democratic decay in Brazil: understanding the rise of Jair Bolsonaro. *Law and Ethics of Human Rights (LEHR) Journal*, p. 1-22, 2019. p. 21.

[24] Esssa visão encontra-se expressa em: "The populist challenge prompts a revisit oft he debate about the democratic legitimacy of judges being empowered to displace the decisions ofelected legislative assemblies (the constitutional review debate)" (PRENDERGAST, David. The judicial role in protecting democracy from populism. *German Law Journal*, v. 20, n. 2, p. 245-262, 2019. p. 245. Disponível em: https://www.cambridge.org/core/product/identifier/S2071832219000154/type/journal_article).

[25] PRENDERGAST, David. The judicial role in protecting democracy from populism. *German Law Journal*, v. 20, n. 2, p. 245-262, 2019. p. 246. Disponível em: https://www.cambridge.org/core/product/identifier/S2071832219000154/type/journal_article.

[26] ARGUELHES, Diego Werneck. Judges Speaking for the people: judicial populism beyond judicial decisions. *Verfassungsblog*, 4 maio 2017. Disponível em: https://verfassungsblog.de/judges-speaking-for-the-people-judicial-populism-beyond-judicial-decisions/.

da justiça se tornassem agentes importantes para a efetivação de direitos fundamentais. A eclosão de movimentos sociais que impulsionavam o discurso de combate à corrupção acabou por ressignificar o papel dessas instituições, deixando cada vez mais claras as tensões que se estabelecem entre jurisdição constitucional e democracia.

Sobretudo no âmbito da chamada Operação Lava-Jato, em larga medida, na atuação de membros do Ministério Público e de membros do Judiciário responsáveis pelo julgamento das ações penais passou a ecoar a máxima de que a justiça deveria operar em favor da vontade das vozes das ruas no combate à corrupção. Juízes e promotores públicos se tornaram figuras conhecidas do grande público e ovacionadas em manifestações de massa nos anos de 2016 e de 2017. Essa ambiência passou a suscitar dúvidas sobre como o Poder Judiciário e as cortes constitucionais mais especificamente deveriam reagir a esses movimentos. Como destaca com clareza o professor Diego Werneck: "No Brasil, em meio à desilusão geral com o establishment, alguns juízes se apresentaram ativamente como canalizadores do sentimento popular, falando pelos 'verdadeiros interesses do povo'"[27] (tradução livre).

Conforme será discutido no próximo tópico do presente artigo, essa tendência de inclinação ao populismo tem sido refreada pelo âmbito do Supremo Tribunal Federal, o qual tem atuado como um verdadeiro agente estabilizador da crise institucional.

3 A atuação do Supremo Tribunal Federal como agente estabilizador da crise institucional

Diante do fenômeno de crise da democracia e da sobrelevação de tendências populistas que se alastram entre os três poderes, a atuação do Supremo Tribunal Federal tem se tornado importante elemento estabilizador da crise institucional brasileira. Conforme será discutido no presente tópico, é possível afirmar que, a despeito da ressignificação recente do papel do Poder Judiciário, cada vez mais cioso da sua influência política, a Suprema Corte brasileira não tem, pelo menos até o presente momento, alinhando-se à invocação de que os juízes constitucionais devem incorporar a missão de *falar pelo povo*. Pelo contrário, verifica-se uma disposição de reafirmação de direitos fundamentais, que corrobora a função contramajoritária da jurisdição constitucional em face do populismo.

No presente tópico, serão brevemente discutidos casos recentes e emblemáticos julgados pelo Tribunal que confirmam essa atuação estabilizadora. Em primeiro lugar, será abordada a atuação do STF na conformação do uso de acordos em investigações criminais, que hoje se destacam como o principal meio de investigação utilizado no âmbito da chamada Operação Lava-Jato. Em segundo lugar, será discutida a atuação do Tribunal na afirmação da liberdade de expressão em ambiente universitário no período eleitoral de 2018.

---

[27] ARGUELHES, Diego Werneck. Judges Speaking for the people: judicial populism beyond judicial decisions. *Verfassungsblog*, 4 maio 2017. Disponível em: https://verfassungsblog.de/judges-speaking-for-the-people-judicial-populism-beyond-judicial-decisions/.

3.1 A conformação do uso de acordos em investigações criminais

O cenário atual da justiça criminal brasileira apresenta clara tendência no sentido da expansão dos espaços negociais no processo penal. Além de propostas de ampliação ao cabimento de acordos penais (ex.: PL nº 8.045 – Novo CPP; 10 medidas MPF etc.), o meio de investigação denominado "colaboração premiada" tem adquirido posição de destaque, especialmente nos casos de criminalidade complexa e econômica. Embora o mecanismo da delação premiada esteja previsto no ordenamento brasileiro desde 1990 em diversas leis, sem dúvidas foi a partir da Lei nº 12.850/2013 e da Operação Lava-Jato que o mecanismo se tornou foco central das atenções, tanto dos operadores do direito como da mídia e da sociedade em geral.

Ocorre que, em momentos em que a sociedade se mobiliza avidamente em torno de um discurso de combate à corrupção, conferir certa discricionariedade aos agentes do Estado para exercício do poder de investigação pode acarretar excessos em prejuízo do cidadão e de suas garantias fundamentais. Nesse esteio, o investigado procura se amparar na jurisdição constitucional, com o intuito de ver suas garantias respeitadas. Tendo em vista que parte dos sujeitos investigados na Operação Lava-Jato possuía foro privilegiado, o Supremo Tribunal Federal foi acionado de imediato, como revisor dos acordos celebrados e como garantidor dos direitos dos imputados.

No plenário do STF, três foram os principais julgamentos:

- HC nº 127.483:[28] precedente que assentou diversas questões sobre colaboração premiada, como a sua natureza (meio de obtenção de prova), a falta de interesse jurídico dos delatados para impugnar o acordo, as características do ato de homologação, entre outras importantes questões.[29]
- QO na Pet. nº 7.074:[30] definiu que a homologação do acordo em tribunais deve ser feita pelo relator. Ressaltou, ademais, a vinculação do julgador ao acordo no momento do sentenciamento e definiu hipóteses excepcionais em que pode haver revisão após a homologação.[31]

---

[28] Rel. Min. Dias Toffoli, j. 27.8.2015.

[29] "Decisão: Após os votos dos Ministros Dias Toffoli (Relator), Gilmar Mendes, Marco Aurélio, Celso de Mello e Ricardo Lewandowski (Presidente), que conheciam do *habeas corpus*, e os votos dos Ministros Edson Fachin, Roberto Barroso, Rosa Weber, Luiz Fux e Cármen Lúcia, que não conheciam do pedido, o Tribunal, tendo em conta o empate, conheceu da impetração. No mérito, os Ministros Dias Toffoli (Relator) e Gilmar Mendes denegaram a ordem. Em seguida, o julgamento foi suspenso. Impedido o Ministro Teori Zavascki. Falaram, pelo paciente, o Dr. José Luís Oliveira Lima, e, pelo Ministério Público Federal, a Dra. Ela Wiecko Volkmer de Castilho, Vice-Procuradora-Geral da República. Presidência do Ministro Ricardo Lewandowski. Plenário, 26.08.2015. Decisão: O Tribunal, por unanimidade e nos termos do voto do Relator, denegou a ordem. Impedido o Ministro Teori Zavascki. Presidiu o julgamento o Ministro Ricardo Lewandowski. Plenário, 27.8.2015".

[30] Rel. Min. Edson Fachin, j. 29.6.2017.

[31] "Decisão: Preliminarmente, o Tribunal, por maioria, vencidos os Ministros Marco Aurélio e Gilmar Mendes, resolveu questão de ordem suscitada pelo Ministro Marco Aurélio no sentido de que o entendimento adotado no julgamento da questão de ordem na PET 7074 se estende a outros casos. Em seguida, o Tribunal, nos termos do voto do Relator, ora reajustado, resolveu questão de ordem no sentido de reafirmar, nos limites dos §7º e §11 do art. 4º da Lei 12.850/2013, e incs. I e II do art. 21 do RI/STF: i) a atribuição do Relator para, monocraticamente, homologar acordos de colaboração premiada, oportunidade na qual se limita ao juízo de regularidade, legalidade e voluntariedade da avença, vencidos os Ministros Gilmar Mendes e Marco Aurélio; ii) a competência colegiada do Supremo Tribunal Federal, em decisão final de mérito, para avaliar o cumprimento dos termos bem como a eficácia do acordo, vencidos, nos termos de seus votos, os Ministros Ricardo Lewandowski, Gilmar Mendes e Marco Aurélio; iii) que o acordo homologado como regular, voluntário e legal em regra haverá de ser observado mediante o cumprimento dos deveres assumidos pelo colaborador, sendo possível ao Plenário

- ADI nº 5.508:[32] declarou constitucional a possibilidade de o acordo de colaboração premiada ser firmado entre réu e delegado de polícia.[33]

A atuação do Supremo Tribunal Federal está sendo essencial para delimitar os contornos do instituto da colaboração premiada e do seu procedimento. Contudo, alguns pontos ainda se sobressaem por problemas e debates atuais, o que certamente demandará futuras análises pela Corte.

Um dos pontos em debate se refere às cláusulas dos acordos e o respeito à legalidade. Na prática, os termos de cooperação assinados na Operação Lava-Jato preveem cláusulas de benefícios que destoam das previsões legais, tanto da Lei nº 12.850/13 quanto do Código Penal e da Lei de Execuções Penais. A título de exemplo, citam-se os regimes diferenciados de cumprimento de pena, a execução da pena após a homologação, a autorização para que colaboradores permaneçam com bens de origem ilícita etc. Assim, ao não se respeitar a legalidade, são abertas brechas para ilegalidades que precisam ser limitadas, especialmente em períodos instáveis.

Uma segunda questão ainda controversa se refere à impugnação do acordo por terceiros. Nesse tocante, STF[34] e STJ[35] adotaram posição no sentido de que coimputados delatados não possuem interesse jurídico para impugnar acordos de colaboração premiada, pois se trataria de negócios jurídicos personalíssimos. Em caráter exemplificativo, confira-se o que decidiu o Supremo, em precedente da lavra do Min. Dias Toffoli:[36]

> Por se tratar de negócio jurídico personalíssimo, o acordo de colaboração premiada não pode ser impugnado por coautores ou partícipes do colaborador na organização criminosa e nas infrações penais por ela praticadas, ainda que venham a ser expressamente nominados no respectivo instrumento no "relato da colaboração e seus possíveis resultados" (art. 6º, I, da Lei nº 12.850/13).

No entanto, a Segunda Turma do STF recentemente reconheceu a possibilidade de questionamento de terceiros em um caso concreto em que uma série de ilegalidades foi praticada.[37] De fato, tenho sustentado que a lógica civilista que impossibilita o questionamento por terceiros deve ser lida com cautelas na esfera penal. Ao mesmo tempo, o acordo de colaboração premiada é um meio de obtenção de provas, de investigação, em que o Estado se compromete a conceder benefícios a imputado por um fato criminoso, com o objetivo de incentivar a sua cooperação à persecução penal. Embora

---

a análise de sua legalidade, nos termos do §4º do art. 966 do CPC. Ausente o Ministro Ricardo Lewandowski, participando do Seminário de Verão 2017, na Faculdade de Direito da Universidade de Coimbra, em Portugal. Presidiu o julgamento a Ministra Cármen Lúcia. Plenário, 29.6.2017".

[32] Rel. Min. Marco Aurélio, j. 20.6.2018.

[33] "Decisão: O Tribunal, por maioria e nos termos do voto do Relator, julgou improcedente o pedido, assentada a constitucionalidade do §2º e do §6º do art. 4º da Lei 12.850/13. Vencidos, em parte, os Ministros Edson Fachin, Rosa Weber, Luiz Fux e Dias Toffoli. Nesta assentada, reajustaram seus votos, para acompanhar o Relator, os Ministros Alexandre de Moraes e Roberto Barroso. Presidiu o julgamento a Ministra Cármen Lúcia. Plenário, 20.6.2018".

[34] STF, Tribunal Pleno. Inq. nº 3.983. Rel. Min. Teori Zavascki. DJe, 12 maio 2016.

[35] STJ. Agravo Regimental no Inq. nº 1.093/DF. Rel. Min. Nancy Andrighi, j. 6.9.2017.

[36] STF, Tribunal Pleno. HC nº 127.483. Rel. Min. Dias Toffoli. DJe, 4 fev. 2016.

[37] HC nº 142.205. Rel. Min. Gilmar Mendes, Segunda Turma, j. 25.8.2020. DJe-240, div. 30.9.2020, pub. 1º.10.2020.

o acordo de colaboração premiada, nos termos da Lei nº 12.850/2013, possa apresentar distintos objetivos, em regra a sua principal função probatória é instruir o processo penal, visando à melhor persecução penal de coimputados nos fatos investigados. Ou seja, o Estado oferece um tratamento mais leniente a um acusado com o objetivo de obter provas para punir outros imputados. Resta evidente, portanto, que o acordo de colaboração premiada acarreta gravoso impacto à esfera de direitos de eventuais corréus delatados. E, mais do que isso, toca intimamente em interesses coletivos da sociedade, tendo em vista que possibilita a concessão de benefícios penais pelo Estado.

Por um lado, ainda que o Supremo tenha bem ressaltado que a homologação do acordo de colaboração premiada não assegura ou atesta a veracidade das declarações do delator, não se pode negar que o uso midiático de tais informações acarreta gravíssimos prejuízos à imagem de terceiros. Ou seja, é evidente e inquestionável que a esfera de terceiros delatados é afetada pela homologação de acordos ilegais e ilegítimos. Conforme pontuado na doutrina:

> Na medida em que tem assim como finalidade precípua a incriminação de terceiros, pelo menos, por um crime de organização criminosa, a colaboração premiada apresenta-se como um meio processual idóneo a atentar contra direitos fundamentais das pessoas visadas pela delação, desde logo e de forma imediata, o direito à honra, mas ainda também, potencialmente, a liberdade de locomoção, a propriedade ou a reserva íntima da vida privada.[38]

Outra temática que ainda merece maior atenção diz respeito ao valor probatório dos elementos produzidos por colaborador. Com efeito, além do necessário respeito ao contraditório em relação aos elementos probatórios produzidos pelo colaborador, o STF tem proferido importantes decisões para reforçar a regra de corroboração, a qual veda que qualquer sentença seja proferida com base exclusivamente nas palavras do colaborador (art. 16, 4º, 12.850). Igualmente, assentou-se que prisões cautelares não podem ser decretadas em igual situação, tampouco denúncias serem recebidas.

Um último ponto de importância fundamental para a compatibilização do instituto com as garantias fundamentais do processo penal é a necessidade de melhor definição dos limites e premissas para atuação do defensor técnico do colaborador e do acusador (MP). Por se tratar de um instituto recentemente inserido no ordenamento jurídico brasileiro e colocado à prova em uma das maiores operações da história – Operação Lava-Jato –, ainda não restam claros os limites e responsabilidades do *parquet* e dos advogados. É importante, portanto, que se atualizem as diretrizes internas do Ministério Público e da própria Ordem dos Advogados.

Assim que superadas essas questões, será possível dizer que o Brasil caminha no sentido de um percurso mais estável, no que se refere à aplicação de suas normas e ao respeito às instituições.

---

[38] CANOTILHO, J. J. Gomes; BRANDÃO, Nuno. Colaboração premiada: reflexões críticas sobre os acordos fundantes da Operação Lava Jato. *Revista Brasileira de Ciências Criminais*, São Paulo, v. 133, ano 25, jul. 2017. p. 146.

3.2 A afirmação da liberdade de expressão no ambiente universitário

De forma geral, uma consequência bastante comum em momentos de crise é o início da censura política. Em 2018, não foi diferente. Consternados pela intensa polarização que tomou o país durante o período eleitoral e no intuito de mitigar exposições ideológicas em ambientes acadêmicos, alguns juízes eleitorais determinaram buscas e apreensões de panfletos e materiais de campanha eleitoral em universidades e nas dependências das sedes de associações de docentes, proibiram aulas com temática eleitoral e reuniões e assembleias de natureza política, impondo-se a interrupção de manifestações públicas de apreço ou reprovação a candidatos no segundo turno das eleições gerais de 2018 em universidades federais e estaduais. Para tanto, os juízes eleitorais ampararam-se basicamente no art. 37 da Lei nº 9.504/97.[39]

Em outubro de 2018, às vésperas das eleições gerais, a Procuradoria-Geral da República ajuizou arguição de descumprimento de preceito fundamental (ADPF nº 548) em face de tais decisões. Em seu memorial, a PGR apontou graves lesões aos direitos fundamentais da liberdade de manifestação do pensamento, de expressão da atividade intelectual, artística, científica e de comunicação e de reunião (art. 5º, IV, IX e XVI), ao ensino pautado na liberdade de aprender, ensinar, pesquisar e divulgar o pensamento e o pluralismo de ideias (art. 206, II e III) e à autonomia didático-científica e administrativa das universidades (art. 207) previstos na Constituição.

Ante a urgência da demanda, vez que se dava às vésperas de uma das eleições mais movimentadas de nossa ainda jovem democracia, a relatora, Min. Cármen Lúcia, deferiu medida cautelar *ad referendum* do Plenário, para:

> suspender os efeitos de atos judiciais ou administrativos, emanados de autoridade pública que possibilitem, determinem ou promovam o ingresso de agentes públicos em universidades públicas e privadas, o recolhimento de documentos, a interrupção de aulas, debates ou manifestações de docentes e discentes universitários, a atividade disciplinar docente e discente e a coleta irregular de depoimentos desses cidadãos pela prática de manifestação livre de ideias e divulgação do pensamento nos ambientes universitários ou em equipamentos sob a administração de universidades públicas e privadas e serventes a seus fins e desempenhos.

---

[39] "Art. 37. Nos bens cujo uso dependa de cessão ou permissão do poder público, ou que a ele pertençam, e nos bens de uso comum, inclusive postes de iluminação pública, sinalização de tráfego, viadutos, passarelas, pontes, paradas de ônibus e outros equipamentos urbanos, é vedada a veiculação de propaganda de qualquer natureza, inclusive pichação, inscrição a tinta e exposição de placas, estandartes, faixas, cavaletes, bonecos e assemelhados. §1º A veiculação de propaganda em desacordo com o disposto no *caput* deste artigo sujeita o responsável, após a notificação e comprovação, à restauração do bem e, caso não cumprida no prazo, a multa no valor de R$2.000,00 (dois mil reais) a R$8.000,00 (oito mil reais). §2º Não é permitida a veiculação de material de propaganda eleitoral em bens públicos ou particulares, exceto de: I - bandeiras ao longo de vias públicas, desde que móveis e que não dificultem o bom andamento do trânsito de pessoas e veículos; II - adesivo plástico em automóveis, caminhões, bicicletas, motocicletas e janelas residenciais, desde que não exceda a 0,5 m2 (meio metro quadrado); §3º Nas dependências do Poder Legislativo, a veiculação de propaganda eleitoral fica a critério da Mesa Diretora. §4º Bens de uso comum, para fins eleitorais, são os assim definidos pela Lei no 10.406, de 10 de janeiro de 2002 - Código Civil e também aqueles a que a população em geral tem acesso, tais como cinemas, clubes, lojas, centros comerciais, templos, ginásios, estádios, ainda que de propriedade privada. [...] §7º A mobilidade referida no §6º estará caracterizada com a colocação e a retirada dos meios de propaganda entre as seis horas e as vinte e duas horas. §8º A veiculação de propaganda eleitoral em bens particulares deve ser espontânea e gratuita, sendo vedado qualquer tipo de pagamento em troca de espaço para esta finalidade".

A decisão se deu com fundamento na tutela à liberdade de manifestação e de pensamento. Segundo a ministra relatora, o art. 37, da Lei nº 9.504/97, teria o fito de impedir o abuso de poder econômico e político, visando à igualdade de oportunidades entre os candidatos – e jamais poderia interferir no âmbito de livre manifestação do indivíduo. Nesse sentido, o dispositivo legal deveria ser interpretado à luz da norma constitucional e com base no objetivo para o qual fora pensada. Na decisão que deferiu o pleito liminar, a relatora consignou o seguinte:

> Insista-se: volta-se a norma contra práticas abusivas e comprometedoras da livre manifestação de ideias, o que não é o mesmo nem próximo sequer do exercício das liberdades individuais e públicas. O uso de formas lícitas de divulgação de ideias, a exposição de opiniões, ideias, ideologias ou o desempenho de atividades de docência é exercício da liberdade, garantia da integridade individual digna e livre, não excesso individual ou voluntarismo sem respaldo fundamentado em lei.
>
> Liberdade de pensamento não é concessão do Estado. É direito fundamental do indivíduo que a pode até mesmo contrapor ao Estado. Por isso não pode ser impedida, sob pena de substituir-se o indivíduo pelo ente casal, o que se sabe bem onde vai dar. E onde vai dar não é o caminho democrático, mas da ausência de direito e déficit democrático.
>
> Exercício de autoridade não pode se converter em ato de autoritarismo, que é a providência sem causa jurídica adequada e fundamentada nos princípios constitucionais e legais vigentes.

Amparado na fundamentação da relatora, em 31.10.2018, o Plenário do STF referendou por unanimidade a decisão liminar proferida.[40] Trata-se de um exemplo claro da importância da jurisdição constitucional em momentos de crise democrática. Caso o Supremo não tivesse atuado como o fez, poder-se-ia legitimar um estado de flagrante abuso de autoridade. O caso novamente reforça a atuação estabilizadora do STF no contexto de crise democrática.

---

[40] "Decisão: O Tribunal, por unanimidade, reconheceu adequada a utilização da arguição de descumprimento de preceito fundamental, seja porque respeitado, no caso, o princípio da subsidiariedade, seja, ainda, porque processualmente viável a impugnação, por seu intermédio, de decisões judiciais ou de interpretações judiciais de textos normativos. Em seguida, o Tribunal, também por votação unânime, referendou, integralmente, a decisão proferida pela Relatora, Ministra Cármen Lúcia, decisão essa que se reveste de efeito vinculante e de eficácia contra todos (suspendendo-se os efeitos de atos judiciais ou administrativos, emanados de autoridade pública que possibilitem, determinem ou promovam o ingresso de agentes públicos em universidades públicas e privadas, o recolhimento de documentos, a interrupção de aulas, debates ou manifestações de docentes e discentes universitários, a atividade disciplinar docente e discente e a coleta irregular de depoimentos desses cidadãos pela prática de manifestação livre de ideias e divulgação do pensamento nos ambientes universitários ou em equipamentos sob a administração de universidades públicas e privadas e serventes a seus fins e desempenhos). O Ministro Gilmar Mendes, que também referendou a decisão da Relatora, propôs, sem adesão dos demais Ministros, outras medidas indicadas no voto que proferiu. Falaram: pela requerente, a Dra. Raquel Elias Ferreira Dodge, Procuradora-Geral da República; pelo amicus curiae AMB - Associação dos Magistrados Brasileiros, o Dr. Alberto Pavie Ribeiro; pelo amicus curiae ANDES - Sindicato Nacional dos Docentes das Instituições de Ensino Superior, a Dra. Monya Ribeiro Tavares; pelo amicus curiae FASUBRA-SINDICAL – Federação de Sindicatos de Trabalhadores Técnico-Administrativos em Instituições de Ensino Superior Públicas do Brasil, o Dr. Cláudio Santos; pelo amicus curiae CONTEE – Confederação Nacional dos Trabalhadores em Estabelecimentos de Ensino, a Dra. Sarah Campos; e, pelo amicus curiae ANDIFES – Associação Nacional dos Dirigentes das Instituições Federais de Ensino Superior, o Dr. Claudismar Zupiroli. Antecipou seu voto, acompanhando a Relatora, o Ministro Dias Toffoli, Presidente. Ausente, justificadamente, o Ministro Luiz Fux. Não votou o Ministro Marco Aurélio. Presidiu, este julgamento, o Ministro Celso de Mello. Plenário, 31.10.2018".

4 Conclusão

Como destacado, a Constituição de 1988 inaugurou um período democrático, pondo fim a um regime anterior marcado pelo autoritarismo. De tal ano até os dias atuais, houve um evidente ciclo de afirmações de direitos individuais e de revalidação do compromisso constitucional com uma sociedade democrática, plural, livre e igualitária. Durante todo este período, mesmo situações sensíveis não levaram a um verdadeiro risco de ruptura das instituições desenhadas pelo constituinte, entre as quais se destaca o Supremo Tribunal Federal.

Entretanto, a evidente insatisfação social e o recrudescimento das divergências políticas demonstram o desencantamento geral de um sistema que, mesmo em sua Constituição, já afirmava uma série de metas sociais e econômicas consideradas utópicas. Com resultados aquém dos esperados e com a descoberta de diversos escândalos no âmbito da Operação Lava-Jato, a insatisfação com a classe política e o desgaste de partidos tradicionais tornaram-se claros sintomas de uma crise da democracia brasileira. Em meio à crescente insatisfação popular, a defesa de mudanças efetivas no panorama político brasileiro passou a ser pautada pela crescente polarização da sociedade, inclusive com apoio a propostas populistas nos mais diversos ramos.

Nesse contexto, o aumento da natural tensão entre a opinião pública e as cortes constitucionais não é qualquer novidade. Afinal, as mudanças e reformas pretendidas devem ser feitas dentro dos parâmetros constitucionais, os quais, em última instância, são resguardados pelas cortes constitucionais. No entanto, a despeito dos evidentes riscos de os juízes constitucionais passarem a buscar a legitimidade de suas decisões na suposta vontade popular, o presente texto pôde concluir que o Supremo Tribunal Federal tem se mostrado alheio a essa tendência e reafirmado seu compromisso com os direitos fundamentais e com a ordem constitucional vigente.

Os dois casos estudados no presente texto são emblemáticos especialmente por tratarem de temas fundamentais na democracia constitucional. No caso da colaboração premiada, mesmo sob forte pressão de discursos favoráveis à flexibilização de garantias penais em prol de uma suposta eficiência no combate à corrupção, o Tribunal tem reiteradamente afirmado a necessidade de conferir tratamento legal e constitucional adequado às novidades introduzidas na legislação penal brasileira, em respeito tanto aos direitos dos réus quanto ao interesse social na correta elucidação e punição dos atos praticados. Já no segundo caso, a liberdade de expressão no ambiente acadêmico foi reafirmada pelo STF diante de crescentes alegações de parcela da sociedade de uso dos espaços de universidades públicas para realização de propaganda partidária.

A breve análise realizada no texto demonstra que, embora discursos de cunho populista tenham se refletido na atuação de diversas entidades brasileiras, inclusive no Ministério Público e no Judiciário, o Supremo Tribunal Federal vem cumprindo com sua função de garantia da Constituição Federal. O Tribunal, assim, reafirmou nos últimos anos, marcados por evidente crise política e econômica, o seu compromisso com a estabilidade da democracia brasileira, a qual tem como fundamento não apenas o respeito aos anseios do povo, mas também a garantia dos direitos fundamentais.

Referências

ARGUELHES, Diego Werneck. Judges Speaking for the people: judicial populism beyond judicial decisions. *Verfassungsblog*, 4 maio 2017. Disponível em: https://verfassungsblog.de/judges-speaking-for-the-people-judicial-populism-beyond-judicial-decisions/.

BALKIN, Jack M. Constitutional crisis and constitutional rot. *Maryland Law Review*, v. 77, n. 147, p. 147-160, 2017.

BENKLER, Yoachai; FARIS, Robert; ROBERTS, Hal. *Network propaganda*: manipulation, desinformation, and radicalization in American politics. New York: Oxford University Press, 2018.

CANOTILHO, J. J. Gomes; BRANDÃO, Nuno. Colaboração premiada: reflexões críticas sobre os acordos fundantes da Operação Lava Jato. *Revista Brasileira de Ciências Criminais*, São Paulo, v. 133, ano 25, jul. 2017.

DALY, Tom Gerald. Populism, public law, and democratic decay in Brazil: understanding the rise of Jair Bolsonaro. *Law and Ethics of Human Rights (LEHR) Journal*, p. 1-22, 2019.

ELKINS, Zachary. Is the sky falling? Constitutional crisis in historical perspective. *In*: GRABER, Mark A.; LEVINSON, Sanford; TUSHNET, Mark (Ed.). *Constitutional democracy in crisis?* New York: Oxford University Press, 2018.

GRABER, Mark A.; LEVINSON, Sanford; TUSHNET, Mark (Ed.). *Constitutional democracy in crisis?* New York: Oxford University Press, 2018.

HÄBERLE, Peter. *El Estado constitucional*. Tradução de Hector Fix-Fierro. México D.F: Universidad Autônoma de México, 2001.

HUQ, Aziz Z.; GINSBURG, Tom. How to lose a constitutional democracy. *SSRN Eletronic Journal*, v. 78, 2017.

MELO, Marcus André. Latin America's new turbulence: crisis and integrity in Brazil. *Journal of Democracy*, n. 2, p. 50-65, 2016.

PIN, Andrea. The transnational drivers of populist backlash in Europe: The role of courts. *German Law Journal*, v. 20, n. 2, p. 225-244, 2019. Disponível em: https://www.cambridge.org/core/product/identifier/S2071832219000142/type/journal_article.

PRENDERGAST, David. The judicial role in protecting democracy from populism. *German Law Journal*, v. 20, n. 2, p. 245-262, 2019. Disponível em: https://www.cambridge.org/core/product/identifier/S2071832219000154/type/journal_article.

SAAD-FILHO, Alfredo. Mass protests under "left neoliberalism": Brazil, June-July 2013. *Critical Sociology*, v. 39, n. 5, p. 657-669, 2013.

TSE atuou com celeridade no julgamento de processos sobre fake news durante as Eleições 2018. *Tribunal Superior Eleitoral*, 16 nov. 2018. Disponível em: http://www.tse.jus.br/imprensa/noticias-tse/2018/Novembro/tse-atuou-com-celeridade-no-julgamento-de-processos-sobre-fake-news-durante-as-eleicoes-2018.

TUSHNET, Mark. Varieties of populism. *German Law Journal*, v. 20, n. 3, p. 382-389, 2019. Disponível em: https://www.cambridge.org/core/product/identifier/S2071832219000270/type/journal_article.

WINTERS, Matthew S.; WEITZ-SHAPIRO, Rebecca. Partisan protesters and nonpartisan protests in Brazil. *Journal of Politics in Latin America Winters*, p. 137-150, 2014.

Informação bibliográfica deste texto, conforme a NBR 6023:2018 da Associação Brasileira de Normas Técnicas (ABNT):

MENDES, Gilmar Ferreira. Jurisdição constitucional, democracia em crise e a efetivação de direitos fundamentais no Brasil. *In*: GOMES, Ana Cláudia Nascimento; ALBERGARIA, Bruno; CANOTILHO, Mariana Rodrigues (Coord.). *Direito Constitucional*: diálogos em homenagem ao 80º aniversário de J. J. Gomes Canotilho. Belo Horizonte: Fórum, 2021. p. 195-209. ISBN 978-65-5518-191-3.

NOTAS ACERCA DO DIREITO FUNDAMENTAL À PROTEÇÃO DE DADOS PESSOAIS NA CONSTITUIÇÃO FEDERAL BRASILEIRA DE 1988

INGO WOLFGANG SARLET

Introdução

A proteção dos dados pessoais alcançou uma dimensão sem precedentes no âmbito da assim chamada sociedade tecnológica, notadamente a partir da introdução do uso da tecnologia da informática e da ampla digitalização, que já assumiu um caráter onipresente e afeta todas as esferas da vida social, econômica, política e cultural contemporânea no mundo, fenômeno comumente designado de *Ubiquituous Computing*.[1]

O direito, portanto, como estrutura organizacional e normativa regulatória de tais esferas e respectivas relações, não poderia deixar de ser convocado a lidar com o fenômeno, cuja dinamicidade e complexidade, contudo, colocam cada vez mais à prova a própria capacidade das ordens jurídicas convencionais (aqui compreendidas em sentido amplo, internacional e nacional) de alcançar resultados satisfatórios, particularmente quando se trata de assegurar um mínimo de proteção efetiva aos direitos humanos e fundamentais afetados.

O avanço da digitalização (que, todavia, não se restringe ao problema da proteção de dados, como sabido), de certo modo, tem impactado não apenas o direito positivo, ou seja, a produção legislativa e normativa em geral, mas também "contaminado" a dogmática e a metodologia jurídicas, ademais de estender os seus tentáculos para os domínios da Administração Pública e labor dos tribunais, os quais, cada vez mais, são compelidos a achar soluções criativas e suficientes a dar conta dos problemas concretos que lhes são submetidos.

---

[1] Cf., por todos, KÜHLING, Jürgen. Datenschutz und die Rolle des Rechts. *In*: STIFTUNG FÜR DATENSCHUTZ (Ed.). *Die Zukunft der informationellen Selbstbestimmung*. Berlin: Erich Schmidt Verlag, 2016. p. 49.

Assim, não é à toa que já há tempos se fala em um processo de digitalização dos direitos fundamentais[2] (ou de uma dimensão digital dos direitos fundamentais),[3] bem como de uma digitalização do próprio direito[4] (daí se falar também de um direito digital),[5] o que, à evidência, inclui – mas de longe não só isso! – o reconhecimento gradual, na esfera constitucional e no âmbito do direito internacional, de um direito humano e fundamental à proteção de dados, assim como de outros princípios, direitos (e deveres) conexos, mas também de uma releitura de direitos fundamentais "clássicos".

Outrossim, nada obstante o problema da proteção dos dados não se restrinja aos dados armazenados, processados e transmitidos na esfera da informática e por meios digitais, pois em princípio ela alcança a proteção de todo e qualquer dado pessoal independentemente do local (banco de dados) e do modo pelo qual é armazenado, cada vez mais os dados disponíveis são inseridos em bancos de dados informatizados. A facilidade de acesso aos dados pessoais, somada à velocidade do acesso, da transmissão e do cruzamento de tais dados, potencializa as possibilidades de afetação de direitos fundamentais das pessoas, mediante o conhecimento e o controle de informações sobre a sua vida pessoal, privada e social.[6]

É por tais razões que se pode acompanhar o entendimento de Carlos Alberto Molinaro e Gabrielle Bezerra S. Sarlet, de que a proteção de dados pessoais – e o reconhecimento de um direito fundamental correspondente –, de certo modo, "confere um novo e atual sentido à proteção da pessoa humana e da dignidade, da autonomia e das esferas de liberdade que lhes são inerentes".[7]

A instituição, bem como a ampliação em termos quantitativos e qualitativos da proteção jurídica de dados pessoais – considerando o foco do presente texto – começou, mediante uma regulação legal (na esfera da legislação infraconstitucional) específica da matéria, no início da década de 1970, como foi o caso do estado de Hessen, de 1970, na Alemanha, aliás, a primeira legislação específica sobre o tema no mundo, embora naquela quadra não projetada para o mundo digital e não tendo caráter nacional.[8]

O reconhecimento de um direito humano e fundamental à proteção dos dados pessoais, contudo, teve de esperar ainda um tempo considerável para ser incorporado

---

[2] Nesse sentido, já há três décadas, v. ROSSNAGEL, Alexander; WEDDE, Peter; HAMMER, Volker; PORDESCH, Ulrich. *Digitalisierung der Grundrechte? Zur Verfassungsverträglichkeit der Informations-und Kommunikationstechnik*. Opladen: Westdeutscher Verlag, 1990.

[3] HOFFMANN, Christian; LUCH, Anika; SCHULZ, Sönke E.; BORCHERS, Kim Corinna. *Die digitale Dimension der Grundrechte. Das Grundgesetz im digitalen Zeitalter*. Baden-Baden: Nomos, 2015.

[4] Cf., entre tantos, HILGENDORF, Eric; FELDLE, Jochen (Ed.). *Digitalization and the law*. Baden-Baden: Nomos, 2018.

[5] Note-se que, na literatura jurídica brasileira, a ideia de um direito digital, considerado inclusive como um autêntico novo ramo do direito e da teoria e prática jurídicas, tem crescido em importância, existindo já um grande número de obras sobre o tema, seja em caráter geral, seja com foco em algum domínio específico (direito penal, civil etc.). À guisa de exemplo, v., entre tantos, LEONARDI, Marcel. *Fundamentos de direito digital*. São Paulo: Revista dos Tribunais, 2019.

[6] Cf. lembram: MIRANDA, Jorge; MEDEIROS, Rui. *Constituição portuguesa anotada*. 1. ed. Coimbra: Coimbra Editora, 2006. p. 379-380.

[7] MOLINARO, Carlos Alberto; SARLET, Gabrielle Bezerra Sales. Questões tecnológicas, éticas e normativas da proteção de dados pessoais na área da saúde em um contexto de big data. *Direitos Fundamentais & Justiça*, ano 13, n. 41, p. 183-212, jul./dez. 2019.

[8] Note-se que a primeira legislação federal (âmbito nacional) alemã foi editada em 1977, ainda assim, muito precoce.

à gramática jurídico-constitucional, o que passou a se dar gradualmente, em especial a partir da década de 1980.

Nesse sentido, note-se que, mesmo já no limiar da terceira década do século XXI, ainda existem Estados constitucionais nos quais um direito fundamental à proteção de dados não é reconhecido, pelo menos na condição de direito expressamente positivado na Constituição, muito embora tal direito seja, em vários casos, tido como implicitamente positivado, sem prejuízo de uma mais ou menos ampla regulação legislativa e administrativa, ademais de significativo desenvolvimento na esfera jurisprudencial.

No caso do Brasil, como se verá com maior detalhamento mais adiante, inexiste, por ora, previsão expressa de direito fundamental autônomo à proteção de dados pessoais na CF, nada obstante a tramitação, no Congresso Nacional, de uma proposta de emenda à Constituição (PEC nº 17/2019), com tal objetivo.

À vista de tais considerações, a pergunta que se coloca e que se pretende responder ao longo do texto é se é possível afirmar a existência de um direito fundamental à proteção de dados pessoais na ordem jurídica brasileira, mesmo antes de vir a ser formalmente integrado ao texto constitucional, caso isso de fato venha a ocorrer e, em sendo positiva a resposta, qual o seu conteúdo, suas funções e seus limites.

Tal questionamento, por sua vez, assume ainda maior relevo com a edição da nova Lei Geral de Proteção de Dados Pessoais do Brasil – LGPDB (Lei nº 13.709/2018), que recentemente entrou em vigor, embora ainda não de modo integral –,[9] porquanto embora tal legislação não sirva de base e justificação constitucional direta para o reconhecimento de um direito fundamental à proteção de dados pessoais, o conteúdo e o alcance da regulação legal (infraconstitucional) carece de limitação a partir do marco normativo constitucional, ainda mais levando em conta o leque de direitos fundamentais e mesmo outros bens e interesses de estatura constitucional por ela protegidos, mas também limitados.

Para que um adequado enfrentamento das questões formuladas seja possível, inicia-se com a caracterização do direito à proteção de dados pessoais como fundamental, como tal implicitamente positivado na ordem jurídico-constitucional brasileira (2), passando a analisar o seu objeto – âmbito de proteção (3), sua dimensão subjetiva e objetiva (4), seus titulares e destinatários (5) e o problema dos seus limites e restrições (6), encerrando com algumas considerações finais (7).

Todavia, antes de avançar, impõe-se um registro indispensável, dada a razão de ser e finalidade da obra na qual se insere o presente texto. Trata-se de merecida e justa homenagem, por conta dos festejos relativos aos oitenta anos de um dos maiores constitucionalistas da atualidade, designadamente, o Professor Doutor José Joaquim Gomes Canotilho, catedrático emérito da prestigiada Faculdade de Direito da Universidade de Coimbra, onde pontificou na sua área de atuação e influenciou de modo notável gerações de juristas de diversas nacionalidades, ademais da expressiva recepção e impacto sobre a doutrina, a jurisprudência e até mesmo a formação da Constituição Federal de 1988.

---

[9] A LGPD brasileira entrou em vigor, depois de tentativas de prorrogação, em 18.9.2020, mas a parte relativa às sanções tem sua entrada em vigor prevista para agosto de 2021, por ora, além de a Autoridade Nacional de Proteção de Dados (ANPD) instituída pela LGPD também estar ainda em fase de estruturação.

Em termos pessoais, além da admiração – profissional e pessoal – que tenho para com o homenageado, incluindo aqui a influência sobre meu próprio trabalho acadêmico, tenho também muito a agradecer. Isto porque, na fase inicial do meu Doutorado em Munique e sendo eu na ocasião um mero principiante na carreira de professor universitário e recém empossado como Magistrado, nos idos de 1991/92, fui – por intermédio do meu estimado amigo, Professor Paulo Mota Pinto – gentilmente recebido e acolhido em Coimbra pelo homenageado, apresentado a outros professores (destaco aqui o estimado e ilustre Professor José Carlos Vieira de Andrade) e os à época ainda assistentes, mas já pavimentando a sua virtuosa carreira em Coimbra, Jonatas Machado e João Loureiro, além de ter participado de várias conversas que foram decisivas para o meu futuro acadêmico e mesmo na Magistratura. Desde então, o nosso querido Professor J. J. G. Canotilho, como também é carinhosamente tratado, nunca deixou de se fazer presente na minha e em tantas outras trajetórias, como exemplo de seriedade e rigor científico e generosidade, mas também em virtude de algumas características cada vez mais escassas, como a da humildade genuína e da correspondente abertura ao mundo, à diversidade e à pluralidade, bem como da incansável curiosidade e vontade de aprender, se atualizar e mesmo revisar posições à vista de novas evoluções e desafios. Por tudo isso e muito mais do que aqui poderia dizer, sou muito grato aos organizadores da obra por poder participar deste projeto e desta preciosa e tão oportuna homenagem.

1   O direito à proteção de dados pessoais como direito fundamental implícito na Constituição Federal de 1988 e a PEC nº 17/19

Como já adiantado, um direito humano e fundamental autônomo na esfera do direito constitucional positivo e do direito internacional dos direitos humanos ainda não é de longe onipresente nos textos de boa parte das constituições (em especial as mais antigas) e dos tratados internacionais de direitos humanos.

No nível do direito internacional público, tanto no âmbito do sistema universal de proteção da ONU, quanto na esfera do direito europeu, um direito à proteção de dados tem sido deduzido em especial do direito à privacidade, embora com este não se confunda. Nesse sentido é a orientação adotada pela Comissão da ONU para Direitos Humanos, interpretando o alcance do art. 17 do Pacto Internacional de Direitos Civis e Políticos, assim como a jurisprudência da Corte Europeia de Direitos Humanos (CEDH) e do Tribunal de Justiça da União Europeia (TJUE), forte no art. 8º da Convenção Europeia.[10]

Foi somente na Convenção nº 108 para a Proteção de Indivíduos com Respeito ao Processamento Automatizado de Dados Pessoais (1981),[11] comumente intitulada de Convenção de Estrasburgo, bem como, quase vinte anos mais tarde, no art. 8 da Carta de Direitos Fundamentais da União Europeia (doravante CDFUE), do ano 2000 –[12] que

---

[10]   Cf., por todos, SCHIEDERMAIR, Stephanie. Einleitung. In: SIMITIS, Spiros; HORNUNG, Gerrit; DÖHMANN, Indra Spiecker Genannt (Coord.). *Datenschutzrecht*. Baden-Baden: Nomos, 2019. p. 201.

[11]   CONSELHO DA EUROPA. *Convenção para a Proteção de Indivíduos com Respeito ao Processamento Automatizado de Dados Pessoais, de 28 de janeiro de 1981*. Disponível em: https://www.cnpd.pt/bin/legis/internacional/Convencao108.htm. Acesso em: 15 nov. 2019.

[12]   PARLAMENTO EUROPEU. *Carta de Direitos Fundamentais da União Europeia, de 7 de dezembro de 2000*. Disponível em: https://eur-lex.europa.eu/legal-content/PT/TXT/PDF/?uri=CELEX:12016P/TXT&from=EN. Acesso em: 15 nov. 2019.

o direito à proteção de dados finalmente alçou a condição de direito fundamental de natureza autônoma, mas vinculando, como tal, apenas os Estados integrantes da União Europeia, o que se deu apenas com a entrada em vigor do Tratado de Lisboa, em 2009.[13]

No caso do Brasil, como já antecipado, a Constituição Federal de 1988 (CF), embora faça referência, no art. 5º, XII, ao sigilo das comunicações de dados (além do sigilo da correspondência, das comunicações telefônicas e telegráficas), não contempla expressamente um direito fundamental à proteção e livre disposição dos dados pelo seu respectivo titular, sendo o reconhecimento de tal direito algo ainda relativamente recente na ordem jurídica brasileira.

A proteção dos dados pessoais, por outro lado – para além da referência ao sigilo da comunicação de dados – também encontra salvaguarda parcial e indireta mediante a previsão da ação de *habeas data* (art. 5º, LXXII, da CF), ação constitucional, com *status* de direito-garantia fundamental autônomo, que precisamente busca assegurar ao indivíduo o conhecimento e mesmo a possibilidade de buscar a retificação de dados constantes de registros ou bancos de dados de entidades governamentais ou de caráter público, ao mesmo tempo em que se trata de uma garantia procedimental do exercício da autodeterminação informacional.[14]

Com relação ao sigilo da comunicação de dados, contudo, há que ter cautela, razão pela qual se impõe o registro, com base na lição de Danilo Doneda, de que não se trata, neste caso, do direito à proteção de dados pessoais em si nem de seu fundamento direto. Para melhor compreensão da assertiva, valemo-nos aqui da própria fala do autor:

> [Se,] por um lado, a privacidade é encarada como um direito fundamental, as informações pessoais em si parecem, a uma parte da doutrina, serem protegidas somente em relação à sua "comunicação", conforme art. 5, XII, que trata da inviolabilidade da comunicação de dados. Tal interpretação traz consigo o risco de sugerir uma grande permissividade em relação à utilização de informações pessoais. Nesse sentido, uma decisão do STF, relatada pelo Ministro Sepúlveda Pertence, reconheceu expressamente a inexistência de uma garantia de inviolabilidade sobre dados armazenados em computador com fulcro em garantias constitucionais [...]. O sigilo, no inciso XII do art. 5º, está referido à comunicação, no interesse da defesa da privacidade [...]. Obviamente o que se regula é comunicação por correspondência e telegrafia, comunicação de dados e telefônica [...]. A distinção é decisiva: o objeto protegido no direito à inviolabilidade do sigilo não são os dados em si, mas a sua comunicação restringida (liberdade de negação). A troca de informações (comunicação) privativa é que não pode ser violada por sujeito estranho [...]. A decisão tem sido, desde então, constantemente mencionada como precedente em julgados nos quais o STF identifica que a natureza fundamental da proteção aos dados está restrita ao momento de sua comunicação.[15]

---

[13] DONEDA, Danilo. A proteção dos dados pessoais como um direito fundamental. *Espaço Jurídico Journal of Law*, Joaçaba, v. 12, n. 2, p. 91-108, jul./dez. 2011. Disponível em: https://portalperiodicos.unoesc.edu.br/espacojuridico/article/view/1315. Acesso em: 15 nov. 2019.

[14] MENDES, Laura Schertel. Habeas data e autodeterminação informativa: dois lados da mesma moeda. *Revista Direitos Fundamentais & Justiça*, ano 12, n. 39, p. 185-216, jul./dez. 2018.

[15] DONEDA, Danilo. *Da privacidade à proteção dos dados pessoais*. Rio de Janeiro: Renovar, 2006. p. 262.

À míngua, portanto, de expressa previsão de tal direito, pelo menos na condição de direito fundamental explicitamente autônomo, no texto da CF, e a exemplo do que ocorreu em outras ordens constitucionais, o direito à proteção dos dados pessoais pode (e mesmo deve!) ser associado e reconduzido a alguns princípios e direitos fundamentais de caráter geral e especial, como é o caso do princípio da dignidade da pessoa humana, do direito fundamental (também implicitamente positivado) ao livre desenvolvimento da personalidade, do direito geral de liberdade, bem como dos direitos especiais de personalidade mais relevantes no contexto, quais sejam – aqui nos termos da CF – os direitos à privacidade e à intimidade,[16] no sentido do que alguns também chamam de uma "intimidade informática".[17]

Mas, possivelmente, o fundamento constitucional direto mais próximo de um direito fundamental à proteção de dados seja mesmo o direito ao livre desenvolvimento da personalidade, radicado diretamente no princípio da dignidade da pessoa humana e no direito geral de liberdade, o qual também assume a condição de uma cláusula geral de proteção de todas as dimensões da personalidade humana,[18] que, de acordo com tradição jurídica já consolidada no direito constitucional estrangeiro e no direito internacional (universal e regional) dos direitos humanos, inclui o (mas não se limita ao!) direito à livre disposição sobre os dados pessoais, o assim designado direito à livre autodeterminação informativa.[19]

À vista do exposto e como ponto de partida para os desenvolvimentos supervenientes, há, pois, como aderir ao entendimento – hoje consagrado na literatura jurídica brasileira – de que, mediante uma leitura harmônica e sistemática do texto constitucional, a CF consagrou um direito fundamental implicitamente positivado à proteção de dados pessoais,[20] o que veio a ser confirmado recentemente (maio de 2020) pelo Supremo Tribunal Federal, em histórico e paradigmático julgado.

Isso se deu em especial no julgamento da Medida Cautelar na ADI nº 6.387/DF, de relatoria da Min. Rosa Weber, em que se discute a constitucionalidade da Medida Provisória nº 954, de 17.4.2020, da Presidência da República, que atribuiu às empresas de telecomunicações (fixas e móveis) o dever de disponibilizar os nomes completos, endereços e números de telefone dos usuários PN e PJ para o IBGE durante a pandemia

---

[16] Cf. por todos DONEDA, Danilo. *Da privacidade à proteção de dados pessoais*: elementos da formação da Lei Geral de Proteção de Dados. 2. ed. São Paulo: Thomson Reuters Brasil, 2019.

[17] Cf., por exemplo, entre nós, SAMPAIO, José Adércio Leite. A suprema inviolabilidade: a intimidade informática e o sigilo bancário. *In*: SARMENTO, Daniel; SARLET, Ingo Wolfgang (Coord.). *Direitos fundamentais no Supremo Tribunal Federal*: balanço e crítica. Rio de Janeiro: Lumen Juris, 2011. p. 531 e ss.

[18] Cf. por todos, PINTO, Paulo Mota. *Direitos de personalidade e direitos fundamentais*: estudos. Coimbra: Gestlegal, 2018, em especial, p. 33 e ss.

[19] PINTO, Paulo Mota. *Direitos de personalidade e direitos fundamentais*: estudos. Coimbra: Gestlegal, 2018. p. 642 e ss.

[20] Cf., em especial, o já referido DONEDA, Danilo. *Da privacidade à proteção dos dados pessoais*. Rio de Janeiro: Renovar, 2006, mas também, na sequência, entre outros, LIMBERGER, Têmis. *O direito à intimidade na era da informática*. Porto Alegre: Livraria do Advogado, 2007; RUARO, Regina Linden; RODRIGUEZ, Daniel Piñeiro. O direito à proteção de dados pessoais na sociedade de informação. *Direito, Estado Sociedade*, n. 36, jan./jun. 2010; MENDES, Laura Schertel. *Privacidade, proteção de dados e defesa do consumidor*. São Paulo: Saraiva, 2013, BIONI, Bruno Ricardo. *Proteção de dados pessoais*: a função e os limites do consentimento. Rio de Janeiro: Forense, 2019. p. 90 e ss.

do Covid-19 para efeitos de uso direto e exclusivo de produção de estatísticas oficiais mediante entrevistas domiciliares. No caso, a justificação de um direito fundamental à proteção de dados pessoais, na condição de direito autônomo implicitamente positivado, seguiu a linha geral protagonizada pela doutrina jurídica acima referida.

Além disso, é de sublinhar que, apenas em 2020, o Supremo Tribunal Federal proferiu quatro decisões relevantes relativas à proteção de dados pessoais. Para além do caso do IBGE, o tema foi tratado na ADPF nº 695 (Caso Abin/Denatran), na ADI nº 656 (cadastros de dependentes químicos) e na ADI nº 6.529 (Caso Sisbin). Nesse último caso, a Corte decidiu que os órgãos componentes do Sistema Brasileiro de Inteligência (Sisbin) somente podem fornecer dados e conhecimentos específicos à Agência Brasileira de Inteligência (Abin) quando for comprovado o interesse público da medida, afastando qualquer possibilidade de esses dados atenderem a interesses pessoais ou privados.

Ainda nesse contexto, embora ainda em fase de deliberação no Congresso Nacional, não há como deixar de destacar a proposta de inserção, tal como previsto na PEC nº 17/2019,[21] de um direito fundamental à proteção de dados pessoais no catálogo constitucional de direitos, mediante a inclusão de um inc. XII-A no art. 5º, e o inc. XXX no art. 22, estabelecendo, neste último caso, a competência privativa da União para legislar sobre a matéria.

Especificamente no concernente ao direito fundamental à proteção de dados, calha sublinhar que, a prevalecer a redação atual prevista no texto da PEC nº 17/19, aprovada na Câmara dos Deputados e que modificou a versão oriunda do Senado Federal, que acrescia um inc. XII-A ao art. 5º sem alterar a redação original do inc. II, passará a ter o seguinte enunciado, inserindo o novo (?) direito no próprio texto do referido dispositivo:

> Art. 5º [...]
> XII - é inviolável o sigilo da correspondência e das comunicações telegráficas, de dados e das comunicações telefônicas, salvo, no último caso, por ordem judicial, nas hipóteses e na forma que a lei estabelecer para fins de investigação criminal ou instrução processual penal, bem como é assegurado, nos termos da lei, o direito à proteção dos dados pessoais, inclusive nos meios digitais; [...]. (NR).

Outrossim, independentemente de aqui se aprofundar a discussão sobre a conveniência, necessidade e bondade intrínsecas de uma consagração textual de um direito fundamental autônomo à proteção de dados na CF, ou mesmo adentrar a querela sobre se tratar, ou não, de um direito "novo", o fato é que cerramos aqui fileiras com os que saúdam como benfazeja tal medida.

Mesmo que se possa, como já tem sido o caso, reconhecer a proteção de dados como um direito fundamental implícito, daí extraindo todas as consequências atinentes à tal condição, o fato é que sua positivação formal, em sendo o caso, carrega consigo uma carga positiva adicional, ou seja, agrega (ou, ao menos, assim o deveria) valor positivo substancial em relação ao atual estado da arte no Brasil.

---

[21] BRASIL. *Proposta de Emenda à Constituição nº 17, de 2019*. Disponível em: https://www25.senado.leg.br/web/atividade/materias/-/materia/135594. Acesso em: 15 nov. 2019.

Entre as razões que aqui poderiam ser colacionadas, destacam-se:
a) a despeito das interseções e articulações com outros direitos, fica assegurada à proteção de dados a condição de direito fundamental autônomo, com âmbito de proteção próprio;
b) ao direito à proteção de dados passa a ser atribuído de modo inquestionável o pleno regime jurídico-constitucional relativo ao seu perfil de direito fundamental em sentido material e formal já consagrados no texto da CF, bem como na doutrina e na jurisprudência constitucional brasileira, ou seja:
1) como parte integrante da constituição formal, os direitos fundamentais possuem *status* normativo superior em relação a todo o restante do ordenamento jurídico nacional;
2) na condição de direito fundamental, assume a condição de limite material à reforma constitucional, devendo, ademais disso, serem observados os assim chamados limites formais, circunstanciais e temporais, nos termos do art. 60, §§1º a 4º, da CF;
3) também as normas relativas ao direito à proteção de dados são – nos termos do art. 5º, §1º, CF – dotadas de aplicabilidade imediata (direta) e vinculam todos os atores públicos, bem como – sopesadas as devidas ressalvas, consoante será tratado em tópico específico – os atores privados.

Acrescente-se, outrossim, que, a teor do art. 5º, §§2º e 3º, CF, o marco normativo que concretiza e formata o âmbito de proteção e as funções e dimensões do direito (fundamental) à proteção de dados é também integrado – embora tal circunstância seja usualmente negligenciada – pelos tratados internacionais de direitos humanos ratificados pelo Brasil –, destacando-se, para o efeito da compreensão adequada e manejo correto em nível doméstico –, a Convenção Americana de São José da Costa Rica e o Pacto Internacional de Direitos Civis e Políticos, incluindo a sua interpretação pelas instâncias judiciárias e não judiciárias respectivas.

Tal fato assume uma dimensão particularmente relevante, à vista do atual posicionamento do STF sobre o tema, dada a atribuição, aos tratados de direitos humanos devidamente ratificados, hierarquia normativa supralegal, de modo que – ao menos assim o deveria ser – o marco normativo nacional infraconstitucional não apenas deve guardar consistência formal e material com a CF, mas também estar de acordo com os parâmetros de tais documentos internacionais, sendo passível do que se tem designado de um controle jurisdicional de convencionalidade. Além disso, convém lembrar que em se cuidando de tratados internacionais de direitos humanos aprovados pelo rito agravado previsto no §3º do art. 5º da CF o seu valor normativo na esfera nacional será equivalente ao das emendas constitucionais.

Nesse contexto, embora não exista (ainda) tratado internacional de direitos humanos específico sobre proteção de dados (ou mesmo tratado geral com referência direta e expressa a um direito humano correspondente) ratificado mediante tal procedimento, o fato é que tal circunstância não tem levado a um isolamento político-legislativo-jurídico do Brasil nessa matéria, do que dá conta, em caráter ilustrativo, a substancial recepção, pela nova LGPD, do Regulamento Geral Europeu, mas também, na esfera doutrinária e jurisprudencial, de parâmetros dogmáticos e interpretativos, como é o caso, já referido, de um direito à autodeterminação informativa, entre tantos exemplos que poderiam ser colacionados.

Para encerrar essa primeira etapa do texto, e dada a sua relevância não apenas para a compreensão do conteúdo e alcance do direito fundamental à proteção de dados na CF, mas também para efeitos de seu diálogo com a legislação, jurisprudência e mesmo doutrina sobre o tema, importa sublinhar que diversos diplomas legais em vigor já dispõem sobre aspectos relevantes da proteção de dados, destacando-se aqui a Lei de Acesso à Informação (Lei nº 12.527/2011) e o assim chamado Marco Civil da Internet (Lei nº 12.965/2014) e o respectivo decreto que o regulamentou (Decreto nº 8.771/2016), mas especialmente a Lei Geral de Proteção de Dados (Lei nº 13.709, de 2018), que ainda se encontra na fase da *vacatio legis*, e que, salvo causa superveniente, deverá entrar em vigor, na sua plenitude, em 2021.

Assim, uma compreensão/interpretação/aplicação constitucionalmente adequada do direito fundamental à proteção de dados deverá sempre ser pautada por uma perspectiva sistemática, que, a despeito do caráter autônomo (sempre parcial), desse direito, não pode prescindir do diálogo e da interação (por vezes marcada por concorrências, tensões e colisões) com outros princípios e direitos fundamentais, que, entre outros pontos a considerar, auxiliam a determinar o seu âmbito de proteção, inclusive mediante o estabelecimento de limites diretos e indiretos.

Outrossim, o que é de particular relevância no caso brasileiro – justamente pela existência, além da nova LGPD, de outras leis que versam sobre o tema – é ter sempre presente a necessidade de não apenas zelar pela consistência constitucional do marco normativo infraconstitucional no tocante aos diplomas legais isoladamente considerados, mas também de promover sua integração e harmonização produtiva, de modo a superar eventuais contradições e assegurar, ao direito fundamental à proteção de dados, sua máxima eficácia e efetividade.

2 Âmbito de proteção do direito fundamental à proteção de dados pessoais

2.1 Para além da privacidade e da autodeterminação informativa

Como de certo modo já adiantado no segmento anterior, o conteúdo (no sentido do âmbito de proteção normativo) de um direito fundamental à proteção de dados pessoais, embora fortemente articulado com o princípio da dignidade da pessoa humana e de outros direitos fundamentais, em especial o direito ao livre desenvolvimento da personalidade e alguns direitos especiais de personalidade, como é o caso, entre outros, do direito à privacidade e do assim chamado direito à autodeterminação informativa, não se confunde com o do objeto da proteção de tais direitos.

É por tal razão, aliás, que a própria opção terminológica pela proteção de dados pessoais assume uma importância que vai muito além da mera novidade representada pela terminologia em si, porquanto, radica numa viragem concepcional, visto que parte do pressuposto de que dados, para efeitos de sua proteção jurídico-constitucional, devem ser compreendidos em sentido amplo, no sentido da inexistência de dados pessoais irrelevantes em face do processamento eletrônico na sociedade de informação, notadamente pelo fato de que, sendo os dados projeções da personalidade, o seu tratamento, seja qual for, potencialmente pode violar direitos fundamentais.[22]

De todo modo, a compreensão do âmbito de proteção de um direito fundamental à proteção de dados pessoais envolve sempre um contraste com o de outros direitos, destacando-se, nesse contexto, o direito à privacidade e o direito à autodeterminação informativa, os quais, por seu turno, embora também autônomos entre si, também apresentam zonas de contato importantes.

Pela sua relevância para o desenvolvimento do direito à proteção de dados pessoais, calha retomar, em rápidas pinceladas, o caso da Alemanha, porquanto é lá que se costuma situar o reconhecimento, pela primeira vez, do assim chamado direito à autodeterminação informativa, não no texto constitucional, mas por conta de paradigmática decisão do Tribunal Constitucional Federal, de 15.12.1983, sobre a constitucionalidade de aspectos da lei do censo aprovado pelo Parlamento Federal, cuja realização foi suspensa liminarmente pela Corte em 13.4.1983, muito embora existam decisões anteriores envolvendo, ao fim e ao cabo, a proteção de dados pessoais.[23]

Na sua multicitada decisão, o Tribunal Constitucional Federal alemão, contudo, não reconheceu diretamente um direito fundamental à proteção de dados pessoais, mas, sim, deduziu, numa leitura conjugada do princípio da dignidade da pessoa humana e do direito ao livre desenvolvimento da personalidade, um direito fundamental implícito à autodeterminação informativa, que consiste, em suma e de acordo com o Tribunal, na prerrogativa de cada indivíduo de decidir em princípio e substancialmente sobre a divulgação e utilização de seus dados pessoais.[24]

O próprio Tribunal Constitucional, contudo, na mesma decisão, alertou para o fato de que o direito à autodeterminação informativa não assegura a cada cidadão um controle absoluto sobre os seus dados, visto que, dada a inserção e responsabilidade comunitária e social do ser humano, este deve tolerar eventuais limitações do direito quando em prol do interesse geral.[25]

De acordo com Hans-Peter Bull, primeiro encarregado da agência federal de proteção de dados alemã, o cerne moral e político das preocupações do Tribunal Constitucional foi (e é) o da garantia da liberdade dos cidadãos em face da repressão por parte do Estado, de modo que a argumentação deduzida na decisão foi orientada de acordo com o objetivo da proteção da liberdade de ação do ser humano, sendo a transparência da coleta de informações um meio para alcançar tal finalidade.[26]

---

[22] Cf., por todos, MENDES, Laura Schertel; DONEDA, Danilo. Comentário à Nova Lei de Proteção de Dados (Lei 13.709/2018): o novo paradigma da proteção de dados. *Revista de Direito do Consumidor*, v. 120, nov./dez. 2018. p. 22. Para maior desenvolvimento, v., em especial, BIONI, Bruno Ricardo. *Proteção de dados pessoais*: a função e os limites do consentimento. Rio de Janeiro: Forense, 2019. p. 59 e ss.

[23] Aqui costuma ser referida, entre outras, decisão de 16.7.1969 (*Mikrozensus-Entscheidung*), na qual o Tribunal Constitucional assentou que a Lei Fundamental proíbe que o ser humano tenha sua inteira personalidade registrada e catalogada compulsoriamente (v. BVerfGE 27, p. 6).

[24] Cf., *BVerfG* 65, p. 42 e ss.

[25] Cf. *BVerfGE* 65, p. 44.

[26] Sobre a dedução interpretativa do direito pelo Tribunal Constitucional, v., por todos, a síntese de BULL, Hans-Peter. *Informationelle Selbstbestimmung* – Vision oder Illusion? Tübingen: Mohr Siebeck, 2009. p. 29 e ss.

Na condição de direito de defesa (direito à não intervenção arbitrária) o direito à autodeterminação informativa consiste em um direito individual de decisão, cujo objeto (da decisão) são dados e informações relacionados a determinada pessoa-indivíduo.[27]

A relação do direito à autodeterminação informativa com o princípio da dignidade da pessoa humana, portanto, é, em certo sentido, dúplice, pois se manifesta, tanto pela sua vinculação com a noção de autonomia, quanto com a do livre desenvolvimento da personalidade e de direitos especiais de personalidade conexos, de tal sorte que a proteção dos dados pessoais envolve também a salvaguarda da possibilidade concreta de tal desenvolvimento, para o qual a garantia de uma esfera privada e íntima é indispensável.

Não há sobreposição, contudo, entre autodeterminação informativa e proteção de dados, nem privacidade e outros direitos de personalidade. Isso já se dá – mas não exclusivamente – pelo fato de o direito à autodeterminação informativa apresentar uma dupla dimensão individual e coletiva, no sentido de que garantida constitucionalmente não é apenas (embora possa ser, como direito subjetivo individual, o mais importante) a possibilidade de cada um decidir sobre acesso, uso e difusão dos seus dados pessoais, mas também – e aqui a dimensão metaindividual (coletiva) – se trata de destacar que a autodeterminação informativa constitui precondição para uma ordem comunicacional livre e democrática, distanciando-se, nessa medida, de uma concepção de privacidade individualista e mesmo isolacionista à feição de um direito a estar só (*right to be alone*).[28]

Dito de outro modo, "a proteção de dados é, enquanto proteção de direitos fundamentais, espinha dorsal de uma democracia liberal".[29]

No concernente às suas interfaces com o direito à privacidade, também inexiste, como já adiantado, superposição completa dos respectivos âmbitos de proteção. Proteção de dados pessoais e, da mesma forma, autodeterminação informativa vão além da privacidade e de sua proteção, ao menos no sentido tradicional do termo, caracterizado por uma lógica de "recolhimento" e "exposição".[30]

Nessa perspectiva, é crucial que se tenha presente, que embora a proteção de dados tenha sido deduzida (associada), em diversos casos, do direito à privacidade (*v.g.*, nos EUA, o conceito de *informational privacy*) ou, pelo menos, também do direito à privacidade, como no caso da Convenção Europeia de Direitos Humanos (nos termos da exegese do art. 8º levada a efeito pela CEDH), o fato é que o objeto (âmbito de proteção) do direito à proteção de dados pessoais é mais amplo, porquanto, com base num conceito ampliado de informação, abarca todos os dados que dizem respeito a determinada pessoa natural, sendo irrelevante à qual esfera da vida pessoal se referem (íntima, privada, familiar, social), descabida qualquer tentativa de delimitação temática.[31]

---

[27] Cf. ALBERS, Marion. Umgang mit personenbezogenen Informationen und Daten. *In*: HOFMANN-RIEM, Wolfgang; SCHMIDT-ASSMANN, Eberhard; VOSSKUHLE, Andrea (Coord.). *Grundlagen des Verwaltungsrechts*. 2. ed. München: C.H. Beck, 2012. v. 2. p. 146-47.

[28] Cf. HORNUNG, Gerrit; SCHNABEL, Christoph. Data protection in Germany I: The populational census decision and the right to informational self-determination. *Computer Law & Security Report*, v. 25, issue 1, 2009. p. 85-86.

[29] Cf. DÖHMANN, Indra Spiecker Genannt. Kontexte der Demokratie: Parteien, Medien und Sozialstrukturen (1. Referat). *VVDStRL*, Berlin, v. 77, 2018. p. 55-56.

[30] RUARO, Regina Linden; RODRIGUEZ, Daniel Piñeiro. O direito à proteção de dados pessoais na sociedade de informação. *Direito, Estado Sociedade*, n. 36, jan./jun. 2010. p. 189.

[31] Cf., por todos, KARG, Moritz. Artikel 4, Nr. 1. *In*: SIMITIS, Spiros; HORNUNG, Gerrit; DÖHMANN, Indra Spiecker Genannt. *Datenschutzgesetz*. Baden-Baden: Nomos, 2019. p. 287-290.

O que se pode afirmar, sem temor de incorrer em erro, é que seja na literatura jurídica, seja na legislação e jurisprudência, o direito à proteção de dados vai além da tutela da privacidade, cuidando-se, de tal sorte, de um direito fundamental autônomo, diretamente vinculado à proteção da personalidade. Aliás, não é à toa que Bruno Ricardo Bioni alertou para o fato de que o entendimento, hoje amplamente superado, de que o direito fundamental à proteção de dados consiste em mera evolução do direito à privacidade, é uma "construção dogmática falha".[32]

2.2 Proteção de dados pessoais

Nada obstante parte da doutrina, a prática jurídica e mesmo a legislação cotidianamente desconsiderarem tal circunstância, é, todavia, imperioso ter presente a diferença entre os termos (e conceitos) "informação" e "dados", ainda que para efeitos da proteção de dados, as duas noções sejam interligadas.[33]

Considerando que a definição corrente e legalmente consagrada de dados pessoais – cuja consistência constitucional não tem sido objeto de relevante contestação – é a de "informação relacionada a pessoa natural identificada ou identificável" (art. 5º, I, LGPD), conceito praticado também pelo RGPD (art. 4º, nº 1), eventual distinção entre dados e informações, parece não ser relevante do ponto de vista de sua proteção jurídico-constitucional, porquanto o que importa, ao fim e ao cabo, seria então a configuração dos requisitos legais referidos e não a forma mediante a qual se corporifica determinada informação.[34]

Isso, contudo, não significa que dados e informações sejam de fato a mesma coisa, inclusive pelo fato de nem todas as informações assumirem a condição de dados, até mesmo para a aplicação da respectiva legislação.[35] Como bem lembra Marion Albers:

> os conceitos de "dados" e "informação" são definidos de maneiras multifárias e dependentes da respectiva disciplina. No contexto (social) da proteção de dados, é ao menos importante dar-se conta de que dados e informação não são sinônimos. Esses termos devem, pelo contrário, ser diferenciados rigorosamente.[36]

Aliás, há quem diga mesmo que não há como dispensar uma diferenciação entre informações e dados.[37]

---

[32] Cf. BIONI, Bruno Ricardo. *Proteção de dados pessoais*: a função e os limites do consentimento. Rio de Janeiro: Forense, 2019. p. 95.

[33] Cf. DÖHMANN, Indra Spiecker Genannt. O direito à proteção de dados na internet em casos de colisão. *Revista Direitos Fundamentais & Justiça*, ano 12, n. 38, p. 17-33, jan./jun. 2018.

[34] Cf. KARG, Moritz. Artikel 4, Nr. 1. *In*: SIMITIS, Spiros; HORNUNG, Gerrit; DÖHMANN, Indra Spiecker Genannt. *Datenschutzgesetz*. Baden-Baden: Nomos, 2019. p. 286-87.

[35] Cf., v.f. VESTING, Thomas. §20 Information und Kommunikation. *In*: HOFFMANN-RIEM, Wolfgang; SCHMIDT-ASSMANN, Eberhard; VOSSKUHLE, Andreas (Coord.). *Grundlagen des Verwaltungsrechts*. München: C. H. Beck, 2012. v. 2. p. 9 e ss.

[36] Cf. ALBERS, Marion. A complexidade da proteção de dados. *Revista Direitos Fundamentais & Justiça*, ano 10, n. 35, jul./dez. 2016.

[37] Nesse sentido, ALBERS, Marion. Umgang mit personenbezogenen Informationen und Daten. *In*: HOFMANN-RIEM, Wolfgang; SCHMIDT-ASSMANN, Eberhard; VOSSKUHLE, Andrea (Coord.). *Grundlagen des Verwaltungsrechts*. 2. ed. München: C. H. Beck, 2012. v. 2. p. 114.

Apenas para não deixar de referir tal circunstância, sabe-se que o conceito (definição) de informação é altamente variável a depender do contexto (*v.g.*, sociedade da informação, ciências da informação, tecnologias da informação, liberdade de informação etc.), da área do conhecimento à qual se refere, entre outros fatores, existindo, ademais disso, diversos critérios para uma definição, inclusive possibilidades de definição legal não necessariamente uniformes.[38]

Assim, sendo inviável explorar esse tópico, importa assumir uma posição em termos de acordo semântico sobre o que se entende por dados e por informações. Para tanto, iniciamos colacionando a definição de dados proposta por Wolfgang Hoffmann-Riem:

> Os dados na literatura teórica são entendidos como sinais ou símbolos para mensagens que podem ser formalizadas e (aleatoriamente) reproduzidas e facilmente transportadas por meio de meios técnicos adequados. Os dados, enquanto tais, não têm significado. No entanto, podem ser portadores de informação, nomeadamente "informação codificada". O significado é-lhes atribuído quando estão envolvidos num processo de comunicação de informação por um remetente e de geração e informação pelo destinatário, ou seja, quando se tornam objeto de comunicação. Esta comunicação pode ocorrer entre humanos, mas também entre humanos e máquinas ou entre máquinas.[39]

De modo a deixar mais clara a diferença entre ambas as figuras, aciona-se a lição de Thomas Vesting (em parte também acolhida e referida por Hoffmann-Riem), no sentido de que dados são "sinais" ou "símbolos" não interpretados, que, assim como os números, têm natureza formalizada, podendo ser reproduzidos e transmitidos mediante determinados procedimentos – razão pela qual computadores leem dados –, de tal sorte que dados dependem de um meio técnico, portanto, físico, e não apenas assumem forma semântica, que se distingue da informação por eles processada.[40]

Marion Albers, por sua vez, destaca que os dados em si mesmos não são significativos, mas apenas na condição de "informação em potencial", porquanto o seu conteúdo informacional não constitui um atributo intrínseco. Informações sempre implicam sentido e podem se basear em dados ou em observações ou comunicações, mas os dados apenas adquirem sentido quando interpretados e explicados por quem os recebe ou usa para obter informação.[41]

Ainda nessa quadra, importa sublinhar, no que diz com informações, que estas não se encontram materializadas na forma de dados (coletadas, processadas, transmitidas como tais), essas encontram proteção mediante associação ao âmbito de proteção de

---

[38] Cf. INGOLD, Albert. *Desinformationsrecht*: Verfassungsrechtliche Vorgaben für Staatliche Desinformationstätigkeit. Berlin: Duncker & Humblot, 2011. p. 21-22.
[39] Cf. HOFFMANN-RIEM, Wolfgang. Rechtliche Rahmenbedingungen für und regulative Herausforderungen durch Big Data. *In*: HOFFMANN-RIEM, Wolfgang (Coord.). *Big Data – Regulative Herausforderungen*. Baden-Baden: Nomos, 2018. p. 16.
[40] Cf. VESTING, Thomas. §20 Information und Kommunikation. *In*: HOFFMANN-RIEM, Wolfgang; SCHMIDT-ASSMANN, Eberhard; VOSSKUHLE, Andreas (Coord.). *Grundlagen des Verwaltungsrechts*. München: C. H. Beck, 2012. v. 2. p. 9-11.
[41] ALBERS, Marion. A complexidade da proteção de dados. *Revista Direitos Fundamentais & Justiça*, ano 10, n. 35, jul./dez. 2016.

outros direitos fundamentais, como é o caso, em especial, dos direitos à privacidade e à imagem, que, também por isso, possuem caráter autônomo.[42]

De volta ao conceito de dados pessoais, que constituem o objeto dos deveres de proteção estatais e das posições subjetivas dos indivíduos, verificou-se que se trata de uma definição delegada, ainda que implicitamente, ao legislador infraconstitucional e, ao fim e ao cabo, também aos órgãos regulatórios em geral e ao Poder Judiciário. O que importa, portanto, é que a definição legal seja constitucionalmente consistente e não desborde de sua finalidade.

Como já adiantado, tanto a nova LGPD quanto o RGPD (e, por via de consequência, nos ordenamentos jurídicos de todos os Estados da União Europeia) definem dados pessoais como "informação relacionada a pessoa natural identificada ou identificável" (art. 5º, I, LGPD e art. 4, nº 1, RGPD), o que aqui se retoma para o efeito de destacar a necessidade de avançar no detalhamento da definição e de seu alcance, visto que o texto legal também fornece dados para a delimitação do destinatário da proteção (sujeito ativo do direito à proteção de dados), ademais da relativa abertura – ainda que assim não o pareça, numa primeira mirada – da expressão "identificada", mas especialmente "identificável".

3 Dimensão subjetiva e objetiva e multifuncionalidade do direito à proteção de dados pessoais

3.1 O direito à proteção de dados pessoais como direito subjetivo

Assim como se dá com os direitos fundamentais em geral, também o direito à proteção de dados pessoais apresenta uma dupla dimensão subjetiva e objetiva, cumprindo uma multiplicidade de funções na ordem jurídico-constitucional. Na sua condição de direito subjetivo e considerado um direito em sentido amplo, o direito à proteção de dados pessoais se decodifica em um conjunto heterogêneo de posições subjetivas de natureza defensiva (negativa), mas também assume a condição de direito a prestações, cujo objeto consiste em uma atuação do Estado mediante a disponibilização de prestações de natureza fática ou normativa.[43]

Ainda em sede preliminar, é de se observar que, nada obstante a circunstância de que o direito à proteção de dados pessoais guarda relação direta (mas, como já adiantado, não se confunde) com um direito à autodeterminação informativa – que, de todo modo, é um dos esteios e elementos centrais da proteção de dados – na sua condição de direito subjetivo, o catálogo de posições jusfundamentais que encerra é bastante diversificado.

Nesse contexto, para melhor e mais rápida compreensão, calha lançar mão do rol de posições jurídicas subjetivas diretamente inspirado na obra do homenageado, em parceria com Vital Moreira, o qual, a despeito de eventuais diferenças de uma ordem jurídica para outra, se mostra perfeitamente compatível com o direito constitucional e

---

[42] Cf. LORENZ, Dieter. Art. 2 Abs 1 GG. In: KAHL, Wolfgang; WALDHOFF, Christian; WALTER, Christian (Coord.). *Bonner Kommentar zum Grundgesetz*. Heidelberg: C.F. Müller, 2008. v. 2. p. 141.

[43] Cf. SARLET, Ingo Wolfgang. *A eficácia dos direitos fundamentais*: uma teoria geral dos direitos fundamentais na perspectiva constitucional. 13. ed. Porto Alegre: Livraria do Advogado, 2018. p. 288.

infraconstitucional positivo brasileiro, assegurando uma proteção que dê conta de todas as dimensões que envolvem coleta, armazenamento, tratamento, utilização e transmissão de dados pessoais:

a) o direito ao acesso e ao conhecimento dos dados pessoais existentes em registros (bancos de dados) públicos ou privados;
b) o direito ao não conhecimento, tratamento, utilização e difusão de determinados dados pessoais pelo Estado ou por terceiros, aqui incluído um direito de sigilo quanto aos dados pessoais;
c) o direito ao conhecimento da identidade dos responsáveis por coleta, armazenamento, tratamento e utilização dos dados;
d) o direito ao conhecimento da finalidade da coleta e da eventual utilização dos dados;
e) o direito à retificação e, a depender do caso, à exclusão de dados pessoais armazenados em bancos de dados.[44]

Note-se, ainda, que, embora o direito à proteção de dados pessoais, como direito fundamental que é, tenha esteio na constituição, não há, no texto constitucional brasileiro (ao menos por ora) qualquer referência direta a posições jurídico-subjetivas específicas que possam estar albergadas por seu âmbito de proteção, o que, todavia, não quer dizer que não encontrem fundamento constitucional implícito.

De qualquer sorte, também no Brasil – e independentemente da incorporação de um direito à proteção de dados pessoais à CF –, é na legislação infraconstitucional que foram especificados os direitos do titular da proteção, como dá conta o leque contido nos arts. 17 e 18 da LGPD, que, contudo, deve ser compreendido e aplicado em sintonia e conformidade com a CF, a normativa internacional e outros diplomas legais, como é o caso, por exemplo (e em especial), da Lei de Acesso à Informação e da Lei do Marco Civil da Internet.

Já mediante uma simples leitura do catálogo que segue, enunciado nos arts. 17 e 18 da LGPD, é possível perceber que em grande medida as posições jurídicas subjetivas (direitos) atribuídas ao titular dos dados pessoais objeto da proteção legal, que concretiza e delimita, em parte, o próprio âmbito de proteção do direito fundamental à proteção de dados, coincide com o rol de posições jurídico-constitucionais diretamente e habitualmente associadas à dupla função de tal direito como direito negativo (defesa) e positivo (a prestações).

Para tanto, segue a transcrição do catálogo legal referido, contido no Capítulo III da LGPDB – "Dos direitos do titular":[45]

> Art. 17. Toda pessoa natural tem assegurada a titularidade de seus dados pessoais e garantidos os direitos fundamentais de liberdade, intimidade e de privacidade, nos termos desta lei.
>
> Art. 18. O titular dos dados pessoais tem direito a obter do controlador, em relação aos dados do titular por ele tratados, a qualquer momento e mediante requisição:

---

[44] Cf. CANOTILHO, José Joaquim Gomes; MOREIRA, Vital. *Constituição da República Portuguesa anotada*. 4. ed. Coimbra: Coimbra Editora, 2007. p. 551 e ss.

[45] Convém alertar que não se está a transcrever todos os dispositivos contidos no Capítulo III da LGPDB, mas, sim, os artigos que enunciam as posições jurídicas (direitos) propriamente ditas dos titulares dos dados pessoais.

I - confirmação da existência de tratamento;

II - acesso aos dados;

III - correção de dados incompletos, inexatos ou desatualizados;

IV - anonimização, bloqueio ou eliminação de dados desnecessários, excessivos ou tratados em desconformidade com o disposto nesta Lei;

V - portabilidade dos dados a outro fornecedor de serviço ou produto, mediante requisição expressa, de acordo com a regulamentação da autoridade nacional, observados os segredos comercial e industrial;

VI - eliminação dos dados pessoais tratados com o consentimento do titular, exceto nas hipóteses previstas no art. 16 desta Lei;

VII - informação das entidades públicas e privadas com as quais o controlador realizou uso compartilhado de dados;

VIII - informação sobre a possibilidade de não fornecer consentimento e sobre as consequências da negativa;

IX - revogação do consentimento, nos termos do §5º do art. 8º desta Lei.

Art. 20. O titular dos dados tem direito a solicitar a revisão de decisões tomadas unicamente com base em tratamento automatizado de dados pessoais que afetem seus interesses, incluídas as decisões destinadas a definir o seu perfil pessoal, profissional, de consumo e de crédito ou os aspectos de sua personalidade".

Art. 21. Os dados pessoais referentes ao exercício regular de direitos pelo titular não podem ser utilizados em seu prejuízo.

Art. 22. A defesa dos interesses e dos direitos dos titulares de dados poderá ser exercida em Juízo, individual ou coletivamente, na forma do disposto na legislação pertinente, acerca dos instrumentos de tutela individual e coletiva.

Note-se, ainda, que a lista de posições jurídicas supra não tem caráter taxativo, não excluindo, portanto, outras possibilidades, mesmo que não expressamente positivadas na Constituição ou num diploma legal. Outrossim, é possível perceber uma considerável simetria entre o catálogo de direitos do usuário da LGPD e do RGPD (art. 17), de tal sorte que as diferenças em regra se limitam a variações terminológicas, no sentido de maior ou menor precisão da nomenclatura utilizada.

Todavia, existe, como já referido, espaço para o reconhecimento de outras posições jurídicas, como se dá, em caráter ilustrativo, com o assim chamado direito ao esquecimento. Neste caso, embora algumas de suas expressões (no sentido de instrumentos de efetivação) se encontrem especificadas nos textos legais colacionados (*v.g.*, os direitos ao apagamento, retificação), outras carecem de acolhimento pelas instâncias legiferantes, pelo Poder Judiciário ou mesmo pelos próprios atores da internet, mediante autorregulação. Nesse contexto, o melhor exemplo talvez seja o de um direito à desindexação relativo aos provedores de pesquisa na internet, que, a despeito da controvérsia que grassa em torno do tema, tem sido objeto de reconhecimento em diversas decisões judiciais, sejam de tribunais nacionais, seja no plano supranacional, como é o caso do TJUE (Caso Google, 2014).[46]

---

[46] Sobre o direito ao esquecimento no Brasil e no direito estrangeiro e internacional, remetemos, em língua portuguesa, a SARLET, Ingo Wolfgang; FERREIRA NETO, Arthur M. *O direito ao "esquecimento" na sociedade de informação*. Porto Alegre: Livraria do Advogado, 2018.

De outra parte, calha referir, visto corresponder a uma espécie de "tradição" na esfera da prática legislativa brasileira, que também a LGPD, como se verifica mediante um breve olhar sobre o catálogo de direitos apresentado, acabou reproduzindo direitos já consagrados expressamente na CF e que, em virtude disso e por serem dotados de aplicabilidade imediata, não precisariam constar na esfera infraconstitucional, como é o caso dos direitos de liberdade, intimidade e privacidade (art. 17) e do direito de acesso à justiça (art. 22).

3.2 A dimensão objetiva: deveres de proteção e de organização e procedimento

O "descobrimento" e o desenvolvimento da assim chamada dimensão objetiva dos direitos fundamentais – como já é de amplo conhecimento – podem ser reconduzidos ao labor da doutrina e da jurisprudência constitucional alemãs, notadamente a partir da década de 1950, ainda que as bases de tal concepção possam ser encontradas já no período de Weimar. Nesse contexto, sempre é recordada a paradigmática afirmação do Tribunal Constitucional Federal, no sentido de que os direitos fundamentais não se limitam à função precípua de serem direitos subjetivos de defesa do indivíduo contra atos do poder público, mas que, além disso, constituem decisões valorativas de natureza jurídico-objetiva da Constituição, com eficácia em todo o ordenamento jurídico e que fornecem diretrizes para os órgãos legislativos, judiciários e executivos.[47]

Todavia, também convém relembrar que a perspectiva objetiva dos direitos fundamentais não representa um mero "reverso da medalha" da perspectiva subjetiva, mas, sim, significa que às normas que preveem direitos subjetivos é outorgada função autônoma, que transcende esta perspectiva subjetiva[48] e que, além disso, desemboca no reconhecimento de conteúdos normativos e, portanto, de funções distintas aos direitos fundamentais.[49]

Entre tais funções e conteúdos normativos, três são particularmente relevantes em virtude do seu impacto no campo da proteção dos direitos fundamentais, inclusive e mesmo prioritariamente na sua condição de direitos subjetivos.

A primeira – embora as críticas endereçadas especialmente à terminologia utilizada – diz com o assim chamado efeito (eficácia irradiante – *Ausstrahlungswirkung*) dos direitos fundamentais, no sentido de que esses, na sua condição de direito objetivo, fornecem impulsos e diretrizes para a aplicação e interpretação do direito infraconstitucional, o que, além disso, apontaria para a necessidade de uma interpretação conforme aos direitos fundamentais, que, ademais, pode ser considerada – ainda que com restrições – como modalidade semelhante à difundida técnica hermenêutica da interpretação conforme à Constituição.[50]

---

[47] Cf. *BVerfGE* 7, 198/204 e ss., posteriormente objeto de ratificação em outras decisões (por ex., *BVerfGE* 49, 89/141 e ss.).

[48] Cf., entre tantos, ANDRADE, José Carlos Vieira de. *Os direitos fundamentais na Constituição portuguesa de 1976*. Coimbra: Almedina, 1987. p. 143.

[49] Neste sentido, por exemplo, DREIER, Horst. Subjektiv-rechtliche und objektiv-rechtliche Grundrechtsgehalte. *Jura*, 1994. p. 509.

[50] V., entre outros, PIEROTH, Bodo; SCHLINK, Bernhard. *Grundrechte*. Staatsrecht II. 11. ed. Heidelberg: C. F. Müller, 1995. p. 23. No direito lusitano, estes efeitos da dimensão objetiva encontram-se arrolados de forma

Associado a tal efeito, encontra-se o assim chamado fenômeno da constitucionalização do direito, incluindo o direito privado, assim como a problemática da eficácia dos direitos fundamentais nas relações privadas, também abordada sob a denominação de eficácia horizontal, ou *Drittwirkung* (eficácia em relação a terceiros).

Nesse contexto, é de sublinhar que a ideia de os direitos fundamentais irradiarem efeitos também nas relações privadas e não constituírem apenas direitos oponíveis aos poderes públicos vem sendo considerada um dos mais relevantes desdobramentos da perspectiva objetiva dos direitos fundamentais e será abordada logo mais adiante, na parte relativa aos destinatários dos direitos fundamentais.

Outra importante função atribuída aos direitos fundamentais e desenvolvida com base na existência de um dever geral de efetivação atribuído ao Estado, por sua vez agregado à perspectiva objetiva dos direitos fundamentais, diz com o reconhecimento de deveres de proteção (*Schutzpflichten*) do Estado, no sentido de que a este incumbe zelar, inclusive preventivamente, pela proteção dos direitos fundamentais dos indivíduos não somente contra os poderes públicos, mas também contra agressões provindas de particulares e até mesmo de outros Estados.[51]

Assim, se é correto – como leciona Dieter Grimm – que os deveres de proteção, por exigirem intervenções por parte dos órgãos estatais, resultam em restrições de direitos, acarretando, nesta perspectiva, uma redução do âmbito de liberdade individual, tais restrições, vinculadas precisamente à necessidade de proteção de bens fundamentais (além de sujeitas, convém acrescentar, ao regime dos limites dos direitos fundamentais, nomeadamente, o respeito às exigências da proporcionalidade e da garantia do núcleo essencial), têm sempre por escopo a maximização dos direitos fundamentais, visto que as restrições objetivam, no plano geral, mais proteção da liberdade e dos direitos fundamentais das pessoas no âmbito da comunidade estatal.[52] Assim, os deveres de proteção não constituem – na dicção de Gomes Canotilho – "um simples dever de acção do Estado para proteger bens ou promover fins constitucionais, mas de um dever de acção para 'segurar' direitos consagrados e protegidos por normas constitucionais".[53]

Importa agregar, outrossim, que uma das peculiaridades dos deveres de proteção reside no fato de que são múltiplos os modos de sua realização, que pode se dar, por meio de normas penais, do estabelecimento da responsabilidade civil, de normas procedimentais, de atos administrativos e até mesmo de uma atuação concreta dos poderes públicos.[54] Por outro lado, a forma como o Estado assume os seus deveres de

---

clara e didática na obra de ANDRADE, José Carlos Vieira de. *Os direitos fundamentais na Constituição portuguesa de 1976*. Coimbra: Almedina, 1987. p. 168-169, que, neste contexto, além da necessidade de uma interpretação conforme os direitos fundamentais, aponta, ainda, para a existência de uma obrigação geral de respeito vigente também na esfera privada e que identifica como um efeito externo deles. Neste sentido, entendemos que este dever geral de respeito tanto diz respeito à necessidade de uma hermenêutica vinculada aos direitos fundamentais, quanto à problemática de sua eficácia privada.

[51] A este respeito, v., entre outros, HESSE, Konrad. *Grundzüge des Verfassungsrechts der Bundesrepublik Deutschland*. 20. ed. Heidelberg: C. F. Müller, 1995. p. 155.

[52] Cf. GRIMM, Dieter. A função protetiva do Estado. *In*: SOUZA NETO, C. P.; SARMENTO, D. *A constitucionalização do direito*. Rio de Janeiro: Lumen Juris, 2007. p. 160.

[53] Cf. CANOTILHO, José Joaquim Gomes. Omissões normativas e deveres de proteção. *In*: DIAS, Jorge de Figueiredo (Coord.). *Estudos em homenagem a Cunha Rodrigues*. Coimbra: Coimbra Editora, 2001. v. II. p. 113.

[54] Cf., novamente, ALEXY, Robert. *Theorie der Grundrechte*. 2. ed. Frankfurt a.M.: Suhrkamp, 1994. p. 410. Inobstante já tenha sido anunciada em decisões anteriores, a problemática do reconhecimento de deveres de proteção por

proteção e os efetiva permanece, em primeira linha, no âmbito de seu próprio arbítrio, levando-se em conta, nesse contexto, a existência de diferentes alternativas de ação, a limitação dos meios disponíveis, a consideração de interesses colidentes e a necessidade de estabelecer prioridades, de tal sorte que não se poderia, em princípio, falar de um dever específico de agir por parte do Estado.[55]

Como último importante desdobramento da perspectiva objetiva – a função outorgada aos direitos fundamentais sob o aspecto de parâmetros para a criação e constituição de organizações (ou instituições) estatais e para o procedimento.[56] Nesse contexto, há que considerar a íntima vinculação entre direitos fundamentais, organização e procedimento, no sentido de que os direitos fundamentais são, ao mesmo tempo e de certa forma, dependentes da organização e do procedimento (no mínimo, sofrem uma influência da parte destes), mas simultaneamente também atuam sobre o direito procedimental e as estruturas organizacionais.[57]

Tendo em vista que os deveres de proteção do Estado podem, por vezes, concretizar-se por meio de normas dispondo sobre o procedimento administrativo ou judicial, bem como da criação de órgãos, constata-se, desde já, a conexão que pode existir entre estas duas facetas da perspectiva jurídico-objetiva dos direitos fundamentais.[58] Para além desta constatação, foi feita oportuna referência na doutrina para a necessidade de um procedimento ordenado e justo para a efetivação ou garantia eficaz dos direitos fundamentais.[59]

Ainda no que diz com a perspectiva procedimental (de que a proteção dos direitos fundamentais depende de estruturas organizacionais e de procedimentos adequados), há que sublinhar a necessidade de utilização e otimização de técnicas processuais que assegurem, com o maior nível possível de eficácia, a proteção dos direitos fundamentais, o que, dada a natureza/função dos direitos e das circunstâncias que envolvem a sua incidência em casos concretos, pode implicar técnicas distintas para direitos distintos, mas também técnicas diversas para a proteção do mesmo direito fundamental.[60]

---

parte do Estado foi objeto de formulação mais exaustiva na paradigmática decisão do Tribunal Constitucional Federal da Alemanha sobre a descriminação do aborto (*Abtreibungsurteil*: BVerfGE 39,1), na qual, com base no direito à vida (art. 2º, inc. II, da Lei Fundamental), foi deduzida uma obrigação do Estado no sentido de proteger a vida humana em geral, incluindo a vida em formação, independentemente da possibilidade de o nascituro ser ele próprio titular de direitos fundamentais, revelando, neste contexto, o desenvolvimento da teoria dos deveres de proteção com base na perspectiva objetiva dos direitos fundamentais. Neste sentido, cf. STERN, Klaus. Idee und Elemente eines Systems der Grundrechte. *In*: KIRCHHOF, J. Isensee-P. (Coord.). *Handbuch des Staatsrechts der Bundesrepublik Deutschland*. Heidelberg: C. F. Müller, 1992. v. 5. p. 80.

[55] Neste sentido, representando a posição majoritária na doutrina, as lições de MANSSEN, Gerrit. *Staatsrecht I Grundrechtsdogmatik*. München: Verlag Franz Vahlen, 1995. p. 18, PIEROTH, Bodo; SCHLINK, Bernhard. *Grundrechte*. Staatsrecht II. 11. ed. Heidelberg: C. F. Müller, 1995. p. 27, bem como de HESSE, Konrad. *Grundzüge des Verfassungsrechts der Bundesrepublik Deutschland*. 20. ed. Heidelberg: C. F. Müller, 1995. p. 156.

[56] Neste sentido, entre tantos, JARASS, Hans; PIEROTH, Bodo. *Grundgezetz fur die Bundesrepublik Deutschland*: Kommentar. 13. Auf. München: C. H. Beck, 2014. p. 20.

[57] Cf. HESSE, Konrad. *Grundzüge des Verfassungsrechts der Bundesrepublik Deutschland*. 20. ed. Heidelberg: C. F. Müller, 1995. p. 160-161.

[58] Cf, por todos, PIEROTH, Bodo; SCHLINK, Bernhard. *Grundrechte*. Staatsrecht II. 11. ed. Heidelberg: C. F. Müller, 1995. p. 27.

[59] Na literatura brasileira, remetemos às formulações de SARLET, Ingo Wolfgang; MARINONI, Luiz Guilherme; MITIDIERO, Daniel. *Curso de direito constitucional*. 3. ed. São Paulo: Revista dos Tribunais, 2014.

[60] Sobre o tema, v., no Brasil, em especial, MARINONI, Luiz Guilherme. *Técnica processual e tutela dos direitos*. 4. ed. São Paulo: Revista dos Tribunais, 2013.

Que isso se revela particularmente importante para o caso do direito à proteção de dados pessoais não é difícil perceber desde logo, posto que – dado o desenvolvimento de novas tecnologias de informação e comunicação – o desafio da efetividade dos direitos, inclusive e em especial dos mecanismos convencionais para a sua realização (direito sancionatório, processo judicial e a eficácia de suas decisões etc.), é imenso, questão que aqui, contudo, não temos como desenvolver, bastando relembrar aqui, em caráter ilustrativo, o fenômeno da onipresença da digitalização e de seu impacto sobre os direitos de personalidade, o problema da ausência real de fronteiras territoriais etc.

Ainda nessa quadra, é de se enfatizar que o Estado dispõe de várias alternativas para dar conta dos seus deveres de proteção, que vão desde criminalização de ações e omissões, responsabilidade civil, instituição de mecanismos processuais, como é o caso, no Brasil, da ação de *habeas data*, até criação de órgãos (organismos) público e (ou) privados encarregados de levar a efeito os deveres de proteção, designadamente, no que interessa aqui, a criação e estruturação da Autoridade Nacional de Proteção de Dados – ANPD (arts. 55-A – 55-L), a exemplo do que se deu em outros lugares.

4 Titulares e destinatários do direito (e correspondentes deveres de proteção) à proteção de dados

4.1 Titularidade

A noção de direito subjetivo, também no tocante aos direitos fundamentais, envolve (além da exigibilidade) uma relação trilateral entre o titular (ou sujeito ativo), o objeto e o destinatário (sujeito passivo) do direito – posição(ões) jurídica(s) – atribuída(s) pelo direito objetivo.[61]

No caso do direito à proteção de dados pessoais – de acordo com a legislação respectiva (no caso brasileiro, o art. 5º da LGPD) –, os titulares do direito são, em primeira linha, as pessoas naturais (identificadas e identificáveis, como visto acima).

Isso, contudo, não significa, por si só, que todas as pessoas naturais sejam titulares de direitos fundamentais, o que também se dá com a proteção de dados, visto que a titularidade de posições jurídicas subjetivas por parte de pessoais naturais pode variar conforme alguns critérios, por exemplo, a cidadania, a idade, eventual incapacidade por força de alguma deficiência.

No caso da CF, a despeito do disposto no art. 5º, *caput*, de que são titulares dos direitos fundamentais os brasileiros e estrangeiros residentes no país, doutrina e jurisprudência de há muito têm ampliado o leque de sujeitos ativos em um número significativo de casos, incluindo os direitos de personalidade, e, por conseguinte, também do direito à proteção de dados pessoais, o que, por ser algo consolidado, aqui se deixa de desenvolver.

---

[61] CANOTILHO, José Joaquim Gomes. Omissões normativas e deveres de proteção. *In*: DIAS, Jorge de Figueiredo (Coord.). *Estudos em homenagem a Cunha Rodrigues*. Coimbra: Coimbra Editora, 2001. v. II. p. 544; SARLET, Ingo Wolfgang; MARINONI, Luiz Guilherme; MITIDIERO, Daniel. *Curso de direito constitucional*. 3. ed. São Paulo: Revista dos Tribunais, 2014. p. 353.

Nesse sentido – mas não por este –, como já lembrado, o direito à proteção de dados, sendo direito de todos e de qualquer um, é também um direito humano.

Em homenagem à clareza, calha reproduzir – de novo – o disposto no art. 1º da LGPD, que, somando-se ao que prescreve o já citado art. 5º da lei, assim reza:

> Art. 1º Esta Lei *dispõe sobre o tratamento de dados pessoais*, inclusive nos meios digitais, por pessoa natural ou por pessoa jurídica de direito público ou privado, com o *objetivo de proteger os direitos fundamentais de liberdade e de privacidade e o livre desenvolvimento da personalidade da pessoa natural*. (Grifos nossos)

É claro que a opção legal é passível de contestação, designadamente, se incompatível com o marco constitucional, mas, desde que assegurada – ainda que por outro fundamento – a proteção de dados das pessoas jurídicas, e, ao mesmo tempo, garantida a proteção dos dados pessoais dos respectivos sócios, na condição de pessoas naturais (assim como dos dados pessoais de terceiros), não se vislumbra, salvo melhor juízo, razão suficientemente robusta para justificar a ilegitimidade jurídica de tal distinção.

Todavia, para não transmitir a ideia de que desconhecemos a existência de tal posição, calha referir linha de argumentação que tem tido já alguma representatividade, embora ainda mais embrionária, e que poderia dar sustentáculo à proteção de dados equivalente à dos dados de pessoais naturais, em virtude de se atribuir às pessoas jurídicas a titularidade do direito à privacidade, agregando-se o fato de que a proteção de dados tem um cunho instrumental, servindo, em primeira linha, à salvaguarda da própria privacidade.[62]

Mas também as pessoas jurídicas e entes sem personalidade jurídica, desde que, nos dois últimos casos, acesso, conhecimento, utilização e difusão dos dados que tenham sido armazenados possam afetar direitos e interesses de terceiros, no caso, de pessoas naturais,[63] mas há quem prefira proteger os dados da pessoa jurídica por conta do segredo empresarial.[64]

De qualquer sorte, como já adiantado, entendemos que a opção legislativa guarda a harmonia e simetria necessárias com os marcos normativos mais relevantes para o sistema brasileiro, em especial o Regulamento Geral de Proteção de Dados da Europa, que, de resto, foi em boa parte recepcionado pelo nosso legislador e já havia encontrado ressonância nos trabalhos preparatórios de elaboração do projeto de lei.

De todo modo, ainda que sejamos adeptos da posição, por ora dominante no cenário doutrinário, legislativo e jurisprudencial, de que o direito à proteção de dados pessoais tem por titulares apenas pessoas naturais, não se está a negar – como, de resto, já adiantado e amplamente aceito na doutrina (inclusive de nossa lavra) e jurisprudência

---

[62] Sobre o tema da atribuição da titularidade de direitos de personalidade às pessoas jurídicas, inclusive do direito à privacidade e, em certa medida, da proteção de dados, v., na literatura brasileira, a atual e excelente contribuição de ANDRADE, Fábio Siebeneichler de. Notas sobre a aplicabilidade dos direitos da personalidade à pessoa jurídica como evolução da dogmática civil. *RJLB*, ano 4, n. 5, p. 806-837, 2018, especialmente p. 817 e ss., sublinhando-se que o autor retrata a evolução da discussão no direito comparado, apresentando e sopesando argumentos favoráveis e contrários, à luz de exemplos extraídos da legislação e jurisprudência, além de atualizada e relevante revisão doutrinária.

[63] Cf., por todos, IPSEN, Jörn. *Staatsrecht II* – Grundrechte. 17. Auf. München: Vahlen, 2014. p. 78.

[64] Cf. é o caso de KLOEPFER, Michael. *Verfassungsrecht II*. 13. Auf. München: C. H. Beck, 2010. p. 156.

constitucional, mas também em diversos textos constitucionais – que as pessoas jurídicas e mesmo outros entes não sejam titulares de direitos fundamentais, compatíveis, é claro (como, aliás, também prescreve o art. 52 do Código Civil brasileiro), com a sua condição, o que, contudo, se verifica caso a caso.

Assim, não sendo o enfrentamento desse ponto central para a presente contribuição, cuida-se, de todo modo, de tema atual e que exige ser levado a sério. Especificamente no que concerne à proteção de dados e considerando que as pessoas jurídicas já são protegidas, inclusive na perspectiva jusfundamental, por outros direitos e garantias (sigilo industrial e comercial, propriedade imaterial etc.), é questionável que a inclusão das pessoas jurídicas no polo subjetivo ativo dos direitos à privacidade e intimidade, bem como do direito à proteção de dados pessoais, implique ganho real qualitativo de proteção.

Além disso, é de se questionar se tal reconhecimento, caso venha a prevalecer, não poderia ensejar a diminuição dos níveis (já de fato não muito robustos) de proteção dos dados pessoais das pessoas naturais, o que também aqui não será desenvolvido.

Ainda sobre o ponto, mesmo que a proteção de dados pessoais como tal seja assegurada apenas às pessoas naturais, o mesmo não ocorre com a titularidade do direito à autodeterminação informativa, que, embora aqui também se verifique controvérsia, tem sido, pelo menos em algumas ordens jurídicas – como é o caso, na Alemanha, por força de orientação fixada pelo Tribunal Constitucional Federal –, atribuído igualmente às pessoas jurídicas.[65]

Isso, embora possa soar contraditório – e de fato o é se em questão estivesse a proteção apenas de dados pessoais sensíveis –, acaba sendo uma solução no limite coerente quando se reconhece ao direito à autodeterminação informativa um âmbito de proteção mais amplo do que ao da proteção de dados pessoais, no sentido de que qualquer um (pessoa jurídica ou natural, e mesmo entes despersonalizados) é titular da liberdade de se autodeterminar em relação aos dados que lhe "pertencem", sejam, ou não, dados pessoais de acordo com a respectiva legislação protetiva. De todo modo, não é o caso aqui de avançar com a discussão.

4.2 Destinatários

Destinatários do direito (vinculados pelo direito) são tanto o Estado quanto os particulares, pois a devassa da vida privada, incluindo o acesso e a utilização de dados pessoais, é algo que atualmente decorre tanto de ações (ou, a depender do caso, de omissões) de órgãos e agentes estatais quanto de entidades privadas ou pessoas físicas.

---

[65] Cf., por todos, DREIER, Horst. Art. 2 I – allgemeines Persönlichkeitsrecht. *In*: DREIER, Horst (Coord.). *Grundgesetz Kommentar*. 3. Auf. Tübingen: Mohr Siebeck, 2013. p. 386-388, mediante referência ao julgado do Tribunal Constitucional Federal respectivo (*BVerfGE* 118, p. 202 e ss.), destacando-se. No mesmo sentido, igualmente destacando a existência de controvérsia sobre o tema e da mesma forma ressalvando que o Tribunal Constitucional Federal não admite, para efeito da titularidade de direitos de personalidade por parte de pessoas jurídicas, seja invocada a dignidade humana, v., mais recentemente, MURSWIEK, Dietrich; RIXEN, Stephan. Persönliche Freiheitsrechte. *In*: SACHS, Michael. *Grundgesetz Kommentar*. 8. ed. München: C. H. Beck, 2018. p. 132.

4.2.1 Órgãos estatais: Legislativo, Executivo e Judiciário

No direito constitucional e na dogmática dos direitos fundamentais brasileira, é absolutamente majoritário o entendimento de que os direitos fundamentais, o que, à evidência, se aplica ao direito à proteção de dados, vinculam diretamente, na condição de normas imediatamente aplicáveis, todos os atores (órgãos, funções, agentes, atos) estatais, aqui considerados em sentido amplo, de modo a assegurar uma proteção sem lacunas.[66]

Isso significa, em síntese, que tais atores devem, no âmbito e limites de suas respectivas funções, competências e atribuições, aplicar e concretizar o direito à proteção de dados, assegurando-lhe a sua máxima eficácia e efetividade concreta, tanto na condição de direito subjetivo negativo (não intervenção arbitrária no seu âmbito de proteção), quanto, por força de sua dimensão objetiva, levando a sério os respectivos deveres de proteção e o critério da proibição de proteção insuficiente.[67]

Muito embora não exista um meio específico a ser adotado para dar conta dos deveres de proteção do Estado, no tocante à proteção de dados e aos direitos de personalidade que lhe são correlatos, o mais atual e relevante exemplo no Brasil – levado a efeito pelo Poder Legislativo – é o da edição da LGPD e seu sistema de garantias materiais e processuais, incluindo a autoridade nacional de proteção de dados, sem deixar de considerar aqui diplomas anteriores em que a proteção de dados também foi objeto de previsão, tais como o *Código de Defesa do Consumidor*, o *Marco Civil da Internet*, a *Lei de Acesso à Informação* e a ação constitucional do *habeas data*.

Outrossim, assumem relevo como meios de concretização dos deveres de proteção pelo Poder Legislativo (e aqui, também, nos limites de suas competências, do Poder Executivo), a eventual criminalização de violações dos direitos fundamentais relevantes em matéria de proteção de dados, a responsabilidade civil de particulares e do Estado, instrumentos processuais adequados, dotação orçamentária suficiente, entre outros.

O Poder Judiciário, a quem incumbe inclusive o controle do cumprimento dos deveres de proteção pelos demais órgãos estatais (tanto no nível da proibição do excesso de intervenção quanto da insuficiência de proteção), já contribuiu e tem contribuído em diversos aspectos, como exemplo, ao reconhecer um direito fundamental à proteção de dados e um direito à autodeterminação informativa, ainda que se possa afirmar que se trata de institutos (ainda – em parte) carentes de maior delimitação e desenvolvimento dogmático, em especial na própria seara jurisdicional, mas também doutrinário-acadêmica, nada obstante a existência já de relevantes estudos sobre o tema no Brasil.[68]

---

[66] Cf., por todos, SARLET, Ingo Wolfgang. *A eficácia dos direitos fundamentais*: uma teoria geral dos direitos fundamentais na perspectiva constitucional. 13. ed. Porto Alegre: Livraria do Advogado, 2018. p. 272.

[67] SARLET, Ingo Wolfgang. *A eficácia dos direitos fundamentais*: uma teoria geral dos direitos fundamentais na perspectiva constitucional. 13. ed. Porto Alegre: Livraria do Advogado, 2018. p. 414 e ss.

[68] Entre as contribuições que se destacam sobre o tema, v. os já citados Danilo Doneda, Têmis Limberger, Regina Ruaro, Laura Mendes, Fabiano Menke e Bruno Ricardo Bioni.

4.2.2 Particulares: o problema da eficácia do direito fundamental à proteção de dados pessoais na esfera das relações privadas

A partir do exame da assim chamada dimensão objetiva dos direitos fundamentais, verificou-se que uma de suas projeções e consequências jurídicas reside naquilo que foi chamado de uma eficácia irradiante dos direitos fundamentais, no sentido de que os valores por eles exprimidos devem iluminar toda a ordem jurídica, mediante a sua constitucionalização, que abarca também uma consideração de tais parâmetros na esfera das relações jurídicas entre atores privados.

Note-se, ainda nessa fase preliminar, que a existência de uma vinculação dos particulares aos direitos fundamentais foi, mediante processos nem sempre coincidentes nos diferentes sistemas jurídicos, reconhecida, de modo generalizado, pelo menos no direito continental europeu, sul-americano e mesmo em outras regiões, de tal sorte que é possível partir da premissa de que a pergunta sobre o "se" de uma eficácia dos direitos fundamentais nas relações privadas foi respondida positivamente, o que também é, como amplamente reconhecido, o caso do Brasil.

De outra parte, contudo, quanto ao modo (o "como") pelo qual se dá tal vinculação e eficácia ainda não existe consenso, seja na literatura, seja em nível jurisprudencial, ademais da falta de consistência e de parâmetros seguros para o seu manejo que se verifica em um não raro número de casos.

Além disso, é de se adiantar que a eficácia dos direitos fundamentais na esfera das relações privadas se dá de modo diferenciado, poderíamos dizer, em perspectiva multinível, visto que se trata de algo que se passa no campo do direito internacional público (tendo em conta o reconhecimento, pela doutrina e jurisprudência dos tribunais internacionais, de uma vinculação dos particulares aos direitos humanos), bem como nas ordens jurídicas nacionais. Para o caso da proteção de dados, que envolve massivamente atores privados, não é preciso maior esforço para demonstrar que o problema se revela particularmente atual e relevante.

Nesse contexto, note-se que a despeito da influência da doutrina e jurisprudência alemã no que diz com a dogmática dos direitos fundamentais, a doutrina predominante na Alemanha, de uma eficácia em regra mediata (indireta) dos direitos fundamentais nas relações privadas,[69] tem sido mesmo lá parcialmente repensada e ajustada (inclusive pelo Tribunal Constitucional Federal),[70] além de não ter sido adotada (ainda que por vezes mais do ponto de vista teórico do que prático) em outros ambientes, como é o caso do Brasil, por exemplo, onde (ainda) prevalece a tese de uma eficácia em princípio direta,

---

[69] Cf. por todos, CANARIS, Claus-Wilhelm. *Grundrechte und Privatrecht*. Berlin; New York: Walter de Gruyter, 1999, embora se deva referir que o autor, em conferência realizada no Brasil, na Pontifícia Universidade Católica de Porto Alegre, em 2012, publicada na *Revista Direitos Fundamentais & Justiça* (ano 7, v. 22), tenha sustentado que, em se tratando de proibições de discriminação vinculadas à proteção da dignidade humana, uma eficácia direta se revela cogente. V. CANARIS, Claus-Wilhelm. Considerações a respeito da posição de proibições de discriminação no sistema de direito privado. *Revista Direitos Fundamentais e Justiça*, ano 7, n. 22, jan./mar. 2013. p. 15-20.

[70] Cf., por último, RUFFERT, Matthias. Privatrechtswirkung der Grundrechte. Von Lüth zum Stadionverbot – und darüber hinaus? *JuS*, n. 1, p. 1-12, 2020, apresentando os últimos desenvolvimentos e tendências, em especial na jurisprudência do Tribunal Constitucional Federal da Alemanha.

ainda que se registrem importantes diferenças entre as concepções adotadas entre os autores que se têm dedicado ao tema.[71]

De qualquer sorte, também os que advogam uma eficácia em princípio direta convergem quanto ao fato de que não se cuida de uma eficácia absoluta, mas que exige uma metódica diferenciada, que leve em conta em primeira linha as opções legislativas e a necessidade de cuidadosa ponderação no caso concreto, *v.g.*, avaliando a existência de uma assimetria entre os atores e as posições em choque, bem como atendendo aos critérios do teste de proporcionalidade, designadamente na solução de colisões entre direitos fundamentais, como ocorre também no caso do direito fundamental à proteção de dados pessoais.

No que diz com a jurisprudência do STF sobre o tema, este, por maioria de votos, reconheceu uma eficácia direta, entendendo que o direito ao devido processo legal, em especial a garantia do contraditório, se aplica também às relações privadas. No caso concreto, tratava-se de anular a exclusão de um integrante (associado) da União Brasileira de Compositores, que havia sido afastado sem que lhe tivesse sido assegurada a possibilidade de ser ouvido e se defender, inexistindo regulação legal específica. Chama a atenção, no caso, que o STF também levou em conta elementos da *state action doctrin* norte-americana, ainda que naquele sistema jurídico a vinculação dos atores privados seja em regra refutada.[72] Nesse sentido, cabe sublinhar que um dos esteios da argumentação residiu no fato de que a União Brasileira de Compositores, embora tenha a natureza de uma pessoa jurídica de direito privado, exerce uma função de natureza pública e de interesse público, o que implica uma incidência mais forte dos direitos fundamentais.[73]

Muito embora uma eficácia direta não tenha sido limitada às situações em que se verifica um desequilíbrio de condições e entre as partes envolvidas no conflito, em virtude da existência de atores privados poderosos (que têm maior capacidade de influir mesmo o processo legislativo ou a ação estatal em geral) ou que exercem atividades que podem ser em parte equiparadas ao reconduzidas ao Estado, no caso da proteção de

---

[71] Representativos de uma eficácia direta, mas não absoluta, e respeitando em primeira linha as opções legislativas v., em ordem cronológica e entre os autores de direito constitucional, em especial, SARLET, Ingo Wolfgang. Direitos fundamentais e direito privado, algumas considerações em torno da vinculação dos particulares aos direitos fundamentais. *In*: SARLET, Ingo Wolfgang (Coord.). *A Constituição concretizada*: construindo pontes para o público e o privado. Porto Alegre: Livraria do Advogado, 2000. p. 107-163; STEINMETZ, Wilson. *A vinculação dos particulares a direitos fundamentais*. São Paulo: Malheiros, 2004; SARMENTO, Daniel. *Direitos fundamentais e relações privadas*. Rio de janeiro: Lumen Juris, 2003. Sugerindo modelo alternativo v. SILVA, Virgílio Afonso da. *A constitucionalização do direito*. Os direitos fundamentais nas relações entre particulares. São Paulo: Malheiros, 2005. Mas há, também, quem refute categoricamente uma eficácia direta, afirmando que a influência dos direitos fundamentais nas relações privadas se dá apenas de modo indireto, como é o caso, no Brasil, de DIMOULIS, Dimitri; MARTINS, Leonardo. *Teoria geral dos direitos fundamentais*. São Paulo: RT, 2007. p. 104 e ss. e DUQUE, Marcelo Schenk. *Direito privado e Constituição*. Drittwirkung dos direitos fundamentais. São Paulo: Revista dos Tribunais, 2013, assim como, mais recentemente, RODRIGUES JÚNIOR, Otávio Luís. *Direito civil contemporâneo*: estatuto epistemológico, Constituição e direitos fundamentais. 2. ed. São Paulo: GEN, 2019.

[72] Sobre a doutrina da *state action* nos EUA, v., por todos, BILBAO UBILLOS, Juan Maria. *Los derechos fundamentales en la frontera entre lo público y lo privado*. La noción de "state action" en la jurisprudencia norteamericana. Madrid: McGraw-Hill, 1997.

[73] V. Recurso Extraordinário nº 201.819/RJ (BRASIL. Supremo Tribunal Federal. Recurso Extraordinário: RE 201819/RJ. Min. Rel. p/ Acórdão Gilmar Mendes, j. 11.10.2005. Disponível em: http://stf.jus.br/portal/processo/verProcessoAndamento.asp?numero=201819&classe=RE&codigoClasse=0&origem=JUR&recurso=0&tipoJulgamento=M. Acesso em: 6 fev. 2018).

dados e, da mesma forma, no ambiente digital, esse fato assume uma relevância peculiar e que deve pautar o entendimento com relação ao tema. Em especial, trata-se de aspecto a ser levado em conta quando da ponderação (balanceamento) que precisa ser levada a efeito pelo juiz na solução dos conflitos.

No caso do direito fundamental à proteção de dados pessoais, isso é de especial relevância, em virtude do poder econômico e social, mas também político, exercido por grandes corporações, gerando um grande desequilíbrio entre as partes envolvidas na teia de relações jurídicas que se estabelecem. Além disso, não se deve desconsiderar que quanto aos dados pessoais, ainda mais em se tratando do mundo digital, a exigência do consentimento do titular dos dados e usuário das tecnologias de informação (aplicativos de toda ordem, mídias sociais, compras pela internet etc.), embora cogente do ponto de vista constitucional e legal, esbarra de modo substancial – ainda que diferenciada – nas limitações à autonomia privada.

Isso se deve especialmente ao fato de a ampla maioria dos bens e serviços disponibilizados apenas ser acessível aos usuários mediante contratos de adesão, sem falar na circunstância de que, em virtude da necessidade gerada no sentido da utilização de diversos desses serviços, em muitos casos se estabelece praticamente uma obrigação (fática) de contratar que, por sua vez, literalmente esvazia a autonomia individual e o direito fundamental à livre autodeterminação informativa, ancorados na CF e também previstos na legislação ordinária, em especial – no que interessa ao presente texto – na legislação para a proteção dos dados pessoais.[74]

Por tais razões, também no tocante à proteção dos dados pessoais, seja em que contexto for, mas em especial no ambiente digital, não se pode admitir uma esfera de atuação privada completamente livre dos direitos fundamentais,[75] gerando uma espécie de imunidade, tanto mais perigosa – no que concerne a violações de direitos – quanto mais força tiverem os atores privados que operam nesse cenário. Por isso, um controle rigoroso das restrições a direitos fundamentais na esfera das relações privadas, inclusive em caráter preventivo, levando em conta os deveres de proteção estatais também em face de perigos e riscos, é de ser levado a efeito (inclusive!) pelos tribunais.[76] Tal controle, contudo, deve levar a sério, em primeira linha, as opções legislativas, mas ao mesmo tempo, não hesitar quando se trata de reconhecer e declarar eventual inconstitucionalidade, pois, do contrário, a proteção dos dados pessoais poderá estar comprometida.

---

[74] V., entre tantos, HOFMANN-RIEM, Wolfgang. Reclaim Autonomy: Die Macht digitaler Konzerne. *In*: AUGSTEIN, Jakob (Coord.). *Reclaim Autonomy*. Selbstermächtigung in der digitalen Weltordnung. Frankfurt am Main: Suhrkamp, 2017. p. 121-142.

[75] Cf., por todos, FACHIN, Luiz Edson; RUZYK, Carlos Eduardo Pianovski. Direitos fundamentais, dignidade da pessoa humana e o novo código civil: uma análise crítica. *In*: SARLET, Ingo Wolfgang (Coord.). *Constituição, direitos fundamentais e direito privado*. Porto Alegre: Livraria do Advogado, 2003. p. 100 e ss., bem recordando que no Estado democrático de direito a função da Constituição não é mais apenas de operar como estatuto jurídico do político, mas, sim, como parâmetro material integrador das esferas pública e privada, tendo como esteio a dignidade da pessoa humana e os direitos fundamentais.

[76] Cf., numa perspectiva mais ampla, REINHARDT, Jörn. Conflitos de direitos fundamentais entre atores privados: "efeitos horizontais indiretos" e pressupostos de proteção de direitos fundamentais. *Direitos Fundamentais & Justiça*, ano 13, n. 41, p. 59-91, jul./dez. 2019. Outrossim, calha frisar, não se está a dizer com isso que o papel principal deva ser exercido pelo Poder Judiciário, mas que existem casos que não podem (e não devem) ser subtraídos ao controle judicial.

Por sua vez – à vista da circunstância de que a aplicação dos direitos fundamentais às relações privadas envolve conflitos entre direitos –, é de se sublinhar que na solução dos casos submetidos ao controle judicial, imprescindível ser consistente com as exigências do teste de proporcionalidade, não apenas no sentido da proibição de uma intervenção (restrição) excessiva do âmbito de proteção do direito fundamental afetado, mas também – como decorrência dos deveres de proteção – no sentido da proibição de uma proteção insuficiente de um ou de alguns dos direitos fundamentais em causa.[77]

5 Limites e restrições

Como se dá com os direitos fundamentais em geral, também o direito à proteção de dados pessoais está submetido a limites e admite (e mesmo exige) intervenções restritivas de diversa natureza, sempre com o escopo – que opera como condição prévia de legitimação constitucional das restrições – de proteger outros direitos fundamentais ou bens jurídicos de estatura constitucional.[78]

Quanto aos limites e restrições, toda e qualquer captação (levantamento), armazenamento, utilização e transmissão de dados pessoais, em princípio, constitui uma intervenção no âmbito de proteção do direito, que, portanto, como já adiantado, não prescinde de adequada justificação.[79] Outrossim, embora não se trate de direito absoluto, revela-se como um direito bastante sensível, tanto mais sensível quanto mais se tratar de dados pessoais sensíveis, associados a dimensões da dignidade da pessoa humana, implicando, de tal sorte, exigências mais rigorosas – e controle mais intenso – de eventuais intervenções restritivas.[80]

No caso brasileiro, na condição de direito implicitamente positivado e enquanto não aprovada e promulgada emenda constitucional nos termos do projeto que ora tramita no Congresso Nacional (onde se faz expressa remissão à lei), não se cuida de direito submetido (como no caso do sigilo das comunicações) à expressa reserva legal, mas a sua vinculação – ainda que não superposição integral – com os direitos à privacidade e intimidade sugere que se lhe dê proteção em princípio equivalente.

Em favor de níveis de proteção simétrica, aliás, posiciona-se, na literatura especializada brasileira, Danilo Doneda, cujas ponderações sobre o ponto aqui tomamos a liberdade de transcrever:

---

[77] Cf, por todos (porém com destaque para o ambiente da internet) SCHLIESKY, Utz; HOFFMANN, Christian; LUCH, Anika D.; SCHULZ, Sönke E.; BORCHERS, Kim Corinna. *Schutzpflichten und Drittwirkung im Internet*. Das Grundgesetz im digitalen Zeitalter. Baden-Baden: Nomos, 2014. p. 119 e ss.

[78] Cf., por todos, SARLET, Ingo Wolfgang. *A eficácia dos direitos fundamentais*: uma teoria geral dos direitos fundamentais na perspectiva constitucional. 13. ed. Porto Alegre: Livraria do Advogado, 2018. 2018.

[79] Cf., por todos, WOLFF, Heinrich Amadeus. Schutz personenbezogener Daten. *In*: PECHSTEIN, Matthias; NOWAK, Carsten; HÄDE, Ulrich (Coord.). *Frankfurter Kommentar EUV – GRC – AEUV*. Tübingen: Mohr Siebeck, 2017. v. 1. p. 1117 e ss.

[80] Cf., por todos, STARCK, Christian. Art. 2 Abs. 1 – Schutz des Art. 2 Abs. 1 vor Eingriffen durch die öffentliche Gewalt. *In*: VON MANGOLDT; KLEIN; STARCK. *Grundgesetz Kommentar*. 7. Auf. München: C. H. Beck, 2018. v. 1. p. 217.

A leitura das garantias constitucionais para os dados somente sob o prisma de sua comunicação e de sua eventual interceptação lastreia-se em uma interpretação que não chega a abranger a complexidade do fenômeno da informação ao qual fizemos referência. Há um hiato que segrega a tutela da privacidade, esta constitucionalmente protegida, da tutela das informações pessoais em si – que, para a corrente mencionada, gozariam de uma proteção mais tênue. E esse hiato possibilita a perigosa interpretação que pode eximir o aplicador de levar em conta os casos nos quais uma pessoa é ofendida em sua privacidade – ou tem outros direitos fundamentais desrespeitados – não de forma direta, porém por meio da utilização abusiva de suas informações pessoais em bancos de dados. Não é necessário ressaltar, novamente, o quanto hoje em dia as pessoas são reconhecidas em diversos relacionamentos somente de forma indireta, pela representação de sua personalidade que é fornecida pelos seus dados pessoais, ressaltando, ainda mais, a importância da proteção de tais dados para a proteção da identidade e personalidade de cada um de nós. [...] A inserção de um direito à proteção de dados de forma explícita no rol de direitos fundamentais da Constituição da República proporcionaria, portanto, uma isonomia entre esses direitos que, formalmente, afigura-se fundamental para a proteção de liberdades fundamentais. [...] Contando ou não com a previsão expressa na Constituição Federal, o esforço a ser empreendido pela doutrina e pela jurisprudência deve se consolidar pelo favorecimento de uma interpretação dos incisos X e XII do art. 5º mais fiel ao nosso tempo, isto é, reconhecendo a íntima ligação que passam a ostentar os direitos relacionados à privacidade e à comunicação de dados. Dessa forma, seria dado o passo necessário à integração da personalidade em sua acepção mais completa nas vicissitudes da Sociedade da Informação [...].[81]

Nesse contexto, calha recordar que, embora seja o direito à proteção de dados submetido a limites e passível de restrições, acionam-se, também nesse caso, os assim chamados limites aos limites dos direitos fundamentais, entre os quais desponta a necessária observância dos critérios da proporcionalidade e da salvaguarda do núcleo essencial, o que se aplica seja qual for a origem e natureza da intervenção estatal (judiciária, administrativa e legislativa) na esfera de proteção do direito à proteção de dados.

Ainda nessa quadra, para efeitos do controle da legitimidade constitucional das restrições ao direito à proteção dos dados pessoais, assume relevo – como já adiantado! – a distinção entre dados considerados sensíveis, que dizem mais de perto com aspectos da vida íntima (dados sobre a orientação sexual e religiosa, a opção política, a vida familiar, entre outros) e dados mais "distantes" desse núcleo mais sensível, como é o caso de informações sobre nome, filiação, endereço, CPF etc.[82]

Cuidando-se de dados relativos ao sigilo profissional, ou mesmo dados fiscais e bancários, importa levar em conta as diretrizes existentes para tais situações, submetidas, como direitos fundamentais autônomos, a um regime próprio, em que pese um conjunto de aspectos comuns.

Por outro lado, os limites e as restrições ao direito à proteção de dados carecem de uma compreensão sistemática e que leve em conta simultaneamente sua dimensão

---

[81] Cf. DONEDA, Danilo. *Da privacidade à proteção de dados pessoais*: elementos da formação da Lei Geral de Proteção de Dados. 2. ed. São Paulo: Thomson Reuters Brasil, 2019. p. 263-4.

[82] Cf, por todos, SAMPAIO, José Adércio Leite. A suprema inviolabilidade: a intimidade informática e o sigilo bancário. *In*: SARMENTO, Daniel; SARLET, Ingo Wolfgang (Coord.). *Direitos fundamentais no Supremo Tribunal Federal*: balanço e crítica. Rio de Janeiro: Lumen Juris, 2011. p. 543.

subjetiva e objetiva, já que, por conta dos deveres de proteção estatal de outros direitos, podem ser necessárias restrições à proteção de dados na perspectiva subjetiva, ou seja, intervenções no plano das posições jurídicas atribuídas aos titulares do direito.

Um exemplo extraído da jurisprudência do STF bem ilustra a situação. É o que se deu em relação ao embate entre direito de acesso a informações de caráter público e em poder de órgãos públicos (objeto de regulação, no Brasil, pela Lei nº 12.527/2011) e o direito à proteção de dados pessoais sensíveis (ligados à privacidade) dos servidores públicos. A conjugação do direito de acesso à informação com os princípios constitucionais da publicidade e da transparência levou o STF – embora não poucas as críticas endereçadas à decisão – a reconhecer que a proteção da privacidade dos servidores públicos é menor do que a do cidadão comum, de modo a considerar constitucionalmente legítima (proporcional) a divulgação nominal e individualizada dos seus vencimentos e benefícios.[83]

Outros casos emblemáticos, como se dá com o assim chamado direito ao esquecimento, já lembrado acima, mas também conflitos entre a proteção de dados e liberdades comunicativas em geral, remetem a problemas como o da posição preferencial da liberdade de expressão e de quais são os critérios aptos a viabilizar um equacionamento mais consistente, do ponto de vista jurídico-constitucional, do problema.[84]

Note-se, ainda, que a própria LGPDB prevê restrições de diversa natureza e para diversos efeitos, o mesmo se verificando em outros diplomas legislativos que já se encontram em vigor, como é o caso das já referidas Lei de Acesso à Informação e Lei do Marco Civil da Internet, restrições, aliás, que, em alguns casos, suscitam dúvidas e mesmo apresentam fortes indícios de serem constitucionalmente ilegítimas, aspecto que, todavia, aqui não temos condições de desenvolver, visto extrapolar o propósito do presente texto.

Considerações finais

Como se pode verificar ao longo do trabalho, venha – ou não – ocorrer a inserção de um direito à proteção de dados pessoais no texto da CF, a condição de direito fundamental autônomo não depende, em si, de tal expediente, porquanto sobejamente demonstrado que se trata de um direito implicitamente positivado, o que é objeto de amplo consenso doutrinário e mesmo acolhido na esfera jurisprudencial.

Seja na forma prevista na PEC nº 17, seja com outra formatação, é também correta a ponderação de que, mediante a sua incorporação ao catálogo constitucional de direitos, um direito fundamental à proteção de dados pessoais daria maior sustentação ao marco regulatório infraconstitucional, bem como a sua aplicação pelos órgãos do Poder Judiciário, entre outras vantagens apontadas.

Particularmente relevante é o fato de que a condição de direito fundamental vem acompanhada de um conjunto de prerrogativas traduzidas por um regime jurídico

---

[83] Cf. julgamento na SS nº 3.902. Rel. Min. Teori Zavascki, j. 23.4.2015.
[84] Sobre o tema, v., entre outros, HARTMANN, Ivar. Liberdade de expressão e capacidade comunicativa: um novo critério para resolver conflitos entre direitos fundamentais informacionais. *Direitos Fundamentais & Justiça*, ano 12, n. 39, p. 145-183, jul./dez. 2018.

reforçado e uma dogmática sofisticada, mas que deve ser, em especial no caso brasileiro, desenvolvida e traduzida numa práxis que dê ao direito à proteção de dados pessoais a sua máxima eficácia e efetividade, notadamente na esfera da articulação da proteção de dados com outros direitos e garantias fundamentais e bens jurídicos e interesses de estatura constitucional.

Nesse contexto, nunca é demais lembrar que levar à sério a proteção de dados pessoais é sempre também render homenagem à dignidade da pessoa humana, ao livre desenvolvimento da personalidade e à liberdade pessoal como autodeterminação.

Referências

ALBERS, Marion. A complexidade da proteção de dados. *Revista Direitos Fundamentais & Justiça*, ano 10, n. 35, jul./dez. 2016.

ALBERS, Marion. Umgang mit personenbezogenen Informationen und Daten. *In*: HOFMANN-RIEM, Wolfgang; SCHMIDT-ASSMANN, Eberhard; VOSSKUHLE, Andrea (Coord.). *Grundlagen des Verwaltungsrechts*. 2. ed. München: C.H. Beck, 2012. v. 2.

ALEXY, Robert. *Theorie der Grundrechte*. 2. ed. Frankfurt a.M.: Suhrkamp, 1994.

ANDRADE, Fábio Siebeneichler de. Notas sobre a aplicabilidade dos direitos da personalidade à pessoa jurídica como evolução da dogmática civil. *RJLB*, ano 4, n. 5, p. 806-837, 2018.

ANDRADE, José Carlos Vieira de. *Os direitos fundamentais na Constituição portuguesa de 1976*. Coimbra: Almedina, 1987.

BILBAO UBILLOS, Juan Maria. *Los derechos fundamentales en la frontera entre lo público y lo privado*. La noción de "state action" en la jurisprudencia norteamericana. Madrid: McGraw-Hill, 1997.

BIONI, Bruno Ricardo. *Proteção de dados pessoais*: a função e os limites do consentimento. Rio de Janeiro: Forense, 2019.

BULL, Hans-Peter. *Informationelle Selbstbestimmung* – Vision oder Illusion? Tübingen: Mohr Siebeck, 2009.

CANARIS, Claus-Wilhelm. Considerações a respeito da posição de proibições de discriminação no sistema de direito privado. *Revista Direitos Fundamentais e Justiça*, ano 7, n. 22, jan./mar. 2013.

CANARIS, Claus-Wilhelm. *Grundrechte und Privatrecht*. Berlin; New York: Walter de Gruyter, 1999.

CANOTILHO, José Joaquim Gomes. Omissões normativas e deveres de proteção. *In*: DIAS, Jorge de Figueiredo (Coord.). *Estudos em homenagem a Cunha Rodrigues*. Coimbra: Coimbra Editora, 2001. v. II.

CANOTILHO, José Joaquim Gomes; MOREIRA, Vital. *Constituição da República Portuguesa anotada*. 4. ed. Coimbra: Coimbra Editora, 2007.

CONSELHO DA EUROPA. *Convenção para a Proteção de Indivíduos com Respeito ao Processamento Automatizado de Dados Pessoais, de 28 de janeiro de 1981*. Disponível em: https://www.cnpd.pt/bin/legis/internacional/Convencao108.htm. Acesso em: 15 nov. 2019.

DIMOULIS, Dimitri; MARTINS, Leonardo. *Teoria geral dos direitos fundamentais*. São Paulo: RT, 2007.

DÖHMANN, Indra Spiecker Genannt. Kontexte der Demokratie: Parteien, Medien und Sozialstrukturen (1. Referat). *VVDStRL*, Berlin, v. 77, 2018.

DÖHMANN, Indra Spiecker Genannt. O direito à proteção de dados na internet em casos de colisão. *Revista Direitos Fundamentais & Justiça*, ano 12, n. 38, p. 17-33, jan./jun. 2018.

DONEDA, Danilo. A proteção dos dados pessoais como um direito fundamental. Espaço *Jurídico Journal of Law*, Joaçaba, v. 12, n. 2, p. 91-108, jul./dez. 2011. Disponível em: https://portalperiodicos.unoesc.edu.br/espacojuridico/article/view/1315. Acesso em: 15 nov. 2019.

DONEDA, Danilo. *Da privacidade à proteção de dados pessoais*: elementos da formação da Lei Geral de Proteção de Dados. 2. ed. São Paulo: Thomson Reuters Brasil, 2019.

DONEDA, Danilo. *Da privacidade à proteção dos dados pessoais*. Rio de Janeiro: Renovar, 2006.

DREIER, Horst. Art. 2 I – allgemeines Persönlichkeitsrecht. *In*: DREIER, Horst (Coord.). *Grundgesetz Kommentar*. 3. Auf. Tübingen: Mohr Siebeck, 2013.

DREIER, Horst. Subjektiv-rechtliche und objektiv-rechtliche Grundrechtsgehalte. *Jura*, 1994.

DUQUE, Marcelo Schenk. *Direito privado e Constituição*. Drittwirkung dos direitos fundamentais. São Paulo: Revista dos Tribunais, 2013.

FACHIN, Luiz Edson; RUZYK, Carlos Eduardo Pianovski. Direitos fundamentais, dignidade da pessoa humana e o novo código civil: uma análise crítica. *In*: SARLET, Ingo Wolfgang (Coord.). *Constituição, direitos fundamentais e direito privado*. Porto Alegre: Livraria do Advogado, 2003.

GRIMM, Dieter. A função protetiva do Estado. *In*: SOUZA NETO, C. P.; SARMENTO, D. *A constitucionalização do direito*. Rio de Janeiro: Lumen Juris, 2007.

HARTMANN, Ivar. Liberdade de expressão e capacidade comunicativa: um novo critério para resolver conflitos entre direitos fundamentais informacionais. *Direitos Fundamentais & Justiça*, ano 12, n. 39, p. 145-183, jul./dez. 2018.

HESSE, Konrad. *Grundzüge des Verfassungsrechts der Bundesrepublik Deutschland*. 20. ed. Heidelberg: C. F. Müller, 1995.

HILGENDORF, Eric; FELDLE, Jochen (Ed.). *Digitalization and the law*. Baden-Baden: Nomos, 2018.

HOFFMANN, Christian; LUCH, Anika; SCHULZ, Sönke E.; BORCHERS, Kim Corinna. *Die digitale Dimension der Grundrechte*. Das Grundgesetz im digitalen Zeitalter. Baden-Baden: Nomos, 2015.

HOFFMANN-RIEM, Wolfgang. Rechtliche Rahmenbedingungen für und regulative Herausforderungen durch Big Data. *In*: HOFFMANN-RIEM, Wolfgang (Coord.). *Big Data – Regulative Herausforderungen*. Baden-Baden: Nomos, 2018.

HOFMANN-RIEM, Wolfgang. Reclaim Autonomy: Die Macht digitaler Konzerne. *In*: AUGSTEIN, Jakob (Coord.). *Reclaim Autonomy*. Selbstermächtigung in der digitalen Weltordnung. Frankfurt am Main: Suhrkamp, 2017.

HORNUNG, Gerrit; SCHNABEL, Christoph. Data protection in Germany I: The populational census decision and the right to informational self-determination. *Computer Law & Security Report*, v. 25, issue 1, 2009.

INGOLD, Albert. *Desinformationsrecht*: Verfassungsrechtliche Vorgaben für Staatliche Desinformationstätigkeit. Berlin: Duncker & Humblot, 2011.

IPSEN, Jörn. *Staatsrecht II – Grundrechte*. 17. Auf. München: Vahlen, 2014.

JARASS, Hans; PIEROTH, Bodo. *Grundgezetz fur die Bundesrepublik Deutschland*: Kommentar. 13. Auf. München: C. H. Beck, 2014.

KARG, Moritz. Artikel 4, Nr. 1. *In*: SIMITIS, Spiros; HORNUNG, Gerrit; DÖHMANN, Indra Spiecker Genannt. *Datenschutzgesetz*. Baden-Baden: Nomos, 2019.

KLOEPFER, Michael. *Verfassungsrecht II*. 13. Auf. München: C. H. Beck, 2010.

KÜHLING, Jürgen. Datenschutz und die Rolle des Rechts. *In*: STIFTUNG FÜR DATENSCHUTZ (Ed.). *Die Zukunft der informationellen Selbstbestimmung*. Berlin: Erich Schmidt Verlag, 2016.

LEONARDI, Marcel. *Fundamentos de direito digital*. São Paulo: Revista dos Tribunais, 2019.

LIMBERGER, Têmis. *O direito à intimidade na era da informática*. Porto Alegre: Livraria do Advogado, 2007.

LORENZ, Dieter. Art. 2 Abs 1 GG. *In*: KAHL, Wolfgang; WALDHOFF, Christian; WALTER, Christian (Coord.). *Bonner Kommentar zum Grundgesetz*. Heidelberg: C.F. Müller, 2008. v. 2.

MANSSEN, Gerrit. *Staatsrecht I Grundrechtsdogmatik*. München: Verlag Franz Vahlen, 1995.

MARINONI, Luiz Guilherme. *Técnica processual e tutela dos direitos*. 4. ed. São Paulo: Revista dos Tribunais, 2013.

MENDES, Laura Schertel. Habeas data e autodeterminação informativa: dois lados da mesma moeda. *Revista Direitos Fundamentais & Justiça*, ano 12, n. 39, p. 185-216, jul./dez. 2018.

MENDES, Laura Schertel. *Privacidade, proteção de dados e defesa do consumidor*. São Paulo: Saraiva, 2013.

MENDES, Laura Schertel; DONEDA, Danilo. Comentário à Nova Lei de Proteção de Dados (Lei 13.709/2018): o novo paradigma da proteção de dados. *Revista de Direito do Consumidor*, v. 120, nov./dez. 2018.

MIRANDA, Jorge; MEDEIROS, Rui. *Constituição portuguesa anotada*. 1. ed. Coimbra: Coimbra Editora, 2006.

MOLINARO, Carlos Alberto; SARLET, Gabrielle Bezerra Sales. Questões tecnológicas, éticas e normativas da proteção de dados pessoais na área da saúde em um contexto de big data. *Direitos Fundamentais & Justiça*, ano 13, n. 41, p. 183-212, jul./dez. 2019.

MURSWIEK, Dietrich; RIXEN, Stephan. Persönliche Freiheitsrechte. *In*: SACHS, Michael. *Grundgesetz Kommentar*. 8. ed. München: C. H. Beck, 2018.

PARLAMENTO EUROPEU. *Carta de Direitos Fundamentais da União Europeia, de 7 de dezembro de 2000*. Disponível em: https://eur-lex.europa.eu/legal-content/PT/TXT/PDF/?uri=CELEX:12016P/TXT&from=EN. Acesso em: 15 nov. 2019.

PIEROTH, Bodo; SCHLINK, Bernhard. *Grundrechte*. Staatsrecht II. 11. ed. Heidelberg: C. F. Müller, 1995.

PINTO, Paulo Mota. *Direitos de personalidade e direitos fundamentais*: estudos. Coimbra: Gestlegal, 2018.

REINHARDT, Jörn. Conflitos de direitos fundamentais entre atores privados: "efeitos horizontais indiretos" e pressupostos de proteção de direitos fundamentais. *Direitos Fundamentais & Justiça*, ano 13, n. 41, p. 59-91, jul./dez. 2019.

RODRIGUES JÚNIOR, Otávio Luís. *Direito civil contemporâneo*: estatuto epistemológico, Constituição e direitos fundamentais. 2. ed. São Paulo: GEN, 2019.

ROSSNAGEL, Alexander; WEDDE, Peter; HAMMER, Volker; PORDESCH, Ulrich. *Digitalisierung der Grundrechte? Zur Verfassungsverträglichkeit der Informations-und Kommunikationstechnik*. Opladen: Westdeutscher Verlag, 1990.

RUARO, Regina Linden; RODRIGUEZ, Daniel Piñeiro. O direito à proteção de dados pessoais na sociedade de informação. *Direito, Estado Sociedade*, n. 36, jan./jun. 2010.

RUFFERT, Matthias. Privatrechtswirkung der Grundrechte. Von Lüth zum Stadionverbot – und darüber hinaus? *JuS*, n. 1, p. 1-12, 2020.

SAMPAIO, José Adércio Leite. A suprema inviolabilidade: a intimidade informática e o sigilo bancário. *In*: SARMENTO, Daniel; SARLET, Ingo Wolfgang (Coord.). *Direitos fundamentais no Supremo Tribunal Federal*: balanço e crítica. Rio de Janeiro: Lumen Juris, 2011.

SARLET, Ingo Wolfgang. *A eficácia dos direitos fundamentais*: uma teoria geral dos direitos fundamentais na perspectiva constitucional. 13. ed. Porto Alegre: Livraria do Advogado, 2018.

SARLET, Ingo Wolfgang. Direitos fundamentais e direito privado, algumas considerações em torno da vinculação dos particulares aos direitos fundamentais. *In*: SARLET, Ingo Wolfgang (Coord.). *A Constituição concretizada*: construindo pontes para o público e o privado. Porto Alegre: Livraria do Advogado, 2000.

SARLET, Ingo Wolfgang; FERREIRA NETO, Arthur M. *O direito ao "esquecimento" na sociedade de informação*. Porto Alegre: Livraria do Advogado, 2018.

SARLET, Ingo Wolfgang; MARINONI, Luiz Guilherme; MITIDIERO, Daniel. *Curso de direito constitucional*. 3. ed. São Paulo: Revista dos Tribunais, 2014.

SARMENTO, Daniel. *Direitos fundamentais e relações privadas*. Rio de janeiro: Lumen Juris, 2003.

SCHIEDERMAIR, Stephanie. Einleitung. *In*: SIMITIS, Spiros; HORNUNG, Gerrit; DÖHMANN, Indra Spiecker Genannt (Coord.). *Datenschutzrecht*. Baden-Baden: Nomos, 2019.

SCHLIESKY, Utz; HOFFMANN, Christian; LUCH, Anika D.; SCHULZ, Sönke E.; BORCHERS, Kim Corinna. *Schutzpflichten und Drittwirkung im Internet. Das Grundgesetz im digitalen Zeitalter*. Baden-Baden: Nomos, 2014.

SILVA, Virgílio Afonso da. *A constitucionalização do direito*. Os direitos fundamentais nas relações entre particulares. São Paulo: Malheiros, 2005.

STARCK, Christian. Art. 2 Abs. 1 – Schutz des Art. 2 Abs. 1 vor Eingriffen durch die öffentliche Gewalt. *In*: VON MANGOLDT; KLEIN; STARCK. *Grundgesetz Kommentar*. 7. Auf. München: C. H. Beck, 2018. v. 1.

STEINMETZ, Wilson. *A vinculação dos particulares a direitos fundamentais*. São Paulo: Malheiros, 2004.

STERN, Klaus. Idee und Elemente eines Systems der Grundrechte. *In*: KIRCHHOF, J. Isensee-P. (Coord.). *Handbuch des Staatsrechts der Bundesrepublik Deutschland*. Heidelberg: C. F. Müller, 1992. v. 5.

VESTING, Thomas. §20 Information und Kommunikation. *In*: HOFFMANN-RIEM, Wolfgang; SCHMIDT-ASSMANN, Eberhard; VOSSKUHLE, Andreas (Coord.). *Grundlagen des Verwaltungsrechts*. München: C. H. Beck, 2012. v. 2.

WOLFF, Heinrich Amadeus. Schutz personenbezogener Daten. *In*: PECHSTEIN, Matthias; NOWAK, Carsten; HÄDE, Ulrich (Coord.). *Frankfurter Kommentar EUV – GRC – AEUV*. Tübingen: Mohr Siebeck, 2017. v. 1.

Informação bibliográfica deste texto, conforme a NBR 6023:2018 da Associação Brasileira de Normas Técnicas (ABNT):

SARLET, Ingo Wolfgang. Notas acerca do direito fundamental à proteção de dados pessoais na Constituição Federal brasileira de 1988. *In*: GOMES, Ana Cláudia Nascimento; ALBERGARIA, Bruno; CANOTILHO, Mariana Rodrigues (Coord.). *Direito Constitucional*: diálogos em homenagem ao 80º aniversário de J. J. Gomes Canotilho. Belo Horizonte: Fórum, 2021. p. 211-243. ISBN 978-65-5518-191-3.

REPRESENTANTES DOS TRABALHADORES E DESPEDIMENTO: UMA PROTEÇÃO ADEQUADA E EFICAZ?

JOÃO LEAL AMADO

1   O direito à proteção adequada dos representantes dos trabalhadores

"Os representantes eleitos dos trabalhadores gozam do direito à informação e consulta, bem como à protecção legal adequada contra quaisquer formas de condicionamento, constrangimento ou limitação do exercício legítimo das suas funções". Assim reza o nº 6 do art. 55º da Constituição da República Portuguesa (CRP). Nas palavras de Gomes Canotilho e Vital Moreira:

> A proteção específica que é conferida aos representantes eleitos dos trabalhadores decorre naturalmente da sua situação de particular "exposição" perante as entidades empregadoras e as entidades públicas, encabeçando e dirigindo as reivindicações para a defesa dos direitos dos restantes trabalhadores, o que os transforma naturalmente em alvos privilegiados de retaliações ou outros abusos de poder privado dessas entidades. Por isso – acrescentam os Autores – o tratamento adequado deve ter particularmente em conta as dimensões garantísticas necessárias contra os despedimentos sem justa causa, sobretudo os despedimentos discriminatórios violadores dos princípios estruturantes do Estado de direito democrático.[1]

A matéria foi também objeto da Convenção nº 135 da Organização Internacional do Trabalho (OIT), adotada a 23.6.1971 (convenção relativa aos representantes dos trabalhadores), a qual veio a ser aprovada, para ratificação, pelo Decreto-Lei nº 263/76, de 8 de abril. Nos termos do seu art. 1º:

---

[1] CANOTILHO, J. J. Gomes; MOREIRA, Vital. *Constituição da República Portuguesa anotada*. 4. ed. Coimbra: Coimbra Editora, 2007. v. I. p. 737, anotação XII ao art. 55º.

Os representantes dos trabalhadores na empresa devem beneficiar de uma proteção eficaz contra todas as medidas que lhes possam causar prejuízo, incluindo o despedimento, e que sejam motivadas pela sua condição de representantes dos trabalhadores ou pelas atividades dela decorrentes, pela sua filiação sindical ou pela sua participação em atividades sindicais, na medida em que atuem em conformidade com as leis, convenções coletivas ou outras disposições convencionais em vigor.

Aquele art. 55º, nº 6, da CRP assume-se, assim, como uma inequívoca credencial constitucional para uma tutela legal diferenciada dos representantes eleitos dos trabalhadores. À luz desta norma, todos os representantes eleitos dos trabalhadores (não apenas os representantes sindicais, mas também, por exemplo, os membros das comissões de trabalhadores) gozam do direito a uma *proteção legal adequada*. Não se trata, como é óbvio, de instituir um tratamento privilegiado para esta classe de trabalhadores; trata-se, pelo contrário, de respeitar escrupulosamente o princípio da igualdade, o qual, como é sabido, manda tratar de modo igual o que é igual e de modo diferente o que é desigual, na proporção da respectiva diferença. Ora, a assunção de responsabilidades no nível das estruturas de representação colectiva dos trabalhadores coloca aqueles que são eleitos numa situação distinta da dos demais trabalhadores: serão eles que, em princípio, irão encarnar a conflitualidade inerente à relação laboral, serão eles que irão liderar os processos reivindicativos em relação à entidade empregadora, serão eles os principais protagonistas do dissídio colectivo etc., o que, evidentemente, os coloca numa situação de especial vulnerabilidade face àquela. Daí que o art. 55º, nº 6, da CRP aponte para uma tutela reforçada destes trabalhadores, assente numa dupla *ratio*: uma *dimensão subjetiva*, consistente em acautelar a segurança no emprego dos trabalhadores em causa, e uma *dimensão objetiva*, de molde a criar condições para o efetivo exercício da liberdade sindical e dos direitos coletivos dos trabalhadores.[2]

Pergunta-se: a imposição legiferante contida no art. 55º, nº 6, da CRP – protecção legal adequada dos representantes eleitos dos trabalhadores – analisa-se numa simples *permissão* de diferenciação ou, mais do que isso, numa autêntica *obrigação* de diferenciação? A nosso ver, proteção adequada significa aqui, necessariamente, protecção diferenciada, isto é, implica um tratamento específico, um regime especial, uma "mais-valia de protecção" para os trabalhadores em causa. Se assim não fosse, tratar-se-ia de modo igual o que é desigual, o que se traduziria numa típica forma de violação do princípio da igualdade. E também não nos parece haver grandes dúvidas quanto à circunstância de aquela *differentia specifica* na situação dos representantes eleitos reclamar um regime legal diferenciado em matéria de despedimento patronal – ou não fosse nesta sede que, em primeira linha, se fazem sentir as tentações persecutórias e os instintos retaliatórios da entidade empregadora.[3]

---

[2] Sobre os fundamentos racionais e materiais para este tratamento garantístico, cfr., por todos, CANOTILHO, J. J. Gomes; LEITE, Jorge. A inconstitucionalidade da lei dos despedimentos. *Boletim da Faculdade de Direito de Coimbra*, Coimbra, 1988. p. 20; 44-45. Separata do Número Especial – Estudos em Homenagem ao Prof. Doutor António de Arruda Ferrer Correia.

[3] Em sentido algo distinto, considerando nada impedir que, "estando garantida uma proteção legal adequada dos representantes eleitos dos trabalhadores em sede de despedimento, o legislador ordinário opte por alargar a mesma protecção a todos os trabalhadores", cfr. MIRANDA, Jorge; MEDEIROS, Rui. *Constituição portuguesa anotada*. Coimbra: Coimbra Editora, 2005, t. I. p. 547, anotação XIII ao art. 55º. Não podemos subscrever esta

O Código do Trabalho (CT) em vigor dispõe de um conjunto de preceitos relativos à proteção especial dos representantes dos trabalhadores.[4] Trata-se dos arts. 408º (crédito de horas), 409º (faltas), 410º (proteção em caso de procedimento disciplinar e despedimento) e 411º (proteção em caso de transferência). Vamos centrar a nossa atenção no art. 410º, que se refere a um aspeto particularmente delicado da disciplina jurídica da relação de trabalho, a saber, o dos termos e condições em que o empregador poderá proceder ao despedimento de um representante dos trabalhadores.[5]

---

leitura do preceito constitucional em questão. É certo que, como os autores observam, o preceito exige que os representantes eleitos dos trabalhadores tenham uma proteção *adequada* e não, propriamente, uma proteção *diferenciada*. Parece-nos, no entanto, que um qualquer regime legal igualitário em sede de despedimento desatenderia à supramencionada *differentia specifica* da situação dos representantes ante os demais trabalhadores. Manifestamente, a CRP quer que o legislador estabeleça um *plus* de proteção para aqueles, não se vislumbrando como é que, numa ótica constitucionalmente adequada, tal *plus* poderá deixar de passar pelo regime do despedimento.

[4] As estruturas de representação coletiva dos trabalhadores que se encontram previstas no art. 404º do CT são as associações sindicais, as comissões e subcomissões de trabalhadores, os conselhos de empresa europeus e os representantes dos trabalhadores para a segurança e saúde no trabalho.

[5] Impõe-se aqui aludir às significativas diferenças que, nesta matéria, existem entre Portugal e o Brasil. A estabilidade no emprego e a tutela contra o despedimento arbitrário são valores a salvaguardar e promover pelo ordenamento jurídico – valores, decerto, não absolutos, mas também, cremos, não obsoletos. Daí que a CRP estabeleça, no seu art. 53º, que "é garantida aos trabalhadores a segurança no emprego, sendo proibidos os despedimentos sem justa causa ou por motivos políticos ou ideológicos". E daí que a Constituição do Brasil também consagre, como um dos direitos dos trabalhadores, o de "relação de emprego protegida contra despedida arbitrária ou sem justa causa, nos termos de lei complementar, que preverá indenização compensatória, dentre outros direitos" (art. 7º, I). Dir-se-ia, assim, que os pilares constitucionais de ambos os países, quanto a este ponto, são similares: a CRP proíbe os despedimentos sem justa causa ou por motivos políticos ou ideológicos, garantindo a segurança no emprego; a CRFB censura/combate os despedimentos arbitrários ou sem justa causa, dando expressão ao princípio da continuidade da relação de emprego. Porém, se descermos de patamar hierárquico e se analisarmos a legislação ordinária vigente em cada um deles, logo verificamos que existe hoje um enorme oceano a separá-los. Com efeito, o princípio do despedimento causal ou justificado encontra-se hoje solidamente implantado em Portugal, mas já no Brasil, pelo contrário, predomina a tese da aceitação do despedimento livre ou *ad nutum* ("denúncia vazia", "dispensa imotivada", "despedida arbitrária"). Isto porque: i) o direito à "relação de emprego protegida contra despedida arbitrária ou sem justa causa" efetivar-se-á, segundo o art. 7º, I, da Constituição brasileira, "nos termos de lei complementar" (a qual, até hoje, mais de trinta anos volvidos, ainda não surgiu); ii) segundo o art. 10, I, do Ato das Disposições Constitucionais Transitórias, até que seja promulgada a lei complementar a que se refere o art. 7º, I, da Constituição, "fica limitada a proteção nele referida ao aumento, para quatro vezes, da porcentagem prevista no art. 6º, *caput* e §1º, da Lei nº 5107, de 13 de setembro de 1966" (diploma que instituiu o chamado *Fundo de Garantia do Tempo de Serviço* – FGTS). Ora, esta sanção legal é tão modesta que, no essencial, ninguém duvida de que o FGTS veio liberalizar o mercado de trabalho brasileiro e veio atenuar substancialmente o papel do tradicional princípio da continuidade da relação de emprego, "ao se propiciar a franca rutura desmotivada do contrato empregatício por ato empresarial; em síntese, a *denúncia vazia* do pacto empregatício. O ato de dispensa, na nova sistemática, não dependeria mais de uma causa tipificada em lei, considerada razoável para autorizar o fim do contrato, qualquer que fosse o tempo de serviço do empregado: bastaria a simples vontade do empregador (por isso fala-se também em dispensa desmotivada, isto é, sem motivo jurídico relevante e tipificado, a não ser a prerrogativa potestativa empresarial). Noutras palavras, o motivo para a rutura do contrato exigido pela ordem jurídica é interno, íntimo à vontade empresarial – trata-se do simples exercício do arbítrio pelo empregador" (DELGADO, Maurício Godinho. *Curso de direito do trabalho*. 17. ed. São Paulo: LTR, 2018. p. 1308). No Brasil, o direito de o empregador pôr termo ao contrato de trabalho, sem que para tanto tenha que apresentar qualquer motivo ou fundamento, surge, pois, como uma espécie de dogma, ainda que normas-princípios constitucionais indiquem o contrário. Isto, contudo, sem prejuízo de existirem alguns casos específicos de estabilidade no emprego no Brasil, alguns, inclusive, com arrimo na Constituição Federal, como, justamente, os do dirigente sindical. Com efeito, nos termos do art. 8º, VIII, da Constituição brasileira, "é vedada a dispensa do empregado sindicalizado a partir do registro da candidatura a cargo de direção ou representação sindical e, se eleito, ainda que suplente, até um ano após o final do mandato, salvo se cometer falta grave nos termos da lei". Para desenvolvimentos a este propósito, permitimo-nos remeter para o nosso *A cessação do contrato de trabalho* – Uma perspectiva luso-brasileira. São Paulo: LTR, 2017. p. 138 e ss.

2 O despedimento patronal e o art. 410º do Código do Trabalho

O art. 410º do CT refere-se à "proteção em caso de procedimento disciplinar e despedimento". Comecemos por transcrever este preceito, para em seguida analisarmos o seu conteúdo normativo e a sua real valia protetora.

> 1 – A suspensão preventiva de trabalhador membro de estrutura de representação coletiva não obsta a que o mesmo tenha acesso a locais e exerça atividades que se compreendem no exercício das correspondentes funções.
>
> 2 – Na pendência de processo judicial para apuramento de responsabilidade disciplinar, civil ou criminal com fundamento em exercício abusivo de direitos na qualidade de membro de estrutura de representação coletiva dos trabalhadores, aplica-se ao trabalhador visado o disposto no número anterior.
>
> 3 – O despedimento de trabalhador candidato a membro de qualquer dos corpos sociais de associação sindical ou que exerça ou haja exercido funções nos mesmos corpos sociais há menos de três anos presume-se feito sem justa causa.
>
> 4 – A providência cautelar de suspensão do despedimento de trabalhador membro de estrutura de representação coletiva dos trabalhadores só não é decretada se o tribunal concluir pela existência de probabilidade séria de verificação da justa causa invocada.
>
> 5 – A ação de apreciação da licitude do despedimento de trabalhador a que se refere o número anterior tem natureza urgente.
>
> 6 – Em caso de ilicitude de despedimento por facto imputável ao trabalhador membro de estrutura de representação coletiva, este tem direito a optar entre a reintegração e uma indemnização calculada nos termos do nº 3 do artigo 392º ou em instrumento de regulamentação coletiva de trabalho, não inferior à retribuição base e diuturnidades correspondentes a seis meses.

2.1 Procedimento disciplinar e suspensão preventiva

A título preliminar, diga-se que os representantes dos trabalhadores não gozam de qualquer imunidade disciplinar perante a entidade empregadora. Enquanto trabalhadores, também eles se encontram sujeitos ao poder disciplinar patronal, como decorre do art. 98º do CT. Em qualquer caso, é óbvio que a natureza das funções que exercem não deixa de se refletir na análise das suas condutas, nesta sede. Assim, se, em geral, é reconhecida, no âmbito da empresa, a liberdade de expressão e de divulgação do pensamento e opinião, por parte dos trabalhadores (nos termos do art. 14º do CT), cremos que os representantes eleitos não podem deixar de se beneficiar de uma liberdade de expressão forte, qualificada (um *plus* de liberdade), pois eles encarnam a conflitualidade própria da relação de trabalho e são o porta-voz do coletivo que os elegeu. Com efeito, a liberdade de expressão pressupõe a crítica, por vezes a crítica dura. E a latitude da liberdade de expressão de um representante eleito não pode deixar de ser superior à de um qualquer trabalhador comum. A garantia do exercício da liberdade sindical e a ideia-chave de democracia na empresa implicam que o representante eleito disponha de uma "liberdade de palavra" bastante ampla. Neste sentido, cremos que um representante eleito não poderá deixar ser assimilado a um jornalista, enquanto *chien de garde* da democracia. E, mesmo quando se exceda na crítica, a medida do excesso deverá ser adequadamente ponderada em sede disciplinar, com recurso a juízos de proporcionalidade.[6]

Na prática, porém, cremos que isto nem sempre tem sucedido, a nossa jurisprudência nem sempre revela sensibilidade para efetuar a necessária concordância prática entre os vários direitos fundamentais em liça. Por vezes, invoca-se mesmo que se a um delegado ou dirigente sindical, no exercício das respetivas funções, deve ser reconhecida uma maior amplitude quanto à liberdade de expressão, também lhe deverão ser exigidas maiores cautelas com os termos que escolhe para veicular as suas críticas, devido ao cargo que ocupa. Ora, confessamos ter as maiores reservas em relação a este tipo de argumentação, que dá com uma mão e logo retira com a outra. O representante dos trabalhadores tem especiais responsabilidades perante os que o elegeram, responde perante estes pela forma como exerce as suas funções. E as funções que desempenha não o obrigam a tornar-se numa espécie de colaborador exemplar do empregador, qual "menino de coro". Dir-se-ia até que pelo contrário: as funções que desempenha obrigam-no, amiúde, a assumir, protagonizar e verbalizar o conflito com a entidade empregadora.[7]

Em qualquer caso, a possível responsabilidade disciplinar do representante eleito perante a entidade empregadora existe, de forma indiscutível. Ora, segundo a regra geral contida no nº 5 do art. 329º do CT, "iniciado o procedimento disciplinar, o empregador pode suspender o trabalhador se a presença deste se mostrar inconveniente, mantendo o pagamento da retribuição". Na mesma linha, o nº 1 do art. 354º do CT estabelece que, "com a notificação da nota de culpa, o empregador pode suspender preventivamente o trabalhador cuja presença na empresa se mostrar inconveniente, mantendo o pagamento da retribuição".[8]

Pois bem: tratando-se de um representante dos trabalhadores, a respetiva suspensão preventiva não obsta ao exercício normal das suas funções de representante, como resulta do art. 410º, nº 1. Dir-se-ia que *o trabalhador poderá ser preventivamente suspenso, mas não o representante eleito*. As suas funções laborais poderão ver-se transitoriamente paralisadas, mas as suas funções representativas já não. Daí que a lei, sem excluir a possibilidade de suspensão preventiva do trabalhador-representante, logo esclareça que ela não poderá impedir ou dificultar o acesso deste aos locais de trabalho, bem como o desempenho das atividades que se compreendam no exercício das suas funções de representante. Trata-se de uma solução lógica, que salvaguarda os interesses coletivos para defesa dos quais o trabalhador foi eleito, e que, aliás, tem reflexo em outras disposições codicísticas.[9]

---

[6] Em sentido que cremos convergente, aludindo, em sede de valoração disciplinar dos comportamentos dos representantes dos trabalhadores, à devida ponderação especial dos padrões correntes ligados à natureza das funções que exercem, pelo que a apreciação das suas condutas, sob o ponto de vista disciplinar, "pode ter que ser matizada pela consideração do facto de se inserirem na ação sindical e corresponderem a padrões de comportamento próprios das atividades reivindicativas e reclamatórias" (FERNANDES, António Monteiro. Direito do trabalho. 18. ed. Coimbra: Almedina, 2017. p. 671; 700).

[7] Para uma boa ilustração do que vem de ser dito, seja-nos permitido remeter para o nosso "Enredado: o Facebook e a justa causa de despedimento", *Revista de Legislação e de Jurisprudência*, n. 3994, p. 190-198, set./out. 2015.

[8] O nº 2 deste artigo esclarece que, em determinadas hipóteses e dentro de certos limites, a suspensão preventiva poderá mesmo anteceder a notificação da nota de culpa.

[9] Veja-se, a este propósito, o art. 308º do CT, relativo à suspensão do contrato de trabalho por facto respeitante ao empregador (situações de crise empresarial), o qual também esclarece que tal suspensão não prejudica o direito ao exercício normal das funções representativas no interior da empresa.

O mesmo vale, segundo o nº 2 do artigo, na pendência de processo judicial para apuramento de responsabilidade disciplinar, civil ou criminal com fundamento em exercício abusivo de direitos na qualidade de membro de estrutura de representação coletiva dos trabalhadores – enquanto estiver pendente tal processo, o representante eleito pode aceder ao local de trabalho e exercer as atividades correspondentes à respetiva função.

2.2 A presunção legal de ausência de justa causa

Em matéria de despedimento, o nº 3 do art. 410º do CT estabelece uma presunção de inexistência de justa causa. O despedimento de trabalhadores candidatos ao exercício de funções sindicais, ou que as exercem ou exerceram nos últimos três anos, "presume-se feito sem justa causa", afirma o preceito.

Prima facie, resulta desta norma um regime probatório privilegiado, mais vantajoso para o representante eleito que tenha sido objeto de um despedimento do que aquele aplicável à generalidade dos trabalhadores. A vantagem regimental residiria na circunstância de, neste caso, ao contrário das demais situações, se presumir *juris tantum* que o despedimento do trabalhador-representante foi efetuado sem justa causa, assim cabendo ao empregador fazer prova dos factos constitutivos da justa causa de despedimento.

A verdade, porém, é que esta vantagem só o é na aparência. Com efeito, é ponto assente que, em todo e qualquer caso de despedimento com alegação de justa causa, sempre recai sobre o empregador, nos termos do art. 342º do Código Civil, o ónus de provar os factos que integram a referida justa causa e que, portanto, legitimam o despedimento. Repete-se: não existe, na economia do CT, qualquer presunção de justa causa de despedimento, pelo que o *onus probandi* estará, invariavelmente, a cargo do empregador; a este competirá, em qualquer caso, provar que o trabalhador incorreu em violação contratual e que as infrações disciplinares por ele cometidas assumiram gravidade tal que inviabilizaram (isto é, tornaram inexigível) a manutenção do contrato.

Ora, se assim é, parece inevitável extrair a seguinte conclusão, ainda que um tanto desconsoladora: em rigor, o nº 3 do art. 410º do CT consiste numa norma desprovida de conteúdo útil – uma norma, dir-se-ia, de embalagem vistosa, cujo invólucro atrai o olhar, mas cujo conteúdo se revela dececionante.[10]

2.3 Os meios de reação contra o despedimento

Não existe entre nós, atualmente, qualquer sistema de tutela preventiva dos trabalhadores-representantes em matéria de despedimento. Ou seja, a decisão de despedimento pode ser tomada pelo empregador, no termo do competente procedimento disciplinar, sem que alguma entidade externa e imparcial seja chamada a controlar/autorizar tal despedimento. Aqui, como em geral sucede, o empregador é o acusador

---

[10] Registe-se, ainda assim, o esforço interpretativo de Luís Gonçalves da Silva, autor que tenta, a nosso ver sem grande êxito, encontrar um sentido útil para este preceito (MARTINEZ, Pedro Romano *et al. Código do Trabalho anotado*. 12. ed. Coimbra: Almedina, 2020. p. 945-947).

e é o primeiro juiz: a ele cabe instaurar o procedimento disciplinar, remetendo ao trabalhador a respetiva nota de culpa (empregador-acusador); e a ele cabe decidir, a final, se sanciona ou não o trabalhador e, em caso afirmativo, se o sanciona com o despedimento (empregador-juiz).

Em todo o caso, sendo certo que o ordenamento juslaboral reconhece a existência de um autêntico poder punitivo autotutelar na esfera do empregador, nenhuma dúvida existe quanto à possibilidade de o exercício daquele poder punitivo particular vir, *a posteriori*, a ser escrutinado e sindicado pelos tribunais. E isto é válido, em matéria de despedimento, quer em relação ao representante eleito, quer em relação ao trabalhador comum. Um e outro podem, nos termos gerais, recorrer à providência cautelar da suspensão judicial do despedimento (art. 386º do CT) e intentar a ação de impugnação do despedimento, ao abrigo do disposto no art. 387º do mesmo Código.

Significa isto que não há quaisquer especificidades regimentais, quanto aos meios reactivos colocados à disposição do trabalhador-representante despedido? Não. Os nºs 4 e 5 do art. 410º introduzem, na verdade, alguns desvios (convenhamos que ligeiros) face ao regime aplicável aos demais trabalhadores. Vejamos quais.

2.3.1 Suspensão do despedimento facilitada

Como deverá o juiz decidir, caso um qualquer trabalhador seja despedido e recorra à providência cautelar, requerendo a suspensão preventiva do despedimento? Responde o art. 39º, nº 1, do Código de Processo do Trabalho (CPT): "A suspensão do despedimento é decretada se não tiver sido instaurado processo disciplinar, se este for nulo ou *se o tribunal, ponderadas todas as circunstâncias relevantes, concluir pela probabilidade séria de inexistência de justa causa*" (grifos nossos). E quando se trate da suspensão do despedimento de um representante eleito? Responde o nº 4 do art. 410º do CT: "[...] esta só não é decretada se o tribunal concluir pela existência de probabilidade séria de verificação da justa causa invocada" (grifos nossos).

Deparamos aqui com uma *nuance*, porventura pouco significativa na prática, mas ainda assim uma *nuance*: ao passo que, para o trabalhador comum, a lei reclama uma convicção forte do julgador para que a providência cautelar seja concedida (probabilidade séria de inexistência de justa causa), já no tocante ao representante eleito a lei mostra-se menos exigente, na medida em que a providência só não será decretada caso exista probabilidade séria de verificação de justa causa. Dir-se-ia, pois, que, em caso de dúvida, a providência será concedida ao representante eleito, mas não já ao trabalhador comum. Ainda assim, e pela nossa parte, temos algumas dúvidas quanto à real "mais-valia" protetora desta *nuance* legal. Não será, também esta, uma norma simpática, mas pouco mais do que ornamental?[11]

---

[11] Descortinando maiores potencialidades nesta disparidade regimental, Bernardo Lobo Xavier qualifica como "sensível" a vantagem oferecida, nesta matéria, aos representantes eleitos (XAVIER, Bernardo Lobo. *Manual de direito do trabalho*. 4. ed. [s.l.]: Rei dos Livros, 2020. p. 205). Sobre esta *nuance* regimental, *vd.* ainda MARTINEZ, Pedro Romano. *Direito do trabalho*. 9. ed. Coimbra: Almedina, 2019. p. 1121.

2.3.2 Impugnação do despedimento acelerada?

Se a concessão da providência cautelar é, ao menos teoricamente, facilitada em relação ao representante eleito, também em sede de impugnação do despedimento o legislador emite um sinal de (aparente) maior presteza: nos termos do nº 5 do art. 410º do CT, as acções de impugnação judicial do despedimento dos representantes eleitos têm "natureza urgente". Significaria isto que o escrutínio judicial do despedimento seria, nestes casos, tendencialmente mais rápido,[12] com as inerentes vantagens para todas as partes envolvidas: para o trabalhador, a quem a celeridade convém, até para, eventualmente, poder retomar o seu posto de trabalho; mas também para o empregador, o qual, em caso de despedimento ilícito, verá os respetivos custos aumentar na razão direta do tempo que mediar entre o despedimento e o trânsito em julgado da decisão condenatória ("salários intercalares", "indemnização de antiguidade" etc.).

Acontece, todavia, que a ação de impugnação da regularidade e licitude do despedimento, prevista no art. 387º do CT e regulada nos arts. 98º-B a 98º-P do CPT, possui, também ela, natureza urgente. E o mesmo se passa, de resto, com a ação de impugnação do despedimento coletivo, prevista no art. 388º do CT e regulada nos arts. 156º a 161º do CPT.[13] Vale dizer, *prima facie*, todas as ações de impugnação do despedimento possuem, hoje, caráter urgente, pelo que a mais-valia representada pelo nº 5 do art. 410º se reduz, quase, a zero. Note-se, no entanto, que a ação de impugnação judicial da regularidade e licitude do despedimento consiste numa ação declarativa de condenação cujo âmbito de aplicação se circunscreve aos casos "em que seja comunicada por escrito ao trabalhador a decisão de despedimento individual, seja por facto imputável ao trabalhador, seja por extinção do posto de trabalho, seja por inadaptação" (art. 98º-C do CPT). Exige-se, pois, para que o trabalhador lance mão desta ação, que tenha havido uma decisão patronal de despedimento, inequívoca e formalizada. Destarte, se o que se verificou foi, por exemplo, uma decisão de despedimento meramente verbal, ou se a ligação contratual entre os sujeitos cessou, alegadamente, por outra via que não o despedimento (pense-se, desde logo, na hipótese de um contrato que o empregador considera ser um contrato a termo, acionando a respetiva caducidade, mas que o trabalhador considera ser um contrato sem termo, ilicitamente dissolvido pelo empregador; ou na hipótese de contrato cuja qualificação jurídica é discutida, entendendo o beneficiário dos serviços que se trata de um contrato de prestação de serviço, ao passo que o prestador entende tratar-se de um verdadeiro contrato de trabalho, feito cessar sem justa causa pelo empregador), parece que neste tipo de casos o trabalhador terá de recorrer a uma ação com processo comum, dispondo de um ano para intentar a correspondente ação. À luz do CPT revisto, não existe, portanto, unicidade em matéria de reação do trabalhador ao despedimento. Nuns casos, a ação apropriada deverá ser a especial (ação de impugnação judicial da regularidade e licitude do despedimento), noutros terá de ser a ação comum. E, quando desta ação comum se tratar, nos limitados

---

[12] Tendo a ação natureza urgente, os prazos processuais não se suspendem durante as férias judiciais, conforme resulta do art. 138º, nº 1, do Código de Processo Civil.

[13] Sobre esta matéria, *vd*., por todos, VASCONCELOS, Joana. *Direito processual do trabalho*. Lisboa: Universidade Católica Editora, 2017. p. 101-147.

casos em que se aplica, aí sim a tutela especial conferida pelo n° 4 do art. 410° do CT aos representantes eleitos poderá ter algum significado. Mas, repete-se, apenas nestes limitados e contados casos.

Tudo visto e ponderado, reconhecer-se-á que, no atinente aos meios de reação contra o despedimento colocados à disposição do trabalhador-representante, o reforço da posição deste não é muito substancial, é mesmo marginal. Há ganhos comparativos, há uma "mais-valia protetora", mas esta é pouco significativa. Pouquíssimo significativa.

2.4 Os efeitos da ilicitude do despedimento

Em caso de despedimento ilícito, que direitos possui o trabalhador-representante? Existem, nesta matéria, diferenças de regime face aos demais trabalhadores? E quais? Segundo o n° 6 do art. 410° do CT, "em caso de ilicitude de despedimento por facto imputável ao trabalhador membro de estrutura de representação coletiva, este tem direito a optar entre a reintegração e uma indemnização calculada nos termos do n° 3 do artigo 392°".[14] Que comentários merece esta norma? E que dúvidas suscita?

Em termos gerais, dir-se-á que, quanto aos efeitos da ilicitude do despedimento, a nossa lei concede ao representante eleito a opção pela reintegração na empresa ou pela perceção de uma "indemnização de antiguidade" majorada (majorada, leia-se, em relação aos demais trabalhadores). Na verdade, a opção reintegração/indemnização substitutiva é concedida a qualquer trabalhador que tenha sido alvo de um despedimento ilícito, conforme resulta do disposto nos arts. 389° e 391° do CT.[15] Simplesmente, ao passo que, para a generalidade dos trabalhadores, esta indemnização substitutiva será calculada "entre 15 e 45 dias de retribuição base e diuturnidades por cada ano completo ou fracção de antiguidade" (n° 1 do art. 391°), não podendo ser inferior a três meses (n° 3), tratando-se de um trabalhador-representante a sua indemnização será calculada entre 30 e 60 dias de retribuição base e diuturnidades por cada ano completo ou fração de antiguidade, não podendo ser inferior a seis meses (n° 3 do art. 392°, por remissão do n° 6 do art. 410°). E nesta "indemnização de antiguidade" majorada residiria, afinal, a especial tutela deferida aos representantes eleitos, quanto aos efeitos do despedimento ilícito.

Note-se que o n° 6 do art. 410° se refere, tão só, ao caso de ilicitude do despedimento por facto imputável ao trabalhador, isto é, às situações em que o trabalhador é despedido, com invocação de justa causa. A previsão normativa não abrange, assim, outras hipóteses de despedimento ilícito do representante eleito, sem que se perceba muito bem porquê. Pense-se, por exemplo, num despedimento por alegada inadaptação ou por suposta extinção do posto de trabalho, em que a necessidade de tutela dos representantes dos trabalhadores face a eventuais "desvios de poder" patronal se faz igualmente sentir, pois

---

[14] Recorde-se que, de acordo com a segunda parte deste preceito, a indemnização devida ao trabalhador-representante ilicitamente despedido poderá ser estabelecida em instrumento de regulamentação coletiva de trabalho, sempre com observância do limite mínimo constituído pela retribuição base e diuturnidades correspondentes a seis meses.

[15] Sobre o tema, seja-nos permitida a remissão para AMADO, João Leal; ROUXINOL, Milena Silva; VICENTE, Joana Nunes; SANTOS, Catarina Gomes; MOREIRA, Teresa Coelho. *Direito do trabalho* – Relação individual. Coimbra: Almedina, 2019. p. 1087 e ss.

também aqui o empregador poderá ser tentado a utilizar estas faculdades extintivas em ordem a discriminar aqueles trabalhadores.[16]

Coloca-se, porém, uma questão suplementar, cuja resolução não se mostra simples. Suponhamos que o trabalhador-representante labora numa microempresa. Ou que ele ocupa, na empresa, um cargo de administração ou de direção. Sabemos que, nestas duas hipóteses, o CT confere ao empregador a faculdade de se opor à reintegração do trabalhador ilicitamente despedido, "com fundamento em factos e circunstâncias que tornem o regresso do trabalhador gravemente prejudicial e perturbador do funcionamento da empresa" (art. 392º, nº 1). Pergunta-se: será esta oposição patronal à reintegração admissível, quando o trabalhador em causa acumule a condição de representante eleito com a de trabalhador dirigente ou que labora numa microempresa?

Questão delicada. Como decidir? Por um lado, dir-se-á, o nº 6 do art. 410º limita-se a dizer que o trabalhador despedido "tem direito a optar entre a reintegração e uma indemnização", sem aludir a qualquer hipótese de oposição patronal àquela reintegração. Logo, esta faculdade patronal decairia, atento o silêncio do legislador... Mas este é, decerto, um argumento débil, pois do que se trata é de concatenar os preceitos, isto é, de saber como se conjugam os artigos em causa (arts. 391º, 392º e 410º do CT), apurando se, à opção reintegratória exercida pelo trabalhador-representante, o empregador poderá ou não retorquir e manifestar a sua oposição a tal reintegração.

De outra parte, invocar-se-á o argumento do "lugar paralelo" constituído pelo regime estabelecido para as trabalhadoras grávidas, puérperas ou lactantes (ou trabalhadores no gozo de licença parental), caso em que a lei afirma, *expressis verbis*, que o empregador não se pode opor à reintegração do trabalhador ilicitamente despedido (art. 63º, nº 8, do CT). Alegar-se-á, nesta linha, que se a lei tivesse querido excluir idêntica faculdade patronal em sede de despedimento de representantes eleitos, nada mais simples do que dedicar um nº 7 do art. 410º a tal proibição... Não existindo semelhante disposição proibitiva, nada justificaria que se impedisse a entidade empregadora de fazer uso de tal faculdade contra um representante eleito dos trabalhadores.

Tendo, decerto, algum peso, este argumento também não se nos afigura decisivo. Tem o peso, é claro, de mostrar que a questão é de resposta líquida quanto àquelas trabalhadoras, abrangidas pelo art. 63º, mas nem por isso resolve o problema no que concerne aos representantes eleitos. Desde logo porque, a nosso ver, também não poderá ser ignorado um outro dado normativo. Com efeito, o mesmo legislador que veio conceder ao empregador a faculdade de se opor à reintegração do trabalhador ilicitamente despedido, nos casos do nº 1 do art. 392º, não deixou de compensar o trabalhador em sede de indemnização substitutiva: como se sabe, se for o próprio trabalhador a optar pela indemnização em detrimento da reintegração, aquela será calculada nos termos dos nºs 1 e 3 do art. 391º (em regra, entre 15 e 45 dias de retribuição por cada ano, com o mínimo de 3 meses); porém, se o trabalhador optar pela reintegração e o empregador se opuser a ela, caso esta oposição patronal seja julgada procedente pelo

---

[16] Em todo o caso, o limite mínimo da indemnização poderá ascender à retribuição base e diuturnidades correspondentes a doze meses de serviço, caso o tribunal conclua que o despedimento foi motivado pelo facto de o trabalhador exercer funções em estruturas de representação coletiva dos trabalhadores (cfr., a este propósito, o art. 331º, nº 1-c) e nº 6-b), do CT). Tratar-se-á, então, mais do que de um despedimento ilícito, de um autêntico despedimento abusivo.

tribunal o trabalhador já receberá uma indemnização majorada, nos termos do nº 3 do art. 392º (entre 30 e 60 dias de retribuição, com o mínimo de 6 meses). E, note-se, esta majoração indemnizatória compreende-se sem dificuldade, revelando-se mesmo de uma lógica inatacável – afinal, aqui o trabalhador foi ilicitamente despedido e pretende ser reintegrado, sendo que, apesar disso, o tribunal acaba por sacrificar o seu emprego no altar das conveniências empresariais...

Ora, sucede que este mecanismo compensatório (oposição patronal à reintegração julgada procedente, indemnização substitutiva majorada para o trabalhador) não existe em relação aos trabalhadores-representantes. Aqui, conforme decorre do nº 6 do art. 410º do CT, caso o trabalhador despedido opte, ele mesmo, pela indemnização, esta já será calculada nos termos do nº 3 do art. 392º (30-60 dias por ano, mínimo de 6 meses). E, se entendermos que o empregador poderá lançar mão da faculdade de oposição prevista no art. 392º, nº 1, ainda que esteja em causa um representante eleito, então a alternativa será, para este trabalhador, receber a mesmíssima indemnização a que teria direito caso ele mesmo tivesse optado pela indemnização... Que compensação pela reintegração frustrada? Zero! Que preço a pagar pela oposição à reintegração? Nenhum!

Ou não estamos a ver bem o problema, ou algo não está bem nesta "radiografia normativa"... Daí que sejamos levados a concluir, ainda que com dúvidas, que da leitura conjugada do material normativo relevante se deverá extrair a regra segundo a qual o empregador não poderá se opor à reintegração na empresa de um representante eleito que tenha sido ilicitamente despedido, qualquer que seja a dimensão da empresa e qualquer que seja o cargo ocupado pelo trabalhador nela. Dir-se-á, deste ponto de vista, que se o legislador pretendesse admitir aquela oposição patronal teria, decerto, criado um nº 7 do art. 410º, majorando a indemnização devida ao representante eleito caso a oposição fosse julgada procedente pelo tribunal...

Seja como for, ainda que se proceda a uma outra leitura dos dados normativos, concluindo pela possibilidade de recurso ao nº 1 do art. 392º em caso de despedimento de um trabalhador-representante, sempre haverá que não ignorar o nº 2 do mesmo preceito, do qual decorre a inaplicabilidade da oposição à reintegração "sempre que a ilicitude do despedimento se fundar em motivo político, ideológico, étnico ou religioso, ainda que com invocação de motivo diverso".[17] Ou seja, caso se trate de um despedimento discriminatório, de um caso em que o trabalhador-representante foi despedido *por ser representante*, então estaremos perante um despedimento abusivo, que permitirá ao trabalhador optar entre a reintegração (sem possibilidade de oposição patronal) e a "indemnização de antiguidade", com o limite mínimo majorado previsto no art. 331º, nº 6, al. *b*), do CT. Neste quadro, só quando o despedimento do trabalhador-representante se mostrasse ilícito mas não discriminatório (isto é, desprovido de justa causa mas não motivado pelo especial estatuto desse trabalhador), poder-se-ia colocar o problema da oposição patronal à reintegração.

---

[17] Cremos que esta norma se aplica não apenas quando o despedimento se funde em motivos políticos, ideológicos, étnicos ou religiosos, mas também quando ele se baseie em qualquer forma inadmissível de discriminação. De resto, parece-nos que um despedimento de um representante devido à sua atividade sindical, por exemplo, poderá qualificar-se como um despedimento baseado em motivos políticos ou ideológicos, para efeitos desta norma.

3 Balanço: uma proteção adequada e eficaz?

Tendo passado em revista as normas codicísticas destinadas a conceder ao trabalhador-representante uma especial proteção em caso de despedimento, julgamos poder concluir, com segurança, que o balanço não é famoso. Com efeito, a lei institui uma presunção de inexistência de justa causa sem conteúdo útil, introduz uma *nuance* pouco significativa em matéria de suspensão do despedimento, aparenta conferir (mas, na verdade, quase não confere) maior celeridade à ação de impugnação do despedimento (o que aproveita ao empregador, tanto ou mais do que ao trabalhador), eleva o montante da indemnização substitutiva da reintegração mas não esclarece se o empregador poderá, nesta sede, opor-se à reintegração do trabalhador-representante ilicitamente despedido...[18]

De todo o modo, julgamos que a principal pecha do atual sistema de tutela dos representantes eleitos face ao despedimento é de ordem temporal, sequencial, cronológica, visto que todos estes (muito débeis) mecanismos de tutela apenas operam *a posteriori*, isto é, já depois de o despedimento se consumar: presunção de ausência de justa causa, suspensão e impugnação do despedimento, indemnização majorada etc. Ora, como há muito afirmaram Gomes Canotilho e Jorge Leite, "o direito à proteção adequada dos representante eleitos dos trabalhadores é um direito incindível de garantias processuais e procedimentais". "O problema fundamental" – acrescentam, a nosso ver com inteira razão, os autores – "é o de saber se a proteção adequada dos representantes dos trabalhadores não exigirá uma dimensão procedimental/processual traduzida num *due process* que, preventivamente, impeça à entidade patronal a consumação do despedimento de um representante dos trabalhadores com base em qualquer aparência de justa causa".[19]

Um sistema de tutela preventiva face ao despedimento dos representantes eleitos existiu, entre nós, ao abrigo da Lei nº 68/79, de 9 de outubro (reserva de ação judicial prévia),[20] tendo sido abandonado a partir de 1989. Mas esse sistema existe hoje, no domínio do CT, quando se trate do despedimento de trabalhadora grávida, puérpera ou lactante, ou de trabalhador no gozo de licença parental, o qual "carece de parecer prévio da entidade competente na área da igualdade de oportunidades entre homens e mulheres" (nº 1 do art. 63º), isto é, da *Comissão para a Igualdade no Trabalho e Emprego* – CITE.[21]

---

[18] Registe-se, ademais, que o CT aboliu a preferência na manutenção do emprego dentro da mesma secção e categoria, outrora concedida aos representantes dos trabalhadores pela legislação, em sede de despedimento coletivo (constante do art. 23º do revogado Decreto-Lei nº 64-A/89, de 27-2). Ora, a preferência concedida pela anterior legislação, sendo discutível, não correspondia a outra coisa senão à proteção de alvos prediletos de represália.

[19] CANOTILHO, J. J. Gomes; LEITE, Jorge. A inconstitucionalidade da lei dos despedimentos. *Boletim da Faculdade de Direito de Coimbra*, Coimbra, 1988. p. 48; 80. Separata do Número Especial – Estudos em Homenagem ao Prof. Doutor António de Arruda Ferrer Correia.

[20] Esta lei estabelecia um sistema de controlo judicial prévio do despedimento destes trabalhadores. Era, sempre, o empregador a proferir o despedimento, mas só por meio de ação judicial, se, durante o procedimento disciplinar, o trabalhador em causa e a respetiva estrutura de representação coletiva se tivessem pronunciado contra o despedimento. O tribunal tinha, assim, de dar luz verde para que o despedimento se consumasse, sob pena de invalidade dele. Sobre este diploma, por todos, LEITE, Jorge. *Coletânea de leis do trabalho*. Coimbra: Coimbra Editora, 1985. p. 276-278.

[21] Caso este parecer não seja solicitado, o despedimento será ilícito (al. d) do art. 381º). E, se o parecer for desfavorável ao despedimento, este só poderá ser efetuado pelo empregador após decisão judicial que

Pergunta-se: tendo em conta a norma inscrita no art. 55º, nº 6, da CRP – direito à proteção legal adequada dos representantes eleitos dos trabalhadores contra quaisquer formas de condicionamento, constrangimento ou limitação do exercício legítimo das suas funções –, não seria mais curial reintroduzir no nosso ordenamento um qualquer sistema de tutela preventiva nesta matéria, à imagem do que vigora para as trabalhadoras grávidas, puérperas ou lactantes? Não seria mais adequado, numa ótica de ponderação dos bens e valores constitucionais, prevenir do que punir, evitar do que reagir?

Certo, o ordenamento jurídico deve tutelar com particular carinho uma trabalhadora grávida, por exemplo, visto que ela é, amiúde, alvo de procedimentos discriminatórios. Mas não se passará o mesmo, *mutatis mutandis*, em relação a um delegado sindical ou a um membro da comissão de trabalhadores? Parece-nos que só alguma ingenuidade permitirá dar uma resposta negativa a esta questão. Trata-se, em ambos os casos, de trabalhadores particularmente expostos, particularmente vulneráveis ao exercício abusivo dos poderes patronais, seja por poderem implicar, na ótica do empregador, um custo, uma perturbação da normalidade produtiva da empresa (no caso da trabalhadora grávida ou do trabalhador no gozo de licença parental), seja por se poderem revelar trabalhadores incómodos, que reivindicam e, amiúde, criticam (no caso dos representantes eleitos).[22]

Objetar-se-á que a maternidade e a paternidade constituem valores sociais eminentes, de acordo com o próprio texto constitucional (art. 68º, nº 2, da CRP) – coisa que, por óbvia, não se discute. Mas não se deverá ignorar que as associações sindicais (e as restantes estruturas de representação coletiva dos trabalhadores) constituem peças essenciais de qualquer democracia digna desse nome. E aqueles que, numa relação fortemente assimétrica e marcadamente conflitual como é a relação laboral, assumem a condição de representantes dos trabalhadores, carecem de uma *proteção adequada* (segundo a CRP) e *eficaz* (segundo a OIT) – coisa que, pelos motivos expostos, é muito discutível que exista no nosso ordenamento.

Trata-se, sem dúvida, de um sinal dos tempos. Tempos em que os direitos dos trabalhadores ligados à sua condição de pessoa, de cidadão, de pai ou de mãe, tendem a ser valorizados (e bem!). Mas tempos, outrossim, em que os direitos laborais *qua tale*, os direitos dos trabalhadores enquanto trabalhadores, sobretudo os seus direitos coletivos, não gozam de grande cotação (mas mal!). Produto, quiçá, de um tempo pós-moderno mais individualista, das conceções ideológicas neoliberais dominantes, das novas tecnologias e das novas formas de viver e de trabalhar, da globalização capitalista, das novas estruturas empresariais, pequenas e em rede, de um outro perfil de trabalhador, cada vez mais qualificado e menos dado ao coletivo ou motivado para a solidariedade, o certo é que o direito do trabalho vem experimentando uma evolução ambivalente.

---

reconheça a existência de motivo justificativo (nº 6 do art. 63º). Sobre a Cite, LEITE, Jorge; ROUXINOL, Milena Silva. Enquadramento jurídico-institucional. *In*: FERREIRA, Virgínia; MONTEIRO, Rosa. *Trabalho, igualdade e diálogo social* – Estudos 9. Lisboa: Cite, 2013. p. 61-102.

[22] Sublinhando que a situação dos representantes dos trabalhadores, em matéria de despedimento, apresenta marcadas semelhanças com a das trabalhadoras grávidas, puérperas ou lactantes, e dos trabalhadores em gozo de licença parental, dado que, embora por razões diferentes, se trata de trabalhadores mais vulneráveis perante o empregador, RAMALHO, Rosário Palma. *Tratado de direito do trabalho*. Parte III – Situações laborais coletivas. Coimbra: Almedina, 2012. p. 82.

Contudo, aquelas são, ambas, dimensões importantes, a da pessoa (a grávida, a mãe, o pai) que existe em cada trabalhador, a do trabalhador que existe em muitas pessoas. E, em ambos os casos, quer em virtude da condição de gravidez quer da condição de representante, a vulnerabilidade do trabalhador-pessoa perante o empregador e os seus poderes acentua-se. A criação de mecanismos de tutela preventiva dos seus direitos, que previnam a violação da segurança no emprego desses trabalhadores-representantes e que criem condições para o efetivo exercício da liberdade sindical, afigura-se ser a melhor – se não mesmo a única – forma de dar corpo ao mandato constante do nº 6 do art. 55º da CRP, assim logrando conceder a estes direitos fundamentais a "proteção jurídica temporalmente adequada" reclamada, há muito, por Gomes Canotilho.[23]

Informação bibliográfica deste texto, conforme a NBR 6023:2018 da Associação Brasileira de Normas Técnicas (ABNT):

AMADO, João Leal. Representantes dos trabalhadores e despedimento: uma proteção adequada e eficaz?. *In*: GOMES, Ana Cláudia Nascimento; ALBERGARIA, Bruno; CANOTILHO, Mariana Rodrigues (Coord.). *Direito Constitucional*: diálogos em homenagem ao 80º aniversário de J. J. Gomes Canotilho. Belo Horizonte: Fórum, 2021. p. 245-258. ISBN 978-65-5518-191-3.

---

[23] Na lição de Gomes Canotilho, qualquer direito fundamental pressupõe um suporte procedimental, qualquer direito material postula uma dimensão processual, cabendo ao Estado conformar e ordenar as relações jurídicas privadas, de modo a evitar a violação dos direitos, criando instrumentos procedimentais adequados à defesa e à garantia de eficácia desses direitos (CANOTILHO, J. J. Gomes. *Estudos sobre direitos fundamentais*. 2. ed. Coimbra: Coimbra Editora, 2008. p. 75-78).

O "MÍNIMO ESSENCIAL" DOS DIREITOS SOCIAIS: VALÊNCIAS E RISCOS DE UM CONCEITO MULTIFUNCIONAL

JOAQUIM DE SOUSA RIBEIRO

1   O conteúdo essencial dos direitos, liberdades e garantias

A ideia da garantia do conteúdo essencial dos direitos fundamentais emergiu no âmbito dos direitos civis e políticos, tendo em vista assegurar a intangibilidade do que constitui o núcleo desses direitos. Se, quanto a essa função, reina praticamente unanimidade de opiniões, já quanto ao ponto de incidência, objetivo ou subjetivo, e ao critério, absoluto ou relativo, de delimitação do que faz parte do conteúdo essencial, defrontam-se várias conceções e teorias, com formulações distintas e sentidos valorativos não coincidentes.[1]

Cremos que a atribuição de uma função útil ao conceito vai necessariamente a par do reconhecimento da sua operatividade autónoma,[2] em face, designadamente, do princípio da proporcionalidade.[3] Nessa ótica, ele exprime um conteúdo vinculativo resguardado de qualquer eficácia restritiva das leis ordinárias que intervenham no campo normativo do direito. No conjunto dos "limites aos limites" dos direitos fundamentais, representa uma barreira intransponível, um último reduto defensivo do alcance

---

[1] Para uma análise das várias posições doutrinais, cfr. NOVAIS, Jorge Reis. *As restrições aos direitos fundamentais não expressamente autorizadas pela Constituição*. Coimbra: Coimbra Editora, 2003. p. 779 s.

[2] Reis Novais nega a possibilidade de "fixar um sentido jurídico útil e autónomo à garantia do núcleo essencial" (NOVAIS, Jorge Reis. *As restrições aos direitos fundamentais não expressamente autorizadas pela Constituição*. Coimbra: Coimbra Editora, 2003. p. 796).

[3] "A garantia do conteúdo essencial é um *mais* em relação ao princípio da proporcionalidade" salientam CANOTILHO, J. J. Gomes; MOREIRA, Vital. *Constituição da República Portuguesa anotada*. 4. ed. Coimbra: Coimbra Editora, 2007. v. I. p. 395. O conceito delimita "um núcleo que em nenhum caso deverá ser invadido", havendo que "salvaguardar sempre a extensão do núcleo essencial". Não obstante estas formulações indiciadoras de adesão à teoria absoluta, os Autores levantam a hipótese de construção de uma teoria *mista*, "a um tempo absoluta e relativa [...]". Para Vieira de Andrade, o conceito de conteúdo essencial exprime "uma proibição absoluta, um limite fixo, um mínimo de valor inatacável" (ANDRADE, José Carlos Vieira de. *Os direitos fundamentais na Constituição portuguesa de 1976*. 5. ed. Coimbra: Almedina, 2012. p. 283).

tutelador dos direitos civis e políticos. Quando desrespeitado pelo legislador, fere de inconstitucionalidade, só por si, a pretendida restrição. Nessa medida, define a dimensão ou a extensão do conteúdo do direito em que este se apresenta como definitivo, porque insuscetível de ser reduzido por iniciativa do legislador.

Este sentido proibitivo transparece, de forma cristalina, do enunciado constitucional que, pela primeira vez, o consagrou: o art. 19º, nº 2, da *Grundgesetz*. Depois de a norma anterior ter fixado os requisitos das limitações admissíveis aos direitos fundamentais, acrescenta-se naquele preceito que, "em nenhum caso", um direito fundamental pode ser afetado no seu conteúdo essencial. A *Wesensgehaltsgarantie*, como quer que seja dogmaticamente construída, indica o ponto-limite até onde pode ir a ingerência restritiva, ou, na perspetiva inversa, a linha de fronteira até onde chega a força jurídica plena e irrestrita dos direitos fundamentais.

Com esse papel, o conceito foi depois consagrado noutras leis fundamentais, entre as quais a portuguesa. Prescreve o nº 3 do art. 18º da Constituição, como último pressuposto, a somar-se a todos os outros, de constitucionalidade das leis restritivas, que estas não podem "diminuir a extensão e o alcance do conteúdo essencial dos preceitos constitucionais" (atinentes a direitos, liberdades e garantias). Também a Constituição espanhola consagra idêntico requisito material, ao dispor, no art. 53º, nº 1, por referência aos direitos e liberdades reconhecidos no Capítulo II, que a lei restritiva "en todo caso deberá respetar su contenido esencial". A Carta dos Direitos Fundamentais da União Europeia contém uma previsão similar (art. 52º, nº 1).

A razão subjacente à ideia do conteúdo essencial é fácil de alcançar. No mundo real de direitos colidentes e de interesses conflituantes, os direitos fundamentais são, em regra, relativos, na medida em que têm que suportar restrições justificadas pelo atendimento, na proporção devida, de posições e interesses contrapostos dignos de proteção. Mas essa limitação, em concreto, do que, *prima facie*, se pode inferir do âmbito normativo de cada direito não pode ir ao ponto de lhe roubar o alcance do que corresponde à sua parte nuclear, pela qual se define mais expressivamente a sua natureza de direito fundamental. A salvaguarda do conteúdo essencial é o modo de preservar, pelo mínimo infrangível, a fundamentalidade dos direitos e da força jurídica que desta promana, ou, se quisermos, de afirmar a expressão irredutível da supremacia normativa dos preceitos que os consagram. Os direitos fundamentais podem ser limitados, mas não desnaturados ou esvaziados de alcance útil. Quando em choque com o conteúdo essencial de um direito fundamental, os direitos e os interesses contrapostos, ainda que constitucionalmente credenciados, têm que ceder ou encontrar outras vias de satisfação.

É esse mesmo sentido que Robert Alexy pôs em destaque, ao escrever que "pode dizer-se que os direitos fundamentais como tais são limites à sua restrição e limitabilidade".[4]

---

[4] ALEXY, Robert. *Theorie der Grundrechte*. Frankfurt a. Main: Suhrkamp, 1986. p. 267. Apoiando-se expressamente na conceção de Alexy, sublinham TRIDIMAS, Takis; GENTILE, Giulia. The essence of rights: an unreliable boundary? *German Law Journal*, 2019. p. 794 e ss.; 797: "A natureza constitucional de um direito limita a sua própria limitabilidade. Deste modo, a referência expressa ao respeito da essência parece ter um caráter mais propriamente declarativo do que constitutivo".

A fácil adesão a esta ideia fundamentadora levou a que o conceito de "conteúdo essencial" faça hoje parte do arsenal comum da doutrina e do regime dos direitos fundamentais, sendo compreendido como um elemento implicitamente postulado pela sua natureza própria, não dependendo de consagração expressa.

É assim também que o conceito encontrou, com naturalidade, campo de aplicação no domínio dos direitos económicos, sociais e culturais (direitos sociais, em denominação genérica), para além, pois, do âmbito da sua previsão constitucional explícita.[5]

2 Transposição para o domínio dos direitos sociais

Na sua transposição para este campo, o conceito, mantendo o seu sentido de tutela mínima, teve, todavia, que alterar a direção do seu alcance, em correspondência com a natureza dos deveres correlativos aos direitos a prestações positivas. Não se trata aqui, como nos direitos de liberdade, de preservar defensivamente a essência de um direito, proibindo a sua afetação por uma norma restritiva. Trata-se antes de garantir a realização de um mínimo sem o qual o direito social não gozaria de qualquer efetividade[6] – mínimo assim crismado como um "mínimo essencial" ou um "núcleo mínimo" (*minimum core*). Aplicado à vertente positiva dos direitos sociais, o conceito indica ações a empreender, com força acrescida de vinculatividade, não ações a omitir, por observância do dever de não afetar negativamente a parte de um direito insuscetível de limitações.

Só há, na prática, sobreposição de funções quando está em causa o dever negativo de respeito pelo mínimo essencial já realizado de um direito social.

O acolhimento do conceito de mínimo essencial dos direitos sociais importa o reconhecimento de um estatuto normativo qualificado das obrigações nele compreendidas. Mas, para além desta nota comum a todas as posições, em tudo o mais, na concretização do que verdadeiramente separa o alcance e o tratamento dos deveres que estão dentro da zona nuclear dos que se situam fora desta, há divergências muito significativas, tanto na doutrina como na jurisprudência.

Essa diversidade de posições não é apenas refração dos vários entendimentos quanto ao critério à luz do qual deve ser determinado o que constitui o núcleo essencial de qualquer direito fundamental. Reflete também a natureza própria dos deveres positivos correlativos aos direitos sociais, sujeitos a constrangimentos de realização que os deveres de respeito pelos direitos civis e políticos não experimentam. O que está em causa é a exigibilidade de prestação de um bem ou serviço, por forma que a Constituição, em regra, não predetermina, e com dependência da disponibilidade de recursos. Isso marca uma diferença: se o conteúdo essencial dos direitos civis e políticos, com uma função

---

[5] O art. 18º da Constituição portuguesa refere-se enunciativamente apenas à força jurídica dos direitos, liberdades e garantias. Recorde-se também que a *Grundgesetz* não inclui expressamente os direitos sociais entre os direitos fundamentais, a que se aplica a garantia do conteúdo essencial. Apenas consagra o princípio da socialidade (art. 20º, nº 1), do qual doutrina e jurisprudência inferem, em conjugação com direitos de liberdade ou (e) outros princípios, posições constitucionalmente protegidas. Também a Constituição espanhola restringe o regime em que se inclui a preservação do conteúdo essencial aos direitos civis e políticos do Capítulo II, que gozam de um estatuto reforçado.

[6] Cfr., sobre esta diferença, THIELBÖRGER, Pierre. "The Essence" of International Human Rights. *German Law Journal*, 2019. p. 924 e ss.

puramente defensiva de um núcleo normativo, é concebível em termos *fixos* e *absolutos*, o mesmo já não se poderá dizer, tudo o indica (e melhor se verá, ao longo do texto), do mínimo essencial dos direitos sociais a prestações materiais. A natureza destes direitos e o seu modo de realização deixam margem para o confronto de novas e distintas posições quanto ao valor jurídico do conceito, a sua eficácia funcional e o sentido e alcance da proteção que proporciona. Posições em que se repercutem, naturalmente, diferentes conceções quanto à consagração de direitos sociais, à sua força jurídica e ao grau da sua justiciabilidade.

Sob este aspeto, a ordem internacional dos direitos humanos, não sendo imune a diversificados entendimentos e teorias quanto ao caráter mais ou menos absoluto do conceito, apresenta uma maior uniformidade quanto à função que ele desempenha.

É o que passaremos a analisar, no número seguinte.

3 O conceito de *minimum core* na ordem internacional dos direitos humanos

O Pacto Internacional dos Direitos Económicos, Sociais e Culturais (Pidesc) é silente quanto ao conceito de *minimum core*. O que consta expressamente do seu texto é o parâmetro da "realização progressiva", na norma-chave do art. 2º, nº 1, do seguinte teor:

> Cada um dos Estados Partes no presente Pacto compromete-se a agir, quer com o seu próprio esforço, quer com a assistência e a cooperação internacionais, especialmente nos planos económico e técnico, no máximo dos seus recursos disponíveis, de modo a assegurar progressivamente o pleno exercício dos direitos reconhecidos no presente Pacto por todos os meios apropriados, incluindo em particular por meio de medidas legislativas.

Este regime indiferenciado de "realização progressiva" contrasta fortemente com o estabelecido, quanto aos direitos civis e políticos, no homólogo art. 2º do Pacto Internacional de Direitos Civis e Políticos (PIDCP). O respeito e a garantia dos direitos e liberdades aí contemplados são exigidos como compromissos firmes e incondicionados, de satisfação imediata e integral pelos Estados-Partes.

Este distinto registo normativo prestava-se bem a confirmar, ou, mesmo, acentuar, o estatuto secundarizado atribuído aos direitos sociais na arena internacional, tanto mais que, no foro doméstico de Estados poderosos, sobretudo nos de raiz anglo-saxónica, era preponderante a rejeição desta categoria de direitos.

Em reação contra essa tendência e preocupado com o pouco empenho manifestado por muitos Estados-Partes na realização dos direitos constantes do pacto,[7] o Comité dos Direitos Económicos, Sociais e Culturais, logo em 1990, na fase inicial do seu mandato,[8]

---

[7] Para um retrato sombrio da situação, ainda vigente vinte anos após a entrada em vigor do Pidesc, cfr. CHAPMAN, Audrey. A 'Violations Approach' for Monitoring the International Covenant on Economic, Social and Cultural Rights. *Human Rights Quaterly*, 1996. p. 25-29.

[8] Ambos os pactos foram adotados na mesma data (16.12.1966), mas, contrariamente ao PIDCP, o Pidesc não criou um órgão específico para monitorizar o respeito, pelos Estados-Partes, dos compromissos assumidos. Estava apenas prevista a avaliação, pelo Conselho Económico e Social das Nações Unidas, dos relatórios obrigatoriamente apresentados pelos Estados (art. 16º). O Comité só veio a ser criado em 1987, por iniciativa do Conselho. Esta diferença de processos e de datas de institucionalização do órgão de controlo evidencia, só por si, que não era atribuído igual peso às duas categorias de direitos.

procurou marcar uma posição clara, que não deixasse qualquer espécie de dúvida quanto à vinculatividade jurídica de tais direitos.

Fê-lo no Comentário nº 3, que tem por objeto e título "A natureza das obrigações dos Estados Partes".[9] Nesse documento oficial, o comité seguiu duas linhas argumentativas convergentes na substanciação das obrigações assumidas pelos Estados ratificantes.

Uma delas recaiu sobre os termos em que deve ser entendido o *standard* da "realização progressiva",[10] vincando-se que o objetivo do Pacto é o de "estabelecer obrigações claras para os Estados partes quanto à plena realização dos direitos em questão. Deste modo, ele impõe uma obrigação de agir tão expedita e efetivamente quanto possível em direção a esse objetivo".

Tendo assim precisado o sentido vinculativo da obrigação de "realização progressiva", o comité, a mais disso, subtraiu a esse regime as obrigações correspondentes ao *minimum core* de cada direito social. É o que resulta, em especial, do seguinte passo:

> [...] Um Estado parte em que um número significativo de indivíduos está privado de géneros alimentícios essenciais, de cuidados de saúde primários essenciais, de um abrigo ou habitação básicos, ou das formas de educação mais básicas está, prima facie, em falta quanto ao cumprimento das suas obrigações decorrentes do Pacto. Se o Pacto pudesse ser lido como não estabelecendo uma tal 'minimum core obligation', ele seria largamente destituído da sua raison d'être.[11]

Foi através de uma relação contrastante com o regime da realização progressiva que o comité construiu doutrinariamente a ideia normativa do *minimum core*: ainda que, em geral, as obrigações decorrentes do pacto possam ser cumpridas gradualmente, ao longo do tempo e à medida das possibilidades, as prestações que efetivam o conteúdo apenas mínimo de cada direito social são imediatamente exigíveis a todos os Estados, independentemente das diferenças entre eles. O conceito "serve para traçar um limite" ao campo de aplicação do regime geral da "realização progressiva" dos direitos económicos e sociais,[12] em função do "máximo de recursos disponíveis": esse regime só se aplica às obrigações fora do âmbito nuclear mínimo do direito.

Parte-se do princípio de que, pela sua natureza, os interesses que se situam dentro desse âmbito têm capacidade geradora de uma obrigação perentória e imediata (ou de curto prazo) de os satisfazer, onde eles ainda não se encontrem assegurados. Tal como aconteceria se as restrições aos direitos de liberdade pudessem afetar o "conteúdo essencial", sem esse *minimum core* o direito social perderia toda a sua substância, ficando desprovido de sentido útil.

---

[9] Documento aprovado na 5ª Sessão do Comité, realizada em 14.12.1990 (Documento E/1991/23).
[10] Cfr. o §9 do Comentário.
[11] Cfr. o §10.
[12] Cfr. TASIOULAS, John. Minimum core obligations: human rights in the here and now. *Research Paper – The World Bank*, out. 2017. p. 2. Disponível em: https://openknowledge.worldbank.org/handle/ 10986/29144.

4 Justificação da adoção do conceito, no âmbito do Pacto Internacional dos Direitos Económicos, Sociais e Culturais

Em face dos objetivos do Pidesc e do contexto da sua entrada em vigor, compreende-se bem o que levou o comité a adotar o conceito de *minimum core*, com o significado atrás assinalado. Visando o pacto a uma implantação à escala universal, deparava-se com uma grande diversidade do nível de desenvolvimento e de recursos dos Estados, de estruturas institucionais e organizacionais e de culturas jurídicas, bem como de posições ideológicas dominantes, o que praticamente impossibilitava uma compreensão única e uma efetivação uniforme dos deveres inferíveis de cada direito social, em toda a sua extensão. Estados influentes de países ricos mostravam-se reticentes em acolher todas as implicações da vinculação aos direitos sociais constantes do pacto. Por outro lado, os Estados dos países em desenvolvimento não estavam em posição de garantir a implementação plena de todos os direitos sociais, para todos.[13] Mas a miséria imensa de largas camadas da população mundial, sujeitas a condições de vida abjetas, porque privadas, em alto grau, do acesso a bens absolutamente essenciais, reclamava, gritantemente, uma ação imediata e efetiva. Sob pena de descredibilização da sua eficácia tuteladora, a celebração de um pacto com compromissos alargados neste domínio tinha necessariamente que provocar impacto tangível sobre as situações de maior carência.

A imposição de obrigações de imediata ação interventiva prioritária, mas restritas a padrões mínimos de realização, foi a forma de responder adequadamente a essa exigência, sem receio de suscitar, em geral, oposições sérias ou dificuldades justificadas ao seu cumprimento efetivo. A fixação de uma bitola mais elevada corria o risco de afastar futuras ratificações, pelo temor de vinculações excessivas, ou de as tornar pouco mais do que letra morta, no foro doméstico dos Estados-Partes. O *minimalismo de conteúdo* foi o preço a pagar pelo *maximalismo da vinculação*: reduzido a um mínimo que possa ser tido por incontestado, o direito social teria como correlato um dever estadual firme e incondicionado de o satisfazer.

A redução do objeto dessas obrigações à indeclinável parte essencial do conteúdo de cada direito foi a solução para tornar muito dificilmente recusável a aceitação geral da sua exigibilidade imediata. Correspondendo a um padrão de conduta incontroversamente inferível do direito social, o conteúdo essencial era suscetível de ser partilhado por todos e a todos ser imposto, com um estatuto vinculativo reforçado, dado estar em causa um patamar apenas mínimo do nível de realização.

5 Crítica à teoria absoluta do *minimum core*

Para os que defendem a *teoria absoluta* do núcleo essencial, as obrigações que nele se integram não só são de cumprimento imediato como são as mesmas para todos os Estados. O patamar mínimo de realização seria de *incidência universal* e de *conteúdo*

---

[13] O Comité dos Direitos Económicos, Sociais e Culturais justificou a adoção do parâmetro da "realização progressiva" como sendo "um meio necessário de flexibilidade, refletindo as realidades do mundo real e as dificuldades sentidas por alguns países em assegurar a plena realização dos direitos económicos, sociais e culturais" (Comentário Geral nº 3, §9).

uniforme, recaindo sobre todos os Estados uma obrigação estrita e incondicionada de o efetivar, sem variáveis decorrentes das circunstâncias da aplicação e dos recursos disponíveis.

Assim formulada, a doutrina do *minimum core* apresenta vulnerabilidades e defronta-se com dúvidas e incertezas, não obstante os méritos que lhe podem ser atribuídos na ordem internacional dos direitos humanos.

É patente o irrealismo de uma teoria que dá por garantida a praticabilidade da realização das prestações integradas no mínimo essencial, em todo e qualquer caso, sem atender às condicionantes extranormativas que a podem dificultar ou obstaculizar. A rigidez e o grau de exigência desta posição chocam-se, evidentemente, com as "realidades do mundo real", pelo que não é de estranhar que, dentro da teoria absoluta, se tenda frequentemente para matizações,[14] ou que engrosse o número dos que, optando antes pela *teoria relativa* do *minimum core*, admitem que ele esteja sujeito a ajustamentos consoante os contextos da sua aplicação.[15]

O Comitê dos Direitos Econômicos, Sociais e Culturais chegou a adotar uma formulação extrema da teoria absoluta.[16] De facto, no Comentário Geral nº 14, sobre o direito à saúde, deixou expresso: "Deve ser sublinhado, todavia, que um Estado parte não pode, em circunstância alguma, justificar o seu não cumprimento das obrigações nucleares expostas no parágrafo 43 supra, as quais são não derrogáveis".[17] Essa posição foi reiterada no Comentário Geral nº 15, quanto ao fornecimento de água.[18] Mas foi abandonada em documentos posteriores. No Comentário Geral nº 19, sobre o direito à segurança social,[19] por exemplo, prevê-se expressamente que o Estado não possa assegurar o cumprimento de obrigações essenciais contra todos os riscos e contingências, utilizando o máximo de recursos disponíveis, (§59, alínea b)), ficando essa situação sujeita a um ônus da prova formulado em termos idênticos aos do Comentário Geral nº 3.

---

[14] Situando-se no campo da teoria absoluta, John Tasioulas, por exemplo, admite a derrogabilidade das obrigações essenciais. Considerando que "não há uma inferência natural da imediatez de uma obrigação para a sua não derrogabilidade", concede que "circunstâncias extremas" possam servir de causa de justificação ou de escusa (TASIOULAS, John. Minimum core obligations: human rights in the here and now. Research Paper – The World Bank, out. 2017. p. 17; 24. Disponível em: https://openknowledge.worldbank.org/handle/ 10986/29144).

[15] Segundo a *teoria relativa* do núcleo essencial, a solução depende da resposta a dar à pergunta sobre o que "é razoável exigir ao Estado, atentas não só as suas disponibilidades financeiras, mas também as necessidades reais dos particulares, as suas situações de carência concretas e específicas, a premência da realização dos direitos sociais numa situação dada" (NOVAIS, Jorge Reis. Direitos sociais. Teoria jurídica dos direitos sociais enquanto direitos fundamentais. Coimbra: Almedina, 2010. p. 201).

[16] Contrariamente à posição inicialmente tomada, no Comentário Geral nº 3. Na verdade, neste documento, para além de considerar que o não cumprimento acarreta apenas uma violação *prima facie* do Pacto, o Comitê fez notar que "qualquer avaliação sobre se o Estado cumpriu a sua obrigação respeitante ao *minimum core* tem igualmente que levar em conta os constrangimentos de recursos aplicáveis dentro do Estado em causa" (§10). Sobre o ponto, cfr. LEHMANN, Karin. In defense of the constitutional court: litigating socio-economic rights and the myth of the minimum core. *American University Law Review*, 2006. p. 163 e ss.; 183-184, n. 96; YOUNG, Katharine G. *Constituting economic and social rights*. Oxford: Oxford University Press, 2014. p. 115, n. 10; e BRÁS, Afonso. O núcleo essencial dos direitos sociais na ordem jurídica internacional. *Revista Eletrônica de Direito Público*, 2016. p. 195 e ss.; 213-216.

[17] Comentário Geral nº 14 (E/CN.4/2000/4), aprovado na 22ª Sessão do Comitê (25 de abril-12 de maio de 2000), §47.

[18] Comentário Geral nº 15 (E/C.12/2002/11), aprovado na 29ª sessão (11-29 de novembro de 2002), §§40 (insusceptibilidade de justificação do não cumprimento de obrigações nucleares, que são inderrogáveis), e 56, frase final: "Em nenhuma circunstância um indivíduo pode ser privado do nível mínimo essencial de água".

[19] Adotado em 23 de novembro de 2007 (doc. E/C.12/GC/19, de 4 de fevereiro de 2008).

Também no plano concetual, a teoria dá o flanco a críticas. Mais pronunciadamente no que se refere à teoria absoluta, a formação do conceito de *minimum core* assume implicitamente que existe uma separação cortante entre obrigações essenciais e não essenciais, de tal modo que às primeiras se pode atribuir um recorte preciso e nítido, com fronteiras bem definidas. Mas esta ideia de que o que é essencial, porque pertencente ao núcleo, é também, por isso mesmo, de caracterização incontroversa, revela-se ilusória, nas suas compreensão e extensão, pelo menos neste domínio.

Fixar o conteúdo do mínimo social obriga a demarcar, dentro da esfera protetiva de cada um dos direitos, o que é fundamental para os efetivar. Para além de uma especificação analítica das concomitantes obrigações, é necessário definir níveis mínimos de *performance* adequados a cada uma dessas obrigações, o *quantum* a prestar, sob pena de elas ficarem por cumprir. Dificilmente se encontra, para essa tarefa, uma bitola ou padrão de medida fixo, predeterminado em abstrato e tendencialmente universal.[20] As realidades económico-sociais e os dados culturais diversificam, mesmo no nível mais elementar das necessidades nutricionais,[21] as expectativas sociais quanto ao conteúdo das prestações que as pessoas podem reclamar como titulares de direitos fundamentais. Entre os países desenvolvidos mais ricos e os países em desenvolvimento não há apenas um abismo de recursos disponíveis. São também muito distintas as perceções das pessoas quanto àquilo de que necessitam para terem garantida uma existência minimamente condigna.

Esta realidade afasta, desde logo, a pretensão de fixação universalista de uma bitola única. A utilizar-se o conceito de núcleo essencial, para englobar as obrigações de efeito imediato, ele deve apresentar diferentes molduras, acompanhando as distintas situações de carência, no domínio das necessidades básicas, e as distintas capacidades de ação, para satisfazê-las. A própria determinação do que faz parte do núcleo essencial é o resultado de uma ponderação, pelo que só caso a caso, Estado a Estado, poder-se-á explicitar o alcance específico do conceito.

Mas, mesmo dentro do âmbito de cada ordem constitucional, não se pode negar que é altamente problemático e de resultados incertos retirar direta e exclusivamente da norma consagradora de cada direito social, com precisão, qual a conduta exigível do Estado para lhe dar satisfação, mesmo em um nível básico.[22] Há fatores contextuais extranormativos que mediatizam e codeterminam a conformação dessa conduta. Mesmo numa perspetiva estritamente objetiva, as necessidades e os interesses dificilmente se prestam a uma categorização rígida, com uma clara linha de demarcação entre os que têm

---

[20] No sentido de que "mesmo no campo da garantia do mínimo existencial há espaço para alguma ponderação [...]", pronuncia-se SARLET, Ingo. *A eficácia dos direitos fundamentais*. Uma teoria geral dos direitos fundamentais na perspectiva constitucional. 13. ed. Porto Alegre: Livraria do Advogado, 2011. p. 350.

[21] David Beetham põe em destaque que mesmo o nível da nutrição necessária, sendo "o mais definível objetivamente", não deixa de estar sujeito a variações – cfr. BEETHAM, David. *Democracy and human rights*. Cambridge: Polity Press, 2008. p. 122.

[22] Para Tiago Antunes, "a garantia do conteúdo essencial, se já é de difícil aplicação no domínio do direitos, liberdades e garantias, mais vaga e incerta ainda se revela no caso dos direitos económicos, sociais e culturais, cujo grau de determinação ao nível constitucional é, em geral, relativamente escasso" (ANTUNES, Tiago. Reflexões constitucionais em tempo de crise económico-financeira. *In*: SOUSA, Marcelo Rebelo de *et al*. (Coord.). *Estudos em homenagem ao Prof. Doutor Jorge Miranda*. Lisboa: Faculdade de Direito da Universidade de Lisboa, 2012. v. III. p. 727 e ss.; 737, n. 27).

caráter básico elementar, sendo por isso candidatos positivos a preencher o conteúdo do núcleo essencial de cada direito social, e todos os outros. A qualificação obedece antes a termos comparativos, é matéria de graduação, de mais e de menos, de colocação dentro de um espectro formado por um *continuum* de níveis de realização.

Não custa admitir que, quanto mais próximos nos encontramos da zona nuclear de um direito social, menos indeterminado é o que ao Estado incumbe fazer, em cumprimento das suas obrigações. Mas não é descortinável uma precisa linha de fronteira ou um "ponto de passagem", para além do qual essas obrigações, ganhando o qualificativo de essenciais, ganhariam automaticamente, do mesmo passo, a determinação que lhes faltava, mudando também com isso, sem mais, os critérios de escrutínio. Permanece sempre, ainda que em menor grau, uma escala de possibilidades, entre as quais há que optar.

E essa necessária especificação não se ganha com os esforços de identificação e substantivação de uma "essência normativa", como componente central do conteúdo de cada direito social. Essa não é uma via de concretização, mas uma via ascendente, que terá sempre que recorrer às ideias de valor que fundam o direito, como as de dignidade humana e de liberdade, com as inerentes dificuldades de fixação, a partir delas, de critérios de delimitação bem definidos.[23]

Em consequência, a teoria fornece menos do que promete e do que tem de mais sugestivamente apelativo: a determinação precisa do alcance jurídico mínimo a atribuir aos direitos sociais.

6 Valência do conceito, na ordem constitucional. O direito a um mínimo de existência condigna

Para além de todas as dificuldades de determinação do que deve constar do núcleo essencial, o que parece certo é que essa tarefa, a ser empreendida, não deve caber primariamente a órgãos jurisdicionais. Estes não têm que estabelecer qual o nível de realização que preenche, de forma constitucionalmente conforme, o mínimo de conteúdo. Muito menos podem impor o cumprimento desse mínimo. O que têm é que ajuizar, em face de uma situação normativa concreta, com um recorte preciso, se há ou não omissão inconstitucional, se o nível realizado do direito fica ou não abaixo do que era devido e praticável. Mais do que essa avaliação pela negativa não deve e não pode ser pedido aos tribunais, pelo menos dentro de sistemas análogos ao nosso.

Mas essa posição de princípio não significa que ao conceito não devam ser associadas relevantes consequências de regime. Simplesmente, a sua transposição para a ordem constitucional dos Estados que consagram direitos sociais deve ficar-se pelo reconhecimento do que lhe subjaz, a saber: que há diferentes níveis de realização de um direito social e que é possível graduá-los aproximativamente de acordo com a premência e a importância dos interesses que satisfazem. Tal é absolutamente exato e

---

[23] John Tasioulas não deixa de reconhecer que "é um erro supor que um arrazoado puramente moral gera uma única especificação correta, ou operacionalmente adequada, do *minimum core*" (TASIOULAS, John. Minimum core obligations: human rights in the here and now. *Research Paper – The World Bank*, out. 2017. p. 22. Disponível em: https://openknowledge.worldbank.org/handle/ 10986/29144).

não pode ser ignorado em qualquer critério defensável de cumprimento das obrigações decorrentes de direitos sociais. Não sendo viável a satisfação, em um nível adequado, de todo o conteúdo de todos os direitos sociais, merecem prioridade de efetivação os níveis mínimos, correspondentes às dimensões mais essenciais.

Se a determinação, pela positiva, das obrigações a incluir no núcleo essencial de cada um dos direitos sociais gera incertezas e ergue dificuldades,[24] nenhuma dúvida poderá suscitar-se, em face de situações extremas de condições deficitárias de vida, de que elas não estão conformes às exigências constitucionais.[25] Quando o que está em falta corresponde manifestamente, sem necessidade de grandes elaborações, a aspetos centrais do direito, ficando por atender a necessidades urgentes, de caráter elementar, não é preciso ter à mão uma definição acabada e precisa do conceito de mínimo essencial para se concluir que ele está por satisfazer. No caso do direito à habitação, por exemplo, se a caracterização do nível mínimo essencial se presta a incertezas,[26] nenhuma dúvida se pode levantar de que a situação de sem-abrigo é grosseiramente lesiva desse direito – e não só desse direito, pois irradia negativamente para outros bens, como a saúde, a segurança, a intimidade da vida privada, o direito ao trabalho etc. Em face de carências absolutas ou de grau muito elevado, ganha foros de evidência que estamos perante obrigações essenciais por cumprir. A pertença ao núcleo essencial funciona, nesta medida, como razão justificativa de prioridade na satisfação de necessidades elementares.

Mas vai mais longe o acolhimento constitucional do conceito. De facto, o reconhecimento de que uma ordem constitucional socialmente comprometida deve garantir a efetividade imediata de uma proteção mínima, que satisfaça os mais básicos interesses existenciais, levou, mesmo, à crescente consagração, em países com suficientes recursos para tal, de um direito autónomo a um *mínimo de existência condigna*.[27] O conceito do mínimo essencial não se reporta aqui ao conteúdo de um direito específico e ao gozo de respetivo objeto. Designa antes um padrão mínimo de segurança material, que se revele necessário proporcionar por uma prestação de segurança social (em regra, de natureza monetária), em situações de manifesta incapacidade subjetiva para aquisição

---

[24] A determinação do conteúdo nuclear gera um estado de "perpétuo descontentamento", avalia MORALES, Leticia. The discontent of social and economic rights. *Res Publica*, 2018. p. 257 e ss.; 270. Takis Tridimas e Giulia Gentile não hesitam em asseverar que a distinção entre a essência e a periferia de um direito é "uma tarefa quase impossível" (TRIDIMAS, Takis; GENTILE, Giulia. The essence of rights: an unreliable boundary? *German Law Journal*, 2019. p. 804). Também DAWSON, M.; LYNSKY, O.; MUIR, E. What is the added value of the concept of the "essence" of fundamental rights? *German Law Journal*, 2019. p. 763 e ss.; 771, consideram que "um poderoso argumento contra a confiança no conceito de 'essência' é a virtual impossibilidade de definir o conteúdo da essência de direitos fundamentais de acordo com uma metodologia consistente".

[25] O reconhecimento de que as violações "são mais facilmente definidas e identificadas" do que a determinação positiva dos conteúdos está na base da *violations approach* proposta por Audrey Chapman (CHAPMAN, Audrey. A 'Violations Approach' for Monitoring the International Covenant on Economic, Social and Cultural Rights. *Human Rights Quaterly*, 1996. p. 36 e ss.).

[26] No caso *Grootboom*, a que adiante nos referiremos com mais detalhe, o Tribunal Constitucional sul-africano recusou-se, contrariamente ao que lhe foi pedido, a fixar o *minimum core* desse direito, nos seguintes termos: "Não é possível determinar o patamar mínimo da realização progressiva do direito de acesso a habitação adequada sem primeiro identificar as necessidades e oportunidades para o gozo de um tal direito. Estas variarão de acordo com fatores como o rendimento, a disponibilidade de terra e a pobreza. [...] As variações dependem, em último termo, da história económica e social de um país" (§32). O Tribunal considerou ainda que não dispunha do nível de informação requerida quanto aos fatores a ter em conta.

[27] Entre nós, tal direito, ainda que não expressamente consagrado na Constituição, foi reconhecido no Acórdão nº 509/2002.

dos bens indispensáveis para uma existência condigna. Aquele direito não substitui, pois, as componentes de cada direito social que visam assegurar as necessidades mais elementares. Complementa-as subsidiariamente, assumindo a realidade de que, não obstante a prioridade de realização que devem merecer os interesses de sobrevivência condigna das pessoas mais vulneráveis, há sempre grupos e situações de carência que acabam por ficar fora desse manto de proteção.

Mesmo quando não expressamente consagrado na Constituição, a esse direito é atribuída a natureza de direito fundamental, por decorrência da dignidade da pessoa humana e do direito à vida.[28] E, como direito fundamental, goza de um estatuto reforçado, não apenas em relação aos restantes direitos sociais, mas, até, à generalidade dos direitos, liberdades e garantias.

De facto, pelo menos no que se refere ao âmbito de um *mínimo existencial vital*, o "mínimo dos mínimos" necessário à sobrevivência física,[29] é um direito reconhecido em termos perentórios, quando presentes os seus requisitos de atribuição, atinentes à situação dos beneficiários. Não funciona, em relação a ele, a "reserva do possível", ficando os Estados obrigados a mobilizar recursos adequados a satisfazê-lo. Nessa medida, este é um direito com um estatuto equiparável ao dos direitos, liberdades e garantias (um "direito análogo", na terminologia da Constituição portuguesa), gozando mesmo, em relação à maioria destes, de uma tutela acrescida, uma vez que é um "direito definitivo", que não admite relativizações por força de direitos ou interesses contrapostos.

Mas, mesmo neste âmbito, nenhuma instância judicial se arrisca a fixar, pela positiva, um *quantum* exigível. Em vez de determinarem judicialmente um nível de realização que corresponda ao *standard* constitucional, essas instâncias controlam os procedimentos e os cálculos que levaram o Poder Legislativo a fixar a prestação em certo montante. A decisão, de 2010, do Tribunal Constitucional Federal alemão, no caso *Hartz IV*,[30] fornece uma eloquente manifestação disso mesmo. Quando muito, decidem, pela negativa, que o nível da prestação garantido está aquém do que é exigível, como

---

[28] O direito à vida é crescentemente entendido de forma expansiva, com reconhecimento de uma tríplice dimensão, englobando os deveres de respeito e proteção, mas também de promoção de uma qualidade de vida compatível com a dignidade humana. Nesta última vertente, o direito à vida, tal como outros direitos civis, pode fornecer tutela indireta a dimensões de proteção social, particularmente em ordens jurídicas que não consagram expressamente direitos sociais.

[29] É usual distinguir o *mínimo vital*, compreendendo o gozo de bens essenciais na medida indispensável à mera sobrevivência física, do *mínimo existencial sociocultural*, que amplia o conceito de modo a abarcar a garantia de condições mínimas de participação e integração social – cfr. SARLET, Ingo. *A eficácia dos direitos fundamentais*. Uma teoria geral dos direitos fundamentais na perspectiva constitucional. 13. ed. Porto Alegre: Livraria do Advogado, 2011. p. 320; e NOVAIS, Jorge Reis. *Direitos sociais*. Teoria jurídica dos direitos sociais como direitos fundamentais. 2. ed. Lisboa: AAFDL Editora, 2017. p. 231 e ss. O conceito de mínimo para uma *existência condigna* coenvolve ambas as facetas. Reis Novais designa como *mínimo social* o "âmbito nuclear de cada direito social", conceito que, para o autor, dissolveria a possibilidade de estabelecer uma fronteira clara com o mínimo existencial sociocultural.

[30] *BVerfGE*, nº 125. p. 175 s. Sobre a decisão, cfr., entre muitos outros, BITTNER, Claudia. Human dignity as a matter of legislative consistency in an ideal world: the fundamental right to guarantee a subsistence minimum in the German Federal Constitutional Court's Judgement of 9 February 2010. *German Law Journal*, 2011. p. 1941 e ss. Para um confronto comparativo com a decisão do Tribunal Constitucional sul-africano, no caso Mazibuko v. City of Johannesburg (garantia do fornecimento de um volume diário mínimo de água), cfr. WILLIAMS, Lucy. The role of courts in the quantitative-implementation of social and economic rights: a comparative study. *Constitutional Court Review*, 2010. p. 141 e ss.; 163 e ss. Na doutrina portuguesa, cfr., NOVAIS, Jorge Reis. *Direitos sociais*. Teoria jurídica dos direitos sociais como direitos fundamentais. 2. ed. Lisboa: AAFDL Editora, 2017. p. 237 s.

na decisão do mesmo Tribunal, de 2012, sobre os requerentes de asilo,[31] ou que o âmbito subjetivo de incidência viola a proibição de insuficiência, como no Acórdão nº 509/2002, ou então, como no Acórdão nº 296/2015, ambos do Tribunal Constitucional português, que a fixação de certo requisito de concessão torna a solução constitucionalmente desconforme.[32]

Mas se, pela natureza radicalmente básica dos interesses envolvidos, é pura e simplesmente injustificável a permanência de privações e carências em grau extremo, não é de rejeitar, por princípio, no que se refere à generalidade dos direitos sociais, a justificabilidade do incumprimento, designadamente por falta de recursos, mesmo dentro da área central e nuclear do seu conteúdo. Todavia, quando a obrigação cai dentro desta área, tem lugar, ainda assim, uma diferença de regime, pois, como tutela mínima, sujeita-se o poder político-legislativo a um ónus *agravado* ou a "um particular nível" de justificação do incumprimento.[33] As autoridades públicas ficam obrigadas à apresentação de razões absolutamente convincentes para as falhas de cumprimento. Só a incapacidade manifesta, por indisponibilidade irremediável de meios, as pode pôr a salvo de um juízo de inconstitucionalidade.

Esta ideia foi expressa, em termos de exigência máxima, pelo Comité de Direitos Económicos, Sociais e Culturais, no Comentário Geral nº 3:

> Para um Estado-parte poder atribuir a falha em satisfazer pelo menos obrigações essenciais à falta de recursos tem que demonstrar que todos os esforços foram feitos para usar todos os recursos que estavam à sua disposição para satisfazer, como questão prioritária, essas obrigações mínimas.[34]

Ambas as diretrizes, quer a imposição de um dever de satisfação prioritária de obrigações nucleares, quer a de um ónus agravado de justificação para o seu incumprimento,[35] são válidas, tanto para os países desenvolvidos, como para os países com um nível baixo de desenvolvimento. Naqueles, não obstante o elevado bem-estar geral, subsistem sempre bolsas de carências graves afetando grupos mais ou menos extensos de pessoas.[36] Fenómenos recentes, como a massificação de fluxos migratórios ou a situação de emergência causada pelo Covid-19 mais não fizeram do que evidenciar, agravar e expandir essas situações de carência.

---

[31] *BVerfGE*, nº 132. p. 134 e ss.

[32] Esteve em apreciação a exigência de um período de residência de 3 anos para os nacionais de países não membros da União Europeia beneficiarem do rendimento social de inserção.

[33] Nestes termos, YOUNG, Katharine G. *Constituting economic and social rights*. Oxford: Oxford University Press, 2014. p. 124; cfr., também, p. 159.

[34] Comentário Geral nº 3, §10.

[35] LIEBENBERG, Sandra. The value of human dignity in interpreting socio-economic rights. *South African Journal on Humans Rights*, 2005. p. 1 e ss.; p. 23, defende um reforço do escrutínio para situações em que um grupo vulnerável é deixado sem acesso a bens e serviços para satisfação de necessidades básicas. Uma resposta apropriada seria fazer recair sobre elas uma presunção de desrazoabilidade (ou um juízo de desrazoabilidade *prima facie*), só invertível mediante *compelling reasons*. Essa presunção não seria "dissimilar" à que opera no âmbito do princípio da igualdade, em relação às causas "suspeitas" de discriminação. Mas a autora é explícita na rejeição da "imposição ao Estado de um *standard* de *performance* absoluto, sem atender ao contexto social e económico" (p. 24).

[36] Ocorre de imediato à mente a não cobertura pelos sistemas de saúde de uma faixa significativa da população norte-americana, pelo menos até o *Affordable Care Act*, da Administração Obama.

7 Necessidade de um critério aberto e flexível de fiscalização. O mínimo essencial como elemento componente de um *standard* único de avaliação

De todo o modo, a produção destes efeitos indiscutivelmente imputáveis ao conceito de *minimum core* de forma alguma requer a autonomização de uma categoria invariável de obrigações qualificáveis como essenciais, aplicável à margem de qualquer outra consideração.[37] Para o que neste domínio está fundamentalmente em causa – ajuizar se o poder político fez o que lhe era exigível para cumprir o que a Constituição lhe comete ao consagrar direitos sociais –, é necessária uma avaliação algo mais complexa, por meio de uma ponderação em que entram outros elementos atendíveis, nomeadamente (mas não só) os recursos disponíveis por cada Estado, em cada momento. É necessária, numa palavra, uma *ponderação* de todos os fatores a ter em conta para ajuizar da exigibilidade, em dado momento, do cumprimento, ou de cumprimento em maior medida. Qualquer que seja o critério instrumentalizado para essa ponderação, ele deve ser *aberto* à consideração desses fatores condicionantes e *flexível*, admitindo como legítimas várias opções diferenciadas de aplicação dos recursos disponíveis.

Deste ponto de vista, e seguramente mais consentânea com o texto do art. 2º do Pidesc, é a interpretação que integra a prioridade de que devem gozar as obrigações essenciais no *standard* da realização progressiva. Nesse quadro unitário, elas indicam por onde se deve começar, de imediato, constituem as fundações ou o rés-do-chão do edifício das medidas de efetivação dos direitos sociais, sobre os quais o restante conteúdo pode gradualmente ser implementado. Desta forma, as duas conceções podem perfeitamente ser reconciliadas, constituindo o cumprimento de deveres essenciais o ponto de partida da realização progressiva dos direitos sociais. Neste entendimento, o mínimo essencial não é um limite à aplicação do regime geral da "realização progressiva", mas antes "uma parte ou parcela" desse conceito.[38]

A menos que a fasquia do mínimo essencial seja colocada em um nível demasiado baixo para os recursos e o grau de desenvolvimento do Estado em questão, as contingências e os condicionamentos que afetam a realização dos direitos sociais levam a

---

[37] Cfr. SCHYFF, Gerhard van der. Cutting to the core of conflicting right: the question of inalienable cores in comparative perspective. *In*: BREMS, Eva (Ed.). *Conflicts between fundamental rights*. Antwerp; Oxford; Portland: Intersentia, 2008. p. 131 e ss.; 145, e LIEBENBERG, Sandra. The value of human dignity in interpreting socio-economic rights. *South African Journal on Humans Rights*, 2005. p. 18; 23-24 e 31.

[38] CHENWI, Lilian. Unpacking 'progressive realization', its relation to resources, minimum core and reasonableness, and some methodological considerations for assessing compliance. *De Jure*, 2013. p. 742 e ss.; 754. Para a autora, do conceito de "realização progressiva" retiram-se três diretrizes: a de que tem que haver "um progresso imediato e tangível em direção à realização dos direitos"; a de que as medidas regressivas estão sujeitas a "uma forte presunção de inadmissibilidade"; a de que deve ser posto em prática "um tratamento preferencial para grupos vulneráveis ou marginalizados", a que deve ser dada prioridade "em todos os processos de alocação de recursos" (p. 744-746; 750). Curiosamente, um tão fervoroso defensor da teoria do mínimo essencial como David Bilchitz não rejeita que a realização progressiva possa ser vista como compreendendo duas componentes: uma seria a realização dos interesses qualificáveis como mínimos; outra seria o dever de dar passos para melhorar a adequação do bem (no caso, a habitação) para satisfazer necessidades (BILCHITZ, David. *Poverty and fundamental rights*. The justification and enforcement of socio-economic rights. Oxford: Oxford University Press, 2009. p. 193 e também p. 207). Uma consideração mais abrangente da doutrina mostra, aliás, que as pontes e as transversalidades entre posições que partem de pontos de vista aparentemente opostos são, nesta matéria, mais frequentes do que seria de supor.

admitir que falhas na efetivação do conteúdo mínimo possam, ainda assim, encontrar justificação, nos termos acima expostos.[39] Teorizações mais ou menos apriorísticas sobre a essência dos direitos seguramente que não ajudam a decidir se tal é o caso. Daí que ao conceito de mínimo essencial não possa ser atribuída a função de delimitar uma fronteira rígida de um conteúdo fixo, autonomizável, de forma talhante, das restantes obrigações decorrentes de um direito social. É antes o ponto focal de uma abordagem gradativa, sensível aos contextos e à incidência de fatores cujo incerto peso valorativo só nas configurações concretas é possível determinar. O que outra coisa não significa senão que é indefensável um conceito *fixo* e *absoluto* de mínimo essencial dos direitos sociais, contrariamente ao que sucede quanto ao conteúdo essencial dos direitos civis e políticos.

Mais do que uma via teórica e metódica assume esta perspetiva. Uma delas procede à relativização do próprio conceito de mínimo essencial, conjugando-o com o atendimento de elementos externos ao conteúdo, o que conduz à admissão de variáveis codeterminantes do mínimo concretamente exigível.

Apontando na direção certa, a *teoria relativa* do mínimo essencial, para além de dificilmente acomodável à ideia fundante desta doutrina, parece tornar a utilização do conceito redundante e dispensável.[40] Na verdade, se, mesmo no domínio das obrigações nucleares, há que valorar dados circunstanciais relativizadores, não se descortina razão para não lançar mão, de imediato, sem interposição de uma categoria preformatada, de um critério que intente fornecer diretamente instrumentos de ponderação, frontalmente assumida como inevitável e como a metódica operativa de determinação de *todo* o conteúdo exigível dos direitos sociais, em dado ordenamento e em dado momento histórico.[41]

Assegurando os ajustamentos gradativos que as circunstâncias justifiquem, sem impor soluções binárias resultantes de uma distinção concetual dicotómica, o recurso

---

[39] Cfr. PIETERSE, Marius. Resuscitating socio-economic rights: constitutional entitlements to health care services. *South African Journal on Human Rights*, 2006. p. 473 e ss.; 482.

[40] Cfr., entre muitos outros, LEHMANN, Karin. In defense of the constitutional court: litigating socio-economic rights and the myth of the minimum core. *American University Law Review*, 2006. p. 163 e ss.; 184.

[41] Esta consideração afasta-nos da construção de Reis Novais, que subdivide o princípio da proibição do défice em dois subprincípios: o da *realização do mínimo* e o da *razoabilidade*. Consciente de que a definição do mínimo essencial não dispensa uma apreciação contextualizada, o autor advoga uma compreensão *relativa*, chegando, deste modo, à formação do conceito eclético de *mínimo razoável* – cfr. NOVAIS, Jorge Reis. *Direitos sociais*. Teoria jurídica dos direitos sociais como direitos fundamentais. 2. ed. Lisboa: AAFDL Editora, 2017. p. 252-253. Mas, se assim é, se o critério da razoabilidade opera também no âmbito nuclear do direito, sendo indispensável para apurar a violação de um dever nele integrado, por que a decomposição da proibição do défice em duas dimensões, antepondo à garantia de realização de um mínimo a proibição de desrazoabilidade? De acordo com tudo o que acima sustentamos quanto à real valência do conceito de *minimum core*, não cremos que se justifique a autonomização, nestes moldes, daquela dimensão nuclear. Além do mais, a integração de uma obrigação nessa dimensão não produz efeitos que não possam ser inteiramente justificados pelos parâmetros gerais do critério de razoabilidade. A colocação de um concreto dever de prestação na zona nuclear do direito é um fator do maior realce, mas que pode ser devidamente valorado, sem qualquer desconsideração do seu peso e significado, à luz da mesma ideia-chave que conduz à proibição de desrazoabilidade. Na verdade, é bem certo que "a verificação judicial de existência de *desrazoabilidade* centra-se na situação objectiva em que a omissão da prestação deixa os titulares do direito, havendo défice inconstitucional quando a omissão estatal deixa os cidadãos afectados numa situação pessoal intolerável [...]" (NOVAIS, Jorge Reis. *Direitos sociais*. Teoria jurídica dos direitos sociais como direitos fundamentais. 2. ed. Lisboa: AAFDL Editora, 2017. p. 215). Mas, justamente porque assim é, porque a prestação em falta é essencial para a realização mínima do direito, a privação causada coloca tendencialmente os titulares do direito na situação abrangida pela proibição de desrazoabilidade. Este é, para nós, um *standard* único, no interior do qual releva, como elemento de ponderação, a maior ou menor essencialidade da prestação omitida.

a um *standard* flexível de forma alguma negligencia a obrigação (de fundamento incontroversamente válido) de atender prioritariamente às necessidades mais elementares e mais urgentes. A maior ou menor essencialidade da prestação em falta é um elemento interno, do maior relevo, de um critério de avaliação mais amplo:[42] quanto mais ela é indispensável a uma existência condigna mais intenso é o sacrifício para os afetados com a sua privação. O mesmo é dizer: menos razoável e mais dificilmente justificável se apresenta a não realização da prestação.

Tem ganhado grande audiência e adesão internacionais, muito por força do seu acolhimento pela influente jurisprudência sul-africana, a utilização, para a tarefa de ponderação, do critério da *razoabilidade*. Menos exercitado entre nós, este critério é afim do mais familiar princípio da proporcionalidade.

No próprio direito internacional dos direitos humanos, esse *standard* foi consagrado, no art. 8º, nº 4, do Protocolo Adicional ao Pidesc,[43] do seguinte teor:

> Quando do exame das comunicações no âmbito do presente Protocolo, o Comitê deve considerar a razoabilidade dos passos dados pelo Estado Parte, em conformidade com a parte II do Pacto. Ao fazê-lo, o Comitê deve ter presente que o Estado Parte pode adotar um leque de possíveis medidas políticas para implementação dos direitos consagrados no Pacto.

Esta norma, cujo texto final foi o resultado de prolongadas e difíceis negociações,[44] optou, como se vê, pelo critério da razoabilidade (*reasonableness*). Pode ver-se nisso um interessante exemplo da interação, de duplo sentido, estabelecida entre soluções nacionais (no caso, especialmente a sul-africana) e o direito internacional dos direitos humanos. Pesou também seguramente a procura de flexibilidade adaptativa, especialmente valorada pela maioria dos Estados no momento em que assumiam uma vinculação mais intensa.[45]

É cedo para medir o real impacto desta solução para além do âmbito limitado de aplicação daquela norma do protocolo, prevista apenas para o "exame das comunicações".

---

[42] Para Katharine G. Young, a justificada superação da teoria absoluta do mínimo essencial leva a tratar o conceito como *standard*, não como regra, ou, alternativamente, como um "ingrediente importante num *standard* mais amplo, como o da razoabilidade [...]" (YOUNG, Katharine G. *Constituting economic and social rights*. Oxford: Oxford University Press, 2014. p. 87).

[43] Acordado em 2008, entrou em vigor em 2013, quando se perfizeram as dez ratificações necessárias. Portugal esteve no grupo desses dez países. Em janeiro de 2020, dos 170 Estados-Partes, apenas 45 tinham assinado o protocolo e, desses, apenas 24 tinham procedido à ratificação.

[44] Sobre elas, PORTER, Bruce. Reasonableness and Article 8 (4). *In*: LANGFORD, Malcolm; ORE, Rebecca; PORTER, Bruce; ROSSI, Julieta (Ed.). *The optional protocol to the international covenant on economic social and cultural rights*. A commentary. Pretoria: Pretoria University Press, 2016. p. 173 e ss.; 177 e ss. A objeção mais repetida contra a possibilidade de monitorização do cumprimento das obrigações positivas resultantes do pacto, por meio de decisões sobre queixas da sua violação, foi a de que assim se facultaria que o comitê se intrometesse "inapropriadamente" em matérias de política nacional, incluindo questões orçamentais e decisões de alocação de recursos – cfr. UNITED NATIONS. *The optional protocol to the international covenant on economic, social and cultural rights*. Academy In-Brief nº 2. Geneva: Geneva Academy, jul. 2013. p. 26. Muito embora o comitê não seja um órgão judicial, é curioso notar que esta objeção lembra irresistivelmente a razão básica para resistência contra a judicialização dos direitos sociais, no foro doméstico. Nesse âmbito, certas posições arguem que, com essa possibilidade de controlo, os tribunais estão a agir para além da sua competência, em lesão do princípio da separação de poderes. O que, na esfera internacional, é uma questão de soberania nacional constitui, no plano interno, uma questão de repartição de poderes entre os órgãos soberanos do Estado.

[45] Na medida em que o protocolo consagrou a possibilidade de queixa individual dirigida ao comitê, em equiparação ao que, desde 1976, estava em vigor, no âmbito dos direitos civis e políticos.

Está, designadamente, em aberto saber se a razoabilidade vai progressivamente ocupar o campo de aplicação do art. 2º do Pidesc. Seja como for, certo é que a norma do art. 8º, nº 4, do protocolo abriu uma brecha pelo menos na teoria absoluta do *minimum core*, no próprio terreno em que ela viu a luz do dia.

Não podemos, nos limites deste texto, desenvolver as razões pela quais julgamos apropriada a utilização do princípio da razoabilidade em fiscalização da observância da proibição do défice, em toda a área da dimensão positiva dos direitos sociais.[46] O que, por ora, queremos é insistir na ideia de que mínimo essencial e razoabilidade não são critérios contrastantes, em relação de mútua exclusão, contrariamente ao que transparece de alguma jurisprudência do Tribunal Constitucional da África do Sul.

Não tem que ser necessariamente assim. Se ambas as diretrizes forem entendidas da forma que aqui defendemos, a convivência entre elas é, não só possível, como verdadeiramente indispensável. Uma ideia do mínimo essencial como fator de satisfação prioritária das necessidades mais básicas e urgentes e como razão para imposição de um ónus mais exigente de justificação, em caso de incumprimento, integra-se com toda a naturalidade no critério da razoabilidade, como um elemento necessário à sua correta aplicação. Não pode ser considerada razoável qualquer medida, em qualquer área dos direitos sociais, que instaure programas de ação que não assegurem, dentro dos recursos disponíveis, resultados em curto prazo na melhoria das situações de carência mais grave. Deste modo, a avaliação, à luz da razoabilidade, de uma omissão estadual não afasta, antes incorpora, a ponderação da natureza e grau da necessidade a satisfazer. Apenas não a assume como único fator relevante, conjugando-a com elementos contextuais que podem influenciar o sentido da valoração.[47]

Nesta perspetiva, que é a nossa, as duas diretrizes convergem e conjugam-se para formar uma dimensão concretizadora do teste de razoabilidade ou outro equivalente: funda uma presunção forte de falta de razoabilidade qualquer medida que não cumpra uma obrigação que possa ser considerada exigida pelo essencial do direito.

Aliás, no caso *Government of the Republic of South Africa v. Grootboom y Others* (de 2001) –[48] o caso *Grootboom*, verdadeiro *leading case* da aplicação do critério da *reasonableness* aos direitos sociais, e objeto de incontáveis comentários, à escala mundial –,[49] o próprio Tribunal Constitucional sul-africano, não obstante rejeitar a aplicação autónoma do conceito de *minimum core*, deu, no quadro desse princípio, um relevo decisivo a esta falha, ao avaliar o programa governamental em matéria habitacional. No

---

[46] Trataremos desse tema num trabalho em elaboração.
[47] Cfr. YOUNG, Katharine G. Proportionality, reasonableness, and economic and social rights. *In*: JACKSON, Vicki; TUSHNET, Mark. *Proportionality*. New frontiers, new challenges. New York: Cambridge University Press, 2017. p. 248 e ss.; 263: "Certamente que o controlo da razoabilidade pode acomodar conceções de um patamar mínimo como um numa série de critérios que o Tribunal considerará".
[48] 2001 1 SA 46 (CC).
[49] O caso *Grootboom* (do nome da primeira requerente) teve origem na ocupação de uma propriedade privada desocupada (mas objeto de um plano de urbanização) por parte de numerosas famílias de escassíssimos recursos (cerca de 900 pessoas, no total), que viviam em condições tidas por "intoleráveis". Foram obrigadas a abandonar esse local, onde tinham construído abrigos rudimentares, sem que lhes fosse disponibilizada uma alternativa de habitação. Foi invocada pelos afetados a violação do direito à habitação. O tribunal decidiu que o programa governamental de acesso à habitação era inconstitucional porque, dirigido ao médio e ao longo prazo, deixava inteiramente desprotegidos os que, neste domínio, experimentavam, no curto prazo, necessidades mais urgentes.

entender do tribunal, qualquer programa deve ser tido por insuficiente "se o Estado não atender aos que se encontram numa situação de perigo ou emergência e se essa omissão deixa os cidadãos afetados numa situação intolerável, desrazoável à luz dos padrões de um Estado de direito" (§44).

8 Risco de efeitos contraprodutivos. O mínimo essencial como o máximo de extensão da fundamentalidade dos direitos sociais. Crítica

Admite-se que, em países onde quase tudo está por fazer, no domínio da proteção social, a doutrina do *minimum core* esteja apontada para dar a efetividade possível aos direitos sociais, garantindo-lhes substância própria, politicamente mobilizadora e jurisdicionalmente tutelável. Nesta perspetiva, é tida como um instrumento poderoso de combate às formas extremas de pobreza.

Também não é de afastar que a focalização no critério da razoabilidade e a flexibilidade deste possa dar margem a orientações excessivamente deferenciais para com a conduta estadual. Está muito difundida na doutrina sul-africana a apreciação de que o TCAS tem falhado em dar um conteúdo substantivo aos direitos sociais consagrados na Constituição.[50] Centrando-se na análise das justificações que sustentam a conduta do Estado, o tribunal alegadamente descura a consideração do outro (e primeiro) polo valorativo da ponderação: os bens e interesses que o direito protege e o impacto que sobre eles têm a omissão ou insuficiência das medidas em juízo.[51] Deste modo, a tradicional avaliação em dois passos, em que, antes da avaliação da justificabilidade da medida se determina se o conteúdo do direito foi afetado e em que grau, é concentrada numa única ponderação da razoabilidade da conduta estadual.

---

[50] Cfr. ILES, Kevin. Limiting socio-economic rights: beyond the internal limitations clauses. *South African Journal on Human Rights*, 2004. p. 448 e ss.; 454; PIETERSE, Marius. Coming to terms with judicial enforcement of socio-economic rights. *South African Journal on Human Rights*, 2004. p. 383 e ss.; 406-407; WILSON, Stuart; DUGARD, Jackie. Constitutional jurisprudence. The first and second waves. *In*: LANGFORD, Malcolm; COUSINS, Ben; DUGARD, Jackie; MADLINGOZI, Tshepo (Ed.). *Socio-economic rights in South Africa*. Symbols or substance? Cambridge: Cambridge University Press, 2014. p. 35 e ss.; 38; 58; e VAN DER BERG, Shanelle. Ensuring proportionate state resource allocation in socio-economic-rights cases. *South African Law Journal*, 2017. p. 576 e ss.; 579, entre muitos outros. RAY, Brian. Evictions, aspirations and avoidance. *Constitutional Court Review*, 2014. p. 173 e ss. atribui esse resultado ao emprego frequente pelo TCAS de *avoidance techniques*, em que a definição da substância dos direitos é confiada a medidas legislativas e executivas, limitando o tribunal a sua intervenção direta nessa tarefa a casos em que a inconstitucionalidade é flagrante.

[51] Tal resulta, basicamente, de o *standard* da realização progressiva, dentro dos recursos disponíveis, fixado no nº 2 das normas de direitos sociais, ser sistematicamente considerado uma "limitação interna" ao conteúdo do direito proclamado no nº 1. As duas normas são lidas conjuntamente, de tal forma que o âmbito de proteção de cada direito é definido pela extensão das concomitantes obrigações do Estado, fixadas no nº 2. Nesta perspetiva, o *standard* estabelecido nesta norma comanda não apenas a razoabilidade das medidas como também a identificação do conteúdo da obrigação que elas se destinam a cumprir. Cfr., em sentido crítico, MBAZIRA, Christopher. Enforcement of socio-economic rights in South Africa: strengthening the reasonableness approach. *Nordisk Tidsskrift for Menneskerettigheter*, 2008. p. 131 e ss.; p. 136-141. Não há, nesta análise integrada da definição do direito com a razoabilidade do seu grau de realização em função dos recursos disponíveis, espaço para afirmação de um conteúdo autónomo (*stand-alone content*) do direito, articulado separadamente, antes da aplicação daquele *standard* – cfr. YOUNG, Katharine G. Proportionality, reasonableness, and economic and social rights. *In*: JACKSON, Vicki; TUSHNET, Mark. *Proportionality*. New frontiers, new challenges. New York: Cambridge University Press, 2017. p. 261-262.

Mas não estamos perante uma falha congénita de um *standard* de fiscalização dotado de elasticidade para atender às variáveis contextuais. Em si mesmo, e de acordo com a sua lógica funcional, esse critério permite dar o peso devido à natureza do interesse protegido, à extensão do que fica por realizar e ao grau de sacrifício que representa para os afetados a persistência de uma situação de carência.

Mais grave é o risco de desqualificação normativa do que está para além do mínimo essencial, em países com bons índices de desenvolvimento e com sistemas de proteção social funcionais, em que esse mínimo está genericamente assegurado.[52]

A ideia do *minimum core* foi originalmente pensada, como vimos, com uma denotação *temporal*, compreendendo as medidas de exigibilidade imediata, mas sem excluir a vinculação a todas as outras obrigações – estas de realização progressiva, consoante os recursos disponíveis – contidas no âmbito normativo do direito. O risco é o de atribuir ao conceito uma *dimensão normativa*, em que o reforço da vinculação do legislador quanto ao conteúdo do núcleo essencial é acompanhado pela inversa desqualificação das obrigações que dele não façam parte. Aquilo que, na intenção do Comité dos Direitos Económicos, Sociais e Culturais, identifica o *modo de efetivação no tempo*, facilmente é deturpado como sendo uma *condição de efetivação* ou, mesmo, de *existência* do direito como direito fundamental.

Idealizado para representar "um mais", tendo sobretudo em mira os países em que se fazem sentir "necessidades desesperadas" de largas camadas populacionais, a garantia do mínimo essencial pode acabar por provocar (e tem provocado) efeitos *contraprodutivos* de *downsizing*, nas ordens constitucionais de maior amplitude tuteladora vigentes em países de mais recursos. Instala-se insidiosamente a ideia de que o *mínimo* de conteúdo é o *máximo* que se pode garantir, assim enfraquecendo o alcance dos direitos sociais,[53] sem que razões de praticabilidade o justifique. Uma vinculatividade reforçada concentrada no mínimo essencial – o que, naquelas ordens jurídicas, pouco significado prático terá, dado que esse mínimo já foi, em regra, alcançado e é respeitado – tem como contraface a desconsideração do alcance normativo do conteúdo do direito a que não pode ser atribuída aquela qualificação. Perde-se a consciência de que os direitos sociais são para garantir e promover na plenitude do seu conteúdo vinculativo, com obrigação de incrementar o nível de proteção vigente, para além do mínimo essencial, quando existam recursos suficientes para tal.[54]

---

[52] Até porque, em muitos deles, está consagrado ou é reconhecido um direito autónomo a um mínimo de existência condigna.

[53] Das cinco críticas sinteticamente (mas de forma muito clara) enunciadas por Max Harris como podendo ser dirigidas à doutrina do *minimum core*, o autor considera esta como decisiva para justificar o seu abandono (HARRIS, Max. Downsising rights: why the 'minimum core' concept in international human rights law should be abandoned. *Public International Law Journal of New Zealand*, 2013. p. 169 e ss.; 174-175).

[54] Na tentativa de suplantar esta objeção, David Bilchitz vê-se obrigado a propor que, ao lado de um "mínimo absoluto" universal, como um "patamar de sobrevivência", vigore, para países desenvolvidos em que a esmagadora maioria das pessoas já dispõe desse nível, um segundo e mais elevado "patamar de suficiência". Em momentos de crise estrutural, pode dar-se o caso de que o Estado não consiga assegurar este segundo nível, devendo então servir de referência um nível entre aqueles dois patamares – cfr. BILCHITZ, David. Socio-economic rights, economic crisis and legal doctrine. *International Journal of Constitutional Law*, 2014. p. 712 e ss.; 732-733. Parece-nos evidente que esta hierarquia móvel se presta grandemente a incertezas e é geradora de confusões, pelas dificuldades de composição definida de cada um dos níveis, sem ganhos visíveis de predicabilidade e certificação. Melhor é preservar abertura à ponderação casuística das circunstâncias, sem moldes predeterminados, e sem necessidade de inserir o nível exigível em certa categoria prefixada.

Em tudo o que exceda o mínimo essencial, o estatuto de fundamentalidade do conteúdo dos direitos sociais é desgraduado ou negado, reconhecendo-se ao legislador, nesse âmbito, uma quase irrestrita liberdade de atuação,[55] quer para promover ou não o acesso aos bens, quer para introduzir medidas regressivas do gozo já adquirido.[56] O argumento de que a medida em causa não afetou um dificilmente determinável núcleo essencial, é frequentemente o bastante para pôr a norma a salvo de um juízo de inconstitucionalidade, dispensando a aplicação de outros parâmetros pertinentes, ou, pelo menos, menorizando o seu alcance aplicativo. O que é tanto mais gravoso quanto é certo que, não raras vezes, o conceito é usado de forma impressionística, sem qualquer preocupação em indicar onde se situam os limites do mínimo essencial e justificar porque é que a medida restritiva não os ultrapassou.

Nisto, tende a verificar-se uma diferença significativa em relação ao manejo do critério do "conteúdo essencial", consensualmente em vigor como limite às restrições a direitos civis e políticos. Esse limite é, digamos assim, um último reduto de resistência, que obsta à validade de uma restrição, mesmo quando ela não fere qualquer dos outros requisitos, particularmente os decorrentes do princípio da proporcionalidade. Mas não abre campo, até a fronteira do conteúdo essencial, a uma irrestrita liberdade de conformação do legislador. A inconstitucionalidade produz-se, por ofensa ao conteúdo essencial, *mesmo que* os outros requisitos tenham sido respeitados, sem prejuízo de a mesma consequência ter lugar, em caso de inobservância destes. De modo que a medida pode ser inconstitucional, com fundamento no princípio da proporcionalidade ou por falha de qualquer outro dos requisitos fixados no art. 18º da CRP, ainda que não tenha sido afetado o conteúdo essencial. E, na prática, é o princípio da proporcionalidade que funda a maioria das inconstitucionalidades, neste campo, não o desrespeito pelo conteúdo essencial, até porque esta situação corresponde às violações mais grosseiras, por isso mesmo mais raras.

Em nosso juízo, só faz sentido transpor para o campo normativo dos direitos sociais a prestações a ideia do núcleo essencial, concebida apenas para delimitar um mínimo a respeitar, se aí mantiver essa teleologia, importando agora, de acordo com a natureza própria desses direitos, um mínimo a promover e a garantir, com exigibilidade acrescida. O conceito sinaliza a diferenciação da força jurídica de posições contidas

---

[55] Vieira de Andrade reconhece que "o legislador, além de estar obrigado a agir, está vinculado jurídico-constitucionalmente pelas *diretrizes materiais* que expressamente ou por via de interpretação decorram das normas que que lhe impõem tarefas específicas" (ANDRADE, José Carlos Vieira de. *Os direitos fundamentais na Constituição portuguesa de 1976*. 5. ed. Coimbra: Almedina, 2012. p. 371). Mas esta compreensão, de que se pode retirar a ideia de que todo o conteúdo dos direitos sociais é vinculativo, é posta em dúvida pela ênfase, a nosso ver excessiva, com que, em vários passos, se destaca o papel do núcleo essencial, desvalorizando, explícita ou implicitamente, todo o restante conteúdo. É o que, designadamente, acontece quando se deixa escrito que "o legislador não está obrigado directamente senão a assegurar as condições que permitam a realização mínima do direito social, enquanto direito individual" (p. 371-372).

[56] Certeira a observação de Reis Novais, quanto a este segundo aspeto: "Ao contrário, aquilo que, de facto, acaba por ter efectividade é o negativo desta mesma concepção, ou seja, a conclusão de que fica totalmente à disposição da intervenção restritiva do poder político tudo o mais que no direito fundamental se situe fora desse núcleo nunca verdadeiramente delimitado do conteúdo essencial, como se, afinal, a garantia do conteúdo essencial não servisse para garantir um tal núcleo, mas antes para *libertar* completamente o legislador restritivo em todo o *espaço* jusfundamental dito *não essencial*" (NOVAIS, Jorge Reis. *Uma Constituição, dois sistemas? Direitos de liberdade e direitos sociais na Constituição portuguesa*. Coimbra: Almedina, 2020. p. 205).

dentro do conteúdo de um direito fundamental, nada justificando que a sua eficácia seja invertida, para identificar *todo o conteúdo* de um direito social a que pode ser atribuído o estatuto de fundamentalidade.

O conteúdo dos direitos fundamentais sociais é o correspondente à sua caracterização genérica nos enunciados constitucionais que os consagram e aos programas de ação estadual estabelecidos para a sua efetivação (no caso português, com bastante minúcia, inclusive, em certas previsões, quanto aos meios a empregar). São direitos fundamentais em todo o alcance vinculativo dessas normas constitucionais, e não apenas na parte correspondente ao que delas possa ser tido como um mínimo essencial. Percorrendo as várias normas constitucionais sobre direitos sociais, nada nelas descortinamos que possa fundar a conclusão de que o conteúdo destes direitos "é determinado pela Constituição, em regra, apenas num *mínimo*".[57] Nem das formulações nem da axiologia e da teleologia de preceitos constitucionais consagradores de direitos com a natureza de direitos fundamentais, pode-se extrair essa ideia redutora do alcance dos direitos sociais.

Atente-se, por exemplo, no direito à habitação. O que sobre ele o art. 65º, nº 1, nos diz é que esse direito tem por objeto "uma habitação de dimensão adequada, em condições de higiene e conforto e que preserve a intimidade pessoal e a privacidade familiar". Nada na norma aponta para a determinação de um mínimo.[58] O que vemos é antes a descrição de condições qualitativas – fixadas, aliás, com assinalável grau de exigência –, a que deve obedecer a habitação para satisfazer o parâmetro constitucional.

Pode a Constituição estabelecer, excecionalmente, a obrigação de implementar um mínimo. Fá-lo, por exemplo, no âmbito do direito ao ensino, ao cominar o dever de "assegurar o ensino básico universal, obrigatório e gratuito" (alínea a) do nº 2 do art. 74º). Mas essa previsão de forma alguma pretende esgotar o campo normativo desse direito. É apenas uma, num conjunto numeroso e muito diversificado de obrigações, todas dirigidas à realização de um programa constitucional de promoção do acesso ao bem "ensino". A norma sobre o ensino básico distingue-se unicamente por estar conformada como uma *regra*, de objeto bem determinado, do que resulta uma especial força vinculativa, inclusive quanto à *forma de cumprimento* do imperativo constitucional.

O que é exato é que as obrigações correlativas aos direitos sociais moldam, em regra, um tipo ideal do bem ou serviço a prestar, de contornos relativamente indeterminados, o que admite concretizações qualitativa e quantitativamente diferenciadas. Isso abre espaço para determinações posteriores, a cargo do legislador, resultantes da ponderação conjugada do fim e do conteúdo dos direitos e de condicionantes externas, sobretudo quanto à praticabilidade das soluções. Na realização e na fiscalização dessa tarefa, tem cabimento um *distinguo*, que pode conduzir à justificada redução da exigibilidade imediata apenas aos níveis de prestação situados no patamar mínimo da essencialidade,

---

[57] Assim, todavia, ANDRADE, José Carlos Vieira de. *Os direitos fundamentais na Constituição portuguesa de 1976*. 5. ed. Coimbra: Almedina, 2012. p. 364.

[58] Sem prejuízo, evidentemente, de que o reclamável como direito não é o objetiva ou subjetivamente desejável, mas apenas o correspondente à satisfação de necessidades básicas. Essa é uma limitação congénita a todos os direitos sociais.

mas sem eliminação da vinculação à futura realização gradual, na medida do possível, das dimensões que excedam esse mínimo.[59]

Contrariamente ao que já se escreveu,[60] essas dimensões não correspondem "a fins *políticos* de realização gradual" (grifos nossos). A vinculação dos poderes públicos aos direitos sociais não é apenas política; é jurídico-constitucional, mesmo "naquilo que vá além do mínimo essencial". Apenas, em função de fatores contextuais condicionantes, há margem para opções políticas na sua consecução, quanto ao *como* e ao *momento* da sua efetiva realização.

9 Conclusão

O conceito de "mínimo essencial" não pode ser *absolutizado*, nem quanto à sua compreensão, nem quanto à aplicação. Na própria determinação do seu conteúdo, intercedem fatores ponderáveis relativizadores, quer pelo lado das situações a atender e da natureza e grau das carências a remediar, quer pelo lado dos recursos disponibilizáveis para esse efeito. A espécie e o sentido das obrigações nele coenvolvidas, bem como, sobretudo, o *quantum* das prestações que as efetivam satisfatoriamente não podem ser fixados em abstrato. O conceito não corresponde, pois, a um padrão único universal, mas a uma moldura variável, dependente da configuração normativa de cada sistema jurídico-constitucional e da realidade factual que ele intenta conformar.

Por outro lado, dentro de cada ordem jurídica, o conteúdo essencial, uma vez aproximativamente estabelecido, não está completamente imunizado da incidência condicionante do contexto da sua aplicação. Não tem um muro à sua volta, que o isole e proteja dos fatores extranormativos que podem constranger e limitar a praticabilidade da sua efetivação. Não pode ter-se como um mínimo de realização *sempre* garantida, em termos absolutos, seja quais forem as circunstâncias. Ainda que excepcionalmente, mesmo aqui há que admitir, se e quando justificados, défices de cumprimento, com as concomitantes falhas e insuficiências no acesso aos bens.

O que não sofre contestação é que deve ser encarado com extrema reserva o argumento da falta de recursos para realizar o mínimo essencial. Pelo menos em países com um nível de desenvolvimento equiparável ou superior ao nosso, é muito dificilmente crível que não haja meios para satisfazer esse mínimo. E quando estão em causa privações frontalmente atentatórias da dignidade da pessoa humana, exigindo a sua satisfação o dispêndio de verbas pouco significativas, no conjunto do orçamento do Estado, o argumento da falta de recursos pura e simplesmente não pode ser invocado para justificar que esses interesses fiquem desacautelados.

---

[59] Sempre oportunas, a este propósito, as sábias palavras de Amartya Sen: "[...] um direito não plenamente realizado não deixa de ser um direito, e, mais do que isso, um direito que pede remédio, isto é, uma ação reparadora. Em si mesma, a não realização não transforma um direito que acaso seja invocado num não direito. Bem ao contrário: ela será motivo de uma acção social acrescida" (SEN, Amartya. *A ideia de justiça*. Coimbra: Almedina, 2009. p. 505). A construção de Alexy dos direitos fundamentais como princípios exprime bem a mesma ideia: a impossibilidade de acolher plenamente, em dada situação concreta, as diretrizes de um princípio não o invalida como tal nem lhe tira a operatividade, noutras circunstâncias.

[60] ANDRADE, José Carlos Vieira de. O 'direito ao mínimo de existência condigna' como direito fundamental a prestações estaduais positivas – uma decisão singular do Tribunal Constitucional. *Justiça Constitucional*, n. 1, 2004. p. 4 e ss.; 23. 2ª col.

Se o conceito não pode ser absolutizado, menos ainda deve ser *desnaturado*, vestindo-lhe a pele de um limite *máximo* à vinculação do legislador, como se este, para além desse limite, readquirisse plena liberdade de iniciativa e de conformação *autónoma*, em matéria de direitos sociais.

Sem embargo da compreensão *não fixista* do conceito de mínimo essencial, que aqui advogamos, e de em lado algum ele estar expressamente consagrado – contrariamente ao conceito de "conteúdo essencial" operante no âmbito dos direitos civis e políticos –, é de reconhecer que lhe cabe uma função útil a desempenhar, com relevantes consequências de regime. No seu âmbito, dado o que está em jogo, a vinculação a cumprir e a exigibilidade *atual* do cumprimento, em regra, coincidem. Deste modo, a essencialidade da prestação é um fator de priorização pouco menos do que decisivo, assegurando, em princípio, a exigibilidade das obrigações nele indiscutivelmente compreendidas. O que, desde logo, significa que a margem de apreciação, diagnose e decisão de que, em geral, goza o poder político não pode justificar soluções que sacrifiquem interesses qualificáveis como essenciais, por força do atendimento preferencial de outros interesses sem esse atributo. Dificilmente há aqui espaço para a reserva política do legislador democrático, apenas de admitir quando concorram prestações igualmente qualificáveis como essenciais, não podendo ser todas integralmente realizadas. Nessas circunstâncias específicas (e seguramente excecionais), não é no interior do conteúdo dos direitos e por atendimento da natureza do interesse que a obrigação satisfaz que encontramos qualquer critério de solução preferencial.

Em conclusão final, reiteramos que da consagração dos direitos sociais como direitos fundamentais resultam "determinantes constitucionais heterónomas",[61] limitativas da liberdade legislativa, a extrair de *todo* o conteúdo normativo dos preceitos, e não apenas do que possa corresponder ao seu núcleo essencial. O que distingue as obrigações neste compreendidas é o seu *tendencial* caráter *definitivo*, no sentido de que exigem realização imediata ou no curto prazo, dada a prioridade de cumprimento de que beneficiam, só admitindo postergações em face de uma manifesta e comprovada carência absoluta dos meios indispensáveis.

Vinculação do legislador aos direitos sociais é vinculação a *todos* os objetivos, constitucionalmente fixados, de promoção do acesso aos bens que sobre eles incidem, apenas com ressalva do espaço de discricionariedade, quanto à escolha dos meios, que as normas consagradoras, em regra, deixam em aberto. Não está na livre disponibilidade do legislador omitir medidas praticáveis, que introduzam melhorias no acesso aos bens acima do patamar definido pelo conceito de mínimo essencial, mas ainda dentro do âmbito normativo dos direitos sociais. Uma tal iniciativa corresponde a um imperativo constitucional, e a um imperativo a satisfazer por padrões de razoabilidade (o que inclui a praticabilidade), de modo compatível com o programa constitucionalmente estabelecido.

Este é o lado muitas vezes oculto pela invocação do *standard* da "realização progressiva" e da "reserva do possível", esquecendo a ambivalência desses critérios. Se eles indicam limites, não indicam menos o dever de agir dentro desses limites.

---

[61] Assim, CANOTILHO, J. J. Gomes. Tomemos a sério os direitos económicos, sociais e culturais. *In*: CANOTILHO, J. J. Gomes. *Estudos sobre direitos fundamentais*. 2. ed.. Coimbra: Coimbra Editora, 2008. p. 35 e ss.; 58.

Se podem justificar o que está em falta, não podem menos servir de indicadores positivos do que é imediatamente exigível que se faça.

"O que o Estado *pode* proporcionar, *deve* proporcionar",[62] eis a diretriz a observar, neste domínio.

Informação bibliográfica deste texto, conforme a NBR 6023:2018 da Associação Brasileira de Normas Técnicas (ABNT):

RIBEIRO, Joaquim de Sousa. O "mínimo essencial" dos direitos sociais: valências e riscos de um conceito multifuncional. *In*: GOMES, Ana Cláudia Nascimento; ALBERGARIA, Bruno; CANOTILHO, Mariana Rodrigues (Coord.). *Direito Constitucional*: diálogos em homenagem ao 80º aniversário de J. J. Gomes Canotilho. Belo Horizonte: Fórum, 2021. p. 259-281. ISBN 978-65-5518-191-3.

---

[62] LEHMANN, Karin. In defense of the constitutional court: litigating socio-economic rights and the myth of the minimum core. *American University Law Review*, 2006. p. 184. No original: "[...] what the state *can* provide, it *must* provide".

PODER JUDICIÁRIO E SEGURANÇA JURÍDICA EM TEMPOS DE PANDEMIA[1]

JOSÉ ANTONIO DIAS TOFFOLI

1 Introdução

A pandemia do novo coronavírus (Covid-19) – reconhecida pela Organização Mundial da Saúde (OMS) em 11.3.2020 – já é a maior dos últimos cem anos, comparável apenas à da gripe espanhola, e tem desafiado a todos, ceifando, infelizmente, inúmeras vidas humanas. Governos do mundo todo, sob a orientação da OMS, têm adotado medidas de proteção da saúde e da vida de suas populações e tomado providências para suavizar os impactos da pandemia sobre os direitos sociais, como o trabalho, a renda e a alimentação.

No Brasil, no dia 6.2.2020, foi editada a Lei nº 13.979, "que dispõe sobre as medidas para enfrentamento da emergência de saúde pública de importância internacional decorrente do coronavírus responsável pelo surto de 2019". Ela estabelece uma série de medidas que as autoridades estão autorizadas a adotar no combate à pandemia, como isolamento, quarentena, realização compulsória de exames e testes etc. (art. 3º). A Lei nº 14.035, de 11.8.2020, oriunda da conversão da Medida Provisória nº 926/2020, acrescentou à lista a restrição excepcional e temporária, por rodovias, portos ou aeroportos, de entrada e saída do país e da locomoção interestadual e intermunicipal.

Como consequência das necessárias medidas de distanciamento social, decretadas temporariamente pelos estados e municípios sobre a atividade econômica para conter o avanço da doença – fechamento do comércio, suspensão de determinados serviços, proibição de eventos e de outras atividades, quando consideradas não essenciais –, assistimos à desaceleração da atividade econômica do país e, com ela, à redução ou à perda do emprego e da renda por muitos brasileiros, com o aprofundamento das situações de vulnerabilidade social.

---

[1] Versão atualizada de artigo enviado para publicação na obra dedicada ao tema da segurança jurídica, organizada, em 2020, pela Comissão Nacional de Estudos Constitucionais da Ordem dos Advogados do Brasil, ainda não publicada.

Os poderes Executivo, Legislativo e Judiciário, em todas as unidades da Federação brasileira, têm adotado medidas de prevenção do contágio da doença e de minimização de seus efeitos sobre o emprego, a renda e a atividade econômica do país. O Poder Executivo tem adotado políticas públicas de reforço ao sistema de saúde pública, de amparo à população economicamente mais vulnerável e de socorro ao setor produtivo. O Poder Legislativo, por seu turno, segue aprovando as leis emergenciais que viabilizam a adoção das políticas do Poder Executivo.

Os impasses gerados pela pandemia instauram um cenário propício à multiplicação dos conflitos. Nesse cenário, a importância do sistema de Justiça se eleva. Tem cabido ao Poder Judiciário, com o auxílio indispensável das instituições essenciais à Justiça – Advocacia Pública e Advocacia Privada, Ministério Público e Defensoria Pública –, pacificar os conflitos e garantir o mínimo de segurança, de previsibilidade, de confiança e de estabilidade – um pouco de calmaria em meio à tempestade. Em outras palavras: *segurança jurídica*.

O presente texto traz uma reflexão sobre o papel da Justiça em momentos de crise, tendo como referência a emergência de saúde pública de importância internacional decorrente da Covid-19. Tendo isso em vista, ressalta a importância da segurança jurídica para enfrentarmos a crise e destaca as medidas adotadas pelo Poder Judiciário brasileiro, em especial pelo Supremo Tribunal Federal, no enfrentamento da pandemia e de suas repercussões, com vistas à promoção da segurança jurídica.

2   Poder Judiciário e segurança jurídica

Quando Melbourne, primeiro-ministro britânico e preceptor da então Princesa Vitória, no século XIX, foi indagado pela futura soberana a respeito do significado de governar, ele respondeu: governar é manter o valor da moeda e fazer cumprir os pactos. Ou seja, manter a confiança. A confiança é um dos princípios básicos da vida social. É ela que sustenta as relações que estabelecemos no convívio social – relações familiares, amorosas, profissionais e de amizade. Ela é também o sustentáculo de estruturas maiores e mais complexas, como a estabilidade de um país e seu potencial de desenvolvimento econômico, regional e social.

Em momentos de crise, como a que estamos vivendo, a confiança sofre abalos. Todos fomos pegos de surpresa por uma pandemia que rapidamente alterou nossas vidas, fazendo-nos mudar nossas rotinas e ajustar os rumos – seja individualmente, seja no que tange à gestão do país e de suas instituições. Tudo isso impacta nosso senso de confiança e de segurança.

No entanto, como já disse J. J. Canotilho, "O homem necessita de segurança para conduzir, planificar e conformar autônoma e responsavelmente a sua vida".[2] O ser humano precisa de parâmetros de ação que lhe garantam o mínimo de previsibilidade para se conduzir no mundo. Boa parte desses parâmetros são garantidos pelo direito – um produto social indissociável da ideia de segurança –, mediante o estabelecimento de pactos de natureza cogente (contratos e normas infraconstitucionais e constitucionais).

---

[2]   CANOTILHO, José Joaquim Gomes. *Direito constitucional e teoria da Constituição*. Coimbra: Almedina, 2003. p. 257.

As pessoas precisam confiar que, não obstante o cenário extraordinário pelo qual estamos passando, os pactos, os contratos, as leis e a Constituição serão cumpridos, serão interpretados de maneira uniforme e não sofrerão grandes alterações. Essa confiança tem um nome: *segurança jurídica*.

O Estado democrático de direito, em que se constitui a República Federativa do Brasil, é indissociável da ideia de segurança jurídica – ele existe para garanti-la. Cabe ao Poder Judiciário, como função precípua, promover a segurança jurídica, dentro dos limites e possibilidades de cada tempo. O Judiciário promove segurança jurídica quando soluciona os conflitos que emergem da sociedade e assegura a observância das normas jurídicas, fixando sua correta interpretação.

No Brasil, a segurança jurídica é garantida especialmente pelo Supremo Tribunal Federal, o qual modera os conflitos democráticos e federativos, decidindo questões de grande relevância nacional. Afinal, uma sociedade em que os conflitos se eternizam e permanecem sem solução tem mais dificuldade para progredir. A atuação da Suprema Corte é elemento estabilizador da ordem política e social, além de promotor, em máxima medida, dos direitos e garantias fundamentais da pessoa humana.

Precisamos de segurança jurídica para que o Brasil supere a pandemia, resguardando a saúde e a vida das pessoas, bem como seus empregos e a capacidade produtiva do país. Para que trespassemos os impasses surgidos nesse delicado momento da nossa história, é necessário o mínimo de previsibilidade e de confiança quanto às regras aplicáveis em cada caso e quanto à sua adequada observância pelo Poder Público e pelos agentes privados.

A segurança jurídica é também imprescindível para que o país rapidamente se reerga da crise social e econômica acarretada pela pandemia. Conforme venho reverberando em minhas falas, é necessário pensar no *dia seguinte*, em como retornaremos à normalidade produtiva e ao caminho do desenvolvimento. Para tanto, é preciso trazer clareza jurídico-normativa, evitando a judicialização das medidas tomadas durante a pandemia ou a proliferação de decisões divergentes sobre um mesmo tema.

Tenho dito que o grande desafio do Poder Judiciário e dos tribunais constitucionais no século XXI é garantir a segurança jurídica. O exercício dessa árdua missão revela-se ainda mais desafiador em um mundo globalizado, em constante transformação e agora impactado por uma crise de saúde global. Nesse cenário, a responsabilidade do Poder Judiciário em garantir segurança jurídica é redobrada, sobretudo quando se tem em conta a elevação de litigiosidade em razão da pandemia.

Em tempos de crise, é natural que os litígios se multipliquem. A disputa por recursos, que se tornam escassos em momentos de fragilidade social, e os conflitos de interesses, que emergem ou se aguçam nesses contextos, são algumas das razões para isso. No caso da pandemia da Covid-19, a alta conflituosidade decorre principalmente das inúmeras e necessárias medidas emergenciais e preventivas adotadas, as quais são abrangentes e impactam, de modo significativo, vários setores da sociedade.

Em meio à pandemia, diversos atores dos poderes e das esferas federativas competentes entram em embates acerca das medidas mais adequadas ao enfrentamento da crise de saúde pública e das normas aplicáveis às situações extraordinárias surgidas em razão dela, entre outras questões de grande importância. Somam-se a isso um quadro de recessão econômica e o agravamento das situações de risco social, a exemplo do aumento dos casos de violência doméstica e familiar.[3]

Temos uma Constituição bastante abrangente, resultante da conjugação de interesses dos mais diversos setores da sociedade, os quais se traduziram em um amplo catálogo de direitos individuais, sociais, difusos, coletivos, econômicos, culturais e de defesa das minorias. Nossa Constituição permite, por múltiplos meios, que as pessoas acessem o Poder Judiciário para buscar a efetividade dos direitos constitucionalmente garantidos.[4] Nesse quadro, é natural que os impasses sociais e a conflituosidade deles decorrente redunde em intensa judicialização.

Devemos lembrar, ademais, que vigora em nosso país um sistema híbrido de controle de constitucionalidade, em que convivem os sistemas difuso e concentrado. O sistema difuso permite que qualquer um dos mais de dezoito mil juízes[5] espalhados por esse enorme país afaste um ato do Poder Público com fundamento em ofensa à Constituição de 1988, o que aumenta a possibilidade de decisões divergentes, sobretudo em um contexto em que questões semelhantes são suscitadas por todo o país.

A uniformidade de interpretação judicial é uma preocupação antiga de nosso sistema de Justiça, a qual fundamenta o sistema de precedentes vinculantes do Novo Código de Processo Civil (Lei nº 13.105, de 16.3.2015). No entanto, estamos vivenciando uma situação extraordinária, em que as questões devem ser definidas com a máxima rapidez, sem possibilidade de aguardar o esgotamento das instâncias ordinárias. Evidencia-se, assim, a enorme importância das decisões tomadas pelo Supremo Tribunal Federal neste momento, as quais servem de diretriz para todo o Poder Público, evitando divergências de interpretação.

Por tudo isso, neste momento delicado, o Judiciário deve, mais do que nunca, estar em funcionamento, como de fato está, para oferecer o amparo institucional necessário à sociedade brasileira, promovendo a segurança jurídica. Como os médicos, que atuam na fronteira da proteção da vida e da saúde, os integrantes do sistema de Justiça atuam na fronteira da garantia dos direitos mais básicos das pessoas.

3 O Supremo Tribunal Federal na pandemia da Covid-19

3.1 A tecnologia a serviço da jurisdição constitucional

A transformação digital que estava em curso no Supremo Tribunal Federal já há alguns anos recebeu novo impulso neste momento de necessário distanciamento social. A Corte encontra-se em pleno funcionamento, graças ao uso de ferramentas digitais e da tecnologia da informação, as quais possibilitam que ministros e demais trabalhadores

---

[3] BOND, Letycia. SP: violência contra mulher aumenta 44,9% durante pandemia. *Agência Brasil*, São Paulo, 20 abr. 2020. Disponível em: https://agenciabrasil.ebc.com.br/direitos-humanos/noticia/2020-04/sp-violencia-contra-mulher-aumenta-449-durante-pandemia. Acesso em: 25 maio 2020.

[4] TOFFOLI, José Antonio Dias. Poder Judiciário através da história: antes e depois da Constituição Federal de 1988. In: TOFFOLI, José Antonio Dias (Org.). *30 anos da Constituição brasileira*: democracia, direitos fundamentais e instituições. Rio de Janeiro: Forense, 2018. p. 209-253.

[5] BRASIL. Conselho Nacional de Justiça. *Justiça em números 2020, ano-base 2019*. Disponível em: https://www.cnj.jus.br/wp-content/uploads/2020/08/WEB-V3-Justi%C3%A7a-em-N%C3%BAmeros-2020-atualizado-em-25-08-2020.pdf. Acesso em: 18 dez. 2020.

da Casa realizem seu trabalho a distância. É a tecnologia sendo colocada a serviço da continuidade da jurisdição constitucional e do exercício do debate público e democrático que deve preceder a resolução das grandes questões nacionais.

No início de 2020, 19,5% dos trabalhadores do Tribunal exercem suas atividades em trabalho remoto. Esse percentual foi significativamente ampliado com a declaração da pandemia da Covid-19. A partir do final de março de 2020, com a adoção de um modelo simplificado de adesão, 76,5% dos trabalhadores do Tribunal passaram a exercer suas atividades por meio do trabalho remoto.

Foi instituído um modelo diferenciado de gestão das atividades, voltado para a entrega de resultados e que integra trabalho presencial e à distância. O modelo baseia-se na utilização de uma plataforma *on-line* e colaborativa de gestão, que centraliza as comunicações, o compartilhamento de arquivos e conteúdos, o planejamento, a realização de reuniões e de conferências, dentre outros recursos que criam, em meio digital, um ambiente eficiente de articulação entre as pessoas e de controle dos resultados, tudo inspirado em princípios de liderança virtual.

Umas das primeiras e mais significativas providências adotadas pelo Tribunal em face da pandemia também foi a ampliação do Plenário Virtual, medida adotada ainda na sessão administrativa de 18.3.2020.[6] Agora todos os processos de competência do Tribunal podem ser julgados virtualmente, observadas as competências das Turmas ou do Plenário. Ressalte-se que os ministros podem alterar votos proferidos e qualquer ministro pode destacar o processo para julgamento presencial até o final da sessão virtual, o que reforça a importância das sessões presenciais.

Não obstante a situação delicada pela qual o mundo está passando, o Supremo Tribunal Federal segue sendo a suprema corte que mais julga processos. Desde o dia 12 de março, quando a Presidência da Corte editou a primeira norma com medidas de prevenção ao contágio pelo novo coronavírus, o STF já preferiu 15.014 decisões colegiadas, em sessões do Plenário e das Turmas. Desse total, 13.526 foram julgados em sessões virtuais: 4.502 processos no Plenário; 5.220 na Primeira Turma e 3.804 na Segunda Turma.[7]

Esses números demonstram que as sessões virtuais, realizadas na Corte desde 2007, têm sido imprescindíveis para a realização de uma prestação jurisdicional eficiente e em tempo razoável, otimizando-se, assim, as pautas dos órgãos colegiados. Por isso, o aprimoramento dos julgamentos virtuais tem sido constante na Corte.

O sistema recebeu uma série de melhorias em 2020 que imprimiram ainda mais transparência e eficiência aos julgamentos virtuais, reforçando o atendimento às garantias constitucionais do processo: disponibilização, durante a sessão de julgamento virtual, do relatório e da íntegra dos votos dos ministros; encaminhamento das sustentações orais por peticionamento eletrônico, gerando protocolo e registro no andamento; antes de acessar o campo de votação, os ministros devem passar pelas sustentações orais do

---

[6] STF mantém realização de sessões presenciais e amplia possibilidades de julgamento por meio virtual. *Portal do STF*, Brasília, 18 mar. 2020. Disponível em: http://portal.stf.jus.br/noticias/verNoticiaDetalhe.asp?idConteudo=439661&ori=1. Acesso em: 18 dez. 2020.

[7] Dados de 18.12.2020 (SUPREMO TRIBUNAL FEDERAL. *Prestação jurisdicional*. Trabalho Remoto no STF. Disponível em: http://www.stf.jus.br/arquivo/cms/publicacaoBOInternet/anexo/painelCovid/Quadro_Resumo.pdf. Acesso em: 18 dez. 2020).

processo; disponibilização das sustentações orais ao público, pela internet; e ampliação da duração das sessões virtuais de cinco para seis dias úteis – de sexta até a sexta da semana seguinte –, com regramento diferenciado no caso de feriados.

Estamos realizando sessões plenárias e das Turmas por *videoconferência*, o que tem permitido a continuidade das sessões semanais às terças-feiras (das Turmas) e às quartas e quintas-feiras (do Plenário), com respeito às recomendações de distanciamento social emitidas pelas autoridades sanitárias e de saúde.

Nas sessões, cada um dos ministros participa a distância, em tempo real, de discussões e deliberações de suma importância para o país. O formato garante plenamente aos advogados (públicos e privados), procuradores e defensores que realizem sustentações orais, apresentem questões de fato e de ordem e façam pedidos de esclarecimento nos julgamentos.

Essas medidas demonstram o compromisso do Supremo Tribunal Federal com a continuidade da prestação jurisdicional, com a eficiência e a celeridade, sem prejuízo da transparência, da publicidade e do pleno exercício do direito de defesa, também essenciais à segurança jurídica.

3.2 Priorização dos casos relativos à pandemia e segurança jurídica

O Supremo Tribunal Federal está priorizando a apreciação das questões relativas à pandemia. Os processos que ingressam no Tribunal acerca do tema recebem uma marcação e geram um alerta ao gabinete responsável, que confere tratamento prioritário ao feito.

Com base nessas marcações, disponibilizamos no *site* do Supremo Tribunal Federal o *Painel de Ações Covid-19*, que possibilita uma visão geral do perfil da judicialização da pandemia na Corte. A ferramenta é pública e permite a qualquer cidadão acompanhar dados atualizados diariamente acerca de todos os processos em curso no STF relacionados à Covid-19, os quais estão classificados por classe e por assunto.

Até o dia 18.12.2020, haviam sido registrados no Tribunal 6.575 processos relacionados à pandemia e sido proferidas 7.869 decisões.[8] Do total de feitos, mais de 75% são *habeas corpus*. Na maior parte deles, o impetrante (condenado ou preso provisório) pleiteia a transferência para o regime domiciliar ou o relaxamento da prisão com fundamento no risco à saúde, alegadamente amplificado pela situação de confinamento coletivo. Entre as ações do controle concentrado de constitucionalidade relativas à pandemia, tem sido frequente o questionamento às medidas provisórias do governo federal que estabelecem providências emergenciais de enfrentamento à pandemia.

O Tribunal proferiu uma série de julgamentos emblemáticos fundamentais à garantia da segurança jurídica, nos quais, ao tempo em que reconheceu a imprescindibilidade da proteção da saúde e da vida das pessoas, também buscou garantir o funcionamento da atividade produtiva do país, os empregos e a renda do brasileiro, sem descurar dos direitos fundamentais do cidadão.

---

[8] SUPREMO TRIBUNAL FEDERAL. *Painel de Ações Covid-19*. Disponível em: https://transparencia.stf.jus.br/extensions/app_processo_covid19/index.html. Acesso em: 18 dez. 2020.

Os poderes Executivo e Legislativo têm tomado medidas de enfrentamento à pandemia, o primeiro mediante a adoção de políticas públicas e o segundo por meio da aprovação de leis emergenciais. Em recentes julgamentos, o Supremo Tribunal Federal tem respaldado as medidas emergenciais adotadas por ambos os poderes quando são legítimas e observam a Constituição e coibido, a tempo e colegiadamente, eventuais excessos.

Começo por destacar o julgamento no qual foi mantida a eficácia da Medida Provisória nº 936/2020, que autoriza a redução da jornada de trabalho e do salário ou a suspensão temporária do contrato de trabalho por meio de acordos individuais em razão da pandemia do novo coronavírus, independentemente de anuência sindical (ADI nº 6.363/DF-MC-Ref, Tribunal Pleno, Rel. Min. Ricardo Lewandowski, Red. p/ acórdão Min. Alexandre de Moraes, julgada em 17.4.2020).

Conforme registrou o Ministro Alexandre de Moraes, condutor da maioria, a previsão de acordo individual, neste momento excepcional, é razoável, visto que garante uma renda mínima ao trabalhador e preserva o vínculo de emprego ao fim da crise. Segundo assinalou Sua Excelência, a exigência de atuação do sindicato, abrindo negociação coletiva ou não se manifestando no prazo legal, geraria insegurança jurídica e aumentaria o risco de desemprego. Tratando-se de norma excepcional e temporária, ficam resguardadas as garantias do trabalho digno e a manutenção do emprego.

Em outro julgamento, o Plenário suspendeu preceitos da Medida Provisória nº 927/2020, que autoriza empregadores a adotarem medidas excepcionais em razão do estado de calamidade pública decorrente da pandemia do novo coronavírus. A maioria da Corte entendeu que as normas suspensas – que não consideram doença ocupacional os casos de contaminação pelo coronavírus (art. 29) e que limitam a atuação de auditores fiscais do trabalho à atividade de orientação (art. 31) – atentam contra as garantias do trabalhador (ADI nºs 6.342, 6.344, 6.346, 6.348, 6.352 e 6.354 MC-Ref, Tribunal Pleno, Rel. Min. Marco Aurélio, Red. p/ acórdão Min. Alexandre de Moraes, julgadas em 29.4.2020).

Nesse momento delicado, o Estado precisa atuar como agente social e como indutor da economia. Deve elevar os investimentos na saúde pública, sobretudo no sistema hospitalar, e fornecer auxílios emergenciais às pessoas destituídas de renda ou cuja renda tenha sofrido drástica redução para garantir o mínimo existencial às famílias e facilitar a retomada da atividade produtiva após a pandemia. Cabe especialmente ao Poder Executivo Federal, que tem maior capacidade de caixa, adotar medidas econômicas de preservação do emprego, da renda e da capacidade produtiva, para evitar o endividamento dos estados, do Distrito Federal e dos municípios.

O Supremo Tribunal Federal também tem autorizado as condições normativas necessárias para o aumento de gastos públicos no combate à pandemia.

O Ministro Alexandre de Moraes deferiu medidas liminares para suspender o pagamento, pelo prazo de 180 dias, das parcelas das dívidas de diversos estados – São Paulo, Bahia, Paraná, Maranhão, Paraíba, Pernambuco, Santa Catarina, Mato Grosso do Sul, Acre, Pará, Espírito Santo, Alagoas, Amazonas, Rondônia, Rio Grande do Norte, Mato Grosso e Sergipe – com a União, tendo em vista a necessidade de destinação prioritária de recursos públicos para atenuar os riscos à saúde decorrentes da pandemia (ACO nºs 3.363, 3.365, 3.366, 3.367, 3.368, 3.369, 3.370, 3.371, 3.372, 3.373, 3.374, 3.375, 3.376, 3.377, 3.378, 3.379 e 3.380), sob a condição de comprovação pelos estados de que os recursos estão sendo integralmente destinados às secretarias estaduais de saúde e exclusivamente para o custeio das ações de prevenção, contenção e combate da pandemia.

Ademais, o Plenário referendou a medida liminar mediante a qual o Ministro Alexandre de Moraes afastou as exigências da Lei de Responsabilidade Fiscal e da Lei de Diretrizes Orçamentárias para viabilizar programas de combate ao novo coronavírus (ADI nº 6.357 MC-Ref, Tribunal Pleno, Rel. Min. Alexandre de Moraes, julgada em 13.5.2020). A decisão se amparou nos princípios fundamentais de proteção da vida e da saúde e na necessidade de manutenção da subsistência dos brasileiros afetados pela crise social decorrente da emergência sanitária. A medida cautelar se aplica a todos os entes federativos que tenham decretado estado de calamidade pública.

A aludida decisão traz segurança jurídica aos gestores públicos, que podem realizar as despesas necessárias ao enfrentamento da pandemia e de seus reflexos econômicos e sociais sem receio de futura responsabilização por parte dos órgãos de controle – Poder Legislativo e tribunais de contas – na hipótese de extrapolarem os limites da lei de responsabilidade fiscal.

Em outro julgamento, o Supremo conferiu interpretação conforme o art. 2º da Medida Provisória nº 966/2020 para assentar que os atos de agentes públicos na pandemia devem observar critérios técnicos e científicos de entidades médicas e sanitárias (ADI nºs 6.421, 6.422, 6.424, 6.425, 6.427, 6.428 e 6.431-MC, Tribunal Pleno, Rel. Min. Roberto Barroso, julgadas em 21.5.2020). O relator, Ministro Roberto Barroso, ressaltou que o ato administrativo que viole a saúde, a vida ou o meio ambiente equilibrado em razão da inobservância de normas e de critérios técnicos e científicos deve configurar erro grosseiro e, por isso, ser passível de responsabilização.

Por meio dessa decisão, além de reafirmar a imprescindibilidade de se combater a pandemia a partir de medidas pautadas na ciência, zelando pelo direito à vida e à saúde, o Plenário, mais uma vez, promoveu segurança jurídica ao atribuir maior clareza aos critérios de responsabilização dos agentes públicos durante a aludida emergência de saúde pública.

Um dos aspectos mais destacados da atuação do Supremo Tribunal Federal nos casos relacionados à Covid-19 é a moderação dos conflitos federativos. As decisões da Corte têm garantido o respeito à distribuição constitucional de competências e o mínimo de coesão da Federação brasileira no enfrentamento à doença, harmonizando as medidas adotadas pelos entes federativos.

O Supremo Tribunal Federal vem exercendo intensivamente um de seus papéis fundamentais: o de árbitro da Federação. Já defendia Hans Kelsen que é exatamente nos estados federais que a jurisdição constitucional adquire a mais considerável importância, pois neles se faz necessário um tribunal constitucional, uma instância objetiva que decida os conflitos entre os entes federativos de modo pacífico, como problemas de ordem jurídica.[9]

No Brasil, essa instância é o STF, que resolve os conflitos eventualmente existentes entre os entes federativos com base na Constituição de 1988. Ora os estados, com o aval

---

[9] KELSEN, Hans. A jurisdição constitucional e administrativa a serviço do Estado federativo segundo a nova Constituição federal austríaca de 1º de outubro de 1920. In: KELSEN, Hans. Jurisdição constitucional. Tradução de Alexandre Krug. São Paulo: Martins Fontes, 2003. p. 3-46.

da Suprema Corte, desfrutam de uma maior liberdade constitucional; ora essa liberdade é restringida em favor da Federação. Sem dúvida, essas interpretações oscilam entre ampliar a competência federal e defender os direitos dos estados, de acordo com os momentos e os processos históricos.

Atualmente, vivemos um processo histórico bastante específico que suscita questões novas acerca das intrincadas regras da Constituição de 1988 relativas à distribuição de competência entre os entes federados. Conforme ressaltei no voto-vista que proferi no julgamento da ADI nº 6.343/DF- MC-Ref (Tribunal Pleno, Rel. Min. Marco Aurélio, Rel. p/ acórdão Ministro Alexandre de Moraes, julgada em 6.5.2020), a gravidade da situação vivenciada exige a tomada de medidas coordenadas e voltadas ao bem comum, sempre respeitada a competência constitucional de cada ente da Federação, com vistas a resguardar sua necessária autonomia para assim proceder.

Por outro lado, a situação de emergência de saúde que ora vivemos também exige a tomada de providências estatais, em todas as suas esferas de atuação, mas sempre através de ações coordenadas e devidamente planejadas pelos entes e órgãos competentes, e fundadas necessariamente em informações e dados científicos comprovados, e não em singelas opiniões pessoais de quem não detém competência ou formação técnica para tanto.

No julgamento da Medida Cautelar na ADI nº 6.343, o Plenário estabeleceu critérios claros para a definição dos limites da competência da União, dos estados e dos municípios na adoção de medidas de restrição à locomoção, de isolamento e de quarentena. O Plenário decidiu que os estados e os municípios, no âmbito de suas competências e em seu território, não necessitam de autorização do Ministério da Saúde ou da Anvisa para a decretação de isolamento, quarentena ou outras providências.

No entanto, no mesmo julgamento, também ficou decidido que tais providências devem estar embasadas em recomendação técnica fundamentada e que devem ser assegurados o transporte de produtos e a prestação de serviços essenciais à população, assim definidos nos decretos da autoridade federativa competente, sempre respeitadas as definições no âmbito da competência constitucional de cada ente federativo.

Em meio à discussão acerca da legitimidade constitucional da vacinação compulsória contra a Covid-19 e de quais esferas federativas teriam competência para implementá-la, o Supremo Tribunal Federal conferiu segurança jurídica à questão ao declarar a constitucionalidade da vacinação compulsória, prevista no art. 3º, inc. III, "d", da Lei nº 13.979, de 6.2.2020, e fixar a possibilidade de a medida ser implementada tanto pela União como pelos estados, pelo Distrito Federal e pelos municípios, respeitadas as respectivas esferas de competência (ADI nºs 6.586 e 6.587, Tribunal Pleno, Rel. Min. Ricardo Lewandowski, julgadas em 17.12.2020).

A Corte fixou que a compulsoriedade da vacinação deve ser acompanhada de ampla informação sobre a eficácia, segurança e contraindicações dos imunizantes. Também assentou que vacinação compulsória não significa vacinação forçada, sendo possível à pessoa recusar-se à imunização. Não obstante, é franqueado ao Estado impulsionar a ampla vacinação por meio da imposição de medidas restritivas (como multa, impedimento de frequentar determinados lugares, fazer matrícula em escola etc.) aos cidadãos que se recusem a se imunizar, como medida de proteção da coletividade.

Ao julgar esses casos emblemáticos relativos à pandemia, o Supremo Tribunal Federal atua – como sói fazer – para estabelecer diretrizes de interpretação jurídica aos três poderes da República, em todas as esferas federativas, especialmente aos milhares de juízes deste país, e também aos advogados (públicos e privados), aos membros do Ministério Público e aos defensores públicos. Desse modo, a Suprema Corte brasileira está evitando decisões divergentes, gerando previsibilidade e promovendo segurança jurídica.

4   Conclusão

O Poder Judiciário, juntamente com as instituições essenciais à Justiça – Ministério Público, Defensoria Pública, Advocacia Pública e Advocacia Privada –, é essencial para o regular funcionamento do Estado democrático de direito. A atuação dos órgãos do Sistema da Justiça é propulsora da paz social, da segurança jurídica e da efetividade das leis e da Constituição de 1988, notadamente dos direitos humanos fundamentais.

A importância do Sistema de Justiça se eleva em momentos de crise, em que se multiplicam os conflitos e as incertezas. Nesse cenário, o Judiciário desponta como agente promotor da *segurança jurídica* e da paz social, ao estabelecer parâmetros claros de interpretação das normas jurídicas e garantir o respeito às leis, aos direitos fundamentais e à Constituição.

A segurança jurídica é garantida especialmente pelo Supremo Tribunal Federal, o qual é o moderador dos conflitos federativos e democráticos em nosso país e a última trincheira de defesa dos direitos fundamentais e do Estado democrático de direito. Em meio à pandemia da Covid-19, o STF tem estabelecido diretrizes de interpretação jurídico-constitucional aos poderes públicos, em todas as esferas federativas, acerca das situações extraordinárias surgidas com a pandemia.

A Suprema Corte do país está respaldando as medidas emergenciais adotadas pelos poderes públicos quando compatíveis com a Constituição e coibindo eventuais abusos; está estabelecendo as condições jurídico-normativas necessárias para que o Estado possa elevar os gastos públicos para amenizar os efeitos da pandemia na área social e na área econômica; está promovendo a coordenação entre as unidades federativas e, sobretudo, resguardando os direitos fundamentais do cidadão.

Desse modo, estamos promovendo previsibilidade e confiança, tão necessárias para que o país supere esse delicado momento, aliando a proteção da saúde e da vida dos brasileiros com a manutenção dos empregos, da renda e da capacidade produtiva do país. Precisamos pensar no que virá depois desta pandemia, em como retomaremos o caminho do desenvolvimento. A clareza jurídico-normativo promovida pelo Supremo Tribunal Federal será determinante nessa retomada.

Em meio à crise da Covid-19, o Supremo Tribunal Federal, assim como todas as instituições essenciais à função jurisdicional do Estado, permanece atento às demandas da sociedade e das instituições por justiça. A Suprema Corte do país mantém-se firme, altiva e independente no cumprimento de sua máxima missão de guardar a Constituição Federal, de garantir os direitos fundamentais, de moderar os conflitos federativos e de promover segurança jurídica, suavizando os efeitos da pandemia sobre os direitos dos brasileiros e viabilizando a retomada do desenvolvimento econômico e social.

Referências

BOND, Letycia. SP: violência contra mulher aumenta 44,9% durante pandemia. *Agência Brasil*, São Paulo, 20 abr. 2020. Disponível em: https://agenciabrasil.ebc.com.br/direitos-humanos/noticia/2020-04/sp-violencia-contra-mulher-aumenta-449-durante-pandemia. Acesso em: 25 maio 2020.

BRASIL. Conselho Nacional de Justiça. *Justiça em números 2020, ano-base 2019*. Disponível em: https://www.cnj.jus.br/wp-content/uploads/2020/08/WEB-V3-Justi%C3%A7a-em-N%C3%BAmeros-2020-atualizado-em-25-08-2020.pdf. Acesso em: 18 dez. 2020.

CANOTILHO, José Joaquim Gomes. *Direito constitucional e teoria da Constituição*. Coimbra: Almedina, 2003.

KELSEN, Hans. A jurisdição constitucional e administrativa a serviço do Estado federativo segundo a nova Constituição federal austríaca de 1º de outubro de 1920. In: KELSEN, Hans. *Jurisdição constitucional*. Tradução de Alexandre Krug. São Paulo: Martins Fontes, 2003.

STF mantém realização de sessões presenciais e amplia possibilidades de julgamento por meio virtual. *Portal do STF*, Brasília, 18 mar. 2020. Disponível em: http://portal.stf.jus.br/noticias/verNoticiaDetalhe.asp?idConteudo=439661&ori=1. Acesso em: 18 dez. 2020.

SUPREMO TRIBUNAL FEDERAL. *Painel de Ações Covid-19*. Disponível em: https://transparencia.stf.jus.br/extensions/app_processo_covid19/index.html. Acesso em: 18 dez. 2020.

SUPREMO TRIBUNAL FEDERAL. *Prestação jurisdicional*. Trabalho Remoto no STF. Disponível em: http://www.stf.jus.br/arquivo/cms/publicacaoBOInternet/anexo/painelCovid/Quadro_Resumo.pdf. Acesso em: 18 dez. 2020.

TOFFOLI, José Antonio Dias. Poder Judiciário através da história: antes e depois da Constituição Federal de 1988. In: TOFFOLI, José Antonio Dias (Org.). *30 anos da Constituição brasileira*: democracia, direitos fundamentais e instituições. Rio de Janeiro: Forense, 2018.

Informação bibliográfica deste texto, conforme a NBR 6023:2018 da Associação Brasileira de Normas Técnicas (ABNT):

TOFFOLI, José Antonio Dias. Poder Judiciário e segurança jurídica em tempos de pandemia. In: GOMES, Ana Cláudia Nascimento; ALBERGARIA, Bruno; CANOTILHO, Mariana Rodrigues (Coord.). *Direito Constitucional*: diálogos em homenagem ao 80º aniversário de J. J. Gomes Canotilho. Belo Horizonte: Fórum, 2021. p. 283-293. ISBN 978-65-5518-191-3.

O *PRINCÍPIO DA DEMOCRACIA* E A DIGNIDADE COMO VALOR: "COMPONENTES" DO PROJETO-*PROJETAR* DO DIREITO? UMA *CONVERSATION PIECE* COM HABERMAS E WALDRON

JOSÉ MANUEL AROSO LINHARES

As breves notas que se seguem – e que me atrevo a dirigir ao Senhor Doutor Gomes Canotilho, Mestre-Autor de exceção e Rosto Humano incomparável (a quem o meu percurso tanto deve)! – inscrevem-se num contexto reflexivo que tenho privilegiado e apostam assim na possibilidade-exigência de, no tempo de muitos crepúsculos que é afinal o nosso, enfrentar o problema da juridicidade e a sua pretensão de *autonomia* (bem como o *mundo prático* que esta gera) enquanto manifestações da continuidade-iterabilidade de um *projeto-projetar* inconfundível, inseparável do Texto do Ocidente e do contexto civilizacional que o distingue. Trata-se de explorar uma das mais estimulantes (se não a mais estimulante das) lições do *jurisprudencialismo* de Castanheira Neves... e de persistir assim na tentativa de interpelar *radicalmente* o direito como um *certo* direito, entenda-se, como uma *forma de vida* civilizacionalmente situada e como tal autodisponível (*não necessária* e *não universal*, não obstante a sua constitutiva *pretensão de universalidade*). Importando acrescentar desde já que a condição de *emergência* desta *forma de vida* e do seu modo inconfundível de criação de *sentidos* se cumpre com a autonomização institucionalizada de um modelo *microscópico* de comunidade: a comunidade de iguais *comparáveis* que a invenção da *controvérsia* e do *responder* (com os artefactos que os distinguem) vincula constitutivamente ao princípio *audiatur et altera pars* (se não à *provision for hearings* e à *dignidade de posição* que lhe está associada).

No contexto desta interpelação, o propósito das notas que se seguem é, no entanto, deliberadamente modesto: mais do que explorar um dos núcleos duros da reflexão em causa – precisamente aquele que passa pela reconstituição de um *argumento de continuidade* –,[1] trata-se na verdade de iluminar uma das componentes imprescindíveis

---

[1] Que *argumento de continuidade*? Aquele que defende (*claims*) que a invenção do direito (como *mundo prático* autónomo) na *civitas* republicana – aquela que criou o "nome" *humanitas* (e a sua *intenção à validade*) como

desse núcleo – a exigência de distinguir a *procura enquanto tal* e os *ambientes institucionais* (ou contextos de realização) que a "situam" ou condicionam. Ora de o fazer envolvendo dois significantes incontornáveis – *democracia* e *dignidade* – e estes já na tradução-especificação que os leva a sério como *princípios*. Tradução que, estando muito longe de nos garantir significados específicos ou indiscutíveis, não se nos impõe no entanto por acaso, autorizando-nos na verdade a completar as peças do *puzzle* e a introduzir os dois interlocutores anunciados no título: Habermas e Waldron. Com o primeiro a sustentar a identificação (se não sobreposição pura e simples) do *princípio da democracia* e do *princípio do direito* ou esta como uma das aquisições irreversíveis da *societas* moderna e da etapa ontogeneticamente pós-convencional que esta abre, com os seus processos inacabados de "descentralização das perspetivas de compreensão do mundo"[2] ("Das Demokartieprinzip ergibt sich aus einer entsprechenden Spezifizierung für solche Handlungsnormen, die in Rechtsform auftreten").[3] Com o segundo a reconhecer que a *dignidade* é tanto um *princípio do direito* quanto um *princípio da moral* – distribuição que nos autoriza a assimilar significados inequivocamente distintos (envolvendo ambientes prático-culturais inconfundíveis) –, mas também a admitir que a filosofia moral a que frequentemente vemos atribuída a exploração da dignidade tem na verdade muito a aprender com o discurso jurídico e com a *jurisprudence of dignity* que este originaria e autonomamente constrói ("Dignity [...] is a principle of morality and a principle of law [...]. But maybe morality has more to learn from law than vice versa").[4]

São estas duas acentuações contrastantes que vão inspirar o meu percurso. O que significa acrescentar que este será conduzido por duas perguntas e pelos impulsos que estas geram. Vejamos quais.

---

contexto e correlato de uma *praxis* concreta de *respondere* (um *respondere* que pressupõe o *artefactum* cultural de um determinado tipo de *problema*) – deve ser levada a sério (e reconstruída reflexivamente) na nossa circunstância presente como o *initium* brilhante (o primeiro degrau ou a primeira expressão significativa) de um projeto prático-cultural, um projeto-*proicere* cuja prossecução (institucionalizando uma autêntica *forma de vida*) tem desempenhado (e está ainda destinado a desempenhar) um papel indiscutível na construção da identidade europeia. Por que um argumento de *continuidade* (se não *iterabilidade*)? Obviamente porque admite que alguns *sinais* ou *rastos* maiores reconhecíveis neste degrau *inicial* – ainda que permanentemente recriados e transformados (e como tal inscritos-*imersos* num *círculo produtivo* de construção, reprodução e realização) – persistem constitutivamente como *traços de identidade* mais ou menos explícitos na trajetória subsequente, significativamente experimentados como elementos performativos de uma resposta *não universal* (culturalmente plausível e civilizacionalmente conformada) ao problema *universal* (antropologicamente necessário) da institucionalização de uma *ordem social*. Para um tratamento mais detido deste *argumento de continuidade* (e dos referidos *sinais* ou *rastos*), ver LINHARES, J. M. Aroso. Law and opera as practical-cultural artefacts, or the productivity and limits of a plausible counterpoint. *In*: MANZIN, Maurizio; PUPPO, Federico; TOMASI, Serena (Ed.). Multimodal argumentation, Pluralism and images in law (Studies on argumentation & legal philosophy/3). *Quaderni della Facoltà di Giurisprudenza, dell'Università degli Studi di Trento*, Trento, v. 36, 2018. p. 244-245; 249 e ss.; 254-257 (4.1).

[2] Para que à "reprodução material" assegurada pelos *sistemas* político e económico (assim mesmo justificada como uma integração sistémico-funcional) se contraponha a "reprodução simbólica" (e a integração social-comunicativa) garantida pelo *mundo-da-vida* e pela relação Lebenswelt (*Kultur, Gesellschaft, Person*)/Welte (*Wissenschaft, Moralität, Kunst*) (HABERMAS, Jürgen. *Theorie des kommunikativen Handelns*. Frankfurt am Main: Suhrkamp Verlag, 1981. v. II. p. 179 e ss.; 209 e ss.; 225-227; 270 e ss., 413 e ss.; 571-583).

[3] HABERMAS, Jürgen. *Faktizität und Geltung*. Beiträge zur Diskurstheorie des Rechts und des demokratischen Rechtsstaats. Frankfurt am Main: Suhrkamp Verlag, 1992. p. 139.

[4] WALDRON, Jeremy. *Dignity, rank, & rights*. Edited and introduced by Meir Dan-Cohen. Oxford: Oxford University Press, 2015. p. 13-14.

(1) Poderá o *princípio do direito*, na sua vinculação decisiva com a chamada *constituição externa*, coincidir sem mediações com o *princípio da democracia* – e com a dialética entre *socius* e *cidadão* (entre "modos" *privados* e *públicos* de autonomia) que este último princípio, recriado na perspetiva de um processo de justificação *pós-convencional*, efetivamente sustenta? Eis a primeira pergunta, construída com as categorias de inteligibilidade que devemos a Habermas.

(2) Se admitirmos que a continuidade-*iterabilidade* da "forma de vida" do direito é iluminada pela institucionalização da *dignidade de posição*, vinculada ao princípio *audiatur et altera pars* e à exigência do *justo concreto* ou da *justeza prática* (precisamente aquela que associa uma experiência genuinamente jurídica da *pessoalidade* ao artefacto microscópico da *controvérsia*), qual é o papel que, na *reescrita* deste *argumento de continuidade*, pode e deve hoje caber à aquisição irrenunciável da *dignidade como valor*? Eis a segunda pergunta, conjugando o idioma da reconstituição jurisprudencialista do *projeto do direito* com as categorias específicas que devemos a Waldron.

Claro que a resposta acabada a estas duas perguntas exigiria uma exploração detida das categorias em causa e do papel que estas desempenham nos distintos horizontes em que emergem.[5] Bastar-me-ei, no entanto, aqui com duas anotações ou dois conjuntos esquemáticos de anotações.

1 Significa isto começar por me concentrar no idioma proposto por Habermas, lembrando que o tratamento relacionalmente diferenciador dos três princípios invocados (*Diskurspronzip, Moralprinzip, Demokratieprinzip*) é uma das novidades da sistematização proposta em *Faktizität und Geltung*. Se se trata de em geral evitar a sobreposição do *princípio da moral* e do *princípio do discurso* que as anteriores reflexões favoreciam,[6] trata-

---

[5] Poderia inclusivamente levar-nos a considerar a narrativa que Habermas reconstitui a propósito da *dignidade como valor* (e que aqui e agora vou omitir). Refiro-me ao contributo maior de "Das Konzept der Menschenwürde und die realistische Utopie der Menschenrechte", um ensaio publicado pela primeira vez no *Deutschen Zeitschrift für Philosophie* (2010) e incluído, com revisões substanciais, em HABERMAS, Jürgen. *Zur Verfassung Europas. Ein Essay*. 4. Aufl. Frankfurt am Main: Suhrkamp Verlag, 2012. p. 13-38. Correspondendo às promessas do título, esta narrativa (admitindo ela própria internamente linhas exemplares de *continuidade* e *descontinuidade*) explora a seguinte "circunstância" (*Umstand*): embora já "existindo como um conceito filosófico na Antiguidade" e tendo "adquirido em Kant a sua atual expressão canónica", a categoria dignidade (já não apenas considerando a "dignidade humana" mas também "a dignidade dos povos") "só encontrou o seu caminho nos textos de direito internacional" e nas "constituições nacionais" no contexto *pós-holocausto*, como uma "resposta clara aos crimes em massa cometidos sob o regime nazi, bem como aos massacres da Segunda Guerra Mundial" (HABERMAS, Jürgen. *Zur Verfassung Europas. Ein Essay*. 4. Aufl. Frankfurt am Main: Suhrkamp Verlag, 2012. p. 15). Na perspetiva de Habermas, o desafio reflexivo que devemos enfrentar aqui é precisamente o do "vínculo conceitual" que relaciona duas categorias (*Menschenrechte/Menschenwürde*), entenda-se, aquele que pretende que "a assimetria *temporal*" reconhecida entre a "história dos direitos humanos" (emergentes no século XVII) e a recente *juridicização* prescritiva (legal) do conceito de dignidade" (sistematicamente imposta na segunda metade do século XX) deve ser corrigida (se não superada). Significa isto exigir que a última categoria, em vez de ser tratada como "uma expressão classificatória *a posteriori*" (*nachträglich klassifizierende Ausdruck*), deve ser entendida como a """fonte" moral" da qual todos os direitos fundamentais recebem a sua substância" (*die moralische "Quelle", aus der sich die Gehalte aller Grundrechte speisen*) (HABERMAS, Jürgen. *Zur Verfassung Europas. Ein Essay*. 4. Aufl. Frankfurt am Main: Suhrkamp Verlag, 2012. p. 14-15). Já pude de resto considerar esta teia de continuidades e descontinuidades narrativas em Constitucionalidade, juridicidade e identidade europeia: será a Europa hoje verdadeiramente um "projeto constitucional"? Um diálogo entre narrativas de continuidade e descontinuidade. In: AMARAL, Maria Lúcia (Org.). *Estudos em Homenagem ao Conselheiro Presidente Rui Moura Ramos*. Coimbra: Almedina, 2016. v. I. p. 721-748.

[6] "In meiner bisher veröffentlichten Untersuchungen zur Diskursethik habe ich zwischen Diskurs und Moralprinzip nicht hinreichend differenziert [...]" (HABERMAS, Jürgen. *Faktizität und Geltung. Beiträge zur Diskurstheorie des Rechts und des demokratischen Rechtsstaats*. Frankfurt am Main: Suhrkamp Verlag, 1992. p. 140).

se muito especialmente de levar a sério uma reinterpretação-*reescrita* (explicitamente corretora) da distribuição kantiana e de assim defender que a *moralidade descontextualizada* e o *direito positivado* pós-convencionais (na sua inteligibilidade pós-metafísica) constituem dois mundos práticos irredutivelmente paralelos e reciprocamente complementares, ambos irreversivelmente separados (emancipados) da *eticidade substantiva tradicional* e do particularismo contextualizado das suas *formas de vida concretas (traditionale Sittlichkeit)* e neste sentido capazes de (sob as máscaras inconfundíveis dos "direitos» *morais* e dos *direitos fundamentais*) assumirem uma preocupação geradora com a *conclusion-claim* de *autonomia*. Uma *autonomia* que, levada a sério nas significações da sua universalidade racional, vai alimentar "gramáticas" distintas, permitindo-exigindo assim que o primeiro destes mundos concentre as suas pretensões-exigências num interno *princípio da moralidade* (iluminado pela exigência de autonomia dos sujeitos morais) e que o segundo se exprima num externo *princípio da democracia* (concentrado na dialética de autonomias dos sujeitos jurídicos). Que dialética esta última? Não tanto a que contrapõe as polaridades irredutíveis do *suum* e do *commune* quanto a que, pressupondo a invenção da *societas* (e depois da *societas* organizada em Estado), reinventa o binómio *público-privado* com as máscaras do *sócio* e do *cidadão*.[7] O que evidentemente significa contrapor a autonomia privada do *socius-Gesellscahftsbürger* (titular de direitos e liberdades individuais) à autonomia pública do cidadão-*Staatsbürger* (titular e destinatário das leis-*normas* e da *ratio* autossubsistente que estas determinam) – e distinguir assim dois núcleos de problemas de legitimação (se não de perguntas-respostas, autonomizáveis pelos discursos da "teoria política"), o primeiro dominado pela questão dos "direitos humanos", o segundo pela da "soberania popular" ("die politische Theorie hat auf die Legitimitätsfrage eine doppelt Antwort gegeben: Volkssouveranität und Menschenrechte") –,[8] mas o que significa também e muito especialmente submeter a procura, permanentemente recomeçada, da *compossibilidade* universal *dos arbítrios* – e das *soluções de equilíbrio* a que esta se abre (as quais não excluem, antes exigem, intervenções conformadores na própria matéria destes arbítrios!) –[9] a uma verdadeira tensão constitutiva entre perspetivas normativas (precisamente aquelas que os núcleos duros do privado e do público justificam). Sem esquecer que esta presunção-chave de *igualdade-complementaridade* – atribuindo *origens* prático-culturais genuinamente *equiparáveis* (*eine Gleichursprünglichkeit*) às regras morais e às normas jurídicas *deontologicamente* concebidas[10] ("unter normativen

---

[7] Ver HABERMAS, Jürgen. *Faktizität und Geltung*. Beiträge zur Diskurstheorie des Rechts und des demokratischen Rechtsstaats. Frankfurt am Main: Suhrkamp Verlag, 1992. p. 110 e ss.; 117 e ss.; 124 e ss.; 135-151 (II); 327 e ss. O contraponto *Gesallschaftsbürger (-socius)/Staatsbürger* só é considerado no entanto no indispensável "Zur Legitimation durch Menschenrechte" (HABERMAS, Jürgen. *Die postnationale Konstelation*. Politische Essays. Frankfurt am Main: Suhrkamp Verlag, 1998. p. 173-174).

[8] "Zur Legitimation durch Menschenrechte" (HABERMAS, Jürgen. *Die postnationale Konstelation*. Politische Essays. Frankfurt am Main: Suhrkamp Verlag, 1998. p. 173).

[9] Trata-se na verdade de, no limite, poder conferir um sentido moral e mesmo um sentido ético a tais arbítrios (capazes de superar a autointeligibilidade da proposta kantiana e de nos remeter para as possibilidades relativamente indiscriminadas de uma ética de autenticidade): ver HABERMAS, Jürgen. *Faktizität und Geltung*. Beiträge zur Diskurstheorie des Rechts und des demokratischen Rechtsstaats. Frankfurt am Main: Suhrkamp Verlag, 1992. p. 144, nota 35ª.

[10] O desenvolvimento principal desta proposta encontra-se em HABERMAS, Jürgen. *Faktizität und Geltung*. Beiträge zur Diskurstheorie des Rechts und des demokratischen Rechtsstaats. Frankfurt am Main: Suhrkamp Verlag, 1992. p. 135-151 (II).

Gesichtspunkten entspricht [...] [den moralischen und juridische Regeln] die Annahme, daß die moralische und die staatsbürgerliche Autonomie gleichursprünglich sind")
–[11] adquire o seu significado decisivo num outro plano reflexivo, precisamente aquele em que o contraponto entre as constituições *interna* (*moral*) e *externa* (*jurídica*) se torna *metadiscursivamente* inteligível ("während das Moralprinzip auf der Ebene der internen Verfassung eines bestimmten Argumentationspiels operiert, bezieht sich das Demokratieprinzip auf der Ebene der aüßeren").[12] Esta é na verdade uma inteligibilidade que só a perspetiva-paradigma da *acção comunicacional* estará em condições de assegurar, na medida em que, restituindo-nos ao fogo-*pathos* da modernidade inacabada (ao núcleo duro do processo de justificação *pós-convencional*), nos ensina a pensar-tratar o *princípio da moral* e o *princípio do direito* (*princípio da democracia*) – sem qualquer hierarquia ou precedência! – como duas especificações *autónomas* (e complementares) do *princípio do discurso*.[13]

O que significa pensar este direito como *forma* – e exigir que esta se inscreva por inteiro na autorracionalização de um *environment* relacional (que assim mesmo se possa dizer *Estado de direito*) –,[14] mas o que significa também responsabilizar esta *forma* (enquanto *sistema de ação* actuante nos mundos-objecto da *cultura* e da *sociedade*) por uma institucionalização "hierarquizadora" (capaz de distinguir-separar os "usos"-degraus da razão prática),[15] exigindo assim que a conversão-especificação do princípio do *discurso* em *princípio da democracia* se cumpra impondo simultânea e inseparavelmente um sistema de "direitos fundamentais" e um processo autossubsistente de prescrição legislativa – este dominado pelo *artefacto* da norma-*ratio* e pela universalidade racional que a distingue ("das Diskursprinzip soll erst auf dem Wege der rechtsförmigen Institutionalisierung die Gestalt eines Demokratieprinzips annehmen").[16]

---

[11] HABERMAS, Jürgen. *Faktizität und Geltung*. Beiträge zur Diskurstheorie des Rechts und des demokratischen Rechtsstaats. Frankfurt am Main: Suhrkamp Verlag, 1992. p. 138.

[12] HABERMAS, Jürgen. *Faktizität und Geltung*. Beiträge zur Diskurstheorie des Rechts und des demokratischen Rechtsstaats. Frankfurt am Main: Suhrkamp Verlag, 1992. p. 142.

[13] HABERMAS, Jürgen. *Faktizität und Geltung*. Beiträge zur Diskurstheorie des Rechts und des demokratischen Rechtsstaats. Frankfurt am Main: Suhrkamp Verlag, 1992. p. 138 ss. "Das Moralprinzip ergibt sich nämlich erst aus einer Spezifizierung des allgemeinen Diskursprinzips für solche Handlungsnormen, die allein unter dem Gesichtspunkt gleichmäßiger Interessenberücksichtigung gerechtfertig werden können. Das Demokratieprinzip ergibt sich aus einer entsprechenden Spezifizierung für solche Handlungsnormen, die in Rechtsform auftreten und mit Hilfe pragmatischer, ethisch-politischer und moralischer Gründe –und nicht allein aus moralischen Gründen – gerechtfertig werden können [...]" (HABERMAS, Jürgen. *Faktizität und Geltung*. Beiträge zur Diskurstheorie des Rechts und des demokratischen Rechtsstaats. Frankfurt am Main: Suhrkamp Verlag, 1992. p. 139).

[14] Convoque-se o capítulo IV de HABERMAS, Jürgen. *Faktizität und Geltung*. Beiträge zur Diskurstheorie des Rechts und des demokratischen Rechtsstaats. Frankfurt am Main: Suhrkamp Verlag, 1992. p. 166-237 ("Die Prinzipien des Rechtsstaates"), mas também "Über den internen Zusammenhang von Rechtsstaat und Demokratie" (1994) (HABERMAS, Jürgen. *Die Einbeziehung des Anderen*. Studien zur politischen Theorie. Frankfurt am Main: Suhrkamp Verlag, 1999. p. 293-305). Trata-se de exigir um direito que, iluminado pelas regras de procedimento e pela *forma* que elas asseguram (quando se projetam numa prática de institucionalização-generalização de expectativas sociais), nos apareça sempre envolvido num percurso relacional: enquanto se assume como interlocutor (autónomo) do poder... ou, mais rigorosamente, enquanto exige determinado poder, indissociável do equilíbrio do *Rechtsaat*; entenda-se, enquanto circunscreve a sua autonomia a esta exigência e às regras de autorracionalização que ela determina.

[15] HABERMAS, Jürgen. Vom pragmatischen, ethischen und moralischen Gebrauch der praktischen Vernunft. *In*: HABERMAS, Jürgen. *Erläuterung zur Diskursethik*. Frankfurt am Main: Suhrkamp Verlag, 1991. p. 100 e ss.

[16] HABERMAS, Jürgen. *Faktizität und Geltung*. Beiträge zur Diskurstheorie des Rechts und des demokratischen Rechtsstaats. Frankfurt am Main: Suhrkamp Verlag, 1992. p. 154.

O que significa ainda e por fim, agora no que à tensão constitutiva entre as perspetivas normativas das autonomias *privada* e *pública* diz respeito, admitir um exercício expansivo de reconstrução, que possa inscrever a referida tensão e a concorrência polarizadora que a dinamiza num contexto alimentado por outras tensões e pelos binómios que as levam a sério: aqueles que contrapõem *liberdade dos modernos/liberdade dos antigos, liberalismo /republicanismo comunitarista*[17] (*ordem de direito sustentada no primado dos direitos/ordem de direito objetiva*).[18] Não nos surpreendendo por fim que a solução para estas tensões – ou para a *dialética*, melhor dizendo, para a "articulação simétrica" (*wechselseitingen Ergänzung*)[19] que todas exigem – não se encontre nem na conceção *liberal* do Estado enquanto "guardião de uma *societas* económica" (*als Marktwirtschaft*), nem na conceção *republicana* do Estado enquanto "comunidade ético-material", mas num "terceiro modelo de democracia",[20] associado a um novo paradigma jurídico. Referimo-nos evidentemente ao modelo da *democracia deliberativa*[21] e ao *paradigma do direito comunicativo-procedimental...* –[22] e a estes enquanto modos de utilização das autonomias privada e pública[23] iluminados pelo princípio do discurso ("die Diskurstheorie, die mit

---

[17] Ver muito especialmente HABERMAS, Jürgen. *Faktizität und Geltung*. Beiträge zur Diskurstheorie des Rechts und des demokratischen Rechtsstaats. Frankfurt am Main: Suhrkamp Verlag, 1992. p. 324-348 ("Die Rolle der Verfassungsrechtsprechung im liberalen, republikanischen und prozeduralistischen Verständnis von Politik"); 632 e ss. ("Staatsbürgerschaft und nationale Identität") e HABERMAS, Jürgen. *Die postnationale Konstelation*. Politische Essays. Frankfurt am Main: Suhrkamp Verlag, 1998. p. 174-177 (2).

[18] Para uma consideração deste confronto entre conceções-*conceitos* do direito – associado ao contraponto *liberalismo/comunitarismo* –, ver HABERMAS, Jürgen. *Faktizität und Geltung*. Beiträge zur Diskurstheorie des Rechts und des demokratischen Rechtsstaats. Frankfurt am Main: Suhrkamp Verlag, 1992. p. 329-331(b) (fielmente reproduzido em HABERMAS, Jürgen. Drei normative Modelle der Demokratie. *In*: HABERMAS, Jürgen. *Die Einbeziehung des Anderen*. Studien zur politischen Theorie. Frankfurt am Main: Suhrkamp Verlag, 1999. p. 280-282 (b)).

[19] HABERMAS, Jürgen. *Faktizität und Geltung*. Beiträge zur Diskurstheorie des Rechts und des demokratischen Rechtsstaats. Frankfurt am Main: Suhrkamp Verlag, 1992. p. 129.

[20] HABERMAS, Jürgen. Drei normative Modelle der Demokratie. *In*: HABERMAS, Jürgen. *Die Einbeziehung des Anderen*. Studien zur politischen Theorie. Frankfurt am Main: Suhrkamp Verlag, 1999. p. 283 e ss.

[21] Para além deste HABERMAS, Jürgen. Drei normative Modelle der Demokratie. *In*: HABERMAS, Jürgen. *Die Einbeziehung des Anderen*. Studien zur politischen Theorie. Frankfurt am Main: Suhrkamp Verlag, 1999, ver ainda todo o capítulo VII de HABERMAS, Jürgen. *Faktizität und Geltung*. Beiträge zur Diskurstheorie des Rechts und des demokratischen Rechtsstaats. Frankfurt am Main: Suhrkamp Verlag, 1992. p. 349-398 ("Deliberative Politik – ein Verfahrensbegriff der Demokratie").

[22] Ele próprio a suceder a outros dois paradigmas: enquanto e na medida em que supera o *formalismo* de Estado demoliberal e a *neomaterialização* de Estado social (e as dependências sistémicas que estes geram). Ver todo o capítulo IX de HABERMAS, Jürgen. *Faktizität und Geltung*. Beiträge zur Diskurstheorie des Rechts und des demokratischen Rechtsstaats. Frankfurt am Main: Suhrkamp Verlag, 1992. p. 468-537 ("Paradigmen des Rechts").

[23] Para ter presente o modelo contrafáctico da *kommunikative Freiheit*, distinta da "liberdade negativa" atribuída ao polo dos direitos, ver HABERMAS, Jürgen. *Faktizität und Geltung*. Beiträge zur Diskurstheorie des Rechts und des demokratischen Rechtsstaats. Frankfurt am Main: Suhrkamp Verlag, 1992. p. 152-153; 327 e ss. Reparemos de resto que a tipificação das categorias de direitos assumida por Habermas só se nos torna racionalmente inteligível se, à luz do princípio do discurso, formos capazes de mobilizar uma "articulação simétrica" lograda dos polos *direitos do homem/soberania do povo*. Só assim seremos de resto também capazes de superar o paradoxo da legitimidade/legalidade (ou de uma legitimidade que emerge de certa legalidade). Para uma reconstituição destes *cinco* tipos de direitos, ver HABERMAS, Jürgen. *Faktizität und Geltung*. Beiträge zur Diskurstheorie des Rechts und des demokratischen Rechtsstaats. Frankfurt am Main: Suhrkamp Verlag, 1992. p. 155-162. Sem esquecer que Habermas nos ensina também a reconhecer que não podemos (e muito menos devemos) confundir a viragem moderna e as suas possibilidades transformadoras com a necessidade *liberal* de controlar-reduzir "o potencial do poder do Estado". Na base desta acentuação está, com efeito, uma compreensão dos *Grundrechte* já inteiramente voltada para a "fundamentação solidária" de um "corpo político" ("Zur Legitimation durch Menschenrechte", HABERMAS, Jürgen. *Die postnationale Konstelation*. Politische Essays. Frankfurt am Main: Suhrkamp Verlag, 1998. p. 182).

dem demokratischen Prozeß stärkere normative Konnotationen verbindet als das liberale, aber schwächere als das republikanische Modell, nimmt wiederum von beiden Seiten Elemente auf und fügt sie auf neue Weise zusammen") –[24] como nos referimos também à *praxis* específica de *solidariedade* que tal democracia jurídico-constitucionalmente institucionalizada estará em condições de oferecer: enquanto reinventa-reconstrói um humanismo republicano de herança kantiana –[25] um republicanismo (agora) de *formas-condições de comunicação* (*subjektlose Kommunikationenformen*), como tal vinculado à universalidade de uma sociedade "descentrada" e a uma ideia de "soberania popular" intersubjetivamente reinterpretada[26] ("das dritte Demokratiemodell [...] stütz sich genau auf die Kommunikationsbedingungen");[27] mas sobretudo enquanto contribui decisivamente para prosseguir-consumar o *projeto inacabado da modernidade* – reinventando o "equilíbrio" entre a *Lebenswelt* e os dois *Systeme*... e então e assim garantindo à primeira a força institucionalmente integradora capaz de resistir à "colonização" dos segundos.[28]

Ora este exercício de correspondências (a pressupor homologias reciprocamente determinantes entre componentes jurídicas e políticas) não se pode consumar decerto sem que, em nome da identidade plena do *princípio do direito* e do *princípio da democracia*, se mobilize outro dos traços estruturantes do direito moderno (pós-convencional): precisamente aquele que esgota a *intenção* à *validade* (-*vigência*) atribuível ao projeto cultural do direito (*Rechtsgeltung*) numa exigência de *legitimidade* (garantida por regras *de como* e pelos procedimentos que estas institucionalizam, ou por estes enquanto impõem limites à produção-imposição do *artefactus* jurídico). O que não significa evidentemente fazer corresponder a especificidade do puramente jurídico (*rein juristisch*) às decisões contingentes de um qualquer poder constituinte (e ao consenso *real* que estas pontualmente reproduzem), porque significa já e muito especialmente exigir que a especificidade em causa se confunda com uma *racionalização* discursivamente autónoma de tais decisões e do exercício de poder que lhes corresponde ("diskursive Rationalisierung bedeutet mehr als bloße Legitimation, aber weniger als Konstituierung der Macht").[29] [30]

---

[24] HABERMAS, Jürgen. Drei normative Modelle der Demokratie. *In*: HABERMAS, Jürgen. *Die Einbeziehung des Anderen*. Studien zur politischen Theorie. Frankfurt am Main: Suhrkamp Verlag, 1999. p. 287.

[25] HABERMAS, Jürgen. *Zwischen Naturalismus und Religion*. Philosophische Aufsätze. Frankfurt am Main: Suhrkamp Verlag, 2005. p. 107.

[26] HABERMAS, Jürgen. Drei normative Modelle der Demokratie. *In*: HABERMAS, Jürgen. *Die Einbeziehung des Anderen*. Studien zur politischen Theorie. Frankfurt am Main: Suhrkamp Verlag, 1999. p. 291. Para uma articulação desta política deliberativa com a especificidade de um "patriotismo constitucional" (*Verfassungspatriotismus*) – a *Lesart* da *Constituição republicana* que, na imanência do *Estado de direito democrático*, estará afinal em condições de substituir-superar o "nacionalismo originário" – ver HABERMAS, Jürgen. Der europäische Nationalstaat. Zu Vergangenheit und Zukunft von Souveränität und Staatsbürgerschaft. *In*: HABERMAS, Jürgen. *Die Einbeziehung des Anderen*. Studien zur politischen Theorie. Frankfurt am Main: Suhrkamp Verlag, 1999. p. 142-145 ("Die Einheit der politischen Kultur in der Vielfalt der Subkulturen").

[27] HABERMAS, Jürgen. Drei normative Modelle der Demokratie. *In*: HABERMAS, Jürgen. *Die Einbeziehung des Anderen*. Studien zur politischen Theorie. Frankfurt am Main: Suhrkamp Verlag, 1999. p. 285.

[28] "Die normative Implikationen liegen auf der Hand: Die sozialintegrative Gewalt der Solidarität, die nicht mehr allein aus Quellen des kommunikativen Handelns geschöpft werden kann, soll sich über weit ausgefächerte autonome Öffentlichkeit und rechtsstaatlich institutionalisierte Verfahren der demokratischen Meinungs- und Willensbildung entfalten und gegen die beiden anderen Gewalten, Geld und administrative Macht, behaupten können..." (HABERMAS, Jürgen. Drei normative Modelle der Demokratie. *In*: HABERMAS, Jürgen. *Die Einbeziehung des Anderen*. Studien zur politischen Theorie. Frankfurt am Main: Suhrkamp Verlag, 1999. p. 288-289).

[29] HABERMAS, Jürgen. Drei normative Modelle der Demokratie. *In*: HABERMAS, Jürgen. *Die Einbeziehung des Anderen*. Studien zur politischen Theorie. Frankfurt am Main: Suhrkamp Verlag, 1999. p. 289.

[30] "Aquisição" que, em nome da consumação pós-convencional, fecha o *puzzle*: desde logo enquanto reconduz a opção pelo direito a um processo deliberado e autoritário (recusando *juridicidade* a modos de constituição

O que acabei de reconstituir é seguramente insuficiente para reconhecer as implicações normativas e metodológicas da compreensão do direito assumida por Habermas, basta-nos, porém, para esclarecer a primeira pergunta e as categorias de inteligibilidade que esta convoca. Significa isto que estamos em condições de avançar para a segunda pergunta... e para o esclarecimento das formulações que esta deve especificamente a Jeremy Waldron.

2 O que é que a segunda pergunta deve ao idioma de Waldron e ao seu tratamento da *jurisprudence of dignity*? Para responder a esta interrogação não precisamos seguramente de situar esta *jurisprudence* no contexto do positivismo ético-normativo (da *normative thesis about law*) que identifica o seu autor.[31] Basta-nos evocar a conhecida distinção entre *dignidade como posição-status* e *dignidade como valor* – uma distinção severamente discutida e nem sempre adequadamente compreendida... – e muito especialmente ter presente o sentido com que Waldron, ao contrapor a origem especificamente jurídica da primeira à origem não jurídica da segunda (*dignitas as a legal idea v. worth-Würde as an extralegal one*), leva a sério um inequívoco processo de transformação-transvaloração e a recontextualização que o torna possível.[32]

Como todos sabemos, o núcleo desta reconstituição explora o contraponto entre dois tipos de experiência da dignidade (*dignity-dignitas as rank or status* [*or as a ranking status*] *versus dignity-Würde as absolute inner worth*), tipos que correspondem a outras tantas perspetivas e às narrativas que as assimilam (*the "ranking status" account versus the "absolute worth" account*), as quais por sua vez escapam à linearidade aparente dos seus percursos.

Esta inteligibilidade narrativa permite-nos desde logo distinguir *mundos de nomes incomensuráveis* e o peso que estes têm na organização das significações... Com o núcleo da *dignitas* a referir-se constitutivamente a uma teia de direitos e de deveres ("dignity as the ranking status [...] comprises a given set of rights, [...] that a person may occupy

---

em que esta *voluntas-potestas* não esteja presente); depois também enquanto exige que os princípios jurídicos (livres do "problema" que constitui a sua identificação com "valores" ou objetivações de valores) sejam tratados como normas-*ratio* superiores, elas próprias a exigirem uma justificação discursiva (num *continuum* de inteligibilidade *normas/princípios* que nos permite preservar-reinventar uma conceção *normativístico-deontológica* do sistema jurídico); por fim, muito especialmente, enquanto reconduz os polos da *facticidade* e da *validade-vigência* juridicamente relevantes respetivamente às normas enquanto *leis de coação* e às normas enquanto *leis de liberdade* – àquelas enquanto comandos político-estadualmente impostos, a estas enquanto critérios-regras racionalmente autossubsistentes, comunicativo-procedimentalmente justificados. Não sem que a perspetiva da subjetividade autoproduzida retome a sua identidade condutora... mas agora para reconhecer que o que o direito moderno concede aos seus autores-destinatários é afinal a liberdade de uma alternativa: a de verem nas normas limites-constrangimentos fácticos ao seu *Handlungsspielraum* (e de assim as pressuporem para um cálculo estratégico, atento aos efeitos de um incumprimento possível); a de seguirem essas mesmas normas *pela sua racionalidade* (racionalidade que será decerto a do procedimento que as sustenta e que as produz, se não já também a daquele que as *realiza*). Para uma identificação das referências bibliográficas indispensáveis associáveis a estas implicações normativas e metodológicas, remeto-me para as reconstituições que desenvolvi em O homo humanus do direito e o projeto inacabado da modernidade. *Boletim da Faculdade de Direito*, Coimbra, v. 86, p. 515-561, 2010, também em CANOTILHO, J. J. Gomes; MOREIRA, Vital (Coord.). *Da virtude e fortuna da república ao republicanismo pós-nacional*. Casal de Cambra: Caleidoscópio, 2011. p. 91-127.

[31] Ver exemplarmente WALDRON, Jeremy. Normative (or ethical) positivism. In: COLEMAN, Jules (Ed.). *Hart's postscript*. Essays on the postscript to the concept of law. Oxford: Oxford University Press, 2005. p. 410-433.

[32] WALDRON, Jeremy. *Dignity, rank, & rights*. Edited and introduced by Meir Dan-Cohen. Oxford: Oxford University Press, 2015. 14-76 (*lectures 1 and 2*), 133-148 (*reply*).

in society, display in his bearing and self-presentation, and exhibit in his speech and actions")[33] e a inscrever-se assim numa cadeia que envolve os significantes estatuto e posição (*standing, ranking status*), honra, distinção e nobreza (*noble bearing*), estima, respeito e consideração (e a preservação das respectivas gradações relacionais) ou, ainda autodomínio, autocontrole e legitimidade-*auctoritas*... mas também *potestas*, hierarquia, privilégios de posição, arrogância.[34] E com o significante *Würde* ("fundamental worth or absolute inner worth, dignity as value [beyond price]") a privilegiar as conotações do valor absoluto ou intrínseco, da não fungibilidade, da autonomia, da autenticidade, da sacralidade ou da santidade de vida, da autossubsistência moral, da racionalidade imanente, do Reino dos Fins.[35]

Uma inteligibilidade narrativa que nos condena a esta incomensurabilidade? Seguramente que não. Ao contraponto desenhado por Waldron importam na verdade menos as diferenças *incomunicáveis* do que a oportunidade de reconhecer que a primeira destas perspetivas (cuja produtividade o autor manifestamente privilegia) se mostra (ou se tem mostrado) capaz de preservar a sua autonomia e identidade, enquanto e na medida em que responde a distintos contextos prático-culturais e aos seus desafios de institucionalização (não obstante a diversidade destes), ou, mais precisamente, enquanto responde a pretensões-aspirações de igualdade (*equality or equalitarian claims*) e às correlativas exigências de universalização... e a estas enquanto componentes de contextos performativos nos quais a segunda das perspetivas (the *"absolute worth" account*) – através das dinâmicas universalistas (heterogéneas embora) impostas pelo magistério católico-romano e pela filosofia moral moderno-iluminista (se não diretamente pelos *argumentos de Kant*) –[36] se torna por assim dizer explícita (ou aparentemente dominante). De acordo com Waldron, este reconhecimento não só nos autoriza, por um lado, a compreender as muitas e manifestas *contaminações* – aquelas que impedem os autênticos *worth accounts* de se nos imporem plenamente livres de *rank connotations* (nem os contributos maiores de São Tomás e de Kant, não obstante a sua celebração de um "ideal quase estético",[37] escapariam na verdade a tais contaminações!) –,[38] como sobretudo nos expõe, por outro lado, a uma dinâmica cultural e institucional verdadeiramente condutora... e com esta a uma significativa experiência de transvaloração-*transvaluation* ("[putting *dignitas*] to work in a new and egalitarian environment[39] [or simply universalizing an] ethics of honor").[40]

---

[33] WALDRON, Jeremy. *Dignity, rank, & rights*. Edited and introduced by Meir Dan-Cohen. Oxford: Oxford University Press, 2015. p. 28

[34] WALDRON, Jeremy. *Dignity, rank, & rights*. Edited and introduced by Meir Dan-Cohen. Oxford: Oxford University Press, 2015. p. 6; 4-5. 14; 18; 21-22; 30-33; 51 e ss.

[35] WALDRON, Jeremy. *Dignity, rank, & rights*. Edited and introduced by Meir Dan-Cohen. Oxford: Oxford University Press, 2015. p. 6; 23 e ss; 27-30; 137 e ss.

[36] WALDRON, Jeremy. *Dignity, rank, & rights*. Edited and introduced by Meir Dan-Cohen. Oxford: Oxford University Press, 2015. 23-27 (6.); 27-30 (7.); 137 -143 (2.).

[37] WALDRON, Jeremy. *Dignity, rank, & rights*. Edited and introduced by Meir Dan-Cohen. Oxford: Oxford University Press, 2015. p. 25.

[38] WALDRON, Jeremy. *Dignity, rank, & rights*. Edited and introduced by Meir Dan-Cohen. Oxford: Oxford University Press, 2015. p. 24-26; 28-30; 31 ff.; 137-138.

[39] WALDRON, Jeremy. *Dignity, rank, & rights*. Edited and introduced by Meir Dan-Cohen. Oxford: Oxford University Press, 2015. p. 14.

[40] WALDRON, Jeremy. *Dignity, rank, & rights*. Edited and introduced by Meir Dan-Cohen. Oxford: Oxford University Press, 2015. p. 26.

I believe that as far as dignity is concerned the connotation of ranking status remained, and that what happened was that it was transvalued rather than superseded.[41] [...] The older [notion of rank] is not obliterated; it is precisely the resources of the older notion that are put to work in the new.[42]

É por fim a atenção prestada a esta experiência de *transvaloração* que nos conduz à chamada *tese da igual dignidade* ou *da dignidade igual* (que Waldron tem estado a tratar como ponto de partida para um prometedor *work in progress*): precisamente aquela que defende que a "noção moderna (e contemporânea) de dignidade humana", enquanto envolve uma equalização ascendente de posição-*rank* ("an upwards equalization of rank")[43] "representa uma espécie de nivelamento normativo": "a sort of normative leveling-up to the treatment and respect that traditionally was due to those occupying the topmust rungs in society's hierarchy of status".[44]

[As if we were trying] to accord to every human being something of [...] the expectation of respect that was formerly accorded to nobility. [...] [Or as if we were organizing ourselves] "not like a society without nobility or rank, but like an aristocratic society which has just one rank (and a pretty high rank at that) for all of us.[45] [...] [W]e can use aspects of the traditional meaning of dignity, associated with high or noble rank, conceptions to cast light on our of human rights.[46] [...] I think all this is tremendously helpful in deepening our talk of human dignity and enriching our understanding of rights. The idea that both notions are connected with ideas of status, and with the transvaluation of older notions of rank, is a stimulating one.[47]

Para esclarecer a segunda pergunta (ou o contributo das categorias de inteligibilidade propostas por Waldron para a segunda pergunta) falta só mesmo uma especificação final, capaz de antecipar a anunciada concertação com o idioma jurisprudencialista (e antecipar implicações que a resposta às perguntas virá a consolidar). A relevância da distinção proposta por Waldron – levada a sério como um recurso ou instrumento reflexivo adequado, que uma experiência culturalmente contextualizada do direito (assumidamente *não positivista*) deverá com proveito mobilizar (e assimilar) – não está na verdade apenas nos conteúdos semânticos e pragmáticos exemplarmente contrapostos, está sobretudo no modo como estes conteúdos se associam a distintas *condições prático-culturais de emergência*. O que nos restitui diretamente ao contraponto

---

[41] WALDRON, Jeremy. *Dignity, rank, & rights*. Edited and introduced by Meir Dan-Cohen. Oxford: Oxford University Press, 2015. p. 31.

[42] WALDRON, Jeremy. *Dignity, rank, & rights*. Edited and introduced by Meir Dan-Cohen. Oxford: Oxford University Press, 2015. p. 33.

[43] WALDRON, Jeremy. *Dignity, rank, & rights*. Edited and introduced by Meir Dan-Cohen. Oxford: Oxford University Press, 2015. p. 33.

[44] WALDRON, Jeremy. *Dignity, rank, & rights*. Edited and introduced by Meir Dan-Cohen. Oxford: Oxford University Press, 2015. p. 143-144.

[45] WALDRON, Jeremy. *Dignity, rank, & rights*. Edited and introduced by Meir Dan-Cohen. Oxford: Oxford University Press, 2015. p. 33-34.

[46] WALDRON, Jeremy. *Dignity, rank, & rights*. Edited and introduced by Meir Dan-Cohen. Oxford: Oxford University Press, 2015. p. 34.

[47] WALDRON, Jeremy. *Dignity, rank, & rights*. Edited and introduced by Meir Dan-Cohen. Oxford: Oxford University Press, 2015. p. 36.

jurídico/extrajurídico – ao tratamento da *dignidade de posição* como um *princípio intrinsecamente jurídico* e à compreensão da *dignidade como valor* como um *princípio extrajurídico* (atribuído à mundividência religiosa e à filosofia moral e política, mas também à interiorização ética e à mediação literária) –, mas o que nos restitui sobretudo à surpreendente afirmação de *prioridade* ou *precedência* constitutivas da *ideia endogenamente jurídica* e das significações que a distinguem – mesmo quando (ou sobretudo quando), como acontece no nosso contexto presente, esta ideia já não pode viver sem a *transvaloração* que o princípio *extrajurídico* lhe proporciona ("dignity need not be treated in the first instance as a moral idea",[48] "dignity seems at home in law: law is its natural habitat",[49] "dignity [as] an idea [which] law create[d]").[50] O que muito claramente significa reconhecer – e com implicações significativas no que à autonomia do direito diz respeito –[51] que a "moralidade" tem mais a aprender com o direito e o pensamento jurídico ("including the philosophical and normative part of jurisprudence")[52] do que estes com aquela ("[M]aybe morality has more to learn from law than vice versa").[53]

3 É tempo de passar às respostas e ao esclarecimento que estas permitem. Às respostas ou à resposta? Se admitirmos simplificar as duas perguntas, concentrando-as na interrogação condutora que corresponde ao título deste ensaio (serão o *princípio da democracia* e a experiência da *dignidade como valor* verdadeiras "componentes" do *projeto-projetar* do direito?), a resposta é claramente só uma: à luz do *argumento de continuidade* que a reconstituição do *projeto do direito* nos exige (e da *reescrita da memória* que, enquanto experiência da *historicidade constitutiva*, tal argumento nos estimula a prosseguir), nem o *princípio da democracia* nem a representação da *dignidade como valor* se nos impõem como núcleos identitários do referido *projetar*, antes correspondendo (embora em termos diferentes e não necessariamente com os sentidos que Habermas e Waldron respectivamente lhes atribuem) a exigências de sentido e a recursos de institucionalização que podemos dizer *contextuais* – recursos que assim mesmo se inscrevem no *contexto de realização* em que, no presente degrau da sua trajetória, tal projetar e a *forma de vida* correspondente são procurados e prosseguidos, na mesma medida em que (levados a sério como *aquisições irrenunciáveis* da herança moderno-iluminista) nos impedem de qualificar como jurídica uma solução institucional em que as suas exigências de sentido sejam rejeitadas ou ignoradas.

Admito que esta resposta unitária possa causar alguma perplexidade, tanto mais que, em relação à segunda pergunta, se trata claramente de distribuir por planos distintos

---

[48] WALDRON, Jeremy. *Dignity, rank, & rights*. Edited and introduced by Meir Dan-Cohen. Oxford: Oxford University Press, 2015. p. 15.
[49] WALDRON, Jeremy. *Dignity, rank, & rights*. Edited and introduced by Meir Dan-Cohen. Oxford: Oxford University Press, 2015. p. 13.
[50] WALDRON, Jeremy. *Dignity, rank, & rights*. Edited and introduced by Meir Dan-Cohen. Oxford: Oxford University Press, 2015. p. 13; 15.
[51] Mas também no que diz respeito ao equívoco a que o debate positivismo/não positivismo (ao pressupor certa relação *juridicidade/moralidade*) persiste em nos impor. Voltaremos a este ponto *infra*, 4.2.
[52] WALDRON, Jeremy. *Dignity, rank, & rights*. Edited and introduced by Meir Dan-Cohen. Oxford: Oxford University Press, 2015. p. 133.
[53] WALDRON, Jeremy. *Dignity, rank, & rights*. Edited and introduced by Meir Dan-Cohen. Oxford: Oxford University Press, 2015. p. 14.

a *dignidade como posição* e a *dignidade como valor*... Se a experimentação da dignidade como *reciprocidade de posição* (*dignity as rank*), tornando a máscara do sujeito jurídico (enquanto sujeito autónomo e responsável) indissociável das exigências do *audiatur et altera pars*, permanece (como um dos traços recorrentes da forma de vida institucionalizada por este direito), já a sua relação com a *dignidade como valor*, quer num plano assumidamente macroscópico, quer numa projecção microscópica na categoria do *sujeito da controvérsia*, essa só se cumpre (e só se abre como aquisição decisiva) no ciclo moderno-iluminista.

Quando me refiro a um plano macroscópico, estou evidentemente a considerar o modo como essa representação da dignidade (enquanto ideia moral e político-filosófica) veio a ser diretamente assimilada pelo mundo prático do direito (e traduzida numa imediata *pretensão de igualdade*): antes de mais *formalmente*, através da decisiva compreensão da prescrição legislativa enquanto norma-*ratio* (a rousseauniana *loi encore à faire*, constitutivamente identificada com uma expressão intrínseca da universalidade racional), depois *substantivamente*, seguindo a conformação progressiva (mais ou menos contingente) dos programas-soluções legislativamente prescritos (e a correspondente *justificação* estratégica). A *dimensão* ou *nível* normativo no qual estas exigências de igualdade são incorporadas – macroscopicamente referidas a um contexto-ordem autossuficiente, ou pelo menos a um contexto autonomamente concebido, mesmo quando predominantemente entendido como um sistema de direitos individuais – é, no entanto, significativamente diferente da *dimensão* ou *nível* normativo (intrinsecamente relacionado com o problema-caso) no qual cresce – no qual tem vindo a crescer desde a *civitas* romana (sem prejuízo de em alguns ciclos históricos aparecer escondida ou reduzida a uma posição subordinada) – a citada pragmática microscópica e a sua experiência da *dignidade* (esta agora como uma ideia *intrinsecamente jurídica*). A projeção contextual que aqui nos importa tem já a ver na verdade com a aquisição decisiva (tornada possível apenas no ciclo moderno-iluminista) de uma "ideia de direito" ou do "sistema jurídico" que (com uma crescente sensibilidade às diferenças e uma não menos crescente tematização desta sensibilidade) atribui a máscara da *pessoa jurídica* a todos os homens-sujeitos, na sua *facticidade* antropológica ("the idea of law or of a legal system now embodies the assumption that everyone in a society ruled by law is treated as *sui juris*, as having full legal dignity"),[54] tornando impossível que uma *forma de vida* que recuse esta atribuição possa no nosso contexto contemporâneo ser qualificada como uma ordem de direito.

Penso que a acentuação decisiva está na expressão *forma de vida* e na resposta-solução que nos permite reconhecer uma mesma *forma de vida* (com uma emergência perfeitamente localizada e uma consciência da sua finitude ou do esgotamento das suas condições) a ser prosseguida *materialmente* em contextos muito distintos e em *consonância* com esses contextos... numa relação que é sempre *dialética*. Já tenho na verdade procurado esclarecer que por *forma de vida* entendo aqui um conteúdo intencional imediatamente *sociocultural*, se não *antropológico-cultural* – livre da hesitação construtiva que a *receção* das *Philosophische Untersuchungen* tem suscitado –, o qual, por sua vez, se

---

[54] WALDRON, Jeremy. How law protects dignity. *Public Law & Legal Theory Research Paper Series – New York University School of Law Working Paper*, n. 11-83, 2011. p. 17. Disponível em: http://papers.ssrn.com/sol3/papers.cfm?abstract_id=1973341##. Acesso em: fev. 2013.

mostre suficientemente flexível na sua *intensão* e suficientemente amplo na sua *extensão* para poder evocar...:
  (a) *por um lado* (com a ajuda de Wittgenstein) a *inventio* ou o *concipere* ou a "apresentação" de uma *linguagem* ([u]nd eine Sprache vorstellen heißt, sich eine *Lebensform* vorstellen) –[55] se não também já de um *jogo de linguagem* ("das Sprechen der Sprache [ist] ein Teil [...] einer Tätigkeit, oder einer *Lebensform*")...[56] – e com esta criação-invenção (sem que assim se prejudique a plausibilidade de uma *abertura crítica* e da sua argumentação *infinita*), também a indispensabilidade de uma *estabilização dogmática* e da argumentação *finita* que esta proporciona ("Das Hinzunehmende, Gegebene – könnte man sagen – seien *Lebensformen*);[57]
  (b) por outro lado (concertando contributos tão heterogéneos como os de Boyd White, Landowski, Bubner e Castanheira Neves!), uma ordem-*ordinans* de "ocasiões" ou de "oportunidades de criação de sentido" ("law not as a system for producing material results in the world, but as a system of meaning, or, perhaps better, as a set of occasions and opportunities for the creation of meaning"),[58] oportunidades todas elas orgânico-estruturalmente institucionalizadas (ainda que oferecendo distintas modalidades normativo-intencionais de *vinculação-vigência*),[59] as quais, ao serem *vividas por dentro* ("viewed from the inside, by someone who lives on its terms") –[60] ao imporem-se-nos (também no plano estritamente *semiótico*) como expressões-recursos prático-existenciais ("il y a place, en sémiotique, pour la vie!") –,[61] se mostrem por sua vez em condições de, no horizonte das significações comunitárias (enquanto referência a um *commune* que é sempre também procura desse *commune*), instituir uma inconfundível *cultura do argumento* ("perpetuamente refeita" pelos sujeitos que nela participam).[62] Sem esquecer que uma coisa é decerto esta procura e o *commune* que (enquanto *novum normativo-cultural*) esta vai gerando – num processo de institucionalização que corresponde à conversão da validade num contexto-ordem, bem como à mobilização deste como horizonte de sentido de um problema de comparação intersubjetiva... –, outra a reflexão metadogmática (mais ou menos claramente inscrita no

---

[55] WITTGENSTEIN, Ludwig. *Philosophische Untersuchungen*. Frankfurt am Main: Surkamp Verlag, 1971. p. 24 (II, §19).
[56] WITTGENSTEIN, Ludwig. *Philosophische Untersuchungen*. Frankfurt am Main: Surkamp Verlag, 1971. p. 28 (I, §23).
[57] WITTGENSTEIN, Ludwig. *Philosophische Untersuchungen*. Frankfurt am Main: Surkamp Verlag, 1971. p. 363 (II, xi).
[58] WHITE, James Boyd. *From expectation to experience*. Essays on law and legal imagination. Michigan: University of Michigan, 1999. p. 52.
[59] NEVES, António Castanheira. *O actual problema metodológico da interpretação jurídica*. Coimbra: Coimbra Editora, 2003. v. I. p. 241.
[60] WHITE, James Boyd. *From expectation to experience*. Essays on law and legal imagination. Michigan: University of Michigan, 1999. p. 103.
[61] LANDOWSKI, Eric. Régimes de sens et styles de vie. *Nouveaux actes sémiotiques*, n. 115, 2012. Disponível em: https://www.unilim.fr/actes-semiotiques/2647. Acesso em: jun. 2013.
[62] Ver muito especialmente WHITE, James Boyd. *Heracles' bow*. Essays on the Rhetoric and Poetics of the Law. Madison: University of Wisconsin Press, 1985. p. 215-237 ("Plato's Gorgias and the Modern Lawyer. A Dialogue on the Ethics of Argument").

campo da filosofia do direito) que se permite interpelar o seu projeto-*proicere*... e reconstituir o correspondente *argumento de continuidade*. Se a primeira permanece vinculada à materialidade vivida de uma experiência histórica (e à circularidade inextricável que a alimenta), a segunda, sem renunciar a uma perspetiva interna, tematiza explicitamente essa historicidade-temporalidade enquanto *iterabilidade*: o que significa decifrar crítico-reflexivamente os sinais ou traços repetidos (e a diferença, senão *différance* que alimenta a sua dinâmica) e então e assim permitir que, na reconstituição da emergência e do percurso (se não da crise ou do declínio) do projeto em causa se integrem recursos expressivos heterogéneos, justificados pela mobilização *em alternativa* ou *em sobreposição* de distintas experiências do tempo ou da temporalidade – experiências que poderemos atribuir aos *tipos ideais* do transitivo "tempo linear" e do intransitivo "tempo existencial" e que aqui convergem ou se concertam na perspetiva de uma intencionalidade nuclearmente práticonormativa, com aspirações que se nos dirigem em simultâneo regulativa e constitutivamente.

> Thus, the "now" of existential time is essentially intransitive: it is not now in relation to anything else. [...] According to the idea of existential time, the word "past" refers to what humans keep on choosing, right now, to create and accept as authoritative in a constellation that is comprised of two basic elements: (a) a present situation and (b) the present trace or memory of a past event.[63]

Não seria, na verdade, possível experimentar a *continuidade* da pretensão-exigência de autonomia do direito – questionando, tão radicalmente quanto possível, a plausibilidade da sua defesa no nosso tempo (nos seus vínculos decisivos com a herança da Europa) –[64] se nos fosse permitido esquecer os diversos ambientes-*environments* culturais e sociais que, nos seus diferentes problemas e exigências, se impuseram como contextos indispensáveis de realização do seu *projeto-projectar* (e assim mesmo o têm vindo a enquadrar, permitindo-nos caracterizar os sucessivos degraus da sua trajetória)... No que diz respeito a estes degraus, podemos mesmo acrescentar que a atenção dispensada aos *contextos de realização*, na sua complexidade (que é também a do modo como estes interferem nos *projetados* sentidos comunitários), não exclui decerto a necessidade reflexiva de concentrar os seus traços característicos numa sequência de etapas ou

---

[63] WOLCHER, Louis E. *Law's task*. The tragic circle of law, justice and human suffering. Aldershot: Ashgate, 2008. p. 178; 189.

[64] Quando falamos do projetar-*proicere* do direito, a intensificação da circularidade permite-nos ver na dialética *suum/commune* ou na compreensão da *tercialidade* que esta institucionaliza uma *pretensão cultural ou espiritual-ideal* (chamemos-lhe ou não *princípio de validade*). Trata-se muito claramente de, em cada contexto (embora com a persistência *transcontextual* que justifica o *argumento de continuidade*), estabelecer uma mediação, "em termos constitutivamente específicos", "entre os fatores reais" e os outros "fatores culturais" (NEVES, António Castanheira. As fontes do direito e o problema da positividade jurídica. *Boletim da Faculdade de Direito LII*, 1975. p. 170). Com a consequência inevitável de o mediador assim autonomizado, na complexidade dos seus elementos, não poder (nem pretender) escapar à *historicidade constitutiva* e à permanente reinvenção que esta lhe impõe. O que, no limite, significa abrir a própria mediação (e esta enquanto aposta na possibilidade de separação-*Isolierung* de *certo* mundo prático) a uma interpelação radical: a uma interpelação que admita com toda a transparência pôr em causa a preservação da mediação e (ou) questionar a plausibilidade contextual dos seus *artefacta*.

ciclos históricos mais amplos (que podem ser usados como referências integradoras abertas). Isto significa reconhecer que o último exercício de concentração permitido será obviamente aquele que acrescenta à etapa inicial da *Isolierung* jurisprudencial mais outras três: a primeira a corresponder à estabilização de uma conversão hermenêutico-axiológica na *respublica Christiana* medieval, a segunda a emergir da irreversível *viragem* moderno-iluminista e das suas aquisições decisivas, a terceira enfim a expor o legado da segunda e o impressivo regresso das possibilidades de racionalização consagradas pela primeira aos desafios paradoxais da homogeneização globalizadora e da autocelebração da *diferença* e da *pluralidade* (se não *incomensurabilidade*). O que uma vez mais nos autoriza a reconhecer o *status* do *argumento de continuidade* enquanto experiência da *historicidade constitutiva* e o modo como este se alimenta de uma permanentemente empenhada *reescrita* da memória...

4 Concluo voltando à separação entre as duas perguntas, mas agora para sintetizar os contributos que cada uma delas nos autoriza a reconhecer.

4.1 Começo pela primeira. Responder negativamente a esta primeira pergunta permite-nos desde logo sublinhar a incompatibilidade entre duas narrativas de continuidade e as compreensões da juridicidade que estas manifestam: assumir a identificação do *princípio do direito* com o *princípio da democracia* nos termos em que Habermas a sustenta – com a preservação de uma compreensão *normativística* (puramente *deontológica*) da *universalidade* e da *razão prática* (capaz de atribuir às *normas-ratio* uma *validade* discursivamente autoconstitutiva) e uma recondução da dialética *suum/ commune* às perspetivas do *Gesellschaftsbürger* e do *Staatsbürger* – pressupõe na verdade uma *continuidade* que podemos dizer *interna* ao *Projekt der Moderne*; reconstituir crítico-reflexivamente o *projeto-projetar* do direito significa em contrapartida invocar uma forma de vida dominada pela perspetiva do problema-controvérsia e pela invenção do concreto analogicamente comparável que o distingue, recriando assim uma continuidade que tem o seu início na *praxis* de *respondere* da *civitas* romana – o que significa *tratar* a referida modernidade (não obstante a importância das suas aquisições) apenas como *uma* das etapas históricas a ter em conta, uma etapa de resto que, ao reconstituir a experiência da *comparabilidade* a partir do contexto-ordem (e dos critérios que o integram), trata a *identidade concreta* desta comparabilidade (e os elementos que a especificam) como uma dimensão subordinada (mais ou menos negligenciável), cuja contingência deverá ser (metodologicamente) submetida a uma assimilação-conversão racional.

Mais relevante do que o confronto destas duas narrativas é, porém, o confronto das perspetivas que as sustentam: o que para a abordagem prático-cultural que defendo significa afinal surpreender como interlocutor negativo um extenso *common ground*. Aquele que, com a ajuda das formulações de Charles Taylor,[65] podemos dizer constituído por uma representação nuclearmente *acultural* (ou culturalmente neutra) da juridicidade – indiferente à conformação civilizacional deste direito (à sua índole

---

[65] Para uma consideração deste argumento, importa ter presente a caracterização da *"acultural" way of understanding the rise of modernity* – em contraponto com a "cultural" *way* – que Taylor propõe em Inwardness and the culture of modernity. *In*: HONNETH; MCCARTHY; OFFE; WELLMER (Hg.). *Zwischenbetractungen im Prozess der Aufklärung*. Jürgen Habermas zum 60. Geburtstag. Frankfurt am Main: Suhrkamp Verlag, 1989. p. 601-623.

como resposta culturalmente possível)... ou pelo menos indisponível para projetar esta conformação ou esta índole (na sua explícita *não universalidade*) num tratamento constitutivamente relevante de tal direito e do pensamento ou pensamentos que o pensam (e das correspondentes pretensões-vocações de universalidade).

Reconduzido a esta representação, este é na verdade um *common ground* surpreendente... e surpreendente porque partilhado (frequentado) por reflexões que, no seu núcleo duro, se mostram inconciliáveis: inconciliabilidade que se manifesta logo nas perguntas e no modo como estas se sobrepõem ou excluem – quando identificam os problemas do *conceito*, da *natureza*, das *aspirações* ou do *sentido* do direito (e a possibilidade/impossibilidade do *perguntar* que os alimenta) –, inconciliabilidade que se agrava com as respostas e com os caminhos em que estas (afivelando rótulos mais ou menos esperados) explicitamente se inscrevem.

Se a ausência da interpelação dirigida à conformação cultural-civilizacional do direito e à sua plausibilidade performativo-contextual é decerto plenamente congruente com as propostas que veem no *jurídico* um acervo de *recursos de institucionalização* intencionalmente neutros – recursos estes capazes de garantir prescritivo-autoritariamente distintas interpretações da "necessidade social" *heteronomamente* construídas... e de assim mesmo corresponder, como que instrumentalmente, a outros tantos modelos (comunitários ou societários) de *identidade coletiva* (política, económica ou eticamente construídos) –, a mesma ausência torna-se no entanto já difícil de compreender quando as propostas em causa correspondem (com maior ou menor eloquência) ao desafio de tratar o direito simultânea e incindivelmente como uma *instituição socialmente vigente* e como uma *aspiração ou compromisso prático-cultural*. Sendo aqui também muitas as respostas hoje possíveis, um novo patamar, confirmando (ainda que implicitamente) a pretensão de neutralidade cultural do primeiro, torna-se na verdade exigível. Trata-se, com efeito, de reconduzir tais aspirações ou compromissos (ou o argumento de continuidade que lhes dá sentido) ao *descentramento* introduzido pela modernidade europeia (nas suas vertentes *social* e *cultural*), se não diretamente às aquisições irrenunciáveis do iluminismo – e com estas à reinvenção da *europeidade pós-nacional* enquanto *projeto constitucional*... – e de tal modo que a projeção acultural (ou culturalmente neutra) a ter em conta possa ser precisamente aquela que converte tais aquisições (ou uma reconstituição seletiva destas) – do *princípio da democracia* à prescrição dos direitos humanos, do *consenso por sobreposição* ao *cosmopolitismo de capacidades-capabilities* – nos marcos-*features* de uma etapa-limite de progresso.[66] O que não significa decerto esquecer que tais aquisições emergiram em certo tempo e em certo contexto cultural-civilizacional, mas o que significa já admitir que estas devem ser levadas a sério como progressos ou desenvolvimentos racionais de uma etapa ou estádio-limite (para a qual ou para o qual todas as experiências tendem)... e então e assim (uma vez emancipadas da *tradição* que as produziu) responsabilizadas por uma estrutura-*framework* global – uma estrutura que possa tratar racionalmente toda

---

[66] Para uma contextualização menos sumária, ver este argumento em LINHARES, J. M. Aroso. Direito, violência e tradução: poderá o direito, enquanto forma de vida civilizacionalmente situada, oferecer-nos as condições de terciaridade exigidas pelo problema do diálogo intercultural? *Themis*, ano XV, n. 26/27, p. 29-59, 2015; e LINHARES, J. M. Aroso. A "avidez da uniformidade" e a celebração incondicional da diferença: dois desafios contrários no contexto contemporâneo do projeto do direito? In: BITTAR, Eduardo (Coord.). *Filosofia do direito*: diálogos globais, temas polêmicos e desafios da Justiça. São Paulo: Quartier Latin, 2019. p. 251-264.

e qualquer comunicação, independentemente da sua identidade cultural, da sua origem étnica e da concepção do homem e da *vida boa* que nela se manifeste...

A nitidez (muitas vezes no fio do *diferendo*) com que estes confrontos são cultivados garante ao dito *common ground* uma poderosa aparência de *legitimidade*, onerando a tentativa de o questionar (de desconstruir o *universalismo aproblemático* que o alimenta) com um exercício de contra-argumentação particularmente difícil. Será este um exercício ocioso, apenas justificado pela resistência a um fluxo dominante (e pela intenção de demarcação reativa que esta estimula)? Eu diria que é antes um exercício-*limite*, cumprido nas fronteiras de uma *perspetiva interna* (e levando a sério as últimas *perguntas* que esta autoriza): um exercício que um outro tempo (com uma outra experiência dos problemas condutores) poderia dispensar (ou reconduzir a uma dimensão implícita), um exercício que a nossa circunstância – ao alimentar a convivência pacífica de um *ethos* desconstrutivista com as manifestações de um *panjuridicismo* triunfante – tornou, no entanto, indispensável.

4.2 Acentuação que me leva à segunda pergunta. Mas agora muito simplesmente para terminar, sublinhando a traço grosso o que o percurso anterior nos permitiu reconhecer. Trata-se na verdade de justificar a distribuição das componentes *dignidade como posição* e *dignidade como valor*. O que o diálogo com Waldron nos oferece é na verdade a possibilidade de regressarmos à invenção da controvérsia enquanto *artefactus* atribuível à *ascensão dos juristas*... e mais direta e especificamente, a certo elemento estrutural que é indispensável nesta controvérsia. Refiro-me ao elemento que diz respeito à *posição dos sujeitos-partes* na sua relação com a situação-*acontecimento* e com o contexto-*ordem* dogmaticamente pressuposto. Se a exigência de assimilação-tratamento da controvérsia se baseia na *especificidade* da diferença que os argumentos confrontados constroem, dir-se-ia redundante acrescentar que a condição por excelência da identidade das *máscaras-artefactos* repousa por sua vez na possibilidade-*legitimidade* (que é também oportunidade institucionalmente consagrada) de cada um dos sujeitos envolvidos, referindo-se à mesma situação concreta e convocando o mesmo contexto-ordem dogmaticamente vigente, construir-manifestar-sustentar compreensões nuclearmente distintas das máscaras em causa e dos vínculos que reciprocamente as relacionam (-constituem). A observação, no entanto, é menos trivial do que parece. Nesta possibilidade-oportunidade e na *atenção* que ela institucionaliza (*abrindo* um processo de assimilação-tratamento e submetendo este a uma dinâmica de *contraditório*) conjugam-se, com efeito, duas dimensões imprescindíveis, dimensões que tornam a experiência do problema-controvérsia e o reconhecimento do *sujeito-pessoa* como que *geneticamente* indissociáveis – ao ponto porventura de podermos dizer que é esta indissociabilidade que nos fornece a chave para *distinguirmos* aquela experiência e este reconhecimento na sua *estrita relevância jurídica* (para identificarmos o sentido e os limites que o mundo prático do direito lhes atribui).

A que dimensões me refiro? *Por um lado* a uma pragmática de *respeito* pelos sujeitos-partes que se traduz na exigência de *ouvir* as posições defendidas e os argumentos que as racionalizam, *por outro lado* a um *procedimento* de receção destes argumentos que, ao tematizá-los na sua (universal) reversibilidade, assegura as condições que, sem prejuízo das suas diferenças e das tensões que estas geram, nos permitem levá-los a sério na promessa de *univocidade* das suas referências, como experimentações (interpretações) plausíveis de um contexto-*ordem* (e da *praxis* que dogmaticamente o estabiliza) – contexto que deverá também assegurar o *tertium comparationis* indispensável a um tratamento judicativo transubjetivamente logrado (e às palavras últimas que este assegura), contexto que virá a ser significativamente identificado com o sistema jurídico.

Deverão este respeito pragmático e a sua exigência de igualdade (esta enquanto exigência microscópica inseparável da estrutura da controvérsia e da possibilidade de uma comparabilidade prudencial) ser tratados como especificações da *dignidade humana*? Eu diria que sim. Diria mesmo, com mais rigor, que, por força de tal inseparabilidade – por força da relevância conferida a uma *tercialidade* microscopicamente experimentada (garantida pelo julgador-*terceiro* e pela pressuposição de um *tertium comparationis* identificado com o *sistema jurídico*) –, esta é precisamente a especificação da *dignidade humana* que (sem prejuízo de consagrar inicialmente um círculo de intersubjetividade *aristocraticamente* fechado) o projeto cultural do direito inventou *como sua*... e que assim mesmo tem vindo a ser prosseguida e permanentemente reinventada (e não apenas *expandida* no seu círculo!) como uma indispensável pretensão identificadora. A pragmática em questão e a sua máscara *relativizadora* (enquanto especificações do referido *status*) traduzem na verdade uma compreensão da dignidade explicitamente vinculada ao princípio *audiatur et altera pars* e representam assim a invenção de um sujeito autónomo e responsável – o sujeito intersubjetivamente comparável que, implícita ou explicitamente invocando uma ordem de *fundamentos* e *critérios*, se dirige simultaneamente à outra parte e ao julgador (exigindo ser ouvido,[67] mas também esperando um tratamento racionalmente *judicativo* da controvérsia).[68]

Entendamo-nos: ao defender a justeza de uma compreensão da *continuidade* do direito como projeto cultural e como um processo constitutivo de reinvenção e crescimento – acentuando que este processo de institucionalização (de uma ordem de intersubjetividade específica) é irredutível à perspetiva de uma "mera expansão

---

[67] "Dignity seems to hook up in obvious ways with juridical ideas about hearings and due process and status to sue..." (WALDRON, Jeremy. How law protects dignity. *Public Law & Legal Theory Research Paper Series – New York University School of Law Working Paper*, n. 11-83, 2011. p. 5. Disponível em: http://papers.ssrn.com/sol3/papers.cfm?abstract_id=1973341##. Acesso em: fev. 2013). Para um desenvolvimento ver WALDRON, Jeremy. *Dignity, rank, & rights*. Edited and introduced by Meir Dan-Cohen. Oxford: Oxford University Press, 2015. p. 54-55 ("Hearings and Due Process").

[68] É importante acrescentar que Habermas considera o contributo de Waldron (HABERMAS, Jürgen. *Zur Verfassung Europas*. Ein Essay. 4. Aufl. Frankfurt am Main: Suhrkamp Verlag, 2012. p. 27 ss.) e, através da sua reconstituição da *dignity as rank or status*, também os "precursors directos" da concepção da *dignitas humana* na "filosofia grega" ("especialmente na Stoa") e "no humanismo romano" (nomeadamente em Cícero), enquanto acentua decisivamente o contexto-*horizonte* de uma compreensão ontológica do "valor superior" do homem como "espécie" (o distinto *status* ontológico do ser humano no cosmos), mas também enquanto (não certamente por acaso) negligencia a conexão (não menos relevante) entre a experiência da *dignitas* e o (especificamente jurídico) *princípio do contraditório* (enquanto fonte de exigências normativas). Isto não impede certamente Habermas de atribuir toda a relevância devida à invenção da *individuelle Person* no contexto da *respublica christiana* (enquanto discussão da *Gottesebenbildlichkeit*) (HABERMAS, Jürgen. *Zur Verfassung Europas*. Ein Essay. 4. Aufl. Frankfurt am Main: Suhrkamp Verlag, 2012. p. 28), mas permite-lhe concluir que não há uma autêntica "ponte semântica" entre estes "precursores directos" e a experiência moderna da *dignitas*. "Aber trifft das den Sinn der gleichen Menschenwürde eines jeden? Auch die direkten Vorläufer, die der Begriff der Menschenwürde in der griechischen Philosophie, vor allem in der Stoa und im römischen Humanismus – etwa bei Cicero – hat, bilden keine semantische Brücke zum egalitären Sinn des modernen Begriffs. Damals erklärte sich die *dignitas humana* aus einer ontologisch ausgezeichneten Stellung des Menschen im Kosmos, aus dem besonderen Rang, den der Mensch aufgrund von Gattungseigenschaften wie Vernunftbegabung und Reflexion gegenüber „niederen" Lebewesen einnimmt. Die Höherwertigkeit der *Species* kann vielleicht einen Artenschutz begründen, aber nicht die Unantastbarkeit der Würde der einzelnen Person als Quelle normativer Ansprüche [...]" (p. 27-28).

do círculo", ou pelo menos, que tal processo deve ser experimentado sem o *pathos* do "progresso" ou da *providentialist teleology*[69] (os quais, ao impor-lhe um ponto de chegada *acultural* e um "brilho meliorista complacente", certamente o desfiguram) – a intenção não é certamente a de problematizar a aquisição moderno-iluminista de uma "ideia de direito" ou do "sistema jurídico" que atribui a máscara da *pessoa jurídica* a todos os homens-sujeitos,[70] menos ainda a de desvalorizar o papel absolutamente indispensável desempenhado na nossa presente circunstância pela objetivação democrático-constitucional – sendo certo que o problema que esta objetivação enfrenta é precisamente o da *juridicização* do sistema político, se não o da institucionalização normativa da relação global entre *communitas* e *societas* (ambas entendidas como *artefactos* culturais). É antes a de reconhecer a importância (se não urgência) que assume no nosso tempo a discussão crítico-reflexiva da conceção jurídica da pessoa em contraponto com as outras experiências (éticas, filosóficas, religiosas) da pessoalidade desenvolvidas pelo Texto do Ocidente. Uma discussão quase sempre negligenciada? Antes uma discussão ferida pela invocação indiscriminada de uma perspetiva moral (e pelos muitos rostos com que esta se nos dirige... quer se trate de invocar o universalismo aculturalmente concebido de uma moralidade crítica ou o particularismo de uma moralidade positiva ou convencional, para não falar já dos perigos de uma ética da incomparabilidade). Rostos que não poderei invocar agora... mas que me têm levado a sustentar que a reconstituição hoje exigível do projeto do direito passa pela necessidade de defender (com uma intenção seguramente muito mais clarificadora do que provocatória) uma autêntica tese (não positivista) de separação direito/moral.[71] Por que uma *tese de separação* (a ser justificada à luz do cânone do Ocidente)? Indubitavelmente porque o *direito* e a *moralidade* (ou, mais exatamente, o *direito* e as *moralidades*), sem que se excluam sobreposições e convergências, são confrontados aqui como diferentes linguagens ou diferentes *sets* de "ocasiões e oportunidades de criação de sentido" (se não de recursos prático-existenciais),[72] com diferentes *problemas condutores* e compreensões inconfundíveis da *validade* comunitária (determinando, enquanto tal, experiências e conceções de autonomia e responsabilidade que não devem ser reciprocamente *confundidas*). Uma tese *não positivista*... e que, no entanto, encontra afinidades preciosas no *positivismo* ético de Waldron? Permitam-me que o reconheça. Sem esquecer que as afinidades estão menos no tratamento integrado (e nas implicações normativas) da *dignidade de posição* do que na oportunidade privilegiada de resistir à *misinterpretation* que transforma todas as questões relativas ao conteúdo ou à correção (se não validade) das respostas jurídicas em autênticas questões morais. Acentuação que me autoriza a terminar, voltando muito simplesmente à lição do autor de *Dignity, rank, & rights*:

---

[69] A fórmula é de ROSEN, Michael. How law protects dignity. Replies to Jeremy Waldron: dignity, rank and rights. *Tanner Lectures*, Berkeley, 21-23 abr. 2009. p. 2. Disponível em: http://scholar.harvard.edu/files/michaelrosen/files/replies_to_jeremy_waldron.pdf. Acesso em: fev. 2013.

[70] Ver *supra*, nota 58.

[71] LINHARES, J. M. Aroso. In defense of a non-positivist separation thesis between law and morality. *Rechtsphilosophie. Zeitschrift für Grundlagen des Rechts*, Beck, 4, p. 425-443, 2016. p. 425-443.

[72] WHITE, James Boyd. *From expectation to experience*. Essays on law and legal imagination. Michigan: University of Michigan, 1999. p. 52.

I follow Ronald Dworkin in believing that grounding doctrines can be legal too–legal principles, for example, or legal policies. Law creates, contains, envelops and constitutes these ideas. It does not just borrow them from morality. [...] Political morality is *about* law, and so the place of dignity in political morality orients itself critically to the place of dignity in legal system. What I have been arguing is that a lot of this moralizing involves *immanent critique*, rather than bringing standards to bear that are independent of those the law itself embodies. We evaluate law morally using (something like) law's very own dignatarian resources [...].[73]

Referências

CANOTILHO, J. J. Gomes; MOREIRA, Vital (Coord.). *Da virtude e fortuna da república ao republicanismo pós-nacional*. Casal de Cambra: Caleidoscópio, 2011.

HABERMAS, Jürgen. *Die Einbeziehung des Anderen*. Studien zur politischen Theorie. Frankfurt am Main: Suhrkamp Verlag, 1999.

HABERMAS, Jürgen. *Die postnationale Konstelation*. Politische Essays. Frankfurt am Main: Suhrkamp Verlag, 1998.

HABERMAS, Jürgen. *Erläuterung zur Diskursethik*. Frankfurt am Main: Suhrkamp Verlag, 1991.

HABERMAS, Jürgen. *Faktizität und Geltung*. Beiträge zur Diskurstheorie des Rechts und des demokratischen Rechtsstaats. Frankfurt am Main: Suhrkamp Verlag, 1992.

HABERMAS, Jürgen. *Theorie des kommunikativen Handelns*. Frankfurt am Main: Suhrkamp Verlag, 1981. v. II.

HABERMAS, Jürgen. *Zur Verfassung Europas*. Ein Essay. 4. Aufl. Frankfurt am Main: Suhrkamp Verlag, 2012.

HABERMAS, Jürgen. *Zwischen Naturalismus und Religion*. Philosophische Aufsätze. Frankfurt am Main: Suhrkamp Verlag, 2005.

LANDOWSKI, Eric. Régimes de sens et styles de vie. *Nouveaux actes sémiotiques*, n. 115, 2012. Disponível em: https://www.unilim.fr/actes-semiotiques/2647. Acesso em: jun. 2013.

LINHARES, J. M. Aroso. A "avidez da uniformidade" e a celebração incondicional da diferença: dois desafios contrários no contexto contemporâneo do projeto do direito? *In*: BITTAR, Eduardo (Coord.). *Filosofia do direito*: diálogos globais, temas polêmicos e desafios da Justiça. São Paulo: Quartier Latin, 2019.

LINHARES, J. M. Aroso. Constitucionalidade, juridicidade e identidade europeia: será a Europa hoje verdadeiramente um "projeto constitucional"? Um diálogo entre narrativas de continuidade e descontinuidade. *In*: AMARAL, Maria Lúcia (Org.). *Estudos em Homenagem ao Conselheiro Presidente Rui Moura Ramos*. Coimbra: Almedina, 2016. v. I.

LINHARES, J. M. Aroso. Direito, violência e tradução: poderá o direito, enquanto forma de vida civilizacionalmente situada, oferecer-nos as condições de tercialidade exigidas pelo problema do diálogo intercultural? *Themis*, ano XV, n. 26/27, p. 29-59, 2015.

LINHARES, J. M. Aroso. In defense of a non-positivist separation thesis between law and morality. *Rechtsphilosophie. Zeitschrift für Grundlagen des Rechts*, Beck, 4, p. 425-443, 2016.

LINHARES, J. M. Aroso. Law and opera as practical-cultural artefacts, or the productivity and limits of a plausible counterpoint. *In*: MANZIN, Maurizio; PUPPO, Federico; TOMASI, Serena (Ed.). Multimodal argumentation, Pluralism and images in law (Studies on argumentation & legal philosophy/3). *Quaderni della Facoltà di Giurisprudenza, dell'Università degli Studi di Trento*, Trento, v. 36, 2018.

LINHARES, J. M. Aroso. O homo humanus do direito e o projeto inacabado da modernidade. *Boletim da Faculdade de Direito*, Coimbra, v. 86, p. 515-561, 2010.

---

[73] WALDRON, Jeremy. *Dignity, rank, & rights*. Edited and introduced by Meir Dan-Cohen. Oxford: Oxford University Press, 2015. p. 67.

NEVES, António Castanheira. *O actual problema metodológico da interpretação jurídica*. Coimbra: Coimbra Editora, 2003. v. I.

ROSEN, Michael. How law protects dignity. Replies to Jeremy Waldron: dignity, rank and rights. *Tanner Lectures*, Berkeley, 21-23 abr. 2009. Disponível em: http://scholar.harvard.edu/files/michaelrosen/files/replies_to_jeremy_waldron.pdf. Acesso em: fev. 2013.

TAYLOR, Charles. Inwardness and the culture of modernity. *In*: HONNETH; MCCARTHY; OFFE; WELLMER (Hg.). *Zwischenbetractungen im Prozess der Aufklärung*. Jürgen Habermas zum 60. Geburtstag. Frankfurt am Main: Suhrkamp Verlag, 1989.

WALDRON, Jeremy. *Dignity, rank, & rights*. Edited and introduced by Meir Dan-Cohen. Oxford: Oxford University Press, 2015.

WALDRON, Jeremy. How law protects dignity. *Public Law & Legal Theory Research Paper Series – New York University School of Law Working Paper*, n. 11-83, 2011. Disponível em: http://papers.ssrn.com/sol3/papers.cfm?abstract_id=1973341##. Acesso em: fev. 2013.

WALDRON, Jeremy. Normative (or ethical) positivism. *In*: COLEMAN, Jules (Ed.). *Hart's postscript*. Essays on the postscript to the concept of law. Oxford: Oxford University Press, 2005.

WHITE, James Boyd. *From expectation to experience*. Essays on law and legal imagination. Michigan: University of Michigan, 1999.

WHITE, James Boyd. *Heracles' bow*. Essays on the Rhetoric and Poetics of the Law. Madison: University of Wisconsin Press, 1985.

WITTGENSTEIN, Ludwig. *Philosophische Untersuchungen*. Frankfurt am Main: Surkamp Verlag, 1971.

WOLCHER, Louis E. *Law's task*. The tragic circle of law, justice and human suffering. Aldershot: Ashgate, 2008.

Informação bibliográfica deste texto, conforme a NBR 6023:2018 da Associação Brasileira de Normas Técnicas (ABNT):

LINHARES, José Manuel Aroso. O princípio da democracia e a dignidade como valor: "componentes" do projeto-projetar do direito? Uma conversation piece com Habermas e Waldron. *In*: GOMES, Ana Cláudia Nascimento; ALBERGARIA, Bruno; CANOTILHO, Mariana Rodrigues (Coord.). *Direito Constitucional*: diálogos em homenagem ao 80º aniversário de J. J. Gomes Canotilho. Belo Horizonte: Fórum, 2021. p. 295-315. ISBN 978-65-5518-191-3.

O TRIÂNGULO DIALÉTICO DE CANOTILHO E A TESE DA CONSTITUIÇÃO DIRIGENTE EM PAÍSES DE MODERNIDADE TARDIA: SOBRE COMO NÃO PODEMOS DAR UM SALTO EM DIREÇÃO À DESCONSTITUCIONALIZAÇÃO

LENIO LUIZ STRECK

1 Introdução: por que a Constituição ainda deve "constituir-a-ação"

O Brasil de hoje não compreendeu um longo processo de construção de democracia, com destaque para a participação popular, do qual é fruto a Constituição de 1988. Isso ocorre, sobretudo, pela presença facilmente constatável daquilo que denomino de "baixa constitucionalidade",[1] isto é, a baixa compreensão, que ocorre porque parte da doutrina e jurisprudência continua assentada em dicotomias ultrapassadas.

Isso pode ser demonstrado por posturas do Poder Judiciário que oscilam entre o apego ao texto legal (um textualismo por vezes ingênuo), enquanto em outros momentos ignora os seus limites semânticos. Ou seja, de um lado ainda se utiliza uma hermenêutica clássica de cunho reprodutivo; de outro, impera o subjetivismo, redundando em um realismo jurídico, pelo qual "o direito é o que o judiciário diz que é". Por vezes, em uma mesma decisão se diz que está claro o texto legal e, mais adiante, a clareza é ignorada.[2]

Tudo porque se ideologizou a aplicação do direito: o solipsismo judicial, a partir do que chamo de privilégio cognitivo do juiz – PCJ, submete o ato decisório à vontade do julgador. Também não se pode ignorar que há uma crise no ensino jurídico que impossibilita a comunidade jurídica de compreender que a Constituição tem, por excelência, um papel contramajoritário.

---

[1] Este artigo é uma homenagem ao estimado amigo, o grande Professor José Joaquim Gomes Canotilho. O conteúdo é resultado de um apanhado de décadas de reflexões, muitas delas debatidas com o professor J. J. Gomes Canotilho, no Brasil e em Portugal.

[2] Nesse sentido, ver a minha análise dos principais julgamentos ao longo desses 30 anos da Constituição Federal de 1988: STRECK, Lenio Luiz. *30 anos da CF em 30 julgamentos*: uma radiografia do STF. Rio de Janeiro: Forense, 2018.

A Constituição serve exatamente para que não caiamos na tentação de apostar em clamor público. A democracia pressupõe a presença do povo no processo decisório, contudo, esse deve ser garantido mediante espaços reais de presença e de conhecimento sobre quais são os temas essenciais à democracia contemporânea e os limites necessários à sua consolidação.

Na esteira da crítica hermenêutica do direito,[3] venho trilhando dia a dia um caminho que tem como objetivo a preservação do grau de autonomia do direito minimamente necessário para que os predadores externos e internos não façam soçobrar o direito legislado, desde que, é claro, esteja em conformidade com a Constituição.

Por isso, tenho insistido nos seguintes pontos: direito não é moral. Direito não é sociologia. Direito é um conceito interpretativo e é aquilo que é emanado pelas instituições jurídicas, sendo que as questões a ele relativas encontram, necessariamente, respostas nas leis, nos princípios constitucionais, nos regulamentos e nos precedentes que tenham DNA constitucional, e não na vontade individual do aplicador.

O problema da inefetividade da Constituição – e tudo o que ela representa – não se resume, contudo, a um confronto entre modelos de direito. O confronto é, pois, paradigmático. A Constituição ainda possui força normativa. O constitucionalismo do Estado democrático de direito (guardadas as especificidades de cada país e de seus respectivos estágios de desenvolvimento social e econômico) tem uma força sugestiva relevante quando associado à ideia de estabilidade que, em princípio, se supõe lhe estar imanente. Essa estabilidade está articulada com o projeto da modernidade política, que, sucessivamente implementado, respondeu a três violências, que integram o "triângulo dialético" de Canotilho,[4] por meio da categoria político-estatal:

    a) respondeu à falta de segurança e de liberdade, impondo a ordem e o direito (o Estado de direito contra a violência física e o arbítrio);

    b) deu resposta à desigualdade política, alicerçando liberdade e democracia (Estado democrático);

    c) combateu a terceira violência – a pobreza – mediante esquemas de socialidade.

O papel diretivo da Constituição continua então a ser o suporte normativo do desenvolvimento deste projeto de modernidade. Na medida em que ainda não resolvemos essas três violências – e essa questão aparece dramaticamente na realidade de países como Brasil, Colômbia, Venezuela, Argentina, para falar apenas destes –, mostra-se equivocado falar em desregulamentação do Estado e enfraquecimento da força normativa dos textos constitucionais e, consequentemente, da própria justiça constitucional no seu papel de garantidor da Constituição. Na verdade, a pretensão é

---

[3] A crítica hermenêutica do direito por mim fundada constitui matriz teórica que, sob os aportes da filosofia (em especial, da filosofia hermenêutica e da hermenêutica filosófica), possibilita a análise crítica do fenômeno jurídico. Esse movimento também sofre influências de Warat no tocante à sua crítica ao senso comum teórico, incorporando ainda a noção de coerência e integridade de Dworkin. Trata-se, portanto, de uma matriz teórica para o direito com fundamentos filosóficos e de teoria do direito. Sob o aspecto metodológico, desenvolve-se sob o prisma do método fenomenológico hermenêutico. O ponto central da adoção desta metodologia consiste na ruptura com as tradicionais estruturas metodológicas da modernidade. Em poucas palavras: revolve-se o chão linguístico em que está assentada a tradição, reconstruindo a história institucional do fenômeno.

[4] CANOTILHO, Joaquim José Gomes. "Brancosos" e interconstitucionalidade: itinerários dos discursos sobre a historicidade constitucional. 2. ed. Coimbra: Almedina, 2012. 137 p. Nesse sentido, ver também Johan Galtung, sociólogo norueguês, que fala de três violências (violência física, estrutural e cultural), aplicáveis à discussão.

que os mecanismos constitucionais postos à disposição do cidadão e das instituições sejam utilizados, eficazmente, como instrumentos aptos a evitar que os poderes públicos disponham livremente da Constituição. A Constituição não é simples ferramenta; não é uma terceira coisa que se "interpõe" entre o Estado e a sociedade.

Nessa esteira, o tema Constituição dirigente já gerou inúmeras polêmicas. No início dos anos 2000 foi publicado um livro que sintetizou as discussões de um seminário dedicado ao tema, chamado *Canotilho e a Constituição dirigente*, construído a partir de um de um debate com o articulador da tese original de dirigismo constitucional fora da Alemanha (lá tinha sido Peter Lerche), J. J. Gomes Canotilho. O debate ocorreu para verificar os detalhes da permanência da tese da Constituição dirigente, identificando as possibilidades de um filete de vida desse projeto compromissório. Quanto à tese de Canotilho e a sua manutenção (tanto a própria tese original como a sua reformulação que gerou o debate do qual se originou o livro), resta ainda muito a ser dito.

No Brasil, um conjunto de juristas continuou defendendo a tese da Constituição dirigente e compromissória, firmando o posicionamento de que Constituição é norma e que o direito tem esse grau necessário de autonomia para apontar os mínimos caminhos para a construção das bases de um Estado social, aliás previsto no art. 3º da Constituição e desenvolvido em dezenas de dispositivos constitucionais.

De tantos problemas decorrentes do descumprimento da Constituição no Brasil, um deles chama a atenção, mormente no momento em que o STF é testado pela tensão entre os que recorrem ao contramajoritarismo para garantir as conquistas já consolidadas e a necessidade de impedir que o governo faça políticas de Constituição dirigente invertida: é que nunca fizemos a necessária distinção entre ativismo e judicialização da política. Apostamos no ativismo, em vez de buscarmos a construção de políticas públicas – que beneficiariam a todos equanimemente –, achamos melhor atender a alguns grupos que foram a juízo. Soluções *ad hoc*.

Apostar no ativismo foi, pois, uma péssima escolha. Além de criarmos cidadãos de segunda classe judiciário-dependentes, deixamos de pressionar os governos para implementarem políticas públicas. Ou seja, até quando flertamos com o Judiciário, fizemo-lo erradamente. Deveríamos ter feito ações, no limite, para, de forma contingente, fazer cumprir a Constituição, forçando os governos a fazerem políticas com caráter universal. E não nos contentarmos com o menos.

2   De como o constitucionalismo não morreu

A discussão acerca do constitucionalismo contemporâneo é tarefa que se impõe. Isso porque o constitucionalismo não morreu: as noções de Constituição dirigente, da força normativa da Constituição, de Constituição compromissória, não podem ser relegadas a um plano secundário, mormente em um país como o Brasil, onde as promessas da modernidade, contempladas no texto constitucional de 1988, longe estão de ser efetivadas.

Há que se detectar os problemas que fizeram com que parcela dos dispositivos da CF/1988 não obtivesse efetivação: a prevalência/dominância dos paradigmas aristotélico-tomistas e empiristas (embora com diferenças, ambas posturas são objetivistas) e o paradigma da filosofia da consciência (subjetivista-solipsista), refratários à guinada linguístico-hermenêutica. Essa resistência – produto dessa mixagem de modelos filosóficos – provocou aquilo que se pode denominar entificação do ser (sentido) do direito (e sobretudo da Constituição).

Outro problema decorre da não existência de um Estado social no país, muito embora o forte intervencionismo do Estado (e do direito); também deve ser apontada a prevalência do paradigma liberal-formal (individualista) de direito, mormente pela permanência promíscua de um ordenamento infraconstitucional não filtrado constitucionalmente; por último, podem-se ainda arrolar como fatores que obstaculizam a implementação dos direitos constantes na Constituição o processo de globalização e as políticas neoliberais (de perfil desregulamentador) adotadas por sucessivos governos.

Na verdade, quando falo em "dispositivos constitucionais não efetivados", quero dizer mais do que isso. Com efeito, há um descumprimento que vai além de uma mera confrontação de caráter paramétrico ou de cotejamento entre legislação infraconstitucional e texto constitucional. Há um imaginário de incumprimento que se forjou à margem daquilo que se pode chamar de "falta de efetividade".

Quando não construímos as condições de possibilidade para a constitucionalização do próprio debate acerca do direito em um país como o Brasil, é porque há um *corpus* de representações que obstaculiza esse objetivo. No momento em que o Poder Judiciário continua julgando de forma solipsista, como se não houvesse ocorrido o "acontecimento da Constituição", pode-se dizer que estamos diante de uma crise de paradigmas. Essa crise se sustenta em um imaginário dogmático-positivista: embora a Constituição aponte para um novo direito de perfil transformador, parcela da comunidade jurídica, inserida nesse senso comum teórico, continua a "operar" (salas de aula, doutrina e práticas tribunalícias) como se o direito fosse uma técnica, ou seja, uma mera racionalidade instrumental.

Um dos pontos fundamentais, para um melhor entendimento/enfrentamento de toda essa problemática, exige uma discussão acerca do papel do direito (portanto, da Constituição) e da justiça constitucional no Estado democrático de direito. Nesse sentido, além das necessárias críticas ao paradigma liberal, torna-se importante o enfrentamento, ainda que de forma superficial, das posturas procedimentalistas, que, ao repelirem o paradigma do Estado social, deixam de lado a noção de Estado democrático de direito, que é *plus* normativo em relação ao paradigma promovedor do *Welfare State*.

Desse modo, entendo que as perspectivas de realização dos direitos fundamentais sociais não estão esgotadas, e, ao contrário do que pregam, por exemplo, em determinadas circunstâncias, as posturas procedimentalistas, o papel da justiça constitucional não deve restringir-se à (mera) compreensão procedimental da Constituição (o que não implica afirmar, por óbvio, que, por exemplo, Habermas despreze a concretização de direitos sociais-fundamentais). Ou seja, enquanto o procedimentalismo – em seus diversos matizes – sustenta que a justiça constitucional não deve ser a guardiã de uma suposta ordem suprapositiva de valores substanciais (e nisso o procedimentalismo tem razão), entendo que a realização dos direitos fundamentais (e não dos valores, como querem as teorias da argumentação, p. ex.) não pode ser negada à sociedade. A Constituição não é ordem suprapositiva; o Judiciário não é o superego da nação. Correto. Porém, a Constituição também não é uma mera folha de papel ou uma carta de intenções. Resolver esse desafio ou essas contraposições: eis o desafio.

Por isso, sustento que o constitucionalismo, exsurgente do Estado democrático de direito, pelo seu perfil compromissário, dirigente e vinculativo, tem muito a dizer e a oferecer à sociedade. E aos governos. E ao Estado.

Em outras palavras – e para deixar isto bem claro –, entendo que, enquanto não for superado o triângulo dialético de que fala Canotilho (a não resposta adequada do Estado à falta de liberdade e segurança, a permanência da desigualdade política e o não combate à desigualdade social), o papel da força normativa da Constituição nem de longe pode ser considerado esgotado.

3 Os obstáculos ao "constituir" da Constituição que deve sobreviver em face da falta de resolução do triângulo dialético de Canotilho

No âmbito do direito constitucional, foi sendo formatado o constitucionalismo da efetividade, uma mistura de realismo jurídico e altas doses de subjetivismo, dependendo do protagonismo judicial em doses equiparáveis àquilo que Bülow reivindicava dos juízes alemães para a importação do direito romano naquele fim de século XIX.

Sem dúvida, era sedutor ver determinados juízes e tribunais assumirem a vanguarda da implementação dos direitos constitucionais, coisa que não se via antes da Constituição. Não esqueçamos que, no *ancien régime* decorrente do Golpe Militar de 1964, os juristas críticos buscavam um acionalismo judicial, a partir de teses alternativistas (baseadas na filosofia da linguagem ordinária e, basicamente – ainda que de maneira implícita – nos realismos jurídicos escandinavo e norte-americano) e em teorias marxistas que desconstruíam o *establishment* jurídico-político-dogmático. Só que, uma vez promulgada a Constituição, esse acionalismo poderia ser prejudicial – como acabou sendo – dependendo do modo como se colocava o papel do Judiciário.

Com efeito, nos primeiros anos, começou a florescer a tese advinda do constitucionalismo alemão e seus derivados espanhol e português, pela qual uma constituição do tipo compromissório representava um deslocamento do polo de legitimidade em direção ao Judiciário – esquecendo-se, porém, toda a história institucional que apontava para o perigo em se apostar em um Judiciário forjado em um imaginário no qual predominantemente se raciocinava a partir da dicotomia "positivismo-jusnaturalismo" ou "juiz boca da lei-juiz dos princípios".

De minha parte, embora concordasse com a tese de que, de fato, havia um deslocamento forte do polo de tensão em favor do Judiciário (ou dos Tribunais Constitucionais), sempre coloquei desconfiança para com o protagonismo judicial. Por isso, sempre estive afastado do direito alternativo, embora tivesse participado de congressos e seminários tratando da temática.[5] É evidente que nos primeiros anos

---

[5] STRECK, Lenio Luiz. Uma análise sociológica do direito [entrevista]. *Instituto Humanitas Unisinos*, São Leopoldo, 24 ago. 2009. Disponível em: http://www.ihuonline.unisinos.br/index.php?option=com_content&view=article&id=2758&secao=305. Acesso em: 15 ago. 2018; STRECK, Lenio Luiz. "Abandonar as próprias vontades é o custo da democracia" [entrevista]. *Consultor Jurídico*, 10 ago. 2014. Disponível em: https://www.conjur.com.br/2014-ago-10/entrevista-lenio-streck-jurista-advogado-procurador-aposentado. Acesso em: 15 ago. 2018; FERRAZO, Debora; DUARTE, Francisco Carlos. Êxitos e limites de um direito alternativo na América Latina. *Revista de Estudos Constitucionais, Hermenêutica e Teoria do Direito*, p. 94-103, jan./jul. 2014. Disponível em: http://www.fcduarte.com.br/wp-content/uploads/2014/07/Exitos-e-limites-do-Direito-Alternativo-Ferrazzo-e-Duarte.pdf. Acesso em: 15 ago. 2018.

era necessário absorver esse novo paradigma constitucional e fazer a transição de um imaginário jurídico que desconhecia o significado de Constituição em direção ao Estado constitucional.[6] Lembremos que, no Regime Militar, tivemos a Carta de 1967 determinada pelos militares e, em 1969, o "golpe dentro do golpe", com a EC nº 1 – outorgada de acordo com o AI-5. Nem sequer havia a disciplina de direito constitucional na maioria dos cursos jurídicos. Daí sempre a pergunta que fazia em textos, palestras e salas de aula: como olhar o novo com os olhos do velho? O novo tinha enormes dificuldades de nascer, porque o velho teimava em não morrer.

É induvidoso que, no começo da era pós-88, o velho ranço formalista ainda resistia à aplicação da própria Constituição – como se uma lei infraconstitucional pudesse sobreviver sem uma devida filtragem hermenêutico-constitucional –, problemática bem denunciada nas teses garantistas de Ferrajoli. Vigência não é igual a validade – eis um ponto fulcral de Ferrajoli para derrotar leis anteriores à Constituição. Imagine o leitor o problema em um país como o Brasil, em que, promulgada a Constituição, todos os Códigos eram de décadas atrás (alguns, aliás, ainda em vigor). Lembro que, nos primeiros anos, o formalismo ainda representava um obstáculo à própria aplicação da Constituição. Em um segundo momento, percebi que era falsa a dicotomia "formalismo-realismo". Assim como era prejudicial a incorporação, sem critérios da tese da ponderação, fruto de uma errônea leitura da teoria dos princípios de Robert Alexy.

O mesmo ocorreu com a proporcionalidade, também utilizada – inclusive por mim – para superar a aplicação dedutivista-subsuntiva de dispositivos do Código Penal. Nesse sentido, nos primeiros anos, construí raciocínios estratégicos para, por exemplo, por intermédio de uma proporcionalidade "forçada", considerar não recepcionados dispositivos como a reincidência e a Lei das Contravenções Penais, assim como para aplicar a Lei da Sonegação de Tributos em casos de furto em que não restara prejuízo para a vítima, cuja tese capitaneei junto ao Tribunal de Justiça do Rio Grande do Sul. Do mesmo modo, sustentei que a pena de furto não podia ser duplicada em face de coautoria, se, ao mesmo tempo, no caso do roubo, o concurso de agentes apenas majorava em um terço a pena.

Quando foi aprovada a Lei nº Lei 10.792, de 1º.12.2003, os acusados eram interrogados sem a presença de defensor. Já bem antes dessa lei, meus pareceres como procurador de justiça eram todos no sentido da anulação do feito se o interrogatório tivesse se dado sem a presença de defensor. Os acórdãos (*v.g.*, da 5ª Câmara Criminal do Tribunal de Justiça do Rio Grande do Sul) que anulavam interrogatórios realizados sem a presença de advogado eram sistematicamente atacados – pelo próprio Ministério Público – via recursos especial e extraordinário. E, registre-se, o Superior Tribunal de Justiça anulou os acórdãos que aplicavam a Constituição (princípio do devido processo legal e ampla defesa), reforçando, assim, a problemática relacionada aos obstáculos à plena implementação dos direitos e garantias constitucionais. De qualquer sorte, não

---

[6] Um marco no direito constitucional surgiu com um alerta que Clèmerson Clève fez ao movimento do direito alternativo e às demais teorias críticas na primeira metade da década de 90, alertando para a necessidade de lutar pela – e a partir da – normatividade constitucional (CLÈVE, Clèmerson. A teoria constitucional e o direito alternativo (para uma dogmática constitucional emancipatória). *In:* CARVALHO FILHO, Carlos Henrique de (Org.). *Uma vida dedicada ao direito.* Homenagem a Carlos Henrique de Carvalho. O editor dos juristas. São Paulo: Revista dos Tribunais, 1995. p. 34-53).

há notícia de que os manuais de direito processual penal, neste espaço de vigência da Constituição, tenham apontado, antes da edição da Lei nº 10.792, na direção de que seria nulo qualquer interrogatório sem a presença do defensor. Mas – e aqui vai a confissão da crise paradigmática – bastou que a nova lei viesse ao encontro da (tênue) jurisprudência forjada inicialmente na 5ª Câmara Criminal do Tribunal de Justiça do Rio Grande do Sul para que a polêmica – instantaneamente – se dissolvesse no ar. Sendo mais claro: os juristas preferiam não obedecer à Constituição, da qual era possível extrair, com relativa facilidade, o império do princípio do devido processo legal e da ampla defesa; entretanto, com o advento da Lei nº 10.792/2003, estabelecendo exatamente o que dizia a Constituição, cessaram-se os problemas (claro que alguns processualistas penais continuavam a dizer que essa nulidade era relativa, demorando alguns anos para alterar sua posição. Em suma, obedece-se à lei, mas não se obedece à lei das leis...!

Enfim, posso dizer que pratiquei o garantismo cotidianamente como modo de implementar a melhor jurisdição possível no contexto de um Judiciário refratário à inovações. Não posso deixar de registrar, também, a tese de que entre o velho e novo se estabeleceu uma crise paradigmática, que denominei, de um lado, de crise do paradigma liberal individualista normativista, e, de outro, no plano da compreensão, de crise dos paradigmas aristotélico-tomista e da filosofia da consciência, problemática sobre a qual me debrucei ao longo dos anos, principalmente no livro *hermenêutica jurídica e(m) crise*,[7] hoje em sua 11ª edição. Com efeito, o garantismo foi, desde o início, um excelente mecanismo para implementar a força normativa da Constituição, aos moldes do que falavam Hesse, Canotilho e Ferrajoli. Já em 1990, eu dizia que garantismo era forma de fazer democracia *no* e *pelo* direito. Anos depois, quando Canotilho disse que a Constituição dirigente morrera, de imediato propus que adotássemos uma Constituição dirigente adequada a países de modernidade tardia.[8] De todo modo, confesso a enorme dificuldade para superar o acionalismo que buscávamos antes da CF/88 – afinal, o Estado era autoritário, e a estrutura jurídica era produto de um paradigma liberal-individualista (lembro que eu dizia, nos anos 90, que o Brasil era como um micro-ônibus: tem direção hidráulica, ar condicionado, mas só cabem vinte e cinco pessoas) – e ingressar em um patamar no qual passaríamos a depender de uma nova linguagem pública, representada por uma Constituição compromissória e dirigente.

Lembro também que, já nos anos 90, eu repetia um julgado do Tribunal Constitucional da Espanha, do ano de 1981,[9] que determinava que os juízes aplicassem a Constituição. Repetia esse julgado Brasil afora como um mantra, assim como aquilo que Ferrajoli chamava de interpretação em conformidade com a Constituição, que

---

[7] STRECK, Lenio Luiz. *Hermenêutica jurídica e(m) crise*: uma exploração hermenêutica da construção do direito. 11. ed. Porto Alegre: Livraria do Advogado, 2013.

[8] Ao meu lado, defendendo a tese da Constituição Dirigente, sempre estiveram os professores Martonio Barreto Lima, Gilberto Bercovici e Marcelo Cattoni, além de Marcos Marrafon, Flávio Pansieri, Rafael Tomás de Oliveira, André Karam Trindade, Jacinto Coutinho, Luis Alberto David de Araujo, Fernando Faccuri Scaff, Fábio de Oliveira, Nelson Camatta Moreira e Georges Abboud. Bercovici publicou, inclusive, em coautoria com Luis Fernando Massoneto, uma denúncia sobre o papel invertido do constitucionalismo dirigente no Brasil, em artigo intitulado "A Constituição dirigente invertida: a blindagem da Constituição financeira e a agonia da Constituição econômica" (*Revista da Faculdade de Direito da Universidade de Coimbra*. Disponível em: http://hdl.handle.net/10316.2/24845).

[9] Ver STRECK, Lenio Luiz. *Jurisdição constitucional*. 5. ed. Rio de Janeiro: Forense, 2018. p. 388-389.

nada mais era do que dizer que uma lei vigente só é válida se estiver em conformidade com a Constituição. Malgrado essa dificuldade de fazer a transição do *ancien regime* para o Estado democrático de direito constante na Constituição, sempre contestei os mecanismos que tornavam o Judiciário um criador de direito, como se pode ver em minhas incontáveis críticas às sumulas e, depois, das súmulas vinculantes.

É possível dizer que, já na metade dos anos 90, os sintomas desse neoprotagonismo começaram a aparecer. Não no sentido de uma efetiva judicialização da política, mas, sim, na implementação de ativismos judiciais. Como é sabido, um dos problemas da doutrina constitucional e da própria jurisprudência é não fazerem, até hoje, a devida distinção entre ativismo e judicialização, o primeiro sempre deletério e prejudicial à democracia, porque behaviorista, e o segundo sempre contingencial, dependendo de competências e incompetências dos demais poderes. Isso me levou à elaboração de uma fórmula – confesso, um pouco tardia (todos temos certa dose de culpa no florescimento do ativismo) – para firmar essa distinção, que pode ser feita a partir das três perguntas que um juiz-tribunal deve fazer: se está diante de um direito fundamental com exigibilidade, se o atendimento a esse pedido pode ser, em situações similares, universalizado – quer dizer, concedido às demais pessoas – e se, para atender àquele direito, está-se ou não fazendo uma transferência ilegal-inconstitucional de recursos, que fere a igualdade e a isonomia. Com essas três perguntas será possível verificar se o ato judicial é ativista ou está apenas realizando, contingencialmente, a judicialização da política. Sendo uma das três perguntas respondida negativamente, estar-se-á, com razoável grau de certeza, em face de uma atitude ativista.

Como dizia a Rainha Vermelha, de *Alice no País das Maravilhas*, é preciso correr muito para ficar no mesmo lugar. Com efeito, como tudo no Brasil chega tardiamente, sobrevinda a Constituição, em um primeiro momento foi necessário desmi(s)tificar as posturas formalistas ainda sustentadas no positivismo clássico, o tradicional juiz boca da lei. Só que isso não estava claro no âmbito da dogmática jurídica. Aliás, até hoje, nas salas de aula, em parcela da doutrina e nas práticas jurisprudenciais, ainda se pensa que positivismo é igual a juiz boca da lei. Esquecem-se de que o próprio Kelsen foi um positivista pós-exegético, olvidam o que foi produzido pelos positivistas pós-hartianos, que apontaram suas baterias para longe do velho exegetismo – isto porque o positivismo da era pós-Hart já não obriga(va) os juízes.[10] Só que os juristas brasileiros (e falo apenas destes para não criar incidentes internacionais) não se deram conta deste "pequeno" detalhe, porque continua(ra)m a pensar que positivismo é(era) cumprir a letra da lei.

Talvez por causa desses detalhes nebulosos é que, em um segundo momento, parte da doutrina se inebriou com certas teorias argumentativas e com uma vulgata da ponderação – o que provocou um verdadeiro estado de natureza interpretativo –, tornando necessário, então, que os juristas críticos começássemos a elaborar críticas aos diversos voluntarismos. Dito de outro modo, a crítica do direito não poderia ser uma crítica fora de ordem. Tão grave é essa questão que, passados os 30 anos, ainda há forte resistência à tese de que os juízes não possuem livre convencimento. O CPC de 2015 – por

---

[10] A complexidade dos diversos positivismos está desenvolvida em meu *Dicionário de hermenêutica* – Os cinquenta temas fundamentais da teoria do direito. Belo Horizonte: Casa do Livro, 2020.

minha direta intervenção no Parlamento – expungiu a palavra "livre" e, mesmo assim, parcela considerável dos processualistas continua a sustentar o livre convencimento. Circunstância esta que também se faz presente na própria Suprema Corte, conforme é possível verificar no comentário ao julgamento do caso da AP nº 470.

Mas a gravidade chega ao patamar de dramaticidade, uma vez que o projeto do Código de Processo Penal de 2010 – atualmente em *stand by* no Parlamento – insistiu na tese de que o juiz tem livre apreciação da prova. Nesse sentido, parece grande o déficit da dogmática processual penal (assim como da dogmática processual civil, que continua a insistir na subjetivista e voluntarista tese do poder de livre convencimento).

E o protagonismo judicial foi se tornando cada dia mais intenso. As fragilidades do presidencialismo de coalizão (Abranches) foram ajudando a tornar o Judiciário cada vez mais proativo, passando a ditar "políticas" de forma *ad hoc*, sem a devida preocupação com os requisitos da judicialização, dentro da diferença entre esta e o ativismo. Já publiquei um texto[11] sobre *judiciariocracia* de coalizão, em que explico que, do mesmo modo como o presidencialismo brasileiro é de coalizão, enredado em atendimentos de pleitos políticos *ad hoc*, circunstância que causa enormes problemas para a assim denominada "governabilidade", também o Supremo Tribunal Federal acaba ingressando perigosamente nesse terreno de (atendimento a) demandas de grupos. E também – e isso precisa ser dito – demandas provenientes da falta de resolução dos problemas das liberdades públicas no plano dos demais tribunais do país. Eles falham e tudo acaba no STF. Ele cresce. Mas sofre. E sangra na legitimidade. Assim como a Presidência da República tem de atender aos pleitos dos partidos, o STF, durante esses mais de vinte anos, acabou por engendrar uma espécie de "julgamentos políticos".

Isso está diretamente ligado a outro ponto: se, ao lado do realismo e dos diversos voluntarismos (aqui incluída a ponderação à brasileira e a má compreensão acerca do positivismo), formos eleger outro aspecto que determinou a fragilização da Constituição (e, portanto, do direito), não podemos deixar de fora a repristinação do dualismo metodológico predominante no século XIX e que adentrou o século XX e está presente nestes dias. Esse fenômeno esteve presente no conceito de mutação constitucional de Laband e Jellinek (*Verfassungsänderung und Verfassungswandlung*, Berlim, 1906), e mereceu mais tarde conhecidos desenvolvimentos por Hsu Dau-lin (*Die Verfassungswandlung*, Leipzig, 1932).[12] Nesse sentido, como bem afirmam Artur J. Jacobson (New York) e Bernhard Schlink (Berlim), em sua obra *Weimar: a jurisprudence of crisis*,[13] o dualismo metodológico – positivismo legalista-positivismo sociológico –, que perpassa toda a obra de Jellinek[14] e que serve de base para a tese da mutação constitucional (*Verfassungswandlung*), impediu o jurista alemão de lidar normativamente com o reconhecimento daquelas que seriam "as influências das realidades sociais no direito". A mutação constitucional é assim tida como fenômeno empírico, que não é

---

[11] STRECK, Lenio Luiz. Democracia, jurisdição constitucional e presidencialismo de coalizão. *Observatório da Jurisdição Constitucional*, ano 6, v. 1, p. 207-222, maio 2013.

[12] Ver a belíssima obra de OLIVEIRA, Marcelo Andrade Cattoni de. *Contribuições para uma teoria crítica da Constituição*. Belo Horizonte: Arraes, 2017.

[13] JACOBSON, Artur J.; SCHLINK, Bernhard. *A jurisprudence of crisis*. Berkeley: University of California, 2000. p. 45-46.

[14] JELLINEK, Georg. *Verfassungsänderung und Verfassungswandlung*. Berlim: Häring, 1906.

resolvido normativamente: "Jellinek não apresenta um substituto para o positivismo legalista, mas apenas tenta suplementá-lo com uma análise empírica ou descritiva dos processos político-sociais".[15] Na verdade, o conceito de mutação constitucional mostra apenas a incapacidade do positivismo legalista da velha *Staatsrechtslehre* do *Reich* alemão de 1870 em lidar construtivamente com a profundidade de sua própria crise paradigmática.

Mesmo em Hsu-Dau-Lin e sua classificação "quadripartite" do fenômeno da mutação constitucional[16] não se leva em conta aquilo que é central para o Pós-Segunda Guerra e em especial para a construção do Estado democrático de direito na atualidade: o caráter principiológico do direito e a exigência de integridade que este direito democrático expõe – muito embora, registre-se, Lin, discípulo de Rudolf Smend, tenha tido à sua disposição a obra de Hermann Heller, um dos primeiros a falar em força normativa da Constituição (nele está o nascedouro da Constituição como norma jurídica).[17] Smend, embora também tenha trabalhado a noção de princípios, era, assim como Schmitt, admirador do fascismo, como aliás Kelsen muito bem mostrou na crítica brilhante que este fez à teoria do Estado como integração.

Observe-se que essa fenomenologia parece tratar do que ocorreu e continua ocorrendo no Brasil – e isso pode ser percebido em parcela considerável dos 30 casos escolhidos para compor esta obra: coloca-se uma contraposição da realidade social à normatividade constitucional. A opção parece que tem sido, predominantemente, pela primeira. Em síntese, a tese dualista herdada de Laband e Jellinek justifica, passados mais de um século, uma concepção decisionista da jurisdição e contribui para a compreensão das cortes constitucionais como poderes constituintes permanentes.[18]

Não somente a Suprema Corte, mas também as demais instâncias do Judiciário e do Ministério Público aos poucos foram institucionalizando uma disputa entre o direito e a moral, tendo dado ganho de causa aos argumentos morais. Há vários julgamentos que comento nesta obra em que essa questão aparece claramente, como os casos que envolveram a Lei da Ficha Limpa, a perda de mandatos parlamentares, o Mensalão, a presunção da inocência, entre outros tantos, com um relevante detalhe: até mesmo nos casos em que a questão constitucional se apresentava como um *easy case*, houve pronunciamentos invocando ponderações inexistentes.

---

[15] JACOBSON, Artur J.; SCHLINK, Bernhard. *A jurisprudence of crisis*. Berkeley: University of California, 2000. p. 46; 54-57.

[16] De todo modo, lembremos que Hsu dau-Lin escreveu o seu texto no contexto da República de Weimar, havendo todo um debate sob a Lei Fundamental, por exemplo, com Konrad Hesse e Böckenförde.

[17] Nesta genealogia acerca da transição de CF/88 para os anos posteriores, é de perguntar se os primeiros anos da Lei Fundamental alemã também não foram ainda marcados pelos discípulos de Schmitt e Smend (aí sim) nas universidades. Ou seja, vai demorar um pouco ainda para a chegada da hermenêutica de Hesse e Kriele, do patriotismo da Constituição de Steinberger e mais tarde de um crítico da jurisprudência dos valores com Friedrich Müller e sua teoria estruturante. Talvez esse fenômeno tenha se repetido no Brasil, claro que em uma dimensão maior, pela demora de se incorporar a ideia de que Constituição é norma, problemática que, passados 30 anos, continua a mostrar as suas extremas fragilidades, face a presença das mais variadas teses subjetivistas, realistas, empiristas *lato sensu*, pelas quais "princípios são valores" e o protagonismo do Judiciário não encontra limites nem na estrutura do texto constitucional.

[18] HORTA, Raul Machado. *Direito constitucional*. Belo Horizonte: Del Rey, 2002. p. 104-105; VERDÚ, Pablo Lucas. *Curso de derecho político*. Madrid: Tecnos, 1984. v. 4. p. 179-180.

4 Conclusão

A partir dos aportes construídos na crítica hermenêutica do direito, a tese do dirigismo constitucional continua válida enquanto não resolvermos o triângulo dialético propugnado pelo próprio Canotilho (falta de segurança, pobreza e falta de igualdade política). A Constituição ainda vale. Enquanto não resolvermos essas três violências, não podemos dar um salto em direção à desconstitucionalização.

Parece consenso na comunidade constitucionalista que a Constituição do Brasil – mesmo para os que não concordam com a tese do dirigismo – é efetivamente uma Constituição dirigente e compromissória. Disso, de pronto, exsurge a necessidade de superarmos as generalidades próprias de uma teoria geral do constitucionalismo, traçando as diretrizes para albergar as especificidades de um país periférico como o Brasil. Veja-se, nesse sentido, Gilberto Bercovici,[19] que aponta a fixação dos objetivos da República (art. 3º) como vetor desse dirigismo, que tem a função, entre outras, de identificação do regime constitucional vigente, ou seja, faz parte da fórmula política do Estado, que o individualiza, pois esta diz respeito ao tipo de Estado, ao regime político, aos valores inspiradores do ordenamento, aos fins do Estado etc. Também define e delimita a identidade da constituição perante os seus cidadãos e a comunidade internacional. Em suma, a fórmula política é a síntese jurídico-política dos princípios ideológicos manifestados na Constituição. O que contraria essa fórmula afeta a razão de ser da própria Constituição.

Ainda há um déficit considerável acerca do verdadeiro papel do *rule of law*. As faculdades de direito colaboraram enormemente para que o ensino do direito viesse a ser substituído por péssimas teorias políticas do poder. Resultado: na hora em que precisamos de resistência constitucional, o debate é tomado por posições ideológicas, em que soçobra(ra)m as garantias constitucionais, mormente no âmbito do processo penal. Com efeito, além de invocações de argumentos morais, políticos e econômicos, parcela considerável dos tribunais ainda inverte o ônus da prova nas ações penais; sequer conseguimos superar a tese *in dubio pro societate*, além de o Judiciário continuar a utilizar do adágio anticonstitucional do *pás de nullité sans grief*.

Uma questão pode ser resumida do seguinte modo: quando um magistrado diz que julga "conforme sua consciência" ou julga "conforme o justo" ou "primeiro decide e depois vai encontrar um fundamento" ou ainda "julga conforme os clamores da sociedade", é porque está repetindo algo enraizado no imaginário jurídico. Um comportamento que se naturaliza leva muitos anos para "desnaturalizar". Transforma-se em dogmática, eliminando o tempo e as coisas (*cronofobia* e *factumfobia*). O que ocorre é que não queremos admitir que ideologizamos – para usar uma palavra suave – a aplicação da lei no país. Daí a pergunta que deve ser respondida: o direito, ao fim e ao cabo, é o que dele se diz por aí ou, melhor, ele é o que o Judiciário diz que ele é? Mas se isso é assim, se já se "naturalizou" essa concepção, por que continuamos a estudar ou escrever sobre o direito? Não seria melhor deixar que "quem decide é quem sabe"?

---

[19] BERCOVICI, Gilberto. *Constituição econômica e desenvolvimento*. São Paulo: Malheiros, 2005. p. 36.

Nós brasileiros não temos certeza se (já) atravessamos o Rubicão. Dia a dia os predadores – endógenos e exógenos –[20] avançam em direção à cidadela do direito. Enquanto as democracias europeias se deram conta de que o direito pós-bélico necessitava de um elevado grau de autonomia do direito – afinal, o grande mote foi "Constituição (agora) é norma" –, por aqui, o direito continuou a ser tratado como uma mera racionalidade instrumental. Isso é possível de perceber pelo crescimento vertiginoso das teorias ou posturas empiristas – da qual a mais perigosa é o realismo jurídico, não devendo, todavia, ser desprezadas as posturas que se baseiam em análises econômicas do direito e as teses que admitem o discricionarismo e pamprincipiologismos, que chegaram ao ápice quando um princípio como "afetividade", para falar apenas deste, derrota uma regra do Código Civil.

Sempre fazemos jurisdição constitucional. Uma lei só é lei se for constitucional. Logo, é um exercício pleno e efetivo de jurisdição constitucional. Mesmo quando praticamos os clássicos critérios de antinomias, trabalhamos a partir de princípios e preceitos constitucionais, como igualdade, legalidade, isonomia etc. Venho desenvolvendo essas temáticas de nossa Lei Maior, a partir do que denominei, de há muito, de crítica hermenêutica do direito. Por ela, devemos revolver o chão linguístico em que está assentada a tradição e reconstruir a história institucional de cada instituto (lei, principio etc.), descascando o fenômeno, para permitir que ele se mostre em sua inteireza hermenêutica. Os conceitos jurídicos – e não é difícil perceber isso – vão sendo tomados por uma poluição semântica. Ao lado disso, existe o perigo da anemia significativa (Warat).

Daí a necessidade de resistir. Defender a legalidade constitucional – conceito que aprendi há décadas com o grande constitucionalista espanhol Elias Diaz – é um ato revolucionário, a ponto de poder afirmar que o professor de direito constitucional é, hoje, um subversivo, se trabalhar, efetivamente, com a força normativa da Constituição. Esse professor, se estiver acompanhado de outros pesquisadores (quatro ou mais), corre sempre o risco de ser processado pelo crime de "obstrução epistêmica da justiça". Parafraseando T. S. Eliot – para quem, em um país de fugitivos, quem anda na contramão parece que está fugindo –, permito-me dizer que, em um país de voluntaristas e realistas, quem defende a legalidade é taxado de "positivista" –[21] o que não apenas significa ignorância, como também um sintoma dos efeitos deletérios que uma má teoria do direito provocou, e continua provocando, no seio do direito brasileiro.

---

[20] Ao lado dos predadores exógenos – política, moral e economia –, temos os predadores endógenos, internos, que são o poder discricionário dos juízes, o livre convencimento, a livre apreciação da prova, os diversos modos de enfraquecimento da coisa julgada, o uso precário da jurisdição constitucional, os próprios embargos declaratórios (que acabam sendo um remédio contra decisões mal fundamentadas), o modo como nós fazemos o filtro dos recursos e vamos trabalhando muito mais com efetividades quantitativas em vez de qualitativas. Esse conjunto de elementos vai enfraquecendo internamente o direito.

[21] Sobre os diversos positivismos e os equívocos acerca do uso do conceito, ver meu *Dicionário de hermenêutica – Os cinquenta temas fundamentais da teoria do direito*. Belo Horizonte: Casa do Livro, 2020.

Referências

BERCOVICI, Gilberto. *Constituição econômica e desenvolvimento*. São Paulo: Malheiros, 2005.

CANOTILHO, Joaquim José Gomes. *"Brancosos" e interconstitucionalidade*: itinerários dos discursos sobre a historicidade constitucional. 2. ed. Coimbra: Almedina, 2012.

CANOTILHO, Joaquim José Gomes. *Constituição dirigente e vinculação do legislador*. Coimbra: Coimbra Ed., 1982.

CLÈVE, Clèmerson. A teoria constitucional e o direito alternativo (para uma dogmática constitucional emancipatória). In: CARVALHO FILHO, Carlos Henrique de (Org.). *Uma vida dedicada ao direito*. Homenagem a Carlos Henrique de Carvalho. O editor dos juristas. São Paulo: Revista dos Tribunais, 1995.

COUTINHO, Jacinto Nelson de Miranda (Org.). *Canotilho e a Constituição dirigente*. Rio de Janeiro: Renovar, 2003.

DWORKIN, Ronald. *Levando os direitos a sério*. 1. ed. Tradução de Nelson Boeira. São Paulo: Martins Fontes, 2002.

FERNANDEZ SEGADO, Francisco. *Evolución histórica y modelos de control constitucional*. La jurisdicción constitucional en Iberoamerica. Madrid: Dykinson, 1997.

FERRAZO, Debora; DUARTE, Francisco Carlos. Êxitos e limites de um direito alternativo na América Latina. *Revista de Estudos Constitucionais, Hermenêutica e Teoria do Direito*, p. 94-103, jan./jul. 2014. Disponível em: http://www.fcduarte.com.br/wp-content/uploads/2014/07/Exitos-e-limites-do-Direito-Alternativo-Ferrazzo-e-Duarte.pdf. Acesso em: 15 ago. 2018.

HORTA, Raul Machado. *Direito constitucional*. Belo Horizonte: Del Rey, 2002.

JACOBSON, Artur J.; SCHLINK, Bernhard. *A jurisprudence of crisis*. Berkeley: University of California, 2000.

JELLINEK, Georg. *Verfassungsänderung und Verfassungswandlung*. Berlim: Häring, 1906.

KELSEN, Hans. *Teoria pura do direito*. Tradução de João Baptista Machado. 8. ed. São Paulo: WMF Martins Fontes, 2009.

OLIVEIRA, Marcelo Andrade Cattoni de. *Contribuições para uma teoria crítica da Constituição*. Belo Horizonte: Arraes, 2017.

OLIVEIRA, Marcelo Andrade Cattoni de. *Processo constitucional*. 3. ed. Belo Horizonte: Fórum, 2016.

STRECK, Lenio Luiz. "Abandonar as próprias vontades é o custo da democracia" [entrevista]. *Consultor Jurídico*, 10 ago. 2014. Disponível em: https://www.conjur.com.br/2014-ago-10/entrevista-lenio-streck-jurista-advogado-procurador-aposentado. Acesso em: 15 ago. 2018.

STRECK, Lenio Luiz. *30 anos da CF em 30 julgamentos*: uma radiografia do STF. Rio de Janeiro: Forense, 2018.

STRECK, Lenio Luiz. Aplicar a "letra da lei" é uma atitude positivista? *Novos Estudos Jurídicos*, v. 15, p. 158-173, 2010.

STRECK, Lenio Luiz. Democracia, jurisdição constitucional e presidencialismo de coalizão. *Observatório da Jurisdição Constitucional*, ano 6, v. 1, p. 207-222, maio 2013.

STRECK, Lenio Luiz. *Dicionário de hermenêutica* – Os cinquenta temas fundamentais da teoria do direito. Belo Horizonte: Casa do Livro, 2020.

STRECK, Lenio Luiz. *Hermenêutica jurídica e(m) crise*: uma exploração hermenêutica da construção do direito. 11. ed. Porto Alegre: Livraria do Advogado, 2013.

STRECK, Lenio Luiz. *Jurisdição constitucional*. 5. ed. Rio de Janeiro: Forense, 2018.

STRECK, Lenio Luiz. Uma análise sociológica do direito [entrevista]. *Instituto Humanitas Unisinos*, São Leopoldo, 24 ago. 2009. Disponível em: http://www.ihuonline.unisinos.br/index.php?option=com_content&view=article&id=2758&secao=305. Acesso em: 15 ago. 2018.

STRECK, Lenio Luiz. *Verdade e consenso*: Constituição, hermenêutica e teorias discursivas. 6. ed. rev. e ampl. São Paulo: Saraiva, 2017.

VERDÚ, Pablo Lucas. *Curso de derecho político*. Madrid: Tecnos, 1984. v. 4.

VERDÚ, Pablo Lucas. Problemática actual de la justicia constitucional y del examen de constitucionalidad de las leyes. *Boletin Informativo del Seminario de Derecho Político*, Salamanca, maio/out. 1957.

Informação bibliográfica deste texto, conforme a NBR 6023:2018 da Associação Brasileira de Normas Técnicas (ABNT):

STRECK, Lenio Luiz. O triângulo dialético de Canotilho e a tese da Constituição dirigente em países de modernidade tardia: sobre como não podemos dar um salto em direção à desconstitucionalização. *In*: GOMES, Ana Cláudia Nascimento; ALBERGARIA, Bruno; CANOTILHO, Mariana Rodrigues (Coord.). *Direito Constitucional*: diálogos em homenagem ao 80º aniversário de J. J. Gomes Canotilho. Belo Horizonte: Fórum, 2021. p. 317-330. ISBN 978-65-5518-191-3.

CORRUPÇÃO NO BRASIL: A DURA LUTA PARA DESNATURALIZAR AS COISAS ERRADAS

LUÍS ROBERTO BARROSO

Nota prévia – J. J. Gomes Canotilho e o Brasil

É impossível exagerar a importância do Professor J. J. Gomes Canotilho para os constitucionalistas brasileiros. A Revolução dos Cravos e a Constituição Portuguesa de 1976 serviram de inspiração e ânimo para os brasileiros, que viviam sob um regime militar desde 1964. Uma década depois, restabelecia-se entre nós o primado do poder civil. A partir de 1985, os setores democráticos brasileiros começaram a se organizar para participar do processo constituinte, com as decisões políticas que se impunham e a fundamentação jurídica necessária.

O constitucionalismo brasileiro, no entanto, havia se dispersado entre dois extremos. De um lado, a doutrina chapa branca, que procurava justificar e legitimar o regime autoritário, naqueles tempos ainda marcados pela Guerra Fria. De outro lado, o campo progressista havia se alinhado à teoria crítica, cuja postura geral era de denúncia e desconstrução do direito tal como praticado. Com a redemocratização, foi necessário expurgar o pensamento autoritário e, ao mesmo tempo, promover uma volta ao direito, que começava a ser percebido como um dos espaços possíveis de luta pelo avanço social.

Nessa hora, os constitucionalistas brasileiros voltaram seus olhos para além-mar. E entre os nomes que revigoravam o constitucionalismo português, destacava-se o do Professor J. J. Gomes Canotilho. Em pouco tempo, tornou-se ele conhecido entre nós, passando a ser convidado regular de numerosos eventos. Em um deles, creio que em 1987, levei a minha turma da Faculdade de Direito da Universidade do Estado do Rio de Janeiro – UERJ para assisti-lo no Hotel Glória. O professor se tornara uma celebridade por aqui. Pouco mais à frente, tornamo-nos amigos e eu mesmo o levei para apresentações na UERJ.

Naquela ocasião, dois dos seus livros tiveram importante repercussão no Brasil. O primeiro foi o seu *Curso de direito constitucional*, à época ainda sem o acréscimo "e teoria da Constituição", que entraria a partir de 1997. Tenho comigo, devidamente autografada, a 4ª edição, do ano de 2000. O outro foi *Constituição dirigente e vinculação do legislador*, que foi uma força propulsora das potencialidades transformadoras do direito constitucional. O fato de o Professor Canotilho ter revisitado o tema, anos depois, no célebre prefácio à 2ª edição, apenas revela uma obviedade: o direito não é estático, as conjunturas não são permanentes e as mentes abertas evoluem nas suas ideias, junto com a vida e a história. Essa constatação, todavia, não minimiza o impacto que uma visão mais ambiciosa e emancipatória do direito trouxe para a geração brasileira que começava a viver a redemocratização.

Pessoalmente, tive o privilégio de conviver academicamente com o Professor Canotilho em diversos momentos, no Brasil e em Portugal. Foram encontros em seminários e recepções, suficientes para que estabelecêssemos uma relação cordial e mesmo afetuosa. É fácil admirá-lo e querer-lhe bem, pelo talento e pela fidalguia. Por todas essas razões, participo honrado e feliz dessa obra que homenageia um dos maiores juristas de língua portuguesa de todos os tempos.

Um breve comentário sobre o tema do texto que se segue. O constitucionalismo democrático foi a ideologia vitoriosa do século XX, tendo derrotado os principais projetos alternativos que se apresentaram: o comunismo, o fascismo, o nazismo, os regimes militares e o fundamentalismo religioso. Na virada do século XX para o século XXI, por volta de 120 países do mundo adotavam esse modelo. Nesse primeiro quarto do século XXI, porém, alguma coisa parece não estar indo bem. Há uma onda populista e autoritária que alcançou inúmeros países. São múltiplas as causas desse fenômeno: *políticas*, como o déficit representativo gerado por sistemas eleitorais insatisfatórios, *econômicas*, como a estagnação social de muitos diante da nova economia do conhecimento e da tecnologia, e *sociais*, como a pobreza extrema e as desigualdades injustas, que ainda ocupam a paisagem em diversas partes o mundo.

No Brasil e em outros rincões do mundo, há um outro fator enfraquecedor da democracia: a apropriação privada do Estado por elites extrativistas, que direcionam para os seus interesses boa parte dos recursos e das políticas públicas. Isso quando não, pura e simplesmente, saqueiam o Estado, pelos diferentes mecanismos de desvio de dinheiros públicos. A corrupção é grande inimiga da democracia, por minar a confiança que a cidadania precisa ter nas instituições. É preciso, pois, enfrentá-la. Porém, quando as coisas erradas são naturalizadas, essa pode ser uma tarefa extremamente difícil, arriscada e solitária.

Parte I – As raízes do atraso

> *A situação é tão indigna, que mesmo pessoas sem nenhuma dignidade já estão ficando indignadas.*
>
> (Millôr Fernandes)[1]

I Introdução

A corrupção existe no mundo desde os primórdios das organizações políticas. Ao longo da história, contudo, muitos países conseguiram reduzi-la a níveis pouco significativos. Seu enfrentamento exige incentivos adequados, instituições sólidas – e não comprometidas – e um sentido de ética pessoal.[2] Corrupção significa levar vantagem indevida para fazer ou deixar de fazer alguma coisa que era do seu dever. Ou, na definição da Transparência Internacional, corrupção é o abuso de poder para ganho pessoal. Ela pode ser explícita, envolvendo ações como desvio de dinheiro, propina e extorsão, ou implícita, abrangendo condutas como nepotismo, clientelismo ou concessão de benefícios com dinheiro público. Entre os Objetivos do Desenvolvimento Sustentável do milênio, da ONU, aprovados em 2015, um deles – paz, justiça e instituições eficazes – tem como metas a redução da corrupção, do suborno e o combate à lavagem de dinheiro.

A organização global Transparência Internacional elabora anualmente um Índice de Percepção da Corrupção (IPC). Nessa escala, o Brasil ocupava um desonroso 106º lugar em 2019. Outro indicador no qual tampouco ostentamos uma boa posição é o Índice de Desenvolvimento Humano (IDH), calculado pelo Programa das Nações Unidas para o Desenvolvimento. E, na mesma linha, não temos boa colocação no Índice de Gini, que mede a desigualdade nos países. Não é de surpreender. Corrupção, de um lado, e desenvolvimento humano e desigualdade, de outro, guardam entre si uma razão proporcional inversa: mais corrupção significa menos desenvolvimento humano e menos igualdade. A causa contra a corrupção não deixa de ser, assim, a causa dos direitos humanos. Mas precisa ser autêntica e sincera, e não apenas a indignação contra a corrupção dos outros.

Em geral, a corrupção esteve presente na história recente do Brasil como um artifício retórico contra os adversários. Foi assim na oposição a Vargas, nos anos 50, na campanha de Jânio Quadros, em 1960, e no golpe militar de 1964. Atingido o objetivo político, ela nunca foi combatida efetivamente, com o arsenal jurídico-penal e, sobretudo, com reformas estruturais que atingissem suas causas. A partir de meados dos anos 2000, esse quadro começou a se alterar, com seu efetivo enfrentamento em processos judiciais, de que foram exemplos o Mensalão, julgado pelo Supremo Tribunal Federal, e a Operação Lava Jato, no âmbito da 13ª Vara Federal de Curitiba. Os tópicos que se seguem relatam

---

[1] A frase é citada de memória. Não consegui localizar a fonte. Tenho o registro de tê-la lido em *O Pasquim*, há muitos anos. Penitencio-me de antemão se a memória me houver traído. Com o tempo, tem acontecido mais amiúde.

[2] ROSE-ACKERMAN, Susan; PALIFKA, Bonnie J. *Corruption and government*: causes, consequences, and reform. Nova York: Cambridge University Press, 2016.

os avanços e recuos nessa matéria, bem como enfatiza que, sem reformas importantes no plano político, econômico e social, a luta será inglória.

II   Origens remotas da corrupção no Brasil

A corrupção no Brasil tem origens e causas remotas. Aponto sumariamente três:

a) a primeira é o *patrimonialismo*, decorrente da colonização ibérica, marcada pela má separação entre a esfera pública e a esfera privada. Não havia distinção entre a fazenda do Rei e a fazenda do Reino – o rei era sócio dos colonizadores – e as obrigações privadas e os deveres públicos se sobrepunham. A aceitação resignada da apropriação privada do que é público se manifesta na máxima "rouba, mas faz";

b) a segunda causa é o *oficialismo*, a onipresença do Estado, de cuja bênção e financiamento dependem todos os projetos pessoais, sociais ou empresariais relevantes. O Estado se torna mais importante do que a sociedade, controlando a política e as atividades econômicas. Desenvolve-se uma mentalidade cartorária e uma cultura de dependência, paternalismo e compadrio, acima do mérito e da virtude. O ambiente de favorecimentos e perseguições se materializa no *slogan* "aos amigos tudo, aos inimigos a lei";

c) a terceira causa é a *cultura da desigualdade*. As origens aristocráticas e escravocratas formaram uma sociedade na qual existem superiores e inferiores, os que estão sujeitos à lei e os que se consideram acima dela. Como não há uma cultura de direitos iguais para todos, cria-se um universo paralelo de privilégios: imunidades tributárias, foro privilegiado, juros subsidiados, prisão especial. A elite dos superiores se protege contra o alcance das leis, circunstância que incentiva as condutas erradas. A caricatura da desigualdade ainda se ouve, aqui e ali, no repto "sabe com quem está falando?".

III   Causas imediatas da corrupção

A essas origens remotas somam-se duas causas mais imediatas:

a) a primeira é o *sistema político*, que (i) produz eleições excessivamente caras, (ii) com baixa representatividade dos eleitos devido ao sistema eleitoral proporcional em lista aberta e (iii) que dificulta a governabilidade. As eleições excessivamente caras fazem com que o financiamento eleitoral esteja por trás de boa parte dos escândalos de corrupção; a baixa representatividade gera uma classe política descolada da sociedade civil; e a governabilidade é comprometida por dezenas de partidos políticos que tornam o presidente da República refém de práticas fisiológicas;

b) uma segunda causa é a *impunidade*. A elite dominante brasileira, na política, na economia e nos estamentos burocráticos, construiu um sistema penal e processual penal voltado a assegurar-lhe imunidade. O sistema criminal brasileiro, até muito pouco tempo atrás, mantinha uma postura de leniência em relação à criminalidade do colarinho branco, tanto por deficiência das leis como pela pouca disposição dos juízes em condenar por tais crimes. Historicamente, o sistema só foi capaz de punir gente pobre, por delitos violentos, furto ou drogas. Esse quadro começou a mudar nos últimos tempos. Lentamente, porém.

IV Corrupção estrutural, sistêmica e institucionalizada. O pacto oligárquico

A corrupção no Brasil vem em processo acumulativo desde muito longe e se disseminou, nos últimos tempos, em níveis espantosos e endêmicos. Ela não foi fruto de falhas individuais ou de pequenas fraquezas humanas. Trata-se de um processo estrutural, sistêmico e institucionalizado, que envolveu empresas estatais e privadas, agentes públicos e particulares, fundos de pensão, partidos políticos, membros do Executivo e do Legislativo. Articularam-se esquemas profissionais de arrecadação e de distribuição de dinheiros desviados, mediante superfaturamento e outros esquemas. Houve uma total naturalização das coisas erradas. É impossível não sentir vergonha pelo que aconteceu por aqui. A corrupção é o resultado de um pacto oligárquico, celebrado de longa data, e repetidamente renovado, entre boa parte do empresariado, da classe política e da burocracia estatal, para saque do Estado brasileiro. Não é singela a tarefa de romper o círculo vicioso.

V Reação da sociedade e das instituições

Há uma novidade importante no Brasil contemporâneo: uma sociedade civil que deixou de aceitar o inaceitável e desenvolveu uma enorme demanda por integridade, por idealismo e por patriotismo. E essa é a energia que muda paradigmas e empurra a história. Aos poucos se vai deslocando para a margem da vida pública brasileira uma *velha ordem*, na qual era legítima a apropriação privada do Estado e o desvio rotineiro de dinheiro público. É mais difícil do que parece sugerir essa enunciação simples do óbvio. Muita gente teria que reaprender a viver honestamente. Na frase clássica de Antonio Gramsci, "a crise consiste precisamente no fato de que o velho está morrendo e o novo ainda não pode nascer". Com o complemento que bem se aplica ao momento brasileiro, no qual ainda não se conseguiu canalizar da forma mais adequada a energia liberada pela indignação cívica referida acima: "Nesse interregno, uma grande variedade de sintomas mórbidos aparece".

De todo modo, despertadas pela reação da sociedade, as instituições começaram a reagir e as atitudes mudaram. No julgamento do Mensalão, o Supremo Tribunal Federal rompeu com o histórico de impunidade da criminalidade política e do colarinho branco e condenou mais de duas dezenas de pessoas, entre empresários, políticos e servidores públicos, por delitos como corrupção ativa e passiva, peculato, lavagem de dinheiro, evasão de divisas e gestão fraudulenta de instituições financeiras. Na sequência, a magistratura, o Ministério Público e a Polícia Federal conduziram a chamada Operação Lava Jato, o mais extenso e profundo processo de enfrentamento da corrupção na história do país. Talvez do mundo. Utilizando técnicas de investigação modernas, processamento de *big data* e colaborações premiadas, a operação desvendou um imenso esquema de propinas, superfaturamento e desvio de recursos da Petrobras. A verdade é que poucos países no mundo tiveram a capacidade de abrir suas entranhas e expor desmandos atávicos como o Brasil. Como se verá logo adiante, a corrupção reagiu em algum momento, pelos seus beneficiários diretos e indiretos.

Ao longo dos anos, lenta, mas progressivamente, também houve mudanças importantes na legislação, com foco na criminalidade do colarinho branco, tendo sido aprovado o agravamento das penas pelo crime de corrupção, a lei de lavagem de dinheiro, a lei que define organização criminosa e que aperfeiçoou a colaboração premiada e a Lei Anticorrupção. Na mesma onda de combate à corrupção e à improbidade, sobreveio a Lei da Ficha Limpa, pela qual quem foi condenado por órgão colegiado por crimes ou infrações graves não pode concorrer a cargos eletivos. Uma medida importante em favor da moralidade administrativa e da decência política. Muita gente é contra essas inovações. Paciência. Nós não somos atrasados por acaso. Somos atrasados porque o atraso é bem defendido.

Por fim, houve alterações ou movimentos significativos trazidos por decisões do próprio Supremo Tribunal Federal. Uma delas foi a derrubada, por inconstitucional, do modelo de financiamento eleitoral por empresas, que produziu as práticas mafiosas desveladas pela Operação Lava Jato. Merece registro, também, o julgamento que reduziu drasticamente o foro privilegiado e, bem assim, a que validou a condução de investigações criminais diretamente pelo Ministério Público. A mais importante alteração, sem dúvida, foi a possibilidade de execução de decisões penais condenatórias após o julgamento em segundo grau, fechando a porta pela qual processos criminais se eternizavam até a prescrição, dando salvo-conduto aos ladrões de casaca.

Essa mudança, todavia, não duraria muito, justamente por haver se revelado extremamente eficaz. A corrupção contra-atacou com todas as suas forças e aliados, até conseguir desfazer a medida. Ressalve-se, com o respeito devido e merecido, o ponto de vista legítimo de quem entende que a Constituição impõe que se aguarde até o último recurso. No tópico seguinte, a revanche dos que pretendem que tudo permaneça como sempre foi.

Parte II – Nada será como antes

> *Quem entrega o suborno é mero intermediário. Quem de fato paga pela corrupção são os pobres.*
>
> (Papa Francisco)

I   A reação às mudanças: o pacto oligárquico contra-ataca

Como seria de se esperar, o enfrentamento à corrupção tem encontrado resistências diversas, ostensivas ou dissimuladas. Em primeiro lugar, as denúncias, os processos e as condenações têm atingido pessoas que historicamente não eram alcançadas pelo direito penal. Supondo-se imunes e inatingíveis, praticaram uma quantidade inimaginável de delitos. Tem-se, assim, a segunda situação: muitas dessas pessoas, ocupantes de cargos relevantes na estrutura de poder vigente, querem escapar de qualquer tipo de responsabilização penal. O refrão repetido é o de que sempre foi assim. Agora que a história mudou de mão, consideram-se vítimas de um atropelamento injusto. A verdade é que não dá para a história voltar para a contramão. Por outro lado, outros tantos, como os fatos insistem em comprovar, não desejam ficar honestos nem daqui para frente. Sem serem capazes de captar o espírito do tempo, trabalham para que tudo continue como sempre foi.

Pior: poderosos como são, ambos os grupos – o dos que não querem ser punidos e o dos que não querem ficar honestos nem daqui para frente – têm aliados em toda parte: em postos-chave da República, na imprensa, nos poderes e mesmo onde menos seria de se esperar. Têm a seu favor, também, a cultura da desigualdade, privilégio e compadrio que sempre predominou no Brasil. O Judiciário tem procurado, ele próprio, sair desse círculo vicioso e romper o pacto oligárquico referido acima. Mas parte da elite brasileira ainda milita no tropicalismo equívoco de que corrupção ruim é a dos outros, a dos adversários. E que a dos amigos, a dos companheiros de mesa e de salões, essa seria tolerável.

A articulação para derrubar a possibilidade de execução das condenações criminais após a segunda instância foi o momento mais contundente da reação, logrando obter a mudança de posição de dois ministros do Supremo Tribunal Federal que, antes, haviam sido enfaticamente favoráveis à medida. A orquestração de ataques aos juízes e procuradores da Lava Jato também reuniu diferentes correntes políticas. Em chocante distorção, o fato de o juiz ter referido uma testemunha à acusação – e, se fosse de defesa, deveria tê-la referido aos advogados – trouxe mais indignação que o apartamento repleto com 51 milhões de reais, a devolução por parte de um gerente de empresa estatal de mais de 180 milhões desviados ou o deputado correndo na rua com a mala da propina.

II O paralelo com a Itália

Na Itália, a reação oligárquica da corrupção contra a Operação *Mani Pulite* (levada a efeito na década de 90, entre 1992 e 1996) teve sucesso. A classe política, para resguardar a si e aos corruptos, mudou a legislação para proteger os acusados de corrupção, inclusive para impedir a prisão preventiva; reduziu os prazos de prescrição; aliciou uma imprensa pouco independente e procurou demonizar o Judiciário. E tudo acabou na ascensão de Silvio Berlusconi. Não foi o combate à corrupção, mas o não saneamento verdadeiro das instituições, que impediu que a Itália se livrasse do problema. Como observado por Piercamillo Davigo, hoje juiz da Corte Cassação e, ontem, um dos responsáveis pela *Mani Pulite*, lá como aqui, "os principais grupos industriais estavam envolvidos no pagamento de propinas ou no financiamento ilícito de partidos políticos".[3]

Não por acaso, por não ter aprimorado suas instituições, a Itália apresenta o pior desempenho econômico e os mais elevados índices de corrupção entre os países desenvolvidos. Como relata a Professora Maria Cristina Pinotti, entre 2005 e o segundo trimestre de 2018, o PIB da Itália caiu 1,2%, enquanto o de Portugal cresceu 4,9%, o da Espanha, 13,7% e o da Alemanha, 22,8%.[4] É menos provável que algo assim aconteça no

---

[3] DAVIGO, Piercamillo. Itália: um país resignado? *In*: PINOTTI, Maria Cristina (Org.). *Corrupção*: lava jato e mãos limpas. São Paulo: Portfolio-Penguin, 2019. p. 108.

[4] PINOTTI, Maria Cristina (Org.). *Corrupção*: lava jato e mãos limpas. São Paulo: Portfolio-Penguin, 2019. p. 48 e ss.

Brasil – a vitória da corrupção –, por três razões que merecem ser reavivadas: (i) sociedade mais consciente e mobilizada; (ii) imprensa livre e plural; e (iii) Judiciário independente e sem laços políticos, ao menos na primeira e na segunda instâncias (apesar de ainda ser extremamente lento e ineficiente).

III   Os custos da corrupção

A corrupção tem custos financeiros, sociais e morais. Não é fácil estimar os *custos financeiros* da corrupção. Trata-se de um tipo de crime difícil de rastrear, porque subornos e propinas não vêm a público facilmente nem são lançados na contabilidade oficial. Nada obstante, noticiou-se que apenas na Petrobras e demais empresas estatais investigadas na Operação Lava Jato – isto é, em uma única operação – os pagamentos de propinas chegaram a R$20 bilhões. Aliás, no balanço da empresa de 2014, publicado com atraso em 2015, foram registradas perdas de 6 bilhões de reais, equivalentes, à época, a 2 bilhões de dólares. No início de 2018, a Petrobras fez acordo de cerca de US$3 bilhões em Nova York, em *class action* movida por investidores americanos, e de US$853 milhões com o Departamento de Justiça dos Estados Unidos. Os *custos sociais* também são elevadíssimos. A corrupção compromete a qualidade dos serviços públicos, em áreas de grande relevância como saúde, educação, segurança pública, estradas, transporte urbano etc. Da mesma forma, ela faz com que decisões relevantes acabem sendo tomadas com motivações e fins errados. Nos últimos anos, ecoando escândalos de corrupção, o PIB brasileiro caiu mais de 20%.

O pior custo, todavia, é provavelmente o custo moral, com a criação de uma cultura de desonestidade e esperteza que contamina a sociedade e dá incentivos errados às pessoas. Há aqui uma visão equivocada na matéria, que pretende fazer uma distinção se o dinheiro da corrupção vai para o bolso ou para a campanha política. O problema, no entanto, é que o mais grave nesse contexto não é para onde o dinheiro vai: é de onde ele vem e o que se faz para obtê-lo. Não é difícil ilustrar que condutas são essas: (i) superfaturam-se contratos; (ii) cobram-se propinas em empréstimos públicos; (iii) vendem-se benefícios fiscais em medidas legislativas; (iv) cobra-se pedágio de toda e qualquer pessoa que queira fazer negócio no Brasil; (v) achacam-se pessoas e empresas em comissões parlamentares de inquérito. Em suma: é equivocada a diferenciação moral que se pretende fazer quanto ao dinheiro ir para o bolso ou ir para a campanha. Para mudar essas práticas, não há como ser condescendente com elas.

IV   A corrupção é crime violento, praticado por gente perigosa

É um equívoco supor que a corrupção não seja um crime violento. Corrupção mata. Mata na fila do Sistema Único de Saúde – SUS, na falta de leitos, na falta de medicamentos. Mata nas estradas que não têm manutenção adequada. A corrupção destrói vidas que não são educadas adequadamente, em razão da ausência de escolas, deficiências de estruturas e equipamentos. O fato de o corrupto não ver nos olhos as vítimas que provoca não o torna menos perigoso. A crença de que a corrupção não é um crime grave e violento – e de que os corruptos não são perigosos – nos trouxe até aqui, a esse cenário sombrio em que recessão, corrupção e criminalidade elevadíssima nos atrasam na história, nos retêm num patamar de renda média, sem conseguirmos furar o cerco.

As consequências da tolerância com a corrupção são um país no qual (i) altos dirigentes ajustam propinas dentro dos palácios de onde deveriam governar com probidade; (ii) governadores transformam a sede de governo em centros de arrecadação e distribuição de dinheiro desviado; (iii) parlamentares cobram vantagens indevidas para aprovarem desonerações; (iv) dirigentes de instituições financeiras públicas cobram para si percentuais dos empréstimos que liberam; (v) dirigentes de fundos de pensão de empresas estatais fazem investimentos ruinosos para os seus beneficiários em troca de vantagens indevidas. O enfrentamento à corrupção não precisa de punitivismo, jacobinismo nem a crença em vingadores mascarados. Nem Robespierre nem Savonarola. Estamos aqui falando de respeito pleno à Constituição e à legalidade penal.

V   A tentativa de sequestro da narrativa

Há em curso no Brasil um esforço imenso para capturar a narrativa do que aconteceu no país. Muita gente querendo transformar a imensa reação indignada da sociedade brasileira e de algumas de suas instituições no enfrentamento da corrupção numa trama para perseguir gente proba e honesta. E, para isso, não se hesita de lançar mão de um conjunto sórdido de provas ilícitas, produzidas por criminosos, Deus sabe a soldo de quem. Esse processo de tentativa de reescrever a história, com tinturas stalinistas, produz as alianças mais esdrúxulas entre inimigos históricos. Só falta a criação de um Ministério da Verdade, como na obra *1984*, de George Orwell, que vivia de reescrever a história a cada tempo, modificando os fatos. Nessa versão, tudo não passou de uma conspiração de policiais federais, procuradores e juízes, cooptados por um punitivismo insano, contra gente que conduzia a coisa pública com lisura e boas práticas.

Para que não se perca a memória do país, gostaria de lembrar que: a) eu ouvi o áudio do senador pedindo propina ao empresário e indicando quem iria recebê-la, bem como vi o vídeo do dinheiro sendo entregue; b) eu vi o inquérito em que altos dignitários recebiam propina para atos de ofício, abriam *offshores* por interpostas pessoas e, sem declará-las à Receita, subcontratavam empresas de fundo de quintal e tinham todas as despesas pagas por terceiros; c) eu vi o deputado correndo pela rua com uma mala de dinheiro com a propina recebida, numa cena que bem serve como símbolo de uma era; d) todos vimos o apartamento repleto com R$51 milhões, com as impressões digitais do ex-secretário de Governo da Presidência da República no dinheiro; e) eu vi, ninguém me contou, o inquérito em que o senador recebia propina para liberação dos pagamentos à empreiteira pela construção de estádio; f) todos vimos o diretor da empresa estatal que devolveu a bagatela de R$182 milhões; e g) todos vimos a usina que foi comprada por US$1,2 bilhão e revendida por menos da metade do preço.

VI   Conclusão: um novo paradigma

A corrupção favorece os piores. É a prevalência dos desonestos e dos espertos sobre os íntegros e bons. Esse modelo não se sustenta indefinidamente. Só se o mal pudesse mais do que o bem. Mas, se fosse assim, nada valeria a pena. A maneira desassombrada com que a sociedade brasileira – e parte das suas instituições – vem enfrentando a corrupção e a impunidade, dentro do Estado de direito, produzirá, logo ali na esquina do tempo, uma transformação cultural importante: a revalorização dos *bons* em lugar dos *espertos*. Quem tiver talento para produzir uma inovação relevante, capaz de baixar custos de uma obra pública, será mais importante do que quem conhece a autoridade administrativa que paga qualquer preço, desde que receba uma vantagem por fora.[5] Esta talvez seja uma das maiores conquistas que poderá vir de um novo padrão de decência e seriedade.

No seu aclamado livro *Por que as nações fracassam*, Daron Acemoglu e James A. Robinson procuram identificar as razões que levam países à prosperidade ou à pobreza. De acordo com os autores, essas razões não se encontram – ao menos em sua parcela mais relevante – na geografia, na cultura ou na ignorância de qual é a coisa certa a fazer. Elas residem, acima de tudo, na existência ou não de instituições econômicas e políticas verdadeiramente inclusivas. É possível – apenas possível – que a tempestade ética, política e econômica que atingiu o Brasil nos últimos anos represente uma dessas conjunturas críticas que permitirão a reconstrução de muitas instituições e que ajudarão a empurrar para a margem da história as elites extrativistas e autorreferentes que se apropriaram do Estado brasileiro.

Informação bibliográfica deste texto, conforme a NBR 6023:2018 da Associação Brasileira de Normas Técnicas (ABNT):

BARROSO, Luís Roberto. Corrupção no Brasil: a dura luta para desnaturalizar as coisas erradas. *In*: GOMES, Ana Cláudia Nascimento; ALBERGARIA, Bruno; CANOTILHO, Mariana Rodrigues (Coord.). *Direito Constitucional*: diálogos em homenagem ao 80º aniversário de J. J. Gomes Canotilho. Belo Horizonte: Fórum, 2021. p. 331-340. ISBN 978-65-5518-191-3.

---

[5] Sobre este ponto, denunciando o círculo vicioso que premia os piores, v. LEITÃO, Míriam. *História do futuro*. Rio de Janeiro: Intrínseca, 2015. p. 177-78.

ESTADO INTERCONSTITUCIONAL DE DIREITO E SEUS DESAFIOS NA REPÚBLICA.COM

LUIZ EDSON FACHIN

CHRISTINE PETER DA SILVA

1 Chamamentos do século XXI

As lições doutrinárias do Professor J. J. Gomes Canotilho são fontes inspiradoras do processo constituinte brasileiro – tanto aquele originário, exercido em 1987/88, quanto o difuso, que continua constituindo e buscando concretizar a vontade daquele. Se, no quadrante histórico de meados da década de 1980, o desafio maior era mudar os rumos do Estado de direito brasileiro, para colocá-lo nos caminhos da democracia, atualmente, o desafio mais premente é manter a própria democracia em seus próprios caminhos: o da liberdade e da dignidade cidadãs.

Este texto de fins exclusivamente acadêmicos parte desses aportes para situar questões que considera atuais e relevantes no mundo *Vuca*. O mundo volátil, incerto, complexo e ambíguo[1] enfrenta desafios próprios de sua fragilidade, ansiedade, não linearidade e imprevisibilidade.[2] A pandemia de Covid-19 revelou-se poderoso exemplo de força instável, cujas consequências mais visíveis foram cenários de altíssima volatilidade, desestabilização e crise com reflexos sanitários, políticos e econômicos.

---

[1] Em inglês o acrônimo Vuca refere-se à *volatility, uncertainty, complexity, ambiguity*. Pretende-se com ele descrever o ambiente e os cenários de um mundo globalizado com forte presença tecnológica. Cfr. BENNETT, Nathan; LEMOINE, James. What a difference a word makes: understanding threats to performance in a VUCA world. *Harvard Business Horizons*, Cambridge, v. 57, n. 3, p. 311-317, maio 2014.

[2] O acrônimo, também na língua inglesa, diz sobre *brittleness, anxiety, non-linearity* e *incomprehensibility*. Foi apresentado ao mundo por Jamais Cascio, um antropólogo e empreendedor norte-americano, do Institute For The Future, em 2018. Cfr. CASCIO, Jamais. Facing the age of chaos. *Medium*, 29 abr. 2020. Disponível em: https://medium.com/@cascio/facing-the-age-of-chaos-b00687b1f51d. Acesso em: 5 mar. 2021.

É já o tempo da República.com,³ forma de governo que lida com problemas e desafios de uma comunidade nacional e internacional cada vez mais frágil, mais ansiosa, não linear e imprevisível.⁴ O paradigma de um mundo volátil, incerto, complexo e ambíguo, conhecido como mundo Vuca,⁵ apresentado na década de 1980 do século passado, está em fase de transição para um mundo completamente desconhecido, cujo acrônico, em inglês, é *Bani*.⁶

E, no cenário de emergência sanitária que acometeu o mundo inteiro, a partir do ano de 2020, avultou-se, no Brasil, o papel do Poder Judiciário, especialmente do Supremo Tribunal Federal, para arrostar ambiguidades e incertezas. Não poderia ser diferente. O objetivo da prestação jurisdicional, afinal, é produzir Justiça, e gerar, o máximo quanto possível, confiança e estabilidade. Decisões constitucional adequadamente fundamentadas devem traduzir, de maneira especial em tempos de pandemia crônica, o cumprimento dos encargos no ideário normativo democrático inaugurado em 1988.

Almeja-se, no desenho vinculante da Constituição de 1988, um Estado e uma sociedade melhores, plenamente democráticos, com liberdade e responsabilidade.⁷ E, não sem duras críticas, a jurisdição constitucional brasileira tem sido desafiada, porquanto o Brasil é um Estado democrático de direito – como expressamente o quis o Constituinte de 1988 –, mas que ainda teima em revelar-se autoritário, violento e discriminatório.

Nada obstante notar-se inegável obstinação do texto constitucional de 1988 por liberdade, igualdade e solidariedade, espraiada por centenas de normas do texto constitucional de 1988 que indicam direitos fundamentais republicanos, sem privilégios, com mais dignidade para cidadãos e cidadãs, ainda é preciso reforçar os pressupostos democráticos do Estado de direito brasileiro.

A passagem dos 80 anos de nascimento do Professor J. J. Gomes Canotilho convida a muitas reflexões, considerando seu imenso legado para a cultura jurídica mundial, mas o tempo de hoje chama a uma reflexão sobre o Estado interconstitucional e seus reflexos para a democracia e república brasileiras, no século XXI.

Esse chamamento se dá, sobretudo, porque a Constituição de 1988 apoiou-se na doutrina do Professor J. J. Gomes Canotilho como fonte para os trabalhos constituintes daquele momento histórico, mas, também porque é a Constituição de 1988 que assegura a dignidade da pessoa humana e sua proteção em face de ações ou omissões produzidas

---

³ CANOTILHO, J. J. Gomes. *"Brancosos" e interconstitucionalidade*: itinerários dos discursos sobre a historicidade constitucional. 2. ed. Coimbra: Almedina, 2008. *Vide* também: SUNSTEIN, Cass R. *República.com*: internet, democracia y libertad. Barcelona: Paidos Iberica, 2003. É o conceito de República mediada pelas tecnologias típicas do século XXI. República.com é um conceito de República em que as decisões de poder são experiências compartilhadas e exigem dos cidadãos e cidadãs constante empenho, compromisso e participação para enfrentarem, colaborativamente, questões e ideias que não escolheram de antemão.

⁴ CASCIO, Jamais. Facing the age of chaos. *Medium*, 29 abr. 2020. Disponível em: https://medium.com/@cascio/facing-the-age-of-chaos-b00687b1f51d. Acesso em: 5 mar. 2021.

⁵ BENNETT, Nathan; LEMOINE, James. What a difference a word makes: understanding threats to performance in a VUCA world. *Harvard Business Horizons*, Cambridge, v. 57, n. 3, p. 311-317, maio 2014.

⁶ CASCIO, Jamais. Facing the age of chaos. *Medium*, 29 abr. 2020. Disponível em: https://medium.com/@cascio/facing-the-age-of-chaos-b00687b1f51d. Acesso em: 5 mar. 2021.

⁷ FACHIN, Luiz Edson. Um breve balanço na impertinência. *Revista Eletrônica Consultor Jurídico*, 30 dez. 2020. Disponível em: https://www.conjur.com.br/2020-dez-30/luiz-edson-fachin-breve-balanco-impermanencia. Acesso em: 6 mar. 2021.

pelos agentes políticos e públicos, as quais devem ser combatidas por meio da atuação jurisdicional efetiva, adequada e célere, em um mundo globalizado e tecnológico.[8]

Sistematizando percepções já expostas e colhendo de leituras recentes fontes de reflexão, o texto que segue se alça com o propósito de contribuir com estudantes e estudiosos.

2 Plano de trabalho

É a Constituição que cria as instituições que concretizam os direitos e garantias fundamentais, que divide o poder para evitar o arbítrio e que o descentraliza para que os direitos fundamentais possam efetivamente chegar aos rincões em que vivem os brasileiros. Por meio das instituições brasileiras é que se manifestam a república, na qual somos todos iguais, e o federalismo, em que as experiências democráticas podem ser testadas.

E, também, é na Constituição que encontramos as premissas que conduzem ao adequado funcionamento das instituições, à garantia de tratamento não discriminatório, à tutela dos direitos indígenas, ao direito à educação, à seguridade social, à autonomia universitária, à garantia do direito à vida e à segurança, à saúde e ao meio ambiente ecologicamente equilibrado, à liberdade religiosa, ao direito à propriedade e à redução da pobreza e das desigualdades sociais e regionais.

Nesse contexto, o presente trabalho apresentará os principais desafios da jurisdição constitucional brasileira em face do fenômeno da interconstitucionalidade, ou seja, pelas "relações interconstitucionais de concorrência, convergência, justaposição e conflitos de várias constituições e de vários poderes constituintes no mesmo espaço político".[9]

A teoria da interconstitucionalidade enfrenta o desafio da articulação entre as diversas ordens constitucionais e as diferentes constituições, bem como a (re)afirmação contínua de poderes constituintes com fontes e legitimidades diversas.[10] Muito embora seja nítido que as constituições "desceram do castelo para a rede",[11] não houve mudança ontológica no próprio conceito de Constituição, mas a própria Constituição é constantemente desafiada por novos paradigmas como a interculturalidade, interparadigmaticidade e intersemioticidade.[12]

---

[8] FACHIN, Luiz Edson. Um breve balanço na impertinência. *Revista Eletrônica Consultor Jurídico*, 30 dez. 2020. Disponível em: https://www.conjur.com.br/2020-dez-30/luiz-edson-fachin-breve-balanco-impermanencia. Acesso em: 6 mar. 2021.

[9] CANOTILHO, J. J. Gomes. *"Brancosos" e interconstitucionalidade*: itinerários dos discursos sobre a historicidade constitucional. 2. ed. Coimbra: Almedina, 2008. p. 266.

[10] CANOTILHO, J. J. Gomes. *"Brancosos" e interconstitucionalidade*: itinerários dos discursos sobre a historicidade constitucional. 2. ed. Coimbra: Almedina, 2008. p. 268-269.

[11] E continua Canotilho: "A rede formada por normas constitucionais nacionais e por normas européias constitucionais ou de valor constitucional [...] faz abrir as portas dos estados fechados (castelos) e relativizar os princípios estruturantes da estabilidade [...] mas não dissolve na própria rede as linhas de marca das formatações constitutivas dos estados membros" (CANOTILHO, J. J. Gomes. *"Brancosos" e interconstitucionalidade*: itinerários dos discursos sobre a historicidade constitucional. 2. ed. Coimbra: Almedina, 2008. p. 269).

[12] CANOTILHO, J. J. Gomes. *"Brancosos" e interconstitucionalidade*: itinerários dos discursos sobre a historicidade constitucional. 2. ed. Coimbra: Almedina, 2008. p. 271-279.

O Professor Canotilho ensina que os conceitos de Estado e Constituição são inseparáveis, mas reconhece que não é a Constituição que funda o Estado.[13] O Estado, conformado por seus fatos, fenômenos e agentes, ou seja, por dados espaciotemporais, é que contém os pressupostos éticos, sociais e culturais, de modo que "a Constituição, mais do que uma ordem normativa do Estado, é uma decisão actualizadora desse mesmo Estado".[14]

Por meio de revisão bibliográfica, análise documental e observação da realidade institucional brasileira, o presente trabalho busca apresentar, pela perspectiva da interconstitucionalidade, defendida por pelo Professor J. J. Gomes Canotilho, a compreensão fenomenológica jurídica e política da atuação da jurisdição constitucional, especialmente aquela realizada pelo Supremo Tribunal Federal, em análise pluralista e aberta das normatividades nacional e internacional.[15]

Para alcançar tal desiderato, um primeiro tópico apresenta os fundamentos teóricos da ideia de interconstitucionalidade, a partir da obra *"Brancosos" e interconstitucionalidade: itinerários dos discursos sobre a historicidade constitucional*, do Professor J. J. Gomes Canotilho; num segundo tópico, elenca os pressupostos de um Estado interconstitucional e democrático de direito; para, num terceiro e último tópico, apresentar os desafios da jurisdição constitucional brasileira diante da tarefa de controle de convencionalidade.

A crença compartilhada que instiga o presente trabalho é a de que o Supremo Tribunal Federal, na conformação institucional que lhe foi reconhecida pela Constituição de 1988, apresenta-se como uma Corte de guarda e proteção não apenas dos direitos fundamentais, mas, também, e de forma igualmente prioritária, dos direitos humanos. Esse é a nossa proposta de reflexão.

3 Interconstitucionalidade: premissas teóricas

A ideia de interconstitucionalidade indica para a construção de uma rede de cooperação internacional, a qual pode ser vista como uma alternativa para o paradigma clássico do constitucionalismo ocidental.[16] Esta opção ainda não está definitivamente constituída, pois que, ainda, conforme afirma o Professor J. J. Gomes Canotilho:

> [...] mistura a ilusão de uma comunidade baseada na Internet, a pretensão de excelência assente na capacidade de governação transnacional de actores privados e a utopia de um constitucionalismo global estruturado em constitucionalismos parciais civis (sem política).[17]

---

[13] Nesse particular anota, com base na doutrina de Josef Isensee: "O momento da estatalidade pré-existe à Constituição [...]. Se a vida estatal incorpora o momento de estatalidade, anteposto e imposto ao plano da ordenação normativo-constitucional, o Estado não é fundado pela Constituição, [...]. O Estado recortar-se-á sempre como matéria ou dado preexistente, reduzindo-se a Constituição à forma transitória do Estado perene" (ISENSEE, Josef. "Staat und Verfassung". *In*: Isensee/Kirchhof Staatsrechts, v. I, p. 592 e ss. *apud* CANOTILHO, J. J. Gomes. *"Brancosos" e interconstitucionalidade*: itinerários dos discursos sobre a historicidade constitucional. 2. ed. Coimbra: Almedina, 2008. p. 168-170).

[14] CANOTILHO, J. J. Gomes. *"Brancosos" e interconstitucionalidade*: itinerários dos discursos sobre a historicidade constitucional. 2. ed. Coimbra: Almedina, 2008. p. 171.

[15] CANOTILHO, J. J. Gomes. *"Brancosos" e interconstitucionalidade*: itinerários dos discursos sobre a historicidade constitucional. 2. ed. Coimbra: Almedina, 2008. p. 268.

[16] CANOTILHO, J. J. Gomes. *"Brancosos" e interconstitucionalidade*: itinerários dos discursos sobre a historicidade constitucional. 2. ed. Coimbra: Almedina, 2008. p. 261.

[17] CANOTILHO, J. J. Gomes. *"Brancosos" e interconstitucionalidade*: itinerários dos discursos sobre a historicidade constitucional. 2. ed. Coimbra: Almedina, 2008. p. 261-262.

Com a sugestão de interconstitucionalidade, procura-se saber se o constitucionalismo, sem abandonar as suas próprias memórias, pode continuar a ter e ser história, neutralizando o perigo de ser definitivamente colocado como um movimento obsoleto. Assim ensina o Professor J. J. Gomes Canotilho:

> Se assim é, perguntar-se-á: poderemos ou não conceber o constitucionalismo como um padrão de interface entre diferentes campos de governance, desde o nível local, ao nível global, passando, evidentemente, pelos níveis estaduais-nacionais e supra-nacionais?[18]

Lembra o Professor J. J. Gomes Canotilho que, mesmo aqueles os quais intentam salvar alguma função primária intransferível para a original ideia de Constituição, tal como forjada no século XVIII, tentando regenerá-la como um catálogo de virtudes cívicas, enfrentarão, mais cedo ou mais tarde, o problema de lidar com a concepção contemporânea de Constituição como uma espécie de "religião civil integradora dos pluralismos estatais, nacionais e étnicos".[19] É urgente, a partir desse ponto, repensar o próprio conceito de Constituição.

A resposta para o desafio de pensar a Constituição num contexto do movimento interconstitucionalista é não abandonar as ideias de que o pensar no século XXI deve ser plural, interdisciplinar e complexo. Não seria possível conceber a Constituição e o Estado dos dias atuais sem a noção de que as redes de direito constitucional estão dinamicamente interagindo em todos os níveis do saber humano e presentes em todos os discursos que envolvem a dignidade da pessoa humana.

E mesmo que se esteja diante de uma experiência de eticização do discurso constitucional, em paralelo com a eticização do discurso internacionalista, é preciso reconhecer que "a convergência moral de constituições internas e de tratados internacionais e supranacionais daria sopro moral comunitariamente inclusivo ao direito, à política e à economia",[20] mas não teria o condão de transformar a "religião civil dos valores" em instrumento de heterorreferência capaz de quebrar a circularidade autorreferencial dos três sistemas referidos.[21]

Para avançar no pressuposto hegeliano do conceito de Estado, Canotilho propõe, num primeiro momento, o estudo da teoria geral do Estado como uma teoria do Estado da democracia,[22] e, num segundo momento, a ideia de democracia de antíteses:

---

[18] CANOTILHO, J. J. Gomes. *"Brancosos" e interconstitucionalidade*: itinerários dos discursos sobre a historicidade constitucional. 2. ed. Coimbra: Almedina, 2008. p. 345.

[19] CANOTILHO, J. J. Gomes. *"Brancosos" e interconstitucionalidade*: itinerários dos discursos sobre a historicidade constitucional. 2. ed. Coimbra: Almedina, 2008. p. 191.

[20] CANOTILHO, J. J. Gomes. *"Brancosos" e interconstitucionalidade*: itinerários dos discursos sobre a historicidade constitucional. 2. ed. Coimbra: Almedina, 2008. p. 192.

[21] CANOTILHO, J. J. Gomes. *"Brancosos" e interconstitucionalidade*: itinerários dos discursos sobre a historicidade constitucional. 2. ed. Coimbra: Almedina, 2008. p. 192.

[22] Nesse sentido afirma: "[...] o sistema geral da democracia estruturar-se-ia com base no sistema constitucional, mas teria de ultrapassar o normativismo constitucional". E ainda: "O universal democrático esconde-se nos princípios constitucionais politicamente conformadores, eles próprios raízes dos princípios básicos da democracia e, estes, raízes dos princípios fundamentais da forma de Estado". Cfr. CANOTILHO, J. J. Gomes. *"Brancosos" e interconstitucionalidade*: itinerários dos discursos sobre a historicidade constitucional. 2. ed. Coimbra: Almedina, 2008. p. 173.

"o caminho estará em sustentar a construção do sistema da democracia nas antíteses, e não em procurar desesperadamente o repouso restaurativo da síntese".[23]

É preciso pensar em democracia a partir dos critérios da dinamicidade, provisoriedade, alternatividade, concorrência e diversidade, ou seja, é chegado o tempo de pensar em uma teoria geral do Estado de direito democrático que esteja confortavelmente enredada em tensões dialéticas.[24]

Desse modo, e tendo em consideração o último grande princípio da eticidade oriundo da cultura ocidental – o de que qualquer ser humano deve ser tratado com igual respeito e consideração –, deve-se ter em mente que a ideia básica legitimadora de um Estado interconstitucional é a dignidade da pessoa humana.[25]

O Professor J. J. Gomes Canotilho propõe, com apoio no trabalho de Miguel Batista Pereira,[26] duas métricas civilizatórias para a contemporaneidade: a primeira é a da liberdade e a segunda é a da dignidade humana. Nesse sentido afirma: "O que une, hoje, crentes e ateus, é o reconhecimento fundante da liberdade digna e a dignidade livre do homem contra orto-praxis históricas de unificação e de instrumentalização humanas".[27]

A dignidade humana, nesse contexto, apela a uma referência cultural e social múltipla e plural, recolhida pragmaticamente de sugestões filosóficas e doutrinárias de diferentes esferas, com diferentes causas e consequências.[28] Diante dessa lógica, o direito constitucional perde a centralidade normativa de outrora para transformar-se em um direito de restos: direito do resto do Estado; direito do resto do nacionalismo jurídico; direito dos restos da autorregulação; direito dos restos das regionalizações.[29]

E mesmo aqueles que assumem a posição de reconhecer ao direito constitucional uma qualidade destacada de direito individualizador dos princípios estruturantes e conformadores da ordem jurídica, têm o ônus de colocar-se em diálogo com as pressões da teoria crítica contra o normativismo constitucional fundamentador.[30]

Outrossim, se as práticas sociais da última década forem realmente levadas a sério, nem mesmo o conceito clássico de Estado constitucional soberano[31] vai-se sustentar, pois o reconhecimento das cartas de direitos humanos das comunidades internacionais pelos

---

[23] CANOTILHO, J. J. Gomes. *"Brancosos" e interconstitucionalidade*: itinerários dos discursos sobre a historicidade constitucional. 2. ed. Coimbra: Almedina, 2008. p. 174.

[24] CANOTILHO, J. J. Gomes. *"Brancosos" e interconstitucionalidade*: itinerários dos discursos sobre a historicidade constitucional. 2. ed. Coimbra: Almedina, 2008. p. 175.

[25] CANOTILHO, J. J. Gomes. *"Brancosos" e interconstitucionalidade*: itinerários dos discursos sobre a historicidade constitucional. 2. ed. Coimbra: Almedina, 2008. p. 178-179.

[26] Cfr. PEREIRA, Miguel Batista. Sobre o discurso da fé em um mundo secularizado. *In*: Modernidade e Secularização, p. 384 *apud* CANOTILHO, J. J. Gomes. *"Brancosos" e interconstitucionalidade*: itinerários dos discursos sobre a historicidade constitucional. 2. ed. Coimbra: Almedina, 2008. p. 179, nota 17.

[27] CANOTILHO, J. J. Gomes. *"Brancosos" e interconstitucionalidade*: itinerários dos discursos sobre a historicidade constitucional. 2. ed. Coimbra: Almedina, 2008. p. 180.

[28] CANOTILHO, J. J. Gomes. *"Brancosos" e interconstitucionalidade*: itinerários dos discursos sobre a historicidade constitucional. 2. ed. Coimbra: Almedina, 2008. p. 180-181.

[29] CANOTILHO, J. J. Gomes. *"Brancosos" e interconstitucionalidade*: itinerários dos discursos sobre a historicidade constitucional. 2. ed. Coimbra: Almedina, 2008. p. 185.

[30] CANOTILHO, J. J. Gomes. *"Brancosos" e interconstitucionalidade*: itinerários dos discursos sobre a historicidade constitucional. 2. ed. Coimbra: Almedina, 2008. p. 186.

[31] Sobre isso *vide*: SILVA, Christine O. P. Tensões entre o direito constitucional e o direito internacional. *In*: MENEZES, Wagner (Coord.). *Estudos de direito internacional* – Anais do 9º Congresso Brasileiro de Direito Internacional/2011. Curitiba: Juruá, 2011. v. XXI. p. 450 e ss.

ordenamentos internos já é sintoma indelével da integração entre o Estado constitucional e a prática cooperativa dos direitos humanos, de modo que já é o tempo de se discutir as causas e consequências desse fenômeno.[32]

4 Pressupostos do Estado interconstitucional e democrático de direito

4.1 Soberania global

O primeiro e mais visível pressuposto do Estado interconstitucional e democrático de direito é a ideia de soberania para além dos limites em que este conceito foi forjado nos séculos XIX e XX. Constitui a transposição da ideia de soberania para os dias de hoje, em que as comunidades nacionais estão cada vez mais globalizadas e suas relações mediadas por tecnologias sofisticadas e inovadoras.

A soberania, como atributo fundamental do conceito de Estado-Nação, deve ser considerada a partir de sua concepção instrumental, apta a justificar o exercício de poder, desde que reverbere a autodeterminação do ser humano como elemento central de sua própria natureza conceitual.[33]

Isso quer dizer que, assim como o Estado-Nação existe para o ser humano e o poder nele exercido deve estar dirigido e limitado pelos direitos humanos garantidos, tanto na ordem internacional, quanto na ordem constitucional, também a soberania deve curvar-se aos mesmos direitos, sob pena de esvaziar-se em conceito anacrônico e estéril.

Os pactos internacionais de direitos humanos, bem como a Carta Europeia de Direitos Humanos e a Convenção Interamericana de Direitos Humanos, concretizam e dão mais força à ideia de soberania, de modo que, do ponto de vista da teoria dos direitos humanos, a soberania não está definida pela ausência de limitação ao poder do Estado-Nação, mas, sim, pela diligente atuação dos poderes internos do Estado em direção à concretização dos direitos humanos.

A açodada constatação de que o Estado constitucional contemporâneo está em declínio por conta de um crescente esvaziamento de um dos seus elementos, qual seja, a soberania, não se sustenta, diante da evidente importância que esse modelo político ainda possui perante a geopolítica mundial.

Entretanto, é preciso que exista esforço no sentido de uma autorreflexão contínua, não mais pela senda da legitimidade pela força de seus exércitos, mas pela força de suas pautas culturais e institucionais influenciadoras de práticas genuinamente pluralistas e de extraterritorialidades.

No âmbito da teoria constitucional, já é possível atestar o surgimento de uma nova compreensão como alternativa do conceito clássico de soberania, tendo em vista que

---

[32] A partir dessa constatação, Häberle afirma que o intérprete dos direitos fundamentais tem que tomar em consideração sempre os textos universais e regionais sobre os direitos humanos, sendo a própria abertura dos conteúdos e dimensões dos direitos fundamentais uma consequência da própria evolução do Estado constitucional cooperativo. Nesse sentido: HÄBERLE, Peter. *El estado constitucional.* Tradução de Hector Fix-Fierro. México: Universidad Nacional Autônoma de México, 2003. p. 163.

[33] KOTZUR, Markus. La soberanía hoy. Palabras clave para un diálogo europeo-latinoamericano sobre un atributo del Estado constitucional moderno. *In:* HÄBERLE, Peter; KOTZUR, Markus. *De la soberanía al derecho constitucional común:* palabras clave para un diálogo europeo-latinoamericano. Tradução de Hector Fix-Fierro. México: Instituto de Investigaciones Jurídicas de la Unam, 2003. p. 111.

a posição central do Estado-Nação, muito embora ainda esteja firmemente sustentada na formulação de hierarquia absoluta da Constituição, encontra-se confrontada com a perspectiva da soberania popular, no contexto de uma relação dinâmica e aberta entre os conceitos de soberania e povo, no ambiente constitucional.[34]

Nesse contexto, a legitimidade para o exercício da soberania passa a ter na Constituição uma forte aliada, por esta conter os anseios do povo que a constituiu como patamar normativo máximo, o qual congrega e acomoda sua pluralidade em dupla dimensão: enquanto povo e enquanto comunidade política detentora do poder no Estado-Nação. Mas é necessário compreender e problematizar o fato de que a relação entre Estado-Nação e povo conduz a questões sobre a decisão soberana que deposita sua legitimidade democrática na própria ideia de autodeterminação.

Se a soberania, antes intrinsecamente vinculada ao conceito de Estado-Nação independente, passa a ser também compreendida como soberania relacionada com a Constituição, desloca-se, por conseguinte, o centro de emancipação de sua força concreta, o que implica o reconhecimento de um modelo de ordem que garanta ao povo soberano plena capacidade de produzir vontade livre, afastada de qualquer tipo de coação, seja no plano interno, seja no plano internacional. Como assevera Markus Kotzur, o Estado-Nação passa a ser "uma concretização do povo e de seu papel no exercício das funções estatais, pois é um modelo de ordem que permite ao povo atuar politicamente".[35]

Nesses termos, é a soberania cidadã, focada na autodeterminação do ser humano, que conduz, no âmbito da sociedade internacional, a ações dirigidas pela vontade dos cidadãos, abandonando-se a vetusta visão do Estado-Nação independente, para abraçar a soberania como diretriz de políticas públicas pautadas na autodeterminação de cidadãos livres e iguais, sujeitos de direitos humanos protegidos tanto pela ordem jurídica nacional, quanto pelas ordens internacional e supranacional.

4.2 Transterritorialidade

O segundo pressuposto do Estado interconstitucional e democrático de direito é a transterritorialidade, ou seja, a superação dos limites geográficos e geopolíticos para as cooperações necessárias à fruição e reconhecimento de direitos humanos e fundamentais.

Os direitos humanos merecem reconhecimento e proteção numa organização espacial livre dos limites do território nacional relacionado ao conceito de Estado-Nação. O ponto de vista territorial apresenta-se como categoria analítica cuja definição, sob a perspectiva de um processo em devir, revela-se urgente, sob pena de desnaturação das conquistas alcançadas em matéria de proteção dos direitos humanos.

---

[34] Nesse sentido: SILVA, Christine O. P.; SOUZA, Larissa Mello. Interpretação evolutiva do conceito de soberania à luz da internacionalização do direito. *In*: CONGRESSO NACIONAL DO CONPEDI, XVII, 2009. *Anais...* Maringá: [s.n.], 2009. p. 3035-3036.

[35] KOTZUR, Markus. La soberanía hoy. Palabras clave para un diálogo europeo-latinoamericano sobre un atributo del Estado constitucional moderno. *In*: HABERLE, Peter; KOTZUR, Markus. *De la soberanía al derecho constitucional común*: palabras clave para un diálogo europeo-latinoamericano. Tradução de Hector Fix-Fierro. México: Instituto de Investigaciones Jurídicas de la Unam, 2003. p. 100. Disponível em: http://www.bibliojuridica.org/libros/libro.htm?l=545. Acesso em: 28 jan. 2008.

O lugar da declaração, da garantia e do controle de aplicação dos direitos humanos não pode estar limitado a um território confinado e atrelado ao território do Estado-Nação, pois a transterritorialidade é medida que se impõe para que se possa alcançar a máxima efetividade desses direitos. Somente na medida em que a concretização dos direitos humanos estiver transversamente implementada nas diferentes esferas territoriais, ou melhor, na formulação espacial desterritorializada ou transterritorializada, é que se poderá considerar cumprida a promessa de sua eficácia.

É cada vez mais evidente a importância do referencial territorial nos processos transnacionais de reconhecimento e proteção de direitos humanos. Isso porque a cultura dos direitos humanos que se desloca, que se reorganiza, que se consolida nos espaços comuns de mais de um Estado-Nação, melhor se desenvolve nos espaços "desterritorializados" das organizações internacionais e multinacionais, podendo também ressurgir, ainda mais robusta, em espaços transterritorializados, porque dotada de uma maior capacidade de resiliência e adaptação às adversidades próprias das resistências contra ela dirigidas.

Os direitos humanos, na perspectiva transterritorial, rompem os limites físicos de suas adversidades, ganhando a força inibitória necessária ao cumprimento de sua função no âmbito dos ordenamentos nacionais, internacionais e transnacionais contemporâneos. Somente a partir de uma visão transterritorializada dos direitos humanos será possível compreendê-los em suas múltiplas dimensões.

As políticas públicas humanistas, as normas de internalização de direitos humanos, bem como as decisões judiciais transconstitucionais, em que se discutem problemas de aplicação de direitos humanos, somente cumprirão suas funções no ambiente institucional que comporte coordenação de expectativas transterritoriais, pois a concretização e máxima eficácia dos valores e bens resguardados pelas normas de direitos humanos, não raras vezes, depende de uma confluência coordenada de políticas, projetos e ações, os quais não podem estar limitados a uma territorialidade específica.

Conforme alerta o Professor José Luis Bolzan de Morais, em trabalho sobre a transformação espacial dos direitos humanos,[36] não há como, no ambiente da pragmática jurídica, esquivar-se da análise da implementação dos direitos humanos que leva em consideração a "desterritorialização" e a "reterritorialização" geográfica (em sentido amplo) e subjetiva de suas características. E justifica:

> [...] sobretudo quando visamos instrumentalizar para isso as práticas jurídicas e os operadores do Direito por elas responsáveis, em particular se pensarmos no conjunto de possibilidades e necessidades que se abrem a partir das estratégias de regionalização dos espaços via integração de países, da globalização econômica e das demais diversas fórmulas globais, da mundialização dos vínculos sociais, da universalização das pretensões, da constituição de lugares mundiais de controle/garantia (e.g. Tribunais Inter/Supranacionais), de um cosmopolitismo político-institucional, etc.[37]

---

[36] MORAIS, José Luis Bolzan de. *As crises do Estado e da Constituição e a transformação espacial dos direitos humanos*. Porto Alegre: Livraria do Advogado, 2002.

[37] MORAIS, José Luis Bolzan de. *As crises do Estado e da Constituição e a transformação espacial dos direitos humanos*. Porto Alegre: Livraria do Advogado, 2002. p. 13-14.

Assim, se há um esforço teórico, metodológico, político e institucional no sentido de levar-se a sério a garantia e a efetividade dos direitos humanos, tal esforço tem que assumir a transterritorialidade como premissa da vontade normativa de direitos humanos, pois de outra forma não logrará atender aos requisitos mínimos das suas próprias expectativas.

4.3 Cidadania global

O povo não pode ser considerado de forma abstrata e despersonalizada. O povo é o cidadão e a cidadã que merecem por parte dos agentes e instituições do Estado todos os esforços necessários para a consecução de uma vida digna e feliz. E, aqui, felicidade não deve ser confundida com o bem-estar privado, embora seja possível supor que muitos estudiosos do tema nutriam a crença geral de que existe uma relação intrínseca entre as virtudes públicas e a própria felicidade, sendo a liberdade e a dignidade compostas da mesma essência da felicidade.

A dicotomia entre felicidade pública e felicidade privada, entrecortada pela ideia de liberdade, impõe a compreensão de que, quando Thomas Jefferson falava de felicidade pública, referia-se a um modelo de organização política, na qual "pessoas livres tivessem o direito de participar ativamente das decisões públicas, ou seja, que se envolvessem com o funcionamento do Estado".[38] Também Hannah Arendt corrobora essa concepção:

> O próprio fato de escolher a palavra felicidade para designar uma parcela do poder público indicava incisivamente que, antes da revolução, existia no país uma "felicidade pública", e que os homens sabiam que não poderiam ser totalmente felizes se sua felicidade se situasse e fosse usufruída apenas na vida privada.[39]

A dignidade da pessoa humana apresenta-se como reconhecimento de que todos os seres humanos são merecedores de igual respeito e proteção no âmbito da comunidade em que estão inseridos. Ingo Sarlet, sobre o tema, sintetiza: "Neste sentido, há como afirmar que a dignidade (numa acepção também ontológica, embora definitivamente não biológica) é a qualidade reconhecida como intrínseca à pessoa humana, ou da dignidade como reconhecimento [...]".[40]

Numa compreensão constitucional concretista, a dignidade humana implica a vedação de coisificação dos seres humanos, como também resguarda uma dimensão de igual consideração e respeito no âmbito da comunidade. Nessa linha, é a doutrina de Ingo Sarlet:

> Assim sendo, tem-se por dignidade da pessoa humana a qualidade intrínseca e distintiva reconhecida em cada ser humano que o faz merecedor do mesmo respeito e consideração

---

[38] LEAL, Saul Tourinho. *Direito à felicidade*. São Paulo: Almedina, 2017. p. 166.
[39] ARENDT, Hannah. *Sobre a revolução*. Tradução de Denise Bottmann. São Paulo: Companhia das Letras, 2011. p. 173.
[40] SARLET, Ingo. As dimensões da dignidade da pessoa humana: construindo uma compreensão jurídico-constitucional necessária e possível. *In*: SARLET, Ingo (Org.). *Dimensões da dignidade*: ensaios de filosofia do direito e direito constitucional. Porto Alegre: Livraria do Advogado, 2005. p. 26.

por parte do Estado e da comunidade, implicando, nesse sentido, um complexo de direitos e deveres fundamentais que assegurem a pessoa tanto contra todo e qualquer ato de cunho degradante e desumano, como venham a lhe garantir as condições existenciais mínimas para uma vida saudável, além de propiciar e promover sua participação ativa e co-responsável nos destinos da própria existência e da vida em comunhão com os demais seres humanos.[41]

A dimensão mais verticalizada da teoria do reconhecimento possibilita afirmar que a dignidade exige o respeito ao outro, ou seja, observância aos deveres de respeito aos outros, o que tem como principal consequência a exigência de respeito à dignidade do outro como condição da própria dignidade, exigindo das autoridades públicas e dos indivíduos da comunidade atitudes de igual respeito e consideração mútua.

No contexto do respeito recíproco à dignidade, como dimensão intrínseca da vida em comunidade, deve-se registrar o princípio da dignidade humana não apenas como aquele que vincula apenas os atos das autoridades públicas, mas, também, e principalmente, os indivíduos conviventes na comunidade. E, no contexto transnacional, a dignidade da pessoa ganha sentido e relevância indiscutíveis.

Deve-se ter em mente que o Estado interconstitucional realiza a dignidade humana quando reconhece o cidadão como um sujeito que tem direito a ter direitos, ou seja, quando transforma os cidadãos em sujeitos, pressupondo a dignidade humana como uma referência ao outro, como uma ponte dogmática para o enquadramento intersubjetivo da dignidade de cada um, mesmo quando não seja reconhecido ou pertença a determinada comunidade nacional.

Somente por meio de uma visão transubjetiva e transcendente do princípio da dignidade da pessoa humana é possível reconhecer no cidadão global, destinatário de respeito e consideração independentemente de sua nacionalidade, a cidadania global que informa e sustenta o Estado interconstitucional de direito.

5 Desafios contemporâneos da jurisdição interconstitucional no Brasil

O Supremo Tribunal Federal ainda não assumiu, de forma sustentável e consistente, os pressupostos da jurisdição interconstitucional em sua jurisprudência. Uma das evidências de tal assertiva é a ausência de qualquer referência à teoria interconstitucional, nos precedentes constitucionais da Suprema Corte brasileira.[42]

Não obstante, no que diz respeito ao reconhecimento do *status* constitucional das normas internacionais sobre direitos humanos,[43] a decisão proferida no julgamento conjunto dos recursos extraordinários n°s 349.703/RS, 466.343/SP e dos *habeas corpus*

---

[41] SARLET, Ingo. As dimensões da dignidade da pessoa humana: construindo uma compreensão jurídico-constitucional necessária e possível. *In*: SARLET, Ingo (Org.). *Dimensões da dignidade*: ensaios de filosofia do direito e direito constitucional. Porto Alegre: Livraria do Advogado, 2005. p. 37.

[42] Em pesquisa à base de dados disponibilizada no sítio eletrônico do Supremo Tribunal Federal, não houve resultado para a busca pelas expressões "interconstitucionalidade"; "interconstitucional"; nem "interconstitucionalismo".

[43] Esta afirmação tem lastro nos votos vencidos por ocasião do julgamento multicitado no presente artigo. Por todos *vide*: RE nº 466.343/SP. Rel. Min. Cezar Peluso, Plenário. *DJe*, 5 jun. 2009.

nºs 87.585/TO e 92.566/SP, concluída em 2008, teve o mérito de atualizar e rediscutir o tema da hierarquia normativa dos tratados e convenções sobre direitos humanos no ordenamento jurídico-constitucional brasileiro.

A questão não era inédita na Corte Suprema brasileira. Até 1977, o Supremo Tribunal Federal tinha posição de que os tratados internacionais sempre prevaleciam sobre o direito interno, entendimento que somente foi modificado em virtude do julgamento do RE nº 80.004/SE,[44] datado de 1º.6.1977, no qual se assentou que os tratados internacionais e as leis internas possuíam paridade normativa, de forma que eventuais conflitos entre eles deveriam ser resolvidos pelos critérios clássicos de resolução de antinomias normativas (cronológico e especialidade). Tal precedente recebeu a seguinte ementa:

> CONVENÇÃO DE GENEBRA – LEI UNIFORME SOBRE LETRAS DE CÂMBIO E NOTAS PROMISSÓRIAS – AVAL APOSTO A NOTA PROMISSÓRIA NÃO REGISTRADA NO PRAZO LEGAL – IMPOSSIBILIDADE DE SER O AVALISTA ACIONADO, MESMO PELAS VIAS ORDINÁRIAS. VALIDADE DO DECRETO-LEI Nº 427 DE 22.01.1969.
>
> Embora a Convenção de Genebra, que previu uma lei uniforme sobre letras de câmbio e notas promissórias, tenha aplicabilidade no direito interno brasileiro, não se sobrepõe ela às leis do País, disso decorrendo a constitucionalidade e consequente validade do Dec-lei nº 427/69, que instituiu o registro obrigatório da Nota Promissória em Repartição Fazendária, sob pena de nulidade do título.
>
> Sendo o aval um instituto do direito cambiário, inexistente será ele se reconhecida a nulidade do título cambial a que foi aposto.
>
> Recurso extraordinário conhecido e provido.

Esta compreensão foi revisitada por ocasião do julgamento dos recursos extraordinários nºs 349.703/RS, 466.343/SP e dos habeas corpus nºs 87.585/TO e 92.566/SP, em 2008, em que se consolidou o entendimento de que as normas internacionais de proteção de direitos humanos, quando não internalizadas por meio do procedimento previsto no art. 5º, §3º, da Constituição da República, possuem o *status* de normas supralegais, revogando ou derrogando o ordenamento infraconstitucional com elas incompatível.

Esse julgamento influenciou a doutrina pátria para o tema, de forma que se passou a falar, por sua inspiração, em controle de convencionalidade no ordenamento jurídico-constitucional pátrio. Valério Mazuolli foi doutrinador pioneiro em denominar a verificação de compatibilidade entre as normas jurídicas infraconstitucionais e as normas internacionais de direitos humanos de controle de convencionalidade.[45] Nesse sentido, vale a transcrição de suas conclusões:

> Pode-se também concluir que, doravante, a produção normativa doméstica conta com um duplo limite vertical material: a) a Constituição e os tratados de direitos humanos (1º limite) e b) os tratados internacionais comuns (2º limite) em vigor no país. No caso do primeiro limite, no que toca aos tratados de direitos humanos, estes podem ter sido ou não

---

[44] RE nº 80.004/SE. Rel. Min. Cunha Peixoto, Tribunal Pleno. *DJ*, 29 dez. 1977.
[45] *Vide*: MAZZUOLI, Valério de Oliveira. Teoria geral do controle de convencionalidade no direito brasileiro. *Revista de Informação Legislativa*, ano 46, n. 181, p. 113-139, jan./mar. 2009.

aprovados com o quórum qualificado de que o art. 5º, §3º, da Constituição prevê. Caso não tenham sido aprovados com essa maioria qualificada, seus status serão de norma (apenas) materialmente constitucionais, o que lhes garante serem paradigma de controle somente difuso de convencionalidade; caso tenham sido aprovados (e entrado em vigor no plano interno, após sua ratificação) pela sistemática do art. 5º, §3º, tais tratados servirão também de paradigma do controle concentrado (para além é claro do difuso) de convencionalidade.[46]

Muito embora tais conclusões não tenham sido integralmente confirmadas pela jurisprudência dominante do Supremo Tribunal Federal, a qual reconheceu o *status* de normas constitucionais somente às normas internacionais incorporadas nos termos da sistemática do art. 5º, §3º, da Constituição de 1988, a partir delas é possível falar em uma doutrina brasileira do controle de convencionalidade.

A principal consequência da decisão do Supremo Tribunal Federal, proferida no julgamento conjunto dos recursos extraordinários nºs 349.703/RS, 466.343/SP e dos *habeas corpus* nºs 87.585/TO e 92.566/SP, foi a de reconhecer que toda lei infraconstitucional incompatível com normas internacionais de direitos humanos não pode ser aplicada, em face da sua invalidade por inconvencionalidade, no ordenamento jurídico brasileiro.

A verificação de tal incompatibilidade não necessita de autorização, nem de outro procedimento especial, bastando que qualquer juiz ou tribunal, ao deparar-se com a antinomia normativa, deixe de aplicar a norma interna em favor da norma internacional. É o que Valério Mazzuoli chama de controle difuso de convencionalidade.[47]

Outra importante consequência da referida decisão, para o ordenamento jurídico-constitucional brasileiro, foi o reconhecimento da força normativa e dos impactos práticos que as normas internacionais de direitos humanos possuem no ordenamento jurídico doméstico, como parte de um processo de expansão da ordem constitucional pátria em direção à concretização de direitos humanos.[48]

Por fim, registre-se como fundamental esteja o exercício da jurisdição vinculado às normas internacionais de direitos humanos, e que, por isso, os juízes e juízas utilizem, na fundamentação de suas decisões, também o ordenamento jurídico-constitucional expandido. Conforme anota a doutrina, nesse sentido:

> a realização do controle de convencionalidade não está adstrita ao Judiciário apenas. Parte significativa das recomendações internacionais ao Brasil refere-se diretamente a atos que impactam a competência de órgãos do Poder Executivo responsáveis pela segurança pública e pelo sistema prisional.[49]

---

[46] MAZZUOLI, Valério de Oliveira. Teoria geral do controle de convencionalidade no direito brasileiro. *Revista de Informação Legislativa*, ano 46, n. 181, p. 113-139, jan./mar. 2009. p. 137.

[47] MAZZUOLI, Valério de Oliveira. Teoria geral do controle de convencionalidade no direito brasileiro. *Revista de Informação Legislativa*, ano 46, n. 181, p. 113-139, jan./mar. 2009. p. 128 e ss.

[48] Nessa direção: CAVASSIN, Lucas Carli; FACHIN, Melina Girardi; RIBAS, Ana Carolina. Perspectivas do controle de convencionalidade do sistema interamericano de direitos humanos no Brasil: implicações para um novo constitucionalismo. In: BOGDANDY, Armin Von *et al.* (Coord.). *Ius Constitutionale Commune na América Latina* – Diálogos jurisdicionais e controle de convencionalidade. Curitiba: Juruá, 2016. v. III. p. 284: "A abertura da ordem constitucional pátria aos direitos humanos corrobora e expande sua proteção local: expande em qualidade ao incorporar novos conteúdos; expande em obrigações ao incluir deveres correlatos; e, por fim, expande o número de indivíduos comprometidos com tal mister, em sua dúplice dimensão: extrínseca e intrínseca".

[49] CAVASSIN, Lucas Carli; FACHIN, Melina Girardi; RIBAS, Ana Carolina. Perspectivas do controle de convencionalidade do sistema interamericano de direitos humanos no Brasil: implicações para um novo

O Supremo Tribunal Federal, em decisões ainda isoladas de alguns magistrados, tem ampliado a força do controle de convencionalidade no Brasil, trazendo normas internacionais de direitos humanos como fundamentos e parâmetros para as conclusões expostas nos precedentes constitucionais brasileiros.

A Corte Suprema, ao envidar esforços no sentido de comprometer-se com uma cultura dos direitos humanos entre nós, mostra-se empenhada em concretizar, na sua máxima e mais ampla potencialidade, as normas nacionais e internacionais protetivas desses direitos.

Mas ainda é preciso ampliar o reconhecimento e a força da teoria interconstitucional e de seus pressupostos, no exercício da jurisdição constitucional brasileira, pois que os desafios a serem enfrentados atualmente exigem respostas e soluções cada vez mais adequadas aos mundos Vuca e Bani.[50]

6 Diálogos interconstitucionais

As teorias, as práticas e os seres humanos podem mudar a realidade. É certo que durante muito tempo o peso forte do Estado sufocou a sociedade brasileira. A liberdade cedia espaço à força, à violência, à tortura e à censura, mas a sociedade resistiu. A sociedade fez a luta pela anistia e dela emergiu mais forte, no longo processo constituinte que desembocou na Constituição da República do Brasil de 1988.

Em honra a essa luta dos constituintes, a Constituição é aquela que rejeita todo e qualquer autoritarismo, abomina a violência e não tolera discriminações de qualquer natureza. Agora, mais que antes, a sociedade legitimamente cobra, com cada vez mais vigor, melhores serviços públicos e mais eficiência das instituições. A bússola é sempre a de constituir um país mais livre, mais justo e mais solidário, pois é a missão dada aos agentes e instituição do Estado pelo próprio Poder Constituinte.[51]

Cônscios do arbítrio e do estado de coisas anterior à Constituição, no qual grassou por anos a ineficiência e deitou raízes o cupim da República, é imprescindível que não abandonemos os empenhos por uma democracia mais justa e por uma justiça mais eficiente. Uma sociedade livre, justa e solidária tem como condição de possibilidade a democracia. Sem democracia não há liberdade, nem justiça, muito menos dignidade.[52]

A proposta de reflexão sobre a teoria da interconstitucionalidade, seus pressupostos e desafios na prática jurisdicional do Supremo Tribunal Federal teve como objetivo chamar a atenção para o que ainda está por fazer.

---

constitucionalismo. In: BOGDANDY, Armin Von et al. (Coord.). *Ius Constitutionale Commune na América Latina* – Diálogos jurisdicionais e controle de convencionalidade. Curitiba: Juruá, 2016. v. III. p. 296.

[50] Sobre estes acrônimos vide: BENNETT, Nathan; LEMOINE, James. What a difference a word makes: understanding threats to performance in a VUCA world. *Harvard Business Horizons*, Cambridge, v. 57, n. 3, p. 311-317, maio 2014; CASCIO, Jamais. Facing the age of chaos. *Medium*, 29 abr. 2020. Disponível em: https://medium.com/@cascio/facing-the-age-of-chaos-b00687b1f51d. Acesso em: 5 mar. 2021.

[51] FACHIN, Luiz Edson. Um breve balanço na impertinência. *Revista Eletrônica Consultor Jurídico*, 30 dez. 2020. Disponível em: https://www.conjur.com.br/2020-dez-30/luiz-edson-fachin-breve-balanco-impermanencia. Acesso em: 6 mar. 2021.

[52] FACHIN, Luiz Edson. Um breve balanço na impertinência. *Revista Eletrônica Consultor Jurídico*, 30 dez. 2020. Disponível em: https://www.conjur.com.br/2020-dez-30/luiz-edson-fachin-breve-balanco-impermanencia. Acesso em: 6 mar. 2021.

Se ainda não há uma cultura sólida de proteção de direitos humanos, de respeito às instituições democráticas, de tolerância mútua e consideração ao outro como sujeito de direitos fundamentais, é porque, no Brasil, em se tratando de concretização constitucional, muito está por fazer.

Os diálogos interconstitucionais ainda não constituem metodologia adotada pelas decisões que compõem a jurisprudência constitucional do Supremo Tribunal Federal. Esse fato, entretanto, não implica afirmar que não há esforços, para que isso mude, por parte da doutrina e das decisões isoladas de alguns magistrados.

É verdade que, para os mais céticos, seriam mais eficazes propostas inovadoras, como exemplo, a criação de um órgão federal cuja missão institucional fosse especificamente a implementação das sentenças proferidas na Corte Interamericana de Direitos Humanos no Brasil.[53]

O Supremo Tribunal Federal, bem como os demais tribunais e magistrados brasileiros, conscientes e convencidos da importância de um Estado interconstitucional entre nós, podem ser agentes públicos em ação para a implementação e consolidação dos seus pressupostos, na dogmática jurídico-constitucional brasileira.

É preciso reconhecer que as questões de direitos humanos transbordam os limites do Estado-nacional, de modo que a comunhão de problemas aponta também para a "possível comunhão de soluções, o que passa a exigir uma atenção redobrada às alternativas de interconexão entre as diversas ordens jurídico-constitucionais na sociedade mundial".[54] Tal compreensão leva à conclusão de que todos os sistemas jurídicos comprometidos com Estado democrático de direito podem dialogar e aprender entre si as formas de concretização dos direitos humanos e fundamentais.

É preciso reconhecer com os pesquisadores especializados que, ainda que juízes e juízos não adotem referências estrangeiras como fonte de direito ou autoridade que os vincule em suas próprias decisões, a teoria interconstitucional convida-os para serem parte de uma rede de colaboradores de um processo coletivo que busca por "soluções internacionais consensuais"[55] para problemas de um mundo cada vez complexo, ambíguo, não linear e imprevisível.

Referências

ARENDT, Hannah. *Sobre a revolução*. Tradução de Denise Bottmann. São Paulo: Companhia das Letras, 2011.

BENEDETTI, Andréa Regina de M. *Implementação das sentenças da Corte Interamericana de Direitos Humanos no Brasil em face do Poder Judiciário violador de direito humanos*: por um mecanismo híbrido, aberto e plural. 250 p. Tese (Doutorado em Direito) – Universidade Federal do Paraná, Curitiba, 2016.

---

[53] BENEDETTI, Andréa Regina de M. *Implementação das sentenças da Corte Interamericana de Direitos Humanos no Brasil em face do Poder Judiciário violador de direito humanos*: por um mecanismo híbrido, aberto e plural. 250 p. Tese (Doutorado em Direito) – Universidade Federal do Paraná, Curitiba, 2016.

[54] SOLIANO, Vitor. Transconstitucionalismo, interconstitucionalidade e heterroreflexividade: alternativas possíveis para a proteção dos direitos humanos na relação entre ordens jurídico-constitucionais distintas – Primeiras incursões. In: FÓRUM INTERNACIONAL DE DIREITO PÚBLICO, X; CONGRESSO BRASILEIRO DE DIREITO CONSTITUCIONAL APLICADO, 10º. Anais... Salvador: [s.n.], maio 2011.

[55] DIAS, Roberto; MOHALLEM, Michael F. O. O diálogo jurisdicional sobre direitos humanos e a ascensão da rede internacional de cortes constitucionais. *Revista Bras. Est. Const. – RBEC*, Belo Horizonte, ano 8, n. 29, p. 398-399, maio/ago. 2014.

BENNETT, Nathan; LEMOINE, James. What a difference a word makes: understanding threats to performance in a VUCA world. *Harvard Business Horizons*, Cambridge, v. 57, n. 3, p. 311-317, maio 2014.

CANOTILHO, J. J. Gomes. *"Brancosos" e interconstitucionalidade*: itinerários dos discursos sobre a historicidade constitucional. 2. ed. Coimbra: Almedina, 2008.

CASCIO, Jamais. Facing the age of chaos. *Medium*, 29 abr. 2020. Disponível em: https://medium.com/@cascio/facing-the-age-of-chaos-b00687b1f51d. Acesso em: 5 mar. 2021.

CAVASSIN, Lucas Carli; FACHIN, Melina Girardi; RIBAS, Ana Carolina. Perspectivas do controle de convencionalidade do sistema interamericano de direitos humanos no Brasil: implicações para um novo constitucionalismo. *In*: BOGDANDY, Armin Von *et al*. (Coord.). *Ius Constitutionale Commune na América Latina* – Diálogos jurisdicionais e controle de convencionalidade. Curitiba: Juruá, 2016. v. III.

DIAS, Roberto; MOHALLEM, Michael F. O. O diálogo jurisdicional sobre direitos humanos e a ascensão da rede internacional de cortes constitucionais. *Revista Bras. Est. Const. – RBEC*, Belo Horizonte, ano 8, n. 29, p. 398-399, maio/ago. 2014.

FACHIN, Luiz Edson. Um breve balanço na impertinência. *Revista Eletrônica Consultor Jurídico*, 30 dez. 2020. Disponível em: https://www.conjur.com.br/2020-dez-30/luiz-edson-fachin-breve-balanco-impermanencia. Acesso em: 6 mar. 2021.

HÄBERLE, Peter. *El estado constitucional*. Tradução de Hector Fix-Fierro. México: Universidad Nacional Autônoma de México, 2003.

KOTZUR, Markus. La soberanía hoy. Palabras clave para un diálogo europeo-latinoamericano sobre un atributo del Estado constitucional moderno. *In*: HABERLE, Peter; KOTZUR, Markus. *De la soberanía al derecho constitucional común*: palabras clave para un diálogo europeo-latinoamericano. Tradução de Hector Fix-Fierro. México: Instituto de Investigaciones Jurídicas de la Unam, 2003.

LEAL, Saul Tourinho. *Direito à felicidade*. São Paulo: Almedina, 2017.

MAZZUOLI, Valério de Oliveira. Teoria geral do controle de convencionalidade no direito brasileiro. *Revista de Informação Legislativa*, ano 46, n. 181, p. 113-139, jan./mar. 2009.

MORAIS, José Luis Bolzan de. *As crises do Estado e da Constituição e a transformação espacial dos direitos humanos*. Porto Alegre: Livraria do Advogado, 2002.

SARLET, Ingo. As dimensões da dignidade da pessoa humana: construindo uma compreensão jurídico-constitucional necessária e possível. *In*: SARLET, Ingo (Org.). *Dimensões da dignidade*: ensaios de filosofia do direito e direito constitucional. Porto Alegre: Livraria do Advogado, 2005.

SILVA, Christine O. P. Tensões entre o direito constitucional e o direito internacional. *In*: MENEZES, Wagner (Coord.). *Estudos de direito internacional* – Anais do 9º Congresso Brasileiro de Direito Internacional/2011. Curitiba: Juruá, 2011. v. XXI.

SILVA, Christine O. P.; SOUZA, Larissa Mello. Interpretação evolutiva do conceito de soberania à luz da internacionalização do direito. *In*: CONGRESSO NACIONAL DO CONPEDI, XVII, 2009. *Anais*... Maringá: [s.n.], 2009.

SOLIANO, Vitor. Transconstitucionalismo, interconstitucionalidade e heterorreflexividade: alternativas possíveis para a proteção dos direitos humanos na relação entre ordens jurídico-constitucionais distintas – Primeiras incursões. *In*: FÓRUM INTERNACIONAL DE DIREITO PÚBLICO, X; CONGRESSO BRASILEIRO DE DIREITO CONSTITUCIONAL APLICADO, 10º. *Anais*... Salvador: [s.n.], maio 2011.

SUNSTEIN, Cass R. *República.com*: internet, democracia y libertad. Barcelona: Paidos Iberica, 2003.

Informação bibliográfica deste texto, conforme a NBR 6023:2018 da Associação Brasileira de Normas Técnicas (ABNT):

FACHIN, Luiz Edson; SILVA, Christine Peter da. Estado interconstitucional de direito e seus desafios na República.com. *In*: GOMES, Ana Cláudia Nascimento; ALBERGARIA, Bruno; CANOTILHO, Mariana Rodrigues (Coord.). *Direito Constitucional*: diálogos em homenagem ao 80º aniversário de J. J. Gomes Canotilho. Belo Horizonte: Fórum, 2021. p. 341-356. ISBN 978-65-5518-191-3.

DIREITO PROCESSUAL CONSTITUCIONAL: PARALELO ENTRE A DOUTRINA DE CANOTILHO E O PANORAMA BRASILEIRO

LUIZ FUX

1 Direito processual constitucional e direito constitucional processual

Em ensinamento rigorosamente universal, José Joaquim Gomes Canotilho elucida a distinção entre o processo constitucional e o direito constitucional processual, como espécies do gênero direito processual constitucional.

É perfeitamente possível, a partir das noções conceituais propostas pelo renomado professor português, traçar um paralelo com a experiência brasileira.

2 Processo constitucional

Na lição do professor da Faculdade de Direito de Coimbra, o direito processual constitucional em sentido estrito (ou, simplesmente, processo constitucional) seria o conjunto de atos e formalidades voltados à análise de compatibilidade de atos normativos públicos com a Constituição. Trata-se de autêntico processo de fiscalização de inconstitucionalidade, como aponta com maestria.[1]

Sabidamente, o modelo de controle de constitucionalidade brasileiro envolve duas modalidades, com a finalidade de maximizar seu exercício.

O controle abstrato, pela via principal dos processos objetivos, representa autêntico instrumento de formação de precedentes vinculantes, a obrigar todos aqueles sujeitos ao ordenamento pátrio. Especificamente nesse sentido, o Código de Processo Civil estatui que os magistrados devem observar tais decisões, proferidas pelo Supremo Tribunal Federal, bem como a súmula vinculante do tribunal (art. 927, I e II).[2]

---

[1] CANOTILHO, José Joaquim Gomes. *Direito constitucional e teoria da Constituição*. 7. ed. Coimbra: Almedina, 2016. p. 965.

[2] "Art. 927. Os juízes e os tribunais observarão: I - as decisões do Supremo Tribunal Federal em controle concentrado de constitucionalidade; II - os enunciados de súmula vinculante [...]".

Em complemento, surge o controle difuso, incidental aos processos subjetivos levados à jurisdição. O diploma processual geral de 2015 ampliou sua eficácia, homenageando a economia processual: acaso um título executivo judicial se baseie em norma declarada inconstitucional pelo Supremo Tribunal Federal, tanto em sede principal (no dispositivo do acórdão) como em incidental (na fundamentação da decisão), poderá ser reconhecido como inexequível, em impugnação ao cumprimento de sentença (art. 525, §12º,[3] e art. 535, §5º).[4]

O revogado §1º do art. 475-L do Código de Processo Civil de 1973, com a redação alterada pela Lei nº 11.232/2005, dispunha que, para efeito de inexigibilidade, assim se consideraria, também, o título judicial fundado em lei ou ato normativo declarados inconstitucionais pelo Supremo Tribunal Federal, ou fundado em aplicação ou interpretação da lei ou ato normativo tidas pelo STF como incompatíveis com a Constituição Federal.[5]

O regime revogado era sujeito a diversas críticas. Alguns autores alegavam que a regra seria inconstitucional, por violação ao art. 5º, XXXVI, da CRFB, dispositivo que consagra a garantia da coisa julgada, indispensável à segurança jurídica. Além disso, a redação legal não esclarecia se a decisão do Supremo Tribunal Federal, invocada como fundamento da inexigibilidade do título, teria de ser tomada em controle abstrato de constitucionalidade ou se bastaria a decisão no âmbito do controle concreto. Outro ponto lacunoso da lei revogada era não esclarecer se a decisão do STF teria de ser anterior à decisão exequenda, bem como, caso se admitisse a alegação de inexigibilidade com base em decisão do STF posterior, se seriam mantidos os efeitos pretéritos da decisão exequenda.

Apesar de, em um primeiro momento, a 2ª Turma do STF ter julgado inconstitucional, em controle concreto, o art. 741, parágrafo único, do CPC/1973,[6] a constitucionalidade dos arts. 475-L, §1º, e 741, parágrafo único, do CPC/73, bem como do art. 884, §5º, da CLT foi reconhecida pelo Pleno do STF.[7]

---

[3] "Art. 525. Transcorrido o prazo previsto no art. 523 sem o pagamento voluntário, inicia-se o prazo de 15 (quinze) dias para que o executado, independentemente de penhora ou nova intimação, apresente, nos próprios autos, sua impugnação. §1º Na impugnação, o executado poderá alegar: [...] III - inexequibilidade do título ou inexigibilidade da obrigação; [...] §12. Para efeito do disposto no inciso III do §1º deste artigo, considera-se também inexigível a obrigação reconhecida em título executivo judicial fundado em lei ou ato normativo considerado inconstitucional pelo Supremo Tribunal Federal, ou fundado em aplicação ou interpretação da lei ou do ato normativo tido pelo Supremo Tribunal Federal como incompatível com a Constituição Federal, em controle de constitucionalidade concentrado ou difuso".

[4] "Art. 535. A Fazenda Pública será intimada na pessoa de seu representante judicial, por carga, remessa ou meio eletrônico, para, querendo, no prazo de 30 (trinta) dias e nos próprios autos, impugnar a execução, podendo arguir: [...] III - inexequibilidade do título ou inexigibilidade da obrigação; [...] §5º Para efeito do disposto no inciso III do caput deste artigo, considera-se também inexigível a obrigação reconhecida em título executivo judicial fundado em lei ou ato normativo considerado inconstitucional pelo Supremo Tribunal Federal, ou fundado em aplicação ou interpretação da lei ou do ato normativo tido pelo Supremo Tribunal Federal como incompatível com a Constituição Federal, em controle de constitucionalidade concentrado ou difuso".

[5] Confira-se a redação do antigo dispositivo, cujo teor era reproduzido no art. 741, parágrafo único, do CPC/1973 e no art. 884, §5º, da CLT: "§1º Para efeito do disposto no inciso II do caput deste artigo, considera-se também inexigível o título judicial fundado em lei ou ato normativo declarados inconstitucionais pelo Supremo Tribunal Federal, ou fundado em aplicação ou interpretação da lei ou ato normativo tidas pelo Supremo Tribunal Federal como incompatíveis com a Constituição Federal".

[6] AgR-RE nº 592.912. Rel. Min. Celso de Mello, j. 3.4.2012.

[7] São constitucionais as disposições normativas do parágrafo único do art. 741 do CPC, do §1º do art. 475-L, ambos do CPC/73, bem como os correspondentes dispositivos do CPC/15, o art. 525, §1º, III e §§12 e 14, o art. 535, §5º.

O legislador trouxe nova sistemática no art. 525, §§12 a 15, do CPC/2015. O Código atual, então, manteve esse efeito rescindente extraordinário à impugnação ao cumprimento da sentença baseada em decisão do STF, infirmando a coisa julgada a qualquer tempo, mercê das críticas relacionadas à segurança jurídica.

O novel regramento do tema expressamente define que a obrigação é inexigível se o título executivo contrariar decisão do STF sobre a constitucionalidade de lei ou ato normativo: (i) em *controle concentrado ou difuso*; e (ii) proferida *antes* do trânsito em julgado da decisão exequenda. Durante os debates legislativos sobre o projeto que culminou no CPC/2015, o Senado havia proposto que a inexigibilidade só existisse se a decisão do STF fosse tomada em controle concentrado ou se a norma aplicada estivesse com a eficácia suspensa por resolução do Senado Federal.

Ainda de acordo com a nova sistemática, caso a decisão do STF tenha sido proferida depois da decisão exequenda, deve o executado propor *ação rescisória*, cujo prazo de dois anos será contado do trânsito em julgado da decisão do STF. Há discussão sobre qual seria o fundamento da ação rescisória: tratar-se-ia de uma rescisória por violação manifesta à "norma jurídica" (art. 966, V, do CPC/2015) ou seria uma hipótese autônoma? Trata-se de filigrana acadêmica, sem maior repercussão prática.

Os arts. 525, §13, e 535, §6º, do CPC/2015 preveem que os efeitos da decisão do Supremo Tribunal Federal poderão ser modulados no tempo, em atenção à segurança jurídica. Parece-nos que, apesar da pouca clareza do texto, quem deve modular é o juízo da execução, pois se trata de resguardar a segurança jurídica no caso concreto.

Outra questão não esclarecida pelo texto diz respeito a definir as decisões de quais órgãos do STF serão consideradas para fins de inexigibilidade do título baseado em norma inconstitucional.[8] Por fim, destaque-se a regra de direito intertemporal do art. 1.057 do CPC/2015.[9]

3 Direito constitucional judicial

Canotilho menciona, ainda, o direito constitucional judicial, "constituído pelo conjunto de regras e princípios que regulam a posição jurídico-constitucional, as tarefas o *status* dos magistrados, as competências e a organização dos tribunais".[10] Com efeito,

---

São dispositivos que, buscando harmonizar a garantia da coisa julgada com o primado da Constituição, vieram agregar ao sistema processual brasileiro um mecanismo com eficácia rescisória de sentenças revestidas de vício de inconstitucionalidade qualificado, assim caracterizado nas hipóteses em que (a) a sentença exequenda esteja fundada em norma reconhecidamente inconstitucional – seja por aplicar norma inconstitucional, seja por aplicar norma em situação ou com um sentido inconstitucionais; ou (b) a sentença exequenda tenha deixado de aplicar norma reconhecidamente constitucional; e (c) desde que, em qualquer dos casos, o reconhecimento dessa constitucionalidade ou a inconstitucionalidade tenha decorrido de julgamento do STF realizado em data anterior ao trânsito em julgado da sentença exequenda (ADI nº 2.418. Rel. Min. Teori Zavascki, Tribunal Pleno, j. 4.5.2016).

[8] Sobre o tema, o Enunciado nº 58 do FPPC: "As decisões de inconstitucionalidade a que se referem os art. 525, §§12 e 13 e art. 535 §§5º e 6º devem ser proferidas pelo plenário do STF".

[9] "O disposto no art. 525, §§14 e 15, e no art. 535, §§7º e 8º, aplica-se às decisões transitadas em julgado após a entrada em vigor deste Código, e, às decisões transitadas em julgado *anteriormente*, aplica-se o disposto no art. 475-L, §1º, e no art. 741, parágrafo único, da Lei nº 5.869, de 11 de janeiro de 1973".

[10] CANOTILHO, José Joaquim Gomes. *Direito constitucional e teoria da Constituição*. 7. ed. Coimbra: Almedina, 2016. p. 967.

mostra-se como tipicamente constitucional o tratamento de cada uma das funções da República, tendo tanto a carta portuguesa como o constituinte brasileiro detalhado o regramento do Judiciário.

Evidentemente, a Constituição Federal tem o primado sobre o ordenamento jurídico, derivando de seus ditames as demais regras, quer sejam processuais, quer materiais. A existência de inúmeros institutos e preceitos de processo civil fazem da Carta Magna sua fonte primeira. Assim é que, na Constituição, vêm reguladas as garantias básicas do "acesso à ordem jurídica justa", obedecido o "devido processo legal" e o "contraditório".

Não obstante, os remédios heroicos de defesa da cidadania têm sua previsão primária na Constituição, vedando-se, assim, ao legislador infraconstitucional, suprimi-los conquanto garantias pétreas. Nesse contexto, inserem-se a ação popular, a ação civil pública, o *habeas corpus*, o *habeas data*, o recurso extraordinário, o recurso especial etc.

Destarte, é no diploma maior que se estrutura, em linhas básicas e inafastáveis pelos Estados-Membros, a magistratura, encarregada da prestação da justiça, estabelecendo as garantias *pro populo* de que devem gozar os juízes no afã de, com independência, decidirem os litígios submetidos à sua apreciação. Esta é a razão da vitaliciedade, inamovibilidade e irredutibilidade estipendial.[11]

Aliás, a Constituição Federal é considerada a "fonte das fontes", porquanto é ela que indica da atribuição sobre quem pode formular regras processuais, ao dispor sobre a competência exclusiva da União para legislar sobre processo e a concorrente dos Estados-Membros para editar regras procedimentais.

4   Direito constitucional processual

Complementarmente, o direito constitucional processual diz respeito aos "princípios e regras de natureza processual positivados na Constituição e materialmente constitutivos do *status activus processualis* no ordenamento constitucional".[12]

Nesse ponto, cumpre recordar a relevância das garantias instrumentais estampadas no texto estrutural do Estado.

O ideal de proteção dos direitos individuais surgiu na história da humanidade como contraponto ao arbítrio das autoridades governamentais, mercê da indicação histórica de que na Grécia Antiga, notadamente em Atenas, o germe da limitação do poder político, por meio das concepções de separação de poderes e de submissão dos governantes à lei, influenciou a derrocada do Absolutismo Monárquico na Europa e a imposição do dever estatal de atuar com zelo pelas liberdades dos particulares.

---

[11] Art. 95 da CF: "Os juízes gozam das seguintes garantias: I - vitaliciedade, que, no primeiro grau, só será adquirida após dois anos de exercício, dependendo a perda do cargo, nesse período, de deliberação do tribunal a que o juiz estiver vinculado, e, nos demais casos, de sentença judicial transitada em julgado; II - inamovibilidade, salvo por motivo de interesse público, na forma do art. 93, VIII".

[12] CANOTILHO, José Joaquim Gomes. *Direito constitucional e teoria da Constituição*. 7. ed. Coimbra: Almedina, 2016. p. 966.

Os primeiros instrumentos processuais destinados à tutela dos direitos do homem perante o Estado remontam ao século XII,[13] destacando-se, pelo seu relevo, o *habeas corpus*, previsto desde 1215, na Inglaterra, pela *Magna Carta*.[14]

O constitucionalismo do Pós-Guerra, sob uma ótica mais recente, é considerado fator marcante revelador dos direitos fundamentais, ora compreendidos como cláusulas pétreas constitucionais.

O Brasil, especificamente, vivenciou, desde sua independência até o advento da Carta Magna de 1988, uma era de múltiplas violações ao ordenamento constitucional. A inefetividade das leis supremas decorreu, sobretudo, da diminuta vontade política em aplicá-las de forma direta e imediata. Deveras, a falta de reconhecimento de força normativa aos textos constitucionais brasileiros permitiu que as Constituições, por diversas vezes, fossem relegadas a um segundo plano, como ocorreu com o golpe do Estado Novo, a ditadura militar e os atos institucionais.

A Constituição de 1988 configurou verdadeiro marco zero de uma nova trajetória política brasileira, marcada pela formação de uma opinião pública mais consciente, que disseminou a ideia de igualdade jurídica. Hodiernamente, considerando-se que a atual Constituição tenha recebido um elevado número de emendas a seu texto original, e que muitos sejam os questionamentos em relação às normas originárias do legislador derivado, o constitucionalismo vive um momento de triunfo com mais de três décadas sem rupturas. Esse fortalecimento da Carta Fundamental fez com que a Constituição passasse a ser a lente pela qual se leem e se interpretam todas as normas infraconstitucionais, o que importa dizer que toda forma de interpretação deve ser constitucional.[15] Esse festejado fenômeno, que implica verdadeira força centrípeta constitucional, tem sido referido pela doutrina como neoconstitucionalismo[16] e opera-se em paralelo ao pós-positivismo, tendência filosófica que pretende destacar a superioridade axiológica dos direitos fundamentais e o retorno à observação dos valores, aproximando o direito da ética e da moral. Alguns autores identificam uma correlação entre esse fenômeno e uma ampliação dos poderes do Estado na vida social.[17]

---

[13] Nesse sentido, Leonardo Greco chama a atenção para a figura do *Justicia Mayor*, "um funcionário judicial ao qual cabia velar pela segurança dos cidadãos prejudicados por violações dos forais" (GRECO, Leonardo. Natureza jurídica do mandado de segurança. *Revista Arquivos do Ministério da Justiça*, n. 129, p. 45, jan./mar. 1974. Separata).

[14] No texto original: "Nullus liber homo capiatur, vel imprisonetur, aut disseisiatur, aut utlagetur, aut exuletur, aut aliquo modo destruatur, nec super cum ibimus, nec super cum mittemus, nisi per legale judicium parium suorum vel per legem terre". Em tradução livre: "nenhum homem livre será capturado ou aprisionado, ou desapropriado dos seus bens, ou declarado fora da lei, ou exilado, ou de algum modo lesado, nem nós iremos contra ele, nem enviaremos ninguém contra ele, exceto pelo julgamento legítimo dos seus pares ou pela lei do país".

[15] Sobre o tema da normatividade do texto constitucional, confira-se HESSE, Konrad. *A força normativa da Constituição*. Porto Alegre: Sergio Antonio Fabris, 2009.

[16] A respeito do neoconstitucionalismo, confira-se COMANDUCCI, Paolo. Formas de (neo)constitucionalismo: un análisis metateórico. Tradução de Miguel Carbonell. *Revista de Teoría y Filosofía del Derecho*, n. 16, 2002.

[17] "Nos estados liberais 'burgueses' dos séculos dezoito e dezenove, os procedimentos adotados para solução dos litígios civis refletiam a filosofia essencialmente individualista dos direitos, então vigorante. Direito ao acesso à proteção judicial significava essencialmente o direito formal do indivíduo agravado de propor ou contestar uma ação" (CAPPELLETTI, Mauro; GARTH, Bryant. *Acesso à Justiça*. Tradução de Ellen Gracie Northfleet. Porto Alegre: Fabris, 2002. p. 9).

Em verdade, o constitucionalismo contemporâneo se assenta em, basicamente, três princípios essenciais: o primeiro é a concepção normativa da Constituição e o seu entendimento como Lei Suprema do Estado. O segundo – intimamente ligado ao primeiro – é o da elevação da Constituição a parâmetro de validade de todos os atos do Poder Público. O terceiro é o de que a garantia da Constituição deve ser, essencialmente, judicial, devendo a tarefa de "guarda da Constituição" ser efetivamente desempenhada por um tribunal próprio e específico, situado fora da ordem ou das ordens judiciárias comuns.

Nesse contexto, todos os ramos do direito,[18] [19] máxime o direito processual, constitucionalizaram-se.[20]

A Constituição de 1988 e suas normas equacionam destacada relação com o processo, prevendo diversos preceitos fundamentais sobre o sistema processual, inclusive suas garantias e a organização judiciária.[21]

É dizer, o mesmo constituinte que concedeu especial destaque à proteção dos direitos fundamentais disciplinou esses direitos e garantias na seara processual. Hodiernamente, a Constituição tutela o processo por meio de princípios e garantias dedicados à efetividade do instrumento e, reciprocamente, o processo tutela a efetividade das normas constitucionais.[22]

Os princípios fundamentais do processo, assim como os pertencentes aos demais ramos jurídicos, caracterizam o sistema legal adotado por determinado país, revelando-lhe a linha juspolítica e filosófica. Esses princípios são extraídos das regras processuais como um todo, e seus cânones influenciam a solução de inúmeras questões legisladas

---

[18] No direito civil italiano, *vide* Pietro Perlingieri: "O Código Civil certamente perdeu a centralidade de outrora. O papel unificador do sistema, tanto nos seus aspectos mais tradicionalmente civilísticos quanto naqueles de relevância publicista é desempenhado de maneira cada vez mais incisiva pelo Texto Constitucional" (PERLINGIERI, Pietro. *Perfis do direito civil*. São Paulo: Martins Fontes, 1997. p. 6).

[19] No direito brasileiro, entre outros: MORAES, Maria Celina B.; TEPEDINO, Gustavo. A caminho de um direito civil constitucional. *Revista de Direito Civil*, São Paulo, n. 21, p. 65; TEPEDINO, Gustavo. O Código Civil, os chamados microssistemas e a Constituição: premissas para uma reforma legislativa. *In*: TEPEDINO, Gustavo (Org.). *Problemas de direito civil-constitucional*. Rio de Janeiro: Renovar, 2001.

[20] "[...] a expressão constitucionalização do processo comporta dois significados distintos: (a) criação de nova disciplina, na grade curricular, denominada direito constitucional processual ou direito processual constitucional; (b) novo método ou modo de estudar o processo com os olhos voltados para a Constituição" (LOPES, João Batista. Princípio da proporcionalidade e efetividade do processo civil. *In*: MARINONI, Luiz Guilherme (Coord.). *Estudos de direito processual civil*: homenagem ao Professor Egas Dirceu Moniz de Aragão. São Paulo: RT, 2005. p. 134).

[21] "[...] a tutela constitucional do processo não seria efetiva se as grandes linhas mestras desenhadas pela Constituição (princípios) não ganhassem eficácia imperativa mediante as correspondentes garantias. Consistem as garantias constitucionais em preceitos dotados de sanção, isso significando que sua inobservância afetará de algum modo a validade ou eficácia do ato transgressor, o qual não pode prevalecer sobre os imperativos constitucionais. Por isso é que geralmente os dispositivos constitucionais reveladores dos grandes princípios são encarados como garantias, a ponto de ser usual o uso indiferente dos vocábulos princípios e garantia para designar a mesma ideia" (DINAMARCO, Cândido Rangel. *Instituições de direito processual civil*. 6. ed. rev. São Paulo: Malheiros, 2004. p. 194-195).

[22] Valem as lições de Ingo Wolfgang Sarlet: "No que diz com a eficácia dos direitos fundamentais propriamente dita, há que ressaltar o cunho eminentemente principiológico da norma contida no art. 5º, §1º, da nossa Constituição, impondo aos órgãos estatais e aos particulares (ainda que não exatamente da mesma forma), que outorguem a máxima eficácia e efetividade aos direitos fundamentais, em favor dos quais (seja qual for a categoria a qual pertençam e consideradas as distinções traçadas) milita uma presunção de imediata aplicabilidade e plenitude eficacial [...] Afinal de contas, como bem lembram Laurence Tribe e Michael Dorf, as normas da Constituição – e, nosso entender, especialmente aquelas que versam sobre os princípios e direitos fundamentais – não devem ser tratadas como um espelho, no qual todos enxergam o que desejam ver" (SARLET, Ingo Wolfgang. *A eficácia dos direitos fundamentais*. 5. ed. Porto Alegre: Livraria do Advogado, 2009. p. 441-442).

ou não, quer na exegese emprestada a determinado dispositivo, quer na supressão de uma lacuna legal.

Em doutrina aponta-se a obra de Robert Wyness Millar, *Los principios formativos del procedimiento civil*, 1945, como a que melhor sistematizou os princípios "gerais", a par da diversidade de sistemas dos países, cujas fontes não são as mesmas. O direito brasileiro consagrou os princípios do processo, como, *v.g.*, o da igualdade das partes, o do contraditório, o do devido processo legal, que seguem o espírito democrático que norteia a nossa Lei Maior e são diretrizes para a interpretação das normas processuais.[23]

Inicialmente, pode-se apontar o *princípio da efetividade*. A acepção exata de que a efetividade do processo consiste na sua aptidão de alcançar os fins para os quais foi instituído pertence a Proto Pisani.

Desígnio maior do processo, além de dar razão a quem efetivamente a tem, é fazer com que o lesado recomponha seu patrimônio pelo descumprimento da ordem jurídica, sem que sinta os efeitos do inadimplemento. Compete ao Estado, por meio do processo, repor as coisas ao *status quo ante*, utilizando-se de meios de sub-rogação capazes de conferir à parte a mesma utilidade que obteria pelo cumprimento espontâneo[24] do direito.

A essa finalidade genética ajunte-se inegável celeridade na prestação jurisdicional, integrante da efetividade, tanto que só se considera uma justiça efetiva aquela que confere o provimento contemporaneamente à lesão ou ameaça de lesão ao direito. Algumas formas de tutela jurisdicional, como, *v.g.*, a tutela de urgência, revela uma influência prioritária do princípio da efetividade, uma vez que nessas ações almeja-se uma solução sob medida, eficiente e célere. O princípio, como sói ocorrer com os demais, informa a atuação do juiz na cognição e deferimento do provimento de urgência, permitindo-lhe transpor dogmas ortodoxos que limitavam sua atuação em prol da efetividade da prestação jurisdicional.

Destarte, entre os inúmeros reclamos da efetividade, destaca-se o que pertine à justiça da decisão, a exigir uma decisão o quanto possível aproximada da realidade. É de sabença que essa realidade chega ao juízo pelas provas. A necessidade imposta pela efetividade do processo permite ao juízo tomar iniciativa probatória sem que com isso se entreveja qualquer lesão ao princípio da inércia[25] ou da neutralidade judicial.

O princípio da efetividade arrasta a possibilidade, no campo da urgência, do deferimento de providência diversa da que foi pedida. É que compete ao juízo uma avaliação da proporcionalidade e extensão da medida de segurança. Sob o prisma

---

[23] PISANI, A. Proto. L'effettività dei mezzi di tutela giurisdizionale con particolare riferimento all'attuazione della sentenza di condanna. *Rivista di Diritto Processuale*, v. 30, 1975. p. 620 e ss.

[24] Clássica a fórmula de Chiovenda em *Saggi di diritto processuale civile* ([s.l.]: [s.n.], [s.d.]. v. 1. p. 110), no sentido de que "il processo deve dare per quanto è possibile praticamente a chi ha un diritto tutto quello e pròprio quello ch'egli ha diritto di conseguire". Quanto aos estreitos limites entre a efetividade e a idoneidade das medidas cautelares, há uniformidade da melhor doutrina nacional, como se colhe em Barbosa Moreira, *Temas de direito processual* ([s.l.]: [s.n.], [s.d.]. 3ª série. p. 29).

[25] Acerca do tema, pelas suas posições, em parte conflitantes, merecem destaque CAPPELLETTI, Mauro. *La testimonianza della parte nel sistema dell'oralità*. Milano: Giuffrè, 1974. p. 307 e ss., e CARNACINI, Tito. *Tutela giurisdizionale e tecnica del processo*. Studi in onore di Enrico Redenti. Milano: Giuffrè, 1951. v. 2. p. 695 e ss. Entre nós, consulte-se o texto da conferência de Barbosa Moreira no V Simpósio de Direito Comparado Luso-Brasileiro (MOREIRA, José Carlos Barbosa. Os poderes do juiz na direção e instrução do processo. *Revista de Direito Comparado Luso-Brasileira*, v. 4; e MOREIRA, José Carlos Barbosa. Os poderes do juiz na direção e instrução do processo. *Revista Brasileira de Direito Processual*, v. 48).

estritamente cautelar, vozes abalizadas da doutrina preconizam a fungibilidade e a atipicidade das cautelas, a partir da inteligência do art. 297 do Código de Processo Civil,[26] que atua como norma *in procedendo*, sugerindo ao juízo uma adequação da medida às necessidades do caso concreto. Não obstante, a permissão ao uso do poder cautelar genérico impõe-se limites, entre os quais se destaca o de interditar a concessão de cautela inominada para hipóteses em que a lei prevê medida específica. Nesses casos, cumpre ao requerente preencher os pressupostos da medida típica para obter o provimento, ainda que o formule atípico.

Aliás, a necessidade de tutela urgente é imprevisível e multifária, não havendo um remédio-padrão, por isso a necessidade de liberdade de atuação do juízo em prol da segurança, prevalecendo as advertências de que o juízo não deve criar, com a medida, uma situação de perigo maior do que a que se quer evitar, tampouco conferir segurança onde não haja a premissa da periclitação, mas tão somente o *nomen juris* emprestado ao pedido de tutela.[27]

A "não concessão de efeito suspensivo" aos recursos é outro consectário do influxo da efetividade. A noção corrente da suspensividade dos recursos é a que susta a executoriedade da decisão, postergando o direito do vencido. É reflexo da ditadura dos tribunais, para alguns, renegando-se a qualidade das decisões de primeiro grau; e para outros, tranquiliza a opinião pública saber que a decisão será fruto de uma segunda reflexão com o escopo de reapurar a juridicidade do provimento. De toda sorte, a questão confina com aquela da utilidade ou não do duplo grau de jurisdição, ideia secular e que para muitos é princípio imanente do sistema processual constitucional brasileiro.

É de sabença que os sistemas optam pelo efeito "suspensivo legal" ou *ope judicis*. No primeiro, a suspensividade de eficácia da decisão decorre de lei, como, *v.g.*, dispõe o art. 1.012 do Código de Processo Civil;[28] no segundo, fica ao critério do juízo conferir esse efeito – daí *ope judicis* –, porque, do contrário, a decisão, uma vez proferida, produz imediatamente seus efeitos, autorizando o adiantamento dos atos de satisfação da situação jurídica consagrada no provimento.

Insta esclarecer que, diante da recente reforma do Código de Processo Civil, em todos os casos do art. 1.012, o relator pode dar efeito suspensivo à apelação (v. art. 1.012, §4º).[29]

---

[26] "Art. 297. O juiz poderá determinar as medidas que considerar adequadas para efetivação da tutela provisória. Parágrafo único. A efetivação da tutela provisória observará as normas referentes ao cumprimento provisório da sentença, no que couber".

[27] Interessantes critérios para a concessão dos provimentos idôneos foram enumerados no Colóquio Internacional sobre Medidas Cautelares em Processo Civil, Milão, 1984 (*Les mesures provisoires en procédure civile*. [s.l.]: [s.n.], 1985. p. 5), em que se encontram os relatórios sobre o direito alemão, Habscheid; francês, Roger Perrot; e inglês, Vicenzo Varano, observando-se a adoção de medidas antecipadas satisfativas da pretensão como meios moralizadores da natural demora da prestação jurisdicional.

[28] "Art. 1.012. A apelação terá efeito suspensivo. §1º Além de outras hipóteses previstas em lei, começa a produzir efeitos imediatamente após a sua publicação a sentença que: I - homologa divisão ou demarcação de terras; II - condena a pagar alimentos; III - extingue sem resolução do mérito ou julga improcedentes os embargos do executado; IV - julga procedente o pedido de instituição de arbitragem; V - confirma, concede ou revoga tutela provisória; VI - decreta a interdição".

[29] "Art. 1.012. [...] §4º Nas hipóteses do §1º, a eficácia da sentença poderá ser suspensa pelo relator se o apelante demonstrar a probabilidade de provimento do recurso ou se, sendo relevante a fundamentação, houver risco de dano grave ou de difícil reparação".

Essa inovação não apaga a tradição do direito brasileiro de não sustar decisões que reconheçam um estado de perigo, como, *v.g.*, no mandado de segurança, nas ações cautelares, nos alimentos provisionais e, modernamente, em algumas ações locatícias, salvante as exceções em relação ao Poder Público (Lei nº 8.437/1992).

A eficácia imediata do decidido contrapõe-se "em tese" à possibilidade de modificação do julgado. Entretanto, o obstáculo tem sido superado pela caução de indenização ou até mesmo determinação de reversão ao estado anterior, sendo certo que deve o magistrado superior nortear a cassação do provimento, sempre que possível, determinando a reversão garantida pela caução, que serve de instrumento viabilizador ou compensador de eventuais perdas e danos.

Consectária da efetividade é a tutela jurisdicional específica, consagrada hodiernamente pelo art. 497 do CPC, destacando-se, nesse âmbito, modernamente, a tutela inibitória.

Em segundo lugar, deve ser recordado o *princípio da economicidade*. Os processos, notadamente o satisfativo e o urgente, tornam influente a economicidade dos meios utilizados para realizar o que contém a decisão a favor do beneficiário da medida judicial. Trata-se de demandas em que a margem de erro do provimento ronda o processo, principalmente no juízo em que se decide de forma urgente diante de uma situação de perigo, provendo-se *incontinenti* e *inaudita altera pars*.

A repercussão da medida pode ser enérgica; por isso, ao juízo compete escolher o meio mais eficiente e menos oneroso para a satisfação dos interesses do requerente. O mesmo princípio observa-se quando da exigência de contracautela, para não inviabilizar o deferimento da segurança. Assim, *v.g.*, se a parte pretende depositar muito aquém do valor devido, cabe ao juiz, ao prover com urgência, deferir a segurança em limites compatíveis, visando a não causar grave lesão ao interesse do demandado.

Ademais, afirmou-se, noutra passagem, que a tutela de urgência reclama criatividade e maleabilidade para que o juiz possa prover de forma idônea. Nessa valoração da escolha do meio executivo adequado é que a economicidade prevalece.[30]

No processo de execução, o princípio vem previsto no art. 805 do CPC, mas não deve ser aplicado a ponto de sacrificar o escopo da execução, que é satisfazer o credor.

Em acréscimo, o *princípio da economia processual* informa todo o sistema processual brasileiro, conforme explicita a própria exposição de motivos do Código de Processo Civil, impondo ao julgador que dirija o processo, conferindo às partes um máximo de resultado em confronto com um mínimo dispêndio de esforço processual.[31]

---

[30] Esse princípio da economicidade é fruto da humanização da ideia de inadimplemento, consectário da transposição da responsabilidade pessoal do devedor para sua responsabilidade patrimonial. Calcado em razões de equidade, o princípio da economicidade recomenda prudência e equilíbrio entre os valores de satisfação ao beneficiário e sacrifício do demandado. Na sua essência, figura como regra *in procedendo* quanto à escolha do provimento adequado, que deve ser aquele reputado idôneo e suficiente sem causar um grande sacrifício ao réu. Assim, *v.g.*, se ao juiz pleiteia-se a interdição de um estabelecimento por graves desavenças entre os sócios e diante de uma iminente dilapidação patrimonial, incumbe-lhe nomear um interventor sem excluir a atuação dos partícipes da sociedade, concedendo *aliud* porém *minus*.

[31] A regra é tributada a Chiovenda, segundo nos informa Mario Bellavitis (*Diritto processuale civile* – Parte generale. Padova: Cedam, 1935. p. 52, nº 39). Esse princípio não guarda afinidade com o princípio econômico de Mancini, segundo o qual os processos não deveriam ser objeto de taxações gravosas, nem pela duração e despesas tornarem-se utilizáveis somente por alguns cidadãos privilegiados pela riqueza (MARQUES, José Frederico. *Instituições de direito processual civil*. [s.l.]: [s.n.], [s.d.]. v. II. p. 94).

O princípio da economia processual impõe restrições procedimentais como, *v.g.*, em sede de tutela de urgência quanto à possibilidade de incidentes que, malgrado permitam em *unum et idem iudex* o julgamento simultâneo de ações e reconvenções, embaraçam a rápida prestação da justiça reclamada por essa espécie de pedido.

Tem, entretanto, inegável incidência na política das nulidades quanto ao aproveitamento de todos os atos praticados, apesar de eventual irritualidade que não sacrifique os fins de justiça do processo.

A agilização do provimento, formas seguras e não solenes de implementação das providências judiciais são corolários da economia processual. Decorre dessa influência a possibilidade de alegações múltiplas, no bojo do próprio processo, de matérias próprias de incidentes apartados. Sugere-se, sob esse prisma, que, mesmo à míngua da utilização da ação declaratória incidental, *de lege ferenda*, a sentença consagre todo o conteúdo controvertido, principal ou incidente travado no processo. Aliás, a jurisdição como função popular não convence o cidadão de que o juiz pode apreciar uma questão prejudicial sem cobri-la da característica da imutabilidade. É de difícil percepção para o jurisdicionado leigo que o juízo decida de forma imutável o pedido, sem fazê-lo também em relação à premissa inafastável na qual se baseou para decidir.

Não há razão para que fique a descoberto a parte deste capítulo que revela o raciocínio lógico e necessário do juízo, máxime porque a ausência dessa eficácia vinculativa prejudicial da coisa julgada pode gerar decisões contraditórias, com fundas repercussões para o prestígio do Poder Judiciário.

A informalidade, aliada à economia dos processos e à necessidade de rápido prover, sugere que, *ad futurum*, as sentenças, à semelhança daquelas extintivas sem análise do mérito, sejam concisas, utilizando-se no relatório a técnica remissiva, sem o abandono de seus requisitos de existência e validade insculpidos nos arts. 489 e 490 do Código de Processo Civil.[32]

Deveras, a efetivação sumária e a autoexecutoriedade das sentenças, na forma do atual art. 77 do CPC, compõem o manancial de meios que trilham pelos caminhos indicados pela economia processual.

Na esteira do desejo de alcance da *duração razoável do processo*, cumpre compreender que o processo é relação jurídica dinâmica, cujos atos em sequência fazem surgir direitos e deveres constantes até o momento da decisão final.[33]

---

[32] O processo de segurança, não obstante procedimento unitário, é processo de sentença, cabendo ao juiz motivar a sua decisão, expondo de forma clara e concisa todo o iter de seu raciocínio até a conclusão, para viabilizar a verificação dos *errores in judicando* e *in procedendo*. A forma da sentença é assim garantia das partes, por meio da qual detectam, com precisão, os gravames gerados pela decisão judicial e que fazem exsurgir o interesse em recorrer. O art. 489 é regra *in procedendo* geral, aplicável a todo o processo e procedimento, por isso que todas as sentenças de mérito devem conter os elementos essenciais do relatório, motivação e decisão ou parte dispositiva.

[33] Deve-se a Büllow a concepção do processo como relação processual na memorável obra *Teoria das exceções e dos pressupostos processuais*, editada na Alemanha em 1868, considerada a certidão de nascimento da evolução científica do direito processual, em que o autor fincou com nitidez a distinção entre a relação litigiosa e a relação de direito público travada diante do Estado prestador da jurisdição. É bem verdade que a referida monografia assentava-se no binômio mérito e pressupostos processuais, deixando à margem o importante estudo das condições da ação, mais tarde transformado em centro da disputa entre concretistas e abstrativistas. Mas, de toda maneira, foi a obra de Büllow a motivadora dos estudos científicos que se seguiram, mercê de, por seu turno, ter apoiado a razão de suas especulações na polêmica antecedente travada entre Windscheid e Mutter nas suas obras respectivas sobre a actio romana, publicada em 1856 e 1857, respectivamente. Um estudo

Esse caminhar em direção ao provimento final importa na ultrapassagem de etapas irreversíveis; por isso, em cada uma delas, há atos preponderantes a praticar, inconfundíveis com os já realizados. Os momentos próprios, os prazos respectivos e a compatibilidade dos atos processuais fazem exsurgir o fenômeno da preclusão.³⁴

No processo tudo tem seu tempo certo, o qual, ultrapassado, impede que sejam praticados atos retro-operantes. É o fenômeno da preclusão, técnica pela qual o legislador impede a reabertura de etapas ultrapassadas diante do decurso do tempo, do escoar do prazo, ou da incompatibilidade do ato que se quer praticar com o que já se praticou.

O Código, a respeito da preclusão, a dispõe em vários dispositivos, iniciando por impedir que o autor modifique o pedido ou a *causa petendi*; que o réu argua questões novas depois da contestação; que o juiz modifique o julgado após publicada a sentença; e que as partes rediscutam questões envolvidas no âmbito do *decisum*.³⁵

A preclusão veda a rediscussão da causa noutro processo idêntico – isto é, com identidade dos elementos de identificação das ações (sujeito, pedido e *causa petendi*) – ou noutra demanda em que se vise, por via oblíqua, a infirmar o resultado a que se chegou no processo anterior. É a denominada *eficácia preclusiva da coisa julgada*, retratada pelo art. 508³⁶ do Código de Processo Civil e consubstanciada na máxima *tantum judicatum quantum disputatum vel quantum disputari debebat*.³⁷

---

sobre a essência da controvérsia encontra-se, entre nós, em TORNAGHI, Hélio. *Instituições de processo penal*. São Paulo: Saraiva, 1977. v. 1. p. 245-572. No direito italiano, PUGLIESE, Giovanni. *Polemica intorno all'actio*. Firenze: Sansoni, 1954.

³⁴ A doutrina reconhece a Chiovenda a sistematização do estudo da preclusão, tal como exposto em *Saggi di diritto processuale civile* ([s.l.]: [s.n.], [s.d.]. v. 2. p. 411 e ss.). Antes, porém, em *Principii di diritto processuale civile* (§§69, 70 e 78). Entretanto, o autor tributa como motivação para essa sua elaboração um estudo de Büllow datado de 1879 (*Instituições de direito processual civil*. [s.l.]: [s.n.], [s.d.]. v. 3. p. 221). Expressiva a colocação de Eliézer Rosa a respeito desse caminhar e do surgimento das preclusões, assim exposta: "o nosso processo é um processo que se desenvolve apoiado em preclusões. Progride de situação a situação jurídica resultantes das preclusões" (ROSA, Eliézer. *O despacho saneador como sentença interlocutória*. Rio de Janeiro: GB, 1967, p. 42).

³⁵ Impõe-se observar que novel diploma findou com a distinção entre a *mutatio actionis* e a adição do libelo, que existia desde o Código de 1939. Isto porque a Lei nº 8.418, de 14.10.1993, subsumiu o aumento do pedido ao mesmo regime da alteração qualitativa do art. 264. O novo dispositivo está assim redigido: "antes da citação, o autor poderá aditar o pedido, correndo à sua conta as custas acrescidas em razão dessa iniciativa". A redação antiga era vazada nos seguintes termos: "quando o autor houver omitido na petição inicial pedido que lhe era lícito fazer, só por ação distinta poderá formulá-lo". Consoante se observa, restou mantida somente a proibição de alteração após o saneamento porque a estabilização, a partir daí, interessa ao próprio Estado, que se preparou para prover sobre a *res in iudicium* até aquele instante inalterada. Aliás, era essa a advertência de Gabriel de Rezende Filho na sua monografia sobre o tema: "fixado o objeto do litígio e individuadas as partes litigantes, nula deve a ação sofrer modificações quanto aos seus elementos essenciais" (REZENDE FILHO, Gabriel de. *Modificações objetivas e subjetivas da ação*. São Paulo: Livr. Acadêmica Saraiva, 1933. p. 39). Esse regime da inalterabilidade sofre profunda repercussão no âmbito da tutela de segurança, haja vista que, nos limites da fungibilidade, é possível a modificação do pedido na própria sentença, conferindo o juiz um provimento diverso. Assim, por força do princípio de que não se veda à parte rever aquilo que o juiz pode conferir de ofício, tem-se que, no curso do processo, o próprio interessado possa alterar o pedido visando a adequá-lo à situação contemporânea ao provimento. O mesmo não se diga quanto à alteração da situação de periclitação, cuja alteração posterior só se pode verificar para narrativa de circunstâncias supervenientes e acidentais sem modificação da situação fática base. Aliás, o próprio Código admite textualmente esse *jus superveniens*, que na realidade é o próprio fato afirmado que em dado momento ainda não existia, como bem afirmava ZANZUCCHI, Marco Tullio. *Diritto processuale civile*. [s.l.]: [s.n.], [s.d.]. v. 2. p. 38, calcado nas lições de Chiovenda (*Instituições de direito processual civil*. [s.l.]: [s.n.], [s.d.]. v. 1. p. 257).

³⁶ "Art. 508. Transitada em julgado a decisão de mérito, considerar-se-ão deduzidas e repelidas todas as alegações e as defesas que a parte poderia opor tanto ao acolhimento quanto à rejeição do pedido".

³⁷ A esse respeito fixa-se com nitidez a diferença entre os conceitos de coisa julgada e preclusão. É que o deduzido em juízo fica coberto pela coisa julgada, ao passo que o deduzível é o antecedente da sentença que,

Em regra, a preclusão é incondicionada e opera-se objetivamente, independente do resultado do processo. A eventual discussão incompleta da causa não influi no grau de imutabilidade do julgado, tanto mais que o compromisso da coisa julgada é com a estabilidade social e não com a justiça da decisão ou sua compatibilidade com a realidade, porque esta não se modifica pela sentença. A realidade é a realidade. O juízo é de veracidade ou de verossimilhança, conforme a coincidência do que se repassou para o processo em confronto com a vida fenomênica.[38] Entretanto, desenvolveu-se recentemente, no que pertine aos interesses difusos, a técnica da preclusão *secundum eventum probationis*. É que, nessas relações plúrimas, os litigantes têm capacidade distinta de arregimentar elementos de convicção, de sorte que a negativa do pedido para um, por insuficiência de prova, não pode barrar a tentativa de outrem em convencer com novas provas. Assim ocorre no Código de Defesa do Consumidor, na ação popular e na ação civil pública. Nessas ações, há coisa julgada *secundum eventum probationis* porque o resultado do processo influiu na formação do fenômeno da imutabilidade do julgado. A precariedade das provas é fator decisivo para "enfraquecer" a imutabilidade do julgado.[39] Fenômeno análogo preconiza-se para as ações de urgência satisfativas autônomas.

Tenha-se presente que, em regra, as prejudiciais não ficam cobertas pelo manto da coisa julgada, porque podem ser discutidas autonomamente noutro processo. Excepcionalmente, a coisa julgada de que se reveste a sentença ou decisão de resolução total ou parcial do mérito alcança também a questão prejudicial, desde que seja decidida expressamente, quando dessa resolução depender o julgamento do mérito, a seu respeito

---

em princípio, escapara a essa imutabilidade por força de norma expressa no art. 504 do Código de Processo Civil. Entretanto, para resguardar a imutabilidade do julgado, utiliza-se da eficácia preclusiva da coisa julgada, impedindo-se que noutro feito o resultado a que se chegou seja infirmado, a despeito de não se repetir a tríplice identidade. A propósito, os mais lúcidos confrontos entre a doutrina nacional e alienígena encontram-se em Machado Guimarães (Preclusão: coisa julgada e efeito preclusivo. In: GUIMARÃES, Luiz Machado. *Estudos de direito processual civil*. [s.l.]: [s.n.], [s.d.]. p. 10-32) e Barbosa Moreira (*Questões prejudiciais e coisa julgada*. Rio de Janeiro: Borsoi, 1967). Magnífico, por outro turno, o confronto de posições doutrinárias no direito italiano entre Chiovenda (Cosa giudicata e preclusione. *Rivista Italiana per le Scienze Giuridiche*, 1933) e D'Onofrio (Sul concetto di preclusione. In: AA.VV. *Studi di diritto processuale in onore di Giuseppe Chiovenda nel centicinquesimo anno del suo insegnamento*. Padova: Cedam, 1927, p. 429). Botelho de Mesquita assentara a mesma ideia dessa preclusão que atingia os antecedentes do *decisum* ao afirmar que a motivação da sentença não adquire a chamada autoridade da coisa julgada (imutabilidade dos efeitos da sentença), mas a lei processual a torna imutável para o fim de, por este meio, realizar na prática a fixação do resultado do processo (*A autoridade da coisa julgada e a imutabilidade da motivação da sentença*. São Paulo: Escolas Profissionais Salesianas, 1963, p. 62). No mesmo sentido, Allorio, para quem essas questões deduzíveis deixam de ser relevantes após a sentença passar em julgado, reconhecendo um "bem da vida": "l'esame delle prime e delle seconde [referindo-se ao deduzido e ao deduzível] è superfluo come esame di cosa irrelevante, dopo la sentenza passata in giudicato, che racchiude la pronuncia sulla lite" (Critica della teoria del giudicatto implicito. *Rivista di Diritto Processuale Civile*, v. 2, 1938. p. 245).

[38] Conforme afirmado com muita propriedade por Friedrich Lent quanto à eventual discussão incompleta da causa: "poichè l'accertamento non può essere modificato, non ha più alcun senso allegare dei fatti o proporre mezzi di prova; ne interessa sapere se – quando la trattazione ebbe luogo – la parte fosse o non fosse conoscenza di questi punti" (*Diritto processuale civile tedesco*. Napoli: Morano, 1962. p. 245).

[39] A expressão *secundum eventum litis* aplica-se rigorosamente nas hipóteses em que não se perfaz a coisa julgada por improcedência *tout court*, pela rejeição da demanda, mas por insuficiência de provas. Deveras, cabe também a sua utilização quando se pretende exprimir essa restrição pela insuficiência da prova incapaz de gerar a coisa julgada material. Advirta-se que o problema *in casu* não é do pouco grau de convencimento de uma decisão tomada com base numa lógica tão tênue, mas antes porque o objeto indivisível e litigioso pertence a um número indefinido de pessoas, reservando-se a ela, pela técnica citada, melhor sorte do que a que teve aquele potencial litisconsorte (com sorte?).

tiver havido contraditório prévio e efetivo, não se aplicando no caso de revelia, e o juízo tiver competência em razão da matéria e da pessoa para resolvê-la como questão principal (art. 503, §1º, do CPC/2015).[40] Assim, nada impede que em *unum et idem judex* se definam a ação principal e a questão tida como prejudicial.[41]

No âmbito do mandado de segurança, negado o provimento por falta de provas do estado de periclitação, a parte pode voltar com novos elementos de convicção ou demonstrá-lo em ação ordinária. O mesmo não se verifica quando negado o direito veiculado na ação de segurança. A decisão aqui é de mérito e faz coisa julgada material.[42] A preclusão *in casu* diz-se *secundum eventum litis* pela irreversibilidade do provimento, uma vez que estes podem ser reversíveis, como, *v.g.*, quando o juiz confere o provimento para tutelar a posse de um cargo durante o mandato e antes do término deste, na ação principal, volta-se a discutir a eleição daquele membro e revoga-se o provimento. A irreversibilidade do estatuído é que vai indicar a preclusão *secundum eventum litis* e, *a fortiori*, o regime da coisa julgada material.

O *princípio do contraditório* é reflexo da legalidade democrática do processo e cumpre os postulados do direito de defesa e do *due process of law*.[43]

A inserção do contraditório em sede constitucional timbra da eiva de inconstitucionalidade todo e qualquer procedimento que o abandone.[44] A técnica processual de

---

[40] A título de breve digressão histórica, é de sabença que grande parte das prejudiciais suscitadas pelo réu, e que ensejavam a extinta declaratória incidental, tratava-se de questões passíveis de compor *causa petendi* autônoma, para figurar como suportes de reconvenção, de ação conexa ou de ação autônoma que seria proposta posteriormente. Ora, se a questão não apresentasse essa potencialidade, não haveria razão para deixá-la "em aberto". Observe-se que havia mesmo quem sustentasse a falta de interesse de agir na declaratória incidental se a relação prejudicial fosse inócua a ponto de suscitar dúvidas e incertezas para fora do processo, porque esgotaria a sua eficácia pamprocessual, razão por que não se justificaria a preocupação em transformar tal questão em *principaliter*, que seria decidida com energia do caso julgado.

[41] Essa extensão do julgado, como se sabe, era defendida por Carnelutti, tanto que o antigo art. 287 do Código de 1939 retratava tradução do art. 300 do projeto preliminar de Carnelutti. Aliás, o mestre peninsular não deixa margem a qualquer dúvida quanto à sua percepção do fenômeno na p. 420 das *Lezioni di diritto processuale civile* (Padova: Cedam, 1933. v. 4). Entre nós a doutrina não era uniforme, como esclarece Machado Guimarães (*Estudos de direito processual civil*. [s.l.]: [s.n.], [s.d.]. p. 20 e ss.). Entretanto, a nossa exegese do art. 469 baseia-se na própria *ratio essendi* desse dispositivo, que de resto é a motivação da não extensão da coisa julgada às questões prejudiciais.

[42] Interessante regime e análogo é acolhido em sede de mandado de segurança, quando a decisão reconhece a inexistência de liquidez e certeza para o *writ* sem excluir a via ordinária (Súmula nº 304 do STF). Aliás, como preconizava Seabra Fagundes em *O controle dos atos administrativos pelo Poder Judiciário* ([s.l.]: [s.n.], [s.d.]. p. 329): "o pedido é formulado para que se declare ser o impetrante titular de um direito desse tipo (líquido e certo). Decidir que o impetrante não tem nem o direito líquido e certo que invoca, nem qualquer outro direito, é decidir invertendo o pedido contra o autor e ultrapassando o conteúdo natural da situação contenciosa ajuizada. O impetrante correria o risco de se ver privado de melhor demonstrar e provar a sua pretensão, por ter-se valido daquela via sumaríssima, e a invocação da certeza e liquidez do direito acabaria resultando num pronunciamento irretratável de uma justiça mal informada". Posteriormente, a jurisprudência evoluiu no sentido de admitir-se a coisa julgada material nos casos em que o tribunal nega o direito em si ao impetrante, conforme noticia Agrícola Barbi (*Do mandado de segurança*. Rio de Janeiro: Forense. [s.d.]. p. 255-256).

[43] COUTURE, Eduardo. Las garantías constitucionales del proceso civil. In: COUTURE, Eduardo. *Estudios de derecho procesal civil*. Buenos Aires: Ediar, 1948. v. 1. p. 47-51. É a direção contrária aos interesses dos litigantes que justifica o contraditório.

[44] Vincula-se a história do contraditório à própria história do processo civil. Ovídio Baptista, com base nas informações de Giuseppe Provera (*Il principio del contraditorio nel processo civile romano*. [s.l.]: [s.n.], [s.d.]), assenta que vários procedimentos hoje mantidos com feição moderna têm base naqueles instituídos para propiciar a presença do demandado em juízo, como, *v.g.*, a *actio ad exibendum*. A partir dessa constatação histórica, o doutrinador gaúcho leciona que as medidas cautelares, como o arresto, também participam da natureza desses processos, que na prática restam por convocar o demandado de forma coacta a participar da relação processual

reconstituição dos fatos por meio da fala de ambas as partes decorre da necessidade de o juiz prover, o quanto possível, aproximado da realidade. Trata-se de instituto inspirado no dever de colaboração entre as partes para com o juízo e na isonomia processual.

Sucede que imperativos de ordem prática recomendam, por vezes, a postergação da obediência ao princípio tão notável e igualitário. A necessidade de rápido prover, acrescida da circunstância denotadora de potencial frustração do provimento, caso uma das partes dele conheça previamente, fizeram com que o legislador instituísse uma decisão *ad referendum*, cujo contraditório necessário à sua formação é obedecido *a posteriori*. Esse fenômeno ocorre, como evidente, com o provimento de urgência e também na revelia, sem que com isso haja infração ao princípio.

O juiz não pode sacrificar o interesse maior da justiça em prol do interesse subjacente particular de ouvir a parte antes de decidir.

Esse rompimento tênue do contraditório não permite, entretanto, que se afirme a sua abolição, principalmente nas ações de urgência, tanto mais que o processo não transcorre de forma unilateral, manifestando-se o requerido após a atuação do juízo. A convocação do interessado via citação formal e o deferimento de sua defesa completam o ciclo do contraditório no processo.[45]

No Código de Processo Civil, o princípio do contraditório foi positivado no capítulo das normas fundamentais do processo civil, em seus arts. 9º e 10,[46] que trazem, para dentro da legislação processual civil, os temas anteriormente discutidos.

Em paralelo ao reputado por Canotilho como *princípio do pedido*, há, no direito brasileiro, o consagrado *princípio dispositivo*.

A autonomia da vontade no direito privado, ramo a que pertencem, em regra, as relações litigiosas, e o imperativo da imparcialidade, fundamentam o princípio dispositivo, impondo ao Judiciário somente agir quando provocado pelas partes e nos limites da provocação. Informa a doutrina do tema que o princípio dispositivo gozou, em toda a história romana e do processo germânico, de prestígio singular. Denota-se, entretanto, que uma paulatina publicização do processo tem mitigado a incidência do princípio dispositivo, dando azo ao surgimento do princípio da oficialidade, mercê de mitigação que o princípio experimenta em sede de tutela de urgência.

Em primeiro lugar, a atuação *ex officio* é mais do que concebível como dever inerente ao poder jurisdicional, à responsabilidade judicial pelas pessoas e coisas

---

(*Doutrina e prática do arresto ou embargo*. Rio de Janeiro: Forense, 1976. p. 9 e ss.). Robert Wyness Millar informa que o princípio do contraditório deita as suas raízes tanto no direito romano quanto no germânico primitivo (*Los principios formativos del procedimiento civil*. [s.l.]: [s.n.], [s.d.]. p. 47). É conhecido o provérbio alemão: "alegação de um só homem não é alegação". Pode-se ainda filiar o contraditório à história do direito natural e a toda justificação juspolítica do ato da citação, porque é essa convocação que engendra o contraditório. É de direito natural, na antiguidade de direito divino, porque "nem Deus quis condenar sem antes ouvir o réu", além de contemplado na Declaração Universal dos Direitos do Homem lavrada pela ONU.

[45] Assim também é a lição de Robert Wyness Millar (*Los principios formativos del procedimiento civil*. [s.l.]: [s.n.], [s.d.]. p. 53). Tampouco o julgamento à revelia o infirma, porque, segundo Betti, o contraditório com a bilateralidade da audiência do réu é instituído em função do seu interesse e liberdade, e não se pode compeli-lo a fazê-lo (*Diritto processuale civile italiano*. Roma: Societa Editrice Del Foro Italiano, 1936. p. 89).

[46] "Art. 9º Não se proferirá decisão contra uma das partes sem que ela seja previamente ouvida. Parágrafo único. O disposto no caput não se aplica: I - à tutela provisória de urgência; II - às hipóteses de tutela da evidência previstas no art. 311, incisos II e III; III - à decisão prevista no art. 701. Art. 10. O juiz não pode decidir, em grau algum de jurisdição, com base em fundamento a respeito do qual não se tenha dado às partes oportunidade de se manifestar, ainda que se trate de matéria sobre a qual deva decidir de ofício".

subsumidas ao juízo após a instauração do processo etc. Por outro lado, a quebra da regra de que o juízo não pode dar providência diversa da que foi pedida encerra a derrocada desse ortodoxo princípio, calcado na retrógrada ideia de que o Judiciário deve ser inerte.[47]

O juízo tem seus auxiliares e as instituições a serviço da Justiça, mas isso não equivale à sua inércia. No âmbito da tutela de urgência, nada justifica a inércia sob o argumento de necessária equidistância, cabendo ao Judiciário, e só a ele, conjurar essas situações de perigo de dano com grave violação da ordem jurídica, impondo-se-lhe também atuá-la *ex pronto*, tão logo conheça do litígio.

Essa iniciativa é "dever jurisdicional", antes mesmo de se categorizar como "poder cautelar genérico". A disponibilidade processual não sofre um só golpe nessa fase inicial em que se apregoa a incoação estatal. Em outro momento, mais adiante, também se verifica esse estímulo processual oficial. É que ao juízo, em regra, permite-se amplo ativismo probatório, sem a preocupação de estar carreando para os autos provas em favor de uma ou de outra parte.

Por fim, a possibilidade de concessão de provimento idôneo, necessário e proporcional ao estado de perigo verificado, diferente mesmo daquele que foi pedido, engendra a consunção do princípio dispositivo aos poderes-deveres de segurança do magistrado.

Deveras, a necessária equalização das partes, como moderno postulado da igualdade das partes, vem mitigando o princípio dispositivo, com o ultrapassar do mito da neutralidade judicial.

A reunião dos ditames processuais consagra o *devido processo legal*, exigido pela Constituição.

É imagem assente a de que o processo que não segue o procedimento traçado padece do vício do descompasso com o dogma constitucional do devido processo legal. Em primeiro lugar, insta advertir que o devido processo não é o devido procedimento, pela distinção notória entre essas duas categorias. Ademais, o devido processo a que se está sujeito antes da perda dos bens da vida mencionada na Constituição Federal impede a "autotutela"; por isso, o legislador constitucional excluiu-a ao dispor sobre o necessário recurso ao Judiciário.

Em segundo lugar, o devido processo é o adequado à luz da situação jurídico-material narrada. Assim, a execução é a devida diante do título executivo, a cognição ordinária adequada diante da incerteza, e a tutela sumária e rápida é a devida e correspondente diante da "evidência do direito da parte".

O princípio do devido processo legal tem como um de seus fundamentos o processo "justo", que é aquele adequado às necessidades de definição e realização dos direitos lesados. O senso de justiça informa, inclusive, o *due process of law* na sua dupla conotação, a saber: lei justa e processo judicial justo – *substantive due process of law* e *judicial process*.

Destarte, o devido processo legal está encartado no direito ao processo como direito ao meio de prestação da jurisdição, que varia conforme a natureza da tutela de que se necessita. O direito à jurisdição não é senão o de obter uma justiça efetiva

---

[47] *Ne procedat judex ex officio* ou *nemo judex sine actore* e *ne judex eat ultra petita partium* são as máximas consubstanciadoras dessas antigas limitações legadas pelo princípio dispositivo.

e adequada. Isso basta para que o juiz possa prover diante dessa regra *in procedendo* maior, ínsita na própria Constituição Federal, a despeito de sua irrepetição na legislação infraconstitucional. A previsão na Carta Maior revela a eminência desse poder-dever de judicar nos limites do imperioso. Satisfazer tardiamente o interesse da parte diante da sua pretensão significa violar o direito maior de acesso à justiça e, consectariamente, ao devido processo instrumental à jurisdição requerida.

A tutela imediata dos direitos líquidos e certos, bem como a justiça imediata diante do *periculum in mora*, antes de infirmar o dogma do *due process of law*, confirma-o, por não postergar a satisfação daquele que demonstra em juízo, de plano, a existência da pretensão que deduz.

O acesso à justiça, para não se transformar em mera garantia formal, exige "efetividade", que tem íntima vinculação com a questão temporal do processo. Uma indefinição do litígio pelo decurso excessivo do tempo não contempla à parte o devido processo legal, senão mesmo o "indevido" processo.

A posição dos que impedem essa forma de tutela sob a alegada afronta aos princípios hoje constitucionalizados não nos parece correta. A própria tutela de evidência, mediante cognição sumária, utiliza-se dos conceitos e requisitos aqui sugeridos do "direito líquido e certo", que não sofre uma contestação séria, autorizando o juízo ao julgamento pela verossimilhança (art. 311, I).[48]

Ademais, a crítica que se empreende é no sentido de que a tutela satisfativa não pode ser chancelada por mera cognição sumária. Efetivamente, não é isso que ocorre na tutela imediata dos direitos líquidos e certos, tanto mais que a própria evidência do direito propicia "cognição exauriente imediata", a mesma que se empreenderia no final de um processo em que fossem necessárias etapas de dissipação da incerteza quanto ao direito alegado.

Dessa forma, afasta-se eventual alegação de infringência ao devido processo legal, que supõe cognição indevida.

Considere-se, ainda, e por fim, que na origem anglo-saxônica do princípio está previsto o julgamento *prima facie evidence*, operando-se não só em prol do demandado, mas também em favor do autor, para que obtenham justiça rápida.

Informação bibliográfica deste texto, conforme a NBR 6023:2018 da Associação Brasileira de Normas Técnicas (ABNT):

FUX, Luiz. Direito processual constitucional: paralelo entre a doutrina de Canotilho e o panorama brasileiro. *In*: GOMES, Ana Cláudia Nascimento; ALBERGARIA, Bruno; CANOTILHO, Mariana Rodrigues (Coord.). *Direito Constitucional*: diálogos em homenagem ao 80º aniversário de J. J. Gomes Canotilho. Belo Horizonte: Fórum, 2021. p. 357-372. ISBN 978-65-5518-191-3.

---

[48] "Art. 311. A tutela da evidência será concedida, independentemente da demonstração de perigo de dano ou de risco ao resultado útil do processo, quando: I - ficar caracterizado o abuso do direito de defesa ou o manifesto propósito protelatório da parte; II - as alegações de fato puderem ser comprovadas apenas documentalmente e houver tese firmada em julgamento de casos repetitivos ou em súmula vinculante; III - se tratar de pedido reipersecutório fundado em prova documental adequada do contrato de depósito, caso em que será decretada a ordem de entrega do objeto custodiado, sob cominação de multa; IV - a petição inicial for instruída com prova documental suficiente dos fatos constitutivos do direito do autor, a que o réu não oponha prova capaz de gerar dúvida razoável. Parágrafo único. Nas hipóteses dos incisos II e III, o juiz poderá decidir liminarmente".

OS DESAFIOS DOS MOVIMENTOS MIGRATÓRIOS: AS RESPOSTAS DA UNIÃO EUROPEIA[1]

MANUEL PORTO

A problemática das migrações está a merecer agora na Europa, em particular na União Europeia, uma grande atenção, uma atenção crescente.

Trata-se de uma problemática que tem vindo a ter contornos bem diferentes ao longo dos tempos; com os tempos atuais e que se avizinham a exigir respostas a que não pode fugir-se, tal como está a ser sentido na União Europeia.

1 Uma longa tradição de emigração da Europa para os outros continentes

Justificar-se-á que se comece por lembrar que ao longo dos séculos assumiram grande relevo saídas de europeus para os outros continentes.

Não foram todavia saídas muito significativas em termos numéricos, quando começou o que pode ser designado por globalização; com um relevo muito grande, mesmo pioneiro, para a chegada de navegadores portugueses (bem como, na sua sequência, de navegadores de outros países europeus) a territórios da África, da Ásia e das Américas, basicamente a partir do século XV.[2]

Mas nos primeiros séculos não foram muito grandes os fluxos de pessoas; com países europeus a terem aí colónias ou outros tipos de domínio ou presença, mas sendo percentualmente muito pequeno o número de cidadão seus aí radicados.

---

[1] É com o maior gosto que dedico este artigo ao Professor José Joaquim Gomes Canotilho, uma referência não só em Portugal como em outros países, designadamente no Brasil (com o privilégio de ser seu colega e amigo desde 1958).

[2] O papel em grande medida pioneiro de navegadores portugueses está bem refletido nos títulos e naturalmente nos conteúdos de livros de autores do nosso país e de outros países: casos, a título de exemplo, de Vindt, *Globalization, from Vasco da Gama to Bill Gates* (1999), de Page, *The first global Village. How Portugal changed the world* (2002), de Rodrigues e Devezas, *Portugal – O pioneiro da globalização* (2007), ou de Newitt, *Portugal in European and World History* (2009; em edição portuguesa *Portugal na história da Europa e do mundo*, 2013).

Os movimentos de populações da Europa para outros territórios começaram a ter maior relevo já no século XIX, com uma presença muito significativa, mesmo em termos numéricos, designadamente nas várias Américas, em territórios antes pouco povoados.

E nas últimas décadas, por seu turno, as condições comparativamente mais favoráveis da Europa e aumentos populacionais em continentes com piores condições levaram a uma situação nova, de vinda para aqui de fluxos significativos de pessoas; exigindo respostas adequadas, tal como vamos ver neste texto.

2 A experiência bem-sucedida de abertura na União Europeia, com a circulação livre das pessoas dentro do seu espaço

Vale a pena começar por sublinhar que o caso da União Europeia é na atualidade um caso sem paralelo de abertura de fronteiras entre países, países antes tão "afastados", apenas oito décadas atrás envolvidos numa "incompreensível" guerra mundial (abertura infelizmente com interrupções recentes "impostas" pelo Covid-19).

Trata-se de abertura verificada na sequência do Acordo de Shengen e do Ato Único Europeu, levando ao "mercado único",[3] tendo como um dos objetivos atingidos o afastamento das "barreiras físicas" entre os países,[4] postos fronteiriços onde tinha de se parar e se era controlado, com o custo de enormes demoras.[5]

Cálculos feitos apontaram para que os custos com estas paragens, com mais tempo nas deslocações, mais pessoal e mais veículos exigidos na atividade de transportes, mais gasto de energia e a consequente poluição, atrasos nas entregas etc., fossem de cerca de 800 milhões de ECUs por ano (Monti, 1996, p. 19-20).

A situação passou a ser e é agora bem diferente, podendo ir-se hoje de automóvel de Portugal à Estónia, à Polónia ou a muitos outros países da União Europeia sem se parar em fronteiras.

Estando o autor deste texto no Parlamento Europeu quando se procedeu à votação da legislação em causa, pode recordar o receio que se sentia (naturalmente também nas outras instituições participantes no processo legislativo) de que uma abertura total das fronteiras abrisse caminho a um aumento da criminalidade, *v.g.*, do terrorismo. Seguimos por isso com o maior interesse em informações que iam sendo colhidas, designadamente numa audição pública organizada com serviços de segurança, que asseguraram que não

---

[3] Referimo-lo sempre assim (em inglês *single market*), não como "mercado interno" (tal como está no art. 26ª do Tratado de Funcionamento da União Europeia, TFUE) (Porto; Guincho, 2019/20); dando-se melhor a ideia, correta e desejável, de que não se trata de um mercado fechado em relação ao exterior (ideia bem sublinhada por Monti (2010)).

[4] Com um relevo também muito grande, talvez mesmo maior, para o afastamento de "barreiras técnicas", com o estabelecimento de normas iguais aplicadas em todos os países, e alguma aproximação fiscal (embora menor, tendo-se mantido aqui a exigência de unanimidade no Conselho). Tratou-se de realizações julgadas indispensáveis para se ultrapassar o pessimismo então verificado em relação ao projeto europeu (o "europessimismo"); o que por seu turno só foi possível com uma alteração do processo legislativo, deixando de ser necessária a unanimidade no Conselho para a aprovação da maior parte dos diplomas (afastando-se assim o que era designado por "euroesclerose").

[5] Sendo de Elvas a minha família materna, guardarei sempre na memória da infância as filas e as demoras para se ir a Badajoz; e de uns anos mais tarde as perdas de tempo na passagem em Vilar Formoso, na Região Centro, bem como, tendo então responsabilidades na presidência da Comissão de Coordenação desta região, a proposta de abertura de mais postos fronteiriços quando da realização de uma Cimeira Ibérica.

é com o controle de passaportes, em longas filas nas fronteiras, que se evita a entrada de potenciais criminosos, mas sim com procedimentos bem mais subtis e eficientes, com "infiltrações" nas redes em causa...

Podendo ainda assim ter-se ficado com dúvidas, em particular para quem participou no processo legislativo é reconfortante verificar que de 1993 para cá, e estão já passadas quase três décadas, não se verificou na Europa um aumento da insegurança ou da criminalidade.

Trata-se de abertura de fronteiras, deixando mesmo de haver postos fronteiriços, a que se procedeu obviamente no interesse da Europa, com a eliminação de custos referida há pouco. Mas é importante sublinhar que se trata de vantagem de que beneficia igualmente, na mesma medida, qualquer pessoa ou empresa de um outro espaço do mundo, circulando como turista ou tendo atividade económica na União Europeia.[6]

3   Um novo mapa do mundo, com o decurso do século XXI

A problemática das migrações não pode todavia deixar de ser considerada no plano mundial, com natural preocupação face às perspetivas que se abrem em relação à evolução dos vários continentes.

Segundo projeções feitas pelas Nações Unidas, a população do mundo aumentará de 7,3 milhares de milhões de habitantes em 2015 para 11,2 milhares de milhões em 2100 (Comissão Europeia, 2017). Mas assim acontecerá num período em que a população da Europa terá mesmo diminuído, de 700 para 640 milhões, diferentemente do que acontecerá nos demais espaços do mundo.

Nas Américas, do Norte e Latina (com Caraíbas), na Oceania e na Ásia haverá aumentos não muito grandes, e onde haverá um aumento muito significativo será em África, mais do que triplicando, passando de 1,2 para 4,4 milhares de milhões de habitantes.[7]

Continuando a Ásia a ser o continente com mais população (apesar da quebra de crescimento ou mesmo diminuição na China, com uma política de limitação da natalidade), com 4,8 milhares de milhões de habitantes em 2100, não estará então muito acima da população da África, tendo-se, todavia, num caso e no outro, situações diferentes. Na Ásia temos grandes economias com grandes crescimentos, com especial relevo para os dois países maiores, capazes de em boa medida ir correspondendo aos anseios das populações.[8] É muito diferente o caso da África, com economias em geral

---

[6] Beneficiando também naturalmente na mesma medida com o afastamento das barreiras técnicas, bem como com a adoção do euro por 19 países da Europa; proporcionando facilidades não só aos cidadãos e agentes económicos desta área, também a pessoas de qualquer área do mundo que circulem ou tenham atividades ou interesses neste espaço, o espaço do mundo mais aberto ao exterior, também por exemplo de longe o principal destino de investimento estrangeiro em nível mundial (Porto, 2017, p. 577).

[7] Sendo especialmente expressivas as previsões para a Nigéria, passando de menos de 38 milhões de habitantes em 1950 para 182 milhões em 2015 e prevendo-se que aumente para 399 milhões em 2050 (dez vezes mais do que em 1950) e 752 milhões em 2100, subindo de 1,5% da população mundial em 1950 para 6,7% em 2100; com a América do Norte a ter então 4,5%, a Europa, 5,8% e o conjunto da América Latina e das Caraíbas 6,4% (King, 2018, p. 201).

[8] Com a pandemia a provocar naturalmente um abrandamento na China e mesmo uma regressão na Índia (país que em anos recentes estava a ter por vezes crescimentos maiores do que o seu vizinho).

menos desenvolvidas, onde não pode ser encontrada uma resposta geral semelhante; sendo embora de saudar algumas evoluções recentes e perspetivas otimistas que têm vindo a verificar-se em alguns países (antes da pandemia..., mas esperando-se que tudo se recupere em breve), alguns mesmo com taxas de crescimento das mais elevadas no mundo.[9]

Trata-se de circunstância de aumento populacional que não pode deixar de preocupar a Europa (havendo aliás projeções mais recentes, já de 2020, apontando para uma quebra de população neste continente maior do que a mencionada há pouco), até pela proximidade geográfica do continente africano (geralmente não se tem por exemplo presente que a capital mais próxima de Lisboa não é Madrid, mas Rabat, embora sendo bem mais fácil chegar à capital espanhola, com acesso também por terra, esperando-se que em breve mais rapidamente por caminho de ferro...).[10]

Face a esta situação, põe-se naturalmente a questão de saber qual deve ser o caminho a seguir.

4   Um valor básico a ter em conta, a igualdade entre os seres humanos

Antes de vermos diferentes prismas de consideração do problema, não podemos deixar de sublinhar que uma posição drástica de impedimento da imigração é totalmente inaceitável à luz de um valor básico que não pode deixar de ser tido em conta, o valor da igualdade entre os seres humanos.

Durante séculos, mesmo milénios, o mundo "sofreu" com privilégios nobiliárquicos ou de casta, sendo conde quem era filho de um conde ou marquês quem era filho de um marquês, ou de casta superior quem era filho de alguém de casta superior. Havia assim cidadãos de "primeira" e cidadãos de "segunda", quem não fosse nobre ou de uma casta superior estava limitado nos seus anseios logo à nascença.

Com a proibição de imigrações temos, e já no século XXI, uma nova forma de nobreza, uma nobreza "territorial", havendo por esta via cidadãos de "primeira" e cidadãos de "segunda", estando "condenado" à nascença quem é de um país pobre, não podendo desfrutar das oportunidades de quem nasce num país rico.

Quem é por exemplo católico entenderá que quando Deus criou o mundo não considerou e muito menos admitiu tal situação, um mundo compartimentado territorialmente, com territórios limitados a certos cidadãos privilegiados, impedindo que os demais, de uma "casta" inferior, possam ir para lá. Mas, independentemente de qualquer determinação religiosa, à luz de princípios democráticos básicos (que tantas

---

[9]   Sendo de referir por exemplo, com alguns títulos expressando bem os conteúdos dos livros, Mahajan, *Africa Rising* (2013) e Clarke, *Africa's future. Darkness to destiny* (2013), bem como Roque (2005), Comissão Económica para África e PNUD (2011), Conselho Económico e Social, Comissão Económica para África (ONU) e Comissão da União Africana (2011), Gordon e Gordon (2013), BAD e OCDE (2017), Vungue (2017), African Union e OECD Development Center (2019) e Roque (2019). Ainda recentemente (Comissão Europeia, 2020a) foi sublinhado que são de África 6 das 10 economias que mais cresceram em 2018, mas tal aconteceu em alguma medida por se partir de patamares muito baixos e não sendo assim na generalidade dos países, estando aqui 36 dos países "mais frágeis" do mundo e 390 milhões de pessoas vivendo abaixo do "limiar da pobreza".

[10]   Sendo todavia de referir que os movimentos migratórios são muito mais elevados entre países de África, na casa dos 80%, do que para outros continentes (cfr. por exemplo Guerraoui, 2019).

pessoas dizem ser os seus princípios...) não pode ser esse o entendimento e a posição a ter acerca da ocupação do mundo, devendo entender-se que o nosso planeta é um espaço de todos os cidadãos; não havendo territórios fechados, reservados à nascença para cidadãos favorecidos, de "primeira", com "muros" impedindo o acesso de outros cidadãos, que não tiveram o privilégio de ter nascido aí.

E no caso da Europa será sempre bom ter presente que os números de imigrantes ao longo dos últimos anos têm estado ente 1,5 e 2,5 milhões em cada ano, vindo para uma área com cerca de 507 milhões habitantes até há um ano, agora cerca de 460 milhões (com a saída do Reino Unido); e comparar esta situação com o que se passou em Portugal em 1974-75, quando vieram das ex-províncias ultramarinas cerca de 800.000 cidadãos apelidados de "retornados" mas em muitos casos tratando-se de pessoas lá nascidas, que procuraram acolhimento junto de uma população de cerca de 9 milhões de habitantes.

Com valores percentuais tão diferentes, é de sublinhar o modo bem sucedido como os "retornados" foram acolhidos e integrados, sem manifestações de rejeição, bem como o contributo tão importante que deram para a promoção de muitas áreas do nosso país; num período difícil, de transição política, com grandes alterações no sistema económico (e na sequência da crise económica mundial verificada em 1973).

Poderá dizer-se que em muitos casos se tratava de pessoas com ligações a Portugal, algumas mesmo familiares. Mas não era assim na maior parte dos casos, vindo disputar empregos e oportunidades, devendo dizer-se que se tratou inquestionavelmente de um caso de assinalável sucesso a nível mundial.[11]

No caso da União Europeia trata-se todavia de uma pressão de entrada com especial impacto em alguns países do Sul, do Mediterrâneo, havendo pois aí dificuldades que não podem ser desconhecidas; o que aponta precisamente para que a resposta seja encontrada no conjunto da União, num espaço economicamente forte, com centenas de milhões de habitantes.

5 As "justificações" dos encerramentos

5.1 Uma "justificação" de ordem cultural, estando em causa um problema de identidade do espaço de imigração, um país ou um outro espaço (como a Europa)

Antes de vermos, em 5.3, problemas de ordem económica e social a que tem de se ser sensível, quando há um afluxo muito grande de imigrantes, importa considerar uma perspetiva que afirma haver assim a perda de valores básicos, designadamente em países da Europa.

Assim acontece com a invocação dos valores identitários de países ou de áreas mais alargadas de imigração, valores que seriam afetados ou se perderiam mesmo com a vinda de pessoas com outras culturas.

---

[11] César das Neves (2011) fala em recordes mundiais, referindo-se também a um outro caso singular de Portugal: a emigração de cerca de 1,5 milhão de portugueses entre 1960 e 1975, de uma população de cerca de 9 milhões de habitantes, num período em que havia a "guerra de África"; tendo-se verificado então resultados económicos muito positivos ("ajudados" pelas remessas dos emigrantes...), com taxas elevadas de crescimento e taxas baixas de desemprego e de subidas de preços.

A par de outros autores, é bem expressivo desta posição um livro recente de Murray, com o título já por si significativo de *A estranha morte da Europa* (2018). Logo na primeira frase o autor afirma que "a Europa está a suicidar-se"; prosseguindo com a ideia de que com a vinda de pessoas de fora, mantendo os seus valores e hábitos de vida, "no final do tempo de vida da maior parte das pessoas que hoje vive a Europa não será Europa e os povos da Europa terão perdido o único lugar do mundo a que podíamos chamar a nossa casa". E num outro espaço, o espaço norte-americano, que tomou uma liderança mundial com populações que para lá foram nos últimos dois séculos, portanto com a participação ativa, mesmo prevalecente, de imigrantes ou descendentes de imigrantes recentes, é difícil aceitar que num inquérito lançado os inquiridos tenham afirmado que "os imigrantes representam uma ameaça para a cultura e os valores norte-americanos" (Banerjee; Duflo, 2020, p. 138).

Está a apontar-se assim para a necessidade de se evitar a interligação entre pessoas de diferentes culturas e etnias, mesmo a miscigenação, para se evitar o empobrecimento ou mesmo o desaparecimento de uma "civilização"; no caso da Europa, a civilização europeia.

Mas o caso português, embora não querendo entrar em concretizações (mesmo pessoais...), é bem expressivo da possibilidade de enriquecimento resultante da aproximação entre pessoas de civilizações diferentes, mesmo de miscigenação. Estando-se preocupado com a "civilização" europeia, parece-nos claro que ela foi sendo enriquecida com a aproximação de outros valores, estando por seu turno convencidos de que outras "civilizações" e países se enriqueceram com as ligações verificadas com pessoas do nosso continente.[12]

Considerando o que se tem passado em diferentes continentes, designadamente no continente americano, é de referir um capítulo de Legrain (2007), o capítulo 11, com o título *Alien Natin? Does immigration threaten national identity?*, mostrando bem que não é assim, podendo ser e sendo mesmo um fator de enriquecimento; bem como, tendo em conta a Europa, e considerando aspectos vários ligados à preservação e à promoção do "modo de vida europeu", Zamith de Almeida (2018-2019, p. 349), citando designadamente uma afirmação de Claude Junker em relação aos imigrantes: "accepting them coming (from) far away [...] is part of the European Way of Life".

Trata-se de reconhecimento do enriquecimento assim verificado que desde logo por isso deve levar a uma política de aproximação das pessoas, evitando-se que nos países de imigração se formem "ilhas" com pessoas de outras origens. Assim deverá acontecer no interesse dos imigrantes, frequentando desde a chegada os mesmos serviços sociais, com os jovens a frequentar as mesmas escolas e a ter uma fluência perfeita na língua do país, ficando pois em condições de aceder de igual modo às oportunidades de emprego em aberto ou ainda por exemplo de enriquecimento cultural. Mas é este também inquestionavelmente o interesse do país de acolhimento, com uma maior racionalização nas infraestruturas de apoio e, com um relevo muito maior, não se criando condições

---

[12] A este propósito vale bem a pena referir a posição de Nelson Mandela, ao afirmar (em 1964): "Lutei contra a dominação branca, e lutei contra a dominação negra"; acrescentando: "prezei muito o ideal de uma sociedade livre e democrática, em que as pessoas vivam em harmonia e oportunidades. É um ideal para o qual espero viver e tenho esperança de realizar" (Porto, 2020a, p. 376).

para tensões geograficamente localizadas. Com a população imigrante integrada, em termos de atividades desenvolvidas e nos mesmos espaços, não aparecem movimentos de xenofobia e rejeição étnica, em grande medida na base de movimentos que têm vindo a crescer na Europa.[13]

5.2 Imigração e criminalidade

Vimos atrás que não se verificou um aumento da criminalidade na Europa com a abertura das fronteiras, com o afastamento das barreiras físicas, como se receou quando da aprovação do acordo de Shengen e da concretização dos objetivos do Ato Único Europeu.

Mas, independentemente deste circunstancialismo europeu, com a liberdade de circulação interna, tem sido apontado que a aceitação de imigrantes abre a porta a um aumento da criminalidade. Trata-se naturalmente de problema que poderá ser mais sentido considerando-se também movimentos de pessoas vindas de outros continentes, estando em causa um número muito maior de pessoas e de pessoas com maiores diferenças culturais.

Têm por isso vindo a ser feitos estudos em que se tem procurado saber se assim terá acontecido, designadamente distinguindo-se por tipos de crimes; constatando-se que de um modo geral tal não é confirmado.[14] Compreende-se pois que cientistas políticos tenham vindo a procurar saber que razão ou razões levam a população a fazer esse "juízo" negativo acerca dos imigrantes.[15]

5.3 As dificuldades de, por razões de ordem económica e social, se integrarem fluxos numerosos de imigrantes

Os números referidos há pouco, sobre as previsões de aumento da população nos vários continentes, impõem contudo uma reflexão profunda, em particular na Europa, sobre os caminhos a seguir, tendo especialmente em conta o caso da África, aqui tão perto e dentro de algumas décadas com aproximadamente 40% da população mundial.

Com a quebra de população e o seu envelhecimento, algum afluxo de imigrantes, desse e dos demais continentes, é bem-vindo na Europa, preenchendo faltas verificadas no mercado de trabalho.

Considerando os contributos positivos proporcionados pelos imigrantes, em diferentes áreas do mundo e nos mais diversos domínios, designadamente no domínio económico, há naturalmente uma extensa literatura, podendo apenas a título de exemplo mencionar-se Legrain (2007), num livro (já referenciado há pouco) com o título bem significativo de *Immigrants. Your country needs them.*

---

[13] Assim acontece designadamente com a criação e a ampliação de movimentos populistas (ver recentemente Pureza (2019); Banerjeee e Duflo (2020, p. 125); Mesquita Nunes (2020, p. 35-37); ou, numa análise da imigração numa região de Itália, Colatrella (2001, cap. 7)).

[14] Podem ver-se por exemplo dois estudos de grande abrangência, de Stowell, Messner, McGeever e Reffalovich (2009), sobre os Estados Unidos, e de Bianchi, Buonanno e Pinotti (2012), sobre a Itália. Sobre aspetos vários da criminalidade de estrangeiros em Portugal ver Agra e Castro (2003).

[15] Ver por exemplo Guillén e Vallés (2003) e Bianchi, Buonanno e Pinotti (2012) (cfr. Porto, 2020b, p. 101).

Trata-se de contributo positivo que em relação ao conjunto da Europa é considerado por exemplo em Pinto e Pinheiro (2007); sendo o caso da integração de imigrantes em Portugal, tendo em conta também naturalmente dificuldades sentidas e medidas a tomar, mas com o reconhecimento de que se tem tratado em geral de um processo positivo, analisado em relatórios recentes do Observatório das Migrações (*v.g.* 2016 e 2019).[16]

Há que ter em conta todavia que em alguns anos, com especiais implicações em países do sul da União Europeia, os fluxos de imigração vieram a levantar problemas a que importa dar resposta; com uma expressão maior em 2015 e alguma atenuação nos anos mais recentes.

6   Caminhos a seguir

Fluxos de imigração como os que têm tido lugar no sul da Europa exigem respostas que, sendo corretas, são importantes não só para os países de acolhimento, evitando-se dificuldades económicas e mesmo tensões sociais, como principalmente para os imigrantes, evitando-se que caiam em situações insuportáveis, em muitos casos estando em causa as suas vidas (não é preciso recordar as imagens frequentes de tantas pessoas atravessando o Mediterrâneo com muitas dificuldades, em muitos casos não atingindo o seu destino...).

Quem julga que os seres humanos não devem estar impedidos de procurar outros locais de vida deve naturalmente procurar que se trate de movimentos devidamente autorizados e acompanhados. Para além disso, com o reconhecimento de que quem emigra em grande parte dos casos o faz porque não tem condições de vida mínimas no seu país ou região de origem, a política mais desejável a seguir será no sentido de se contribuir para que melhorem as condições nesses locais.

E é neste quadro que se coloca a União Europeia: na sua política de imigração, regularizando as entradas no seu território e promovendo uma política de retorno, com a criação de condições para que os imigrantes que o desejem voltem aos seus países e territórios de origem; e, para além disso, tendo políticas em relação ao exterior que contribuam na maior medida possível para o crescimento de países menos desenvolvidos, criando assim condições para a fixação das suas populações.

6.1   O Novo Pacto sobre Migração e Asilo

Na sequência de outros documentos e iniciativas, este documento, de setembro de 2020 (COM (2020) 609 final, de 23.9.2020b), veio considerar o quadro geral de intervenção da União Europeia, na lógica de que uma política de migrações e asilo não pode limitar-se a cada país, atuando só por si.

É o que tem de acontecer naturalmente em relação às questões ligadas ao controle das fronteiras, dado que quando alguém entra no espaço Shengen está num espaço

---

[16] Considerando em especial as implicações demográficas pode ver-se Rosa, Seabra e Santos (2007), considerando em espacial as implicações financeiras, Corrêa de Almeida e Duarte Silva (2007) e considerando igualmente vários outros aspetos, César das Neves (2011).

comum, em que circula livremente e sem nenhum controle, independentemente do local em que entrou nele.

Está-se assim na linha do que dispõe o art. 77º do TFUE (Tratado sobre o Funcionamento da União Europeia), no qual, depois de se falar, na alínea a), na ausência de controlos nos movimentos internos, e na alínea b), na necessidade de se "assegurar o controlo de pessoas e a vigilância eficaz da passagem das fronteiras externas", se dispõe na alínea c) que tal deverá ser feito introduzindo-se "gradualmente um sistema integrado de gestão das fronteiras externas" (Piçarro, 2012); em palavras do Novo Pacto, uma "gestão robusta e justa das fronteiras externas, incluindo controlos de identidade, de saúde e de segurança".

Assim deverá acontecer numa perspetiva mais abrangente, não apenas numa perspetiva de segurança, com o Novo Pacto a referir que "a boa gestão das fronteiras da UE" é "fundamental para a cooperação rumo a políticas integradas de asilo e regresso"; numa linha alargada de cooperação com "os nossos parceiros internacionais", com o reconhecimento desejável, como é sublinhado no nº 6 (p. 19), de que "uma migração bem gerida, baseada na parceria e na partilha de responsabilidades, pode ter efeitos positivos nos países de origem, de trânsito e destino"; acrescentando-se mais adiante que "as parcerias abrangentes, equilibradas e específicas podem proporcionar benefícios mútuos a nível da economia, do desenvolvimento sustentável, da educação e das competências, da estabilidade e segurança e das relações com a diáspora".

E não pode de facto deixar de caminhar-se em estreita articulação entre os países da União, com o Novo Pacto a reconhecer "que nenhum Estado-Membro deve assumir uma responsabilidade desproporcionada e que todos os Estados-Membros devem contribuir para solidariedade de forma constante".[17]

Trata-se de intervenção considerada no Quadro Financeiro Plurianual para 2021-2027 (Regulamento do Conselho *EU-Euratom* 2020/2093, de 17.12.2020), na rubrica "Migração e Gestão de Fronteiras", com a dotação de 22.671 milhares de milhões de euros; verba naturalmente muito aquém das verbas de outras rubricas, mas que tem o acréscimo percentual maior em relação ao quadro financeiro anterior (Albuquerque de Matos, 2018/19).

6.2 O apoio ao desenvolvimento de países menos favorecidos

Sem estar em causa o relevo de todas as ações mencionadas no número anterior, os crescimentos demográficos que se avizinham, bem como o conhecimento de experiências recentes do século XX, apontam para que o caminho decisivo a seguir tenha de ser o caminho do desenvolvimento de continentes e países entretanto menos desenvolvidos, de onde é de esperar que venham ou haja a tentativa de virem fluxos significativos de imigrantes.

---

[17] Não podendo também por isto deixar de estranhar-se que a problemática das migrações tenha sido uma das "razões" levando ao voto a favor do Brexit, com o Reino Unido a dever sentir-se igualmente responsabilizado e sendo também beneficiado sendo parceiro com os demais países da União numa política comum em relação à imigração (Porto, 2020b).

Importa que assim aconteça, sendo este o valor primacial a considerar e a procurar assegurar, no interesse das pessoas em causa, sentindo-se naturalmente mais bem realizadas se conseguirem oportunidades de emprego e iniciativa nas suas terras de origem. É aí que têm os seus valores, os seus familiares e os seus amigos, e sentir-se-ão felizes podendo concorrer para a sua promoção.

A experiência já deste século é especialmente significativa com os êxitos da China e da Índia: tendo ainda em 2004 6% do PIB mundial (depois de em 1820 terem tido 42,7%...), mas estando a ter nestas três décadas dos maiores crescimentos do mundo, prevendo-se que em 2050 tenham 45% do PIB mundial (PORTO, 2017, p. 525-535), diminuindo naturalmente a necessidade de os seus cidadãos emigrarem, procurando emprego noutros países, designadamente na Europa.

6.2.1 A abertura do nosso mercado aos demais países do mundo

É bem claro que o desenvolvimento destes países não resultou de apoio financeiro externo, da Europa ou com alguma outra origem; tem-se devido basicamente à boa utilização de recursos próprios, designadamente aforro que tem vindo a permitir o investimento que tem vindo a ser feito.

Neste quadro, o contributo que a União Europeia tem dado (e deverá continuar a dar) tem estado em grande medida na possibilidade de acesso ao nosso mercado de produtos das suas indústrias e de serviços proporcionados, com um nível de proteção baixo (no quadro mundial): na sequência do Uruguai Round, com uma média de 3,6% nos impostos alfandegários aplicados, com 38% das importações a ter lugar sem nenhuma tributação (Porto, 2017, p. 542); sendo hoje em dia bem claro, com um grande relevo a nível mundial, que as economias da China e da Índia começaram a crescer com base na abertura das suas economias, no plano interno e no plano externo, numa mudança de políticas a que estarão para sempre ligados Deng Xiao Ping e Manhoban Singh.[18]

Trata-se de um "contributo" que continuará a ser "dado", com os documentos e afirmações políticas mais recentes a apontarem para que a União Europeia prosseguirá numa linha de abertura dos seus mercados (linha infelizmente não seguida desde o início pela PAC, a Política Agrícola Comum, mas esperando-se que continuem a ser dados passos no sentido de uma muito maior abertura). Não está a seguir-se pois o mau exemplo dado pelo Presidente Trump e o que era defendido por Marine Le Pen caso tivesse ganho as eleições presidenciais.

O prosseguimento da política de abertura da União Europeia "beneficia" da boa experiência que tem vindo a ter, em particular a zona euro, com o maior superave mundial na balança dos pagamentos correntes, muito superior ao superave da China. Trata-se pois de política que, com todo o realismo, "pode" ser prosseguida, com a Europa a ser capaz de competir a nível mundial.

---

[18] Sobre a evolução destes países podem ver-se, entre uma literatura extensíssima e em textos recentes, considerando a China Cheung e Háan (2013) e Kroeber (2016), sobre a Índia Jacobsen (2016) e Nilekani e Shah (2015), e considerando os dois países, no que já foi designado por "Cindia" ou "Chindia", Rampini (2007), Engardio (2007), Naidu, Chen e Narayanan (2015) e Ogden (2017) (com outras referências pode ver-se Porto (2017, p. 527-31)).

6.2.2 Apoios financeiros e de outras naturezas a países mais desfavorecidos

Também com realismo, há que ter todavia em consideração que vários países do mundo não têm as mesmas possibilidades de aforro e de promoção de ações relevantes num processo de desenvolvimento.

São circunstâncias a que a Europa tem vindo a ser sensível, designadamente no que diz respeito a apoios financeiros: sendo aliás da Europa os únicos países do mundo (quatro da União Europeia e a Noruega) que têm vindo a corresponder à recomendação das Nações Unidas de destinar a ajuda aos países em desenvolvimento pelo menos 0,7% do seu PIB (cfr. Porto, 2014, p. 483).

Trata-se de verbas complementadas por verbas do orçamento da União Europeia, com o Quadro Financeiro Plurianual agora iniciado a considerar para o período de 2021 a 2027, com relevo a este propósito, uma verba de 98.419 milhões de euros na rubrica "Vizinhança e o Mundo".

Constituem apoios que poderão ser significativos em países menos desenvolvidos, podendo abrir caminho para que comecem a crescer ou passem a crescer em maior medida, fixando populações que, como será seu desejo, poderão participar nos processos de desenvolvimento das suas terras.

Podendo ser pois importantes apoios financeiros que sejam proporcionados, há que estabelecer ou continuar a avançar também com outros apoios de grande importância em processos de desenvolvimento.

Assim acontece com cooperações tecnológicas, tendo a União Europeia centros da maior relevância a nível mundial. Em alguns casos o apoio poderá limitar-se a "dar a conhecer" ou fornecer tecnologias de que já se dispõe. Mas em muitos casos as circunstâncias de outros países podem ter exigências em alguma medida diferentes, sendo o caminho a seguir a colaboração conjunta com cientistas desses países.

Trata-se de envolvimentos em processos de investigação conjunta com que serão também enriquecidos os cientistas europeus.

E um outro campo a alargar e aprofundar é o campo académico. Na linha do que tem já vindo a acontecer, importa aumentar as oportunidades de estudantes de países menos desenvolvidos frequentarem universidades e outros estabelecimentos de ensino da União Europeia. Mas também neste campo é importante que formas várias de cooperação tenham lugar nesses países, sendo além do mais participações igualmente enriquecedoras para os nossos docentes e para os nossos estudantes, em muitos casos abrindo-se caminho para ligações económicas e sociais a desenvolver no futuro.

7 Conclusões

A par de outras evoluções também com grande significado, os responsáveis políticos do mundo, em particular os responsáveis políticos da Europa, têm de ter em conta nos nossos dias movimentos migratórios bem diferentes dos verificados em séculos anteriores.

Depois de ao longo de vários séculos terem tido relevo saídas de populações, com menor ou maior expressão numérica, em maior medida no século XIX, com especial relevo para as emigrações para o continente americano, verificam-se agora em maior medida movimentos de migração para a Europa, a que importa dar a resposta adequada.

Não há que recear, como já foi afirmado, um empobrecimento cultural ou mesmo a perda da identidade nacional ou europeia, sendo pelo contrário bem claros os exemplos de enriquecimento resultantes da junção de culturas e etnias; tal como não se constata que a vinda de imigrantes seja um fator de aumento da criminalidade. E num continente com a população a diminuir e a envelhecer poderá haver assim um contributo com algum relevo no nosso mercado de trabalho.

Sendo movimentos que representam uma percentagem pequena no conjunto da população da União Europeia, acaba por ser uma situação que tem de suscitar uma atenção maior no sul da Europa, mais perto de África, continente que vai ter neste século um enorme crescimento populacional e que, apesar de crescimentos económicos muito grandes em alguns países, continua a ter situações graves de carência. Mas embora haja alguma maior concentração da pressão migratória nessa área (não exclusiva, muitos imigrantes continuarão a ir para outras áreas...), as respostas a dar têm de ser conjuntas, com a responsabilização e o comprometimento do conjunto da União Europeia.

Assim tem de acontecer no que diz respeito ao controlo das fronteiras, que passaram a comuns, com o afastamento de barreiras entre os países membros, e na promoção do retorno dos imigrantes, quando seja desejado. E assim tem de acontecer também com a estratégia de fundo que importa seguir, uma estratégia de apoio a países menos desenvolvidos, apoiando-os em processos de desenvolvimento que levem à fixação das suas populações, deixando de ter necessidade de emigrar.

Nesta linha, é de sublinhar o que a União Europeia tem proporcionado a países que muito cresceram nas últimas décadas (casos da China e da Índia) com uma política externa comum de direitos alfandegários baixos (tem sido diferente o caso com a Política Agrícola Comum) e a ausência de outras restrições, oferecendo, pois, oportunidades de exportação para cá de setores muito relevantes nos seus processos de crescimento. Para além disso, em relação a países menos desenvolvidos tem sido significativo o apoio que tem vindo a ser dado, e que importa que seja aumentado, com ajudas financeiras (designadamente da parte de países) e cooperações, designadamente nos domínios tecnológico e académico.

Evitam-se, deste modo, indo à sua origem, fluxos migratórios eventualmente não desejáveis. E com o desenvolvimento de países menos favorecidos dão-se condições humanas aos seus cidadãos, o que é o objetivo fundamental a atingir, num processo de que todavia a Europa também beneficia, com as oportunidades de mercado que são assim ampliadas, com a procura de bens nossos por parte de populações que passam a ter níveis de vida mais elevados.

Referências

AFRICAN UNION; OECD DEVELOPMENT CENTER. *Dinamização do desenvolvimento em África*. Alcançar a transformação produtiva. 2018.

AGRA, Candido da; CASTRO, Josefina. Los extranjeros son un grupo de riesgo? Investigaciones en las prisiones portuguesas. In: AGRA, Candido da; DOMINGUEZ, José L.; AMADO, Juan; HEBBERECHT, Patrick; RECASSENS, Amadeo (Ed.). *La seguridad en la sociedad de riesgo*. Un debate abierto. Barcelona: Atelier Editorial, 2003. 279-301.

AGRA, Candido da; DOMINGUEZ, José L.; AMADO, Juan; HEBBERECHT, Patrick; RECASSENS, Amadeo (Ed.). *La seguridad en la sociedad de riesgo*. Un debate abierto. Barcelona: Atelier Editorial, 2003.

ALBUQUERQUE DE MATOS, Nuno. EU Multiannual Financial Framework 2021-2027: A lost opportunity. *Temas de Integração*, n. 38-39, p. 141-162, 2018/2019.

BAD (BANCO AFRICANO DE DESENVOLVIMENTO); OCDE. *Perspetivas económicas em África*. Empreendedorismo e Industrialização. 2017.

BANERJEE, Abhijit V.; DUFLO, Esther. *Boa economia para tempos difíceis*. Coimbra: Actual, 2020.

BIANCHI, Milo; BUONANNO, Paolo; PINOTTI, Paolo. Do immigrants cause crime? *Journal of the European Economic Association*, p. 1318-1347, dez. 2012.

CÉSAR DAS NEVES, João. Comentário. In: CORRÊA DE ALMEIDA, André; SILVA, Pedro Duarte. *Impacto da imigração em Portugal nas contas do Estado*. Lisboa: Alto Comissariado para a Imigração e Diálogo Intercultural, 2011.

CHEUNG, Win-Wong; HAAN, Jacob (Ed.). *The evolving role of China in the global economy*. Cambridge; Londres: The MIT Press, 2013.

CLARKE, Duncan. *Africa's future*. Darkness to destiny. How the past is shaping Africa's economic evolution. Londres: Profile Books, 2013.

COLATRELLA, Steven. *Workers in the World*. African and Asian migrants in Italy in the 1990s. Trento: Africa World Press, 2001.

COMISSÃO ECONÓMICA PARA ÁFRICA; PNUD (PROGRAMA DAS NAÇÕES UNIDAS PARA O DESENVOLVIMENTO). *Ritmo de Desenvolvimento da África segue lento e desigual, apesar de progresso*. 2011.

COMISSÃO EUROPEIA. *Comunicação para uma estratégia compreensiva com África* – Join (2020) 4 final, de 9.3.2020a.

COMISSÃO EUROPEIA. *Comunicação um novo pacto em matéria de migração e asilo* – COM (2020) 609 final, de 23.9.2020b.

COMISSÃO EUROPEIA. *Controlar a Globalização* – COM (2017) 240 final, de 10.5.2017.

CONSELHO ECONÓMICO E SOCIAL; COMISSÃO ECONÓMICA PARA ÁFRICA (ONU); COMISSÃO DA UNIÃO AFRICANA. *Gerir o desenvolvimento em África*: o papel do Estado na transformação económica. Adis-Abeba, 2011.

CORRÊA DE ALMEIDA, André; SILVA, Pedro Duarte. *Impacto da imigração em Portugal nas contas do Estado*. Lisboa: Alto Comissariado para a Imigração e Diálogo Intercultural, 2011.

ENGARDIO, Pete (Ed.). *Chindia*. How China and India are revolutionising global business. Nova York: McGraw-Hill, 2007.

GORDON, April A.; GORDON, Donald L. (Ed.). *Understanding contemporary Africa*. 5. ed. Boulder; Londres: Lynne Rienner Publishers, 2013.

GUERRAOUI, Driss. *La Question Migratoire au XXI ème Siecle*. Comunicação apresentada na Academia das Ciências de Lisboa a 11 de abril de 2019.

GUILLÉN, Francesc; VALLÉS, Lola. Immigratre e inseguridad: un problema de delinquência o de vitimization? *In*: AGRA, Candido da; DOMINGUEZ, José L.; AMADO, Juan; HEBBERECHT, Patrick; RECASSENS, Amadeo (Ed.). *La seguridad en la sociedad de riesgo*. Un debate abierto. Barcelona: Atelier Editorial, 2003.

JACOBSEN, Knut A. (Ed.). *Routledge Handbook of Contemporary India*. Abington; Nova York: Routledge, 2016.

KING, Stephen. *Lamentável mundo novo*. O fim da globalização e o regresso da história. Lisboa: Temas e Debates, 2018.

KROEBER, Arthur R., *China's economy*. What everyone needs to know. Oxford: Oxford University Press, 2016.

LEGRAIN, Philippe. *Immigrants*. Your country needs them. Londres: Little, Brown, 2007.

MAHAJAN, Vijay, *O despertar da África*. 900 milhões de consumidores africanos têm mais para dar do que se julga. Coimbra: Actual; Almedina, 2013.

MESQUITA NUNES, Adolfo. *A grande escolha*. Mundo global ou países fechados? Alfragide: D. Quixote, 2020

MONTI, Mario. A new strategy for the single market. At the service of Europe's economy and society. *Report to the President of the European Commission, José Manuel Durão Barroso*, 9.5.2010.

MONTI, Mario. Apresentação. *In*: BUCHAN, David. *The single market and tomorrow's Europe*. A progress report of the European Commission. Luxemburgo; Londres: Office for Publications of the European Commission; Kegan Page Publishers, 1996.

MURRAY, Douglas. *A estranha morte da Europa*. Porto Salvo: Saída de Emergência, 2018.

NAIDU, G. V. C.; CHEN, Mumin; NARAYANAN, Raviprasad (Ed.). *India and China in the emerging dynamics of East Asia*. Nova Delhi: Springer India, 2015.

NEWITT, Malyn. *História da Europa e do mundo*. Alfragide: Texto, 2013 (ed. original *Portugal in European and World History*, 2009).

NILEKANI, Nandan; SHAH, Viral. *Rebouting India*. Londres: Allen Lane (Penguin Books), 2015.

OBSERVATÓRIO DAS MIGRAÇÕES. *Imigrantes desempregados em Portugal e os desafios das políticas ativas de emprego*. Coordenação de Ana Cláudia Valente. Participação de João H.C. António, Tânia Correia e Leonor P. da Costa. Lisboa, 2016.

OBSERVATÓRIO DAS MIGRAÇÕES. *Indicadores de integração de imigrantes*. Relatório estatístico anual. Coordenação de Catarina Reis Oliveira e Natália Gomes. Lisboa, 2002.

OGDEN, Chris. *China and India*. Asia's emerging great powers. Cambridge: Polity, 2017.

PAGE, Martin. *The first global village*. How Portugal changed the world. Lisboa: Notícias, 2002.

PIÇARRO, Nuno. Comentário dos arts. 77º a 79º do TFUE. *In*: PORTO, Manuel Lopes; ANASTÁCIO, Gonçalo (Coord.). *Tratado de Lisboa*. Anotado e comentado. Coimbra: Almedina, 2012/20.

PINTO, Maria João; PINHEIRO, Ana (Coord.). *Fronteiras da Europa*. A Europa no mundo. Cooperação, desenvolvimento e migrações em debate. Lisboa: ACEP (Associação para a Cooperação entre os Povos), 2007.

PORTO, Manuel Lopes. *Economia*: um texto introdutório. 4. ed. Coimbra: Almedina, 2014 (reimpressão de 2021).

PORTO, Manuel Lopes. Nelson Mandela: Abrindo caminho para uma Nova África. *Boletim da Faculdade de Direito da Universidade de Coimbra*, v. XCVI, t. I, p. 373-83, 2020a.

PORTO, Manuel Lopes. O Brexit face à globalização. *In*: CORREIA, José Matos; PINTO, Ricardo Leite (Coord.). *Estudos em Homenagem ao Professor António Martins da Cruz*. Lisboa: Universidade Lusíada, 2020b.

PORTO, Manuel Lopes. O Novo Pacto sobre Migração e Asilo: as responsabilidades da Europa. Polis, n. 2, II série, p. 97-106, jul./dez. 2020c.

PORTO, Manuel Lopes. *Teoria da integração e políticas da União Europeia*. Face aos desafios da globalização. 5. ed. Coimbra: Almedina, 2017 (reimpressão de 2019).

PORTO, Manuel Lopes; ANASTÁCIO, Gonçalo (Coord.). *Tratado de Lisboa*. Anotado e comentado. Coimbra: Almedina, 2012/2020 (ed. ingl.).

PORTO, Manuel Lopes; GUINCHO, Luis. Comentário do art. 26º doTFUE. *In*: PORTO, Manuel Lopes; ANASTÁCIO, Gonçalo (Coord.). *Tratado de Lisboa*. Anotado e comentado. Coimbra: Almedina, 2012/2020.

PUREZA, José Manuel. As migrações como ameaças. Neopopulismo e arquitetura global de contenção. *In*: SANTOS, Boaventura de Sousa *et al*. *O espectro dos populismos*. Ensaios políticos. Lisboa: Tinta da China, 2018.

RAMPINI, Federico. *China e Índia*. As duas grandes potências emergentes. Lisboa: Presença, 2007.

RODRIGUES, Jorge Nascimento; DEVEZAS, Tessaleno. *Portugal – O pioneiro da globalização*. Famalicão: Centro Atlântico, 2007.

ROQUE, Fátima Moura. *O desenvolvimento do continente africano na era da mundialização*. Coimbra: Almedina, 2005.

ROQUE, Fátima Moura. *Uma década de África*. Um continente e os seus desafios atuais e futuros. Lisboa: Texto, 2019.

STOWELL, Jacob I.; MESSNER, Steven F.; MCGEEVER, Kelly F.; RAFFALOVICH, Lawrence E. Immigration and the recent violent crime in the United States. A pooled, cross-sectional time-series analysis of metropolitan areas. *Criminology*, v. 47, n. 3, p. 889-929, 2009.

VALENTE ROSA, Maria João; SEABRA, Hugo de; SANTOS, Tiago. *Contributos dos imigrantes na demografia portuguesa*. O papel das populações de nacionalidade estrangeira. Fundação Luso-Americana e Alto Comissariado para a imigração e minorias étnicas. Lisboa, 2007.

VINDT, Gérard. *A mundialização*. De Vasco da Gama a Bill Gates. Lisboa: Temas e Debates, 1999.

VUNGE, Adebayo. *Pensar África*. Lisboa: Rosa de Porcelana, 2017.

ZAMITH DE ALMEIDA, Catarina. Temas e problemas da Europa contemporânea – Considerações sobre o conceito de "promoção do modo de vida europeu". *Temas de Integração*, n. 38-39, p. 370-393, 2018/2019.

Informação bibliográfica deste texto, conforme a NBR 6023:2018 da Associação Brasileira de Normas Técnicas (ABNT):

PORTO, Manuel. Os desafios dos movimentos migratórios: as respostas da União Europeia. *In*: GOMES, Ana Cláudia Nascimento; ALBERGARIA, Bruno; CANOTILHO, Mariana Rodrigues (Coord.). *Direito Constitucional*: diálogos em homenagem ao 80º aniversário de J. J. Gomes Canotilho. Belo Horizonte: Fórum, 2021. p. 373-387. ISBN 978-65-5518-191-3.

A ERA DA INFORMAÇÃO E O FORTALECIMENTO DA DEMOCRACIA PARTICIPATIVA: REFLEXÕES SOBRE AS NOVAS TECNOLOGIAS E A TRANSPARÊNCIA DAS INFORMAÇÕES PÚBLICAS

MARCO AURÉLIO MELLO

1   A homenagem e o homenageado

As doutoras Ana Cláudia Nascimento Gomes e Mariana Rodrigues Canotilho, bem como o doutor Bruno Albergaria, honraram-me com o convite para participar de obra coletiva em homenagem ao professor doutor José Joaquim Gomes Canotilho. A compilação de estudos em tributo ao jurista destina-se a relembrar a trajetória profissional e pessoal, bem como reconhecer e celebrar a sólida contribuição para o direito.

Não poderia iniciar o texto sem, antes, consignar breve registro quanto ao homenageado: um dos mais respeitados constitucionalistas da atualidade, o emérito jurista e acadêmico é licenciado e doutor em Direito pela histórica Universidade de Coimbra, onde ainda é professor catedrático jubilado. O mestre Canotilho é de enorme importância para a formação do pensamento constitucional brasileiro contemporâneo, cujo livro *Constituição dirigente* teve influência no texto da Constituição de 1988. O manual *Direito constitucional* está entre as obras mais utilizadas pelos programas de mestrado e doutorado e citadas em acórdãos de tribunais superiores, especialmente do Supremo Tribunal Federal.

O professor Canotilho sempre foi defensor entusiasmado e fervoroso das Cartas Constitucionais contemporâneas, transformadoras do modo de pensar e aplicar o direito. Como bem expressou, em relação a esse novo paradigma, é "na supremacia normativa da lei constitucional que o '*primado do direito*' do estado de direito encontra uma primeira e decisiva expressão".[1] O Estado de direito referido é o democrático, que tem, na Constituição, direção e fundamento, nos direitos fundamentais, fim e razão de ser.

---

[1] CANOTILHO, José Joaquim Gomes. *Direito constitucional e teoria da Constituição*. 4. ed. Coimbra: Almedina, 2000. p. 245.

Pretendo, considerada a carreira acadêmica do homenageado, problematizar tema que se mostra preocupação comum de todos aqueles interessados no futuro das constituições contemporâneas e da democracia participativa: a influência do campo midiático nos pleitos eleitorais.

2 Introdução

Vivenciamos a era da informação, que é também a era digital. É pós-industrial porque não mais marcada pela forma mecânica, pela força. A quadra caracteriza-se pelo conhecimento dinâmico e tecnológico, por desafios promovidos pela modernidade, pelas alterações cada vez mais rápidas e profundas decorrentes do avanço da tecnologia. Como consequência direta, mudam a sociedade, os comportamentos humanos e as instituições. O direito, nos mais variados ramos, sofre influência dessa realidade, à qual deve se ajustar e, a um só tempo, conformá-la. A relação é de reciprocidade, ainda que assimétrica, a depender da matéria e dos valores em jogo. Nesse sentido, fala-se da necessidade de uma reflexão sobre a evolução do direito para atender à sociedade digital.[2]

Assistimos ao grande avanço da informatização, principalmente depois do surgimento da rede mundial de computadores, nos anos 1990, marco da evolução digital. Com a chegada da internet às residências, sobrevieram novos cenários sociais, educacionais e comerciais. As pessoas nunca mais se comunicaram, buscaram o conhecimento e informações, realizaram transações comerciais como antes. Tanto sob a óptica quantitativa como sob a qualitativa, tem havido, no século XXI, maior expansão das inovações. Sem exagero, pode-se dizer que, desde a criação do primeiro computador, em meados da década de 1940, a vida humana já estava fadada a ser influenciada e alterada por toda essa ascensão da tecnologia.[3]

A proteção à liberdade de manifestação do pensamento, o acesso às informações e a promoção da cultura e da educação também passaram por profundas transformações. A informática revolucionou o ensino e a difusão da cultura e do pensamento. O acesso aos conteúdos didáticos e às informações mais variadas, seja em virtude da rede mundial de computadores, seja graças aos CD-ROMs e similares, foi ampliado de modo extraordinário. No chamado ambiente virtual, a circulação de dados e a aquisição de conteúdos didáticos, mormente mediante cópia de arquivos ocorrida em sítios especializados, até mesmo em periódicos das mais prestigiadas universidades do mundo, impõem o redimensionamento da compreensão tradicional desses meios. O ensino e a exposição de ideias via digital tornaram-se parte essencial e construtiva da cultura moderna, diferente em estrutura, procedimento, velocidade, pretensão de facilidade e amplitude de acesso em relação ao que existia antes. Nem a economia escapou da influência do universo digital. O advento da moeda digital, no que transfigura transações *on-line* e promove a internacionalização de padrão monetário, é objeto de diversos debates políticos e jurídicos. A influência da tecnologia não é algo do qual se possa ou se deva escapar.

---

[2] PINHEIRO, Patrícia. *Direito digital*. 5. ed. São Paulo: Saraiva, 2013. p. 48.
[3] CARVALHO, André Castro. *Tributação de bens digitais*: interpretação do art. 150, VI, d, da Constituição Federal. São Paulo: MP, 2009. p. 25 e ss.

A revolução também alcançou a política. Os processos político-eleitorais sofrem profundos efeitos desses recentes paradigmas comunicacionais. As redes sociais constituem importante canal de diálogo entre os eleitores e entre estes e os candidatos, modificando em boa medida o perfil das eleições, já bastante impactadas pelo uso das urnas eletrônicas. As oportunidades de crítica e de acompanhamento do trabalho dos governantes, elemento fundamental de qualquer democracia real, foram ampliadas com os blogues e microblogues. A disponibilidade e a velocidade de veiculação de notícias em ambientes digitais deflagraram sensíveis mudanças no relacionamento entre representantes políticos, candidatos e eleitores. Sem dúvida, os movimentos populares, no Brasil, de junho de 2013 não teriam sido os mesmos sem a prévia articulação virtual. A política deve, hoje, dialogar com o que se convencionou chamar de "novas mídias".

Fala-se em "democracia digital". Sem dúvida, a revolução no campo tecnológico tornou a comunicação mais democrática, ou seja, mais pessoas passaram a ter voz e a ser ouvidas. A internet é uma nova ágora ateniense. A tecnologia tem implicação nas formas por meio das quais as pessoas e grupos sociais se relacionam e trocam ideias sobre a dinâmica política e estatal. O jornalismo foi transformado, assim como, e correlatamente, o consumo das informações, nunca antes tão intenso, abrangente e veloz. Entre os artigos de maior circulação comunicacional, encontram-se os fatos políticos. A política está sob grande vigília.

Este artigo versa aspecto dessa relação entre a era digital e a política: como as atuais tecnologias podem aumentar a participação do cidadão no controle sobre atos de governo. Considerada a necessidade de transparência das informações públicas, os meios digitais revelam-se instrumentos dinâmicos, céleres e de uso relativamente fácil para boa parcela da sociedade, resultando no fortalecimento da democracia participativa. Ao tornarem as informações públicas mais acessíveis, as novas tecnologias permitem às pessoas participarem mais da vida política e fiscalizarem melhor as ações dos governantes.

O texto será desenvolvido segundo esta estrutura: no tópico seguinte (tópico 3), tem-se o conceito de democracia; no tópico 4, a importância do controle social sobre as ações públicas; e, no tópico 5, comentários sobre as transformações dessa vigilância na Era Digital, no que são abordadas as formas legais mediante as quais a internet foi utilizada para aumentar a visibilidade das informações de interesse público e incentivar a maior participação popular na política brasileira; ao final (tópico 6), estão as conclusões.

3 O que é democracia?

Democracia não é apenas o regime político mais adequado entre tantos outros; é um direito do cidadão fundado nos valores da soberania popular e do autogoverno. Segundo a pesquisa mais recente feita pela revista *The Economist*, ao menos 115 países experimentam alguma forma democrática de governo; destes, apenas 19 possuem "democracia plena", presentes bons índices de processo eleitoral, pluralismo, funcionamento do governo, liberdades civis, participação e cultura política.[4] Estudo anterior divulgado pelo mesmo periódico intitulou 2016 como o ano da "recessão global

---

[4] DEMOCRACY Index 2020: In sickness and in health? *The Economist – Intelligence Unit*. Disponível em: https://www.eiu.com/topic/democracy-index.

da democracia", ante o decréscimo do número de países considerados plenamente democráticos. Mas, afinal, o que é democracia? Quais critérios devem ser satisfeitos para afirmar-se democrático determinado sistema político?

De acordo com Charles Tilly, a definição de democracia classifica-se em quatro principais tipos: constitucional, substantiva, procedimental e orientada ao processo. A abordagem constitucional refere-se às leis promulgadas por um regime no tocante à atividade política. O foco recai nas formas constitucionais e nos arranjos legais. A definição substantiva é relacionada com as condições de vida e de política promovidas por dado regime. A questão é saber se há promoção de bem-estar humano, liberdade individual, segurança, igualdade social, deliberação pública e resolução pacífica de conflitos. O critério procedimental prende-se ao exame das eleições, do quanto são genuinamente competitivas e capazes de produzir alternância do governo e das políticas. Diferentemente desse enfoque, não existe a preocupação com o conteúdo das políticas, e sim com as trocas de poder.[5]

Por fim, e mais relevante para este texto, há a definição vinculada à capacidade de o processo político satisfazer a exigência de igualdade política. O processo político, para ser democrático, deve oferecer condições para que todos se sintam igualmente qualificados a participar da tomada de decisões mediante as quais a vida da coletividade será governada. Significa dizer: democracia pressupõe serem os membros de dado grupo tratados como politicamente iguais. Tilly serviu-se dos cinco conceitos elaborados por Robert Dahl para identificar o caráter democrático do processo político.

O renomado cientista político norte-americano Robert Dahl associava a democracia ao objetivo de assegurar o direito de participação igualitária dos cidadãos nas decisões relevantes de uma comunidade. O autor reconhecia haver muitos meios, alguns até impenetráveis, para definir democracia. Entretanto, defendia poderem alguns critérios ser identificados como imprescindíveis para atender à exigência do direito à igual participação política como elemento nuclear do sistema democrático. Apontou cinco:

1) participação efetiva – antes de uma política ser adotada, todos os membros da comunidade devem ter igual e efetiva oportunidade de compartilhar com os outros membros as próprias visões relativas ao conteúdo dessa política;
2) igualdade de voto – quando chegar o momento no qual a decisão política será finalmente tomada, todos os membros devem ter oportunidade igual e efetiva para votar, e todos os votos hão de ser contados com idêntico valor;
3) conhecimento esclarecido – dentro de limites razoáveis de tempo, cabe dar a cada membro oportunidade igual e efetiva para aprender sobre as políticas alternativas relevantes e as consequências prováveis;
4) controle da agenda – cumpre viabilizar aos membros a decisão sobre como e quais questões devam ser colocadas na agenda política, o que assegura a mudança constante das pautas temáticas se assim escolherem;
5) inclusão de adultos – todos ou, ao menos, a maior parte dos adultos residentes devem ter plenos direitos da cidadania, implicados os quatro critérios anteriores, o que vem a ser condição inafastável para tratamento igualitário dos membros da comunidade.[6]

---

[5] TILLY, Charles. *Democracy*. New York: Cambridge University Press, 2007. p. 7-8.
[6] DAHL, Robert. *On democracy*. New Haven: Yale University Press, 1996. p. 37-38.

Conforme Dahl, cada um desses critérios é necessário a ponto de os membros serem menos politicamente iguais na medida em que tais exigências forem violadas. Se determinado grupo tiver mais oportunidades do que outros para expressar opiniões, ser ouvido, formar agendas, aprender sobre as medidas alternativas, não se poderá falar em igualdade política. Como seria possível evitar tais desvios? Robert Dahl diz que apenas se previstos mecanismos dirigidos a incentivar e assegurar a participação efetiva dos cidadãos nos assuntos de governo.

A democracia é, portanto, o regime a garantir, na maior medida possível, a igual participação política dos membros da comunidade. Trata-se, claro, de conceito ideal. Mostra-se inviável, no mundo real, alcançar essa igualdade na plenitude. Isso não significa, porém, a inutilidade dos critérios mencionados. Eles permanecem valiosos, como guias para formulação de desenhos constitucionais, arranjos institucionais e sistemas políticos que aspirem ser democráticos, isto é, possuam a pretensão de promover a igualdade política.[7]

Esta última é central na definição de democracia. Conforme destaca Dahl, "por definição, nenhum sistema não democrático permite aos seus cidadãos (ou sujeitos) amplo arranjo de direitos políticos. Se algum sistema político fosse assim fazer, tornar-se-ia, por definição, uma democracia".[8] Há de ressaltar-se ser não apenas uma questão de definição, mas condição empiricamente necessária: igualdade de participação política é condição da própria existência da democracia.

A premissa é verdadeira tanto para a ideia tradicional de democracia representativa como para a noção contemporânea de democracia deliberativa. Na primeira, o poder é exercido apenas indiretamente pelos membros da sociedade e diretamente pelos representantes políticos eleitos. A tomada de decisões políticas – como a criação de leis –, de forma direta pelos cidadãos, mantém-se inviável nas sociedades plurais e complexas contemporâneas. A soberania popular não é, necessariamente, autora das decisões fundamentais, e sim legitimadora do papel desempenhado pelos representantes escolhidos por meio do voto. Na democracia representativa, essa legitimidade pressupõe a ideia de autogoverno popular, que depende da igualdade de participação política.

Contemporaneamente, o professor Jeremy Waldron tem construído bem-articulada proposta para resgatar o espaço perdido pela democracia representativa, especificamente pelo Poder Legislativo, nas últimas décadas,[9] resgatando o valor do autogoverno popular atrelado ao de igual participação política. Waldron preconiza a prerrogativa incondicional dos cidadãos de resolverem as divergências sobre direitos e princípios entre eles mesmos ou entre os representantes, de forma que o processo legislativo é o meio legítimo de fixação dos direitos, atendendo-se ao binômio autonomia e responsabilidade.

A autoridade para revelar os direitos pertence ao legislador porque único critério legítimo para a definição dessa autoridade é o de identificar um processo decisório no qual são levadas igualmente a sério as informações de todos os que disputam o acordo de sentidos, produzindo conclusões precedidas de debates norteados pelo mútuo

---

[7] DAHL, Robert. *On democracy*. New Haven: Yale University Press, 1996. p. 42.
[8] DAHL, Robert. *On democracy*. New Haven: Yale University Press, 1996. p. 49.
[9] Cf. WALDRON, Jeremy. *The dignity of legislation*. New York: Cambridge University Press, 1999.

respeito aos diferentes pontos de vista de cada participante. A proposta é construída sobre a convicção de serem a igual participação política e o autogoverno, em si mesmos, condições do desenvolvimento da personalidade humana.[10] Para Waldron, o Legislativo é a única instituição, no campo, em que há respeito a essas condições.

Segundo o autor, participação política sob iguais termos (igual voz nas decisões) e autogoverno são direitos fundamentais, e, por isso, existe profunda conexão de um procedimento que os privilegie com a essência das concepções modernas de direitos. Dignidade e autonomia individual consubstanciam valores essenciais que as pessoas, como agentes e eleitores, desenvolvem melhor em condições de autogoverno, sendo a opinião de cada uma "intitulada não apenas a ser respeitada no sentido de 'não suprimida', mas também a *somar* em qualquer tomada de decisão política que ocorra na sociedade em que vive". Seria uma "concessão à pluralidade humana".[11] Waldron defende um vínculo entre os direitos fundamentais dos indivíduos e o respeito pelas capacidades morais de igual participação política.[12]

O processo legislativo, conforme salienta, é o único "formado e elaborado de modo que se dê igual peso às preferências e opiniões de todos".[13] Os titulares dos direitos, pelo debate, deliberação, voto e mecanismos de representação política, formularão as respostas às divergências sobre direitos e princípios. Em síntese, Jeremy Waldron vislumbra um projeto de (re)dignificação do papel da legislação como meio legítimo de autogoverno e de participação política sobre bases igualitárias.

A igual participação política também está no centro do desenvolvimento da chamada democracia deliberativa. Esse modelo apresenta-se como alternativo às concepções variáveis da *democracia representativa*, vinculadas aos processos de representação política. Sem negar a importância do processo popular de escolha de representantes, os partidários da democracia deliberativa sustentam não poder a democracia ser reduzida à representação política, devendo envolver "também a possibilidade efetiva de se deliberar publicamente sobre as questões a serem decididas".[14] A efetiva deliberação pública racionaliza e legitima as decisões tomadas no âmbito dos processos políticos e de gestão pública, evitando o amesquinhamento e a manipulação deles.

Todavia, para alcançar a legitimidade, a deliberação há de ocorrer em contexto *aberto, livre* e *igualitário*, ou seja, todos devem participar livres de qualquer coerção física ou moral, em condições de iguais possibilidades e capacidades para influenciar e persuadir. Em suma, a idêntica oportunidade de participação política configura

---

[10] WALDRON, Jeremy. A right-based critique of constitutional rights. *Oxford Journal of Legal Studies*, v. 13, n. 1, 1993. p. 37: "Participação é de todo valiosa em razão da importância de se agregarem diversas perspectivas e experiências quando estão sendo tomadas decisões públicas; e é valiosa também porque a mera experiência de se argumentar em circunstâncias de pluralidade humana nos ajuda a desenvolver opiniões mais interessantes e provavelmente mais válidas do que poderíamos fazer sozinhos".

[11] WALDRON, Jeremy. A right-based critique of constitutional rights. *Oxford Journal of Legal Studies*, v. 13, n. 1, 1993.

[12] WALDRON, Jeremy. Judicial review and the conditions of democracy. *The Journal of Political Philosophy*, v. 6, n. 4, p. 341-342, 1998.

[13] WALDRON, Jeremy. Introduction: disagreements on justice and rights. *New York University Journal of Legislation and Public Policy*, v. 6, n. 1, 2002. p. 9.

[14] SOUZA NETO, Cláudio Pereira de. Deliberação pública, constitucionalismo e cooperação democrática. *In*: BARROSO, Luís Roberto (Org.). *A reconstrução democrática do direito público no Brasil*. Rio de Janeiro: Renovar, 2007. p. 44.

pressuposto de uma deliberação justa e eficiente. Dentro da perspectiva procedimental da democracia deliberativa, defendida por autores como Jürgen Habermas,[15] cabe manter as deliberações abertas quanto ao conteúdo dos resultados, mas limitadas pela observância dos princípios que asseguram condições procedimentais de legitimidade, os quais são voltados a garantir o envolvimento equânime dos membros da sociedade na deliberação pública.

Vê-se ser a igual oportunidade de participação política condição conceitual e empírica da democracia sob a óptica tanto representativa como deliberativa. Como ideal a ser sempre buscado, essa igualdade de participação política acaba revelando-se um princípio de governo a homenagear a capacidade e a autonomia do cidadão em decidir ou julgar o que é melhor para a comunidade que habita. Ao fazer isso, esse cidadão resolve o que é melhor para si mesmo, o que vem a ser condição de legitimidade de um sistema político baseado na liberdade.

4 Democracia participativa, controle social sobre as decisões públicas e a importância do direito fundamental à informação

A participação política não se resume à eleitoral. É condição procedimental da democracia a realização de eleições periódicas, com sufrágio universal e caracterizadas por processos justos e igualitários de escolha. Ocorre que participação política é muito mais do que o ato de votar. Envolve o controle das decisões públicas pelos membros da sociedade. Criticar e fiscalizar o comportamento dos agentes políticos consistem em modos fundamentais de participação política, essenciais para a vitalidade prática da democracia. Povo que não exerce tal controle não se autogoverna.

Como argutamente apontou a professora Ana Paula de Barcellos, não obstante a dificuldade da definição do que seja democracia, existem conteúdos mínimos que podem ser reconhecidos independentemente da concepção adotada: um deles é o de "controle social" – exercido diretamente pelos membros da sociedade sobre a atuação dos agentes públicos.[16] Esse controle, segundo a professora carioca, pode recair sobre a juridicidade dos atos dos agentes públicos e ser realizado mediante ações populares, denúncias ao Ministério Público, representações perante os tribunais de contas etc. Em última análise, exercício do controle social faz parte do que se pode chamar de democracia participativa – defeitos da democracia representativa são combatidos diretamente pelos destinatários do governo. A democracia participativa busca reduzir a distância entre democracia e representatividade eleitoral.

Ao lado de mecanismos de democracia direta como o referendo, o plebiscito, a iniciativa legislativa popular, o *recall* e o veto popular, a democracia participativa possui a relevante dimensão de controle popular do exercício do poder. O controle revela-se como essencial para o combate à corrupção política e aos déficits de representatividade. Para o efetivo exercício desse controle, os cidadãos, além de motivados a tomar parte nas decisões fundamentais, devem estar devidamente informados. Como destacou o

---

[15] Cf. HABERMAS, Jürgen. *Facticidad y validez*. 4. ed. Madrid: Trotta, 2005.
[16] BARCELLOS, Ana Paula de. Papéis do direito constitucional no fomento do controle social democrático: algumas propostas sobre o tema da informação. *Revista de Direito de Estado*, Rio de Janeiro, n. 12. p. 80.

professor Daniel Sarmento, "não é exagero afirmar que o controle do poder tem no direito à informação o seu instrumento mais poderoso. A transparência proporcionada pelo acesso à informação é o melhor antídoto para a corrupção, para as violações de direitos humanos, para a ineficiência governamental".[17]

A professora Ana Paula ressalta que três fatores podem reduzir o controle social sobre as decisões públicas: (i) o desinteresse da população no tocante aos assuntos políticos da nação, causado, principalmente, pela falta de tempo das sociedades contemporâneas, especialmente em centros urbanos; (ii) a indiferença decorrente da impressão de a participação não mudar em nada o quadro adverso, ou seja, a percepção de que as ações voltadas para controlar os agentes públicos não produzem resultados práticos, criando-se círculo vicioso: menos controle social, mais desinteresse por falta de resultados práticos; mais desinteresse por falta de resultados práticos, menos controle social; (iii) e, para o que importa neste artigo, o descaso fomentado pela falta de informações sobre as questões públicas.[18]

A professora questiona como poderá ser exercido o controle social se a população desconhece a política pública ou a prioridade escolhida. Como saber se os objetivos foram alcançados se não são divulgadas informações a respeito das metas prometidas e dos resultados almejados? Para Ana Paula, o direito, máxime o constitucional, deve fomentar o controle social ao prescrever a difusão das *informações* sobre as ações públicas.[19] O direito deve promover a transparência das informações. Sem dúvida, quanto menos se tiver acesso a elas, menor será o monitoramento, haja vista aumentar o desinteresse em razão do elevado custo pessoal para obter esses dados. O conhecimento acerca do que pode e deve ser controlado é condição de exercício do controle social. Assim, a transparência das informações públicas revela-se essencial para a efetiva participação política dos governados, o que implica homenagear o próprio princípio democrático. A participação democrática requer, em síntese, um sistema abrangente e acessível de informações sobre as ações públicas.

Na Carta de 1988, art. 5º, inc. XXXIII, consta que "todos têm direito a receber dos órgãos públicos informações de seu interesse particular, ou de interesse coletivo ou geral, que serão prestadas no prazo da lei, sob pena de responsabilidade, ressalvadas aquelas cujo sigilo seja imprescindível à segurança da sociedade e do Estado". Como correspondente ao direito fundamental às informações públicas, o constituinte estabeleceu, no art. 37, §3º, inc. II, o dever de legislar acerca das formas de participação do cidadão na Administração Pública direta e indireta, sendo assegurado o acesso às informações relativas a atos de governo. Há, assim, o direito fundamental à informação e o dever constitucional de publicidade dos atos de governo. Caso o legislador deixe de promover os meios necessários ao cumprimento dessas regras, estará protegendo de

---

[17] SARMENTO, Daniel. *Liberdades comunicativas e "direito ao esquecimento" na ordem constitucional brasileira.* Parecer. Disponível em: http://www.migalhas.com.br/arquivos/2015/2/art20150213-09.pdf.

[18] BARCELLOS, Ana Paula de. Papéis do direito constitucional no fomento do controle social democrático: algumas propostas sobre o tema da informação. *Revista de Direito de Estado,* Rio de Janeiro, n. 12. p. 80-83.

[19] BARCELLOS, Ana Paula de. Papéis do direito constitucional no fomento do controle social democrático: algumas propostas sobre o tema da informação. *Revista de Direito de Estado,* Rio de Janeiro, n. 12. p. 86: "caso as informações sejam de fácil acesso e compreensão para o público, o custo de se informar e exercer alguma forma de controle social diminuirá sensivelmente".

forma insuficiente o direito de igual participação política dos cidadãos e violando, por ação legislativa deficiente, o direito fundamental à democracia.

O Poder Público deve, portanto, proporcionar à sociedade o conhecimento dos atos de gestão da coisa pública. Isso significa incumbir ao Estado não apenas abster-se de impedir o acesso às informações, mas também buscar levar as informações à sociedade, tomar providências no sentido de tornar públicos os atos de governo e, assim, fomentar o controle social. Como observa a professora Ana Paula, não cabe ao Estado assegurar que todos acessem as informações – até porque nem todos estão realmente interessados –, mas promover as melhores condições para que isso seja possível.[20] Ao Estado cumpre produzir acesso real da sociedade aos dados, ou seja, criar as condições necessárias para que todos os interessados possam ter acesso e que os inicialmente desinteressados passem a se sentir motivados a tanto. O Estado deve estimular a igual participação política de todos ao incentivar o controle social sobre os atos de governo.

Nesse ponto, há o contato entre o dever de o Estado despertar, nos membros da sociedade, a vontade de acesso às informações sobre o agir estatal e os novos meios de comunicação próprios da era digital. A revolução tecnológica tem modificado a forma como o Poder Público pode cumprir o dever de publicidade e, correlatamente, promover o direito fundamental da sociedade brasileira às informações sobre os atos de gestão da coisa pública. Os novos instrumentos digitais vêm potencializando a transparência das informações públicas. O legislador brasileiro, como será apontado no tópico seguinte, tem ficado atento às possibilidades de uma "democracia digital".

5   Vivemos uma "democracia digital"?

A igualdade de participação política do cidadão está no centro do conceito e da prática da democracia, ao passo que o acesso às informações alusivas à gestão da coisa pública é essencial como fator de incentivo e possibilidade dessa participação sob a forma de controle social sobre os atos de governo. Daí derivar a equação segundo a qual, quanto maior for a transparência dessas informações, maior poderá ser a participação social na governança contemporânea. A transparência revela-se, assim, requisito imprescindível da democracia, valor necessário para aproximar o cidadão dos atos estatais. Essa transparência tem sido também digital: a comunicação entre política e cidadania vem sendo levada a efeito, contemporaneamente, por meios digitais, o que tem robustecido a democracia participativa. O ambiente digital, utilizado tanto pelos cidadãos para comunicarem entre si, como pelo Poder Público para veicular informações, fortalece os processos democráticos. Essa conexão de valores, práticas e utilidades pode denominar-se "democracia digital".

A transparência digital envolve dois aspectos: a transparência da gestão de governo e os meios digitais de transmissão de informações e de comunicação. No que se refere ao controle social dos atos de gestão pública como forma de participação cidadã, importa o quanto a tecnologia favorece a maior transparência pública. Relevante se faz a análise

---

[20] BARCELLOS, Ana Paula de. Papéis do direito constitucional no fomento do controle social democrático: algumas propostas sobre o tema da informação. *Revista de Direito de Estado*, Rio de Janeiro, n. 12. p. 96.

de como os governos dos diferentes níveis federativos têm usado as novas ferramentas tecnológicas, sobretudo a internet, para tornar mais transparentes e acessíveis as informações sobre a coisa pública e, com isso, aumentar o nível de participação e controle popular quanto ao desenvolvimento político do país.

Sem dúvida, a internet e outras ferramentas digitais contribuem muito para a inclusão política da sociedade brasileira. As novas tecnologias proporcionam, em razão de características próprias, facilidades que reduzem custos naturais do engajamento político dos cidadãos. Esses mecanismos possuem vantagens de tempo e espaço, derrubando limitações quanto à comunicação e ao acesso às informações. Permitem a transmissão de quantidade maior de informações se comparados aos meios mecânicos tradicionais. Além do mais, oferecem maior comodidade e interatividade aos destinatários, implicando ganhos de conveniência da participação política popular. Os benefícios são inerentes às mudanças estruturantes nas formas de comunicação e informação promovidas pela revolução digital.

Por certo que o sucesso dessa revolução depende do nível de acesso da população brasileira à internet. Assim como na distribuição de renda, o Brasil apresenta desigualdades também nesse campo. Tal quadro precisa ser reduzido. Segundo dados do Comitê Gestor da Internet do Brasil, 98% dos domicílios da classe A têm conexão à internet e disponibilidade de computador, ao passo que, nas classes D e E, o índice é de irrisórios 6%. No geral, 54% dos domicílios do Brasil possuem acesso aos serviços de internet.[21] O aspecto negativo é que as disparidades não só reproduzem, mas podem aprofundar a desigualdade social e, da mesma forma, o desequilíbrio na participação política do cidadão. Promover acesso mais linear à internet e aos equipamentos tecnológicos revela-se, inequivocamente, necessário para aumentar a qualidade da democracia participativa. Políticas públicas se fazem imprescindíveis nesse sentido.

A democracia digital vem ganhando corpo com o trabalho dos legisladores pátrios, destacando-se a Lei nº 12.527, de 18.11.2011. Esse diploma legal, regulamentando o acesso às informações versado no inc. XXXIII do art. 5º da Constituição Federal, estabeleceu os procedimentos a serem observados pela União, pelos estados, pelo Distrito Federal e pelos municípios com o fim de garantir o acesso concernente a dados sobre a gestão da coisa pública. No art. 3º, incs. IV e V, foram previstos, como diretrizes para cumprimento da lei, o fomento ao desenvolvimento da cultura de transparência na Administração Pública e o desenvolvimento do controle social sobre esta. No §2º do art. 8º, foi determinado, para o fim de divulgação das informações, que os "órgãos e entidades públicas deverão utilizar todos os meios e instrumentos legítimos de que dispuserem, sendo obrigatória a divulgação em sítios oficiais da rede mundial de computadores". Especificamente sobre isso, eis a redação do §3º do dispositivo:

---

[21] NÚCLEO DE INFORMAÇÃO E COORDENAÇÃO DO PONTO BR (Ed.). *Pesquisa sobre o uso das tecnologias de informação e comunicação nos domicílios brasileiros*: TIC domicílios 2016. São Paulo: Comitê Gestor da Internet no Brasil, 2017. Disponível em: https://www.cgi.br/media/docs/publicacoes/2/TIC_DOM_2016_LivroEletronico.pdf.

Art. 8º [...]

§3º Os sítios de que trata o §2º deverão, na forma de regulamento, atender, entre outros, aos seguintes requisitos:

I - conter ferramenta de pesquisa de conteúdo que permita o acesso à informação de forma objetiva, transparente, clara e em linguagem de fácil compreensão;

II - possibilitar a gravação de relatórios em diversos formatos eletrônicos, inclusive abertos e não proprietários, tais como planilhas e texto, de modo a facilitar a análise das informações;

III - possibilitar o acesso automatizado por sistemas externos em formatos abertos, estruturados e legíveis por máquina;

IV - divulgar em detalhes os formatos utilizados para estruturação da informação;

V - garantir a autenticidade e a integridade das informações disponíveis para acesso;

VI - manter atualizadas as informações disponíveis para acesso;

VII - indicar local e instruções que permitam ao interessado comunicar-se, por via eletrônica ou telefônica, com o órgão ou entidade detentora do sítio; e

VIII - adotar as medidas necessárias para garantir a acessibilidade de conteúdo para pessoas com deficiência, nos termos do art. 17 da Lei no 10.098, de 19 de dezembro de 2000, e do art. 9º da Convenção sobre os Direitos das Pessoas com Deficiência, aprovada pelo Decreto Legislativo no 186, de 9 de julho de 2008.

A partir dessa disciplina, a União, o Distrito Federal, os estados, os municípios, as autarquias, as fundações e empresas públicas, bem assim as sociedades de economia mista, passaram a disponibilizar número expressivo de informações em sítios bem-elaborados e acessíveis, criando novo foro de investigação e controle em favor da sociedade. Trata-se dos denominados "portais da transparência", nos quais viabilizados aos cidadãos elementos sobre a atuação dos agentes públicos e políticos, permitindo-lhes participar ativamente do controle da gestão pública. A Lei nº 12.527/2011 e a previsão do meio digital para divulgação das informações têm sido de extrema relevância no fomento, na sociedade brasileira, das ideias de interação política por meio do controle social.

Com medidas dessa natureza, foi ampliada a fiscalização, pelo cidadão brasileiro, da administração da coisa pública: não é mais um momento puramente eleitoral, e sim também de monitoramento contínuo dos atos dos gestores, o que significa a participação de forma permanente na aplicação dos recursos públicos. A revolução digital tem possibilitado ao eleitor acompanhar, diariamente, o exercício do mandato pelos representantes políticos, em verdadeira supervisão das decisões por meio das quais são governados. A democracia participativa na era digital é, assim, alargada em vias de consolidação – vivenciamos, por que não, uma "democracia digital".

6 Conclusão

Segundo o professor homenageado Canotilho:

constitucionalismo é a teoria (ou ideologia) que ergue o princípio do governo limitado indispensável à garantia dos direitos em dimensão estruturante da organização político-social de uma comunidade. Neste sentido, o constitucionalismo moderno representará uma técnica específica de limitação do poder com fins garantísticos. O conceito de constitucionalismo transporta, assim, um claro juízo de valor. É, no fundo, uma teoria normativa da política, tal como a teoria da democracia ou a teoria do liberalismo.[22]

Já a democracia não é apenas o regime político mais adequado entre tantos outros ou, parafraseando Winston Churchill, o pior à exceção de todos os demais. Antes, deve ser compreendida como o conjunto de instituições voltado a assegurar, na medida do possível, a igual participação política dos membros da comunidade, a qual tem, no acesso à informação, condição procedimental. Sem tal acesso, o cidadão não se sentirá motivado nem habilitado a exercer controle social sobre as ações dos representantes políticos, ficando enfraquecida a democracia. Buscando a síntese, o constitucionalismo democrático deve ser entendido como a teoria do governo limitado em favor dos direitos fundamentais e em que se reconhece como valor a igualdade de participação política dos destinatários desses direitos.

As novas ferramentas tecnológicas de comunicação, especialmente a internet, têm permitido maior e melhor acesso da sociedade a esses dados. No Brasil, os chamados portais da transparência, previstos na Lei nº 12.527/2011, são o principal exemplo dessa evolução. Têm sido, assim, ferramentas em favor do constitucionalismo democrático. Contudo, há longo caminho a percorrer. A era digital, no entanto, viabilizou o aumento da transparência das informações públicas e o fortalecimento da democracia participativa brasileira, nunca sendo demasiado lembrar que resumir a participação política dos cidadãos ao ato de votar é passo insuficiente ao fortalecimento da vitalidade prática da democracia, cujo adequado funcionamento pressupõe o controle, crítico e fiscalizatório, das decisões públicas pelos membros da sociedade. Povo que não a exerce não se autogoverna nem consegue limitar os poderes de governo.

Informação bibliográfica deste texto, conforme a NBR 6023:2018 da Associação Brasileira de Normas Técnicas (ABNT):

MELLO, Marco Aurélio. A era da informação e o fortalecimento da democracia participativa: reflexões sobre as novas tecnologias e a transparência das informações públicas. *In*: GOMES, Ana Cláudia Nascimento; ALBERGARIA, Bruno; CANOTILHO, Mariana Rodrigues (Coord.). *Direito Constitucional*: diálogos em homenagem ao 80º aniversário de J. J. Gomes Canotilho. Belo Horizonte: Fórum, 2021. p. 389-400. ISBN 978-65-5518-191-3.

---

[22] CANOTILHO, José Joaquim Gomes. *Direito constitucional e teoria da Constituição*. 5. ed. São Paulo: Almedina, 2002. p. 42.

O MODELO E A EXPERIÊNCIA SEMIPRESIDENCIAL NA CONSTITUIÇÃO DE 1976[1]

PAULO RANGEL

1   A construção do "arquétipo" de sistema semipresidencial a partir da experiência francesa

1.1   A génese da Constituição de 1958: preponderância do Executivo e tradição bonapartista

A Constituição francesa de 4.10.1958 veio responder à situação de séria crise institucional em que entrara a IV República, especialmente agravada pelo problema argelino.[2] Tratava-se, no plano estrutural e institucional, de uma reacção a cerca de oito décadas de parlamentarismo de assembleia, já herdado da III República, sempre marcado por uma forte instabilidade e por uma falta crescente de credibilidade das instituições políticas, tanto parlamentares como executivas.[3]

A génese da Constituição fala por si. Tendo sido chamado a formar um governo de crise, De Gaulle estabelece como condição *sine qua non*, entre várias outras, a instauração e direcção de um processo de revisão da Constituição de 1946.[4] E, assim,

---

[1]   O Doutor J. J. Gomes Canotilho é uma das referências da minha vida. Não há texto – e muito menos, este – que possa saldar a minha dívida de gratidão pessoal e profissional. Celebro com alegria e reconheço os seus 80 anos. É esse o único elogio que me atrevo a deixar.

[2]   Cf. LAVROFF, Dmitri Georges. *Le Droit Constitutionnel de la V République*. 2. ed. Paris: Dalloz, 1997. p. 65-69; DUHAMEL, Olivier. *Droit Constitutionnel et Politique*. Paris: Éditions du Seuil, 1994. p. 33-39; ESCARRAS, Jean-Claude. Da una Presidenza Assoluta a una Presidenza Dimezzata. *Politica del Diritto*, ano XVII, n. 4, 1986. p. 632; RINNELA, Angelo. *La forma di governo semi-presidenziale*. Turim: G. Giappichelli Editore, 1997. p. 92; CAETANO, Marcello. *Manual de ciência política e direito constitucional*. 6. ed. rev. e aum. por Miguel Galvão Teles. Coimbra: Almedina, 1989. t. I. p. 113.

[3]   Cf. MASSOT, Jean. Le Président du Conseil. *Pouvoirs*, n. 76, 1996. p. 45-46; LUCIFREDI, Pier Giorgio. Il Rapporto Fiduciario nel Sistema della Quinta Repubblica Francese. In: AA.VV. *Scritti in Onore di Aldo Bozzi*. Pádua: Cedam, 1992. p. 337-338.

[4]   Cf. BURDEAU, Georges; HAMON, François; TROPER, Michel. *Droit constitutionnel*. 24. ed. Paris: LGDJ, 1995. p. 420-422.

a 3.6.1958, dois dias depois da sua investidura como chefe do governo, é aprovada a lei constitucional que derroga o art. 90º da Constituição de 1946.[5] Este preceito teve de ser torneado por regular o procedimento de revisão em termos que não permitiam a solução desejada pelo novo Governo: assumir, nas suas próprias mãos, o poder de promover a reforma constitucional. A lei constitucional de 3.6.1958 revestia, porém, as características daquilo a que poderíamos chamar uma "lei de autorização ou delegação constituinte". Na verdade, tal lei impunha ao Gabinete o respeito por um conjunto importante de princípios materiais (sufrágio universal, separação dos poderes Legislativo e Executivo, responsabilidade parlamentar do Executivo, independência da jurisdição, direitos fundamentais, relações com o Ultramar) e fixava-lhe um certo iter procedimental (consulta do Conselho de Estado e de um Conselho Consultivo Constitucional ad hoc; aprovação do texto final por referendo popular).[6] Não se tratava, por isso, de uma simples "autorização em branco", passível de uma instrumentalização completa pelo Executivo.

A forma, no mínimo, "expedita" como foi operada esta revisão constitucional levantou, naturalmente, a questão das suas legitimidade e validade – questão que, aliás, a doutrina especializada brindou com os epítetos de "tabu" e "pecado original".[7] Não tanto ou não apenas pela derrogação *sui generis* do dito art. 90º, mas muito especialmente pelo excessivo paralelismo com o processo de aprovação da lei constitucional de 10.7.1940, que viera estabelecer e legitimar formalmente o regime de Vichy. Todavia, como já se escreveu, em 1958 não esteve em causa uma simples mudança das regras de revisão, antes se tratou de uma "verdadeira transferência da competência constituinte". Efectivamente, com a realização do referendo de 28.9.1958 – e apesar de, como se disse, a proposta inicial caber ao Governo – o poder constituinte foi devolvido ao povo,[8] que aprovou a nova Constituição por maioria esmagadora (80% dos votos validamente expressos, correspondentes a cerca de 66% do número total de votantes inscritos).[9] O paralelismo com o regime de Vichy termina precisamente aqui, pois à experiência colaboracionista faltou, desde logo, um momento de afirmação da legitimidade popular equivalente ao daquele referendo.

A intervenção decisiva do Executivo no processo constituinte consubstancia, em si mesma considerada, uma marca da identidade genética do sistema político-institucional que vai pautar a Constituição de 1958. Marca essa, aliás, que se prolongou ao nível da

---

[5] Cf. KLEIN, Claude. *Théorie et Pratique du Pouvoir Constituant*. Paris: PUF, 1996. p. 80 e ss.

[6] Cf. CHANTEBOUT, Bernard. *Droit Constitutionnel et Science Politique*. 15. ed. Paris: Armand Colin, 1998. p. 374-377; DUHAMEL, Olivier. *Droit Constitutionnel et Politique*. Paris: Éditions du Seuil, 1994. p. 42; CUOCOLO, Fausto. Presidenzialismo e "Semipresidenzialismo". *Rassegna Parlamentare*, ano XXXVIII, 1996. p. 18; RINNELA, Angelo. *La forma di governo semi-presidenziale*. Turim: G. Giappichelli Editore, 1997.p. 94-95.

[7] Cf. KLEIN, Claude. *Théorie et Pratique du Pouvoir Constituant*. Paris: PUF, 1996. p. 72 e ss., em especial, p. 79; BURDEAU, Georges; HAMON, François; TROPER, Michel. *Droit constitutionnel*. 24. ed. Paris: LGDJ, 1995. p. 422-423; DUHAMEL, Olivier. *Droit Constitutionnel et Politique*. Paris: Éditions du Seuil, 1994. p. 41-45; RINNELA, Angelo. *La forma di governo semi-presidenziale*. Turim: G. Giappichelli Editore, 1997. p. 95.

[8] Cf. LAVROFF, Dmitri Georges. *Le Droit Constitutionnel de la V République*. 2. ed. Paris: Dalloz, 1997. p. 70-71; GUEDES, Armando Marques. *Ideologias e sistemas políticos*. Lisboa: Instituto de Altos Estudos Militares, 1978. p. 206.

[9] Cf. LAVROFF, Dmitri Georges. *Le Droit Constitutionnel de la V République*. 2. ed. Paris: Dalloz, 1997. p. 73-74; DUHAMEL, Olivier. *Droit Constitutionnel et Politique*. Paris: Éditions du Seuil, 1994. p. 44-45; CAETANO, Marcello. *Manual de ciência política e direito constitucional*. 6. ed. rev. e aum. por Miguel Galvão Teles. Coimbra: [s.n.], 1989. t. I. p. 113; GUEDES, Armando Marques. *Ideologias e sistemas políticos*. Lisboa: Instituto de Altos Estudos Militares, 1978. p. 206-207.

"instalação" e do "estabelecimento" do novo quadro constitucional, consoante decorre da disciplina peculiar do seu art. 92º. Efectivamente, nos termos deste preceito, o Conselho de Ministros ficou constitucionalmente habilitado, por um período de quatro meses (art. 91º), a legislar sobre a implantação das instituições criadas pela Constituição.[10] O que significa que, nesse momento inicial, o Executivo gozou de um poder organizatório autenticamente legislativo (se não mesmo "paraconstitucional"). Mais: o Governo pôde também estabelecer o sistema eleitoral, através de uma *ordonnance* "com força de lei", após parecer prévio do Conselho de Estado. O que – conhecida a necessidade da assinatura presidencial das *ordonnances* –[11] redunda em afirmar que o poder organizatório foi quase completamente exercido, durante e após o momento constituinte, pelo braço executivo.[12]

1.2 As linhas de força do debate constituinte: "presidencialização" ou regresso ao orleanismo?

O debate constitucional, nos trabalhos preparatórios – durante largo tempo mantidos em segredo –, andou basicamente em torno da correcção e limitação do modelo parlamentar. A ideia fundamental era a de reforçar os poderes da autoridade executiva, concebendo-se o Parlamento essencialmente como uma instituição de controlo. No vaivém do constitucionalismo francês – tradição da soberania parlamentar e tradição bonapartista – chegara de novo a hora de, em plena crise, recuperar as soluções bonapartistas para o problema da ingovernabilidade (indissociavelmente ligado às soluções pró-parlamentaristas).[13]

Enquanto De Gaulle se inclinava por uma "presidencialização", procurando reforçar a posição do chefe de Estado, Michel Debré – seu incondicional apoiante, mas admirador da forma parlamentar – inspirava-se em Constant, para, à maneira do orleanismo, confiar ao presidente um poder moderador.[14] De Gaulle, defendendo a atribuição de poderes incisivos – estado de excepção, dissolução parlamentar, referendo, demissão livre dos ministros –, propendia para fazer sobressair a posição do presidente como a grande instância reguladora da dialéctica institucional (na esteira, aliás, do que tinha proposto em 1946 nos célebres discursos de Bayeux e de Épinal).[15] Debré, pelo seu

---

[10] Cf. BURDEAU, Georges; HAMON, François; TROPER, Michel. *Droit constitutionnel*. 24. ed. Paris: LGDJ, 1995. p. 430; 649-650; POURHIET, Anne-Marie Le Bos-Le. Ordonnance. In: DUHAMEL, Olivier; MENY, Yves (Org.). *Dictionnaire Constitutionnel*. Paris: PUF, 1992. p. 678-681; ARDANT, Philippe. *Institutions Politiques et Droit Constitutionnel*. 10. ed. Paris: LGDJ, 1998. p. 435; GUEDES, Armando Marques. *Ideologias e sistemas políticos*. Lisboa: Instituto de Altos Estudos Militares, 1978. p. 207.

[11] Cf. art. 13º da Constituição de 58; ARDANT, Philippe. *Institutions Politiques et Droit Constitutionnel*. 10. ed. Paris: LGDJ, 1998. p. 495-496.

[12] Cf. POURHIET, Anne-Marie Le Bos-Le. Ordonnance. In: DUHAMEL, Olivier; MENY, Yves (Org.). *Dictionnaire Constitutionnel*. Paris: PUF, 1992. p. 678-679.

[13] Cf. STONE, Alec. *The Birth of Judicial Politics in France* – The Constitutional Council in Comparative Perspective. Nova Iorque; Oxford: Oxford University Press, 1992. p. 26-27; 46.

[14] Cf. CHANTEBOUT, Bernard. *Droit Constitutionnel et Science Politique*. 15. ed. Paris: [s.n.], 1998. p. 383-384; RINNELA, Angelo. *La forma di governo semi-presidenziale*. Turim: G. Giappichelli Editore, 1997. p. 98-99; BURDEAU, Georges; HAMON, François; TROPER, Michel. *Droit constitutionnel*. 24. ed. Paris: LGDJ, 1995. p. 430-431.

[15] Cf. RINNELA, Angelo. *La forma di governo semi-presidenziale*. Turim: G. Giappichelli Editore, 1997. p. 100 e ss.; LAVROFF, Dmitri Georges. *Le Droit Constitutionnel de la V République*. 2. ed. Paris: Dalloz, 1997. p. 70.

lado, buscava um parlamentarismo temperado por um governo sólido, chefiado por um "homem forte" – o primeiro-ministro –, repescando assim o modelo inspirador das monarquias parlamentares dualistas.[16] Do lado dos restantes ministros que intervieram na feitura da nova Constituição, houve também um intuito de limitar os excessos presidencialistas de De Gaulle, embora sem nunca pôr em causa o reforço da autoridade e das condições de estabilidade do Executivo.[17]

De todas estas tendências, convergentes no essencial, resultou um compromisso constitucional em que ao presidente da República ficou cometida a função de "assegurar, através da sua arbitragem, o regular funcionamento dos poderes públicos e a continuidade do Estado".[18] O emprego da expressão "arbitragem", em virtude da sua estrutural ambiguidade, acabou, com efeito, por servir às várias sensibilidades, convertendo-se naquilo a que já se chamou a "palavra-chave".[19] O resultado final, ainda que lido apenas e só no texto, era, pois, o de um sistema de governo que poderia ainda entroncar, com desvios e *nuances* relevantes, na tradição parlamentar francesa.[20] Já não decerto numa tradição parlamentar monista, mas antes na recuperação – ou simplesmente, inspiração – do modelo dualista das primeiras décadas do século XIX.[21] Esta feição parlamentar era corroborada pelo facto de técnico-juridicamente se ter operado simplesmente uma revisão constitucional de uma Constituição medularmente parlamentar (da qual, diga-se em abono da verdade, se terão herdado mais contributos do que habitualmente se dá nota).[22] Ao que acrescia a circunstância de a vertente presidencial estar ainda ofuscada por uma eleição presidencial indirecta, atribuída a um colégio eleitoral alargado.[23] Seja como for, mesmo forçando a recondução ao parlamentarismo dualista, a verdade é que a versão inicial da Constituição de 1958 representa já uma ruptura com o passado pró-parlamentar. Por mais que se queira fazer realçar aquela herança, o caso francês,

---

[16] Cf. AVRIL, Pierre. Diriger le Gouvernement. *Pouvoirs*, n. 83, 1996. p. 39; CLAISSE, Alain. Premier Ministre. In: DUHAMEL, Olivier; MENY, Yves (Org.). *Dictionnaire Constitutionnel*. Paris: PUF, 1992. p. 797; MASSOT, Jean. Les Rapports du Président et du Premier ministre de 1958 à 1962. In: DUVERGER, Maurice (Org.). *Les Régimes Semi-présidentiels*. Paris: [s.n.], 1986. p. 283; CHANTEBOUT, Bernard. *Droit Constitutionnel et Science Politique*. 15. ed. Paris: Armand Colin, 1998. p. 386; RINNELA, Angelo. *La forma di governo semi-presidenziale*. Turim: G. Giappichelli Editore, 1997. p. 100 e ss.

[17] Cf. CHANTEBOUT, Bernard. *Droit Constitutionnel et Science Politique*. 15. ed. Paris: Armand Colin, 1998. p. 382-383; 386.

[18] Cf. art. 5º da Constituição Francesa de 1958; cf. também MIRANDA, Jorge. *Manual de direito constitucional*. 5. ed. Coimbra: Coimbra Editora, 1996. t. I. p. 171.

[19] Cf. ESCARRAS, Jean-Claude. Da una Presidenza Assoluta a una Presidenza Dimezzata. *Politica del Diritto*, ano XVII, n. 4, 1986. p. 629; BURDEAU, Georges; HAMON, François; TROPER, Michel. *Droit constitutionnel*. 24. ed. Paris: LGDJ, 1995. p. 526-527; RINNELA, Angelo. *La forma di governo semi-presidenziale*. Turim: G. Giappichelli Editore, 1997. p. 103; 113-117; CHANTEBOUT, Bernard. *Droit Constitutionnel et Science Politique*. 15. ed. Paris: Armand Colin, 1998. p. 384-385; LAVROFF, Dmitri Georges. *Le Droit Constitutionnel de la V République*. 2. ed. Paris: [s.n.], 1997. p. 812-818, em especial p. 813.

[20] Cf. MIRANDA, Jorge. *Manual de direito constitucional*. 5. ed. Coimbra: Coimbra Editora, 1996. t. I. p. 171.

[21] Cf. CHANTEBOUT, Bernard. *Droit Constitutionnel et Science Politique*. 15. ed. Paris: Armand Colin, 1998. p. 414; GUEDES, Armando Marques. *Ideologias e sistemas políticos*. Lisboa: Instituto de Altos Estudos Militares, 1978. p. 213; VEDEL, Georges. Variations et Cohabitations. *Pouvoirs*, n. 83, 1997. p. 109; VOLPI, Mauro. Esiste una forma di governo semipresidenziale? *Semipresidenzialismi, Quaderni Giuridici del Dipartamento di Scienze Politiche dell'Università degli Studi di Trieste*, Pádua, n. 3, 1997. p. 28.

[22] Cf. AVRIL, Pierre; GICQUEL, Jean. La IVéme entre Deux Républiques. *Pouvoirs*, n. 76, 1996. p. 27-43, especialmente p. 36 e ss.; LAVROFF, Dmitri Georges. *Le Droit Constitutionnel de la V République*. 2. ed. Paris: Dalloz, 1997. p. 70; DUHAMEL, Olivier. *Droit Constitutionnel et Politique*. Paris: Éditions du Seuil, 1994. p. 201.

[23] Cf. MIRANDA, Jorge. *Manual de direito constitucional*. 5. ed. Coimbra: Coimbra Editora, 1996. t. I. p. 171.

mesmo nesta primeira versão, afigura-se já como um caso de sucesso da engenharia constitucional, em que a manipulação da variável institucional se mostra "determinante na alteração do sistema político, da sua "cultura" e da sua "tradição"".[24] Vejamos então os traços fundamentais do novo ordenamento constitucional do sistema de governo.

1.3 A evidência dos poderes presidenciais na versão originária da Constituição de 1958

A ruptura com a lógica parlamentarista das constituições anteriores é assumida, desde logo e à partida, na sistematização das regras relativas aos órgãos superiores do Estado. Na verdade, as normas concernentes ao presidente da República têm precedência sistemática sobre as restantes normas organizatórias da Constituição.[25] Ao invés, de resto, do que por exemplo se passa na Constituição portuguesa, logo depois do presidente vêm as disposições referentes ao Governo e só, na sequência destas, é que surge a disciplina constitucional do Parlamento.[26] A nova relação de forças no nível do sistema de governo distingue-se, todavia, não só por esta primazia do braço executivo, mas, em especial, pela evidência dos poderes presidenciais.

É certo que, num simples relance, os poderes do presidente da República evocam os poderes simbólicos tradicionalmente arbitrados a um chefe de Estado parlamentar: a nomeação do Governo, a dissolução do Parlamento, a promulgação das leis e assinatura dos decretos, porventura a declaração do estado de excepção.[27] Mas ver as coisas desse modo, mesmo antes da clarificação operada pela revisão constitucional de 1962, não passa de ilusão de óptica. Efectivamente, é suficiente considerar o art. 19º, onde se circunscreve amplamente o princípio da referenda ministerial, para de imediato se dar conta de que o presidente francês goza de assinaláveis poderes próprios.[28] Com efeito, a nomeação do primeiro-ministro e restantes membros do Governo, a dissolução do Parlamento, a assunção de poderes de excepção, o envio de mensagens ao Parlamento, a convocação de referendos, a nomeação de membros para o Conselho Constitucional e as faculdades de recurso para este órgão consubstanciam poderes próprios – quase exclusivos – do presidente que não carecem da referenda ministerial.[29]

Esta paleta de competências substantivas, aliada à presidência das reuniões do Conselho de Ministros,[30] ao veto suspensivo das leis,[31] à possibilidade de recusa

---

[24] Cf. RANGEL, Paulo Castro. Sistemas de Governo Mistos – o Caso Cabo-verdiano. *In*: VAZ, Manuel Afonso; LOPES, Azeredo J. A. (Org.). *Juris et de Jure* – Nos 20 Anos da Faculdade de Direito da UCP-Porto. Porto: Universidade Católica Editora, 1998. p. 722; LINZ, Juan. Presidential or Parliamentary Democracy: Does it Make a Difference? *In*: LINZ, Juan; VALENZUELA, Arturo (Ed.). *The failure of presidential democracy* – Comparative perspectives. Baltimore: The Johns Hopkins University Press, 1994. v. 1. p. 3.

[25] Cf. arts. 5º-19º (Presidente da República) da Constituição de 58.

[26] Cf. arts. 20º-23º (Governo) e arts. 24º-33º (Parlamento) da Constituição de 58.

[27] Cf. CUOCOLO, Fausto. Presidenzialismo e "Semipresidenzialismo". *Rassegna Parlamentare*, ano XXXVIII, 1996. p. 18.

[28] Sobre a origem e o sentido constitucional da necessidade da referenda ministerial em regimes parlamentares, cf. RANGEL, Paulo. *As raízes do parlamentarismo e a revolução conservadora*. Porto: edição do autor, 2021. p. 81 e ss.

[29] Cf. a lista de artigos para os quais o art. 19º faz remissão.

[30] Cf. art. 9º da Constituição de 58.

[31] Cf. art. 10º da Constituição de 58.

de assinatura dos decretos regulamentares,[32] à condução de políticas sectoriais (nos chamados "domínios reservados"), à nomeação de uma plêiade vasta de altos funcionários,[33] à faculdade de iniciativa de revisão constitucional[34] e a um controvertido poder de demissão do primeiro-ministro,[35] confere ao órgão presidencial uma consistência política e constitucional que nada tem que ver com a posição do chefe de Estado nos regimes parlamentares.[36]

É certo que, na versão original de 1958, o presidente era eleito por um colégio eleitoral *ad hoc* e, por conseguinte, minguava-lhe a legitimidade democrática directa e imediata. Os factores que mais contribuíram para a consagração da solução da eleição indirecta – propugnada por De Gaulle no discurso de Bayeux –[37] foram o medo do peso eleitoral dos votantes das colónias e ainda dos votantes do partido comunista (à época acima dos 25%),[38] o receio da conotação plebiscitária ou bonapartista e a cultura parlamentarista de Michel Debré.[39] Mas, apesar disso, a escolha do presidente estava completamente subtraída ao Parlamento, já que o colégio eleitoral era excepcionalmente largo (a sua composição alçava quase os 82.000 membros, numa média de um eleitor por 700 habitantes).[40] Nele participavam, para além dos membros do Parlamento, os representantes das autarquias municipais e dos territórios ultramarinos, todos directa ou indirectamente eleitos. Se é certo que um presidente escolhido deste modo não se pode dizer "popularmente" eleito, também não é menos verdade que dispõe de uma legitimidade indirecta que transcende a simples eleição no e pelo Parlamento, tão típica dos sistemas de governo republicanos e parlamentares.[41]

É justamente esse quadro que permite ao Presidente De Gaulle um exercício imoderado das suas competências, fazendo uso, logo nos primeiros anos, dos poderes mais sensíveis e cardiais. Assim, o presidente decretou por uma vez o estado de excepção, demitiu o primeiro-ministro aparentemente contra a letra do art. 8º, determinou os dois referendos sobre a questão argelina, convocou por sua iniciativa um referendo que se destinava a rever a Constituição (à margem das regras de revisão constitucional que tinham sido expressamente estabelecidas). A leitura pró-presidencial de De Gaulle não deixava, pois, qualquer folga para dúvidas e, no rigor dos factos, em nada foi diminuída pela ausência de eleição directa.

---

[32] Cf. art. 13º da Constituição de 58.
[33] Cf., por exemplo, os arts. 13º e 54º da Constituição de 58.
[34] Cf. art. 89º da Constituição de 58.
[35] Cf. art. 8º da Constituição de 58.
[36] Cf. DUHAMEL, Olivier. *Droit Constitutionnel et Politique*. Paris: Éditions du Seuil, 1994. p. 143; RINNELA, Angelo. *La forma di governo semi-presidenziale*. Turim: G.Giappichelli Editore, 1997. p. 109.
[37] Cf. LAVROFF, Dmitri Georges. *Le Droit Constitutionnel de la V République*. 2. ed. Paris: [s.n.], 1997. p. 414-415.
[38] Cf. DUVERGER, Maurice. L'expérience française du régime semiprésidentiel. *In*: DUVERGER, Maurice (Org.). *Les Régimes Semi-présidentiels*. Paris: [s.n.], 1986. p. 48.
[39] Cf. DUHAMEL, Olivier. *Droit Constitutionnel et Politique*. Paris: Éditions du Seuil, 1994. p. 133; CHANTEBOUT, Bernard. *Droit Constitutionnel et Science Politique*. 15. ed. Paris: Armand Colin, 1998. p. 390-391.
[40] Cf. LUCIFREDI, Pier Giorgio. *Appunti di Diritto Costituzionale Comparato – Il Sistema Francese*. 7. ed. Milão: Dott. A. Giuffrè Editore, 1994. v. II. p. 26-29; ARDANT, Philippe. *Institutions Politiques et Droit Constitutionnel*. 10. ed. Paris: LGDJ, 1998. p. 451-452; CHANTEBOUT, Bernard. *Droit Constitutionnel et Science Politique*. 15. ed. Paris: Armand Colin, 1998. p. 390-392.
[41] Cf. BURDEAU, Georges; HAMON, François; TROPER, Michel. *Droit constitutionnel*. 24. ed. Paris: LGDJ, 1995. p. 431-432.

1.4 A revisão constitucional de 1962, a eleição directa do presidente e o fechar do ciclo constituinte

É exacto, todavia, que aquele arsenal de competências só se torna constitucionalmente visível, ao menos na letra do texto, a partir do momento em que o presidente da República possa exibir uma legitimidade democrática susceptível de concorrer com a legitimidade própria do Parlamento.[42] Na verdade, como bem notou Escarras, o impacto político da mudança da norma constitucional que define o modo de escolha de um órgão constitucional não tem comparação com a simples alteração de uma norma constitucional de competência.[43] O acréscimo ou subtracção de uma concreta competência pode não mudar a posição constitucional do órgão em causa, mas a modificação da sua forma de designação altera-a certamente. A partir do momento em que o órgão presidencial se reclama de uma legitimidade democrática directa, ele pode chamar a si, de pleno direito, com um título próprio e concorrente, o exercício efectivo daquele leque de competências.[44]

Com a resolução da crise argelina, os partidos tradicionais julgaram que o papel de De Gaulle se tinha exaurido e, por isso, assumiram que "o general não era mais indispensável à classe política".[45] O juízo do general, no entanto e compreensivelmente, era bem diverso.[46] Temendo que, de futuro, os presidentes não dispusessem de "autoridade e legitimidade históricas" idênticas às suas e ficassem submetidos à barganha dos partidos, De Gaulle decidiu-se a inaugurar uma nova fase da V República – uma fase em que o chefe de Estado pudesse beneficiar da "confiança explícita" da nação. Como escreve Vedel, De Gaulle deixou aos seus sucessores a arma da "consagração do sufrágio universal".[47] E, na verdade, os tempos eram finalmente propícios a empreender essa reforma, quer pelo enfraquecimento dos comunistas (cujo voto, mesmo assim, se haveria de revelar determinante),[48] quer pela redução substancial do peso do Ultramar entretanto verificada.[49]

A revisão da Constituição foi efectuada, uma vez mais e como se disse, ao arrepio das regras textualmente estabelecidas, tendo dado origem a uma das maiores controvérsias constitucionais da V República.[50] Nos termos do art. 89º – que é a *sedes*

---

[42] Cf. LAVROFF, Dmitri Georges. *Le Droit Constitutionnel de la V République*. 2. ed. Paris: Dalloz, 1997. p. 787; DUHAMEL, Olivier. *Droit Constitutionnel et Politique*. Paris: [s.n.], 1994. p. 142-143; CHANTEBOUT, Bernard. *Droit Constitutionnel et Science Politique*. 15. ed. Paris: Armand Colin, 1998. p. 426-427; RINNELA, Angelo. *La forma di governo semi-presidenziale*. Turim: G. Giappichelli Editore, 1997. p. 109-110.

[43] Cf. ESCARRAS, Jean-Claude. Da una Presidenza Assoluta a una Presidenza Dimezzata. *Politica del Diritto*, ano XVII, n. 4, 1986. p. 633.

[44] Aludindo precisamente a este problema, pondo em relevo a relação entre legitimidade e função, entre modo de designação e competência, a partir do exemplo dos sistemas semipresidenciais, cf. RANGEL, Paulo. *O Estado do Estado*. Lisboa: Dom Quixote, 2009. p. 39-40.

[45] Cf. DUHAMEL, Olivier. *Droit Constitutionnel et Politique*. Paris: Éditions du Seuil, 1994. p. 134; CHANTEBOUT, Bernard. *Droit Constitutionnel et Science Politique*. 15. ed. Paris: Armand Colin, 1998. p. 424.

[46] Cf. VEDEL, Georges. Variations et Cohabitations. *Pouvoirs*, n. 83, 1997. p. 109.

[47] Cf. ESCARRAS, Jean-Claude. Da una Presidenza Assoluta a una Presidenza Dimezzata. *Politica del Diritto*, ano XVII, n. 4, 1986. p. 632-633; VEDEL, Georges. Variations et Cohabitations. *Pouvoirs*, n. 83, 1997. p. 106 e 108-109; ARDANT, Philippe. *Institutions Politiques et Droit Constitutionnel*. 10. ed. Paris: LGDJ, 1998. p. 452.

[48] Cf. CHANTEBOUT, Bernard. *Droit Constitutionnel et Science Politique*. 15. ed. Paris: Armand Colin, 1998. p. 391.

[49] Cf. DUHAMEL, Olivier. *Droit Constitutionnel et Politique*. Paris: Éditions du Seuil. 1994. p. 133.

[50] Cf. MIRANDA, Jorge. *Manual de direito constitucional*. 5. ed. Coimbra: Coimbra Editora, 1996. t. I. p. 171, nota 4; KLEIN, Claude. *Théorie et Pratique du Pouvoir Constituant*. Paris: PUF, 1996. p. 83-89; LUCIFREDI, Pier Giorgio.

materiae da revisão –, a reforma do texto constitucional obedece a um esquema de relacionamento interorgânico complexo e desenrola-se em três fases distintas.[51] Num primeiro momento, a fase da iniciativa de alterar a Constituição, a qual pode caber aos membros do Parlamento ou ao presidente (sob proposta do primeiro-ministro). Num segundo momento, tem lugar a fase da votação propriamente dita, operada em cada uma das câmaras parlamentares, que decorre em separado e tem de versar sobre texto idêntico. Num terceiro e último momento, a eventual submissão a referendo do texto votado em cada uma das câmaras. O referendo será sempre obrigatório no caso de a iniciativa ter pertencido ao Parlamento; no caso de iniciativa presidencial, pode ser substituído por aprovação de três quintos dos membros do Congresso (reunião conjunta das duas câmaras parlamentares).

Este procedimento de revisão, porém, em virtude da excessiva dependência dos partidos e das câmaras parlamentares, não oferecia garantias a De Gaulle. O presidente, ciente da oposição de grande parte da classe política e, em especial, do Senado,[52] engendrou então uma interpretação do art. 11º da Constituição, de acordo com a qual este preceito estabelecia uma segunda modalidade de revisão constitucional. Nos termos daquele normativo, o presidente pode submeter a referendo qualquer projeto de lei que verse a organização dos poderes públicos. Pois bem, na óptica do Executivo, o processo de designação do presidente consubstancia uma matéria de organização dos poderes públicos e, por conseguinte, está abrangido pela regra do art. 11º. E se é assim, nada se opõe a que se possa também sujeitar o procedimento eleitoral do chefe de Estado a um referendo, em que, em vez de estar em causa uma simples lei ordinária, esteja em jogo uma lei constitucional de revisão.

Adoptando esta perspectiva, a Constituição passa a albergar duas modalidades de revisão bem diferenciadas. De um lado, o art. 89º, que prevê uma revisão constitucional desencadeada pelo Parlamento e ratificada pelo povo; do outro, o art. 11º que, como instrumento de balanceamento de poderes, prevê a reforma promovida pelo Executivo e sancionada pelo corpo eleitoral.[53] Nada de mais consentâneo com um quadro constitucional em que tais poderes estão equiparados e em que o poder constituinte e organizatório foi inteiramente consumido pelo polo executivo do sistema político.

A revisão de 1962 veio iluminar a vertente presidencial do sistema de governo e desencarcerá-la, de uma vez por todas, do esqueleto de De Gaulle. Com a adopção da eleição directa do chefe de Estado, fechou-se, em plena congruência, o ciclo constituinte iniciado em 1958: a detenção daqueles poderes reclamava, com efeito, uma legitimidade acrescida que pudesse ombrear com a autoridade histórica que acompanhava De Gaulle. A validade da revisão operada, porém, não cessou de ser questionada, tão

---

Appunti di Diritto Costituzionale Comparato – Il Sistema Francese. 7. ed. Milão: Dott. A. Giuffrè Editore, 1994. v. II. p. 32-36.

[51] Cf. BURDEAU, Georges; HAMON, François; TROPER, Michel. *Droit constitutionnel*. 24. ed. Paris: LGDJ, 1995. p. 451-455; LUCIFREDI, Pier Giorgio. *Appunti di Diritto Costituzionale Comparato* – Il Sistema Francese. 7. ed. Milão: Dott. A. Giuffrè Editore, 1994. v. II. p. 32-33.

[52] Cf. CHANTEBOUT, Bernard. *Droit Constitutionnel et Science Politique*. 15. ed. Paris: Armand Colin, 1998. p. 427-428; LAVROFF, Dmitri Georges. *Le Droit Constitutionnel de la V République*. 2. ed. Paris: Dalloz, 1997. p. 820-821.

[53] Cf. LUCIFREDI, Pier Giorgio. *Appunti di Diritto Costituzionale Comparato* – Il Sistema Francese. 7. ed. Milão: Dott. A. Giuffrè Editore, 1994. v. II. p. 35.

evidente se afigura que, na intenção constituinte, só o art. 89º visava regular o processo de modificação constitucional. O certo é que ficou estabelecido, por via da prática, da convenção ou do costume – mesmo para a doutrina constitucional –, um processo de revisão "fora do quadro do art. 89º".[54] No fundo, a generalidade dos especialistas acabou por aceitar, com Duverger, que o voto popular expresso em referendo tem uma eficácia sanatória da inconstitucionalidade.[55] O consenso em torno da eleição directa sedimentou-se a tal ponto que até o Presidente Mitterrand – coevamente, um dos mais acérrimos opositores da revisão de 1962 – não hesitou em afirmar, a respeito do art. 1º, que "o uso estabelecido e aprovado pelo povo pode, a partir daí, ser considerado como uma das vias da revisão, concorrentemente com o art. 89º".[56]

1.5 A interminável disputa em torno da qualificação do "novo" sistema de governo – A tese duvergeriana e as experiências de coabitação

A sugestão da terminologia "regime semipresidencial" foi avançada pelo fundador de *Le Monde*, Hubert Beuve-Méry, logo em 1959.[57] O sistema segundo Duverger há de estear-se em duas características fundamentais: um presidente eleito por sufrágio universal com importantes poderes próprios; um governo que é politicamente responsável perante o Parlamento.[58] Trata-se de um sistema que, na análise inicial, vigoraria ou teria vigorado alegadamente em sete países diferentes, muito embora funcionasse em cada um deles de modo muito diverso, a ponto de se dever considerar não vigente em três deles (Islândia, Irlanda, Áustria).[59] Esse diverso modo de funcionamento não deveria constituir objecção à agregação desses sistemas, pois ninguém duvida do carácter parlamentar dos sistemas de governo inglês, italiano, sueco e alemão – e eles não poderiam funcionar de maneira mais dissonante.[60]

---

[54] Cf. BURDEAU, Georges; HAMON, François; TROPER, Michel. *Droit constitutionnel*. 24. ed. Paris: LGDJ, 1995. p. 451-455; DUHAMEL, Olivier. *Droit Constitutionnel et Politique*. Paris: Éditions du Seuil, 1994. p. 104-106.

[55] Cf. KLEIN, Claude. *Théorie et Pratique du Pouvoir Constituant*. Paris: PUF, 1996. p. 84.

[56] Cf. entrevista concedida a Olivier Duhamel (*Pouvoirs*, n. 45, 1988); cf. ainda KLEIN, Claude. *Théorie et Pratique du Pouvoir Constituant*. Paris: PUF, 1996. p. 85; BURDEAU, Georges; HAMON, François; TROPER, Michel. *Droit constitutionnel*. 24. ed. Paris: LGDJ, 1995. p. 457, nota 17; DUHAMEL, Olivier. *Droit Constitutionnel et Politique*. Paris: Éditions du Seuil, 1994. p. 106, nota 1; ESCARRAS, Jean-Claude. Da una Presidenza Assoluta a una Presidenza Dimezzata. *Politica del Diritto*, ano XVII, n. 4, 1986. p. 640.

[57] Cf. DUVERGER, Maurice. Régime Semi-Présidentiel. *In*: DUHAMEL, Olivier; MENY, Yves (Org.). *Dictionnaire Constitutionnel*. Paris: PUF, 1992. p. 901.

[58] Cf. DUVERGER, Maurice. Régime Semi-Présidentiel. *In*: DUHAMEL, Olivier; MENY, Yves (Org.). *Dictionnaire Constitutionnel*. Paris: PUF, 1992. p. 901; cf. ELGIE, Robert. Varieties of semipresidentialism and their impact on nascent democracies. *Taiwan Journal of Democracy*, v. 3, n. 2, dez. 2007. p. 53-54; ELGIE, Robert. As três vagas de estudos sobre o semipresidencialismo. *In*: RAPAZ, Paulo José Canelas; PINTO, António Costa. *Presidentes e (semi)presidencialismo nas democracias contemporâneas*. Lisboa: Imprensa de Ciências Sociais, 2018. p. 49.

[59] Cf. DUVERGER, Maurice. *Os grandes sistemas políticos*. Coimbra: Almedina, 1985. p. 151; DUVERGER, Maurice. Régime Semi-Présidentiel. *In*: DUHAMEL, Olivier; MENY, Yves (Org.). *Dictionnaire Constitutionnel*. Paris: PUF, 1992. p. 902; MOREIRA, Vital. *Variações sobre o semipresidencialismo*. Coimbra: [s.n.], 1993. Policopiado. p. 30. Num escrito mais recente, segundo informa Manuel de Lucena, Duverger vem afirmar que, em bom rigor, só ao sistema político francês quadraria bem o epíteto de regime semipresidencial. Cf. LUCENA, Manuel de. Semipresidencialismo: teoria geral e práticas portuguesas (I). *Análise Social*, v. XXXI, n. 138, 1996. p. 874 e ss.

[60] Cf. DUVERGER, Maurice. *Xeque-mate*: análise comparativa dos sistemas políticos semi-presidenciais. Lisboa: Edições Rolim, 1979. p. 23-24; SARTORI, Giovanni. *Comparative constitutional engineering*. 2. ed. Nova Iorque: New York University Press, 1997. p. 83.

Note-se que, no caso francês – e é só desse que estamos a falar – com uma excepção muito contada (durante a presidência Mitterrand), vigorou sempre uma variante do sistema eleitoral maioritário nas eleições parlamentares. Esta opção em sede de sistema eleitoral teve como consequência directa que houvesse quase sempre uma maioria estável no parlamento. E nisso diferiu claramente de outras experiências ditas semipresidenciais, como a finlandesa ou a portuguesa.

Na análise de Duverger, especialmente divulgada através de um artigo publicado numa revista anglo-saxónica,[61] o sistema funcionaria alternadamente em fases ora presidenciais, ora parlamentares, consoante a dita maioria parlamentar coincidisse ou não com a maioria presidencial. Claro que, na complexidade da sua análise, era ainda decisivo verificar qual o lugar do presidente no quadro da dita maioria (líder ou apenas membro dela).[62] E bastará examinar a presidência Giscard, claramente mais débil do que todas as outras (pelo menos até Chirac), em que o presidente era apenas um membro da maioria (mas não o seu líder) e quis até constituir um partido com base no Eliseu – a UDF –, para logo verificar que esse factor não é de todo indiferente.[63] Isto para além de indagar se a maioria em causa vem a ser uma maioria absoluta ou já meramente relativa (como sucedeu, por exemplo, nos primeiros cinco anos do segundo mandato da presidência Mitterrand).[64]

Hoje em dia todas as análises se concentram no tema da coabitação – termo sugerido precisamente por Giscard D'Estaing, lá onde Miterrand teria preferido "coexistência".[65] Durante os mandatos de Mitterrand, precisamente nos últimos dois anos de cada septanato, houve coabitação: a primeira, com Jacques Chirac e que foi tida como muito

---

[61] Cf. DUVERGER, Maurice. *A new political system model: semipresidential government*, parcialmente reproduzido em LIJPART, Arend. *Presidential versus Parliamentary Government*. Oxford-New York, Oxford University Press, 1994. p. 142 e ss.

[62] Salientando este traço da análise de Duverger e ressaltando que essa asserção é particularmente validada pelo semipresidencialismo português, cf. ELGIE, Robert. As três vagas de estudos sobre o semipresidencialismo. In: RAPAZ, Paulo José Canelas; PINTO, António Costa. *Presidentes e (semi)presidencialismo nas democracias contemporâneas*. Lisboa: Imprensa de Ciências Sociais, 2018. p. 52-53.

[63] Keeler e Schain falam mesmo em "modelo de presidencialismo temperado" a respeito do mandato de Giscard (1974-1981) por contraposição a um "modelo de hiperpresidencialismo" que teria caracterizado a presidência na segunda fase de Charles de Gaulle, no mandato de Pompidou e no primeiro mandato de Mitterrand. Curiosamente, estes autores qualificam as fases de coabitação como "premier-presidentialism" e os primeiros anos da V República (1958-1962) como "ditadura liberal". Cf. KEELER, John; SCHAIN, Martin. Regime Evolution in France. In: VON METTENHEIM, Kurt (Org.). *Presidential institutions and democratic politics*. Baltimore: The John Hopkins University Press, 1997. p. 84-107. Olivier Duhamel procede exactamente às mesmas repartições, mas socorre-se de uma outra terminologia: presidencialismo plebiscitário (ditadura liberal), presidencialismo absoluto (hiperpresidencialismo), presidencialismo racionalizado (presidencialismo moderado) e presidencialismo neutralizado (*premier-presidentialism*). Cf. DUHAMEL, Olivier. *Droit Constitutionnel et Politique*. Paris: Éditions du Seuil, 1994. p. 47 e ss. Cf., finalmente, IACOMETTI, Myrian. Il rapporto tra presidente, governo e assemblee in alcune significative esperienze semipresidenziali: Finlandia e Portogallo. *Quaderni Giuridici del Dipartimento di Scienze Politiche dell'Universitá degli studi di Trieste, Semipresidenzialismi*, Pádua, n. 3, 1997. p. 334-335.

[64] Também aí Martin e Keeler falam em "presidencialismo temperado" como modelo alternativo ao "hiperpresidencialismo" do primeiro mandato de Mitterrand; cf. KEELER, John; SCHAIN, Martin. Regime Evolution in France. In: VON METTENHEIM, Kurt (Org.). *Presidential institutions and democratic politics*. Baltimore: The John Hopkins University Press, 1997. p. 100. De toda a maneira, estes autores consideram que a "fase temperada" do consulado de Mitterrand foi mais activa e interventiva do que a de Giscard (o que pode dever-se à estatura dentro do PSF – Giscard não provinha do RPR – e à contingência da Guerra do Golfo, que lhe deu oportunidade de fazer valer o seu "domínio reservado" em matéria de defesa).

[65] BERARDO, Jean-Pierre. Le coabitazioni nell'Esperienza Costituzionale della V Repubblica Francese (1986-1988; 1993-1995). In: GAMBINO, Silvio (Org.). *Democrazia e forma di governo*. Rimini: Maggioli, 1997. p. 209-210.

conflitual, e a segunda com Édouard Balladour e que foi considerada mais moderada (a "coabitação doce", como lhe chamou Volpi).⁶⁶ Já em circunstâncias bem diversas, os últimos cinco anos do primeiro mandato do Presidente Chirac caracterizaram-se também por uma situação de coabitação com o Primeiro-Ministro Jospin. Situação que, no entanto, resultara de uma decisão inopinada de dissolver o parlamento, quando o partido do presidente dispunha de uma das mais amplas maiorias de sempre.⁶⁷ É caso para dizer que se virou o feitiço contra o feiticeiro, a ponto de já se ter observado que o eleitorado quis sancionar a tentativa de forçar a "presidencialização" do regime.⁶⁸ Em todo o caso e como consequência, os partidos do arco governante francês aceitaram reduzir o mandato presidencial para cinco anos, procurando fazer coincidir o ciclo eleitoral parlamentar com o ciclo eleitoral presidencial – o que justamente visou evitar a ocorrência de situações de coabitação.⁶⁹ Não admira que tivesse sido Chirac a patrocinar essa mudança, já aplicável ao seu segundo mandato (2002-2007), pois, como se disse, foi ele a vítima da primeira (e única) coabitação longa, nos cinco anos imediatamente precedentes. O desiderato da convergência "permanente" das maiorias presidencial e parlamentar foi logo conseguido no segundo mandato de Chirac e prolongou-se na sucessão de presidências subsequentes: Nikolas Sarkozy, de 2007 a 2012, François Hollande, de 2012 a 2017, e Emmanuel Macron, de 2017 a 2022. De notar, no entanto, que, ao invés dos seus imediatos antecessores que lograram a reeleição (Miterrand e Chirac), tanto Sarkozy como Hollande só cumpriram um mandato. O primeiro, embora recandidato, perdeu as eleições de 2012; o segundo, já com grandes taxas de impopularidade, nem sequer se recandidatou.

1.6 As respostas da doutrina francesa à "provocação duvergeriana"

Não restam dúvidas de que a qualificação de Duverger a respeito do regime da V República foi sempre a tese de um "mal-amado" para a doutrina francesa.⁷⁰

---

⁶⁶ Cf. VOLPI, Mauro. Le forme di governo contemporanee tra modelli teorici ed esperienze reali. *In*: GAMBINO, Silvio (Org.). *Democrazia e forma di governo*. Rimini: Maggioli, 1997. p. 54, nota 70 (agora também publicado em MIRANDA, Jorge (Org.). *Perspectivas constitucionais*. Lisboa: [s.n.], 1998. v. III. p. 501-538); BERARDO, Jean-Pierre. Le coabitazioni nell'Esperienza Costituzionale della V Repubblica Francese (1986-1988; 1993-1995). *In*: GAMBINO, Silvio (Org.). *Democrazia e forma di governo*. Rimini: Maggioli, 1997. p. 219. A explicação adiantada por Sartori para o carácter "doce" desta coabitação vem a ser a circunstância de os primeiros-ministros (no caso, Balladour) acalentarem, normalmente, a esperança de apresentar mais tarde a sua candidatura ao Eliseu, não desejando, por conseguinte, criar "praxes constitucionais" que possam diminuir os poderes presidenciais que tanto ambicionam; cf. SARTORI, Giovanni. *Comparative constitutional engineering*. 2. ed. Nova York: New York University Press, 1997. p. 125.

⁶⁷ Sobre a natureza "táctica" da dissolução promovida em abril de 1997 e o seu significado (utilização deste poder numa lógica partidária em que o chefe de Estado mais parece um chefe de governo), cf. GARNIER, Roxane. Inspirons-Nous du Modèle Portugais. *In*: MIRANDA, Jorge (Org.). *Perspectivas constitucionais*. Lisboa: [s.n.], 1998. v. III. p. 844

⁶⁸ Cf. PINTO, António Costa. Os desafios do semipresidencialismo. Uma introdução *In*: RAPAZ, Paulo José Canelas; PINTO, António Costa. *Presidentes e (semi)presidencialismo nas democracias contemporâneas*. Lisboa: Imprensa de Ciências Sociais, 2018. p. 25. GARNIER, Roxane. Inspirons-Nous du Modèle Portugais. *In*: MIRANDA, Jorge (Org.). *Perspectivas constitucionais*. Lisboa: [s.n.], 1998. v. III. p. 845-846, que afirma que, perante uma "dissolução à inglesa" em que o promotor dela não seria passível de sanção (ao contrário do que pode suceder ao primeiro-ministro inglês), o corpo eleitoral francês encontrou um modo "enviesado" de o sancionar, impondo-lhe uma maioria parlamentar e um governo de sinal hostil.

⁶⁹ Cf. NOVAIS, Jorge Reis. *Semipresidencialismo* – Teoria geral e sistema português. 2. ed. Coimbra: Almedina, 2018. p. 93-94. 133-134.

⁷⁰ Como, aliás, reconhece o próprio Duverger; cf. DUVERGER, Maurice. Régime Semi-Présidentiel. *In*: DUHAMEL, Olivier; MENY, Yves (Org.). *Dictionnaire Constitutionnel*. Paris: PUF, 1992. p. 901.

Com efeito, desde os subscritores da tese do parlamentarismo, com fundamento puro na regra da dependência parlamentar do gabinete até aos adeptos da tese do "ultra" ou do "hiperpresidencialismo", há qualificações para todos os gostos. Trata-se, como diz Duhamel, de um regime "que desafia o direito constitucional clássico".[71] Indaguemos então duas ou três das teses que fizeram escola.

A tese do parlamentarismo não pode ser aceita em caso algum, sob pena de transformarmos o sistema de governo parlamentar num simples "magma" (Duhamel).[72] O conhecido Georges Vedel fala, pelo seu lado, em "ultrapresidencialismo" ou "presidencialismo maioritário", por considerar que o presidente francês, sempre que disponha de maioria no parlamento, consegue reunir os poderes próprios do presidente americano e do primeiro-ministro britânico.[73] Ele considera que uma tal qualificação se deveria manter mesmo em caso de coabitação, dado que o que está aí em causa é apenas um parêntesis e nada mais do que isso. A coabitação não passaria de um interregno em que se defrontavam duas legitimidades concorrenciais, ambas em busca de um só troféu: a presidência. Seria isso que teria acontecido em 1986, em que o governo saiu dos "socialistas" para os "gaullistas", mas isso permitiu a reeleição de Mitterrand logo em 1988, que se apressou a dissolver o parlamento e restabelecer o presidencialismo maioritário. O mesmo teria sucedido em 1993, com a chegada dos gaullistas ao poder, para daí conquistarem, em 1995, a presidência aos socialistas. Seria uma espécie de presidencialismo competitivo em que o afastamento ou o domínio do governo poderia ser uma arma para confirmar ou conquistar a presidência.[74] Malgrado o brilho desta visão estratégica, o certo é que o cenário de "coabitação longa" ou "estrutural" entre Chirac e Jospin (1997-2002) veio desmenti-la.

Outros nomes importantes, como Gérard Conac ou Jacques Robert, preferem a qualificação de "presidencialismo parlamentar"[75] por contraposição ao "presidencialismo congressional" (que seria o americano) –, que, de alguma maneira, faz lembrar a qualificação de Shugart e Carey quando falam em *presidential-parliamentary* ou seja, numa espécie de presidencialismo com primeiro-ministro.[76] A ideia daqueles autores franceses é bastante atractiva: a Constituição outorga ao presidente poderes jurídicos e fácticos de geometria variável. O povo, em cada eleição legislativa, decide se pretende que o chefe de Estado os exerça em pleno ou se pretende restringi-los. Ressalvam, todavia – ponto importante que já vem a desmentir Duverger – que, mesmo no seu mínimo, os

---

[71] Cf. DUHAMEL, Olivier. *Droit Constitutionnel et Politique*. Paris: Éditions du Seuil, 1994. p. 80.
[72] Sobre a defesa dessa tese, cf. Cf. DUHAMEL, Olivier. *Droit Constitutionnel et Politique*. Paris: Éditions du Seuil, 1994. p. 79 e ss.; CANOTILHO, J. J. Gomes; MOREIRA, Vital. *Os poderes do presidente da República*. Coimbra: Coimbra Editora, 1991. p. 15, nota 6.
[73] Cf. VEDEL, Georges. Variations et Cohabitations. *Pouvoirs*, n. 83, 1997. p. 138-139; GARNIER, Roxane. Inspirons-Nous du Modèle Portugais. *In*: MIRANDA, Jorge (Org.). *Perspectivas constitucionais*. Lisboa: [s.n.], 1998. v. III. p. 849; VOLPI, Mauro. Le forme di governo contemporanee tra modelli teorici ed esperienze reali. *In*: GAMBINO, Silvio (Org.). *Democrazia e forma di governo*. Rimini: Maggioli, 1997. p. 53.
[74] Cf. VEDEL, Georges. Variations et Cohabitations. *Pouvoirs*, n. 83, 1997. p. 134-135.
[75] Cf. GÉRARD CONAC, "Présidentialisme", *In*: DUHAMEL, Olivier; MENY, Yves (Org.). *Dictionnaire Constitutionnel*. Paris: PUF, 1992. p. 816-817; 820, o qual justamente invoca a posição análoga de Jacques Robert.
[76] Cf. SHUGART, Matthew; CAREY, John. *Presidents and assemblies* – Constitutional design and electoral dynamics. Cambridge: Cambridge University Press, 1992. p. 23-24. Quando o governo tem de responder exclusivamente diante da maioria parlamentar falam em *premier-presidential*, quando tem de responder duplamente diante do presidente e do parlamento falam em *president-parliamentary*, cf. ELGIE, Robert. Varieties of semipresidentialism and their impact on nascent democracies. *Taiwan Journal of Democracy*, v. 3, n. 2, dez. 2007. p. 39-40.

poderes do presidente são efectivos e vão muito além do estatuto dos chefes de Estado parlamentares (pelo que as fases de coabitação dificilmente se deverão ter por fases rigorosamente parlamentares).[77] Numa palavra, com a expressão "presidencialismo parlamentar" pretende significar-se que o verdadeiro árbitro do sistema não é o presidente, mas antes o eleitorado – o corpo eleitoral – que, em cada conjuntura, lhe amplia ou reduz os poderes.

Do nosso ponto de vista, porém, mantém integral interesse a teorização de Duhamel que considera essencial diferenciar o regime constitucional do sistema político, lido este a partir do seu funcionamento efectivo.[78] O regime constitucional é semipresidencial, tal como sustenta Duverger. No plano da politologia, o sistema político é já, porém, um sistema "hiperpresidencial", com um Executivo "todo-poderoso". Com efeito, o sistema da V República vem a ser o mais presidencialista dos regimes semipresidenciais e o mais governamentalista dos sistemas parlamentares.[79] Fora dos períodos de coabitação, poder-se-á dizer, sem hesitações, que o chefe do Executivo é o chefe de Estado.[80] Mesmo quando há coabitação, em que, contra a sua lógica natural, o sistema não funciona como um sistema "hiperpresidencial", a verdade é que a separação dos poderes não passa pelo binómio parlamento/presidente, mas pela diarquia governo/presidente.[81]

1.7 O sistema francês visto de fora: reavaliação do semipresidencialismo e rejeição da tese do "sistema-camaleão"

Julgamos, porém, que são bem mais lúcidas as análises dos autores estrangeiros que se debruçaram sobre o sistema francês. Vamos, por isso, restringir-nos à melhor doutrina italiana que, de uma ou de outra forma, aceita e promove a autonomia do modelo semipresidencial. A doutrina transalpina, como se sabe, não cessa de estar empenhadíssima nos debates de arquitectura e de engenharia político-constitucional e, por isso, tem tratado com alguma profundidade a questão.

É taxativo Mauro Volpi quando afirma que o conceito de Duverger é "irredutível" e que não pode em caso nenhum abandonar-se um critério estrutural-formal.[82] Por mais anómalo que seja o funcionamento prático de um regime político, a verdade é que ele nunca vai ao ponto de alterar a forma de governo na sua natureza. O erro dos analistas é tomar o caso francês como paradigma, como tipo ideal, à maneira weberiana,

---

[77] Mauro Volpi também chama a atenção para este ponto, alvitrando que em tais fases o funcionamento do semipresidencialismo francês se aproxima dos semipresidencialismos com diarquia no executivo (semipresidencialismo à finlandesa e à portuguesa). Cf. VOLPI, Mauro. *Le forme di governo contemporanee tra modelli teorici ed esperienze reali*. In: GAMBINO, Silvio (Org.). *Democrazia e forma di governo*. Rimini: Maggioli, 1997. p. 54.

[78] Cf. DUHAMEL, Olivier. *Droit Constitutionnel et Politique*. Paris: Éditions du Seuil, 1994. p. 90-91; VOLPI, Mauro. *Le forme di governo contemporanee tra modelli teorici ed esperienze reali*. In: GAMBINO, Silvio (Org.). *Democrazia e forma di governo*. Rimini: Maggioli, 1997. p. 53.

[79] Cf. DUHAMEL, Olivier. *Droit Constitutionnel et Politique*. Paris: Éditions du Seuil, 1994. p. 555 e ss., especialmente p. 561.

[80] Cf. DUHAMEL, Olivier. *Droit Constitutionnel et Politique*. Paris: Éditions du Seuil, 1994. p. 562.

[81] Cf. VOLPI, Mauro. *Le forme di governo contemporanee tra modelli teorici ed esperienze reali*. In: GAMBINO, Silvio (Org.). *Democrazia e forma di governo*. Rimini: Maggioli, 1997. p. 53.

[82] Cf. VOLPI, Mauro. *Le forme di governo contemporanee tra modelli teorici ed esperienze reali*. In: GAMBINO, Silvio (Org.). *Democrazia e forma di governo*. Rimini: Maggioli, 1997. p. 37-41.

e não apenas como um tipo histórico e concreto que realiza imperfeitamente o modelo teórico do governo semipresidencial.[83] Basta pensar que muitas das constituições semipresidenciais são anteriores a 1958, para logo percebermos que o modelo – ao contrário do conceito – nem sequer nasceu com a V República Francesa.[84] É claro que poderá haver semipresidencialismos mais fracos ou mais fortes, mas nem por isso deixam de poder ligar-se ao tipo abstracto do semipresidencialismo.

Assim, mesmo as experiências irlandesa, islandesa e austríaca – sempre apodadas de semipresidencialismo aparente[85] ou de fachada –[86] devem ser integradas no seu modelo ideal: o semipresidencialismo. Seriam os "semipresidencialismos com funcionamento parlamentar".[87] Por sua vez, a experiência finlandesa e a experiência portuguesa (mesmo depois da Revisão de 1982) devem considerar-se "semipresidencialismos com diarquia no executivo", caracterizados, entre outros traços, pela não exclusão da possibilidade da formação de governos técnicos ou de iniciativa presidencial.[88] Finalmente, como terceiro subtipo, surgiria precisamente o semipresidencialismo francês, a par do qual poderiam agora enfileirar os sistemas da Lituânia, da Roménia e eventualmente da Ucrânia.[89]

Tudo estaria, portanto, para Volpi, em não descurar os dados normativos e o regime para que eles apontam. É que, mesmo em regimes inequivocamente parlamentares, o papel do chefe de Estado extravasa frequentes vezes a funcionalidade simbólica que os textos constitucionais lhe assinalam e nem por isso se põe em crise a qualificação parlamentar do sistema de governo.[90] E, para comprová-lo, não é sequer necessário recorrer à ficção política do *Golpe de Estado em Westminster* – a que bem cedo aludiu Duverger –,[91] bastaria, com efeito, analisar, com olhos de ver, os desempenhos de presidentes como Sandro Pertini, Oscar Scalfaro, Giorgio Napolitano ou agora Sergio Matarella.[92]

---

[83] Cf. VOLPI, Mauro. Le forme di governo contemporanee tra modelli teorici ed esperienze reali. *In*: GAMBINO, Silvio (Org.). *Democrazia e forma di governo*. Rimini: Maggioli, 1997. p. 41.

[84] Dentro da prospecção inicialmente feita por Duverger, só Portugal adoptou o semipresidencialismo depois da constituição francesa de 1958. Os restantes cinco casos são-lhe anteriores; cf. VOLPI, Mauro. Le forme di governo contemporanee tra modelli teorici ed esperienze reali. *In*: GAMBINO, Silvio (Org.). *Democrazia e forma di governo*. Rimini: Maggioli, 1997. p. 51. O modelo, no entanto, passou a circular abundantemente depois de 1989 na Europa Central e de Leste.

[85] A expressão é de Duverger *apud* VOLPI, Mauro. Le forme di governo contemporanee tra modelli teorici ed esperienze reali. *In*: GAMBINO, Silvio (Org.). *Democrazia e forma di governo*. Rimini: Maggioli, 1997. p. 50.

[86] Cf. SARTORI, Giovanni. *Comparative constitutional engineering*. 2. ed. Londres: [s.n.], 1997. p. 83 e p. 127.

[87] Cf. VOLPI, Mauro. Le forme di governo contemporanee tra modelli teorici ed esperienze reali. *In*: GAMBINO, Silvio (Org.). *Democrazia e forma di governo*. Rimini: Maggioli, 1997. p. 52.

[88] Volpi acentua os poderes do chefe de Estado finlandês em matéria de política externa e os poderes próprios do presidente português (dissolução parlamentar, veto, demissão do Governo em certos casos) – cf. VOLPI, Mauro. Le forme di governo contemporanee tra modelli teorici ed esperienze reali. *In*: GAMBINO, Silvio (Org.). *Democrazia e forma di governo*. Rimini: Maggioli, 1997. p. 52.

[89] Cf. VOLPI, Mauro. Le forme di governo contemporanee tra modelli teorici ed esperienze reali. *In*: GAMBINO, Silvio (Org.). *Democrazia e forma di governo*. Rimini: Maggioli, 1997. p. 52.

[90] Cf. ELGIE, Robert. As três vagas de estudos sobre o semipresidencialismo. *In*: RAPAZ, Paulo José Canelas; PINTO, António Costa. *Presidentes e (semi)presidencialismo nas democracias contemporâneas*. Lisboa: Imprensa de Ciências Sociais, 2018. p. 50.

[91] Cf. DUVERGER, Maurice. *Xeque-mate*: análise comparativa dos sistemas políticos semi-presidenciais. [s.l.]: Edições Rolim, 1979. p. 48-49.

[92] Lembrando que o presidente italiano tem assumido posições mais intervenientes do que o presidente austríaco, cf. MOREIRA, Vital. *Variações sobre o semipresidencialismo*. Coimbra: [s.n.], 1993. Policopiado. p. 28. Aliás, para o comprovar, bastará lembrar que os presidentes Scalfaro, Napolitano e Matarella recorreram à formação de

Numa óptica bastante diferente, mas também claramente voltada para o reconhecimento da "utilidade científica" do paradigma semipresidencial, surgem os resultados da engenharia sartoriana. Na verdade, Sartori recusa expressamente uma teorização que dê prevalência a elementos constitucionais escritos e abstraia do funcionamento real e efectivo dos sistemas.[93] Por outro lado, e num procedimento que vimos contestado por Volpi, estabelece os alicerces da sua construção no "protótipo francês".

O primeiro traço característico é precisamente a organização de um Executivo dual, com partilha de competências entre o presidente (popularmente eleito) e o primeiro-ministro – tendo um a primazia na constituição material e o outro a primazia na constituição escrita.[94] A relação entre as duas cabeças do Executivo depende obviamente da concreta correlação de forças e da sinalização das maiorias no Parlamento; todavia, sejam elas quais forem, é precisamente o quadro dessas relações que permite autonomizar um terceiro género de sistemas de governo, justamente o género os sistemas semipresidenciais.[95]

Exactamente porque é necessário ter em conta a interacção entre a realidade constitucional e a constituição formal, Sartori entende que se devem à partida excluir do qualificativo semipresidencial – à semelhança do que fez o próprio Duverger – os regimes efectivamente vigentes na Irlanda, Áustria e Islândia.[96] Sobejariam assim, antes das transições para a democracia a Leste e para lá do paradigma francês, quatro exemplos principais: a República de Weimar,[97] Portugal (só até 1982),[98] o Sri Lanka[99] e a Finlândia, dando-se, aliás, o caso de só estes dois últimos serem actualmente vigentes. Tendo em conta não só os dados constitucionais, mas também a experiência política vivenciada nesses sistemas, Sartori conclui por uma indicação dos elementos constitutivos do regime semipresidencial. As duas características distintivas do sistema são (a) a eleição popular directa ou indirecta, com mandato fixo, do presidente e (b) a estrutura dualista

---

gabinetes técnicos (Scalfaro – Governo Lamberto Dini; Napolitano – Governo Mario Monti; Matarella – Governo Mario Draghi), que, em princípio, só seriam admissíveis num contexto semipresidencial.

[93] Cf. SARTORI, Giovanni. *Comparative constitutional engineering*. 2. ed. Nova York: New York University Press, 1997. p. 126. Fazendo uma crítica exaustiva à exposição de Sartori e considerando que ele valoriza mais a constituição formal do que apregoa, cf. LUCENA, Manuel de. Semipresidencialismo: teoria geral e práticas portuguesas (I). *Análise Social*, v. XXXI, n. 138, 1996. p. 889-890.

[94] Cf. SARTORI, Giovanni. *Comparative constitutional engineering*. 2. ed. Nova York: New York University Press, 1997. p. 121-123.

[95] Cf. SARTORI, Giovanni. *Comparative constitutional engineering*. 2. ed. Nova York: New York University Press, 1997. p. 125.

[96] Como, aliás, já várias vezes se indicou. Cf. SARTORI, Giovanni. *Comparative constitutional engineering*. 2. ed. Nova Iorque: New York University Press, 1997. p. 126-127.

[97] Os poderes do presidente eram aí substantivos: poder legislativo em situações de emergência; nomeação e demissão incondicionada do governo, possibilidade de demissão singular de ministros e empossamento de governos não carecidos de investidura parlamentar; dissolução do parlamento quase discricionária e poder de submissão a referendo de leis aprovadas pelo parlamento (cf. SARTORI, Giovanni. *Comparative constitutional engineering*. 2. ed. Londres: [s.n.], 1997. p. 128).

[98] Sartori considera que a revisão constitucional de 1982 ao reduzir substantivamente os poderes presidenciais alterou a essência do sistema de governo. Nisto, de resto, é acompanhado por Gonçalves Pereira. Cf. SARTORI, Giovanni. *Comparative constitutional engineering*. 2. ed. Londres: [s.n.], 1997. p. 129; 138, nota 8; SARTORI, Giovanni. Neither presidentialism nor parliamentarism. *In*: LINZ, Juan; VALENZUELA, Arturo (Ed.). *The failure of presidential democracy* – Comparative perspectives. Baltimore; Londres: [s.n.], 1994. v. 1. p. 116, nota 1; PEREIRA, Gonçalves. *O semipresidencialismo em Portugal*. Lisboa: [s.n.], 1984. p. 53-65.

[99] O sistema cingalês, que é constantemente apontado como exemplo de semipresidencialismo, parece mais oscilar entre um registo presidencialista e semipresidencial.

da autoridade executiva com partilha de competências. A repartição de competências do Executivo dual obedece a três critérios principais: (1) o presidente é independente da assembleia, mas não governa sozinho, tendo que actuar através do gabinete; (2) o gabinete depende da confiança parlamentar, cuja falta levará à sua demissão; (3) dentro do Executivo dual, há margem para diferentes equilíbrios de forças, mas em caso algum pode ser posta em causa a "autonomia potencial" de cada um dos polos do poder executivo.[100] A grande vantagem do semipresidencialismo vem então a ser o modo como a sua estrutura institucional lida com a dissonância entre a maioria presidencial e a maioria parlamentar.[101] Nesse ponto particular, está mais que demonstrado, discorre Sartori, que o semipresidencialismo leva a palma sobre os presidencialismos e esta circunstância converte-o, de um só golpe, num modelo de governo recomendável, não tanto porque dele se possa dizer que é o melhor, mas, outrossim e mais simplesmente, porque será porventura dos mais praticáveis.[102] Eis o que terá sido confirmado por sistemas como o romeno ou o lituano ou o sérvio, mas também o polaco, o checo, o eslovaco e o croata.

Da tese de Duverger, há um ponto a que já fizemos alusão, que tem sido muito discutido e que, porque retira o interesse na autonomização do conceito, tem sido fortemente rebatido pelos autores que acabámos de analisar. Trata-se da ideia de que o semipresidencialismo seria uma espécie de "sistema-camaleão", que ora funcionaria como sistema parlamentar, ora funcionaria como sistema presidencial. No fundo, não constituiria um sistema autónomo com características próprias e definidas, mas apenas e tão só um esquema institucional de fazer alternar os dois sistemas puros.

Importa dizer que nomes tão importantes como Sartori, Mauro Volpi, Mainwaring e Shugart rejeitam categoricamente esta posição.[103] Efectivamente, consideram que, na hipótese de coabitação, o presidente mantém poderes relevantíssimos, não só no quadro dos actos constitucionais e políticos, mas até nos chamados domínios reservados (sejam eles a política externa, de defesa etc.). Volpi chega ao ponto de invocar a coabitação portuguesa para demonstrar que também aí o chefe de Estado tem um papel bem distinto dos Chefes de Estado em parlamentarismo.[104] Sartori, pelo seu lado, salienta – seguramente, sem razão total – que, quando o presidente dispõe de maioria, ele nunca chega a deter o poder do presidente americano, porque não há aí governo unipessoal e, por conseguinte, será sempre compelido a partilhar a função executiva com o gabinete.[105]

---

[100] Cf. SARTORI, Giovanni. *Comparative constitutional engineering*. 2. ed. Londres: [s.n.], 1997. p. 132; ELGIE, Robert. Varieties of semipresidentialism and their impact on nascent democracies. *Taiwan Journal of Democracy*, v. 3, n. 2, dez. 2007. p. 59-60.

[101] Cf. SARTORI, Giovanni. *Comparative constitutional engineering*. 2. ed. Nova York: New York University Press, 1997. p. 135-136; SARTORI, Giovanni. Neither presidentialism nor parliamentarism. *In*: LINZ, Juan; VALENZUELA, Arturo (Ed.). *The failure of presidential democracy* – Comparative perspectives. Baltimore: The John Hopkins University Press, 1994. v. 1. p. 115.

[102] Cf. SARTORI, Giovanni. *Comparative constitutional engineering*. 2. ed. Nova York: New York University Press, 1997. p. 136-137.

[103] Cf. SARTORI, Giovanni. *Comparative constitutional engineering*. 2. ed. Nova York: New York University Press, 1997. p. 123-125; MAINWARING, Scott; SHUGART, Matthew. *Presidentialism and democracy in Latin America*. Cambridge: Cambridge University Press. p. 16; VOLPI, Mauro. Le forme di governo contemporanee tra modelli teorici ed esperienze reali. *In*: GAMBINO, Silvio (Org.). *Democrazia e forma di governo*. Rimini: Maggioli, 1997. p. 53.

[104] Cf. VOLPI, Mauro. Le forme di governo contemporanee tra modelli teorici ed esperienze reali. *In*: GAMBINO, Silvio (Org.). *Democrazia e forma di governo*. Rimini: Maggioli, 1997. p. 54.

[105] Cf. SARTORI, Giovanni. Neither presidentialism nor parliamentarism. *In*: LINZ, Juan; VALENZUELA, Arturo (Ed.). *The failure of presidential democracy* – Comparative perspectives. Baltimore; Londres: [s.n.], 1994. v. 1. p. 115

Numa linha análoga, aliás, seguem Mainwaring e Shugart, no ponto em que sublinham a constante possibilidade de destituição do gabinete pelo Parlamento, impensável no quadro de um autêntico presidencialismo.[106] Ao fim e ao cabo, como esclarece Sartori, o que está em causa não é – como aparentemente se pretende – uma alternância entre dois sistemas puros, mas muito mais singelamente uma "oscilação" dentro do mesmo tipo de sistema.[107]

Concordando na conclusão – não há identidade com o sistema presidencial –, não pode subscrever-se a fundamentação "sartoriana", por isso que, nesse caso de sintonia de maiorias, o presidente dispõe até de muito mais poder do que o seu homólogo americano, podendo falar-se, com Duhamel, num "hiperpresidencialismo".

Acresce que essa tese do "sistema-camaleão" esquece ou desconsidera a multiplicidade de combinações que o semipresidencialismo pode gerar – pense-se, por exemplo, na hipótese da presidência giscardiana (presidente não líder com maioria parlamentar absoluta) ou da presidência Sampaio durante os Governos Guterres (presidente não líder com maioria relativa). É, pois, suficiente, a consideração desses cenários para logo se dar conta de que a posição do presidente não pode ser assimilada aos contextos oferecidos por qualquer um dos sistemas ditos puros. Na verdade, mesmo cingindo-nos às duas situações extremas, numa, nunca se chega ao apagamento presidencial do parlamentarismo puro[108] e, na outra, ultrapassa-se até o protagonismo presidencial do sistema norte-americano.[109]

2 A qualificação do sistema de governo português e a querela terminológica

2.1 A corrente que rejeita a qualificação do sistema como sistema semipresidencial

A maioria dos autores que se debruçaram sobre o tema – e foram muitos – qualifica o sistema de governo português como um sistema semipresidencial.[110] Tal qualificação nunca foi aceite *qua tale* pela dupla de constitucionalistas coimbrãos Gomes Canotilho e Vital Moreira que, mesmo em face da versão original da Constituição de 1976, sempre

---

e 119, notas 19-21; SARTORI, Giovanni. *Comparative constitutional engineering*. 2. ed. Londres: [s.n.], 1997. p. 124-125. Não se olvide, no entanto, que para Sartori o executivo bicéfalo é justamente a pedra angular da definição do semipresidencialismo.

[106] Cf., de novo, MAINWARING, Scott; SHUGART, Matthew. *Presidentialism and democracy in Latin America*. Cambridge: Cambridge University Press, 1997. p. 16.

[107] Cf. SARTORI, Giovanni. *Comparative constitutional engineering*. 2. ed. Nova York: New York University Press, 1997. p. 125.

[108] Veja-se o caso concreto da presidência Soares que, pelo menos no segundo mandato, foi profundamente actuante. De resto, não é despicienda a circunstância de o presidente ter sido o líder carismático do principal partido da oposição num quadro de governo com suporte de maioria absoluta e de ter assumido como desiderato – mesmo que inconfessado – o retorno do "seu" partido ao governo.

[109] Para o que basta equacionar o poder do presidente Charles de Gaulle ou do presidente Mitterrand (durante o primeiro quinquénio do seu primeiro mandato).

[110] Cf. FERNANDES, Jorge M.; JALALI, Carlos. Uma presidência renovada? O semipresidencialismo português e as eleições de 2016. *In*: RAPAZ, Paulo José Canelas; PINTO, António Costa. *Presidentes e (semi)presidencialismo nas democracias contemporâneas*. Lisboa: Imprensa de Ciências Sociais, 2018. p. 254-255.

insistiram no carácter parlamentar – no máximo, misto parlamentar-presidencial – do sistema de governo. Uma tal posição fica a dever-se essencialmente a três ordens de razões, em parte, já largamente afloradas por esta digressão introdutória às origens do conceito de semipresidencialismo.

Primeiro, uma grande reserva quanto à possibilidade científica de autonomização de um *tertium genus* entre "parlamentarismo" e "presidencialismo", no que seguiam uma parte importante das doutrinas alemã, francesa e anglo-saxónica.[111] Na verdade, são muitos os estudiosos que não concordam que a chamada forma de governo semipresidencial consubstancie um "tipo *a se*" – uma "forma" ou "categoria" autónoma ou própria.[112] Ou seja, enquanto uma parte da doutrina propõe o semipresidencialismo como uma categoria individualizada, com identidade própria, não matematicamente reconduzível à simples mistura daqueles dois sistemas,[113] os professores de Coimbra circunscrevem-se a aceitar a categoria de sistemas mistos (que combinam, em grau diferenciado, elementos provenientes dos dois modelos paradigmáticos).

Segundo, porque mesmo admitindo a existência de regimes verdadeiramente semipresidenciais, estes teriam de ser regimes mistos em que avulta o lado presidencial do sistema (daí que se dissessem "semipresidenciais" e não já "semiparlamentares"). Ora, no caso português, havendo embora uma clara combinação de traços vindos do presidencialismo e do parlamentarismo, a base dominante é a base parlamentar e, por conseguinte, seria incompreensível a denominação do sistema de governo como sistema semipresidencial (que, justamente, como se disse, empolava o componente presidencial).[114] A haver, pois, uma qualquer denominação híbrida, ela devia ser "semiparlamentar".[115]

Finalmente, e numa posição muito próxima da que vimos ser defendida por Sartori, a ideia de que a divulgação do semipresidencialismo anda directamente ligada à circulação do modelo francês da V República e o sistema português, na sua letra e no seu funcionamento, nada teria que ver com tal modelo.[116]

Outros autores, aceitando sem reticências o direito de cidade das formas semipresidenciais, consideram todavia que o sistema português se aproxima mais do tipo dos parlamentarismos racionalizados ou corrigidos. E isto, em especial, depois das

---

[111] Cf. CANOTILHO, J. J. Gomes; MOREIRA, Vital. *Os poderes do presidente da República*. Coimbra: Coimbra Editora, 1991. p. 13.

[112] Cf. BARBERA, Augusto; FUSARO, Carlo. *Il governo delle democrazie*. 2. ed. Bolonha: [s.n.], 2001. p. 85. Explicando bem esta posição, embora divergindo dela fundamentadamente, NOVAIS, Jorge Reis. *Semipresidencialismo – Teoria geral e sistema português*. 2. ed. Coimbra: [s.n.], 2018. p. 93-94. Defendendo a impropriedade do conceito de semipresidencialismo, cf. RODRIGUES, Barbosa. *Semipresidencialismo português – Autópsia de uma ficção*. Lisboa: [s.n.], 2017. p. 15 e ss.

[113] Cf. MORAIS, Isaltino de; ALMEIDA, José Mário Ferreira de; PINTO, Ricardo Leite. *O sistema de governo semipresidencial – O caso português*. Lisboa: [s.n.], 1984. p. 48-49.

[114] Cf. CANOTILHO, J. J. Gomes; MOREIRA, Vital. *Os poderes do presidente da República*. Coimbra: Coimbra Editora, 1991. p. 13.

[115] Cf. BARBERA, Augusto; FUSARO, Carlo. *Il governo delle democrazie*. 2. ed. Bolonha: [s.n.], 2001. p. 85. O conceito de "semiparlamentarismo" deve-se a Sartori e anda ligado ao "parlamentarismo de primeiro-ministro ou de chanceler", cf. SARTORI, Giovanni. *Comparative constitutional engineering*. 2. ed. Nova York: New York University Press, 1997. p. 136-137.

[116] Cf. CANOTILHO, J. J. Gomes; MOREIRA, Vital. *Os poderes do presidente da República*. Coimbra: Coimbra Editora, 1991. p. 16-17.

transformações da Revisão Constitucional de 1982, que, segundo alegam, teria cerceado patentemente os poderes do presidente da República e mudado dessarte a natureza do sistema. Assim discorre André Gonçalves Pereira e ainda, como atrás vimos, Giovanni Sartori.[117] Para eles, os poderes do presidente, claramente superiores aos de um chefe de Estado em regime parlamentar tradicional, não passariam de um "correctivo" ou de um "instrumento de racionalização" da matriz essencialmente parlamentar do regime.[118] Esta parece ser também a posição de nomes tão prestigiados como Juan Linz e Alfred Stepan, na defesa que fazem das vantagens do parlamentarismo em face do presidencialismo, especialmente em processos de transição para a democracia. Com efeito, consideram que a experiência lusa, sendo embora inicialmente semipresidencial, se teria tornado progressivamente "parlamentarista", em especial de 1987 em diante, marcada por uma maioria absoluta monopartidária e pela entrega da presidência a um civil que antes fora primeiro-ministro.[119] A funcionalidade da eleição presidencial directa não seria então muito diferente da função da cláusula-barreira ou da moção de censura construtiva do parlamentarismo teutónico ou espanhol.[120] Tratar-se-ia sobretudo de evitar um deslize para o regime parlamentar de assembleia, sem, no entanto, instaurar um parlamentarismo de gabinete à inglesa.

Nos antípodas desta posição surgem aqueles que consideram que a Revisão Constitucional de 1982 não reduziu os poderes presidenciais, aumentou até alguns deles e, nesse sentido, foi "um marco fundamental da construção da matriz portuguesa do semipresidencialismo".[121] Ou, numa visão mais extremada, os que entendem que o sistema de governo só se tornou semipresidencial no quadro da Revisão Constitucional de 1982. Até aí, o sistema seria misto semipresidencial e directorial militar,[122] designadamente tendo em vista o conjunto de competências consignadas ao Conselho da Revolução. A extinção deste órgão, corpo estranho no semipresidencialismo português, e uma leitura extensiva dos poderes presidenciais saídos da Revisão – contra a opinião comum de que estes haviam sido radicalmente coarctados – teriam contribuído para a sedimentação de um verdadeiro regime semipresidencial.[123]

---

[117] Cf. SARTORI, Giovanni. *Comparative constitutional engineering*. 2. ed. Nova York: New York University Press, 1997. p. 129 (agora também em *Ingegneria Costituzionale Comparata*. 5. ed. Bolonha: Il Mulino, 2004. p. 143-144).

[118] Considerando que essa é a leitura que se deve fazer da eleição directa do presidente, mesmo no sistema de governo português, cf. PEREIRA, Gonçalves. *O semipresidencialismo em Portugal*. Lisboa: [s.n.], 1984. p. 61-62; MOREIRA, Vital. *Variações sobre o semipresidencialismo*. Coimbra: [s.n.], 1993. Policopiado. p. 21-23, que fala mesmo em "parlamentarismo corrigido" ou "parlamentarismo presidencial".

[119] Cf. LINZ, Juan; STEPAN, Alfred. Southern Europe: concluding reflections. *In*: LINZ, Juan; STEPAN, Alfred. *Problems of democratic transition and consolidation* – Southern Europe, Latin America and Post-Communist Europe. Baltimore-Londres: Johns Hopkins University Press, 1996. p. 141-142.

[120] Cf., para o sistema espanhol, GUERRA, Luiz Lopez. Considerazioni sulla preminenza del potere esecutivo. *In*: ROLLA, Giancarlo (Org.). *Le forme di governo nei moderni ordinamenti policentrici*. Milão: [s.n.], 1991. p. 80-82; MORAIS, Isaltino de; ALMEIDA, José Mário Ferreira de; PINTO, Ricardo Leite. *O sistema de governo semipresidencial* – O caso português. Lisboa: [s.n.], 1984. p. 42.

[121] Cf. NOVAIS, Jorge Reis. *Semipresidencialismo* – Teoria geral e sistema português. 2. ed. Coimbra: [s.n.], 2018. p. 207 e ss., em especial p. 210.

[122] Cf. MORAIS, Isaltino de; ALMEIDA, José Mário Ferreira de; PINTO, Ricardo Leite. *O sistema de governo semipresidencial* – O caso português. Lisboa: [s.n.], 1984. p. 78; 83.

[123] Cf. MORAIS, Isaltino de; ALMEIDA, José Mário Ferreira de; PINTO, Ricardo Leite. *O sistema de governo semipresidencial* – O caso português. Lisboa: [s.n.], 1984. p. 85-86.

Não falta ainda quem, situando-se num plano bem diferente de pura análise do funcionamento efectivo do sistema – no plano da análise politológica –, procure fórmulas expressivas do potencial do sistema. Ficou especialmente célebre a qualificação de "presidencialismo do primeiro-ministro" que Adriano Moreira empregou para caracterizar o regime durante o consulado do Primeiro-Ministro Cavaco Silva (aludindo naturalmente à posição central do chefe de governo que é suportado por maiorias parlamentares monopartidárias rigidamente disciplinadas).[124] Ao fazê-lo, retomou a fórmula de que Marcello Caetano, na vigência da Constituição de 1933, tinha lançado mão para qualificar o modo de funcionamento real do sistema político.[125] Para designar o mesmo fenómeno, mas inspirado no funcionamento do sistema inglês, há quem fale em "semipresidencialismo de gabinete".[126] Também já se aventou, a propósito do primeiro Governo Guterres e da relação institucional com o presidente, que se estaria perante um "semipresidencialismo de pendor bipresidencial". Com tal fórmula queria significar-se que o primeiro-ministro chamou a si, o mais que pôde, todas as funções simbólicas e de arbitragem "social" típicas do presidente, disputando-lhe o espaço político (alheando-se, pois, do desgaste da governação quotidiana e alçando-se a uma posição de "representante" da nação). Guterres parece ter então inaugurado uma nova variante do semipresidencialismo. Uma variação em que afinal – e ao contrário da normal tentação dos semipresidencialismos – seria o primeiro-ministro a querer "presidir" e não já o presidente a querer governar.[127]

2.2 A remoção dos obstáculos taxionómicos, substantivos e terminológicos à qualificação do sistema português

A generalidade dos autores continua, porém, a votar no carácter semipresidencial do sistema português, sem deixar de reconhecer, naturalmente, um certo pendor parlamentar (especialmente visível quando se coteja o caso português com o caso francês).[128] Parece-nos também ser esta, de longe e sem grande margem para hesitações, a posição mais avisada. Nas pertinentes observações da Escola de Coimbra, misturam-se, na verdade, três problemas de índole distinta. Um é o problema taxionómico, que

---

[124] Cf. MOREIRA, Adriano. O regime: presidencialismo do primeiro-ministro. *In*: COELHO, Mário Baptista (Coord.). *Portugal*: o Sistema Político e Constitucional 1974-1987. Lisboa: Instituto de Ciências Sociais, Universidade de Lisboa, 1989. p. 31-37, em especial, p. 36.

[125] Cf. CAETANO, Marcello. *Constituições portuguesas*. 4. ed. Lisboa: [s.n.], 1978. p. 116; CAETANO, Marcello. *Manual de ciência política e direito constitucional*. rev. por Miguel Galvão Teles. Coimbra: [s.n.], 1972. t. II. p. 572-573.

[126] Cf. MORAIS, Carlos Blanco de. Le metamorfosi del semipresidenzialismo portoghese. *Quaderni Giuridici del Dipartimento di Scienze Politiche dell'Universitá degli studi di Trieste, Semipresidenzialismi*, Pádua, n. 3, 1997. p. 145.

[127] Cf. RANGEL, Paulo. *Uma democracia sustentável*. Coimbra: Tenacitas, 2010. p. 43. Curiosamente, já em 2021, a respeito da controvérsia das chamadas "leis dos apoios sociais", em que haveria uma presumível inconstitucionalidade por violação da chamada "cláusula-travão" orçamental e diante da promulgação presidencial sem activação da fiscalização preventiva, o Primeiro-Ministro António Costa, ao anunciar o controlo sucessivo, quase que sugeriu substituir-se ao presidente na tarefa de guardião da Constituição.

[128] Para ver uma recensão exaustiva de quase todos os autores – nacionais ou estrangeiros – que tomaram posição sobre o assunto, cf. ARAÚJO, António; TSIMARAS, Constantino. Os poderes presidenciais nas constituições grega e portuguesa. *O Direito*, ano 132, n. III-IV, 2000. p. 399-405. Cf. MORAIS, Carlos Blanco de. *O sistema político*. Coimbra: Almedina, 2017. p. 509.

concerne à construção de uma classificação dos regimes ou sistemas de governo. Outro é o problema substantivo, justamente referido à natureza do sistema. E o terceiro é essencialmente terminológico, já relativo ao desconforto com o emprego da expressão "semipresidencial".

Em sede taxionómica, a pergunta a que tem de responder-se é se cobra sentido identificar, autonomizar e tipificar um "grupo de regimes" algures entre o modelo parlamentar e o modelo presidencial.[129] Ora, a resposta parece ser afirmativa, tanto que Gomes Canotilho e Vital Moreira não hesitam em isolar um núcleo de "sistemas mistos".[130] Pois bem, se há um grupo de sistemas híbridos, então a classificação não há de ser dicotómica, mas sim tricotómica. Já em sede substantiva, a questão vem a ser a de saber qual a natureza do nosso sistema de governo (presidencial, parlamentar ou misto) e parece não haver nem reservas nem relutância à opção pelo carácter misto. Ou seja, indubitavelmente o sistema pertence à terceira espécie, algures entre as duas originais.

Finalmente, em sede terminológica, importa averiguar do préstimo e adequação do recurso ao adjectivo "semipresidencial". O emprego deste adjectivo é, ele sim, vivamente rejeitado, seja por evocar o exemplo francês (que diverge do português), seja por supostamente sobrevalorizar o lado menos relevante do regime (o lado presidencial). Para obtemperar ao primeiro argumento, deve insistir-se no que já atrás se deixou claro: também o sistema parlamentar conhece as mais díspares variantes (por exemplo, Reino Unido, Espanha, Itália, Holanda, Alemanha) e nem por isso alguém se lembrou de restringir ou circunscrever o seu uso apenas a um deles (idealmente ao Reino Unido, que seria o mais tradicional e paradigmático).[131] Não subsiste, por isso, nenhuma razão para acantonar o modelo semipresidencial na experiência ou no "subtipo francês".[132] A divulgação ou circulação dos modelos semipresidenciais foi de tal ordem que um autor como Robert Elgie chega mesmo a identificar cerca de sessenta Estados que, ao nível global, adoptaram nas suas constituições a forma semipresidencial de governo.[133] Tal só é possível, todavia, porque ele se atém a um critério constitucional-formal estrito – "com base unicamente em provisões constitucionais incontestáveis" – que, naturalmente, em muitos casos, não há de ter tradução na prática política e no funcionamento efectivo dos sistemas.[134]

---

[129] Claramente argumentando a favor da autonomia e viabilidade conceitual da forma de governo semipresidencial, cf. ELGIE, Robert. As três vagas de estudos sobre o semipresidencialismo. *In*: RAPAZ, Paulo José Canelas; PINTO, António Costa. *Presidentes e (semi)presidencialismo nas democracias contemporâneas*. Lisboa: Imprensa de Ciências Sociais, 2018, em especial, p. 40-41.

[130] Cf. MORAIS, Carlos Blanco de. *O sistema político*. Coimbra: Almedina, 2017. p. 510-511.

[131] Cf. MORAIS, Carlos Blanco de. *O sistema político*. Coimbra: Almedina, 2017. p. 511-515; NOVAIS, Jorge Reis. *Semipresidencialismo* – Teoria geral e sistema português. 2. ed. Coimbra: Almedina , 2018. p. 12. Dando conta da enorme diversidade das formas parlamentares, cf. GUERRA, Luiz Lopez. Considerazioni sulla preminenza del potere esecutivo. *In*: ROLLA, Giancarlo (Org.). *Le forme di governo nei moderni ordinamenti policentrici*. Milão: [s.n.], 1991. p. 78.

[132] Rejeitando firmemente a circunscrição do semipresidencialismo ao caso francês, cf. MORAIS, Isaltino de; ALMEIDA, José Mário Ferreira de; PINTO, Ricardo Leite. *O sistema de governo semipresidencial – O caso português*. Lisboa: [s.n.], 1984. p. 86-87.

[133] Cf. ELGIE, Robert. Varieties of semipresidentialism and their impact on nascent democracies. *Taiwan Journal of Democracy*, v. 3, n. 2, dez. 2007. p. 61.

[134] Cf. ELGIE, Robert. Varieties of semipresidentialism and their impact on nascent democracies. *Taiwan Journal of Democracy*, v. 3, n. 2, dez. 2007. p. 60.

Já o segundo argumento arranca de um verdadeiro e inexplicável equívoco. Se se assumir que a expressão "semipresidencial" não retrata convenientemente um "regime misto", por isso que ela só vê um dos seus lados, que dizer então da locução "sistema presidencial"? Com efeito, apesar da separação rígida dos poderes, o parlamento tem uma posição decisiva no quadro dos sistemas presidenciais, posição essa que é justamente obnubilada pela expressão "presidencial". Na verdade, como explicar que, num sistema como o norte-americano em que o Congresso tem poderes determinantes, a denominação do sistema ignore por completo o lado parlamentar do regime? O equívoco reside, pois, na circunstância de não se ter em conta que a trilogia "parlamentar, semipresidencial, presidencial" põe em relevo um único factor de diferenciação, só esse e apenas esse: o concreto papel do chefe de Estado no polo executivo do sistema. Se o seu papel é diminuto e praticamente simbólico, o sistema tem-se por parlamentar; se o seu papel é o de autêntico chefe de Executivo ou mesmo de governo unipessoal, o sistema diz-se presidencial; se representa algo de intermédio entre aqueles dois paradigmas, com uma capacidade variável de influenciar o Executivo, o sistema há de ter-se por semipresidencial. O papel do parlamento é fundamental em qualquer um dos sistemas, o papel do chefe de Estado é que pode variar, consoante tenha mais ou menos funções autenticamente executivas. E faz portanto todo o sentido que seja exactamente este o critério reflectido na respectiva denominação. Sendo as coisas assim, nenhuma razão sobeja para pôr de lado a utilização da terminologia consagrada ("semipresidencial"), a qual se antolha cientificamente adequada a retratar o sistema de governo português.

3 O requisito da eleição "popular" do presidente

3.1 O lugar da eleição directa nos sistemas semipresidenciais

Segundo a Constituição portuguesa, o chefe de Estado, que toma a designação de Presidente da República, é eleito por sufrágio universal e directo (art. 121º da CRP 76).[135] Esta é naturalmente uma característica institucional "importada" da matriz dos sistemas presidenciais e comum a muitos dos sistemas semipresidenciais. Em sede doutrinal, no quadro da chamada "teoria dos sistemas de governo", ela suscita duas questões fundamentais: uma, a da sua indispensabilidade para a "qualificação" do sistema; outra, a da sua razão de ser.

Quanto à primeira questão – e apesar de grandes nomes da ciência política e do direito constitucional insistirem na imprescindibilidade da eleição directa (Elgie, Sartori e Duverger) –,[136] antolha-se evidente que a identificação desta característica não pode ter-se como determinante ou definitiva para efeitos da classificação de um sistema de governo.[137] Com efeito, há sistemas em que a eleição é indirecta e os poderes

---

[135] CRP 76 é abreviatura para Constituição da República Portuguesa de 1976.
[136] Cf. ELGIE, Robert. Varieties of semipresidentialism and their impact on nascent democracies. *Taiwan Journal of Democracy*, v. 3, n. 2, dez. 2007. p. 60-61; ELGIE, Robert. As três vagas de estudos sobre o semipresidencialismo. In: RAPAZ, Paulo José Canelas; PINTO, António Costa. *Presidentes e (semi)presidencialismo nas democracias contemporâneas*. Lisboa: Imprensa de Ciências Sociais, 2018. p. 49-50.
[137] Cf. ELGIE, Robert. As três vagas de estudos sobre o semipresidencialismo. In: RAPAZ, Paulo José Canelas; PINTO, António Costa. *Presidentes e (semi)presidencialismo nas democracias contemporâneas*. Lisboa: Imprensa de

do presidente são muito latos, há sistemas em que a eleição é directa e os poderes do presidente são deveras restritos.[138] Para comprovar a não indispensabilidade deste traço institucional, basta olhar para o sistema presidencial norte-americano – porventura, o único autenticamente presidencial e a fonte inspiradora de todos os outros –, em que o chefe de Estado não é designado por sufrágio directo, mas através de colégio eleitoral. Ou ainda pôr os olhos em sistemas que quase todos reputam de genuína e modelarmente semipresidenciais como o da Constituição francesa de 1958, nos seus primeiros anos – cujos traços analisámos acima em detalhe –, ou o sistema finlandês de 1919 até 1991. Claro que, como nota Sartori, há casos em que a eleição indirecta corresponde a uma eleição "quase directa", tudo dependendo do grau de liberdade de que dispõe o respectivo colégio eleitoral – que o mesmo é dizer em que medida é que o voto do colégio é reconduzível à vontade do eleitorado.[139] [140] Daí que use preferencialmente a locução "eleição popular", que justamente agregaria as modalidades directa e "quase directa". No caso finlandês, mantém-se controvertida a apreciação do carácter verdadeiramente indirecto ou, em alternativa, "quase directo" do colégio eleitoral da Constituição de 1919.[141] Indo mesmo até aos sistemas presidenciais, não faltava quem apontasse como caso modelar de sufrágio "quase directo" a eleição norte-americana, por aí vigorar, desde os alvores do século XX, um mandato imperativo quanto aos denominados "grandes eleitores".[142] Este carácter "quase directo", no entanto, foi desmentido pelas eleições

---

Ciências Sociais, 2018. p. 36, que, no entanto e como se salientou, considera a eleição directa um elemento decisivo para a qualificação do sistema. No sentido do texto, cf. CANOTILHO, J. J. Gomes; MOREIRA, Vital. *Os poderes do presidente da República*. Coimbra: Coimbra Editora, 1991. p. 19-20, nota 10; MORAIS, Carlos Blanco de. Le metamorfosi del semipresidenzialismo portoghese. *Quaderni Giuridici del Dipartimento di Scienze Politiche dell'Università degli studi di Trieste, Semipresidenzialismi*, Pádua, n. 3, 1997. p. 131.

[138] Considerando expressamente que a valoração da amplitude dos poderes presidenciais é de índole essencialmente subjectiva e, por conseguinte, imprestável para integrar os critérios definidores do conceito de sistema semipresidencial, cf. ELGIE, Robert. Varieties of semipresidentialism and their impact on nascent democracies. *Taiwan Journal of Democracy*, v. 3, n. 2, dez. 2007. p. 59-60; ELGIE, Robert. As três vagas de estudos sobre o semipresidencialismo. In: RAPAZ, Paulo José Canelas; PINTO, António Costa. *Presidentes e (semi) presidencialismo nas democracias contemporâneas*. Lisboa: Imprensa de Ciências Sociais, 2018. p. 37-38.

[139] Cf. SARTORI, Giovanni. Neither presidentialism nor parliamentarism. In: LINZ, Juan; VALENZUELA, Arturo (Ed.). *The failure of presidential democracy* – Comparative perspectives. Baltimore; Londres: [s.n.], 1994. v. 1. p. 107 (agora também em português, Nem presidencialismo, nem parlamentarismo. In: SARTORI, Giovanni. *Ensaios de política comparada*. Lisboa: Livros Horizonte, 2018. p. 132; SARTORI, Giovanni. *Comparative constitutional engineering*. 2. ed. Nova York: New York University Press, 1997. p. 133.

[140] Para se perceber quão longe Robert Elgie leva a sua exigência do carácter directo da eleição presidencial, basta lembrar que, embora admitindo tratar-se de um modelo praticamente directo, ele exclui o sistema da Guiana, por neste se determinar que o presidente será o líder do partido mais votado nas eleições legislativas, cf. ELGIE, Robert. Varieties of semipresidentialism and their impact on nascent democracies. *Taiwan Journal of Democracy*, v. 3, n. 2, dez. 2007. p. 60.

[141] Sartori considera que o caso finlandês se aproxima da eleição indirecta; no mesmo sentido, depõe IACOMETTI, Myrian. Il rapporto tra presidente, governo e assemblee in alcune significative esperienze semipresidenziali: Finlandia e Portogallo. *Quaderni Giuridici del Dipartimento di Scienze Politiche dell'Università degli studi di Trieste, Semipresidenzialismi*, Pádua, n. 3, 1997. p. 306-307. Em sentido um tanto diferente, falando em "sistema misto", a par do suíço, cf. STEPAN, Alfred; SKACH, Cindy. Presidentialism and parliamentarism in a comparative perspective. In: LINZ, Juan; VALENZUELA, Arturo (Ed.). *The failure of presidential democracy* – Comparative perspectives. Baltimore: The John Hopkins University Press, 1994. v. 1. p. 135, nota 13. Sustentando que havia uma eleição praticamente directa, DUVERGER, Maurice. *Os grandes sistemas políticos*. Coimbra: Almedina, 1985. p. 146-147; 150. Actualmente, recorde-se, a eleição faz-se por sufrágio directo e universal; cf. MEZZETTI, Luca. La forma di governo finlandese. In: GAMBINO, Silvio (Org.). *Democrazia e forma di governo*. Rimini: Maggioli, 1997. p. 256.

[142] Cf. SHUGART, Matthew; MAINWARING, Scott. *Presidentialism and democracy in Latin America*. Cambridge: Cambridge University Press, 1997. p. 16-17. Mas não assim DUVERGER, Maurice. *Os grandes sistemas políticos*.

de 2016 entre Donald Trump e Hillary Clinton, que, mercê de um sistema eleitoral claramente marcado pela natureza federal do Estado, deram a vitória ao candidato menos votado.[143] De resto, tratar-se de algo que teria tido já um precedente recente no embate eleitoral entre George W. Bush e Al Gore do ano 2000[144] e precedentes remotos nas eleições de 1876 (Tilden *vs.* Heyes) e de 1888 (Harisson *vs.* Cleveland).[145]

Em contrapartida, são outrossim públicos e notórios os casos, a que já se fez alusão, de sistemas como o austríaco,[146] o irlandês ou o islandês em que a eleição directa do presidente não impediu a consolidação de uma prática quase "parlamentarizada".[147] Algo de similar pode, aliás, hoje dizer-se do caso finlandês: enquanto a eleição foi indirecta (até 1991), o sistema apresentava-se quase unanimemente como semipresidencial; paradoxalmente, já depois das primeiras eleições directas em 1994 e com a Constituição de 2000, o sistema de governo aproximou-se da prática parlamentar.[148] Diversa foi a evolução do caso austríaco, designadamente em face do fim das décadas da "grande coligação" entre os dois maiores partidos (sociais-democratas e populares) e com o

---

Coimbra: Almedina, 1985. p. 150-151, que sempre preveniu para a hipótese de o candidato mais votado ter menos "grandes eleitores" no colégio eleitoral.

[143] Aludindo precisamente a que a essência federal dos Estados Unidos explica o método indirecto da eleição e o próprio sistema eleitoral maioritário (*the winner takes all*), ilustrando a tensão dialéctica entre o aprofundamento do postulado democrático e a natureza federal do Estado, cedo posta em evidência por Carl Schmitt, cf. RANGEL, Paulo. Introdução ao federalismo contemporâneo. *Revista da Ordem dos Advogados*, ano 61, abr. 2001. p. 802-804; cf. também D'IGNAZIO, Guerino. Costituzione federale e sistema di governo negli U.S.A. *In*: GAMBINO, Silvio (Org.). *Forme di governo e sistemi elettorali*. Pádua: [s.n.], 1995. p. 376-378.

[144] Dando o exemplo das eleições presidenciais de 2000, cf. RANGEL, Paulo. Introdução ao federalismo contemporâneo. *Revista da Ordem dos Advogados*, ano 61, abr. 2001. p. 803.

[145] Cf. DUVERGER, Maurice. *Os grandes sistemas políticos*. Coimbra: Almedina, 1985. p. 307; D'IGNAZIO, Guerino. Costituzione federale e sistema di governo negli U.S.A. *In*: GAMBINO, Silvio (Org.). *Forme di governo e sistemi elettorali*. Pádua: [s.n.], 1995, que lembra que, em termos de votos, também houve quase um empate nas eleições Kennedy-Nixon de 1960.

[146] A Constituição de 1920 não previa a eleição directa, que só foi instituída pela importantíssima revisão de 1929, a qual reforçou substancialmente os poderes presidenciais. Em todo o caso, as primeiras eleições directas só viriam a ter lugar em 1951, depois da II Guerra Mundial e das vicissitudes políticas que a precederam, cf. KOJA, Friedrich. La Posizione Giuridica e Politica del Presidente della Repubblica Federale Austriaca. *Quaderni Giuridici – Semipresidenzialismi*, Pádua, n. 3, 1997. p. 61-63.

[147] Cf. DUVERGER, Maurice. *Os grandes sistemas políticos*. Coimbra: Almedina, 1985. p. 151; DUVERGER, Maurice. Régime Semi-Présidentiel. *In*: DUHAMEL, Olivier; MENY, Yves (Org.). *Dictionnaire Constitutionnel*. Paris: PUF, 1992. p. 902; SHUGART, Matthew; CAREY, John. *Presidents and assemblies* – Constitutional design and electoral dynamics. Nova York: [s.n.], 1992. p. 71; MOREIRA, Vital. *Variações sobre o semipresidencialismo*. Coimbra: [s.n.], 1993. Policopiado. p. 30; BARBERA, Augusto; FUSARO, Carlo. *Il governo delle democrazie*. 2. ed. Bolonha: [s.n.], 2001. p. 87; SARTORI, Giovanni. Neither presidentialism nor parliamentarism. *In*: LINZ, Juan; VALENZUELA, Arturo (Ed.). *The failure of presidential democracy* – Comparative perspectives. Baltimore; Londres: [s.n.], 1994. v. 1. p. 131; NOVAIS, Jorge Reis. *Semipresidencialismo* – Teoria geral e sistema português. 2. ed. Coimbra: [s.n.], 2018. p. 62-72, falando em "matriz austríaca" ou "matriz parlamentarizada"; MORAIS, Carlos Blanco de. *O sistema político*. Coimbra: [s.n.], 2017. p. 431-432, reconduzindo-os a formas parlamentarista.

[148] Cf. BARBERA, Augusto; FUSARO, Carlo. *Il governo delle democrazie*. 2. ed. Bolonha: [s.n.], 2001. p. 87; falando mesmo em "parlamentarização", FUSARO, Carlo. La Finlandia in tranzione fra semipresidenzialismo reale, semipresidenzialismo apparente e parlamentarismo. *Quaderni Giuridici del Dipartimento di Scienze Politiche dell'Universitá degli studi di Trieste – Semipresidenzialismi*, Pádua, n. 3, 1997. p. 114. De notar que a Constituição de 2000 vem na senda de uma série de modificações constitucionais (1988, 1991, 1993, 1994), todas no sentido de reduzir os poderes e o protagonismo do presidente, cf. IACOMETTI, Myrian. Il rapporto tra presidente, governo e assemblee in alcune significative esperienze semipresidenziali: Finlandia e Portogallo. *Quaderni Giuridici del Dipartimento di Scienze Politiche dell'Universitá degli studi di Trieste – Semipresidenzialismi*, Pádua, n. 3, 1997. p. 305-308; FUSARO, Carlo. La Finlandia in tranzione fra semipresidenzialismo reale, semipresidenzialismo apparente e parlamentarismo. *Quaderni Giuridici del Dipartimento di Scienze Politiche dell'Universitá degli studi di Trieste – Semipresidenzialismi*, Pádua, n. 3, 1997. p. 112-114; NOVAIS, Jorge Reis. *Semipresidencialismo* – Teoria geral e sistema português. 2. ed. Coimbra: [s.n.], 2018. p. 74-75.

advento de maior fragmentação partidária (direita radical e verdes), o presidente tem vindo a exercer efectivamente alguns dos poderes que a constituição formalmente lhe outorga, redescobrindo a natureza semipresidencial do sistema.[149]

Olhando para os múltiplos casos de eleição directa na Europa Central e do Leste, os casos da Bulgária e da Eslovénia,[150] mas também da Eslováquia e da Croácia podem ser equiparados aos da Irlanda e da Islândia, apesar de desenvolvimentos muito recentes (especialmente na Bulgária e na Eslováquia)[151] apontarem para um maior activismo presidencial e de a Croácia, até a viragem para o século XXI, ter tido uma presidência musculada.[152] Diferentemente, os casos polaco e checo revelam uma intervenção moderada do presidente, já claramente semipresidencial (embora mais frouxa, nos últimos anos), enquanto os casos romeno e lituano dão ao presidente um protagonismo indisputável, desde logo visível nos seus poderes de condução da política externa (com assento próprio no Conselho Europeu).[153]

Em suma, e como esclarece Sartori, para que um sistema se apode de semipresidencial (ou até presidencial), a condição necessária é que o presidente "não seja eleito no e pelo Parlamento".[154] Esta é obviamente uma precisão que não releva para o caso português, já que se cura de um caso indubitável de eleição directa e universal. Em todo o caso, este postulado de Sartori também há-de ser lido *cum grano salis*, ressalvando sempre a complexidade das dinâmicas políticas. Basta, aliás, olhar para experiência italiana, no quadro de um sistema inequivocamente parlamentar, em que, ao longo de décadas, o

---

[149] Esta era já uma desenvolução adiantada por SARTORI, Giovanni. *Comparative constitutional engineering*. 2. ed. Nova York: New York University Press, 1997. p. 126-127; SHUGART, Matthew; CAREY, John. *Presidents and assemblies* – Constitutional design and electoral dynamics. Cambridge: Cambridge University Press, 1992. p. 71-72. E também admitida por KOJA, Friedrich. La Posizione Giuridica e Politica del Presidente della Repubblica Federale Austriaca. *Quaderni Giuridici – Semipresidenzialismi*, Pádua, n. 3, 1997. p. 75-76 e NOVAIS, Jorge Reis. *Semipresidencialismo* – Teoria geral e sistema português. 2. ed. Coimbra: [s.n.], 2018. p. 66-67. Note-se que já antes, o presidente austríaco Kurt Waldheim (1986-1992), tendo perdido a sua honra no plano da opinião pública internacional por causa do envolvimento com o exército nacional-socialista durante a II Guerra Mundial, se esforçou para recuperar, ensaiando um desempenho mais "activista" das suas funções; mas sem sucesso. No caso irlandês, mesmo uma figura como Mary Robson não teve "margem constitucional" para inaugurar uma prática do tipo semipresidencial, pois o presidente é desprovido de poderes ao nível do próprio texto constitucional. Mencionando precisamente estas duas tentativas frustradas de "reforçar" os poderes presidenciais naqueles dois sistemas, DUHAMEL, Olivier. *Droit Constitutionnel et Politique*. Paris: Éditions du Seuil, 1994. p. 88-89.

[150] Cf. ELGIE, Robert. Varieties of semipresidentialism and their impact on nascent democracies. *Taiwan Journal of Democracy*, v. 3, n. 2, dez. 2007. p. 62; ELGIE, Robert. As três vagas de estudos sobre o semipresidencialismo. In: RAPAZ, Paulo José Canelas; PINTO, António Costa. *Presidentes e (semi)presidencialismo nas democracias contemporâneas*. Lisboa: Imprensa de Ciências Sociais, 2018. p. 38.

[151] Cf. PINTO, António Costa. Os desafios do semipresidencialismo. Uma introdução In: RAPAZ, Paulo José Canelas; PINTO, António Costa. *Presidentes e (semi)presidencialismo nas democracias contemporâneas*. Lisboa: Imprensa de Ciências Sociais, 2018. p. 23.

[152] O papel do presidente croata foi particularmente forte durante a década de 90 do século XX, seja pela situação de excepção criada pela guerra da independência e pela guerra da Bósnia-Herzegovina, seja pela liderança carismática do herói da independência Franjo Tudjman (que já foi apodado de "líder absoluto da política nacional"). Com a reforma constitucional do início do século, houve um claro abaixamento do perfil dos poderes presidenciais. Cf. RINELLA, Angelo. I semipresidenzialismi dell'Europa Centro-Orientale. *Quaderni Giuridici del Dipartimento di Scienze Politiche dell'Università degli studi di Trieste – Semipresidenzialismi*, Pádua, n. 3, 1997. p. 230-233.

[153] Cf. NOVAIS, Jorge Reis. *Semipresidencialismo* – Teoria geral e sistema português. 2. ed. Coimbra: Almedina, 2018. p. 45.

[154] Cf. SARTORI, Giovanni. *Comparative constitutional engineering*. 2. ed. Nova York: New York University Press, 1997. p. 83; 121.

presidente eleito pelo Parlamento tem sido chamado a intervir abertamente no devir político, como prova a recorrência da formação de governos técnicos. Como já se disse, só na última década, podem apontar-se os executivos chefiados por Mario Monti e por Mario Draghi, ambos claramente derivados da iniciativa e da mediação presidencial.

3.2 As razões das opções constituintes pela eleição directa

Questão mais complexa para o caso português e para a generalidade dos sistemas semipresidenciais vem a ser a identificação da razão ou das razões da opção constituinte pela eleição popular do chefe de Estado. Um ponto é importante realçar: historicamente, a adopção de um modelo semipresidencial ou aparentado visou sempre substituir uma legitimidade particularmente forte do chefe de Estado anterior à sua instauração.[155] No caso da República de Weimar, o imperador alemão; no caso da Áustria, o imperador austro-húngaro; no caso da Finlândia, o czar russo (grão-duque da Finlândia). Para a diarquia do executivo na Constituição de Weimar, contribuiu decerto a tradição da monarquia dualista alemã e a própria necessidade de integração "orgânica" da nação alemã, provinda dos fortes movimentos filosóficos e culturais do romantismo germânico.[156] E para a solução finlandesa há de ter influenciado o debate constituinte entre monárquicos e republicanos, que levou estes últimos a conceder na especial legitimação de um órgão monocrático representativo da nação, na velha tradição do grão-ducado.[157] Já nos casos irlandês e islandês, tratava-se de substituir a legitimidade longeva e consolidada dos monarcas constitucionais inglês e dinamarquês. Esta necessidade de ombrear com a legitimidade das casas reais dos Estados de que se tornaram independentes explica, por um lado, a afirmação "competitiva" da legitimidade popular e, por outro lado, mostra-se apta a explicar o apagamento da figura presidencial na Islândia e na Irlanda[158] (que justamente concorria com um monarca constitucional em regime parlamentar – o que não era manifestamente o caso dos imperadores nos casos alemão, austríaco e russo). O caso francês, como vimos abundantemente, não anda muito longe: tratava-se de investir no poder uma personalidade com uma legitimidade e uma autoridade em tudo imperiais – o General Charles de Gaulle, ainda por cima com o fito de ultrapassar o quadro da dramática crise argelina que tinha haurido e exaurido

---

[155] Cf. DUVERGER, Maurice. Régime Semi-Présidentiel. *In*: DUHAMEL, Olivier; MENY, Yves (Org.). *Dictionnaire Constitutionnel*. Paris: Éditions du Seuil, 1992. p. 902.

[156] Cf. SMEND, Rudolf. Constitución y Derecho Constitucional, trad. castelhana da edição de 1928, Madrid, 1985. p. 146-147, que alude expressamente à função e sentido "integrador" de um presidente "plebiscitário" – isto é, eleito directamente – na Constituição de Weimar. Cf. ainda CECCANTI, Steffano. Un modello storico de "semipresidenzialismo": la Germania di Weimar. *Quaderni Giuridici del Dipartimento di Scienze Politiche dell'Universitá degli studi di Trieste – Semipresidenzialismi*, Pádua, n. 3, 1997. p. 267-268.

[157] Falando taxativamente num "*continuum*" ideal" na evolução constitucional finlandesa, com origens na monarquia sueca, passando pelo império russo e culminando na Constituição de 1919, FUSARO, Carlo. La Finlandia in tranzione fra semipresidenzialismo reale, semipresidenzialismo apparente e parlamentarismo. *Quaderni Giuridici del Dipartimento di Scienze Politiche dell'Universitá degli studi di Trieste – Semipresidenzialismi*, Pádua, n. 3, 1997. p. 94-95; 98-99; IACOMETTI, Myrian. Il rapporto tra presidente, governo e assemblee in alcune significative esperienze semipresidenziali: Finlandia e Portogallo. *Quaderni Giuridici del Dipartimento di Scienze Politiche dell'Universitá degli studi di Trieste, Semipresidenzialismi*, Pádua, n. 3, 1997. p. 304-305; 313.

[158] Neste sentido, a respeito do caso islandês, cf. SHUGART, Matthew; CAREY, John. *Presidents and assemblies – Constitutional design and electoral dynamics*. Cambridge: Cambridge University Press, 1992. p. 72; NOVAIS, Jorge Reis. *Semipresidencialismo* – Teoria geral e sistema português. 2. ed. Coimbra: [s.n.], 2018. p. 71.

por completo a IV República.¹⁵⁹ E, de resto, essa fora também a tradição bonapartista e, mais importante, a marca da monarquia orleanista, que, em bom rigor, descontada a legitimidade monárquica, se poderia ter como um semipresidencialismo *avant la lettre*.

Não deixa, aliás, de ser curioso que, antes da queda do muro de Berlim, só no caso português esteja em causa uma verdadeira "transição constitucional" no sentido que a doutrina actual dá à expressão e que, como é sabido, mobiliza todos os esforços da engenharia constitucional. É justamente o papel que a instituição presidencial pode desempenhar no quadro das transições constitucionais de regimes comunistas para regimes democráticos que parece justificar a larga divulgação e circulação do modelo semipresidencial após o levantar da "cortina de ferro".¹⁶⁰

A primeira nota é mesmo a de que muitos poucos países de Leste adoptaram um regime parlamentar *tout court*.¹⁶¹ No grupo dos parlamentarismos mais puros, merecem destaque a Hungria, a Estónia e a Letónia, em que não se recorreu à eleição directa do presidente. Dentro do vasto grupo que consagrou a eleição directa como modo de designação do chefe de Estado,¹⁶² há naturalmente diferenças significativas. Uns atribuindo ao presidente poderes mais simbólicos à irlandesa ou islandesa, de que são exemplos, os casos esloveno e búlgaro;¹⁶³ outros procurando, logo nos alvores das transições para a democracia, institucionalizar presidentes com poderes efectivos, seja de sinal forte (os casos croata entre 1990 e 2000, lituano e romeno), seja de sinal mais temperado (casos polaco e até checo, depois de introduzidas as eleições directas).¹⁶⁴

Importa, pois, indagar quais as razões fundamentais que podem explicar, em conjunto ou separadamente, esta circulação das formas semipresidenciais ou aparentadas pelas jovens democracias do Leste. Desde logo, há razões que têm a ver com as negociações da transição: assegurar que os comunistas ou ex-comunistas mantinham a presidência durante certo tempo coabitando com um parlamento já plural (Jaruzelsky na

---

[159] Sobre a contingência política que conduz ao regresso de Charles de Gaulle à cena política francesa, cf. DUHAMEL, Olivier. *Droit Constitutionnel et Politique*. Paris: Éditions du Seuil, 1994. p. 31 e ss.; KEELER, John; SCHAIN, Martin. Regime Evolution in France. *In*: VON METTENHEIM, Kurt (Org.). *Presidential institutions and democratic politics*. Baltimore: The Johns Hopkins University Press, 1997. p. 87-94.

[160] Cf. ELGIE, Robert. Varieties of semipresidentialism and their impact on nascent democracies. *Taiwan Journal of Democracy*, v. 3, n. 2, dez. 2007. p. 41-42.

[161] Cf. BUNCE, Valerie. Presidents and the transition in Eastern Europe. *In*: VON METTENHEIM, Kurt (Org.). *Presidential institutions and democratic politics*. Baltimore: The Johns Hopkins University Press, 1997. p. 161 e ss.

[162] Cf. RINNELA, Angelo. *La forma di governo semi-presidenziale*. Turim: C. Giappichelli Editore, 1997. p. 260.

[163] Cf. RINELLA, Angelo. I semipresidenzialismi dell'Europa Centro-Orientale. *Quaderni Giuridici del Dipartimento di Scienze Politiche dell'Università degli studi di Trieste – Semipresidenzialismi*, Pádua, n. 3, 1997. p. 224; 226-230. Mainwaring e Shugart falam expressamente no caso búlgaro e, já fora do contexto leste-europeu, na Constituição haitiana de 1987. Cf. MAINWARING, Scott; SHUGART, Matthew. *Presidentialism and democracy in Latin America*. Cambridge: Cambridge University Press, 1997. p. 15-16; RINNELA, Angelo. *La forma di governo semi-presidenziale*. Turim: [s.n.], 1997. p. 262.

[164] Cf. BUNCE, Valerie. Presidents and the transition in Eastern Europe. *In*: VON METTENHEIM, Kurt (Org.). *Presidential institutions and democratic politics*. Baltimore: The Johns Hopkins University Press, 1997. p. 166-167. Angelo Rinella, no final dos anos 90, ainda inscreve o semipresidencialismo polaco nos casos de "presidência" forte (decerto motivado também pelo carisma do primeiro presidente e herói da resistência anticomunista Lech Walesa), mas a evolução dos últimos 20 anos temperou a intervenção presidencial (sem descaracterizar a qualificação de semipresidencial), cf. RINNELA, Angelo. *La forma di governo semi-presidenziale*. Turim: [s.n.], 1997. p. 262-264 e 285. Sobre o caso checo, ELGIE, Robert. As três vagas de estudos sobre o semipresidencialismo. *In*: RAPAZ, Paulo José Canelas; PINTO, António Costa. *Presidentes e (semi)presidencialismo nas democracias contemporâneas*. Lisboa: Imprensa de Ciências Sociais, 2018. p. 49.

Polónia, Iliescu na Roménia etc.).[165] Tratou-se, portanto, de uma ideia de compromisso, de transmissão gradual ou tradição do poder, um pouco à semelhança da permanência temporária das forças armadas na transição portuguesa.[166] Depois, dado que em muitos casos se tratava de Estados que não tinham um historial longo de independência ou que tinham estado sob o jugo da doutrina Brejnev, o presidente aparece como o símbolo dessa independência, com um mandato nacional, baseado em eleição popular e com visibilidade internacional.[167] Importa registar, no entanto, que certas soluções se ficaram a dever a um escasso conhecimento dos problemas e das diferentes soluções institucionais, o que não terá permitido uma "pilotagem" controlada de todo o processo constituinte por simples falta de *know-how*.[168]

A consciência ou presciência de que a sociedade sairia muito fragmentada das eleições parlamentares levou ainda a uma vontade de concentração de poderes num Executivo estável, que pudesse nomeadamente enfrentar a necessidade de reformas económicas radicais. É que não pode olvidar-se o conjunto de clivagens e fracturas que atravessava as sociedades do Leste europeu e que ia da religião à etnia, passando pela ideologia (comunistas *versus* não comunistas). Todas essas fracturas, devidamente absorvidas em correntes políticas e em forças parlamentares, eram de molde a fazer temer uma verdadeira "atomização" das assembleias legislativas e a demandar como contraponto o estabelecimento de um executivo forte.[169] E com isto já se ilumina uma outra razão, que os analistas julgam privativa da Europa de Leste, mas de que em Portugal há alguma experiência: a transição não importava apenas uma mudança política, mas implicava uma alteração de todo o regime económico, com a dita agenda de reformas radicais.[170] [171] Pois bem, também esse factor recomendava a institucionalização de um

---

[165] Cf. RINNELA, Angelo. *La forma di governo semi-presidenziale*. Turim: [s.n.], 1997. p. 273-287; 319-323; PINTO, António Costa. Os desafios do semipresidencialismo. Uma introdução *In*: RAPAZ, Paulo José Canelas; PINTO, António Costa. *Presidentes e (semi)presidencialismo nas democracias contemporâneas*. Lisboa: Imprensa de Ciências Sociais, 2018. p. 23.

[166] Cf. BUNCE, Valerie. Presidents and the transition un Eastern Europe. *In*: VON METTENHEIM, Kurt (Org.). *Presidential institutions and democratic politics*. Baltimore; London: [s.n.], 1997. p. 167-168.

[167] Cf. RINNELA, Angelo. *La forma di governo semi-presidenziale*. Turim: [s.n.], 1997. p. 360; RINELLA, Angelo. I semipresidenzialismi dell'Europa Centro-Orientale. *Quaderni Giuridici del Dipartimento di Scienze Politiche dell'Università degli studi di Trieste – Semipresidenzialismi*, Pádua, n. 3, 1997. p. 250.

[168] É bem conhecida a disputa entre o Presidente Walesa e a Dieta sobre a definição do sistema eleitoral para as eleições legislativas polacas. A Dieta defendia, contra aquilo que aparentemente seriam os seus interesses, a adopção de um sistema puro de representação proporcional; pelo seu lado, o presidente sustentava a escolha de um sistema misto que facilitasse a formação de maiorias (o que obviamente enfraqueceria o seu posicionamento no sistema de governo). Cf. BUNCE, Valerie. Presidents and the transition in Eastern Europe. *In*: VON METTENHEIM, Kurt (Org.). *Presidential institutions and democratic politics*. Baltimore: The John Hopkins University Press, 1997. p. 164-165.

[169] Cf. ELGIE, Robert. Varieties of semipresidentialism and their impact on nascent democracies. *Taiwan Journal of Democracy*, v. 3, n. 2, dez. 2007. p. 53-54; ELGIE, Robert. As três vagas de estudos sobre o semipresidencialismo. *In*: RAPAZ, Paulo José Canelas; PINTO, António Costa. *Presidentes e (semi)presidencialismo nas democracias contemporâneas*. Lisboa: Imprensa de Ciências Sociais, 2018. p. 51-52.

[170] Cf. BUNCE, Valerie. Presidents and the transition in Eastern Europe. *In*: VON METTENHEIM, Kurt (Org.). *Presidential institutions and democratic politics*. Baltimore; London: [s.n.], 1997. p. 169. Juan Linz e Alfred Stepan salientam que os processos de transição e consolidação democrática na Europa meridional obedeceram a uma sequência de reformas organizada em três patamares: primeiro, a reforma política; depois, a reforma social com a criação de um verdadeiro sistema de saúde, educação e segurança social e só, finalmente (já em meados da década de 90), a reforma estrutural da economia. Cf. LINZ, Juan; STEPAN, Alfred. Southern Europe: concluding reflections. *In*: LINZ, Juan; STEPAN, Alfred. *Problems of democratic transition and consolidation – Southern Europe, Latin America and Post-Communist Europe*. Baltimore-Londres: Johns Hopkins University Press, 1996. p. 139.

[171] Valerie Bunce considera que a agenda económica da transição – passagem de uma economia socialista para uma economia capitalista – é um processo singular do Leste, diverso da Europa do Sul e da América Latina, pelo que

executivo forte, com mandato longo, estável e seguro. A tudo isto acrescia a circunstância de que os poucos países que tinham, no passado, alguma experiência democrática guardavam a recordação traumática de uma ingovernabilidade crónica com crises sucessivas.[172]

Em poucas palavras: o surto pró-presidencial (em rigor, pró-semipresidencial) procurava criar instituições que permitissem uma transição tão pacífica quanto possível, mobilizando na figura presidencial as aspirações independentistas, compensando o pluralismo proporcional do parlamento e garantindo a estabilidade do executivo exigida pela profunda mudança económica.[173] Convém, no entanto, advertir para que essa hipertrofia do chefe de Estado nos sistemas de governo acabou por se fazer muito mais por referência à racionalização do parlamentarismo à alemã[174] e, quando muito, ao paradigma francês do semipresidencialismo[175] do que por reporte ao modelo norte-americano. É isso mesmo que prova e atesta a evolução dos sistemas polaco, checo, eslovaco, esloveno e croata e até, em boa medida, dos sistemas lituano[176] e romeno.

3.3 As razões de ser da eleição directa do presidente no sistema português

Compulsado este complexo de causas, quais são então os factores que, no caso português, mais terão contribuído para a opção constituinte pela eleição directa como modo de designação do presidente da República? Não sobejam dúvidas de que a eleição directa do chefe de Estado entronca na tradição vinda do regime do Estado Novo, que foi interrompida por força do resultado eleitoral das eleições de 1958, em que o candidato oposicionista Humberto Delgado esteve próximo da vitória. Desde então, a eleição directa – que sempre fora contestada pela esquerda, com receio de "populismos autoritários" ou "bonapartismos" – converteu-se numa verdadeira bandeira da oposição

---

a ideia de executivo estável é ainda mais atractiva. Cf. BUNCE, Valerie. Presidents and the transition in Eastern Europe. *In*: VON METTENHEIM, Kurt (Org.). *Presidential institutions and democratic politics*. Baltimore: The John Hopkins University Press, 1997. p. 173. Todavia, convém não esquecer que a transição portuguesa, embora de modo limitado, também exigiu uma mudança do regime económico (se bem que a socialização da economia houvesse sido provocada pela revolução e não resultasse da situação autoritária anterior).

[172] Cf. BUNCE, Valerie. Presidents and the transition in Eastern Europe. *In*: VON METTENHEIM, Kurt (Org.). *Presidential institutions and democratic politics*. Baltimore: The John Hopkins University Press, 1997. p. 171.

[173] Cf. BUNCE, Valerie. Presidents and the transition un Eastern Europe. *In*: VON METTENHEIM, Kurt (Org.). *Presidential institutions and democratic politics*. Baltimore; London: [s.n.], 1997. p. 172-174.

[174] Na verdade, muitos são os Estados em que foram estabelecidas "cláusulas-barreira" e acolhida a figura da "moção de censura construtiva"; cf. BUNCE, Valerie. Presidents and the transition un Eastern Europe. *In*: VON METTENHEIM, Kurt (Org.). *Presidential institutions and democratic politics*. Baltimore: The John Hopkins University Press, 1997. p. 172; Cf. RINELLA, Angelo. I semipresidenzialismi dell'Europa Centro-Orientale. *Quaderni Giuridici del Dipartimento di Scienze Politiche dell'Universitá degli studi di Trieste – Semipresidenzialismi*, Pádua, n. 3, 1997. p. 238.

[175] Cf. RINELLA, Angelo. I semipresidenzialismi dell'Europa Centro-Orientale. *Quaderni Giuridici del Dipartimento di Scienze Politiche dell'Universitá degli studi di Trieste – Semipresidenzialismi*, Pádua, n. 3, 1997. p. 242.

[176] Cf. BUNCE, Valerie. Presidents and the transition in Eastern Europe. *In*: VON METTENHEIM, Kurt (Org.). *Presidential institutions and democratic politics*. Baltimore: The John Hopkins University Press, 1997. p. 165, que informa que em 1992 na Lituânia foi referendada a opção por um sistema presidencial à americana (feito à medida do Presidente Landsbergis) e que a adopção desse modelo foi rejeitada.

democrática ao regime. Com efeito, a oposição ao regime salazarista passou a ver nas eleições directas, entretanto abolidas, o modo de provocar uma ruptura constitucional.[177]

Tão importante quanto esta razão parece ter sido também a manutenção de um tronco militar na versão original da Constituição de 1976. Na verdade, a legitimidade militar ou militar-revolucionária, vinda do período revolucionário, foi recebida no texto constitucional em concorrência com a legitimidade democrática e eleitoral.[178] O dito tronco militar-revolucionário consubstanciava-se no órgão de soberania "Conselho da Revolução" – um corpo estranho em qualquer democracia –, que era um órgão simultaneamente legislativo em sede militar, jurisdicional em matéria constitucional e de aconselhamento político do presidente.[179] O reconhecimento constitucional deste órgão, com estas relevantíssimas competências, forçou também os constituintes a optarem pela eleição directa do Presidente da República. Na medida em que, por inerência, ele presidiria ao Conselho da Revolução, viu-se na eleição popular do presidente a forma de cobrir aquele órgão militar-revolucionário com um "manto" de "legitimidade democrática".[180] Tanto assim foi que se disse que o consenso constituinte entre partidos e o Movimento das Forças Armadas (conhecido por MFA) continha uma "cláusula militar implícita" (Jorge Miranda, André Gonçalves Pereira),[181] segundo a qual o primeiro presidente universalmente eleito seria necessariamente um militar – o que veio efectivamente a suceder.[182] Ao ser presidido por alguém que fora eleito por sufrágio universal e directo, seria disfarçada ou, ao menos, ofuscada a ostensiva falta de legitimidade democrática do Conselho da Revolução. A exigência – ainda que não assumida – de que o primeiro presidente eleito fosse um militar visava justamente reunir

---

[177] Cf. PIRES, Lucas. O sistema de governo português: sua dinâmica. In: COELHO, Mário Baptista (Coord.). *Portugal*: o Sistema Político e Constitucional 1974-1987. Lisboa: Instituto de Ciências Sociais, Universidade de Lisboa, 1989. p. 292; CANOTILHO, J. J. Gomes; MOREIRA, Vital. *Os poderes do presidente da República*. Coimbra: Coimbra Editora, 1991. p. 21; NOVAIS, Jorge Reis. *Semipresidencialismo* – Teoria geral e sistema português. 2. ed. Coimbra: [s.n.], 2018. p. 155-156; TAVARES, António. *A coabitação política em Portugal*. Coimbra: Almedina, 2016. p. 74.

[178] Cf. PIRES, Lucas. O sistema de governo português: sua dinâmica. In: COELHO, Mário Baptista (Coord.). *Portugal*: o Sistema Político e Constitucional 1974-1987. Lisboa: Instituto de Ciências Sociais, Universidade de Lisboa, 1989. p. 293-295; RODRIGUES, Barbosa. *Semipresidencialismo português* – Autópsia de uma ficção. Lisboa: Almedina, 2017. p. 31-32; IACOMETTI, Myrian. Il rapporto tra presidente, governo e assemblee in alcune significative esperienze semipresidenziali: Finlandia e Portogallo. *Quaderni Giuridici del Dipartimento di Scienze Politiche dell'Università degli studi di Trieste, Semipresidenzialismi*, Pádua, n. 3, 1997. p. 320-321.

[179] Cf. MIRANDA, Jorge. *A Constituição de 1976* – Formação, estrutura, princípios fundamentais. Lisboa: Livraria Petrony, 1978. p. 415; MORAIS, Carlos Blanco de. Le metamorfosi del semipresidenzialismo portoghese. *Quaderni Giuridici del Dipartimento di Scienze Politiche dell'Università degli studi di Trieste, Semipresidenzialismi*, Pádua, n. 3, 1997. p. 140; MORAIS, Isaltino de; ALMEIDA, José Mário Ferreira de; PINTO, Ricardo Leite. *O sistema de governo semipresidencial* – O caso português. Lisboa: [s.n.], 1984. p. 76 e ss.

[180] Cf. MIRANDA, Jorge. *A Constituição de 1976* – Formação, estrutura, princípios fundamentais. Lisboa: Livraria Petrony, 1978. p. 28.

[181] Cf. MIRANDA, Jorge. *A Constituição de 1976* – Formação, estrutura, princípios fundamentais. Lisboa: Livraria Petrony, 1978. p. 28; PEREIRA, Gonçalves. *O semipresidencialismo em Portugal*. Lisboa: [s.n.], 1984. p. 22 e ss.

[182] Cf. PIRES, Lucas. O sistema de governo português: sua dinâmica. In: COELHO, Mário Baptista (Coord.). *Portugal*: o Sistema Político e Constitucional 1974-1987. Lisboa: Instituto de Ciências Sociais, Universidade de Lisboa, 1989. p. 291-292; ARAÚJO, António. Competências constitucionais relativas à Defesa Nacional: as suas implicações no sistema de governo. *In*: MIRANDA, Jorge; MORAIS, Carlos Blanco de (Org.). *O direito da Defesa Nacional e das Forças Armadas*. Lisboa: [s.n.], 2000. p. 161-163; 172. SARTORI, Giovanni. *Ingegnaria Costituzionale Comparata*. 5. ed. Bolonha: Il Mulino, 2004. p. 144; NOVAIS, Jorge Reis. *Semipresidencialismo* – Teoria geral e sistema português. 2. ed. Coimbra: Almedina, 2018. p. 163-165.

na chefia do Estado as duas fontes de legitimidade que enformavam a constituição, a saber a fonte democrática e a fonte militar-revolucionária.

Adite-se que a circunstância de o presidente a eleger ser um militar facilitou deveras a acumulação do cargo de Comandante Supremo das Forças Armadas – que incumbe por inerência ao chefe de Estado –[183] com a chefia do Estado Maior General das Forças Armadas, que envolve a direcção efectiva das Forças Armadas. Esta acumulação catalisou a integração dos militares na nova vida democrática e o seu "regresso aos quartéis", depois de uma guerra colonial de treze anos (1961-1974) e de um protagonismo político efectivo nos dois anos do período revolucionário (1974-1976). E teve um efeito muito relevante para a cunhagem do perfil presidencial no sistema português: associou ao presidente o "carisma" de um político suprapartidário, autenticamente independente dos partidos.[184]

Para o afastamento da opção por um sistema parlamentar com chefe de Estado indirectamente designado também parece ter contribuído a recordação traumática da instabilidade endémica do parlamentarismo da I República e, em especial, do desenlace autoritário a que ele conduziu.[185] Na conformação dos poderes presidenciais não deverá deixar de ter-se em conta a experiência constitucional da Carta de 1826, designadamente pela influência do conceito de poder moderador. Um tal poder pressupunha naturalmente uma especial legitimidade – a monárquica –, a qual, num quadro republicano e como já se viu em várias outras experiências, só poderia equiparar-se à eleição directa.[186]

4 Excurso histórico e analítico sobre os mandatos presidenciais

4.1 Os cinco presidentes e a sua reeleição

Para uma melhor compreensão do sistema de governo português, da sua evolução e da sua dinâmica, afigura-se útil fazer uma breve digressão sobre os mandatos presidenciais, as suas regularidades e padrões de actuação. Digressão esta que permite revisitar também o posicionamento relativo dos restantes órgãos constitucionais e assim ter uma percepção do funcionamento efectivo do sistema que possa iluminar o enquadramento jurídico e normativo que adiante se fará.

---

[183] Cf. art. 123º da CRP 76, versão original; cf. actual art. 120º da CRP 76.

[184] Já pondo em destaque estes dois aspectos, cf. MIRANDA, Jorge. *A Constituição de 1976* – Formação, estrutura, princípios fundamentais. Lisboa: Livraria Petrony, 1978. p. 431; SARTORI, Giovanni. *Comparative constitutional engineering*. 2. ed. Nova Iorque: New York University Press, 1997. p. 129 (agora também em *Ingegnaria Costituzionale Comparata*. 5. ed. Bolonha: Il Mulino, 2004. p. 143-144). O fundador da engenharia constitucional sublinha mesmo que a circunstância de o presidente não dispor de nenhum suporte partidário próprio entre 1976 e 1982 é a causa de, na sua opinião, o sistema autenticamente semipresidencial não ter sobrevivido à Revisão Constitucional de 1982. Sobre a importância daquela acumulação de funções e da áurea não partidária que lhe está associada, cf. as pertinentes considerações de NOVAIS, Jorge Reis. *Semipresidencialismo* – Teoria geral e sistema português. 2. ed. Coimbra: Almedina, 2018. p. 165-169.

[185] Em sentido contrário, cf. SOUSA, Marcelo Rebelo de. *O sistema de governo português*. 4. ed. Lisboa: AAFDL, 1992. p. 62, nota 75.

[186] Cf. MORAIS, Carlos Blanco de. Le metamorfosi del semipresidenzialismo portoghese. *Quaderni Giuridici del Dipartimento di Scienze Politiche dell'Universitá degli studi di Trieste, Semipresidenzialismi*, Pádua, n. 3, 1997. p. 133-134; aparentemente contra, cf. MORAIS, Isaltino de; ALMEIDA, José Mário Ferreira de; PINTO, Ricardo Leite. *O sistema de governo semipresidencial* – O caso português. Lisboa: [s.n.], 1984. p. 74.

Desde a entrada em vigor da Constituição, foram eleitos cinco presidentes, todos eles sempre reeleitos para um segundo mandato: Ramalho Eanes (1976-1981; 1981-1986); Mário Soares (1986-1991; 1991-1996); Jorge Sampaio (1996-2001; 2001-2006); Cavaco Silva (2006-2011; 2011-2016) e Marcelo Rebelo de Sousa (2016-2021; 2021-2026). Ramalho Eanes foi primeiramente eleito com o apoio dos partidos do chamado "arco constitucional" (PS, PSD, CDS) e depois reeleito com os votos da esquerda (PS e PCP), em ruptura aberta com os partidos apoiantes do Governo de então (PSD, CDS e PPM) e até com uma parte refractária do PS (liderada por Mário Soares ao tempo). Mário Soares foi eleito com os votos de toda a esquerda contra o PSD e o CDS (encontrando-se o PSD no Governo minoritário de Cavaco Silva). Estas eleições de 1986 foram as únicas em que houve necessidade de recorrer a uma segunda volta entre Freitas do Amaral (vencedor da primeira volta com 48% e derrotado na segunda sensivelmente com o mesmo resultado) e o vencedor Mário Soares. Este foi reeleito com o apoio do PS e da esquerda em geral e um suporte formal e passivo do PSD, que decidiu não apresentar candidato (à época, o PSD de Cavaco Silva estava já terceiro governo, que era o segundo com maioria parlamentar absoluta). Jorge Sampaio foi eleito com os votos da esquerda, nos meses iniciais do primeiro Governo Guterres (minoritário). Veio a ser reeleito com a mesma base de apoio, já na pendência do segundo Gabinete Guterres.

4.2 A não verificação da "tese dos ovos e dos cestos"

Durante muito tempo – pelo menos até a primeira eleição de Jorge Sampaio –, sustentou-se que vigorava em Portugal a "teoria dos ovos e dos cestos", de acordo com a qual os cidadãos nunca davam a vitória presidencial a um candidato com as cores partidárias do partido que ocupasse o Governo (assim foi com a reeleição de Ramalho Eanes e com as duas eleições de Mário Soares).[187] O que significa que o sistema semipresidencial português viveria, quase permanentemente, em regime de coabitação. Fala-se em coabitação sempre que não há uma coincidência entre a proveniência partidária do chefe de Estado e do chefe de Governo, não havendo sintonia entre a chamada "maioria presidencial" e a denominada "maioria parlamentar". A "teoria dos ovos e dos cestos" não se confirmou, porém, nas presidenciais de 1996, em que, apesar de o Governo estar nas mãos do PS, venceu o candidato socialista. A partir de então, passou a falar-se numa "lei da vitória inevitável dos candidatos do centro-esquerda".[188] Esta preferência pelos candidatos de centro-esquerda mostraria, alegadamente, também uma maior apetência do eleitorado por projectos presidenciais de intervenção moderada – o que confirma uma leitura mais "parlamentarizada" do nosso sistema semipresidencial. Enquanto os candidatos do PS se anunciaram como simples moderadores, os candidatos relevantes de centro-direita apresentaram-se sempre com um programa de intervenção

---

[187] Cf. RANGEL, Paulo. *Uma democracia sustentável*. Coimbra: Tenacitas, 2010. p. 45. Sobre o antagonismo entre as maiorias parlamentares da AD e o candidato Ramalho Eanes, cf. NOVAIS, Jorge Reis. *Semipresidencialismo – Teoria geral e sistema português*. 2. ed. Coimbra: Almedina, 2018. p. 173-180; TAVARES, António. *A coabitação política em Portugal*. Coimbra: Almedina, 2016. p. 135-139; MORAIS, Carlos Blanco de. *O sistema político*. Coimbra: Almedina, 2017. p. 536-537.

[188] RANGEL, Paulo. *Uma democracia sustentável*. Coimbra: Tenacitas, 2010. p. 45.

activa, senão mesmo de ruptura constitucional ou governativa. Soares Carneiro, em 1980, patrocinou um projecto de reforma constitucional que visava ao fim da transição militar; Freitas do Amaral, em 1986, apresentou um programa de modernização do país (*Uma solução para Portugal*); Cavaco Silva, opositor de Jorge Sampaio em 1996, exibiu a imagem e a experiência de um decisor executivo (que havia sido primeiro-ministro durante dez anos consecutivos). Nas míticas eleições de 86, o contraste de concepções da Presidência foi por demais visível e pode ser caricaturado da seguinte forma: enquanto Freitas trazia no bolso um programa em formato de livro, Soares limitava-se a dizer que era "fixe". Lembre-se, aliás, que, depois da reeleição de Eanes, as outras duas "reeleições" foram tomadas pelo bloco de centro-direita como "eleições perdidas à partida" (em 1991, o PSD deu um apoio discreto e reservado à recandidatura de Mário Soares; em 2001, apresentou um candidato de segunda linha, confessadamente destinado a "cumprir calendário").[189]

4.3 As leituras "parlamentarizantes" dos poderes presidenciais

Em 2006, no entanto, também foi desmentida aquela "lei de ferro" ou "lei de bronze" da vitória dos candidatos de centro-esquerda. Na verdade, fez-se eleger pela primeira vez – e logo à primeira volta – um candidato de centro-direita, justamente o antigo Primeiro-Ministro Cavaco Silva (que, como se disse, havia chefiado o Executivo durante dez anos consecutivos, entre 1985 e 1995, em três governos, o primeiro minoritário e os outros dois com maioria absoluta na Assembleia da República). Nessas eleições de 2006, Cavaco Silva beneficiou de uma nítida divisão do eleitorado do Partido Socialista, que oficialmente apoiou uma nova candidatura de Mário Soares, candidatura que viria a quedar-se pelo terceiro lugar. Com efeito, no ínterim, foi apresentada a candidatura "independente" de Manuel Alegre, também ele dirigente histórico e destacado do PS, que acabou por obter o segundo posto nos resultados eleitorais.

O exercício do múnus presidencial por Cavaco Silva não corroborou, no entanto, a ideia de que os perfis de centro-direita perfilhariam tendencialmente uma concepção mais interventiva e actuante, deslocando o sistema de governo para uma prática mais conforme com a sua natureza semipresidencial. Bem ao contrário, remeteu-se a uma leitura muito estrita dos preceitos constitucionais, quiçá influenciada pelos anos finais de coabitação que, como primeiro-ministro, teve com o então Presidente Mário Soares. Com efeito, nesse período final do segundo mandato de Soares (mais ou menos a partir de 1993), a tensão institucional e política entre o Governo e a Presidência acentuou-se muito, tendo-se o Governo queixado do "activismo" ou "intervencionismo" do presidente, a ponto de o incluir naquilo a que se chamou "as forças do bloqueio". Esta experiência parece ter moldado a leitura que Cavaco Silva fez dos poderes presidenciais, que aparentemente se acantonou numa interpretação assaz minimalista.[190] Neste particular,

---

[189] Em 2001, o candidato do centro-direita foi Ferreira do Amaral, antigo ministro dos governos de Cavaco Silva; em 1991, o opositor do incumbente Mário Soares foi Basílio Horta (antigo dirigente e Ministro do CDS).

[190] Defendendo este apagamento da magistratura do Presidente Cavaco Silva, mas essencialmente no segundo mandato, por causa das constrições postas pelo programa de resgate da chamada *Troika* (2011-2014), Cf. FERNANDES, Jorge M.; JALALI, Carlos. Uma presidência renovada? O semipresidencialismo português e as eleições de 2016. *In*: RAPAZ, Paulo José Canelas; PINTO, António Costa. *Presidentes e (semi)presidencialismo nas democracias contemporâneas*. Lisboa: Instituto de Ciências Sociais, 2018. p. 256-257. Uma visão de que, como imediatamente abaixo se verá, não podemos comungar, pelo menos, *qua tale*.

diga-se de passagem, a magistratura presidencial de Cavaco Silva não se distinguiu, em quase nada, da leitura "parlamentarizante" que tinha Jorge Sampaio, mais uma vez contribuindo para acentuar a vertente parlamentar do nosso sistema semipresidencial.[191]

4.4 As provas de vida do "semipresidencialismo" em contexto de leituras "pró-parlamentares"

Importa, no entanto, pôr em relevo que este entendimento minimal, em ambos os casos – Sampaio e Cavaco –, acabou por os levar ao paradoxo de, em conjunturas de crise, exercerem os seus poderes de modo ostensivo e claramente em contramão com a dita visão "pró-parlamentar".

O caso mais flagrante de um exercício ostensivo dos poderes presidenciais foi a dissolução da Assembleia da República promovida por Jorge Sampaio em novembro de 2004.[192] Estando em funções um Governo – chefiado pelo Primeiro-Ministro Santana Lopes – que dispunha de uma maioria absoluta na Assembleia da República, ainda assim o Presidente decidiu dissolver o Parlamento. Importa lembrar que Santana Lopes assumiu as funções de primeiro-ministro, liderando um Governo de coligação PSD-CDS, na sequência da demissão de Durão Barroso, que passou a exercer as funções de presidente da Comissão Europeia. Aquando da saída de Durão Barroso, em junho de 2004, a oposição exigiu a dissolução da Assembleia e a convocação de eleições. O Presidente da República decidiu, todavia, dar posse a um novo Governo, apoiado pela mesma coligação, com base no mesmo Parlamento e nomeando primeiro-ministro o nome indicado pelo partido mais votado da coligação maioritária. Foi a primeira vez, desde 1983, que, com base num mesmo Parlamento, foi formado um segundo Governo. De 1983 a 2004, a cada formação parlamentar correspondera sempre um único Governo. O que significa que todos os Governos haviam resultado directamente de um processo eleitoral e não de uma renovação da confiança parlamentar. Uma vez empossado o Governo Santana Lopes, seguiu-se um tempo de grande contestação mediática e de enorme turbulência política, em parte alimentada precisamente pela ideia de que o Governo não resultara de eleições e, por outro lado, reforçada por uma sucessão de vicissitudes, casos e incidentes que criaram uma ideia de forte instabilidade. A verdade é que o mesmo presidente que decidira nomear o Governo em julho resolveu dissolver a Assembleia da República no final de novembro, convocando eleições e provocando a prazo a queda do Governo.[193] O presidente, registe-se, não usou a sua faculdade de

---

[191] Cf. RANGEL, Paulo. *Uma democracia sustentável*. Coimbra: Tenacitas, 2010. p. 43 e 73-74.

[192] Cf. NOVAIS, Jorge Reis. *Semipresidencialismo – Teoria geral e sistema português*. 2. ed. Coimbra: Almedina, 2018. p. 263 e ss.; TAVARES, António. *A coabitação política em Portugal*. Coimbra: Almedina, 2016. p. 169 e ss.; MORAIS, Carlos Blanco de. *O sistema político*. Coimbra: Almedina, 2017. p. 550-553; MORGAN-JONES, Edward; SCHLEITER, Petra. Presidentes, calendário e desempenho eleitoral dos primeiros-ministros. In: RAPAZ, Paulo José Canelas; PINTO, António Costa. *Presidentes e (semi)presidencialismo nas democracias contemporâneas*. Lisboa: Imprensa de Ciências Sociais, 2018. p. 62.

[193] Convém notar que, nos termos da Constituição, a dissolução da Assembleia da República não importa a demissão do Governo. Este acabará naturalmente por ser demitido, na sequência do processo eleitoral, pelo início de uma nova legislatura. Mas a verdade é que, enquanto a Assembleia está dissolvida, o Governo permanece em plenitude de funções. Há quem considere que se trata aqui de uma lacuna da Constituição que deveria prever a demissão automática do Governo por simples efeito da dissolução parlamentar. Mas essa

demitir o Governo, a qual está sujeita a um condicionalismo especialmente exigente: o "irregular funcionamento das instituições democráticas".[194] Embora fosse evidente que era esse o seu desiderato – provocar a queda do Governo –, ele promoveu-o por uma via indirecta e mediata: a dissolução da Assembleia da República.[195] O ponto aqui, convém relembrá-lo, é, porém, o de que um presidente com uma prática e uma doutrina muito parlamentarista acabou por usar o seu poder mais emblemático em circunstâncias típicas de um autêntico semipresidencialismo, actuando contra uma maioria absoluta subsistente no Parlamento.

Cavaco Silva, de modo mais informal, veio também exercer os poderes presidenciais em contramão com a sua actuação anterior excessivamente restritiva e "parlamentarizada". Isso foi particularmente visível em 2011, logo na sequência da sua eleição e em pleno discurso de posse,[196] quando faz uma crítica aberta e frontal da governação do XVIII Governo Constitucional, o segundo Governo chefiado pelo Primeiro-Ministro José Sócrates. Já se lhe chamou "um discurso demolidor" ou, em alternativa, "uma verdadeira declaração de guerra".[197] Tratava-se de um Governo minoritário do PS, em funções desde outubro de 2009 e resultante das eleições havidas em setembro desse mesmo ano.

Esta actuação musculada revelou-se ainda, mais recentemente, na sequência das eleições de outubro de 2015, na mensagem ao país de indigitação do Primeiro-Ministro Passos Coelho para que formasse o seu segundo governo (desta feita, de cariz minoritário).[198] Entretanto, como esse Governo não chegou a entrar em plenitude de funções, por ter sido aprovada uma moção de rejeição do programa do Governo, o presidente viu-se forçado a indigitar para primeiro-ministro o líder do segundo partido mais votado (António Costa, PS).[199] Tratar-se-ia de um governo minoritário do PS, mas

---

solução, por mais desejável que a alguns possa parecer *de iure condendo*, não resulta dos preceitos constitucionais. Cf. CANOTILHO, J. J. Gomes; MOREIRA, Vital. *Constituição da República Portuguesa anotada.* 3. ed. Coimbra: Coimbra Editora, 1993. Anotação V ao art. 175º (hoje, 172º). p. 703.

[194] Cf. art. 195º, nº 2, da CRP 76.

[195] Sustentando que, em face dos dados políticos, só a dissolução da Assembleia se mostrava política e constitucionalmente adequada, já que não estavam reunidos os pressupostos para a demissão do Governo e ainda que estivessem esta não cumpriria o *telos* do art. 195º, nº 2, cf. NOVAIS, Jorge Reis. *Semipresidencialismo – Teoria geral e sistema português.* 2. ed. Coimbra: Almedina, 2018. p. 268-271.

[196] 9.3.2011. Esse mesmo Governo haveria de cair pouco depois, com base na demissão do primeiro-ministro, que a apresentou na sequência da reprovação na Assembleia da República do chamado PEC IV (Plano de Estabilidade e Crescimento, a apresentar à Comissão Europeia). A demissão do Governo levaria à dissolução da Assembleia da República e à convocação de eleições que tiveram lugar em junho de 2011. Importa recordar que, em pleno decurso do período de gestão, o Governo demissionário foi obrigado a pedir um resgate e a intervenção da denominada *Troika*, em razão da iminência de bancarrota do Estado português.

[197] Cf. MORAIS, Carlos Blanco de. *O sistema político.* Coimbra: Almedina, 2017. p. 558-559; TAVARES, António. *A coabitação política em Portugal.* Coimbra: Almedina, 2016. p. 183.

[198] 22.10.2015. Considerando que, em face da manifesta insuficiência de apoio parlamentar, revelada na audição prévia dos partidos, a posse conferida ao II Governo Passos Coelho era desnecessária, cf. NOVAIS, Jorge Reis. *Semipresidencialismo – Teoria geral e sistema português.* 2. ed. Coimbra: [s.n.], 2018. p. 243-244. Esta leitura do sistema parece correcta, embora se compreenda a preocupação do Presidente Cavaco Silva em só abrir precedentes depois de cumprida aquela que se julgava ser a "praxe" constitucional.

[199] Cf. FERNANDES, Jorge M.; JALALI, Carlos. Uma presidência renovada? O semipresidencialismo português e as eleições de 2016. *In*: RAPAZ, Paulo José Canelas; PINTO, António Costa. *Presidentes e (semi)presidencialismo nas democracias contemporâneas.* Lisboa: Instituto de Ciências Sociais, 2018. p. 263-264; MORAIS, Carlos Blanco de. *O sistema político.* Coimbra: Almedina, 2017. p. 565.

com apoio parlamentar do Bloco de Esquerda e do PCP (forças políticas altamente críticas da integração na Nato, da pertença ao euro e até da presença na União Europeia).[200] Nesta ocasião, o presidente exigiu que o novo Governo – o I Governo Costa – garantisse o cumprimento dos compromissos internacionais do Estado português, nomeadamente em matéria europeia e de respeito pelas regras da zona euro e em matéria de defesa militar (pela via de pertença à Otan). Para caucionar essa "vinculação programática", exigiu que o apoio parlamentar das forças de esquerda radical ficasse consignado em documentos escritos – entretanto conhecidos por "posições conjuntas", negociadas isoladamente com cada um dos partidos garantes de suporte parlamentar. Esta seria a forma de assegurar que o posicionamento hostil à integração europeia, à moeda única ou à aliança militar de defesa daquelas forças partidárias não alteraria os compromissos fundamentais da política externa portuguesa. Em ambos os casos, e no primeiro usando apenas o "poder da palavra", sempre assinalado e consignado ao presidente, Cavaco Silva viu-se na necessidade de, num caso, entrar em confronto com a linha de actuação de um Governo minoritário em funções (2011) e, no outro, de impor limitações de natureza substantiva e programática à novel "maioria das esquerdas" (2015).[201]

Neste segundo consulado de Cavaco Silva, houve ainda um terceiro momento de forte intervencionismo presidencial, aquando da célebre crise da "demissão irrevogável" do Ministro Paulo Portas.[202] A crise aberta na coligação em julho de 2013 levou o presidente a propor, ao fim de largos dias, uma coligação PSD-PS-CDS, que conduzisse o Governo até ao fim do programa de resgate financeiro do país (previsto para a primavera de 2014), com a promessa de antecipar as eleições para essa data (que normalmente teriam lugar, como acabaram por ter, no outono de 2015). O PS e o seu líder acabaram por recusar a proposta e o Governo PSD-CDS manteve-se em funções com o retorno do "ministro irrevogável". A utilização do poder de dissolução e da sua oportunidade como moeda de troca para forçar dada solução governativa constitui obviamente um instrumento (ainda que invulgar) de afirmação presidencial. Não falta, porém, quem considere que o fracasso desta tentativa de construir um largo consenso é um sinal da debilidade da posição de Cavaco Silva neste segundo mandato.[203]

Também nestas conjunturas parece emergir de modo manifesto uma leitura musculada dos poderes e do múnus presidencial, deveras condizente com o carácter semipresidencial do sistema. Registe-se finalmente que, tal como em 2004-2005, mais uma vez se verificou que, no mesmo quadro parlamentar, se formaram dois governos – o segundo de Passos Coelho e o primeiro de António Costa –, embora o primeiro deles não tenha passado de um governo de gestão (apesar da nomeação presidencial, falhou a investidura parlamentar).

---

[200] Cf. MORAIS, Carlos Blanco de. *O sistema político*. Coimbra: Almedina, 2017. p. 565.
[201] Cf. FERNANDES, Jorge M.; JALALI, Carlos. Uma presidência renovada? O semipresidencialismo português e as eleições de 2016. In: RAPAZ, Paulo José Canelas; PINTO, António Costa. *Presidentes e (semi)presidencialismo nas democracias contemporâneas*. Lisboa: Instituto de Ciências Sociais, 2018. p. 264-265, que, ao invés do sentido propugnado no texto, valoram esta intervenção do Presidente Cavaco Silva como sinal de "fragilidade" ou "enfraquecimento" do seu poder.
[202] Cf. MORAIS, Carlos Blanco de. *O sistema político*. Coimbra: Almedina, 2017. p. 564.
[203] Cf. FERNANDES, Jorge M.; JALALI, Carlos. Uma presidência renovada? O semipresidencialismo português e as eleições de 2016. In: RAPAZ, Paulo José Canelas; PINTO, António Costa. *Presidentes e (semi)presidencialismo nas democracias contemporâneas*. Lisboa: Instituto de Ciências Sociais, 2018. p. 259-260.

4.5 Os mandatos mais recentes e a primeira declaração de estado de emergência

Em 2016, voltou a haver eleições presidenciais em que, mais uma vez, venceu o candidato do bloco de centro-direita (Marcelo Rebelo de Sousa). Isto confirma a ideia de que não subsiste nenhuma lei da inevitabilidade de eleição dos presidentes de centro-esquerda. Embora, por outro lado, mostre que os presidentes provindos da área de centro-direita só foram eleitos no contexto de governos com maioria parlamentar à esquerda. Neste particular, parece ter regressado a presa da velha teoria dos "ovos e dos cestos", desmentida, porém, pelos quatro anos do I Governo Passos Coelho no último mandato de Cavaco Silva.[204] A falta de distância temporal não permite fazer uma análise maturada do primeiro mandato presidencial de Marcelo Rebelo de Sousa, mas vale a pena adiantar três notas que, de resto, estão em linha com os exercícios de presidentes anteriores. Primeira, mais estrutural: a circunstância de o presidente ter de coabitar com um governo minoritário, com apoio parlamentar de partidos que nunca tinham estado no "arco do governo" – a "geringonça" –, deu obviamente mais poder e mais margem de manobra ao presidente. Segunda, a própria personalidade presidencial que, sendo expansiva, extremamente mediática e omnipresente, também exponencia as oportunidades de intervenção, de influência e até de interferência. Terceira, há dois episódios que corroboram aquela linha de intervenção musculada, habitualmente desmentida pelo *mainstream* de analistas e estudiosos. Um, relacionado com a nomeação do presidente da Caixa Geral de Depósitos, em que o presidente da República esteve em vias de forçar a demissão do ministro das Finanças e que culminou na substituição do alto gestor bancário.[205] O outro, bem mais relevante, na sequência das duas vagas de fogos altamente letais em 2017 (17 de junho e 15 de outubro). Depois de um verão em que o presidente deixou múltiplos alertas, a repetição de um sinistro daquelas proporções e a passividade do Governo levou o presidente a fazer uma comunicação ao país. Nessa comunicação, o presidente forçou a demissão da ministra da Administração Interna, o que, feito em termos públicos, tem até contornos inéditos ou quase inéditos.

A tudo isto acresce, já numa outra dimensão e no contexto da pandemia, que o presidente da República usou, pela primeira vez na história da CRP 76, o poder de decretar o estado de emergência (por mais de 14 vezes, muitas delas consecutivas, no espaço de pouco mais de um ano). Importa, aliás, registar que a declaração de estado de emergência, logo na primeira vaga da pandemia (março de 2020), foi praticamente imposta pelo presidente ao Governo, que se mostrava muito relutante em favorecer essa declaração. Trata-se de um momento ímpar de afirmação dos poderes presidenciais, só comparável ao poder de dissolução do Parlamento. Com efeito, dada a primazia do decreto presidencial de declaração do estado de emergência na economia do art. 138º

---

[204] Cf. FERNANDES, Jorge M.; JALALI, Carlos. Uma presidência renovada? O semipresidencialismo português e as eleições de 2016. In: RAPAZ, Paulo José Canelas; PINTO, António Costa. *Presidentes e (semi)presidencialismo nas democracias contemporâneas*. Lisboa: Instituto de Ciências Sociais, 2018. p. 260, que consideram a sintonia de maiorias como um factor explicativo endógeno de um menor activismo do Presidente Cavaco Silva.

[205] O nomeado teria exigido não ser submetido aos controlos de transparência junto do Tribunal Constitucional e essa sua exigência – não coberta pela lei – teria recebido o assentimento do Ministro das Finanças, supostamente confirmado pelo texto de mensagens telefónicas escritas.

da CRP 76, o presidente passa a ter um enorme protagonismo na definição das balizas de actuação do Governo e dos poderes executivos em geral. Eis o que cria no público uma percepção de verdadeira diarquia no Executivo, que tantas vezes é considerada um atributo dos sistemas semipresidenciais. Justamente na pendência de estado de emergência, o Presidente Marcelo Rebelo de Sousa foi reeleito, por uma maioria muito expressiva. Curiosamente, é de notar que as duas "reeleições" de presidentes de centro-direita deram precisamente origem, por parte da esquerda, a uma reacção simétrica à que o centro-direita tinha adoptado na reeleição dos presidentes de centro-esquerda. Na verdade, tanto com Cavaco em 2011 como com Marcelo em 2021, o centro-esquerda deu as eleições antecipadamente por perdidas, tendo-se até dividido fortemente.[206] Nos alvores do segundo mandato de Marcelo Rebelo de Sousa, é evidente um aumento da tensão política entre o Governo e o chefe de Estado, designadamente a respeito da promulgação das chamadas "leis dos apoios sociais". Tais leis foram aprovadas no Parlamento contra a vontade do partido do Governo, Governo que as considera inconstitucionais por violação da chamada "norma-travão" e que esperava um recurso do presidente ao seu poder de accionar a fiscalização preventiva daqueles diplomas.

5 O acervo constitucional de poderes presidenciais "próprios"

5.1 Os poderes "próprios" ou "exclusivos" do presidente português

O presidente da República, directamente eleito, dispõe de competências próprias, cujo exercício não depende do instituto (medularmente parlamentar) da referenda ministerial. O princípio é até o da taxatividade dos actos submetidos a referenda, os quais estão elencados no art. 140º da CRP 76. Numa fórmula fácil: a referenda é a excepção; a sua desnecessidade consubstancia a regra (e isto, sem prejuízo da extensão e importância da lista dos actos carecidos da referenda).[207] Em qualquer caso, a aposição da referenda junto dos actos dela carecidos tornou-se um imperativo para os membros do Governo por ela responsáveis – ela não pode simplesmente ser recusada –, o que manifestamente fortifica a posição presidencial.[208] A existência de um conjunto vasto de poderes libertos da obrigação de uma intervenção governamental ulterior constitui um corolário lógico do concreto modo de designação do presidente da República. Não se perceberia efectivamente um presidente directamente eleito, revestido de um superávite de legitimidade e desprovido de um leque de competências compatível. Para retomar a formulação de Lucas Pires, um presidente superlegítimo não deverá ser subpoderoso.[209]

---

[206] Em 2011, o PS queria apoiar o candidato independente Fernando Nobre, mas o histórico Manuel Alegre foi também candidato, dispersando votos pelas duas candidaturas. Em 2021, Costa – tal como Cavaco em 1991 – renunciou a apresentar candidato próprio, tendo a socialista Ana Gomes protagonizado uma candidatura própria. Aliás, em bom rigor, já em 2016, diante da mais que provável vitória, pela primeira vez, do candidato Marcelo Rebelo de Sousa, o PS aparecera divido entre a candidatura do independente Sampaio da Nóvoa e a socialista Maria de Belém.

[207] CANOTILHO, J. J. Gomes; MOREIRA, Vital. *Constituição da República Portuguesa anotada*. 3. ed. Coimbra: Coimbra Editora, 1993. Anotação III ao art. 143º (hoje, 140º). p. 607-608.

[208] Cf. NOVAIS, Jorge Reis. *Semipresidencialismo* – Teoria geral e sistema português. 2. ed. Coimbra: Almedina, 2018. p. 149.

[209] Cf. PIRES, Lucas. O sistema de governo português: sua dinâmica. *In*: COELHO, Mário Baptista (Coord.). *Portugal*: o Sistema Político e Constitucional 1974-1987. Lisboa: Instituto de Ciências Sociais, Universidade de Lisboa, 1989. p. 293; RANGEL, Paulo. *O Estado do Estado*. Lisboa: Dom Quixote, 2009. p. 39-40.

De entre o leque de competências politicamente relevantes, sobressaem o poder de dissolução da Assembleia da República, o poder de escolha do primeiro-ministro e de nomeação dos restantes membros do Governo, o poder de demissão do Governo, o poder de decretar referendos nacionais, o poder de veto político de diplomas legislativos e o poder de requerer a fiscalização (preventiva ou sucessiva) da constitucionalidade das normas jurídicas junto do Tribunal Constitucional (que é, como se sabe, o órgão de "controlo concentrado" da constitucionalidade). Muito importantes são também as funções de Comandante Supremo das Forças Armadas e de alta representação externa (com o poder de ratificar e assinar convenções internacionais), bem como a declaração dos estados de excepção constitucional. Para já, analisar-se-ão os poderes de dissolução do Parlamento, de veto político e de iniciativa em sede de fiscalização da constitucionalidade. Os poderes relativos ao Governo, designadamente os chamados poderes de controlo primário,[210] serão examinados mais adiante, quando se tratar do problema da formação, demissão e responsabilidade do Governo.

5.2 O poder de dissolução parlamentar

O primeiro poder relevante vem a ser o poder de dissolução da Assembleia da República (art. 172º da CRP 76). Trata-se porventura do poder mais forte do presidente, já que é um poder completamente livre, que depende apenas e só da leitura política presidencial.[211] Registe-se que, na versão originária da CRP 76, o poder de dissolução carecia de parecer prévio favorável do extinto Conselho da Revolução[212] e, em caso de reiterada instabilidade governativa, era mesmo obrigatório.[213] A Revisão Constitucional

---

[210] A expressão é de Gomes Canotilho; cf. CANOTILHO, J. J. Gomes. *Direito constitucional e teoria da Constituição*. 5. ed. Coimbra: Almedina, 2001. p. 539.

[211] Cf. CANOTILHO, J. J. Gomes; MOREIRA, Vital. *Constituição da República Portuguesa anotada*. 3. ed. Coimbra: Coimbra Editora, 1993. Anotação I ao art. 175º (hoje, 172º). p. 702; AMARAL, Maria Lúcia. *A forma da república*. Coimbra: Coimbra Editora, 2005. p. 309-310; MORAIS, Carlos Blanco de. *O sistema político*. Coimbra: Almedina, 2017. p. 489-490; Cf. NOVAIS, Jorge Reis. *Semipresidencialismo* – Teoria geral e sistema português. 2. ed. Coimbra: Almedina, 2018. p. 233 e ss. A maior ou menor amplitude (e, no limite, a inexistência) do poder presidencial de dissolução é um dos factores que mais contribui para determinar o carácter mais "consensual" ou mais "majoritário" da democracia, cf. LIJPHART, Arend. Presidentialism and majoritarian democracy. *In*: LINZ, Juan; VALENZUELA, Arturo (Ed.). *The failure of presidential democracy* – Comparative perspectives. Baltimore: The John Hopkins University Press, 1994. v. 1. p. 99. Note-se que esta asserção é expendida no contexto do pensamento do autor, explanado designadamente na sua conhecida obra *Democracies* (cf. LIJPHART, Arend. *Democracies* – Patterns of majoritarian and consensus government in twenty-one countries. New Haven; Londres: [s.n.], 1984). Aquilo que se procura provar, no artigo citado, é que os sistemas presidencialistas têm uma maior propensão para favorecer a emergência de "democracias agressivas de tipo maioritário" em detrimento das "democracias consensuais".

[212] Cf. MIRANDA, Jorge. *A Constituição de 1976* – Formação, estrutura, princípios fundamentais. Lisboa: Livraria Petrony, 1978. p. 425; MORAIS, Isaltino de; ALMEIDA, José Mário Ferreira de; PINTO, Ricardo Leite. *O sistema de governo semipresidencial* – O caso português. Lisboa: [s.n.], 1984. p. 80. O facto de, na altura, necessitar do parecer prévio favorável não significa que tal parecer fosse absolutamente vinculativo. É que, mesmo dispondo de um parecer favorável à dissolução, o Presidente conservava sempre a liberdade de não seguir o parecer e, portanto, de acabar por não proceder à dissolução do Parlamento. Ou seja, o Presidente da República não podia dissolver a Assembleia sem o dito parecer favorável; mas dispondo dele, não era obrigado a dissolvê-la. Trata-se daquilo que tecnicamente se chama um "parecer conforme". Sobre a classificação dos pareceres e, designadamente, sobre a figura do parecer conforme, cfr. SOARES, Rogério. *Direito administrativo* – Lições ao Curso Complementar de Ciências Jurídico-Políticas da Faculdade de Direito de Coimbra. Coimbra: policopiado, 1978. p. 136-139.

[213] Cf. MIRANDA, Jorge. *A Constituição de 1976* – Formação, estrutura, princípios fundamentais. Lisboa: Livraria Petrony, 1978. p. 425; SOUSA, Marcelo Rebelo de. *O sistema de governo português*. 4. ed. Lisboa: [s.n.], 1992. p. 13.

de 1982 cifrou-se, neste aspecto particular, num importante reforço da posição presidencial.²¹⁴ Actualmente, nos termos da al. e) do art. 133º da CRP 76, o presidente tem apenas de ouvir previamente o Conselho de Estado e, bem assim, os partidos com assento parlamentar (em nada estando vinculado pelo sentido do parecer do Conselho ou dos partidos).

Ainda assim, o poder livre de dissolução conhece dois tipos de limites: os limites temporais e os limites circunstanciais. A Assembleia da República não pode ser dissolvida nos primeiros seis meses subsequentes à sua eleição ou nos últimos seis meses do mandato presidencial (limites de cariz temporal) nem na pendência de estado de sítio ou de emergência (limites de ordem circunstancial). O primeiro limite temporal visa evitar uma anómala cadeia de dissoluções sucessivas e o segundo uma "manipulação presidencial" de soluções políticas em termo de mandato (especialmente, fazendo coincidir o calendário das eleições legislativas com o calendário das presidenciais).²¹⁵ Os limites circunstanciais previnem, por sua vez, uma "tentação autoritária" ou a materialização de uma autêntica cláusula de ditadura (de tão má memória) em que o presidente ou o Governo fica só – isolado e sem controlo – a gerir a crise.²¹⁶

O poder de dissolução – sempre apresentado como bomba atómica – foi usado três vezes (1979; 1982; 1985) pelo Presidente Ramalho Eanes, uma antes da Revisão de 1982 e duas já depois. Mário Soares recorreu a este poder uma única vez, no primeiro mandato, em 1987. Jorge Sampaio só lançou mão da dissolução no seu segundo mandato, mas por duas vezes (2001; 2004). Já Cavaco Silva exerceu este poder uma única vez, pouco depois da sua reeleição (2011). O Presidente Marcelo Rebelo de Sousa, apesar de só ter lidado com governos minoritários, não recorreu até o momento ao instituto da dissolução. A maioria das decisões de dissolução ocorreu na sequência de crises políticas agudas, geralmente originadas pela prévia demissão do Governo (provocada ou espontânea) e pela inviabilidade de formação de alternativas de governo no quadro parlamentar coevo. Importa, no entanto, evidenciar três ocasiões em que diferentes presidentes optaram pela dissolução da Assembleia, havendo maiorias parlamentares disponíveis para a sustentação de um Governo.²¹⁷ Assim, sucedeu em 1983, aquando da demissão do II Governo Balsemão, com a proposta pela AD da formação de um novo Governo liderado por uma segunda figura (Vítor Crespo), que o Presidente Eanes rejeitou.²¹⁸ O mesmo se diga, em 1987, aquando da queda do I Governo Cavaco Silva, em que o PS (liderado por Vítor Constâncio) e o PRD se propuseram a formar governo com o apoio parlamentar

---

Sobre a figura da dissolução obrigatória ou automática, cf. RANGEL, Paulo Castro. *Sistemas de Governo Mistos – o Caso Cabo-verdiano*. In: VAZ, Manuel Afonso; LOPES, Azeredo J. A. (Org.). *Juris et de Jure* – Nos 20 Anos da Faculdade de Direito da UCP-Porto. Porto: Universidade Católica Editora, 1998. p. 728-729, nota 24.

²¹⁴ Cf. NOVAIS, Jorge Reis. *Semipresidencialismo* – Teoria geral e sistema português. 2. ed. Coimbra: Almedina, 2018. p. 186-187; 203-206; 233-235.

²¹⁵ Sobre a razão de ser dos limites temporais, Cf. CANOTILHO, J. J. Gomes; MOREIRA, Vital. *Constituição da República Portuguesa anotada*. 3. ed. Coimbra: Coimbra Editora, 1993. Anotação I ao art. 175º (hoje, 172º). p. 702-703. Muito crítico dos efeitos bloqueadores dos limites temporais, cf. MORAIS, Carlos Blanco de. *O sistema político*. Coimbra: [s.n.], 2017. p. 565-568.

²¹⁶ Cf. CANOTILHO, J. J. Gomes; MOREIRA, Vital. *Constituição da República Portuguesa anotada*. 3. ed. Coimbra: [s.n.], 1993. Anotação I ao art. 175º (hoje, 172º). p. 703.

²¹⁷ Cf. f. MORAIS, Carlos Blanco de. *O sistema político*. Coimbra: Almedina, 2017. p. 646; NOVAIS, Jorge Reis. *Semipresidencialismo* – Teoria geral e sistema português. 2. ed. Coimbra: Almedina, 2018. p. 239-240.

²¹⁸ Cf. TAVARES, António. *A coabitação política em Portugal*. Coimbra: Almedina, 2016. p. 140.

do PCP – no que poderia ter sido uma "gerigonça" *avant la lettre*. O Presidente Soares recusou terminantemente essa hipótese e dissolveu o Parlamento.²¹⁹ Finalmente, o caso já devidamente mencionado de 2004 em que o Presidente Sampaio decide dissolver o Parlamento, apesar de o Governo em funções (Governo Santana Lopes) dispor de maioria parlamentar absoluta e não ter havido qualquer crise formal.²²⁰ Se o poder de dissolução é sempre uma afirmação superlativa dos poderes presidenciais, nestas três ocasiões representou um exercício em assumida contradição com as supostas maiorias parlamentares.

5.3 O poder de veto político como um poder de conformação substantiva

No que toca ao chamado veto político (art. 136º CRP 76) – veto fundamentado em razões de conveniência e oportunidade política –, a Constituição estabelece um poder de veto absoluto quanto aos diplomas provenientes do Governo e um veto relativo, superável mediante confirmação, quanto aos diplomas oriundos da Assembleia da República.²²¹ De sublinhar que para a confirmação dos diplomas parlamentares, em regra, basta a maioria absoluta dos deputados em efectividade de funções. Para certas matérias (elencadas no nº 3 do art. 136º), todavia, exige-se uma maioria duplamente qualificada, o que naturalmente dificulta a superação do veto e valoriza correspondentemente o poder de bloqueio do presidente.²²² Importa notar que, depois da Revisão Constitucional de 1982, ficou arredada a possibilidade de lançar mão do que a tradição norte-americana designa por "veto de bolso" (*pocket veto*) e que, na terminologia portuguesa, era mais conhecido por "veto de gaveta".²²³ O veto de gaveta correspondia a uma posição de inércia presidencial, em que o chefe de Estado nem promulgava nem vetava, deixando no limbo o decreto submetido à promulgação. Diferentemente se passam as coisas no que respeita à ratificação de tratados internacionais e à assinatura de acordos internacionais pelo presidente da República, prevenidas nos arts. 135º, al. b), e 134º, al. b), da CRP 76,

---

[219] Cf. TAVARES, António. *A coabitação política em Portugal*. Coimbra: Almedina, 2016. p. 153.

[220] Cf. TAVARES, António. *A coabitação política em Portugal*. Coimbra: Almedina, 2016. p. 175-177.

[221] Cf. nº 4 do art. 136º quanto ao Governo e nºs 1-3 do mesmo preceito quanto à Assembleia da República. Cf. CANOTILHO, J. J. Gomes. *Direito constitucional e teoria da Constituição*. 5. ed. Coimbra: [s.n.], 2001. p. 598; 619-620; MORAIS, Carlos Blanco de. *O sistema político*. Coimbra: [s.n.], 2017. p. 655-656; MORAIS, Carlos Blanco de. Le metamorfosi del semipresidenzialismo portoghese. *Quaderni Giuridici del Dipartimento di Scienze Politiche dell'Universitá degli studi di Trieste, Semipresidenzialismi*, Pádua, n. 3, 1997. p. 132; AMARAL, Maria Lúcia. *A forma da república*. Coimbra: Coimbra Editora, 2005. p. 310-312.

[222] A possibilidade de superação do veto por maiorias pouco exigentes é um dos traços que Lijphart considera "atenuantes" do carácter "majoritário" dos sistemas presidencialistas, cf. LIJPHART, Arend. Presidentialism and majoritarian democracy. In: LINZ, Juan; VALENZUELA, Arturo (Ed.). *The failure of presidential democracy – Comparative perspectives*. Baltimore: The John Hopkins University Press, 1994. v. 1. p. 99-100.

[223] Cf. SOUSA, Marcelo Rebelo de. *O sistema de governo português*. 4. ed. Lisboa: AAFDL , 1992. p. 51, nota 49; p. 54; CANOTILHO, J. J. Gomes; MOREIRA, Vital. *Constituição da República Portuguesa anotada*. 3. ed. Coimbra: Coimbra Editora, 1993. Anotação V ao art. 139º (hoje, 136º). p. 599; CANOTILHO, J. J. Gomes; MOREIRA, Vital. *Os poderes do presidente da República*. Coimbra: Coimbra Editora, 1991. p. 90; PIRES, Lucas. O sistema de governo português: sua dinâmica. In: COELHO, Mário Baptista (Coord.). *Portugal: o Sistema Político e Constitucional 1974-1987*. Lisboa: Instituto de Ciências Sociais, Universidade de Lisboa, 1989. p. 295; NOVAIS, Jorge Reis. *Semipresidencialismo – Teoria geral e sistema português*. 2. ed. Coimbra: Almedina, 2018. p. 189-190.

em que justamente a Constituição lhe confere um poder livre.[224] O que implica que não tenha nenhuma obrigação de ratificar ou recusar a ratificação dentro de qualquer prazo nem esteja previsto qualquer mecanismo de superação da sua recusa[225] ou da sua inércia. Um regime idêntico de admissão de uma "recusa de bolso ou de gaveta" deve estender-se o decretamento de referendos (arts. 115º e 134º, al. c), da CRP 76).[226]

No caso do veto de decretos governamentais, o veto é ainda "torneável" mediante o exercício dos poderes de iniciativa legislativa do Governo junto da Assembleia da República, transformando o decreto vetado em proposta de lei. Este expediente de recurso tem, no entanto, evidentes custos políticos, já que implica uma tomada de posição assumidamente conflitual com a instituição presidencial.[227] Há, no entanto, um domínio – o da sua organização e funcionamento – em que o Governo não tem forma de tornear o veto do presidente, por se tratar de matéria da exclusiva competência legislativa do próprio Governo.[228] Neste caso muito particular, mas que ainda se relaciona com os poderes presidenciais de nomeação dos membros do Governo, o veto do presidente pode apodar-se de "absolutíssimo".

No manejo dos seus poderes de veto, o presidente dispõe de uma capacidade de influência da política governamental e legislativa que, embora devendo ser usada criteriosamente, não pode nem deve ser menorizada.[229] Trata-se de um verdadeiro poder de conformação das políticas públicas, o que está bem documentado na forma como a Assembleia da República tem em conta a fundamentação dos vetos presidenciais e na frequência com que o Governo altera os seus decretos antes mesmo de os enviar formalmente ao presidente para evitar vetos que antecipa como prováveis. Esta margem de manobra é ainda maior, como vimos, no que concerne às chamadas convenções internacionais, já que o poder de ratificação dos tratados e de assinatura dos acordos internacionais é um poder rigorosamente livre.[230] Esta diferença de regimes demonstra também que o presidente goza de um maior poder de conformação no domínio da disciplina normativa das relações externas, o que se mostra perfeitamente congruente com o figurino constitucional que lhe está assinalado. Acrescente-se, para finalizar o tratamento dos poderes de veto político, que o presidente não pode recusar a promulgação de leis de revisão da Constituição (art. 286º da CRP 76).

---

[224] Cf. CANOTILHO, J. J. Gomes; MOREIRA, Vital. *Constituição da República Portuguesa anotada*. 3. ed. Coimbra: Coimbra Editora, 1993. Anotação V ao art. 138º (hoje, 135º). p. 595.

[225] Cf. MORAIS, Carlos Blanco de. *O sistema político*. Coimbra: Almedina, 2017. p. 657.

[226] Nestes termos, cf. CANOTILHO, J. J. Gomes. *Direito constitucional e teoria da Constituição*. 5. ed. Coimbra: Almedina, 2001. p. 620.

[227] Cf. MIRANDA, Jorge; MEDEIROS, Rui. *Constituição Portuguesa anotada*. Coimbra: Coimbra Editora, 2006. t. II. Anotação IX ao art. 136º. p. 407.

[228] Cf. art. 198º, nº 2, da CRP 76; MIRANDA, Jorge; MEDEIROS, Rui. *Constituição Portuguesa anotada*. Coimbra: Coimbra Editora, 2006. Anotação IX ao art. 136º. p. 407

[229] Cf. CANOTILHO, J. J. Gomes; MOREIRA, Vital. *Os poderes do presidente da República*. Coimbra: Coimbra Editora, 1991. p. 52-53.

[230] Cf. MORAIS, Carlos Blanco de. *O sistema político*. Coimbra: Almedina, 2017. p. 657.

5.4 A legitimidade para activar a fiscalização preventiva e o veto por inconstitucionalidade

No quadro do sistema português de fiscalização da constitucionalidade – e como reconhece o próprio art. 136º no seu nº 5 –, o presidente da República pode desencadear o designado controlo preventivo da constitucionalidade das normas constantes dos diplomas legislativos. A concessão desta "legitimidade" ao presidente da República não é de somenos importância, porque a "fiscalização preventiva é mais marcadamente política"[231] e a experiência portuguesa revela um uso frequente deste tipo de controlo como arma de jogo político. Trata-se de uma munição política tanto mais importante quanto é certo que, por um lado, uma eventual pronúncia de "não inconstitucionalidade" por banda do Tribunal Constitucional não preclude um ulterior veto político no devir subsequente do procedimento legislativo. E, por outro lado, por que havendo uma pronúncia de inconstitucionalidade e o correspectivo e obrigatório veto presidencial, só o expurgo das normas inconstitucionais dos diplomas do Governo ou da Assembleia da República habilita de novo o presidente a promulgar ou vetar politicamente. No caso de diplomas provindos da Assembleia vetados por inconstitucionalidade, é ainda possível levar a cabo uma confirmação das normas em causa por uma maioria especialmente exigente.[232] Mas, ao invés do que ocorre com os vetos políticos, a superação desse veto não depende apenas e só da Assembleia, mas também da explícita vontade do chefe de Estado. Com efeito, a confirmação pela Assembleia da República de um diploma vetado por inconstitucionalidade não determina para o presidente a obrigação de promulgar.[233] Ele julgará, de acordo com o seu alto critério, se deverá ou não promulgar um diploma reprovado pelo Tribunal Constitucional, mas depois confirmado pelo Parlamento, servindo de árbitro entre o juízo jurídico e o juízo político da constitucionalidade e alçando-se à posição de mais alto guardião da Lei Fundamental – lembrando *Der Hüter der Verfassung* de Carl Schmitt.[234] A hipótese parece, no entanto, meramente teórica, dado que um tal tipo de confirmação nunca teve lugar e dificilmente se entrevê como possa vir a ter, dado o ónus posto no Parlamento ao insistir em fazer passar legislação que vulnera a Constituição.

---

[231] A expressão é de CANOTILHO, J. J. Gomes. *Direito constitucional e teoria da Constituição*. 5. ed. Coimbra: Almedina, 2001. p. 1013-1014; PIRES, Lucas. *Teoria da Constituição de 1976* – A transição dualista. Coimbra: [s.n.], 1989. p. 263-264; RANGEL, Paulo. O legislador e o Tribunal Constitucional. *Direito e Justiça*, v. XI, t. 2, 1997. p. 212-214; RANGEL, Paulo. *Repensar o Poder Judicial*. Porto: Universidade Católica Editora, 2001. p. 148-154.

[232] Cf. art. 279º, nº 2, da CRP 76.

[233] Cf. RANGEL, Paulo. O legislador e o Tribunal Constitucional. *Direito e Justiça*, v. XI, t. 2, 1997. p. 212-214; RANGEL, Paulo. *Repensar o Poder Judicial*. Porto: Universidade Católica Editora, 2001. p. 148-154; MIRANDA, Jorge; MEDEIROS, Rui. *Constituição Portuguesa anotada*. Coimbra: Coimbra Editora, 2006. Anotação XIII ao art. 136º. p. 409.

[234] Cf. as diferentes formulações do art. 279º, nº 2, da CRP 76, e do art. 136º, nº 2, da CRP 76. Neste sentido, cf. MIRANDA, Jorge. Veto. *In*: FERNANDES, José Pedro (Dir.). *Dicionário Jurídico da Administração Pública*. Lisboa: [s.n.], 1996. v. VII. p. 603; MIRANDA, Jorge. *Manual de direito constitucional*. 5. ed. [s.l.]: [s.n.], 1996. v. V. p. 293; MIRANDA, Jorge; MEDEIROS, Rui. *Constituição Portuguesa anotada*. Coimbra: [s.n.], 2006. Anotação XIII ao art. 136º. p. 409-410. Sobre o papel do Parlamento e do Presidente da República em sede de fiscalização abstracta preventiva, com o consequente apagamento do órgão controlador da constitucionalidade, cf. ANDRADE, Vieira de. Legitimidade da justiça constitucional e princípio da maioria. *In*: BRITO, J. Sousa e *et al. Legitimidade e legitimação da justiça constitucional*. Coimbra: Coimbra Editora, 1995. p. 78-79; RANGEL, Paulo. O legislador e o Tribunal Constitucional. *Direito e Justiça*, v. XI, t. 2, 1997. p. 212-214; RANGEL, Paulo. *Repensar o Poder Judicial*. Porto: Universidade Católica Editora, 2001. p. 148-154.

De notar que o presidente pode ainda fazer suscitar o controlo sucessivo da inconstitucionalidade, nos termos do art. 281º da CRP 76 e, bem assim, o chamado controlo da inconstitucionalidade por omissão, no quadro do art. 283º da CRP 76 – este com uma evidente carga política de censura aos órgãos legislativos.[235]

5.5 Um enorme composto de poderes presidenciais

Para lá de poderes formais muitíssimo relevantes como dispõe o poder de declaração nos procedimentos complexos de declaração do estado de sítio ou de emergência e, bem assim, do poder de "última palavra" na convocação de referendos, o presidente goza ainda do que já se denominou o "poder da comunicação presidencial".[236] Desde logo, a Constituição prevê várias situações em que faz impender sobre o presidente – mesmo que tacitamente – uma obrigação de fundamentação (*v.g.*, veto político de decretos parlamentares e até governamentais, poder de demissão do Governo). E, do mesmo passo, atribui-lhe a prerrogativa de enviar mensagens à Assembleia da República e aos parlamentos das Regiões Autónomas. A estas prerrogativas somam-se ainda, naturalmente, as inúmeras possibilidades de manifestação nos meios de comunicação social e na opinião pública, que constituem um enorme arsenal de poder informal, de influência e de persuasão, com um potencial de enorme repercussão no normal devir da vida política.

6 O Governo como órgão autónomo responsável pela política geral

6.1 A presidência do Conselho de Ministros como competência própria e exclusiva do primeiro-ministro

O Governo é um órgão constitucional autónomo, perfeitamente distinto e independente do presidente da República.[237] Eis aqui, na dicotomia chefe de Estado/Executivo, um traço característico dos sistemas de governo parlamentares. O Governo é, pois, um órgão colegial, presidido pelo primeiro-ministro, figura que goza de primazia em face dos restantes membros – como atesta e documenta o facto de ser ele quem escolhe os ministros e os secretários de Estado,[238] de a sua morte, incapacidade ou demissão acarretar a demissão de todo o Governo,[239] de o relacionamento institucional com o presidente ser efectuado essencialmente, senão mesmo exclusivamente, através dele.[240]

Esta dualidade orgânica mostra-se ainda amplamente no facto de o presidente da República não ter competência para presidir os Conselhos de Ministros. Com efeito, o presidente da República só presidirá o Conselho de Ministros quando para tal for

---

[235] Cf. MORAIS, Carlos Blanco de. *O sistema político*. Coimbra: Almedina, 2017. p. 658-659.
[236] Cf. MORAIS, Carlos Blanco de. *O sistema político*. Coimbra: Almedina, 2017. p. 667 e ss.
[237] Cf. art. 182º da CRP 76. Cf. CANOTILHO, J. J. Gomes; MOREIRA, Vital. *Os poderes do presidente da República*. Coimbra: Coimbra Editora, 1991. p. 43 e 61.
[238] Cf. art. 187º, nº 2, da CRP 76.
[239] Cf. art. 195º, nº 1, al. b) e c), da CRP 76.
[240] Cf. art. 190º, nº 1, da CRP 76, que precisamente estabelece que só o Primeiro-Ministro responde perante o Presidente da República. Voltaremos mais à frente a este ponto.

convidado pelo primeiro-ministro, consoante decorre da al. i) do art. 133º da CRP 76.²⁴¹ O que aconteceu, por exemplo, com o Presidente Eanes no Governo Pintasilgo (V Governo Constitucional) em 1979 e tem vindo a suceder repetidamente (embora não sempre), por razões de mera cortesia, no termo do mandato de cada presidente. Eis um ponto em que o sistema português se afasta do paradigma francês do semipresidencialismo, onde, como é amplamente sabido, o presidente da República detém uma competência normal para presidir o Conselho de Ministros.²⁴²

6.2 A inexistência de qualquer domínio material reservado ao presidente

No modelo francês, de resto, existe uma verdadeira "reserva presidencial" em matéria de política externa que claramente intersecta o domínio da governação (cada vez mais, atenta à progressiva "internacionalização" das agendas políticas nacionais).²⁴³ Ora, nos termos lapidares do art. 182º da CRP 76, ao Governo cabe a condução da política geral do país e a direcção suprema da Administração Pública. O art. 182º não faz, todavia, uma alusão directa à "política externa", o que pode deixar – e deixou na experiência passada, *maxime* na Presidência Eanes (1976 a 1986) – margem para algumas interpretações mais generosas para o presidente (conhecidas, na gíria política, como doutrina da "diplomacia paralela" e que respeitariam, nomeadamente, as relações externas com as antigas colónias e a participação portuguesa na NATO).²⁴⁴ Na verdade, a CRP 76 define o presidente como representante da República Portuguesa e dá-lhe certas competências no âmbito das relações internacionais, consoante decorre, respectivamente, dos arts. 120º e 135º da CRP 76. De registar que a revisão constitucional de 1982 clarificou este ponto ao aditar às competências do primeiro-ministro o dever de "informar o presidente da República acerca dos assuntos respeitantes à condução da política interna ou externa do país" (art. 204º, nº 1, al. c), da CRP 76).²⁴⁵ Ora, deste preceito tira-se cristalinamente que a política externa é definida e conduzida pelo Governo, cabendo ao presidente da República um "direito à informação". E compreende-se que a Revisão de 1982 tenha empreendido esta clarificação, dado que a prática presidencial ia no sentido de ver a

---

[241] Certificando que até 1996 tal convite só havia sido efectuado por duas vezes, cf. MORAIS, Carlos Blanco de. Le metamorfosi del semipresidenzialismo portoghese. *Quaderni Giuridici del Dipartimento di Scienze Politiche dell'Universitá degli studi di Trieste, Semipresidenzialismi*, Pádua, n. 3, 1997. p. 129.

[242] Cf. art. 9º da Constituição francesa. Cf. HAMON, François; TROPER, Michel. *Droit constitutionnel*. 24. ed. Paris: LGDJ, 1995. p. 528-529; DUHAMEL, Olivier. *Droit Constitutionnel et Politique*. Paris: Éditions du Seuil, 1994. p. 194 e 198-199, onde esclarece que a competência para presidir ao Conselho de Ministros, podendo ter sido meramente protocolar, nunca o chegou a ser. Cf. ainda CANOTILHO, J. J. Gomes; MOREIRA, Vital. *Os poderes do presidente da República*. Coimbra: Coimbra Editora, 1991. p. 16.

[243] Cf. CANOTILHO, J. J. Gomes; MOREIRA, Vital. *Os poderes do presidente da República*. Coimbra: Coimbra Editora, 1991. p. 16-17.

[244] Cf. SOUSA, Marcelo Rebelo de. *O sistema de governo português*. 4. ed. Lisboa: AAFDL, 1992. p. 23-25; CANOTILHO, J. J. Gomes; MOREIRA, Vital. *Os poderes do presidente da República*. Coimbra: Coimbra Editora, 1991. p. 23; 95; ARAÚJO, António. Competências constitucionais relativas à Defesa Nacional: as suas implicações no sistema de governo. In: MIRANDA, Jorge; MORAIS, Carlos Blanco de (Org.). *O direito da Defesa Nacional e das Forças Armadas*. Lisboa: [s.n.], 2000. p. 191 (ver também nota 176).

[245] Com amplo tratamento, cf. CANOTILHO, J. J. Gomes; MOREIRA, Vital. *Os poderes do presidente da República*. Coimbra: Coimbra Editora, 1991. p. 63-67; 81.

matéria das relações internacionais, no mínimo, como um "condomínio presidencial e governamental". Actualmente, o presidente da República terá, quando muito, o direito a proceder a um "especial acompanhamento" da definição e execução da política externa, designadamente tendo em vista que goza aí de poderes negativos mais significativos e de um direito à informação "mais intenso".[246]

7 A responsabilidade do Governo perante a Assembleia da República

7.1 A manifestação precoce da responsabilidade parlamentar na formação do Governo

Uma característica fundamental do nosso sistema de governo – típica dos regimes parlamentares – é a responsabilidade política do Governo perante o Parlamento, responsabilidade esta que se afere em vários momentos e a diferentes propósitos. A CRP 76 estabelece inequivocamente a responsabilidade política do Governo perante a Assembleia da República, enunciando-a de modo expresso, seja em termos institucionais (art. 190º), seja em termos políticos, através dos seus membros (art. 190º, nºs 1 e 2).

A formação do Governo (designadamente, a sua organização e a correspondente composição pessoal) parece, à vista desarmada, depender muito mais do presidente da República do que do Parlamento. Com efeito, e nos termos do art. 187º da CRP 76, é o chefe de Estado quem escolhe o primeiro-ministro e quem nomeia os restantes membros do Governo (embora sob proposta do Chefe do Governo). No entanto, revela-se já aqui (e de modo não despiciendo) a dependência parlamentar do Governo. Na verdade, o presidente nomeia o primeiro-ministro, "ouvidos os partidos representados na Assembleia da República e tendo em conta os resultados eleitorais" (art. 187º, nº 2, da CRP 76). Parece pacífico, a partir deste inciso, deduzir que o presidente da República, na escolha do primeiro-ministro, só pode ter em conta os resultados das eleições legislativas (e já não os das eleições presidenciais ou autárquicas).[247]

Não restam, pois, dúvidas de que a solução encontrada há de pautar-se pelo critério da "sustentabilidade parlamentar", qualquer que ela seja. E isto, mesmo na hipótese limite de um "governo de iniciativa presidencial" ou de um "governo técnico

---

[246] Cf. sobre este tema e neste sentido, CANOTILHO, J. J. Gomes; MOREIRA, Vital. *Os poderes do presidente da República*. Coimbra: Coimbra Editora, 1991, especialmente p. 78-98; ARAÚJO, António. Competências constitucionais relativas à Defesa Nacional: as suas implicações no sistema de governo. In: MIRANDA, Jorge; MORAIS, Carlos Blanco de (Org.). *O direito da Defesa Nacional e das Forças Armadas*. Lisboa: [s.n.], 2000. p. 196-197.

[247] Antes da Revisão Constitucional de 1982, Jorge Miranda alvitrou a possibilidade de se sustentar a solução contrária (isto é, considerar os resultados das eleições presidenciais, a par dos resultados das legislativas, na formação do Governo). Cf. MIRANDA, Jorge. *A Constituição de 1976* – Formação, estrutura, princípios fundamentais. Lisboa: Livraria Petrony, 1978. p. 430. Entretanto, o autor já não aceita tal possibilidade, cf. MIRANDA, Jorge. L'esperienza portoghese di sistema semipresidenziale. In: GAMBINO, Silvio (Org.). *Democrazia e forma di governo*. Rimini: Maggioli, 1997. p. 161, nota 14; em idêntico sentido, CANOTILHO, J. J. Gomes; MOREIRA, Vital. *Constituição da República Portuguesa anotada*. 3. ed. Coimbra: Coimbra Editora, 1993, anotação II ao art. 190º (hoje 187º). p. 745; SOUSA, Marcelo Rebelo de. *O sistema de governo português*. 4. ed. Lisboa: AAFDL, 1992. p. 10; NOVAIS, Jorge Reis. *Semipresidencialismo* – Teoria geral e sistema português. 2. ed. Coimbra: Almedina, 2018. p. 242.

ou tecnocrático". Naturalmente, esta sustentabilidade parlamentar pode habilitar o presidente a chamar para primeiro-ministro o líder de um partido não maioritário, designadamente na hipótese de coligação entre dois partidos não maioritários com uma maior base parlamentar de suporte do que a que é detida pelo partido maioritário.[248] Foi justamente isto que sucedeu, no seguimento das eleições legislativas de 2015, em que um presidente visivelmente contrariado indigitou e nomeou o líder do segundo maior partido, por este ter sido capaz de recolher um apoio maioritário no Parlamento (numa experiência de acordos de incidência parlamentar entre o PS e o Bloco de Esquerda, o PS e o PCP e o PS e "Os Verdes", que, como já se fez alusão, ficou conhecida por "geringonça"). Ainda assim, o presidente começou por nomear um primeiro Governo liderado pelo chefe do partido mais votado, Governo que viu o seu programa reprovado e que, por conseguinte, não chegou a entrar em plenitude de funções. Após a indigitação[249] e o resultado das consultas empreendidas, esta primeira nomeação formal parecia desnecessária, pois era evidente que esse Governo (o II Governo Passos Coelho) não disporia de suporte parlamentar. Este poder presidencial de escolha do primeiro-ministro, para lá dos casos evidentes de governos de iniciativa presidencial, revelou-se claramente em casos de morte ou de impossibilidade do chefe de governo precedente. Assim, sucedeu com a morte do Primeiro-Ministro Sá Carneiro (1980, VI Governo Constitucional). O presidente escolheu, para novo primeiro-ministro, o número 2 e novo líder do partido mais votado (Pinto Balsemão, VII Governo Constitucional). E identicamente, em 2004, quando o Primeiro-Ministro Durão Barroso (XV Governo Constitucional) apresentou a demissão para ir ocupar o posto de presidente da Comissão Europeia em Bruxelas. Também à época, o Presidente Jorge Sampaio teve de fazer intensas consultas para escolher um novo primeiro-ministro com base na mesma maioria (Santana Lopes, XVI Governo Constitucional). Em ambos os casos, os novos titulares tinham o apoio inequívoco das maiorias parlamentares dos respectivos partidos.

Em suma, e apesar de em situações várias dispor de uma importante latitude de escolha, a vertente parlamentar do regime pode já vislumbrar-se num "momento" em que, à primeira vista, mais avultaria o peso político do presidente da República.[250]

7.2 O apuramento inicial da responsabilidade: a investidura parlamentar

Nomeado o primeiro-ministro e os restantes membros do Governo, este entra em funções nos termos do art. 186º, nº 5, da CRP 76. Todavia, é apenas um "governo de gestão", isto é, não está investido na plenitude das suas funções, podendo tão só praticar actos que sejam estritamente "necessários para assegurar a gestão corrente de negócios públicos".[251] Na verdade, para entrar em plenitude de funções o Governo carece de um

---

[248] Cf. NOVAIS, Jorge Reis. *Semipresidencialismo* – Teoria geral e sistema português. 2. ed. Coimbra: [s.n.], 2018. p. 243.

[249] Sobre as praxes e trâmites da indigitação, cf. MORAIS, Carlos Blanco de. *O sistema político*. Coimbra: [s.n.], 2017. p. 617-621.

[250] Cf. MORAIS, Carlos Blanco de. *O sistema político*. Coimbra: [s.n.], 2017. p. 622.

[251] Sobre o instituto do governo de gestão, cf. AMARAL, Diogo Freitas do. *Governos de gestão*. 2. ed. Lisboa: Principia, 2002.

acto de investidura parlamentar. Esta exigência de investidura só foi aditada pela Revisão de 1982, data até a qual e à semelhança do que ocorre em França, o Governo assumia a plenitude de poderes com a simples nomeação presidencial.[252]

Essa investidura parlamentar traduz-se na apresentação e apreciação do programa do Governo na Assembleia da República (art. 192º da CRP 76), podendo culminar ou não numa votação. A investidura diz-se expressa se, em virtude da propositura de uma moção de rejeição do programa ou de um voto de confiança, houver lugar a uma votação (nº 3 do art. 192º). A investidura diz-se tácita quando não há lugar a qualquer votação, por nem o Governo ter usado da sua faculdade de solicitar um voto de confiança, nem algum dos grupos parlamentares da oposição ter lançado mão de uma moção de rejeição. A admissão das investiduras tácitas, típicas dos parlamentarismo escandinavos, destina-se naturalmente a facilitar a formação e a viabilização de governos minoritários em quadros parlamentares altamente pulverizados. Mas é também e simultaneamente um sinal da autonomia governamental em face da Assembleia.[253]

A rejeição do programa do Governo ou a rejeição do voto de confiança apresentado conduz naturalmente à respectiva demissão, nos termos das als. d) e e) do nº do art. 195º da CRP 76. Importa, no entanto, chamar a atenção para que a maioria requerida para aprovação de uma moção de rejeição (maioria absoluta dos deputados em efectividade de funções) é mais exigente do que a maioria requerida para a recusa de um voto de confiança (maioria simples).[254] Esta diferença no grau de exigência compreende-se porque a moção de rejeição é um acto hostil e externo, totalmente independente da vontade do órgão governamental; já o voto de confiança está na inteira disposição do próprio Governo, que só o apresenta se quiser (*sibi imputet*).

Na história constitucional recente, só dois governos viram o seu programa rejeitado, morrendo automaticamente à nascença. Foi o caso, em 1978, do Governo Nobre da Costa, de iniciativa presidencial, nomeado pelo Presidente Eanes e, em 2015, do II Governo Passos Coelho.

7.3 A relação de responsabilidade permanente: moções de censura e confiança

Finalmente, e porventura mais importante, a subsistência e manutenção em funções do Governo depende sempre da Assembleia da República, na medida em que, a

---

[252] Cf. AMARAL, Diogo Freitas do. *Governos de gestão*. 2. ed. Lisboa: Principia, 2002. p. 8-9. No sistema francês, o Governo também carece da confiança parlamentar, mas entra na globalidade das suas funções mal se efectiva a nomeação pelo Presidente. Na verdade, a votação parlamentar do programa do Governo é uma faculdade que depende de deliberação do Conselho de Ministros (art. 49º da Constituição de 1958). A prática constitucional, todavia, a respeito deste preceito não tem sido muito regular. Cf. MAUS, Didier. Responsabilité du Gouvernement. *In*: DUHAMEL, Olivier; MENY, Yves (Org.). *Dictionnaire Constitutionnel*. Paris: PUF, 1992. p. 927-929. Comparando o sistema de governo português com o francês e acentuando este traço distintivo (necessidade de investidura parlamentar ainda que tácita; desnecessidade de investidura parlamentar), cf. CANOTILHO, J. J. Gomes; MOREIRA, Vital. *Os poderes do presidente da República*. Coimbra: Coimbra Editora, 1991. p. 16-18.

[253] Cf. PIRES, Lucas. O sistema de governo português: sua dinâmica. *In*: COELHO, Mário Baptista (Coord.). *Portugal: o Sistema Político e Constitucional 1974-1987*. Lisboa: Instituto de Ciências Sociais, Universidade de Lisboa, 1989. p. 300; CANOTILHO, J. J. Gomes; MOREIRA, Vital. *Os poderes do presidente da República*. Coimbra: Coimbra Editora, 1991. p. 70.

[254] Cf., designadamente, o art. 192º, nº 4, da CRP 76.

qualquer momento, esta pode provocar a demissão do Governo, seja pela via da rejeição de moções de confiança, seja pela via da aprovação de moções de censura (arts. 193º e 194º da CRP 76).

Assim, o Governo pode solicitar à Assembleia da República uma moção de confiança, a qual, se não for aprovada, implica a demissão automática do Governo (arts. 193º e 195º, nº 1, al. e), da CRP 76). E, por outro lado, os grupos parlamentares, ou pelo menos um quarto dos deputados em efectividade de funções, podem apresentar moções de censura ao Governo. Todavia, não basta a simples aprovação de uma moção de censura para que o Governo seja demitido; nos termos do art. 195º, nº 1, al. f), para que se dê a demissão do Governo, é necessário que ela tenha sido aprovada por maioria qualificada (a saber, pela maioria absoluta dos deputados em efectividade de funções). Se a moção de censura não for aprovada, os seus signatários ficam impedidos de apresentar uma outra durante a mesma sessão legislativa (art. 194º, nº 3, da CRP 76). No que toca ao regime de demissão do Governo por aprovação de moções de censura, é imperioso dizer que a Revisão de 1982 "parlamentarizou" o regime. Na verdade, numa disposição à época largamente criticada, um Governo só seria demitido pela aprovação sucessiva de duas moções de censura. O que, obviamente, demonstrava que o Governo poderia sobreviver mesmo sem a confiança do Parlamento (pelo menos até a reiteração, em segundo acto, da moção de censura).[255] Este regime podia também ser lido no sentido de que, até 1982, a "confiança presidencial" desempenhava um papel acrescido na manutenção do Governo.

Por estranho que pareça – mas bem revelador de uma certa *capitis diminutio* do Parlamento português –, só um Governo caiu pela recusa de uma moção de confiança (I Governo Constitucional, I Governo Mário Soares, minoritário PS, em 1977) e só um caiu pela aprovação de uma moção de censura (o X Governo Constitucional, I Governo Cavaco Silva, em 1987, por via da aprovação da moção proposta pelo Grupo Parlamentar do PRD). Como já vimos, dois governos caíram logo no momento da investidura por rejeição do programa (Governo Nobre da Costa, 1978, de iniciativa presidencial; II Governo Passos Coelho, 2015).

Seis gabinetes terminaram efectivamente a legislatura que iniciaram, a saber os Governos maioritários de Cavaco Silva (XI e XII Governos Constitucionais, 1987-1995), o I Governo Guterres (minoritário PS, XIII Governo Constitucional, 1995-1999), o I Governo Sócrates (maioria absoluta PS, XVI Governo Constitucional, 2005-2009), o I Governo Passos Coelho (coligação maioritária PSD-CDS, XVII Governo Constitucional, 2011-2015) e o I Governo António Costa (governo minoritário PS, com apoio parlamentar da "geringonça", XIX Governo Constitucional, 2015-1019).

A queda do II Governo Mário Soares (II Governo Constitucional, coligação PS-CDS, 1978) dá-se pelo exercício presidencial do poder de demissão, a do Governo Pintasilgo (V Governo Constitucional, 1979) deu-se por ser um governo a termo (a prazo), apenas com o fito de organizar eleições, e a do Governo Sá Carneiro (VI Governo Constitucional 1979-1980) ocorreu pela morte do primeiro-ministro.

---

[255] Cf. SOUSA, Marcelo Rebelo de. *O sistema de governo português*. 4. ed. Lisboa: [s.n.], 1992. p. 11; 58; 66. Esta solução da versão originária de 1976 influenciou claramente a Constituição cabo-verdiana de 1992, cf. RANGEL, Paulo Castro. Sistemas de Governo Mistos – o Caso Cabo-verdiano. *In*: VAZ, Manuel Afonso; LOPES, Azeredo J. A. (Org.). *Juris et de Jure* – Nos 20 Anos da Faculdade de Direito da UCP-Porto. Porto: Universidade Católica Editora, 1998. p. 732-733.

Todos os restantes, isto é, seis governos foram demitidos por solicitação expressa do primeiro-ministro, sem que houvesse qualquer intervenção formal do Parlamento na cessação de funções do Executivo. Foi esse o caso do Governo Mota Pinto (IV Governo Constitucional, 1978, iniciativa presidencial), do I Governo Balsemão (VII Governo Constitucional, 1981, maioritário PSD-CDS-PPM), do II Governo Balsemão (1981-1983, maioritário PSD-CDS-PPM), do II Governo Guterres (XIII Governo Constitucional, 1999-2001, minoritário PS com rigorosamente metade dos deputados da Assembleia), do Governo Durão Barroso (XIV Governo Constitucional, 2002-2004, maioritário PSD-CDS) e do II Governo Sócrates (XVII Governo Constitucional, minoritário PS, 2009-2011). Esta regularidade de uma demissão – digamos, assim e à falta de melhor palavra –, "administrativa" ou de "secretaria" denota uma assinalável fragilidade da vertente parlamentar do regime[256] e parece comprovar a sempre denunciada tendência para a "governamentalização" ou o "governamentalismo".[257]

A ideia de uma progressiva "governamentalização" do sistema de governo parecia, aliás, confirmada pela circunstância de, desde 1983, a cada formação da Assembleia da República saída de umas eleições legislativas ter correspondido um único governo. Quer os governos hajam completado a legislatura, quer ela tenha sido interrompida pelo recurso presidencial à dissolução, a verdade é que, durante quase vinte anos, a demissão do Governo foi sempre acompanhada de novas eleições. Esta regularidade constitucional – que ameaçava converter-se em praxe ou convenção – reforçava, pois, a tendência para a transformação das eleições legislativas em sucedâneos de referendos ou plebiscitos em torno de um candidato a primeiro-ministro ou de uma equipa governamental. Efectivamente, neste quadro, a responsabilidade do Governo perante o parlamento parecia deslocar-se para uma responsabilidade directa do Governo perante o eleitorado, perante o corpo eleitoral. Esta tendência foi, no entanto, desmentida em duas ocasiões. Na legislatura, 2002-2005, em que, ante a demissão do Governo Durão Barroso (por causa da ida para Bruxelas), o Presidente Sampaio optou por nomear um novo Governo com base na mesma formação parlamentar (o Governo Santana Lopes). E de novo, dez anos depois, na legislatura 2015-2019, em que houve dois governos e em que, pela primeira vez, foi designado para primeiro-ministro o líder do segundo partido mais votado. A experiência da "geringonça" voltou a dar centralidade ao parlamento nos anos de 2015-2019. Em função dos resultados das eleições legislativas de 2019, não se antevê que haja alterações significativas nesta nova centralidade parlamentar,[258] como provam os sucessivos episódios – mesmo que não frequentes – das impropriamente chamadas "coligações negativas".

---

[256] Cf. PIRES, Lucas. O sistema de governo português: sua dinâmica. In: COELHO, Mário Baptista (Coord.). *Portugal: o Sistema Político e Constitucional 1974-1987*. Lisboa: Instituto de Ciências Sociais, Universidade de Lisboa, 1989. p. 297, que se centra no episódio da queda do Governo do Bloco Central.

[257] Em termos gerais e teoréticos, cf. BOGNETTI, Giovanni. *La divisione dei poteri*. Milão: Dott. A. Giuffrè Editore, 1994, em especial, p. 91 e ss. Cf. PIRES, Lucas. O sistema de governo português: sua dinâmica. In: COELHO, Mário Baptista (Coord.). *Portugal: o Sistema Político e Constitucional 1974-1987*. Lisboa: Instituto de Ciências Sociais, Universidade de Lisboa, 1989. p. 314-316; ARAÚJO, António. Competências constitucionais relativas à Defesa Nacional: as suas implicações no sistema de governo. In: MIRANDA, Jorge; MORAIS, Carlos Blanco de (Org.). *O direito da Defesa Nacional e das Forças Armadas*. Lisboa: [s.n.], 2000. p. 214-216.

[258] Cf. MORAIS, Carlos Blanco de. *O sistema político*. Coimbra: Almedina, 2017. p. 565-568.

Um último esclarecimento para precisar que, tecnicamente, a demissão do Governo não implica a sua imediata cessação de funções. Tal como um Governo não investido, um Governo demitido é um "governo de gestão", que não se encontra na plenitude dos seus poderes.[259] O Governo só cessará funções com o acto presidencial de exoneração do primeiro-ministro, acto esse que é simultâneo da nomeação de um novo primeiro-ministro (se assim não fosse, gerava-se evidentemente um "vazio de poder").

8 A relação do Governo com o presidente da República como uma relação de responsabilidade assimétrica

8.1 A dificuldade da qualificação da relação presidente-Governo

Havendo presente que o sistema português se apresenta *prima facie* como um modelo semipresidencial, é natural que se procure dilucidar a natureza da relação entre o presidente e o Governo, especialmente com o intuito de averiguar se haverá aí uma relação de *responsabilidade política* em tudo equivalente àquela que subsiste perante a Assembleia da República. É que, consoante decorre do que se foi adiantando, o presidente da República, órgão com legitimidade democrática directa, dispõe de um poder inicial (nomeação) e de um poder final ou terminal (demissão) relativamente ao Governo. Ora, dispondo o presidente da República de tais poderes de controlo primário sobre o Gabinete,[260] importa determinar se intercorre ou não uma verdadeira relação de confiança política entre ambos.

8.2 O poder de nomeação do primeiro-ministro e do Governo

O primeiro poder presidencial relativamente ao Governo é justamente o poder de escolha do primeiro-ministro. Cura-se aqui de um poder livre e discricionário, em que lhe é deixada uma ampla margem de actuação. Esta liberdade está bem documentada, na circunstância, de, para este efeito, o presidente não carecer do parecer prévio – ainda que meramente indicativo – do Conselho de Estado.[261] É por demais evidente que, ainda assim – e atento à necessidade de confiança parlamentar para a assunção de plenitude de funções –, as escolhas presidenciais hão de considerar o critério da "sustentabilidade parlamentar". Lá onde exista uma maioria absoluta de um só partido, será extremamente difícil ao presidente fazer uma escolha diversa daquela que é indicada por esse mesmo partido.[262] Eis justamente o que sucedeu com o Presidente Soares em face das duas maiorias absolutas atingidas pelo PSD em 1987 e em 1991 ou com o Presidente Sampaio em 2005, diante da maioria absoluta do PS. No caso de haver uma coligação pré-eleitoral que atinja também o patamar da maioria absoluta, as condições para o exercício do poder

---

[259] Cf. art. 186º, nº 5, da CRP 76. Cf. AMARAL, Diogo Freitas do. *Governos de gestão*. 2. ed. Lisboa: Principia, 2002. p. 13.
[260] Sobre a destrinça entre controlo primário e secundário, cf. CANOTILHO, J. J. Gomes. *Direito constitucional e teoria da Constituição*. 5. ed. Coimbra: Almedina, 2001. p. 513.
[261] Cf. SOUSA, Marcelo Rebelo de. *O sistema de governo português*. 4. ed. Lisboa: AAFDL, 1992. p. 64.
[262] Cf. CANOTILHO, J. J. Gomes; MOREIRA, Vital. *Os poderes do presidente da República*. Coimbra: Coimbra Editora, 1991. p. 48-49.

presidencial não serão muito diversas.²⁶³ Atente-se no que sucedeu com a nomeação de Sá Carneiro – adversário político confesso do Presidente Eanes – para primeiro-ministro, na sequência da primeira maioria absoluta da Aliança Democrática (coligação pré-eleitoral PSD-CDS-PPM) em 1979.²⁶⁴ O mesmo vale, na prática, para coligações pós-eleitorais, providas de maioria absoluta na Assembleia, designadamente quando a sua legitimidade é imediatamente sequencial a eleições: assim foi com as duas coligações formais PSD-CDS em 2002 (Governo Durão Barroso) e em 2011 (I Governo Passos Coelho). O caso muda de figura e insufla a margem de manobra presidencial, quando ocorrem vicissitudes que implicam a substituição do líder natural dessas coligações pré ou pós-eleitorais. A morte de Sá Carneiro em 1980 ou a saída de Durão Barroso para a Comissão Europeia em 2004 mostram bem que a formação de um novo Governo, com base na mesma maioria, alarga o leque de escolha do primeiro-ministro por banda do Presidente da República. Embora, curiosamente, em ambos os casos e depois de consultas várias, o presidente se tenha atido à escolha que o maior partido da coligação fez para a sua liderança e para o encabeçamento do Executivo. Daí a nomeação para o cargo de primeiro-ministro de Pinto Balsemão em 1981 e de Santana Lopes em 2004.

A latitude dos poderes de conformação do presidente aumenta ainda – e mais claramente – nos casos em que o partido majoritário dispõe apenas de maioria relativa e será tanto maior quanto mais intensa seja a fragmentação partidária no parlamento. O presidente não está nunca obrigado a nomear para primeiro-ministro o líder do partido mais votado (e poderá mesmo designar uma segunda ou terceira figura do partido em causa). Tudo depende da apreciação que fizer de cada conjuntura política.²⁶⁵ Em 1978, perante o fracasso do I Governo Soares, minoritário, Eanes esclareceu que só daria posse a um governo com apoio parlamentar majoritário, tendo então forçado a solução da coligação PS-CDS que deu origem ao II Governo Soares.²⁶⁶ Em 1983, Eanes, já em segundo mandato e já depois da Revisão de 82 que lhe reduzira sensivelmente os poderes, perante o falhanço do II Governo Balsemão, rejeitou a proposta feita pelos partidos da Aliança Democrática (apesar de estes gozarem de uma ampla maioria absoluta). Como vimos, estes propuseram o nome de Vítor Crespo para primeiro-ministro em substituição de Balsemão (que já substituíra Sá Carneiro). O presidente entendeu, no entanto, dissolver a Assembleia e convocar eleições.²⁶⁷ Também em 1987, na sequência da aprovação da

---

²⁶³ Cf. NOVAIS, Jorge Reis. *Semipresidencialismo* – Teoria geral e sistema português. 2. ed. Coimbra: Almedina, 2018. p. 242.

²⁶⁴ Cf. MORAIS, Carlos Blanco de. Le metamorfosi del semipresidenzialismo portoghese. *Quaderni Giuridici del Dipartimento di Scienze Politiche dell'Università degli studi di Trieste, Semipresidenzialismi*, Pádua, n. 3, 1997. p. 142 (e nota 51).

²⁶⁵ Cf. CANOTILHO, J. J. Gomes; MOREIRA, Vital. *Os poderes do presidente da República*. Coimbra: Coimbra Editora, 1991. p. 48; NOVAIS, Jorge Reis. *Semipresidencialismo* – Teoria geral e sistema português. 2. ed. Coimbra: Almedina, 2018. p. 243-244.

²⁶⁶ Cf. SOUSA, Marcelo Rebelo de. *O sistema de governo português*. 4. ed. Lisboa: AAFDL, 1992. p. 23; PIRES, Lucas. O sistema de governo português: sua dinâmica. *In*: COELHO, Mário Baptista (Coord.). *Portugal*: o Sistema Político e Constitucional 1974-1987. Lisboa: Instituto de Ciências Sociais, Universidade de Lisboa, 1989. p. 318, nota 82.

²⁶⁷ Cf. PIRES, Lucas. O sistema de governo português: sua dinâmica. *In*: COELHO, Mário Baptista (Coord.). *Portugal*: o Sistema Político e Constitucional 1974-1987. Lisboa: Instituto de Ciências Sociais, Universidade de Lisboa, 1989. p. 297; SOUSA, Marcelo Rebelo de. *O sistema de governo português*. 4. ed. Lisboa: AAFDL, 1992. p. 78; MORAIS, Carlos Blanco de. Le metamorfosi del semipresidenzialismo portoghese. *Quaderni Giuridici del Dipartimento di Scienze Politiche dell'Università degli studi di Trieste, Semipresidenzialismi*, Pádua, n. 3, 1997. p. 142.

moção de censura que derrubou o I Governo Cavaco Silva (minoritário), o Presidente Soares rejeitou a proposta feita pelo PS e pelo PRD da constituição de um Governo PS-PRD com apoio parlamentar do PCP.[268] Nestes dois casos, o presidente usou o seu poder de escolha do primeiro-ministro de uma forma negativa, mas ainda assim exerceu decisivamente o poder de formação dos Governos.

Importa demais lembrar que o poder do presidente se estende à inteira composição do Governo e não apenas ao seu chefe. Efectivamente, muito embora os ministros e secretários de estado sejam propostos pelo primeiro-ministro, são nomeados pelo presidente da República (art. 187º, nº 2). Na experiência constitucional portuguesa, já por repetidas vezes o presidente vetou o nome de certos ministros ou aconselhou mesmo o nome de outros.[269] Tome-se o exemplo da recusa do Presidente Soares em nomear vice-primeiro-ministro o então Ministro da Defesa, Fernando Nogueira, em 1995.[270] Parece claro que está excluída a hipótese de o presidente demitir individualmente ministros, pese embora se conheçam bem circunstâncias da nossa história política recente em que o presidente da República foi determinante para a demissão de um ministro (que depois se processa ou por iniciativa do próprio ou por iniciativa do chefe de governo). Já se aludiu ao caso da ministra da Administração Interna em 2017, mas é também conhecido o caso do ministro da Juventude em 2000 (II Governo Guterres).[271] Em suma, se usado com critério, o presidente tem alguma margem de condicionamento da composição ministerial do Governo; embora isso seja evidentemente muito mais verdadeiro para o momento da nomeação do que para o momento da demissão.

Questão diversa é a de saber se a relação do presidente com o Governo se faz unicamente através do primeiro-ministro, como parecem indicar os dizeres do art. 191º, nº 1, ou se pode fazer-se directamente com ministros singulares.[272] Em princípio, o presidente não pode despachar com os ministros, talvez com a excepção da matéria de adopção das medidas de graça e clemência com o ministro da Justiça.[273] Nesse domínio material, há uma praxe constitucional que depõe nesse sentido, de resto, também com sedimentação no direito comparado (mesmo em sistemas parlamentares). A circunstância

---

[268] Cf. SOUSA, Marcelo Rebelo de. *O sistema de governo português*. 4. ed. Lisboa: AAFDL, 1992. p. 84; MORAIS, Carlos Blanco de. Le metamorfosi del semipresidenzialismo portoghese. *Quaderni Giuridici del Dipartimento di Scienze Politiche dell'Università degli studi di Trieste, Semipresidenzialismi*, Pádua, n. 3, 1997. p. 144; MORAIS, Carlos Blanco de. *O sistema político*. Coimbra: Almedina, 2017. p. 633.

[269] Cf. CANOTILHO, J. J. Gomes; MOREIRA, Vital. *Os poderes do presidente da República*. Coimbra: Coimbra Editora, 1991. p. 47-49.

[270] Cf. MORAIS, Carlos Blanco de. Le metamorfosi del semipresidenzialismo portoghese. *Quaderni Giuridici del Dipartimento di Scienze Politiche dell'Università degli studi di Trieste, Semipresidenzialismi*, Pádua, n. 3, 1997. p. 146. Na formação do Governo Santana Lopes, o Presidente Sampaio também terá recusado a nomeação de Fernando Negrão para Ministro da Justiça, por ser relativamente recente a demissão controversa do cargo de Director da Polícia Judiciária. Muitas destas situações são apenas alvo de especulação jornalística ou de bastidores, já que, por via de regra, ficaram confinadas às reuniões entre o Presidente e o Primeiro-Ministro indigitado.

[271] No primeiro caso, tratava-se de Constança Urbano de Sousa e, no segundo, de Armando Vara. Quanto a este último, na biografia política de Jorge Sampaio diz-se que a iniciativa foi afinal do Primeiro-Ministro; mas os factos da época não corroboram essa tese.

[272] Cf. MIRANDA, Jorge. A posição constitucional do primeiro-ministro. *Democracia e Liberdade*, abr./jun. 1985. p. 25-26; CANOTILHO, J. J. Gomes; MOREIRA, Vital. *Os poderes do presidente da República*. Coimbra: Coimbra Editora, 1991. p. 64-65.

[273] Cf. MIRANDA, Jorge. A posição constitucional do primeiro-ministro. *Democracia e Liberdade*, abr./jun. 1985. p. 25.

de a relação institucional se desenvolver sempre por interposto primeiro-ministro não impede, no entanto, que o presidente contacte directamente com ministros para reuniões de trabalho ou recolha de informação. Algo que parece evidente em domínios em que tem direito a um especial acompanhamento, nomeadamente nas áreas da defesa nacional e dos negócios estrangeiros.[274] Quanto aos demais não está interditada a possibilidade de contactos directos entre o presidente e demais membros de Governo, mas eles não terão significado institucional se não forem devidamente enquadrados pelo primeiro-ministro.[275]

Convém, aliás, voltar a lembrar que o presidente tem ainda uma palavra a dizer no que respeita aos domínios da organização governativa. Com efeito, a matéria de organização governamental pertence à área de competência legislativa do Governo, não podendo, em caso algum, ser disciplinada pela Assembleia da República.[276] Pois bem, dado que o veto do presidente quanto a decretos de origem governamental é absoluto e que, neste domínio material, os decretos vetados não podem ser transformados em propostas de leis, a palavra do presidente é aí terminante. Trata-se de um domínio de competência legislativa mal estudado entre nós, mas que deveria merecer uma enorme atenção. Na verdade, ele evoca o velho *Organisationsgewalt* da Teoria do Estado alemã, que é considerado um sinal distintivo do carácter soberano de qualquer órgão do Estado.[277]

O presidente tem, portanto, um poder não negligenciável na conformação da solução governativa especialmente no que concerne à respectiva composição pessoal. Pode mesmo dizer-se que, na concepção constitucional, a vertente presidencial se faz sentir mais ao nível da composição e organização governativa, enquanto que a vertente parlamentar se manifesta preferencialmente no domínio do programa e das opções substantivas de governação.

8.3 A *vexata quaestio* da admissibilidade constitucional dos governos de iniciativa presidencial

Extremamente controversa é finalmente a possibilidade de o presidente formar os chamados "governos de iniciativa presidencial" ou "governos técnicos".[278] Tais governos são gabinetes de confiança presidencial, constituídos à margem do quadro parlamentar e partidário, com fundamento no alegado esgotamento dos arranjos partidários possíveis. Como é amplamente sabido, no contexto do sistema português, em 1978-79, o Presidente Eanes logrou formar sucessivamente três Governos de "iniciativa presidencial", mais precisamente o III (Nobre da Costa), o IV (Mota Pinto) e o V (Maria de Lurdes Pintasilgo)

---

[274] Cf. MIRANDA, Jorge. A posição constitucional do primeiro-ministro. *Democracia e Liberdade*, abr./jun. 1985. p. 25.

[275] Cf. CANOTILHO, J. J. Gomes; MOREIRA, Vital. *Constituição da República Portuguesa anotada*. 3. ed. Coimbra: Coimbra Editora, 1993. anotação III ao art. 194º (hoje, 191º). p. 755; CANOTILHO, J. J. Gomes; MOREIRA, Vital. *Os poderes do presidente da República*. Coimbra: Coimbra Editora, 1991. p. 64-65.

[276] Cf. art. 198º, nº 2, da CRP 76.

[277] Cf. MIRANDA, Jorge; MEDEIROS, Rui. *Constituição Portuguesa anotada*. Coimbra: Coimbra Editora, 2006. Anotações, XVIII-XXIII. p. 703-707; CANOTILHO, J. J. Gomes; MOREIRA, Vital. *Constituição da República Portuguesa anotada*. 3. ed. Coimbra: Coimbra Editora, 1993. Anotação VII ao art. 201º (hoje, 198º). p. 778.

[278] Cf. CANOTILHO, J. J. Gomes; MOREIRA, Vital. *Constituição da República Portuguesa anotada*. 3. ed. Coimbra: Coimbra Editora, 1993. Anotação III ao art. 190º (hoje, 187º). p. 746.

Governos constitucionais. Destes só o Governo Mota Pinto teve algum sucesso, já que o Governo Nobre da Costa foi destituído logo aquando da apreciação parlamentar do respectivo programa e o Governo Pintasilgo foi apenas um "governo intercalar" (incumbido de organizar eleições legislativas – conhecido como o "governo dos cem dias").[279]

A grande questão que permanece em aberto – e é motivo de frequentes dissensos doutrinais e políticos – é a de saber se, depois da Revisão Constitucional de 1982, é admissível a formação de governos de "iniciativa presidencial".[280] Ou, como a propósito da situação excepcional da pandemia tem sido amiúde aventado, se se tem por admissível a formação de governos de "salvação nacional", isto é, que reúnem as principais forças políticas sob a égide presidencial.[281] A resposta só pode ser afirmativa, ainda que essa seja, pela própria natureza das coisas, uma solução constitucional subsidiária ou de último recurso. Basta olhar para sistemas parlamentares tão enraizados como o italiano, para perceber que, até nesses, a superação de crises político-partidárias tem ditado a necessidade de acomodar gabinetes de inspiração presidencial. Assim ocorreu, na sequência da crise da operação "mãos limpas", com os Governos Amato e Ciampi e, muito especialmente com o Governo Dini (1995-96), sob a presidência Scalfaro;[282] da crise da zona euro, com o Governo Monti (2011-2013), sob a presidência Napolitano e agora, muito recentemente, em plena crise pandémica, com o Governo Draghi (2021), sob a presidência Matarella.[283]

Um ponto se afigura evidente e cristalino: qualquer solução governativa, até uma solução tecnocrática iniciada e patrocinada pelo presidente, tem de passar o crivo da investidura parlamentar, ainda que tácita. Note-se que mesmo durante a Presidência Ramalho Eanes, os três governos "técnicos" ou "independentes" tiveram de submeter-se à investidura na Assembleia da República e isso, desde logo, ficou inequivocamente selado na primeira tentativa. Com efeito, como já se mencionou mais do que uma vez, o Governo Nobre da Costa caiu na própria investidura, por aprovação de uma moção de rejeição do programa. Tendo em mente esta estrita necessidade de confiança parlamentar, a questão dos governos técnicos, dos governos de iniciativa presidencial ou dos governos de salvação nacional torna-se uma falsa questão. Na verdade, ela resolve-se, sem mais, apelando aos princípios e às regras que valem para a formação de qualquer Governo. Se existe um impasse político-partidário persistente ou uma crise anormalmente grave, é

---

[279] Cf. MIRANDA, Jorge. L'esperienza portoghese di sistema semipresidenziale. In: GAMBINO, Silvio (Org.). *Democrazia e forma di governo*. Rimini: Maggioli, 1997. p. 164; SOUSA, Marcelo Rebelo de. *O sistema de governo português*. 4. ed. Lisboa: AAFDL, 1992. p. 24-29.

[280] Cf. MORAIS, Carlos Blanco de. *O sistema político*. Coimbra: Almedina, 2017. p. 624 e ss.

[281] Procurando fazer uma destrinça entre governos de iniciativa presidencial em sentido impróprio – em que se incluiriam os governos de "salvação nacional" ou de "grande coligação" promovidos pelo Presidente e os governos de iniciativa presidencial em sentido próprio, que resultariam de resolução unilateral do Presidente (mas sem chegar ao ponto de dispensar a "sustentabilidade parlamentar", cf. MORAIS, Carlos Blanco de. *O sistema político*. Coimbra: [s.n.], 2017. p. 630-631.

[282] Cf. BARBERA, Augusto; FUSARO, Carlo. Il modello semipresidenziale e le ipotesi di riforma. *Quaderni Giuridici del Dipartamento di Scienze Politiche dell'Università degli Studi di Trieste – Semipresidenzialismi*, Pádua, n. 3, 1997. p. 378-379; BARBERA, Augusto; FUSARO, Carlo. *Il governo delle democrazie*. 2. ed. Bolonha: [s.n.], 2001. p. 121, que, aliás, chamam a atenção para os precedentes dos Governos Cossiga e Spadolini nos inícios dos anos 80. A ênfase posta nos poderes presidenciais de Presidentes como Sandro Pertini ou Francesco Cossiga aliada a estas experiências de governo tecnocrático leva mesmo alguns a falar num "semipresidencialismo de facto".

[283] A esta experiência italiana há quem chame "governos de iniciativa presidencial em sentido impróprio", cf. MORAIS, Carlos Blanco de. *O sistema político*. Coimbra: Almedina, 2017. p. 630-631.

natural que o presidente, dada a sua legitimidade e dada a sua expressa competência de nomeação do Governo, se empenhe na superação desse impasse ou na resolução dessa crise. Se a dissolução do Parlamento e a marcação de novas eleições não se antolhar uma solução exequível ou eficaz, nada o impede de propor aos partidos com representação parlamentar um Governo que, pela sua neutralidade e pela sua abrangência, possa concitar o apoio parlamentar suficiente para entrar em funções. Tudo dependerá, pois, da sua capacidade de persuasão das forças políticas com representação parlamentar para a necessidade e a bondade desse arranjo político concreto. Nada na Constituição o impede ou refreia de avançar com uma solução ou um arranjo desse tipo, desde que tenha viabilidade parlamentar e, por isso, a aprovação ou não oposição parlamentar. Não se antolha, pois, necessário recorrer à tese de Carlos Blanco de Morais, segundo a qual a possibilidade de nomear governos de iniciativa presidencial reconduzir-se-ia a uma cláusula simétrica ou revertida do poder presidencial de demissão do governo. Este, como se sabe e abaixo detalhar-se-á, só pode ser exercido para "assegurar o regular funcionamento das instituições democráticas".[284] E, por conseguinte, o poder de nomeação de governos de iniciativa presidencial, segundo este Autor, só subsistiria se se destinasse justamente a assegurar esse regular funcionamento.

O poder do presidente na escolha do primeiro-ministro e da solução governativa obedece sempre à mesma condição: a sustentabilidade parlamentar. A latitude desse poder é altamente variável e pode ir de uma quase estrita vinculação – no caso de haver uma maioria parlamentar absoluta monopartidária – até uma larga discricionariedade – na hipótese em que é configurável um governo "técnico" ou de "iniciativa presidencial".

8.4   O poder presidencial de demissão do Governo

Resta ainda falar no poder presidencial de demissão do Governo que congraça, a bem dizer, a verdadeira chave de leitura da respectiva relação de responsabilidade. Nos termos do art. 195º, nº 2, da CRP 76, o presidente só pode demitir o Governo quando tal se mostre necessário para garantir o regular funcionamento das instituições democráticas. A utilização do advérbio "só" logo demonstra que se trata de um poder circunscrito, a dever ser usado com grande parcimónia.[285] Esta limitação é tanto mais evidente quanto, antes da Revisão de 1982, o poder de demissão era um poder livre.[286] Quando se tratava de um poder livre, não restavam dúvidas de que o Governo, para a sua subsistência e manutenção, carecia da confiança política presidencial (permanentemente

---

[284]   Cf. MORAIS, Carlos Blanco de. *O sistema político*. Coimbra: Almedina, 2017. p. 628-629.

[285]   Considerando que a leitura de que o poder de demissão ficou altamente condicionado depois da Revisão de 1982 não é inequívoca e que, a haver um estrito condicionamento, isso não se mostra relevante no equilíbrio de poderes do sistema, cf. NOVAIS, Jorge Reis. *Semipresidencialismo* – Teoria geral e sistema português. 2. ed. Coimbra: Almedina, 2018. p. 193-197.

[286]   Cf. MORAIS, Carlos Blanco de. Le metamorfosi del semipresidenzialismo portoghese. *Quaderni Giuridici del Dipartimento di Scienze Politiche dell'Universitá degli studi di Trieste, Semipresidenzialismi*, Pádua, n. 3, 1997. p. 130; SOUSA, Marcelo Rebelo de. *O sistema de governo português*. 4. ed. Lisboa: AAFDL, 1992. p. 19; FARINHO, Domingos Soares. A responsabilidade do primeiro-ministro perante o presidente da República e a condição material do art. 195º, nº 2, da Constituição da República Portuguesa: entre a excepção e a inconfessada política. *In*: RAPAZ, Paulo José Canelas; PINTO, António Costa. *Presidentes e (semi)presidencialismo nas democracias contemporâneas*. Lisboa: Instituto de Ciências Sociais, 2018. p. 184.

renovada). Uma vez perdida essa confiança – por exemplo, porque o Governo prosseguia uma política contrária às concepções do presidente –, este podia, de pleno direito, demiti-lo. A partir do momento em que se estabeleceu o limite do "regular funcionamento das instituições democráticas", a competência presidencial passou a revestir uma natureza inquestionavelmente excepcional. Só em sucessos muito graves – segundo alguns, próximos do estado de excepção ou necessidade constitucional –,[287] é que será admissível a demissão do Governo. Não falta até quem advogue que se transitou de um poder livre – claramente indiciador de uma relação de confiança ou de responsabilidade política – para um "poder-dever", a fazer actuar em casos de responsabilidade puramente "jurídica".[288] A concepção deste poder presidencial como um "poder-dever" não pode em caso nenhum aceitar-se, seja em face da letra do preceito constitucional, seja em face do inarredável e infungível juízo político que funda o exercício de uma competência desta natureza e jaez.

Impõe-se, todavia, lembrar que o exercício deste poder presidencial não é juridicamente sindicável[289] e, nessa medida, não falta quem ache que o conceito de "regular funcionamento das instituições democráticas" é passível de interpretações políticas muito variadas.[290] Lucas Pires, designadamente, adiantou um conjunto de exemplos que ilustram a ambiguidade daquela cláusula constitucional.[291] Mesmo Gomes Canotilho e Vital Moreira, que fazem uma leitura fartamente restritiva desta cláusula, não deixam de elencar um conjunto significativo de circunstâncias anómalas, susceptíveis de lhe dar uma tradução prática.[292] Revisitemos alguns dos exemplos arrolados por Lucas Pires. Se o primeiro-ministro não cumpre os deveres de informação do presidente, não haverá um funcionamento institucional seriamente perturbador?[293] Se o Governo não cumpre prazos constitucionais para a apresentação do orçamento, não se estará perante uma disfunção do sistema político? E se houver uma recusa sistemática do Governo

---

[287] Cf. CANOTILHO, J. J. Gomes; MOREIRA, Vital. *Os poderes do presidente da República*. Coimbra: Coimbra Editora, 1991. p. 50-51; FARINHO, Domingos Soares. A responsabilidade do primeiro-ministro perante o presidente da República e a condição material do art. 195º, nº 2, da Constituição da República Portuguesa: entre a excepção e a inconfessada política. *In*: RAPAZ, Paulo José Canelas; PINTO, António Costa. *Presidentes e (semi)presidencialismo nas democracias contemporâneas*. Lisboa: Instituto de Ciências Sociais, 2018. p. 182-183.

[288] Cf. FARINHO, Domingos Soares. A responsabilidade do primeiro-ministro perante o presidente da República e a condição material do art. 195º, nº 2, da Constituição da República Portuguesa: entre a excepção e a inconfessada política. *In*: RAPAZ, Paulo José Canelas; PINTO, António Costa. *Presidentes e (semi)presidencialismo nas democracias contemporâneas*. Lisboa: Instituto de Ciências Sociais, 2018. p. 179-181.

[289] Cf. FARINHO, Domingos Soares. A responsabilidade do primeiro-ministro perante o presidente da República e a condição material do art. 195º, nº 2, da Constituição da República Portuguesa: entre a excepção e a inconfessada política. *In*: RAPAZ, Paulo José Canelas; PINTO, António Costa. *Presidentes e (semi)presidencialismo nas democracias contemporâneas*. Lisboa: Instituto de Ciências Sociais, 2018. p. 187.

[290] Cf. MORAIS, Carlos Blanco de. Le metamorfosi del semipresidenzialismo portoghese. *Quaderni Giuridici del Dipartimento di Scienze Politiche dell'Università degli studi di Trieste, Semipresidenzialismi*, Pádua, n. 3, 1997. p. 130.

[291] Cf. PIRES, Lucas. O sistema de governo português: sua dinâmica. *In*: COELHO, Mário Baptista (Coord.). *Portugal: o Sistema Político e Constitucional 1974-1987*. Lisboa: Instituto de Ciências Sociais, Universidade de Lisboa, 1989. p. 297-298.

[292] Cf. CANOTILHO, J. J. Gomes; MOREIRA, Vital. *Constituição da República Portuguesa anotada*. 3. ed. Coimbra: Coimbra Editora, 1993. anotação VI ao art. 198º (hoje, 195º). p. 766-768.

[293] Cf. CANOTILHO, J. J. Gomes; MOREIRA, Vital. *Os poderes do presidente da República*. Coimbra: Coimbra Editora, 1991. p. 72; CANOTILHO, J. J. Gomes; MOREIRA, Vital. *Constituição da República Portuguesa anotada*. 3. ed. Coimbra: Coimbra Editora, 1993. anotação VI ao art. 198º (hoje, 195º). p. 767.

em apor a referenda ministerial nos actos presidenciais?²⁹⁴ Em última análise, se o presidente perder a confiança política no Governo, não será isso, já em si, uma fonte de funcionamento irregular?²⁹⁵ Acrescentar-se-ia: um Governo cuja política patentemente viola compromissos externos do Estado (por exemplo, em sede de défice orçamental) não incorrerá numa adulteração do devir democrático das instituições?

A posição de Lucas Pires tem decerto o mérito de alertar para a subjectividade inerente ao conceito e para a sua apertada dependência das diversas conjunturas políticas. Ainda assim, e em face do tom categórico da letra do preceito constitucional, parece exagerado aceitar que o presidente da República possa demitir o Governo fora de circunstâncias excepcionais (as quais, no entanto e naturalmente, não terão de chegar ao "estado de excepção" – como sibilinamente parecem sugerir Gomes Canotilho e Vital Moreira). Convém, aliás, esclarecer o seguinte: não terão de chegar e não devem sequer aproximar-se dessas circunstâncias.

Importa dizer que o presidente da República, em razão da dificuldade em accionar esta apertada cláusula de demissão, pode "contornar" esse normativo recorrendo ao seu poder livre e discricionário de dissolução da Assembleia da República.²⁹⁶ E que o fará, com inteira racionalidade política, se a possível remoção do Governo dentro de certo quadro parlamentar não abrir nenhuma oportunidade de formar outro Governo que suscite apoio parlamentar.²⁹⁷ Com efeito, a dissolução do Parlamento conduz à convocação de novas eleições legislativas e, por conseguinte, leva necessariamente à substituição do Governo. Com um novo Parlamento e o início de uma nova legislatura, ocorre a demissão do Governo (art. 195º, nº 1, al. a)). E naturalmente abre-se o processo de formação de um novo gabinete que lhe vai suceder. Foi precisamente isto que sucedeu na mais debatida das crises políticas da presente história constitucional, a que já fizemos menção. Recapitulando: em julho de 2004, o Presidente Sampaio empossou o XV Governo Constitucional, presidido pelo Primeiro-Ministro Santana Lopes, com maioria absoluta na Assembleia da República (coligação PSD-CDS). No correr da governação, tornou-se evidente o desconforto e a desconfiança que passou a reger as relações entre o Governo e o presidente da República. A sucessão de episódios que deterioram a relação levaria o presidente a uma vontade de demitir o Governo. No entanto, para não criar o precedente de invocar a cláusula de irregular funcionamento das instituições democráticas, o Presidente Sampaio lançou mão da chamada "bomba atómica" e dissolveu o Parlamento

---

[294] Cf. MORAIS, Carlos Blanco de. Le metamorfosi del semipresidenzialismo portoghese. *Quaderni Giuridici del Dipartimento di Scienze Politiche dell'Universitá degli studi di Trieste, Semipresidenzialismi*, Pádua, n. 3, 1997. p. 130.

[295] Cf. PIRES, Lucas. O sistema de governo português: sua dinâmica. *In*: COELHO, Mário Baptista (Coord.). *Portugal: o Sistema Político e Constitucional 1974-1987*. Lisboa: Instituto de Ciências Sociais, Universidade de Lisboa, 1989. p. 297-298.

[296] Cf. FARINHO, Domingos Soares. A responsabilidade do primeiro-ministro perante o presidente da República e a condição material do art. 195º, nº 2, da Constituição da República Portuguesa: entre a excepção e a inconfessada política. *In*: RAPAZ, Paulo José Canelas; PINTO, António Costa. *Presidentes e (semi)presidencialismo nas democracias contemporâneas*. Lisboa: Instituto de Ciências Sociais, 2018. p. 185.

[297] Neste exacto sentido, cf. NOVAIS, Jorge Reis. *Semipresidencialismo – Teoria geral e sistema português*. 2. ed. Coimbra: Almedina, 2018. p. 270; FARINHO, Domingos Soares. A responsabilidade do primeiro-ministro perante o presidente da República e a condição material do art. 195º, nº 2, da Constituição da República Portuguesa: entre a excepção e a inconfessada política. *In*: RAPAZ, Paulo José Canelas; PINTO, António Costa. *Presidentes e (semi)presidencialismo nas democracias contemporâneas*. Lisboa: Instituto de Ciências Sociais, 2018. p. 185.

em dezembro de 2004. Essa decisão, até pela sua fundamentação, não foi mais do que um sucedâneo do poder de demissão.[298] Em todo o caso, a dissolução do Parlamento não acarreta a demissão do Governo; esta só opera com o início da nova legislatura. Assim, enquanto o Parlamento esteve dissolvido, o Governo estava legitimamente em plenitude de funções. Esta capacidade plena só foi interrompida porque, em meados de janeiro de 2005, o Primeiro-Ministro Santana Lopes acabou por apresentar a sua demissão, entrando então em situação de "gestão".

8.5 O sistema de governo português como um sistema semipresidencial com assimetria de responsabilidades

A concreta conformação do poder presidencial de demissão do Governo depois de 1982 fez com que as relações de responsabilidade do Governo perante o presidente e perante a Assembleia deixassem de ser simétricas. A Assembleia tem um poder basicamente livre nos momentos do início de funções e de cessação de funções do Governo (aprovação ou rejeição do programa e aprovação ou recusa de moções de censura e confiança). Já o poder presidencial revela-se largo no momento da formação, mas muito circunscrito em sede de eventual cessação de funções. Esta diferença ou assimetria das relações de responsabilidade levou Marcelo Rebelo de Sousa a considerar que a relação Governo-Assembleia é uma verdadeira relação de responsabilidade política, enquanto que a relação Governo-Presidente é uma mera relação de responsabilidade institucional ou político-institucional.[299] Esta diferença de natureza das relações de responsabilidade tem até apoio expresso nos dizeres do art. 191º da CRP 76, em que se fala em "responsabilidade política do Governo" perante a Assembleia e em "responsabilidade" (sem mais) do primeiro-ministro perante o presidente. De notar – o que, aliás, acentua o que vem de dizer-se – que a responsabilidade perante o presidente é mediada (sempre e só) pela figura do primeiro-ministro, sem qualquer possibilidade de haver um relacionamento directo entre o presidente e outros membros do Governo.[300] Gomes Canotilho e Vital Moreira, para caracterizar o mesmo fenómeno, falam, quanto ao polo presidencial em "responsabilidade política difusa ou imperfeita". Há quem fale numa "responsabilidade política indirecta" do Governo diante do presidente, que se jogaria essencialmente na relação que intercede entre o Presidente e a Assembleia –[301] largamente pautada, acrescenta-se da nossa lavra e à luz do que acima se disse, pela "possibilidade" e "plausibilidade" de uso do poder de dissolução.

Responsabilidade meramente institucional ou responsabilidade política difusa, imperfeita ou indirecta, qualquer que seja a terminologia, ela espelha sempre bem uma

---

[298] Claramente contra esta leitura e, como já se viu, defendendo que a demissão não se afigurava adequada e só a dissolução poderia responder à crise em curso, cf. NOVAIS, Jorge Reis. *Semipresidencialismo* – Teoria geral e sistema português. 2. ed. Coimbra: Almedina, 2018. p. 268-271.

[299] Cf. SOUSA, Marcelo Rebelo de. *O sistema de governo português*. 4. ed. Lisboa: AAFDL, 1992. p. 67-70.

[300] Cf. CANOTILHO, J. J. Gomes; MOREIRA, Vital. *Os poderes do presidente da República*. Coimbra: Coimbra Editora, 1991. p. 75.

[301] Cf. FARINHO, Domingos Soares. A responsabilidade do primeiro-ministro perante o presidente da República e a condição material do art. 195º, nº 2, da Constituição da República Portuguesa: entre a excepção e a inconfessada política. In: RAPAZ, Paulo José Canelas; PINTO, António Costa. *Presidentes e (semi)presidencialismo nas democracias contemporâneas*. Lisboa: Instituto de Ciências Sociais, 2018. p. 186.

clara assimetria na relação de responsabilidade governamental perante o Parlamento e perante o Presidente. Esta assimetria pode ainda documentar-se na circunstância de o início de uma nova legislatura implicar sempre a formação de um novo Governo, enquanto que o início de um mandato presidencial em nada afecta a vida do Governo que estiver em funções. É bastante discutido pela doutrina se, com o advento de um novo mandato presidencial, o primeiro-ministro não estaria obrigado a apresentar a demissão ou, pelo menos, a colocar o "lugar à disposição" do novo presidente – à semelhança do que ocorre em França.[302] A questão está resolvida pela praxe constitucional, uma vez que os primeiros-ministros nunca adoptaram esse comportamento. O problema pôs-se, designadamente, aquando das duas eleições do Presidente Soares, mas o Primeiro-Ministro Cavaco Silva entendeu não impender sobre o Governo, parlamentarmente legitimado, um tal dever. Este precedente foi seguido pelo Primeiro-Ministro António Guterres, na contingência das duas eleições do Presidente Sampaio. O mesmo se pode dizer do Primeiro-Ministro Sócrates, diante das duas eleições do Presidente Cavaco Silva e, bem assim, do Primeiro-Ministro António Costa diante da eleição e da reeleição do Presidente Marcelo Rebelo de Sousa.

Para este efeito e pelas razões que agora se aduzem neste excurso, os mandatos presidenciais de Ramalho Eanes não contribuíram para formar qualquer precedente. Em 1976, porque o Governo, apesar de resultar das eleições legislativas celebradas a 25.4.1976, só se constituiu depois de eleito o primeiro Presidente da República, a 27.6.1976. Daqui poderia retirar-se a ideia de que havia realmente uma "dependência" directa do mandato presidencial, que recomendaria a necessidade de refrescar a legitimidade do Governo de cada vez que se inaugurasse um novo mandato presidencial – o que até seria corroborado pela versão original da CRP 76, que, por um lado, determinava a entrada em plenitude de funções com a simples nomeação presidencial e, pelo outro, previa o poder presidencial de livre demissão do Governo. Como na primavera e no verão de 1976, estávamos em plena entrada em vigor da Constituição e numa espécie de "instalação" ou "estabelecimento" dos novos poderes constitucionais, a grande prova só poderia manifestar-se precisamente nas segundas eleições presidenciais, que haveriam de decorrer no final de 1980.

Estas não serviram, porém, para estabelecer nenhum padrão, porque as eleições presidenciais, que levariam à reeleição de Ramalho Eanes, realizaram-se com o Governo já demitido e, por isso, sem nenhuma possibilidade de testar se apresentaria ou não a demissão. Efectivamente, a reeleição do Presidente Ramalho Eanes ocorreu a 7 de dezembro, escassos três dias depois da morte do Primeiro-Ministro Sá Carneiro, que tinha conduzido a demissão automática do Governo. O Governo estava, pois, demissionário aquando da eleição presidencial. Na versão originária da Constituição, não havia uma disposição que estabelecesse a morte ou impedimento permanente como causa autónoma de demissão de todo o Governo, mas a verdade é que o substituto do primeiro-ministro – o Vice-Primeiro-Ministro Freitas do Amaral – foi sempre designado como primeiro-ministro interino e assinou sempre e "só" na qualidade de vice-primeiro-ministro.

---

[302] Cf. CANOTILHO, J. J. Gomes; MOREIRA, Vital. *Os poderes do Presidente da República*. Coimbra: Coimbra Editora, 1991. p. 76, nota 82.

A conjuntura política e até "constitucional" desse último trimestre de 1980 era, no entanto, bem mais complexa e de molde a suscitar grande controvérsia jurídico-constitucional. Com efeito, tinha havido eleições legislativas em outubro de 1980, que tinham renovado a maioria absoluta da AD (coligação PSD-CDS-PPM), primeiramente obtida nas eleições legislativas intercalares de dezembro de 1979. Pois bem, tendo havido eleições legislativas em outubro, seria de esperar que, com base na nova legislatura, se tivesse formado um novo Governo. Ora, o então Primeiro-Ministro Francisco Sá Carneiro, chefe do VI Governo Constitucional, empossado na sequência das eleições de 1979, resolveu manter o Governo em funções sem qualquer alteração. A constitucionalidade desta actuação era altamente questionável e só foi possível dada a contingência política de alta conflitualidade entre o primeiro-ministro e o presidente da República, entretanto, recandidato às eleições de dezembro. Bem vistas as coisas, e no puro plano constitucional, ao manter o Governo em funções, mesmo depois de eleições legislativas, estava paradoxalmente a acentuar a legitimidade presidencial do mesmo, por ser essa a única que se conservava. Em termos simplistas, se o Governo se mantinha com uma mudança do Parlamento, só podia reclamar a sua legitimidade do polo presidencial. Na prática, tratava-se apenas de evitar que, ao formar um novo Governo, o presidente pudesse interferir na referida formação. Seja como for, e dada a manifesta singularidade da situação descrita, nunca ela poderia servir de precedente. A verdade é que, do ponto de vista que aqui nos interessa – o da legitimidade da continuidade em funções o Governo diante de um novo mandato presidencial –, a demissão do Governo por morte do primeiro-ministro nas vésperas da eleição presidencial impediu a formação de qualquer precedente. Precedente que, diga-se em abono da verdade, poderia sempre cair em face das importantes mudanças da Revisão Constitucional de 1982. Terminado este breve excurso pelos idos de 1980 e pela reeleição do primeiro presidente, impõe-se concluir.

Em jeito de conclusão final, dir-se-á que o Governo é indubitavelmente responsável perante o Presidente da República, mas que tal relação de responsabilidade, sendo política, é qualitativamente diversa da relação de responsabilidade parlamentar. Havendo, sem margem para dúvidas, uma dupla responsabilidade do Governo diante do presidente da República e da Assembleia da República, a verdade é que as relações de responsabilidade não são simétricas. Eis o que dá ao nosso semipresidencialismo uma feição mais parlamentar, que, no entanto, e ao contrário de tantos exemplos do direito e da política comparada, não desfigura nem descaracteriza o genoma próprio de um sistema autenticamente semipresidencial. Autenticamente semipresidencial no modelo gizado no texto constitucional, antes e depois de 1982; genuinamente semipresidencial, na evolução e experiência que esse texto permitiu radicar e sedimentar ao longo de 45 anos.

Informação bibliográfica deste texto, conforme a NBR 6023:2018 da Associação Brasileira de Normas Técnicas (ABNT):

RANGEL, Paulo. O modelo e a experiência semipresidencial na Constituição de 1976. *In*: GOMES, Ana Cláudia Nascimento; ALBERGARIA, Bruno; CANOTILHO, Mariana Rodrigues (Coord.). *Direito Constitucional*: diálogos em homenagem ao 80º aniversário de J. J. Gomes Canotilho. Belo Horizonte: Fórum, 2021. p. 401-461. ISBN 978-65-5518-191-3.

O EQUÍVOCO DO "SEMIPRESIDENCIALISMO" (A CONTROVÉRSIA SOBRE O SISTEMA DE GOVERNO EM PORTUGAL)

VITAL MOREIRA

1   Introdução

Desde a sua origem na Constituição de 1976, existe uma grande controvérsia sobre a qualificação do sistema de governo vigente em Portugal.

Se a orientação ainda prevalecente, quer entre constitucionalistas quer entre politólogos, continua a perfilhar a qualificação *semipresidencial* (ou *semipresidencialista*), há, todavia, um número crescente de autores que contestam essa designação, preferindo outras, nomeadamente sistema "misto", "parlamentar-presidencial", "primo-ministerial" e, *last but not the least*, sistema de governo parlamentar (ainda que atípico). Essa controvérsia corre também entre os autores estrangeiros, constitucionalistas e politólogos, que se têm debruçado sobre o caso português, entre os quais igualmente a qualificação semipresidencial, outrora quase unânime, é hoje bem menos consensual.

Conto-me pessoalmente entre os autores que sempre criticaram a referência semipresidencial do sistema de governo da CRP. Junto com Gomes Canotilho, criticámos essa qualificação num livro sobre os poderes de Presidente da República há três décadas (Canotilho; Moreira, 1991). Na última edição do II volume da nossa *Constituição da República Portuguesa anotada* (Canotilho; Moreira, 2010), defendemos claramente a qualificação de *sistema de governo parlamentar*. No meu ensino, quer de direito constitucional (Moreira, 2016), quer de ciência política (Moreira, 2020), venho defendendo desde há muitos anos essa qualificação. Proponho expor neste artigo a crítica da qualificação semipresidencialista em especial e as razões para a integração do sistema de governo português na família parlamentar, agregando os poderes de intervenção presidencial sob a velha noção de "poder moderador", plenamente compatível com o parlamentarismo.

Pode questionar-se a utilidade deste exercício, de natureza aparentemente conceptual, considerando que a qualificação do sistema de governo não é suscetível de alterar o sistema político-constitucional, tal como resulta da Constituição da República Portuguesa (CRP). No entanto, para além de distorcer a perceção sobre a fonte de legitimidade política do governo em Portugal, a qualificação semipresidencial favorece uma interpretação das normas constitucionais pertinentes em sentido mais favorável ao intervencionismo presidencial e justifica propostas de alargamento dos atuais poderes constitucionais do Presidente da República à custa da autonomia constitucional do Governo como órgão de condução da política do país e como órgão superior da Administração Pública (CRP, art. 182º),[1] politicamente responsável somente perante o Parlamento (art. 191º). Eis porque vale a pena revisitar esta questão.

2 Os sistemas de governo e o chamado "semipresidencialismo"

2.1 Tipos de sistemas de governo

Numa definição elementar, designa-se por *sistema de governo* (ou *forma de governo*)[2] o modo como numa democracia representativa se repartem as diversas funções políticas do Estado pelos diferentes órgãos superiores deste, bem como o modo como estes se articulam entre si, *tendo em conta especialmente o "poder executivo" (governo em sentido estrito) e as suas relações, incluindo a responsabilidade política, com o poder legislativo e com o chefe do Estado.*[3]

A teoria da separação de poderes, nomeadamente entre o poder legislativo e o poder executivo (Locke e Montesquieu), resistiu à prova do tempo, apesar da dificuldade em acomodar o papel do chefe do Estado, quando ele não desempenha ou não integra o poder executivo. Foi para isso que Benjamin Constant inventou o "quarto poder", ou poder "neutro", moderador e arbitral, a cargo do monarca constitucional, separando-o do poder executivo investido no ministério. Nesta conceção, o poder político deixa de ser dividido entre apenas dois órgãos (parlamento e governo), aparecendo um terceiro, o chefe do Estado, com um poder político próprio, mais ou menos amplo, separado do poder executivo.

Tradicionalmente, nas democracias representativas, caracterizadas por diferentes fórmulas de separação de poderes, distinguiam-se dois tipos básicos de sistema de governo: *(i) sistema de governo parlamentar* (ou parlamentarismo) e *(ii) sistema de governo presidencial* (ou presidencialismo). O critério fundamental de distinção é a *titularidade da função governativa, a fonte da sua legitimidade política e a forma e o grau de separação do governo em relação ao presidente e ao parlamento.*

Conforme a fonte de legitimidade eleitoral do governo sejam as eleições presidenciais ou as eleições parlamentares, assim teremos duas famílias básicas de sistemas

---

[1] Salvo indicação em contrário, todas as referências normativas têm a ver com a Constituição da República Portuguesa de 1976 (CRP), na redação vigente.
[2] Noção que importa distinguir da noção mais ampla de *sistema político*, que abrange não somente o sistema de governo, mas também o sistema eleitoral, o sistema de partidos e de grupos de interesse etc., para os quais a normatividade constitucional é, em geral, menos densa do que para o sistema de governo.
[3] Sobre definição de sistema de governo (ou forma de governo) e sua tipologia ver, por todos, Bobbio (1976), Colliard (1978), Zippelius (1992), Miranda (1996), Pegoraro (1997), Lijphart (1991; 1999), Volpi (1998; 2000) e Moreira (2020).

de governo: os de natureza presidencial e os de natureza parlamentar, como mostra o quadro a seguir. Dentro de cada uma dessas famílias, a função governamental pode ser desempenhada pelo próprio órgão eleito (presidente ou parlamento) ou por um outro órgão deles dependente (normalmente designado por "governo"). Além disso, a conjugação de traços dessas duas formas básicas pode dar lugar a diversas *formas mistas*, *combinadas* ou *híbridas*, como o impropriamente chamado "semipresidencialismo".

Na prática, os sistemas de governo concretos, mesmo quando enquadráveis num destes tipos básicos, apresentam enorme diversidade, apresentando-se sempre como "declinações" especiais do respetivo tipo ou subtipo.

Tipologia básica dos sistemas de governo

Tipos básicos	Fonte de legitimidade política do governo	Exercício da função governativa	Exemplos típicos
Presidencialismo (*lato sensu*)	Eleições presidenciais	Presidente (presidencialismo *stricto sensu*)	EUA
		Governo separado, nomeado pelo presidente e responsável perante ele ("presidencialismo indireto")	Portugal sob a Constituição de 1933
Parlamentarismo (*lato sensu*)	Eleições parlamentares	Função governativa a cargo do parlamento ("governo de assembleia" ou "governo convencional")	França, Convenção 1792
		Governo autónomo responsável perante o parlamento (parlamentarismo em sentido estrito)	Reino Unido
Tipos mistos ("semipresidencialismo", "semiparlamentarismo")	Eleições presidenciais e eleições parlamentares	Coexercício do governo pelo presidente e por um primeiro-ministro responsável perante o presidente e o parlamento	França, segundo a Constituição de 1958
		Governo autónomo politicamente responsável perante o presidente e o parlamento	Portugal, 1976-82

Nos sistemas presidencialistas em sentido estrito só há dois órgãos do poder político, estritamente separados: o parlamento (função legislativa) e o presidente (chefe do Estado e chefe do governo), não havendo um governo separado do presidente. Essa fusão entre o chefe do Estado e o chefe do governo desaparece, porém, nos sistemas de "presidencialismo indireto", em que o governo é um órgão separado, embora dependente do presidente (e só dele).[4]

---

[4] Sobre o sistema de governo presidencial, ver, por exemplo, Lijphart (1991), Sartori (1993), Cheibub (2007), Fox-Fierro e Álvarez Salazar (2012) e Nogueira Alcalá (2017).

As caraterísticas essenciais do presidencialismo são a titularidade do poder executivo pelo presidente da República, por via de regra diretamente eleito, e a sua não responsabilidade política perante o parlamento.

Nos sistemas de "governo de assembleia" só existe um órgão de poder político, visto que a função executiva também pertence ao parlamento (embora exercida por comissários parlamentares livremente destituíveis) e a chefia do Estado não goza de autonomia institucional. Rejeitando a separação de poderes, este sistema de governo assenta no *princípio da unidade do poder*, de que as chamadas "democracias populares" são exemplo.

Nos sistemas de governo parlamentar em sentido estrito existem normalmente três órgãos do poder (chefe do Estado, parlamento e governo), havendo, portanto, separação entre o poder legislativo e o poder executivo, mas também separação orgânica e política entre o chefe de Estado e o chefe do governo, sendo aquele em geral politicamente neutro quanto aos governos. Nos sistemas parlamentares o chefe do Estado (rei ou presidente da República) pode ser uma figura apagada ou ter um papel político próprio (mas não compartilhando a função governativa). Em todo o caso, o rei ou o presidente "reinam ou presidem mas não governam".[5]

Os traços essenciais do parlamentarismo são a derivação parlamentar do governo e sua responsabilidade política perante o parlamento. Nas palavras clássicas de Birch (1964), trata-se de um "governo representativo e responsável".

Enquanto os sistemas presidenciais são caraterizados por uma forte separação entre o parlamento e o governo (presidente), à maneira clássica, porque nem o presidente pode dissolver o parlamento, nem este pode demitir o presidente (salvo o caso de *impeachment* por conduta inconstitucional), no caso dos sistemas parlamentares a separação é menos acentuada, pois o governo pode ser demitido pelo parlamento (moção de censura), mas, em geral, o parlamento também pode ser dissolvido pelo chefe do Estado, a pedido do governo ou por sua própria iniciativa. Estas soluções têm a ver com a ausência de responsabilidade política do Executivo (presidente) perante o parlamento nos sistemas presidenciais, a qual, ao invés, constitui *o traço mais caraterístico dos sistemas parlamentares*.

Por isso, enquanto nos sistemas presidenciais, os mandatos do parlamento e do presidente são levados até ao fim, não havendo eleições antecipadas, nem do presidente nem do parlamento, nos sistemas parlamentares tanto o mandato do governo como a legislatura podem não chegar ao fim. Mas a rotatividade dos parlamentos e dos governos e a frequência das eleições parlamentares antecipadas variam muito, conforme o sistema eleitoral e o sistema de partidos e a cultura política prevalecente.

Outra diferença típica entre o sistema presidencial e o sistema parlamentar reside em que no primeiro, por regra, o presidente governa a título individual, sendo os ministros ou secretários simples ajudantes ou assessores do presidente, enquanto que no sistema parlamentar o governo é um órgão colegial (conselho de ministros, "gabinete"), embora liderado por um primeiro-ministro ou presidente do conselho de ministros.

---

[5] Sobre definição do sistema de governo parlamentar, ver, por todos, Birch (1964), Gaudemet (1966), Coliard (1978), Lijphart (1991), Cheibub (2007, cap. 2), Galagher, Laver e Mair (2006, caps. 2 e 3) e Bradley e Pinelli (2012). Para a história do parlamentarismo, Von Beyme (2000).

Também difere o papel das eleições parlamentares e presidenciais, conforme o sistema de governo. Nos sistemas presidenciais, são as eleições do presidente – por via de regra diretamente eleito – que escolhem o governo e definem a política do país, enquanto as eleições parlamentares se limitam a eleger os legisladores. Nos sistemas parlamentes, as eleições presidenciais, quando existem, só são relevantes para os poderes próprios que o presidente tenha, enquanto as eleições parlamentares são eleições *dois em um*, visto que elegem os legisladores e também constituem a base de designação do governo e de escolha das orientações políticas do país.

Nos sistemas presidenciais pode verificar-se uma assimetria ou oposição política entre o presidente/governo e o parlamento, visto que têm fontes de legitimidade eleitoral distintas. No caso dos sistemas de governo parlamentar, existe por princípio uma *congruência política entre o governo e a sua maioria parlamentar*. Quanto sobrevenha uma oposição, a solução consiste na demissão parlamentar do governo, ou na dissolução parlamentar, a pedido do governo.

Além destes dois tipos básicos existem alguns sistemas de governo "fora da norma", como o caso do sistema de governo "diretorial" (Suíça), em que o governo, constituído por um colégio sem chefe, é designado pela assembleia representativa, mas não é politicamente responsável perante esta, pelo que o seu mandato não pode ser interrompido, salvo por renúncia, mas também não pode dissolver a assembleia. Este sistema de governo conjuga a legitimidade parlamentar do governo, tal como nos sistemas parlamentares, com a estrita separação entre governo e parlamento, típica dos sistemas presidenciais, mas sem existência de um presidente da República autónomo com interferência no governo, como nos sistemas mistos. Trata-se de um sistema de governo que não respeita a regra básica da democracia representativa, segundo a qual o poder executivo deve caber a um órgão eleito (caso do presidencialismo) ou a um órgão politicamente responsável perante um órgão eleito (caso do parlamentarismo). Todavia, à luz do principal critério acima adotado – a fonte da legitimidade do governo –, ainda estamos dentro da família parlamentar.

Tanto os sistemas de governo parlamentar como os de tipo presidencial apresentam numerosas variantes, que podem eventualmente ser agrupadas em subtipos.

Assim, quanto ao sistema parlamentar, importa distinguir, desde logo, entre as *monarquias parlamentares* e as *repúblicas parlamentares* e, dentro destas, aquelas em que o presidente é eleito diretamente ou indiretamente (pelo parlamento ou por um colégio eleitoral alargado). Costuma também diferenciar-se entre o *parlamentarismo clássico*, de tipo britânico, e o *parlamentarismo racionalizado*, desenvolvido na Europa continental durante o século XX e dotado de mecanismos tendentes a reforçar a estabilidade governamental e a condicionar o derrube parlamentar dos governos. Por último, pode distinguir-se entre o "parlamentarismo positivo" (em que os governos são eleitos pelo parlamento ou têm de obter à partida a confiança parlamentar) e o "parlamentarismo negativo" (em que os governos não têm de obter confiança parlamentar explícita, bastando uma confiança presumida ou, até, a simples não desconfiança explícita).

Como é bom de ver, nenhuma destas variantes importa qualquer imperfeição ou derrogação do modelo básico, desde que se mantenham as *três características essenciais* assinaladas: *(i)* titularidade do poder executivo pelo governo, separado do presidente; *(ii)* legitimidade governamental derivada das eleições parlamentares e do parlamento;

e *(iii)* dependência do governo exclusivamente da confiança política do parlamento, sendo demitido em caso de moção de desconfiança, dando lugar a novo governo no quadro parlamentar existente ou à convocação de eleições parlamentares antecipadas.

Quanto aos sistemas presidenciais, além da distinção já referida entre presidencialismo direto e indireto – implicando este a separação orgânica entre o presidente e o seu governo, por vezes chefiado por um primeiro-ministro ("dualismo executivo"), com referenda dos atos do presidente pelos membros do seu governo, transferindo para estes a respetiva responsabilidade política –, o presidencialismo pode distinguir-se pelo *modo de eleição do presidente da República*, conforme seja direto ou indireto (e, dentro de cada um destes, pela modalidade de eleição) e também pela renovabilidade ou não do mandato presidencial. Por outro lado, em alguns países, sobretudo latino-americanos, verifica-se certa *"parlamentarização" do presidencialismo*, que se traduz numa diluição da separação estrita entre o poder executivo e o poder legislativo, através de mecanismos como, por exemplo, poderes legislativos do presidente em caso de urgência (embora sujeitos à aprovação parlamentar posterior), sujeição da nomeação dos membros do governo à aprovação parlamentar e à subsequente possibilidade de demissão por censura parlamentar, possibilidade de dissolução parlamentar pelo presidente, obrigação de os ministros comparecerem e prestarem contas da sua ação política perante o parlamento, nomeação de governos de coligação, de forma a obter uma maioria política de apoio no parlamento (o chamado "presidencialismo de coalizão" no Brasil).

Em todo o caso, essas variantes não põem em causa os *três traços essenciais do presidencialismo originário*, a saber, *(i)* titularidade e/ou chefia política do poder executivo pelo presidente, *(ii)* legitimidade governamental derivada das eleições presidenciais e *(iii)* irresponsabilidade política do presidente e do seu governo perante o parlamento (embora em alguns casos o abuso do *impeachment* possa descambar no exercício de responsabilidade política). Como se verá adiante, ao contrário da tese corrente, o presidencialismo não pressupõe a eleição direta do presidente, como elemento essencial, havendo casos em que tal não ocorre.

2.2 O "semipresidencialismo", em especial

2.2.1 Os sistemas mistos

Além dos dois tipos básicos de sistema de governo e dos seus subtipos mais ou menos imperfeitos, existem *formas de governo híbridas ou mistas*, que combinam em dose variável elementos de parlamentarismo e de presidencialismo.

O modelo mais conhecido e mais estudado é o da França (V República). As caraterísticas principais desse arquétipo são as seguintes:

- existem três órgãos ativos no sistema político (presidente, parlamento e governo), sendo dois deles (o presidente e o parlamento) diretamente eleitos e dependendo o governo de ambos cumulativamente;
- o presidente da República compartilha o poder executivo (desde logo, a condução da política externa e de defesa) com o governo, chefiado pelo primeiro-ministro, sendo a função executiva, portanto, repartida entre ambos ("bicefalia executiva" ou "diarquia executiva");

- o governo depende cumulativamente da confiança do presidente da República (como nos sistemas de "presidencialismo indireto"), o qual o pode demitir ou fazer demitir, e da confiança do parlamento (como nos sistemas parlamentares), o qual também o pode demitir por via de moção de censura;
- o presidente da República não tem somente funções de representação ou cerimoniais, como chefe do Estado, antes dispõe de significativas atribuições na esfera governativa (o que o distingue dos chefes de Estado em sistemas parlamentares típicos), mas longe de lhe caber a condução direta da função executiva em geral (o que o distingue dos presidentes em sistema presidencialista);
- o governo conduz a política e a administração e é chefiado e dirigido por um primeiro-ministro, designado pelo presidente da República, de acordo com a composição do parlamento, sendo responsável perante este, tal como nos sistemas parlamentares; todavia, diferentemente do que sucede em sistemas parlamentares típicos, o governo também é responsável, em certos termos, perante o presidente, e pode não dispor do poder de determinar a dissolução do parlamento, que também cabe autonomamente ao chefe do Estado.

A maioria da doutrina nacional e estrangeira designa genericamente as formas de governo híbridas que apresentam essas caraterísticas, ou afins, como "sistemas semipresidenciais".[6]

A noção de sistema de governo semipresidencial surgiu em 1970 pela pena de Maurice Duverger, referida justamente ao caso francês da V República. Na definição clássica do autor (Duverger, 1979), o sistema de governo semipresidencial obedece cumulativamente a três requisitos: *(i)* eleição direta do presidente da República;[7] *(ii)* "consideráveis poderes" constitucionais do presidente da República; *(iii)* governo liderado por um primeiro-ministro responsável perante o parlamento.

Com esta noção, o próprio Duverger veio aplicar a noção a outros países igualmente com sistema de governo alegadamente híbrido (como a Irlanda, a Áustria e Portugal), mas onde os poderes presidenciais estão longe de assumir a extensão e a intensidade do caso francês e que, portanto, mesmo a deverem ser classificados como sistemas mistos, ficam mais próximos do parlamentarismo do que do presidencialismo, pelo que a designação "semipresidencial" se afigurava inadequada. Acresce que, perante a imprecisão do segundo fator indicado ("consideráveis poderes" do presidente) e na busca de um conceito operacional para efeitos classificatórios, muitos autores tenderam a prescindir dele, qualificando como semipresidenciais todos os *sistemas de governo parlamentar com presidente diretamente eleito*, independentemente dos poderes presidenciais e da revogação ou não do paradigma parlamentar.[8]

Mas com essa amplitude, a noção tornou-se incaraterística e perdeu valor heurístico em termos de classificação de sistemas de governo, tal a diversidade de situações

---

[6] Sobre a forma de governo semipresidencial (ou semipresidencialismo) ver, entre muita bibliografia, Duverger (1978), Pinto e outros (1984), Shugart e Carey (1992), Cecanti, Massari e Pasquino (1996), Iacometti (1997), Pegoraro (1997), Volpi (1998; 2014), Elgie (1999; 2018), Cheibub (2007), Novais (2018) e Franco (2020).

[7] Note-se, no entanto, que o presidente da República francesa já gozava dos mesmos poderes constitucionais antes de passar a ser eleito diretamente, em 1962.

[8] Sobre a evolução da noção ver especialmente Elgie (2018).

que abrange, sem nada de comum, salvo a responsabilidade parlamentar do governo e a eleição presidencial direta, como a Islândia ou a França, a Irlanda ou a Rússia. A principal e decisiva *falha lógica* dessa definição amplíssima de semipresidencialismo consiste em considerar como "meio presidencialistas" sistemas de governo que possuem a característica essencial do sistema parlamentar (governo responsável perante o parlamento) e que não apresentam a principal característica do sistema presidencial (titularidade do governo pelo presidente), sem exigir sequer que o presidente da República tenha qualquer participação na função governamental. Se o regime presidencial é, por definição, *aquele em que o presidente governa (diretamente ou através de um interposto governo só perante ele responsável), sem responsabilidade política perante o parlamento*, não faz nenhum sentido designar como "semipresidenciais" sistemas de governo de essência parlamentar, sem que o presidente da República tenha algum envolvimento na condução política do país e na função governativa, pelo menos através da confiança política dupla do governo, perante o presidente da República e perante o parlamento. Impõe-se, portanto, regressar à definição originária de Duverger quanto à exigência de "poderes significativos" do presidente, mas *desde que eles envolvam a participação presidencial na direção da política governamental*.

Nestes termos, só deve considerar-se existir um sistema semipresidencial, como subtipo dos sistemas híbridos *(i)* quando uma parte da ação governativa escapa à responsabilidade parlamentar (por caber ao presidente) ou, pelo menos, *(ii)* quando o governo não é exclusivamente responsável perante o parlamento, mas também perante o presidente, tendo de adequar a sua ação a essa dupla responsabilidade. Designar como "semipresidenciais" sistemas de governo tipicamente parlamentares, em que o presidente da República, embora diretamente eleito, não derroga o poder executivo exclusivo do governo nem a sua responsabilidade política exclusivamente perante o parlamento, constitui um verdadeiro *oximoro conceptual*.

Nem a eleição direta do presidente da República, nem sequer os poderes presidenciais "significativos" são, só por si, fatores de semipresidencialismo.

Quanto ao primeiro aspeto, basta referir os vários países com eleição presidencial direta e com sistema de governo tipicamente parlamentar no seu funcionamento, sem violar a Constituição (Islândia, Irlanda, Áustria, Finlândia, República Checa etc.);[9] por outro lado, a situação da França entre 1958 e 1962 e da Grécia entre 1975 e 1976 mostra que o sistema de governo pode apresentar os alegados traços "semipresidenciais", sem haver eleição direta do presidente da República. É certo que *em regime democrático tanto o sistema presidencial como o "semipresidencial" pressupõem a eleição presidencial direta, ou pelo menos "semidireta" (caso dos Estados Unidos)*, como condição de legitimidade do poder executivo que exercem ou coexercem.[10] Mas a inversa não é verdadeira, pois *a eleição direta não implica necessariamente um sistema presidencial ou semipresidencial*, se não se verificarem os respetivos requisitos, nomeadamente quando o presidente tem

---

[9] Como mostra o caso da Áustria, em 1951, e da República Checa, em 2012, a mudança da eleição parlamentar do presidente da República para eleição direta não afeta a natureza parlamentar do sistema de governo preexistente, mesmo quando a Constituição lhe confere significativos poderes.

[10] O que, todavia, nem sempre se verifica, quer em sistemas presidenciais (como sucede em alguns países da América Latina, em que a escolha do presidente pode caber em última instância ao parlamento), quer em sistemas semipresidenciais, como já se notou acima.

somente funções de controlo, mediação, arbitragem e garantia externa do funcionamento do sistema político, *sem tomar também parte na governação do país*, à margem da responsabilidade parlamentar do governo. Pressupor, como fazem os defensores da noção ampla de semipresidencialismo, que, só por si, a eleição direta do presidente da República transforma automaticamente os sistemas de governo parlamentar em sistemas semipresidenciais é uma pura *petição de princípio*.

Quanto ao segundo aspeto, os poderes presidenciais "significativos" não afetam o sistema de governo parlamentar, se não envolverem a *participação do presidente da República na direção política e na função governativa*, pondo em causa o monopólio do governo na condução política do país.[11] Só esses são verdadeiros sistemas de governo *efetivamente híbridos ou mistos* e, portanto, só esses deveriam poder ser designados por semipresidenciais. Como assinala Volpi (2014, p. 15), é necessário que o presidente tenha uma relevante "participação na determinação do *indirizzo* político" do país. Ou, como refere Morais (1997, p. 127), é necessário, pelo menos, que exista "uma dupla responsabilidade política e institucional do governo perante um presidente da República e um parlamento, ambos legitimados diretamente por uma eleição por sufrágio universal".[12]

Em todo o caso, mesmo descartando a noção amplíssima de semipresidencialismo, essa designação, pela sua óbvia *conotação presidencialista*, mantém-se equívoca para designar genericamente todos os sistemas de governo mistos, independentemente da extensão e intensidade da intrusão presidencial no funcionamento do sistema parlamentar, pelo que aquela designação deveria ser reservada para os sistemas de governo mistos *em que o poder executivo é efetivamente compartilhado entre o presidente da República e o primeiro-ministro*, os quais, em conjunto, cogovernam o país ("executivo dual, com duas cabeças»),[13] devendo recorrer-se a outra designação (por exemplo, *sistema semiparlamentar*) para os casos em que, embora se verifique um efetivo envolvimento presidencial na esfera do governo, ele não assume os contornos de *"condomínio" governativo*.

Na verdade, existem várias propostas de distinguir subtipos dentro da noção genérica de sistemas mistos ("parlamentar-presidenciais"), designadamente de acordo com o *tipo de equilíbrio entre a componente presidencial e a componente parlamentar*.[14] Ora, se a noção de semipresidencialismo há de manter algum sentido preciso, ela devia ser reservada para a modalidade dos sistemas mistos com predominância da componente presidencial sobre a componente parlamentar, distinguindo esse sentido estrito da noção genérica de sistema misto.

Em suma, quando o presidente da República, embora diretamente eleito, não intervém diretamente na condução política do país e na atividade governativa e, cumulativamente, o governo só é politicamente responsável perante o parlamento, como é o

---

[11] Sobre a insuficiência dos poderes presidenciais para a distinção entre parlamentarismo, presidencialismo e semipresidencialismo, ver, por exemplo, Siaroff (2003).

[12] No entanto, apesar de esse requisito não se verificar entre nós, como adiante se mostrará, o autor inclui Portugal entre os sistemas semipresidenciais.

[13] Expressão de Grimaldi (2012, p. 45).

[14] Assim, por exemplo, Shuggart e Carey (1995, p. 42 e ss.), Morais (1997, nº 4), Volpi (1996; 2014, cap. II) e Franco (2020, 1.2.3).

caso de Portugal (como se verá adiante), não tem lógica falar em sistema misto, muito menos em "semipresidencialismo".

2.3 O lugar do chefe do Estado no sistema de governo

Na generalidade dos países existe um chefe do Estado, sendo a maior parte das vezes um presidente da República, dado o pequeno número de monarquias subsistentes. Mas o lugar e o papel do chefe do Estado variam muito, não somente de acordo com as formas de Estado (monarquias ou repúblicas), mas também conforme os sistemas de governo.[15] Todavia, em geral, o chefe do Estado não é politicamente responsável pela sua ação perante o parlamento ou assembleia representativa em nenhum dos sistemas de governo.[16]

No caso dos regimes presidencialistas, o presidente é o titular e, em geral, o chefe direto do poder executivo, acumulando os dois papéis de chefe do Estado e de chefe do governo. Em geral, é diretamente eleito e não é responsável politicamente perante a assembleia representativa.[17] Nas democracias parlamentares, o chefe do Estado pode ser um monarca (monarquias parlamentares, como a Espanha) ou um presidente da República eleito (repúblicas parlamentares), podendo neste caso ser eleito diretamente pelos cidadãos (como na república checa), ou por um colégio eleitoral, que inclui os deputados (como na Itália e na Alemanha). Tradicionalmente, nas democracias parlamentares o chefe do Estado era o titular nominal do poder executivo, mas sem o exercer (pois ele é exercido pelo governo chefiado pelo primeiro-ministro), e não é responsável pela ação do governo, pois todos os seus atos são referendados pelos ministros, que são responsáveis por eles perante o parlamento.

Em algumas repúblicas parlamentares, os presidentes da República, mesmo quando indiretamente eleitos, podem ter alguns poderes institucionais próprios (como exemplo, a nomeação de juízes do Tribunal Constitucional pelo presidente da República em Itália) e, quando diretamente eleitos, podem assumir um papel qualificado próprio, como "quarto poder", separado do poder executivo, com *funções de controlo, supervisão e moderação externa do funcionamento do sistema político e de observância das regras constitucionais e do regular funcionamento das instituições*. É esse o modelo do presidente na atual Constituição portuguesa, como se verá adiante.

Nos sistemas mistos ("semipresidenciais", na equívoca designação corrente), tal como nos sistemas parlamentares, também existem três órgãos de poder político, a saber, chefe do Estado, parlamento e governo; e também sucede que o governo é igualmente responsável perante o parlamento. No fundo, *os sistemas "semipresidenciais" têm sempre uma base parlamentar*. Daí a necessidade de uma delimitação rigorosa.

---

[15] Sobre a eleição, estatuto e poderes dos presidentes da República em termos comparados, ver Loewnstein (1949), Hartmann (1989), Grimaldi (2012), Novak (2013) e Moreira (2021).

[16] Com efeito, salvo os casos de revogação do mandato por votação popular (*recall*) – que são raros em direito constitucional comparado –, os presidentes da República, tal como os chefes de Estado monárquicos, só estão sujeitos à *responsabilidade política "difusa" perante a opinião pública*, podendo os primeiros ser "punidos" com a não eleição, se se recandidatarem. É esse um dos *handicaps* democráticos dos sistemas presidenciais e semipresidenciais.

[17] O sistema de governo presidencial não pode existir em monarquias democráticas, dada a falta de legitimidade eleitoral do chefe do Estado.

A diferença, como se viu, está no papel e nos poderes do chefe do Estado: enquanto nos sistemas parlamentares, ele tem uma posição neutra de "gestão" ou controlo externo do sistema de governo e não interfere no exercício do poder executivo, nos sistemas de governo mistos o presidente da República, por via de regra diretamente eleito, tem uma *intervenção, direta ou indireta, na função governativa, junto com o governo* – apesar da origem parlamentar deste –, a qual pode consistir, desde uma "diarquia executiva" até a efetivação da responsabilidade política do governo perante o presidente (acumulando com a responsabilidade parlamentar).

Nas repúblicas "semipresidenciais", os presidentes da República podem ter um papel mais ou menos importante na função governativa (especialmente em matérias de segurança, defesa e relações externas), mas a função executiva cabe predominantemente ao governo chefiado pelo primeiro-ministro, simultaneamente responsável perante o presidente e perante o parlamento. Portanto, o presidente ocupa um lugar *algures entre o presidente num sistema de governo presidencial e o presidente num sistema de governo parlamentar*. Tal como nos demais sistemas, o presidente da República também não é politicamente responsável perante o parlamento pelo seu papel no poder executivo; só o governo o é.

Existem hoje em dia sofisticados índices, incluindo valores numéricos, para medir os poderes dos presidentes da República quanto a vários aspetos (nomeadamente exercício de políticas setoriais, como a política externa ou a política de defesa, presidência do conselho de ministros, veto legislativo, nomeação e demissão do governo e dissolução parlamentar), que permitem verificar a amplitude dos poderes presidenciais nos sistemas mistos.[18] No entanto, sob o ponto de vista da qualificação dos sistemas de governo, mais do que a extensão e intensidade dos poderes presidenciais, importa verificar sua função (conforme tenham a ver somente com o *controlo* ou também com o *exercício* do poder) e a sua incidência quanto aos critérios centrais para a qualificação daqueles, ou seja, *a titularidade e a fonte de legitimidade do poder executivo*.

Por isso, enquanto um sistema de governo parlamentar pode ser compatível com a existência de muitos poderes presidenciais (se forem poderes de controlo e não de direção política), já pode bastar um único poder presidencial, o de demissão do governo por desconfiança política, para derrogar o exclusivo governamental da direção política e para tornar misto o sistema de governo.

3 O sistema de governo em Portugal

3.1 Origens do sistema de governo

Na história da República portuguesa desde 1910 até 1974 houve dois grandes modelos políticos: *(i)* o sistema político da Constituição de 1911, caracterizado pela eleição parlamentar do presidente da República e por um sistema de governo parlamentar extremo, em regime político liberal; *(ii)* diversas manifestações de governo presidencial ou parapresidencial, com presidente da República diretamente eleito, em regime antiliberal

---

[18] Ver, por todos, Shugart e Carey (1992), Metcalf (2000) e Franco (2020, cap. I.2.3).

e antidemocrático (Sidónio Pais, 1918; Ditadura Militar, 1926-1933; Constituição de 1933). Com exceção do período 1959-1974, em que o regime autocrático do chamado "Estado Novo" prescindiu da eleição direta do presidente da República – o que coincidiu com o seu declínio –, a conclusão histórica a tirar era a de que o sistema de governo parlamentar implicava a eleição parlamentar do presidente da República e que a eleição presidencial direta e o presidencialismo estavam associados a formas autocráticas e autoritárias do poder político.

O quadro seguinte, que inclui os períodos de eleição presidencial indireta, ilustra os diferentes períodos da história política da República.[19]

Períodos constitucionais	Eleição do Presidente	Titular do poder executivo	Fonte de legitimidade política do poder executivo	Papel do Presidente em relação ao Governo	Sistema de governo
1911-1926 (salvo 1918)	Eleição pelo parlamento	Ministério	Eleições parlamentares	Cotitular apenas nominal do poder executivo	Parlamentar
1918 (Sidónio Pais)	Eleição direta	Presidente	Eleições presidenciais	Chefe do governo	Presidencial
1928-1974	a) Eleição direta, até 1959 b) Eleição indireta, depois de 1959	Presidente e Governo	Eleições presidenciais	Poder de superintendência e tutela política	Presidencial

Era esta a herança histórica com que contavam os revolucionários de 1974, que puseram fim ao regime do "Estado Novo", e os constituintes de 1975-76, que a haviam de valorizar à luz de outras experiências de construção democrática no século XX, incluindo as de conjugação de sistemas de base parlamentar com a eleição direta do presidente da República.

Repetindo a experiência da rutura política de 1820-22, de 1836-38 e de 1910-1911, a Revolução de 25.4.1974 visou à eleição de uma Assembleia Constituinte e a aprovação de uma nova Constituição, instituindo uma ordem política transitória até a entrada em vigor do novo regime constitucional.

A Revolução manteve o cargo de Presidente da República na estrutura política transitória, o qual era designado pela Junta de Salvação Nacional, órgão de extração militar, instituído pelo Movimento das Forças Armadas (MFA). No sistema político transitório, o Presidente não tinha funções executivas (salvo a condução da política externa), que foram confiadas aos governos provisórios, por ele nomeados e destituídos; mas o Presidente podia decidir convocar e presidir o Conselho de Ministros. Também tinha um poder de veto legislativo absoluto sobre os diplomas aprovados pelo governo.

---

[19] Para maior desenvolvimento ver Moreira (2020).

Manteve-se assim a estrutura dualista do poder executivo, que vinha da Constituição de 1933, com separação entre um Presidente da República semigovernante e o governo dele dependente. Tratava-se, portanto, de uma espécie de "presidencialismo indireto", em que o Presidente da República não governava (com a exceção indicada), mas em que a legitimidade governamental derivava da nomeação e da confiança presidencial e o governo se encontrava sob tutela presidencial.

O programa do Movimento das Forças Armadas (MFA) apontava para a eleição direta do Presidente da República na futura Constituição, quando referia que o sistema político transitório cessaria "logo *que* eleitos pela Nação *a Assembleia Legislativa e o novo Presidente da República*" (ponto C. do Programa). Na verdade, o modo de eleição e o futuro sistema de governo vieram a ser predefinidos antes da Constituição por um acordo entre os partidos políticos e o Conselho da Revolução, primeiro no I Pacto MFA-partidos, de 11.4.1975, e depois, após o fim da deriva esquerdista da Revolução, em 25.11.1975, no II Pacto, de 26.2.1976.

Os dois referidos acordos políticos previam dois regimes assaz diferentes para a eleição presidencial, para valer num *período constitucional transitório* neles previsto. No primeiro acordo (1975), o Presidente da República seria eleito por um colégio eleitoral constituído pelos membros das duas câmaras representativas naquele previstas: a Assembleia Legislativa (ainda sem nome próprio) e a Assembleia do MFA (composta por militares); no II Pacto (1976), que fez desaparecer a Assembleia do MFA, optou-se pela eleição direta do presidente, na modalidade austro-francesa (maioria absoluta), solução que a Assembleia Constituinte acolheu como mais apropriada, tendo em conta os importantes poderes que o Presidente da República mantinha na primeira versão da Constituição (até 1982), incluindo um sistema de governo de tipo misto, como se verá a seguir.[20]

3.2 O sistema de poder político na Constituição de 1976

3.2.1 Quadro político-institucional

Segundo a versão inicial, a CRP de 1976 previa um período constitucional transitório, que instituía quatro órgãos do poder político: o Presidente da República, o Conselho da Revolução, a Assembleia da República e o governo.

O Presidente da República, diretamente eleito, presidia também o Conselho da Revolução, podia dissolver a Assembleia da República em certas condições e nomeava e podia demitir o governo; tinha também um poder de veto legislativo sobre os diplomas da Assembleia da República e do governo. Era um formidável conjunto de poderes, a que o primeiro Presidente eleito, o General Ramalho Eanes, veio acrescentar, embora sem base constitucional, o cargo de chefe do estado-maior das Forças Armadas.

O Conselho da Revolução era um órgão de extração militar, herdeiro do MFA, que fizera a Revolução. Tinha poderes legislativos e executivos em relação às Forças Armadas, era órgão de conselho do Presidente da República e órgão de fiscalização

---

[20] Sobre a "Segunda Plataforma de Acordo Constitucional", nome oficial do II Pacto, ver Teles (2013).

da constitucionalidade das leis, com força obrigatória geral (assistido pela Comissão Constitucional, órgão independente de natureza técnico-jurídica).

A Assembleia da República, eleita pelo sistema proporcional, era a assembleia representativa das correntes partidárias, de cuja confiança política o governo dependia.

O governo era nomeado pelo Presidente da República, tendo em conta os resultados eleitorais para a Assembleia da República, sendo politicamente responsável perante esta, mas também dependia da confiança política do Presidente da República, que o podia demitir discricionariamente.

Na primeira revisão constitucional, em 1982, terminando o período constitucional transitório, verificaram-se as seguintes alterações principais:
– foi extinto o Conselho da Revolução, sendo as suas competências repartidas pelo Presidente da República, pela Assembleia da República, pelo governo, pelo Tribunal Constitucional (então criado) e pelo Conselho de Estado (então criado);
– o governo deixou de depender da confiança política do Presidente da República, que manteve o poder de o demitir somente quando esteja em causa "o regular funcionamento das instituições", e não por discordância política.

Com a eliminação do Conselho da Revolução, os "órgãos de soberania" envolvidos no sistema político passaram a ser três: Presidente da República, Assembleia da República e Governo. Indo além da Constituição de 1933, a separação entre o Presidente da República e o Governo passou a ser também uma separação funcional. Tal como na Constituição de 1933 o Presidente da República aparece mencionado em primeiro lugar, diferentemente do que sucedia em todas as anteriores constituições, incluindo a Carta Constitucional, em que a ordenação começava pelo titular do poder legislativo (parlamento).

Tal como na Constituição de 1933, há dois órgãos eletivos, o Presidente da República e a Assembleia da República – *sistema birrepresentativo*.

Órgãos do poder político nas constituições portuguesas

Constituição	Órgãos do poder político	Órgãos eletivos
Constituição de 1822 (art. 30º)	Poder Legislativo (Cortes); Poder Executivo (rei e secretários de Estado)	Cortes
Carta Constitucional de 1826 (art. 11º)	Poder Legislativo (Cortes gerais); Poder Moderador (rei); Poder Executivo (rei e ministros)	Cortes (Câmara dos Deputados)*
Constituição de 1838 (art. 33º)	Poder Legislativo (Cortes); Poder Executivo (rei, através dos ministros e secretários de Estado)	Cortes (ambas as câmaras)
Constituição de 1911 (art. 6º)	Poder Legislativo (Congresso); Poder Executivo (Presidente da República, através do ministério)	Congresso da República (ambas as câmaras)
Constituição de 1933	Chefe do Estado; Assembleia Nacional; Governo	Presidente da República; Assembleia Nacional
Constituição de 1976	Presidente da República; Assembleia da República; Governo	Presidente da República; Assemblei da República

* O art. 12º da Carta considerava "órgãos representativos" o rei e as Cortes gerais.

Note-se que, enquanto as Constituições monárquicas e a de 1911 enunciavam os "poderes" políticos, ou seja, as funções do Estado, definindo depois os órgãos competentes para desempenhá-las, as Constituições de 1933 e de 1976 enunciam os órgãos do poder político, definindo depois as respetivas competências. Todas as Constituições monárquicas usam a expressão "poderes políticos" (em que, aliás, incluem erradamente o poder judicial), enquanto as Constituições republicanas usam a expressão "órgãos de soberania".

Todavia, se as afinidades da CRP de 1976 com a Constituição de 1933 são várias, já a configuração constitucional dos diversos órgãos do poder político é muito distinta, e não somente pela natureza democrática da primeira, comparada coma natureza autocrática e autoritária da segunda.[21]

Analisemos então o estatuto e os poderes (competências) dos três órgãos constitucionais nas dimensões relevantes para a qualificação do sistema de governo.

3.2.2 O Presidente da República

3.2.2.1 Eleição e mandato presidencial

Importa analisar separadamente os vários aspetos do estatuto político-institucional do Presidente da República, visto que a questão da qualificação do sistema de governo passa por ele.

As bases jurídicas da eleição presidencial direta encontram-se na Constituição – CRP, arts 124º-131º (versão originária), arts. 121º-128º (versão em vigor) – e no Decreto-Lei nº 319-A/76, de 3 de maio (lei eleitoral do Presidente da República), alterado por várias leis posteriores.

Quanto à amplitude do sufrágio, foi estabelecido pela primeira vez na nossa história da eleição presidencial o sufrágio universal dos cidadãos maiores de 18 anos, sem exclusões de género, de literacia ou de riqueza e rendimentos (CRP, arts. 121º e 49º).[22] Inicialmente o Presidente era eleito somente pelos cidadãos residentes no território nacional (CRP, art. 124º, na redação originária), mas mais tarde (revisão constitucional de 1997) deu-se a abertura ao voto dos residentes no exterior, desde que mantenham "laços de efetiva ligação" a Portugal (art. 124º-2).[23]

Quanto à elegibilidade, podem ser candidatos os cidadãos portugueses maiores de 35 anos, com nacionalidade portuguesa de origem (o que exclui os naturalizados

---

[21] Sobre o sistema político na Constituição de 1976, ver, por todos, Miranda (1978; 1997), Queiroz (1992), Miranda e Medeiros (2006), Canotilho e Moreira (2010), Otero (2010), Vaz et alii (2015), Gouveia (2016) e Moreira (2016).

[22] O sufrágio universal, anunciado logo na Lei nº 3/74, que estabeleceu a estrutura política transitória, tinha sido consagrado pela primeira vez nas eleições para a Assembleia Constituinte, segundo a respetiva lei eleitoral (Decreto-Lei nº 621-A/74 e Decreto-Lei nº 621-C/74, ambos de 15 de novembro) e depois reiterado na Constituição.

[23] O art. 1º-A da lei eleitoral, acrescentado em 2005, veio estabelecer que "a nacionalidade portuguesa e a inscrição no recenseamento eleitoral no estrangeiro são provas suficientes da existência de laços de efetiva ligação à comunidade nacional". Sucede que, depois de 2018 (Lei nº 47/2018, de 13 de agosto), o recenseamento passou a ser automático, pelo que todos os cidadãos portugueses residentes no estrangeiro passaram a ser eleitores do Presidente da República, independentemente de qualquer laço com a comunidade nacional, o que ignora o requisito do nº 2 do art. 121º da CRP, na redação de 1997.

e situações equiparadas) e no gozo de direitos civis e políticos.²⁴ Nem a Constituição nem a lei eleitoral excluem os binacionais, o que pode suscitar delicados conflitos de lealdade constitucional.²⁵

Quanto à duração do mandato, esta foi fixada em cinco anos, bem inferior aos sete anos da Constituição de 1933, mas superior à legislatura parlamentar (quatro anos). Além disso, o mandato só pode ser renovado uma vez, criando uma inelegibilidade temporária (cinco anos) depois do segundo mandato ou, em certas circunstâncias, depois de renúncia (CRP, art. 123º).

Em suma, pela primeira vez na nossa história constitucional, a CRP de 1976 *resgatou a eleição direta do Presidente da República em termos compatíveis com o princípio republicano.*²⁶

As candidaturas não são apresentadas pelos partidos políticos, mas sim por cidadãos, num mínimo de 7.500 e máximo de 15.000 cidadãos (CRP, art. 124º), o que distingue politicamente as eleições presidenciais das eleições parlamentares, as quais estão reservadas aos partidos políticos, excluindo candidaturas independentes.

Seguindo a solução francesa de 1962, a eleição presidencial faz-se por maioria absoluta, com segunda votação, caso seja necessário, entre os dois candidatos mais votados na primeira (CRP, art. 129º), o que lhe confere uma *legitimidade política ampla e politicamente transversal*.

Por último, a Constituição estabeleceu a descoincidência temporal das eleições presidenciais com as eleições parlamentares (art. 125º, nº 2), com precedência das segundas e adiamento das primeiras, evitando a sobreposição temporal e a possível "contaminação" política das eleições parlamentares pelas presidenciais.

Nas palavras de Pinon (2015, p. 265), a Constituição procedeu, através destas soluções, a um "desdobramento do corpo eleitoral" nos dois atos eleitorais, de modo a "fazer do Presidente uma instituição imparcial, "apolítica", configurada para exercer um verdadeiro "poder neutro" ou moderador". Deste modo, a CRP quebrou a associação presidencial ao poder executivo (diarquia executiva) nas constituições de 1911 e de 1933.

3.2.2.2 Independência partidária

Uma característica essencial do estatuto presidencial na CRP é a natureza independente e apartidária do presidente. Com efeito, como se viu, ele não é proposto por partidos políticos, mas sim por cidadãos eleitores; embora os partidos possam manifestar o seu apoio a candidatos presidenciais, *não podem capturar as candidaturas*.²⁷

Acresce que, muitas vezes, o apoio às candidaturas presidenciais vencedoras provém de mais de um partido e que a prática mostra que os candidatos eleitos obtêm

---

²⁴ As duas primeiras condições – idade e nacionalidade originária – provêm da Constituição de 1911 (art. 39º), com origem na Constituição dos Estados Unidos.

²⁵ J. Miranda (1998, p. 363) exclui os binacionais, em nome da independência nacional, mas não existe na Constituição nenhum indício que permita discriminá-los.

²⁶ Sobre as condições para o Presidente da República ser um "presidente republicano" ver Veiga (2018).

²⁷ Por isso, é manifestamente inconstitucional o art. 45º, nº 1, da lei eleitoral (Decreto-Lei nº 319º-A/76, de 3 de maio), quando admite que os partidos políticos apoiantes de uma candidatura presidencial possam assumir a "promoção e realização da campanha eleitoral" (neste sentido, Miranda (2006, p. 350)), o que também viola o princípio da igualdade com as outras candidaturas.

votos de vários outros partidos, o que confirma que na eleição presidencial contam mais a personalidade dos candidatos e a perspetiva quanto ao desempenho do seu mandato presidencial do que sua identificação partidária. O facto de o Presidente da República ser eleito por maioria absoluta converge no sentido de ele não poder ser um representante de uma fação minoritária dos cidadãos.

Em segundo lugar, entre as inelegibilidades presidenciais não se conta nenhuma daquelas situações suscetíveis de pôr em causa a independência e a isenção partidária de cargos públicos, que justificam várias inelegibilidades nas eleições parlamentares, como juízes e magistrados do Ministério Público, militares e membros de forças militarizadas, embaixadores e cargos diplomáticos em geral, os quais podem, portanto, candidatar-se em eleições presidenciais e voltar aos seus cargos, se não eleitos, sem terem posto em causa a sua independência e isenção política.

De facto, segundo a Constituição, as condições de elegibilidade dos deputados admitem restrições por causa do exercício de certos cargos (CRP, art. 150º) – em conformidade, aliás, com o disposto no art. 50º, nº 3, que refere a defesa da "isenção e independência do exercício dos respetivos cargos" –, enquanto, em relação às eleições presidenciais, o art. 122º da Constituição omite qualquer inelegibilidade desse tipo.

Em terceiro lugar, uma vez que o Presidente da República representa a República Portuguesa (CRP, art. 120º), ou seja, a coletividade política nacional, isso só pode logicamente verificar-se, tratando-se de um órgão uninominal, se o Presidente for uma personalidade suprapartidária e independente dos partidos políticos, ao contrário da Assembleia da República, que representa "todos os cidadãos portugueses", mas através da pluralidade dos partidos políticos nela representados.

Por último, em resultado das considerações anteriores, os candidatos a Presidente da República *não se apresentam* às *eleições na base de um programa de governo*, o que suporia uma condição partidária e propósitos governativos, que estão totalmente à margem do desenho constitucional do mandato presidencial, tal como decorre do art. 120º da CRP.

Como se viu, para prevenir a "inquinação" partidária das eleições presidenciais, a Constituição estabelece um distanciamento temporal obrigatório entre elas e as eleições parlamentares

3.2.2.3 Os poderes do Presidente da República depois de 1982

Com a revisão constitucional de 1982, findo o período constitucional transitório, verificaram-se importantes alterações nos poderes presidenciais, quase todas resultantes da extinção do Conselho da Revolução (e da Comissão Constitucional), sendo de destacar as seguintes, para o propósito deste estudo:[28]
- a definição constitucional do Presidente da República passou a enunciar explicitamente a missão de "garantir o regular funcionamento das instituições democráticas" (art. 120º);
- a competência para dissolver a Assembleia da República passou a ser um poder discricionário do Presidente, salvo dois importantes períodos de defeso

---

[28] Sobre os poderes presidenciais ver especialmente Barroso e Bragança (1989), Canotilho e Moreira (1991), Rodrigues (2013) e Queiroz (2013).

(nos seis meses seguintes às eleições parlamentares e nos seis meses anteriores ao termo do mandato do presidente) (art. 172º, nº 1);
- o poder de demitir o Governo deixou de ser livre e passou a estar confinado às situações de garantia do "regular funcionamento das instituições" (art. 195º, nº 2), em consequência de o Governo ter deixado de ser politicamente responsável perante o Presidente da República;
- há o novo poder de nomear e exonerar as chefias militares (poder anteriormente pertencente ao Conselho da Revolução), mas sob proposta do Governo;
- a declaração do estado de sítio e do estado de emergência passou a depender de autorização da Assembleia da República (antes, a autorização cabia ao Conselho da Revolução);
- o poder de suscitar a fiscalização preventiva e sucessiva da constitucionalidade passou a ser exercido junto do novo Tribunal Constitucional (que substituiu nessas funções o Conselho da Revolução e a Comissão Constitucional);
- desapareceu o poder de nomear um membro do Conselho Constitucional, sem o Presidente ter ganhado o poder de nomear qualquer juiz do Tribunal Constitucional.[29]

Entre os poderes presidenciais que se mantiveram cumpre destacar os seguintes (CRP, arts. 133º-140º):
- convocar extraordinariamente a Assembleia da República, para se ocupar de certos assuntos (sem que, porém, o Presidente goze de iniciativa legislativa, originária ou derivada);
- dirigir mensagens à Assembleia da República (com a mesma nota da alínea anterior);
- pronunciar-se sobre emergências graves para o país (sem prejuízo de outras intervenções informais: discursos, entrevistas etc.);
- nomear o primeiro-ministro, tendo em conta os resultados eleitorais para a Assembleia da República, e exonerá-lo formalmente, depois de demitido o Governo (cfr. art. 186º, nº 4);
- presidir ao Conselho de Ministros, quando o primeiro-ministro o solicitar (sem prejuízo do exclusivo governamental na condução da política do país);
- nomear e exonerar, sob proposta do Governo, o presidente do Tribunal de Contas e o procurador-geral da República;
- promulgar leis, decretos-leis e decretos regulamentares, podendo exercer o poder de veto dos atos legislativos;
- ratificar os tratados internacionais, negociados pelo Governo e aprovados pela Assembleia da República;
- nomear os embaixadores, sob proposta do Governo;
- desencadear junto do Tribunal Constitucional a fiscalização preventiva e sucessiva da constitucionalidade de normas jurídicas (podendo a primeira levar ao veto presidencial obrigatório do diploma em causa).

---

[29] Sobre as alterações da revisão constitucional de 1982 quanto aos poderes presidenciais ver, entre outros, M. R. de Sousa (1983).

Importa assinalar que, por efeito do art. 110º, nº 2, da CRP, os poderes do Presidente da República só são os que constam da Constituição (*numerus clausus* constitucional), a qual não permite a sua extensão por via legislativa, e que devem ser *interpretados em consonância com o sistema constitucional do poder político*, designadamente os poderes dos demais órgãos constitucionais. Assim, a interpretação dos poderes presidenciais deve ser congruente aos seguintes princípios constitucionais: *(i)* exclusivo governamental da condução política do país e da Administração Pública; *(ii)* responsabilidade política do Governo exclusivamente perante a Assembleia da República; *(iii)* não responsabilidade presidencial pela ação política do Governo; *(iv)* irresponsabilidade política do Presidente pelos seus atos, inclusive pelos atos próprios não sujeitos à referenda governamental.

3.2.2.4 Tipologia dos poderes do Presidente da República

Convém organizar os poderes do Presidente da República, de acordo com as suas caraterísticas, independentemente da arrumação constante dos arts. 133º a 138º da CRP.[30]

3.2.2.4.1 Atos próprios de exercício livre

São atos que não dependem de proposta, autorização ou referenda de outros órgãos, incluindo aqueles atos que estão sujeitos à consulta não vinculativa a outros órgãos. Entre eles contam-se os seguintes:
- convocar extraordinariamente a Assembleia da República e dirigir-lhe mensagens;
- dissolver a Assembleia da República, com os limites temporais indicados no art. 172º, nº 1;
- demitir o Governo, quando esteja em causa o "regular funcionamento das instituições";
- requerer a fiscalização preventiva da constitucionalidade de atos legislativos e a fiscalização sucessiva de quaisquer normas jurídicas.

Como é próprio do Estado de direito, todos os atos livres devem ser devidamente fundamentados.

3.2.2.4.2 Atos próprios de exercício obrigatório

Incluem-se aqui os atos de exercício constitucionalmente devido, entre os quais os seguintes:
- promulgar os diplomas legislativos não vetados, ou depois de confirmados pelo órgão legiferante competente após veto;
- nomear um primeiro-ministro após eleições parlamentares;
- nomear membros para outros órgãos constitucionais (Conselho Superior da Magistratura, Conselho de Estado etc.).

---

[30] Segue-se aqui a lição de J. Miranda (2006, p. 338 e ss.), com algumas modificações.

3.2.2.4.3 Atos próprios dependentes de proposta, autorização ou outro ato alheio

Trata-se de atos presidenciais que só podem ser praticados sob impulso externo, por vezes impropriamente designados como atos de "competência compartilhada". Aqui se incluem os seguintes:
- nomeação (e exoneração) de ministros e secretários de Estado, dependente de proposta do primeiro-ministro;
- nomeação (e exoneração) do procurador-geral da República e do Presidente do Tribunal de Contas, assim como nomeação (e exoneração) de embaixadores e de chefias militares, todos dependentes de proposta do Governo;
- convocação de referendos, dependente de proposta da Assembleia da República ou do Governo, conforme os casos;
- ratificação de tratados internacionais, dependente da sua aprovação pela Assembleia da República.

Podendo o Presidente da República recusar os nomes ou os atos propostos, a decisão presidencial é, no entanto, obrigatória. A rejeição dos nomes propostos obriga o Governo a apresentar novos candidatos. Na prática, estes atos são objeto de uma negociação prévia, pelo que em geral não se verifica uma recusa formal.

Situação afim é a do convite para presidir o Conselho de Ministros, que o Presidente da República é livre de recusar.

Quanto aos atos presidenciais dependentes de autorização de outro órgão, o principal é a declaração do estado de sítio, que depende de autorização da Assembleia da República (art. 138º), mas também pode referir-se à autorização parlamentar para o Presidente se ausentar do território nacional (art. 129º).

3.2.2.4.4 Condicionamento de atos presidenciais

Para além dos atos presidenciais que concluem atos da Assembleia da República ou do Governo (atos legislativos) e dos que dependem de proposta ou autorização deles (por exemplo, proposta de convocação de referendos, de nomeação de titulares de certos cargos públicos ou de autorização parlamentar de declaração do estado de sítio), há também atos que estão dependentes de parecer externo, seja do Governo (por exemplo, sobre a declaração do estado de sítio), seja do Conselho de Estado, que é o órgão de consulta privativo do Presidente (arts. 141º-146º).

Sendo os pareceres do Conselho de Estado por vezes obrigatórios (como no caso da dissolução parlamentar ou da demissão excecional do Governo), sob pena de nulidade dos atos presidenciais em causa, eles nunca são vinculativos. Todavia, a Constituição exige implicitamente que haja *parecer do próprio* órgão e não somente os pareceres individuais dos seus membros (como por vezes se tem verificado), pelo que se tem de apurar a posição institucional.

Como é bom de ver, o Conselho de Estado só pode ser convocado e dar parecer *sobre o exercício ou não exercício de poderes do presidente*, não podendo ocupar-se da apreciação da política geral, que é competência do Governo, ou de propostas pendentes de procedimento legislativo no Parlamento ou de propostas políticas do Governo que são da sua competência exclusiva, o que seria uma indevida ingerência presidencial.

3.2.2.4.5 Atos que são condição de existência e/ou eficácia de atos alheios

Trata-se de atos complementares de atos alheios, que não existem ou ficam juridicamente imperfeitos sem o ato presidencial. É o caso dos seguintes:
- promulgação de atos legislativos (leis e decretos-leis) e de decretos regulamentares (art. 134º, al. b));[31]
- ratificação dos tratados internacionais aprovados pela Assembleia da República e assinatura dos diplomas de aprovação de acordos internacionais pela Assembleia da República ou pelo Governo (art. 135º, al. b)).

Trata-se de atos obrigatórios, salvo veto (no primeiro caso) ou recusa expressa (no segundo caso). Na medida em que o Presidente tem de optar por um ou pelo outro, é ilícita a omissão de decisão ("veto de gaveta").

3.2.2.4.6 Veto político de atos legislativos

Em vez de promulgar os diplomas legislativos, o Presidente da República pode vetá-los (art. 139º), sendo este *um dos grandes poderes de controlo político do presidente*.

Embora exista em todos os sistemas presidenciais,[32] o poder de veto presidencial na CRP não corresponde à mesma razão de ser. Com efeito, enquanto na lógica presidencialista se trata de defender o programa político do poder executivo (ou seja, do Presidente) contra o parlamento, tal não é o caso da CRP: primeiro, porque o Presidente não tem programa político próprio oponível ao do Governo e, segundo, porque o poder de veto vale também em relação aos diplomas governamentais (decretos-leis).[33] *O poder de veto, portanto, não pertence ao* órgão *executivo contra o* órgão *legislativo, mas sim a um terceiro poder, exterior a ambos.* Por isso, o veto não pode ser baseado em simples discordância presidencial em relação ao conteúdo do ato legislativo, mas sim em razões institucionais, como, por exemplo, as ligadas ao procedimento legislativo, à inconsistência com o programa do governo, à oportunidade política, à forte contestação social do ato legislativo, ao eventual desrespeito de convenção internacional ou de um referendo recente, mesmo se não vinculativo etc.[34]

O veto tem de ser fundamentado (no caso de leis da Assembleia da República) ou, pelo menos, indicar a razão da recusa de promulgação (no caso de decretos-leis), devendo o diploma ser devolvido ao órgão legislativo de onde proveio. O veto é puramente negativo, baseado em objeções políticas (procedimentais, materiais, de oportunidade, mas não de desconformidade constitucional, que tem de ser aferida pelo Tribunal Constitucional), *não incluindo o poder de sugerir soluções alternativas, para as quais só é competente o* órgão *legislativo em causa*, não dispondo o Presidente de iniciativa legislativa.

---

[31] Sobre a promulgação ver especialmente Lobo Antunes (1992).
[32] E também em alguns sistemas parlamentares (Itália, Grécia).
[33] Embora, no caso de governos minoritários, o veto de leis parlamentares aprovadas por "coligação negativa" das oposições pode ser um meio de poupar o Governo a situações embaraçosas.
[34] A Constituição não prevê nenhuma sanção jurídica para o desrespeito do resultado dos referendos, restando o controlo político, no qual assume relevo o veto político do Presidente dos atos legislativos incumpridores das consultas populares.

O veto não é absoluto no caso de leis parlamentares, podendo a Assembleia da República confirmar a aprovação (por maioria absoluta ou maioria de 2/3, conforme os casos), sendo nesse caso a promulgação obrigatória. Todavia, a exigência de maioria qualificada pode de facto impedir a reaprovação do diploma, tal como se encontra, podendo quando muito ser modificado para ir ao encontro das razões do veto.[35]

O veto não pode ser parcial, mesmo que as razões digam respeito somente a algumas normas, pelo que nenhuma lei ou decreto-lei podem ser promulgados sem as normas vetadas, tendo de ser vetados globalmente e devolvidos ao órgão de onde promanaram.

Diferente é o veto por inconstitucionalidade, em caso de fiscalização preventiva (arts. 278º e 279º), que é o obrigatório sempre que o Tribunal Constitucional, a pedido do Presidente da República (ou também do primeiro-ministro ou de 1/5 dos deputados, no caso de leis orgânicas), se tenha pronunciado pela inconstitucionalidade de qualquer norma. Também aqui não compete ao Presidente expurgar as normas inconstitucionais e promulgar o diploma sem elas, tendo de o devolver ao órgão legislativo competente.

3.2.2.4.7 Fiscalização da constitucionalidade

Não se pode desvalorizar a competência presidencial de desencadear junto do Tribunal Constitucional a fiscalização preventiva da constitucionalidade de atos legislativos e de convenções internacionais, assim como a fiscalização sucessiva de qualquer norma vigente e ainda da inconstitucionalidade por omissão das medidas legislativas necessárias para implementar a Constituição (art. 134º, als. g) e h) e arts. 278º, 279º, 282º e 283º).

Lembrando que o presidente, ao tomar posse do cargo, jura não só cumprir a Constituição, mas também *defendê-la e fazê-la cumprir* (art. 127º, nº 3), a referida competência transforma-o em *coguardião da Constituição*, com especial incidência na salvaguarda dos direitos e garantias constitucionais dos cidadãos e da regularidade constitucional do sistema político (autonomia do poder local e das regiões autónomas, separação de poderes, designadamente a reserva parlamentar de competência legislativa contra invasão do governo, reserva governamental do poder executivo contra invasão do Parlamento, direitos da oposição etc.).

Especialmente relevante é a fiscalização preventiva, a qual, no caso de pronúncia do Tribunal Constitucional pela desconformidade constitucional de qualquer norma constante de diploma legislativo sujeito à promulgação ou de convenção internacional sujeita a assentimento presidencial (ratificação ou assinatura do ato parlamentar ou governamental de aprovação, conforme os casos), torna impossível a "luz verde" presidencial, devendo os diplomas ser devolvidos aos órgãos de onde promanaram, para expurgo das inconstitucionalidades detetadas, se possível (art. 279º). Apesar de a Constituição admitir – em contradição ao princípio do Estado de direito constitucional – a confirmação parlamentar de atos legislativos ou de convenções internacionais vetados

---

[35] Note-se que na Carta Constitucional o veto régio, ao abrigo do "poder moderador", era absoluto, enquanto na Constituição de 1933 o veto presidencial, enquanto chefe do poder executivo, era superável somente por maioria de 2/3 no Parlamento.

por inconstitucionalidade, por maioria de 2/3, a verdade é que tal nunca ocorreu e, de qualquer modo, o Presidente não seria obrigado a promulgar ou ratificar os atos legislativos ou as convenções internacionais em causa (apenas tendo a faculdade de o fazer).

3.2.2.4.8 Atos sujeitos a referenda governamental

Quanto à referenda governamental, sendo ela típica do sistema de governo parlamentar, como forma de exoneração da responsabilidade política do chefe do Estado pelos atos dos dois órgãos ativos do poder político (o parlamento e o governo), ela também está prevista na CRP (art. 140º), mas não em relação a todos os atos presidenciais, como era a regra na Constituição de 1911 e na Constituição de 1933.[36]

Nos termos do art. 140º da CRP, carecem de referenda principalmente os atos do Presidente que dependem de audição, proposta ou ato do próprio governo (nomeações presidenciais de cargos públicos) ou que implicam a sua execução pelo Governo (declaração do estado de sítio) e os atos de promulgação legislativa e de ratificação de convenções internacionais (que também requerem a sua execução pelo Governo).[37] Já não carecem de referenda governamental os atos que integram a *função presidencial autónoma de controlo e supervisão do sistema político e de garantia do seu regular funcionamento* (veto legislativo, nomeação do primeiro-ministro, dissolução parlamentar, demissão excecional do Governo), que por isso não poderiam ficar dependentes do assentimento governamental, sob pena de inviabilidade, visto que o Presidente da República nem sequer poderia ameaçar o Governo com a sua demissão (ao contrário do que sucedia na Constituição de 1933 ou entre 1976 e 1982).

3.2.2.5 Irresponsabilidade presidencial pelos atos de outros órgãos

A separação de poderes não significa somente que nenhum órgão do poder político, incluindo o Presidente da República, pode invadir a esfera de competências dos demais, mas também que, salvo atos de competência partilhada ou de referenda, *nenhum* órgão é *politicamente responsável pelos atos dos outros.*

Assim, o Presidente da República não é politicamente responsável pelos atos legislativos ou políticos da Assembleia da República, que dispõe da sua própria legitimidade eleitoral, nem do Governo, que é politicamente responsável somente perante o Parlamento. Ou seja, o Presidente da República não é responsável nem pelas

---

[36] Sobre a referenda governamental ver, por exemplo, Canepa (1998), com análise histórica e de direito constitucional comparado, incluindo o caso português. Em especial sobre o caso português, ver J. Miranda (1996) e Freitas do Amaral e Paulo Otero (1997). Na epígrafe do art. 140º da CRP, usa-se a expressão "referenda ministerial", como nas primeiras constituições, quando não havia chefe de Governo; todavia, no sistema da CRP, em que somente o primeiro-ministro "responde" institucionalmente perante o Presidente, deveria bastar a assinatura dele.

[37] Neste contexto, não se percebe bem a lógica da referenda da dissolução dos parlamentos regionais dos Açores e da Madeira (art. 133º, al. j)), que não se enquadra em nenhuma dessas situações. Talvez se justificasse a audição prévia do Governo, tal como se estabelece para a nomeação dos representantes da República nas regiões autónomas (art. 133º, al. l)).

opções legislativas da Assembleia da República (e do Governo) nem pela condução política do Governo.

É certo que, em relação à Assembleia da República, cabe ao Presidente da República promulgar as suas leis, podendo vetá-las. Mas o Presidente não participa no exercício do poder legislativo – ao contrário do que sucedia na monarquia constitucional, através da sanção régia –, pelo que a promulgação não é um ato de assentimento presidencial em relação às leis. Inversamente, o veto envolve responsabilidade política do Presidente, na medida em que restringe a liberdade legislativa do órgão competente, que é o Parlamento. Por isso, ao contrário da promulgação, o veto tem de ser justificado.

Quanto ao Governo, sendo o Presidente da República independente partidariamente e independente dos governos em funções, que não são politicamente responsáveis perante ele, o Presidente também não é responsável pela política governamental – muito menos pela sua atividade administrativa –, que ele não tem de aprovar ou rejeitar, pois não depende do seu assentimento político.[38] O Presidente *não é responsável nem deve aceitar tal responsabilidade, nem precisa de protestar a isenção de responsabilidade*.

O Presidente da República tampouco é responsável pelos atos governamentais em especial, ainda quando carecem da sua promulgação ou assinatura (decretos-leis e outros decretos governamentais), de resto cobertos pela referenda governamental. O mesmo sucede em relação aos "atos partilhados" com o Governo, como a nomeação de certos cargos públicos, cuja responsabilidade política deve ser imputada ao proponente, que, aliás, depois tem de referendar o ato presidencial.

Se o Presidente da República não é responsável pela atividade da Assembleia da República e do Governo, a inversa também é verdadeira: nem uma nem outro são politicamente responsáveis perante o primeiro, pelo que nem o veto legislativo, nem a dissolução parlamentar, nem uma eventual exoneração do Governo nos termos do art. 190º, nº 5, constituem expressão de responsabilidade política.

3.2.2.6 Irresponsabilidade efetiva do Presidente da República no desempenho das suas funções

Sendo o Presidente da República politicamente responsável pelos seus atos, salvo dos submetidos à referenda governamental, não existe, porém, meio para efetivar tal responsabilidade.

Não existe a revogação popular do mandato presidencial (*recall*), mediante votação de destituição, sob iniciativa do Parlamento ou por iniciativa popular.[39] Para além do

---

[38] Por isso, apesar de a Constituição dar ao Presidente competência para promulgar os decretos regulamentares e assinar outros decretos do Governo, eles não estão sujeitos a veto (que é reservado para os atos legislativos), pelo que tem de entender-se que a promulgação ou assinatura são obrigatórios, até porque se trata de competência política (caso de alguns decretos) ou administrava (decretos regulamentares e outros decretos) do Governo, as quais fogem ao controlo presidencial.

[39] A revogação de mandatos eletivos, quer de órgãos executivos, quer de deputados, por votação popular é usualmente considerada um instrumento de *democracia direta* ou *semidireta* e existe em vários países, sobretudo em nível local e estadual (Estados federados), como na Suíça e nos Estados Unidos, sendo menos frequente em nível nacional. No que se refere ao *recall* de presidentes da República, registem-se, entre outros, os casos da República de Weimar (1919) e da Áustria (Constituição de 1920, na versão de 1929), bem como, fora da Europa, os casos da Venezuela e da República da China (Taiwan). Sobre o *recall* em geral ver especialmente Welp (2018).

escrutínio da opinião pública e do juízo das forças políticas, o Presidente da República só pode ser "julgado" pelos cidadãos eleitores no final do mandato, se porventura se candidatar. Daí também a importância da possibilidade de recandidatura, acima referida.

Também não existe entre nós a figura de *impeachment* parlamentar dos presidentes por atos inconstitucionais ou ilegais no exercício de funções.[40] Mesmo na Constituição de 1976, a efetivação da responsabilidade penal pelos "crimes de responsabilidade" em que o Presidente da República possa incorrer é da competência dos tribunais (STJ), sob iniciativa da Assembleia da República aprovada por maioria de 2/3 (e não do Ministério Público), e a eventual desconformidade constitucional de atos políticos do Presidente só pode ser objeto de censura política (visto que os "atos políticos", em sentido próprio, não estão sujeitos à fiscalização da constitucionalidade).[41]

3.2.3 A Assembleia da República

Remontando à Constituição de 1822, a CRP de 1976 instituiu um parlamento unicameral.[42]

Definida como "assembleia representativa de todos os cidadãos portugueses" (art. 147º), a Assembleia da República compreende entre 180 e 230 deputados (art. 148º), pela primeira vez atribuídos por um sistema de representação proporcional através de listas plurinominais (arts. 113º, nº 5, e 149º, nº 1), sendo os deputados eleitos em círculos eleitorais infranacionais, correspondentes aos antigos distritos administrativos (no Continente) e às regiões autónomas (nos Açores e na Madeira). A existência de círculos eleitorais de grande dimensão (48 deputados em Lisboa, superior a 1/5 da composição parlamentar) permite um baixo limiar de entrada de partidos no parlamento, dificultando a existência de maiorias parlamentares monopartidárias.[43] Nas últimas legislaturas o número de partidos com representação parlamentar cresceu para dez.

Ao contrário das candidaturas presidenciais, as candidaturas parlamentares só podem ser apresentadas por partidos políticos, isoladamente ou em coligação, não havendo, portanto, candidaturas independentes de cidadãos (art. 151º). Embora os deputados possam deixar os grupos parlamentares do partido por que foram eleitos, eles

---

[40] Originária do *common law* inglês, a efetivação da responsabilidade penal de titulares de cargos públicos, eletivos ou não, por infrações no exercício de funções, pelas assembleias representativas, para efeitos de destituição, foi importado, entre outros casos, pelos EUA, na Constituição de 1787, desde logo em relação ao presidente, cabendo a acusação à Câmara dos Representantes e o julgamento ao Senado, por maioria de 2/3; dos Estados Unidos o *impeachment* do presidente foi importado por muitos regimes presidenciais, incluindo o Brasil. Depois da revisão constitucional de 2007, também o presidente francês pode ser julgado e condenado à demissão por violação das suas obrigações constitucionais, mediante deliberação conjunta, por maioria de 2/3, das duas câmaras do Parlamento francês, constituído em Alto Tribunal (art. 68º da Constituição). Sobre o *impeachment* em geral, ver especialmente Baumgartner e Kada (2003).

[41] Com efeito, embora a Constituição considere constitucionalmente inválidos todos os atos desconformes com a Constituição (CRP, art. 3º, nº 3), o sistema de fiscalização da constitucionalidade só abrange os *atos normativos* (CRP, art. 277º, nº 1) e excecionalmente os atos de convocação de referendos (CRP, art. 223º, nº 2, al. f)).

[42] Na verdade, na Constituição de 1933, a Câmara Corporativa nunca deixou de ser um órgão somente consultivo da Assembleia Nacional e do Governo, pelo que se tratava tecnicamente de um sistema unicameral. Todavia, a grande influência política que ela tinha, quer no processo legislativo, quer no processo de revisão constitucional, tornavam-na uma segunda câmara efetiva.

[43] Que só se verificaram três vezes desde 1976: em 1987 (PSD), 1991 (PSD) e 2005 (PS).

não podem mudar de bancada e perdem o mandato se porventura se filiarem em outro partido (art. 160º, nº 1, al. c)).

A legislatura tem a duração de quatro anos, mas pode ser interrompida por dissolução parlamentar, por decisão do Presidente da República. Trata-se de uma decisão discricionária, apenas condicionada pela audição do Conselho de Estado, mas esse poder não pode ser exercido nos primeiros seis meses da legislatura nem nos últimos seis meses do mandato presidencial (art. 172º). Ora, esses limites temporais – introduzidos pela revisão constitucional de 1982 – são de importância crucial, especialmente o primeiro, na medida em que impede o Presidente de convocar novas eleições para não ter de nomear um Governo que não seja do seu agrado.

Mesmo fora desses limites, só aparentemente estamos perante um poder de exercício livre, pois a decisão tem de ser motivada (crise política, refrescamento da representação parlamentar) e o Presidente tem de ponderar a hipótese de as subsequentes eleições reconduzirem a maioria parlamentar existente, com o inerente revés presidencial, ou, mesmo se descartada essa hipótese, tem de considerar se as eleições podem proporcionar uma alternativa de governo consistente.

A dissolução, que tem der ser fundamentada, não constitui um ato de efetivação de responsabilidade política da maioria parlamentar, pois é evidente que *a Assembleia da República não é politicamente responsável perante o Presidente* (se o Governo não o é, por maioria de razão a Assembleia da República não o pode ser). Mas pode ter por fundamento o objetivo de assegurar o regular funcionamento das instituições, posto em causa por ação ou omissão do Parlamento.

O Presidente da República pode também convocar extraordinariamente a Assembleia da República para se ocupar de assuntos determinados[44] e pode dirigir-lhe mensagens sobre matérias da sua competência (art. 133º, als. c) e d)). Apesar da indeterminação destas fórmulas, é seguro que o presidente, além de não ter iniciativa legislativa, também não pode afetar a autonomia política da Assembleia, nem a separação de poderes, tornando-se um agente parlamentar, por exemplo, tomando posição de fundo sobre questões de competência parlamentar.[45]

Como o Governo é formado tendo em conta os resultados das eleições legislativas e depende da confiança política da Assembleia da República, ou pelo menos da não desconfiança, ele pode ser demitido mediante três diferentes mecanismos parlamentares: rejeição de programa do governo, rejeição de moção de confiança pedida pelo Governo ou aprovação de moção de censura, de iniciativa intraparlamentar (art. 195º, nº 1). Mas a primeira e a terceira modalidades necessitam de maioria absoluta (arts. 192º, nº 4, e 195º, nº 1, al. f)), o que permite a passagem parlamentar e a subsistência de governos minoritários.

---

[44] Por exemplo, para autorizar a declaração do estado de sítio ou do estado de emergência ou para apreciar o programa de novo Governo, se ela não estiver em funcionamento e não reunir por iniciativa própria.

[45] Sob pena de violação da separação de poderes e da autonomia legislativa da Assembleia da República, as mensagens presidenciais podem solicitar-lhe que se ocupe de determinado assunto, mas não podem defender certo sentido da decisão parlamentar quanto ao seu conteúdo.

3.2.4 O Governo

Com ressalva do breve período presidencialista sob Sidónio Pais (1918), o governo sempre teve existência autónoma em relação ao Presidente da República desde 1911. Sucede, porém, que enquanto na I República o Presidente integrava formalmente o poder executivo (dual) e em 1933 o Presidente da República compartilhava o poder executivo com o Governo, que dele dependia, na CRP de 1976 existe uma clara separação de funções entre Governo e Presidente da República, visto que este não integra o poder executivo nem participa no seu exercício.

Na verdade, segundo o art. 182º o Governo é "o órgão de condução da política geral do país e o órgão superior da administração pública", *sendo o Presidente da República alheio a essa função*. O Presidente tem, porém, direito a ser informado da política governamental por meio do primeiro-ministro (art. 201º, nº 1, al. c)).

O Governo é nomeado pelo Presidente da República, tendo em conta os resultados eleitorais para a Assembleia da República (e a composição desta), o que implica que só podem ser nomeados governos que possam obter apoio parlamentar (ou, pelo menos, que não encontrem hostilidade maioritária no Parlamento), o que, em geral, não deixa margem de escolha política, pelo que normalmente a escolha passa pelo partido (ou coligação) que venceu as eleições, mesmo sem maioria absoluta (como é a regra). Como diz J. Miranda (2006, p. 672), o Governo é "expressão da composição da Assembleia da República".

O Governo depende da confiança política da Assembleia da República (ou, pelo menos, da sua não desconfiança política), pelo que o *início de nova legislatura parlamentar, após eleições, acarreta necessariamente a substituição do Governo*. Ao contrário do que alguns autores defendem,[46] o primeiro-ministro não é eleito pelos cidadãos, nem direta nem indiretamente. A sua nomeação passa pela mediação partidária (nas eleições) e pela composição parlamentar.

O costume constitucional da nomeação de líder do partido vencedor das eleições como primeiro-ministro não lhe garante a ocupação do cargo, caso tenha vencido sem maioria absoluta e se se constituir uma maioria de rejeição na Assembleia da República. *Não governa(m) o(s) partido(s) que ganha(m) as eleições mas sim o(s) que consiga(m) formar uma maioria parlamentar*. O mesmo pode suceder, no decurso da legislatura, se o Governo perder a confiança parlamentar e se se constituir uma maioria alternativa para um novo Governo e o Presidente, podendo, não optar por dissolver a Assembleia da República. A demissão do chefe do Governo não acarreta necessariamente novas eleições para a "eleição" de outro.

Em contrapartida, desde 1982, o Governo não depende da confiança política do Presidente, porque a Constituição assim o estabelece explicitamente, pelo que deixou de haver destituição presidencial do Governo por motivo de discrepância política. Consequentemente, *as eleições presidenciais e o início de novo mandato presidencial não afetam o mandato governamental em curso*.

Na verdade, a mais importante modificação da primeira revisão constitucional consistiu na perda do poder presidencial de demissão discricionária do Governo, que

---

[46] Nomeadamente, Rodrigues (2017).

tem a ver com outra alteração decisiva, a saber, o facto de *o Governo deixar de depender da confiança política do Presidente, quanto à sua nomeação e manutenção em funções*. Com efeito, segundo a nova redação dos arts. 190º e 191º (na numeração vigente), o Governo, por meio do primeiro-ministro, só é agora politicamente responsável perante o Parlamento, de onde decorre a sua legitimidade política.

É certo que, segundo o art. 190º, o Governo continua a incorrer numa outra responsabilidade (inominada) perante o Presidente (e a Assembleia da República), que alguma doutrina designa como "responsabilidade institucional", e que, no que respeita ao Presidente, consiste em duas obrigações governamentais, uma positiva e outra negativa: *(i)* a obrigação de informação governamental sobre a "condução da política interna e externa do país" (art. 201º, nº 1, al. c)) e *(ii)* a obrigação de governar sem pôr em causa o "regular funcionamento das instituições democráticas" (cfr. art. 195º, nº 2), ambas introduzidas (uma expressamente, outra implicitamente) também pela revisão constitucional de 1982.

Em todo o caso, o Presidente *deixou de poder invocar a falta ou perda de confiança política, como critério de não nomeação ou de demissão do Governo*. Por isso, a hipótese excecional de demissão do Governo por decisão presidencial, nos termos do art. 195º, nº 2, da CRP, não tem a ver com responsabilidade política, mas sim com responsabilidade "institucional" (cfr. art. 190º). Como diz J. Miranda (2006, p. 673 e ss.), hão de ser "situações estremas" as que justificam essa eventualidade excecional.

Se o Governo não é responsável politicamente perante o Presidente da República, tampouco o é indiretamente. Assim, não constitui uma expressão indireta de responsabilidade política do Governo o facto de o Presidente poder dissolver a Assembleia da República e desse modo provocar a substituição do Governo, por termo da legislatura.[47] O mesmo se diga do veto legislativo dos decretos-leis, que constitui uma forma de controlo preventivo do poder legislativo e não uma expressão de responsabilidade política.[48]

Segundo o art. 133º, al. i), da CRP, o Presidente da República pode presidir ao Conselho de Ministros, quando o primeiro-ministro lho solicitar. Como é bom de ver, trata-se de uma eventualidade necessariamente excecional, a título de convidado e sem direito de voto, pois de outro modo ficaria em causa o princípio constitucional do monopólio executivo do Governo, assim como a irresponsabilidade presidencial pela política governamental.

No entanto, como se referiu acima, o Governo tem a obrigação de informar o Presidente da República sobre a condução dos negócios públicos e, na prática, instituiu-se também um *dever de consulta presidencial*, pelo menos em matéria de política de defesa e de negócios estrangeiros.

A nomeação de certos cargos públicos executivos (procurador-geral da República, chefias militares, embaixadores) não pertence exclusivamente ao Governo, cabendo ao Presidente da República sob proposta daquele, sendo, portanto, uma "competência

---

[47] Contra, sem razão, Cheibub (2007, p. 34 e ss.). O principal motivo para a dissolução parlamentar é a existência uma crise política, sem solução no quadro parlamentar existente, muitas vezes com o Governo já demitido, pelo que não é a dissolução que vai provocar a demissão do Governo.

[48] Contra, sem razão, Blanco de Morais (1997).

partilhada". No caso das chefias militares e dos embaixadores, trata-se de uma derrogação do princípio constitucional da reserva governamental quanto à Administração Pública (art. 182º, nº 1), sendo justificada pela especial ligação do Presidente às questões da defesa (por ser o comandante supremo das Forças Armadas) e às relações externas (por ser o representante externo da República).[49]

Por conseguinte, tal como na generalidade dos sistemas de Governo parlamentar, a começar pelo Reino Unido, o governo – e, em especial, o primeiro-ministro – é na verdade *o centro de decisão política no país*, sem dispor, porém, de legitimidade política própria, que lhe advém das eleições parlamentares e do Parlamento, de cuja confiança depende.[50]

3.3 Prática do sistema político

3.3.1 Eleição presidencial e eleições parlamentares

Importa verificar a correspondência entre a prática política e a disciplina constitucional, para verificar a correspondência entre a "constituição real" e a "constituição oficial". Comecemos pela distinção essencial entre eleições presidenciais e eleições parlamentares.

As primeiras eleições presidenciais da nova República realizaram-se a 27.6.1976, tendo sido precedidas sintomaticamente pelas eleições parlamentares (25.4.1976), e a posse do primeiro Presidente da República eleito (Ramalho Eanes) ocorreu a 14 de julho, tendo então entrado em funcionamento o sistema de poder político previsto na Constituição (CRP, art. 294º da versão originária).

As candidaturas presidenciais, designadamente as vencedoras, têm obedecido à independência partidária requerida pela Constituição. Por vezes, tem havido vários candidatos da mesma área partidária e, algumas vezes, os principais partidos nem sequer patrocinam ou apoiam alguma candidatura da sua área política (como o PSD em 1991 e o PS em 2021). Em consonância com o espírito constitucional, os presidentes da República, mesmo quando dirigentes partidários, têm optado por suspender a sua militância partidária, como condição para se apresentarem como "presidentes de todos os portugueses".

É certo que, embora as candidaturas presidenciais sejam apresentadas por cidadãos e não por partidos, os candidatos gozam em geral de apoio dos partidos interessados na sua eleição (ou opostos à eleição de outros concorrentes). Todavia, tem-se verificado por vezes uma *variação dos apoios partidários dos candidatos vencedores entre as duas eleições*. Assim, por exemplo, o PSD, que tinha apoiado Eanes em 1976, fomentou uma candidatura contra a sua reeleição em 1981; em 1991, o candidato Mário Soares, Presidente cessante, foi apoiado não somente pelo PS, seu partido de origem, mas também pelo PSD, então partido de Governo; inversamente, em 2021, o candidato Marcelo Rebelo de Sousa, Presidente cessante, beneficiou do apoio não somente do PSD, seu partido de origem, mas também do apoio oficioso do PS, então no Governo. Isto confirma que em Portugal o Presidente da República não representa efetivamente uma "maioria presidencial" de

---

[49] Neste sentido, Canotilho e Moreira (1991).
[50] Sobre a formação dos governos na primeira fase constitucional, ver Portas e Valente (1990).

natureza partidária, paralela à maioria parlamentar. O Presidente da República é eleito sem vinculações partidárias, *como Presidente de todos os portugueses*.

A separação e a diferença entre os papéis político-constitucionais do Presidente e do Governo tornam-se claras nos *diferentes objetivos das eleições presidenciais e das eleições parlamentares*. Enquanto as segundas se travam entre partidos à volta dos programas de governo e dos candidatos a primeiro-ministro – como é próprio dos sistemas parlamentares –, as primeiras disputam-se sobre a escolha do candidato pessoalmente mais bem situado para desempenhar as funções presidenciais – onde não se contam a definição e execução de políticas públicas.[51] Por isso, mesmo quando estas entram no debate eleitoral, é somente como parte da "magistratura de influência" externa do Presidente sobre o Governo.[52]

Na generalidade das eleições, verificou-se uma assinalável assimetria entre a votação dos candidatos eleitos e a votação dos seus partidos (ou dos apoios partidários de que dispuseram) nas eleições legislativas imediatamente antecedentes ou subsequentes, o que confirma a *separação entre eleições presidenciais e eleições parlamentares*.[53] Também por isso, no caso português não tem fundamento falar de "maioria presidencial" de base político-partidária (como é o caso em França), eventualmente contrária à maioria parlamentar, primeiro porque o Presidente da República não é eleito numa base partidária e, segundo, porque o Presidente não é eleito para governar nem para conduzir a política do país. *A diferença essencial está entre um Presidente da República "governante" (ou "cogovernante") e um Presidente não governante*.

3.3.2 Nomeação dos governos

Na prática política, desde 1986, o líder do partido vencedor das eleições parlamentares, mesmo sem maioria absoluta, como é a regra, foi sempre nomeado para formar Governo. Em nenhum caso, o Presidente da República exigiu ao líder do partido mais votado, mas sem maioria, que tentasse formar um Governo de coligação maioritário, nem muito menos explorou a possibilidade de soluções de governo maioritário excluindo o partido vencedor das eleições, pela simples razão de que em geral essa alternativa não existia.

Em princípio, o Presidente da República também não tem vetado a escolha dos ministros por parte do primeiro-ministro, deixando a este plena liberdade na composição dos seus governos. Em alguns casos, veio a público o eventual veto presidencial à

---

[51] Sobre a agenda política das eleições presidenciais, ver, especialmente, Magalhães (2007).
[52] A expressão "magistratura de influência", oriunda da França, foi popularizada entre nós pelo Presidente Mário Soares, para designar a influência das opiniões e dos conselhos presidenciais, tendo depois sido substituída pelo Presidente Jorge Sampaio pela expressão "magistratura de influência e de iniciativa", denotando o viés politicamente mais intervencionista das suas presidências.
[53] Óscar Ferreira (2012, p. 18) assinala a diferença, neste aspeto, com o que sucede em França, onde os candidatos se apresentam em nome dos respetivos partidos e tendem a reproduzir na primeira volta os resultados eleitorais desses partidos. A principal razão para esta diferença está em que em França o Presidente da República compartilha com o primeiro-ministro o poder governativo, sendo as eleições presidenciais decisivas para a escolha do Governo, diferentemente do que sucede em Portugal.

nomeação de certos ministros,[54] o que, a ter-se verificado, consubstancia uma restrição indevida da autonomia do primeiro-ministro na formação da sua equipa governativa. Já nada impede que o Presidente tente persuadir o chefe do Governo a não nomear certa pessoalidade.

Em nenhum caso o Presidente da República colocou condições políticas para a nomeação de um Governo, mas houve situações em que manifestou a sua posição sobre alguns limites da ação governativa, como sucedeu com Jorge Sampaio, ao dar a posse ao Governo Santana Lopes, em 2004, ou com Cavaco Silva, em 2015, ao empossar o Governo minoritário do António Costa (PS), com base num acordo de sustentação parlamentar com o BE e com o PCP.

Em geral, os presidentes também não vetaram nenhuma das coligações governamentais ao longo do tempo, com ressalva da posição de Mário Soares a um eventual Governo de coligação do PS com o PRD e com a esquerda parlamentar, em 1987, depois do derrube do Governo minoritário do PSD, votada por aqueles partidos, preferindo dissolver a Assembleia da República. Em 2015, depois da rejeição parlamentar liminar do Governo minoritário de Passos Coelho, Cavaco Silva, não podendo dissolver a Assembleia da República, por causa da proibição constitucional de dissolução nos primeiros seis meses seguintes à eleição parlamentar, teve de aceitar o acordo entre o PS e a extrema esquerda parlamentar, mas exigiu um acordo escrito sobre a protocoligação, o que se justificava por duas razões: (i) por se tratar do primeiro Governo não liderado pelo partido vencedor das eleições legislativas e (ii) por não se tratar de uma verdadeira coligação, visto que não havia programa de governo comum, nem os partidos menores do acordo entraram no Governo.

3.3.3 Veto legislativo

Da caixa de ferramentas de controlo político do Presidente da República o veto político de leis e decretos-leis é o mais frequentemente usado, permitindo-lhe controlar indiretamente as opções políticas setoriais das maiorias parlamentares e dos respetivos governos. Todavia, dado que, como foi assinalado acima, o veto não pode ser motivado em nome do programa político do Presidente – como no presidencialismo –, as razões do veto só podem basear-se na função presidencial de controlo institucional.

Sendo a promulgação um *controlo puramente negativo*, o Presidente só tem de justificar a sua decisão quando veta, não quando promulga, visto que a promulgação não envolve a sanção (assentimento ou concordância) presidencial das leis. Tampouco tem cabimento a promulgação com "declaração de voto", como por vezes sucede indevidamente, expondo o Presidente as suas objeções pontuais ao diploma promulgado.

Por maioria de razão, o veto não envolve o poder de apresentar soluções alternativas, ainda que a prática presidencial nem sempre respeita esse impedimento constitucional. Outras duas práticas ocasionais sem base constitucional consistem na "negociação" dos decretos-leis entre São Bento e Belém, substituindo o veto, ou na utilização de um "veto implícito", consubstanciado no convite à retirada do diploma pelo

---

[54] Ver os casos reportados por Franco (2020, IV.1.2.3); ver também Costa (2015).

Governo para reconsideração.⁵⁵ No primeiro caso o Presidente torna-se ilegitimamente um colegislador; no segundo caso, abstém-se de promulgar sem vetar.

Note-se que o veto muitas vezes não encerra o procedimento legislativo, visto que, tendo muitas vezes por base objeções parciais, o órgão legislativo (Assembleia da República ou Governo) pode retomar o diploma e introduzir-lhe alterações, submetendo-o de novo à promulgação.

As estatísticas mostram que o número de diplomas alterados supera o número de diplomas confirmados, o que é natural, visto que a confirmação, além do confronto com o presidente, exige sempre maiorias qualificadas.⁵⁶

3.3.4 Dissolução parlamentar

Desde 1976 houve sete casos de dissolução parlamentar (1979, 1983, 1985, 1987, 2002, 2004 e 2011), mas, salvo em 2004, todos os casos resultaram de crises políticas decorrentes da demissão do Governo, ou por iniciativa própria, ou por moção de censura, ou por derrota parlamentar numa questão política que punha em causa a subsistência do Governo.⁵⁷ Em todos esses casos, o quadro parlamentar existente não possibilitava, ou desaconselhava, soluções de governo alternativas que evitassem a dissolução.

Só a dissolução de 2004 foge a este padrão, visto que estava em funções um Governo de coligação PSD-CDS que dispunha de maioria parlamentar. Todavia, havia duas circunstâncias originais: primeiro, o Governo não era presidido pelo líder do partido que vencera as eleições dois anos antes – Durão Barroso –, que deixara Portugal para ir presidir a Comissão Europeia, tendo sido substituído pelo novo líder desse partido, Santana Lopes, única situação dessas ao longo de todo estes anos e que suscitou uma controvérsia política sobre se deveria ser admitido um chefe de Governo que não gozava de legitimidade eleitoral própria; em segundo lugar, a situação política estava claramente degradada, dada a conduta idiossincrásica do novo primeiro-ministro, as tensões na coligação governamental e a acentuada perda de apoio do Governo na opinião pública. Invocando essa circunstância, mas não qualquer situação de irregular funcionamento das instituições (o que somente seria necessário para demitir diretamente o Governo), o Presidente Jorge Sampaio decidiu dissolver a Assembleia da República e convocar eleições antecipadas, que deram lugar à vitória do PS por maioria absoluta – a primeira vez que tal ocorreu. A clara rejeição eleitoral do primeiro-ministro em funções "validou" a decisão do Presidente da República.

3.3.5 Presidência do Conselho de Ministros

Como se viu acima, esta competência presidencial, sempre a convite do primeiro-ministro, tem de considerar-se excecional, por ser discrepante com o princípio da

---

⁵⁵ Sobre estas práticas ver, Franco (2020, p. 203). Corrigimos aqui a posição adotada em Canotilho e Moreira (2010, p. 206).
⁵⁶ Cfr. Franco (2020, p. 220 e ss.).
⁵⁷ Cfr. Franco (2020, cap. IV.1.1).

separação de poderes, com o exclusivo governamental do poder executivo e com o princípio da irresponsabilidade política do Presidente pela ação governamental.

Até agora têm sido raras essas ocasiões, contabilizando-se somente três casos desde 1976, um em 1996, sendo Guterres primeiro-ministro e Sampaio Presidente da República; outro em 2016, sendo António Costa primeiro-ministro e Cavaco Silva Presidente da República; e outro recentemente (2021), sendo António Costa primeiro-ministro e Marcelo Rebelo de Sousa Presidente.[58] Tanto quanto é dado saber, as reuniões, quando deliberativas, não contaram com o voto presidencial.

3.3.6 Demissão dos governos

Não tendo havido nenhum caso de demissão presidencial do Governo (que é por natureza excecional), todas as demissões do Governo se ficaram a dever a decisões parlamentares ou à autodemissão do primeiro-ministro.

Quanto à primeira razão, desde 1976 já ocorreram todas as hipóteses constitucionais: rejeição parlamentar do programa de governo, em 1978 (Nobre da Costa) e em 2015 (Passos Coelho); rejeição de moção de confiança, em 1977 (Mário Soares II) e moção de censura, em 1987 (Cavaco Silva). O Governo pode ainda ver-se forçado a demitir-se no caso da negação parlamentar de instrumentos essenciais de governação, tais como o orçamento (como sucedeu em 1979 com Mota Pinto) ou de um plano financeiro (como sucedeu em 2011 com Sócrates).

Quanto à segunda hipótese, os governos demitiram-se por rutura ou crise na coligação governamental (1977, 1983), por um revés em eleições locais (2001) ou por derrotas parlamentares em questões politicamente sensíveis, como o orçamento ou equivalente (1978 – Mota Pinto, 2011 – Sócrates).

O Presidente da República também não pode demitir ministros por sua iniciativa, nem a pedido dos próprios, mas somente por proposta do primeiro-ministro. Em alguns casos especulou-se sobre a hipótese de o Presidente ter forçado a demissão de alguns ministros, como sucedeu em 2000 (caso Armando Vara) e em 2017 (caso Constança Urbano de Sousa). Mas não existem provas concludentes de que em qualquer desses casos o Presidente tenha exigido tal desenlace.[59] Constitucionalmente, nada obsta a que o Presidente defenda junto do primeiro-ministro a demissão de certos membros do Governo, mas a decisão depende sempre do chefe do Governo. De resto, o Presidente não pode recusar a demissão, quando pedida pelo primeiro-ministro.

3.3.7 Mensagens à Assembleia da República e comunicações ao país

Em geral, a prática destas duas faculdades presidenciais tem-se pautado pelos parâmetros constitucionais implícitos. As mensagens políticas do Presidente da República ao Parlamento, pouco frequentes, têm a ver sobretudo com chamar a atenção deste para a necessidade ou conveniência de regular legislativamente certas matérias ou para

---

[58] Sobre as primeiras duas reuniões, ver Franco (2020, p. 251 e ss.).
[59] Sobre o primeiro caso, ver Franco (2020, p. 196 e ss.).

comunicar a posição do Presidente sobre assuntos de interesse nacional, algumas delas, porém, com críticas implícitas ou explícitas às políticas dos governos em funções.[60] Quanto às comunicações (ou "declarações") ao país, assaz raras, elas têm tido por objeto situações extraordinárias (fogos florestais, pandemia do Covid-19 etc.) ou para informar o país sobre decisões presidenciais em situações especiais (vetos legislativos, nomeação de governos, dissolução parlamentar etc.).

Para além dessas formas de comunicação institucional, os presidentes da República têm recorrido, com maior ou menor frequência, a declarações públicas (discursos, entrevistas etc.), quer sobre o seu pensamento político, quer sobre a situação política, incluindo, ocasionalmente, críticas às políticas governamentais ou propostas políticas concretas, cuja conformidade com o princípio da neutralidade política do chefe do Estado é, por vezes, assaz problemática.[61]

Além da defesa dos valores constitucionais (democracia, Estado de direito, descentralização etc.), uma orientação de vários presidentes tem sido a de dar voz a interesses sociais menos audíveis na cena política (populações marginalizadas, minorias etc.), funcionando como "provedores políticos" desses interesses, o que é perfeitamente compatível com o seu papel constitucional como "presidentes de todos os portugueses".

3.3.8 Declinação pessoal dos poderes discricionários

A experiência destas mais de quatro décadas, desde 1982, mostra que, dentro do quadro constitucional vigente, se pode verificar uma *declinação relativa das funções presidenciais de acordo com a idiossincrasia pessoal de cada Presidente da República*, conforme seja mais ativista ou mais discreta quanto, por exemplo, ao exercício do poder de veto, quanto a mensagens à Assembleia da República, quanto a tomadas de posição pública sobre questões na agenda política etc.

De facto, como mostra Vasco Franco (2020), são muito diferentes os números relativos ao exercício do poder de veto e sobre o ativismo presidencial na tomada de posições pública sobre questões políticas.

Mas quanto aos poderes mais sensíveis politicamente, como se notou, verifica-se que nenhum Governo foi demitido por decisão presidencial e que os casos de dissolução parlamentar foram, salvo um deles (2004), decididos, sem grande controvérsia, em consequência de demissão do Governo ou de situações de crise política que tornavam impossível, ou pelo menos problemática, uma solução de governo no quadro parlamentar existente. Mais importante ainda, nenhuma eleição presidencial provocou dissolução do Parlamento ou mudança de governo, e os sucessivos presidentes sempre nomearam para formar Governo, após eleições parlamentares, o líder do partido ou da coligação vencedores das eleições, confirmando assim a *importância decisiva das eleições parlamentares no sistema de governo*.

Além de ser um sistema essencialmente parlamentar no seu desenho constitucional, *o sistema de governo também funciona como tal*.

---

[60] Sobre as mensagens presidenciais à Assembleia da República, ver Franco (2020, IV.3.3).
[61] Sobre o poder presidencial de exteriorização de opiniões políticas, ver, especialmente Canotilho e Moreira (1991) e Valle (2013).

3.4 Caraterização do sistema de governo

3.4.1 As duas tradições do sistema de governo em Portugal

Desde a implantação do Estado constitucional em Portugal, com a consolidação da monarquia constitucional na segunda metade do século XIX, sob a égide da Carta Constitucional (1826), Portugal experimentou dois modelos completamente distintos de sistema de governo:
- o sistema de governo de tipo parlamentar, adotado pelo liberalismo monárquico, segundo o modelo inglês (embora condicionado pelo "poder moderador" do Rei), e depois levado ao extremo pela I República (1911-1926), em que vigorou como um quase "regime de assembleia"; na primeira fase da I República nem sequer havia possibilidade de dissolução do Parlamento em caso de crise política;
- o sistema presidencialista autoritário do "Estado Novo" (1933-1974), em que o Governo era livremente nomeado e exonerado pelo Presidente da República (pelo menos, na letra da Constituição...) e não dependia de confiança da Assembleia Nacional; todavia, em derrogação do cânone presidencialista, de separação absoluta de poderes, o Presidente da República podia dissolver a Assembleia Nacional.

A Assembleia Constituinte (1975-76), no seguimento do Pacto Constitucional entre os partidos e o Movimento das Forças Armadas, pretendeu obviamente excluir o presidencialismo do "Estado Novo" e restaurar a dimensão parlamentar do sistema de governo (responsabilidade dos governos perante o parlamento), sem, porém, cair no modelo de sistema parlamentar exacerbado, que tão maus resultados dera na I República.

Por isso, por um lado, restaurou-se a eleição direta do Presidente da República, tal como na Constituição de 1933 (que o "Estado Novo", porém, tinha abandonado em 1959, depois do susto político provocado por Humberto Delgado nas eleições presidenciais de 1958); por outro lado, recuperaram-se os traços fundamentais do sistema parlamentar, incluindo a correspondência entre o ciclo parlamentar e o ciclo governativo e a responsabilidade do Governo perante o Parlamento.

Tal como na Constituição de 1933, o Presidente da República aparece na Constituição de 1976 como órgão de soberania *a se*, a par do Governo, mas com *duas diferenças essenciais em relação a 1933* (para além do regime democrático): *(i)* o Presidente não dispõe agora dos poderes de livre escolha e demissão do Governo, nem de poderes de superintendência e de tutela política sobre ele; *(ii)* o Governo goza agora de extração parlamentar, sendo politicamente responsável somente perante o Parlamento, como nos genuínos sistemas de governo parlamentar. Ou seja, o Governo mudou de "patrão político" e o sistema de governo deixou de ser caracterizado por uma "chave" presidencialista, para passar a obedecer a uma "chave" parlamentar.

3.4.2 Qualificação do sistema de governo no período constitucional transitório (1976-82)

A primitiva solução de 1976 apresentava, porém, uma notória hibridez, dada a extensão e a natureza dos poderes presidenciais no sistema de governo. Primeiro, e mais importante, o Governo não dependia somente da confiança política da Assembleia da República, mas também do Presidente da República, que por isso o podia demitir ("dupla confiança"); segundo, além de poder dissolver autonomamente a Assembleia, independentemente de proposta do Governo ou de crise política (embora precisasse da autorização do Conselho da Revolução) e do poder de veto geral (suspensivo) sobre as leis da Assembleia da República e do Governo, o Presidente da República era também presidente do Conselho da Revolução (que era uma espécie de governo paralelo para as Forças Armadas e tinha funções de fiscalização das constitucionalidades das leis) e tinha assumido, embora sem credencial constitucional, a chefia do Estado-Maior General das Forças Armadas.

Por isso, na versão originária da CRP de 1976, o sistema de governo foi em geral qualificado como semipresidencial,[62] pois, além dos importantes poderes políticos do Presidente, o Governo, embora responsável perante o Parlamento, *também era politicamente responsável perante o Presidente* (arts. 193º e 194º, na versão originária da Constituição), podendo este demiti-lo discricionariamente.[63] Desse modo, se bem que a Constituição estatuísse que o Governo era "o órgão de condução da política geral do país" (CRP, art. 182º), o presidente, embora não tivesse funções governativas diretas – que pertenciam todas ao Governo chefiado pelo primeiro-ministro (salvo no caso da política de defesa e a administração militar, que eram competência do Conselho da Revolução, presidido pelo Presidente da República) –, era também indiretamente envolvido na condução da política governamental, através da sua responsabilidade na escolha e manutenção do Governo e, principalmente, da tutela política que a responsabilidade política governamental perante ele proporcionava.[64]

De resto, foi nesse período que se verificou o único caso de demissão do Governo por iniciativa presidencial (demissão do Governo Soares II, em 1978) e que se constituíram vários governos "de iniciativa presidencial", à margem dos partidos e sem base parlamentar.

Durante essa primeira fase da nova era constitucional, até à revisão constitucional de 1982, registaram-se duas tendências contraditórias na opinião política em relação ao sistema de governo: por um lado, uma corrente pró-presidencialista, a favor da adoção de um verdadeiro sistema presidencialista ou, pelo menos, do reforço dos poderes presidenciais na área da governação (por exemplo, assumindo a política externa e de defesa, à maneira francesa); e por outro lado, uma corrente de pendor parlamentarista, preconizando uma reforma do regime num sentido mais conforme ao sistema parlamentar, sobretudo pela eliminação da "dupla confiança" e do poder de demissão do Governo pelo Presidente da República.

Como já se sabe, foi a segunda corrente que levou a melhor, até certo ponto.

---

[62] A principal exceção foi a de Canotilho e Moreira, na 1ª edição da sua *Constituição da República Portuguesa anotada* (1978, p. 254 e ss.), que a qualificaram como "parlamentarismo racionalizado". Escrita dois anos depois da Constituição, esta leitura haveria de ser desmentida pelo intervencionismo político do primeiro Presidente da República, General Ramalho Eanes.

[63] Neste ponto, a Constituição de 1976 recuperava a fórmula de *dupla responsabilidade política do Governo* perante o chefe do Estado e perante as Cortes, estabelecida pela prática da Carta Constitucional (Miranda, 1997, p. 376).

[64] Além de ter demitido o II Governo constitucional em 1978, contra a vontade do primeiro-ministro, Mário Soares, e de ter nomeado a seguir vários "governos de iniciativa presidencial", o Presidente da República manteve nesse período um apertado escrutínio sobre alguns departamentos e políticas governamentais, nomeadamente os negócios estrangeiros, a defesa e a agricultura.

3.4.3 A qualificação do sistema de governo depois de 1982

Com a revisão constitucional de 1982, veio gerar-se crescentemente uma controvérsia sobre a qualificação do sistema de governo, com a contestação da qualificação semipresidencial então dominante. Com efeito, como se viu, a revisão constitucional introduziu uma alteração substancial, ao suprimir a responsabilidade política do Governo perante o Presidente (nova redação dos arts. 190º e 191º), pelo que este "deixou de estar dependente da confiança (ou não desconfiança) política do Presidente da República, para só ficar dependente da do parlamento" (Miranda, 1997, p. 404); consequentemente, desapareceu também o poder presidencial de demissão discricionária do Governo, que passou a só ser permitida quanto esteja em causa o "regular funcionamento das instituições" (CRP, art. 195º, nº 2, na redação vigente).

Além disso, a revisão constitucional de 1982 precisou que a principal missão política do Presidente da República é justamente a de "garantia do regular funcionamento das instituições", reforçando o seu estatuto de órgão independente, acima da governação do país em cada momento, e esclareceu que o Governo só tem obrigação de, através do primeiro-ministro, "informar o Presidente da República acerca dos assuntos respeitantes à condução da política interna e externa do país" (CRP, art. 201º, nº 1, al. c)). Logicamente, se o início de nova legislatura implica demissão do Governo em funções (CRP, art. 195º, nº 1, al. a)) e a constituição de outro, tendo em conta os resultados das eleições parlamentares, já o início de um novo mandato presidencial não afeta a continuidade do Governo em funções, o que mostra que *a legitimidade político-constitucional do Governo decorre das eleições parlamentares e não das eleições presidenciais*. Ou seja, depois de 1982, o Presidente da República *não é eleito para governar nem para tutelar politicamente o Governo*.

Acresce que, como se verificou, o modo de funcionamento do sistema de governo desde 1982 aproximou-se progressivamente do de um sistema tipicamente parlamentar, mercê de um conjunto de práticas e "convenções", nomeadamente as seguintes:

- nomeação sistemática do líder do partido mais votado nas eleições parlamentares como primeiro-ministro, mesmo com simples maioria relativa, o que permite a existência de governos minoritários, só tendo acorrido até agora um caso de rejeição parlamentar de um Governo nomeado a seguir às eleições, por ter havido uma maioria absoluta de rejeição e a formação subsequente de um Governo alternativo (2015);
- respeito do Presidente da República pela autonomia política do Governo, assumindo aquele crescentemente o papel exclusivo de supervisão do sistema político e de garante do regular funcionamento das instituições;
- nunca houve nenhuma demissão do Governo por iniciativa presidencial, por nunca se terem verificado as condições estabelecidas em 1982;
- rara utilização da faculdade de o primeiro-ministro convidar o Presidente da República a presidir o Conselho de Ministros;
- restrição da dissolução parlamentar às situações de crise política (autodemissão do Governo), com exceção da dissolução parlamentar de 2004 (motivada por manifesta degradação da situação política);
- progressiva transformação das eleições parlamentares em eleições decisivas para a escolha do Governo e do primeiro-ministro e esvaziamento de qualquer dimensão governativa das eleições presidenciais (nunca se falou em "maioria presidencial").

3.4.4 Crítica das leituras não parlamentares do sistema de governo

3.4.4.1 Inconsequência da leitura semipresidencial

Neste quadro, ao lado da leitura semipresidencial – que se manteve, mas que deixou de ser consensual –, outras leituras alternativas surgiram, pelo que a "grelha de leitura" se distribui pelas modalidades seguintes:

   a) como sistema semipresidencial;
   b) como sistema misto ou parlamentar-presidencial;
   c) como sistema primo-ministerial ou governamental;
   d) como sistema de governo *parlamentar*.

Deixando de lado, por ora, a qualificação parlamentar, cumpre analisar a pertinência das demais, começando pela caracterização semipresidencial.

Apesar das decisivas modificações da revisão constitucional de 1982, a leitura semipresidencial manteve-se, tanto numa parte da doutrina,[65] como na linguagem política corrente.[66] No entanto, além de desvalorizar a decisiva mudança da primeira revisão constitucional, essa corrente utiliza um *conceito amplo e difuso de semipresidencialismo*, do tipo "sistema em que o presidente da República, diretamente eleito, tem relevantes poderes de intervenção no sistema político" (*supra*, item 2.2).

Um dos principais argumentos da tese semipresidencial em geral é a extensão e intensidade dos poderes presidenciais, tendo sido desenvolvidas métricas para os medir, de acordo com diferentes critérios, que dão resultados assaz díspares. Recorrendo à "grelha" dos poderes presidenciais quanto ao governo e ao parlamento, proposta por Carey e Shugart (1992), verificamos que o resultado em Portugal seria de cerca de 8,5 num máximo de 24 pontos; já a grelha de análise de Elgie (*apud* Franco, 2020, p. 77) situa os poderes presidenciais em Portugal entre os de valor mais elevado, embora com indicadores de valor desigual nos diversos países. Mas, como se argumentou anteriormente (*supra*, 2.1), sendo o presidencialismo definido como o *sistema de governo em que o presidente governa*, o que importa para a qualificação semipresidencial não é a quantidade de poderes presidenciais, mas sim saber se eles possibilitam, ou não, a *ingerência presidencial na direção política do país e na função governamental*.

Ora, no que concerne propriamente ao poder governativo, que é a chave da diferença dos sistemas de governo, o Presidente da República não tem entre nós nenhum poder de natureza propriamente presidencialista, visto que não governa nem tem funções governativas, *não podendo dar orientações nem muito menos instruções ao governo*; mais importante ainda, o *Governo não depende da confiança do Presidente nem é responsável perante ele, que não o pode demitir*. A eleição de um novo Presidente da República não acarreta a cessação do Governo em funções, que sequer coloca o seu lugar à disposição do Presidente, o que mostra a *irrelevância da eleição presidencial quanto à subsistência do Governo*.

---

[65] Assim, por exemplo, Sousa (1983), Pinto e outros (1984), Matos (1993), Cruz (1994), Miranda (1997), Freire e Pinto (2005), Gouveia (2016, §251), Novais (2017) e Franco (2020).

[66] Normalmente usada para exprimir a ideia de que não se trata nem de um sistema presidencialista nem de um sistema parlamentar "canónico".

Como já se frisou, o próprio poder de veto legislativo, ao contrário do que parece, tem entre nós pouco a ver com a homóloga figura do presidencialismo, pois, diferentemente deste, entre nós ele não visa defender o poder executivo perante o poder legislativo do Parlamento. Basta ver que também existe veto de decretos-leis do Governo e que o veto de leis da Assembleia da República não tem sequer de ser precedido de consulta ao Governo. Além disso, não é admitido o veto parcial, que permitiria ao Presidente promulgar leis sem as normas vetadas, alterando o equilíbrio normativo do texto originário.[67] O poder de veto faz parte, sim, das funções do Presidente da República como "quarto poder", como poder de supervisão do sistema político, que, portanto, não pode confundir-se com nenhuma vertente presidencialista do sistema de governo.

A relativa liberdade presidencial de escolha do primeiro-ministro é assaz reduzida, pois só existe quanto há *várias alternativas de governo disponíveis no quadro parlamentar existente*, o que não é o caso quando haja um partido ou coligação eleitoral com maioria parlamentar ou quando se forme uma coligação parlamentar maioritária. É certo que o Presidente da República pode dissolver a Assembleia da República em vez de nomear como primeiro-ministro quem ele não deseje, mas essa possibilidade não existe nos primeiros seis meses depois da eleição parlamentar, o que praticamente anula esse poder presidencial como meio de recusa de soluções governativas pós-eleitorais (como se revelou em 2015).[68]

Por último, a CRP não inclui nenhum dos poderes intrusivos que costumam ser arrolados como *principais indicadores do semipresidencialismo*: presidência do Conselho de Ministros, convocação de referendos por iniciativa presidencial, iniciativa legislativa, poder regulamentar, nomeação livre de cargos públicos e de funcionários, política externa e política de defesa e eleições presidenciais e parlamentares sincronizadas.

Um dos grandes argumentos contra a leitura semipresidencial consiste em que o sistema de governo português apresenta tais diferenças em relação ao sistema francês – considerado a principal referência do semipresidencialismo –, que não pode pertencer à mesma família. O quadro a seguir ilustra o argumento.

---

[67] O veto parcial é considerado um dos indicadores de semipresidencialismo por Shugart e Carey (1992).
[68] Para a crítica da qualificação semipresidencialista, ver, por todos, Rapaz (2012, p. 440 e ss.), Rodrigues (2017) e Moreira (2020, cap. XII).

Comparação com o sistema semipresidencial francês

Traços	França	Portugal
Papel político do presidente da República	Presidente cogovernante	Presidente não governante
Eleições decisivas para opções políticas	Eleições presidenciais	Eleições parlamentares
Relação entre eleições	Precedência das eleições presidenciais	Precedência das eleições parlamentares
Maiorias políticas	Maioria presidencial e maioria parlamentar	Maioria parlamentar
Poder presidencial de nomeação e demissão do governo	Livre (salvo "coabitação")	Condicionado aos resultados das eleições parlamentares e à confiança parlamentar do Governo
Presidência do Conselho de Ministros	Poder normal (mesmo em caso de "coabitação")	Só a convite do primeiro-ministro
Submissão do governo à apreciação parlamentar	Não obrigatória	Obrigatória
Dissolução parlamentar	Sem limites temporais (salvo depois de eleições antecipadas)	Com limites temporais gerais
Convocação do referendo	Sob proposta do Parlamento ou do Governo, independentemente do tema	Sob proposta do Parlamento ou do Governo, na esfera das competências de cada um
Nomeação de juízes do tribunal constitucional	Três de nomeação presidencial (1/3)	Nenhum nomeado pelo Presidente da República
Nomeação provedor/defensor de direitos	Pelo Presidente	Pelo Parlamento
Negociação de tratados internacionais	Competência do Presidente	Competência do Governo
Nomeação presidencial de cargos públicos	Os previstos na Constituição ou em lei orgânica	Somente os previstos na Constituição (procurador-geral da República, chefias militares, embaixadores)
Poderes excecionais do presidente da República	Sim, por decisão própria e sem referenda ministerial (art. 16º), independentemente da declaração do estado de sítio (competência do Conselho de Ministros)	Só declaração do estado de sítio ou do estado de emergência, com autorização da Assembleia da República e com referenda ministerial
Impeachment parlamentar do presidente	Sim	Não
Representação do país no Conselho Europeu e em conferências políticas internacionais	Presidente da República	Primeiro-ministro
Revisão constitucional	Iniciativa concorrente do Presidente	Iniciativa exclusiva dos deputados

Esta tabela mostra a profunda diferença do papel do Presidente da República em França e em Portugal, que consiste essencialmente em o Presidente francês ser em condições normais o chefe do Executivo, com um primeiro-ministro auxiliar, enquanto em Portugal o Presidente não tem funções executivas, que são exclusivas do Governo.[69]

É certo que, dada sua ambiguidade textual, a Constituição francesa poderia dar lugar a uma leitura tendencialmente parlamentar, pelo que o sistema de governo poderia funcionar de forma não essencialmente afastada da portuguesa. Com a importante ressalva da presidência do Conselho de Ministros e dos poderes excecionais do art. 16º da Constituição, o papel constitucional do Presidente francês é definido em termos de um Presidente não governante (art. 5º),[70] sendo o Governo que "determina e conduz a política geral do país", incluindo a política de defesa, e sendo politicamente responsável perante o Parlamento (arts. 20º e 21º), sem nenhuma menção a uma responsabilidade política perante o presidente. Mas o que prevaleceu foi, nas palavras de Jan (2011, p. 51 e ss.), uma "interpretação presidencialista, da Constituição", transformando o Presidente em "chefe do executivo" (JAN, 2011, p. 131 e ss.), na base da "hipertrofia do Presidente" (Morabito, 1995, p. 127). Como assinala Massot (2008, p. 53 e ss.), a diferença essencial está no facto de o Presidente em França ser eleito "na base de um programa de governo" e como "chefe de uma maioria". Como conclui Pinon (1998, p. 274), "o regime português e o regime francês terão seguido trajetórias radicalmente inversas".

Em certo sentido, o chamado semipresidencialismo francês revela-se um *superpresidencialismo*, na medida em que, além de chefe do poder executivo, o Presidente dispõe de poderes que o seu homólogo estadunidense não possui (dissolução parlamentar, poderes excecionais do art. 16º da Constituição, amplos poderes legislativos do Governo) e não está sujeito ao controlo parlamentar das nomeações presidenciais.

Ao contrário do que sucede em França, em que, como observa Nogueira (2017, p. 61), o Presidente da República só ocupa o papel de regulador do sistema político em caso de "coabitação", tornando-se o verdadeiro chefe do Governo na situação normal de maioria parlamentar homóloga à maioria presidencial, *em Portugal o papel do Presidente da República é sempre e apenas o de regulador*, seja qual for a maioria parlamentar-governamental existente.

Por último, enquanto o semipresidencialismo francês, ao incluir o Presidente da República no poder executivo, *transforma a oposição política ao Governo em oposição ao Presidente*, como sucede nos sistemas presidenciais, no sistema de governo português tal não acontece, pelo contrário: o Presidente não somente é politicamente neutro no combate entre o Governo e oposição, como lhe compete mesmo *assegurar os direitos da oposição e o* fair-play *político no confronto entre um e outra*. Trata-se de mais uma diferença sistémica.

Face às dificuldades de enquadramento do sistema de governo português no universo semipresidencialista, alguns autores procuraram sublinhar a sua natureza paraparlamentar por meio de fórmulas como "sistema semipresidencial de caráter

---

[69] Sobre o sistema de governo francês ver, por todos, Duverger (1979), Massot (2008), Jan (2011) e Volpi (2014, cap. II).

[70] Cujo texto é o seguinte: "O Presidente da República vela pelo respeito da Constituição. Assegura, pela sua arbitragem, o funcionamento regular dos poderes públicos, assim como a continuidade do Estado. É o garante da independência nacional, da integridade do território e do respeito dos tratados".

parlamentar" ou "sistema semipresidencial imperfeito de tendência parlamentar".[71] Contudo, para além da inconsistência conceptual dessas fórmulas, o que permanece é a caraterização semipresidencial, sem base nas normas constitucionais nem na prática política, como ficou demonstrado.

Menos compromissórios foram os autores que em Portugal e lá fora abandonarem a qualificação semipresidencial a favor da caraterização parlamentar.

3.4.4.2 Crítica de outras qualificações não parlamentares

Entretanto, a controvérsia sobre o sistema de governo em Portugal não se limita à dicotomia entre a leitura semipresidencial e a leitura parlamentar. Com efeito, também não devem ser sufragadas outras leituras não parlamentes do sistema de governo, como a qualificação *parlamentar-presidencial* ou a qualificação *governamental/primo-ministerial*.

A designação parlamentar-presidencial compartilha a ideia da natureza mista do sistema de governo, sendo, portanto, afim da tese semipresidencial, embora sem o viés presidencialista desta (o que não é de somenos).[72] Mas, tal como ela, também esta tese pressupõe que o Presidente compartilha da função executiva com o Governo, numa "diarquia do poder executivo", tese que rejeitamos, remetendo para análise anterior. Entre nós, *o Presidente não integra o poder executivo, sendo um poder político autónomo*.

Quanto à tese primo-ministerial ou governamental,[73] esta caracterização assenta na hipertrofia de dois traços do sistema de governo, tal como ele funciona efetivamente: a progressiva transformação das eleições parlamentares numa disputa para o cargo de primeiro-ministro e a proeminência deste na condução do governo, obnubilando a sua dimensão colegial ou de gabinete.

No entanto, sendo uma designação mais própria da ciência política do que uma qualificação constitucional, ela não dá conta da natureza do sistema de governo, tal como resulta da Constituição. Primeiro, nas palavras de J. Miranda (2016, p. 675), "as eleições para a Assembleia da República não equivalem a eleição do primeiro-ministro", cuja legitimidade política lhe advém do Parlamento, nem constituem um referendo do programa de governo. Em segundo lugar, o Presidente da República não é obrigado a nomear como primeiro-ministro o líder do partido mais votado (salvo se ele tiver maioria absoluta) e, se o fizer, ele pode ser rejeitado na Assembleia da República, obrigando o Presidente a nomear um chefe de Governo que não ganhou as eleições, se não puder ou quiser dissolver a Assembleia da República (como se verificou em 2015). Em terceiro lugar, em caso de vitória de um partido sem maioria absoluta, ele pode negociar uma coligação de governo com outro ou outros partidos, incluindo o programa de governo, sem ter de consultar os seus eleitores. Em quarto lugar, em caso de morte ou demissão pessoal do primeiro-ministro, não tem de haver novas eleições, podendo formar-se um

---

[71] Assim, por exemplo, Morais (1997, 143 e ss.) e Gouveia (2016, p. 1105).
[72] Inicialmente defendida por Canotilho e Moreira, na 2ª e 3ª edições da *Constituição da República Portuguesa Anotada* (1985 e 1993, respetivamente) – aliás de forma inconsistente com a sua crítica do semipresidencialismo na obra *Os poderes do Presidente da República* (Canotilho; Moreira, 1991) –, essa qualificação continua a ser sufragada por outros autores, como exemplo, M. Afonso Vaz (2015).
[73] Inicialmente defendida por Adriano Moreira (1989), depois por C. Queiroz (1992) e hoje representada sobretudo por Barbosa Rodrigues (2017).

novo Governo com outro primeiro-ministro do mesmo partido, que nem sequer pode ter ido a eleições (nem precisa de ser deputado).⁷⁴ Por último, para todos os efeitos, o Conselho de Ministros é o órgão colegial do Governo a quem cabem as decisões políticas principais (CRP, art. 200º), incluindo a aprovação do programa de governo e cujas deliberações vinculam o primeiro-ministro (CRP, art. 189º); *o Governo não é uma monocracia do primeiro-ministro*. De resto, em governos de coligação, o primeiro-ministro tem de partilhar o seu protagonismo com o líder do "partido júnior" na coligação.

Além disso, o Governo não tem o monopólio da decisão política, que compartilha com o Parlamento, quando este é chamado a votar o programa do governo ou aprova anualmente o orçamento e o plano de ação governamental, ou quando o Governo resolve submeter à sua aprovação decisões políticas da sua competência, como sucedeu em 2011 com o PEC IV e sucede anualmente com o "programa de estabilidade e convergência" a submeter à União Europeia, sem falar na competência geral para apreciar os atos do Governo e da administração em geral (art. 162º, al. b)) e a política nacional em relação à União Europeia em especial (art. 163º, al. f)) e na apreciação das contas públicas (art. 162º, al. d)). Trata-se de manifestações do *controlo parlamentar sobre a condução política governamental*, que é expressão da responsabilidade do Governo perante o Parlamento.

Por fim, o Governo só existe e só se mantém enquanto tiver a confiança política da Assembleia da República (ou pelo menos a não desconfiança). *Não é o Parlamento que depende do Governo (ou do primeiro-ministro), mas sim o contrário.* Enquanto o Parlamento pode demitir o Governo, este nem sequer pode fazer dissolver a Assembleia da República, no que, aliás, só arrastaria a sua própria queda.

3.4.5 Justificação da qualificação parlamentar

Desde a revisão constitucional de 1982, não deixou de se manifestar uma leitura alternativa, *como sistema de governo parlamentar*, embora atípico.⁷⁵

Essa qualificação assenta nos seguintes argumentos: *(i)* o sistema de governo apresenta os traços essenciais do parlamentarismo (constituição do Governo na sequência de – e em conformidade com – eleições parlamentares e sua confirmação parlamentar através da apresentação e eventual votação do programa de governo, mantendo-se entretanto o Governo como simples governo de gestão); *(ii)* o Presidente da República não compartilha da função governativa (de condução da política interna e externa), nem o Governo depende da confiança política do Presidente; *(iii)* os poderes políticos especiais de controlo e de intervenção institucional do Presidente em relação ao Parlamento e ao Governo, habitualmente ausentes em sistemas tipicamente parlamentares – incluindo o veto legislativo, a dissolução parlamentar e a faculdade excecional de demissão do

---

⁷⁴ Como aconteceu em 2004, com Santana Lopes.
⁷⁵ Assim, na literatura nacional, Pereira (1984), Queiroz (1997), Otero (2010) e Alexandrino (2017). Quanto a Gomes Canotilho e Vital Moreira, depois de terem adotado inicialmente a qualificação parlamentar-presidencial na 2ª e 3ª edições da *Constituição da República Portuguesa anotada* (1985 e 1993) e de terem criticado a leitura semipresidencialista no seu estudo sobre os poderes do presidente da República (1991), vieram a adotar a qualificação parlamentar na 4ª edição da CRP anotada (2010). Também na doutrina estrangeira houve vários autores que, depois da revisão de 1982, mudaram a qualificação de semipresidencialismo para parlamentarismo, tais como Corkill (1993), Lijphart (1999), Fusaro (2003), Grimaldi (2012), entre outros.

Governo –,⁷⁶ devem ser qualificados como expressão de uma função própria do Presidente enquanto "poder moderador" exterior ao Governo, e não como expressão de uma suposta "bicefalia governativa", compartilhada pelo Presidente da República e pelo Governo.⁷⁷ O Presidente "preside mas não governa", não sendo cotitular da função governativa, condição necessária para a qualificação como genuíno sistema de governo misto (ou "semipresidencial"). Ao contrário do que afirmam alguns autores, não se verifica entre nós nenhuma "diarquia do poder executivo" (Volpi, 2014, p. 32; Gouveia, 2016, §251), pela simples razão de que, como se mostrou, *o Presidente não integra o poder executivo*.⁷⁸

Também não existe nenhuma responsabilidade política do Governo perante o Presidente da República, primeiro porque a Constituição distingue claramente responsabilidade "institucional" (perante o Presidente da República e a Assembleia da República) e responsabilidade política (exclusiva perante a Assembleia da República). Não pode igualmente considerar-se o veto legislativo do Presidente da República sobre os decretos-leis como uma expressão de responsabilidade política do Governo, primeiro, porque é uma *expressão de controlo político preventivo e não de sanção política* e, segundo, porque o veto também existe em relação às leis do Parlamento e ninguém pode pretender que a Assembleia da República seja politicamente responsável perante o Presidente da República.

Ora, ao contrário do que sucede nos sistemas de governo presidencial e semipresidencial, no sentido acima apontado (em que o Presidente compartícipa do poder governamental), *o Presidente da República é entre nós um "poder neutro", exterior ao Governo*, tal como sucede nos sistemas de governo parlamentar (só que com poderes reforçados de supervisão do sistema político). Contrariamente à tese de Blanco de Morais (1997, p. 129) e de Bacelar Gouveia (2016, p. 1105), não existe nenhuma "diarquia no exercício do poder executivo". No nosso sistema de governo, o Presidente da República desempenha somente *um "poder moderador" qualificado*, mas sem participação no governo do país. Na atual Constituição, o Presidente da República é *o rei da Carta Constitucional sem o papel de chefe do poder executivo*, que o segundo contraditoriamente também tinha, e sem responsabilidade do Governo perante ele.⁷⁹

Por isso, não se justifica recorrer a uma noção altamente controversa e conceptualmente confusa ("semipresidencialismo") para caracterizar um sistema de governo que *pode ser perfeitamente apreendido com recurso* às *noções tradicionais de parlamentarismo e de poder moderador do presidente*.

---

⁷⁶ Note-se, porém, que os dois primeiros (poder de veto legislativo e poder de dissolução parlamentar) também podem verificar-se em sistemas de governo parlamentar com eleição indireta do presidente da República, como é o caso da Itália.

⁷⁷ Ver, neste sentido, por todos, Canotilho e Moreira (2010, p. 15 e ss.), Otero (2010, cap. 24.4.3), Moreira (2016, cap. 10.2.2), Alexandrino (2017, §20) e Moreira (2020, cap. 11.7).

⁷⁸ Mas o mesmo Volpi (2014, p. 37) vem depois a dizer, corretamente, que o presidente "é estranho à determinação do indirizzo político".

⁷⁹ Note-se que o Presidente da República desempenha em relação ao sistema político das regiões autónomas dos Açores e da Madeira, através do respetivo representante da República (por ele livremente nomeado e destituído), o mesmo tipo de poderes que tem no nível do sistema político nacional (salvo a possibilidade de demissão dos governos regionais quando esteja em causa o regular funcionamento das instituições). Mas, curiosamente, não é usual o sistema de governo regional ser qualificado como semipresidencial pelos adeptos da qualificação semipresidencial do sistema de governo nacional...

Subscrevendo o comentário de que "o Presidente da República não tem poderes de orientação política ou de superintendência sobre o Governo, o qual não precisa da sua confiança ou da sua não desconfiança para se manter no poder" (Miranda, 1998, p. 370), não se vê como designar por "semipresidencial" um sistema de governo que possui as características essenciais do parlamentarismo e não possui as características essenciais do presidencialismo, sequer na versão mínima da responsabilidade do Governo perante o presidente. No sistema de governo da CRP, o Presidente é *tão alheio à condução da política governamental como num sistema parlamentar*.

Por outro lado, se o Presidente da República tem entre nós relevantes poderes institucionais próprios (nomeação de altos cargos públicos, poder de veto dos diplomas legislativos, poder de dissolução parlamentar e de antecipação de eleições, por iniciativa própria, convocação de referendos etc.), ele não participa, porém, diretamente da atividade governamental, nem o Governo depende politicamente da sua confiança política, pelo que não pode demiti-lo (salvo excecionalmente, quando estiver em causa o "regular funcionamento das instituições").

Estruturalmente, o sistema de governo português é hoje um *sistema de* índole *essencialmente parlamentar*, em que o Presidente da República não compartilha da função executiva nem da atividade governamental, cabendo-lhe antes um papel de defesa da Constituição e de controlo e moderação do sistema político, fazendo lembrar, como se referiu, o "poder neutro" de Benjamin Constant, que entre nós inspirou a Carta Constitucional de 1826, a mais duradoura constituição portuguesa. A noção de "semipresidencialismo", que insinua que o Presidente da República ainda faz parte do poder executivo, em nada ajuda a compreender o verdadeiro papel presidencial no nosso sistema de governo. Pelo contrário.

Em suma, tal como está definido na Constituição e tal como funciona efetivamente, o sistema de governo preenche os princípios essenciais do parlamentarismo:

– o Governo, chefiado pelo primeiro-ministro, é titular de todo o poder executivo, não partilhado com o Presidente da República;
– o Governo é nomeado de acordo com as eleições parlamentares, que são as eleições decisivas para a sua escolha;
– o Governo cessa funções quando há novas eleições parlamentares, não quando há novas eleições presidenciais;
– as eleições presidenciais e a mudança de Presidente da República não afetam em nada a continuidade do Governo em funções (a não ser que o novo Presidente decida dissolver a Assembleia da República, se puder fazê-lo);
– o Presidente da República não governa, nem semigoverna, nem pode censurar a condução política do Governo;
– a responsabilidade política do Governo é exclusivamente perante o Parlamento, havendo demissão por efeito de perda de confiança parlamentar;
– existe a possibilidade de dissolução parlamentar (embora não por decisão do Governo, que todavia a pode solicitar);
– os governos existem e iniciam atividade com a simples nomeação presidencial, mas só entram em plenitude de funções com a "investidura parlamentar" (apresentação e eventual votação do programa de governo).

Em contrapartida, *não existe nenhum dos traços típicos de presidencialismo nem do chamado semipresidencialismo*. O Presidente da República não detém nenhuma parcela da função governativa; não participa nem interfere na atividade do Governo (só pode presidir o Conselho de Ministros a convite do primeiro-ministro); o Governo não depende da confiança do Presidente da República, que lhe não pode definir os objetivos nem dar orientações e muito menos o pode demitir por motivo de discordância política. *A eleição direta do Presidente da República pode ser uma condição necessária do semipresidencialismo, mas não é uma condição suficiente, longe disso*; havendo vários sistemas de governo tipicamente parlamentares em que o Presidente da República é diretamente eleito (Áustria, Finlândia, Islândia, Irlanda, República Checa etc.), não existe nenhuma incongruência entre a eleição presidencial direta e o facto de ele não ter poderes executivos.

Não se trata evidentemente de um sistema parlamentar típico, visto que o Presidente da República goza de alguma liberdade na formação do Governo quando não haja maioria parlamentar; o Governo não precisa de uma investidura parlamentar positiva, bastando não ser rejeitado por maioria absoluta; falta de dissolução parlamentar por decisão governamental; poder de veto legislativo presidencial etc. Todavia, apresentando o sistema os traços essenciais do parlamentarismo sem ter nenhum dos traços essenciais do presidencialismo, a qualificação deve refletir a sua verdadeira caraterização substantiva.

Cumpre ainda assinalar que a qualificação parlamentar do sistema de governo é que melhor condiz com uma *conceção republicana do Presidente da República*, no sentido da tradição republicana portuguesa, que desconfia do exercício pessoal e politicamente irresponsável do poder, como era próprio da monarquia.[80]

Com efeito, na sua versão original, a República não se opunha à monarquia somente por causa do modo de eleição e pela duração limitada do mandato do Presidente da República, mas também para privar o chefe do Estado da chefia do poder executivo, que ele tinha na monarquia constitucional, tanto mais que, ao contrário das noções originárias da separação de poderes, o poder executivo não consiste somente na execução das leis, mas também na definição e prossecução das opções políticas da coletividade.

Sendo o abuso do poder para fins pessoais um dos anátemas do pensamento republicano, todo o exercício pessoal do poder incorre nesse risco. Por isso, nas repúblicas, o poder deve ser das instituições, não das pessoas, devendo os titulares do poder ser politicamente responsáveis, ou diretamente perante a coletividade (*recall* de mandatos eletivos) ou perante instituições eletivas (o parlamento). O republicanismo é, antes de mais, *governo politicamente responsável* – e era por isso que o "Estado Novo" não era uma República republicana. Ora, sendo o Presidente da República politicamente irresponsável, a sua integração no poder executivo, como o semipresidencialismo postula, vai de encontro a essa preocupação republicana. Numa República, *o poder executivo não pode estar imune à responsabilidade política*.

---

[80] Sobre a herança republicana na CRP de 1976 ver em especial, Leite Pinto (1998), embora sem abordar o seu reflexo na conceção constitucional do Presidente da República. Sobre os requisitos republicanos do Presidente da República, ver Veiga (2018). Sobre a relação entre republicanismo e constitucionalismo ver Bellamy (2009).

Por último, não existe fundamento para que sistemas de governo tão diferentes, como o francês e o português, possam ser denominados com uma mesma qualificação, a de semipresidencialismo, que, ainda por cima, remete para a família dos presidencialismos. Ora, como se mostrou, o sistema de governo em Portugal não compartilha de nenhum dos traços essenciais do sistema presidencial (governo a cargo do Presidente e legitimidade advinda das eleições presidenciais). Trata-se, sim, de um sistema de governo com todas as caraterísticas essenciais do sistema de governo parlamentar, com um Presidente diretamente eleito, sim, mas dotado de uma *função de controlo, regulação e supervisão do sistema político sob o ponto de vista da sua conformidade à Constituição e ao regular funcionamento das instituições*. O que diferencia o sistema de governo português dos sistemas parlamentares tradicionais é esse papel do Presidente da República. Importa analisá-lo e caraterizá-lo.

4 Sistema de governo e "poder moderador" do Presidente da República

4.1 Natureza e função do "poder moderador"

A opção pela qualificação parlamentar do sistema de governo levanta, obviamente, uma dificuldade: *como designar e enquadrar os poderes de controlo e de intervenção institucional de que o Presidente da República dispõe na CRP?*

Em todos os sistemas de governo parlamentar contemporâneos o chefe do Estado, definitivamente colocado fora do poder executivo efetivo, tem sempre uma maior ou menor função moderadora da conflitualidade política e de vigilância sobre o regular funcionamento do sistema político, quanto mais não seja através do seu aconselhamento e da sua mediação pessoal.[81] A diferença entre os sistemas parlamentares está *na extensão e na intensidade dos poderes de que o chefe do Estado dispõe para realizar essa missão*. É fácil perceber que, nas repúblicas parlamentares, o presidente pode ter poderes mais fortes do que numa monarquia parlamentar, dada a falta de legitimidade política própria do monarca. Todavia, no caso da CRP, os poderes presidenciais vão claramente além dos padrões correntes das democracias parlamentares. Qual a explicação?

Como foi assinalado pela doutrina,[82] o poder (e a obrigação) presidencial de garantir o regular funcionamento das instituições e os instrumentos constitucionais de que o presidente dispõe para isso (veto legislativo, dissolução parlamentar, fiscalização da constitucionalidade, declaração do estado de sítio, destituição do governo em última instância etc.), não podem deixar de evocar o *"poder moderador" do Rei na Carta Constitucional de 1826* (art. 74º), sob influência de Benjamin Constant, cujos traços distintivos eram os seguintes: *(i)* separação em relação ao poder executivo (embora este também pertencesse ao rei); *(ii)* missão de assegurar a "independência, equilíbrio

---

[81] Assim, por exemplo, a Constituição espanhola diz explicitamente que o rei "arbitra e modera o funcionamento regular das instituições" (art. 56º, nº 1), numa formulação próxima da CRP. Também é essa a leitura dominante quanto ao Presidente da República em Itália, que é eleito pelo Parlamento, mas que dispõe dos poderes de veto e de dissolução parlamentar (Fusaro, 2003). Sobre as funções gerais do chefe do Estado no sistema de governo parlamentar, ver especialmente Canepa (1998).

[82] Por exemplo, Canotilho e Moreira (1991), Ferreira (2012) e Caldeira (2016).

e harmonia dos demais Poderes Políticos" (Carta, art. 71º); *(iii)* neutralidade política do chefe do Estado ("poder neutro", assim lhe chamou Constant).[83]

De facto, afigura-se não ser possível compreender o sistema de governo português sem ter em conta o lugar específico do Presidente da República como "quarto poder" (a juntar aos três tradicionais), à margem da dialética da relação Parlamento-Governo, claramente inspirada na figura do "poder neutro" proposta por Constant. A ideia básica deste era superar os problemas políticos levantados pela teoria da separação de poderes, concretamente entre o poder legislativo e o poder executivo. Tal como formulada originalmente por Locke e Montesquieu, os dois poderes políticos, Legislativo (assembleia representativa) e Executivo (rei), eram independentes e separados um do outro; no entanto, como testemunha a evolução britânica do século XVIII para o século XIX, deu-se a autonomização do ministério em relação ao monarca e a progressiva subordinação do Governo ao parlamento, pelo que a separação de poderes passava a ser entre ambos, marginalizando o rei.

Foi para o obstar a essas situações que Constant inventou, a cargo do rei – agora dispensado do poder executivo –, um *terceiro poder político*, externo e neutro em relação a ambos os "poderes ativos" (legislar e governar), destinado a assegurar que o confronto ou a coligação entre os dois poderes não pusessem em causa as instituições e as garantias constitucionais, ou seja, dedicado, nas palavras de Rolland (2008, p. 43) "à preservação das instituições e da Constituição".[84] Na verdade, na conceção de Constant, trata-se essencialmente de um "poder preservador".

Desnecessário se torna sublinhar que, se o "poder moderador" da CRP obedece à mesma filosofia e razão de ser que tinha na Carta – na sua *função de poder regulador do sistema político, como poder neutral exterior ao poder executivo e ao poder legislativo, para assegurar o regular funcionamento das instituições* –, existe, porém, uma diferença fundamental (além de outras menores): na CRP não existe a *contraditória acumulação do "poder moderador" com o poder executivo* que havia na Carta e que inquinava a própria razão de ser do "poder moderador".[85]

Com efeito, torna-se evidente que a acumulação do poder moderador e do poder executivo na titularidade do rei era uma *contradição nos termos*, visto que na conceção originária de Constant, o "poder preservador" destinava-se a controlar *superpartes* o poder executivo e o poder legislativo. Por isso, o rei não podia ser ao mesmo tempo, sem contradição, titular de um *poder regulador* dos demais poderes e de um dos *poderes regulados* (o poder executivo, mesmo se exercido por meio dos seus ministros).

Manifestamente, a CRP eliminou ou atenuou o principal fator que, tanto no Brasil como em Portugal, tinha tornado malvisto o poder moderador (com a derrogação da autonomia do parlamento e a livre nomeação e demissão dos governos). É que, como se viu, na Carta o poder moderador coabitava com a acumulação do poder executivo

---

[83] Sobre a origem do poder moderador em Benjamin Constant e a sua influência em Portugal desde a Carta Constitucional até a CRP de 1976, ver, especialmente, Caldeira (2016), Ferreira (2012) e Pacheco (2019).

[84] Sobre as origens e o sentido do *poder neutro* de Constant ver especialmente Rolland (2008) e Dalri (2020).

[85] Sobre o poder moderador na Carta Constitucional ver Lopes Praça (1880, cap. VIII) e Ferreira (2012). Sobre o poder moderador na Constituição brasileira de 1824, que foi fonte direta da Carta Constitucional, ver Ferreira (2012) Caldeira (2016) e Rangel (2018).

pelo monarca, que nomeava e demitia livremente o ministério (sistema de governo de "presidencialismo indireto" *avant la lettre*), enquanto na CRP ele coabita com um sistema de governo essencialmente parlamentar, em que o Presidente da República não faz parte do poder executivo, nem lhe compete mudar e formar governos. A CRP devolve o "poder neutro" de Constant à *sua verdadeira origem, de salvaguarda do sistema parlamentar.*[86]

Na conceção de Constant, o "poder neutro" não se ingeria na competência própria dos dois "poderes ativos", ou seja, a função legislativa e o governo, estando, por isso, excluídos poderes como a iniciativa legislativa, a participação em sessões parlamentares, a nomeação de ministros ou de outros cargos públicos, a participação em reuniões do ministério etc. Segundo Constant, para ser eficaz, o "poder neutro" devia assentar em dois poderes extremos: o poder de dissolução do parlamento e o poder de destituição do Governo. Mas tal como não intervinha na formação do Parlamento, também não devia intervir na formação do Governo.

4.2 Incompatibilidade do "poder moderador" com o "semipresidencialismo"

Como é fácil ver, a filosofia do poder moderador não é compatível com a teoria do semipresidencialismo (ou construções afins, como o "sistema misto" ou "parlamentar-presidencial").

Em primeiro lugar, enquanto o semipresidencialismo "internaliza" o Presidente da República no poder executivo ("diarquia executiva"), o poder moderador pressupõe necessariamente a sua *exterioridade e neutralidade em relação aos dois poderes*, legislativo e executivo, como árbitro e regulador do funcionamento do sistema político. Em segundo lugar, enquanto o semipresidencialismo implica o envolvimento do Presidente na atividade política e legislativa, incluindo a regulação dos direitos dos cidadãos, o poder moderador limita a sua intervenção à relação entre os dois poderes, sendo uma intervenção puramente institucional. *O poder moderador não legisla nem governa*, sendo alheio à função de direção política. Em terceiro lugar, enquanto o semipresidencialismo admite a intervenção do Presidente na formação dos governos, o "poder neutro" de Constant rejeita tal intervenção. O poder moderador pode demitir o Governo, mas não lhe compete substituí-lo. Por último, e decisivamente, enquanto o semipresidencialismo se apresenta como alternativa ao sistema de governo parlamentar, *o "poder neutro" de Constant pressupõe-lo e só é compatível com ele.*

De facto, o sistema de governo parlamentar – baseado no poder executivo exclusivo do Governo e na sua responsabilidade política apenas perante o parlamento – liberta o "poder neutro" de envolvimento nos "poderes ativos", nomeadamente no poder executivo. Só existe uma diferença, que tem que ver com o poder de dissolução parlamentar. Com efeito, nos sistemas de governo parlamentar, a dissolução do parlamento, quando existe, é normalmente exercida pelo chefe do Estado a pedido do primeiro-ministro e visa resolver crises políticas *ou obter ou reforçar uma maioria parlamentar*

---

[86] Rolland (2008, p. 34) afirma que Constant pode ser percebido como "o melhor teorizador do regime parlamentar".

em favor do Governo em funções. No caso do poder moderador, embora a dissolução também possa ser decretada a pedido do Governo, ela é decidida autonomamente pelo Presidente da República e pode ter por objetivo resolver crises ou situações de impasse político ou degradação institucional, *mesmo sem o acordo ou mesmo contra o Governo*, e nunca tendo como principal objetivo reforçar, nem socavar, a base parlamentar do Governo em funções.

Dada esta *ligação natural entre o sistema de governo parlamentar e o poder moderador*, não admira que muitos dos poderes presidenciais normalmente arrolados como dos indicadores do semipresidencialismo em sentido próprio sejam incompatíveis com o poder moderador, por se desviarem do padrão parlamentar e por porem em causa o poder legislativo do parlamento, o exclusivo executivo do Governo e a autonomia política de ambos no seu exercício face ao chefe do Estado.[87] Tal é o caso, por exemplo, da nomeação discricionária do Governo, da convocação de referendos por iniciativa própria, do poder de iniciativa legislativa, do exercício do poder regulamentar, de nomeação livre de titulares de cargos públicos e de funcionários públicos, da condução da política de defesa ou da política externa, de veto legislativo parcial, de presidência do conselho de ministros, do veto de decisões políticas do Governo.

Não é por acaso, porém, que *nenhum desses poderes se encontra na CRP*!

4.3 O poder moderador na CRP

A eleição direta e apartidária do Presidente da República, a assincronia das eleições presidenciais e parlamentares e a separação orgânica e funcional entre o Presidente e o Governo permitem superar as objeções de Constant à ideia de um "poder neutro" em regime republicano,[88] por entender ser impossível o Presidente da República isentar-se das paixões partidárias e distanciar-se da sua própria fação política. O regime e a prática da CRP mostram que isso é possível.

Quanto ao elenco de competências concretas do poder moderador, a CRP inclui todos os referidos por Constant (veto legislativo, dissolução parlamentar, demissão do Governo), mas não é coincidente o seu âmbito na Carta Constitucional (art. 74º) e na CRP de 1976, sendo várias as diferenças, mesmo quanto a esse núcleo comum, que atenuam esses poderes na CRP. Por exemplo, hoje, as leis não precisam de sanção presidencial e o veto não é absoluto, a dissolução parlamentar tem importantes limites temporais e a demissão do Governo é excecional. Em todos estes casos, a CRP modera o poder moderador de Constant.

Há também outros poderes que a Carta integrava no "poder moderador" e que não são aplicáveis hoje (como a nomeação dos pares do reino) ou que estão claramente excluídos da Constituição de 1976, como a livre nomeação dos ministros,[89] a suspensão de juízes, a concessão de amnistias ou a prorrogação e adiamento das sessões parlamentares.

---

[87] Sobre os indicadores do semipresidencialismo, ver, por todos, Franco (2020: I.2.3), com referência a outros autores.

[88] Referidas em Caldeira (2016, §18).

[89] Competência que, aliás, estava erradamente incluída no poder moderador da Carta, devendo antes integrar o poder executivo, de que o rei era igualmente titular.

Como se vê, o poder moderador da Carta estendia-se ao poder judicial e restringia severamente a autonomia parlamentar. Também aqui, a CRP ficou aquém da extensão do poder moderador cartista.

Em contrapartida, há vários poderes adicionais na CRP, como a nomeação de certos titulares de cargos públicos (sob proposta do Governo),[90] a convocação dos referendos (sob proposta do Parlamento ou do Governo), a declaração do estado de sítio e do estado de emergência (com autorização do Parlamento e referenda governamental), os poderes relativos às regiões autónomas e, por último, mas não menos importante, o poder de desencadear a fiscalização da constitucionalidade junto do Tribunal Constitucional. Mas é evidente que todos eles se enquadram no espírito originário do poder moderador.

Em todo caso, a noção de poder moderador permite perceber como é que faculdades constitucionais do Presidente da República, aparentemente similares a outras próprias dos sistemas presidencialistas ou semipresidencialistas, apresentam, na verdade uma acentuada diferença.

Assim, o poder de veto legislativo tem duas funções bem distintas. Como já se referiu antes, no sistema presidencialista (e também no semipresidencialismo de modelo francês), o poder de veto constitui um meio de o presidente, como líder (ou colíder) do Governo, impedir que o programa político na base do qual foi eleito possa ser posto em causa pelo parlamento. Ora, no sistema da CRP, o poder de veto vale desde logo quer para as leis do Parlamento quer para os decretos-leis do Governo e, sobretudo, o Presidente da República não tem nenhum programa político a realizar, pelo que, como se assinalou, *o poder de veto só se justifica quando estejam em causa garantias constitucionais ou o funcionamento das instituições*.

Também o poder de nomeação presidencial de certos cargos públicos tem enquadramento diferente. No sistema presidencialista (e também no semipresidencialismo de modelo francês), as nomeações são um meio de o poder executivo colocar o aparelho político do Estado ao seu serviço. No caso do "poder moderador", pelo contrário, trata-se de um meio de retirar do Governo o controlo absoluto de instituições que devem ficar fora da lógica maioritária (procurador-geral da República, Tribunal de Contas, embaixadores, chefes militares).

A noção de poder moderador também ajuda a explicar porque é que os atos presidenciais em que ele se traduz estão isentos de referenda governamental. Já assim era na Carta Constitucional, onde a referenda só estava prevista para os atos do poder executivo (art. 102º). E também justifica a intervenção consultiva do Conselho de Estado, que na Carta também abrangia os atos do poder moderador, à exceção da nomeação dos ministros (art. 110º) e que na CRP de 1976 também abarca os atos mais "fortes" do poder moderador do PR: dissolução parlamentar e eventual destituição do Governo quando esteja em causa o regular funcionamento das instituições (CRP, art. 145º).[91]

---

[90] Que substitui a competência geral de provimento de "empregos civis e políticos" e de nomeação dos "comandantes da força de terra e mar" e dos embaixadores, que integravam o poder executivo do Rei na Carta (art. 75º, §§4º, 5º e 6º).

[91] Ao contrário da Carta, não estão abrangidos os casos de convocação extraordinária da Assembleia da República e de exercício do poder de veto, mas cabe perguntar se tal não se justificaria a consulta do Conselho de Estado no caso da convocação parlamentar e no caso de veto de leis parlamentares.

Ao contrário da conceção semipresidencial dos poderes do presidente, que os associa à participação presidencial na direção política e na ação governativa ("diarquia executiva"), a noção de poder moderador *autonomiza esses poderes em relação ao poder executivo*. Trata-se de um poder presidencial autónomo, independente, exterior ao poder executivo e ao poder legislativo. Por isso, não faz sentido a referenda governamental, mas justifica-se a ponderação adicional que a consulta ao Conselho de Estado proporciona.

A noção de poder moderador também permite compreender porque é que a convocação de referendos – que podem, se aprovados, impor obrigações de legislar ou de não legislar à Assembleia da República e/ou ao Governo – não pode ser efetuada por iniciativa do próprio presidente, mas sim somente sob proposta dos órgãos legislativos, dada a compressão da autonomia legislativa que os referendos implicam.

O mesmo se diga da nomeação presidencial de titulares de alguns altos cargos públicos – que, em princípio, deveria pertencer ao poder executivo –, a qual só pode ser efetuada sob proposta do Governo, transformando a nomeação numa codecisão presidencial, sem dar ao Presidente a possibilidade de os selecionar, o que se traduziria numa lesão do núcleo essencial da autonomia governamental. Em todo caso, a solução constitucional em relação a cargos da administração militar e diplomática, atendendo ao papel do Presidente como comandante supremo das Forças Armadas e como representante externo da República, deve considerar-se excecional, pelo que nada justifica idêntica solução em relação a outros altos cargos administrativos, como as autoridades reguladoras independentes,[92] sob pena de *grave invasão do poder constitucional do Governo sobre a Administração Pública*.

Por último, a noção de poder moderador conforta a interpretação que acima se deu a outros poderes do presidente, como a de presidir o Conselho de Ministros (a convite do primeiro-ministro) e de dirigir mensagens à Assembleia da República, como poderes de exercício excecional e sem interferir na liberdade de decisão do Governo e do Parlamento nessas circunstâncias.

Em suma, ao contrário da noção de semipresidencialismo, a noção de poder moderador revela-se *um apropriado instrumento heurístico de compreensão dos poderes presidenciais, em conformidade com a Constituição*.

5 Conclusão

1. A Constituição de 1976 recuperou, por um lado, a *matriz parlamentar da I República*, mas cuidou de evitar o parlamentarismo extremo (incluindo a anulação da figura do presidente), que fizera a sua desgraça política. Por outro lado, recuperou a *eleição direta do Presidente da República*, que o "Estado Novo" tinha abandonado em 1959, mas cuidou de rejeitar o presidencialismo executivo que a eleição direta fundamentava na Constituição de 1933.

Depois de um breve período inicial (1976-82) sob a influência do "semipresidencialismo" (dupla responsabilidade política do Governo, perante o Presidente da

---

[92] Que chegou a ser defendida pelo Presidente Jorge Sampaio, como mostra notícia do *Jornal de Negócios* (Sampaio..., 2004).

República e a Assembleia da República), que redundou numa assinalável instabilidade e conflitualidade política, a revisão constitucional de 1982 abandonou esse registo, instaurando um *sistema de governo de inequívoca natureza parlamentar* (formação dos governos no quadro parlamentar e exclusiva responsabilidade política do Governo perante o Parlamento), mantendo, porém, nas mãos do Presidente um conjunto de poderes que lhe permitem "gerir" e controlar o funcionamento do sistema político e assegurar o regular funcionamento das instituições, os quais podem ser sinteticamente agregados na noção de "poder moderador", com referência ao poder régio homólogo da Carta Constitucional.

2. Além da assimetria de mandatos do Presidente da República e da Assembleia da República, a Constituição de 1976 tratou de *evitar qualquer coincidência ocasional entre ambas as eleições, estabelecendo a precedência das eleições parlamentares* e um intervalo de tempo de pelo menos noventa dias entre elas e as eleições presidenciais, adiando as segundas e prolongando o mandato presidencial cessante (CRP, art. 125º).

Quanto à relação entre as eleições presidenciais e os partidos políticos, as candidaturas presidenciais, mesmo se normalmente apoiadas pelos partidos políticos, são expressamente assumidas como candidaturas pessoais e apartidárias, contrastando com as eleições parlamentares, em que as candidaturas são reservadas aos partidos.

No mesmo registo, enquanto no presidencialismo as eleições presidenciais são as eleições decisivas para a escolha do Governo e das orientações governamentais, sendo as eleições parlamentares essencialmente irrelevantes para esse efeito, na Constituição de 1976, como é próprio da lógica parlamentar, *as eleições decisivas para a escolha do Governo e das orientações governamentais são as eleições parlamentares,* sendo as eleições presidenciais essencialmente irrelevantes para esse efeito, não estando em causa a continuidade governativa.

3. Tal como nos sistemas parlamentares, o Presidente da República é *politicamente irresponsável no desempenho das suas funções* (salvo a responsabilidade política "difusa", pelo escrutínio da opinião pública e dos agentes políticos), mesmo pelos atos próprios que não carecem de referenda governamental, assegurando a sua independência política no exercício de funções.

Ora, se a irresponsabilidade política do Presidente pode ser problemática nos sistemas de governo presidencial, em que ele é titular do poder executivo, já assim não sucede em sistemas de governo de índole parlamentar, em que o Presidente não governa, nem o Governo é responsável perante ele, como é o caso da Constituição de 1976.

Por identidade de razão, o Presidente da República *também não é responsável pela ação política do Governo, muito menos da Assembleia da República,* mesmo quando tem de promulgar ou assinar alguns dos seus atos, que nesse caso estão sujeitos à referenda governamental.

4. Quanto à relação entre os presidentes e os governos, verifica-se que a Constituição de 1976, na versão de 1982, procede à inteira separação orgânica e funcional entre o Presidente da República e o Governo, depurando-a das ambiguidades

da separação na primeira versão da CRP de 1976. Definitivamente, na versão pós-1982, o Presidente da República não governa, não semigoverna, nem cogoverna, nem interfere diretamente na esfera governativa, sendo exterior à função governativa.

Por um lado, o Governo não é responsável perante o Presidente da República e, por outro lado, na CRP de 1976, estão excluídos da referenda governamental, por serem atos livres do Presidente ou atos sujeitos somente a consulta externa, os principais atos em que se traduz o "poder moderador" presidencial (veto legislativo, dissolução parlamentar, demissão excecional do Governo), que consubstanciam um *poder autónomo do presidente*, não devendo por isso estar condicionados pela referenda governamental.

5. Quanto à *relação entre o Presidente da República diretamente eleito e o Parlamento*, na Constituição de 1976 verifica-se uma dependência moderada recíproca (embora não simétrica). Por um lado, o Presidente pode convocar extraordinariamente a Assembleia da República e dissolvê-la; por outro lado, certos atos presidenciais carecem de autorização ou de proposta parlamentar (como a ausência de território nacional e convocação de referendos ou a declaração do estado de exceção constitucional, respetivamente) e compete ao Parlamento promover a acusação penal do presidente. Coube à Constituição de 1976 *resgatar a autonomia democrática da Assembleia da República e estabelecer uma relação equilibrada entre ambos*.

Ao contrário das divergências e contradições políticas que podem surgir em sistemas de tipo presidencial e semipresidencial, entre presidentes e parlamentos, ou seja, entre a maioria presidencial e maioria parlamentar e entre poder executivo e poder legislativo – como é frequente nos Estados Unidos e ocorreu também em França nos chamados períodos de "coabitação" –, já assim não sucede nos sistemas de natureza parlamentar, em que o presidente, ainda que diretamente eleito e mesmo quando dotado de um forte "poder moderador", não dispõe de poderes executivos nem constitui a base de legitimidade política do Governo, sendo antes um "poder neutro" e exterior ao poder executivo e à maioria parlamentar.

Na revisão constitucional de 1982, o afastamento da responsabilidade política do Governo perante o presidente, ao mesmo tempo que libertou os governos da *eventualidade "esquizofrénica" de dependerem de dois senhores politicamente desavindos*, afastou também os pressupostos da conflitualidade política entre os dois órgãos de soberania eletivos.

É por isso que entre nós a *dissolução parlamentar* não deve servir, nem tem servido, para fazer alinhar a maioria parlamentar com uma pretensa "maioria presidencial" (como poderia ser o caso num sistema semipresidencial de dupla legitimidade política do Governo), mas sim para solucionar crises políticas ou para pôr termo a situações políticas severamente degradadas, como em 2004.

6. O sistema de governo português, em que existe uma estrita separação orgânica e funcional entre o Presidente e o Governo, distingue-se por isso naturalmente dos modelos de "semipresidencialismo" em sentido próprio (em que o Presidente compartilha do poder executivo com o primeiro-ministro ou em que, pelo menos, o Governo depende também da confiança presidencial e não

somente do parlamento), e em especial do modelo francês da V República, no qual, fora das improváveis situações de "coabitação" entre uma maioria presidencial e uma maioria parlamentar de sentido divergente – hipótese praticamente afastada com a reforma constitucional de 2000, que fez coincidir os mandatos presidencial e parlamentar e preceder as eleições presidenciais em relação às legislativas –, o Presidente é o verdadeiro chefe do Governo (desde logo porque é eleito para governar e preside o conselho de ministros), sendo o primeiro-ministro um simples ajudante ou encarregado das relações do Governo com o Parlamento. Por isso, *não se justifica de todo designar com o mesmo conceito – "semipresidencialismo" – sistemas de governo tão diferentes, quer em termos de desenho constitucional, quer na sua prática política.*

7. Os poderes presidenciais em relação à Assembleia da República e ao Governo devem ser *enquadrados e interpretados à luz da noção de poder moderador*, o qual, afastando-se do seu regime na Carta Constitucional – em que coabitava contraditoriamente com o poder executivo nas mãos do rei –, está muito mais próximo da conceção original do poder "preservador" e "neutro" de Benjamin Constant, como poder do chefe do Estado voltado à garantia do regular funcionamento das instituições e das garantias constitucionais, sem interferir nas competências exclusivas do poder legislativo e do poder executivo nas respetivas áreas de decisão política.

8. A designação de *sistema de governo parlamentar* cum *poder moderador* aqui adotada permite fazer jus tanto à sua natureza essencialmente parlamentar como ao papel específico do Presidente da República como garante do regular funcionamento das instituições políticas. Na sucessão dos sistemas políticos nas constituições republicanas, a CRP de 1976 recupera claramente a sua filiação como *democracia parlamentar*, renegando o presidencialismo autoritário da Constituição de 1933, valorizando, porém, o papel autónomo que um Presidente diretamente eleito e politicamente independente pode ter, mediante um qualificado *poder moderador*, na estabilidade e no funcionamento regular das instituições republicanas.

9. É de notar que, se a Carta Constitucional foi, de longe, a mais duradoura das três constituições monárquicas, a CRP de 1976 é já também a mais bem-sucedida das três constituições republicanas, com a mais-valia de uma democracia liberal que sucedeu a quase cinco décadas de presidencialismo antidemocrático e antiliberal. É incontornável estabelecer uma correlação entre a estabilidade e a longevidade das duas constituições, ambas num quadro liberal, e o "poder moderador" do chefe do Estado, no âmbito de um sistema de governo tendencialmente parlamentar (o da Carta, tal como veio a evoluir na prática) ou genuinamente parlamentar (com o da CRP).

Referências

AAVV. *A reforma do Estado em Portugal: problemas e perspetivas*. Lisboa: Bizâncio, 2001.

ALEXANDRINO, J. de Melo. *Lições de direito constitucional*. 2. ed. Lisboa: AAFDL, 2017. v. II.

AMARAL, D. Freitas do; OTERO, Paulo. *O valor jurídico da referenda ministerial*. Lisboa: Lex, 1997.

ANTUNES, M. Lobo. La promulgation dans quelques systèmes constitutionnels européens. *In*: BON, P. (Coord.). Études de droit constitutionnel franco-portugais. Paris: Economica, 1992.

BARROSO, A.; BRAGANÇA, J. V. O Presidente da República: função e poderes. *In*: COELHO, M. B. (Coord.). *Portugal. O sistema político e constitucional 1974-1987*. Lisboa: ICS, 1989.

BAUMGARTNER, Jody; KADA, Naoko (Org.). *Checking executive power: presidential impeachment in comparative perspective*. Nova York: Praeger, 2003.

BELLAMY, Richard. Republicanism and constitutionalism. *In*: LABORDE, Cecile; MAYNOR, John (Ed.). *Republicanism and political theory*. Londres: Wiley, 2009.

BIRCH, A. H. *Representative and responsible government*. Londres: Allen and Unwin, 1964.

BLAIS, A.; MASSICOTTE, L.; DOBRZYNSKA, A. Direct presidential elections: a world summary. *Electoral Studies*, v. 16, n. 4, 1997. Disponível em: https://www.academia.edu/22980125/Direct_presidential_elections_a_world_summary.

BOBBIO, Norberto. *La teoria delle formi governo nella storia del pensiero politico*. Turim: Giapicheli, 1976.

BRADLEY, A. W.; PINELLI, C. Parliamentarism. *In*: ROSENFELD, M.; SAJÓ, A. *The Oxford handbook of comparative constitutional law*. Oxford: OUP, 2012.

CAETANO, Marcelo. *A Constituição de 1933 – Estudo de direito político*. Coimbra: Coimbra Editora, 1958.

CALDEIRA, Marco. *O "poder neutro" de Benjamin Constant e o constitucionalismo português*. Lisboa: Chiado, 2016.

CAMPINOS, Jorge. *O presidencialismo do Estado Novo*. Lisboa: Perspetivas e Realidades, 1978.

CANEPA, Aristide. Controfirma ministeriale e posizione del capo dello Stato nella forma di governo parlamentare: spunti comparatisti. *In*: MIRANDA, J. *Perspectivas constitucionais*. Coimbra: Coimbra Editora, 1998. v. III.

CANOTILHO, J. J. Gomes. *Direito constitucional e teoria da Constituição*. 7. ed. Coimbra: Almedina, 2003.

CANOTILHO, J. J. Gomes; MOREIRA, Vital. *Constituição da República Portuguesa anotada*. 4. ed. Coimbra: Coimbra Editora, 2010. v. II.

CANOTILHO, J. J. Gomes; MOREIRA, Vital. *Os poderes do Presidente da República: especialmente em matéria de defesa e política externa*. Coimbra: Coimbra Editora, 1991.

CECCANTI, S.; MASSARI, O.; PASQUINO, G. *Semipresidenzialismo. Analisi delle esperienze europee*. Bolonha: Il Mulino, 1996.

CHEIBUB, Jose António. *Presidentialism, parliamentarism and democracy*. Cambridge: CUP, 2007.

COELHO, Mário Batista (Org.). *Portugal, o sistema político e constitucional, 1974-1987*. Lisboa: ICS, 1989.

COLLIARD, J. C. *Les régimes parlementaires contemporains*. Paris: Sciences Po, 1978.

CONSTANT, Benjamin. Principes de politique [1815]. *In*: CONSTANT, Benjamin. *Écrits politiques*. Paris: Gallimard, 1997.

CORKILL, D. The political system and the consolidation of democracy in Portugal. *Parliamentary affairs*, v. 46, n. 4, 1993.

COSTA, Ricardo. O Presidente pode vetar algum ministro? *Expresso*, 24 nov. 2015. Disponível em: https://expresso.pt/politica/2015-11-24-O-Presidente-pode-vetar-algum-ministro-.

CRUZ, M. Braga da. O Presidente da República na génese e evolução do sistema de governo português. *Análise Social*, v. XXIX, n. 124-5, 1994.

DALRI, Luciene. Do Pouvoir Neutre ao Poder Moderador: a influência do constitucionalismo inglês no Brasil por meio da teoria de Benjamin Constant. *Revista de Direito Administrativo e Constitucional*, v. 20, n. 79, 2020. Disponível em: http://www.revistaaec.com/index.php/revistaaec/article/view/1125.

DUVERGER, Maurice. *Xeque-mate. Análise comparativa dos sistemas políticos semipresidenciais*. Lisboa: Rolim, 1979.

ELGIE, Robert. As três vagas de estudo do semipresidencialismo. In: PINTO, Costa; RAPAZ, Canelas (Org.). *Presidentes e (semi)presidencialismo nas democracias contemporâneas*. Lisboa: ICS, 2018.

ELGIE, Robert. *Semi-presidentialism in Europe*. Oxford: OUP, 1999.

FERREIRA, Óscar. L'élection au suffrage direct du Président au Portugal: renforcer et contenir le pouvoir modérateur en République (1911-2011). In: LE POURHIET, A.-M. (Org.). *La désignation du chef de l'État. Regards croisés dans le temps et dans l'espace*. [s.l.]: Fondation Varenne, 2012. Disponível em: https://hal.archives-ouvertes.fr/hal-01550326/document.

FERREIRA, Óscar. Le pouvoir modérateur dans la Constitution brésilienne de 1824 et la Charte Constitutionnelle portugaise de 1826. Les influences de Benjamin Constant ou de Lajuinais? *Revue française de droit constitutionnel*, n. 89, 2012.

FIX-FIERRO, H.; ALVAREZ-SALAZAR, P. Presidentialism. In: ROSENFELD, M.; SAJÓ, A. *The Oxford handbook of comparative constitutional law*. Oxford: OUP, 2012.

FRANCO, Vasco. *Semipresidencialismo: perspetiva comparada e o caso português*. Lisboa: Assembleia da República, 2020.

FREIRE, André. *Sistema político português, séculos XIX-XXI: continuidades e ruturas*. Coimbra: Almedina, 2012.

FREIRE, André; PINTO, A. Costa. *O poder dos presidentes – A República Portuguesa em debate*. Lisboa: Campo da Comunicação, 2005.

FUSARO, Carlo. *Il presidente della Repubblica*. Bolonha: Il Mulino, 2003.

GALAGHER, M.; LAVER, M.; MAIR, P. *Representative government in modern Europe*. Nova York: [s.n.], 2006.

GAUDEMET, Paul Marie. *Le pouvoir exécutif dans les pays occidentaux*. Paris: Editions Montchrestien, 1966.

GOUVEIA, J. Bacelar. *Manual de direito constitucional*. 6. ed. Coimbra: Almedina, 2016. v. II.

GRIMALDI, Serena. *I Presidenti nelle forme di governo*. Roma: Carocci, 2012.

HARTMANN, Jürgen; KEMPF, Udo. *Staatsoberhäupter in westlichen Demokratien. Strukturen, Funktionen und Probleme des „höchsten Amtes*. Opladen: [s.n.], 1989.

IACOMETTI, M. Il raporto tra presidente, governo e assemeblee parlamentari in alcune esperienze semiprezidenziale: Finlandia e Portogallo. In: PEGORARO, L.; RINELLA, A. *Semipresidenzialismi*. Padua: Cedam, 1997.

IDEA. *Electoral systems for presidential elections*. 2015. Disponível em: https://www.idea.int/news-media/media/electoral-systems-presidential-elections.

IDEA. *Government formation and removal mechanisms*. 2017. Disponível em: https://www.idea.int/sites/default/files/publications/government-formation-and-removal-mechanisms-primer.pdf.

JAN, Pascal. *Le Président da la République au centre du pouvoir*. Paris: La Documentation Française, 2011.

LIJPHART, Arendt. *Parliamentary versus presidential government*. Oxford: OUP, 1991.

LIJPHART, Arendt. *Patterns of democracy. Government forms and performance in thirty-six countries*. New Haven: Yale University Press, 1999.

LIMA, Aristides R. *Estatuto jurídico-constitucional do Chefe do Estado. Um estudo de direito comparado*. Praia: Alfa, 2004.

LOEWENSTEIN, K. Étude de droit comparé sur la présidence de la République. *Revue de droit public*, n. 65, 1949.

LOPES, P. Santana; BARROSO, J. M. Durão. *Sistema de governo e sistema partidário*. Amadora: Livraria Bertrand, 1980.

MAGALHÃES, Pedro. What are (semi)presidential elections about? The case study of the Portuguese 2006 elections. *Journal of Elections, Public Opinion & Parties*, v. 17, n. 3, 2007. DOI: 10.1080/17457280701617094.

MASSOT, Jean. *Chef de l'État et chef du gouvernement*. Paris: La Documentation Française, 2008.

MATOS, L. Salgado de. Significado e consequências da eleição do Presidente por sufrágio universal – O caso português. *Análise Social*, v. XIX, n. 76, 1983.

METCALF, L. K. Measuring presidential power. *Comparative Political Studies*, v. 33, n. 5.

MIRANDA, Jorge. *A Constituição de 1976*. Lisboa: [s.n.], 1978.

MIRANDA, Jorge. *Ciência política (formas de governo)*. Lisboa: [s.n.], 1996.

MIRANDA, Jorge. *Manual de direito constitucional*. 6. ed. Coimbra: [s.n.], 1997. v. I.

MIRANDA, Jorge. Presidente da República. In: FERNANDES, José Pedro (Dir.). *Dicionário jurídico da administração pública*. Lisboa: [s.n.], 1998. 1º Suplemento.

MIRANDA, Jorge. Referenda. In: FERNANDES, José Pedro (Dir.). *Dicionário jurídico da administração pública*. Lisboa: [s.n.], 1996. v. VII.

MIRANDA, Jorge; MEDEIROS, Rui. *Constituição portuguesa anotada*. Coimbra: Coimbra Editora, 2006. t. II.

MORABITO, M. *Le chef de l'État en France*. Paris: Montchrestien, 1995.

MORAIS, Carlos Blanco de. Le metamorfosi del semiprezidenzialismo portoghese. In: PEGORARO, L.; RINELLA, A. *Semipresidenzialismi*. Pádua: Cedam, 1997.

MORAIS, Carlos Blanco de. *O sistema político*. Coimbra: Almedina, [s.d.].

MOREIRA, Adriano. O regime: presidencialismo do primeiro-ministro. In: COELHO, Mário Batista (Org.). *Portugal, o sistema político e constitucional, 1974-1987*. Lisboa: ICS, 1989.

MOREIRA, Vital. A eleição direta do Presidente da República na história constitucional portuguesa. In: MOREIRA, Vital; DOMINGUES, J. *Dois séculos de constitucionalismo eleitoral 1820-2020*. Lisboa: Universidade Lusíada, 2021.

MOREIRA, Vital. O sistema político-constitucional do Estado Novo. In: MEDINA, João (Org.). *História de Portugal – O Estado Novo I*. Lisboa: Ediclube, 1993. v. XII.

MOREIRA, Vital. *Sebenta de ciência política*. Porto: Universidade Lusíada, 2020.

MOREIRA, Vital. *Sebenta de direito constitucional*. Porto: Universidade Lusíada-Norte, 2016.

NOGUEIRA ALCALÁ, Humberto. La tipología de gobiernos presidencialistas de América Latina y gobiernos semipresidenciales en Europa. *Estudios constitucionales*, Talca, ano 15, n. 2, 2017. Disponível em: https://scielo.conicyt.cl/pdf/estconst/v15n2/0718-5200-estconst-15-02-00015.pdf.

NOVAIS, A. Reis. *Semipresidencialismo*. 2. ed. Coimbra: Almedina, 2018.

NOVAK, Miroslav. Élection directe du chef de l'État: tour d'horizon sur une question d'actualité. *Revue Est Europa*, 2013. Disponível em: https://www.academia.edu/29497997/%C3%89lection_directe_du_Chef_de_l_%C3%89tat_tour_d_horizon_sur_une_question_d_actualit%C3%A9.

OTERO, Paulo. *Direito constitucional português – Organização do poder político*. Coimbra: Almedina, 2010. v. II.

PACHECO, V. N. Fontoura. *As atribuições do Presidente da República na Constituição portuguesa de 1976: de Constant ao semipresidencialismo português*. Trabalho (Conclusão de Graduação) – UFRGS, Porto Alegre, 2019. Disponível em: http://hdl.handle.net/10183/200000.

PEGORARO, L. Forme di governo, definissioni, classificazioni. In: PEGORARO, L.; RINELLA, A. *Semipresidenzialismi*. Padua: Cedam, 1997.

PEGORARO, L.; RINELLA, A. *Sistemi costituzionale comparati*. Turim: Giappicchelli, 2017.

PEREIRA, A. Gonçalves. *Direito público comparado. O sistema de governo semipresidencial*. Lisboa: AAFDL, 1984.

PINON, Stéphane. *Les systèmes constitutionnels dans l'Union Européenne*. Paris: Larcier, 2015.

PINTO, A. Costa (Org.). *Os presidentes da República Portuguesa*. Lisboa: Temas e Debates, 2000.

PINTO, Ricardo Leite et al. *O sistema de governo semipresidencial*: o caso português. Lisboa: Editorial Notícias, 1984.

PINTO, Ricardo Leite. Algumas hipóteses sobre a República e o republicanismo no constitucionalismo português. *In*: MIRANDA, Jorge (Org.). *Perspectivas constitucionais nos 20 anos da Constituição de 1976*. Coimbra: Coimbra Editora, 1998. v. 3.

PORTAS, P.; VALENTE, V. P. O primeiro-ministro: estudo sobre o poder executivo em Portugal. *Análise social*, v. XXV, n. 107, 1990. Disponível em: http://analisesocial.ics.ul.pt/documentos/1223034187J9oVD9cc9Jd60LJ4.pdf.

PRAÇA, J. J. Lopes. *Direito constitucional português*: Estudos sobre a Carta Constitucional de 1826. Parte II. Coimbra: Livraria Portuguesa e Estrangeira, 1880. v. II.

QUEIROZ, Cristina. *O sistema político e constitucional português*. Lisboa: AAFDL, 1992.

QUEIROZ, Cristina. *Os poderes do Presidente da República*. Coimbra: Coimbra Editora, 2013.

RANGEL, Artur Nadu. *O poder moderador no Estado brasileiro*. Dissertação (Mestrado) – Universidade de Minas Gerais, 2018. Disponível em: https://repositorio.ufmg.br/bitstream/1843/BUOS-BAMJTL/1/disserta__o_final.pdf.

RAPAZ, P. J. Canelas. *Le Président de la République Portugaise. La construction de la figure présidentielle depuis 1986*. Tese (Doutorado) – Universidade Panthéon Assas, Paris, 2012. Disponível em: https://docassas.u-paris2.fr/nuxeo/site/esupversions/f6c8e1cd-a369-4a28-a206-1175a55fdb49?inline.

RODRIGUES, L. Barbosa. *As funções do Presidente da República*. Lisboa: Quid Juris, 2013.

RODRIGUES, L. Barbosa. *Semipresidencialismo português*: autópsia de um mito. Lisboa: Quid Iuris, 2017.

ROLLAND, Patrice. Comment préserver les institutions politiques? La théorie du pouvoir neutre chez B. Constant. *Revue Française d'Histoire des Idées Politiques*, n. 27, 2008/1. Disponível em: https://www.cairn.info/revue-francaise-d-histoire-des-idees-politiques1-2008-1-page-43.htm#re3no3.

SAMPAIO diz que reguladores devem ser nomeados pelo Presidente. *Jornal de Negócios*, 8 dez. 2004. Disponível em: https://www.jornaldenegocios.pt/economia/detalhe/sampaio-diz-reguladores-devem-ser-nomeados-pelo-presidente.

SÁNCHEZ-MEJIA, M. L. Repúblicas monárquicas y monarquias republicanas. *Revista de Estudios Políticos*, n. 120, 2003.

SARTORI, Giovanni. Neither presidencialism ñor parlamentarism. *In*: LINZ, J. J.; VALENZUELA, A. (Ed.). *The failure of presidential democracy*. Baltimore; Londres: Johns Hopkins University Press, 1994.

SARTORI, Giovanni. Nem presidencialismo nem parlamentarismo. *Novos Estudos Cebrap*, n. 35, mar. 1993. Disponível em: https://bibliotecadigital.tse.jus.br/xmlui/handle/bdtse/5161.

SHUGART, M. S.; CAREY, J. M. *Presidents and assemblies. Constitutional design and electoral dynamics*. New York: Cambridge University Press, 1992.

SIAROFF, A. Comparative presidencies: the inadequacy of the presidential, semi-presidential and parliamentary distinction. *European Journal of Political Research*, n. 42, 2003.

SOUSA, M. Rebelo de. *O sistema de governo português, antes depois da revisão constitucional*. Lisboa: Cognitio, 1983.

STRADELLA, E. *L'elezione del Presidente della Repubblica: spunti dall'Europa, prospettive per l'Italia*. Pisa: Pisa University Press, 2013.

TAVITS, Margith. *Presidents with prime ministers. Do direct elections matter?* Oxford: OUP, 2009.

TEIXEIRA, Conceição Pequito (Coord.). *O sistema político português*: uma perspetiva comparada. Cascais: Principia, 2017.

TELES, Miguel Galvão. A segunda plataforma de acordo constitucional. *In*: TELES, Miguel Galvão. *Escritos jurídicos*. Coimbra: Almedina, 2013. v. I.

TELES, Miguel Galvão. A segunda plataforma de acordo constitucional. *In*: MIRANDA, J. (Org.). *Perspetivas constitucionais – Nos 20 anos da Constituição de 1976*. Coimbra: Coimbra Editora, 1998. v. III.

VALE, Jaime. *O poder de exteriorização do pensamento político do Presidente da República*. Lisboa: AAFDL, 2013.

VAZ, Manuel Afonso et alii. *Direito constitucional*: o sistema constitucional português. 2. ed. Porto: [s.n.], 2015.

VEIGA, Paula. *O que faz do Presidente da República Portuguesa um presidente republicano?* Lisboa: Petrony, 2018.

VOLPI, Mauro. *Il semipresidenzialismo tra teoria e realtà*. Bolonha: Bononia University Press, 2014.

VOLPI, Mauro. Le frome di governo contemporanee tra modelli teorici ed experienze reale. *In*: MIRANDA, J. (Org.). *Perspetivas constitucionais – Nos 20 anos da Constituição de 1976*. Coimbra: Coimbra Editora, 1998. v. III.

VOLPI, Mauro. *Libertà e autorità*: *La classificazione delle forme di satato e delle forme di governo*. Turim: Giappichelli, 2008.

VON BEYME, Kaus. *Parliamentary democracy, 1789-1999*. Nova York: St Martin's Press, 2000.

ZIPPELIUS, R. *Teoria geral do Estado*. 3. ed. Lisboa: Gulbenkian, 1992.

Informação bibliográfica deste texto, conforme a NBR 6023:2018 da Associação Brasileira de Normas Técnicas (ABNT):

MOREIRA, Vital. O equívoco do "semipresidencialismo" (a controvérsia sobre o sistema de governo em Portugal). *In*: GOMES, Ana Cláudia Nascimento; ALBERGARIA, Bruno; CANOTILHO, Mariana Rodrigues (Coord.). *Direito Constitucional*: diálogos em homenagem ao 80º aniversário de J. J. Gomes Canotilho. Belo Horizonte: Fórum, 2021. p. 463-522. ISBN 978-65-5518-191-3.

PARTE III

ARTIGOS DOS DISCÍPULOS JURÍDICOS E AMIGOS DO SENHOR DOUTOR GOMES CANOTILHO

O PAPEL DA CONSTITUIÇÃO NA MODELAÇÃO DA ORDEM PÚBLICA INTERNACIONAL

AFONSO PATRÃO

I   Introdução: a ordem pública internacional e os valores irredutíveis do ordenamento jurídico

A ordem pública internacional (OPI) é um instituto do direito internacional privado que limita a aplicação de lei estrangeira ou o reconhecimento de decisão judicial (ou arbitral) estrangeira. No fundo, a remissão para uma lei estrangeira leva consigo uma ressalva de desaplicação na medida em que o resultado venha a lesar um princípio ou valor inderrogável do ordenamento nacional.[1] Este instituto visa, assim, proceder a um *controlo do resultado*: para invocação da ordem pública internacional não basta que a lei estrangeira seja desconforme a normas imperativas da lei do foro ou que se conclua que a sentença estrangeira haja tomado uma opção diferente daquela que o tribunal estadual adoptaria; é necessário que o resultado a que ela conduza se tenha por intolerável em face dos princípios fundamentais do ordenamento jurídico nacional.[2]

---

[1]   Cfr. CORREIA, António Ferrer. *Lições de direito internacional privado*. Coimbra: Almedina, 2000. p. 406; COLLAÇO, Isabel de Magalhães. *Direito internacional privado* – Lições. Lisboa: Associação Académica da Faculdade de Direito, 1958. v. II. p. 328; PINHEIRO, Luís de Lima. *Direito internacional privado* – Introdução e direito de conflitos – Parte geral. 3. ed. Coimbra: Almedina, 2014. v. I. p. 659; VICENTE, Dário Moura. Impugnação da sentença arbitral e ordem pública. In: MIRANDA, Jorge et al. (Ed.). *Estudos em homenagem a Miguel Galvão Teles*. Coimbra: Almedina, 2012. v. II. p. 327-338, p. 336; BRITO, Maria Helena. As novas regras sobre arbitragem internacional. Primeiras reflexões. In: MIRANDA, Jorge et al. (Ed.). *Estudos em homenagem a Miguel Galvão Teles*. Coimbra: Almedina, 2012. v. II. p. 27-49, p. 48; MOTA, Helena. A ordem pública internacional e as (novas) relações familiares internacionais. In: AAVV. *Estudos em Homenagem ao Professor Doutor Heinrich Ewald Hörster*. Coimbra: Almedina, 2012. p. 262; LAGARDE, Paul. Public policy. *International Encyclopedia of Comparative Law*, v. III, p. 3-61, 1994. p. 3, Cap. 11; CARAMELO, António Sampaio. *O reconhecimento e execução de sentenças arbitrais estrangeiras*. Coimbra: Almedina, 2016. p. 204; KELLER, Max; SIEHR, Kurt. *Allgemeine Lehren des internationalen Privatrechts*. [s.l.]: Schulthess Polygraphischer Verlag, 1986. p. 536; CARTER, P. B. The role of public policy in English private international law. *International and Comparative Law Quarterly*, v. 42, n. 1, p. 1-10, 1993. p. 1; DOLINGER, Jacob. World public policy: real international public policy in the conflict of laws. *Texas International Law Journal*, v. 17, n. 3, p. 167-193, 1982. p. 167.

[2]   CORREIA, António Ferrer. *Lições de direito internacional privado*. Coimbra: Almedina, 2000. p. 407; PINHEIRO, Luís de Lima. *Direito internacional privado* – Introdução e direito de conflitos – Parte geral. 3. ed. Coimbra: Almedina,

O fundamento do carácter estrito do conceito de *ordem pública internacional* liga-se a uma combinação da *tolerância* para com os sistemas jurídicos estrangeiros e seus referentes,[3] capaz de assegurar a estabilidade e continuidade das relações jurídicas plurilocalizadas sem as invalidar ou lhes recusar eficácia por serem distintas das conceções do foro,[4] com uma ideia de uma *intransigência* quanto ao cumprimento de certos referentes da comunidade jurídica do foro que se têm por inafastáveis.[5] Quer isto

---

2014. v. I. p. 665 e 668. Esta noção contemporânea da ordem pública internacional (OPI) – enquanto limite à aplicação de lei estrangeira por atenção ao resultado a que conduz – é apelidada de *conceção aposteriorística* da OPI. Não nos referimos, como se percebe, à sua conceção *apriorística*, hoje ultrapassada. Segundo aquela noção, a ordem pública internacional seria constituída pelas leis que tutelam os valores mais fundamentais do foro e que, por isso, teriam aplicação territorial, independentemente de qual fosse o ordenamento jurídico designado como competente pela regra de conflitos. A atuação da OPI como mecanismo de controlo do resultado verifica-se também quando é mobilizada como limite ao reconhecimento da decisão judicial estrangeira – quer no domínio dos regimes internos (entre nós, na alínea f) do art. 980º do CPC), quer no domínio dos Regulamentos da União Europeia – cfr. art. 45º, nº 1, alínea a) do Regulamento Bruxelas I-bis (Regulamento UE 1215/2012); art. 22º, alínea a) do Regulamento Bruxelas II-bis (Regulamento CE 2201/2003); art. 40º, alínea a) do Regulamento Europeu das Sucessões (Regulamento UE 650/2012); art. 24º, alínea a) do Regulamento CE nº 4/2009; art. 37º, alínea a) do Regulamento dos Regimes Matrimoniais (Regulamento UE 2016/1103); art. 33º do Regulamento Europeu da Insolvência (Regulamento UE 2015/848). O controlo do conteúdo da decisão – ou melhor, dos seus *efeitos* – por referência aos princípios fundamentais da ordem jurídica nacional ocorre *independentemente da questão de saber quais foram as regras aplicadas pelo tribunal estrangeiro*. O tribunal do foro desinteressa-se da sua determinação, não levando em consideração se aquelas constavam de lei estrangeira, de juízos de equidade ou de lei estadual: a fiscalização tem apenas em conta o *resultado* a que se tenha chegado. No fundo, o problema que se põe é o de saber se o resultado produzido pela sentença estrangeira é não apenas distinto daquele a que conduziria a mobilização da norma do foro, mas *inadmissível* face aos princípios fundamentais do ordenamento jurídico nacional. Isto mesmo, aliás, foi declarado pelo Acórdão do Supremo Tribunal de Justiça de 26.9.2017 – Revista nº 1008/14.4YRLSB.L1.S1, a propósito da invocação da OPI como critério de anulação de uma sentença arbitral: "É indiferente o direito aplicado ao fundo da causa na sentença em questão, já que se trata apenas de saber se o respectivo resultado afronta, pelo seu conteúdo, princípios estruturantes da nossa ordem jurídica, a ponto de esta não poder tolerar que ela constitua solução válida e vinculativa para o litígio sobre que versou". Trata-se, aliás, da prática jurisprudencial do STJ. Veja-se, a título de exemplo, o Acórdão do STJ de 26.10.1994, publicado no *Boletim do Ministério da Justiça*, n. 440, 1994. p. 253 e ss. É por isso que não há, na apreciação de uma sentença estrangeira por referência à ordem pública internacional, um *verdadeiro controlo de mérito*, mas um *controlo do resultado*: não está em causa a correcta aplicação do direito ou a regular apreciação dos factos, mas apenas a tolerabilidade dos efeitos da decisão. Neste sentido, RAMOS, Rui Moura. L'ordre public international en droit portugais. *Boletim da Faculdade de Direito da Universidade de Coimbra*, v. 74, p. 45-62, 1998. p. 48; CORREIA, António Ferrer. *Lições de direito internacional privado*. Coimbra: Almedina, 2000. p. 483; COLLAÇO, Isabel de Magalhães. *Revisão das Sentenças Estrangeiras*. Lisboa: AAFDL, 1963. p. 37; VICENTE, Dário Moura. Competencia internacional y reconocimiento de sentencias extranjeras en el derecho autónomo portugués. *In*: VICENTE, Dário Moura. *Direito internacional privado* – Ensaios. Coimbra: Almedina, 2010. v. III. p. 294; ANDRADE, José Robin de. Anotação ao artigo 46º. *In*: VICENTE, Dário Moura (Ed.). *Lei da Arbitragem Voluntária anotada*. 2. ed. Coimbra: Almedina, 2015. p. 127; MONTEIRO, António Pedro Pinto. Da ordem pública no processo arbitral. *In*: DUARTE, Rui Pinto et al. (Ed.). *Estudos em Homenagem ao Prof. José Lebre de Freitas*. Coimbra: Coimbra Editora, 2013. v. II. p. 667; SPERDUTI, Giuseppe. Ordine pubblico internazionale e ordine pubblico interno. *Rivista di Diritto Internazionale*, v. XXXVII, p. 82-91, 1954. p. 84. Todavia, o facto de o controlo se limitar ao *resultado* não implica que se olhe somente a parte dispositiva da decisão, porquanto o carácter chocante dos efeitos pode levar em conta os fundamentos da decisão – CARAMELO, António Sampaio. *O reconhecimento e execução de sentenças arbitrais estrangeiras*. Coimbra: Almedina, 2016. p. 211; CARAMELO, António Sampaio. *A impugnação da sentença arbitral*. Coimbra: Coimbra Editora, 2014. p. 99; CARAMELO, António Sampaio. *A sentença arbitral contrária à ordem pública perante a nova LAV* – Direito da Arbitragem – Ensaios. Coimbra: Almedina, 2017. p. 22; CRISTAS, Assunção; GOUVEIA, Mariana França. A violação de ordem pública como fundamento de anulação de sentenças arbitrais. *Cadernos de Direito Privado*, n. 29, p. 41-56, 2010. p. 56.

[3] Cfr. RAMOS, Rui Moura. L'ordre public international en droit portugais. *Boletim da Faculdade de Direito da Universidade de Coimbra*, v. 74, p. 45-62, 1998. p. 46; MACHADO, João Baptista. *Lições de direito internacional privado*. Coimbra: Almedina, 1999. p. 254; COLLAÇO, Isabel de Magalhães. *Direito internacional privado* – Lições. Lisboa: Associação Académica da Faculdade de Direito, 1958. v. II. p. 330.

[4] LEQUETTE, Yves. Le droit international privé et les droits fondamentaux. *In*: LEQUETTE, Yves et al. *Droits et libertés fondamentaux*. 4. ed. Paris: Dalloz, 1997. p. 93.

[5] GAUDEMET-TALLON, Helene. Le pluralisme en droit international privé: richesses et faiblesses. *Recueil des Cours de l'Académie de Droit International*, t. 312, p. 10-488, 2005. p. 408.

dizer que, na matriz da ordem pública internacional, não é o conteúdo da lei estrangeira que importa para determinar a respectiva actuação: "serão antes as circunstâncias ou os resultados de aplicação dessa lei ao caso concreto os factores decisivos do seu afastamento".[6]

O que vem exposto evidencia não poder sobrepor-se o conceito de ordem pública *interna* (o conjunto de normas e princípios imperativos de certa ordem jurídica)[7] com a reserva de ordem pública internacional – instituto que permite recusar o resultado da aplicação de certa norma quando aquele (e não esta) afronte um leque de princípios tidos por absolutamente inderrogáveis da ordem jurídica: o *reduto essencial do sistema jurídico nacional*. Isto é, nem toda a lei estrangeira que contrarie certa norma imperativa da lei do foro implica a actuação da reserva de ordem pública internacional; esta apenas intervém quando o resultado se tenha por intolerável face a cânones basilares do ordenamento jurídico pátrio.[8]

---

[6] Cfr. MACHADO, João Baptista. *Lições de direito internacional privado*. Coimbra: Almedina, 1999. p. 265. No fundo, a censura da ordem pública internacional não se dirige à norma estrangeira mas apenas ao resultado da sua aplicação: "Não se trata, pois, ao menos em princípio, de excluir genericamente a intervenção de quaisquer leis estrangeiras em determinado sector do direito privado local, mas apenas de recusar a aplicação a certos factos concretos de certos preceitos jurídico-materiais *em razão do seu conteúdo concreto* – melhor: em consideração do resultado a que levaria a sujeição a tais preceitos da relação factual sub *judice*" (CORREIA, António Ferrer. *Lições de direito internacional privado*. Coimbra: Almedina, 2000. p. 407, e CORREIA, António Ferrer. Anteprojecto de Capítulo relativo ao Direito Internacional Privado. *Boletim do Ministério da Justiça*, n. 24, p. 9-71, 1951. p. 68). No mesmo sentido, cfr. RAMOS, Rui Moura. L'ordre public international en droit portugais. *Boletim da Faculdade de Direito da Universidade de Coimbra*, v. 74, p. 45-62, 1998. p. 61; PINHEIRO, Luís de Lima. *Direito internacional privado* – Introdução e direito de conflitos – Parte geral. 3. ed. Coimbra: Almedina, 2014. v. I. p. 659; 665; VICENTE, Dário Moura. *Da responsabilidade pré-contratual em direito internacional privado*. Coimbra: Almedina, 2001. p. 677-678; LAGARDE, Paul. Public policy. *International Encyclopedia of Comparative Law*, v. III, p. 3-61, 1994. p. 21; BALLARINO, Tito; BALLARINO, Eleonora; PRETELLI, Ilaria. *Diritto internazionale privato italiano*. 8. ed. Milano: Wolters Kluwer; Cedam, 2016. p. 109. Assim, por exemplo, não ofenderá a ordem pública internacional do Estado português a aplicação de uma norma estrangeira que estabeleça a capacidade nupcial aos 7 anos de idade se a nubente estrangeira tiver, à data do casamento, 33 anos. Pelo contrário, a mesma norma motivará certamente a invocação do instituto da ordem pública internacional se a nubente tiver 7 ou 8 anos de idade.

[7] Cfr. CORREIA, António Ferrer. *Lições de direito internacional privado*. Coimbra: Almedina, 2000. p. 405; MACHADO, João Baptista. *Lições de direito internacional privado*. Coimbra: Almedina, 1999. p. 253; RAMOS, Rui Moura. L'ordre public international en droit portugais. *Boletim da Faculdade de Direito da Universidade de Coimbra*, v. 74, p. 45-62, 1998. p. 48; BARROCAS, Manuel Pereira. A ordem pública na arbitragem. *Revista da Ordem dos Advogados*, ano 74, v. 1, p. 37-141, 2014. p. 39; PINHEIRO, Luís de Lima. *Direito internacional privado* – Introdução e direito de conflitos – Parte geral. 3. ed. Coimbra: Almedina, 2014. v. I. p. 663; BURGER, David Clifford. Transnational public policy as a factor in choice of law analysis. *New York Law School Journal of International and Comparative Law*, v. 5, p. 367-390, 1984. p. 374; CHONG, Adeline. Transnational public policy in civil and commercial matters. *The Law Quarterly Review*, v. 128, n. 2, p. 88-113, 2012. p. 89. Alguma doutrina, porém, questiona a coincidência entre o conceito de *ordem pública (interna)* e o conjunto das normas imperativas, ou se aquele é mais estrito que este. Dito de outro modo: entende que nem todas as normas imperativas são regras de *ordem pública interna*. Neste sentido, FRADA, Manuel Carneiro da. A ordem pública nos contratos. In: DIAS, Jorge de Figueiredo; CANOTILHO, Joaquim Gomes; COSTA, José Francisco de Faria (Ed.). *Ars Iudicandi*: Estudos em Homenagem ao Prof. Doutor António Castanheira Neves – Studia Iuridica nº 91. Coimbra: Coimbra Editora, 2008. v. II. p. 259; VICENTE, Dário Moura. Impugnação da sentença arbitral e ordem pública. In: MIRANDA, Jorge et al. (Ed.). *Estudos em homenagem a Miguel Galvão Teles*. Coimbra: Almedina, 2012. v. II. p. 334; CARVALHO, Jorge Morais. A ordem pública como limite à autonomia privada. In: FERREIRA, Eduardo Paz; TORRES, Heleno Taveira; PALMA, Clotilde Celourico (Ed.). *Estudos em Homenagem ao Professor Doutor Alberto Xavier*. Coimbra: Almedina, 2013. v. III. p. 362; MONTEIRO, António Pedro Pinto. Da ordem pública no processo arbitral. In: DUARTE, Rui Pinto et al. (Ed.). *Estudos em Homenagem ao Prof. José Lebre de Freitas*. Coimbra: Coimbra Editora, 2013. v. II. p. 599; PEREIRA, Patrícia da Guia. Fundamentos de anulação da sentença arbitral: perspectivas de iure condito e de iure condendo. *O Direito*, ano 142, n. 5, p. 1057-1110, 2010. p. 1086.

[8] Cfr. KEGEL, Gerhard; SCHURIG, Klaus. *Internationales Privatrecht*. 9. ed. Munique: Beck, 2004. p. 518. O que acaba de se dizer implica, pois, que o conceito de ordem pública internacional seja mais estrito do que o da

Ora, a definição de *quais são esses princípios* (o *conteúdo* da ordem pública internacional) é tarefa de indiscutível dificuldade. Apela-se à ideia de inderrogabilidade, em face da consciência jurídica geral: serão de ordem pública internacional os cânones que expressam as concepções éticas e sociais da comunidade, e que por isso se têm como inquestionáveis e imperiosos. Sendo certo que a ordem pública internacional actua com as suas conhecidas características da *imprecisão, nacionalidade, actualidade e excepcionalidade*,[9] a implicar uma impossibilidade de identificação abstracta dos casos em se pode invocar aquele instituto: a reserva de ordem pública internacional tem natureza *indeterminada*, não sendo possível estabelecer *a priori* os casos em que a sua actuação é reclamada. A intervenção da reserva de ordem pública internacional depende da situação concreta, da ligação ao foro, dos efeitos pretendidos, das circunstâncias do caso: "o carácter chocante desses resultados somente ganha corpo no momento da aplicação, combinando o conteúdo normativo da lei material chamada com as circunstâncias do caso". É, por isso, um instituto de concretização judicial que necessariamente introduz incerteza no sistema.[10]

---

ordem pública interna: "há normas e princípios de o. p. interna que não o são de o. p. internacional" (MACHADO, João Baptista. *Lições de direito internacional privado*. Coimbra: Almedina, 1999. p. 256). Cfr., ainda, PINHEIRO, Luís de Lima. *Direito internacional privado – Introdução e direito de conflitos – Parte geral*. 3. ed. Coimbra: Almedina, 2014. v. I. p. 663; 668; FRADA, Manuel Carneiro da. A ordem pública nos contratos. *In*: DIAS, Jorge de Figueiredo; CANOTILHO, Joaquim Gomes; COSTA, José Francisco de Faria (Ed.). *Ars Iudicandi*: Estudos em Homenagem ao Prof. Doutor António Castanheira Neves – Studia Iuridica nº 91. Coimbra: Coimbra Editora, 2008. v. II. p. 260, nota nº 5; MONTEIRO, António Pedro Pinto. Da ordem pública no processo arbitral. *In*: DUARTE, Rui Pinto et al. (Ed.). *Estudos em Homenagem ao Prof. José Lebre de Freitas*. Coimbra: Coimbra Editora, 2013. v. II. p. 615; LIPSTEIN, Kurt. The Hague Conventions on Private International Law, Public Law and Public Policy. *International and Comparative Law Quarterly*, v. 8, p. 506-522, 1959. p. 517; CRISTAS, Assunção; GOUVEIA, Mariana França. A violação de ordem pública como fundamento de anulação de sentenças arbitrais. *Cadernos de Direito Privado*, n. 29, p. 41-56, 2010. p. 53. E, como bem se decidiu no Acórdão do STJ de 23.10.2014, proc. 1036/12.4YRLSB.S1, a transgressão por certa decisão judicial de uma norma *internacionalmente imperativa* (uma *norma de aplicação necessária e imediata*) não implica por si só a actuação da ordem pública internacional, que é um conceito mais limitado.

[9] Sobre as características do instituto, *vide*, entre outros, CORREIA, António Ferrer. *Lições de direito internacional privado*. Coimbra: Almedina, 2000. p. 405 e ss.; MACHADO, João Baptista. *Lições de direito internacional privado*. Coimbra: Almedina, 1999. p. 253 e ss.; RAMOS, Rui Moura. L'ordre public international en droit portugais. *Boletim da Faculdade de Direito da Universidade de Coimbra*, v. 74, p. 45-62, 1998. p. 57 e ss.; COLLAÇO, Isabel de Magalhães. *Direito internacional privado – Lições*. Lisboa: Associação Académica da Faculdade de Direito, 1958. v. II. p. 332 e ss.; MAURY, Jacques. *L'éviction de la loi normalement compétente*: l'ordre public international et la fraude à la loi. [s.l.]: Valladolid, 1952. p. 105 e ss.

[10] A citação é de MACHADO, João Baptista. *Lições de direito internacional privado*. Coimbra: Almedina, 1999. p. 259. Sobre a imprecisão do conceito, cfr. ainda CORREIA, António Ferrer. *Lições de direito internacional privado*. Coimbra: Almedina, 2000. p. 410 ("Ordem pública internacional é forçosamente impreciso e vago. Ordem pública internacional é um conceito indeterminado, um conceito que não pode definir-se pelo conteúdo, mas só pela função [...]. Não basta estabelecer a incompatibilidade *abstracta* da norma estrangeira em causa com as concepções fundamentais da *lex fori*, com o espírito ou alma do sistema, mas interessa para além disto tirar a limpo a incompatibilidade com esse espírito de uma aplicação concreta da norma. É evidente que a solução de tal problema, que só pode, pois, achar-se ao nível do "caso", supõe da parte do juiz da causa uma liberdade de avaliação inconciliável com qualquer fórmula rígida. A ordem pública não é uma *medida objetiva* para aferir a compatibilidade *concreta* da norma estrangeira com os princípios fundamentais do direito nacional"), entendendo o autor tratar-se de um "mal sem remédio" (CORREIA, António Ferrer. Anteprojecto de Capítulo relativo ao Direito Internacional Privado. *Boletim do Ministério da Justiça*, n. 24, p. 9-71, 1951. p. 67); COLLAÇO, Isabel de Magalhães. *Direito internacional privado – Lições*. Lisboa: Associação Académica da Faculdade de Direito, 1958. v. II. p. 331; RAMOS, Rui Moura. Public policy in the framework of the Brussels Convention – Remarks on Two Recent Decisions by the European Court of Justice. *Yearbook of Private International Law*, v. 2, p. 25-39, 2000. p. 26; PINHEIRO, Luís de Lima. *Direito internacional privado – Introdução e direito de conflitos – Parte geral*. 3. ed. Coimbra: Almedina, 2014. v. I. p. 659; OLIVEIRA, Elsa Dias. *Da responsabilidade civil extracontratual por violação de direitos de personalidade em direito internacional privado*. Coimbra: Almedina, 2011. p. 621; BATIFFOL,

Assim, quaisquer que sejam os critérios de apuramento das circunstâncias em que é possível fazer actuar a reserva de ordem pública internacional (seja em sede de um problema de conflitos de leis, seja a propósito do reconhecimento de uma decisão judicial ou arbitral), acabam por ter de ser justapostos à situação concreta, apurando se o resultado aplicativo é "de molde a chocar a consciência e provocar uma exclamação", o que está naturalmente sujeito a flutuações da consciência colectiva, ao grau de proximidade da situação com a ordem jurídica e à estabilização dos efeitos produzidos, por decurso do tempo.[11]

O objecto deste trabalho é, pois, o de apurar em que medida a Constituição intervém na densificação do conceito de *ordem pública internacional*. No fundo, procura saber-se se a violação, por lei ou sentença estrangeiras, de preceitos constitucionais deve implicar sempre a actuação da ordem pública internacional; e, em caso negativo, qual o papel que deve reconhecer-se à Lei Fundamental na convocação daquele instituto.

Nessa medida, não trataremos da questão de saber se, nos casos em que se não verifiquem os pressupostos de actuação da ordem pública internacional, deve a Constituição ser tida como *limite autónomo* à aplicação de lei estrangeira – problema que é distinto: neste último, estará em causa saber se o texto constitucional materializa, por si próprio, um freio à mobilização de normas estrangeiras, independentemente do funcionamento da reserva de ordem pública internacional.[12] Ao invés, visamos debater que papel presta a Constituição na modelação *do instituto da ordem pública internacional*, independentemente de poder a Lei Fundamental actuar para além dessa figura, provocando autonomamente a evicção de lei estrangeira.

Henri. Public policy and the autonomy of the parties: interrelations between imperative legislation and the doctrine of party autonomy. *In*: SUMMER INSTITUTE ON INTERNATIONAL AND COMPARATIVE LAW (Ed.). *The conflict of laws and international contracts*. Michigan: University of Michigan Law School, 1949. p. 68-81, p. 79; CHONG, Adeline. Transnational public policy in civil and commercial matters. *The Law Quarterly Review*, v. 128, n. 2, p. 88-113, 2012. p. 113; BERMANN, George A. International Arbitration and Private International Law. *Recueil des Cours de l'Académie de Droit International*, t. 381, p. 41-478, 2017. p. 326; CARTER, P. B. The role of public policy in English private international law. *International and Comparative Law Quarterly*, v. 42, n. 1, p. 1-10, 1993. p. 9; CORDEIRO, António Menezes. Decisões arbitrais internacionais e sua revisão. *IV Congresso do Centro de Arbitragem da Câmara de Comércio e Indústria Portuguesa*. Coimbra: Almedina, 2011. p. 271; BOGDAN, Michael. *Private International Law in Sweeden*. [s.l.]: Wolters Kluwer Law & Business, 2015. p. 42; BRIGGS, Adrian. *The Conflict of Laws*. 4. ed. Oxford: Oxford University Press, 2019. p. 192; KELLER, Max; SIEHR, Kurt. *Allgemeine Lehren des internationalen Privatrechts*. [s.l.]: Schulthess Polygraphischer Verlag, 1986. p. 543; KROPHOLLER, Jan. *Internationales Privatrecht*. 6. ed. Tübingen: Mohr Siebeck, 2014. p. 245; POSCH, Willibald. *Bürgerliches Recht Band VII – Internationales Privatrecht*. Viena: Springer, 2010. p. 57; MONACO, Gustavo. A excepção de ordem pública internacional. *Revista da Faculdade de Direito da Universidade de São Paulo*, v. 114, p. 231-249, 2019. p. 241. Aliás, a indefinição do conceito de ordem pública internacional era já sublinhada no século XIX por FEDOZZI, Prospero. Quelques considérations sur l'idée d'ordre public international. *Journal du Droit International*, ano 24, p. 69-78; 495-507, 1897. p. 73.

[11] MACHADO, João Baptista. *Lições de direito internacional privado*. Coimbra: Almedina, 1999. p. 262 e 263; Acórdão do STJ de 14.3.2017, proc. 103/13.1YRLSB.S1.

[12] Sobre este problema, *vide* RAMOS, Rui Moura. *Direito internacional privado e Constituição* – Introdução a uma análise das suas relações. 2. reimpr. Coimbra: Coimbra Editora, 1991. p. 210 e ss.; PINHEIRO, Luís de Lima. *Direito internacional privado* – Introdução e direito de conflitos – Parte geral. 3. ed. Coimbra: Almedina, 2014. v. I. p. 366-367; 663; SANTOS, António Marques dos. Constituição e Direito Internacional Privado – O estranho caso do artigo 51º, nº 3, do Código Civil. *In*: MIRANDA, Jorge (Ed.). *Perspectivas constitucionais*. Coimbra: Coimbra Editora, 1998. v. III. p. 375.

II A impossibilidade de sobreposição da Constituição à excepção de Ordem Pública Internacional

Visando combater a indeterminação da OPI, é frequente encontrar-se na jurisprudência uma ligação entre a *ordem pública internacional* e a Constituição. Sublinha-se que a violação da ordem pública internacional ocorrerá, as mais das vezes, quando se tenham transgredido os princípios que estruturam a Constituição em sentido material e, mais especificamente, os direitos fundamentais nela consagrados.[13]

Trata-se de uma conclusão inquestionável: muitos dos cânones tidos por inabaláveis da ordem jurídica pátria constam da Constituição; e é certo que os direitos fundamentais – atenta-se justamente à sua *fundamentalidade* – se têm por invioláveis, razão pela qual a sua ofensa por lei ou sentença estrangeiras implicará, as mais das vezes, a actuação daquela reserva.[14] Sobretudo tendo em consideração que o propósito da ordem pública internacional é, justamente, tutelar o reduto inviolável do sistema jurídico nacional.[15]

Todavia, cremos que a justaposição entre os casos de actuação da ordem pública internacional e os princípios constantes da Constituição não pode ser tida como critério para densificação da reserva de ordem pública internacional.

Por um lado, porque a Constituição não materializa um limite à invocação da ordem pública internacional, podendo esta atuar para tutelar valores que não sejam constitucionalmente garantidos.[16] Pense-se, por exemplo, na sua invocação para recusar

---

[13] Acórdão do Supremo Tribunal de Justiça de 26.9.2017 – Revista nº 1008/14.4YRLSB.L1.S1; Acórdão do Supremo Tribunal de Justiça de 14.3.2017, proc. 103/13.1YRLSB.S1.

[14] Neste sentido, RAMOS, Rui Moura. O Tribunal de Justiça das Comunidades Europeias e a Teoria Geral do Direito Internacional Privado. Desenvolvimentos recentes. In: RAMOS, Rui Moura (Ed.). *Estudos em homenagem à professora doutora Isabel de Magalhães Collaço*. Coimbra: Almedina, 2002. v. I. p. 455, e RAMOS, Rui Moura. Direito internacional privado e Constituição – Introdução a uma análise das suas relações. 2. reimpr. Coimbra: Coimbra Editora, 1991. p. 216; PINHEIRO, Luís de Lima. *Direito internacional privado* – Introdução e direito de conflitos – Parte geral. 3. ed. Coimbra: Almedina, 2014. v. I. p. 663; KEGEL, Gerhard; SCHURIG, Klaus. *Internationales Privatrecht*. 9. ed. Munique: Beck, 2004. p. 533; LEQUETTE, Yves. Le droit international privé et les droits fondamentaux. In: LEQUETTE, Yves *et al. Droits et libertés fondamentaux*. 4. ed. Paris: Dalloz, 1997. p. 88; STRUYCKEN, Teun. L'ordre public de la Communauté Européenne. In: *Vers de nouveaux équilibres entre ordres juridiques* – Mélanges en l'honneur de Hélène Gaudemet-Tallon. Paris: Dalloz, 2008. p. 625; CORDEIRO, Antonio Menezes. *Tratado da arbitragem*. Coimbra: Almedina, 2015. p. 453; OTERO, Paulo. *Direito constitucional português*. Coimbra: Almedina, 2010. v. II. p. 446; XAVIER, Luís Barreto. *Sobre ordem pública internacional e reconhecimento de sentenças estrangeiras*. Lisboa: [s.n.], 1991. p. 66; BARILE, Giuseppe. Principi fondamentali dell'ordinamento costituzionale e principi di ordine pubblico internazionale. *Rivista di Diritto Internazionale Privato e Processuale*, v. XXII, p. 5-20, p. 5-20, 1986. p. 5-20; MONACO, Gustavo. A exceção de ordem pública internacional. *Revista da Faculdade de Direito da Universidade de São Paulo*, v. 114, p. 231-249, 2019. p. 245. O que justifica a feliz expressão de Lima Pinheiro segundo a qual "as normas e princípios constitucionais, principalmente os que tutelam direitos fundamentais, não só informam mas também conformam a ordem pública internacional" e de que "Na medida em que a ordem pública constitui também um veículo para a actuação dos direitos fundamentais constitucionalmente consagrados, o controlo da conformidade da decisão com a ordem pública internacional é imposto pela própria Constituição" (PINHEIRO, Luís de Lima. *Direito internacional privado* – Introdução e direito de conflitos – Parte geral. 3. ed. Coimbra: Almedina, 2014. v. I. p. 663, e PINHEIRO, Luís de Lima. Apontamento sobre a impugnação da decisão arbitral. *Revista da Ordem dos Advogados*, ano 67, v. III, 2007. al. b)).

[15] MONACO, Gustavo. A exceção de ordem pública internacional. *Revista da Faculdade de Direito da Universidade de São Paulo*, v. 114, p. 231-249, 2019. p. 405. É aliás por isso que XAVIER, Luís Barreto. *Sobre ordem pública internacional e reconhecimento de sentenças estrangeiras*. Lisboa: [s.n.], 1991. p. 51, defende não poder falar-se em conteúdo da ordem pública internacional: "o apuramento de uma violação à ordem pública implica olhar para o ordenamento jurídico na sua unidade: este é, assim, o referente da ordem pública".

[16] Neste sentido BARILE, Giuseppe. Ordine pubblico internazionale e costituzione. *Rivista di Diritto Internazionale*, v. LVI, p. 727-731, 1973. p. 728. Até porque, como sublinha Lima Pinheiro, os valores protegidos pela reserva

a produção de efeitos a decisões sucessórias que não atribuam bens aos filhos do *de cujus*: não havendo uma imposição constitucional da legítima dos filhos,[17] a actuação da reserva de ordem pública internacional dá-se para proteger valores do ordenamento *não garantidos* na Constituição.[18]

Por outro lado, porque é possível que a transgressão de certa norma da Constituição não provoque a actuação da ordem pública internacional (o que gerará, então, o problema de saber se, nesses casos, deve a Constituição actuar como *limite autónomo* a normas ou sentenças a reconhecer). É conjecturável que não se mobilize da excepção de ordem pública internacional (mesmo que lei ou sentença estrangeiras derroguem normas constitucionais) atendendo à *relatividade* daquele instituto.[19] Vejamos.

Em primeiro lugar, a invocação da ordem pública internacional depende da existência de uma conexão relevante com o ordenamento jurídico do foro, não podendo ser invocada, em regra, em situações incidentalmente julgadas neste país, apesar de totalmente constituídas e executadas à luz de um ordenamento jurídico estrangeiro (*Inlandsbeziehung*). Nestes casos, não pode a ordem jurídica do Estado do foro impor, numa situação com que não apresenta contactos significativos, os seus

---

de ordem pública internacional não têm necessariamente uma matriz ético-jurídica, podendo esta actuar para tutelar princípios fundamentais que prossigam finalidades económico-sociais, políticas ou outras (PINHEIRO, Luís de Lima. *Direito internacional privado* – Introdução e direito de conflitos – Parte geral. 3. ed. Coimbra: Almedina, 2014. v. I. p. 666). É certo que – numa ordem jurídico-constitucional como a portuguesa, em que a Constituição espelha a sede dos valores da comunidade – não será frequente a invocação da ordem pública internacional para tutelar valores ou princípios fundamentais que não tenham assento constitucional. Mas pode suceder quanto a princípios sedimentados e arreigados na sociedade, para os quais há forte convicção social de inderrogabilidade.

[17] Com efeito, a doutrina não funda a protecção da legítima em normas ou princípios constitucionais, embora lhe reconheça natureza fundamental na orientação do direito português (cfr. COELHO, Francisco Pereira. *Direito das sucessões*. Coimbra: [s.n.], 1992. Policopiado. p. 313 e ss.; ASCENSÃO, José de Oliveira. *Direito civil – Sucessões*. 5. ed. Coimbra: Coimbra Editora, 2000. p. 16; MOTA, Helena. Anotação ao artigo 2156º. In: DIAS, Cristina Araújo (Ed.). *Código Civil anotado*. Coimbra: Almedina, 2018. p. 213 e ss.; AMARAL, Jorge Pais de. *Direito da família e das sucessões*. 4. ed. Coimbra: Almedina, 2017. p. 262; CAMPOS, Diogo Leite de; CAMPOS, Mónica Martinez de. *Lições de direito das sucessões*. Coimbra: Almedina, 2017. p. 155 e ss.). Mesmo os autores que inferem consequências do texto constitucional para a regulação da sucessão legitimária não concluem pela sua imposição ao legislador ordinário. Capelo de Sousa, em 1977, entendia que a versão originária da Constituição implicava que cônjuge e outros dependentes ascendessem ao estatuto de herdeiro legitimário (cfr. SOUSA, Capelo de. A Constituição e o direito das sucessões. In: *Estudos sobre a Constituição*. Lisboa: Petrony, 1977. v. I. p. 173), embora no seu pensamento mais recente apenas retire do texto constitucional o princípio da autonomia do testador e a necessidade de acautelar a sucessão familiar, reconhecendo ao legislador uma ampla margem para a modelar (não necessariamente através do instituto da legítima) – SOUSA, Capelo de. *Lições de direito das sucessões*. Coimbra: Coimbra Editora, 2013. v. I. p. 122 e ss. Carvalho Fernandes encontra na sucessão legítima o reconhecimento da relevância da família (que resulta dos arts. 36º e 67º da Constituição), o qual tem uma refracção na instituição da sucessão legitimária (FERNANDES, Carvalho. *Lições de direito das sucessões*. 4. ed. Lisboa: Quid Iuris, 2012. p. 25-29), ideia que colhe o apoio de Rita Lobo Xavier (*Sucessão familiar na empresa*. Porto: Universidade Católica Editora, 2017. p. 21; *Planeamento sucessório e transmissão de bens à margem do direito das sucessões*. Porto: Universidade Católica Editora, 2016. p. 25).

[18] Cfr., entre muitos outros, o Acórdão do STJ de 23.10.2008, proc. 07B4545. De notar, ainda, que o Acórdão do STJ de 16.5.2018, proc. 2341/13.8TBFUN.L1.S1, sugere um reexame da jurisprudência em sede de invocação da ordem pública internacional, sobretudo em face da vigência de autonomia conflitual nas sucessões internacionais.

[19] Neste sentido, BARILE, Giuseppe. Ordine pubblico internazionale e costituzione. *Rivista di Diritto Internazionale*, v. LVI, p. 727-731, 1973. p. 729. Isto é, tem-se por ultrapassada a tese segundo a qual os princípios e normas constitucionais (mormente nos direitos fundamentais) integram – automática e necessariamente – o limite da *ordem pública internacional*. Sobre esta concepção, cfr. RAMOS, Rui Moura. *Direito internacional privado e Constituição* – Introdução a uma análise das suas relações. 2. reimpr. Coimbra: Coimbra Editora, 1991. p. 224-225.

próprios referentes.[20] Neste contexto, é possível que a ordem pública internacional não seja mobilizável em face da aplicação de normas estrangeiras que ofendem preceitos constitucionais, quando a ligação ao Estado do foro não é outra para além do local em que se pôs o problema: pense-se na aplicação de uma lei estrangeira que, em matéria matrimonial, viole o princípio da igualdade dos cônjuges (nº 3 do art. 36º da Constituição) quando aquela família aqui se encontra ocasionalmente, em trânsito ou em férias.[21]

Ademais, por força do seu *efeito atenuado*, a ordem pública internacional pode não intervir quanto ao *reconhecimento de certos efeitos* de uma situação jurídica já constituída que é, em si mesma, contrária a normas ou princípios constitucionais – pense-se, designadamente, na atribuição de um crédito alimentar decorrente de um repúdio de cônjuge ocorrido no estrangeiro e cujo exercício não é atribuído em condições de igualdade a ambos os cônjuges.[22] Ora, tal implica um reconhecimento (ainda que

---

[20] Cfr. MACHADO, João Baptista. *Lições de direito internacional privado*. Coimbra: Almedina, 1999. p. 262; CORREIA, António Ferrer. *Lições de direito internacional privado*. Coimbra: Almedina, 2000. p. 60 e 413 ("Os preceitos da lei estrangeira designada pela norma de conflitos que se não coadunem com os direitos fundamentais consagrados na legislação portuguesa são seguramente inaplicáveis, porque contrários à ordem pública internacional do Estado português. Só que para tanto será indispensável que no caso de espécie se encontrem realizados os pressupostos de relevância da ordem pública. O primeiro desses pressupostos é naturalmente o facto de se tratar de valores de máxima importância do ordenamento jurídico do foro. Outro consiste na existência de uma conexão significativa da espécie a julgar com aquele ordenamento (teoria alemã da *Inlandsbeziehung*). A verificação destas condições é essencial para que possa dar-se resposta afirmativa a questão posta"); COLLAÇO, Isabel de Magalhães. *Direito internacional privado – Lições*. Lisboa: Associação Académica da Faculdade de Direito, 1958. v. II. p. 335; VICENTE, Dário Moura. *Da responsabilidade pré-contratual em direito internacional privado*. Coimbra: Almedina, 2001. p. 683; MOTA, Helena. A ordem pública internacional e as (novas) relações familiares internacionais. *In*: AAVV. *Estudos em Homenagem ao Professor Doutor Heinrich Ewald Hörster*. Coimbra: Almedina, 2012. p. 270; XAVIER, Luís Barreto. *Sobre ordem pública internacional e reconhecimento de sentenças estrangeiras*. Lisboa: [s.n.], 1991. p. 52; KEGEL, Gerhard; SCHURIG, Klaus. *Internationales Privatrecht*. 9. ed. Munique: Beck, 2004. p. 521; WURMNEST, Wolfgang. Ordre public. *In*: LEIBLE, Stefan; UNBERATH, Hannes (Ed.). *Brauchen wir eine Rom 0-Verordnung?* Jena: Jenaer Wissenschaftliche Verlagsgesellschaft, 2013. p. 469; LEWALD, M. Hans. Règles Générales des Conflits de Lois. *Recueil des Cours de l'Académie de Droit International*, III, t. 69, p. 1-147, 1939. p. 123; LAGARDE, Paul. Public policy. *International Encyclopedia of Comparative Law*, v. III, p. 3-61, 1994. p. 5; 23; 31 e ss.; KROPHOLLER, Jan. *Internationales Privatrecht*. 6. ed. Tübingen: Mohr Siebeck, 2014. p. 246. No fundo, a natureza *nacional* da ordem pública internacional não pode desconsiderar os cânones básicos dos conflitos de leis e da coexistência e coordenação dos vários sistemas jurídicos (RAMOS, Rui Moura. L'ordre public international en droit portugais. *Boletim da Faculdade de Direito da Universidade de Coimbra*, v. 74, p. 45-62, 1998. p. 46), pelo que a integração necessária da Constituição no conceito de ordem pública internacional geraria uma ilimitada aplicação das normas do foro (RAMOS, Rui Moura. *Direito internacional privado e Constituição* – Introdução a uma análise das suas relações. 2. reimpr. Coimbra: Coimbra Editora, 1991. p. 225). É certo que, as mais das vezes, o facto de se aceitar a jurisdição sobre certo litígio em dado Estado implicará a existência de certa ligação a essa ordem jurídica. "Mas tal pode não se verificar, designadamente quando a competência jurisdicional resultar de um pacto de jurisdição" – PINHEIRO, Luís de Lima. *Direito internacional privado* – Introdução e direito de conflitos – Parte geral. 3. ed. Coimbra: Almedina, 2014. v. I. p. 670.

[21] No mesmo sentido, CORREIA, António Ferrer. *Lições de direito internacional privado*. Coimbra: Almedina, 2000. p. 60: "à norma da lei estrangeira designada como aplicável ao caso pela regra de conflitos da *lex fori* seria dada, em princípio, aplicação, independentemente de ela porventura colidir com um preceito constitucional sobre direitos fundamentais (como o que proíbe que os filhos nascidos fora do casamento sejam objecto de discriminação; como o que formula a regra da igualdade entre homem e mulher)".

[22] MACHADO, João Baptista. *Lições de direito internacional privado*. Coimbra: Almedina, 1999. p. 267; CORREIA, António Ferrer. *Lições de direito internacional privado*. Coimbra: Almedina, 2000. p. 414-415; RAMOS, Rui Moura. L'ordre public international en droit portugais. *Boletim da Faculdade de Direito da Universidade de Coimbra*, v. 74, p. 45-62, 1998. p. 55, e RAMOS, Rui Moura. *Direito internacional privado e Constituição* – Introdução a uma análise das suas relações. 2. reimpr. Coimbra: Coimbra Editora, 1991. p. 217; COLLAÇO, Isabel de Magalhães. *Direito internacional privado – Lições*. Lisboa: Associação Académica da Faculdade de Direito, 1958. v. II. p. 334; MOTA, Helena. A ordem pública internacional e as (novas) relações familiares internacionais. *In*: AAVV. *Estudos em Homenagem ao Professor Doutor Heinrich Ewald Hörster*. Coimbra: Almedina, 2012. p. 268; XAVIER, Luís Barreto. *Sobre ordem pública internacional e reconhecimento de sentenças estrangeiras*. Lisboa: [s.n.], 1991. p. 89; STAATH,

mitigado) de situações jurídicas que *transgridem a Constituição*, demonstrando não ser esta o parâmetro necessário de actuação daquele instituto.

Por fim, a apreciação do carácter chocante do resultado depende da intensidade de ligação ao foro. Isto é, a conexão com o ordenamento jurídico do foro não constitui um requisito de *on/off* (determinando ou não a possibilidade invocação da ordem pública internacional), mas um factor que, no quadro da relatividade que caracteriza este instituto, implica graus de actuação mais ou menos exigentes.[23] Pense-se no reconhecimento de uma sentença estrangeira que haja aplicado ao contrato de trabalho uma legislação que admite renovações de contratos a termo resolutivo de modo mais flexível do que aquele que se considera permitido pelo *direito* à *segurança no emprego* garantido pela Constituição: tal norma poderá implicar a invocação da ordem pública internacional quando o trabalhador seja português ou residente em Portugal, bem como quando o contrato aqui seja executado; mas mais dúvidas haverá quanto a saber se pode ser invocada num contrato de trabalho em que a única ligação ao foro é o local da sua celebração.

Claire. La excepción de orden público internacional como fundamento de denegación del reconocimiento del repudio islâmico. *Anuario Español de Derecho Internacional Privado*, t. X, p. 717-729, 2010. p. 721; KINSCH, Patrick. Droits de l'homme, droits fontamentaux et droit international privé. *Recueil des Cours de l'Académie de Droit International*, t. 318, p. 1-331, 2005. p. 172; LAGARDE, Paul. Public policy. *International Encyclopedia of Comparative Law*, v. III, p. 3-61, 1994. p. 38 e ss. A tese do efeito atenuado da ordem pública internacional quanto às situações a reconhecer suscita dúvidas a Lima Pinheiro, que sustenta estar apenas em causa a *relatividade* da ordem pública internacional por referência à intensidade da conexão com o Estado do foro, a que nos referiremos de seguida (cfr. PINHEIRO, Luís de Lima. *Direito internacional privado* – Introdução e direito de conflitos – Parte geral. 3. ed. Coimbra: Almedina, 2014. v. I. p. 672).

[23] Assim, não é indiferente para a concretização da ordem pública internacional que a ligação com o foro *exista* de forma ténue ou *exista* com um elemento de conexão mais intenso, porquanto a divergência entre as concepções de justiça do foro e aquelas que forem determinadas por critérios normativos distintos (nomeadamente estrangeiros) "seria tanto maior quanto mais forte fosse a ligação do caso com o Estado do foro" (cfr. MACHADO, João Baptista. *Lições de direito internacional privado*. Coimbra: Almedina, 1999. p. 263). Isto é, a actuação depende "da intensidade dos laços que a situação apresenta com o Estado do foro" (PINHEIRO, Luís de Lima. *Direito internacional privado* – Introdução e direito de conflitos – Parte geral. 3. ed. Coimbra: Almedina, 2014. v. I. p. 670). Ora, "um determinado resultado pode ser manifestamente intolerável quando a ligação com o Estado do foro for mais intensa e já não o ser quando a ligação for menos intensa" (p. 671). No mesmo sentido, RAMOS, Rui Moura. L'ordre public international en droit portugais. *Boletim da Faculdade de Direito da Universidade de Coimbra*, v. 74, p. 45-62, 1998. p. 54; COLLAÇO, Isabel de Magalhães. *Direito internacional privado* – Lições. Lisboa: Associação Académica da Faculdade de Direito, 1958. v. II. p. 334; LEWALD, M. Hans. Règles Générales des Conflits de Lois. *Recueil des Cours de l'Académie de Droit International*, III, t. 69, p. 1-147, 1939. p. 124; XAVIER, Luís Barreto. *Sobre ordem pública internacional e reconhecimento de sentenças estrangeiras*. Lisboa: [s.n.], 1991. p. 90; FERREIRA, Vasco Taborda. Acerca da ordem pública no direito internacional privado. *Revista de Direito e de Estudos Sociais*, ano X, n. 1/3, p. 1-15/185-200, 1957. p. 8-9; MAURY, Jacques. *L'éviction de la loi normalement compétente: l'ordre public international et la fraude à la loi*. [s.l.]: Valladolid, 1952. p. 79; KROPHOLLER, Jan. *Internationales Privatrecht*. 6. ed. Tübingen: Mohr Siebeck, 2014. p. 246. De acordo com Sousa e Brito, esta relatividade da ordem pública internacional "é uma consequência do princípio constitucional da proporcionalidade em matéria de restrições a direitos fundamentais" (BRITO, José de Sousa e. O que é o direito para o jurista? *In*: MIRANDA, Jorge et al. (Ed.). *Estudos em homenagem a Miguel Galvão Teles*. Coimbra: Almedina, 2012. v. I. p. 45). O que dizemos não obsta a que, quando em causa estejam direitos fundamentais de especial importância, mesmo a mais ténue ligação do foro baste para que o resultado se tenha por intolerável. O que justifica, aliás, o facto de o funcionamento clássico da ordem pública internacional ser habitualmente suficiente para proteger a Convenção Europeia dos Direitos do Homem, sem que seja necessário indagar da sua actuação *autónoma* para limitar o reconhecimento de sentenças estrangeiras – cfr. MAYER, Pierre. La Convention européenne des droits de l'homme et l'application des normes étrangères. *Revue Critique de Droit International Privé*, v. 80, n. 4, p. 651-665, 1991. p. 652; COHEN, Dany. La Convention européenne des droits de l'homme et le droit international privé. *Revue Critique de Droit International Privé*, v. 78, n. 3, p. 451-483, 1989. p. 477.

Estas considerações não põem em causa que, num sistema jurídico em que a Constituição tende a abrigar as normas e princípios fundamentais da ordem jurídica, não se verifique uma tendencial coincidência entre a invocação da excepção de ordem pública internacional e a previsão constitucional do valor protegido. Pelo contrário, "o conteúdo da ordem pública internacional tende a ser determinado à luz dos princípios constitucionais",[24] o que conhece aliás consagração positivada em alguns sistemas.[25] Do mesmo passo, quando em causa estejam direitos fundamentais de especial relevância –[26] de fonte constitucional, internacional ou europeia –, uma ténue ligação com o foro implicará, no quadro da relatividade da OPI, que se tenha por intolerável um resultado que os ofenda.

---

[24] Cfr. PINHEIRO, Luís de Lima. *Direito internacional privado* – Introdução e direito de conflitos – Parte geral. 3. ed. Coimbra: Almedina, 2014. v. I. p. 669, e a sua consagração no Acórdão do STJ de 14.3.2017, proc. 103/13.1YRLSB.S1; CORREIA, António Ferrer. *A revisão do Código Civil e o direito internacional privado*. Estudos Vários de Direito. Coimbra: Universidade de Coimbra, 1982. p. 300, que ensina ser na área dos direitos fundamentais "que a ordem pública internacional parece encontrar o seu campo de eleição"; BRITO, José de Sousa e. O que é o direito para o jurista? *In*: MIRANDA, Jorge et al. (Ed.). *Estudos em homenagem a Miguel Galvão Teles*. Coimbra: Almedina, 2012. v. I. p. 40 ("a ordem pública internacional é essencialmente determinada num Estado de direito pelas normas constitucionais sobre direitos fundamentais"); OLIVEIRA, Elsa Dias. *Da responsabilidade civil extracontratual por violação de direitos de personalidade em direito internacional privado*. Coimbra: Almedina, 2011. p. 626; PIRES, Florbela de Almeida. *Conflitos de Leis* – Comentário aos artigos 14º a 65º do Código Civil. Coimbra: Coimbra Editora, 2009. p. 44; MIRANDA, Jorge. *Manual de Direito Constitucional* – Inconstitucionalidade e garantia da Constituição. Coimbra: Coimbra Editora, 2013. t. VI. p. 216. Tal ideia recolhe o apoio de RAMOS, Rui Moura. *Direito internacional privado e Constituição* – Introdução a uma análise das suas relações. 2. reimpr. Coimbra: Coimbra Editora, 1991. p. 216, o que em nada contende com o facto de o autor ver na Constituição um limite autónomo ao direito de conflitos, admitindo o controlo de constitucionalidade de norma estrangeira mesmo para além da actuação da reserva de ordem pública internacional.

[25] Cfr. §6 da EGBGB que, na sua segunda parte, concretiza a *ordem pública internacional* na violação de direitos fundamentais: "Eine Rechtsnorm eines anderen Staates ist nicht anzuwenden, wenn ihre Anwendung zu einem Ergebnis führt, das mit wesentlichen Grundsätzen des deutschen Rechts offensichtlich unvereinbar ist. *Sie ist insbesondere nicht anzuwenden, wenn die Anwendung mit den Grundrechten unvereinbar ist*" (grifos nossos). Deve notar-se, todavia, que a aplicação desta parte tem tido em conta as características da OPI, nomeadamente a sua *relatividade* e a *necessidade de conexão relevante com a ordem jurídica alemã*. O que não põe em causa que, em face da importância dos valores envolvidos, se possa concluir pela intolerabilidade do resultado de lei estrangeira em casos em que a intensidade de ligação ao foro seja menos pronunciada. Cfr. PINHEIRO, Luís de Lima. *Direito internacional privado* – Introdução e direito de conflitos – Parte geral. 3. ed. Coimbra: Almedina, 2014. v. I. p. 684; XAVIER, Luís Barreto. *Sobre ordem pública internacional e reconhecimento de sentenças estrangeiras*. Lisboa: [s.n.], 1991. p. 66; KROPHOLLER, Jan. *Internationales Privatrecht*. 6. ed. Tübingen: Mohr Siebeck, 2014. p. 252 ("Es kommt vielmehr darauf an, ob die Grundrechtsnorm im Einzelfall Anwendung beansprucht, namentlich unter Berücksichtigung der Gleichstellung anderer Staaten und der Eigenständigkeit ihrer Rechtsordnungen. Somit kann eine den Besonderheiten des Falles, insbesondere dem Grad der Inlandsbeziehung [...] angepaßte Auslegung der Grundrechte angezeigt sein"); FRANK, Rainer. Die zeitliche Relativität des Ordre Public. *Mélanges Vrellis*, p. 287-297, 2014. p. 288 ("Weist ein Fall nur einen geringen Inlandsbezug auf, kommt eine Verletzung von Grundrechten weit weniger in Betracht als bei einem Fall mit starkem Inlandsbezug. In der Literatur wird deshalb auch von einer "räumlichen" oder "örtlichen" Relativität des Ordre Public gesprochen"); LAGARDE, Paul. Public policy. *International Encyclopedia of Comparative Law*, v. III, p. 3-61, 1994. p. 47.

[26] Nas palavras de Moura Ramos, é aqui "de grande utilidade a distinção – feita por grande parte da doutrina – que separa nos direitos fundamentais os *Menschenrechte* dos *Bürgerrechte*: à sua luz se compreenderá facilmente que apenas os primeiros – os direitos de todos os homens – podem aspirar a ser plasmados em todos os casos que venham a ser sujeitos à actividade julgadora dos tribunais, restando aos demais uma eficácia limitada às situações em que os titulares dos direitos fundamentais feridos pelo direito estrangeiro chamado pela regra de conflitos sejam cidadãos nacionais ou eventualmente estrangeiros residentes no território do foro" (RAMOS, Rui Moura. *Direito internacional privado e Constituição* – Introdução a uma análise das suas relações. 2. reimpr. Coimbra: Coimbra Editora, 1991. p. 233). No mesmo sentido, DOLINGER, Jacob. World public policy: real international public policy in the conflict of laws. *Texas International Law Journal*, v. 17, n. 3, p. 167-193, 1982. p. 175.

Assim, serão contados os casos em que, estando em causa um cânone positivado na Lei Fundamental, a ordem pública internacional não actua. Simplesmente, tal é um efeito da *fundamentalidade* dos valores aí consagrados e não da respectiva fonte.[27] Aliás, se assim não fosse – isto é, se o conteúdo da ordem pública internacional coincidisse com a Constituição – perderia sentido a discussão sobre se a Lei Fundamental materializa ou não um limite autónomo à aplicação de lei estrangeira, porquanto a Constituição interviria necessariamente através da reserva de ordem pública internacional.[28]

III A parametrização da Ordem Pública Internacional em face do direito internacional e do direito da União Europeia

O facto de a ordem pública internacional constituir um conceito *nacional* (dirigindo-se à tutela dos valores e princípios do ordenamento jurídico do foro), não impede que tais cânones sejam comungados por outros sistemas ou tenham até a sua origem em textos convencionais. O seu intuito de protecção dos princípios e normas fundamentais da ordem jurídica do foro não significa que a fonte desses referentes seja sempre o direito interno.[29] Ao invés, é conhecida a influência exercida na sua noção pelos direitos

---

[27] Neste sentido, BARILE, Giuseppe. Ordine pubblico internazionale e costituzione. *Rivista di Diritto Internazionale*, v. LVI, p. 727-731, 1973. p. 729; LAGARDE, Paul. Public policy. *International Encyclopedia of Comparative Law*, v. III, p. 3-61, 1994. p. 46; VICENTE, Dário Moura; BRITO, Maria Helena. Application of Foreign Law in Portugal. In: MOTA, Carlos Esplugues *et al.* (Ed.). *Application of Foreign Law*. München: Sellier – European Law Publishers, 2011. p. 309. É também esta a conclusão de Kinsch, ao analisar a jurisprudência dos Estados europeus KINSCH, Patrick. Droits de l'homme, droits fontamentaux et droit international privé. *Recueil des Cours de l'Académie de Droit International*, t. 318, p. 1-331, 2005. p. 192.

[28] Trata-se de um problema que divide a doutrina, entre aqueles que veem na Constituição um *limite autónomo* à *aplicação de direito estrangeiro* (sobretudo, por força da proibição de os Tribunais aplicarem normas inconstitucionais – art. 204º Constituição), e os autores que o negam, ainda que reconhecendo à Lei Fundamental um papel conformador da ordem pública internacional. O problema terá surgido com a decisão do Tribunal Constitucional Alemão de 4.5.1971, que afirmou estar o direito estrangeiro cuja aplicação era determinada pela regra de conflitos submetido à Constituição. Tal aresto suscitou a discussão sobre se a intervenção dos cânones constitucionais nas situações internacionais ocorre por força do carácter intolerável da sua violação para certa comunidade (i.e., mediante actuação da ordem pública internacional) ou se as regras constitucionais formam uma barreira específica ao direito de conflitos. Sobre esta querela, *vide* RAMOS, Rui Moura. *Direito internacional privado e Constituição* – Introdução a uma análise das suas relações. 2. reimpr. Coimbra: Coimbra Editora, 1991. p. 212 e ss.; SANTOS, António Marques dos. Constituição e Direito Internacional Privado – O estranho caso do artigo 51º, nº 3, do Código Civil. In: MIRANDA, Jorge (Ed.). *Perspectivas constitucionais*. Coimbra: Coimbra Editora, 1998. v. III. p. 375; PINHEIRO, Luís de Lima. *Direito internacional privado* – Introdução e direito de conflitos – Parte geral. 3. ed. Coimbra: Almedina, 2014. v. I. p. 680; DIAS, Rui. Jurisdição e Constituição. Termos de uma interação. In: AAVV. *Estudos em Homenagem ao Conselheiro Presidente Rui Moura Ramos*. [s.l.]: [s.n.], 2016. v. I. p. 865; CORREIA, António Ferrer. *A revisão do Código Civil e o direito internacional privado*. Estudos Vários de Direito. Coimbra: Universidade de Coimbra, 1982. p. 296; KEGEL, Gerhard; SCHURIG, Klaus. *Internationales Privatrecht*. 9. ed. Munique: Beck, 2004. p. 530 e ss.; KINSCH, Patrick. Droits de l'homme, droits fontamentaux et droit international privé. *Recueil des Cours de l'Académie de Droit International*, t. 318, p. 1-331, 2005. p. 200 e ss.; LAGARDE, Paul. Public policy. *International Encyclopedia of Comparative Law*, v. III, p. 3-61, 1994. p. 46 e ss. Ora, como conclui Helena Mota, o problema só se põe no caso de insuficiência da ordem pública internacional para proteger a Constituição (MOTA, Helena. A ordem pública internacional e as (novas) relações familiares internacionais. In: AAVV. *Estudos em Homenagem ao Professor Doutor Heinrich Ewald Hörster*. Coimbra: Almedina, 2012. p. 269; 271], que não existiria caso uma e outra coincidissem.

[29] Cfr. PINHEIRO, Luís de Lima. *Direito internacional privado* – Introdução e direito de conflitos – Parte geral. 3. ed. Coimbra: Almedina, 2014. v. I. p. 660, e PINHEIRO, Luís de Lima. *Arbitragem transnacional* – A determinação do estatuto da arbitragem. Coimbra: Almedina, 2005. p. 278; RAMOS, Rui Moura. Public policy in the framework of the Brussels Convention – Remarks on Two Recent Decisions by the European Court of Justice. *Yearbook of Private International Law*, v. 2, p. 25-39, 2000. p. 25; VICENTE, Dário Moura. *Da responsabilidade pré-contratual em direito internacional privado*. Coimbra: Almedina, 2001. p. 679.

fundamentais enunciados em textos internacionais, como a Convenção Europeia dos Direitos do Homem (CEDH) e a própria Carta dos Direitos Fundamentais da União Europeia (CDFUE).[30] No fundo, a *nacionalidade* da ordem pública internacional não implica que os valores a proteger sejam apenas do Estado do foro, podendo, outrossim, ter fonte jusinternacional.[31]

Ademais, não pode ser olvidado que a OPI está hoje, de certa forma, parametrizada pelo direito da União Europeia.

Desde logo, porque a União Europeia constrói corpos unificados de direito internacional privado em que estabelece, *no nível europeu*, a viabilidade de invocação da ordem pública internacional como mecanismo de evicção da lei determinada pela regra de conflitos europeia ou do reconhecimento de decisão judicial operado mediante normas

---

[30] Neste sentido, RAMOS, Rui Moura. A arbitragem internacional no novo direito português da arbitragem. *Boletim da Faculdade de Direito da Universidade de Coimbra*, v. 88, t. II, p. 583-604, 2012. p. 600, nota nº 59. Vide a análise de Ioanna Thoma da jurisprudência do Tribunal Europeu dos Direitos do Homem (TEDH) e sua influência na invocação da ordem pública internacional nos Estados signatários (THOMA, Ioanna. The ECHR and the ordre public exception in private international law. *Nederlands Internationaal Privaatrecht*, n. 1, p. 13-18, 2011). É certo que as normas da Convenção parecem assumir, para o TEDH, uma natureza internacionalmente imperativa, enquanto *standards mínimos de protecção* com aplicação necessária e imediata a todos os casos que se coloquem nos Estados contratantes, mesmo sem sede de reconhecimento de sentenças oriundas de Estados que não são parte da CEDH (cfr. Acórdão *Pellegrini c. Itália*, de 20.6.2001, ap. 30882/96) – KIESTRA, L. R. Article 1 ECHR and private international law. *Nederlands Internationaal Privaatrecht*, n. 1, p. 2-7, 2011. p. 6. Todavia, no Acórdão *Drozd e Janousek contra França* (de 26.6.1992, ap. 12747/87), o TEDH mobilizou o conceito de *ordem pública internacional* para apreciar se o Estado Francês deveria recusar o reconhecimento de uma sentença de um Estado terceiro (não contratante da CEDH). Neste aresto, concluiu que não era exigível a aplicação da CEDH a um julgamento ocorrido por Estado terceiro, embora se imporia a mobilização da excepção de ordem pública caso a decisão a reconhecer espelhasse violações flagrantes e essenciais do direito por parte do Estado de origem da decisão – dotando assim a CEDH (especialmente o seu art. 6º) de uma natureza de *princípio fundamental* cuja transgressão pelo caso concreto implica a atuação da OPI, sob pena de o Estado de reconhecimento se tornar cúmplice dessa violação. Cfr. KINSCH, Patrick. Droits de l'homme, droits fontamentaux et droit international privé. *Recueil des Cours de l'Académie de Droit International*, t. 318, p. 1-331, 2005. p. 237; FOHRER, Estelle. *L'incidence de la Convention européenne des droits de l'homme sur l'ordre public international français*. Bruxelas: Bruylant, 1999. p. 21; KIESTRA, L. R. Article 1 ECHR and private international law. *Nederlands Internationaal Privaatrecht*, n. 1, p. 2-7, 2011. p. 4. Quanto à influência da CDFUE, cfr. ARNOLD, Rainer; MEINDL, Elisabeth. The EU Charter of Fundamental Rights and Public Policy in International Arbitration Law. *Czech (& Central European) Yearbook of Arbitration*, v. 1, p. 87-105, 2011; DIAS, Rui. Jurisdição e Constituição. Termos de uma interação. In: AAVV. *Estudos em Homenagem ao Conselheiro Presidente Rui Moura Ramos*. [s.l.]: [s.n.], 2016. v. I. p. 857. Deve notar-se que o TJUE, assumindo o controlo das condições de invocação da ordem pública internacional quando prevista em actos europeus (*vide* nota seguinte), fez a apreciação da eventual violação dos princípios fundamentais relativos à garantia de um processo equitativo no *standard* de protecção dado pela CDFUE – cfr. Acórdão TJUE de 25.5.2016, *Meroni*, proc. C-559/14, nºs 43 e seguintes – limitando desse modo a invocação da ordem pública internacional a esse parâmetro.

[31] BALLARINO, Tito; BALLARINO, Eleonora; PRETELLI, Ilaria. *Diritto internazionale privato italiano*. 8. ed. Milano: Wolters Kluwer; Cedam, 2016. p. 110; KEGEL, Gerhard; SCHURIG, Klaus. *Internationales Privatrecht*. 9. ed. Munique: Beck, 2004. p. 536; KROPHOLLER, Jan. *Internationales Privatrecht*. 6. ed. Tübingen: Mohr Siebeck, 2014. p. 249; POSCH, Willibald. *Bürgerliches Recht Band VII – Internationales Privatrecht*. Viena: Springer, 2010. p. 56; CHONG, Adeline. Transnational public policy in civil and commercial matters. *The Law Quarterly Review*, v. 128, n. 2, p. 88-113, 2012. p. 112; WURMNEST, Wolfgang. Ordre public. In: LEIBLE, Stefan; UNBERATH, Hannes (Ed.). *Brauchen wir eine Rom 0-Verordnung?* Jena: Jenaer Wissenschaftliche Verlagsgesellschaft, 2013. p. 472; KINSCH, Patrick. Droits de l'homme, droits fontamentaux et droit international privé. *Recueil des Cours de l'Académie de Droit International*, t. 318, p. 1-331, 2005. p. 172, e KINSCH, Patrick. La non-conformité du jugemet étranger à l'ordre public international mise au diapason de la Convention européenne des droits de l'homme. *Revue Critique de Droit International Privé*, 2011. p. 817 e ss.; ARNOLD, Rainer; MEINDL, Elisabeth. The EU Charter of Fundamental Rights and Public Policy in International Arbitration Law. *Czech (& Central European) Yearbook of Arbitration*, v. 1, p. 87-105, 2011. p. 102; FOHRER, Estelle. *L'incidence de la Convention européenne des droits de l'homme sur l'ordre public international français*. Bruxelas: Bruylant, 1999. p. 5; MAYER, Pierre. La Convention européenne des droits de l'homme et l'application des normes étrangères. *Revue Critique de Droit International Privé*, v. 80, n. 4, p. 651-665, 1991. p. 662.

comunitárias. Neste sentido, ocorre uma *europeização* do conceito de ordem pública internacional, passando a sua interpretação – e, assim, as condições da sua utilização – a caber ao Tribunal de Justiça da União Europeia, enquanto órgão responsável pela fixação do sentido a dar ao direito europeu. Dito de outro modo: o direito da União interfere *directamente* na modelação do conceito de ordem pública internacional, quando o prevê nos actos de direito derivado em matéria de conflitos de leis e de reconhecimento de decisões judiciais, o que implica que os requisitos para a sua mobilização sejam determinados pelo Tribunal de Justiça.[32] Nestes casos, cabe aos tribunais nacionais refrear a invocação da ordem pública internacional, importando-lhes não apenas a consideração dos pressupostos normais da sua invocação (designadamente, a violação de princípios fundamentais do direito desse Estado-Membro) como, cumulativamente, das condições de invocação determinadas pelo Tribunal de Justiça.[33]

Em tais casos, pode assistir-se a uma desvinculação do conteúdo da ordem pública internacional dos preceitos constitucionais: suponha-se que um tribunal de um Estado-Membro cuja Constituição proíbe o casamento entre pessoas do mesmo sexo é chamado a decidir sobre a viabilidade de invocação da ordem pública internacional a propósito do reconhecimento de uma decisão do tribunal de outro Estado-Membro

---

[32] Cfr. Acórdão TJUE de 28.3.2000, *Krombach*, proc. C-7/98, nºs 23 e 36-37; Acórdão TJUE de 11.5.2000, *Renault*, proc. C-38/98, nº 43; Acórdão TJUE de 2.4.2009, *Gambazzi*, proc. C-394/07, nºs 26 a 29; Acórdão TJUE de 28.4.2009, *Apostolides*, proc. C-420/07, nºs 57 a 59; Acórdão TJUE de 25.5.2016, *Meroni*, proc. C-559/14, nº 40. O mesmo é, aliás, sublinhado nos actos de direito derivado da União Europeia, que vão indicando *certo sentido europeu* de ordem pública internacional, independentemente da circunstância de a lei afastada pela sua invocação ser ou não de um Estado-Membro da União Europeia. Veja-se, por exemplo, o Considerando nº 24 do Regulamento UE 1259/2010, sobre lei aplicável ao divórcio e à separação judicial e o Considerando nº 58 do Regulamento UE 650/2012, relativo à competência, à lei aplicável, ao reconhecimento e execução das decisões, e à aceitação e execução dos actos autênticos em matéria de sucessões e à criação de um Certificado Sucessório Europeu ("os tribunais não deverão poder aplicar a excepção de ordem pública para recusar uma disposição da lei de outro Estado quando tal seja contrário à Carta dos Direitos Fundamentais da União Europeia, em especial ao seu artigo 21º, que proíbe qualquer forma de discriminação"). Assim, se os tribunais dos Estados-Membros podem invocar a sua própria ordem pública internacional, que é prevista justamente como "um corolário da autonomia dos sistemas jurídicos dos Estados-Membros" (PINHEIRO, Luís de Lima. *Direito internacional privado*. Reconhecimento de decisões estrangeiras. 3. ed. Coimbra: Almedina, 2019. v. III. t. 2. p. 112), as condições do seu emprego são determinadas pelo próprio direito da UE (CHONG, Adeline. Transnational public policy in civil and commercial matters. *The Law Quarterly Review*, v. 128, n. 2, p. 88-113, 2012. p. 90), beneficiando do próprio do quadro de protecção de direitos fundamentais da CEDH e da CDFUE, podendo legitimar o afastamento da aplicação de regras de países terceiros que ponham em causa os direitos aí garantidos (WURMNEST, Wolfgang. Ordre public. In: LEIBLE, Stefan; UNBERATH, Hannes (Ed.). *Brauchen wir eine Rom 0-Verordnung?* Jena: Jenaer Wissenschaftliche Verlagsgesellschaft, 2013. p. 460 e ss.).

[33] DIAS, Rui. Jurisdição e Constituição. Termos de uma interação. In: AAVV. *Estudos em Homenagem ao Conselheiro Presidente Rui Moura Ramos*. [s.l.]: [s.n.], 2016. v. I. p. 857; CHABERT, Susana. Ordem pública internacional e direito comunitário. In: CHABERT, Susana. PASSARRA, Nuno Andrade. *Normas de aplicação imediata, ordem pública internacional e direito comunitário*. Coimbra: Almedina, 2004. p. 240 e ss.; BOGDAN, Michael. *Private International Law in Sweeden*. [s.l.]: Wolters Kluwer Law & Business, 2015. p. 41; ROGERSON, Pippa. *Collier's Conflict of Laws*. 4. ed. Cambridge: Cambridge University Press, 2013. p. 226; 329; BASEDOW, Jürgen. Recherches sur la formation de l'ordre public européen dans la jurisprudence. *Mélanges en l'honneur de Paul Lagarde*. Paris: Dalloz, 2005. p. 73; CHONG, Adeline. Transnational public policy in civil and commercial matters. *The Law Quarterly Review*, v. 128, n. 2, p. 88-113, 2012. p. 89; STRUYCKEN, Teun. L'ordre public de la Communauté Européenne. In: *Vers de nouveaux équilibres entre ordres juridiques – Mélanges en l'honneur de Hélène Gaudemet-Tallon*. Paris: Dalloz, 2008. p. 627. Cfr., por exemplo, Acórdão TJUE de 25.5.2016, *Meroni*, proc. C-559/14, nºs 43 e seguintes, limitando a apreciação de eventual violação das garantias de um processo equitativo como fundamento de invocação da OPI ao nível de protecção conferido pela CDFUE. Desde que respeitadas estas condições, porém, deixa-se ao Estado a definição concreta do conteúdo da sua ordem pública internacional (BIHANNIC, Kévin. *Repenser l'ordre public de proximité*: d'une conception hiérarchique à une conception proportionnelle. [s.l.]: [s.n.], 2017. Policopiado. p. 288).

relativa ao regime matrimonial daquele casal (art. 37º, alínea a) do Regulamento UE 2016/1103). Se o Tribunal de Justiça vier a interpretar aquele conceito de ordem pública internacional no sentido de que não pode ser utilizado com fundamento no facto de os cônjuges serem do mesmo sexo, a aceção dada ao conceito europeu de OPI tem por efeito a sua dissociação das normas constitucionais.

Por outro lado, independentemente de a invocação da ordem pública internacional decorrer do direito internacional privado de fonte interna, europeia ou internacional, quando a sua mobilização tenha por efeito a limitação das liberdades fundamentais, entende-se estar a respectiva utilização sujeita aos limites das restrições às liberdades comunitárias, sobretudo quando invocada para recusar a aplicação da lei de outro Estado-Membro ou o reconhecimento de uma decisão proferida noutro Estado-Membro.[34] Deste modo, o direito da União Europeia condiciona *indirectamente* a respectiva utilização, mesmo quando invocada em matérias não cobertas pelos instrumentos de direito internacional privado europeu.[35] E, note-se, apesar de este limite ocorrer qualquer que seja a fonte do direito internacional privado em causa, a ideia parece ser especialmente legitimada nos domínios cobertos pelos atos europeus de unificação do direito internacional privado, em que o legislador comunitário expressamente os declara.[36]

---

[34] Cfr. RAMOS, Rui Moura. Public policy in the framework of the Brussels Convention – Remarks on Two Recent Decisions by the European Court of Justice. *Yearbook of Private International Law*, v. 2, p. 25-39, 2000. p. 27; PINHEIRO, Luís de Lima. *Direito internacional privado* – Introdução e direito de conflitos – Parte geral. 3. ed. Coimbra: Almedina, 2014. v. I. p. 662; STRUYCKEN, Teun. L'ordre public de la Communauté Européenne. In: *Vers de nouveaux équilibres entre ordres juridiques* – Mélanges en l'honneur de Helène Gaudemet-Tallon. Paris: Dalloz, 2008. p. 632; WURMNEST, Wolfgang. Ordre public. In: LEIBLE, Stefan; UNBERATH, Hannes (Ed.). *Brauchen wir eine Rom 0-Verordnung?* Jena: Jenaer Wissenschaftliche Verlagsgesellschaft, 2013. p. 452.

[35] Recorde-se o Acórdão TJUE de 22.12.2010, *Ilonka Sayn-Wittgenstein*, proc. C-208/09, em que o Tribunal expressamente avalia a licitude de mobilização do instituto da *ordem pública internacional* pelos critérios do direito da União de restrição às liberdades, *maxime* o respeito pelo princípio da proporcionalidade (cfr. nº 86). Neste sentido, RAMOS, Rui Moura. O Tribunal de Justiça das Comunidades Europeias e a Teoria Geral do Direito Internacional Privado. Desenvolvimentos recentes. In: RAMOS, Rui Moura (Ed.). *Estudos em homenagem à professora doutora Isabel de Magalhães Collaço*. Coimbra: Almedina, 2002. v. I. p. 453; CHABERT, Susana. Ordem pública internacional e direito comunitário. In: CHABERT, Susana. PASSARRA, Nuno Andrade. *Normas de aplicação imediata, ordem pública internacional e direito comunitário*. Coimbra: Almedina, 2004. p. 182 e ss.; DIAS, Rui. Jurisdição e Constituição. Termos de uma interação. In: AAVV. *Estudos em Homenagem ao Conselheiro Presidente Rui Moura Ramos*. [s.l.]: [s.n.], 2016. v. I. p. 853 e ss.; GRÜNBERGER, Michael. Alles obsolet? – Anerkennungsprinzip vs. klassisches IPR. In: LEIBLE; Stefan; UNBERATH, Hannes (Ed.). *Brauchen wir eine Rom 0-Verordnung?* Jena: Jenaer Wissenschaftliche Verlagsgesellschaft, 2013. p. 132-133; PINHEIRO, Luís de Lima. *Direito internacional privado* – Introdução e direito de conflitos – Parte geral. 3. ed. Coimbra: Almedina, 2014. v. I. p. 662; POILLOT-PERUZZETTO, Sylvaine. Ordre public et loi de police dans l'ordre communautaire. *Travaux du Comité Français de Droit International Privé*. [s.l.]: [s.n.], 2002-2004. p. 73 e ss.; BASEDOW, Jürgen. Recherches sur la formation de l'ordre public européen dans la jurisprudence. *Mélanges en l'honneur de Paul Lagarde*. Paris: Dalloz, 2005. p. 70; STRUYCKEN, Teun. L'ordre public de la Communauté Européenne. In: *Vers de nouveaux équilibres entre ordres juridiques* – Mélanges en l'honneur de Helène Gaudemet-Tallon. Paris: Dalloz, 2008. p. 628.

[36] Com efeito, note-se a especial preocupação, no Considerando nº 58 do Regulamento Europeu das Sucessões (Regulamento UE nº 650/2012), em limitar a invocação da ordem pública internacional para evicção da lei de outro Estado-Membro ou para recusar o reconhecimento de uma decisão (ou a aceitação de um documento público) proveniente de outro Estado-Membro – "os órgãos jurisdicionais ou outras autoridades competentes não deverão poder invocar a excepção de ordem pública para afastar a lei de outro Estado-Membro nem recusar reconhecer ou, consoante o caso, executar uma decisão já proferida, um acto autêntico ou uma transacção judicial provenientes de outro Estado-Membro, quando a aplicação da excepção de ordem pública seja contrária à Carta dos Direitos Fundamentais da União Europeia, em especial ao artigo 21º, que proíbe qualquer forma de discriminação". Ideia que é repetida nos Considerandos nº 54 do Regulamento UE nº 2016/1103 e nº 53 do Regulamento UE 2016/1104, respectivamente sobre o direito internacional privado dos regimes matrimoniais e dos efeitos patrimoniais das parcerias registadas.

Por fim, porque há um núcleo de valores específicos da ordem jurídica comunitária – sobretudo em sede das liberdades fundamentais e da vinculação de todos os Estados-Membros à Convenção Europeia dos Direitos do Homem – que se entende não poder ser violado pela aplicação de um direito extraeuropeu, falando-se assim num conceito de "ordem pública europeia", que é tutelado pelo recurso à ordem pública internacional de cada um dos Estados-Membros, já que nesta se inclui aquela.[37]

O que implica a conclusão, pois, de que o conceito de ordem pública internacional deixa de ser *puramente nacional*.[38] Ora, também nestes casos se deve ter por afastada a ligação directa entre *Constituição* e *ordem pública internacional*. Com efeito, os limites à invocação da ordem pública internacional modelados pelo Tribunal de Justiça da União Europeia – com vista a proteger as liberdades comunitárias, sobretudo quando o seu efeito for a negação de um estatuto atribuído por outro Estado-Membro – podem implicar não ser possível a invocação da reserva de ordem pública internacional em casos em que a lei estrangeira transgrida a Constituição.

IV A relatividade especial dos direitos humanos: a *ordem pública verdadeiramente internacional* e a *importância dos valores a proteger*

Se o problema da invocação da ordem pública internacional se põe, essencialmente, pela diversidade de valores entre os vários ordenamentos jurídicos (a ponto de a ordem jurídica do foro poder, em face dos seus princípios, considerar intolerável uma solução prescrita por lei diferente – o que explica o carácter excepcional da sua intervenção),

---

[37] Cfr. RAMOS, Rui Moura. A arbitragem internacional no novo direito português da arbitragem. *Boletim da Faculdade de Direito da Universidade de Coimbra*, v. 88, t. II, p. 583-604, 2012. p. 600; CHABERT, Susana. Ordem pública internacional e direito comunitário. In: CHABERT, Susana. PASSARRA, Nuno Andrade. *Normas de aplicação imediata, ordem pública internacional e direito comunitário*. Coimbra: Almedina, 2004. p. 215 e ss.; CHONG, Adeline. Transnational public policy in civil and commercial matters. *The Law Quarterly Review*, v. 128, n. 2, p. 88-113, 2012. p. 89; KELLER, Max; SIEHR, Kurt. *Allgemeine Lehren des internationalen Privatrechts*. [s.l.]: Schulthess Polygraphischer Verlag, 1986. p. 540; KROPHOLLER, Jan. *Internationales Privatrecht*. 6. ed. Tübingen: Mohr Siebeck, 2014. p. 250; STRUYCKEN, Teun. L'ordre public de la Communauté Européenne. In: *Vers de nouveaux équilibres entre ordres juridiques* – Mélanges en l'honneur de Helène Gaudemet-Tallon. Paris: Dalloz, 2008. p. 625. Assim, o Acórdão do Tribunal de Justiça de 1º.6.1999, *Eco Swiss*, proc. C-126/97, determinou que as regras de concorrência estatuídas no Tratado constituem disposições fundamentais da ordem jurídica interna, razão pela qual a respectiva transgressão por uma sentença arbitral se deve ter por relevante como ofensa à ordem pública internacional. Ainda assim, o aresto determina a sua relevância *apenas no âmbito do espaço permitido* pelo direito processual nacional – PHILIP, Allan. The Eco Swiss judgement and international arbitration. In: NAFZIGER, James; SYMEONIDES, Symeon (Ed.). *Law and Justice in a Multistate World* – Essays in Honor of Arthur T. von Mehren. New York: Transnational Publishers, 2002. p. 528; VON MEHREN, Robert. The Eco-Swiss Case and International Arbitration. *Arbitration International*, v. 19, n. 4, p. 465-469, 2003. p. 467; TRABUCO, Cláudia; GOUVEIA, Mariana França. A arbitrabilidade das questões de concorrência no direito português: the meeting of two black arts. In: FREITAS, José Lebre *et al.* (Ed.). *Estudos em Homenagem ao Professor Doutor Carlos Ferreira de Almeida*. Coimbra: Almedina, 2011. v. I. p. 487 e ss.; BEATSON, Jack. International arbitration, public policy considerations, and conflicts of law: the perspectives of reviewing and enforcing courts. *Arbitration International*, v. 33, p. 175-196, 2017. p. 183; ANDREWS, Neil. *Arbitration and contract law* – Common law perspectives. Switzerland: Springer, 2016. p. 147.

[38] RAMOS, Rui Moura. O Tribunal de Justiça das Comunidades Europeias e a Teoria Geral do Direito Internacional Privado. Desenvolvimentos recentes. In: RAMOS, Rui Moura (Ed.). *Estudos em homenagem à professora doutora Isabel de Magalhães Collaço*. Coimbra: Almedina, 2002. v. I. p. 453, e RAMOS, Rui Moura. O Direito Internacional Privado da Família nos inícios do século XXI: uma perspectiva europeia. In: OLIVEIRA, Guilherme de (Ed.). *Textos de Direito da Família para Francisco Pereira Coelho*. Coimbra: Imprensa da Universidade de Coimbra, 2016. p. 425; WURMNEST, Wolfgang. Ordre public. In: LEIBLE, Stefan; UNBERATH, Hannes (Ed.). *Brauchen wir eine Rom 0-Verordnung?* Jena: Jenaer Wissenschaftliche Verlagsgesellschaft, 2013. p. 462.

a verdade é que nem sempre assim é. Com efeito, vem sendo desenvolvido o conceito de *ordem pública verdadeiramente internacional* ou *ordem pública transnacional*, noção que pretende abarcar o conjunto de normas e princípios tidos por essenciais a toda a comunidade humana como requisito à própria ideia de justiça e comuns à generalidade dos Estados. Nestes casos, defende-se não ser necessária a existência de uma ligação estreita ao foro, bastando que o problema seja colocado a uma autoridade deste Estado, porquanto o julgador não está a recusar a aplicação de um critério para proteger a *sua ordem jurídica*, mas sim a *ordem jurídica global*.[39] Razão pela qual "o elemento que funciona como ligação suficiente da situação *sub judice* ao Estado do foro é o próprio facto de a questão poder ser resolvida por um tribunal deste Estado".[40]

O conceito de *ordem pública transnacional* é particularmente difícil de concretizar, já que a "origem do problema da o. p. internacional reside na carência de uma genuína comunidade jurídica internacional, pois, se todos os Estados estivessem subordinados aos mesmos princípios ético-jurídicos fundamentais, é evidente que o problema não surgiria".[41] Assim, o seu conteúdo é debatido, embora haja certo consenso quanto à

---

[39] Cfr. CORREIA, António Ferrer. *Lições de direito internacional privado*. Coimbra: Almedina, 2000.p. 414; PINHEIRO, Luís de Lima. Ordem pública internacional, ordem pública transnacional e normas imperativas que reclamam aplicação ao mérito da causa. *Revista Internacional de Arbitragem e Conciliação*, n. 5, p. 121-148, 2012. p. 131; MOTA, Helena. A ordem pública internacional e as (novas) relações familiares internacionais. *In*: AAVV. *Estudos em Homenagem ao Professor Doutor Heinrich Ewald Hörster*. Coimbra: Almedina, 2012. p. 266; CHONG, Adeline. Transnational public policy in civil and commercial matters. *The Law Quarterly Review*, v. 128, n. 2, p. 88-113, 2012. p. 92; WELLER, Marc-Philippe; KALLER, Luca; SCHULZ, Alix. Haftung deutscher Unternehmen für Menschenrechtsverletzungen im Ausland. *Archiv für die civilistische Praxis*, v. 216, p. 387-420, 2016. p. 396; KELLER, Max; SIEHR, Kurt. *Allgemeine Lehren des internationalen Privatrechts*. [s.l.]: Schulthess Polygraphischer Verlag, 1986. p. 541; BURGER, David Clifford. Transnational public policy as a factor in choice of law analysis. *New York Law School Journal of International and Comparative Law*, v. 5, p. 367-390, 1984. p. 379; CARTER, P. B. The role of public policy in English private international law. *International and Comparative Law Quarterly*, v. 42, n. 1, p. 1-10, 1993. p. 4. Igualmente, não se coloca qualquer óbice a que seja mobilizada por tribunais arbitrais em si mesmos, independentemente da sua sede (BERMANN, George A. International Arbitration and Private International Law. *Recueil des Cours de l'Académie de Droit International*, t. 381, p. 41-478, 2017. p. 329; LAGARDE, Paul. Public policy. *International Encyclopedia of Comparative Law*, v. III, p. 3-61, 1994. p. 51) ou de Tribunais Internacionais, não sujeitos a qualquer ordenamento jurídico nacional (FERREIRA, Vasco Taborda. Acerca da ordem pública no direito internacional privado. *Revista de Direito e de Estudos Sociais*, ano X, n. 1/3, p. 1-15/185-200, 1957. p. 186; LALIVE, Pierre. Transnational (or Truly International) Public Policy and International Arbitration. *In*: SANDERS, Pieter (Ed.). *Comparative arbitration practice and public policy in arbitration*. New York: Kluwer Law International, 1986. v. III. p. 271).

[40] CORREIA, António Ferrer. *Lições de direito internacional privado*. Coimbra: Almedina, 2000. p. 414, e CORREIA, António Ferrer. *A revisão do Código Civil e o direito internacional privado*. Estudos Vários de Direito. Coimbra: Universidade de Coimbra, 1982. p. 302. Em sentido convergente, cfr. PINHEIRO, Luís de Lima. *Direito internacional privado* – Introdução e direito de conflitos – Parte geral. 3. ed. Coimbra: Almedina, 2014. v. I. p. 671 ("a cláusula de ordem pública internacional deve intervir mesmo na falta de laços significativos quando estejam em causa direitos fundamentais de especial importância"); VICENTE, Dário Moura. *Da responsabilidade pré-contratual em direito internacional privado*. Coimbra: Almedina, 2001. p. 689; CHABERT, Susana. Ordem pública internacional e direito comunitário. *In*: CHABERT, Susana. PASSARRA, Nuno Andrade. *Normas de aplicação imediata, ordem pública internacional e direito comunitário*. Coimbra: Almedina, 2004. p. 261. No fundo, a exigência de conexão com o foro decai quando se esteja perante um princípio de *ordem pública verdadeiramente internacional* ou *ordem pública transnacional*; com efeito, como ensina MOTA, Helena. A ordem pública internacional e as (novas) relações familiares internacionais. *In*: AAVV. *Estudos em Homenagem ao Professor Doutor Heinrich Ewald Hörster*. Coimbra: Almedina, 2012. p. 265, a exigência da *Inlandsbeziehung* radica numa ideia de justiça relativa, "isto é, uma justiça que pode mudar de paradigma em função das circunstâncias de tempo e de lugar em que é aplicada". Nada disto vale no quadro da ordem pública verdadeiramente internacional, que tutela valores universais.

[41] MACHADO, João Baptista. *Lições de direito internacional privado*. Coimbra: Almedina, 1999. p. 257. No mesmo sentido, COLLAÇO, Isabel de Magalhães. *Direito internacional privado* – Lições. Lisboa: Associação Académica da Faculdade de Direito, 1958. v. II. p. 328.

existência de pontos de referência no próprio direito internacional (público): quando a aplicação de certo critério normativo tem por efeito a violação de *normas absolutamente imperativas de direito internacional*[42] ou de *princípios universalmente aceites de ética e justiça*,[43] incluindo-se aí os direitos humanos de vigência universal.[44] Note-se, pois, que quando se fala em universalidade, não se exige que todas as ordens jurídicas as plasmem – caso contrário, o problema não se poria; o que importa é tratar-se de princípios e valores que *deveriam* ser universalmente estatuídos, em face da sua fonte jusinternacional de *ius cogens* e da importância desses cânones na configuração da própria noção de justiça.[45] Trata-se, pois, do *common interest of mankind*.[46] E que é denunciado pelo facto de a generalidade das Constituições espelharem justamente a protecção desses direitos e valores.[47]

Ora, quando a Constituição espelhe valores que coincidam com as *normas absolutamente imperativas de direito internacional* ou *direitos humanos de vigência universal*

---

[42] Embora, neste caso, seja discutível se é ainda a invocação da ordem pública internacional ou se, pelo contrário, se estará face a um *limite autónomo* de direito internacional público à aplicação de lei estrangeira ou ao reconhecimento de decisões estrangeiras. Cfr. PINHEIRO, Luís de Lima. *Direito internacional privado*. Reconhecimento de decisões estrangeiras. 3. ed. Coimbra: Almedina, 2019. v. III. t. 2. p. 135; ALMEIDA, João Gomes de. *O divórcio em direito internacional privado*. Coimbra: Almedina, 2017. p. 535.

[43] Cfr. NHEIRO, Luís de Lima. *Arbitragem transnacional* – A determinação do estatuto da arbitragem. Coimbra: Almedina, 2005. p. 470; CHONG, Adeline. Transnational public policy in civil and commercial matters. *The Law Quarterly Review*, v. 128, n. 2, p. 88-113, 2012. p. 93.

[44] STAATH, Claire. La excepción de orden público internacional como fundamento de denegación del reconocimiento del repudio islâmico. *Anuario Español de Derecho Internacional Privado*, t. X, p. 717-729, 2010. p. 722; DOLINGER, Jacob. World public policy: real international public policy in the conflict of laws. *Texas International Law Journal*, v. 17, n. 3, p. 167-193, 1982. p. 175; LEQUETTE, Yves. Le droit international privé et les droits fondamentaux. *In*: LEQUETTE, Yves et al. *Droits et libertés fondamentaux*. 4. ed. Paris: Dalloz, 1997. p. 95; FERREIRA, Vasco Taborda. Acerca da ordem pública no direito internacional privado. *Revista de Direito e de Estudos Sociais*, ano X, n. 1/3, p. 1-15/185-200, 1957. p. 185; KROPHOLLER, Jan. *Internationales Privatrecht*. 6. ed. Tübingen: Mohr Siebeck, 2014. p. 253; DOLINGER, Jacob. World public policy: real international public policy in the conflict of laws. *Texas International Law Journal*, v. 17, n. 3, p. 167-193, 1982. p. 171; AGUIRRE, Cecilia Fresnedo de. Public policy: common principles in the American States. *Recueil des Cours de l'Académie de Droit International*, t. 379, p. 73-396, 2016. p. 379.

[45] Cfr. CHONG, Adeline. Transnational public policy in civil and commercial matters. *The Law Quarterly Review*, v. 128, n. 2, p. 88-113, 2012. p. 100 ("However, the court which is relying on a purported transnational public policy to disapply a foreign rule cannot claim to be applying a universal principle. If a certain principle is accepted universally, then no rule of any legal system would fall foul of the principle. Therefore, the reference point is values that are shared by all nations, or, failing unanimity, all civilised nations, or, failing unanimity within that cohort, at least most of all civilised nations. In other words, the appeal to universal principles of morality and justice more accurately means an appeal to principles which should be accepted universally"); DOLINGER, Jacob. World public policy: real international public policy in the conflict of laws. *Texas International Law Journal*, v. 17, n. 3, p. 167-193, 1982. p. 171; CHNG, Kenny. A theoretical perspective of the public policy doctrine in the conflict of laws. *Journal of Private International Law*, v. 14, n. 1, p. 130-159, 2018. p. 134, nota 19; LAGARDE, Paul. Public policy. *International Encyclopedia of Comparative Law*, v. III, p. 3-61, 1994. p. 49; SPERDUTI, Giuseppe. Norme di Applicazione Necessaria e Ordine Pubblico. *Rivista di Diritto Internazionale Privato e Processuale*, ano XII, n. 3, p. 469-490, 1976. p. 484.

[46] DOLINGER, Jacob. World public policy: real international public policy in the conflict of laws. *Texas International Law Journal*, v. 17, n. 3, p. 167-193, 1982. p. 172. Serão, no fundo, os valores que interessam a "toda a comunidade internacional" (CORREIA, António Ferrer. A venda internacional de objectos de arte e a protecção do património cultural. *Revista de Legislação e de Jurisprudência*, anos 125 e 126, n. 3823 a 3831, 1993-1994, p. 289-293, 321-325, 353-357 (ano 125); p. 288-212, 234-237, 266-270, 296-103, 162-166 (ano 126), n. 3828. p. 70).

[47] Neste sentido, AGUIRRE, Cecilia Fresnedo de. Public policy: common principles in the American States. *Recueil des Cours de l'Académie de Droit International*, t. 379, p. 73-396, 2016. p. 138: "The defense of most human rights and fundamental rights is provided for in national Constitutions, which reflect, as Jayme points out, the existence of a common patrimony of basic juridical values". Os valores "que consideramos essenciais a toda a comunidade humana" (CORREIA, António Ferrer. *A revisão do Código Civil e o direito internacional privado*. Estudos Vários de Direito. Coimbra: Universidade de Coimbra, 1982. p. 302).

(designadamente, decorrentes da Declaração Universal dos Direitos do Homem),[48] é atenuada a exigência de *Inlandsbeziehung* para que a OPI seja invocada em sua defesa: esta pode atuar sem que exista preponderante ligação ao foro, sempre que o resultado da aplicação de lei estrangeira implique a sua violação. E é nesse contexto que pode estabelecer-se uma mais directa ligação entre a reserva de ordem pública internacional e o texto constitucional.[49]

Dito de outro modo: a ordem pública internacional, habitualmente, não pode intervir quando a conexão da situação ao foro não exista. Essa contenção tem que ver com o facto de uma situação jurídica sediada no estrangeiro, mesmo que contrária a princípios nacionais, não os pôr verdadeiramente em causa, atenta à estraneidade daquela situação, razão pela qual não pode o Estado impor os seus próprios referentes a uma situação a que é alheio. Todavia, caso estejamos perante valores fundamentais comuns a toda a comunidade internacional – não no sentido de todos os Estados os receberem, mas no sentido de que há um consenso generalizado de que todos os deveriam garantir – é admissível que qualquer Estado os possa tutelar. Seja porque actua *em nome da comunidade internacional*, seja porque, face a valores universais, a sua violação se tem por intolerável para a comunidade jurídica do foro, *mesmo em situações com ele não conectadas*.[50]

Simplesmente, é controvertida sequer a existência desses valores. Pode sustentar-se que, se existissem, nunca a aplicação de uma lei estrangeira os poria em causa, porque ela própria deles comungaria.[51] Mas, mesmo aceitando-se a respetiva vigência enquanto "expoente máximo da civilidade",[52] a identificação desse conteúdo é imprecisa: caberá aqui a discriminação por motivos raciais,[53] a denegação da personalidade jurídica a algumas pessoas (escravatura); a recusa dos direitos de filiação aos filhos naturais e a proibição da tortura.[54] Mas, no mais, não parecem identificar-se outros valores ou princípios que a comunidade internacional universalmente aceite.

---

[48] Com efeito, "the United Nations Declaration on Human Rights 'is an embodiment of what may be described as fairly generally accepted standards of international public policy'" (DOLINGER, Jacob. World public policy: real international public policy in the conflict of laws. *Texas International Law Jounal*, v. 17, n. 3, p. 167-193, 1982. p. 175).

[49] Cfr. CHONG, Adeline. Transnational public policy in civil and commercial matters. *The Law Quarterly Review*, v. 128, n. 2, p. 88-113, 2012. p. 92; LAGARDE, Paul. Public policy. *International Encyclopedia of Comparative Law*, v. III, p. 3-61, 1994. p. 49.

[50] BALLARINO, Tito; BALLARINO, Eleonora; PRETELLI, Ilaria. *Diritto internazionale privato italiano*. 8. ed. Milano: Wolters Kluwer; Cedam, 2016. p. 111; CHNG, Kenny. A theoretical perspective of the public policy doctrine in the conflict of laws. *Journal of Private International Law*, v. 14, n. 1, p. 130-159, 2018. p. 136.

[51] MICHAELS, Ralf. Private international law and the question of universal values. *In*: FERRARI, Franco; ARROYO, Diego P. Fernández (Ed.). *Private international law* – Contemporary challenges and continuing relevance. [s.l.]: Edward Elgar, 2019. p. 168 ("If we had such universal substantive values, we would not need private international law"); CHABERT, Susana. Ordem pública internacional e direito comunitário. *In*: CHABERT, Susana. PASSARRA, Nuno Andrade. *Normas de aplicação imediata, ordem pública internacional e direito comunitário*. Coimbra: Almedina, 2004. p. 263 ("tais princípios universais não foram jamais descobertos nem conhecidos de antemão pelo aplicador. A sua primazia absoluta, derivada do reconhecimento de uma comunidade jurídica mundial, guiada pelo mesmo farol, encontra, por conseguinte, resistências na doutrina, sendo até considerada, por vezes, uma utopia").

[52] Cfr. CHABERT, Susana. Ordem pública internacional e direito comunitário. *In*: CHABERT, Susana. PASSARRA, Nuno Andrade. *Normas de aplicação imediata, ordem pública internacional e direito comunitário*. Coimbra: Almedina, 2004. p. 267.

[53] BOGDAN, Michael. *Private International Law in Sweeden*. [s.l.]: Wolters Kluwer Law & Business, 2015. p. 43.

[54] CHONG, Adeline. Transnational public policy in civil and commercial matters. *The Law Quarterly Review*, v. 128, n. 2, p. 88-113, 2012. p. 100. A proibição da escravatura e a denegação dos direitos de filiação aos filhos

Nestes casos, a ordem pública internacional perderá o seu carácter *relativo*, podendo pelo contrário ter-se por *absoluta*: o simples facto de o problema se pôr no Estado do foro é suficiente para a sua invocação.[55] Claro que pode discutir-se se, nestes casos, está ainda a intervir a ordem pública internacional ou, pelo contrário, a reconhecer-se à Constituição um papel autónomo de evicção da lei estrangeira, por faltar justamente a relatividade que caracteriza a ordem pública internacional.[56] Por nossa parte, porque o critério de repulsa da lei estrangeira não é, rigorosamente, a fonte constitucional da norma violada, mas o carácter chocante da aplicação da lei estrangeira *mesmo em casos em que não há relevante ligação ao foro*, parece estar aqui em causa a excepção da ordem pública internacional. Simplesmente, a essencialidade do direito violado associada à sua vigência universal, apegada às convicções de justiça da comunidade internacional no seu todo, que basta a colocação do problema no Estado do foro para que a violação daqueles se tenha por intolerável.

A isto acresce, como se viu *supra*, que em face de uma transgressão de direitos fundamentais de especial relevância – aqueles que conformam a dignidade da pessoa humana –, a *relatividade* da ordem pública internacional implicará que a respetiva invocação seja sempre mais rigorosa, perdendo relevância a ponderação dos efeitos que a situação já tenha produzido ou a baixa intensidade da ligação ao foro. A importância desses direitos implica que a sua transgressão, mesmo nesses casos, se tenha por intolerável, o que reclamará a sua intervenção. É aquilo a que alguma doutrina apelida de um *afinamento* da ordem pública internacional, que diminui a sua relatividade face a direitos fundamentais especialmente ligados à dignidade da pessoa humana.[57]

V   Conclusão

Deve por isso concluir-se que a ligação entre a Constituição e a atuação da ordem pública internacional não é formal. A tendencial coincidência entre os casos de invocação da OPI e o valor constitucionalmente positivado a proteger decorre da circunstância de a Constituição amparar os valores fundamentais de certa comunidade, para cuja tutela intervém o instituto do direito internacional privado. Ou, de outro modo, do

---

naturais como princípios de ordem pública verdadeiramente internacional ou ordem pública transnacional são assim declarados por CORREIA, António Ferrer. *Lições de direito internacional privado*. Coimbra: Almedina, 2000. p. 413-414; P CARTER, P. B. The role of public policy in English private international law. *International and Comparative Law Quarterly*, v. 42, n. 1, p. 1-10, 1993. p. 3 e GAUDEMET-TALLON, Helene. Le pluralisme en droit international privé: richesses et faiblesses. *Recueil des Cours de l'Académie de Droit International*, t. 312, p. 10-488, 2005. p. 411.

[55] BRIGGS, Adrian. *The Conflict of Laws*. 4. ed. Oxford: Oxford University Press, 2019. p. 193.

[56] No fundo, pode discutir-se se a Constituição não atuará autonomamente nestes casos – como limite independente à aplicação de lei estrangeira, não se enquadrando já na ordem pública internacional. Parece ser essa a convicção de Lima Pinheiro quanto a alguns dos valores na Constituição, quando sustenta que "certas normas constitucionais poderão mesmo ser de aplicação universal, por consagrarem direitos básicos de todo o ser humano. Estas normas são aplicáveis a situações transnacionais independentemente de qualquer laço com o Estado português" (PINHEIRO, Luís de Lima. *Direito internacional privado* – Introdução e direito de conflitos – Parte geral. 3. ed. Coimbra: Almedina, 2014. v. I. p. 687).

[57] FOHRER, Estelle. *L'incidence de la Convention européenne des droits de l'homme sur l'ordre public international français*. Bruxelas: Bruylant, 1999. p. 71 e ss.; LEQUETTE, Yves. Le droit international privé et les droits fondamentaux. In: LEQUETTE, Yves et al. *Droits et libertés fondamentaux*. 4. ed. Paris: Dalloz, 1997. p. 94.

facto de amiúde a transgressão de um valor constitucionalmente positivado constituir, em simultâneo, uma violação de um princípio fundamental da ordem jurídica do foro.

Mas nem a defesa da Constituição implica sempre a invocação da ordem pública internacional nem esta se cinge à proteção de normas com amparo constitucional.

Informação bibliográfica deste texto, conforme a NBR 6023:2018 da Associação Brasileira de Normas Técnicas (ABNT):

PATRÃO, Afonso. O papel da Constituição na modelação da ordem pública internacional. *In*: GOMES, Ana Cláudia Nascimento; ALBERGARIA, Bruno; CANOTILHO, Mariana Rodrigues (Coord.). *Direito Constitucional*: diálogos em homenagem ao 80º aniversário de J. J. Gomes Canotilho. Belo Horizonte: Fórum, 2021. p. 525-544. ISBN 978-65-5518-191-3.

DENSIFICAÇÃO JURÍDICA DO PRINCÍPIO DA ECOINOVAÇÃO. A INOVAÇÃO JURÍDICO-ECOLÓGICA COMO RESPOSTA ADEQUADA À EMERGÊNCIA CLIMÁTICA E AMBIENTAL

ALEXANDRA ARAGÃO

Como todo o conhecimento obedece a mecanismos de permanente revisibilidade e aprendizagem, também as decisões sobre questões inovadoras se afastam dos modelos administrativos estáveis e definitivos, para se adaptarem, com flexibilidade e dinamismo, aos desafios trazidos pela instabilidade dos conhecimentos.

(Gomes Canotilho. *A crise do direito e o direito da crise*)[1]

Parte I – O problema: crise ecológica em tempo de "cisne verde"

A crise sanitária, que marcou a passagem da segunda para a terceira década do século XXI, não fez esquecer as *outras* crises mundiais. Mesmo a União Europeia,[2] uma região forte, do ponto de vista da economia, da democracia e dos direitos humanos, afirma que tem que se reinventar para combater a "policrise".[3]

---

[1] CANOTILHO, José Joaquim Gomes. A crise do direito e o direito da crise. *Boletim da Faculdade de Direito da Universidade de Coimbra*, Coimbra, v. LXXXVIII. t. II, 2012. p. 1073 e ss.

[2] Dados estatísticos comparativos sobre uma diversidade de temas (a população, a saúde, a educação e a formação, o mercado de trabalho, as condições de vida, a sociedade digital, a economia, as finanças e os negócios, o comércio internacional, a investigação e desenvolvimento, o transporte, a energia, a silvicultura e a pesca e, claro, o ambiente e recursos naturais), na União Europeia e no mundo, podem ser vistos na publicação do Eurostat: EUROSTAT. *The EU in the world*. 2020. Disponível em: https://ec.europa.eu/eurostat/web/products-statistical-books/-/KS-EX-20-001.

[3] EUROPEAN POLITICAL STRATEGY CENTER. *Delivering on European common goods strengthening Member States' capacity to act in the 21st century*. 2019. Disponível em: https://op.europa.eu/en/publication-detail/-/publication/d5a5859f-873d-11e9-9f05-01aa75ed71a1/language-en/format-PDF. O *inhouse think tank* da Comissão Europeia, que é o *European Political Strategy Center*, afirma, sugestivamente, que a União Europeia é "mais do que a soma das suas partes. É uma história longa de soberania partilhada para em conjunto proporcionar bens comuns europeus" (p. 3).

Ainda menos se esquecem as crises climática e ambiental que se vêm agigantando e ganhando proporções verdadeiramente assustadoras desde meados do século passado.

Olhando para o contexto europeu, em plena pandemia, as preocupações da União Europeia para o período pós-pandêmico[4] focam-se na necessidade de uma transição ecológica para recuperação económica e social sustentável e duradoura.[5]

Ora, a transição ecológica consiste na passagem para um modelo de sociedade mais sóbria no uso de recursos naturais e repousando numa relação homem-natureza mais equilibrada.[6]

O período de grande incerteza que estamos a viver surgiu de forma relativamente inesperada e parece antecipar mudanças estruturais nos sistemas sociais, económicos e institucionais, orientadas pelo objetivo de reequilibrar a relação, profundamente perturbada, do homem com a natureza. Nas palavras da Comissão Europeia, no Pacto Ecológico Europeu, vamos "transformar um desafio urgente numa oportunidade única".[7] Isto tem levado os especialistas a caraterizar esta época como um "cisne verde".[8] A expressão "cisne verde" é uma adaptação ecológica do conceito de "cisne negro", utilizado em estudos de prospetiva, ao conjeturar cenários futuros. *Cisnes negros* são eventos altamente improváveis e disruptivos, que obrigam a repensar completamente os pressupostos e as tendências que se desenhavam até aí.[9] Na caraterização da época atual, as tendências relativamente a todos os indicadores ecológicos mostram-se acentuadamente negativas. A ocorrência na China, no final de 2019, de uma epidemia da síndrome respiratória aguda grave, associada ao coronavírus 2, que rapidamente se transformou numa mortífera pandemia,[10] acompanhada das medidas generalizadas para contenção da propagação do vírus,[11] limitando a mobilidade da população, encerrando atividades económicas e restringindo atividades sociais e culturais, vieram atirar as economias (das mais prósperas às mais insipientes) para uma profunda crise. Foi esta crise, iniciada em 2020, que veio alterar as *regras do jogo*, de tal forma que agora

---

[4] EUROPEAN COMMISSION. *Strategic Foresight Report*. Charting the Course Towards a more resilient Europe. 2020. Disponível em: https://ec.europa.eu/info/sites/info/files/strategic_foresight_report_2020_1.pdf.

[5] INSTITUTE FOR EUROPEAN ENVIRONMENTAL POLICY. *Europe Sustainable Development Report 2020*. Meeting the sustainable development goals in face of the Covid-19 pandemic. 2020. Disponível em: https://www.sdgindex.org/reports/europe-sustainable-development-report-2020/.

[6] Segundo o *Dictionnaire Juridique des Transitions Écologiques* (DUTILLEUL, François Collart; PIRONON, Valerie; LANG, Agathe Van (Dir.). *Dictionnaire Juridique des Transitions Écologiques*. [s.l.] : Institut Universitaire Varenne, 2018. p. 17).

[7] EUROPA. *Comunicação da Comissão ao Parlamento Europeu, ao Conselho, ao Comité Económico e Social Europeu e ao Comité das Regiões sobre o Pacto Ecológico Europeu*. COM(2019) 640 final, Bruxelas, 11.12.2019. Disponível em: https://eur-lex.europa.eu/resource.html?uri=cellar:b828d165-1c22-11ea-8c1f-01aa75ed71a1.0008.02/DOC_1&format=PDF.

[8] ELKINGTON, John. *Green swans*. The coming boom in regenerative capitalism. New York: Fast Company Press, 2019.

[9] TERJE, Aven. Implications of black swans to the foundations and practice of risk assessment and management. *Reliability Engineering and System Safety*, v. 134, p. 83-91, 2015. Disponível em: https://www.sciencedirect.com/science/article/pii/S0951832014002440.

[10] A Organização Mundial da Saúde apelou aos Estados e organizações internacionais para que colaborem ativamente no combate à pandemia (Assembleia Geral nº 73, item nº 3 da agenda sobre a resposta ao Covid-19 em maio de 2020. Disponível em: https://apps.who.int/gb/ebwha/pdf_files/WHA73/A73_R1-en.pdf).

[11] Consistindo em encerramento de atividades e confinamento preventivo de grande parte da população, decretados praticamente por todos os países do mundo, num esforço conjunto de ultrapassar a crise sanitária no ano 2020 e 2021, respondendo a apelos da Assembleia-Geral da Organização Mundial de Saúde, na já mencionada resolução adotada na 73ª Assembleia-Geral (virtual), em 19.5.2020 (WHA 73.1) sobre a resposta ao Covid-19.

os países e os povos estão confrontados com a necessidade de repensar os modelos de desenvolvimento dominantes[12] e os paradigmas jurídicos vigentes.[13] Este ponto de inflexão permite-nos pensar no futuro[14] em novos moldes mais verdes.

1 Consciência jurídica da gravidade da crise ecológica

Apesar de a crise do Covid-19 ter obrigado a parar para pensar, entre outras coisas, na crise ambiental, o certo é que o conhecimento e a compreensão da *gravidade* dos problemas ambientais não são de agora.

Há muito que a proliferação de leis de proteção ambiental era um indicador inegável da plena consciência dos decisores sobre os efeitos ambientais nefastos da atividade humana na paulatina transformação do planeta. A extração, transformação e transporte de recursos e produtos para os mercados mundiais, o consumo globalizado e a desflorestação e urbanização galopante são apenas alguns exemplos de atividades que, pela escala e intensidade com que são desenvolvidas, deixam uma marca humana perene e indelével, em toda a Terra, que carateriza a nova era geológica do antropoceno.[15]

Desde tempos remotos até a contemporaneidade, a existência de normas jurídicas regulando cada uma destas atividades e controlando os problemas ambientais por elas gerados mostra que os poderes públicos olham para a degradação do ambiente como um problema a enfrentar e resolver, por diversas vias, uma das quais é o direito.

Recuando no tempo encontramos, no plano interno português, as primeiras medidas de cariz ambiental, decretadas por D. Afonso III, no século XIII. Efetivamente terá sido D. Afonso III, pai de D. Dinis, que ordenou a plantação de pinheiros bravos ao longo de uma extensa área litoral do nosso país.[16] O Pinhal d'El Rei foi posteriormente expandido por D. Dinis nos séculos XIII e XIV, com a finalidade de conter o avanço das areias das dunas, que ameaçavam os campos cultivados.[17] Utilizando linguagem técnico-científica dos nossos dias, diríamos que a iniciativa régia consistiu numa *solução baseada*

---

[12] O Plano Preliminar Português de Recuperação e Resiliência, de 15.10.2020, visa à "construção de um futuro mais robusto, mais coeso e mais sustentável" e passa por três desafios: resiliência, transição climática e transição digital. Concretamente, a transição climática assenta na mobilidade sustentável, descarbonização e bioeconomia, eficiência energética e energias renováveis. Disponível em: https://www.portugal.gov.pt/pt/gc22/comunicacao/documento?i=plano-de-recuperacao-e-resiliencia-recuperar-portugal-2021-2026-plano-preliminar-).

[13] HONDIUS, Ewoud *et alii* (Ed.). Coronavirus and the Law in Europe. Examining coronavirus-related legislation and its consequences in European States. *Intersentia*, Cambridge, 2020. Disponível em: https://www.intersentiaonline.com/publication/coronavirus-and-the-law-in-europe/1#H0.

[14] Fabio Boschetti, Jennifer Price e Iain Walker apresentam uma análise sistemática das diferentes visões, imagens, preocupações, expetativas e atitudes dos cidadãos relativamente ao futuro, a partir das quais constroem cinco "mitos" típicos sobre o futuro: o da "crise social, o da "eco-crise", o do "tecno-otimismo", o do "poder e desigualdade económica", e o o "transformação social" (BOSCHETTI, Fabio; PRICE, Jennifer; WALKER, Iain. Myths of the future and scenario archetypes. *Technological Forecasting; Social Change*, v. 111, p. 76-85, 2016. Disponível em: https://www.sciencedirect.com/science/article/abs/pii/S0040162516301184).

[15] STEPHEN, Will *et al.* Planetary boundaries: guiding human development on a changing planet. *Science*, v. 347, issue 6223, 2015. Disponível em: http://science.sciencemag.org/content/347/6223/1259855.

[16] DEVY-VARETA, Nicole. Para uma geografia histórica da floresta portuguesa. As matas medievais e a 'coutada velha do Rei'. *Revista da Faculdade de Letras – Geografia Série*, Porto, v. I, p. 47-67, 1985. Disponível em: https://repositorio-aberto.up.pt/handle/10216/7921.

[17] REGO, F. Castro; FERNANDES, P.; SILVA, J. Sande; AZEVEDO, J.; MOURA, J. M.; OLIVEIRA, E.; CORTES, R.; VIEGAS, D. X.; CALDEIRA, D.; SANTOS, F. Duarte (Coord.). *Estudo técnico*: recuperação da Mata Nacional de Leiria após os incêndios de outubro de 2017. Lisboa: Assembleia da República, 2020. Disponível em: https://www.parlamento.pt/Parlamento/Documents/oti/Estudotecnico-out2020.pdf.

na natureza[18] para restaurar serviços ecossistémicos de regulação (no caso, para evitar a perda de solo produtivo)[19] e repor serviços ecossistémicos de suporte de biodiversidade, ao mesmo tempo que proporcionou serviços de provisão (fornecimento de madeira, pinhas, resina etc.).[20]

Dando um salto temporal no edifício jusambiental da atualidade, verificamos que às leis florestais[21] se juntaram leis sobre a sustentabilidade das atividades agrícolas,[22] das atividades de pesca,[23] de mineração,[24] de produção energética,[25] de transformação industrial[26] ou de urbanização,[27] apenas para mencionar algumas. De todas elas decorre a necessidade de encontrar estratégias jurídicas de conciliação entre as atividades humanas fomentadoras de desenvolvimento económico e progresso social por um lado, e a preservação das condições ambientais, por outro, num reconhecimento óbvio de que o direito tem sido uma das importantes ferramentas de resolução dos problemas ambientais.

Também no plano internacional, a existência de instrumentos jurídicos sobre temas tão díspares como a prevenção de poluição a longa distância,[28] o combate à

---

[18] Na terminologia anglo-saxónica, as *nature based solutions* são definidas pela Comissão Europeia como "soluções que são inspiradas e apoiadas na natureza, que são eficientes em termos de custos, e que simultaneamente fornecem benefícios ambientais, sociais e económicos e ajudam a reforçar a resiliência. Tais soluções trazem mais natureza e caraterísticas e processos naturais mais diversos para as cidades as paisagens terrestres e marinhas, através de intervenções sistémicas localmente adaptadas, eficientes em termos de recursos" (tradução nossa) (Disponível em: https://ec.europa.eu/info/research-and-innovation/research-area/environment/nature-based-solutions_en).

[19] Oito séculos depois, este problema ainda subsiste, como mostra o Plano Nacional de Combate à Desertificação, aprovado em 2014 pela Resolução do Conselho de Ministros nº 78/2014 de 24 de dezembro (Disponível em: https://dre.pt/application/file/a/65985917).

[20] A tipologia de serviços dos ecossistemas tem consagração legal no artigo 3º, q), da Lei da Conservação da Natureza e Biodiversidade, o Decreto-Lei nº 142/2008 de 24 de julho, alterado duas vezes, primeiro pelo Decreto-lei nº 242/2015, de 15 de outubro e depois pelo Decreto-lei nº 42-A/2016, de 12 de agosto (Disponível em: https://dre.pt/web/guest/legislacao-consolidada/-/lc/114449631/202102230051/exportPdf/maximized/1/cacheLevelPage?rp=diplomasModificantes).

[21] Decreto-Lei nº 32/2020, de 1 de julho, que regulamenta as ações de arborização e rearborização com recurso a espécies florestais (Disponível em: https://dre.pt/application/file/a/136909651).

[22] Decreto-Lei nº 64/2018 de 7 de agosto, que aprova o Estatuto da Agricultura Familiar (Disponível em: https://dre.pt/application/file/a/115933763)

[23] Decreto-Lei nº 112/2017 de 6 de setembro, que estabelece o regime jurídico do ordenamento e da gestão sustentável dos recursos aquícolas das águas interiores (Disponível em: https://dre.pt/application/file/a/108108278); e Regulamento nº 1380/2013 do Parlamento Europeu e do Conselho, de 11.12.2013, relativo à Política Comum de Pescas (Disponível em: https://eur-lex.europa.eu/LexUriServ/LexUriServ.do?uri=OJ:L:2013:354:0022:0061:PT:PDF).

[24] Lei nº 54/2015, de 22 de junho, que define as bases do regime jurídico da revelação e do aproveitamento dos recursos geológicos existentes no território nacional, incluindo os localizados no espaço marítimo nacional (Disponível em: https://dre.pt/application/file/a/67552586).

[25] Decreto-Lei nº 162/2019 de 25 de outubro, sobre produção descentralizada de energia elétrica (Disponível em: https://dre.pt/application/file/a/125697283).

[26] Decreto-Lei nº 169/2012 de 1 de agosto (alterado pelo Decreto-Lei nº 165/2014 de 5 de novembro, pelo Decreto-Lei nº 73/2015 de 11 de maio, pelo Decreto-Lei nº 39/2018 de 11 de junho, pelo Decreto-Lei nº 20/2019 de 30 de janeiro, e pela Resolução da Assembleia da República nº 138/2019 de 8 de agosto) que estabelece o Sistema de Indústria Responsável (Disponível em: https://dre.pt/web/guest/legislacao-consolidada/-/lc/67025098/201704061122/exportPdf/normal/1/cacheLevelPage?_LegislacaoConsolidada_WAR_drefrontofficeportlet_rp=indice).

[27] Decreto-Lei nº 555/99, de 16 de dezembro (alterado por dezoito diplomas legais posteriores, o último de 2019), que estabelece o Regime Jurídico da Urbanização e Edificação (Disponível em: https://www.pgdlisboa.pt/leis/lei_mostra_articulado.php?nid=625&tabela=leis).

[28] *1979 United Nations Convention on long-range transboundary air pollution* (Disponível em: https://treaties.un.org/doc/Treaties/1979/11/19791113%2004-16%20PM/Ch_XXVII_01p.pdf).

desertificação,²⁹ a preservação da camada do ozono,³⁰ a mitigação das alterações climáticas,³¹ a proteção das aves migratórias,³² os poluentes orgânicos persistentes,³³ por exemplo, mostram o grau de perceção e consciência relativamente à importância de assumir obrigações jurídicas para prevenir e controlar os impactes ambientais das atividades humanas.

Perante tal profusão de instrumentos normativos para tentar resolver os danos ambientais crescentes e cada vez mais complexos, a *consciência da ilicitude* é impossível de negar.

As organizações internacionais sabem, os governos sabem, os empresários sabem, as pessoas sabem, que as suas decisões, as suas ações, as suas omissões, estão a afetar, de forma gradual, mas grave e irreversível, o equilíbrio ambiental.

Os movimentos de opinião pública a favor da criação de um novo tipo legal de crime, o crime de ecocídio, avolumam-se.³⁴

2 Urgência ecológica

Mais recentemente, à perceção da gravidade, a raiar a ilicitude, veio juntar-se a perceção da *urgência* da resolução dos problemas identificados.

A cada dia que passa, as crises ecológica e climática tornam-se mais urgentes, e as razões são várias.

a) *Pelo padrão de crescimento*. O ritmo de evolução da crise ecológica acelera-se a cada dia que passa, num padrão de crescimento dito "exponencial", que traduz a ideia de o aumento diário da degradação ambiental ser proporcional à degradação existente. Simplificadamente, quanto maior o deserto, mais rapidamente aumenta; quanto mais ampla a infestação por plantas invasoras, mais depressa alastram; quanto maior a perda de espécies, mais rápido o declínio dos ecossistemas.

---

[29] *1994 United Nations Convention to combat desertification in those countries experiencing serious drought and/or desertification, particularly in Africa* (Disponível em: https://www.unccd.int/sites/default/files/relevant-links/2017-01/UNCCD_Convention_ENG_0.pdf).

[30] *1985 Vienna Convention for the Protection of the Ozone Layer* (Disponível em: https://treaties.un.org/doc/Treaties/1988/09/19880922%2003-14%20AM/Ch_XXVII_02p.pdf).

[31] *1992 United Nations Framework Convention on climate change* (Disponível em: https://unfccc.int/files/essential_background/background_publications_htmlpdf/application/pdf/conveng.pdf).

[32] *1971 Ramsar Convention on Wetlands of international importance* (Disponível em: https://www.ramsar.org/sites/default/files/documents/library/scan_certified_e.pdf).

[33] *2001 Stockholm Convention on persistent organic pollutants* (Disponível em: https://www.wipo.int/edocs/lexdocs/treaties/en/unep-pop/trt_unep_pop_2.pdf).

[34] Em 2012 foi lançada uma iniciativa de cidadania pela criação de disposições europeias proibindo e punindo o ecocídio (Disponível em: https://europa.eu/citizens-initiative/initiatives/details/2012/000012_en). A proposta foi retirada em 2013. Em França, em junho de 2020, 99% dos membros integrantes da Convenção Cidadã pelo Clima votaram favoravelmente a uma imposição legiferante sobre a integração, na lei, do crime de ecocídio (Disponível em: https://propositions.conventioncitoyennepourleclimat.fr/objectif/legiferer-sur-le-crime-deco cide/). Em janeiro de 2021, líderes de comunidades indígenas do Brasil instauraram, no Tribunal Penal Internacional, uma denúncia contra o Presidente Jair Bolsonaro por crime contra a humanidade, ao ter falhado na proteção da floresta Amazónica e na prevenção do homicídio de líderes e ativistas ambientais indígenas (Disponível em: https://www.dn.pt/internacional/chefe-indio-denuncia-bolsonaro-em-haia-por-crimes-am bientais-13268062.html).

b) *Pela não linearidade dos processos de degradação*. O facto de haver pontos de inflexão das tendências e mudanças de estado[35] faz com que a incerteza aumente, a manutenção dos processos de degradação se torne mais perigosa e a rápida reversão da degradação, ainda mais imperiosa. Por exemplo, numa primeira fase, as perdas de habitat não se refletem, de forma imediata nem proporcional, na perda de espécies. Por quê? Porque as espécies da fauna toleram alguma compressão temporária do *habitat* sem declínio populacional das espécies. No entanto, a partir de certo momento, frequentemente imprevisível, o estado de conservação desfavorável conduz à ocorrência de efeitos abruptos como mortes súbitas, suscetíveis de conduzir a uma extinção à escala local.[36]

c) *Pela interconexão entre processos naturais*. As reações em cadeia são a regra nos ecossistemas devido à forte interconexão entre espécies e *habitats*. Se pensarmos no caso das externalidades ambientais das atividades humanas, a profunda interconexão entre os meios recetores é que faz com que as emissões de poluição atmosférica (por exemplo, os óxidos de enxofre e nitrogénio de origem industrial) provoquem chuvas ácidas e a consequente contaminação dos solos e das águas superficiais, prejudicando irremediavelmente as atividades agrícolas e silvícolas.[37]

d) *Pela irreversibilidade dos efeitos danosos*. É esta irreversibilidade que nos permite afirmar que temos poucos anos para infletir o rumo, antes de que muitos dos problemas antropogénicos se tornem irreversíveis.[38] Depois de uma acumulação intensa de gases com efeito de estufa na atmosfera, reverter o processo e recapturá-los torna-se excecionalmente difícil ou praticamente impossível; depois de uma espécie se extinguir, a recriação da espécie por via da *biologia da ressurreição* é uma solução complexa e arriscada.[39]

3 Consciência jurídica da urgência ecológica

À medida que os indicadores da crise ambiental[40] se vão tornando mais evidentes, a perceção nítida da urgência ecológica deixa de ser privilégio de alguns cientistas *iluminados* e passa a ser conhecimento comum, transversal a toda a sociedade.

---

[35] Manjana Milkoreit *et alli* fazem uma apresentação exaustiva do conceito de pontos de inflexão ou "tipping points" nas ciências sociais (MILKOREIT, Manjana *et alii*. Defining tipping points for social-ecological systems scholarship – an interdisciplinary literature review. *Environmental Research Letters*, v. 13, n. 3, 2018. Disponível em: https://iopscience.iop.org/article/10.1088/1748-9326/aaaa75/meta).

[36] PARSONS, P. A. Habitats, stress, and evolutionary rates. *Journal of Evolutionary Biology*, v. 7, p. 387-397, 1994. Disponível em: https://onlinelibrary.wiley.com/doi/pdf/10.1046/j.1420-9101.1994.7030387.x.

[37] Foi este fenómeno que esteve por trás do célebre caso internacional de conflitos de vizinhança que, nos anos 30, opôs os EUA ao Canadá devido à poluição atmosférica proveniente das chaminés de uma indústria siderúrgica situada em Trail, no Canadá, que em virtude dos ventos dominantes afetava sobretudo o território dos EUA (decisão arbitral disponível em: https://legal.un.org/riaa/cases/vol_III/1905-1982.pdf).

[38] Will Stephen *et alii* ilustram este processo no artigo Trajectories of the Earth System in the Anthropocene (*Proceedings of the National Academy of Sciences*, ago. 2018. Disponível em: https://doi.org/10.1073/pnas.1810141115), em que alertam para o risco da *hot house earth*, um estádio do desenvolvimento do planeta que que as alterações climáticas se tornam irreversíveis.

[39] SHAPIRO, Beth. Pathways to de-extinction: how close can we get to resurrection of an extinct species? *Functional ecology – British Ecological Society*, 24 jun. 2016. Disponível em: https://doi.org/10.1111/1365-2435.12705.

[40] OECD. Key Environmental Indicators, 2017. Disponível em: https://www.oecd.org/greengrowth/green-growth-indicators-2017-9789264268586-en.htm.

A *perceção cientí*fica da urgência climática e ecológica, com as caraterísticas anteriormente mencionadas, começou por ser muito clara entre a comunidade que se dedica especificamente ao estudo científico dos problemas ambientais que afetam todo o planeta. Entre os grupos de cientistas que desenvolvem modelos para compreender a gravidade global dos fenómenos de degradação antropogênica, destaca-se o grupo de investigação multidisciplinar que estuda os chamados "limites do planeta",[41] e que desde 2009 vem publicando estudos que sintetizam e fazem o ponto da situação, da ciência ambiental à escala planetária.

Por sua vez a *consciência política* tornou-se patente desde a criação de órgãos internacionais de natureza híbrida, dotados de legitimidade simultaneamente científica e política, exclusivamente para produzir informação objetiva, comparável, científica e politicamente validada, sobre os grandes problemas ambientais do mundo. Referimo-nos à criação do Painel Intergovernamental das Alterações Climáticas – IPCC[42] e do Painel Intergovernamental para a Biodiversidade e Serviços dos Ecossistemas – IPBES,[43] cujos relatórios têm contribuído para uma consciência crescente da urgência ecológica.[44]

Na União Europeia, foi o Pacto Ecológico Europeu que marcou a consciência política ao propor-se "transformar um desafio urgente numa oportunidade única".[45] Para tal anuncia que "todas as ações e políticas da UE terão de contribuir para a consecução dos objetivos do Pacto Ecológico Europeu".

Paralelamente, a *consciência social* da urgência ecológica está bem patente na proliferação de movimentos sociais[46] que, de forma mais pacífica ou mais violenta, se têm manifestado contra a inércia das políticas públicas perante as evidências de destruição

---

[41] O Centro de Resiliência de Estocolmo (http://www.stockholmresilience.org/) tem levado a cabo uma reflexão aprofundada sobre o estado do planeta (Disponível em: http://planetaryboundariesinitiative.org). Em 2015, Will Stephen e outros publicaram uma análise científica do risco de perturbações humanas desestabilizarem o funcionamento do sistema terrestre à escala do planeta. O artigo de 2015 intitulado Planetary boundaries: guiding human development on a changing planet (*Science*, v. 347, issue 6223, 2015. Disponível em: http://science.sciencemag.org/content/347/6223/1259855) é uma versão atualizada do primeiro artigo científico de 2009, igualmente sobre o tema dos limites planetários: ROCKSTRÖM, J. et al. Planetary boundaries. *Ecology and Society*, v. 14, n. 2, 2009. Disponível em: http://www.ecologyandsociety.org/vol14/iss2/art32/, o qual representa o lançamento oficial do conceito de limites do planeta, que, entretanto, também já chegou ao direito: veja-se FERNÁNDEZ, Edgar; MALWÉ Claire. The emergence of the 'planetary boundaries' concept in international environmental law: A proposal for a framework convention. *Review of European, Comparative and International Environmental Law*, p. 1-9, 2018. Disponível em: https://onlinelibrary.wiley.com/doi/abs/10.1111/reel.12256.

[42] https://www.ipcc.ch/.

[43] https://www.ipbes.net/.

[44] Por exemplo o relatório IPCC em 2019: SHUKLA, P. R. et al. (Ed.). Summary for policymakers. *In*: IPCC. Climate change and land: an IPCC special report on climate change, desertification, land degradation, sustainable land management, food security, and greenhouse gas fluxes in terrestrial ecosystems. 2019. Disponível em: https://www.ipcc.ch/srccl/chapter/summary-for-policymakers/. Outro exemplo é o relatório do IPBES (2019): BRONDIZIO, E. S.; SETTELE, J.; DÍAZ, S.; NGO, H. T. (Ed.). *Global assessment report on biodiversity and ecosystem services of the Intergovernmental Science-Policy Platform on Biodiversity and Ecosystem Services*. Bonn: IPBES Secretariat, 2019. Disponível em: https://www.ipbes.net/global-assessment.

[45] EUROPA. Comunicação da Comissão ao Parlamento Europeu, ao Conselho, ao Comité Económico e Social Europeu e ao Comité das Regiões sobre o Pacto Ecológico Europeu. 640 final. Bruxelas, 11.12.2019. Disponível em: https://eur-lex.europa.eu/legal-content/PT/TXT/?qid=1596443911913&uri=CELEX:52019DC0640#document2.

[46] Por exemplo o movimento *Fridays For Future* (FFF) ou *Extinction Rebellion* (XR), estudados por MOOR, Joost de; VYDT, Michiel De; UBA, Katrin; WAHLSTRÖM, Mattias. New kids on the block: taking stock of the recent cycle of climate activism. *Social Movement Studies*, 2020. Disponível em: https://www.tandfonline.com/doi/pdf/10.1080/14742837.2020.1836617?needAccess=true; ou ainda RICHARDSON, Benjamin J. Climate strikes to extinction rebellion: environmental activism shaping our future. *Journal of Human Rights and the Environment*, v. 11, p. 1-9, dez. 2020. Special Issue. Disponível em: https://doi.org/10.4337/9781800881099.00004.

ecológica de origem antropogénica. Na Europa, 94% dos cidadãos[47] consideram que o ambiente é importante ou muito importante.

Por fim, no nível individual, a intensidade cada vez mais indisfarçável dos danos ambientais criou uma intensa *consciência individual* da urgência ecológica que, agravada pelo confinamento imposto pelas medidas de contenção da Covid-19, está a levar ao alastramento de um novo tipo de perturbação da saúde mental, já reconhecida pela associação americana de psicólogos e designada *ecoansiedade*,[48] que afeta especialmente a população mais jovem.

Num momento de inflexão como aquele que vivemos, todos têm um papel relevante:[49] a comunidade científica, que proporciona o diagnóstico da crise e aponta caminhos possíveis de evolução; a classe política, que faz escolhas e toma decisões que afetam profundamente a economia e as pessoas: a sociedade, que tem a responsabilidade de mudar hábitos e práticas de consumo, de transporte ou de lazer. Infletindo tendências em conjunto é o lema do 8º Programa de Ação da União Europeia em matéria de ambiente.[50]

4 O ponto zero da urgência ecológica: as declarações de emergência climática e ambiental

Tudo se transforma quando passamos de uma perceção científica, política, social e individual da urgência, para uma declaração expressa, *oficial* e *formal* de emergência ecológica. Não é uma novidade a adoção de declarações de emergência climática e ambiental por múltiplas entidades municipais, regionais, estaduais e organizações internacionais.

Até janeiro de 2021, tinham sido emitidas declarações oficiais de emergência climática, abrangendo 1864 jurisdições em 33 países, num total de 820 milhões de cidadãos.[51]

Na União Europeia, em novembro de 2019, foi o Parlamento Europeu que, através de uma resolução[52] emitiu uma declaração de emergência climática e ambiental, abrangendo um território de mais de 4000000 km² e quase 450 milhões de habitantes e 27 Estados.

---

[47] Segundo o Relatório do Eurobarómetro sobre atitudes dos europeus face ao ambiente, em 2020, em média 53% dos cidadãos consideravam o ambiente muito importante e 41%, relativamente importante. Apenas 6% consideram pouco ou nada importante (EUROPEAN COMMISION. *Special Eurobarometer 501*. Attitudes of European citizens towards the Environment. Mar. 2020. Disponível em: https://ec.europa.eu/commfrontoffice/publicopinion/index.cfm/Survey/getSurveyDetail/yearFrom/1974/yearTo/2021/surveyKy/2257).

[48] CLAYTON, Susan; MANNING, Christie; HODGE, Caroline. *Beyond storms*; droughts: the psychological impacts of climate change. APA/ecoAmerica report. 2014. Disponível em: https://ecoamerica.org/wp-content/uploads/2014/06/eA_Beyond_Storms_and_Droughts_Psych_Impacts_of_Climate_Change.pdf. A relação positiva entre a qualidade ambiental e a felicidade é analisada e qualificada em HELLIWELL, John F.; LAYARD, Richard; SACHS, Jeffrey D.; NEVE, Jan-Emmanuel de (Ed.). *World Happiness Report 2020*. Sustainable Development Solutions Network. Disponível em: https://worldhappiness.report/ed/2020/.

[49] BRADSHAW, Corey J. A. *et alii*. Underestimating the challenges of avoiding a ghastly future. *Frontiers in Conservation Science*, 13 jan. 2021. DOI: 10.3389/fcosc.2020.615419. Disponível em: https://www.frontiersin.org/articles/10.3389/fcosc.2020.615419/full.

[50] *Turning the Trends Together* é o título do 8º programa de ação 2021-2030, aprovado por uma decisão do Parlamento Europeu e do Conselho relativa a um programa geral de ação da União para 2030 em matéria de ambiente (COM(2020) 652 final Bruxelas, 14.10.2020. Disponível em: https://eur-lex.europa.eu/LexUriServ/LexUriServ.do?uri=COM:2020:0652:FIN:PT:PDF).

[51] Dados disponíveis no *site* https://climateemergencydeclaration.org/, que se dedica a recolher e divulgar informação sobre declarações oficiais de emergência climática.

[52] Resolução do Parlamento Europeu, de 28.11.2019, sobre a emergência climática e ambiental (2019/2930(RSP). Disponível em: https://www.europarl.europa.eu/doceo/document/TA-9-2019-0078_PT.html).

Onde antes tínhamos um mero fundamento material, que legitimava a União Europeia a adotar medidas públicas, mais ou menos fortes, de proteção ambiental e climática, passamos a ter agora um fundamento formal e oficial – a declaração de emergência – que inegavelmente cria um conjunto de novas obrigações para a União Europeia e para os Estados-Membros.

De facto, uma declaração de emergência como a resolução de 2019, proferida pelo único órgão democraticamente eleito pelos cidadãos da União Europeia, pode ter múltiplas implicações. Quanto à sua natureza jurídica, a resolução é um ato jurídico unilateral suscetível de interpretações jurídicas variadas, consoante se considerem os seus efeitos no plano interno, da União Europeia, e a sua relação interna com os Estados-Membros, ou efeitos no plano internacional, das relações externas da União Europeia com o resto do mundo.

4.1 Força jurídica da declaração europeia de emergência climática e ambiental no plano internacional

Começando precisamente pelo plano internacional, a resolução pode ser interpretada como uma "notificação", em dois sentidos.

Primeiro, uma *notificação* dos parceiros comerciais da União Europeia de que o bloco económico europeu irá adotar medidas destinadas a promover a sustentabilidade, mas suscetíveis de afetar o comércio mundial.

A título exemplificativo foi o caso da diretiva relativa à promoção da utilização de energia proveniente de fontes renováveis[53] que apenas considera relevantes, para efeito do cumprimento das metas de utilização de energias renováveis, os biocombustíveis e biolíquidos que cumpram os critérios de sustentabilidade legalmente estabelecidos.[54] Sendo a União um grande importador de biocombustíveis produzidos em países em vias de desenvolvimento, na prática esta norma acaba por ter efeitos nos produtores agrícolas extraeuropeus, que perdem acesso ao grande mercado europeu a menos que demonstrem que adequaram a sua produção aos critérios adotados na União. Este é um exemplo de teleconexão[55] produzida por via normativa.

Outro caso é a ação da União Europeia para proteger as florestas mundiais.[56] Entre fevereiro e março de 2020, decorreu a consulta inicial de uma iniciativa legislativa,

---

[53] Diretiva 2009/28/CE do Parlamento Europeu e do Conselho, de 23.4.2009 (Disponível em: https://eur-lex.europa.eu/legal-content/PT/TXT/?uri=celex%3A32009L0028).

[54] É o art. 17º, nº 3, da Diretiva de 2009 que determina que os biocombustíveis e biolíquidos só serão sustentáveis se não tiverem sido produzidos a partir de matérias-primas provenientes de terrenos ricos em biodiversidade (como floresta primária e outros terrenos arborizados de espécies indígenas, zonas designadas para fins de protecção da natureza, ou para a protecção de espécies ou ecossistemas raros, ameaçados ou em risco de extinção, terrenos de pastagem naturais que mantêm a composição de espécies e as características e processos ecológicos naturais, ou terrenos de pastagem não naturais mas com grande variedade de espécies e não degradados).

[55] Segundo Hull e Liu, o *telecoupling*, que traduzimos por *teleconexão*, corresponde às interconexões socioeconómicas e ambientais entre sistemas humanos e naturais distantes, mas acoplados, que a globalização tem tornado mais extensas e mais intensas (HULL, V.; LIU, J. Telecoupling: a new frontier for global sustainability. *Ecology and Society*, v. 23, n. 4, p. 41, 2018. Disponível em: https://doi.org/10.5751/ES-10494-230441). Também LIU, Jianguo; HERZBERGER, Anna J.; KAPSAR, Kelly; CARLSON, Andrew K. What is telecoupling? *In*: FRIIS, C.; NIELSEN, J. Ø. (Ed.). *Telecoupling*. Palgrave Studies in Natural Resource Management. Cham: Palgrave Macmillan, 2019. Disponível em: https://doi.org/10.1007/978-3-030-11105-2_2.

[56] Comunicação da Comissão ao Parlamento Europeu, ao Conselho, ao Comité Económico e Social Europeu e ao Comité das Regiões sobre A intensificação da ação da UE para proteger as florestas a nível mundial (Bruxelas,

ainda em curso, com vista à futura adoção de um regulamento para minimizar o risco de desflorestação ou degradação florestal associadas a produtos da floresta colocados no mercado europeu. O objetivo do futuro regulamento é reduzir a contribuição da União Europeia para a perda de área florestal em todo o mundo, promovendo o consumo de produtos provenientes de cadeias de abastecimento que não prejudiquem as florestas.[57]

Segundo, ainda no plano internacional, a Resolução do Parlamento Europeu de 2019 pode servir igualmente como *notificação* para levar ao conhecimento da restante comunidade internacional a informação de que a União Europeia adotará atitudes de diplomacia climática e ambiental futuras[58] ainda mais fortes e incisivas do que adotou até aqui em negociações internacionais,[59] como exemplo, nas conferências periódicas das diversas convenções internacionais de que a União Europeia é parte.[60]

Precisamente nesse sentido o Conselho da União Europeia aprovou, em janeiro de 2021, as conclusões sobre diplomacia climática e energética, para cumprir a dimensão externa do Pacto Ecológico Europeu.[61]

23.7.2019 COM(2019) 352 final. Em 2021 foi lançada uma consulta pública intitulada "Desflorestação e degradação florestal – reduzindo o impacto de produtos colocados no mercado europeu", destinada à futura adoção de medidas no nível europeu para prevenir o consumo de produtos que indiretamente levaram à destruição de florestas fora da Europa (Disponível em: https://ec.europa.eu/info/law/better-regulation/have-your-say/initiatives/12137-Minimising-the-risk-of-deforestation-and-forest-degradation-associated-with-products-placed-on-the-EU-market/public-consultation).

[57] Disponível em https://ec.europa.eu/info/law/better-regulation/have-your-say/initiatives/12137-Deforestation-and-forest-degradation-reducing-the-impact-of-products-placed-on-the-EU-market.

[58] Os Tratados da União Europeia sobre o Funcionamento da União Europeia não só legitimam como parecem impor à União Europeia uma política externa pautada pela diplomacia climática e ecológica. O artigo 3º, nº 5, do Tratado da União Europeia determina que "nas suas relações com o resto do mundo, a União afirma e promove os seus valores e interesses e contribui para a proteção dos seus cidadãos. Contribui para a paz, a segurança, o desenvolvimento sustentável do planeta, a solidariedade e o respeito mútuo entre os povos, o comércio livre e equitativo, a erradicação da pobreza e a proteção dos direitos do Homem, em especial os da criança, bem como para a rigorosa observância e o desenvolvimento do direito internacional, incluindo o respeito dos princípios da Carta das Nações Unidas". Por sua vez o artigo 191º, nº 1, do Tratado sobre o Funcionamento da União Europeia estabelece como objetivo da União "a promoção, no plano internacional, de medidas destinadas a enfrentar os problemas regionais ou mundiais do ambiente, e designadamente a combater as alterações climáticas". Em 25.1.2021 o Conselho da União Europeia adotou as suas conclusões sobre "diplomacia climática e ambiental", para cumprir a dimensão externa do *Green Deal* (Disponível em: https://www.consilium.europa.eu/media/48057/st05263-en21.pdf).

[59] Tomando como exemplo as florestas "Em 2008, a Comissão Europeia publicou uma comunicação sobre a desflorestação [...]. Identificou formas de melhorar as políticas da União Europeia no sentido de contribuir para a conservação das florestas mundiais, aplicando novos conhecimentos e instrumentos científicos. Os acordos globais de comércio livre da União Europeia incluem capítulos sobre comércio e desenvolvimento sustentável com disposições vinculativas sobre proteção ambiental, alterações climáticas, biodiversidade e florestas, incluindo a obrigação de assegurar a execução eficaz de acordos multilaterais em matéria de ambiente, como o Acordo de Paris e a Convenção sobre a Diversidade Biológica. Enquanto grande potência comercial e investidora e maior prestador de ajuda ao desenvolvimento, a União Europeia colabora com os seus parceiros em todo o mundo. Existem inúmeras oportunidades para estreitar ainda mais esta colaboração a fim de proteger e restaurar as florestas" (Comunicação da Comissão ao Parlamento Europeu, ao Conselho, ao Comité Económico e Social Europeu e ao Comité das Regiões sobre A intensificação da ação da UE para proteger as florestas a nível mundial. Bruxelas, 23.7.2019 COM(2019) 352 final. Disponível em: https://eur-lex.europa.eu/legal-content/PT/TXT/?uri=CELEX:52019DC0352).

[60] Destacam-se a 26ª Conferência das Partes da Convenção do Clima que decorrerá em Glasgow, Reino Unido, em novembro de 2021, e a 15ª Conferência das partes da Convenção da Biodiversidade, que ocorrerá Kunming, China, no verão de 2021.

[61] *Council conclusions on Climate and Energy Diplomacy - Delivering on the external dimension of the European Green Deal* 5263/21. Bruxelas, 25.1.2021 (Disponível em: https://www.consilium.europa.eu/pt/press/press-releases/2021/01/25/council-adopts-conclusions-on-climate-and-energy-diplomacy/).

4.2 Força jurídica da declaração europeia de emergência climática e ambiental no plano interno

Já no plano interno da União Europeia, a Resolução do Parlamento Europeu de 2019 sobre a emergência climática e ambiental pode ter cinco leituras, pelo menos.

a) Pode ser interpretada como um *reconhecimento*, ou seja, uma aceitação *oficial* de que os problemas climáticos e ecológicos para os quais a ciência vinha crescentemente alertando têm origem antrópica e se tornaram, a partir deste momento, preocupações centrais da União e objetivo político número um das instituições da União Europeia.

b) Pode ser lida como uma *confissão*, ou seja, uma admissão pública da insuficiência da atuação da União, para resolver os complexos problemas ambientais até agora, cuja intensidade tem vindo a agravar-se desde que a CEE começou a legislar sobre ambiente, em meados da década de 70.

c) Pode valer como um *protesto* institucional do Parlamento, ou seja, um desacordo com dois factos:
- primeiro, o facto de nem a Comissão – a principal instituição com poder de iniciativa legislativa –[62] nem as instituições da União cuja composição é dominada por membros governamentais dos Estados,[63] nem mesmo os próprios Estados-Membros na execução das políticas da União[64] terem até agora conseguido infletir as graves tendências ambientais já devidamente sinalizadas;
- segundo, o facto de a Comissão, como órgão de fiscalização do cumprimento do direito da União Europeia,[65] e os Estados, como entidades responsáveis pela execução das políticas da União,[66] parecerem ter firmado um *pacto de silêncio* ao aceitar meios de verificação do cumprimento que não revelam verdadeiramente os incumprimentos dos Estados. Isto é assim apesar de existir, desde a década de 90, uma rede europeia de implementação e execução do direito ambiental da União,[67] e apesar de o Tratado de Lisboa

---

[62] Art. 17º, nº 2, do Tratado da União Europeia: "Os atos legislativos da União só podem ser adotados sob proposta da Comissão, salvo disposição em contrário dos Tratados. Os demais atos são adotados sob proposta da Comissão nos casos em que os Tratados o determinem".

[63] O Conselho Europeu e Conselho da União Europeia, nos termos dos arts. 15º e 16º do Tratado da União Europeia, respetivamente.

[64] Nos termos do art. 4º, nº 3, do Tratado da União Europeia, cabe aos Estados-Membros tomar "todas as medidas gerais ou específicas adequadas para garantir a execução das obrigações decorrentes dos Tratados ou resultantes dos atos das instituições da União".

[65] Art. 17º, nº 1, do Tratado da União Europeia: "A Comissão promove o interesse geral da União e toma as iniciativas adequadas para esse efeito. A Comissão vela pela aplicação dos Tratados, bem como das medidas adotadas pelas instituições por força destes. Controla a aplicação do direito da União, sob a fiscalização do Tribunal de Justiça da União Europeia. A Comissão executa o orçamento e gere os programas. Exerce funções de coordenação, de execução e de gestão em conformidade com as condições estabelecidas nos Tratados. Com exceção da política externa e de segurança comum e dos restantes casos previstos nos Tratados, a Comissão assegura a representação externa da União. Toma a iniciativa da programação anual e plurianual da União com vista à obtenção de acordos interinstitucionais".

[66] Art. 4º, nº 3, *in fine* do Tratado da União Europeia: "Os Estados-Membros facilitam à União o cumprimento da sua missão e abstêm-se de qualquer medida suscetível de pôr em perigo a realização dos objetivos da União".

[67] *European Union Network for the Implementation and Enforcement of Environmental Law* (mais informação em https://www.impel.eu/).

ter criado uma nova política europeia de "cooperação administrativa".[68] As dificuldades generalizadas dos Estados-Membros para executar cabalmente as políticas europeias do ambiente mantêm-se,[69] como demonstra a apresentação pela Comissão Europeia, em 2016, de uma comunicação intitulada "Tirar o melhor partido das políticas ambientais da UE através de um reexame periódico da sua aplicação",[70] a qual serviu de base ao reporte periódico pelos Estados, revisto por peritos independentes, do grau de cumprimento ou incumprimento do direito da União.

d) A resolução pode ainda significar uma *renúncia*, ou seja, uma abdicação da centralidade da economia nos processos de integração europeia. Substitui-se assim a primazia dos valores eminentemente económicos e inerentes ao mercado único – liberdades de circulação dos fatores de produção e livre concorrência – por outros valores fundamentais que se tornam, na atual conjuntura, mais fulcrais para a construção da União: valores ligados ao clima estável, à biodiversidade protegida, ao bem-estar humano, à justiça, à paz social, numa palavra: sustentabilidade.[71]

e) Por fim, ainda com efeitos jurídicos, mas menos vinculativos, a resolução inclui uma exortação. Uma exortação das restantes instituições, e dos Estados-Membros, para que colaborem na adoção de medidas fortes, uma vez que não está nas mãos do Parlamento Europeu propor, nem adotar sozinho, medidas que contribuam para os objetivos climáticos e ambientais da União.

4.3 Consequências jurídicas da declaração europeia de emergência climática e ambiental

Assim, quais são as consequências jurídicas de uma resolução do legislador europeu, tão amplamente plurissignificativa?

---

[68] Correspondente ao Título XXIV, art. 197, do Tratado sobre o Funcionamento da EU, que estabelece: "1. A execução efetiva do direito da União pelos Estados-Membros, essencial para o bom funcionamento da União, é considerada matéria de interesse comum. 2. A União pode apoiar os esforços dos Estados-Membros para melhorar a sua capacidade administrativa de dar execução ao direito da União. Tal ação pode consistir, designadamente, em facilitar o intercâmbio de informações e de funcionários, bem como em apoiar programas de formação. Nenhum Estado-Membro é obrigado a recorrer a este apoio. O Parlamento Europeu e o Conselho, por meio de regulamentos adotados de acordo com o processo legislativo ordinário, estabelecem as medidas necessárias para este efeito, com exclusão de qualquer harmonização das disposições legislativas e regulamentares dos Estados-Membros".

[69] Em 2019, a Agência Ambiental Irlandesa publicou um relatório sobre boas práticas, a partir dos relatórios de 2019 (O'LEARY, Eileen. *Best practices from the Environmental Implementation Review 2019 across the EU 28 Countries* – A report commissioned by the Environmental Protection Agency Prepared by Clean Technology Centre, Cork Institute of Technology. 2019. Disponível em: https://www.epa.ie/pubs/reports/research/tech/BEST_PRACTICES_from_the_Environmental_Implementation_Review_2019_across_the_E_28_Countries.pdf).

[70] Comunicação da Comissão ao Parlamento Europeu, ao Conselho, ao Comité Económico e Social Europeu e ao Comité das Regiões para "tirar o melhor partido das políticas ambientais da União Europeia através de um reexame periódico da sua aplicação" (Bruxelas, 27.5.2016 COM(2016) 316 final) por força da qual os Estados passaram a apresentar periodicamente relatórios, revistos por peritos independentes, sobre o cumprimento do direito ambiental da União (Disponível em: https://eur-lex.europa.eu/legal-content/PT/TXT/HTML/?uri=CELEX:52016DC0316&from=EN).

[71] Todos presentes no art. 3º do Tratado da União Europeia que, por não incluir uma hierarquização clara, admite diversas interpretações, em função de oscilações conjunturais. Na atual conjuntura, a prioridade parece apontar para a prevalência dos valores mais *verdes*.

a) Ao notificar a comunidade internacional sobre as medidas internas que tenciona adotar, previne situações de eventual responsabilidade internacional perante a Organização Mundial de Comércio, por demonstrar de antemão que o faz por razões puramente ambientais e não por mero protecionismo ou discriminação comercial. A notificação contribui para provar que medidas como a proibição de importação de madeira ou biocombustíveis "insustentáveis" não são restrições inadmissíveis nem discriminações arbitrárias dos parceiros comerciais da União Europeia.

b) Ao notificar os seus parceiros, nos acordos ambientais internacionais dos quais é parte, sobre o sentido da sua atuação futura, revela, nos fóruns internacionais, o seu compromisso com a causa ambiental. Torna assim transparente a atuação de militantismo ambiental, expondo-se a escrutínio internacional quanto à coerência entre a sua atuação interna e os compromissos internacionais.

c) Ao *reconhecer* a crise ambiental e climática, assume a obrigação de basear a atuação da União Europeia em informações científicas sólidas,[72] e de apoiar a produção de ciência[73] sobre os temas climáticos e ambientais.[74]

d) Ao *confessar* que a União Europeia fez pouco, responsabiliza-se por utilizar os seus poderes de apresentar propostas de alteração, através dos procedimentos normativos aplicáveis,[75] que elevem o nível de proteção ecológica relativamente ao *standard*, já ele elevado, apresentado pela Comissão Europeia nas suas propostas, contribuindo assim para posições comuns com o Conselho de Ministros, que representem um nível de proteção ambiental ainda mais reforçado.[76]

---

[72] Nos termos do art. 114, nº 3, do Tratado sobre o Funcionamento da União Europeia, sobre a aproximação de legislações, a Comissão, nas suas propostas, "em matéria de saúde, de segurança, de proteção do ambiente e de defesa dos consumidores, basear-se-á num nível de proteção elevado, *tendo nomeadamente em conta qualquer nova evolução baseada em dados científicos*. No âmbito das respetivas competências, o Parlamento Europeu e o Conselho procurarão igualmente alcançar esse objetivo" (grifos nossos). Igualmente o art. 191, nº 3, do Tratado sobre o Funcionamento da União Europeia, relativo à política ambiental, determina que, "na elaboração da sua política no domínio do ambiente, *a União terá em conta: os dados científicos e técnicos disponíveis*, as condições do ambiente nas diversas regiões da União, as vantagens e os encargos que podem resultar da atuação ou da ausência de atuação, o desenvolvimento económico e social da União no seu conjunto e o desenvolvimento equilibrado das suas regiões" (grifos nossos).

[73] O grupo independente de cientistas nomeados pelo secretário-geral, no relatório intitulado *Global sustainable development report 2019: the future is now – Science for achieving sustainable development*, analisa a importância da ciência como alavanca para a transformação rumo ao desenvolvimento sustentável (UNITED NATIONS. *Global sustainable development report 2019*: the future is now – Science for achieving sustainable development. New York: United Nations, 2019. Disponível em: https://sustainabledevelopment.un.org/content/documents/24797GSDR_report_2019.pdf).

[74] Em setembro de 2020, a Comissão lançou um convite à apresentação de propostas do Pacto Ecológico Europeu, afetando mil milhões de euros para impulsionar a dupla transição ecológica e digital em oito temas: aumentar a ambição climática; energia limpa, acessível e segura; mobilizar a indústria para uma economia circular e limpa; edifícios eficientes em termos de energia e recursos; mobilidade sustentável e inteligente; do prado ao prato; biodiversidade e ecossistemas; poluição zero, ambiente livre de substâncias tóxicas.

[75] O art. 294, nº 3, do Tratado sobre o Funcionamento da União Europeia relativo ao processo legislativo ordinário, prevê que o Parlamento possa propor alterações às propostas da Comissão Europeia.

[76] Nos termos do art. 114, nº 3, do Tratado sobre o Funcionamento da União Europeia, sobre a aproximação de legislações, a Comissão, nas suas propostas "em matéria de saúde, de segurança, de proteção do ambiente e de defesa dos consumidores, basear-se-á num *nível de proteção elevado*, tendo nomeadamente em conta *qualquer nova evolução baseada em dados científicos*. No âmbito das respetivas competências, o Parlamento Europeu e o Conselho procurarão igualmente alcançar esse objetivo" (grifos nossos).

e) Ao *confessar*, aceita politicamente a responsabilização jurídica da União pelos danos sofridos em virtude do descontrolo climático e ambiental. Foi essa responsabilização que foi tentada por 37 cidadãos de 10 famílias provenientes de 7 países, que desenvolvem atividades muito ligadas aos recursos naturais – agricultura, silvicultura, apicultura, pesca – e que foram e continuam a ser profundamente prejudicados pelas alterações climáticas. Estes cidadãos recorreram primeiro ao Tribunal Geral da União Europeia[77] e depois ao Tribunal de Justiça da União Europeia, em sede de recurso, pedindo ao tribunal que anule as diretivas e regulamentos europeus que estabelecem as metas climáticas europeias, consideradas pelos recorrentes como francamente insuficientes, e pedindo ainda que ordene ao Parlamento e ao Conselho que adotem medidas mais ambiciosas.[78]

f) Ao *protestar*, reforça a sua legitimidade nas relações interinstitucionais, para solicitar à Comissão Europeia que apresente propostas legislativas de proteção ambiental e climática ainda mais fortes, para exigir uma prestação de contas, pela Comissão Europeia, através da figura das questões parlamentares, que incidam sobre a atuação fiscalizadora da Comissão relativamente à aplicação nacional do direito da União pelos Estados-Membros; reforça igualmente a legitimidade do Parlamento para criar comissões de inquérito para averiguar casos de má administração do direito da União;[79] reforça, finalmente, a sua legitimidade para recorrer ao Tribunal Geral, através de ações de anulação quando considerar que o nível adequado de proteção não foi respeitado.

g) Ao *protestar*, indicia que, na fiscalização do cumprimento do direito europeu pela Comissão, devem ser desenvolvidas averiguações mais frequentes e efetivas do cumprimento dos deveres ambientais dos Estados, decorrentes do direito da União. Dentro desta linha, em 2017, a Comissão apresentou um relatório[80] sobre ações para o reforço do dever de reportar o desempenho ambiental dos Estados.[81] No entanto, novas formas de fiscalização do cumprimento das

---

[77] Processo T-330/18, com decisão desfavorável com fundamento em ilegitimidade dos recorrentes, proferida em 8.5.2019 (Disponível em: http://curia.europa.eu/juris/document/document.jsf;jsessionid=BDC9527ABF451DC7639FD3FFFB246E0C?text=&docid=214164&pageIndex=0&doclang=EN&mode=lst&dir=&occ=first&part=1&cid=1470845).

[78] Em 2021, o Processo C-565/19 P Carvalho e Outros contra Parlamento e Conselho continua pendente no Tribunal de Justiça da União (Disponível em: https://peoplesclimatecase.caneurope.org/documents/).

[79] Nos termos do art. 226 do Tratado sobre o Funcionamento da União Europeia: "No exercício das suas atribuições, o Parlamento Europeu pode, a pedido de um quarto dos membros que o compõem, constituir uma comissão de inquérito temporária para analisar, sem prejuízo das atribuições conferidas pelos Tratados a outras instituições ou órgãos, alegações de infração ou de má administração na aplicação do direito da União, exceto se os factos alegados estiverem em instância numa jurisdição, e enquanto o processo judicial não se encontrar concluído".

[80] Relatório da Comissão ao Parlamento Europeu, ao Conselho, ao Comité Económico e Social Europeu e ao Comité das Regiões sobre ações para o reforço da comunicação no domínio do ambiente COM(2017) 312 final Bruxelas, 9.6.2017 (Disponível em: https://eur-lex.europa.eu/legal-content/PT/TXT/PDF/?uri=CELEX:52017DC0312&from=en).

[81] Até agora foram produzidos dois relatórios, um em 2017 e outro em 2019, preparados com base em informação produzida pelo próprio Estado, embora se possa considerar igualmente informação provinda de outras fontes. Existem igualmente manuais produzidos por consultores, contratados pela Comissão, por exemplo, MILIEU CONSULTING. *Progress on actions to streamline environmental reporting*. Jun. 2019. Disponível em: https://ec.europa.eu/environment/legal/reporting/pdf/ENV%20reporting%20-%20progress%20report%20-%20June%202019.pdf; ou, anteriormente, HULLA; CO HUMAN DYNAMICS (Ed.). *Environment and Climate Regional*

obrigações estaduais podem ser pensadas, como exemplo, através de ciência cidadã.[82]

h) Ao *renunciar* a uma visão economicista da integração europeia, deixa de poder exigir que as propostas legislativas ambientais e climáticas da Comissão Europeia estejam dependentes de estudos económicos, como análises de custo-benefício,[83] deixa de poder recusar votar propostas legislativas ambientais em virtude dos seus elevados custos económicos, ou da proteção de outros valores não ambientais tipicamente europeus, como o pleno emprego, a estabilidade de preços, o equilíbrio da balança de pagamentos, ou a livre e sã concorrência. Por outro lado, aceita com maior facilidade que os Estados apliquem medidas de proteção reforçada nos termos do art. 193 do Tratado sobre o Funcionamento da União Europeia,[84] dando cumprimento ao princípio do nível elevado de proteção através de procedimentos de *gold plating*,[85] ou seja "dourar" o direito da União, que significa que os Estados vão assumidamente mais longe na proteção ambiental do que o próprio direito da União prevê e exige.

i) Ao *exortar*, incrementa a intensidade do dever de colaboração previsto no Tratado da União Europeia, que obriga os Estados-Membros a facilitar à União o cumprimento da sua missão e a tomar todas as medidas adequadas para garantir a execução das obrigações decorrentes dos tratados ou resultantes dos atos das instituições da União.[86]

j) Ao *exortar*, reforça também o dever de dar seguimento urgente às iniciativas legislativas dos cidadãos em matérias climáticas ou ambientais,[87] como é o caso

---

Assessment Network – Handbook on the Implementation of EU Environmental Legislation 2015-2016. 2016. DOI: 10.2779/51324. O último relatório sobre Portugal é de 2019: COMISSÃO EUROPEIA. *O reexame da aplicação da política ambiental 2019*. Relatório sobre Portugal Bruxelas, 4.4.2019 SWD(2019) 129 final. 2019. Disponível em: https://ec.europa.eu/environment/eir/pdf/report_pt_pt.pdf. Todos os relatórios estão disponíveis em https://ec.europa.eu/environment/eir/country-reports/index_en.htm.

[82] SUMAN, Anna Berti; SCHADE, Sven; ABE, Yasuhito. Exploring legitimization strategies for contested uses of citizen-generated data for policy. *Journal of Human Rights and the Environment*, v. 11, p. 74-102, dez. 2020. Special Issue. Disponível em: https://www.researchgate.net/publication/347743304_Exploring_legitimization_strategies_for_contested_uses_of_citizen-generated_data_for_policy.

[83] Apenas análises não monetizadas de benefícios e encargos, tal como exige o Tratado sobre o Funcionamento da União, no art. 191, nº 3, relativo à política ambiental, que determina que, "na elaboração da sua política no domínio do ambiente, a União terá em conta: os dados científicos e técnicos disponíveis, as condições do ambiente nas diversas regiões da União, *as vantagens e os encargos que podem resultar da atuação ou da ausência de atuação*, o desenvolvimento económico e social da União no seu conjunto e o desenvolvimento equilibrado das suas regiões" (grifos nossos).

[84] "As medidas de proteção adotadas por força do artigo 192 não obstam a que cada Estado-Membro mantenha ou introduza medidas de proteção reforçadas. Essas medidas devem ser compatíveis com os Tratados e serão notificadas à Comissão".

[85] Sobre o tema, ver ARAGÃO, A. JANS, J. H.; SQUINTANI, L.; MACRORY, R.; WEGENER, B. W. 'Gold plating' of European environmental measures? *Journal for European Environmental and Planning Law*, n. 6.4, p. 417-435, 2009. Disponível em: http://ssrn.com/abstract=1485386; ARAGÃO, Alexandra. The impact of EC environmental law on Portuguese law. In: MACRORY, Richard (Ed.). *Reflections on the 30 years of EU environmental law*. A high level of protection? Amsterdam: Europa Law Publishing, 2006; e, ainda, SQUINTANI, Lorenzo. *Beyond minimum harmonisation*: gold-plating and green-plating of European environmental law. Cambridge: Cambridge University Press, 2019.

[86] Art. 4, nº 3, do Tratado sobre o Funcionamento da União Europeia.

[87] As iniciativas ambientais já concluídas foram: "proibição do glifosato e proteção das pessoas e do ambiente contra pesticidas tóxicos" (Disponível em: https://stopglyphosate.org); "acabar com as experiências em animais" (Disponível em: www.stopvivisection.eu), e "a água e o saneamento são um direito humano! A água é um bem público, não uma mercadoria!" (Disponível em: http://www.right2water.eu/).

das iniciativas em curso, intituladas: a "tarificação do carbono para lutar contra as alterações climáticas",[88] o "fim da remoção e do comércio de barbatanas de tubarão",[89] "salvar as abelhas e os agricultores! Rumo a uma agricultura amiga das abelhas para um ambiente saudável",[90] e "ações sobre a emergência climática".[91]

k) Ao *exortar*, aponta, por fim, no sentido de que os órgãos interpretativos da União Europeia aceitem interpretações pró-ambientais[92] de normas europeias que, não sendo materialmente ambientais, contribuem de forma determinante para a efetividade da proteção do ambiente. Analisemos o exemplo das regras de acesso à justiça europeia.

Um esverdeamento hermenêutico, ou seja, uma interpretação "ambientalmente amiga"[93] das condições de acesso ao Tribunal de Justiça da União consistiria na inflexão da jurisprudência Plaumann,[94] excessivamente restritiva no acesso à justiça em matéria ambiental. A opinião do advogado-geral, Michal Bobek, no contexto do recente caso ambiental sobre agroquímicos, em 2020, é marcante:

> o que é preocupante é a tendência excessivamente restritiva na interpretação e aplicação dessas regras, especialmente dez anos após o Tratado de Lisboa, que supostamente viria resolver pelo menos parte desses problemas. Ao ler a jurisprudência das jurisdições da União com um olhar crítico, em especial os vários despachos do Tribunal Geral, não podemos deixar de nos surpreender com o zelo e a criatividade com que é detetada a falta de afetação direta, ou mesmo a falta de interesse em agir.[95]

É precisamente esse *zelo* e essa *criatividade* que se pedem agora, mas em sentido contrário, de modo a facilitar – ou pelo menos não dificultar – o acesso dos cidadãos à justiça europeia em matéria ambiental e a conceção de instrumentos jurídicos inovadores para ultrapassar, com urgência, a crise ambiental.

Parte II – A solução: direito da transição ecológica

Como conseguir ultrapassar a crise climática e ambiental sem retrocesso social? Como é possível prosseguir a neutralidade climática e a restauração ecológica sem retroceder na realização dos direitos fundamentais, ou seja, sem deixar ninguém para trás?[96]

---

[88] Disponível em: stopglobalwarming.eu.
[89] Disponível em: https://www.stop-finning.eu/.
[90] Disponível em: www.savebeesandfarmers.eu.
[91] Disponível em: https://eci.fridaysforfuture.org/pt.
[92] BELCHIOR, Germana Parente Neiva. *Hermenêutica jurídica ambiental*. São Paulo: Saraiva, 2011.
[93] Percursoramente defendida por Gomes Canotilho no trabalho *Protecção do ambiente e direito de propriedade. Crítica de jurisprudência ambiental* (Coimbra: Coimbra Editora, 1995).
[94] Que exige que a questão diga individualmente respeito ao recorrente, tratando-se de um recorrente não privilegiado (ou seja, nem uma instituição nem um Estado-Membro) (C-52/62, *Plaumann v. Commission of the European Economic Community*).
[95] §138 das Conclusões do Advogado-Geral Michal Bobek, apresentadas em 16.7.2020 no processo C-352/19 P Région de Bruxelles-Capitale contra Comissão Europeia (Curia – Documents (europa.eu)), num julgamento a propósito do uso de uma substância fitofarmacêutica (glifosato) e da legitimidade dos particulares.
[96] "Garantir que ninguém fica para trás" é o lema do Plano de Investimento para Uma Europa Sustentável e do Plano de Investimento do Pacto Ecológico Europeu (Comunicação da Comissão ao Parlamento Europeu,

A resposta passa pela transição ecológica.

Transição ecológica é um processo de mudança social, económica, institucional, em direção a um modelo de organização das sociedades humanas mais compatível com o equilíbrio do planeta e com a construção de uma "civilização ecológica".[97]

No plano do direito, passa por um paradigma jurídico diferente, um paradigma jurídico desenhado para fazer do direito uma ferramenta de transição socioeconómica e socioecológica, transição para uma sociedade e uma economia mais sustentáveis,[98] num planeta ecologicamente mais equilibrado.

Chamaremos este direito de *direito da transição ecológica*.

Para caraterizar este novo direito da transição ecológica, vamos partir de um conceito desenvolvido no âmbito do direito das atividades industriais: o conceito de "melhor técnica disponível".[99] Adaptado ao direito da transição ecológica, o conceito corresponde à "melhor técnica jurídica disponível" para prosseguir fins ambientais e climáticos.

Na legislação industrial, o legislador europeu começou por dar uma definição geral do conceito de "melhor técnica disponível",[100] seguida de definições parciais dos termos do conceito. Seguiremos esta última abordagem, com as devidas adaptações.

Melhor é a técnica jurídica mais adequada para alcançar um nível elevado de proteção ecológica, através do direito. Isto pode significar que o direito da transição

---

ao Conselho, ao Comité Económico e Social Europeu e ao Comité das Regiões, COM(2020) 21 final Bruxelas, 14.1.2020. Disponível em: https://eur-lex.europa.eu/legal-content/PT/TXT/PDF/?uri=CELEX:52020DC0021&from=EN). O Mecanismo para uma Transição Justa mobilizará pelo menos um bilião de euros e será constituído por três pilares: um Fundo para uma Transição Justa, um Mecanismo para uma Transição Justa no âmbito do programa InvestEU, e um novo mecanismo de crédito ao setor público para investimentos adicionais a mobilizar pelo Banco Europeu de Investimento (mais informações em https://ec.europa.eu/info/strategy/priorities-2019-2024/european-green-deal/actions-being-taken-eu/just-transition-mechanism_pt).

[97] Contribuir para a "construção de uma civilização ecológica" é uma das funções do Conselho de Estado Chinês, consagradas na Constituição chinesa, desde a revisão constitucional de 2018 (art. 89).

[98] Para uma análise sistemática do conceito de sustentabilidade e discussão das *gerações* de conceitos, ver DOWNING, Andrea S. *et al.* learning from generations of sustainability concepts. *Environmental Research Letters*, v. 15, 2020. Disponível em: https://iopscience.iop.org/article/10.1088/1748-9326/ab7766.

[99] Habitualmente designado pela sigla anglo-saxónica BAT, de *best available technology*, e correspondente à MTD em português. Art. 3, nº 10, da Diretiva relativa às emissões industriais (prevenção e controlo integrados da poluição): "Melhores técnicas disponíveis", a fase de desenvolvimento mais eficaz e avançada das actividades e dos seus modos de exploração, que demonstre a aptidão prática de técnicas específicas para constituírem a base dos valores-limite de emissão e de outras condições do licenciamento com vista a evitar e, quando tal não seja possível, a reduzir as emissões e o impacto no ambiente no seu todo: a) "Técnicas", tanto a tecnologia utilizada como o modo como a instalação é projetada, construída, conservada, explorada e desativada; b) "Técnicas disponíveis", as técnicas desenvolvidas a uma escala que possibilite a sua aplicação no contexto do sector industrial em causa, em condições económica e tecnicamente viáveis, tendo em conta os custos e os benefícios, quer sejam ou não utilizadas ou produzidas no território do Estado-Membro em questão, desde que sejam acessíveis ao operador em condições razoáveis; c) "Melhores técnicas", as técnicas mais eficazes para alcançar um nível geral elevado de proteção do ambiente no seu todo" (Diretiva 2010/75/UE do Parlamento Europeu e do Conselho, de 24.11.2010. Disponível em: https://eur-lex.europa.eu/legal-content/PT/TXT/?uri=CELEX:32010L0075).

[100] O conceito de melhor técnica disponível não é apenas utilizado na legislação europeia. Ele é transversal a muitos países que têm legislação industrial avançada. Veja-se o relatório da OCDE: ORGANIZATION FOR ECONOMIC COOPERATION AND DEVELOPMENT. Environment Directorate Report on OECD project on Best Available Techniques for preventing and controlling industrial chemical pollution. Activity I: policies on BAT or similar concepts across the world. Paris 2017 ENV/JM/MONO(2017)12 3. *OECD Environment, Health and Safety Publications Series on Risk Management*, n. 40, 2017. Disponível em: https://www.oecd.org/chemicalsafety/risk-management/policies-on-best-available-techniques-or-similar-concepts-around-the-world.pdf.

ecológica deve ter um conteúdo principial que lhe confira a necessária abrangência e ao mesmo tempo a desejável flexibilidade para evitar lacunas ou antinomias normativas.

Técnica jurídica é a forma como a norma é concebida, aplicada e executada incluindo a monitorização da adaptabilidade e evolução normativa. Essa monitorização deve ser feita através de indicadores jurídicos de efetividade. Face às evoluções doutrinais mais recentes, cada novo instrumento jurídico adotado deve vir acompanhado de indicadores,[101] na linha proposta pela doutrina.[102]

Disponível é a melhor nova técnica jurídica, seja experimental, seja já testada. Uma técnica jurídica *testada* é a que foi experimentada em outro país, em outro ramo do direito, em outro setor do direito ambiental. Uma técnica jurídica *experimental* é a que, além de diferir bastante de quaisquer técnicas jurídicas existentes, não foi testada previamente. Em qualquer dos casos, as técnicas jurídicas disponíveis são técnicas inovadoras.

É aqui que reside a chave do problema. Como mostraremos melhor a seguir, só a inovação permitirá ultrapassar rapidamente a crise ecológica sem deixar ninguém para trás, por isso aquilo que procuramos são as *melhores técnicas jurídicas disponíveis e inovadoras* (MTDI).

1 Ecoinovação para a transição ecológica e justa

Como reagir então de forma eficaz e justa às graves urgências identificadas?

Na resposta à urgência climática e ambiental, a abordagem tem sido de abrandamento, redução do ritmo e intensidade das atividades mais impactantes, e de reforço da capacidade de resistência e recuperação após o desastre. No fundo, o conceito de resiliência corresponde a uma conformação com a inevitabilidade da tendência e a incapacidade de a infletir, reduzindo-se a ambição a apenas reduzir a inclinação da linha que desenha a tendência futura.

No entanto, as caraterísticas dos riscos ecológicos e climáticos mostram que esta abordagem pouco ambiciosa, e nada transformadora, é insuficiente para prevenir os graves efeitos irreversíveis que se receiam e que se tornam mais visíveis, e mais inevitáveis, a cada dia que passa.

Se o momento que vivemos é quantitativa e qualitativamente diferente, "mais do mesmo" não é a resposta adequada. Exigem-se medidas quantitativa e qualitativamente diferentes.

A necessidade de inovar para a transição ecológica é, portanto, inegável. Estamos perante aquilo a que a OCDE já chamou o "imperativo da inovação".[103]

Em 2017, a Assembleia-Geral das Nações Unidas adotou uma resolução sobre ciência, tecnologia e inovação para o desenvolvimento em que reconhece que a inovação

---

[101] Sobre indicadores para medir o progresso, a Comissão Europeia adotou em 2009 uma comunicação intitulada *O PIB e mais além. Medir o progresso num mundo em mudança* (COM(2009) 433 final Bruxelas, 20.8.2009) (Disponível em: https://eur-lex.europa.eu/legal-content/PT/TXT/HTML/?uri=CELEX:52009DC0433&from=FR).

[102] PRIEUR, Michel. *Les indicateurs juridiques*. Outils d'évaluation de l'effectivité du droit de l'environnement. Institut de la Francophonie pour le Développement Durable (IFDD), 2018. Disponível em: https://www.uc.pt/fduc/ij/investigacao/INDIGEN_folder/Livre_Indicateursjuridiques2018.

[103] OCDE. *The innovation imperative*. Contributing to productivity, growth and well-being. Paris: OCDE, 2015. Disponível em: http://dx.doi.org/10.1787/9789264239814-en.

deve ter caráter social e ser inclusiva e favorável aos mais pobres, procurando resolver problemas básicos e não orientada pelo mercado.[104]

Em 2018, o Comité Económico e Social das Nações Unidas aprovou igualmente uma resolução sobre ciência, tecnologia e inovação para o desenvolvimento que acentua a preocupação com o facto de a inovação assegurar a inclusividade em relação às comunidades locais, as mulheres e os jovens, para garantir que a generalização e a difusão de novas tecnologias e as inovações em geral são inclusivas e não conduzem a novas divisões.[105]

Segundo o Centro de Estratégia Política Europeia, a inovação pode ser definida por dois elementos. O primeiro reflete o aspeto da novidade: a inovação é uma ideia nova em relação a algo que está estabelecido. Esta ideia deve encontrar o seu caminho da teoria à prática. O segundo aponta para um critério teleológico: só se consideram as inovações que trouxerem benefícios económicos e societais.[106]

Prosseguindo com as analogias com o direito industrial, encontramos, na legislação portuguesa, a "ecoinovação" como uma obrigação dos operadores industriais no âmbito do regime da "indústria responsável", que regula o exercício da atividade industrial e a instalação e exploração de zonas empresariais responsáveis.[107] Nos termos da lei, *ecoinovação* é:

> qualquer forma de inovação que permite ou visa progressos significativos demonstráveis na consecução do objetivo de desenvolvimento sustentável, através da redução dos impactos no ambiente, do aumento da resiliência às pressões ambientais ou de uma utilização mais eficiente e responsável dos recursos naturais.[108]

Na União Europeia, a apologia da ecoinovação no setor empresarial não é de agora.[109] Mais recentemente, ela está bem patente no Pacto Ecológico Europeu:

> as novas tecnologias, as soluções sustentáveis e a inovação disruptiva são essenciais para alcançar os objetivos do Pacto Ecológico Europeu. As abordagens convencionais não serão suficientes. Realçando a experimentação e envolvendo todos os setores e disciplinas, a agenda da União Europeia em matéria de investigação e inovação tomará a abordagem sistémica necessária para alcançar os objetivos do Pacto Ecológico.

---

[104] *Resolution adopted by the General Assembly on 20 December 2017 Seventy-second session Agenda item 21 (b)* A/RES/72/228 (Disponível em: https://unctad.org/system/files/official-document/A_res_72_228_en.pdf).

[105] *Resolution adopted by the Economic and Social Council on 24 July 2018 2018 session Agenda item 18 (b) E/RES/2018/29* (Disponível em: https://unctad.org/system/files/official-document/e_res_2018_29_en.pdf).

[106] EUROPEAN POLITICAL STRATEGY CENTER. Towards an innovation principle endorsed by better regulation. *EPSC Strategic Note*, issue 14, 30 jun. 2016. Disponível em: https://www.kowi.de/Portaldata/2/Resources/horizon2020/coop/Innovation_Principle_EPSC.pdf.

[107] Estabelecido pelo Decreto-Lei nº 169/2012 de 1º de agosto e alterado pelo Decreto-Lei nº 165/2014 de 5 de novembro, pelo Decreto-Lei nº 73/2015 de 11 de maio, pelo Decreto-Lei nº 39/2018 de 11 de junho, pelo Decreto-Lei nº 20/2019 de 30 de janeiro, e pela Resolução da Assembleia da República nº 138/2019 de 8 de agosto.

[108] Art. 2, h), da lei.

[109] EUROPEAN COMMISSION. *Eco-innovation.* Greener businesses through smart solutions. 2013. Disponível em: https://ec.europa.eu/environment/eco-innovation/.

O *European Innovation Scoreboard* mostra a evolução dos sistemas de inovação na Europa,[110] em comparação com outros parceiros mundiais. A edição de 2020 mostra já como a investigação e a inovação são vitais para uma recuperação sustentável e inclusiva e essenciais para a concretização do pacto ecológico europeu e a preparação para o futuro.[111] Para isso, em 2017, a Comissão lançou a primeira fase-piloto do Conselho Europeu de Inovação.[112]

Como exemplo da busca sistemática de inovações disruptivas na União Europeia, em janeiro de 2021 foi lançada uma iniciativa europeia designada *New European Bauhaus*, um movimento criativo interdisciplinar que visa promover a sustentabilidade, a inclusão social e a estética nos espaços de vida através de estratégias novas e "fora da caixa" que serão coconstruídas até 2023, entre a União Europeia e os atores sociais relevantes, que são os cidadãos europeus, as empresas e as associações.[113]

2 Princípio de inovação

Foram várias as etapas através das quais o contexto político-jurídico-econômico-social foi evoluindo a ponto de permitir afirmar, atualmente, o princípio de inovação como um princípio vigente e de aplicação obrigatória na União Europeia:

- *Politicamente*, desde o *European Green Deal*, adotado pela Comissão Europeia em dezembro de 2018, que coloca a urgência ambiental no centro das preocupações políticas da União Europeia, e afirma que "as novas tecnologias, as soluções sustentáveis e a inovação disruptiva são essenciais para alcançar os objetivos do Pacto Ecológico Europeu".[114] No Pacto Ecológico, a inovação surge a par da sustentabilidade[115] e exige o forte envolvimento dos cidadãos.[116]

---

[110] Citando o *Manual de Oslo*, com linhas de orientação para a interpretação de dados sobre inovação, a OCDE identifica quatro tipos de inovação: a inovação de produtos, a inovação de processos, a inovação de *marketing* e a inovação organizacional (OECD; EUROSTAT. *Oslo manual* – Guidelines for collecting and interpreting innovation data. Paris: OCDE, 2005. Disponível em: http://dx.doi.org/10.1787/9789264013100-en).

[111] HOLLANDERS, Hugo; ES-SADKI, Nordine; MERKELBACH, Iris; KHALILOVA, Aishe. *European Innovation Scoreboard 2020*. 2020. Disponível em: https://ec.europa.eu/growth/industry/policy/innovation/scoreboards_en.

[112] Em 2017 foi criado o projeto-piloto do Conselho Europeu da Inovação para apoiar empreendedores, pequenas empresas e investigadores inovadores, com ideias brilhantes que sejam radicalmente diferentes, muito arriscadas e que tenham potencial para projeção internacional (mais informação em EUROPEAN COMMISSION. *The innovation principle*. 2019. Disponível em: https://ec.europa.eu/info/sites/info/files/research_and_innovation/knowledge_publications_tools_and_data/documents/ec_rtd_factsheet-innovation-principle_2019.pdf).

[113] Mais informação disponível em https://europa.eu/new-european-bauhaus/about-initiative_pt.

[114] Comunicação da Comissão ao Parlamento Europeu, ao Conselho, ao Comité Económico e Social Europeu e ao Comité das Regiões sobre o Pacto Ecológico Europeu, no ponto 2.2.3, sobre "Mobilizar a investigação e promover a inovação" (EUROPA. *Comunicação da Comissão ao Parlamento Europeu, ao Conselho, ao Comité Económico e Social Europeu e ao Comité das Regiões sobre o Pacto Ecológico Europeu*. 640 final. Bruxelas, 11.12.2019. Disponível em: https://eur-lex.europa.eu/legal-content/PT/TXT/?qid=1596443911913&uri=CELEX:52019DC0640#document2).

[115] No ponto 2.2.5 do Pacto Ecológico Europeu sobre "Um juramento ecológico: 'não prejudicar'": "além disso, com base nos resultados da sua recente tomada de medidas para legislar melhor, a Comissão irá melhorar a forma como as suas orientações para legislar melhor e os instrumentos de apoio abordam as questões da sustentabilidade e da inovação. O objetivo é assegurar que todas as iniciativas do Pacto Ecológico alcancem os seus objetivos da forma mais eficaz e menos onerosa, e que todas as outras iniciativas da União Europeia sejam compatíveis com um juramento ecológico de 'não prejudicar'".

[116] No ponto 4 do Pacto Ecológico Europeu sobre "tempo para agir em conjunto: um pacto europeu para o clima": "o envolvimento e o empenho do público e de todas as partes interessadas é crucial para o êxito do Pacto Ecológico Europeu. Os recentes acontecimentos políticos mostram que as políticas inovadoras só funcionam se os cidadãos estiverem plenamente envolvidos na sua elaboração".

- *Juridicamente*, desde a declaração de emergência de novembro de 2019, que responsabilizou a União Europeia pela adoção de medidas urgentes e efetivas para combater as duas crises que conduziram à declaração formal de emergência, antes que seja demasiado tarde.[117]
- *Economicamente*, desde que a renovação dos sucessivos confinamentos, decretados para o combate à pandemia do Covid-19, revelou a chegada inevitável de uma crise económica profundíssima, cuja ultrapassagem vai exigir muita imaginação e criatividade. Nas palavras da Comissão, o Pacto Ecológico Europeu é:

> uma nova estratégia de crescimento que visa transformar a União Europeia numa sociedade equitativa e próspera, dotada de uma economia moderna, eficiente na utilização dos recursos e competitiva, que, em 2050, tenha zero emissões líquidas de gases com efeito de estufa e em que o crescimento económico esteja dissociado da utilização dos recursos.[118]

- *Socialmente*, desde a publicação, em março de 2020, do Relatório do Eurobarómetro sobre as atitudes dos europeus face ao ambiente, que mostrou a importância crucial da questão ambiental para os cidadãos europeus.[119]

---

[117] Ponto 1 da Resolução do Parlamento Europeu, de 28.11.2019, sobre a emergência climática e ambiental: "Declara uma emergência climática e ambiental; insta a Comissão, os Estados-Membros e todos os intervenientes a nível mundial a tomarem urgentemente as medidas concretas necessárias para combater e conter esta ameaça, antes que seja demasiado tarde e declara o seu próprio compromisso nesse sentido" (2019/2930(RSP)) (Disponível em: https://www.europarl.europa.eu/doceo/document/TA-9-2019-0078_PT.html).

[118] No ponto 1 do Pacto Ecológico Europeu intitulado "transformar um desafio urgente numa oportunidade única".

[119] EUROPEAN COMMISION. *Special Eurobarometer 501*. Attitudes of European citizens towards the Environment. Mar. 2020. Disponível em: https://ec.europa.eu/commfrontoffice/publicopinion/index.cfm/Survey/getSurveyDetail/yearFrom/1974/yearTo/2021/surveyKy/2257.

Importância da proteção do ambiente (%)

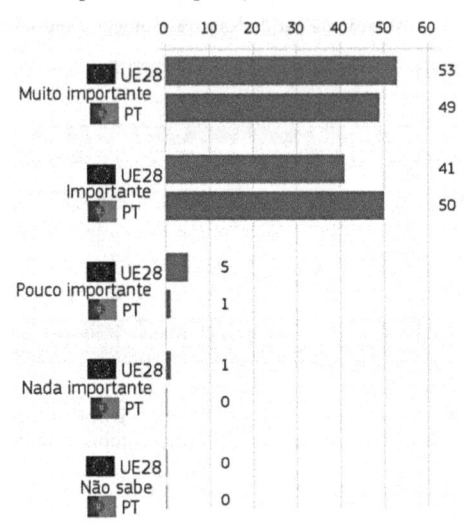

	UE28	PT
Muito importante	53	49
Importante	41	50
Pouco importante	5	1
Nada importante	1	0
Não sabe	0	0

Apesar de considerar que "a implementação do princípio da inovação continua a estar na sua infância",[120] para a União Europeia a inovação é tratada como um princípio político e jurídico.

Segundo a Comissão Europeia, o princípio de inovação implícita pode mesmo ser deduzido, através de uma interpretação sistémica e teleológica, dos tratados. No art. 3, nº 3, do Tratado da União Europeia, a "União fomenta o progresso científico e tecnológico". No contexto da política industrial, a atuação da União tem como objetivo "fomentar uma melhor exploração do potencial industrial das políticas de inovação, de investigação e de desenvolvimento tecnológico" (art. 173 do Tratado sobre o Funcionamento da União Europeia). Até a Carta dos Direitos Fundamentais dos Cidadãos é interpretada de forma a reconhecer um princípio de inovação implícito, na medida em que alguns direitos individuais protegidos são pré-condições fundamentais para a inovação. A liberdade das ciências (art. 13), a liberdade de escolher uma profissão e o direito de trabalhar (art. 15) e o direito à propriedade, incluindo a propriedade intelectual (art. 17), são indispensáveis para a inovação que surge, em grande medida, da experimentação e do livre exercício de atividades económicas e científicas.

Olhando agora para o plano interno, e especialmente para o direito constitucional, duas constituições se destacam pela relação que estabelecem com o dever de inovação: a Constituição brasileira e a Constituição francesa. Das duas, a Constituição brasileira é a que vai mais longe, podendo mesmo afirmar-se a existência de um princípio constitucional de inovação científica e tecnológica. A promoção da inovação é uma matéria de competência legislativa e um dever dos órgãos públicos, relativamente aos sistemas científico e tecnológico, de ensino, de saúde e empresarial.[121]

Já no direito constitucional francês, a inovação surge antes de mais na Carta do Ambiente, que afirma que "a pesquisa e a inovação devem contribuir para a preservação e a valorização do meio ambiente".[122] No *corpus* principal da Constituição, a inovação

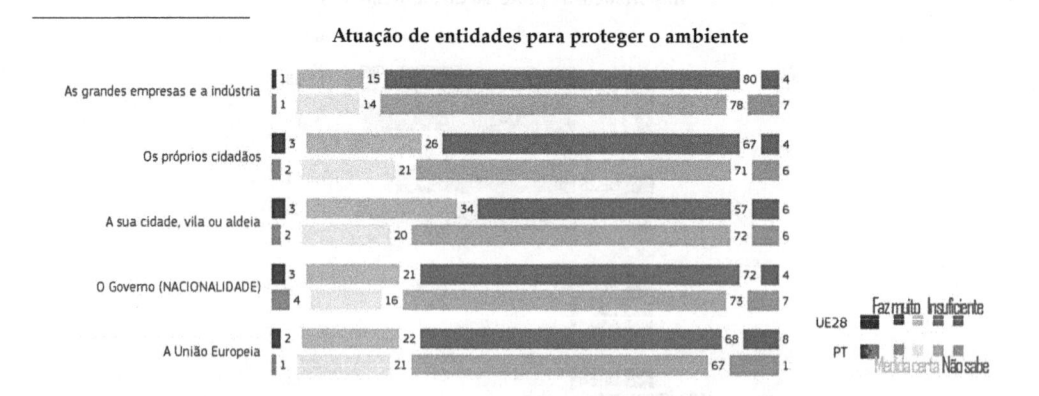

Atuação de entidades para proteger o ambiente

	Faz muito	Insuficiente	Medida certa	Não sabe
As grandes empresas e a indústria (UE28)	1	15	80	4
As grandes empresas e a indústria (PT)	1	14	78	7
Os próprios cidadãos (UE28)	3	26	67	4
Os próprios cidadãos (PT)	2	21	71	6
A sua cidade, vila ou aldeia (UE28)	3	34	57	6
A sua cidade, vila ou aldeia (PT)	2	20	72	6
O Governo (NACIONALIDADE) (UE28)	3	21	72	4
O Governo (NACIONALIDADE) (PT)	4	16	73	7
A União Europeia (UE28)	2	22	68	8
A União Europeia (PT)	1	21	67	1

---

[120] EUROPEAN COMMISION. *The innovation principle*. 2019. p. 1. Disponível em: https://ec.europa.eu/info/sites/info/files/research_and_innovation/knowledge_publications_tools_and_data/documents/ec_rtd_factsheet-innovation-principle_2019.pdf.

[121] Consagrado nos arts. 23, V, 24 IX, 167, XIII, §5º, 200, V, 213, II, §2º, 218, §§1º, 3º e 7º, 219, 219-A e 219-B da Constituição Federal brasileira.

[122] Art. 9º, o penúltimo artigo da Carta.

surge associada, muito concretamente, à produção jurídica através da "autorização de experimentação jurídica" das Comunas.[123] Nas palavras da Constituição:

> nas condições estabelecidas pela Lei Orgânica, e exceto quando estejam em causa as condições essenciais para o exercício de uma liberdade pública ou de um direito constitucionalmente garantido, as coletividades territoriais ou os seus agrupamentos podem, quando a lei ou um regulamento assim o prevejam, derrogar, a título experimental e com uma finalidade e duração limitadas, as disposições legislativas ou regulamentares que regem o exercício dos seus poderes.

Em novembro de 2020, foi aprovado um projeto de lei orgânica para facilitar e multiplicar a experimentação jurídica das coletividades locais.[124] Neste contexto, o *direito à experimentação*[125] pode ser lido como uma "licença para inovar" e um expediente ao alcance das Comunas para testar formas inovadoras de prossecução das suas missões.

Em Portugal, a Constituição não é tão clara ao incentivar a inovação como as duas anteriores, mas certo dever de mudança das estruturas económicas e sociais existe, *ab initio*, na Constituição da República Portuguesa. Efetivamente, uma leitura atualista da Constituição, no século XXI, permite ver no art. 9º, d), *in fine*, cuja redação vem de 1976, um dever de fomentar uma mudança proativa e orientada para o futuro.[126] Por isso, ainda hoje o Estado assume a tarefa fundamental de "promover o bem-estar e a qualidade de vida do povo e a igualdade real entre os portugueses, bem como a efetivação dos direitos económicos, sociais, culturais e ambientais, *mediante a transformação e modernização das estruturas económicas e sociais*".[127] Embora mantendo-se o mesmo espírito, atualmente a redação desta norma com mais de 40 anos seria diferente. Onde se lê "transformação", ler-se-ia nos dias de hoje "transição"; onde se lê "modernização", ler-se-ia, em 2021, "inovação".

Já a lei de bases do ambiente de 2014 é mais explícita ao aludir expressamente à "ecoinovação"[128] como um instrumento de melhoria contínua do desempenho ambiental das atividades económicas, a par da ecoeficiência e da gestão ambiental.

Em vista do impulso constitucional e legislativo, cabe agora à administração, e até à jurisprudência, promover, incentivar, aplicar, escolher, certificar e verificar práticas ecomodernizadoras ou ecoinovadoras.

---

[123] Parágrafo 4º do art. 72 da Constituição da República francesa, na versão introduzida pela Lei Constitucional nº 2003-276, de 28.3.2003.

[124] O projeto de lei, ainda não promulgado, simplifica as condições de entrada e de saída das experimentações legislativas destinadas a pôr em prática o princípio da diferenciação territorial (toda a tramitação e fundamentação disponível em: https://www.senat.fr/rap/l02-408/l02-4081.html).

[125] CASTRO-CONDE, Cristina Ares. La regionalización à la française: el alcance del derecho a la experimentación. *Revista de Estudios Políticos*, Madrid, n. 143, p. 31-55, ene./mar. 2009. Disponível em: https://dialnet.unirioja.es/descarga/articulo/2943308.pdf.

[126] No sentido do programa europeu "Legislar melhor" (Disponível em: https://ec.europa.eu/info/law/law-making-process/planning-and-proposing-law/better-regulation-why-and-how_pt) para adequar e reforçar a eficácia da legislação.

[127] Artigo sobre as tarefas fundamentais do Estado, integrado nos princípios fundamentais (grifos nossos).

[128] Art. 20, nº 2, da Lei 19/2014 de 14 de abril.

3 Contribuição do direito para a ecoinovação

Na relação entre direito e ecoinovação, há que distinguir dois conceitos: o direito da ecoinovação e a inovação jurídico-ecológica.

O direito da ecoinovação é o conjunto de normas e princípios jurídicos que regulamentam, promovem, apoiam e incentivam a inovação por vias jurídicas. Para além do incentivo à inovação por via do acesso a financiamento, da participação em redes de informação, da existência de condições comerciais (como um mercado de grande escala, oportunidades de exposição de novas tecnologias, produtos, serviços ou processos),[129] o próprio enquadramento jurídico da tecnologia, do produto ou da atividade pode ser incentivador da inovação.

Diferentemente, a inovação jurídico-ecológica refere-se à criação de um instrumento jurídico *ex novo*, com finalidades ecológicas. Ainda aqui pode haver graus diferenciados de inovação.

3.1 Direito da ecoinovação

A necessidade de um princípio de inovação na elaboração das políticas da União Europeia foi mencionada pela primeira vez em outubro de 2013, numa carta enviada por 12 CEOs de empresas multinacionais às principais instituições da União Europeia. A carta expressava uma profunda preocupação com o "impacto negativo dos recentes desenvolvimentos na gestão do risco e na política regulamentar sobre o ambiente de inovação na Europa", referindo-se à necessidade de desenvolver uma "abordagem equilibrada da gestão do risco através de uma abordagem rigorosa baseada na ciência e um equilíbrio cuidadoso entre o princípio de precaução e a proporção de regulamentação pertinente".[130]

---

[129] Em 2016, a Comissão adotou o documento de trabalho *Better regulations for innovation-driven investment at EU level*, que identifica "estrangulamentos" regulamentares do investimento em inovação (COMMISSION STAFF WORKING DOCUMENT. *Better regulations for innovation-driven investment at EU level*. 2016. Disponível em: https://op.europa.eu/en/publication-detail/-/publication/404b82db-d08b-11e5-a4b5-01aa75ed71a1/language-en/format-PDF/source-79728021). Entre 2016 e 2017, a União Europeia teve uma iniciativa denominada *Innovation delas*, que consistiu em acordos voluntários de colaboração para a inovação, celebrados entre a EU, os inovadores e as autoridades nacionais, regionais e locais para compreender mais profundamente o funcionamento da regulamentação europeia e identificar obstáculos à inovação (mais informação disponível em: https://ec.europa.eu/info/research-and-innovation/law-and-regulations/innovation-friendly-legislation/identifying-barriers_en). Em 2019 é aprovado o Regulamento Delegado (UE) 2019/856 da Comissão, de 26.2.2019, que complementa a Diretiva 2003/87/CE no que respeita ao funcionamento do Fundo de Inovação, que tem como primeiro objetivo operacional apoiar projetos que demonstrem tecnologias, processos ou produtos altamente inovadores, suficientemente maduros e com um potencial significativo de redução das emissões de gases com efeito de estufa (art. 3). Em 2020, a União Europeia lançou o Fundo de inovação para fomentar a descarbonização da economia e apoiar tecnologia de baixo carbono, e que até 2030 vai lançar anualmente concursos para apoiar tecnologias altamente inovadoras (*Innovation Fund*: Driving low-carbon technologies towards the market. Disponível em: https://ec.europa.eu/clima/sites/clima/files/innovation-fund/innovation_fund_factsheet_en.pdf). Em termos doutrinais: SANTOS, Paulo Junior Trindade dos; MARCO, Cristhian Magnus de; MÖLLER, Gabriela Samrsla. Tecnologia disruptiva e direito disruptivo: compreensão do direito em um cenário de novas tecnologias. *Revista Direito e Práxis*, Rio de Janeiro, v. 10, n. 4, out./dez. 2019. E-pub 25 nov. 2019. Disponível em: https://doi.org/10.1590/2179-8966/2019/45696.

[130] CENTRE FOR EUROPEAN POLICY STUDIES. *Study supporting the interim evaluation of the innovation principle*. Final report. Nov. 2019. p. 8. Disponível em: https://op.europa.eu/en/publication-detail/-/publication/e361ec68-09b4-11ea-8c1f-01aa75ed71a1.

No entanto, na regulação da inovação não há uma "fórmula mágica", e a incerteza jurídica tanto pode constituir um incentivo à inovação nuns casos, como um obstáculo noutros.[131]

Como regra geral, quanto menos detalhada for a regulamentação, mais espaço deixa para soluções inovadoras.

> O princípio da inovação foi introduzido para assegurar que a legislação da União Europeia seja analisada e concebida de modo a encorajar a inovação para proporcionar benefícios sociais, ambientais e económicos e para ajudar a proteger os europeus. Uma boa regulamentação faz parte da política de inovação.[132]

Uma das técnicas para conciliar regulação com inovação e criar novo direito da inovação que seja precaucional e eficaz a incentivar a inovação evitando riscos refere-se às caixas de areia regulatórias,[133] que permitem uma experimentação normativa segura, num ambiente limitado, de forma a que os efeitos negativos imprevistos sejam circunscritos no espaço, no tempo e no número de afetados.

O objetivo da União é que abordagens preparadas para o futuro[134] (ou F4F),[135] prospetivas[136] e favoráveis à inovação, como políticas experimentais e adaptativas, tornem-se cada vez mais a regra na agenda da União Europeia para uma melhor regulamentação.[137]

3.2 Inovação jurídico-ecológica

Já ficou demonstrada a necessidade de inovar para a transição ecológica. O direito da ecoinovação pode funcionar como catalisador de inovação socioeconómica, institucional ou organizacional; mas o direito pode ser, ele mesmo, objeto de inovação

---

[131] PELKMANS, Jacques; RENDA, Andrea. How can EU legislation enable and/or disable innovation. *European Commission*, 2014. p. 17. Disponível em: https://ec.europa.eu/futurium/en/system/files/ged/39-how_can_eu_legislation_enable_and_or_disable_innovation.pdf.

[132] EUROPEAN COMMISION. *The innovation principle*. 2019. p. 1. Disponível em: https://ec.europa.eu/info/sites/info/files/research_and_innovation/knowledge_publications_tools_and_data/documents/ec_rtd_factsheet-innovation-principle_2019.pdf.

[133] CENTRE FOR EUROPEAN POLICY STUDIES. *Study supporting the interim evaluation of the innovation principle*. Final report. Nov. 2019. p. 4. Disponível em: https://op.europa.eu/en/publication-detail/-/publication/e361ec68-09b4-11ea-8c1f-01aa75ed71a1.

[134] COMITÉ ECONÓMICO E SOCIAL EUROPEU. *Parecer exploratório sobre "Legislação à prova do tempo"*. Relator: Christian Moos 2016/C 487/07. 2016. Disponível em: https://eur-lex.europa.eu/legal-content/PT/TXT/HTML/?uri=CELEX:52016AE2976&from=PT.

[135] *Fit for the Future* é uma plataforma que corresponde à atuação de um grupo de peritos de alto nível que tem como função ajudar a Comissão a simplificar a legislação da União Europeia e a reduzir os custos desnecessários que lhe estão associados (mais informações disponíveis em: https://ec.europa.eu/info/law/law-making-process/evaluating-and-improving-existing-laws/refit-making-eu-law-simpler-less-costly-and-future-proof/fit-future-platform-f4f_pt).

[136] ARAGÃO, Alexandra. Ensaio sobre a prospetividade no direito administrativo do ambiente. A protecção jurídica do futuro. In: VITAL, Fezas; SOARES, Rogério. *Conferências – Direito administrativo – Cadernos do Centenário do Boletim da Faculdade de Direito*. [s.l.]: Instituto Jurídico, 2016.

[137] CENTRE FOR EUROPEAN POLICY STUDIES. *Study supporting the interim evaluation of the innovation principle*. Final report. Nov. 2019. p. 16. Disponível em: https://op.europa.eu/en/publication-detail/-/publication/e361ec68-09b4-11ea-8c1f-01aa75ed71a1.

destinada a produzir benefícios ecológicos. Como inovar juridicamente, através de um direito ecoinovador, adequado à transição ecológica?

Inovação por *design*[138] é um processo de criatividade,[139] conceção e execução sistemática de soluções jurídicas deliberadamente novas, inovadoras ou inéditas, que sejam transformadoras ou disruptivas, e sempre adequadas às necessidades reais e aos desafios da sustentabilidade atual e futura.

3.2.1 Graus de inovação jurídico-ecológica

Podemos considerar três graus de inovação jurídico-ecológica que podem ser diferenciados pela intensidade da inovação: as normas de direito ecológico novas, as normas de direito ecológico inovadoras, e as normas de direito ecológico inéditas.[140]

Novo é um direito que foi criado recentemente e não existia antes. No entanto, este direito até pode ter ligações ao passado, na medida em que repete padrões, processos, soluções, estratégias, visões ou abordagens jurídicas, mas não deixa de ser *novo*, na medida em que foi recentemente incorporado ao ordenamento jurídico. Seria, por exemplo, o caso de uma nova lei de avaliação de impacte ambiental que revoga uma lei anterior com o mesmo objeto e se limita a introduzir pequenas alterações no regime. Por exemplo, pode encurtar ou alargar ligeiramente os prazos, pode determinar uma nova lista de categorias de projetos sujeitos à avaliação, pode alterar as sanções aplicáveis às violações da lei etc. Apesar de ser novo, este direito não inova, verdadeiramente. O grau de inovação de um direito que apenas é novo pode ser nulo.

Moderadamente inovador ou renovado é um direito anteriormente inexistente, pelo menos naquele contexto, naquela perspetiva, com aquela função ou para aquele fim. No entanto, já existiam normas jurídicas similares noutro contexto, noutra perspetiva, com outras funções ou para outros fins. A solução jurídica adotada consistiu numa transposição de contextos e é aí que reside a inovação. Um exemplo é o caso do conceito de "caixas de areia regulatórias", que surgiu para testar a regulamentação das tecnologias financeiras (como as criptomoedas),[141] mas cuja utilização para testar nova legislação jusecológica pode ser muito pertinente. Além de ser novo, este direito inova moderadamente. O grau de inovação do direito renovado é médio.

Fortemente inovador ou inédito é um direito que não existia anteriormente e se baseia em pressupostos, conceitos, visões, estratégias, abordagens, processos, ou soluções completamente originais e nunca testados. Seria, por exemplo, a aplicação de técnicas

---

[138] PAPKE, Edgar; LOCKWOOD, Thomas. *Innovation by design* – How any organization can leverage design thinking to produce change, drive new ideas, and deliver meaningful solutions. [s.l.]: Career Press, nov. 2017.

[139] "Ideação e inovação não são sinónimos. O primeiro lida com a geração de ideias; o segundo com a sua implementação" (LEVITT, Theodore. Creativity is not enough. *Harvard Business Review*, ago. 2002. Disponível em: https://hbr.org/2002/08/creativity-is-not-enough).

[140] Os três graus correspondem às categorias de *new*, *inovative* e *novel* em língua inglesa.

[141] PARENTI, R. *Regulatory sandboxes and innovation hubs for fintech*. Study for the committee on Economic and Monetary Affairs, Policy Department for Economic, Scientific and Quality of Life Policies. Luxembourg: European Parliament, 2020. Disponível em: https://www.europarl.europa.eu/RegData/etudes/STUD/2020/652752/IPOL_STU(2020)652752_EN.pdf.

de "arquitetura da escolha"[142] baseadas nas ciências comportamentais incorporadas diretamente na legislação, para orientar eficazmente os destinatários de normas jurídicas com finalidades ecológicas. O grau de inovação do direito inédito é elevado.

3.2.2 Cenários de inovação jurídico-ecológica

Relacionando os graus de inovação com os problemas de desequilíbrio ecológico que a inovação jurídico-ecológica visa resolver, obtemos seis cenários de inovação jurídica. Na construção dos cenários vamos considerar, de forma ultrassimplificada, apenas dois tipos de problemas ecológicos:
   a) os problemas ecológicos "crónicos", bem estudados e conhecidos, mas que continuam a perdurar no tempo (poluição atmosférica, perda de biodiversidade, acidificação do oceano, por exemplo), mais do que seria desejável;
   b) os problemas ecológicos "emergentes", que resultam ou de novas atividades humanas (contaminação eletromagnética, poluentes orgânicos persistentes, contaminação genética por organismos geneticamente modificados, injeção geológica de carbono) ou de efeitos inesperados das atividades em curso (efeitos surpreendentes do aquecimento global, como ondas de frio no Hemisfério Norte provocadas pela quebra do vórtex polar,[143] ou libertação de microrganismos como vírus, bactérias ou fungos presos no gelo durante milhares ou milhões de anos).[144]

Pela presença ou ausência de incertezas, o primeiro tipo de problemas convoca abordagens preventivas, enquanto o segundo exige estratégias precaucionais.

Cenário 1: "Direito inútil" – Não há inovação jurídico-ecológica quando o direito se limita a aplicar instrumentos (abrangendo princípios, conceitos ou regimes jurídicos), já existentes no ordenamento jurídico, a problemas ecológicos crónicos, bem conhecidos, mas difíceis de combater. Neste cenário, o direito revela-se como uma ferramenta inercial pouco útil.

Cenário 2: "Direito conservador" – Não há igualmente inovação jurídico-ecológica quando se combatem problemas ecológicos emergentes recorrendo a instrumentos jurídicos já existentes no ordenamento jurídico. Este é o cenário de um direito tipicamente conservador.

Cenário 3: "Direito progressista" – Já há alguma inovação quando se renovam instrumentos jurídicos existentes, aperfeiçoando-os e adaptando-os a novos contextos para resolver problemas ecológicos emergentes. Neste cenário, o direito aperfeiçoa-se e este progresso envolve alguma dose de risco sobretudo resultante da incerteza associada à dúvida científica relativamente aos processos naturais emergentes.

---

[142] Mais conhecidas pela designação inglesa *nudges*, foram já adotadas pelas Nações Unidas após a sua aplicação no Reino Unido desde 2010. Veja-se a obra UNITED NATIONS ENVIRONMENT PROGRAMME; GRID-Arendal. *The little book of green nudges*: 40 nudges to spark sustainable behaviour on campus. Nairobi; Arendal: UNEP; GRID-Arendal, 2020. Disponível em: https://www.unep.org/resources/publication/little-book-green-nudges.

[143] Explicação científica e representações gráficas disponíveis em: https://www.esa.int/Applications/Observing_the_Earth/Aeolus/Aeolus_shines_a_light_on_polar_vortex.

[144] EL-SAYED, Amr; KAMEL, Mohamed. Future threat from the past. *Environmental Science and Pollution Research*, p. 1-5, out. 2020. DOI: 10.1007/s11356-020-11234-9. Disponível em: https://www.ncbi.nlm.nih.gov/pmc/articles/PMC7567650/.

Cenário 4: "Direito preventivo" – Há alguma inovação quando se renovam instrumentos jurídicos para resolver problemas ecológicos crónicos. Este é um cenário de atuação preventiva, em que se espera que o direito desempenhe (finalmente) um papel transformador, estando os riscos deste cenário relativamente baixos e associados apenas ao caráter relativamente inovador do instrumento.

Cenário 5: "Direito precaucional" – Há forte inovação quando se desenvolvem instrumentos jurídicos inéditos para resolver problemas ecológicos emergentes e mal conhecidos. Neste cenário, o direito assume um cariz precaucional num contexto de grande incerteza, decorrente tanto do desconhecimento do problema como do próprio instrumento, nunca antes testado.

Cenário 6: "Direito disruptivo" – Há também grande inovação quando se desenvolvem, *ad hoc*, instrumentos jurídicos fortemente inovadores, para resolver problemas ecológicos crónicos. Este é igualmente um cenário precaucional, em que se espera que o direito seja progressista e desempenhe um papel disruptivo apenas com os riscos associados à novidade do instrumento. Este é um dos cenários que mais expetativas gera relativamente ao contributo possível e necessário para a correção do rumo ambiental do antropoceno. Por quê? Porque quando durante décadas ou séculos a aplicação de instrumentos jurídicos existentes não conseguiu resolver problemas ecológicos cuja natureza, origem e contornos são bem conhecidos, a necessidade de desenvolver um direito pensado "fora da caixa", altamente inovador e efetivo, é mais premente. Sendo o contexto de aplicação do direito bem conhecido, o grau de risco é menor.

Sinteticamente os seis cenários poderiam ser apresentados numa tabela:

Problema ecológico	Crónico	Emergente	Emergente	Crónico	Emergente	Crónico
Instrumento jurídico	Existente	Existente	Renovado	Renovado	Inédito	Inédito
Cenário jurídico	Inútil	Conservador	Progressista	Preventivo	Precaucional	Disruptivo

Também esquematicamente, apresentaremos agora os paradigmas subjacentes a cada um dos seis cenários, os graus de inovação jurídica alcançados e os modelos jurídicos resultantes de cada um deles.

Paradigma de inovação subjacente

Quando se usa para resolver ▶ ▼	Problema ecológicos crónicos	Problema ecológicos emergentes
Direito novo	C1 Inércia	C2 Conservadorismo
Direito renovado	C4 Flexibilidade	C3 Perfeccionismo
Direito inédito	C6 Proatividade	C5 Experimentalismo

Grau de inovação jurídica alcançado

Quando se usa para resolver ▶ ▼	Problema ecológicos crónicos	Problema ecológicos emergentes
Direito novo	C1 Ausência de inovação	C2 Défice de inovação
Direito renovado	C4 Inovação de baixo risco	C3 Escassa inovação
Direito inédito	C6 Inovação disruptiva	C5 Inovação de alto risco

Modelo jurídico resultante

Quando se usa para resolver ▶ ▼	Problema ecológicos crónicos	Problema ecológicos emergentes
Direito novo	C1 Direito inútil	C2 Direito conservador
Direito renovado	C4 Direito preventivo	C3 Direito progressista
Direito inédito	C6 Direito disruptivo	C5 Direito precaucional

3.2.3 Resultados da inovação jurídico-ecológica

As inovações jurídico-ecológicas podem gerar resultados completamente disruptivos ou apenas incrementais,[145] os quais podem ser descritos recorrendo a metáforas biológicas:

a) um direito que inova absolutamente é um direito disruptivo que visa operar transformações socioeconómicas de forma abrupta e inesperada, tal como uma mutação genética provoca alterações súbitas e surpreendentes das caraterísticas dos organismos;

b) um direito que inova relativamente é um direito incremental tendo em vista desencadear transformações socioeconómicas rápidas e profundas, embora em sentidos bem previsíveis, tal como a metamorfose de uma crisálida em borboleta passa por estádios conhecidos e espectáveis.

Numa análise mais detalhada, verificamos que o direito absolutamente inovador é um *direito de rutura*, um direito estruturalmente novo, ou seja, um direito que tem virtualidades disruptivas graças à sua estrutura e atributos. Este é um direito que cria, desenvolve e aplica novas técnicas normativas; legislação elaborada segundo técnicas legiferantes que rompem com o modelo clássico de produção legal; tipos nunca vistos de atos administrativos; obrigações jurídicas inéditas. Pelo seu caráter profundamente inovador, é expectável que este direito conduza a desejados efeitos disruptivos benéficos

---

[145] Pelkmans e Renda falam igualmente em inovação disruptiva ou radical e inovação incremental ou de continuação (*follow-on*) em PELKMANS, Jacques; RENDA, Andrea. How can EU legislation enable and/or disable innovation. *European Commission*, 2014. p. 11. Disponível em: https://ec.europa.eu/futurium/en/system/files/ged/39-how_can_eu_legislation_enable_and-or_disable_innovation.pdf.

para o desempenho ambiental. Porém, tratando-se de um direito experimental, o risco de que não produza os efeitos visados é elevado.

O direito relativamente inovador é um *direito de continuidade*, que pretende desencadear efeitos profundamente transformadores através da extrema acentuação de determinadas caraterísticas que reforçam a efetividade jurídica. Mesmo recorrendo a mecanismos jurídicos clássicos e bem conhecidos; a modelos legislativos suficientemente testados; a configurações administrativas bem estabilizadas; a tipologias usuais de obrigações; e às sanções jurídicas habituais, no final ambiciona operar mudanças sociais e económicas igualmente profundas. Como? A transformação desejada no nível das práticas, das atitudes, dos comportamentos, das decisões, dos processos, dos planos, das estratégias, dos objetivos ou das metas decorre do facto de se tratar de um direito ultrassofisticado, desenhado como um instrumento de precisão,[146] e que globalmente assume caraterísticas tais que lhe conferem uma elevada efetividade. Exemplificando: uma lei pode basear-se na mais clássica das abordagens jurídicas (por ex., uma típica norma penal), mas produzir efeitos profundamente transformadores dos comportamentos individuais e coletivos, da sociedade e da economia, na medida em que consiga caraterizar o comportamento ilícito de forma indubitável que permita uma interpretação unívoca e ainda na medida em que consiga prever sanções suficientemente fortes, amplamente difundidas, bem interiorizadas, sistematicamente fiscalizadas, rapidamente aplicadas e devidamente fundamentadas. Estas são as caraterísticas de um direito ambiental efetivo, na construção de Prieur e Mekouar.[147]

Em ambos os casos, o direito desempenha um papel incontornável na transição desejavelmente rápida[148] para um contexto socioeconómico substancialmente diferente do anterior. No entanto, no primeiro caso surgem novas formas de estruturação social, à partida imprevisíveis, ou novos paradigmas económicos, substancialmente diferentes do estádio anterior. No segundo caso, no direito de continuidade, o estádio final era previsível, na medida em que reflete padrões de organização social e modelos económicos caraterísticos do estádio anterior.

Vejamos um exemplo, começando pela inovação de continuidade.

---

[146] O uso das ciências do comportamento pode ser uma ferramenta utilíssima na sofisticação dos instrumentos jurídicos com vista a um direito mais inovador e efetivo. Sobre o uso das ciências do comportamento ver HALLSWORTH, Michael; EGAN, Mark; RUTTER, Jill; MCCRAE, Julian. *Behavioural Government*. Using behavioural science to improve how governments make decisions – Behavioural Insights Team. 2018. Disponível em: https://www.instituteforgovernment.org.uk/sites/default/files/publications/BIT%20Behavioural%20Government%20Report.pdf. Ver também a publicação de 2010 do Institute for Government (https://www.instituteforgovernment.org.uk/about-us), o *think tank* do Governo britânico para reforçar a efetividade das políticas: INSTITUTE FOR GOVERNMENT. *Mindspace*. Influencing behaviour through public policy. Cabinet office. 2010. Disponível em: https://www.instituteforgovernment.org.uk/sites/default/files/publications/MINDSPACE.pdf.

[147] PRIEUR, Michel; MEKOUAR, Mohamed Ali. Measuring the effectivity of environmental law through legal indicators in the context of francophone Africa. *In*: KAMERI-MBOTE, Patricia; ODOTE, Collins (Ed.). *Blazing the Trail*. Professor Charles Okidi's enduring legacy in the development of environmental law. Nairobi: University of Nairobi, School of Law, 2019.

[148] Jean Carbonnier mostra que no direito são naturais os processos lentos. O costume, a jurisprudência e a prescrição são exemplos disso. No entanto, no atual contexto de policrise, e particularmente de crise ecológica, a lentidão deixou de ser compatível com as legítimas expetativas dos cidadãos face ao papel potencial do direito. Pelo contrário, a rapidez impõe-se (CARBONNIER, Jean. *Flexible droit*. Pour une sociologie du droit sans rigueur. Paris: LGDJ, 2001. p. 14).

Objetivo: resolver o problema da contaminação ambiental e da cadeia alimentar[149] por microplásticos resultante da decomposição de plásticos leves (ou seja, com uma espessura igual ou inferior a 50 microns), habitualmente usados para produzir sacos com alças para transporte de mercadorias, fornecidos aos adquirentes finais no ponto de venda dos produtos.[150]

Um exemplo de uma inovação jurídica de mera continuidade foi a aprovação de uma taxa sobre os sacos de plástico finos,[151] na medida em que intensificou um regime jurídico-fiscal já existente – a aplicação de taxas extrafiscais sobre produtos –, elevando drasticamente o custo dos sacos de plástico para o consumidor final, que passou de um custo zero para um custo expressivo de 8 cêntimos por saco. A ampla divulgação da nova medida, acompanhada da criação de alternativas de consumo (como o acesso a sacos resistentes e reutilizáveis) e acompanhada ainda de uma metódica fiscalização de todos os operadores envolvidos, e da aplicação imediata de sanções fortes aos infratores reforçou a efetividade da medida.

Desejavelmente, a aplicação de medidas fiscais pesadas para dissuadir o consumo de sacos de plástico nos supermercados conduzirá à redução até zero do uso dos sacos de plástico, substituídos por sacos de pano, passíveis de serem reutilizados múltiplas vezes e reciclados quando deixarem de ter condições de utilização.

Diferentemente, uma medida disruptivamente inovadora poderia consistir na interdição do modelo de abastecimento pessoal em regime de autosserviço, nos supermercados. Por força da lei, o modelo económico atual poderia ser banido, sendo proibido o acesso direto dos consumidores aos produtos, tal como são atualmente apresentados, em expositores, ao longo dos corredores dos supermercados. Em consequência, os consumidores deixariam igualmente de ter o encargo do transporte individual entre o ponto de venda e o domicílio, para passar a adquirir os produtos exclusivamente em lojas virtuais, através da internet, sendo a distribuição e a entrega feita pelo comerciante, no domicílio do consumidor. O comerciante utilizaria para o efeito embalagens próprias, de grande capacidade, entregando na casa do consumidor apenas as mercadorias e não a embalagem. Os ganhos ambientais seriam significativos: redução do consumo energético no aquecimento e refrigeração de espaços muito amplos, limitação do espaço urbano ocupado com grandes superfícies comerciais cobertas, redução do solo impermeabilizado nos estacionamentos, poupança de combustível nas deslocações privadas. Em situação de crise sanitária, como a pandemia provocado pelo vírus Covid-19, os benefícios para a saúde pública decorrentes da redução do risco de contágio em local público fechado seriam igualmente significativos.

---

[149] EFSA PANEL ON CONTAMINANTS IN THE FOOD CHAIN (CONTAM). Presence of microplastics and nanoplastics in food, with particular focus on seafood. *EFSA Journal*, 11 maio 2016. DOI: 10.2903/j.efsa.2016.4501. Disponível em: https://efsa.onlinelibrary.wiley.com/doi/epdf/10.2903/j.efsa.2016.4501.

[150] Na União Europeia, o problema começou por ser abordado no Regulamento (UE) nº 10/2011 da Comissão, de 14.1.2011, relativo aos materiais e objetos de matéria plástica destinados a entrar em contacto com os alimentos (alterado 15 vezes, a última delas em 2020) e, mais recentemente, na Estratégia Europeia para os Plásticos na Economia Circular, a Comunicação da Comissão ao Parlamento Europeu, ao Conselho, ao Comité Económico e Social Europeu e ao Comité das Regiões (COM/2018/028 final) (Disponível em: https://eur-lex.europa.eu/legal-content/PT/TXT/?uri=CELEX%3A52018DC0028).

[151] Portaria nº 286-B/2014 de 31.12.2014 (Disponível em: https://dre.pt/application/file/66014856).

Conclusão: direito da transição ecológica e estratégias jurídicas de inovação

Depois do diagnóstico da multifacetada crise ecológica, formalmente reconhecida após as declarações oficias de emergência climática e ambiental que se vêm sucedendo um pouco por todo o mundo, torna-se urgente envolver o direito nos processos de transformação socioeconómica visando à transição para modelos mais sustentáveis de desenvolvimento humano.

Demonstrada que está a incapacidade de desencadear mudanças firmes confiando apenas em abordagens jurídicas convencionais, torna-se necessário reconhecer a centralidade do direito e da capacidade de adotar instrumentos e regimes jurídicos profundamente inovadores suscetíveis de desencadear efeitos disruptivos.

Porém, o direito da transição ecológica, além de ser inédito e disruptivo, deve ser responsável[152] (ou seja, promover transformações que conduzam à melhor satisfação de necessidades e aspirações das pessoas com maior justiça social intra e intergeracional), efetivo (ou seja, ser transformador no bom sentido, produzindo realmente os resultados desejados), eficaz (conduzindo a mudanças rápidas, isto é, ser rapidamente transformador), e eficiente (sendo transformador sem produzir grandes efeitos laterais indesejáveis, ou seja, grandes custos económicos e sociais insuportáveis).

Em 2021 é inegável o contributo potencial das inovações jurídico-ecológicas e de um direito preparado para o futuro, para a ultrapassagem das crises climática e ambiental e a consolidação de uma nova civilização ecológica.

Referências

ARAGÃO, A.; JANS, J. H.; SQUINTANI, L.; MACRORY, R.; WEGENER, B. W. 'Gold plating' of European environmental measures? *Journal for European Environmental and Planning Law*, n. 6.4, p. 417-435, 2009. Disponível em: http://ssrn.com/abstract=1485386.

ARAGÃO, Alexandra. Ensaio sobre a prospetividade no direito administrativo do ambiente. A protecção jurídica do futuro. In: VITAL, Fezas; SOARES, Rogério. *Conferências* – Direito administrativo – Cadernos do Centenário do Boletim da Faculdade de Direito. [s.l.]: Instituto Jurídico, 2016.

ARAGÃO, Alexandra. The impact of EC environmental law on Portuguese law. In: MACRORY, Richard (Ed.). *Reflections on the 30 years of EU environmental law. A high level of protection?* Amsterdam: Europa Law Publishing, 2006.

BELCHIOR, Germana Parente Neiva. *Hermenêutica jurídica ambiental*. São Paulo: Saraiva, 2011.

BOSCHETTI, Fabio; PRICE, Jennifer; WALKER, Iain. Myths of the future and scenario archetypes. *Technological Forecasting; Social Change*, v. 111, p. 76-85, 2016. Disponível em: https://www.sciencedirect.com/science/article/abs/pii/S0040162516301184.

BRADSHAW, Corey J. A. *et alii*. Underestimating the challenges of avoiding a ghastly future. *Frontiers in Conservation Science*, 13 jan. 2021. DOI: 10.3389/fcosc.2020.615419. Disponível em: https://www.frontiersin.org/articles/10.3389/fcosc.2020.615419/full.

BRONDIZIO, E. S.; SETTELE, J.; DÍAZ, S.; NGO, H. T. (Ed.). *Global assessment report on biodiversity and ecosystem services of the Intergovernmental Science-Policy Platform on Biodiversity and Ecosystem Services*. Bonn: IPBES Secretariat, 2019. Disponível em: https://www.ipbes.net/global-assessment.

---

[152] Sobre inovação responsável ver OWEN, Richard; BESSANT; John; HEINTZ, Maggy (Ed.). *Responsible innovation managing the responsible emergence of science and innovation in society*. [s.l.]: Wiley & Sons Ltd., 2013.

CANOTILHO, José Joaquim Gomes. A crise do direito e o direito da crise. *Boletim da Faculdade de Direito da Universidade de Coimbra*, Coimbra, v. LXXXVIII. t. II, 2012.

CANOTILHO, José Joaquim Gomes. *Protecção do ambiente e direito de propriedade*. Crítica de jurisprudência ambiental. Coimbra: Coimbra Editora, 1995.

CARBONNIER, Jean. *Flexible droit*. Pour une sociologie du droit sans rigueur. Paris: LGDJ, 2001.

CASTRO-CONDE, Cristina Ares. La regionalización à la française: el alcance del derecho a la experimentación. *Revista de Estudios Políticos*, Madrid, n. 143, p. 31-55, ene./mar. 2009. Disponível em: https://dialnet.unirioja.es/descarga/articulo/2943308.pdf.

CENTRE FOR EUROPEAN POLICY STUDIES. *Study supporting the interim evaluation of the innovation principle*. Final report. Nov. 2019. Disponível em: https://op.europa.eu/en/publication-detail/-/publication/e361ec68-09b4-11ea-8c1f-01aa75ed71a1.

CLAYTON, Susan; MANNING, Christie; HODGE, Caroline. *Beyond storms*; droughts: the psychological impacts of climate change. APA/ecoAmerica report. 2014. Disponível em: https://ecoamerica.org/wp-content/uploads/2014/06/eA_Beyond_Storms_and_Droughts_Psych_Impacts_of_Climate_Change.pdf.

COMISSÃO EUROPEIA. *O reexame da aplicação da política ambiental 2019*. Relatório sobre Portugal Bruxelas, 4.4.2019 SWD(2019) 129 final. 2019. Disponível em: https://ec.europa.eu/environment/eir/pdf/report_pt_pt.pdf.

COMMISSION STAFF WORKING DOCUMENT. *Better regulations for innovation-driven investment at EU level*. 2016. Disponível em: https://op.europa.eu/en/publication-detail/-/publication/404b82db-d08b-11e5-a4b5-01aa75ed71a1/language-en/format-PDF/source-79728021.

DEVY-VARETA, Nicole. Para uma geografia histórica da floresta portuguesa. As matas medievais e a 'coutada velha do Rei'. *Revista da Faculdade de Letras – Geografia Série*, Porto, v. I, p. 47-67, 1985. Disponível em: https://repositorio-aberto.up.pt/handle/10216/7921.

DOWNING, Andrea S. et al. learning from generations of sustainability concepts. *Environmental Research Letters*, v. 15, 2020. Disponível em: https://iopscience.iop.org/article/10.1088/1748-9326/ab7766.

DUTILLEUL, François Collart; PIRONON, Valerie; LANG, Agathe Van (Dir.). *Dictionnaire Juridique des Transitions Écologiques*. [s.l.] : Institut Universitaire Varenne, 2018.

EFSA PANEL ON CONTAMINANTS IN THE FOOD CHAIN (CONTAM). Presence of microplastics and nanoplastics in food, with particular focus on seafood. *EFSA Journal*, 11 maio 2016. DOI: 10.2903/j.efsa.2016.4501. Disponível em: https://efsa.onlinelibrary.wiley.com/doi/epdf/10.2903/j.efsa.2016.4501.

ELKINGTON, John. *Green swans*. The coming boom in regenerative capitalism. New York: Fast Company Press, 2019.

EL-SAYED, Amr; KAMEL, Mohamed. Future threat from the past. *Environmental Science and Pollution Research*, p. 1-5, out. 2020. DOI: 10.1007/s11356-020-11234-9. Disponível em: https://www.ncbi.nlm.nih.gov/pmc/articles/PMC7567650/.

EUROPA. *Comunicação da Comissão ao Conselho e ao Parlamento Europeu*. O PIB e mais além Medir o progresso num mundo em mudança. Bruxelas, 20.8.2009. COM(2009) 433 final.

EUROPA. *Comunicação da Comissão ao Parlamento Europeu, ao Conselho, ao Comité Económico e Social Europeu e ao Comité das Regiões sobre o Pacto Ecológico Europeu*. COM(2019) 640 final, Bruxelas, 11.12.2019. Disponível em: https://eur-lex.europa.eu/resource.html?uri=cellar:b828d165-1c22-11ea-8c1f-01aa75ed71a1.0008.02/DOC_1&format=PDF.

EUROPEAN COMMISION. *Special Eurobarometer 501*. Attitudes of European citizens towards the Environment. Mar. 2020. Disponível em: https://ec.europa.eu/commfrontoffice/publicopinion/index.cfm/Survey/getSurveyDetail/yearFrom/1974/yearTo/2021/surveyKy/2257.

EUROPEAN COMMISION. *The innovation principle*. 2019. Disponível em: https://ec.europa.eu/info/sites/info/files/research_and_innovation/knowledge_publications_tools_and_data/documents/ec_rtd_factsheet-innovation-principle_2019.pdf.

EUROPEAN COMMISSION. *Eco-innovation*. Greener businesses through smart solutions. 2013. Disponível em: https://ec.europa.eu/environment/eco-innovation/.

EUROPEAN COMMISSION. *Strategic Foresight Report*. Charting the Course Towards a more resilient Europe. 2020. Disponível em: https://ec.europa.eu/info/sites/info/files/strategic_foresight_report_2020_1.pdf.

EUROPEAN POLITICAL STRATEGY CENTER. *Delivering on European common goods strengthening Member States' capacity to act in the 21st century*. 2019. Disponível em: https://op.europa.eu/en/publication-detail/-/publication/d5a5859f-873d-11e9-9f05-01aa75ed71a1/language-en/format-PDF.

EUROPEAN POLITICAL STRATEGY CENTER. Towards an innovation principle endorsed by better regulation. *EPSC Strategic Note*, issue 14, 30 jun. 2016. Disponível em: https://www.kowi.de/Portaldata/2/Resources/horizon2020/coop/Innovation_Principle_EPSC.pdf.

EUROSTAT. *The EU in the world*. 2020. Disponível em: https://ec.europa.eu/eurostat/web/products-statistical-books/-/KS-EX-20-001.

FERNÁNDEZ, Edgar; MALWÉ Claire. The emergence of the 'planetary boundaries' concept in international environmental law: A proposal for a framework convention. *Review of European, Comparative and International Environmental Law*, p. 1-9, 2018.

HALLSWORTH, Michael; EGAN, Mark; RUTTER, Jill; MCCRAE, Julian. *Behavioural Government*. Using behavioural science to improve how governments make decisions – Behavioural Insights Team. 2018. Disponível em: https://www.instituteforgovernment.org.uk/sites/default/files/publications/BIT%20Behavioural%20Government%20Report.pdf.

HELLIWELL, John F.; LAYARD, Richard; SACHS, Jeffrey D.; NEVE, Jan-Emmanuel de (Ed.). *World Happiness Report 2020*. Sustainable Development Solutions Network. Disponível em: https://worldhappiness.report/ed/2020/.

HOLLANDERS, Hugo; ES-SADKI, Nordine; MERKELBACH, Iris; KHALILOVA, Aishe. *European Innovation Scoreboard 2020*. 2020. Disponível em: https://ec.europa.eu/growth/industry/policy/innovation/scoreboards_en.

HONDIUS, Ewoud *et alii* (Ed.). Coronavirus and the Law in Europe. Examining coronavirus-related legislation and its consequences in European States. *Intersentia*, Cambridge, 2020. Disponível em: https://www.intersentiaonline.com/publication/coronavirus-and-the-law-in-europe/1#H0.

HULL, V.; LIU, J. Telecoupling: a new frontier for global sustainability. *Ecology and Society*, v. 23, n. 4, p. 41, 2018. Disponível em: https://doi.org/10.5751/ES-10494-230441.

HULLA; CO HUMAN DYNAMICS (Ed.). *Environment and Climate Regional Assessment Network* – Handbook on the Implementation of EU Environmental Legislation 2015-2016. 2016. DOI: 10.2779/51324.

INSTITUTE FOR EUROPEAN ENVIRONMENTAL POLICY. *Europe Sustainable Development Report 2020*. Meeting the sustainable development goals in face of the Covid-19 pandemic. 2020. Disponível em: https://www.sdgindex.org/reports/europe-sustainable-development-report-2020/.

INSTITUTE FOR GOVERNMENT. *Mindspace*. Influencing behaviour through public policy. Cabinet office. 2010. Disponível em: https://www.instituteforgovernment.org.uk/sites/default/files/publications/MINDSPACE.pdf.

LEVITT, Theodore. Creativity is not enough. *Harvard Business Review*, ago. 2002. Disponível em: https://hbr.org/2002/08/creativity-is-not-enough.

LIU, Jianguo; HERZBERGER, Anna J.; KAPSAR, Kelly; CARLSON, Andrew K. What is telecoupling? In: FRIIS, C.; NIELSEN, J. Ø. (Ed.). *Telecoupling*. Palgrave Studies in Natural Resource Management. Cham: Palgrave Macmillan, 2019. Disponível em: https://doi.org/10.1007/978-3-030-11105-2_2.

MILIEU CONSULTING. *Progress on actions to streamline environmental reporting*. Jun. 2019. Disponível em: https://ec.europa.eu/environment/legal/reporting/pdf/ENV%20reporting%20-%20progress%20report%20-%20June%202019.pdf.

MILKOREIT, Manjana *et alii*. Defining tipping points for social-ecological systems scholarship – an interdisciplinary literature review. *Environmental Research Letters*, v. 13, n. 3, 2018. Disponível em: https://iopscience.iop.org/article/10.1088/1748-9326/aaaa75/meta.

MOOR, Joost de; VYDT, Michiel De; UBA, Katrin; WAHLSTRÖM, Mattias. New kids on the block: taking stock of the recent cycle of climate activism. *Social Movement Studies*, 2020. Disponível em: https://www.tandfonline.com/doi/pdf/10.1080/14742837.2020.1836617?needAccess=true.

O'LEARY, Eileen. *Best practices from the Environmental Implementation Review 2019 across the EU 28 Countries* – A report commissioned by the Environmental Protection Agency Prepared by Clean Technology Centre, Cork Institute of Technology. 2019. Disponível em: https://www.epa.ie/pubs/reports/research/tech/BEST_PRACTICES_from_the_Environmental_Implementation_Review_2019_across_the_E_28_Countries.pdf.

OECD. *The innovation imperative.* Contributing to productivity, growth and well-being. Paris: OCDE, 2015. Disponível em: http://dx.doi.org/10.1787/9789264239814-en.

OECD; EUROSTAT. *Oslo manual* – Guidelines for collecting and interpreting innovation data. Paris: OCDE, 2005. Disponível em: http://dx.doi.org/10.1787/9789264013100-en.

OWEN, Richard; BESSANT; John; HEINTZ, Maggy (Ed.). *Responsible innovation managing the responsible emergence of science and innovation in society.* [s.l.]: Wiley & Sons Ltd., 2013.

PAPKE, Edgar; LOCKWOOD, Thomas. *Innovation by design* – How any organization can leverage design thinking to produce change, drive new ideas, and deliver meaningful solutions. [s.l.]: Career Press, nov. 2017.

PARENTI, R. *Regulatory sandboxes and innovation hubs for fintech.* Study for the committee on Economic and Monetary Affairs, Policy Department for Economic, Scientific and Quality of Life Policies. Luxembourg: European Parliament, 2020. Disponível em: https://www.europarl.europa.eu/RegData/etudes/STUD/2020/652752/IPOL_STU(2020)652752_EN.pdf.

PARSONS, P. A. Habitats, stress, and evolutionary rates. *Journal of Evolutionary Biology*, v. 7, p. 387-397, 1994. Disponível em: https://onlinelibrary.wiley.com/doi/pdf/10.1046/j.1420-9101.1994.7030387.x.

PELKMANS, Jacques; RENDA, Andrea. How can EU legislation enable and/or disable innovation. *European Commission*, 2014. Disponível em: https://ec.europa.eu/futurium/en/system/files/ged/39-how_can_eu_legislation_enable_and-or_disable_innovation.pdf.

PRIEUR, Michel. *Les indicateurs juridiques.* Outils d'évaluation de l'effectivité du droit de l'environnement. Institut de la Francophonie pour le Développement Durable (IFDD), 2018. Disponível em: https://www.uc.pt/fduc/ij/investigacao/INDIGEN_folder/Livre_Indicateursjuridiques2018.

PRIEUR, Michel; MEKOUAR, Mohamed Ali. Measuring the effectivity of environmental law through legal indicators in the context of francophone Africa. *In*: KAMERI-MBOTE, Patricia; ODOTE, Collins (Ed.). *Blazing the Trail.* Professor Charles Okidi's enduring legacy in the development of environmental law. Nairobi: University of Nairobi, School of Law, 2019.

REGO, F. Castro; FERNANDES, P.; SILVA, J. Sande; AZEVEDO, J.; MOURA, J. M.; OLIVEIRA, E.; CORTES, R.; VIEGAS, D. X.; CALDEIRA, D.; SANTOS, F. Duarte (Coord.). *Estudo técnico*: recuperação da Mata Nacional de Leiria após os incêndios de outubro de 2017. Lisboa: Assembleia da República, 2020. Disponível em: https://www.parlamento.pt/Parlamento/Documents/oti/Estudotecnico-out2020.pdf.

RICHARDSON, Benjamin J. Climate strikes to extinction rebellion: environmental activism shaping our future. *Journal of Human Rights and the Environment*, v. 11, p. 1-9, dez. 2020. Special Issue.

ROCKSTRÖM, J. *et al.* Planetary boundaries. *Ecology and Society*, v. 14, n. 2, 2009. Disponível em: http://www.ecologyandsociety.org/vol14/iss2/art32/.

SANTOS, Paulo Junior Trindade dos; MARCO, Cristhian Magnus de; MÖLLER, Gabriela Samrsla. Tecnologia disruptiva e direito disruptivo: compreensão do direito em um cenário de novas tecnologias. *Revista Direito e Práxis*, Rio de Janeiro, v. 10, n. 4, out./dez. 2019. E-pub 25 nov. 2019. Disponível em: https://doi.org/10.1590/2179-8966/2019/45696.

SHAPIRO, Beth. Pathways to de-extinction: how close can we get to resurrection of an extinct species? *Functional ecology – British Ecological Society*, 24 jun. 2016. Disponível em: https://doi.org/10.1111/1365-2435.12705.

SHUKLA, P. R. *et al.* (Ed.). Summary for policymakers. *In*: IPCC. *Climate change and land*: an IPCC special report on climate change, desertification, land degradation, sustainable land management, food security, and greenhouse gas fluxes in terrestrial ecosystems. 2019. Disponível em: https://www.ipcc.ch/srccl/chapter/summary-for-policymakers/.

SQUINTANI, Lorenzo. *Beyond minimum harmonisation*: gold-plating and green-plating of European environmental law. Cambridge: Cambridge University Press, 2019.

STEPHEN, Will *et al.* Planetary boundaries: exploring the safe operating space for humanity. *Ecology and Society*, v. 14, n. 2, 2009. Disponível em: http://www.ecologyandsociety.org/vol14/iss2/art32/.

STEPHEN, Will et al. Planetary boundaries: guiding human development on a changing planet. *Science*, v. 347, issue 6223, 2015. Disponível em: http://science.sciencemag.org/content/347/6223/1259855.

STEPHEN, Will *et alii*. Trajectories of the Earth System in the Anthropocene. *Proceedings of the National Academy of Sciences*, ago. 2018. Disponível em: https://doi.org/10.1073/pnas.1810141115.

SUMAN, Anna Berti; SCHADE, Sven; ABE, Yasuhito. Exploring legitimization strategies for contested uses of citizen-generated data for policy. *Journal of Human Rights and the Environment*, v. 11, p. 74-102, dez. 2020. Special Issue. Disponível em: https://www.researchgate.net/publication/347743304_Exploring_legitimization_strategies_for_contested_uses_of_citizen-generated_data_for_policy.

TERJE, Aven. Implications of black swans to the foundations and practice of risk assessment and management. *Reliability Engineering and System Safety*, v. 134, p. 83-91, 2015. Disponível em: https://www.sciencedirect.com/science/article/pii/S0951832014002440.

UNITED NATIONS ENVIRONMENT PROGRAMME; GRID-Arendal. *The little book of green nudges*: 40 nudges to spark sustainable behaviour on campus. Nairobi; Arendal: UNEP; GRID-Arendal, 2020. Disponível em: https://www.unep.org/resources/publication/little-book-green-nudges.

UNITED NATIONS. *Global sustainable development report 2019*: the future is now – Science for achieving sustainable development. New York: United Nations, 2019. Disponível em: https://sustainabledevelopment.un.org/content/documents/24797GSDR_report_2019.pdf.

Informação bibliográfica deste texto, conforme a NBR 6023:2018 da Associação Brasileira de Normas Técnicas (ABNT):

ARAGÃO, Alexandra. Densificação jurídica do princípio da ecoinovação. A inovação jurídico-ecológica como resposta adequada à emergência climática e ambiental. *In*: GOMES, Ana Cláudia Nascimento; ALBERGARIA, Bruno; CANOTILHO, Mariana Rodrigues (Coord.). *Direito Constitucional*: diálogos em homenagem ao 80º aniversário de J. J. Gomes Canotilho. Belo Horizonte: Fórum, 2021. p. 545-580. ISBN 978-65-5518-191-3.

DA *CONSTITUIÇÃO DIRIGENTE* À "JURISPRUDÊNCIA CONSTITUCIONAL DIRIGENTE BRASILEIRA"?: COGITAÇÕES *AD HONOREM* SOBRE A NOSSA JURISPRUDÊNCIA CONSTITUCIONAL COGENTE

ANA CLÁUDIA NASCIMENTO GOMES

1 Da escolha do nosso tema sob o mote principal da nossa homenagem

Tarefa alegremente difícil é honrar e homenagear pessoas que nos são especialmente notáveis e queridas. Sempre permanecerá, ao final, aquela sensação de incompletude, no sentido de que a externalização da honraria e do "obrigado" não foi proporcional ao apreço recebido do nosso homenageado.

É esta, pois, a árdua e prazerosa missão que iremos tentar cumprir por meio do presente artigo: homenagear o professor, o orientador, o jurista, o exemplo acadêmico e, principalmente, o amigo que foi, é e sempre será, para nós, o Senhor Doutor José Joaquim Gomes Canotilho; nosso "prezadíssimo orientador" (assim que sempre iniciamos as nossas correspondências a ele dirigidas) de Mestrado[1] e de Doutoramento.[2] Para ele, "obrigados" vários ainda nos serão parcos para agradecer e retribuir tamanha gentileza acadêmica e pessoal, de ter conduzido, de forma tão responsável quanto amiga, a incumbência de dirigir nossos trabalhos acadêmicos e de ter colaborado, assim, para o nosso evoluir científico e humano. A ele, o nosso efusivo e meigo "bem-haja"!

Para além das considerações no nível pessoal, José Joaquim Gomes Canotilho é daqueles juristas realmente merecedores de viva e permanente homenagem por parte da comunidade jurídica, dada a integridade e plenitude de seus trabalhadores

---

[1] Concluído na Faculdade de Direito da Universidade de Coimbra em dezembro de 2001. V. GOMES, Ana Cláudia Nascimento. *O poder de rejeição de leis inconstitucionais pela autoridade administrativa no direito português e no direito brasileiro*. Porto Alegre: Safe, 2002.

[2] Concluído na Universidade de Coimbra em julho de 2015. V. GOMES, Ana Cláudia Nascimento. *Emprego público de regime privado* – A laboralização da função pública. Belo Horizonte: Fórum, 2017.

científicos e doutrinários,[3] cujos subsídios para a recente densificação doutrinária do "Estado de direito democrático",[4] em termos internacionais, foi, senão ímpar, certamente desempenhada de forma inovadora, propositiva, intensa, paradigmática e longeva. Os seus trabalhados jurídicos, sempre carregados de ineditismo e inquietações (para além do firme traço poético e literário),[5] instauraram verdadeiros debates e revoluções no direito e, principalmente, no direito constitucional.[6]

Assim ocorrera, por exemplo com a sua dissertação de Doutoramento defendida perante a Universidade de Coimbra, com o título *Constituição dirigente e Vinculação do legislador: contributo para a compreensão das normas constitucionais programáticas* (Coimbra Editora), publicada no início da década de 80 e republicada, em 2ª edição, em 2001. A partir da publicação da obra, a chamada "Constituição dirigente" passaria a estar presente, em vários manuais, especialmente lusófonos, no tópico afeto à classificação das constituições;[7] e as conclusões de Gomes Canotilho, como dados adquiridos do esforço doutrinário para a intensificação da "força normativa da Constituição" (Konrad Hesse),[8] mormente no campo das tarefas públicas e dos direitos sociais.

A robustez dos argumentos jurídicos da *Constituição dirigente* de Gomes Canotilho, associada ao momento político emblemático – de renovação e de crédito à nova ordem constitucional – porque transcorriam sucessivamente as instituições públicas em Portugal e no Brasil (além de outros países da descolonização tardia), na década de 80-90, culminou na colocação daquela obra em posto de verdadeira bandeira do novo

---

[3] J. J. Gomes Canotilho é autor de inúmeros livros, artigos, comentários jurisprudenciais, constitucionais e legislativos, pareceres jurídicos, orientações de mestrados, doutoramentos, pesquisas, coordenação científicas etc., possuindo um currículo que espelha a vida intensamente dedicada ao direito e à academia.

[4] A Constituição da República de Portugal de 1976, utilizou-se do nome "Estado de direito democrático", em seu art. 2º: "A República Portuguesa é um Estado de direito democrático, baseado na soberania popular, no pluralismo de expressão e organização política democráticas, no respeito e na garantia de efetivação dos direitos e liberdades fundamentais e na separação e interdependência de poderes, visando a realização da democracia econômica, social e cultural e o aprofundamento da democracia participativa."

[5] Não sem razão, J. J. Gomes Canotilho foi, até hoje, o único jurista agraciado com o Prêmio Pessoa de Portugal, no ano de 2003, sendo que tal comenda "é o maior galardão atribuído, anualmente, à personalidade portuguesa que mais se tenha destacado nas áreas da Cultura, Arte ou Ciência". V. PRÉMIO Pessoa 2020: Estão abertas as candidaturas. *Prêmio Pessoa – Expresso*. Disponível em: https://expresso.pt/premio-pessoa. Acesso em: 2 fev. 2021. V. CANOTILHO, J. J. Gomes. *Admirar os outros*. Coimbra: Almedina; Coimbra Editora, 2010.

[6] Aliás, J. J. Gomes Canotilho foi jurista que, ainda jovem, participou ativamente da articulação do projeto que seria *a posteriori* apresentado para discussão na Assembleia Constituinte, para a Constituição de Portugal Pós-Revolução dos Cravos. V. SOUSA, Denise. *José Joaquim Gomes Canotilho – Um ancião no saber, uma criança nos afectos*. [s.l.]: Cyrano, 2011. p.. 122: "O projecto de Constituição do Partido Comunista foi feito em minha casa. Durante sete dias, a minha actual mulher alimentava-nos. Era eu, Vital, o Jorge Leite, o Lino Lima, advogado e o funcionário do partido, e o Silas Cerqueira. Aí, em sete dias fizemos um projeto de Constituição, apresentado à Assembleia Constituinte". Porém, depois ainda esclarecem J CANOTILHO, J. J. Gomes; MOREIRA, Vital. *Constituição da República Portuguesa anotada* – Artigos 1º a 107º. Coimbra: Coimbra Editora, 2007. p. 21: "O facto de na AC nenhum partido ter maioria absoluta fez com que nenhum dos projectos fosse seleccionado como base privilegiada da elaboração das disposições da Constituição; por isso, todos os projectos – e principalmente os dos três partidos mais representados (PS, PPD e PCP, com relevo para o primeiro) – vieram a obter maior ou menor expressão na Constituição".

[7] Por exemplo, MORAES, Alexandre de. *Direito constitucional*. 30. ed. São Paulo: Atlas, 2015. p. 10; MENDES, Gilmar Ferreira; BRANCO, Paulo Gustavo Gonet. *Curso de direito constitucional*. 12. ed. São Paulo: IDP/Saraiva, [s.d.]. p. 63.

[8] O constitucionalista Konrad Hesse (leia-se *A força normativa da Constituição*. Porto Alegre: Safe, 1991) foi orientador de pesquisa de J. J. Gomes Canotilho, quando da permanência deste, em Freiburg, para estudos do Doutoramento. V. nota prévia, CANOTILHO, J. J. Gomes. *Direito constitucional e teoria da Constituição*. 7. ed. Coimbra: Almedina, 2004.

constitucionalismo, mormente em nosso país; e o nosso homenageado, legitimamente, alçado à referência do direito constitucional, especialmente no Brasil, motivando vários estudos no tema desde então.[9] As referências jurisprudenciais à Gomes Canotilho são igualmente vastíssimas.[10]

Não obstante a autoridade e o peso da retórica argumentativa de Gomes Canotilho, os quais podem, inclusive, fazer crer na sedimentação doutrinária de verdadeiros dogmas do direito constitucional, ele próprio revisita-se sistematicamente, em permanente vigilância de que o direito se insere e se alimenta de seus momento e contexto históricos. Aduz: "Vários processos referentes à mudança de funções de estatalidade moderna – a internacionalização/globalização e a europeização – obrigam a um repensamento da 'constituição aberta ao tempo'".[11] Assim o fez, em termos parciais, relativamente à própria *Constituição dirigente*: "Rever ou Romper com Constituição dirigente? Defesa de um Constitucionalismo Moralmente Reflexivo"[12] foi a proposta que fez a si mesmo, no sentido de reproblematizar as suas compreensões ou de reenquadrá-las em linhas mais flexíveis, sem que isto implicasse, necessariamente, afrouxar a normatividade principiológica da Constituição e a relevância dos efeitos da socialidade constitucional.

Dessa forma, a despeito do reposicionamento e da ressignificação da teoria da *Constituição dirigente*, especialmente quando colocada à prova diante de um "mundo

---

[9] Por exemplo: BERCOVICI, Gilberto. A problemática da constituição dirigente: algumas considerações sobre o caso brasileiro. *Revista de Informação Legislativa*, Brasília, ano 36, n. 142, p. 35-52, abr./jun. 1999; CARVALHO, Cláudia Paiva. Desafios para a Constituição dirigente: entre vinculação e abertura constitucional. *Revista Jurídica da Presidência*, Brasília, v. 14, n. 103, p. 357-381, jun./set. 2012; DALLEGRAVE NETO, José Affonso. Constituição dirigente e direitos sociais no mundo contemporâneo. *Revista da Academia Brasileira de Direito do Trabalho*, Curitiba, mar. 2019. Disponível em: http://www.andt.org.br/f/Constitui%C3%A7%C3%A3o%20Dirigente%20 e%20direitos%20sociais%20no%20mundo%20contempor%C3%A2neo-Dallegrave-26.03.pdf. Acesso em: 2 fev. 2021; DANTAS, Miguel Calmon. Ode ou réquiem pela Constituição dirigente? Disponível em: www.facs.br/revistajuridica/edicao_maio2005/.../doc_01.doc.. Acesso em: 2 fev. 2021; GIUDICELLI, Gustavo. Os direitos fundamentais na era da pós-(in)efetividade. *Revista de Direito Constitucional e Internacional*, v. 95, p. 103-123, abr./jun. 2016; LAISNER, Regina Cláudia; GRANICA, Danilo. Legitimidade constitucional da atuação internacional dos municípios brasileiros: uma leitura à luz da teoria da Constituição dirigente. *Revista Brasileira de Políticas Públicas*, v. 7, n. 1, p. 65-83, abr. 2017; MAIA, Mário Sérgio Falcão; LEITE, Rodrigo de Almeida. Elementos para uma teoria da Constituição dirigente adequada aos países da modernidade tardia. *Revista do Curso de Mestrado em Direito da UFC*, v. 29, n. 2, jul./dez. 2009. Disponível em: http://periodicos.ufc.br/nomos/article/view/6418. Acesso em: 2 fev. 2021; MORAIS, Fausto Santos de; SANTOS, José Paulo Schneider dos. A teoria da Constituição dirigente como imaginário para a hermenêutica constitucional brasileira. *Revista de Direito Brasileira*, ano 5, v. 10, 2015. Disponível em: https://www.indexlaw.org/index.php/rdb/article/view/2816. Acesso em: 2 fev. 2021; MOREIRA, Nelson Camatta. Dignidade humana na Constituição dirigente de 1988. *Revista Brasileira de Direito Público – RBDP*, Belo Horizonte, ano 6, n. 21, p. 153-176, abr./jun. 2008; NASCIMENTO, Vitor Szpiz do. Distinguindo constituições dirigentes: uma análise de direito comparado. *Revista de Direito Constitucional e Internacional*, v. 119, p. 273-292, maio/jun. 2020; PASSOS, Daniel Silveira. A legitimidade do Tribunal Constitucional na concretização da Constituição dirigente. *Revista da AGU*, n. 29, p. 100-116; SCHEER, Luciano; COPETTI NOETO, Alfredo. Constitucionalismo contemporâneo e a Constituição brasileira de 1988: uma análise dos impasses à Constituição dirigente. *Cadernos do Programa de Pós-Graduação em Direito/UFRGS*, Porto Alegre, v. 12, n. 2, p. 156-171, 2017. Disponível em: https://seer.ufrgs.br/ppgdir/article/view/72571/47089; TUTIKIAN, Cristiano. O Estado democrático constitucional e a atualidade do debate acerca da Constituição dirigente. *Revista Direito, Estado e Sociedade*, Rio de Janeiro, n. 32, p. 68-87, jan./jun. 2008. Disponível em: https://revistades.jur.puc-rio.br/index.php/revistades/article/view/247/224. Acesso em: 2 fev. 2021.

[10] Apenas no *site* STF, uma pesquisa jurisprudencial com o nome "Canotilho" traz a lume milhares de decisões.

[11] CANOTILHO, J. J. Gomes. *"Brancosos" e interconstitucionalidade*: itinerários dos discursos sobre a historicidade constitucional. Coimbra: Almedina, 2006. p. 27.

[12] CANOTILHO, J. J. Gomes. "Prefácio" da 2ª edição da Constituição dirigente e Vinculação do Legislador – Contributo para a Compressão das Normas Constitucionais Programáticas, Coimbra: Coimbra Editora, 2001. *Revista de Direito Constitucional e Internacional*, v. 15, p. 7-17, abr./jun. 1996.

caracterizado pela conjuntura, a circularidade, os particularismos e os riscos",[13] para Gomes Canotilho e para a doutrina do direito constitucional, é fato que ainda permanecem tão sólidas quanto antes as suas linhas-mestras e o seu principal substrato em prol da otimização da efetividade das normas constitucionais e da necessidade de que a ordem constitucional não seja neutra no que tange a questões econômicas e sociais (o que tem peculiar relevo quando se tem em ótica um país, como o nosso, com sérios défices sociais, com atual tendência de agravamento em contexto pandêmico):

> Em síntese, a minha resposta é esta: posso estar aberto a outros modos de concretização e de legalização do dirigismo constitucional, mas não estou aberto, de forma alguma, à liquidação destas dimensões existenciais que estão subjacentes à directividade constitucional.[14]
>
> Aparente desencanto, repita-se. Continuamos a defender a Constituição como lei-quadro fundamental condensadora de premissas materialmente políticas, económicas e sociais. Insistimos num paradigma antropológico do homem como pessoa, como cidadão e como trabalhador. O Estado – esse "campo de sombras' – recorta-se ainda como "herói local" e como um "esquema organizatório da estratégia política ("Estado supervisor").[15]

Sob o mote de produção de um artigo no qual pretendemos homenagear a grandeza acadêmica e longevidade de Gomes Canotilho (muito mais do que trazer à tona alguma contribuição jurídica), entendemos que, de alguma forma, teríamos que ter em conexão o *nomen* daquela magistral criação de nosso mestre,[16] a qual tanto influenciou a juspublicística nacional e que motivou gerações de discípulos (como, aliás, esse mesmo livro é novamente prova).[17] É, pois, sob esse propósito principal, *ad honorem*, que escolhemos o nosso título: "Da *Constituição dirigente* à 'jurisprudência constitucional dirigente brasileira'". Assim, a questão da "Constituição dirigente" aparecerá no presente artigo não tanto como foco de análise; mas como um ponto de largada, uma metáfora justificada e necessária à homenagem, para conectar com o atual perfil da nossa jurisprudência constitucional e sobre esta instigar a reflexão futura.

Isso porque cogitamos que, de alguma forma e por razões jurídico-constitucionais específicas, no decorrer dos anos da vigência da Constituição de 1988 (CR/88), mas, mais

---

[13] CANOTILHO, J. J. Gomes. "Prefácio" da 2ª edição da Constituição dirigente e Vinculação do Legislador – Contributo para a compressão das normas constitucionais programáticas, Coimbra: Coimbra Editora, 2001. *Revista de Direito Constitucional e Internacional*, v. 15, p. 7-17, abr./jun. 1996. p. IX.

[14] COUTINHO, Jacinto Nelson de Miranda. *Canotilho e a Constituição dirigente*. São Paulo: Renovar, 2003. p. 41.

[15] CANOTILHO, J. J. Gomes. *"Brancosos" e interconstitucionalidade*: itinerários dos discursos sobre a historicidade constitucional. Coimbra: Almedina, 2006. p. 35.

[16] Até porque tivemos oportunidade, em homenagem anterior ao Senhor Doutor J. J. Gomes Canotilho, de referenciar a sua obra *O problema da responsabilidade do Estado por actos lícitos*, publicada em 1974 (Livraria Almedina, Coimbra). V. GOMES, Ana Cláudia Nascimento. A solução de J. J. Gomes Canotilho para o problema da responsabilidade do Estado por actos lícitos: alguns apontamentos. In: PINTO, Hélio Pinheiro et al. *Constituição, direitos fundamentais e política* – Estudos em homenagem ao Professor José Joaquim Gomes Canotilho. Belo Horizonte: Fórum, 2017. p. 33-50.

[17] Prova mais contundente da legião de juristas apreciadores do conjunto da obra de J. J. Gomes Canotilho foi a edição n. 104 da *Revista Ad Honorem Stvdia Ivridica, Boletim da Faculdade de Direito da Universidade de Coimbra* (Coimbra Editora, 2012), constituída por 6 (seis) volumes e centenas de articulistas. No Brasil, PINTO, Hélio Pinheiro et al. *Constituição, direitos fundamentais e política* – Estudos em homenagem ao Professor José Joaquim Gomes Canotilho. Belo Horizonte: Fórum, 2017; COUTINHO, Jacinto Nelson de Miranda. *Canotilho e a Constituição dirigente*. São Paulo: Renovar, 2003.

intensamente nos últimos anos, houve um "deslocamento" (de atenção, de foco jurídico, de importância normativa) das normas constitucionais – da nossa assumidamente "Constituição dirigente" (CR/88) – para as decisões proferidas pelo Supremo Tribunal Federal (STF); decisões as quais tenham também caráter de cogência (consideraremos apenas estas, pelo perfil dirigente);[18] e, isto, para nós, mais do que seria natural e juridicamente decorrente de um sistema de jurisdição constitucional,[19] de intérpretes togados da Constituição,[20] bem como da aproximação com o sistema judicial de *common law*.[21] A nossa percepção, em termos amplos, também se conecta com que a juspublicística denomina "ativismo judicial" e pode demonstrar, indiretamente, o ofuscamento jurídico (e/ou a desconfiança social?) dos poderes políticos da República no Brasil.

Ao final, tem sido perceptível o quão paradigmática, densa, abrangente e quantitativamente relevante tem sido a jurisprudência constitucional do STF, quer seja pelos próprios efeitos normativos dessas decisões, quer seja pela extensão temática dos assuntos decididos pelo tribunal, conduzindo, em nosso sentir, ao espraiar do atributo de *dirigente* para essa jurisprudência, inclusive vinculando – e conduzindo – o(s) aplicadores(res) – genéricos – do direito (para tanto Gomes Canotilho utiliza-se da expressão ampla de *actantes*);[22] tal qual a *Constituição dirigente* se pretendia colocar, não apenas relativamente ao seu legislador nos seus termos originários (e com a sua própria lógica da "narratividade emancipatória",[23] que posteriormente Gomes Canotilho apontara como algo pretensiosa), mas também, é nosso intuir, como fonte do "direito

---

[18] No texto, faremos uso do adjetivo "dirigente" estando subjacente às críticas posteriores que o próprio J. J. Gomes Canotilho deu ao nome, não obstante estar cientes de que há equivocidades no termo: "Esta expressão – 'Constituição dirigente' – revelou-se, posteriormente, um termo equívoco. Em primeiro lugar, a Constituição dirigente passou a ser identificada com o dirigismo programático-constitucional. As críticas movidas contra este dirigismo ganharam grande virulência quando a programaticidade era reconduzida à ideia de *narratividade emancipatória*" (CANOTILHO, J. J. Gomes. "Brancosos" e interconstitucionalidade: itinerários dos discursos sobre a historicidade constitucional. Coimbra: Almedina, 2006. p. 31).

[19] O STF foi criado pelo Decreto nº 848, de 11.10.1890, após a implementação da República no Brasil, tendo sido constitucionalizado em 1891, sob inspiração da Suprema Corte Americana. A sua primeira sessão ocorreu no dia 28.2.1891. Por isto, aliás, no presente ano são comemorados os 130 anos do tribunal (http://portal.stf.jus.br/hotsites/130anos/). Contudo, até a promulgação da CR/88, no que tange ao controle de constitucionalidade, o STF partilhava basicamente da influência e do sistema americanos. A CR/88 ampliou a competência do STF no âmbito do controle concentrado. V. MORAES, Alexandre de. *Jurisdição constitucional e tribunais constitucionais*: garantia suprema da Constituição. São Paulo: Atlas, 2000. p. 211 e ss. No tema da jurisdição constitucional, o sempre paradigmático KELSEN, Hans. *Jurisdição constitucional*. São Paulo: Martins Fontes, 2007. Recordamos, com alegria, um dos nossos primeiros encontros de orientação (do Mestrado), quando o Senhor Doutor Gomes Canotilho apresentou os textos – para ele – "fundamentais" do direito constitucional, sendo, de Hans Kelsen, um deles.

[20] Relembrando outro grande constitucionalista, com antítese: HÄBERLE, Peter. *Hermenêutica constitucional – A sociedade dos intérpretes da Constituição*: contribuição para a interpretação pluralista e 'procedimental' da Constituição. Porto Alegre: Safe, 1997.

[21] A partir da positivação do novo CPC (2015), a influência do sistema de precedentes tem sido bastante concreta. Cita-se BORDES, Márcio Ribeiro; VANDRESEN, Thais. *Common Law e o Novo Código de Processo Civil*: Teoria dos precedentes vinculantes e outras influências. Disponível em: siaiap32.univali.br. Acesso em: 2 fev. 2021.

[22] CANOTILHO, J. J. Gomes. *Constituição dirigente e vinculação do legislador*: contributo para a compreensão das normas constitucionais programáticas. 2. ed. Coimbra: Coimbra Editora, 2001. p. 215. Com o conceito, em nota, de L. Tesnière.

[23] CANOTILHO, J. J. Gomes. "Prefácio" da 2ª edição da Constituição dirigente e Vinculação do Legislador – Contributo para a compressão das normas constitucionais programáticas, Coimbra: Coimbra Editora, 2001. *Revista de Direito Constitucional e Internacional*, v. 15, p. 7-17, abr./jun. 1996. p. VII; e COUTINHO, Jacinto Nelson de Miranda. *Canotilho e a Constituição dirigente*. São Paulo: Renovar, 2003. p. 53.

jupiteriano" (Ost).²⁴ Nesses termos, a "jurisprudência constitucional cogente" pode ser mesmo descendente direta da nossa "Constituição dirigente".

Tal espraiamento processual e material da jurisdicional constitucional, em termos de dinâmica do princípio da separação dos poderes, pode/poderá refletir na constrição do espaço jurídica e socialmente – mas não judicialmente – conformável do direito. Daí a nossa metáfora; apenas o nosso gancho.

Nesse sentido, nossa intenção é apenas partir de uma comparação – da vinculação normativa espraiada da *Constituição dirigente* (e da nossa "Constituição dirigente" de 1988), parametrizando com a atual potência vinculativa da jurisprudência constitucional cogente para com outros atores do direito, verificando as razões jurídico-constitucionais singulares, especialmente em termos processuais, para que se possa "hipotisar" na existência de uma "jurisprudência constitucional dirigente brasileira". Por outro lado, instigar a refletir se tal construção jurisprudencial constitucional não se afigura, também ela, agora, em um excesso de "bondade" da nossa jurisdição constitucional, a qual possa futuramente implicar, por sua vez, uma "revisão em defesa de uma jurisprudência constitucional eventualmente mais reflexiva e moderada",²⁵ em termos processuais e materiais.

2 Um dos erros da *Constituição dirigente*, segundo Gomes Canotilho: "A Constituição dirigente como centro de direção ou direção sem centro"

Uma das fragilidades da *Constituição dirigente* apontadas por Gomes Canotilho foi a sua aspiração constitucionalmente centralizante. Assim se autoconcebendo, a *Constituição dirigente* ignorou (ou não reconheceu) o *locus* de outras contribuições normativas ou regulativas sociais, as quais têm sido recorrentemente constatadas na sociedade pós-moderna, pluralista, e para a qual a noção de univocidade jurídica parece não mais se harmonizar:

> As constituições dirigentes, entendidas como constituições programático-estatais não padecem apenas de um pecado original – o da má utopia do sujeito projectante. Como dissemos, elas ergueram o estado a "homem de direção" exclusiva ou quase exclusiva da sociedade e converteram o direito em instrumento funcional dessa direcção. Deste modo, o Estado e o direito são ambos arrastados para a *crise da política regulativa*. Por um lado, erguer o Estado a "homem de direcção" implica o desconhecimento do *alto grau de diferenciação* da estatalidade pluralisticamente organizada. Por outro lado, confiar ao direito o encargo de regular – e regular autoritária e intervencionisticametne – equivale a desconhecer outras formas de direcção política que vão desde os modelos regulativos típicos da *subjetividade*, isto é, modelos de autodirecção social estatalmente garantida até os modelos *neocorporativos*, passando pelas formas de *delegação* conduzente a regulações descentradas e descentralizadas. Tudo isto é certo. Se, para nós, é muito obscura a ideia de *equivalentes funcionais do direito*, o modelo de constituição dirigente-programática pode

---

²⁴ CANOTILHO, J. J. Gomes. "Prefácio" da 2ª edição da Constituição dirigente e Vinculação do Legislador – Contributo para a compressão das normas constitucionais programáticas, Coimbra: Coimbra Editora, 2001. *Revista de Direito Constitucional e Internacional*, v. 15, p. 7-17, abr./jun. 1996. p. XI.

²⁵ Parafraseando nosso homenageado, evidentemente.

transportar, e transporta muitas vezes, o ambicioso projetcto de modernidade na forma mais estatizante: a conformação do mundo político-económico através do direito estatal estruturado sob a forma de pirâmide.[26]

Nesse aspecto, tratou-se de um "excesso de autoconfiança" (normativa) da *Constituição dirigente*, a qual também perpassou para a nossa "Constituição dirigente" (e que, neste caso, reflexamente, veio a contribuir para uma análise crítica posterior acerca da "constitucionalização simbólica").[27]

Em termos comparativos – e sob o enredo *ad honorem*, frise-se –, vejamos se a "jurisprudência constitucional cogente" do STF também suporta o registro de conviver com análoga "imperfeição de suficiência" normativa, a qual posteriormente veio Gomes Canotilho reproblematizar na sua *Constituição dirigente*. As notas de audácia desta foram as que deram o tom, à época, ao "riso da mulher de trácia", na pena de nosso homenageado.[28] Vejamos se há possível semelhança entre ambas que possa sustentar a nossa parametrização.

3 Sob a ótica processual: a multiplicidade de hipóteses decisórias cogentes do STF

A CR/88 efetivamente abriu-se, em termos materiais, subjetivos e procedimentais, à jurisdição constitucional, diretamente influenciada, no particular, pela Constituição da República Portuguesa de 1976 (como ficou bastante nítida, por exemplo, na constitucionalização da ação direta de inconstitucionalidade por omissão) e, indiretamente, pela institucionalização dos tribunais constitucionais em vários países da Europa no pós-guerra.

O STF, por sua vez, com a assunção da posição jurídico-constitucional de precípuo guardião da Constituição (art. 102), passou a assemelhar-se àqueles tribunais em relação ao controle de constitucionalidade abstrato de normas; não obstante, com a reiteração de várias históricas competências – recursais, outras afetas ao pacto federativo entre União e estados-membros e por prerrogativa de função, entre outras –, as quais lhe dão uma nota de especialidade, quando em uma comparação genérica com os tribunais constitucionais europeus. Além disso, quanto à sua composição, a CR/88 manteve o mecanismo de pesos e contrapesos dos poderes políticos do sistema americano para a escolha de seus integrantes, aos quais é também assegurada a garantia da vitaliciedade própria dos magistrados, não estando os ministros, dessa forma, sujeitos a mandatos (como é usual nos tribunais constitucionais europeus).[29]

---

[26] CANOTILHO, J. J. Gomes. "Prefácio" da 2ª edição da Constituição dirigente e Vinculação do Legislador – Contributo para a compressão das normas constitucionais programáticas, Coimbra: Coimbra Editora, 2001. *Revista de Direito Constitucional e Internacional*, v. 15, p. 7-17, abr./jun. 1996. p. X.

[27] V. NEVES, Marcelo. Constitucionalização simbólica e desconstitucionalização fática: mudanças simbólicas da Constituição e permanência das estruturas reais de poder. *Revista de Informação Legislativa*, ano 33, n. 132, p. 321-330, out./dez. 1996.

[28] CANOTILHO, J. J. Gomes. "Prefácio" da 2ª edição da Constituição dirigente e Vinculação do Legislador – Contributo para a compressão das normas constitucionais programáticas, Coimbra: Coimbra Editora, 2001. *Revista de Direito Constitucional e Internacional*, v. 15, p. 7-17, abr./jun. 1996. p. VIII.

[29] V. MORAES, Alexandre de. *Jurisdição constitucional e tribunais constitucionais*: garantia suprema da Constituição. São Paulo: Atlas, 2000; MENDES, Gilmar Ferreira. *Jurisdição constitucional*. São Paulo: Saraiva, 1999.

Tendo em conta a ideia de configurar existência de uma "jurisdição constitucional dirigente", para a qual o caráter normativo, vinculante e cogente do resultado do julgamento nos afigura decisivo, concentrar-nos-emos no sistema de proteção judicial da Constituição cujas decisões carregarão tais atributos. Elucida-se, ademais, que as referências jurisprudenciais que serão apontadas a seguir são aquelas que, no âmbito de nossa atuação pragmática, afiguraram-nos bastante representativas.[30]

Considerado o quadro normativo positivo respeitante ao controle de constitucionalidade do STF (bloco integrado por dispositivos constitucionais, com acréscimos de emendas, bem como de legislação processual constitucional – leis nºs 9868/99 e 9.882/99),[31] evidencia-se que foram atribuídos à Corte o processamento e o julgamento de uma variedade de ações do processo objetivo: ação direta de inconstitucionalidade (ADI) e ação direta de constitucionalidade (ADC) – esta, após constitucionalizada pela Emenda Constitucional nº 3/1993, motivou inclusive o caráter dúplice entre ADI/ADC –,[32] ação de inconstitucionalidade por omissão (AIO) e arguição de descumprimento de preceito fundamental (ADPF).[33]

Para além disto, a CR/88 ampliou consideravelmente o acesso à jurisdição constitucional abstrata, na medida em que várias autoridades da República (art. 103-I a IX) e atores da esfera pública (partidos políticos com representação no Congresso Nacional e confederações sindicais ou entidades de classe de âmbito nacional) passaram a deter a legitimidade ativa perante o STF; eliminando o monopólio que o procurador-geral da República detinha, na Carta de 1969, para a propositura de "representação por inconstitucionalidade de lei ou ato normativo federal ou estadual" (CR/69, art. 119-I-l).[34]

Tal alargamento da legitimação processual impactou decisivamente, em termos *quantitativos*, no acervo de ações do controle concentrado (a despeito do PGR ser ainda o principal demandante),[35] implicando, proporcionalmente, a elevação do número de decisões com cogência oriundas desse sistema de proteção objetiva da CR/88. Em suma, um rol abrangente de legitimados ativos para uma pluralidade de tipos de ações; todas, em tese, com potencial vinculante quando resultam em decisões meritórias.

---

[30] Algumas das questões afetas ao processo jurisdicional constitucional já constam de um artigo nosso anterior, decorrente de algumas reflexões que fomos amadurecendo na qualidade de membro auxiliar da PGR (2017-2019): GOMES, Ana Cláudia Nascimento. Breves apontamentos sobre a evolução do controle abstrato de constitucionalidade no STF. In: MENDES, Gilmar Ferreira; BRANCO, Paulo Gustavo Gonet. *XXI Congresso Internacional de Direito Constitucional* – 30 anos de Constituição: um balanço (Anais 2018). Brasília: IDP, 2019. p. 8-23.

[31] V. leis nºs 9.868/99 ("Dispõe sobre o processo e julgamento da ação direta de inconstitucionalidade e da ação declaratória de constitucionalidade perante o STF") e 9.882/99 ("Dispõe sobre o processo e julgamento da arguição de descumprimento de preceito fundamental, nos termos do §1º do art. 102 da Constituição Federal").

[32] Assim, a decisão de improcedência de um pedido constante de ADC iguala-se à decisão de procedência de um pedido constante de ADI, com objeto normativo idêntico.

[33] Por todos, MENDES, Gilmar Ferreira. *Controle abstrato de constitucionalidade*: ADI, ADC e ADO – Comentários à Lei 9.868/99. 2. ed. São Paulo: Saraiva, 2012; MENDES, Gilmar Ferreira. *Arguição de descumprimento de preceito fundamental*. 2. ed. São Paulo: Saraiva, 2011; GOMES, Frederico Barbosa. *Arguição de descumprimento de preceito fundamental*: uma visão crítica. Belo Horizonte: Fórum, 2008; FIGUEIREDO, Patrícia Cobianchi. *Os tratados internacionais de direitos humanos e o controle de constitucionalidade*. São Paulo: LTR, 2011.

[34] Sobre as controvérsias jurídicas sobre a discricionariedade ou vinculação do PGR à propositura da ação de inconstitucionalidade, quando representado: V. MENDES, Gilmar Ferreira. *Controle abstrato de constitucionalidade*: ADI, ADC e ADO – Comentários à Lei 9.868/99. 2. ed. São Paulo: Saraiva, 2012. p. 39 e ss.

[35] V. Disponível em: http://portal.stf.jus.br/estatistica/. Acesso em: 2 fev. 2021.

Ademais, à tal variedade de ações do controle concentrado passou-se ainda a associar diferentes tipos de decisões com força geral e obrigatória, a incrementar, ainda mais, as viabilidades de pronúncias cogentes do STF: decisões com eficácia *ex tunc, ex nunc* e *pro futuro*, decisões de "interpretação conforme a Constituição", de "declaração parcial de inconstitucionalidade sem redução de texto" (as quais se encontram positivadas na legislação; arts. 27 e 28, parágrafo único, da Lei nº 9.868/99). Some-se a isto a introdução, pela EC nº 45/2004 (art. 103-A), das súmulas vinculantes, às quais a CR/88 atribuiu "efeito vinculante em relação aos demais órgãos do Poder Judiciário e à administração pública direta e indireta, nas esferas federal, estadual e municipal".

Assim, a ordem jurídico-constitucional passou a densificar um complexo sistema de proteção objetiva da Constituição; o qual, todavia, hodiernamente, foi ainda incrementado por outros ingredientes e recursos jurídicos (os quais foram em parte acrescidos pelo legislador, em parte inseridos pela própria criatividade judicial do STF); fato que veio colacionar novas e específicas questões no controle abstrato de normas e a corroborar o quão peculiar se afigura esse tribunal constitucional em sede de direito comparado,[36] cujo resultado, no seu conjunto e inter-relacionadas, fazem-nos interrogar sobre essa singularidade – e essa característica "dirigente", ao estilo de Gomes Canotilho – da nossa jurisprudência constitucional. São eles, em nossa ótica, os seguintes.

De um lado, observa-se uma elevação das modalidades de decisões cogentes possíveis de serem pronunciadas pelo STF, inclusive em sede de cautelares e mesmo monocráticas.

A despeito de a nº Lei 9.868/99 prever em seu art. 10[37] que as decisões cautelares são, em regra, colegiadas (e, portanto, submetidas à prévia deliberação plenária, em harmonia com a cláusula de reserva de plenário do art. 97 da CR/88 e com a própria Súmula Vinculante nº 10),[38] nota-se, com alguma frequência, decisões vinculantes cautelares monocráticas, em sede de ADI/ADC, fundamentadas na especial urgência e relevância da matéria debatida, *ad referendum* do Plenário; mormente em questões politicamente atuais e sensíveis. E, não obstante o art. 5º, §1º, da Lei nº 9.882/99[39] possa permitir maior flexibilidade ao ministro relator da ADPF, o *caput* deste dispositivo é ainda harmonioso com a reserva de plenário, especialmente como principiologia do controle de constitucionalidade. São exemplos recentes, relacionados ao nosso âmbito de atuação institucional: ADI nº 5.938/DF[40] e ADPF nº 519/DF,[41] ambas do Rel. Min. Alexandre de

---

[36] Não se fala apenas em função das competências não afetas ao controle de constitucionalidade que o STF tem; mas pela própria "multiplicidade" desse sistema de proteção objetiva da Constituição Federal. Sobre o tema, CORREA, Fernando Alves. Relatório Geral da I Conferência da Justiça Constitucional da ibero-América, Portugal e Espanha. *Documentação e Direito Comparado*, n. 71/72, 1998. Separata. p. 37 e ss.

[37] "Art. 10. Salvo no período de recesso, a medida cautelar na ação direta será concedida por decisão da maioria absoluta dos membros do Tribunal, observado o disposto no art. 22, após a audiência dos órgãos ou autoridades dos quais emanou a lei ou ato normativo impugnado, que deverão pronunciar-se no prazo de cinco dias".

[38] Súmula Vinculante nº 10: "Viola a cláusula de reserva de plenário (CF, artigo 97) a decisão de órgão fracionário de tribunal que, embora não declare expressamente a inconstitucionalidade de lei ou ato normativo do Poder Público, afasta sua incidência, no todo ou em parte".

[39] "Art. 5º O Supremo Tribunal Federal, por decisão da maioria absoluta de seus membros, poderá deferir pedido de medida liminar na argüição de descumprimento de preceito fundamental. §1º Em caso de extrema urgência ou perigo de lesão grave, ou ainda, em período de recesso, poderá o relator conceder a liminar, ad referendum do Tribunal Pleno".

[40] Sobre o tema do trabalho em local insalubre da gestante e da lactante.

[41] Envolvendo a paralisação dos transportadores de cargas ocorrida em 2018.

Moraes; ADC nº 48/DF, Rel. Min. Roberto Barroso; ADPF nº 323/DF, Rel. Min. Gilmar Mendes; ADPF nº 489/DF,[42] Rel. Min. Rosa Weber; ADPF nº 530/PA, Rel. Min. Edson Fachin. Exemplo paradigmático é a liminar concedida pela Ministra Cármen Lúcia na ADI nº 4.917 MC/DF (caso dos *royalties* da exploração do petróleo), em 18.3.2013, não ratificada colegiadamente até o final de 2020.

A doutrina já tem apontado esse fenômeno, por vezes com críticas (coloca-se em situação melindrosa a legitimidade democrática direta do legislador e o procedimento para a superação da presunção da constitucionalidade dos atos normativos e de sua eficácia); isto mais presente nos últimos anos, alertando para premente necessidade de, nessas situações excepcionalíssimas, haver imediatamente o referendo do Plenário.[43]

Em sede legislativa também se agregaram novas possibilidades judiciais no controle abstrato do STF, tornando o traço de "dirigente" ainda mais nítido aos nossos olhos.

A Lei nº 12.063/2009 alterou a Lei nº 9.868/99, acrescentando importantes dispositivos processuais sobre a ADO, em especial, sobre a concessão de medida cautelar. Segundo o art. 12-F, *caput* e §1º (que também privilegiou o princípio da colegialidade, não obstante hajam também decisões cautelares monocráticas em ADO):

> a medida cautelar poderá consistir na suspensão da aplicação da lei ou do ato normativo questionado, no caso de omissão parcial, bem como na suspensão de processos judiciais ou de procedimentos administrativos, *ou ainda em outra providência a ser fixada pelo Tribunal*. (Grifos nossos)

Esta parte final da regra, principalmente, abriu grande fenda para a inovação de tipos decisórios diversos do STF, inclusive de diversificadas "decisões de apelo ao legislador" (omisso, no caso). Foram neste sentido, por exemplo, exitosas as decisões

---

[42] Sobre portaria do Ministério do Trabalho e Emprego que continha definições sobre o trabalho em condições análogas à de escravo.

[43] Este dado foi apontado anteriormente por outros doutrinadores, inclusive por Gilmar Ferreira Mendes (MENDES, Gilmar Ferreira; VALE, André Rufino. Questões atuais sobre as medidas cautelares no controle abstrato de normas. *Observatório da Jurisdição Constitucional*, ano 5, 2011/2012. Disponível em: https://www.portaldeperiodicos.idp.edu.br/observatorio/article/view/661/454. Acesso em: 2 fev. 2021). Ainda: VALE, André Rufino do. Cautelares em ADI, decididas monocraticamente, violam Constituição. *Conjur*, 31 jan. 2015. Disponível em: https://www.conjur.com.br/2015-jan-31/observatorio-constitucional-cautelares-adi-decididas-monocraticamente-violam-constituicao. Acesso em: 2 fev. 2021. Segundo este: "Nos últimos anos, tem aumentado o número de decisões monocráticas de ministros do Supremo Tribunal Federal que concedem medida cautelar em ação direta de inconstitucionalidade. O fenômeno passou a ser mais perceptível a partir de 2009, quando se tornou recorrente a prática dessas decisões"; e "Seja qual for a razão existente para tanto – congestionamento da pauta de julgamentos, eventual falta de organização e planejamento dos trabalhos internos de gabinetes, etc. –, o fato é que hoje é possível identificar medidas cautelares em ADI, concedidas monocraticamente, que produzem há meses (ou até anos) os seus plenos efeitos, sem nunca terem sido devidamente apreciadas pelo órgão colegiado." Ainda, CARVALHO FILHO, José Santos. Congresso reage às decisões monocráticas de ministros do Supremo em ADIs. *Conjur*, 9 jun. 2018. Disponível em: https://www.conjur.com.br/2018-jun-09/observatorio-constitucional-congresso-reage-decisoes-monocraticas-supremo-adis. Acesso em: 2 fev. 2021. Segundo este texto: "Breve pesquisa no sítio eletrônico do Supremo Tribunal Federal revela que o caso dos royalties é apenas um dos mais conhecidos, mas está longe de ser o único. Somente nos últimos seis meses, o STF deferiu medidas cautelares em pelo menos oito ações diretas de inconstitucionalidade: ADI, 5.814, Rel. Min. Roberto Barroso; ADI-TP 5.907, Rel. Min. Dias Toffoli; ADI 5.855, Rel. Min. Alexandre de Moraes; ADI-MC 5.882, Rel. Min. Gilmar Mendes; ADI 5.874, Rel. Min. Roberto Barroso; ADI-MC 5.353, Rel. Min. Alexandre de Moraes; ADI-MC 5.809, Rel. Min. Ricardo Lewandowski; e ADI-MC 5.838, Rel. Min. Gilmar Mendes".

cautelares monocraticamente proferidas nas ADO nºs 23/DF,[44] Rel. Min. Ricardo Lewandowski, e 24/DF,[45] Rel. Min. Dias Toffoli, considerando a eliminação do vazio normativo e do atendimento da exordial compreensão dos ministros, conduzindo à extinção dos processos, sem resolução de mérito, pela perda superveniente do objeto.

A importância da decisão do STF proferida em sede de ADO é de tal monta no cenário jurídico e social nacional atual que, mesmo em temas considerados "reservados (materialmente) ao legislador" (CR/88, art. 5º, XXXIX), o STF tem empreendido avanços, como recentemente demonstrou a decisão definitiva proferida na ADO nº 26/DF, Rel. Min. Celso de Mello, no tema da "homofobia", implementando verdadeira "revolução" (sob o aspecto da tipicidade penal) quanto à interpretação conforme a Constituição.[46]

Não suficiente, tem sido ainda notada alguma amenização do rigorismo da "jurisprudência defensiva" do STF relativamente às entidades de classe de âmbito nacional, que ativam no controle concentrado. Isto é, relativamente à primeira "peneiração processual", na verificação da legitimação ativa dessas entidades, o STF tem sido hodiernamente mais ameno, viabilizando com isto a elevação proporcional das hipóteses de pronúncias de decisões meritórias e cogentes.

Assim, talvez superado o receio inicial da ampla legitimação desses atores para acesso direto à Corte para a fiscalização abstrata,[47] observamos ultimamente tendência para flexibilização dos requisitos objetivos para adentrar-se ao mérito da controvérsia normativa, superando, por razões materiais, critérios aprioristicos para atendimento daquela legitimidade ativa. Por exemplo, nos julgamentos da ADPF nº 324/DF[48] e da ADI nº 4.079/ES, ambos da relatoria do Min. Roberto Barroso. Naquele caso, superando-se um

---

[44] A ADO nº 23 teve como objeto a mora legislativa do Congresso Nacional para legislar, por lei complementar, sobre "estabelecer normas sobre a entrega dos recursos de que trata o art. 159, especialmente sobre os critérios de rateio dos fundos previstos em seu inciso I, objetivando promover o equilíbrio sócio-econômico entre Estados e entre Municípios" (Constituição, art. 161-II).

[45] A ADO nº 24 teve como objeto a mora legislativa na elaboração da Lei de Defesa do Usuário de Serviços Públicos, nos termos do art. 27 da EC nº 19/98.

[46] STF, Tribunal Pleno. ADO nº 26. Rel. Min. Celso de Mello, decisão de 13.6.2019. Na parte mais relevante, a decisão registra: "d) dar interpretação conforme à Constituição, em face dos mandados constitucionais de incriminação inscritos nos incisos XLI e XLII do art. 5º da Carta Política, para enquadrar a homofobia e a transfobia, qualquer que seja a forma de sua manifestação, nos diversos tipos penais definidos na Lei nº 7.716/89, até que sobrevenha legislação autônoma, editada pelo Congresso Nacional, seja por considerar-se, nos termos deste voto, que as práticas homotransfóbicas qualificam-se como espécies do gênero racismo, na dimensão de racismo social consagrada pelo Supremo Tribunal Federal no julgamento plenário do HC 82.424/RS (caso Ellwanger), na medida em que tais condutas importam em atos de segregação que inferiorizam membros integrantes do grupo LGBT, em razão de sua orientação sexual ou de sua identidade de gênero, seja, ainda, porque tais comportamentos de homotransfobia ajustam-se ao conceito de atos de discriminação e de ofensa a direitos e liberdades fundamentais daqueles que compõem o grupo vulnerável em questão". Com críticas, CABETE, Eduardo Luiz Santos. Criminalização da homofobia pelo STF: uma aberração jurídica. *Jus.com*, jun. 2019. Disponível em: https://jus.com.br/artigos/74447/criminalizacao-da-homofobia-pelo-stf-uma-aberracao-juridica. Acesso em: 2 fev. 2021; e CABETE, Eduardo Luiz Santos. Homofobia – racismo: tentando uma definição típica e uma projeção da amplitude consequencial da decisão do STF. *Jusbrasil*, 2019. Disponível em: https://eduardocabette.jusbrasil.com.br/artigos/723734907/homofobia-racismo-tentando-uma-definicao-tipica-e-uma-projecao-da-amplitude-consequencial-da-decisao-do-stf. Acesso em: 2 fev. 2021.

[47] Em rápida pesquisa do termo "confederação" no Cadastro Nacional de Entidades Sindicais, apurou-se mais de 50 confederações registradas (Disponível em: http://trabalho.gov.br/cadastro-de-entidades-sindicais/cadastros-nacional-de-entidades-sindicais/consultas-ao-cadastro-nacional-de-entidades-sindicais. Acesso em: 2 fev. 2021).

[48] Caso da constitucionalidade da terceirização nas atividades finalísticas empresariais. STF, Tribunal Pleno. ADPF 324. Rel. Min. Roberto Barroso, 22.8.2018. Acórdão ainda não publicado. Quanto às preliminares: "Decisão: O Tribunal, por unanimidade e nos termos do voto do Relator, ... iv) e de ilegitimidade ativa ad causam, vencidos os Ministros Rosa Weber, Ricardo Lewandowski e Cármen Lúcia (Presidente)".

critério meramente formal do conceito de "homogeneidade" da categoria representada; neste, através de uma qualificação de "representação adequada" para o caso.[49]

De fato, até então, a jurisprudência constitucional havia fixado como critérios – cumulativos – para a legitimidade ativa de entidades de "classe de âmbito nacional" para a instauração do controle concentrado: (i) homogeneidade da categoria que represente; (ii) representatividade da categoria em sua totalidade; (iii) não hibridismo na composição; (iv) comprovação de caráter nacional pela presença de membros ou associados em, pelo menos, nove estados da Federação; (v) vinculação temática entre objetivos institucionais da postulante e norma impugnada.[50] Essa eventual tendência de "amenização" na compreensão dos apontados critérios quanto a tal legitimidade das "entidades de classe de âmbito nacional" pode ter sido iniciada com a decisão da ADI nº 3.153/DF AgR, Rel. Min. Sepúlveda Pertence, que admitiu "associações de associações de classe" naquele conceito jurídico.[51]

De todo aduzido, ou seja, do aumento *qualitativo e quantitativo* das possibilidades processuais para a eclosão de decisões cogentes do controle concentrado (reitere-se: pela variedade de ações; pela multiplicidade de *tipos* de decisões vinculantes nestas ações; pela constitucionalização das súmulas vinculantes; pela maior abertura da jurisprudência às decisões cautelares, inclusive monocráticas, cogentes; pelo menor rigorismo na apreciação dos requisitos da legitimidade ativa das entidades de classe de âmbito nacional), resulta, em termos práticos, na configuração de campo de impugnação muito vasto para ser objeto em sede de reclamações constitucionais (nas quais se alega a ofensa pela autoridade reclamada a tais decisões, nos termos do art. 988, III, do CPC), cuja competência material é também do STF. Destarte, as decisões cogentes do STF não estacam, em definitivo, discussões judiciais futuras.[52]

---

[49] ADI nº 4.079. Rel. Min. Roberto Barros, Tribunal Pleno. *DJe*, n. 82, 5 maio 2015: "Ementa: PROCESSO CONSTITUCIONAL. LEGITIMIDADE ATIVA DE ENTIDADE SINDICAL PARA PROPOR ADI. CRITÉRIO DA REPRESENTATIVIDADE ADEQUADA. II. ADMINISTRATIVO. SERVIDOR PÚBLICO. INSTITUIÇÃO DE REGIME DE SUBSÍDIO. DIREITO DE OPÇÃO PELO REGIME ANTERIOR. CONSTITUCIONALIDADE. 1. A Confederação Nacional dos Trabalhadores em Educação – CNTE demonstrou possuir representatividade adequada em âmbito nacional, circunstância que supera dúvidas suscitadas quanto ao número de federações que a integram. Ademais, versando a impugnação sobre o regime do magistério, está igualmente presente a pertinência temática".

[50] *Vide*: STF. Plenário. Questão de Ordem na Ação Direta de Inconstitucionalidade nº 108/DF. Rel. Min. Celso de Mello, 13.4.1992, unânime. *Diário da Justiça*, 5 jun. 1992; *Revista Trimestral de Jurisprudência*, v. 141, p. 3; STF. Plenário. ADI nº 1.486-MC/DF. Rel. Min. Moreira Alves, 19.9.1996. *DJ*, 13 dez. 1996; STF. Plenário. ADI nº 146/RS. Rel. Min. Maurício Corrêa, 6.5.1998, un. *DJ*, 19 dez. 2002; *RTJ*, v. 139, p. 391; STF. Plenário. ADI nº 108-QO/DF. Rel. Min. Celso de Mello, 13.4.1992. *DJ*, 5 jun. 1992; *RTJ*, v. 141, p. 3; STF. Plenário. ADI nº 1.873/MG. Rel. Min. Marco Aurélio, 2.9.1998. *DJ*, 19 set. 2003. Na doutrina, MENDES, Gilmar Ferreira. *Controle abstrato de constitucionalidade*: ADI, ADC e ADO – Comentários à Lei 9.868/99. 2. ed. São Paulo: Saraiva, 2012. p. 104.

[51] STF, Tribunal Pleno. ADI nº 3.153 AgR/DF. Rel. Min. Sepúlveda Pertence. *DJ*, 9 set. 2005. "EMENTA: Ação direta de inconstitucionalidade: legitimação ativa: 'entidade de classe de âmbito nacional': compreensão da 'associação de associações' de classe: revisão da jurisprudência do Supremo Tribunal. 1. O conceito de entidade de classe é dado pelo objetivo institucional classista, pouco importando que a eles diretamente se filiem os membros da respectiva categoria social ou agremiações que os congreguem, com a mesma finalidade, em âmbito territorial mais restrito. 2. É entidade de classe de âmbito nacional – como tal legitimada à propositura da ação direta de inconstitucionalidade (CF, art. 103, IX) – aquela na qual se congregam associações regionais correspondentes a cada unidade da Federação, a fim de perseguirem, em todo o País, o mesmo objetivo institucional de defesa dos interesses de uma determinada classe. 3. Nesse sentido, altera o Supremo Tribunal sua jurisprudência, de modo a admitir a legitimação das 'associações de associações de classe', de âmbito nacional, para a ação direta de inconstitucionalidade".

[52] As estatísticas do STF mostram que, desde 2010, o tribunal recebeu mais de 35.000 reclamações constitucionais, das quais mais de 50% (cinquenta por cento) concentram-se em matéria trabalhista.

Também se pode perceber um elastecimento da jurisprudência constitucional cogente por decorrência da abertura do objeto do controle concentrado, o que foi principalmente viabilizado pela positivação da ADPF; a somar outros tantos pontos nessa "multiplicidade de hipóteses decisórias cogentes do STF" que temos referenciado.

Assim, se antes da ADPF a jurisprudência constitucional entendia como pressuposto do juízo de inconstitucionalidade o fato de a lei/o ato normativo terem sido editados sob a égide da vigente Constituição; doravante este requisito perdeu sentido em seu rigor inicial, uma vez que com a arguição passou-se a viabilizar o questionamento de atos normativos pré-constitucionais e municipais. E não só. A latitude legislativa de "atos do poder público" (art. 1º, *caput*, da Lei nº 9.882/99) tem permitido não apenas a inclusão de decisões judiciais no objeto do controle, quando atendido o critério da subsidiariedade ou da ausência de outro meio eficaz para sanar a lesividade (*v.g.* ADPF nºs 54/DF,[53] 488/DF, 486/RS, 519/DF);[54] mas, inclusive, atos despidos de normatividade e de caráter cogente como atributos próprios das normas gerais e abstratas (*v.g.* ADPF nºs 323/DF[55] e 324/DF).[56] Não suficiente, a jurisprudência constitucional mesmo tem acolhido a possibilidade de questionamento, ainda que atendidas determinadas circunstâncias, de convênios públicos em matéria tributária (*v. g.*, ADIs nºs 4.171/DF[57] e 5.553/DF).[58] Há um verdadeiro "plexo público" passível de ser enquadrado como objeto de ações do controle de constitucionalidade, donde a robustez da densidade normativa que surge da jurisprudência constitucional cogente, com essas múltiplas viabilidades decisórias vinculantes.

Aliás, na ADPF nº 347/DF, Rel. Min. Marco Aurélio, o STF rompeu mesmo a barreira (estritamente) normativa do objeto, como um dado pressuposto, e configurou o "estado de coisas inconstitucional" nesse objeto:

> o quadro de violação massiva e persistente de direitos fundamentais, decorrente de falhas estruturais e falência de políticas públicas e cuja modificação depende de medidas abrangentes de natureza normativa, administrativa e orçamentária, deve o sistema penitenciário nacional ser caraterizado como "estado de coisas inconstitucional".[59]

---

[53] Caso da anencefalia. STF, Tribunal Pleno. ADPF nº 54/DF. Rel. Min. Marco Aurélio. *DJe*, n. 80, 30 abr. 2013.

[54] Caso da paralização dos motoristas de transporte rodoviário de cargas em maio de 2018. STF. ADPF nº 519. Rel. Min. Alexandre de Moraes, decisão cautelar deferida em 25.5.2018.

[55] ADPF que se discute a interpretação judicial dos tribunais do trabalho consubstanciada na Súmula nº 277 do TST. Liminar concedida monocraticamente pelo Min. Rel. Gilmar Mendes em 14.10.2016.

[56] Já citada. Nesta ADPF nº 324, na essência, a compreensão judicial da Justiça do Trabalho sobre a ilicitude da terceirização nas atividades finalísticas das empresas, consubstanciada na Súmula nº 331 do TST.

[57] STF, Tribunal Pleno. ADI nº 4.171/DF. Rel. p/ acórdão Min. Ricardo Lewandowski. *DJe*, n. 164, 21 ago. 2015. Na ementa: "II - Cabe a ação direta de inconstitucionalidade para questionar convênios, em matéria tributária, firmado pelos Estados membros, por constituírem atos normativos de caráter estrutural, requeridos pelo próprio texto Constitucional (art. 155, § 5º). Precedente da Corte".

[58] Caso da desoneração fiscal dos agrotóxicos. Ainda sem decisão (Rel. Min. Edson Fachin).

[59] STF, Tribunal Pleno. ADPF nº 347 MC/DF. Rel. Min. Marco Aurélio. *DJe*, n. 031, 19 fev. 2016: "CUSTODIADO – INTEGRIDADE FÍSICA E MORAL – SISTEMA PENITENCIÁRIO – ARGUIÇÃO DE DESCUMPRIMENTO DE PRECEITO FUNDAMENTAL – ADEQUAÇÃO. Cabível é a arguição de descumprimento de preceito fundamental considerada a situação degradante das penitenciárias no Brasil. SISTEMA PENITENCIÁRIO NACIONAL – SUPERLOTAÇÃO CARCERÁRIA – CONDIÇÕES DESUMANAS DE CUSTÓDIA – VIOLAÇÃO MASSIVA DE DIREITOS FUNDAMENTAIS – FALHAS ESTRUTURAIS – ESTADO DE COISAS INCONSTITUCIONAL – CONFIGURAÇÃO".

Ou seja, determinada situação coletiva, reiteradamente lesiva dos direitos fundamentais dos cidadãos, na qualidade de "estado de coisas" (dos fatos da realidade jurídica) controlável no âmbito da própria fiscalização abstrata.

Nessa linha de larga abrangência do objeto de controle, no atual contexto pandêmico, o STF julgou parcialmente procedente a ADPF nº 672/DF, Rel. Min. Alexandre de Moraes, tendo sob análise os "atos omissivos e comissivos do Poder Executivo federal, praticados no contexto da crise de saúde pública decorrente da pandemia do Covid-19 (Coronavírus)".[60] A decisão proferida nesta ADPF legitimou a adoção de medidas de prevenção sanitárias autonomamente tomadas pelos chefes dos executivos estaduais e municipais, no âmbito da competência concorrente desses entes federados com a União na proteção dos direitos à saúde e ao meio ambiente.

Não existem apenas requisitos novos quanto ao objeto do controle normativo e as possibilidades decisórias vinculantes do STF. A criação da ADPF, conjuntamente com o caráter dúplice da ADI-ADC, possibilitou ao STF visualizar as ações do controle concentrado, unitariamente, como um verdadeiro sistema de proteção jurisdicional da Constituição, tornando harmoniosa a aplicação das respectivas leis processuais (leis nºs 9.868/99 e 9.882/99). Isto também tem viabilizado, por exemplo, a aplicação do princípio da fungibilidade, em determinados casos de "dúvida razoável" entre a utilização da ADI ou da ADPF (*v.g.*, ADPF nºs 451/MA[61] e 378/DF, ADI nº 4.163/SP). Nessa medida, esfacelam-se as diferenciações teóricas entre essas ações e reforça-se, como já antecipado, pronunciamento meritório do STF, com força obrigatória e geral.

Ainda no campo processual, o procedimento monocraticamente adotado na ADPF nº 519/DF, Rel. Min. Alexandre de Moraes (ainda sem julgamento meritório), que conjugou possibilidades processuais subjetivas (aplicação de multas por descumprimento de ordem judicial a particulares que não eram originariamente partes processuais)[62] e objetivas de "atos do Poder Público" (no caso, o controle da eficácia de decisões judiciais relativas aos pleitos possessórios formulados pela União),[63] poderá apontar para a

---

[60] STF. ADPF nº 672/DF. Rel. Min. Alexandre de Moraes, 13.10.2020.

[61] STF, Tribunal Pleno. ADPF nº 451 AgR/MA. Rel. Min. Alexandre de Moraes. DJe, nº 072, 16.4.2018. Na ementa: "4. A fungibilidade entre a Arguição de Descumprimento de Preceito Fundamental e a Ação Direta de Inconstitucionalidade pressupõe dúvida aceitável a respeito da ação apropriada, a fim de não legitimar o erro grosseiro na escolha. Precedente: ADPF 314 AgR, Rel. Min. MARCO AURÉLIO, Tribunal Pleno, DJe de 19/2/2015".

[62] ADPF nº 519. Rel. Min. Alexandre de Moraes, decisão de 28.6.2018: "[...] Em consonância com a medida cautelar proferida, e diante das manifestações da Advocacia-Geral da União, apliquei, em decisões proferidas em 30/5/2018, 4/6/2018 e 8/6/2018, multas a 151 pessoas jurídicas, nos valores indicados em memória de cálculo da AGU (Pet 33.438/2018 – peça. 100, Pet 34.136/2018 – peças. 108 e 109, Pet 36.281/2018 – peças. 223 e 229), em razão do descumprimento da tutela inibitória concedida. [...] Até a conclusão da audiência aqui designada, suspendo os atos executivos em curso nos cumprimentos provisórios de tutela jurisdicional originados nesta ADPF, sem prejuízo do regular transcurso de prazo para apresentação de recursos e impugnações pelas empresas citadas".

[63] "Em 25 de maio de 2018, às 19h08. CONCEDO A MEDIDA CAUTELAR postulada na presente ADPF, ad referendum do Plenário (art. 5º, § 1º, da Lei 9.882/1999) e, com base no art. 5º, § 3º, da Lei 9.882/1999: (a) AUTORIZO que sejam tomadas as medidas necessárias e suficientes, a critério das autoridades responsáveis do Poder Executivo Federal e dos Poderes Executivos Estaduais, ao resguardo da ordem no entorno e, principalmente, à segurança dos pedestres, motoristas, passageiros e dos próprios participantes do movimento que porventura venham a se posicionar em locais inapropriados nas rodovias do país; bem como, para impedir, inclusive nos acostamentos, a ocupação, a obstrução ou a imposição de dificuldade à passagem de veículos em quaisquer trechos das rodovias; ou o desfazimento de tais providências, quando já concretizadas, garantindo-se, assim, a trafegabilidade; inclusive com auxílio, se entenderem imprescindível, das forças de segurança pública, conforme pleiteado (Polícia Rodoviária Federal, Polícias Militares e Força Nacional). (b) DEFIRO a aplicação

construção de uma nova estrada de viabilidades nas ações do controle concentrado do STF, aproximando-as (ainda que apenas em relação à ADPF, por ter esse caráter subsidiário de outro recurso eficaz) das ações subjetivas de pleitos com conteúdo ou obrigações cominatórias.

As decisões proferidas pelo STF nas ADI nºs 3.406/RJ e 3.470/RJ, sobre o banimento do amianto no Brasil, também podem permitir cogitar na construção de novas hipóteses de tipos decisórios com força obrigatória e geral pelo STF; multifacetando ainda mais esse já alargado sistema de controle objetivo da Constituição. Nestas ações, inovou a Corte Constitucional e declarou, *incidentalmente*, porém, com força *erga omnes*, a inconstitucionalidade do art. 2º da Lei nº 9.055/95[64] (o qual havia permitido a extração e comercialização daquele produto em nível nacional e cuja inconstitucionalidade fora aferida na ADI nº 4.066/DF; porém, sem quórum para a respectiva declaração, nos termos o art. 97 da CR/88).[65]

Em outras palavras, o STF realizou nas ADI nºs 3.406/RJ e 3.470/RJ controle incidental da lei federal (porque em causa diretamente leis estaduais que proibiam, nos respectivos estados da Federação, a produção e a comercialização do amianto); mas, entendeu que a esse pressuposto decisório (no caso, da decisão sobre a constitucionalidade das leis estaduais) seriam atribuídos os efeitos próprios do art. 102, §2º da CR/88.

Considerando-se o entendimento sedimentado no julgamento do RE nº 466.343/SP, Rel. Min. Cezar Peluso;[66] isto pelo *status* supralegal dos tratados de direitos humanos ratificados pelo Brasil, enquanto não aprovados como emendas à Constituição (conforme a ótica da Suprema Corte), depreende-se pela larga janela que fora aberta com as decisões das ADI nºs 3.406/RJ e 3.470/RJ: possibilita-se a compreensão de que sejam atribuídos aos "efeitos paralisantes" dos tratados de direitos humanos ratificados pelo Brasil (quando a legislação interna afigura-se com eles incompatível ou "inconvencional") "os efeitos

---

das multas pleiteadas, a partir da concessão da presente decisão, e em relação ao item (iv.b) da petição inicial, estabeleço responsabilidade solidária entre os manifestantes/condutores dos veículos e seus proprietários, sejam pessoas físicas ou jurídicas. [...]".

[64] STF, Tribunal Pleno. ADI nº 3.406/RJ. Rel. Min. Rosa Weber. *DJe*, n. 019, 1º fev. 2019. Na ementa: "[...] À luz do conhecimento científico acumulado sobre a extensão dos efeitos nocivos do amianto para a saúde e o meio ambiente e à evidência da ineficácia das medidas de controle nela contempladas, a tolerância ao uso do amianto crisotila, tal como positivada no art. 2º da Lei nº 9.055/1995, não protege adequada e suficientemente os direitos fundamentais à saúde e ao meio ambiente equilibrado (arts. 6º, 7º, XXII, 196, e 225 da CF), tampouco se alinha aos compromissos internacionais de caráter supralegal assumidos pelo Brasil e que moldaram o conteúdo desses direitos, especialmente as Convenções nºs 139 e 162 da OIT e a Convenção de Basileia. Inconstitucionalidade da proteção insuficiente. Validade das iniciativas legislativas relativas à sua regulação, em qualquer nível federativo, ainda que resultem no banimento de todo e qualquer uso do amianto. 8. Ação direta de inconstitucionalidade julgada improcedente, com declaração incidental de inconstitucionalidade do art. 2º da Lei nº 9.055/1995 a que se atribui efeitos vinculante e *erga omnes*".

[65] STF, Tribunal Pleno. ADI nº 4.066/DF. Rel. Min. Rosa Weber, decisão de 24.8.2017: "No mérito, o Tribunal computou cinco votos (dos Ministros Rosa Weber (Relatora), Edson Fachin, Ricardo Lewandowski, Celso de Mello e Cármen Lúcia) pela procedência da ação, e quatro votos (dos Ministros Alexandre de Moraes, Luiz Fux, Gilmar Mendes e Marco Aurélio) pela improcedência da ação, e, por não se ter atingido o quorum exigido pelo artigo 97 da Constituição, não se pronunciou a inconstitucionalidade do art. 2º da Lei 9.055/1995, em julgamento destituído de eficácia vinculante. Impedidos os Ministros Roberto Barroso e Dias Toffoli. Ausente, justificadamente, o Ministro Gilmar Mendes".

[66] "Diante do inequívoco caráter especial dos tratados internacionais que cuidam da proteção dos direitos humanos, não é difícil entender que a sua internalização no ordenamento jurídico, por meio do procedimento de ratificação previsto na CF/1988, tem o condão de paralisar a eficácia jurídica de toda e qualquer disciplina normativa infraconstitucional com ela conflitante".

próprios das decisões do controle abstrato"; ou seja, com *força geral e obrigatória*. Isto, na medida em que, no processo abstrato do STF, conjuntamente se deduza violação à CR/88. Assim, tais "efeitos paralisantes vinculantes" seriam resultado do controle incidental de convencionalidade, no bojo de um controle direto de constitucionalidade da lei nacional.[67]

Às questões de "multiplicidade qualitativa" de hipóteses processuais para a pronúncia de decisões cogentes do controle abstrato ainda se associam a uma "multiplicidade quantitativa" de processos nele em trâmite. Os dados estatísticos informam um crescimento de 400% dos processos estritamente constitucionais a partir de 2008 no STF.[68] Pelas estatísticas oficiais, tramitam hoje mais de 1.700 e ultimaram mais de 5.000 processos, todos no âmbito do controle concentrado (ainda que, neste caso, nem todos tenham conduzido decisões cogentes, por força de preliminares ou prejudiciais).[69]

Ainda que já estejamos a lidar com variadas entradas processuais para a eclosão de decisões cogentes do STF (cautelares e meritórias; monocráticas e/ou plenárias; vinculantes quanto ao dispositivo e vinculantes quanto à fundamentação; vinculantes em face de atos normativos e vinculantes em face de atos não normativos públicos *lato sensu* etc.), como vimos, elas hoje não se resumem a "entradas via controle concentrado" de constitucionalidade.

Por força da institucionalização do pressuposto da repercussão geral do recurso extraordinário (art. 102, §2º da CR/88 c/c EC nº 45/2004), é ainda possível, apesar de com diferenciações processuais específicas (quanto à vinculação ou não de órgãos integrantes dos poderes Executivos da União, estados e municípios), decisões cogentes provenientes desses recursos, na hipótese de serem fixadas *teses* (preceitos normativos jurisprudenciais) de aplicação genérica pelos tribunais inferiores, sob nítida influência do direito americano e de valorização dos precedentes judiciais.[70] Essa nova abertura para a cogência de decisões do STF representa hoje, em verdade, uma importantíssima passagem, na medida que, em termos de percentuais de processos, são quantitativamente muito relevantes.[71]

Até a presente data, verificamos a existência de 1.134 temas (*questios* constitucionais) de repercussão geral no âmbito do STF, dos quais 564 têm mérito julgado.[72] Há 539 teses fixadas com repercussão geral, em matérias constitucionais das mais diversas. Não suficiente, para além da cogência (e efeitos externos às partes originárias do recurso) inerente às teses fixadas (dos precedentes vinculantes), no curso da tramitação afigura-se ainda legítimo ao respectivo ministro relator, nos termos do art. 1.035, §5º, do CPC, determinar a suspensão nacional dos processos que versem sobre a mesma matéria da repercussão geral, nos tribunais inferiores. Nas estatísticas do STF, apuram-se hoje

---

[67] V. MATIAS, Eduardo Felipe P. *A humanidade e suas fronteiras* – do Estado soberano à sociedade global. São Paulo: Paz e Terra, 2005.

[68] FALCÃO, Joaquim Falcão et al. *I Relatório Supremo em Números* – O Múltiplo Supremo. Rio de Janeiro: FGV – Escola de Direito do Rio de Janeiro, [s.d.]. Novas Ideias em Direito. p. 42. Disponível em: http://bibliotecadigital.fgv.br/dspace/handle/10438/10312. Acesso em: 2 fev. 2021.

[69] Site do STF (em 2.2.2021).

[70] V. PINHEIRO, Victor Marcel. *Decisões vinculantes do STF* – A cultura dos precedentes. São Paulo: Almedina, 2021.

[71] Site do STF (em 2.2.2021).

[72] Site do STF (em 2.2.2021).

24 determinações monocráticas de suspensões nacionais de processos. Em suma, também no controle difuso são possíveis decisões vinculantes do STF, cautelares e meritórias.

4 Jurisdicional constitucional cogente dirigente?

Ao final, perceptível que o produto do somatório dessas "janelas" jurídicas e judiciais para o pronunciamento de decisões dotadas de cogência pelo STF é um "número X elevado", a demonstrar a peculiaridade deste tribunal, quando analisado diante de outros tribunais constitucionais, como aduzimos inicialmente. E a nossa análise não se ateve, evidentemente, a questões jurídico-materiais (ou melhor, dos conteúdos versados nas decisões cogentes), porque, tendo em conta a extensão normativa da nossa própria "Constituição dirigente" (a qual, aliás já fora emendada por mais de cem vezes; emendas que, por vezes, foram também elas objetos de controle abstrato), claramente se aponta para uma (tendencial) *onipresença jurídica* da jurisprudência constitucional dotada de "efeitos externos" (cogência, normatividade, vinculação e/ou repercussão geral, com a "força vinculante dos precedentes"), em todos os âmbitos da vida do nosso materialmente encorpado *Estado constitucional de direito democrático e social ambientalmente sustentado*.[73]

Se, por um lado, essa potencial ubiquidade jurisprudencial constitucional cogente pode nos afigurar harmoniosa ao nosso Estado complexo – dotado de milhares de entes federados (mais de 5.500 municípios), todos a produzir diuturnamente "atos – comissivos e omissivos – do Poder Público" (art. 1º, *caput*, Lei nº 9882/99); leis e atos normativos (art. 97, CR/88) – e, pela sua multiplicidade das hipóteses processuais dos controles de constitucionalidade, adaptadas ao dinamismo que caracteriza a atual pós-modernidade (também em termos públicos); por outro lado, parece-nos assumir (ou pressupor), ainda que em parte, a audácia da *Constituição dirigente*, ao estilo posteriormente denunciado por Gomes Canotilho: "o ambicioso projecto da modernidade na forma mais estatatizante: a conformação do mundo político-econômico através do direito estatal – *no caso, judicial* – estruturado em forma de pirâmide".[74]

Afinal, jamais se pode descurar que tal jurisprudência constitucional cogente do STF, em última palavra de controle judicial, projeta efeitos externos e *ad futurum*, tendencialmente definitivos (não absolutos,[75] sabemos; porém, muito decisivos), a (re) colorar, quiçá, a imagem do juiz/direito Júpiter, mais do que as imagens dos juízes Hermes ou Hércules (Ost).[76]

Reparar-nos-emos, portanto, nesse possível *dirigismo judicial* do STF, o qual possa espelhar o *dirigismo constitucional*, no seu sentido originalmente ambicioso, e lembremos da razoabilidade e da prudência que marcaram as últimas lições de Gomes Canotilho sobre a sua *Constituição dirigente*. Nossas impressões nesse sentido são apenas preliminares, porém, intensamente honoríficas.

---

[73] Cf. CANOTILHO, J. J. Gomes. *Estado de direito*. Lisboa: Gradiva, 1993. p. 23.
[74] CANOTILHO, J. J. Gomes. "Prefácio" da 2ª edição da Constituição dirigente e Vinculação do Legislador – Contributo para a compressão das normas constitucionais programáticas, Coimbra: Coimbra Editora, 2001. *Revista de Direito Constitucional e Internacional*, v. 15, p. 7-17, abr./jun. 1996. p. X.
[75] Considerado, quando possível, eventual *overulling* sobre precedentes judiciais vinculantes.
[76] V. AZEVEDO, Silvagner Andrade de. Direito e jurisdição: três modelos de juiz e seus correspondentes mitológicos na obra de François Ost. *Revista de Direito Público*, ano 8, v. 44, 2013.

Referências

AZEVEDO, Silvagner Andrade de. Direito e jurisdição: três modelos de juiz e seus correspondentes mitológicos na obra de François Ost. *Revista de Direito Público*, ano 8, v. 44, 2013.

BERCOVICI, Gilberto. A problemática da constituição dirigente: algumas considerações sobre o caso brasileiro. *Revista de Informação Legislativa*, Brasília, ano 36, n. 142, p. 35-52, abr./jun. 1999.

BORDES, Márcio Ribeiro; VANDRESEN, Thais. *Common Law e o Novo Código de Processo Civil*: Teoria dos precedentes vinculantes e outras influências. Disponível em: siaiap32.univali.br. Acesso em: 2 fev. 2021.

CABETE, Eduardo Luiz Santos. Criminalização da homofobia pelo STF: uma aberração jurídica. *Jus.com*, jun. 2019. Disponível em: https://jus.com.br/artigos/74447/criminalizacao-da-homofobia-pelo-stf-uma-aberracao-juridica. Acesso em: 2 fev. 2021.

CABETE, Eduardo Luiz Santos. Homofobia – racismo: tentando uma definição típica e uma projeção da amplitude consequencial da decisão do STF. *Jusbrasil*, 2019. Disponível em: https://eduardocabette.jusbrasil.com.br/artigos/723734907/homofobia-racismo-tentando-uma-definicao-tipica-e-uma-projecao-da-amplitude-consequencial-da-decisao-do-stf. Acesso em: 2 fev. 2021.

CANOTILHO, J. J. Gomes. *"Brancosos" e interconstitucionalidade*: itinerários dos discursos sobre a historicidade constitucional. Coimbra: Almedina, 2006.

CANOTILHO, J. J. Gomes. "Prefácio" da 2ª edição da Constituição dirigente e Vinculação do Legislador – Contributo para a Compressão das Normas Constitucionais Programáticas, Coimbra: Coimbra Editora, 2001. *Revista de Direito Constitucional e Internacional*, v. 15, p. 7-17, abr./jun. 1996.

CANOTILHO, J. J. Gomes. *Admirar os outros*. Coimbra: Almedina; Coimbra Editora, 2010.

CANOTILHO, J. J. Gomes. *Constituição dirigente e vinculação do legislador*: contributo para a compreensão das normas constitucionais programáticas. 2. ed. Coimbra: Coimbra Editora, 2001.

CANOTILHO, J. J. Gomes. *Direito constitucional e teoria da Constituição*. 7. ed. Coimbra: Almedina, 2004.

CANOTILHO, J. J. Gomes. *Estado de direito*. Lisboa: Gradiva, 1993.

CANOTILHO, J. J. Gomes; MOREIRA, Vital. *Constituição da República Portuguesa anotada* – Artigos 1º a 107º. Coimbra: Coimbra Editora, 2007.

CARVALHO FILHO, José Santos. Congresso reage às decisões monocráticas de ministros do Supremo em ADIs. *Conjur*, 9 jun. 2018. Disponível em: https://www.conjur.com.br/2018-jun-09/observatorio-constitucional-congresso-reage-decisoes-monocraticas-supremo-adis. Acesso em: 2 fev. 2021.

CARVALHO, Cláudia Paiva. Desafios para a Constituição dirigente: entre vinculação e abertura constitucional. *Revista Jurídica da Presidência*, Brasília, v. 14, n. 103, p. 357-381, jun./set. 2012.

CORREA, Fernando Alves. Relatório Geral da I Conferência da Justiça Constitucional da ibero-América, Portugal e Espanha. *Documentação e Direito Comparado*, n. 71/72, 1998. Separata.

COUTINHO, Jacinto Nelson de Miranda. *Canotilho e a Constituição dirigente*. São Paulo: Renovar, 2003.

DALLEGRAVE NETO, José Affonso. Constituição dirigente e direitos sociais no mundo contemporâneo. *Revista da Academia Brasileira de Direito do Trabalho*, Curitiba, mar. 2019. Disponível em: http://www.andt.org.br/f/Constitui%C3%A7%C3%A3o%20Dirigente%20e%20direitos%20sociais%20no%20mundo%20contempor%C3%A2neo-Dallegrave-26.03.pdf. Acesso em: 2 fev. 2021.

DANTAS, Miguel Calmon. *Ode ou réquiem pela Constituição dirigente?* Disponível em: www.facs.br/revistajuridica/edicao_maio2005/.../doc_01.doc.. Acesso em: 2 fev. 2021.

FALCÃO, Joaquim Falcão et al. *I Relatório Supremo em Números* – O Múltiplo Supremo. Rio de Janeiro: FGV – Escola de Direito do Rio de Janeiro, [s.d.]. Novas Ideias em Direito. Disponível em: http://bibliotecadigital.fgv.br/dspace/handle/10438/10312. Acesso em: 2 fev. 2021.

FIGUEIREDO, Patrícia Cobianchi. *Os tratados internacionais de direitos humanos e o controle de constitucionalidade*. São Paulo: LTR, 2011.

GIUDICELLI, Gustavo. Os direitos fundamentais na era da pós-(in)efetividade. *Revista de Direito Constitucional e Internacional*, v. 95, p. 103-123, abr./jun. 2016.

GOMES, Ana Cláudia Nascimento. A solução de J. J. Gomes Canotilho para o problema da responsabilidade do Estado por actos lícitos: alguns apontamentos. *In*: PINTO, Hélio Pinheiro *et al*. *Constituição, direitos fundamentais e política* – Estudos em homenagem ao Professor José Joaquim Gomes Canotilho. Belo Horizonte: Fórum, 2017.

GOMES, Ana Cláudia Nascimento. Breves apontamentos sobre a evolução do controle abstrato de constitucionalidade no STF. *In*: MENDES, Gilmar Ferreira; BRANCO, Paulo Gustavo Gonet. *XXI Congresso Internacional de Direito Constitucional* – 30 anos de Constituição: um balanço (Anais 2018). Brasília: IDP, 2019.

GOMES, Frederico Barbosa. *Arguição de descumprimento de preceito fundamental*: uma visão crítica. Belo Horizonte: Fórum, 2008.

HÄBERLE, Peter. *Hermenêutica constitucional* – A sociedade dos intérpretes da Constituição: contribuição para a interpretação pluralista e 'procedimental' da Constituição. Porto Alegre: Safe, 1997.

HESSE, Konrad. *A força normativa da Constituição*. Porto Alegre: Safe, 1991.

KELSEN, Hans. *Jurisdição constitucional*. São Paulo: Martins Fontes, 2007.

LAISNER, Regina Cláudia; GRANICA, Danilo. Legitimidade constitucional da atuação internacional dos municípios brasileiros: uma leitura à luz da teoria da Constituição dirigente. *Revista Brasileira de Políticas Públicas*, v. 7, n. 1, p. 65-83, abr. 2017.

MAIA, Mário Sérgio Falcão; LEITE, Rodrigo de Almeida. Elementos para uma teoria da Constituição dirigente adequada aos países da modernidade tardia. *Revista do Curso de Mestrado em Direito da UFC*, v. 29, n. 2, jul./dez. 2009. Disponível em: http://periodicos.ufc.br/nomos/article/view/6418. Acesso em: 2 fev. 2021.

MENDES, Gilmar Ferreira. *Arguição de descumprimento de preceito fundamental*. 2. ed. São Paulo: Saraiva, 2011.

MENDES, Gilmar Ferreira. *Controle abstrato de constitucionalidade*: ADI, ADC e ADO – Comentários à Lei 9.868/99. 2. ed. São Paulo: Saraiva, 2012.

MENDES, Gilmar Ferreira. *Jurisdição constitucional*. São Paulo: Saraiva, 1999.

MENDES, Gilmar Ferreira; BRANCO, Paulo Gustavo Gonet. *Curso de direito constitucional*. 12. ed. São Paulo: IDP/Saraiva, [s.d.].

MENDES, Gilmar Ferreira; VALE, André Rufino. Questões atuais sobre as medidas cautelares no controle abstrato de normas. *Observatório da Jurisdição Constitucional*, ano 5, 2011/2012. Disponível em: https://www.portaldeperiodicos.idp.edu.br/observatorio/article/view/661/454. Acesso em: 2 fev. 2021.

MORAES, Alexandre de. *Direito constitucional*. 30. ed. São Paulo: Atlas, 2015.

MORAES, Alexandre de. *Jurisdição constitucional e tribunais constitucionais*: garantia suprema da Constituição. São Paulo: Atlas, 2000.

MORAIS, Fausto Santos de; SANTOS, José Paulo Schneider dos. A teoria da Constituição dirigente como imaginário para a hermenêutica constitucional brasileira. *Revista de Direito Brasileiro*, ano 5, v. 10, 2015. Disponível em: https://www.indexlaw.org/index.php/rdb/article/view/2816. Acesso em: 2 fev. 2021.

MOREIRA, Nelson Camatta. Dignidade humana na Constituição dirigente de 1988. *Revista Brasileira de Direito Público – RBDP*, Belo Horizonte, ano 6, n. 21, p. 153-176, abr./jun. 2008.

NASCIMENTO, Vitor Szpiz do. Distinguindo constituições dirigentes: uma análise de direito comparado. *Revista de Direito Constitucional e Internacional*, v. 119, p. 273-292, maio/jun. 2020.

NEVES, Marcelo. Constitucionalização simbólica e desconstitucionalização fática: mudanças simbólicas da Constituição e permanência das estruturas reais de poder. *Revista de Informação Legislativa*, ano 33, n. 132, p. 321-330, out./dez. 1996.

PASSOS, Daniel Silveira. A legitimidade do Tribunal Constitucional na concretização da Constituição dirigente. *Revista da AGU*, n. 29, p. 100-116.

PINHEIRO, Victor Marcel. *Decisões vinculantes do STF* – A cultura dos precedentes. São Paulo: Almedina, 2021.

PINTO, Hélio Pinheiro *et al*. *Constituição, direitos fundamentais e política* – Estudos em homenagem ao Professor José Joaquim Gomes Canotilho. Belo Horizonte: Fórum, 2017.

SCHEER, Luciano; COPETTI NOETO, Alfredo. Constitucionalismo contemporâneo e a Constituição brasileira de 1988: uma análise dos impasses à Constituição dirigente. *Cadernos do Programa de Pós-Graduação em Direito/UFRGS*, Porto Alegre, v. 12, n. 2, p. 156-171, 2017. Disponível em: https://seer.ufrgs.br/ppgdir/article/view/72571/47089.

SOUSA, Denise. *José Joaquim Gomes Canotilho* – Um ancião no saber, uma criança nos afectos. [s.l.]: Cyrano, 2011.

TUTIKIAN, Cristiano. O Estado democrático constitucional e a atualidade do debate acerca da Constituição dirigente. *Revista Direito, Estado e Sociedade*, Rio de Janeiro, n. 32, p. 68-87, jan./jun. 2008. Disponível em: https://revistades.jur.puc-rio.br/index.php/revistades/article/view/247/224. Acesso em: 2 fev. 2021.

VALE, André Rufino do. Cautelares em ADI, decididas monocraticamente, violam Constituição. *Conjur*, 31 jan. 2015. Disponível em: https://www.conjur.com.br/2015-jan-31/observatorio-constitucional-cautelares-adi-decididas-monocraticamente-violam-constituicao. Acesso em: 2 fev. 2021.

Informação bibliográfica deste texto, conforme a NBR 6023:2018 da Associação Brasileira de Normas Técnicas (ABNT):

GOMES, Ana Cláudia Nascimento. Da Constituição dirigente à "jurisprudência constitucional dirigente brasileira"?: cogitações ad honorem sobre a nossa jurisprudência constitucional cogente. *In*: GOMES, Ana Cláudia Nascimento; ALBERGARIA, Bruno; CANOTILHO, Mariana Rodrigues (Coord.). *Direito Constitucional*: diálogos em homenagem ao 80º aniversário de J. J. Gomes Canotilho. Belo Horizonte: Fórum, 2021. p. 581-600. ISBN 978-65-5518-191-3.

JUSTIÇA CONSTITUCIONAL E(M) DEMOCRACIAS FRÁGEIS: UM DIÁLOGO COM GOMES CANOTILHO NO CRUZAMENTO ENTRE A CRISE DEMOCRÁTICA E A "FUNÇÃO REPUBLICANA" DO JUIZ CONSTITUCIONAL

ANA RAQUEL GONÇALVES MONIZ

1 Introdução: Gomes Canotilho, democracia e justiça constitucional

Constitui um autêntico *topos* (lugar-comum a revisitar) o contributo de Gomes Canotilho para o desenvolvimento do direito público – em particular do direito constitucional, mas também do direito administrativo ou do direito do ambiente –, e, sobretudo, para a formação de uma *escola jusconstitucional*, na qual, com uma intensidade maior[1] ou menor, já se revê mais do que uma geração de juspublicistas.

O entrelaçamento – que propomos nas páginas seguintes – entre democracia e justiça constitucional corresponde também a um dos horizontes de preocupações de Gomes Canotilho. Se a abordagem da justiça constitucional por Gomes Canotilho se inicia logo em 1976/1977,[2] os múltiplos problemas suscitados pelo desenvolvimento da matéria foram originando *suspensões reflexivas* renovadas – que passaram, *v. g.*, por uma precursora recompreensão das funções do tribunal constitucional numa "Constituição dirigente e programática", a desembocar no "caráter aporético" da jurisdição constitucional e na transmudação daquele órgão em "legislador constituinte" decorrente da tarefa de concretização de normas constitucionais dotadas de uma abertura

---

[1] Nos casos, como o nosso, em que guardamos, desde o 1º ano da Licenciatura em Direito, as preleções de Gomes Canotilho, de quem, anos mais tarde, tivemos o privilégio de ser assistente.

[2] Sobre os contributos seminais de Gomes Canotilho para a autonomização do estudo da justiça constitucional, v. o nosso trabalho A justiça constitucional no ensino da Faculdade de Direito da Universidade de Coimbra. *Boletim da Faculdade de Direito*, v. XCVI, t. 2, 2020. p. 208 e ss.

predicativa,³ ou pela "problematização do ativismo judicial enredado no ir e vir entre os direitos dos pobres e a *governance* global".⁴ Em causa está hoje o reconhecimento de novas funções prosseguidas pela justiça constitucional, em especial, no contexto da defesa da democracia (e dos valores democráticos), demonstrando como se vai tornando cada vez mais perimido o problema da (eventual) contraposição entre aquela e o princípio democrático. Trata-se de um tema que, como logo se compreende, tangencia ainda questões associadas à internormatividade e à comparação jurídica.

As circunstâncias atuais exigem, pois, uma indagação centrada em dois tópicos, a que se associa um terceiro (este último especificamente já relacionado com a justiça constitucional): a reflexão sobre a existência de um conteúdo material ou substancial da democracia, a indagação dos respetivos limites, e a conceção da justiça constitucional como guardiã do princípio democrático – com uma projeção particular na consolidação das designadas "democracias frágeis".

2 A crise da democracia: tirania(s) da maioria e populismo

O contexto atual surge marcado pela crise da democracia. Se as questões relacionadas com as dificuldades sentidas pelo modelo democrático ocorrem mesmo onde este se encontra mais enraizado, os problemas recrudescem no âmbito das democracias mais recentes e (também por isso) mais frágeis (*hoc sensu*, mas permeáveis à introdução de elementos antidemocráticos).⁵ Desde logo, estas últimas debatem-se com as dificuldades decorrentes: da circunstância da necessidade de afirmação da regra maioritária, e, em simultâneo, da instituição de mecanismos que limitem a ação das maiorias; da imperatividade assumida pela organização periódica e sucessiva de eleições; da impossibilidade de o sufrágio se transformar em mecanismo de legitimação no poder de fações que pretendam tão só, a final, explorar os seus adversários (políticos, religiosos ou étnicos) históricos, mobilizando a (explorando o *pathos* da) vontade popular para uma espécie de *vindicta*.⁶

Eis-nos diante de algumas preocupações intemporais da democracia, que se reconduzem também ao tema clássico da(s) tirania(s) da maioria. Trata-se, como se sabe, de um tema que deve muito à pena de Tocqueville,⁷ para quem a soberania do povo não

---

[3] CANOTILHO, José Joaquim Gomes. Para uma teoria pluralística da jurisdição constitucional no Estado constitucional democrático português: no sexénio do Tribunal Constitucional português. *Revista do Ministério Público*, n. 33/34, jan./jun. 1988. p. 13 e ss.

[4] Cf. CANOTILHO, José Joaquim Gomes. Prefácio. *In*: OLIVEIRA, Umberto Machado de; ANJOS, Leonardo Fernandes dos (Coord.). *Ativismo judicial*. Curitiba: Juruá, 2010. p. 9.

[5] Assim, ISSACHAROFF, Samuel. Fragile democracies. *Harvard Law Review*, v. 120, 2007. p. 1466.

[6] Cf. também ISSACHAROFF, Samuel. *Fragile democracies*: contested power in the era of constitutional courts. Cambridge: Cambridge University Press, 2015. p. 2 e ss.

[7] TOCQUEVILLE, Alexis de. *De la démocratie en Amérique*. 12. ed. Paris: Pagnerre Editeur, 1848. t. II. p. 135 e ss. No específico contexto do constitucionalismo oitocentista (intrinsecamente marcado pelos ideais liberais e individualistas), tinha, contudo, razão Oliveira MARTINS (*Portugal contemporâneo*. 3. ed. Lisboa: Livraria de Antonio Maria Pereira, 1895. t. I. p. 437) quando advertia que, levados às suas últimas consequências, democracia (representação democrática) e individualismo se tornavam contraditórios: na verdade, a valorização do indivíduo pressuposta por este último não se poderia compadecer com o governo de maiorias que, por definição, poriam em causa a conceção do indivíduo como soberano e absoluto, pelo que, afinal, "o governo da liberdade ficou sendo a tyrannia das maiorias"; só admitindo o caráter dinâmico da sociedade

se poderia confundir com a tirania (ou omnipotência) da maioria (considerada "o maior perigo" das democracias), exigindo-se a adoção de todos os mecanismos necessários para a evitar – entre os quais se registava, *v.g.*, a descentralização administrativa ou a importância conferida aos "legistas" ou "homens da lei" (*hoc sensu*, à elite de intelectuais dotados de conhecimentos jurídicos específicos, e que ocupa lugares proeminentes no exercício de todas as funções estaduais).[8] Seria justamente o modo de prevenir a tirania da maioria (a "democracia absoluta", a que aludia Alexandre Herculano),[9] que constituiria o maior desafio à afirmação da soberania popular (de cariz representativo) e que se refletiria no desenho da forma de governo e nos instrumentos de concretização do princípio democrático. Neste sentido, Stuart Mill,[10] em ensaio crítico à obra de Tocqueville, salientava que o principal problema que existia no seio do governo residia na necessidade de evitar que os mais fortes se tornassem o único poder – o que implicaria sempre a existência de um contrapoder que permitisse reprimir a tendência natural do *ruling body* para ceder aos seus instintos e paixões.[11] Esta ideia também não permanecia desconhecida da doutrina portuguesa da época, que justamente chamava a atenção para o facto de o governo parlamentar implicar, como consequência, que, em caso de conflito entre os diversos poderes, um deles haveria de se sobrepor aos demais: tal significaria, afinal, a substituição do "despotismo unitário" pelo "despotismo das maiorias numéricas".[12]

À reemergência, nos tempos hodiernos, deste conjunto de problemas não se revela alheio o fenómeno do populismo, que se não restringe necessariamente ao âmbito das "democracias frágeis",[13] embora recrudesça nestes espaços. Sem prejuízo das diferentes realidades que o conceito incorpora (quer de um ponto de vista diacrónico, quer de uma perspetiva sincrónica, e, por conseguinte, nem sempre com a carga pejorativa que hoje suporta),[14] podem incluir-se na sua *extensio* todas as situações em que um líder político

---

e não a identificando com a mera soma de todos indivíduos se tornaria verdadeira a ideia de representação democrática.

[8] TOCQUEVILLE, Alexis de. *De la démocratie en Amérique*. 12. ed. Paris: Pagnerre Editeur, 1848. t. II. p. 154 e ss.

[9] Cf. MERÊA, Paulo. *O liberalismo de Herculano*. Separata de Biblos. Coimbra: Coimbra Editora, 1941. v. XVII. t. II. p. 17.

[10] MILL, John Stuart. De Tocqueville on democracy in America. *In*: MILL, John Stuart. *Essays on politics and society*. Toronto; London: University of Toronto Press/Routledge & Kegan Paul, 1977. p. 200.

[11] Num registo alternativo, Constant (*Cours de Politique Constitutionnelle*. Genève; Paris: Slatkine, 1982. t. I. Fac-simile da 2. ed. de 1872. p. 280) enfatizava que a atribuição de força limitada ao poder soberano significa tornar o povo – que tudo pode – tão ou mais perigoso que um tirano, conduzindo ainda ao resultado paradoxal de a tirania (do(s) depositário(s) da soberania popular) se passar a valer do direito (ilimitado, afinal...) do povo: "ela [a tirania] não terá senão de proclamar o povo como todo-poderoso, ameaçando-o, e de falar em seu nome, impondo-lhe o silêncio". Por esse motivo, continua o autor, torna-se irrelevante, no contexto da defesa de uma soberania ilimitada, advogar o princípio da divisão de poderes como forma de permitir o seu controlo recíproco; basta que os poderes divididos formem uma coligação para que o despotismo se instale (p. 13; 282).

[12] PRAÇA, J. J. Lopes. *Collecção de leis e subsidios para o estudo do direito constitucional portuguez*. Coimbra: Coimbra Editora, 2000. v. II. Ed. fac-simile de 1894. p. XL e ss.; PEDROSA, Magalhães, Curso de Ciência da Administração e Direito Administrativo, vol. I, Imprensa da Universidade, Coimbra, 1908. p. 78 e 76, respetivamente.

[13] Cf. a análise desenvolvida, sob a coordenação de ROVIRA KALTWASSER, Cristóbal; TAGGART, Paul; OCHOA ESPEJO, Paulina; OSTIGUY, Pierre (Ed.). *The Oxford Handbook of Populism*. Oxford: Oxford University Press, 2017. p. 101 e ss., sobre o populismo nas várias regiões do globo. V. também, mas com a escolha de alguns Estados, MUDDE, Cas; ROVIRA KALTWASSER, Cristóbal (Ed.). *Populism in Europe and in the Americas*: threat or corrective for democracy? Cambridge: Cambridge University Press, 2012. p. 27 e ss.

[14] Cf., *v.g.*, ROVIRA KALTWASSER, Cristóbal; TAGGART, Paul; OCHOA ESPEJO, Paulina; OSTIGUY, Pierre. Populism: An overview of the concept and the state of the art. *In*: ROVIRA KALTWASSER, Cristóbal;

assume a pretensão de, por si só, determinar o bem comum, tentando, por esse motivo, afastar (ou eliminar) eventuais contestações ou oposição política (através de mecanismos, mais ou menos subtis, relacionados com a reconfiguração dos círculos eleitorais ou a própria reforma do sistema eleitoral, ou, mais evidentes, de revisão da própria Constituição).[15] Nesta medida, o populismo assume-se não só como antielitista, mas sobretudo como antipluralista, porquanto, tendo na sua base uma "conceção moralista da política",[16] pressupõe (e admite) que um dirigente (ou uma classe dirigente) se arrogue a suscetibilidade de, pelas suas características morais pessoais (opostas à corrupção que contamina os demais líderes políticos), representar todo o povo, reduzido agora a um conjunto (uma massa...) uniforme, homogéneo e (de preferência) passivo e acrítico de cidadãos[17] (os verdadeiros e reais... aqueles que se identificam com as ideologias perfilhadas pelo líder populista e, quantas vezes, apenas os nacionais, numa atitude de pendor não inclusivo ou exclusivo/excludente).[18]

Não se ignora que o problema se encontra agora no seio da própria democracia representativa, constituindo como que a sua sombra.[19] Aliás, por vezes, a configuração do sistema eleitoral e a arquitetura da representação parlamentar – dois dos eixos sobre em que constitucionalmente se vem concretizando o princípio democrático –[20] sofrem alterações com o propósito de consolidação de autocracias.[21]

Por esse motivo, e como salienta Gomes Canotilho, urge enfrentar o problema através da interiorização de uma "nova cidadania", que, tendo como pressupostos a *accountability* e a *responsiveness* dos poderes públicos, a globalização e a mundialização das questões (agora pós-nacionais), e os "múltiplos individuais", assume, respetivamente, as dimensões de uma "cidadania activa e participativa", uma "cidadania cosmopolita" e uma "cidadania grupal".[22] Numa palavra, o pluralismo institucional representará um passo decisivo para a garantia das democracias.[23]

TAGGART, Paul; OCHOA ESPEJO, Paulina; OSTIGUY, Pierre (Ed.). *The Oxford Handbook of Populism*. Oxford: Oxford University Press, 2017. p. 2 e ss.; MÜLLER, Jan-Werner. *What is populism?* Philadelphia: University of Pennsylvania Press, 2016. p. 11 e ss. E, entre nós, MORAIS, Carlos Blanco. *O sistema político*: no contexto da erosão da democracia representativa. Coimbra: Almedina, 2018. p. 293 e ss. (concebendo, por tal motivo, o populismo como um "fenómeno sincrético").

[15] Cf. PRENDERGAST, David. The judicial role in protecting democracy from populism. *German Law Journal*, v. 20, 2019. p. 249 e ss.

[16] MÜLLER, Jan-Werner. Populism and constitutionalism. *In*: ROVIRA KALTWASSER, Cristóbal; TAGGART, Paul; OCHOA ESPEJO, Paulina; OSTIGUY, Pierre (Ed.). *The Oxford Handbook of Populism*. Oxford: Oxford University Press, 2017. p. 593.

[17] Cf. MÜLLER, Jan-Werner. *What is populism?* Philadelphia: University of Pennsylvania Press, 2016. p. 2 e ss.; 20 e ss.

[18] MÜLLER, Jan-Werner. Populism and constitutionalism. *In*: ROVIRA KALTWASSER, Cristóbal; TAGGART, Paul; OCHOA ESPEJO, Paulina; OSTIGUY, Pierre (Ed.). *The Oxford Handbook of Populism*. Oxford: Oxford University Press, 2017. p. 601.

[19] MÜLLER, Jan-Werner. *What is populism?* Philadelphia: University of Pennsylvania Press, 2016. p. 20 e 101.

[20] Cf. CANOTILHO, José Joaquim Gomes. *Direito constitucional e teoria da Constituição*. 7. ed. Coimbra: Almedina, 2003. p. 293 e ss.; 306 e ss.

[21] Assim, KLARMAN, Michael J. The degradation of American democracy and the court. *Harvard Law Review*, v. 134, nov. 2020. p. 12 (apresentando exemplos concretos).

[22] CANOTILHO, José Joaquim Gomes. *"Brancosos" e interconstitucionalidade*: itinerários dos discursos sobre a historicidade constitucional. 2. ed. Coimbra: Almedina, 2008. p. 334.

[23] HUK, Aziz Z.; GINSBURG, Tom. How to lose a constitutional democracy. *UCLA Law Review*, v. 65, 2018. p. 166 e ss.

3 As "democracias frágeis" e o "dirigismo constitucional": as respostas do "constitucionalismo moralmente reflexivo"

No quadro da(s) crise(s) democrática(s), a referência às democracias frágeis não pretende indiciar ou restaurar qualquer "superioridade" de arquiteturas institucionais constitucionais, em particular do modelo ocidental perante o mundo não ocidental: como sublinha Amartya Sen, não só a democracia não constitui um "produto cultural específico do Ocidente", encontrando antecedentes históricos também em sociedades asiáticas (da Índia à China, do Japão à Coreia), como ainda a prática da democracia favorece o reconhecimento de identidades plurais e de culturas diferenciadas,[24] assumindo-se, neste sentido, como um "valor universal" e como um "compromisso universal".[25] Todavia, torna-se decisivo constatar que, no cenário atual, existem certos sistemas que, mesmo não defendendo abertamente opções ou objetivos antidemocráticos, acabam por, subtilmente, pôr em causa a regulação constitucional dos procedimentos político-democráticos (em especial, das eleições e dos freios e contrapesos estabelecidos como limites aos poderes maioritários), bem como a específica visão normativa de um constitucionalismo assente na tutela de direitos fundamentais, necessariamente subtraídos à vontade das maiorias conjunturais.[26]

Uma tal caracterização deixa entrever dificuldades no recorte de um conceito de democracia frágil, as quais se adensam em virtude de a "fragilidade" das democracias não se circunscrever àquelas que nasceram das cinzas da autocracia,[27] mas estar hoje mais perto de atingir Estados cujos fundamentos democráticos se poderiam supor bem enraizados no solo constitucional. Neste horizonte, ocorre-nos aludir a democracias *fragilizadas* –[28] o que, uma vez mais, se torna claramente demonstrativo dos obstáculos emergentes na identificação da fragilidade das democracias, quando não se parta de ideias etnográfica ou geograficamente preconcebidas. Assim, o caráter mais ou menos frágil de uma democracia depende da possibilidade real de as normas constitucionais de

---

[24] SEN, Amartya. *A ideia de justiça*. Tradução de Nuno Castello-Branco Bastos. Coimbra: Almedina, 2009. p. 426 e ss., especialmente p. 434 e ss. (a citação reporta-se à p. 427), e 464 e ss., respetivamente. Cf. também CORTINA, Adela. *Los ciudadanos como protagonistas*. Barcelona: Galaxia Gutenberg/Círculo de Lectores, 1999. p. 93 e ss.; NUSSBAUM, Martha. Capabilities, entitlements, rights: supplementation and critique. *Journal of Human Development and Capabilities*, v. 12, n. 1, fev. 2011. p. 30; MAHLMANN, Matthias. The dictatorship of the obscure? Values and the secular adjudication of fundamental rights. *In*: SAJÓ, András; UITZ, Renáta (Ed.). *Constitutional topography*: values and constitutions. Utrecht: Eleven International Publishing, 2010. p. 354 e ss.; 364.

[25] SEN, Amartya. Democracy as a universal value. *Journal of Democracy*, v. 10, n. 3, 1999. p. 3 e ss.

[26] V. ISSACHAROFF, Samuel. *Fragile democracies*: contested power in the era of constitutional courts. Cambridge: Cambridge University Press, 2015. p. 8 e ss.

[27] Numa paráfrase a ISSACHAROFF, Samuel. *Fragile democracies*: contested power in the era of constitutional courts. Cambridge: Cambridge University Press, 2015. p. 2.

[28] Klarman (The degradation of American democracy and the court. *Harvard Law Review*, v. 134, nov. 2020. p. 255) refere-se expressamente à fragilização da democracia norte-americana; em concreto, afirma que "ganhando ou não o Presidente Trump [as eleições de novembro de 2020], só o facto de ser plausível que venha a ganhar demonstra quão frágil a democracia americana se tornou". Embora o grau de fragilização das democracias se revele distinto, atingindo o seu expoente com a "regressão autocrática" (HUK, Aziz Z.; GINSBURG, Tom. How to lose a constitutional democracy. *UCLA Law Review*, v. 65, 2018. p. 92 e ss.), a ameaça à qualidade democrática parece atingir hoje indiferenciadamente e quase com o mesmo impacto quer democracias estabilizadas, quer democracias jovens (HUK, Aziz Z.; GINSBURG, Tom. *How to save a constitutional democracy*. Chicago; London: The University of Chicago University Press, 2018. p. 167).

salvaguarda do princípio democrático serem ou não facilmente (*i.e.*, respeitando os limites de uma legalidade formal) manipuladas por um líder antidemocrático e posteriormente sancionadas por um juiz constitucional politicamente manietado.²⁹

Os reflexos constitucionais do princípio democrático e a reação à fragilização das democracias não podem ainda deixar de se associar ao problema da crise do "dirigismo constitucional". O pluralismo predicativo da(s) democracia(s) exigirá normas constitucionais abertas, assumindo-se a Constituição como um horizonte ou um *compromisso* de possibilidades,³⁰ e não como um projeto de ordenação rígida de soluções normativas e políticas, concomitantemente impeditivas do respirar da vida social e do balanceamento entre poderes e órgãos de soberania,³¹ instituindo um verdadeiro sistema de separação-interdependência ou, na formulação anglo-saxónica, de *checks and balances*. Mas tal não pode significar, evidentemente, que a Constituição se possa reduzir à criação de um "Estado em branco" que, como salienta Gomes Canotilho, se volverá também num "Estado materialmente deslegitimizado",³² abrindo caminho para a ameaça do "retrocesso constitucional".³³ Pelo contrário, a Constituição deve assumir-se como o cerne das instituições democráticas ou a "balaustrada" (*guardrails*)³⁴ da própria democracia. Na verdade, o destino da Constituição em democracias frágeis (ou fragilizadas) só se poderá fortalecer à luz de um "constitucionalismo moralmente reflexivo",³⁵ no horizonte de um texto constitucional que concretize exigências substanciais mínimas (impostas por uma juridicidade metaconstitucional³⁶ e consonantes com a defesa de limites ao poder

---

29 Cf. HUK, Aziz Z.; GINSBURG, Tom. How to lose a constitutional democracy. *UCLA Law Review*, v. 65, 2018. p. 166; v. também p. 127.

30 Sobre o sentido do caráter compromissório da Constituição (em particular do texto constitucional de 1976), v. CANOTILHO, José Joaquim Gomes. *Direito constitucional e teoria da Constituição*. 7. ed. Coimbra: Almedina, 2003. p. 218 e ss.

31 Cf., em sentido próximo, ZAGREBELSKY, Gustavo. *El derecho dúctil*: ley, derechos, justicia. Tradução de Marina Gascón. Madrid: Trotta, 2011. p. 14.

32 CANOTILHO, José Joaquim Gomes. *"Brancosos" e interconstitucionalidade*: itinerários dos discursos sobre a historicidade constitucional. 2. ed. Coimbra: Almedina, 2008. p. 115.

33 HUK, Aziz Z.; GINSBURG, Tom. How to lose a constitutional democracy. *UCLA Law Review*, v. 65, 2018. p. 117 e ss.; de acordo com os autores, o retrocesso constitucional (*constitutional retrogression*) encontra-se associado à (aparentemente inócua, mas substancialmente significativa) decadência progressiva (e, na maioria das vezes, decorrente de atos singulares e isolados) da qualidade das eleições, das liberdades de expressão e de associação, e do próprio *rule of law* (p. 87; 96; 117).

34 Cf. LEVITSKY, Steven; ZIBLATT, Daniel. *How democracies die*. New York: Broadway Books, 2018. p. 97 e ss. (ainda que os autores entendam que as constituições, mesmo quando desenhadas à luz de um constitucionalismo material-normativo, não se revelam suficientes para garantir a democracia).

35 CANOTILHO, José Joaquim Gomes. *Constituição dirigente e vinculação do legislador*: contributo para a compreensão das normas constitucionais programáticas. 2. ed. Coimbra: Coimbra Editora, 2001. p. XX e ss.; CANOTILHO, José Joaquim Gomes. *"Brancosos" e interconstitucionalidade*: itinerários dos discursos sobre a historicidade constitucional. 2. ed. Coimbra: Almedina, 2008. p. 125 e ss. V. também CANOTILHO, José Joaquim Gomes. *Direito constitucional e teoria da Constituição*. 7. ed. Coimbra: Almedina, 2003. p. 1388 e ss.

36 Já que, como viemos defendendo em termos alinhados com a superação de um neoconstitucionalismo substituto de um neopositivismo, a constitucionalidade não esgota a juridicidade: cf., em especial, os nossos trabalhos O problema da realização da Constituição pela justiça constitucional: Ratio e Voluntas, Synépeia e Epieikeia? Reflexões a partir do pensamento de Castanheira Neves. In: *Juízo ou decisão? O problema da realização jurisdicional do direito – VI Jornadas de Teoria do Direito, Filosofia do Direito e Filosofia Social*. Coimbra: Instituto Jurídico; Faculdade de Direito da Universidade de Coimbra, 2016. p. 252 e ss., e *Introdução à justiça constitucional*. Coimbra: Almedina, 2021. p. 73 e ss. Para uma perspetiva do nosso homenageado sobre o neoconstitucionalismo, v. CANOTILHO, José Joaquim Gomes. Principios y "nuevos constitucionalismos": El problema de los nuevos principios. *Revista de Derecho Constitucional Europeo*, n. 14, 2010. p. 321 e ss.; especialmente, p. 324 e ss.

constituinte originário),[37] defina os fundamentos de uma "teoria da justiça" (comutativa, mas também distributiva) e garanta, em simultâneo, a abertura constitucional *para cima* (à transnacionalização e à internormatividade), *para baixo* (consonante com o reconhecimento de poderes locais) e *para o lado* (apelando à convivência – permeabilizada pela tolerância – de realidades multiculturais e à responsabilidade interpessoal).[38] Um tal equilíbrio permite ultrapassar quer um dirigismo constitucional absoluto que congele, *ad aeternum*, um projeto de vida comunitária (com todos os perigos que isso envolveria em democracias mais recentes, tentadas por programas "da moda" demagogicamente sedutores, mas espúrios à axiologia fundamentante do próprio constitucionalismo), quer a recondução do texto constitucional a um mero conjunto de "folhas de pergaminho",[39] desprovido de verdadeira força normativa superior.

4 Rumo a um conceito material de democracia? Sentido e limites *democráticos* da democracia

Importa ponderar se as perplexidades que assolam os Estados democráticos (nascentes ou consolidados) apontam para a necessidade de uma compreensão material da democracia, a acolher pela Constituição. Parece-nos, pois, imprescindível erigir um *mínimo democrático*, que permita identificar como tal um sistema jurídico concreto. Neste sentido, torna-se possível apontar a democracia como "veículo comum de um apelo [...] da consciência ético-política europeia", fundamentado no axioma antropológico da dignidade humana e nas respetivas explicitações, como a "trilogia democrática" (liberdade, igualdade e fraternidade)[40] e os direitos fundamentais.[41] A esta conceção alia-se também a ideia de que a democracia visa à e é responsável (perante os cidadãos) pela satisfação dos interesses do povo,[42] dos interesses públicos.

---

[37] CANOTILHO, José Joaquim Gomes. *Direito constitucional e teoria da Constituição*. 7. ed. Coimbra: Almedina, 2003. p. 81 e ss.

[38] Ou que coloque a Constituição no centro ou na confluência... do Estado (*lato sensu*), da sociedade e a comunidade global – a permitir estabelecer uma ponte com a nossa visão específica sobre o sentido dos direitos fundamentais (cf. MONIZ, Ana Raquel Gonçalves. *Os direitos fundamentais e a sua circunstância*: crise e vinculação axiológica entre o Estado, a sociedade e a comunidade global. Coimbra: Imprensa da Universidade de Coimbra, 2017).

[39] A metáfora da Constituição como "folhas de pergaminho" pertence, como se sabe, a Madison (The Federalist No. 48. In: BALL, Terence (Ed.). *The Federalist with Letters of "Brutus"*. Cambridge: Cambridge University Press, 2003. p. 241), que se referia à Constituição como *parchment barrier*, a propósito do princípio da separação de poderes, convocando a metáfora para esclarecer que a mera delimitação, no texto constitucional, do âmbito de competência dos poderes, desacompanhada da instituição de mecanismos de controlo recíprocos, significaria confinar a barreiras de pergaminho a invasão das funções de um poder pelos outros. Numa posição próxima do texto, cf. também VILE, Maurice J. C. Política y Constitución en la historia británica y estadounidense. *In*: VARELA SUANZES-CARPEGNA, Joaquín (Ed.). *Historia e historiografía constitucionales*. Madrid: Trotta, 2015. p. 60, que, louvando-se igualmente em Madison, chama a atenção para o facto de o constitucionalismo se não restringir ao simples facto da existência de uma Constituição, a qual se pode re(con)duzir a simples folhas de pergaminho.

[40] Sobre o surgimento e o significado da divisa, v., por todos, BORGETTO, Michel. *La Devise "Liberté, Egalité, Fraternité"*. Paris: Presses Universitaires de France, 1997.

[41] MELO, António Barbosa de. *Democracia e utopia (reflexões)*. [s.n.]: Porto, 1980. p. 13; 17; 27, respetivamente.

[42] Cf. CHALMERS, Douglas A. *Reforming democracies*: six facts about politics that demand a new agenda. New York: Columbia University Press, 2013. p. 14. Sobre o sentido da "nova responsabilidade política", cf. CANOTILHO, José Joaquim Gomes. Principios y "nuevos constitucionalismos": El problema de los nuevos principios. *Revista de Derecho Constitucional Europeo*, n. 14, 2010. p. 347 e ss.

A associação entre democracia e dignidade humana pretende demonstrar que a primeira não corresponde apenas a uma realidade procedimental vertida na inexorável soberania de uma vontade popular, independentemente do sentido que a orienta,[43] como pareceria decorrer da sobejamente conhecida definição de Schumpeter,[44] que a reconduzia a um "*método* político", enquanto "arranjo institucional dirigido à obtenção de decisões políticas – legislativas e administrativas – e, como tal, incapaz de ser um fim em si mesmo".[45] Pelo contrário, a democracia há de possuir um conteúdo substancial ou material. Neste sentido, Montesquieu[46] defendia já que, embora em democracia, o povo pareça fazer o que quer, a liberdade não tem este significado: numa sociedade regida por leis (diríamos hoje, num Estado de direito democrático), a liberdade não constitui senão o "poder fazer o que se *deve* querer" e o "[poder de] não ser, de algum modo, constrangido a fazer o que não se *deve* querer" ("pouvoir faire ce que l'on doit vouloir", "n'être point constraint de faire ce que l'on ne doit pas vouloir").

Por este motivo, alude-se agora a um conceito de "democracia ética",[47] de "democracia substantiva",[48] ou ainda a um conceito mais "robusto" de democracia,[49] que pressupõe o reconhecimento de uma dimensão material à democracia, integrada por valores que (axiologicamente) se impõem aos e são impostos pelos cidadãos e dirigida à garantia positiva e concretização das diversas precipitações da dignidade humana. Ou, se quisermos louvar-nos, de novo, em Gomes Canotilho, a marca de contraste desta conceção material de democracia aponta (utopicamente?) para a "banalização do bem".[50]

---

[43] Enfatiza certeiramente Amartya Sen (*A ideia de justiça*. Tradução de Nuno Castello-Branco Bastos. Coimbra: Almedina, 2009. p. 432) que, "em si mesmo, o voto pode até ser inteiramente inadequado, o que é abundantemente ilustrado pelas esmagadoras vitórias eleitorais das tiranias que se instalaram em regimes autoritários, seja em tempos idos seja no presente – como acontece, por exemplo, na actual Coreia do Norte". Cf. também o expressivo exemplo de Dworkin (*Justice for Hedgehogs*. Cambridge; London: Harvard University Press, 2011. p. 348), ou ainda as considerações de Grimm (Constitutional adjudication and democracy. *Israel Law Review*, v. 33, 1999. p. 197 e ss.), salientando que a regra da maioria não impede que esta maioria não elimine precisamente aquela regra por meio de um voto maioritário... V. também, aludindo já à diferença entre democracia formal e material, *v.g.*, FUKUYAMA, Francis. *The end of history and the last man*. New York: The Free Press; MacMillan, 1992. p. 43 e ss. (pondo a tónica substancial no reconhecimento e na proteção de direitos fundamentais –p. 202 e ss.).

[44] SCHUMPETER, Joseph A. *Capitalism, socialism and democracy*. London; New York: Routledge, 2003. p. 242. Nessa medida, o autor defende uma teoria (formal-concorrencial) da democracia como "arranjo institucional" no qual "os indivíduos adquirem o poder de decidir através de uma luta competitiva pelo voto do povo" (p. 269).

[45] Ainda que Bobbio tenha, em primeira linha, uma perspetiva igualmente procedimental da democracia (cf. BOBBIO, Norberto. *Il futuro della democrazia*. Torino: Einaudi, 1995. p. 4), não deixa de a associar a valores: não só as próprias regras formais-procedimentais contribuíram para o incremento da tolerância (ou, no mínimo, para a resolução de conflitos de poder através de soluções não violentas), como também ela própria permite a expansão de mentalidades, suscetível de permitir uma abertura para a renovação do pensamento da sociedade (p. 29 e ss.).

[46] MONTESQUIEU, Charles de Secondat, Baron de la Brède et de. *L'Esprit des Lois*. Paris: Garnier-Frères Libraires-Editeurs, [s.d.]. t. I. p. 308 (Livro XI, Capítulo III, sob a epígrafe "Ce que c'est la liberté").

[47] CORTINA, Adela. *Los ciudadanos como protagonistas*. Barcelona: Galaxia Gutenberg/Círculo de Lectores, 1999. p. 55. Entre nós, URBANO, Maria Benedita. Cidadania para uma democracia ética. *Boletim da Faculdade de Direito*, v. LXXXIII, 2007. p. 515 e ss.

[48] BARAK, Aharon. *The judge in a democracy*. Princeton/Oxford: Princeton University Press, 2006. p. 33.

[49] HUK, Aziz Z.; GINSBURG, Tom. How to lose a constitutional democracy. *UCLA Law Review*, v. 65, 2018. p. 87.

[50] CANOTILHO, José Joaquim Gomes. Terceira modernidade – Banalização do bem. *In*: LINHARES, Emanuel Andrade; SEGUNDO, Hugo de Brito Machado (Org.). *Democracia e direitos fundamentais*: uma homenagem aos 90 anos do Professor Paulo Bonavides. São Paulo: Atlas, 2016. p. 411 e ss.

Estamos diante de uma conceção com repercussões práticas e dogmáticas significativas. Com efeito, a *fiducia* que intercede entre os cidadãos e os seus representantes, enquanto corolário da existência de uma democracia ética ou substantiva, acaba por conduzir, na relação entre democracia e direitos, a que o condicionamento ou a restrição destes últimos pressuponha sempre uma decisão democraticamente legitimada (independentemente dos limites materiais a que ela se encontre impreterivelmente submetida) adotada por atores democraticamente comprometidos. Trata-se de uma afirmação que se manifesta, *v.g.*, na dimensão formal dos "limites dos limites" (*Schranken Schranken*), já consagrados na *Grundgesetz* (cf. art. 19, nº 1) e previstos também na Constituição portuguesa (cf. art. 18º, nº 2, *in principio*), bem como na proibição de organizações (entre as quais, os partidos políticos) racistas ou que perfilhem a ideologia fascista ou na vinculação dos partidos pelos princípios da transparência, da organização e da gestão democráticas (cf. arts. 46º, nº 4, e 51º, nº 5, respetivamente, da Constituição portuguesa). Mas que encontra igual acolhimento em algumas elaborações jurisprudenciais. Tomemos como exemplo o caso (também analisado por Sunstein)[51] apreciado pelo Supremo Tribunal de Israel,[52] onde estava em causa a admissibilidade de métodos de interrogatório (muito próximos, senão mesmo correspondentes à tortura) no âmbito da investigação de suspeitos pela prática de atos atentatórios da segurança do Estado de Israel. Não deixando de tecer considerações sobre os métodos de interrogatório admissíveis num Estado de direito (limitados, desde logo, pela dignidade humana), o Tribunal optou por dirigir um importante esforço argumentativo para a questão democrática: considerando que qualquer interrogatório implica, em todas as hipóteses, uma limitação aos direitos e às liberdades individuais do sujeito, a sua realização não pode, sob pena de se considerar *ultra vires*, ser efetuada na falta de uma lei que expressamente o autorize; para o Tribunal, estamos diante de uma decorrência imediata do *rule of law* (em sentido formal e substancial). Repare-se, contudo, que subjacente à retórica da decisão está a ideia segundo a qual a existência de uma autorização legislativa para aqueles interrogatórios (e, por conseguinte, a manifestação democrática) tê-los-ia sujeitado a condições que lhes permitissem cumprir o "padrão constitucional", designadamente aquele que se corporiza nos direitos fundamentais.[53]

Reconhece-se, contudo, que a adoção de uma conceção material de democracia pode concitar alguns perigos, sob a ótica dos respetivos limites. Questionar-se-á em que medida se revela legítimo que os instrumentos jurídicos e democráticos sejam mobilizados para a reação perante comportamentos tidos como antidemocráticos – e,

---

[51] SUNSTEIN, Cass. *Laws of fear*: beyond the precautionary principle. Cambridge University Press: New York, 2005. p. 211 e ss.

[52] Supreme Court of Israel: judgement concerning the legality of the general security service's interrogation methods. *International Legal Materials*, v. 38, 1999. p. 1471 e ss., especialmente, p. 1478 e ss.; 1487 e ss.

[53] Cf., em especial, Supreme Court of Israel: judgement concerning the legality of the general security service's interrogation methods. *International Legal Materials*, v. 38, 1999. p. 1479 e ss. Tendo presente a realidade vivida em Israel, atentemos numa das considerações emergentes "palavra final" (*final word*) da decisão, já em *obiter dictum* (p. 1488): "É este o destino da democracia, em que nem todos os meios são aceitáveis, e nem todas as práticas utilizadas pelos nossos inimigos se encontram abertas. Apesar de uma democracia ter, com frequência, de lutar com uma mão atada atrás das costas, ela tem, todavia, o predomínio. Preservar o Estado de direito [*Rule of Law*] e o reconhecimento das liberdades do indivíduo constitui um importante componente da compreensão de segurança [inerente à democracia]".

em última análise, se uma compreensão material da democracia não representará, afinal, uma ameaça tão ou mais gravosa que o populismo. Considerem-se, *v.g.*, as considerações tecidas por Dworkin,[54] a propósito do âmbito de proteção da liberdade de expressão, no caso dos *cartoons* publicados pela imprensa dinamarquesa ofensivos dos sentimentos religiosos dos muçulmanos. Estamos agora diante de um "momento maquiavélico", numa das duas aceções que lhe conferiu Pocock,[55] concebido como problema, *hoc sensu*, como o momento conceptual em que a república enfrenta os seus próprios limites, embora tentando permanecer moral e politicamente estável, num contexto torrencial de acontecimentos irracionais que se revelam destrutivos de todos os sistemas estabilizados.

Os perigos avizinham-se quando se cede à tentação de resvalar para as propostas mais radicais da "democracia militante" (*streitbare Demokratie, militant democracy*). Se, em parte, se reconhece que a neutralidade conhece os seus limites quando se atingem os fundamentos da democracia constitucional e se estabelecem limites às liberdades como um instrumento para prevenir a adoção de comportamentos antidemocráticos,[56] tais perspetivas, quando levadas às últimas consequências (como sucede, por exemplo, com algumas medidas relacionadas com a luta contra o terrorismo e contra as novas formas de fundamentalismo religioso e cultural), acabam por se revelar desproporcionalmente restritivas dos próprios direitos fundamentais (os quais, paradoxalmente, constituem um dos limites à democracia militante) e pôr em causa o (desejável) pluralismo enriquecedor.[57] Não esqueçamos, porém, que, louvando-nos agora em Paulo Otero,[58] "a dignidade humana é o fundamento, o limite e o critério da relevância constitucional da soberania popular".

---

[54] DWORKIN, Ronald. The right to ridicule. *The New York Review of Books*, v. 53, n. 5, 23 mar. 2006. p. 44.

[55] POCOCK, J. G. A. *The Machiavellian moment: Florentine political thought and the Atlantic Republican tradition*. Princeton: Princeton University Press, 1975. p. viii. A expressão "momento maquiavélico" foi já utilizada entre nós por Gomes Canotilho (*Direito constitucional e teoria da Constituição*. 7. ed. Coimbra: Almedina, 2003. p. 205 e ss.) para designar um dos "momentos constitucionais" da Constituição de 1976: o momento em que se pretendeu "impor a *virtude* na República contra os seus "inimigos"" (p. 206, grifos no original), aqui se incluindo as disposições que, na lei eleitoral para a Assembleia Constituinte, previram "incapacidades cívicas" para aqueles que houvessem desempenhado funções políticas ou de confiança política no regime anterior, assim com as prescrições, acolhidas no texto constitucional, que contemplavam a incriminação retroativa dos agentes das extintas Direção-Geral de Segurança e Polícia Internacional e de Defesa do Estado (um regime já consagrado na Lei nº 8/75, de 25 de julho), a possibilidade de expropriação sem indemnização relativamente a bens pertencentes a grandes capitalistas e latifundiários, e a proibição de associações ou organizações que perfilhem a ideologia fascista (cf., respetivamente, arts. 308º, 82º e 46º, nº 4, do texto original da CRP; a primeira e a última referências ainda permanecem nos arts. 292º e 46º, nº 4, do texto atual da Constituição).

[56] Como, aliás, se encontrava subjacente à perspetiva original de LOEWENSTEIN. Karl. Militant democracy and fundamental rights, I, II. *In*: SAJÓ, András (Ed.). *Militant democracy*. Utrecht: Eleven International Publishing, 2004. p. 231 e ss. (estudos originalmente publicados em 1937).

[57] Cf., *v.g.*, a apreciação crítica deste movimento, MACKELM, Patrick. Militant democracy, legal pluralism, and the paradox of self-determination. *International Journal of Constitutional Law*, v. 4, n. 3, 2006. p. 488 e ss. V. também HUK, Aziz Z.; GINSBURG, Tom. *How to save a constitutional democracy*. Chicago; London: The University of Chicago University Press, 2018. p. 170 e ss. Acentuando a importância do pluralismo para a ductilidade ou flexibilidade constitucional conducentes, a final, às aberturas predicativas das normas constitucionais, v. ZAGREBELSKY, Gustavo. *El derecho dúctil*: ley, derechos, justicia. Tradução de Marina Gascón. Madrid: Trotta, 2011. p. 14 e ss.

[58] OTERO, Paulo. *Direito constitucional português* – Identidade constitucional. Coimbra: Almedina, 2010. v. I. p. 36.

5 A "função republicana" do juiz constitucional: a partir das "democracias frágeis"... e mais além

Agora já especificamente no quadro da justiça constitucional, e na senda também de Barak,[59] não persistirão dúvidas de que sobre o juiz constitucional recai o dever de proteger a própria democracia, sobretudo (embora não exclusivamente) no que se refere a democracias novas.[60] Importa, todavia, refletir ainda se a este cabe hoje a tarefa da defesa de um sentido *material* da democracia ou, em sentido mais próprio, a salvaguarda da *República*.[61] E aqui acompanhamos de perto Zagrebelsky,[62] que entende estar cometida ao juiz constitucional o que designa como "função republicana" – uma função que, lançando a justiça constitucional para além dos argumentos contramajoritários, visa enfatizar que aquela se dirige a garantir precisamente os aspetos da *res totius populi*, e, por conseguinte, as dimensões que, pela sua fundamentalidade para determinada comunidade jurídico-constitucional, se devem encontrar subtraídas às contingências das maiorias do momento.

Daí que a existência de tribunais constitucionais fortes em democracias frágeis represente um elemento importante para a consolidação da(s) ordem(ns) constitucional(is), sobretudo no que tange à proteção dos direitos humanos, reagindo contra os eventuais assomos de autoritarismo (resquícios de um regime anterior), ou contra as tentativas de concentração do poder em determinadas maiorias político-partidárias, determinantes da opressão das minorias –[63] como o demonstram, primeiro, a ação do Tribunal Constitucional alemão, e, em tempos mais recentes, do Tribunal Constitucional da África do Sul.[64] Atente-se ainda no impacto do Tribunal Constitucional da Colômbia que, dotado de poderes bastante significativos no contexto jurídico-constitucional sul-americano, tem desenvolvido uma jurisprudência relevante em matéria de proteção

---

[59] BARAK, Aharon. *The judge in a democracy*. Princeton/Oxford: Princeton University Press, 2006. p. 20 e ss.

[60] Podendo, *hoc sensu*, conceber-se o juiz constitucional como uma "instituição da medida democrática" (ROUSSEAU, Dominique; GAHDOUN, Pierre-Yves; BONNET, Julien. *Droit du contentieux constitutionnel*. 12. ed. Paris: LGDJ, 2020. p. 985). Salientando o papel determinante conferido aos tribunais constitucionais em democracias novas, ISSACHAROFF, Samuel. *Fragile democracies*: contested power in the era of constitutional courts. Cambridge: Cambridge University Press, 2015. p. 9; 12 e ss.; 189 e ss.; 272 e ss.

[61] Respondendo, em parte, às críticas desferidas por KLARMAN (The degradation of American democracy and the court. *Harvard Law Review*, v. 134, nov. 2020. p. 178 e ss.) à atuação da *Supreme Court*.

[62] ZAGREBELSKY, Gustavo. Jueces constitucionales. *In*: CARBONELL (Ed.). *Teoría del neoconstitucionalismo*. Madrid: Trotta; Instituto de Investigaciones Jurídicas – Unam, 2007. p. 100 e ss. O autor recorre ao conceito de República delineado por Cícero, sublinhando, nesta matéria, duas dimensões: a *res populi* (esclarecendo que a sua compreensão como *res totius populi* a afasta dos assuntos que só concernem a uma parte do povo, *i.e.*, à maioria), e a *utilitatis communio* (salientando as suas implicações para a importância da despersonalização do poder). Destarte, se a república se assume como "um termo genérico que indica uma conceção de vida coletiva", e a democracia constitui apenas "uma especificação que se refere à conceção do governo", a justiça constitucional é, mais amplamente, uma função da república, e não (como a legislação) apenas uma função da democracia (p. 101).

[63] Barak (*The judge in a democracy*. Princeton/Oxford: Princeton University Press, 2006. p. 24) apela para a existência de um conjunto de "características nucleares" da democracia, de natureza substancial, que fazem acompanhar o *rule of the majority* pelo *rule of values* – e é justamente o equilíbrio entre estas duas dimensões que confere à democracia o seu caráter mais ou menos forte (p. 26).

[64] Cf. ISSACHAROFF, Samuel. Comparative constitutional law as a window on democratic institutions. *In*: DELANEY, Erin F.; DIXON, Rosalind (Ed.). *Comparative constitutional review*. Elgar: Cheltenham, 2018. p. 60 e ss. V., porém, GIBSON, James L.; CALDEIRA, Gregory A. Defenders of democracy? Legitimacy, popular acceptance and the South African Constitutional Court. *The Journal of Politics*, n. 1, v. 65, fev. 2003. p. 1 e ss.

das liberdades e dos direitos sociais, e, muito especialmente, em questões relacionadas com a limitação de (eventuais) abusos do poder (*v.g.*, quer limitando o âmbito dos poderes de emergência, quer efetuando um controlo rigoroso sobre as alterações à Constituição).[65] Considerem-se adicionalmente, e volvendo-nos agora para outros horizontes culturais, *v.g.*, os progressos verificados, sob a ótica do constitucionalismo, em Taiwan,[66] como denota a atuação do tribunal constitucional (que, dentro do *Judicial Yuan* da República da China, goza de garantias de independência e detém o poder de interpretação da Constituição),[67] a cuja jurisprudência (sobretudo, a partir de 1983,[68] e, de forma significativa, desde 2008) tem presidido o objetivo de, num movimento paulatino, mas firme, solidificar o seu poder e, através dele, promover a passagem de um regime autocrático para uma sociedade democrática,[69] submetida ao direito;[70] o mesmo se diga, *mutatis mutandis* (e salvaguardadas as diferenças dimensionais), do sistema instituído na região administrativa de Hong Kong e do ativismo demonstrado pela *Court of Final Appeal* (*hoc sensu*).[71]

Trata-se de uma perspetiva que inverte o sentido das tradicionais (mas ainda muito vivas e renovadas)[72] objeções à institucionalização da justiça constitucional decorrentes

---

[65] Cf. LANDAU, David. Constitutional Court of Colombia (Corte Constitucional de Colombia). *Max Planck Encyclopedia of Comparative Constitutional Law*. Disponível em: https://oxcon.uplaw.com/view/10.1093/law-mpeccol/law-mpeccol-e524, especialmente, §§13 e ss.; 26 e ss. Para uma análise do significado da atuação do Tribunal Constitucional na consolidação da Constituição colombiana de 1991, v. CEPEDA ESPINOSA, Manuel José; LANDAU, David. *Columbian constitutional law*: leading cases. Oxford: Oxford University Press, 2017. p. 13 e ss.

[66] Sem prejuízo de a Constituição da República Popular da China (de 4.12.1982) incluir Taiwan com parte integrante do "território sagrado da República Popular da China" (cf. preâmbulo; o texto que seguimos se encontra na base Oxford Constitutions of the World. Disponível em: https://oxcon.ouplaw.com/view/10.1093/law:ocw/cd929-H1999.regGroup.1/law-ocw-cd929-H1999?rskey=axW4kd&result=9&prd=OCW. Existe igualmente uma tradução na página oficial do Congresso Nacional do Povo. Disponível em: http://www.npc.gov.cn/englishnpc/Constitution/node_2825.htm).

[67] Sobre este Tribunal e respetivas composição e competências, v. CHANG, Wen-Chen. Constitutional Court of Taiwan (Judicial Yuan). *Max Planck Encyclopedia of Comparative Constitutional Law*. Disponível em: https://oxcon.uplaw.com/view/10.1093/law-mpeccol/law-mpeccol-e538. V. ainda MCBEATH, Jerry. Democratization and Taiwan's Constitutional Court. *American Journal of Chinese Studies*, v. 11, 2004. p. 51 e ss.

[68] Cf. MCBEATH, Jerry. Democratization and Taiwan's Constitutional Court. *American Journal of Chinese Studies*, v. 11, 2004. p. 59 e ss.

[69] Existe doutrina que qualifica Taiwan como a primeira democracia chinesa: assim, CHAO, Linda; MYERS, Ramon H. The first Chinese democracy: political life in the Republic of China. The Johns Hopkins University Press, Baltimore, 1998, especialmente, p. 217 e ss. V. ainda, sobre a receção, neste país, do Estado de direito democrático, LASARS, Wolfgang. Die Machtfunktion der Verfassung: Eine Untersuchung zur Rezeption von Demokratischen-rechtsstaatlichem Verfassungsrecht in China. *Jahrbuch des Öffentlichen Rechts der Gegegwart*, v. 41, 1993. p. 597 e ss.

[70] Cf. também GINSBURG, Tom. *Judicial review in new democracies*: constitutional courts in Asian cases. Cambridge: Cambridge University Press, 2003. p. 124 e ss., com exemplos de casos. Salientando a influência da jurisprudência do Tribunal Constitucional alemão (designadamente para uma aproximação ao conceito de reserva de lei), v. HUANG, Cheng-Yi. Judicial deference to legislative delegation and administrative discretion in new democracies: recent evidence from Poland, Taiwan, and South Africa. In: ROSE-ACKERMAN, Susan; LINDSETH, Peter L. (Ed.). *Comparative administrative law*. Cheltenham/Northampton: Elgar, 2010. p. 471 e ss. Enfatizando a importância do estabelecimento da justiça constitucional na transição para as democracias, v. SWEET, Alec Stone. Constitutional courts. In: ROSENFELD, Michel; SAJÓ, András (Ed.). *The Oxford Handbook of Comparative Constitutional Law*. Oxford: Oxford University Press, 2012. p. 826 e ss.

[71] Salientando esta característica, em contraste com a jurisprudência do Tribunal de Última Instância de Macau, v. IP, Eric C. *Hybrid constitutionalism*: the politics of constitutional review in the Chinese special administrative regions. Cambridge: Cambridge University Press, 2019. p. 10 e ss.

[72] Recuperem-se, *v.g.*, as críticas de WALDRON, Jeremy. The core of the case against judicial review. *The Yale Law Journal*, v. 115, 2006. p. 1346 e ss.

da invocação do princípio democrático e da sua necessidade (ou mesmo conveniência) num Estado de direito democrático: o argumento contramaioritário é agora contrariado pela circunstância de o juiz constitucional assumir o papel de defensor da democracia,[73] em especial, no contexto da garantia dos direitos políticos, mas também enquanto aprecia os processos de contencioso eleitoral.[74] Esta posição, imbuída também da específica visão neokantista canotilhiana assente nas virtualidades da expansão do imperativo categórico (e, portanto, de pendor moderadamente otimista), aparta-nos também dos ângulos de análise mais pessimistas que negam ao juiz constitucional, concebido como absolutamente permeabilizado a considerações de natureza política, a possibilidade de salva(guarda)r a democracia.[75]

Embora os problemas abordados, neste contexto, possuam reflexos especialmente determinantes nas democracias mais jovens (e com particular acutilância nas democracias frágeis ou fragilizadas), a verdade é que a (re)compreensão do papel dos juízes constitucionais representa uma oportunidade privilegiada para a (re)tematização da composição e das competências dos tribunais constitucionais (ou, de modo mais amplo, da opção por uma jurisdição constitucional autónoma ou não autónoma e dos métodos de escolha dos membros dos tribunais constitucionais ou dos tribunais superiores com funções constitucionais) e para o alcance e efeitos das suas decisões – permitindo, assim, que se possam retirar, em simultâneo, consequências quer para a justiça constitucional de outros Estados, quer para a própria justiça constitucional portuguesa. Na impossibilidade de, *hic et nunc*, nos debruçarmos sobre esta complexa teia de problemas, dedicaremos a nossa atenção àqueles sobre os quais se debruçou, em particular, o nosso homenageado.

5.1 A redensificação da Constituição pelo juiz constitucional

Uma das mais imediatas consequências desta posição reconduz-se ao reconhecimento do papel redensificador assumido pela justiça constitucional, em termos consonantes com a defesa, por Gomes Canotilho, do juiz constitucional como "sujeito activamente conformador da própria Constituição".[76] Na verdade, estamos diante de uma questão que tangencia também a revalorização das considerações metodológicas no âmbito da justiça constitucional, obviando à fuga (ou mesmo ao silêncio) dos tribunais relativamente aos "problemas metódico-metodológicos de interpretação-concretização das normas constitucionais".[77]

---

[73] Grimm (Constitutional adjudication and democracy. *Israel Law Review*, v. 33, 1999. p. 214) considera inclusivamente que a justiça constitucional parece ser capaz de compensar alguns dos défices mais perigosos das democracias modernas.

[74] V. também ISSACHAROFF, Samuel. Comparative constitutional law as a window on democratic institutions. *In*: DELANEY, Erin F.; DIXON, Rosalind (Ed.). *Comparative constitutional review*. Elgar: Cheltenham, 2018. p. 70.

[75] Eis os pressupostos de que parte e a conclusão a que chega Klarman (The degradation of American democracy and the court. *Harvard Law Review*, v. 134, nov. 2020.p. 224 e ss.) – o que conduz o autor a propugnar a necessária reforma da *Supreme Court*, desde logo quanto ao número de juízes que a compõem, tendo em vista a respetiva despolitização (p. 246 e ss.).

[76] CANOTILHO, José Joaquim Gomes. Para uma teoria pluralística da jurisdição constitucional no Estado constitucional democrático português: no sexénio do Tribunal Constitucional português. *Revista do Ministério Público*, n. 33/34, jan./jun. 1988. p. 14.

[77] CANOTILHO, José Joaquim Gomes. Jurisdicción constitucional y nuevas inquietudes discursivas. Del mejor método a la mejor teoría. *Fundamentos. Cuadernos Monográficos de Teoría del Estado, Derecho Público y Historia Constitucional*, n. 4, 2006. p. 428.

Ressalta agora o significativo papel de criação/realização desempenhado pelo juiz constitucional,[78] sobretudo se atentarmos na peculiar abertura característica das normas constitucionais que lhes permitem afeiçoar-se às mutações históricas de uma comunidade em permanente devir[79] e à tarefa de, neste horizonte, lograr positivamente a concordância prática entre os diversos princípios e valores – enfrentando a necessidade de debelar supostos projetos universais unilateralmente impostos por maiorias momentâneas.[80]

Não se pode, pois, ignorar a influência decisiva e determinante da jurisprudência do tribunal constitucional na concretização das normas constitucionais, que não oblitera evidentemente, por força do princípio da separação de poderes, o papel do legislador, mas, pelo contrário, convive com ele, numa relação que atende ao equilíbrio das especificidades de uma realização político-democrática das normas constitucionais (orientada por uma racionalidade de pendor mais estratégico) e de uma realização jurídico-normativa da Constituição: assim, "embora a primeira tarefa de um tribunal constitucional não seja a de concretizar e complementar o direito constitucional, as suas decisões acabam por ter uma eficácia autónoma e conformadora das normas constitucionais",[81] pelo que em termos de relacionamento entre tribunal constitucional e legislador (ordinário), nas tarefas, que ambos exercem, de concretização da Constituição, "o direito do juiz surge [...] como *direito compensador* dos défices de concretização parlamentar".[82] É também neste sentido que Gomes Canotilho[83] versa o problema dos candidatos positivos ao *corpus constitucional*, aludindo à forma como as "interpretações do texto" originam aqueles candidatos e avançando um conjunto de critérios (interpretativos) que podem levar à sua inclusão (ou exclusão) na (da) Constituição: o caráter fundacional dirigido à conformação constitucional, a dimensão constitucionalmente integradora e a indispensabilidade para uma leitura lógica e coerente da Constituição.

No panorama anglo-saxónico (*et pour cause*), alguns autores levam ao extremo o alcance das decisões da *Supreme Court* em matéria constitucional, sobretudo no contexto dos direitos fundamentais,[84] chegando a afirmar que a Constituição tem sofrido modificações ao longo do tempo, através de emendas não textuais (não escritas),

---

[78] Parece ser em vista daquelas considerações que Rui MACHETE (A Constituição, o tribunal constitucional e o processo administrativo. In: BRITO, J. Sousa et al. *Legitimidade e legitimação da justiça constitucional*. Coimbra: Coimbra Editora, 1995. p. 165) se refere à "função pretoriana do Tribunal Constitucional". V. também SWEET, Alec Stone. Constitutional courts. In: ROSENFELD, Michel; SAJÓ, András (Ed.). *The Oxford Handbook of Comparative Constitutional Law*. Oxford: Oxford University Press, 2012. p. 827.

[79] Talqualmente ensina SOARES, Rogério Guilherme Ehrhardt. O conceito ocidental de Constituição. *Revista de Legislação e de Jurisprudência*, ano 119, 1986. p. 72.

[80] Cf. também ZAGREBELSKY, Gustavo. *El derecho dúctil*: ley, derechos, justicia. Tradução de Marina Gascón. Madrid: Trotta, 2011. p. 16.

[81] CANOTILHO, José Joaquim Gomes. Para uma teoria pluralística da jurisdição constitucional no Estado constitucional democrático português: no sexénio do Tribunal Constitucional português. *Revista do Ministério Público*, n. 33/34, jan./jun. 1988. p. 15.

[82] CANOTILHO, José Joaquim Gomes. A concretização da Constituição pelo legislador e pelo Tribunal Constitucional. In: MIRANDA, Jorge (Org.). *Nos dez anos da Constituição*. Lisboa: INCM, 1987. p. 359 (v. também p. 355; 361).

[83] CANOTILHO, José Joaquim Gomes. *Direito constitucional e teoria da Constituição*. 7. ed. Coimbra: Almedina, 2003. p. 1135 e ss.

[84] V. o recente estudo de FALLON JR., Richard H. *The nature of constitutional rights*: the invention and logic of strict judicial scrutiny. Cambridge: Cambridge University Press, 2019, *passim*, acentuando a mutação introduzida pelo teste designado como *strict judicial scrutiny*, quer no que tange ao alcance dos direitos, quer no que concerne aos respetivos remédios.

efetuadas por aquelas decisões,[85] correspondendo a uma *living Constitution*.[86] Mas, embora com maior moderação, também pela banda do direito germânico se reconhece que a atuação do *Bundesverfassungsgericht*, na medida em que vem contribuindo para que seja decantado um conjunto de princípios (posteriormente adotados pelas demais jurisdições constitucionais) determinantes para a compreensão do relacionamento entre as várias normas da Lei Fundamental – como sucedeu, por excelência, com a densificação do princípio da proporcionalidade, ou com a *Drittwirkung* no âmbito dos direitos fundamentais.[87]

Esta dimensão criadora da justiça constitucional recordará ainda a teoria do *diritto vivente*, de inspiração italiana (já de si influenciada pela categoria do *lebendes Recht* de Ehrlich), em parte seguida também por Gomes Canotilho,[88] a postular a "existência de uma consistente orientação prevalecente" (*consistente orientamento prevalecente*) relativamente a determinadas normas jurídicas.[89] É certo que esta conceção, pelo menos na

---

[85] Assim, STRAUSS, David A. Common law constitutional interpretation. *The University of Chicago Law Review*, v. 63, n. 3, primavera 1996. p. 884. V. também ACKERMAN, Bruce. The living Constitution. *Harvard Law Review*, n. 7, v. 120, maio 2007. p. 1737 e ss., enfatizando precisamente que as grandes alterações constitucionais do século XX (e, com toda a probabilidade – prenuncia o autor – do século XXI) não se reconduziram tanto à emanação de emendas, mas antes às mutações decorrentes da jurisprudência da *Supreme Court* – embora também observe que tal resultado não decorreu apenas da "revolução judicial", mas igualmente de um conjunto de atuações legislativas fundamentais (*landmark statutes*). No mínimo, poder-se-á sempre afirmar que a abertura do texto constitucional permite aos intérpretes (e, em particular, aos tribunais) criar uma "Constituição invisível", *i.e.*, uma Constituição para além do texto constitucional, dando origem a uma verdadeira teoria da "construção constitucional" (*constitutional construction*) – cf. TRIBE, Lawrence H. *The invisible Constitution*. Oxford; New York: Oxford University Press, 2008, especialmente, p. 45 e ss.; BRADLEY, Curtis A.; SIEGEL, Neil S. Constructed constraint and the constitutional text. *Duke Law Journal*, v. 64, 2015. p. 1213 e ss., especialmente, p. 1262 e ss.

[86] ACKERMAN, Bruce. The living Constitution. *Harvard Law Review*, n. 7, v. 120, maio 2007. *passim*. Esta expressão corresponde ainda ao título da sobejamente afamada obra de STRAUSS, David A. *The living Constitution*. Oxford: Oxford University Press, 2010 – conceito aí definido como identificando a Constituição que "evolui, muda ao longo do tempo, e adapta-se às novas circunstâncias, sem ser formalmente revista" (p. 1), não deixando, porém, de salientar o perigo da sua maior suscetibilidade à manipulação (cf. p. 2). Como o próprio autor acentua, a esta natureza "vivente" da Constituição norte-americana não é alheia a circunstância de ela existir no contexto de um sistema de *common law*, cujas raízes, muito anteriores ao texto constitucional escrito, permitem um desenvolvimento através de costumes e, sobretudo, de precedentes judiciais – procurando, pois, ao cabo e ao resto, conciliar a tradição inglesa com a experiência norte-americana. Trata-se, aliás, de uma compreensão que se pretende constatar através da consulta a qualquer aresto da *Supreme Court* que, quando esteja em causa a dilucidação de questões jurídico-constitucionais, não deixará de mencionar a norma pertinente da Constituição (ou de um dos seus *amendments*) para, logo em seguida, e com maior profundidade, se dedicar a explicitar o respetivo sentido à luz da sua própria jurisprudência (cf. p. 33 e ss.). Naturalmente, e como decorre também das considerações expendidas no texto, a referência, neste horizonte, à *living constitution* não pretende aderir a uma qualquer taxonomia no interior das diversas constituições (afastando a prestabilidade do conceito sob este prisma, *v.* GRIMM, Dieter. Types of constitutions. In: ROSENFELD, Michel; SAJÓ, András (Ed.). *The Oxford Handbook of Comparative Constitutional Law*. Oxford: Oxford University Press, 2012. p. 99 e ss.), destinando-se antes a sublinhar o potencial criativo da jurisprudência constitucional.

[87] Cf. GRIMM, Dieter. *Constitutionalism*: past, present, and future. Oxford: Oxford University Press, 2016. p. 210.

[88] CANOTILHO, José Joaquim Gomes; MOREIRA, Vital. *Fundamentos da Constituição*. Coimbra: Coimbra Editora, 1991. p. 270, embora sem defesa de qualquer obrigação jurídica do Tribunal Constitucional de interpretar a norma de acordo com o *diritto vivente*, mas impondo uma autocontenção daquele órgão (CANOTILHO, José Joaquim Gomes. *Direito constitucional e teoria da Constituição*. 7. ed. Coimbra: Almedina, 2003. p. 1314).

[89] ZAGREBELSKY, Gustavo. La dottrina del diritto vigente. In: *Strumenti e Tecniche di Giudizio della Corte Costituzionale*: Atti del Convegno – Trieste 26-28 maggio 1986. Milano: Giuffrè, 1988. p. 104. De acordo com a *dottrina del diritto vivente*, a *Corte Costituzionale*, numa tentativa de redefinir as relações com a *Corte di Cassazione*, privilegia, na sua tarefa de apreciação da constitucionalidade das normas, uma interpretação em conformidade com a Constituição que não contrarie o "direito vivente", *i. e.*, a orientação consolidada dos tribunais (sobretudo dos tribunais superiores) em determinado sentido, com o objetivo de prevenir a existência de decisões interpretativas de acolhimento (*i. e.*, que sejam consideradas desconformes com a Constituição normas cuja interpretação não é perfilhada pelos demais operadores jurídicos). Aliás, como salienta Zagrebelsky (La dottrina

formulação em que alguma doutrina a enuncia, ainda parece revelar-se tributária de uma teoria tradicional da interpretação. Todavia, e sem prejuízo da liberdade interpretativa reconhecida ao juiz constitucional, torna-se possível sublinhar que, quando entendida de uma forma prático-normativamente adequada, a teoria em análise prossegue o *objetivo da unidade do sistema jurídico*[90] no interior da dinâmica proporcionada pelos diferentes casos apreciados pela justiça constitucional: a solução destes últimos repercute-se na própria (inteleção da) norma, reconstituindo-a, pelo que, quando essa mesma norma é convocada para a solução de outros casos, ela surge já redensificada pela mediação da experimentação a que foi sendo sucessivamente submetida.[91] Aliás, é aproximadamente neste sentido que Zagrebelsky,[92] e embora adotando uma perspetiva de base sociológica, efetua uma distinção entre o "direito vigente" (o direito *ex parte legislatoris*, ou, se preferirmos, o direito impositivamente pré-posto, e, no caso específico que abordamos, da Constituição formalmente aprovada pelo poder constituinte) e o "direito vivente" (o direito *ex parte societatis*, ou, se quisermos, o direito já redensificado pela respetiva submissão à experiência, a *Costituzione vivente*, redensificada pela mediação da justiça constitucional), salientando a importância da consideração do impacto da lei sobre a sociedade e da sociedade sobre a lei, bem como a inadmissibilidade de cristalizações interpretativas (a que conduziriam, *v.g.*, as posições originalistas) –[93] a permitir-nos

---

del diritto vigente. In: *Strumenti e Tecniche di Giudizio della Corte Costituzionale*: Atti del Convegno – Trieste 26-28 maggio 1986. Milano: Giuffrè, 1988. p. 97 e ss.), desde 1956 que a *Corte Costituzionale* afirmava que, sem prejuízo da sua autonomia interpretativa, "a constante interpretação jurisprudencial confere ao preceito legislativo o seu efetivo valor na vida jurídica"; mais tarde, e agora já nos anos 60, a jurisprudência constitucional vai mais longe, considerando-se vinculada à interpretação dominante dos tribunais ordinários, e, nessa medida, passando o recurso ao *diritto vivente* a ser imediato, independentemente do caráter bem ou mal fundamentado da interpretação ou do grau de convencimento (argumentativo) que ela possui. A *dottrina del diritto vivente* possui, pois, duas vertentes: por um lado, quando esteja em causa um *diritto vivente* inconstitucional, a *Corte Costituzionale* tem de apreciar a constitucionalidade da norma em função dos termos em que ela constitui objeto de interpretação consolidada pelos operadores jurídicos (exercendo, por conseguinte, uma função de controlo da constitucionalidade do *diritto vivente*, altura em que se manifesta a distinção entre a função da *Corte Costituzionale*, face ao *ius dicere* típico dos tribunais ordinários, em especial da *Corte di Cassazione* – assim, ZAGREBELSKY, Gustavo. La dottrina del diritto vigente. In: *Strumenti e Tecniche di Giudizio della Corte Costituzionale*: Atti del Convegno – Trieste 26-28 maggio 1986. Milano: Giuffrè, 1988. p. 110); por outro lado, quando exista um *diritto vivente* em conformidade com a Constituição, a *Corte Costituzionale* adere a esse entendimento maioritário e profere uma decisão negativa de inconstitucionalidade (é a esta segunda dimensão da teoria do *diritto vivente* que nos reportamos em texto). Cf. também MEDEIROS, Rui. *A decisão de inconstitucionalidade*: os autores, o conteúdo e os efeitos da decisão de inconstitucionalidade da lei. Lisboa: Universidade Católica Editora, 1999. p. 406 e ss., analisando com detenção cada uma destas dimensões. Em sentido próximo, entre nós, cf. ainda MORAIS, Carlos Blanco. *Justiça constitucional*. 2. ed. Coimbra: Coimbra Editora, 2011. t. II. p. 339 (acentuando a vertente prudencial inerente às decisões do Tribunal Constitucional proferidas em sede de fiscalização abstrata sucessiva). Para uma das aplicações da teoria do *diritto vivente*, cf. Acórdão nº 162/95, de 28 de março, em que o Tribunal Constitucional entendeu que deveria mostrar-se sensível às inúmeras decisões judiciais e às posições assumidas pelos vários operadores do direito quanto à interpretação e aplicação das normas cuja constitucionalidade estava a apreciar no processo, razão por que não salvou a constitucionalidade destas, optando por proferir uma decisão de acolhimento.

[90] Referindo-se à unidade do sistema jurídico como um objetivo ou uma tarefa, NEVES, António Castanheira. A unidade do sistema jurídico: o seu problema e o seu sentido. In: NEVES, António Castanheira. *Digesta*. Escritos acerca do direito, do pensamento jurídico, da sua metodologia e outros. Coimbra: Coimbra Editora, 1995. v. 2. p. 170.

[91] Cf., *v.g.*, BRONZE, Fernando José. *Lições de introdução ao direito* 3. ed. Coimbra: Gestlegal, 2019. p. 674 e ss.

[92] ZAGREBELSKY, Gustavo. La dottrina del diritto vigente. In: *Strumenti e Tecniche di Giudizio della Corte Costituzionale*: Atti del Convegno – Trieste 26-28 maggio 1986. Milano: Giuffrè, 1988. p. 113 e ss.

[93] ZAGREBELSKY, Gustavo. Jueces constitucionales. In: CARBONELL (Ed.). *Teoría del neoconstitucionalismo*. Madrid: Trotta; Instituto de Investigaciones Jurídicas – Unam, 2007. p. 96 e ss.

sublinhar (sem novidade) quer a impossibilidade de recondução do direito à lei, quer a natureza não estática, mas dinâmica, da ordem jurídica, quer a relevância dos precedentes no que respeita à interpretação de uma norma em determinado sentido (e, mais amplamente, à realização jurídica da Constituição) e no que concerne à própria reconstituição do ordenamento jurídico.

Estas considerações não obliteram o reconhecimento da existência de *limites* à dimensão criadora da justiça constitucional. A redensificação das normas constitucionais pela atuação do juiz constitucional não poderá conduzir a uma alteração da Constituição, no sentido de ultrapassagem completa do texto, materialmente equivalente a uma revisão constitucional (sem observância dos respetivos limites). Trata-se de uma consequência necessária da conceção da justiça constitucional como realização (exclusivamente) jurídica da Constituição,[94] que a subtrai às ponderações políticas (ineliminavelmente) inerentes à alteração dos textos constitucionais pelos órgãos de soberania (em especial, pelo Parlamento) e que permite a sua saudável convivência com o princípio democrático.

5.2 O problema (da ampliação) das competências do juiz constitucional

Urge, neste momento, avaliar qual o impacto que o reconhecimento da "função republicana" poderá exercer na delineação das competências do juiz constitucional, designadamente, refletindo sobre o modo como se articula o controlo da constitucionalidade como dimensão nuclear da justiça constitucional, com outras competências típicas desta jurisdição. Na verdade, o relacionamento entre justiça constitucional e democracia pode desembocar em novas reflexões tendentes a apreciar em que medida a justiça constitucional se pode assumir como guardiã (não só das dimensões formais, mas sobretudo) das dimensões *materiais* da democracia (em especial, no tocante à garantia dos direitos fundamentais); ou, dizendo de outra forma, qual o conteúdo competencial da "função republicana" dos tribunais constitucionais.

Não se ignora que o controlo da constitucionalidade representa o núcleo essencial da atividade do juiz constitucional. Eis-nos diante da dimensão mais representativa da justiça constitucional, uma das formas de garantia da Constituição, que se reconduz à fiscalização da constitucionalidade dos atos jurídico-públicos infraconstitucionais, efetuada por órgão(s) de natureza jurisdicional. Neste sentido, o âmago da justiça constitucional visa, simultaneamente, garantir a observância das dimensões normativas (jurídicas) que recebem uma concretização possível no texto constitucional (considerem-se, *v.g.*, as normas constitucionais referentes aos direitos fundamentais), mas também assegurar o cumprimento de um projeto de natureza política que se encontra juridicamente sancionado (atente-se, *v.g.*, nas normas constitucionais relativas à estrutura do Estado).

---

[94] Como viemos defendendo: cf. os nossos trabalhos O problema da realização da Constituição pela justiça constitucional: Ratio e Voluntas, Synépeia e Epieikeia? Reflexões a partir do pensamento de Castanheira Neves. In: *Juízo ou decisão?* O problema da realização jurisdicional do direito – VI Jornadas de Teoria do Direito, Filosofia do Direito e Filosofia Social. Coimbra: Instituto Jurídico; Faculdade de Direito da Universidade de Coimbra, 2016. p. 262 e ss., e, mais recentemente, *Introdução à justiça constitucional*. Coimbra: Almedina, 2021. p. 21 e ss.

Por esse motivo, a fiscalização da constitucionalidade assume-se como determinante para a proteção da democracia,[95] em particular na medida em que salvaguarda os princípios constitucionais fundamentais contra as aspirações anticonstitucionais de maiorias mais ou menos tirânicas. É, aliás, este específico alcance que conduz alguma doutrina[96] a afirmar que o poder soberano dos tribunais (*i.e.*, aquilo que os predica como órgãos *de soberania*) reside justamente no ponto em análise: a *Kompetenz-Kompetenz* dos tribunais radicaria, pois, no poder de recusa de aplicação ou na competência de rejeição de atos das demais funções, ofensivos das normas materiais fundamentais do ordenamento ou da arquitetura orgânico-institucional erguida sobre o princípio da separação de poderes, talqualmente consagradas na Constituição.

Todavia, a par desta dimensão nuclear, o direito nacional e o direito comparado demonstram que a justiça constitucional coenvolve um conjunto diversificado de questões:[97] a resolução de conflitos entre órgãos supremos do Estado (litígios constitucionais em sentido estrito) ou entre órgãos do poder central e órgãos dos poderes federados ou regionais, a resolução de questões de qualificação normativa, a prevenção e repressão de violações da Constituição perpetradas por órgãos de soberania ou por instituições ou organizações políticas (partidos políticos), o julgamento de *impeachments*, a proteção de direitos fundamentais (através de mecanismos específicos, como a queixa constitucional ou o recurso de amparo), e o contencioso eleitoral e dos referendos.[98]

---

[95] Cf. também HUK, Aziz Z.; GINSBURG, Tom. *How to save a constitutional democracy*. Chicago; London: The University of Chicago University Press, 2018. p. 187.

[96] Assim, NABAIS, José Casalta. *O dever fundamental de pagar impostos*: contributo para a compreensão constitucional do Estado fiscal contemporâneo. Coimbra: Almedina, 1998. p. 299, n. 335.

[97] Uma tal amplitude encontra-se, aliás, ilustrada pelo elenco de poderes conferidos ao Tribunal Constitucional português (cf. art. 223º da CRP). Na verdade, as matérias incluídas no âmbito da justiça constitucional ultrapassam a fiscalização da constitucionalidade (concebida como núcleo essencial – *v.*, já a seguir, em texto), conferindo-se aos respetivos órgãos "competências complementares" (assim, AMARAL, Maria Lúcia. Competências complementares do Tribunal Constitucional português. *In*: CORREIA, Fernando Alves; MACHADO, Jónatas E. M.; LOUREIRO, João Carlos (Org.). *Estudos em homenagem ao Prof. Doutor José Joaquim Gomes Canotilho*. Boletim da Faculdade de Direito. Coimbra: Coimbra Editora, 2012. p. 43 e ss., especialmente, p. 52 e ss., confrontando "competências nucleares" e "competências complementares"; adotando também este conceito, e organizando as competências do Tribunal Constitucional à luz da dicotomia entre "competências nucleares" e "outras competências" ou "competências complementares", v. CORREIA, Fernando Alves. *Justiça constitucional*. 2. ed. Coimbra: Almedina, 2019. p. 172). Estão aqui ainda em causa atuações relevantes para o adequado desenvolvimento do processo político-constitucional, cuja prática se deve rodear de especiais garantias de imparcialidade, e, por esse motivo, confiar ao órgão com especial competência para a resolução de questões jurídico-constitucionais. Encontrar-nos-emos, pois, como salienta Cardoso da Costa (*A jurisdição constitucional em Portugal*. 3. ed. Coimbra: Almedina, 2007. p. 46), dos designados "atos auxiliares de direito constitucional" (a noção de atos auxiliares de direito constitucional afigura-se especialmente ampla, envolvendo, na definição de QUEIRÓ, Afonso Rodrigues. *Lições de direito administrativo*. Coimbra: [s.n.], 1976. Polic. p. 77, e QUEIRÓ, Afonso Rodrigues. A função administrativa. *In*: QUEIRÓ, Afonso Rodrigues. *Estudos de direito público*. Coimbra: Imprensa da Universidade de Coimbra, 2000. v. II. t. I. p. 121), "os actos destinados a pôr a Constituição em movimento e a prover ao seu funcionamento"; trata-se de um conceito que o autor mobilizava no contexto do recorte de categorias devidas à elaboração dogmática de Otto Mayer).

[98] Cf. CANOTILHO, José Joaquim Gomes. *Direito constitucional e teoria da Constituição*. 7. ed. Coimbra: Almedina, 2003. p. 680 e ss., 895; COSTA, José Manuel Cardoso da. Tribunal constitucional. *In*: AAVV. *Polis*: Enciclopédia Verbo da Sociedade e do Estado. Lisboa: Verbo, 2004, v. V. p. 1324 e ss., e COSTA, José Manuel Cardoso da. *A jurisdição constitucional em Portugal*. 3. ed. Coimbra: Almedina, 2007. p. 30 e ss. V. também FAVOREU, Louis; MASTOR, Wanda. *Les cours constitutionnelles*. 2. ed. Paris: Dalloz, 2016, Capítulo 3, organizado em função dos Estados. Cf. ainda FROMONT, Michel. *Justice constitutionnelle comparee*. Paris: Dalloz, 2013. p. 81; 83 e ss., subdividindo o contencioso constitucional em duas grandes categorias: o contencioso do funcionamento dos poderes públicos (que dirime os conflitos entre o Estado central e os Estados federados e/ou as coletividades locais, bem como os litígios destes últimos entre si, que decide as questões relacionadas com o contencioso

Recorde-se, aliás, que, sem prejuízo da defesa da necessária funcionalidade dos tribunais constitucionais (ou dos tribunais superiores que decidem questões jurídico-constitucionais), a extensão das respetivas competências encontra-se associada ao respetivo fortalecimento no contexto do equilíbrio entre os poderes e representa um sinal (naturalmente, entre outros) de abertura democrática.[99]

Concebendo a justiça constitucional como um instrumento de defesa da democracia formal, assomam um relevo decisivo as competências relativas ao controlo sobre a legitimidade formal do exercício da vontade popular (contencioso eleitoral), em matéria de articulação entre as diversas estruturas decisórias em Estados não unitários (conflitos entre os Estados federados e a Federação) e na apreciação das ações dos titulares de órgãos de soberania (*impeachments*). Todavia, e se formos mais longe, a garantia de uma democracia material poderá postular algo mais, exigindo, *v.g.*, a legitimidade popular no acesso aos processos de fiscalização da constitucionalidade ou, muito especialmente, a consagração de ações constitucionais de defesa.[100] Este último ponto apresenta-se de uma atualidade indiscutível, num contexto (como o atual, marcado pela excecionalidade constitucional e, por conseguinte, pela excecionalidade normativa)[101] em que sobem de tom as preocupações com os *remédios* (*proprio sensu*, dos *remedies*) dos direitos fundamentais e aumentam as reflexões acerca de um "garantismo incompleto"[102]

---

eleitoral, aquisição e perda de mandato de determinados órgãos, que resolve os conflitos entre órgãos de soberania e que decide do controlo da constitucionalidade dos partidos e associações políticas) e o contencioso da constitucionalidade das normas e dos atos individuais das autoridades públicas atentatórios, em especial, dos direitos humanos. Um singelo sobrevoo pelo direito dos Estados europeus demonstra, claramente, esta abrangência competencial: *v.*, a título meramente exemplificativo, ARAGÓN REYES. Articulo 161. *In*: ALZAGA VILLAAMIL, Oscar (Dir.). *Comentarios a la Constitución Española*. Madrid: Cortes Generales/Edersa, 2006. t. XII. p. 189 e ss.; BERKA, Walter. *Verfassungsrecht*. Wien: Verlag Österreich, 2018. p. 347 e ss.; LÖWER, Wolfgang. Zuständigkeiten und Verfahren des Bundesverfassungsgerichts. *In*: ISENSEE, Josef; KIRCHHOF, Paul (Org.). *Handbuch des Staatsrechts*. 3. ed. Heidelberg: C. F. Müller, 2005. v. III. p. 1285 e ss., especialmente, 1295 e ss.; ROUSSEAU, Dominique; GAHDOUN, Pierre-Yves; BONNET, Julien. *Droit du contentieux constitutionnel*. 12. ed. Paris: LGDJ, 2020. p. 101 e ss.; RUGGERI, Antonio; SPADARO, Antonino. *Lineamenti di giustizia costituzionale*. 6. ed. Torino: Giappichelli, 2019. p. 225 e ss.

[99] Recorde-se, *v.g.*, a fragilização dos tribunais constitucionais ocorrida na sequência da subida ao poder de movimentos populistas na Hungria (consolidada na Constituição de 2012 e nas respetivas revisões) e na Polónia (concretizada na alteração de 2015 à lei do Tribunal Constitucional), depois de uma (relativamente breve) ascensão na sequência do colapso dos regimes comunistas em que aqueles surgiram como defensores das liberdades fundamentais constitucionalmente consagradas (na Hungria, mas também na Polónia, na Eslovénia, na Eslováquia ou na Roménia). Sobre esta matéria, v. BUGARIČ, Bojan; GINSBURG, Tom. The assault on post-communist courts. *Journal of Democracy*, v. 27, 2016. p. 69 e ss. Como também salientam Huk e Ginsburg (*How to save a constitutional democracy*. Chicago; London: The University of Chicago University Press, 2018. p. 186), e em perspetiva espelhada, o Poder Judiciário constitui, em regra, a primeira vítima da erosão das democracias.

[100] Temática que constituiu objeto das preocupações de Gomes Canotilho, num confronto (em parte) jurídico-constitucional comparado, em que analisa, de modo cruzado, a ordem jurídica macaense e o ordenamento chinês, sem obliterar o direito português ou mesmo o direito brasileiro: cf. CANOTILHO, José Joaquim Gomes. As palavras e os homens: reflexões sobre a Declaração Conjunta Luso-Chinesa e a institucionalização do recurso de amparo de direitos e liberdades na ordem jurídica de Macau. *Boletim da Faculdade de Direito*, v. LXX, 1994. p. 107 e ss.

[101] E em que, em matéria de recurso a instrumentos de tutela dos direitos fundamentais, o protagonismo tem cabido à justiça administrativa (e não à justiça constitucional), através da intimação para a proteção de direitos, liberdades e garantias: cf. Acórdãos do Supremo Tribunal Administrativo de 10.9.2020, P. 088/20.8BALSB, de 31.10.2020, P. 01958/20.9BELSB, de 31.10.2020, P. 0122/20.1BALSB, e de 5.2.2021, P. 012/21.0BALSB e despachos de 20.11.2020, P. 2090/20.0BELSB e de 23.12.2020, P. 143/20.4BALSB. Neste horizonte, registam-se apenas dois acórdãos do Tribunal Constitucional proferidos em fiscalização concreta (Acórdãos nºs 424/2020, de 31 de julho, e 687/2020, de 26 de novembro).

[102] Questionando já o (eventual) "garantismo incompleto" da nossa justiça constitucional, v. CANOTILHO, José Joaquim Gomes. Para uma teoria pluralística da jurisdição constitucional no Estado constitucional democrático

oferecido por ordenamentos (como o português) desprovidos de instrumentos de proteção jusfundamental autónoma no âmbito da justiça constitucional. Trata-se de uma temática que, havendo constituído objeto de discussão durante a segunda revisão constitucional, vem-se tornando controversa no seio da doutrina nacional, porquanto a justiça constitucional, em virtude de incidir apenas atos normativos, deixa de fora as ofensas a direitos fundamentais decorrentes de atos administrativos, sentenças judiciais ou outros atos individuais e concretos emanados por poderes públicos.[103] A Constituição portuguesa não se revela, contudo, indiferente a este problema: daí que o nº 5 do art. 20º, aditado pela revisão constitucional de 1997, tenha previsto a criação de um processo urgente contra ameaças ou violações de direitos, liberdades e garantias pessoais – o que foi concretizado mediante a criação, no seio da justiça administrativa, e com um escopo mais amplo, da intimação para a proteção de direitos, liberdades e garantias. Todavia, e mesmo considerando a existência desta intimação urgente e o relevo assumido pelos tribunais ordinários (*in casu*, dos tribunais administrativos) para a promoção dos direitos fundamentais,[104] a falta de competência do tribunal constitucional para apreciar atuações individuais e concretas vulneradoras de direitos fundamentais continua a despertar cogitações adicionais sobre esta matéria.[105]

5.3 Os limites das decisões do juiz constitucional: a justiça constitucional como realização *jurídica* da Constituição

Impõe-se, por último, aferir quais as consequências em sede de conteúdo (em especial, no que respeita o sentido último da deferência judicial, e dos princípios tendentes ao equilíbrio das funções, como sucede com o princípio da proporcionalidade) das decisões do juiz constitucional. Eis-nos diante de uma problemática especialmente delicada, sobretudo quando se tem em consideração o modo como, nos vários sistemas jurídicos, se desenha a específica composição dos tribunais constitucionais (ou dos tribunais superiores com competência para dirimir questões jurídico-constitucionais) – uma composição que, frequentemente, com o propósito de garantir a legitimação democrática do próprio órgão,[106] envolve a respetiva designação por órgãos políticos que, em processos de erosão da democracia (e, de forma muito particular, em democracias frágeis, sobretudo, quando instauradas em regimes vincada e prolongadamente autocráticos), se podem ver tentados a interferir nas decisões daqueles tribunais, manipulando-os.[107] Se o método mais adequado de evitar a captura dos tribunais

---

português: no sexénio do Tribunal Constitucional português. *Revista do Ministério Público*, n. 33/34, jan./jun. 1988. p. 23 e ss.

[103] Cf., em termos paradigmáticos, NOVAIS, Jorge Reis. *Direitos fundamentais*: trunfos contra a maioria. Coimbra: Coimbra Editora, 2006. p. 155; 180 e ss., e NOVAIS, Jorge Reis. *Sistema português de fiscalização da constitucionalidade*: Avaliação crítica. Lisboa: AAFDL, 2019. p. 85 e ss.

[104] Assim, MORAIS, Carlos Blanco. *Justiça constitucional*. 2. ed. Coimbra: Coimbra Editora, 2011. t. II. p. 1020 e ss.

[105] Como também acentua MIRANDA, Jorge. *Fiscalização da constitucionalidade*. Coimbra: Almedina, 2017. p. 292 e ss.

[106] CANOTILHO, José Joaquim Gomes. *Direito constitucional e teoria da Constituição*. 7. ed. Coimbra: Almedina, 2003. p. 682.

[107] Cf., *v.g.*, HUK, Aziz Z.; GINSBURG, Tom. *How to save a constitutional democracy*. Chicago; London: The University of Chicago University Press, 2018. p. 189 e ss., e HUK, Aziz Z.; GINSBURG, Tom. How to lose a

constitucionais consiste em, a montante, estabelecer um conjunto de requisitos (materiais e procedimentais) vinculativos da escolha dos juízes, o mecanismo mais eficaz de, a jusante, comprovar as exigências de imparcialidade consiste na identificação dos limites das respetivas decisões.

A institucionalização progressiva da justiça constitucional em novos espaços de democracia corresponde ao "renascimento e aprofundamento do constitucionalismo democrático e pluralista",[108] à vontade dos poderes públicos de se regerem de acordo com a Constituição[109] e ao reconhecimento da existência de questões que não podem ser deixadas à mercê de órgãos que desprezem o direito quando este se torna um obstáculo à satisfação dos seus objetivos políticos.[110] Os tribunais constitucionais apenas desempenharão adequadamente o papel – que é o seu – de garantia da Constituição contra os abusos perpetrados pelos outros poderes do Estado (de "limite e instância juridicamente crítica do poder político"),[111] se, não obstante os reflexos políticos que indubitavelmente possuem, as respetivas sentenças se assumirem como *juízos jurídicos* (*juízos de direito*), radicados na *ratio*, impondo-se pela força argumentativa e não pela força do poder, pela *auctoritas* e não pela *potestas*. E julgamos que tal deve acontecer, mesmo perante os problemas de fronteira entre o jurídico e o político, na medida em que as questões jurídico-constitucionais, ainda que mais marcadamente políticas, não podem deixar de se submeter a um controlo jurídico.

A referência à tarefa de realização jurisdicional/jurídica da Constituição volta, pois, a ecoar os limites das decisões do juiz constitucional em face daqueloutras emanadas pelos órgãos das demais funções estaduais, perante as tentações de *politização*[112] (do discurso) dos tribunais constitucionais ou da afirmação de uma dependência da justiça constitucional perante a política.[113] Pelo contrário, e na senda de Gomes Canotilho,

---

constitutional democracy. *UCLA Law Review*, v. 65, 2018. p. 126 e ss.; Klarman (The degradation of American democracy and the court. *Harvard Law Review*, v. 134, nov. 2020. p. 178 e ss.) (acentuando, em particular, o viés político dos *justices* da *Supreme Court*). Para uma análise mais transversal, v. SHAPIRO, Martin. Courts in authoritarian regimes. *In*: GINSBURG, Tom; MUSTAFA, Tamir (Ed.). *Rule by law*: the politics of courts in authoritarian regimes. Cambridge: Cambridge University Press, 2008. p. 326 e ss.

[108] COSTA, José Manuel Cardoso da. Algumas reflexões em torno da justiça constitucional. *Perspectivas do Direito no Início do Século XXI, Studia Iuridica 41, Boletim da Faculdade de Direito*, Coimbra, 1999. p. 118.

[109] GRIMM, Dieter. The achievement of constitutionalism and its prospects in a changed world. *In*: DOBNER, Petra; LOUGHLIN, Martin (Ed.). *The twilight of constitutionalism?* Oxford: Oxford University Press, 2010. p. 3.

[110] BACHOF, Otto. *Estado de direito e poder político*: os tribunais constitucionais entre o direito e a política. Tradução de Cardoso da Costa. *Boletim da Faculdade de Direito*, v. LVI, 1980. p. 6.

[111] NEVES, António Castanheira. Da "jurisdição" no actual estado-de-direito. *In*: VARELA, Antunes; AMARAL, Diogo Freitas do; MIRANDA, Jorge; CANOTILHO, J. J. Gomes (Org.). *Ab Uno ad Omnes*. Coimbra: Coimbra Editora, 1998. p. 193.

[112] Sobre a polissemia inerente a este conceito, v. HEIN, Michael; EWART, Stefan. What is "politicisation" of constitutional courts? Towards a decision-oriented concept. *In*: GEISLER, Antonia; HEIN, Michael; HUMMEL, Siri (Ed.). *Law, politics, and the Constitution*: new perspectives from legal and political theory. Frankfurt: Peter Lang, 2014. p. 31 e ss. – autores que, contudo, não deixam de avançar uma noção de "politização da justiça constitucional" (*politicisation of constitutional adjudication*), identificando-a com os casos em que "uma decisão do tribunal não é ou não é exclusivamente adotada com base em critérios jurídicos, mas é (co)determinada por influências políticas, em especial, pelas afiliações político-partidárias ou pelas preferências políticas dos juízes" (p. 41). V. também GRIMM, Dieter. *Constitutionalism*: past, present, and future. Oxford: Oxford University Press, 2016. p. 203.

[113] Cf., *v.g.*, REOLLECKE. Aufgaben und Stellung des Bundesverfassungsgerichts im Verfassungsgefüge. *In*: ISENSEE, Josef; KIRCHHOF, Paul (Org.). *Handbuch des Staatsrechts*. 3. ed. Heidelberg: C. F. Müller, 2005. v. III. p. 1214; v. ainda, complementarmente, p. 1217 e ss.

sem prejuízo da "força política" das suas decisões,[114] o juiz constitucional deve surgir como elemento autónomo no quadro de "sistema[s] normativo[s] de compromisso pluralístico",[115] dotado de uma relevante função de garantia *ativa* ou (como nos habituámos a designar) de autêntica *realização* jurídica (a envolver a tutela, mas também a concretização e a promoção dos bens e valores) da Constituição.

Esta perspetiva não tem impreterivelmente de colidir com as vozes que erguem o juiz constitucional em ator do "constitucionalismo transformador", exigindo tribunais (constitucionais) fortes e impulsionadores da dinâmica jurídico-político-constitucional, no contexto de uma interdependência com os demais poderes estaduais. Tal afigurar-se-á possível (eventualmente, até desejável), tendo como horizonte último a defesa da democracia material, mas desde que com respeito pela natureza *jurídica* das decisões.[116] E com esta posição não pensamos sucumbir ao que alguma doutrina designa como a *naive approach*[117] à justiça constitucional; na verdade, e sobretudo (mas não exclusivamente) no âmbito dos processos de fiscalização abstrata, não se podem ignorar as refrações políticas das decisões do juiz constitucional, atentas as dimensões políticas inerentes, *volente, nolente*, às questões jurídico-constitucionais.[118]

Sem que se obliterem estas dimensões, trata-se agora de salientar que, num Estado de direito, o controlo da constitucionalidade efetuado pelo tribunal constitucional não se pode transformar na *longa manus* do poder político, cuja existência se pauta pela finalidade de justificar ou legitimar as decisões adotadas por certa ideologia.[119]

---

[114] CANOTILHO, José Joaquim Gomes. *Direito constitucional e teoria da Constituição.* 7. ed. Coimbra: Almedina, 2003. p. 681. Julgamos ser neste sentido que se poderão perspetivar as palavras do autor, quando afirma que "basta analisar alguns *leading cases* do nosso Tribunal para se verificar que, sob o manto diáfano da dogmática e metódica constitucionais, se escreveram páginas de *alta política constitucional*, chegando aqui e ali a reinventar-se politicamente a própria Constituição" (CANOTILHO, José Joaquim Gomes. Tribunal constitucional, jurisprudências e políticas públicas. *Anuário Português de Justiça Constitucional*, v. III, 2005. p. 77. Grifos no original).

[115] CANOTILHO, José Joaquim Gomes. Para uma teoria pluralística da jurisdição constitucional no Estado constitucional democrático português: no sexénio do Tribunal Constitucional português. *Revista do Ministério Público*, n. 33/34, jan./jun. 1988. p. 18 e ss.

[116] O que talvez não consiga satisfazer, em todas as dimensões, os arautos do constitucionalismo transformador, na medida em que este pressuponha transformar o juiz constitucional em garante integral da satisfação das "promessas sociais" decorrentes das constituições (cf., *v.g.*, ROA ROA, Jorge Ernesto. El rol del juez constitucional en el constitucionalismo transformador latinoamericano. *In*: CHUEIRI, Vera Karam de; BROOCKE, Bianca M. Schneider van der (Ed.). *Constitucionalismo transformador en América Latina.* Bogotá: Tirant lo Blanch, 2021. p. 15). Na verdade, nem todas as "aberturas" constitucionais, mesmo que relativas a direitos fundamentais (e, em especial, a direitos sociais) se dirigem a ser ativamente preenchidas pelo julgador: há dimensões cujo preenchimento caberá à realização político-legislativa, outras pertencerão à realização administrativa e outras ainda implicarão a realização jurisdicional, à luz de racionalidades também distintas, de índole estratégia e instrumental, nos primeiros dois casos, de natureza prático-normativa de fundamentação, no terceiro. Cf. a sistematização de OTERO, Paulo. *Direito constitucional português* – Identidade constitucional. Coimbra: Almedina, 2010. v. I. p. 173 e ss., destrinçando, quanto à intencionalidade e, por conseguinte, também quanto aos destinatários, entre a abertura estrutural, a abertura normativa, a abertura política, a abertura interpretativa e a abertura implementadora.

[117] HEIN, Michael; EWART, Stefan. What is "politicisation" of constitutional courts? Towards a decision-oriented concept. *In*: GEISLER, Antonia; HEIN, Michael; HUMMEL, Siri (Ed.). *Law, politics, and the Constitution*: new perspectives from legal and political theory. Frankfurt: Peter Lang, 2014. p. 34.

[118] Pensamos reconduzir-se a esta ideia a afirmação enfática de Grimm (*Constitutionalism*: past, present, and future. Oxford: Oxford University Press, 2016. p. 204) segundo a qual "excluir as matérias políticas do escrutínio judicial seria o fim da Justiça Constitucional".

[119] É a rejeição do caráter político e a afirmação da natureza jurídica das sentenças dos tribunais constitucionais que justificam, aliás, que as constituições submetam a composição destes órgãos às exigências de independência,

Tal implica, pois, que o juiz constitucional se não pode deixar submergir por um modelo de natureza tecnocrática ou pragmática que confunda *lex* e *ius*, *thesis* e *nomos*:[120] eis-nos, pois, diante do sentido último das garantias de independência que as constituições conferem aos juízes dos tribunais constitucionais.[121]

O modo como tradicionalmente se encara quer o ativismo, quer a autocontenção jurisdicionais nesta matéria levam a que as concebamos como patologias do sistema, na medida em que *ambas* as tendências correspondem a uma inobservância (por excesso ou por defeito, respetivamente) do sistema de *checks and balances* assegurado pela convivência entre a autonomia do poder político-legislativo e o controlo jurisdicional/jurídico da validade da sua atuação. Na verdade, a partir do momento em que se acolhe a admissibilidade de uma fiscalização dos atos legislativos por um tribunal (incluindo um tribunal constitucional, com competência para eliminar do ordenamento jurídico, com efeitos *ex tunc*, uma medida legislativa) e se aceita a dimensão (pelo menos, organicamente) judicial desta atividade, defendendo as vantagens da justiça constitucional, apenas se poderá exigir que, no exercício desta tarefa, o órgão de controlo cumpra a sua função e fiscalize as atuações legislativas *até aos limites da específica função de realização jurídica da Constituição, embora sem nunca os ultrapassar* – respetivamente, determinando que o juiz constitucional "[aprecie] de acordo com os parâmetros jurídico-materiais da constituição, a constitucionalidade da política" e obviando a uma "recusa de justiça ou declinação da competência do Tribunal Constitucional", sob pretexto de a decisão inicial sobre a matéria caber a instâncias políticas.[122]

6 Conclusões

A referência às democracias frágeis ou fragilizadas demonstra que o caminho a percorrer na compreensão do princípio democrático se ramifica em diversas veredas, algumas delas sombrias; e, em especial, revela que, ao cabo e ao resto, o "fim da história" não chegou e que não só a multiculturalidade e o pluralismo convivem com diversas concretizações da democracia (desde que se não faça perigar o seu conteúdo normativo axiológico essencial), mas também que o modelo liberal ocidental (para o qual não haveria alternativa, depois de exauridos os demais e consolidada a sua universalização)[123]

---

inamovibilidade, imparcialidade e irresponsabilidade, bem como às incompatibilidades dos juízes (cf., no ordenamento jurídico português, art. 222º, nº 5, da CRP).

[120] Cf. NEVES, António Castanheira. *Metodologia jurídica*: problemas fundamentais. Studia Iuridica 1. Boletim da Faculdade de Direito. Coimbra: Coimbra Editora, 1993. p. 21. Sobre a distinção entre *nomos* e *thesis*, v. HAYEK, F. A. *The confusion of language in political thought*. London: The Institute of Economic Affairs, 1968. p. 14 e ss.

[121] V. também GRIMM, Dieter. *Constitutionalism*: past, present, and future. Oxford: Oxford University Press, 2016. p. 203, salientando que as mencionadas garantias se destinam precisamente a habilitar os juízes a decidir (exclusivamente, acrescentaríamos) de acordo com o direito.

[122] CANOTILHO, José Joaquim Gomes. *Direito constitucional e teoria da Constituição*. 7. ed. Coimbra: Almedina, 2003. p. 1309.

[123] Estamos, evidentemente, a parafrasear FUKUYAMA, Francis. The end of history. *The International Interest*, verão 1989. p. 3 e ss., e, com outro desenvolvimento, FUKUYAMA, Francis. *The end of history and the last man*. New York: The Free Press; MacMillan, 1992, *passim* – para (simplificando – em muito – a complexidade) salientar a ausência real (e não desejável) de "um Estado universal e homogéneo que aparece no fim da história" (p. 204), a cuja generalização o próprio autor reconhece dificuldades em virtude da correspondência incompleta entre os povos e os Estados (p. 212 e ss.).

encontra espaço para crescer a partir da(s) crise(s) em que vai mergulhando, em total consonância com a historicidade predicativa das instituições humanas e do próprio direito.

A demanda contra a erosão da democracia encontra-se também associada ao fortalecimento da justiça constitucional, metaforicamente concebida como o "canivete suíço do *design* constitucional".[124] Desde logo, a justiça constitucional expõe a Constituição às circunstâncias históricas (surjam elas sob a forma de problemas jurídicos concretos a decidir pela mediação de normas infraconstitucionais ou sob as vestes de atos normativos submetidos a processos de fiscalização abstrata), propiciando o próprio "desenvolvimento constitucional", em homenagem à ideia – já desenvolvida por Gomes Canotilho –[125] de que a Lei Fundamental se reconduz a uma "tarefa de renovação". Note-se, porém, que tal não implica transformar a justiça constitucional numa atividade política, estrategicamente criadora de opções distintas das emergentes das normas constitucionais: se o referido "desenvolvimento constitucional" se não encontra imune às consequências políticas que poderá causar, a sua intencionalidade não deixa de se assumir como normativa e o seu fundamento não abandona o terreno da juridicidade.[126] Destarte, o juiz constitucional há de assumir-se como o guardião (não apenas da Constituição, mas também) do Estado de direito democrático, no entrelaçamento entre a complexidade estrutural que rodeia as dimensões especificamente jurídicas da Constituição (e, na sua maior parte, vertidas num aprofundamento do princípio da subordinação do Estado à juridicidade) e uma compreensão normativa das exigências de sentido do princípio democrático.

Referências

ACKERMAN, Bruce. The living Constitution. *Harvard Law Review*, n. 7, v. 120, maio 2007.

AMARAL, Maria Lúcia. Competências complementares do Tribunal Constitucional português. *In*: CORREIA, Fernando Alves; MACHADO, Jónatas E. M.; LOUREIRO, João Carlos (Org.). *Estudos em homenagem ao Prof. Doutor José Joaquim Gomes Canotilho*. Boletim da Faculdade de Direito. Coimbra: Coimbra Editora, 2012.

ARAGÓN REYES. Articulo 161. *In*: ALZAGA VILLAAMIL, Oscar (Dir.). *Comentarios a la Constitución Española*. Madrid: Cortes Generales/Edersa, 2006. t. XII.

BACHOF, Otto. *Estado de direito e poder político*: os tribunais constitucionais entre o direito e a política. Tradução de Cardoso da Costa. *Boletim da Faculdade de Direito*, v. LVI, 1980.

BARAK, Aharon. *The judge in a democracy*. Princeton/Oxford: Princeton University Press, 2006.

BERKA, Walter. *Verfassungsrecht*. Wien: Verlag Österreich, 2018.

BOBBIO, Norberto. *Il futuro della democrazia*. Torino: Einaudi, 1995.

BORGETTO, Michel. *La Devise «Liberté, Egalité, Fraternité»*. Paris: Presses Universitaires de France, 1997.

---

[124] HUK, Aziz Z.; GINSBURG, Tom. *How to save a constitutional democracy*. Chicago; London: The University of Chicago University Press, 2018. p. 187.

[125] CANOTILHO, José Joaquim Gomes. *Direito constitucional e teoria da Constituição*. 7. ed. Coimbra: Almedina, 2003. p. 1141.

[126] Zagrebelsky (Jueces constitucionales. *In*: CARBONELL (Ed.). *Teoría del neoconstitucionalismo*. Madrid: Trotta; Instituto de Investigaciones Jurídicas – Unam, 2007. p. 96) reconhece, aliás, que uma das críticas desferidas à sua teoria do direito vivente ou da Constituição vivente resulta do fomento da "jurisprudência criativa" a que ela induz.

BRADLEY, Curtis A.; SIEGEL, Neil S. Constructed constraint and the constitutional text. *Duke Law Journal*, v. 64, 2015.

BRONZE, Fernando José. *Lições de introdução ao direito* 3. ed. Coimbra: Gestlegal, 2019.

BUGARIČ, Bojan; GINSBURG, Tom. The assault on post-communist courts. *Journal of Democracy*, v. 27, 2016.

CANOTILHO, José Joaquim Gomes. *"Brancosos" e interconstitucionalidade*: itinerários dos discursos sobre a historicidade constitucional. 2. ed. Coimbra: Almedina, 2008.

CANOTILHO, José Joaquim Gomes. A concretização da Constituição pelo legislador e pelo Tribunal Constitucional. *In*: MIRANDA, Jorge (Org.). *Nos dez anos da Constituição*. Lisboa: INCM, 1987.

CANOTILHO, José Joaquim Gomes. As palavras e os homens: reflexões sobre a Declaração Conjunta Luso-Chinesa e a institucionalização do recurso de amparo de direitos e liberdades na ordem jurídica de Macau. *Boletim da Faculdade de Direito*, v. LXX, 1994.

CANOTILHO, José Joaquim Gomes. *Constituição dirigente e vinculação do legislador*: contributo para a compreensão das normas constitucionais programáticas. 2. ed. Coimbra: Coimbra Editora, 2001.

CANOTILHO, José Joaquim Gomes. *Direito constitucional e teoria da Constituição*. 7. ed. Coimbra: Almedina, 2003.

CANOTILHO, José Joaquim Gomes. Jurisdicción constitucional y nuevas inquietudes discursivas. Del mejor método a la mejor teoría. *Fundamentos. Cuadernos Monográficos de Teoría del Estado, Derecho Público y Historia Constitucional*, n. 4, 2006.

CANOTILHO, José Joaquim Gomes. Para uma teoria pluralística da jurisdição constitucional no Estado constitucional democrático português: no sexénio do Tribunal Constitucional português. *Revista do Ministério Público*, n. 33/34, jan./jun. 1988.

CANOTILHO, José Joaquim Gomes. Prefácio. *In*: OLIVEIRA, Umberto Machado de; ANJOS, Leonardo Fernandes dos (Coord.). *Ativismo judicial*. Curitiba: Juruá, 2010.

CANOTILHO, José Joaquim Gomes. Principios y "nuevos constitucionalismos": El problema de los nuevos principios. *Revista de Derecho Constitucional Europeo*, n. 14, 2010.

CANOTILHO, José Joaquim Gomes. Terceira modernidade – Banalização do bem. *In*: LINHARES, Emanuel Andrade; SEGUNDO, Hugo de Brito Machado (Org.). *Democracia e direitos fundamentais*: uma homenagem aos 90 anos do Professor Paulo Bonavides. São Paulo: Atlas, 2016.

CANOTILHO, José Joaquim Gomes. Tribunal constitucional, jurisprudências e políticas públicas. *Anuário Português de Justiça Constitucional*, v. III, 2005.

CANOTILHO, José Joaquim Gomes; MOREIRA, Vital. *Fundamentos da Constituição*. Coimbra: Coimbra Editora, 1991.

CEPEDA ESPINOSA, Manuel José; LANDAU, David. *Columbian constitutional law*: leading cases. Oxford: Oxford University Press, 2017.

CHALMERS, Douglas A. *Reforming democracies*: six facts about politics that demand a new agenda. New York: Columbia University Press, 2013.

CHANG, Wen-Chen. Constitutional Court of Taiwan (Judicial Yuan). *Max Planck Encyclopedia of Comparative Constitutional Law*. Disponível em: https://oxcon.uplaw.com/view/10.1093/law-mpeccol/law-mpeccol-e538.

CHAO, Linda; MYERS, Ramon H. The first Chinese democracy: political life in the Republic of China. *The Johns Hopkins University Press*, Baltimore, 1998.

CONSTANT, Benjamin. *Cours de Politique Constitutionnelle*. Genève; Paris: Slatkine, 1982. t. I. Fac-simile da 2. ed. de 1872.

CORREIA, Fernando Alves. *Justiça constitucional*. 2. ed. Coimbra: Almedina, 2019.

CORTINA, Adela. *Los ciudadanos como protagonistas*. Barcelona: Galaxia Gutenberg/Círculo de Lectores, 1999.

COSTA, José Manuel Cardoso da. *A jurisdição constitucional em Portugal*. 3. ed. Coimbra: Almedina, 2007.

COSTA, José Manuel Cardoso da. Tribunal constitucional. *In*: AAVV. *Polis*: Enciclopédia Verbo da Sociedade e do Estado. Lisboa: Verbo, 2004, v. V.

DWORKIN, Ronald. *Justice for Hedgehogs*. Cambridge; London: Harvard University Press, 2011.

DWORKIN, Ronald. The right to ridicule. *The New York Review of Books*, v. 53, n. 5, 23 mar. 2006.

FALLON JR., Richard H. *The nature of constitutional rights*: the invention and logic of strict judicial scrutiny. Cambridge: Cambridge University Press, 2019.

FAVOREU, Louis; MASTOR, Wanda. *Les cours constitutionnelles*. 2. ed. Paris: Dalloz, 2016.

FROMONT, Michel. *Justice constitutionnelle comparee*. Paris: Dalloz, 2013.

FUKUYAMA, Francis. *The end of history and the last man*. New York: The Free Press; MacMillan, 1992.

FUKUYAMA, Francis. The end of history. *The International Interest*, verão 1989.

GIBSON, James L.; CALDEIRA, Gregory A. Defenders of democracy? Legitimacy, popular acceptance and the South African Constitutional Court. *The Journal of Politics*, n. 1, v. 65, fev. 2003.

GINSBURG, Tom. *Judicial review in new democracies*: constitutional courts in Asian cases. Cambridge: Cambridge University Press, 2003.

GRIMM, Dieter. Constitutional adjudication and democracy. *Israel Law Review*, v. 33, 1999.

GRIMM, Dieter. *Constitutionalism*: past, present, and future. Oxford: Oxford University Press, 2016.

GRIMM, Dieter. The achievement of constitutionalism and its prospects in a changed world. *In*: DOBNER, Petra; LOUGHLIN, Martin (Ed.). *The twilight of constitutionalism?* Oxford: Oxford University Press, 2010.

GRIMM, Dieter. Types of constitutions. *In*: ROSENFELD, Michel; SAJÓ, András (Ed.). *The Oxford Handbook of Comparative Constitutional Law*. Oxford: Oxford University Press, 2012.

HAYEK, F. A. *The confusion of language in political thought*. London: The Institute of Economic Affairs, 1968.

HEIN, Michael; EWART, Stefan. What is "politicisation" of constitutional courts? Towards a decision-oriented concept. *In*: GEISLER, Antonia; HEIN, Michael; HUMMEL, Siri (Ed.). *Law, politics, and the Constitution*: new perspectives from legal and political theory. Frankfurt: Peter Lang, 2014.

HUANG, Cheng-Yi. Judicial deference to legislative delegation and administrative discretion in new democracies: recent evidence from Poland, Taiwan, and South Africa. *In*: ROSE-ACKERMAN, Susan; LINDSETH, Peter L. (Ed.). *Comparative administrative law*. Cheltenham/Northampton: Elgar, 2010.

HUK, Aziz Z.; GINSBURG, Tom. How to lose a constitutional democracy. *UCLA Law Review*, v. 65, 2018.

HUK, Aziz Z.; GINSBURG, Tom. *How to save a constitutional democracy*. Chicago; London: The University of Chicago University Press, 2018.

IP, Eric C. *Hybrid constitutionalism*: the politics of constitutional review in the Chinese special administrative regions. Cambridge: Cambridge University Press, 2019.

ISSACHAROFF, Samuel. Comparative constitutional law as a window on democratic institutions. *In*: DELANEY, Erin F.; DIXON, Rosalind (Ed.). *Comparative constitutional review*. Elgar: Cheltenham, 2018.

ISSACHAROFF, Samuel. Fragile democracies. *Harvard Law Review*, v. 120, 2007.

ISSACHAROFF, Samuel. *Fragile democracies*: contested power in the era of constitutional courts. Cambridge: Cambridge University Press, 2015.

KLARMAN, Michael J. The degradation of American democracy and the court. *Harvard Law Review*, v. 134, nov. 2020.

LANDAU, David. Constitutional Court of Colombia (Corte Constitucional de Colombia). *Max Planck Encyclopedia of Comparative Constitutional Law*. Disponível em: https://oxcon.uplaw.com/view/10.1093/law-mpeccol/law-mpeccol-e524.

LASARS, Wolfgang. Die Machtfunktion der Verfassung: Eine Untersuchung zur Rezeption von Demokratischen-rechtsstaatlichem Verfassungsrecht in China. *Jahrbuch des Öffentlichen Rechts der Gegegwart*, v. 41, 1993.

LEVITSKY, Steven; ZIBLATT, Daniel. *How democracies die*. New York: Broadway Books, 2018.

LOEWENSTEIN. Karl. Militant democracy and fundamental rights, I, II. *In*: SAJÓ, András (Ed.). *Militant democracy*. Utrecht: Eleven International Publishing, 2004.

LÖWER, Wolfgang. Zuständigkeiten und Verfahren des Bundesverfassungsgerichts. *In*: ISENSEE, Josef; KIRCHHOF, Paul (Org.). *Handbuch des Staatsrechts*. 3. ed. Heidelberg: C. F. Müller, 2005. v. III.

MACHETE, Rui Chancerelle de. A Constituição, o tribunal constitucional e o processo administrativo. *In*: BRITO, J. Sousa *et al*. *Legitimidade e legitimação da justiça constitucional*. Coimbra: Coimbra Editora, 1995.

MACKELM, Patrick. Militant democracy, legal pluralism, and the paradox of self-determination. *International Journal of Constitutional Law*, v. 4, n. 3, 2006.

MADISON, James. The Federalist No. 48. *In*: BALL, Terence (Ed.). *The Federalist with Letters of "Brutus"*. Cambridge: Cambridge University Press, 2003.

MAHLMANN, Matthias. The dictatorship of the obscure? Values and the secular adjudication of fundamental rights. *In*: SAJÓ, András; UITZ, Renáta (Ed.). *Constitutional topography*: values and constitutions. Utrecht: Eleven International Publishing, 2010.

MARTINS, Oliveira. *Portugal contemporâneo*. 3. ed. Lisboa: Livraria de Antonio Maria Pereira, 1895. t. I.

MCBEATH, Jerry. Democratization and Taiwan's Constitutional Court. *American Journal of Chinese Studies*, v. 11, 2004.

MEDEIROS, Rui. *A decisão de inconstitucionalidade*: os autores, o conteúdo e os efeitos da decisão de inconstitucionalidade da lei. Lisboa: Universidade Católica Editora, 1999.

MELO, António Barbosa de. *Democracia e utopia (reflexões)*. [s.n.]: Porto, 1980.

MERÊA, Paulo. *O liberalismo de Herculano*. Separata de Biblos. Coimbra: Coimbra Editora, 1941. v. XVII. t. II.

MILL, John Stuart. De Tocqueville on democracy in America. *In*: MILL, John Stuart. *Essays on politics and society*. Toronto; London: University of Toronto Press/Routledge & Kegan Paul, 1977.

MIRANDA, Jorge. *Fiscalização da constitucionalidade*. Coimbra: Almedina, 2017.

MONIZ, Ana Raquel Gonçalves. A justiça constitucional no ensino da Faculdade de Direito da Universidade de Coimbra. *Boletim da Faculdade de Direito*, v. XCVI, t. 2, 2020.

MONIZ, Ana Raquel Gonçalves. *Introdução à justiça constitucional*. Coimbra: Almedina, 2021.

MONIZ, Ana Raquel Gonçalves. O problema da realização da Constituição pela justiça constitucional: Ratio e Voluntas, Synépeia e Epieikeia? Reflexões a partir do pensamento de Castanheira Neves. *In*: *Juízo ou decisão? O problema da realização jurisdicional do direito* – VI Jornadas de Teoria do Direito, Filosofia do Direito e Filosofia Social. Coimbra: Instituto Jurídico; Faculdade de Direito da Universidade de Coimbra, 2016.

MONIZ, Ana Raquel Gonçalves. *Os direitos fundamentais e a sua circunstância*: crise e vinculação axiológica entre o Estado, a sociedade e a comunidade global. Coimbra: Imprensa da Universidade de Coimbra, 2017.

MONTESQUIEU, Charles de Secondat, Baron de la Brède et de. *L'Esprit des Lois*. Paris: Garnier-Frères Libraires-Editeurs, [s.d.].

MORAIS, Carlos Blanco. *Justiça constitucional*. 2. ed. Coimbra: Coimbra Editora, 2011. t. II.

MORAIS, Carlos Blanco. *O sistema político*: no contexto da erosão da democracia representativa. Coimbra: Almedina, 2018.

MUDDE, Cas; ROVIRA KALTWASSER, Cristóbal (Ed.). *Populism in Europe and in the Americas*: threat or corrective for democracy? Cambridge: Cambridge University Press, 2012.

MÜLLER, Jan-Werner. Populism and Constitutionalism. *In*: ROVIRA KALTWASSER, Cristóbal; TAGGART, Paul; OCHOA ESPEJO, Paulina; OSTIGUY, Pierre (Ed.). *The Oxford Handbook of Populism*. Oxford: Oxford University Press, 2017.

MÜLLER, Jan-Werner. *What is populism?* Philadelphia: University of Pennsylvania Press, 2016.

NABAIS, José Casalta. *O dever fundamental de pagar impostos*: contributo para a compreensão constitucional do Estado fiscal contemporâneo. Coimbra: Almedina, 1998.

NEVES, António Castanheira. A unidade do sistema jurídico: o seu problema e o seu sentido. *In*: NEVES, António Castanheira. *Digesta*. Escritos acerca do direito, do pensamento jurídico, da sua metodologia e outros. Coimbra: Coimbra Editora, 1995. v. 2.

NEVES, António Castanheira. Da "jurisdição" no actual estado-de-direito. *In*: VARELA, Antunes; AMARAL, Diogo Freitas do; MIRANDA, Jorge; CANOTILHO, J. J. Gomes (Org.). *Ab Uno ad Omnes*. Coimbra: Coimbra Editora, 1998.

NEVES, António Castanheira. *Metodologia jurídica*: problemas fundamentais. Studia Iuridica 1. Boletim da Faculdade de Direito. Coimbra: Coimbra Editora, 1993.

NOVAIS, Jorge Reis. *Direitos fundamentais*: trunfos contra a maioria. Coimbra: Coimbra Editora, 2006.

NOVAIS, Jorge Reis. *Sistema português de fiscalização da constitucionalidade*: Avaliação crítica. Lisboa: AAFDL, 2019.

NUSSBAUM, Martha. Capabilities, entitlements, rights: supplementation and critique. *Journal of Human Development and Capabilities*, v. 12, n. 1, fev. 2011.

OTERO, Paulo. *Direito constitucional português* – Identidade constitucional. Coimbra: Almedina, 2010. v. I.

PEDROSA, A. L. Guimarães. *Curso de ciência da administração e direito administrativo*. Coimbra: Imprensa da Universidade, 1908. v. I.

POCOCK, J. G. A. *The Machiavellian moment*: Florentine political thought and the Atlantic Republican tradition. Princeton: Princeton University Press, 1975.

PRAÇA, J. J. Lopes. *Collecção de leis e subsidios para o estudo do direito constitucional portuguez*. Coimbra: Coimbra Editora, 2000. v. II. Ed. fac-simile de 1894.

PRENDERGAST, David. The judicial role in protecting democracy from populism. *German Law Journal*, v. 20, 2019.

QUEIRÓ, Afonso Rodrigues. A função administrativa. *In*: QUEIRÓ, Afonso Rodrigues. *Estudos de direito público*. Coimbra: Imprensa da Universidade de Coimbra, 2000. v. II. t. I.

QUEIRÓ, Afonso Rodrigues. *Lições de direito administrativo*. Coimbra: [s.n.], 1976. Polic.

ROA ROA, Jorge Ernesto. El rol del juez constitucional en el constitucionalismo transformador latinoamericano. *In*: CHUEIRI, Vera Karam de; BROOCKE, Bianca M. Schneider van der (Ed.). *Constitucionalismo transformador en América Latina*. Bogotá: Tirant lo Blanch, 2021.

ROUSSEAU, Dominique; GAHDOUN, Pierre-Yves; BONNET, Julien. *Droit du contentieux constitutionnel*. 12. ed. Paris: LGDJ, 2020.

ROVIRA KALTWASSER, Cristóbal; TAGGART, Paul; OCHOA ESPEJO, Paulina; OSTIGUY, Pierre. Populism: An overview of the concept and the state of the art. *In*: ROVIRA KALTWASSER, Cristóbal; TAGGART, Paul; OCHOA ESPEJO, Paulina; OSTIGUY, Pierre (Ed.). *The Oxford Handbook of Populism*. Oxford: Oxford University Press, 2017.

ROVIRA KALTWASSER, Cristóbal; TAGGART, Paul; OCHOA ESPEJO, Paulina; OSTIGUY, Pierre (Ed.). *The Oxford Handbook of Populism*. Oxford: Oxford University Press, 2017.

RUGGERI, Antonio; SPADARO, Antonino. *Lineamenti di giustizia costituzionale*. 6. ed. Torino: Giappichelli, 2019.

SCHUMPETER, Joseph A. *Capitalism, socialism and democracy*. London; New York: Routledge, 2003.

SEN, Amartya. *A ideia de justiça*. Tradução de Nuno Castello-Branco Bastos. Coimbra: Almedina, 2009.

SEN, Amartya. Democracy as a universal value. *Journal of Democracy*, v. 10, n. 3, 1999.

SHAPIRO, Martin. Courts in authoritarian regimes. *In*: GINSBURG, Tom; MUSTAFA, Tamir (Ed.). *Rule by law*: the politics of courts in authoritarian regimes. Cambridge: Cambridge University Press, 2008.

SOARES, Rogério Guilherme Ehrhardt. O conceito ocidental de Constituição. *Revista de Legislação e de Jurisprudência*, ano 119, 1986.

STRAUSS, David A. Common law constitutional interpretation. *The University of Chicago Law Review*, v. 63, n. 3, primavera 1996.

STRAUSS, David A. *The living Constitution*. Oxford: Oxford University Press, 2010.

SUNSTEIN, Cass. *Laws of fear*: beyond the precautionary principle. Cambridge University Press: New York, 2005.

SUPREME Court of Israel: judgement concerning the legality of the general security service's interrogation methods. *International Legal Materials*, v. 38, 1999.

SWEET, Alec Stone. Constitutional courts. *In*: ROSENFELD, Michel; SAJÓ, András (Ed.). *The Oxford Handbook of Comparative Constitutional Law*. Oxford: Oxford University Press, 2012.

TOCQUEVILLE, Alexis de. *De la démocratie en Amérique*. 12. ed. Paris: Pagnerre Editeur, 1848. t. II.

TRIBE, Lawrence H. *The invisible Constitution*. Oxford; New York: Oxford University Press, 2008.

URBANO, Maria Benedita. Cidadania para uma democracia ética. *Boletim da Faculdade de Direito*, v. LXXXIII, 2007.

VILE, Maurice J. C. Política y Constitución en la historia británica y estadounidense. *In*: VARELA SUANZES-CARPEGNA, Joaquín (Ed.). *Historia e historiografía constitucionales*. Madrid: Trotta, 2015.

WALDRON, Jeremy. The core of the case against judicial review. *The Yale Law Journal*, v. 115, 2006.

ZAGREBELSKY, Gustavo. *El derecho dúctil*: ley, derechos, justicia. Tradução de Marina Gascón. Madrid: Trotta, 2011.

ZAGREBELSKY, Gustavo. Jueces constitucionales. *In*: CARBONELL (Ed.). *Teoría del neoconstitucionalismo*. Madrid: Trotta; Instituto de Investigaciones Jurídicas – Unam, 2007.

ZAGREBELSKY, Gustavo. La dottrina del diritto vigente. *In*: *Strumenti e Tecniche di Giudizio della Corte Costituzionale*: Atti del Convegno – Trieste 26-28 maggio 1986. Milano: Giuffrè, 1988.

Informação bibliográfica deste texto, conforme a NBR 6023:2018 da Associação Brasileira de Normas Técnicas (ABNT):

MONIZ, Ana Raquel Gonçalves. Justiça constitucional e(m) democracias frágeis: um diálogo com Gomes Canotilho no cruzamento entre a crise democrática e a "função republicana" do juiz. *In*: GOMES, Ana Cláudia Nascimento; ALBERGARIA, Bruno; CANOTILHO, Mariana Rodrigues (Coord.). *Direito Constitucional*: diálogos em homenagem ao 80º aniversário de J. J. Gomes Canotilho. Belo Horizonte: Fórum, 2021. p. 601-629. ISBN 978-65-5518-191-3.

EM BUSCA DE UMA PERSPETIVA SUBSTANCIAL DO CONCEITO DE "SUSPENSÃO DE DIREITOS FUNDAMENTAIS"

ANA RITA GIL

O presente artigo visa lançar algumas pistas para o conceito de "suspensão de direitos fundamentais", tema que revestiu, de 2020 em diante, um renovado interesse por, pela primeira vez, ter passado da doutrina jusconstitucional à práxis. Foi esta passagem súbita e quotidiana que me motivou a escolher esta temática para homenagear aquele que foi o meu professor de Direito Constitucional do Curso de Direito em Coimbra. O Prof. Gomes Canotilho ensinava, logo no 1º ano, que "sem o húmus teórico, o direito constitucional dificilmente passará de vegetação rasteira, sabor dos "ventos", dos "muros" e da eficácia". Assim sendo em tempos de normalidade, assim mais seria em situações de crise, de "exceção constitucional", em que a eficácia na luta contra ameaças se pretenderia assumir como a consideração primordial.

1 Introdução

Até 2020, grande parte da doutrina constitucionalista portuguesa – incluindo os autores que estudavam em profundidade o sistema de proteção de direitos fundamentais – dedicava poucas páginas à figura da "suspensão de direitos fundamentais", consagrada no art. 19º da Constituição.[1] A isso não era alheio, naturalmente, o facto de ela nunca ter sido usada na prática – já que as figuras do estado de exceção constitucional (estado de sítio ou estado de emergência) nunca haviam sido "ativadas" até então. No manual do

---

[1] Já se dedicando previamente ao estudo do regime do estado de sítio e de emergência, *inter alia*, CANOTILHO, J. J. Gomes. *Direito constitucional e teoria da Constituição*. 6. ed. Almedina, 2003. p. 973 e ss.; MIRANDA, J. *Manual de direito constitucional*. 3. ed. Coimbra: Coimbra Editora, 2000. t. IV. p. 342 e ss.; SOUSA, M. Rebelo de. *Direito constitucional*. Braga: Livraria Cruz, 1979. p. 174 e ss.; MORAIS, C. Blanco de. *O estado de exceção*. [s.l.]: Cognitio, 1984; CORREIA, A. Damasceno. *Estado de sítio e estado de emergência em Democracia*. [s.l.]: Vega, 1989; GOUVEIA, J. Bacelar. *O estado de exceção no direito constitucional*. Coimbra: Almedina, 1998.

Prof. J. J. Gomes Canotilho, estas figuras apareciam enquadradas na ideia de um "direito de necessidade constitucional" e de uma "situação de necessidade pública do Estado". O autor esclarecia, porém, de forma límpida, que tal "situação de necessidade" em nada tinha a ver com noções de "ordem pública" desenhadas infraconstitucionalmente: nos casos de exceção constitucional estaria em causa, sempre, a "ordem jurídica normativamente confirmada pela Constituição".[2]

Como se sabe, em 2020, estes institutos jusconstitucionais vieram a merecer um interesse nunca antes tido pela doutrina portuguesa, devido à pandemia provocada pela disseminação do vírus Covid-19. Tais institutos transitaram do domínio puramente normativo para o *político* e, assim, para o dia a dia dos cidadãos. Multiplicaram-se então os estudos sobre o estado de emergência –[3] figura que, de entre as duas abrangidas pelo "estado de exceção constitucional", fora a decretada durante o contexto do combate à pandemia Covid-19.[4] Em particular, foram várias as análises detalhadas sobre o procedimento garantístico conducente à declaração e execução deste estado (envolvendo a participação e concordância de três órgãos de soberania),[5] o efeito de reforço de poderes do Executivo,[6] bem como os limites intangíveis de afetação das regras constitucionais relativas à competência e funcionamento dos órgãos de soberania (n° 7 do art. 19°).[7]

Neste breve estudo de homenagem àquele que foi o meu professor de Direito Constitucional, pretendo, precisamente, focar-me numa das medidas que pode ser tomada em estado de exceção constitucional, mas explorando uma problemática sobre a qual tenho tido mais dúvidas: a do *conceito de suspensão de direitos fundamentais*. De facto, a maior parte da doutrina portuguesa que se interessou por esta – não tão nova – temática tem-se dedicado primordialmente a desenvolver conceito, pressupostos e efeitos da figura do *estado de emergência em si*, e não tanto da *suspensão de direitos fundamentais* – sendo esta última apenas encarada como *um efeito da primeira* (que, em bom rigor, apenas será um efeito *potencial* – mas *não necessário* – daquela). Mas, mesmo

---

[2] CANOTILHO, J. J. Gomes. *Direito constitucional e teoria da Constituição.* 6. ed. Almedina, 2003. p. 973 e ss. V. ainda CANOTILHO, J. J. Gomes; MOREIRA, Vital. *Constituição da República Portuguesa anotada.* 4. ed. rev. Coimbra: Coimbra Editora, [s.d.]. v. I. p. 399.

[3] Veja-se, por exemplo, os vários estudos publicados na obra coletiva GOMES, Carla Amado; PEDRO, Ricardo (Coord.). *Direito administrativo de necessidade e de exceção.* Lisboa: AAFDL, 2020, os vários artigos publicados nas revistas jurídicas de 2020, como a *Revista da Faculdade de Direito da Universidade de Lisboa*, *O Direito* ou a *Julgar*, as várias análises da doutrina portuguesa no *Verfassungsblog*.

[4] Nos termos do art. 19°, n° 2 da CRP, o estado de emergência é declarado em casos de ameaça de menor gravidade à ordem constitucional. Vejam-se as diferenças de finalidade e regime entre o estado de sítio e de emergência nos arts. 8° e 9° do Regime do Estado de Sítio e de Emergência (Lei n° 44/86, de 30 de setembro, alterada, por último, pela Lei Orgânica n° 1/2012, de 11/05), doravante Rese.

[5] O estado de emergência assenta num procedimento complexo, no qual intervêm três órgãos de soberania: o governo, que o solicita, o presidente da República, que o decreta e o parlamento, que o autoriza. Na sua génese, pois, o estado de emergência é sujeito a um apertado controlo que visa, *inter alia*, assumir-se como garantia contra a arbitrariedade dos poderes públicos e contra o excesso. Sobre as garantias deste procedimento v., *inter alia*, CANOTILHO, J. J. Gomes; MOREIRA, Vital. *Constituição da República Portuguesa anotada.* 4. ed. rev. Coimbra: Coimbra Editora, [s.d.]. v. I. p. 400; MIRANDA, J. *Manual de direito constitucional.* 3. ed. Coimbra: Coimbra Editora, 2000. t. IV. p. 349; e GOUVEIA, J. Bacelar. *Estado de exceção no direito constitucional* – Uma perspetiva do constitucionalismo democrático – Teoria geral e direito português. Coimbra: Almedina, 2020. p. 225 e ss.

[6] GOUVEIA, J. Bacelar. *Estado de exceção no direito constitucional* – Uma perspetiva do constitucionalismo democrático – Teoria geral e direito português. Coimbra: Almedina, 2020. p. 54 e ss.

[7] MIRANDA, J. *Manual de direito constitucional.* 3. ed. Coimbra: Coimbra Editora, 2000. t. IV. p. 342 e ss.

os autores que se debruçam sobre o tema da suspensão de direitos fundamentais a se dedicam-se sobretudo a explorar a – sem dúvida premente – questão da definição do âmbito dos direitos insuscetíveis de suspensão (previstos no nº 6 do art. 19º),[8] ou a indicar apenas algumas diferenças da figura da suspensão em relação à da restrição, apontando maioritariamente aquilo que, no meu entender, se poderá ter como simples distinções de regime, e não de natureza ou de configuração. Importa, pois, compreender se a suspensão e a restrição possuem, de facto, um conteúdo ou uma estrutura diversa – ou, se, pelo contrário, são a mesma coisa, estando apenas sujeitas a regimes diferentes.

2 Perspetivas sobre o conceito de suspensão de direitos fundamentais na doutrina portuguesa

C. Santos Botelho sumariza, numa das análises recentes mais completas e transversais da temática,[9] os aspetos que tradicionalmente são referidos como contrapondo a restrição à suspensão de direitos fundamentais. Estariam em causa quatro aspetos: três deles seriam meramente "externos" ou de regime, e outro que se pode apelidar de "substância". Os primeiros dizem respeito ao contexto, procedimento e duração. Enquanto a restrição atuaria em contexto de normalidade constitucional, a suspensão de direitos atuaria em contexto de estado de exceção; a restrição teria de respeitar cumulativamente os seis requisitos previstos nos nºs 2 e 3 do art. 18º da CRP, enquanto a suspensão teria de respeitar os inúmeros limites procedimentais, materiais, temporais e circunstanciais decorrentes do art. 19º da CRP e do RESE. No mais, a doutrina repete que a restrição afeta o direito de forma "permanente", enquanto a suspensão o faz apenas de forma "temporária", já que tem de obedecer aos limites temporais máximos de 15 dias de duração do estado de sítio ou de emergência (art. 19º, nº 5 da CRP). Por fim, importa referir o único requisito substancial, qualificado como atinente à "gravidade" da intervenção: a restrição a direitos atingiria apenas o conteúdo normal do direito, mas não o seu núcleo essencial, enquanto a suspensão afetaria o seu núcleo essencial. Ora, se esta última é, de facto, uma distinção *substancial*, ou, pelo menos, estrutural, ela encerra alguns problemas, de que se dará conta mais abaixo.

Apesar do quase unânime acordo na doutrina portuguesa sobre estes traços distintivos, alguns autores acrescentam notas diferenciadoras adicionais, que importa referir. Alguma doutrina pouco avança, permanecendo ténue a diferença entre suspensão e restrição de direitos. Já outros autores optam pela solução diametralmente oposta, apresentando formulações que, no nosso entender, pecam por ser algo drásticas.

No primeiro grupo podem-se citar autores como J. Pereira da Silva, que refere que, ao contrário da restrição, que atinge um direito a título permanente, em situação

---

[8] Veja-se, antecipando já a problemática que mais tarde se veio a concretizar nas primeiras declarações de estado de emergência, o problema do âmbito de alguns direitos não suscetíveis de suspensão, CANOTILHO, J. J. Gomes; MOREIRA, Vital. *Constituição da República Portuguesa anotada*. 4. ed. rev. Coimbra: Coimbra Editora, [s.d.]. v. I. p. 402. Sobre alguns efeitos da suspensão dos direitos à vida e integridade pessoal, v. o nosso Asilo em estado de emergência. *In*: GOMES, Carla Amado; PEDRO, Ricardo (Coord.). *Direito administrativo de necessidade e de exceção*. Lisboa: AAFDL, 2020. p. 448.

[9] BOTELHO, C. Santos. Os estados de exceção constitucional: estado de sítio e estado de emergência. *In*: GOMES, Carla Amado; PEDRO, Ricardo (Coord.). *Direito administrativo de necessidade e de exceção*. Lisboa: AAFDL, 2020.

de normalidade constitucional a suspensão é "provocada por situações de necessidade constitucional absolutamente excecionais" e, assim, "atinge um direito a título transitório, equivalendo a um eclipse". Enquanto a restrição nunca é total, acrescenta o autor, "apagando apenas uma parcela do direito", a suspensão "paralisa ou impede, durante algum tempo, o seu exercício, no todo ou em parte". No entanto, o próprio autor confessa que, neste último caso, as coisas podem tornar-se mais confusas, já que aí se acaba porventura "por produzir efeitos semelhantes a uma restrição" – atendendo a que ele define restrição como "a amputação de faculdades" que estariam no âmbito de proteção do direito.[10] O autor coloca, pois, o acento tónico sobretudo no aspeto temporal, demonstrando ser mais difícil a distinção em relação à figura da restrição se se perspetivar o tema de forma substancial. C. Santos Botelho considera que na Constituição portuguesa a suspensão do exercício de direitos não é uma genuína suspensão, mas "uma espécie de restrição jusfundamental atípica e mais gravosa".[11] Vieira de Andrade, por seu turno, considera que, se quer a declaração, quer a execução do estado de exceção são limitadas ao estritamente necessário para o restabelecimento da normalidade, então "os direitos não ficam propriamente suspensos, mas antes "enfraquecidos"" perante a possibilidade de serem restringidos ou comprimidos.[12] P. Moniz Lopes admite que o exercício da competência presidencial de declaração do estado de emergência ""altera" a própria estrutura das normas de direitos fundamentais" – ideia que, à partida, parece ir de encontro à posição sustentada no presente estudo, como se verá adiante.[13] No entanto, quando trata de distinguir entre a figura de suspensão e a da restrição, a posição do autor já se afigura mais ambígua: diz o mesmo que, no caso de suspensão, a declaração de estado de emergência *recorta* a previsão das normas de direitos fundamentais e *restringe-a* a uma dimensão menor do que a que resultava da norma constitucional de direitos fundamentais".[14] Resulta, pois, novamente obscura a distinção entre as duas figuras.

Os autores ora enumerados revelam a dificuldade de distinção entre a figura da suspensão e da restrição, parecendo decorrer que tudo se poderá resumir, então, a uma simples diferença de grau.

J. Melo Alexandrino adota uma formulação diversa. No entender do autor, a suspensão de direitos fundamentais atinge "certos efeitos de proteção da norma de direito fundamental e não a norma de direito fundamental, nem o seu objeto, nem o seu conteúdo" – estariam em causa os efeitos respeitantes às "manifestações externas do direito pelo seu titular ou, no caso dos direitos passivos, os que se refiram à extensão ou intensidade dos efeitos de proteção que resultam da respetiva norma de garantia".[15]

---

[10] SILVA, J. Pereira da. *Direitos fundamentais* – Teoria geral. [s.l.]: Universidade Católica Editora, 2018. p. 222.

[11] BOTELHO, C. Santos. Os estados de exceção constitucional: estado de sítio e estado de emergência. *In*: GOMES, Carla Amado; PEDRO, Ricardo (Coord.). *Direito administrativo de necessidade e de exceção*. Lisboa: AAFDL, 2020. p. 58.

[12] ANDRADE, Vieira de. *Os direitos fundamentais na Constituição portuguesa de 1976*. 5. ed. Coimbra: Almedina, 2012. p. 315.

[13] Cf. *infra*, 3.2.

[14] LOPES, P. Moniz. Significado e alcance da "suspensão" do exercício de direitos fundamentais na declaração de estado de emergência. *e-pública – Revista Eletrónica de Direito Público*, v. 7, n. 1, abr. 2020. p. 136.

[15] ALEXANDRINO, J. Melo. *Direitos fundamentais*: introdução geral. 2. ed. [s.l.]: Principia, 2011. p. 144.

Ainda assim, a distinção do autor não se afigura completamente satisfatória, podendo ainda se prestar a confusões com a figura da restrição de direitos fundamentais.

Talvez para ensaiar uma definição que se afigure claramente inconfundível com a figura da restrição de direitos fundamentais, alguma doutrina opta por uma visão mais drástica da suspensão. Assim, J. Bacelar Gouveia refere-se ao instituto da suspensão de direitos fundamentais como uma "ablação" – que implicaria o "congelamento dos poderes" que os direitos conferem ao respetivos titulares.[16] Numa perspetiva coincidente à de J. Melo Alexandrino, o autor sublinha que as *normas* constitucionais atributivas dos direitos não ficam atingidas. Acrescenta, porém, que ocorre uma "compressão da eficácia dos mesmos", *i.e.*, de uma paralisação dos seus efeitos jurídicos – de *todos os efeitos*, entenda-se. De facto, parece-nos que o autor já vai longe demais quando sublinha que o referido "efeito ablativo" é *"fulminante dos direitos abrangidos, em termos parciais ou totais*, não se aceitando a persistência de efeitos jurídicos na parcela dos direitos tolhidos, devendo colocar-se de lado qualquer hipótese que pudesse dar a entender o seu simples "enfraquecimento" em vez da sua real suspensão". De facto, esta última ideia parece-nos poder encerrar o perigo de negação de limitações à suspensão, em nome da necessidade de respeito pelo princípio da proibição do excesso.

Reis Novais, por seu turno, começa por lembrar que, em situações de crise, continua a ser necessário observar-se os chamados limites aos limites dos direitos fundamentais.[17] No entanto, parece que isso apenas se aplica aos direitos não suspensos. No mais, o autor defende perentoriamente que a raiz da diferença entre a figura da suspensão e da restrição está no facto de a primeira determinar que, por todo o período que ela vigore, o direito fundamental fica "obnubilado", como que "apagado", deixando a norma constitucional que o garante de produzir efeitos jurídicos. Muito simplesmente: "é como se naquele período o direito fundamental deixasse de existir".[18] [19] No entanto, o autor acaba por reconhecer que a suspensão do direito não cria uma *zona livre* do direito. Parece, contudo, reservar o princípio da proibição do excesso apenas para considerações respeitantes a eventuais direitos fundamentais que mantenham "algum tipo de associação com os comportamentos especificamente protegidos pelo direito

---

[16] GOUVEIA, J. Bacelar. *Estado de exceção no direito constitucional* – Uma perspetiva do constitucionalismo democrático – Teoria geral e direito português. Coimbra: Almedina, 2020. p. 169 e ss.

[17] NOVAIS, Reis. Direitos fundamentais e inconstitucionalidade em situação de crise – A propósito da epidemia COVID-19. *e-pública – Revista Eletrónica de Direito Público*, v. 7, n. 1, abr. 2020. p. 82.

[18] NOVAIS, Reis. Direitos fundamentais e inconstitucionalidade em situação de crise – A propósito da epidemia COVID-19. *e-pública – Revista Eletrónica de Direito Público*, v. 7, n. 1, abr. 2020. p. 92.

[19] Note-se que o autor considera que, nas declarações de estado de emergência decretadas no contexto da pandemia Covid-19, se procedeu a verdadeiras restrições aos direitos fundamentais. Veja-se a seguinte passagem no artigo dedicado a esta temática: "nesta crise, dado o prolongamento da duração do estado de emergência – à partida, com renovação assegurada com a anuência da Assembleia da República –, aquilo que acabámos por ter durante esse período foi, verdadeiramente, restrições a direitos fundamentais operadas a coberto da habilitação conferida pelo decreto presidencial de declaração do estado de emergência. Ou seja, relativamente a todo um conjunto de direitos fundamentais, verificaram-se afetações parcelares desvantajosas do seu conteúdo (e não pura e simplesmente a supressão do direito) durante um período, é certo, limitado, mas, neste caso, recorrente enquanto não se dissipassem as ameaças a que se procurava responder". Cf. NOVAIS, Reis. Direitos fundamentais e inconstitucionalidade em situação de crise – A propósito da epidemia COVID-19. *e-pública – Revista Eletrónica de Direito Público*, v. 7, n. 1, abr. 2020. p. 90.

fundamental suspenso".[20] Concorda-se com o autor neste último ponto – que será retomado no final do estudo.[21] No entanto, ele não é suficiente, pois que se considera que o direito suspenso não "desaparece" no que toca aos demais casos.

Estas conceções "mais dramáticas" aproximam-se, crê-se, da ideia de que a suspensão afeta todas as faculdades de exercício dos direitos fundamentais. E é com alguma leviandade que se enumera rotineiramente, junto das distinções entre restrição e suspensão meramente "externas", a ideia de que a suspensão afeta ou pode afetar o núcleo essencial do direito fundamental, como se tal fosse mais um simples critério de diferenciação equiparável, por exemplo, ao critério temporal.

Ora, seguindo a doutrina de J. J. Gomes Canotilho e Vital Moreira, não é demais lembrar que o referido núcleo essencial poderá ser visto numa perspetiva mista, ao mesmo tempo absoluta e relativa:

> *relativa,* porque a própria delimitação do núcleo essencial dos direitos, liberdades e garantias tem de articular-se com a necessidade de proteção de outros bens constitucionalmente garantidos; *absoluta,* porque, em última análise, para não existir aniquilação do núcleo essencial, é necessário que haja sempre um *resto substancial* de direito, liberdade e garantia, que assegure a sua *utilidade constitucional.*[22]

Mas, se assim é, tal efeito da suspensão está longe de ser trivial, e viola princípios que continuam a vigorar durante os estados de exceção constitucional, como seja o princípio da proibição do excesso, da dignidade humana e da própria ordem constitucional. De que forma serviríamos nós à finalidade de reposição da ordem constitucional – a que se ordenam os estados de exceção constitucional – se pura e simplesmente afetássemos a utilidade objetiva dos direitos protegidos por ela? Ou se, para quem sustenta a tese absoluta do núcleo essencial dos direitos fundamentais,[23] afetássemos a dignidade da pessoa humana, reduzindo-a a objeto do Estado? E nem se fale da violação do princípio da proibição do excesso, tão mais grave porquanto – como aqui bem lembram os autores – os direitos fundamentais não vivem propriamente isolados uns dos outros, mas sim num sistema constitucional em rede, que os torna intercomunicantes, o que implica que a afetação assim tão gravosa de um repercuta de forma necessariamente desproporcional noutros?

---

[20] Semelhante preocupação é ainda manifestada com o direito ao desenvolvimento da personalidade, previsto no art. 26º da CRP (NOVAIS, Reis. Direitos fundamentais e inconstitucionalidade em situação de crise – A propósito da epidemia COVID-19. *e-pública – Revista Eletrónica de Direito Público,* v. 7, n. 1, abr. 2020. p. 114).

[21] Cf. infra, 3.3, *in fine.*

[22] CANOTILHO, J. J. Gomes; MOREIRA, Vital. *Constituição da República Portuguesa anotada.* 4. ed. rev. Coimbra: Coimbra Editora, [s.d.]. v. I. p. 395.

[23] Entre nós, ANDRADE, Vieira de. *Os direitos fundamentais na Constituição portuguesa de 1976.* 5. ed. Coimbra: Almedina, 2012. p. 305, MIRANDA, J. *Manual de direito constitucional.* 3. ed. Coimbra: Coimbra Editora, 2000. t. IV. p. 341, SILVA, J. Pereira da. *Deveres do estado de protecção de direitos fundamentais.* [s.l.]: Universidade Católica Editora, 2015. p. 272 e ss. Note-se, no entanto, que há praticamente uma unanimidade no sentido de se considerar que o art. 18º, nº 3 consagra uma conceção absoluta. Assim, CANOTILHO, J. J. Gomes. *Direito constitucional e teoria da Constituição.* 6. ed. Almedina, 2003. p. 420. Nesse sentido, também Reis Novais, apologista da doutrina relativa. Cf. NOVAIS, Reis. *As restrições aos direitos fundamentais não expressamente autorizadas pela Constituição.* Coimbra: Coimbra Editora, 2003. p. 788.

Assim, não se poderá deixar, desde já, de sublinhar um afastamento quer das duas doutrinas mais "gravosas" enunciadas em último lugar, quer da ideia, por demais repetida, de que a suspensão de direitos fundamentais pode, ao contrário da restrição, afetar o núcleo essencial dos direitos fundamentais. E assim é porque a resposta para o presente estudo assentará, a par de outras ideias tidas como incontornáveis, na premissa de que, ao ser suspenso, um direito fundamental não cairá num vácuo em que não existem princípios constitucionais.

3 Tentativa de resposta substancial para a significação de suspensão de direitos fundamentais

3.1 Pontos de partida

Antes de avançar, importa deixar claro que se parte de algumas premissas ou pontos assentes para o objetivo deste estudo. O enquadramento de uma resposta para a *vexata quaestio* nestas premissas é essencial para se buscar um sentido constitucionalmente sustentável de suspensão de direitos fundamentais. Importa enunciar, assim, os pontos de partida tidos como assentes:

a) As *situações de crise* são precisamente aquelas em que se assume com maior premência a atuação das garantias constitucionais. De facto, é nas situações de crise que pode haver maior tentação de limitar ou suprimir aquelas e de, em nome da gravidade da ameaça, ocorrerem mais atropelos a elas.

b) Os *estados de exceção* não são *exceções* à *Constituição*, como decorre, de resto, do nº 7 do art. 19º da CRP – é, aliás, a defesa da ordem constitucional que os reclama.[24] Importa aliás, relembrar as palavras de J. J. Gomes Canotilho neste ponto, quando refere que o objeto de proteção neste contexto é *a própria ordem constitucional democrática*, "e não qualquer apriorística e monolítica "ordem pública" ou segurança pública" definida a nível infraconstitucional. Não se trata, enfim, de defender uma ""ordem do Estado"", mas sim a ordem constitucional".[25] Tais estados dirigem-se, pois, à reposição mais rápida possível da situação de normalidade constitucional.

c) Em alguns casos, a ameaça à ordem constitucional decorre de uma *ameaça grave aos direitos fundamentais*, a qual exige a adoção de medidas limitadoras de outros direitos fundamentais, para salvaguarda dos direitos ameaçados.[26]

---

[24] A doutrina portuguesa assim o afirma de forma perentória. V. CANOTILHO, J. J. Gomes; MOREIRA, Vital. *Constituição da República Portuguesa anotada*. 4. ed. rev. Coimbra: Coimbra Editora, [s.d.]. v. I p. 403; MIRANDA, J. *Manual de direito constitucional*. 3. ed. Coimbra: Coimbra Editora, 2000. t. IV. p. 343, GOUVEIA, J. Bacelar. *Estado de exceção no direito constitucional* – Uma perspetiva do constitucionalismo democrático – Teoria geral e direito português. Coimbra: Almedina, 2020. p. 15. A doutrina mais tem insistido não haver, em cada Estado, duas constituições – uma para as situações de normalidade, outra para as de "necessidade", havendo uma Constituição, assente nos mesmos princípios e valores, embora com regras adequadas à diversidade de situações. No entanto, bem lembra R. B. Castro que um Estado de direito exige a demarcação de fronteiras jurídicas firmes entre os períodos de normalidade constitucional e de exceção constitucional. Cf. CASTRO, R. B. Direito constitucional em tempos de pandemia: pode a Constituição sobreviver a crises sanitárias? *Revista da Faculdade de Direito da Universidade de Lisboa*, ano LXI, n. 1, 2020. p. 648; 652.

[25] CANOTILHO, J. J. Gomes. *Direito constitucional e teoria da Constituição*. 6. ed. Almedina, 2003. p. 976.

[26] Sublinha-se "em alguns casos", dando conta da consciência de que, em outros, pode ser a própria vida da nação,

d) Nos casos em que tal sucede, o Estado mais não faz, enfim, do que concretizar o seu *dever de proteção de direitos fundamentais* face a ameaças terceiras, sob pena de violação do princípio da proibição do défice.[27]

e) Assim, o conteúdo específico que o estado de exceção irá assumir no caso concreto ficará sempre dependente do específico contexto situacional, acarretador de ameaças, que o justificou. Significa isto que as medidas a tomar terão de ser, naturalmente, teleologicamente funcionalizadas ao afastamento do perigo, da ameaça, e à realização dos deveres de proteção do Estado.[28]

f) A declaração de estado de emergência não suspende o Estado de direito. Assim, os princípios basilares da igualdade, proibição do excesso e segurança jurídica continuam a vincular plenamente as entidades públicas.

g) No que toca à segurança jurídica, como subprincípio concretizador do Estado de direito, apesar de não constituir, *a se*, um direito fundamental, não deixa de representar uma garantia para as posições subjetivas fundamentais do cidadão. Ora, o regime do estado de exceção constitucional, quer na sua regulação, quer na sua execução, encontra-se balizado por um conjunto de disposições que visam, desde logo, respeitar a exigência de *clareza* das normas. O mesmo encontra-se enquadrado por *uma norma constitucional* – o art. 19º – que cristaliza princípios fundamentais dentro dos quais ele se poderá mover. Significa isto, como sublinha J. J. Gomes Canotilho, que "não há qualquer fonte de legitimidade para regimes de exceção a não ser a própria lei fundamental [...] donde resulta a inadmissibilidade do recurso a "princípios" ou "razões" extraconstitucionais" para introduzir legalmente regimes de excepção".[29]

---

a independência do Estado, a segurança nacional, ou outros bens públicos não subjetivados que podem ser ameaçados – desde que consubstanciem situações passíveis de serem subsumíveis às taxativamente previstas no nº 2 do art. 19º da CRP.

[27] Sobre este ponto, veja-se SILVA, J. Pereira da. *Deveres do estado de protecção de direitos fundamentais*. [s.l.]: Universidade Católica Editora, 2015. Não se quer com isto dizer, naturalmente, que o cumprimento dos deveres de proteção implique sempre a ativação de estados de exceção constitucional. No entanto, J. J. Gomes Canotilho e Vital Moreira admitem que a declaração do estado de exceção possa surgir como uma obrigação constitucional, "sempre que ela se torne imprescindível para assegurar o funcionamento das instituições". Na opinião dos autores, nesses casos, a falta de declaração do estado de exceção poderá configurar uma omissão constitucional. Cfr. CANOTILHO, J. J. Gomes; MOREIRA, Vital. *Constituição da República Portuguesa anotada*. 4. ed. rev. Coimbra: Coimbra Editora, [s.d.]. v. I. p. 405.

[28] Nestes casos, poder-se-á dizer que, de forma a cumprir tais deveres, a suspensão legítima poderá, inclusivamente, ser não apenas constitucionalmente autorizada, mas, também, constitucionalmente devida. J. J. Gomes Canotilho e Vital Moreira sublinham, neste contexto, que "os direitos fundamentais vinculam as entidades públicas não apenas de forma "negativa" – impondo-lhes uma proibição de agressão ou ingerência na esfera do direito fundamental – mas também de forma "positiva" – exigindo delas a criação e manutenção dos pressupostos de facto e de direito necessários à defesa ou satisfação do direito fundamental". Cf. CANOTILHO, J. J. Gomes; MOREIRA, Vital. *Fundamentos da Constituição*. Coimbra: Coimbra Editora, 1991. J. Pereira da Silva refere que a inclusão destas dimensões jusfundamentais de proteção contra perigos – que não se esgotam, todas elas, no domínio da chamada função da segurança do Estado, "a qual representa uma contrapartida pelo princípio da paz jurídica e da heterotutela dos direitos dos membros da comunidade" – representa uma conquista relativamente recente dentro do quadro histórico de evolução dos direitos fundamentais. Elas são – como já eram, aliás, as dimensões jusfundamentais prestadoras –, um afastamento da tradicional visão unidimensional dos direitos fundamentais como posições jurídicas defensivas contra o poder estadual. Cf. SILVA, J. Pereira da. *Deveres do estado de protecção de direitos fundamentais*. [s.l.]: Universidade Católica Editora, 2015. p. 268-269.

[29] CANOTILHO, J. J. Gomes. *Direito constitucional e teoria da Constituição*. 6. ed. Almedina, 2003. p. 977.

Tal norma constitucional é, depois, densificada por *uma lei* – o RESE – que formula, dentro do primeiro círculo autorizante, um segundo círculo, mais delimitado, que determina as condições que o ato público de declaração de estado de sítio/emergência, bem como seu funcionamento, devem respeitar. Importa aqui dar nota que o art. 14º, nº 1 do RESE refere, de facto, o dever de especificação dos direitos "cujo exercício fica suspenso ou restringido". Depois, a *declaração de estado de sítio/emergência* tem de concretizar de forma clara os direitos fundamentais que se encontram suspensos – e o âmbito dessa suspensão.[30] O regime legal do estado de sítio e de emergência está longe, pois, de permitir uma autorização em branco à Administração para levar a cabo, *v.g.*, "medidas que tenha por convenientes ou adequadas".

h) A disciplina normativa a que está sujeita a declaração e execução do estado de sítio/emergência protege, pois, o cidadão contra decisões casuísticas. O cidadão tem de saber, à partida, quais são os seus direitos que se encontram suspensos, e os termos em que estão suspensos. Só esses direitos, e apenas na medida firmada na declaração de estado de sítio/emergência, podem sofrer uma intervenção limitadora do Governo. Se, no exercício dos poderes administrativos, o Governo necessitar quer *suspender* outros direitos, quer mesmo *restringir* outros direitos, liberdades e garantias, isso só poderá suceder mediante uma nova declaração de estado de sítio/emergência, que declare esses outros direitos como suspensos.[31]

i) O princípio da igualdade e da proibição da discriminação, como subprincípio do princípio estruturante do Estado de direito, vigorará sempre como parâmetro "conformador"[32] de todas as medidas adotadas no contexto do estado de exceção constitucional – incluindo, obviamente, as medidas de suspensão de direitos fundamentais, que não podem ser aplicadas apenas a determinados grupos de pessoas ou indivíduos, escolhidos em função de critérios discriminatórios.[33]

j) No que toca agora ao princípio da proibição do excesso, este atua de forma particularmente "forte" no contexto do estado de emergência (assim o exige o nº 4 do art. 19º da CRP). Em bom rigor, o controlo por este princípio é levado a cabo em quatro momentos: desde logo, quanto à *decisão sobre a própria decretação* de estado de exceção, que deverá estar reservada para situações verdadeiramente excecionais. Depois, no que toca à *escolha entre os dois tipos de estados de exceção*, devendo dar-se preferência, em primeiro lugar, à figura menos grave – o estado de emergência. Em terceiro lugar, no *conteúdo da declaração presidencial*, a qual deverá, também ela, respeitar o princípio da proibição do

---

[30] O decreto presidencial tem de (1) especificar direitos, liberdades e garantias cujo exercício fica suspenso ou restringido; (2) densificar o sentido e a extensão da suspensão ou restrição. V. art. 14º, nº 1, al. d) do Rese. Não obstante a clareza deste regime, sempre se tem de referir a experiência de massiva produção legislativa levada a cabo sobretudo durante os estados de emergência decretados em 2020, que levantou problemas, precisamente de incerteza jurídica. Sobre este ponto, v. VIOLANTE, T.; LANCEIRO, R. Tavares. Coping with Covid-19 in Portugal: From Constitutional Normality to the State of Emergency. *Verfassungsblog*, abr. 2020.

[31] No que toca a direitos não abrangidos pela declaração do PR – e, por isso, não suspensos –, mantém-se a competência relativa da AR para efeitos da sua restrição – pelo que esses não podem ser nem suspensos nem restringidos pelo Governo (neste último caso, sem autorização da AR, nos termos do art. 165º, nº 1, al. b) da CRP).

[32] CANOTILHO, J. J. Gomes. *Direito constitucional e teoria da Constituição*. 6. ed. Almedina, 2003. p. 977.

[33] O RESE consagrou expressamente este princípio no art. 2º, nº 2.

excesso, que aqui atuará talvez no seu momento mais importante em todo este contexto, pois que é aqui que se delimitam os direitos a ser suspensos, o grau de suspensão, as exceções à suspensão, o âmbito territorial, temporal etc.[34] Por outras palavras, o decreto presidencial deverá circunscrever, logo, a específica medida em que um direito está suspenso – não o devendo ser mais do que na medida do necessário. Nas palavras de J. J. Gomes Canotilho e Vital Moreira, "a suspensão deverá abranger apenas aqueles direitos, liberdades e garantias cujo exercício ponha realmente em perigo os objetivos do estado de exceção", e "a intensidade da suspensão" deve limitar-se aí ao mínimo necessário exigido pelos objetivos do estado de exceção.[35] Note-se, aliás, que em estado de emergência (contrariamente ao que pode suceder em estado de sítio), a suspensão não deverá ser total (art. 19º, nº 3, 2ª parte da CRP). Por fim, e em quarto lugar, a *execução*, pelo Executivo, do estado de emergência através das medidas necessárias deverá também limitar-se ao estritamente necessário. No que toca à suspensão de direitos, o Governo poderá proceder à efetivação das possibilidades de suspensão "abertas" pelo decreto presidencial, só devendo "efetivar" aquelas que se assumam como verdadeiramente necessárias.[36]

k) Os estados de exceção constitucional não esgotam o seu conteúdo na suspensão do exercício de um número maior ou menor de direitos fundamentais – implicando, ainda, nos termos do nº 8 do art. 19º, outras providências necessárias e adequadas ao pronto restabelecimento da normalidade constitucional. J. J. Gomes Canotilho sublinha que estarão abrangidos todos os meios – de natureza fática ou jurídica (*v.g.* regulamentos, decretos), mas apenas os que se afigurem adequados, necessários e proporcionais ao restabelecimento da normalidade constitucional – o que equivale a dizer, pois, que aí vale também o princípio da proibição do excesso.[37] Na mesma ordem de ideias, P. Moniz Lopes sublinha

---

[34] Refere-se aqui apenas à atuação do princípio da proibição do excesso no âmbito da suspensão de direitos fundamentais. No entanto, o princípio da proibição do excesso atua ainda neste momento no que toca à opção pelo estado de exceção nacional ou circunscrito a parte do território nacional, ao prazo e à obrigação de retorno à normalidade assim que possível. Sobre estes pontos, v. GOUVEIA, J. Bacelar. *Estado de exceção no direito constitucional* – Uma perspetiva do constitucionalismo democrático – Teoria geral e direito português. Coimbra: Almedina, 2020. p. 169; BOTELHO, C. Santos. Os estados de exceção constitucional: estado de sítio e estado de emergência. *In*: GOMES, Carla Amado; PEDRO, Ricardo (Coord.). *Direito administrativo de necessidade e de exceção*. Lisboa: AAFDL, 2020. p. 37 e ss.

[35] CANOTILHO, J. J. Gomes; MOREIRA, Vital. *Constituição da República Portuguesa anotada*. 4. ed. rev. Coimbra: Coimbra Editora, [s.d.]. v. I. p. 401.

[36] No sistema de divisão de competências do caso português, ente o PR e o Executivo, o PR determina, *a priori*, quais os direitos suspensos. Assim, a suspensão do direito ocorre logo no decreto que a declara. Em alguns casos, o PR procede aí, logo, à concretização do alcance e extensão da suspensão. Noutros casos, isso não acontece, pelo que a declaração de suspensão representa aí, ainda apenas, uma autorização de ação ao Executivo para interferir no direito, *i.e.*, "uma disponibilidade para o poder público, podendo e querendo, agir reforçadamente" (assim, GOUVEIA, J. Bacelar. *Estado de exceção no direito constitucional* – Uma perspetiva do constitucionalismo democrático – Teoria geral e direito português. Coimbra: Almedina, 2020. p. 173). Tal ação pode não vir a ocorrer, se desnecessária. O Executivo, por um lado, pode limitar-se a nada fazer – caso em que a suspensão não é executada. Ou então, pode efetivamente intervir neles com tal intensidade que, efetivamente, aproveita a potencialidade de suspensão do direito – é este o ponto máximo admitido pelo decreto do PR que suspendeu o direito. V., ainda NOVAIS, Reis. Direitos fundamentais e inconstitucionalidade em situação de crise – A propósito da epidemia COVID-19. *e-pública – Revista Eletrónica de Direito Público*, v. 7, n. 1, abr. 2020. p. 109.

[37] CANOTILHO, J. J. Gomes. *Direito constitucional e teoria da Constituição*. 6. ed. Almedina, 2003. p. 979.

que o regime de afetação de direitos fundamentais em estado de emergência não resulta apenas da suspensão de efeitos das normas de direitos fundamentais, incluindo também "uma dimensão reguladora normativa", através, *inter alia*, da positivação de normas habilitantes e permissivas de interferência do Executivo.[38]

l) Existem limites absolutos da suspensão de direitos fundamentais, a saber: os direitos enunciados no art. 19º, nº 6 da CRP,[39] os princípios da universalidade, da igualdade e da tutela jurídica, o caráter geral e abstrato e o efeito não retroativo da suspensão.

Postas estas premissas, passar-se-á então para um ensaio de resposta ao significado da suspensão de direitos fundamentais.

3.2 A suspensão de direitos como uma inversão estrutural controlada pela proibição do excesso

Aqui chegados, importa, então, partilhar com o homenageado e os leitores os primeiros pensamentos sobre a matéria. E o principal ponto de partida não poderia deixar de ser o ensinamento central de Gomes Canotilho e Vital Moreira: o estado de exceção não *abole direitos fundamentais*. Apenas os "suspende" por período determinado.[40] Assim, a tentativa de encontrar um significado para a figura da suspensão de direitos não pode também passar por uma ideia de "desaparecimento" transitório do direito, como parece ser a ideia de Reis Novais, mas de uma limitação forte dele. A questão colocar-se-á, pois, na diferenciação entre restrição e suspensão de direitos.

A diferença entre restrição e suspensão não se resumirá a uma mera diferença de *grau*, como parece decorrer da tese de Vieira de Andrade. É certo que a suspensão afeta o direito de forma mais gravosa, tornando-o mais "enfraquecido". Mas a diferença vai *além do grau* (*i.e.*, do afetar *mais*),[41] e implica uma *verdadeira alteração estrutural* do direito ou, se se quiser, *uma alteração metodológica* do entendimento da intervenção estadual.[42] Representa como que uma *inversão do princípio da repartição –*[43] mas, de forma a que esta

---

[38] LOPES, P. Moniz. Significado e alcance da "suspensão" do exercício de direitos fundamentais na declaração de estado de emergência. *e-pública – Revista Eletrónica de Direito Público*, v. 7, n. 1, abr. 2020. p. 135.

[39] Note-se que, a estes direitos, o art. 2º do RESE veio juntar a proibição de censura à comunicação social e o direito de reunião de órgãos estatutários dos partidos políticos e associações sindicais e profissionais.

[40] CANOTILHO, J. J. Gomes; MOREIRA, Vital. *Constituição da República Portuguesa anotada*. 4. ed. rev. Coimbra: Coimbra Editora, [s.d.]. v. I. p. 401.

[41] Não se concorda, assim, com C. Santos Botelho quando refere que uma "suspensão parcial não seria uma verdadeira suspensão, mas uma mera restrição". Cf. BOTELHO, C. Santos. Os estados de exceção constitucional: estado de sítio e estado de emergência. *In*: GOMES, Carla Amado; PEDRO, Ricardo (Coord.). *Direito administrativo de necessidade e de exceção*. Lisboa: AAFDL, 2020. p. 62.

[42] P. Moniz Lopes refere que, por efeito da suspensão de direitos fundamentais, a norma é temporariamente alterada, ou, mais especificamente, que a sua estrutura é afetada. O autor clarifica tal alteração/afetação da seguinte forma: nas normas de direitos de liberdade, passa a vigorar uma "não proibição de interferência" e, nas normas de direitos sociais suspensas, em que antes vigorava um dever estadual de prestar, passa *a não vigorar*, temporariamente, um dever de prestar. Note-se que o autor critica uma alteração de estrutura que, partindo da ideia de que a paralisação de efeitos de uma liberdade implicaria cair numa "proibição de base" ou *by default* de exercício dessa liberdade. Cfr. LOPES, P. Moniz. Significado e alcance da "suspensão" do exercício de direitos fundamentais na declaração de estado de emergência. *e-pública – Revista Eletrónica de Direito Público*, v. 7, n. 1, abr. 2020. p. 134.

[43] Sobre o princípio da repartição, v., por todos, BETHGE, Herbert; WEBER-DÜRLER, Beatrice. *Der Grundrechtseingriff*. [s.l.]: Walter de Gruyter, 1998. p. 11 e ss.

não sucumba numa intolerável negação do princípio de Estado de direito (que permanece intocável, como se viu, nos estados de exceção constitucional). Isto é, tal inversão não poderá, nunca, representar uma carta branca de intervenção estadual ilimitada no direito fundamental. Ela será apenas uma *inversão metodológica da estrutura do direito* – mas que não implique bulir com os princípios constitucionais que se mantêm inalterados durante o estado de emergência. Pode dizer-se, enfim, que será uma inversão do princípio da repartição sujeita a controlos de proibição do excesso. Importa explicar com detalhe este raciocínio.

a) Num estado de normalidade constitucional, pode afirmar-se, com Reis Novais:

> as relações entre os particulares e o Estado estão sujeitas a um princípio basilar: a liberdade e a autonomia dos primeiros são a regra – pelo que, em princípio, o se, o quando e o como do seu exercício são deixados à discricionariedade do indivíduo –, enquanto que a ingerência estatal na liberdade dos cidadãos é a exceção e, como tal, limitada e de validade condicionada ao preenchimento de requisitos pré-estabelecidos.[44]

b) Com a violação deste princípio – *i.e.*, com a inversão desta estrutura – à partida o Estado interferirá sem motivo na liberdade da pessoa humana – nas palavras do autor referido –, de forma "desnecessária, fútil ou desproporcionadamente".[45]

c) No entanto, verifica-se que tal juízo apenas ocorre, no entendimento do mesmo autor, quando tal intervenção não seja justificada pela estrita necessidade de realização de fins, valores ou interesses dignos de proteção jurídica.

d) Nos estados de exceção constitucional ocorrem situações anómalas que requerem, para proteção de direitos fundamentais e/ou para a defesa da ordem constitucional, a suspensão de outros direitos fundamentais – *v.g.*, para salvaguardar a saúde pública e o máximo de vidas da população, postas em causa por uma pandemia provocada por um vírus com elevado nível de contágio, suspende-se o direito de livre deslocação, previsto no art. 44º da Constituição, de forma a conter os referidos contágios.

e) A suspensão, crê-se, implica os direitos afetados como que uma *inversão do princípio da repartição*: a limitação deles (implicando *o seu não exercício*) passa a ser a *regra*, e *a possibilidade do seu exercício* passa a ser a *exceção* – ocorrendo então, uma *inversão da estrutura do direito* ou, por outras palavras, *uma inversão do princípio da repartição*.

f) Para que esta inversão possa ser tolerável no sistema constitucional de um Estado de direito, ela reclama uma intervenção do princípio da proibição do excesso. Apesar de o *não exercício* do direito passar a ser a regra, tal não pode significar uma intervenção ilimitada no direito, *i.e.*, uma carta em branco ao Executivo para intervir nele sem critério.

---

[44] NOVAIS, Reis. *As restrições aos direitos fundamentais não expressamente autorizadas pela Constituição*. Coimbra: Coimbra Editora, 2003. p. 732.

[45] NOVAIS, Reis. *As restrições aos direitos fundamentais não expressamente autorizadas pela Constituição*. Coimbra: Coimbra Editora, 2003. p. 732.

g) Os casos em que haverá exceção à regra – *i.e.*, em que poderá haver exercício do direito – destinar-se-ão a salvaguardar as faculdades dele que sejam *desnecessárias para o fim constitucionalmente protegido que justificou o estado de exceção constitucional*. Por exemplo: é suspensa a liberdade de deslocação, mas apenas durante a noite. Trata-se de uma suspensão parcial. À noite, por regra, os cidadãos não se podem deslocar. No entanto, é desnecessário proibir a deslocação à beira-mar, imaginando-se agora que aí o vírus não sobrevive. Assim, deve ser prevista uma exceção, a retirar da regra geral de não exercício do direito, que permita passeios noturnos à beira-mar.
h) Isto equivale a dizer que, apesar de a regra nos casos de suspensão ser a da limitação do direito, deverão ainda ser salvaguardadas as faculdades que se afiguram inidóneas, desnecessárias ou desproporcionais ao fim em vista –[46] *i.e.*, essas faculdades deverão constituir *exceções* à *regra do não exercício do direito*.
i) A salvaguarda das faculdades do direito cuja suspensão se afigura inidónea, desnecessária ou desproporcional para alcançar o fim premente que a justificou processa-se, pois, através da previsão de exceções à suspensão, destinadas a permitir o exercício do direito nesses casos: *v.g.*, é permitida a deslocação à beira-mar (aí a suspensão do direito é desnecessária), é permitida a deslocação para permitir um passeio higiénico (aí a suspensão do direito poderia violar o princípio da proporcionalidade em sentido estrito, por impor um sacrifício demasiado oneroso aos particulares, de clausura domiciliária insustentável).
j) Tais exceções *não são meras concessões do poder público*. São exceções *devidas*, reclamadas pela necessidade de respeito pelo princípio da proibição do excesso – que, insiste-se, continua a vigorar no contexto do estado de exceção constitucional.
k) Então como distinguir, afinal, a restrição da suspensão? As restrições mais não são do que compressões ou diminuições do âmbito do direito, limitações circunscritas, e que afectam algumas faculdades do direito,[47] ou, como ensina, no seu manual, J. J. Gomes Canotilho, limitam ou restringem posições que, *prima facie*, se incluem no domínio de proteção dos direitos fundamentais.[48] O exercício do direito (ou, se se quiser, a liberdade), continua a regra – sendo a restrição a exceção. Já diferente será a configuração da relação "exercício do direito (ou liberdade)/limite", assumida por uma suspensão. Aí, o direito ficará suspenso por defeito – por regra ele *não pode ser exercido* –, mas, de forma a garantir-se o princípio da proibição do excesso, *devem* ser admitidas exceções a ele –[49] quando não se mostre adequado, necessário ou proporcional manter a regra do não exercício.

---

[46] Referimo-nos à subdivisão do princípio da proibição de excesso nos seus subprincípios constitutivos: princípio da conformidade ou adequação de meios, princípio da exigibilidade ou da necessidade e princípio da proporcionalidade em sentido estrito. Cfr. NOVAIS, Reis. *As restrições aos direitos fundamentais não expressamente autorizadas pela Constituição*. Coimbra: Coimbra Editora, 2003. p. 259 e ss.

[47] Para mais detalhes sobre o conceito de restrição, v. CANOTILHO, J. J. Gomes; MOREIRA, Vital. *Fundamentos da Constituição*. Coimbra: Coimbra Editora, 1991. p. 133 e ss.

[48] CANOTILHO, J. J. Gomes. *Direito constitucional e teoria da Constituição*. 6. ed. Almedina, 2003. p. 1131.

[49] Em sentido não coincidente, refere Reis Novais que o Executivo, observando os limites constantes da declaração do estado de emergência e princípios estruturalmente aplicáveis, designadamente o princípio da igualdade,

l) A distinção entre restrição e suspensão acaba, pois, por consubstanciar uma alteração metodológica do entendimento da intervenção estadual no direito fundamental, com a necessária salvaguarda do princípio da proibição do excesso. Isto é, tal inversão não poderá, nunca, representar uma carta branca de intervenção estadual no direito fundamental.

m) Daqui se pode concluir pois, que a suspensão do direito corresponde àquilo que se referiu como que uma "inversão do princípio da repartição sujeita a controlos de proibição do excesso".

3.3 Análise

Expostos os primeiros pensamentos sobre um possível entendimento substancial da figura de "suspensão de direitos fundamentais", importam antecipar algumas críticas. Desde logo, esta reflexão teve na sua base principalmente a estrutura de direitos-liberdade, não se tendo focado nos direitos-prestação (em particular, os direitos sociais). No entanto, crê-se ser ela também transponível para esta segunda tipologia de direitos. A inversão metodológica, aí, poderia ser enunciada da seguinte forma: a *regra* é a da *não prestação*, e a *exceção* a da *prestação*.[50]

Pode ainda asseverar-se que esta inversão metodológica levará a uma interferência ilimitada no direito assim suspenso – bastando não se prever exceções a esse efeito. Mas considera-se que se acautelou este risco, demonstrando-se que a introdução do princípio da proibição do excesso não é apenas semântica. Como se propugna, ainda que o direito se encontre suspenso, *deverão* ser excecionadas dessa suspensão as faculdades ou manifestações do direito que se afigurem desadequadas, desnecessárias ou desproporcionais aos fins de conservação da ordem constitucional e ao cumprimento dos deveres de proteção do Estado. Em bom rigor, deveriam ser previstas tantas exceções quanto as razoavelmente necessárias para garantir o máximo de espaços de liberdade ainda possíveis e coadunáveis face à ameaça em presença. A falta de preservação de tais faculdades levará a que a suspensão seja inconstitucional por violação do princípio da proibição do excesso. Esta doutrina possibilita, enfim, de uma forma que nos parece eficaz, a fiscalização de que nos falam J. J. Gomes Canotilho e Vital Moreira da *medida* e *intensidade* da suspensão dos direitos fundamentais.[51]

A construção deste modo pensada poderá ser particularmente útil de um duplo ponto de vista: em primeiro lugar, por permitir ainda salvaguardar as faculdades do direito possíveis de serem acauteladas, e que têm um valor autónomo *a se*, assim

---

pode permitir (ou não proibir) a realização de algumas manifestações, desde que considere que o seu respetivo impedimento não é estritamente necessário para a prossecução dos fins visados pela suspensão. Cf. NOVAIS, Reis. Direitos fundamentais e inconstitucionalidade em situação de crise – A propósito da epidemia COVID-19. *e-pública – Revista Eletrónica de Direito Público*, v. 7, n. 1, abr. 2020. p. 112. No nosso entender, não se trata de uma simples faculdade do Executivo, mas de um *dever*, reclamado pelo princípio da proibição do excesso, como se vem demonstrando.

[50] Sobre a os efeitos jurídicos da suspensão de uma norma que regula deveres estaduais de prestação, v. LOPES, P. Moniz. Significado e alcance da "suspensão" do exercício de direitos fundamentais na declaração de estado de emergência. *e-pública – Revista Eletrónica de Direito Público*, v. 7, n. 1, abr. 2020. p. 130.

[51] CANOTILHO, J. J. Gomes; MOREIRA, Vital. *Constituição da República Portuguesa anotada*. 4. ed. rev. Coimbra: Coimbra Editora, [s.d.]. v. I. p. 404.

garantindo a mínima lesão das posições subjetivas dos particulares ainda compagináveis com a salvaguarda do interesse público em causa. Por outro lado, esta construção poderá permitir salvaguardar as faculdades do direito que se podem assumir como necessárias para o gozo de *outros direitos*. E, aqui, o direito de deslocação – um dos que mais foi sujeito a suspensões durante as várias declarações de estado de emergência justificadas pelas medidas de combate à pandemia Covid-19 –[52] é, mais uma vez, um bom exemplo destas duas reflexões.[53] Em primeiro lugar, a sua suspensão não deve implicar uma paralização *in toto* de toda e qualquer manifestação dele, já que isso extravasaria de forma manifestamente desproporcional as necessidades de proteção dos fins de salvaguarda da saúde pública. Assim, a sua suspensão deverá prever as exceções necessárias de forma a garantir o gozo das faculdades *desnecessárias* à garantia desse direito, ou, ainda que necessárias, aquelas cuja suspensão se revele manifestamente desproporcional – implicando um sacrifício aos particulares superior ao benefício ganho para a luta contra a pandemia. Por outro lado, como se dizia, esta construção poderá ser também útil no que toca a entender que alguns direitos são instrumentais da garantia de outros. Assim, a suspensão dos primeiros, *in totem*, pode afigurar-se como mais gravosa por, precisamente, se estender a estes segundos.[54] De facto, importa voltar a sublinhar que os direitos fundamentais não vivem hermeticamente isolados, convivendo uns com os outros num sistema constitucional em rede – o que implica que a afetação de uns se repercuta noutros. Veja-se, a título de exemplo, a importância do direito de deslocação para se garantir o cumprimento de visitas a crianças filhas de pais divorciados, de prestação de cuidados a familiares idosos, de saúde etc.[55]

Esta construção poderá ainda permitir identificar medidas que constituem suspensões ilícitas de direitos fora de contextos de estados de exceção constitucional, como sucederá com medidas que coartem um direito de tal forma que tal limitação passe a ser a regra, apesar de acompanhadas pela previsão taxativa de exceções. Tal medida configurará uma *suspensão ao direito* – já que a regra passa a ser a do seu *não exercício*. Assim, por exemplo, medidas como as que foram tomadas pelo Governo Português ao abrigo de declarações do estado de calamidade, como as que proibiram – ou mantiveram a proibição – de circulação na via pública, acompanhada de um número de exceções – mais não constituem que suspensões do direito fundamental garantido pelo art. 44º da CRP. Se tais suspensões ocorrerem fora de estado de exceção constitucional, são, pois, pura e simplesmente, inconstitucionais.

---

[52] Discordando e considerando que, no contexto aqui referido, o direito suspenso teria sido o direito a não ser totalmente privado da liberdade, NOVAIS, Reis. Direitos fundamentais e inconstitucionalidade em situação de crise – A propósito da epidemia COVID-19. *e-pública – Revista Eletrónica de Direito Público*, v. 7, n. 1, abr. 2020. p. 88.

[53] Importa notar, com J. J. Gomes Canotilho e Vital Moreira, que o direito de deslocação não está sujeito à reserva de lei restritiva, pelo que só pode ser limitado, efetivamente, em estados de exceção constitucional (para além do cerceamento por efeito de pena ou medida de segurança ou medida preventiva constitucionalmente admitida). Cf. CANOTILHO, J. J. Gomes; MOREIRA, Vital. *Constituição da República Portuguesa anotada*. 4. ed. rev. Coimbra: Coimbra Editora, [s.d.]. v. I. p. 632.

[54] No que toca, por exemplo, ao direito de asilo em relação ao direito à vida e integridade pessoal, v. o nosso Asilo em estado de emergência. *In*: GOMES, Carla Amado; PEDRO, Ricardo (Coord.). *Direito administrativo de necessidade e de exceção*. Lisboa: AAFDL, 2020.

[55] Sobre os efeitos das declarações de estado de emergência de 2020 no gozo de outros direitos fundamentais, v. VIOLANTE, T.; LANCEIRO, R. Tavares. Coping with Covid-19 in Portugal: From Constitutional Normality to the State of Emergency. *Verfassungsblog*, abr. 2020.

4 Reflexão final

Comecei e terminei este estudo em 2021, durante o 11º e o 13º períodos de renovação do estado de emergência decretado em Portugal, com fundamento na situação de calamidade pública provocada pelo Covid-19. No momento em que escrevo, a figura jurídica já não está envolta da mesma aura de mistério que entusiasmou a doutrina em março de 2020. Volvidos mais de doze meses, a doutrina portuguesa analisou e contribuiu aprofundadamente para o conhecimento destas figuras que até hoje eram estudadas apenas como curiosidades científicas de outros quadrantes. Foquei-me especificamente na doutrina portuguesa por com ela partilhar precisamente este ciclo. Optei por me dedicar apenas, porém, a um tópico desta matéria, pertencente à dogmática dos direitos fundamentais.

Parti do pressuposto de que a suspensão dos direitos fundamentais não poderia ser equivalente à restrição de direitos, por estar envolta e revestida de inúmeras garantias constitucionais, apenas podendo ser "ativada" em caso de grave ameaça para a ordem constitucional. Mas também não poderia implicar um conceito tal que levasse, em bom rigor, a uma rutura com os princípios basilares dessa mesma ordem constitucional. O equilíbrio teria de ser feito entre estas duas balizas. Encontrou-se um ensaio de resposta entre uma inversão da estrutura base da relação de repartição liberdade/ingerência subjacente aos direitos fundamentais, e uma reafirmação dos princípios estruturais do Estado de direito. Espera-se, assim, contribuir para mais debates na matéria, regressando, de preferência, ao simples contexto doutrinal e deixando o da "vida real", mas não de tal forma que se fique nas "nebulosas abstractas das teorias que esquecem o lugar das coisas e o mundo dos homens".[56]

Informação bibliográfica deste texto, conforme a NBR 6023:2018 da Associação Brasileira de Normas Técnicas (ABNT):

GIL, Ana Rita. Em busca de uma perspetiva substancial do conceito de "suspensão de direitos fundamentais". *In*: GOMES, Ana Cláudia Nascimento; ALBERGARIA, Bruno; CANOTILHO, Mariana Rodrigues (Coord.). *Direito Constitucional*: diálogos em homenagem ao 80º aniversário de J. J. Gomes Canotilho. Belo Horizonte: Fórum, 2021. p. 631-646. ISBN 978-65-5518-191-3.

---

[56] CANOTILHO, J. J. Gomes. *Direito constitucional e teoria da Constituição*. 6. ed. Almedina, 2003. p. 14.

OS ALGORITMOS E O DIREITO: UM PERCURSO (*NADA*) LÓGICO

BRUNO ALBERGARIA

O poeta é um fingidor.
Finge tão completamente
Que chega a fingir que é dor
A dor que deveras sente.
E os que lêem o que escreve,
Na dor lida sentem bem,
Não as duas que ele teve,
Mas só a que eles não têm.
E assim nas calhas de roda
Gira, a entreter a razão,
Esse comboio de corda
Que se chama coração.
(Fernando Pessoa, *Autopsicografia*)[1]

    O exordial contato, por assim dizer, com o nosso homenageado, Senhor Doutor José Joaquim Gomes Canotilho, ocorreu na década de 90, nas introdutórias aulas de Teoria Geral do Estado na Faculdade de Direito da Universidade Federal de Minas Gerais, através da sua magistral obra *Direito constitucional e teoria da Constituição*.[2]

---

[1] PESSOA, Fernando. Autopsicografia. *In*: PESSOA, Fernando. *Cancioneiro*. [s.l.]: [s.n.], [s.d.].
[2] CANOTILHO, José Joaquim Gomes. *Direito constitucional e teoria da Constituição*. 7. ed. 5. reimpr. Coimbra: Almedina, 2008.

Por óbvio, suas pegadas jusfilosóficas constitucionais continuaram por todo o curso de direito, notadamente nas matérias relativas e correlatas ao direito público. Contato esse intensificado quando do ingresso no magistério e nas lidas profissionais. Todavia, jamais imaginaria que pudesse vir a ser seu orientado no Doutoramento na Faculdade de Direito da Universidade de Coimbra. Nesse sentido, necessária a advertência: os desejos, por mais utópicos que possam parecer, podem se tornar realidade.

No percurso do Doutoramento, designadamente da escrita da tese, os diálogos entre orientador e orientando notabilizaram-se através das trocas bibliográficas, com as devidas anotações preambulares. Assim, até mesmo o silêncio[3] antecedeu o esperado *meeting point*.[4] Digno de nota, ainda, o registro do afetuoso acolhimento de sua esposa, Ana Maria, em terras lusitanas que, à altura, eram consideradas terras distantes.

Para o olhar mais atento, verifica-se que o próprio caminhar acadêmico do nosso homenageado está vinculado às preocupações pertinentes à cada época; mas sempre com o olhar para o futuro. De fato, na transição democrática, tanto em Portugal quanto no Brasil, a *constituição material* do Estado democrático de direito estabeleceu nas décadas de 70 e 80 o seu tema angular. Ciente das lacunas das *Cartas* Constitucionais, notadamente no caráter programático, necessário se fez a construção de uma das suas mais inquietantes obras, qual seja, a *Constituição dirigente e vinculação do legislador*.[5]

Alcança a Constituição no núcleo essencial da ciência jurídica, impondo inclusive ao legislador (e sua circunscrita discricionariedade, face ao texto constitucional) limites – até mesmo no abstrato *topos* positivo – à atuação do Poder Legislativo.[6] Com efeito, vinculou a dignidade da pessoa humana à *ultima ratio* do Estado.[7]

Mas, assim como *Justiniano*,[8] não só após a construção do arcabouço teórico do direito constitucional, ensinou-nos o que seria (e como seria) esse ramo jurídico. Estamos a mencionar as enciclopédicas obras *Constituição da República Portuguesa anotada*[9] e, como já citado, *Direito constitucional e teoria da Constituição*.[10]

Todavia, na dita solidificação das democracias – e aqui se faz referência às constituições democráticas lusitana (1976) e brasileira (1988) –, o inquietante jurista conimbricense[11] voltou-se para uma nova temática, de igual (ou mais) importância, qual seja,

---

[3] GAGEIRO, Eduardo; JORGE, Lígia. *Silêncios*. [s.l.]: Punkte Art-Produções Gráficas, nov. 2008.
[4] FANTIN-LATOUR, Henri; BOTELHO, Manuel. *2. Meeting Point*. Lisboa: Museu Calouste Gulbenkian, 2015.
[5] CANOTILHO, José Joaquim Gomes. *Constituição dirigente e vinculação do legislador*: contributo para a compreensão das normas constitucionais programáticas. Coimbra: [s.n.], 1982.
[6] São poucos aqueles que olham para o passado e fazem críticas do próprio trabalho exitoso. Estamos a mencionar, por todos, CANOTILHO, José Joaquim Gomes. Rever ou romper com a Constituição dirigente? Defesa de um constitucionalismo moralmente reflexivo. *Cadernos de Direito Constitucional e Ciência Política*, São Paulo, ano 4. n. 15.
[7] CANOTILHO, José Joaquim Gomes. *Estudos sobre direitos fundamentais*. São Paulo; Coimbra: Revista dos Tribunais; Coimbra Editora, 2008.
[8] Faz-se aqui referência ao *Corpus iuris civilis* de Justiniano *apud* ALBERGARIA, Bruno. *Histórias do direito – Evolução das leis, fatos e pensamentos*. 2. ed. São Paulo: Atlas, 2012.
[9] CANOTILHO, José Joaquim Gomes; MOREIRA, Vital. *CRP – Constituição da República Portuguesa anotada*. Coimbra: Coimbra Editora, 2007.
[10] CANOTILHO, José Joaquim Gomes. *Direito constitucional e teoria da Constituição*. 7. ed. 5. reimpr. Coimbra: Almedina, 2008.
[11] José Joaquim Gomes nasceu em Pinhel, mas certamente é um "jurista de Coimbra".

as questões ambientais. Assim, o outrora Estado democrático de direito[12] sedimentou-se na dimensão do Estado democrático sustentável de direito (*Umweltrechtsstaat*).[13] Também digno de nota, inclusive, a criação do Centro de Estudos de Direito do Ordenamento, do Urbanismo e do Ambiente (Cedoua), com sede na Faculdade de Direito da Universidade de Coimbra.

Justamente nesse inquietante contexto histórico e teórico, em imersão nas dimensões – ou sistemas – económica, ambiental e social, desenvolvemos, sob sua orientação, a tese *O Estado sustentável democrático de direito pela ótica topológica: o enodamento dos sistemas econômico, social e ambiental na formação do (complexo) sistema – ex novo e continuum – sustentável*,[14] na qual defendemos, na Sala dos Capelos, o enodamento exordial entre o sistema econômico e o social, tido como um prelúdio da formação sistêmica (do macrocontexto social) em forma (e *matema*) do nó borromeu quando da chegada do sistema ambiental (singular), capaz de entrelaçar os outros sistemas formando um uno sistema – sustentável – no qual evoca o Estado sustentável, inclusive sob o enfoque da viabilidade, isto é, do *continuum*; ou seja, uma análise entre as (inter)relações, diretas e indiretas, entre as teorias econômicas, sociais e a interconexão com o meio ambiente.

Contudo, não se nega que a sociedade hipermoderna está em crise.[15] Dessa crise, emerge, evidentemente, a própria crise do direito[16] (e, consequentemente, do Estado).[17] Exige-se, nesse atual mundo tecnológico-assimétrico,[18] a busca de um (novo) direito rumo ao futuro.[19]

Assim, com o olhar sempre atento aos mais novos rumos, foi-me atribuído (ou agraciado) pelo Senhor Doutor Gomes Canotilho o livro *Gödel, Escher, Bach – Laços eternos – Uma fuga metafórica sobre mentes e máquinas, no espírito de Lewis Carrol*.[20] Se, ao desatento, não há articulação ao direito, após a devida atenção, verifica-se tratar-se da inquietante (chave mestre) "noção de "volta estranha" continha a chave da revelação do mistério daquilo a que nós, seres conscientes, chamamos "ser" ou "consciência"" que:

---

[12] A doutrina portuguesa prefere a expressão "Estado de direito democrático", em clara prevalência à construção histórica. De outra sorte, a opção brasileira já adota a expressão "Estado democrático de direito" por entender que a democracia também está adstrita aos reclames jurídicos (e não somente o Estado).

[13] V. CANOTILHO, José Joaquim Gomes. O princípio da sustentabilidade como princípio estruturante do direito constitucional. *Revista de Estudos Politécnicos*, v. VIII, p. 7-18, n. 13, 2010. Ainda, CANOTILHO, José Joaquim Gomes. *O Estado de direito*. Cadernos democráticos. Fundação Mário Soares. Lisboa: Gradiva, 1999.

[14] Tese de Doutoramento defendida na sala dos Capelos, em outubro de 2016, posteriormente publicada, em parte, pela Editora Fórum (2018).

[15] Por todos, ORTEGA Y GASSET, José. *En torno a Galileo – Esquema de las crisis*. [s.l.]: [s.n.], 1933.

[16] NEVES, António Castanheira. *O direito hoje e com que sentido? O problema actual da autonomia do direito*. Lisboa: Instituto Piaget, 2002.

[17] FERNANDES, António Teixeira. *A crise do Estado nas sociedades contemporâneas* – Texto da Conferência Proferida em 12 de novembro de 1993. Porto: Edição do Conselho Directivo, 1993. V. também CASTELLS, Manuel. *The power of identity*. [s.l.]: Blackwell Publishers, 1998.

[18] CASTELLS, Manuel. *The rise of the network society*. [s.l.]: Blackwell Publishers, 1998. p. 161.

[19] NUNES, António José Avelãs; COUTINHO, Jacinto Nelson de Miranda (Coord.). *O direito e o futuro. O futuro do direito*. Coimbra: Almedina, 2008.

[20] HOFSTADTER, Douglas R. *Godel, Escher, Bach* – Laços eternos – Uma fuga metafórica sobre mentes e máquinas, no espírito de Lewis Carrol. Lisboa: Gradiva, 2014.

surge nos sistemas formais em matemática (isto é colecções de regras para gerar um série sem fim de verdades matemáticas apenas por meio de manipulação simbólica mecanizada, sem atenção aos significados ou ideias escondidos nas formas manipuladas) é uma volta que permite ao sistema "ver-se a si próprio", falar de si próprio, tornar-se "autoconsciente", e não seria ir longe de mais dizer que, em virtude de possuir uma tal volta, um sistema formal *adquire em ego*.[21]

Em simples análise, discute-se sobre o "ato de pensar" (humano) e qual a sua possibilidade de ser reproduzido matematicamente em formas de algoritmo.

Nesse contexto, a inevitável analogia revela-se, quase do salto platônico, qual seja, poder-se-á construir/estabelecer/utilizar um sistema jurídico com base matemática, notadamente através de algoritmos de inteligência artificial? Qual a influência, para o futuro (próximo), dos algoritmos computacionais no dizer e na aplicação do direito? A inteligência artificial suplantará a consciência (e a força) humana e poderá nos revelar (e aplicar) um melhor direito?

Da breve introdução, afinal, o que é um algoritmo?

O domínio das ciências do "simbolismo lógico", como dito por Berthand Russell,[22] era condição exordial para o ingresso na Academia de Platão. Passados bem mais de dois mil anos, vislumbram-se, cada vez mais, atuais as insígnias da Academia. Afinal, os computadores só sabem fazer uma coisa: matemática.[23]

Ademais, nota-se uma aproximação entre a matemática, a filosofia e o direito. Até aqui não há nada de novo. Quando Kant[24] buscava, *a priori*, os seus imperativos categóricos – é o mesmo que dizer que não há nenhuma condicionante, ou seja, são válidos universalmente e não têm nenhuma condição de validade, isto é, devem ser seguidos absolutamente e *a priori* de qualquer condição ou percepção –, converge com as palavras de Gödel em que:

> o rigor e a certeza da matemática são obtidos *a priori*, significando que o matemático não recorre a quaisquer observações para chegar aos seus *insights* matemáticos, nem esses *insights* matemáticos, em si e por si, implicam observações, de modo que nada que observamos pode solapar os motivos que temos para acreditar neles.[25]

Isso sem irmos na gênesis sistémica binária – *binary digit* –, base da computação (0's e 1's), o que, decerto, se aproxima do sistema autopoiético de Luhmman[26] (*input*;

---

[21] HOFSTADTER, Douglas R. *Godel, Escher, Bach* – Laços eternos – Uma fuga metafórica sobre mentes e máquinas, no espírito de Lewis Carrol. Lisboa: Gradiva, 2014. p. xxiii.
[22] RUSSELL, Berthand. *Introdução à filosofia matemática*. Rio de Janeiro: Jorge Zahar, 2007.
[23] CHRISTIAN, Brian. *O humano mais humano, o que a inteligência artificial nos ensina sobre a vida*. Tradução de Laura Teixeira Motta. São Paulo: Companhia das Letras, 2013. p. 142.
[24] KANT, Immanuel. Primeira introdução à crítica do juízo. In: KANT, Immanuel. *Duas introduções à crítica do juízo*. Tradução de Rubens Rodrigues Torres Filho. São Paulo: Iluminuras, 1995.
[25] GOLDSTEIN, Rebecca. *Incompletude*. A prova e o paradoxo de Kurt Gödel. São Paulo: Companhia das Letras, 2008.
[26] LUHMANN, Niklas. *Introdução à teoria dos sistemas* – Aulas publicadas por Javier Torres Nafarrate. Tradução de Ana Cristina Arantes Nasser. 2. ed. Petrópolis: Vozes, 2010.

output) ou o binário código do *Recht/Unrecht*,[27] chegando até mesmo à poética de William Shakespeare, *to be or not to be*.[28] Nesse contexto, poder-se-ia transpor o mundo jurídico, seja na sua vertente clássica (ontológico-metafísico) ou *moderna* (antropológico-racionalista),[29] em meros *bits*?

As apropinquações, como visto, são espantosas. Ademais, como afirmado no vernáculo de Wolfgang Goethe, *Die Welt ist vernünfting*, isto é, o mundo é racional (ou, pelo menos, deveriam ser as ciências, sejam quais forem, exatas ou humanas aplicadas); de fato, para se atribuir o grau de ciência necessário à pretensão da racionalidade com força atrativa da universalidade.

E, assim, tratam os defensores do *jusnaturalismo racional*,[30] em que a ideia de "universalidade",[31] "*aeternitatis*"[32] "*ius cogens*" (*que se diz e quer ser universal, em linguagem e forma de vida...*)[33] sempre consta como tema recorrente da cultura filosófica europeia.[34] [35] Ademais, propaga-se ser o sentido da universalidade própria e inerente da filosofia.[36] Por esse ângulo, haveria uma superação da (influência histórica) na estruturação – última – do ser humano com a conclusão (final) do que seria – ontologia – dos direitos humanos. Com efeito, como observou Taylor:

> In the first place, when a general Law can be inferred from a group of facts, the use of detailed history is very much superseded. When we see a magnet attract a piece of iron, having come by experience to the general Law that magnets attract iron, we do not take the trouble to go into the history of the particular magnet in question.[37]

---

[27] Por todos, TEUBNER, Gunther. *Recht Als Autopoietisches System*. [s.l.]: [s.n.], 1989.

[28] SHAKESPEARE, W. *The Tragedy of Hamlet, Prince of Denmark*. [s.l.]: [s.n.], 1623.

[29] NEVES, António Castanheira. A crise actual da filosofia do direito no contexto da crise global da filosofia, tópicos para a possibilidade de uma reflexiva reabilitação. *Boletim da Faculdade de Direito, Stvdia Ivridica*, n. 72, Coimbra, 2003. p. 24.

[30] ALBERGARIA, Bruno. *O Estado sustentável de direito pela ótica topológica*. Belo Horizonte: Fórum, 2018.

[31] COMPARATO, Fabio Konder. *Afirmação histórica dos direitos humanos*. 5. ed. São Paulo: Saraiva, 2007. p. 1 e ss. V. também: MARK, Gibney. *International human rights law*. Returning to universal principles. Lanham: The Rowman & Littlefield Pub. Group., 2008; SERRANO MARÍN, Vicente. ¿Es el Estado un derecho fundamental? Reflexión sobre el fundamento epistemológico de los derechos fundamentales. *Revista del Centro de Estudios Constitucionales*, Madrid, v. 5, p. 241-258, ene./abr. 1990; TRINDADE, Antônio Augusto Cançado. *Tratado de direito internacional dos direitos humanos*. 2. ed. rev. e atual. Porto Alegre: Safe, 2003. v. 1. p. 33 e ss.; SYMONIDES, Janusz (Org.). *Human rigths*: new dimensions and challenges. Paris: United Nation Educational, Scientific and Cultural Organization (Unesco), 1998 (versão utilizada: SYMONIDES, Janusz (Org.). *Direitos humanos*: novas dimensões e desafios. Brasília: Unesco no Brasil, 2003. p. 55 e ss.).

[32] PÉREZ LUÑO, Antonio Enrique. *La tercera generación de derechos humanos*. Navarra: Aranzadi, 2006. p. 13.

[33] LINHARES, José Manuel Aroso. O logos da juridicidade sob o fogo cruzado do ethos e do pathos: da convergência com a literatura (law as literature, literature as law) à analogia com uma poiêsis-technê de realização (law as musical and dramatic performance). *Boletim da Faculdade de Direito da Universidade de Coimbra*, n. 80, p. 66-67, 2004. Separata.

[34] Contra a relação – génesis – entre os direitos humanos e os direitos naturais, ver ARENDT, Hanna. *Origem do totalitarismo*. São Paulo: Companhia das Letras, 1989. Ainda sobre o tema: PÉREZ LUÑO, Antonio Enrique. *Derechos humanos, Estado de derecho y Constitucion*. 6. ed. Madrid: Tecnos, 1999. p. 30, *passim*. Contudo, as palavras de Comparato são elucidativas quanto à matéria: "a justificativa desse princípio encontra-se no postulado ontológico de que a essência do ser humano é uma só" (COMPARATO, Fabio Konder. *Afirmação histórica dos direitos humanos*. 5. ed. São Paulo: Saraiva, 2007. p. 68).

[35] Sobre a problemática (atual) do problema universal do direito, ver em NEVES, António Castanheira. Coordenadas de uma reflexão sobre o problema universal do direito – Ou as condições da emergência do direito como direito. In: RAMOS, Rui Manuel de Moura *et al.* (Org.). *Estudos em homenagem à Professora Doutora Izabel de Magalhães Collaço*. Coimbra: Almedina, 2002. v. II. p. 837-871.

[36] REALE, Miguel. *Filosofia do direito* São Paulo: Saraiva, 2009. p. 7.

[37] TAYLOR, Edward Burnett. *Researches into the early history of mankind and the development of civilization*. Londres: [s.n.], 1865. p. 3. Tradução livre: "Em primeiro lugar, uma vez que se pode inferir uma lei de um conjunto de

Ademais, apesar dos governos negacionistas (à ciência) ou das incertezas,[38] das incompletudes,[39] da relatividade,[40] da insegurança[41] dos antigos dogmas[42] (inclusive do dogma da ciência estruturada na razão),[43] Descartes, já nos anos de 1637, entregava-nos o seu *discours de la méthode pour bien conduire sa raison, et chercher la verité dans les sciences*. Nesse sentido, dever-se-ia, segundo o filósofo matemático, seguir o método científico para se obter "a ideia de um método universal para encontrar a verdade".[44] Indubitável que a lógica racional matemática tem muito a contribuir em qualquer área do conhecimento e da aplicação desse conhecimento (mesmo que não seja a única variável do sistema).

Nessa lógica, retorna-se à introdução. Por algoritmo, entende-se sequência finita de instruções, ditas ações executáveis, que informam (*in casu* – mas não necessariamente – ao computador) o que (ele) deve fazer[45] para obter uma solução para determinado propósito. São, por assim dizer, instruções de sequências lógicas, especificadas por modo matemático, aplicadas de forma sistematicamente, introduzidas por algum *input* e obtendo respostas *output* determináveis. Enfim, um algoritmo deve ser capaz de recolher uma informação, processá-la e proceder em conformidade.[46]

Não se questiona, aqui, que o direito é (ou pelo menos deveria ser) a subsunção do fato à norma (da norma prevista), no caso concreto, extraindo-se as consequências lógico-jurídicas já previamente determinadas.[47] Visto dessa forma, o direito, seja da família *civil law* ou *common law*, não deixa de ser um algoritmo (sequência lógica de ações), estruturado em códigos ou dados (fontes) aplicáveis para se obter um resultado previsto e desejável (decisões/julgados).

---

fatos, o papel da história detalhada fica largamente superado. Se vemos um ímã atrair um pedaço de ferro, e se conseguimos extrair da experiência a lei geral de que ímãs atraem o ferro, não cabe nos esforçarmos para aprofundar a história do ímã em questão".

[38] Paradoxalmente, considera-se justamente o "início da ciência moderna" através das ideias introduzidas por René Descartes, no seu clássico *Discours de la méthode pour bien conduire sa raison, et chercher la verité dans les sciences*, de 1637, no qual o ponto central é justamente a "dúvida metódica" (apud REALE, Giovanni; ANTISERI, Dario. *Il pensiero occidentale dalle origini ad oggi*. 8. ed. Bréscia: Editrice La Scuola, 1986. p. 348 e ss.).

[39] GOLDSTEIN, Rebecca. *Incompleteness* – The proof and paradox of Kurt Gödel. Atlas Book, L.L.C./W.W, Norton & Company, Inc. 2005.

[40] EINSTEIN, Albert. *Fundamental ideas and problems of the theory of relativity*. Nobel Lectures, Physics 1901–1921. Amsterdam: Elsevier Publishing Company, 2007.

[41] HARVEY, D. *The condition of postmodernity*: an enquiry into the origins of cultural change. [s.l.]: [s.n.], 1989. p. 103.

[42] SANTOS, Boaventura de Sousa. *Um discurso sobre as ciências*. 7. ed. Porto: Edições Afrontamento, 1995. Coleção Histórias e Ideias.

[43] SANTOS, Boaventura de Sousa. *A crítica da razão indolente*: contra o desperdício da experiência. São Paulo: Cortez, 2000.

[44] DESCARTES, René. *Discours de la méthode pour bien conduire sa raison, et chercher la verité dans les sciences*. [s.l.]: [s.n.], 1637 (versão utilizada: DESCARTES, René. *Discurso do método e tratado das paixões da alma*. Tradução, prefácio e notas Newton de Macedo. 3. ed. Lisboa: Livraria Sá da Costa, 1956).

[45] DOMINGOS, Pedro. *O algoritmo mestre*. Como a busca pelo algoritmo de machine learning definitivo recriará nosso mundo. São Paulo: Novatec, 2017. p. 24.

[46] PEREIRA, Luís Moniz. *A máquina iluminada, cognição e computação*. Porto: Fronteira do Caos, 2016. p. 7.

[47] É ciente que a semântica "direito" tem vários significados. Da compreensão leiga à definição jusfilosófica há uma quantidade (e qualidade) quase infindável de definições, inclusive sob a ótica de cada ciência, como exemplo, sociológica, política, antropológica e mesmo dentro do próprio universo jurídico. Sobre o tema: ASCENSÃO, José de Oliveira. *O direito* – Introdução e teoria geral. 13. ed. Coimbra: Almedina, 2016; MONCADA, Cabral de. *Direito positivo e ciência do direito*. 1. ed. Porto Alegre: Safe, 2006; JUSTO, A. Santos. *Introdução ao estudo do direito*. Coimbra: Coimbra Editora, 2003; CARNELLUTI, Francesco. *Teoria generale del diritto*. [s.l.]: [s.n.], 1940, entre tantos outros.

Ainda, não se deve fazer certas imprecisões termológicas. Algoritmo não é o mesmo que programação computacional. A questão é o desenvolvimento dos códigos matemáticos algorítmicos em linguagem da computação. Com efeito, um algoritmo não é o mesmo que um programa de computador. Mas, em contrapartida, um programa de computador (*software*) é essencialmente estruturado em um algoritmo que informa ao computador (*hardware*) os passos específicos e em que ordem eles devem ser executados para que se possa obter determinado (e desejado) resultado.

Dos códigos algorítmicos ou *civil law*

Uma das preocupações do Rei Hammurabi foi a unificação da Mesopotâmia, nos idos anos de 1726/1686 a.C., através do *direito* e da ordem mediante a confeção de um código abrangente a todo o seu reino. Assim, o legislador babilônico consolidou a tradição jurídica, harmonizou os costumes e estendeu o direito e a lei a todos os seus súditos.[48] O seu código, em exposição no Museu do Louvre, é uma de suas das principais atrações.

Em que pese a citação da passagem histórica do Código de Hammurabi, a família jurídica denominada *civil law*, ou romano-germânica, que tem como principal característica a técnica da codificação, originou-se – em paradigma histórico – no *Code Civil des Français*, conhecido por *Code Napoléon*, de 1804. Atualmente, é presente na América Latina, grande parte da Ásia, Oriente Próximo, Japão e Indonésia.[49] Apesar de o direito material ser local, agrupa-se por uma estrutura comum, isto é, o modo como é concebida a própria regra de direito.[50] E, de fato, a regra é concebida justamente em códigos, ou seja, caracteriza-se por ser portadora de uma globalidade ordenada de regras.[51]

Nas palavras de Clóvis Beviláqua,[52] as codificações, além de corresponderem às necessidades mentais de clareza e sistematização, constituem, do ponto de vista social, formações orgânicas do direito, que lhe aumentam o poder de precisão e segurança, estabelecendo harmonia e recíproca elucidação dos dispositivos, em busca de formas definidas, firmes e lúcidas, que traduzem as exigências, cada vez mais apuradas, da consciência jurídica, e, melhor, disciplinam os interesses dos indivíduos e dos agrupamentos sociais. Com efeito, um código é – antes de mais – uma lei,[53] isto é, uma organização lógica de regras jurídicas. Por força da sistematização, que os simplifica, ordena e esclarece, os preceitos adquirem maior nitidez de forma e maior energia de império.[54]

Para fins de clarividências, conceituam-se leis como "um texto ou fórmula significativo de uma ou mais regras emanado, com observância das formas estabelecidas, de uma autoridade competente para pautar critérios jurídicos de solução de situações concretas".[55]

---

[48] ALBERGARIA, Bruno. *Histórias do direito* – Evolução das leis, fatos e pensamentos. 2. ed. São Paulo: Atlas, 2012.
[49] DAVID, René. *Os grandes sistemas do direito contemporâneo*. São Paulo: Martins Fontes, 1998.
[50] DAVID, René. *Os grandes sistemas do direito contemporâneo*. São Paulo: Martins Fontes, 1998. p. 79.
[51] ASCENSÃO, José de Oliveira. *O direito* – Introdução e teoria geral. 13. ed. Coimbra: Almedina, 2016. p. 363.
[52] BEVILÁQUA, Clóvis. *Código Civil dos Estados Unidos do Brasil* comentado. Rio de Janeiro: Paulo de Azevedo Ltda., 1949. v. I. p. 0 9.
[53] ASCENSÃO, José de Oliveira. *O direito* – Introdução e teoria geral. 13. ed. Coimbra: Almedina, 2016. p. 363.
[54] BEVILÁQUA, Clóvis. *Código Civil dos Estados Unidos do Brasil* comentado. Rio de Janeiro: Paulo de Azevedo Ltda., 1949. v. I. p. 84-85.
[55] ASCENSÃO, José de Oliveira. *O direito* – Introdução e teoria geral. 13. ed. Coimbra: Almedina, 2016. p. 284.

Pode-se, à luz dos algoritmos, afirmar que códigos matemáticos são sistemas de signos devidamente organizados e convencionados (regras), a fim de permitir a elaboração e transmissão de mensagens (dados), usadas para converter instruções de uma forma para outra (análise), obtendo resultados previstos (consequências).

Verifica-se, portanto, que um sistema jurídico que tem como a sua principal fonte[56] os códigos[57] não difere de um sistema computacional, que é estruturado em algoritmos. A diferença conceitual reside, quase que exclusivamente, no monopólio do poder estatal como originário (e aplicador) dos códigos/leis.

Contudo, no sistema *civil law*, não basta apenas seguir literalmente os dispositivos legais, mas, sobretudo, interpretá-los. Por derradeiro, sobrepomos o juiz *"bouche de la loi"*. De fato, interpretar não é somente ler o texto legal, mas sobretudo, procurar o sentido e a significação, não do que alguém disse, mas do que foi dito.[58] Pode-se, nesse sentido, determinar que interpretar é escolher, entre as muitas significações que a palavra oferece, a justa e conveniente.[59]

Atualmente, o ramo da inteligência artificial (doravante IA) dedicado a estudar a habilidade de fazer uso do *machine learning* para ler e compreender textos denomina-se *machine reading comprehension* (MRC) ou compreensão de leitura de máquina (CLM).[60] Fato é que, em julho de 2019, um programa de IA obteve uma pontuação maior do que a interpretação humana em um teste de compreensão de leitura.[61] Também devem ser mencionados os programas de *natural language processing system*, como se verá no precursor *Eliza*.

É indubitável que, cada vez mais, a tecnologia está se aproximando (se não suplantando) a capacidade de "interpretar" e "dizer sobre" um texto, seja jurídico ou até mesmo literário.[62]

Do *big data* ou *common law*

A família jurídica *common law*, de origem inglesa, tem, como cediço, como núcleo de identificação, ou a sua própria estrutura, a jurisprudência (*case law*) como principal fonte do seu direito. Pelo estudo histórico, os tribunais, ao analisarem os costumes dos

---

[56] Por fontes do direito, ver, entre vários outros, ASCENSÃO, José de Oliveira. *O direito – Introdução e teoria geral*. 13. ed. Coimbra: Almedina, 2016. p. 255 e ss.; PEREIRA, Caio Mario da Silva. *Instituições de direito civil*. Rio de Janeiro: Forense, 1991. v. I. p. 39 e ss.

[57] Utiliza-se aqui a expressão "código" por todo e qualquer comando normativo de "força de lei". Para um melhor entendimento ver em ASCENSÃO, José de Oliveira. *O direito – Introdução e teoria geral*. 13. ed. Coimbra: Almedina, 2016.

[58] BEVILÁQUA, Clóvis. *Theoria geral do direito civil*. Rio de Janeiro: Paulo de Azevedo Ltda., 1951. p. 53.

[59] KOHLER, Josef. *Lehrbuch des Bürgerlichen Rechts*. [s.n.]: Berlin, 1906.

[60] GONÇALVES, Luís. Machine reading comprehension – Inteligência artificial que consegue ler e interpretar textos. *Medium*. Disponível em: https://medium.com/luisfredgs/uma-intelig%C3%AAncia-artificial-que-consegue-ler-e-interpretar-textos-da108a2f1041. Acesso em: 23 mar. 2021.

[61] INTELIGÊNCIA Artificial bate humanos em teste de compreensão de texto. *Olhar Digital*, 10 jul. 2019. https://olhardigital.com.br/2019/07/10/noticias/ia-da-alibaba-bate-humanos-em-teste-de-compreensao-de-leitura/. Acesso em: 22 mar. 2021.

[62] Ver melhor em CHRISTIAN, Brian. *O humano mais humano, o que a inteligência artificial nos ensina sobre a vida*. Tradução de Laura Teixeira Motta. São Paulo: Companhia das Letras, 2013. p. 91 e ss.

povos, dizem o melhor direito através das jurisprudências.[63] Assim, pode-se extrair dessas decisões as *ratio decidendi*. Com efeito, por muito se diz, acertadamente, que a fonte do direito inglês são os costumes, o que é verdade. Mas, esses costumes, ao longo dos tempos, são judicializados pelos julgados dos tribunais.

A histórica construção, secular, desses julgados foi um "banco de dados", autônomo-sistêmicos (ou em aproximação à teoria dos sistemas sociais de Niklas Luhmann,[64] autopoiéticos, posto autorreferenciados e autorreprodutivos). A partir desses julgados, como já dito, chega-se à regra do procedente, isto é, ao *thelos* a que se objetiva proteger (valor-da-norma). Não há como negar que, hodiernamente, a principal fonte do direito objetivo inglês, ou da família da *common law*, constitui-se na farta jurisprudência dos tribunais, em que pese podermos defini-lo como os complexos de princípios declarados pelas decisões das cortes de justiça, juntamente com os preceitos votados pelo Parlamento.[65]

Interessante que em computação também se tem o mesmo processo: os programadores não inventam a roda quando estão a programar. De fato, utilizam de algoritmos já desenvolvidos para acoplar aos novos que estão em desenvolvimento. Observa-se um sistema fractal, no qual se pode dizer que há a produção de algoritmos que se utiliza de outros algoritmos e assim sucessivamente.[66]

Também não há como negar que "a jurisprudência" se trata de um "bando de dados" ou, na linguagem computacional, *um fluxo de informações*. Com efeito, deve-se utilizar uma metodologia específica e própria para extrair e interpretar informações oriundas de um conjunto de dados que servirão de embasamento para determinado objetivo. Essa é a definição de análise de dados, ou do inglês, *analytics*.

Todavia, pela (hiper)complexidade e (hiper)abundância de dados, o diferencial consiste na precisão e assertividade altíssimas da "gestão de informação"; afinal de contas, essa análise é totalmente racional, nutrida com fatos e informações do próprio sistema.[67]

Nesse sentido, pode-se afirmar que *big data* é a "representação da capacidade de uma sociedade de obter novas informações a fim de gerar ideias úteis e serviços que representem valor significativo para uma organização"[68] ou, ainda, "grande volume de dados, gerados em alta velocidade e variedade, que necessitam de formas inovadoras e econômicas para processá-los, organizá-los e armazená-los, a fim de se permitir melhor compreensão para a tomada de decisão e automação de processos".[69]

---

[63] DAVID, René. *Os grandes sistemas do direito contemporâneo*. São Paulo: Martins Fontes, 1998.
[64] LUHMANN, Niklas. *Introdução à teoria dos sistemas* – Aulas publicadas por Javier Torres Nafarrate. Tradução de Ana Cristina Arantes Nasser. 2. ed. Petrópolis: Vozes, 2010.
[65] PEREIRA, Caio Mario da Silva. *Instituições de direito civil*. Rio de Janeiro: Forense, 1991. v. I.
[66] DOMINGOS, Pedro. *A revolução do algoritmo mestre* – Como a aprendizagem automática está a mudar o mundo. 5. ed. Lisboa: Manuscrito, 2018. p. 29.
[67] GALDINO, Natanael. Big data: ferramentas e aplicabilidade. *XIII Simpósio de Excelência em Gestão e Tecnologia*. Disponível em: 472427.pdf (aedb.br). Acesso em: 22 mar. 2021.
[68] MAYER-SCHÖNBERGER, Viktor; CUKIER, Kenneth. *Big data*: como extrair volume, variedade, velocidade e valor da avalanche de informação cotidiana. Rio de Janeiro: Campus, 2013.
[69] BIG data: o que é, conceito e definição. *Blog Cetax*, 7 ago. 2020. Disponível em: https://www.cetax.com.br/blog/big-data/. Acesso em: 24 mar. 2021.

Em verdade, o termo *big data* utiliza, na sua definição, dados não estruturados[70] (como exemplo, *posts* nas redes sociais, vídeos, fotos, *tweets*, geolocalização, comportamentos),[71] o que, por certo, aproxima-se mais dos "costumes", considerados mais complexos e de difícil manuseio. Por evidente, quando se têm, no caso dos repertórios de jurisprudências dos tribunais, dados estruturados, a IA é muito mais eficiente e rápida na análise desses dados para se obter os *insights* desejados.

Nesse sentido, tendo em vista o aperfeiçoamento e incremento do conhecimento, bem como a aplicação da análise de dados, evocam-se metodologias baseadas no próprio *analytics*. A ideia de *big data* é uma delas.

De fato, pode-se utilizar a técnica de IA denominada menoização (tradução livre de *memoization* ou *memoisation*), que consiste na otimização máxima do desempenho de aplicações baseado em armazenamento de resultados já computados para que futuras consultas não demandem recomputação de alto custo. Em termos simples, a menoização é uma poderosa ferramenta na IA para se ganhar tempo quando se processa um programa de computador, com dados e resultados já obtidos, para se chegar aos mesmos fins específicos.[72] Novamente, reporta-se a aproximação dos conceitos e atuações, tanto da ciência da computação quanto do jurídico. A verificação é simples: os tribunais, o sistema *common law*, não precisam se reportar à análise dos costumes, mas vão "direto" no repertório jurisprudencial para atribuir uma decisão ao novo caso em concreto.

A inteligência artificial, como visto atualmente, é insuperável em armazenar e manusear essas informações disponíveis para análise, tanto dos bancos de dados fechados quanto dos *big datas*.

O *xeque-mate* jurídico

O xadrez é um jogo matemático, no sentido de poder ser representado por um ambiente cognoscível (tabuleiro), com um banco de dados específicos (peças), com regras definidas (movimentos) e com um objetivo (função).

Tendo em vista a alta complexidade (variedade) de jogadas, por muitos (e por muito tempo) o xadrez foi, ou é, considerado um jogo nobre. Aduz-se, que o artista francês Marcel Duchamp, exímio jogador, tenha dito que "nem todos os artistas são enxadristas, mas todos os enxadristas são artistas".[73] Aliás, é (ou foi) considerado esporte da mente por exigir dos jogadores habilidade, imaginação criativa e inteligência, e há até mesmo

---

[70] Qualificam-se "dados" em três categorias: dados estruturados, pertencentes a um SGBD relacional com esquema relacional associado, dados semiestruturados, que são irregulares ou incompletos não necessariamente de acordo com um esquema, compreensíveis para máquinas, mas não por seres humanos, como documentos HTML e *logs* de *web sites*, e dados não estruturados, sem estrutura prévia nem possibilidade de agrupamento em tabelas, como vídeos, imagens e e-mails (GALDINO, Natanael. Big data: ferramentas e aplicabilidade. *XIII Simpósio de Excelência em Gestão e Tecnologia*. Disponível em: 472427.pdf (aedb.br). Acesso em: 22 mar. 2021). Nesse sentido, um banco de dados de jurisprudência dos tribunais é um bando de dados estruturados, o que torna o processo de manuseio menos complexo.

[71] O QUE é big data? *Canaltech*. Disponível em: https://canaltech.com.br/big-data/o-que-e-big-data/. Acesso em: 22 mar. 2021.

[72] RUSSELL, Stuart J. *Artificial intelligence a modern approach*. Englewood Cliffs, New Jersey: Prentice Hall, 1995.

[73] LEITÃO, Rafael. *Marcel Duchamp*: um artista do xadrez. Disponível em: https://rafaelleitao.com/marcel-duchamp-xadrez/. Acesso em: 1º abr. 2021.

quem veja beleza nas jogadas. O próprio Hofstadter, autor do exordial *Gödel, Escher, Bach*, conclui que "jogar xadrez com grande perspicácia se baseia intrinsecamente em facetas centrais da condição humana".[74]

Contudo, em que pese a grandiosa variedade de jogadas, o seu número (denominado *número de Shannon*, por ter sido elaborado pelo matemático Claude Shannon, considerado o pai da teoria da informação) é limitado.

Com efeito, o xadrez é um jogo fechado, posto ser representável matematicamente; e lógico, tendo em vista que se admite certo número de axiomas e regras que definem as operações que existem internamente. A complexidade do xadrez, expressa no número de possíveis jogadas, é atualmente avaliada em aproximadamente 10123 (Número de Shannon: 10120). Apesar de ser, como visto, um número enorme, é limitado.

Com efeito, basta (apenas) formular um programa bastante forte para que se possa dizer que o jogo de xadrez também se torne um jogo solucionado (assim como já foi feito com o jogo da velha e de damas).[75] Contudo, ainda não se tem a tecnologia suficiente para tal façanha.

Por isso, tem-se que (ainda) fazer uma estratégia de jogo tendo em vista que não se conhecem todas as ramificações da árvore de escolha e, ademais, nessa busca gastar-se-ia, pela tecnologia atual, um tempo extremamente grande. Nesse ponto, por ser um jogo de lógica matemática, a IA presta um grande auxílio.

Por já se saber que, pelo tempo gasto, chegar ao nível mais profundo na árvore de escolhas do xadrez é inviável, deve-se estimar uma profundidade útil, ou seja, necessária para se ganhar um jogo. Assim, calcula-se um nível ótimo, possível ou desejado (depende do grau do oponente, por isso os programas de computador para jogar xadrez podem variar de graus de dificuldade) e, após atingi-lo, suspende-se a busca (*pruning* ou *poda alfa-beta*).

Para solucionar o problema de avaliação das posições, tendo em vista que não se chegou ao fundo da árvore ou que para se chegar lá o tempo necessário torna a busca inviável (é impossível ou a relação tempo/resposta é prejudicial à própria escolha), utiliza-se um recurso denominado em computação de *heurística*. Assim, por heurísticas entendem-se os procedimentos utilizados quando uma escolha, dentro de um sistema, é por demais complexa (pelo número de variáveis possíveis) ou por conter informações incompletas (não se chegar ao fundo da árvore das escolhas ou porque essas escolhas estão fora do sistema).

Salienta-se, ainda, que nenhum jogo de xadrez profissional é feito como se fosse o primeiro jogo de xadrez do mundo, iniciando-se do zero em termos de probabilidades

---

[74] HOFSTADTER, Douglas R. *Godel, Escher, Bach* – Laços eternos – Uma fuga metafórica sobre mentes e máquinas, no espírito de Lewis Carrol. Lisboa: Gradiva, 2014.

[75] O programa Chinook venceu o Campeonato Mundial de Damas entre Homem e Máquina, em 1994. Hoje, é considerado um jogo já resolvido. Por resolvido, diga-se, o domínio completo para escolher sempre a jogada perfeita entre todas as outras possíveis. As chances de ganhar do Chinook são nulas. No máximo se consegue um empate. Aliás, o Chinook só deixa de ganhar um jogo se jogar contra ele mesmo. Um jogo entre o programa Chinook contra o próprio Chinook invariavelmente será o empate. Ou seja, deixou de ser um programa de computador de AI quase imbatível, mas solucionou o jogo de damas. No caso do jogo de damas são cerca de 500 quintilhões, ou cinco vezes dez elevado à vigésima potência (5 x 1023). Mas, com um mecanismo de busca alfa-beta, com uma base de dados de 39 trilhões de posições finais, chegou ao *match point* matematicamente invencível.

(em termos de IA, denominar-se-ia de *deep IA*). Há uma série de jogadas que já é conhecida. Por exemplo, todos aqueles que têm familiaridade com o jogo sabem da jogada "xeque-mate do pastor". Em apenas quatro lances vence-se o adversário (e4 e5 2. Qh5 Nc6 3. Bc4 Nf6 4. Qxf7#). Contudo, essa jogada é conhecida até mesmo pelos iniciantes, o que a torna praticamente impossível de ser executada, notadamente em partidas de alto nível.

Todavia, os profissionais do xadrez estudam essas jogadas. De fato, o jogo de xadrez profissional constitui-se praticamente de duas fases bem distintas, quais sejam, o início (a abertura) e o final (as jogadas finais). O meio do jogo, por assim dizer, é uma ponte entre as saídas possíveis (e otimizadas) e os finais possíveis (também otimizados). É o que se chama de livro de jogadas iniciais e finais.

Para se ter um exemplo, se no final do jogo sobrarem apenas dois bispos (e o rei, é claro) contra o rei do oponente, pode-se, seguindo o livro das jogadas finais, qualquer que seja o movimento do rei do oponente, capturá-lo. Ninguém precisa mais pensar em como capturar o rei se estiver com dois bispos. Assim como no jogo da velha e no jogo de damas, os finais das partidas de xadrez com até sete peças já foram todos "resolvidos". Estão todos catalogados no *tablebases* ou *telebases* do livro de finais do xadrez.

Age-se quase que mecanicamente. Elevando-se o grau de complexidade, tem-se um livro de finais de jogo bastante extenso, com o histórico das grandes jogadas já realizadas (que vão somando-se ao livro). Em teoria dos jogos computacionais de IA (não confundir com teoria dos jogos econômicos, desenvolvida pelo Nobel John Nash), a utilização das jogadas perfeitas já prevista no livro (ou na árvore de escolhas) denomina-se "força bruta".

Nesse sentido, por maiores que sejam as probabilidades (aleatórias) das jogadas, pode-se restringir em muito o sistema de busca (*MiniMax*[76] e *alfa-beta*). E, dentro desse limite, há restrições *estratégicas* para se chegar ao objetivo final. Toda vez que se encontra algum final já previsto, recorre-se ao livro para obter o final desejado. Nesse sentido, o profissional que souber mais formas de abertura e formas de fechamento tem maior possibilidade de ganhar o jogo, sem ter que *pensar* (do estágio zero) em todas as jogadas. Compete-lhe, somente, saber fazer essas buscas no seu cérebro.

A conclusão é clarividente. O computador pode armazenar em seu banco de dados um número infinitamente maior de informações do que o ser humano. Com isso, é só colocar o máximo de jogadas possíveis de abertura e de fechamento no seu banco de dados e rodar simultaneamente o algoritmo *MiniMax*, com o sistema *alfa-beta* de paragem das buscas, recursivamente, para se obter um jogador de altíssimo nível.

---

[76] O matemático Von Neumann desenvolveu um método denominado MiniMax. Imagina-se que todos os jogadores (no caso, dois) sempre tentarão ganhar a partida, por isso o adversário deverá sempre escolher o movimento ideal, e nunca incorrerá ao erro. Com efeito, qualquer jogada que o oponente fizer, busca-se a solução já encontrada na árvore (busca em profundidade). O programa inicia a sequência (procura na árvore a melhor jogada e a executa) toda vez que é a sua vez de jogar. Por isso, é considerado um programa recursivo, ou seja, o programa alterna entre as trocas de jogadores, chamando a si mesmo, até encontrar o final do jogo. Em outras palavras: o programa (Max) escolhe o melhor movimento (fase 1). Por melhor movimento entende-se aquele que, depois que o oponente (Mini) fizer o melhor contramovimento (fase 2), deixará o programa (Max) na melhor forma. Para saber qual é a melhor resposta é só retornar à fase 1. Ou seja, é um programa que se autorrefere até o fim.

Essa técnica, em IA, é justamente a *menoização*, que, como já visto, pode ser também conceituada como *técnica para otimizar o desempenho de aplicações, por se basear na utilização de dados de resultados armazenados e já computados para que futuras consultas não demandem recomputações de alto custo*. Em termos simples, a menoização é uma poderosa ferramenta na IA para se ganhar tempo e, consequentemente, eficiência econômica quando se roda um programa de computador, estruturado em algoritmos.

O resto é história. É cediço que, em uma midiática série de partidas, um programa de computador da IBM, denominado *Deep Blue*, em 1997, finalmente venceu o então considerado maior enxadrista de todos os tempos, o russo Garry Kasparov.

Pode-se perceber, a partir daí, que em um sistema fechado, com regras definidas, o computador tem uma capacidade de estabelecer o jogo perfeito, isto é, os movimentos que necessariamente levarão o jogador à vitória, qualquer que seja o movimento do adversário (para deixar a visualização mais fácil, qualquer que seja o movimento do rei, se há no tabuleiro apenas os dois bispos, fatalmente o rei será capturado).

Ainda, mesmo que não consiga estabelecer o jogo perfeito, poder-se-á fazer o jogo ótimo. Isto é, dentro das variáveis cognoscíveis, estabelecer as melhores funções (jogadas). Todavia, quando os dois jogadores jogam o jogo perfeito (ou até mesmo ótimo), haverá, inexoravelmente, o empate. O objetivo, qual seja, a vitória, nunca será alcançado. Interessante que, quando o objetivo não pode ser alcançado, o jogo perde o interesse.

Nesse aspecto, há que se perguntar: o direito é um livro fechado? Certamente é um *livro*, inclusive evoca-se o princípio da segurança jurídica. Para várias situações fáticas, tanto a lei quanto a jurisprudência já firmam o entendimento; ou seja, já definiu qual a consequência para determinado ato (leia-se: um extenso "banco de dados", ou metaforicamente, "um livro de abertura" e "fechamento").

A questão é que a vida humana é um livro aberto. Aliás, não é sequer um livro. Será que as variáveis infinitas da vida desabilitam de falar que a vida seja um sistema, captáveis como *big data*? Ademais, e o que talvez seja o mais fundamental, não há na vida um objetivo definido; não há um rei para se capturar. Sequer há uma vitória sistêmica, como no jogo de xadrez.

Analogicamente, é como se os jogadores simplesmente movessem as peças no tabuleiro sem objetivo concreto ou até mesmo que esses objetivos fossem, necessariamente, convergentes. Como estabelecer uma regra, no sentido de norma jurídica, se na vida não há a principal regra: o motivo para que se vive,[77] como há no xadrez (vencer o adversário através da captura do rei).

Porém, para além dessas questões filosóficas, um processo judicial tem um objetivo concreto, qual seja, de se chegar a uma conclusão de qual o melhor direito – utilizado aqui como a melhor conduta, ou como a conduta mais viável no contexto social – se deve aplicar no caso concreto. A sentença, *in casu*, objetivamente é o escopo do processo;[78] e a noção de se *alcançar a justiça*, subjetivamente, é o fim último do processo judicial.

---

[77] Apenas como referência, Aristóteles, no sec. IV a.C., na sua magistral obra Ética a Nicômaco, definiu como o fim último do homem a "eudaimonia", que em livre tradução quer dizer "felicidade". Assim, todo e qualquer ser humano, em última análise, tem como escopo a felicidade (ARISTÓTELES. Ética a Nicômaco. Tradução de Leonel Vallandro e Gerd Bornheim, da versão inglesa de W. D. Ross. São Paulo: Nova Cultural, 1987).

[78] THEODORO JÚNIOR, Humberto. *Curso de direito processual civil*. 61. ed. São Paulo: Forense, 2020. v. I.

Nesse sentido, pode-se afirmar que *law is an information technology – a code that regulates social life*.[79]

Como início: da gestão à decisão

Não se questiona, hodiernamente, que algoritmos são fundamentais para qualquer tipo de gestão racional, no qual se busca a máxima (e célere) eficiência. O próprio sistema digital dos processos (no Brasil conhecido como *PJe*) tem em sua estrutura mecanismos de otimização da tramitação processual por meio de IA (*vide*, por exemplo, as contagens de prazo processuais). Os tribunais,[80] em sua quase totalidade, investem maciçamente em tecnologia da informação para que se possa "dar a justiça" à sociedade em tempo satisfatório.

Entretanto, o salto que a IA pode oferecer "da administração" da justiça à "decisão judicial" é quase inevitável. Como já visto, mesmo nos sistemas *civil law* como nos sistemas *common law*, não estariam os algoritmos aptos a nos fornecer a melhor decisão judicial?

De fato, os algoritmos atuais, como estruturas lógico-racionais, têm uma capacidade de processamento infinitamente superior à humana e, portanto, são mais capazes de fornecer sentenças (*output*) mais rápidas e, porque não dizer, mais precisas. É fato que os sistemas de IA podem contribuir à prática do direito. No primeiro momento, como forma de gestão, *vide*, como já citado, a automatização de atividades repetitivas (ou estritamente burocráticas e automáticas), pode-se proporcionar maior agilidade e precisão na realização desses atos.[81] Os exemplos já implementados são abundantes.

---

[79] MCGINNIS, John O.; PEARCE, Russell G. The great disruption: how machine intelligence will transform the role of lawyers in the delivery of legal services. *Fordham Law Review*.

[80] A título de exemplo, cita-se o programa de AI denominado *Poti*, utilizado pelo TJRN e do *Radar*, utilizado pelo TJMG. Em poucos segundos, o *Radar* identificou 280 processos com a mesma temática (recursos que tinham idênticos pedidos) e, após a elaboração de "voto padrão" desenvolvido pelos desembargadores, foi anexado o mesmo voto em todos os processos (vê-se, *in casu*, a utilização da AI como fator de gestão – e não decisão –, o que caracteriza a AI de nível baixo, porém de alta eficiência de gestão). Em relação ao programa *Poti*, este executa "atos administrativos judiciais" como os comandos executivos de cumprimento de sentença em condenações pecuniária, como bloqueio e desbloqueio de valores depositados em instituições financeiras, emissão de certidões relacionadas ao sistema SIBAJUD/Bacenjud (no Brasil utiliza-se, pelo Poder Judiciário, um sistema de internet que solicita ao Banco Central e às instituições bancárias bloqueio de ativos financeiros). Segundo informações do TJRN, um servidor executa, no máximo, 300 ordens de bloqueio ao mês, já o *Poti* faz a mesma ordem em 35 segundos (GIANNAKOS, Demétrio Beck da Silva. Inteligência artificial e o direito: uma realidade inevitável. *Migalhas*. Disponível em: https://www.migalhas.com.br/depeso/319005/inteligencia-artificial-e-o-direito--uma-realidade-inevitavel. Acesso em: 25 mar. 2021). Noticia-se ainda, que o programa de inteligência artificial denominado *Victor*, considerado um dos "maiores e mais complexos Projeto de IA do Poder Judiciário e, talvez, de toda a Administração Pública Brasileira" está sendo, desde 2018, desenvolvido pelo Supremo Tribunal Federal em parceria com a Universidade de Brasília. Conforme informa o STF, "VICTOR está na fase de construção de suas redes neurais para aprender a partir de milhares de decisões já proferidas no STF a respeito da aplicação de diversos temas de repercussão geral". Acredita-se que "pode se tornar exponencial e já foram colocadas em discussão diversas ideias para a ampliação de suas habilidades. O objetivo inicial é aumentar a velocidade de tramitação dos processos por meio da utilização da tecnologia para auxiliar o trabalho do Supremo Tribunal. A máquina não decide, não julga, isso é atividade humana. Está sendo treinado para atuar em camadas de organização dos processos para aumentar a eficiência e velocidade de avaliação judicial" (http://www.stf.jus.br/portal/cms/verNoticiaDetalhe.asp?idConteudo=380038. Acesso em: 26 mar. 2021).

[81] NUNES, Dierle. Inteligência artificial e direito processual: vieses algorítmicos e os riscos de atribuição de função decisória às máquinas – Artificial intelligence and procedural law: algorithmic bias and the risks of assignment

Ademais, não se questiona que, atualmente, os operadores do direito – diz-se aqui operadores do direito no sentido lato: advogados,[82] membros do Ministério Público, servidores, magistrados –, face a dimensão da internet, utilizam, em larga escala, o (quase algoritmo) "sistema "control" "c"; "control" "v"" tanto para elaboração de petições (advogados/MP) quanto decisões judiciais (sentenças/acórdãos).

Todavia, mesmo de utilização em larga escala dos recursos oferecidos pela internet e pelos programas de computação, há uma questão da identificação da realização do ato da escrita. Explica-se melhor: (ainda) se evoca a pessoalidade dos atos jurídicos – novamente, ressalta-se que estamos a falar da elaboração das peças processuais, como iniciais, contestações, pareceres, sentenças, acórdãos.

A pessoalidade, no meio jurídico, quase sempre é evocada. Qualquer membro do Poder Judiciário sabe das críticas dos advogados quando uma sentença ou acórdão são feitos por assessores, e qualquer advogado também conhece essa queixa quando uma peça inicial, contestatória ou recursal é feita por outro advogado; oxalá quando elaborada pelo "estagiário".

Doutor Ross

Nascido praticamente da costela do *Deep Blue*, o programa *Ross*, também da IBM, foi desenvolvido com o escopo de atuação direta no universo jurídico. O objetivo do *Ross* é entender a linguagem humana, fornecer respostas a perguntas, formular hipóteses e monitorar desenvolvimentos no sistema legal.[83] Conforme um dos seus programadores, poder-se-ia "fazer uma grande mudança trazendo tecnologia de ponta, computação cognitiva e linguagem natural para a prática da lei".[84]

Assim, os operadores do direito fazem as perguntam jurídicas ao sistema *Ross*, em linguagem *natural*.[85] A partir dessas informações, o programa elabora um complexo fluxograma de interpretação utilizando normas legais, verificação de provas, extraindo inferências e respondendo, de modo altamente relevante e baseado em evidências,

---

of decision-making function to machines. *Revista de Processo*, v. 285, p. 421-447, nov. 2018. Disponível em: https://www.academia.edu/37764508/INTELIG%C3%8ANCIA_ARTIFICIAL_E_DIREITO_PROCESSUAL_VIESES_ALGOR%C3%8DTMICOS_E_OS_RISCOS_DE_ATRIBUI%C3%87%C3%83O_DE_FUN%C3%87%C3%83O_DE CIS%C3%93RIA_%C3%80S_M%C3%81QUINAS_Artificial_intelligence_and_procedural_law_algorithmic_bias_and_the_risks_of_assignment_of_decision_making_function_to_machines?email_work_card=reading-history. Acesso em: 26 mar. 2021.

[82] Cerca de 48% dos escritórios advocatícios de Londres utilizam sistemas de inteligência artificial e 41% pretendem implantá-los. *verbis*: "Nearly half (48%) of London law firms are already utilising Artificial Intelligence (AI) and a further 41% have imminent plans to do so, according toa survey of over 100 law firms from CBRE, the world's leading real estate advisor. Of thefirms already employing AI, 63% of firms are using it for legal document generation andreview, and the same proportion for e-discovery. Due diligence (47%) and research (42%) were also common applications, along with compliance and administrative legalsupport (each 32%)" (WALTERS, Miranda. London law firms embrace artificial intelligence. *CBRE*, London, 24 abr. 2018. Disponível em: http://news.cbre.co.uk/london-law-firms-embrace-artificial-intelligence/. Acesso em: 26 mar. 2021).

[83] SILLS, Anthony. Ross and Watson tackle the law. *IBM*, 14 jan. 2016. Disponível em: https://www.ibm.com/blogs/watson/2016/01/ross-and-watson-tackle-the-law/. Acesso em: 26 mar. 2021.

[84] SILLS, Anthony. Ross and Watson tackle the law. *IBM*, 14 jan. 2016. Disponível em: https://www.ibm.com/blogs/watson/2016/01/ross-and-watson-tackle-the-law/. Acesso em: 26 mar. 2021.

[85] SILLS, Anthony. Ross and Watson tackle the law. *IBM*, 14 jan. 2016. Disponível em: https://www.ibm.com/blogs/watson/2016/01/ross-and-watson-tackle-the-law/. Acesso em: 26 mar. 2021.

com citações e análises. Ainda, o algoritmo do *Ross* tem um sistema de monitoramento constante sobre recentes decisões judiciais, notificando imediatamente aos advogados previamente cadastrados, para específicos casos em andamento.

Segundo a IBM, o sistema *Ross* "pode classificar através de mais de um bilhão de documentos de texto a cada segundo".[86] Mas, o mais surpreendente é que a plataforma "aprende com o *feedback* e fica mais inteligente com o tempo".[87] Um dos maiores escritórios de advocacia de Nova York, *Baker & Hostetler*,[88] no ano de 2017, "contratou" a plataforma *Ross*. Pelo noticiário do jornal *New York Times*,[89] o advogado norte-americano Luis Salazar, ao começar a utilizar o *software* da *start-up Ross Intelligence*, estava cético da sua eficácia. Segundo consta a reportagem, ele testou *Ross* contra si mesmo e "depois de 10 horas pesquisando bancos de dados legais *online*, ele encontrou um caso cujos fatos quase espelhavam ao que ele estava trabalhando. Ross encontrou o mesmo caso quase instantaneamente".[90] Ainda, consoante a referida reportagem, o Dr.

> Salazar ficou particularmente impressionado com um serviço de memorando legal que Ross está desenvolvendo. Digite uma pergunta legal e Ross responde um dia depois com alguns parágrafos resumindo a resposta e um memorando explicativo de duas páginas. Os resultados, disse ele, são indistinguíveis de um memorando escrito por um advogado.[91]

A IBM informou que o objetivo do desenvolvimento da plataforma *Ross* é que todos os escritórios de advocacia do mundo tenham uma inteligência artificial em sua equipe jurídica.

Caso o objetivo da IBM se torne realidade, pode-se ter o estranho caso do mesmo algoritmo fazer a inicial, a contestação e, quiçá, a sentença/o acórdão (hipoteticamente no caso de os diferentes atores judiciários utilizarem-se do mesmo recurso *Ross*). Fica-se, contudo, ainda com a *question* da pessoalidade, notadamente pelo dizer o direito por uma pessoa humana.

O teste de Turing do direito

No filme *Blade Runner*,[92] o personagem Rick Deckard, interpretado por Henrison Ford, é um detetive que persegue os Replicantes (seres geneticamente semelhantes aos

---

[86] SILLS, Anthony. Ross and Watson tackle the law. *IBM*, 14 jan. 2016. Disponível em: https://www.ibm.com/blogs/watson/2016/01/ross-and-watson-tackle-the-law/. Acesso em: 26 mar. 2021.

[87] SILLS, Anthony. Ross and Watson tackle the law. *IBM*, 14 jan. 2016. Disponível em: https://www.ibm.com/blogs/watson/2016/01/ross-and-watson-tackle-the-law/. Acesso em: 26 mar. 2021.

[88] Disponível em: https://www.bakerlaw.com/.

[89] LOHR, Steve. A.I. is doing legal work. But it won't replace lawyers, yet. *The New York Times*, 19 mar. 2017. Disponível em: https://www.nytimes.com/2017/03/19/technology/lawyers-artificial-intelligence.html. Acesso em: 26 mar. 2021.

[90] LOHR, Steve. A.I. is doing legal work. But it won't replace lawyers, yet. *The New York Times*, 19 mar. 2017. Disponível em: https://www.nytimes.com/2017/03/19/technology/lawyers-artificial-intelligence.html. Acesso em: 26 mar. 2021.

[91] LOHR, Steve. A.I. is doing legal work. But it won't replace lawyers, yet. *The New York Times*, 19 mar. 2017. Disponível em: https://www.nytimes.com/2017/03/19/technology/lawyers-artificial-intelligence.html. Acesso em: 26 mar. 2021.

[92] SCOTT, Ridley. *Blade Runner*. DVD, 25th Anniversary Edition, Final Cut. 2007.

humanos). No final, fica a *dúvida* não elucidável de se o próprio Rick também não seria um Replicante, sem que ele próprio tenha ciência dessa condição.[93]

Com efeito, poderá um robô, algum dia, como dito por Fernando Pessoa, fingir tão completamente que chega a fingir que é humano e os que leem o que escreve, sentem bem, a entreter a razão (inclusive achando que é) com o coração? Afinal, o mais perfeito dissimulador é aquele que dissimula de si próprio a sua própria dissimulação.[94]

Após a vitória de *Deep Blue* sobre Kasparov, o então entusiasta do xadrez, Hofstadter, em *Gödel, Escher, Bach*, mudou de ideia e começou a pensar que "os avanços dos computadores nesta última década o persuadiram de que o xadrez não é uma atividade intelectual tão elevada quanto a música e a literatura; estas requerem uma alma".[95]

Essas questões estão diretamente relacionadas à possibilidade de "humanização" de um algoritmo. Alan Turing, um dos criadores da ciência da computação, nos idos anos 50, formulou a inquietante pergunta: "as máquinas podem pensar?".[96]

Ao invés de permanecer no universo teórico da questão, Alan Turing propôs uma possível resposta, através de um experimento notadamente empírico (um jogo de imitação): uma comissão julgadora faria perguntas, através de um terminal de computadores, a determinado número de entrevistados,[97] entre os quais alguns seriam programas de computador. Obviamente que os entrevistadores não saberiam quais eram humanos e quais eram robôs. As perguntas seriam livres, isto é, sobre qualquer tema (filosofia, astrofísica ou perguntas cotidianas, como fofocas de celebridades ou o tempo em Paris; enfim, sem nenhum tipo de filtro prévio). Caso um programa de computador pudesse "enganar" pelo menos 30% dos entrevistadores, já se poderia afirmar que se trataria de uma inteligência (para Turing, "uma capacidade humana") artificial, notabilizando-se como uma *máquina humanizada*.

A materialização do teste de Turing se deu pelo concurso anual denominado Prêmio Loebner, lançado em 1990 por Hugh Loebner, em conjunto com o Cambridge Center for Behavioral Studies (Massachusetts, Estados Unidos). Para tal empreitada, a

---

[93] PETTERSEN, Bruno. Blade Runner – Notas filosóficas sobre a ficção científica. *Pensar – Revista Eletrônica da FAJE*, v. 4, n. 1, p. 97-100, 2013. Disponível em: 2224-Texto do artigo-8164-3-10-20130618.pdf. Acesso em: 22 mar. 2021.

[94] PEREIRA, Luís Moniz. *A máquina iluminada, cognição e computação*. Porto: Fronteira do Caos, 2016. p. 178.

[95] CHRISTIAN, Brian. *O humano mais humano, o que a inteligência artificial nos ensina sobre a vida*. Tradução de Laura Teixeira Motta. São Paulo: Companhia das Letras, 2013. p. 141.

[96] TURING, A. M. I. – Computing machinery and intelligence. *Mind*, v. LIX, issue 236, p. 433-460, out. 1950. Disponível em: https://doi.org/10.1093/mind/LIX.236.433.

[97] Turing propõe a participação de três jogadores (A, B e C), que ficariam em salas isoladas: um homem (A); uma mulher (B); e um terceiro participante (C), que atuaria como interrogador, e que pode ser de ambos os sexos. O jogador C não pode ver os jogadores A e B, e os conhece apenas por X e Y, podendo se comunicar com eles apenas através de notas escritas ou outra forma que não sugira qualquer detalhe sobre seus gêneros. Através de perguntas, C tenta determinar os gêneros de X e Y, sabendo que há, necessariamente, um homem e uma mulher. O objetivo de A é enganar C, fazendo-o acreditar que ele (A ou X) é mulher e que B (ou Y) é homem, enquanto o objetivo de B é auxiliar o interrogador a tomar a decisão certa. Contudo, Turing propôs a substituição de um dos participantes por um computador. Assim, o participante A seria um humano, o participante B também seria um humano na condição de juiz e finalmente, participante C, que seria um robô. O juiz humano deve conversar com ambos, o humano e o computador, digitando em um terminal. Assim, o juiz não saberia quem efetivamente é humano e quem é o programa de computador. Tanto o computador quanto o humano tentam convencer o juiz de que eles são o humano. Se o juiz não puder dizer consistentemente qual é qual, então o computador ganha o jogo (TURING, A. M. I. – Computing machinery and intelligence. *Mind*, v. LIX, issue 236, p. 433-460, out. 1950. Disponível em: https://doi.org/10.1093/mind/LIX.236.433).

ciência da computação utiliza os algoritmos denominados *chatterbot*, em que é a base dos programas de computadores capaz de simular um ser humano na conversação com as pessoas. Assim, um *chatterbot*, ou simplesmente *bot*, serve-se da ideia básica da interação entre as pessoas para dar a impressão de que o computador possui uma personalidade.[98] Cada vez mais não sabemos se estamos conversando com algum algoritmo ou com uma "pessoa de verdade" ao atendermos a um telefone de *telemarketing*, por exemplo. As semelhanças tendem à identidade.

Assim, digna de nota, a emblemática a reação do robô *Sophia* quando o ator norte-americano Will Smith, no primeiro encontro entre os dois, em 2018, tentou flertar com ele, inclusive com uma investida de um possível beijo, que simplesmente respondeu (quase como uma "clássica" resposta de uma mulher humana) "I think we can be friends".[99] Fato é que praticamente 50 anos antes, *Eliza*,[100] considerado o primeiro programa de computador conversacional que conseguiu notoriedade, foi moldado à terapia rogeriana[101] e obteve resultados assombrosos.[102] Várias pessoas que conversaram com *Eliza* simplesmente se recusavam a acreditar que era (apenas) um programa de computador.[103] O seu criador, Joseph Weizenbaum, ao perceber a fixação das pessoas em querer conversar com *Eliza* e se recusarem a acreditar que se tratava de um programa, cancelou o seu projeto e tornou-se um ardoroso crítico contrário aos estudos da IA.[104]

Nota-se que um processo o qual se pensava ser exclusivamente humano (isto é: recolher informação, processá-la e proceder em conformidade) está, a cada dia, sendo executados por algoritmos. Assim, os três tombos descritos por Freud podem ser introduzidos por mais um (por Turing), qual seja: a capacidade (até mesmo superior) dos algoritmos de IA de "o fim da percepção segundo a qual a inteligência é uma característica exclusiva de organismos biológicos, e que, na verdade, pode ser implementada em qualquer suporte que permite certas operações de processamento de informação".[105]

Nesse contexto, Brian Christian afirma que "estamos substituindo pessoas não por máquinas, não por computadores, mas por *método*. E quem está usando o método, se é homem ou computador, parece secundário".[106]

---

[98] SGANDERLA, Rachele Bianchi; FERRARI, Débora Nice; GEYER, Cláudio F. R. BonoBOT: um chatterbot para interação com usuários em um sistema tutor inteligente. *XIV Simpósio Brasileiro de Informática na Educação – NCE – IM/UFRJ 2003*. Disponível em: http://www.nce.ufrj.br/sbie2003/publicacoes/paper46.pdf. Acesso em: 29 mar. 2021.

[99] BURTON, Burnie. Watch Will Smith try to romance Sophia the robot, and fail. *Cnet*, 30 mar. 2018. Disponível em: https://www.cnet.com/news/will-smith-romances-hanson-robotics-ai-robot-sophia/. Acesso em: 30 mar. 2021.

[100] O nome *Eliza* é referência a Eliza Doolittle, principal personagem da peça *Pigmalião*, de George Shaw, inspirada no mito de Pigmalião, que retrata um escultor que cria uma obra tão realista que ele próprio se apaixona por ela (CHRISTIAN, Brian. *O humano mais humano, o que a inteligência artificial nos ensina sobre a vida*. Tradução de Laura Teixeira Motta. São Paulo: Companhia das Letras, 2013. p. 102 e ss.).

[101] A "terapia rogeriana", criada por Carl Rogers, é uma técnica terapêutica na qual o cliente assume um papel ativo e autônomo nas sessões de terapia. A terapia rogeriana enquadra-se na linha não diretiva devido à autonomia dada ao cliente. O cliente, não o terapeuta, direciona a própria sessão terapêutica.

[102] CHRISTIAN, Brian. *O humano mais humano, o que a inteligência artificial nos ensina sobre a vida*. Tradução de Laura Teixeira Motta. São Paulo: Companhia das Letras, 2013. p. 102 e ss.

[103] CHRISTIAN, Brian. *O humano mais humano, o que a inteligência artificial nos ensina sobre a vida*. Tradução de Laura Teixeira Motta. São Paulo: Companhia das Letras, 2013. p. 103 e ss.

[104] WEIZENBAUM, Joseph. *Computer Power and Human Reason*. San Francisco: W. H. Freeman, 1976.

[105] PEREIRA, Luís Moniz. *A máquina iluminada, cognição e computação*. Porto: Fronteira do Caos, 2016. p. 7.

[106] CHRISTIAN, Brian. *O humano mais humano, o que a inteligência artificial nos ensina sobre a vida*. Tradução de Laura Teixeira Motta. São Paulo: Companhia das Letras, 2013. p. 108 e ss.

Aqui evoca-se Habermas. De fato, para o jusfilósofo da escola de Frankfurt, a legitimidade do direito apoia-se, em última instância, num arranjo comunicativo. E, para que haja o devido arranjo comunicativo, necessário (e suficiente) que se tenham condições de negociação igualitárias, por todos participantes. Mesmo antevendo que possa haver o agir estratégico (bem como o agir comunicativo), a liberdade comunicativa sempre promoverá o melhor argumento racionalmente motivador, o que certamente chegará ao melhor argumento, tido como o vencedor. Assim, independentemente do tipo de consenso a ser alcançado (direito material), se for "produzido" pelo procedimento discursivo metodologicamente democrático, sempre terá validade, posto fortalecer o sentimento de pertencimento aos cidadãos, cujo reconhecimento mútuo como produtores e destinatários do produto legal acaba por validar o resultado final (o direito). Assim, não deixa de ser a garantia do próprio direito condicionada ao aspecto procedimental.[107]

No universo da programação computacional baseada em lógica, notadamente nas questões de abdução,[108] argumentação, revisão, atualização de conhecimento, aprendizagem e diagnóstico (depuração de uma base de conhecimento), é notável em encontrar eventuais contradições argumentativas e fazer as alterações necessárias para repor a consistência.[109] Com efeito, a confrontação epistemológica, no campo da computação (notar a incrível semelhança do processo judicial), requer argumentação e depuração mútuas, isto é, começa-se com algum tipo de conhecimento prévio ou contexto na forma de regras e fatos, a fim de explicar abdutivamente observações conhecidas, expressas na forma de fatos positivos ou de fatos explicitamente negados.[110] Assim:

> um argumento pode atacar as assunções de outra corrente argumentativa, quer directamente através da prova da negação de uma assunção desta ou, indirectamente, através da contradição da conclusão de uma corrente de argumentação que se apoia em assunções. No entanto, tais ataques a uma argumentação podem, por outro lado, ser contra-atacado do mesmo modo, podendo então, por sua vez, contra-atacar, e assim sucessivamente.[111]

A conclusão de tal procedimento computacional chega a confundir o leitor como o processo decisório jurídico descrito por Habermas, qual seja:

> a Programação em Lógica mostrou de que modo este processo pode ser estudado, e que conclusões podem ser tiradas sobre argumentos mutuamente contraditórios competindo entre si, e de que modo cada um deles pode ser revisto de modo a ser encontrar um acordo.[112]

---

[107] PEREIRA, Carlos André Maciel Pinheiro; ROSÁRIO, José Orlando Ribeiro; GÓES, Ricardo Tinoco de. A filosofia do direito em Jürgen Habermas a partir da ação comunicativa. *Revista Direito Mackenzie*, v. 11, n. 2, p. 111-128, 2017. Disponível em: http://www.mpsp.mp.br/portal/page/portal/documentacao_e_divulgacao/doc_biblioteca/bibli_servicos_produtos/bibli_boletim/bibli_bol_2006/Rev-Dir-Mackenzie_v.11_n.02.07.pdf. Acesso em: 31 mar. 2021.

[108] Em lógica, utiliza-se o termo para designar o raciocínio que utiliza hipóteses visando a certas instâncias de predicados.

[109] PEREIRA, Luís Moniz. *A máquina iluminada, cognição e computação*. Porto: Fronteira do Caos, 2016. p. 139 e ss.

[110] PEREIRA, Luís Moniz. *A máquina iluminada, cognição e computação*. Porto: Fronteira do Caos, 2016. p. 139 e ss.

[111] PEREIRA, Luís Moniz. *A máquina iluminada, cognição e computação*. Porto: Fronteira do Caos, 2016. p. 141.

[112] PEREIRA, Luís Moniz. *A máquina iluminada, cognição e computação*. Porto: Fronteira do Caos, 2016. p. 141.

Interessante observar que, *in casu*, um mesmo programa de computador poderá fazer a inicial, a contestação e a sentença. Será que nós, humanos, iremos perceber que todas as peças foram feitas por um (mesmo) algoritmo? Ainda, o sistema recursal irá cair por terra, tendo em vista que o algoritmo utilizado em primeiro grau será o mesmo dos tribunais, sejam ordinários como extraordinários? Qual o sentido de se fazer um recurso, sabendo que o acórdão, por utilizar o mesmo algoritmo/programa, produzirá o mesmo comando *output*? Ademais, caso haja a reforma, estar-se-ia a admitir que o algoritmo utilizado para a decisão recorrida e reformada continha falhas, o que é, em termos lógico-matemáticos, inadmissível? Ainda, não se estaria incorrendo em verdadeiro atentado ao princípio do contraditório, transparência, e ampla defesa, em não se ter cognoscibilidade plena dos caminhos percorridos pelo algoritmo para se chegar à decisão? E, também, caso sejam conhecidos todos os possíveis comandos lógico-matemáticos dos algoritmos de decisão judicial, a parte não poderia utilizar de mecanismos de checagem prévia da decisão, antes mesmo de ajuizar a ação, bem como de criação de rede de atalhos computacionais para se obter outras decisões, inclusive para se driblar o sistema?

Nesse sentido, o Parlamento Europeu, em sua resolução de 14.3.2017, bem destacou:

> é necessário distinguir a quantidade de dados da qualidade dos dados, a fim de permitir uma utilização eficaz dos grandes volumes de dados (algoritmos e outros instrumentos analíticos); que os dados e /ou os procedimentos de baixa qualidade em que se baseiam os processos de tomada de decisão e os instrumentos analíticos podem traduzir-se em algoritmos parciais, correlações ilegítimas, erros, numa subestimação das implicações jurídicas, sociais e éticas, no risco de utilização de dados para fins discriminatórios ou fraudulentos e na marginalização do papel dos seres humanos nestes processos, podendo resultar em processos imperfeitos de tomada de decisão, com um impacto nocivo nas vidas e nas oportunidades dos cidadãos, mormente nos grupos marginalizados, bem como em consequências negativas para as sociedades e as empresas.[113]

Somente a título de nota, em 1972, Kenneth Colby, um psiquiatra de Stanford, desenvolveu um programa denominado *Parry*, com as características de um paciente esquizofrênico paranoico e, obviamente, colocou-o para dialogar com *Eliza*. O resultado, conforme os especialistas, aproximou-se de um diálogo entre uma pessoa que queria falar de si (*Parry*); e, por outro lado, uma outra pessoa que queria ouvir o outro (*Eliza*).

Da fundamentação da decisão

Toda decisão tem que ser fundamentada. A fundamentação do *decisum* tem como escopo não só o ato de justificação, por parte do juízo, dos argumentos utilizados, mas (e principalmente) para esclarecer as partes (mesmo que não concordando) o motivo da decisão. Nesse aspecto, apesar de ser um ato decisório emanado de um poder constituído,

---

[113] Resolução do Parlamento Europeu, de 14.3.2017, sobre as implicações dos grandes volumes de dados nos direitos fundamentais: privacidade, proteção de dados, não discriminação, segurança e aplicação da lei (2016/2225(INI)) (IMPLICAÇÕES dos grandes volumes de dados nos direitos fundamentais. *Jornal Oficial da União Europeia*, 25 jul. 2018. Disponível em: https://eur-lex.europa.eu/legal-content/PT/TXT/PDF/?uri=CELEX:52017IP0076&from=DA. Acesso em: 29 mar. 2021).

não deixa de ser democrático, tendo em vista a sua obrigatória fundamentação *endereçada*. Se assim não for, a decisão é, inclusive, nula, nos termos constitucionais.

Aqui se tem um fator dúplice de fundamentação. Não só em termos jurídicos deve-se fundamentar a decisão, mas também em termos de abertura dos códigos dos algoritmos.

Explica-se melhor. Não só os argumentos jurídicos devem ser fundamentados, mas pelo princípio da transparência, dados sobre todas as operações realizadas pela máquina, incluindo os passos da lógica que conduziu à formulação das suas decisões, devem ser plenamente cognoscíveis e acessíveis aos operadores do direito. Os sistemas de interesse público, inclusive monopólio estatal (aplicação da justiça), não podem ser uma absoluta "caixa preta".[114] Ademais, um algoritmo pode conter *bugs*, *malware*,[115] *easter eggs*,[116] ou até mesmo ser construído, apropriando-se da expressão de Canotilho, "dirigente". De fato, um algoritmo poderá conter, em sua intrincada rede de subsistemas de algoritmo, comandos vocacionados a dirigir os seus usuários. Ou seja, algoritmos dirigentes com conteúdo até mesmo de viés ideológicos.

Nesse sentido, o jornal *El País*, em 2017, publicou matéria afirmando que os *sites Facebook* e *Twitter* influenciaram, através de algoritmos direcionados, as eleições presidenciais norte-americanas.[117] Esse panorama de influência comportamental das redes sociais é, inclusive, retratado no documentário *O dilema das redes*, no qual especialistas em tecnologia e profissionais da área fazem o alerta de que *as redes sociais podem ter um impacto devastador sobre a democracia e a humanidade*.[118]

O modelo de negócio das maiorias das redes sociais baseia-se na chamada "economia da atenção".[119] Destarte, atualmente, presencia-se um cenário paradoxal, tendo em vista que, apesar de haver excesso de informação, em relação à atenção dessas informações, ocorre justamente o contrário, ou seja, há a escassez de atenção. Muito se vê, mas pouco se lê (ou até mesmo se compreende o que foi escrito). Nesse contexto, para direcionar (dirigir) com a máxima eficiência os anúncios comerciais (ou interesses políticos), os algoritmos das plataformas de redes sociais utilizam mecanismos científicos,

---

[114] NUNES, Dierle. Inteligência artificial e direito processual: vieses algorítmicos e os riscos de atribuição de função decisória às máquinas – Artificial intelligence and procedural law: algorithmic bias and the risks of assignment of decision-making function to machines. *Revista de Processo*, v. 285, p. 421-447, nov. 2018. Disponível em: https://www.academia.edu/37764508/INTELIG%C3%8ANCIA_ARTIFICIAL_E_DIREITO_PROCESSUAL_VIESES_ALGOR%C3%8DTMICOS_E_OS_RISCOS_DE_ATRIBUI%C3%87%C3%83O_DE_FUN%C3%87%C3%83O_DE_CIS%C3%93RIA_%C3%80S_M%C3%81QUINAS_Artificial_intelligence_and_procedural_law_algorithmic_bias_and_the_risks_of_assignment_of_decision_making_function_to_machines?email_work_card=reading-history. Acesso em: 26 mar. 2021.

[115] Conforme a *Wikipédia*, *malware* é "é um programa de computador destinado a infiltrar-se em um sistema de computador alheio de forma ilícita, com o intuito de causar alguns danos, alterações ou roubo de informações (confidenciais ou não)".

[116] O termo *easter egg*, em tradução livre do inglês, significa ovo de páscoa; em computação o termo é utilizado para programas secretos escondidos em programas, *sites* ou jogos eletrônicos. Apenas como exemplo, no programa de editor de texto da Microsoft, Word, na versão 97, pode-se acessar um jogo de *pinball* seguindo os comandos: Blue -> Espaço -> Ferramentas -> Formatar -> Fonte -> Azul -> OK -> Menu Ajuda -> CTRL + SHIFT + "ALGO" -> Clica no Logotipo -> Pinball!

[117] SALAS, Javier. O obscuro uso do Facebook e do Twitter como armas de manipulação política. As manobras nas redes se tornam uma ameaça que os governos querem controlar. *El País*, 19 out. 2017. Disponível em: https://brasil.elpais.com/brasil/2017/10/19/tecnologia/1508426945_013246.html. Acesso em: 4 abr. 2021.

[118] Documentário produzido pela Netflix, de 2020.

[119] DAVENPORT, T. H.; BECK, J. C. Getting the attention you need. *Harvard Business Review*, 2000.

geralmente relacionados a *emoções*, que têm como escopo capturar e manter a atenção.[120] Com tal característica, utiliza-se, hodiernamente, o sistema de "hiperpersonalização",[121] que se constitui de algoritmos capazes de reconhecer a navegação e os conteúdos mais visitados pelo "usuário/consumidor" e, a partir dos hábitos e gostos identificados, oferecem páginas e conteúdos semelhantes.[122] O futurismo alarmante de George Orwell, em *1984*,[123] *mutatis mutandis*, finalmente chegou. Efetivamente, a iniciativa privada (e o Poder Público) detém tecnologia para vigiar todos os acessos à internet e, obviamente, usar esta informação como *dirigismo comportamental*.

Todavia, verifica-se um verdadeiro "efeito colateral", que acaba prendendo as pessoas em bolhas informacional-comportamentais[124] potencializadoras, denominado *rabbit hole*, referência à *Alice no País das Maravilhas*.[125] Começa-se consumindo conteúdos, tidos como "normais" e "desejados", e o algoritmo direciona o consumidor para uma radicalização exponencial do conteúdo. Isso porque o algoritmo não analisa conteúdo; ele analisa padrões e premia os canais que geram mais engajamento.[126]

Nota-se, ao invés do dirigismo constitucional de Canotilho, que teve como base a Constituição democrática, isto é, não só a participação popular na sua formulação (Poder Constituinte Originário), todo o seu conteúdo é exaustivamente publicizado, os algoritmos dirigentes são elaborados por poucos profissionais e, ainda, são ininteligíveis para a maioria das pessoas. De fato, o complexo sistema de algoritmo pode se tornar demasiado excludente e intricado de modo que não se consiga (não só os operadores do direito, mas até mesmo os programadores) entendê-lo, tornando-o inclusive manipulável (monstro da complexidade).[127]

Ainda poderá haver, dentro do algoritmo, sistemas de autoproteção. Com efeito, se o algoritmo das decisões judiciais não for conhecido (publicizado e decifrável, enfim, transparente), poder-se-á afirmar que não haverá um direcionamento intencional para algum tipo de "ativismo jurisdicional"? Imagina-se que, no extremo caso de verificação de erro judiciário, praticado pelo próprio algoritmo, não haverá algum tipo de *easter egg* ou sistema de autoproteção, para impedir o julgamento justo, isto é, condenatório do próprio sistema? Temas esses que não passaram desapercebidos pelo cinema, como se pode observar em *RoboCop* e *Minory Report*: nos dois filmes, há um comando no programa de computador, somente revelado quando necessário, que impede os seus criadores de serem molestados pelos sistemas de prevenção do crime (no caso de *RoboCop*, do próprio

---

[120] ZAGO, Gabriela da Silva; SILVA, Ana Lúcia Migowski da. Sites de rede social e economia da atenção: circulação e consumo de informações no Facebook e no Twitter. *Vozes e Diálogos*, Itajaí, v. 13, n. 1, jan./jun. 2014.

[121] PELLANDA, E. C. Mobilidade e personalização como agentes centrais no acesso individual das mídias digitais. *E-Compós*, 2007.

[122] PELLANDA, E. C. Mobilidade e personalização como agentes centrais no acesso individual das mídias digitais. *E-Compós*, 2007.

[123] ORWELL, George. *Nineteen Eighty-Four (1984)*. London: Secker and Warburg, 1949.

[124] PARISER, E. *The filter bubble*. New York: The Penguin Press, 2011.

[125] ZAGO, Gabriela da Silva; SILVA, Ana Lúcia Migowski da. Sites de rede social e economia da atenção: circulação e consumo de informações no Facebook e no Twitter. *Vozes e Diálogos*, Itajaí, v. 13, n. 1, jan./jun. 2014.

[126] ZAGO, Gabriela da Silva; SILVA, Ana Lúcia Migowski da. Sites de rede social e economia da atenção: circulação e consumo de informações no Facebook e no Twitter. *Vozes e Diálogos*, Itajaí, v. 13, n. 1, jan./jun. 2014.

[127] DOMINGOS, Pedro. *A revolução do algoritmo mestre* – Como a aprendizagem automática está a mudar o mundo. 5. ed. Lisboa: Manuscrito, 2018. p. 29.

guarda-robô interpretando o oficial Murphy, através da Diretriz nº 4, é impedido de matar qualquer oficial da OC; e, no caso de *Minory Report*, o personagem vivido por Tom Cruise, John Anderton, entra em paradoxo por antever que ele próprio iria cometer um crime.

Deep AI

Quando se fala em inteligência humana, entra-se em um campo (ainda) muito abstrato. Após *n*-números de formulações, é assente que, entre os humanos, pode-se atribuir vários tipos de inteligência, como lógico-matemática, visual-espacial, sinestésica, musical, interpessoal, linguística ou naturalística.[128] Assim, a inteligência parece ser um fenômeno distribuído, constituído por inteligências específicas, as quais estão conectadas por uma inteligência geral.[129] De fato, o conceito "capacidade de pensar" é um movediço terreno que tem alimentado debates infindáveis, sem, contudo, chegar a alguma convergência satisfatória.[130] Há quem defenda que inteligência é a capacidade de perceber um ambiente onde existem outros agentes; ser capaz de atingir certos objetivos nesse ambiente e, ao mesmo tempo, evoluir, tendo em vista que o próprio ambiente está em mutação.[131]

Para efeitos aqui pretendidos, a inteligência pode ser definida como a capacidade de identificar o próprio sistema (originário), manuseá-lo à sua máxima potência (ou até o ponto possível/desejável) e, ainda, conseguir sair do sistema para se comunicar com outros sistemas (rede), formando novos sistemas (secundários), em forma fractal, com poderes de modificar, evolutivamente, os sistemas originais, para que se possa potencializar cada vez mais todos os sistemas (originários e secundários) e a comunicação entre eles, ininterruptamente. Estranhamente, aproxima-se do mesmo conceito de vida proposto pelos biólogos Maturana e Varela e posteriormente apropriado pelo sociólogo Niklas Luhmann, que chamaram de *autopoieses*.[132]

Hoje em dia, alguns algoritmos de IA modificam a si próprios e imaginam os seus futuros fazendo escolhas sobre estes. Com efeito, a IA é, tudo aquilo, realizada por um sistema (qualquer) não humano, quase como características de livre arbítrio.[133]

De fato, a IBM define inteligência artificial (IA) da seguinte forma:

> uma tecnologia que usa um mecanismo de processamento que simula a inteligência humana. Sendo um campo da ciência da computação, a IA é programada através de softwares e vem se tornando mais sofisticada com o passar do tempo, essa tecnologia apresenta capacidades de desenvolver raciocínios com base em uma série de dados sobre um assunto em específico e realizar a análise desses dados para auxiliar a encontrar *insights*.[134]

---

[128] GARDNER, Howard. *Multiple intelligences*: new horizons in theory and practice. [s.l.]: [s.n.], [s.d.].
[129] PEREIRA, Luís Moniz. *A máquina iluminada, cognição e computação*. Porto: Fronteira do Caos, 2016. p. 14.
[130] PEREIRA, Luís Moniz. *A máquina iluminada, cognição e computação*. Porto: Fronteira do Caos, 2016. p. 27.
[131] PEREIRA, Luís Moniz. *A máquina iluminada, cognição e computação*. Porto: Fronteira do Caos, 2016. p. 55.
[132] LUHMANN, Niklas. *Introdução à teoria dos sistemas* – Aulas publicadas por Javier Torres Nafarrate. Tradução de Ana Cristina Arantes Nasser. 2. ed. Petrópolis: Vozes, 2010.
[133] PEREIRA, Luís Moniz. *A máquina iluminada, cognição e computação*. Porto: Fronteira do Caos, 2016. p. 16.
[134] O QUE é inteligência artificial. *IBM*. Disponível em: https://www.ibm.com/br-pt/cloud/ai?p1=Search&p4=43700055864819414&p5=b&gclid=EAIaIQobChMIq8n-osvE7wIVhxCRCh2U_QbuEAAYASAAEgL2W_D_BwE&gclsrc=aw.ds. Acesso em: 23 mar. 2021.

De um salto, pode-se deduzir que, ao se fazer uma análise dos dados (metodologia), poder-se-ia, como nos exordiais programas de jogos de xadrez, escolher os dados já utilizados (como no caso dos jogos de xadrez dos "livros de abertura" e "fechamento" e no caso da aplicação do direito das jurisprudência), contudo, pela estruturação e desenvolvimento da IA no nível mais elevado (*deep AI*), estar-se-ia em busca da jogada perfeita, sem prévia análise dos dados já existentes, mas evolutivamente construída pelo próprio algoritmo. É a gênesis perfeita, em modelo matemático.

Também seria viável a construção do direito como norma de conduta perfeita, ao modelo e estilo do direito natural? Poderá, um dia (futuro próximo) a *deep AI* nos dizer qual o melhor direito (não se está falando em operacionalização do direito, mas na sua própria génese; na sua formulação do "dizer o direito"), sem que precise recorrer a qualquer banco de dados ou código já previamente estruturado? Aqueles que professam ser o direito uma ciência, *a priori*, de condão natural e racional, muito dificilmente se escapam dessa conclusão.

Assim, verifica-se que a IA, no primeiro plano, serve como auxiliar da gestão do direito; após, é utilizada na busca da aplicação do direito e, finalmente, poderá ser evocada para dizer o direito material a ser aplicado. Por óbvio, a própria estrutura estatal (Executivo, Legislativo e Judiciário) estará em *xeque*, com o perdão do inevitável trocadilho.

Do direito universal ao algoritmo-mestre: uma fórmula para tudo?

Apesar da busca da pedra filosofal da universalidade, com a máxima aproximação pela matemática, sabe-se, hodiernamente, que o conhecimento é incompleto,[135] limitado,[136] inconsistente e/ou paraconsistente.[137] Porém, assim como um jogo de xadrez que ainda não é um jogo fechado, pode-se, na aplicação das ciências, estabelecer os livros de abertura e fechamento até se chegar à utilidade ou conhecimento ótimos.

Importante, ainda, ressaltar que pode haver duas realidades, quais sejam, as fixas – imutáveis, que independem do observador – e as que estão em mutação. A lógica matemática tem a pretensão, por ser abstrata, de ser fixa, assim como a física, quem tem leis imutáveis.[138] Apesar de arrogante, não deixa de ser emblemática a afirmação de que "em qualquer área da ciência, se uma teoria não pode ser expressa como algoritmo, não é totalmente rigorosa".[139]

Ao se defender que há um direito universal – direitos humanos –, estar-se-ia a aproximá-lo das ciências exatas. Nesse (difícil e complexo paradoxo) não poderia,

---

[135] GOLDSTEIN, Rebecca. *Incompleteness* – The proof and paradox of Kurt Gödel. Atlas Book, L.L.C./W.W, Norton & Company, Inc. 2005 (versão utilizada: GOLDSTEIN, Rebecca. *Incompletude*. A prova e o paradoxo de Kurt Gödel. São Paulo: Companhia das Letras, 2008).

[136] KANT, Immanuel. *Kritik der reinen Vernunft*. Hamburg: Meiner Verlag, 1998 (versão utilizada: KANT, Immanuel. *Crítica da razão pura*. Tradução de Manuela Pinto dos Santos e Alexandre Fradique Mourão. 5. ed. Lisboa: Fundação Calouste Gulbenkian, 2001).

[137] PEREIRA, Luís Moniz. *A máquina iluminada, cognição e computação*. Porto: Fronteira do Caos, 2016. p. 34.

[138] PEREIRA, Luís Moniz. *A máquina iluminada, cognição e computação*. Porto: Fronteira do Caos, 2016. p. 54.

[139] DOMINGOS, Pedro. *A revolução do algoritmo mestre* – Como a aprendizagem automática está a mudar o mundo. 5. ed. Lisboa: Manuscrito, 2018. p. 28.

então, o direito ser dito (ou descoberto) por um algoritmo-mestre? A sua negativa, ou seja, que o direito é um elemento exclusivamente de construção humana (e que se exige essa condição *a priori* para a sua formulação), estar-se-ia, por consequência, por dizimar toda a universalidade dos direitos humanos.

Do direito emotivo: uma condição humana

Johann Wolfgang von Goethe, filósofo e escritor, em plena época do racionalismo, como um monopólio consensual intelectual, ousou escrever um romance (não uma tese acadêmica, *lógica*, como se exigia) no qual o personagem principal, o fidalgo Werther, por amor (justificativa passional, ou seja, não racional), cometia o ato mais irracional imaginável: o suicídio (pôr fim à própria existência).[140] Foi, através da literatura, uma crítica feroz aos excessos cometidos pelos racionalistas extremistas, que combatiam qualquer interferência emotiva nas tomadas de decisões humanas.

Ainda nos anos 60, questionou-se qual, efetivamente, teria sido a contribuição das emoções humanas para a evolução dos seres humanos, notadamente na seara das tomadas de decisões. De fato, se, evolutivamente, os seres humanos utilizavam das emoções para tomar as suas decisões, qual o fator benéfico dessa variável na evolução humana? Ou seja, apesar de serem, desde os estoicos, combatidas, haveria de ter um bom motivo, em termos evolutivos, para ainda utilizarmos as emoções como fator decisório.

De fato, em casos concretos, o algoritmo estruturado em simples questão matemática pode dar *bug*. É o caso explicitado pela "Parábola do Burro". Este, exatamente no meio do caminho entre dois fardos de feno, não consegue decidir, racionalmente, para qual ir e acaba morrendo de fome por não conseguir decidir para qual lado ir.

Em verdade, as emoções humanas nunca foram relegadas pela filosofia, ou algo que o valha. Os gregos foram notórios em nos dizer algo através de suas tragédias, comédias e teatros. Freud, no seu recôncavo psicanalítico, advertia que o terceiro tombo da humanidade teria sido justamente a perda do controle da racionalidade.[141]

Mas, já se adverte, o que aqui importa é a necessidade das emoções no campo das ciências, notadamente como forma da estrutura humana, condição fundante e mantenedora da sociedade e evolução humana, na condição individual e coletiva.[142] Como prova, empírica, evoca-se o decantado caso de Phineas Gage, que foi marcante no século XIX. Pela primeira vez, tornou-se evidente uma ligação entre uma lesão cerebral específica e uma limitação da racionalidade.[143]

---

[140] GOETHE, Johann Wolfgang von. *Faust, Eine Tragödie*. [s.l.]: [s.n.], 1806 (também foi utilizada, além do original em alemão, a versão traduzida: GOETHE, Johann Wolfgang von. *Fausto*. Tradução de Antonio Feliciano de Castilho. [s.l.]: eBooksBrasil, 2003).

[141] Como cediço, o primeiro tombo da humanidade, denominado "golpe cosmológico" foi a perda da centralidade do universo, com a comprovação da teoria heliocêntrica (Copérnico); o segundo tombo, ou o "golpe biológico", ocorre quando o homem descobre que não é um ser diferente dos animais, ou superior a eles; ele próprio tem ascendência animal, relacionando-se mais estreitamente com algumas espécies, e mais distanciadamente com outras (Charles Darwin); e o terceiro tombo, de "natureza psicológica", é justamente a descoberta de que o inconsciente é (mais) atuante nas ações humanas que a consciente (FREUD, S. *Conferência XVIII das Conferências Introdutórias*. [s.l.]: [s.n.], 1916-17; texto também encontrado em FREUD, S. *Uma dificuldade no caminho da psicanálise*. [s.l.]: [s.n.], 1917).

[142] DAMÁSIO, António R. *O erro de Descartes*. [s.l.]: [s.n.], [s.d.].

[143] DAMÁSIO, António R. *O erro de Descartes*. [s.l.]: [s.n.], [s.d.].

Na Nova Inglaterra, em 1848, o trabalhador de construção de estrada de ferro, Phienas Gage, com 25 anos de idade, sofreu um gravíssimo acidente. Em uma explosão de dinamites, uma barra de ferro perfurou o crânio de Gage, atravessando a parte inferior do cérebro, saindo pelo topo da cabeça. Apesar da gravidade do acidente, Gage foi levado ao hospital consciente e, surpreendentemente, falando.[144] Após uma anamnese, percebeu-se claramente que as questões lógico-racionais de Gage não tinham sido afetadas. Em menos de dois meses, Gage estava fisicamente restabelecido, recuperando plenamente suas forças. Apenas perdera a visão do olho esquerdo. Não havia nenhum comprometimento de fala ou linguagem e, muito menos, de raciocínio lógico.[145]

Todavia, a personalidade de Gage mudara completamente. Antes do acidente era considerado, por seus amigos, uma pessoa educada, de caráter e de hábitos moderados. Sempre se mostrou preocupado com o trabalho, atraindo o respeito e admiração de patrões e colegas e trabalho.[146] Porém, após o acidente, começou a utilizar fortes palavrões em qualquer ocasião e verificou-se uma forte mudança de caráter; logo depois foi demitido do emprego que tinha. Aliás, nunca mais conseguiu estabilidade nos empregos. De fato, nunca mais teve vida social satisfatória. Frequentemente brigava e se tornou alcóolatra. Faleceu com 38 anos praticamente sozinho.[147] O seu crânio e a barra de ferro estão em exposição no Warren Medical Museum da Harvard Medical School, em Boston.

Verificou-se que após o terrível acidente que sofrera (lesão do lobo frontal), Gage não mais tinha respeito pelas convenções sociais nem por princípios éticos, que antes eram tidos como presentes em sua personalidade. Hoje em dia, pode-se afirmar que a alteração da personalidade de Gage foi provocada por uma lesão cerebral circunscrita a um local específico, qual seja, o lobo frontal.[148] Fato é que a lesão provocada pela barra de ferro determinou que as tomadas de decisões de Gage fossem consideradas prejudiciais à sua própria "melhor sobrevivência".[149] Conforme nos revela António Damásio, Gage perdeu algo de exclusivamente humano: *a capacidade de planejar o futuro enquanto ser social tendo em vista que perdera a capacidade de sentir emoções.*[150]

Assim como os complexos algoritmos atuais, como já visto, o cérebro é um supersistema constituído de vários outros subsistemas. Com efeito, cada sistema é composto por uma complexa interligação de pequenas regiões corticais e núcleos subcorticais, os quais, por sua vez, são constituídos por circuitos locais, formados por neurônios, que interagem por sinapses.[151] No caso de Gage, a barra de o ferro não atingiu as regiões cerebrais necessárias para as funções motoras e para a linguagem (subsistemas), bem como para controlar a atenção e executar cálculos matemáticos; todavia, o sistema das emoções fora fortemente atingido.

A perfuração do cérebro de Gage interferiu no seu mecanismo de tomada de decisões, que, por estar "defeituoso", impediu que ele fosse um "ser social". Mesmo

---

[144] DAMÁSIO, António R. *O erro de Descartes*. [s.l.]: [s.n.], [s.d.]. p. 24.
[145] DAMÁSIO, António R. *O erro de Descartes*. [s.l.]: [s.n.], [s.d.]. p. 27.
[146] DAMÁSIO, António R. *O erro de Descartes*. [s.l.]: [s.n.], [s.d.]. p. 30.
[147] DAMÁSIO, António R. *O erro de Descartes*. [s.l.]: [s.n.], [s.d.]. p. 28.
[148] DAMÁSIO, António R. *O erro de Descartes*. [s.l.]: [s.n.], [s.d.]. p. 36.
[149] DAMÁSIO, António R. *O erro de Descartes*. [s.l.]: [s.n.], [s.d.]. p. 37.
[150] DAMÁSIO, António R. *O erro de Descartes*. [s.l.]: [s.n.], [s.d.]. p. 38.
[151] DAMÁSIO, António R. *O erro de Descartes*. [s.l.]: [s.n.], [s.d.]. p. 56.

quando posto em confronto com os resultados desastrosos de suas decisões, não aprendia com os próprios erros.[152] Após inúmeros estudos, concluiu-se que pessoas com lesões no lobo frontal, seja por doença (câncer, por exemplo) seja por traumas mecânicos, perdem a capacidade de sentir emoções. Assim, como observado por Damásio, *a redução das emoções pode constituir uma fonte igualmente importante de comportamento irracional*.[153]

Nota-se, portanto, que os sentimentos (emoções) são necessários não só individualmente, como *input* de tomada da melhor decisão, mas também da própria manutenção social. Assim, conforme observa António R. Damásio,[154] dor pode ser física ou psíquica. Ao se cortar um membro, sente-se dor física. Com a perda de um ente querido, sentimos dor psíquica. A dor mental, psíquica, também é denominada sofrimento. O sofrimento (inclusive a lembrança da dor física) é, tal qual a racionalidade, fator fundamental para manutenção e evolução do ser humano.

Os seres humanos agem (ação/reação) ao sofrimento mediante respostas compreensivas do seu estado e inventivas para mudá-lo, com correções ou soluções radicais. Quando a criança pergunta "por que sentimos dor se é tão ruim?", geralmente, responde-se "para que você não fique com o dedo no fogo". A resposta é igualmente correspondente para os sofrimentos da mente. No mesmo sentido, os sentimentos prazerosos, atuando como indutores positivos de conduta.

No passo seguinte, a alteridade, isto é, a capacidade de se encontrar no outro, entender e compreender os sentimentos do outro, também são fatores metafísicos desse processo evolutivo fundado nos sentimentos.

Decerto, por questões evolutivas, o homem foi dotado de emoções. Não são apenas um capricho da natureza, ou pior, uma fraqueza humana como pensavam Platão e os estoicos (e demais pensadores *racionalistas*, como Descartes, e até mesmo a teologia cristã medieval); mas, sim, um sistema capaz de fornecer mecanismos essenciais para a adaptabilidade do homem ao meio, notadamente enquanto "ser social".

De fato, em que pese a negação (histórica) dos filósofos ocidentais às emoções como se estas pudessem contaminar a razão (e, portanto, a própria condição de *Homo sapiens*, ou seja, *aquele que sabe*), as emoções têm um papel importante na constituição humana, como previra Goethe. Afinal, como adverte António Damásio,[155] as ciências, por si só, não podem iluminar a experiência humana sem a luz que provém das artes e das humanidades.

Nesse contexto, ao deixar um algoritmo-mestre aplicar o direito, ou até mesmo dizer o direito, pode-se correr o risco de excluir as emoções das decisões jurídicas. Em que pese a busca da racionalidade jurídica, não é por demais lembrar que somos, enquanto seres humanos, sentimentais (e não meros algoritmos lógico-matemáticos).

---

[152] DAMÁSIO, António R. *O erro de Descartes*. [s.l.]: [s.n.], [s.d.]. p. 61.
[153] DAMÁSIO, António R. *O erro de Descartes*. [s.l.]: [s.n.], [s.d.]. p. 74.
[154] DAMÁSIO, António R. *O erro de Descartes*. [s.l.]: [s.n.], [s.d.].
[155] DAMÁSIO, António R. *A estranha ordem das coisas*. A vida, os sentimentos e as culturas humanas. Lisboa: Temas e Debates, Círculo de Leitores, 2017.

Conclusão

Não se segura o vento com as mãos. Isso é fato e é sempre recordado por nosso homenageado.[156] Também não se pode negar que o antigo operador do direito era aquela pessoa que, circunspecta em uma vasta biblioteca, elaborava manualmente os seus apontamentos, seja o advogado, membro do MP, juiz/desembargador ou jurista. Desse tempo (que não faz muito), transpôs-se para a máquina de escrever, depois para o computador, chegando-se à internet. Hodiernamente, evoca-se a IA, seja para a gestão da justiça, como para a aplicação do direito e, quiçá, para dizer o direito. Esse caminho é inexorável.

Corre-se o risco, iminente, de o "profissional do direito" simplesmente desaparecer, como aconteceu com a profissão de "arrumador de pinos de boliche" ou "acendedor de poste", sendo substituídos por engenheiros da computação ou até mesmo por matemáticos lógicos, com os seus indecifráveis códigos de algoritmos.

A questão, cremos, é como a sociedade deve se comportar com essa nova realidade. Apesar de recorrer à racionalidade jurídica como base do complexo sistema jurídico, seja em qualquer família do direito, o que seria reduzível a algum algoritmo, não se pode desconsiderar as emoções (humanas) no dizer e aplicar o direito, sob pena de transformar a sociedade em um sistema social "phineasgageano" e, portanto, insustentável.

Ademais, sempre é bom recordar as exordiais lições acadêmicas, quais sejam, que o advogado deve ter paixão na defesa do seu cliente e, ao juiz, exigem-se prudência (daí a origem romana da palavra *jurisprudência*) e sentimento (*sentença*, etimologicamente origina-se do latim *sententia* ou *sentire* – isto é dizer/comunicar/traduzir o *"sentir"*).

Outrossim, quais serão os mecanismos a impedir a estagnação jurídica, renovando-se constantemente (no sentido de evolução) do direito. E, ainda, quais os mecanismos, externos ou internos ao sistema, de controle das decisões. Nesse caminhar, indubitavelmente, a *deep AI*, com os seus recursos reflexivos, em escala fractal, tem muito a contribuir. Afinal, como dizia o eterno poeta, "Eu prefiro ser essa metamorfose ambulante; do que ter aquela velha opinião formada sobre tudo".[157]

Referências

ALBERGARIA, Bruno. *Histórias do direito* – Evolução das leis, fatos e pensamentos. 2. ed. São Paulo: Atlas, 2012.

ALBERGARIA, Bruno. *O Estado sustentável de direito pela ótica topológica*. Belo Horizonte: Fórum, 2018.

ARENDT, Hanna. *Origem do totalitarismo*. São Paulo: Companhia das Letras, 1989.

ARISTÓTELES. *Ética a Nicômaco*. Tradução de Leonel Vallandro e Gerd Bornheim, da versão inglesa de W. D. Ross. São Paulo: Nova Cultural, 1987.

ASCENSÃO, José de Oliveira. *O direito* – Introdução e teoria geral. 13. ed. Coimbra: Almedina, 2016.

BEVILÁQUA, Clóvis. *Código Civil dos Estados Unidos do Brasil* comentado. Rio de Janeiro: Paulo de Azevedo Ltda., 1949. v. I.

---

[156] *Vide*, por todos, CANOTILHO, José Joaquim Gomes. *Parecer*: "Uber – serviço de transporte individual". 26 out. 2015.

[157] Música *Metamorfose*, de 1973, compositor: Raul Santos Seixas.

BEVILÁQUA, Clóvis. *Theoria geral do direito civil*. Rio de Janeiro: Paulo de Azevedo Ltda., 1951.

BIG data: o que é, conceito e definição. *Blog Cetax*, 7 ago. 2020. Disponível em: https://www.cetax.com.br/blog/big-data/. Acesso em: 24 mar. 2021.

BURTON, Burnie. Watch Will Smith try to romance Sophia the robot, and fail. *Cnet*, 30 mar. 2018. Disponível em: https://www.cnet.com/news/will-smith-romances-hanson-robotics-ai-robot-sophia/. Acesso em: 30 mar. 2021.

CANOTILHO, José Joaquim Gomes. *Constituição dirigente e vinculação do legislador*: contributo para a compreensão das normas constitucionais programáticas. Coimbra: [s.n.], 1982.

CANOTILHO, José Joaquim Gomes. *Direito constitucional e teoria da Constituição*. 7. ed. 5. reimpr. Coimbra: Almedina, 2008.

CANOTILHO, José Joaquim Gomes. *Estudos sobre direitos fundamentais*. São Paulo; Coimbra: Revista dos Tribunais; Coimbra Editora, 2008.

CANOTILHO, José Joaquim Gomes. *O Estado de direito*. Cadernos democráticos. Fundação Mário Soares. Lisboa: Gradiva, 1999.

CANOTILHO, José Joaquim Gomes. O princípio da sustentabilidade como princípio estruturante do direito constitucional. *Revista de Estudos Politécnicos*, v. VIII, p. 7-18, n. 13, 2010.

CANOTILHO, José Joaquim Gomes. Parecer: "Uber – serviço de transporte individual". 26 out. 2015.

CANOTILHO, José Joaquim Gomes. Rever ou romper com a Constituição dirigente? Defesa de um constitucionalismo moralmente reflexivo. *Cadernos de Direito Constitucional e Ciência Política*, São Paulo, ano 4. n. 15.

CANOTILHO, José Joaquim Gomes; MOREIRA, Vital. *CRP* – Constituição da República Portuguesa anotada. Coimbra: Coimbra Editora, 2007.

CARNELLUTI, Francesco. *Teoria generale del diritto*. [s.l.]: [s.n.], 1940.

CASTELLS, Manuel. *The power of identity*. [s.l.]: Blackwell Publishers, 1998.

CASTELLS, Manuel. *The rise of the network society*. [s.l.]: Blackwell Publishers, 1998.

CHRISTIAN, Brian. *O humano mais humano, o que a inteligência artificial nos ensina sobre a vida*. Tradução de Laura Teixeira Motta. São Paulo: Companhia das Letras, 2013.

COMPARATO, Fabio Konder. *Afirmação histórica dos direitos humanos*. 5. ed. São Paulo: Saraiva, 2007.

DAMÁSIO, António R. *A estranha ordem das coisas*. A vida, os sentimentos e as culturas humanas. Lisboa: Temas e Debates, Círculo de Leitores, 2017.

DAVENPORT, T. H.; BECK, J. C. Getting the attention you need. *Harvard Business Review*, 2000.

DAVID, René. *Os grandes sistemas do direito contemporâneo*. São Paulo: Martins Fontes, 1998.

DESCARTES, René. *Discours de la méthode pour bien conduire sa raison, et chercher la verité dans les sciences*. [s.l.]: [s.n.], 1637.

DESCARTES, René. *Discurso do método e tratado das paixões da alma*. Tradução, prefácio e notas Newton de Macedo. 3. ed. Lisboa: Livraria Sá da Costa, 1956.

DOMINGOS, Pedro. *A revolução do algoritmo mestre* – Como a aprendizagem automática está a mudar o mundo. 5. ed. Lisboa: Manuscrito, 2018.

DOMINGOS, Pedro. *O algoritmo mestre*. Como a busca pelo algoritmo de machine learning definitivo recriará nosso mundo. São Paulo: Novatec, 2017.

EINSTEIN, Albert. *Fundamental ideas and problems of the theory of relativity*. Nobel Lectures, Physics 1901–1921. Amsterdam: Elsevier Publishing Company, 2007.

FANTIN-LATOUR, Henri; BOTELHO, Manuel. *2. Meeting Point*. Lisboa: Museu Calouste Gulbenkian, 2015.

FERNANDES, António Teixeira. *A crise do Estado nas sociedades contemporâneas* – Texto da Conferência Proferida em 12 de novembro de 1993. Porto: Edição do Conselho Directivo, 1993.

FREUD, S. *Conferência XVIII das Conferências Introdutórias*. [s.l.]: [s.n.], 1916-17.

FREUD, S. *Uma dificuldade no caminho da psicanálise.* [s.l.]: [s.n.], 1917.

GAGEIRO, Eduardo; JORGE, Lígia. *Silêncios.* [s.l.]: Punkte Art-Produções Gráficas, nov. 2008.

GALDINO, Natanael. Big data: ferramentas e aplicabilidade. *XIII Simpósio de Excelência em Gestão e Tecnologia.* Disponível em: 472427.pdf (aedb.br). Acesso em: 22 mar. 2021.

GARDNER, Howard. *Multiple intelligences*: new horizons in theory and practice. [s.l.]: [s.n.], [s.d.].

GIANNAKOS, Demétrio Beck da Silva. Inteligência artificial e o direito: uma realidade inevitável. *Migalhas.* Disponível em: https://www.migalhas.com.br/depeso/319005/inteligencia-artificial-e-o-direito--uma-realidade-inevitavel. Acesso em: 25 mar. 2021.

GOETHE, Johann Wolfgang von. *Faust, Eine Tragödie.* [s.l.]: [s.n.], 1806.

GOETHE, Johann Wolfgang von. *Fausto.* Tradução de Antonio Feliciano de Castilho. [s.l.]: eBooksBrasil, 2003.

GOLDSTEIN, Rebecca. *Incompleteness* – The proof and paradox of Kurt Gödel. Atlas Book, L.L.C./W.W, Norton & Company, Inc. 2005.

GOLDSTEIN, Rebecca. *Incompletude.* A prova e o paradoxo de Kurt Gödel. São Paulo: Companhia das Letras, 2008.

GONÇALVES, Luís. Machine reading comprehension – Inteligência artificial que consegue ler e interpretar textos. *Medium.* Disponível em: https://medium.com/luisfredgs/uma-intelig%C3%AAncia-artificial-que-consegue-ler-e-interpretar-textos-da108a2f1041. Acesso em: 23 mar. 2021.

HARVEY, D. *The condition of postmodernity*: an enquiry into the origins of cultural change. [s.l.]: [s.n.], 1989.

HOFSTADTER, Douglas R. *Godel, Escher, Bach* – Laços eternos – Uma fuga metafórica sobre mentes e máquinas, no espírito de Lewis Carrol. Lisboa: Gradiva, 2014.

IMPLICAÇÕES dos grandes volumes de dados nos direitos fundamentais. *Jornal Oficial da União Europeia*, 25 jul. 2018. Disponível em: https://eur-lex.europa.eu/legal-content/PT/TXT/PDF/?uri=CELEX:52017IP0076&from=DA. Acesso em: 29 mar. 2021.

INTELIGÊNCIA Artificial bate humanos em teste de compreensão de texto. *Olhar Digital*, 10 jul. 2019. https://olhardigital.com.br/2019/07/10/noticias/ia-da-alibaba-bate-humanos-em-teste-de-compreensao-de-leitura/. Acesso em: 22 mar. 2021.

JUSTO, A. Santos. *Introdução ao estudo do direito.* Coimbra: Coimbra Editora, 2003.

KANT, Immanuel. *Crítica da razão pura.* Tradução de Manuela Pinto dos Santos e Alexandre Fradique Mourão. 5. ed. Lisboa: Fundação Calouste Gulbenkian, 2001.

KANT, Immanuel. *Kritik der reinen Vernunft.* Hamburg: Meiner Verlag, 1998.

KANT, Immanuel. Primeira introdução à crítica do juízo. In: KANT, Immanuel. *Duas introduções à crítica do juízo.* Tradução de Rubens Rodrigues Torres Filho. São Paulo: Iluminuras, 1995.

KOHLER, Josef. *Lehrbuch des Bürgerlichen Rechts.* [s.n.]: Berlin, 1906.

LEITÃO, Rafael. *Marcel Duchamp*: um artista do xadrez. Disponível em: https://rafaelleitao.com/marcel-duchamp-xadrez/. Acesso em: 1º abr. 2021.

LINHARES, José Manuel Aroso. O logos da juridicidade sob o fogo cruzado do ethos e do pathos: da convergência com a literatura (law as literature, literature as law) à analogia com uma poiêsis-technê de realização (law as musical and dramatic performance). *Boletim da Faculdade de Direito da Universidade de Coimbra*, n. 80, p. 66-67, 2004. Separata.

LOHR, Steve. A.I. is doing legal work. But it won't replace lawyers, yet. *The New York Times*, 19 mar. 2017. Disponível em: https://www.nytimes.com/2017/03/19/technology/lawyers-artificial-intelligence.html. Acesso em: 26 mar. 2021.

LUHMANN, Niklas. *Introdução à teoria dos sistemas* – Aulas publicadas por Javier Torres Nafarrate. Tradução de Ana Cristina Arantes Nasser. 2. ed. Petrópolis: Vozes, 2010.

MARK, Gibney. *International human rights law.* Returning to universal principles. Lanham: The Rowman & Littlefield Pub. Group., 2008.

MAYER-SCHÖNBERGER, Viktor; CUKIER, Kenneth. *Big data*: como extrair volume, variedade, velocidade e valor da avalanche de informação cotidiana. Rio de Janeiro: Campus, 2013.

MCGINNIS, John O.; PEARCE, Russell G. The great disruption: how machine intelligence will transform the role of lawyers in the delivery of legal services. *Fordham Law Review*.

MONCADA, Cabral de. *Direito positivo e ciência do direito*. 1. ed. Porto Alegre: Safe, 2006.

NEVES, António Castanheira. A crise actual da filosofia do direito no contexto da crise global da filosofia, tópicos para a possibilidade de uma reflexiva reabilitação. *Boletim da Faculdade de Direito, Stvdia Ivridica*, n. 72, Coimbra, 2003.

NEVES, António Castanheira. Coordenadas de uma reflexão sobre o problema universal do direito – Ou as condições da emergência do direito como direito. *In*: RAMOS, Rui Manuel de Moura *et al.* (Org.). *Estudos em homenagem à Professora Doutora Izabel de Magalhães Collaço*. Coimbra: Almedina, 2002. v. II.

NEVES, António Castanheira. *O direito hoje e com que sentido?* O problema actual da autonomia do direito. Lisboa: Instituto Piaget, 2002.

NUNES, António José Avelãs; COUTINHO, Jacinto Nelson de Miranda (Coord.). *O direito e o futuro*. O futuro do direito. Coimbra: Almedina, 2008.

NUNES, Dierle. Inteligência artificial e direito processual: vieses algorítmicos e os riscos de atribuição de função decisória às máquinas – Artificial intelligence and procedural law: algorithmic bias and the risks of assignment of decision-making function to machines. *Revista de Processo*, v. 285, p. 421-447, nov. 2018. Disponível em: https://www.academia.edu/37764508/INTELIG%C3%8ANCIA_ARTIFICIAL_E_DIREITO_PROCESSUAL_VIESES_ALGOR%C3%8DTMICOS_E_OS_RISCOS_DE_ATRIBUI%C3%87%C3%83O_DE_FUN%C3%87%C3%83O_DE_CIS%C3%93RIA_%C3%80S_M%C3%81QUINAS_Artificial_intelligence_and_procedural_law_algorithmic_bias_and_the_risks_of_assignment_of_decision_making_function_to_machines?email_work_card=reading-history. Acesso em: 26 mar. 2021.

O QUE é big data? *Canaltech*. Disponível em: https://canaltech.com.br/big-data/o-que-e-big-data/. Acesso em: 22 mar. 2021.

O QUE é inteligência artificial. *IBM*. Disponível em: https://www.ibm.com/br-pt/cloud/ai?p1=Search&p4=43700055864819414&p5=b&gclid=EAIaIQobChMIq8n-osvE7wIVhxCRCh2U_QbuEAAYASAAEgL2W_D_BwE&gclsrc=aw.ds. Acesso em: 23 mar. 2021.

ORTEGA Y GASSET, José. *En torno a Galileo* – Esquema de las crisis. [s.l.]: [s.n.], 1933.

ORWELL, George. *Nineteen Eighty-Four (1984)*. London: Secker and Warburg, 1949.

PARISER, E. *The filter bubble*. New York: The Penguin Press, 2011.

PELLANDA, E. C. Mobilidade e personalização como agentes centrais no acesso individual das mídias digitais. *E-Compós*, 2007.

PEREIRA, Caio Mario da Silva. *Instituições de direito civil*. Rio de Janeiro: Forense, 1991. v. I.

PEREIRA, Carlos André Maciel Pinheiro; ROSÁRIO, José Orlando Ribeiro; GÓES, Ricardo Tinoco de. A filosofia do direito em Jürgen Habermas a partir da ação comunicativa. *Revista Direito Mackenzie*, v. 11, n. 2, p. 111-128, 2017. Disponível em: http://www.mpsp.mp.br/portal/page/portal/documentacao_e_divulgacao/doc_biblioteca/bibli_servicos_produtos/bibli_boletim/bibli_bol_2006/Rev-Dir-Mackenzie_v.11_n.02.07.pdf. Acesso em: 31 mar. 2021.

PEREIRA, Luís Moniz. *A máquina iluminada, cognição e computação*. Porto: Fronteira do Caos, 2016.

PÉREZ LUÑO, Antonio Enrique. *Derechos humanos, Estado de derecho y Constitucion*. 6. ed. Madrid: Tecnos, 1999.

PÉREZ LUÑO, Antonio Enrique. *La tercera generación de derechos humanos*. Navarra: Aranzadi, 2006.

PESSOA, Fernando. Autopsicografia. *In*: PESSOA, Fernando. *Cancioneiro*. [s.l.]: [s.n.], [s.d.].

PETTERSEN, Bruno. Blade Runner – Notas filosóficas sobre a ficção científica. *Pensar – Revista Eletrônica da FAJE*, v. 4, n. 1, p. 97-100, 2013. Disponível em: 2224-Texto do artigo-8164-3-10-20130618.pdf. Acesso em: 22 mar. 2021.

REALE, Giovanni; ANTISERI, Dario. *Il pensiero occidentale dalle origini ad oggi*. 8. ed. Bréscia: Editrice La Scuola, 1986.

REALE, Miguel. *Filosofia do direito* São Paulo: Saraiva, 2009.

RUSSELL, Berthand. *Introdução à filosofia matemática.* Rio de Janeiro: Jorge Zahar, 2007.

RUSSELL, Stuart J. *Artificial intelligence a modern approach.* Englewood Cliffs, New Jersey: Prentice Hall, 1995.

SALAS, Javier. O obscuro uso do Facebook e do Twitter como armas de manipulação política. As manobras nas redes se tornam uma ameaça que os governos querem controlar. *El País*, 19 out. 2017. Disponível em: https://brasil.elpais.com/brasil/2017/10/19/tecnologia/1508426945_013246.html. Acesso em: 4 abr. 2021.

SANTOS, Boaventura de Sousa. *A crítica da razão indolente*: contra o desperdício da experiência. São Paulo: Cortez, 2000.

SANTOS, Boaventura de Sousa. *Um discurso sobre as ciências*. 7. ed. Porto: Edições Afrontamento, 1995. Coleção Histórias e Ideias.

SCOTT, Ridley. *Blade Runner.* DVD, 25th Anniversary Edition, Final Cut. 2007.

SERRANO MARÍN, Vicente. ¿Es el Estado un derecho fundamental? Reflexión sobre el fundamento epistemológico de los derechos fundamentales. *Revista del Centro de Estudios Constitucionales*, Madrid, v. 5, p. 241-258, ene./abr. 1990.

SGANDERLA, Rachele Bianchi; FERRARI, Débora Nice; GEYER, Cláudio F. R. BonoBOT: um chatterbot para interação com usuários em um sistema tutor inteligente. *XIV Simpósio Brasileiro de Informática na Educação – NCE – IM/UFRJ 2003*. Disponível em: http://www.nce.ufrj.br/sbie2003/publicacoes/paper46.pdf. Acesso em: 29 mar. 2021.

SHAKESPEARE, W. *The Tragedy of Hamlet, Prince of Denmark.* [s.l.]: [s.n.], 1623.

SILLS, Anthony. Ross and Watson tackle the law. *IBM*, 14 jan. 2016. Disponível em: https://www.ibm.com/blogs/watson/2016/01/ross-and-watson-tackle-the-law/. Acesso em: 26 mar. 2021.

SYMONIDES, Janusz (Org.). *Direitos humanos*: novas dimensões e desafios. Brasília: Unesco no Brasil, 2003.

SYMONIDES, Janusz (Org.). *Human rigths*: new dimensions and challenges. Paris: United Nation Educational, Scientific and Cultural Organization (Unesco), 1998.

TAYLOR, Edward Burnett. *Researches into the early history of mankind and the development of civilization.* Londres: [s.n.], 1865.

TEUBNER, Gunther. *Recht Als Autopoietisches System.* [s.l.]: [s.n.], 1989.

THEODORO JÚNIOR, Humberto. *Curso de direito processual civil.* 61. ed. São Paulo: Forense, 2020. v. I.

TRINDADE, Antônio Augusto Cançado. *Tratado de direito internacional dos direitos humanos.* 2. ed. rev. e atual. Porto Alegre: Safe, 2003. v. 1.

TURING, A. M. I. – Computing machinery and intelligence. *Mind*, v. LIX, issue 236, p. 433-460, out. 1950. Disponível em: https://doi.org/10.1093/mind/LIX.236.433.

WALTERS, Miranda. London law firms embrace artificial intelligence. *CBRE*, London, 24 abr. 2018. Disponível em: http://news.cbre.co.uk/london-law-firms-embrace-artificial-intelligence/. Acesso em: 26 mar. 2021.

WEIZENBAUM, Joseph. *Computer Power and Human Reason.* San Francisco: W. H. Freeman, 1976.

ZAGO, Gabriela da Silva; SILVA, Ana Lúcia Migowski da. Sites de rede social e economia da atenção: circulação e consumo de informações no Facebook e no Twitter. *Vozes e Diálogos*, Itajaí, v. 13, n. 1, jan./jun. 2014.

Informação bibliográfica deste texto, conforme a NBR 6023:2018 da Associação Brasileira de Normas Técnicas (ABNT):

ALBERGARIA, Bruno. Os algoritmos e o direito: um percurso (nada) lógico. *In*: GOMES, Ana Cláudia Nascimento; ALBERGARIA, Bruno; CANOTILHO, Mariana Rodrigues (Coord.). *Direito Constitucional*: diálogos em homenagem ao 80º aniversário de J. J. Gomes Canotilho. Belo Horizonte: Fórum, 2021. p. 647-678. ISBN 978-65-5518-191-3.

A LEI DE TERRAS DE MACAU: OPÇÕES E INQUIETAÇÕES

DULCE LOPES

1 Introdução à Lei de Terras de Macau[1]

A Lei de Terras de Macau – Lei nº 10/2013 –[2] representa um marco de modernidade na condução da política dos solos naquela Região Administrativa Especial. Das suas disposições resulta claramente uma intenção de rigor e efetividade na utilização do solo – um bem marcadamente escasso em Macau, balizado pelo princípio do aproveitamento útil e efetivo dos terrenos, assegurando o uso oportuno e racional dos terrenos e otimizando a utilização de solo (art. 2º, nº 2 da Lei de Terras, mencionado já no art. 7º da Lei Básica da Região Administrativa Especial de Macau da República Popular da China). Princípio este que teve algum intuito reativo relativamente à aplicação da legislação anterior – a Lei nº 6/80/M – que suscitou grandes dúvidas quanto ao nível e às formas de concretização daquele aproveitamento, bem como ao desenvolvimento de formas de especulação quanto a ele.

Este princípio do aproveitamento útil e efetivo dos terrenos não é o único princípio estruturante da utilização de terras, já que ele deve ser compatibilizado com outros princípios igualmente relevantes, *maxime* o da sustentabilidade que visa promover o desenvolvimento coordenado e equilibrado no nível socioeconómico, histórico, cultural e ambiental; o da igualdade no acesso à terra, mediante a publicidade e realização de concurso para a concessão de terrenos; e o da segurança jurídica, garantindo a estabilidade do regime legal vigente e o respeito pelas situações jurídicas validamente constituídas (art. 2º, nºs 1, 5 e 9 da Lei de Terras).

---

[1] O presente texto de homenagem ao Senhor Doutor J. J. Gomes Canotilho desponta de uma solicitação feita pelo insigne senhor doutor de análise da legislação macaense sobre terras, tendo em vista, sobretudo, a investigação do sentido do instituto da caducidade nela prevista, instituto este que tem sido profusamente debatido na doutrina e na jurisprudência. Agradecemos, sem nunca poder retribuir devidamente, todos os ensinamentos do Senhor Doutor Gomes Canotilho que nos acompanham desde aluna, assistente e, agora, professora da Faculdade de Direito da Universidade de Coimbra.

[2] Disponível em: https://bo.io.gov.mo/bo/i/2013/36/lei10.asp.

Estes princípios devem entrar em diálogo e ponderação entre si, enformando as soluções a que se chegue por via da concretização das regras inscritas naquela legislação. De facto, a inclusão destes referentes principiológicos deve servir de guião para a adequada interpretação e concretização das normas jurídicas inscritas na Lei de Terras e orientar a adequada resolução das situações de facto que se inscrevam no seu âmbito material de regulação.

Efetivamente, de nada serviria incluir princípios de uso e aproveitamento dos terrenos do Estado se as disposições que lhes são subsequentes não tivessem neles o seu bordão fundamentante e o seu sentido e função não tivessem de ser lidos tendo em consideração as exigências jurídicas que deles dimanam. Em especial, assinale-se a importância do princípio da igualdade que, com uma marcada vertente material, não permite que se trate de forma igual quem se encontra numa situação substancialmente distinta e que merece, por isso, um tratamento especial pelo direito.

É esta dimensão dos princípios que pode auxiliar a refletir sobre a forma como devem alguns litígios relacionados com a caducidade da concessão temporária de terras ser decididos em conformidade com o direito. Direito este de que a própria Lei de Terras é um instrumento concretizador, na sua tentativa de conciliar situações juridicamente constituídas com a necessidade de prover a melhor utilização do solo, o que deve conformar os contornos dos direitos fundiários nela estabelecidos, em especial aquele que é objeto da nossa análise: o contrato de concessão temporária.

2   Caraterização do contrato de concessão temporária de terras

Não obstante alguma indefinição e complexidade – resultante da própria natureza complexa da organização político-administrativa da Região Administrativa Especial de Macau, no âmbito mais amplo do Estado em que se insere, e, por isso, da natureza polissémica do art. 7º da Lei Básica –, o direito de gestão, uso e desenvolvimento de solo e recursos naturais é considerado um "direito real público atribuído *ope legis*, em exclusivo à RAEM",[3] pelo qual é esta região à qual está atribuída a definição dos demais direitos que sobre o solo podem incidir, bem como as condições de exercício e extinção, assim como o respetivo controlo.

O direito resultante de arrendamento ou concessão, temporária e definitiva, de terras para uso ou desenvolvimento tem, por isso, uma natureza jurídico-pública, que, por estar dependente da definição legislativa dos seus contornos, não pode estar imune à aplicação dos princípios que se encontram inscritos nessa legislação, a que já aludimos, para além de outros que tenham uma feição mais marcadamente contratual resultante dos instrumentos negociais que deram causa à criação de situações de concessão.

Assinale-se ainda, porque com especial interesse para a nossa exposição, que há uma ampla margem de conformação política, legislativa e, adiantemo-lo desde já, administrativa, na definição dos contornos daqueles direitos de concessão, uma vez que a Lei Básica remete, quanto às concessões de terras feitas ou renovadas após o

---

[3] CARDINAL, Paulo. A Lei Básica e o Regime Jurídico das Terras na Região Administrativa Especial de Macau. In: CARDINAL, Paulo. *Estudos relativos à Lei de Terras de Macau*. [s.l.]: Centro de Formação Jurídica e Judiciária, 2019. p. 230.

estabelecimento da Região Administrativa Especial de Macau para as "leis e políticas" respeitantes a terras desta região (art. 120º da Lei Básica).

Ou seja, não há a imposição de um modelo constitucional ou "paraconstitucional" dos direitos que podem incidir sobre terras em Macau, havendo uma grande amplitude na concretização destes, pela qual os vários órgãos de soberania da Região Administrativa Especial de Macau são responsáveis, dentro das suas atribuições e competências. A este propósito, acentue-se o papel do chefe do Executivo da Região Administrativa Especial de Macau que, não obstante ter como especial competência fazer cumprir as leis naquela região, tem poderes muito mais amplos que podem enformar o modo como aquelas leis devem ser cumpridas. Em especial, é sua competência definir as políticas do Governo e mandar publicar as ordens executivas, do que se retira – a par da sua centralidade na estruturação institucional da Região Administrativa Especial (art. 50º, nº 4 da Lei Básica) – que pode imprimir a orientação a dar à concretização legislativa, desde que, naturalmente, em consonância com a devida interpretação a dar às leis e à Lei Básica em que aquelas se fundamentam.

Especificamente quanto aos contratos de concessão de terrenos, a Lei nº 10/2013 distingue entre concessão provisória e definitiva, sendo a primeira uma antecâmara desta última. Nos termos do art. 44º:

> concessão por arrendamento é inicialmente dada a título provisório, por prazo a fixar em função das caraterísticas da concessão, e só se converte em definitiva se, no decurso do prazo fixado, forem cumpridas as cláusulas de aproveitamento previamente estabelecidas e o terreno estiver demarcado definitivamente.

Na concessão provisória é determinado um prazo para o aproveitamento do terreno, por exemplo, a construção do prédio, que pode ser inferior ou igual a vinte e cinco anos (art. 47º, nº 1). Contrariamente, porém ao que sucedia no âmbito da Lei nº 6/80/M, o art. 48º, nº 1 da Lei nº 10/2013 estipula que as concessões provisórias não podem ser renovadas, salvo, como estipula o nº 2, se o respetivo terreno se encontre anexado a um terreno concedido a título definitivo e ambos estejam a ser aproveitados em conjunto.

Note-se que aquela concessão provisória tem como finalidade não o gozo de um bem (pelo que a menção à noção de arrendamento tem raízes mais históricas do que de mera perfeição jurídica), mas antes a realização de uma obra, que deverá estar concluída antes do termo da concessão. Concretizada a obra, o concessionário passará a gozar de um direito sobre esta, ao abrigo de um contrato de concessão definitiva, o que significa tanto uma mudança do objeto da concessão como da situação jurídica do seu titular. Como refere Augusto Teixeira Garcia: "(e)m termos de direito superficiário, a concessão provisória abrange a situação relativa à faculdade de fazer obra em terreno alheio; a concessão definitiva a situação relativa à faculdade de manter obra em terreno alheio".[4]

Em termos formais, no que se refere ao contrato de concessão provisória de terras, julgamos ser inegável que, face ao objeto deste contrato (terras incluídas em domínio público); ao procedimento prévio à celebração daquele contrato (de natureza jurídico

---

[4] GARCIA, Augusto Teixeira. Concessão por arrendamento e direito de superfície. *Boletim da Faculdade de Direito*, v. 95, n. 1, 2019. p. 714.

pública, por via concursal) e à natureza das cláusulas que se impõem ao concessionário (grandemente modeladas por um regime jurídico-público), estamos perante contratos de natureza administrativa que, por isso, convocam a possibilidade de aplicação de disposições de natureza jurídico-administrativa, designadamente do Código de Procedimento Administrativo, à configuração das relações entre as partes.

Do ponto de vista material, o direito que se permite constituir por via destas concessões é, segundo a doutrina, um direito de superfície em que a obra a realizar corresponde a um poder-dever do concessionário. Segundo Augusto Teixeira Garcia, está em causa uma "especialidade do direito de superfície público", o que permite, ainda para o mesmo autor, recorrer às pertinentes disposições do Código Civil sobre o direito de superfície, em tudo que não esteja especificamente previsto na Lei de Terras e não a contrarie (o que é explicitamente garantido pela formulação do art. 41º da Lei de Terras).[5]

Ora, não obstante o contrato de concessão provisório a que nos reportamos ser grandemente regulado pelo legislador na sua tramitação e efeitos, tal não permite olvidar o ambiente contratual em que ele se move. Ambiente este que impõe que as partes cumpram obrigações jurídicas recíprocas ancoradas em princípios jurídicos de matriz contratual. Desde logo, há que recordar a importância dos princípios da boa-fé e da cooperação entre contraentes, o que determina que os contratos celebrados devam ser cumpridos por ambas as partes num espírito de cooperação e de ponderação da posição de cada um, de modo a impedir que a sua execução seja dificultada ou impossibilitada por comportamentos de qualquer uma delas que poderiam/deveriam ter sido evitados.

É também um princípio geral em matéria contratual o equilíbrio financeiro do contrato, sempre que os pressupostos em que assentaram as vontades das partes forem de tal ordem alterados que seja necessário interferir sobre o próprio contrato, de modo a assegurar o seu adequado cumprimento e execução. Aliás, este pressuposto é expressamente mencionado no Código do Procedimento Administrativo de Macau, como limite à possibilidade de modificação unilateral do conteúdo das prestações (art. 167º, alínea a)), merecendo expresso acolhimento no ordenamento jurídico macaense. No mesmo sentido vai o art. 431º, nº 1 do Código Civil, segundo o qual:

> [s]e as circunstâncias em que as partes fundaram a decisão de contratar tiverem sofrido uma alteração anormal, tem a parte lesada o direito à resolução do contrato. Ou à modificação dele segundo juízos de equidade, desde que a exigência das obrigações por ela assumidas afecte gravemente os princípios da boa-fé e não esteja coberta pelos riscos próprios do contrato.

Assim, o aproveitamento de terras não é um exercício puramente unidirecional e autoritário da Administração; apenas se levando a cabo em colaboração com os particulares, vendo neles verdadeiros colaboradores na realização desta tarefa de interesse público e não como meras entidades sujeitas à ação administrativa. Por isso, essa colaboração deve ser promovida e preservada de todas as formas que forem necessárias ao cumprimento dos arranjos contratuais entre Administração e privados, num espírito de boa-fé e de confiança.

---

[5] GARCIA, Augusto Teixeira. Concessão por arrendamento e direito de superfície. *Boletim da Faculdade de Direito*, v. 95, n. 1, 2019, respetivamente, p. 705 e 710.

3 A caducidade da concessão temporária de terras pelo decurso do tempo

3.1 A dimensão "constitucional" da proteção do direito de aproveitamento das terras

O direito de aproveitamento das terras, ainda que ao abrigo de uma concessão transitória, incorpora um direito de superfície (direito a construir uma obra) num tempo determinado. Este direito de superfície, enquanto direito real, ainda que um direito real menor, deve merecer proteção jurídica que é acordada ao direito de propriedade nos termos da Lei Básica. De facto, os direitos concedidos naquela Lei Básica devem ser lidos em toda a sua amplitude, sabendo ademais que o direito de propriedade na Região Administrativa Especial de Macau se encontra bastante balizado, apenas aos que forem reconhecidos, de acordo com a lei, antes do estabelecimento nessa região administrativa.

Uma vez que, após o estabelecimento da região, todos os terrenos situados no âmbito territorial da região são de propriedade do Estado, exceto os que foram reconhecidos como propriedade privada nos termos da lei antes do estabelecimento da região, não é possível constituir nova propriedade privada de terrenos depois da criação da região, sob pena de violar a disposição do art. 7º da Lei Básica. Assim, este artigo terá de ser lido de forma ajustada aos vários direitos reconhecidos pela legislação de Macau, que têm natureza real, como o direito de superfície, constituído ao abrigo de um contrato de concessão.

Portanto, estes direitos merecerão proteção pela Lei Básica, que lhes garante, no âmbito da sua previsão de garantia do direito de propriedade, condições de estabilidade e de tutela no caso de violações que contra eles e os seus titulares venham a ser perpetradas.[6] E tanto assim merecem proteção ao abrigo da Lei Básica os titulares de concessões provisórias tal como resulta expressamente do art. 42º, nº 1 da Lei de Terras que dispõe:

> [o] direito resultante da concessão por arrendamento ou subarrendamento de terrenos urbanos ou de interesse urbano abrange poderes de construção, transformação ou manutenção de obra, para os fins e com os limites consignados no respectivo título constitutivo, entendendo-se que as construções efectuadas ou mantidas permanecem na propriedade do concessionário ou subconcessionário até à extinção da concessão por qualquer das causas previstas na presente lei ou no contrato.

Nestes termos, dispõe ainda o art. 103º da Lei Básica que "[a] Região Administrativa Especial de Macau protege, em conformidade com a lei, o direito das pessoas singulares e colectivas à aquisição, uso, disposição e sucessão por herança da propriedade e o direito à sua compensação em caso de expropriação legal". Acrescentando que

---

[6] De acordo com Tong Io Cheng (*O direito de propriedade na Lei Básica da Raem* – Análise sobre o regime de *protecção, a origem e a legitimidade do direito de propriedade, II Jornadas da Assembleia Legislativa*), e com Paulo Cardinal (A Lei Básica e o Regime Jurídico das Terras na Região Administrativa Especial de Macau. *In*: CARDINAL, Paulo. *Estudos relativos à Lei de Terras de Macau.* [s.l.]: Centro de Formação Jurídica e Judiciária, 2019. p. 217), que o cita.

"Esta compensação deve corresponder ao valor real da propriedade no momento, deve ser livremente convertível e paga sem demora injustificada". Como resulta do Parecer nº 3/IV/2013, da 1ª Comissão Permanente "Lei de Terras":

> [o] regime do art. 103º da Lei Básica aplica-se não apenas à expropriação legal de direitos de propriedade plena, mas também terá que abranger os demais direitos ou ónus reais sobre os bens expropriados. É de notar que será equiparada a uma expropriação qualquer mecanismo ablativo equivalente que prive particular do direito de propriedade, ou que imponha restrições significativas às possibilidades de utilização ou aproveitamento do direito de propriedade, que sejam de efeitos equivalentes a uma expropriação.

Isto porque também eles entram no âmbito de proteção "constitucional" do direito de propriedade e das modalidades deste previstas na legislação macaense.

É certo que a lei fundamental apenas define os princípios fundamentais dos direitos e liberdades que reconhece, cabendo às leis ordinárias a sua concretização, como, aliás, se depreende da formulação do art. 7º da Lei Básica. Todavia, este exercício de concretização não opera no vazio, sendo necessário que o legislador dê devido acolhimento às imposições de natureza constitucional e que se prendem com a garantia da devida estabilização das condições de gozo do direito concedido, assim como a garantia da legitimidade de quaisquer afetações àquele direito.

Se é certo que a lei ordinária tem um âmbito lato de aplicação, dado o caráter deliberadamente enxuto das prescrições da Lei Básica, tal não lhe confere, porém, a faculdade de alterar os pressupostos de princípio em que esta lei assenta e que visam assegurar com amplitude e plenitude os direitos nela consagrados.[7] Pelo que qualquer disposição legal deve ser lida em conformidade com a "Constituição", de modo a assegurar a coerência e a unidade do sistema jurídico de Macau.

De facto, as disposições da Lei Básica têm uma natureza jurídico-constitucional[8] configurando um parâmetro de validade – e naturalmente também de interpretação – de todas as disposições da lei ordinária, como a Lei de Terras: "[n]enhuma lei, decreto-lei, regulamento administrativo ou ato normativo da Região Administrativa Especial de Macau pode contrariar esta Lei" (art. 11º, nº 2 da Lei Básica). Parâmetro básico este ao qual estão vinculados todos os órgãos de concretização do direito, designadamente no que se refere às condições de exercício e extinção dos direitos reconhecidos pela Lei Básica e regulados pela lei ordinária.

Assim, mesmo quanto aos direitos concedidos ao abrigo de uma concessão provisória, apesar de eles não gozarem das caraterísticas da plenitude material e temporal assacadas ao direito de propriedade, há uma obrigação, resultante da Lei Básica, de assegurar o gozo das faculdades que aqueles direitos permitem – e, simultaneamente, impõem –, não impedindo injustificadamente aquele gozo ou, pelo menos, sem que seja paga a devida compensação.

---

[7] Sobre estas caraterísticas, cf. WEIJIAN, Luo. A Lei Básica – Garantia importante dos direitos e liberdades fundamentais dos residentes de Macau. *Administração*, v. VI, n. 19/20, p. 103-113, 1993.

[8] GOUVEIA, Jorge Bacelar. Macau no direito constitucional de língua portuguesa. *Revista da Ordem dos Advogados*, v. 71, n. IV, 2011. p. 1051.

3.2 A dimensão legal: caducidade preclusiva ou caducidade-sanção?

Tem havido alguma dificuldade em enquadrar juridicamente a figura da caducidade no âmbito do direito administrativo, na medida em que, sendo este um instituto que desponta do ordenamento jurídico civilístico, a sua "importação" para o direito administrativo não é isenta de dúvidas.

Desde logo porque, em especial no direito administrativo, ela assume contornos muito heterogéneos, falando-se de uma *caducidade-preclusiva* distinta de uma *caducidade-sanção*.

A que a primeira diz respeito, ela ocorre sempre que a fixação do prazo durante o qual determinados direitos ou faculdades podem ser exercidos é determinada por interesses públicos de *certeza* e de *segurança* ou *estabilidade jurídicas* (direitos temporais ou a termo), não sendo a inatividade do particular vista como ilícita, mas apenas como determinante do desencadeamento da aplicação da consequência prevista pelo ordenamento jurídico e que em princípio não lhe é favorável. Nestes casos a caducidade visa reprimir uma negligência objetiva na utilização de certas vantagens. Já a *caducidade-sanção* ou *caducidade por incumprimento* assume um recorte diferente uma vez que, nestes casos, a caducidade aparece associada a um comportamento do titular do direito que a lei permite configurar como um dever, cujo não cumprimento determina a sua extinção.

Assim, ao lado da *caducidade em sentido estrito* – em que o direito se extingue pelo seu não exercício no prazo fixado –, fala-se em *caducidade-sanção* para designar situações de perda de direitos por incumprimento de deveres ou de ónus no contexto de uma relação duradoura entre a Administração e um particular. De acordo com alguma doutrina, está aqui em causa uma noção ampla de sanção, como toda a reação desfavorável da Administração à infração pelos particulares de normas ou de atos administrativos. Assim, em muitas situações, a designada *caducidade-sanção* não visa punir o particular que não cumpriu o dever, mas a satisfação direta do interesse público específico, perturbado com a infração, tendo a medida repressiva por objetivo garantir a *tutela direta da relação jurídica* estabelecida com a Administração. Para outros, estarão em causa verdadeiras situações que podem configurar verdadeiras *expropriações* de investimentos realizados que se encontram transmutados em direitos e que o particular não mais recupera, o que impõe, igualmente, o recurso àquela caducidade-sanção ou por incumprimento.

No âmbito de Lei de Terras, não é evidente que tipo de caducidade nela ficou prevista, uma vez que o legislador não optou por um destes "modelos" de caducidade. Não o tendo feito, terá de se analisar o sentido e função das disposições da Lei de Terras que têm implicações nos direitos de superfície concedidos, de modo a aferir qual foi a opção para a qual tendeu o legislador ao longo daquelas disposições.

Comecemos pelo art. 49º, em relação com o art. 132º da Lei de Terras e com o art. 51º deste mesmo diploma. Pareceria espúrio começarmos as nossas indagações por um dispositivo que se refere dominantemente à renovação de concessões definitivas. Todavia, apelando para a unidade do diploma, ver-se-á que esta menção é tudo menos descabida, uma vez que do cruzamento daquelas disposições se retira que, afinal, a renovação de uma concessão definitiva ficará dependente do adequado "cumprimento" das condições de que ela se encontra dependente e de alguma margem de ponderação que compete aos poderes públicos. Veja-se, como exemplos, como a renovação em casos de incumprimento em que o edifício anteriormente construído no terreno concedido já não exista ou esteja totalmente em ruínas; ou de como o edifício construído, em regime de propriedade única, no terreno concedido e destinado a finalidades não habitacionais tenha deixado de ser utilizado na totalidade, há mais de cinco anos, para a exploração de atividades correspondentes àquelas finalidades; ou de como a licença de utilização do respetivo edifício seja revogada pelo diretor dos Serviços de Solos, Obras Públicas e Transportes, depende ainda de autorização prévia do Chefe do Executivo, que ponderará todas as circunstâncias relevantes. Ou seja, não bastará a situação objetiva de incumprimento, mas igualmente a sua adequada ponderação pelas entidades públicas competentes.

É notório, por isso, que o que pode impedir a renovação de uma concessão definitiva são, portanto, situações objetivas que sejam imputáveis ao titular da concessão que, em virtude da sua inatividade, omissão ou incumprimento, deixou de cumprir as condições associadas à concessão. O que deve ser objeto de apreciação e de eventual declaração.

Relativamente ao art. 48º, nada é dito quanto a esta hipótese de caducidade-sanção, exceto no seu nº 2. Contudo, tal não constitui obstáculo à sua aceitação, uma vez que em causa estão contratos de concessão provisória cujos termos apontarão já, expressa ou implicitamente, para essa possibilidade, uma vez que a impossibilidade de concretização da construção que é, afinal, o objeto daqueles contratos, determinada por atos ou omissões dos poderes públicos obriga a uma revisão da concessão, não sendo necessário, por isso, prever expressamente as situações que obstariam a declaração daquela caducidade.

E tanto assim é que outras disposições da Lei de Terras confirmam a aceitação da caducidade-sanção também no âmbito de concessões provisórias, não obstante o art. 48º (em ligação com o art. 52º, para quem o faça valer não apenas relativamente a concessões renováveis) parecer apontar para a caducidade no termo do prazo inicial da concessão ou de qualquer uma das suas renovações (sabendo que as concessões provisórias não podem ser, de acordo com a atual Lei de Terras, renovadas).

Atente-se, desde logo, no art. 104º, que fixa, no seu nº 1, que "[o] prazo e procedimento de aproveitamento dos terrenos concedidos são definidos no respectivo contrato de concessão" (estabelecendo, posteriormente, regras para caso de omissão quanto a estes no contrato de concessão). Contudo, o nº 5 desta disposição, de âmbito geral e aplicável às concessões provisórias (como claramente resulta do capítulo em que se insere e do teor do art. 103º, que o precede), admite que "(a)requerimento do concessionário, o prazo de aproveitamento do terreno pode ser suspenso ou prorrogado por autorização do Chefe do Executivo, por motivo não imputável ao concessionário e que o Chefe do Executivo considere justificativo".

Ou seja, prevê-se claramente que o prazo de aproveitamento do terreno – que é, afinal, o dever último do concessionário de uma concessão provisória – possa ser suspenso ou prorrogado, desde que o concessionário comprove que se encontrou impossibilitado de proceder a esse aproveitamento e o chefe do Executivo considere justificada essa sua motivação. O que complementa, de forma nítida, as provisões do art. 48º, pois, apesar de não poder haver renovação das concessões provisórias, estas não estão inelutavelmente condenadas a caducar após o decurso do prazo fixado na concessão. Antes poderá e deverá haver um momento prévio em que se afiram os termos em que ela se encontra a ser concretizada, de modo a estabelecer se há ou não incumprimento imputável ao concessionário, estabelecendo-se um especial dever do chefe do Executivo na análise e ponderação desta situação.

Análise esta que, saliente-se, não poderá apenas – sob pena de contrariar esta disposição e todos os pressupostos em que assenta a Lei de Terras, desde logo a Lei Básica em que deve encontrar o seu fundamento – ser vista como uma análise vinculada à "ultrapassagem" do prazo máximo da concessão, pois se admite expressamente que o prazo do aproveitamento possa ser suspenso. Ora, a suspensão deste prazo de aproveitamento deverá ter como consequência necessária a suspensão do prazo da própria concessão, o que implica que esta não corre enquanto aquela suspensão tiver sido ordenada. Isto sob pena de podermos chegar à solução contraditória e espúria de se ter por justificado que se conceda mais prazo de aproveitamento, mas a concessão, entretanto, ter chegado ao seu termo, o que inviabiliza, em rigor, aquele aproveitamento e a plena operacionalidade da caducidade-sanção em que assenta.

Assim se compatibilizam estas disposições permitindo-se preservar o prazo máximo e não renovável de 25 anos das concessões provisórias com exigências de justiça elementares na execução e eventual extinção daqueles contratos. Deste modo, permite-se uma adequada interpretação do art. 104º, nº 5, da Lei de Terras, que admite tanto a suspensão como a prorrogação dos prazos de aproveitamento, duas figuras que, afinal, têm a mesma finalidade jurídica: haverá prorrogação dos prazos de aproveitamento sempre que o prazo da concessão o permita (pense-se numa prorrogação concedida por 20 anos, ainda prorrogável por mais cinco), e suspensão sempre que a concessão já tenha atingido o seu limite temporal máximo.

Por isso há mais do que um "lugar de opção" para além da declaração da caducidade, que não se configura como um ato administrativo vinculado. Há a opção que é a mais conforme com os princípios e direitos, de natureza geral e contratual, que é a de suspender o prazo sempre que o concessionário não seja o responsável pelo incumprimento e assim o pondere – com argumentos substantivos e não puramente formais – o chefe do Executivo. E se se pode dizer que a prorrogação só poderia acontecer no prazo dos 25 anos, duração máxima da concessão, o mesmo já não se pode referir da suspensão, que determinaria uma irrelevância concreta do tempo que fosse considerado justificado e, por isso, conduziria ao cumprimento do prazo máximo da concessão.

Por último, se dúvidas houvesse, elas seriam dissipadas pelo art. 215º que, especificamente para as concessões provisórias anteriores à entrada em vigor da Lei de Terras, determina que "quando tenha expirado o prazo anteriormente fixado para o aproveitamento do terreno e este não tenha sido realizado por culpa do concessionário, aplica-se o disposto no nº 3 do artigo 104º e no artigo 166º", censurando, assim, e tirando consequências da negligência do concessionário. Todavia, não se refere esta disposição às situações em que o não aproveitamento do terreno tivesse sido feito sem culpa do concessionário. E nem o deveria, uma vez que estas situações, seja legal, seja contratualmente, já se encontravam resolvidas, podendo nestas situações o chefe do Executivo, mediante a análise concreta das justificações invocadas pelo concessionário, suspender os prazos do aproveitamento e da concessão. O que aliás, é a única via que responde ao princípio da continuidade e da proteção da confiança previsto e regido de forma bastante nítida no art. 120º da Lei Básica.

Esta leitura – a que se pronuncia pelo acolhimento *global* na Lei de Terras pelo princípio da caducidade-sanção e não pelo da caducidade preclusiva –[9] é a única que se afeiçoa às disposições acima assinaladas, para além de ser aquela que melhor respeita os princípios e direitos consagrados na Lei Básica e na própria Lei de Terras. De facto, parece-nos contrário aos princípios da igualdade e do próprio aproveitamento útil e efetivo das terras estar a prejudicar laços contratuais que visam e tendem para este próprio aproveitamento em situações em que o concessionário esteve impedido – ao contrário de outros concessionários – de proceder à construção de obra. Os princípios da igualdade, proporcionalidade e razoabilidade pelos quais se pauta a Região Administrativa Especial de Macau apontam para uma solução de ponderação de interesses, solução esta que só pode ser levada a cabo por uma justa compreensão dos direitos e deveres de entidades públicas e privadas, o que é conseguido, apenas e só, pelo acolhimento do instituto da caducidade-sanção e não da caducidade preclusiva.

E não é só do ponto de vista dos direitos e deveres do concessionário que a caducidade-sanção faz sentido; este é também um instituto que permite preservar o interesse público no aproveitamento do solo. Com efeito, a esta caducidade não está ligada a um interesse público em que o direito tenha de ser impreterivelmente exercido em determinado prazo sob pena de não o poder mais ser, devendo acentuar-se, até, pelo contrário, que o que aí está em causa é a necessidade de o aproveitamento do solo ser efetivo, o que apenas ocorrerá se o concedente criar e mantiver as condições para o efeito, viabilizando a plena concretização da concessão.

Não menos relevante é a circunstância de a Administração dispor de maior ou menor margem de liberdade de apreciação e valoração quanto à verificação ou não de algumas causas de caducidade, designadamente a aferição da existência ou inexistência de causa imputável ao particular. Podemos mesmo dizer que, mais do que *sancionar a inércia do promotor*, com a caducidade-sanção, pretende-se garantir *o interesse público dominante de que o aproveitamento do solo seja efetivamente realizado*, criando todas as condições para o efeito.

Em conformidade com o afirmado, qualquer decisão que se pronuncie concretamente pela caducidade *não pode se limitar a verificar o decurso do prazo* fixado para o exercício de faculdades inerentes ao respetivo título ou para o cumprimento de determinadas condições ou deveres. É preciso avaliar, entre outros fatores, as *causas do não cumprimento imposto*, no contexto da situação concreta, e considerar-se, para a consecução do interesse público, que não será adequado manter o vínculo contratual e não o fazer cessar. Donde decorre que a *caducidade não opera de forma imediata* ou *ope legis*, tendo, antes, de ser declarada no âmbito de um procedimento que garanta a audiência do interessado, nem *automática*, uma vez que tem de se ponderar todos os elementos que sejam relevantes para aquela declaração, e fundamentá-la.[10]

---

[9] Veja-se igualmente quanto às concessões privativas o disposto no art. 75º, nº 1, que também opta pela caducidade-sanção.

[10] Para MAÇÃS, Fernanda. A caducidade no direito administrativo: breves considerações. *In*: MAÇÃS, Fernanda et al. *Estudos de Homenagem ao Conselheiro José Manuel Cardoso da Costa*. Coimbra: Coimbra Editora, 2005. Separata.

É, por conseguinte, o interesse público específico subjacente à caducidade que há de ditar o regime da caducidade no direito administrativo[11] e, sabendo que, no âmbito da Lei de Terras, o objetivo é garantir o efetivo aproveitamento dos terrenos (o que a concessão provisória, se passível de ser concretizada, também visa), com pleno respeito dos direitos dos particulares e dos princípios jurídicos fundamentais, mais não resta do que considerar que a caducidade em apreço é de natureza sancionatória e não preclusiva.

E, por isso, haverá naturalmente factos ou circunstâncias cuja ocorrência pode justificar suspensão do prazo de caducidade de uma concessão provisória ou, mesmo, uma dilação do início daquele prazo. E se fatores económico-financeiros relacionados com as dificuldades na empresa do concessionário ou com dificuldades nos mercados de financiamento não devem, em princípio – salvo em situações de crise sistémica – ser relevantes, o mesmo não se diga de questões que se prendem com impossibilidades de facto ou de direito de aproveitamento do terreno.

De facto, caso fisicamente seja impedida a concretização da operação de aproveitamento do solo – imagine-se uma situação em que a Administração Pública mantém ou toma posse de terrenos que fazem parte da concessão – ou juridicamente se chegue à mesma conclusão – designadamente pela criação pelos poderes públicos de vínculos de inedificabilidade que impedem aquela concretização –, não se pode considerar que estejam reunidas as condições para a manutenção da concessão nos termos inicialmente projetados e negociados. Neste caso, é importante que os poderes públicos promovam a reposição do equilíbrio negocial afetado e assegurem o cumprimento de princípios fundamentais da sua atuação, o que apenas será conseguido por via de uma caducidade que permita o exercício de ponderação que compete à Administração Pública.

Podemos mesmo indicar como elenco não taxativo de justificações relevantes o seguinte: alteração de planeamento que impeça ou dificulte excessivamente o aproveitamento; imposição de procedimentos administrativos, ambientais ou outros não previstos no contrato de concessão; dificuldades geológicas ou outras devidamente atestadas, que não sejam responsabilidade do concessionário; ações judiciais em curso que obstem à aprovação ou execução das obras; ocupação por parte da Administração ou por terceiros dos terrenos sem que ela seja feita cessar pelas autoridades públicas; situações de calamidade e destruição, devidamente comprovadas, de bens por terceiros etc. Naturalmente que situações haverá em que o que ocorrerá será um "concurso de culpas" em que a ultrapassagem dos prazos se deva a atos e omissões tanto do concessionário (que invocará dificuldades próprias, financeiras, técnicas e operacionais) como do concedente. Neste caso, impõe-se uma análise e interpretação ainda mais apuradas dos processos concretos,[12] de modo a que não se prejudique nem se beneficie o

---

p. 164, o carácter automático da figura da *caducidade-preclusiva* em direito civil não é extensível sem mais ao direito administrativo, defendendo-se que, na maior parte dos casos, a caducidade tenha de ser declarada pela Administração. "Em primeiro lugar, porque o automatismo resolutivo é gerador de insegurança jurídica, pois deixa sem que se saiba se o acto administrativo se extinguiu ou não; por outro lado, só no caso concreto é possível avaliar a incidência do não cumprimento ou da extinção do direito ou relação jurídico-administrativa e as exigências do interesse público".

[11] Neste sentido, *vide* RODRIGUEZ-ARANA MUÑOZ, Jaime. *La caducidad en el derecho administrativo español*. Madrid: Montecorvo, 1993. p. 15; 276.

[12] Também neste sentido, cf. CARDINAL, Paulo. Caducidades: breves notas sobre a polissemia na Lei de Terras de Macau. *In*: CARDINAL, Paulo. *Estudos relativos à Lei de Terras de Macau*. [s.l.]: Centro de Formação Jurídica e Judiciária, 2019. p. 267.

particular, atribuindo-lhe estritamente o que for adequado, tendo por linha de orientação as paragens (suspensões) determinadas por atos ou omissões da Administração e eventualmente por atos de terceiros ou por casos fortuitos ou de força maior.

Aliás, neste sentido, o próprio art. 140º da Lei de Terras se pronuncia sobre a "alteração de finalidade da concessão e modificação de aproveitamento do terreno exigidas pela alteração do planeamento urbanístico", prevendo que, se durante a concessão onerosa provisória "se verificar a entrada em vigor de um novo plano urbanístico ou da sua alteração, ou a repristinação de um plano urbanístico anteriormente revogado que implique a impossibilidade de iniciar ou continuar o aproveitamento ou reaproveitamento do terreno concedido de acordo com o respetivo contrato de concessão, o concessionário pode", desde logo, "pedir a alteração de finalidade da concessão ou modificação do aproveitamento do terreno", o que deve ser apreciado e decidido, de forma ponderada, circunstanciada e justificada (e não automática) pelo chefe de Executivo (o art. 145º da Lei de Terras fala de uma apreciação discricionária mas que prontamente baliza ao indicar critérios bastante concretos para essa apreciação).

Continua o nº 8 do art. 140º:

> no caso de as concessões se encontrarem nas situações previstas no artigo 66º ou nas alíneas 1) ou 2) do nº 1 do artigo 166º, a entrada em vigor de um novo plano urbanístico ou da sua alteração, ou a repristinação de um plano urbanístico anteriormente revogado não é considerada justa causa de incumprimento, por parte do concessionário, do prazo do aproveitamento do terreno.

Da leitura desta disposição resulta que, se o concessionário se encontrava já em incumprimento, não se poderá beneficiar da entrada em vigor do plano urbanístico ou da alteração deste para "escamotear" tal incumprimento; todavia, já nada impede – pelo contrário, impõe – que essa justa causa de incumprimento seja considerada nas demais situações. Assim, estas vicissitudes análogas terão de ser valoradas de forma adequada, o que apela, de novo, para o instituto da caducidade-sanção, a que nos temos vindo a referir.[13]

Tudo o que vem de ser dito, se dúvidas houvesse, enquadra-se perfeitamente com as regras gerais que pautam a conduta da Administração em Macau. Não só o Código de Procedimento Administrativo elenca um conjunto de princípios como os da igualdade e da proporcionalidade, que são aqueles que fundamentaram igualmente o recurso, por parte do legislador, à caducidade-sanção, como se determina que eles valem em matéria contratual da Administração (art. 174º) e, naturalmente, na atuação unilateral desta que influa nas condições de preparação, conclusão execução e extinção destes. O que significa que nas tarefas de concretização da Lei Básica e da Lei de Terras se encontram os operadores jurídicos, sobretudo no exercício das suas funções administrativas, obrigados a fazer uma avaliação, em concreto, da solução a dar a determinada situação, de modo a assegurar a conformidade desta com aqueles princípios.

---

[13] Em qualquer caso, anote-se ainda que no Relatório nº 1/III/2009, elaborado pela Comissão Eventual para a Análise dos Regimes de Concessões Públicas e de Terrenos, consideravam-se, entre os vários critérios-padrão para avaliar o incumprimento dos concessionários, a alteração das condicionantes de planeamento urbano e a não execução do planeamento urbano (*Diário da Assembleia Legislativa da Região Administrativa Especial de Macau*, 30 abr. 2009, p. 46 ss.).

E, por isso, tais decisões não podem ser cegas nem automáticas, mas antes o resultado de uma cuidada ponderação de interesses, o que, já acentuámos, não é inviabilizada – antes exigida – pela Lei Básica e pela Lei de Terras.

Esta asserção é tanto mais válida quanto se analisam diplomas relacionados com a Lei de Terras e de que depende a própria concretização do aproveitamento previsto no contrato de concessão provisória, dada a absoluta imperiosidade do princípio da vinculação ao plano (art. 2º, nº 7), sendo nula a afetação ou concessão que viole plano urbanístico (art. 8º, nº 3).[14]

E, nestes termos, invocando uma desejável unidade do sistema jurídico macaense, há que ter em linha de conta que o Decreto-Lei nº 79/85/M, de 21 de agosto, que aprova o Regulamento Geral da Construção Urbana, prevê, no seu art. 46º, caducidades de natureza sancionatória e não preclusiva, que permitem tomar em consideração as causas de incumprimento das licenças emitidas, dentro do prazo definido.[15]

De facto, que sentido fará prever e admitir nestes casos que, quanto à concreta execução do aproveitamento se possam considerar motivos justificativos que obstem à declaração de uma eventual caducidade e não permitir que este juízo produza efeitos também no nível do contrato de concessão provisória que é, como aduzido já, a forma dominante, senão mesmo quase exclusiva, de proceder ao desenvolvimento urbanístico em Macau? Não interpretar de forma conjugada estes dois leques de normas, no sentido de que ambas admitem a caducidade-sanção, implica a criação de cortes artificiais e irracionalidades no sistema de ordenamento do território em Macau, o que dificilmente conseguirá ser superado em sede aplicativa, aliás, como bem o demonstram as decisões que sobre esta matéria têm sido proferidas.

Aliás, o acervo de áreas disciplinares e de disposições analisadas mostram bem o que já vem sendo o discurso prevalecente no direito administrativo, também em Macau: o de que o instituto da caducidade que melhor se afeiçoa à área administrativa e aos direitos e poderes-deveres que a permeiam é o da caducidade-sanção, sobretudo quando em causa estejam consequências jurídicas do incumprimento de certos deveres específicos por parte dos interessados, ainda que se acentue, em geral, o carácter polimorfo e plurissémico da caducidade.[16]

4 Notas finais: o papel da Administração na apreciação e declaração da caducidade

Não obstante o expendido, tanto a Administração como os Tribunais de Macau têm entendido de forma que se pode considerar constante que, uma vez decorrido o prazo da concessão provisória sem que esta se tenha convertido em definitiva – isto é, sem que o terreno concessionado se encontre definitivamente aproveitado –, o contrato

---

[14] Cf. ainda o art. 24º e o art. 99º da Lei de Terras.
[15] Cf. OLIVEIRA, Fernanda Paula. *Manual de direito do urbanismo*. [s.l.]: Centro de Formação Jurídica e Judiciária, 2019. p. 141 e ss.
[16] Cf. FÁBRICA, Luís. Caducidade no direito administrativo. In: GOMES, Carla Amado (Org.). *V Encontro dos Professores de Direito Público*. [s.l.]: ICJP, 2012. p. 65 e ss. Disponível em: http://www.icjp.pt/sites/default/files/publicacoes/files/ebook_encontrodp_final2.pdf.

de concessão do terreno deverá considerar-se caducado, por mero decurso do prazo e independentemente de a falta de aproveitamento do terreno ser ou não imputável ao concessionário.

Tal orientação tem sido ancorada na ideia de que, em tais casos, não existe outra alternativa jurídica ao dispor do chefe do Executivo senão a de declarar a caducidade do contrato de concessão e, destarte, supostamente cumprir os princípios da legalidade administrativa e da certeza e segurança jurídicas, não tendo outro "lugar de opção". Ora, ainda que se concorde que o chefe de Executivo tem um poder-dever de apreciar e de, em princípio, declarar a caducidade quando os pressupostos objetivos desta se encontrem reunidos (o não aproveitamento do terreno nos termos do contrato de concessão provisória), tal não significa que a sua decisão seja estritamente vinculada e que não goze, por isso, de alguns (ainda que limitados e devidamente balizados) momentos discricionários.

Essa discricionariedade é, aliás, visível ao longo de toda a Lei de Terras e muito em particular do disposto no seu art. 104º, nº 5, que estipula que "[a] requerimento do concessionário, o prazo de aproveitamento do terreno pode ser suspenso ou prorrogado por autorização do Chefe do Executivo, por motivo não imputável ao concessionário e que o Chefe do Executivo considere justificativo". Naturalmente que se poderá arguir – como se argui – que esta faculdade só vale para a suspensão ou prorrogação dos prazos de aproveitamento dos terrenos e não para os prazos globais da concessão. Já vimos, porém, como este entendimento da Lei de Terras pode conduzir a situações de profunda injustiça, para além de não corresponder à melhor qualificação das situações de caducidade por incumprimento à luz da Lei Básica e da própria Lei de Terras.

Além do mais, este entendimento não valoriza a figura cerne da estruturação político-administrativa da Região Administrativa Especial de Macau: o seu chefe do Executivo que tem poderes que não podem ser entendidos como estritamente vinculados, como se estivesse amarrado a apenas uma decisão possível, sobretudo quando os interesses privados e públicos são muitos e relevantes e devem todos ser considerados. A função político-administrativa desempenhada pelo chefe do Executivo no desenho de poderes e contrapoderes da Lei Básica impede-o de ser um mero "executante" da lei, devendo participar como verdadeiro operador jurídico na sua adequada interpretação e concretização.

O exercício de discricionariedade (devidamente balizada pelo caso e pelos interesses em presença, bem como, naturalmente, pelos motivos apresentados para justificar o incumprimento do concessionário) é um atributo dos mais ricos e importantes do chefe do Executivo, que este deve exercer de forma ponderada de modo a alcançar a melhor solução de aproveitamento de terras. De facto, nem sempre declarar a caducidade de uma concessão provisória, por muito que esta esteja prestes a atingir 25 anos de duração, é a melhor solução do ponto de vista do interesse público. Se o concessionário, parceiro da Administração macaense de há longa data, esteve impossibilitado objetivamente de aproveitar a concessão durante anos e, ainda assim, demonstra interesse em ajustar-se às novas exigências urbanísticas que decorrerão da requalificação daquela área em virtude da bem-vinda valorização patrimonial e cultural da zona histórica de Macau, por que não suspender os prazos de aproveitamento e, em consequência necessária e natural, a duração da concessão? Além de que, como veremos, ao manter a concessão, não só o âmbito de ajustamento de interesses e reequilíbrio negocial seria muito amplo (o que poderá beneficiar a Região Administrativa Especial de Macau), como esta estaria acoberto de pretensões indemnizatórias.

A possibilidade de o chefe do Executivo poder proceder a esta ponderação é, a nosso ver, uma das suas prerrogativas – um seu poder-dever – que ele deve assumir como parte do seu ofício e a bem do desenvolvimento de Macau e do efetivo e justo aproveitamento dos solos em Macau. Uma adequada interpretação e concretização da Lei de Terras em conformidade com a Lei Básica não permite que se subsuma a previsão do art. 48º num mero dever automático do Executivo, sem mais considerações de justeza material. Considerar este artigo como um dever estritamente vinculado do Executivo numa área em que os interesses e valores a ponderar são muitos e de extrema complexidade parece-nos um exercício excessivamente simplista.

Efetivamente, o dever de decisão não é o de qualquer decisão, mas o de uma decisão justa, que obedeça aos princípios fundamentais do ordenamento jurídico em que se insere. Justiça esta que incumbe, em primeira linha, ao chefe do Executivo macaense cumprir e, em última linha, aos tribunais assegurar,[17] e que não pode deixar de convocar a dimensão dos princípios, mesmo em situações em que se pudesse estar perante uma situação *prima facie* de vinculação – em que se aponta, em primeira linha, para uma decisão-regra (a declaração de caducidade) –, uma vez que mesmo nestas situações poderá haver razões imperiosas de justiça que imponham uma consideração corretora no caso concreto.[18]

Referências

CANOTILHO, J. J. Gomes. *Direito constitucional e teoria da Constituição*. 7. ed. reimpr. Coimbra: Almedina, 2019.

CARDINAL, Paulo. A Lei Básica e o Regime Jurídico das Terras na Região Administrativa Especial de Macau. In: CARDINAL, Paulo. *Estudos relativos à Lei de Terras de Macau*. [s.l.]: Centro de Formação Jurídica e Judiciária, 2019.

CARDINAL, Paulo. Caducidades: breves notas sobre a polissemia na Lei de Terras de Macau. In: CARDINAL, Paulo. *Estudos relativos à Lei de Terras de Macau*. [s.l.]: Centro de Formação Jurídica e Judiciária, 2019.

CHENG, Tong Io. Sobre as "lacunas" da Lei de Terras de Macau. *Revista do Ministério Público*, v. 158, p. 141-183, abr./jun. 2019.

FÁBRICA, Luís. Caducidade no direito administrativo. In: GOMES, Carla Amado (Org.). *V Encontro dos Professores de Direito Público*. [s.l.]: ICJP, 2012. Disponível em: http://www.icjp.pt/sites/default/files/publicacoes/files/ebook_encontrodp_final2.pdf.

GARCIA, Augusto Teixeira. Concessão por arrendamento e direito de superfície. *Boletim da Faculdade de Direito*, v. 95, n. 1, 2019.

---

[17] Nisto se traduz a "constitucionalidade da jurisdição", que não deve apenas obediência à lei, mas sim e sempre aos valores e princípios de natureza constitucional ou paraconstitucional, o que permite – e impõe – aos juízes o exame do "direito da lei" e não apenas desta. Cf. CANOTILHO, J. J. Gomes. *Direito constitucional e teoria da Constituição*. 7. ed. reimpr. Coimbra: Almedina, 2019. p. 447-448.

[18] Tendemos, por isso, a considerar que não carece a Lei de Terras de uma necessária intervenção legislativa, uma vez que não nos parece, numa leitura global e constitucionalmente adequada, haver uma verdadeira lacuna da lei (como defende CHENG, Tong Io. Sobre as "lacunas" da Lei de Terras de Macau. *Revista do Ministério Público*, v. 158, p. 141-183, abr./jun. 2019). Seria, contudo, imperioso que as margens de ponderação e decisão deixadas em aberto pela Lei de Terras fossem adequadamente aproveitadas e não desconsideradas pela Administração e pelos Tribunais.

GOUVEIA, Jorge Bacelar. Macau no direito constitucional de língua portuguesa. *Revista da Ordem dos Advogados*, v. 71, n. IV, 2011.

MAÇÃS, Fernanda. A caducidade no direito administrativo: breves considerações. *In*: MAÇÃS, Fernanda *et al*. *Estudos de Homenagem ao Conselheiro José Manuel Cardoso da Costa*. Coimbra: Coimbra Editora, 2005. Separata.

OLIVEIRA, Fernanda Paula. *Manual de direito do urbanismo*. [s.l.]: Centro de Formação Jurídica e Judiciária, 2019.

RODRIGUEZ-ARANA MUÑOZ, Jaime. *La caducidad en el derecho administrativo español*. Madrid: Montecorvo, 1993.

WEIJIAN, Luo. A Lei Básica – Garantia importante dos direitos e liberdades fundamentais dos residentes de Macau. *Administração*, v. VI, n. 19/20, p. 103-113, 1993.

Informação bibliográfica deste texto, conforme a NBR 6023:2018 da Associação Brasileira de Normas Técnicas (ABNT):

LOPES, Dulce. A Lei de Terras de Macau: opções e inquietações. *In*: GOMES, Ana Cláudia Nascimento; ALBERGARIA, Bruno; CANOTILHO, Mariana Rodrigues (Coord.). *Direito Constitucional*: diálogos em homenagem ao 80º aniversário de J. J. Gomes Canotilho. Belo Horizonte: Fórum, 2021. p. 679-694. ISBN 978-65-5518-191-3.

NE BIS IN IDEM: BREVE PONDERAÇÃO MACROCOMPARATIVA – CHINA E PORTUGAL[1]

FILIPA PAIS D'AGUIAR

Elementos introdutórios

O estudo microcomparativo do *ne bis in idem* nos ordenamentos jurídicos chinês e português pressupõe uma breve ponderação macrocomparativa, que agora destacamos, integrada no âmbito da análise prévia dos elementos internos ou estritamente jurídicos relativos ao princípio *ne bis in idem*, no momento lógico-analítico do método microcomparativo adoptado,[2] que se subdividem em dois grupos: o núcleo central da comparação e o itinerário comparativo. No núcleo central da comparação são abordados os elementos característicos do *ne bis in idem*, procurando delimitar as necessidades e o "[...] problema social, político, económico ou criminológico"[3] a que o princípio responde, atendendo à sua funcionalidade, de modo a apurar a comparabilidade no âmbito da microcomparação dos institutos jurídicos a comparar.[4] Em sede de itinerário comparativo, seleccionámos o instituto do caso julgado pela relação de intersecção (ou seja, uma "[...] coincidência parcial de campos de aplicação [...]"[5]) entre os princípios *ne bis in idem* e o

---

[1] Mutatis mutandis, AGUIAR, Filipa Pais d'. *Ne bis in idem e o ordenamento jurídico chinês e português, na actualidade. Subsídios históricos, desafios e aspectos prospectivos*. Tese (Doutorado) – Universidade Lusíada de Lisboa, Lisboa, 2019. Capítulos 3.1.3, 3.1.3.1, 3.2.3, 5, 6, respeitando a ortografia ali utilizada.

[2] ALMEIDA, Carlos Ferreira de; CARVALHO, Jorge Morais. *Introdução ao direito comparado*. 3. ed. reimpr. Coimbra: Almedina, 2016. ISBN 978-972-40-5066-9. p. 24-33.

[3] ALMEIDA, Carlos Ferreira de; CARVALHO, Jorge Morais. *Introdução ao direito comparado*. 3. ed. reimpr. Coimbra: Almedina, 2016. ISBN 978-972-40-5066-9. p. 27.

[4] ALMEIDA, Carlos Ferreira de; CARVALHO, Jorge Morais. *Introdução ao direito comparado*. 3. ed. reimpr. Coimbra: Almedina, 2016. ISBN 978-972-40-5066-9. p. 27.

[5] ALMEIDA, Carlos Ferreira de; CARVALHO, Jorge Morais. *Introdução ao direito comparado*. 3. ed. reimpr. Coimbra: Almedina, 2016. ISBN 978-972-40-5066-9. p. 29.

res judicata.⁶ Salientamos, contudo, que a análise dos elementos internos do instituto do caso julgado, ou seja, dos seus elementos característicos e da sua funcionalidade, foi realizada na estreita e exacta medida em que este instituto se relaciona com o *ne bis in idem*, este, sim, o núcleo central da comparação. Assim, a relevância da análise do núcleo central da comparação do presente estudo microcomparativo reside, também, no apuramento, em sede de síntese comparativa, da comparabilidade no âmbito da microcomparação dos institutos jurídicos a comparar.⁷ Por força da ligação intrínseca entre o *ne bis in idem* e o *res judicata*, não será possível analisar um, sem referir, pontualmente, o outro. Contudo, a ponderação dos elementos característicos e da funcionalidade do *res judicata* fica desenvolvida em sede do itinerário comparativo.⁸

Como verificamos anteriormente,⁹ as normas podem assumir a forma de princípios e regras cuja distinção poderá operar-se através de alguns critérios.¹⁰ Contudo, a complexidade da distinção clarifica-se através do esclarecimento de duas problemáticas essenciais: uma, relacionada com a função dos princípios (função "[...] retórico-argumentativa ou [...] normas de conduta [...]");¹¹outra, relativa ao apuramento da existência de "[...] denominador comum [...]" ou de uma diferença qualitativa, entre regras e princípios.¹²

Quanto à sua função, os princípios jurídicos assumem-se como "[...] verdadeiras *normas, qualitativamente distintas* das outras categorias de normas, ou seja, das *regras jurídicas*".¹³ De facto, o princípio é uma "[...] norma que deve ser observada, [...] é um requisito de justiça ou razoabilidade ou de outra qualquer dimensão ética";¹⁴ as regras são "[...] normas que estabelecem um objectivo a ser alcançado [...]",¹⁵ cuja aplicação

---

⁶ Para o desenvolvimento desta questão *vide* AGUIAR, Filipa Pais d'. *Ne bis in idem e o ordenamento jurídico chinês e português, na actualidade*. Subsídios históricos, desafios e aspectos prospectivos. Tese (Doutorado) – Universidade Lusíada de Lisboa, Lisboa, 2019. Capítulos 3.1.3.2, 3.2.3.2.

⁷ ALMEIDA, Carlos Ferreira de; CARVALHO, Jorge Morais. *Introdução ao direito comparado*. 3. ed. reimpr. Coimbra: Almedina, 2016. ISBN 978-972-40-5066-9. p. 27.

⁸ Para o desenvolvimento desta questão *vide* AGUIAR, Filipa Pais d'. *Ne bis in idem e o ordenamento jurídico chinês e português, na actualidade*. Subsídios históricos, desafios e aspectos prospectivos. Tese (Doutorado) – Universidade Lusíada de Lisboa, Lisboa, 2019. Capítulo 3.1.3.2.

⁹ Em AGUIAR, Filipa Pais d'. *Ne bis in idem e o ordenamento jurídico chinês e português, na actualidade*. Subsídios históricos, desafios e aspectos prospectivos. Tese (Doutorado) – Universidade Lusíada de Lisboa, Lisboa, 2019. Capítulo 3.1. Também, AGUIAR, Filipa Pais d'. Direito constitucional comparado: evolução histórica do ne bis in idem – China e Portugal. *Polis*, Lisboa, v. 1, n. II, p. 101-139, jan./jun. 2020. ISSN 0872-8208.

¹⁰ CANOTILHO, J. J. Gomes. *Direito constitucional e teoria da Constituição*. 6. ed. Coimbra: Almedina, 2002. ISBN 972-40-1806-7. p. 1145 ss. Desenvolvidos em AGUIAR, Filipa Pais d'. *Ne bis in idem e o ordenamento jurídico chinês e português, na actualidade*. Subsídios históricos, desafios e aspectos prospectivos. Tese (Doutorado) – Universidade Lusíada de Lisboa, Lisboa, 2019. Capítulo 3.1.

¹¹ CANOTILHO, J. J. Gomes. *Direito constitucional e teoria da Constituição*. 6. ed. Coimbra: Almedina, 2002. ISBN 972-40-1806-7. p. 1147.

¹² CANOTILHO, J. J. Gomes. *Direito constitucional e teoria da Constituição*. 6. ed. Coimbra: Almedina, 2002. ISBN 972-40-1806-7. p. 1147.

¹³ CANOTILHO, J. J. Gomes. *Direito constitucional e teoria da Constituição*. 6. ed. Coimbra: Almedina, 2002. ISBN 972-40-1806-7. p. 1147. Grifos no original.

¹⁴ DWORKIN, Ronald. *Taking rights seriously*. Cambridge, Massachusetts: Harvard University Press, 1978. ISBN 0-674-86711-4. p. 22. Tradução nossa. Também LARENZ, Karl. *Metodologia da ciência do direito*. Tradução de José Lamego. 3. ed. Lisboa: Fundação Calouste Gulbenkian, 1997. ISBN 972-31-0770-8. p. 599 e ss.

¹⁵ DWORKIN, Ronald. *Taking rights seriously*. Cambridge, Massachusetts: Harvard University Press, 1978. ISBN 0-674-86711-4. p. 22. Tradução nossa.

se reconduz à ideia de "[...] all-or-nothing fashion".[16] Assim, poderão existir excepções às regras, teoricamente numeráveis,[17] em que "[...] as regras antinómicas excluem-se";[18] contudo, não existem verdadeiras excepções aos princípios, mas sim inúmeras situações controversas imprevisíveis,[19] passíveis de "[...] ponderação e harmonização".[20] Por outro lado, os princípios detêm "[...] a dimensão de peso ou importância",[21] ou seja, na coexistência de princípios controversos ou conflituantes, deverá atender-se ao "[...] peso relativo de cada um".[22] Apesar de não se tratar de uma medição exacta,[23] a possibilidade de ponderação de outros princípios resulta do facto de os princípios constituírem "[...] *exigências de optimização* [...]"[24] jurídica e fáctica.[25] Já as regras não detêm esta dimensão de peso, sendo apenas "[...] *funcionalmente* importantes ou insignificantes [...]",[26] movendo-se na esfera da validade e de "[...] "fixações normativas" *definitivas* [...]".[27] Neste sentido, no ordenamento jurídico português, e enquanto princípio geral decorrente do princípio do Estado de direito e dos seus subprincípios concretizadores da segurança jurídica e da protecção da confiança relativamente a actos jurisdicionais,[28] "[...] o *ne bis in idem* é [...] expressão de valores axiológicos do ordenamento jurídico [...] que se encontram no substrato do princípio [...]",[29] permitindo a sua delimitação e a ponderação sobre a "[...] dimensão do [seu] peso e da [sua] importância [...]",[30] o que

---

[16] DWORKIN, Ronald. *Taking rights seriously*. Cambridge, Massachusetts: Harvard University Press, 1978. ISBN 0-674-86711-4. p. 24. Expressão do autor.

[17] DWORKIN, Ronald. *Taking rights seriously*. Cambridge, Massachusetts: Harvard University Press, 1978. ISBN 0-674-86711-4. p. 25.

[18] CANOTILHO, J. J. Gomes. *Direito constitucional e teoria da Constituição*. 6. ed. Coimbra: Almedina, 2002. ISBN 972-40-1806-7. p. 1147. Também, LARENZ, Karl. *Metodologia da ciência do direito*. Tradução de José Lamego. 3. ed. Lisboa: Fundação Calouste Gulbenkian, 1997. ISBN 972-31-0770-8. p. 472 e ss. Sobre a unidade da ordem jurídica *vide*, MACHADO, João Baptista. *Introdução ao direito e ao discurso legitimador*. 13. reimpr. Coimbra: Almedina, 2002. ISBN 972-40-0471-6. p. 170-171; 212-218.

[19] DWORKIN, Ronald. *Taking rights seriously*. Cambridge, Massachusetts: Harvard University Press, 1978. ISBN 0-674-86711-4. p. 25-26. Também LARENZ, Karl. *Metodologia da ciência do direito*. Tradução de José Lamego. 3. ed. Lisboa: Fundação Calouste Gulbenkian, 1997. ISBN 972-31-0770-8. p. 235 e ss.

[20] CANOTILHO, J. J. Gomes. *Direito constitucional e teoria da Constituição*. 6. ed. Coimbra: Almedina, 2002. ISBN 972-40-1806-7. p. 1147.

[21] DWORKIN, Ronald. *Taking rights seriously*. Cambridge, Massachusetts: Harvard University Press, 1978. ISBN 0-674-86711-4. ISBN 0-674-86711-4. p. 26.

[22] DWORKIN, Ronald. *Taking rights seriously*. Cambridge, Massachusetts: Harvard University Press, 1978. ISBN 0-674-86711-4. p. 26. Tradução nossa.

[23] DWORKIN, Ronald. *Taking rights seriously*. Cambridge, Massachusetts: Harvard University Press, 1978. ISBN 0-674-86711-4. p. 26.

[24] CANOTILHO, J. J. Gomes. *Direito constitucional e teoria da Constituição*. 6. ed. Coimbra: Almedina, 2002. ISBN 972-40-1806-7. p. 1147. Grifos no original.

[25] RAMOS, Vânia Costa. *Ne bis in idem e a União Europeia*. Coimbra: Coimbra Editora, 2009. ISBN 978-972-32-1706-3. p. 32.

[26] DWORKIN, Ronald. *Taking rights seriously*. Cambridge, Massachusetts: Harvard University Press, 1978. ISBN 0-674-86711-4. p. 27. Grifos no original, tradução nossa.

[27] CANOTILHO, J. J. Gomes. *Direito constitucional e teoria da Constituição*. 6. ed. Coimbra: Almedina, 2002. ISBN 972-40-1806-7. p. 1148. Grifos no original.

[28] CANOTILHO, J. J. Gomes. *Direito constitucional e teoria da Constituição*. 6. ed. Coimbra: Almedina, 2002. ISBN 972-40-1806-7. p. 256-265.

[29] RAMOS, Vânia Costa. *Ne bis in idem e a União Europeia*. Coimbra: Coimbra Editora, 2009. ISBN 978-972-32-1706-3. p. 33. Grifos no original.

[30] DWORKIN, Ronald. *Taking rights seriously*. Cambridge, Massachusetts: Harvard University Press, 1978. ISBN 0-674-86711-4. p. 26. Tradução nossa.

será de particular relevância nos casos de intersecção de princípios.³¹ Assim, o princípio jurídico *ne bis in idem* assume, no ordenamento jurídico português, uma função de norma de conduta,³² cuja individualização enquanto "[...] princípio[s]-norma permite que a constituição possa ser realizada de forma gradativa, segundo circunstâncias factuais e legais".³³ De facto, o princípio jurídico *ne bis in idem* reconduz-se, ainda, à tipologia de princípio-garantia, destinado a "[...] instituir directa e imediatamente uma *garantia* dos cidadãos",³⁴ encontrando-se revestido de "[...] uma densidade de autêntica norma jurídica e uma força determinante, positiva e negativa".³⁵ Na qualidade de regra jurídica, o *ne bis in idem* engloba-se no âmbito da tipologia de regra jurídico-material de direitos-fundamentais na medida em que "[...] directa ou indirectamente, assegura[rem] um status *jurídico-material* aos cidadãos";³⁶ e, também, da tipologia de regra jurídico-organizatória de procedimento (*v.g.*, fiscalização da constitucionalidade das normas e seus efeitos art. 282º, nº 3, da CRP).³⁷ Enquanto regra jurídica, o *ne bis in idem* processual permite alcançar uma solução nos casos em que "[...] uma decisão punitiva tenha sido proferida contra um indivíduo – não iniciar um novo processo sobre os mesmos factos – ou em que estejam pendentes duas acções sobre os mesmos factos – terminar uma dessas acções".³⁸ Contudo, a regra do *ne bis in idem* encontra-se numa relação de dependência relativamente ao princípio *ne bis in idem* na medida em que a "[...] interpretação e aplicação do *ne bis in idem* como regra e a realização da sua função dependerá do princípio jurídico que a enforma e da ponderação de valores que lhe subjazem".³⁹ Assim, é do princípio *ne bis in idem*, e não da regra, que decorre um conjunto de critérios jurídicos materiais e processuais que permitem "[...] identificar a *razão* na proibição de cumulação de sanções ou de processos repressivos".⁴⁰ Logo, entre o princípio jurídico e a regra jurídica *ne bis*

---

31 DWORKIN, Ronald. *Taking rights seriously*. Cambridge, Massachusetts: Harvard University Press, 1978. ISBN 0-674-86711-4. p. 26.
32 CANOTILHO, J. J. Gomes. *Direito constitucional e teoria da Constituição*. 6. ed. Coimbra: Almedina, 2002. ISBN 972-40-1806-7. p. 1147.
33 CANOTILHO, J. J. Gomes. *Direito constitucional e teoria da Constituição*. 6. ed. Coimbra: Almedina, 2002. ISBN 972-40-1806-7. p. 1149.
34 CANOTILHO, J. J. Gomes. *Direito constitucional e teoria da Constituição*. 6. ed. Coimbra: Almedina, 2002. ISBN 972-40-1806-7. p. 1153. Grifos no original.
35 CANOTILHO, J. J. Gomes. *Direito constitucional e teoria da Constituição*. 6. ed. Coimbra: Almedina, 2002. ISBN 972-40-1806-7. p. 1153. *Vide* LARENZ, Karl. *Metodologia da ciência do direito*. Tradução de José Lamego. 3. ed. Lisboa: Fundação Calouste Gulbenkian, 1997. ISBN 972-31-0770-8, para quem os princípios têm "[...] escalão de normas constitucionais" (p. 599). Sobre princípios universais de direito *vide* MACHADO, João Baptista. *Introdução ao direito e ao discurso legitimador*. 13. reimpr. Coimbra: Almedina, 2002. ISBN 972-40-0471-6. p. 163-164.
36 CANOTILHO, J. J. Gomes. *Direito constitucional e teoria da Constituição*. 6. ed. Coimbra: Almedina, 2002. ISBN 972-40-1806-7. p. 1156. Grifos no original.
37 CANOTILHO, J. J. Gomes. *Direito constitucional e teoria da Constituição*. 6. ed. Coimbra: Almedina, 2002. ISBN 972-40-1806-7. p. 1154-1156.
38 RAMOS, Vânia Costa. *Ne bis in idem e a União Europeia*. Coimbra: Coimbra Editora, 2009. ISBN 978-972-32-1706-3. p. 33.
39 RAMOS, Vânia Costa. *Ne bis in idem e a União Europeia*. Coimbra: Coimbra Editora, 2009. ISBN 978-972-32-1706-3. p. 33. Grifos no original.
40 LEITE, Inês Ferreira. *Ne (idem) bis in idem*. Proibição de dupla punição e de duplo julgamento: Contributos para a racionalidade do poder punitivo público. Lisboa: AAFDL, 2016. v. I. ISBN 978-972-629-0773. No nível material, a autora refere-se aos critérios da "[...] unidade do facto, a natureza punitiva da sanção, a identidade funcional do interesse tutelado e a identidade funcional da sanção a aplicar", e, no nível processual, aos critérios da "[...] unidade do facto, a natureza materialmente penal do processo, a realização de um *julgamento* em sentido material e o respeito pela *fair chance at trial* da acusação" (p. 784. Grifos no original).

in idem é possível encontrar um "[...] denominador comum, [um mesmo] conteúdo valorativo [...]",[41] identificado com a garantia da segurança jurídica e da protecção da confiança dos cidadãos contra a redundância do poder punitivo do Estado.[42] Destarte, no âmbito do estudo microcomparativo do *ne bis in idem*, parece-nos ser possível extrair, do princípio jurídico, a necessidade a que responde, a sua funcionalidade, a sua função, na ponderação dos seus fundamentos; e, pela regra jurídica, alcançar os seus elementos característicos, os instrumentos jurídico-processuais que lhe são inerentes.[43]

Breve ponderação macrocomparativa: a RP

Servindo o propósito de uma adequada análise microcomparativa, a análise dos elementos internos do *ne bis in idem* pressupõe uma breve ponderação macrocomparativa[44] dos elementos internos ou estritamente jurídicos a atender no ordenamento jurídico português,[45] que agora destacamos, *v.g.*, a concepção de direito e a estrutura das regras jurídicas, as instituições constitucionais, as fontes e a descoberta do direito aplicável, a organização judiciária, a formação dos juristas e suas profissões.[46]

A *concepção de direito* no ordenamento jurídico português, ou seja, o entendimento preponderante enquanto "[...] conjunto de regras que definem comportamentos ou como instrumento para a resolução de conflitos; [...]",[47] para Ferreira de Almeida e Morais de Carvalho, reconduz-se à ideia de direito "[...] como regra de conduta tendente à realização de justiça".[48] Moura Vicente destaca o facto de o ordenamento jurídico

---

[41] CANOTILHO, J. J. Gomes. *Direito constitucional e teoria da Constituição*. 6. ed. Coimbra: Almedina, 2002. ISBN 972-40-1806-7. p. 1147.

[42] CANOTILHO, J. J. Gomes. *Direito constitucional e teoria da Constituição*. 6. ed. Coimbra: Almedina, 2002. ISBN 972-40-1806-7. p. 256-265; 1153. Também, LEITE, Inês Ferreira. *Ne (idem) bis in idem*. Proibição de dupla punição e de duplo julgamento: Contributos para a racionalidade do poder punitivo público. Lisboa: AAFDL, 2016. v. I. ISBN 978-972-629-0773. p. 784.

[43] CURIA. *Proc. Nº C-436/04* - Van Esbroeck. Conclusões do Advogado-Geral Dâmaso Ruiz-Jarabo Colomer, de 20 de Outubro de 2005, ECLI:EU:C:2005:630. Luxemburgo: T.J.U.E. 2005. p. I – 2344, ponto 33. Disponível em: http://curia.europa.eu/juris/showPdf.jsf?text=&docid=60662&pageIndex=0&doclang=pt&mode=lst&dir=&occ=first&part=1&cid=3472696. Acesso em: 7 abr. 2012 e 23 dez. 2018. O Advogado-Geral D. Ruiz-Jarabo refere que "[...] a proibição do princípio *ne bis in idem* não é de natureza processual, constituindo, pelo contrário uma garantia fundamental dos cidadãos [...]" (p. I-2344, ponto 33. Grifos no original). Para QUERALT, Joan J. "Ne bis in idem": significados constitucionales. *In*: ROSAL, Juan del *et al*. *Política criminal y reforma penal*: homenaje a la memoria del Professor D. Juan del Rosal. Madrid: Editoriales de Derecho Reunidas, D.L. 1993-XLVIII. ISBN 84-7130-785-5. p. 885-903, a unidade do *ius puniendi* encontra maior alcance no âmbito substantivo do que no processual (p. 887-888).

[44] AGUIAR, Filipa Pais d'. *Ne bis in idem e o ordenamento jurídico chinês e português, na actualidade. Subsídios históricos, desafios e aspectos prospectivos*. Tese (Doutorado) – Universidade Lusíada de Lisboa, Lisboa, 2019. A análise macrocomparativa desenvolvida no capítulo 2.2 conhece agora a sistematização dos principais conceitos macrocomparativos a considerar no âmbito de um estudo microcomparativo.

[45] ALMEIDA, Carlos Ferreira de; CARVALHO, Jorge Morais. *Introdução ao direito comparado*. 3. ed. reimpr. Coimbra: Almedina, 2016. ISBN 978-972-40-5066-9. p. 24; 33.

[46] ALMEIDA, Carlos Ferreira de; CARVALHO, Jorge Morais. *Introdução ao direito comparado*. 3. ed. reimpr. Coimbra: Almedina, 2016. ISBN 978-972-40-5066-9. p. 24.

[47] ALMEIDA, Carlos Ferreira de; CARVALHO, Jorge Morais. *Introdução ao direito comparado*. 3. ed. reimpr. Coimbra: Almedina, 2016. ISBN 978-972-40-5066-9. p. 24.

[48] ALMEIDA, Carlos Ferreira de; CARVALHO, Jorge Morais. *Introdução ao direito comparado*. 3. ed. reimpr. Coimbra: Almedina, 2016. ISBN 978-972-40-5066-9. p. 70.

português pertencer à família romano-germânica[49] de direitos e, neste sentido, "[...] o Direito Romano foi reconhecido em determinado momento como fonte de Direito, ainda que com carácter subsidiário relativamente às leis e costumes locais",[50] nomeadamente, no âmbito do "[...] Direito das Obrigações e os Direitos Reais".[51] Contudo, o elemento essencial que justifica a autonomização desta família jurídica remonta ao pensamento clássico dos autores helénicos ao delinearem "[...] uma *concepção particular do Direito*, de cariz *secular e racional*, que posteriormente os jurisconsultos romanos aprofundaram [...]".[52] Também o direito germânico desempenhou um papel fundamental na formação do conceito de direito na família romano-germânica,[53] nomeadamente, no domínio do "[...] Direito da Família e o das Sucessões, [...] em que sobreviveram, mais ou menos intactas, as regras do Direito consuetudinário introduzido na Europa Ocidental pelos povos germânicos".[54] Por outro lado, a influência do direito canónico encontra-se presente no ordenamento jurídico português actual através da "[...] Concordata celebrada entre Portugal e a Santa Sé [...]",[55] em resultado da sua preponderância histórica que lhe atribuiu, *v.g.*, carácter preferencial, no âmbito das Ordenações em "[...] "*matéria que traga pecado*"".[56] As concepções cristãs influenciaram, ainda, a "[...] teorização do Direito Natural e [d]as suas relações com o Direito positivo",[57] que, com S. Tomás de Aquino, elevaram a "[...] concepção cristã do mundo e da vida [...] a critério de aferição da validade do Direito positivo".[58] Contudo, a partir do séc. XVII, inicia-se um período de "[...] *jusracionalismo moderno* [...]"[59] a que corresponde a "[...] emancipação do pensamento jurídico relativamente à moral religiosa",[60] bem como o desenvolvimento da codificação alimentado pelos ideais da Revolução Francesa de 1789.[61] Em Portugal, o Código Civil de 1867 revela a influência da legislação francesa, destacando-se do Código de Napoleão pela

---

[49] VICENTE, Dário Moura. *Direito comparado*. 4. ed. Coimbra: Almedina, 2018. v. I. ISBN 978-972-40-7437-5. p. 140-141. Também para Castro Mendes, a concepção de direito na família romano-germânica tem na sua génese o direito romano e os direitos germânicos (MENDES, João de Castro. *Direito comparado revisto e actualizado*. Lisboa: AAFDL, 1982-1983. ISBN 0000104507. p. 239-255). No mesmo sentido, DAVID, René. *Os grandes sistemas do direito contemporâneo*. Tradução de Hermínio Carvalho. 4. ed. São Paulo: Martins Fontes, 2002. ISBN 85-336-1563-9. p. 35-178; ANCEL, Marc. *Utilité et Méthodes du Droit Comparé*. Éléments d'introduction générale à l'étude comparative des droits. Neuchatel: Éditions Ides et Calendes, 1971. p. 44-46. Sobre a formação da *civil law*, vide KISCHEL, Uwe. *Comparative law*. Oxford: Oxford University Press, 2019. Disponível em: https://scholar.google.pt/scholar?cluster=806662890226469168&hl=pt-PT&oi=scholaralrt&hist=h4KHozoAAAAJ:4440367935712900223:AAGBfm3otkQXkn0AzMx1F7t9AgeX_PSADg. ISBN 978-01-9879-135-5. Acesso em: 21 fev. 2019.
[50] VICENTE, Dário Moura. *Direito comparado*. 4. ed. Coimbra: Almedina, 2018. v. I. ISBN 978-972-40-7437-5. p. 105.
[51] VICENTE, Dário Moura. *Direito comparado*. 4. ed. Coimbra: Almedina, 2018. v. I. ISBN 978-972-40-7437-5. p. 112.
[52] VICENTE, Dário Moura. *Direito comparado*. 4. ed. Coimbra: Almedina, 2018. v. I. ISBN 978-972-40-7437-5. p. 99. Grifos no original.
[53] VICENTE, Dário Moura. *Direito comparado*. 4. ed. Coimbra: Almedina, 2018. v. I. ISBN 978-972-40-7437-5. p. 111-124.
[54] VICENTE, Dário Moura. *Direito comparado*. 4. ed. Coimbra: Almedina, 2018. v. I. ISBN 978-972-40-7437-5. p. 112.
[55] VICENTE, Dário Moura. *Direito comparado*. 4. ed. Coimbra: Almedina, 2018. v. I. ISBN 978-972-40-7437-5. p. 119.
[56] VICENTE, Dário Moura. *Direito comparado*. 4. ed. Coimbra: Almedina, 2018. v. I. ISBN 978-972-40-7437-5. p. 119. Grifos no original.
[57] VICENTE, Dário Moura. *Direito comparado*. 4. ed. Coimbra: Almedina, 2018. v. I. ISBN 978-972-40-7437-5. p. 120.
[58] VICENTE, Dário Moura. *Direito comparado*. 4. ed. Coimbra: Almedina, 2018. v. I. ISBN 978-972-40-7437-5. p. 120.
[59] VICENTE, Dário Moura. *Direito comparado*. 4. ed. Coimbra: Almedina, 2018. v. I. ISBN 978-972-40-7437-5. p. 120. Grifos no original.
[60] VICENTE, Dário Moura. *Direito comparado*. 4. ed. Coimbra: Almedina, 2018. v. I. ISBN 978-972-40-7437-5. p. 120.
[61] VICENTE, Dário Moura. *Direito comparado*. 4. ed. Coimbra: Almedina, 2018. v. I. ISBN 978-972-40-7437-5. p. 126-138.

introdução de uma sistematização inspirada no Código Civil alemão ("[...] estilo, técnico e rigoroso [...]")[62] e na aceitação da presença, pelo menos em parte, do direito canónico ("[...] reconhecendo efeitos civis ao casamento católico [...]").[63] Assim, no Código Civil de 1966 são descritos como conceitos essenciais "[...] a *reacção contra o individualismo*, o *colectivismo nacionalista* e o *personalismo cristão*".[64] Actualmente, Moura Vicente destaca a prevalência do "[...] ideal codificador [...]",[65] que, por um lado, atribui "[...] maior acessibilidade, coerência e inteligibilidade [...] ao sistema jurídico; [...]"[66] e, "[...] por outro lado, enquanto corpo de normas comuns a todos os cidadãos, [...] promove a efectiva observância do princípio da igualdade perante a lei".[67]

Relativamente às características da *estrutura das regras jurídicas* da família romano-germânica de direitos, *i.e.*, quanto ao seu "[...] maior ou menor grau de generalidade",[68] Ferreira de Almeida e Morais de Carvalho consideram o seu "[...] elevado grau de generalidade e abstracção",[69] bem como a prevalência oficial do direito substantivo ou material sobre o direito adjectivo ou processual,[70] "[...] o direito de acção como meio de efectivação de direitos subjectivos [...]",[71] a separação entre direito público e privado[72] e a ramificação "[...] do direito objectivo e da ciência do direito [...]".[73] Também René David[74] e Castro Mendes consideram a generalização enquanto característica primordial da estrutura dos direitos romano-germânicos, baseada em normas gerais e abstractas,[75] bem como a divisão em ramos de direito público e privado.[76] René David salienta que a generalização não torna o direito da família romano-germânica mais previsível do que em outros sistemas, alertando para a importância da doutrina e da jurisprudência também nesta família de direitos.[77] No mesmo sentido, Moura Vicente refere-se à distinção entre

---

[62] VICENTE, Dário Moura. *Direito comparado*. 4. ed. Coimbra: Almedina, 2018. v. I. ISBN 978-972-40-7437-5. p. 135.
[63] VICENTE, Dário Moura. *Direito comparado*. 4. ed. Coimbra: Almedina, 2018. v. I. ISBN 978-972-40-7437-5. p. 135; 134-137.
[64] VICENTE, Dário Moura. *Direito comparado*. 4. ed. Coimbra: Almedina, 2018. v. I. ISBN 978-972-40-7437-5. p. 136. Grifos no original.
[65] VICENTE, Dário Moura. *Direito comparado*. 4. ed. Coimbra: Almedina, 2018. v. I. ISBN 978-972-40-7437-5. p. 137.
[66] VICENTE, Dário Moura. *Direito comparado*. 4. ed. Coimbra: Almedina, 2018. v. I. ISBN 978-972-40-7437-5. p. 138.
[67] VICENTE, Dário Moura. *Direito comparado*. 4. ed. Coimbra: Almedina, 2018. v. I. ISBN 978-972-40-7437-5. p. 138.
[68] ALMEIDA, Carlos Ferreira de; CARVALHO, Jorge Morais. *Introdução ao direito comparado*. 3. ed. reimpr. Coimbra: Almedina, 2016. ISBN 978-972-40-5066-9. p. 24.
[69] ALMEIDA, Carlos Ferreira de; CARVALHO, Jorge Morais. *Introdução ao direito comparado*. 3. ed. reimpr. Coimbra: Almedina, 2016. ISBN 978-972-40-5066-9. p. 70.
[70] ALMEIDA, Carlos Ferreira de; CARVALHO, Jorge Morais. *Introdução ao direito comparado*. 3. ed. reimpr. Coimbra: Almedina, 2016. ISBN 978-972-40-5066-9. p. 70.
[71] ALMEIDA, Carlos Ferreira de; CARVALHO, Jorge Morais. *Introdução ao direito comparado*. 3. ed. reimpr. Coimbra: Almedina, 2016. ISBN 978-972-40-5066-9. p. 70.
[72] ALMEIDA, Carlos Ferreira de; CARVALHO, Jorge Morais. *Introdução ao direito comparado*. 3. ed. reimpr. Coimbra: Almedina, 2016. ISBN 978-972-40-5066-9. p. 70.
[73] ALMEIDA, Carlos Ferreira de; CARVALHO, Jorge Morais. *Introdução ao direito comparado*. 3. ed. reimpr. Coimbra: Almedina, 2016. ISBN 978-972-40-5066-9. p. 70.
[74] DAVID, René. *Os grandes sistemas do direito contemporâneo*. Tradução de Hermínio Carvalho. 4. ed. São Paulo: Martins Fontes, 2002. ISBN 85-336-1563-9. p. 101-109.
[75] MENDES, João de Castro. *Direito comparado revisto e actualizado*. Lisboa: AAFDL, 1982-1983. ISBN 0000104507. p. 256-260.
[76] MENDES, João de Castro. *Direito comparado revisto e actualizado*. Lisboa: AAFDL, 1982-1983. ISBN 0000104507. p. 269-271.
[77] DAVID, René. *Os grandes sistemas do direito contemporâneo*. Tradução de Hermínio Carvalho. 4. ed. São Paulo: Martins Fontes, 2002. ISBN 85-336-1563-9. p. 106-107.

direito público e privado enquanto reminiscência do direito romano,[78] e a distinção entre direito substantivo ou material e direito adjectivo ou processual,[79] revestindo-se o direito adjectivo de carácter "[...] *instrumental* [...]"[80] relativamente ao direito substantivo na medida em que disponibiliza "[...] os meios necessários [...]"[81] à resolução prevista pelo direito substantivo.[82] O autor também indica a distinção entre direito objectivo, identificando-o com "[...] a própria *ordem jurídica* [...]",[83] e o direito subjectivo, *i.e.*, "[...] o poder atribuído pela ordem jurídica ao respectivo titular de prosseguir autonomamente interesses juridicamente protegidos",[84] no âmbito da família romano-germânica.[85] O autor destaca, ainda, a admissão do "[...] recurso a *critérios não normativos* a fim de prover à resolução dos casos singulares",[86] se bem que, na família romano-germânica, "[...] a primazia [é] atribuída [...] ao *ius strictum*: na falta de disposição legal ou de estipulação das partes nesse sentido, os tribunais não têm poderes de equidade".[87]

Quanto ao funcionamento das *instituições constitucionais*,[88] para Ferreira de Almeida e Morais de Carvalho, o Estado encontra-se na "[...] base da organização política; [...]",[89] existindo uma "[...] coincidência tendencial entre a ordem jurídica e normas de origem estadual",[90] sendo que a competência para legislar reconduz-se às "[...] instituições parlamentares e as governamentais",[91] e a fiscalização da constitucionalidade da competência do Tribunal Constitucional.[92] A Constituição ocupa uma posição cimeira na hierarquia das leis, distinguindo-a da lei ordinária, sendo que a primazia da Constituição é assegurada pela fiscalização da constitucionalidade,[93] nas suas várias modalidades, nomeadamente, a concentrada e difusa (da competência de um órgão em

---

[78] VICENTE, Dário Moura. *Direito comparado*. 4. ed. Coimbra: Almedina, 2018. v. I. ISBN 978-972-40-7437-5. p. 144-146.

[79] VICENTE, Dário Moura. *Direito comparado*. 4. ed. Coimbra: Almedina, 2018. v. I. ISBN 978-972-40-7437-5. p. 147.

[80] VICENTE, Dário Moura. *Direito comparado*. 4. ed. Coimbra: Almedina, 2018. v. I. ISBN 978-972-40-7437-5. p. 147. Grifos no original.

[81] VICENTE, Dário Moura. *Direito comparado*. 4. ed. Coimbra: Almedina, 2018. v. I. ISBN 978-972-40-7437-5. p. 147.

[82] VICENTE, Dário Moura. *Direito comparado*. 4. ed. Coimbra: Almedina, 2018. v. I. ISBN 978-972-40-7437-5. p. 147. No mesmo sentido, René David, que se refere à distinção entre direito público e direito privado no âmbito da família romano-germânica, salientando a subdivisão em vários ramos de direito (DAVID, René. *Os grandes sistemas do direito contemporâneo*. Tradução de Hermínio Carvalho. 4. ed. São Paulo: Martins Fontes, 2002. ISBN 85-336-1563-9. p. 85-99).

[83] VICENTE, Dário Moura. *Direito comparado*. 4. ed. Coimbra: Almedina, 2018. v. I. ISBN 978-972-40-7437-5. p. 147. Grifos no original.

[84] VICENTE, Dário Moura. *Direito comparado*. 4. ed. Coimbra: Almedina, 2018. v. I. ISBN 978-972-40-7437-5. p. 148.

[85] VICENTE, Dário Moura. *Direito comparado*. 4. ed. Coimbra: Almedina, 2018. v. I. ISBN 978-972-40-7437-5. p. 147.

[86] VICENTE, Dário Moura. *Direito comparado*. 4. ed. Coimbra: Almedina, 2018. v. I. ISBN 978-972-40-7437-5. p. 144. Grifos no original.

[87] VICENTE, Dário Moura. *Direito comparado*. 4. ed. Coimbra: Almedina, 2018. v. I. ISBN 978-972-40-7437-5. p. 144. Grifos no original.

[88] ALMEIDA, Carlos Ferreira de; CARVALHO, Jorge Morais. *Introdução ao direito comparado*. 3. ed. reimpr. Coimbra: Almedina, 2016. ISBN 978-972-40-5066-9. p. 24.

[89] ALMEIDA, Carlos Ferreira de; CARVALHO, Jorge Morais. *Introdução ao direito comparado*. 3. ed. reimpr. Coimbra: Almedina, 2016. ISBN 978-972-40-5066-9. p. 70.

[90] ALMEIDA, Carlos Ferreira de; CARVALHO, Jorge Morais. *Introdução ao direito comparado*. 3. ed. reimpr. Coimbra: Almedina, 2016. ISBN 978-972-40-5066-9. p. 70.

[91] ALMEIDA, Carlos Ferreira de; CARVALHO, Jorge Morais. *Introdução ao direito comparado*. 3. ed. reimpr. Coimbra: Almedina, 2016. ISBN 978-972-40-5066-9. p. 70.

[92] ALMEIDA, Carlos Ferreira de; CARVALHO, Jorge Morais. *Introdução ao direito comparado*. 3. ed. reimpr. Coimbra: Almedina, 2016. ISBN 978-972-40-5066-9. p. 70.

[93] VICENTE, Dário Moura. *Direito comparado*. 4. ed. Coimbra: Almedina, 2018. v. I. ISBN 978-972-40-7437-5. p. 160.

específico ou de qualquer tribunal, respectivamente), a concreta e abstracta (consoante seja ou não emergente de um caso concreto), a título principal ou incidental (suscita num processo autónomo ou no decurso da acção) e a preventiva e sucessiva (no momento anterior ou posterior à entrada em vigor da norma).[94] Moura Vicente caracteriza o sistema português como um sistema híbrido na medida em que "[...] a fiscalização da constitucionalidade pode revestir qualquer das modalidades [...], incluindo a difusa".[95] O Tribunal Constitucional declarará força obrigatória geral da norma julgada inconstitucional sempre que "[...] a norma em causa tenha sido julgada inconstitucional em três casos concretos".[96] O poder político organiza-se a partir da Constituição escrita, em observância do princípio da separação de poder, em Poder Executivo, Legislativo e Judicial, do princípio da democracia representativa e dos princípios relativos à protecção dos direitos, liberdades e garantias pessoais bem como das suas excepções.[97] J. Miranda alerta, ainda, para o facto de apenas a partir de 1976, com a consagração do sufrágio universal, se poder falar em "[...] *constitucionalismo democrático* [...]",[98] no ordenamento jurídico português.

As *fontes de direito* constituem os "[...] modos de criação e de revelação de normas jurídicas [...]",[99] compreendendo o "[...] elenco, hierarquia, [e] importância relativa no sistema [...]".[100] No âmbito do ordenamento jurídico português, Ferreira de Almeida e Morais de Carvalho destacam a primazia hierárquica e a importância relativa da lei, bem como a tendência codificadora na medida em que a maioria das regras jurídico-legais encontra-se organizada em códigos "[...] de modo sistemático e segundo critérios doutrinários [...]".[101] No mesmo sentido, Castro Mendes[102] e Moura Vicente, que salientam o facto de a primazia da lei não corresponder à sua exclusividade enquanto fonte de direito.[103] Também René David considera que "[...] ver na lei a fonte exclusiva do direito é contrário a toda a tradição romano-germânica",[104] apesar de se tratar de "[...] *países de direito escrito* [...]".[105] Assim, além da lei, René David[106] e Moura Vicente autonomizam

---

[94] VICENTE, Dário Moura. Direito comparado. 4. ed. Coimbra: Almedina, 2018. v. I. ISBN 978-972-40-7437-5. p. 160.
[95] VICENTE, Dário Moura. Direito comparado. 4. ed. Coimbra: Almedina, 2018. v. I. ISBN 978-972-40-7437-5. p. 163.
[96] VICENTE, Dário Moura. Direito comparado. 4. ed. Coimbra: Almedina, 2018. v. I. ISBN 978-972-40-7437-5. p. 164.
[97] ALMEIDA, Carlos Ferreira de; CARVALHO, Jorge Morais. *Introdução ao direito comparado*. 3. ed. reimpr. Coimbra: Almedina, 2016. ISBN 978-972-40-5066-9. p. 70. No mesmo sentido, VICENTE, Dário Moura. *Direito comparado*. 4. ed. Coimbra: Almedina, 2018. v. I. ISBN 978-972-40-7437-5. p. 177-178.
[98] MIRANDA, Jorge. *Manual de direito constitucional* – Preliminares: o Estado e os sistemas constitucionais. 9. ed. rev. e actual. Coimbra: Coimbra Editora, 2011. t. I. ISBN 978-972-32-1995-1. p. 245. Grifos no original.
[99] ALMEIDA, Carlos Ferreira de; CARVALHO, Jorge Morais. *Introdução ao direito comparado*. 3. ed. reimpr. Coimbra: Almedina, 2016. ISBN 978-972-40-5066-9. p. 24.
[100] ALMEIDA, Carlos Ferreira de; CARVALHO, Jorge Morais. *Introdução ao direito comparado*. 3. ed. reimpr. Coimbra: Almedina, 2016. ISBN 978-972-40-5066-9. p. 24.
[101] ALMEIDA, Carlos Ferreira de; CARVALHO, Jorge Morais. *Introdução ao direito comparado*. 3. ed. reimpr. Coimbra: Almedina, 2016. ISBN 978-972-40-5066-9. p. 71.
[102] MENDES, João de Castro. *Direito comparado revisto e actualizado*. Lisboa: AAFDL, 1982-1983. ISBN 0000104507. p. 264-265.
[103] VICENTE, Dário Moura. *Direito comparado*. 4. ed. Coimbra: Almedina, 2018. v. I. ISBN 978-972-40-7437-5. p. 150-151.
[104] DAVID, René. *Os grandes sistemas do direito contemporâneo*. Tradução de Hermínio Carvalho. 4. ed. São Paulo: Martins Fontes, 2002. ISBN 85-336-1563-9. p. 112; 119-120.
[105] DAVID, René. *Os grandes sistemas do direito contemporâneo*. Tradução de Hermínio Carvalho. 4. ed. São Paulo: Martins Fontes, 2002. ISBN 85-336-1563-9. p. 111. Grifos no original.
[106] DAVID, René. *Os grandes sistemas do direito contemporâneo*. Tradução de Hermínio Carvalho. 4. ed. São Paulo: Martins Fontes, 2002. ISBN 85-336-1563-9. p. 119-146.

outras fontes de direito como os tratados e o direito internacional, o direito supranacional, o costume, a jurisprudência, a doutrina e os princípios jurídicos.[107] Em Portugal, a primazia das fontes de direito internacional geral ou comum sobre a Constituição reflecte-se na recepção automática, nos termos do disposto nos art. 8º, nº 1, art. 7º, nº 1, art. 16º, nº 2 e art. 29º, nº 2 da CRP.[108] Já o direito internacional convencional, ou seja, as "[...] normas constantes de tratados internacionais perante a Constituição: posicionam-se numa relação de subordinação".[109] O direito supranacional, proveniente de organizações supranacionais, não conhece relevância semelhante em todas as organizações.[110] De facto, o direito emanado da UE assume uma maior relevância em resultado do elevado "[...] volume da produção normativa, [...] do grau de integração política, económica e jurídica [...]".[111] No caso português, a Constituição reconhece, tacitamente, no seu art. 8º, nº 4, o "[...] princípio do *primado do Direito da União Europeia* [...]"[112] sobre o direito nacional, na medida em que remete para o "[...] Direito da União Europeia a competência para regular [n]a sua eficácia na ordem interna [...]",[113] subordinando-a ao "[...] "respeito pelos princípios fundamentais do Estado de direito democrático"".[114] Assim, os regulamentos da UE são dotados de aplicabilidade directa, *i.e.*, são aplicados directa e independentemente de "[...] qualquer ato legislativo ou administrativo de Direito interno",[115] o mesmo não sucedendo com as directivas que carecem de transposição para a ordem jurídica interna.[116] O TJUE reconhece, ainda assim, a possibilidade de aplicação directa das directivas no âmbito do "[...] *efeito direto vertical* [...]",[117] ou seja, no âmbito de "[...] litígios que oponham particulares aos Estados-Membros [...]",[118] acrescentando Moura Vicente que "[...] Portugal [é] um dos países em que menor invocação se faz dessa figura [...]".[119]

Ferreira de Almeida e Morais de Carvalho referem, ainda, a progressiva perda da relevância do costume como fonte de direito bem como a dificuldade no reconhecimento oficial do valor da jurisprudência enquanto "[...] fonte de criação normativa, e [...]

---

[107] VICENTE, Dário Moura. *Direito comparado*. 4. ed. Coimbra: Almedina, 2018. v. I. ISBN 978-972-40-7437-5. p. 150-178.

[108] VICENTE, Dário Moura. *Direito comparado*. 4. ed. Coimbra: Almedina, 2018. v. I. ISBN 978-972-40-7437-5. p. 151-152. No mesmo sentido, MIRANDA, Jorge. *Curso de direito internacional público*. 2. ed. rev. e actual. Cascais: Principia, 2004. ISBN 972-8818-18-1. p. 149-158.

[109] MIRANDA, Jorge. *Curso de direito internacional público*. 2. ed. rev. e actual. Cascais: Principia, 2004. ISBN 972-8818-18-1. p. 158. No mesmo sentido, VICENTE, Dário Moura. *Direito comparado*. 4. ed. Coimbra: Almedina, 2018. v. I. ISBN 978-972-40-7437-5. p. 152.

[110] VICENTE, Dário Moura. *Direito comparado*. 4. ed. Coimbra: Almedina, 2018. v. I. ISBN 978-972-40-7437-5. p. 156.

[111] VICENTE, Dário Moura. *Direito comparado*. 4. ed. Coimbra: Almedina, 2018. v. I. ISBN 978-972-40-7437-5. p. 156.

[112] VICENTE, Dário Moura. *Direito comparado*. 4. ed. Coimbra: Almedina, 2018. v. I. ISBN 978-972-40-7437-5. p. 154. Grifos no original.

[113] VICENTE, Dário Moura. *Direito comparado*. 4. ed. Coimbra: Almedina, 2018. v. I. ISBN 978-972-40-7437-5. p. 155.

[114] VICENTE, Dário Moura. *Direito comparado*. 4. ed. Coimbra: Almedina, 2018. v. I. ISBN 978-972-40-7437-5. p. 155. Grifos no original.

[115] VICENTE, Dário Moura. *Direito comparado*. 4. ed. Coimbra: Almedina, 2018. v. I. ISBN 978-972-40-7437-5. p. 155.

[116] VICENTE, Dário Moura. *Direito comparado*. 4. ed. Coimbra: Almedina, 2018. v. I. ISBN 978-972-40-7437-5. p. 155.

[117] VICENTE, Dário Moura. *Direito comparado*. 4. ed. Coimbra: Almedina, 2018. v. I. ISBN 978-972-40-7437-5. p. 155. Grifos no original.

[118] VICENTE, Dário Moura. *Direito comparado*. 4. ed. Coimbra: Almedina, 2018. v. I. ISBN 978-972-40-7437-5. p. 155.

[119] VICENTE, Dário Moura. *Direito comparado*. 4. ed. Coimbra: Almedina, 2018. v. I. ISBN 978-972-40-7437-5. p. 155-156.

enquanto meio de conhecimento e evolução do direito".[120] Também Castro Mendes considera que o costume tem um alcance limitado.[121] René David reconhece o papel do costume *secundum legem* enquanto fonte de direito não autónoma na família romano-germânica, afastando para o âmbito secundário o costume *praeter legem*.[122] No entender do autor, o costume "[...] apenas deve ser consagrado na medida em que serve para indicar a solução justa".[123] Assim, nesta família de direitos, a jurisprudência revela uma estreita ligação à lei e à sua interpretação, sendo de carácter excepcional a criação de regras de direito.[124] Para Moura Vicente, o costume constitui uma fonte mediata de direito no ordenamento jurídico português, nos termos do art. 3º, nº 1 do CC e do art. 674º do CPC, sendo reconhecida a necessidade de ponderação do costume no âmbito das decisões jurisprudenciais, nos termos do art. 348º do CC.[125] O autor refere, ainda, que a ausência de uma relação hierárquica entre a lei e o costume possibilita a prevalência do costume, sempre que a lei for em sentido contrário ao do costume.[126] Quanto à jurisprudência, Moura Vicente refere o seu carácter essencial "[...] no *desenvolvimento do Direito legislado* [...]",[127] que reflecte método de interpretação e aplicação do direito adoptado pelos tribunais.[128] Castro Mendes recorda, a propósito da uniformização da jurisprudência, a questão histórica da inconstitucionalidade dos assentos (art. 2º CC).[129] Moura Vicente conclui que a jurisprudência constitui fonte de direito sempre que existam "[...] decisões dos tribunais dotadas de força obrigatória geral"[130] (*v.g.*, art. 281º da CRP sobre declaração de inconstitucionalidade ou ilegalidade e os arts. 72º, 73º, nº 3 e 76º do CPTA sobre a declaração de ilegalidade de normas do direito administrativo),[131] indicando, ainda, a ponderação da "[...] *jurisprudência constante* dos tribunais superiores",[132] pelos tribunais de primeira instância que tendencialmente a observam nas suas decisões.[133]

---

[120] ALMEIDA, Carlos Ferreira de; CARVALHO, Jorge Morais. *Introdução ao direito comparado*. 3. ed. reimpr. Coimbra: Almedina, 2016. ISBN 978-972-40-5066-9. p. 71.
[121] MENDES, João de Castro. *Direito comparado revisto e actualizado*. Lisboa: AAFDL, 1982-1983. ISBN 0000104507. p. 265.
[122] DAVID, René. *Os grandes sistemas do direito contemporâneo*. Tradução de Hermínio Carvalho. 4. ed. São Paulo: Martins Fontes, 2002. ISBN 85-336-1563-9. p. 144-146.
[123] DAVID, René. *Os grandes sistemas do direito contemporâneo*. Tradução de Hermínio Carvalho. 4. ed. São Paulo: Martins Fontes, 2002. ISBN 85-336-1563-9. p. 146.
[124] DAVID, René. *Os grandes sistemas do direito contemporâneo*. Tradução de Hermínio Carvalho. 4. ed. São Paulo: Martins Fontes, 2002. ISBN 85-336-1563-9. p. 149.
[125] VICENTE, Dário Moura. *Direito comparado*. 4. ed. Coimbra: Almedina, 2018. v. I. ISBN 978-972-40-7437-5. p. 166-167.
[126] VICENTE, Dário Moura. *Direito comparado*. 4. ed. Coimbra: Almedina, 2018. v. I. ISBN 978-972-40-7437-5. p. 167. O autor ilustra a relação hierárquica entre a lei e costume com a tradição tauromáquica em Barrancos (p. 167, nota 537).
[127] VICENTE, Dário Moura. *Direito comparado*. 4. ed. Coimbra: Almedina, 2018. v. I. ISBN 978-972-40-7437-5. p. 172. Grifos no original.
[128] VICENTE, Dário Moura. *Direito comparado*. 4. ed. Coimbra: Almedina, 2018. v. I. ISBN 978-972-40-7437-5. p. 172.
[129] MENDES, João de Castro. *Direito comparado revisto e actualizado*. Lisboa: AAFDL, 1982-1983. ISBN 0000104507. p. 267-268.
[130] VICENTE, Dário Moura. *Direito comparado*. 4. ed. Coimbra: Almedina, 2018. v. I. ISBN 978-972-40-7437-5. p. 171.
[131] VICENTE, Dário Moura. *Direito comparado*. 4. ed. Coimbra: Almedina, 2018. v. I. ISBN 978-972-40-7437-5. p. 171-172.
[132] VICENTE, Dário Moura. *Direito comparado*. 4. ed. Coimbra: Almedina, 2018. v. I. ISBN 978-972-40-7437-5. p. 172. Grifos no original.
[133] VICENTE, Dário Moura. *Direito comparado*. 4. ed. Coimbra: Almedina, 2018. v. I. ISBN 978-972-40-7437-5. p. 172.

A influência da doutrina enquanto fonte de direito, para Ferreira de Almeida e Morais de Carvalho, reflecte-se "[...] na construção e compreensão dos sistemas jurídicos, nas reformas legislativas e, em diferentes graus, no modo de aplicação do direito".[134] René David considera que a doutrina dos países latinos se caracteriza pelo dogmatismo afastado do direito na prática.[135] Castro Mendes atribui à doutrina o papel de "[...] mera fonte de revelação de normas jurídicas",[136] negando-lhes qualquer valor vinculativo ou de persuasão.[137] Já Moura Vicente, no âmbito do direito português, relembra o papel subsidiário da glosa de Acúrcio e da opinião de Bártolo na integração de lacunas no direito pátrio, romano e canónico, no âmbito das Ordenações Afonsinas e Manuelinas.[138] Contudo, nestas últimas, e também nas Ordenações Filipinas, a integração de lacunas deveria atender à "[...] *communis opinio doctorum* [...]".[139] Actualmente, para o autor, a doutrina assume o papel de fonte mediata de direito pelo potencial em influenciar o sentido da jurisprudência e da actividade do legislador.[140]

Por fim, René David[141] e Moura Vicente[142] indicam os princípios jurídicos no âmbito das fontes de direito da família romano-germânica, esclarecendo que, mais do que fontes, os princípios jurídicos constituem "[...] grandes linhas de orientação do ordenamento jurídico e dos [seus] valores [...]",[143] admitindo a "[...] subordinação do direito aos imperativos da justiça, tal como é concebida numa época e num momento determinados [...]".[144] No ordenamento jurídico português, a Constituição (*v.g.*, arts. 2º e 204º da CRP) e a lei ordinária (*v.g.*, art. 9º, nº 1 do CC) legitimam o recurso aos princípios como elemento da decisão jurídica.[145] Apesar de alguns princípios jurídicos carecerem de "[...] *concretização* na lei ou na jurisprudência [...]",[146] mantêm "[...] a natureza de elementos do Direito positivo dotados de valor próprio e [...] susceptíveis de servirem de base à fundamentação jurídica",[147] ou seja, são princípios "[...] eficazes

---

[134] ALMEIDA, Carlos Ferreira de; CARVALHO, Jorge Morais. *Introdução ao direito comparado*. 3. ed. reimpr. Coimbra: Almedina, 2016. ISBN 978-972-40-5066-9. p. 71.
[135] DAVID, René. *Os grandes sistemas do direito contemporâneo*. Tradução de Hermínio Carvalho. 4. ed. São Paulo: Martins Fontes, 2002. ISBN 85-336-1563-9. p. 165-166.
[136] MENDES, João de Castro. *Direito comparado revisto e actualizado*. Lisboa: AAFDL, 1982-1983. ISBN 0000104507. p. 268.
[137] MENDES, João de Castro. *Direito comparado revisto e actualizado*. Lisboa: AAFDL, 1982-1983. ISBN 0000104507. p. 268.
[138] VICENTE, Dário Moura. *Direito comparado*. 4. ed. Coimbra: Almedina, 2018. v. I. ISBN 978-972-40-7437-5. p. 174-175.
[139] VICENTE, Dário Moura. *Direito comparado*. 4. ed. Coimbra: Almedina, 2018. v. I. ISBN 978-972-40-7437-5. p. 175. Grifos no original.
[140] VICENTE, Dário Moura. *Direito comparado*. 4. ed. Coimbra: Almedina, 2018. v. I. ISBN 978-972-40-7437-5. p. 175.
[141] DAVID, René. *Os grandes sistemas do direito contemporâneo*. Tradução de Hermínio Carvalho. 4. ed. São Paulo: Martins Fontes, 2002. ISBN 85-336-1563-9. p. 167-172.
[142] VICENTE, Dário Moura. *Direito comparado*. 4. ed. Coimbra: Almedina, 2018. v. I. ISBN 978-972-40-7437-5. p. 175-178.
[143] VICENTE, Dário Moura. *Direito comparado*. 4. ed. Coimbra: Almedina, 2018. v. I. ISBN 978-972-40-7437-5. p. 175.
[144] DAVID, René. *Os grandes sistemas do direito contemporâneo*. Tradução de Hermínio Carvalho. 4. ed. São Paulo: Martins Fontes, 2002. ISBN 85-336-1563-9. p. 167.
[145] VICENTE, Dário Moura. *Direito comparado*. 4. ed. Coimbra: Almedina, 2018. v. I. ISBN 978-972-40-7437-5. p. 177.
[146] VICENTE, Dário Moura. *Direito comparado*. 4. ed. Coimbra: Almedina, 2018. v. I. ISBN 978-972-40-7437-5. p. 177. Grifos no original.
[147] VICENTE, Dário Moura. *Direito comparado*. 4. ed. Coimbra: Almedina, 2018. v. I. ISBN 978-972-40-7437-5. p. 177.

independentemente da lei".[148] Contudo, e apesar da sua eficácia, os princípios "[...] não são regras imediatamente aplicáveis aos casos concretos, mas ideias directrizes, cuja transformação em regras que possibilitem uma resolução tem lugar em parte pela legislação, em parte pela jurisprudência [...]".[149]

Retomando o périplo pela breve ponderação macrocomparativa dos elementos internos ou estritamente jurídicos a atender no ordenamento jurídico português,[150] referimo-nos, agora, ao *direito aplicável*, ou seja, aos "[...] métodos de interpretação e de aplicação das normas jurídicas [...]",[151] que, para Ferreira de Almeida e Morais de Carvalho, se reconduzem a "[...] um pluralismo metodológico em que, segundo combinações variáveis, são atendíveis os elementos literal, teleológico, sistemático e histórico",[152] sendo a analogia a forma preferencial na integração de lacunas.[153] Moura Vicente refere-se ao método jurídico utilizado pelos tribunais nas decisões jurisprudenciais que, em Portugal, poderá atender a outras posições jurisprudenciais e doutrinais.[154] Por outro lado, e em reacção aos perigos do positivismo dos regimes totalitários da primeira metade do séc. XX, a corrente da "[...] *Jurisprudência dos Valores* [...]",[155] relevante na doutrina portuguesa,[156] propõe uma adesão do julgador a um "[...] sistema de *valores e princípios normativos* fundamentantes da ordem jurídica em geral [...]",[157] na sua tomada de decisão.[158] Também Moura Vicente indica o elemento teleológico, no momento da tomada de decisão do julgador, revelador da maior "[...] vinculação do julgador à *ordem jurídica* [...] do que à Lei propriamente dita",[159] conforme

---

[148] LARENZ, Karl. *Metodologia da ciência do direito*. Tradução de José Lamego. 3. ed. Lisboa: Fundação Calouste Gulbenkian, 1997. ISBN 972-31-0770-8. p. 191.

[149] LARENZ, Karl. *Metodologia da ciência do direito*. Tradução de José Lamego. 3. ed. Lisboa: Fundação Calouste Gulbenkian, 1997. ISBN 972-31-0770-8. p. 599.

[150] ALMEIDA, Carlos Ferreira de; CARVALHO, Jorge Morais. *Introdução ao direito comparado*. 3. ed. reimpr. Coimbra: Almedina, 2016. ISBN 978-972-40-5066-9. p. 24; 33.

[151] ALMEIDA, Carlos Ferreira de; CARVALHO, Jorge Morais. *Introdução ao direito comparado*. 3. ed. reimpr. Coimbra: Almedina, 2016. ISBN 978-972-40-5066-9. p. 24.

[152] ALMEIDA, Carlos Ferreira de; CARVALHO, Jorge Morais. *Introdução ao direito comparado*. 3. ed. reimpr. Coimbra: Almedina, 2016. ISBN 978-972-40-5066-9. p. 71.

[153] ALMEIDA, Carlos Ferreira de; CARVALHO, Jorge Morais. *Introdução ao direito comparado*. 3. ed. reimpr. Coimbra: Almedina, 2016. ISBN 978-972-40-5066-9. p. 71.

[154] VICENTE, Dário Moura. *Direito comparado*. 4. ed. Coimbra: Almedina, 2018. v. I. ISBN 978-972-40-7437-5. p. 178-180.

[155] VICENTE, Dário Moura. *Direito comparado*. 4. ed. Coimbra: Almedina, 2018. v. I. ISBN 978-972-40-7437-5. p. 181. Grifos no original.

[156] VICENTE, Dário Moura. *Direito comparado*. 4. ed. Coimbra: Almedina, 2018. v. I. ISBN 978-972-40-7437-5. p. 182, nota 614. Também, CORREIA, Eduardo. *A teoria do concurso em direito criminal*. 2. reimpr. Coimbra: Almedina, 1996. ISBN 792-40-0423-6. p. 55-56. Sobre o exercício da profissão de juiz na actualidade, *vide* ANTUNES, João Lobo. Ser juiz hoje. *In*: RANGEL, Rui (Coord.). *Ser juiz hoje*. Coimbra: Almedina, 2008. ISBN-13: 978-972-40-3358-7. p. 31-43: "[...] por um lado a vossa identidade profissional terá de ser assegurada por uma película suficientemente tenaz que a mantenha indissoluta; por outro, suficientemente porosa para receber, em osmose sem preconceito, as influências de outros saberes, de outras mundivisões, de outras ideologias, de outros modos de considerar o fenómeno social, que são a característica mais vincada e mais virtuosa da sociedade aberta em que vivemos" (p. 34).

[157] VICENTE, Dário Moura. *Direito comparado*. 4. ed. Coimbra: Almedina, 2018. v. I. ISBN 978-972-40-7437-5. p. 182. Grifos no original.

[158] VICENTE, Dário Moura. *Direito comparado*. 4. ed. Coimbra: Almedina, 2018. v. I. ISBN 978-972-40-7437-5. p. 178-182. Também, LARENZ, Karl. *Metodologia da ciência do direito*. Tradução de José Lamego. 3. ed. Lisboa: Fundação Calouste Gulbenkian, 1997. ISBN 972-31-0770-8, *passim*.

[159] VICENTE, Dário Moura. *Direito comparado*. 4. ed. Coimbra: Almedina, 2018. v. I. ISBN 978-972-40-7437-5. p. 183. Grifos no original.

consagrado no art. 203º da CRP e no nº 2, dos arts. 8º e 9º do CC.¹⁶⁰ Quanto à interpretação e integração da lei, o autor relembra as regras do art. 9º do CC, admitindo, à semelhança de Ferreira de Almeida e Morais de Carvalho,¹⁶¹ o elemento teleológico, literal, sistemático e histórico, adicionado o elemento actualista, ou seja, "[...] "as condições específicas do tempo em que é aplicada" [...]".¹⁶² Na integração de lacunas, além da analogia prevista no art. 10º do CC, Moura Vicente salienta, ainda, a propósito da articulação dos nº 1, do art. 18º da CRP e do art. 280º do CC, a "[...] *eficácia reflexa* das normas constitucionais no domínio das relações entre os privados [...]"¹⁶³ que, *v.g.*, pode invocar a nulidade de contratos restritivos dos direitos constitucionalmente consagrados no nº 1, do art. 18º da CRP.¹⁶⁴ Assim, apesar de não se verificar a regra do precedente nas decisões judiciais na família romano-germânica, o autor concede no reconhecimento do papel criador do julgador na medida em que poderá retirar da ordem jurídica "[...] normas que a lei não enuncia expressamente".¹⁶⁵ René David menciona, ainda, o estilo das decisões judiciais que, em Portugal, além de contemplar as decisões minoritárias, privilegia a elaboração da "[...] decisão judiciária, sintetizada numa só frase, [que] é considerada tanto mais perfeita quanto mais curta e elaborada num estilo mais concentrado [...]".¹⁶⁶

Na família jurídica romano-germânica, Ferreira de Almeida e Morais de Carvalho descrevem uma *organização judiciária* comum hierarquizada em "[...] tribunais de 1ª e 2ª instância dispersos no território, tribunal supremo vocacionado para a uniformização de jurisprudência [...]",¹⁶⁷ bem como a existência de "[...] tribunais administrativos com competência para controlo da legalidade dos atos da Administração Pública".¹⁶⁸ No mesmo sentido, René David, para quem a existência de uma organização judiciária hierarquizada e coroada pela jurisdição de um supremo tribunal é um elemento comum aos países da família romano-germânica.¹⁶⁹ Contudo, Gomes Canotilho salienta que, em Portugal, vigora o "[...] *princípio da pluralidade de jurisdições* [...]",¹⁷⁰ na medida em que "[...] não existe, [...], um 'tribunal supremo', mas vários tribunais supremos (Supremo

---

¹⁶⁰ VICENTE, Dário Moura. *Direito comparado*. 4. ed. Coimbra: Almedina, 2018. v. I. ISBN 978-972-40-7437-5. p. 183; 187. No mesmo sentido, o autor refere-se, ainda, ao nº 2, do art. 4º do Estatuto dos Magistrados Judiciais, Lei nº 21/82, 30 de julho (p. 183, nota 620).

¹⁶¹ ALMEIDA, Carlos Ferreira de; CARVALHO, Jorge Morais. *Introdução ao direito comparado*. 3. ed. reimpr. Coimbra: Almedina, 2016. ISBN 978-972-40-5066-9. p. 71.

¹⁶² VICENTE, Dário Moura. *Direito comparado*. 4. ed. Coimbra: Almedina, 2018. v. I. ISBN 978-972-40-7437-5. p. 187. Grifos no original.

¹⁶³ VICENTE, Dário Moura. *Direito comparado*. 4. ed. Coimbra: Almedina, 2018. v. I. ISBN 978-972-40-7437-5. p. 187. Grifos no original.

¹⁶⁴ VICENTE, Dário Moura. *Direito comparado*. 4. ed. Coimbra: Almedina, 2018. v. I. ISBN 978-972-40-7437-5. p. 187-188.

¹⁶⁵ VICENTE, Dário Moura. *Direito comparado*. 4. ed. Coimbra: Almedina, 2018. v. I. ISBN 978-972-40-7437-5. p. 188-189.

¹⁶⁶ DAVID, René. *Os grandes sistemas do direito contemporâneo*. Tradução de Hermínio Carvalho. 4. ed. São Paulo: Martins Fontes, 2002. ISBN 85-336-1563-9. p. 158.

¹⁶⁷ ALMEIDA, Carlos Ferreira de; CARVALHO, Jorge Morais. *Introdução ao direito comparado*. 3. ed. reimpr. Coimbra: Almedina, 2016. ISBN 978-972-40-5066-9. p. 71.

¹⁶⁸ ALMEIDA, Carlos Ferreira de; CARVALHO, Jorge Morais. *Introdução ao direito comparado*. 3. ed. reimpr. Coimbra: Almedina, 2016. ISBN 978-972-40-5066-9. p. 71.

¹⁶⁹ DAVID, René. *Os grandes sistemas do direito contemporâneo*. Tradução de Hermínio Carvalho. 4. ed. São Paulo: Martins Fontes, 2002. ISBN 85-336-1563-9. p. 151-154.

¹⁷⁰ CANOTILHO, J. J. Gomes. *Direito constitucional e teoria da Constituição*. 6. ed. Coimbra: Almedina, 2002. ISBN 972-40-1806-7. p. 658. Grifos no original.

Tribunal de Justiça, Supremo Tribunal Administrativo, Tribunal Constitucional, Tribunal de Contas) [...]",[171] sendo que o "[...] "Supremo Tribunal de Justiça é ainda visto como o 'Supremo' dada a generalidade da sua competência, a especificidade do respectivo procedimento de acesso e a importância da sua jurisprudência".[172] No mesmo sentido, Moura Vicente que destaca o papel do Tribunal Constitucional, com funções de fiscalização da constitucionalidade das normas, e do Tribunal de Contas, com a competência de fiscalizar a "[...] legalidade das despesas públicas e julga[r] as contas que a lei lhe submete".[173] O autor refere, também, a subdivisão dos tribunais de 1ª instância em instâncias centrais ("[...] com competência para toda a área correspondente à comarca e integrando secções de competência especializada [...]")[174] e instâncias locais ("[...] de competência genérica [...]"),[175] bem como aos "[...] *tribunais de competência territorial alargada*, abrangendo mais do que uma comarca [...]".[176] O Supremo Tribunal de Justiça poderá apreciar recursos das decisões do Tribunal da Relação e de 1ª instância, julgando apenas matéria de direito.[177] Verifica-se, assim, a existência, no ordenamento jurídico português do "[...] *duplo grau de jurisdição* [...]",[178] ou seja, "[...] a possibilidade de obter o reexame de uma decisão jurisdicional, em sede de mérito, por um juiz pertencente a um grau de jurisdição superior [...]",[179] em sede de direito penal (art. 32º, nº 1, CRP), sendo "Discutível [...] a sua generalização em sede civil e administrativa".[180] No mesmo sentido, Moura Vicente salienta que os requisitos de admissibilidade de recurso em matéria civil (*i.e.*, causa de "[...] valor superior à alçada do tribunal de que se recorre e [...] a decisão impugnada seja desfavorável ao recorrente em valor [...] superior a metade da alçada desse tribunal"),[181] não garantem, em absoluto, o duplo grau de jurisdição em matéria civil.[182] Os fundamentos do recurso de revista para o Supremo Tribunal de Justiça reconduzem-se à "[...] violação de lei substantiva [...]; [...] violação ou errada aplicação da lei de processo; e [...] nulidades das sentenças dos tribunais de 1ª

---

[171] CANOTILHO, J. J. Gomes. *Direito constitucional e teoria da Constituição*. 6. ed. Coimbra: Almedina, 2002. ISBN 972-40-1806-7. p. 658. Grifos no original.
[172] CANOTILHO, J. J. Gomes. *Direito constitucional e teoria da Constituição*. 6. ed. Coimbra: Almedina, 2002. ISBN 972-40-1806-7. p. 658. Grifos no original.
[173] VICENTE, Dário Moura. *Direito comparado*. 4. ed. Coimbra: Almedina, 2018. v. I. ISBN 978-972-40-7437-5. p. 195.
[174] VICENTE, Dário Moura. *Direito comparado*. 4. ed. Coimbra: Almedina, 2018. v. I. ISBN 978-972-40-7437-5. p. 195.
[175] VICENTE, Dário Moura. *Direito comparado*. 4. ed. Coimbra: Almedina, 2018. v. I. ISBN 978-972-40-7437-5. p. 196.
[176] VICENTE, Dário Moura. *Direito comparado*. 4. ed. Coimbra: Almedina, 2018. v. I. ISBN 978-972-40-7437-5. p. 196. Grifos no original.
[177] VICENTE, Dário Moura. *Direito comparado*. 4. ed. Coimbra: Almedina, 2018. v. I. ISBN 978-972-40-7437-5. p. 196. O recurso para o Supremo Tribunal de Justiça de uma decisão de 1ª instância, ou recurso *per saltum*, ocorrerá nos casos em que "[...] o valor da causa seja superior à alçada da Relação, o valor da sucumbência seja superior a metade desta e as partes, nas suas alegações, suscitem apenas questões de Direito" (VICENTE, Dário Moura. *Direito comparado*. 4. ed. Coimbra: Almedina, 2018. v. I. ISBN 978-972-40-7437-5. p. 199-200).
[178] CANOTILHO, J. J. Gomes. *Direito constitucional e teoria da Constituição*. 6. ed. Coimbra: Almedina, 2002. ISBN 972-40-1806-7. p. 663. Grifos no original.
[179] CANOTILHO, J. J. Gomes. *Direito constitucional e teoria da Constituição*. 6. ed. Coimbra: Almedina, 2002. ISBN 972-40-1806-7. p. 663.
[180] CANOTILHO, J. J. Gomes. *Direito constitucional e teoria da Constituição*. 6. ed. Coimbra: Almedina, 2002. ISBN 972-40-1806-7. p. 663.
[181] VICENTE, Dário Moura. *Direito comparado*. 4. ed. Coimbra: Almedina, 2018. v. I. ISBN 978-972-40-7437-5. p. 198.
[182] VICENTE, Dário Moura. *Direito comparado*. 4. ed. Coimbra: Almedina, 2018. v. I. ISBN 978-972-40-7437-5. p. 198.

instância e dos acórdãos das Relações [...]",[183] nos termos dos arts. 615º e 666º do CPC.[184] O art. 671º, nº 3 do CPC impede o recurso do Tribunal da Relação para o Supremo Tribunal de Justiça nos casos em que o acórdão da Relação confirme a decisão de 1ª instância, sem voto de vencido e sem fundamentação essencialmente diferente.[185] Admite-se, ainda assim, a revista excepcional quando se verifiquem as alíneas a) a c), do nº 1, do art. 672º do CPC.[186] Moura Vicente indica, também, no ordenamento jurídico português, a existência de recursos extraordinários de uniformização de jurisprudência (arts. 688º- 695º do CPC) e revisão de sentença (arts. 696º-702º do CPC).[187] Integrada no Poder Judicial encontra-se a magistratura do Ministério Público com a função de "[...] exercício do poder jurisdicional, sobretudo através do exercício da acção penal e da iniciativa de defesa da legalidade democrática",[188] constituindo um "[...] *poder autónomo do Estado*, dotado de independência institucional em relação a qualquer outro poder incluindo os juízes",[189] e onde o órgão hierarquicamente superior, a Procuradoria-Geral da República, tem, ainda, a função consultiva concretizada na elaboração de pareceres.[190] De referir, ainda, que a CRP, no seu art. 202º, nº 4, consagra os meios extrajudiciais para resolução de litígios previstos na Lei nº 63/2011 sobre a arbitragem voluntária.[191] Contudo, não deve confundir-se arbitragem com mediação: arbitragem corresponde à "[...] possibilidade de a lei institucionalizar instrumentos de composição não jurisdicional de conflitos [...]",[192] já a mediação consiste na "[...] facilitação, pela intervenção de um terceiro, da resolução de um litígio por acordo entre as partes desavindas",[193] nos termos da Lei nº 29/2013, de 19 de abril.[194]

Por fim, cabe-nos uma referência à *formação universitária dos juristas e* às *profissões jurídicas*, no ordenamento jurídico português. À semelhança dos direitos da família romano-germânica, a formação dos juristas exige uma formação académica universitária

---

[183] VICENTE, Dário Moura. *Direito comparado*. 4. ed. Coimbra: Almedina, 2018. v. I. ISBN 978-972-40-7437-5. p. 199.
[184] VICENTE, Dário Moura. *Direito comparado*. 4. ed. Coimbra: Almedina, 2018. v. I. ISBN 978-972-40-7437-5. p. 199; QUID JURIS (Ed.). *Código de Processo Civil e legislação complementar*. Lisboa: Quid Juris, 2013. ISBN 978-972-724-650-2. Art. 615º, p. 199; art. 666º, p. 218.
[185] VICENTE, Dário Moura. *Direito comparado*. 4. ed. Coimbra: Almedina, 2018. v. I. ISBN 978-972-40-7437-5. p. 199; QUID JURIS (Ed.). *Código de Processo Civil e legislação complementar*. Lisboa: Quid Juris, 2013. ISBN 978-972-724-650-2. Art. 671º, p. 219-220.
[186] VICENTE, Dário Moura. *Direito comparado*. 4. ed. Coimbra: Almedina, 2018. v. I. ISBN 978-972-40-7437-5. p. 199; QUID JURIS (Ed.). *Código de Processo Civil e legislação complementar*. Lisboa: Quid Juris, 2013. ISBN 978-972-724-650-2. Art. 672º, p. 220.
[187] VICENTE, Dário Moura. *Direito comparado*. 4. ed. Coimbra: Almedina, 2018. v. I. ISBN 978-972-40-7437-5. p. 200; QUID JURIS (Ed.). *Código de Processo Civil e legislação complementar*. Lisboa: Quid Juris, 2013. ISBN 978-972-724-650-2. Art. 688º-695º, p. 225-226 e art. 696º-702º, p. 229 e ss.
[188] CANOTILHO, J. J. Gomes. *Direito constitucional e teoria da Constituição*. 6. ed. Coimbra: Almedina, 2002. ISBN 972-40-1806-7. p. 680.
[189] CANOTILHO, J. J. Gomes. *Direito constitucional e teoria da Constituição*. 6. ed. Coimbra: Almedina, 2002. ISBN 972-40-1806-7. p. 680. Grifos no original.
[190] CANOTILHO, J. J. Gomes. *Direito constitucional e teoria da Constituição*. 6. ed. Coimbra: Almedina, 2002. ISBN 972-40-1806-7. p. 680.
[191] VICENTE, Dário Moura. *Direito comparado*. 4. ed. Coimbra: Almedina, 2018. v. I. ISBN 978-972-40-7437-5. p. 206, nota 712.
[192] VICENTE, Dário Moura. *Direito comparado*. 4. ed. Coimbra: Almedina, 2018. v. I. ISBN 978-972-40-7437-5. p. 206.
[193] VICENTE, Dário Moura. *Direito comparado*. 4. ed. Coimbra: Almedina, 2018. v. I. ISBN 978-972-40-7437-5. p. 207.
[194] PORTUGAL. *Lei nº 29/2013*. D.R. I-Série. 29 (2013-04-19) 2278-2284. *DRE*, 19 mar. 2013. Disponível em: https://data.dre.pt/eli/lei/29/2013/04/19/p/dre/pt/html. Acesso em: 19 dez. 2018.

em direito.[195] Moura Vicente salienta, no mesmo sentido, que o carácter pré-graduado do ensino universitário em direito, na Europa, resulta numa menor profissionalização dos juristas, ao contrário do que sucede nos EUA, onde o ensino em direito é pós-graduado, conferindo-lhe um maior grau de profissionalização.[196] Assim, a exigência de uma formação jurídica especializada, universitária e/ou profissional é comum às profissões jurídicas na família romano-germânica,[197] em que se verifica uma autonomização entre a magistratura judicial e a magistratura do Ministério Público (art. 219º, nº 2 da CRP) e uma unidade da classe dos advogados (com obrigatoriedade de inscrição numa ordem profissional).[198] No caso português, a formação em Direito constitui um elemento preferencial, nos termos do art. 13º, nº 4, da Lei nº 101/2003, de 15 de novembro, relativa ao Estatuto dos Juízes Militares e Assessores Militares do Ministério Público.[199] Além destas profissões, Moura Vicente refere-se a outras profissões jurídicas, como a de solicitador, jurisconsulto, notário e conservador do registo civil, comercial e predial, sendo de destacar o "[...] regime híbrido [...]"[200] do notariado português resultante da privatização da actividade.[201]

Breve ponderação macrocomparativa: a RPC

Servindo, agora, o propósito de localização no âmbito do périplo microcomparativo, recordamos que a análise dos elementos internos ou estritamente jurídicos relativos ao princípio *ne bis in idem*, no momento lógico-analítico do método microcomparativo proposto, subdivide-se em dois grupos: o núcleo central da comparação e o itinerário comparativo.[202] Assim, à semelhança da análise desenvolvida relativamente ao ordenamento jurídico da RP, também no seio do ordenamento jurídico da RPC foram abordados, no núcleo central da comparação, os elementos característicos do *ne bis in idem*, procurando delimitar as necessidades e o "[...] problema social, político, económico ou criminológico"[203] a que o princípio responde, atendendo à sua funcionalidade,

---

[195] ALMEIDA, Carlos Ferreira de; CARVALHO, Jorge Morais. *Introdução ao direito comparado*. 3. ed. reimpr. Coimbra: Almedina, 2016. ISBN 978-972-40-5066-9. p. 71.
[196] VICENTE, Dário Moura. *Direito comparado*. 4. ed. Coimbra: Almedina, 2018. v. I. ISBN 978-972-40-7437-5. p. 211-212.
[197] VICENTE, Dário Moura. *Direito comparado*. 4. ed. Coimbra: Almedina, 2018. v. I. ISBN 978-972-40-7437-5. p. 215-220. No mesmo sentido, ALMEIDA, Carlos Ferreira de; CARVALHO, Jorge Morais. *Introdução ao direito comparado*. 3. ed. reimpr. Coimbra: Almedina, 2016. ISBN 978-972-40-5066-9. p. 71.
[198] ALMEIDA, Carlos Ferreira de; CARVALHO, Jorge Morais. *Introdução ao direito comparado*. 3. ed. reimpr. Coimbra: Almedina, 2016. ISBN 978-972-40-5066-9. p. 71. Também, VICENTE, Dário Moura. *Direito comparado*. 4. ed. Coimbra: Almedina, 2018. v. I. ISBN 978-972-40-7437-5. p. 217-218.
[199] PGDL. *Lei nº 101/2003, de 15 de Novembro (versão actualizada)*. Estatuto dos Juízes Militares e Assessores Militares do Ministério Público. Lisboa: PGDL, 2003. Disponível em: http://www.pgdlisboa.pt/leis/lei_print_articulado.php?tabela=leis&artigo_id=&nid=251&nversao=&tabela=leis. Acesso em: 20 jan. 2019.
[200] VICENTE, Dário Moura. *Direito comparado*. 4. ed. Coimbra: Almedina, 2018. v. I. ISBN 978-972-40-7437-5. p. 219.
[201] VICENTE, Dário Moura. *Direito comparado*. 4. ed. Coimbra: Almedina, 2018. v. I. ISBN 978-972-40-7437-5. p. 219; PORTUGAL. Decreto-Lei nº 26/2004. D.R. I-A Série. 29 (2004-02-04) 568-587. *DRE*, 4 fev. 2004. Disponível em: https://data.dre.pt/eli/dec-lei/26/2004/02/04/p/dre/pt/html. Acesso em: 19 dez. 2018.
[202] ALMEIDA, Carlos Ferreira de; CARVALHO, Jorge Morais. *Introdução ao direito comparado*. 3. ed. reimpr. Coimbra: Almedina, 2016. ISBN 978-972-40-5066-9. p. 24-33.
[203] ALMEIDA, Carlos Ferreira de; CARVALHO, Jorge Morais. *Introdução ao direito comparado*. 3. ed. reimpr. Coimbra: Almedina, 2016. ISBN 978-972-40-5066-9. p. 27.

de modo a apurar a comparabilidade no âmbito da microcomparação dos institutos jurídicos a comparar.[204] Também relativamente ao ordenamento jurídico da RPC, em sede de itinerário comparativo, seleccionámos o instituto do caso julgado pela sua relação de intersecção (ou seja, uma "[...] coincidência parcial de campos de aplicação [...]")[205] com o *ne bis in idem*, mormente nos casos de sucessão de leis penais, como vimos anteriormente. Salientamos, ainda, que a análise dos elementos internos do instituto do caso julgado, ou seja, dos seus elementos característicos e da sua funcionalidade, foi realizada na estreita e exacta medida em que este instituto se relaciona com o *ne bis in idem*, este, sim, o núcleo central da comparação. Prosseguindo o mesmo método adoptado na análise do ordenamento jurídico da RP, e integrada na análise dos elementos internos ou estritamente jurídicos do *ne bis in idem*, irá agora proceder-se a uma prévia e breve ponderação macrocomparativa[206] a atender no âmbito do ordenamento jurídico da RPC,[207] *v.g.*, a concepção de direito e a estrutura das regras jurídicas, as instituições constitucionais, as fontes e a descoberta do direito aplicável, a organização judiciária, a formação dos juristas e suas profissões.[208]

A *concepção de direito*, ou seja, o entendimento preponderante enquanto "[...] conjunto de regras que definem comportamentos ou como instrumento para a resolução de conflitos; [...]",[209] para Ferreira de Almeida e Morais de Carvalho, reconduz-se à ideia de direito "[...] como regra de conduta tendente à realização de justiça".[210] Como vimos anteriormente,[211] o ordenamento jurídico chinês inclui-se na família jurídica chinesa, neste aspecto acolhendo a sistematização proposta por Moura Vicente,[212] que individualiza o

---

[204] ALMEIDA, Carlos Ferreira de; CARVALHO, Jorge Morais. *Introdução ao direito comparado*. 3. ed. reimpr. Coimbra: Almedina, 2016. ISBN 978-972-40-5066-9. p. 27.

[205] ALMEIDA, Carlos Ferreira de; CARVALHO, Jorge Morais. *Introdução ao direito comparado*. 3. ed. reimpr. Coimbra: Almedina, 2016. ISBN 978-972-40-5066-9. p. 29.

[206] AGUIAR, Filipa Pais d'. *Ne bis in idem e o ordenamento jurídico chinês e português, na actualidade. Subsídios históricos, desafios e aspectos prospectivos*. Tese (Doutorado) – Universidade Lusíada de Lisboa, Lisboa, 2019, em conformidade ao método juscomparativo adoptado, a análise macrocomparativa desenvolvida no capítulo 2.2 conhece agora a sistematização dos principais conceitos macrocomparativos a considerar no âmbito de um estudo microcomparativo.

[207] ALMEIDA, Carlos Ferreira de; CARVALHO, Jorge Morais. *Introdução ao direito comparado*. 3. ed. reimpr. Coimbra: Almedina, 2016. ISBN 978-972-40-5066-9. p. 24; 33.

[208] ALMEIDA, Carlos Ferreira de; CARVALHO, Jorge Morais. *Introdução ao direito comparado*. 3. ed. reimpr. Coimbra: Almedina, 2016. ISBN 978-972-40-5066-9. p. 24.

[209] ALMEIDA, Carlos Ferreira de; CARVALHO, Jorge Morais. *Introdução ao direito comparado*. 3. ed. reimpr. Coimbra: Almedina, 2016. ISBN 978-972-40-5066-9. p. 24.

[210] ALMEIDA, Carlos Ferreira de; CARVALHO, Jorge Morais. *Introdução ao direito comparado*. 3. ed. reimpr. Coimbra: Almedina, 2016. ISBN 978-972-40-5066-9. p. 70.

[211] AGUIAR, Filipa Pais d'. *Ne bis in idem e o ordenamento jurídico chinês e português, na actualidade. Subsídios históricos, desafios e aspectos prospectivos*. Tese (Doutorado) – Universidade Lusíada de Lisboa, Lisboa, 2019. *vide* capítulo 2.2.

[212] VICENTE, Dário Moura. *Direito comparado*. 4. ed. Coimbra: Almedina, 2018. v. I. ISBN 978-972-40-7437-5. p. 63-64; 451-476. No mesmo sentido, pela autonomização do sistema jurídico chinês, *vide* TELLES, Inocêncio Galvão. *Introdução ao estudo do direito*. 10. ed. reimpr. Coimbra: Coimbra Editora, 2001. v. II. ISBN 972-32-0936-5. p. 230 e ss.; KISCHEL, Uwe. *Comparative law*. Oxford: Oxford University Press, 2019. Disponível em: https://scholar.google.pt/scholar?cluster=806666289022646916&hl=pt-PT&oi=scholarlrt&hist=h4KHozoAAAAJ:4440367935712900223:AAGBfm3otkQXkn0AzMx1F7t9AgeX_PSADg. ISBN 978-01-9879-135-5. Acesso em: 21 fev. 2019. Reconhecendo a necessidade de uma referência particular ao direito chinês, *vide* ASCENSÃO, José de Oliveira. *O direito. Introdução e teoria geral. Uma perspectiva luso-brasileira*. 7. ed. rev. Coimbra: Almedina, 1993. ISBN 972-40-0721-9. p. 153 ss. Contra, MENDES, João de Castro. *Direito comparado revisto e actualizado*. Lisboa: AAFDL, 1982-1983. ISBN 0000104507. p. 155-298; também ANCEL, Marc. *Utilité et Méthodes*

direito chinês. De facto, a autonomização do sistema jurídico chinês exprime e resulta de "[...] uma *conceção de Direito* distinta [...] [das demais] famílias jurídicas [...]".²¹³ Para J. Chen, o direito chinês actual é herdeiro do direito chinês tradicional na medida em que acolhe as influências do confucionismo, do legalismo, da cultura jurídica e dos seus

> [...] padrões tradicionais de pensamento (moralidade *vs.* sanção), da estrutura das instituições (a família como unidade central), das concepções [...] sobre o Direito (Direito enquanto sanção), e a função do direito (o Direito enquanto instrumento político e administrativo de manutenção da ordem social).²¹⁴

Assim, J. Chen salienta quatro características essenciais do direito chinês tradicional que continuam presentes e moldam o direito chinês contemporâneo.²¹⁵ Primeira, a concepção de "[...] *Direito enquanto instrumento político* [...]"²¹⁶ na medida em que para o confucionismo e o legalismo, a função primordial do direito identificava-se com a manutenção da paz social num sentido vertical descendente, ou seja, concedendo primazia à protecção dos interesses do Estado relativamente aos indivíduos mais do que a defesa dos interesses entre os indivíduos ou destes face ao Estado.²¹⁷ De facto, como conclui Moura Vicente, "[...] o Direito não é entendido na China como um instrumento de defesa da liberdade individual",²¹⁸ sendo que, actualmente, assiste-se a um revigorar do direito da RPC visando "[...] a preservação do controlo do Estado sobre a sociedade e o fomento do comércio e do investimento estrangeiro".²¹⁹ Segunda, a concepção de "[...] *Direito enquanto instrumento administrativo* [...]"²²⁰ demonstra a herança da Dinastia legalista Qin e do seu complexo sistema burocrático, em que o

---

du Droit Comparé. Éléments d'introduction générale à l'étude comparative des droits. Neuchatel: Éditions Ides et Calendes, 1971. p. 44-48, que integram o direito chinês nos sistemas socialistas. Englobando a China no âmbito dos regimes marxistas-leninistas, vide MIRANDA, Jorge. *Manual de direito constitucional* – Preliminares: o Estado e os sistemas constitucionais. 9. ed. rev. e actual. Coimbra: Coimbra Editora, 2011. t. I. ISBN 978-972-32-1995-1. p. 230. Defendendo a classificação do direito chinês como sistema híbrido, *vide* SIEMS, Mathias. *Comparative law*. Cambridge: Cambridge University Press, 2014. ISBN 978-0-521-17717-7. p. 126-136. No mesmo sentido, *vide* ZHENG, Yongliu (郑永流). 中国法圈:跨文化的当代中国法及未来走向 (Círculo Jurídico Chinês: Direito Chinês Contemporâneo Intercultural e Tendências Futuras). 中国法学 (Ciência Jurídica Chinesa), v. 4, p. 5-14, 2012. Disponível em: http://cesl.cupl.edu.cn/upload/201304096049481.pdf. Acesso em: 3 jan. 2019. Ponto 3, p. 6 e ss. Defendendo a necessidade de contextualização do direito chinês, *vide* CHEN, J. *Chinese Law.* Towards an understanding of Chinese law, its nature and development. The Hague; London; Boston: Kluwer Law International, 1999. ISBN 90411-11867. p. 1-2; e, WOLFF, Lutz-Christian. Comparing Chinese law... but with which legal systems? *The Chinese Journal of Comparative Law*, v. 6, n. 2, p. 151-173, 2018. ISSN 2050-4802. Disponível em: https://academic.oup.com/cjcl/article-abstract/6/2/151/5265148. Acesso em: 3 jan. 2019, *passim*.

²¹³ VICENTE, Dário Moura. *Direito comparado*. 4. ed. Coimbra: Almedina, 2018. v. I. ISBN 978-972-40-7437-5. p. 459. Grifos no original.
²¹⁴ CHEN, J. *Chinese Law.* Towards an understanding of Chinese law, its nature and development. The Hague; London; Boston: Kluwer Law International, 1999. ISBN 90411-11867. p. 14-15. Tradução nossa.
²¹⁵ CHEN, J. *Chinese Law.* Towards an understanding of Chinese law, its nature and development. The Hague; London; Boston: Kluwer Law International, 1999. ISBN 90411-11867. p. 15-17.
²¹⁶ CHEN, J. *Chinese Law.* Towards an understanding of Chinese law, its nature and development. The Hague; London; Boston: Kluwer Law International, 1999. ISBN 90411-11867. p. 15. Tradução nossa. Grifos no original.
²¹⁷ CHEN, J. *Chinese Law.* Towards an understanding of Chinese law, its nature and development. The Hague; London; Boston: Kluwer Law International, 1999. ISBN 90411-11867. p. 15-16.
²¹⁸ VICENTE, Dário Moura. *Direito comparado*. 4. ed. Coimbra: Almedina, 2018. v. I. ISBN 978-972-40-7437-5. p. 461.
²¹⁹ VICENTE, Dário Moura. *Direito comparado*. 4. ed. Coimbra: Almedina, 2018. v. I. ISBN 978-972-40-7437-5. p. 461.
²²⁰ CHEN, J. *Chinese Law.* Towards an understanding of Chinese law, its nature and development. The Hague; London; Boston: Kluwer Law International, 1999. ISBN 90411-11867. p. 16.Tradução nossa. Grifos no original.

direito administrativo cumpria funções sancionatórias e em que estava ausente o conceito de separação de poderes, na medida em que "A administração da justiça era sempre parte da administração geral e os funcionários judiciais eram parte do 'executivo'".[221] Terceira, a concepção do "[...] *Direito enquanto instrumento subsidiário/secundário* [...]",[222] na medida em que se privilegiava a resolução de litígios através do Li 礼confucionista, do que do Fa 法legalista, ou seja, preferencialmente sem recurso ao aparelho estatal.[223] No mesmo sentido, Moura Vicente e Xiaoping Li que salientam a propensão subsidiária do direito chinês tradicional.[224] Assim, destaca J. Chen que, no direito chinês tradicional, a manutenção da ordem social no âmbito civil deveria ser assegurada por recurso ao costume, sendo que a intervenção do Estado se identificava com a aplicação de penas, pelo que Fa 法 ficou associado ao conceito de sanção.[225] Por fim, a quarta característica do direito chinês tradicional, cuja influência se distendeu até à actualidade, trata-se da concepção de "[...] *Direito enquanto instrumento de estabilidade social* [...]",[226] herdeira da tradição e do pensamento confucionista e do seu conceito de relações hierárquicas alicerçadas na "[...] família enquanto unidade básica".[227] Neste sentido, o direito positivo chinês actual é herdeiro do direito positivo chinês tradicional entendido, essencialmente, enquanto direito penal aplicado no sentido vertical e descendente, preferencialmente de modo subsidiário, e visando à manutenção da ordem social e das suas relações hierárquicas.[228] De facto, como destaca Moura Vicente, mesmo os legalistas olhavam o direito como um "[...] *mal necessário* [...]",[229] sendo que, actualmente, esta concepção manifesta-se principalmente na importância conferida aos "[...] meios extrajudiciais de resolução de conflitos, especialmente a conciliação",[230] bem como na ponderação das

---

[221] CHEN, J. *Chinese Law*. Towards an understanding of Chinese law, its nature and development. The Hague; London; Boston: Kluwer Law International, 1999. ISBN 90411-11867. p. 16. Tradução nossa. Grifos no original.

[222] CHEN, J. *Chinese Law*. Towards an understanding of Chinese law, its nature and development. The Hague; London; Boston: Kluwer Law International, 1999. ISBN 90411-11867. p. 16. Tradução nossa. Grifos no original.

[223] CHEN, J. *Chinese Law*. Towards an understanding of Chinese law, its nature and development. The Hague; London; Boston: Kluwer Law International, 1999. ISBN 90411-11867. p. 16-17; LI, Xiaoping. La civilisation chinoise et son droit. *Revue internationale de droit comparé*, Paris, v. 51, n. 3, p. 505-541, jul./set. 1999. ISSN 1953-8111. p. 518-532.

[224] VICENTE, Dário Moura. *Direito comparado*. 4. ed. Coimbra: Almedina, 2018. v. I. ISBN 978-972-40-7437-5. p. 460; LI, Xiaoping. La civilisation chinoise et son droit. *Revue internationale de droit comparé*, Paris, v. 51, n. 3, p. 505-541, jul./set. 1999. ISSN 1953-8111. p. 522-532.

[225] CHEN, J. *Chinese Law*. Towards an understanding of Chinese law, its nature and development. The Hague; London; Boston: Kluwer Law International, 1999. ISBN 90411-11867. p. 16-17. No mesmo sentido, LI, Xiaoping. La civilisation chinoise et son droit. *Revue internationale de droit comparé*, Paris, v. 51, n. 3, p. 505-541, jul./set. 1999. ISSN 1953-8111. p. 518-539.

[226] CHEN, J. *Chinese Law*. Towards an understanding of Chinese law, its nature and development. The Hague; London; Boston: Kluwer Law International, 1999. ISBN 90411-11867. p. 17. Tradução nossa. Grifos no original.

[227] CHEN, J. *Chinese Law*. Towards an understanding of Chinese law, its nature and development. The Hague; London; Boston: Kluwer Law International, 1999. ISBN 90411-11867. p. 17.

[228] CHEN, J. *Chinese Law*. Towards an understanding of Chinese law, its nature and development. The Hague; London; Boston: Kluwer Law International, 1999. ISBN 90411-11867. p. 17.

[229] VICENTE, Dário Moura. *Direito comparado*. 4. ed. Coimbra: Almedina, 2018. v. I. ISBN 978-972-40-7437-5. p. 460. Grifos no original.

[230] VICENTE, Dário Moura. *Direito comparado*. 4. ed. Coimbra: Almedina, 2018. v. I. ISBN 978-972-40-7437-5. p. 460. Sobre a preferencial resolução de litígios através da conciliação e mediação, no ordenamento jurídico da RPC, *vide* MINZNER, Carl F. China's Turn Against Law. *The American Journal of Comparative Law*, Michigan, v. 59, n. 4, p. 935-984, 2011. ISSN 0002-919x. Sobre a actual relevância da mediação e arbitragem nos litígios de consumo, na China, *vide* WEI, Dan. Práticas recentes da China na mediação e na arbitragem de litígios de consumo. In: MONTEIRO, A. P. *Colóquio resolução alternativa de litígios de consumo*: actas de colóquio. Coimbra: Faculdade

"[..] *directrizes políticas estaduais*, a que o art. 6 dos *Princípios Gerais de Direito Civil* faz expressa referência".[231] Por outro lado, Zheng Yongliu refere que, actualmente, a China continental é também herdeira das tradições jurídicas do direito civil,[232] do direito anglo-saxónico e do antigo direito soviético, hibridizadas no contexto de um "[...] sistema jurídico socialista com características chinesas".[233] Para o autor, a herança destas tradições jurídicas resulta dos transplantes jurídicos[234] operados a partir dos sistemas jurídicos ocidentais para o sistema jurídico da China continental, após a queda do Império, cuja influência se reflecte na actual legislação constitucional, penal, civil, administrativa e processual da China continental.[235]

Relativamente às características da *estrutura das regras jurídicas* da família jurídica chinesa, *i.e.*, quanto ao "[...] maior ou menor grau de generalidade; [...]",[236] deverá, antes de mais, atender-se ao elevado grau de complexidade do ordenamento jurídico da RPC, considerando que se trata de um país que engloba, actualmente, vinte e duas províncias, cinco RA, quatro municípios com subordinação directa à autoridade central e duas RAE.[237] A complexidade torna-se mais clara se considerarmos que, ao Poder Legislativo dos órgãos de governo de cada uma destas unidades locais, somam-se as leis da ANP e do Conselho de Estado, válidas para todo o território da RPC, e que nas RAE prevalecem as influências dos sistemas jurídicos de tradição romano-germânica (RAEM) e da *common law* (RAEHK), dando lugar, por vezes, a conflitos de normas.[238] Também

---

de Direito da Universidade de Coimbra, 2016. p. 45-65. Recentemente, sobre a relevância da mediação durante a pandemia de Covid-19, *vide* QIAO, Liu. Covid-19 in Civil or Commercial Disputes: First Responses from Chinese Courts. *The Chinese Journal of Comparative Law*, v. 8, n. 2, p. 485-501, 2020. EISSN 2050-4810. Disponível em: https://doi.org/10.1093/cjcl/cxaa023. Acesso em: 1º out. 2020.

[231] VICENTE, Dário Moura. *Direito comparado*. 4. ed. Coimbra: Almedina, 2018. v. I. ISBN 978-972-40-7437-5. p. 460. Grifos no original. Também, ANP. (全国人民代表大会). Law. *General Principles of the Civil Law of the People's Republic of China*. RPC: ANP. 1986. Disponível em: http://www.npc.gov.cn/englishnpc/Law/2007-12/12/content_1383941.htm. Acesso em: 12 jan. 2019. Art. 6º.

[232] Sobre a herança dos sistemas jurídicos ocidentais de direito civil, na China, desde o início do séc. XX e a divisão cronológica da recepção em quatro momentos distintos ("[...] a construção um sistema moderno de direito civil (a partir de 1904); [...] a aplicação do pensamento jurídico soviético (a partir de 1949); [...] a recepção de sistemas estrangeiros de direito civil no início do processo de reforma (a partir de 1978), e [...] por fim, o processo de exposição do direito civil Chinês aos desenvolvimentos globais, que têm vindo a decorrer desde 1992"). *Vide* SUN, Xianzhong. Rezeption der westlichen Zivilrechtswissenschaft im modernen China: Analysen aus der rechtsvergleichenden Perspektive. *European Review of Private Law*, Germantown, NY, v. 18, n. 4-6, p. 901-913, 2010. ISSN 0928-9801. p. 901. Tradução nossa.

[233] ZHENG, Yongliu (郑永流). 中国法圈:跨文化的当代中国法及未来走向 (Círculo Jurídico Chinês: Direito Chinês Contemporâneo Intercultural e Tendências Futuras). 中国法学 (Ciência Jurídica Chinesa), v. 4, p. 5-14, 2012. Disponível em: http://cesl.cupl.edu.cn/upload/201304096049481.pdf. Acesso em: 3 jan. 2019. Tradução nossa. p. 8.

[234] Sobre as dificuldades resultantes dos transplantes na história jurídica, *vide* HUSA, Jaakko. Developing legal system, legal transplants, and path dependence: reflections on the rule of law. *The Chinese Journal of Comparative Law*, p. 1-22, 2018. EISSN 1746-9937. Disponível em: https://doi.org/10.1093/cjcl/cxy008. Acesso em: 26 out. 2018.

[235] ZHENG, Yongliu (郑永流). 中国法圈:跨文化的当代中国法及未来走向 (Círculo Jurídico Chinês: Direito Chinês Contemporâneo Intercultural e Tendências Futuras). 中国法学 (Ciência Jurídica Chinesa), v. 4, p. 5-14, 2012. Disponível em: http://cesl.cupl.edu.cn/upload/201304096049481.pdf. Acesso em: 3 jan. 2019. p. 8-9. No mesmo sentido, CHEN, J. *Chinese Law*. Towards an understanding of Chinese law, its nature and development. The Hague; London; Boston: Kluwer Law International, 1999. ISBN 90411-11867. p. 48-55.

[236] ALMEIDA, Carlos Ferreira de; CARVALHO, Jorge Morais. *Introdução ao direito comparado*. 3. ed. reimpr. Coimbra: Almedina, 2016. ISBN 978-972-40-5066-9. p. 24.

[237] VICENTE, Dário Moura. *Direito comparado*. 4. ed. Coimbra: Almedina, 2018. v. I. ISBN 978-972-40-7437-5. p. 461.

[238] VICENTE, Dário Moura. *Direito comparado*. 4. ed. Coimbra: Almedina, 2018. v. I. ISBN 978-972-40-7437-5. p. 461-462.

Zheng Yongliu salienta que os conflitos de normas reflectem a complexidade resultante da coexistência, num país de "[...] dois sistemas, três sistemas jurídicos, quatro sistemas jurídicos, quatro jurisdições",[239] referindo-se à coexistência, num país (a China), de dois sistemas políticos (socialismo e capitalismo), três sistemas jurídicos (*i.e.*, sistema de direito civil, anglo-saxónico e híbrido) e quatro sistemas jurídicos a que correspondem quatro jurisdições (*i.e.*, China continental, RAEM, RAEHK e Taiwan).[240] Apesar da diversidade de fontes, as normas caracterizam-se por uma elevada generalização, o que releva ao nível da interpretação das normas jurídicas.[241] Também J. Chen refere que, em resultado dos "[...] termos vagos e gerais [...]"[242] utilizados na maioria das leis, a sua interpretação, pelas diversas autoridades, alcança um valor significativo enquanto fonte de direito.[243]

Quanto ao funcionamento das *instituições constitucionais*,[244] *v.g.*, as suas "[...] competências, procedimentos relativos à produção legislativa e eventual fiscalização da constitucionalidade; [...]",[245] bem como quanto à organização da estrutura do Estado da RPC, referimos que no topo da hierarquia encontra-se a ANP, com competências legislativas juntamente com a sua Comissão Permanente e a par do Conselho de Estado que, por sua vez, também detém o Poder Executivo central.[246] O Poder Executivo é, ainda, da competência das autoridades regionais (províncias) e locais (municípios).[247] Os poderes do Governo Central da RPC encontram-se divididos entre três instituições: o presidente da RPC, cumprindo funções honoríficas do Estado;[248] o Conselho de Estado, que "[...] detém a maioria dos poderes de administração [...]";[249] e a Comissão Militar

---

[239] ZHENG, Yongliu (郑永流). 中国法圈:跨文化的当代中国法及未来走向 (Círculo Jurídico Chinês: Direito Chinês Contemporâneo Intercultural e Tendências Futuras). 中国法学 (Ciência Jurídica Chinesa), v. 4, p. 5-14, 2012. Disponível em: http://cesl.cupl.edu.cn/upload/201304096049481.pdf. Acesso em: 3 jan. 2019. p. 5. Tradução nossa.

[240] ZHENG, Yongliu (郑永流). 中国法圈:跨文化的当代中国法及未来走向 (Círculo Jurídico Chinês: Direito Chinês Contemporâneo Intercultural e Tendências Futuras). 中国法学 (Ciência Jurídica Chinesa), v. 4, p. 5-14, 2012. Disponível em: http://cesl.cupl.edu.cn/upload/201304096049481.pdf. Acesso em: 3 jan. 2019. p. 5-11.

[241] VICENTE, Dário Moura. *Direito comparado*. 4. ed. Coimbra: Almedina, 2018. v. I. ISBN 978-972-40-7437-5. p. 469.

[242] CHEN, J. *Chinese Law*. Towards an understanding of Chinese law, its nature and development. The Hague; London; Boston: Kluwer Law International, 1999. ISBN 90411-11867. p. 106. Tradução nossa. Desenvolvendo um levantamento de conceitos que podem representar dúvidas na tradução, ROSS, Claudia; ROSS, Lester. Language and Law. Sources of Systemic Vagueness and Ambiguous Authority in Chinese Statutory Language. *In*: TURNER, Karren G.; FEINERMAN, James V.; GUY, Kent (Ed.). *The Limits of the Rule of Law in China*. Seattle; London: University of Washington Press, 2000. ISBN 0-295-97907-0.

[243] CHEN, J. *Chinese Law*. Towards an understanding of Chinese law, its nature and development. The Hague; London; Boston: Kluwer Law International, 1999. ISBN 90411-11867. p. 100 e ss.

[244] ALMEIDA, Carlos Ferreira de; CARVALHO, Jorge Morais. *Introdução ao direito comparado*. 3. ed. reimpr. Coimbra: Almedina, 2016. ISBN 978-972-40-5066-9. p. 24.

[245] ALMEIDA, Carlos Ferreira de; CARVALHO, Jorge Morais. *Introdução ao direito comparado*. 3. ed. reimpr. Coimbra: Almedina, 2016. ISBN 978-972-40-5066-9. p. 24.

[246] ASSIS, Guilherme B. P. Organização política e judiciária da República Popular da China. *In*: POLIDO, Fabrício Bertini Pasquot; RAMOS, Marcelo Maciel (Org.). *Direito chinês contemporâneo*. São Paulo: Almedina, 2015. ISBN 978-858-49-3046-3. p. 121; ZHANG, Qianfan. *The Constitution of China*. A contextual analysis. Oxford; Portland, Oregon: Hart Publishing, 2012. ISBN 978-1-84113-740-7. p. 52-55.

[247] ASSIS, Guilherme B. P. Organização política e judiciária da República Popular da China. *In*: POLIDO, Fabrício Bertini Pasquot; RAMOS, Marcelo Maciel (Org.). *Direito chinês contemporâneo*. São Paulo: Almedina, 2015. ISBN 978-858-49-3046-3. p. 121.

[248] ZHANG, Qianfan. *The Constitution of China*. A contextual analysis. Oxford; Portland, Oregon: Hart Publishing, 2012. ISBN 978-1-84113-740-7. p. 54.

[249] ZHANG, Qianfan. *The Constitution of China*. A contextual analysis. Oxford; Portland, Oregon: Hart Publishing, 2012. ISBN 978-1-84113-740-7. p. 54. Tradução nossa.

Central, que se destaca da figura do presidente, ao invés do que sucedia na Constituição de 1954.²⁵⁰ O ordenamento jurídico da RPC caracteriza-se, ainda, pela ausência de fiscalização da constitucionalidade das normas pelos tribunais,²⁵¹ sendo da competência da ANP e da Comissão Permanente da ANP a revisão e fiscalização da implementação da Constituição (arts. 62º, nº 2, e 67º, nº 1 da CRPC)²⁵² e o Poder Legislativo (arts. 62º, nº 3, e 67º, nº 2).²⁵³ ²⁵⁴

As *fontes de direito* constituem os "[...] modos de criação e de revelação de normas jurídicas [...]",²⁵⁵ compreendendo o "[...] elenco, hierarquia, [e] importância relativa no sistema [...]".²⁵⁶ Quanto aos modos de criação e revelação das normas jurídicas, J. Chen refere que se trata de um processo que envolve as seguintes fases: "[...] iniciativa, projeto, submissão para inclusão no plano de trabalhos, deliberação e consulta, adopção e promulgação".²⁵⁷ No entender do autor, na compreensão da hierarquia das fontes na lei chinesa, deve atender-se à hierarquia da competência legislativa consagrada na CRPC, que permite identificar dois sentidos hierárquicos.²⁵⁸ Por um lado, uma hierarquia de fontes no sentido da competência legislativa nacional e regional e, por outro lado, a hierarquia interna destas fontes que se subdividem em grau "[...] primário (Lei nacional [...]), secundário (normas administrativas nacionais e regulamentos [...]) e terciário (normas locais [...]) [...]".²⁵⁹ Relativamente às fontes de direito, Moura Vicente

---

[250] ZHANG, Qianfan. *The Constitution of China*. A contextual analysis. Oxford; Portland, Oregon: Hart Publishing, 2012. ISBN 978-1-84113-740-7. p. 54.

[251] FU, Hualing; ZHAI, Xiaobo. What makes the Chinese Constitution socialist? *International Journal of Constitutional Law*, v. 16, n. 2, p. 655-663, 2018. Disponível em: https://doi.org/10.1093/icon/moy016. ISSN 1474-2640. Acesso em: 4 dez. 2018. p. 655-656; ZHANG, Qianfan. *The Constitution of China*. A contextual analysis. Oxford; Portland, Oregon: Hart Publishing, 2012. ISBN 978-1-84113-740-7. p. 85 ss.; CHEN, Jianfu. *Chinese law*: context and transformation. 3. ed. rev. e ampl. Leiden; Boston: Brill Nijhoff, 2015. ISBN 978-90-04-22889-4. Disponível em: https://books.google.pt/books/about/Chinese_Law_Context_and_Transformation.html?id=Q2xyDAAAQBAJ&redir_esc=y. Acesso em: 24 jan. 2019. p. 113; BURNAY, M. *Chinese perspectives on the international rule of law*. Law and politics in the one-party state. Cheltenham, U.K.: Edward Elgar, 2018. ISBN 978-1-78811-238-3. p. 107.

[252] ANP. (全国人民代表大会). 新华网.中华人民共和国宪法. RPC: ANP. 2018. Disponível em: http://www.npc.gov.cn/npc/xinwen/2018-03/22/content_2052621.htm. Acesso em: 12 jan. 2019. Também, XI, Jinping. *The Governance of China I*. 2. ed. 2. reimpr. Beijing: Foreign Languages Press, 2018. ISBN 978-7-119-11395-1. p. 20-21, nota 14.

[253] ANP. (全国人民代表大会). 新华网.中华人民共和国宪法. RPC: ANP. 2018. Disponível em: http://www.npc.gov.cn/npc/xinwen/2018-03/22/content_2052621.htm. Acesso em: 12 jan. 2019.

[254] VICENTE, Dário Moura. *Direito comparado*. 4. ed. Coimbra: Almedina, 2018. v. I. ISBN 978-972-40-7437-5. p. 463. Ponderando a questão da fiscalização da constitucionalidade ocidental e asiática, *vide* CARRAI, Maria Adele. Confucianism reconstructed: the violence of history and the making of constitutionalism on East Asia. *International Journal of Constitucional Law*, v. 16, n. 2, p. 664-671, 2018. ISSN 1474-2640. Disponível em: https://doi.org/10.1093/icon/moy058. Acesso em: 4 dez. 2018.

[255] ALMEIDA, Carlos Ferreira de; CARVALHO, Jorge Morais. *Introdução ao direito comparado*. 3. ed. reimpr. Coimbra: Almedina, 2016. ISBN 978-972-40-5066-9. p. 24.

[256] ALMEIDA, Carlos Ferreira de; CARVALHO, Jorge Morais. *Introdução ao direito comparado*. 3. ed. reimpr. Coimbra: Almedina, 2016. ISBN 978-972-40-5066-9. p. 24.

[257] CHEN, J. *Chinese Law*. Towards an understanding of Chinese law, its nature and development. The Hague; London; Boston: Kluwer Law International, 1999. ISBN 90411-11867. p. 110; 111-114. Tradução nossa.

[258] CHEN, J. *Chinese Law*. Towards an understanding of Chinese law, its nature and development. The Hague; London; Boston: Kluwer Law International, 1999. ISBN 90411-11867. p. 100-101. Com uma visão histórica do desenvolvimento da hierarquia das fontes de direito no sistema jurídico chinês, *vide* KELLER, Perry. Source of order in Chinese law. *In*: KELLER, Perry (Ed.). *Chinese law and legal theory*. Aldershot: Ashgate, 2001. The International Library of Essays in Law & Legal Theory. Second series. ISBN 1-84014-735-0.

[259] CHEN, J. *Chinese Law*. Towards an understanding of Chinese law, its nature and development. The Hague; London; Boston: Kluwer Law International, 1999. ISBN 90411-11867. p. 101. Tradução nossa.

destaca as seguintes, no sistema jurídico chinês: a Constituição, as leis e outras fontes de direito.[260] A Constituição da RPC de 1982 foi alvo de revisões em 1988, 1993, 1999, 2004 e 2018.[261] Mais recentemente, a revisão constitucional de 11.3.2018,[262] adoptada pela 13ª sessão da Assembleia Nacional Popular, introduziu importantes alterações no preâmbulo e no articulado da Constituição, bem como aditamentos de partes de artigos e secções.[263] Destacamos, agora, o preâmbulo da Constituição de 2018 na medida em que consagra os princípios fundamentais do ordenamento jurídico da RPC e no qual se declara que "A tarefa fundamental do país é a concentração de esforços no sentido da modernização socialista a par do socialismo com características chinesas".[264] Assim, enquanto princípios fundamentais, além da via socialista, da ditadura democrática do povo, da liderança do PCC, do marxismo-leninismo, do pensamento de Mao Zedong e da teoria de Deng Xiaoping,[265] do preâmbulo da Constituição foi aditado o "[...] conceito científico de desenvolvimento e o pensamento de Xi Jinping sobre o socialismo com características chinesas".[266] Por outro lado, a liderança do PCC é reforçada com a alteração do art. 1º da CRPC, que esclarece que "[...] A liderança do Partido Comunista Chinês é a qualidade fundamental do socialismo com características chinesas. [...]".[267] Relativamente à hierarquia das fontes de direito, a primazia pertence à Constituição na medida em que nenhuma outra norma (sejam leis, regulamentos administrativos ou locais) poderá contrariar o disposto na Constituição (art. 5º, CRPC).[268] Por outro lado, desde a década

---

[260] VICENTE, Dário Moura. *Direito comparado*. 4. ed. Coimbra: Almedina, 2018. v. I. ISBN 978-972-40-7437-5. p. 462-466.

[261] ANP. (全国人民代表大会). 新华网.中华人民共和国宪法. RPC: ANP. 2018. Disponível em: http://www.npc.gov.cn/npc/xinwen/2018-03/22/content_2052621.htm. Acesso em: 12 jan. 2019. Para uma análise detalhada de cada uma das revisões constitucionais, *vide* AGUIAR, Filipa Pais d'. *Ne bis in idem e o ordenamento jurídico chinês e português, na actualidade*. Subsídios históricos, desafios e aspectos prospectivos. Tese (Doutorado) – Universidade Lusíada de Lisboa, Lisboa, 2019. Capítulo 3.2.3.1.

[262] ANP. (全国人民代表大会). 新华网. 中华人民共和国宪法修正案. RPC: ANP. 2018. Disponível em: http://www.npc.gov.cn/npc/xinwen/2018-03/12/content_2049190.htm. Acesso em: 5 jan. 2019; AGUIAR, Filipa Pais d'. *Ne bis in idem e o ordenamento jurídico chinês e português, na actualidade*. Subsídios históricos, desafios e aspectos prospectivos. Tese (Doutorado) – Universidade Lusíada de Lisboa, Lisboa, 2019. Capítulo 3.2.3.1, relativo ao núcleo central da comparação do *ne bis in idem* no ordenamento jurídico da RPC, no âmbito do momento lógico-analítico ou de conhecimento.

[263] ANP. (全国人民代表大会). 新华网. 中华人民共和国宪法修正案. RPC: ANP. 2018. Disponível em: http://www.npc.gov.cn/npc/xinwen/2018-03/12/content_2049190.htm. Acesso em: 5 jan. 2019. p. 1-5. Também, ANP. (全国人民代表大会). 新华网.中华人民共和国宪法. RPC: ANP. 2018. Disponível em: http://www.npc.gov.cn/npc/xinwen/2018-03/22/content_2052621.htm. Acesso em: 12 jan. 2019. p. 1-20.

[264] ANP. (全国人民代表大会). 新华网. 中华人民共和国宪法修正案. RPC: ANP. 2018. Disponível em: http://www.npc.gov.cn/npc/xinwen/2018-03/12/content_2049190.htm. Acesso em: 5 jan. 2019. p. 1. Tradução nossa. Também, ANP. (全国人民代表大会). 新华网.中华人民共和国宪法. RPC: ANP. 2018. Disponível em: http://www.npc.gov.cn/npc/xinwen/2018-03/22/content_2052621.htm. Acesso em: 12 jan. 2019. p. 2.

[265] PEREIRA, Júlio Alberto Carneiro. *Lei Penal da República Popular da China*. Uma abordagem histórico-política. Coimbra: Almedina, 2007. ISBN 13: 978-972-40-3115-6. p. 271-272; 328 e ss.

[266] ANP. (全国人民代表大会). 新华网. 中华人民共和国宪法修正案. RPC: ANP. 2018. Disponível em: http://www.npc.gov.cn/npc/xinwen/2018-03/12/content_2049190.htm. Acesso em: 5 jan. 2019. p. 1. Tradução nossa.

[267] ANP. (全国人民代表大会). 新华网.中华人民共和国宪法. RPC: ANP. 2018. Disponível em: http://www.npc.gov.cn/npc/xinwen/2018-03/22/content_2052621.htm. Acesso em: 12 jan. 2019. p. 3. Tradução nossa. Sobre o socialismo com características chinesas, *vide* XI, Jinping. *The Governance of China II*. Beijing: Foreign Languages Press, 2017. ISBN 978-7-119-11164-3. p. 3-70. Também, XINHUA. *Xi Jinping's Report at 19th CPC National Congress*. RPC: Xinhuanet, 2017. Disponível em: http://www.xinhuanet.com/english/special/2017-11/03/c_136725942.htm. Acesso em: 17 fev. 2019.

[268] ANP. (全国人民代表大会). 新华网.中华人民共和国宪法. RPC: ANP. 2018. Disponível em: http://www.npc.gov.cn/npc/xinwen/2018-03/22/content_2052621.htm. Acesso em: 12 jan. 2019.

de 90 do séc. XX que se vem assistindo a um impulso reformador[269] e codificador do legislador da RPC,[270] pelo que também a lei penal e processual penal vem conhecendo profundas e inúmeras revisões, desde 1996.[271] Assim, Zheng Yongliu individualiza sete ramos do direito no ordenamento jurídico da China continental, *i.e.*, a Constituição, direito civil e comercial, direito administrativo, direito económico, direito social e direito penal.[272] No mesmo sentido vai o entendimento do STP, que indica, ainda, uma distinção de três níveis entre as leis do Estado, os regulamentos administrativos e os estatutos locais.[273] Já J. Chen identifica os seguintes ramos de direito: direito constitucional, direito administrativo,[274] direito penal e processual penal, direito civil, direito da família, direito dos contratos, direito sobre as entidades económicas e direito de investimento e comércio estrangeiro.[275] Moura Vicente destaca, no âmbito do direito civil, os "[...] *Princípios Gerais de Direito Civil* [...]",[276] de onde salientamos os arts. 3º a 7º e 58º, que consagram, *v.g.*, "[...] os princípios da igualdade entre as partes [...], da autonomia e da honestidade [...], da sujeição das actividades civis à lei, às políticas estatais, ao interesse público e aos planos estatais [...]".[277] Já os arts. 71º e ss., 94º e ss. e 98º e ss. preveem, respectivamente, os princípios do "[...] reconhecimento da propriedade individual, estatal e colectiva [...], bem como da propriedade intelectual [...] e do reconhecimento de certos direitos de personalidade".[278] Moura Vicente assinala, ainda, que a elevada generalização destas normas que carecem de concretização na elaboração de legislação complementar, como foi o caso da "[...] *Lei dos Contratos da República Popular da China* [...]",[279] em vigor

---

[269] CHEN, J. *Chinese Law*. Towards an understanding of Chinese law, its nature and development. The Hague; London; Boston: Kluwer Law International, 1999. ISBN 90411-11867. p. 30 ss.

[270] VICENTE, Dário Moura. *Direito comparado*. 4. ed. Coimbra: Almedina, 2018. v. I. ISBN 978-972-40-7437-5. p. 463.

[271] YANG, Chengming. Yuwen Li, The Judicial System and Reform in Post-Mao China. *Chinese Journal of International Law*, v. 16, n. 1, p. 134-136, 1º mar. 2017. EISSN 1746-9937. Disponível em: https://doi.org/10.1093/chinesejil/jmw049. Acesso em: 25 maio 2017, *passim*. Também, PEREIRA, Júlio Alberto Carneiro. *Lei Penal da República Popular da China*. Uma abordagem histórico-política. Coimbra: Almedina, 2007. ISBN 13: 978-972-40-3115-6. p. 351 e ss.

[272] ZHENG, Yongliu (郑永流). 中国法圈:跨文化的当代中国法及未来走向 (Círculo Jurídico Chinês: Direito Chinês Contemporâneo Intercultural e Tendências Futuras). 中国法学 (Ciência Jurídica Chinesa), v. 4, p. 5-14, 2012. Disponível em: http://cesl.cupl.edu.cn/upload/201304096049481.pdf. Acesso em: 3 jan. 2019. p. 11. Tabela do ponto 4, na parte relativa à caracterização do direito na China continental.

[273] STP. Laws and Rules. *Legal system of China*. Beijing: STP, 2015. Disponível em: http://english.court.gov.cn/2015-09/29/content_21308868.htm. Acesso em: 26 jan. 2019.

[274] Sobre a necessidade de revisão do direito administrativo da RPC, *vide* WANG, Long-yu; LI, Han-ke; YAO, Tian-chong. Suggestions on Perfecting the Legality Review System of Administrative Act. *Advances in Social Science, Education and Humanities Research, 2018 2nd International Conference on Education Innovation and Social Science (ICEISS 2018)*, v. 275, p. 283-286, 2018. ISSN 2352-5398. Disponível em: http://dx.doi.org/10.2991/iceiss-18.2018.69. Acesso em: 15 jan. 2019.

[275] CHEN, J. *Chinese Law*. Towards an understanding of Chinese law, its nature and development. The Hague; London; Boston: Kluwer Law International, 1999. ISBN 90411-11867. p. 57-354.

[276] VICENTE, Dário Moura. *Direito comparado*. 4. ed. Coimbra: Almedina, 2018. v. I. ISBN 978-972-40-7437-5. p. 463. Grifos e maiúsculas no original; ANP. (全国人民代表大会). Law. *General Principles of the Civil Law of the People's Republic of China*. RPC: ANP. 1986. Disponível em: http://www.npc.gov.cn/englishnpc/Law/2007-12/12/content_1383941.htm. Acesso em: 12 jan. 2019.

[277] VICENTE, Dário Moura. *Direito comparado*. 4. ed. Coimbra: Almedina, 2018. v. I. ISBN 978-972-40-7437-5. p. 463. No mesmo sentido, CHEN, J. *Chinese Law*. Towards an understanding of Chinese law, its nature and development. The Hague; London; Boston: Kluwer Law International, 1999. ISBN 90411-11867. p. 222 e ss.

[278] VICENTE, Dário Moura. *Direito comparado*. 4. ed. Coimbra: Almedina, 2018. v. I. ISBN 978-972-40-7437-5. p. 463.

[279] VICENTE, Dário Moura. *Direito comparado*. 4. ed. Coimbra: Almedina, 2018. v. I. ISBN 978-972-40-7437-5. p. 463. Grifos e maiúsculas no original. No mesmo sentido, CHEN, J. *Chinese Law*. Towards an understanding of

desde 1999²⁸⁰ e que se alicerça nos "[...] *Princípios Unidroit Sobre os Contratos Comerciais Internacionais* [...]",²⁸¹ o que se reflecte nos seus arts. 4 e 6º que acolhem, respectivamente, os princípios da "[...] liberdade de contratar [...] e a boa-fé [...]",²⁸² impondo a "[...] obrigação de contratar quando tal resulte dos planos estatais (art. 38) [...]",²⁸³ omitindo a "[...] referência à possibilidade de modificação ou resolução dos contratos por alterações de circunstâncias [...]".²⁸⁴ A par de J. Chen,²⁸⁵ também Moura Vicente salienta que, na RPC, a legislação civil encontra-se plasmada em diversas leis como a "[...] *Lei dos Direitos Reais* [...]",²⁸⁶ de 2007, a "[...] *Lei da Responsabilidade Civil* [...]",²⁸⁷ de 2009, a "[...] *Lei Sobre o Direito Aplicável às Relações Civis Conexas com o Estrangeiro* [...]",²⁸⁸ de 2010, e que são herdeiras da tradição romano-germânica, bem como da *common law* (*v.g.*, "[...] *Lei sobre o Trust*, de 2001 [...]").²⁸⁹ Apesar de o projecto de Código Civil não ter sido aprovado em 2002, optando-se, ao invés, pela promulgação de legislação em matéria civil, o plano será o de compilar a legislação civil avulsa agora existente num código.²⁹⁰ Para Moura Vicente, a abundante produção legislativa em matéria civil, na RPC, na primeira década do séc. XXI, resulta da "[...] opção da China continental pela denominada "economia socialista de mercado", [...], e à adesão do país, em 2001, à Organização Mundial do Comércio",²⁹¹ relembrando que a resolução dos litígios na RPC é, preferencialmente, dirimida por recursos aos meios extrajudiciais.²⁹² Para Zheng Yongliu, a adesão à OMC corresponde,

---

Chinese law, its nature and development. The Hague; London; Boston: Kluwer Law International, 1999. ISBN 90411-11867. p. 277-279.

[280] ANP. (全国人民代表大会). Law. *Contract Law of the People's Republic of China*. RPC: ANP. 1999. Disponível em: http://www.npc.gov.cn/englishnpc/Law/2007-12/11/content_1383564.htm. Acesso em: 19 jan. 2019.

[281] VICENTE, Dário Moura. *Direito comparado*. 4. ed. Coimbra: Almedina, 2018. v. I. ISBN 978-972-40-7437-5. p. 463. Grifos e maiúsculas no original. No mesmo sentido, CHEN, J. *Chinese Law*. Towards an understanding of Chinese law, its nature and development. The Hague; London; Boston: Kluwer Law International, 1999. ISBN 90411-11867. p. 286.

[282] VICENTE, Dário Moura. *Direito comparado*. 4. ed. Coimbra: Almedina, 2018. v. I. ISBN 978-972-40-7437-5. p. 464.

[283] VICENTE, Dário Moura. *Direito comparado*. 4. ed. Coimbra: Almedina, 2018. v. I. ISBN 978-972-40-7437-5. p. 464.

[284] VICENTE, Dário Moura. *Direito comparado*. 4. ed. Coimbra: Almedina, 2018. v. I. ISBN 978-972-40-7437-5. p. 464.

[285] CHEN, J. *Chinese Law*. Towards an understanding of Chinese law, its nature and development. The Hague; London; Boston: Kluwer Law International, 1999. ISBN 90411-11867. p. 219-247.

[286] VICENTE, Dário Moura. *Direito comparado*. 4. ed. Coimbra: Almedina, 2018. v. I. ISBN 978-972-40-7437-5. p. 464. Grifos e maiúsculas no original.

[287] VICENTE, Dário Moura. *Direito comparado*. 4. ed. Coimbra: Almedina, 2018. v. I. ISBN 978-972-40-7437-5. p. 464.

[288] VICENTE, Dário Moura. *Direito comparado*. 4. ed. Coimbra: Almedina, 2018. v. I. ISBN 978-972-40-7437-5. p. 464.

[289] VICENTE, Dário Moura. *Direito comparado*. 4. ed. Coimbra: Almedina, 2018. v. I. ISBN 978-972-40-7437-5. p. 464. Grifos e maiúsculas no original. No mesmo sentido, mas referindo que a "[...] concepção de direito civil num contexto político-económico atribui ao direito civil chinês uma natureza fundamentalmente diferente dos sistemas jurídicos Continentais [...]" (CHEN, J. *Chinese Law*. Towards an understanding of Chinese law, its nature and development. The Hague; London; Boston: Kluwer Law International, 1999. ISBN 90411-11867. Tradução nossa. p. 246-247).

[290] VICENTE, Dário Moura. *Direito comparado*. 4. ed. Coimbra: Almedina, 2018. v. I. ISBN 978-972-40-7437-5. p. 464. No mesmo sentido, CHEN, J. *Chinese Law*. Towards an understanding of Chinese law, its nature and development. The Hague; London; Boston: Kluwer Law International, 1999. ISBN 90411-11867. p. 246-247.

[291] VICENTE, Dário Moura. *Direito comparado*. 4. ed. Coimbra: Almedina, 2018. v. I. ISBN 978-972-40-7437-5. p. 464. Grifos no original. No mesmo sentido, CHEN, J. *Chinese Law*. Towards an understanding of Chinese law, its nature and development. The Hague; London; Boston: Kluwer Law International, 1999. ISBN 90411-11867. p. 219-221.

[292] VICENTE, Dário Moura. *Direito comparado*. 4. ed. Coimbra: Almedina, 2018. v. I. ISBN 978-972-40-7437-5. Itálicos e maiúsculas do autor. p. 464-465.

ainda, a um momento de internacionalização da lei chinesa[293] e a um esforço no sentido da sua adequação aos preceitos normativos multilaterais.[294]

Neste sentido, os preceitos morais que integram o Li礼, ou seja, o costume xísú 习俗, é também uma fonte de direito, particularmente, na RAEHK, em Taiwan e nas zonas rurais, mas sem reconhecimento oficial na China continental.[295] Além do costume, Moura Vicente destaca, ainda, outras fontes de direito na RPC, como os usos constitucionais (*v.g.*, a aprovação prévia das medidas legislativas, pelo Comité Central do PCC, antes do agendamento na ANP), os guanxi关系 (*i.e.*, a rede de contacto interpessoal com usos próprios e que demonstram a prevalência do Li 礼sobre o Fa法) e o direito internacional, atendendo ao facto de que a RPC é parte integrante de convenções e tratados internacionais.[296] O direito das convenções internacionais é aplicado pelos tribunais da RPC "[...] com primazia sobre as normas do Direito de fonte interna, exceto nos casos em que a China haja formulado expressamente reservas aos seus preceitos".[297] Quanto à jurisprudência, na RAEHK prevalece a regra do precedente judicial e, na China continental, a interpretação da lei pelo STP goza de "[...] força obrigatória geral".[298] Para Moura Vicente, verifica-se, actualmente, na RPC um "[...] *pluralismo jurídico*".[299]

---

[293] ZHENG, Yongliu (郑永流). 中国法圈:跨文化的当代中国法及未来走向 (Círculo Jurídico Chinês: Direito Chinês Contemporâneo Intercultural e Tendências Futuras). 中国法学 (Ciência Jurídica Chinesa), v. 4, p. 5-14, 2012. Disponível em: http://cesl.cupl.edu.cn/upload/201304096049481.pdf. Acesso em: 3 jan. 2019. p. 8.

[294] PERES, Ana Luísa Soares; DAIBERT, Letícia de Souza. A China e a Organização Mundial de Comércio. *In*: POLIDO, Fabrício Bertini Pasquot; RAMOS, Marcelo Maciel (Org.). *Direito chinês contemporâneo*. São Paulo: Almedina, 2015. ISBN 978-858-49-3046-3. p. 393-397.

[295] VICENTE, Dário Moura. *Direito comparado*. 4. ed. Coimbra: Almedina, 2018. v. I. ISBN 978-972-40-7437-5. p. 465. No mesmo sentido, ZHENG, Yongliu (郑永流). 中国法圈:跨文化的当代中国法及未来走向 (Círculo Jurídico Chinês: Direito Chinês Contemporâneo Intercultural e Tendências Futuras). 中国法学 (Ciência Jurídica Chinesa), v. 4, p. 5-14, 2012. Disponível em: http://cesl.cupl.edu.cn/upload/201304096049481.pdf. Acesso em: 3 jan. 2019. p. 6-11; CH'EN, Paul. Law. *In*: HOOK, Brian (Ed.). *The Cambridge Encyclopedia of China*. 2. ed. Cambridge: Cambridge University Press, 1991. ISBN 0 521 35594 X. p. 103-105.

[296] VICENTE, Dário Moura. *Direito comparado*. 4. ed. Coimbra: Almedina, 2018. v. I. ISBN 978-972-40-7437-5. p. 465. Sobre a relevância da conciliação também no âmbito do direito internacional, *vide* DAVID, René. *Os grandes sistemas do direito contemporâneo*. Tradução de Hermínio Carvalho. 4. ed. São Paulo: Martins Fontes, 2002. ISBN 85-336-1563-9. p. 601: "Havendo consentimento da parte chinesa e da parte estrangeira, todos os litígios relativos ao comércio internacional, aos transportes, ao direito marítimo, são submetidos a um organismo arbitral".

[297] VICENTE, Dário Moura. *Direito comparado*. 4. ed. Coimbra: Almedina, 2018. v. I. ISBN 978-972-40-7437-5. p. 466. Também, ANP. (全国人民代表大会). Law. *Civil Procedure Law of the People's Republic of China*. RPC: ANP. 1991. Disponível em: http://www.npc.gov.cn/englishnpc/Law/2007-12/12/content_1383880.htm. Acesso em: 12 jan. 2019. Art. 238º; ROSSI, P. L'adattamento al diritto internazionale nell'ordinamento giuridico della Repubblica popolare cinese. *Rivista Di Diritto Internazionale*, Milano, v. XCIX, n. 2, p. 425-453, 2016. ISSN 0035-6158. Desenvolvendo uma reflexão sobre recepção e recusa de aplicação das decisões arbitrais estrangeiras pelos tribunais nacionais, nomeadamente, na China, EUA e Europa, *vide* TRAKMAN, Leon. Domestic courts declining to recognize and enforce foreign arbitral awards: a comparative reflection. *The Chinese Journal of Comparative Law*, v. 6, n. 2, p. 1-54, 2018. ISSN 2050-4802. Disponível em: https://academic.oup.com/cjcl/advance-article-abstract/doi/10.1093/cjcl/cxy009/5233859. Acesso em: 10 dez. 2018. Defendendo a aplicação directa, no ordenamento jurídico da RPC, das normas da OMC, *vide* KESHU LI; MEIXIA SHI. Direct application of WTO rules by China people's court in PRC Law. *In*: TIAN GUANG; XIAO LANG (Ed.). *2018 International Conference on Humanities Education and Social Sciences (ICHESS 2018)*. Kuala Lumpur: Francis Academic Press, 2018. Disponível em: https://webofproceedings.org/proceedings_series/ESSP/ICHESS%202018/ICHESS060.pdf. Acesso em: 18 jan. 2019, *passim*.

[298] VICENTE, Dário Moura. *Direito comparado*. 4. ed. Coimbra: Almedina, 2018. v. I. ISBN 978-972-40-7437-5. p. 466. No mesmo sentido, CHEN, J. *Chinese Law*. Towards an understanding of Chinese law, its nature and development. The Hague; London; Boston: Kluwer Law International, 1999. ISBN 90411-11867. p. 106 ss.

[299] VICENTE, Dário Moura. *Direito comparado*. 4. ed. Coimbra: Almedina, 2018. v. I. ISBN 978-972-40-7437-5. p. 466. Grifos no original.

No mesmo sentido, Zheng Yongliu, que propõe uma visão transcultural do direito chinês actual mais adaptada à complexidade do pluralismo jurídico chinês.[300]

Relativamente ao apuramento do *direito aplicável*, ou seja, a procura de "[...] métodos de interpretação e de aplicação das normas jurídicas [...]",[301] Zheng Yongliu assinala que os preceitos legais têm origem nas normas jurídicas bem como na interpretação judicial e política.[302] De facto, na RPC, compete à Comissão Permanente da ANP a interpretação e integração das normas constitucionais e das leis (art. 67º, nºs 1 e 4),[303] cuja interpretação tem eficácia semelhante à das leis nacionais (art. 47º, Lei sobre Legislação, de 2000[304] que corresponde, com a mesma redacção, ao art. 50º, da Lei sobre Legislação, na revisão de 2015),[305] o mesmo sucedendo com as interpretações proferidas pelo STP,[306] cujas decisões são publicadas, não se referindo, necessariamente, a casos concretos.[307] Também em nível local, as APL devem assegurar a implementação das decisões emanadas pelas Assembleias Populares de nível superior e das suas Comissões Permanentes[308] (art. 44º Lei sobre Legislação).[309]

Já J. Chen indica que no nível jurisprudencial deve atender-se à divisão da competência de interpretação das normas jurídicas em três níveis: "[...] legislativo, administrativo e judicial".[310] Assim, a interpretação legislativa resulta da interpretação das autoridades legislativas sobre as normas por si elaboradas; a interpretação administrativa decorre da interpretação das autoridades administrativas sobre regras e regulamentos por si emanados; a interpretação judicial refere-se apenas às interpretações jurídicas

---

[300] ZHENG, Yongliu (郑永流). 中国法圈:跨文化的当代中国法及未来走向 (Círculo Jurídico Chinês: Direito Chinês Contemporâneo Intercultural e Tendências Futuras). 中国法学 (Ciência Jurídica Chinesa), v. 4, p. 5-14, 2012. Disponível em: http://cesl.cupl.edu.cn/upload/201304096049481.pdf. Acesso em: 3 jan. 2019. p. 5-6. Sobre o pluralismo jurídico chinês, *vide* ZHANG, Qianfan. *The Constitution of China*. A contextual analysis. Oxford; Portland, Oregon: Hart Publishing, 2012. ISBN 978-1-84113-740-7. p. 108-119; WEI, Dan. O pluralismo jurídico na China. *Boletim da Faculdade de Direito de Coimbra*, Coimbra, v. 84, p. 303-340, 2008. ISSN 0303-9773.

[301] ALMEIDA, Carlos Ferreira de; CARVALHO, Jorge Morais. *Introdução ao direito comparado*. 3. ed. reimpr. Coimbra: Almedina, 2016. ISBN 978-972-40-5066-9. p. 24.

[302] ZHENG, Yongliu (郑永流). 中国法圈:跨文化的当代中国法及未来走向 (Círculo Jurídico Chinês: Direito Chinês Contemporâneo Intercultural e Tendências Futuras). 中国法学 (Ciência Jurídica Chinesa), v. 4, p. 5-14, 2012. Disponível em: http://cesl.cupl.edu.cn/upload/201304096049481.pdf. Acesso em: 3 jan. 2019. p. 11. Tabela do ponto 4, na parte relativa à caracterização do direito na China continental.

[303] ANP. (全国人民代表大会). 新华网.中华人民共和国宪法. RPC: ANP. 2018. Disponível em: http://www.npc.gov.cn/npc/xinwen/2018-03/22/content_2052621.htm. Acesso em: 12 jan. 2019. Art. 67º, nº 1 e nº 4.

[304] ANP. (全国人民代表大会). Law. *Legislation Law of the People's Republic of China*. RPC: ANP. 2000. Disponível em: http://www.npc.gov.cn/englishnpc/Law/2007-12/11/content_1383554.htm. Acesso em: 19 jan. 2019. Art. 47º. Também, VICENTE, Dário Moura. *Direito comparado*. 4. ed. Coimbra: Almedina, 2018. v. I. ISBN 978-972-40-7437-5. p. 469, nota 1521.

[305] PORTAL DO GOVERNO CENTRAL (中央政府门户网站). 新华社. 全国人民代表大会关于修改《中华人民共和国立法法》的决定（主席令第二十号）. RPC: ANP. 2015. Disponível em: http://www.gov.cn/zhengce/2015-03/18/content_2834713.htm. Acesso em: 19 jan. 2019. Art. 50º.

[306] VICENTE, Dário Moura. *Direito comparado*. 4. ed. Coimbra: Almedina, 2018. v. I. ISBN 978-972-40-7437-5. p. 469.

[307] VICENTE, Dário Moura. *Direito comparado*. 4. ed. Coimbra: Almedina, 2018. v. I. ISBN 978-972-40-7437-5. p. 469.

[308] ZHANG, Qianfan. *The Constitution of China*. A contextual analysis. Oxford; Portland, Oregon: Hart Publishing, 2012. ISBN 978-1-84113-740-7. p. 102-105.

[309] PORTAL DO GOVERNO CENTRAL (中央政府门户网站). 新华社. 全国人民代表大会关于修改《中华人民共和国立法法》的决定（主席令第二十号）. RPC: ANP. 2015. Disponível em: http://www.gov.cn/zhengce/2015-03/18/content_2834713.htm. Acesso em: 19 jan. 2019. Art. 44º.

[310] CHEN, J. *Chinese Law*. Towards an understanding of Chinese law, its nature and development. The Hague; London; Boston: Kluwer Law International, 1999. ISBN 90411-11867. p. 106. Tradução nossa.

procedentes do STP e da SPP.³¹¹ Deste modo, conclui Moura Vicente, "[...] os tribunais de instância têm o poder de aplicar a lei, mas não de interpretá-la".³¹² Por outro lado, a aplicação do direito, na RPC, caracteriza-se pelo pendor subsidiário, ou seja, o direito será aplicado apenas e quando se esgotar a possibilidade de resolução extrajudicial dos conflitos, que constitui a forma preferencial de conciliação e manutenção da paz e da ordem social, no âmbito familiar, local e corporativo.³¹³ Zheng Yongliu elenca, ainda, os seguintes métodos e técnicas judiciais no sistema jurídico da China continental: interrogatório e acusação, por um lado, e mediação, por outro lado.³¹⁴

A CRPC, na Secção V, dedicada às Assembleias Populares Locais e ao Governo Popular Local, no seu art. 111º, reflecte a preferência pela conciliação, atribuindo competências de mediação, em matéria civil, aos subcomités populares instituídos pelos comités de residentes e aldeões.³¹⁵ Neste sentido, também os tribunais na RPC desempenham um papel subsidiário, na medida em que a intervenção dos meios judiciais é de *ultima ratio*, *i.e.*, apenas ocorrerá na falência dos meios extrajudiciais de mediação e conciliação de litígios.³¹⁶ De facto, a legislação civil demonstra a preferência pela conciliação, como é o caso do art. 9º da Lei de Processo Civil,³¹⁷ que prevê que os tribunais devem procurar conciliar as partes antes de proferirem a sentença; o art. 128º da Lei dos Contratos, que estatui a resolução dos litígios através da mediação e da arbitragem;³¹⁸ e a Lei de Arbitragem, de 1994, cujos tribunais arbitrais são relevantes no âmbito das relações comerciais internacionais, admitindo somente a "[...] arbitragem institucional, realizada por comissões arbitrais permanentes e sob a égide de câmaras de comércio ou de certas categorias de municípios [...]",³¹⁹ não se encontrando prevista a arbitragem através de árbitros escolhidos pelas partes.³²⁰ Pondera Moura Vicente a possibilidade de que "[...] a preferência dos chineses pelos meios extrajudiciais conheça no

---

³¹¹ CHEN, J. *Chinese Law*. Towards an understanding of Chinese law, its nature and development. The Hague; London; Boston: Kluwer Law International, 1999. ISBN 90411-11867. p. 106 e ss.

³¹² VICENTE, Dário Moura. *Direito comparado*. 4. ed. Coimbra: Almedina, 2018. v. I. ISBN 978-972-40-7437-5. p. 469. Grifos no original. No mesmo sentido, BROWN, Ronald C. *Understanding Chinese courts and legal process*: law with Chinese characteristics. The Hague: Kluwer Law International, 1997. ISBN 90-411-0607-3. p. 69 e ss.

³¹³ VICENTE, Dário Moura. *Direito comparado*. 4. ed. Coimbra: Almedina, 2018. v. I. ISBN 978-972-40-7437-5. p. 466.

³¹⁴ ZHENG, Yongliu (郑永流). 中国法圈:跨文化的当代中国法及未来走向 (Círculo Jurídico Chinês: Direito Chinês Contemporâneo Intercultural e Tendências Futuras). 中国法学 (Ciência Jurídica Chinesa): v. 4, p. 5-14, 2012. Disponível em: http://cesl.cupl.edu.cn/upload/201304096049481.pdf. Acesso em: 3 jan. 2019. p. 11.

³¹⁵ ANP. (全国人民代表大会). 新华网.中华人民共和国宪法. RPC: ANP. 2018. Disponível em: http://www.npc.gov.cn/npc/xinwen/2018-03/22/content_2052621.htm. Acesso em: 12 jan. 2019.Art. 111º. Também VICENTE, Dário Moura. *Direito comparado*. 4. ed. Coimbra: Almedina, 2018. v. I. ISBN 978-972-40-7437-5. Nota 1514, p. 466.

³¹⁶ VICENTE, Dário Moura. *Direito comparado*. 4. ed. Coimbra: Almedina, 2018. v. I. ISBN 978-972-40-7437-5. p. 467.

³¹⁷ ANP. (全国人民代表大会). Law. *Civil Procedure Law of the People's Republic of China*. RPC: ANP. 1991. Disponível em: http://www.npc.gov.cn/englishnpc/Law/2007-12/12/content_1383880.htm. Acesso em: 12 jan. 2019. Art. 9º. Também, VICENTE, Dário Moura. *Direito comparado*. 4. ed. Coimbra: Almedina, 2018. v. I. ISBN 978-972-40-7437-5. p. 467, nota 1515. Por outro lado, com uma visão histórica sobre a execução das decisões dos tribunais em matéria civil, *vide* CLARKE, Donald C. Power and politics in the Chinese court system: the enforcement of civil judgements. *In*: KELLER, Perry (Ed.). *Chinese law and legal theory*. Aldershot: Ashgate, 2001. The International Library of Essays in Law & Legal Theory. Second series. ISBN 1-84014-735-0.

³¹⁸ ANP. (全国人民代表大会). Law. *Arbitration Law of the People's Republic of China*. RPC: ANP. 1994. Disponível em: http://www.npc.gov.cn/englishnpc/Law/2007-12/12/content_1383756.htm. Acesso em: 19 jan. 2019. Art. 128º. Também, VICENTE, Dário Moura. *Direito comparado*. 4. ed. Coimbra: Almedina, 2018. v. I. ISBN 978-972-40-7437-5. p. 467.

³¹⁹ VICENTE, Dário Moura. *Direito comparado*. 4. ed. Coimbra: Almedina, 2018. v. I. ISBN 978-972-40-7437-5. p. 467.

³²⁰ VICENTE, Dário Moura. *Direito comparado*. 4. ed. Coimbra: Almedina, 2018. v. I. ISBN 978-972-40-7437-5. p. 467.

futuro uma certa regressão, em paralelo com a abertura do país à economia de mercado, a qual tende [...] a favorecer a litigiosidade".[321]

Na RPC a *organização judiciária*[322] encontra-se plasmada na Secção VIII da CRPC, arts. 128º a 140º, que identifica os Tribunais Populares, TP, enquanto órgãos judiciais do Estado (art. 128º), hierarquicamente organizados.[323] Assim, no topo da hierarquia encontra-se o STP com poderes legislativos, em resultado das interpretações legislativas com eficácia de lei e da emissão dos regulamentos dos tribunais inferiores.[324] Subordinados ao STP, encontramos, ainda, os tribunais populares superiores, intermédios e de nível básico e os tribunais de competência especializada (*v.g.*, do transporte ferroviário e marítimos).[325] Nos termos do art. 131º da CRPC, os tribunais populares exercem o "[...] poder judicial com independência, nos termos da lei, não se submetendo a interferências de qualquer órgão administrativo, grupo social ou individual".[326] No art. 134º da CRPC, encontram-se previstas as Procuradorias Populares, PP, enquanto "[...] órgãos de supervisão jurídica do Estado",[327] com a função de "[...] supervisão da atividade dos tribunais populares".[328] A SPP encontra-se no topo da hierarquia, seguida dos níveis provinciais e locais.[329] Tanto o STP como a SPP são responsáveis perante a ANP e a sua Comissão Permanente (arts. 133º e 138º da CRPC, respectivamente), o que resulta do

---

[321] VICENTE, Dário Moura. *Direito comparado*. 4. ed. Coimbra: Almedina, 2018. v. I. ISBN 978-972-40-7437-5. p. 467-468. Contudo, sobre a actual relevância da mediação em litígios civis e comerciais decorrentes da pandemia Covid-19, *vide* QIAO, Liu. Covid-19 in Civil or Commercial Disputes: First Responses from Chinese Courts. *The Chinese Journal of Comparative Law*, v. 8, n. 2, p. 485-501, 2020. EISSN 2050-4810. Disponível em: https://doi.org/10.1093/cjcl/cxaa023. Acesso em: 1º out. 2020.

[322] ALMEIDA, Carlos Ferreira de; CARVALHO, Jorge Morais. *Introdução ao direito comparado*. 3. ed. reimpr. Coimbra: Almedina, 2016. ISBN 978-972-40-5066-9. p. 24.

[323] ANP. (全国人民代表大会). 新华网.中华人民共和国宪法. RPC: ANP. 2018. Disponível em: http://www.npc.gov.cn/npc/xinwen/2018-03/22/content_2052621.htm. Acesso em: 12 jan. 2019. No mesmo sentido, elencando o Tribunal e a Procuradoria Populares, *vide* ZHENG, Yongliu (郑永流). 中国法圈:跨文化的当代中国法及未来走向 (Círculo Jurídico Chinês: Direito Chinês Contemporâneo Intercultural e Tendências Futuras). 中国法学 (Ciência Jurídica Chinesa), v. 4, p. 5-14, 2012. Disponível em: http://cesl.cupl.edu.cn/upload/201304096049481.pdf. Acesso em: 3 jan. 2019. p. 11.

[324] VICENTE, Dário Moura. *Direito comparado*. 4. ed. Coimbra: Almedina, 2018. v. I. ISBN 978-972-40-7437-5. p. 468.

[325] BROWN, Ronald C. *Understanding Chinese courts and legal process*: law with Chinese characteristics. The Hague: Kluwer Law International, 1997. ISBN 90-411-0607-3. p. 97-99. Também, LU, Song. The EOS Engineering Corporation Case and the Nemo Debet Bis Vexari Pro Una et Eadem Causa Principle in China. *Chinese Journal of International Law*, v. 7, n. 1, p. 143-158, 2008. EISSN 1746-9937. Disponível em:http://doi.org/10.1093/chinesejil/jmn007. Acesso em: 27 abr. 2016. p. 147, nota 20.

[326] ANP. (全国人民代表大会). 新华网.中华人民共和国宪法. RPC: ANP. 2018. Disponível em: http://www.npc.gov.cn/npc/xinwen/2018-03/22/content_2052621.htm. Acesso em: 12 jan. 2019. Tradução nossa, art. 131º. Contudo, ASSIS, Guilherme B. P. Organização política e judiciária da República Popular da China. *In*: POLIDO, Fabrício Bertini Pasquot; RAMOS, Marcelo Maciel (Org.). *Direito chinês contemporâneo*. São Paulo: Almedina, 2015. ISBN 978-858-49-3046-3. p. 127 e ss., refere a influência do PCC e da ANP, *v.g.*, na nomeação e destituição dos juízes.

[327] ANP. (全国人民代表大会). 新华网.中华人民共和国宪法. RPC: ANP. 2018. Disponível em: http://www.npc.gov.cn/npc/xinwen/2018-03/22/content_2052621.htm. Acesso em: 12 jan. 2019. Tradução nossa, art. 134º.

[328] VICENTE, Dário Moura. *Direito comparado*. 4. ed. Coimbra: Almedina, 2018. v. I. ISBN 978-972-40-7437-5. p. 468, nota 1517. Também, ANP. (全国人民代表大会). Law. *Civil Procedure Law of the People's Republic of China*. RPC: ANP. 1991. Disponível em: http://www.npc.gov.cn/englishnpc/Law/2007-12/12/content_1383880.htm. Acesso em: 12 jan. 2019. Art. 185º - 188º.

[329] BROWN, Ronald C. *Understanding Chinese courts and legal process*: law with Chinese characteristics. The Hague: Kluwer Law International, 1997. ISBN 90-411-0607-3. p. 97-99. No mesmo sentido, ASSIS, Guilherme B. P. Organização política e judiciária da República Popular da China. *In*: POLIDO, Fabrício Bertini Pasquot; RAMOS, Marcelo Maciel (Org.). *Direito chinês contemporâneo*. São Paulo: Almedina, 2015. ISBN 978-858-49-3046-3. p. 115-135.

centralismo democrático (art. 3º da CRPC),[330] recorda a tradição jurídica chinesa imperial, em que a actividade judicial integrava a actividade administrativa[331] e demonstra o diferente entendimento do conceito de separação dos poderes Legislativo e Judicial na RPC e nos países ocidentais.[332] Neste sentido, e no entender de Zheng Yongliu, existe, na China continental e na RAEM, uma separação na relação entre a legislação e a justiça, o mesmo não se verificando na RAEHK e em Taiwan.[333] Por fim, a organização judiciária na RPC trata-se de um sistema dualista na medida em que "[...] os juízes são responsáveis pelos julgamentos e recursos, e os procuradores são primordialmente responsáveis pelas acusações e investigações [...]".[334]

Por fim, referimo-nos à *formação universitária dos juristas e as profissões jurídicas*,[335] no ordenamento jurídico da RPC. As profissões jurídicas, tradicionalmente, não obrigavam a uma formação especializada, podendo ser exercidas por burocratas assessorados por funcionários inferiores, a quem o conhecimento dos códigos era exigido.[336] Para Qianfan Zhang, a directiva governamental de 1950, que equiparava o trabalho judicial ao trabalho militar e policial, contribuiu para que "[...] até recentemente, os juízes chineses fossem de aparência consideravelmente semelhante a soldados e oficiais de polícia [...]".[337] Por outro lado, até 1995, a actividade judicial dispensava a formação académica em direito.[338] Actualmente, os presidentes dos Tribunais são "[...] designados pelas assembleias populares das respectivas circunscrições, sob proposta dos órgãos locais do Partido Comunista",[339] e os demais juízes são "[...] designados pelas assembleias, mas sob proposta dos presidentes dos respectivos tribunais".[340] A partir de 2001, em resultado da revisão da Lei dos Magistrados de 1995,[341] verifica-se uma tendência no sentido da profissionalização do exercício da actividade judicial com a exigência de realização

---

[330] ANP. (全国人民代表大会). 新华网.中华人民共和国宪法. RPC: ANP. 2018. Disponível em: http://www.npc.gov.cn/npc/xinwen/2018-03/22/content_2052621.htm. Acesso em: 12 jan. 2019. Art. 3º. Também, VICENTE, Dário Moura. *Direito comparado*. 4. ed. Coimbra: Almedina, 2018. v. I. ISBN 978-972-40-7437-5. p. 468.

[331] CHEN, J. *Chinese Law*. Towards an understanding of Chinese law, its nature and development. The Hague; London; Boston: Kluwer Law International, 1999. ISBN 90411-11867. p. 16. Também, VICENTE, Dário Moura. *Direito comparado*. 4. ed. Coimbra: Almedina, 2018. v. I. ISBN 978-972-40-7437-5. p. 468.

[332] VICENTE, Dário Moura. *Direito comparado*. 4. ed. Coimbra: Almedina, 2018. v. I. ISBN 978-972-40-7437-5. p. 468. Procurando o reflexo da identidade e dos objectivos nacionais no funcionamento do sistema judicial, *vide* WOO, Margaret. Court Reform with Chinese Characteristics. *WASH. Int'l L J.*, v. 27, p. 241-272. 2017. Disponível em: http://digital.law.washington.edu/dspace-law/bitstream/handle/1773.1/1766/27WILJ241.pdf. Acesso em: 25 maio 2017.

[333] ZHENG, Yongliu (郑永流). 中国法圈:跨文化的当代中国法及未来走向 (Círculo Jurídico Chinês: Direito Chinês Contemporâneo Intercultural e Tendências Futuras). 中国法学 (Ciência Jurídica Chinesa), v. 4, p. 5-14, 2012. Disponível em: http://cesl.cupl.edu.cn/upload/201304096049481.pdf. Acesso em: 3 jan. 2019. p. 8-11.

[334] ZHANG, Qianfan. *The Constitution of China*. A contextual analysis. Oxford; Portland, Oregon: Hart Publishing, 2012. ISBN 978-1-84113-740-7. p. 54. Tradução nossa.

[335] ALMEIDA, Carlos Ferreira de; CARVALHO, Jorge Morais. *Introdução ao direito comparado*. 3. ed. reimpr. Coimbra: Almedina, 2016. ISBN 978-972-40-5066-9. p. 24.

[336] VICENTE, Dário Moura. *Direito comparado*. 4. ed. Coimbra: Almedina, 2018. v. I. ISBN 978-972-40-7437-5. p. 470.

[337] ZHANG, Qianfan. *The Constitution of China*. A contextual analysis. Oxford; Portland, Oregon: Hart Publishing, 2012. ISBN 978-1-84113-740-7. p. 177-178. Tradução nossa.

[338] VICENTE, Dário Moura. *Direito comparado*. 4. ed. Coimbra: Almedina, 2018. v. I. ISBN 978-972-40-7437-5. p. 469.

[339] VICENTE, Dário Moura. *Direito comparado*. 4. ed. Coimbra: Almedina, 2018. v. I. ISBN 978-972-40-7437-5. p. 470.

[340] VICENTE, Dário Moura. *Direito comparado*. 4. ed. Coimbra: Almedina, 2018. v. I. ISBN 978-972-40-7437-5. p. 470.

[341] ANP. (全国人民代表大会). Law. *Judges Law of the People's Republic of China*. RPC: ANP. 2001. Disponível em: http://www.npc.gov.cn/englishnpc/Law/2007-12/12/content_1383686.htm. Acesso em: 19 jan. 2019.

de um exame de acesso à carreira de magistrado.[342] Por outro lado, a própria Lei dos Magistrados promove a profissionalização dos magistrados através da elevação dos "[...] requisitos académicos e formação, das classificações, bem como dos padrões para um desempenho ético, honesto e competente, que se encontram sujeitos a uma revisão anual, com recompensas e sanções".[343] Também aos procuradores é exigida formação jurídica académica ou profissional como requisito para o exercício da profissão, que se encontra sujeita à realização regular de exames de apuramento do desempenho laboral.[344] Se até 1995 os advogados eram parte do funcionalismo público, presentemente, "[...] são profissionais liberais, que podem ter escritório próprio e associar-se em cooperativas ou sociedades",[345] sendo que as "[...] associações de advogados [...] não controlam a admissão dos candidatos à prática da advocacia e estão sujeitas à supervisão e orientação pelo Governo".[346] As licenças para o exercício da advocacia são concedidas pelo Ministério da Justiça, sendo ainda exigível "[...] um grau universitário em Direito, ou experiência profissional equivalente, e a aprovação num exame nacional".[347] De facto, a tendencial desvalorização das profissões jurídicas reflecte, também, a herança da tradição jurídica chinesa imperial, visto que, naquele período histórico, o aconselhamento jurídico ao público era banido por se considerar ser potencialmente instigador de litígios.[348] No âmbito das profissões jurídicas da RAEM e da RAEHK, prevalecem as influências romano-germânicas e da *common law*, respectivamente.[349] Assim, a ciência do direito na China é diferente, "[...] pelo menos até recentemente, de uma Ciência do Direito tal como esta é entendida [...]"[350] em Portugal. Actualmente o ensino universitário do direito encontra-se difundido pela China continental, e o sistema de ensino adoptado, tanto na China continental como na RAEM, aproxima-se do sistema europeu continental e o acesso à magistratura acolhe o requisito da formação académica em direito.[351]

---

[342] A ANP. (全国人民代表大会). Law. *Judges Law of the People's Republic of China*. RPC: ANP. 2001. Disponível em: http://www.npc.gov.cn/englishnpc/Law/2007-12/12/content_1383686.htm. Acesso em: 19 jan. 2019. Capítulo XVI. Também, VICENTE, Dário Moura. *Direito comparado*. 4. ed. Coimbra: Almedina, 2018. v. I. ISBN 978-972-40-7437-5. p. 470.

[343] BROWN, Ronald C. *Understanding Chinese courts and legal process*: law with Chinese characteristics. The Hague: Kluwer Law International, 1997. ISBN 90-411-0607-3. Tradução nossa, p. 106.

[344] BROWN, Ronald C. *Understanding Chinese courts and legal process*: law with Chinese characteristics. The Hague: Kluwer Law International, 1997. ISBN 90-411-0607-3. p. 107-110.

[345] VICENTE, Dário Moura. *Direito comparado*. 4. ed. Coimbra: Almedina, 2018. v. I. ISBN 978-972-40-7437-5. p. 470.

[346] VICENTE, Dário Moura. *Direito comparado*. 4. ed. Coimbra: Almedina, 2018. v. I. ISBN 978-972-40-7437-5. p. 471. No mesmo sentido, BROWN, Ronald C. *Understanding Chinese courts and legal process*: law with Chinese characteristics. The Hague: Kluwer Law International, 1997. ISBN 90-411-0607-3. p. 115-117.

[347] VICENTE, Dário Moura. *Direito comparado*. 4. ed. Coimbra: Almedina, 2018. v. I. ISBN 978-972-40-7437-5. p. 471. No mesmo sentido, POLIDO, Fabrício Bertini Pasquot. Educação jurídica e profissões legais na China. In: POLIDO, Fabrício Bertini Pasquot; RAMOS, Marcelo Maciel (Org.). *Direito chinês contemporâneo*. São Paulo: Almedina, 2015. ISBN 978-858-49-3046-3. p. 276-291.

[348] VICENTE, Dário Moura. *Direito comparado*. 4. ed. Coimbra: Almedina, 2018. v. I. ISBN 978-972-40-7437-5. p. 471; CHEN, J. *Chinese Law*. Towards an understanding of Chinese law, its nature and development. The Hague; London; Boston: Kluwer Law International, 1999. ISBN 90411-11867. p. 14-17.

[349] VICENTE, Dário Moura. *Direito comparado*. 4. ed. Coimbra: Almedina, 2018. v. I. ISBN 978-972-40-7437-5. p. 471.

[350] VICENTE, Dário Moura. *Direito comparado*. 4. ed. Coimbra: Almedina, 2018. v. I. ISBN 978-972-40-7437-5. p. 470.

[351] ANP. (全国人民代表大会). Law. *Judges Law of the People's Republic of China*. RPC: ANP. 2001. Disponível em: http://www.npc.gov.cn/englishnpc/Law/2007-12/12/content_1383686.htm. Acesso em: 19 jan. 2019. Art. 9º, nº 6. Também, VICENTE, Dário Moura. *Direito comparado*. 4. ed. Coimbra: Almedina, 2018. v. I. ISBN 978-972-40-7437-5. p. 470.

Grelha comparativa global: Elementos internos ou jurídicos – breve ponderação macrocomparativa

Elementos internos	Breve ponderação macrocomparativa	Ordenamento jurídico da RP	Ordenamento jurídico da RPC
		Concepção do direito – concepção de regras para normalização de comportamentos e resolução de conflitos herdeira da concepção romano-germânica de direitos e, assim, receptáculo do direito romano, germânico e canónico. O direito canónico influenciou a teorização do direito natural. O jusracionalismo moderno e a Revolução Francesa iniciam o movimento de laicização do pensamento jurídico, da codificação e da observância do princípio da igualdade perante a lei.	*Concepção do direito* – herdeira das correntes de pensamento tradicionais confucionista e legalista, bem como das famílias jurídicas romano-germânicas, de *common law* e do antigo direito soviético, a concepção do direito acolhe a função primordial de protecção e manutenção da paz social e dos interesses do Estado. Concepção do direito enquanto instrumento político, administrativo, de estabilidade social e de cariz secundário/subsidiário, privilegiando-se os meios extrajudiciais de resolução de litígios.
		Estrutura das regras jurídicas – elevada generalização e abstracção, prevalência do direito substantivo sobre o adjectivo, separação entre direito público e privado, ramificação do direito e da ciência jurídica com primazia do *jus strictum* sobre a equidade.	*Estrutura das regras jurídicas* – elevada generalização das normas, cujos termos vagos e gerais relevam ao nível da interpretação das normas jurídicas e do conflito de normas, resultante da elevada complexidade do ordenamento jurídico da RPC (*v.g.*, coexistência de sistemas jurídicos de origem diversa nas RAEM e RAEHK).
		Instituições constitucionais e seu funcionamento – o Estado encontra-se na base da organização política; a competência legislativa cabe ao parlamento e ao governo; primazia da Constituição na hierarquia das leis; fiscalização da constitucionalidade das normas, pelo Tribunal Constitucional, através da fiscalização concentrada e difusa, concreta e abstracta, preventiva e sucessiva; organização do poder político a partir da Constituição escrita, consagrando os princípios relativos à separação de poderes (Executivo, Legislativo, Judicial), à democracia representativa, ao sufrágio universal e aos direitos, liberdades e garantias pessoais, bem como às suas excepções.	*Instituições constitucionais e seu funcionamento* – no topo da hierarquia da estrutura do Estado encontra-se a ANP, com competências legislativas que partilha com a sua Comissão Permanente e o Conselho de Estado. O Poder Executivo subdivide-se em central, da competência do Conselho de Estado, provincial, da competência das autoridades regionais e local, da competência dos municípios. Os poderes do Governo central encontram-se divididos entre o presidente da RPC, Conselho de Estado e a Comissão Militar Central. Na ausência de controlo da constitucionalidade das normas pelos tribunais, a fiscalização da implementação da Constituição é da competência da ANP e da sua Comissão Permanente.
		Fontes de direito – primazia da lei na hierarquia das fontes de direito. Com diferente hierarquia, admite-se outras fontes de direito, como o emanado dos tratados de direito internacional, direito supranacional, costume, jurisprudência, doutrina e princípios jurídicos.	*Fontes de direito* – Primazia da lei enquanto fonte de direito, mormente, a lei constitucional. Principais fontes de direito: Constituição, leis e outras fontes de direito como o costume e o direito dos tratados e convenções internacionais. Diferentes níveis de hierarquia de fontes de direito de acordo, por um lado, com a competência legislativa (nacional e regional) e, por outro lado, com a hierarquia interna destas fontes (grau primário, secundário e terciário).
		Interpretação e aplicação das normas jurídicas – atendidos os elementos literal, teleológico, sistemático e histórico. A analogia como forma preferencial de integração de lacunas. Nas decisões jurisprudenciais é admitida a ponderação de outras decisões jurisprudenciais e da doutrina. O julgador, na sua decisão, deverá vincular-se à ordem jurídica, atendendo aos seus valores e princípios fundamentais. Não se verifica a regra do precedente, mas concede-se um papel criador ao julgador, contanto que a sua decisão se alicerce na ordem jurídica.	*Interpretação e aplicação das normas jurídicas* – a interpretação e integração das normas constitucionais e das leis compete à Comissão Permanente da ANP, cuja interpretação tem eficácia semelhante às leis nacionais, o mesmo sucedendo com as decisões proferidas pelo STP. Contudo, os tribunais de instância têm o poder de aplicar a lei, mas não de interpretá-la. Em matéria civil, a intervenção dos meios judiciais é de *ultima ratio*, quando não for de todo possível a resolução por via extrajudicial. No nível local, as APL devem assegurar a aplicação das decisões das suas Comissões Permanentes e das Assembleias Populares de hierarquia superior.
		Organização judiciária – hierarquização da organização judiciária em tribunais de 1ª instância (central, local e de competência territorial alargada) e 2ª instância (Tribunal da Relação) e tribunais supremos. Acolhe-se o princípio da pluralidade de jurisdições traduzido na existência de vários tribunais supremos (Supremo Tribunal de Justiça, Supremo Tribunal Administrativo, Tribunal Constitucional, Tribunal de Contas). São admitidos recursos das decisões de 1ª para 2ª instância e daí para os tribunais supremos. Incluído no Poder Judicial encontra-se a magistratura do Ministério Público, e o seu órgão máximo (Procuradoria-Geral da República), caracterizada pelo exercício independente da acção penal. Encontram-se previstos meios extrajudiciais de resolução de litígios, distinguindo-se os institutos da arbitragem e da mediação.	*Organização judiciária* – hierarquização da organização judiciária dos Tribunais Populares enquanto órgãos judiciais do Estado. O STP encontra-se no topo da hierarquia ao qual se encontram subordinados os Tribunais Populares superiores, intermédios e de nível básico, bem como os Tribunais de competência especializada. Hierarquização das Procuradorias Populares, com a função de supervisão da actividade dos Tribunais Populares. A SPP encontra-se no topo da hierarquia seguida dos níveis provinciais e locais. Vigora o sistema dualista da organização judiciária em que os juízes têm competência pelos julgamentos e recursos e os procuradores pelas acusações e investigações. Tanto o STP e como a SPP são responsáveis perante a ANP e a sua Comissão Permanente.
		Formação dos juristas e suas profissões – formação académica em direito, de carácter pré-graduado. Exigência de formação jurídica especializada, preferencial, universitária e/ou profissional. Autonomização das magistraturas judicial e do Ministério Público. Exercício da profissão de advogado com formação profissional e inscrição obrigatórias numa ordem profissional. Possibilidade de exercício de outras profissões jurídicas, *v.g.*, solicitador, jurisconsulto, notário e conservador do registo civil, comercial e predial. Notariado em sistema híbrido com privatização da actividade.	*Formação dos juristas e suas profissões* – actualmente verifica-se a profissionalização do exercício da actividade judicial, de juízes e procuradores, com exigência de realização de exame de acesso à carreira de magistrado bem como formação jurídica, académica ou profissional, sujeita à realização regular de exames para apuramento do desempenho profissional. Os advogados são profissionais liberais na medida em que podem ter escritório próprio e associar-se em cooperativas ou sociedades. Para o exercício da advocacia é necessária uma licença emitida pelo Ministério da Justiça bem como experiência profissional ou formação académica em direito e a realização de um exame nacional. O ensino universitário do direito encontra-se difundido pela China continental e o sistema adoptado, quer na China continental quer na RAEM, aproxima-se do sistema europeu continental.

Síntese comparativa

Seguindo de perto o método proposto por Ferreira de Almeida e Morais de Carvalho,[352] o momento de síntese comparativa, no âmbito dos ordenamentos jurídicos da RPC e da RP, corresponde à exposição das diferenças e semelhanças bem como à explicitação das necessárias conclusões. Assim, por um lado, a abordagem da síntese comparativa inicia-se pelo caso da RP, por se tratar do ordenamento jurídico de onde partimos, deixando de observar, neste aspecto, a ordem alfabética; por outro lado, autonomiza-se, no âmbito do presente estudo, a estrutura da síntese comparativa relativa aos elementos internos ou jurídicos, destacando-se a breve ponderação macrocomparativa.

§1 Diferenças

No ordenamento jurídico da RP o direito é entendido como meio primordial para a resolução de litígios enquanto no ordenamento jurídico da RPC privilegiam-se os meios extrajudiciais.

Ordenamento jurídico da RP identificado com a família romano-germânica de direitos, com elevada generalização e abstracção, e primazia do *jus strictum* sobre a equidade. Coexistência de diferentes famílias de direito no ordenamento jurídico da RPC, *v.g.*, a família jurídica de direito chinês, romano-germânica e de *common law*, em que a elevada generalização de normas releva no âmbito da interpretação e dos conflitos de normas resultante da coexistência de diferentes famílias de direito.

Fiscalização da constitucionalidade das normas pelo Tribunal Constitucional na RP e, na RPC, ausência do controlo da constitucionalidade das normas pelos tribunais, cabendo a fiscalização da implementação da Constituição à ANP e Comissão Permanente.

Na RP, cabe ao parlamento e ao governo a competência legislativa que, na RPC, compete à ANP, à sua Comissão Permanente e ao Conselho de Estado.

Na RP, é admitida a interpretação das normas jurídicas nas decisões jurisprudenciais que deverão atender ao elemento literal, teleológico, sistemático e histórico, sendo possível ponderar outras decisões jurisprudenciais e doutrina desde que se observem os valores e princípios fundamentais da ordem jurídica da RP. Na RPC, a interpretação das normas constitucionais e leis fica reservada à ANP e do STP, com valor de lei nacional, com exclusão dos tribunais de instância que apenas aplicam a lei.

Na RP, organização judiciária em tribunais de primeira e segunda instância, sendo admitida a existência de vários tribunais supremos. Na RPC, organização judiciária em tribunais populares superiores, intermédios, básico e especializados subordinados ao STP, que se encontra no topo da hierarquia judiciária.

Quanto à formação dos juristas para o exercício das suas profissões, na RP a advocacia encontra-se subordinada à inscrição obrigatória numa ordem profissional única e, na RPC, obrigatoriedade de uma licença do Ministério da Justiça para o exercício da advocacia.

---

[352] ALMEIDA, Carlos Ferreira de; CARVALHO, Jorge Morais. *Introdução ao direito comparado*. 3. ed. reimpr. Coimbra: Almedina, 2016. ISBN 978-972-40-5066-9. p. 68-73; 117-121.

§2 Semelhanças

Direito enquanto meio de promoção da paz social. Elevada generalização das normas. Organização da estrutura do Estado, separação de poderes e direitos fundamentais consagrados numa Constituição escrita, hierarquicamente primordial. Primazia da lei como fonte de direito, admitindo-se outras fontes de direito, como o direito dos tratados e convenções internacionais. Hierarquização da organização judiciária, reconhecimento de duas magistraturas e da possibilidade de recurso das decisões judiciais de tribunais inferiores para tribunais superiores. Investigação do processo da competência da magistratura do MP, na RP, e das procuradorias populares, na RPC. Requisitos de formação académica e de profissionalização dos juristas para o exercício das suas profissões. Advocacia como actividade liberal subordinada a requisitos específicos.

Considerações finais

Uma breve ponderação macrocomparativa prévia dos ordenamentos jurídicos em análise, necessária ao estudo microcomparativo, demonstrou a existência de diferenças e semelhanças com relevância no enquadramento do *ne bis in idem*, no âmbito de cada ordenamento jurídico. Neste sentido, destacamos, por um lado, a coexistência de diferentes famílias de direito no ordenamento jurídico da RPC, a par da família romano-germânica, única família de direito, no ordenamento jurídico da RP; e a fiscalização da constitucionalidade das normas pelo Tribunal Constitucional, no ordenamento jurídico da RP, inexistente no ordenamento jurídico da RPC; por outro lado, o direito enquanto meio de promoção da paz social e a organização da estrutura do Estado, separação de poderes e direitos fundamentais consagrados numa Constituição escrita de carácter primordial na hierarquia das fontes de direito.

Glossário

ANP	– Assembleia Nacional Popular
APL	– Assembleia Popular Local
CC	– Código Civil
CPC	– Código de Processo Civil
CRP	– Constituição da República Portuguesa
CRPC	– Constituição da República Popular da China
EUA	– Estados Unidos da América
MP	– Ministério Público
OMC	– Organização Mundial de Comércio
PCC	– Partido Comunista Chinês
PGDL	– Procuradoria-Geral Distrital de Lisboa
PP	– Procuradoria Popular
RA	– Região Autónoma
RAE	– Região Administrativa Especial
RAEHK	– Região Administrativa Especial de Hong Kong
RAEM	– Região Administrativa Especial de Macau
RP	– República Portuguesa
RPC	– República Popular da China
SPP	– Suprema Procuradoria Popular

STP — Supremo Tribunal Popular
TJUE — Tribunal de Justiça da União Europeia
TP — Tribunal Popular
UE — União Europeia
UNIDROIT — Instituto Internacional para Unificação do Direito Privado

Referências

AGUIAR, Filipa Pais d'. Direito constitucional comparado: evolução histórica do ne bis in idem – China e Portugal. *Polis*, Lisboa, v. 1, n. II, p. 101-139, jan./jun. 2020. ISSN 0872-8208.

AGUIAR, Filipa Pais d'. *Ne bis in idem e o ordenamento jurídico chinês e português, na actualidade*. Subsídios históricos, desafios e aspectos prospectivos. Tese (Doutorado) – Universidade Lusíada de Lisboa, Lisboa, 2019.

ALMEIDA, Carlos Ferreira de; CARVALHO, Jorge Morais. *Introdução ao direito comparado*. 3. ed. reimpr. Coimbra: Almedina, 2016. ISBN 978-972-40-5066-9.

ANCEL, Marc. *Utilité et Méthodes du Droit Comparé*. Éléments d'introduction générale à l'étude comparative des droits. Neuchatel: Éditions Ides et Calendes, 1971.

ANP. (全国人民代表大会). Law. *Arbitration Law of the People's Republic of China*. RPC: ANP. 1994. Disponível em: http://www.npc.gov.cn/englishnpc/Law/2007-12/12/content_1383756.htm. Acesso em: 19 jan. 2019.

ANP. (全国人民代表大会). Law. *Civil Procedure Law of the People's Republic of China*. RPC: ANP. 1991. Disponível em: http://www.npc.gov.cn/englishnpc/Law/2007-12/12/content_1383880.htm. Acesso em: 12 jan. 2019.

ANP. (全国人民代表大会). Law. *Contract Law of the People's Republic of China*. RPC: ANP. 1999. Disponível em: http://www.npc.gov.cn/englishnpc/Law/2007-12/11/content_1383564.htm. Acesso em: 19 jan. 2019.

ANP. (全国人民代表大会). Law. *General Principles of the Civil Law of the People's Republic of China*. RPC: ANP. 1986. Disponível em: http://www.npc.gov.cn/englishnpc/Law/2007-12/12/content_1383941.htm. Acesso em: 12 jan. 2019.

ANP. (全国人民代表大会). Law. *Judges Law of the People's Republic of China*. RPC: ANP. 2001. Disponível em: http://www.npc.gov.cn/englishnpc/Law/2007-12/12/content_1383686.htm. Acesso em: 19 jan. 2019.

ANP. (全国人民代表大会). Law. *Legislation Law of the People's Republic of China*. RPC: ANP. 2000. Disponível em: http://www.npc.gov.cn/englishnpc/Law/2007-12/11/content_1383554.htm. Acesso em: 19 jan. 2019.

ANP. (全国人民代表大会). 新华网. 中华人民共和国宪法修正案. RPC: ANP. 2018. Disponível em: http://www.npc.gov.cn/npc/xinwen/2018-03/12/content_2049190.htm. Acesso em: 5 jan. 2019.

ANP. (全国人民代表大会). 新华网.中华人民共和国宪法. RPC: ANP. 2018. Disponível em: http://www.npc.gov.cn/npc/xinwen/2018-03/22/content_2052621.htm. Acesso em: 12 jan. 2019.

ANTUNES, João Lobo. Ser juiz hoje. *In*: RANGEL, Rui (Coord.). *Ser juiz hoje*. Coimbra: Almedina, 2008. ISBN-13: 978-972-40-3358-7.

ASCENSÃO, José de Oliveira. *O direito*. Introdução e teoria geral. Uma perspectiva luso-brasileira. 7. ed. rev. Coimbra: Almedina, 1993. ISBN 972-40-0721-9.

ASSIS, Guilherme B. P. Organização política e judiciária da República Popular da China. *In*: POLIDO, Fabrício Bertini Pasquot; RAMOS, Marcelo Maciel (Org.). *Direito chinês contemporâneo*. São Paulo: Almedina, 2015. ISBN 978-858-49-3046-3.

BROWN, Ronald C. *Understanding Chinese courts and legal process*: law with Chinese characteristics. The Hague: Kluwer Law International, 1997. ISBN 90-411-0607-3.

BURNAY, M. *Chinese perspectives on the international rule of law*. Law and politics in the one-party state. Cheltenham, U.K.: Edward Elgar, 2018. ISBN 978-1-78811-238-3.

CANOTILHO, J. J. Gomes. *Direito constitucional e teoria da Constituição*. 6. ed. Coimbra: Almedina, 2002. ISBN 972-40-1806-7.

CARRAI, Maria Adele. Confucianism reconstructed: the violence of history and the making of constitutionalism on East Asia. *International Journal of Constitucional Law*, v. 16, n. 2, p. 664-671, 2018. ISSN 1474-2640. Disponível em: https://doi.org/10.1093/icon/moy058. Acesso em: 4 dez. 2018.

CH'EN, Paul. Law. *In*: HOOK, Brian (Ed.). *The Cambridge Encyclopedia of China*. 2. ed. Cambridge: Cambridge University Press, 1991. ISBN 0 521 35594 X.

CHEN, J. *Chinese Law*. Towards an understanding of Chinese law, its nature and development. The Hague; London; Boston: Kluwer Law International, 1999. ISBN 90411-11867.

CHEN, Jianfu. *Chinese law*: context and transformation. 3. ed. rev. e ampl. Leiden; Boston: Brill Nijhoff, 2015. ISBN 978-90-04-22889-4. Disponível em: https://books.google.pt/books/about/Chinese_Law_Context_and_Transformation.html?id=Q2xyDAAAQBAJ&redir_esc=y. Acesso em: 24 jan. 2019.

CLARKE, Donald C. Power and politics in the Chinese court system: the enforcement of civil judgements. *In*: KELLER, Perry (Ed.). *Chinese law and legal theory*. Aldershot: Ashgate, 2001. The International Library of Essays in Law & Legal Theory. Second series. ISBN 1-84014-735-0.

CORREIA, Eduardo. *A teoria do concurso em direito criminal*. 2. reimpr. Coimbra: Almedina, 1996. ISBN 792-40-0423-6.

CURIA. *Proc. Nº C-436/04 - Van Esbroeck*. Conclusões do Advogado-Geral Dâmaso Ruiz-Jarabo Colomer, de 20 de Outubro de 2005, ECLI:EU:C:2005:630. Luxemburgo: T.J.U.E. 2005. Disponível em: http://curia.europa.eu/juris/showPdf.jsf?text=&docid=60662&pageIndex=0&doclang=pt&mode=lst&dir=&occ=first&part=1&cid=3472696. Acesso em: 7 abr. 2012 e 23 dez. 2018.

DAVID, René. *Os grandes sistemas do direito contemporâneo*. Tradução de Hermínio Carvalho. 4. ed. São Paulo: Martins Fontes, 2002. ISBN 85-336-1563-9.

DWORKIN, Ronald. *Taking rights seriously*. Cambridge, Massachusetts: Harvard University Press, 1978. ISBN 0-674-86711-4.

FU, Hualing; ZHAI, Xiaobo. What makes the Chinese Constitution socialist? *International Journal of Constitutional Law*, v. 16, n. 2, p. 655-663, 2018. Disponível em: https://doi.org/10.1093/icon/moy016. ISSN 1474-2640. Acesso em: 4 dez. 2018.

HUSA, Jaakko. Developing legal system, legal transplants, and path dependence: reflections on the rule of law. *The Chinese Journal of Comparative Law*, p. 1-22, 2018. EISSN 1746-9937. Disponível em: https://doi.org/10.1093/cjcl/cxy008. Acesso em: 26 out. 2018.

KELLER, Perry. Source of order in Chinese law. *In*: KELLER, Perry (Ed.). *Chinese law and legal theory*. Aldershot: Ashgate, 2001. The International Library of Essays in Law & Legal Theory. Second series. ISBN 1-84014-735-0.

KESHU LI; MEIXIA SHI. Direct application of WTO rules by China people's court in PRC Law. *In*: TIAN GUANG; XIAO LANG (Ed.). *2018 International Conference on Humanities Education and Social Sciences (ICHESS 2018)*. Kuala Lumpur: Francis Academic Press, 2018. Disponível em: https://webofproceedings.org/proceedings_series/ESSP/ICHESS%202018/ICHESS060.pdf. Acesso em: 18 jan. 2019.

KISCHEL, Uwe. *Comparative law*. Oxford: Oxford University Press, 2019. Disponível em: https://scholar.google.pt/scholar?cluster=8066662890226469168&hl=pt-PT&oi=scholaralrt&hist=h4KHozoAAAAJ:4440367935712900223:AAGBfm3otkQXkn0AzMx1F7t9AgeX_PSADg. ISBN 978-01-9879-135-5. Acesso em: 21 fev. 2019.

LARENZ, Karl. *Metodologia da ciência do direito*. Tradução de José Lamego. 3. ed. Lisboa: Fundação Calouste Gulbenkian, 1997. ISBN 972-31-0770-8.

LEITE, Inês Ferreira. *Ne (idem) bis in idem*. Proibição de dupla punição e de duplo julgamento: Contributos para a racionalidade do poder punitivo público. Lisboa: AAFDL, 2016. v. I. ISBN 978-972-629-0773.

LI, Xiaoping. La civilisation chinoise et son droit. *Revue internationale de droit comparé*, Paris, v. 51, n. 3, p. 505-541, jul./set. 1999. ISSN 1953-8111.

LU, Song. The EOS Engineering Corporation Case and the Nemo Debet Bis Vexari Pro Una et Eadem Causa Principle in China. *Chinese Journal of International Law*, v. 7, n. 1, p. 143-158, 2008. EISSN 1746-9937. Disponível em:http://doi.org/10.1093/chinesejil/jmn007. Acesso em: 27 abr. 2016.

MACHADO, João Baptista. *Introdução ao direito e ao discurso legitimador*. 13. reimpr. Coimbra: Almedina, 2002. ISBN 972-40-0471-6.

MENDES, João de Castro. *Direito comparado revisto e actualizado*. Lisboa: AAFDL, 1982-1983. ISBN 0000104507.

MINZNER, Carl F. China's Turn Against Law. *The American Journal of Comparative Law*, Michigan, v. 59, n. 4, p. 935-984, 2011. ISSN 0002-919x.

MIRANDA, Jorge. *Curso de direito internacional público*. 2. ed. rev. e actual. Cascais: Principia, 2004. ISBN 972-8818-18-1.

MIRANDA, Jorge. *Manual de direito constitucional* – Preliminares: o Estado e os sistemas constitucionais. 9. ed. rev. e actual. Coimbra: Coimbra Editora, 2011. t. I. ISBN 978-972-32-1995-1.

PEREIRA, Júlio Alberto Carneiro. *Lei Penal da República Popular da China*. Uma abordagem histórico-política. Coimbra: Almedina, 2007. ISBN 13: 978-972-40-3115-6.

PERES, Ana Luísa Soares; DAIBERT, Letícia de Souza. A China e a Organização Mundial de Comércio. *In*: POLIDO, Fabrício Bertini Pasquot; RAMOS, Marcelo Maciel (Org.). *Direito chinês contemporâneo*. São Paulo: Almedina, 2015. ISBN 978-858-49-3046-3.

PGDL. *Lei nº 101/2003, de 15 de Novembro (versão actualizada)*. Estatuto dos Juízes Militares e Assessores Militares do Ministério Público. Lisboa: PGDL, 2003. Disponível em: http://www.pgdlisboa.pt/leis/lei_print_articulado.php?tabela=leis&artigo_id=&nid=251&nversao=&tabela=leis. Acesso em: 20 jan. 2019.

POLIDO, Fabrício Bertini Pasquot. Educação jurídica e profissões legais na China. *In*: POLIDO, Fabrício Bertini Pasquot; RAMOS, Marcelo Maciel (Org.). *Direito chinês contemporâneo*. São Paulo: Almedina, 2015. ISBN 978-858-49-3046-3.

PORTAL DO GOVERNO CENTRAL (中央政府门户网站). 新华社. 全国人民代表大会关于修改《中华人民共和国立法法》的决定（主席令第二十号）. RPC: ANP. 2015. Disponível em: http://www.gov.cn/zhengce/2015-03/18/content_2834713.htm. Acesso em: 19 jan. 2019.

PORTUGAL. Decreto-Lei nº 26/2004. D.R. I-A Série. 29 (2004-02-04) 568-587. *DRE*, 4 fev. 2004. Disponível em: https://data.dre.pt/eli/dec-lei/26/2004/02/04/p/dre/pt/html. Acesso em: 19 dez. 2018.

PORTUGAL. *Lei nº 29/2013*. D.R. I-Série. 29 (2013-04-19) 2278-2284. *DRE*, 19 mar. 2013. Disponível em: https://data.dre.pt/eli/lei/29/2013/04/19/p/dre/pt/html. Acesso em: 19 dez. 2018.

QIAO, Liu. Covid-19 in Civil or Commercial Disputes: First Responses from Chinese Courts. *The Chinese Journal of Comparative Law*, v. 8, n. 2, p. 485-501, 2020. EISSN 2050-4810. Disponível em: https://doi.org/10.1093/cjcl/cxaa023. Acesso em: 1º out. 2020.

QUERALT, Joan J. "Ne bis in idem": significados constitucionales. *In*: ROSAL, Juan del *et al*. *Política criminal y reforma penal*: homenaje a la memoria del Professor D. Juan del Rosal. Madrid: Editoriales de Derecho Reunidas, D.L. 1993-XLVIII. ISBN 84-7130-785-5.

QUID JURIS (Ed.). *Código de Processo Civil e legislação complementar*. Lisboa: Quid Juris, 2013. ISBN 978-972-724-650-2.

RAMOS, Vânia Costa. *Ne bis in idem e a União Europeia*. Coimbra: Coimbra Editora, 2009. ISBN 978-972-32-1706-3.

ROSS, Claudia; ROSS, Lester. Language and Law. Sources of Systemic Vagueness and Ambiguous Authority in Chinese Statutory Language. *In*: TURNER, Karren G.; FEINERMAN, James V.; GUY, Kent (Ed.). *The Limits of the Rule of Law in China*. Seattle; London: University of Washington Press, 2000. ISBN 0-295-97907-0.

ROSSI, P. L'adattamento al diritto internazionale nell'ordinamento giuridico della Repubblica popolare cinese. *Rivista Di Diritto Internazionale*, Milano, v. XCIX, n. 2, p. 425-453, 2016. ISSN 0035-6158.

SIEMS, Mathias. *Comparative law*. Cambridge: Cambridge University Press, 2014. ISBN 978-0-521-17717-7.

STP. Laws and Rules. *Legal system of China*. Beijing: STP, 2015. Disponível em: http://english.court.gov.cn/2015-09/29/content_21308868.htm. Acesso em: 26 jan. 2019.

SUN, Xianzhong. Rezeption der westlichen Zivilrechtswissenschaft im modernen China: Analysen aus der rechtsvergleichenden Perspektive. *European Review of Private Law*, Germantown, NY, v. 18, n. 4-6, p. 901-913, 2010. ISSN 0928-9801.

TELLES, Inocêncio Galvão. *Introdução ao estudo do direito*. 10. ed. reimpr. Coimbra: Coimbra Editora, 2001. v. II. ISBN 972-32-0936-5.

TRAKMAN, Leon. Domestic courts declining to recognize and enforce foreign arbitral awards: a comparative reflection. *The Chinese Journal of Comparative Law*, v. 6, n. 2, p. 1-54, 2018. ISSN 2050-4802. Disponível em: https://academic.oup.com/cjcl/advance-article-abstract/doi/10.1093/cjcl/cxy009/5233859. Acesso em: 10 dez. 2018.

VICENTE, Dário Moura. *Direito comparado*. 4. ed. Coimbra: Almedina, 2018. v. I. ISBN 978-972-40-7437-5.

WANG, Long-yu; LI, Han-ke; YAO, Tian-chong. Suggestions on Perfecting the Legality Review System of Administrative Act. *Advances in Social Science, Education and Humanities Research, 2018 2nd International Conference on Education Innovation and Social Science (ICEISS 2018)*, v. 275, p. 283-286, 2018. ISSN 2352-5398. Disponível em: http://dx.doi.org/10.2991/iceiss-18.2018.69. Acesso em: 15 jan. 2019.

WEI, Dan. O pluralismo jurídico na China. *Boletim da Faculdade de Direito de Coimbra*, Coimbra, v. 84, p. 303-340, 2008. ISSN 0303-9773.

WEI, Dan. Práticas recentes da China na mediação e na arbitragem de litígios de consumo. *In*: MONTEIRO, A. P. *Colóquio resolução alternativa de litígios de consumo*: actas de colóquio. Coimbra: Faculdade de Direito da Universidade de Coimbra, 2016.

WOLFF, Lutz-Christian. Comparing Chinese law... but with which legal systems? *The Chinese Journal of Comparative Law*, v. 6, n. 2, p. 151-173, 2018. ISSN 2050-4802. Disponível em: https://academic.oup.com/cjcl/article-abstract/6/2/151/5265148. Acesso em: 3 jan. 2019.

WOO, Margaret. Court Reform with Chinese Characteristics. *WASH. Int'l L J.*, v. 27, p. 241-272. 2017. Disponível em: http://digital.law.washington.edu/dspace-law/bitstream/handle/1773.1/1766/27WILJ241.pdf. Acesso em: 25 maio 2017.

XI, Jinping. *The Governance of China I*. 2. ed. 2. reimpr. Beijing: Foreign Languages Press, 2018. ISBN 978-7-119-11395-1.

XI, Jinping. *The Governance of China II*. Beijing: Foreign Languages Press, 2017. ISBN 978-7-119-11164-3.

XINHUA. *Xi Jinping's Report at 19th CPC National Congress*. RPC: Xinhuanet, 2017. Disponível em: http://www.xinhuanet.com/english/special/2017-11/03/c_136725942.htm. Acesso em: 17 fev. 2019.

YANG, Chengming. Yuwen Li, The Judicial System and Reform in Post-Mao China. *Chinese Journal of International Law*, v. 16, n. 1, p. 134-136, 1º mar. 2017. EISSN 1746-9937. Disponível em: https://doi.org/10.1093/chinesejil/jmw049. Acesso em: 25 maio 2017.

ZHANG, Qianfan. *The Constitution of China*. A contextual analysis. Oxford; Portland, Oregon: Hart Publishing, 2012. ISBN 978-1-84113-740-7.

ZHENG, Yongliu (郑永流). 中国法圈:跨文化的当代中国法及未来走向 (Círculo Jurídico Chinês: Direito Chinês Contemporâneo Intercultural e Tendências Futuras). 中国法学 (Ciência Jurídica Chinesa), v. 4, p. 5-14, 2012. Disponível em: http://cesl.cupl.edu.cn/upload/201304096049481.pdf. Acesso em: 3 jan. 2019.

Informação bibliográfica deste texto, conforme a NBR 6023:2018 da Associação Brasileira de Normas Técnicas (ABNT):

AGUIAR, Filipa Pais d'. Ne bis in idem: breve ponderação macrocomparativa – China e Portugal. *In*: GOMES, Ana Cláudia Nascimento; ALBERGARIA, Bruno; CANOTILHO, Mariana Rodrigues (Coord.). *Direito Constitucional*: diálogos em homenagem ao 80º aniversário de J. J. Gomes Canotilho. Belo Horizonte: Fórum, 2021. p. 695-733. ISBN 978-65-5518-191-3.

A SUSTENTABILIDADE COMO PRINCÍPIO JURÍDICO DE PONDERAÇÃO: DIMENSÕES MATERIAIS, PROCEDIMENTAL E METÓDICA DE APLICAÇÃO

FLÁVIO PAIXÃO DE MOURA JÚNIOR

A sustentabilidade, um conceito moldado no campo da silvicultura europeia do séc. XVIII, aplicável à gestão dos recursos naturais, emergiu com novo sentido político no Relatório da Comissão Mundial para o Meio Ambiente e Desenvolvimento – CMMAD, *Nosso futuro comum*, que definiu, no âmbito das Nações Unidas, desenvolvimento sustentável como "aquele que atende às necessidades do presente sem comprometer a possibilidade de as gerações futuras atenderem a suas próprias necessidades". Essa conceituação genérica permitiu que sua mensagem central, de que o progresso não seja conseguido às custas do comprometimento dos recursos naturais que dão sustentação à vida, ganhasse ampla aceitação, convertendo-se o conceito num paradigma de orientação para o futuro dos países. Do ponto de vista jurídico, a presença da sustentabilidade (ou do desenvolvimento sustentável) em tratados, constituições, leis e regulamentos administrativos desafia uma compreensão normativa do conceito, que seja capaz de realizar os valores que estão na base da sua afirmação política.

Neste domínio, a sustentabilidade tem sido reconhecida como novo princípio estruturante das democracias constitucionais liberais, perspectiva que tem sido trabalhada pela doutrina e pela jurisprudência. Com relação à sua aplicação a casos concretos, remanescem dúvidas quanto às suas reais possibilidades, que refletem tergiversações sobre variadas concepções da sustentabilidade, notadamente sobre a distinção entre uma versão unidimensional, estritamente ecológica, e uma versão de sustentabilidade multidimensional, concebida para a promoção e balanceamento de valores ecológicos, sociais e econômicos orientados para o futuro. Este artigo pretende abordar as linhas principais dessa divergência.

1 O surgimento e a afirmação política do conceito moderno de sustentabilidade

Os historiadores dedicados ato tema consignam que o precedente mais relevante e imediato da sustentabilidade se desenvolveu na silvicultura europeia do século XVIII. Nos trabalhos do britânico John Evelyn, do francês Jean Baptiste Colbert e do saxão Hanss Carl von Carlowitz, foram desenvolvidos conceitos e estratégias que tinham por objetivo frear a devastação das florestas europeias, diante da iminente escassez de madeira, recurso-chave daquele tempo.[1] Esses autores cameralistas chamaram atenção para a necessidade de se respeitar na exploração florestal o tempo de regeneração das espécies e colmataram conceitos como *bom ménage* e *bom usage*, que deixaram caminho aberto para ideias como *wise use* e *sustainable development*, desenvolvidas no século XX, e inspiraram um olhar mais atento para as forças da natureza e para as escalas de tempo.[2]

Ao cuidar da questão de como conciliar cultivo e conservação de madeira, von Carlowitz, um nobre germânico, chefe do Serviço de Mineração do Reino da Saxônia, veio afirmar na sua obra *Sylvicultura oeconomica* que a exploração florestal deveria se dar de uma forma contínua, constante e sustentada (*"daβ es eine continuirliche beständige und nachhaltende Nutzung gebe"*).[3] Este princípio de economia de recursos, que combinava um objetivo econômico de máxima utilização duradoura das florestas com condições naturais de regeneração, tornou-se um modelo para posteriores reflexões sobre a sustentabilidade.[4]

O conceito difundiu-se nas lições de silvicultura no âmbito das academias europeias e, já nos anos que se seguiram a 1850, a sustentabilidade estava definitivamente introduzida na silvicultura europeia, compreendida, porém, com esse sentido operacional, com um viés estritamente econômico,[5] confiante na contabilização por cálculos matemáticos,[6] sem exigência de pressupostos qualitativos, não abrangendo, por exemplo, a conservação de determinado estoque natural, ou de determinada área natural.[7]

A sustentabilidade, como hoje é conhecida, trata-se de uma figura recente nos discursos políticos e científicos, com aparecimento bem determinado. A ideia emergiu com um novo sentido político no Relatório da Comissão Mundial para o Meio Ambiente e Desenvolvimento – CMMAD, *Nosso futuro comum*, publicado em 1987, no qual o

---

[1] Cf. GROBER, Ulrich. *Deep roots* – A conceptual history of 'sustainable development' (Nachhaltigkeit). p. 5. Disponível em: http://bibliothek.wz-berlin.de/pdf/2007/p07-002.pdf. Acesso em: 9 abr. de 2010.

[2] Cf. GROBER, Ulrich. *Deep roots* – A conceptual history of 'sustainable development' (Nachhaltigkeit). p. 15. Disponível em: http://bibliothek.wz-berlin.de/pdf/2007/p07-002.pdf. Acesso em: 9 abr. de 2010.

[3] Cf. GROBER, Ulrich. *Deep roots* – A conceptual history of 'sustainable development' (Nachhaltigkeit). p. 7. Disponível em: http://bibliothek.wz-berlin.de/pdf/2007/p07-002.pdf. Acesso em: 9 abr. de 2010; KLIPPEL, Diethelm; OTTO, Martin. Nachhaltigkeit und Begriffsgeschichte. *In*: KAHL, Wolfgang (Hrsg.). *Nachhaltigkeit als Verbundbegriff*. Tübingen: Mohr Siebeck, 2008. p. 44.

[4] Cf. GRUNWALD, Armin; KOPFMÜLLER, Jürgen. *Nachhaltigkeit*. Frankfurt/Main: Campus Verlag, 2006. p. 7.

[5] Cf. KLIPPEL, Diethelm; OTTO, Martin. Nachhaltigkeit und Begriffsgeschichte. *In*: KAHL, Wolfgang (Hrsg.). *Nachhaltigkeit als Verbundbegriff*. Tübingen: Mohr Siebeck, 2008. p. 52.

[6] Cf. HAUFF, Michael von; KLEINE, Alexandro. *Nachhaltige Entwicklung*. Grundlage und Umsetzung. München: Oldenbourg Wissenschaftsverlag, 2009. p. 4.

[7] Cf. KLIPPEL, Diethelm; OTTO, Martin. Nachhaltigkeit und Begriffsgeschichte. *In*: KAHL, Wolfgang (Hrsg.). *Nachhaltigkeit als Verbundbegriff*. Tübingen: Mohr Siebeck, 2008. p. 52.

desenvolvimento sustentável foi definido como "aquele (desenvolvimento) que atende às necessidades do presente sem comprometer a possibilidade de as gerações futuras atenderem a suas próprias necessidades".[8]

O novo conceito foi, entretanto, resultado de um processo de discussão que se desenvolveu no âmbito das Nações Unidas, onde se debatia, desde a década de sessenta, a necessidade de se formularem estratégias, baseadas em teorias de crescimento econômico e modernização, para a construção de *uma nova ordem econômica internacional*, em que estivessem garantidos bem-estar para as pessoas e estabilidade para os países, que trabalhariam em cooperação para o progresso econômico, social e cultural, com respeito também aos direitos humanos.[9] A história moderna da sustentabilidade está, porém, ligada de maneira mais intensa ao surgimento e ascensão do ambientalismo internacional e do direito ambiental internacional,[10] quando o debate sobre a ineficácia daquelas estratégias evoluiu, nas três últimas décadas do século XX, para incluir nas discussões as novas preocupações ambientais, questionando-se especialmente a existência de limites do crescimento, período que marca o fim da era da "euforia do crescimento", que predominava desde os primeiros anos da reconstrução.[11]

Destaca-se, neste processo, o ano de 1972, em que foi publicado o relatório *The limits to growth*[12] (*Os limites do crescimento*), do Clube de Roma, e realizada a Conferência das Nações Unidas para o Meio Ambiente Humano, em Estocolmo, marcos importantes dessa nova história.[13] O relatório do Clube de Roma apresentou ao mundo projeções catastrofistas, por exemplo, a de que, se se mantivesse a tendência de crescimento da população mundial, industrialização, poluição, produção de alimentos, e se o nível de depleção de recursos permanecesse inalterado, os limites do crescimento da população no planeta seriam atingidos dentro de cem anos.[14]

Ao descreverem um desejável "estado de equilíbrio global", seus autores referiram-se ao propósito de se chegar a um "sistema mundial sustentável", que não estivesse sujeito a colapsos repentinos e fosse capaz de satisfazer as necessidades materiais básicas de todas as pessoas.[15] A posição consagrada no relatório do Clube de

---

[8] Cf. CMMAD. *Nosso futuro comum*. Rio de Janeiro: Editora da Fundação Getúlio Vargas, 1991. Item 2. A Comissão Mundial para o Meio Ambiente e Desenvolvimento – CMMAD, composta por 21 países-membros da Organização das Nações Unidas e presidida pela Senhora Gro Harlem Brundtland, primeira-ministra da Noruega, pesquisou a situação da degradação ambiental e econômica do planeta durante cinco anos, tendo, em 1987, produzido seu relatório, que assim ficou conhecido como *Relatório Brundtland*, intitulado *Nosso futuro comum* (*Our common future*), cujos apontamentos serviram de base para as posteriores discussões sobre meio ambiente e desenvolvimento, sobretudo as travadas na Conferência Mundial para o Meio Ambiente e Desenvolvimento, a Conferência do Rio, ou Rio-92.

[9] Cf. GEHNE, Katja. *Nachhaltige Entwicklung als Rechtsprinzip*. Normatives Aussagegehalt, rechtstheoretische Einordnung, Funktionen im Recht. Tübingen: Mohr Siebeck, 2011. p. 12.

[10] Cf. BOSSELMANN, Klaus. *The principle of sustainability*: transforming law and governance. Aldershot: Ashgate, 2008. p. 25.

[11] Cf. STEURER, Reinhard. Paradigmen der Nachhaltigkeit. *Zeitschrift für Umweltpolitik & Umweltrecht*, v. 4, p. 537-566, 2001. p. 539.

[12] Cf. MEADOWS, Donella H.; MEADOWS, Dennis L.; RANDERS, Jørge; BEHRENS III, William W. *The limits to growth*. New York: Signet, 1972.

[13] Cf. BOSSELMANN, Klaus. *The principle of sustainability*: transforming law and governance. Aldershot: Ashgate, 2008. p. 25.

[14] Cf. MEADOWS, Donella H.; MEADOWS, Dennis L.; RANDERS, Jørge; BEHRENS III, William W. *The limits to growth*. New York: Signet, 1972. p. 29.

[15] Cf. MEADOWS, Donella H.; MEADOWS, Dennis L.; RANDERS, Jørge; BEHRENS III, William W. *The limits to growth*. New York: Signet, 1972. p. 163-164.

Roma, embora admitisse a importância de se atender às necessidades básicas das pessoas, formalizou o pensamento dos cientistas que julgavam estarem os crescimentos econômico e populacional num curso que apontava para ultrapassagem dos limites ecológicos do planeta. Ao Clube de Roma atribui-se o mérito de introduzir o termo "sustentável" na linguagem política,[16] elevando o paradigma ecológico a desafiar ao mesmo tempo o capitalismo e o socialismo.[17]

No âmbito das Nações Unidas, prevalecia a crença na possibilidade de se compatibilizar crescimento e proteção ambiental[18] e, já nas reuniões preparatórias da Conferência de Estocolmo, estabeleceu-se a separação, em polos opostos, das aspirações de crescimento econômico, dos países em desenvolvimento do Sul, e as preocupações ecológicas, que passavam a despertar atenção principalmente em alguns países desenvolvidos do Norte.[19] A composição das posições antagônicas deu-se em favor da construção de um caminho intermediário, que procurou contornar a arrogância economicista e o fundamentalismo ecológico,[20] ao reconhecer a necessidade do crescimento econômico, que deve, porém, ser socialmente responsivo e realizado através de métodos "amigos do ambiente", e não se realizar apenas pela incorporação predatória do capital natural no produto interno bruto.[21]

A *Estratégia Mundial para Conservação* (*World Conservation Strategy*), publicada pela International Union for the Conservation of Nature – IUCN, trouxe em 1980 a expressão *sustainable development* já no seu subtítulo, *Living resource conservation for sustainable development*, que vem a ser também o título da sua introdução.[22] O documento tratou, porém, desses termos separadamente, entendendo *desenvolvimento* como "a modificação da biosfera e a aplicação de recursos humanos, financeiros, vivos e não vivos, para satisfazer as necessidades humanas e melhorar a qualidade da vida humana", que, para ser *sustentável*, "deve levar em conta fatores sociais e ecológicos, assim como os econômicos, da base de recursos vivos e não vivos, e as vantagens e desvantagens, de longo e curto termos, de ações alternativas".[23]

---

[16] Cf. GROBER, Ulrich. *Deep roots* – A conceptual history of 'sustainable development' (Nachhaltigkeit). p. 6. Disponível em: http://bibliothek.wz-berlin.de/pdf/2007/p07-002.pdf. Acesso em: 9 abr. de 2010.

[17] Cf. BOSSELMANN, Klaus. *The principle of sustainability*: transforming law and governance. Aldershot: Ashgate, 2008. p. 26.

[18] Cf. BOSSELMANN, Klaus. *The principle of sustainability*: transforming law and governance. Aldershot: Ashgate, 2008. p. 25.

[19] Cf. TARLOK, A. Dan. Ideas without institutions: the paradox of sustainable development. *Indiana Journal of Global Legal Studies*, v. 9, n. 1, p. 35-49, Fall 2001. p. 35; SACHS, Ignacy. *Caminhos para o desenvolvimento sustentável*. Rio de Janeiro: Garamond, 2002. p. 48.

[20] Cf. SACHS, Ignacy. Development thinking in the age of environment: wise use of nature for the good society. In: VIEIRA, Paulo Freire (Org.). *Conservação da diversidade biológica e cultural em zonas costeiras*: enfoques e experiências na América Latina e no Caribe. Florianópolis: APED, 2003. p. 39.

[21] A Declaração de Estocolmo levou a Assembleia-Geral das Nações Unidas a adotar a Resolução nº 2997 (XXVII), no final de 1972, que criou o Programa das Nações Unidas sobre Meio Ambiente (PNUD), com o objetivo de intensificar e coordenar as políticas ambientais, particularmente nos países em desenvolvimento. Foi criada a Comissão Mundial para o Meio Ambiente e Desenvolvimento – CMMAD e instituído o Programa Observação Terra (*Earthwatch*), com a missão inicial de monitorar as diversas formas de poluição em todo o sistema das Nações Unidas.

[22] Cf. IUCN. *World Conservation Strategy*. 1991. Disponível em: http://data.iucn.org/dbtw-wpd/edocs/WCS-004.pdf. Acesso em: 2 set. 2009.

[23] Cf. IUCN. *World Conservation Strategy*. 1991. Disponível em: http://data.iucn.org/dbtw-wpd/edocs/WCS-004.pdf. Acesso em: 2 set. 2009. "Nº 1. Introduction: living resource conservation for sustainable development", nº 3 (tradução livre do autor).

O documento definiu ainda "conservação", entendida como a gestão humana do uso da biosfera de maneira que o melhor rendimento sustentável beneficie as gerações presentes, mantendo seu potencial para atendimento das necessidades e aspirações das gerações futuras.[24] Klaus Bosselmann afirma que, embora fizesse uma ligação confusa da expressão *sustentável* a fatores sociais e econômicos, a preocupação que marcou a *Estratégia Mundial para a Conservação da Natureza* era claramente por um desenvolvimento *ecologicamente* sustentável.[25]

A adoção, em 1982, pela Assembleia-Geral das Nações Unidas, da Carta Mundial para a Natureza[26] reforçou o apoio aos princípios gerais e ações de conservação ambiental expressadas na Declaração de Estocolmo,[27] acentuando a preocupação com a natureza, ao falar em princípios pelos quais a conduta humana que afeta a natureza haveria de ser "guiada" e "julgada", definindo a conservação da natureza como um prerrequisito para o uso dos recursos naturais e planos de desenvolvimento.[28] A Carta descreveu a humanidade como parte da natureza, declarando que toda forma de vida é única, merecendo respeito, independentemente do seu valor para o homem.[29]

Foi, entretanto, em 1987, com a publicação do Relatório da CMMAD, que se deu o maior e mais significativo passo para a difusão da ideia moderna da sustentabilidade. O conceito de "desenvolvimento sustentável" foi consagrado como um extenso objetivo político global,[30] tendo o relatório sido aprovado na Assembleia-Geral, ocorrida em dezembro de 1987, e levada a efeito pela Resolução nº 72/187.[31]

O *Relatório Brundtland*, como ficou conhecido, não cuidou especificamente de definir "sustentabilidade", preferindo conceituar "desenvolvimento sustentável" segundo a ideia da justiça (ou equidade) entre gerações, sem vinculação direta com pressupostos materiais ou requisitos específicos, *verbis*:

> (item 2) O desenvolvimento sustentável é aquele que atende às necessidades do presente sem comprometer a possibilidade de as gerações futuras atenderem a suas próprias necessidades. Ele contém dois conceitos-chave:
>
> (i) o conceito de "necessidades", sobretudo as necessidades essenciais dos pobres do mundo, que devem receber a máxima prioridade;

---

[24] Cf. IUCN. *World Conservation Strategy*. 1991. Disponível em: http://data.iucn.org/dbtw-wpd/edocs/WCS-004.pdf. Acesso em: 2 set. 2009. "Nº 1. Introduction: living resource conservation for sustainable development", nº 4.

[25] Cf. BOSSELMANN, Klaus. *The principle of sustainability*: transforming law and governance. Aldershot: Ashgate, 2008. p. 28.

[26] Cf. UN. World Charter for Nature. *GA RES*, 37/7, 1982. Disponível em: http://www.un.org/documents/ga/res/37/a37r007.htm. Acesso em: 21 set. 2010.

[27] Cf. SEGGER, Marie-Claire Cordonier; KHALFAN, Ashfaq. *Sustainable development law*: principles, practices and prospects. Oxford: Oxford University Press, 2005. p. 17.

[28] Cf. UN. World Charter for Nature. *GA RES*, 37/7, 1982. Disponível em: http://www.un.org/documents/ga/res/37/a37r007.htm. Acesso em: 21 set. 2010. Preâmbulo.

[29] Cf. BOSSELMANN, Klaus. *The principle of sustainability*: transforming law and governance. Aldershot: Ashgate, 2008. p. 28.

[30] Cf. SEGGER, Marie-Claire Cordonier; KHALFAN, Ashfaq. *Sustainable development law*: principles, practices and prospects. Oxford: Oxford University Press, 2005. p. 19.

[31] Cf. UN. Report of the World Commission on Environment and Development. *A/RES/42/187*. Disponível em: http://www.un.org/documents/ga/res/42/ares42-187.htm. Acesso em: 26 jan. 2012.

(ii) a noção das limitações que o estágio da tecnologia e da organização social impõe ao meio ambiente, impedindo-o de atender às necessidades presentes e futuras.[32]

O relatório mencionou noutro trecho que o desenvolvimento sustentável implica "um processo de transformação no qual a exploração dos recursos, a direção dos investimentos, a orientação do desenvolvimento tecnológico e a mudança institucional se harmonizam e reforçam o potencial presente e futuro, a fim de atender às necessidades e aspirações humanas",[33] exigente de uma mudança qualitativa, "uma mudança no teor do crescimento, a fim de torná-lo menos intensivo de matérias-primas e energia e mais equitativo em seu impacto".[34] A Comissão Brundtland salientou, por intermédio da *economia ambiental*, a interligação entre economia e ambiente, ressaltando a importância de se integrarem aspectos ambientais nos processos de tomadas de decisões econômicas,[35] e a existência de importantes interligações com o plano social, por exemplo, o fato de que níveis de extrema pobreza geram práticas ambientalmente destrutivas,[36] ressaltando que o interesse comum na preservação ambiental não pode ser promovido se há negligência com as justiças social e econômica dentro e entre as nações.[37] A dimensão social foi enfatizada, ao se afirmar que "[m]esmo na noção mais estreita de sustentabilidade física está implícita uma preocupação com a equidade social entre gerações, que deve, evidentemente, ser extensiva à equidade em cada geração".[38]

O Relatório Brundtland preconizou um desenvolvimento mundial em que estivesse contemplado um balanço entre objetivos econômicos, ecológicos e sociais,[39] segundo uma nova abordagem, em que fossem integradas a produção com a conservação e ampliação de recursos, vinculadas ao objetivo de dar a todos uma base adequada de subsistência e acesso equitativo aos recursos.[40] Desde então, o modelo conceitual de sustentabilidade de três pilares, abrangente de uma dimensão social, uma econômica e uma ecológica, vem sendo utilizado por quase todos os documentos oficiais sobre o tema,[41] em detrimento de um sentido estritamente ecológico, o que, para alguns autores, deixa de ressaltar, com a necessária veemência, que o desenvolvimento só pode acontecer dentro dos limites ecológicos.[42]

---

[32] Cf. CMMAD. *Nosso futuro comum*. Rio de Janeiro: Editora da Fundação Getúlio Vargas, 1991. Item 2.
[33] Cf. CMMAD. *Nosso futuro comum*. Rio de Janeiro: Editora da Fundação Getúlio Vargas, 1991. Item 2.1.
[34] Cf. CMMAD. *Nosso futuro comum*. Rio de Janeiro: Editora da Fundação Getúlio Vargas, 1991. Item 2.3.2.
[35] Cf. CMMAD. *Nosso futuro comum*. Rio de Janeiro: Editora da Fundação Getúlio Vargas, 1991. Item 2.3.7.
[36] Cf. CMMAD. *Nosso futuro comum*. Rio de Janeiro: Editora da Fundação Getúlio Vargas, 1991. Item 1.1; BRYNER, Gary C. Global interdependence. In: DURANT, Robert F.; FIORINO, Daniel J.; O'LEARY, Rosemary (Ed.). *Environmental governance reconsidered*: challenges, choices, and opportunities. London: MIT Press, 2004. p. 71.
[37] Cf. BOSSELMANN, Klaus. *The principle of sustainability*: transforming law and governance. Aldershot: Ashgate, 2008. p. 29.
[38] Cf. CMMAD. *Nosso futuro comum*. Rio de Janeiro: Editora da Fundação Getúlio Vargas, 1991. p. 46. Item 2.
[39] Cf. BEAUCAMP, Guy. *Das konzept der zukunftsfähigen Entwicklung im Recht*: Untersuchungen zur völkerrechtlichen, europarechtlichen, verfassungsrechtlichen und verwaltungsrechtlichen Relevanz eines neuen politischen Leitbildes. Tübingen: Mohr Siebeck, 2002. p. 19.
[40] Cf. CMMAD. *Nosso futuro comum*. Rio de Janeiro: Editora da Fundação Getúlio Vargas, 1991. Item 1.2.
[41] Cf. WINTER, Gerd. Um fundamento e dois pilares: o conceito de desenvolvimento sustentável 20 anos após o Relatório Brundtland. In: WINTER, Gerd. *Desenvolvimento sustentável, OGM e responsabilidade civil na União Europeia*. Campinas: Millennium, 2009. p. 2.
[42] Cf., por todos, BOSSELMANN, Klaus. *The principle of sustainability*: transforming law and governance. Aldershot: Ashgate, 2008. p. 2; 29-30.

Os documentos que se seguiram ao Relatório Brundtland contribuíram para reforçar a visão do desenvolvimento sustentável apoiada em três pilares. Em 1991, a IUCN publicou, como sequência da *World Conservation Strategy*, uma nova estratégia, a *Caring for the Earth*, cujo subtítulo referiu-se, agora, a "uma estratégia para a 'vida sustentável'" (*A Strategy for Sustainable Living*), que passa pela construção de uma "sociedade sustentável" (capítulo 1). Nessa "nova estratégia" são enfatizados aspectos (limites) ecológicos, sendo o desenvolvimento sustentável referido como "a melhoria da qualidade de vida humana dentro dos limites da capacidade de suporte dos ecossistemas".[43]

Na Conferência do Rio (Conferência das Nações Unidas sobre o Meio Ambiente e Desenvolvimento, de 1992), procurou-se estabelecer um quadro normativo que construísse uma ponte entre as necessidades do desenvolvimento e a proteção do meio ambiente.[44] A Declaração do Rio assume uma visão antropocêntrica, ao afirmar que "os seres humanos constituem o centro das preocupações relacionadas com o desenvolvimento sustentável" (princípio 1), embora reconheça que o direito ao desenvolvimento deve ser exercido de forma que responda equitativamente às necessidades de desenvolvimento e ambientais das gerações presentes e futuras (princípio 3).[45]

Uma visão ampliada do conceito viu-se também nos *Objetivos de Desenvolvimento do Milênio*, das Nações Unidas,[46] adotados no ano de 2000, em que a noção de sustentabilidade foi usada com mais versatilidade. Além da menção a uma sustentabilidade ecológica (respeito à natureza)[47] e da utilização da categoria diretamente ligada a uma dimensão social (combater a pobreza, a fome e as doenças),[48] há referência a uma preocupação com a sustentabilidade *da dívida* dos países pobres e em desenvolvimento,[49] que lhes poderia impor dificuldades de mobilização de recursos para financiar o seu desenvolvimento – ecologicamente – sustentável.[50]

Passados dez anos da Conferência do Rio, teve lugar em Joanesburgo, no ano de 2002, a Conferência Mundial para o Desenvolvimento Sustentável (*World Summit on Sustainable Development*), na qual novamente se cuidou do ideal do desenvolvimento sustentável de uma maneira global. Com acentuada participação da sociedade civil,[51]

---

[43] Cf. IUCN; UNEP; WWF. *Caring for the Earth. A strategy for sustainable living.* Gland, Switzerland, 1991. Disponível em: https://portals.iucn.org/library/efiles/documents/CFE-003.pdf. Acesso em: 6 mar. 2015.

[44] Cf. WINTER, Gerd. Um fundamento e dois pilares: o conceito de desenvolvimento sustentável 20 anos após o Relatório Brundtland. *In*: WINTER, Gerd. *Desenvolvimento sustentável, OGM e responsabilidade civil na União Europeia.* Campinas: Millennium, 2009. p. 2.

[45] Cf. UNEP. *Rio Declaration on Environment and Development.* Principle 1. Disponível em: http://www.unep.org/Documents.Multilingual/Default.asp?documentid=78&articleid=1163. Acesso em: 30 out 2010.

[46] Cf. UN. *United Nations Millennium Declaration.* Disponível em: https://www.ohchr.org/EN/ProfessionalInterest/Pages/Millennium.aspx. Acesso em: 27 jan. 2021.

[47] Cf. UN. *United Nations Millennium Declaration.* nº 6. Disponível em: https://www.ohchr.org/EN/ProfessionalInterest/Pages/Millennium.aspx. Acesso em: 27 jan. 2021.

[48] Cf. UN. *United Nations Millennium Declaration.* nº 20. Disponível em: https://www.ohchr.org/EN/ProfessionalInterest/Pages/Millennium.aspx. Acesso em: 27 jan. 2021.

[49] Cf. UN. *United Nations Millennium Declaration.* nº 16. Disponível em: https://www.ohchr.org/EN/ProfessionalInterest/Pages/Millennium.aspx. Acesso em: 27 jan. 2021.

[50] Cf. UN. *United Nations Millennium Declaration.* nº 14. Disponível em: https://www.ohchr.org/EN/ProfessionalInterest/Pages/Millennium.aspx. Acesso em: 27 jan. 2021.

[51] Cf. FODELLA, Alessandro. Il vertice di Johannesburg sullo sviluppo sostenibile. *Rivista Giuridica dell'Ambiente*, Milano, n. 2, p. 385-402, 2003. p. 386.

foram aprovados na conferência a *Declaração de Joanesburgo sobre Desenvolvimento Sustentável* e respectivo *plano de implementação*.[52]

Esses documentos formularam princípios e diretrizes para promoção da integração dos três componentes do desenvolvimento sustentável – desenvolvimento econômico, social e proteção ambiental, considerados pilares interdependentes que devem se reforçar reciprocamente – nos níveis local, nacional, regional e global,[53] estipulando objetivos globais, considerados condições essenciais para o desenvolvimento sustentável, como a erradicação da pobreza, a mudança dos padrões não sustentáveis de produção e consumo e a proteção do manejo dos recursos naturais.[54] O plano de implementação mudou definitivamente o foco do desenvolvimento sustentável da visão primária da "proteção ambiental" para uma agenda integrada de questões ambientais, sociais e de desenvolvimento, com atenção à erradicação da pobreza, saneamento e saúde.[55]

Em setembro de 2015, a Assembleia-Geral da Organização das Nações Unidas adotou 17 *Objetivos de Desenvolvimento Sustentável*, componentes da sua *Agenda 2030 para o Desenvolvimento Sustentável*, sob o seguinte título *Transformando Nosso Mundo: A Agenda 2030 para o Desenvolvimento Sustentável*.[56]

Os objetivos de desenvolvimento sustentável (ODS) foram concebidos para ampliar e desenvolver os objetivos do milênio e marcaram uma mudança histórica na abordagem das Nações Unidas que, depois de anos tentando integrar o desenvolvimento econômico e social com a sustentabilidade ambiental, optaram pela fixação de metas como caraterística-chave da estratégia de governança (*governance through goals*).[57]

Os dezessete objetivos de desenvolvimento sustentável contemplam demandas repetidas desde o Relatório Brundtland, atreladas às suas dimensões substantivas, com alguns acréscimos e explicitação de interligações (*v.g.*, promover o crescimento econômico sustentado, inclusivo e sustentável, com emprego pleno e produtivo e trabalho decente para todos; construir infraestruturas resilientes, promover a industrialização inclusiva e sustentável e fomentar a inovação; assegurar o acesso confiável, sustentável, moderno e a preço acessível à energia para todos; assegurar a disponibilidade e gestão sustentável da água e saneamento para todos etc.).[58]

---

[52] Cf. UN. Johannesburg Declaration on Sustainable Development; Plan of Implementation of the World Summit on Sustainable Development. *UN-Doc. A/CONF.*, 199/20, 4 set. 2002. Disponível em: http://www.unctad.org/en/docs/aconf199d20&c1_en.pdf. Acesso em: 27 jan. 2012.

[53] Cf. UN. Johannesburg Declaration on Sustainable Development; Plan of Implementation of the World Summit on Sustainable Development. *UN-Doc. A/CONF.*, 199/20, 4 set. 2002. Principle 5. Disponível em: http://www.unctad.org/en/docs/aconf199d20&c1_en.pdf. Acesso em: 27 jan. 2012.

[54] Cf. WINTER, Gerd. Um fundamento e dois pilares: o conceito de desenvolvimento sustentável 20 anos após o Relatório Brundtland. *In*: WINTER, Gerd. *Desenvolvimento sustentável, OGM e responsabilidade civil na União Europeia*. Campinas: Millennium, 2009. p. 2.

[55] Cf. SEGGER, Marie-Claire Cordonier; KHALFAN, Ashfaq. *Sustainable development law*: principles, practices and prospects. Oxford: Oxford University Press, 2005. p. 27.

[56] Cf. UN. United Nations General Assembly: Transforming Our World: The 2030 Agenda for Sustainable development. Draft resolution referred to the United Nations summit for the adoption of the post-2015 development agenda by the General Assembly at its sixtyninth session. *UN Doc.*, A/70/L.1, 18 set. 2015. Disponível em: https://undocs.org/A/70/L.1. Acesso em: 21 jan. 2020.

[57] Cf. BIERMANN, Frank; KANIE, Norichika; KIM, Rakhyun E. Global governance by goal-setting: the novel approach of the UN Sustainable Development Goals. *Current Opinion in Environmental Sustainability*, v. 26/27, p. 26-31, jun. 2017. p. 26.

[58] Cf. UN. United Nations General Assembly: Transforming Our World: The 2030 Agenda for Sustainable development. Draft resolution referred to the United Nations summit for the adoption of the post-2015

Os ODS são esmiuçados ao longo do texto da *Agenda 2030* em 169 metas, reconhecendo-se ampla margem de escolha aos governos nacionais para definirem sua própria ambição quanto à sua implementação.[59] A despeito da nova característica, a *Agenda 2030* aparece como documento mais recente de um processo que afirma uma versão ampliada da sustentabilidade no âmbito internacional, ratificando uma compreensão multidimensional do conceito, abrangente de exigências ecológicas, sociais, econômicas, que precisam ser integradas e implementadas, para promoção de um autêntico desenvolvimento sustentável.

2 A sustentabilidade como princípio estruturante

Dos pontos de vista econômico e sociopolítico, ao propor uma mudança qualitativa, que indaga *o que* deve crescer e *como*, o desenvolvimento sustentável representa um novo paradigma de organização para o desenvolvimento das sociedades no século XXI, candidato a substituir o velho paradigma estritamente econômico do crescimento.[60] Do ponto de vista jurídico, o exame da sua positivação demonstra que o princípio pode ser associado com vários tipos de normas, com diferentes *status*, função e hierarquia na ordem jurídica.[61]

Em termos de positivação jurídica, a situação mais relevante tem-se em diversos casos em que o princípio aparece já explicitado em alguns textos constitucionais,[62] com várias expressões: como um princípio organizatório; como um princípio setorial; como determinante de um direito fundamental de terceira geração; como determinante de tarefas fundamentais; como estipuladora de uma obrigação do Estado, ou do Estado e dos cidadãos, de conservação e proteção do ambiente.[63] Esse caráter abrangente e multifacetado revela com nitidez a função de conformação política da nova categoria jurídico-política, que dá ensejo à reivindicação feita por Häberle de que lhe seja, enfim, reconhecida a qualidade de elemento estrutural típico do consagrado Estado Constitucional.[64]

Como é sabido, a doutrina designa *estruturantes* aqueles princípios que conferem à ordem constitucional determinada identidade e estrutura, razão pela qual são

---

development agenda by the General Assembly at its sixtyninth session. *UN Doc.*, A/70/L.1, 18 set. 2015. Disponível em: https://undocs.org/A/70/L.1. Acesso em: 21 jan. 2020.

[59] Cf. BIERMANN, Frank; KANIE, Norichika; KIM, Rakhyun E. Global governance by goal-setting: the novel approach of the UN Sustainable Development Goals. *Current Opinion in Environmental Sustainability*, v. 26/27, p. 26-31, jun. 2017. p. 27.

[60] Cf. MENZEL, Hans-Joachim. Das konzept der ‚nachhaltigen Entwicklung' – Herausforderung an Rechtssetzung und Rechtsanwendun. ZRP, Heft 5, p. 221-229, 2001. p. 224.

[61] Cf. GEHNE, Katja. *Nachhaltige Entwicklung als Rechtsprinzip. Normatives Aussagegehalt, rechtstheoretische Einordnung, Funktionen im Recht.* Tübingen: Mohr Siebeck, 2011. p. 257.

[62] Como são os casos das constituições da Suíça e de Portugal, que contêm a expressão *desenvolvimento sustentável*, e da Alemanha e do Brasil, que tratam indiretamente do conceito, ao explicitarem o dever de proteção das bases naturais da vida, ou do meio ambiente, respectivamente, ambas explicitando a consideração com o interesse das gerações futuras.

[63] Cf. CANOTILHO, José Joaquim Gomes. O princípio da sustentabilidade como princípio estruturante do direito constitucional. *Revista de Estudos Politécnicos*, v. VIII, n. 13, p. 7-18, 2010. p. 8, abordando vários artigos da Constituição portuguesa.

[64] Cf. HÄBERLE, Peter. Nachhaltigkeit und Gemeineuropäisches Verfassungsrecht – Eine Textufenanalyse. In: KAHL, Wolfgang (Hrsg.). *Nachhaltigkeit als Verbundbegriff*. Tübingen: Mohr Siebeck, 2008. p. 200.

considerados integrantes do núcleo essencial da Constituição. Eles expressam, na lição de Gomes Canotilho, duas dimensões: (i) uma constitutiva, que, dada sua fundamentalidade, exprime, denota ou constitui uma compreensão global da ordem constitucional; e (ii) uma declaratória, na medida em que assumem frequentemente a natureza de superconceitos, utilizados para exprimir a soma de outros subprincípios e de outras concretizações normativas constitucionais.[65]

A compreensão global da nova ordem jurídico-constitucional de um *Estado sustentável* deve orientar-se, de acordo com os documentos internacionais que compõem o processo de afirmação jurídico-política do princípio, pelos compromissos com a conservação das bases naturais da vida (dimensão existencial) e com princípios de justiça material (dimensão de justiça), de modo a compatibilizar a melhoria das condições econômicas e sociais de vida das pessoas com a garantia no longo termo da existência dos recursos naturais que lhes dão suporte.[66] O princípio carrega, quanto a esses objetivos, uma mensagem axiológica muito clara, que preconiza que a reorganização social com vistas à conservação das bases naturais da vida (sustentabilidade ecológica) seja feita de acordo com princípios de justiça *intra* e *intergeracional*.[67]

Essa compreensão global, por sua vez, oferece um fundamento básico ao reconhecimento de subprincípios, regras e diretrizes (*v.g.*, justiças intra e intergeracional, princípios da prevenção e da precaução, princípio do acesso justo aos recursos naturais básicos, da proibição do retrocesso socioambiental, diretriz da conservação dos recursos naturais renováveis, do uso racional dos não renováveis, do uso preferencial de energias renováveis, da proteção reforçada das áreas de alta diversidade biológica, da proteção de grupos vulneráveis a catástrofes ambientais etc.) e até mesmo de novos direitos (*v.g.*, direito à água, à ampla informação, à participação nos processos decisórios pelos afetados), que se foram desenvolvendo ao longo do processo de afirmação política da sustentabilidade e compõem hoje a raiz normativa do princípio.

Entretanto, o reconhecimento da sustentabilidade como um novo princípio estruturante do Estado constitucional significa apenas um primeiro passo em direção a uma almejada reconfiguração do Estado, restando saber que implicações normativas práticas esse reconhecimento tem, porque, como adverte Michael Kloepfler, o crescente consenso em torno da mensagem ecológica mais abstrata não impede que haja muita divergência entre as concepções individuais sobre como deve ser a configuração adequada da proteção do ambiente,[68] ponto determinante da concepção final que se tem sobre a sustentabilidade.

Há na literatura jurídica uma perceptível divergência sobre o nível de remodelação a que se considera deve se submeter o Estado para se tornar um Estado do tipo *ambiental*, ou *ecológico* (ou *sustentável*), ou seja, um Estado organizado segundo um modelo que faça efetivamente da incolumidade do seu meio ambiente tarefa, critério e meta procedimental

---

[65] Cf. CANOTILHO, José Joaquim Gomes. *Direito constitucional*. Coimbra: Almedina, 1995. p. 345.
[66] Cf. APPEL, Ivo. *Staatliche Zukunfts* – und Entwicklungsvorsorge. Tübingen: Mohr Siebck, 2005. p. 16.
[67] Cf. CMMAD. *Nosso futuro comum*. Rio de Janeiro: Editora da Fundação Getúlio Vargas, 1991. Item 2.
[68] Cf. KLOEPFER, Michael. A caminho do Estado ambiental? A transformação do sistema político e econômico da República Federal da Alemanha através da proteção ambiental especialmente desde a perspectiva da ciência jurídica. *In*: SARLET, Ingo Wolfgang (Org.). *Estado socioambiental e direitos fundamentais*. Porto Alegre: Livraria do Advogado, 2010. p. 40.

de suas decisões.⁶⁹ Há, porém, amplo consenso de que essa reconfiguração deve ser feita em *conformidade constitucional*, ou seja, de maneira que não sejam suprimidas as conquistas históricas do constitucionalismo e do humanismo em geral (*v.g.*, liberdades públicas, direitos fundamentais), ainda que possam por sua influência ser submetidas a alguma modificação.⁷⁰

Uma abordagem mais tradicional encara o advento do Estado constitucional do tipo sustentável como um passo, embora importante, simples e, em certa medida, linear, em direção a um futuro que a humanidade almeja, que reconhece e incorpora nas suas preocupações a dimensão ecológica de muitos problemas sociais, considerando um acréscimo axiológico ao princípio da dignidade humana.⁷¹ Nesse caso, seria necessário proceder a certos ajustes e direcionar com alguma criatividade o instrumental jurídico clássico para dar atendimento satisfatório às novas demandas da sustentabilidade ecológica (*v.g.*, utilização dos mecanismos de tutela direitos humanos para a promoção da sustentabilidade ambiental; reconhecimento de um direito subjetivo de terceira geração ao meio ambiente equilibrado; definição de tarefas ambientais e para o Estado). A essa abordagem mais tradicional, a sustentabilidade emerge com o sentido de um princípio essencialmente ecológico, que oferece fundamento de validade à produção de um conjunto de normais de proteção ambiental e um contraponto axiológico a outros legítimos interesses sociais e econômicos.

Numa linha diversa de pensamento, há autores que sustentam a insuficiência desse tipo de solução. Ressaltam que um exame mais acurado dos elementos constitutivos da sustentabilidade é capaz de demonstrar que há uma série de desafios bastante complexos, uma vez que os problemas da sustentabilidade possuem uma dinâmica inteiramente nova, exigente de outra racionalidade, de uma mudança mais radical nos valores, crenças e padrões de comportamento social, além da reformulação dos modelos de governança e gestão.⁷² Essa visão mais contemporânea exige uma reforma mais ampla dos arranjos institucionais de governo e gestão e uma leitura mais dinâmica do princípio de sustentabilidade, compreensiva de uma aplicação mais criteriosa do seu programa multidimensional.

Ambas as vertentes procuraram responder de que modo deve ser assumida pelo Estado constitucional esta responsabilidade geral e primária da conservação das bases naturais da vida (dimensão ecológica) e como ela deve ser articulada com as dimensões social e econômica, de uma maneira que seja, ainda, eficaz.

---

69   Cf. KLOEPFER, Michael. A caminho do Estado ambiental? A transformação do sistema político e econômico da República Federal da Alemanha através da proteção ambiental especialmente desde a perspectiva da ciência jurídica. *In:* SARLET, Ingo Wolfgang (Org.). *Estado socioambiental e direitos fundamentais.* Porto Alegre: Livraria do Advogado, 2010. p. 42.
70   Cf., aprox., KLOEPFER, Michael. A caminho do Estado ambiental? A transformação do sistema político e econômico da República Federal da Alemanha através da proteção ambiental especialmente desde a perspectiva da ciência jurídica. *In:* SARLET, Ingo Wolfgang (Org.). *Estado socioambiental e direitos fundamentais.* Porto Alegre: Livraria do Advogado, 2010. p. 42.
71   Cf. SARLET, Ingo Wolfgang; FENSTERSEIFER, Tiago. Estado Socioambiental e mínimo existencial (ecológico?): algumas aproximações. *In:* SARLET, Ingo Wolfgang (Org.). *Estado socioambiental e direitos fundamentais.* Porto Alegre: Livraria do Advogado, 2010. p. 12.
72   Cf. OLSSON, Per; GALAZ, Victor; WIEBREN, J. Boonstra. Sustainability transformations: a resilience perspective. *Ecology and Society,* v. 19, n. 4, p. 1. Disponível em: http://dx.doi.org/10.5751/ES-06799-190401. Acesso em: 24 maio 2015.

Uma resposta inicial tem sido no sentido de que, para o Estado constitucional do tipo sustentável, a defesa da incolumidade do meio ambiente é um *dever*, que lhe impele a adotar medidas (inclusive legislativas) que promovam proteção ambiental *abrangente*. Uma proteção abrangente do ambiente exige que o esforço inicial seja feito no sentido de se ter uma visão mais completa da natureza, capaz de identificar e compreender o funcionamento de uma vasta gama de funções e serviços essenciais (serviços ecossistêmicos) a essa sustentação e, especialmente, de que modo são afetados negativamente pela ação humana.

O conceito de *serviços ecossistêmicos* tem sido utilizado para orientar uma compreensão mais abrangente dos benefícios tangíveis e intangíveis que decorrem dos processos ecossistêmicos e são fundamentais à garantia da vida na Terra.[73] Na *Avaliação Ecossistêmica do Milênio*, o conceito foi utilizado com uma classificação quadripartite: (*i*) serviços de provisão (ou abastecimento), como suprimento de alimento e água; (*ii*) serviços de regulação, como regulamentação do clima, inundações e doenças; (*iii*) serviços culturais, como fornecimento de valores estéticos, espirituais, educacionais e recreativos; e (*iv*) serviços de suporte, como ciclagem de nutrientes e formação do solo.[74]

Reconhecida sua importância, tais bens (serviços ecossistêmicos), que muitas vezes estão fora de qualquer regulação, ou submetidos a regimes de livre acesso e aproveitamento, embora não sejam ilimitados, precisam ser (re)qualificados como bens públicos e ter sua utilização condicionada a uma regulação jurídica adequada (*internalização jurídica*) – ainda quando for o caso de se recorrer à utilização de instrumentos econômicos –, considerados seu valor, importância (*funcionalidade*) ecológica e a eventual possibilidade de escassez.[75]

Uma proteção abrangente das bases naturais da vida reivindica, além do mais, uma tutela prospectiva, voltada para o futuro, inclusive de longo termo. Uma das contribuições mais relevantes da ecologia ou do ambientalismo internacional foi demonstrar que muitos dos efeitos deletérios sobre o meio ambiente emergem de intervenções marginais nos processos naturais cujos efeitos sinergéticos não detectados levam a colapsos futuros. Nesse sentido, a proteção do interesse das gerações futuras, cuja posição de vulnerabilidade em face das gerações presentes é óbvia, justifica-se com base no princípio da justiça intergeracional e impõe o dever de proteção do mundo futuro (*Nachweltschutz*), que orienta juízos de precaução futura sobre os atos praticados no presente.[76]

---

[73] Cf. WINTER, Gerd. Um fundamento e dois pilares: o conceito de desenvolvimento sustentável 20 anos após o Relatório Brundtland. *In*: WINTER, Gerd. *Desenvolvimento sustentável, OGM e responsabilidade civil na União Europeia*. Campinas: Millennium, 2009. p. 9.

[74] Cf. MILLENNIUM ECOSYSTEM ASSESSMENT. *Ecosystems and Human Well-Being*. Health Synthesis. Disponível em: http://www.millenniumassessment.org/documents/document.357.aspx.pdf. Acesso em: 2 maio 2013; WINTER, Gerd. Um fundamento e dois pilares: o conceito de desenvolvimento sustentável 20 anos após o Relatório Brundtland. *In*: WINTER, Gerd. *Desenvolvimento sustentável, OGM e responsabilidade civil na União Europeia*. Campinas: Millennium, 2009. p. 9.

[75] Cf., aprox., KLOEPFER, Michael. A caminho do Estado ambiental? A transformação do sistema político e econômico da República Federal da Alemanha através da proteção ambiental especialmente desde a perspectiva da ciência jurídica. *In*: SARLET, Ingo Wolfgang (Org.). *Estado socioambiental e direitos fundamentais*. Porto Alegre: Livraria do Advogado, 2010. p. 8; 44.

[76] Cf. KLOEPFER, Michael. A caminho do Estado ambiental? A transformação do sistema político e econômico da República Federal da Alemanha através da proteção ambiental especialmente desde a perspectiva da ciência jurídica. *In*: SARLET, Ingo Wolfgang (Org.). *Estado socioambiental e direitos fundamentais*. Porto Alegre: Livraria do Advogado, 2010. p. 46.

Desse modo, uma proteção jurídica *abrangente* das bases naturais da vida, que considera o interesse das gerações futuras, amplia-se numa perspectiva temporal e exige, além do tratamento jurídico das intervenções presentes com efeitos futuros prognosticáveis (gestão de riscos), o tratamento jurídico daquelas intervenções cujas consequências não são prognosticáveis, em razão da ausência ou insuficiência de conhecimento científico (gestão de incertezas).[77]

Uma compreensão *ampla* do meio ambiente levanta a questão sobre como deve ser sua tutela *jurídica*, que se pretende seja também compatível com outros valores constitucionais (políticos, sociais e econômicos), sejam aqueles assentados pela tradição constitucional liberal, sejam aqueles igualmente reconhecidos como elementos componentes do conceito, de modo que proteção *ampla* da natureza (sustentabilidade ecológica) seja também considerada (política, econômica e socialmente) *justa*.

Com relação à compreensão dessas relações, entre as dimensões da sustentabilidade, entre elas e outros direitos, liberdades e princípios constitucionais, registram-se apenas os primeiros passos de uma transformação que apenas se iniciou, que procura extrair da consideração da sustentabilidade como princípio estruturante algumas primeiras diretrizes que a doutrina tem registrado.

Michael Kloepfer, por exemplo, leciona que a afirmação do dever do Estado de proteção do ambiente, se compreendida como um dever fundamental de proteção *das bases naturais da vida*, como consagrado na Lei Fundamental alemã, permite iluminar a compreensão sobre a prioridade que a proteção do meio ambiente goza sobre outros bens, que não é absoluta.[78] Para o autor, a afirmação da fundamentalidade da dimensão ecológica da sustentabilidade, por um lado, não deve levar à suposição de um efeito ambiental geral sobre os direitos fundamentais, no sentido de uma redução ecológica geral da substância desses direitos, ou de uma decisão por si só preferencial em favor da proteção do meio ambiente.[79] Os problemas ecológicos, embora muito relevantes, não devem justificar a imposição de medidas autoritárias, com supressão ou fragilização dessas liberdades, a partir de medidas excessivas de proteção ambiental, que fizessem emergir um indesejável "Estado policial",[80] ou um "Estado de polícia de ambiente".[81]

---

[77] A despeito das controvérsias dogmáticas sobre a natureza do princípio da precaução, especificamente sobre sua autonomia em face de um princípio ou diretriz mais tradicional e geral de prevenção ambiental, sua compreensão como um subprincípio do princípio estruturante da sustentabilidade implica o reconhecimento do dever específico para os Estados de implementarem um sistema amplo de gestão do risco, em que estejam incluídos o dever de agir nos casos do "risco tecnológico", abrangente de situações de incerteza, de modo a minimizar a ocorrência de danos, ou a extensão dos seus efeitos, providenciar equipamentos e procedimentos de emergência e, quando for o caso, viabilizar a compensação financeira. Cf. WEISS, Edith Brown. *In fairness to future generations*. [s.l.]: [s.n.], [s.d.]. p. 70; 82 e ss.

[78] Cf. KLOEPFER, Michael. A caminho do Estado ambiental? A transformação do sistema político e econômico da República Federal da Alemanha através da proteção ambiental especialmente desde a perspectiva da ciência jurídica. *In*: SARLET, Ingo Wolfgang (Org.). *Estado socioambiental e direitos fundamentais*. Porto Alegre: Livraria do Advogado, 2010. p. 50.

[79] Cf. KLOEPFER, Michael. A caminho do Estado ambiental? A transformação do sistema político e econômico da República Federal da Alemanha através da proteção ambiental especialmente desde a perspectiva da ciência jurídica. *In*: SARLET, Ingo Wolfgang (Org.). *Estado socioambiental e direitos fundamentais*. Porto Alegre: Livraria do Advogado, 2010. p. 51.

[80] Cf. KLOEPFER, Michael. A caminho do Estado ambiental? A transformação do sistema político e econômico da República Federal da Alemanha através da proteção ambiental especialmente desde a perspectiva da ciência jurídica. *In*: SARLET, Ingo Wolfgang (Org.). *Estado socioambiental e direitos fundamentais*. Porto Alegre: Livraria do Advogado, 2010. p. 43.

[81] Cf. SILVA, Vasco Pereira da. *Verde cor de direitos*. Lições de direito do ambiente. Lisboa: Almedina, 2005. p. 25.

Por outro lado, indaga-se, então, se a confrontação do dever de conservar as bases naturais da vida com os outros valores (sociais e econômicos) da sustentabilidade poderia estar adstrita a um *patamar mínimo de proteção ambiental*, normalmente referido como *limites ambientais*, concebidos para delimitar um espaço em que as ações políticas podem ocorrer[82] sem ameaçar a sustentabilidade ecológica.

Para realizar essa estratégia, a doutrina alemã tem trabalhado com o conceito de "cercas" ou "barreiras de segurança" (*Leitplanken*), que corporificam a ideia de um quadro, ou moldura, estabelecidos com base no conhecimento científico disponível, para delimitar o espaço em que a intervenção humana sobre o meio ambiente pode ocorrer.[83] Não se admite nem a transposição dos limites da conservação ecológica definidos pelas barreiras de segurança, nem a substituição do capital natural incluído nessa margem de proteção por capital econômico ou social.[84]

Assim, a equiparação de peso e a ponderação entre objetivos ecológicos, econômicos e socioculturais só poderia ser feita até as "barreiras ecológicas de segurança" (ökologische *Leitplanken*), dentro de uma espécie de canal de navegação.[85] Em outras palavras, enquanto as capacidades da natureza estiverem salvaguardadas por efetivas barreiras de segurança, a sociedade se conservará num curso seguro.[86]

É interessante observar que, admitidas as dificuldades de se trabalhar científica e antecipadamente com conceitos operativos para a orientação da proteção dos bens naturais (*v.g.*, capacidade de carga, resiliência), as barreiras de segurança ecológicas não descrevem delimitações objetivas dos ecossistemas ou dos ambientes, revelando-se, na realidade, expressões de considerações de precaução (*v.g.*, padrão mínimo de segurança), que estipulam um nível de aceitação da exposição dos sistemas naturais a riscos.[87]

O mecanismo das barreiras de segurança oferece, segundo essa compreensão, uma diretriz de preponderância da dimensão ecológica, dado seu caráter existencial, de acordo com uma versão intermediária da sustentabilidade que encontra justificativa até mesmo do ponto de vista de uma compreensão antropocêntrica: tanto quanto estejam em causa as *condições básicas da vida* do homem, permite-se uma prevalência (pontual) de interesses ecológicos.[88]

A existência duradoura da Terra e o bom funcionamento dos serviços ecossistêmicos justificam essa primazia das preocupações ambientais diante dos objetivos de garantir a vida e se atender às necessidades básicas das pessoas (alimentação, acesso à água e

---

[82] Cf JAHNKE, Matthias; NUTZINGER, Hans G. Sustainability – A theoretical idea or a practical recipe? *Poiesis & Praxis: International Journal of Technology Assessment and Ethics of Science*, v. 1, p. 275-294, 2003. p. 278.

[83] Cf. GRUNWALD, Armin; KOPFMÜLLER, Jürgen. *Nachhaltigkeit*. 2. aktualisierte Auflage. Frankfurt/Main: Campus Verlag, 2012. p. 56.

[84] Cf. KAHL, Wolfgang. Einleitung: Nachhaltigkeit als Verbundbegriff. *In*: KAHL, Wolfgang (Hrsg.). *Nachhaltigkeit als Verbundbegriff*. Tübingen: Mohr Siebeck, 2008. p. 9.

[85] Cf. KAHL, Wolfgang. Einleitung: Nachhaltigkeit als Verbundbegriff. *In*: KAHL, Wolfgang (Hrsg.). *Nachhaltigkeit als Verbundbegriff*. Tübingen: Mohr Siebeck, 2008. p. 9-10.

[86] Cf. GRUNWALD, Armin; KOPFMÜLLER, Jürgen. *Nachhaltigkeit*. 2. aktualisierte Auflage. Frankfurt/Main: Campus Verlag, 2012. p. 56.

[87] Cf. GRUNWALD, Armin; KOPFMÜLLER, Jürgen. *Nachhaltigkeit*. 2. aktualisierte Auflage. Frankfurt/Main: Campus Verlag, 2012. p. 56.

[88] Cf. KAHL, Wolfgang. Einleitung: Nachhaltigkeit als Verbundbegriff. *In*: KAHL, Wolfgang (Hrsg.). *Nachhaltigkeit als Verbundbegriff*. Tübingen: Mohr Siebeck, 2008. p. 10.

energia, cuidados com a saúde), que também aparecem como elementos nucleares do desenvolvimento sustentável.[89]

Como se pode perceber, essa compreensão do princípio da sustentabilidade não avança numa abordagem integrativa do conceito, afirmada desde o Relatório Brundtland e, conquanto ofereça um critério de interpretação (preservação do núcleo ecológico essencial e reconhecimento de limites máximos a uma tutela ambiental), não oferece uma metódica capaz de orientar um adequado balanceamento entre as diversas dimensões da sustentabilidade. Respeitados os patamares (máximo e mínimo) da tutela ambiental, a realização do programa multidimensional do princípio da sustentabilidade (promoção das dimensões social e econômica) resta inteiramente confiada aos poderes políticos, a quem se reconhece competência para elaborar e executar políticas públicas que tenham por objetivo o desenvolvimento econômico e social.

3 A dimensão procedimental da sustentabilidade

Embora seja ampla a aceitação de uma concepção de desenvolvimento sustentável baseada em dimensões substantivas (ecológicas, sociais e econômicas), são inúmeras as dificuldades que precisam ser superadas para se chegar a um entendimento adequado de cada uma delas, assim como das suas inter-relações. Há dificuldades relacionadas com o dinamismo e a complexidade que marcam as interações entre os sistemas sociais e ecológicos, outras com a incompletude do conhecimento científico e há aquelas relacionadas com as valorações das questões em jogo, problemas que chegam a levantar dúvidas sobre a possibilidade de uma concretização geral.[90]

Essas dificuldades abrem espaço para a defesa de um tipo de abordagem *procedimental* (ou *processual*) da sustentabilidade, considerada essencial a um princípio orientador, "que não deve estar limitado a aspectos materiais".[91] Uma leitura *procedimental* da sustentabilidade seria mais adequada à compreensão da categoria não como um objetivo ostensivo e sim como uma *ideia regulativa*.[92] A máxima segundo a qual, quanto menos determinado é o conteúdo envolvido em uma decisão, mais importante tornam-se o estabelecimento e a observância de regras processuais/procedimentais apropriadas, considera-se perfeitamente aplicável ao conceito de desenvolvimento sustentável, diante da impossibilidade de se apurar com base em uma conceituação precisa o que é ou não sustentável.[93]

Grunwald e Kopfmüller, por exemplo, afirmam que, no caso da sustentabilidade, a inconveniência e até mesmo a impossibilidade de se estipularem objetivos políticos "fixos" de longo termo permitem apenas a formulação de acordos com base em consensos mínimos em face das ameaças mais iminentes e, portanto, a fixação das metas e executar

---

[89] Cf. KAHL, Wolfgang. Einleitung: Nachhaltigkeit als Verbundbegriff. *In*: KAHL, Wolfgang (Hrsg.). *Nachhaltigkeit als Verbundgriff*. Tübingen: Mohr Siebeck, 2008. p. 10.
[90] Cf. GRUNWALD, Armin; KOPFMÜLLER, Jürgen. *Nachhaltigkeit*. Frankfurt/Main: Campus Verlag, 2006. p. 40.
[91] Cf. GLASER, Andreas. *Nachhaltige Entwicklung und Demokratie*. Tübingen: Mohr Siebeck, 2006. p. 70. Tradução livre do autor.
[92] Cf. GRUNWALD, Armin; KOPFMÜLLER, Jürgen. *Nachhaltigkeit*. Frankfurt/Main: Campus Verlag, 2006. p. 40; NUTZINGER, Hans G. *Starke versus schwache Nachhaltigkeit*. [s.l.]: [s.n.], [s.d.]. p. 191.
[93] Cf. GLASER, Andreas. *Nachhaltige Entwicklung und Demokratie*. Tübingen: Mohr Siebeck, 2006. p. 70.

deve se realizar preferencialmente através de arranjos institucionais próprios e regras de procedimento.[94] Essa circunstância compatibiliza-se perfeitamente com a compreensão segundo a qual numa sociedade livre e democraticamente organizada não é desejável homogeneizar os entendimentos e conceber "de uma vez por todas" uma definição pretensamente exata do desenvolvimento sustentável.[95] A construção de uma sociedade sustentável dinâmica deve se apoiar mais nos *processos* do que ser orientada por *objetivos*.[96]

Entretanto, a tarefa de compatibilização de questões sociais, econômicas e ambientais só pode ser efetivamente cumprida se as estruturas decisórias forem orientadas para isso, ou seja, se os procedimentos institucionais garantirem que os aspectos relativos àquelas dimensões serão amplamente considerados, e que será assegurado, de maneira sistêmica, que as considerações de longo prazo serão consideradas.[97] Assim, a incorporação de uma dimensão procedimental da sustentabilidade impõe, de acordo com o disposto em documentos como a Declaração do Rio, que os procedimentos decisórios promovam a inclusão ampla das considerações ambientais e de desenvolvimento (sociais e econômicas), à luz das considerações de justiça intra e intergeracional, garantindo-se a realização de estudos de impacto ambiental e encorajando a participação pública.[98]

Portanto, a relevância dos valores envolvidos nas questões da sustentabilidade não admite uma compreensão segundo a qual remanesce para os Estados uma margem muito ampla de discricionariedade para interpretá-los e sopesá-los livremente nos casos de conflitos, excepcionadas apenas as hipóteses para as quais alguma ação internacional específica tenha sido acordada (*v.g.*, limites de emissão acordados num tratado).[99] Sob pena de se estabelecer uma versão estritamente procedimental, a leitura procedimental da sustentabilidade pretende orientar a integração das dimensões substantivas do conceito, cuja compreensão tem evoluído juntamente com a interpretação do conceito.

O sentido procedimental da sustentabilidade deve, enfim, ser interpretado como diretamente vinculado às suas dimensões materiais, substantivamente consideradas, de acordo com a crítica de inúmeros autores que denunciam a insuficiência de modelos reduzidos a fórmulas meramente procedimentais, que apenas induzem "considerações" dessas dimensões nos processos decisórios.[100] O atendimento dessa simples exigência – considerações das implicações – não é garantia nem de que esses valores serão adequadamente prestigiados, nem de que serão adequadamente articulados, o que só se pode fazer com base numa compreensão aprofundada de cada dimensão substantiva da sustentabilidade e em conformidade com uma metódica de ponderação criteriosa, respectivamente.

---

[94] Cf. GRUNWALD, Armin; KOPFMÜLLER, Jürgen. *Nachhaltigkeit*. Frankfurt/Main: Campus Verlag, 2006.p. 40.
[95] Cf. GLASER, Andreas. *Nachhaltige Entwicklung und Demokratie*. Tübingen: Mohr Siebeck, 2006. p. 70.
[96] Cf. CONNELLY, Steve. Mapping sustainable development as a contested concept. *Local Environment*, v. 12, n. 3, p. 259-278, 2007. p. 267.
[97] Cf. GLASER, Andreas. *Nachhaltige Entwicklung und Demokratie*. Tübingen: Mohr Siebeck, 2006. p. 70.
[98] Cf. BOYLE, Alan. Between process and substance; sustainable development in the jurisprudence of international courts and tribunals. *In*: BUGGE, Hans Christian; VOIGT, Christina (Ed.). *Sustainable development in international and national law*. [s.l.]: [s.n.], [s.d.]. p. 207.
[99] Cf. BOYLE, Alan. Between process and substance; sustainable development in the jurisprudence of international courts and tribunals. *In*: BUGGE, Hans Christian; VOIGT, Christina (Ed.). *Sustainable development in international and national law*. [s.l.]: [s.n.], [s.d.]. p. 207.
[100] Cf. GÄRDITZ, Klaus Ferdinand. Nachhaltigkeit und Völkerrecht. *In*: KAHL, Wolfgang (Hrsg.). *Nachhaltigkeit als Verbundbegriff*. Tübingen: Mohr Siebeck, 2008. p. 141.

O que importa consignar neste ponto é que, se a sustentabilidade envolve uma interpretação jurídica que vê no processo decisório um elemento jurídico-chave da sua realização,[101] é preciso que as estruturas deliberativas estejam corretamente concebidas ou satisfatoriamente adaptadas às finalidades do conceito, ou seja, estejam estruturadas para (*i*) incluir considerações amplas sobre os aspectos econômicos, sociais e ecológicos e suas interferências recíprocas; (*ii*) fomentar o debate racional sobre essas considerações, segundo uma perspectiva futura; (*iii*) garantir a representação formal e material dos afetados; estabelecendo-se um modelo de informação ampla para justa deliberação.

4 O programa multidimensional da sustentabilidade

Alguns autores, órgãos, instituições e organizações não governamentais[102] preconizam uma versão de sustentabilidade de "pilar único", unidimensional e estritamente ecológica.[103] Considerando que a questão central da sustentabilidade está na adequada relação do homem com seu ambiente natural,[104] o conceito deve se ocupar, primordialmente, do problema da utilização dos recursos naturais.[105] O fundamento da versão ecológica unidimensional está ancorado na compreensão de que a satisfação das necessidades das gerações futuras só será possível se se preservarem as condições naturais básicas da vida, de modo que, nos casos de conflitos com quaisquer outros bens ou valores, devem prevalecer os interesses ecológicos.[106]

Sociedade e economia devem, segundo essa linha de argumentação, mover-se apenas num quadro delimitado pelos contornos dos limites ambientais,[107] de acordo com um modelo de sustentabilidade ecológica que considera que as questões sociais e econômicas têm um papel secundário, porque são vistas ou como causas ou consequências dos problemas ambientais, justificando-se apenas a reivindicação de que as medidas de proteção ambiental sejam o quanto possível social e economicamente favoráveis, sem reconhecer a esses aspectos importância capaz de lhes conferir valor de uma dimensão objetiva independente.[108]

---

[101] Cf. BOYLE, Alan. Between process and substance; sustainable development in the jurisprudence of international courts and tribunals. In: BUGGE, Hans Christian; VOIGT, Christina (Ed.). *Sustainable development in international and national law*. [s.l.]: [s.n.], [s.d.]. p. 207.

[102] Köpfmüller *et al.* afirmam que o estudo do Wuppertal-Instituts, *Zukunftsfähiges Deutschland*, do ano de 1996, e o relatório do Bundesforschungsanstalt für Landeskunde und Raumordnung, *Nachhaltige Stadtentwicklung*, de 1996, assim como o estudo do Umweltbundesamtes, *Nachhaltiges Deutschland*, de 1997, estão baseados numa compreensão de pilar único (*Ein-Säulen-Modell*). Cf. KOPFMÜLLER, J.; BRANDL, V.; JÖRISSEN, J.; PAETAU, M.; BANSE, G.; COENEN, R.; GRUNDWALD, A. *Nachhaltigke Entwicklung integrative betrachtet*. Konstitutive Elemente, Regeln, Indikatoren. Berlin: Sigma, 2001. p. 48, nota 20.

[103] Cf. LITTIG, Beate; GRIEBLER, Erich. Social sustainability: a catchword between political pragmatism and social theory. *International Journal of Sustainable Development*, v. 8, issue: 1/2, p. 65/79, 2005. p. 66.

[104] Cf. KOPFMÜLLER, J.; BRANDL, V.; JÖRISSEN, J.; PAETAU, M.; BANSE, G.; COENEN, R.; GRUNDWALD, A. *Nachhaltigke Entwicklung integrative betrachtet*. Konstitutive Elemente, Regeln, Indikatoren. Berlin: Sigma, 2001. p. 48.

[105] Cf. GLASER, Andreas. *Nachhaltige Entwicklung und Demokratie*. Tübingen: Mohr Siebeck, 2006. p. 56.

[106] Cf. GRUNWALD, Armin; KOPFMÜLLER, Jürgen. *Nachhaltigkeit*. Frankfurt/Main: Campus Verlag, 2006. p. 41.

[107] Cf. RENN, Ortwin; DEUSCHLE, Jürgen; JÄGER, Alexander; WEIMER-JEHLE, Wolfgang. *Leitbild Nachhaltigkeit*. Eine normative-funktionale konzeption und ihre Umsetzung. Wiesbaden: VS Verlag, 2007. p. 27.

[108] Cf. GRUNWALD, Armin; KOPFMÜLLER, Jürgen. *Nachhaltigkeit*. Frankfurt/Main: Campus Verlag, 2006. p. 41; KOPFMÜLLER, J.; BRANDL, V.; JÖRISSEN, J.; PAETAU, M.; BANSE, G.; COENEN, R.; GRUNDWALD, A.

A versão estritamente ecológica da sustentabilidade procura, fundamentalmente, rever a relação homem-natureza a partir de algumas regras práticas bem difundidas de gestão ecológica, também chamadas de "regras de gestão para a sustentabilidade",[109] ou "regras de gestão dos recursos":[110] (*i*) a taxa de utilização de recursos naturais renováveis não deve exceder sua taxa (proporção) de regeneração; (*ii*) os recursos naturais não renováveis devem ser utilizados apenas na medida em que seja possível encontrar um substituto renovável; e (*iii*) as emissões e os resíduos não devem exceder a capacidade de absorção do meio ambiente.[111]

Ideias e conceitos-chave como "capacidade de carga", entendida como o limite de carga antropogênica que um sistema ecológico é capaz de suportar sem alterar seu funcionamento, "estabilidade ecológica", "vulnerabilidade", "perturbação" e "resiliência" aparecem como temas principais de estudo dos adeptos da sustentabilidade estritamente ecológica.[112]

Inúmeras críticas são apresentadas ao modelo unidimensional ecológico, que sustentam, desde a insuficiência, e até mesmo a inutilidade das regras de gestão ecológica, até a impossibilidade de se identificar científica e antecipadamente os limites de carga suportável.[113] Outras críticas ressaltam que muitas questões da sustentabilidade não escapam a valorações morais, por exemplo, aquelas ligadas à legitimidade do consumo dos recursos naturais não renováveis, à luz do princípio da justiça intergeracional.[114]

Os adeptos da versão unidimensional da sustentabilidade, por sua vez, se opõem com vigor à definição ampliada multidimensional do desenvolvimento sustentável, que consideram contraproducente à preservação dos recursos naturais que dão base à vida, ao admitir a contraposição de propósitos econômicos aos ambientais, tornando sem sentido um conceito que abriga objetivos contraditórios, como seriam a durabilidade ecológica e o crescimento econômico, e cuja realização restaria inteiramente confiada à vontade política.[115] A versão ampliada permitiria uma indevida equiparação entre os estoques de capital social e econômico ao natural, quando somente este último apresenta o problema da irreversibilidade.[116]

Assim, os partidários da sustentabilidade estritamente ecológica preconizam que a diretriz de conservação dos recursos naturais que dão base à vida esteja no

---

Nachhaltigke Entwicklung integrative betrachtet. Konstitutive Elemente, Regeln, Indikatoren. Berlin: Sigma, 2001. p. 48.

[109] Cf. JÖRISSEN, J.; KOPFMÜLLER, J.; BRANDL, V.; PATEAU, M. *Ein integratives Konzept nachhaltiger Entwicklung*. Wissenschaftliche Berichte. Karlsruhe: Forschungszentrum Karlsruhe GmbH, 1999. p. 65-66. Disponível em: http://www.itas.fzk.de/deu/Itaslit/joua99a.pdf. Acesso em: 20 fev. 2011.

[110] Cf. GÄRDITZ, Klaus Ferdinand. Nachhaltigkeit und Völkerrecht. *In*: KAHL, Wolfgang (Hrsg.). *Nachhaltigkeit als Verbundbegriff*. Tübingen: Mohr Siebeck, 2008. p. 142; GRUNWALD, Armin; KOPFMÜLLER, Jürgen. *Nachhaltigkeit*. Frankfurt/Main: Campus Verlag, 2006. p. 42-43.

[111] Mesmo nas versões de múltiplos pilares, as regras de gestão sustentável dos recursos aparecem como componentes da dimensão ecológica, com algumas variações e, eventualmente, ao lado de regras complementares.

[112] Cf. GRUNWALD, Armin; KOPFMÜLLER, Jürgen. *Nachhaltigkeit*. Frankfurt/Main: Campus Verlag, 2006. p. 44.

[113] Cf. GRUNWALD, Armin; KOPFMÜLLER, Jürgen. *Nachhaltigkeit*. Frankfurt/Main: Campus Verlag, 2006. p. 43-44.

[114] Cf. JAHNKE, Matthias; NUTZINGER, Hans G. Sustainability – A theoretical idea or a practical recipe? *Poiesis & Praxis: International Journal of Technology Assessment and Ethics of Science*, v. 1, p. 275-294, 2003. p. 280.

[115] Cf. GLASER, Andreas. *Nachhaltige Entwicklung und Demokratie*. Tübingen: Mohr Siebeck, 2006. p. 57.

[116] Cf. GLASER, Andreas. *Nachhaltige Entwicklung und Demokratie*. Tübingen: Mohr Siebeck, 2006. p. 57.

centro do desenvolvimento sustentável e se mantenha fixa, não sujeita à relativização, compreendida como condição inalienável de toda vida humana.[117] O conceito deve ser compreendido como fornecedor de uma moldura vinculativa para políticas econômicas e sociais, de maneira que os objetivos (políticos) de sustentabilidade econômica e social só possam ser racionalmente formulados num espaço restrito.[118]

Entretanto, como advertem alguns autores, reconhecer a multidimensionalidade do desenvolvimento sustentável não implica necessariamente uma versão fraca de sustentabilidade, uma vez que esta questão tem mais a ver com o peso que se atribui ao pilar ecológico, havendo que se admitir a hipótese de um modelo de pilar triplo extremamente forte se se confere uma primazia inflexível à dimensão ecológica.[119] Rudolf Schüßler observa, neste sentido, que o modelo de três pilares tanto pode ser interpretado como uma concepção moderada forte, se não se admite a restrição do nível de cada um dos pilares, quanto como uma versão moderada fraca, dependendo do nível de substituição admitida entre esses pilares.[120] Se, todavia, a visão mais difundida é a que sugere o tratamento equânime de todos os pilares do modelo, pode-se estar diante de uma versão moderada da sustentabilidade fraca, uma vez que o primado das condições naturais de vida, núcleo da versão forte, é colocado no mesmo patamar dos outros pilares, diante da possibilidade de ponderação.[121]

Gerd Winter está entre os autores que acusam a versão ampliada do desenvolvimento sustentável de se ajustar a qualquer discurso político, desvirtuando a sustentabilidade da sua dimensão principal, a ecológica. Ao ressaltar que "economia" e "sociedade" são "parceiros fracos" da biosfera, que tem importância fundamental, uma vez que essa pode existir sem aquelas, não sendo possível o contrário, o autor formula uma versão tridimensional que considera a dimensão ambiental a base sobre a qual se apoiariam os dois pilares, a versão de "um fundamento e dois pilares".[122] Sem destacar a fundamentalidade da natureza, o conceito de três pilares seria, para Winter, imprudente e descuidado, capaz de gerar compromissos simulados e tolerar sacrifícios da natureza em favor de interesse econômicos e sociais de curto prazo, que podem ser destrutivos em longo prazo para a própria economia e para a sociedade.[123]

Para ilustrar sua crítica, o autor apresenta o exemplo do caso da quota de pesca definida anualmente pelo Conselho da Comunidade Europeia reiteradamente numa taxa maior do que a de reprodução de certa espécie de peixe, justificada pelo

---

[117] Cf. GLASER, Andreas. *Nachhaltige Entwicklung und Demokratie*. Tübingen: Mohr Siebeck, 2006. p. 58.
[118] Cf. GLASER, Andreas. *Nachhaltige Entwicklung und Demokratie*. Tübingen: Mohr Siebeck, 2006. p. 58.
[119] Cf. KAHL, Wolfgang. Einleitung: Nachhaltigkeit als Verbundbegriff. *In*: KAHL, Wolfgang (Hrsg.). *Nachhaltigkeit als Verbundbegriff*. Tübingen: Mohr Siebeck, 2008. p. 70.
[120] Cf. SCHÜβLER, Rudolf. Nachhaltigkeit und Ethik. *In*: KAHL, Wolfgang (Hrsg.). *Nachhaltigkeit als Verbundbegriff*. Tübingen: Mohr Siebeck, 2008. p. 62.
[121] Cf. SCHÜβLER, Rudolf. Nachhaltigkeit und Ethik. *In*: KAHL, Wolfgang (Hrsg.). *Nachhaltigkeit als Verbundbegriff*. Tübingen: Mohr Siebeck, 2008. p. 62.
[122] Cf. WINTER, Gerd. Um fundamento e dois pilares: o conceito de desenvolvimento sustentável 20 anos após o Relatório Brundtland. *In*: WINTER, Gerd. *Desenvolvimento sustentável, OGM e responsabilidade civil na União Europeia*. Campinas: Millennium, 2009. p 4.
[123] Cf. WINTER, Gerd. Um fundamento e dois pilares: o conceito de desenvolvimento sustentável 20 anos após o Relatório Brundtland. *In*: WINTER, Gerd. *Desenvolvimento sustentável, OGM e responsabilidade civil na União Europeia*. Campinas: Millennium, 2009. p. 5.

interesse da manutenção dos empregos e da segurança alimentar.[124] Segundo Winter, essa argumentação, compatível com o conceito dos três pilares, uma vez que firma um compromisso entre economia humana (setor de pesca), bem-estar social (suprimento de peixe para os consumidores) e recursos naturais (estoques de peixes), pode levar ao colapso de toda uma população de peixes.[125] Trata-se de um tipo de decisão de curto prazo capaz de gerar o chamado "efeito vingativo" no longo prazo, ao produzir consequências catastróficas decorrentes do colapso, a atingir de maneira ainda mais severa a economia e o social, dadas as consequências econômicas no setor, relativas aos empregos e aos consumidores.[126] É certo que essa crítica poderia ser respondida, como reconhece o autor, com a alegação de que a concepção fundada no triplo pilar pode ser levada a efeito com a fixação de compromissos de longo prazo, com regras formuladas de respeito à natureza como fundamento. Mas, nesse caso, Winter afirma que o conceito estaria fundido dentro de uma concepção de "sustentabilidade forte".[127]

O que sobressai, porém, muito claro, dessa crítica, é o reconhecimento de que a adoção de uma versão multidimensional da sustentabilidade não dispensa uma cuidadosa compreensão da essencialidade dos processos ecológicos que dão base à vida, e das consequências catastróficas futuras a que o subdimensionamento da dimensão ecológica pode levar, se, no momento da ponderação, se admitir a interferência humana além do patamar mínimo de proteção ambiental, ou se forem desconsiderados os efeitos de longo termo, deixando-se correr a base material (natureza) sobre a qual pode se construir o desenvolvimento (econômico e social).

A *dimensão social* da sustentabilidade deriva fundamentalmente do subprincípio da justiça intrageracional, que preconiza uma justa repartição quanto ao acesso aos recursos naturais e benefícios do desenvolvimento. A compreensão da sustentabilidade social evoluiu da ideia do atendimento das "necessidades básicas" das pessoas, consagrada no Relatório Brundtland, e de outros bens sociais inerentes à dignidade do indivíduo, como proteção à saúde e educação, para tentar compreender, com base em estudos relacionados ao desenvolvimento humano, de maneira abrangente, os *processos sociais* – e suas condicionantes – que geram saúde e bem-estar social, e as instituições sociais que atuam em favor da integridade social, da sustentabilidade ambiental e econômica, agora e com vistas ao futuro.[128]

---

[124] Cf. WINTER, Gerd. Um fundamento e dois pilares: o conceito de desenvolvimento sustentável 20 anos após o Relatório Brundtland. *In*: WINTER, Gerd. *Desenvolvimento sustentável, OGM e responsabilidade civil na União Europeia*. Campinas: Millennium, 2009. p. 5.

[125] Cf. WINTER, Gerd. Um fundamento e dois pilares: o conceito de desenvolvimento sustentável 20 anos após o Relatório Brundtland. *In*: WINTER, Gerd. *Desenvolvimento sustentável, OGM e responsabilidade civil na União Europeia*. Campinas: Millennium, 2009. p. 5.

[126] Cf. WINTER, Gerd. Um fundamento e dois pilares: o conceito de desenvolvimento sustentável 20 anos após o Relatório Brundtland. *In*: WINTER, Gerd. *Desenvolvimento sustentável, OGM e responsabilidade civil na União Europeia*. Campinas: Millennium, 2009. p. 5.

[127] Cf. WINTER, Gerd. Um fundamento e dois pilares: o conceito de desenvolvimento sustentável 20 anos após o Relatório Brundtland. *In*: WINTER, Gerd. *Desenvolvimento sustentável, OGM e responsabilidade civil na União Europeia*. Campinas: Millennium, 2009. p. 5.

[128] Ampliou-se a síntese de Dillard *et al.* apenas para destacar a "integridade social", como um dos objetivos específicos da dimensão social da sustentabilidade, segundo a maioria das abordagens sobre o tema, cf. DILLARD, Jesse; DUJON, Veronica; KING, Mary C. Introduction. *In*: DILLARD, Jesse; DUJON, Veronica; KING, Mary C. (Ed.). *Understanding the social dimensions of sustainability*. [s.l.]: [s.n.], [s.d.]. p. 4.

Assim, a compreensão da sustentabilidade social tem se ampliado para abranger outros valores sociais, como *tolerância, solidariedade, capacidade de integração, orientação para o bem comum*, de acordo com um sentido de justiça e direitos orientados para a coesão da sociedade como um todo e conservação da paz social.[129] Além dos objetivos tradicionais, como a erradicação da pobreza, o combate à fome, a proteção à saúde, a garantia de educação e a redução das desigualdades, a Agenda 2030 para o Desenvolvimento Sustentável reivindica que sejam tornadas as instituições eficazes e capazes de promover sociedades pacíficas e inclusivas para o desenvolvimento sustentável e proporcionar o acesso à justiça para todos (ODS 16).

Sobre a *dimensão econômica* da sustentabilidade, vale consignar, antes de tudo, que a autonomia do *sistema econômico*,[130] em face de um sistema social mais amplo, pode ser reconhecida a partir da constatação de que seus mecanismos, que organizam um modelo de sistema orientado pelo mercado, regulam preponderantemente a produção e consumo de bens e serviços[131] e são, desse modo, determinantes, tanto de consequências ambientais, decorrentes da utilização de certo montante de recursos energéticos e materiais para subsidiar essa produção, quanto de consequências sociais, como nível de emprego, pobreza, que são materialmente dependentes de um bom funcionamento da economia.[132] Assim, uma visão geral da dimensão econômica da sustentabilidade levanta indagações sobre como devem ser reestruturadas as economias nacionais e internacional para: (*i*) incorporar nos seus processos os custos relativos à utilização de bens mais ou menos escassos e de outros tipos de capital (*v.g.*, social, natural, cultural); (*ii*) estabelecer diretrizes de justiça asseguradoras da realização de um princípio de equidade dentro das atuais gerações e entre gerações; e (*iii*) desenvolver diretrizes que contribuam para o estabelecimento de uma ordem econômica de competitividade justa.

Em síntese, trata-se de se desenvolver diretrizes de sustentabilidade (econômica) capazes de estabelecer um quadro de condições básicas de ordenamento político da economia com vistas à sustentabilidade.[133] Inúmeras diretrizes e medidas econômicas têm sido sugeridas desde o Relatório Brundtland, como uma internalização mais completa e proporcional dos custos ambientais e sociais nos sistemas de preço, a adoção de um sistema tributário e utilização de instrumentos econômicos que promovam comportamentos sustentáveis e desestimulem os não sustentáveis. Também no âmbito das economias internas das entidades e sistemas públicos, preconiza-se a adoção de um princípio orçamentário que impossibilite o superendividamento público capaz de onerar as gerações futuras. Um objetivo programático consagrado na Agenda 2030 preconiza a construção de infraestruturas resilientes, para a promoção de uma industrialização

---

[129] Cf. GRUNWALD, Armin; KOPFMÜLLER, Jürgen. *Nachhaltigkeit*. 2. aktualisierte Auflage. Frankfurt/Main: Campus Verlag, 2012. p. 58.

[130] Entendido este sistema como composto, fundamentalmente, por particulares, empresários e o Estado, que se relacionam orientados por uma finalidade precípua: a produção de bens e serviços, cf. KOPFMÜLLER, J.; BRANDL, V.; JÖRISSEN, J.; PAETAU, M.; BANSE, G.; COENEN, R.; GRUNDWALD, A. *Nachhaltigke Entwicklung integrative betrachtet*. Konstitutive Elemente, Regeln, Indikatoren. Berlin: Sigma, 2001. p. 84.

[131] Cf. DILLARD, Jesse; DUJON, Veronica; KING, Mary C. Introduction. *In*: DILLARD, Jesse; DUJON, Veronica; KING, Mary C. (Ed.). *Understanding the social dimensions of sustainability*. [s.l.]: [s.n.], [s.d.]. p. 2.

[132] Cf. GRUNWALD, Armin; KOPFMÜLLER, Jürgen. *Nachhaltigkeit*. Frankfurt/Main: Campus Verlag, 2006. p. 47.

[133] Cf. GRUNWALD, Armin; KOPFMÜLLER, Jürgen. *Nachhaltigkeit*. Frankfurt/Main: Campus Verlag, 2006. p. 48.

inclusiva e sustentável e com fomento à inovação (ODS 9), que assegurem padrões de produção e consumo sustentáveis (ODS 12).

Embora não seja possível reproduzir nesta oportunidade a vasta produção científica que atualmente orienta a compreensão política de cada uma das dimensões substantivas da sustentabilidade, é importante mencionar que os trabalhos realizados no âmbito de diversas instituições e consagrados em diversos documentos internacionais servem de subsídio à compreensão jurídica do princípio, ao permitirem que o operador do direito se utilize de subprincípios, conceitos e diretrizes, para fundamentar a avaliação racional do cumprimento dos objetivos (materiais) do desenvolvimento sustentável.

5 A metódica integrativa procedimental-material da sustentabilidade

Antes de adentrar no problema da metódica de aplicação da sustentabilidade, é importante mencionar que, apesar de figurar hoje em inúmeras leis, tratados e até mesmo no texto de algumas constituições, há na literatura jurídica posições que lhe negam *qualidade jurídica*.[134] Essas posições estão fundamentadas em alegados problemas metodológicos, que teriam origem no caráter difuso do conceito, na indeterminabilidade de seu conteúdo.[135]

Segundo essa linha de argumentação, "se as leis devem fundamentalmente proibir ou prescrever condutas humanas, é necessário que sejam mais concretas, focadas e inteligíveis do que princípios éticos",[136] o que não ocorre no caso do conceito de desenvolvimento sustentável, do qual não é possível inferir que conduta é necessária em detalhes para satisfazer suas exigências.[137] Com base nesse raciocínio, estabelece-se uma corrente de autores *negacionistas*, que sustentam que a sustentabilidade – ou o desenvolvimento sustentável – não tem as qualidades necessárias para que se lhe reconheça caráter jurídico, raciocínio que pode ser lido na crítica contundente de Vaughan Lowe, para quem o *desenvolvimento sustentável* "não é em si uma norma, apenas poderia ser, se tanto, um nome para um conjunto de normas".[138]

Lowe desenvolveu sua extensa crítica, ao tratar do conceito de *desenvolvimento sustentável* no âmbito do direito internacional e com referência ao caso *Gabčíkovo-Nagymaros Project*,[139] consignando a inexistência de um sentido preciso para o "desenvolvimento sustentável", do qual não se pode extrair uma norma de conduta, de maneira que não

---

[134] Cf., por todos, LOWE, Vaughan. Sustainable development and unsustainable arguments. *In*: BOYLE, Alan; FREESTONE, David (Ed.). *International law and sustainable development*. New York: Oxford University Press, 1999. p. 26.

[135] Cf. GLASER, Andreas. *Nachhaltige Entwicklung und Demokratie*. Tübingen: Mohr Siebeck, 2006. p. 51; GEHNE, Katja. *Nachhaltige Entwicklung als Rechtsprinzip*. Normatives Aussagegehalt, rechtstheoretische Einordnung, Funktionen im Recht. Tübingen: Mohr Siebeck, 2011. p. 75; 179.

[136] Cf. HODAS, David R. The role of law in defining sustainable development: Nepa reconsidered. *Widener Law Symposium Journal*, v. 3, p. 1-60, 1998. p. 13. Tradução livre do autor.

[137] Cf. GEHNE, Katja. *Nachhaltige Entwicklung als Rechtsprinzip*. Normatives Aussagegehalt, rechtstheoretische Einordnung, Funktionen im Recht. Tübingen: Mohr Siebeck, 2011. p. 180.

[138] Cf. LOWE, Vaughan. Sustainable development and unsustainable arguments. *In*: BOYLE, Alan; FREESTONE, David (Ed.). *International law and sustainable development*. New York: Oxford University Press, 1999. p. 26. Tradução livre do autor.

[139] Cf. ICJ. Gabčíkovo-Nagymaros Project (Hungary/Slovakia). Judgment. *ICJ Reports*, 1997. Disponível em: http://www.icj-cij.org/docket/files/92/7375.pdf. Acesso em: 24 dez. 2012.

se pode avaliar uma prática generalizada ou aceitação do conceito como direito e, por conseguinte, determinar sua condição de princípio ou regra de direito internacional.[140]

Para ilustrar seu argumento, Lowe invoca a posição adotada pela Corte Internacional de Justiça nos casos relativos à Plataforma Continental do Mar do Norte (*North Sea Continental Shelf Cases*),[141] em 1969, nos quais foi discutida a existência do princípio da equidistância nas delimitações das fronteiras marítimas, à luz do art. 6º da Convenção de Genebra sobre Plataforma Continental de 1958. Naquela controvérsia, havia sido assentado pela Corte Internacional que a existência de tal provisão (princípio da equidistância) exigiria uma norma da qual pudesse derivar uma regra (*norm-creating character*), como é de se esperar da formação de uma regra geral de direito.[142]

Sem essa possibilidade, não se pode nem observar a prática por parte dos Estados nem a *opinio juris*.[143] A Corte Interamericana consignara, ainda, no caso, que havia controvérsias bem consideráveis e ainda não resolvidas sobre o exato sentido e escopo da noção (princípio da equidistância), além de que esse eventual princípio deveria operar apenas num segundo estágio de um processo em que determinações por acordos sobre disputas sobre fronteiras marítimas deveriam se expressar em primeiro lugar.[144]

Com essa premissa, Lowe desenvolveu sua crítica, examinando os quatro elementos identificados pelo ambientalista internacionalista Philippe Sands[145] como componentes do conceito do desenvolvimento sustentável – (*i*) equidade intergeracional, (*ii*) uso sustentável dos recursos, (*iii*) equidade intrageracional e (*iv*) integração entre proteção ambiental e desenvolvimento –, concluindo que nenhum deles possui a forma arquetípica das normas.[146] Argumentou que normatividade pressupõe a indispensável possibilidade de expressão em termos normativos, o que não se pode fazer a partir de nenhum dos mencionados elementos do desenvolvimento sustentável.[147]

Portanto, de acordo com esse entendimento, o que se mostra decisivo para se negar o *status* de *norma jurídica* ao conceito de desenvolvimento sustentável é uma considerada insuficiência de sentido (falta de concretude) para dele extrair uma regra de direito vinculante, capaz de conformar/restringir a conduta dos Estados, problema comum a todos os acima mencionados "componentes" do desenvolvimento sustentável.[148]

---

[140] Cf. LOWE, Vaughan. Sustainable development and unsustainable arguments. *In*: BOYLE, Alan; FREESTONE, David (Ed.). *International law and sustainable development*. New York: Oxford University Press, 1999. p. 21; 24. Com base no art. 38 do Estatuto da Corte Internacional de Justiça.

[141] Cf. ICJ. North Sea Continental Shelf, Judgment. *ICJ Reports*, 1969. p. 3. Disponível em: https://www.icj-cij.org/public/files/case-related/52/052-19690220-JUD-01-00-EN.pdf. Acesso em: 16 mar. 2021.

[142] Cf. LOWE, Vaughan. Sustainable development and unsustainable arguments. *In*: BOYLE, Alan; FREESTONE, David (Ed.). *International law and sustainable development*. New York: Oxford University Press, 1999. p. 24.

[143] Cf. LOWE, Vaughan. Sustainable development and unsustainable arguments. *In*: BOYLE, Alan; FREESTONE, David (Ed.). *International law and sustainable development*. New York: Oxford University Press, 1999. p. 24.

[144] Cf. LOWE, Vaughan. Sustainable development and unsustainable arguments. *In*: BOYLE, Alan; FREESTONE, David (Ed.). *International law and sustainable development*. New York: Oxford University Press, 1999. p. 24.

[145] Cf. SANDS, Philippe. Principles of international environmental law. Vol I. Manchester: Manchester University Press, 1995, p. 108 e ss.

[146] Cf. LOWE, Vaughan. Sustainable development and unsustainable arguments. *In*: BOYLE, Alan; FREESTONE, David (Ed.). *International law and sustainable development*. New York: Oxford University Press, 1999. p. 26.

[147] Cf. LOWE, Vaughan. Sustainable development and unsustainable arguments. *In*: BOYLE, Alan; FREESTONE, David (Ed.). *International law and sustainable development*. New York: Oxford University Press, 1999. p. 24; 26 e ss.

[148] Cf. LOWE, Vaughan. Sustainable development and unsustainable arguments. *In*: BOYLE, Alan; FREESTONE, David (Ed.). *International law and sustainable development*. New York: Oxford University Press, 1999. p. 26.

Esse tipo de crítica, entretanto, como esclarece Michael Jacobs, ao procurar um significado unitário e preciso para o desenvolvimento sustentável, caminha numa direção equivocada, que falha em perceber a natureza e a função de certos conceitos jurídico-políticos do tipo *controversos* (*v.g.*, democracia, liberdade, justiça social etc.) e, sobretudo, seus aspectos normativos.[149]

Como explica o autor, a sustentabilidade pode ser compreendida como um conceito doutrinariamente classificado como do tipo *controverso*, ou *contestado* (*constested concepts*).[150] Os conceitos controversos são complexos e normativos e se caracterizam por conterem dois níveis de significação: um mais vago e unitário, que admite mais de uma definição, o que, entretanto, não lhe esvazia de sentido, que pode ser extraído de ideias nucleares; e outro nível mais concreto, em que podem se confrontar várias concepções alternativas do conceito, exatamente como se passa no caso de conceitos como "democracia", "liberdade", "justiça social", entre outros.[151]

No caso da sustentabilidade, seu primeiro nível de significado revela-se muito claro e consensual na sua mensagem normativa principal, qual seja, a melhoria da vida das pessoas dentro das capacidades de carga do planeta. No segundo nível, mais controverso, ocorrem inevitáveis confrontações entre objetivos fundamentais, econômicos, ecológicos, sociais e culturais, e divergências que revelam variadas concepções da sustentabilidade, cujas soluções de composição são produzidas através da argumentação racional e precisam ser justificadas.

Como demonstra a análise do seu processo de afirmação política, a sustentabilidade é um desses princípios cuja compreensão desenvolve-se paulatinamente a partir da vivência histórica, com base em afirmações políticas, abordagens acadêmicas e, especialmente neste caso, com relevante contribuição científica.[152] Essa evolução progressiva se materializou em proposições contidas numa série de documentos, subscritos principalmente no âmbito internacional, que estabeleceram, segundo um processo indutivo,[153] sua raiz normativa, que abraça outras normas (subprincípios, regras e diretrizes), que passam a ser interpretadas como seus elementos constitutivos (*v.g.*, justiça intra e intergeracional, multidimensionalidade substantiva etc.).

Esses elementos constitutivos ou nucleares, que densificam o conceito, permitem, por um lado, definir hipóteses extremas de violação do princípio[154] e, por outro, orientam diretrizes mais específicas que definem um padrão mais determinado da sua mensagem

---

[149] Cf. JACOBS, Michael. Sustainable development as a contested concept. *In*: DOBSON, Andrew (Ed.). *Fairness and futurity*. New York: Oxford Universty Press, 1999. p. 25.

[150] Cf. JACOBS, Michael. Sustainable development as a contested concept. *In*: DOBSON, Andrew (Ed.). *Fairness and futurity*. New York: Oxford Universty Press, 1999. p. 24. A definição de conceito controverso é atribuída a GALLIE, Walter Bryce. Essentially contested concepts. *Proceedings of the Aristotelian Society*, v. 56, p. 167-198, 1955/1956. New Series.

[151] Cf. JACOBS, Michael. Sustainable development as a contested concept. *In*: DOBSON, Andrew (Ed.). *Fairness and futurity*. New York: Oxford Universty Press, 1999. p. 25.

[152] Cf. BOSSELMANN, Klaus. *The principle of sustainability*: transforming law and governance. Aldershot: Ashgate, 2008. p. 25.

[153] Cf. GUASTINI, Riccardo. *Estudios de teoria constitucional*. Cidade do México: Distribuciones Fontamara, 2001. O autor consigna que uma das técnicas de construção dos princípios é a "indução" de normas gerais, que se dá pela abstração (generalização ou universalização) de normas particulares.

[154] Cf. JACOBS, Michael. Sustainable development as a contested concept. *In*: DOBSON, Andrew (Ed.). *Fairness and futurity*. New York: Oxford Universty Press, 1999. p. 25.

normativa (*v.g.*, conservação dos recursos naturais que dão base à vida, atendimento das necessidades básicas das pessoas, acesso justo aos recursos naturais etc.), ainda que nos casos concretos precisem ser avaliados à luz da realidade situacional.

O princípio da sustentabilidade fornece, na realidade, a exemplo do que se passa com outras "ideias regulativas"[155] ou "conceitos controversos"[156] similares, um padrão normativo desenvolvido histórica e doutrinariamente, que não se extrai de maneira dedutiva, direta e imediata, nem do muito repetido conceito Brundtland. O papel deste conceito – desenvolvimento sustentável como aquele que atende às necessidades do presente sem comprometer a possibilidade de as gerações futuras atenderem a suas próprias necessidades – assemelha-se ao desempenhado por mensagens normativas similares características de outros muito tradicionais princípios jurídico-políticos estruturantes.

O conceito de *democracia*, ou, mais precisamente, o conceito composto de "governo democrático" de Abraham Lincoln – "democracia como o governo do povo, pelo povo, para o povo" – fornece similarmente uma mensagem bastante abstrata, que, ao contrário de ter dificultado, propiciou um longo e laborioso processo (histórico) interpretativo de concretização do princípio democrático, densificado, por inúmeros subprincípios e regras (*v.g.*, instituto da representação, direito de participação em cargos públicos e, mais recentemente, o direito de participar de deliberações públicas relevantes etc.).[157]

Também o conceito do *devido processo legal* – "ninguém será privado da liberdade ou de seus bens sem o devido processo legal" –[158] tem evoluído política e juridicamente desde a Magna Carta, tendo a jurisprudência norte-americana avançado para lhe extrair, tanto um sentido substantivo (*substantive due process*), determinante de um padrão de racionalidade (razoabilidade) e justiça, quanto um sentido "processual" (*procedural due process*), que exige a elaboração de processos e procedimentos justos, informados por inúmeras garantias processuais.[159]

Nesses casos, embora os enunciados normativos abstratos não ofereçam contornos jurídicos imediatos, não subsistem dúvidas de que se trata de autênticos princípios jurídico-políticos desenvolvidos ao longo do tempo, de acordo com um processo interpretativo que se realiza pela definição de subprincípios e regras que orientam sua aplicação a fatos da vida e à luz de situações concretas. A sustentabilidade, na realidade, como afirma Wolfgang Kahl, possui generalidade e inexatidão comparáveis a de outros princípios jurídicos finalísticos, apoiados em objetivos abertos, como "democracia", "Estado de direito", "Estado social", "liberdade", "igualdade".[160]

---

[155] Cf. GLASER, Andreas. *Nachhaltige Entwicklung und Demokratie*. Tübingen: Mohr Siebeck, 2006. p. 52; KAHL, Wolfgang. Einleitung: Nachhaltigkeit als Verbundbegriff. *In*: KAHL, Wolfgang (Hrsg.). *Nachhaltigkeit als Verbundbegriff*. Tübingen: Mohr Siebeck, 2008. p. 4.

[156] Cf. JACOBS, Michael. Sustainable development as a contested concept. *In*: DOBSON, Andrew (Ed.). *Fairness and futurity*. New York: Oxford Universty Press, 1999. p. 25.

[157] Cf., aprox., GEHNE, Katja. *Nachhaltige Entwicklung als Rechtsprinzip. Normatives Aussagegehalt, rechtstheoretische Einordnung, Funktionen im Recht*. Tübingen: Mohr Siebeck, 2011. p. 135; JACOBS, Michael. Sustainable development as a contested concept. *In*: DOBSON, Andrew (Ed.). *Fairness and futurity*. New York: Oxford Universty Press, 1999. p. 25.

[158] Cf. Constituição da República Federativa do Brasil, art. 5º, LIV.

[159] Cf. CASTRO, Carlos Roberto de Siqueira. *O devido processo legal e a razoabilidade das leis na nova Constituição do Brasil*. Rio de Janeiro: Forense, 1989. p. 34 e ss.

[160] Cf. KAHL, Wolfgang. Einleitung: Nachhaltigkeit als Verbundbegriff. *In*: KAHL, Wolfgang (Hrsg.). *Nachhaltigkeit als Verbundbegriff*. Tübingen: Mohr Siebeck, 2008. p. 4.

Exatamente como se dá em relação a outros princípios do tipo estruturante, da sustentabilidade é possível extrair duas perspectivas normativas distintas e complementares: uma de princípio geral, do tipo estruturante, em que se aproxima de princípios como o "Estado de direito" (*rule of law*), ou como o princípio democrático, que estabelecem diretrizes de estruturação do Estado e da sociedade; outra de princípio regulativo, que se pretende aplicável a casos concretos, perspectiva em que se aproxima das chamadas *metanormas* (ou *postulados normativos aplicativos*, ou, simplesmente, *princípios de ponderação*),[161] como o princípio da proporcionalidade, cuja vocação está em orientar um procedimento de sopesamento dos valores envolvidos com base no qual é possível colmatar uma decisão e aferir a legalidade e a legitimidade de certos atos jurídicos.

Com efeito, como princípio estruturante, a sustentabilidade se caracteriza por dar fundamento de validade a certos subprincípios normativo-axiológicos organizatórios que informam a ordem constitucional global (*v.g.*, justiça intergeracional, dever de salvaguarda das bases naturais da vida etc.) e inspiram certos objetivos da comunidade política (*v.g.*, conservação da diversidade biológica, da diversidade cultural, tratamento do risco, eliminação da pobreza), a serem perseguidos com base num modelo institucional de governança para a sustentabilidade. Isso se dá de maneira bastante similar ao que se passa com o princípio do Estado de direito (*rule of law*), que orienta uma organização política baseada em princípios de juridicidade e democracia, acesso à justiça, proteção contra o arbítrio, para cuja realização exige-se que a comunidade política se conduza de acordo com processos e procedimentos que definem esse tipo organização estatal.[162]

Como um *princípio de ponderação* (ou *postulado normativo aplicativo*), a sustentabilidade, como será demonstrado, avança desse aspecto organizacional para orientar a produção e controlar a validade e a legitimidade de certos atos e ações (*v.g.*, políticas públicas), a partir de uma verificação metódica racional da sua conformidade com o programa multidimensional do desenvolvimento sustentável e de acordo com uma perspectiva de capacidade de futuro.

Antes, porém, de se avançar na metódica procedimental-material da sustentabilidade, concebida para promover seu programa multidimensional, é importante registrar uma proposta metodológica alternativa, que defende a aplicação da sustentabilidade como um princípio unidimensional, estritamente ecológico, deixando em segundo plano a perspectiva integrativa.

O problema da indefinição do conteúdo da sustentabilidade (ou do desenvolvimento sustentável) leva alguns autores a um indisfarçável desconforto também em virtude de seu programa multidimensional.[163] Uma vez que também este programa não

---

[161] A esse respeito, cf. a doutrina de excelência de Humberto Ávila, que abordou, entre inúmeros problemas relacionados à compreensão dos princípios jurídicos, a pouca atenção conferida às *metanormas*, ou *normas de segundo grau*, ou *postulados normativos aplicativos*, que funcionam para a estrutura para a aplicação de outras normas, e, aqui, não consideramos problemático utilizar a expressão *princípios de ponderação* (ÁVILA, Humberto. *Teoria dos princípios*: da definição à aplicação dos princípios jurídicos. São Paulo: Malheiros, 2003. p. 80).

[162] Cf. CANOTILHO, José Joaquim Gomes. *Estado de direito*. Lisboa: Gradiva, 1999. p. 75.

[163] Cf. WINTER, Gerd. Um fundamento e dois pilares: o conceito de desenvolvimento sustentável 20 anos após o Relatório Brundtland. *In*: WINTER, Gerd. *Desenvolvimento sustentável, OGM e responsabilidade civil na União Europeia*. Campinas: Millennium, 2009. p. 18.

contém nenhuma densidade,¹⁶⁴ a proposta de harmonizar num único conceito tantos objetivos potencialmente contraditórios acaba, para alguns autores, por levar o conceito à perda do seu conteúdo, afinal não resta claro qual objetivo deve ser perseguido e que peso lhe deve ser atribuído.¹⁶⁵

Como forma de contornar este problema dogmático, estabelece-se a posição de autores que defendem a interpretação da sustentabilidade com sentido material restrito à sua dimensão ecológica, compreensão que, além de justificável, seria também recomendável, porque atende à essencialidade da proteção dos recursos naturais, base sobre a qual foi construído o conceito de sustentabilidade.¹⁶⁶ A opção por uma interpretação da sustentabilidade estritamente ecológica representa, de acordo com essas razões, uma tentativa assumida de fazer o princípio corresponder à teorização dos princípios jurídicos, que se tornou muito conhecida nos últimos anos com a difusão das obras de Ronald Dworkin e Robert Alexy.

A sustentabilidade deve ser compreendida, segundo essa linha de raciocínio, como um princípio no sentido jurídico-normativo desenvolvido por Alexy, determinante de um mandamento de otimização, sem prescrição de uma regra que possa ou não ser cumprida, devendo, ao contrário, ser cumprido em diferentes graus, a depender tanto das possibilidades factuais quanto das normativas.¹⁶⁷

Os defensores da visão estritamente ecológica da sustentabilidade, sem desconhecer o processo de afirmação da versão multidimensional da sustentabilidade, consideram que essa versão não tem densidade normativa e se perde ao abrigar tantos objetivos potencialmente conflitantes, sem uma indicação de peso.¹⁶⁸ A redução do conceito a uma versão unidimensional tornaria sua qualidade jurídica incontestável e o equilíbrio das preocupações ecológicas com outros objetivos (sociais e econômicos) haveria de ser feito com recurso ao princípio da proporcionalidade, conferindo-se uma clara prioridade à proteção ambiental e evitando-se a perda de contornos do conceito.¹⁶⁹

Essa opção pela sustentabilidade unidimensional despreza, entretanto, o desenvolvimento institucional, político, jurídico e doutrinário majoritário, que reconhece que há aspectos econômicos, sociais e até culturais, que contribuem de maneira essencial para a estabilidade das sociedades e são considerados, inclusive, determinantes dos modos de intervenção do homem sobre a natureza.¹⁷⁰ Desconsidera, também, o subprincípio

---

[164] Cf. GEHNE, Katja. *Nachhaltige Entwicklung als Rechtsprinzip*. Normatives Aussagegehalt, rechtstheoretische Einordnung, Funktionen im Recht. Tübingen: Mohr Siebeck, 2011. p. 193.

[165] Cf. MURSWIEK, Dietrich. 'Nachhaltigkeit' – Probleme der rechtlichen Umsetzung eines umweltpolitischen Leitbildes. *Natrur und Recht*, Heft 11, 24, p. 641648, Jahrgang, 2002. p. 642; GEHNE, Katja. *Nachhaltige Entwicklung als Rechtsprinzip*. Normatives Aussagegehalt, rechtstheoretische Einordnung, Funktionen im Recht. Tübingen: Mohr Siebeck, 2011. p. 193, atribuindo as críticas a Astrid Epiney e Martin Scheyli.

[166] Cf. MURSWIEK, Dietrich. 'Nachhaltigkeit' – Probleme der rechtlichen Umsetzung eines umweltpolitischen Leitbildes. *Natrur und Recht*, Heft 11, 24, p. 641648, Jahrgang, 2002. p. 642.

[167] Cf. STEIGER, Heinhard. 'Nachhaltigkeit' – Grundkonzept des deutschen Rechts der natürlichen Lebenswelt? *In*: LANGE, Klaus (Hrsg.). *Nachhaltigkeit im Recht*: Eine Annäherung. Baden-Baden: Nomos, 2003. p. 71.

[168] Cf. MURSWIEK, Dietrich. 'Nachhaltigkeit' – Probleme der rechtlichen Umsetzung eines umweltpolitischen Leitbildes. *Natrur und Recht*, Heft 11, 24, p. 641648, Jahrgang, 2002. p. 642; GEHNE, Katja. *Nachhaltige Entwicklung als Rechtsprinzip*. Normatives Aussagegehalt, rechtstheoretische Einordnung, Funktionen im Recht. Tübingen: Mohr Siebeck, 2011. p. 193.

[169] Cf. GEHNE, Katja. *Nachhaltige Entwicklung als Rechtsprinzip*. Normatives Aussagegehalt, rechtstheoretische Einordnung, Funktionen im Recht. Tübingen: Mohr Siebeck, 2011. p. 193.

[170] Cf. BOSSELMANN, Klaus. *The principle of sustainability*: transforming law and governance. Aldershot: Ashgate, 2008. p. 79.

da equidade intrageracional, componente do desenvolvimento sustentável, em particular o *direito ao desenvolvimento*, que deve ser exercido de tal forma que responda equitativamente às necessidades de desenvolvimento e ambientais das gerações presentes e futuras, tal como previsto no princípio 3 da Declaração do Rio.

Essa solução desconsidera, finalmente, a existência de outros tipos de expressões normativas, notadamente, como tem registrado a doutrina, aquelas que oferecem diretrizes de ação aos órgãos de produção jurídica, estabelecendo um procedimento para esta produção, como são os princípios democrático, da separação de poderes e, especialmente, os princípios da proporcionalidade e da igualdade.[171]

Como afirmado, o desenvolvimento das dimensões substantivas da sustentabilidade representa um primeiro e importante passo da realização do conceito, capaz de oferecer uma primeira linha de aferição de situações flagrantemente violadoras do princípio. Mas essa medida deve ser complementada por uma leitura *jurídico-procedimental* concebida para sua realização,[172] que é uma decorrência da própria natureza multidimensional do conceito e da sua vocação conformadora.

A sustentabilidade é amplamente considerada uma categoria avessa a prescrições autoritárias, ditadas de cima para baixo, e sim mais ajustada a um tipo de governança finalística feita com base em objetivos abertos, que trabalha com um nível mais elevado de flexibilidade e vinculação situacional.[173] Desse modo, torna-se fundamental considerar as preferências e condições culturais específicas nos diversos níveis comunitários[174] para definir as políticas públicas (e também privadas) voltadas para a promoção das dimensões do desenvolvimento sustentável, de acordo com um *espaço acessível*. Então é preciso levar a efeito a integração preconizada no processo de afirmação da categoria e harmonizar seus valores, o que exige sua interpretação como um princípio de ponderação (*Abwägungsprinzip*).[175]

A jurista alemã Katja Gehne dedicou-se à elaboração, com base no Relatório Brundtland e documentos do processo pós-Rio, de uma *metódica* que orienta a elaboração de políticas públicas (e também privadas), de acordo uma matriz de diretrizes normativas que tem como objetivo a promoção integrada das dimensões substantivas da sustentabilidade no longo termo.[176] A metódica proposta por Katja Gehne reforça e materializa o entendimento de que o conceito de desenvolvimento sustentável oferece, acima de tudo, uma diretriz de governança política, que, embora aberta, com ampla margem de escolhas, exige, com respeito a aspectos culturais, a promoção de objetivos sociais, ecológicos e econômicos, considerados na sua *interdependência* e perseguidos

---

[171] Cf. GEHNE, Katja. *Nachhaltige Entwicklung als Rechtsprinzip*. Normatives Aussagegehalt, rechtstheoretische Einordnung, Funktionen im Recht. Tübingen: Mohr Siebeck, 2011. p. 204; ÁVILA, Humberto. *Teoria dos princípios*: da definição à aplicação dos princípios jurídicos. São Paulo: Malheiros, 2003.p. 80.

[172] Cf. GLASER, Andreas. *Nachhaltige Entwicklung und Demokratie*. Tübingen: Mohr Siebeck, 2006. p. 70.

[173] Cf. GLASER, Andreas. *Nachhaltige Entwicklung und Demokratie*. Tübingen: Mohr Siebeck, 2006. p. 53; 56.

[174] Cf. GEHNE, Katja. *Nachhaltige Entwicklung als Rechtsprinzip*. Normatives Aussagegehalt, rechtstheoretische Einordnung, Funktionen im Recht. Tübingen: Mohr Siebeck, 2011. p. 75.

[175] Cf. GEHNE, Katja. *Nachhaltige Entwicklung als Rechtsprinzip*. Normatives Aussagegehalt, rechtstheoretische Einordnung, Funktionen im Recht. Tübingen: Mohr Siebeck, 2011. p. 206.

[176] Cf. GEHNE, Katja. *Nachhaltige Entwicklung als Rechtsprinzip*. Normatives Aussagegehalt, rechtstheoretische Einordnung, Funktionen im Recht. Tübingen: Mohr Siebeck, 2011. p. 74 e ss.

com base num princípio de eficiência, e com consideração aos interesses das presentes e futuras gerações.[177]

O primeiro passo do procedimento proposto é dedicado à elaboração de estratégias integrativas que, observado o contexto cultural, promovam a sustentabilidade nas suas várias dimensões, enquanto, no segundo passo, diante das várias estratégias produzidas, todas fundadas nos pressupostos da sustentabilidade, faz-se uma análise sob o ponto de vista da otimização, tendo-se em conta o balanceamento dos vários fatores, segundo uma visão geral.[178]

Com efeito, o primeiro passo da metódica de conformação das políticas públicas voltadas para a sustentabilidade determina o atendimento a um *mandamento de inclusão* (*Einbeziehungsgebot*).[179] A elaboração de uma política pública integrativa – ou a prática de atos gestão integrativa – exige, antes de tudo, uma ampla inclusão nos processos decisórios de informação sobre os aspectos sociais, ecológicos, econômicos e culturais, referentes ao contexto em questão, inclusive com projeções de futuro.[180] Somente dessa maneira torna-se viável a produção de uma *base de informação abrangente*, necessária ao controle de aspectos relevantes da situação.

Este primeiro passo, de natureza integrativa, tem por finalidade identificar as repercussões de uma medida ou objetivo políticos nos aspectos ecológicos (repercussões nos processos ecológicos, *v.g.*, degradação ambiental), sociais (repercussões nas estruturas sociais, *v.g.*, referentes a oportunidades, empregos) e econômicos (*v.g.*, repercussões concorrenciais, sobre as liberdades de iniciativa), de modo que sejam amplamente considerados, inclusive de acordo com prognoses de efeitos futuros (*v.g.*, efeitos positivos ou negativos retardados etc.).[181]

O segundo passo da metódica integrativa, proposta por Katja Gehne, procura avançar além deste primeiro momento, dedicado à boa instrução do processo decisório, de acordo com uma *tarefa de eficiência* (*Effizienzaufgabe*), exigente da avaliação das repercussões das medidas à luz desse princípio.[182] Este novo passo envolve a análise das repercussões das ações nas dimensões substantivas, a avaliação da eficiência comparativa entre opções de ação, tendo em vista o objetivo geral do desenvolvimento sustentável.

---

[177] Embora Katja Gehne não atribua aos aspectos culturais o peso de uma dimensão autônoma do novo princípio, essas considerações não ficam fora da sua metódica, que preconiza que as peculiaridades locais sejam levadas em conta na fase preliminar de elaboração das políticas públicas. Cf. GEHNE, Katja. *Nachhaltige Entwicklung als Rechtsprinzip*. Normatives Aussagegehalt, rechtstheoretische Einordnung, Funktionen im Recht. Tübingen: Mohr Siebeck, 2011. p. 75.

[178] Cf. GEHNE, Katja. *Nachhaltige Entwicklung als Rechtsprinzip*. Normatives Aussagegehalt, rechtstheoretische Einordnung, Funktionen im Recht. Tübingen: Mohr Siebeck, 2011. p. 75.

[179] Cf. GEHNE, Katja. *Nachhaltige Entwicklung als Rechtsprinzip*. Normatives Aussagegehalt, rechtstheoretische Einordnung, Funktionen im Recht. Tübingen: Mohr Siebeck, 2011. p. 75. O mandamento de inclusão corresponde ao princípio da integração substantiva no trabalho de John Dernbach, cf. DERNBACH, John C. Sustainable development as a framework for national governance. *Case Western Law Rewiew*, v. 49, n. 1, p. 1-103, 1998. p. 56

[180] Cf. GEHNE, Katja. *Nachhaltige Entwicklung als Rechtsprinzip*. Normatives Aussagegehalt, rechtstheoretische Einordnung, Funktionen im Recht. Tübingen: Mohr Siebeck, 2011. p. 76.

[181] Cf. GEHNE, Katja. *Nachhaltige Entwicklung als Rechtsprinzip*. Normatives Aussagegehalt, rechtstheoretische Einordnung, Funktionen im Recht. Tübingen: Mohr Siebeck, 2011. p. 76. As referências entre parênteses foram modificadas.

[182] Cf. GEHNE, Katja. *Nachhaltige Entwicklung als Rechtsprinzip*. Normatives Aussagegehalt, rechtstheoretische Einordnung, Funktionen im Recht. Tübingen: Mohr Siebeck, 2011. p. 76.

A *tarefa de eficiência* – ou *tarefa de otimização* – pretende oferecer uma resposta procedimental de composição à constatação de que as dimensões da sustentabilidade são altamente conflitantes, enquanto acolhe o entendimento segundo o qual essas dimensões merecem igual consideração e devem mutuamente se reforçar.[183]

Desse modo, se se reconhece como ponto de partida a igualdade de valores entre as dimensões da sustentabilidade, num quadro de ação *eficiente* deve-se procurar considerar ao máximo todos os aspectos, investigar possíveis efeitos negativos (*trade-offs*), que devem ser evitados, e buscar caminhos que levem à melhor composição dos valores da sustentabilidade, com vistas ao atingimento de um objetivo geral do desenvolvimento sustentável.[184] Neste ponto, fala-se de um *efeito sinergético* entre os campos da sustentabilidade, que se corporifica em exemplos como o valor da reciclagem, a utilização de energia renovável etc., que devem orientar uma gestão eficiente.[185]

Gehne lembra que o melhor ponto de realização de diversos objetivos costuma ser descrito na linguagem econômica como um "desempenho ótimo" e afirma que, no caso da sustentabilidade, otimizar significa a realização máxima de todos os seus fatores (sociais, ecológicos, econômicos) em determinado contexto.[186]

A utilização desta metódica de concretização da sustentabilidade, embora incida sobre aspectos dinâmicos das questões do desenvolvimento e da sustentabilidade, permite identificar hipóteses em que ocorre o descumprimento das suas diretrizes. Permite apurar situações em que aspectos fundamentais de um dos seus componentes envolvidos nas ações *não são considerados*, ou *não são suficientemente considerados* (descumprimento do mandamento de integração) e, também, apurar hipóteses em que não tenha sido promovido um adequado balanceamento dos fatores em causa, por exemplo, na hipótese de ter sido dada uma excessiva preponderância a um dos seus componentes em detrimento de importantes fatores atinentes às demais dimensões (descumprimento do mandamento de eficiência/otimização), ainda que em virtude de efeitos futuros.

Se, no exemplo apresentado por Winter, o Conselho da Comunidade Europeia definiu quota de pesca numa taxa maior do que as condições de reprodução de certa espécie de peixe pode suportar, capaz de levar ao colapso da população, com justificativa do interesse na manutenção dos empregos e da segurança alimentar, estabelecendo um equivocado compromisso entre economia humana (setor de pesca), bem-estar social (suprimento de peixe para os consumidores) e recursos naturais (estoques de peixes), a avaliação do processo decisório, à luz da metódica procedimental-material, pode revelar onde esteve o problema.

---

[183] Cf. GEHNE, Katja. *Nachhaltige Entwicklung als Rechtsprinzip*. Normatives Aussagegehalt, rechtstheoretische Einordnung, Funktionen im Recht. Tübingen: Mohr Siebeck, 2011. p. 77; UN. Johannesburg Declaration on Sustainable Development; Plan of Implementation of the World Summit on Sustainable Development. *UN-Doc. A/CONF.*, 199/20, 4 set. 2002. Principle 5. Disponível em: http://www.unctad.org/en/docs/aconf199d20&c1_en.pdf. Acesso em: 27 jan. 2012.

[184] Cf. GEHNE, Katja. *Nachhaltige Entwicklung als Rechtsprinzip*. Normatives Aussagegehalt, rechtstheoretische Einordnung, Funktionen im Recht. Tübingen: Mohr Siebeck, 2011. p. 77.

[185] Cf. GEHNE, Katja. *Nachhaltige Entwicklung als Rechtsprinzip*. Normatives Aussagegehalt, rechtstheoretische Einordnung, Funktionen im Recht. Tübingen: Mohr Siebeck, 2011. p. 77.

[186] Cf. GEHNE, Katja. *Nachhaltige Entwicklung als Rechtsprinzip*. Normatives Aussagegehalt, rechtstheoretische Einordnung, Funktionen im Recht. Tübingen: Mohr Siebeck, 2011. p. 77.

Esta análise permitiria averiguar se o problema esteve em desconsiderar, ou não considerar adequadamente, os aspectos relacionados com o recurso natural em questão (*v.g.*, características reprodutivas, de acordo com o ambiente de reprodução), inclusive os efeitos da pesca continuada (efeitos futuros), problemas que consubstanciariam violações ao *mandamento de inclusão*, que exige a reunião de uma base de informação ampla e apresentação de cenários alternativos; ou se, como parece sugerir o autor, se tratou de um simples e equivocado balanceamento das dimensões da sustentabilidade (*tarefa de eficiência* ou de *otimização*), se não foram consideradas ações alternativas (*v.g.*, programa de renda aos trabalhadores), ou se foi admitido o extravasamento dos limites máximos de interferência humana sobre aquele recurso natural, em outras palavras, se os interesses ecológicos foram subdimensionados, em favor das dimensões econômicas e sociais, contrariando uma visão geral e integrada do conceito de desenvolvimento sustentável.

6 Notas conclusivas

A sustentabilidade afirmou-se na arena internacional como um princípio de composição das aspirações de melhoria da qualidade de vida das pessoas com o compromisso de asseguramento das bases naturais da vida, tendo se desenvolvido uma concepção tridimensional do desenvolvimento sustentável, abrangente de valores ecológicos, sociais e econômicos que, considerados de igual importância, devem ser integrados e mutuamente se reforçar.

A concepção tridimensional da sustentabilidade, entretanto, suscita problemas relacionados à sua configuração jurídica, em virtude da abrangência e indeterminação da sua expressão normativa, uma vez que seu programa multidimensional não oferece nenhuma diretriz de ação nem de preferência entre os valores envolvidos.

Em virtude das dificuldades, alguns autores preconizam a redução da compreensão da sustentabilidade a uma versão unidimensional, estritamente ecológica, providência que permitiria sua aplicação orientada pelas teorias dos princípios jurídicos, segundo um mandamento de otimização, quanto à sua realização, e justificadora de um procedimento de ponderação nos casos de conflitos com os outros valores do conceito, o que poderia ser feito com recurso ao princípio da proporcionalidade, afirmando-se uma preferência para a dimensão ambiental, dado seu caráter existencial.

Essa proposta, além de desprezar o processo de afirmação política da sustentabilidade, assentada em documentos que consagram uma concepção multidimensional do princípio, desconsidera a existência de tipo de norma jurídica (*metanormas*) cuja vocação está mais voltada para a produção e aplicação de outras normas. A sustentabilidade tridimensional pode ser compreendida como um *princípio de ponderação* (*ou postulado normativo aplicativo*), que corresponde a uma ideia amplamente repetida segundo a qual o princípio não deve ser interpretado como determinante de objetivos precisos e sim fornecedor uma matriz aberta de diretrizes normativas, que tem como função orientar a promoção integrada das dimensões substantivas da sustentabilidade com uma perspectiva de futuro.

De acordo com a proposta de Katja Gehne, a promoção da sustentabilidade pode ser realizada com base numa metódica (procedimental-material) que abrange um *mandamento de inclusão* (*Einbeziehungsgebot*),[187] dedicado à reunião de ampla informação nos processos decisórios das repercussões sociais, ecológicas, econômicas, com análises e projeções de futuro, de determinado ato ou política pública, de acordo com o contexto e com as preferências culturais; e uma *tarefa de eficiência* (*Effizienzaufgabe*), exigente da avaliação dessas repercussões das ações, à luz desse princípio (eficiência), nas dimensões substantivas, e da avaliação da eficiência comparativa entre opções de ação, tendo em vista o objetivo geral do desenvolvimento sustentável.

Com base nesta orientação metódica, é possível identificar situações em que ocorre o descumprimento do programa multidimensional da sustentabilidade, nas hipóteses em que, nas ações a serem desenvolvidas, aspectos fundamentais de um dos seus componentes *não são considerados*, ou *não são suficientemente considerados* (descumprimento do mandamento de integração), e também apurar hipóteses em que não tenha sido promovido um adequado balanceamento dos fatores em causa, por exemplo, em que tenha sido dada uma excessiva primazia a um dos seus componentes em detrimento de importantes fatores relacionados com as demais dimensões (descumprimento do mandamento de eficiência/otimização), ainda que em virtude de repercussões negativas de efeito retardado (orientação para o futuro).

Esta metódica, além de orientar o exercício criterioso do controle, tem o mérito de fomentar, com base num princípio de eficiência, a descoberta de propostas de ações com efeitos sinergéticos entre as várias dimensões substantivas do conceito, prestigiando uma inteligência que, desde o Relatório Brundtland, afirma que as soluções integradas são a forma mais adequada de enfrentamento dos interligados problemas relacionados com a perseguição do desenvolvimento sustentável.

Referências

APPEL, Ivo. *Staatliche Zukunfts*- und Entwicklungsvorsorge. Tübingen: Mohr Siebeck, 2005.

ÁVILA, Humberto. *Teoria dos princípios*: da definição à aplicação dos princípios jurídicos. São Paulo: Malheiros, 2003.

BEAUCAMP, Guy. *Das konzept der zukunftsfähigen Entwicklung im Recht*: Untersuchungen zur völkerrechtlichen, europarechtlichen, verfassungsrechtlichen und verwaltungsrechtlichen Relevanz eines neuen politischen Leitbildes. Tübingen: Mohr Siebeck, 2002.

BIERMANN, Frank; KANIE, Norichika; KIM, Rakhyun E. Global governance by goal-setting: the novel approach of the UN Sustainable Development Goals. *Current Opinion in Environmental Sustainability*, v. 26/27, p. 26-31, jun. 2017.

BOSSELMANN, Klaus. *The principle of sustainability*: transforming law and governance. Aldershot: Ashgate, 2008.

BOYLE, Alan. Between process and substance; sustainable development in the jurisprudence of international courts and tribunals. *In*: BUGGE, Hans Christian; VOIGT, Christina (Ed.). *Sustainable development in international and national law*. [s.l.]: [s.n.], [s.d.].

---

[187] Cf. GEHNE, Katja. *Nachhaltige Entwicklung als Rechtsprinzip*. Normatives Aussagegehalt, rechtstheoretische Einordnung, Funktionen im Recht. Tübingen: Mohr Siebeck, 2011. p. 75. *O mandamento de inclusão* corresponde ao *princípio da integração substantiva* no trabalho de John Dernbach, cf. DERNBACH, John C. Sustainable development as a framework for national governance. *Case Western Law Rewiew*, v. 49, n. 1, p. 1-103, 1998. p. 56

BRYNER, Gary C. Global interdependence. *In*: DURANT, Robert F.; FIORINO, Daniel J.; O'LEARY, Rosemary (Ed.). *Environmental governance reconsidered*: challenges, choices, and opportunities. London: MIT Press, 2004.

CANOTILHO, José Joaquim Gomes. *Direito constitucional*. Coimbra: Almedina, 1995.

CANOTILHO, José Joaquim Gomes. *Estado de direito*. Lisboa: Gradiva, 1999.

CANOTILHO, José Joaquim Gomes. O princípio da sustentabilidade como princípio estruturante do direito constitucional. *Revista de Estudos Politécnicos*, v. VIII, n. 13, p. 7-18, 2010.

CASTRO, Carlos Roberto de Siqueira. *O devido processo legal e a razoabilidade das leis na nova Constituição do Brasil*. Rio de Janeiro: Forense, 1989.

CMMAD. *Nosso futuro comum*. Rio de Janeiro: Editora da Fundação Getúlio Vargas, 1991.

CONNELLY, Steve. Mapping sustainable development as a contested concept. *Local Environment*, v. 12, n. 3, p. 259-278, 2007.

DERNBACH, John C. Sustainable development as a framework for national governance. *Case Western Law Rewiew*, v. 49, n. 1, p. 1-103, 1998.

DILLARD, Jesse; DUJON, Veronica; KING, Mary C. Introduction. *In*: DILLARD, Jesse; DUJON, Veronica; KING, Mary C. (Ed.). *Understanding the social dimensions of sustainability*. [s.l.]: [s.n.], [s.d.].

FODELLA, Alessandro. Il vertice di Johannesburg sullo sviluppo sostenibile. *Rivista Giuridica dell'Ambiente*, Milano, n. 2, p. 385-402, 2003.

GÄRDITZ, Klaus Ferdinand. Nachhaltigkeit und Völkerrecht. *In*: KAHL, Wolfgang (Hrsg.). *Nachhaltigkeit als Verbundbegriff*. Tübingen: Mohr Siebeck, 2008.

GEHNE, Katja. *Nachhaltige Entwicklung als Rechtsprinzip*. Normatives Aussagegehalt, rechtstheoretische Einordnung, Funktionen im Recht. Tübingen: Mohr Siebeck, 2011.

GLASER, Andreas. *Nachhaltige Entwicklung und Demokratie*. Tübingen: Mohr Siebeck, 2006.

GROBER, Ulrich. *Deep roots* – A conceptual history of 'sustainable development' (Nachhaltigkeit). Disponível em: http://bibliothek.wz-berlin.de/pdf/2007/p07-002.pdf. Acesso em: 9 abr. de 2010.

GRUNWALD, Armin; KOPFMÜLLER, Jürgen. *Nachhaltigkeit*. 2. aktualisierte Auflage. Frankfurt/Main: Campus Verlag, 2012.

GRUNWALD, Armin; KOPFMÜLLER, Jürgen. *Nachhaltigkeit*. Frankfurt/Main: Campus Verlag, 2006.

GUASTINI, Riccardo. *Estudios de teoria constitucional*. Cidade do México: Distribuciones Fontamara, 2001.

HÄBERLE, Peter. Nachhaltigkeit und Gemeineuropäisches Verfassungsrecht – Eine Textufenanalyse. *In*: KAHL, Wolfgang (Hrsg.). *Nachhaltigkeit als Verbundbegriff*. Tübingen: Mohr Siebeck, 2008.

HAUFF, Michael von; KLEINE, Alexandro. *Nachhaltige Entwicklung*. Grundlage und Umsetzung. München: Oldenbourg Wissenschaftsverlag, 2009.

HODAS, David R. The role of law in defining sustainable development: Nepa reconsidered. *Widener Law Symposium Journal*, v. 3, p. 1-60, 1998.

IUCN. *World Conservation Strategy*. 1991. Disponível em: http://data.iucn.org/dbtw-wpd/edocs/WCS-004.pdf. Acesso em: 2 set. 2009.

IUCN; UNEP; WWF. *Caring for the Earth*. A strategy for sustainable living. Gland, Switzerland, 1991. Disponível em: https://portals.iucn.org/library/efiles/documents/CFE-003.pdf. Acesso em: 6 mar. 2015.

JACOBS, Michael. Sustainable development as a contested concept. *In*: DOBSON, Andrew (Ed.). *Fairness and futurity*. New York: Oxford Universty Press, 1999.

JAHNKE, Matthias; NUTZINGER, Hans G. Sustainability – A theoretical idea or a practical recipe? *Poiesis & Praxis: International Journal of Technology Assessment and Ethics of Science*, v. 1, p. 275-294, 2003.

JÖRISSEN, J.; KOPFMÜLLER, J.; BRANDL, V.; PATEAU, M. *Ein integratives Konzept nachhaltiger Entwicklung*. Wissenschaftliche Berichte. Karlsruhe: Forschungszentrum Karlsruhe GmbH, 1999. Disponível em: http://www.itas.fzk.de/deu/Itaslit/joua99a.pdf. Acesso em: 20 fev. 2011.

KAHL, Wolfgang. Einleitung: Nachhaltigkeit als Verbundbegriff. *In*: KAHL, Wolfgang (Hrsg.). *Nachhaltigkeit als Verbundbegriff*. Tübingen: Mohr Siebeck, 2008.

KLIPPEL, Diethelm; OTTO, Martin. Nachhaltigkeit und Begriffsgeschichte. *In*: KAHL, Wolfgang (Hrsg.). *Nachhaltigkeit als Verbundbegriff*. Tübingen: Mohr Siebeck, 2008.

KLOEPFER, Michael. A caminho do Estado ambiental? A transformação do sistema político e econômico da República Federal da Alemanha através da proteção ambiental especialmente desde a perspectiva da ciência jurídica. *In*: SARLET, Ingo Wolfgang (Org.). *Estado socioambiental e direitos fundamentais*. Porto Alegre: Livraria do Advogado, 2010.

KOPFMÜLLER, J.; BRANDL, V.; JÖRISSEN, J.; PAETAU, M.; BANSE, G.; COENEN, R.; GRUNDWALD, A. *Nachhaltigke Entwicklung integrative betrachtet*. Konstitutive Elemente, Regeln, Indikatoren. Berlin: Sigma, 2001.

LOWE, Vaughan. Sustainable development and unsustainable arguments. *In*: BOYLE, Alan; FREESTONE, David (Ed.). *International law and sustainable development*. New York: Oxford University Press, 1999.

MEADOWS, Donella H.; MEADOWS, Dennis L.; RANDERS, Jørge; BEHRENS III, William W. *The limits to growth*. New York: Signet, 1972.

MENZEL, Hans-Joachim. Das konzept der ‚nachhaltigen Entwicklung' – Herausforderung an Rechtssetzung und Rechtsanwendun. *ZRP*, Heft 5, p. 221-229, 2001.

MURSWIEK, Dietrich. 'Nachhaltigkeit' – Probleme der rechtlichen Umsetzung eines umweltpolitischen Leitbildes. *Natrur und Recht*, Heft 11, 24, p. 641648, Jahrgang, 2002.

OLSSON, Per; GALAZ, Victor; WIEBREN, J. Boonstra. Sustainability transformations: a resilience perspective. *Ecology and Society*, v. 19, n. 4, p. 1. Disponível em: http://dx.doi.org/10.5751/ES-06799-190401. Acesso em: 24 maio 2015.

SACHS, Ignacy. *Caminhos para o desenvolvimento sustentável*. Rio de Janeiro: Garamond, 2002.

SACHS, Ignacy. Development thinking in the age of environment: wise use of nature for the good society. *In*: VIEIRA, Paulo Freire (Org.). *Conservação da diversidade biológica e cultural em zonas costeiras*: enfoques e experiências na América Latina e no Caribe. Florianópolis: APED, 2003.

SANDS, Philippe. *Principles of international environmental law*. Manchester: Manchester University Press, 1995. v. I.

SARLET, Ingo Wolfgang; FENSTERSEIFER, Tiago. Estado Socioambiental e mínimo existencial (ecológico?): algumas aproximações. *In*: SARLET, Ingo Wolfgang (Org.). *Estado socioambiental e direitos fundamentais*. Porto Alegre: Livraria do Advogado, 2010.

SCHÜβLER, Rudolf. Nachhaltigkeit und Ethik. *In*: KAHL, Wolfgang (Hrsg.). *Nachhaltigkeit als Verbundbegriff*. Tübingen: Mohr Siebeck, 2008.

SEGGER, Marie-Claire Cordonier; KHALFAN, Ashfaq. *Sustainable development law*: principles, practices and prospects. Oxford: Oxford University Press, 2005.

SILVA, Vasco Pereira da. *Verde cor de direitos*. Lições de direito do ambiente. Lisboa: Almedina, 2005.

STEIGER, Heinhard. 'Nachhaltigkeit' – Grundkonzept des deutschen Rechts der natürlichen Lebenswelt? *In*: LANGE, Klaus (Hrsg.). *Nachhaltigkeit im Recht*: Eine Annäherung. Baden-Baden: Nomos, 2003.

STEURER, Reinhard. Paradigmen der Nachhaltigkeit. *Zeitschrift für Umweltpolitik & Umweltrecht*, v. 4, p. 537-566, 2001.

TARLOK, A. Dan. Ideas without institutions: the paradox of sustainable development. *Indiana Journal of Global Legal Studies*, v. 9, n. 1, p. 35-49, Fall 2001.

UN. Johannesburg Declaration on Sustainable Development; Plan of Implementation of the World Summit on Sustainable Development. *UN-Doc. A/CONF.*, 199/20, 4 set. 2002. Disponível em: http://www.unctad.org/en/docs/aconf199d20&c1_en.pdf. Acesso em: 27 jan. 2012.

UN. Report of the World Commission on Environment and Development. *A/RES/42/187*. Disponível em: http://www.un.org/documents/ga/res/42/ares42-187.htm. Acesso em: 26 jan. 2012.

UN. United Nations General Assembly: Transforming Our World: The 2030 Agenda for Sustainable development. Draft resolution referred to the United Nations summit for the adoption of the post-2015 development agenda by the General Assembly at its sixtyninth session. *UN Doc.*, A/70/L.1, 18 set. 2015. Disponível em: https://undocs.org/A/70/L.1. Acesso em: 21 jan. 2020.

UN. *United Nations Millennium Declaration*. Disponível em: https://www.ohchr.org/EN/ProfessionalInterest/Pages/Millennium.aspx. Acesso em: 27 jan. 2021.

UN. World Charter for Nature. *GA RES*, 37/7, 1982. Disponível em: http://www.un.org/documents/ga/res/37/a37r007.htm. Acesso em: 21 set. 2010.

UNEP. *Rio Declaration on Environment and Development*. Disponível em: http://www.unep.org/Documents.Multilingual/Default.asp?documentid=78&articleid=1163. Acesso em: 30 out 2010.

WEERAMANTRY, Christopher Gregory. *Separate Opinion of Vice-President Weeramantry*. Disponível em: https://www.icj-cij.org/public/files/case-related/92/092-19970925-JUD-01-03-EN.pdf. Acesso em: 9 mar. 2021.

WINTER, Gerd. Um fundamento e dois pilares: o conceito de desenvolvimento sustentável 20 anos após o Relatório Brundtland. *In*: WINTER, Gerd. *Desenvolvimento sustentável, OGM e responsabilidade civil na União Europeia*. Campinas: Millennium, 2009.

Informação bibliográfica deste texto, conforme a NBR 6023:2018 da Associação Brasileira de Normas Técnicas (ABNT):

MOURA JÚNIOR, Flávio Paixão de. A sustentabilidade como princípio jurídico de ponderação: dimensões materiais, procedimental e metódica de aplicação. *In*: GOMES, Ana Cláudia Nascimento; ALBERGARIA, Bruno; CANOTILHO, Mariana Rodrigues (Coord.). *Direito Constitucional*: diálogos em homenagem ao 80º aniversário de J. J. Gomes Canotilho. Belo Horizonte: Fórum, 2021. p. 735-769. ISBN 978-65-5518-191-3.

A LIBERDADE COMO PRINCÍPIO FUNDAMENTAL DO ESTADO DEMOCRÁTICO DE DIREITO E DA TRANSFORMAÇÃO SOCIAL

FLÁVIO PANSIERI

A minha homenagem

O Professor José Joaquim Gomes Canotilho foi um dos responsáveis por dar significação aos símbolos linguísticos estabelecidos pela Constituinte de 1988. Como os *Cem anos de solidão*, de Gabriel García Márquez, que dava nome e sentido aos novos objetos que nem mesmo o nome sabíamos. Para além disso, a minha admiração, o meu carinho e o meu respeito ultrapassaram o oceano Atlântico para encontrar o Professor Canotilho quando organizamos, em 2001, um grande debate em Curitiba sobre a sua obra *Constituição dirigente* em que, no grupo formado e conhecido como "Grupo Cainã", discutimos o prefácio da sua obra que promovia uma releitura da sua tese de doutoramento. A generosidade, o carinho e a forma franca com que o Professor Canotilho enfrenta os desafios dialéticos o faz ser um professor que toca o coração de todos e nos faz admirá-lo para muito além das letras jurídicas e assim como um grande homem que contribuiu com o desenvolvimento e fortalecimento da democracia em todos os países do mundo. Os ensinamentos do Professor Canotilho não têm limites, assim como a sua inteligência e gentileza. Foi um dos grandes entusiastas do projeto de democracia travado pela Academia Brasileira de Direito Constitucional, um sonho coletivo que se concretizou graças ao seu apoio incondicional. É um grande privilégio compartilhar os caminhos da vida acadêmica ao lado de uma figura única, de grande mente e um coração ainda maior. Por tudo, minhas mais sinceras homenagens e gratidão, ao Professor Doutor J. J. Gomes Canotilho.

1 Introdução

A liberdade constitui uma das temáticas cuja análise acompanha toda e qualquer discussão política, pois está muito próxima ao mais basilar dos aspectos da vida em sociedade. Assim, por estar conectada à coletividade, aloca-se em múltiplos domínios, como a própria política, o direito, a teologia, a antropologia, a sociologia, a ontologia, a economia, entre muitos outros ramos e áreas.

Desta forma, percebe-se que a liberdade adquire múltiplos conceitos ao longo dos milênios, variando, inevitavelmente, de acordo com as perspectivas, as realidades, os conceitos e os contextos de cada tempo na história passada e no presente.

Neste sentido, o presente artigo tem por finalidade discorrer sobre a liberdade no contexto atual. Ao mencionar as suas infinitas possibilidades conceituais, reconhece-se que o constitucionalismo democrático é o modelo que melhor responde aos anseios do Estado contemporâneo e à salvaguarda da liberdade, constituindo-se um espaço que permite o diálogo entre as diversas ideologias políticas e jurídicas que perpassam a sociedade do século XXI, bem como a garantia de instrumentos que permitam as mudanças que os cidadãos possam desejar que ocorram.

Por fim, buscar-se-á apresentar como mote de ação governamental as liberdades instrumentais idealizadas pelo economista Amartya Sen, objetivando, desta maneira, diminuir progressivamente as privações dos indivíduos de modo a lhes tornar agentes de transformação social para que, com isso, seja possível alcançar não apenas liberdade na esfera individual dos cidadãos, como também conscientização política para a construção de uma sociedade participativa a fim de obter-se um Estado efetivamente democrático, dentro das categorias pretendidas.

Portanto, a garantia das liberdades instrumentais a serem apresentadas mostram-se como condições fundamentais para que seja possível alcançar-se a consolidação da democracia através de uma sociedade participativa, igualitária e, sobretudo, livre.

2 O constitucionalismo democrático como meio para a garantia da liberdade no século XXI

Desde a antiguidade, a liberdade é fonte inesgotável de novas interpretações. Por esta razão, ainda que onipresente, uma de suas características é a sua novidade, isto é, a forma como se renova, desafiando os atributos que lhe foram atribuídos. Em outras palavras, a liberdade não pode ser analisada de um ponto de vista linear. Ao contrário, conjuga profundas, ininterruptas e incessantes indagações em todos os âmbitos a que se destina uma investigação minuciosa.

Apenas como exemplo, a história da filosofia é testemunha de períodos e pensadores que interpretavam que a liberdade somente poderia ser garantida no meio público através da inter-relação entre as pessoas. É o caso de Platão, Aristóteles, dos pensadores da teoria contratual (Thomas Hobbes, John Locke, Jean-Jacques Rousseau, Immanuel Kant), dos liberais, dos socialistas, dos constitucionalistas e dos republicanos. Por outro lado, tanto os estoicos como, de modo geral, os filósofos da patrística e da escolástica dissertam que é na interioridade que está a verdadeira liberdade, encontrada pela autocontenção ou pela fé.

Em meio a esta miríade, na qual muitos conceitos seriam possíveis, é preciso reconhecer que o direito não possui interesse na esfera interior dos indivíduos, isto é, a liberdade é possível quando se verifica a ascensão do coletivo em detrimento do individual, ou seja, quando se está a falar em uma sociedade, ainda que seus alicerces estejam constituídos do modo mais precário. A liberdade, portanto, sempre é pública, nunca recôndita na esfera privada: na ausência do convívio, na solidão ou no individualismo, não há que se falar em liberdade.

Isto não significa que a compreensão jurídica do tema da liberdade não implique direitos e obrigações condizentes aos indivíduos em suas vidas privadas. Na tentativa de se compreender a sua extensão, ao longo de milênios, muitos foram os autores que a interpretaram segundo os seus pontos de vista próprios. Seja nas considerações de Platão, nas quais livre será aquele que exercer o seu encargo dentro dos limites da casta que foi capaz de atingir com seus próprios esforços, seja no medievo, em que a liberdade se confunde com a interioridade e deixa o campo das relações públicas e políticas,[1] seja na filosofia política de Thomas Hobbes, que reconhece ser imprescindível a existência de um aparato estatal para propiciar a condição de liberdade,[2] seja no pensamento de John Rawls, em que a liberdade seria naturalmente um dos princípios eleitos por aqueles que estão por detrás do véu da ignorância. Por todos os ângulos é possível observar diferentes posições e medidas que garantem ao debate um nível de imprecisão e sobrevivência.[3] Ao menos a imprecisão deve ser a diretriz fundamental da discussão que envolve a liberdade enquanto o gênero humano for capaz de manter sua intelectualidade e capacidade para lutar por seus preceitos.

Como sentido da política, enaltecer a liberdade humana, portanto, deve ser corolário da afirmação de sua dignidade. Em seu viés jurídico, é necessário construir um Estado que forneça os meios para a sua salvaguarda, em especial a partir do século XVII, quando o assunto se tornou o epicentro das revoluções liberais e fomento ao constitucionalismo.

Transcorridos três séculos, a discussão acerca da garantia da liberdade ao lado do desenvolvimento social representa um caminho que a estabelece como uma realidade ou uma possibilidade que deve ser seriamente pensada como fator de existência da ordem jurídica.

Assim, longe de elucubrações teóricas ou do seu simples reconhecimento em legislações, o ideal da liberdade se oferece como um ponto de partida substancial necessário ao atual debate, que pode ser muito bem resumido pelas palavras de Norberto Bobbio, no qual se enunciou a primordial questão da concretização de direitos: a questão de nosso tempo se trata mais de um problema político do que jurídico ou então filosófico. Segundo o autor italiano, em sua célebre lição de *A era dos direitos*, "o problema fundamental em relação aos direitos do homem, hoje, não é tanto o de justificá-los, mas o de protegê-los. Trata-se de um problema não filosófico, mas jurídico, e num sentido mais amplo, político".[4]

O mesmo ideal expresso por Bobbio em 1990, ano em que publicou *L'etá dei Diritti*, ainda se reveste de extrema atualidade e se constitui como o grande desafio dos Estados neste século, em especial para o Brasil. Embora seja preciso constatar um progressivo avanço no reconhecimento dos direitos fundamentais nas últimas décadas e na ampliação

---

[1] PLATÃO. *A república*. 13. ed. Lisboa: Calouste Gulbenkian, 2012.
[2] HOBBES, Thomas. *Leviatã*. São Paulo: Nova Cultural, 1997. Coleção Os Pensadores.
[3] RAWLS, John. *Uma teoria da justiça*. 3. ed. São Paulo: Martins Fontes, 2008.
[4] BOBBIO, Norberto. *A era dos direitos*. Rio de Janeiro: Campus, 1992. p. 24-25.

de seu debate, graças à consolidação da Constituição de 1988, sua garantia demanda um amplo arcabouço de considerações e nem sempre há recursos (econômicos, institucionais, humanos) ou mesmo vontade política dos governos para propiciar tais prerrogativas.

De toda sorte, a afirmação do constitucionalismo democrático representa o modelo mais adequado para a proteção dos direitos e desenvolvimento social e humano. A este respeito, José Afonso da Silva lembra que a Constituição representa o "conjunto de normas que organiza os elementos constitutivos do Estado".[5] Já a democracia, na visão do insigne jurista, é o "regime político em que o poder repousa na vontade do povo".[6] A conjugação destes dois fatores propicia a durabilidade institucional através das normas constitucionais e a progressiva participação popular nas decisões estatais.

Neste sentido, Luís Roberto Barroso[7] lembra que o constitucionalismo democrático nasceu como Estado de direito no século XVII a partir da monarquia constitucional. O ideal democrático surge no século seguinte, quando se iniciam discussões sobre a legitimidade do poder e a representação política. Somente no século XX é que o Estado democrático de direito se alia à noção constitucional, constituindo a complexa fórmula atual de congregar quem decide, como decide e o que pode e não pode ser decidido. Em meio a esta complexa gama de fatores, é dever de toda a sociedade e do Estado garantir a liberdade.

Sob o viés político, a partir do século XVIII e, especialmente, no século XIX, a análise política bifurca a sua concepção fundamental em pelo menos dois segmentos preponderantes: dos autores com tendência liberal e do outro grupo que lança um olhar social para o desenvolvimento da política. Esta separação jamais será resolvida: ainda que o fim da União Soviética tenha solapado a sobrevida dos Estados comunistas, a essência destas teses em muito influenciou o mundo, inclusive os próprios autores do liberalismo. Houve momentos em que estes dois ideais estiveram completamente distantes e a história dos últimos cento e cinquenta anos apenas registra momentos de aproximação e distanciamentos.

Neste sentido, o constitucionalismo democrático é a ideologia vencedora para o século XXI. O liberalismo e o socialismo tinham como condão enaltecer a liberdade e a igualdade (na forma de justiça social). O problema é que estes dois princípios, via de regra, têm noções antitéticas exatamente em razão de que a ampliação de um limita o campo de atuação do outro. Isto ocorre pelos *locus* de cada um deles, que se manifestam ou na individualidade, caso da liberdade, ou na comunidade, que é o caso daqueles que apregoam a igualdade de direitos. A única conciliação possível é a "igualdade na liberdade", que significa que "cada um deve gozar de tanta liberdade quanto compatível com a liberdade dos outros, podendo fazer tudo o que não ofenda a liberdade dos outros".[8]

---

[5] SILVA, José Afonso da. *Curso de direito constitucional*. 23. ed. São Paulo: Malheiros, 2004. p. 38.
[6] SILVA, José Afonso da. *Poder constituinte e poder popular*. São Paulo: Malheiros, 2000. p. 43.
[7] BARROSO, Luís Roberto. *Curso de direito constitucional contemporâneo*. 5. ed. São Paulo: Saraiva, 2016. p. 65.
[8] BOBBIO, Norberto. *Liberalismo e democracia*. 6. ed. São Paulo: Brasiliense, 2007. p. 39.

3   As liberdades instrumentais de Amartya Sen

Como hipótese de ação para afirmação do constitucionalismo democrático no século XXI, evitando-se assim enfeixar oposições ideológicas, além de contornar o problema da relação antitética entre liberdade e igualdade, tem-se as cinco liberdades instrumentais propostas pelo economista Amartya Sen, quais sejam: i) liberdades políticas; ii) facilidades econômicas; iii) oportunidades sociais; iv) garantias de transparência; e v) segurança protetora.[9]

As chamadas liberdades políticas, grupo em que se incluem os direitos civis garantidos, relacionam-se ao processo político. É a capacidade que os cidadãos possuem para escolher o seu governante e se lançar candidatos, bem como os procedimentos eleitorais. Além disso, incluem-se também todos os direitos de cidadania previstos em uma democracia: a possibilidade de fiscalizar os atos do governo, de se constituir uma oposição e de se criticar o governo e suas autoridades, a existência e manutenção de mais de um partido político que possa concorrer às eleições e assim se mostrar como uma força opositora, a garantia da liberdade de expressão política e de imprensa, afastadas de qualquer tipo de censura. Sen não deixa de salientar os aspectos positivos que um governo democrático possui, sendo que o principal é necessidade de manter a confiança do eleitorado para as causas mais emergenciais, sob pena de não angariar a força necessária suficiente para a continuidade dos mandatos eletivos. Assim, o primeiro aspecto em prol de oportunizar a condição de agente dos cidadãos é a existência de uma ordem política e institucional capaz de eleger representantes e permitir a manifestação da insatisfação pessoal e dos grupos de eleitores.

A segunda liberdade instrumental são as facilidades econômicas, que correspondem às oportunidades conferidas aos sujeitos para utilizar os seus recursos econômicos tendo como propósito o consumo próprio, a produção ou a troca, fatores que variam dependendo do grau de recursos que o indivíduo disponha. A relação entre a economia e a população de um país constitui uma teia na medida em que o aumento ou diminuição de riqueza e de renda do país reflete diretamente na vida de sua população. Amartya reconhece a importância do mecanismo de facilidade econômica como meio gerador de riquezas, citando o exemplo da disponibilidade de financiamento e o seu acesso a ele, o que proporciona um aprimoramento em todos os setores da cadeia produtiva, favorecendo desde uma pequena empresa que necessita de microcrédito até uma multinacional. Suas observações, todavia, não deixam de tecer críticas exatamente ao *modus operandi* econômico e financeiro padrão que possibilitam concentração de renda àqueles que dispõem de mais recursos. Por esta razão, afirma que, "na relação entre renda e a riqueza nacional, de um lado, e, de outro, os intitulamentos econômicos dos indivíduos, as considerações distributivas são importantes em adição às agregativas".[10]

As oportunidades sociais constituem um importante elo na cadeia de pensamento do autor indiano, pois são responsáveis por eliminar as maiores distorções em uma sociedade ao garantir serviços essenciais ao desenvolvimento social e humano, como saúde e educação. Interessante verificar que as duas liberdades anteriores congregam aspectos coletivos, pensando primeiramente no âmbito social. Quando se trata de

---

[9]   SEN, Amartya. *Desenvolvimento como liberdade*. São Paulo: Companhia das Letras, 2000. p. 54-57.
[10] SEN, Amartya. *Desenvolvimento como liberdade*. São Paulo: Companhia das Letras, 2000. p. 55-56.

oportunidades sociais, o foco é retirado da sociedade para a pessoa, ainda que a primeira seja diretamente beneficiada.

Com efeito, relacionam-se à liberdade substantiva dos indivíduos, de sorte que colaboram para a vida privada – evitando-se mortes prematuras, garantindo-se um desenvolvimento físico e mental mais saudável, proporcionando a educação básica que é essencial para que o indivíduo se reconheça como cidadão e possa gozar e exigir seus direitos de modo pleno – e terão como reflexo uma maior participação na vida política e econômica.

A quarta categoria de liberdades se relaciona à confiança, elemento intrínseco e presumido da constituição da sociedade. Esta é uma noção extraída das doutrinas contratuais na qual se admite que a formação do Estado ocorreu mediante um pacto realizado entre os indivíduos, cujo elemento fundamental se resume na outorga de alguns direitos visando à obtenção de algum benefício graças ao estabelecimento de uma autoridade pública.

Sen denomina esta categoria de garantia de transparência, ou seja, de que a clareza e a publicidade são consectários de todos os atos e negócios realizados na esfera pública. A inexistência da confiança limita o agir livre dos cidadãos: a transparência tem um papel instrumental como inibidor da corrupção, da irresponsabilidade financeira e também de transações ilícitas. Este é mais um elemento caracterizador de governos democráticos admitido por Amartya Sen para a formulação de seu arquétipo teórico, devendo-se ressaltar ainda outros dois domínios que precisam funcionar de modo livre e independente como consequência lógica da transparência: a imprensa, grande *locus* investigatório, e o Judiciário.

O último elemento que constitui a categoria das liberdades instrumentais tem relação com possíveis vulnerabilidades de todas as ordens com reflexo direto na vida das pessoas, a segurança protetora. Populações menos favorecidas são muito sensíveis a quaisquer mudanças bruscas que gerem privações. Assim, a segurança protetora visa proporcionar uma rede de proteção social que impeça que a população afetada seja levada à miséria ou que obtenha algum auxílio temporário durante um período desfavorável.

As cinco liberdades instrumentais citadas – liberdade política, facilidades econômicas, oportunidades sociais, garantias de transparência e segurança protetora – formam a noção mais primordial para um desenvolvimento social lastreado na conquista da liberdade. Para Sen, o aprimoramento de cada uma destas áreas tem como reflexo direto o potencial aperfeiçoamento da capacidade de agente das pessoas.

Todas as liberdades instrumentais estão contiguamente conectadas, suplementando-se de forma mútua; sua evolução, evidentemente, não ocorrerá em igual medida, pois as sociedades variam entre si e cada qual possui o seu próprio desafio.

O olhar de Amartya, portanto, não privilegia tão somente o desenvolvimento econômico, apesar de ser uma parte importante para o financiamento das outras liberdades, mas não deve ser tomado como único foco de um governo, afinal a contribuição do "crescimento econômico tem de ser julgada não apenas pelo aumento de rendas privadas, mas também pela expansão de serviços sociais (incluindo, em muitos casos, redes de segurança social) que o crescimento econômico pode possibilitar".[11]

---

[11] SEN, Amartya. *Desenvolvimento como liberdade*. São Paulo: Companhia das Letras, 2000. p. 57.

A hipótese das liberdades instrumentais pensadas por Amartya Sen congrega em si o fortalecimento da posição individual para que cada pessoa seja um agente em âmbito coletivo. Assim, ao fortalecer os seus ideais, os indivíduos podem se tornar protagonistas de suas próprias existências tendo em vista oferecer as condições básicas para que se tornem agentes em nível público e privado. Fornecendo tais elementos, todos se tornam responsáveis a partir de então pela construção de uma sociedade política melhor estruturada. Assim, a garantia e ampliação da liberdade como um fator determinante para o desenvolvimento constituem fundamentos da ordem jurídica, social e política dos Estados e da ordem internacional.

A condição de agente dos indivíduos é um tema relevante na obra de Sen, pois se trata de um ponto de partida e de chegada. Com efeito, parte-se da ideia de que cada um pode e deve fazer algo para alterar a sua realidade e, ao mesmo tempo, é importante que os governos invistam nas liberdades instrumentais de modo que os cidadãos tenham as condições de ação mínimas, e tornar os cidadãos agentes se constitui em um objetivo.

Assim, trata-se de uma cadeia em que a ação individual se reflete em um contexto maior, tornando os próprios governos mais fortes e legitimados pela população. O caminho para este processo é o investimento na expansão e garantia das liberdades substantivas dos indivíduos, tomados como agentes ativos de mudança e não como mero recebedores de benefícios.

Em outras palavras, pode-se dizer que Amartya Sen acredita que, com as oportunidades adequadas, as pessoas assumirão o papel de protagonistas de seus próprios destinos, ao contrário de se manterem como beneficiários passivos de programas governamentais assistencialistas.

No entanto, este edifício formado por teses substancialistas não se mantém por si sem um firme alicerce procedimentalista. Não se olvida que a busca e ampliação em prol da liberdade demanda o estabelecimento de uma ponte estratégica entre estes dois domínios. No Estado de Direito, a observância das regras é ínsita à validade do edifício normativo como um todo e não se pode prescindir dos procedimentos sob pena de se colocar em risco a segurança jurídica. Acredita-se, deste modo, que o constitucionalismo democrático seja revestido de características que unem estes dois modelos em prol da liberdade: além de um procedimento de tomada de decisões, perfilha-se ainda um catálogo de direitos a serem garantidos.

4 A liberdade como fundamento da democracia

A liberdade, desde o século XX, encontrou respaldo na Constituição. A ideia de Constituição como uma lei fundamental que estabelece a base do ordenamento jurídico de um país, da qual se evocam valores que orientam uma sociedade e normas que disciplinam o funcionamento mínimo das atribuições do Estado, é fruto de um momento institucional evolutivo. Em outras palavras, a Constituição guarda em si elementos sociais, culturais, políticos e jurídicos de uma sociedade. É nela que são depositadas as maiores aspirações de um povo, entre elas, com especial destaque, o desejo de liberdade.

Além da garantia da liberdade, qualquer noção democrática precisa partir da criação de um estado mínimo de igualdade material, no qual sejam proporcionadas condições mínimas às pessoas. Muitos são os desafios postos para que este objetivo encontre possibilidade fática. O primeiro deles se volta para a estrutura dos próprios governos contemporâneos. Sem um espaço de diálogo, sem a mínima liberdade de contestação dos atos de autoridade, sem uma imprensa que seja capaz de censurar aquilo que não considere princípio e fundamento do Estado, sem o mínimo de garantias para que a população possa lutar por seus direitos, sem um Judiciário independente que guarneça as minorias inclusive parlamentares, isto é, sem estes ideais elementares que muito se confundem aos fundamentos da democracia, mais árduo será o caminho da sociedade pela afirmação das liberdades individuais singulares e fortalecimento da condição de agente de cada pessoa.

Registrem-se ainda todas as divergências internas que podem surgir dentro das fronteiras soberanas dos Estados. As culturas distintas que se contrapõem aos basilares princípios constitucionais estatuídos, as microesferas de poder que insistentemente entram em conflito com as instituições do Estado de Direito, os déficits civilizatórios e sociais, as limitações de investimento, as forças internacionais que limitam e comprometem a atuação governamental, enfim, são muitas as questões que podem se apresentar como obstáculos consideráveis na consecução da garantia da liberdade em prol do desenvolvimento social e humano, político e econômico.

Desafios de todas as ordens são postos, não somente à manutenção da liberdade, mas da própria sobrevivência do Estado e da política. Avanços e retrocessos, dos pontos de vista axiológico e analítico, são perceptíveis em todos os âmbitos.

No entanto, é sempre necessário asseverar que a tensão e o conflito são partes elementares do jogo democrático, desde que se preservem as regras fundamentais pelas quais se desenvolve tal jogo. E, no essencial, tem-se a liberdade como um baluarte para o desenvolvimento e busca de espaços de isonomia, lembrando que a igualdade plena jamais será alcançável entre sujeitos singulares entre si.

Fortalecer as liberdades dos cidadãos implica diretamente o reforço das bases do Estado contemporâneo. É preciso arregimentar forças político-governamentais e individuais na execução de um projeto de Estado que vá além do modelo liberal tradicional que propugna o mínimo de intervenção e também de um socialismo centralizador que demanda a estatização de tudo.

Ser livre, na atualidade, significa gozar dos direitos estatuídos na Constituição, integrando ativamente a sociedade e sendo um agente de transformação. Poucos são os países que estão mais próximos deste objetivo, o que denota o grande desafio para o século XXI.

O Brasil, como ressaltado, enquadra-se no grupo daqueles que precisam lutar pela consolidação de um modelo republicano e democrático. Reconhece-se que o país possui eleições livres e periódicas, é garantido o funcionamento das instituições, a mídia tem liberdade e não há perigo de substituição da ordem jurídica estabelecida pela Constituição de 1988. No entanto, é preciso avançar, proporcionando a garantia dos direitos constitucionais que estão previstos, mas ainda aguardam sua implementação.

A luta contra as desigualdades em busca de um modelo de isonomia precisa passar pela aquisição de maior liberdade por parte da população: certamente o modelo democrático e constitucional são os meios hábeis para a consecução deste propósito.

Afinal, quanto mais o processo de democratização avança, mais o ser humano se vai libertando dos obstáculos que o constrangem e, assim, mais liberdade conquista.[12]

Esta é uma opção feita pelos países ocidentais e nada justifica deixar este regime em busca de governos centrais ou autoritários. Se durante séculos – seja com os gregos, estoicos ou durante o medievo – somente alguns conseguiam ser livres, o Estado democrático e constitucional é o vértice da conquista da liberdade, possibilitando o usufruto de direitos a parcelas cada vez mais consideráveis da população.

Contudo, o constitucionalismo democrático, sob esta ótica, não garante que haverá um desenvolvimento social equânime, mas tem se mostrado o meio mais adequado ao cumprimento deste desiderato. Consoante instado anteriormente, sua estrutura une elementos procedimentais e substancialistas ao estabelecer procedimentos necessários para a tomada de decisões coletivas e também por se indicar os deveres dos agentes públicos para com os direitos mínimos de todos os indivíduos.

Assim, vislumbra-se como desafio para o século XXI a garantia da liberdade, não apenas vista como um espaço de não atuação do Estado, mas também como fruição de direitos. Assim como Amartya Sen propõe em seu pensamento, é necessário que a liberdade não seja enunciada apenas teoricamente, sem olhar para a realidade substancial das pessoas, de modo a orquestrar uma real noção de desenvolvimento, tanto econômico para os Estados como, principalmente, humano. Deste modo, acredita-se que qualquer noção desenvolvimentista deve passar, antes, pela maior realização possível da liberdade, que de algum modo também demanda a intervenção do Estado. A atual noção de liberdade política e pessoal, portanto, deve encontrar guarida no mundo real, e não ser apenas objeto de teorias ou teses de gabinete.

O século XXI tem sido um período ambivalente de adequação e renovação das estruturas democrático-liberais, de ampliação do Estado pela busca de novos direitos, ao mesmo tempo, de perda de fôlego estatal ante a internacionalização da economia. A ponte passível de união entre estes dois polos distintos de desenvolvimento tem de ser a busca por liberdade pautada no Estado constitucional e democrático, vista aqui como a igualdade de oportunidades e conquista da condição de agente dos cidadãos.

5 Conclusão

As constituições democráticas são uma realidade intangível, pertencente aos Estados e às sociedades. Seu propósito se encontra na busca pelo estabelecimento constante e progressivo de uma ordem jurídica mais igualitária, justa e solidária, de modo a romper com as maiores debilidades que impedem um avanço social e humano. Fortalecer a condição de agente dos cidadãos por meio do desenvolvimento como liberdade é o meio mais seguro para se atender às demandas democráticas.

Impossível pensar na garantia de direitos individuais e coletivos sem abordar discussões que perpassam a economia; igualmente, é inviável que o modelo econômico siga na dinâmica de enriquecimento e fortalecimento de grupos determinados, seja pela incúria oportunista de agentes do Estado ou, ainda, seja a partir da apropriação

---

[12] SILVA, José Afonso da. *Curso de direito constitucional*. 23. ed. São Paulo: Malheiros, 2004. p. 233.

de sua estrutura numa clara indefinição entre as esferas pública e privada. Reforça-se, assim, a necessidade dos princípios democráticos na condução deste Estado almejado para este século.

Longe de se acreditar em um desenvolvimento meramente normativo, a discussão acerca das liberdades fundamentais efetivamente possíveis de serem fruídas é questão central de nosso tempo. E sempre atual é a temática cujo condão é enaltecer a liberdade do indivíduo, um dos primeiros objetivos de um modelo de Estado constitucional democrático que não pode coadunar com nenhuma forma indevida ou ilegal de controle ou interferência demasiada na esfera de atuação individual de seus cidadãos, com exceção das hipóteses que promovam a sua própria condição de agente.

Entre a garantia de direitos enunciados nos documentos normativos e a realidade daquilo que vai além da teoria, o século XXI deve ser o momento de aproximação destes dois *lócus*, por hora, mais distintos do que se espera. Em síntese, busca-se um modelo de liberdade no Estado contemporâneo que propicie o estabelecimento da *igualdade ao nascer e a liberdade no viver*.

Referências

BARROSO, Luís Roberto. *Curso de direito constitucional contemporâneo*. 5. ed. São Paulo: Saraiva, 2016.

BOBBIO, Norberto. *A era dos direitos*. Rio de Janeiro: Campus, 1992.

BOBBIO, Norberto. *Liberalismo e democracia*. 6. ed. São Paulo: Brasiliense, 2007.

HOBBES, Thomas. *Leviatã*. São Paulo: Nova Cultural, 1997. Coleção Os Pensadores.

PLATÃO. *A república*. 13. ed. Lisboa: Calouste Gulbenkian, 2012.

RAWLS, John. *Uma teoria da justiça*. 3. ed. São Paulo: Martins Fontes, 2008.

SEN, Amartya. *Desenvolvimento como liberdade*. São Paulo: Companhia das Letras, 2000.

SILVA, José Afonso da. *Curso de direito constitucional*. 23. ed. São Paulo: Malheiros, 2004.

SILVA, José Afonso da. *Poder constituinte e poder popular*. São Paulo: Malheiros, 2000.

Informação bibliográfica deste texto, conforme a NBR 6023:2018 da Associação Brasileira de Normas Técnicas (ABNT):

PANSIERI, Flávio. A liberdade como princípio fundamental do Estado democrático de direito e da transformação social. *In*: GOMES, Ana Cláudia Nascimento; ALBERGARIA, Bruno; CANOTILHO, Mariana Rodrigues (Coord.). *Direito Constitucional*: diálogos em homenagem ao 80º aniversário de J. J. Gomes Canotilho. Belo Horizonte: Fórum, 2021. p. 771-780. ISBN 978-65-5518-191-3.

O CONTROLE PREVENTIVO DE CONSTITUCIONALIDADE EM PORTUGAL E NO BRASIL: A EXÓTICA CRIAÇÃO DA FISCALIZAÇÃO PROFILÁTICA DA CONSTITUCIONALIDADE PELO STF

HÉLIO PINHEIRO PINTO

Palavras ao homenageado

Antes de apresentar as considerações introdutórias ao tema escolhido, figura-se imprescindível consignar que foi com imensas honra e alegria que recebi o convite para participar desta obra coletiva em comemoração à passagem do 80º aniversário do Senhor Doutor José Joaquim Gomes Canotilho, eminente Professor Catedrático da Faculdade de Direito da multicentenária Universidade de Coimbra e um dos maiores juspublicistas de nosso tempo, de quem tive o privilégio de ser aluno.

Detentor de uma cultura humanista incomum, que abrange não apenas o direito, mas também a filosofia, a política e a sociologia, o Doutor Canotilho escreveu vários livros de enorme importância para a comunidade jurídica portuguesa e internacional, colaborou com diversas revistas e escreveu um sem-número de artigos.

Apenas para citar alguns poucos exemplos de sua vasta produção bibliográfica, destaco as seguintes obras: *Constituição dirigente e vinculação do legislador: contributo para a compreensão das normas constitucionais programáticas*; *Direito constitucional e teoria da Constituição*; *"Brancosos" e interconstitucionalidade: itinerários dos discursos sobre a historicidade constitucional*; *A responsabilidade do Estado por actos lícitos*; *Constituição da República Portuguesa anotada* (em parceria com o Doutor Vital Moreira).

Para além da sua premiada produção bibliográfica, o Doutor Canotilho é um cidadão com elevado grau de maturidade cívica, que sempre esteve comprometido com a dignidade da pessoa humana e com a concretização dos direitos fundamentais, bem como com a consolidação do regime democrático e dos ideais republicanos. No aspecto pessoal, trata-se de uma pessoa cujas taxas de humildade, nobreza de caráter e gentileza estão muito acima da média.

A combinação de suas características pessoais com sua elevada capacidade intelectual autoriza-nos a avaliar o título do livro feito em sua homenagem: trata-se de um homem que é, a um só tempo, "um ancião no saber e uma criança nos afetos".[1]

Introdução

A maioria dos ordenamentos jurídicos modernos, fundada em uma Constituição formal, rígida e suprema, não prescinde de um sistema de controle que tenha por objetivo defender essa Lei Fundamental contra atos normativos em fase de elaboração, que, se tornados perfeitos e acabados, tendem a ofendê-la, produzindo efeitos que podem ser de difícil e/ou onerosa reversão por meio da fiscalização sucessiva de constitucionalidade, especialmente no que se refere aos transtornos provocados pela desconstituição – com efeitos *erga omnes* e *ex tunc*, geralmente – de situações jurídicas consolidadas com base em norma inconstitucional.[2]

Em razão disso, destaca-se a importância de uma atuação preventiva dos órgãos de fiscalização, no sentido de evitar a existência de normas com inconstitucionalidades manifestas, com o que se realiza uma espécie de profilaxia do ordenamento jurídico. Porém, é de se notar que a fiscalização prévia de constitucionalidade, quando exercida por órgão estranho ao que tem competência específica para produzir o ato, implica, inevitavelmente, uma interferência no exercício da atividade normativa dos poderes políticos e, consequentemente, uma perturbação dos princípios democrático e da separação dos poderes. Por esse motivo, só deve ser feita nos casos e nos limites constitucionalmente previstos e, ainda assim, com parcimônia e redobrada cautela.

Nesse contexto, o presente trabalho visa analisar o sistema de fiscalização preventiva de constitucionalidade do Brasil e de Portugal. Neste último país, a Constituição expressamente autoriza o controle judicial da constitucionalidade de normas que ainda não completaram seu ciclo formativo, o qual é realizado, com exclusividade e de forma abstrata, pelo Tribunal Constitucional.

No Brasil, a Constituição não permite o controle judicial preventivo de projeto de ato normativo, na medida em que essa fiscalização profilática, de acordo com o texto constitucional, é de natureza exclusivamente política, isto é, concretizada apenas pelos poderes Legislativo e Executivo dentro do procedimento legislativo de elaboração das normas jurídicas.[3] Contudo, a jurisprudência do Supremo Tribunal Federal (STF) tem

---

[1] A expressão é de Denisa Sousa, utilizada no título do livro sobre o Professor Doutor Gomes Canotilho. Cf. SOUSA, Denisa. *José Joaquim Gomes Canotilho*: um ancião no saber, uma criança nos afectos. Porto: Projecto Cyrano, 2011.

[2] Em sentido próximo, cf. MIRANDA, Jorge. *Manual de direito constitucional*. Coimbra: Coimbra Editora, 2014. v. 3. t. 6. p. 305-306.

[3] Quando afirmamos que a Constituição Federal brasileira só permite a fiscalização preventiva da constitucionalidade de natureza exclusivamente política, não estamos falando que ela criou um modelo em que a fiscalização profilática é atribuída a um órgão político especialmente instituído para essa finalidade. O que queremos dizer é que o controle preventivo da constitucionalidade se desenvolve por meio de um *autocontrole político*, realizado não dentro de um processo autônomo de fiscalização da constitucionalidade, mas no âmbito do procedimento legislativo de elaboração das normas jurídicas. É o caso, por exemplo, da necessidade de os projetos de atos normativos serem examinados previamente, quanto a sua constitucionalidade, pelas Comissões

admitido tal controle judicial através do ajuizamento de mandado de segurança por qualquer parlamentar, que teria o direito líquido e certo de só participar de um processo legislativo constitucionalmente hígido.

Tendo em vista este cenário, um dos objetivos deste trabalho consiste em saber se é legítimo – à luz da Constituição da República Federativa do Brasil de 1988 (CF) e de uma análise comparada com a disciplina contida na Constituição da República Portuguesa de 1976 (CRP) – o STF realizar o exame profilático da compatibilidade formal e/ou material de uma proposição legislativa com a Lei Fundamental, especialmente tendo como parâmetro os limites materiais do poder de reforma da Constituição (as chamadas *cláusulas pétreas*).

1 Fiscalização judicial preventiva de constitucionalidade em Portugal

1.1 Conceito e requisitos do processo de fiscalização preventiva em Portugal

A fiscalização ou controle de constitucionalidade, em sentido amplo, é um mecanismo de defesa das Constituições supremas e rígidas que consiste na verificação da compatibilidade, com essa Lei Fundamental, dos atos normativos do Poder Público, os quais, para serem válidos, precisam ser produzidos de acordo com o modo de elaboração previsto na Carta Magna (compatibilidade formal) e seus textos devem se harmonizar com o conteúdo das normas constitucionais (compatibilidade material). O controle de constitucionalidade pode ser preventivo, tendo com objeto uma pré-norma, ou sucessivo, se o ato normativo fiscalizado já tiver existência jurídica.

O controle de constitucionalidade preventivo (*a priori*), objeto deste trabalho, é exercido durante o processo legislativo de elaboração do ato normativo e objetiva evitar que normas ofensivas à Constituição ingressem no ordenamento jurídico, começando a produzir efeitos muitas vezes irreversíveis ou, pelo menos, de difícil ou onerosa reversão pelo sistema de fiscalização sucessiva.

A atual Constituição da República Portuguesa autorizou o controle judicial preventivo de constitucionalidade de alguns atos normativos, conforme se verifica nos seus arts. 278 e 279. Os trâmites do processo de fiscalização preventiva, perante o Tribunal Constitucional – TC, estão disciplinados nos arts. 57 a 60 da Lei nº 28/82 (Lei do Tribunal Constitucional – LTC).

Cumpre consignar, desde logo, que, em Portugal, o desenvolvimento válido e regular do processo de controle preventivo exige a observância de condicionamentos ligados ao objeto e ao parâmetro da fiscalização (requisitos objetivos), à legitimidade para formulação do pedido e à competência para apreciá-lo (requisitos subjetivos), bem como aos prazos estabelecidos para a prática dos atos processuais (requisitos temporais).

No que toca aos requisitos objetivos, deve-se salientar que o objeto da fiscalização preventiva de constitucionalidade é o exame de normas ainda não completamente

---

de Constituição e Justiça do Poder Legislativo. É também o caso da possibilidade de projeto de lei ser vetado, por razões de inconstitucionalidade, pelo chefe do Poder Executivo.

aperfeiçoadas, pois pendentes de atos complementares que as coloquem em pleno vigor (normas *imperfeitas*), mas já aprovadas pela instituição legislativa sob a forma de *decretos* ou de *resoluções* (designados, genericamente, de *diplomas*).[4]

O âmbito do processo de fiscalização preventiva é mais restrito do que o da fiscalização sucessiva. Primeiro porque, ao contrário do que ocorre no controle *a posteriori* (art. 281, nº 1, "a" da CRP), nem todas as normas são suscetíveis de exame *a priori*. Só são previamente sindicáveis as normas mais importantes, ou seja, (i) as constantes de decreto que tenha sido enviado ao presidente da República para promulgação como lei ou como decreto-lei; (ii) as constantes de tratado ou acordo internacional que tenha sido submetido ao presidente da República para ratificação ou assinatura, respectivamente (art. 278, nº 1, da CRP); (iii) as constantes de diplomas submetidos aos representantes da República das regiões autônomas da Madeira e dos Açores para serem assinados como decretos legislativos regionais (art. 278, nº 2, da CRP); e (iv) as propostas de referendo, embora não se tratem propriamente de normas (arts. 115, nº 8, e 223, nº 2, alínea "f", da CRP).[5]

Segundo, a fiscalização preventiva é, em regra, apenas de *constitucionalidade* das normas diploma (art. 278 da CRP). Não é possível a fiscalização preventiva da *legalidade* de atos legislativos que violem leis com valor reforçado,[6] ao contrário do controle sucessivo, que engloba esses dois aspectos (CRP, arts. 280, nºs 1 e 2; e 281, nº 1, alíneas "b" a "d"). Como exceção a essa regra, verifica-se a possibilidade de controle preventivo da legalidade das propostas de referendo (arts. 115, nº 8, e 223, nº 2, alínea "f", da CRP), tendo como parâmetro de fiscalização a legislação orgânica do referendo.

No que se refere aos requisitos subjetivos, cumpre dizer que o processo jurisdicional de fiscalização preventiva é de competência exclusiva do plenário (art. 224, nº 2, da CRP) do Tribunal Constitucional (arts. 115, nº 8; 232, nº 2; 223, nº 1 e 2-f; 278 e 279, todos da CRP) e dá-se pelo controle abstrato, ou seja, independente da aplicação da norma sindicada a um caso concreto, justamente em razão de ela não ter o poder de produzir qualquer efeito, pois ainda não existe juridicamente. O processo tem caráter eventual, na medida em que não é deflagrado obrigatoriamente, salvo no caso de

---

[4] Cf.: MORAIS, Carlos Blanco de. *Justiça constitucional*: garantia da Constituição e controlo da constitucionalidade. Coimbra: Coimbra Editora, 2002. v. 1. p. 434; CANOTILHO, José Joaquim Gomes; MOREIRA, Vital. *Constituição da República Portuguesa anotada*. 4. ed. Coimbra: Coimbra Editora, 2010. v. 2. p. 885.

[5] Embora o conceito de "norma", para o fim de definição do objeto da fiscalização preventiva, seja tomado em sentido amplo, há atos imunes a essa averiguação profilática. Entre eles, podemos citar, exemplificadamente, os decretos regulamentares e demais decretos do Governo da República, os decretos dos governos regionais, os atos jurídico-privados, a lei de revisão constitucional. Esta - apesar de ser uma das mais importantes categorias de normas e embora aparentemente incluída no rol do art. 278, nº 1, da CRP – não se submete à fiscalização preventiva ou a qualquer heterocontrole, sendo um produto normativo exclusivo do Parlamento, pois a sua promulgação não pode ser recusada pelo presidente da República, ou seja, ele está impedido de vetá-la (art. 286, nº 3, da CRP). Considerando que o veto por inconstitucionalidade pressupõe sempre uma decisão, nesse sentido, do Tribunal Constitucional, não há que se falar, nesta hipótese, em controle preventivo, que tem por objetivo justamente obrigar a aposição do veto (art. 278, nº 1, da CRP). Cf.: CORREIA, Fernando Alves. *Direito constitucional*: a justiça constitucional. Coimbra: Almedina, 2001. p. 76-80; MORAIS, Carlos Blanco de. *Justiça constitucional*: garantia da Constituição e controlo da constitucionalidade. Coimbra: Coimbra Editora, 2002. v. 1. p. 57-60; CANOTILHO, José Joaquim Gomes; MOREIRA, Vital. *Constituição da República Portuguesa anotada*. 4. ed. Coimbra: Coimbra Editora, 2010. v. 2. p. 1003-1005.

[6] Nos termos do art. 112, nº 3, da CRP: "Têm valor reforçado, além das leis orgânicas, as leis que carecem de aprovação por maioria de dois terços, bem como aquelas que, por força da Constituição, sejam pressuposto normativo necessário de outras leis ou que por outras devam ser respeitadas". Elas servem de parâmetro de fiscalização da *legalidade* das demais leis infraconstitucionais.

proposta de referendo, que, necessariamente, precisa ser previamente fiscalizada (CRP, art. 115, nº 8).[7]

Com relação à legitimidade ativa, estão aptos a desencadear o processo de fiscalização preventiva: a) o presidente da República, em relação às normas constantes de diplomas que lhe sejam submetidos para ratificação (tratados internacionais), assinatura (acordos internacionais) ou promulgação (lei ou decreto-lei) (art. 278, nº 1); b) os representantes da República para as regiões autônomas da Madeira e dos Açores, no respeitante a qualquer norma constante de decreto legislativo regional que lhes tenha sido enviado para assinatura (art. 278, nº 2); c) o primeiro-ministro e um quinto dos deputados da Assembleia da República em efetividade de funções, apenas quando se tratar de norma constante de decreto para promulgação, pelo presidente da República, como lei orgânica (art. 278, nº 4).[8]

No processo de fiscalização preventiva, há de se observar os prazos fixados na Constituição para a prática de determinados atos. Dessa forma, por força do art. 278, nºs 3 e 6, da CRP, o presidente da República e demais legitimados ativos têm o prazo de 8 dias para formularem o pedido, a contar da data da recepção do diploma ou do conhecimento do envio ao presidente da República do decreto que deva ser promulgado como lei orgânica (neste último caso, se o requerente for o primeiro-ministro ou um quinto dos deputados da Assembleia da República em efetividade de funções). A inobservância deste prazo acarreta a inadmissibilidade do pedido, nos termos do art. 52, nº 1, da LTC.

Por outro lado, o Tribunal Constitucional deve se pronunciar sobre o pedido em 25 dias, que, observado o princípio da proporcionalidade, pode ser reduzido pelo presidente da República em caso de urgência, salvo quando, nas hipóteses em que isso for possível, os requerentes sejam os representantes da República, o primeiro-ministro ou um quinto dos deputados da Assembleia da República em efetividade de funções (art. 278, nº 8, da CRP).[9]

1.2 Efeitos da decisão do Tribunal Constitucional português

Após examinar o diploma, o Tribunal Constitucional emitirá uma decisão, cujos efeitos variarão conforme a pronúncia da Corte seja no sentido da não inconstitucionalidade ou da inconstitucionalidade das normas.

Caso o Tribunal Constitucional entenda que *não* há qualquer inconstitucionalidade, o presidente da República, nos termos do art. 136, nºs 1 e 4, da CRP, e no prazo de vinte ou quarenta dias (conforme a norma seja oriunda, respectivamente, da Assembleia

---

[7] MORAIS, Carlos Blanco de. *Justiça constitucional*: garantia da Constituição e controlo da constitucionalidade. Coimbra: Coimbra Editora, 2002. v. 1. p. 23-26.

[8] Nos termos do art. 166, nº 2, da CRP, lei orgânica é a forma que revestem certos atos legislativos, político-constitucionalmente relevantes, de reserva absoluta da Assembleia da República, previstos nas alíneas a) a f), h), j), primeira parte da alínea l), q) e t) do art. 164º e no art. 255º. "Essas leis requerem maioria qualificada para sua aprovação (art. 168º-5), estão sujeitas a um regime especial de fiscalização preventiva da constitucionalidade (art. 278º-4) e possuem valor reforçado face às demais leis (art. 112-3), beneficiando de um regime de fiscalização semelhante ao da constitucionalidade (cf. arts. 280º-2/a e 281-1/b)" (cf. CANOTILHO, José Joaquim Gomes; MOREIRA, Vital. *Constituição da República Portuguesa anotada*. 4. ed. Coimbra: Coimbra Editora, 2010. v. 2. p. 343).

[9] No processo que gerou Acórdão nº 320/89, o prazo para pronúncia do TC foi reduzido para 5 dias.

da República ou do Governo), poderá optar por: a) promulgar o diploma, ratificar o tratado internacional ou assinar acordo internacional; ou b) vetar politicamente o diploma ou se recusar a assinar ou a ratificar a convenção internacional. Se optar pelo veto, os fundamentos devem ser apenas de ordem política, jamais por motivo de inconstitucionalidade, tendo em vista que o veto jurídico pressupõe uma decisão do Tribunal Constitucional afirmando a inconstitucionalidade.

Essa decisão do Tribunal Constitucional não preclude a possibilidade de as mesmas normas virem a ser, posteriormente, objeto de controle sucessivo abstrato ou concreto, ocasião em que poderão ser, respectivamente, declaradas ou julgadas inconstitucionais, considerando que os acórdãos prolatados nos processos de fiscalização preventiva não fazem caso julgado material, mas apenas formal, pois as únicas decisões daquele Tribunal que possuem força obrigatória geral, impedindo a reapreciação da questão, são as que, prolatas no processo de fiscalização sucessiva abstrata, declarem a inconstitucionalidade da norma sindicada (arts. 281, nºs 1 e 2, e 282, nº 1, da CRP).[10]

Por outro lado, a decisão do Tribunal Constitucional que se pronuncia pela inconstitucionalidade de norma constante do diploma fiscalizado produz relevantes efeitos, mas, entre eles, diga-se de partida, não se encontra a anulação da norma inconstitucional, até porque ela ainda não existe juridicamente, logo, não poderá ser invalidada (art. 137 c/c art. 134, alínea "b", ambos da CRP). Tal decisão, na verdade, tem o efeito de obrigar o presidente da República ou o representante da República da Madeira e dos Açores, conforme o caso, a vetar integral e expressamente o diploma e o devolver para o órgão que o tiver aprovado (Assembleia da República, Governo, Assembleias Legislativas das regiões autônomas) (art. 279, nº 1, da CRP).[11]

A instituição legislativa, ao receber o diploma vetado por inconstitucionalidade, pode adotar uma das seguintes opções: 1) não volta a aprová-lo, conformando-se com a decisão que o censurou; 2) expurga as normas inconstitucionais (art. 279, nº 2, primeira parte, da CRP); ou, 2) o confirma por maioria de dois terços dos deputados presentes, desde que superior à maioria absoluta dos deputados em efetividade de funções (art. 279, nº 2, segunda parte, da CRP).

No primeiro caso, quando os legisladores aceitam o veto jurídico aposto ao diploma com base na decisão do Tribunal Constitucional, fica, por óbvio, inviabilizada a sua promulgação ou assinatura. As outras duas opções cuidam da possibilidade de superação do veto, que, mesmo amparado pela qualificada decisão do Tribunal Constitucional, não é absoluto, podendo ser ultrapassado.

A expurgação consiste na eliminação, pelo órgão que tiver aprovado o diploma, das normas tidas por incompatíveis com a Lei Fundamental, o que possibilita a sua promulgação ou assinatura (art. 279, nº 2, da CRP), passando as restantes das normas a integrar o ordenamento jurídico (art. 137 da CRP).

---

[10] Nesse sentido: MORAIS, Carlos Blanco de. *Justiça constitucional*: o direito do contencioso constitucional. 2. ed. Coimbra: Coimbra Editora, 2011. v. 2. p. 71-72; e COSTA, José Manuel M. Cardoso da. *A jurisdição constitucional em Portugal*. 3. ed. Coimbra: Almedina, 2007. p. 88.

[11] O veto, ao contrário do que ocorre no Brasil (art. 66, §1º, da CF/88), envolve sempre a totalidade do diploma, não podendo ser parcial, mesmo que seja possível separar o preceito inconstitucional das demais pré-normas do diploma (art. 279, nº 1, da CRP).

Uma outra forma de ultrapassagem do veto por inconstitucionalidade dá-se com a confirmação parlamentar do diploma pela maioria constitucionalmente exigida (art. 279, nº 2, da CRP). Por essa via, a Assembleia da República, em uma segunda votação, ao invés de purificar o diploma, excluindo os preceitos inconstitucionais, o reaprova, apesar deles. Neste caso, a questão que se põe consiste em saber se o presidente da República está obrigado a promulgar a lei, com base na manifestação do legislador, ou se poderá deixar de fazê-lo, nos termos da decisão do Tribunal Constitucional.

A Constituição parece sinalizar no sentido de que o presidente da República tem a faculdade de promulgação, e não a obrigação. Essa interpretação se extrai da redação dos arts. 136, nº 2, e 279, nº 2. Aquele primeiro dispositivo constitucional diz que, quando o diploma vetado politicamente é confirmado pelo Parlamento (sem alterações de fundo), o chefe de Estado "deverá" promulgá-lo, sendo do Parlamento a última palavra (trata-se, portanto, de ato vinculativo, obrigatório). Porém, de acordo com este último dispositivo, quando aposto o veto por inconstitucionalidade, o diploma não "poderá" ser promulgado ou assinado sem a reaprovação parlamentar pela maioria exigida (ao usar o verbo "poder", e não "dever", deixa claro que é um ato discricionário, facultativo).

A doutrina tem entendido que a promulgação é mera faculdade do presidente da República, que não estaria obrigado a chancelar normas inconstitucionais. Assim, tem ele o poder de resolver o conflito entre a decisão do Tribunal Constitucional e a deliberação do Parlamento, assumindo a função de árbitro da tensão entre aqueles dois órgãos de soberania. Pode optar, assim, entre promulgar o diploma (aceitando a vontade parlamentar) ou não o promulgar (prestigiando a decisão do TC).[12]

Contudo, caso o presidente da República opte por promulgar o diploma, tornando-o lei, não preclude a possibilidade de o Tribunal Constitucional vir a pronunciar-se de novo sobre a matéria, em sede de controle de constitucionalidade sucessivo concreto ou abstrato, com grandes chances, em razão do peso do precedente já firmado, de a norma ser, respectivamente, julgada ou declarada inconstitucional com força obrigatória geral (arts. 281 e 282 da CRP).

Em suma, esses são os contornos do sistema português de controle preventivo de constitucionalidade.

Feitas essas breves considerações, passa-se a examinar o sistema de controle de constitucionalidade brasileiro.

2   Fiscalização preventiva de constitucionalidade no Brasil

O processo legislativo de elaboração dos atos normativos – durante o qual se realiza, sob o aspecto político, a fiscalização preventiva de constitucionalidade no Brasil

---

[12] Alguns doutrinadores se posicionam no sentido aqui exposto: cf. CORREIA, Fernando Alves. *Direito constitucional*: a justiça constitucional. Coimbra: Almedina, 2001. p. 119-120, nota 146; MORAIS, Carlos Blanco de. *Justiça constitucional*: o direito do contencioso constitucional. 2. ed. Coimbra: Coimbra Editora, 2011. v. 2. p. 91; CANOTILHO, José Joaquim Gomes; MOREIRA, Vital. *Constituição da República Portuguesa anotada*. 4. ed. Coimbra: Coimbra Editora, 2010. v. 2. p. 930-931. Por outo lado, o Tribunal Constitucional de Portugal já assentou que, nestes casos, "o Presidente da República fica obrigado a não promulgar sem expurgo ou sem confirmação qualificada e com o poder, mas não a obrigação, de promulgar depois desta última" (Acórdão nº 334/94).

– encontra-se disciplinado nos arts. 59 a 69 da Constituição da República Federativa do Brasil de 1988.

Como se sabe, a produção da lei ou de emenda constitucional é um ato complexo, que resulta da vontade conjunta dos poderes Executivo e Legislativo. Por isso, o processo de formação das espécies normativas brasileiras passa por três fases distintas, designadamente: a) *fase de iniciativa*, que envolve os sujeitos com legitimidade para deflagrá-lo; b) *fase constitutiva*, que abrange a deliberação parlamentar (discussão e votação no Congresso Nacional) e a deliberação executiva (sanção ou veto do chefe do Poder Executivo, ressalvado o caso de proposta de emenda constitucional); e, por fim, c) *fase complementar* (promulgação e publicação da lei, a cargo, geralmente, do chefe do Executivo).

No ordenamento jurídico brasileiro, a Constituição Federal só permite o controle preventivo da constitucionalidade de natureza *exclusivamente política*. Não no sentido de que ela tenha atribuído a fiscalização profilática a um órgão político especialmente instituído para essa específica finalidade, mas sim no sentido de que a Constituição instituiu um modelo em que o exame da constitucionalidade é desenvolvido por meio de um *autocontrole político*, concretizado durante o procedimento legislativo de elaboração das normas jurídicas, realizado apenas pelos poderes *Legislativo* (controle político interno) e *Executivo* (controle político externo). Contudo – e aqui se concentra o foco de nossa atenção – mesmo sem expressa previsão constitucional, tal controle preventivo também é feito pelo Poder Judiciário (controle judicial), tendo essa possibilidade sido criada por meio de uma construção jurisprudencial do STF. É o que veremos na sequência.

2.1 Fiscalização preventiva de constitucionalidade realizada pelos poderes Legislativo e Executivo

No âmbito federal, o Poder Legislativo brasileiro é exercido pelo Congresso Nacional, que se compõe, em razão do sistema bicameralista, da Câmara dos Deputados e do Senado Federal (art. 44 da CF), cujos membros são eleitos pelo povo (arts. 45 e 46 da CF). São nessas duas Casas Legislativas que o controle profilático da constitucionalidade ganha relevo.

Com efeito, os deputados federais e os senadores, ao tomarem posse, prometem manter, defender, cumprir e guardar a Constituição, nos termos do art. 4º, §3º, do Regimento Interno da Câmara dos Deputados – RICD[13] e do art. 4º, §2º, do Regimento Interno do Senado Federal – RISF.[14] Por isso, os parlamentares são guardiões da Constituição e têm o dever de evitar o ingresso de normas inconstitucionais no ordenamento jurídico. Cumprem esse dever, em um primeiro momento, abstendo-se de apresentar proposição legislativa que contrarie a Carta Magna. Essa pode ser considerada a primeira forma de controle político preventivo de constitucionalidade, que batizaremos de *controle autoral*.

---

[13] BRASIL. Câmara dos Deputados. *Resolução nº 17, de 21 de setembro de 1989*. Regimento Interno da Câmara dos Deputados. Disponível em: http://www2.camara.leg.br/legin/fed/rescad/1989/resolucaodacamarados deputados-17-21-setembro-1989-320110-republicacaoatualizada-40374-pl.html. Acesso em: 18 ago. 2020.

[14] BRASIL. Senado Federal. *Resolução nº 93 (1970)*: com atualizações da Resolução nº 18 (1989) e consolidado com alterações posteriores até 2010. Regimento Interno do Senado Federal. Disponível em: http://www.senado.gov.br/legislacao/regsf/RegInternoSF_Vol1.pdf. Acesso em: 18 de agosto de 2020.

Passado pelo crivo do autor da proposição legislativa, surge uma segunda oportunidade de exame de constitucionalidade do projeto de ato normativo, que pode ser designada de *controle prelibacional*, pois é feito preliminarmente pelo presidente da Casa Legislativa (Senado Federal ou Câmara dos Deputados), o qual tem o poder de impedir a tramitação de projeto de ato normativo que entenda manifestamente inconstitucional, cabendo, desta decisão, recurso para o Plenário da Casa respectiva (art. 137, §1º, II, "b", e §2º, do RICD, e art. 48, XI, do RISF).

Superado o juízo de prelibação do presidente de cada Casa legislativa, o projeto de ato normativo segue para a apreciação especializada da Comissão de Constituição e Justiça (CCJ), que tem amparo constitucional (art. 58 da CF). Trata-se, à falta de melhor denominação, do *controle "comissional"*.

Na Câmara dos Deputados, a CCJ está prevista no art. 32, IV, do RICD e a ela compete analisar a constitucionalidade de todos os projetos de atos normativos em tramitação. Seu parecer no sentido da inconstitucionalidade é terminativo, só podendo ser combatido mediante recurso ao plenário da Casa, interposto por, no mínimo, um décimo dos deputados federais (arts. 132, §2º; e 164, §2º, do RICD; e art. 58, §2º, I, da CF). No Senado Federal, por força do art. 101, §1º, do RISF, o parecer no sentido da inconstitucionalidade da CCJ também é terminativo, ocasionando a rejeição e o arquivamento definitivo do projeto de ato normativo. Se a decisão tiver sido unânime, não cabe qualquer recurso; porém, se tiver sido aprovada por maioria, é possível o recurso para o plenário do Senado, também interposto por, no mínimo, um décimo dos senadores (art. 254 do RISF e art. 58, §2º, I, da CF).

Se a proposição legislativa sobreviver a todos esses filtros, pode haver ainda uma outra oportunidade de exame de constitucionalidade no âmbito do Poder Legislativo, que pode ser denominado *controle plenário separado*. Realmente, a proposição legislativa, ao ser submetida à votação nos plenários do Senado Federal e da Câmara dos Deputados, separadamente, poderá ser rejeitada pelos membros dessas Casas, caso entendam-na inconstitucional.

Destaque-se que, em razão do sistema bicameralista do Poder Legislativo brasileiro, o projeto de lei aprovado em uma Casa Legislativa deverá ser revisto pela outra (art. 65 da CF). Ou seja, toda a peregrinação do projeto de ato normativo, acima descrita, ocorre duas vezes, primeiro na Casa iniciadora (em regra, a Câmara dos Deputados: arts. 61, §2º, e 64, ambos da CF) e, depois, na Casa revisora (geralmente, o Senado Federal), aumentando consideravelmente as oportunidades de exame da constitucionalidade dos projetos de norma.

Para além deste controle interno, há também um controle político externo das proposições legislativas, feito pelo presidente da República, que, tal qual os parlamentares, ao tomar posse de seu cargo, compromete-se a manter, defender e cumprir a Constituição, o que o torna também um importante guardião da Carta Magna (art. 78 da CF).

Por isso, por força do art. 66, *caput* e parágrafos, da CF, o chefe do Executivo, no prazo de 15 dias após o recebimento do projeto de lei, poderá sancioná-lo, no caso de aquiescência, ou vetá-lo, na hipótese de discordância (art. 66 da CF). O veto pode ser jurídico ou político. Será jurídico, quando o chefe do Executivo o considerar inconstitucional e, político, quando o julgar contrário ao interesse público (art. 66, §1º, da CF). Vetando juridicamente, o presidente da República estará exercendo o controle preventivo de constitucionalidade, evitando que a proposição legislativa, alegadamente inconstitucional, venha a se tornar lei. Chamemos essa fiscalização de *controle presidencial*.[15]

O veto, contudo, não é absoluto. O Congresso Nacional poderá, em sessão conjunta e dentro de 30 dias a contar de seu recebimento, rejeitá-lo pelo voto da maioria absoluta dos deputados e senadores, por considerar que o projeto de lei é compatível com a Constituição (art. 66, §4º, da CF/88). Eis a última forma de fiscalização preventiva de natureza política: o *controle plenário conjunto*.

Como se observa, são oito os momentos em que a Constituição brasileira autoriza o exercício do controle preventivo de constitucionalidade no âmbito político (Legislativo e Executivo): 1º) pelo parlamentar, ao não apresentar proposição legislativa inconstitucional (controle autoral); 2º) pelo presidente do Senado Federal ou da Câmara dos Deputados (controle prelibacional); 3º) pela Comissão de Constituição e Justiça da Casa iniciadora, normalmente a Câmara dos Deputados (controle "comissional"); 4º) pela Comissão de Constituição e Justiça da Casa revisora, geralmente o Senado Federal (controle "comissional"); 5º) pelo plenário da Casa iniciadora (controle plenário separado); 6º) pelo plenário da Casa revisora (controle plenário separado); 7º) pelo veto jurídico do chefe do Poder Executivo (controle presidencial); e 8º) pelo plenário de ambas as Casas Legislativas, em sessão conjunta, ao apreciar o veto jurídico do presidente da República (controle plenário conjunto).

Apesar disso, de acordo com a jurisprudência do STF, ainda é possível a fiscalização profilática de constitucionalidade pela via judicial, mesmo sem expressa previsão da Carta Magna, conforme se verá.

2.2 Fiscalização preventiva da constitucionalidade realizada pelo Poder Judiciário brasileiro

2.2.1 Compreensão prévia da questão

A Constituição Federal de 1988 instituiu um sistema híbrido, misto ou eclético de controle judicial da constitucionalidade dos atos normativos e omissões do poder público: o controle difuso-concreto, de competência de todos os juízes, e o controle concentrado-abstrato, de competência exclusiva do STF.[16] Esse controle judicial de constitucionalidade só deveria ocorrer após a promulgação e publicação da norma, através da fiscalização sucessiva (arts. 36, III; 102, I, "a", III, e §1º; e 103, §2º, todos da CF/88), na medida em que não há expressa autorização constitucional para a deflagração do controle judicial prévio da constitucionalidade de projeto de atos normativos do Poder Público, a exemplo de projeto de lei (PL) e de proposta de emenda constitucional (PEC).

---

[15] Quando se tratar de proposta de emenda constitucional (PEC), o controle preventivo é exclusivo do Congresso Nacional, não tendo o presidente da República o poder de veto ou sanção, pois a Constituição não permitiu qualquer sindicabilidade prévia heterogênea dessa espécie normativa, a qual, após aprovada pelo Congresso Nacional, será promulgada diretamente pelas Mesas da Câmara dos Deputados e do Senado Federal (art. 60, §§2º e 3º, da CF).

[16] Como guardiões da Constituição estadual e em razão do princípio da simetria federativa, os tribunais de justiça dos estados e do Distrito Federal também têm competência exclusiva para analisar a compatibilidade de lei ou ato normativo estadual ou municipal em face da Constituição estadual.

Não obstante isso, a jurisprudência do STF tem admitido a fiscalização judicial preventiva de "projetos de atos normativos" em tramitação no Congresso Nacional, cujo processo pode ser desencadeado por qualquer parlamentar através do ajuizamento de *mandado de segurança* individual com o objetivo de *arquivar* proposição legislativa alegadamente incompatível com a Constituição Federal. A justificativa para essa criativa jurisprudência é de que os deputados federais e os senadores têm o direito líquido e certo de só participarem de um processo legislativo constitucionalmente hígido, ou seja, com observância das normas constitucionais disciplinadoras do processo de elaboração das espécies normativas (arts. 59 a 69 da CF). Para tanto, o STF enxergou nesses preceitos constitucionais a possibilidade de o Judiciário controlar antecipadamente a atividade parlamentar, criando-se, pela via jurisprudencial, um autêntico sistema de fiscalização prévia da constitucionalidade de proposições legislativas em curso.

O dispositivo constitucional mais invocado para justificar a fiscalização preventiva pelo STF é o que estabelece os limites materiais do poder de reforma da Constituição (as chamadas *cláusulas pétreas*). Trata-se do §4º do art. 60 da CF, segundo o qual "não será objeto de deliberação a proposta de emenda tendente a abolir: I - a forma federativa de Estado; II - o voto direto, secreto, universal e periódico; III - a separação dos Poderes; IV - os direitos e garantias individuais". Em razão de a redação ser expressa no sentido da impossibilidade de o Congresso Nacional *deliberar* sobre proposta de emenda constitucional tendente a abolir cláusulas pétreas, a jurisprudência do Tribunal Supremo construiu a possibilidade de controle preventivo *material* deste tipo de projeto de atos normativos, ou seja, da proposta de emenda constitucional.

Por outro lado, as demais normas constitucionais reguladoras do processo legislativo de elaboração das normas brasileiras podem, na visão do STF, também autorizar, ainda que indiretamente, a atuação profilática daquele Tribunal, no sentido de averiguar a constitucionalidade *formal* não apenas de uma proposta de emenda à Constituição, mas também de um projeto de lei que desrespeite o devido processo legislativo constitucional (questões formais relacionadas à legitimidade de iniciativa de proposição legislativa, ao *quórum* de aprovação das normas, às matérias de que a Constituição veda a apresentação de projeto de ato normativo etc.).

Portanto, a jurisprudência do STF criou claramente duas hipóteses em que se (auto)atribuiu a competência para examinar a compatibilidade, com a Carta Magna, de proposições legislativas que ainda não ultimaram seu ciclo formativo: 1) quando a proposição tender a abolir uma limitação material à reforma da Constituição (tem por objeto apenas uma PEC e, como parâmetro de controle, as cláusulas pétreas previstas no art. 60, §4º, da CF); e 2) quando o projeto de ato normativo desrespeitar as normas formais do devido processo legislativo constitucional (pode ter por objeto uma PEC ou um PL e tem como paradigma constitucional as normas previstas nos arts. 59 a 69 da CF). Em ambas as situações, a jurisprudência daquela Corte aduz que a fiscalização preventiva é possível porque se relaciona a vícios formais já efetivamente concretizados durante o próprio curso do procedimento de formação da norma, independentemente de sua posterior aprovação ou rejeição pelo Parlamento.

Esse controle preventivo de constitucionalidade, contudo, pelo menos no primeiro caso, ao utilizar como paradigma as cláusulas pétreas, terá como alvo uma inconstitucionalidade não apenas formal, mas também material, pois, ao utilizar tais cláusulas como parâmetro de controle, o STF terá de ir ao fundo da proposta de ato normativo, examinando seu conteúdo, seu texto, para saber se ele ofende ou não as normas contidas no §4º do art. 60 da CF, conforme veremos oportunamente.

Em suma, o mandado de segurança, enquanto instrumento desencadeador da fiscalização preventiva da constitucionalidade, pode ser ajuizado pelo parlamentar sempre que se verifique: 1) um vício de inconstitucionalidade *material* na tramitação de PEC (ofensa às cláusulas pétreas); ou 2) uma inconstitucionalidade *formal* no curso de um PL ou de uma PEC (violação das normas do devido processo legislativo constitucional).

O STF só ainda não admite controlar previamente a constitucionalidade *material* de *projeto de lei* (PL), mesmo que ele tenda a abolir cláusula pétrea. O argumento utilizado é o de que as restrições do §4º do art. 60 da Constituição, literalmente interpretadas, não se aplicam aos projetos de lei em tramitação, mas apenas às propostas de emendas constitucionais.

2.2.2 O controle preventivo da constitucionalidade material e formal na jurisprudência do STF e a sua incompatibilidade com a Constituição Federal

Para melhor compreensão deste controverso problema, faz-se necessário, ainda que em linhas gerais e concisas, discorrer sobre alguns mandados de segurança (MS) conhecidos por aquela Corte, impetrados por congressistas com o desiderato de vedar a deliberação parlamentar acerca de proposição legislativa taxada de inconstitucional, especialmente por suposta ofensa às cláusulas pétreas.

O MS nº 20.257/DF foi o primeiro caso analisado no Supremo Tribunal Federal, tendo sido julgado em 8.10.1980, portanto, na vigência da Constituição anterior. A ação foi ajuizada pelos então senadores Itamar Franco e Antônio Mendes Canale em face da Mesa do Congresso Nacional. Os parlamentares se insurgiram contra a tramitação das propostas de emenda à Constituição nºs 51 e 52, todas do ano de 1980, que visavam elevar a duração dos mandatos dos prefeitos, vice-prefeitos e vereadores municipais de dois para quatro anos. O pedido consistia no arquivamento das referidas proposições legislativas, sob o argumento de que o aumento do tempo dos mandatos violava o princípio republicano da temporalidade dos cargos eletivos e, por isso, feria a cláusula pétrea prevista no art. 47, §1º, da Constituição de 1967, então vigente, segundo a qual "não será objeto de deliberação a proposta de emenda tendente a abolir a Federação ou a República".[17]

O Ministro Moreira Alves, na questão prévia sobre a admissibilidade da ação, asseverou que, em princípio, não conheceria de mandado de segurança "para impedir tramitação de projeto de lei ou proposta de emenda constitucional com base na alegação de que seu conteúdo entra em choque com algum princípio constitucional", pois, nesse

---

[17] A redação do art. 47, §1º, da Constituição de 1967, foi dada pela Emenda Constitucional nº 1/1969 (BRASIL. *Emenda Constitucional n. 1, de 17 de outubro de 1969*. Alterou a Constituição Federal de 1967. Disponível em: http://www.planalto.gov.br/ccivil_03/constituicao/Emendas/Emc_anterior1988/emc01-69.htm. Acesso em: 18 ago. 2020).

caso, "a violação à Constituição só ocorrerá depois de o projeto se transformar em lei ou de a proposta de emenda vir a ser aprovada".

Contudo – afirmou o Ministro Moreira Alves –, em se tratando de proposta de emenda constitucional alegadamente tendente a abolir uma cláusula pétrea, conheceria do *writ*, pois a própria Carta Magna vedava a deliberação parlamentar nesses casos. Escreveu o magistrado que, no caso então em julgamento:

> a vedação constitucional se dirige ao próprio processamento da lei ou da emenda, vedando a sua apresentação (como é o caso previsto no parágrafo único do artigo 57) ou a sua deliberação (como na espécie). Aqui, a inconstitucionalidade diz respeito ao próprio andamento do processo legislativo, e isso porque a Constituição não quer – em face da gravidade dessas deliberações, se consumadas – que sequer se chegue à deliberação, proibindo-a taxativamente. A inconstitucionalidade, neste caso, já existe antes de o projeto ou de a proposta se transformar em lei ou em emenda constitucional, porque o próprio processamento já desrespeita, frontalmente, a Constituição.

A maioria dos juízes acompanhou o voto do Ministro Moreira Alves e conheceu do mandado de segurança. Na questão de mérito, a maioria dos membros do STF também aderiu ao voto do referido ministro, indeferindo o pedido autoral, ao argumento de que não existia inconstitucionalidade, uma vez que a elevação do período de duração dos mandatos de dois para quatro anos não transgredia o princípio republicano da temporalidade dos cargos eletivos. Asseverou o ministro:

> Indefiro-o [o pedido contido no mandado de segurança], porém, por ser manifesta a improcedência de sua fundamentação. A emenda constitucional, em causa, não viola, evidentemente, a república, que pressupõe a temporariedade dos mandatos eletivos. De fato, prorrogar mandato de dois para quatro anos, tendo em vista a conveniência da coincidência de mandatos nos vários níveis da Federação, não implica introdução do princípio de que os mandatos não mais são temporários, nem envolve, indiretamente, sua adoção de fato.[18]

Como se percebe, para denegar o pedido contido no mandado de segurança, foi preciso realizar o exame da compatibilidade *material* das proposições legislativas com a Carta Magna. Não houve simples controle de constitucionalidade formal. A partir deste caso paradigmático, a jurisprudência daquela Corte passou a admitir o cabimento do mandado de segurança, ajuizado por qualquer parlamentar, para fiscalizar, preventivamente, a constitucionalidade da tramitação de *proposta de emenda constitucional* em confronto com as cláusulas pétreas (inconstitucionalidade material), bem como a compatibilidade de *proposta de emenda constitucional* ou *de projeto de lei* com as normas constitucionais disciplinadoras do processo legislativo (inconstitucionalidade formal).

Após essa primeira decisão, o STF, em vários outros casos, reafirmou o entendimento de atribuir legitimidade ao parlamentar para ajuizar mandado de segurança preventivo pleiteando a inconstitucionalidade de proposição legislativa, salvo no que

---

[18] BRASIL. STF. Tribunal Pleno. Mandado de Segurança nº 20.257/DF. Rel. Min. Delcio Miranda, j. 8.10.1980. *Diário da Justiça*, 27 fev. 1981. Disponível em: http://redir.stf.jus.br/paginadorpub/paginador.jsp?docTP=AC&docID=85046. Acesso em: 18 ago. 2020.

diz respeito à alegação de inconstitucionalidade material de projeto de lei, que a Corte entende não ser fiscalizável profilaticamente.[19]

Como se percebe, a jurisprudência do STF é firme no sentido de atribuir legitimidade ao parlamentar para impetrar mandado de segurança com a finalidade de provocar a jurisdição constitucional daquela Corte, visando arquivar projeto de ato normativo alegadamente inconstitucional.

Os juízes daquele Tribunal têm anotado, em suas decisões, que o controle judicial preventivo de constitucionalidade se limita à fiscalização de vício de inconstitucionalidade formal das proposições legislativas – o que, por si só, já não é constitucionalmente possível, conforme veremos oportunamente –, as quais são confrontadas com as normas relativas ao devido processo legislativo (arts. 59 a 69 da CF).

Não é bem assim, porém. Com efeito, o STF, por diversas vezes, deixou claro que permite a análise prévia de proposta de emenda constitucional que contrarie as cláusulas pétreas previstas no §4º do art. 60 da CF. Ora, ao utilizar essas cláusulas como parâmetro de controle, o STF faz não apenas uma fiscalização formal, mas também um autêntico controle de vício de inconstitucionalidade material, pois a redação do art. 60, §4º, da CF – ao elencar as matérias vedadas ao poder de reforma da Lei Fundamental e proibir a própria deliberação parlamentar sobre tais matérias – criou limites ao poder constituinte derivado que são, concomitantemente, substanciais e procedimentais.

Realmente, o dispositivo fixador das cláusulas pétreas exige que não haja deliberação (aspecto formal), mas só não haverá se – e somente se – o conteúdo, o texto da PEC for ofensivo às cláusulas pétreas (aspecto material). Em poucas palavras, a parametricidade das cláusulas pétreas, no Brasil, tem *natureza dúplice*, pois elas constituem uma limitação ao poder de reforma da Constituição que é, a um só tempo, material (o conteúdo dos projetos de atos normativos não pode contrariá-las) e formal (proibição de deliberação sobre proposições legislativas tendentes a aboli-las). Assim, o cumprimento do art. 60, §4º, da CF, pressupõe, indisfarçavelmente, o exame do mérito da proposta de emenda constitucional.

Essa atuação profilática do STF não encontra respaldo constitucional, seja quando vise simplesmente garantir o respeito ao devido processo legislativo (exame da compatibilidade formal do projeto de ato normativo com a Constituição), seja quando se busque defender as cláusulas pétreas contra eventual futura ofensa (exame da compatibilidade material).

Tanto em um caso como em outro, a jurisprudência do STF não resiste a uma leitura sistemática e até literal da Lei Fundamental, pois, de uma só vez, fere o princípio da separação dos poderes, subverte o sistema de controle de constitucionalidade brasileiro e ainda não observa quem são os verdadeiros destinatários das normas do processo legislativo invocadas para legitimar a autodilatação dos limites de sua competência. É o que o pretendemos demonstrar a seguir.

---

[19] Vejam-se, a propósito, os seguintes mandados de segurança: MS nº 20.452/DF (*DJ*, 11 out. 1985); MS nº 21.303 (*DJ*, 2 ago. 1991); MS nº 23.565/DF (*DJ*, 17 nov. 1999); MS nº 24.593/DF (*DJ*, 8 ago. 2003); MS nº 24.356 (*DJ*, 12 set. 2003); MS nº 24.645/DF (decisão de 21.11.2003); MS nº 24.576/DF (decisão de 27.6.2003); MS nº 24.667/DF (*DJ*, 23 abr. 2004); MS nº 24.642 (*DJ*, 18 jun. 2004); MS nº 31.816/DF (ajuizado em 13.2.2012) (Disponível em: http://www.stf.jus.br/portal/principal/principal.asp. Acesso em: 18 ago. 2020).

2.2.3 Princípio da separação dos poderes e destinatários das normas reguladoras do processo legislativo: competência para fiscalização preventiva da constitucionalidade conferida exclusivamente a órgãos políticos

Inicialmente, uma análise literal da Constituição representa um primeiro obstáculo à sustentação da jurisprudência do STF. Deveras, a Constituição Federal de 1988 – ou quaisquer de suas antecessoras – não autorizou a fiscalização judicial prévia de projetos de atos normativos formal ou materialmente inconstitucionais. As normas do processo legislativo invocadas pelos ministros do STF para legitimar a dilatação de sua própria competência (arts. 59 a 69 da CF, incluindo as cláusulas pétreas do §4º do art. 60) não o socorrem.

Realmente, a eloquente posição topográfica dessas normas indica que os ministros daquele Tribunal não são os destinatários delas, mas sim os próprios parlamentares. Com efeito, os preceitos inerentes ao devido processo legislativo estão inseridos no Título IV ("Da Organização dos Poderes"), Capítulo I ("Do Poder Legislativo"), Seção VIII ("Do Processo Legislativo"). Ou seja, estão claramente vinculados ao núcleo central das atribuições do Congresso Nacional. Nada aí se relaciona com o Poder Judiciário. A simples argumentação de que o STF é o guardião da Constituição não é suficiente, pois o que aí está escrito se refere a uma questão de competência, ou seja, a Constituição só conferiu poder de fiscalização preventiva de constitucionalidade a órgãos eminentemente políticos.

A única exceção, aberta pela Constituição, de interferência externa no Poder Legislativo na fase de tramitação de proposições legislativas, foi em relação ao chefe do Poder Executivo, que poderá vetá-las (art. 66, §1º), mas essa exceção foi feita de forma expressa e topograficamente coerente, isto é, no mesmo local das demais normas que regulam o processo legislativo. Ademais, o veto executivo é *limitado*, pois não cabe nas propostas de emenda à Constituição (art. 60, §§2º 3º, da CF), e, além disso, *superável*, na medida em que pode ser ultrapassado pelos congressistas brasileiros, que deverão dar sempre a última palavra sobre a questão (art. 66, §4º, da CF).

Reconhecemos que uma interpretação literal não é suficiente para se chegar ao verdadeiro sentido e alcance de normas jurídicas. Por isso, faz-se necessário ir além, buscando uma leitura sistemática da Constituição. Também por esse caminho, impõe-se o afastamento da interferência do STF no processo de elaboração das espécies normativas. De fato, a omissão da Constituição sobre o instituto da fiscalização preventiva não foi fruto do esquecimento negligente do legislador constituinte. Ao contrário, trata-se de silêncio proposital, eloquente, pois desejou atribuir aos órgãos políticos, com exclusividade, a competência para examinar, antecipadamente, a constitucionalidade dos atos pré-normativos, para, com isso, prestigiar o princípio da separação e harmonia dos poderes, estatuído no art. 2º da CF.

A Constituição Federal não apenas previu a existência dos três poderes, mas também repartiu entre eles as funções estatais, visando especializar certos órgãos para que o desempenho dessas funções se dê de modo idealmente ótimo. Embora o legislador constituinte não tenha distribuído as funções estatais em caráter de absoluta exclusividade, o fato é que deixou claro que cada um dos poderes tem uma atividade predominante, típica, nuclear, que, por isso, não lhe pode ser subtraída (a do Poder Legislativo, por óbvio, é legislar, inovando o ordenamento jurídico).

A correta observância dessa divisão de tarefas é de fundamental importância para a efetivação do princípio da separação dos poderes, o qual, por ter sido constitucionalmente estabelecido, só pode ser excepcionado pela própria Constituição, e de maneira ostensivamente clara – nunca por meio de uma interpretação jurisprudencial, por mais abalizados que sejam os exegetas. Assim, ao atuar dentro de sua esfera de competência estabelecida pelo Poder Constituinte originário, a instituição parlamentar não pode sofrer limitações prévias de qualquer espécie, devendo-se presumir a idoneidade dos atos legislativos preparatórios à constituição e modificação do ordenamento jurídico, que precisam ser compreendidos como questões *interna corporis*, previamente insidicáveis pela via judicial.

É certo que o princípio da separação de poderes não pode ser interpretado rigidamente, pois a Constituição criou mecanismos de controle recíproco entre os órgãos do Estado, objetivando evitar o arbítrio e o desmando de um sobre outro ou sobre os particulares. Porém, quando ela quis mitigar tal princípio, autorizando a intromissão de um poder sobre o outro, o fez expressamente, estabelecendo uma espécie de salutar sistema de freios e contrapesos (*checks and balances*).

Os mecanismos de controle recíproco entre os órgãos constitucionais, por representarem uma limitação ao princípio da separação de poderes (que é uma cláusula pétrea – art. 60, §4º, III, da CF), só são os que expressamente estão regrados na Constituição, não podendo haver extensão pela via jurisprudencial. Ora, se as hipóteses de intervenção no curso do processo legislativo já estão exaustivamente disciplinadas pela Carta Magna – e todas são atribuídas a órgãos políticos (Parlamento e chefe do Poder Executivo) –, não faz sentido o STF se autoconferir uma competência que a Constituição, evidentemente, não lhe quis outorgar.

Sob esse ponto de vista, resta claro que a fiscalização preventiva de constitucionalidade realizada pelo STF implica uma intromissão indevida no âmago, na parte mais íntima das funções típicas do Congresso Nacional, que acaba, por essa via, sendo dominado pelo Judiciário e tendo seu âmbito de atuação restringido pela assunção judicial de parte de sua competência. Cuida-se, sem dúvida, de uma ofensa ao princípio da separação de poderes, que também é uma cláusula pétrea da Carta Magna, não sendo razoável a sua flexibilização judicial sob o pretexto de preservar uma outra cláusula pétrea contra uma *futura, eventual* e *hipotética* agressão do Poder Legislativo.

Por isso, em respeito ao *núcleo essencial* e intangível das funções dos poderes, não pode ser constitucionalmente lícito esvaziar as atribuições do Congresso Nacional ou do Poder Executivo. Nessa perspectiva, devem ser toleradas a tramitação, discussão e votação de todo e qualquer tipo de proposição legislativa – ainda que flagrantemente incompatível com a Constituição e independentemente de o vício de inconstitucionalidade ser de natureza formal ou material –, pois, no decorrer do processo legislativo, o projeto de ato normativo pode ser alterado e até rejeitado pelo próprio legislador ou vetado pelo chefe do Poder Executivo. Não se pode, simplesmente, destituir esses órgãos políticos de suas típicas funções constitucionais com base na presunção de que eles, deliberada ou negligentemente, permitirão que a Constituição, que prometeram guardar, seja ofendida durante o processo de elaboração das normas jurídicas.

De qualquer forma, aprovada a norma (por meio de PEC ou de PL), nenhum prejuízo relevante trará a aprovação da proposição, na medida em que o ordenamento jurídico brasileiro permite ao STF, em processo de fiscalização *sucessiva* da constitucionalidade, liminarmente suspendê-la e, ao final do julgamento, definitivamente invalidá-la, expurgando-a do mundo jurídico, se ela for incompatível com a Constituição. Em outras palavras, em caso de lei e de emenda constitucional inconstitucionais, haverá sempre um meio eficaz para corrigir, no momento oportuno, eventuais soluções legislativas teratológicas.[20]

Na realidade, esta atuação apriorística dos magistrados do STF configura típico ativismo judicial competencial,[21] pois, em violação ao princípio da separação dos poderes, amplia sua própria competência no sistema de controle da constitucionalidade, cria o próprio direito, não se limitando a efetivar e garantir a Constituição, ainda que crítica e construtivamente, acabando por completá-la com norma da sua própria autoria, fruto de suas opções pessoais, impondo uma transferência de poder de forma claramente inconstitucional. Como consequência, tais magistrados constitucionais se autotransformaram em *legisladores positivos*, não apenas ordinários, mas de natureza *constituinte*, pois podem alterar, por via jurisprudencial, a própria Lei Fundamental. Isso, indubitavelmente, corresponde a uma revisão constitucional tácita, levada a efeito por um órgão incompetente para fazê-lo, portanto, em evidente desrespeito às normas do processo de reforma da Carta Magna.[22]

Deixe-se claro, desde logo, que não se pretende defender um juiz "boca da lei", com atuação meramente mecânica e acrítica. A autocontenção judicial sugerida é medida necessária, não para neutralizar os ministros do STF, mas para comprimir suas atribuições dentro de uma esfera de razoabilidade constitucional, isto é, sem afronta ao núcleo duro e irredutível das funções dos outros poderes. Nessa medida, tudo recomenda um comportamento mais comedido e cauteloso daquela Corte Suprema, sem prejuízo de efetivamente desempenhar sua função típica e nuclear: guardar a Constituição contra agressões *reais* de atos normativos já *em vigor*, o que, evidentemente, não inclui a defesa da Carta Magna contra ofensas *potenciais* de atos normativos *em processo de formação*.

Os argumentos acima delineados já seriam suficientes, segundo cremos, para duvidar do acerto da jurisprudência do STF. Porém, há mais razões para se desejar a mudança de direção jurisprudencial. É o que veremos na sequência.

---

[20] Nesse sentido, manifestou-se o ministro Teori Zavascki, repelindo a tentativa do Ministro Gilmar Mendes de incluir os *projetos de lei* no âmbito de atuação da fiscalização jurisdicional preventiva da constitucionalidade *material* (cf. Mandado de Segurança nº 32.033/DF, p. 148).

[21] Sobre ativismo judicial, confira: PINTO, Hélio Pinheiro. *Juristocracia*: o STF entre a judicialização da política e o ativismo judicial. Belo Horizonte: Fórum, 2018.

[22] Nesse sentido, mas em outro contexto, confira-se URBANO, Maria Benedita. *Curso de justiça constitucional*: evolução histórica e modelos do controle da constitucionalidade. Coimbra: Almedina, 2013. p. 96-102.

2.2.4 A impropriedade do mandado de segurança para deflagração de um processo de fiscalização preventiva da constitucionalidade: a ausência de direito líquido e certo do parlamentar-impetrante e o prejuízo para o direito líquido e certo de todos os demais

O pressuposto básico do mandado de segurança *individual* é a existência de direito líquido e certo violado ou ameaçado de violação, nos termos do art. 5º, LXIX, da CF. No caso dos projetos dos atos normativos em tramitação, alega-se que o parlamentar tem o direito subjetivo individual de não ser obrigado a participar de uma deliberação constitucionalmente proibida.

Ora, pelo menos numa perspectiva formal, nenhum parlamentar pode ser constrangido a participar de processo legislativo que entenda inconstitucional. Com efeito, conforme salientou o falecido Ministro Teori Zavascki, o congressista "pode abster-se de participar ou ainda apresentar voto contrário à aprovação". E prossegue:

> Na verdade, o que se busca, a pretexto de tutelar direito individual, é provimento de consequência muito mais profunda e abrangente: de inibir a própria tramitação do projeto de lei, o que significa impedir, não apenas o impetrante, mas todos os demais parlamentares, de discutir e votar a proposta.[23]

Assim, o mandado de segurança *individual*, utilizado como instrumento de ação direta de inconstitucionalidade preventiva, tem sua vocação constitucional totalmente desvirtuada, na medida em que não é manejado para proteger um concreto direito individual líquido e certo do parlamentar ou uma específica prerrogativa de seu cargo. Quando o congressista solicita o arquivamento judicial de um projeto de norma em curso no Congresso Nacional, pretende mesmo é proibir o exercício do direito – agora sim, líquido e certo – de os demais parlamentares debaterem e deliberarem sobre ele.

O desvirtuamento ainda se acentua quando se tem presente que o autor do mandado de segurança preventivo tem de necessariamente questionar a inconstitucionalidade abstrata ou em tese da proposição legislativa, tendo em vista que é de natureza *transindividual* esse interesse abstrato de defender a Lei Fundamental contra atos normativos em fase de elaboração. Nessa medida, ainda que fosse constitucionalmente permitida a fiscalização preventiva, certamente os únicos autorizados a deflagrar o respectivo processo seriam os atuais legitimados para as ações diretas de fiscalização abstrata-sucessiva da constitucionalidade (art. 103), considerando que apenas a eles o legislador constituinte originário atribuiu o poder de provocar a jurisdição do STF na defesa de toda a coletividade contra agressões legislativas à Constituição.

Esses legitimados, contudo, não podem, segundo a jurisprudência do STF, promover a fiscalização preventiva, cuja faculdade é exclusiva dos parlamentares, aos quais, paradoxalmente, a Carta Magna não quis sequer atribuir legitimidade para solicitar o controle jurisdicional sucessivo da constitucionalidade de normas já efetivamente existentes. Isso deixa evidente a total incompatibilidade do manuseio do mandado de

---

[23] STF, MS nº 32.033/DF, p. 137-138.

segurança como instrumento de controle preventivo da constitucionalidade no sistema brasileiro.[24]

2.2.5 A (quase) universalização jurisprudencial do controle preventivo de constitucionalidade e a subversão do modelo de fiscalização da constitucionalidade das normas

A atribuição jurisprudencial de legitimidade a qualquer parlamentar federal para deflagrar o processo de fiscalização prévia da compatibilidade das proposições legislativas com a Lei Fundamental resulta na (quase) *universalização* da fiscalização profilática da constitucionalidade, transformando o mandado de segurança em uma verdadeira *ação direta preventiva de inconstitucionalidade*, em evidente ofensa ao sistema de controle jurisdicional de constitucionalidade das normas consagrado na Carta Magna, previsto apenas para a modalidade sucessiva.

Essa quase universalização da fiscalização preventiva – só não é total porque não pode ter por objeto o controle de constitucionalidade *material* de *projeto de lei* – ocorre em razão, por um lado, da elasticidade das cláusulas pétreas e, por outro, da ampla legitimidade ativa conferida pelo STF a todos os parlamentares.

Com efeito, a larga abertura semântica e axiológica das cláusulas pétreas – muitas delas descritas em preceitos de sentido e alcance vagos e abstratos a serem preenchidos pelo STF – torna praticamente impossível não se conseguir alegar, com fundamentos até impressionáveis, o choque entre o texto de uma proposta de emenda constitucional e uma destas cláusulas, especialmente em relação aos direitos e garantias individuais, cuja lista é extremamente extensa.[25] Dessa forma, o controle preventivo da constitucionalidade, tendo por parâmetro as cláusulas pétreas, pode tornar o STF, se assim ele o desejar, absoluto *censor prévio da atividade do legislador*.

Por outro lado, o STF atribuiu a qualquer parlamentar federal a prerrogativa de instaurar o processo de fiscalização profilática da constitucionalidade por meio do ajuizamento de mandado de segurança. Diante do elevado número de legitimados ativos, a instauração do processo de controle prévio é quase certa em qualquer questão minimamente polêmica. Ora, considerando que o Congresso Nacional é integrado por 81 senadores e 513 deputados federais, infere-se, sem muito esforço, que esse instrumento poderá se tornar um verdadeiro sucedâneo da ação direita de inconstitucionalidade (ADI), que é o principal meio deflagrador da fiscalização sucessiva no Brasil e em cujo rol de autores não está incluído nenhum dos parlamentares, os quais, assim, poderão ficar tentados a usar e abusar do mandado de segurança para tornear sua falta de legitimidade no controle de constitucionalidade a *posteriori*. Com isso, aquela Corte poderá ficar inviabilizada de cumprir, com uma razoável eficiência, a sua missão nuclear de controlar repressivamente a compatibilidade dos atos normativos com a Constituição.

---

[24] Nesse sentido é o voto do falecido Ministro do STF Teori Zavascki, proferido no Mandado de Segurança nº 31.816/DF (p. 39).

[25] Apenas no art. 5º da Constituição Federal brasileira há setenta e oito incisos, a maioria tratando de direitos individuais (cláusulas pétreas), os quais ainda podem localizados em outros preceitos espalhados pela Lei Fundamental.

Além disso, os juízes de primeiro grau e os tribunais de justiça (no âmbito dos estados-membros da Federação) correm o risco de ficarem sobrecarregados com o ajuizamento de um elevado número de mandados de segurança para o fim de controle preventivo da constitucionalidade dos projetos de atos normativos estaduais e municipais. Com efeito, os parlamentares municipais e estaduais – por isonomia e pelo princípio da simetria constitucional ou federativa – devem ter o mesmo tratamento dos parlamentares federais e, assim, têm o direito de só participar de um processo legislativo constitucionalmente hígido. Em consequência, podem impetrar mandado de segurança perante a justiça local competente, em caso de proposição legislativa que entendam violar a Constituição Federal ou estadual.[26]

Essa (quase) universalização do controle prévio de constitucionalidade no Brasil significa deixar largamente aberta a possibilidade de se introduzir o STF no âmago de qualquer discussão política sobre proposição legislativa não consensual. Os grupos políticos vencidos, ou em vias de o serem, no curso do processo de elaboração das normas, não terão nenhuma dificuldade de apontar – e o STF de encontrar – alguma ofensa a algum sentido de alguma cláusula pétrea.

Nesse cenário, os magistrados da Suprema Corte poderão se transformar em eficientes *alquimistas jurídicos*, com poder para transformar em cláusula pétrea norma constitucional que só com muito esforço interpretativo ganharia essa dignidade. E na qualidade de eficazes *mineiros da Constituição* na busca de ocultas cláusulas *pétreas* inibidoras da tramitação de proposta de emenda constitucional com elas incompatíveis, poderão, se assim o desejarem, tornar-se os principais atores da deliberação político-legislativa.[27]

Isso pode não ser bom para o próprio STF, pois, ao intervir tão precocemente em conflitos carregados de paixões políticas, pode colocar em causa sua própria autoridade e evidenciar sua impotência para impor-se perante órgãos estatais resistentes. Como já dissera Georges Burdeau, "à semelhança dos sismógrafos, que registram com precisão os abalos sísmicos ocorridos à distância, esses tribunais se transformam em escombros quando situados no epicentro dos terremotos políticos".[28] Em outros termos, porque a jurisdição constitucional é "uma aquisição tardia que, além do mais, continua em perigo", os tribunais constitucionais só podem cumprir sua função fiscalizadora "a partir de uma posição de distância da política".[29]

---

[26] A exigência de relação simétrica entre as normas jurídicas da Constituição Federal e as regras estabelecidas nas constituições estaduais e leis orgânicas municipais já foi reconhecida pelo STF, por exemplo, na ADI nº 2.192 (*DJe*, 20 jun. 2008) e na ADI nº 2.329 (*DJe*, 25 jun. 2010).

[27] No que diz respeito à cláusula pétrea dos "direitos e garantias individuais", prevista no art. 60, §4º, IV, da CF, e exaustivamente desenvolvida no art. 5º da mesma Carta Magna (o qual conta com 78 extensos incisos), o STF já entendeu que há outros direitos e garantias individuais fora desse rol específico. Assim, por exemplo, no julgamento da ADI nº 3.685/DF, contrariamente ao que dispunha a Emenda Constitucional nº 52/2006, essa Corte impôs a verticalização das coligações partidárias para as eleições do ano de 2006, atribuindo, para tanto, a *natureza jurídica de cláusula pétrea* à regra da anterioridade anual da lei eleitoral (art. 16 da CF). Isso levou o Ministro Sepúlveda Pertence a dizer, lançando mão de sua invulgar ironia, que, durante sua "pesquisa mineralógica", ficara frustrado por não ter sido capaz de encontrar cláusula pétrea no art. 16 (ADI nº 3.685/DF, p. 336; 348).

[28] BURDEAU, Georges. *Traité de Science Politique*. Paris: LGDJ, 1984. t. IV. p. 353, citado por COELHO, Inocêncio Mártires. Apresentação. *In*: GRIMM, Dieter. *Constituição e política*. Tradução de Geraldo de Carvalho. Coordenação e supervisão de Luiz Moreira. Belo Horizonte: Del Rey, 2006. p. XXIII.

[29] GRIMM, Dieter. *Constituição e política*. Tradução de Geraldo de Carvalho. Coordenação e supervisão de Luiz Moreira. Belo Horizonte: Del Rey, 2006. p. 167.

Admitir uma a fiscalização profilática sem autorização expressa da Constituição é colocar aquela Corte como instância de decisão final sobre o que deve e o que não deve ser parlamentarmente deliberado e presidencialmente sancionado ou vetado. Esse poder judicial de extinção prematura do debate político é de democraticidade questionável.

2.2.6 O objeto do controle judicial preventivo da constitucionalidade e a incoerência do STF: a recusa de fiscalizar profilaticamente a legitimidade material de projetos de lei violadores de cláusulas pétreas

Há uma incoerência na própria jurisprudência do STF sobre o controle preventivo de constitucionalidade. A partir do MS nº 32.033, aquela Corte deixou claro que não fiscaliza preventivamente a constitucionalidade *material* de *projeto de lei* ofensivo às cláusulas pétreas, atuando antecipadamente apenas quando se alegue a inconstitucionalidade *material* de *proposta de emenda constitucional* em face das referidas cláusulas ou quando se invoque uma inconstitucionalidade formal, seja qual for a espécie de proposição legislativa.

Faz sentido o STF admitir o mandado de segurança em face de uma proposta de emenda constitucional supostamente violadora de cláusula pétrea, e não o admitir diante da tramitação de um projeto de lei alegadamente contrário a tais cláusulas? Em princípio, a resposta deve ser negativa, na medida em que o legislador também pode, através de um projeto de lei, tentar violar uma cláusula pétrea, inclusive com maior facilidade do que por meio de uma proposta de emenda constitucional, que tem um processo de iniciativa, deliberação e aprovação muito mais dificultoso.

No MS nº 32.033, o Ministro Ricardo Lewandowski – rebatendo o Ministro Gilmar Mendes, que pretendia estender o objeto da fiscalização preventiva da constitucionalidade, incluindo nele o controle material da constitucionalidade de projeto de lei – asseverou inexistir contradição na jurisprudência do STF. Aduziu que há uma razão para o constituinte originário limitar previamente a atuação do Congresso Nacional apenas em relação às propostas de emendas à Constituição atentatórias às cláusulas pétreas, e não a respeito dos projetos de leis infraconstitucionais que atentem contra as mesmas cláusulas.

O mencionado magistrado asseverou que os constituintes originários buscaram preservar aquilo que se poderia chamar de "cerne imutável" da Constituição, impedindo que uma proposta de emenda constitucional pudesse vir a alterar o próprio paradigma normativo dessa magnitude jurídica. Por outro lado – disse o eminente ministro –, os mesmos constituintes não quiseram impedir a deliberação parlamentar de projeto de lei contrário às cláusulas pétreas porque, mesmo aprovado, esse tipo de ato normativo não tem a força de "alterar as balizas constitucionais que configuram paradigmas para o controle judicial repressivo de constitucionalidade".[30]

Em que pese o brilhantismo do argumento, pensamos que ainda assim permanece a contradição do STF quanto ao objeto material do controle preventivo de

---

[30] STF, MS nº 32.033/DF, p. 212.

constitucionalidade. Com efeito, aquele argumento só seria imbatível se não houvesse possibilidade, no Brasil, de um eficaz controle judicial sucessivo da própria emenda constitucional aprovada pelo Congresso Nacional, porque, aí sim, reformada a Constituição pelo Parlamento, não haveria como retornar, pela via judicial, ao *status quo ante*, vez que estaria alterado o próprio paradigma de controle da constitucionalidade. E, uma vez abolida uma cláusula pétrea, abria-se espaço para uma ampla e livre atuação do próprio legislador ordinário e impedir-se-ia a fiscalização do Judiciário com base no parâmetro constitucional abolido.

Não é, contudo, o caso do Brasil, onde o STF pode, pelo controle concentrado-abstrato-sucessivo, suspender liminarmente e, no mérito, invalidar definitivamente (com eficácia *erga omnes* e efeitos vinculantes) uma norma constitucional editada pelo Constituinte reformador ofensiva a uma cláusula pétrea.[31] O mesmo se diga da prerrogativa de qualquer juiz brasileiro de, pela via difusa-concreta-repressiva, negar aplicação a uma emenda constitucional inconstitucional.

Na verdade, segundo pensamos, o silêncio do constituinte originário sobre a proibição do legislador ordinário de deliberar projetos de lei violadores de cláusulas pétreas tem mais a ver com a possibilidade, inexistente no processo de produção de emendas constitucionais, de controle preventivo político por parte do chefe do Poder Executivo, que pode vetar projeto de lei contrário à Constituição, mas não pode fazer o mesmo com propostas de emendas constitucionais. Diante dessa completa ausência de heterocontrole, faz sentido a proibição constitucional de os parlamentares deliberarem sobre proposta de emenda constitucional ofensiva às cláusulas pétreas. Trata-se de um mecanismo de defesa da Constituição, desenhado por ela mesma. Não é possível, em autêntico *paternalismo constitucional*, ampliar os instrumentos de garantia da Carta Magna. Essa interpretação, segundo cremos, é a que melhor se compatibiliza com o princípio da separação de poderes, pois evita o agigantamento do Judiciário sobre os demais órgãos do Estado, mantendo um equilíbrio democrático e institucionalmente saudável.

2.2.7 A desproporção em relação aos mecanismos de fiscalização preventiva constitucionalmente instituídos em Portugal: fiscalização exordial, amplo objeto do controle, rol de legitimados ativos extenso e inultrapassabilidade parlamentar do "veto" judicial

A possibilidade, quase ilimitada, de controle judicial preventivo da constitucionalidade de pré-normas no Brasil, criada jurisprudencialmente, tem uma eficácia e abrangência muito maior do que a fiscalização profilática instituída pela Constituição de Portugal, por exemplo.

Com efeito, no Brasil, no que diz respeito ao itinerário do projeto de ato normativo, a fiscalização preventiva é *exordial*, ou seja, o controle judicial abrange proposições

---

[31] O Supremo Tribunal Federal, embora não tenha jurisdição para fiscalizar o Poder Constituinte originário (ADI nº 815/DF, j. 28.3.1996. *DJ*, 10 maio 1996), a tem para controlar a atividade do Poder Constituinte derivado, entendimento fixado desde a ADI nº 830-7/DF, j. 14.4.1993.

legislativas ainda em tramitação no Congresso Nacional. Assim, antes de qualquer deliberação definitiva do legislador, é possível impedir – até por decisão liminar e monocrática do ministro-relator do mandado de segurança – a discussão e a votação do projeto de ato normativo no Parlamento. Do mesmo modo, também tem o condão de bloquear a deliberação do chefe do Executivo (sanção ou veto). Em outras palavras, o debate dos agentes políticos, eleitos pelo povo, é extinto na origem, o que, com toda evidência, não se compagina com o princípio democrático, ainda que se trate de mero controle da inconstitucionalidade formal.

Este momento extremamente prévio do controle preventivo é absolutamente estranho ao direito comparado das democracias contemporâneas, nos quais a fiscalização preventiva da constitucionalidade é do tipo *exauriente* quanto à atividade do Poder Legislativo. Em Portugal, por exemplo, o processo de fiscalização jurisdicional preventivo só pode ser deflagrado após toda discussão, votação e aprovação do diploma legislativo pelo Parlamento (só é prévio em relação à promulgação do ato), bem como depois da análise das normas pelo presidente da República (ou de outro legitimado ativo), e somente se este tiver alguma dúvida sobre a constitucionalidade delas (art. 278 da CRP). Como se percebe, a própria Constituição portuguesa, ao estabelecer o controle judicial prévio de constitucionalidade, não permitiu que esse controle fosse tão antecipado a ponto de impedir a atuação do legislador, não autorizando a fiscalização em momento anterior ao exaurimento de todo o processo de discussão e deliberação parlamentar, mesmo existindo – tal como no Brasil – um núcleo de normas fundamentais que as leis de revisão constitucional têm de respeitar (cláusulas pétreas ou limites materiais de revisão da Constituição), como se verifica do art. 288 da CRP.

Por outro lado, em Portugal não são todas as pré-normas que são suscetíveis de fiscalização preventiva, mas apenas as especificadas na Lei Fundamental, entre as quais, por exemplo, não se incluem as leis de revisão constitucional (arts. 278, 115 e 223, todos da CRP), que são equivalentes às nossas emendas constitucionais. No Brasil, qualquer espécie de norma – veiculada em proposição legislativa de qualquer natureza (com exceção da alegação de inconstitucionalidade material de projeto de lei) – pode ser "vetada" por decisão do STF, inclusive as propostas de emendas à Constituição, em relação às quais a Carta Magna brasileira não autorizou sequer o controle preventivo político do presidente da República, que não tem o poder de vetá-las nem mesmo de sancioná-las, tarefa que é exclusiva do Congresso Nacional (art. 60, §§2º e 3º, da CF).

Em Portugal, é limitadíssimo o rol de legitimados para desencadear o processo de fiscalização preventiva perante o Tribunal Constitucional (art. 278 da CRP). No Brasil, com a jurisprudência do STF, podem ajuizar mandado de segurança preventivo, perante esta Corte, 594 parlamentares federais (513 deputados e 81 senadores) e, segundo cremos, em razão do princípio da simetria constitucional, todos os parlamentares municipais e estaduais no âmbito das justiças dos estados-membros.

Por fim, em Portugal, o veto por inconstitucionalidade do presidente da República ou dos representantes da República, mesmo amparado pela decisão do Tribunal Constitucional, não é absoluto, podendo ser ultrapassado pelo Parlamento no caso de confirmação do diploma pela maioria constitucionalmente exigida, habilitando a sua promulgação (art. 279, nº 2, da CRP). No Brasil, uma vez ajuizado o mandado de segurança preventivo, a palavra final sobre o destino dos projetos de atos normativos é do STF, e não do Congresso Nacional.

Por tudo o que foi exposto, extrai-se que não é compatível com a Constituição a antecipada intervenção do STF no exercício da atividade nuclear do Congresso Nacional e do chefe do Poder Executivo, mormente no que se refere à discussão e votação de projetos de lei ou de emendas constitucionais, ainda que tais proposições sejam absurda e ostensivamente ofensivas à Lei Fundamental, juízo que, preventivamente, só pode ser feito pelo próprio Poder Legislativo ou pelo Executivo, este através do veto, o qual, porém, além de limitado, é superável pelo Parlamento, conforme vimos.

Conclusão

> *Num país constitucional, tem-se sempre aberta sobre a mesa a Carta Constitucional – ou para descansar nela o charuto, ou para tirar dela um argumento.*[32]

A existência de fiscalização preventiva da constitucionalidade de projeto de ato normativo, é imprescindível no ordenamento jurídico de qualquer Estado de direito democrático. Porém, essa fiscalização apriorística – tendo em vista o princípio da separação dos poderes – deve ser feita pelo próprio Poder Legislativo e, limitadamente, pelo Poder Executivo ou, havendo previsão expressa na Constituição, pelo Poder Judiciário, como é o caso de Portugal.

As vantagens dessa espécie de controle residem, principalmente, em motivos de segurança jurídica, na medida em que tem uma função profilática, evitando, através de um "diagnóstico precoce", inconstitucionalidades grosseiras dos atos pré-normativos mais importantes. Com isso, impede-se a sua entrada em vigor e a produção de efeitos que podem ser infaustos, irreversíveis ou de difícil e onerosa reversão através do processo de fiscalização sucessiva, principalmente em relação a situações jurídicas consolidadas com base em norma inconstitucional.

No sistema português, a Constituição da República prevê expressamente a possibilidade de controle judicial preventivo da constitucionalidade das normas. No Brasil, ao longo de toda evolução histórica, nenhuma Constituição jamais autorizou tal espécie de controle judicial. A atual Carta Magna só previu a fiscalização preventiva de natureza política (realizada pelos poderes Legislativo e Executivo). Não obstante a isso, a jurisprudência do Supremo Tribunal Federal admite o controle profilático de constitucionalidade de projetos de atos normativos em tramitação no Congresso Nacional.

Entretanto, diante da ausência de previsão na Lei Fundamental, entendemos ser inconstitucional esse controle – seja para corrigir vício de inconstitucionalidade formal, seja para sanar defeito de inconstitucionalidade material (ofensa a cláusulas pétreas), e mesmo que o projeto de ato normativo seja grosseiramente incompatível com a Constituição –, pois viola o princípio da separação dos poderes (que também é uma cláusula pétrea) e subverte a sistemática de fiscalização de constitucionalidade brasileira,

---

[32] QUEIROZ, Eça. *Uma campanha alegre*. Disponível em: http://bibliotecadigital.puc-campinas.edu.br/services/ebooks/Eca%20de%20Queiroz-15.pdf. Acesso em: 16 dez. 2020.

transformando o mandado de segurança preventivo (com centenas de parlamentares ativamente legitimados para ajuizamento da ação) em verdadeiro sucedâneo da ação direta de inconstitucionalidade (cujo rol de autores é bastante restrito, não incluindo nenhum parlamentar).

A antecipada intervenção do STF no processo legislativo maltrata o princípio democrático e, embora por um lado, não seja nada realista deificar os membros do Poder Legislativo, tendo-os como fiéis representantes da genuína vontade do povo – mormente em razão da notória plutocratização da política brasileira, que desaconselha a adoção irrefletida da teoria do *constitucionalismo popular*;[33] por outro, não podemos partir para a aceitação de um *judicialismo constitucional redentor* e a defesa de uma espécie de *gentrificação* da Constituição ou de um "monopólio jurisdicional sobre a verdade constitucional",[34] outorgando aos magistrados um papel político de cogovernação[35] e os idealizando como agentes absolutamente virtuosos, assépticos e imunes a erros e desvios, com capacidade e sabedoria sobre-humanas, como a contrafática construção do "juiz Hércules" de Ronald Dworkin.[36]

Referências

BRASIL. *Acórdãos do Supremo Tribunal Federal*. Disponível em: http://www.stf.jus.br/portal/inteiroTeor/pesquisarInteiroTeor.asp. Acesso em: 18 ago. 2020.

BRASIL. Câmara dos Deputados. *Resolução nº 17, de 21 de setembro de 1989*. Regimento Interno da Câmara dos Deputados. Disponível em: http://www2.camara.leg.br/legin/fed/rescad/1989/resolucaodacamaradosdeputados-17-21-setembro-1989-320110-republicacaoatualizada-40374-pl.html. Acesso em: 18 ago. 2020.

BRASIL. *Constituição da República Federativa do Brasil, de 5 de outubro de 1988*. Disponível em: http://www.planalto.gov.br/ccivil_03/constituicao/Constituicao.htm. Acesso em: 18 ago. 2020.

BRASIL. *Decisões do STF*. Disponível em: http://www.stf.jus.br/portal/principal/principal.asp. Acesso em: 18 ago. 2020.

BRASIL. *Emenda Constitucional nº 1, de 17 de outubro de 1969*. Alterou a Constituição Federal de 1967. Disponível em: http://www.planalto.gov.br/ccivil_03/constituicao/Emendas/Emc_anterior1988/emc01-69.htm. Acesso em: 18 ago. 2020.

BRASIL. *Lei nº 12.016, de 07 de agosto de 2009*. Disciplina o mandado de segurança individual e coletivo e dá outras providências. Disponível em: http://www.planalto.gov.br/ccivil_03/_ato2007-2010/2009/lei/l12016.htm. Acesso em: 18 ago. 2020.

---

[33] Na perspectiva da corrente denominada "constitucionalismo popular", que tem como ponto central a defesa da ilegitimidade do controle jurisdicional da constitucionalidade, confiram-se: TUSHNET, Mark. *Weak courts, strong rights*: judicial review and social welfare rights in comparative constitutional law. Princeton: Princeton University Press, 2008; TUSHNET, Mark. *Taking the Constitution away from the courts*. Princeton: Princeton University Press, 1999; KRAMER, Larry. *The people themselves*: popular constitutionalism and judicial review. New York: Oxford University Press, 2004; e WALDRON, Jeremy. A essência da oposição ao judicial review. *In*: BIGONHA, Antônio Carlos Alpino; MOREIRA, Luis (Org.). *Legitimidade da jurisdição constitucional*. Rio de Janeiro: Lumen Juris, 2010.

[34] KRAMER, Larry. *The people themselves*: popular constitutionalism and judicial review. New York: Oxford University Press, 2004. p. 249.

[35] Sobre o tema, cf. SWEET, Alec Stone. *Governing with judges*: constitutional politics in Europe. New York: Oxford University Press, 2000. Confiram-se, ainda: TATE, C. Neal; VALLINDER, Torbjörn (Org.). *The global expansion of judicial power*. New York: New York University Press, 1995; e, HIRSCHL, Ran. *Towards juristocracy*: the origins and consequences of the new constitutionalism. Cambridge: Harvard University Press, 2007.

[36] DWORKIN, Ronald. *Taking rights seriously*. Cambridge: Harvard University Press, 1978. p. 81 e seguintes.

BRASIL. Senado Federal. *Resolução nº 93 (1970)*: com atualizações da Resolução nº 18 (1989) e consolidado com alterações posteriores até 2010. Regimento Interno do Senado Federal. Disponível em: http://www.senado.gov.br/legislacao/regsf/RegInternoSF_Vol1.pdf. Acesso em: 18 de agosto de 2020.

CANOTILHO, José Joaquim Gomes. *"Brancosos" e interconstitucionalidade*: itinerários dos discursos sobre a historicidade constitucional. 2. ed. Coimbra: Almedina, 2012.

CANOTILHO, José Joaquim Gomes. *A responsabilidade do Estado por actos lícitos*. 2. ed. rev. e ampl. Belo Horizonte: Fórum, 2019.

CANOTILHO, José Joaquim Gomes. *Constituição dirigente e vinculação do legislador*: contributo para a compreensão das normas constitucionais programáticas. 2. ed. Coimbra: Coimbra Editora, 2001.

CANOTILHO, José Joaquim Gomes. *Direito constitucional e teoria da Constituição*. 7. ed. Coimbra: Almedina, 2003.

CANOTILHO, José Joaquim Gomes; MOREIRA, Vital. *Constituição da República Portuguesa anotada*. 4. ed. Coimbra: Coimbra Editora, 2010. v. 2.

COELHO, Inocêncio Mártires. Apresentação. *In*: GRIMM, Dieter. *Constituição e política*. Tradução de Geraldo de Carvalho. Coordenação e supervisão de Luiz Moreira. Belo Horizonte: Del Rey, 2006.

CORREIA, Fernando Alves. *Direito constitucional*: a justiça constitucional. Coimbra: Almedina, 2001.

COSTA, José Manuel M. Cardoso da. *A jurisdição constitucional em Portugal*. 3. ed. Coimbra: Almedina, 2007.

DWORKIN, Ronald. *Taking rights seriously*. Cambridge: Harvard University Press, 1978.

GRIMM, Dieter. *Constituição e política*. Tradução de Geraldo de Carvalho. Coordenação e supervisão de Luiz Moreira. Belo Horizonte: Del Rey, 2006.

HIRSCHL, Ran. *Towards juristocracy*: the origins and consequences of the new constitutionalism. Cambridge: Harvard University Press, 2007.

KRAMER, Larry. *The people themselves*: popular constitutionalism and judicial review. New York: Oxford University Press, 2004.

MIRANDA, Jorge. *Manual de direito constitucional*. Coimbra: Coimbra Editora, 2014. v. 3. t. 6.

MORAIS, Carlos Blanco de. *Justiça constitucional*: garantia da Constituição e controlo da constitucionalidade. Coimbra: Coimbra Editora, 2002. v. 1.

MORAIS, Carlos Blanco de. *Justiça constitucional*: o direito do contencioso constitucional. 2. ed. Coimbra: Coimbra Editora, 2011. v. 2.

PINTO, Hélio Pinheiro. *Juristocracia*: o STF entre a judicialização da política e o ativismo judicial. Belo Horizonte: Fórum, 2018.

PORTUGAL. *Acórdãos do Tribunal Constitucional de Portugal*. Disponível em: http://www.tribunalconstitucional.pt/tc/acordaos/. Acesso em: 18 ago. 2020.

PORTUGAL. *Constituição da República Portuguesa, de 2 de abril de 1976*. Disponível em: http://www.tribunalconstitucional.pt/tc/crp.html#art20. Acesso em: 18 ago. 2020.

PORTUGAL. *Lei nº 28, de 15 de novembro de 1982*. Dispõe sobre a organização, funcionamento e processo do Tribunal Constitucional. Disponível em: http://www.tribunalconstitucional.pt/tc/legislacao0101.html. Acesso em: 18 ago. 2020.

QUEIROZ, Eça. *Uma campanha alegre*. Disponível em: http://bibliotecadigital.puc-campinas.edu.br/services/e-books/Eca%20de%20Queiroz-15.pdf. Acesso em: 16 dez. 2020.

SOUSA, Denisa. *José Joaquim Gomes Canotilho*: um ancião no saber, uma criança nos afectos. Porto: Projecto Cyrano, 2011.

SWEET, Alec Stone. *Governing with judges*: constitutional politics in Europe. New York: Oxford University Press, 2000.

TATE, C. Neal; VALLINDER, Torbjörn (Org.). *The global expansion of judicial power*. New York: New York University Press, 1995.

TUSHNET, Mark. *Taking the Constitution away from the courts*. Princeton: Princeton University Press, 1999.

TUSHNET, Mark. *Weak courts, strong rights*: judicial review and social welfare rights in comparative constitutional law. Princeton: Princeton University Press, 2008.

URBANO, Maria Benedita. *Curso de justiça constitucional*: evolução histórica e modelos do controlo da constitucionalidade. Coimbra: Almedina, 2013.

WALDRON, Jeremy. A essência da oposição ao judicial review. *In*: BIGONHA, Antônio Carlos Alpino; MOREIRA, Luis (Org.). *Legitimidade da jurisdição constitucional*. Rio de Janeiro: Lumen Juris, 2010.

Informação bibliográfica deste texto, conforme a NBR 6023:2018 da Associação Brasileira de Normas Técnicas (ABNT):

PINTO, Hélio Pinheiro. O controle preventivo de constitucionalidade em Portugal e no Brasil: a exótica criação da fiscalização profilática da constitucionalidade pelo STF. *In*: GOMES, Ana Cláudia Nascimento; ALBERGARIA, Bruno; CANOTILHO, Mariana Rodrigues (Coord.). *Direito Constitucional*: diálogos em homenagem ao 80º aniversário de J. J. Gomes Canotilho. Belo Horizonte: Fórum, 2021. p. 781-807. ISBN 978-65-5518-191-3.

PAZ(ES), CONSTITUCIONALISMO(S) E VIOLÊNCIA(S) NA(S) CIDADE(S) DOS HOMENS – EM DIÁLOGO COM (A OBRA DE) JOSÉ JOAQUIM GOMES CANOTILHO

JOÃO CARLOS LOUREIRO

Estamos num mundo sem paz. Isto significa o esquecimento da sabedoria como princípio.

(José Joaquim Gomes Canotilho)[1]

Quando nas ruas da escrita e da memória celebramos oito décadas de vida de Gomes Canotilho, trazemos para o cortejo de prendas um pequeno artigo que retoma alguns temas do seu percurso polifacetado. Há uns anos trilhou caminhos plenos de coração, tratando da rua como tema constitucional, ou melhor, no rigor das suas palavras, "uma obra de arte constitucional".[2] De Coimbra selecionou a Rua da Sofia[3] como espaço de convergência intergeracional onde avós como ele poderiam abraçar os netos, unidos pelo encanto/encontro da língua (em Museu), numa multiplicidade de saberes que congregariam oralidade e escrita, erudição e conhecimento popular (que é como quem diz: abraçar Carlos Seixas e a música popular), o saber elaborado dos Cónegos Agostinhos de Santa Cruz e a religiosidade popular. Leitor insaciável, também dos clássicos, encontrámo-lo madrugadoramente deliciado às voltas com as *Confissões* de S. Agostinho, mergulhado no sabor da prosa, a desenhar pontes que constroem urbes e onde cabem os princípios que ligam sabedoria e saber.

---

[1] CANOTILHO, José Joaquim Gomes. Palavras lidas na cerimónia de concessão do título de Doutor Honoris Causa na Pontifícia Universidade Católica do Rio Grande do Sul (PUCRS), Porto Alegre, em 16 de novembro de 2015. *Boletim da Faculdade de Direito*, v. 92, n. I, p. 445-447, 2016. p. 445.

[2] CANOTILHO, José Joaquim Gomes. Uma peregrinação constitucional pela rua da interioridade. *In*: CANOTILHO, José Joaquim Gomes. *Admirar os outros*. Coimbra: Almedina; Coimbra Editora, 2010. p. 59.

[3] CANOTILHO, José Joaquim Gomes. Uma peregrinação constitucional pela rua da interioridade. *In*: CANOTILHO, José Joaquim Gomes. *Admirar os outros*. Coimbra: Almedina; Coimbra Editora, 2010. p. 63-64, sugerindo, como "utopia concreta", "[...] fazer da Rua da Sofia o museu de língua portuguesa. Copiem o que se faz em São Paulo numa antiga estação do caminho de ferro" (p. 63).

Na difícil escolha dos tons face aos seus múltiplos dons –[4] o dom ou a dádiva, este operador que permite tecer outra cidade não aprisionada pela ilegítima colonização por parte dos mercados –, optámos por unir paz, violência e constitucionalismos, todos em singular (e) plural. Nas artérias da cidade, encontramos ruas – mas preferimos as avenidas – da paz, mas não conhecemos topónimos com a palavra *violência*. E, no entanto, as ruas transpiram sangue, sobretudo de vítimas, escondem dor e lágrimas, às vezes evocadas em lápides que assinalam os lugares da morte. Vimo-lo com alguma frequência na Alemanha, fazendo memória das famílias judias sacrificadas em nome de uma pretensa pureza racial; encontramo-lo, entre nós, no Largo de S. Domingos, lembrando o massacre antissemita no reinado de D. Manuel I.

Na peça necessariamente breve para curar de uma obra tão rica e vasta como a de Gomes Canotilho, mesmo limitando muito os olhares – é preciso partilhar o espaço da alegria do livro e evitar a obesidade do texto –, propomo-nos percorrer as seguintes etapas:

a) Paz e guerra(s) na vida de Gomes Canotilho, pois a biografia interpela a teoria (I);
b) Violência(s): entre o sagrado e o profano (II);
c) Avenida(s) da Paz: (alguns) contributos para um constitucionalismo da paz em tempos de (neo)globalização (III);
d) Cantata (do constitucionalismo) da paz (IV).

I Paz e guerra(s) na vida de Gomes Canotilho

1 Rua 15 de agosto e outras: nascer num mundo em guerra, crescer num país em ditadura

Gomes Canotilho nasce durante a II Guerra Mundial, a 15.8.1941,[5] sendo Portugal um Estado neutral que sentirá o afrontamento direto nas margens do Império – mais exatamente, em Timor. Integrando uma outra geração, os ecos desse conflito chegaram-nos, logo na Escola Primária, pela história da lealdade a Portugal de D. Aleixo Corte-Real (1886-1943) combatendo contra os japoneses. Era o tempo do racionamento, que do ponto de vista formal afetava mais os concelhos rurais, mas na prática era nestes que, num Portugal ainda profundamente agrícola, se conseguia resistir melhor às privações da guerra. Dir-se-ia, antecipando Sttau,[6] que felizmente há lagar(es), espaço(s) de sociabilidade que o homenageado evoca. No ano anterior, em contraste com a morte e

---

[4] Sobre a articulação entre dom e tom, recorde-se o título inspirativo de Gomes Canotilho: O tom e o dom na teoria jurídico-constitucional dos direitos fundamentais. In: CANOTILHO, José Joaquim Gomes. *Estudos sobre os direitos fundamentais*. 2. ed. Coimbra: Coimbra Editora, 2008. p. 115-136. A questão do dom e da dádiva é, aliás, um elemento essencial de culturas e práticas da paz.

[5] Como esclarece em CANOTILHO, José Joaquim Gomes. Uma peregrinação constitucional pela rua da interioridade. In: CANOTILHO, José Joaquim Gomes. *Admirar os outros*. Coimbra: Almedina; Coimbra Editora, 2010. p. 59, a rua onde nasceu chamava-se Rua Nova, tendo sido rebatizada Rua Marechal Gomes da Costa.

[6] Atendendo à publicação do texto no Brasil, e tendo também presente a existência de uma geração mais nova entre nós, descodificamos a referência: convocamos um título de Luís Sttau Monteiro, *Felizmente há luar*, que recupera um episódio de 1817, uma antecâmara da Revolução liberal que tanto impacto veio a ter na história dos nossos países.

a destruição da guerra, Portugal tinha sido palco da exposição do mundo português. Antoine de Saint-Exupéry, que viria a desaparecer com o seu avião no Mediterrâneo – também então um outro cemitério –, conta os pontos de luz quando sobrevoa Lisboa.[7] Apesar do caráter autoritário e repressivo do Estado Novo, Lisboa é caminho de liberdade, especialmente para judeus, como Hannah Arendt,[8] que procuram alcançar porto de abrigo e sobreviver na nova terra da promessa: os Estados Unidos da América.

Antes de completar quatro anos, em maio, os sinos, que tinham gerado um dos afrontamentos políticos na ditadura militar que se seguiu ao fim da I República,[9] repicaram pelo país inteiro celebrando a boa nova do final da Guerra na Europa; no mês em que os fez – agosto – a possibilidade de uma destruição global do planeta configura-se em Hiroshima e Nagasaki, num quadro que outro judeu – Günther Anders –[10] considerou de "cegueira perante o apocalipse".

15 de agosto não é, em Portugal, uma rua imaginária, mas realidade existente em algumas povoações. Trata-se de uma data maior do calendário mariano – Dia da Assunção de Nossa Senhora. Do ponto de vista da relevância constitucional, dado que se trata de um feriado, entramos aqui num tema que tem merecido a atenção do homenageado, as relações entre Estado, confissões religiosas, cultura e Constituição. Recorde-se o respeito do Sábado, que tratou em escrito conjunto com Jónatas Machado,[11] porquanto a ideia de *Sabbath* tem ressonâncias claras também no pensamento ecológico, ponto a que regressaremos. Além disso, 15 de agosto é data que se cruza com a história do constitucionalismo luso-brasileiro, pois assinala do ano de 1823 o dia que o Grão-Pará, que tinha assumido papel pioneiro na adesão à Revolução Liberal, se fez partidário da Independência. Desta forma, esta rua indica importantes caminhos trilhados por Gomes Canotilho.

Gomes Canotilho provém de uma família de cristãos-novos, que não deixa de se confrontar com uma dramática e trágica condição, ao ver a lista de vítimas da perseguição a judeus e cristãos-novos no Museu Judaico de Belmonte. *Canotilho*, atestam os dicionários (uma das suas paixões),[12] significa "fio de oiro ou prata (em canudinho)",[13] obrigatório em uniformes. Na *Geografia dos afectos pátrios* – para tomar de empréstimo

---

[7] SAINT-EXUPÉRY, Antoine de. *Carta a um refém*. Lisboa: Relógio d'Água, 2015: "[q]uando, em dezembro de 1940, atravessei Portugal de passagem para os Estados Unidos, Lisboa surgiu-me como uma espécie de paraíso luminoso e triste".

[8] TEIXEIRA, Christina Heine. Wartesaal Lissabon 1941: Hannah Arendt und Heinrich Blücher. *HannahArendt. net – Zeitschrift für politisches Denken – Journal for Political Thinking*, Bd 2, Ausgabe 1, 2006. Disponível em: http://www.hannaharendt.net/index.php/han/article/view/99/164.

[9] CARVALHO, Rita Almeida de; ARAÚJO, António de. A voz dos sinos: o "Diário" de Mário de Figueiredo sobre a crise política de 1929. *Estudos – Revista do Centro Académico de Democracia Cristã*, v. 5, p. 459-472, 2005.

[10] ANDERS, Günther. Über die Bombe und die Wurzeln unserer Apokalypse-Blindheit. *In*: ANDERS, Günther. *Die Antiquiertheit des Menschen*. Bd. 1: Über die Seele im Zeitalter der zweiten industriellen Revolution. 6. ed. München: Verlag C. H. Beck, 1983. p. 233.

[11] CANOTILHO, José Joaquim Gomes; MACHADO, Jónatas. Igrejas e sindicatos e o Dia do Senhor. *In*: CORREIA, Fernando Alves *et al*. (Org.). *Estudos em homenagem a António Barbosa de Melo*. Coimbra: Almedina, 2013. p. 285-319.

[12] CANOTILHO, José Joaquim Gomes. Arquivo e peregrinação: tópicos para uma palestra a convite do Arquivo da Universidade de Coimbra. *In*: CANOTILHO, José Joaquim Gomes. *Admirar os outros*. Coimbra: Almedina; Coimbra Editora, 2010. p. 296.

[13] FARIA, Eduardo Augusto de. *Novo diccionario da lingua portugueza [etc.] Seguido de um diccionario de synonimos*. Lisboa: Typographia Lisbonense, 1849. v. II. p. 42.

título de obra de um seu amigo historiador, Fernando Catroga –,[14] Pinhel ocupa lugar central. Nos princípios do século passado, num livro sobre as *Cidades de Portugal*,[15] encontramos uma referência a um hotel pinhelense, conhecido como "do Canotilho", que se revela simbólica no caso do homenageado (hospitalidade em vez de hostilidade, se quisermos, Jacques Derrida em vez de Carl Schmitt), e uma menção de distâncias em léguas – cinco à Guarda, mas quatro a Espanha – prenunciando uma receção que o seu pensamento veio a ter no país vizinho. Filho de agricultores, nascido e crescido entre a terra e o granito (agora minguante) de muros (em parte, desaparecidos), de um pai, José Gomes Canotilho (casado com Maria Antónia Avelãs), pagante da côngrua mas cioso da autonomia perante o pároco, Canotilho cedo experimentou o universo religioso do catolicismo que vai muito para além dos tratados de teologia.[16]

Retornando à topografia e às ruas como artefacto constitucional, escutamo-lo de novo: "saudades do tempo em que menino e moço fui mordomo da Festa do Senhor dos Passos e aprendi todos os passos e falas da Verónica: 'Silêncio, senhores, esta é a hora da angústia'".[17]

O piedoso episódio evocado só comparece num evangelho apócrifo,[18] mas mergulha fundo na religiosidade popular, pois no gesto e no pano da Verónica celebra-se a figura de Jesus, cujo processo e morte simbolizam a suprema injustiça do mundo, a condenação do inocente por excelência. Como desvelou René Girard, passámos a ter um relato do processo do bode expiatório a partir da ótica das vítimas, desmistificando o sagrado e a(s) violência(s). Relato que constitucionalistas maiores não deixaram de curar: pensemos em Hans Kelsen[19] e, mais recentemente, em Gustavo Zagrebelsky,[20] neste último caso com um belo texto, na edição portuguesa, de António Barbosa de Melo,[21] um dos Professores de Gomes Canotilho.

Na toponímia de Pinhel, encontramos outra rua importante para o nosso homenageado, que integra a sua *frátria* dos afetos. Falamos da Rua Mário Canotilho (7/9/1922-1987).[22] Seu irmão, Mário do Nascimento Canotilho, advogado de (em) Pinhel (com escritório também em Figueira de Castelo Rodrigo), uma figura de referência no seu

---

[14] CATROGA, Fernando. *A geografia dos afectos pátrios*: as reformas político-administrativas (sécs. XIX-XX). Coimbra: Almedina, 2019.

[15] CORRÊA, José Augusto. *Cidades de Portugal*: descrição de monumentos, curiosidades, história e apreciação das 29 cidades do Continente, com 28 brazões. Guia indispensável aos viajantes. Lisboa: Livraria Clássica Editora, 1907. p. 442, dá conta da existência de duas hospedarias com os seguintes nomes: Hotel Francez e Hotel Pinhelense, ou do Canotilho.

[16] Uma das figuras do pensamento nacional, assumidamente republicano, Teixeira de Pascoaes (*A arte de ser português*. Lisboa: Assírio e Alvim, 1991. p. 85) convoca o *Cancioneiro* para falar de santos populares que descem para participar na festa, não raro com sobrevivências pagãs (*pagus*, camponês).

[17] CANOTILHO, José Joaquim Gomes. Uma peregrinação constitucional pela rua da interioridade. *In*: CANOTILHO, José Joaquim Gomes. *Admirar os outros*. Coimbra: Almedina; Coimbra Editora, 2010. p. 62.

[18] *Atos de Pilatos*, também conhecido como *Evangelho de Pilatos*.

[19] KELSEN, Hans. *Esencia y valor de la democracia*. Granada: Comares, 2002.

[20] ZAGREBELSKY, Gustavo. *A crucificação e a democracia*. Coimbra: Tenacitas, 2004.

[21] MELO, António Barbosa de. Palavra de apresentação. *In*: ZAGREBELSKY, Gustavo. *A crucificação e a democracia*. Coimbra: Tenacitas, 2004.

[22] QUEM foi quem na toponímia do município de Pinhel. *Rua com História*, 12 dez. 2018. Disponível em: https://ruascomhistoria.wordpress.com/2018/12/12/quem-foi-quem-na-toponimia-do-municipio-de-pinhel/.

percurso e uma voz da oposição (antes, na resistência à ditadura,[23] mas também no Portugal de abril, como se comprova lendo *Amostragem sobre alguma liberdade e nenhuma democracia em Pinhel*),[24] contribuiu – e Gomes Canotilho dá público testemunho da sua grata e polifacetada dívida fraterna – para uma consciência da injustiça.

Curiosamente, angústia(s) – mais no plural do que no singular – é uma das palavras-chave do pensamento de Gomes Canotilho. Desde logo, "angústia da existência", associada à sociabilidade e a direitos fundamentais – uma articulação tecida por Podlech.[25] Também, por exemplo, no que toca à questão da paz ("novas angústias discursivas"),[26] ou ao assinalar a "profunda mudança de paradigma" em relação ao direito da função pública ("a razão das angústias estatutárias").[27] Face às angústias e convocando de novo Verónica, trata-se, no entanto, de contribuir para passar do limpar ao ajudar a prevenir e a superar (algumas) lágrimas.

2 Praça do Império e Guerra Colonial

> *J.J. Gomes Canotilho [ist] ein Brückenbauer nicht nur nach Brasilien, sondern auch nach Afrika.*
>
> (Peter Häberle)[28]

Gomes Canotilho integra uma geração que embarcou para África no cumprimento do serviço militar. Com efeito, tendo cruzado a Porta Férrea com o selo da matrícula no ano letivo de 1959/1960, concluiu a licenciatura em 1965, iniciando funções docentes em março de 1966, involuntariamente interrompidas para participar no esforço de guerra.

---

[23] *Vd.* PIMENTEL, Irene Flunser. Biografia de um Inspector da PIDE: Fernando Gouveia e o Partido Comunista Português. Lisboa: A Esfera dos Livros, 2008. p. 140, que refere a ligação a Francisco Salgado Zenha, presidente da Associação Académica de Coimbra, e a "detenção do "controleiro" do meio estudantil da cidade do Mondego, Mário Canotilho, então delegado do Ministério Público na Guarda" (louvando-se nas memórias de Fernando Gouveia). Na biografia prisional, que integra o espólio do Arquivo Nacional da Torre do Tombo (código de referência: PT/TT/PIDE/E/010/90/17894. Disponível em: https://digitarq.arquivos.pt/viewer?id=4298417), pode ler-se, *inter alia*, que Mário Canotilho foi detido na Guarda, onde residia, no dia 9.10.1947. David Castaño (*Mário Soares e a revolução*. Alfragide: D. Quixote, 2013. p. 37) refere a participação de Mário Canotilho numa reunião, no Estoril, onde estiveram Álvaro Cunhal, Salgado Zenha, Raul de Castro e Octávio Pato, que apontou para a criação do MUD (Movimento de Unidade Democrática) Juvenil, na sequência da dissolução da Federação das Juventudes Comunistas Portuguesas. A primeira reunião da Comissão Central do MUD Juvenil teve lugar a 28.7.1946, em Lisboa: cf. OS 50 anos do MUD Juvenil: Entrevista com Octávio Pato. *Avante*, 21 mar. 1996. Disponível em: https://www.pcp.pt/partido/anos/testemu/octpato.html.

[24] PARTIDO COMUNISTA PORTUGUÊS. *Conferência do Partido Comunista Português sobre o Poder Local*. Poder Local: funcionamento dos órgãos autárquicos. Lisboa: Avante, 1981. p. 28-31.

[25] De que nos dá conta em CANOTILHO, José Joaquim Gomes. *Direito constitucional e teoria da Constituição*. 7. ed. Coimbra: Almedina, 2003. p. 249, referindo a "teoria de cinco-componentes" defendida por Adalbert Podlech.

[26] CANOTILHO, José Joaquim Gomes. Apresentação de Jürgen Habermas por ocasião do Colóquio da "virtude e fortuna da República ao republicanismo pós-nacional". *Boletim da Faculdade de Direito*, v. 86, p. 475-489, 2010. p. 486.

[27] CANOTILHO, José Joaquim Gomes. Profissão: servidor público. A propósito da homenagem do jornal Campeão das Províncias a figuras públicas que se distinguiram no ano de 2006. *In*: CANOTILHO, José Joaquim Gomes. *Admirar os outros*. Coimbra: Almedina; Coimbra Editora, 2010. p. 66.

[28] HÄBERLE, Peter. Die neue Verfassung von Kenia (2010). *In*: CORREIA; Fernando Alves; MACHADO, Jónatas; LOUREIRO, João Carlos (Org.). *Estudos em homenagem ao Prof. Doutor José Joaquim Gomes Canotilho*. Coimbra: Coimbra Editora, 2012. v. II. p. 325.

Bissau, cidade com certidão de nascimento portuguesa, tinha a sua Praça do Império. O porto, que era porta de entrada, assinalava ainda memórias frescas de um Estatuto do Indigenato,[29] apenas revogado em 1961. É colocado no então Comando Territorial Independente da Guiné,[30] nas funções de Oficial de Justiça, contando notícias da dor. Com efeito, há na guerra outros caminhos – engolidos pela densidade da floresta, e desembocando na morte – que não têm o estatuto de ruas. Caminhos invisíveis, perdidos e de perdição, de uma ceifa outra que Padre António Vieira[31] tão impressivamente retratou.

A Guiné é também solo de uma experiência de *diversidade*, conceito este hoje erigido à palavra-chave da nova trilogia constitucional enunciada por Denninger,[32] ao lado da segurança e da solidariedade, e que tem eco no seu ensino. *Diversidade* étnica, a lançar o desafio da construção do comum, que não aquele que resultou da partilha de um espaço colonialmente recortado num mapa, que, por exemplo, deixa Casamança no Senegal e que, em muitos países africanos, impulsiona a guerra. *Diversidade linguística*, em que o *kriol* – o crioulo –, com sua base portuguesa, permite o diálogo entre a maioria da população, concorrendo para a construção da unidade nacional num país onde coexistem mais de duas dezenas de línguas. *Diversidade de ordenamentos consuetudinários*,[33] memória histórica de um tema – o do pluralismo de ordenamentos jurídicos – que merecerá o seu estudo atento, embora centrando-se nos desafios da teoria da regulação.[34] *Diversidade*

---

[29] Estatuto dos Indígenas Portugueses das Províncias da Guiné, Angola e Moçambique, aprovado pelo Decreto-Lei nº 39.666, de 20.5.1954. Não se pense que a diferenciação jurídica era apanágio da ordem jurídica do Estado Novo, antes correspondeu a um modelo colonial.

[30] Será interessante, no futuro, estudar esta faceta de Gomes Canotilho, consultando os arquivos do Comando Territorial Independente da Guiné. No início de um artigo publicado em 1995 (Nova ordem mundial e ingerência humanitária (claros-escuros de um novo paradigma internacional). *Boletim da Faculdade de Direito*, v. 71, p. 1-26, 1995. p. 1), refere essa sua experiência, evocando a Guerra Civil do Biafra.

[31] VIEIRA, Padre António. *Sermão histórico e panegírico nos anos da Serreníssima Rainha D. Maria Francisca Isabel de Sabóia*. A primeira edição foi publicada em Lisboa, na oficina de Joam da Costa, em 1668 *vd.* também CASTRO, Aníbal Pinto de. Das incertezas da guerra à visão profética da paz na obra do Padre António Vieira. *Humanitas*, v. 58, p. 449-457, 2006.

[32] DENNINGER, Erhard. Sicherheit/Vielfalt/Solidarität: Ethisierung der Verfassung? *In*: PREUSS, Ulrich K. *Zum Begriff der Verfassung*: die Ordnung des Politischen. Frankfurt a. M., 1994; também as análises constantes da obra coletiva de BIZER, Johannes; KOCH, Hans-Joachim (Hrsg.). *Sicherheit, Vielfalt, Solidarität*: ein neues Paradigma des Verfassungsrechts? Symposium zum 65. Geburtstag Erhard Denningers am 20. Juni 1997. Baden-Baden: Nomos, 1998.

[33] BASTOS, Fernando Loureiro (Coord.). *Direito costumeiro vigente na República da Guiné-Bissau*: balantas, fulas, mancanhas, manjacos, mandingas, papéis. Disponível em: https://guinebissaudocs.files.wordpress.com/2012/04/livro-direito-costumeiro-vigente-na-republica-da-guine-bissau.pdf. *Vd.* ainda BASTOS, Fernando Loureiro. Algumas reflexões sobre o constitucionalismo, o pluralismo jurídico e a segurança jurídica na República da Guiné-Bissau. *In*: CORREIA; Fernando Alves; MACHADO, Jónatas; LOUREIRO, João Carlos (Org.). *Estudos em homenagem ao Prof. Doutor José Joaquim Gomes Canotilho*. Coimbra: Coimbra Editora, 2012. v. II. p. 123-142; BASTOS, Fernando Loureiro. A recolha e a codificação do direito costumeiro vigente na República da Guiné-Bissau. *In*: SOUSA, Marcelo Rebelo de et al. (Coord.). *Estudos em homenagem ao Prof. Doutor Jorge Miranda*. Lisboa: Faculdade de Direito da Universidade de Lisboa, 2012. v. 1. p. 697-721; BASTOS, Fernando Loureiro. Customary law in Lusophone Africa (Angola, Guinea-Bissau and Mozambique). *Revista da Faculdade de Direito da Universidade de Lisboa/Lisbon Law Review*, v. 60, p. 55-75, 2019.

[34] Nas suas lições trata da regulação jurídica no Estado constitucional pluralista, e, privilegiando embora uma abordagem europeia, alguns destes elementos mostram relevância particular em África. No plano das fontes, ao criticar "uma visão estatocêntrica da criação do direito" (CANOTILHO, José Joaquim Gomes. *Direito constitucional e teoria da Constituição*. 7. ed. Coimbra: Almedina, 2003. 702), assinala o contributo da antropologia jurídica. Sobre esta, *vd.*, para uma síntese, VILLAS BÔAS FILHO, Orlando. Antropologia jurídica. *In*: CAMPILONGO, Celso Fernandes; GONZAGA, Alvaro de Azevedo; FREIRE, André Luiz (Coord.). *Enciclopédia jurídica da PUC-SP*: Teoria geral e filosofia do direito. 1. ed. São Paulo: Pontifícia Universidade

religiosa, pois, além dos católicos e de outras confissões cristãs, animistas e muçulmanos assumem especial representatividade.

Depois da independência, volta ao continente africano, nomeadamente a Angola, apoiando a construção do novo país, onde mantém um diálogo amigo com alguns juristas da lusofonia; na verdade, a sua obra tem ajudado a erigir o edifício jurídico-constitucional dos novos Estados, sem prejuízo das especificidades das suas histórias. Sempre numa linha de respeito e de *amicitia* pelos povos, não embarca em projetos neocoloniais, consciente das diferenças, como a do mencionado pluralismo normativo, decorrente da diversidade de etnias e de costumes que testemunhou na Guiné. Na Ásia, Macau foi também espaço de diálogo e lugar que lhe permitiu visão mais próxima da China, ultrapassando as Portas do Cerco.

Mas foi sobretudo para o Brasil que voou, dogmática e teoreticamente primeiro, pessoalmente depois, construindo as pontes de que nos fala Peter Häberle na citação que acompanha este trecho. Um Brasil imenso, de cruzamento de civilizações e de heranças,[35] que o marca e que, com a sua prosa jurídica, também marca. Convocada a sua teoria e a sua dogmática na feitura da Constituição da República Federativa do Brasil, de 5.10.1988, constantemente solicitado, o seu ensino é citado, regular e copiosamente, na doutrina e jurisprudência brasileiras, tendo, aliás, coordenado um volumoso comentário à "Constituição-cidadã".[36]

Se procurássemos mais vias que cruzam cidades, há, seguramente, outros candidatos positivos: Avenida, Rua ou Praça dos Heróis do Ultramar; Rua das Vítimas da Guerra Colonial. Mas, depois, também do Brasil e de Macau, de Angola, da Guiné (Bissau) e de Cabo Verde.

3 Avenida da Liberdade: Revolução de Abril e o fim da Guerra

> *Vi nas ruas da cidade,*
>
> *O coração do meu povo.*
>
> (Ary dos Santos)[37]

Regressado a Portugal, Gomes Canotilho leciona também *direito corporativo*, disciplina que Rogério Soares transformara profundamente em relação ao ensino tradicional. Mestre por excelência, que juntamente com Afonso Rodrigues Queiró contribuirá para uma renovação do direito público português, Rogério Soares não se furta ao combate de ideias, não repete cartilhas fáceis, antes cruza literatura e ciência política, constituição e administração, história e sociologia. Em *Direito público e sociedade*

Católica de São Paulo, 2017. Disponível em: https://enciclopediajuridica.pucsp.br/verbete/42/edicao-1/antropologia-juridica.

[35] Em parte, também uma ponte para África, dada a relevância da herança africana na história brasileira.

[36] CANOTILHO, José Joaquim Gomes; MENDES; Gilmar Ferreira; SARLET; Ingo Wolfgang; STRECK, Lenio Luiz (Coord.). *Comentários à Constituição do Brasil*. 2. ed. São Paulo: Saraiva Jur, 2018.

[37] SANTOS, Ary dos. *Portugal ressuscitado*. Caxias: [s.n.], 26 abr. 1974.

técnica, obra de 1969, reeditada com *Prefácio* de Gomes Canotilho,[38] e que se converteu num clássico, trata-se de "saber como redesenhar uma *teoria do Estado e da sociedade*".[39] Mas esta linha estava já refletida nas suas lições de *direito corporativo*,[40] em que enfrenta abertamente o pensamento marxista, mobilizando, entre outros, o clássico de Joseph Schumpeter, *Capitalism, socialism and democracy*, cuja primeira edição foi publicada durante a Segunda Guerra Mundial.[41] O texto permitiu o seu "uso alternativo" por estudantes em rutura com o regime e seduzidos por Karl Marx. Escreve Gomes Canotilho:

> Os resultados desta estratégia docente revelaram-se profundamente dialéticos. Se o Mestre mostrava inequívoco fascínio perante o poderoso arsenal teórico-argumentativo de Schumpeter contra as teses marxistas, uma parte dos seus alunos – entre os quais nos incluíamos – aproveitava a narrativa crítica de inspiração schumpeteriana para aprofundar os seus conhecimentos marxistas, umas vezes em obras muito divulgadas mas de confrangedora pobreza teórica, como era, por exemplo, o *Processo Histórico* de Juan Clemente Zamora e, outras vezes, em trabalhos mais elaborados de teorizadores como Maurice Dobb e Paul Sweezy. [...] Na sua globalidade, as teorias filosóficas e económicas do marxismo adquiriram direito de cidade na cidade proibida através do Direito Corporativo.[42]

Chegou abril e a esperança da paz, por via de um dos três D's do Programa do MFA – descolonizar. Na poesia cantada de Ary dos Santos e musicada por Pedro Osório, anunciava-se que "agora o Povo Unido jamais será vencido", num "depois da guerra, da prisão e da tortura", um *Portugal ressuscitado*. Mas, como também nos recorda a leitura de *Direito constitucional e teoria da Constituição*, numa convocação de Ralph Dahrendorf, "o 'povo unido' não continua unido por muito tempo".[43] Com efeito, cá dentro, no processo revolucionário em curso (PREC), assistimos a uma quase guerra civil.

Será pós-revolução que o pensamento de Canotilho assumirá uma tarefa de reconstituição de um direito constitucional português aberto à Europa e ao mundo, em sede de fontes e, depois também, em termos de teoria e dogmática constitucionais, com temáticas como interconstitucionalidade, internormatividade e interjusfundamentalidade, privilegiando a rede que desafiou a tradicional pirâmide normativa.

---

[38] CANOTILHO, José Joaquim Gomes. Prefácio. *In*: SOARES, Rogério Ehrhardt. *Direito público e sociedade técnica*. Coimbra: Tenacitas, 2008. p. 7-20.

[39] CANOTILHO, José Joaquim Gomes. Prefácio. *In*: SOARES, Rogério Ehrhardt. *Direito público e sociedade técnica*. Coimbra: Tenacitas, 2008. p. 14 (grifos no original).

[40] SOARES, Rogério. *Lições de direito corporativo segundo as prelecções do Professor da cadeira, Doutor Rogério Soares*. Coimbra: Secção de Textos, 1968.

[41] SCHUMPETER, Joseph A. *Capitalism, socialism, and democracy*. New York: Harper & Brothers, 1942. Esta obra foi editada em Portugal em 2018 (*Capitalismo, socialismo e democracia*. Coimbra: Conjuntura Actual, 2018).

[42] CANOTILHO, José Joaquim Gomes. Sicut cursores vitae lampada tradunt: lição imaginária na jubilação do Dr. Rogério Guilherme Ehrhardt Soares. *In*: CANOTILHO, José Joaquim Gomes. *Admirar os outros*. Coimbra: Almedina; Coimbra Editora, 2010. p. 130.

[43] CANOTILHO, José Joaquim Gomes. *Direito constitucional e teoria da Constituição*. 7. ed. Coimbra: Almedina, 2003. p. 205.

II Violência(s): entre o sagrado e o profano

Sem necessitarmos de subscrever uma "ontologização da violência",[44] temos presente o seu papel na génese da cultura e das instituições humanas, incluindo o direito, sem prejuízo de um uso mais restritivo deste último, que encolhe a sua história e convoca uma específica intencionalidade e axiologia como nota distintiva fundadora da sua autonomia no quadro da experiência humana, que o contrapõe a alternativas como o poder ou a ciência.[45] Nesta segunda etapa da nossa peregrinação, propomo-nos percorrer, com a ajuda de René Girard, a teoria mimética e a sua compreensão da violência e da génese do sagrado para, num segundo tempo, tentarmos compreender o desenvolvimento, na modernidade, de alternativas ao sagrado arcaico como forma de conter a violência e, num terceiro, articularmos uma tipologia das violências com o(s) constitucionalismo(s).

1   Estado, violências e paz

> [...] o Estado serviu para dar resposta a uma tarefa pública central e incontornável de qualquer juridicidade estatal: resolver o problema da violência, garantindo a liberdade e a segurança dos cidadãos.
>
> (José Joaquim Gomes Canotilho)[46]

Num sentido estrito, a paz fica acantonada na oposição (no sentido de ausência) à guerra, quer seja externa quer interna (guerra civil). Oposição dialética – pois há uma "dialética da paz e da guerra" –,[47] que convoca Clausewitz e nos obrigaria, se escrevêssemos uma monografia sobre a temática, a distinguir entre vários tipos de paz (*v.g.*, seguindo Aron, de equilíbrio, de hegemonia e do império,[48] e a paz do terror)[49] e de guerra (*v.g.*, interestatais, imperiais ou superestatais, e infraestatais).[50] Na definição de Raymond Aron, em termos internacionais, a paz "tem aparecido como *a suspensão, mais ou menos durável, das modalidades violentas da rivalidade entre os Estados*".[51]

---

[44] Sobre este ponto, *vd.* SCHWAGER, Raymund. Rückblick auf das Symposium. *In*: NIEWIADOMSKI, Józef; PALAVER, Wolfgang (Hrsg.). *Dramatische Erlösungslehre*: ein Symposion. Innsbruck: Wien: Tyrolia-Verlag, 1992. p. 356-360; também sobre esta questão, *vd.* STEINMAIR-PÖSEL, Petra. Original sin, grace, and positive mimesis. *In*: REDEKOP, Vern Neufeld; RYBA, Thomas (Ed.). *René Girard and creative mimesis*. Lanham; Boulder; New York; Toronto; Plymouth, UK: Lexington Books, 2014.

[45] Sobre este ponto e por todos, *vd.* NEVES, António Castanheira. *O direito hoje e com que sentido? O problema da autonomia do direito*. Lisboa: Instituto Piaget, 2002.

[46] CANOTILHO, José Joaquim Gomes. O direito constitucional passa; o direito administrativo passa também. *In*: AAVV. *Estudos em homenagem ao Prof. Doutor Rogério Soares*. Coimbra: Coimbra Editora, 2001. p. 710.

[47] ARON, Raymond. *Paz e guerra entre as nações*. Brasília: Editora Universidade de Brasília, 1979. p. 169.

48 ARON, Raymond. *Paz e guerra entre as nações*. Brasília: Editora Universidade de Brasília, 1979. p. 170-171.

[49] Definida por Raymond Aron como "a que reina (ou reinaria) entre unidades políticas que têm (ou teriam) a capacidade de desferir golpes mortais umas sobre as outras" (ARON, Raymond. *Paz e guerra entre as nações*. Brasília: Editora Universidade de Brasília, 1979. p. 176, que está em itálico no original). E escreve que pode ser também conhecida como "paz da impotência" (p. 177).

[50] ARON, Raymond. *Paz e guerra entre as nações*. Brasília: Editora Universidade de Brasília, 1979. p. 172.

[51] ARON, Raymond. *Paz e guerra entre as nações*. Brasília: Editora Universidade de Brasília, 1979. p. 169.

A violência, questão central da história humana, quer em termos pessoais quer institucionais, é mais ampla do que a guerra, sendo multidimensional, ponto que, na esteira de Gomes Canotilho, teremos oportunidade de aprofundar. No quadro do cristianismo, o operador para a explicar passa, desde logo, pelo pecado original, visto como uma falha que perturba o agir humano, e que no entanto alicerçou, ao longo da história, teorias que podem ser mais ou menos pessimistas em relação à natureza humana[52] (basta pensar, no âmbito do pensamento político-constitucional, em Carl Schmitt).[53] Autonomizando-se da sua génese teológica, passa a representar culturalmente uma ideia de defetividade e de falibilidade, de tentação de violência, que exige instâncias culturais em geral e políticas em especial. Girard propõe a sua "interpretação antropológica", numa clara diferenciação entre homem e animais:[54] pecado original é sinónimo de "vingança interminável".[55] A faculdade de imitação, que existe também no mundo animal, exponencia-se nos seres humanos através do desejo, que se intensifica em paixão.[56]

Nos alvores da humanidade, perante a rivalidade e os conflitos miméticos, a solução encontrada para mitigar a violência passou pelo sagrado, por encontrar um bode expiatório[57] que transferisse a violência de todos contra todos para a violência de todos contra um. Encontramos mitos fundadores, e a leitura da tragédia grega ilustra-nos este mecanismo, movendo-nos num horizonte testemunhado na literatura. Pense-se em Édipo, que Girard contrapõe a Job, o justo inocente;[58] na Grécia clássica, fala-se de um processo de catarse, uma "purificação" ou uma "purgação".[59]

---

[52] Em termos rigorosos, a ideia de pecado original não tem de ser lida como equivalendo a uma natureza humana violenta enquanto tal, como clarifica Raymund Schwager (Rückblick auf das Symposium. *In*: NIEWIADOMSKI, Józef; PALAVER, Wolfgang (Hrsg.). *Dramatische Erlösungslehre*: ein Symposion, Innsbruck: Wien: Tyrolia-Verlag, 1992. p. 361), que nos socorre no esclarecimento deste ponto. Esta leitura permite a crítica, do ponto de vista da história das ideias, de conceções antropológicas profundamente pessimistas que se traduziram em soluções contra a liberdade e sacrificiais.

[53] Na sua dissertação de doutoramento, Nicholas Hiromura (*The concept of the human in the works of Carl Schmitt*. Bonn: Universitäts- und Landesbibliothek Bonn, 2020) sustenta que "[a]gainst the general tendency of scholarship to read Schmitt's anthropology as mere pessimism, this study wants to suggest that Schmitt's concept of the human designates an ambivalent middle position, characterized by a particularly 'human', rationality".

[54] GIRARD, René. *Achever Clausewitz*: entretiens avec Benoît Chantre. Paris: Flammarion, 2011. p. 60: "[s]eule la conjonction de l'intelligence et la violence permet de parler de péché originel, et justifie l' idée d'une vraie différence entre l'animal et l'homme".

[55] GIRARD, René. *Achever Clausewitz*: entretiens avec Benoît Chantre. Paris: Flammarion, 2011. p. 60.

[56] GIRARD, René. Violence et réciprocité. *In*: GIRARD, René. *Celui par qui le scandale arrive*. Paris: Desclée de Brower, 2011. p. 17.

[57] O lugar do bode expiatório como mecanismo ritual que não se limita à cultura judaica foi sublinhado na obra antropológica de Frazer. Contudo, e esta é uma crítica que lhe faz Girard, a redução ao mero território da superstição testemunha incapacidade de perceber a violência mimética que lhe subjaz. Para uma breve introdução ao pensamento de Frazer, vd. ACKERMAN, Robert. L'anthropologue qui meurt et ressuscite: vie et œuvre de James George Frazer. *Berose – Encyclopédie internationale des histoires de l'anthropologie*, 2018 (há versão em língua portuguesa de 2019. Disponível em: https://www.berose.fr/article1669.html?lang=fr). Rigorosamente, importa distinguir três sentidos de bode expiatório que povoam a linguagem corrente: bíblico, antropológico e psicossocial (cf. GIRARD, René. Un mécanisme générateur: le bouc émissaire. *In*: GIRARD, René. *Sanglantes origines*. Paris: Flammarion, 2011. p. 11-12). Na primeira aceção, de dois bodes, tira-se à sorte o que carrega os pecados e será expulso para o deserto, e aquele que será sacrificado (Lev. 16); na segunda, trata-se da extensão da figura para fora do círculo judaico-cristão, que aponta para a vítima ritualizada; finalmente, na terceira, ilustrada na literatura, sublinha-se a ideia de vítima injustiçada.

[58] Sobre Job, vd. GIRARD, René. Violenza e religione: causa o effetto? *In*: PALAVER, Wolfgang (a cura di). *Violenza e religione*: causa o effetto? Milano: Raffaello Cortina Editore, 2011. p. 18-19.

[59] GIRARD, René. Connaissance et foi chrétienne. *In*: GODELIER, Maurice *et al. Anthropologies du monde et pensée chrétienne*: quelles visions de l'homme aujourd'hui? Paris: Collège des Bernardins; Éditions Parole et Silence,

Na génese do poder está a violência, não por causa da "necessidade de conter o antagonismo das classes", como no relato de Friedrich Engels,[60] mas de pôr fim ao conflito mimético. Ou seja, o desejo é mimético, segundo uma estrutura triangular, expressão do que Rousseau chamou *amour-propre*.[61] Do caos nasce uma ordem, que resulta de ações mas não de intenções humanas, e que trava a violência através de um sistema assente em crenças (mitos), práticas (ritos) e obrigações (interditos, desde logo). Com efeito, a partir do "evento original" –[62] a morte fundadora – abre-se um processo de ritualização – reprodução desse acontecimento, através de uma vítima de substituição (humana, animal ou vegetal). Está também aqui a génese do direito – ainda não com o sentido que veio a adquirir na civilização greco-romana, i.e., com uma intenção axiológica-normativa específica (historicamente desafiada por um conjunto de alternativas) – como primeiro quadro de juridicidade. Só nesta aceção lata se pode dizer que o direito nasce da violência, como acentuam Walter Benjamin[63] e René Girard.[64]

Estando em causa as religiões primevas ou arcaicas, pode perguntar-se qual o sentido trazido depois pela era ou idade axial, num mundo que, mais tarde, conheceu "modernidades múltiplas".[65] Recorde-se que Karl Jaspers mobiliza o conceito (*Achsenzeit*) para referir um arco temporal marcado por uma reflexão e interiorização comprovada numa série de mestres da humanidade.[66] Como articular as "pequenas narrativas"[67] das primeiras (religiões arcaicas) face às grandes narrativas que vieram a ser geradas, nomeadamente em versões seculares?

No quadro do cristianismo, mas com raízes e antecedentes no judaísmo, questionou-se o relato fundador da legitimação da violência, apresentando a vítima como inocente. Os Evangelhos podem ser lidos como uma apocalítica (na aceção etimológica e independentemente da sua referência crente) que desvela o sentido do mecanismo do bode expiatório, dando voz ao relato a partir das vítimas. Num processo paulatino, os alicerces do sagrado como solução do conflito mimético vão enfraquecendo e é preciso

---

2009. p. 105: "[l]a catharsis est l'effet tranquillisant de la violence unanime. La fureur accumulée se décharge sans dommage sur une seule victime insignifiante, le bouc émissaire".

[60] ENGELS, Friedrich. *A origem da família, da propriedade e do Estado*. Lisboa; São Paulo: Presença; Livraria Martins Fontes, 1980. p. 227.

[61] DUPUY, Jean-Pierre. Girard's anthropology vs. cognitive archaeology. In: HODDER, I. (Ed.). *Violence and the sacred in the Ancient Near East*: Girardian conversations at Çatalhöyük. Cambridge: Cambridge University Press, 2019. p. 220.

[62] Como assinala DUMOUCHEL, Paul. *The ambivalence of scarcity and other essays*. East Lansing: Michigan State University Press, 2014. p. 262, a ideia de origem é diferente da simples afirmação de primeiro acontecimento, antes aponta para a capacidade generativa.

[63] BENJAMIN, Walter. *Crítica de la violência*. Madrid: Biblioteca Nueva, 2010.

[64] Autor que não acompanhamos em relação a alguns aspetos relativos ao direito. Por exemplo, em *Achever Clausewitz*, lê-se: "[l]e droit lui-même est fini, il échoue dans tous les coins", considerando que está em processo de desintegração ("s'effondre, s'effrite") (GIRARD, René. *Achever Clausewitz*: entretiens avec Benoît Chantre. Paris: Flammarion, 2011. p. 195).

[65] EISENSTADT, Shmuel N. Modernidades múltiplas. *Sociologia: problemas e práticas*, v. 35, p. 139-163, 2001.

[66] JASPERS, Karl. *Os mestres da humanidade*: Sócrates, Buda, Confúcio, Jesus. Coimbra: Almedina, 2003. Em rigor, Jesus já não integra a idade axial, pois esta, na sua leitura, estende-se até 200 a.C. Contudo, tem-se assistido a uma revisão do período abrangido, no sentido do seu alargamento. Sobre o conceito, vd. ASSMANN, Jan. *Achsenzeit*: eine Archäologie der Moderne. München: C. H. Beck, 2018.

[67] GIRARD, René. Violenza e religione: causa o effetto? In: PALAVER, Wolfgang (a cura di). *Violenza e religione*: causa o effetto? Milano: Raffaello Cortina Editore, 2011. p. 12.

encontrar um novo sagrado que desempenhe essa função de conter a violência. Por outras palavras: a morte de Jesus radicaliza uma orientação que encontramos no judaísmo, porquanto desmistifica o sagrado arcaico e enfraquece as possibilidades futuras – mas sem as eliminar – do mecanismo clássico do bode expiatório sacralizado.[68]

2 Os novos sagrados: entre o Estado e a economia

Quando falamos do sagrado, tende-se a pensar num sagrado religioso que se contraporia ao profano. Sabemos já que no princípio do sagrado está a violência. O sagrado visa limitar a violência, conter o "contágio mimético". Este sagrado das religiões arcaicas subsistiu para além delas. Na modernidade, quer o Estado quer a economia aparecem a desempenhar as funções tradicionais do sagrado religioso. A diferenciação subsistémica levará a uma autonomização das esferas, e o constitucionalismo adjetiva-se em termos de moderno. A deslocalização do sagrado para o Estado – um Estado territorial – verá depois desenvolverem-se fundamentos abarcantes de pertença que se dão pelo nome de pátrias e de nações, desenhando-se a já referida "geografia dos afetos". No imaginário social, o comum passa por uma afetividade de referência, em que veremos contrapor-se a nação como cultura (étnico-cultural) e a nação como eleição ou escolha,[69] um "plebiscito quotidiano", na conhecida fórmula de Renan. Vinicius de Moraes, em trecho que o nosso homenageado convocou,[70] fala de "uma quentura, de um querer, de um bem".

A resposta da modernidade é paradigmaticamente dada por Thomas Hobbes no *Leviatã*,[71] assistindo-se, pois, à referida transferência do sagrado para o Estado, o único deus que seria capaz de limitar a violência usando a violência, mas agora em registo de monopólio, como sublinhou Max Weber.[72] A partir de um paradigma individualista – que pretende libertar o ser humano dos mecanismos tradicionais de hostilidade e solidariedade, assentes na família ou no clã, geradores de violência (vingança) na medida em que a ofensa a um é vista como (des)feita ao grupo –, o Estado assume-se como a grande instância de proteção, e para a sua eficácia exige-se o referido "monopólio da violência legítima", ainda que esta possa ser lida em termos instrumentais.[73] Esta rutura com os mecanismos tradicionais assenta na invenção do indivíduo e traduz-se numa tentativa de corte dos laços vistos como geradores de violência. Ou seja, a solidariedade

---

[68] GIRARD, René. Théorie mimétique et théologie. *In*: GIRARD, René. *Celui par qui le scandale arrive*. Paris: Desclée de Brower, 2011. p. 81: "[...] le Christ devient bouc émissaire pour désacraliser ceux qui sont venus avant lui et empêcher qu'on ne sacralise ceux qui viennent après lui".

[69] BÖCKENFÖRDE, Ernst-Wolfgang. Die Nation – Identität in Differenz? *In*: BÖCKENFÖRDE, Ernst-Wolfgang. *Staat, Nation, Europa*: Studien zur Staatslehre, Verfassungstheorie und Rechtsphilosophie. Frankfurt am Main: Suhrkamp, 1999. p. 34-58.

[70] CANOTILHO, José Joaquim Gomes. Et in Arcadia ego: discurso na tomada de posse como académico na Academia Internacional de Direito de São Paulo. *In*: CANOTILHO, José Joaquim Gomes. *Admirar os outros*. Coimbra: Almedina; Coimbra Editora, 2010. p. 5.

[71] HOBBES, Thomas. *Leviatã*. Lisboa: INCM, 1995 (a partir da edição brasileira da Editora Nova Cultural, de São Paulo).

[72] WEBER, Max. *O político e o cientista*. 3. ed. Lisboa: Presença, 1979. p. 9.

[73] ARENDT, Hannah. *On violence*. Orlando; Austin; New York; San Diego; London: Harvest Book, 1970. p. 69: "[v]iolence, being instrumental by nature, is rational to the extent that it is effective in reaching the end that must justify it". Arendt distingue poder, violência e força (p. 44-46).

tradicional gera obrigações de prestação e também de proteção, manifestando-se também num conjunto de obrigações de violência.[74]

Ainda na modernidade, importa sublinhar que assistimos a uma "institucionalização *social da escassez*",[75] que vai operar como modo de desenvolvimento de uma nova ordem através de um processo de auto-organização, abrindo-se as portas à autonomização da economia. Naturalmente que a escassez sempre existiu, mas, em certa aceção de que agora curamos, é uma invenção moderna, pois "only the modern world has adopted the scarcity of resources as a central tenet of its social and political organization".[76]

O problema é que este individualismo, que será radicalizado e fará ruir a sociedade de ordenamentos ou estados, o universo corporativo, deixará o indivíduo desprotegido e à mercê de violências noutras esferas, como no domínio económico e social. Ou melhor, por etapas: a solução hobbesiana, ao procurar resolver a violência de todos contra todos (o "estado de natureza"), gera um guardião, mas levanta a questão de saber quem nos guarda do nosso guardião, tema central do liberalismo e do constitucionalismo modernos. No panorama de língua inglesa, a resposta é dada por John Locke,[77] através da consagração de teses como a divisão de poderes que, em termos de positivação constitucional, têm consagração paradigmática na *Declaração dos Direitos de Virgínia*, que Horst Dippel apresenta como tendo "estabelecido o catálogo completo dos traços essenciais do constitucionalismo moderno".[78]

3 Violência(s) e paz(es): *lineamenta* teoréticos e dogmáticos

Se a organização das perspetivas do direito se dissesse com nome de ruas, teríamos seguramente duas grandes avenidas, que se cruzam em muitos pontos: falamos da teoria constitucional e da dogmática constitucional. Gomes Canotilho ajudou e ajuda à sua cartografia em língua portuguesa, num cruzamento cosmopolita de quem não apenas percebeu, a partir das incursões pela teoria dos fractais, a variabilidade da representação das fronteiras (a não ser que, como na história de Borges,[79] os mapas vão aumentando tanto que coincidam com o território), como as atravessou.

3.1 A cidade subterrânea ou a avenida das pré-compreensões

Gomes Canotilho não anda à superfície – se o nosso referente fosse marítimo, não se fica pela espuma do tempo –, antes cultiva o rigor da metodologia jurídica

---

[74] DUMOUCHEL, Paul. *The ambivalence of scarcity and other essays*. East Lansing: Michigan State University Press, 2014. p. xi-xii: "These duties to help are [...] also obligations of violence. They force agentes to take part in the conflicts of others, of their brothers, sisters, uncles, aunts, cousins, lords, and vassals [...]".

[75] DUMOUCHEL, Paul. *The ambivalence of scarcity and other essays*. East Lansing: Michigan State University Press, 2014. p. 127.

[76] DUMOUCHEL, Paul. *The ambivalence of scarcity and other essays*. East Lansing: Michigan State University Press, 2014. p. 128.

[77] Vd. LOCKE, John. *Ensaio sobre a verdadeira origem, extensão e fim do governo civil*. Lisboa: Edições 70, 1999.

[78] DIPPEL, Horst. *História do constitucionalismo moderno*: novas perspetivas. Lisboa: Fundação Calouste Gulbenkian, 2007. p. 10.

[79] BORGES, Jorge Luis. Do rigor em ciência. *In*: BORGES, Jorge Luis. *O fazedor*. Lisboa: Teorema, 1998. Coleção Obras completas (1952-1972). v. II. p. 223.

testificado por Orlando de Carvalho.[80] Como traçou no retrato de Rogério Soares, a sua personalidade "só se revela calorosa em peregrinação".[81] Na verdade, podemos falar aqui de uma dupla peregrinação, exterior e interior. A primeira capta-se em várias dimensões:

a) no *percurso* que faz pelas cidades do *mundo*, em termos reais ou num exercício de leitura, enquanto percorre teorias e dogmáticas de muitos países, com especial relevo não apenas para a sua língua materna – o português – seja na matriz europeia ou em variações celebradas num museu dedicado ao idioma em São Paulo, seja em obras de línguas novilatinas, como o francês, o italiano e o espanhol, ele que nasceu na Raia,[82] ou ainda no alemão e no inglês;

b) na vocação ("criatividade")[83] *interdisciplinar*, recusando o "enclausuramento [...] [d]o direito constitucional",[84] antes articulando texto e contexto, mobilizando história, sociologia, ciência política (disciplina que também regeu), teoria das ideias, literatura, entre outros saberes e disciplinas;

c) na *abertura do Estado* e da Constituição nacionais ao mundo, em rede de interconstitucionalidade e interjusfundamentalidade, recusando uma "teoria do Estado e do direito [...] hegelianamente introvertida",[85] que faz do Estado, e não da Constituição,[86] o *prius*.

Peregrinação também interior, cultivada no necessário ensimesmamento (no limite, a "profunda solidão", registada no parágrafo de abertura da sua dissertação de

---

[80] Leia-se a nota "Ao Leitor" em CARVALHO, Orlando de. *Escritos*: Páginas de Direito. Coimbra: Almedina, 1998. v. I, convocada também por CANOTILHO, José Joaquim Gomes. Quase sobre a noite e a vida de Orlando de Carvalho: tópicos para uma intervenção em homenagem a Orlando de Carvalho", *In*: CANOTILHO, José Joaquim Gomes. *Admirar os outros*. Coimbra: Almedina; Coimbra Editora, 2010. p. 201-207.

[81] CANOTILHO, José Joaquim Gomes. Sicut cursores vitae lampada tradunt: lição imaginária na jubilação do Dr. Rogério Guilherme Ehrhardt Soares. *In*: CANOTILHO, José Joaquim Gomes. *Admirar os outros*. Coimbra: Almedina; Coimbra Editora, 2010. p. 127.

[82] Marcada pela pobreza, como sublinhado no complemento de título de uma obra publicada ainda no quadro das ditaduras na Península Ibérica (cf. PINTADO, Antonio; BARRENECHEA, Eduardo. *La raya de Portugal*: la frontera del subdesarrollo. Madrid: Cuadernos para el Dialogo, 1972). O começo da obra é, aliás, impressivo: "[h]a yen la península Ibérica una gran zona [...] formada por nueve distritos portugueses y seis províncias españolas que constituye – en su conjunto – la pervivencia más notable y extensa del subdesarrollo de toda Europa" (p. 9).

[83] CANOTILHO, José Joaquim Gomes. *O tempo curvo de uma carta (fundamental) ou o direito constitucional interiorizado*. Instituto da Conferência, Conselho Distrital do Porto da Ordem dos Advogados. Porto: A. Alves Edições, 2006. p. 7.

[84] CANOTILHO, José Joaquim Gomes. Sicut cursores vitae lampada tradunt: lição imaginária na jubilação do Dr. Rogério Guilherme Ehrhardt Soares. *In*: CANOTILHO, José Joaquim Gomes. *Admirar os outros*. Coimbra: Almedina; Coimbra Editora, 2010. p. 132.

[85] CANOTILHO, José Joaquim Gomes. Sicut cursores vitae lampada tradunt: lição imaginária na jubilação do Dr. Rogério Guilherme Ehrhardt Soares. *In*: CANOTILHO, José Joaquim Gomes. *Admirar os outros*. Coimbra: Almedina; Coimbra Editora, 2010. p. 135.

[86] *Vd.*, com outras considerações, CANOTILHO, José Joaquim Gomes. A teoria da constituição e as insinuações do hegelianismo democrático. *In*: RIBEIRO, J. A. Pinto. *O homem e o tempo*: Liber amicorum para Miguel Baptista Pereira. Porto: Fundação Eng. António de Almeida, 1999. p. 413-422. Escreve: "[o] Estado existe antes da constituição e a estatalidade alemã nem sequer pode ser perturbada por actos do poder constituinte. [...] O Estado recortar-se-á sempre como 'matéria' ou dado preexistente, reduzindo-se a Constituição à *forma* transitória do Estado perene" (p. 416). Gomes Canotilho, pelo contrário, privilegia a Constituição em vez do Estado, numa linha que, aliás, caracteriza a Escola de Freiburg, onde frequentou os seminários de Konrad Hesse. Na verdade, afirma Peter Häberle: "Die von R. Herzog früh (1971) so genannte 'Freiburger Schule' war für mich durch das 'Denken von der *Verfassung* her' geprägt (statt von Staat her)" ("Von der Staatsrechtslehre zur offenen Gesellschaft der vergleichenden und europäischen Verfassungslehre: ein Interview im Sommer 2014. *In*: MÖLLERS, Martin H. W.; OOYEN, Robert Chr. van (Hrsg.). *Verfassungs-Kultur*: Staat, Europa und pluralistische Gesellschaft bei Peter Häberle. Baden-Baden: Nomos, 2016. p. 192.

doutoramento),[87] condição de um diálogo frutífero de quem sabe "admirar os outros". De uma interiorização da peregrinação exterior ou, como disse, numa conferência no Porto, em 2006, de "uma peregrinação mais ou menos poética por temas constitucionais".[88]

Na verdade, o constitucionalismo é peregrino e é-o muito para lá dos *Pilgrim Fathers* que transportaram para solo norte-americano a ideia, constitucionalmente tão frutífera, de *covenant*.[89] São impulsos trazidos em livros e jornais que alimentam processos de constitucionalização no mundo, na África e na Ásia, nas Américas e na Europa, no quadro de importações e exportações, de teoria e de dogmática, assumindo crescente importância o diálogo entre tribunais.

3.2 Violências múltiplas: aproximações

Quando se fala de violência, tende-se a pensar, desde logo, na violência física, aquela que afeta e, no limite, destrói a vida. Há, no entanto, outras violências, e Gomes Canotilho, em diálogo com Helmut Willke,[90] não deixou de as considerar. Desde logo, a pobreza e a miséria sofridas, mas também a ignorância.

A miséria e a pobreza são vistas como formas, geradoras, de violência. O medo aos pobres (aporofobia)[91] conduz à defesa da garantia de mínimos, em função da manutenção da própria ordem pública. Contudo, numa perspetiva constitucional, trata-se de assegurar o "mínimo *para* uma existência condigna".[92] A rutura da solidariedade tradicional levará à invenção de novas respostas sociais (*v.g.*, seguros sociais) e à sua articulação com os esquemas tradicionais de proteção social. Gomes Canotilho, a propósito do Estado social, refere precisamente que este se propõe "dar resposta a outra forma de violência – a *pobreza*".[93] Não se trata apenas da teoria de uma socialidade que visa à neutralização de uma possível ameaça resultantes dos pobres, mas de reconhecer que a pobreza e ainda mais a miséria violam a dignidade da pessoa humana e, consequentemente, se apresentam como uma forma de violência. Esta solidariedade mediata, realizada ou, pelo menos, garantida pelo Estado, é contrapartida da diminuição (no limite, destruição) dos mecanismos de solidariedade tradicional e também de novos desafios sociais.

Outra violência prende-se com o não reconhecimento, em desconformidade com a exigência de ver o outro como igual. Este é, por exemplo, um dos problemas clássicos

---

[87] CANOTILHO, José Joaquim Gomes. *Constituição dirigente e vinculação do legislador*: contributo para a compreensão das normas constitucionais programáticas. Coimbra: Coimbra Editora, 1982 (Agradecimentos).
[88] CANOTILHO, José Joaquim Gomes. *O tempo curvo de uma carta (fundamental) ou o direito constitucional interiorizado*. Instituto da Conferência, Conselho Distrital do Porto da Ordem dos Advogados. Porto: A. Alves Edições, 2006. p. 7.
[89] *Vd.* VEGA, Pedro de. *La reforma constitucional y la problemática del poder constituyente*. Madrid: Tecnos, 1988. p. 31.
[90] WILLKE, Helmut. *Ironie des Staates*: Grundlinien einer Staatstheorie polyzentrischer Gesellschaft. Frankfurt am Main: Suhrkamp, 1996 (um quadro de síntese pode ver-se na p. 288).
[91] CORTINA, Adela. *Aporofobia, el rechazo al pobre*: un desafío para la democracia. Barcelona; Buenos Aires; México: Paidós, 2017.
[92] ANDRADE, José Carlos Vieira de. "O direito ao mínimo de existência condigna" como direito fundamental a prestações estaduais positivas – Uma decisão singular do Tribunal Constitucional: Anotação ao Acórdão do Tribunal Constitucional nº 509/02. *Jurisprudência constitucional*, p. 21-29, 2004.
[93] CANOTILHO, José Joaquim Gomes. O direito constitucional passa; o direito administrativo passa também. *In*: AAVV. *Estudos em homenagem ao Prof. Doutor Rogério Soares*. Coimbra: Coimbra Editora, 2001. p. 710 (grifos no original).

nas relações coloniais, em que a exclusão pode ser feita de diferentes modos: pela recusa da cidadania, sem afastar a plena humanidade; pela tese da sub-humanidade, como aconteceu, ao longo da história, com ameríndios (sem prejuízo da sua defesa por autores como Francisco de Vitória), com judeus e com africanos. Curiosamente, em Angola, António de Assis Júnior[94] comparou a posição do nativo à do judeu.

Gomes Canotilho fala ainda de uma violência que chama pós-moderna – a ignorância,[95] proposição que tem de ser entendida com ductilidade, para se referir à especial relevância da iliteracia científica e informática nas nossas sociedades.

O constitucionalismo apresenta-se como uma forma de limitação de diferentes violências. Uma primeira, que se exprime desde logo numa teoria do Estado, passa pela filosofia política de Hobbes e pela superação da violência de todos contra todos, própria do estado de natureza. Lendo-a a partir de uma chave etológica ou privilegiando como hipótese de trabalho a perspetiva mimética de René Girard, impõe-se limitar-lhe o(s) poder(es).

4 Constitucionalismos múltiplos: a relevância no combate à violência

> *Noi abbiamo bisogno di una buona teoria della secolarizzazione perché la secolarizzazione corrisponde anche al fine del sacrificio, evento che ci priva dei mezzi culturali ordinari per affrontare la violenza.*
>
> (René Girard)[96]

Quando falamos de constitucionalismos múltiplos, temos presente a ideia de "modernidades múltiplas", e também o facto de cada vez mais o constitucionalismo se encontrar entre prefixos e adjetivos. Eisenstadt questionou a ideia de um processo de modernização das sociedades assente apenas num modelo ocidental. Partindo da revolução axial[97] (com um arco temporal mais amplo do que o proposto por Jaspers, dado que se estende até ao século V),[98] considera que o seu contributo se traduziu na "emergência e institucionalização das novas concepções ontológicas básicas sobre o hiato

---

[94] ASSIS JÚNIOR, António de. *Relato dos acontecimentos de Dala, Tando, e Lucala*. Luanda: Typografia Mamã Tira, 1917 (utilizámos a reedição publicada em Luanda: Fenacult – Festival Nacional de Cultura; Lisboa: Mercado de Letras, 2014). Lê-se: "[n]a sua própria terra, [o nativo] não passa de um judeu – mas como tal considerado no tempo do fanatismo religioso" (p. 138).

[95] CANOTILHO, José Joaquim Gomes. O direito constitucional passa; o direito administrativo passa também. In: AAVV. *Estudos em homenagem ao Prof. Doutor Rogério Soares*. Coimbra: Coimbra Editora, 2001. p. 710.

[96] GIRARD; René; VATTIMO, Gianni. Cristianesimo e modernità. In: GIRARD; René; VATTIMO, Gianni. *Verità o fede debole?* Dialogo su cristianesimo e relativismo. Milano: Feltrinelli, 2015. p. 37.

[97] A teoria de Girard sobre a emergência da religião e, em geral, da cultura, a partir da violência, corresponde ao sagrado arcaico, no sentido de pré-axial (compreendendo quer a religião tribal quer a religião arcaica, na distinção proposta por BELLAH, Robert N. *Religion in human evolution*: from the paleolithic to the axial age. reimpr. Cambridge; London: Belknap Press of Harvard University Press, 2017).

[98] EISENSTADT, S. N. *Fundamentalismo e modernidade*: heterodoxias, utopismo e jacobinismo na constituição dos movimentos fundamentalistas. Oeiras: Celta, 1997. p. 3.

entre a ordem transcendente e a ordem mundana",[99] que se refletiram na construção da cidade em termos políticos, sociais e económicos.[100] No quadro das civilizações axiais, pelo menos no judaísmo e no cristianismo, começa a ser questionado o sagrado arcaico, que culminará com o cristianismo como chave epistemológica das "coisas escondidas desde a fundação do mundo".[101] Na modernidade, assiste-se a um conjunto de Grandes Revoluções, as quais traduzem uma rutura, com violência, que se procura justificar em termos de uma ideologia "muito próxima da santificação",[102] a do apelo a fortes dimensões utópicas[103] e universalistas.[104] Duas destas revoluções conformam dois importantes constitucionalismos: o norte-americano e o francês.

A função do direito em geral e do constitucionalismo em especial é afirmar um princípio antissacrificial, respeitando a sacralidade (melhor, a santidade, como veremos) da pessoa humana. A ambivalência das novas sacralidades, expressas no campo da política (Estado) e da economia ("institucionalização social da escassez"), permite estabelecer mecanismos que limitam a violência através da violência. Ora, o constitucionalismo estabelece limites à violência e aos modos operativos do sistema (*Il faut que le pouvoir arrête le pouvoir; checks and balances*), tomando a sério as vítimas. Em bom rigor, se retomássemos a distinção entre sagrado e santo, que têm raízes latinas diferentes –[105] *sacer* e *sanctus* –, falaríamos com maior propriedade de santidade da pessoa humana. Com efeito, se *sacer* (*hiéros* em grego) aponta para o que está separado, *sanctus* remete-nos, segundo o *Digesto*, para "proibido e protegido da ofensa dos homens" (*quod ab iniuria hominum defensum atque munitum est*).[106] Ora, é a santidade nesta aceção que aparece tutelada pela sanção (*sanctio*), incluindo, por via de responsabilidade, um tema caro a Gomes Canotilho.[107] Em suma, trata-se de proteger a pessoa na sua dignidade, a "experiência irredutível" contra a "totalidade".[108]

No constitucionalismo, a secularização é apresentada como um elemento importante na redução da violência.

---

[99] EISENSTADT, S. N. *Fundamentalismo e modernidade*: heterodoxias, utopismo e jacobinismo na constituição dos movimentos fundamentalistas. Oeiras: Celta, 1997. p. 3.

[100] EISENSTADT, S. N. *Fundamentalismo e modernidade*: heterodoxias, utopismo e jacobinismo na constituição dos movimentos fundamentalistas. Oeiras: Celta, 1997. p. 4.

[101] GIRARD, René. *Des choses cachées depuis la fondation du monde*. 10. ed. Paris: Le Livre de Poche, 2006.

[102] EISENSTADT, S. N. *Fundamentalismo e modernidade*: heterodoxias, utopismo e jacobinismo na constituição dos movimentos fundamentalistas. Oeiras: Celta, 1997. p. 26.

[103] EISENSTADT, S. N. *Fundamentalismo e modernidade*: heterodoxias, utopismo e jacobinismo na constituição dos movimentos fundamentalistas. Oeiras: Celta, 1997. p. 27.

[104] EISENSTADT, S. N. *Fundamentalismo e modernidade*: heterodoxias, utopismo e jacobinismo na constituição dos movimentos fundamentalistas. Oeiras: Celta, 1997. p. 27-28.

[105] OTTO, Rudolf. *O sagrado*. Lisboa: Edições 70, 1992. p. 14 refere-se, ao tratar do sagrado como numinoso, a "um nome que lhe é próprio, o de *Qadosh*, a que corresponde *Hagios* e *Sanctus*, ou mais exatamente, *Sacer*".

[106] D. 1, 8,8.

[107] Recorde-se, desde logo, a sua primeira dissertação: CANOTILHO, José Joaquim Gomes. *O problema da responsabilidade do Estado por actos lícitos*. Coimbra: Almedina, 1974 (há agora nova edição: *A responsabilidade do Estado por actos lícitos*. Belo Horizonte: Fórum, 2019). *Vd*. também CANOTILHO, José Joaquim Gomes. Os novos desafios da responsabilidade: irritar e responder. *Boletim da Faculdade de Direito*, v. 87, p. 533-540, 2011.

[108] LEVINAS, Emmanuel. *Ética e infinito*. Lisboa: Edições 70, 1988. p. 68.

4.1 Constitucionalismo(s): à procura das raízes

Os países e os povos precisam das suas narrativas, também no plano constitucional. Sabe-se que o constitucionalismo moderno – como muito bem refere Canotilho, que mudou o seu ensino neste ponto – se diz no plural e é, como indica o adjetivo, uma invenção recente na história da humanidade. Horst Dippel, que tem estudado a fundo esta realidade, coloca, como referi, na certidão de nascimento junho de 1776, data da Declaração dos Direitos de Virgínia. No entanto, Gomes Canotilho tem presente o constitucionalismo antigo (em sentido amplo, compreendendo a aceção medieval) e o projeto de limitação do(s) podere(s) que já existiam independentemente da existência de textos escritos com as notas de modernidade ou até mesmo na sua ausência,[109] realçando o contributo dos historiadores. Ora, tal como resulta do ensino de Amartya Sen,[110] importa ter presente que, sem prejuízo da fortíssima elaboração no espaço norte-atlântico europeu, no quadro do referido constitucionalismo moderno há outros constitucionalismos e trajetórias que visam responder à questão da violência e à garantia da paz noutros territórios. Sem qualquer visão neocolonial – antes pelo contrário –, impõe-se perceber a realidade das entidades políticas pré-coloniais e paralelas ao colonialismo. Por exemplo, apesar da presença de cerca de cinco séculos em África, no caso angolano só no século XX se assistiu à construção de um Estado com as fronteiras que agora conhecemos. Quando estamos na véspera da celebração dos 200 anos da Constituição de 1822, importa lembrar que, no art. 20º, relativo ao território, encontramos a referência a "Angola, Benguela e suas dependências, Cabinda e Molembo".

O constitucionalismo moderno desencadeará fortíssimas reações anticonstitucionais[111] nalguns países (basta pensar na história constitucional portuguesa pós-vintista). A sua pretensão é a de limitar a violência e assegurar a paz, essencialmente através da divisão de poderes – para evitar a *hybris* – e a garantia dos direitos, criando esferas negativas de competência do Estado (enquanto espaços de imunização ou não ingerência), ainda que haja obrigações ativas do poder político no que toca à segurança face às ameaças dos outros (o que, mais tarde, se traduzirá na categoria dos deveres de proteção). Movemo-nos aqui no campo do governo limitado, do desenvolvimento de mecanismos de responsabilidade, incluindo o controlo judicial.

O reconhecimento da vítima – atual ou possível – levou à afirmação de uma linha antissacrificial que recusa o princípio de Caifás ("É preferível que morra um único homem pelo povo").[112] Embora com raízes mais antigas – fala-se de constitucionalismo antigo e de protoconstitucionalismo –, as revoluções norte-americana e francesa,[113] sem prejuízo

---

[109] CANOTILHO, José Joaquim Gomes. *Direito constitucional e teoria da Constituição*. 7. ed. Coimbra: Almedina, 2003. p. 53-54.

[110] SEN, Amartya. *A ideia de justiça*. Almedina: Coimbra, 2012.

[111] Sobre o(s) anticonstitucionalismo(s), *vd.* LOUREIRO, João Carlos. Anticonstitucionalismo(s). *In*: FRANCO, José Eduardo (Coord.). *Dicionário dos Antis*: a cultura portuguesa em negativo. Lisboa: INCM, 2018. v. I. p. 434-449.

[112] Jo 18, 14.

[113] Uma leitura mimética do processo revolucionário em França pode ver-se em Roman Siebenrock (Die mimetische Matrix der Revolution. *In*: GUGGENBERGER, Wilhelm; PALAVER, Wolfgang (Ed.). *Eskalation zum Äußersten?* Baden-Baden: Nomos, 2015. p. 44-45) que refere a unidade entre a morte de Luís XVI e a instituição da República a essa luz. Recupera um texto de Saint-Just sobre a necessidade de o rei morrer para se obter a paz e criar uma nova ordem.

das diferenças (também em termos de soluções), apontaram para uma Constituição em sentido formal, que surge como "antitoxina à rivalidade mimética".[114]

Com o triunfo da Revolução, a "mediação interna"[115] resultante da igualdade torna-se decisiva, embora subsistam espaços onde esta igualdade não se aplica. As colónias são o retrato desse território, variando a posição dos sujeitos, como se ilustra no constitucionalismo português,[116] pois, desde logo, mantêm-se a escravatura e a exclusão.

4.2 Violência: alguns contributos constitucionais, ou entre bens fundamentais e vítimas

4.2.1 Bens fundamentais e violência

As diferentes violências põem em causa, violando ou pondo em perigo, bens fundamentais. Desde logo, a violência física e psíquica toca na vida e na integridade pessoal; a violência da miséria, para além de poder pôr em causa esses bens – a fome mata –, afeta as condições básicas da existência humana, a que respondemos com a participação num conjunto de bens como a segurança social, a proteção da saúde ou a habitação; a violência do não reconhecimento, que opera em diferentes campos, releva no campo da igualdade; a violência em termos ambientais (extinções em massa, destruição dos biótipos) projeta-se, não apenas nas gerações atuais, mas também nas gerações vindouras, e toca, no limite, nas condições de possibilidade da sua existência, sem que animais e natureza em geral se transformem em sujeitos de direito.

4.2.2 Vítimas: relevância, estatuto e direitos

> *Reste cette formidable différence de notre*
>
> *univers avec ceux qui l'on précédé: aujourd'hui, les victimes ont des droits*
>
> (René Girard)[117]

Em termos etimológicos, a vítima remete-nos para o sacrifício de pessoa ou animal. Trata-se de uma categoria do domínio do sagrado – vítima, em alemão, é *Opfer* e o verbo *opfern* significa sacrificar. Uma análise do uso corrente mostra que vítima é sinónimo de culpa, e indica um estatuto que se reclama – "fazer-se de vítima". Embora muito usado

---

[114] SIEBENROCK, Roman. Die mimetische Matrix der Revolution. *In*: GUGGENBERGER, Wilhelm; PALAVER, Wolfgang (Ed.). *Eskalation zum Äußersten?* Baden-Baden: Nomos, 2015. p. 54.

[115] Para a diferença entre mediação externa (em que o modelo está separado do imitador por uma distância inultrapassável – na literatura, pense-se na relação entre D. Quixote e Amadis, que abre precisamente o Capítulo I da obra de GIRARD, René. *Mentira romântica e verdade romanesca*. Lisboa: Imprensa da Universidade de Lisboa, 2019. p. 5-7) e a mediação interna, potenciada pela igualdade, encurtando distâncias entre modelo e imitador e aumentando a rivalidade e a violência, vd. PALAVER, Wolfgang. *René Girard's mimetic theory*. East Lansing: Michigan State University, 2013. p. 58-62.

[116] SILVA, Cristina Nogueira da. *Constitucionalismo e Império*: a cidadania no Ultramar português. Coimbra: Almedina, 2009.

[117] GIRARD, René. *Quand ces choses commenceront...* Entretiens avec Michel Treguer. Paris: Arléa, 1994. p. 23.

no direito penal, o termo "vítima" está longe de se circunscrever a esse campo, podendo ser resultado de interações (da esfera da intersubjetividade) ou de processos/estruturas.

Girard mostra que, no cristianismo, a vítima – entendida como a vítima inocente – desafia a lógica do bode expiatório como modo de resolução de conflitos e crises miméticas, desmascarando o sagrado. A importância da vítima é fundamental na estruturação de um discurso de direitos, quer se veja como direito prototípico a liberdade religiosa (Georg Jellinek)[118] ou antes o *habeas corpus* (Martin Kriele).[119]

Na génese da institucionalização política está o mecanismo do bode expiatório. Apesar de desmascarado, é recorrente na história: basta pensar, por exemplo, no estalinismo, ou no nazismo, que, com um sagrado neopagão, na esteira de Nietzsche, recusa a dignidade da pessoa humana e considera as vítimas como imprescindíveis.[120] Num outro registo, há hoje uma preocupante tendência à vitimização, uma verdadeira máquina de gerar vítimas, que passa também pelo discurso de radicalização das identidades[121] que ameaça o comum da *politeia*.

4.3 Paz e pessoa(s): a cidade dos homens e o fundamento, ou sobre um constitucionalismo antissacrificial e antipatológico

A paz exige o respeito pela pessoa. Apesar do (ab)uso, é esta a melhor palavra tecida na história para afirmar exigências de respeito que não se esgotam na ética, mas incarnam no direito. Em português, o termo não transporta a paradoxal ambiguidade do francês *personne*, simultaneamente ninguém e pessoa. Em *Uma história interminável*, Gomes Canotilho convoca um texto da nossa memória literária – *Frei Luís de Sousa* –, escrito por um dos nossos *Alumni*: Almeida Garrett. Nas feridas de Alcácer Quibir, onde se enterraram sonhos e brotaram mitos sebásticos, nasceu a teia do regresso adiado à pátria de um valeroso combatente que, ao retornar, encontra o seu lugar ocupado na casa. Perguntado sobre quem é, da boca brotou um celebérrimo "Ninguém". Recupera essa figura do romeiro para dizer que "[...] não há lugar para 'ninguendades' e 'nadalidades'. O ninguém é alguém, pessoa humana, a pessoa humana não se reduz a nada".[122]

A ideia de dignidade humana aponta, como referimos, para a sacralidade/santidade da pessoa humana. Na *Fundamentação da metafísica dos costumes*,[123] embora a

---

[118] JELLINEK, Georg. *Die Erklärung der Menschen- und Bürgerrechte*: Ein Beitrag zur modernen Verfassungsgeschichte. Leipzig: Duncker & Humblot, 1895. v. VII. p. 31-42, sublinhando a trajetória da liberdade religiosa no mundo anglo-saxónico; criticamente, KRIELE, Martin. *Introducción a la teoria del Estado*: fundamentos históricos de la legitimidad del Estado constitucional democrático. Buenos Aires: Ediciones Depalma, 1980. p. 211-214, que associa a liberdade religiosa com o *habeas corpus*.

[119] KRIELE, Martin. *Introducción a la teoria del Estado*: fundamentos históricos de la legitimidad del Estado constitucional democrático. Buenos Aires: Ediciones Depalma, 1980. p. 208-209, sustentando que o *habeas corpus*, enquanto "proteção contra a detenção arbitrária", é o "direito fundamental originário".

[120] GIRARD, René. *Quand ces choses commenceront...* Entretiens avec Michel Treguer. Paris: Arléa, 1994. p. 19.

[121] Sublinhando este tópico (*a culture of victimhood*) enquanto ameaça para a democracia representativa, vd. PABST, Adrian. *The demons of liberal democracy*. Cambridge; Medford: Polity Press, 2019. p. 82.

[122] CANOTILHO, José Joaquim Gomes. Uma história interminável: Discurso na Sala dos Capelos, na Cerimónia de Doutoramento Honoris Causa do Dr. Mário Soares. *In*: CANOTILHO, José Joaquim Gomes. *Admirar os outros*. Coimbra: Almedina; Coimbra Editora, 2010. p. 102.

[123] KANT, Immanuel. *Fundamentação da metafísica dos costumes*. Coimbra: Atlântida, 1960 fala de uma "vontade santa". Escreve: "[a] vontade, cujas máximas concordem necessariamente com as leis da autonomia, é uma vontade santa" (p. 84).

ideia de dignidade seja central – a pessoa não tem preço –,[124] aparece também a sacralidade como sinónimo. Contrariamente a certo relato da Ilustração, que hipervalorizou a razão e foi objeto de merecida crítica pela Escola de Frankfurt, nomeadamente por Theodor Adorno e Max Horkheimer,[125] descobriu-se que, além das "patologias da religião", há que não desconhecer as "patologias da razão". De um ponto de vista etológico, Konrad Lorenz[126] levantou o problema no quadro de uma guerra mediada por botões: por que não carregar e desencadear um conflito nuclear? Mais recentemente, António Damásio[127] convocou as neurociências para mostrar a importância dos sentimentos em termos de identidade e decisões. Noutro registo, quer Joseph Ratzinger quer Axel Honneth[128] tratam das referidas "patologias da razão". Desde logo, a redução da razão à razão instrumental, esquecendo as dimensões comunicativas e dialógicas, que fazem da eficiência e da eficácia o santo e a senha das sociedades. É por via disso que Ratzinger[129] defende que se oiçam as religiões; Gomes Canotilho prefere falar, como na citação portal do artigo, da necessidade da sabedoria.

4.4 Constitucionalismo, (neo/pós)colonialismo e paz

Na biografia de Gomes Canotilho inscreve-se, como vimos, uma experiência africana logo nos anos de juventude, no quadro da guerra diferentemente classificada consoante as perspetivas (colonial, ultramarina, de libertação nacional). É muito relevante o impacto do seu pensamento no ensino e na realização do direito nos novos países independentes, na sequência da Revolução de Abril. Encontramos referências, desde logo nas suas lições, aos textos e ao desenho constitucional emergente, e os seus escritos são reiteradamente convocados. Mas não se desconhece o cuidado e a delicadeza do nosso homenageado em não cair na tentação neocolonial. Digamo-lo abertamente: a construção de Estados nacionais é uma tarefa com especificidades e, em alguns países, a independência não foi sinónimo do calar das armas, antes pelo contrário. Exemplifiquemos com um país que está indelevelmente marcado no meu coração – Angola. Como em outros, não é tarefa fácil a edificação político-administrativa, tendo presente que a realidade Estado com as fronteiras que conhecemos é bastante recente e resultado da colonização e da luta pela independência, e também pela tentativa de assinalar um comum nacional que vá para lá da multiplicidade de etnias e de línguas, de memórias de rivalidade. É verdade que

---

[124] KANT, Immanuel. *Fundamentação da metafísica dos costumes*. Coimbra: Atlântida, 1960 p. 76: "[n]o reino dos fins tudo tem um preço ou uma dignidade. Quando uma coisa tem um preço, pode-se pôr em vez dela qualquer outra como *equivalente*; mas quando uma coisa está acima de todo o preço, e portanto não permite equivalente, então ela tem dignidade" (grifos no original).

[125] HORKHEIMER, Max; ADORNO, Theodor W. *Dialektik der Aufklärung*: Philosophische Fragmente: Friedrich Pollock zum 50. Geburtstag. Amsterdam: Querido Verlag, 1947.

[126] LORENZ, Konrad. *A agressão*: uma história natural do mal. 2. ed. Lisboa: Moraes, 1980. p. 252.

[127] Por exemplo, DAMÁSIO, António. *A estranha ordem das coisas*: a vida, os sentimentos e as culturas humanas. Lisboa: Temas e Debates; Círculo de Leitores, 2017; agora, DAMÁSIO, António. *Sentir e saber*: a caminho da consciência. Lisboa: Temas e Debates; Círculo de Leitores, 2020.

[128] HONNETH, Axel. *Pathologien der Vernunft*: Geschichte und Gegenwart der Kritischen Theorie. Frankfurt am Main: Suhrkamp, 2007.

[129] RATZINGER, Joseph. Posição. *Estudos – Revista do Centro Académico de Democracia Cristã*, v. 3, p. 57-66, 2004. p. 63.

o contributo dos juristas portugueses se tem revelado muito importante na construção de uma Angola do século XXI, ajudando à construção de uma dogmática angolana, mas não se devem olvidar as especificidades do texto e do contexto, nomeadamente as raízes africanas em geral e angolanas em particular. Com efeito, como se lê no Preâmbulo da lei fundamental angolana, importa convocar "a memória dos [...] antepassados e apela[r] à sabedoria das lições da [sua] história comum, das [suas] raízes seculares e das culturas que enriquecem a [sua] unidade", bem como colher "inspira[ção] [das] melhores lições da tradição africana – substrato fundamental da cultura e da identidade angolanas".[130] Esta memória é um campo que merece uma análise também numa ótica constitucional. Limitando-nos agora à paz, vemos que a ideia de reconciliação tem assento expresso já no Preâmbulo,[131] e o termo *paz* comparece em diferentes preceitos:[132] logo no art. 1º, ao assinalar que a República angolana tem como "objectivo fundamental a construção de uma sociedade livre, justa, democrática, solidária, de paz, igualdade e processo social"; também no art. 11º (intitulado "Paz e Segurança Nacional"), tendo presente que "[a] paz tem como base o primado do direito e da lei e visa assegurar as condições necessárias à estabilidade e ao desenvolvimento do País";[133] no art. 12º/1/i), na esfera das relações internacionais;[134] no art. 21º/j), a paz é incluída nas tarefas fundamentais do Estado; no art. 56º/1, refere-se à obrigação do Estado de criar "as condições políticas, económicas, sociais, culturais, de paz e estabilidade que garantam a sua efectivação e protecção, nos termos da Constituição e da lei"; no art. 71º/1, em matéria de asilo; no art. 115º, quanto à fórmula de juramento do Presidente angolano, para não falar de outros preceitos.[135] Acresce que no hino nacional, que integra o Anexo III à Constituição, lê-se "Orgulhosos lutaremos pela Paz".

4.5 Promessas da paz: constitucionalismo e profecia

O constitucionalismo traz consigo o compromisso de uma ordem de garantia face ao arbítrio, e de promessa instituidora do futuro, que, na Constituição social, levou o homenageado a um tratamento da Constituição dirigente e das chamadas normas programáticas.[136] Há um laço com a política enquanto promessa, e a necessidade de uma análise entre a ideologia e a utopia, que não podemos aqui efetuar.

---

[130] Constituição angolana (CA) de 2010.

[131] "Revestidos de uma cultura de tolerância e profundamente comprometidos com a reconciliação, a igualdade, a justiça e o desenvolvimento".

[132] Vd. também HÄBERLE, Peter. *Die "Kultur des Friedens"* – Thema der universalen Verfassungslehre. Oder: Das Prinzip Frieden. Berlin: Duncker & Humblot, 2017. p. 101-102. Häberle tem dedicado crescente atenção à África, tendo publicado *Ein afrikanisches Verfassungs- und Lesebuch* – mit vergleichender Kommentierung. Berlin: Duncker & Humblot, 2019, considerando também a Constituição angolana.

[133] Art. 11º/2 CA.

[134] Neste preceito, refira-se ainda o nº 4: "O Estado angolano não permite a instalação de bases militares estrangeiras no seu território, sem prejuízo da participação, no quadro das organizações regionais ou internacionais, em forças de manutenção da paz e em sistemas de cooperação militar e de segurança colectiva".

[135] Vd. também outras referências à paz nos artigos: 119º/m (competências do Presidente da República como Chefe de Estado; art. 161º/1 (competências da Assembleia Nacional); arts. 202º/2 e 203º (relativos à segurança nacional); art. 207º/3 (Forças Armadas Angolanas) e art. 212º/1 (Órgãos de Inteligência e de Segurança do Estado).

[136] Desde logo, na sua dissertação de doutoramento: cf. CANOTILHO, José Joaquim Gomes. *Constituição dirigente e vinculação do legislador*: contributo para a compreensão das normas constitucionais programáticas. Coimbra: Coimbra Editora, 1982.

Contudo, a dimensão jurídico-constitucional, relevante para a justiça e para a paz – não se esqueça que *opus iustitiae pax* –, não pode fazer esquecer que "o coração da paz é a pessoa humana".[137] Convocando de novo o pensamento de Girard, diríamos que as violências não afastam uma *mimesis* positiva, que poderá passar pela paz de signo religioso – o apelo à santidade (*stricto sensu*), e não à velha sacralização, a partir de uma experiência de dom (graça),[138] mas também pelo reconhecimento, como gosta de referir o nosso homenageado, de um imperativo categórico e/ou pela procura de modelos virtuosos na *res publica*.

III Avenida(s) da Paz: (alguns) contributos para um constitucionalismo da paz em tempos de (neo)globalização

> [...] o Joaquim Canotilho era [é] [...] *um grande leitor, lia* [lê] *muito, poesia, ficção, ensaio, interessa*[va]-*se por tudo.*
>
> (Mário Cláudio)[139]

Gomes Canotilho, para além dos enormes contributos dogmáticos, elaborou uma profunda reflexão sobre o constitucionalismo, *rectius*, sobre os constitucionalismos ou, no rigor das suas palavras, "movimentos constitucionais com corações nacionais, mas também com alguns movimentos de aproximação entre si, fornecendo uma complexa tessitura histórico-constitucional".[140] Uma das mudanças na passagem de *Direito constitucional*[141] para *Direito constitucional e teoria da Constituição*[142] reside precisamente no reconhecimento de que há constitucionalismos múltiplos, como, aliás, existem "modernidades múltiplas".

O desenho de um constitucionalismo da paz aponta para diferentes aspetos que assentam num paradigma de mestiçagem, que mescla contribuições, e se situa muitas vezes "sobre a linha"[143] de fronteira que assume a miscigenação cultural como elemento essencial num mundo do *inter* e do pós. Na verdade, olhando para a atual situação do constitucionalismo verificamos que o panorama é dado em chave de prefixos e de adjetivos.

---

[137] Como sublinha Gomes Canotilho (Dos direitos individuais ao direito à paz. *Boletim da Faculdade de Direito*, v. 84, p. 25-33, 2008. p. 27) a partir de Bento XVI, "A pessoa humana, coração da paz", mensagem para a Celebração do Dia Mundial da Paz, 1.1.2007 (Disponível em: http://www.vatican.va/content/benedict-xvi/pt/messages/peace/documents/hf_ben-).

[138] STEINMAIR-PÖSEL, Petra. Original sin, grace and positive mimesis. *In*: REDEKOP, Vern Neufeld; RYBA, Thomas (Ed.). *René Girard and creative mimesis*. Lanham; Boulder; New York; Toronto; Plymouth, UK: Lexington Books, 2014. p. 221-231.

[139] CLÁUDIO, Mário. *A verdade e a beleza continuarão a existir*. Lisboa: Guerra e Paz, 2020. p. 79.

[140] CANOTILHO, José Joaquim Gomes. *Direito constitucional e teoria da Constituição*. 7. ed. Coimbra: Almedina, 2003. p. 51.

[141] Da obra *Direito constitucional* foram publicadas 6 edições, num arco temporal que vai de 1977 (1ª) a 1993 (6ª).

[142] *Direito constitucional e teoria da constituição* conheceu até hoje 7 edições (1ª, 1998; 7ª, 2003), havendo numerosas reimpressões da última.

[143] Para convocar JÜNGER, Ernst. Sobre la línea. *In*: JÜNGER, Ernst; HEIDEGGER, Martin. *Acerca del nihilismo*. Barcelona; Buenos Aires; México: Paidós, 1994.

Na multiplicidade de temas possíveis, limitaremos a nossa tópica aos seguintes pontos:

a) constitucionalismo e cultura(s) da paz: entre o geral e o específico;
b) constitucionalismo e práticas da paz: o bispo na piroga e outras andanças;
c) constitucionalismo e textos da paz: a Constituição de 1976;
d) constitucionalismo global, paz e cosmopolitismo.

1 Constitucionalismo e cultura(s) da paz: entre o geral e o específico

Não conhecemos uma rua ou avenida no mundo real que seja, sem mais, Cultura. No México, os sinais internéticos indicam-nos uma Avenida da Cultura Romana. Mas no mundo virtual, o Reino Unido permite-nos visitar uma *Culture Street*, espreitando galerias de arte e palcos. Em São Paulo, vejo-o na Avenida Paulista, cultivando a arte do folhear obras e espreitar índices na Livraria Cultura, deslumbrando-se com a arquitetura, outro dos seus amores que o filho Pedro abraçou; em Freiburg (Friburgo na Brisgóvia), revejo-o a subir as escadas da Herder, deixando-se seduzir pela diversidade e qualidade de títulos disponíveis; em Coimbra, a entrar na (Nova) Almedina e na saudosa Coimbra Editora. E, um pouco por todos os lugares onde passa, as estantes das livrarias que vão sobrevivendo recebem a sua visita, como vai testemunhando, até em textos.[144]

Gomes Canotilho é, na verdade, um homem da cultura, não apenas da especificamente jurídica, mas de outros campos, especialmente o literário, como também o filosófico, o histórico, o sociológico e o político, não descurando a sua condição de bandeirante de livros de ciências naturais. A paz exige não apenas o rendilhado tecido pelos juristas, mas também uma "ecologia do (ser) humano"[145] em que a cultura da paz se apresenta como matriz que se projeta no próprio direito. Gomes Canotilho, socorrendo-se de Bento XVI,[146] convoca uma "ecologia da paz"[147] que aponta para uma "razão cordial"[148] como pressuposto de uma outra forma de agir centrada na procura da paz e no fazer as pazes. Do ponto de vista jurídico e político-constitucional, esta encontrou institucionalizações em comissões de verdade e de memória –, recordem-se experiências como a da África do Sul, no quadro de uma tradição dialógica que se dá pelo nome de ubuntu, ou práticas na América Latina. Nas nossas culturas, a proibição dos mecanismos de *vendetta* deu lugar, não raro, ao seu recalcamento, ao desenvolvimento do ressentimento. A institucionalização do diálogo contribui para a paz, a partir não de um apagamento da memória, mas por via do perdão (*per-dom, dom-que-perdura*) para os que o conseguem. Diz: "Há esquecimentos impossíveis: dos autos de fé à escravatura, de

---

[144] CANOTILHO, José Joaquim Gomes. Et in Arcadia ego: discurso na tomada de posse como académico na Academia Internacional de Direito de São Paulo. *In*: CANOTILHO, José Joaquim Gomes. *Admirar os outros*. Coimbra: Almedina; Coimbra Editora, 2010. p. 4.

[145] BENEDIKT XVI. *Die Ökologie des Menschen*: die großen Reden des Papstes. München: Pattloch, 2012.

[146] Bento XVI, Mensagem para a Celebração do Dia Mundial da Paz, 1.1.2007.

[147] CANOTILHO, José Joaquim Gomes. Dos direitos individuais ao direito à paz. *Boletim da Faculdade de Direito*, v. 84, p. 25-33, 2008. p. 27.

[148] CORTINA, Adela. Ética de la razón cordial. Oviedo: Ediciones Nobel, 2009.

Auschwitz a Goulag. Devemos [...] combater esta *ars oblivionis* e esta amnistia-amnésia dos tempos mais sombrios".[149]

Gomes Canotilho confessa a sua admiração e tributo a Peter Häberle, um "Príncipe da Renascença".[150] Este professor, alemão de nascimento, mas do mundo por vocação, desenvolveu o direito constitucional como território da cultura: não apenas nos conteúdos dos textos constitucionais, mas enquanto capta as outras peças que a fundam, da música ao teatro, do romance ao cinema. Cultura que cruza tradição e inovação, memória e porvir, sendo "[o] constitucionalismo [...] uma *criação cultural* por excelência".[151]

Na verdade, Canotilho privilegia um olhar intercultural que não se confunde com o multiculturalismo, ainda que este termo compareça também na sua obra.[152] O *inter* sublinha a ideia de encontro e interação de culturas que se contrapõe a certa compreensão do multiculturalismo (no limite, monádica), que se tem revelado geradora de crescentes tensões, nomeadamente em certas sociedades europeias. Se não tem de valer um modelo assimilacionista que apaga pertenças e particularidades, com exceção, em regra, de algumas sobrevivências (por exemplo, gastronómicas) – a pretensão de homogeneidade que teve expressão em termos político-constitucionais revela-se incompatível com a complexificação e a hiperdiversidade das sociedades –, também é certo que a complicada tarefa de criação de um comum passa, por exemplo, pelo conhecimento da língua ou línguas do país de acolhimento.

Interculturalidade que irriga a interconstitucionalidade, quer seja num sentido mais "horizontal" – entre constituições de um mesmo espaço, como defendeu expressamente Lucas Pires,[153] convocando precisamente Peter Häberle – quer mais "vertical", na linha do que sublinhámos logo no nosso projeto de doutoramento. Gomes Canotilho,[154] que nos honrou aceitando ser o nosso *Doktorvater*, conjuga magistralmente os dois usos, os quais aliás se entrelaçam.

---

[149] CANOTILHO, José Joaquim Gomes. Et in Arcadia ego: discurso na tomada de posse como académico na Academia Internacional de Direito de São Paulo. *In*: CANOTILHO, José Joaquim Gomes. *Admirar os outros*. Coimbra: Almedina; Coimbra Editora, 2010. p. 6.

[150] CANOTILHO, José Joaquim Gomes. Das jüngste Werk Peter Häberles – Europäische Verfassungslehre in Einzelstudien (Baden-Baden, 1999), "Ein 'Principe' auf dem Gebiet des Verfassungsrechts. *In*: MORLOK, Martin (Hrsg.). *Die Welt des Verfassungsstaates*: Kolloquiums zu Ehren von Prof. Dr. Dr. h.c. mult. Peter Häberle aus Anlaß seines 65. Geburtstages. Baden-Baden: Nomos, 2001. p. 229-242 (em castelhano, cf. La más reciente obra de Peter Häberle, un príncipe renacentista del derecho constitucional: Europäische Verfassungslehre in Einzelstudien. *In*: *Derecho constitucional y cultura*: estudios en homenaje a Peter Häberle. Madrid: Tecnos, 2004. p. 67-77). Assinale-se que a filha do homenageado, Mariana Rodrigues Canotilho, também juspublicista e que se doutorou em Granada, reconhece a sua dívida para com Peter Häberle, considerando que, juntamente com outros colegas, integra um grupo conhecido como "los nietos de Häberle" (CANOTILHO, Mariana Rodrigues. *El principio de igualdad en el derecho constitucional europeo*. Granada: Editorial Universidad de Granada, 2015. p. 9; também CANOTILHO, Mariana Rodrigues. *El principio de igualdad en el derecho constitucional europeo*. Cizur Menor: Aranzadi Thomson Reuters, 2017).

[151] HÄBERLE, Peter. Novos horizontes e novos desafios do constitucionalismo. *Anuário Português de Direito Constitucional*, v. 5, p. 35-62, 2006. p. 40 (grifos no original).

[152] Vd., por exemplo, CANOTILHO, José Joaquim Gomes. *Direito constitucional e teoria da Constituição*. 7. ed. Coimbra: Almedina, 2003. p. 410 ("sociedade multicultural e inclusiva").

[153] PIRES, Francisco Lucas. *Introdução ao direito constitucional europeu*. Coimbra: Almedina, 1997. p. 18.

[154] CANOTILHO, José Joaquim Gomes. Interkonstitutionalität und Interkulturalität. Verfassung im Diskurs der Welt. *In*: PERNICE, Ingolf; SCHULZE-FIELITZ, Helmuth (Ed.). *Liber Amicorum für Peter Häberle zum siebzigsten Geburtstag*. Tubingen: Mohr Siebeck, 2004. p. 83-91.

Uma função *catecóntica*[155] (de travão), desempenhada pelo direito em geral, e pelo direito constitucional em particular, não pode ignorar que a constitucionalidade se diz hoje em rede. Perante as ameaças apocalíticas que experimentamos, torna-se cada vez mais claro que a "constelação pós-nacional"[156] é irrenunciável, já não apenas para uma vida boa no Planeta, mas, no limite, para a própria sobrevivência da espécie (a sustentabilidade, também ambiental, é outro tema caro a Gomes Canotilho).[157] Sem prejuízo das diferentes conexões – Fernando Pessoa, nas vestes de Alberto Caeiro, recorda-nos que, "porque pertence a menos gente, É mais livre e maior o rio da minha aldeia" –,[158] temos de considerar descritores como bens públicos globais, constituição mundial (global), sociedade mundial.

2 Constitucionalismo e práticas da paz: o bispo na piroga e outras andanças

2.1 Disposições

As práticas da paz têm, em regra, fundamento em culturas de paz que, em certas circunstâncias, são pequenos focos de luz contra a corrente. Culturas que podem ou não alimentar disposições e atitudes para a paz. Neste sentido, no Estado constitucional há lugar para uma educação para a paz: na CRP, na constituição cultural, associa-se educação a, entre outras, "desenvolvimento da personalidade e do espírito de tolerância, de compreensão mútua, de solidariedade e de responsabilidade".[159] Embora não compareça aqui o termo *paz*, estamos perante um rol de valores pertinentes para a paz, a começar pela tolerância,[160] palavra cuja ressonância nem sempre é a melhor. Com efeito, não se trata de tolerar no sentido da mera admissibilidade, mas de uma tolerância como respeito.

---

[155] O famoso *katéchon*, mencionado na *Segunda Carta aos Tessalonicenses*, foi recuperado por Carl Schmitt (sobre este ponto, com a pertinente indicação de fontes, *vd.* MEIERHENRICH, Jens; SIMONS, Oliver. "A fanatic of order in an epoch of confusing turmoil": the political, legal, and cultural thought of Carl Schmitt. *In*: MEIERHENRICH, Jens; SIMONS, Oliver (Ed.). *The Oxford Handbook of Carl Schmitt*. New York: Oxford University Press, 2019. p. 46-49; em Portugal, *vd.* a dissertação de SÁ, Alexandre Franco de. *O poder pelo poder*: ficção e ordem no combate de Carl Schmitt em torno do poder. Centro de Filosofia, Universidade de Lisboa, Lisboa, 2009. p. 614-622. Aqui limitamo-nos a uso amplo – no sentido de travão, daquilo que atrasa – sem discutirmos outros pressupostos. Contudo, este tópico tem sido objeto de um crescente interesse nos últimos anos: basta pensar em escritos de Giorgio Agamben, Roberto Esposito e também de Wolfgang Palaver.

[156] HABERMAS, Jürgen. *Die postnationale Konstellation*: politische Essays. Frankfurt a. M.: Suhrkamp, 1998.

[157] Por exemplo, CANOTILHO, José Joaquim Gomes. Sustentabilidade: um romance de cultura e de ciência para reforçar a sustentabilidade democrática. *Boletim da Faculdade de Direito*, v. 88, p. 1-11, 2012.

[158] CAEIRO, Alberto. O guardador de rebanhos. *In*: PESSOA, Fernando. *Obra poética e em prosa*. Porto: Lello & Irmão, 1986. v. I. p. 740. Musicalmente, registe-se a composição de António Carlos Jobim com esta letra.

[159] Art. 73º/2 CRP. Veja-se também a anotação que consta de uma obra fundamental do direito constitucional português que tem também a sua assinatura (juntamente com a de Vital Moreira). Falamos da *Constituição da República Portuguesa anotada* (1. ed.: 1978; 4. ed.: v. I, 2007; v. II, 2010).

[160] Sobre esta, *vd.*, na literatura jurídica portuguesa, PINTO, Paulo da Mota. Nota sobre o 'imperativo de tolerância' e seus limites. *In*: TRIBUNAL CONSTITUCIONAL (Org.). *Estudos em memória do Conselheiro Luís Nunes de Almeida*. Coimbra: Coimbra Editora, 2007. p. 747-749, e agora GAUDÊNCIO, Ana Margarida Simões. *O intervalo da tolerância nas fronteiras da juridicidade*: fundamentos e condições de possibilidade da projecção jurídica de uma (re)construção normativamente substancial da exigência de tolerância. Coimbra: Instituto Jurídico, 2019 (especificamente sobre a sua consagração na CRP, *vd.* as páginas sobre "a dignidade constitucional do princípio da tolerância", 546-562, sendo que a dissertação é estimulante para a análise do princípio, promovendo, além do mais, um frutífero diálogo com autores fundamentais para o tratamento do problema).

2.2 Gestos

Uma obra dedicada a Alexander von Humboldt, abre com o tema "o barão na piroga".[161] Em sede de práticas da paz, Gomes Canotilho, um humboldtiano, ficou positivamente impressionado pelos esforços de paz feitos pelo titular da Diocese de Bissau. E, no seu registo de "admirar os outros", salientou o bispo na piroga, procurando as mediações geradoras da paz, a tabanca dialógica que, não sendo a "estrela da redenção",[162] é, pelo menos, ponto de recomeço para que não triunfe o "coração das trevas".[163] Curiosamente, convocou ainda, de uma forma insuspeita, sabido o seu agnosticismo, a posição firme de João Paulo II[164] contra a Guerra no Iraque, espelhada numa contestação que trouxe para o espaço público (também a rua como "uma obra de arte constitucional") muitos católicos e não católicos. João Paulo II insere-se numa tradição de celebração do Dia Mundial da Paz, instituído por Paulo VI, um papa que colheu simpatias da oposição ao receber no Vaticano os dirigentes africanos que combatiam a presença portuguesa em África, tendo já agravado o regime com a visita à Índia (Bombaim, em 1964), que invadira Goa, Damão e Diu e, nas comemorações do 50º aniversário das Aparições de Fátima, limitando a visita ao estritamente essencial.

Desmistificado o sagrado assente na violência fundadora, o que se propõe é a santidade, como sublinhou Michel Serres.[165] Coube a Raymund Schwager[166] o mérito de, na sua leitura de Girard,[167] acentuar a diferença entre o sagrado pré-axial e a santidade como nota específica do judeocristianismo, sem que, na história, as dimensões da sacralidade tenham deixado de estar presentes. Também aqui se manifesta o paradigma da mestiçagem. Sem prejuízo da sua carga religiosa em várias religiões e sabedorias, a santidade reveste um alcance que enriquece o horizonte do ser-se humano, mesmo para não crentes. São seus atributos a não violência, o amor e a religião,[168] como caminho de liberdade. Embora Canotilho não mobilize a categoria (que carrega ressonâncias religiosas), basta ler Cícero para ver que a palavra, para além do sentido de inviolabilidade, é igualmente usada como probidade e integridade. Trata-se, pois, de um conceito *respublicano* que permite, na esfera pública, um "consenso por sobreposição".[169] Lê-se nas *Philippicae*: "Quis enim hoc adulescente castior, quis modestior? quod in iuventute habemus inlustrius exemplum veteris sanctitatis? quis autem illo, qui male dicit, impurior?".

---

[161] KULKE, Ulli. *Alexander von Humboldt*: viagem à América do Sul. Lisboa: Círculo de Leitores, 2013.
[162] Título de uma das obras fundamentais da dialógica: ROSENZWEIG, Franz. *Der Stern der Erlösung*. 1 ed. Frankfurt am Main: Kauffmann, 1921.
[163] CONRAD, Joseph. *O coração das trevas*. Porto: Público, 2004.
[164] Sobre este ponto e a importância da paz no Magistério de João Paulo II, vd. a obra do historiador RICCARDI, Andrea. *João Paulo II*: a biografia. 2. ed. Prior Velho: Paulinas, 2011. p. 450-454.
[165] SERRES, Michel. *Le tragique et la pitié*: discours de réception de René Girard à l'Académie française et réponse de Michel Serres. Paris: Éditions Le Pommier, 2007. p. 95-96.
[166] Sobre este ponto, vd. a síntese de PALAVER, Wolfgang. *René Girard's mimetic theory*. East Lansing: Michigan State University, 2013, que sublinha a distinção entre o sacrifício arcaico e o sacrifício cristão (p. 232).
[167] Girard assume essa diferença em *Des choses cachées depuis la fondation du monde*, mas, como realça Wolfgang Palaver (*Transforming the sacred into saintliness*. Cambridge: Cambridge University Press, 2020. p. 25), o aprofundamento conceitual será feito em escritos posteriores.
[168] SERRES, Michel. *Le tragique et la pitié*: discours de réception de René Girard à l'Académie française et réponse de Michel Serres. Paris: Éditions Le Pommier, 2007. p. 95-96.
[169] RAWLS, John. *Political liberalism*. New York: Columbia University Press, 1993. p. 15.

Na verdade, a probidade e a integridade são elementos essenciais à vida da República. Gomes Canotilho revela-se, aliás, um autor atento da tradição republicana, não apenas na história portuguesa, mas também do republicanismo cívico de J. G. Pocock.[170] Esta tradição do humanismo cívico[171] vai influenciar o constitucionalismo norte-americano mais do que normalmente se imagina. Outros modelos, assentes numa compreensão da santidade como expressão de uma razão cordial, contribuem também para o desenvolvimento de uma "ecologia do humano". Recorde-se que Levinas apresenta a ética como "la reconnaissance de la "sainteté"[172] e explicita que tal decorre de uma "absurdité ontologique: le souci d'autrui l'emportant sur le souci de soi".[173]

Estamos aqui no nível dos pressupostos, o que, para quem, como Gomes Canotilho, prossegue um diálogo com a teoria e a dogmática constitucionais dos países de língua alemã, convoca a célebre proposição de Böckenförde: "o Estado liberal e secularizado vive de pressupostos que ele próprio não pode garantir".[174] Não podemos, contudo, aprofundar esta questão, em virtude do necessário confinamento textual.

Canotilho não rejeita, antes pelo contrário, a importância da sabedoria, não apenas em sede metodológica – leia-se *Princípios, entre a sabedoria e a aprendizagem* –,[175] mas também no quadro de uma teoria da paz. Santo Agostinho é figura de referência e, para além das *Confissões*, convoca *A cidade de Deus*.[176]

Contra a sacralidade geradora do fechamento, a santidade abre, incluindo no plano da globalização, para um ecumenismo cultural.

2.3 Instituições

Há um conjunto de instituições específicas na resolução dos conflitos. Deixando o plano internacional, merecem especial referência as formas de conciliação e de paz nos

---

[170] Vd., por exemplo, CANOTILHO, José Joaquim Gomes. *Direito constitucional e teoria da Constituição*. 7. ed. Coimbra: Almedina, 2003. p. 205, e, especialmente, a sua contribuição para a edição castelhana de *The machiavellian moment*: Florentine political thought and the Atlantic republican tradition. Princeton: Princeton University Press, 1975: cf. *El momento maquiavélico*: el pensamiento político florentino y la tradición republicana atlántica. 2. ed. Madrid: Tecnos, 2008, em que assina um "comentário crítico". Pocock participou em Coimbra, nas Comemorações do Centenário da República, precisamente a convite de Gomes Canotilho (o texto da comunicação – *The res publica and the diversity of republics: a history of ideas* – apresentado pode ler-se em *Boletim da Faculdade de Direito*, v. 86, p. 417-427, 2010.

[171] Sobre este, vd., em português, POCOCK, John. O humanismo cívico e o seu papel no pensamento anglo-americano. *In*: POCOCK, John. *Cidadania, historiografia e res publica*: contextos do pensamento político. Coimbra: Almedina, 2013. p. 21-53.

[172] LEVINAS, Emmanuel. *Les imprévus de l'histoire*. Paris: Livre de Poche, 2017. p. 178.

[173] LEVINAS, Emmanuel. *Les imprévus de l'histoire*. Paris: Livre de Poche, 2017. p. 179.

[174] BÖCKENFÖRDE, Ernst-Wolfgang. Die Entstehung des Staates als Vorgang der Säkularisation. *In*: BÖCKENFÖRDE, Ernst-Wolfgang. *Recht, Staat, Freiheit*: Studien zur Rechtsphilosophie, Staatstheorie und Verfassungsgeschichte. Frankfurt am Main: Suhrkamp, 1992. p. 92-114.

[175] CANOTILHO, José Joaquim Gomes. Princípios: entre a sabedoria e a aprendizagem. *In*: DIAS, Jorge Figueiredo et al. (Org.). *Ars iudicandi*: estudos em homenagem ao Prof. Doutor António Castanheira Neves. Coimbra: Coimbra Editora, 2008. v. 1. p. 375-387 (também em *Boletim da Faculdade de Direito*, v. 82, p. 1-14, 2006).

[176] CANOTILHO, José Joaquim Gomes. Dos direitos individuais ao direito à paz. *Boletim da Faculdade de Direito*, v. 84, p. 25-33, 2008. p. 26-27. Para uma síntese da teoria da paz em Santo Agostinho, com pistas bibliográficas, *vd*. OTTMANN, Henning. *Geschichte des politischen Denkens*: Bd. 2/2 – Das Mittelalter. Stuttgart; Weimar: J.B. Metzler, 2004. p. 33-35. Em *A cidade de Deus* (Lisboa: Fundação Calouste Gulbenkian, 1995. v. III), o livro central para a teoria da paz é o XIX.

processos de transição, de cura ou alívio das memórias. A título meramente ilustrativo, em relação a esta "administração do passado", convoquem-se figuras como a *Truth and Reconciliation Commission*, na África do Sul. Esta justiça da transição e restaurativa[177] tem antecedentes na matriz judaico-cristã: basta pensar no *rîb*, em que o perdão assume uma dimensão fundamental.[178] Na África do Sul, realça-se o papel do ubuntu[179] (um traço de culturas banto), com o seu reconhecimento da importância da "humanidade para com os outros", no quadro de um paradigma crítico do individualismo.

3 Constitucionalismo e textos da paz: a Constituição de 1976

No espartilho do espaço e do tempo, apresentamos algumas linhas para uma dogmática da paz na CRP, depois de termos já feito uma incursão rápida pela Constituição angolana. Peter Häberle[180] procedeu a um levantamento da doutrina da paz quer em documentos internacionais quer numa pluralidade de constituições nacionais. No primeiro caso, utiliza como corte temporal 1945, o ano da paz, referindo ainda instrumentos anteriores, a começar pela Convenção para a Solução Pacífica dos Conflitos Internacionais (1907), e entre os quais se conta o Pacto da Sociedade das Nações (1919). No quadro que marca o Pós-II Guerra Mundial, começa por se destacar a Carta das Nações Unidas, a que se vai seguir uma série de textos, nomeadamente em sede de direito internacional dos direitos humanos. No plano nacional, a paleta afigura-se muito diversificada, constando de preâmbulos e/ou do corpo do texto. Naturalmente, há elementos muito relevantes para um "princípio paz", mesmo sem comparência da palavra na lei fundamental: o tipo Estado constitucional, com as suas dimensões de Estado de direito, de Estado democrático e de Estado social, contribui decisivamente para um *corpus* constitucional da paz.

Neste quadro, limitamo-nos a referir as normas da Constituição de 1976, em que encontramos a palavra *paz*. Fazemos o mesmo exercício para a primeira Constituição portuguesa, que ainda contou na sua feitura com representantes do Reino do Brasil, na impossibilidade de desenvolvermos estes tópicos e convocarmos a restante memória histórico-constitucional portuguesa ou, permitira o tempo e o espaço, brasileira.

3.1 A primeira Constituição: a revolução como "anjo da paz"

A Revolução (regeneração) de 1820, que é porta de embarque de Portugal e do Brasil no constitucionalismo, é apresentada, logo em outubro, na portada inaugural do

---

[177] *Vd.*, por exemplo, LATINO, Agostina. Dalla giustizia retributiva alla giustizia riparativa: le Commissioni di verità e riconciliazione quali epitomi di una giustizia senza benda e senza spada. *In*: PINTO, Eduardo Vera-Cruz; SILVA, Marco António Marques da; CICCO, Maria Cristina de (Coord.). *Direito à verdade, à memória, ao esquecimento*. Lisboa: AAFDL Editora, 2018. p. 229-264.

[178] MARTINI; Carlo Maria; ZAGREBELSKY, Gustavo. *La domanda di giustizia*. Torino: Giulio Einaudi, 2003. p. 30-36; 52.

[179] CORNELL, Drucilla; MUVANGUA, Nyoko (Ed.). *Ubuntu and the law*: African ideals and postapartheid jurisprudence. New York: Fordham University Press, 2012.

[180] HÄBERLE, Peter. *Die "Kultur des Friedens"* – Thema der universalen Verfassungslehre. Oder: Das Prinzip Frieden. Berlin: Duncker & Humblot, 2017. p. 18-165.

Genio Constitucional que diz que "Este baixou como Anjo de Paz, e de repente expandiu sobre todo o Reino suas fecundantes asas".[181] Já nas míticas Atas das Cortes de Lamego, forjadas com escopos nacionalistas, se fala em "governar em paz nossa terra".[182]

O primeiro texto que se insere no constitucionalismo moderno português tem seis referências à palavra *paz*, a saber:

a) em termos de competências das Cortes (art. 103º/ VII), ao estabelecer:

> VII - Fixar todos os anos sobre proposta ou informação do Governo as forças da terra e mar, assim as ordinárias em tempo de paz, como as extraordinárias em tempo de guerra.

b) quanto às competências do Rei, no art. 123º/VI, ao dispor:

> Em tempo de paz não haverá comandante em chefe do exército nem da armada.

E, no art. 123º/XIII:

> Declarar a guerra e fazer a paz; dando às Cortes conta dos motivos que para isso teve.

c) relativamente aos poderes de regência, proibindo, no art. 132º, que esta possa

> VI - Declarar a guerra ofensiva, e fazer a paz.

d) em termos procedimentais, dispondo no art. 167º:

> O Rei ouvirá o Conselho de Estado nos negócios graves, e particularmente sobre dar ou negar a sanção das leis; declarar a guerra ou a paz; e fazer tratados.

e) quanto à força militar, prevê-se, no art. 173º:

> Além da referida força haverá em cada província corpos de Milícias. Estes corpos não devem servir continuamente, mas só quando for necessário; nem podem no reino de Portugal e Algarve, ser empregados em tempo de paz fora das respectivas províncias sem permissão das Cortes.

3.2 Constituição de 1976: brevíssima referência

Do ponto de vista da paz, o grande campo em que expressamente encontramos a palavra é o das relações internacionais, quer se trate do plano interestatal, quer esteja em jogo a participação das Forças Armadas em "missões humanitárias e de paz",[183] quer ainda, no quadro da União, a ação europeia.[184]

---

[181] *Genio Constitucional*, v. 1, 2 out. 1820.
[182] Disponível em: https://www.arqnet.pt/portal/portugal/documentos/actas_cortes_lamego.html.
[183] Art. 275º/5 CRP.
[184] Art. 7º/5 CRP.

Mobilizando a expressão na sua face externa, das relações internacionais, numa perspetiva substantiva a referência por excelência nesse domínio é o art. 7º. Logo no nº 1, estabelece-se a "solução pacífica dos conflitos internacionais"; o nº 2 fala da "criação de uma ordem internacional capaz de assegurar a paz e a justiça entre os povos". Recorda-se que, neste ponto, a Constituição de 1933 dispunha que a nação portuguesa deveria "cooperar com outros Estados na preparação e adopção de soluções que interessam à paz entre os povos e o progresso da humanidade", consagrando o parágrafo único que "Portugal preconiza a arbitragem, como meio de dirimir, os litígios internacionais".[185] Naturalmente, as diferenças no referido plano das relações internacionais são muitas: desde logo, se a Constituição de 1933 referia o "Império Colonial Português",[186] a CRP, que surge na sequência do processo de descolonização e de independência dos antigos territórios, para além de reconhecer o direito dos povos à autodeterminação e independência,[187] "preconiza a abolição do colonialismo".[188]

Os princípios estabelecidos, especialmente no art. 7º/1 – respeito pela independência nacional, pelos direitos do homem, pelos direitos dos povos, pela igualdade entre os Estados, a não ingerência nos assuntos internos e a cooperação internacional –, são elementos de uma constituição da paz na esfera internacional, na esteira do que dispõe a Carta das Nações Unidas. Em matéria de direito de asilo, que pode fazer a diferença entre a vida e a morte, a atividade em favor da paz é um dos fundamentos que alicerça esse direito.[189] Assinalam-se, depois, quer a exclusão em sede de procedimento referendário,[190] quer alguns preceitos no plano das competências (Presidente da República, art. 135º/c) CRP;[191] Conselho de Estado, art. 145º/c);[192] Assembleia da República, art. 161º/i)[193] e m)[194] e, quanto à sua Comissão Permanente, art. 179º/3/f) CRP;[195] Governo, art. 197º/1/g) CRP).[196]

---

[185] Art. 4º da Constituição de 1933.
[186] Título VII, da Parte II, art. 132º, que considera matéria constitucional os preceitos do Ato Colonial.
[187] Art. 7º/3 CRP.
[188] Art. 7º/2 CRP.
[189] Art. 33º/8 CRP.
[190] Art. 115º/5 CRP: "O disposto no número anterior não prejudica a submissão a referendo das questões de relevante interesse nacional que devam ser objeto de convenção internacional, nos termos da alínea i) do artigo 161º da Constituição, exceto quando relativas à paz e à retificação de fronteiras".
[191] "c) Declarar a guerra em caso de agressão efetiva ou iminente e fazer a paz, sob proposta do Governo, ouvido o Conselho de Estado e mediante autorização da Assembleia da República, ou, quando esta não estiver reunida nem for possível a sua reunião imediata, da sua Comissão Permanente".
[192] "Compete ao Conselho de Estado: c) Pronunciar-se sobre a declaração da guerra e a feitura da paz".
[193] "i) Aprovar os tratados, designadamente os tratados de participação de Portugal em organizações internacionais, os tratados de amizade, de paz, de defesa, de retificação de fronteiras e os respeitantes a assuntos militares, bem como os acordos internacionais que versem matérias da sua competência reservada ou que o Governo entenda submeter à sua apreciação".
[194] "m) Autorizar o Presidente da República a declarar a guerra e a fazer paz".
[195] "f) Autorizar o Presidente da República a declarar o estado de sítio ou o estado de emergência, a declarar guerra e a fazer a paz".
[196] "g) Propor ao Presidente da República a declaração da guerra ou a feitura da paz; [...]".

4 Constitucionalismo global, paz e cosmopolitismo

4.1 Constitucionalismo: entre a utopia e a apocalítica

4.1.1 Canotilhos? Sobre o uno e o múltiplo

Para ler Gomes Canotilho, é necessário perceber a diferença de horizontes e percursos teóricos. Em relação ao seu pensamento, houve já quem, à semelhança do que aconteceu com Marx (Marx da juventude, Marx da maturidade), distinguisse Canotilho I e Canotilho II. O ponto de rutura ou corte (*césure*) seria claramente ilustrado no texto que reelaborou para a segunda edição da sua dissertação de doutoramento,[197] que tem a sua génese numa conferência no Instituto que leva o nome de uma figura maior do constitucionalismo luso-brasileiro, Pimenta Bueno, em 1994.[198] Não por acaso, o mote de reflexão é "Rever ou romper com a Constituição dirigente?".

Sem entrarmos na discussão sobre haver um Canotilho I e um Canotilho II (ou até um Canotilho III), talvez aqui nos ajude a imagem de uma velada heteronímia que, sob a capa do mesmo nome, vai incorporando diferentes contributos, numa notável atenção às trovas dos ventos que passam e que dizem notícias do país e do mundo e fertilizam solos de reflexão, trazendo sementes de novas inquietações e angústias, como diz o nosso homenageado. Na alteridade do diálogo – um "admirar os outros" ou, pelo menos, um aprender com os outros –, na alteridade da identidade, há permanência em valores e em fidelidades escritas. O compromisso com a justiça é um fio unificador que permite percorrer o labirinto de ruas e vielas, largos e becos, na cidade dos homens, e aí escutar o grito dos que sofrem fome e prisão, as vítimas das violências. Neste quadro, filho da modernidade e a partir de grelhas de leitura marxistas como modo teórico que ajuda a transformar o mundo – recorde-se a famosa tese XI de Feuerbach –,[199] num tempo marcado pelas vulgatas, ensaia uma das mais estimulantes aventuras de reflexão e de diálogo com a contemporaneidade. Incapaz de se contentar com visões redutoras que faziam da superestrutura em que se localizava o direito e a Constituição uma espécie de reflexo e de resposta pavloviana à infraestrutura económica, determinante ou não ainda que em última instância,[200] Canotilho, sem negar os fundamentos, procede a uma sofisticada elaboração em termos de teoria e dogmática constitucionais, reconhecendo a sua autonomia relativa. E fê-lo com uma notável e reconhecida honestidade intelectual,

---

[197] CANOTILHO, José Joaquim Gomes. Prefácio. *In*: CANOTILHO, José Joaquim Gomes. *Constituição dirigente e vinculação do legislador*: contributo para a compreensão das normas constitucionais programáticas. 2. ed. Coimbra: Coimbra Editora, 2001. p. v-xxx.

[198] Posteriormente incluído em CANOTILHO, José Joaquim Gomes. *"Brancosos" e interconstitucionalidade*: Itinerários dos discursos sobre a historicidade constitucional. Coimbra: Almedina, 2006. p. 101-129, versão que utilizaremos neste escrito. O repensar da sua teoria e dogmática teve um especial impacto no Brasil: paradigmaticamente, *vd.* MIRANDA, Jacinto Nelson de (Org.). *Canotilho e a Constituição dirigente*: videoconferência e mesa redonda. Rio de Janeiro; São Paulo: Renovar, 2003.

[199] MARX, Karl. *Teses sobre Feuerbach*. 1845. Disponível em: https://www.marxists.org/portugues/marx/1845/tesfeuer.htm: "Os filósofos têm apenas *interpretado* o mundo de maneiras diferentes; a questão, porém, é *transformá-lo*".

[200] Ao tempo da dissertação, Gomes Canotilho, leitor de Louis Althusser, sublinha a "relativa autonomia da instância jurídica" para referir quer "a determinação (não linear-causal) em "última instância"" quer o ""efeito de retroação" da superestrutura jurídica sobre a base económica" (CANOTILHO, José Joaquim Gomes. *Constituição dirigente e vinculação do legislador*: contributo para a compreensão das normas constitucionais programáticas. Coimbra: Coimbra Editora, 1982. p. 50-51, n. 133).

num capítulo da dissertação que merece muito ser relido. Falamos de 0 – *Pré-compreensão e questões prévias*. O zero (0) não é aqui o de Arthur Koestler (*Sonnenfinsternis*), mas, como na matemática, desempenha um papel fundamental na economia da(s) tese(s). Para alguns, este 0 pode ser "uma ideia perigosa",[201] mas é seguramente um estimulante exercício intelectual que a desconstrução parcial empreendida pelo próprio só leva a que alguns vejam aqui um Canotilho cont(r)a Canotilho.

4.1.2 Utopia(s): abraços e distância

Temos defendido que a Constituição de 1976 (também, aliás, a Constituição brasileira de 1988) é texto que nasce serodiamente, e não apenas porque tardaram a liberdade e a discussão na esfera pública de "amanhã é outro dia" (cantado por Chico Buarque em *Apesar de você*). De facto, a visão metanarrativa do progresso, que *atravessa* séculos, mas que conheceu um impulso significativo nos anos 60, estava já em contraciclo, desde logo por via da crise petrolífera de 1973, que pôs fim aos chamados Trinta Gloriosos na Europa Ocidental. Canotilho procura traduzir em termos jurídico-constitucionais a utopia através da ideia de Constituição dirigente,[202] da afirmação – então em registo forte – de um princípio da proibição do retrocesso social, assente numa antropologia que critica a "antropologia burguesa",[203] recusando o "centralismo da essência humana" expressão de uma "teologia antropológica".[204]

No texto depois feito Prefácio à 2ª edição da sua dissertação de doutoramento, Canotilho chama a atenção para perigos da metanarrativa emancipatória projetada na Constituição. Afirma que "[s]e a Constituição programática fosse tão somente o rosto normativo da utopia daí não adviria grande mal ao mundo".[205] Contudo, há, pelo menos, dois grandes riscos:

a) em termos globais, a experiência histórica mostra o desastre global e a incompatibilidade com o constitucionalismo enquanto projeto da modernidade, independentemente da diferença de formas históricas da sua declinação (a questão dos constitucionalismos múltiplos). Escreve:

> a má utopia do sujeito de progresso histórico alojou-se em constituições plano e balanço onde a propriedade estatal dos meios de produção se misturava em ditadura partidária e coerção moral e psicológica. Alguns – entre os quais me incluo – só vieram a reconhecer isto tarde e lentamente demais.[206]

---

[201] SEIFE, Charles. *Zero*: a biografia de uma ideia perigosa. Lisboa: Gradiva, 2001.
[202] CANOTILHO, José Joaquim Gomes. *Constituição dirigente e vinculação do legislador*: contributo para a compreensão das normas constitucionais programáticas. Coimbra: Coimbra Editora, 1982. p. 11-14.
[203] CANOTILHO, José Joaquim Gomes. *Constituição dirigente e vinculação do legislador*: contributo para a compreensão das normas constitucionais programáticas. Coimbra: Coimbra Editora, 1982. p. 31.
[204] CANOTILHO, José Joaquim Gomes. *Constituição dirigente e vinculação do legislador*: contributo para a compreensão das normas constitucionais programáticas. Coimbra: Coimbra Editora, 1982. p. 36.
[205] CANOTILHO, José Joaquim Gomes. Rever a ou romper com a Constituição dirigente? Defesa de um constitucionalismo moralmente reflexivo. *In*: CANOTILHO, José Joaquim Gomes. *"Brancosos" e interconstitucionalidade*: Itinerários dos discursos sobre a historicidade constitucional. Coimbra: Almedina, 2006. p. 106.
[206] CANOTILHO, José Joaquim Gomes. Rever a ou romper com a Constituição dirigente? Defesa de um constitucionalismo moralmente reflexivo. *In*: CANOTILHO, José Joaquim Gomes. *"Brancosos" e interconstitucionalidade*: Itinerários dos discursos sobre a historicidade constitucional. Coimbra: Almedina, 2006. p. 106.

b) Em termos de uma concreta ordem jurídico-constitucional, a aparente generosidade de algumas soluções revelou-se, num mundo que não é de pós-escassez, especialmente penalizadora dos mais pobres. E isto em dois níveis: por um lado, porque a falta de "parcimónia normativa quanto à positivação constitucional das imposições"[207] pode vir a enfraquecer a própria "força normativa da constituição", para mobilizarmos a formulação cunhada por um dos seus mestres, Konrad Hesse;[208] por outra, na medida em que os resultados de algumas escolhas – gratuitidade em chave de universalidade – "pode[m] apontar para soluções claramente em dessintonia com a própria mensagem emancipatória que justificou a sua inclusão no texto constitucional".[209]

Quanto a este último ponto, temos retirado conclusões do ponto de vista normativo-constitucional que tomam a sério a ideia de que "a letra mata, mas o espírito vivifica".[210] Esta imagem não é um retorno a outro tempo da teoria da interpretação, que fazia do jogo letra/espírito um eixo central do procedimento hermenêutico-normativo. Trata-se antes de assumir que a Constituição consagra uma opção (preferencial) pelos mais desfavorecidos,[211] redação que substituiu a originária eleição das classes trabalhadoras. Ora, em primeira linha, o que está em causa é garantir a "reserva do necessário".[212]

A chave poderá passar aqui pela distinção de Amartya Sen, em sede de "ideia de justiça", entre o institucionalismo transcendental – que acentua a pergunta pelas "instituições perfeitamente justas"[213] ("centrada em arranjos") –[214] e a "comparação centrada em realizações",[215] privilegiando a efetivação e a resolução de questões concretas, perspetiva esta que Gomes Canotilho convocou.

4.1.3 Apocalíptica(s)? A "escalada aos extremos"

John Gray escreve que as utopias morreram.[216] Ainda que o diagnóstico se afigure apressado, é verdade que a tensão apocalítica está a crescer no mundo e cada vez mais na agenda do espaço público, em detrimento do peso assumido pela utopia há

---

[207] CANOTILHO, José Joaquim Gomes. Rever a ou romper com a Constituição dirigente? Defesa de um constitucionalismo moralmente reflexivo. In: CANOTILHO, José Joaquim Gomes. "Brancosos" e interconstitucionalidade: Itinerários dos discursos sobre a historicidade constitucional. Coimbra: Almedina, 2006. p. 120.

[208] HESSE, Konrad. Die normative Kraft der Verfassung. Tübingen: Mohr (Siebeck), 1959 (utilizámos a versão espanhola: La fuerza normativa de la Constitución. In: HESSE, Konrad. Escritos de derecho constitucional. Madrid: Centro de Estudios Constitucionales, 1983. p. 59-84; há tradução brasileira: A força normativa da Constituição. Porto Alegre: Sérgio Antonio Fabris Editor, 1991).

[209] CANOTILHO, José Joaquim Gomes. Rever a ou romper com a Constituição dirigente? Defesa de um constitucionalismo moralmente reflexivo. In: CANOTILHO, José Joaquim Gomes. "Brancosos" e interconstitucionalidade: Itinerários dos discursos sobre a historicidade constitucional. Coimbra: Almedina, 2006. p. 125.

[210] 2 Cor 3, 6.

[211] Art. 81º/a) CRP.

[212] ANDRADE, José Carlos Vieira de. Conclusões. In: TRIBUNAL CONSTITUCIONAL. 35º Aniversário da Constituição de 1976. Coimbra: Coimbra Editora, 2012. v. I. p. 184.

[213] SEN, Amartya. A ideia de justiça. Almedina: Coimbra, 2012. p. 47.

[214] SEN, Amartya. A ideia de justiça. Almedina: Coimbra, 2012. p. 44.

[215] Para uma síntese das diferenças entre estas perspetivas, vd. SEN, Amartya. A ideia de justiça. Almedina: Coimbra, 2012. p. 42-48.

[216] GRAY, John. A morte da utopia e o regresso das religiões apocalípticas. Lisboa: Guerra e Paz, 2008 (cf., desde logo, o capítulo I, intitulado "A morte da utopia").

algumas décadas. Não falamos aqui de leituras fundamentalistas que se preparam para o Armagedão, antes nos revemos no uso diferenciado entre apocalipse e escatologia que lemos em René Girard.[217] Falamos de uma obra dos homens e não de qualquer intervenção divina. Neste sentido, menciona-se uma "crise de futuro" traduzida em registo apocalítico.[218]

De uma forma rápida, importa ter presente que apocalipse significa revelação, mas é associado também à destruição. Na primeira aceção – desvelamento –, vimos já que o cristianismo, de um ponto de vista estritamente epistemológico,[219] veio desconstruir o mecanismo do bode expiatório. Mas o "apocalipse cortado" (*kupierte Apokalypse*),[220] reduzido à sua dimensão de destruição, remete-nos para várias ameaças que temos enquadrado em regime de trilogia: apocalítica nuclear, ambiental (assumindo especial relevo a questão do clima, no quadro do antropoceno) e antropológica. Ora, é nesta segunda aceção que o termo tem vindo a habitar crescentemente o espaço público, pela mão de cientistas e filósofos. René Girard enfatiza a "escalada para os extremos", *rectius*, que assistimos a uma "nova etapa"[221] deste processo como ilustra o terrorismo do (pós-)11 de setembro. O sagrado arcaico focado no sacrifício persiste ao longo do tempo, apesar do apocalipse (no sentido de desvelamento) trazido pelo contributo judaico-cristão. Uma terceira apocalítica – antropotécnica (antropológica, se preferirmos centrar-nos no sujeito ameaçado) – prende-se com algumas intervenções no campo da bioconstituição. Este conceito, que cunhámos quando fazíamos a investigação para a nossa dissertação de doutoramento,[222] tem como objeto omissões ou ações, do Estado ou de entidades privadas, centradas sobretudo na tutela da vida, da identidade e da integridade pessoais e na saúde do ser humano, atual ou futuro, em particular perante as possibilidades (nomeadamente ameaças) da biomedicina.

Comentando precisamente este trabalho e tornando clara a diferença de pontos de partida, Gomes Canotilho assinalou um ponto de convergência: "a conceção radicalmente não utilitarista do corpo".[223] E assinala que "o homem está à beira de demonstrar que a partir da 'costela de Adão' e da 'costela de Eva' outros 'Adões' e 'Evas' se podem fazer".[224]

Nos últimos anos, Gomes Canotilho tem vindo a discutir a revolução algorítmica. Os algoritmos são velhos de séculos, e o próprio já tinha utilizado o termo no século

---

[217] GIRARD, René. *Des choses cachées depuis la fondation du monde*. 10. ed. Paris: Le Livre de Poche, 2006. 270.
[218] MATERN; Harald; PFLEIDERER, Georg (Hg.). *Krise der Zukunft I*: apokalyptische Diskurse in interdisziplinärer Diskussion. Zürich: Pano Verlag; Nomos: Baden-Baden, 2020.
[219] DUPUY, Jean-Pierre. *La marque du sacré*. Paris: Flammarion, 2016. p. 123 fala de uma "conversão epistemológica ao cristianismo".
[220] VONDUNG, Klaus. *Apokalypse ohne Ende*. Heidelberg: Universitätsverlag Winter, 2018. p. 40.
[221] GIRARD, René. *Achever Clausewitz*: entretiens avec Benoît Chantre. Paris: Flammarion, 2011. p. 355.
[222] LOUREIRO, João Carlos. *Constituição e biomedicina*: contributo para uma teoria dos deveres bioconstitucionais na esfera da genética humana. Coimbra: [s.n.], 2003. Anteriormente, vd. LOUREIRO, João Carlos. O direito à identidade genética do ser humano. *In: Portugal-Brasil Ano 2000*. Coimbra: Coimbra Editora, 1999. p. 294.
[223] CANOTILHO, José Joaquim Gomes. *O tempo curvo de uma carta (fundamental) ou o direito constitucional interiorizado*. Instituto da Conferência, Conselho Distrital do Porto da Ordem dos Advogados. Porto: A. Alves Edições, 2006. p. 13; também, em termos muitos próximos, CANOTILHO, José Joaquim Gomes. O direito aos direitos humanos. *In: Desafios à Igreja de Bento XVI*. Cruz Quebrada: Casa das Letras, 2005. p. 17.
[224] CANOTILHO, José Joaquim Gomes. *O tempo curvo de uma carta (fundamental) ou o direito constitucional interiorizado*. Instituto da Conferência, Conselho Distrital do Porto da Ordem dos Advogados. Porto: A. Alves Edições, 2006. p. 14.

passado, em artigo centrado na constituição universitária.²²⁵ Num artigo recente,²²⁶ tendo presente a obra de Pedro Domingos,²²⁷ trata da questão da digitalização dos direitos fundamentais, mas, sem prejuízo de uma breve referência à robótica, não entra no campo do transumanismo(s) e dos pós-humanismo(s).

4.2 Constitucionalismo e paz: entre a internacionalidade e o cosmopolitismo

Gomes Canotilho realça a importância das relações e do direito internacionais, bem como da tradição cosmopolita.²²⁸ É que não estão aqui em jogo só os problemas clássicos da "paz e guerra entre as nações", mas também outras ameaças que se têm mostrado apocalíticas, como acabámos de referir. Não sendo possível aprofundar o pensamento do homenageado, desde logo pela escassez de carateres, sempre se assinala a abertura a uma constituição global, cortando o cordão umbilical que, tradicionalmente, ligava este operador ao plano estatal ou estadual (neste último caso, em relação aos Estados integrantes da Federação).

Gomes Canotilho estudou recorrentemente a referida "constelação pós-nacional" e, na sua análise da obra de Habermas, realçou que "[os] anos da crise parecem pôr em causa a energia utópica e a sua *razão discursiva pós-nacional*".²²⁹ A solidariedade nesta esfera é uma das suas preocupações, mas também a análise da proposta kantiana da paz perpétua aparece como ilustração de "novas angústias discursivas".²³⁰ O discurso da "constitucionalização das relações internacionais" é um *topos* que considera, mas sublinha que importa ir mais longe e abrir as portas a uma dimensão cosmopolita.²³¹ Não é possível condensar, *hic et nunc*, a riqueza de um pensamento que considera:

a) o *ius ad bellum* (a questão do "se"),²³² numa linha de pensamento crítica das guerras injustas (de novo, uma preocupação augustiniana, o *ius bellum justum*)²³³

---

[225] CANOTILHO, José Joaquim Gomes. Universidade – Algoritmos da política, referencial constitucional e liberalismo universitário. *Revista Crítica de Ciências Sociais*, v. 27-28, p. 157-165, 1989.

[226] CANOTILHO, José Joaquim Gomes. Sobre a indispensabilidade de uma Carta de Direitos Fundamentais Digitais da União Europeia. *Revista do Tribunal Regional Federal da 1ª Região*, v. 31, n. 1, p. 69-75, 27 mar. 2019.

[227] DOMINGOS, Pedro. *The master algorithm*: how the quest for the ultimate learning machine will remake our world. London: Penguin, 2017.

[228] Vd., por exemplo, CANOTILHO, José Joaquim Gomes. Dos direitos individuais ao direito à paz. *Boletim da Faculdade de Direito*, v. 84, p. 25-33, 2008. p. 27-30.

[229] CANOTILHO, José Joaquim Gomes. Apresentação de Jürgen Habermas por ocasião do Colóquio da "virtude e fortuna da República ao republicanismo pós-nacional". *Boletim da Faculdade de Direito*, v. 86, p. 475-489, 2010. p. 484 (grifos no original).

[230] CANOTILHO, José Joaquim Gomes. Apresentação de Jürgen Habermas por ocasião do Colóquio da "virtude e fortuna da República ao republicanismo pós-nacional". *Boletim da Faculdade de Direito*, v. 86, p. 475-489, 2010. p. 486.

[231] CANOTILHO, José Joaquim Gomes. Apresentação de Jürgen Habermas por ocasião do Colóquio da "virtude e fortuna da República ao republicanismo pós-nacional". *Boletim da Faculdade de Direito*, v. 86, p. 475-489, 2010. p. 486.

[232] Para uma síntese do estado da arte sobre o direito internacional, a guerra e a paz, *vd*. KRAJEWSKI, Markus. *Völkerrecht*. 2. ed. Baden-Baden: Nomos, 2020. p. 197-235 (§9 – "Internationale Friedenssicherung"); ainda, para o direito internacional humanitário, p. 236-259. Deixamos de parte outras questões como os crimes de guerra, no quadro do direito internacional penal.

[233] A teoria pode ver-se em *Contra Faustum Manichaeum*, 22, em que se lê: "[q]uello che ci interessa è per quali motivi e sotto quali autorità gli uomini intraprendano le guerre (p. 75; utilizámos a versão italiana disponível em: http://www.augustinus.it/italiano/contro_fausto/sommario.htm).

e lamentando que os ""senhores da guerra" leiam a carta *Declaração das Nações Unidas* como uma declaração de amor a favor das suas guerras justas!".[234] A extensa proibição do recurso à força no direito internacional[235] leva a que se fale, crescentemente, de um *ius contra bellum*;[236] mas também é verdade que se erigiu a intervenção humanitária em causa de guerra;[237]

b) o *ius in bello* (a questão do "como"), independentemente da justeza do conflito, que nos remete para o campo do direito internacional humanitário;[238]

c) o *ius post bellum*, que considera "[o] exemplo mais trágico da tópica política",[239] perspetiva que só pode ser percebida se contextualizada, num cenário em que se provoca uma guerra "justa" para posteriormente se proceder à (re)construção do Estado tendo em vista garantir uma paz duradoura.[240]

Em termos que seria interessante revisitar, percorre trilhos semânticos como intervenção e ingerência, ameaça à paz, recorte do caráter coletivo da intervenção da ONU, quadro constitucional das intervenções humanitárias, entre outros.[241] Num tempo em que se afirmam novas ameaças numa sociedade digital, a começar pela ciberguerra,[242] que coexiste com modos mais clássicos de enfrentamento e com uma internacionalização do terrorismo, importa aprofundar a constituição global da paz (e da guerra).

Também neste campo Gomes Canotilho mobiliza a teoria e as filosofias políticas, convocando para o debate Kant, mas também John Rawls[243] e Jürgen Habermas,[244] não esquecendo, no que à problemática da guerra diz respeito, Michael Walzer,[245] entre outros.

IV Cantata (do constitucionalismo) da paz

Fazei Senhor que a paz seja de todos

Dai-nos a paz que nasce da verdade

Dai-nos a paz que nasce da justiça

---

[234] CANOTILHO, José Joaquim Gomes. Dos direitos individuais ao direito à paz. *Boletim da Faculdade de Direito*, v. 84, p. 25-33, 2008. p. 33.

[235] Art. 2º/4 da Carta das Nações Unidas.

[236] KRAJEWSKI, Markus. *Völkerrecht*. 2. ed. Baden-Baden: Nomos, 2020. p. 197.

[237] Sobre este ponto, *vd.* CANOTILHO, José Joaquim Gomes. Nova ordem mundial e ingerência humanitária (claros-escuros de um novo paradigma internacional). *Boletim da Faculdade de Direito*, v. 71, p. 1-26, 1995.

[238] KRAJEWSKI, Markus. *Völkerrecht*. 2. ed. Baden-Baden: Nomos, 2020. p. 197; 237.

[239] CANOTILHO, José Joaquim Gomes. Dos direitos individuais ao direito à paz. *Boletim da Faculdade de Direito*, v. 84, p. 25-33, 2008. p. 32.

[240] CANOTILHO, José Joaquim Gomes. Dos direitos individuais ao direito à paz. *Boletim da Faculdade de Direito*, v. 84, p. 25-33, 2008. p. 32.

[241] Para estes e outros pontos, *vd.* CANOTILHO, José Joaquim Gomes. Nova ordem mundial e ingerência humanitária (claros-escuros de um novo paradigma internacional). *Boletim da Faculdade de Direito*, v. 71, p. 1-26, 1995.

[242] Sobre alguns problemas da ciberguerra, nomeadamente face à Carta das Nações Unidas, *vd.* KRAJEWSKI, Markus. *Völkerrecht*. 2. ed. Baden-Baden: Nomos, 2020. p. 234-235.

[243] RAWLS, John. *A lei dos povos*. Coimbra: Quarteto, 2000.

[244] HABERMAS, Jürgen. Kants Idee des Ewigen Friedens: aus dem historischen Abstand von 200 Jahren. *Kritische Justiz*, v. 28, n. 3, p. 293-319, 1995.

[245] WALZER, Michael. *Guerras justas e injustas*: uma argumentação moral com exemplos históricos. São Paulo: Martins Fontes, 2003; posteriormente, WALZER, Michael. *A guerra em debate*. Lisboa: Cotovia, 2004.

Dai-nos a paz chamada liberdade
Dai-nos Senhor a paz que vos pedimos
A paz sem vencedor e sem vencidos.

(Sophia de Mello Breyner)

Neste tempo da festa dos oitenta, permitam que, em jeito de despedida, recuemos cerca de 50 anos para recordar a *Cantata da Paz*, de Sophia, interpretada pelo Padre Fanhais. Na sua letra, assinalam-se violências no mundo, que interpela(ra)m Gomes Canotilho. A sua vasta obra é povoação com ruas, avenidas e largos temáticos, e nos seus escritos divisamos grandes artérias, mas também becos que apontam para outros caminhos, não raro em registo de nota de rodapé. Guerra e paz são dimensões do romance da sua vida. Mas a sua teoria e a sua dogmática constitucionais são, como modestamente aflorámos, ruas, às vezes íngremes, da dor e do sofrimento. Nos limites deste escrito, e tendo presente o registo em que nos colocámos, é seguro que o retrato traz uma grande incompletude. Esperamos que eventuais leitores que aqui cheguem, ou pela paciência de percorrerem a estrada ou pelo salto que ultrapassa o corpo central da escrita, tenham razões adicionais para ler Gomes Canotilho, também na ótica das suas contribuições para um constitucionalismo da paz. Com alguns textos específicos sobre o tema, a relevância do seu *corpus* teorético e dogmático vai muito para lá dos descritores paz, guerra e violência. Ao não limitar esta ao domínio das ameaças à inviolabilidade da vida humana e à integridade pessoal, desembocamos num fio condutor que atravessa a obra do mestre[246] e que se traduz na mobilização de uma multiplicidade de perspetivas. Também aqui cruza teorias da justiça e filosofias da paz, revisita a sociologia, a história e a politologia, entrelaça o direito constitucional com o direito internacional e com o direito cosmopolita. A resposta da tradição liberal resolve, em chave de Estado de direito, o problema da limitação do poder político, proscrevendo o arbítrio da rainha da *Alice no País das Maravilhas*, de Lewis Carrol, traduzido no "[c]ortem-lhe a cabeça!";[247] a exigência de uma participação política inclusiva, própria de um Estado democrático, remete-nos para um povo plural e uma cidadania não mutilada, que não excluem com base na propriedade, na raça, no sexo e mesmo na iliteracia, e que escondem, respetivamente, a exploração/privação económica, a inferiorização em função da cor da pele (no limite, em termos de escravidão), a subordinação da mulher por via do patriarcalismo ou a destituição resultante da falta de aprendizagens. Ou seja, resiste-se a uma conceção "panteísta" da democracia que se revê no *vox populi, vox Dei*:[248] recorde-se a obsessão

---

[246] Só foi possível considerar aqui expressamente um número limitado de escritos de Gomes Canotilho: a sua bibliografia até à jubilação pode ver-se em Subsídios para uma bibliografia do Doutor José Joaquim Gomes Canotilho. *In*: CORREIA; Fernando Alves; MACHADO, Jónatas; LOUREIRO, João Carlos (Org.). *Estudos em homenagem ao Prof. Doutor José Joaquim Gomes Canotilho*. Coimbra: Coimbra Editora, 2012. v. I. p. 11-42.

[247] CARROLL, Lewis. *Alice no País das Maravilhas*. Porto: Público, 2004. p. 109. Na obra, depois de o Rei ter pedido o veredito do júri, a Rainha disse: "Não, não! [...] Primeiro, a sentença... depois o veredicto" (p. 108).

[248] Sobre este ponto, *vd.* PALAVER, Wolfgang. Vox populi, vox Dei: the pantheistic temptation of democracy. *In*: REDEKOP, Vern Neufeld; RYBA, Thomas (Ed.). *René Girard and creative mimesis*. Lanham; Boulder; New York; Toronto; Plymouth, UK: Lexington Books, 2014. p. 143-159.

com a homogeneidade do povo e a defesa do combate à heterogeneidade, ilustradas na obra de Carl Schmitt.

O seu ensino é, recuperando uma expressão que lhe é cara, uma Carta em prol da dignidade da pessoa humana, em que o constitucionalismo não é mera nota de rodapé ou apressada anotação nas margens, mas antes coração de um bom combate face às violências.

A terminar, retomamos palavras de um jurista que deixa marca no diálogo luso-brasileiro e que acreditou então, como hoje Gomes Canotilho, "no Império da Constituição". Falo de Rui Barbosa, que nos legou luminosos textos sobre a paz. Na hora deste adeus ao texto, que é apenas um até ao próximo encontro com Gomes Canotilho, algures no pátio ou na biblioteca, nos corredores ou no seu gabinete na Faculdade, podemos dizer que a paz é multidimensional, passa pelo Estado constitucional, mas exige uma verdadeira razão cordial. E esta paz integral, que não é uma mera ausência da guerra, contrapõe-se, segundo Rui Barbosa, a

> [o]utra espécie de paz [que] não é senão a paz da servidão, a paz indigna e aviltante dos países oprimidos, a paz abjeta que a nossa índole, o nosso regímen essencialmente repelem, a paz que humilha todos os homens, a paz que nenhuma criatura humana pode tolerar sem abaixar a cabeça envergonhada.[249]

A Gomes Canotilho, por ocasião do seu octogésimo aniversário e num registo (e com votos) de paz integral, erguemos simbolicamente o cálice da *amicitia*, agradecendo a "vinha do conhecimento"[250] que é, para todos nós, a sua vida.

Informação bibliográfica deste texto, conforme a NBR 6023:2018 da Associação Brasileira de Normas Técnicas (ABNT):

LOUREIRO, João Carlos. Paz(es), constitucionalismo(s) e violência(s) na(s) cidade(s) dos homens – Em diálogo com (a obra de) José Joaquim Gomes Canotilho. In: GOMES, Ana Cláudia Nascimento; ALBERGARIA, Bruno; CANOTILHO, Mariana Rodrigues (Coord.). *Direito Constitucional*: diálogos em homenagem ao 80º aniversário de J. J. Gomes Canotilho. Belo Horizonte: Fórum, 2021. p. 809-847. ISBN 978-65-5518-191-3.

---

[249] BARBOSA, Rui. A paz e a lei. In: BARBOSA, Rui. *O divórcio, as bases da fé e outros textos*. São Paulo: Martin Claret, 2008. p. 143.

[250] CANOTILHO, José Joaquim Gomes. O coração tem memória: palavras ditas na Cerimónia de atribuição da Medalha da Cidade de Pinhel. In: CANOTILHO, José Joaquim Gomes. *Admirar os outros*. Coimbra: Almedina; Coimbra Editora, 2010. p. 25.

AGÊNCIAS REGULADORAS: (BREVE) VISÃO COMPARADA DAS REALIDADES EUROPEIA E BRASILEIRA[1]

JOÃO NUNO CRUZ MATOS CALVÃO DA SILVA

1   Estado regulador

1.1   Estado regulador: privatizações, liberalizações e regulação pública

O movimento de (re)privatizações e (re)liberalizações assume atualmente dimensão global, coincidindo com a diminuição do peso do Estado na atividade económica e a tendência de desregulação pública. De um dirigismo estatal da economia passámos a um Estado regulador, isto é, a um Poder Público que, respeitando e incentivando mesmo a economia de mercado, não pode, porém, deixar de a regular e organizar em nome do bem comum.

Consequentemente, o fenómeno da desregulação estadual, traço essencial do hodierno movimento de privatizações e liberalizações, conduz, paradoxalmente, a uma densificação da regulação[2] pública da economia: *privatization brings regulation*, ou seja, a

---

[1] Escrevo, muito honrado, o presente artigo para a obra coletiva em homenagem ao 80º Aniversário do Senhor Professor Doutor José Joaquim Gomes Canotilho. Tive o privilégio de ser aluno do Professor Doutor Canotilho no 1º ano da Licenciatura de Direito na Faculdade de Direito da Universidade de Coimbra, no âmbito da disciplina de Direito Constitucional e Ciência Política, e mais tarde, ao longo da minha carreira académica, continuei sempre a usufruir da profundidade do saber e a admirar a invulgar simplicidade humana deste grande mestre do direito. Enquanto vice-reitor da Universidade de Coimbra para as Relações Externas e *Alumni*, cargo que exerço há mais de 2 anos, tenho testemunhado o imenso prestígio de que o homenageado nesta obra goza um pouco por todo o mundo, em particular no Brasil e nos demais países de língua oficial portuguesa. Seguramente, Gomes Canotilho é e será sempre um dos nomes maiores da universidade mais internacional de Portugal e de uma das mais antigas (731 anos) e prestigiadas instituições de ensino superior do mundo.

[2] Entendemos regulação como intervenção estadual na economia. De acordo com este sentido genérico ou amplo, o conceito de regulação abrange o estabelecimento de regras para as atividades económicas (regulamentação), a tutela ou controlo dessas atividades (supervisão) e a aplicação de sanções (*maxime*, coimas e sanções acessórias) às infrações, eminentemente administrativas, cometidas pelos agentes económicos. Para uma análise de diferentes significados do conceito de regulação, *vide* MODERNE, Franck. Les usages de la notion de "régulation" dans le droit positif et la doctrine juridique des États de l'Union européenne. *In*: MARCOU, Gérard; MODERNE, Franck (Dir.). *Droit de la Régulation, Service Public et intégration régionale* – Comparaisons et

transformação da Administração prestadora numa Administração-árbitro dos interesses privados e públicos envolvidos no mercado obriga a novas formas de planificação jurídica, de regulação.

No entanto, a rerregulação ou neorregulação a que temos vindo a assistir desde os anos 80 do séc. XX assenta numa conceção diversa da regulação do Estado providência: ali, a separação Estado-economia é pressuposto indiscutível embora o mercado tenha de ser regulado de forma a funcionar com equilíbrio e de acordo com os objetivos de interesse público; aqui, a economia era parte do Estado, cabendo ao aparelho da Administração Pública, e não aos operadores privados, a regulação de todos os aspectos relativos ao mercado.

O Estado regulador dos nossos dias, cuja pedra angular é o funcionamento da economia de mercado, também não se confunde com o Estado liberal do séc. XIX, assente nas ideias do *laissez-faire, laissez-passer* e do abstencionismo público. Nos tempos hodiernos, entende-se que "a "mão invisível" do mercado carece da "mão visível" da Regulação Pública",[3] isto é, a concorrência deve ser temperada pelo Estado, no âmbito de uma responsabilidade de controlo e garantia da própria iniciativa privada.

Dito de outro modo: "a desregulação não significou o fim de toda a regulação",[4] porquanto se defende a necessidade da regulação estadual para corrigir as crises de funcionamento do mercado (regulação económica) e garantir outros interesses sociais (regulação social da economia).[5]

Em poucas palavras: a falência do Estado intervencionista e regulador da vida económica não tem que determinar o regresso do Estado abstencionista liberal e da autorregulação do mercado. Considera-se fundamental a intervenção exterior, a heterorregulação pública, para garantir o bom funcionamento da concorrência e a satisfação das necessidades básicas de todos os cidadãos.

1.2 Estado regulador: garantia dos serviços essenciais

Com as Guerras Mundiais e a Grande Depressão de 1929, exigiu-se a redefinição do papel do Estado e a substituição da postura abstencionista por um intervencionismo social e económico alargado. Do Estado liberal mínimo passamos assim a um Estado intervencionista, garantidor de prestações sociais várias: o Estado providência,[6] responsável pelo bem-estar da comunidade, ou Estado de serviços públicos.[7]

---

commentaires. Paris: L'Harmattan, 2005. t. 1. p. 71 e ss.; e DAINTITH, Terence. *Regulation. State and Economy.* Tübingen: Mohr Siebeck, [s.d.]. v. XVII. p. 3 e ss., capítulo 10.

[3] Vide MOREIRA, Vital. Um marco regulatório: a Lei Sarbanes-Oxley. *In*: MARQUES; Maria Manuel Leitão; MOREIRA, Vital. *A mão visível* – Mercado e regulação. Coimbra: Almedina, 2003. p. 274.

[4] Vide MAJONE, Giandomenico. *La Communauté Européenne*: Un État régulateur. Tradução de Jean-François Baillón. Paris: Montchrestien, 1996. p. 21.

[5] Vide MOREIRA, Vital. *Auto-regulação profissional e Administração Pública.* Coimbra: Almedina, 1997. p. 22-23.

[6] Juan Mozzicafreddo caracteriza o Estado-Providência como "um Estado protector, com forte influência do pensamento e da concepção "keynesiana" da sociedade, caracterizada, como referimos, por um acentuado papel de intervenção na sociedade". *Vide* MOZZICAFREDDO, Juan. *Estado-Providência e cidadania em Portugal.* 2. ed. Oeiras: Celta, 2002. p. 16.

[7] Nas palavras de Vital Moreira, "Parte integrante do modelo de Estado Social eram os "serviços públicos", na tradição europeia continental (sobretudo de matriz francesa), pelos quais o poder público (Estado e municípios) se assumiram como responsáveis pela organização e funcionamento de serviços considerados essenciais, como

No âmbito do Estado providência, os serviços públicos eram sinónimo de titularidade pública, embora a sua gestão pudesse ser deferida a entidades privadas, designadamente através de contratos de concessão. Mais do que um modo de organização, o serviço público traduzia a essência do Estado e espelhava a filosofia das relações entre a ação pública e o *corpus* societário: a civilização do bem-estar assentava na propriedade pública dos serviços destinados à satisfação dos interesses coletivos.

Os défices orçamentais e a ineficiência da gestão da *res publica* põem em causa a conceção clássica de serviço público: a dimensão subjetiva perde o protagonismo para a vertente material daquela noção. Neste sentido, o essencial é a satisfação das necessidades fundamentais da coletividade, independentemente de tal escopo ser prosseguido através de serviços públicos tradicionais, a cargo do Estado ou concessionários, ou por entidades privadas sujeitas a "obrigações de interesse geral" ("obrigações de serviço público").

Na verdade, com o movimento de privatizações e liberalizações, a influência comunitária e a emergência do Estado regulador, assiste-se no Velho Continente ao desmantelamento de muitos serviços públicos clássicos e à assunção pelo mercado de tarefas anteriormente monopolizadas pelo Poder Público.

Deste modo, o "serviço público à francesa" vê-se substituído pelos serviços de interesse económico geral (SIEG), fórmula comunitária[8] que acentua a missão de interesse comum[9] e indicia a neutralidade (?) da União Europeia relativamente à natureza pública ou privada do prestador dos serviços públicos.[10]

---

a água, a energia (gás e electricidade), o saneamento básico (resíduos sólidos e efluentes líquidos), os transportes colectivos, os serviços postais, as telecomunicações, etc. Trata-se pois de um "Estado dos serviços públicos", assente na responsabilidade pública pelos serviços essenciais à vida". *Vide* MOREIRA, Vital. Serviço público e concorrência. A regulação do sector eléctrico. *In*: NUNES, António José Avelãs *et al. Os caminhos da privatização da Administração Pública* – Boletim da Faculdade de Direito da Universidade de Coimbra. Coimbra: Coimbra Editora, 2001. p. 225.

[8] Em geral, sobre os serviços de interesse económico geral, *vide* SILVA, João Nuno Calvão da. *Mercado e Estado – Serviços de interesse económico geral*. Coimbra: Almedina, 2008. Como ensina Fausto de Quadros, "O instituto do serviço público constitui um bom exemplo de interacção sistemática e dogmática que se vem estabelecendo desde sempre entre o Direito Administrativo e o Direito Comunitário e que ao longo dos últimos cinquenta anos tem presidido à evolução de ambos esses ramos do Direito". *Vide* QUADROS, Fausto de. Serviço público e direito comunitário. *In*: NUNES, António José Avelãs *et al. Os caminhos da privatização da Administração Pública* – Boletim da Faculdade de Direito da Universidade de Coimbra. Coimbra: Coimbra Editora, 2001. p. 280. Sobre a relação entre o direito administrativo e o direito comunitário e o novo conceito de direito administrativo europeu, *vide* QUADROS, Fausto de. *A nova dimensão do direito administrativo – O direito administrativo português na perspectiva comunitária*. reimpr. Coimbra: Almedina, 2001.

[9] Como nota José Luis Martinez López-Muñiz, o direito comunitário "preferiu falar de *serviços de interesse económico geral*, [...] um *conceito material ou objectivo* e não uma noção subjectiva da realidade aludida [a dos serviços públicos] que obrigava a incluir apenas os serviços próprios do Estado ou reservados à titularidade de algum dos poderes públicos do âmbito dos Estados" (grifos nossos). *Vide* MARTÍNEZ-LÓPEZ-MUÑIZ, José Luis. Servicio público, servicio universal y "obligación de servicio público" en la perspectiva del derecho comunitario: los servicios esenciales y sus regímenes alternativos. *In*: NUNES, António José Avelãs *et al. Os caminhos da privatização da Administração Pública* – Boletim da Faculdade de Direito da Universidade de Coimbra. Coimbra: Coimbra Editora, 2001. p. 257.

[10] Segundo Robert Kovar, "à expressão "serviço público" o Tratado instituidor da CEE preferiu a de "empresas encarregadas da gestão de serviços de interesse económico geral", embora nos textos de direito comunitário derivado se refiram preferencialmente a 'empresas que assegurem um serviço universal'. Estas escolhas procedem da *intenção de privilegiar uma terminologia julgada mais neutra do que um conceito* [serviço público] *carregado de uma significação demasiado particular, ideológica*" (grifos nossos). O autor não considera inocentes as escolhas de vocabulário, antes resultado de um fenómeno de *laicização* do conceito de serviço público: "A uma certa sacralização do serviço público opõe-se uma concepção laica de serviço de interesse geral". *Vide* KOVAR, Robert. Droit Communautaire et service public: esprit d'ortodoxie ou pensée laicisée. *Revue Trimestrielle de Droit Européen*, Paris, ano 32, n. 2, abr./jun. 1996. p. 220-221.

Independentemente de os tradicionais "serviços públicos" continuarem a ser prestados pelo Estado, diretamente ou por sua incumbência (concessão a empresas públicas ou privadas) e em regime de exclusivo ou monopólio, ou por operadores privados em regime de concorrência, há necessidades dos cidadãos a carecerem de ser sempre satisfeitas.

No entanto, nem sempre a lógica dos privados conduz à satisfação das necessidades sociais fundamentais da comunidade, embora estas tenham de ser garantidas a todos, dada a sua essencialidade.[11] Cabe, por isso, ao Poder Público programar, orientar e disciplinar a liberdade do mercado, de modo a garantir (*Estado de garantia*)[12] o cumprimento das "obrigações de serviço universal" ou "obrigações de serviço público", sancionando os operadores inadimplentes.

Podemos mesmo falar na existência de um direito dos cidadãos a um *mínimo* de prestações económicas e sociais, a definir por cada Estado e a satisfazer de acordo com certos princípios: todos os cidadãos (*princípio da universalidade*),[13] sem discriminações injustificadas (*princípio da igualdade*), devem ver satisfeitas as necessidades fundamentais, de forma contínua (*princípio da continuidade*),[14] com níveis adequados de qualidade e segurança (*princípio da qualidade* do serviço), assegurando-se, o mais possível, a participação e informação dos utentes (*princípios da participação e da transparência*).

No âmbito do novo paradigma regulatório, defende-se a desgovernamentalização da atividade reguladora pelo facto de o cumprimento das obrigações de serviço público ser melhor garantido por agências independentes (compostas por especialistas e técnicos de reconhecida competência) do que pelo Governo, ao qual cabe o estabelecimento, a modificação e a extinção dessas obrigações.

2 Agências reguladoras

2.1 Agências reguladoras na Europa: o caso de Portugal

2.1.1 Regulação independente na Europa: breve nota

Sob a influência norte-americana, as agências reguladoras constituem presentemente fenómeno corrente no panorama europeu. Naturalmente, o Reino Unido, país

---

[11] *V.g.*, o fornecimento de água ou luz a uma aldeia remota e com escassa população é irrazoável de um ponto de vista de rentabilidade económica, mas tais serviços não podem deixar de ser prestados às pessoas, mesmo que os preços fiquem abaixo do custo.

[12] Gomes Canotilho fala num Estado garantidor. Vide CANOTILHO, J. J. Gomes. O Estado garantidor. Claros-escuros de um conceito. *In*: NUNES, António José Avelãs; COUTINHO, Miranda (Coord.). *O direito e o futuro*. O futuro do direito. Coimbra: Almedina, 2008. p. 571-576. Em geral, sobre o conceito de Estado de garantia (*Gewährlleistungsstaat*), oriundo da doutrina germânica, *vide* LADEUR, Karl-Heinz. *Der Staat gegen die Gesellschaft*. Tübingen: Mohr Siebeck, 2006. p. 340 e ss.; e FRANZIUS, Claudio. Der Gewährleistungsstaat. *Verwaltungsarchiv*, Heft 3, p. 351-379, 2008.

[13] Tendo em conta que a gratuitidade do fornecimento de bens e serviços essenciais à comunidade é incompatível com o movimento de privatizações e liberalizações, o princípio da universalidade concretizar-se-á na disponibilização daqueles bens e serviços a toda a comunidade, a preços acessíveis.

[14] O princípio da continuidade implica permanência na prestação de certos serviços (água e luz, por exemplo) e regularidade quanto à satisfação de outras necessidades (*v.g.*, serviços postais). Intimamente associada a esta ideia de permanência na prestação dos serviços de interesse geral está o *princípio da adaptação*, o qual traduz a mutabilidade ou o carácter evolutivo do interesse público subjacente às obrigações em análise.

da *common law* com uma conceção das relações entre Estado e sociedade similar à dos EUA, foi a porta de entrada do modelo institucional dos organismos públicos dotados de alto grau de autonomia.[15]

Rapidamente, porém, as agências difundiram-se por todo o continente europeu, em razão não apenas da crença nas virtudes da regulação independente como forma de controlo do mercado, mas também devido às exigências comunitárias de abertura à concorrência em sectores económicos vários, *maxime* nas indústrias de rede.

Se, inicialmente, o ordenamento comunitário deixava a organização administrativa reservada ao legislador nacional, "nas mais recentes directivas dá-se um passo ulterior, com a crescente europeização da estrutura e do procedimento regulativo".[16]

Em conformidade com a jurisprudência do Tribunal de Justiça da União Europeia (TJUE),[17] são várias as diretivas a impor a instituição de organismos reguladores independentes na regulação dos mercados liberalizados. No entanto, convém salientar que a independência requerida inicialmente pelas diretivas reportava-se, sobretudo, à influência dos regulados e não à proteção de ingerências políticas, sendo, em certos sectores, os ministérios admitidos como entidades reguladoras.

Por outro lado, porque a União Europeia impõe as entidades reguladoras através de diretivas, os Estados-Membros gozam de considerável liberdade na conformação daquelas instituições, o que justifica a adoção de modelos distintos em vários países.[18]

2.1.2 Agências reguladoras em Portugal: independência

Em Portugal, em bom rigor, as entidades reguladoras, via de regra, constituem meros *institutos públicos*, institutos de regime especial, sem sujeição à superintendência governamental e dotados de capacidade jurídica própria, de autonomia administrativa e financeira e de património próprio.[19]

Não obstante a inserção dos reguladores no domínio da *administração indirecta do Estado*, como o próprio nome indica, a *independência, rectius autonomia*, constitui traço

---

[15] A administração britânica dispôs de entes com alguma autonomia em relação ao Parlamento e ao Governo desde o séc. XVII: era o designado *Board System*. Com o *Reform Act* de 1832, o número de *boards* e a sua autonomia decresceram, estabelecendo-se o princípio da responsabilidade ministerial e mecanismos de controlo parlamentar. Após a Segunda Guerra Mundial, o Estado Social inglês desenvolve-se, sobretudo, através de *boards*, alguns dos quais com altos níveis de independência, os *quangos (quasi autonomous non governmental organizations)*. Nos finais dos anos 70, devido ao escasso controlo exercido sobre a actividade dos *quangos*, o Governo de Margaret Thatcher tenta eliminar aquelas entidades, pelo menos as que se revelassem desnecessárias. Todavia, com a privatização do sector público, os *quangos* são considerados de grande importância, assistindo-se, com o *Next Steps Report* ou *Ibbs Report* (1988), à proliferação destes organismos. Sobre a origem e a evolução histórica dos *quangos*, vide MAJONE, Giandomenico. Convergence dans les approches nationales? Innovations politiques et retards institutionnels. *In*: VANDAMME, Jacques; MENSBRUGGHE, François van der (Dir.). *La Regulation des Services Publics en Europe*. Paris: Aspe Europe, 1998. p. 358-359.

[16] *Vide* NAPOLITANO, Giulio. *Regole e mercato nei servizi pubblici*. Bolonha: Il Mulino, 2005. p. 45.

[17] Exemplificativamente, cfr. Acórdão *Régie des télégraphes et des téléphones v. GB-INNO-BMSA*, de 13.12.1991, Processo C-18/88.

[18] Sobre os modelos regulatórios belga, francês, britânico, espanhol, italiano, sueco, alemão e austríaco, *Vide* MENSBRUGGHE, François van der. Synthése des Rapports nationaux. *In*: VANDAMME, Jacques; MENSBRUGGHE, François van der (Dir.). *La Regulation des Services Publics en Europe*. Paris: Aspe Europe, 1998. p. 343 e ss.

[19] *Vide* MOREIRA, Vital. Entidades reguladoras e institutos públicos. *In*: MARQUES; Maria Manuel Leitão; MOREIRA, Vital. *A mão visível* – Mercado e regulação. Coimbra: Almedina, 2003. p. 29.

fundamental da administração independente, não só *em relação ao Poder Executivo, mas, também, quanto aos interesses regulados.*

A independência das autoridades reguladoras independentes é assegurada tanto organicamente (através de regras de composição e de garantias estatutárias) como funcionalmente (não recebem, designadamente, ordens e instruções; elas não são sujeitas a qualquer poder hierárquico ou de tutela).

Em termos de *independência orgânica*, a *nomeação* dos membros dos reguladores, sujeita a escrutínio parlamentar prévio, *mantém-se na competência governamental*.[20] Reconhecemos não ser esta a solução preferível em termos de reforço da independência dos reguladores, mas, de entre as múltiplas formas possíveis de nomeação dos membros destas entidades, no caso português, em nossa opinião, a competência para a sua designação deve pertencer ao Governo e não ao presidente da República, tendo em conta o sistema semipresidencial e a nossa tradição.

Por outro lado, *mandatos longos*, de duração superior à legislatura parlamentar, garantem a estabilidade da atividade regulatória face às maiorias partidárias e alternâncias de poder, sobretudo quando *não renováveis* e *não revogáveis*, salvo casos excecionais e configuradores de faltas graves.[21]

Em sede de *independência funcional*, parecem claras as *declarações de princípio no sentido de se avançar para a criação de uma verdadeira administração independente*: só podem ser criadas entidades reguladoras "para a prossecução de atribuições de regulação de actividades económicas que recomendem, face à necessidade de independência no seu desenvolvimento, a não submissão à direção do Governo"[22] e proíbe-se a criação destas para "desenvolver actividades que, nos termos da Constituição, devam ser desempenhadas por serviços e organismos da administração direta ou indireta do Estado".[23]

Mais inequivocamente, dispõe o art. 42º da Lei-Quadro:

1 – As entidades reguladoras são independentes no exercício das suas funções e não se encontram sujeitas a superintendência ou tutela governamental, sem prejuízo do disposto nos números seguintes.

2 – Os membros do Governo não podem dirigir recomendações ou emitir diretivas aos órgãos dirigentes das entidades reguladoras sobre a sua atividade reguladora nem sobre as prioridades a adotar na respetiva prossecução.

Não obstante estas proclamações legislativas, o mesmo diploma acaba noutros preceitos por prever um "ministério responsável" por cada entidade reguladora,[24] o qual dispõe de *poderes de tutela* impressivos, destacando-se, por exemplo, a necessidade de *aprovação prévia* de orçamentos e respetivos planos plurianuais, balanço e contas, e

---

[20] Cfr. art. 17º da Lei nº 67/2013, de 28 de agosto (Lei-Quadro das entidades reguladoras em Portugal, abreviadamente referida de ora em diante como Lei-Quadro).
[21] Cfr. art. 20º da Lei-Quadro.
[22] Cfr. art. 6º, nº 1, da Lei-Quadro.
[23] Cfr. art. 6º, nº 2, alínea a), da Lei-Quadro.
[24] Cfr. art. 9º da Lei-Quadro.

de outros atos de incidência financeira cuja aprovação prévia se encontre prevista nos estatutos,[25] aprovação que pode ser recusada não apenas com base em ilegalidade mas também por decisão fundamentada em "prejuízo para os fins da entidade reguladora ou para o interesse público",[26] isto é, existe verdadeira *tutela de mérito*.

Por outro lado, a *independência* das autoridades reguladoras deve ser garantida não só em relação ao Poder Executivo, mas, também, *quanto aos interesses regulados*, porquanto "um dos maiores perigos da regulação consiste na possibilidade de o regulador ser 'capturado' pelos regulados, de modo a transformar-se numa forma de auto-regulação por meio de entreposto regulador".[27]

Deste modo, os *membros dos reguladores devem ser pessoas idóneas e de capacidade técnica reconhecida*,[28] sem interesses pessoais nas atividades reguladas que possam comprometer a sua imparcialidade e honorabilidade; compreende-se, assim, a necessidade de apertados *regimes de incompatibilidades e impedimentos* para evitar situações configuradoras de conflitos de interesses com os interesses regulados, obrigando-se ainda ao cumprimento de um *período de nojo* após a cessação do mandato (*v.g.*, interdição do exercício de profissão em empresas reguladas).[29]

2.1.3 Agências reguladoras em Portugal: poderes

Para assegurar a regulação dos mercados, as autoridades reguladoras independentes têm de ser dotadas de poderes adequados, os quais variam em função do sector em causa. Genericamente, Vital Moreira resume os poderes regulatórios "em três etapas essenciais: (a) aprovação das normas pertinentes (leis, regulamentos, códigos de conduta, etc.); (b) implementação correcta das referidas regras (autorizações, licenças, injunções, etc.); (c) fiscalização do cumprimento e punição das infracções". Conclui, por isso, o autor: "É por a regulação poder conjugar estes três tipos de poderes – um poder normativo, um poder executivo e um poder parajudicial – que a doutrina norte-americana refere as 'comissões reguladoras independentes' como um concentrado dos três poderes típicos do Estado (legislativo, executivo e judicial)".[30]

No art. 40º, nº 2, alínea a), da Lei-Quadro,[31] consagra-se a possibilidade, constitucionalmente permitida, de os reguladores exercerem *poder regulamentar*. Naturalmente, os *regulamentos dos reguladores*, para além do *respeito da Constituição e da legislação comunitária*, devem obediência ao *princípio da reserva de lei*, sob pena de subversão do princípio da separação de poderes.

---

[25] Cfr. art. 45º, nºs 4 e 5, da Lei-Quadro.
[26] Cfr. art. 45º, nº 6, da Lei-Quadro.
[27] *Vide* SILVA, João Nuno Calvão da. Economia de mercado e interesse público – Declaração de Condeixa. *In*: MOREIRA, Vital (Org.). *Estudos de regulação pública* – I. Coimbra: Coimbra Editora, 2004. p. 715.
[28] Cfr. art. 17º, nº 2, da Lei-Quadro.
[29] Cfr. arti. 19º da Lei-Quadro.
[30] *Vide* MOREIRA, Vital. *Auto-regulação profissional e Administração Pública*. Coimbra: Almedina, 1997. p. 36-37.
[31] Dispõe o referido preceito: "Nos termos e limites dos respetivos estatutos, compete ainda às entidades reguladoras no exercício dos seus poderes de regulamentação, designadamente: a) Elaborar e aprovar regulamentos e outras normas de caráter geral, instruções ou outras normas de carácter particular referidas a interesses, obrigações ou direitos das entidades ou atividades reguladas ou dos seus utilizadores; [...]".

Para além da criação de regras gerais e abstratas (regulamentos), os reguladores também tomam *decisões individuais e concretas* no âmbito dos seus *poderes de supervisão*, especialmente de supervisão económica (*Wirtschaftsaufsicht*), vale dizer, do controlo da atuação dos operadores económicos e dos mecanismos dos mercados.

Por forma a cumprirem as tarefas de supervisão, a Lei-Quadro prevê que as autoridades reguladoras independentes são titulares de poderes de *autorização, aprovação e registo*, bem como de prerrogativas de *inspeção e de investigação* de elementos relevantes para aferir do funcionamento dos respetivos sectores no quadro das regras definidas.[32]

Em caso de incumprimento do quadro regulatório, as autoridades reguladoras independentes podem aplicar sanções, prolongamento natural das prerrogativas de supervisão e fiscalização; a tecnicidade dos problemas da regulação e a celeridade exigida na sua resolução tornam mesmo os reguladores as entidades adequadas à repressão das infrações cometidas, conquanto sejam asseguradas as garantias legais de cumprimento dos direitos de defesa e, sobretudo, o recurso judicial das decisões dessas entidades.

Na Lei-Quadro, são previstos *poderes sancionatórios* a favor das entidades administrativas independentes com funções de regulação da atividade económica dos sectores privado, público e cooperativo,[33] especificando-se, porém, apenas um tipo de sanções, as coimas,[34] podendo, naturalmente, os estatutos prever outras sanções de carácter punitivo e instrumentos de índole essencialmente persuasiva (*v.g.*, advertências, admoestações).

A atribuição do *poder de composição de litígios* às autoridades reguladoras independentes é constitucionalmente admissível desde que garantido o recurso para os tribunais e não se invada o núcleo duro da função jurisdicional, falando-se, por isso, na *natureza parajudicial ou quase jurisdicional* destas entidades.

Não obstante a *confusão conceptual entre mediação e arbitragem*,[35] o art. 40º, nº 4, da Lei-Quadro, prevê estas prerrogativas das agências,[36] mas *continua a ficar para os estatutos a definição dos tribunais competentes para julgar recursos da decisão de composição dos litígios pelos reguladores*, o que depende de estarmos perante *ato administrativo de resolução de conflitos*, recorrível para a jurisdição administrativa, ou *sentença arbitral*, recorrível para os tribunais judiciais.[37]

---

[32] Cfr., designadamente, arts. 40º, nº 1, alíneas d) a i); nº 3, alíneas a) e b), e 42º da Lei-Quadro.

[33] Cfr. art. 40º, nº 3, alínea c), da Lei-Quadro.

[34] Cfr. art. 40º, nº 3, alínea f), da Lei-Quadro.

[35] Sobre os diversos modelos da solução dos conflitos jurídicos em geral, *vide* MELO, Barbosa de. *Direito constitucional e administrativo da banca, da bolsa e dos seguros*. Coimbra: [s.n.], 2004/2005. Policop. p. 46 e ss.; sobre a arbitragem em especial, MELO, Barbosa de. *Direito Administrativo II* (a protecção jurisdicional dos cidadãos perante a Administração Pública). Coimbra: [s.n.], 1987. Policop. p. 21 e ss.

[36] Estabelece o art. 40º, nº 4, da Lei-Quadro: "Nos termos e limites dos respetivos estatutos, quando lhes sejam atribuídos poderes de mediação, compete às entidades reguladoras, designadamente: a) Divulgar a arbitragem voluntária para a resolução de conflitos e disponibilizar serviços de mediação de conflitos; b) Atuar na resolução de conflitos entre as empresas e outras entidades sujeitas à sua jurisdição, ou entre estas e os seus clientes ou terceiros, reconhecendo ou não os direitos alegados e invocados; c) Apreciar das reclamações dos consumidores ou terceiros e adotar as providências necessárias, nos termos previstos na lei; d) Prestar informação, orientação e apoio aos utentes e consumidores dos respetivos setores de atividade económica, bem como sobre as reclamações apresentadas".

[37] Sobre as dificuldades desta distinção, *vide* GONÇALVES, Pedro. *Direito das telecomunicações*. Coimbra: Almedina, 1999. p. 152-153.

Last but not least, entre *outros poderes* conferidos às entidades administrativas independentes com funções de regulação da atividade económica dos sectores privado, público e cooperativo, destacamos os denominados *poderes de soft law*.[38]

Caracterizados pela *informalidade* e *flexibilidade*, os atos de *soft law* não deixam, porém, de assumir relevo jurídico, *maxime* pelo facto de as orientações expressas condicionarem a atuação do autor das orientações aí vertidas, ao inspirarem nos respetivos destinatários (*v.g.*, empresas) uma *confiança legítima* na aplicação dos critérios enunciados.

Neste sentido, *da adoção de orientações pelo regulador, deriva um efeito de autolimitação da sua conduta (patere legem quam fecisti), podendo o desvio das linhas diretrizes emitidas implicar violação dos princípios da igualdade de tratamento, da segurança jurídica e da proteção da confiança, a sancionar jurisdicionalmente e, eventualmente, a levar os tribunais a aplicar as previsões de soft law relevantes no caso.*

Mantendo o poder de modificar ou mesmo de revogar as regras indicativas por si emanadas anteriormente, *o regulador, todavia, apenas pode delas apartar-se quando as circunstâncias o impuserem e mediante apresentação precisa das razões subjacentes a tal afastamento*, sob pena de invalidação do ato adoptado por desconformidade com as regras de conduta vertidas nos instrumentos de *soft law*.

Em poucas palavras: não constituindo os múltiplos instrumentos de *soft law* autênticas fontes produtoras de efeitos jurídicos imperativos,[39] elas constituem, todavia, *em princípio, normas de referência vinculativas para a agência emissora*, assegurando, assim, uma maior coerência na sua aplicação, mais segurança jurídica aos seus destinatários e facilitando o próprio controlo judicial do conteúdo e dos motivos das medidas adotadas.

No entanto, estas fontes de *soft law*, embora procurem contribuir para garantir a transparência, a previsibilidade e a certeza jurídica da ação jurisdicional, *não vinculam (juridicamente) os tribunais*, funcionando apenas como *base de referência* útil ao exame do caso concreto.

2.2 Agências reguladoras da União Europeia (UE)[40]

2.2.1 Agências da UE: do seu surgimento

Na estrutura administrativa da UE, o surgimento de agências justifica-se por razões similares às que estiveram na base da criação de autoridades reguladoras (independentes) nas administrações dos Estados-Membros, mas também por causas intrinsecamente ligadas a especificidades da União.

---

[38] Dispõe o art. 40º, nº 2, alíneas b) e c), da Lei-Quadro: "Nos termos e limites dos respetivos estatutos, compete ainda às entidades reguladoras no exercício dos seus poderes de regulamentação, designadamente: [...] b) Emitir recomendações e diretivas genéricas; c) Propor e homologar códigos de conduta e manuais de boas práticas dos destinatários da respetiva atividade; [...]".

[39] Pedro Gonçalves fala em "eficácia de facto não juridicamente vinculativa". *Vide* GONÇALVES, Pedro. Advertências da Administração Pública. *In*: GONÇALVES, Pedro et al. *Estudos em Homenagem ao Prof. Doutor Rogério Soares* – Boletim da Faculdade de Direito de Coimbra – Studia Ivridica, 61. Coimbra: Coimbra Editora, 2001. p. 757.

[40] Para uma teoria geral das agências no quadro da União Europeia, *vide* SILVA, João Nuno Calvão da. *Agências de regulação da União Europeia*. [s.l.]: Gestlegal, 2017.

À semelhança das autoridades reguladoras nacionais dos Estados-Membros, a instituição de agências federais europeias é normalmente justificada por necessidades de reforço da *credibilidade da ação pública* e de *especialização técnica*.

Na verdade, enquanto instituição na qual é normalmente delegado o exercício da função executiva, a Comissão, atendendo nomeadamente à limitação de recursos, não é capaz de corresponder plenamente à necessidade crescente de elaboração e aplicação de políticas comunitárias, preferindo o legislador europeu, para uma realização mais eficaz de certas tarefas, recorrer a agências, *fora de expertise* por excelência.

Na moderna sociedade de risco, as avaliações científicas minimizam o risco de arbitrariedade, contribuem para decisões sólidas, racionais, socialmente (mais) aceitáveis e credíveis, e reforçam, neste sentido, a legitimidade da ação pública. Naturalmente, porém, as recomendações dos especialistas não consubstanciam a tomada da decisão propriamente dita, a qual não deve basear-se somente na apreciação científica de comités ou de agências (europeias) de *expertise*: tem também de incorporar circunstâncias de ordem económica, social e ética ponderadas pelo decisor político, que não pode esquecer a dimensão política da questão decidenda, resguardando-se pura e simplesmente no parecer técnico.

Por outro lado, a *participação* e o pluralismo de opiniões são encarados como indispensáveis contributos para a qualidade e eficácia das medidas a adotar, verdadeiras fontes *legitimadoras da elaboração das políticas comunitárias*, associando as partes interessadas à definição dos principais objetivos, dos métodos de implementação, dos indicadores de *performance* e das linhas diretrizes dessas políticas.

Noutros termos: a *consensualização* com *stakeholders* é fundamental para a democratização da *expertise*; num contexto de contestação crescente, mesmo no nível técnico, dos governos de cientistas pela sociedade civil (*v.g.* crises das "vacas loucas" ou do Covid-19) e de crise do modelo weberiano da racionalidade burocrática científica, consideram-se os *inputs* sociais, através, por exemplo, da *participação (em rede) de atores públicos e privados nas agências europeias*, eixos fundamentais de legitimação democrática do processo decisório da União, a par da transparência e da qualidade das deliberações.

Impõe-se ainda destacar na atividade das agências da UE, por definição revestidas de autonomia/independência, a *transparência* do funcionamento como indispensável contrapartida de certo esbatimento da responsabilidade política, e, assim, fundamental fator legitimador e de credibilização destes organismos.

Em nossa opinião, a transparência, pedra angular de um modelo de democracia participado, plural e deliberativo tão na moda na União, se por um lado reveste importância no aprofundamento do controlo e responsabilização das instituições europeias, por outro lado, pode encobrir um esfarelar-se grave do tradicional princípio democrático, afastando mais e mais os cidadãos de Bruxelas... e privilegiando os grupos de interesses económicos e sociais melhor estruturados e mais profissionais.

Quanto às causas intrinsecamente ligadas a especificidades da União, as *agências europeias acabam por consubstanciar importante compromisso entre os interesses nacionais e os interesses das instituições europeias, máxime da Comissão*.

Na verdade, os Estados-Membros, com a composição dos conselhos de administração das agências, dispõem de igual ou maior capacidade de influência nestes organismos do que teriam em comités de comitologia ou sobre qualquer serviço da Comissão.

Por outro lado, a Comissão, num contexto de *progressiva politização* da sua função no processo de integração europeia,[41] prefere concentrar-se nas tarefas institucionais mais relevantes a fortalecer a componente de implementação administrativo-técnica.

Paradoxalmente, porque e na medida em que estão em causa competências que normalmente caberiam à Comissão, o estabelecimento de agências europeias pode ser-lhe útil e conveniente, desde que (estas) disponham de mandatos e poderes limitados exercidos sob a sua (dela, Comissão) supervisão.[42]

2.2.2 Agências da UE: limitações à delegação de poderes (o princípio Meroni)

No acórdão Meroni,[43] o Tribunal de Justiça da União Europeia (TJUE) pronuncia-se, em especial, sobre a delegação de poderes por parte de instituições comunitárias, não prevista no Tratado. Resumindo as conclusões do Tribunal, consolida-se o que podemos designar como *princípio Meroni*:

1) a autoridade delegante não pode transferir para a agência poderes diferentes daqueles que ela própria possui – princípio do *nemo plus iuris* –, o que implica o cumprimento pela entidade delegada dos mesmos requisitos impostos ao delegante;
2) mesmo quando haja habilitação para a delegação de poderes, esta tem de ser expressa, não se pode presumir;
3) o âmbito da delegação restringe-se a poderes de mera execução, estritamente controláveis pelo delegante, não sendo possível delegar competências que coenvolvem ampla discricionariedade.

Não obstante as críticas a este aresto jurisprudencial, nomeadamente pelas consequências em termos de eficiência da União, defendendo-se mesmo a limitação das conclusões acima expostas ao caso concreto, isto é, ao domínio da Comunidade Europeia do Carvão e do Aço e à delegação de poderes a entes privados, a *doutrina Meroni* impôs-se como limite constitucional à delegação de competências na UE e continua a ser invocada na jurisprudência comunitária.

Temos por negativa, para a vida institucional da União, a cristalização da interpretação rígida da denominada doutrina Meroni como a jurisprudência do TJUE e a doutrina têm vindo a fazer.[44] *À semelhança da experiência norte-americana, também nós defendemos, na União,*

---

[41] Vide KELEMEN, R. Daniel; MAJONE, Giandomenico. Managing europeanization: the European Agencies. In: PETERSON, John; SHACLETON, Michael (Coord.). *The institutions of the European Union*. 3. ed. Oxford: Oxford University Press, 2012. p. 227.

[42] Nas palavras de Mark Thatcher: "a Comissão defendeu o seu papel e poderes, aceitando agências europeias quando estas ajudassem na estratégia de incremento do seu âmbito de acção e desde que fossem assegurados muitos controlos sobre elas". O autor refere ainda a resistência das autoridades reguladoras nacionais, com o receio da perda de autonomia, como outro dos elementos justificativos da inexistência de agências da União Europeia fortes. Vide THATCHER, Mark. The creation of regulatory agencies and its limits: a comparative analysis of European delegation. *Journal of European Public Policy*, v. 18, n. 6, set. 2011. p. 805.

[43] Cfr. acórdão do Tribunal *Meroni v. Alta Autoridade da CECA*, de 13.6.1958, Processo nº 9/56.

[44] Segundo Filippo Donati, as limitações jurídicas à delegação de poderes consagradas na doutrina Meroni podem "explicar porque, não obstante o constante desenvolvimento da acção comunitária em novos sectores, o legislador comunitário não procedeu à instituição de novos órgãos, diversos daqueles previstos no Tratado CE, com funções e poderes similares àqueles das autoridades independentes de marca anglo-saxónica ou continental". Vide DONATI, Filippo. Le autorità indipendenti tra diritto comunitario e diritto interno. *Il Diritto dell' Unione Europea*, v. 1, n. 6. p. 41.

a flexibilização da "non delegation doctrine", adequadamente compensada com um conjunto de mecanismos de accountability vária e o reforço de poderes dos órgãos legislativos sobre as delegações.

2.2.3 Agências da UE: reforço progressivo de competências

Tendência clara é a do *reforço progressivo das competências* das agências da União Europeia. De início circunscritos a meras prerrogativas de *sunshine regulation*, estes organismos encontram-se cada vez mais revestidos de poderes formais de licenciamento e de competências decisórias na execução do direito comunitário, numa evolução permitida por leitura mais flexível do denominado princípio Meroni.

A tendência de *federalização* europeia é sobretudo evidente no domínio financeiro, em reação à grave crise eclodida em 2007/2008, a qual cremos superável duradouramente apenas com uma união bancária e uma união orçamental – indispensáveis para pôr termo aos círculos viciosos riscos soberanos/riscos bancários –, bem como através da consolidação e reforço de uma verdadeira união política, sob pena de eventual morte do euro e do projeto de integração europeia.

Entre outras medidas destinadas a evitar riscos sistémicos e a garantir a estabilidade do sistema financeiro europeu como um todo, destaca-se o reforço dos *esquemas europeus de regulação e de supervisão*, com a emergência de um *Sistema de Supervisão Financeiro da UE*, composto por um Comité Europeu de Risco Sistémico – organismo desprovido de poderes vinculativos – e por (três) *Autoridades Europeias de Supervisão (ESA) de poderes inequivocamente mais fortes em relação aos das demais agências.*

Destarte, além de poderes de *soft law* que, através da mediação de princípios gerais de direito, produzem (alguns) efeitos jurídicos (*hoft law*), as Autoridades Europeias de Supervisão Financeira dispõem de poderes (mais) impressivos: por exemplo, *poderes quase normativos* – a Comissão, competente para a adoção de atos delegados ao abrigo do art. 290º do TFUE, limita-se a "aprovar" os projetos de normas técnicas de regulamentação elaborados pelas ESA, dificilmente se apartando deles –, e poderes quase decisórios, em função da força de fato dos projetos de normas técnicas de execução que a Comissão acaba por, via de regra, homologar, com base no art. 291º do TFUE.

Mas as ESA, entre outras prerrogativas (*v.g.*, realização de testes de esforço), encontram-se revestidas ainda de (verdadeiros) *poderes decisórios*:

1) em situações (excecionais) de emergência, as ESA podem adotar comandos vinculativos para os reguladores nacionais, através da emissão de medidas específicas; e, no caso de incumprimento destas entidades, a agência europeia de supervisão financeira pode dirigir decisão individual diretamente à instituição financeira nacional, num quadro de inédita centralização e de sobreposição (substituição) aos supervisores nacionais;

2) em casos de violação de legislação da União, com as decisões das ESA a poderem dirigir-se direta e obrigatoriamente a instituições financeiras nacionais, quando os reguladores nacionais não cumpram o parecer da Comissão – baseado em recomendação da ESA;

3) nas hipóteses de resolução de litígios entre supervisores nacionais, se as decisões de resolução destes litígios não forem cumpridas, as ESA podem

ainda dirigir decisões individuais a instituições financeiras nacionais em áreas de legislação que lhes sejam "directamente aplicáveis".

Neste âmbito, não podemos olvidar, contudo, a existência da cláusula de salvaguarda fiscal (*get-out clause*), a possibilitar aos Estados não cumprirem a decisão da ESA no caso de esta ter reflexo orçamental significativo... Trata-se, no fundo, de projeção da abordagem nacional que ainda persiste na supervisão financeira europeia, com os supervisores de cada país a assumirem a responsabilidade pelas diferentes instituições financeiras do seu Estado e este a arcar com as respetivas falhas de supervisão.

Por isso, os poderes de supervisão e sancionatórios das ESA são praticamente inexistentes, embora não deixemos de lembrar, por exemplo, as relevantes funções supervisórias cometidas à Esma em relação às agências de notação de risco.

Em breves palavras: *as ESA não constituem uma autêntica revolução no plano institucional da União e encontram-se ainda bem longe do estatuto das agências reguladoras americanas que inspiram o processo de agencificação na Europa. Todavia, impõe-se salientar a natureza qualitativamente distinta das autoridades supervisoras financeiras em relação às demais agências da União Europeia, mesmo quando revestidas de competências decisórias, porquanto estas são, sobretudo, de índole administrativa e atribuídas num quadro regulatório bem definido.*

2.3 Crítica (geral) ao modelo das agências independentes

As nossas reservas quanto à Administração dita independente prendem-se, fundamentalmente, com questões de democraticidade: *a desresponsabilização do político e a (sobre)valorização do especialista técnico podem conduzir, em nossa opinião, a perigosa transferência do poder decisório da política para a ciência, suscitando graves problemas em matéria de controlo democrático da decisão pública*. Como ensina Gomes Canotilho:

> basta comparar o modelo clássico de legitimação com os padrões legitimatórios actuais para se concluir que, em último termo, a democracia representativo-parlamentar cede o passo a processos comunicativos, onde não é a ciência do direito constitucional a responsável pela definição dos princípios básicos da legitimação democrática.[45]

No entanto, pressupondo que a decisão final cabe ao político, embora admitindo a tendência de este não se afastar da análise do *expert* (independente) e as dificuldades extremas em destrinçar as tarefas de gestão e de avaliação do risco,[46] propendemos a reconhecer, sobretudo em contextos de grande complexidade técnica e científica, a utilidade e a legitimidade das autoridades reguladoras (independentes), num quadro de adequado controlo político.[47]

---

[45] *Vide* CANOTILHO, J. J. Gomes. O princípio democrático sob a pressão dos novos esquemas regulatórios. *Revista de Direito Público e Regulação*, n. 1, 2010. p. 101.

[46] Noutros termos, Ellen Vos afirma: "em muitas situações de incerteza e/ou controvérsia científica, a análise científica e a sua gestão estão fortemente interrelacionadas. É, por exemplo, muito provável que evidências científicas relativamente a questões altamente sensíveis, como o requerimento para a autorização da UE para um produto alimentar novo específico, inclua alguns elementos sócio-económicos". *Vide* VOS, Ellen. Agencies and the European Union. *In*: VERHEY, Luc; ZWART, Tom (Coord.). *Agencies in European and comparative perspective.* [s.l.]: Intersentia, 2003. p. 133.

[47] Nas palavras de Ellen Vos, "dificuldades em distinguir informação e/ou evidências científicas de elaboração das políticas não devem resultar na negação dos potenciais méritos das agências, mas antes realçar se há necessidade

Em síntese: não somos favoráveis à governação de tecnocratas, ancorados em pretensões de arrogância científica autossuficiente e de autorreferencialidade, com base em ideias de imparcialidade e eficiência, sem legitimação político-representativa, como é tradição dos sistemas democráticos ocidentais.[48]

Informação bibliográfica deste texto, conforme a NBR 6023:2018 da Associação Brasileira de Normas Técnicas (ABNT):

SILVA, João Nuno Cruz Matos Calvão da. Agências reguladoras: (breve) visão comparada das realidades europeia e brasileira. *In*: GOMES, Ana Cláudia Nascimento; ALBERGARIA, Bruno; CANOTILHO, Mariana Rodrigues (Coord.). *Direito Constitucional*: diálogos em homenagem ao 80º aniversário de J. J. Gomes Canotilho. Belo Horizonte: Fórum, 2021. p. 849-862. ISBN 978-65-5518-191-3.

---

de criar mecanismos que coloquem as agências sob maior controlo político" *Vide* VOS, Ellen. Reforming the European Comission: what role to play for EU agencies?. *Common Market Law Review*, v. 37, n. 5, 2000. p. 1133.

[48] Como bem reflectem Aalt Willem Heringa e Luc Verhey, "todos os poderes governamentais no mais amplo sentido têm de ser baseados na aprovação parlamentar. O exercício destes poderes tem de ser supervisionado por um Parlamento democraticamente eleito. Evidentemente estamos conscientes do facto de que o executivo se expandiu e de que poderes mais e mais complexos lhe foram transferidos pelo Parlamento. Também notamos que as agências independentes podem cumprir uma função útil na sociedade moderna. No entanto, também acreditamos que não deve ocorrer qualquer desistência parlamentar: os parlamentos, eleitos por e responsáveis perante as pessoas, têm de reassegurar a sua política geral e a sua função legitimadora bem como a sua função de plataforma de transparência, prestação de contas públicas e visibilidade relativamente ao que se vai passando nas várias áreas do executivo". *Vide* HERINGA, Aalt Willem; VERHEY, Luc. Independent agencies and political control. *In*: VERHEY, Luc; ZWART, Tom (Coord.). *Agencies in European and comparative perspective*. [s.l.]: Intersentia, 2003. p. 168-169.

DIREITO CONSTITUCIONAL INTERNACIONAL HUMANITÁRIO OU O OTIMISMO

MÁRCIA MIEKO MORIKAWA

I   Introdução

Permitam-nos: este não é um artigo *científico* em homenagem ao Digníssimo Professor Doutor José Joaquim Gomes Canotilho. Não há tempo para meias palavras. Vivemos tempos em que as verdades do coração impõem-se. Antes, é, sobretudo, uma homenagem *humana* e do *coração*. A cientificidade alheia às coisas do coração humano tem o potencial de destruir o mundo, como bem sabemos nesses tempos pandémicos.

II   Deambulação do direito internacional humanitário

O direito internacional humanitário, que teve o seu nascimento em campo de batalha,[1] andou pelo mundo. Caminhou em campos de refugiados,[2] em centros de acolhimento a deslocados internos,[3] viu o contexto sombrio da guerra.[4] Caminhou quilómetros a pé, em terreno árido e de sol escaldante, algures em Eritreia, para buscar água a refugiados e deslocados que chegavam a um centro de acolhimento em que, por

---

[1]   DUNANT, Henry. *Un Souvenir de Solférino*. [s.l.]: CICR, 1862. Este livro demarca o nascimento moderno do direito internacional humanitário. Pode-se, todavia, ir mais longe, em tempos da Antiguidade, para se verificar a existência de regras delimitando os meios e métodos de combate. *Vide*, por exemplo, o épico indiano *Mahabharata* escrito por volta de 5.000 a.C. *Vide* também BOUVIER, Antoine A.; SASSÒLI, Marco. *Un Droit dans la Guerre?* Genève: Comité International de la Croix-Rouge, 2003. v. I-II; BUGNION, François. *Le Comité International de la Croix-Rouge et la Protection des Victimes de la Guerre*. 2. ed. Genève: Comité International de la Croix-Rouge, 2000.
[2]   Em particular: campo de Jenin, Palestina; campo de refugiados em Asmara, Eritrea; campo de refugiados em Dubrovnik, Croácia; e campo de refugiados em Díli, Timor-Leste.
[3]   IDPs (*Internally Displaced Persons*) em Colombo, Sri Lanka.
[4]   BASTIC, Jasna. *The war still in my mind*. A book on PTSD – post-traumatic stress disorder in former Yugoslavia (gentilmente cedido pela autora); FORNARI, F. *Psicanalisi della guerra*. Milano: Feltrinelli, 1970; HOURS, Bernard. *L'idéologie humanitaire ou le spectacle de l'altérité perdue*. Paris: L'Harmattan, 1998.

ora, nem teto havia. Carregou no colo várias crianças que perderam seus pais no conflito armado interno do Sri Lanka, chorou com elas um futuro incerto.

O direito internacional humanitário quis, em vão, salvar vidas no campo de refugiados em Jenin, Palestina. Em vão tentou cruzar a fronteira da Croácia durante a guerra da ex-Iugoslávia para entrar na Bósnia Herzegovina e salvar vidas.[5] O direito internacional humanitário defrontou-se com a frieza e indiferença dos Estados, bateu à porta de constitucionalismos rígidos e sem abertura ao sofrimento humano.[6] Sentou-se à mesa para dialogar a vida de várias pobres crianças e mulheres esfarrapadas pelos espinhos de caminhos tortuosos da fuga e viu, ao fim da reunião, ser-lhe servido espumante e sorrisos longínquos, desconhecedores do terreno por onde passou. O direito internacional humanitário desesperou-se e chorou.

III Teoria do terreno

O direito internacional humanitário continuou o seu caminho: o humano há de vencer. Estudou em grandes centros universitários, juntamente com refugiados,[7] inclusive, e viu a teoria não se adequar às necessidades e ao tempo da fuga. Percebeu, então, que era preciso fazer algo via a teoria constitucional (uma teoria constitucional internacional), porque as urgências do terreno não permitiam tal reflexão. O direito internacional humanitário andava ocupado em demasia a tentar levar a esperança à desesperança no terreno.

Chegou a Coimbra num inverno de 2001. Com memórias do terreno, caminhou pelos solenes corredores da Faculdade de Direito da Universidade de Coimbra, cruzou olhares com entes que decerto não conheciam o seu mundo; folheou livros, horas e horas, em busca do entroncamento entre a fronteira do desespero humano e o acolhimento institucionalizado e organizado daquele. Uma teoria constitucional recetiva às necessidades daquelas pessoas era tão importante quanto agências humanitárias eficazes e prontas a levar assistência humanitária em terreno no campo internacional. Era impreterivelmente preciso dar assento constitucional ao sofrimento humano das urgências das guerras. Era preciso dar assento de direito interno ao direito à assistência humanitária. Teve a sorte de na defesa do Mestrado ter o grande constitucionalista como presidente do júri. Destino.

---

[5] Ação humanitária no âmbito da organização não governamental internacional Peace Boat com sede em Tóquio, Japão. Ver www.peaceboart.org.

[6] "Durante muito tempo eles (os temas do direito humanitário) não tinham direito de cidade na república constitucional. Tratava-se de questões remetidas para instrumentos convencionais internacionais. Os cultores do direito e dos direitos ou revelavam completa ignorância ou completa indiferença perante as tragédias humanitárias. Direitos só havia uns – os direitos fundamentais positivados nas constituições. O Direito esse, em princípio, não vê direitos" (CANOTILHO, J. J. Gomes. *O tempo curvo de uma carta (fundamental) ou o direito constitucional interiorizado*. Porto: Instituto da Conferência, Conselho Distrital do Porto da Ordem dos Advogados, 2006. p. 10). Leia-se, também, CANOTILHO, J. J. Gomes. O Estado no direito constitucional internacional. *Revista da História das Ideias*, v. 26, p. 343-352, 2005.

[7] Faculdade de Direito da Universidade de Genebra – refugiados de Ruanda (*DEA en Droit Humanitaire*).

IV Encontro com o "constitucionalismo da dignidade humana"

O destino de milhares de refugiados e deslocados internos estava à mesa naquele debate sobre os "deslocados internos: entre a soberania do Estado e a proteção dos direitos do homem – uma crítica ao sistema internacional de proteção dos refugiados".[8]

Ali, naquela sala repleta de história lusa e de azulejos setecentistas, era desmantelada a fronteira aparentemente intransponível entre o direito internacional humanitário e o direito constitucional. O constitucionalismo vergou-se diante das lágrimas daquelas inúmeras crianças. Direito internacional humanitário e direito constitucional deram-se as mãos.[9]

V *Good governance* humanitária

A palavra soou estranha ao direito internacional humanitário – *good governance*, um termo das ciências económicas –[10] naquela que foi uma das primeiras reuniões de orientação da tese de Doutoramento. O direito constitucional, com o seu olhar carregado de sabedoria, pronunciava-a, entretanto, assertivamente: um quadro da *boa governação dos auxílios humanitários*, de modo a que a prestação seja organizada e efetiva, com dever de cuidado (*accountability*) e dever de assistência (*responsiveness*).[11]

O Estado foi, assim, chamado a ter papel central no quadro *multilevel* da *good governance* humanitária – sendo este o problema fulcral da falta de coordenação da assistência humanitária. A falta de um centro, havendo vários "centros" ou um "centro internacional" sem vínculo interno.[12] O quadro jurídico elaborado da *good governance* humanitária exigia uma acentuada *due diligence* para a proteção do direito à assistência humanitária: o dever do Estado em adotar medidas políticas, legislativas, *institucionais, operacionais* e de *ação*, em parceria, inclusive, com o setor privado.[13] O quadro representava

---

[8] Dissertação de Mestrado publicada pela Coimbra Editora: MORIKAWA, Márcia Mieko. Deslocados internos: entre a soberania do Estado e a protecção internacional dos direitos do homem. Uma crítica ao sistema internacional de protecção dos refugiados. *Studia Iuridica*, Coimbra, v. 87, 2006.

[9] "O Direito Constitucional Internacional", aludido pelo homenageado Professor Doutor José Joaquim Gomes Canotilho em *Brancosos" e interconstitucionalidade*. Itinerários dos discursos sobre a historicidade constitucional. Coimbra: Almedina, 2006, sobretudo, p. 300: "Se as constituições civis globais, embora sejam constituições juridicamente autónomas, fazem parte de um sistema de redes aglutinador de vários subsistemas globais, eles terão de *estar também em rede* com subsistemas nacionais vinculados a regras-quadro, ou até mesmo a directivas politicamente programáticas das constituições nacionais".

[10] OECD (Organization for Economic Cooperation and Development). *Participatory development and good governance*. Development co-operation guidelines series. Paris: OECD, 1995; FONSECA, Fátima; CARAPETO, Carlos. *Governação, inovação e tecnologias*. O Estado rede e a Administração Pública do futuro. Lisboa: Sílabo, 2009. p. 27-64; 67-71; Jorge ABREU, Jorge Manuel Coutinho. *Governação das sociedades comerciais*. Coimbra: Almedina, 2010, sobretudo, p. 7-83; 177-196.

[11] CANOTILHO, J. J. Gomes. *O tempo curvo de uma carta (fundamental) ou o direito constitucional interiorizado*. Porto: Instituto da Conferência, Conselho Distrital do Porto da Ordem dos Advogados, 2006. p. 10.

[12] *Vide* BOTHE, Michael; MACALISTER-SMITH, Peter; KURZIDEM, Thomas (Ed.). *National Implementation of International Humanitarian Law* – Proceedings of an International Colloquium held at Bad Homburg, June 17-19, 1988. [s.l.]: Martinus Nijhoff Publishers, 1990.

[13] NEUMAYER, Eric. *The pattern of aid giving*. The impact of good governance on development assistance. [s.l.]: Routledge, 2003; GINTHER, Konrad; DENTERS, Erik; WAART, Paul J. I. M. *Sustainable development and good governance*. [s.l.]: Martinus Nijhoff, 1995; GRINDLE, Merilee S. *Getting good government*. Capacity building in the public sectors of developing countries. Cambridge: Harvard University Press, 1997; BOTCHWAY, Francis N. Good governance: the old, the new, the principle, and the elements. *Florida Journal of International Law*,

a juridicização da ação humanitária, inserindo-a no sistema de promoção dos direitos fundamentais, de modo a valorizar de maneira concreta a "dignidade humana". Apostou-se, assim, num *regresso ao Estado* de modo a fortalecer a capacidade institucional humanitária nos ordenamentos jurídicos internos – o Estado humanitário – num quadro multidimensional de parceria do Estado com organizações internacionais, não governamentais e sociedade civil.[14]

VI O Estado humanitário em tempos de pandemia

O Estado humanitário atrofiou com a pandemia. São já 79,5 milhões de pessoas deslocadas no mundo conforme dados do Alto Comissariado das Nações Unidas para os Refugiados. Desse número total de deslocados no mundo, 40% são crianças. A solução torna-se o problema visto do prisma internacional: por um lado, temos a necessidade do Estado em adotar medidas drásticas para conter a propagação do vírus e, de outro, temos o direito humano de a pessoa buscar refúgio em outro país que não o da perseguição. O fecho da fronteira representou, em muitos casos, um xeque-mate ao direito à vida, ao direito ao refúgio, à assistência humanitária e ao direito inderrogável ao *non-refoulement*.[15]

Neste panorama, o ACNUR criou uma plataforma denominada *Plataforma Covid-19*, em que dados oficiais são ali registados e revisados constantemente de maneira a que se possa acompanhar a situação do terreno. Dados oficiais do ACNUR[16] demonstram que setenta e um países no mundo, por questões de contingência à pandemia, fecharam suas fronteiras, inclusive para as pessoas em busca de refúgio. Setenta países fecharam as fronteiras com exceção às pessoas em necessidade de busca de refúgio (Portugal e os países da UE, Canadá, Japão, Nova Zelândia, Indonésia, vários países africanos como Botswana, África do Sul, Etiópia etc.). Todavia, desses setenta países que mantiveram as fronteiras abertas, alguns deles não têm o sistema administrativo de acolhimento dessas pessoas ativado. Alguns encontram-se a funcionar parcialmente, com serviços mínimos, e outros encontram-se simplesmente fechados por causa do confinamento obrigatório. Convém lembrar nestes tempos pandémicos: o Estado de direito é (deve ser) *também* um Estado de direitos humanitários e refugiados e deslocados internos não devem ser excluídos das medidas políticas adotadas para fazer face à pandemia.

VII Direito constitucional internacional humanitário ou o otimismo

Diante do mundo que hoje se nos afigura, hesitámos em como terminar este breve escrito relativamente à situação da pandemia e possíveis soluções aos refugiados

---

v. XIII, n. 2, p. 159-210, Spring 2001; WEISS, Thomas G. Governance, good governance and global governance: conceptual and actual challenges. *Third World Quarterly*, v. 21, n. 5, p. 795-814, 2000; WOODS, Ngaire. Good governance in international organizations. *Global Governance*, v. 5, n. 1, p. 39-61, jan./mar. 1999.

[14] OST, François; KERCHOVE, Michel van de. *De la Pyramide au Réseau? Pour une Théore Dialectique du Droit*. Bruxelles: Publications des Facultés Universitaires Saint-Louis, 2002 sobretudo, p. 11-88; 125-220; 267-383; 449-488.

[15] O outro lado da moeda do direito ao refúgio é o direito ao *non-refoulement* – a pessoa não ser enviada de volta ao local onde teme pela sua vida, onde teme ser torturada, ser morta, ou receber tratamento degradante e desumano.

[16] *Vide* https://www.unhcr.org/coronavirus-covid-19.html.

e deslocados internos. Com o coração pesado, parece restar-nos apenas o otimismo definido por Cândido diante da pergunta de Cacambo:[17] "é insistir que tudo vai bem quando tudo vai mal". Todavia, ecoa ainda em nosso coração as palavras do Mestre Constitucionalista no último encontro, aquando do nosso regresso de Timor-Leste e início da pandemia. Tal qual Cacambo, um pouco descrente e aludindo à deterioração da situação dos refugiados e deslocados internos no mundo, perguntámos ao Mestre se ainda via solução para o mundo de hoje. O Mestre – que já bem merece o seu descanso depois de uma vida inteira dedicada (de corpo e alma, diga-se!) ao mundo académico e à sedimentação da dignidade humana –, todavia, não hesitou. Olhar direcionado ao horizonte através da janela de seu gabinete (esta mesma janela para onde, tantas vezes nas reuniões de orientações de doutoramento, lançámos, nós também, olhares longínquos como que a visualizar o terreno dos campos de refugiados e *IDPs*), afirmou peremptório: "claro que sim, tem de haver sempre esperança!".

Um grande mestre é aquele que nos aponta o caminho da *esperança na humanidade* quando nós já não conseguimos vê-lo. Um bem haja, Professor Doutor José Joaquim Gomes Canotilho!

Coimbra, inverno de 2021.

Referências

ABREU, Jorge Manuel Coutinho. *Governação das sociedades comerciais*. Coimbra: Almedina, 2010.

BOTCHWAY, Francis N. Good governance: the old, the new, the principle, and the elements. *Florida Journal of International Law*, v. XIII, n. 2, p. 159-210, Spring 2001.

BOTHE, Michael; MACALISTER-SMITH, Peter; KURZIDEM, Thomas (Ed.). *National Implementation of International Humanitarian Law* – Proceedings of an International Colloquium held at Bad Homburg, June 17-19, 1988. [s.l.]: Martinus Nijhoff Publishers, 1990.

BOUVIER, Antoine A.; SASSÒLI, Marco. *Un Droit dans la Guerre?* Genève: Comité International de la Croix-Rouge, 2003. v. I-II.

BUGNION, François. *Le Comité International de la Croix-Rouge et la Protection des Victimes de la Guerre*. 2. ed. Genève: Comité International de la Croix-Rouge, 2000.

CANOTILHO, J. J. Gomes. *"Brancosos" e interconstitucionalidade*. Itinerários dos discursos sobre a historicidade constitucional. Coimbra: Almedina, 2006.

CANOTILHO, J. J. Gomes. Intervenções humanitárias e sociedade de risco. Contributos para uma aproximação ao problema do risco nas intervenções humanitárias. *Nação e Defesa*, n. 97, p. 17-26, primavera 2001.

CANOTILHO, J. J. Gomes. Nova ordem mundial e ingerência humanitária (claros-escuros de um novo paradigma internacional. *Boletim da Faculdade de Direito*, v. LXXI, p. 1-26, 1995.

CANOTILHO, J. J. Gomes. O Estado no direito constitucional internacional. *Revista da História das Ideias*, v. 26, p. 343-352, 2005.

CANOTILHO, J. J. Gomes. *O tempo curvo de uma carta (fundamental) ou o direito constitucional interiorizado*. Porto: Instituto da Conferência, Conselho Distrital do Porto da Ordem dos Advogados, 2006.

DUNANT, Henry. *Un Souvenir de Solférino*. [s.l.]: CICR, 1862.

---

[17] VOLTAIRE, François-Marie Arouet. *Candide ou L'Optimisme*. Tradução de Maria Archer. Lisboa: Guimarães Editores, [s.d.].

FONSECA, Fátima; CARAPETO, Carlos. *Governação, inovação e tecnologias*. O Estado rede e a Administração Pública do futuro. Lisboa: Sílabo, 2009.

FORNARI, F. *Psicanalisi della guerra*. Milano: Feltrinelli, 1970.

GINTHER, Konrad; DENTERS, Erik; WAART, Paul J. I. M. *Sustainable development and good governance*. [s.l.]: Martinus Nijhoff, 1995.

GRINDLE, Merilee S. *Getting good government*. Capacity building in the public sectors of developing countries. Cambridge: Harvard University Press, 1997.

HOURS, Bernard. *L'idéologie humanitaire ou le spectacle de l'altérité perdue*. Paris: L'Harmattan, 1998.

MORIKAWA, Márcia Mieko. Deslocados internos: entre a soberania do Estado e a protecção internacional dos direitos do homem. Uma crítica ao sistema internacional de protecção dos refugiados. *Studia Iuridica*, Coimbra, v. 87, 2006.

NEUMAYER, Eric. *The pattern of aid giving*. The impact of good governance on development assistance. [s.l.]: Routledge, 2003.

OECD (Organization for Economic Cooperation and Development). *Participatory development and good governance*. Development co-operation guidelines series. Paris: OECD, 1995.

OST, François; KERCHOVE, Michel van de. *De la Pyramide au Réseau?* Pour une Théore Dialectique du Droit. Bruxelles: Publications des Facultés Universitaires Saint-Louis, 2002.

VOLTAIRE, François-Marie Arouet. *Candide ou L'Optimisme*. Tradução de Maria Archer. Lisboa: Guimarães Editores, [s.d.].

WEISS, Thomas G. Governance, good governance and global governance: conceptual and actual challenges. *Third World Quarterly*, v. 21, n. 5, p. 795-814, 2000.

WOODS, Ngaire. Good governance in international organizations. *Global Governance*, v. 5, n. 1, p. 39-61, jan./mar. 1999.

Informação bibliográfica deste texto, conforme a NBR 6023:2018 da Associação Brasileira de Normas Técnicas (ABNT):

MORIKAWA, Márcia Mieko. Direito constitucional internacional humanitário ou o otimismo. *In*: GOMES, Ana Cláudia Nascimento; ALBERGARIA, Bruno; CANOTILHO, Mariana Rodrigues (Coord.). *Direito Constitucional*: diálogos em homenagem ao 80º aniversário de J. J. Gomes Canotilho. Belo Horizonte: Fórum, 2021. p. 863-868. ISBN 978-65-5518-191-3.

UM PASSEIO PELOS JARDINS DO DIREITO – HIPERTEXTOS, TRANSCIÊNCIA E TRANSJURIDICIDADE

MARCÍLIO TOSCANO FRANCA FILHO
ALESSANDRA MACEDO FRANCA

> *Escrevemos O Anti-Édipo a dois.*
> *Como cada um de nós era vários, já era muita gente.*
> *Utilizamos tudo o que nos aproximava, o mais próximo e o mais distante.*
>
> (Gilles Deleuze e Félix Guattari)

1 Introdução: de árvores a enciclopédias

Mapas, dicionários, enciclopédias, jardins e labirintos são temas recorrentes no pluriverso literário de Jorge Luís Borges. A partir deste referencial metafórico-literário, procura-se elaborar neste ensaio uma cartografia preliminar dos caminhos da complexidade jurídica, percorrendo os ambívios da juridicidade.

Segundo Umberto Eco, ele também um grande leitor de Borges, há dois modelos paradigmáticos para traduzir concepções de mundo e representações do saber. Os arquétipos dos modos de saber/compreender/entender, presentes na semiótica, na linguística, na filosofia da linguagem, nas ciências cognitivas e até na ciência da computação, podem ser traduzidos sob a forma de duas imagens metafóricas distintas e antagônicas: um padrão concebido à maneira de um dicionário e outro padrão concebido à maneira de uma enciclopédia.[1]

Nos dicionários, um termo, um conceito ou uma definição contém apenas o que lhe é mais próprio, individual e singular – exatamente aquilo que é capaz de apartar certo

---

[1] ECO, Umberto. *Da árvore ao labirinto*: estudos históricos sobre o signo e a interpretação. Rio de Janeiro: Record, 2013. p. 13.

objeto do conhecimento de todo o resto, diferenciando-o de tudo o mais. Contemplam os dicionários, portanto, tão somente aquelas características mais essenciais de certo ente, ou seja, aquilo que Kant chamaria de "propriedades analíticas".[2] Um dicionário, enfim, diz o que a coisa é – a sua substância essencial. Nas entrelinhas do arquétipo dicionarizado de perceber, conceber e explicar a realidade está, na verdade, numa estrutura de pensamento em forma de uma árvore rústica, cujas raízes teóricas remontam aos gregos Aristóteles (*Categorias*) e Porfírio (*Isagoge*).[3]

Árvores, pelas suas expressivas qualidades de organização, ilustração e racionalização, estão entre as mais antigas e utilizadas formas de representação de sistemas de pensamento da humanidade. Há milhares de anos, em muitas teologias, em várias áreas científicas e em diversos campos do saber filosófico, gráficos em forma de árvore e ramos são vistos como recursos metódico-epistemológicos para esquematizar e classificar conteúdos hierarquizados.[4] No direito, não é diferente. De sumérios, acádios, babilônios, assírios e egípcios até as grandes religiões monoteístas (cristãos, judeus e muçulmanos), todos se valeram da metáfora das árvores (a "árvore da vida", a "árvore do conhecimento", a "árvore de consanguinidade", a "árvore das virtudes", a "árvore dos vícios" etc.) para explicar conceitos e traduzir suas teogonias, mitologias, folclores e textos fundamentais.[5] Em resumo, "o uno que se devém dois".[6]

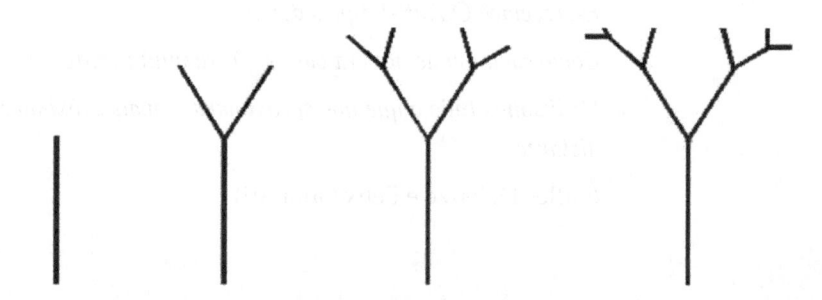

Em um dicionário qualquer de língua portuguesa, por exemplo, uma simples mesa pode ser definida como um móvel composto de um tampo horizontal, de formatos diversos, repousando sobre um ou mais pés, e que geralmente se destina a fins utilitários. Tais predicados, embora breves, são suficientes para distinguir uma mesa das cadeiras (que não têm tampo), das colheres (que não têm pés) ou das esculturas (que não são utilitárias) etc. Para fins meramente didáticos, uma árvore conceitual dessas poderia, a grosso modo, ser assim concebida:

---

[2] ECO, Umberto. *Da árvore ao labirinto*: estudos históricos sobre o signo e a interpretação. Rio de Janeiro: Record, 2013. p. 13.

[3] ECO, Umberto. *Da árvore ao labirinto*: estudos históricos sobre o signo e a interpretação. Rio de Janeiro: Record, 2013. p. 15-16; LIMA, Manuel. *Visual complexity*: mapping patterns of information. New York: Princeton Architectural Press, 2011. p. 27; LIMA, Manuel. *The book of trees*: visualizing branches of knowledge. New York: Princeton Architectural Press, 2014. p. 27.

[4] LIMA, Manuel. *Visual complexity*: mapping patterns of information. New York: Princeton Architectural Press, 2011. p. 21-22.

[5] LIMA, Manuel. *The book of trees*: visualizing branches of knowledge. New York: Princeton Architectural Press, 2014. p. 16.

[6] DELEUZE, Gilles; GUATTARI, Félix. *Mil platôs*. São Paulo: Editora 34, 2011. v. 1.p. 19.

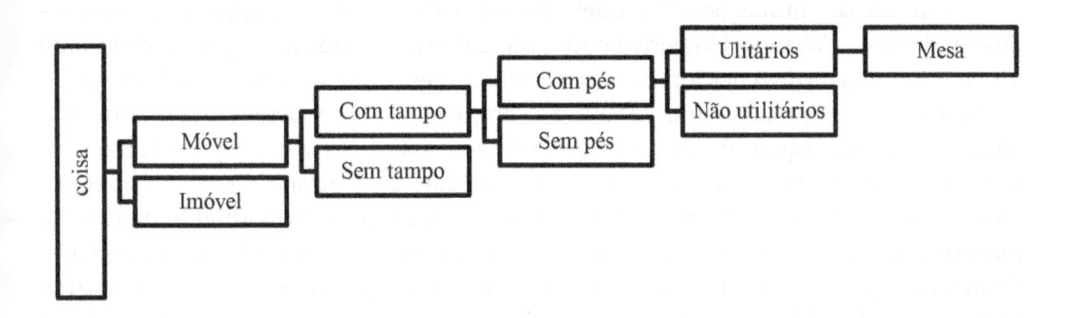

```
                                    ┌─ Ulitários ──── Mesa
                         ┌─ Com pés ─┤
              ┌─ Com tampo┤          └─ Não utilitários
         ┌─ Móvel ┤       └─ Sem pés
coisa ───┤        └─ Sem tampo
         └─ Imóvel
```

Há de se reconhecer nessa heterodoxa taxonomia, obviamente, a arbitrariedade dessas e de tantas outras classificações. Esse aspecto constitui, com efeito, um dos muitos problemas dos modelos dicionarizados de saber. No conto *El idioma analítico de John Wilkins*, de 1952, incluído no livro *Otras inquisiciones*, Jorge Luís Borges chama atenção para o fato de que "notoriamente no hay clasificación del universo que no sea arbitraria y conjetural".[7] E o argentino aponta o exemplo de certa enciclopédia chinesa intitulada *Emporio celestial de conocimientos benévolos*, em que os animais são divididos em 14 categorias:

> (a) pertenecientes al Emperador, (b) embalsamados, (e) amaestrados, (d) lechones, (e) sirenas, (f) fabulosos, (g) perros sueltos, (h) incluidos en esta clasificación, (i) que se agitan como locos, (j) innumerables, (k) dibujados con un pincel finísimo de pelo de camello, (l) etcétera, (m) que acaban de romper el jarrón, (n) que de lejos parecen moscas.[8]

Numa curiosa e profunda conferência sobre *Coleções de obras raras de direito*, pronunciada na Faculdade de Direito do Recife, em 3.3.2017, Michael Widener, bibliotecário-chefe de obras raras da biblioteca jurídica da Faculdade de Direito de Yale, Estados Unidos, registrou que uma das imagens mais comuns e mais antigas encontradas em livros jurídicos, desde o começo da Idade Média, era justamente o desenho de diagramas em forma de árvore. Esses modelos arboriformes de organização do saber jurídico teriam fins didáticos e pedagógicos, pois serviam "para auxiliar tanto o ensino como a memória".[9] Apesar de um tanto vetustos, ainda se recorre com certa frequência a tais modelos nos cursos jurídicos atuais, em que o sistema jurídico costuma ser repartido em "ramos" e sub-ramos como o direito público, privado, administrativo, civil, penal, comercial, constitucional, empresarial etc. Com a expansão do direito, as imagens das árvores, como poderosas ferramentas de cognição, também se foram complexificando ao longo da história, com crescentes graus de ramificações, entrelaçamentos e hibridismos.

---

[7] BORGES, Jorge Luis. El idioma analítico de John Wilkins. In: BORGES, Jorge Luis. *Otras inquisiciones*. Buenos Aires: Emece, 1952. p. 84.

[8] BORGES, Jorge Luis. El idioma analítico de John Wilkins. In: BORGES, Jorge Luis. *Otras inquisiciones*. Buenos Aires: Emece, 1952. p. 84.

[9] O próprio Michael Widener reuniu várias imagens desses diagramas jurídicos em forma de árvore nesse *link*: https://goo.gl/iFk9SV. No mesmo sentido: LIMA, Manuel. *The book of trees*: visualizing branches of knowledge. New York: Princeton Architectural Press, 2014. p. 32.

Em face das limitações do modelo arboriforme de saber dicionarizado, compartimentado e especializado, Umberto Eco propõe, como referido acima, o padrão concebido à maneira enredada das enciclopédias, um termo cuja etimologia incorpora o desejo grego de uma *enkyklios paideia*, ou uma "educação completa", a suma de todo o conhecimento humano, tão antigo quanto o próprio desejo de sistematizá-lo.[10] Ao compilar de maneira global e orgânica saberes precedentes, a enciclopédia – ao contrário do dicionário ou de uma mera miscelânea – não busca aquilo que é mais próprio, individual e singular de certo objeto, mas, justamente, atribuir-lhe todas as informações conhecidas possíveis, de maneira que aquele termo que é definido na enciclopédia aproxime-se de outros termos, conceitos e objetos a partir do estabelecimento de conexões, pontes, ramificações e contatos.

Retomando o exemplo acima referido, enquanto que o dicionário nos apresenta aquilo que só uma mesa pode conter, a enciclopédia procura avançar, evidenciando tudo aquilo que se conhece sobre mesas – história, funções, materiais, construtores, usos e, indo mais além, procura explorar as possíveis conexões com as cadeiras e os estilos decorativos e arquitetônicos etc., estabelecendo assim *hiperlinks* entre a noção de "mesa" e as noções de "cultura", "madeira", "casa", "arte", "*design*", "madeira", "parafuso", "Ikea" etc. Quanto mais completa ou complexa é a enciclopédia, mais ligações ela elabora, de modo que os modelos de singulares árvores delgadas acima mencionadas são substituídos por modelos de ramificações mais densas de conteúdos interligados, relacionados, associados. Ei-los:

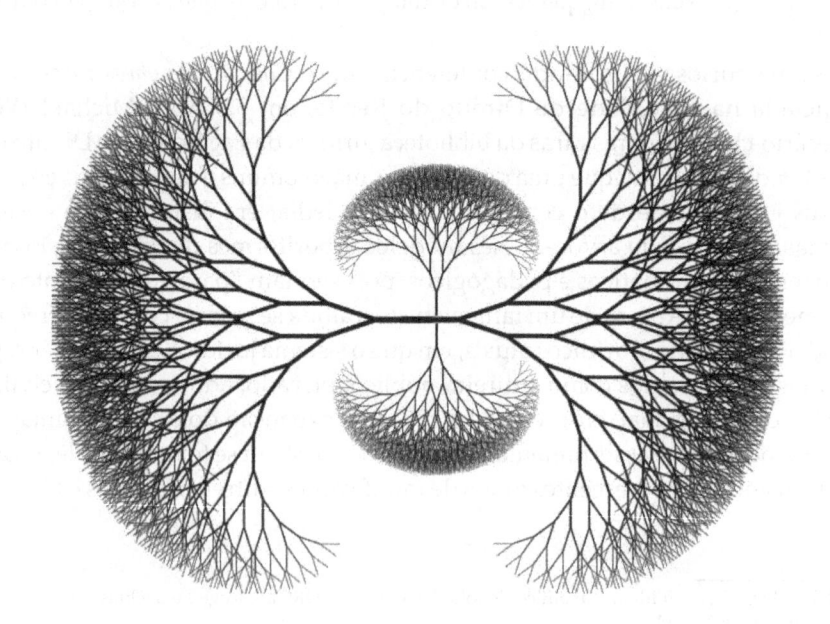

---

[10] ECO, Umberto. *Da árvore ao labirinto*: estudos históricos sobre o signo e a interpretação. Rio de Janeiro: Record, 2013. p. 31; LIMA, Manuel. *Visual complexity*: mapping patterns of information. New York: Princeton Architectural Press, 2011. p. 33.

Não demora para que essas árvores de ramos emaranhados toquem outras árvores conceituais, dando origem assim a densas florestas ou, quando pela intervenção humana, a verdadeiros jardins labirínticos, como metáforas de complexidade sempre crescente.

Entre os séculos XIII e XIV, o filósofo catalão e frade franciscano Ramon Llull – um dos personagens mais interessantes da Europa medieval – concebeu representações gráficas precursoras desses complexos diagramas arboriformes, desenhando várias árvores cujos galhos representavam conceitos que se entrelaçam, como a *arbor scientiae*, a *arbor moralis*, a *arbor philosophica* etc.[11] Interessante é perceber que, a partir do século XV, com o aprimoramento da topiária, a arte de podar plantas em formas geométrico-ornamentais,[12] a imagem de jardins labirínticos deixou de ser apenas conceitual ou metafórica para virar, de fato, algo concreto. E os labirintos-jardins, com árvores, arbustos e canteiros geométricos, tornaram-se cada vez mais comuns e valorizados por toda a Europa. Paolo Santarcangeli chega mesmo a falar em uma "explosão" dessa arte da jardinagem, a partir de finais do século XVI.[13]

Esse caminho de complexidade crescente – desde árvores isoladas, passando por árvores justapostas até chegar aos ajardinados labirintos em que as árvores são interdependentes e interconectadas em ecossistemas – segue o percurso prenunciado pelo matemático americano Warren Weaver em um texto clássico. Nele, Weaver afirma que, nos últimos 500 anos, o pensamento científico enfrentou problemas que variaram da mera simplicidade (a interação de uma variável sobre as outras), passando pela complexidade desorganizada (em que as variáveis não pareciam manter qualquer relação entre si), até chegar aos atuais problemas de complexidade organizada (em que múltiplas variáveis estão interdependentes e interconectadas).[14]

Caminho semelhante tem trilhado o direito, em que os ramos se bifurcaram e repartem, do público ao administrativo, ao constitucional, tributário, financeiro, econômico, do comercial ao empresarial, trabalhista, consumerista; novos ramos nascem, alguns na base de tudo, como os direitos humanos, o ambiental, o sanitário. Eles surgem a princípio sem relação uns com os outros numa complexidade desorganizada, mas logo se interconectam através de veias mais largas como o direito constitucional, que constitui um *carrefour* de onde partem diversos caminhos, ou na interseção entre dois ramos mais estritos, como no caso do econômico e do ambiental que caminham juntos a partir do paradigma do desenvolvimento sustentável.

---

[11] STOLLEIS, Michael. *O olho da lei* – História de uma metáfora. Belo Horizonte: Doyen, 2014. p. 38-39. ECO, Umberto. *Da árvore ao labirinto*: estudos históricos sobre o signo e a interpretação. Rio de Janeiro: Record, 2013. p. 42; LIMA, Manuel. *The book of trees*: visualizing branches of knowledge. New York: Princeton Architectural Press, 2014. p. 36. Uma daquelas complexas árvores de Llull, nos primórdios do que depois viria a ser a infografia ou a *data visualisation*, pode ser vista em https://goo.gl/fhyM3H.

[12] HARRISON, Lorraine. *Cómo leer jardines* – Una guía para aprender a disfrutarlos. Madrid: H. Blume, 2012. p. 134.

[13] SANTARCANGELI, Paolo. *Il libro dei labirinti*. Milano: Frassinelli 1984. p. 199.

[14] WEAVER, Warren. Science and complexity. *American Scientist*, n. 36, p. 536-544, 1948.

2 Dos jardins-labirintos aos labirintos em rede

Um jardim é, em primeiro lugar, o resultado de um prazer pessoal.[15] Ao contrário de uma horta, de um pomar ou de um herbário, cujas finalidades são pragmáticas, óbvias e concretas – alimentar o corpo! –, o principal *moto* de um jardim é o prazer estético, sensorial, místico ou intelectual de seu autor – alimentar a alma! Não por acaso, a sua etimologia remonta ao latim *gardinus*, cujo radical deu vazão a *Garten* (em alemão), *garden* (em inglês), *giardino* (no italiano), *jardin* (no francês) até chegar ao nosso jardim em bom português.[16] Mas o mesmo radical também resultou em *regarder* (olhar, em francês) e *guardare* (olhar, em italiano), de modo que não é injusto pensar que o jardim é sobretudo algo para ser visto, olhado, explorado e sentido (visto, ouvido, provado, cheirado e apalpado). É algo que causa prazer a quem o cultiva e seduz quem o olha ou explora.

Além do prazer individual, o trabalho do jardineiro é movido, em segundo lugar, pelo prazer do outro, aquele que passa pelo jardim ou o visita. O jardineiro busca, com suas linguagens, planos e ferramentas, seduzir, convencer, arrebatar, enfeitiçar o outro que, de passagem, atravessa o seu caminho.

Ao contrário de um bosque, uma mata ou uma floresta, o jardim nunca é dado, mas sempre construído, trabalhado, elaborado, cultivado. Um jardim surge dos sonhos, planos, projetos e esforços de um ou mais jardineiros. Resultado de uma intervenção cultural humana, um jardim tem sempre uma autoria, que se revela ao longo e por meio dos seus muitos canteiros. Assim como os sons não são música, conjuntos de plantas não constituem jardins antes de trabalhados pelo jardineiro.[17] Aliás, nesse particular, o jardim exige um trabalho cuidadoso, meticuloso, intenso e contínuo cujas etapas incluem definir um projeto, preparar adequadamente a terra, eleger e adquirir as mudas e sementes mais propícias aos seus propósitos, definir um tema e um estilo para o seu jardim, podá-lo em seus excessos, regá-lo na medida adequada. Não há jardim sem esse duplo esmero: do detalhe atento, da ourivesaria constante, da microdimensão da eleição da melhor flor ou abelha, mas também do esforço físico hercúleo, do lavradio extenso, da macrodimensão da harmonia e suas múltiplas relações.

O jardim é marcado pela delimitação: de espaços, de espécies, de águas, de canteiros. Principalmente, pela delimitação e identificação de suas margens. Um jardim é sempre algo fechado, definido ou delimitável, ainda que não tenha cercas ou muros.[18] No jardim, o conceito francês de *clôture* é essencial. Não se dá o mesmo com a floresta ou o bosque, que vão esmaecendo pouco a pouco, sem um fim único e explícito. Mesmo nos jardins públicos, ainda que não haja muros, grades ou portões, essa delimitação é clara e pode se dar por meio de ruas, calçadas e caminhos. Isso se deve não a qualquer instinto de propriedade, mas à necessidade prática de indicar os limites do cuidado empregado

---

[15] FRANCA FILHO, Marcílio Toscano. De jardins e direitos. *Revista Prim@ Facie*, v. 13, n. 25, p. 1-5, 2014.
[16] PRUVOST, Jean. *Le Jardin*. Paris: Champion, 2013. p. 15.
[17] MOORE, Charles W.; MITCHELL, William J.; TURNBULL JR., William. *A poética dos jardins*. Campinas: Editora da Unicamp, 2011. p. 25. John Cage diria o contrário, é verdade.
[18] RUBIÓ Y TUDURÍ, Nicolas Maria. *Del paraíso al jardín latino*. Barcelona: Tusquets, 2000. p. 46 e ss. Para Nelson Saldanha, "Em princípio o jardim se diz fechado, a praça, aberta. No caso, o jardim seria convexo; a praça côncava" (SALDANHA, Nelson. O jardim e a praça: ensaio sobre o lado "privado" e o lado "público" da vida social e histórica. *Ciência & Trópico*, v. 11, n. 1, p. 105-121, 1983. p. 110).

sobre aquela parcela específica de terreno. Mas a delimitação não significa isolamento: um jardim dialoga com o *terroir*, o clima, o relevo, os pássaros, os insetos, implicando sempre permeabilidade e alguma forma, ainda que sutil, de interação com o seu tempo e o seu espaço. "Assim como Robinson Crusoé, o jardineiro cria um ambiente a partir daquilo que a natureza lhe oferece em um dado lugar".[19] Essa delimitação, portanto, é sempre construída.

Esse diálogo com o tempo e com o espaço permitiu (e continua a autorizar), desde o Éden ou os jardins suspensos da Babilônia, passando pelos jardins de Academus e Epicuro, até o paisagismo multicolorido de Burle Marx ou o paisagismo submerso de Takashi Amano, a existência de uma infinidade de jardins memoráveis – apesar de as obras de jardinagem serem efêmeras por definição.[20]

Todos esses jardins costumam agrupar-se em duas grandes escolas de paisagismo: Há o jardim racional e geométrico, verdadeiro "paraíso ordenado", como aquele de canteiros retilíneos do Palácio Versailles, obra do grande André Le Nôtre, e o Jardim Botânico do Rio de Janeiro – ambos muito bonitos, mas muito, muito longe da natureza selvagem. Neles vislumbra-se claramente o gesto imperial de quem doma a natureza e expropria dela algum espaço. Por outro lado, há o jardim naturalista, oriental ou inglês, fiel à organicidade irregular da natureza, mas obviamente uma elaboração intelectual refinada, algo que se pode ver no Hyde Park londrino ou no Parque Lage carioca. Neles, quase não se percebe a "intervenção misteriosa (sem ervas daninhas, sem folhas caídas, sem pedras manchadas ou fora do lugar)"[21] do jardineiro, preocupado em disfarçar limites.

Fusão e enfrentamento definem as estratégias daquelas duas principais escolas paisagísticas. Em ambas, emerge a preocupação constituinte de dar forma aos espaços, dizendo algo, transmitindo uma mensagem, metaforizando uma ideia. Ora, "jardins são paisagens retóricas. Eles são feitos com os mesmos materiais que o resto da paisagem, assim como as palavras dos retóricos são as da linguagem comum, mas são compostos para instruir, comover e deleitar...".[22] Portanto, do mesmo modo como há retóricas artísticas, científicas e filosóficas, há retóricas paisagísticas e jurídicas, todas com enorme capacidade expressiva, afinal, como já bem revelou Martin Heidegger, "a Linguagem encontra-se por toda parte".[23] Como tantas outras coisas, os jardins falam por si(lêncio), com seus canteiros, cores, pedras, espécimes e composições.[24]

Na fronteira entre as escolas "rácio-geométricas" e "patos-naturalísticas" de jardinagem, há os jardins labirínticos, que unem o racionalismo da forma com a irracionalidade do conteúdo, afinal "todas as construções do homem têm um fim bastante

---

[19] MOORE, Charles W.; MITCHELL, William J.; TURNBULL JR., William. *A poética dos jardins*. Campinas: Editora da Unicamp, 2011. p. 20.

[20] HARRISON, Robert Pogue. *Gardens* – An essay on the human condition. Chicago: The University of Chicago Press, 2008. p. 39; RUBIÓ Y TUDURÍ, Nicolas Maria. *Del paraíso al jardín latino*. Barcelona: Tusquets, 2000. p 18.

[21] MOORE, Charles W.; MITCHELL, William J.; TURNBULL JR., William. *A poética dos jardins*. Campinas: Editora da Unicamp, 2011. p. 33-34; 62.

[22] MOORE, Charles W.; MITCHELL, William J.; TURNBULL JR., William. *A poética dos jardins*. Campinas: Editora da Unicamp, 2011. p. 65.

[23] HEIDEGGER, Martin. *A caminho da linguagem*. Petrópolis: Vozes, 2012. p. 7.

[24] FRANCA FILHO, Marcílio Toscano; CARNEIRO, Maria Lúcia. I Sapori del Diritto: Una Libera Congettura sul Gusto della Giuridicità ("Menu Degustazione in Quattro Portate"). *ISLL Papers*, v. 8, 2015. p. 13.

claro. Por exemplo, a sala de jantar para comer, o quarto para dormir, a sala de espera para esperar. Mas a ideia de construir um labirinto, um edifício para que quem entrar nele se perca, é uma ideia estranhíssima".[25] Visto em jardins ingleses, chineses, franceses, italianos, barrocos ou medievais, o labirinto é, segundo Moore, Mitchell e Turnbull, "um emaranhado de caminhos estreitos que faz com que longas distâncias sejam comprimidas dentro de uma pequena área".[26]

Fala-se em "jardins labirínticos", mas é preciso reconhecer que a própria figura do labirinto não é unívoca. Há também muitas, muitas classificações disponíveis sobre eles, com diferentes graus de complexidade. Fala-se, por exemplo, em labirintos (a) naturais, artificiais e mistos, (b) casuais, acessórios e intencionais, (c) univiários e pluriviários, (d) geométricos e irregulares, (e) retangulares, curvos e mistos, (f) compactos, difusos e mistos, (g) simétricos, assimétricos e mistos, (h) acêntricos, monocêntricos e policêntricos, (i) bidimensionais e tridimensionais, (j) simples e complexos, (k) com um ou múltiplos ingressos.[27]

Parece-nos infrutífero explorar cada uma dessas propostas taxonômicas neste instante. Para o bem da lógica do presente ensaio, toma-se, porém, a distinção proposta por Umberto Eco[28] entre três tipos de labirintos: (i) os labirintos simples de um só curso, também chamados de clássicos ou lineares, aqueles que, como um novelo ou um espiral, uma vez "desenrolados", dariam origem a uma única linha (também chamados de pseudolabirintos); (ii) os labirintos maneiristas ou *Irrweg*, aqueles que, uma vez desemaranhados, dariam origem a uma árvore bidimensional, ou seja, aqueles que propõem escolhas alternativas e binárias, ao longo do caminho, mas só uma delas leva a um final; e, por fim, (iii) os labirintos em forma de rede, policêntricos, que não podem ser "desenrolados", já que cada ponto se conecta a outros pontos.

Os jardins-labirintos estão mais relacionados às formas (i) e (ii) em função da ideia de fechamento e limites dos jardins. Sob uma outra perspectiva, é possível destacar que a forma labiríntica descrita em (ii) possuiria algum tipo de proximidade com as concepções dicionarizadas de saber, enquanto que as formas mais próximas de (iii) encontram maior familiaridade com as concepções enciclopédicas e reticuladas de saber.

Os modelos epistemológicos em forma de árvore, apesar de suas muitas qualidades, têm ao longo do tempo sofrido críticas quanto à sua centralização, rigidez, hierarquia, linearidade, finalismo e essencialismo. Mesmo quando reunidas em jardins-labirintos, as árvores não costumam perder a sua vocação "despótica e totalitária", claramente dependentes de uma "autoridade central". Em resposta a esses impasses, os filósofos Gilles Deleuze e Félix Guattari desenvolveram o conceito labiríntico de "rizoma", um complexo modelo em rede – muito próximo da ideia de *hiperlink* – que permite interconectar todo e qualquer ponto de sua estrutura flexível, acêntrica e não hierárquica.[29]

---

[25] Jorge Luís Borges *apud* BRAVO, Pilar; PAOLETTI, Mario. *Borges verbal*. Lisboa: Assírio & Alvim, 2002. p. 117.
[26] MOORE, Charles W.; MITCHELL, William J.; TURNBULL JR., William. *A poética dos jardins*. Campinas: Editora da Unicamp, 2011. p. 62.
[27] SANTARCANGELI, Paolo. *Il libro dei labirinti*. Milano: Frassinelli 1984. p. 24-28.
[28] ECO, Umberto. *Da árvore ao labirinto*: estudos históricos sobre o signo e a interpretação. Rio de Janeiro: Record, 2013. p. 60.
[29] LIMA, Manuel. *Visual complexity*: mapping patterns of information. New York: Princeton Architectural Press, 2011. p. 44.

Já que "networks are everywhere" –[30] da sociologia à arte,[31] da economia ao direito, da computação à epidemiologia, da geografia aos transportes –, não custa lembrar que, segundo Mark E. J. Newman, "a network is, in its simplest form, a collection of points joined together in pairs by lines. In the jargon of the field the points are referred to as vertices or nodes and the lines are referred to as edges".[32]

Assim, diferentemente dos jardins labirínticos, os labirintos em rede são ainda mais complexos. Embora todos os labirintos tenham nascido provavelmente da metáfora mística de uma jornada espiritual e reflexiva,[33] os labirintos em rede pedem deambulações mais amplas, errâncias e peregrinações ainda mais radicais. Labirintos em rede, portanto, exigem ser caminhados, requerem mobilidade e abertura. *Errare humanum est.*

A errância de Ulisses e sua Odisseia nos ensinam que os longos deslocamentos são uma das razões mais antigas da tradição literária. Viajando, escrevemos. Escrevendo, viajamos. O antropólogo britânico Tim Imgold estabeleceu uma criativa associação entre o escrever e o deslocar-se. Para ele, é no movimento de se deslocar de um lugar para o outro, ou de um assunto para o outro, que o conhecimento se produz e se integra, e, assim, a narração de uma história se aproxima de uma caminhada. Locomover-se e escrever seriam, pois, expressões de atividades que se complementam.

A partir deste olhar dinâmico, conclui-se que os passeios de Kant em Königsberg, de Rousseau em Genebra ou de Heidegger na Floresta Negra não seriam um acaso banal, como certamente não o são as caminhadas do Professor Gomes Canotilho na sua aldeia de Pinhel.[34] "El jardín de los filósofos es el lugar donde se nutre y se cría la sabiduría".[35] Mas nenhum daqueles pensadores se furtou de sair dos limites de seus jardins, estabelecendo outras redes de conexão. Interessante é perceber, ademais, que o mesmo *nomos* que, em grego, deu origem à palavra "norma", também resultou em "nômade" e "nomadismo".[36] Dito isso, acredita-se que é esta perspectiva nômade que deve orientar o caminhar contemporâneo sobre as labirínticas redes da complexidade jurídica.

Estudos pioneiros sobre a noção de complexidade são costumeiramente atribuídos à cientista belga Ilya Prigogine, vencedora do Nobel de química de 1977, com uma pesquisa sobre sistemas instáveis (de não equilíbrio).[37] A partir dali a noção de

---

[30] LIMA, Manuel. *Visual complexity*: mapping patterns of information. New York: Princeton Architectural Press, 2011. p. 73.

[31] A obra do artista visual argentino Tomás Saraceno (http://tomassaraceno.com/) constitui um bom exemplo do que se tem chamado de *networkism* (http://www.networkism.org/), tendência artística que explora graficamente algumas propriedades rizomáticas. A obra de Saraceno foi estudada sob uma perspectiva jurídica em FRANCA, Alessandra Correia Lima Macedo. *Les Principes du Droit International des Eaux*: Le cas de l'Aquifère Guarani. Saarbrücken: Presses Academique Francophone, 2014.

[32] NEWMAN, Mark. *Networks*. Oxford: OUP, 2018. p. 1.

[33] MOORE, Charles W.; MITCHELL, William J.; TURNBULL JR., William. *A poética dos jardins*. Campinas: Editora da Unicamp, 2011. p. 62; HARRISON, Lorraine. *Cómo leer jardines* – Una guía para aprender a disfrutarlos. Madrid: H. Blume, 2012. p. 140.

[34] FRANCA FILHO, Marcílio Toscano. Prefácio: Um autor peregrino. *In*: CUNHA, Paulo Ferreira da. *Direito internacional*: raízes e asas. Belo Horizonte: Fórum, 2017. p. 19-21.

[35] LEONARDI, Emanuele. *Borges*: libro-mundo y espacio-tempo. Buenos Aires: Biblos, 2011. p. 63.

[36] CARERI, Francesco. *Walkscapes*: o caminhar como prática estética. São Paulo: G. Gilli, 2013. p. 39.

[37] MURRAY, Jamie; WEBB, Thomas E.; WHEATLEY, Steven. Encountering law's complexity. *In*: MURRAY, Jamie; WEBB, Thomas E.; WHEATLEY, Steven (Ed.). *Complexity theory and law*: mapping an emergent jurisprudence. London: Routledge, 2019. p. 8.

complexidade encontrou campo fértil de aplicação em disciplinas como a física, a matemática, a biologia e a ciência da computação. Pensadores das ciências sociais como Gilles Deleuze, Felix Guattari, Edgar Morin e Francisco Corrêa Guedes não tardaram em incorporar a categoria da complexidade às suas formulações teóricas interdisciplinares, multidisciplinares e transdisciplinares.

No ano acadêmico 1978-1979, Roland Barthes conduziu no Collège de France o seminário "La métaphore du Labyrinthe: recherches interdisciplinaires". A proposta do seminário era eleger uma palavra rica em significados e alimentar a reflexão tanto sobre a noção de metáfora quanto sobre o próprio labirinto. Entre os convidados a palestrar sobre temas matemáticos, arquitetônicos, fisiológicos etc., estavam o filósofo G. Deleuze e o jurista H. Cassan, professor nas Faculdades de Direito de Lille e Fez.[38]

O labirinto em rede afigura-se como a metáfora apropriada para essa espécie de complexidade auto-organizada dos sistemas abertos que se expandem a partir do acirramento das inter-relações, conexões e comportamentos transcendentes e que bem definem a arquitetura dos sistemas complexos, entre os quais está o sistema jurídico contemporâneo.

3   O universo complexo: transciência e *hiperlinks*

Muitos teóricos do direito, entre eles Niklas Luhmann, Mario Losano e Gunther Teubner, por exemplo, já associaram a juridicidade à teoria dos sistemas. O sistema jurídico seria um sistema de direitos e deveres, um sistema de sujeitos e relações jurídicas, um sistema complexo de múltiplos níveis de interação normativa (local, nacional, internacional, supranacional, transnacional) etc. Por conta de certas características como a heterogeneidade dos seus sujeitos, a resiliência, a diversidade de relacionamentos não lineares, a adaptabilidade, a assimetria temporal e a ampla conectividade entre as partes, o sistema jurídico é marcado pela complexidade.[39]

Com efeito, não há uma definição consensual do que seja exatamente um sistema complexo. Há, porém, alguns indicadores que auxiliam na identificação de um sistema complexo, como referido. Tais indicadores são a auto-organização, a inexistência de um poder central ou um controle externo, a criatividade e peculiaridade dos seus níveis intermediários e inferiores, o fato de o todo ser maior do que a soma de suas partes, a contínua mutação, a interação com outros agentes, elementos e sistemas complexos, e alterações com entropia crescente e tendente ao caos.[40] Muitas dessas características são identificadas nos sistemas jurídicos. O jurista francês Jean Carbonier resumiu essa complexidade formulando dois teoremas: "Premier théorème: Le droit est plus grand que les sources formelles du droit. [...] Second théorème: Le droit est plus petit que l'ensemble des relations entre les hommes".[41]

---

[38]   Disponível em: https://www.college-de-france.fr/site/roland-barthes/1978-1979.htm.
[39]   RUHL, J. B. Law's complexity: a primer. *Georgia State University Law Review*, v. 24, n. 4, p. 886-911, 2012. p. 898.
[40]   MURRAY, Jamie; WEBB, Thomas E.; WHEATLEY, Steven. Encountering law's complexity. *In*: MURRAY, Jamie; WEBB, Thomas E.; WHEATLEY, Steven (Ed.). *Complexity theory and law*: mapping an emergent jurisprudence. London: Routledge, 2019. p. 8-9.
[41]   CARBONNIER, Jean. *Flexible droit*. Paris: LGDJ, 2001. p. 21-24.

É justamente esse perfil complexo e sistemático do direito o que permite que o ordenamento jurídico seja muitas vezes capturado sob a forma de uma rede. François Ost e Michel Van de Kerchove foram pioneiros em identificar o caráter reticular do direito contemporâneo em substituição ao paradigma moderno linear, arboriforme, hierárquico, piramidal.[42]

As redes traduzem um padrão de interações entre as partes de um sistema: "a network is a simplified representation that reduces a system to an abstract structure capturing only the basics of connection patterns and little else".[43] Ao tratar do sistema jurídico como uma rede complexa, Ost e Van de Kerchove referem-se a termos como "pluralité", "incertitude", "récursivité", "hybridation", "construction baroque", "labyrinthes", "brousses épaisses", "imbroglios", "Dédale sans fil d'Ariane", "univers kafkaïen".[44]

Criado em 1984, o Santa Fe Institute, localizado na cidade homônima do Novo México, Estados Unidos, é, na atualidade, o principal *think tank* internacional dedicado ao tema dos sistemas complexos, em campos de saber tão diversos quanto os físicos, biológicos, sociais, culturais, tecnológicos ou astrobiológicos. Em um artigo publicado em 2011, o Prof. David Krakauer, então diretor do instituto, recupera a noção de "transciência" como método-epistemologia adequada para uma melhor compreensão da complexidade:

> [W]e have reached a stage where the pace of discovery and the nature of shared knowledge bring the whole venerable exercise disciplinary fads into question. I believe we are entering a period of transcience, where it is becoming necessary that training in areas with fundamental mathematical, computational and logical principles should be emancipated from a single class of historically contingent case studies.[45]

Depois de citar, por exemplo, como a física estatística pode ser tão útil na compreensão dos fenômenos sociais quanto no estudo das propriedades da matéria condensada, ou como a teoria computacional pode dialogar com a dinâmica evolutiva, Krakauer sugere:

> One of the significant contributions of SFI in this new landscape has been to show how ideas have a far greater compass than their original purpose suggests. [...] Transcience is an expression that seeks to recognize the pursuit of plenary or synthetic knowledge as an institutional priority.[46]

---

[42] OST, François; KERCHOVE, Michel Van de. *De la pyramide au réseau? Pour une théorie dialectique du droit.* Bruxelles: Presses de l'Université Saint-Louis, 2010, *passim*.
[43] NEWMAN, Mark. *Networks*. Oxford: OUP, 2018. p. 2-7.
[44] OST, François; KERCHOVE, Michel Van de. *De la pyramide au réseau? Pour une théorie dialectique du droit.* Bruxelles: Presses de l'Université Saint-Louis, 2010, *passim*.
[45] KRAKAUER, David C. Transcience: disciplines and the advance of plenary knowledge. *SFI Bulletin*, n. 25, 2011. p. 4.
[46] KRAKAUER, David C. Transcience: disciplines and the advance of plenary knowledge. *SFI Bulletin*, n. 25, 2011. p. 4.

É justo registrar que o conceito de transciência não foi uma criação de Krakauer ou tampouco do Santa Fe Institute. Um dos registros mais antigos do termo aparece já no título de um poema de amor de Joseph Stanley Pennell, publicado em 1933.[47] Em 1977, o termo foi retrabalhado pelo físico Alvin M. Weinberg[48] para tratar de questões que, embora formuladas pela ciência, necessitavam de pontes de conhecimento com saberes não científicos para serem respondidas.

Por trás da noção de transciência está a ideia de que os sistemas complexos possuem certos padrões. Entende-se, por exemplo, que um organismo responde a certas informações de maneira muito semelhante a uma rede de computadores ou a uma rede de insumos econômicos. Assim, a compreensão de determinadas características de um sistema pode ser a chave para decifrar outros sistemas. Assim, o estudo das células pode oferecer, por exemplo, *insights* a economistas ou cientistas da computação (e vice-versa). Esses *hiperlinks* heterodoxos entre disciplinas, saberes, especulações, conhecimentos, cientistas e artistas constituem o elemento central da transciência.

No direito, a abertura, a permeabilidade, a multidimensionalidade permitidas pelo estabelecimento desses *hiperlinks* epistemo-metodológicos transcientíficos são não apenas possíveis e permitidas quanto desejáveis e mesmo necessárias.[49] O fenômeno já foi experimentado por juristas do porte de Pontes de Miranda[50] e Goffredo Telles Junior,[51] que se valeram da física, da química e da biologia para desenvolver uma compreensão mais profunda da juridicidade. O patologista e histologista austríaco Salomon Stricker publicou, em 1884, um eficaz manual de propedêutica jurídica chamado *Physiologie des Rechts*.[52] Noutro caso, a biologia serviu às explicações de filosofia do direito de René Sève.[53]

---

[47] O poema *Transciency*, de Joseph Stanley Pennell, foi publicado na revista *Poetry* (v. 43, n. 1, out. 1933, p. 13), e dizia o seguinte:
"TRANSCIENCY
Now you may go, and never see me more,
For I am set upon by little things;
And you are that I knew you were before
You smiled-another wall for beating wings
To beat against, and never span the space
Between the false and true. Now you shall go!
My time, dimension and your lovely face
Remain irrelevant as fire to snow.
As blood forgets its content in the dust,
As atoms dissipate, as chance sorts life
To waste and seed, and moves it all with lust,
I shall forget our little while in strife.
For you I cannot lift a broken voice,
Because there is no love nor any choice".

[48] WEINBERG, Alvin M. The limits of science and trans-science. *Interdisciplinary Science Reviews*, v. 2, n. 4, p. 337-342, 1977.

[49] RAISCH, Marylin J. Codes and hypertext: the intertextuality of international and comparative law. *Syracuse Journal of International Law & Commerce*, v. 35, n. 1, p. 101-131, 2008, *passim*; BOEHME-NESSLER, Volker. Hypertext und Recht: Rechtstheoretische Anmerkungen zum Verhältnis von Sprache und Recht im Internetzeitalter. *Zeitschrift für Rechtssoziologie*, v. 26, n. 2, 2005, *passim*.

[50] SALDANHA, Nelson. Espaço e tempo na concepção do direito de Pontes de Miranda. *Revista de Informação Legislativa*, v. 25, n. 97, p. 271-282, 1988.

[51] "A complexidade corporifica a matéria" (TELLES JUNIOR, Goffredo. *Direito quântico* – Ensaio sobre o fundamento da ordem jurídica. São Paulo: Saraiva, 2014. p. 154. A primeira edição é de 1970).

[52] STRICKER, S. *Physiologia do direito*. Rio de Janeiro: Francisco Alves, 1910.

[53] SÈVE, René. *Philosophie et Théorie du Droit*. Paris: Dalloz, 2007. p. 5 e ss.

Há cerca de trinta anos, o Prof. Laurence H. Tribe, catedrático de Direito Constitucional da Faculdade de Direito da Universidade de Harvard, publicou um instigante artigo cujo título era *The curvature of constitutional space: what lawyers can learn from modern physics*. Ali, em meio a categorias propostas por A. Einstein e S. Hawking, Tribe estabeleceria algumas bases epistêmicas que desenvolveria, uma década mais tarde, no seu manual de direito constitucional americano:

> [T]he metaphors and intuitions that guide physicists can enrich our comprehension of social and legal issues. I borrow metaphors from physics tentatively; my purpose is to explore the heuristic ramifications for the law; my criterion of appraisal is whether the concepts we might draw from physics promote illuminating questions and directions. I press forward in this endeavor because I believe that reflection upon certain developments in physics can help us hold on to and refine some of our deeper insights into the pervasive and profound role law plays in shaping our society and our lives.[54]

Ao sistematizar esses e outros saberes não jurídicos no seu manual, Laurence H. Tribe afirmou taxativamente que "the Constitution is (or has become) a hypertext – a text and a gloss – not unlike a medieval manuscript".[55] Bem antes de se falar em física quântica ou internet, quando um glosador medieval acrescentava uma informação marginal ou interlinear a um texto jurídico clássico ou, a seguir, um doutrinador moderno abria uma nota de rodapé no corpo de suas considerações, ambos estavam, na verdade, dando margem, analogicamente, à cultura do hipertexto. Em ambas as circunstâncias, a mesma ideia de conectividade, abertura, permeabilidade e multidimensionalidade visível em um *hiperlink* está presente. É verdade que, com a revolução digital, tudo isso ficou apenas mais simples, intuitivo, intenso e veloz.

A importância dos *hiperlinks* analógicos no texto jurídico, sob a forma de notas de rodapé, foi louvada, no mundo pré-digital, por Peter Häberle e Alexander Blankenagel: "Der Alltag der rechtswissenschaftlichen Arbeit ist jedoch ohne Fußnoten nicht denkbar",[56] escreveram os juristas em 1988. O comparatista alemão Jürgen Basedow,[57] seguindo uma tradição iniciada por Peter Riess,[58] chegou mesmo a propor uma classificação detalhada para os muitos tipos de notas de rodapé, dada a sua relevância para o pensamento jurídico.

4 Juridicidade complexa e radicalização das interações: a transjuridicidade

"Tudo flui", ensina Heráclito de Éfeso, a partir do seu fragmento 91. A juridicidade, como manifestação humana que é, não foge a esta realidade: está em movimento perene

---

[54] TRIBE, Laurence H. The curvature of constitutional space: what lawyers can learn from modern physics. *Harvard Law Review*, v. 103, n. 1, 1989. p. 2.
[55] TRIBE, Laurence H. *American constitutional law*. New York: Foundation Press, 2000. p. 40.
[56] HÄBERLE, Peter; BLANKENAGEL, A. Fußnoten als Instrument der Rechtswissenschaft. *Rechtstheorie*, v. 19, n. 1, p. 116-136, 1988. p. 116.
[57] BASEDOW, Jürgen. Prolegomena zu einer funktionalistischen Theorie der Fußnote. *Zeitschrift für Europäisches Privatrecht*, p. 671-672, 2008.
[58] RIESS, Peter. *Vorstudien zu einer Theorie der Fußnote*. Berlin: de Gruyter, 1983.

de transformação. Existem, é verdade, períodos em que o movimento sofre acelerações, noutros, porém, a sua velocidade é constante ou mesmo desacelerada. De todo modo, é fato que estamos em movimento ininterrupto de mudança. Nos momentos de acelerada transformação, os paradigmas que sustentam as convenções sociais, os saberes, as artes e as ciências costumam perder sentido para que outros paradigmas se construam a partir de novos conceitos e representações. E assim segue a ciência pela contínua superação dos seus paradigmas, essa "estrutura mental, consciente ou não, que serve para classificar o mundo e poder abordá-lo".[59]

O paradigma da transjuridicidade pretende definir o modelo da juridicidade contemporânea através das características comuns aos sistemas complexos e à ciência que busca compreendê-los. A ideia de unir o prefixo "trans" (derivado da preposição latina com significado de "além de", "para lá de", "depois de") ao termo "juridicidade" remete a novas características do fenômeno jurídico contemporâneo. Tais características são a transcendência, a transição, a transitoriedade, a transfusão, a transferência, a transgressão e a transversalidade das novas relações jurídicas.

Nesse quadro, é verdade, já se pode enxergar alguma afinidade entre a transjuridicidade e a "multiplicidade" trabalhada por Gilles Deleuze e Felix Guattari, para quem "as multiplicidades são a própria realidade, e não supõem nenhuma unidade, não entram em nenhuma totalidade e tampouco remetem a um sujeito. As subjetivações, as totalizações, as unificações são, ao contrário, processos que se produzem e aparecem nas multiplicidades".[60]

Afastando-se simultaneamente da segmentaridade, da compartimentalização, da fragmentação, da totalidade unificadora e do fechamento, a transjuridicidade contém impulsos daquela mesma multiplicidade rizomática metaforizada pelos labirintos em rede nos modelos de sistemas complexos referidos anteriormente.

Um conceito preliminar de transjuridicidade pode ser formulado a partir de um modelo do direito contemporâneo que se caracteriza pelo estado de transformação acelerado, pelo aumento de permeabilidade das fronteiras que delimitam as categorias causando uma constante relação de transição e troca. Esse traspassamento se opera tanto internamente, no contexto do fenômeno jurídico e entre suas próprias categorias, ramos e saberes, quanto externamente, entre os saberes e categorias jurídicas e não jurídicas.

É possível afirmar a existência de pelo menos duas formas de manifestação de transjuridicidade, uma interna e outra externa. A transjuridicidade interna é aquela em que partes do próprio sistema jurídico transcendem seus espaços tradicionais, escorrendo a outros espaços do direito, ao que podemos também nomear de interjuridicidade, significando o fenômeno das relações entre direitos. Pode se dar entre níveis, entre ramos, entre modelos, entre tempos. São manifestações dessa transjuridicidade interna as relações entre direito internacional, regional e nacional (compreendendo igualmente os direitos locais), relações entre direitos nacionais diversos, relações entre conceitos e ramos do direito, relações entre direito anterior e posterior.

Por outro lado, a transjuridicidade externa é aquela em que o jurídico transcende suas próprias fronteiras, relacionando-se com outros campos do saber científico ou não

---

[59] FOUREZ, Gérard. *A construção das ciências*. São Paulo: Editora Unesp, 1995. p. 103.
[60] DELEUZE, Gilles; GUATTARI, Félix. *Mil platôs*. São Paulo: Editora 34, 2011. v. 1. p. 10.

científico, ao que podemos chamar de ultrajuridicidade. Essa transjuridicidade externa ou ultrajuridicidade aproxima o direito da música, da filosofia, das artes plásticas, das literaturas, da biologia, da física quântica, da ciência da computação etc.

Definir não significa apenas elaborar um conceito, mas também distinguir tais conceitos de outros fenômenos. É útil lembrar, nesse quadro, que, tanto no âmbito interno quanto no contexto externo da juridicidade, a ideia dessas múltiplas relações pode não parecer novidade, uma vez que o direito sempre se relacionou internamente (entre as suas muitas partes) e também externamente (com outros ramos do saber). Há exemplos de há muito conhecidos, como o estudo da filosofia do direito, sociologia ou psicologia jurídicas, a medicina legal etc. Além do mais, tem sido comum há tempos encontrar nos livros jurídicos, por exemplo, capítulos inteiros dedicados às relações de um ramo do direito com outros ramos, ou mesmo estudos a respeito de pontes de transição entre sistemas jurídicos específicos, nacionais ou de níveis diferentes; ou ainda observar um grande número de correferências entre instrumentos de um mesmo ordenamento jurídico, bem como, nas decisões judiciais, é frequente o recurso a fundamentações amparadas em distintas fontes que se complementam na construção do convencimento. Estes entrelaçamentos já se manifestaram quando as árvores do direito começaram a exibir conexões na forma de jardins labirínticos.

Entretanto, existem elementos capazes de distinguir o ambiente ajardinado das manifestações anteriores daquilo que encontramos na manifestação da transjuridicidade como um novo paradigma do direito. Uma dessas diferenças toca o fato de que, antes, as referidas características marcavam a juridicidade de forma periférica ou excepcional. Ou seja, naquele primeiro momento, se constatava nessas relações traços de prevalência, escolha do jardineiro, comparação entre canteiros, hierarquia dos ramos e uma preservação das individualidades (aquilo que chamamos de fechamento ou *clôture* dos jardins e o contato apenas sutil com o ambiente circundante). No momento atual, as características de transcendência, transição, transitoriedade, transfusão, transferência, transgressão e transversalidade passaram a alcançar renovada importância, com uma intensidade jamais vista e em um cenário de acentralidade e interdependência. Apresenta-se assim um declínio das individualidades autônomas e uma preponderância das coexistências, interdependências e multiplicidades que ocupam agora o centro do debate jurídico.

5 Conclusão

O direito transjurídico é um direito labiríntico, de entrecruzamentos, multiplicidades, complexidades, perplexidades e paradoxos. Jorge Luís Borges, cultor de labirintos e de paradoxos, cuida desses temas em um conto chamado *Os dois reis e os dois labirintos*".[61] Ali, narra que, certa feita, um rei babilônio fez construir um labirinto escandaloso e, ao receber a visita de um rei árabe, humilhou-o aprisionando-o no seu intrincado labirinto. O rei árabe teve enorme dificuldade em descobrir a saída,

---

[61] BORGES, Jorge Luis. Os dois reis e os dois labirintos. *In*: BORGES, Jorge Luis. *O Aleph*. Porto Alegre: Globo, 1972. p. 107.

só a encontrando depois de implorar pelo socorro divino. O rei árabe acabou um dia aprisionando o rei da Babilônia e o levou para o deserto onde o largou dizendo:

> Ó rei do tempo e substância e símbolo do século, na Babilônia me quiseste perder num labirinto de bronze com muitas escadas, portas e muros; agora o Poderoso achou por bem que eu te mostre o meu, onde não há escadas a subir, nem portas a forçar, nem cansativas galerias a percorrer, nem muros para que te impeçam os passos.[62]

Logo depois, desamarrou-o e o abandonou no meio da imensidão do deserto, onde o rei da Babilônia morreu de fome e de sede.

Tendo vivido três anos no Saara, a descrição do escritor e aviador francês Antoine de Saint-Exupéry é reveladora para distinguir certa visão míope ou superficial do deserto de uma compreensão com maior acuidade:

> Decerto, o Saara oferece, a perder de vista, somente uma areia uniforme, ou melhor, um cascalho pedregoso, pois as dunas são raras. Ali se fica imerso permanentemente nas condições propícias ao tédio. Contudo, divindades invisíveis constroem uma rede de direções, de declives e sinais, uma musculatura secreta e viva. Não há mais uniformidade. Tudo se orienta. Um silêncio não se parece com outro silêncio.[63]

Na referência de Exupéry, como se vê, o deserto-labirinto não consiste numa uniformidade monótona que pode levar à vertigem. As paredes não são exatamente necessárias para delimitar os caminhos, mas ao contrário, os declives, sinais e musculaturas oferecem direção e orientação. É preciso tanto um conhecimento profundo quanto uma sensibilidade aguçada para escolher as veredas até mesmo distinguindo um silêncio do outro. Não seria esse um exercício válido para o jurista de um direito transjurídico?

O direito-labirinto não é mais um jardim, mas uma rede orgânica que se manifesta contemporaneamente nas mais diversas externalizações da juridicidade, quer como estrutura ou ordenamento, quer como norma, decisão ou interpretação. Como na mitologia, um labirinto pode assustar. É preciso destemor para enfrentá-lo e percorrê-lo. Mas o labirinto liberta. Conta a mitologia grega que, depois de matar o Minotauro e sair do labirinto, valendo-se do fio de Ariane, o ateniense Teseu também libertou a sua cidade-estado para a plena fruição da liberdade e da democracia.

Num ponto, porém, os labirintos transjurídicos contemporâneos divergem do mito grego: ao contrário do que pretendia Teseu ao matar o híbrido monstrualizado, a transjuridicidade não monstrualiza a simbiose, a diversidade e a polimorfia. Não se propõe o fim, a derrota ou o aniquilamento do diferente, do complexo, do diverso, do distinto, do misto, do múltiplo – tão híbrido como as manifestações jurídicas de hoje. Ao contrário, deseja-se a superação de sua bestificação; e se busca a harmonização da transcendência a partir de diálogos e quiçá de polílogos complementares.

---

[62] BORGES, Jorge Luis. Os dois reis e os dois labirintos. *In*: BORGES, Jorge Luis. *O Aleph*. Porto Alegre: Globo, 1972. p. 108.
[63] SAINT-EXUPÉRY, Antoine de. *Carta a um refém*. São Paulo: Penguin/Companhia das Letras, 2018. p. 18.

Sejamos "todo ouvidos". O labirinto constitui uma das três partes do ouvido, também conhecida como o ouvido interno. Nesse campo, o labirinto é uma estrutura que também alia o conceito de hibridismo, já que possui elementos ósseos, membranáceos e líquidos, e de complexidade que está na origem da escolha do nome pelos anatomistas. O fato de este labirinto anatômico congregar duas das funções mais importantes da juridicidade, quais sejam a função de audição e de equilíbrio, mostra-se revelador do alcance dessa metáfora. E se na anatomia humana as funções de audição e equilíbrio se dão no labirinto, então é possível acreditar que o ouvir e o equilibrar da justiça ainda são possíveis nesse cenário de hibridismo e complexidade, ou só são possíveis através disso.

Para os céticos, aqueles a quem a ideia de que o labirinto auditivo como metáfora para o jurídico pareceu um excesso retórico, uma excentricidade teórica, há de se recordar muitos juristas do passado a quem a biologia já ofereceu ao direito e pode continuar a oferecer modelos imbuídos de grande criatividade, imaginação e, claro, utilidade.

Sobre criatividade e imaginação, cabe lembrar a lição de outro eminente constitucionalista. Em maio de 1954, Paul Claussen Jr., um garoto de 12 anos, de Alexandria, no estado da Virgínia, nos Estados Unidos, enviou uma carta a Felix Frankfurter, juiz da Suprema Corte entre 1939 e 1962. O jovem dizia-se interessado em ingressar na carreira jurídica e pedia um conselho ao grande jurista norte-americano sobre algumas maneiras de começar a se preparar enquanto ainda estava na escola. A resposta de Felix Frankfurter a Paul Claussen Jr. revela seu potencial visionário sobre o paradigma da transjuridicidade:

> My Dear Paul:
> No one can be a truly competent lawyer unless he is a cultivated man. If I were you, I would forget all about any technical preparation for the law. The best way to prepare for the law is to come to the study of the law as a well-read person. Thus, alone can one acquire the capacity to use the English language on paper and in speech and with the habits of clear thinking which only a truly liberal education can give. No less important for a lawyer is the cultivation of the imaginative faculties by reading poetry, seeing great paintings, in the original or in easily available reproductions, and listening to great music. Stock your mind with the deposit of much good reading, and widen and deepen your feelings by experiencing vicariously as much as possible the wonderful mysteries of the universe, and forget about your future career.
> With good wishes,
> Sincerely yours,
> Felix Frankfurter[64]

Referências

BASEDOW, Jürgen. Prolegomena zu einer funktionalistischen Theorie der Fußnote. *Zeitschrift für Europäisches Privatrecht*, p. 671-672, 2008.

BOEHME-NESSLER, Volker. Hypertext und Recht: Rechtstheoretische Anmerkungen zum Verhältnis von Sprache und Recht im Internetzeitalter. *Zeitschrift für Rechtssoziologie*, v. 26, n. 2, 2005. DOI: https://doi.org/10.1515/zfrs-2005-0202.

---

[64] FRANKFURTER, Felix. Advice to a young man interested in going into law. *Jaipur Law Journal*, v. II, 1962. p. 318.

BORGES, Jorge Luis. El idioma analítico de John Wilkins. *In*: BORGES, Jorge Luis. *Otras inquisiciones*. Buenos Aires: Emece, 1952.

BORGES, Jorge Luis. Os dois reis e os dois labirintos. *In*: BORGES, Jorge Luis. *O Aleph*. Porto Alegre: Globo, 1972.

BRAVO, Pilar; PAOLETTI, Mario. *Borges verbal*. Lisboa: Assírio & Alvim, 2002.

CARBONNIER, Jean. *Flexible droit*. Paris: LGDJ, 2001.

CARERI, Francesco. *Walkscapes*: o caminhar como prática estética. São Paulo: G. Gilli, 2013.

DELEUZE, Gilles; GUATTARI, Félix. *Mil platôs*. São Paulo: Editora 34, 2011. v. 1.

ECO, Umberto. *Da árvore ao labirinto*: estudos históricos sobre o signo e a interpretação. Rio de Janeiro: Record, 2013.

FOUREZ, Gérard. *A construção das ciências*. São Paulo: Editora Unesp, 1995.

FRANCA FILHO, Marcílio Toscano. De jardins e direitos. *Revista Prim@ Facie*, v. 13, n. 25, p. 1-5, 2014.

FRANCA FILHO, Marcílio Toscano. Prefácio: Um autor peregrino. *In*: CUNHA, Paulo Ferreira da. *Direito internacional*: raízes e asas. Belo Horizonte: Fórum, 2017.

FRANCA FILHO, Marcílio Toscano; CARNEIRO, Maria Lúcia. I Sapori del Diritto: Una Libera Congettura sul Gusto della Giuridicità ("Menu Degustazione in Quattro Portate"). *ISLL Papers*, v. 8, 2015.

FRANCA, Alessandra Correia Lima Macedo. *Les Principes du Droit International des Eaux*: Le cas de l'Aquifère Guarani. Saarbrücken: Presses Academique Francophone, 2014.

FRANKFURTER, Felix. Advice to a young man interested in going into law. *Jaipur Law Journal*, v. II, 1962.

HÄBERLE, Peter; BLANKENAGEL, A. Fußnoten als Instrument der Rechts-Wissenschaft. *Rechtstheorie*, v. 19, n. 1, p. 116-136, 1988.

HARRISON, Lorraine. *Cómo leer jardines* – Una guía para aprender a disfrutarlos. Madrid: H. Blume, 2012.

HARRISON, Robert Pogue. *Gardens* – An essay on the human condition. Chicago: The University of Chicago Press, 2008.

HEIDEGGER, Martin. *A caminho da linguagem*. Petrópolis: Vozes, 2012.

KRAKAUER, David C. Transcience: disciplines and the advance of plenary knowledge. *SFI Bulletin*, n. 25, 2011.

LEONARDI, Emanuele. *Borges*: libro-mundo y espacio-tempo. Buenos Aires: Biblos, 2011.

LIMA, Manuel. *The book of trees*: visualizing branches of knowledge. New York: Princeton Architectural Press, 2014.

LIMA, Manuel. *Visual complexity*: mapping patterns of information. New York: Princeton Architectural Press, 2011.

MOORE, Charles W.; MITCHELL, William J.; TURNBULL JR., William. *A poética dos jardins*. Campinas: Editora da Unicamp, 2011.

MURRAY, Jamie; WEBB, Thomas E.; WHEATLEY, Steven. Encountering law's complexity. *In*: MURRAY, Jamie; WEBB, Thomas E.; WHEATLEY, Steven (Ed.). *Complexity theory and law*: mapping an emergent jurisprudence. London: Routledge, 2019.

NEWMAN, Mark. *Networks*. Oxford: OUP, 2018.

OST, François; KERCHOVE, Michel Van de. *De la pyramide au réseau?* Pour une théorie dialectique du droit. Bruxelles: Presses de l'Université Saint-Louis, 2010.

PENNELL, Joseph Stanley. Transciency. *Poetry*, v. 43, n. 1, 1933.

PRUVOST, Jean. *Le Jardin*. Paris: Champion, 2013.

RAISCH, Marylin J. Codes and hypertext: the intertextuality of international and comparative law. *Syracuse Journal of International Law & Commerce*, v. 35, n. 1, p. 101-131, 2008.

RIESS, Peter. *Vorstudien zu einer Theorie der Fußnote*. Berlin: de Gruyter, 1983.

RUBIÓ Y TUDURÍ, Nicolas Maria. *Del paraíso al jardín latino*. Barcelona: Tusquets, 2000.

RUHL, J. B. Law's complexity: a primer. *Georgia State University Law Review*, v. 24, n. 4, p. 886-911, 2012.

SAINT-EXUPÉRY, Antoine de. *Carta a um refém*. São Paulo: Penguin/Companhia das Letras, 2018.

SALDANHA, Nelson. Espaço e tempo na concepção do direito de Pontes de Miranda. *Revista de Informação Legislativa*, v. 25, n. 97, p. 271-282, 1988.

SALDANHA, Nelson. O jardim e a praça: ensaio sobre o lado "privado" e o lado "público" da vida social e histórica. *Ciência & Trópico*, v. 11, n. 1, p. 105-121, 1983.

SANTARCANGELI, Paolo. *Il libro dei labirinti*. Milano: Frassinelli 1984.

SÈVE, René. *Philosophie et Théorie du Droit*. Paris: Dalloz, 2007.

STOLLEIS, Michael. *O olho da lei* – História de uma metáfora. Belo Horizonte: Doyen, 2014.

STRICKER, S. *Physiologia do direito*. Rio de Janeiro: Francisco Alves, 1910.

TELLES JUNIOR, Goffredo. *Direito quântico* – Ensaio sobre o fundamento da ordem jurídica. São Paulo: Saraiva, 2014.

TRIBE, Laurence H. *American constitutional law*. New York: Foundation Press, 2000.

TRIBE, Laurence H. The curvature of constitutional space: what lawyers can learn from modern physics. *Harvard Law Review*, v. 103, n. 1, 1989.

WEAVER, Warren. Science and complexity. *American Scientist*, n. 36, p. 536-544, 1948.

WEINBERG, Alvin M. The limits of science and trans-science. *Interdisciplinary Science Reviews*, v. 2, n. 4, p. 337-342, 1977.

Informação bibliográfica deste texto, conforme a NBR 6023:2018 da Associação Brasileira de Normas Técnicas (ABNT):

FRANCA FILHO, Marcílio Toscano; FRANCA, Alessandra Macedo. Um passeio pelos jardins do direito – Hipertextos, transciência e transjuridicidade. In: GOMES, Ana Cláudia Nascimento; ALBERGARIA, Bruno; CANOTILHO, Mariana Rodrigues (Coord.). *Direito Constitucional*: diálogos em homenagem ao 80º aniversário de J. J. Gomes Canotilho. Belo Horizonte: Fórum, 2021. p. 869-887. ISBN 978-65-5518-191-3.

A CONSTITUIÇÃO BRASILEIRA E A SUA FORÇA NORMATIVA: UM DIÁLOGO COM KONRAD HESSE[1]

NÉVITON GUEDES

I   A importância e as tarefas da Constituição

A Constituição brasileira de 1988 completou no último dia 5 de outubro mais um aniversário. Há, certamente, muito que comemorar, mas também algumas preocupações. No auge de sua força normativa, paradoxalmente, o nosso texto constitucional vê-se confrontado com poderosos e persistentes inimigos.

O presente artigo, *como forma de homenagear os oitenta anos do grande jurista português José Joaquim Gomes Canotilho,* pretende desenvolver, precisamente, um breve inventário crítico sobre a força normativa da Constituição brasileira de 1988.

Konrad Hesse lembra que as constituições cumprem em uma comunidade duas tarefas fundamentais: de um lado, *a formação e a manutenção da unidade política da comunidade nacional*; de outro, *a criação e manutenção do seu ordenamento jurídico*. Ambos os aspectos "estão estreitamente conectados".[2] Ao cumprir essas funções, a Constituição converte-se não apenas em lei fundamental do Estado, mas, muito mais do que isso, transforma-se em *ordem jurídica fundamental da comunidade nacional*.[3]

No caso brasileiro, a Constituição de 1988 é seguramente, de todas as constituições que tiveram vigência em nosso país, aquela que melhor se desincumbiu de ambas as funções: ultrapassadas as 3 (três) primeiras décadas de sua promulgação e existência, a

---

[1]   O presente texto espelha-se, em grande medida, em artigos que publiquei na coluna *Constituição e Poder*, veiculada semanalmente na revista eletrônica *Conjur – Consultor Jurídico*, muito especialmente, considerei os seguintes artigos: (1) "Alegria e preocupação no aniversário da Constituição", publicado em 8.10.2012; (2) "A Constituição de 1988 e a perda de sua força normativa", publicado em 16.7.2018.

[2]   HESSE, Konrad. Verfassung und Verfassungsrecht. *In*: BENDA, Ernst; MAIHOFER, Werner; VOGEL, Hans-Jochen (Org.). *Handbuch des Verfassungsrechts (1)*. Berlin; New York: de Gruyter, 1995. p. 5.

[3]   HESSE, Konrad. Verfassung und Verfassungsrecht. *In*: BENDA, Ernst; MAIHOFER, Werner; VOGEL, Hans-Jochen (Org.). *Handbuch des Verfassungsrechts (1)*. Berlin; New York: de Gruyter, 1995. p. 7.

atual Constituição da República, contribuindo para a unidade política e para a formação de uma adequada ordem jurídica nacional, permite-nos celebrar não apenas o maior período de experiência democrática e estabilidade política, como também comemorar a concretização mais consistente dos *direitos fundamentais* vivenciada em território brasileiro.

Resumidamente, em termos concretos, sob a Constituição atual, experimentamos várias eleições, em que forças políticas diversas e mesmo opostas se substituíram no poder sem qualquer solução de continuidade no que respeita ao regime democrático; afirmaram-se como nunca a liberdade de imprensa, de ideias políticas, de crença e de tolerância religiosa, além de fixar-se na estrutura normativa do Estado e na consciência da própria cidadania a importância dos demais *direitos fundamentais*.

Sob a vigência de nossa atual Lei Fundamental, vimos também incrementados direitos difusos como o patrimônio histórico, o meio ambiente e os direitos do consumidor. Estabeleceu-se no Brasil uma inédita rede de segurança social (*previdência, assistência e saúde*). Minorias como negros, mulheres, crianças e idosos viram pela primeira vez a consideração séria e efetiva de seus direitos. Os cidadãos e, em especial, os acusados tiveram reforçado o princípio do devido processo legal e da ampla defesa. Foi também sob a nova Constituição que o Judiciário se viu respeitado como poder que compartilha e representa – com o Executivo e Legislativo – a soberania do Estado.

Em síntese, certamente, no Brasil, há ainda muito que ser feito em cada uma dessas dimensões normativas, mas, sem dúvida, os novos padrões e modelos de regulação de conduta, decorrentes diretamente da concretização da Lei Fundamental de 1988, dão-nos prova insofismável de sua força normativa. De fato, confrontadas com a Constituição de 1988, nenhuma das demais constituições teve tão acentuada *força normativa*.

II   As dificuldades e os inimigos da Constituição

Entretanto, não obstante os inegáveis méritos da atual Constituição, muitas são as dificuldades que se apresentam no seu horizonte histórico imediato, justificando a apreensão de muitos sobre sua capacidade de prosseguir e desenvolver, ou pelo menos manter, a sua força normativa. Vejamos.

Konrad Hesse advertiu inúmeras vezes que a estabilidade política e jurídica, bem como os ganhos que decorrem da Constituição democrática e de sua força normativa, não é algo dado como, singelamente, em sua teoria geral do Estado, acreditava G. Jellinek. Diversamente, a Constituição tem sempre que desempenhar suas mais importantes tarefas num quadro de acentuadas dificuldades.

Em suas palavras, a Constituição vê-se constrangida a concretizar-se "no processo político de uma" moderna sociedade pluralista, isto é, na justaposição e contraposição de numerosos grupos, para os quais o equilíbrio entre as diferentes opiniões, interesses, aspirações, além da resolução e regulação de conflitos, torna-se, em igualdade, a tarefa principal e a condição essencial do Estado. O sucesso (da Constituição) depende, ao final, do grau de aceitação que encontra o Estado. Depende também de que as pessoas que vivam no Estado se sintam responsáveis por ele, que o garantam e, se necessário, que também o defendam; apenas na medida em que isso aconteça pode-se dizer que seja um Estado consolidado e forte. Essas condições dizem respeito a numerosos fatores extrajurídicos, como tradição, consciência política e de seus líderes.[4]

No caso específico da Constituição brasileira, não obstante o seu inegável sucesso, como sabemos todos, não são nada desprezíveis as dificuldades que atualmente se opõem ao seu processo histórico de concretização e, por consequência, à sua força normativa. Como exemplo mais significativo, no momento em que supera os seus 30 anos, a Constituição de 1988 vê-se obrigada a confrontar, com incômoda persistência, a ameaça de uma nova constituinte.

Com efeito, tanto à esquerda como à direita, não são poucos aqueles que começam a advogar a tese de que a atual Constituição brasileira, tão plena de virtudes, teria perdido, nos últimos anos, e de forma acentuada, a capacidade de atender àquelas mais importantes tarefas das constituições democráticas, consistentes em propiciar de modo adequado, como anotamos acima, a *formação e a manutenção da unidade política* do Estado, bem como *a existência de uma ordem jurídica duradoura*.[5]

III As condições e pressupostos da força normativa da Constituição

Numa sociedade formada por indivíduos histórica e politicamente responsáveis, entretanto, não se deveria esquecer que a formação da unidade política que o Estado representa e a manutenção a ordem jurídica que o governa não são realidades indissoluvelmente pressupostas à ação dos indivíduos, ou, para dizer com Konrad Hesse, não correspondem a "algo que venha dado sem outros motivos".[6] Na verdade, o Estado democrático e a sua Constituição são sempre cultivados em meio a expressivas dificuldades.

Não obstante essas conclusões, observando a cena brasileira, tem-se a impressão de que os agentes políticos e operadores do direito (inclusive, os magistrados) acreditam que a Constituição está e permanecerá sempre à sua disposição, não importa o que façam, tudo admitindo e suportando, como se fosse um pressuposto indefectível de nossa vida comunitária.

Infelizmente, como reiteradas vezes indicou Hesse, não é e nunca foi assim. Ao contrário, as constituições democráticas, e não é diferente com a Constituição brasileira, têm que realizar as suas funções e justificar a sua existência em meio a consideráveis adversidades. De fato, da mesma forma que o Estado democrático, a Constituição deve assegurar a sua existência, nas modernas sociedades democráticas e pluralistas, em meio a um processo político de complexa e difícil conformação, em que se justapõem e contendem "numerosos grupos, nos quais a compensação entre as diferentes opiniões,

---

[4] HESSE, Konrad. Verfassung und Verfassungsrecht. *In*: BENDA, Ernst; MAIHOFER, Werner; VOGEL, Hans-Jochen (Org.). *Handbuch des Verfassungsrechts (1)*. Berlin; New York: de Gruyter, 1995. p. 5.

[5] HESSE, Konrad. *Grundzüge des Verfassungsrechts der Bundesrepublik Deutschland*. 20. ed. Heidelberg: Müller, 1995. p. 5 e seguintes; HESSE, Konrad. *Temas fundamentais do direito constitucional*. Tradução de Carlos dos Santos Almeida, Gilmar Mendes, Inocêncio Mártires Coelho. São Paulo: Saraiva, 2013. p. 7. HESSE, Konrad. Verfassung und Verfassungsrecht. *In*: BENDA, Ernst; MAIHOFER, Werner; VOGEL, Hans-Jochen (Org.). *Handbuch des Verfassungsrechts (1)*. Berlin; New York: de Gruyter, 1995. p. 7.

[6] HESSE, Konrad. *Temas fundamentais do direito constitucional*. Tradução de Carlos dos Santos Almeida, Gilmar Mendes, Inocêncio Mártires Coelho. São Paulo: Saraiva, 2013. p. 4.

interesses e aspirações, como a resolução e regulação de conflitos, converteram-se, por igual, em tarefa arquetípica e condição de (sua) existência" (do Estado e de sua Constituição).[7]

Em resumo, não se pode confiar num modelo ou paradigma de Constituição (arquétipo) puramente abstrato, isto é, independente da realidade (política, cultural, econômica ou social) em que o seu texto deva encontrar realização. Nas palavras precisas de Dieter Grimm (cito):

> A bondade das constituições não se deixa determinar de forma absoluta e universal, mas apenas segundo um contexto histórico-concreto. O que tem êxito em um país, não serve necessariamente para um outro. O que era razoável no passado, pode perder seus objetivos no presente. Constituições apontam para o resultado no futuro e afirmam-se (historicamente) no tempo. Seu êxito depende por isso também dos problemas que se opõem a elas no curso do tempo. Tais problemas conclusivamente apenas podem ser previstos pelos autores da Constituição de forma limitada. Por conseguinte, as soluções também quase sempre não se encontram dispostas prontamente na Constituição. A diferença entre normas abstratas e problemas concretos precisa ser ultrapassada, pelo contrário, através do significado e aplicação das normas. Nesse ponto, o êxito de uma Constituição também (depende das) respostas que são extraídas pelos interpretes das normas constitucionais e que são determinadas definitivamente pelo teor da Constituição.[8]

IV O caso brasileiro

Em consideração ao caso brasileiro, vivemos um momento em que os grupos de interesses não parecem predispostos a contribuir para um mínimo de consenso em que a Constituição possa bem desempenhar as suas tarefas. Para o nosso infortúnio histórico, contudo, gostemos ou não, "onde falta ou elimina-se o consenso básico no qual a força normativa da Constituição em última instância se baseia", ela acaba perdendo os "elementos de sua força vital e a sua eficácia", sendo que as salvaguardas institucionais de que é dotada não são capazes de, isoladamente, socorrê-la. Não é que as salvaguardas da Constituição (no caso brasileiro, previstas nos arts. 60, 136-139) sejam supérfluas, mas apenas que não podem ser sobrevalorizadas.[9]

Não é difícil compreender que, nas sociedades em que, pela pluralidade e divergência de interesses, já não se mostre viável, consistentemente, a formação de uma *vontade coletiva vinculante*, e onde "já não se consiga estabelecer e realizar, pela via do entendimento ou das decisões majoritárias, os objetivos políticos" (da comunidade), não só a Constituição, mas, segundo Konrad Hesse, o próprio Estado sucumbe, seja como ordem jurídica, seja "como unidade política de ação".[10]

---

[7] HESSE, Konrad. *Temas fundamentais do direito constitucional*. Tradução de Carlos dos Santos Almeida, Gilmar Mendes, Inocêncio Mártires Coelho. São Paulo: Saraiva, 2013. p. 4.

[8] GRIMM, D. *Die Verfassung und die Politik*: Einspruche in Storfallen. Munchen: Beck, 2001. p. 295.

[9] HESSE, Konrad. *Grundzüge des Verfassungsrechts der Bundesrepublik Deutschland*. 20 ed. Heidelberg: Müller, 1995. p. 288.

[10] HESSE, Konrad. *Temas fundamentais do direito constitucional*. Tradução de Carlos dos Santos Almeida, Gilmar Mendes, Inocêncio Mártires Coelho. São Paulo: Saraiva, 2013. p. 4.

No caso brasileiro, mesmo aqueles que têm a obrigação de concretizar o direito e, em especial, a Constituição, mostram-se tão envolvidos em impor novas e grandiloquentes tarefas para a ordem constitucional, que acabam por esquecer as difíceis funções, absolutamente insubstituíveis, que, desde o seu surgimento, são impostas ao direito constitucional moderno.

Tudo se passa como se a ordem jurídica e, em especial, o texto constitucional, na sua concretização, pudessem suportar qualquer sobrecarga política, ou hermenêutica, isto é, como se fosse possível impor à ordem jurídica constitucional qualquer interpretação, ou interesse, desde que se atenda aos desígnios, à visão de mundo e à vontade política de quem se julga legitimado a realizar e a impor "a sua Constituição".

Numa inversão completa e mal explicada da hermenêutica jurídica, aqueles que deveriam ter a função de guardar o direito e a Constituição passam a sustentar a tese, velada ou abertamente, de que têm à sua inteira disposição o sentido dos textos normativos, de tal modo que, ao invés de se concretizar uma legítima *interpretação segundo a Constituição* (*interpretação constitucionalmente adequada*), passamos a aceitar a ideia, sem contraste, de que a Constituição é, na verdade, o que dizem os seus intérpretes, numa espécie de *Constituição segundo a interpretação*, ou *consoante a vontade soberana do intérprete* (*interpretação política ou moralmente adequada*).

Contudo, toda experiência do direito constitucional demonstra que a Constituição e o direito constitucional não estão, sem se degradarem, à disposição de todo e qualquer interesse, demanda ou hermenêutica. A Constituição, afirma-o Hesse, depende para um ótimo desenvolvimento de *sua força normativa* "não apenas de seu conteúdo mas também de sua *práxis*". Depende, em síntese e em grande medida, daquilo que o próprio Hesse designou de *vontade de Constituição* (*Wille zur Verfassung*).[11] Valendo-se de Walter Burckhardt, para bem esclarecer o que entende por *vontade de Constituição*, anotou ainda em lição imorredoura (cito):

> aquilo que é identificado como *vontade de Constituição* "deve ser honestamente preservado, mesmo que, para isso, tenhamos de renunciar a alguns benefícios ou até a algumas vantagens justas. Quem se mostra disposto a sacrificar um interesse em favor da preservação de um princípio constitucional, fortalece o respeito à Constituição e garante um bem da vida indispensável à essência do Estado, mormente ao Estado democrático". Aquele, que, ao contrário, não se dispõe a esse sacrifício, "malbarata, pouco a pouco, um capital que significa muito mais do que todas as vantagens angariadas, e que, desperdiçado, não mais será recuperado".[12]

Segundo ainda o grande mestre, "todos os interesses momentâneos – ainda quando realizados – não logram compensar o incalculável ganho resultante do comprovado respeito à Constituição, sobretudo naquelas situações em que a sua observância revela-se incômoda".[13]

---

[11] HESSE, Konrad. *Temas fundamentais do direito constitucional*. Tradução de Carlos dos Santos Almeida, Gilmar Mendes, Inocêncio Mártires Coelho. São Paulo: Saraiva, 2013. p. 135.

[12] HESSE, Konrad. *Temas fundamentais do direito constitucional*. Tradução de Carlos dos Santos Almeida, Gilmar Mendes, Inocêncio Mártires Coelho. São Paulo: Saraiva, 2013. p. 135.

[13] HESSE, Konrad. *Temas fundamentais do direito constitucional*. Tradução de Carlos dos Santos Almeida, Gilmar Mendes, Inocêncio Mártires Coelho. São Paulo: Saraiva, 2013. p. 135.

Para a nossa desventura histórica, no caso brasileiro, sobretudo nos últimos anos, quando a Constituição mal completa 3 décadas de existência, de regra, o que se percebe é que os atores jurídicos e políticos não estão dispostos a ceder em suas demandas, ou em sua visão de mundo. Não aceitam preterir a sua hermenêutica, essencialmente voltada a interesses momentâneos (por mais justos que se revelem), em favor das escolhas e valores fundamentais positivados de forma permanente pelo legislador constituinte.

Igualmente devastador à força normativa de nossa Constituição é o fenômeno, cada vez mais ordinário, de recorrer frequentemente a reformas à Constituição, sob a alegação de inadiáveis imperativos de caráter político, econômico e até moral. Como bem adverte Konrad Hesse, "cada reforma constitucional expressa a ideia de que, efetiva ou aparentemente, atribui-se maior valor às exigências de índole fática do que à ordem normativa vigente". O desejo de alterar, com criticável assiduidade, o texto constitucional também "abala a confiança na sua inquebrantabilidade, debilitando a sua força normativa", já que "a estabilidade constitui condição fundamental da eficácia da Constituição".[14]

Não se quer e não se pode afirmar que qualquer Constituição jurídica possa desvincular-se por inteiro da realidade e de seus conflitos, ou que possa isentar-se de toda e qualquer mudança. Em certa medida, os conflitos e as mudanças sociais são um remédio benfazejo à concretização mais equilibrada da Constituição, desde que não se desnature, em particular, o sentido semântico de seus enunciados normativos e, no geral, a essência e a identidade da própria Constituição.

De fato, mostra-se indispensável à força normativa da Constituição jurídica que ela revele alguma identidade com a realidade a qual se dirige, abrindo-se à possibilidade – eventualmente inevitável – de mudança. Considerado um mundo de constantes transformações, numa sociedade de valores divergentes, não pode a Constituição, em consequência, assentar-se numa *estrutura unilateral*, impedindo a realização de visões de mundo em alguma medida contrastantes, razão pela qual, "se pretende preservar a força normativa de seus princípios fundamentais, deve ela incorporar, mediante meticulosa ponderação, parte da estrutura contrária",[15] conformando aquilo que o Professor Canotilho designou de *Constituição compromissória*.

Por fim, outro aspecto importante para incrementar (ou enfraquecer) a força normativa da Constituição é sem dúvida a sua interpretação. Num sentido positivo, toda interpretação do texto constitucional deve estar submetida ao *princípio da máxima concretização da norma*.[16]

Mais uma vez, como se viu e ninguém o recusa, tanto a Constituição (em seu texto) como sua interpretação não se desenvolvem alheias às mudanças históricas das relações fáticas, mas, em contrapartida, não se pode esquecer:

---

[14] HESSE, Konrad. *Temas fundamentais do direito constitucional*. Tradução de Carlos dos Santos Almeida, Gilmar Mendes, Inocêncio Mártires Coelho. São Paulo: Saraiva, 2013. p. 135.

[15] HESSE, Konrad. *Temas fundamentais do direito constitucional*. Tradução de Carlos dos Santos Almeida, Gilmar Mendes, Inocêncio Mártires Coelho. São Paulo: Saraiva, 2013. p. 134.

[16] HESSE, Konrad. *Temas fundamentais do direito constitucional*. Tradução de Carlos dos Santos Almeida, Gilmar Mendes, Inocêncio Mártires Coelho. São Paulo: Saraiva, 2013. p. 136.

o sentido da proposição jurídica estabelece o limite da interpretação e, por conseguinte, o limite de qualquer mutação normativa. A finalidade (*Telos*) de uma proposição constitucional e sua nítida vontade normativa não podem ser sacrificadas em virtude de uma mudança da situação.[17]

Em forma de resumo, nós brasileiros deveríamos também aprender com Konrad Hesse que a Constituição jurídica, é verdade, não pode ser desconectada da realidade, estando por ela condicionada. Em suas próprias palavras, a Constituição "não pode ser separada da realidade concreta de seu tempo", sendo que a sua eficácia não pode ser concretizada "sem levar em conta essa realidade". Mas, com o mesmo vigor, insiste o autor que a Constituição não é e não pode ser apenas "a expressão de uma dada realidade". Em razão de seu *elemento normativo*, "ela ordena e conforma a realidade política e social", de tal modo que, "as possibilidades, bem como os limites da força normativa da Constituição, resultam da correlação entre ser (*Sein*) e dever ser (*Sollen*)".[18]

Portanto, se em vez de coveiros da Constituição de 1988, quisermos contribuir para a força vital de sua normatividade e eficácia, teremos, os operadores do direito (também os magistrados), que operar uma mudança profunda em nossa prática constitucional e, revestindo nossos afazeres com maior humildade institucional, aceitar que nem sempre a solução que, do ponto de vista político ou do momento histórico, se afigura a mais conveniente será também, do ponto de vista jurídico, a resposta constitucionalmente mais adequada. Cuida-se em síntese de abrir mão de uma parcela de nossa *vontade de poder*, por mais nobres e justos que sejam os fins então perseguidos, em favor dos desígnios e valores permanentemente assegurados e visados pela Constituição.

As sociedades que lograram esse grande feito, refreando a sua *vontade de Poder* em favor de um pouco mais de *vontade de Constituição*, têm sido, como testemunha o próprio Konrad Hesse, recompensadas com incalculáveis benefícios históricos, tanto em médio como em longo prazo. De fato, consoante nos comprova a experiência do direito comparado, em tais circunstâncias, a Constituição jurídica consegue modificar a realidade em que se encontra inserida, conseguindo "despertar a força que reside na natureza das coisas" e convertendo-se

> em força ativa que influi e determina a realidade política e social. Essa força impõe-se de forma tanto mais efetiva quanto mais ampla for a convicção sobre a inviolabilidade da Constituição, quanto mais forte mostrar-se essa convicção entre os principais responsáveis pela vida constitucional. Portanto, a intensidade da força normativa da Constituição apresenta-se, em primeiro plano, como uma questão de vontade normativa, de vontade de Constituição (*Wille zur Verfassung*).[19]

---

[17] HESSE, Konrad. *Temas fundamentais do direito constitucional*. Tradução de Carlos dos Santos Almeida, Gilmar Mendes, Inocêncio Mártires Coelho. São Paulo: Saraiva, 2013. p. 136.

[18] HESSE, Konrad. *Temas fundamentais do direito constitucional*. Tradução de Carlos dos Santos Almeida, Gilmar Mendes, Inocêncio Mártires Coelho. São Paulo: Saraiva, 2013. p. 137.

[19] HESSE, Konrad. *Temas fundamentais do direito constitucional*. Tradução de Carlos dos Santos Almeida, Gilmar Mendes, Inocêncio Mártires Coelho. São Paulo: Saraiva, 2013. p. 137.

Informação bibliográfica deste texto, conforme a NBR 6023:2018 da Associação Brasileira de Normas Técnicas (ABNT):

GUEDES, Néviton. A Constituição brasileira e a sua força normativa: um diálogo com Konrad Hesse. *In*: GOMES, Ana Cláudia Nascimento; ALBERGARIA, Bruno; CANOTILHO, Mariana Rodrigues (Coord.). *Direito Constitucional*: diálogos em homenagem ao 80º aniversário de J. J. Gomes Canotilho. Belo Horizonte: Fórum, 2021. p. 889-896. ISBN 978-65-5518-191-3.

CORRUPÇÃO E LAVAGEM DE DINHEIRO: OS CASOS DE ENTREGA DISSIMULADA E DE RECEBIMENTO INDIRETO DA VANTAGEM INDEVIDA[1]

NUNO BRANDÃO

I   O problema

A corrupção e a lavagem de dinheiro são crimes que frequentemente andam de mãos dadas.[2] Uma vez recebido o suborno, o corrompido desejará, naturalmente, evitar suspeitas sobre a proveniência criminosa da vantagem e o domínio que sobre ela detém. Os atos que o corrompido promova ou realize com vista a encobrir a mácula delituosa da vantagem já recebida e o controlo que sobre ela exerce podem bem vir a traduzir-se na prática de um crime de lavagem de dinheiro, subsequente ao crime de corrupção. Esta será a relação que normalmente intercederá entre os crimes de corrupção (passiva) e de lavagem de dinheiro.

O propósito de ocultação do caráter criminoso da vantagem tenderá, não obstante, a preceder o seu recebimento. Tanto o corrompido como o corruptor procurarão, em regra, ocultar a concessão da peita ou, pelo menos, mantê-la tão discreta quanto possível. Para o efeito, poderão ser tentados a recorrer a soluções e esquemas destinados

---

[1] A oportunidade de participar desta justa homenagem que ora é feita ao Senhor Doutor J. J. Gomes Canotilho, um dos nomes maiores da nossa Faculdade de Direito de Coimbra, é para mim uma elevada e grata honra. Tendo sido seu aluno desde os meus primeiros dias de Coimbra e continuado a seguir e a admirar as suas lições e escritos vida fora, tive o privilégio de, nos últimos anos, colaborar com o Senhor Doutor Gomes Canotilho em vários temas penais, que têm em comum a sua ligação ao Brasil, em especial ao caso Lava Jato. Daí resultaram várias publicações conjuntas, sobre a colaboração premiada e a extradição de cidadãos portugueses para o Brasil. Sendo esta obra de homenagem publicada no Brasil, pareceu-me que faria sentido retomar essa ligação brasileira, abordando uma temática que está bem no centro dos grandes casos penais brasileiros da atualidade. Agradeço à Senhora Professora Doutora Heloisa Estellita a atenção amiga que me dispensou na elaboração deste artigo, a leitura atenta e crítica da versão final do texto, bem como as sugestões bibliográficas que me fez e os materiais doutrinais e jurisprudenciais facultados.

[2] PATRÍCIO, Rui; MATOS, Nuno Igreja. Corrupção e branqueamento: das relações incestuosas às (a)tipicidades. *In*: PROCURADORIA-GERAL DA REPÚBLICA (Comp.). *Estudos Projeto ETHOS*: corrupção e criminalidade económico-financeira. Lisboa: Procuradoria-Geral da República, 2018. p. 51 e ss., *passim*.

a assegurar a opacidade do fluxo do suborno, usando intermediários como pontos de passagem da vantagem até ao destino desejado, sob controlo do corrompido. A materialidade deste tipo de operações e a intencionalidade dissimulatória que as anima torna-as facilmente confundíveis com os atos de lavagem da vantagem, levados a cabo após o seu recebimento pelo corrompido. E mais, havendo uma sucessão de ações de encobrimento encadeadas entre si, que precedem e sucedem a entrada da vantagem na esfera de controlo do corrompido, nem sempre será fácil traçar a fronteira entre a consumação material da corrupção passiva, sob a forma de recebimento da vantagem, e um possível início de execução de um crime de lavagem.

Estas características comuns partilhadas pelas formas habituais de execução dos crimes de corrupção e de lavagem de dinheiro e a relação umbilical que os une quando este seja cometido para esconder a natureza criminosa da vantagem daquele proveniente vem levando a que, por vezes, se considere que logo as ações de encobrimento da entrega e de recebimento do suborno devam ser qualificadas como factos de lavagem de dinheiro, umas vezes do lado do polo ativo da corrupção outras do passivo.

É essa possibilidade de recondução das condutas de dissimulação da oferta e do recebimento da vantagem, consubstanciadoras da execução de crimes de corrupção, ao âmbito normativo do crime de lavagem de dinheiro que aqui pretendemos discutir. No fundo, a questão que se põe é a de saber se pode haver crime de lavagem nos casos em que os atos de ocultação e dissimulação que o caracterizam incidem sobre uma vantagem ainda não recebida pelo subornado, para encobrimento da própria comissão dos crimes de corrupção ativa e/ou passiva.

A problemática tem assomado nalguns dos processos brasileiros de corrupção mais badalados das últimas décadas, expoentes de um ativismo político-judicial que há muito vem inquietando Gomes Canotilho.[3]

No *caso Mensalão*, o tema foi discutido a propósito de uma situação em que a verba destinada ao presidente da Câmara de Deputados a título de suborno foi levantada numa instituição bancária não pelo próprio, mas pelo seu cônjuge, que depois a fez chegar àquele, seu marido.[4] Num primeiro momento, no acórdão que conheceu o mérito da Ação Penal nº 470/MG, prevaleceu no Supremo Tribunal Federal a tese de que essa forma indireta de recebimento da vantagem representaria a prática não só de um ato típico de corrupção passiva, como *também de lavagem de dinheiro*,[5] centrando-se, por isso, o debate não na questão da aplicabilidade do tipo incriminador de branqueamento em situações de recebimento indireto da peita, mas num problema a jusante, o do concurso

---

[3] CANOTILHO, J. J. Gomes. A questão do autogoverno das magistraturas como questão politicamente incorrecta. In: VARELA, Antunes *et al.* (Org.). *Ab Vno Ad Omnes*. 75 anos da Coimbra Editora. Coimbra: Coimbra Editora, 1998. p. 247 e ss.; e CANOTILHO, J. J. Gomes. Um olhar jurídico-constitucional sobre a judicialização da política e a politicização da justiça. *Supremo Tribunal de Justiça*, Liboa, 2007. Disponível em: https://www.stj.pt/wp-content/uploads/2007/04/jspp_gomescanotilho.pdf.

[4] Cf. o Ac. do STF da Ação Penal nº 470/MG, com um resumo dos factos relevantes a p. 665 e ss. Para uma súmula das posições dos ministros, cf. BOTTINI, Pierpaolo Cruz. Lavagem de dinheiro na APn 470 (Parecer). *Revista Brasileira de Ciências Criminais*, n. 110, p. 475-495, 2014. p. 479 e ss.

[5] Assim, entre outros, no Ac. da AP nº 470/MG, o Ministro Relator Joaquim Barbosa (p. 665 e ss.) e os ministros Luiz Fux (p. 1538 e ss.), Cármen Lúcia (p. 1804 e ss.), Gilmar Mendes (p. 2320 e ss.) e Ayres Brito (p. 2477 e s.). Expressamente contra, pronunciando-se pela atipicidade em sede de lavagem de dinheiro, os ministros Rosa Weber (p. 1261 e ss.) e Cezar Peluso (p. 2278 e ss.).

entre corrupção passiva e lavagem de dinheiro em casos dessa natureza, tendo a maioria dos ministros propendido para uma solução de concurso efetivo. Posteriormente, em sede de embargos infringentes, esta decisão foi revertida pelo STF, tendo acabado por prevalecer a posição da atipicidade da lavagem de dinheiro:

> O recebimento da propina pela interposição de terceiro constitui a fase consumativa do delito antecedente, tendo em vista que corresponde ao tipo objetivo "receber indiretamente" previsto no art. 317 do Código Penal. O recebimento por modo clandestino e capaz de ocultar o destinatário da propina, além de esperado, integra a própria materialidade da corrupção passiva, não constituindo, portanto, ação distinta e autônoma da lavagem de dinheiro. Para caracterizar esse crime autônomo seria necessário identificar atos posteriores, destinados a recolocar na economia formal a vantagem indevidamente recebida.[6]

No *caso do Triplex*, o ex-Presidente Lula da Silva responde por crimes de corrupção passiva e de lavagem de dinheiro, tendo igualmente sido imputado um crime de lavagem de dinheiro àquele que, segundo a denúncia, foi o agente do correspetivo crime de corrupção ativa: tendo, no ano 2009, a construtora OAS decidido abonar o ex-Presidente com um apartamento *triplex*, de valor correspondente a um saldo de vantagem indevida que àquele caberia num esquema de corrupção; por acordo das partes foi esse apartamento mantido em nome da OAS nos anos que se seguiram, até 2014, tendo nesse período sido feitas dispendiosas obras de reforma do imóvel, também custeadas pela OAS, em proveito de Lula da Silva. Esta factualidade implicou a condenação do ex-Presidente e do seu suposto corruptor, em primeira[7] e segunda instâncias,[8] pelos crimes de corrupção passiva, de corrupção ativa e de lavagem de dinheiro.[9] Temos, pois, que, embora a vantagem alegadamente convencionada entre as partes não tenha chegado a ser transferida para a esfera de domínio do corrompido, tendo sempre sido mantida no património da empresa corruptora, foi a ambos imputado um crime de lavagem de dinheiro. Se bem percebemos, foi por terem decidido, com um intuito dissimulatório, não avançar para a entrega e disponibilização efetivas da vantagem pactuada que os réus acabaram condenados por crime de lavagem de dinheiro. Uma condenação por branqueamento, portanto, sem prévia transmissão da vantagem do corruptor para o corrompido.

II A natureza pós-delitual do crime de lavagem de dinheiro

1 Numa primeira aproximação ao nosso problema, cumpre começar por caracterizar, ainda que de forma breve, o crime de *lavagem de dinheiro*. Um delito que se

---

[6] Sextos Embargos Infringentes na AP nº 470/MG, voto do Ministro Roberto Barroso, 16 e 17 (13.3.2014).
[7] Cf., em especial, os pontos 891 e ss. da sentença proferida pela 13ª Vara Federal de Curitiba, de 12.7.2017 (Ação Penal nº 5046512-94.2016.4.04.7000/PR).
[8] Cf. o voto do relator do acórdão do TRF-4 de 30.1.2018 (João Gebran Neto) (Disponível em: https://www.conjur.com.br/dl/voto-relator-lula-trf4.pdf) – Apelação Criminal nº 5046512-94.2016.4.04.7000/PR.
[9] A condenação foi, entretanto, anulada pelo STF, em março de 2021: primeiro, o Ministro Luiz Fachin concluiu pela incompetência 13ª Vara Federal de Curitiba para julgar o caso do Triplex; e, depois, a 2ª Turma do Supremo Tribunal Federal deferiu um incidente de suspeição do Juiz Sérgio Moro, que julgou a causa em 1ª instância (HC nº 164.493).

reconduz, na sua expressão essencial, à atividade pela qual se oculta ou dissimula a origem criminosa de bens ou produtos, as mais das vezes dinheiro, procurando dar-lhes uma aparência legal.[10] Trata-se de apagar a mácula delituosa *da vantagem* do crime, introduzindo-a nos circuitos normais, como bem "limpo" e licitamente obtido. É o que, com rara expressividade, a própria fórmula "lavagem de dinheiro" (*money laundering*) traduz.

A incriminação da lavagem de dinheiro visa fundamentalmente reforçar a *eficácia da justiça penal*, particularmente na sua função de neutralização das vantagens dos crimes envolvidos, isolando o crime e o seu agente.[11] Portanto, o "interesse do aparelho judiciário na deteção e perda das vantagens de certos crimes".[12] Com efeito, ao ocultar ou dissimular as vantagens obtidas com certo crime, o agente dificulta a atividade de investigação do facto precedente, a identificação do seu autor e a respetiva punição, bem como a consequente aplicação da sanção de perda, a favor do Estado, das ditas vantagens e a reparação dos danos causados.

Dada esta ligação da incriminação da lavagem de dinheiro a um escopo de tutela da administração da justiça, o conceito de vantagem para ela relevante deverá convergir substancialmente com o conceito de vantagem, *lato sensu*,[13] que cobra significado no âmbito da *perda de bens*, englobando as *vantagens em sentido estrito*, isto é, os bens ou valores adquiridos pelo agente como benefício direto ou indireto decorrente da prática do crime (*fructa sceleris/scelere quaesita*), incluindo as recompensas,[14] bem como os *produtos do crime*, ou seja, os bens que hajam sido produzidos (*ex novo*) com a comissão do crime (*producta sceleris*).[15] No âmbito da corrupção (passiva), constituirá inequivocamente uma vantagem, na aceção de *fructa sceleris*, o dinheiro recebido pelo funcionário como

---

[10] BRANDÃO, Nuno. *Branqueamento de capitais*: o sistema comunitário de prevenção. Coimbra: Coimbra Editora, 2002. p. 15.

[11] Nesta direção, na esteira de ARZT, Günther. Geldwäsche und rechtsstaatliche Verfall. *Juristenzeitung*, p. 913-917, 1993; REALE JÚNIOR, Miguel. Figura típica e objeto material do crime de "lavagem de dinheiro". In: ANDRADE, Costa et al. (Org.). *Estudos em homenagem ao Prof. Doutor Jorge de Figueiredo Dias*. Coimbra: Coimbra Editora, 2010. v. III. p. 565 e ss.; GODINHO, Jorge. *Do crime de "branqueamento" de capitais*. Coimbra: Almedina, 2001. p. 140 e ss., e CAEIRO, Pedro. A Decisão-Quadro do Conselho, de 26 de junho de 2001, e a relação entre a punição do branqueamento e o facto precedente: necessidade e oportunidade de uma reforma legislativa. In: ANDRADE, Costa et al. (Org.). *Liber Discipulorum para Jorge de Figueiredo Dias*. Coimbra: Coimbra Editora, 2003. p. 1082 e ss.

[12] CAEIRO, Pedro. A Decisão-Quadro do Conselho, de 26 de junho de 2001, e a relação entre a punição do branqueamento e o facto precedente: necessidade e oportunidade de uma reforma legislativa. In: ANDRADE, Costa et al. (Org.). *Liber Discipulorum para Jorge de Figueiredo Dias*. Coimbra: Coimbra Editora, 2003. p. 1086, n. 10.

[13] Pela consideração dos *scelere quaesita* e dos *producta sceleris* como vantagens objeto do crime de lavagem de dinheiro, ALTENHAIN. §261. In: KINDHÄUSER; NEUMANN; PAEFFGEN (Org.). *Strafgesetzbuch Nomos Kommentar*. 5. ed. Baden-Baden: Nomos, 2017. nm. 61 e ss.

[14] CAEIRO, Pedro. Sentido e função do instituto da perda de vantagens relacionadas com o crime no confronto com outros meios de prevenção da criminalidade reditícia (em especial, os procedimentos de confisco *in rem* e a criminalização do enriquecimento 'ilícito'). *Revista Portuguesa de Ciência Criminal*, n. 2, 2011. p. 271: "Por "vantagens relacionadas com o crime" entendemos, latamente, os bens que, existindo já à data da prática do crime (de forma a excluir os produtos), passam (ou destinam-se a passar) para a disponibilidade do agente como efeito desse crime, aí se incluindo as recompensas dadas ou prometidas aos agentes de factos ilícitos".

[15] Para uma distinção rigorosa entre *instrumenta sceleris*, *producta sceleris* e *fructa sceleris*, cf. CORREIA, João Conde. *Da proibição do confisco à perda alargada*. Lisboa: INCM, 2012. p. 67; 80 e ss.: *instrumentos do crime* são "os objetos que tiverem servido ou estivessem destinados a servir para a prática de um facto ilícito típico"; *produtos do crime* são os objetos "que por este forem produzidos"; e *vantagens do crime* são os "benefícios resultantes ou alcançados através da prática do facto ilícito típico", podendo "consistir num aumento do ativo, numa diminuição do passivo, no uso ou consumo de coisas ou direitos alheios ou na mera poupança ou supressão de despesas".

suborno. Às vantagens, *hoc sensu*, contrapõem-se os *instrumentos do crime* (*instrumenta sceleris*), os bens ou objetos que hajam sido utilizados ou que se destinem a ser utilizados na prática de um crime.

Visando o crime de lavagem prevenir a prática de condutas que possam dificultar a descoberta e o confisco *dos ganhos* adquiridos com o crime, logo se percebe que dele não possam ser *objeto* aqueles bens ou valores que não só não representam uma forma de lucro do crime, como, mais do que isso, constituem uma espécie de custo de produção dele, como é o caso dos *instrumentos do crime*.[16] No domínio da corrupção, contam-se aí os bens de que o corruptor se sirva para subornar o funcionário.

2 Do que vai dito, sobressai, para o nosso problema, no plano do tipo objetivo de ilícito do crime de lavagem de dinheiro, a exigência irrenunciável do *crime subjacente* ou *precedente*.

A punição de alguém pelo crime de *lavagem* pressupõe sempre a comprovada ocorrência de dois factos penalmente ilícitos: *o facto subjacente* e a *lavagem* propriamente dita. E é assim pela razão simples, mas decisiva de que a *ação típica* do crime de lavagem tem necessariamente de recair sobre vantagens provenientes de um crime básico ou subjacente. Como é evidente, o crime subjacente só tem o condão de relevar para o preenchimento de um tipo de branqueamento se *preceder* a ação típica de lavagem e com esta estiver conexionado como facto do qual *resultaram* as vantagens branqueadas.

Esta configuração confere ao branqueamento o estatuto dogmático de "delito de conexão" ou de "pós-delito".[17] Nunca poderá falar-se de branqueamento se não for possível referenciar comprovadamente um ilícito criminal *anterior* e *causal* em relação às *vantagens objeto da* ação de lavagem: a existência de um ilícito criminal típico, anterior e causal em relação à vantagem reciclada, configura um pressuposto da *factualidade típica* do crime de lavagem de dinheiro previsto na lei penal brasileira. Uma compreensão das coisas que, de resto, encontra expressão no próprio teor literal do tipo incriminador inscrito no art. 1º da Lei nº 9.613/98, quando se refere a vantagens como "bens, direitos ou valores *provenientes*, direta ou indiretamente, *de infração penal*". O que implica a anterioridade e *precedência do ilícito criminal dito subjacente*. Enfim, na palavra autorizada de Miguel Reale Júnior:

> a ação de transformar valores sujos em valores limpos tem por pressuposto que tenham sido ilegalmente adquiridos para se operar a sua transmutação, a sua reciclagem em valores limpos, o que não é senão uma imposição lógica. Só se converte em legal o valor ilegal, não se pode converter em legal o valor já legal anteriormente à ação de lavagem.[18]

3 Pressuposta a origem criminosa de certos bens, direitos ou valores, a realização do ilícito-típico objetivo da lavagem de dinheiro consuma-se com a ocultação ou dissimulação da sua natureza, origem, localização, disposição, movimentação ou propriedade (art.

---

[16] De novo, ALTENHAIN. §261. In: KINDHÄUSER; NEUMANN; PAEFFGEN (Org.). *Strafgesetzbuch Nomos Kommentar*. 5. ed. Baden-Baden: Nomos, 2017. nm. 63.

[17] Assim, GODINHO, Jorge. *Do crime de "branqueamento" de capitais*. Coimbra: Almedina, 2001. p. 165.

[18] REALE JÚNIOR, Miguel. Figura típica e objeto material do crime de "lavagem de dinheiro". In: ANDRADE, Costa et al. (Org.). *Estudos em homenagem ao Prof. Doutor Jorge de Figueiredo Dias*. Coimbra: Coimbra Editora, 2010. v. III. p. 562, n. 10.

1º da Lei nº 9.613/98). Proibidos e penalmente puníveis são os comportamentos através dos quais se encubram características intrínsecas das vantagens, como a sua natureza e origem, ou determinados atributos que se lhes encontram associados, como a sua titularidade ou localização. Isto quer através de atos que tornem invisíveis ou menos percetíveis tais características ou factos, quer mediante ações que lhes permitam dar uma outra aparência, disfarçando aquela que é a sua verdadeira realidade.[19]

Face à fluidez e ductilidade da formulação típica, deve reconhecer-se, com Jorge Godinho, que:

> a ocultação/dissimulação não referencia condutas de apreensão mais ou menos fácil, mas sim uma valoração de condutas. É algo que só se poderá afirmar após uma análise em que se tome em consideração que ações foram desenvolvidas e em que medida é que o agente conseguiu efetivamente obscurecer a qualidade dos bens.[20]

III Corrupção: modalidades e vantagens suscetíveis de lavagem

1 Recenseado que está, de forma intencionalmente breve, o quadro normativo e dogmático de um dos lados do nosso problema, o da incriminação de lavagem de dinheiro, virar-nos-emos agora para o seu outro lado, o da corrupção, de modo a perceber em que casos poderá figurar como facto precedente do crime de branqueamento.

Como vimos, o crime de lavagem de dinheiro tem uma natureza de pós-delito, pressupondo a montante um outro facto penalmente relevante do qual tenham emanado vantagens suscetíveis de ocultação ou conversão. Ora, pela própria natureza das coisas, as únicas formas típicas de corrupção que poderão, em termos lógicos, deter esta qualidade de crime subjacente num caso de branqueamento *de vantagem* inerente à corrupção são as de *natureza passiva*, aquelas cujo autor será um funcionário público e se traduzem em actos de solicitação ou recebimento de um benefício patrimonial não devido. Só nestas, com efeito, o agente adquirirá determinado bem, *quando a peita lhe seja entregue*, posto o que a vantagem poderá ser objeto de ações de dissimulação ou conversão, próprias do branqueamento.

Pelo contrário, a corrupção ativa é, por definição, insuscetível de gerar vantagens aptas a serem lavadas. Nesta modalidade de corrupção o corruptor abre mão do bem que forma o suborno, pelo que, como é óbvio, deixa essa vantagem de poder ser lavada em seu benefício.

Claro que do ato funcional que figura como contrapartida da vantagem poderão resultar benefícios patrimoniais para o corruptor, esses, sim, suscetíveis de serem lavados em seu benefício. Mas *o branqueamento da vantagem propriamente dita*, a que integra a factualidade típica dos crimes de corrupção, parece-nos só ser cogitável no plano da corrupção passiva e, por isso, só dessa aqui cuidaremos.

Além de não entrarmos aqui em linha de conta com os benefícios que do ato funcional possam resultar para o corruptor, na nossa análise abstrair-nos-emos de possíveis filiações criminosas da vantagem entregue ao agente passivo da corrupção. As nossas

---

[19] Cf. GODINHO, Jorge. *Do crime de "branqueamento" de capitais*. Coimbra: Almedina, 2001. p. 192 e ss.
[20] GODINHO, Jorge. *Do crime de "branqueamento" de capitais*. Coimbra: Almedina, 2001. p. 194.

considerações centrar-se-ão na vantagem em si mesma considerada, como *instrumenta sceleris* do crime de corrupção ativa e *scelere quaesita* do crime de corrupção passiva, sem contar com a possibilidade de ela mesma ter uma proveniência criminosa. Nessa medida, nada do que se dirá comprometerá uma possível imputação do crime de lavagem de dinheiro se o bem cedido a título de peita tiver uma origem delituosa e a transmissão da vantagem for realizada de forma oculta ou dissimulada – *v.g.*, o comandante policial que é subornado por uma organização de tráfico de droga para dar antecipadamente a conhecer operações policiais que a possam afetar, sabendo que o dinheiro que lhe é entregue provém do tráfico; o inspetor que descobre um desfalque realizado por um funcionário num serviço sob sua fiscalização e aceita fechar os olhos a troco de ficar com uma parte do valor apropriado indevidamente; o funcionário que não se opõe à sobrefaturação de uma empreitada a troco de uma comissão sobre o valor dos trabalhos indevidamente faturados a pagar pela empresa construtora beneficiária. Nestes casos, a vantagem recebida pelo funcionário poderá ser tida como objeto de ação de um crime de branqueamento, ficando a punição por este delito naturalmente subordinada à verificação dos demais pressupostos objetivos e subjetivos da incriminação.

2 A contraposição realizada no ponto anterior leva pressuposta a diferenciação formal e material que na legislação penal brasileira, na esteira dos modelos germânico e francês de punição da corrupção, se estabelece entre os crimes de corrupção passiva e os crimes de corrupção ativa: aquele previsto no art. 317º do CP ("Solicitar ou receber, para si ou para outrem, direta ou indiretamente, ainda que fora da função ou antes de assumi-la, mas em razão dela, vantagem indevida, ou aceitar promessa de tal vantagem") e este no art. 333º do CP ("Oferecer ou prometer vantagem indevida a funcionário público, para determiná-lo a praticar, omitir ou retardar ato de ofício").[21]

Embora naturalmente interligadas, cada uma destas modalidades delituais de corrupção mantém natureza própria, intercedendo uma relação de autonomia recíproca entre ambas. Como já há muito foi esclarecido por Figueiredo Dias, a propósito desta mesma diferenciação que também no direito penal português tem lugar, "na verdade, a separação típica que se observa entre as corrupções "ativa" e "passiva" impõe que a punição dos respetivos agentes se determine *isoladamente*, em função de cada um dos correspondentes preceitos legais".[22] Assim, as corrupções ativa e passiva são constituídas por "dois processos executivos que, apesar de relacionados, integram infrações independentes".[23]

A previsão separada e autónoma das vertentes passiva e ativa da corrupção projeta-se em consequências de variada ordem, a mais saliente, porventura, respeitante à possibilidade de não haver corrupção ativa onde exista corrupção passiva e vice-versa. Com efeito, apesar de no imaginário social preponderar uma ideia de corrupção associada a um pacto ilícito formado entre corruptor e corrompido em que o suborno aparece como contrapartida acordada entre ambos a troco de um ato que ao segundo caberá

---

[21] SHECAIRA, Sérgio Salomão. Corrupção ativa: atipicidade. *In*: SHECAIRA, Sérgio Salomão. *Estudos de direito penal*. Rio de Janeiro: Forense, 2014. v. III. p. 98 e ss.
[22] DIAS, Jorge de Figueiredo. Crime de corrupção. Tentativa. *Colectânea de Jurisprudência*, 1988. t. I. p. 33.
[23] COSTA, A. M. Almeida. Art. 372º. *In*: DIAS, Jorge Figueiredo (Dir.). *Comentário Conimbricense do Código Penal.* Parte especial. Coimbra: Coimbra Editora, 2001. t. III. §3.

levar a cabo, a separação legalmente estabelecida entre as suas modalidades passiva e ativa obriga a um tratamento dogmático autónomo de cada uma delas. Segue-se daí que os termos da consumação de uma e de outra poderão perfeitamente ser distintos: além de, como já referimos, poder haver consumação de uma corrupção passiva sem uma concomitante consumação de uma corrupção ativa (*v.g.*, o funcionário público solicita uma vantagem que é recusada pelo particular) e vice-versa (*v.g.*, o particular promete ao funcionário público uma vantagem que este recusa); mesmo no caso de haver um encontro de vontades gerador de um pacto ilícito, a consumação dos factos de corrupção ativa e passiva poderá não coincidir no espaço e no tempo. Este quadro conceptual não poderá deixar de ser tido em conta na resolução de casos em que a corrupção funciona como crime precedente de um outro crime, com o carácter de pós-delito, como é a lavagem de dinheiro.

IV   Corrupção passiva

1 Neste horizonte de compreensão, cumpre lançar um olhar sobre a *factualidade típica do crime de corrupção passiva*, de forma a perceber de que modo poderá assumir a posição de crime prévio ao branqueamento. Por ora, a corrupção ativa ficará de fora das nossas cogitações, dado que, tal como já demos como assente, só o crime de corrupção passiva poderá constituir facto base de um crime de lavagem da vantagem que é elemento do tipo incriminador dos crimes de corrupção. Mas a ela voltaremos, atento o relevo do seu desenho típico para corroborar as ilações que já nesta sede se poderão extrair.

O tipo incriminador de corrupção passiva constante do art. 317 do CP brasileiro pune o funcionário que *solicitar* ou *receber*, para si ou para outrem, direta ou indiretamente, ainda que fora da função ou antes de assumi-la, mas em razão dela, vantagem indevida, ou *aceitar promessa* de tal vantagem. São, pois, diversas as condutas do funcionário público que poderão dar corpo a um facto de corrupção passiva, seja para ato. Isto ao ponto de se poder considerar que no preceito se abrigam *vários subtipos incriminadores*.[24]

O funcionário público pode cometer um crime de corrupção passiva por várias vias: ou mediante *solicitação* de uma vantagem; ou mediante *aceitação* de uma vantagem, já entregue ou ainda só prometida. Como logo se percebe, estas diferentes condutas típicas podem suceder-se (cumulativamente) no tempo. Quando tal aconteça, o agente deverá obviamente responder apenas por um único crime de corrupção passiva, ficando, quando muito, em aberto a definição das questões relativas à consumação, formal e material, para os vários planos, substantivos e processuais, que dela dependam.

2 A primeira manifestação típica do crime de corrupção passiva corresponde ao ato de *solicitar* uma vantagem: o funcionário público que, num quadro funcional, pede, para si ou para terceiro, uma vantagem não devida realiza um facto objetivamente típico de corrupção passiva.

---

[24]   BOTTINI, Pierpaolo Cruz. Lavagem de dinheiro na APn 470 (Parecer). *Revista Brasileira de Ciências Criminais*, n. 110, p. 475-495, 2014. p. 484 e ss., n. 3. Também nesta direção, no âmbito do direito penal português, face a incriminações em tudo semelhantes às brasileiras (cf. arts. 373º e 374º do CP português), distinguindo diversas condutas típicas de corrupção passiva, DIAS, Maria do Carmo Silva. *Comentário das Leis Penais Extravagantes*. Lisboa: Univ. Católica Editora, 2010. v. 1. p. 792 e ss., nm. 24; e ainda, mas a propósito do lugar paralelo da corrupção ativa, PINTO, Frederico Costa. A intervenção penal na corrupção administrativa e política. *In*: AA. VV. *Direito penal económico e europeu*: textos doutrinários. Coimbra: Coimbra Editora, 2009. v. III. p. 344.

O facto consuma-se logo que o destinatário do pedido dele tome conhecimento. E consuma-se ainda que a solicitação seja recusada pelo interlocutor ou ainda que, embora aceite, o ato funcional não venha a concretizar-se ou a vantagem acabe por não ser concedida, apesar de antes apalavrada.[25]

Nesta vertente, é o funcionário público que toma a iniciativa, propondo a formação de um pacto ilícito. Dada a irrelevância da reação do destinatário da solicitação, acentua-se o carácter *unilateral* desta modalidade típica,[26] o qual, por seu turno, indicia a sua inidoneidade para servir de facto base de um delito de lavagem: na medida em que a corrupção se consuma logo com a solicitação da peita, antes mesmo de qualquer reação do interlocutor, a ela é *estruturalmente estranha a percepção de vantagens*. Por isso, constitui uma forma típica de corrupção passiva que *fica à margem do catálogo de factos ilícitos penais subjacentes ao crime de lavagem de dinheiro*.[27]

3 A *segunda manifestação típica* consiste num ato de *aceitação*, que pode assumir relevo em duas espécies distintas de situações: ou de uma promessa de vantagem; ou de uma vantagem já recebida.

3.1 No caso da *aceitação* de uma *promessa de vantagem*, a iniciativa parte do agente ativo. Este, ao transmitir a promessa de oferta de vantagem, realiza um ato típico de corrupção ativa, mesmo que a proposta seja declinada. Se o funcionário público, pelo contrário, a aceitar, pratica ele também um crime de corrupção, na forma passiva. Dado que a consumação de cada um dos crimes depende apenas do comportamento que cada um adopte, é bem possível a existência de uma *décalage* temporal na consumação de cada um dos crimes, nomeadamente, se a aceitação não for transmitida ato contínuo ao recebimento da proposta.

Também nesta situação típica não é gerada qualquer vantagem que possa ser sujeita a uma ação de branqueamento: o agente ativo limita-se a prometê-la, estando ela ainda fora do alcance do agente passivo.

3.2 A *aceitação* pode, por fim, recair sobre uma *vantagem já recebida*. É esta hipótese que se encontra prevista no segmento normativo "[...] *receber* [...] vantagem indevida [...]" do art. 317 do CP.

Esta expressão de corrupção passiva constitui o reverso da corrupção ativa que consiste em *oferecer uma vantagem*. De facto, a factualidade típica desta forma de corrupção passiva *pressupõe um comportamento prévio do corruptor ativo*, independentemente da sua relevância típica no quadro do art. 333 do CP:[28] que este *entregue* a peita ao funcionário

---

[25] Cf. COSTA, A. M. Almeida. Art. 372º. In: DIAS, Jorge Figueiredo (Dir.). *Comentário Conimbricense do Código Penal*. Parte especial. Coimbra: Coimbra Editora, 2001. t. III. §11; e HEINE; EISELE. §331. In: SCHÖNKE; SCHRÖDER. *Strafgesetzbuch Kommentar*. 30. ed. München: C. H. Beck, 2019. nm. 25.

[26] KUHLEN. §331. In: KINDHÄUSER; NEUMANN; PAEFFGEN (Org.). *Strafgesetzbuch Nomos Kommentar*. 5. ed. Baden-Baden: Nomos, 2017. nm. 20.

[27] BOTTINI, Pierpaolo Cruz. Lavagem de dinheiro na APn 470 (Parecer). *Revista Brasileira de Ciências Criminais*, n. 110, p. 475-495, 2014. p. 484, n. 3.

[28] Estamos a pensar na controvérsia acerca do significado penal dos casos em que o agente ativo *dá* ao funcionário uma vantagem por este previamente solicitada, sobre a qual não pretendemos aqui tomar posição. Cf. SHECAIRA, Sérgio Salomão. Corrupção ativa: atipicidade. In: SHECAIRA, Sérgio Salomão. *Estudos de direito penal*. Rio de Janeiro: Forense, 2014. v. III. p. 103 e ss., n. 20; sublinhando a contraposição que, no âmbito da interpretação do art. 333º do CP deve estabelecer-se entre os atos de *dar* (corrupção ativa *passiva*, atípica) e de *oferecer* (corrupção ativa *ativa*, típica), assente no *critério da iniciativa*: se esta parte do funcionário público e é correspondida pelo particular, temos um ato de *dar* vantagem que fica à margem do âmbito de aplicação do

público.²⁹ Só depois de o suborno *entrar numa esfera patrimonial sob controlo do funcionário público* estará este em condições de aceitar a vantagem recebida e se pode concluir que houve um *recebimento*. A aceitação pode ser expressa, através de comunicação ao oferente de concordância com o recebimento da vantagem; mas também pode ser tácita. Há aceitação se o funcionário público toma conhecimento do recebimento de um bem que lhe não é devido, entregue como contrapartida de certo ato de ofício, e decide ficar com ele, mesmo que nada transmita ao corruptor.

a) Para que se conclua que houve recebimento da vantagem bastará então que ela passe a *encontrar-se sob domínio fáctico*, direto ou indireto, *do funcionário*. Nesse sentido depõe a própria letra do tipo incriminador de corrupção passiva, que atribui relevo típico tanto ao recebimento direto como ao indireto – "[...] receber [...] direta ou indiretamente".

No *recebimento indireto* caberão os casos em que, por determinação do funcionário, há a interposição de uma terceira pessoa entre ele e a vantagem.³⁰ Situações em que, portanto, a vantagem é recebida através de *interposta pessoa*, que age no interesse do funcionário e sob o seu comando – *v.g.*, um familiar, um amigo, alguém das suas relações que com ele mantenha uma relação de dependência, mesmo um qualquer indivíduo que se disponibilize a dar um "porto de abrigo" à vantagem a ele destinada, aceitando subordinar o seu poder de decisão sobre a vantagem aos ditames do funcionário, ou uma pessoa jurídica direta ou indiretamente controlada pelo funcionário.

De recebimento indireto poderá também porventura falar-se nas hipóteses em que, embora não haja ainda ocorrido uma efetiva entrada da vantagem na esfera patrimonial do funcionário, já lhe foram conferidos meios para dela se apoderar, mediante, por exemplo, entrega de um cheque ao portador, indicação de um código numérico a partir do qual pode ordenar uma transferência bancária para uma conta à sua escolha, fornecimento da chave e dados de acesso a um cofre ou a um cacifo, etc.

Para este efeito, o que será então decisivo é *a entrada da vantagem num domínio patrimonial sob controlo do funcionário*, provinda de uma esfera patrimonial sob controlo do corruptor. Ocorrendo esse ingresso e sendo ele conhecido e aceite, expressa ou tacitamente, pelo funcionário, poderá concluir-se que houve *consumação do ilícito-típico de corrupção passiva*. Para a afirmação da tipicidade do crime de corrupção passiva será, enfim, irrelevante se a vantagem se inscreveu ou não *formalmente* no património do funcionário, bastando que passe a encontrar-se numa esfera patrimonial por ele dominada.

---

art. 333º do CP; se é o particular que toma a iniciativa, partindo dele a proposta corruptiva, já se falará numa *oferta* de vantagem, com relevo típico para a incriminação de corrupção ativa prevista art. 333º do CP. Para mais pareceres, em sentido contrário, BIDINO, Claudio; MELO, Débora Thaís de. A corrupção de agentes públicos no Brasil: reflexões a partir da lei, da doutrina e da jurisprudência. *In*: BIDINO, Claudio; MELO, Débora Thaís de; SANTOS, Cláudia Cruz. *A corrupção*. Coimbra: Coimbra Editora, 2009. p. 174 e ss.

²⁹ No sentido de que esta modalidade típica de aceitação pressupõe o *efetivo recebimento* da vantagem provinda do corruptor, KUHLEN. §331. *In*: KINDHÄUSER; NEUMANN; PAEFFGEN (Org.). *Strafgesetzbuch Nomos Kommentar*. 5. ed. Baden-Baden: Nomos, 2017. nm. 55, HEINE; EISELE. §331. *In*: SCHÖNKE; SCHRÖDER. *Strafgesetzbuch Kommentar*. 30. ed. München: C. H. Beck, 2019. nm. 27, e KORTE. §331. *In*: JOECKS; MIEBACH (Org.). *Münchener Kommentar zum Strafgesetzbuch*. 3. ed. München: C. H. Beck, 2019. nm. 77.

³⁰ Voto da Ministra Rosa Weber na Sentença da APn nº 470/MG (caso Mensalão), p. 1263 e ss., e pela generalidade da doutrina brasileira, BOTTINI, Pierpaolo Cruz. Lavagem de dinheiro na APn 470 (Parecer). *Revista Brasileira de Ciências Criminais*, n. 110, p. 475-495, 2014. p. 485 e ss., n. 3, com numerosas referências doutrinais e jurisprudenciais concordantes.

b) Pode bem suceder que o particular faça chegar a vantagem ao funcionário público sem que haja qualquer concertação prévia entre ambos ou sem que antes o advirta da realização da entrega. Se o funcionário público a recusa, devolvendo-a à procedência, dá cumprimento àquilo que a ordem jurídica dele espera; mas se, pelo contrário, decide fazer sua a vantagem recebida, com conhecimento de que lhe foi entregue como contrapartida de um ato de serviço, consuma um facto de corrupção passiva.

É igualmente possível, e por certo até mais frequente, que o ato de aceitação da peita recebida represente o derradeiro passo de um processo corruptivo já em curso, seguindo-se a uma anterior solicitação da vantagem por parte do próprio funcionário público ou a uma anterior aceitação de uma promessa de vantagem que lhe foi dirigida pelo corruptor. Nestes casos, ainda que pudesse já considerar-se (formalmente) consumado um crime de corrupção passiva – dada a prévia solicitação da vantagem ou a prévia anuência à promessa de oferta da vantagem –, está longe de ser penalmente indiferente o comportamento adotado pelo funcionário público no momento em que fica na posse da vantagem.

Se o funcionário público decidir manter a vantagem na sua esfera patrimonial – aceitando-a, portanto –, realiza uma nova conduta típica de corrupção passiva, a da modalidade de recebimento de vantagem indevida, que acaba por consumir as ações típicas de solicitação e/ou de aceitação de promessa de vantagem anteriormente realizadas.[31]

Ainda que se entenda que não há razão para fragmentar o tipo legal em distintas condutas típicas (de solicitação de vantagem; de aceitação de promessa de vantagem; e de recebimento de vantagem), sempre será de considerar que, não obstante a já verificada consumação (formal) do crime de corrupção passiva, só com a aceitação da vantagem entregue ocorre a consumação material, também dita terminação ou conclusão (*Beendigung*, na terminologia alemã),[32] do facto de corrupção passiva.[33] Pois só com a aceitação do suborno se pode dizer que se encerra o processo corruptivo que se encontrava em curso.

4 Pelo que vai exposto, fica claro que *só nesta última modalidade típica de corrupção passiva, de recebimento da vantagem, é que o corrompido verdadeiramente adquire a vantagem*. Com efeito, só nela se dá efetivamente a transferência da peita para a sua esfera patrimonial. E é esta vantagem que, uma vez estando na disponibilidade do corrompido e sendo por ele aceite, pode ser objeto de ação de lavagem. Assim se percebe que, *das três modalidades típicas de corrupção passiva legalmente previstas, só a* última, *de recebimento de vantagem, é suscetível de representar um facto precedente do crime de lavagem de dinheiro.*

---

[31] BRANDÃO, Nuno. Corrupção: a questão da consumação material e as suas consequências. *In*: ALBUQUERQUE, Paulo Pinto *et al.* (Org.) *Corrupção em Portugal.* Avaliação Legislativa e Propostas de Reforma. Lisboa: Universidade Católica Editora, 2021. p. 182 e ss. BOTTINI, Pierpaolo Cruz. Lavagem de dinheiro na APn 470 (Parecer). *Revista Brasileira de Ciências Criminais*, n. 110, p. 475-495, 2014. p. 485, n. 3.

[32] Sobre esta contraposição, DIAS, Jorge de Figueiredo. *Direito penal.* Parte geral. Colaboração de Maria João Antunes; Susana Aires de Sousa; Nuno Brandão e Sónia Fidalgo. 3. ed. Coimbra: Gestlegal, 2019. t. I. 27º Cap., §11 e ss.

[33] Assim, pela generalidade da doutrina e jurisprudência alemãs, HEINE; EISELE. §331. *In*: SCHÖNKE; SCHRÖDER. *Strafgesetzbuch Kommentar.* 30. ed. München: C. H. Beck, 2019. nm. 69, e HEINE; EISELE. §332. *In*: SCHÖNKE; SCHRÖDER. *Strafgesetzbuch Kommentar.* 30. ed. München: C. H. Beck, 2019. nm. 24.

O que decorre da razão singela, mas determinante, de apenas ela ser capaz de gerar vantagens que podem ser branqueadas no interesse de quem delas é beneficiário.³⁴

Desta forma, naqueles casos em que há uma sucessão de atos de corrupção passiva penalmente relevantes *per se* – primeiro, de solicitação de vantagem e, depois, de recebimento de vantagem –, ainda que o crime de corrupção passiva se deva ter já por (formalmente) consumado em momento anterior àquele em que o agente ativo realiza a entrega da vantagem, não há motivo para considerar que esta entrega consubstanciará, do mesmo passo, uma ação de reciclagem de dinheiro. Nem mesmo se nela forem empregues meios dissimulatórios da sua realização, com a conivência do funcionário público ou seguindo instruções por ele dadas. É que, embora a corrupção passiva na modalidade de solicitação de vantagem seja anterior aos atos de ocultação da concessão da peita, a vantagem encoberta não foi dela proveniente, faltando, portanto, a relação causal entre o facto precedente e a vantagem pressuposta pelo crime de lavagem de dinheiro.

Nesta linha, o *ato de aquisição, direta ou indireta, de controlo da vantagem* pelo funcionário não consubstancia uma ação de lavagem, mesmo que envolva o emprego de meios mais ou menos complexos de dissimulação desse recebimento. Só depois de obtida, estando na disponibilidade do agente passivo da corrupção, passa a vantagem a poder ser objeto de uma conduta de lavagem. Até aí, até esse momento da percepção, o valor em causa não poderia considerar-se um fruto do crime de corrupção passiva, antes figurando como um instrumento do crime de corrupção ativa e, como tal, um valor que, por definição, não pode ser tomado como um objeto de ação de um crime de lavagem de dinheiro.

Encontrando-se a vantagem sob controlo do corrompido – depois de direta ou indiretamente recebida, constituindo já, desta forma, um objeto de ação possível de branqueamento –, atos de ocultação ou dissimulação que sobre ela incidam serão passíveis de implicar uma responsabilização criminal por lavagem de dinheiro, nos termos gerais.

V Corrupção ativa

As considerações anteriores deixam antever um outro dado com relevo crítico para o tema de que nos ocupamos. Respeita ele ao *polo ativo* da corrupção.

À semelhança do que acontece no crime de corrupção passiva, também o crime de corrupção ativa, previsto no art. 333 do CP, incorpora mais do que uma conduta típica.³⁵

Numa *primeira modalidade*, a corrupção ativa consuma-se através da *promessa* de uma vantagem não devida a um funcionário público, para a prática, a omissão ou o retardamento de um ato de ofício. Porque a consumação se basta com a simples formulação da promessa e a sua chegada ao conhecimento do funcionário público, a ela é estranha a efetiva concessão da peita.

---

[34] Nesta conclusão, também BOTTINI, Pierpaolo Cruz. Lavagem de dinheiro na APn 470 (Parecer). *Revista Brasileira de Ciências Criminais*, n. 110, p. 475-495, 2014. p. 484, n. 3.

[35] Veja-se, de novo, PINTO, Frederico Costa. A intervenção penal na corrupção administrativa e política. *In*: AA. VV. *Direito penal económico e europeu*: textos doutrinários. Coimbra: Coimbra Editora, 2009. v. III. p. 344, n. 23.

Diferentemente, *a segunda modalidade* – *"Oferecer* [...] vantagem indevida [...]" – exige a *entrega efetiva* da vantagem.[36] Nesta constelação típica, para que o crime de corrupção ativa se perfecione é necessário que o suborno ingresse numa esfera patrimonial sob controlo do funcionário público e que este tome conhecimento deste acréscimo patrimonial. Como já se referiu, o funcionário público poderá aceitá-lo ou não, sendo a aceitação irrelevante para a responsabilização penal do corruptor a título consumado.[37] Daí que se deva considerar que, tratando-se de vantagem patrimonial, a corrupção ativa tem nesta aceção típica a natureza de *crime de resultado*:[38] só quando se concretiza a transferência patrimonial, com a entrada da peita na esfera patrimonial dominada pelo funcionário público, poderá ocorrer a consumação (material)[39] desta forma de corrupção ativa.

É pacífico que a entrega do suborno, para assumir relevo típico nesta sede, não terá necessariamente de ser feita diretamente pelo corruptor ao funcionário público, podendo processar-se através de um *intermediário (Mittelsperson)*, precisamente para encobrir a transferência da vantagem.[40] Por esta razão, a transferência indireta da vantagem, mediante interposição de um terceiro – atuando no *interesse e sob controlo do corruptor* e funcionando como ponto de passagem do circuito de condução do suborno até ao destino desejado, com um intuito dissimulatório –, não deixa de integrar ainda o *processo executivo de realização típica do facto de corrupção ativa*. Sendo *instrumenta sceleris* do crime de corrupção ativa, tal vantagem não é, por definição, suscetível de representar um objeto de ação de um crime de lavagem de dinheiro no qual se procure tomar aquele crime de corrupção como facto antecedente.[41]

Assim, nestes casos, a transmissão do suborno não representa uma forma de lavagem de uma vantagem (ainda não recebida pelo corrompido!) proveniente um crime de corrupção (materialmente) consumado, mas antes ainda a *derradeira etapa da*

---

[36] ALBUQUERQUE, Paulo Pinto de. *Comentário do Código Penal*. 3. ed. Lisboa: Univ. Católica Editora, 2015. Art. 374º, nm. 5 e 8; e por toda a doutrina alemã, KUHLEN. §333. In: KINDHÄUSER; NEUMANN; PAEFFGEN (Org.). *Strafgesetzbuch Nomos Kommentar*. 5. ed. Baden-Baden: Nomos, 2017. nm. 6.

[37] Assim, no direito português, COSTA, A. M. Almeida. Art. 374º. In: DIAS, Jorge Figueiredo (Dir.). *Comentário Conimbricense do Código Penal*. Parte especial. Coimbra: Coimbra Editora, 2001. t. III. §6, p. 684 e ss. Mais restritivos, exigindo a aceitação do corrompido para que haja consumação, entre outros, DIAS, Jorge de Figueiredo. Crime de corrupção. Tentativa. *Colectânea de Jurisprudência*, 1988. t. I. p. 33, n. 21; PINTO, Frederico Costa. A intervenção penal na corrupção administrativa e política. In: AA. VV. *Direito penal económico e europeu*: textos doutrinários. Coimbra: Coimbra Editora, 2009. v. III. p. 344, n. 23.

[38] COSTA, A. M. Almeida. Art. 374º. In: DIAS, Jorge Figueiredo (Dir.). *Comentário Conimbricense do Código Penal*. Parte especial. Coimbra: Coimbra Editora, 2001. t. III. §6, p. 683 e ss.

[39] Voltando a considerar que a terminação do crime de corrupção ativa ocorre com a entrega da vantagem, KORTE. §333. In: JOECKS; MIEBACH (Org.). *Münchener Kommentar zum Strafgesetzbuch*. 3. ed. München: C. H. Beck, 2019. nm. 18.

[40] Por todos, HEINE; EISELE. §333. In: SCHÖNKE; SCHRÖDER. *Strafgesetzbuch Kommentar*. 30. ed. München: C. H. Beck, 2019. nm. 4.

[41] ALTENHAIN. §261. In: KINDHÄUSER; NEUMANN; PAEFFGEN (Org.). *Strafgesetzbuch Nomos Kommentar*. 5. ed. Baden-Baden: Nomos, 2017. nm. 63; NEUHEUSER. §261. In: JOECKS; MIEBACH (Org.). *Münchener Kommentar zum Strafgesetzbuch*. 3. ed. München: C. H. Beck, 2019. nm. 48. Em sentido semelhante, na jurisprudência brasileira, vd. o Ac. do TRF-3 de 20.2.2020 (HC nº 5028780-10.2018.4.03.0000): "3.1 A materialização dos recursos como 'produto' (*lato sensu*) de crime de corrupção só passa a haver quando de seu recebimento pelo agente corrupto. O caminho até esse ato não traz em si ilicitude dos recursos que serão utilizados. Seja qual for o *iter*, pode o corruptor interrompê-lo a qualquer momento, sem que o numerário seja em si ilícito. Ele será ilícito apenas quando efetivamente completar seu destino; só então será ele 'propina', ou, na dicção técnica e legal, 'vantagem indevida' materializada".

execução desse crime.⁴² E é assim tanto do ponto de vista do corruptor propriamente dito como daquele que, disponibilizando-se a participar nesse esquema como intermediário, o auxilia a fazer chegar a peita a uma esfera patrimonial sob controlo do funcionário. Quando entre corruptor e corrompido haja a interposição de uma pluralidade de pessoas que servem de ponte à passagem do suborno do primeiro para o segundo tudo está, pois, em saber *no interesse e sob controlo de quem* é que estes intermediários intervêm: se por conta do corruptor, para transmissão do suborno, comparticipando na execução do crime de corrupção ativa e por isso podendo eles próprios responder por esse crime; ou, pelo contrário, como representantes do funcionário, entrando na cadeia de circulação do suborno e como tal comparticipando no crime de corrupção passiva.⁴³

Na primeira hipótese, ainda que por absurdo se entenda que o crime de corrupção ativa poderá funcionar como facto precedente de um crime de branqueamento da vantagem, enquanto o suborno se encontrar "em trânsito", mesmo que por atalhos ocultos, o crime de corrupção ativa não poderá considerar-se como consumado na modalidade típica de entrega de vantagem. E como tal, também por isto, nesse estádio não poderá ser tomado como facto precedente de um crime de branqueamento.

Para a segunda hipótese vale tudo quanto expusemos *supra* (IV), na parte relativa à corrupção passiva, dado que é uma *intermediação no recebimento do suborno* que está em causa. Apelar, nestas constelações, a uma interpretação literal da fórmula normativa do crime de lavagem de dinheiro "provenientes, direta ou indiretamente, de infração penal" – no sentido de que o intermediário que, no interesse e sob controlo do corrompido, aceita receber uma entrega encoberta do suborno está a dissimular um bem ou valor proveniente de um crime (de corrupção ativa) –⁴⁴ subverte a lógica e a teleologia da incriminação de lavagem de dinheiro. Pois toma como objeto do branqueamento não um ganho patrimonial resultante do crime precedente, mas antes um bem que representou um "custo de produção" desse delito; pune quem atua não no interesse do autor do crime precedente, mas sim do beneficiário dele; e não cumpre a função que é cometida

---

⁴² Nestes termos, também PATRÍCIO, Rui; MATOS, Nuno Igreja. Corrupção e branqueamento: das relações incestuosas às (a)tipicidades. *In*: PROCURADORIA-GERAL DA REPÚBLICA (Comp.). *Estudos Projeto ETHOS*: corrupção e criminalidade económico-financeira. Lisboa: Procuradoria-Geral da República, 2018. p. 75 e ss., n. 1; RETTENMAIER, Felix. Bestechungsmittel als Gegenstand der Geldwäsche. *Neue Juristische Wochenschrift*, p. 1617-1619, 2009. p. 1619; e FAHL, Christian. *Juristenzeigung*, v. 14, p. 747-748, 2009. p. 748. Manifestando reservas, ESTELLITA, Heloisa; PAULA JÚNIOR, Aldo de. Consequências tributárias e penais-tributárias da corrupção. *In*: LEITE, Alaor; TEIXEIRA, Adriano (Org.). *Crime e política*. Rio de Janeiro: FGV Editora, [s.d.]. p. 123, n. 51. Diferentemente, não afirmando a atipicidade da lavagem e só afastando a responsabilização por branqueamento em virtude de uma relação de concurso com o crime de corrupção ativa, com prevalência deste sobre aquele, MENDES, Paulo de Sousa; REIS, Sónia; MIRANDA, António. A dissimulação dos pagamentos na corrupção será punível também como branqueamento de capitais? *Revista da Ordem dos Advogados*, n. 2/3, p. 795-810, 2008. p. 806 e ss.; 810.

⁴³ HEINE; EISELE. §331. *In*: SCHÖNKE; SCHRÖDER. *Strafgesetzbuch Kommentar*. 30. ed. München: C. H. Beck, 2019. nm. 73.

⁴⁴ Assim, todavia, o Acórdão do Supremo Tribunal Federal alemão de 18.2.2009 (1 StR 4/09 – BGHSt 53, 205), que confirmou a condenação por crime de lavagem de dinheiro da irmã de um ministro dos Transportes do Governo da Geórgia que, no interesse e seguindo as instruções deste, disponibilizou contas bancárias que detinha na Alemanha para o recebimento de verbas entregues por empresas alemãs do setor dos transportes em contrapartida de favores recebidos daquele ministro no âmbito da sua operação comercial na Geórgia. Esta decisão do BGH parece, sem embargo, representar um *outlier* na jurisprudência alemã em matéria de corrupção e lavagem, já que não há notícia de outros arestos em semelhante sentido. O que, por certo, não se terá ficado a dever à falta de julgamento de casos de corrupção com recurso a intermediários do lado ativo e/ou passivo.

ao crime de lavagem, a de prevenir condutas que dificultem a consecução do desígnio do sistema de justiça de deteção e confisco *das vantagens* do crime.[45]

VI Proposições conclusivas

Pelo que vem de se ver, nos casos em que para entrega da vantagem o corruptor recorra a esquemas e operações de transmissão dessa que envolvam intermediários, empresas de fachada, contratos simulados, documentação falsa, etc. para dissimular essa passagem ou dar-lhe uma aparência de legalidade, a fronteira que deverá relevar para determinar a suscetibilidade de uma vantagem não previamente contaminada por uma mácula criminosa ser tomada como objeto de ação possível de um crime de lavagem de dinheiro é a linha que separa as esferas de domínio do corrompido e do corruptor:

i) enquanto a vantagem se mantiver sob controlo do corruptor, as ações de encobrimento de que ele e eventualmente pessoas a mando dele lancem mão integrarão ainda a fase executiva da corrupção ativa, podendo deter relevo típico na sua modalidade de oferta de vantagem indevida, sem preencher, porém, a tipicidade do crime de lavagem de dinheiro;

ii) chegando a vantagem ao destino, o momento da percepção da vantagem não representa um ato de lavagem, mesmo que ocorra às ocultas ou com dissimulação, mediante interposta pessoa, por integrar o processo executivo do crime de corrupção passiva, concluindo o *iter criminis* respetivo;

iii) encontrando-se a vantagem sob domínio, direto ou indireto, do agente passivo da corrupção, passa ela, a partir desse momento de ingresso na esfera patrimonial controlada pelo corrompido, a constituir uma vantagem passível de ser branqueada, representando enfim um objeto de ação possível do crime de lavagem de dinheiro.

Transpondo esta lógica para os casos Mensalão e Triplex, enunciados no início deste nosso estudo, vejamos então as consequências que dela advêm.

Numa situação como a apreciada na Ação Penal nº 470/MG (Mensalão), a circunstância de ser o cônjuge do funcionário público a levantar ao balcão de uma agência bancária o cheque emitido pelo corruptor com vista a fazer chegar àquele, por interposta pessoa, o suborno que haviam pactuado não deve dar lugar a uma imputação de um crime de lavagem de dinheiro. O facto deverá qualificar-se *atípico* para esse efeito, dado que até aí não havia ainda ocorrido a percepção da vantagem, correspondendo o ato de recebimento precisamente ao de fazer ingressar a vantagem na esfera de domínio do corrompido.[46]

---

[45] Nesta direção crítica, RETTENMAIER, Felix. Bestechungsmittel als Gegenstand der Geldwäsche. *Neue Juristische Wochenschrift*, p. 1617-1619, 2009. p. 1619, n. 42; e FAHL, Christian. *Juristenzeigung*, v. 14, p. 747-748, 2009. p. 748 e ss., n. 42; ambos em comentário ao mencionado Ac. do BGH de 18.2.2009, e ainda NEUHEUSER. §261. In: JOECKS; MIEBACH (Org.). *Münchener Kommentar zum Strafgesetzbuch*. 3. ed. München: C. H. Beck, 2019. nm. 48; e ALTENHAIN. §261. In: KINDHÄUSER; NEUMANN; PAEFFGEN (Org.). *Strafgesetzbuch Nomos Kommentar*. 5. ed. Baden-Baden: Nomos, 2017. nm. 63.

[46] Vem sendo este o sentido para o qual se tem inclinado o STF, *v.g.*, como se viu, *supra* nota 6, nos Embargos Infringentes à AP nº 470/MG e, posteriormente, nas ações penais nºs 996/DF ("8.1 Na esteira de entendimento firmado pelo Plenário do Supremo Tribunal Federal por ocasião do julgamento da AP 470, se mesmo por interposta pessoa o mero recebimento da vantagem decorrente da mercancia da função pública não é conduta apta a configurar o delito de lavagem de capitais, tal conclusão, por uma questão lógica, merece incidir sobre a conduta do próprio agente público que acolhe a remuneração indevida. Absolvição dos denunciados, nos

Na síntese da Ministra Rosa Weber "o crime antecedente pode se consumar com a mera disponibilidade sobre o produto do crime, ainda que não física, pelo agente do delito, mas o ato configurador da lavagem há de ser [...] distinto e posterior à disponibilidade sobre o produto do crime antecedente".[47] Desta forma, não havendo, no recebimento encapotado do suborno, a prática de um facto típico de lavagem de dinheiro, sequer se chega a abrir um possível caso de *concurso* entre os crimes de lavagem de dinheiro e de corrupção passiva, já que só cabe falar de concurso heterogéneo quando há o preenchimento, sob a forma consumada ou tentada, de uma pluralidade de tipos legais de crime distintos.[48] Num caso como o do Triplex, em que a vantagem pactuada não chega a ser nem formal nem materialmente transferida para a esfera de domínio do corrompido, parece-nos ainda mais destituído de sentido admitir a existência de um crime de lavagem imputável ao corrompido e/ou ao corruptor. Com efeito, provando-se o pacto ilícito, do que se poderá tratar aí é de um caso de corrupção (ativa) sob a forma de promessa de oferta de vantagem (art. 333 do CP) e de corrupção (passiva) sob a forma de aceitação de promessa de tal vantagem (art. 317 do CP); ou, no caso de a iniciativa ter partido do funcionário, de corrupção (passiva) na modalidade de solicitação de vantagem. Permanecendo a vantagem prometida na esfera patrimonial do corruptor, não se dá a cedência da vantagem que é pressuposta pelas modalidades (materiais) de oferta e de recebimento de vantagem, esta última, como vimos, a única suscetível de gerar valores com a natureza de vantagem passíveis de serem branqueados. Se em vez de um apartamento estivesse em causa uma quantia pecuniária, já reservada pelo corruptor para o corrompido, mas mantida em contas bancárias por aquele titularas ou controladas, por certo ninguém admitiria a comissão de um crime de lavagem de dinheiro pelo facto de o primeiro manter à sua guarda um dinheiro já destinado ao segundo. Na velha expressão portuguesa, o "preso por ter cão e preso por não ter" transformar-se-ia assim, literalmente!, num preso por ceder (a vantagem) e preso por não ceder, o que é revelador do absurdo da construção. Punir por lavagem de dinheiro o corruptor por manter no seu domínio um bem que é seu – e assim observando a proibição penal de oferta da vantagem, ínsita na norma de determinação do crime de corrupção ativa – é algo desprovido de sentido; tal como o é punir pelo mesmo crime o corrompido por nada fazer em relação a uma vantagem que não recebeu. Punir os dois simultaneamente escapa à nossa capacidade de compreensão.

---

    termos do art. 386, III, do Código de Processo Penal" – Ac. do STF de 29.5.2018) e 1003/DF ("16. A possibilidade da incriminação da autolavagem 'pressupõe aprática de atos de ocultação autônomos do produto do crime antecedente (já consumado)'" – Ac. do STF de 19.6.2018).

[47] Voto proferido no Ac. do STF na AP nº 470/MG, p. 1265.

[48] Entrando, porém, na lógica do concurso não só a posição que começou por fazer vencimento na AP nº 470/MG, como também, na doutrina BOTTINI, Pierpaolo Cruz. Lavagem de dinheiro na APn 470 (Parecer). *Revista Brasileira de Ciências Criminais*, n. 110, p. 475-495, 2014. p. 485 e ss., n. 3, de jeito que nos parece incongruente com a ideia de que "o uso de interposta pessoa integra o tipo penal da corrupção" (p. 487). Ainda nesta mesma direção, BOTTINI, Pierpaolo Cruz; BADARÓ, Gustavo Henrique. *Lavagem de dinheiro*: aspectos penais e processuais penais; comentários à Lei 9.613/98, com as alterações da Lei 12.683/2012. 4. ed. São Paulo: Revista dos Tribunais, 2019. p. 120 ss. – os AA acabam, não obstante, depois por considerar, na linha do que sustentamos em texto, que "no crime de *corrupção passiva*, somente haverá *lavagem de dinheiro* se houver um ato de *mascaramento* posterior ao *recebimento* dos valores" (p. 126 e ss.) – e MENDES, Paulo de Sousa; REIS, Sónia; MIRANDA, António. A dissimulação dos pagamentos na corrupção será punível também como branqueamento de capitais? *Revista da Ordem dos Advogados*, n. 2/3, p. 795-810, 2008. p. 806 e ss.; 810.

Referências

ALBUQUERQUE, Paulo Pinto de. *Comentário do Código Penal*. 3. ed. Lisboa: Univ. Católica Editora, 2015.

ALTENHAIN. §261. In: KINDHÄUSER; NEUMANN; PAEFFGEN (Org.). *Strafgesetzbuch Nomos Kommentar*. 5. ed. Baden-Baden: Nomos, 2017.

ARZT, Günther. Geldwäsche und rechtsstaatliche Verfall. *Juristenzeitung*, p. 913-917, 1993.

BIDINO, Claudio; MELO, Débora Thaís de. A corrupção de agentes públicos no Brasil: reflexões a partir da lei, da doutrina e da jurisprudência. *In*: BIDINO, Claudio; MELO, Débora Thaís de; SANTOS, Cláudia Cruz. *A corrupção*. Coimbra: Coimbra Editora, 2009.

BOTTINI, Pierpaolo Cruz. Lavagem de dinheiro na APn 470 (Parecer). *Revista Brasileira de Ciências Criminais*, n. 110, p. 475-495, 2014.

BOTTINI, Pierpaolo Cruz; BADARÓ, Gustavo Henrique. *Lavagem de dinheiro*: aspectos penais e processuais penais; comentários à Lei 9.613/98, com as alterações da Lei 12.683/2012. 4. ed. São Paulo: Revista dos Tribunais, 2019.

BRANDÃO, Nuno. *Branqueamento de capitais*: o sistema comunitário de prevenção. Coimbra: Coimbra Editora, 2002.

BRANDÃO, Nuno. Corrupção: a questão da consumação material e as suas consequências. *In*: ALBUQUERQUE, Paulo Pinto *et al.* (Org.) *Corrupção em Portugal*. Avaliação Legislativa e Propostas de Reforma. Lisboa: Universidade Católica Editora, 2021.

CAEIRO, Pedro. A Decisão-Quadro do Conselho, de 26 de junho de 2001, e a relação entre a punição do branqueamento e o facto precedente: necessidade e oportunidade de uma reforma legislativa. *In*: ANDRADE, Costa *et al.* (Org.). *Liber Discipulorum para Jorge de Figueiredo Dias*. Coimbra: Coimbra Editora, 2003.

CAEIRO, Pedro. Sentido e função do instituto da perda de vantagens relacionadas com o crime no confronto com outros meios de prevenção da criminalidade reditícia (em especial, os procedimentos de confisco *in rem* e a criminalização do enriquecimento 'ilícito'). *Revista Portuguesa de Ciência Criminal*, n. 2, 2011.

CANOTILHO, J. J. Gomes. A questão do autogoverno das magistraturas como questão politicamente incorrecta. *In*: VARELA, Antunes *et al.* (Org.). *Ab Vno Ad Omnes*. 75 anos da Coimbra Editora. Coimbra: Coimbra Editora, 1998.

CANOTILHO, J. J. Gomes. Um olhar jurídico-constitucional sobre a judiciarização da política e a politicização da justiça. *Supremo Tribunal de Justiça*, Liboa, 2007. Disponível em: https://www.stj.pt/wp-content/uploads/2007/04/jspp_gomescanotilho.pdf.

CORREIA, João Conde. *Da proibição do confisco à perda alargada*. Lisboa: INCM, 2012.

COSTA, A. M. Almeida. Art. 372º. *In*: DIAS, Jorge Figueiredo (Dir.). *Comentário Conimbricense do Código Penal*. Parte especial. Coimbra: Coimbra Editora, 2001. t. III.

COSTA, A. M. Almeida. Art. 374º. *In*: DIAS, Jorge Figueiredo (Dir.). *Comentário Conimbricense do Código Penal*. Parte especial. Coimbra: Coimbra Editora, 2001. t. III.

DIAS, Jorge de Figueiredo. Crime de corrupção. Tentativa. *Colectânea de Jurisprudência*, 1988. t. I.

DIAS, Jorge de Figueiredo. *Direito penal*. Parte geral. Colaboração de Maria João Antunes; Susana Aires de Sousa; Nuno Brandão e Sónia Fidalgo. 3. ed. Coimbra: Gestlegal, 2019. t. I.

ESTELLITA, Heloisa; PAULA JÚNIOR, Aldo de. Consequências tributárias e penais-tributárias da corrupção. *In*: LEITE, Alaor; TEIXEIRA, Adriano (Org.). *Crime e política*. Rio de Janeiro: FGV Editora, [s.d.].

FAHL, Christian. *Juristenzeigung*, v. 14, p. 747-748, 2009.

GODINHO, Jorge. *Do crime de "branqueamento" de capitais*. Coimbra: Almedina, 2001.

HEINE; EISELE. §331. *In*: SCHÖNKE; SCHRÖDER. *Strafgesetzbuch Kommentar*. 30. ed. München: C. H. Beck, 2019.

HEINE; EISELE. §332. *In*: SCHÖNKE; SCHRÖDER. *Strafgesetzbuch Kommentar*. 30. ed. München: C. H. Beck, 2019.

HEINE; EISELE. §333. *In*: SCHÖNKE; SCHRÖDER. *Strafgesetzbuch Kommentar*. 30. ed. München: C. H. Beck, 2019.

KORTE. §331. *In*: JOECKS; MIEBACH (Org.). *Münchener Kommentar zum Strafgesetzbuch*. 3. ed. München: C. H. Beck, 2019.

KORTE. §333. *In*: JOECKS; MIEBACH (Org.). *Münchener Kommentar zum Strafgesetzbuch*. 3. ed. München: C. H. Beck, 2019.

KUHLEN. §331. *In*: KINDHÄUSER; NEUMANN; PAEFFGEN (Org.). *Strafgesetzbuch Nomos Kommentar*. 5. ed. Baden-Baden: Nomos, 2017.

MENDES, Paulo de Sousa; REIS, Sónia; MIRANDA, António. A dissimulação dos pagamentos na corrupção será punível também como branqueamento de capitais? *Revista da Ordem dos Advogados*, n. 2/3, p. 795-810, 2008.

NEUHEUSER. §261. *In*: JOECKS; MIEBACH (Org.). *Münchener Kommentar zum Strafgesetzbuch*. 3. ed. München: C. H. Beck, 2019.

PATRÍCIO, Rui; MATOS, Nuno Igreja. Corrupção e branqueamento: das relações incestuosas às (a)tipicidades. *In*: PROCURADORIA-GERAL DA REPÚBLICA (Comp.). *Estudos Projeto ETHOS*: corrupção e criminalidade económico-financeira. Lisboa: Procuradoria-Geral da República, 2018.

PINTO, Frederico Costa. A intervenção penal na corrupção administrativa e política. *In*: AA. VV. *Direito penal económico e europeu*: textos doutrinários. Coimbra: Coimbra Editora, 2009. v. III.

REALE JÚNIOR, Miguel. Figura típica e objeto material do crime de "lavagem de dinheiro". *In*: ANDRADE, Costa *et al.* (Org.). *Estudos em homenagem ao Prof. Doutor Jorge de Figueiredo Dias*. Coimbra: Coimbra Editora, 2010. v. III.

RETTENMAIER, Felix. Bestechungsmittel als Gegenstand der Geldwäsche. *Neue Juristische Wochenschrift*, p. 1617-1619, 2009.

SHECAIRA, Sérgio Salomão. Corrupção ativa: atipicidade. *In*: SHECAIRA, Sérgio Salomão. *Estudos de direito penal*. Rio de Janeiro: Forense, 2014. v. III.

Informação bibliográfica deste texto, conforme a NBR 6023:2018 da Associação Brasileira de Normas Técnicas (ABNT):

BRANDÃO, Nuno. Corrupção e lavagem de dinheiro: os casos de entrega dissimulada e de recebimento indireto da vantagem indevida. *In*: GOMES, Ana Cláudia Nascimento; ALBERGARIA, Bruno; CANOTILHO, Mariana Rodrigues (Coord.). *Direito Constitucional*: diálogos em homenagem ao 80º aniversário de J. J. Gomes Canotilho. Belo Horizonte: Fórum, 2021. p. 897-914. ISBN 978-65-5518-191-3.

TOMEMOS A SÉRIO A DIGITALIZAÇÃO: *RULE OF LAW* TAMBÉM NA REDE!

PAULA VEIGA

1 Introito e contextualização

Escrever sobre afetos, sobretudo no contexto de um artigo científico, não é fácil. Diremos apenas que é um orgulho e uma felicidade imensos partilhar, há mais de vinte anos, com J. J. Gomes Canotilho dimensões *multinível*,[1] dimensões essas que passam, desde logo, pela admiração que nutrimos pelo mestre, mas também pelo carinho que sentimos em tê-lo como um amigo de todas as horas!

Os novos recursos (seja qual for a sua formulação em concreto: tecnologia global, internet, ciberespaço, redes sociais etc.), que apelidaremos aqui, genericamente, de *digitalização*, alteraram profundamente os nossos dias. Hoje constituem um *local* de convívio, de trabalho, de comércio, de propaganda política e até de prática de atos ilícitos. Mas os problemas da regulação jurídica dessa *digitalização* assumem contornos muito diferentes, e bem mais complexos, quando deixamos de usar a tecnologia apenas para nos comunicar com a família e os amigos. Tal mutação traz, inevitavelmente, consequências para o direito como ciência e para o direito constitucional em particular.

Além da pertinência do tema pela sua atualidade, foram, em concreto, duas as frases de J. J. Gomes Canotilho que nos deram o mote para este ensaio de diálogo com o mestre. Uma consta dos *Comentários à Constituição do Brasil*,[2] em que J. J. Gomes Canotilho, numa expressiva alusão à obra de Lawrence Lessig, *Code and other laws of cyberspace*, escreve que o "Código é a lei" (*Code is law*) e a "política dos algoritmos" tornam indispensável o repensamento da democracia, da república e do cidadão".[3]

---

[1] A expressão *multinível* fez a sua entrada no constitucionalismo português pela pena de J. J. Gomes Canotilho.
[2] CANOTILHO, J. J. Gomes; MENDES, Gilmar F.; SARLET, Ingo W.; STRECK, Lenio (Coord.). *Comentários à Constituição do Brasil*. 2. ed. São Paulo: Saraiva/Almedina, 2018.
[3] CANOTILHO, J. J. Gomes. República e auto-determinação política. *In*: CANOTILHO, J. J. Gomes; MENDES, Gilmar F.; SARLET, Ingo W.; STRECK, Lenio (Coord.). *Comentários à Constituição do Brasil*. 2. ed. São Paulo: Saraiva/Almedina, 2018.

A outra faz o título de uma publicação *on-line* e é também ao nosso mestre atribuída: "Os problemas estão nas ruas do país, não nos artigos da Constituição".[4] Adaptando as palavras de J. J. Gomes Canotilho, diríamos que *os problemas estão na rede, não nos artigos da Constituição*.

No *direito constitucional*, as principais, e mais imediatas, preocupações impostas pela *digitalização* relacionam-se com: (i) a compreensão das competências, já que a amplitude da *net* ultrapassa as jurisdições dos Estados; (ii) a proteção dos direitos; e (iii) a formação da vontade política e, consequentemente, o discurso público.[5] Mas, se, num primeiro momento, os constitucionalistas, e os juristas em geral, se preocuparam sobretudo com a proteção dos direitos, *maxime* do direito à privacidade,[6] a evolução tem-nos colocado hoje também problemas em torno da nova esfera pública, que é *fragmentária, imediata, egocêntrica* e *público-privada*. Com efeito, nos nossos dias é difícil distinguir entre informação individual e informação da imprensa, bem como o que verdadeiramente é a opinião pública. A estes núcleos problemáticos fundamentais acrescem outros, ainda com incidência no direito constitucional, se bem que igualmente ligados ao direito administrativo. Estamos a pensar nas novas formas de realização do serviço público, das quais constituem um bom exemplo as "investigações *on-line*" e as "patrulhas *on-line*", que podem, sob o manto da eficiência, trazer novos perigos para os direitos das pessoas (nestas novas metodologias de investigação e de cooperação policial incluem-se a videovigilância, as escutas, os *drones* etc.).

Novos recursos, novos dispositivos (*v.g.*, computadores, *smartphones* etc.), novos formatos (*v.g.*, *podcasts*, *blogs*, jornais eletrónicos etc.) e novas categorias normativas (*v.g.*, cibersegurança e ciberconflito; cibercrime; ciberdelinquência; *e-comércio*, ou seja, a tecnologia como a nova infraestrutura para a troca de bens, serviços e capitais); governo digital; eventualmente a *algo*-democracia etc.),[7] todos demonstram a complexidade da *digitalização*. Acreditamos que é, pois, chegado o momento para, também no mundo luso-brasileiro, começar a lançar os olhos para este novo mundo na perspetiva do constitucionalismo, com especial incidência para o respeito pela *rule of law*. Selecionámos dois tópicos: i) a possibilidade de usar os novos recursos digitais para conter um vírus cosmopolita (infelizmente um dos grandes assuntos do momento); ii) relance de olhos por alguma jurisprudência relacionada com ambientes digitais, nomeadamente na equação entre liberdade de expressão e direito à privacidade.

---

[4] CRISTO, Alessandro; CHAER, Márcio. José Joaquim Canotilho: "Problemas estão nas ruas, não na Constituição". *Conjur*, 10 ago. 2017. Disponível em: https://www.conjur.com.br/20anos/2017-ago-10/jose-joaquim-canotilho-problemas-estao-nas-ruas-nao. Acesso em: 13 nov. 2020.

[5] Tivemos oportunidade de escrever, em geral, sobre as implicações da *digitalização* no direito constitucional em VEIGA, Paula. Digitalização e Estado Constitucional. *Boletim da Faculdade de Direito da Universidade de Coimbra*, Coimbra, v. 96, t. II, p. 1127-1139, 2020.

[6] E o consequente reconhecimento do direito à autodeterminação informativa digital.

[7] Como já escrevemos num outro momento, a internet trouxe um "novo espaço sócio-político e *outro* linguajar". Assim, VEIGA, Paula. Democracia em voga e e-política, e-democracia e e-participação: brevíssimas reflexões. *Boletim da Faculdade de Direito*, Coimbra, XC/1, 2014. p. 463.

2 Tópico I: Covid-19 e *apps* de rastreamento – Uma estranha experiência

A pandemia do coronavírus tem-nos feito enfrentar muitos problemas e contradições. Um deles é o do seu cosmopolitismo (por alguns, a nosso ver erroneamente, apelidado de democraticidade) em face de um combate preponderantemente anulador das dimensões internacional e cosmopolita, entretanto, alcançadas no domínio do direito, sobretudo do direito constitucional. Com efeito, apesar de existir hoje uma coordenação internacional incontestavelmente mais significativa do que em outras pandemias (nomeadamente através da Organização Mundial de Saúde), o combate ao vírus continua ainda, fundamentalmente, a ter lugar no quadro nacional, estando a cargo de cada Estado em particular, o que reforçou a noção de soberania, com as fronteiras nacionais a reganharem de novo significado (pelo menos na Europa).

Aquando do espraiamento do Covid-19, logo emergiram as propostas de monitorização da epidemia através da tecnologia. Por outras palavras: a mitigação e a antecipação da propagação da pandemia poderiam ser ajudadas pelas aplicações (as *apps*) de rastreamento. Depressa os juristas se levaram a alertar para a defesa do Estado de direito e da privacidade (eu incluída). Importa que recordemos algumas ideias básicas neste contexto: i) a excecionalidade de uma crise justifica também medidas excecionais; ii) o princípio da proporcionalidade tem diferentes aproximações em períodos de normalidade e em situações de exceção; iii) a privacidade, enquanto proteção do "espaço pessoal" de um indivíduo, deriva da própria ideia de Estado de direito; iv) o direito à privacidade é um direito fundamental e um direito humano (em concreto, no plano europeu, protegido através do art. 8º da Convenção Europeia de Direitos Humanos), assumindo-se a proteção de dados e a privacidade como dois direitos distintos.

O mundo ofereceu-nos duas aproximações diferentes no que toca à utilização destas aplicações. A Ásia preferiu o rastreamento digital, assente na sua conceção de maior confiança no Estado e maior relevância do coletivo sobre o individual, fruto das tradições confucionistas e mais autoritárias que lhe são próprias; a Europa optou, maioritariamente, pelo distanciamento social. Com efeito, um olhar em torno do mundo, permite perceber que a geolocalização, através de *smartphones*, foi prática na China, em Taiwan, na Coreia do Sul e em Singapura. Neste último caso em concreto, após ter sido realizado um estudo sobre o impacto das *apps*, generalizou-se a ideia de que o sistema só seria eficaz se 60% da população baixasse a aplicação, o que viria a revelar-se evidente também em Portugal, embora só muito mais tarde.

A Europa envidou esforços para uma resposta conjunta nesta matéria, embora sem sucesso imediato. Efetivamente, assumindo como ideias-chave, a anonimização dos dados (através de dados agregados); a voluntariedade da aplicação; a criação de uma estrutura de supervisão eficaz; e o princípio da limitação da finalidade; em abril de 2020, pronunciaram-se, oficialmente, quer o Comité Europeu de Proteção de Dados, através das Diretrizes nº 4/2020 sobre a utilização de dados de localização e ferramentas de *contact tracing* no contexto do surto de Covid-19 (21.4.2020),[8] quer o Conselho da Europa, num

---

[8] EDPB. *Diretrizes 4/2020 sobre a utilização de dados de localização e meios de rastreio de contactos no contexto do surto de Covid-19*. Disponível em: https://edpb.europa.eu/our-work-tools/our-documents/guidelines/guidelines-042020-use-location-data-and-contact-tracing_pt. Acesso em: 10 nov. 2020.

documento emanado a 7 de abril, tendo também a Comissão Europeia salientado que, embora este fosse apenas um instrumento dentro de uma estratégia global de saúde pública, via claras vantagens na criação de uma aplicação única para dispositivos móveis no nível europeu. Contudo, continuou a assistir-se a uma abordagem fragmentada e descoordenada dos vários Estados-Membros da União Europeia, cada um criando, e a seu tempo, a sua aplicação de rastreamento.[9]

O Reino Unido já havia testado um mecanismo similar em 2011, através do projeto piloto *Fluephone*. Esta *app* permitia o registo de sintomas gripais, ao mesmo tempo que monitorizava o fluxo da transmissão do vírus. Mas o jornal *The Guardian* havia informado que, à época, dados atribuíveis a pessoas concretas foram partilhados com empresas. Também na Noruega, poucos dias após o lançamento da *Smittestopp*, se soube que um programador havia criado outra *app* que permitia saber quem em redor do utilizador teria a mesma aplicação. Foi, justamente, na lógica destas preocupações que a França se viu obrigada, aquando de uma primeira apresentação, a adiar a votação na Assembleia Nacional do diploma sobre a aplicação francesa. Em Portugal, a *StayAway Covid* viria a ser disponibilizada no início do mês de agosto de 2020,[10] revelando durante as semanas seguintes uma fraca adesão. Tal haveria de levar a uma proposta do Governo no sentido da obrigatoriedade da aplicação, durante o mês de outubro desse ano, mas rapidamente retirada pela sua desconformidade com a política europeia nesta matéria. Sabe-se hoje que pelo menos três *apps* – a italiana *Immuni*, a alemã *Corona Warn* e a irlandesa *Covid-traker* – estão a funcionar em rede, o que significa que se um cidadão de um destes Estados-Membros decidir viajar para um dos outros, não precisará descarregar a versão local da *app*, uma vez que a do seu país de origem funcionará igualmente bem.

Que avaliação se pode fazer do funcionamento das *apps*, isto é, da tecnologia, passado já algum tempo após a sua implementação? Uma primeira leitura passa, necessariamente, pela imposição, por parte da União Europeia, que reputamos como boa, da voluntariedade da utilização destas plataformas. Não poderia ser de outro modo, atendendo ao quadro jurídico europeu comum de proteção de dados e de privacidade. E não temos dúvidas quanto à desvantagem da criação de um precedente em matéria de restrição à privacidade dos cidadãos, ainda que o motivo seja imperioso. Uma segunda leitura é a da relativa incapacidade da União Europeia para dar uma resposta comum a um quadro pandémico global.[11] Uma terceira e decisiva leitura é da confusão e da fraca adesão que a aplicação gerou em terras lusas. Com efeito, se notícias jornalísticas de setembro do ano de 2020 davam conta de que muitos portugueses haviam importado para os seus telemóveis a aplicação errada (tinham "baixado" a aplicação *Stayaway*[12] – uma aplicação espanhola – em vez da *StayAway Covid* – a aplicação portuguesa), no final

---

[9] A aplicação europeia só veio a ser criada em momento posterior, o que, em tempo de urgência pandémica, é muito pouco eficaz.

[10] Decreto-Lei nº 52/2020, de 11 de agosto.

[11] Neste sentido, veja-se a notícia da criação da aplicação europeia só na segunda metade do mês de dezembro de 2020 em: COVID-19. Nova app da União Europeia quer ajudar quem viaja em tempo de pandemia. *Observador*, 16 dez. 2020. Disponível em: https://observador.pt/2020/12/16/covid-19-nova-app-da-uniao-europeia-quer-ajudar-quem-vai-viajar/. Acesso em: 18 jan. 2021.

[12] A *Stayaway* é uma aplicação lançada por uma empresa espanhola, que se limita a medir distâncias entre pessoas através de comunicações *bluetooth*.

desse mesmo ano verificou-se que muitos portugueses que haviam instalado a aplicação a desinstalaram dos seus telemóveis.[13] Segundo o que nos foi dado a perceber, do outro lado do Atlântico, o cenário com a *Coronavirus-SUS* não diverge muito.

E que avaliação se pode fazer sobre este tipo de *apps*, com as lentes da *rule of law*? Serão leituras mais complexas, porque em longo prazo, mas ainda assim possíveis. Essas análises prendem-se com: (i) o ceticismo relativamente a retrocessos no que respeita ao tratamento de informação pessoal dos cidadãos (daí a importância da não criação de um precedente, ainda que, neste caso, ele fosse legitimamente fundado); (ii) o necessário respeito pelo princípio da igualdade no quadro do Estado de direito (há cidadãos que não podem utilizar estas aplicações, o que sempre levará à questão da sua eficácia); e (iii) a possibilidade de estes mecanismos poderem vir a servir para identificar, e discriminar, grupos de pessoas, *maxime* minoritários. Com efeito, mesmo o vírus, que alguns afirmam ser democrático, tem um impacto diferente em determinados grupos, como em pessoas mais idosas, em pessoas com condições patológicas preexistentes, em pessoas que vivem em situação de pobreza, em pessoas com incapacidades, nos migrantes e requerentes de asilo. O Estado de direito não pode nunca ser indiferente à ponderação destas situações diferentes. De qualquer modo, quando tocou a usar a tecnologia para a proteção da nossa saúde, o cenário mundial é de uma fraquíssima adesão (ao contrário do que sucede para ócio ou comércio, por exemplo), o que, como intitulámos, nos confronta, enquanto Humanidade, com uma estranha experiência.

3 Tópico II: *Digitalização* e *liberdade* – um novo contrato social?

Elegemos para esta seção três decisões jurisdicionais que envolvem o Facebook e duas que envolvem igualmente a internet, mas, em geral, isto é, os motores de pesquisa Google e Yahoo!. São elas o *caso Schrems*, de 2015 (Acórdão C-362/14), o caso *Independent Data Protection Centre (ULD) v. Wirtschaftsakademie*, de 2018 (Acórdão C-210/16) e o *caso Eva Glawischnig-Piesczek*, de 2019 (Acórdão C-18/18), julgados pelo Tribunal de Justiça da União Europeia (adiante TJUE); e os casos *França/EUA/L.i.c.r.a. v. Yahoo!*, de 2000 e *Google Spain SL, Google Inc. v. Agencia Española de Protección de Datos, Mario Costeja González*, este último igualmente julgado pelo TJUE em 2014 (Acórdão C-131/12).

Embora em nenhuma destas decisões judiciais se analise, em particular, a questão da defesa da *rule of law* na rede, cada uma, ao seu modo, permite-nos antever quais os principais problemas que a navegação na internet, ou numa rede social, podem trazer e como deve ser equacionada a resposta no quadro do princípio do Estado de direito democrático.

No que respeita à rede social Facebook, lançada em 2004 e disponibilizada mundialmente em 2006, tendo-se constituído como uma rede de uso gratuito, impõe-se uma palavra adicional. Além dos inegáveis benefícios, também os problemas que o Facebook tem vindo a gerar são prova de vários perigos. Esclareça-se que principal razão

---

[13] O jornal *Público* noticiou que, segundo dados do Instituto de Engenharia de Sistemas e Computadores, Tecnologia e Ciência (Inesc Tec), entidade que coordena a aplicação, teriam sido 60% dos utilizadores a desinstalarem a aplicação (PEQUENINO, Karla. 0% já apagaram a StayAway Covid: são 1,8 milhões de portugueses. *Publico*, 15 jan. 2021. Disponível em: https://www.publico.pt/2021/01/15/tecnologia/noticia/60-ja-apagaram-stayaway-covid-sao-18-milhoes-portugueses-1946366. Acesso em: 18 jan. 2021).

da escolha desta rede social em concreto prende-se com o facto de ser a mais utilizada em Portugal.[14] O Facebook criou, muito recentemente, uma entidade de controlo – o *Facebook Oversight Board* – responsável pela fixação do *Facebook's Community Standards*.[15] Foi através deste mecanismo que, muito impulsionada por várias demandas, a rede social passou a excluir, entre outros, conteúdos relacionados com pornografia, discurso de ódio, violência e tortura de animais. De resto, o Facebook tem sido um verdadeiro laboratório em termos de *digitalização* se nos recordarmos de 2018 e do escândalo da Cambridge Analytica, que publicitou ao mundo como as violações de privacidade podem influir nos direitos políticos. Com efeito, esse caso mostrou que as novas plataformas podem criar fachadas que perpetuam o mito da transparência, sacrificando a democracia. Será importante nunca esquecermos que a riqueza do pensamento plural e da ação política, próprios da democracia, não podem ser negados no mundo virtual, mas que, também, a influência na liberdade de decisão é, ao mesmo passo, uma influência na autonomia da vontade. Daí que nos pareça que não há, verdadeiramente, uma dicotomia entre autonomia e regulação, se esta obedecer aos princípios e normas da *rule of law* e do constitucionalismo em geral.[16]

Comecemos pelo caso que envolveu o Yahoo!, a França, os EUA e um leilão de feição nazi – caso *França/EUA/L.i.c.r.a. (Ligue contre le racisme et l'antisémitisme et Union des étudiants juifs de France) v. Yahoo!* de 2000 –, que pôs a nu as questões das diferenças normativas entre os vários Estados, que o recurso à internet obriga a conciliar, por força de a "jurisdição" não se limitar, nesses casos, à delimitação territorial de um Estado. Em causa estava o direito de a Yahoo! Inc., uma empresa norte-americana, permitir visitantes nos seus *sites* para a compra e venda de itens nazis, sendo que, em França, onde o caso foi suscitado, esse comércio é ilegal. Este foi quiçá o caso propulsor para a discussão sobre a necessidade de impor limites à liberdade de expressão (e à consequente admissibilidade, ou não, do discurso de ódio) no ambiente digital.[17]

Neste contexto da liberdade de expressão, dos seus limites e das diferentes conceções consoante os vários Estados, é essencial, também, a referência ao caso *Schrems*, acima identificado, podendo ainda ser útil uma referência ao caso *Sürek e Özdemir v. Turquia*, julgado não pelo TJUE, mas pelo Tribunal Europeu de Direitos Humanos (adiante TEDH), ainda nos finais do século XX (em 1999). Relativamente a esta decisão do TEDH, é imperioso destacar o entendimento do Tribunal de que a liberdade de expressão, prevista no art. 10º da Convenção Europeia de Direitos Humanos, permite muito poucas restrições (compreendendo essa liberdade um discurso baseado na intolerância).

---

[14] AS REDES sociais mais usadas em Portugal. *Marketing lovers*. Disponível em: https://www.marketinglovers.pro/as-redes-sociais-mais-usadas-em-portugal/; e BACELAR, Rui. As 10 redes sociais mais usadas em Portugal em 2019. *4GNews*, 13 dez. 2019. Disponível em: https://4gnews.pt/redes-sociais-mais-usadas/. Acesso em: 8 out. 2020.

[15] O *Facebook Oversight Board* foi proposto em 2018 por Mark Zuckerberg.

[16] A prova da inexistência dessa dicotomia é dada pela vinculação de entidades privadas ao respeito pelos direitos fundamentais e pela aproximação entre o direito público e o direito privado em muitas ordens constitucionais, incluindo a portuguesa.

[17] Uma pormenorizada descrição do caso pode ler-se em GREENBERG, Marc. A return to Lilliput: The LICRA v. Yahoo! case and the regulation of online content in the world market. *Berkeley Technology Law Journal*, v. 18, p. 1191, 2003. Disponível em: https://digitalcommons.law.ggu.edu/cgi/viewcontent.cgi?article=1430&context=pubs. Acesso em: 8 out. 2020.

No entanto, o Tribunal admitiu, o que interessa sobremaneira neste contexto, a possibilidade de o seu exercício ser um veículo para a disseminação de um discurso de ódio ou para o incitamento à violência. Nestas hipóteses, adverte o Tribunal, os Estados-Parte devem adotar medidas legais, nomeadamente criminais (cfr. §63 da decisão).[18] Ainda no que respeita à liberdade de expressão por via digital e ao TEDH, é importante destacar que este Tribunal reconheceu, relativamente à Google, que os *sites* de busca são desenhados para facilitar a criação e partilha de *websites*, constituindo, por isso, um meio de exercício da liberdade de expressão (*caso Ahmet Yildirim v. Turquia*, 2012, §49).

O outro caso referido – *caso Schrems* –, julgado pelo TJUE, em 2015, é habitualmente conhecido como *caso Facebook*. Ele atesta a importância conferida pela União Europeia à proteção de dados pessoais dos cidadãos, nomeadamente no que respeita à sua privacidade e inviolabilidade (sendo evidente que o Facebook, ao utilizar mecanismos que se instalam diretamente no computador do usuário – os *cookies* –, procede ao tratamento de dados). O relevo em matéria de proteção de dados levou *inclusive* a União Europeia a invalidar o Tratado Safe Harbour (Convenção entre os EUA e a União Europeia sobre transferência de dados), na sequência deste caso. *Schrems* emerge através do expediente processual do reenvio prejudicial encaminhado ao TJUE pela High Court Ireland, tendo nascido de um litígio que envolvia Maximillian Schrems e a Data Protection Commission, sobre a recusa desta em investigar uma queixa apresentada por Schrems pelo facto de o Facebook Ireland, além de conservar dados, transferir para os EUA dados pessoais dos seus utilizadores. Como se sabe, há hoje algumas vozes que, relativamente a esta questão dos dados, já se referem a uma *datafication* enquanto lógica de quantificação (e monetarização) dos humanos através de informação digital.

Neste contexto talvez seja, ainda, conveniente não esquecer o que se disse no recente Acórdão do Tribunal de Justiça da União Europeia *Independent Data Protection Centre (ULD) v. Wirtschaftsakademie* (C-210/16), de 2018. Aqui se estabeleceu, também em sede de reenvio prejudicial, que quer o Facebook, quer uma escola privada (a Wirtschaftsakademie) seriam controladores dos dados pessoais dos utilizadores de uma página de Facebook. No fundo, em causa estava a recolha de dados pessoais dos utilizadores da página através de *cookies*, dados que seriam recolhidos por ambos (quer pelo Facebook, quer pela Wirtschaftsakademie), bem como uma possível responsabilização de um administrador de uma página de uma rede social. Com efeito, foi o administrador da página – a Wirtschaftsakademie – que definiu os parâmetros quando a criou na rede social Facebook – segundo as suas preferências. O que este recente caso mostra é que, no conflito entre o direito à proteção dos dados pessoais e a liberdade de expressão, o Tribunal manifestou neste processo a prevalência do primeiro, pelo menos no âmbito europeu.

Outro importante caso no contexto da *digitalização*, de posições subjetivas e dos seus perigos, é aquele que deu origem à emergência de um novo direito do mundo digital – o direito ao esquecimento (*right to be forgotten*) –[19] [20] hoje consagrado no art.

---

[18] Disponível em: https://hudoc.echr.coe.int/rus#{%22itemid%22:[%22001-58278%22]}. Acesso em: 8 out. 2020.

[19] Tal como emergem novos direitos com a *digitalização*, também surgem novas formas de violações desses direitos, até agora desconhecidas. É, por isso, essencial que as plataformas *on-line* obedeçam aos critérios de proteção de direitos humanos.

[20] A recente obra *The Cambridge Handbook of New Human Rights. Recognition, novelty, rethoric* identifica o direito de acesso à internet e o direito ao esquecimento como *os* direitos das novas tecnologias (ARNAULD, Andreas

17º do Regulamento Geral de Protecção de Dados. Referimo-nos ao caso *Google Spain SL, Google Inc. v. Agencia Española de Protección de Datos (AEPD), Mario Costeja González*, igualmente julgado pelo TJUE em 13.5.2014. Mario Costeja González, advogado, desejava o apagamento de uma dívida, já saldada, para impedir a ida para hasta pública do seu apartamento. Nesse sentido, pretendia que os dados do processo de execução em que tinha estado envolvido fossem suprimidos da internet. Foi-lhe reconhecido o *right to be forgotten*.

Já o dissemos no início. Mas voltamos a reforçar a ideia. O problema da regulação da internet assume contornos muito distintos quando a rede deixa de ser apenas um local de convívio com os amigos e passa a ser um ambiente político-público. Por outras palavras: os problemas são outros quando deixamos de usar a tecnologia para comunicar com a família e os amigos e passamos a fazer dela um veículo para a formação da decisão coletiva. O impacto de uma publicação no Facebook para a vida pública, por exemplo, pode aferir-se relembrando a publicação em direto do vídeo da morte de Philando Castile pela polícia nos EUA, no verão de 2016, e as suas repercussões. Ou, mais remotamente, a influência decisiva que tiveram não só o Facebook, mas, igualmente, o YouTube e o Twitter, em 2011 no Egipto, quando quatro dos principais provedores de serviços de internet cortaram o acesso internacional aos seus clientes. Só estes dois exemplos já provam que as plataformas *on-line* são, de facto, hoje "espaços" de participação democrática.[21]

Neste contexto, talvez seja conveniente lançar ainda os olhos para o que nos ensina o recente Acórdão C-18/18 do TJUE – caso *Eva Glawischnig-Piesczek v. Irland Facebook*. Eva foi membro do Parlamento austríaco, concretamente do Conselho Nacional, e o caso incide sobre um usuário do Facebook que partilhou um artigo sobre Eva, acompanhado de um comentário ofensivo e difamatório. Em julho de 2016, Eva entrou com um processo para a remoção do comentário pelo Facebook Ireland, que não o fez de imediato e que quando o efetuou, fê-lo apenas em território austríaco. O processo acabou no Supremo Tribunal Federal, que usou igualmente o reenvio prejudicial para o TJUE. Da economia desta decisão importa realçar a importância conferida por este Tribunal da União Europeia ao impedimento de acesso a informações ilícitas, ou à sua remoção. Acresce que, neste julgamento, se reconhece o real impacto dos *posts* nas redes sociais, projeção que vai além da sua interpretação literal, pelo simples facto de uma qualquer declaração nas redes sociais poder ser divulgada e partilhada a alta velocidade.

4 Algumas previsões e conclusões

Estamos hoje convictas de que os anos 20 do século XXI, os *novos anos 20*, não serão de *jazz* ou de *Gatsby*, mas a década da normação cibernética, cuja revolução já havia sido iniciada, mas que foi agora precipitada pela Covid-19. Com efeito, o uso da internet já vinha evoluindo e a uma velocidade espantosa. Quer normações, quer decisões de

---

von; DECKEN, Kerstin von der; SUSI, Mart (Ed.). *The Cambridge Handbook of New Human Rights*. Recognition, novelty, rethoric. Cambridge: Cambridge University Press, 2020).

21   Em termos de direitos políticos, vários estudos apontam a Estónia como um dos Estados mais digitais na Europa (onde, por exemplo, é generalizado o voto eletrónico).

instituições (sobretudo europeias), como as que se fizeram referência *supra*, mostram um particular empenho, por um lado, em proteger a privacidade, mas, por outro, sem esquecer a autopreservação do ambiente digital. No entanto, não podemos deixar de reconhecer que o vírus precipitou ainda mais esse cenário.

O novo ponto nodal, e o desafio, reside, hoje, no equilíbrio entre essa privacidade e a autopreservação do mundo digital, em que se assiste ao incremento de fenómenos como o *hate speech* e as *fake news*.[22] É aí que entronca, novamente, a questão e, porventura, com maior acuidade, de se perceber se há um novo contrato social (um *contrato social digital*), em que a comunicação, a deliberação e a cidadania seriam determinadas por novas regras. Tendemos a responder negativamente, orientando-nos por duas ideias-chave: i) manutenção da regra da *rule of law* no ciberespaço; ii) interdisciplinaridade, agora mais exigente, de modo à obtenção de estruturas conformes a essa *rule of law*, desde a fase do desenho dos novos formatos (assente na ideia (europeia) de regulação *by design*).

A vida pública exige o cumprimento de determinadas regras. E a "expectativa de privacidade" diminui substantivamente quando se decide partilhar informação em redes sociais. Com efeito, ainda que as redes sociais não sejam instituições democráticas, elas emergem numa comunidade democrática. Assim, a hermenêutica em torno da liberdade de expressão deve operar-se dentro dos mesmos standards. Continuando a usar como exemplo a rede social Facebook, diríamos que, ao aderirmos, estamos a entrar num espaço que tem um impacto aproximado ao de uma esfera pública, diferentemente da sugestão dada pelo linguajar dessa rede (o nosso "grupo de amigos"). A ferramenta da partilha que a rede proporciona num *click* deve nos fazer perceber que se trata de um conteúdo que deixou de se localizar na nossa esfera privada, embora, em termos rigorosos, se continue a exigir um consentimento livre, inequívoco, específico e informado do utilizador. Tal verifica-se porque, as mais das vezes, é também apenas com um *click* que aceitamos uma política de privacidade, que está preestabelecida. Para esta discussão continua a ser muito útil a *Sphärentheorie* (a teoria germânica das três esferas) – existe a *esfera* íntima, que abrange informações de tal forma reservadas que, em regra, nunca serão acessíveis a outros (dentro desta esfera podemos encontrar aspetos relativos à vida sentimental, ao estado de saúde, à vida sexual, às convicções políticas e religiosas etc.); e num plano menos inacessível, embora igualmente reservado, temos a *esfera privada*, que pode variar de pessoa para pessoa, uma vez que engloba os hábitos de vida e as informações que a pessoa partilha com a sua família e amigos, e cujo conhecimento o respetivo titular tem interesse em guardar para si. Finalmente, a *esfera pública*, que contempla os comportamentos e atitudes deliberadamente acessíveis ao público e que são suscetíveis de serem conhecidos por todos.

É por se tratar de uma esfera que em muitos casos se assimila à pública, em que se efetua um discurso aberto ao público, que não espanta que o Facebook proíba pornografia infantil, veículos discriminatórios com base na raça ou religião, veículos incitadores de genocídio e de terrorismo (de acordo com os *Facebook's Community Standards*). Com efeito, recorde-se, por exemplo, o estatuído no parágrafo 2 do art. 19º do Pacto Internacional

---

[22] Em algumas ordens jurídicas, como a brasileira, já se discute o fenómeno do *astrosturfing*, neste contexto significando a simulação de movimentos populares, supostamente espontâneos, por via digital, discussão que ainda não se verifica em Portugal.

dos Direitos Civis e Políticos (*liberdade de opinião e expressão e proibição da propagada em favor da guerra e do apelo ao ódio nacional, racial ou religioso*):

> O exercício do direito previsto no parágrafo 2 deste artigo implica deveres e responsabilidades especiais. Por conseguinte, pode estar sujeito a certas restrições, expressamente previstas na lei, e que sejam necessárias para: a) Assegurar o respeito pelos direitos e a reputação de outrem; b) A protecção da segurança nacional, a ordem pública ou a saúde ou a moral públicas.

E, no plano europeu, realce-se o nº 2 do art. 9º da Convenção Europeia de Direitos Humanos:

> A liberdade de manifestar a sua religião ou convicções, individual ou colectivamente, não pode ser objecto de outras restrições senão as que, previstas na lei, constituírem disposições necessárias, numa sociedade democrática, à segurança pública, à protecção da ordem, da saúde e moral públicas, ou à protecção dos direitos e liberdades de outrem.

Entronca aqui, por isso, essa questão sobre a qual a Europa muito se tem debruçado, em grande parte propiciada pela *digitalização* – os já mencionados fenómenos do *hate speech* e das *fake news*. Neste âmbito, é importante referir: (i) a Decisão-Quadro 2008/913/JAI do Conselho da União Europeia, de 28.11.2008 (que impõe um dever de criminalização aos Estados-Membros e tem vindo a implicar a assinatura, por algumas plataformas digitais, do Código de Conduta de 2016),[23] e (ii) agora no quadro do Conselho da Europa, as várias recomendações do seu Comité de Ministros,[24] destacando-se o Plano de Ação de Combate ao Extremismo Violento e à Radicalização Conducente ao Terrorismo que inclui a Campanha, lançada em 2012, "Movimento Contra o Discurso de Ódio". No âmbito deste órgão:

> [...] "discurso de ódio" engloba todas as formas de expressão que propaguem, incitem, promovam ou justifiquem o ódio racial, a xenofobia, o antissemitismo ou outras formas de ódio baseadas na intolerância, incluindo: a intolerância expressa por nacionalismo agressivo e etnocentrismo, discriminação e hostilidade contra minorias, pessoas migrantes e pessoas descendentes de migrantes.[25]

---

[23] Detalhes sobre este Código de Conduta podem encontrar-se em EUROPEAN COMISSION. *The EU Code of conduct on countering illegal hate speech online*. Disponível em: https://ec.europa.eu/info/policies/justice-and-fundamental-rights/combatting-discrimination/racism-and-xenophobia/eu-code-conduct-countering-illegal-hate-speech-online_en#theeucodeofconduct. Acesso em: 19 jan. 2021.

[24] Uma listagem pode ter-se em COUNCIL OF EUROPE. *Committee of Ministers*: selection and most recent Adopted Texts. Disponível em: https://www.coe.int/en/web/freedom-expression/committee-of-ministers-adopted-texts/-/asset_publisher/C10Tb8ZfKDoJ/content/declaration-on-freedom-of-communication-on-the-internet-adopted-by-the-committee-of-ministers-on-28-may-2003-at-the-840th-meeting-of-the-ministers-dep?_101_INSTANCE_C10Tb8ZfKDoJ_viewMode=view/. Acesso em: 10 nov. 2020. De entre estas, destacamos especialmente a Recomendação CM/Rec (2007) 11, sobre a promoção da liberdade de expressão e informação no novo ambiente de informação e comunicação.

[25] Mais uma vez a ordem jurídica alemã oferece-nos uma inovação jurídica. Referimo-nos ao *Netzwerkdurchsetzungsgesetz*, no quadro do discurso de ódio, que entrou em vigor a 1º.10.2017. Segundo este instrumento, a regulação só será aplicável às redes sociais com mais de dois utilizadores, não se incluindo, portanto, as mensagens privadas. O *Netzwerkdurchsetzungsgesetz* introduziu os *content moderators*, embora já se tenham levantado algumas vozes no sentido da inconstitucionalidade do diploma.

Mais uma vez, a jurisprudência do Tribunal Europeu de Direitos Humanos pode ser uma valiosa ajuda nesta questão das restrições à liberdade de expressão, que, num contexto de um ambiente democrático e de direito, não pode deixar de se entender também como uma procura da verdade e do conhecimento. Dessa jurisprudência é possível perceber que a liberdade de expressão para fins políticos goza de maior amplitude, sendo, por isso, nestes casos a margem de apreciação dos Estados mais reduzida (assim, vide *Axel Springer AG v. Alemanha*, de 2012, e *Morice v. França*, de 2015), podendo configurar-se como mais restrita em casos de liberdade de expressão para fins comerciais (*Mouvement raëlien Suisse v. Suíça*, de 2012). De qualquer modo, o discurso de ódio nunca goza da proteção do art. 10º da CEDH (*Gündüz v. Turquia*, de 2003, em especial, §41). Para fins políticos, será, portanto, permitido o exagero, a provocação e a sátira, mesmo a irreverente (novamente *Gündüz v. Turquia*, de 2003, e *Eon v. França*, de 2013), ainda que tal não possa ser confundido com difamação (*Delfi v. Estónia*, de 2015). E a censura, mesmo em espaço digital, não será permitida (caso *Ahmet Yildirim v. Turquia*, de 2013), sendo, igualmente, reconhecido o direito de acesso à internet.[26] Com efeito, já no nº 34 do Comentário Geral ao art. 19º do Pacto Internacional dos Direitos Civis e Políticos (adotado na 102ª sessão, 11-29.7.2011), o Comité de Direitos Humanos havia esclarecido que quaisquer restrições de *sites*, *blogs* ou qualquer outro sistema de disseminação da informação só seriam permitidas na medida em que fossem compatíveis com o §3, não sendo admitidas proibições genéricas, nem proibições relacionadas com críticas a um governo ou sistema político.[27] [28] No que toca à difamação, percebe-se pelo caso *Delfi v. Estónia*, de 2015 (em especial, §§89 e 92), quão difícil serão os seus novos contornos na "nova idade" em que a comunicação é eletrónica e em que, como o Tribunal já reconheceu, os danos são muito maiores.[29] Certo é que, no âmbito de um sistema regido pela *rule of law*, o discurso discriminatório não poderá ser admitido.

---

[26] Saliente-se que este caso foi o primeiro em que o problema da liberdade de expressão em plataformas digitais foi colocado ao TEDH, esperando-se, neste momento, perceber como vai evoluir essa jurisprudência. De qualquer modo, nessa decisão, o Tribunal reconheceu que, teoricamente, o direito de acesso à internet era protegido pelas normas da liberdade de expressão em 20 Estados-Parte do Conselho da Europa, designadamente Alemanha, Áustria, Azerbaijão, Bélgica, Espanha, Eslovénia, Estónia, Finlândia, França, Irlanda, Itália, Lituânia, Holanda, Polónia, Portugal, República Checa, Roménia, Reino Unido, Rússia e Suíça. Curioso ainda verificar que a nova versão da Constituição grega (modificada em 2001) já prevê, no art. 5ºA, nº 2 o seguinte: "All persons have the right to participate in the Information Society. Facilitation of access to electronically transmitted information, as well as of the production, exchange and diffusion thereof, constitutes an obligation of the State, always in observance of the guarantees of articles 9, 9A and 19".

[27] O referido comentário está em PORTUGAL. Ministério Público. *Comité dos Direitos Humanos*. Disponível em: http://gddc.ministeriopublico.pt/perguntas-frequentes/comite-dos-direitos-do-homem?menu=direitos-humanos. Acesso em 13 nov. 2020.

[28] Neste contexto, há que nunca olvidar a resolução, adotada por consenso a 5.7.2012, pelo Conselho de Direitos Humanos da ONU sobre promoção, proteção e gozo de direitos humanos na internet ("The promotion, protection and enjoyment of human rights on the Internet"), que preceitua: "the same rights that people have offline must also be protected online, in particular freedom of expression, which is applicable regardless of frontiers and through any media of one's choice, in accordance with articles 19 of the Universal Declaration of Human Rights and the International Covenant on Civil and Political Rights".

[29] A esse propósito veja-se o caso julgado pela High Court of South Africa (North Gauteng, Pretoria) em 2013 (caso *Isparta v. Richter and Another*), em que se procedeu a uma indemnização por difamação no Facebook.

Referências

ARNAULD, Andreas von; DECKEN, Kerstin von der; SUSI, Mart (Ed.). *The Cambridge Handbook of New Human Rights*. Recognition, novelty, rethoric. Cambridge: Cambridge University Press, 2020.

AS REDES sociais mais usadas em Portugal. *Marketing lovers*. Disponível em: https://www.marketinglovers.pro/as-redes-sociais-mais-usadas-em-portugal/.

BACELAR, Rui. As 10 redes sociais mais usadas em Portugal em 2019. *4GNews*, 13 dez. 2019. Disponível em: https://4gnews.pt/redes-sociais-mais-usadas/. Acesso em: 8 out. 2020.

CANOTILHO, J. J. Gomes. República e auto-determinação política. *In*: CANOTILHO, J. J. Gomes; MENDES, Gilmar F.; SARLET, Ingo W.; STRECK, Lenio (Coord.). *Comentários à Constituição do Brasil*. 2. ed. São Paulo: Saraiva/Almedina, 2018.

CANOTILHO, J. J. Gomes; MENDES, Gilmar F.; SARLET, Ingo W.; STRECK, Lenio (Coord.). *Comentários à Constituição do Brasil*. 2. ed. São Paulo: Saraiva/Almedina, 2018.

COUNCIL OF EUROPE. *Committee of Ministers*: selection and most recent Adopted Texts. Disponível em: https://www.coe.int/en/web/freedom-expression/committee-of-ministers-adopted-texts/-/asset_publisher/C10Tb8ZfKDoJ/content/declaration-on-freedom-of-communication-on-the-internet-adopted-by-the-committee-of-ministers-on-28-may-2003-at-the-840th-meeting-of-the-ministers-dep?_101_INSTANCE_C10Tb8ZfKDoJ_viewMode=view/. Acesso em: 10 nov. 2020.

COVID-19. Nova app da União Europeia quer ajudar quem viaja em tempo de pandemia. *Observador*, 16 dez. 2020. Disponível em: https://observador.pt/2020/12/16/covid-19-nova-app-da-uniao-europeia-quer-ajudar-quem-vai-viajar/. Acesso em: 18 jan. 2021.

CRISTO, Alessandro; CHAER, Márcio. José Joaquim Canotilho: "Problemas estão nas ruas, não na Constituição". *Conjur*, 10 ago. 2017. Disponível em: https://www.conjur.com.br/20anos/2017-ago-10/jose-joaquim-canotilho-problemas-estao-nas-ruas-nao. Acesso em: 13 nov. 2020.

EDPB. *Diretrizes 4/2020 sobre a utilização de dados de localização e meios de rastreio de contactos no contexto do surto de Covid-19*. Disponível em: https://edpb.europa.eu/our-work-tools/our-documents/guidelines/guidelines-042020-use-location-data-and-contact-tracing_pt. Acesso em: 10 nov. 2020.

EUROPEAN COMISSION. *The EU Code of conduct on countering illegal hate speech online*. Disponível em: https://ec.europa.eu/info/policies/justice-and-fundamental-rights/combatting-discrimination/racism-and-xenophobia/eu-code-conduct-countering-illegal-hate-speech-online_en#theeucodeofconduct. Acesso em: 19 jan. 2021.

GREENBERG, Marc. A return to Lilliput: The LICRA v. Yahoo! case and the regulation of online content in the world market. *Berkeley Technology Law Journal*, v. 18, p. 1191, 2003. Disponível em: https://digitalcommons.law.ggu.edu/cgi/viewcontent.cgi?article=1430&context=pubs. Acesso em: 8 out. 2020.

PEQUENINO, Karla. 0% já apagaram a StayAway Covid: são 1,8 milhões de portugueses. *Publico*, 15 jan. 2021. Disponível em: https://www.publico.pt/2021/01/15/tecnologia/noticia/60-ja-apagaram-stayaway-covid-sao-18-milhoes-portugueses-1946366. Acesso em: 18 jan. 2021.

PORTUGAL. Ministério Público. Comité dos Direitos Humanos. Disponível em: http://gddc.ministeriopublico.pt/perguntas-frequentes/comite-dos-direitos-do-homem?menu=direitos-humanos. Acesso em 13 nov. 2020.

VEIGA, Paula. Democracia em voga e e-política, e-democracia e e-participação: brevíssimas reflexões. *Boletim da Faculdade de Direito*, Coimbra, XC/1, 2014.

Jurisprudência

Tribunal Europeu de Direitos Humanos

Ahmet Yildirim *v*. Turquia, 2012.

Axel Springer AG *v*. Alemanha, 2012.

Delfi *v*. Estónia, 2015.

Eon *v*. França, 2013.

Gündüz v. Turquia, 2003.

Morice v. França, 2015.

Mouvement raëlien Suisse v. Suíça, 2012.

Sürek e Özdemir v. Turquia, 1999.

Tribunal de Justiça da União Europeia

Eva Glawischnig-Piesczek, Tribunal de Justiça da União Europeia, 2019, Acórdão C-18/18.

Google Spain SL, Google Inc. v. Agencia Española de Protección de Datos, Mario Costeja González, Tribunal de Justiça da União Europeia, 2014 (Acórdão C-131/12).

Independent Data Protection Centre (ULD) v. Wirtschaftsakademie, 2018, Acórdão C-210/16).

Schrems, Tribunal de Justiça da União Europeia, 2015, Acórdão C-362/14.

Tribunal de Grande Instance de Paris, França

França/EUA/L.i.c.r.a. v. Yahoo!, 2000.

High Court of South Africa, Pretoria.

Isparta v. Richter and Another, 2013.

Diplomas

Decisão-Quadro 2008/913/JAI do Conselho da União Europeia, de 28 de novembro de 2008.

Decreto-lei nº 52/2020, de 11 de agosto (Estabelece o responsável pelo tratamento dos dados e regula a intervenção do médico no sistema Stayaway Covid), Portugal.

Diretrizes 4/2020 sobre a utilização de dados de localização e meios de rastreio de contactos no contexto do surto de Covid-19, Comité Europeu para a Proteção de Dados.

Resolução do Conselho de Direitos Humanos (5 Julho 2012), The promotion, protection and enjoyment of human rights on the Internet, 20th Session, UN Doc. A/HRC/20/8.

Informação bibliográfica deste texto, conforme a NBR 6023:2018 da Associação Brasileira de Normas Técnicas (ABNT):

VEIGA, Paula. Tomemos a sério a digitalização: rule of law também na rede!. *In*: GOMES, Ana Cláudia Nascimento; ALBERGARIA, Bruno; CANOTILHO, Mariana Rodrigues (Coord.). *Direito Constitucional*: diálogos em homenagem ao 80º aniversário de J. J. Gomes Canotilho. Belo Horizonte: Fórum, 2021. p. 915-927. ISBN 978-65-5518-191-3.

DIREITO INTERNACIONAL NA ERA DA GLOBALIZAÇÃO: MUDANÇAS DE PARADIGMAS NO SISTEMA INTERNACIONAL E NA ORDEM JURÍDICA INTERNACIONAL

PAULO CANELAS DE CASTRO

Introdução

Passado um ano e um mês após a declaração da pandemia Covid-19[1][2][3] que, tão espetacularmente e com tanta comoção, marca a hora presente, com um saldo próximo de 3 milhões de mortes e dolorosos impactos na vida social e económica da generalidade

---

[1] Foi a 11 de março de 2020 que o Diretor-Geral da Organização Mundial de Saúde (OMS), no exercício das competências que os Regulamentos de Saúde Internacional da Organização (International Health Regulations (2005), World Health Assembly Res wha58.3, 23 May 2005), aprovados a 23 de maio de 2005, lhe cometem, formalmente declara o surto de pandemia (www.who.int/dg/speeches/detail/who-director-general-s-opening-remarks-at-the-media-briefing-on-covid-19---11-march-2020).

[2] A declaração de pandemia é o culminar de um processo de avaliação da doença e dos riscos que envolve, bem como das medidas que são decretadas para a contrariar, processo que teve momento precedente alto na declaração de 30 de janeiro de 2020, pela qual o Diretor-Geral da Organização Mundial de Saúde (OMS), de novo fazendo uso de competências atribuídas pelos Regulamentos de 2005, anunciou e qualificou o surto de Covid-19 como "emergência de saúde pública de cuidado internacional" (Nota: *todas as traduções de fórmulas citadas neste artigo, como a presente, originariamente em línguas outras que o Português, são nossas e da nossa exclusiva responsabilidade*), ou seja, de acordo com as normas dos referidos Regulamentos (International Health Regulations 2005, World Health Assembly Res wha58.3, 23 May 2005), nomeadamente o seu artigo 1º, um "acontecimento extraordinário" constitutivo "de um risco de saúde pública para outros Estados através da disseminação internacional da doença" e, por isso, a "potencialmente requerer uma resposta internacional coordenada". Cf. Diretor-General, 'Statement on ihr Emergency Committee on Novel Coronavirus (2019-nCoV)' (30 January 2020) www.who.int/dg/speeches/detail/who-director-general-s-statement-on-ihr-emergency-committee-on-novel-coronavirus-(2019-ncov).

[3] A pandemia designa-se por relação com a doença que lhe está na origem. Esta doença foi designada como "Covid-19" no dia 11 de fevereiro de 2020, exatamente um mês antes do dia do anúncio da pandemia, e também pela Organização Mundial de Saúde. Para o efeito, a OMS seguiu as diretrizes antes adotadas em conjunto com a Organização para a Saúde Animal (conhecida pelo acrónimo OIE) e a Organização das Nações Unidas para a Alimentação e a Agricultura (FAO). Na mesma data, o Comité Internacional sobre Taxonomia dos Vírus (ICTV), a entidade para o efeito competente, designou o vírus causador da doença como "síndroma respiratório agudo severo, coronavírus 2", dando origem ao acrónimo SARS-CoV-2. Cf. WHO, *Novel Coronavirus (2019-nCoV). Situation Report-22*, 11 February 2020.

das sociedades nacionais que, por força da mesma pandemia, por vezes se fecharam sobre si próprias em emergências e confinamentos vários, num movimento que aviva noções do espaço estadual como uma espécie de santuário ou local de refúgio de populações atemorizadas perante "o outro" e perigos vários (no caso, uma "agressão"[4] sanitária desconhecida), alguns questionam-se se a pandemia representará o fim de uma era na História da Humanidade[5] que muitos outros antes tinham como "garantida" e que designam de globalização.[6] Mais provavelmente, as reflexões ou lições sobre o sistema internacional e o Direito Internacional[7] que se extrairão da pandemia,[8] vencida a perturbação pública que uma realidade sanitária diferente e os efeitos devastadores, verdadeiramente globais, geraram na saúde pública mundial, com impactos tão significativos na economia e nos equilíbrios sociais, nas diversas comunidades nacionais e também na comunidade mundial, antes provavelmente levarão a um repensar de algumas das formas de expressão da globalização e de juízos sobre a sua bondade,[9] o

---

[4] O vocabulário utilizado pelas autoridades nacionais e internacionais foi, tantas vezes, a terminologia própria dos conflitos armados.

[5] A título meramente exemplificativo de reflexões produzidas em 2020, vide J. Gray, "Why this crisis is a turning point in history", *New Statesman*, 3 de abril; R. Fontaine, "Globalisation Will Look Very Different After the Coronavirus Pandemic", 17 de abril; A. Alcalde e J.M. Escribano, "Will Covid-19 End Gobalization?", *Humanities*, 16 de maio; S.A. Altman, "Will Covid-19 Have a Lasting Effect on Globalization?", *Harvard Business Review*, 20 de maio; J.S.Nye Jr., "Covid-19 Might Not Change the World", *Foreign Policy*, 9 de outubro; *The Economist*, 30 de setembro.

[6] Vide S. Lash, J. Urry, *Economies of signs and space*, London, 1994, Sage; M. Castells, *The Rise of the Network Society*, Oxford, 1996, Blackwell; A. Giddens, *Runaway World: How Globalization is Reshaping our Lives*, London, 1999, Profile; J. Tomlinson, *Globalization and Culture*, Chicago, 1999, University of Chicago Press; International Monetary Fund, *Globalization: Threat or Opportunity*?, 2000; P. Hall, "Global City-Regions in the Twenty-first Century", in A.J. Scott (Ed.). *Global City-Regions. Trends, Theory, Policy*, New York, 2001, Oxford University Press; T. Friedman, *The World is Flat: A Brief History of the Twenty-First Century*, New York, 2005, Farrar, Straus and Giroux; J. Pieterse, *Globalization and Culture. The Global Mélange*, Lanham MD, 2009, Rowman and Littlefield; J. Pieterse, "Twenty-First Century Globalization: A New Development Era", *Forum for Development Studies*, 2012, p. 1-19; J. Ikenberry, "The end of liberal international order?", *International Affairs*, 2018, v. 94, nº 1, p. 7-23.

[7] A título meramente ilustrativo, e, portanto, sem qualquer pretensão de exaustividade ou sequer representatividade relativamente à reflexão na comunidade jusinternacionalista, vide A. von Bogdandy e P. Villarreal, *International law in the times of the coronavírus*, Heidelberg, 2020; A. von Bogdandy e P. Villarreal, "International Law on Pandemic Response: A First Stocktaking in Light of the Coronavirus Crisis", *MPIL Research Paper Series*, 2020; L. Toti, "The International Health Regulations: The Past and the Present, But What Future?", *Harvard International Law Journal*; P. Villarreal, ""Can They Really Do That?" States' Obligations Under the International Health Regulations in Light of COVID-19", *Opinio Juris*, 2020, O. Hathaway, M. P. Lim, M. Stevens, e A. Phillips-Robins, "COVID-19 and International Law Series: Introduction", *Just Security series* "COVID-19 and International Law, November 10, 2020; e R. Buchan, E. Crawford, e R. Liivoja "International Law in a Time of Pandemic", *Journal of International Humanitarian Legal Studies*, 2020, v. 11, nº 2, p. 187-191.

[8] Já antes da pandemia se tinham representado lacunas no processo de governação global. Cf. J. Yunker, "Beyond Global Governance: Prospects for Global Government", *International Journal on World Peace*, 2009, vo. XXVI, nº 2, p. 7-30; P. Aligica, P. Boettke, *Challenging institutional analysis and development*: The Bloomington School, 2009, Routledge; R. Thakur e T.G. Weiss, "Framing Global Governance, Five Gaps", in M. Steger, *The Global Studies Reader*, New York, 2015, New York University Press, p. 27-40; P. Cerny, A. Prichard, "The new anarchy: Globalization and fragmentation in world politics", *Journal of International Political Theory*, 2017, v. 13 nº 3, p. 378-394; M. Fahnbulleh, "The Neoliberal Collapse. Markets Are Not the Answer", *Foreign Affairs*, 2020, v. 99, nº 1, p. 38.

[9] Muitos, mesmo nos tempos "áureos" da globalização, por vezes também chamados de "hiper-globalização", sempre manifestaram ceticismo sobre a sua bondade. Cf. A. Appadurai, *Modernity at Large: Cultural Dimensions of Globalization*, Minneapolis, 1996, University of Minnesota Press; P. Hirst e G. Thompson, *Globalization in Question: The International Economy and the Possibilities of Governance*, Cambridge, 1999, Polity Press; S. Sassen, *Globalization and its Discontents: Essays on the New Mobility of People and Money*, New York, NY, 1999, The New Press; P. Hirst e G. Thompson, *Globalization in Question: The International Economy and the Possibilities of Governance*, Cambridge, 1999, Polity Press; A. Rugman, *The End of Globalization*, London, 2000, Random House; J. Stiglitz, *Globalization and Its Discontents*, London, 2003, Cambridge University Press; W. Bello, *Deglobalization: Ideas for a new world economy*, Cannada, 2004, Fernwood Publishers; A. Callinicos, *Imperialism and Global Political*

que aliás nunca deixou de acontecer,[10] e à introdução de algumas correções,[11] porventura através dos processos de governação global, sem verdadeiramente a pôr em causa.[12] Assim poderá parecer tanto mais verosímil quanto alguns outros elementos associados à experiência da pandemia antes parecem poder ser vistos como manifestações da globalização e contribuir para o reforço da globalização: desde logo, a própria dimensão global da própria pandemia, mas também a resposta global que lhe foi dada pela mobilização da investigação na procura de vacina contra a Covid-19; a relevância também global das comunidades epistémicas, organizações não governamentais (ONG) e de empresas multinacionais na dinâmica resposta à pandemia; o papel enquadrador, disciplinador de Organizações Internacionais (OI), intergovernamentais, como a Organização Mundial de Saúde (OMS), ou de integração, como a União Europeia (UE); as perpétuas cadeias de produção e comerciais globais, feitas da poligonal interação de Estados, Organizações Internacionais, plataformas internacionais de cooperação, como o programa Covax, organizações não governamentais, empresas multinacionais, que, por exemplo, têm comparticipado na disponibilização das vacinas nas mais diversas

---

Economy, Cambridge, 2009, Polity Press; B. Milanovic, *Globalization and Inequality*, Cheltenham, 2012, Edward Elgar.

[10] Bastará ilustrar com os tempos imediatamente anteriores ao surto de Covid-19, que já não eram os de maior entusiasmo pela globalização ou que evidenciavam fenómenos aparentemente dissonantes com alguns dos traços mais característicos da globalização (a objetiva desaceleração da globalização e a perceção menos positiva quanto à bondade de pelo menos algumas das suas formas de expressão, levaram ao cunhar de termo que as procura exprimir: a *slowbalisation*, na língua Inglesa). Antes se pode constatar que a pandemia se desencadeia quando já estavam em curso fenómenos de afirmação de políticas identitárias; novos nacionalismos; movimentos de protesto perante a governação nacional ou global; populismos; guerras comerciais; saída do Reino Unido da União Europeia; protecionismos comerciais; afirmação de novas alianças internacionais (BRICS) alternativas às lideranças tradicionais da globalização; outros "consensos" internacionais, que não o de Washington, como o dito "Consenso de Beijing"; paralisia de instâncias da Organização Mundial do Comércio; novas políticas de imigração restritivas, com a ereção de muros fronteiriços; recesso de tratados multilaterais nucleares do sistema jurídico internacional contemporâneo; crescente ceticismo quanto à ciência; um declínio da democracia em tantos azimutes; o crescendo, de sentido contrário, de formas autoritárias de governo; e, no plano internacional, uma crescente luta geopolítica, a relembrar formas de condução das relações internacionais que se julgavam mais típicas de História pretérita, nomeadamente do século XIX, em especial com crescente rivalidade entre as maiores potências; bem como a perda de fulgor do multilateralismo. Mais genericamente, na literatura, identificam-se duas crises fundamentais da globalização, prévias à que a pandemia representará: a crise financeira de 2008 e a crise comercial e de protecionismo protagonizada pela "guerra comercial" entre EUA e China. Cf. J. Comaroff, "The End of Neoliberalism?: What's Left of the Left?", *Annals of the American Academy of Political and Social Science*, 2011, v. 37, 6, p. 141-147; T. Pappas, "The Specter Haunting Europe. Distinguishing Liberal Democracy's Challengers", *Journal of Democracy*, 2016, v. 27, nº 4, p. 22-36; J. Nye, "Will the Liberal Order Survive The History of an idea?", *Foreign Affairs*, 2017, v. 96, nº 1, p. 10-16; P. Cerny, A. Prichard, "The new anarchy: Globalization and fragmentation in world politics", *Journal of International Political Theory*, 2017, v. 13 nº 3, p. 378-394; F. Hu, M. Spence, "Why Globalization Stalled And How to Restart It", *Foreign Affairs*, 2017, v. 96, nº 4, p. 54-63; S. King, *Grave New World: The End of Globalization, The Return of History*, 2017, Yale University Press; R. Haass, *Liberal World Order, R.I.P.*, 2018, Project Syndicate; L. Amadi, "Globalization and the changing liberal international order: A review of the literature", *Research in Globalization*, 2020, v. 2.

[11] A consciência da necessidade da mesma foi recentemente formulada por apelos claros de Chefes de Estado e altos dirigentes de Organizações Internacionais. Assim, com o discurso do Presidente da República Francesa Emmanuel Macron, na Assembleia-Geral das Nações Unidas, em 22 de setembro de 2020, no qual alerta para "o risco da impotência" da Organização Mundial e que "esta crise, inquestionavelmente mais do que qualquer outra, requer cooperação, requer a invenção de novas soluções internacionais". António Guterres, Secretário-Geral das Nações Unidas, a 23 de março de 2020, apelou a que quaisquer atores envolvidos em conflitos respeitem o direito internacional humanitário e um cessar-fogo global para concentração conjunta no que considerou a luta prioritária: derrotar a Covid-19. Já Filippo Grandi, Alto Comissário das Nações Unidas para os Refugiados, a 5 de outubro de 2020, instou os Estados a não fecharem "portas a [praticar] asilo" ou a absterem-se de forçar "pessoas a regressar a situações de perigo", sustentando que "todos nós precisamos de [...] solidariedade e compaixão, agora mais do que nunca".

[12] Têm-se, por exemplo, formulado apelos à regionalização, nacionalização ou localização de cadeias de valor, a um controle mais próximo de cadeias de produção.

paragens estaduais, bem como, antes, dos equipamentos de proteção; até no efeito global de um incidente recente, como a imobilização no Canal do Suez do navio *Ever Given*, e os impactos em tantas daquelas cadeias de produção e distribuição, novamente à escala global.

Quaisquer que venham a ser os efeitos da pandemia em curso,[13] parece avisado continuar a olhar para o presente mais duradouro num horizonte temporal mais

---

[13] Alguns efeitos, bem como algumas questões, contendendo com vários ramos do Direito Internacional, são desde já possíveis de rastrear, num muito preliminar mapa de alguns dos problemas que a pandemia coloca ao Direito Internacional contemporâneo. Assim, no que, em especial, ao Direito Internacional humanitário concerne, colocam-se questões sobre como se aplicam as normas respeitantes à condução de hostilidades em período de pandemia; como é que a pandemia afeta as obrigações estaduais de garantir acesso humanitário; qual o tratamento de detidos no decurso de conflito armado num contexto de pandemia. No quadro do Direito Internacional dos Direitos Humanos, logo surge a questão de como a pandemia afeta as obrigações estaduais de proteção do direito à vida, mas também do significado do direito à saúde, o âmbito da sua aplicação, e como o mesmo direito se aplica em contexto de pandemia. Também estão em causa o cumprimento ou a violação por vários Estados, nas medidas de resposta à Covid-19, direitos civis e políticos diversos, nomeadamente liberdades de expressão e de reunião, direitos à privacidade, participação em eleições, justiça dos processos judiciais, e proteção contra a privação de liberdade. Pode-se questionar, por exemplo, se se cumprem os ditames dos direitos humanos quando se raciona a prestação de certos cuidados médicos em nome da emergência "maior" da pandemia; como se pode questionar, ainda à luz de direitos humanos (mas também do Direito Internacional da saúde, do mar e das relações consulares), se se justificam as restrições no decurso de viagem e provações de passageiros e membros da tripulação. No quadro do Direito Internacional dos refugiados, há que questionar das obrigações dos Estados relativamente a requerentes de asilo no contexto da Covid-19, nomeadamente a respeito da obrigação de *non-refoulement*, que proíbe que os Estados devolvam requerentes de asilo a territórios estrangeiros inseguros, mesmo durante uma pandemia. Também merecem atenção as obrigações dos Estados para com requerentes de asilo, refugiados, e outros imigrantes detidos em instalações operadas pelo Estado ou confinados em campos de refugiados. Está depois também diretamente em causa o Direito Internacional da saúde, ou seja, as normas e os regulamentos da OMS, bem como o papel da OMS na sua aplicação e garantia de cumprimento. Importa avaliar do por vezes alegado incumprimento de algumas destas regras por parte de alguns Estados e até pela própria Organização. A respeito da OMS, cabe apurar que papel a sua arquitetura jurídica pode ter jogado nas falhas da mesma na resposta à Covid-19 e de que modo a mesma pode ser melhorada, superando aquelas. No atual quadro normativo, o Diretor-Geral tem poderes de decisão muito vastos, mas a experiência comprovou também que há muitos equilíbrios a fazer no procedimento decisório que justificarão a instituição de níveis intermédios de alerta, prévios à declaração de um evento de saúde pública, até para prevenir a adoção por parte dos Estados de medidas incompatíveis com as que a OMS venha adotar. Estarão também em causa as amplas obrigações dos Estados perante fenómenos pandémicos, como a Covid-19; quer obrigações substanciais, quer obrigações procedimentais. Da experiência deste último ano, parecem estar especialmente em causa alegadas violações dos artigos 6º e 7º dos Regulamentos de 2005, sobre relato, e do artigo 43º, a respeito da aplicação de medidas de proteção. Também importa apurar da eficácia de obrigações de solidariedade entre os Estados; a dois níveis: na prevenção e na reação. Nomeadamente, cabe avaliar se é adequada a assistência aos países em desenvolvimento ou menos desenvolvidos que foram mais afetados pela pandemia. Acresce apuramento do cumprimento de obrigações de diligência devida de capacitação e preparação, de monitorização e relato, de resposta e mitigação, e de cooperação em geral. Em causa pode estar também a necessidade de rever os regulamentos de saúde internacionais, perante as expetativas de uma efetiva comunidade internacional plural que a Covid-19 evidenciou. Também outros ramos recentes do Direito Internacional podem estar em causa. Assim, quando se indaga se ataques cibernéticos para procurar furtar investigação sobre vacinas e ainda campanhas de desinformação sobre a Covid-19 representam violações do Direito Internacional cibernético. Releva ainda aquilatar, num quadro genericamente caracterizado por escassez de regulação, do papel de plataformas digitais, uma presença privada forte no contexto da pandemia, uma espécie de atores interpostos entre Estados e a comunidade global, como se fiduciários fossem do bem público internacional da saúde. Como também importa olhar à prática internacional perante a pandemia no contexto de um Direito Internacional crescentemente focado no tratamento de catástrofes e dos riscos que estas importam. Apesar de todos os desenvolvimentos que este ramo do Direito Internacional tem vindo a conhecer, pode-se duvidar que não haja lugar a mais produção normativa perante crises e riscos globais. Uma última área do Direito Internacional que pode relevar e efetivamente foi já várias vezes invocada na prática internacional a que a pandemia deu lugar, é a do Direito da responsabilidade internacional. Estará em causa a respeito do modo como os Estados e/ou as Organizações Internacionais geriram ou não a pandemia. Pode-se, muito em particular, questionar se o alcance que o Direito Internacional atualmente reconhece à exceção da necessidade poderá sobreviver à prática internacional respeitante à Covid-19. Como se podem reforçar dúvidas antigas acerca da adequação da aparelhagem institucional internacional para apurar responsabilidades internacionais em matérias de enorme sensibilidade política internacional.

largo e apreender como é que um tal período histórico afetou o Direito Internacional relativamente a alguns dos seus elementos mais estruturais. Afigura-se-nos que esse horizonte temporal corresponde ao que tantos designam de era da globalização, período da história da Humanidade que, com todas as consabidas dificuldades que há na identificação de datas ou momentos de cesura no fluxo do tempo,[14] se terá iniciado sensivelmente com o fim da Guerra Fria,[15] associado à queda do Muro de Berlim. Entendemos que se trata de um período de profunda revisão de equilíbrios ou das notas estruturais características do sistema internacional[16] e do Direito Internacional. A globalização importa mudanças e transformações profundas da vida internacional e do Direito que lhe é dedicado. Ela encerra novidades tais e com tais significado e impactos que parece fundar uma vera mudança de paradigmas[17] na forma como se estruturam quer o sistema internacional quer o Direito Internacional. Parece por isso constituir momento próprio e novo no curso da História em geral e da História do sistema internacional e do Direito Internacional em particular.[18]

O propósito deste estudo é o de identificar algumas das mais importantes mudanças sentidas no sistema internacional e, em especial, no Direito Internacional, e refletir sobre o seu significado.

Naturalmente, transformações da magnitude das que associamos a esta era da globalização não são inéditas, sendo que ganham mais clareza, em conteúdo e significado, quando contrastadas com outras fundas transformações registadas noutras eras, noutros períodos históricos do percurso da humanidade em que também se registou o fim de uma época histórica e o início de outra.

Assim havia acontecido, nomeadamente, com o termo da Guerra dos Trinta Anos em 1648, através da celebração dos Tratados de Paz de Münster e Osnabrück.[19]

---

[14] Vide R. Aron, "Evidence and Inference in History," *Daedalus*, 1958, v. 87, p. 11-39.

[15] O período da Guerra Fria envolveu genericamente uma paralisia de tantos dos elementos de inovação que o sistema internacional e a ordem jurídica internacional tinham vindo a conhecer desde o fim da I Guerra Mundial e sobretudo desde o fim da II Guerra Mundial e a constituição da Organização das Nações Unidas. Assim, muito em particular, relativamente ao sistema de segurança coletiva e o regime jurídico respeitante à utilização da força nas relações internacionais plasmado na letra da Carta das Nações Unidas. Cf. os nossos P. Canelas de Castro, *Mutações e Constâncias do Direito da Neutralidade*, Coimbra, 1994, policopiado; "Da não intervenção à intervenção: o movimento do pêndulo jurídico perante as necessidades da comunidade internacional", *in* IDN, *A Ingerência e o Direito Internacional XIV Jornadas IDN-CESEDEN*, Lisboa, 1995, Europress, p. 77-129; "De quantas Cartas se faz a paz internacional?", *in* Antunes Varela, D. Freitas do Amaral, J. Miranda, J. J. Gomes Canotilho (Ed.). *Ab Uno Ad Omnes. 75 Anos da Coimbra Editora*, Coimbra, Portugal, 1999, p. 1005-1060; "A intervenção armada e o Caso do Kosovo – Novos Elementos para a Construção de uma Nova Ordem Internacional?", *Nação e Defesa*, 2001, n. 97, p. 75-134.

[16] A noção é de Stanley Hoffmann, "International Systems and International Law", *World Politics*, Oct., 1961, v. 14, n. 1, *in* S. Hoffmann, *The International System: Theoretical Essays*, 1961, p. 205-237.

[17] Referimo-nos ao conceito de Thomas Kuhn, *The Structure of Scientific Revolutions*, Chicago, 1962, University of Chicago Press.

[18] Intentámos primeiras reflexões sobre o assunto *in* P. Canelas de Castro, "Globalization and its Impact on International Law: Towards an International Rule of Law?", *Boletim da Faculdade de Direito da Universidade de Macau (BFDUM)*, 2005, ano IX, nº 20, p. 223-281; "Globalização e Direito Internacional: Rumo ao Estado de Direito nas Relações Internacionais?", *in* Faculdade de Direito da Universidade de Coimbra, *Nos 20 Anos do Código das Sociedades Comerciais. Homenagem aos Profs. Doutores A. Ferrer Correia, Orlando de Carvalho e Vasco Lobo Xavier*, v. III, Coimbra, 2007, Coimbra Editora, p. 759-824.

[19] A. Hobza, "Questions de droit international concernant les religions", *Recueil des Cours*, 1924, v. IV, t. 5, p. 377-379; L. Gross, "The Peace of Westphalia", *AJIL*, 1948, v. 42, p. 20-41; A. Nussbaum, *A Concise History of the Law of Nations*, New York, 1954, Macmillan, p. 115-118.

Aí se figurou o sistema internacional, que muitos designam de Modelo de Vestefália.[20] Assim também aconteceu com o Congresso de Viena de 1815.[21] Este evento não só sela a tentativa falhada de Napoleão I de estabelecer uma ordem internacional baseada em legitimidades novas e no poder hegemónico da França, como abre a um novo sistema internacional, em que, crescentemente e de modo estrutural, a cooperação internacional entre Estados soberanos vai progressivamente ganhar raízes, começando até, por vezes, a aparecer sob forma institucionalizada. De igual modo, assim acontece, de novo, no século XX. Desde logo, com o impulso da constituição da Sociedade das Nações.[22] Num período de "grandes expectativas", constituem-se então os primeiros sinais de um Mundo "novo", nomeadamente por se alterar a relação entre a iniciativa estadual individual e a organização representativa de todos os Estados; e também porque aí se vai figurar, embora de forma irrealista e tíbia, um mundo menos resignado à fatalidade de conflitos e guerras.[23] Mas sobretudo, assim se vem a verificar ou consolidar mais tarde, com a ordem estabelecida após a II Guerra Mundial e a constituição da Organização das Nações Unidas.[24] Doravante, os Estados prosseguem o que assumem como uma obrigação fundamental de conduzir relações internacionais não violentas. Antes se comprometem, positivamente, a estabelecer relações de cooperação, pacíficas, e de forma a dar também positiva segurança, para o bem-estar dos seus povos e dos indivíduos.[25] Fazem-no, ademais, de modo crescentemente institucionalizado, o que logo se representa na constituição da Organização das Nações Unidas. É esta ordem, fundamentalmente constitutiva de um outro modelo de organização da sociedade internacional, alternativo ao de Vestefália,[26] e que, na senda de outros Autores, se pode designar de Modelo da

---

[20] J. Delbrück, R. Wolfrum (Ed.). *Völkerrecht*, Bd I/1, 2. ed., Berlin, 1989, Walter de Gruyter, p. 2-21; W. G. Grewe, *The Epochs of International Law* (tradução de Michael Byers), Berlin, 2000, Walter de Gruyter.

[21] Vide C. Webster, *The Congress of Vienna, 1814-1815*, 1950; F. Münch, "Vienna Congress", *Encyclopedia of Public International Law (EPIL)*, v. IV, 2000, p. 1286-1289.

[22] P. Gerbet, V.Y.Ghebali, M.R. Mouton, *Société des Nations et Organisation des Nations Unies*, 1973; C. Parry, "League of Nations", *EPIL*, v. III, 1997, p. 177-186.

[23] Vide R. Bernhardt, W.K. Geck, G. Jaenicke, H. Steinberger (Ed.). *Völkerrecht als Rechtsordnung, Internationale Gerichtsbarkeit, Menschenrechte. Festschrift für Hermann Mosler*, 1983; H.-U. Scupin, "History of the Law of Nations: 1815 to World War I", *EPIL*, v. II, 1999, p. 767-793.

[24] C. Tomuschat, *The United Nations at Age Fifty: A Legal Perspective*, 1995; M. de Almeida Ribeiro, *A Organização das Nações Unidas*, 1998; J. Frowein, "United Nations", *EPIL*, v. IV, 2000, p. 1027-1043.

[25] Vide artigo 1º da Carta das Nações Unidas, por alguns qualificada como a Constituição da comunidade internacional contemporânea. Cf. C. Tomuschat, "Obligations Arising For States Without or Against their Will", *Recueil des Cours*, 1993, n. IV, p. 217; P.-M. Dupuy, "The Constitutional Dimension of the Charter of the United Nations Revisited", *Max Planck Yearbook of United Nations Law*, 1997, v. 1, p. 1-33; R. St. J. Macdonald, "The Charter of the United Nations as a World Constitution", in M. N. Schmitt (Ed.). *International Law Across the Spectrum of Conflict. Essays in Honour of Professor L.C. Green On the Occasion of His Eightieth Birthday*, Newport, 2000, U.S. Naval War College, p. 263-300; P.-M. Dupuy, "Ultimes remarques sur la "constitutionalité" de la Charte des Nations Unies", in R. Chemain e A. Pellet, *La Charte des Nations Unies, constitution mondiale?*, Paris, 2006, Pédone.

[26] Temos procurado captar alguns dos desenvolvimentos significativos do Direito Internacional associados a este período do século XX (mutações, sobretudo, mas também continuidades), nos quais as mudanças da globalização que iremos abordar de seguida buscam inspiração, das quais são uma continuação ou aprofundamento, em trabalhos vários, como Paulo Canelas de Castro, *Mutações e Constâncias do Direito da Neutralidade*, Coimbra, 1994, policopiado; "Mutações e Constâncias do Direito Internacional do Ambiente", *Revista Jurídica do Urbanismo e do Ambiente*, 1994, nº 2, p. 145-183; "Sinais de (nova) Modernidade no Direito Internacional da Água", *Nação e Defesa*, 1998, nº 86, 101-129; "De quantas Cartas se faz a paz internacional?", in Antunes Varela, D. Freitas do Amaral, J. Miranda e J. J. Gomes Canotilho (Ed.). *Ab Uno Ad Omnes. 75 Anos da Coimbra Editora*, Coimbra, 1999, Coimbra Editora, p. 1005-1060; "Do 'Mare Clausum' ao 'Mare Commune'? Em busca do Fio de Ariadne

Carta das Nações Unidas,[27] que vemos "acelerar-se" e mesmo ganhar novos traços identificativos estruturais com os movimentos que se vão verificando desde a fase final do século XX e nas décadas iniciais do novo milénio. Diversamente do que ocorrera nos processos de transformação anteriores do sistema internacional, aqueles que na era coeva vão sob a designação de globalização, são, agora, ou apreendem-se mais genericamente e mais imediatamente visíveis; porventura porque esta também é a era da abundância de muitos instrumentos de comunicação e informação que permitem difundir em tempo real, por todos os espaços, as apreensões da realidade que se vão fazendo. Acresce que os efeitos da globalização são também palpáveis: percebe-se que se está a afetar, a produzir indeléveis impactos sobre não só o sistema internacional, como o Direito que lhe é dedicado. E assim acontece, desde logo, porque a globalização também importa a transformação do papel e do estatuto desse ator tradicional no sistema internacional que é o Estado.[28] Acresce que os efeitos da globalização se sentem em todas as sociedades em qualquer parte do mundo. Há hoje uma perceção da proximidade, do carácter imediato dos acontecimentos e dos seus efeitos que resulta da omnipresença dos meios de comunicação social e das novas tecnologias de informação.[29] Estes meios conseguem assegurar imediatamente e indiferenciadamente, relativamente a todos, o conhecimento de tais acontecimentos, em todos os recantos da aldeia global.[30] [31] É esta

---

através de cinco séculos de regulação jurídica", *Paper* apresentado na Conferência "Portugal-Brasil: ano 2000", organizada pelo homenageado, Professor Doutor Gomes Canotilho, e realizada em Coimbra, Portugal, 2000; "A intervenção armada e o Caso do Kosovo – Novos Elementos para a Construção de uma Nova Ordem Internacional?", *Nação e Defesa*, 2001, nº 97, p. 75-134; "Intervenção Humanitária e Assistência Humanitária no Pós-Guerra Fria: lembrança do passado e esperança num futuro mais humano?", *BFDUM*, 2003, v. 15, p. 165-187. Na verdade, em muitos aspetos, os elementos constitutivos desta nova ordem pós-II Guerra Mundial eram ainda mais importantes ou percetíveis do que os decorrentes da globalização, que, por vezes, se podem ver mais como resultando de um trabalho interpretativo e reconstrutivo inovador, do que da gestação de um direito positivo radicalmente novo.

[27] Assim, exemplarmente, A. Cassese, *International Law*, 2. ed., Oxford, 2005, Oxford University Press, p. 22-44. Vide também o que dizemos na nossa dissertação *Mutações e Constâncias da Neutralidade*, policopiado, Coimbra, 1994.

[28] Vide *infra*, ponto terceiro da parte III.2 deste estudo, na avaliação dos impactos da globalização sobre o Direito Internacional.

[29] Nas palavras do especialista Canadiano do sector da comunicação, McLuhan, uma nova cultura de interdependência eletrónica, assente nos meios de comunicação eletrónicos, e com assento visual e oral, poria termo ao tempo de uma cultura de conhecimento visual, individualista, baseada na informação impressa, dando, pois, lugar a formas novas de organização social e a uma identidade coletiva, com uma "base tribal". Cf. M. McLuhan, *The Medium is the Massage: An Inventory of Effects*, 1967, Bantam. Para a projeção destas sugestões no tempo da revolução digital (a *world wide web* só surge três décadas após as primeiras obras de McLuhan), *vide* Paul Levinson, *Digital McLuhan: A Guide to the Information Millenium*, 1999, Routledge.

[30] A noção foi cunhada pelo teórico dos meios de comunicação social Marshall McLuhan, nas suas obras *The Gutenberg Galaxy: The Making of Typographic Man*, de 1962, p. 31 ("mas certamente as descobertas eletromagnéticas recriaram o 'campo' em todos os assuntos humanos, de forma tal que a família humana hoje existe em condições de uma 'aldeia global'") e *Understanding Media: The Extensions of Man*, de 1964. O termo denota o fenómeno de produção diária e a escala universal de notícias, imagens e conteúdos informativos consumidos também a igual escala por audiências globais. Como chama a atenção para que o mundo inteiro se torna mais interligado em razão desta propagação das tecnologias de comunicação. Ou, na fórmula mais ampla de Paul Ryan, traduz o reconhecimento de uma coexistência global induzida por comércio transnacional, migrações e cultura a escala global. Cf. P. Ryan, *Afterward: The Global Village*, New Jersey, 2012, Rutgers University Press, p. 160.

[31] Outros termos-chave comuns nos discursos sobre globalização são os de "comunicação", "fluxos de informação", "redes", "conetividade", "proximidade". Cf. Autores citados *supra* nota 6. De modo similar, teóricos da antropologia cultural, como Ida e Rosaldo, e Morris, descrevem a globalização como a "intensificação da interconexão global" que se liga de forma múltipla ao fluxo imediato e à movimentação transfronteiriça de pessoas, poluentes, crime, serviços, saber, ideias, bens, capital e moda. Cf. J. X. Inda e R. Rosaldo, "Introduction",

nova era, caraterizada por conexões múltiplas, entre pessoas e sociedades, que criam generalizada sensação de proximidade espacial e temporal, que se convencionou chamar "globalização".

A identificação dos traços distintivos da globalização e, sobretudo, das fundas consequências para o sistema internacional como para o Direito Internacional, constituem passos fulcrais deste estudo. Para tanto, temos que começar por identificar o contexto histórico, estabelecer a referência que permitirá realçar e identificar os contrastes, o *novum* do mais contemporâneo sistema internacional e do Direito Internacional da hora presente. Nesse sentido enunciaremos, em primeiro momento, os principais estádios do desenvolvimento do sistema internacional e os momentos correspondentes na história da ordem jurídica internacional, identificando as características fundamentais dos mesmos nestes diversos estádios. Num segundo momento, tentaremos melhor apreender o conteúdo essencial do conceito de globalização, identificando as suas características fundamentais. O terceiro momento discursivo será o da análise e avaliação dos impactos ou consequências estruturais da globalização, quer no sistema internacional quer no Direito internacional. No que à ordem jurídica internacional respeita, concentraremos a nossa atenção na identificação das mudanças fundamentais que a globalização importa a respeito de questões tão nucleares em qualquer ordem jurídica como a questão dos sujeitos a quem a mesma reconhece personalidade jurídica; o problema das fontes em que o Direito se bebe; e a problemática da relação com a noção nuclear de estadualidade e soberania. Num último passo, teceremos algumas considerações sobre o que nos parece ser a eficácia com que tal ordem jurídica internacional transmudada vai conseguindo responder aos reptos que as alterações fundamentais do sistema internacional num contexto de globalização colocam e aventaremos algumas hipóteses sobre como o Direito Internacional poderá ter que continuar a evoluir para conseguir alcançar as respostas mais adequadas quer aos impactos positivos, quer aos aspetos negativos do processo de globalização em curso.

I   Do Modelo de Vestefália da coexistência estadual à cooperação internacional,[32] por vezes institucionalizada

1   O sistema internacional até ao fim do século XVIII

O sistema internacional que emergiu dos tratados de paz de Vestefália de 1648 caracterizou-se por uma sociedade estruturalmente anárquica,[33] porque feita de Estados

---

in J.X. Inda e R. Rosaldo (Ed.). *The Anthropology of Globalization: A Reader*, Malden, MA, 2002, Blackwell, p. 1-34; Ch. Morris, "Globalization", *in* H.J. Birx, *21st Century Anthropology: A Reference Handbook*, v. 2, Thousand Oaks, CA, 2010, Sage, p. 865-873.

[32] O conceito de "coexistência", relativo ao entendimento clássico das relações internacionais e de Direito Internacional, opõe-se ao de "cooperação", promovido na doutrina jusinternacionalista pela obra de referência de Wolfgang Friedmann, *The Changing Structure of International Law*, London, 1964, Stevens. Para outros binómios de conceitos, como os de "Modelo de Vestefália" e "Modelo da Carta das Nações Unidas", que procuram captar de modo sugestivo, mas igualmente polarizado, as tendências diversas de evolução do Direito Internacional, permita-se-nos a remissão para P. Canelas de Castro, *Mutações e Constâncias da Neutralidade*, Coimbra, 1994, policopiado.

[33] *Vide* H. Bull, *The Anarchical Society. A Study of Order in World Politics*, 2. ed., New York, 1995, Columbia University Press.

que se concebiam como concentrados de poder,³⁴ concorrentes e mesmo colidentes,³⁵ e como poderes supremos, já que não reconhecedores de outras entidades superiores³⁶ e que, pelo contrário, reciprocamente entre si se reconheciam como senhores supremos, absolutos, independentes e titulares de idênticos direitos.³⁷ Cada um era a expressão da máxima enunciadora da ideia de soberania, primeiro enunciada por Jean Bodin,³⁸ em 1576: *summa potestas, superiorem non recognescens*.³⁹ Estrutura uma tal sociedade⁴⁰ uma ideia inflacionada de soberania,⁴¹ ⁴² uma soberania que era pessoalmente titulada por um príncipe ou monarca,⁴³ ⁴⁴ que exerce as suas competências soberanas na base da sua volúvel vontade. Era esta vontade que, encontrando-se com a vontade ou o consentimento de outros pares, igualmente soberanos, permitia a constituição das poucas regras jurídicas que iam, instavelmente, amortecendo os conflitos entre esses contentores de poder. A vida internacional, feita de ocasionais relações, era tipicamente regulada por processos predominantemente não escritos de acordo de vontades, destilados

---

34   É Giddens quem primeiro descreve o Estado moderno como um "contentor de poder delimitado" (*bordered power containers*). Cf. A. Giddens, *The Constitution of Society*, Cambridge, 1984, Polity; *The Nation State and Violence: Volume Two of A Contemporary Critique of Historical Materialism*, Cambridge, 1985, Polity; *Sociology*, Cambridge, 1989, Polity; *The Consequences of Modernity*, Cambridge, 1990, Polity. Vide ainda P. J. Taylor, *The state as container: territoriality in the modern world-system*, 2008, Routledge.

35   Uma imagem, da autoria de Arnold Wolfers, que é muito utilizada, sobretudo na fileira de pensamento realista de relações internacionais, apresenta os Estados como entidades "perfeitas" que interagem entre si em rotas de colisão, na prossecução de crescentes ganhos ou prestígio, como bolas numa mesa de bilhar. A soberania é a superfície externa, o escudo rígido e impenetrável da bola estadual, que lhe permite resistir ao impacto da colisão. É o chamado "modelo das bolas de bilhar" (*billiard ball model*). Cf. A. Wolfers, *Discord and Collaboration, Essays on International Politics*, 1962, John Hopkins University Press, p. 19. Vide ainda A.-M. Slaughter, "The New Foreign-Policy Frontier", *The Atlantic*, 2011.

36   A fórmula tem um sentido excludente relativamente às entidades cimeiras da *Respublica Christiana* medieval: o Imperador e o Papado. Cf. A. Verdross e B. Simma, *Universelles Völkerrecht*, 3. ed., Berlin, 1984, Duncker, p. 25, ss.; H. Quaritsch, *Souveränität. Entstehung und Entwicklung des Begriffs in Frankreich und Deutschland vom 13. Jahrhundert bis 1806*, Berlin, 1986, p. 34, ss. e 49, ss.

37   Assim justamente, de modo pioneiro, com os Tratados de Vestefália. Cf. G. Gottlieb, *Nation Against State. A New Approach to Ethnic Conflicts and the Decline of Sovereignty*, New York, 1993, p. 21; O. Kimminich, *Einführung in das Völkerrecht*, 6. ed., Tübingen, 1997, p. 64.

38   Assim, para a generalidade da doutrina. Veja-se, contudo, antes ainda, a fórmula de Suarez, o *doctor eximius* de Coimbra, que equaciona o Estado como *communitas perfecta*. Relevamo-lo em P. Canelas de Castro, *Mutações e Constâncias do Direito Internacional da Água. Mudanças de Paradigmas*, Coimbra, 2016, policopiado, p. 26.

39   Jean Bodin, De la république, 1576. Consultámos a edição Les Six Livres de la République, da editora parisiense Garnier, de 2013. Vide ainda H. Quaritsch, Souveränität. Entstehung und Entwicklung des Begriffs in Frankreich und Deutschland vom 13. Jahrhundert bis 1806, Berlin, 1986, p. 39, ss.; R. Knieper, Nationale Souveränität. Versuch über Ende und Anfang einer Weltordnung, Frankfurt, 1991, p. 64, ss.

40   Vide a apresentação genérica que fazíamos em P. Canelas de Castro, "Mutações e Constâncias do Direito Internacional do Ambiente", *RJUA*, 1994, nº 2, p. 145-153.

41   Ou soberania absoluta, contraposta à soberania relativa. Sobre a dupla acepção, *vide* P. Häberle, "Zur gegenwärtigen Diskussion um das Problem der Souveränität", *AöR*, 1967, v. 92, p. 265.

42   Também se pode ver o conceito como noção histórico-sociológica (como aqui, no texto) ou como noção jurídico-normativa (*vide* adiante, no ponto terceiro da reflexão sobre os impactos da globalização no Direito Internacional, nomeadamente sobre a conceção de Estado e de soberania). *Vide*, M. Baldus, "Zur Relevanz des Souveränitätsproblems", *Der Staat*, 1997, v. 36, p. 381, ss.

43   Sobre esta primeira soberania, que vai aperfeiçoar-se na soberania estadual do século XIX, *vide* G.W.F. Hegel, *Grundlinien der Philosophie des Rechts oder Naturrecht und Staatswissenschaft im Grundrisse*, de 1821, na edição de E. Moldenhauer, 2. ed., Frankfurt, 1989, v. 7, parágrafo 275; H. Quaritsch, *Souveränität. Entstehung und Entwicklung des Begriffs in Frankreich und Deutschland vom 13. Jahrhundert bis 1806*, Berlin, 1986, p. 14, ss.; J. Delbrück, "Zur Entwicklung der internationalen Rechtsordnung", *Sicherheit und Frieden*, 1998, v. 2, p. 66; O. Kimminich, *Völkerrecht im Atomzeitalter*, Freiburg i.Br., 1969, p. 64.

44   Esta identificação do Estado com a pessoa do príncipe soberano é evidenciada pelo lema do absolutismo: "*l'Etat c'est moi*".

pelos testes da reiteração e do tempo (costume), e também por uma miríade de acordos escritos. Estes últimos eram, tipicamente, acordos bilaterais, de conteúdo sinalagmático, assentes em recíprocas prestações ou abstenções, e, mais ocasionalmente, acordos entre mais partes contratantes, mas ainda analisáveis em conjuntos binários de regras (de que os tratados de Vestefália são, porventura, o melhor exemplo). Umas e outras formas de expressão deste Direito, tão tíbio e tão improvavelmente executável,[45] [46] concentram-se, tipicamente, num elenco também restrito de respostas a questões ou temas que preocupam o soberano. Assim, em primeiro lugar, as regras que dizem respeito a manifestações da sua soberania, e, desde logo, o seu território. Outras regras importantes dos alvores do Direito Internacional versam sobre a condução de relações com outros soberanos, relações diplomáticas, no sistema internacional nascente. Num quadro em que a paz era um improvável e limitado acidente histórico, outras normas ainda procuram estabelecer um código mínimo de limitação dos efeitos nocivos da guerra. O quadro jurídico, contudo, é definido pela liberdade irrestrita da sua realização.[47] Para lá de tais regras, de sentido e conteúdo primacialmente procedimental, em termos substantivos, o Direito Internacional nascente pouco mais comporta que vagos apelos principiais: desde logo, a um dever ser de estabilidade relacional, como aquele que se exprime na máxima *pacta sunt servanda*,[48] tantas vezes contrariada pela prática internacional; mas também a proclamação da liberdade do mar, percebido como veículo e oportunidade de comunicação, liberdade com a qual o sistema internacional rejeita a tentação apropriativa que Portugueses e Espanhóis haviam inicialmente figurado; e, por fim, um também muito vago princípio de equilíbrio de poderes.[49]

---

[45] Sobre o problema da difícil ou improvável eficácia e aplicação de um Direito que nos primórdios e durante vários séculos estava estreitamente dependente da autotutela estadual, quer ao nível da sua interpretação, quer ao nível da sua aplicação propriamente dita, nas relações internacionais como na ordem interna, *vide*, de ângulo essencialmente teórico, H. Neuhold, "Abgrenzungen, Strukturmerkmale und Besonderheiten des Völkerrechtsordnung", *in* H. Neuhold, W. Hummer, Ch. Schreuer, Österrreichisches Handbuch des Völkerrechts, v. 1, Wien, 1983, p. 2 e 9; A. Emmerich-Fritsche, "Recht und Zwang im Völkerrecht, insbesondere im Welthandelsrecht", *in* K.-A. Schachtschneider (Ed.). *Rechtsfragen der Weltwirtschaft*, Berlin, 2002, p. 134, ss; C. Hillgruber, "Der Nationalstaat in übernationaler Verflechtung", *Handbuch des Staatsrechts der Bundesrepublik Deutschlands*, v. II, *Verfassungsstaat*, 3. ed., Heidelberg, 2004, p. 929.

[46] As fragilidades inatas da ordem jurídica internacional – ausência de instância central de criação jurídica, ausência de órgão executivo comum, nenhuma judicatura independente da vontade dos Estados, falta de poder sancionatório, princípio da autotutela –, mormente nos seu primórdios e período clássico, levaram alguns a denegar a sua natureza jurídica ou a qualificá-lo como "direito primitivo" ou "arcaico". A última qualificação é de G. Jellinek, *Allgemeine Staatslehre*, 1905, p. 320. Sobre o carácter primitivo e características de fragilidade do sistema, cf. L. Gross, "States as Organs of International Law and the Problem of Autointerpretation", *in Festschrift für Hans Kelsen*, 1953, p. 66, ss.; P. Guggenheim, *Traité de droit international public*, v. I, 1967, p. 22, ss.; M. Barkun, *Law without Sanctions*, 1968, p. 32, ss. Mais ajustada, e capaz de se aplicar tanto ao Direito Internacional clássico como ao Direito Internacional contemporâneo, parece-nos a qualificação de W. Benedeck: "ordem jurídica em desenvolvimento". Cf. W. Benedek, *Die Rechtsordnung des GATT aus Völkerrechtlicher Sicht*, p. 380, ss.

[47] Grotius, *De Jure Belli ac Pacis*. Lemos a edição de Schätzel, *Drei Bücher vom Recht des Krieges und des Friedens*, Tübingen, 1950, Walter. Escrito em 1621, quando Grócio tinha 38 anos, a obra é tida como o primeiro tratado de Direito Internacional. Nele, Grócio, que colhia inspiração num Direito natural que prescrevia regras de conduta tanto para Estados como para indivíduos, não condena a guerra como instrumento de política nacional, embora mantenha que a guerra só deve ser feita na prossecução de certas causas. Argumenta ainda que a realização da guerra deve obedecer a condições que a tornem mais humana, com respeito por indivíduos e sua propriedade.

[48] Sobre as suas origens históricas, *vide* M. Sibert, "The Rule Pact Sunt Servanda: From the Middle Ages to the Beginning of Modern Times", *Indian Yearbook of International Affairs*, 1956, v. 5, p. 342-349; M. Lachs, "Pacta Sunt Servanda", *EPIL*, v. III, 1999, p. 847-848.

[49] De acordo com o estudo de U. Scheuner, "Die grossen Friedensschlusse als Grundlage der europäischen Staatenordnung zwischen 1648 und 1815", *in* U. Scheuner, *Schriften zum Völkerrecht*, Berlin, 1984, p. 351, p. 351,

Frágil ou mesmo incerta na constituição, limitada no conteúdo e densidade normativa, esta ordem jurídica internacional nascente aparece ainda falha de consequências quando a ela se olha da perspetiva da sua aplicação. Baseando-se na mesma autocompreensão estadual, de uma soberania inflacionadamente ideada, apenas um *liberum ius ad bellum*, a final, eventualmente a "garante". Para se aplicar, a ordem jurídica depende de um irrestrito direito soberano a fazer guerra. Os direitos em que se concretiza, em última instância só pela força serão executados; tanto direitos, como oportunísticos interesses dos Estados, naturalmente.

No seu conjunto, no final do século XVII como na maior parte do século XVIII, a ordem jurídica internacional nascente aparece, pois, em suma, como falha de unidade e consequência ou vinculatividade. O que mais a caracteriza são antes as suas limitações, devidas à fundamental ausência de valores comuns, a que acresce a impossibilidade de se encontrar um substrato de poderio capaz de executar esses incertos preceitos. O frágil Direito Internacional em que se exprime o sistema internacional nascente, realmente, pouco mais é que acidental agregado de dispersos direitos, e, em todo o caso, sempre antes está estruturalmente condicionado pelos variáveis e erráticos interesses individuais dos numerosos soberanos existentes.[50] Os limitados fatores propiciadores de esparsa construção jurídica são também aqueles que ditam a sua incerta e mesmo improvável eficácia.

2 Mudanças no sistema internacional do século XIX

Na primeira metade do século XIX o sistema internacional fundado em Vestefália alcança ponto de maturação. A soberania dos príncipes ou monarcas dá lugar a uma soberania estadual territorial. O princípio dominante da soberania, expressão de realidade político-internacional, é tido, quando tratado na ordem jurídica internacional,[51] como o fundamento da vinculatividade do Direito Internacional. A vontade soberana do Estado, e, desde logo, a vontade de autolimitação da soberania, é a base do Direito Internacional.[52] Sem vontade nesse sentido do Estado, não há Direito Internacional. A soberania é a condição das formas de formação de Direito. Como é ainda o princípio da soberania que informa o conteúdo do Direito e o alcance das regras de Direito. Assim se reflete na resposta que a ordem jurídica dá, e de acordo com a opinião unânime dos

---

ss., a sua primeira formulação terá sido no Tratado de Paz e Amizade celebrado em 1713 entre Luís XIV, rei da França, e Ana, Rainha do Reino Unido da Grã-Bretanha.

[50] Sobre esta fundamental falta de interesses comuns, *vide* A. Bleckmann, *Allgemeine Staats- und Völkerrechtslehre*, p. 497, ss.

[51] Naturalmente, quando, como em G.W.F. Hegel, *Grundlinien der Philosophie des Rechts oder Naturrecht und Staatswissenschaft im Grundrisse*, de 1821, na edição de E. Moldenhauer, 2. ed., Frankfurt, 1989, v. 7, parágrafos 330, ss., não conduz à consequência extrema da denegação da própria ordem jurídica. Sobre a influência do pensamento hegeliano na teoria do Direito Internacional, *vide* U. Steinvorth, "Soll es mehrere Staaten geben?", in R. Merkel, R. Wittmann (Ed.). *"Zum ewigen Frieden"*, 1996, p. 260, ss.; A. Fischer-Lescano, "Die Emergenz der Global Verfassung", *ZaöRV*, 2003, v. 63, p. 726, ss.

[52] Assim Georg Jellinek, que fala de autovinculação (*Selbstperflichtung*), de autolimitação da vontade estadual (*Selbstbeschränkung des Staatswillens*). Cf. G. Jellinek, *Die rechtliche Natur der Staatenverträge*, p. 17; 27.

juspublicistas coevos,[53] à questão central da personalidade jurídica:[54] [55] a subjetividade jurídica internacional[56] [57] [58] [59] é reservada aos Estados territoriais,[60] justamente.[61] Com duas

---

[53] Uma muito boa análise das escolas de Direito Internacional americana, italiana, francesa, alemã, inglesa, consta da entrada de H.-U. Scupin, "History of the Law of Nations: 1815 to World War I", *EPIL*, v. II, 1999, p. 784-787. *Vide*, exemplarmente, L. Oppenheim, *International Law*, v. 1, London, 1905, Longmans, p. 341.

[54] No Direito Internacional, a centralidade do conceito advém de ter não só uma utilidade técnico-jurídica, mas também vera função existencial para esta ordem jurídica específica. Cf. A. Emmerich-Fritsche, *Vom Völkerrecht zum Weltrecht*, Berlin, 2007, Duncker & Humblot, p. 105.

[55] A noção pode ler-se num sentido estrito, em que a personalidade jurídica internacional é equacionada com a titularidade de direitos e deveres. Assim, M. Hempel, *Die Völkerrechtssubjektivität internationaler nichtstaatlicher Organisationen*, Berlin 1999, p. 57 e A. Bleckmann, *Allgemeine Staats- und Völkerrechtslehre*, p. 472. Mas também pode ser tido de modo mais lato, em que também se compreende a capacidade de produzir direito. Neste sentido mais amplo, F. W. Stoecker, *NGOs und die UNO*, 2000, p. 90.

[56] Só quem para si próprio seja capaz de determinar as suas finalidades é sujeito.

[57] Para vários Autores, como R. Mcquordale, "Chapter 35. Sources and the Subjects of International Law. A Plurality of Law-Making Participants", *in* S. Besson e J. d' Aspremont (Ed.). *The Oxford Handbook of the Sources of International Law*, Oxford, 2017, Oxford University Press, p. 860-881; A. Reinisch, "Chapter 46. Sources of International Organizations' Law. Why Custom and General Principles are Crucial", *in* S. Besson e J. d' Aspremont (Ed.). *The Oxford Handbook of the Sources of International Law*, Oxford, 2017, Oxford University Press, p. 1143-1163, os dois conceitos podem ser utilizados indiferenciadamente. Contesta a associação, Andrew Clapham, *Human Rights Obligations of Non-State Actors*, Oxford, 2006, Oxford University Press, p. 83, que apela a que se "concentre nos direitos e nas obrigações das entidades [sujeitos] em vez de na sua personalidade jurídica".

[58] Como *supra* se indicou, na nota 55, alguns jusinternacionalistas equacionam a noção também com a de comparticipante no procedimento de produção de Direito internacional. *Vide* J. Nijman, *The Concept of International Legal Personality: An inquiry into the History and Theory of International Law*, The Hague, 2004, Asser e International Law Association (ILA), "First Report of the Committee on Non-State Actors, 'Non-State Actors in International Law: Aims, Approach and Scope of Project and Legal Issues'", *ILA Reports*, The Hague, 2010, ILA. *Vide* ainda *infra* a propósito de novos sujeitos privados de Direito Internacional.

[59] Por contraposição à noção de subjetividade, acolhia-se a de *objeto*. É-se objeto se se beneficia de direitos ou se é obrigado, sem ter contribuído autonomamente para a gestação desses direitos ou deveres. Assim, A. Emmerich-Fritsche, *Vom Völkerrecht zum Weltrecht*, Berlin, 2007, Duncker & Humblot, p. 105. Os indivíduos e ONG eram objetos num pensamento jusinternacionalista ainda dominante até perto dos nossos dias. Seria o Estado o seu mediador ou intermediário para ascender à ordem jurídica internacional. Cf., exemplarmente, V. Epping, *in* K. Ipsen, (Ed). *Völkerrecht*, 4. ed., München, 1999, p. 80; K. Doehring, *Völkerrecht*, Heidelberg, 1999, p. 413; Antonio Cassese, *International Law*, 2. ed., Oxford, 2005, Oxford University Press, p. 143. Mas outros jusinternacionalistas, em tempos mais próximos, crescentemente contestam a cogência desta dicotomia "sujeito"-"objeto" que privilegia e reifica ficticiamente as vozes dos Estados, fazendo com que as demais entidades ou seres da vida internacional sejam comparadas aos Estados, e que apenas os Estados estejam em condições de determinar o resultado da ordem jurídica internacional, no que entendem como uma ficção excludente, silenciadora de vozes alternativas na vida pública internacional, a final mais rica. Rosalyn Higgins, por exemplo, contesta-a explicitamente (cf. R. Higgins, *Problems and Process: International Law and How We Use It*, Oxford, 1994, Clarendon Press, p. 49), bem como M. Koskenniemi, *From Apology to Utopia: The Structure of International Legal Argument*, Helsinki, 1989, Finnish Lawyers' Pub. Co.; H. Charlesworth e Ch. Chinkin, *The Boundaries of International Law: A Feminist Analysis*, Manchester, 2000, Manchester University Press; e J. E. Alvarez, *International Organizations as Law-Makers*, Oxford, 2005, Oxford University Press, 2005, p. 968, que sustenta que é necessário olhar para lá da imagem da "bola de bilhar" dos encontros entre entidades (falsamente) monolíticas na comunidade internacional.

[60] Como uma disciplina jurídica centrada no Estado, o Direito Internacional, na visão dos seus cultores clássicos, revela uma "miopia auto-protectora" que mantém outras entidades na periferia, arriscando embora a obsolescência desta ordem. S. Strange, "Big Business and the State", *in* L. Eden e E.H. Potter (Ed.). *Multinationals in the Global Political Economy*, London, 1993, Macmillan, p. 103-103 e P. Alston, "The Myopia of the Handmaidens: International Lawyers and Globalisation", *EJIL*, 1997, v. 8, p. 435. A persistente exclusão de outros atores torna o Direito Internacional "amorfo e inútil", sentenciou, já em 1972, C.W. Jenks, "Multinational Entities in the Law of Nations", *in* W. Friedmann, L. Henkin e O. Lissitzyn (Ed.). *Transnational Law in a Changing Society: Essays in Honour of Philip C. Jessup*, New York, 1972, Columbia University Press, p. 82. Ou, como imageticamente disse M. Lachs, o Direito Internacional pode tornar-se um "guarda de um museu em que só alguns entram, enquanto que a vida em geral flui lá fora, para lá das suas janelas". M. Lachs, "Law in the World of Today", *in* A. Bos e H. Siblesz (Ed.). *Realism in Law-Making: Essays in Honour of Willem Riphagen*, Dordrecht, 1986, Nijhoff, p. 110. Na pior das hipóteses, poderá tornar-se ineficaz. Assim, M.S. McDougal, "International Law, Power and Policy: A Contemporary Conception", *Recueil des Cours*, 1953, v. 82, v. I, p. 162; Ch. Tomuschat, "Ethos, Ethics and Morality in International Relations", *EPIL*, v. II, 1999, p. 120-127.

[61] Explicitamente traduzindo esta compreensão, este *corpus iuris* em alguns azimutes foi durante tanto tempo designado como "Direito das Nações" (*law of nations*).

exceções apenas, resultantes da vetusta proibição da pirataria,[62] bem como das regras respeitantes aos indivíduos no *ius in bello*,[63] o Direito Internacional, e, aquém dele, o manto espesso, impenetrável, da soberania, que torna o Estado vera "caixa negra" insondável do que se passa no seu interior,[64] não dá qualquer direito de cidade a indivíduos[65] ou povos nas relações internacionais. Assim ainda no irrestrito reconhecimento do *ius ad bellum*.

Embora paradigma dominante da ordem internacional, e mesmo vetor estrutural de modelação das respostas normativas aos problemas de relação entre Estados soberanos, no século XIX, é justamente a evolução de pensamento relativamente à soberania que, pela segunda metade do século XIX, vai redundar na transformação do sistema internacional. O que determina tais desenvolvimentos é a perceção de que a tão hegeliana profecia de autossuficiência dos Estados – a expressão do "espírito do mundo" –[66] não mais se pode comprovar fundada. A própria afirmação e expansão do Estado territorial leva-o a constatar crescentes necessidades económicas, de recursos vários, necessidades financeiras também, que, quase paradoxalmente, vão demonstrar quão limitada ou vácua é a promessa de independência e autonomia plena. Por seu lado, o processo de

---

[62] A. Rubin, "Piracy", *in* R. Bernhardt *et al*. (Ed.). *EPIL*, instalment XI, 1989, p. 259, ss.

[63] K. J. Partsch, "Individuals in International Law", *in* R. Bernhardt *et al*. (Ed.). *EPIL*, v. II, 1995, p. 957, ss.

[64] A teoria da caixa negra no Direito Internacional, que vai buscar inspiração direta a um dualismo estrito entre a ordem jurídica internacional e as ordens nacionais, mas o transcende, refletindo-se na resposta a muitos outros problemas do Direito Internacional e "insinuando-se" mesmo no trabalho doutrinal de Autores contemporâneos, que contudo professam genericamente o reconhecimento da força normativa primacial da ordem jurídica internacional, essencialmente significa, explícita ou implicitamente, que o Estado determina a força vinculativa das obrigações internacionais para com os seus órgãos e população. Pode representar-se, por mera ilustração, nas seguintes transcrições de passos de tratados de Autores, contudo insuspeitos de "tradicionalismo": "os Estados consideram [...] a tradução dos comandos internacionais em standards jurídicos internos [...] parte integrante da sua soberania e não estão disponíveis para a alienar em benefício de um controle internacional. O interesse próprio nacional interpõe-se no caminho de uma regulação razoável [...]. Como consequência, cada Estado decide, por si próprio, como tornar o Direito internacional vinculativo para órgãos estaduais e indivíduos e que estatuto e lugar atribuir-lhe na hierarquia das fontes de direito internas" (cf. A. Cassese, *International Law*, 2001, p. 168); "A obrigação internacional diz respeito ao estado, não a qualquer ramo, instituição, ou membro individual do seu governo [...]. Uma vez que a responsabilidade do estado para dar efeito às obrigações internacionais não compete a nenhuma instituição particular do seu governo, o Direito internacional não requer que os tribunais nacionais apliquem e executem obrigações internacionais" (L. Henkin, *International Law: Cases and Materials*, 1993, West Publ., p. 153); "O Direito internacional delega a sua aplicação no estado obrigado, que a executa através dos seus órgãos [...]. Se uma norma de Direito internacional tem o propósito de produzir efeitos jurídicos dentro de um Estado, o seu conteúdo tem que ser incorporado na ordem jurídica nacional, para permitir aos Órgãos do Estado cumpri-la" (A. Verdross, B. Simma, *Universelles Völkerrecht: Theorie und Praxis*, Berlin, 1984, Duncker & Humblot, p. 539-540). Em geral sobre esta teoria, A. Wasilkowski, "Monism and Dualism at Present", *in* J. Makarczyk (Ed.). *Theory of International Law at the Threshold of the 21st Century: Essays in Honour of Krysztof Skubiszewski*, 1996, p. 323-336; G. Gaja, *Dualism in Modern International Law*, 2003, p. 15, ss.; W. Ferdinandusse, "Out of the Black-Box? The International Obligation of State Organs, *Brooklyn Journal of International Law*, 2003, v. 29, n. 1, p. 45-127.

[65] Verberando este anquilosado dogmatismo, António Cançado Trindade, em opinião concorrente no Parecer respeitante ao Caso *Condição Jurídica e Direitos Humanos da Criança*, no Tribunal Interamericano dos Direitos do Homem, de que então era Presidente, nos seguintes termos veementes: "A tendência doutrinal que ainda insiste em denegar aos indivíduos a condição de sujeitos de Direito internacional é [...] insustentável [...] essa conceção aparece contaminada por um dogmatismo ideológico azioso, que teve por consequência principal alienar o indivíduo da ordem jurídica internacional. É surpreendente [...] para lá de lamentável, que esta conceção mecanicamente repetida e *ad nauseam* por uma parte da doutrina, aparentemente tentando fazer crer que o Estado, como intermediário entre os indivíduos e a ordem jurídica internacional, seria algo inevitável e permanente. Nada podia ser mais falacioso". Cf. Advisory Opinion OC–17/2002, *IACtHR Series A n. 17*, 28 August 2002, parágrafos 26–7.

[66] Cf. G. W.F. Hegel, *Grundlinien der Philosophie des Rechts oder Naturrecht und Staatswissenschaft im Grundrisse*, de 1821, na edição de E. Moldenhauer, 2. ed., Frankfurt, 1989, v. 7, parágrafo 33 C.

industrialização, a evolução tecnológica e a produção de bens em massa também pedem novos mercados para tais produtos, que transcendem os confins estreitos daqueles que os Estados territoriais podem oferecer. Ambas as razões concorrem para que os Estados antes sejam levados a virar-se para os demais, com os demais cooperarem, com isso possibilitando acrescer às suas efetivas capacidades nacionais. Assim se abre a um outro sistema internacional ou à sua reorganização em moldes diversos. Essas mudanças resultam justamente da sua integração por atores outros para além dos Estados soberanos.

3 Reorganização do sistema internacional no fim do século XIX e impacto na estrutura do Direito Internacional

As mudanças históricas denotadas, relativas à realidade estrutural económica, social e política dos Estados, propiciadas pelas revoluções industrial e tecnológica do século XIX, e a consequente conformação de mercados de escala por vezes universal[67] tiveram como consequência que os Estados se viram crescentemente confrontados com problemas que demonstravam quão quimérica era a sua pretensão de atuação autónoma, independente. Não só não eram capazes de, por si sós, dar resposta ao repto tradicional da segurança nacional, como o haviam demonstrado as dificuldades sentidas na resistência à "nação em armas" e às tentações hegemónicas de Napoleão, como igualmente não eram capazes de responder às crescentes aspirações de bem-estar económico e social das populações constitutivas dos Estados, doravante capazes de as fazer sentir no espaço público. Embora ainda estruturalmente comprometidos com uma soberania que os justifica, a verdade é que os Estados se veem gradualmente interpelados a envolver-se em relações constitutivas de efetivas interdependências. A realização das obrigações de atendimento das aspirações das populações, crescentemente reconhecidas como legitimadoras, no plano interno, conduz a que, no plano internacional, os Estados tenham também que superar a pretensão de caminhos solitários, de *Alleingänge*, de professar seguir rotas onde vão "orgulhosamente sós". A própria resposta às exigências e aos interesses nacionais antes os impele a cooperar. Assim o farão, desde logo, relativamente a rios internacionais que naturalmente os aproximam, porque naturalmente os unem.[68] Daí a constituição, em 1831, da Comissão do rio Reno, e, em 1856, da Comissão do rio Danúbio.[69] Em ambos os casos, os rios, com as suas virtualidades de comunicação e de relacionamento económico, determinam a constituição de regimes internacionais de liberdade de navegação[70] que, nestas comissões, se acompanham das primeiras formas

---

[67] Vide H.-U. Scupin, "History of the Law of Nations: 1815 to World War I", *EPIL*, v. II, 1999, p. 767-783.

[68] Cf. S. McCaffrey, *The Law of International Watercourses – Non-Navigational Uses*, 2. ed., Oxford, 2007, Oxford University Press; P. Canelas de Castro, "The Global Challenge of Sustainable Water Management: International and European Union Law Responses", *Temas de Integração*, 2008, n. 25, p. 95-133.

[69] H.-U. Scupin, "History of the Law of Nations: 1815 to World War I", *EPIL*, v. II, 1999, p. 769; I. Seidl-Hohenveldern, "Danube River", *EPIL*, v. II, p. 935-936; e a nossa dissertação de doutoramento, P. Canelas de Castro, *Mutações e Constâncias do Direito Internacional da Água. Mudanças de Paradigmas*, Coimbra, 2016, policopiado, p. 46, 50.

[70] R.R. Baxter, *The Law of International Waterways*, 1964; D. H. N. Johnson, "Navigation, Freedom of", *EPIL*, v. III, 1999, p. 528-531; B.Vitányi, "Navigation on Rivers and Canals", *EPIL*, v. III, 1999, p. 531-535; P. Canelas de Castro, *Mutações e Constâncias do Direito Internacional da Água. Mudanças de Paradigmas*, Coimbra, 2016, policopiado, p. 242-243.

de Organizações Internacionais,[71] dotadas, ademais, de um complexo conjunto de competências legislativas, administrativas e judiciais.[72] Assim acontece também com os mercados, por vezes à escala mundial, que então se vão constituir. A sua manutenção requer meios de comunicação (marítima, terrestre, aérea, telecomunicações, cabos submarinos) que o desenvolvimento tecnológico entretanto ocorrido efetivamente disponibiliza.[73] Mas também requer investimentos vultuosos, em meios administrativos, técnicos e financeiros, que cada Estado, individualmente, já não consegue assegurar. Eis o que também induz os Estados a envolver-se em formas outras de cooperação internacional, como as que determinarão a constituição de Uniões universais, como a União Telegráfica Internacional[74] e a União Postal Universal,[75] criadas e reguladas no quadro de regimes jurídicos para o efeito estabelecidos. A vontade de superar tais limitações leva até, por vezes, os Estados a experimentarem formas de cooperação transnacional, como ocorreu com a União Internacional dos Caminhos de Ferro, uma estrutura com uma composição mista de entidades públicas e empresas ferroviárias privadas.[76]

Desenvolvimentos como estes tiveram impacto na textura da ordem jurídica internacional. Por um lado, a respeito da teoria das fontes[77] que da prática se pode

---

[71] R. Bindschedler, "International Organizations, General Aspects", *EPIL*, v. II, p. 1289-1309.
[72] Vide F. Meissner, "Rhine River", *EPIL*, instalment 12, 1990, p. 312-313; P. Canelas de Castro, *Mutações e Constâncias do Direito Internacional da Água. Mudanças de Paradigmas*, Coimbra, 2016, policopiado, p. 242-243.
[73] J. Delbrück, "International Communications and National Sovereignty – Means and Scope of National Control over International Communications (Sea, Land, and Air Traffic, Telecommunications)", *Thesaurus Acroasium*, v. XV, 1987, p. 88, ss.
[74] A. Noll, "International Telecommunication Union", *EPIL*, v. II, p. 1379, ss.
[75] L. Weber, "Universal Postal Union", *EPIL*, v. IV, 2000, p. 1235-1240.
[76] G. Mutz, "Railway Transport, International Regulation", *in EPIL*, instalment 5, 1983, p. 245, ss.
[77] Por força da extensão possível deste trabalho, concentraremos esta reflexão denotativa das principais mudanças resultantes da globalização nas duas fontes principais, apenas: tratados e costumes. Naturalmente, esta difícil opção escamoteia a análise das transformações que entendemos ocorrerem também a respeito das demais fontes "clássicas", nomeadamente os princípios gerais de direito. Como implica a abstenção da igualmente oportuna indagação, necessária mesmo, sobre se a globalização não estará a induzir crescente inquietação sobre a exaustividade do elenco tradicional de fontes, nomeadamente tal como figurado no artigo 38 do Estatuto do Tribunal Internacional de Justiça, a sua adequação no quadro de alguns regimes ou a problemas hodiernos (apenas a título exemplificativo e a respeito da relevância de tais questões no quadro do regime particular do Direito Internacional do Ambiente, vide M. Fitzmaurice, "International Environmental Law as a Special Field of International Law", *Netherlands Yearbook of International Law*, 1994, v. 25, p. 181-226, 199-201; M. Fitzmaurice, "International Protection of the Environment", *Recueil des Cours*, 2001, v. 293, p. 1-467; C. Redgwell, "International Environmental Law", *in* M. D. Evans (Ed.). *International Law*, 4. ed., Oxford, 2014, Oxford University Press, p. 688-727; para além de P. Canelas de Castro, "Mutações & Constâncias do Direito Internacional do Ambiente", *RJUA*, 1994, nº 2, p. 145-183) e, mais radicalmente ainda, sobre o aparecimento ou a consolidação de fontes novas (qual o valor do Direito gerado no seio das Organizações Internacionais ou seu Direito secundário?; qual o valor dos trabalhos da Comissão de Direito Internacional?; e da crescente *soft law*, por exemplo?; mais genericamente, não será necessário conceber processos novos de criação de normas?) ou sobre o esbatimento de fronteiras no mais amplo universo da normatividade. Para além de reconhecermos a real necessidade de, porventura em trabalho outro, proceder a esta análise, permita-se-nos também registar quanto estas perguntas em parte se devem ou foram estimuladas por um argumentário que genericamente verbera a tendência para estas "aberturas" e que entendemos ainda hoje constituir momento fundamental do debate, mesmo se também, assumidamente, dele genericamente nos distanciemos: o artigo inicial de Prosper Weil, "Vers une normativité relative en droit international?", *RGDIP*, 1982, v. 86, p. 5, ss. Mais tarde, Prosper Weil voltou ao tema, em trabalho mais extenso, em língua Inglesa, desta feita: "Towards Relative Normativity in International Law", *AJIL*, 1983, v. 77, p. 413, ss. Para apenas anotar três exemplos de posições já muito distantes desta enunciada por P. Weil, mas também estimulantes, vide Vaughan Lowe, "The Politics of Lawmaking: Are the Method and Character of Norm Creation Changing?", *in* Michael Byers (Ed.). *The Role of Law in International*

inferir, verifica-se que o estabelecimento de tais regimes jurídicos amplos recorre crescentemente a técnicas de formação de direito convencional, a tratados, que oferecem as vantagens de maior certeza e segurança. Acresce que estes tratados ganharão em participação, que se celebram mais tratados multilaterais. A tendência vai de par com a de se começar a codificar costumes pretéritos. Aumenta também o âmbito temático do Direito Internacional. Já em termos de subjetividade jurídica internacional, verifica-se a abertura do restrito círculo dos Estados, do clube seleto de Estados cujos membros parcimoniosamente se cooptam. Em particular, cai por terra a pretensão de que a subjetividade jurídica-internacional esteja sujeita a um *numerus clausus*. As Organizações Internacionais afirmam-se no século XIX e, mais ainda, nas primeiras décadas do século XX, como centros incontornáveis do sistema, sujeitos *a se stante*, centros de imputação de direitos e deveres internacionais. É certo que a doutrina jusinternacionalista mais tradicionalista, arreigada na incontornabilidade do dogma da soberania, as apresentou como uma mera *longa manus* dos Estados, que ela vincou que os Estados permaneciam os "donos" ou "mestres" de tais Organizações, que destes e da sua vontade dependia, desde logo, o instrumento normativo fundador, mas também a faculdade de, a qualquer momento, pôr termo à condição de membro da Organização. Porém, a verdade factualmente afirmada na prática é que a condição de membro implica importantes limitações à visão formalista e inflacionada de soberania. Embora juridicamente admissível, a saída de uma Organização Internacional é, na prática, uma faculdade remota, já que implica custos em termos de uma cooperação institucionalizada que se foi afirmando como forma de resposta às necessidades crescentes dos Estados. É do mesmo tempo, ou seja, do fim do século XIX, início do século XX, uma outra transformação estrutural do sistema internacional que igualmente vem afetar o papel e estatuto dos Estados soberanos, mais comprometendo o dogma de que os mesmos são sujeitos únicos de Direito Internacional: algumas das uniões administrativas, como por exemplo, a União Postal Universal, admitem como seus membros, plenos, a par dos demais, de natureza estadual, entidades territoriais não estaduais, como territórios dependentes.[78] Ao que acresce o papel crescente que organizações não governamentais vão passar a desempenhar no fornecimento de bens públicos como o da organização de uma rede ferroviária transfronteiriça.[79]

Importa ademais verificar que o processo de organização internacional dos Estados que se materializa em crescentes formas de cooperação internacional, por vezes mesmo institucionalizada, se não limita ao domínio econômico, facilitado pelos saltos de desenvolvimento tecnológicos ocorridos. Assim acontece também no domínio problemático, mais próximo do núcleo duro das funções estaduais essenciais, da manutenção da segurança e paz internacional. As primeiras manifestações históricas de

---

Politics, Oxford, 2000, Oxford University Press, p. 207-226 (em que sustenta a necessidade de nova "doutrina das fontes" e apela a nova "criação de normas"); Samantha Besson, "Theorizing the Sources of International Law", in S. Besson, J. Tasioulas (Ed.). *The Philosophy of International Law*, Oxford, 2010, Oxford University Press, p. 163-185 (onde se verbera, pelo contrário, as habituais análises centradas nas três fontes clássicas, que se qualificam de "largamente obsoletas"); J. Brunnée, "The Sources of International Environmental Law: An Interactional Account", in S. Besson e J. d' Aspremont (Ed.). *The Oxford Handbook of the Sources of International Law*, Oxford, 2017, Oxford University Press, p. 1091-1118 (onde denuncia o que apelida de tratamentos "lineares" da matéria das fontes).

[78] L. Weber, "Universal Postal Union", *EPIL*, instalment 5, 1983, p. 384.

[79] G. Dahm, J. Delbrück, R. Wolfrum, *Völkerrecht*, v. I/2, 2012, De Gruyter, p. 13, ss.

tal caminho de progresso internacional, também aqui, remontam ao Congresso de Viena, cuja razão de ser primeira foi a de criar uma nova ordem de paz assente no Concerto das monarquias ameaçadas pela revolução republicana.[80] Começam então a praticar-se modos novos de cooperação, até institucional, que prenunciam um outro paradigma de sistema e de Direito Internacional, como os processos contínuos de consulta entre os Estados principais do novel sistema de segurança ou a convocação regular de conferências internacionais para resolver questões particulares nesta área da segurança internacional. Diversamente das velhas alianças militares internacionais, o que em ambos os casos antes se insinua é uma forma de exercício de implícita responsabilidade conjunta, que não já apenas nacional, na garantia do emergente bem público (que não mero interesse particular de cada Estado) da segurança, agora à escala maior, internacional, e mesmo de paz internacional. A mensagem normativa que impercetivelmente vai decorrer do Congresso de Viena e das conferências posteriores é a de que a garantia de paz e segurança é doravante assunto de cuidado comum da comunidade internacional dos Estados. Tal perspetiva vai depois reforçar-se com as experiências de guerra total na guerra de unidade nacional da Itália, com a trágica Batalha de Solferino, e da Guerra de Secessão na América, bem como na desumana I Guerra Mundial, em razão das quais os movimentos pacifistas se vão afirmar poderosamente nos continentes europeu e americano, mais influenciando debates públicos nacionais e agenda internacional.[81] Todos contribuem para a crescente consciência de que não basta prosseguir uma estratégia normativa de mera mitigação dos efeitos dos conflitos internacionais, no quadro de um Direito da guerra restrito a *ius in bello* apenas. Começa a não se aceitar limitar o problema à garantia de proteções para certas categorias de pessoas envolvidas nos combates, ou à inclusão de mais restrições a certos tipos de armamentos. Doravante, é, pelo contrário, a permanentemente admitida velha liberdade sem limites do *ius ad bellum* que passa a ser questionada, numa agenda internacional feita de iniciativas de alguns Estados líderes,[82] como os recentemente constituídos Estados Unidos da América, mas também de debates transnacionais,[83] e que visa ilegalizar a guerra. Tal movimento resulta na celebração dos primeiros tratados limitadores da guerra, como a Convenção Drago-Porter (1907)[84] ou o Pacto Briand-Kellogg (1928).[85] Mas, sobretudo, inspira o Tratado de Paz de Versailles, de 1919,[86] pelo qual a comunidade internacional faz uma primeira tentativa de organização e institucionalização da manutenção da paz e da segurança internacionais através do

---

[80] *Vide*, para além das fontes indicadas *supra in* nota 21, W. Grewe, *Epochen der Völkerrechtsgeschichte*, Baden-Baden, 1984, p. 502, ss.; W. Baumgart, *Vom Europäischen Konzert zum Völkerbund*, Darmstadt, 1994, p. 1, ss.

[81] P. Brock, *Twentieth-Century Pacifism*, 1970; B.V.A Röling, "Pacifism", *EPIL*, v. III, 1999, p. 846.

[82] Vide I. Claude, Swords into Plowshares, 4. ed., New York, 1971, p. 38, ss. e K. v. Raumer. *Ewiger Friede. Friedensrufe und Friedenspläne seit der Renaissance*, Freiburg, 1953.

[83] *V.g.* K. J. Partsch, *Die Ideen Walter Schückings zur Friedenssicherung*, Bonn, 1985 e J. Delbrück, K. Dicke, "The Christian Peace Ethic and the Doctrine of Just War from the Point of View of International Law", *GYBIL*, 1985, v. 28, p. 194, ss.

[84] W. Benedeck, "Drago-Porter Convention (1907)", *EPIL*, v. I, 1992, p. 1102-1103. *Vide* também a análise que fazemos *in* P. Canelas de Castro, *Mutações e Constâncias do Direito da Neutralidade*, Coimbra, 1994, policopiado; "De quantas Cartas se faz a paz internacional?", *in* Antunes Varela, D. Freitas do Amaral, J. Miranda e J.J. Gomes Canotilho (Ed.). *Ab Uno Ad Omnes. 75 Anos da Coimbra Editora*, Coimbra, 1999, Coimbra Editora, p. 1005-1060.

[85] Cf. C. D. Wallace, Kellogg-Briand Pact (1928)", *EPIL*, v. III, 1999, p. 76-79.

[86] Cf. S. Verosta, "Peace Treaties after World War I", *EPIL*, v. III, 1999, p. 946-953.

estabelecimento da malograda Sociedade das Nações,[87] projetada pelo Presidente dos Estados Unidos Woodrow Wilson,[88] que não vingou por os Estados Unidos se não terem tornado membros, devido à rejeição pelo Senado do Tratado de Paz do qual o Pacto da Sociedade era parte integrante,[89] e antes ficou paralisada perante violações importantes das suas regras e o irrealismo do modo de funcionamento estatuído.[90] Este movimento de crescente assunção de responsabilidade internacional em matéria de manutenção da paz e segurança culmina na fundação da Organização das Nações Unidas (ONU), como resposta à ainda mais devastadora II Guerra Mundial.[91] O mandato teleológico que é cometido à ONU pelo artigo 1º do seu tratado fundador, a Carta das Nações Unidas,[92] é justamente encimado pela tarefa da manutenção da paz e segurança internacionais,[93] para o que, depois, também se estatui, como princípio fundamental, da Organização e da comunidade internacional em geral,[94] [95] a muito abrangente proibição genérica de utilização da força e da ameaça de utilização da força nas relações internacionais, consagrada no artigo 2º, nº 4 da Carta.[96] Mais se institucionaliza a assunção desta tarefa como questão de responsabilidade coletiva, para o que o artigo 25º,[97] em conjugação com o Capítulo VII da Carta,[98] habilita o Conselho de Segurança a tomar e a executar veras decisões vinculativas, que podem ir até a aplicação de sanções armadas a Estados que, por agressão, ameaça à paz ou rutura da paz, ponham em causa a paz internacional e, assim, um pilar fundamental da novel ordem pública internacional. O Conselho de Segurança pode até, de acordo com a parte final da previsão do artigo 2º, nº 7 da Carta,[99] e desde que estejam preenchidas certas condições, intervir nos assuntos internos de Estados-membros – faculdade a que, por exemplo, recorreu para proteger direitos humanos de

---

[87] Cf. C. Parry, "League of Nations", *EPIL*, v. III, 1999, p. 117-186.
[88] Cf. A. Rustemeyer, "Wilson's Fourteen Points", *EPIL*, v. IV, 2000, p. 1479-1482.
[89] G.A. Finch, "The Treaty of Peace with Germany in the United States Senate", *AJIL*, 1920, p. 155, ss.
[90] M. Koskenniemi, "History of International Law, World War I to World War II", *EPIL*, v. II, p. 839-849.
[91] R.B. Russel, J.E. Muther, *A History of the United Nations Charter*, Washington D.C., 1958.
[92] Cf. *UNTS*, v. 1, p. 16, ss.
[93] R. Wolfrum, "Article 1", in B. Simma et al. (Ed.). *The Charter of the United Nations. A Commentary*, v. I, 2. ed., Oxford, 2002, Oxford University Press, p. 39-47.
[94] A noção de "comunidade internacional", que crescentemente se passa a utilizar no século XX, conota uma ideia de superação relativamente à prévia "sociedade internacional", feita apenas de Estados que marginalmente se relacionam e sem partilha de valores ou finalidades comuns. As noções inspiram-se na dicotomia conceptual consagrada pelo sociólogo Ferdinand Tönnies, no seu *Gemeinschaft und Gesellschaft*. Compulsámos a edição F. Tönnies, *Gemeinschaft und Gesellschaft. Grundbegriffe der reinen Soziologie*, Darmstadt, 2005, Wissenschaflliche Buchgesellschaft.
[95] O termo estabeleceu-se também no universo jurídico e mesmo jurídico-positivo, como o demonstra a inclusão em sentenças do Tribunal Internacional de Justiça (como aquela que foi proferida no Caso *Barcelona Traction* – cfr. *ICJ Reports*, 1970, p. 3, parágrafo 33), em tratados internacionais (cf. Preâmbulo do Estatuto do Tribunal Penal Internacional, de 1998) ou em instrumentos normativos da Comissão de Direito Internacional (como os seus Artigos sobre Responsabilidade Internacional, de 2001 – cf. UN Doc. A/CN/L.602, Rev.1).
[96] A. Randelzhofer, "Article 2 (4)", in B. Simma et al. (Ed.). *The Charter of the United Nations. A Commentary*, v. I, 2. ed., Oxford, 2002, Oxford University Press, p. 112-136.
[97] J. Delbrück, "Article 25", in B. Simma et al. (Ed.). *The Charter of the United Nations. A Commentary*, v. I, 2. ed., Oxford, 2002, Oxford University Press, p. 452-464.
[98] Vide J.A. Frowein e N. Krisch, "Chapter VII. Introduction" in B. Simma et al. (Ed.). *The Charter of the United Nations. A Commentary*, v. I, 2. ed., Oxford, 2002, Oxford University Press, p. 701-716.
[99] Cf. G. Nolte, "Article 2(7)", in B. Simma et al. (Ed.). *The Charter of the United Nations. A Commentary*, v. I, 2. ed., Oxford, 2002, Oxford University Press, p. 148-171.

povos oprimidos no seio de Estados-membros da Organização.[100] [101] Assim, o Conselho de Segurança vai qualificar como ameaças à paz e segurança internacionais[102] situações que antes seriam vistas como conflitos armados internos, que assim se internacionalizam, com fundamento na violação dos direitos humanos e do direito internacional humanitário. Fê-lo perante conflitos no Iraque, na ex-Jugoslávia, Somália, Ruanda, Libéria, Serra Leoa, Angola, Zaire, Albânia, Sudão, Costa do Marfim, República Democrática do Congo, Líbia, República Centro-africana.[103] Como o fez perante violações dos direitos do homem que entendeu constituírem ameaça à paz *per se* e razão direta de ação internacional: assim, por exemplo, nos casos do Myanmar, em 2006, do Zimbabwe, em 2008, da Síria em 2011 e 2012.[104] [105] A velha liberdade estadual de recurso à guerra para afirmação de interesses estaduais ou autoexecução dos direitos estaduais violados fica assim relegada à condição de relíquia histórica. No quadro deste novo sistema de segurança coletiva,[106] em que primam competências coletivas internacionais,[107] mesmo o direito

---

[100] A ONU vai fazer uma evolução em que passa de uma situação, durante a Guerra Fria, em que desconhece a relação entre recurso à força e direitos humanos, para outra em que progressivamente admite que tal ligação possa e deva ser feita. Momento fundamental nesta evolução é constituído pela declaração do Presidente do Conselho de Segurança no termo da sessão especial de 31 de janeiro de 1992, com participação dos Chefes de Estado e de Governo dos Estados-Membros. Nessa declaração, S/23500, proclama-se que "a paz e a segurança internacionais não resultam apenas da ausência de guerra e de conflitos armados. Outras ameaças de natureza não militar à paz e à segurança internacionais encontram a sua fonte na instabilidade que existe nos domínios económico, social, humanitário ou ecológico". Esta "abertura" foi depois explorada pelo Secretário-Geral Boutros-Boutros Ghali na sua *Agenda para a Paz* (*Agenda para a Paz, Diplomacia preventiva, restabelecimento da paz e manutenção da paz*, relatório do secretário geral, 30 de junho de 1992, ONU Doc. A/47/277-S/24111) em que explicita que as novas ameaças à paz podem ter origem tanto nos conflitos internacionais como nos conflitos internos.

[101] Na doutrina, M. Reisman, "Humanitarian Intervention and Fledgling Democracies", *Fordham International Law Journal*, 1995, p. 794; M. Glennon, "Sovereignty and Community after Haiti: Rethinking the Collective Use of Force", *AJIL*, 1995, p. 70-74 e 106; H. Gading, *Der Schutz grundlegender Menschenrechte durch militärische Maßnahmen des Sicherheitsrates – das Ende Saatlischer Souveränität?*, Berlin, 1996; M.Zambelli, *La constatation des situations de l' art. 39 de la Charte des Nations Unies par le Conseil de sécurité*, Heilbing & Lichtenahn, 2002, 157-158; R. Kob, *Ius contra bellum, le droit international relatif au maintien de la paix*, Bruxelles 2003, Bruylant, p. 73; D. Sharga, "The Security Council and Human Rights – from discretion to promote to obligation to protect, *in* B. Fassbender (Ed.). *Securing Human Rights, Achievements and Challenges of the UN Security Council*, Oxford, 2011, Oxford University Press, p. 11; V. Gowland-Debbas, "The Security Council as enforcer of Human Rights", *in* B. Fassbender (Ed.). *Securing Human Rights, Achievements and Challenges of the UN Security Council*, Oxford, 2011, Oxford University Press, p. 47; B. Ugarte, J. Genser, "Evolution of the Security Council's engagement on human rights", *in* B. Ugarte, J. Genser (Ed.). *The United Nations Security Council in the age of human rights*, Cambridge, 2014, Cambridge University Press, p. 14-16.

[102] Vide J.A. Frowein e N. Krisch, "Article 39", *in* B. Simma et al. (Ed.). *The Charter of the United Nations. A Commentary*, v. I, 2. ed., Oxford, 2002, Oxford University Press, p. 717-729.

[103] Respetivamente, Resoluções 688/1991; 713/1991; 794/1992; 929/1994; 788/1993; 1132/1997; 864/1993, 1127/1997, 1295/2000, 1445/2002; 1078/1996; 1101/1997; 1125/1997; 1556/2004; 1572/2004,1975/2011; 1973/2011; 2121/2003, 2387/2013. Cf. M. Dubuy, "La violation des droits de l'homme, une menace à la paix? Une rétrospective de l'évolution de la qualification de menace à la paix en lien direct ou indirect avec la violation des droits de l'homme", *Civitas Europa*, 2018, n° 2, p. 21.

[104] Respetivamente, UN Docs. n°s S/PV.5526/2006; S/PV.5933/2008; S/PV.6711/2012.

[105] Relevando autonomamente este segundo fundamento de ação, M. Dubuy, "La violation des droits de l'homme, une menace à la paix? Une rétrospective de l'évolution de la qualification de menace à la paix en lien direct ou indirect avec la violation des droits de l'homme", *Civitas Europa*, 2018, n° 2, p. 26-30.

[106] J. Delbrück, "Collective Security", *EPIL*, v. I, 1995, p. 636-646.

[107] Descrevemos o sistema e analisamos a prática internacional da sua aplicação, bem como a possível necessidade da sua revisão em função de paralisias no quadro procedimental de decisão estabelecido, em vários escritos, como Paulo Canelas de Castro, *Mutações e Constâncias do Direito da Neutralidade*, Coimbra, 1994, policopiado; "De quantas Cartas se faz a paz internacional?", in Antunes Varela, Diogo Freitas do Amaral, Jorge Miranda e J. J. Gomes Canotilho (Ed.). *Ab Uno Ad Omnes. 75 Anos da Coimbra Editora*, Coimbra, 1999, Coimbra Editora, p. 1005-

de legítima defesa passa a compreender-se de modo novo: ele não é uma autorização a fazer guerra; antes se justifica como medida individual ou coletiva[108] transitória, se e apenas enquanto o Conselho de Segurança não alcança intervir, e sujeita ao respeito de requisitos procedimentais de informação ou relato à Organização das Nações Unidas.[109]

A este corte epistemológico com a forma tradicional de conceber e regular as relações internacionais que resulta da ilegalização do recurso à força acrescem as duas outras finalidades máximas cometidas à Organização. Desde logo, a obrigação genérica, simultaneamente "negativa" e "positiva", de os Estados-membros respeitarem e promoverem direitos humanos. Entendem-se estes direitos humanos como vera condição de uma paz que se não quer meramente negativa, mera ausência de guerra, mas outrossim, também, positiva, de afrontamento dos problemas estruturais da comunidade internacional, de resposta às condições da vida internacional portadoras de potencial de conflito.[110] A responsabilidade de promover os direitos humanos e até de os executar é amplamente assumida na comunidade internacional. Compete tanto a Estados, como a Organizações Internacionais, e até a Organizações Não Governamentais (ONG). Exprime-se, desde logo, na adoção e codificação de instrumentos convencionais de direitos humanos,[111] após a iniciática Declaração Universal dos Direitos Humanos.[112] Mas também respeita à verificação do cumprimento de tais instrumentos, por monitorização ou execução, por via judicial ou não judicial, para o que, em particular, se habilita a Organização das Nações Unidas, apoiada por outros órgãos subsidiários, como o Comité do Direitos Humanos ou o Comité dos Direitos Económicos Sociais ou Culturais, fundados na Carta ou em outros instrumentos convencionais sobre direitos humanos. Avulta neste quadro que o Conselho de Segurança, por vezes, tenha mesmo feito a ligação entre este objetivo de prossecução dos direitos humanos e aquele da manutenção da paz e segurança internacionais, contribuindo para uma vera execução da política internacional dos direitos humanos. Assim, em particular, quando, após decidir que certas violações

---

[1060]; "A intervenção armada e o Caso do Kosovo – Novos Elementos para a Construção de uma Nova Ordem Internacional?", *Nação e Defesa*, 2001, n° 97, p. 75-134; "Intervenção Humanitária e Assistência Humanitária no Pós-Guerra Fria: lembrança do passado e esperança num futuro mais humano?", *Boletim da Faculdade de Direito da Universidade de Macau*, 2003, v. 15, p. 165-187. Também o Homenageado, Professor Doutor Gomes Canotilho, sobre o mesmo refletiu: cf. J. J. Gomes Canotilho, "Nova Ordem Mundial e Ingerência Humanitária (Claros-Escuros de um Novo Paradigma Internacional)", in IDN, *A Ingerência e o Direito Internacional XIV Jornadas IDN-CESEDEN*, Lisboa, 1995, Europress, 1995, p. 9-34.

[108] Cf. J. Delbrück, "Collective Self-Defence", *EPIL*, v. I, 1999, p. 656-659.

[109] Cf. segunda frase da norma do artigo 51° da Carta das Nações Unidas. Vide A. Cassese, "Article 51", in J.P. Cot, A. Pellet, M. Forteau (Ed.). *La Charte des Nations Unies. Commentaire article par article*, 3. ed., Paris, 2005, Economica; A. Randelzhofer, "Article 51", in B. Simma et al. (Ed.). *The Charter of the United Nations. A Commentary*, v. I, 2. ed., Oxford, 2002, Oxford University Press, p. 804-805.

[110] Na linha da distinção "paz negativa" (ausência de violência entre agrupamentos humanos ou nações), "paz positiva" (não só ausência de guerra, mas também desenvolvimento de fatores de cooperação e de integração entre agrupamentos humanos ou nações por forma a favorecer uma paz duradoura), primeiro teorizada pelo politólogo norueguês Johan Galtung, no editorial do primeiro número do *Journal of Peace Research*. Cf. "An Editorial", *Journal of Peace Research*, 1964, v. 1, n. 1, p. 1-4.

[111] United Nations, Human Rights. *A Compilation of International Instruments*, UN Doc. ST/HR/1 Rev.2, 1983; H. Lauterpacht, *International Law and Human Rights*, 1968; L.B. Sohn e T. Buergenthal, *The International Protection of Human Rights*, 1973; M.S.McDougal, H.D. Laswell, L.C.Chen, *Human Rights and World Public Order*, 1980; K. Vasak e P. Alston (Ed.). *The International Dimension of Human Rights*, 1983; T. Meron (Ed.). *Human Rights in International Law*, 1984; L. Henkin, *Age of Rights*, 1990.

[112] R. Cassin, "La Déclaration universelle et la mise em oeuvre des droits de l'homme", *Recueil des Cours*, 1951, v. 79, II, p. 237-367; J.C Salcedo, "Human Rights, Universal Declaration (1948)", *EPIL*, v. II, 1995, p. 926.

graves e persistentes de direitos humanos por certos Estados constituíam ameaça à paz internacional, adotou sanções internacionais de acordo com o Capítulo VII da Carta das Nações Unidas.[113] Nas últimas décadas, também ONGs desempenham papel neste amplo processo de prossecução do cumprimento das obrigações internacionais correspetivas dos direitos humanos consagrados.[114]

Com a mesma justificação de uma paz duplamente percebida como ausência de utilização de força física, mas também como fundadora de uma ordem internacional justa, radicada num estado de direito internacional em que os direitos humanos e a justiça económica e social são demandados e ativamente promovidos,[115] a Carta completa a tríade finalística da Organização, impondo-lhe e aos seus Membros uma obrigação geral de cooperação na garantia de condições económicas, sociais e humanitárias essenciais para a garantia positiva de paz e segurança internacionais.

Esta redefinição do *ethos* e quadro teleológico da comunidade internacional organizada, a assunção da Organização como espaço de expressão desta comunidade, que não mais anárquica, sumativa, sociedade internacional,[116] e tantos dos princípios fundamentais enunciados no artigo 2º da Carta das Nações Unidas, representam clara mudança de paradigma com a compreensão tradicional, fundada no dogma da soberania. Contudo, como é típico de tais revoluções epistemológicas, estas evoluções não se fazem sem ambivalências e convívio, em tensão instável, com elementos da ordem velha, mesmo que figurados de modo inovador. Assim é, em particular, quando igualmente se constata que estas novas opções normativas de ordem assente em substantiva e institucional organização internacional coexistem com a preservação da ideia de soberania de Estados que nutriu os tempos mais primevos do desenvolvimento do Direito Internacional. A máxima da soberania não se tornou obsoleta, embora se figure agora em termos novos.[117] Na verdade, a Constituição material da comunidade internacional, a Carta das Nações Unidas,[118] até a recupera como princípio primeiro do elenco dos seus princípios fundamentais registados no artigo 2º, ao prever, no seu nº 1, que a comunidade dos Estados ainda está comprometida com o respeito e a proteção da igualdade soberana de todos os membros da Organização das Nações Unidas. Pode-se por isso concluir que há elementos ambivalentes nesta fase de desenvolvimento da comunidade internacional e do Direito que se lhe destina: se há uma revisão profunda do equilíbrio de poderes e responsabilidades no seio dos seus

---

[113] J. Delbrück, "A More Effective International Law or a New "World Law"? Some Aspects of the Development of International Law in a Changing International System", *Indiana Law Journal*, p. 707-711.

[114] Desde o mais remoto J. Delbrück, D. Rauschning, Th. Schweisfurth (Ed.). *Der internationale und nationale Schutz der Menschenrechte*, Baden-Baden, 1992, p. 34, ss. a T. van Boven, "The Role of Non-Governmental Organizations in International Human Rights Standard-Setting: A Prerequisite of Democracy", *California Western International Law Journal*, 2015, v. 20, n. 2, p. 207-225.

[115] Ver o nosso P. Canelas de Castro, "De quantas Cartas se faz a paz internacional?", in Antunes Varela, D. Freitas do Amaral, J. Miranda e J. J. Gomes Canotilho (Ed.). *Ab Uno Ad Omnes. 75 Anos da Coimbra Editora*, Coimbra, 1999, Coimbra Editora, p. 1005-1060. A mesma ideia subjaz ao binómio "*segurança coletiva militar*" e "*segurança coletiva económica*", glosado por K. Ipsen, "Entwicklung zur "Economic Collective security" im Rahmen der Vereinten Nationen", in W. A. Kewenig (Ed.). *Vereinten Nationen im Wandel*, Berlin, 1975, p. 11-33.

[116] Evocamos a destrinça de Ferdinand Tönnies, primeiro apresentada no seu *Gemeinschaft und Gesellschaft*, Leipzig, 1887, Fues's Verlag.

[117] *Vide infra* na parte III.2 deste estudo, no ponto terceiro, sobre os impactos da globalização no Direito Internacional.

[118] Já neste sentido, cf. H. Kelsen, *Principles of International Law*, Colorado, 1966, Rinehart, 2. ed., p. 437.

elementos constitutivos, nomeadamente com a assunção de responsabilidades pela comunidade dos Estados no seu conjunto no quadro da Organização universal que se criou, e, por isso, uma outra distribuição de competências com os Estados-membros da mesma, com a consequência de a soberania ser agora percebida como tendo menor alcance e virtualidades do que no período anterior, também é verdade que ela não desaparece como elemento estruturante, mediador principal e finalístico, importante vetor normativo, cardinal subjetivo fundamental desta ordem "nova". O respeito e a proteção da soberania estadual não deixam de estar sempre presentes no Direito novo, embora a soberania se conceba agora em termos igualitários e sujeita a quadro jurídico-internacional dominante. Se é verdade que o Direito Internacional novo se abre a novas estruturas e formas de cooperação, a novos processos de formação de Direito, se aceita atores efetivos das relações internacionais contemporâneas, admitindo-os como sujeitos de Direito Internacional, conferindo-lhes voz e estatuto,[119] se há mesmo importante tendência nova para transferir para o plano internacional a competência de regulação de assuntos antes tidos como puramente internos, isso não implica que se conceba o Direito Internacional regulador como uma ordem, radicalmente, de povos e indivíduos,[120] transmudando-se num Direito cosmopolita de cidadania mundial ou global.[121] [122] [123]

---

[119] É interessante recordar que a Carta das Nações Unidas, abre, no seu preâmbulo com a proclamação: "nós, os povos das Nações Unidas:".

[120] Diversamente das abordagens do Direito Internacional radicadas no Estado, alguns Autores há que, pelo contrário, privilegiam uma abordagem de Direito mundial ou global, de um Direito civil mundial ou global, ou de Direito de uma sociedade civil (mundial). Cf. G. Teubner, *Global Law without a State*, 1977; G. Teubner, *Globale Bukinowa*, 1996; G. Teubner, "Globale Zivilverfassungen: Alternativen zur Staatszentrierten Verfassungstheorie", *ZaöRV*, 2003, v. 63, p. 5, ss.; A. Fischer-Lescano, "Die Emergenz der Globalverfassung", *ZaöRV*, 2003, v. 63, p. 717, ss. Em vez de processos de formação fundados nos Estados, este Direito antes se desenvolve com base em procedimentos de formação de Direito transacionais privados, contratuais ou com base em *soft law* (*v.g.*, com o direito da concorrência) ou em formas voluntaristas de conduta (*v.g.* relativamente a empresas multinacionais). Cf. U.E. Ehricke, "Soft Law", *NJW*, 1989, p. 1906, ss. Prefere-se falar de um Direito mundial ou global sem Estado, de uma *lex humana* e de um Direito consuetudinário da sociedade mundial ou global. Cf. G. Teubner, G. Teubner, *Globale Bukinowa*, 1996, p. 4, ss.; F. Böhm, "Privatrechtsgesellschaft und Marktwirtschaft", in E.-J. Mestmäcker (Ed.). *Freiheit und Ordnung in der Marktwitschaft*, 1980, p. 105, ss. C.E. Hauschka, "Internationalisierung der Wirtschaft", *Rechtstheorie*, 1990, v. 21, p. 389, ss. René-Jean Dupuy defende que a referência deve ser "a comunidade internacional que, mais do que governos, agrupa indivíduos ligados em sistemas socioculturais". Cf. R.-J. Dupuy, *La communauté internationale entre le mythe et l'histoire*, 1986, p. 180. Na sociedade ou comunidade civil (global) estão sujeitos a um Direito que lhes reconhece direitos humanos, que se formula como que numa Hayekiana (cf. F.A. von Hayek, *Law, Legislation, and Liberty*, v. 1, 1973, p. 73, ss.) ordem social espontânea, num discurso jurídico voluntário, como uma *lex humana*, paralela à *lex mercatoria* ancestral dos mercadores. Cf. J. Keane (Ed.). *Civil Society and the State*, 1988. A. Fischer Lescano, "Die Emergenz der Globalverfassung", *ZaöRV*, 2003, v. 63, p. 751. Mervin Frost considera que esta comunidade civil é o contexto e a base de todas as instituições sociais. Cf. M. Frost, *Global Society. Taking Risks Seriously*, 1996, p. 4. Também Niklas Luhmann entende que uma tal sociedade global, apresentada como sociedade de cidadãos económicos, constitui uma ordem jurídica, mesmo não detendo uma autoridade legislativa central ou uma jurisdição centralizada. Cf. N. Luhmann, *Das Recht der Gesellschaft*, 1997, p. 574. Já o conceito de governação global (*global governance*) se refere a modelo de ordenação global igualmente independente de institucionalização, desde logo por uma espécie de Estado mundial ou global, mas que um Direito global essencialmente feito pela comunidade humana civil que vale como critério da governação e que é fundamentalmente dirigido pelos direitos humanos que reconhece. Cf. J.N. Rosenau, "Governance, order, and change in world politics", in J.N. Rosenau e E.O. Czempiel (Ed.). *Governance Without Government*, 1992, p. 1, ss.; D. Held, *Democracy and the Global Order*, 1995, p. 91, ss.

[121] A visionária proposta de J. Habermas, *Faktizität und Geltung, Beiträge zur Diskurstheorie des Rechts und des demokratischen Rechtsstaats*, 4. ed., Frankfurt a. M., 1994, p. 210, de óbvia inspiração kantiana. Vide também J. Habermas, "Die postnationale Konstellation und die Zukunft der Demokratie", in J. Habermas, *Die postnationale Konstellation. Politische Essays*, 1998, Frankfurt a.M., p. 91, ss.; "Kants Idee des ewigen Friedens – aus dem historischen Abstand von 200 Jahren", in J. Habermas, *Die Einbeziehung des Anderen. Studien zur*

Mesmo num quadro de importantíssima institucionalização da cooperação internacional, mesmo com as aberturas jusgénicas a outros atores, que passam a ser tratados como sujeitos de direito, quer o sistema internacional, quer a ordem jurídica internacional permanecem estruturalmente centrados nos Estados. Um tal reconhecimento não impede que simultaneamente se reconheça que o fenómeno de relações internacionais e transnacionais contemporâneas que conceitualmente se designa de globalização esteja a poderosamente contribuir para acentuar elementos de inovação e evolução, para aprofundar a transformação de paradigmas que, sobretudo após a segunda metade do século XX, se viu estar a configurar-se.

II A globalização – Breve caracterização de processo histórico contemporâneo

A globalização começa por se diferenciar das importantes transformações registadas sobretudo após a II Guerra Mundial, pelo facto de estas, significando embora um mais estreito relacionamento entre diversos agentes de relações internacionais, e desde logo os Estados, ainda se poderem reconduzir, quase exclusivamente, a formas

---

politischen Theorie, 1. ed., 1999, Frankfurt a.M. p. 192, ss.; "Inklusion – Einbeziehen oder Einschließen? Zum Verhältnis von Nation, Rechtsstaat und Demokratie", *in* J. Habermas, (Ed.). *Der Gespaltene Westen*, 1. ed., 2004, Frankfurt a.M, p. 154, ss.

[122] Na literatura jusinternacionalista, esta questão é a base da indagação, simultaneamente teorético-dogmática e juspositiva de A. Emmerich-Fritsche, *Vom Völkerrecht zum Weltrecht*, Berlin, 2007, Duncker & Humblot. Seguindo as conclusões propostas pela Autora, algumas das principais diferenças entre o Direito Internacional clássico e um visionário Direito mundial ou global, cosmopolita, podem resumir-se nos seguintes binómios de proposições, respeitantes a temas fundamentais da ordem jurídica internacional: onde o Direito Internacional clássico assenta na soberania dos Estados, com a sua teoria dos três elementos e o princípio da vontade livre, um visionário Direito mundial, cosmopolita, antes radica na autodeterminação dos indivíduos e dos povos, sendo o Direito do mundo o critério para o conceito de Estado e tendo a ordem jurídica elementos de obrigatoriedade imperativa; personalidade jurídica dos Estados – personalidade jurídica dos indivíduos, com as decorrências de direitos humanos e um direito de cidadania mundial; igualdade dos Estados – igualdade dos indivíduos; consenso/consentimento dos Estados como fonte da formação de Direito Internacional, com proteção dos Estados – consenso da comunidade mundial, com regra da maioria; imunidade dos Estados – estado de direito; não ingerência, proibição de intervenção, com o contraponto de que as únicas solidariedade e responsabilidade admitidas o são para com o próprio povo – princípio da intervenção por meio da Organização mundial, com consequente solidariedade e responsabilidade mundiais; princípio da boa-fé – princípio da vinculatividade do Direito; princípio da reciprocidade – princípio da legalidade; proibição da utilização da força entre Estados – proibição da utilização da força com fundamento nos Direitos Humanos; direito da autodeterminação – direito de autolegiferação; princípio da efetividade – princípio do estado de Direito, princípio da democracia; *pacta sunt servanda* – obrigação de confiança; Estados como "senhores dos tratados", com denegação de faculdade de criação de Direito secundário – constituição da Humanidade, com limitada criação de Direito mundial; relatividade das obrigações internacionais – universalidade do direito mundial, com obrigações *erga omnes*; ordem de "Direito privado"/*ius dispositivum* – ordem de Direito público/*ius cogens*; incompletude, carácter fragmentado, vinculatividade incerta, com ausência de validade imediata e aplicabilidade direta – constituição mundial – unidade da ordem jurídica, com validade imediata e aplicabilidade direta; aplicação e execução do Direito pelos Estados, autotutela – execução de direito público; falta de proteção judicial dos indivíduos – proteção judicial dos indivíduos; mediatização dos indivíduos pelo Estado, com responsabilidade coletiva – o indivíduo como titular de direitos e deveres, direitos subjetivos, com responsabilidade individual; ausência de jurisdição internacional obrigatória – jurisdição mundial obrigatória; determinação pelos Estados da receção e estatuto do Direito Internacional no ordenamento jurídico interno – primazia do Direito constitucional mundial.

[123] *Vide* ainda S.I. Verhoeven, "Constitutionalism in International Law: A Kantian Perspective", *BFDUC*, 2019, v. XCV, t. I, p. 483-511.

de internacionalização.[124] Trata-se de uma internacionalização reforçada, mais intensa, institucionalizada até, mas ainda internacionalização, pois que assente fundamentalmente no relacionamento entre as estruturas estaduais dominantes, ou que têm os Estados por polo de relacionamento e regulação, ou que os envolvem, mesmo na qualidade diversa de membros de Organizações Internacionais. A internacionalização respeita a atividades de cooperação entre agentes estaduais num nível que transcende as fronteiras do Estado, mas que, em última instância, ainda está fundamentalmente sob seu controle,[125] assim se podendo dizer acontecer ainda com as Organizações Internacionais, em que os Estados prosseguem os seus objetivos e funções em conjunto.[126] Diversamente, a globalização liga-se, não aos Estados, mas às numerosas relações estabelecidas por, fundamentalmente, indivíduos e agrupamentos de indivíduos. O conceito procura captar, para além das relações entre Estados, que permanecem predominantes, todas aquelas variegadas relações entre seres ou outros grupos humanos, que se tecem independentemente das que ocorrem no quadro estadual ou entre os quadros estaduais, sejam elas relações económicas, culturais, de informação, ou de produtos capazes de produzir danos ao ambiente, e ainda os fluxos, pelo Mundo, de pessoas, bens, serviços, capitais, ideias e até agentes patogénicos e doenças.[127]

A definição de globalização não se afigura fácil e porventura nem tem que ser prosseguida nos termos "tradicionais". Tal se deve, em parte, a tratar-se de fenómeno híbrido, multifacetado, o que o torna algo esquivo à integração em categorias ou espécies taxonómicas bem delimitadas. Perante estas dificuldades, alguns chegam mesmo a denegá-la.[128] Mais avisado será procurar aproximações à complexa realidade de referência, captando-a assumidamente, *ab initio*, como conceito pluricompreensivo, abrangente, holístico.[129]

Há também uma divergência fundamental sobre se o que hoje se designa de globalização, ou seja, um conjunto de processos novos na vida internacional, ou com fortes elementos de inovação, recondutíveis temporalmente ao pós-Guerra Fria, e que se sentem como aumentando a proximidade temporal e espacial de uma comunidade

---

[124] U. Hingst, *Auswirkungen der Globalisierung auf das Recht der völkerrechtlichen Verträge*, 2001, p. 106, ss.; J. Delbrück, *Das Staatsbild im Zeitalter wirtschaftsrechtlicher Globalisierung*, 2002, p. 11, ss.

[125] Assim, *v.g.*, J. Delbrück, "Globalization of Law, Politics, and Markets – Implications for Domestic Law – A European Perspective", *Indiana Journal of Global Legal Studies*, 1993, p. 10-11.

[126] Cf. A. Emmerich-Fritsche, *Vom Völkerrecht zum Weltrecht*, Berlin, 2007, Duncker & Humblot, p. 6 e p. 687-697.

[127] Cf. E. Richter, Zerfall der Welteinheit, 1992; W. Schäfer, "Globalisierung", in H. Berg (Ed.). Globalisierung der Wirtschaft, 1999, p. 9, ss.; W. Weidenfeld, "Abschied von der alten Ordnung, Europa im Umbruch", in O. Kimminich, A. Klose, L. Neuhold (Ed.). Mit Realismus und Leidenschaft. Ethik im Dienst einer humanen Welt. Festschrift für Valentin Zsifkovits zum 60. Geburtstag, Graz, 1993, p. 31, ss.; W. Bonß, "Globalisierung unter soziologischen Perspektiven", in R. Voigt (Ed.). Globalisierung des Rechts, Baden-Baden, 1999/2000, p. 39, ss; U. Hingst, Auswirkungen der Globalisierung auf das Recht der völkerrechtlichen Verträge, Berlin, 2001, p. 106, ss. Vide também J. Habermas, "Die postnationale Konstellation und die Zukunft der Demokratie", in J. Habermas, Die postnationale Konstellation. Politische Essays, 1998, Frankfurt a.M., p. 101, ss.

[128] É esta linha de pensamento conhecida como a dos céticos da globalização. Genericamente, é elemento comum neste discurso o ceticismo perante o que entendem ser uma visão das coisas excessivamente fundada em elementos económicos, e a contestação da incontornabilidade de um mercado global que entendem ser, pelo menos em parte, um "mito". Cf. D. Held, A. McGrew, D. Goldblatt, J. Perraton (Ed.). *Global Transformations: Politics, Economics and Culture*, Stanford, 1999, Stanford University Press, p. 2, ss.

[129] Sobre estes conceitos, *vide* Gomes Canotilho, "Principios y 'nuevos constitucionalismos': el problema de los nuevos principios", *ReDCE*, 2010, ano 7, n. 14, p. 324-329.

de agentes muito mais plural e complexa, é fenómeno radicalmente novo ou se, pelo contrário, é expressão, porventura acentuada, de fenómeno plurissecular, com radicação na história do sistema internacional.[130] [131]

Qualquer tentativa de definição da globalização poderá aliás parecer estulta, ou terá que se fazer múltipla e, ao que nos parece, por aproximações sucessivas, para poder refletir a complexidade e o caráter multidimensional dos fenómenos a que diz respeito. Terá seguramente que se referir a um conjunto de processos. Alguns desses processos – por exemplo, migração em massa, terrorismo global, mudanças climáticas, destruição da camada de ozono – podem ser considerados objetivos. Outros têm uma natureza subjetiva mais pronunciada. Mesmo um só, mas central, destes processos, o político, a globalização política, é, ele próprio, expressão desta multiplicidade: trata-se de denotar a evolução da ordenação de comunidades humanas anteriormente centrada no Estado para um processo muito mais multifacetado, compreendendo outros níveis de autoridade pública (por exemplo, Organizações Internacionais) mas em que também outros atores, tradicionalmente vistos como privados, desprovidos de intervenção nos procedimentos de governação das comunidades, a final também interagem na busca de objetivos públicos e cumprimento de tarefas públicas.[132]

Na sua plural forma contemporânea, vários desenvolvimentos se podem identificar, sem qualquer pretensão de exaustividade, que sinalizam o que é a globalização:[133] aumento da interdependência entre as nações do mundo; maior necessidade por parte dos Estados de cooperar com as Organizações Internacionais e por meio de tratados multilaterais; aumento da transferência de funções anteriormente tipicamente governamentais do Estado para outros "níveis" de governação, tanto "superiores" (Organizações Internacionais, globais ou regionais) como "inferiores" (atores não estatais, agindo dentro de Estados ou em um ambiente transfronteiriço); liberalização comercial sem precedentes nos níveis multilateral, regional e bilateral; desenvolvimento exponencial de novas tecnologias de informação; mudança de economias protecionistas para economias de mercado aberto; crescimento da atividade empresarial transnacional; fortalecimento progressivo dos valores e instituições democráticas; ligação entre diferentes locais do

---

[130] V.g., O. Höffe, *Demokratie im Zeitalter der Globalisierung*, Munich, 1999, p. 20, ss. Bom sumário da discussão in D. Held, A. McGrew, D. Goldblatt, J. Perraton (Ed.). *Global Transformations: Politics, Economics and Culture*, Stanford, 1999, Stanford University Press, p. 77, ss.

[131] Não parece que o reconhecimento da presença de tendências globalizantes em diversos períodos da História da Humanidade, desde os tempos da rota da seda (século I a.C.-século V d.C., primeiro e, depois também, séculos XIII e XIV), ao período das rotas das especiarias dos mercadores árabes (século VII-século XV d.C), à Idade das Descobertas de Portugueses e Espanhóis (século XV-século XVIII), e ao mercado comercial do fim do "longo século XIX" (até 1914 e à I Guerra Mundial) apoiado no domínio do Império Britânico e na primeira revolução industrial, que fizeram crescer a percentagem das exportações no Produto Interno Bruto mundial de exíguos 6% no início do período a 14% no fim dele (cf. P. Vanham, "A brief history of globalization", 17 de janeiro de 2019, na página web do World Economic Forum), prejudiquem a autonomização e identidade especial da globalização contemporânea, visto desde logo o seu significado em termos de produto interno bruto mundial (as exportações constituem em 2000 um quarto do PIB mundial, enquanto que o comércio internacional em geral – ou seja, tanto importações como exportações – monta a metade do PIB mundial), e a sua real influência sobre toda a comunidade humana, com os benefícios da globalização a evidenciar-se no crescimento exponencial das classes médias e na efetiva participação das populações na economia global.

[132] Neste sentido, Jost Delbrück, "Transnational Federalism: Problems and Prospects of Allocating Public Authority Beyond the State", *IJGLS*, 2004, v. 11, nº 1, p. 33, nota 7.

[133] O sumário inspira-se no apresentado por Manfred B. Steger, *Globalization*, Oxford, 2003, Oxford University Press.

globo em sistemas extensos de comunicação, migração e interconexões; expansão física do domínio geográfico do global; aumento do impacto das forças globais de todos os tipos na vida local; sistemas de interação entre o global e o local; amplo impacto na existência humana; mudanças nas formas pelas quais Estados soberanos, empresas e cidadãos interagem entre si; expansão da gama de interações financeiras, comerciais, culturais e sociais entre agentes estrangeiros e nacionais; aumento das relações políticas entre entidades de diferentes países; rede crescente de instituições internacionais – económicas, sociais e políticas – constituindo plataformas políticas globais nascentes; surgimento de novos atores, por vezes com capacidade para se afirmarem como centros geradores de normas; desenvolvimento de regimes regulatórios transnacionais para começar a enfrentar os desafios globais dos nossos tempos; definição menos clara dos limites entre o Estado e a sociedade civil; indefinição das linhas de separação entre o público e o privado; maiores oportunidades de discórdia e atrito entre os sujeitos desta sociedade transnacional mais plural e mais interconectada; esforço generalizado de elevação do padrão de vida da maioria das pessoas no mundo; aumento da dimensão dos mercados e da eficiência da produção global; fluxos de investimento facilitados; explosão da percentagem de produtos e serviços obtidos através de fluxos internacionais, globais, no produto interno bruto global. Várias destas manifestações podem ser agregadas concetualmente numa globalização política, numa globalização económica, numa globalização cultural, numa globalização ecológica.

Qualquer que seja a noção que se possa dar de globalização, ela seguramente reenvia para realidade ou forma de relacionamento entre atores "internacionais" diferente da que essencialmente caracterizava os tempos precedentes. Assim, invocar o conceito, hoje, serve para reconhecer que os elementos característicos que se podem atribuir a esta miríade de fenómenos contemporâneos têm utilidade descritiva e explicativa relativamente a formas múltiplas de relações internacionais contemporâneas novas, com impactos e manifestações comuns, num grau antes não visto, por todo o mundo, nos diversos planos em que tais relações se desenvolvem, como os da vida política, económica, social, cultural, ecológica.[134] A escala global parece ser um dos elementos necessários desta noção. Ela está presente em fenómenos como os das alterações climáticas, rarefação da camada de ozono, subdesenvolvimento, migrações humanas, violações maciças de direitos humanos, proliferação nuclear, terrorismo internacional, doenças e pandemias.[135] Estes e outros fenómenos contemporâneos têm características e envolvem reptos à formulação de uma resposta adequada que transcendem a capacidade dos Estados territoriais, antes afetando a Humanidade no seu conjunto, independentemente de locais, fronteiras, jurisdições, formas de organização estadual ou outra. Todos, quase paradoxalmente, envolvem uma perceção de proximidade, independentemente das específicas localizações ou ângulos de apreensão destes fenómenos, o que é propiciado pela existência e funcionamento de meios de comunicação eletrónica ou digitais

---

[134] D. Held, A. McGrew, D. Goldblatt, J. Perraton (Ed.). *Global Transformations: Politics, Economics and Culture*, Stanford, 1999, Stanford University Press, capítulos 1, 3, 4, 5.

[135] Já alertando para esta expressão da globalização, então ainda se referindo aos exemplos da Sida, SARS e surtos gripais, a que se poderia pouco depois acrescer a MERS, o Ébola, *vide* A. Emmerich-Fritsche, *Vom Völkerrecht zum Weltrecht*, Berlin, 2007, Duncker & Humblot, p. 64 e nota 114.

que reduzem as distâncias e que são aproveitados para mais reforçar a sensação de chegamento, de intimidade em tempo real e independentemente de espaços, numa espécie de espaço comum ou aldeia global. Há também um crescimento exponencial das relações estabelecidas, igualmente facilitado pela explosão da mobilidade e da utilização de múltiplas formas de comunicação. Alguns entendem que a disponibilidade destes meios, nomeadamente os meios digitais, é mesmo elemento constitutivo fundamental da globalização,[136] contribuindo poderosamente para a sensação de inter-relação individual de pessoas privadas à escala planetária e independentemente de controle estadual que igualmente se associa à globalização.[137] A sua acentuação nos últimos anos, constitutiva de vera revolução digital, com a afirmação de uma economia digital realmente global, com poderoso vetor de comércio eletrónico, com o crescimento de serviços digitais globais, com a afirmação de impressão 3-D, com o concurso da inteligência artificial e até com o contraponto negativo de pirataria digital e ciberataques, erige-a também em nova fronteira da globalização. É o reconhecimento deste poderoso desenvolvimento que leva o Fórum Económico Mundial de Davos a dedicar a sua edição de 2019 à "globalização digital" e a falar de "globalização 4.0".[138]

Por outro ângulo, a globalização não é só fenómeno objetivo de interligação global de diversos domínios da vida, com crescendo de atores não estaduais, com igualmente crescente poder político e económico de influência transfronteiriça e profundas mutações de integração social e política; ela é também ato volitivo. Pode também ser apreendida como um processo determinado pela vontade, como uma estratégia deliberada de agentes governamentais e não governamentais. Assim, em especial, na "globalização económica", em que os agentes desta se revelam empenhados num resultado de liberalização, privatização e desregulação de mercados, a escalas várias, que é politicamente determinado,[139] não orgânico.[140] Mesmo quando se reconhece que tais esforços foram igualmente prosseguidos noutros tempos, a globalização contemporânea tem de particular o facto de estes esforços serem qualitativamente diferentes ao assegurarem que as relações internacionais transnacionais, nos domínios comercial ou financeiro, em especial, ocorrem num tempo mínimo e sem que as fronteiras estaduais pareçam relevar; o que, de novo, é facilitado por meios eletrónicos. Em particular, verifica-se que, neste contexto, têm um papel determinante empresas multinacionais que parecem poder relocalizar as suas unidades industriais em espaços que lhes ofereçam o melhor ambiente operacional, seja porque neles têm cargas fiscais mais favoráveis, ou porque assim são

---

[136] Assim, por exemplo, P. Pernthaler, "Die Gobalisierung als Herausforderung an eine modern Staatslehre", in H. Schäfer (Ed.). *Festschrift für Friedrich Koja*, Wien, 1998, p. 69, ss. Vide também P. Dicken, *Global Shift*, London, 3. ed., 1998, p. 141, ss.

[137] Cf. C. Engel, *Das Internet und der Nationalstaat*, Heidelberg, 2000, p. 325-425.

[138] Cf. P. Vanham, "A brief history of globalization", 17 de janeiro de 2019, no sítio do World Economic Forum.

[139] Eis o que se imputa genericamente a alguns Estados líderes, como os Estados Unidos da América, e às Organizações Internacionais financeiras (FMI, Banco Mundial), com o Consenso de Washington (termo atribuído ao economista Inglês John Wiliamson na publicação *What Washington Means by Policy Reform*), para além de poderosas multinacionais.

[140] Compare-se a perspetiva de G. Teubner, *Globale Bukowina*, 1996, p. 6, que põe a tónica na alegada autoria pela sociedade civil dos "processos de globalização fragmentária [...] em relativa independência da política", com a perspetiva antes aqui sufragada, de O. Höffe, *Demokratie im Zeitalter der Globalisierung*, p. 18 ou K.A. Schachtschneider, *Demokratische und soziale Defizite der Globalisierung*, p. 9, ss., que denegam que a globalização económica seja um "fenómeno natural".

os custos de produção, ou ainda porque há quaisquer outras vantagens que tornam os investimentos destas empresas mais rentáveis. Também as transações financeiras podem ser feitas a qualquer momento. De igual modo, podem ser de imediato sentidos os efeitos de quaisquer crises económicas, permitindo também reações rápidas.[141] De seu lado, os governos estaduais veem a possibilidade efetiva de controlar estas operações das empresas multinacionais ou estes fluxos financeiros sair muito reduzida, ainda que não necessariamente postergada.

Acresce que a globalização é também um fenómeno subjetivo, uma perceção de que os processos políticos, económicos, socais, culturais, ecológicos, e até jurídicos são menos radicados nos Estados. Neste modo de perceber o mundo contemporâneo, a globalização introduz diferença relativamente à experiência anterior da cooperação internacional: nesta, a perceção era a de que as Organizações Internacionais eram ainda uma espécie de *longa manus* dos Estados, uma sua extensão para resolver problemas ou encontrar formas de responder a aspirações radicalmente estaduais. As dinâmicas internacionais eram ainda prosseguidas em nome dos Estados e para responder aos seus interesses. Só que, justamente, quando hoje se lida com o aquecimento global, as alterações climáticas, crises do ambiente, na era da globalização, estes fenómenos são captados como carentes de respostas que prossigam valores ou opções comuns, um interesse comum da Humanidade. Mesmo quando radicados em determinado espaço ou local, as dinâmicas políticas, económicas, sociais, culturais, ambientais, jurídicas partilham tantas vezes tantos elementos comuns com idênticos processos noutros espaços[142] que não é impossível que muitos os vejam e, justamente, muitos efetivamente os tratam, como não específicos de um território, mas antes também como requerendo a mobilização de atores e meios não estaduais, desradicados. O processo de resposta a tais interpelações políticas faz-se através de uma governação global,[143] [144] em rede, em que tantas vezes têm assento e decisiva participação atores não estaduais de escala ou atuação global.

---

[141] D. Held, A. McGrew, D. Goldblatt, J. Perraton (Ed.). *Global Transformations: Politics, Economics and Culture*, Stanford, 1999, Stanford University Press, p. 149, ss.

[142] Anthony Giddens fala, neste sentido, de globalização como uma densificação de relações a escala mundial que tem por consequência a influência recíproca de acontecimentos locais e muito distantes. Cf. A. Giddens, *The Conequences of Modernity*, 1990, p. 64.

[143] O conceito coloca-se fora do domínio conceptual do esquema de ordenação determinada pelo Estado. Não se trata da atividade de governo ou de aplicação de leis com base na administração, mas a determinação ordenadora da vida em geral, a condução de relações sociais, através de regulação duradora, mas sem necessariamente a ligar a formas conhecidas de governo institucional. Esta ordenação não se restringe a formas de regulação estadual no quadro de um multilateralismo executivo, podendo também envolver a comparticipação neste processo de formação de decisões de atores privados que trabalham em conjunto com órgãos estaduais, embora sem desempenharem poderes estaduais. B. Zangl e M. Zürn, "Make Law, Not War", *in* B. Zangl, M. Zürn (Ed.). *Verrechtlichung*, 2004, p. 15 procuram representar o conteúdo e sentido da governação global reconduzindo-a à fórmula imagética "governação por, governação com e governação sem Governo" (*Global governance = governance by + governance with + governance without Government*).

[144] *Vide* E.-O. Czempiel, "Governance and Democratization", *in* J.N. Rosenau e E.O. Czempiel (Ed.). *Governance Without Government*, 1992, p. 250; J.N. Rosenau, "Governance, order, and change in world politics", *in* J.N. Rosenau e E.O. Czempiel (Ed.). *Governance Without Government*, 1992, p. 1, ss.; B. Kohler-Koch, *Die Welt regieren ohne Weltregierung*, 1993, p. 121, ss.; D. Held, *Democracy and the Global Order*, 1995, p. 91, ss.; J.C. V. de Roberts, "Governance – An Opportunity?", *in* E.E. Harris e J.A. Yunker (Ed.). *Toward Genuine Global Governance*, 1999, p. 35, ss.; B. Zangl, M. Zürn, "Make Law, Not War", *in* B. Zangl, M. Zürn (Ed.). *Verrechtlichung*, 2004, p. 12, ss.; A. Emmerich-Fritsche, *Vom Völkerrecht zum Weltrecht*, Berlin, 2007, Duncker & Humblot, p. 608-612.

A globalização pode assim ser genericamente apreendida como o processo ou os processos de "desterritorialização" de uma miríade de relações políticas, económicas, sociais que envolvem atores nacionais e internacionais, públicos e privados, incluindo indivíduos, numa inter-relação global de tais atores no espaço e no tempo, em que se reconhece e por vezes se prossegue um bem comum ou um interesse público da humanidade. De uma outra perspetiva, pode-se falar de desnacionalização ou desestatização, de certo recuo do Estado, no controle de todo um manancial de relações que não mais medeia ou assegura.[145][146] Num tal contexto, por contraponto, o indivíduo pode ser apreendido não mais como membro de uma família, grupo, nação, mas como um "ser global", como membro de uma sociedade mundial heterogénea.[147]

Por contraste, importa também constatar que a globalização não importa um governo mundial, o super-poder de um Estado mundial. Também não implica a correspondente transformação do Direito Internacional num Direito do Mundo ou num cosmopolita[148] Direito de cidadania global, de ressonâncias kantianas[149] e mais recentemente projetado por Jürgen Habermas.

A globalização também não tem que ser sentida sempre como um fenómeno (uniformemente) universal. Antes se reconhece que os processos da globalização têm diferentes expressões, intensidades e impactos, em diferentes regiões do mundo, como em diferentes universos humanos e campos de atividades humanas. Assim é que, embora podendo contender com todas as áreas da vida social, as manifestações porventura mais salientes, e até tidas por mais bem sucedidas, da globalização ocorrem no domínio económico. A globalização também é sentida ou avaliada de modo diverso em função das comunidades particulares que estejam em causa.[150] Assim, claramente, ela tende a

---

[145] Na literatura alemã, utiliza-se o conceito de *Entstaatlichung*, ou de fenómenos que transcendem o quadro da ordem estadual até agora dominante. Cf. J. Delbrück, "Zur Entwicklung der internationalen Rechtsordnung", *Sicherheit und Frieden*, 1998, v. 2, p. 67.

[146] Cf. Susan Strange, *The Retreat of the State. The Diffusion of Power in the World Economy*, Cambridge, 1996, Cambridge University Press. Outros, falam de "difusão do poder do Estado". Cf. Anna-Karin Lindblom, Non-Governmental Organizations in International Law, Cambridge, 2005, Cambridge University Press, p. 12. Em ambos os casos, por formas conceptualmente diversas, sublinha-se uma tendência de gradual declínio (relativo) da capacidade e do estatuto dos Estados, nomeadamente na produção ou oferta de bens públicos necessários a reptos dos tempos presentes, tais como os dos direitos humanos, do ambiente, da segurança, e o da produção dos instrumentos de governação global.

[147] Assim, Th. Wobbe, *Weltgesellschaft*, 2000, p. 9, ss.; R. Stichweh, *Die Weltgesellschaft*, 2000, p. 7, ss.; N. Luhmann, *Die Gesellschaft der Gesellschaft*, 2002.

[148] Sobre esta tradição no Direito internacional e suas origens ético-filosóficas e jusnaturalistas, bem como a sua refração nas teorias contratualistas, racionalistas e na ética de discurso habermasiana, *vide* A. Emmerich-Fritsche, *Vom Völkerrecht zum Weltrecht*, Berlin, 2007, Duncker & Humblot, por exemplo, a p. 197-206 e p. 206-253.

[149] *Vide*, especialmente, I. Kant, *Zum ewigen Frieden. Ein philosophischer Entwurf*, Darmstadt, 1983, Weischedel, v. 9, notius p. 244, ss. e I. Kant, *Metaphysik der Sitten. Rechtslehre*, Darmstadt, 1983, Weischedel, v. 7, notius p. 475, ss.

[150] O que releva especialmente quando se reconhecem as propostas teóricas das teorias sociológicas do Direito Internacional ou se "transferem" os postulados das teorias construtivistas (*v.g.*, Ch. Reus-Smit, "Politics and International Legal Obligation", *EJIR*, 2003, v. 9, p. 591-625; I. Hurd, "Constructivism", in Ch. Reus-Smit, D. Snidal (Ed.). *Oxford Handbook of International Relations*, Oxford, 2008, Oxford University Press, p. 298) para a compreensão das relações internacionais e o Direito Internacional. Assim, em especial, no quadro do Direito Internacional, os diversos trabalhos conjuntos de J. Brunnée e St. Toope, *notius*: *Legitimacy and Legality in International Law: An Interactional Account*, Cambridge, 2010, Cambridge University Press; "Interactional International Law", *International Theory*, 2011, v. 3, n. 2, p. 307-318; "Interactional International Law and the Practice of Legality", *in* E. Adler, V. Pouliot (Ed.). *International Practices*, Cambridge, 2011, Cambridge University Press, p. 108-135; "Constructivism and International Law", in J.L. Dunoff, M.A. Pollack (Ed.). *Interdisciplinary*

ser bem vista e avaliada no seio da comunidade de interesse da Organização Mundial de Comércio. De igual modo, a globalização tende a ser mais apreciada por todos aqueles que acedem com familiaridade a meios eletrónicos e beneficiam de todo o seu potencial. Já nos domínios social, ambiental e cultural, a globalização tende a aparecer, predominantemente, como fenómeno universal gerador de custos ou problemas. Há grupos humanos que dela saem beneficiados, "os ganhadores da globalização", como há outros que com ela perdem, "os perdedores da globalização".

Independentemente das dificuldades na caracterização de conjunto tão plural e complexo de fenómenos que se reconduzem à globalização, o que parece ser inquestionável e sobreleva para esta reflexão, focada no sistema internacional e no Direito Internacional, é que a globalização afeta o sistema internacional contemporâneo, os atores dentro deste, e até a sua estrutura, emprestando-lhes novas características. De igual modo, a globalização importa impactos profundos, intensos e extensos, sobre a estrutura normativa do Direito Internacional. Em particular, porque parece implicar mudanças tão profundas relativamente à sede e formas de uso da autoridade pública e à capacidade desta no fornecimento de bens públicos para os diversos agrupamentos sociais e humanos, que os contrastes tradicionais entre os domínios do nacional e do internacional podem não mais ter fundamento, ou figurar-se de modo diverso. Vários autores[151] aventam em especial que esta constelação de formas pós-nacionais[152] de exercício de autoridade e de garantia de bens públicos, que esta nova realidade, exige uma nova regulamentação, um novo Direito Internacional, de inspiração e sentido substancial constitucional, com expressão (constitucional) multinível e envolvendo conteúdos e formas "constitucionais" ou "substitutos constitucionais". A globalização, genericamente, pediria uma reconstrução do Direito Internacional que não mais o funde (ou radique apenas) na equação autoridade pública-Estado e nas subsequentes, tradicionais e rígidas, fronteiras internas entre o domínio "doméstico" do Estado e o domínio do internacional,[153] em que o Direito Internacional, fundamentalmente, ou mesmo exclusivamente, aparece como o espaço das relações entre os Estados. Usando linguagem constitucional, ferramentas dogmáticas constitucionais e integrando as funções próprias da autoridade pública, um tal Direito Internacional globalmente reconceptualizado, "constitucionalizado",[154] afirmar-se-ia capaz de melhor "enquadrar" esta nova realidade, denotando-a normativamente (desde logo quanto à questão central do reconhecimento dos agentes do sistema e também a questão dos instrumentos pelos quais estes atores normativamente se exprimem) e conformando-a em vista de objetivos e valores da maior importância assumidos pela plural e complexa comunidade internacional.

Perspectives on International Law and International Relations: The State of the Art, Cambridge, 2012, Cambridge University Press, p. 109-145; e de J. Brunnée, "The Sources of International Environmental Law: *An Interactional Account*", in S. Besson e J. d' Aspremont (Ed.). *The Oxford Handbook of the Sources of International Law*, Oxford, 2017, Oxford University Press, p. 1091-1118.

[151] *V.g.*, A. Emmerich-Fritsche, *Vom Völkerrecht zum Weltrecht*, Berlin, 2007, Duncker & Humblot, por exemplo, a p. 1062-1064.

[152] O conceito é de Habermas. Cf. J. Habermas, "Hat die Konstitutionalisierung des Völkerrechts noch eine Chance?", in J. Habermas (Ed.). *Der gespaltene Westen*, 1. ed., Frankfurt am Main, 2004, p. 174, ss.

[153] Assim, D. Anzilotti, *Corso di diritto internazionale*, 3. ed., Roma, 1929.

[154] *Vide infra* reflexão sobre "constitucionalização" do Direito Internacional, sobretudo nas 'Observações finais' deste estudo.

III Os impactos da globalização no sistema internacional e no Direito Internacional

1 Globalização e sistema internacional

O sistema internacional começou a diversificar-se na era da cooperação internacional organizada, com o aparecimento das Organizações Internacionais no palco das relações internacionais. Juntamente com os Estados, que permanecem os sujeitos principais, dominantes, da vida internacional, as Organizações Internacionais intergovernamentais tornam-se atores políticos crescentemente importantes, vindo a conhecer gradual reconhecimento como sujeitos de direito internacional pela ordem jurídica internacional. Este processo acelera-se com a globalização.

Exemplo por excelência desta tendência é a constituição da Organização Mundial do Comércio (OMC), que contribui para um reforço da ordem económica internacional, fazendo-a transitar do sistema, lasso, pouco estruturado, mas eficaz, do Acordo de Comércio Livre e Tarifas, para esta vera organização que, doravante, não só apresenta um sistema jurídico unificado e coerente para a economia internacional,[155] como lhes empresta um quadro institucional de aplicação e de, plural, resolução de litígios no quadro daquele Direito, assim acreditando uma nascente ideia de estado de Direito no regime do comércio internacional.[156] A ordem económica mundial daqui resultante reflete não só a existência de direitos individuais e interesses dos Estados membros da OMC, como também o seu interesse comum em promover o seu desenvolvimento sustentado, opção cardinal, valor e princípio jurídico fundamental explicitamente enunciado no preâmbulo do tratado constitutivo. É por esta razão que a OMC é habilitada com competências que permitem executar os princípios jurídicos constitutivos desta ordem económica internacional, nomeadamente através do mecanismo de solução de litígios instituído, que é fundado no Direito e destinado a aplicar Direito, que pode ser atuado e invocado por todos os membros na hipótese de violação de tais princípios jurídicos fundamentais.[157] Alguns destes princípios parecem ter eficácia *erga omnes*.[158]

Um outro exemplo de exercício de autoridade pública na esfera internacional por entidades não territoriais é constituído pelo processo em curso de harmonização dos regimes jurídicos internacional e nacionais promovido por organizações regionais, algumas das quais são mesmo organizações de integração (como a Comunidade Europeia, depois União Europeia, o NAFTA, recentemente atualizado no USMCFTA,[159]

---

[155] Analisamos o conteúdo e sentido deste progresso, *in* P. Canelas de Castro, "Globalization and its Impact on International Law: Towards an International Rule of Law?", *Boletim da Faculdade de Direito da Universidade de Macau*, 2005, ano IX, nº 20, p. 223-281, onde denotamos as duas tendências a que aludimos no texto, falando de "legalização" (p. 237-247) e "judicialização" (p. 248-273) e analisando como é que cada uma delas se exprime no quadro do Direito Internacional do Comércio e no quadro do Direito Internacional do Ambiente.

[156] *Idem*, p. 240-245 e p. 261-265.

[157] C. Tietje, Normative Grundstrukturen der Behandlung nichttarifärer Handelshemmnisse in der WTO/GATT-Rechtsordnung, Berlin, 1998, p. 122, ss.

[158] Ibidem.

[159] Sob a Presidência de Donald Trump, os Estados Unidos da América renegociaram com o México e o Canadá o acordo de comércio livre que os ligava desde 1993. Cf. *ILM*, v. 32, p. 289, ss. O novo tratado foi assinado a 30 de novembro de 2018, tendo entrado em vigor a 1 de julho de 2020. O novo acordo é conhecido pela sigla USMCA ou também NAFTA 2.0.

o Mercosul, a ASEAN). O processo é fortemente apoiado por atores privados globais como as empresas multinacionais.¹⁶⁰

Esta crescente relevância de Organizações Internacionais na vida e no sistema internacional do tempo da globalização faz-se a par da afirmação de um outro elemento estrutural no novo sistema, constituído por um outro tipo de plataformas de relacionamento internacional. Referimo-nos agora aos *fora* internacionais e plataformas multilaterais e globais, cimeiras universais ou quase universais, que têm vindo a desempenhar papel crescente na política internacional ou no processo global de formação de direito no plano internacional.

A Conferência do Rio de Janeiro sobre Ambiente e Desenvolvimento, de 1992, que ficou também conhecida como "Cimeira da Terra", constitui exemplo paradigmático. Ilustra a prática de convocar grandes conferências internacionais,¹⁶¹ participadas por Estados e também por outros atores não estaduais,¹⁶² ou com a ocorrência em paralelo de conferências informais, todos para deliberar sobre problemas atuais da agenda de governação global.¹⁶³ A prática iniciou-se em 1972 com a Conferência de Estocolmo sobre o Ambiente Humano, realizada sob os auspícios das Nações Unidas. Posteriormente, outros grandes *fora* ou "cimeiras mundiais" deliberaram sobre outros grandes temas da agenda global, como o da proteção dos direitos humanos (Teerão e Viena, 1993), do crescimento da população mundial e desenvolvimento (Cairo, 1994), do desenvolvimento social (Copenhaga, 1995), dos direitos das mulheres (Beijing, 1995), do desenvolvimento

---

[160] Um invulgar exemplo de tal coincidência de interesses e ação entre a União Europeia e empresas multinacionais pode ser dado olhando à proposta da primeira de um regime desregulador relativamente ao acesso a mercados de serviços de água, no quadro da aplicação do acordo GATS e no âmbito da Organização Mundial de Comércio. Cf. P. Canelas de Castro, "A água e o Direito do comércio internacional: que relação?", *in* F. Alves Correia, J.E.M. Machado, J.C. Loureiro (Ed.). *Estudos em Homenagem ao Prof. Doutor José Joaquim Gomes Canotilho*, v. IV. *Administração e sustentabilidade: entre risco(s) e garantia(s)*, 2012, Coimbra Editora; e P. Canelas de Castro, *Mutações e Constâncias do Direito Internacional da Água. Mudanças de Paradigmas*, Coimbra, 2016, policopiado, p. 350-351. Mais amplamente, sobre os interesses subjacentes a propostas de liberalização do mercado de serviços de água, *ibidem*, p. 346 e "O Direito Humano à Água à luz do Comentário Geral n. 15 do Comité dos Direitos Económicos, Sociais e Culturais, da Organização das Nações Unidas", *RILP*, 2009, n. 22, p. 26.

[161] Vide G. Seyfang, "Environmental mega-conferences – from Stockholm to Johannesburg and beyond", *Global Environmental Change*, 2003, v. 13, nº 3, p. 224, ss.

[162] Na Conferência do Rio de Janeiro de 1992 participaram, formalmente, 172 Estados, dos quais 108 representados pelo próprio chefe de Estado, mas também organizações não governamentais (ONG), com grupos a representar mulheres, jovens, povos indígenas, sindicatos e comunidades científicas e tecnológicas, e também empresas e autoridades locais. Afigura-se-nos que esta forma original de negociar um tratado internacional pode ser aproximada da técnica da "Convenção", alegadamente inspirada no modelo da Convenção constituinte de Filadélfia, e que, seguindo as diretrizes adotadas em Laeken de dezembro de 2001, veio a constituir o quadro de negociação e depois a resultar na propositura do projeto da malograda Constituição Europeia, finalmente adotada em Conferência Intergovernamental. Na Convenção tiveram assento não só representantes dos Estados-Membros, mas também representantes dos Parlamentos nacionais, tanto de Estados-Membros como de Estados candidatos, e representantes de duas outras instituições, o Parlamento Europeu e a Comissão Europeia. Como esta Convenção, também a Conferência do Rio se propôs dar voz a todos os titulares de interesses tidos por relevantes nas deliberações prévias à formal adoção dos tratados, no "ortodoxo" quadro da conferência internacional propriamente dita.

[163] Este impacto reflete-se na adoção da Declaração do Rio de 1992, que, embora não diretamente vinculativa, teve real influência no conteúdo e construção do Direito Internacional, nomeadamente o Direito Internacional do ambiente, e na adoção de dois tratados internacionais, a Convenção Quadro das Nações Unidas sobre Alterações Climáticas (Nova Iorque, 9 de maio de 1992; cf. *UNTS*, v. 1771, p. 107, ss.) e a Convenção da Biodiversidade (Rio de Janeiro, 5 de junho de 1992, *UNTS*, v. 1760, p. 79, ss). Sobre a Declaração do Rio de 1992, ver, em particular J. E. Viñuales (Ed.). *The Rio Declaration on Environment and Development: A Commentary*, Oxford, 2015, Oxford University Press.

sustentável, que também ficou conhecida como "Cimeira da Terra II" (Nova Iorque, 1997), do Tribunal Penal Internacional (Roma, 1998), do Milénio (Nova Iorque, 2000), ainda do desenvolvimento sustentável (Joanesburgo, 2002 e Rio de Janeiro, 2012, também conhecida como "Rio+20"), mitigação de desastres (Kobe, 2005 e Sendai, 2015), alterações climáticas (Paris, 2015), ação climática (Nova Iorque, 2019), biodiversidade (Nova Iorque, 2020). Estas plataformas constituem-se como palco para um diálogo plural à escala universal sobre os temas em causa, diálogo do qual se espera que possa emergir um consenso geral sobre as estratégias normativas a prosseguir na resposta aos reptos globais tratados.[164]

Uma característica particularmente saliente destes *fora* é o facto de estas reuniões serem participadas não apenas por delegações estaduais, mas também por número significativo de Organizações Não Governamentais (ONG) e até, mais amplamente, por atores não estaduais. Tipicamente assim acontece, no que a estes últimos respeita, quer como observadores às referidas conferências, quer como delegados a conferências paralelas às conferências reservadas a delegações estaduais, mas a ocorrer no mesmo local e versando sobre a mesma agenda. A presença ativa das ONG resulta numa interação intensa entre delegações estaduais e representantes das ONG, que não deixa de influenciar a deliberação da reunião das delegações estaduais e os resultados finais das mesmas.[165] Boas razões de legitimação justificam a opção pela inclusividade destas reuniões. Elas fundam-se na capacidade de as ONG influenciarem positivamente o processo decisório global: em primeiro lugar, o conhecimento especializado de tantos membros ou representantes destas ONG, conhecimento que, por vezes, é superior ao de tantos delegados estaduais.[166] Acresce a capacidade que tantas ONG evidenciam de utilização eficaz dos novos meios de comunicação,[167] o que lhes permite difundir em tempo útil as suas mensagens, quer junto de delegados estaduais quer junto de uma difusa sociedade civil global[168] cujas opiniões se refletem igualmente sobre os representantes dos Estados.[169] Num tal processo de diálogo global inclusivo sobre os

---

[164] G. Seyfang e A. Jordan, "The Johannesburg Summit and Sustainable Development: How Effective Are Environmental Mega-Conferences?", *Yearbook of International Co-operation on Environment and Development*, 2002/2003, p. 19-26 identificaram 6 funções principais prosseguidas por estas "megaconferências": definir agendas globais, facilitar reflexão convergente, afirmar princípios comuns, assegurar liderança global, formar capacidade institucional, legitimar governação global com fundamento na inclusividade destas conferências.

[165] K. Nowrot, "Legal Consequences of Globalization: The Status of Non-Governmental Organizations under International Law", *IJGLS*, 1999, p. 590, ss.; S. Hobe, "Der Rechtsstatus der Nichtregierungsorganisationen nach gegenwärtigem Völkerrecht", *Archiv des Völkerrechts*, 1999, p. 164, ss.

[166] K. Raustiala, "The 'Participatory Revolution' in International Environmental Law", *Harvard Environmental Law Review*, 1997, p. 559.

[167] H. Anders, *The Mass Media and Environmental Issues*. London, 1993, Leicester University Press.

[168] Vide H. Gherari e S. Szurek (Ed.). L'émergence de la société civile internationale: vers la privatisation du droit international?, Paris, 2003, Pédone.

[169] É a teoria, com raízes na teoria da democracia deliberativa de Habermas (*vide notius*, a sua obra, *Faktizität und Geltung, Beiträge zur Diskurstheorie des Rechts und des demokratischen Rechtsstaats*, 4. ed., Frankfurt a. M., 1994), de que as ONG funcionam como "correia de transmissão" entre a esfera pública e os decisores (espaços/loci de poder) e que defende haver democratização justamente por as ONG funcionarem como instâncias de transmissão das preferências das pessoas, das suas convicções e das suas opiniões. Cf. J. Dzryzek, *Deliberative Global Politics, Discourse and Democracy in a Divided World*, Cambridge, 2006, Polity Press; J. Dzryzek, "Democratization a deliberative capacity building", *Comparative Political Studies*, 2009, v. 42, p. 1379-1402; J. Dzryzek, "Global Democratization: Soup, society, or system?", *Ethics & International Affairs*, 2011, v. 25, n. 2, p. 211-234; J. Kuyper, "Systemic Representation: Democracy, deliberation, and nonelectoral representatives",

temas da atualidade na governação global, as ONG apresentam-se mesmo como a voz do interesse público.[170] Embora não seja completamente ajustado considerar que a participação das ONG nos processos deliberativos globais equivalha à democratização destes, já que se pode questionar a representatividade destas organizações,[171] já não deve haver dúvida de que tal participação contribui para melhorar a qualidade dos processos deliberativos, ao assegurar uma maior pluralidade discursiva nestes processos. Por fim, as ONG globais desempenham também importante função ao garantir aos indivíduos e demais pessoas privadas acesso ao processo deliberativo político-internacional, superando parte das limitações do seu estatuto jurídico-internacional. Como as ONG são, tipicamente, associações privadas, com estatuto jurídico no direito nacional, estando abertas à participação por indivíduos que partilhem as suas posições ou finalidades, funcionam como instrumento para que estes indivíduos adquiram capacidade de intervenção na política internacional, de outra forma remota ou mesmo vedada. Para mais, ao, tipicamente, se associarem entre si, em redes, e ao assegurarem a coordenação institucionalizada, ou ao criarem plataformas de prossecução solidária de objetivos comuns, as ONG de finalidades comuns ganham eficácia e influenciam efetivamente o procedimento decisório internacional.[172] Ou seja, o sistema internacional da globalização compreende redes verticais ou horizontais de atores não estaduais.[173]

Acrescem às Organizações Internacionais e aos *fora* internacionais, as organizações não governamentais internacionais, justamente. Também elas vão crescer exponencialmente em número e adquirir um papel de crescente importância factual nas relações internacionais globais. Em geral, contudo, salvo exceções muito contadas, relativas a ONG muito antigas, como o Comité Internacional da Cruz Vermelha,[174] a doutrina jusinternacionalista tem tradicionalmente evidenciado uma grande relutância, quando não perentória recusa, em equacionar esta presença ativa nas relações internacionais globais com o reconhecimento de uma personalidade jurídica internacional. Com a globalização e a presença crescentemente visível das ONG nas relações contemporâneas, com a sua efetiva participação no sistema internacional e os seus

---

American Political Science Review, 2016, v. 110, p. 308-324; H. Stenvenson e J. Dryzek, *Democratizing Global Climate Governance*. Cambridge, 2014, Cambridge University Press.

[170] A. Chayes, A. H. Chayes, *The New Sovereignty*, Cambridge, 1995, p. 251, ss.; J. Delbrück, "The Role of the United Nations in Dealing with Global Problems", *IJGLS*, 1997, p. 291-292; T. Komori, K. Wellens (Ed.). *Public Interest Rules of International Law. Towards Effective Implementation*, 2016, Routledge. Áreas particularmente relevantes nesta advocacia de interesses públicos internacionais são as dos Direitos Humanos, Direito Internacional Penal, Direito do ambiente, direito a desenvolvimento, ou os apelos à realização de reformas do Direito Internacional no sentido de incorporação no quadro jurídico-internacional de noções de responsabilidade social das empresas.

[171] Cf. E. Erman, "The Democratization of Global Governance through Civil Society Actors and the Challenge from Political Equality", *Critical Sociology*, 2018, p. 1-14. Mas veja-se que a Agenda 21 atribui às ONG um "papel vital na modelação e implementação da democracia participativa". Capítulo 27.1 e 27.6 da Agenda 21, *Report on UN Conference on Environment and Development*, UN Doc. A/CONF.151/26 (1992), v. 3.

[172] K. Skjelsbaek, "The Growth of International Non-Governmental Organizations in the Twentieth Century", *International Organization*, 1971, p. 428; W. Hummer, *Internationale nichtsstatliche Organisationen im Zeitalter der Globalisierung – Abgrenzung, Handlungsbefugnisse, Rechtsnatur*, p. 45-230; L. Gordenker, Th. G. Weiss (Ed.). *NGO's, the UN, and Global Governance*, Boulder, Colorado, 1996, p. 25, ss.; K. Sikkink, "Nongovernemental Organizations and Transnational Issue Networks in International Politics", *Proceedings of the American Society of International Law*, 1995, p. 413-415; A.-M. Clark, "Non-Governmental Organizations and Their Influence on International Society", *Journal of International Affairs*, 1995, v. 48, p. 518.

[173] Assim, A.-M. Slaughter, *A New World Order*, Princeton, 2004, p. 8, ss.

[174] D. Bindschedler-Robert, "Red Cross", *EPIL*, instalment 5, 1983, p. 251.

contributos para a reconfiguração da sua estrutura fundamental, com a sua inegável associação a tantos outros atores internacionais, que visivelmente as reconhecem como elemento válido do mesmo,[175] este muro de hesitações e mesmo objeções dogmáticas[176] parece cada vez mais anacrónico e injustificado. Algumas destas ONG conseguiram, por exemplo, adquirir o estatuto consultivo no Conselho Económico e Social da ONU, de acordo com a previsão do artigo 71º da Carta das Nações Unidas. Para além de faculdades de participação em instâncias deliberativas internacionais, institucionais ou não,[177] sendo que alguma dogmática jusinternacionalista objeta a que a mera participação nestes processos seja suficiente para se poder proclamar personalidade jurídica internacional destes atores, algumas ONG também se veem atribuir contados direitos substanciais.[178]

De mais um outro ângulo, com a globalização, também a pessoa humana individual está inquestionavelmente incluída neste mais plural elenco do sistema internacional global. Naturalmente, tal não significa que só então o indivíduo adquira relevância internacional, e, desde logo, estatuto jurídico, como sujeito derivado de direito internacional. O reconhecimento da personalidade jurídica internacional do indivíduo, em especial, precede, mas também se aprofunda com a II Guerra Mundial, nomeadamente no quadro do Direito Internacional dos direitos humanos e no contexto do Direito Internacional humanitário. Mas é inegável que este movimento se vai acelerar e intensificar com a globalização, até por força do aprofundamento da vertente económico-social das relações internacionais.

Por outro lado, dá-se a emergência ou o reaparecimento no sistema internacional de minorias étnicas e povos indígenas. A tendência liga-se à crescente permeabilidade do Estado soberano, acentuada pelo reconhecimento de uma responsabilidade internacional de proteção, promoção e execução de direitos humanos. A possibilidade de minorias e povos indígenas darem voz aos seus interesses e preocupações internacionalmente, como entidades ainda largamente discriminadas e amiúde sujeitas a condições de vida aquém dos *standards* de direitos humanos internacionalmente reconhecidos, acompanha e inscreve-se no movimento de promoção dos direitos humanos, mas não se esgota neste domínio normativo. No palco das relações internacionais, quer minorias quer povos indígenas discriminados foram capazes de constituir vários *fora* internacionais e ONG internacionais com carácter de permanência, capazes de representar os agrupamentos seus membros, nomeadamente junto de Organizações Internacionais como a ONU e a Organização Internacional do Trabalho (OIT).[179]

---

[175] Ilustra-o o facto de o então Secretário-Geral das Nações Unidas, Kofi Annan, ao definir e propor à sociedade internacional a sua ambiciosa agenda para a renovação e reforma da Organização mundial, incluir justamente como elemento crucial do projeto os atores não estaduais e os figurar como os parceiros das Nações Unidas. Cf. o seu relatório "Renewing the UN: A Programme for Reform", UN Doc. A/51/950, parágrafo 207.

[176] *Vide infra* nas reflexões sobre o reconhecimento de personalidade jurídica internacional a atores privados, em resultado das transformações trazidas pela globalização ao Direito Internacional (Parte III, 2.1.).

[177] Vários Estados, por exemplo, aceitaram promover o acesso à informação, a participação do público e o acesso à justiça no contexto particular das deliberações ou procedimentos de decisão em matéria ambiental internacional. Cf. Artigo 3º, nº 7 da Convenção sobre acesso a informação, participação do público nos procedimentos de decisão e o acesso à justiça em matéria de ambiente, também conhecida por Convenção de Aarhus. *Vide* texto *in* ILM, 1999, v. 38, p. 517, ss.

[178] *Vide infra* no ponto a elas relativo (*in* III.2.1.), a propósito do reconhecimento de personalidade jurídica internacional.

[179] G. Alfredsson, "Indigenous Populations, Protection", *EPIL*, v. II, 1995, p. 948.

2 Globalização e Direito Internacional

A globalização afeta um espectro muito largo de atividades políticas, económicas, sociais, e culturais, nos níveis internacional, transnacional, supranacional, bem como no nível interno, nacional. Assim também acontece, poderosamente, com o Direito Internacional. Neste quadro, limitar-nos-emos a relevar alguns dos seus efeitos mais destacados a respeito de três problemas nucleares do Direito Internacional. Intentaremos identificar os impactos da globalização na diversificação do sistema internacional global, e nomeadamente o crescente papel e relevância dos atores não estaduais neste mais plural sistema internacional; os efeitos renovadores da globalização nos principais modos de produção de regras de Direito Internacional; e aqueles que se refletem no estatuto e papel do Estado e a soberania que se lhe imputa, igualmente em mutação.

2.1 Reconhecimento de novos sujeitos de Direito Internacional

É sintomático que, com a globalização, a doutrina jusinternacionalista, mesmo com resistências iniciais e seguramente com algum "atraso" relativamente à apontada realidade de um sistema internacional mais plural e rico de participações,[180] tenha voltado a sentir necessidade de revisitar a questão perene,[181] no Direito Internacional, da personalidade jurídica internacional, de ver se haverá que reconhecer que atores outros, para lá dos "consagrados", ascendem à condição de sujeitos[182] dentro da ordem jurídica internacional. Sujeito de direito opõe-se a objeto de direito,[183] desde logo por deter personalidade jurídica internacional, aptidão ou titularidade de direitos e obrigações na ordem jurídica respetiva. O que, no nosso entendimento, implica necessariamente a relatividade dos sujeitos do Direito Internacional aos concretos termos da ordem jurídica internacional. E, portanto, que o problema da inclusão de novos sujeitos se responde em

---

[180] Denunciam-no claramente, Th. Margueritte e R. Prouvèze, "Le droit international et la doctrine saisis par le fait: la diversification des sujets du droit international sous l'effet de la pratique", *RQDI*, 2016, p. 159, ss.

[181] Esta omnipresença histórica decorre naturalmente da centralidade do problema na ordem jurídica internacional, como aponta M. Cosnard, "Rapport introductif", *in* SFDI, *Le sujet en droit international. Colloque du Mans*, Paris, 2005, Pédone, p. 3, como, a final, em qualquer ordem jurídica.

[182] Não havendo necessária coincidência entre as questões da personalidade jurídica (tem-na quem for titular de direitos e destinatário de deveres no quadro do Direito Internacional; cf. A. Verdross e B. Simma, *Universelles Völkerrecht*, 3. ed., Berlin, 1984, Duncker & Humbolt, p. 221-222; K. Hailbronner, "Der Staat und das Einzelne als Völkerrechtssubjekte", *in* W.G. Vizthum (Ed.). *Völkerrecht*, Berlin, 1997, p. 180) e da subjetividade jurídica, as noções relacionam-se. Se a condição de sujeito supõe a personalidade, não parece que a inversa possa ser tida por verdadeira: a personalidade é aptidão para ser sujeito de direito. Esta doutrina é, contudo, contestada por alguns jusinternacionalistas, que antes entendem que as noções respeitam à mesma realidade, que os termos são sinónimos, podendo ser utilizados indiferenciadamente. Neste sentido, exemplarmente, C. Dominicé, "La personnalité juridique dans le système du droit des gens", *in* J. Makarczyk (Ed.). *Essays in Honour of Krzystof Skubiszewski: Theory of International Law at the Threshold of the 21st Century*, The Hague, 1996, Kluwer, p. 148. O problema ganha ainda em complexidade, quando se relacionam estas noções com a de capacidade jurídica internacional; como em parte ocorre no histórico *dictum* do Tribunal Internacional de Justiça no parecer de 1949 a propósito da questão *Reparações ao Serviço das Nações Unidas*. Cf. *ICJ Reports*, 1949, p. 179.

[183] Na doutrina positivista, ortodoxa, do Direito Internacional, em que este Direito é dos Estados e para os Estados, os indivíduos, por contraponto, surgem como *objeto* do Direito Internacional. Cf. G. Manner, "The Object Theory of the Individual in International Law", *AJIL*, 1952, v. 46, p. 428.

termos historicamente situados, por relação com o concreto estádio de desenvolvimento desta ordem jurídica internacional.[184] [185]

Na prática, a questão apenas se coloca relativamente aos sujeitos de Direito secundários,[186] uma vez que o Estado é, desde a origem do Direito Internacional, o sujeito primário incontestado.[187] [188] Como, contudo, a ordem jurídica internacional não assegura uma resposta normativa uniforme para a questão da subjetividade jurídica internacional, que nela se não contém uma lista de sujeitos titulares de personalidade jurídica internacional, vão as concretas respostas ser determinadas em função da perspetiva teórica do Direito Internacional que se sufrague[189] e do concreto conteúdo retirado das leituras, a cada tempo, do Direito positivo. E nem a importante, porque autoritária, opinião do Tribunal Mundial no histórico caso *Reparações ao Serviço das Nações Unidas*, em 1949, onde reenvia para os critérios da titularidade de direitos e obrigações e a capacidade de se valer desses direitos por via de ação internacional, verdadeiramente resolve a questão. Antes se verifica que na doutrina, para além de definições tautológicas,[190] tradicionalmente, três correntes principais parece possível identificar: é sujeito de direito internacional o destinatário das normas que consagram direitos ou obrigações internacionais, pela natureza e de acordo com a fonte jurídica;[191] ao critério precedente junta-se ainda a exigência de capacidade para exercer direitos e cumprir as obrigações;[192] exige-se capacidade para criar normas de Direito Internacional.[193]

---

[184] Vide J.E. Nijman, The Concept of International Legal Personality: An Inquiry into the History and Theory of International Law, The Hague, 2004, TMC Press, p. 9.

[185] O Tribunal Internacional de Justiça, no seu Parecer de 1949, a propósito da questão *Reparações ao Serviço das Nações Unidas*, a p. 179, disse-o explicitamente: "os sujeitos de direito, num sistema jurídico, não são necessariamente idênticos quanto à sua natureza ou à extensão do seu direito; e a sua natureza depende das necessidades da comunidade".

[186] Assim também, H. Mosler, "Subjects of International Law", *EPIL*, 1984, instalment 8, p. 442.

[187] O dogma do Estado como sujeito do Direito Internacional, durante tantos tempos incessantemente proclamado pela doutrina, foi também afirmado pela jurisprudência internacional. Assim, o Tribunal Permanente de Justiça Internacional, no julgamento do Caso *Lotus*, diz que "o direito internacional rege as relações entre Estados independentes". Cf. Tribunal Permanente de Justiça Internacional (TPJI), *The Case of the S.S. "Lotus" (France v. Turkey)*, PCIJ, Series A, n. 10, 1927, p. 18.

[188] Daí que, embora muitos tratem das questões como perenes, Cosnard alvitra que a questão da subjetividade jurídica internacional só realmente surge no início do século XX quando a exclusividade do Estado é contestada. M. Cosnard, "Rapport introductif", in SFDI, *Le sujet en droit international. Colloque du Mans*, Paris, 2005, Pedone, p.4.

[189] A.-L Vaurs-Chaumette, Les sujets du droit international pénal: vers une nouvelle définition de la personnalité juridique internationale?, Paris, 2009, Pédone, p. 2.

[190] Como a de Hermann Mosler, "Subjects of International Law", *EPIL*, 1984, instalment 8, p. 443, em que apresenta o sujeito de Direito Internacional como a "pessoa que possui a capacidade de ser sujeito de uma situação juridicamente relevante".

[191] Cf. M. Siotto Pintor, "Les sujets du droit international autres que les Etats", *Recueil des Cours*, 1932, v. 41, p. 278-279; D. Anzilotti, *Cours de droit international public*, Paris, 1999, LGDJ, p. 121; J. Combacau e S. Sur, *Droit international public*, 8. ed., 2008, p. 316.

[192] Cf. C. Th. Eustathiades, "Les sujets du droit international et la responsabilité internationale – nouvelles tendances", *Recueil des Cours*, 1953, v. 84, n.3, p. 414; F. Sudre, *Droit international et droit européen des droits de l'homme*, 8. ed., Paris, 2006, PUF, p. 68; P.-M. Dupuy e Y. Kerbrat, *Droit international public*, 11. ed., Paris, 2012, Dalloz, p. 27.

[193] Vide P. Weil, "Le droit international en quête de son identité", *Recueil des Cours*, 1992, v. 237, n. 6, p. 122; C. Dominicé, "La personnalité juridique dans le système du droit des gens", in J. Makarczyk (Ed.). *Essays in Honour of Krzystof Skubiszewski: Theory of International Law at the Threshold of the 21st Century*, The Hague, 1996, Kluwer, p. 171; G. Distefano, "Observations éparses sur les caractères de la personnalité juridique internationale", *AFDI*, 2007, p. 117.

Mais recentemente, parece mesmo haver uma tendência para, de forma mais liberal e "gradualista",[194] equacionar diversa participação na construção ou até aplicação da ordem jurídica internacional com aptidão para a qualificação como sujeito de Direito Internacional.

Organizações Internacionais. À entrada da era da globalização, é seguro dizer que, para além dos Estados soberanos[195] e de poucos outros mais sujeitos de Direito Internacional tradicionalmente reconhecidos, como a Santa Sé[196] ou a Ordem de S. João de Jerusalém e Malta (a Ordem de Malta),[197] as Organizações Internacionais também já estavam solidamente radicadas[198] como sujeito de Direito Internacional.[199]

Têm, porém, estatuto diverso do reconhecido ao Estado: surgem como sujeitos derivados e funcionais de Direito Internacional.[200] O reconhecimento destes novos atores derivados e funcionais de Direito Internacional encontra o seu fundamento sociológico no facto de as Organizações Internacionais intergovernamentais se terem tornado centros institucionalizados e independentes, relativamente estáveis, de decisão política internacional.[201] Naturalmente, as Organizações Internacionais são, na origem, o produto da criação de Estados, até então apreendidos como plenamente independentes, resultantes da sua vontade política individual. São, nomeadamente, os Estados que, no tratado constitutivo da Organização, definem os atributos e funções desta. Do facto, hiperbolizado, resultava mesmo, para a escola realista, na teoria das relações internacionais, a rejeição axiomática de que as Organizações Internacionais possam constituir atores políticos independentes. Nesta linha de pensamento, as Organizações Internacionais antes se apresentam como mero instrumento de Estados poderosos,

---

[194] Cf. I. Rossi, Legal Status of Non Governmental Organizations in International Law, Leuven, 2009, p. 369-370.

[195] Um dos jusinternacionalistas mais conhecidos de gerações várias de estudantes de Direito Internacional, Brierly, ainda definia o Direito Internacional como "o corpo de regras e princípios de ação que vinculam Estados civilizados nas suas relações com outros Estados". Cf. J.-L. Brierly, *The Law of Nations*, 6. ed., 1963. Os critérios acima enunciados de identificação da condição de sujeito de Direito Internacional também parecem melhor assentar ao Estado, como que reservar a condição de sujeito ao Estado. Daí que tantos digam que ele tem personalidade jurídica plena (assim, por exemplo, P.-M. Dupuy e Y. Kerbrat, *Droit international public*, 11. ed., Paris, 2012, Dalloz, p. 233). E outros o apresentem como sujeito originário e primário, conatural ou inato ao sistema de Direito (assim, C. Dominicé, "La personnalité juridique dans le système du droit des gens", in J. Makarczyk (Ed.). *Essays in Honour of Krzystof Skubiszewski: Theory of International Law at the Threshold of the 21st Century*, The Hague, 1996, Kluwer, p. 171). Repare-se, contudo, que este "favorecimento" do Estado implicitamente também já aceita ou abre a possibilidade para que outros atores possam ter uma personalidade menor, mas valendo eles também como sujeitos de Direito, sujeitos secundários.

[196] H. F. Köck, "Holy See", *EPIL*, v. II, 1995, p. 866-869.

[197] J. Cremona, "Malta, Order of", *EPIL*, v. III, 1999, p. 280, ss.

[198] Th. Margueritte e R. Prouvèze, "Le droit international et la doctrine saisis par le fait: la diversification des sujets du droit international sous l'effet de la pratique", *RQDI*, 2016, p. 163, falam de "quase unanimidade" na constatação da personalidade das Organizações Internacionais, atribuindo-a ao facto de elas derivarem da vontade dos Estados, e por isso não porem em causa o fundamento tradicional do Direito Internacional: a soberania.

[199] Tal não implica, contudo, que no Direito Internacional contemporâneo não haja zonas de sombra quanto ao estatuto das Organizações Internacionais. Eis o que, por exemplo, se ilustra com os trabalhos da Comissão de Direito Internacional sobre a responsabilidade internacional das Organizações Internacionais. Cf. *Yearbook of the International Law Commission*, 2011, v. II, n. 2. Como não impede que haja inconsequências no seu tratamento como sujeitos de Direito Internacional, nomeadamente por parte de instâncias judiciais internacionais. Vide, a dificuldade sentida pelo, contudo normalmente "progressista", Tribunal Europeu dos Direitos do Homem, no caso *Behrami e Behrami c. França, Alemanha e Noruega*, nºs 71412/01 e 78166/01, decisão da Câmara grande, de 2 maio de 2007.

[200] R. Bindschedler, "International Organizations, General Aspects", *EPIL*, v. II, 1995, p. 1299.

[201] F. Seyersted, Objective International Personality of Intergovernmental Organizations, Copenhaga, 1963.

que por tal meio prosseguem os seus interesses de poder nacional.[202] A verdade dos factos ia, porém, fazendo-se outra: através dos seus órgãos, as OI foram-se afirmando progressivamente como centros de deliberação e decisão autónoma. Na dinâmica da vida, elas foram participando nas relações internacionais modernas, afirmando-se com autonomia relativamente aos Estados-membros individuais. Também assim juridicamente.[203] As suas decisões não são mera soma das vontades dos Estados membros; antes constituem atos jurídicos autónomos, diretamente atribuíveis às Organizações como entidades institucionalizadas.[204] Estes atos, de produção legislativa no plano internacional,[205] podem aliás vir a impor-se a todos os Estados membros da Organização, e, em particular, àqueles que não concorreram na sua adoção.[206] [207]

Indivíduos. Já o reconhecimento dos indivíduos como sujeitos de Direito Internacional derivados[208] antes encontra a sua radicação sociológica no facto de a larga

---

[202] Assim, por exemplo, H. J. Morgenthau, *Politics among Nations: The Struggle for Power and Peace*, New York 1948; id., "Political Limitations of the United Nations", in G. A. Lipsky, *Law and Politics in the World Community*, Berkeley, Los Angeles, 1953, p. 150 e W. Link, *Die Neuordnung der Weltpolitik. Grundprobleme globaler Politik an der Schwelle zum 21. Jahrhundert*, München, 1998, p. 114. Contrariando esta linha de pensamento, ainda na teoria das relações internacionais, i.a., K. Dicke, *Effizienz und Effektivität internationaler Organisationen. Darstellung und kritische Analyse eines Topos im Reformprozeß der Vereinten Nationen*, Berlin 1994, p. 340, ss.; V. Rittberger, "International Organizations. Theory of", in R. Wolfrum (Ed.). *United Nations – Law, Policies and Practice*, Munich/Dordrecht, 1995, p. 763, ss.

[203] Para o significado jurídico da participação das Organizações Internacionais, basta evocar os Pareceres do Tribunal Internacional de Justiça nos Casos das *Reparações ao serviço das Nações Unidas*, ICJ Reports 1949, p. 179, que explicitamente as afirma sujeitos de Direito Internacional, e *Legalidade da Ameaça ou Uso das Armas Nucleares*, ICJ Reports, 1996, p. 226.

[204] Ch. Tietje, "The Changing Legal Structure of International Treaties as an aspect of an Emerging Global Governance Architecture", *German Yearbook of International Law*, 1999, vol. 42, pp. 35, ss.; E. Klein, "Die Internationalen und supranationalen Organisationen", in W. Graf Vitzhum (Ed.). *Völkerrecht*, 2004, 3. ed, p. 281, ss.

[205] Vide J. A. Alvarez, *International Organizations as Law-Makers*, Oxford, 2005, Oxford University Press; "The New Treaty Makers", *Boston College International and Comparative Law Review*, 2012, v. 25, p. 218, ss.

[206] Vide A. Reinisch, "Chapter 46. Sources of International Organizations' Law. Why Custom and General Principles are Crucial", in S. Besson e J. d'Aspremont (Ed.). *The Oxford Handbook of the Sources of International Law*, Oxford, 2017, Oxford University Press, p. 1143-1163; J. Klabbers, *An Introduction to International Organizations Law*, 3. ed., Cambridge, 2015, Cambridge University Press, capítulo 8, p. 158, ss.

[207] Sobre o impacto das OI no próprio Direito Internacional, vide J. A. Alvarez, *The Impact of International Organizations on International Law*, Brill, 2016, Nijhoff.

[208] Naturalmente, já antes, no plano teórico-dogmático, alguns jusinternacionalistas haviam contrariado a corrente dominante, colocando o indivíduo como sujeito principal e fonte do Direito Internacional. Assim, em especial, com a escola sociológica de Direito Internacional de Georges Scelle e Nicolas Politis, no período entre as duas Guerras Mundiais (respetivamente, G. Scelle, *Précis de droit des gens*, Paris, 1932, Recueil Sirey; N. Politis, *Les nouvelles tendances du droit international*, Paris, 1927, Hachette, p. 64-66). No mesmo sentido, mais perto de nós, após a II Guerra Mundial, com Hersch Lauterpacht, *International Law and Human Rights*, London, 1950, Stevens. Filiando-se na mesma ideia de fundo de que as regras jurídicas internacionais e as instituições internacionais estão profundamente enraizadas nas caraterísticas socioculturais particulares de certas comunidades, e também dando lugar proeminente aos indivíduos como radicais de fundamentação do Direito Internacional, podem também evocar-se os trabalhos de Julius Stone. Cf. J. Stone, "Problems Confronting Sociological Enquiries Concerning International Law", *Recueil des Cours*, 1956, v. 89, p. 73-74 e "A Sociological Perspective on International Law", in R. St. J. Macdonald, D.M. Johnston (Ed.). *The Structure and Process of International Law: Essays in Legal Philosophy, Doctrine and Theory*, 1983, p. 263, ss. A escola de pensamento evolui depois, nos trabalhos de Wifred Jenks, Bartholmeus Landheer e Richard Falk. Cf., respetivamente, W. Jenks, *The Common Law of Mankind*, 1958, p. 14-18; B. Landheer, *Freedom and Welfare*, 1963, p. 144-146; B. Landheer, *On the Sociology of International Law and International Society*, 1966, p. 56-64, 108-113; R. A. Falk, "The Adequacy of Contemporary Theories of International Law. Gaps in Legal Thinking", *Virginia Law Review*, 1964, v. 40, p. 247-249; R. A. Falk, *A New Paradigm for International Legal Studies*, 1975, p. 973-979. É denominador intelectual comum a estes trabalhos o afastamento da ideia dominante de um Direito da comunidade dos Estados para uma outra em que a ordem jurídica assenta numa comunidade internacional, mas em que os indivíduos têm centralidade e são os sujeitos principais do Direito Internacional. Sobre estes momentos de desenvolvimento teórico, vide A. Bianchi, *Theory and Philosophy of International Law*, 2016, p. 246-257 e M. Hirsch, *The Sociological Perspective on International Law*, Hebrew University of Jerusalem Legal Studies Research Paper Series n. 19-01, 2019.

maioria dos Estados e das suas populações aceitar a noção de direitos humanos, baseada na dignidade da pessoa humana,[209] e por eles vista como indispensável nas relações contemporâneas,[210] mesmo, por vezes, independentemente da vontade de Estados, e até contra o Estado de nacionalidade.[211] Assim sobretudo em consequência da vera revolução de mentalidades provocada pelos trágicos desmandos, atentatórios da Humanidade, cometidos na II Guerra Mundial.[212] É esta visão das coisas, e do que deve ser e passa a ser[213] a normatividade internacional, que supera a doutrina clássica que persistentemente denegou a qualidade de sujeito de direito aos indivíduos,[214] que antes os faziam objeto do Direito Internacional,[215] [216] [217] mesmo quando algumas normas

---

[209] P. Häberle, "Die Menschenwürde als Grundlage der staatlichen Gemeinschaft", *Handbuch des Staatsrechts der Bundesrepublik Deuschlands*, v. I, 1995, p. 815, ss.; M. Kotzur, "Wechselwirkungen zwischen Europäischer Verfassungs- und Völkerrechtslehre", in A. Blankennagel, I. Pernice, H. Schulze-Fielitz (Ed.). *Verfassung im Diskurs der Welt: Liber Amicorum für Peter Häberle zum siebzigsten Geburtstag*, Tübingen, 2004, Mohr Siebeck, p. 298, ss. De modo crítico, W. Schild, "Menschenrechte als Fundament einer Weltverfassung", in W. Kerger (Ed.). *Menschensrechte und kulturelle Identität*, 1991, p. 176, ss.

[210] Eis o que alguns derivam das referências normativas constantes do Preâmbulo da Carta das Nações Unidas, do artigo 1º da Declaração Universal dos Direitos Humanos, e dos preâmbulos dos Pactos Internacionais de Direitos Humanos de 1966. Assim, Ph. Mastronardi, "Menschenwürde und kulturelle Bedingheit des Rechts", in Th. Marauhn (Ed.). *Die Rechtsstellung des Menschen im Völkerrecht*, 2003, p. 59, ss., 61, ss.; K. Stern, "Idee der Menschenrechte", *Handbuch des Staatsrechts der Bundesrepublik Deutschlands*, v. V, Heidelberg, 1992, parágrafo 108. Relevam ainda os artigos 1º e 3º da Carta, bem como o artigo 55º, alínea c) que contém um imperativo para o respeito universal dos direitos humanos e das liberdades fundamentais, indistintamente, de todos os seres humanos. *Vide* ainda, W. von der Wense, *Der UN-Menschenrechtsausschuß und sein Beitrag zum universellen Schutz der Menschenrechte*, Berlin, 1999, p. 15.

[211] K. Dicke, "Die der Person innewohnende Würde und die Frage der Universalität der Menschenrechte", in H. Bielefeldt/W. Brugger/K. Dicke (Ed.). *Würde und Recht des Menschen – Festschrift für Johannes Schwartländer zum 70. Geburtstag*, Würzburg, 1992, p. 165, ss.; J. Delbrück, "Die Universalisierung des Menschenrechtsschutzes: Aspekte der Begründung und Durchsetzbarkeit", in A. Zunker (Ed.). *Weltordnung oder Chaos?*, Baden-Baden, 1993, p. 551-566.

[212] Estes, demonstraram a vacuidade da teoria da mediação estadual das normas do Direito Internacional e mesmo o perigo que, para os indivíduos, o Estado pode ser, e mesmo o Estado da nacionalidade desses indivíduos. *Vide* C. Dubost, "Les crimes des Etats et la coutume pénale internationale", *Politique étrangère*, 1946, v. 11, n. 6, p. 553.

[213] Eis o que se reflete desde logo nos objetivos da comunidade internacional, como se viu a propósito da inclusão do objetivo da promoção e proteção dos direitos humanos logo no artigo 1º, nº 3 da Carta das Nações Unidas.

[214] Sendo o Direito Internacional entendido como exclusivamente o Direito dos Estados, feito por Estados e para os Estados, um Direito das relações interestaduais, o indivíduo é, por definição, a ele estranho. Observa-o assim P.K. Meron, "International Personality of Individuals in International Law: A Broadening of the Traditional Doctrine", *Journal of Transnational Law and Policy*, 1992, v. 1, p. 151. Note-se, contudo, que esta doutrina nunca foi tão avassaladora ou unânime quanto a evolução do Direito Internacional no sentido de dominante positivismo, sobretudo no século XIX, fez crer. Para já nem falar nos escritos dos autores da escola Hispânica dos primórdios do Direito Internacional, evoquem-se trabalhos de Grotius, Pufendorf e Hobbes. Cf. M. S. Korowicz, "The Problem of the International Personality of Individuals", *AJIL*, 1956, v. 50, p. 534.

[215] Para além de G. Manner, "The Object Theory of the Individual in International Law", *AJIL*, 1952, v. 46, p. 428, ss., a teoria dos indivíduos como objeto de Direito Internacional, sobretudo consequente em postulados dualistas, é uma *vexata quaestio* debatida desde G. Jellinek, *System der Subjektiven öffentlichen Rechte*, 1905 a Peters, "Das subjektive internationale Recht", *JöR*, 2011, v. 59, p. 439.

[216] De certo modo no mesmo sentido genérico, e com idêntico fundamento numa visão radicada numa perspetiva inflacionada de soberania estadual, a teoria da mediação dos indivíduos pelos Estados, que destes últimos faz os destinatários imediatos das normas jurídicas internacionais, os titulares dos direitos e obrigações, que, depois, mediatamente, portanto, podem fazer refletir nos indivíduos e em proveito destes, mas o que supõe a mediação da assunção daqueles pelo Direito interno. A doutrina encontra expressão no Parecer do Tribunal Permanente de Justiça Internacional relativamente à questão da competência dos tribunais de Danzig. Cf. CPIJ, *Competence des tribunaux de Dantzig, Avis consultatif*, CPJI serie B, n. 15, 1928, onde, a p. 17-18, a instância judicial pronuncia o *dictum* que historicamente aplica a doutrina: "um acordo não pode, como tal, criar direitos e obrigações para os particulares". Reconhece embora que o objeto do acordo pode ser o de criar direitos e obrigações para os particulares que podem ser aplicados pelas jurisdições nacionais. *Vide*, ainda, no mesmo sentido, *LaGrand, Germany v. United States of America, ICJ Reports*, 2001, parágrafos 77, 89.

[217] De igual sorte, o instituto da proteção diplomática era tido e permanece como um mecanismo de responsabilidade puramente interestadual, no qual o indivíduo é inegável objeto do litígio. Mesmo uma qualquer

suas tratavam da condição dos indivíduos,[218] e antes redunda no reconhecimento de um estatuto jurídico aos indivíduos, estatuto de sujeito de direito de que diretamente beneficiam e que lhes permite prosseguir os seus concretos direitos fundamentais.[219] O seu lugar na ordem jurídica internacional contemporânea, pós-II Guerra Mundial, vai ser revisto com a consolidação e profundo desenvolvimento normativo dos ramos do Direito Internacional, por vezes novos,[220] consagrados à garantia e à proteção dos direitos dos indivíduos, desde logo, mas não só, contra os Estados.

O Direito Internacional dos direitos humanos, tal como o Direito Internacional humanitário e o Direito Internacional penal que, de comum, bebem em iguais fundamentos, e perseguem objetivos comuns, definitivamente põem de parte o tratamento clássico do Direito Internacional relativo aos indivíduos, abrindo-lhes a via da subjetividade jurídica. Esta, fá-lo titular de direitos e obrigações internacionais no Direito Internacional da proteção humana, que consiste desde logo do Direito Internacional dos direitos humanos e do Direito Internacional humanitário.[221] Estes, no plano material, conferem aos indivíduos direitos oponíveis aos Estados. Ou, de outro ângulo, prescrevem aos Estados obrigações em benefício direto dos indivíduos. Como lhes impõem a obrigação de garantir o gozo pelos indivíduos dos seus direitos contra as ingerências de outros indivíduos ou outros agentes, de acordo com a teoria das obrigações positivas, elemento do tríptico "respeitar-proteger-cumprir"[222] constituído pela prática dos Comités mandatados para monitorizar e garantir o cumprimento dos Pactos Internacionais de direitos humanos.

A grande diferença que a era da globalização veio a assegurar decorre de esse outro elemento constitutivo deste comum Direito internacional da proteção humana[223] que é

---

indemnização que resulte de tal proteção diplomática é titulada e administrada pelo Estado, como comprova o esforço codificador da Comissão de Direito Internacional. Cf. "Draft Articles on Diplomatic Protection with Commentaries", *Yearbook of the International Law Commission*, 2006, v. 2, 2, p. 97, ss.

[218] Quando tal ocorre, assim é sem prejuízo de o titular de direitos e obrigações permanecer o Estado da nacionalidade do indivíduo. Assim, por exemplo, com o direito das imunidades. Só indiretamente, reflexamente, os indivíduos se podem ter por beneficiados, nesta linha de pensamento que ainda fundamentalmente denega a personalidade jurídica do indivíduo, ou a reconhece em termos marginais e mediada pelo Estado. Trata-se na realidade de prerrogativa estadual, como sublinham C. Dominicé, J. Belhumeur, L. Condorelli, "L'individu, la coutume internationale et le juge national", in *L'ordre juridique international entre tradition et innovation*, Genève, 1997, Graduate Institute Publications, parágrafos 35 e 40.

[219] Vide A. Emmerich-Fritsche, *Vom Völkerrecht zum Weltrecht*, Berlin, 2007, Duncker & Humblot, p. 459-572.

[220] Assim, por exemplo, com o Direito Internacional Penal, nomeadamente após a adoção do Estatuto do Tribunal Penal Internacional.

[221] Os dois corpos de normas partilham valores e fundamentos. A diferença fundamental entre eles diz respeito à condição de aplicação, já que o Direito Internacional humanitário se aplica num contexto de conflito armado, enquanto que os direitos humanos se aplicam em princípio em qualquer tempo, embora com particularidades no caso de conflito armado. Cf., neste sentido, o parecer do Tribunal Internacional de Justiça na questão respeitante às *consequências jurídicas da edificação de um muro no território palestino ocupado*, ICJ Reports, 2004, p. 106. Cf., também, C. Droege, "Droits de l'homme et droit humanitaire: des affinités électives?", *Revue internationale de la Croix-Rouge*, 2008, p. 871.

[222] O tríptico respeita a obrigações ou deveres para os Estados, correspetivos dos direitos humanos de indivíduos ou grupos. A obrigação de respeitar significa que os Estado têm que se abster de interferir com ou prejudicar o gozo de direitos humanos. A obrigação de proteger significa que os Estados têm que proteger os indivíduos ou grupos contra violações dos seus direitos humanos. A obrigação de cumprir significa que os Estados têm que empreender ação positiva para gozo efetivo de direitos humanos. O conceito desta tríplice obrigatoriedade foi primeiro formulado por H. Shue, *Basic Rights: Subsistence, Affluence and US Foreign Policy*, Princeton, 1980, Princeton University Press, tendo sido adotado pelo Comité sobre Direitos Económicos, Sociais e Culturais que o usa recorrentemente nos seus documentos.

[223] Neste sentido, O. de Frouville, Droit international pénal: Sources, incriminations, responsabilité, Paris, 2012, Pédone, p. 8-9.

o Direito Internacional penal, entretanto fortemente desenvolvido, impor um conjunto amplo de obrigações internacionais diretamente aos indivíduos, assim os transformando em sujeito passivo de Direito Internacional. O Direito Internacional penal regula não só os direitos dos Estados, mas também os direitos dos indivíduos à escala universal utilizando os meios comuns do Direito internacional. É este Direito Internacional que diretamente incrimina.[224] Como é pelas formas previstas pelo Direito Internacional que a responsabilidade penal internacional é atuada.[225] O Direito Internacional cria assim e desenvolve crescentemente reais obrigações para os particulares, paralelamente a conceder-lhes novos direitos. No novo Direito Internacional penal, para além de obrigações que se lhe impõem, o indivíduo aparece também como beneficiário das normas contidas neste ramo do Direito Internacional. Assim é, nomeadamente, com um conjunto de direitos de natureza processual que, inspirando-se embora no direito geral a um processo equitativo do Direito Internacional dos direitos do Homem, nomeadamente o artigo 14º do Pacto Internacional dos Direitos Civis e Políticos, veio a ser radicado especificamente no quadro especial dos estatutos das diferentes jurisdições internacionais penais.[226] O indivíduo é o sujeito passivo de obrigações imediatas que protegem os direitos fundamentais de outros indivíduos, cujo desrespeito implica a sua responsabilidade penal individual. Ora, a fonte desta responsabilidade, seja ela aplicada, apurada em jurisdições internas ou nas jurisdições internacionais, é internacional. Daqui se infere que no Direito Internacional penal contemporâneo o indivíduo é claramente titular de direitos e obrigações.[227] Preenche-se assim critério enunciado pelo Tribunal Internacional de Justiça para a qualificação de sujeito de Direito Internacional.

Mas também assim se verifica quanto ao problema ou segundo critério da personalidade jurídica internacional, atinente à capacidade de indivíduos para fazer valer os seus direitos na justiça internacional.[228] O Direito Internacional contemporâneo compreende de facto mecanismos internacionais que permitem aos sujeitos fazer valer os seus direitos ou verificar da sua responsabilidade. A ordem jurídica internacional, sobretudo a partir da década de 90 do século XX, vai criar diversas jurisdições penais *ad hoc*, híbridas e internacionalizadas, num processo de progressiva institucionalização deste Direito que culmina com a adoção do Estatuto de Roma em 1998 e a instituição do Tribunal Penal Internacional. Entretanto, tinha também vindo a consolidar e a desenvolver as múltiplas jurisdições e órgãos de proteção dos direitos humanos. E uma vez que a sua missão consiste em garantir que os tratados relativos aos direitos humanos

---

[224] Vide C. Dominicé, J. Belhumeur, L. Condorelli, "L'individu, la coutume internationale et le juge national", in *L'ordre juridique international entre tradition et innovation*, Genève, 1997, Graduate Institute Publications, p. 93-107.

[225] B. Simma e A. Paulus, "Sources du droit international penal", in H. Ascensio (Ed.). *Droit international pénal*, Paris, 2012, Pédone, p. 79.

[226] Desta forma, o Direito Internacional penal aparece como uma garantia da eficácia dos dois outros ramos do Direito da proteção humana, os ramos do Direito Internacional dos direitos humanos e o Direito Internacional humanitário.

[227] Assim também, cf. Vaurs-Chaumette, Les sujets du droit international pénal: vers une nouvelle définition de la personnalité juridique internationale?, Paris, 2009, Pédone, p. 16.

[228] Cançado Trindade considera que esta capacidade é não elemento constitutivo da condição de sujeito, mas antes consequência desta, elemento da sua identificação como sujeito de direito. Cf. A.A. Cançado Trindade, "L'humanité comme sujet du droit international: nouvelles réflexions", *Revista da Faculdade de Direito da Universidade Federal de Minas Gerais*, 2012, v. 61, p. 81, ss.

são bem aplicados nos Estados partes, desenvolve-se concomitantemente tendência para as jurisdições correspondentes se abrirem aos indivíduos, a razão de ser destes regimes de proteção humana. Constitui exemplo desta tendência o Protocolo I ao Pacto Internacional dos Direitos Civis e Políticos. Em conjunto, estes mecanismos garantem aos indivíduos o acesso ao pretório, a jurisdições internacionais especializadas em matéria de direitos humanos bem como de jurisdições internacionais cometidas ao apuramento dos crimes internacionais.[229] Nestas últimas, mesmo não aparecendo como autores das ações, podem intervir como participantes nos processos ao abrigo do estatuto especial de vítimas,[230] e de testemunhas da acusação. Acresce que o indivíduo acusado já é incontestável e plenamente sujeito de direito passivo nestas jurisdições. É nelas que são determinadas as consequências penais dos actos dos indivíduos acusados. Por outro lado, os indivíduos também aí podem fazer valer direitos e mesmo obter reparação de danos que possam ter sofrido na eventualidade, por exemplo, de erro judiciário.[231] Gozam, em especial, de importantes direitos processuais. Assim é, por exemplo, no âmbito do Tribunal Penal Internacional, com os processos de recusa, processos incidentais, ou o direito de recurso.[232] Já no plano da produção de Direito, o indivíduo continua incapaz de produzir atos jurídicos internacionais.

Segundo a doutrina jusinternacionalista que reconhece quer OI quer indivíduos como sujeitos de Direito Internacional limitados,[233] e que se louva do Parecer do Tribunal Permanente de Justiça Internacional no Caso da *Jurisdição dos Tribunais de Danzig*,[234] e ainda do Parecer do Tribunal Internacional de Justiça sobre *Reparações ao Serviço das Nações Unidas*,[235] o fundamento jurídico deste reconhecimento[236] vai buscar-se às regras de Direito Internacional que a comunidade dos Estados consagrou com o objetivo de atribuir direitos e obrigações aos novos sujeitos.[237] É a ordem jurídica internacional que, nesta leitura do sistema, determina quem é sujeito secundário de Direito Internacional, quem

---

[229] Vide A. Cassese e M. Delmas-Marty (Ed.). *Crimes internationaux et jurisdictions internationales*, Paris, 2002, PUF, p. 71 e Th. Margueritte, "International Criminal Law and Human Rights", *in* W. Shabas e N. Bernaz, *Routledge Handbook of International Criminal Law*, New York, 2011, Routledge, p. 436, ss.

[230] V.g., artigos 68º, nº 3 e 75º do Estatuto do Tribunal Penal Internacional.

[231] Assim, a jurisprudência que foi sendo afirmada por tribunais penais internacionais, em casos como *Nahimana, Barayagwiza e Ngeze*, no Tribunal Penal Internacional do Ruanda, Processo ICTR-99-52-T, de acordo com a sentença de 3 de dezembro de 2003, nos parágrafos 1106-1107, determinação depois substancialmente reiterada no caso *Lubanga*, perante o Tribunal Penal Internacional, no Processo ICC01/04-01/06-772 (OA4), de 14 de dezembro de 2006, parágrafo 37. Cf. ainda o artigo 85º do Estatuto do Tribunal Penal Internacional. E, na doutrina, Th. Margueritte, "International Criminal Law and Human Rights", *in* W. Shabas e N. Bernaz, *Routledge Handbook of International Criminal Law*, New York, 2011, Routledge, p. 445, ss.

[232] Cf. Th. Margueritte e R. Prouvèze, "Le droit international et la doctrine saisis par le fait: la diversification des sujets du droit international sous l'effet de la pratique", *RQDI*, 2016, p. 171.

[233] Vide H. Lauterpacht, International Law and Human Rights, 1968; L.B. Sohn e T. Buergenthal, The International Protection of Human Rights, 1973; K. Vasak (Ed.). Les dimensions internationales des droits de l'homme, 1978.

[234] Caso Advisory Opinion on the Jurisdiction of the Courts of Danzig (PCIJ), Ser. B, nº. 15, 1928, p. 17-18. Há reconhecimento da doutrina enunciada para os indivíduos no Caso La Grand. Cf. La Grand Case, Germany v. United States of America, ICJ Reports, 2001, paras. 77, 89.

[235] Caso Reparations for Injuries Suffered in Service of the UN, ICJ Reports, 1949, p. 186.

[236] Alguma doutrina chega a resultado idêntico, partindo, porém, de postulados teóricos jusnaturalistas. Assim, cf., por exemplo, O. de Frouville, *Droit international pénal: Sources, incriminations, responsabilité*, Paris, 2012, Pédone, p. 8-9.

[237] Cf. J. Combacau e S. Sur, *Droit international public*, 8. ed., 2008, p. 316-319.

lhes dá a personalidade jurídica e a capacidade de manterem "voz"[238] na conformação do sistema.

Outros sujeitos privados. A análise do sistema internacional nos tempos da globalização demonstra, contudo, que a diversificação dos atores vai bem mais longe, contribuindo para constituir ou reforçar uma comunidade internacional mais diversificada e complexa, desde logo, porque compreende e reconhece papel crescente a atores não estaduais,[239] mas que, só paradoxalmente, é também mais "unida", como é próprio de uma comunidade. A presença dos agentes privados não estaduais nas relações internacionais e globais contemporâneas é até, pelo contrário, tão marcante, que alguns chegam mesmo a caraterizar os tempos hodiernos, precisamente, como a idade dos atores não estaduais.[240]

Não deixa de ser interessante, contudo, começar por notar que para designar esses outros participantes do (novo) sistema jurídico internacional, tais como as empresas multinacionais e as organizações não governamentais, utilize-se o termo genérico "ator não estadual".[241] Esta definição não pode deixar de ser vista como problemática, desde logo na medida em que se determina a essência desses atores pelo que eles não são, ou seja, atores não estaduais. Philip Alston observa que é esta uma definição que não pode deixar de ter sido "intencionalmente adotada a fim de reforçar o pressuposto de que o Estado é não apenas o ator central, mas também aquele indispensável e central em torno do qual todos outras entidades gravitam".[242] Tal definição também reforça a visão da doutrina jurídica ainda hoje predominante que resiste a aceitar a personalidade jurídica das pessoas coletivas não estaduais[243] [244] e antes insiste em afirmar o Estado como o único participante na criação do Direito.[245]

---

[238] Nijman refere-se justamente à personalidade jurídica internacional como a condição para estes atores se fazerem ouvir na ordem internacional. Cf. J. Nijman, *The Concept of International Legal Personality: An inquiry into the History and Theory of International Law*, The Hague, 2004, Asser, p. 9.

[239] D. Narayan, R. Patel, K. Sghafft, A. Rademacher, S. Koch-Shulte (Ed.). *Voices of the Poor. Crying Out For Change*, Washington, 2000, World Bank, em observação de natureza sociológica, observam que, para a generalidade dos indivíduos, a sua relação factual com o sistema jurídico internacional se faz justamente através destes atores, que não dos "distantes" Estados.

[240] Cf. J.T. Mathews, "Power Shift", *Foreign Affairs*, 1997, v. 76, n. 1, p. 50.

[241] V.g., recentemente, os bons trabalhos de Andrea Bianchi, *Non-State Actors and International Law*, Aldershot, 2009, Ashgate; Jean d'Aspremont (Ed.). *Participants in the International Legal System: Multiple Perspectives on Non-State Actors in International Law*, London, 2011, Routledge; Math Noortmann, August Reinisch, Cedric Ryngaert (Ed.). *Non-State Actors in International Law*, Oxford, 2015, Hart.

[242] Cf. P. Alston, "The 'Not-a-Cat' Syndrome: Can the International Human Rights Regime accommodate Non-State Actors?", in P. Alston (Ed.). *Non-State Actors and Human Rights*, Oxford, 2005, Oxford University Press, p. 3.

[243] Muitos exemplos se podem dar, e em especial de doutrina que noutras matérias tende a revelar-se muito progressista. V.g., A. Mahiou, "Le droit international ou la dialectique de la rigueur et de la flexibilité: cours général de droit international", *Recueil des Cours*, 2009, v. 337, p. 265. A constatação desta resistência é aliás expressamente referida por A. Pellet, que imputa "timidez" à doutrina, "inclusive da mais aberta", notando em especial a diferença com que olha aos indivíduos e as outras pessoas privadas. Cf. A. Pellet, "Le droit international à l'aube du XXIè siècle (La société internationale contemporaine – Permanences et tendances nouvelles)", *Cours euro-mediterraneens Bancaja de droit international*, v. I, 1997, Aranzadi, Pamplona, 1998, p. 98.

[244] Th. Margueritte e R. Prouvèze, "Le droit international et la doctrine saisis par le fait: la diversification des sujets du droit international sous l'effet de la pratique", *RQDI*, 2016, p. 173-174 perguntam-se se estes atores serão o último bastião desta resistência ou mesmo rejeição dogmática da doutrina ao reconhecimento da personalidade jurídica internacional para lá dos Estados (e, como vimos, com o passar do tempo, com Organizações Internacionais e até indivíduos), integrando no plano da dogmática jusinternacionalista um desenvolvimento que a realidade das relações internacionais e globais insinua.

[245] *Vide* D. Josselin e W. Wallace (Ed.). *Non-State Actors in World Politics*, Basingstoke, 2001, Palgrave MacMillan.

Empresas multinacionais. A verdade, contudo, é que o sistema global vai alcançar também esses atores, tão relevantes na globalização, que são as empresas multinacionais. O Direito Internacional não contém uma definição estabelecida de empresa multinacional. Ela pode ser definida como "um grupo de empresas de diversa nacionalidade que se unem por laços de titularidade comum e respondem a uma estratégia comum de gestão".[246] As subsidiárias localizam-se em diversos Estados de acolhimento, estando sujeitas às instruções de uma empresa-mãe, localizada num dos Estados.[247] De um ponto de vista jurídico, as empresas multinacionais não são empresas internacionais, antes sim empresas nacionais, que, em função do seu objeto social, pertencem a uma ou mais jurisdições nacionais. Diferenciam-se das Organizações Internacionais, já que o Direito específico destas é o Direito Internacional.[248] As empresas multinacionais podem ser tidas como protagonistas principais da globalização económica, e são atores poderosos, advindo o seu poder, por vezes superior ao de não poucos Estados, da influência que podem exercer nos Estados de acolhimento dos seus investimentos e, também, do facto de os Estados, habitualmente, terem dificuldade, se não mesmo incapacidade, em as controlar, na sua dinâmica de vida.[249]

De há muito[250] que as empresas multinacionais estão presentes e interagem com o sistema internacional bem como com o Direito Internacional.[251][252] Contudo, embora alguns, poucos, jusinternacionalistas, como Wolfgang Friedmann, há já várias décadas também, tenham sugerido que as empresas multinacionais podem ser tidas como participantes na evolução do moderno Direito Internacional,[253] a opinião clássica largamente dominante no seio dos cultores da disciplina, mesmo aqueles que, normalmente, nela defendem posições progressistas, como Antonio Cassese, antes é a de que não têm direitos ou obrigações. Muitos reconhecem que os Estados, independentemente da sua orientação ideológica, têm relutância em atribuir-lhes personalidade jurídica internacional.[254]

---

[246] Na senda de S. Joseph, "Taming the Leviathan: Multinational Entreprises and Human Rights", *Netherlands International Law Review*, 1999, v. 46, p. 172.

[247] Assim, P.N. Doremus *et al.*, *The Myth of Global Corporation*, Princeton, 1998, Princeton University Press. Vide ainda a Resolução 3 sobre "Empresas Multinacionais" (*Multinational Entreprises*), de 1977, do Institut de Droit International, *in* Institut de Droit International, *Annuaire de L'Institut de Droit International. Session d'Oslo. 1977*, 1978, v. 57, nº 2, p. 339.

[248] Vinca-o, B. Großfeld, "Multinationale Unternehmen und nationale Souveränität", *JuS*, 1978, p. 73; R. Higgins, "A Multinational Corporation or an International Organization", *in* R. Morgan *et al.* (Ed.). *New Diplomacy in the Post-Cold War: Essays for Susan Strange*, London, 1993, Macmillan Press, 1993, p. 187.

[249] Lembra-o P. Vellas, "Les entreprises multinationales et les organisations non gouvernementales, sujets du droit international", *Mélanges offerts à Paul Couzinet*, Toulouse, 1974, Université de Toulouse, p. 794-773.

[250] Cf. S. Tully, *Corporations and International Lawmaking*, London, 2004, LSEPS, p. 68-73.

[251] Cf. Muchlinski, *Multinational Entreprises and the Law*, 2. ed., 2007, p. 5, ss.

[252] Alguns proclamam-nas "invisíveis" para o Direito Internacional, atendendo a que é o direito nacional que, caracteristicamente, imediatamente as regula. Cf. F. Johns, "The Invisibility of the Transnational Corporation: An Analysis of International Law and Legal Theory", *Melbourne University Law Review*, 1994, v. 19, p. 922. Mas também sublinha que, se é certo que as empresas multinacionais são criaturas de direito nacional, as suas operações comerciais estão focadas num espaço mais vasto do que o espaço territorial estadual, que elas formulam políticas internacionais no seu objetivo de realização de lucros; em suma, que há uma discrepância entre o seu estatuto *de iure*, nacional, e o seu impacto *de facto*, no quadro internacional.

[253] Cf. W. Friedmann, *The Changing Structure of International Law*, Berlin, 1964, p. 230.

[254] Cf. A. Cassese, *International Law in a Divided World*, 1986, p. 103. Mas, *vide* também Jonathan I. Charney, "Transnational Corporations and Developing Public International Law", *Duke Law Journal*, 1983, p. 748, ss.

Hoje, contudo, parece mais apropriado reconhecer-se que as empresas multinacionais contribuem, direta ou indiretamente, para a feitura de regras internacionais,[255] [256] o que deve ser tido como primeiro indicador e justificação para se lhes reconhecer personalidade jurídica internacional. Elemento importante neste sentido é o facto de, há muito também, as empresas multinacionais celebrarem contratos ou acordos com Estados de acolhimento para nestes sediar os seus investimentos e propiciar o desenvolvimento ambicionado por estes Estados. Estes contratos e acordos e a relação de muitos Estados, porventura anteriormente reticentes, com as empresas multinacionais vão tornar-se muito mais numerosos e intensos com a evolução do contexto mundial trazida pela globalização.[257] Alguma doutrina reconhece a estes contratos ou acordos, que estão na origem direta de um veio do Direito Internacional que não tem outra razão direta que não sejam estas sociedades transnacionais, a integração nas categorias de fontes de Direito Internacional.[258] [259]

As empresas multinacionais também participam na elaboração de tratados internacionais. A negociação e mesmo a redação dos principais tratados económicos internacionais é, na realidade factual, muitas vezes, feita sob instigação e com o apoio ou com o envolvimento direto destas empresas; como se viu no Acordo sobre Aspetos dos Direitos de Propriedade Intelectual Relacionados com o Comércio, Incluindo Comércio de produtos falsificados (Acordo TRIPS).[260]

O contributo das empresas multinacionais para a construção do Direito Internacional pode ilustrar-se ainda, mais recentemente, com os exemplos de autorregulação, com as regras de "direito mole" (*soft law*)[261] dos códigos de conduta que as empresas multinacionais voluntariamente adotam ou aceitam que as afetem.[262] [263]

---

[255] Ainda o denegava a, contudo mais politicamente socialmente orientada, "escola de New Haven": embora aceite que as empresas sejam atores independentes poderosos, considera que não têm competência para fazer Direito Internacional. Cf. M. McDougal, H. Lasswell e M. Reisman, "The World Constitutive Process of Authoritative Decision", *Journal of Legal Education*, 1996, v. 19, p. 253 e R. Higgins, *Problems and Process: International Law and How We Use It*, Oxford, 1994, Clarendon Press, p. 50. Mas, a estas leituras, contrapunham outros apelos a que o Direito Internacional abandone regras sacrossantas, enraizadas no passado, e se adapte a novas condições sociais emergentes. *V.g.* Casos do *Sudoeste Africano*, ICJ Reports, 1966, para 49; Caso *Barcelona Traction, Light and Power Co. (Belgium v. Spain)*, ICJ Reports 1970, para. 37.

[256] Para uma visão do Direito como um processo de barganha e comunicação, como o produto de círculos de comunicação dinâmicos em interações entre múltiplos e variegados atores, *vide* G. Teubner, *Law as an Autopoietic System*, Oxford, 1993, Blackwell.

[257] A. Mahiou indica como fatores importantes nesta evolução a dissolução do bloco internacional de Estados socialista, o triunfo do modelo liberal de desenvolvimento, o enfraquecimento da solidariedade entre os Estados-Membros do Grupo dos 77 e destaca o efeito de tantos países em vias de desenvolvimento, outrora reticentes em relacionar-se com empresas multinacionais, passarem a fazê-lo com frequência, através destes contratos ou acordos. Cf. A. Mahiou, "Le droit international ou la dialectique de la rigueur et de la fléxibilité: cours général de droit international", *Recueil des Cours*, 2009, v. 337, p. 271.

[258] Ibidem.

[259] Sobre a necessidade de repensar as fontes de Direito Internacional, também em razão da emergência de novos agentes na sociedade internacional, *vide*, já há décadas, G. Fitzmaurice, "Some Problems regarding the Formal Sources of International Law", *Symbolae Verzijl*, 1958, p. 153 e G.J.H. Van Hoof, *Rethinking the Sources of International Law*, Denver, 1983, Kluwer, p. 283.

[260] Acordo feito em Marrakech a 15 de abril de 1994. Cf. *UNTS*, v. 186, p. 299, ss.

[261] O conceito de *soft law* respeita a instrumentos que não pertencem às fontes formais do Direito Internacional. Sobre o mesmo e as aceções em que é utilizado, *vide* R. Baxter, "International Law in 'Her Infinite Variety'", *ICLQ* 1980, v. 29, p. 549, ss.; R. Ida, "Formation des normes internationales dans un monde en mutation: Critique

Mas há também um consenso crescente na sociedade internacional, como na mais plural e solidária comunidade internacional, de que importa que as empesas multinacionais sejam sujeitas a obrigações de respeito de direitos humanos fundamentais e a elementos fundamentais ou *standards* de responsabilidade social.[264] Sob os auspícios da Organização mundial, neste sentido se criou o Compacto Global das Nações Unidas.[265] Trata-se de um "pacto" ainda não vinculativo a respeito de direitos humanos, proteção do trabalho, do ambiente e anticorrupção, que encoraja as empresas a adotar, à escala global, práticas e políticas sustentáveis e a cumprir o decálogo de princípios estabelecido.[266] [267] Neste sentido, também, têm mesmo vindo a ser propostas ou elaboradas regras jurídico-internacionais de natureza vinculativa de responsabilização destas empresas que assegurem o respeito de direitos humanos, direito laboral, direito do ambiente. Destacam-se, em particular, na prática internacional, as "Normas sobre a Responsabilidade de Empresas Transnacionais e Outras Empresas Comerciais a respeito dos Direitos Humanos", elaboradas em 2003 pela Subcomissão sobre a Promoção e a Proteção de Direitos Humanos do Conselho Económico e Social.[268] [269] A Comissão dos Direitos do Homem não aprovou o projeto, antes pedindo a nomeação de um novo representante especial sobre a questão. Esta nomeação do representante especial para a questão dos direitos humanos e das sociedades transnacionais e outras empresas, John Ruggie, ocorreu em 2005. De entre os trabalhos ainda em curso, destacam-se uns "princípios diretores relativos as empresas e aos direitos humanos" que procuram traduzir neste domínio o quadro de referência da Comissão da tríplice obrigação de proteger, respeitar e cumprir. O projeto foi adotado pelo Conselho dos Direitos do Homem em 2011 e tem vindo a ser desenvolvido por projetos outros do Relator especial.[270]

---

de la notion de soft law", in Le droit International au service de la paix, de la justice et du développement, *Mélanges Michel Virally*, 1991, p. 333, ss.; U. Fastenrath, "Normativity in International Law", *EJIL*, 1993, v. 4, p. 305-340. Sobre o conceito, quando referido a resoluções da Assembleia-Geral das Nações Unidas, cfr. B. Sloan, "General Assembly Resolutions Revisited, (Forty Years After)", *BYBIL*, 1987, v. 58, p. 39, ss.

[262] Veja-se, por exemplo, OCDE, *Principes directeurs de l'OCDE à l'intention des entreprises multinationales*, de 25 de maio de 2011. Cf. http://www.oecd.org.

[263] N. Jägers, Corporate Human Rights Obligations: In Search of Accountability, 2002, p. 19-35; J.L. Dunoff, S.R. Ratner, D. Wippman, International Law Norms, Actors, Process: A Problem Oriented Approach, 2006, 2. ed., p. 216-234.

[264] Vide A. Clapham, Human Rights Obligations of Non-State Actors, 2006, p. 79, ss.

[265] Cf. www.unglobalcompact.org.

[266] Cf. *Guide to Corporate Sustainability. Shaping a Sustainable Future*, in www.globalcompact.org https://d306pr3pise04h.cloudfront.net/docs/publications%2FUN_Global_Compact_Guide_to_Corporate_Sustainability.pdf.

[267] S.v. Schorlemmer, "Der "Global Compact" der Vereinten Nationen", *in* S.v. Schorlemmer (Ed.). *Praxishandbuch UNO*, 2003, p. 507, ss.

[268] Cf. U.N. Doc. E/CN.4/Sub.2/2003/12/Rev.2 (Aug. 26, 2003).

[269] Na doutrina, relevando as iniciativas normativas, S. Tully, *Corporations and International Lawmaking*, London, 2004, LSEPS, p. 418-423; J. L. Dunoff, S.R.Ratner, D. Wippman, *International Law Norms, Actors, Process: A Problem Oriented Approach*, 2006, 2. ed., p. 216-234; Emeka Duruigbo, "Corporate Accountability and Liability for International Human Rights Abuses: Recent Changes and Recurring Challenges", *New Wales University Journal of Human Rights*, 2008, nº 6, p. 222, ss.; Larry Catá Backer, "The United Nations' "Protect-Respect-Remedy" Project: Operationalizing a Global Human Rights Based Framework for the Regulation of Transnational Corporations", *Santa Clara Journal of International Law*, 2011, v. 9, p. 37, ss.

[270] J.G.Ruggie, *Just Business: Multinational Corporations and Human Rights*, New York, 2013, W.W.Norton; J.G. Ruggie, "Multinationals as Global Institutions: Power, Authority, and Relative Autonomy", 2017. De uma perspectiva muito crítica, *vide* S. Prakash Sethi, "John Gerard Ruggie, 'Just Business: Multinational Corporations and Human Rights'", *Journal of Business Ethics*, 2014, p. 361-362.

A este outro indício de nascente personalidade jurídica internacional para as empresas multinacionais acresce que existe hoje no Direito Internacional económico (abrangendo o Direito dos investimentos, do comércio e o que regula as operações financeiras internacionais) um conjunto de mecanismos jurídicos pelos quais as empresas podem trazer a instâncias internacionais diversas, instâncias não judiciais mas também judiciais, reivindicações contra os Estados.[271] Esses mecanismos incluem o recurso a órgãos institucionais (tanto baseados em tratados, como não baseados em tratados) com procedimentos definidos de audição de reclamações, órgãos de tomada de decisões juridicamente vinculativas e procedimentos de execução.[272]

Esta participação das empresas multinacionais nos mecanismos de sindicância do respeito do Direito Internacional económico[273] pode ser direta, como pode ser indireta. Assim, muitos dos litígios internacionais económicos formalmente trazidos pelos Estados aos órgãos jurisdicionais especializados, como os que ocorrem no âmbito dos procedimentos de solução de litígios da OMC, são, de facto, empreendidos, patrocinados e apoiados pelas empresas afetadas pela ação comercial que é objeto da reclamação.[274] O que se compreende. São elas as mais interessadas, como são elas que conhecem o mercado e têm capacidade para avaliar do efetivo cumprimento ou incumprimento das regras que o regem, assim contribuindo com os seus testemunhos para o bom apuramento dos factos relevantes.[275] Esta participação indireta nos mecanismos jurisdicionais ocorre, por exemplo, no quadro do sistema de resolução de litígios da Organização Mundial do Comércio.[276] Mas casos há também em que a participação é direta. Assim acontece no quadro do Direito Internacional dos investimentos e dos seus mecanismos especiais de resolução de litígios,[277] nomeadamente por via da arbitragem investidor-Estado de acolhimento[278] e o sistema do Centro Internacional de Solução de Litígios de Investimento

---

[271] Cf. C. McLachlan, L. Shore, M. Weiniger, *International Investment Arbitration*, Oxford, 2008, Oxford University Press; R. Dolzer, Ch. Schreuer, *Principles of International Investment Law*, 2. ed., Oxford, 2012, Oxford UniversityPress.

[272] M. Sornarajah, "Power and Justice in Foreign Investment Arbitration", *Journal of International Arbitration*, 1997, v. 14, p. 103-140. Na União Europeia, as empresas podem intentar diretamente ações por violação de regras do Direito da União junto da instituição Tribunal de Justiça da União Europeia. Cf. M. Horspool, M. Humphreys, *European Union Law*, 8. ed., Oxford, 2014, Oxford University Press.

[273] Que não do Direito Internacional em geral, já que para ele, em geral, as empresas multinacionais permanecem de facto desprovidas de personalidade judiciária perante as jurisdições internacionais, facto utilizado como argumento para lhes negar a personalidade jurídica internacional. As principais jurisdições internacionais, como o TIJ, só poderão julgar litígios respeitantes a empresas multinacionais por intermédio da proteção diplomática.

[274] *Vide* S. Croley, J. Jackson, "WTO Dispute Procedures, Standard of Review and Deference to National Governments", *American Journal of International Law*, 1996, v. 90, p. 193-213; S. Charnovitz, "Economic and Social Actors in the World Trade Organization", *ILSA Journal of International and Comparative Law*, 2001, v. 7, p. 259-274.

[275] Ph. Maddalon, "Les rapports des groups spéciaux de l'Organe d'appel de l'OMC", *AFDI*, 2005, v. 51, n.1, p. 629.

[276] A relação entre empresa de facto propulsora e agente da defesa de direitos violados e o Estado que formalmente desencadeia e sustenta a ação perante o mecanismo de resolução de litígios da OMC é particularmente evidente no caso *Coreia – direitos antidumping sobre as importações de certos papéis em proveniência da Indonésia*, WT/DS312/R, de 28 de outubro de 2005 (Relatório do Grupo de Trabalho).

[277] Cf. P. Fischer, "Transnational Enterprises", *EPIL*, instalment 8, p. 518.

[278] A. S. Alexandroff, I. A. Laird, "Compliance and Enforcement", *in* P. Muchlinski, F. Ortino, Ch. Schreuer (Ed.). *The Oxford Handbook of International Investment Law*, 2008, p. 1171, ss. e G. Van Harten e M. Loughlin, "Investment Treaty Arbitration as a Species of Global Administrative Law", *EJIL*, 2006, v. 17, p. 121, ss.; B. Kingsbury, S. Schill, "Investor-State Arbitration as Governance: Fair and Equitable Treatment, Proportionality, and the Emerging Global Administrative Law", *in* B. Kingsbury, A. Gorgillo, R.B.Stewart (Ed.). *El Nuevo Derecho*

instituído pela Convenção de Washington de 1965.[279] [280] Neste âmbito, tão único quão notável, as empresas multinacionais têm acesso à instância jurisdicional exatamente na mesma condição que os Estados.[281] Note-se ainda que, mesmo quando as empresas multinacionais não têm *ius standi* em algumas destas instâncias judiciais, direito a, elas próprias, intentarem ações, antes normalmente tendo que recorrer à intermediação do Estado, pela via da proteção diplomática, tais empresas viram ser-lhes atribuídos direitos de participação processual: por exemplo, como *amicus curiae*.[282] [283]

A todas estas manifestações de ação, presença e participação na vida internacional da globalização, e mesmo direitos e obrigações juridicamente relevantes na vida contemporânea, acresce que há, na prática das sanções internacionais da ONU, exemplos de situações em que algumas empresas multinacionais foram objeto direto de sanções por violação das regras respeitantes a embargos económicos previamente estatuídos pelo Conselho de Segurança e pela Assembleia Geral da ONU.[284] Assim foi com a inclusão em listas negras e, mais especificamente ainda, com a denúncia concreta de ações de navios-tanque da titularidade de companhias internacionais petrolíferas, consistentes no transporte de petróleo por parte destas embarcações para a República da África do Sul, com o que se violava o embargo antes decretado pelo Conselho de Segurança como medida de execução no combate ao regime de *apartheid* da África do Sul.[285] O que tais medidas sancionatórias implicitamente significam é que as empresas multinacionais proprietárias destes navios eram titulares diretas de obrigações de Direito Internacional no quadro do regime de sanções estatuído. As Nações Unidas, ao definirem tal regime e ao atuarem em conformidade, perante atos entendidos como de violação desse regime,

---

Administrativo Global en América latina, 2009, http://papers.ssrn.com/sol3/papers.cfm?abstract_id=1466980; T.R. Braun, *Globalization-Fueled Innovation: The Investor as Subject of International Law*.

[279] Mais conhecido pelo acrónimo CIRDI, ou ICSID na língua Inglesa.

[280] Cf. D. Carreau e P. Julliard, *Droit international économique*, Paris, 2010, Dalloz, p. 19.

[281] Cf. artigo 25º da Convenção de Washington, ou Convenção para a resolução dos litígios relativos aos investimentos entre Estados e nacionais de outros Estados, *UNTS* 1965, v. 5757, p. 169, ss.

[282] Cf. artigo 13º, parágrafo 1 do *Memorandum* de acordo sobre a solução de litígios, anexo ao Acordo que institui a Organização Mundial de Comércio (anexo 2) que consagra esta faculdade para os casos trazidos aos "painéis" ou grupos especiais (Grupos de Trabalho). O Órgão de Recurso dentro do Sistema de solução de litígios da OMC estendeu esta faculdade ao processo de recurso, embora de modo prudente. Exemplos da utilização desta faculdade nos casos *Estados Unidos – Proibição à importação de certos camarões e de produtos na base de camarão*, WT/DS58/R, de 15 de maio de 1998 (relatório do Grupo de Trabalho) e WT/DS58/AB/R, de 12 de outubro de 1998 (relatório do Órgão de Recurso); *Canadá – Determinação final em matéria de direitos de compensação respeitantes a certas madeiras resinosas provenientes do Canadá*, WT/DS257/AB/R, de 19 de janeiro de 2004 (relatório do Órgão de Recurso); *Comunidades Europeias – Medidas que afetam o amianto e os produtos que o contêm*, WT/DS135/AB/R, de 12 de março de 2001 (relatório do Órgão de Recurso).

[283] *Vide* alguns exemplos no domínio da litigiosidade respeitante a investimentos internacionais na área dos serviços de água, como o caso *Aguas del Tunari*, o caso *Biwater v. Tanzania* ou o caso *Suez*. Exemplos que são tão mais significativos quanto envolveram importante inflexão da jurisprudência internacional e deram lugar à revisão de tratados internacionais (desde logo a própria Convenção de Washington e as Regras de Arbitragem do ICSID de 2006) no sentido de consagrar tal prática. Cf. P. Canelas de Castro, "Towards the harmonization of the human right to water with the protection of international investments in the context of the processes of privatization of water services? – A new development in International Water Law?", *Soochow Law Journal*, 2016, v. XIII, n. 1, p. 43-57.

[284] *Vide* Ch. Langenfeld, "Embargo", *EPIL*, v. II, 1999, p. 62-66; S. Tully, *Corporations and International Lawmaking*, London, 2004, LSEPS, p. 172-176.

[285] J. Delbrück, "Apartheid", in R. Wolfrum (Ed.). *United Nations: Law, Policies and Practice, New Revised English Edition*, Munich, 1995, v. 1, p. 38.

estavam a considerar o ator não estadual empresa internacional como uma entidade jurídica, suscetível e efetivamente titular de direitos e obrigações.[286]

Organizações Não Governamentais. Mas também às Organizações Não Governamentais internacionais[287] se vai começar a reconhecer estatuto jurídico internacional limitado.

Como acontece com as empresas multinacionais, também a respeito das ONG, o Direito Internacional não contém uma definição estabelecida, embora a Resolução 1996/31 do Conselho Económico e Social da ONU identifique atributos das ONG.[288] A doutrina jusinternacionalista aponta, contudo, alguns elementos constitutivos: trata-se de associações privadas criadas por pessoas individuais ou coletivas com base num contrato de direito privado; que perseguem objetivos, normalmente não lucrativos, a nível nacional ou transfronteiriço; para o que dispõem de uma estrutura institucional e sede com duração; e são sujeitos de direito estadual, mesmo quando agem num plano internacional.[289] Independentemente da sua personalidade jurídica, sujeita ao direito nacional,[290] a sua existência e eficácia desenrola-se crescentemente no plano internacional global. O seu número elevado,[291] a sua presença vigorosa em *fora* decisivos de deliberação sobre o governo global, a prática internacional, bem estabelecida, de atuarem em rede, a comunicação sistemática por recurso à internet,[292] as competências que evidenciam, e mesmo, mais especialmente, a capacidade política de influenciar atores decisores de que dão provas, fazem-nas não só elemento marcante, incontornável, das relações internacionais e transnacionais da era global,[293] da governação global contemporânea, no contexto de uma genérica transformação da humanidade numa sociedade civil global,[294] como colocam crescentemente a questão do seu estatuto jurídico internacional.

---

[286] Vide E. S. Schmidt, "United Nations Sanctions and South Africa: Lessons from the Case of Southern Rhodesia", in United Nations, *Sanctions Against South Africa*, 1988, p. 21-55; T. Stoll, "Rhodesien/Zimbabwe; Konflikte, Südafrika", in R. Wolfrum (Ed.). *Handbuch Vereinte Nationen*, 1991, p. 501-514.

[287] Mais amplamente, o Secretário-Geral das Nações Unidas, no documento "Cooperation between the UN and all relevant partners, in particular the private sector", UN Doc. A/56/323 (2001), parágrafo 6 e Anexo 1, refere-se a "sector privado", onde cabem também empresas. Na doutrina, T. Princen e M. Finger (Ed.). *Environmental NGOs in World Politics*, London, 1994, Routledge, p. 6, definem as ONG como associações de indivíduos que representam elementos da opinião pública, estabelecidos ao abrigo de direito interno, com uma organização ou estrutura de governação permanente (idealmente democrática e transparente) e que possuem competências ou capacidades de saber especializadas.

[288] Antes, a Resolução 288 (X) de 27 de fevereiro de 1950 apenas apontava tratar-se de "qualquer organização internacional que não é fundada por um tratado".

[289] J. Delbrück, "Nichtregierungsinstitutionen. Geschichte – Bedeutung – Rechtsstatus", *Rechtspolitisches Forum*, 2003, v. 13; O. Kimminich, S. Hobe, *Einführung in das Völkerrecht*, 6. ed., Tübingen, 1997, p. 149.

[290] Com base no critério da sede ou do ato constitutivo, é ao Direito nacional que as ONG obedecem. Cf. G. Kegel, *Internationales Privatrecht*, 1995, p. 413; D. Thürer, "The Emergence of Non-Governmental Organizations and Transnational Enterprises and the Changing Role of the State", in R. Hoffmann (Ed.). *Non-State Actors as New Subjects of International Law*, 1999, p. 45; e K. Doehring, *Völkerrecht*, Heidelberg, 1999, p. 84, ss.

[291] S. Tully, *Corporations and International Lawmaking*, LSEPS, 2004, London, p. 46, por exemplo, anota que das 41 ONG que haviam obtido estatuto consultivo nas Nações Unidas em 1948 se salta para 2088 ONG com idêntica posição em 2001.

[292] Cf. J. Neyer, *Postnationale politische Herrschaft*, p. 85, ss., com exemplos.

[293] Vide também R. Falk, "The Nuclear Weapons Advisory Opinion and the New Jurisprudence of Global Civil Society", *Transnational Law and Contemporary Problem*, 1997, v. 7, p. 333.

[294] Se o conceito de sociedade civil se limitasse à sua dimensão privada, assente pela teoria que destrinça Estado e sociedade (cf. E.W. Böckenförde, *Die verfassungstheoretische Unterscheidung von Staat und Gesellschaft als Bedingung der individuellen Freiheit*, 1973; H.H. Rupp, "Die Unterscheidung von Staat und Gesellschaft",

O problema do reconhecimento de tal estatuto resulta, pois, desde logo, de facto, da aceitação da transformação contemporânea do sistema internacional tradicional num sistema internacional diferente, global, que compreende vetores transnacionais.[295] Até à data, esse estatuto, permitindo reconhecer genericamente as ONG e assegurar a sua proteção, não existe.[296] [297] Acresce que parte importante da doutrina jusinternacionalista também opõe muitas objeções a que, da mera participação das ONG atuantes no plano internacional, possa decorrer uma igualmente genérica personalidade jurídica internacional.[298] Nada, contudo, parece impedir que se reconheça personalidade jurídica a, pelo menos, algumas ONG. Assim, desde logo, se se entender que não há qualquer necessidade jurídica, de política jurídica, para que se sustente um *numerus clausus* relativamente à subjetividade jurídica internacional. Como se viu, desde logo a propósito das Organizações Internacionais, não há nenhuma espécie de impedimento impediente a que o Direito Internacional atribua personalidade a outros atores da vida internacional para além dos Estados. Tal restrição é apenas alegada,[299] mas, a final, injustificada.

A aceitação da realidade da prática internacional e dos importantes papéis que efetivamente desempenham no atual sistema global, antes parece abundar no sentido de a comunidade jurídica internacional resultante da globalização se abrir a que, pelo menos, os atores não governamentais mais importantes sejam incluídos no universo dos sujeitos limitados funcionais. Decisivo, parece, é verificar se o próprio Direito Internacional contém respostas normativas positivas que efetivamente alarguem essa subjetividade a estes atores típicos da globalização, se nele há regras que erigem estes atores em titulares de direitos e até obrigações diretamente imputáveis aos mesmos e que tais títulos são atuáveis de acordo com o Direito Internacional. Quando assim é, independentemente de tais títulos resultarem do reconhecimento de faculdades de participação, porventura

---

Handbuch des Staatsrechts der Bundesrepublik Deutschlands, v. II, 2004, p. 879, ss.) seria desprovido de conteúdo político. Não é esta noção "burguesa" que aqui se acolhe ou que perpassa nos estudos sobre a globalização e a sua regulação jurídica. Antes sim um conceito politicamente carregado ou significativo, em que os membros da sociedade civil se percebem como cidadãos, envolvidos na definição dos destinos do todo coletivo da *polis*. Uma noção, pois, de *cidadania* no espaço global, de forma análoga ao sentido, tanto político como jurídico, que Habermas empresta, por exemplo, in *Faktizität und Geltung, Beiträge zur Diskurstheorie des Rechts und des demokratischen Rechtsstaats*, 4. ed., Frankfurt a. M., 1994, p. 443. É uma noção, por outro lado, análoga à que, no quadro normativo internacional, resulta da Declaração da Sociedade Civil, emitida pelo Fórum Global dos Povos (*Global Peoples Forum*) na Cimeira sobre Desenvolvimento Sustentável de Joanesburgo em 2002. Cf. www.world.summit.org.za/policies/cs_decl.html.

[295] Cf. P.C. Jessup, *Transnational Law*, New Haven, 1956, Yale University Press, p. 106. O direito transnacional é mais recetivo à consideração de interesses comerciais. Enquanto que "internacional" descreve interações entre Estados, "transnacional" refere-se a transações transfronteiriças que também envolvem atores não estaduais. Cf. T. Risse-Kappen, "Introduction", "Bringing Transnational Relations Back", in T. Risse-Kappen (Ed.). *Non-State Actors. Domestic Structures and International Institutions*, Cambridge, 1995, Cambridge University Press, p. 3.

[296] Vide S. Hobe, "Der Rechtsstatus der Nichtregierungsorganisationen nach geltendem Völkerrecht", AVR, 1999, v. 37, p. 152, ss.; A. Emmerich-Fritsche, *Vom Völkerrecht zum Weltrecht*, Berlin, 2007, Duncker & Humblot, p. 854.

[297] Repare-se que mesmo no, já de si limitado, quadro europeu, e com âmbito temático igualmente restrito, a Convenção Europeia sobre o reconhecimento da personalidade jurídica das organizações internacionais não governamentais, de 24 de abril de 1986, supõe a verificação prévia de uma subjetividade jurídica nacional e comporta numerosas exceções.

[298] Cf. H. Mosler, "Die Erweiterung des Kreises der Völkerrechtssubjekte", ZaöRV, 1962, v. 22, p. 1, ss.; S. Hobe, "Völkerrecht im Zeitalter der Globalisierung", AVR, 1999, v. 37, p. 152, ss.; U. Hingst, *Auswirkungen der Globalisierung auf das Recht der völkerrechtlichen Verträge*, 2001, p. 154, ss.

[299] Ainda a invoca, mesmo já alargando o estatuto às Organizações Internacionais, Ian Brownlie, *Principles of Public International Law*, 4. ed., 1995, p. 58-70.

até, no processo cada vez mais complexo de desenvolvimento do Direito Internacional, ou se figurarem como efetivos direitos e obrigações substanciais, a que acresçam direitos processuais no procedimento de aplicação jurisdicional do Direito, terá que se concluir que pelo menos algumas ONG adquirem personalidade jurídica internacional.

Ora, no Direito Internacional contemporâneo, há, de facto, crescentes elementos de Direito positivo a consubstanciar esta conclusão.

Há, desde logo, a experiência de institucionalização da participação das ONG na feitura do Direito Internacional particular das relações laborais, no quadro único, embora também limitado, da Organização Internacional do Trabalho. Nesta, as organizações de empregadores e de trabalhadores têm assento comum no quadro da forma de trabalho tripartida desta particular Organização Internacional.

Releva também o facto de as ONG internacionais participarem como observadores nos trabalhos de Organizações Internacionais da família das Nações Unidas, de as ONG em órgãos destas Organizações Internacionais possuírem um estatuto jurídico ao abrigo das regras secundárias de direito internacional criadas por esses órgãos da própria Organização Internacional em causa. Assim é, por exemplo, com regras procedimentais decretadas pela Organização Internacional no exercício das competências que lhe são reconhecidas no direito primário ou originário desta, *notius* o tratado constitutivo da mesma. Assim o revela a prática da ONU.[300] Com base no artigo 71º da Carta, o Conselho Económico e Social chegou a acordos que definem formas de proceder a consultas com ONG.[301] O estatuto assim definido compreende três categorias de consultas: estatuto consultivo geral, estatuto consultivo especial e aquele que advém às demais ONG que não usufruam dos dois primeiros. Ao abrigo deste estatuto consultivo diferenciado, podem as ONG habilitadas contribuir os seus pontos de vista e dirigir-se a órgãos da ONU, para além de poderem solicitar a inscrição na agenda de assuntos do seu especial interesse.[302] De igual modo, se prevê idêntica faculdade e estatuto de observador no artigo V, nº 2 do acordo sobre a Organização Mundial do Comércio. A faculdade de consulta de ONG tem sido exercida pelo Secretariado da OMC, que para o efeito convida ONG numa base temática. Acresce que a prática da Organização também estabeleceu a faculdade de as ONG contribuírem documentos definidores das suas posições por via eletrónica. Já a sua participação nas reuniões dos órgãos da OMC está excluída.[303]

Para além destes direitos, releva a possibilidade de influenciarem a formação de vontades, de contribuírem para formar opinião pública internacional e mesmo de conformarem a formação de regras. Tem sido particularmente saliente através da sua participação nas áreas de proteção de direitos humanos e da proteção do Direito Internacional do ambiente. Não é, contudo, normal que as ONG gozem genericamente de

---

[300] F.W. Stoecker, *NGOs und die UNO*, 2000, p. 90.
[301] Vide R. Lagoni e Chaitidou, "Article 71", *in* B. Simma et al. (Ed.). *The Charter of the United Nations. A Commentary*, v. II, 2. ed., Oxford, 2002, Oxford University Press, p. 1068-1081.
[302] Cf. Resolução 1296/XLIV do Conselho Económico e Social da ONU (ECOSOC), de 23 de maio de 1998. Vide, na literatura, O. Kimminich, S. Hobe, *Einführung in das Völkerrecht*, p. 149, ss.; S. Hobe, "Der Rechtsstatus der Nichtregierungsorganisationen nach geltendem Völkerrecht", *AVR*, 1999, v. 37, p. 152, ss.; V. Epping, *in* K. Ipsen (Ed.). *Völkerrecht*, p. 78, ss.; I. Seidl-Hohenveldern e G. Loibl, *Das Recht der internationalen Organisationen*, 2000, p. 4.
[303] J. Neyer, *Postnationale politische Herrschaft*, p. 55; A. Emmerich-Fritsche, *Vom Völkerrecht zum Weltrecht*, Berlin, 2007, Duncker & Humblot, p. 855.

faculdade para contribuírem diretamente as suas posições para as deliberações das OI. Ainda assim, existe a liberdade de fazerem propostas ao abrigo de um estatuto de observador e mesmo de participarem em grupos de trabalho em conjunto com representantes dos Estados, por exemplo ao abrigo do Acordo de Washington sobre Proteção de Espécies em Perigo.[304] O direito de participação nestes trabalhos exclui, porém, o direito de voto. De relevar também, igualmente a título ilustrativo, os direitos de participação das ONG na aplicação da Convenção sobre Desertificação.[305] [306]

Acresce a participação das ONG na própria produção normativa. Em tais casos, as ONG podem contribuir para a definição de regras novas, para a produção de *standards*, contribuindo saber, tomada de consciência, e pressão.[307] Assim se tem documentado nos domínios do Direito Internacional do ambiente,[308] do Direito Internacional humanitário, do Direito Internacional do mar,[309] dos direitos humanos. Alguns tratados internacionais, em particular, são reconhecidamente tidos como fortemente influenciados no seu conteúdo e sentido geral pelas atividades e contributos dados por ONG no procedimento da sua adoção:[310] assim, por exemplo, o do comércio com espécies da flora selvagem e fauna em risco, de 1973;[311] ou o respeitante à proibição de uso, armazenagem, produção e transferência de minas antipessoais e sobre a sua destruição, de 1997;[312] e também o Estatuto do Tribunal Penal Internacional;[313] ou ainda a Convenção sobre os Direitos da Criança.[314] De igual modo, é genericamente reconhecido que, através da sua participação, as ONG contribuíram poderosamente para a formação de vontades nas Conferências sobre Ambiente e Desenvolvimento, no Rio de Janeiro, em 1992,[315] sobre direitos humanos, em Viena, em 1993, sobre direitos das mulheres, em Beijing, em 1997, sobre o

---

[304] Artigo XI, nº 7. *Vide* S. Oberthür, "Auf dem Weg zum Weltumweltrecht", *in* B. Zangl, M. Zürn (Ed.). *Verrechtlichung*, 2004, p. 126, ss.

[305] Convenção das Nações Unidas para Combater a Desertificação nos Países que Conhecem Séria Seca e/ou Desertificação. Cf. United Nations Convention to Combat Desertification in Those Countries Experiencing Serious Drought and/or Desertification, Particularly in Africa, U.N. Doc.A/AaC.241/27 (1994), *International Legal Materials*, 1994, v. 33, p. 1328, ss.

[306] Na doutrina, *vide* K. W. Danish, "International Environmental Law and the 'Bottom-Up' Approach, a Review of the Desertification Convention", *Indiana Journal of Global Legal Studies*, 1995, v. 3, p. 133-176.

[307] T. Van Boven, "The Role of Non-Governmental Organizations in International Human Rights Standard-Setting: A Prerequisite for Democracy", *California Western International Law Journal*, 1990, v. 20, p. 207-25; P.-M. Dupuy e L. Vierucci (Ed.). *NGOs in International Law: Efficiency in Flexibility?*, Cheltenham, 2008, Edward Elgar.

[308] P. Canelas de Castro, "Mutações e Constâncias do Direito Internacional do Ambiente", *RJUA*, 1994, nº 2, p. 145-183; J. Gupta, "The Role of Non-State Actors in International Environmental Affairs", *ZaöRV*, 2003, v. 63, p. 463, ss.

[309] Cf. S. Hobe, "Global Challenges to Statehood – The Increasingly Important Role of International Nongovernmental Organisations", *Indiana Journal of Global Legal Studies*, 1997, v. 5, p. 1919, ss.; J. Delbrück, "*Erga Omnes* Norms in International Law", *in Liber Amicorum G. Jaenicke*, 1998, p. 26, ss.; U. Beyerlin, M. Reichard, "The Johannesburg Summit: Outcome and Overall Assessment", *ZaöRV*, 2003, v. 63, p. 226, ss.

[310] S. Hobe, "Völkerrecht im Zeitalter der Globalisierung", *AVR*, 1999, v. 37, p. 261; U. Hingst, *Auswirkungen der Globalisierung auf das Recht der völkerrechtlichen Verträge*, 2001, p. 49; J.Gupta, "The Role of Non-State Actors in International Environmental Affairs", *ZaöRV*, 2003, v. 63, p. 463.

[311] Texto *in ILM*, 1973, v. 12, p. 1055, ss.

[312] UN Doc. CD/1478.

[313] Cf. Th. Margueritte e R. Prouvèze, "Le droit international et la doctrine saisis par le fait: la diversification des sujets du droit international sous l'effet de la pratique", *RQDI*, 2016, p. 184.

[314] Cf. S. Detrick (Ed.). The United Nations Convention on the Rights of the Child: A Guide to the 'Travaux Préparatoires', Dordrecht, 1992, Martinus Nijhoff.

[315] Em 10 dos 42 capítulos que perfazem a Agenda 21, documento final da Conferência, as ONG são ditas constituírem atores importantes da disciplina adotada. Cf. A/Conf.151/26, v. IIII.

Estatuto do Tribunal Penal Internacional, em 1998, sobre desenvolvimento sustentável, em Joanesburgo, em 2002.[316][317]

Para além de uma participação crescente na elaboração do Direito Internacional, as ONG internacionais têm também desempenhado papel importante na aplicação do Direito Internacional. Contribuem para a aplicação de alguns dos instrumentos do Direito Internacional, em especial, através da monitorização do seu cumprimento, num papel que lhes é reconhecido ou cometido em parte pelos órgãos de instituições ligadas a esses instrumentos.[318]

A este primeiro nível de análise e deteção de regras de Direito Internacional habilitadoras de capacidade jurídica internacional das ONG, um segundo se lhe deve juntar: o que consiste em olhar para o Direito Internacional primário e constatar que também nesta sede se podem colher regras que diretamente conferem a estes atores direitos, direitos que por estas ONG diretamente são exercitáveis. Também estas regras de direito primário das OI são definidoras de um outro nível de personalidade jurídica internacional das ONG, uma personalidade jurídica igualmente limitada. Assim, por exemplo, quando certos tratados internacionais atribuem diretamente às ONG internacionais direitos substantivos. Exemplifica este vetor de afirmação da personalidade jurídica internacional das ONG o direito à liberdade de reunião e associação titulado por ONG ao abrigo do artigo 11º da Convenção Europeia sobre Direitos Humanos.[319] Mas assim também quando se lhes reconhece direitos procedimentais, como acontece no quadro da Convenção Aarhus.[320]

Acresce um outro elemento identificado pelo Tribunal Internacional de Justiça em 1949 como vetor importante definição de personalidade jurídica internacional: o reconhecimento de direito de ação perante tribunais internacionais ou perante os órgãos de monitorização não judicial criados por determinadas convenções. Assim, em especial, com instrumentos de proteção e promoção de direitos humanos, que igualmente definem o quadro de competências destes órgãos, jurisdicionais ou não.[321][322] Assim acontece, em

---

[316] U. Beyerlin, M. Reichard, "The Johannesburg Summit: Outcome and Overall Assessment", ZaöRV, 2003, v. 63, p. 214, ss.

[317] Sobre esta modalidade do contributo das ONG para o processo de definição do Direito Internacional, através da sua participação em conferências cimeiras, com exemplos vários, cf. R. Wedgwood, "Legal Personality and the Role of Non-Governmental Organizations and Non-State Political Entities in the United Nations System", in R. Hofman (Ed.). Non-State Actors as New Subjects of International Law, 1999, p. 20, ss.; D. Thürer, "The Emergence of Non-Governmental Organizations and Transnational Enterprises and the Changing Role of the State", in R. Hofmann (Ed.). Non-State Actors as New Subjects of International Law, 1999, p. 37, ss.

[318] Evocamos aqui o papel ou função de cão de guarda (*watchdog*), simultaneamente de vigilância tencionada ao respeito do regime estabelecido, como de alerta e informação perante o seu incumprimento, que alguma doutrina releva e de que falamos a propósito de instrumentos na área temática do Direito Internacional do ambiente, in P. Canelas de Castro, "Mutações e Constâncias do Direito Internacional do Ambiente", RJUA, 1994, nº 2, p. 145-183.

[319] Cf. M. Hempel, Die Völkerrechtssubjektivität internationaler nichtstaatlicher Organisationen, Berlin 1999, p. 88, ss.

[320] Cf. *supra* nota 177.

[321] Entre os exemplos possíveis, releve-se o procedimento 1503 perante o Comité dos Direitos Económicos, Sociais e Culturais e o procedimento de queixa no quadro da Unesco. Veja-se também o procedimento de queixa perante padrões consistentes de violações grosseiras e credíveis de direitos humanos e liberdades fundamentais do atual Conselho dos Direitos Humanos, anterior Comissão dos Direitos Humanos. Cf. www.ohchr.org/EN/HRBodies/HRC/ComplaintProcedure/Pages/HRCComplaintProcedureIndex.aspx.

[322] Na doutrina, ver, v.g., M. Hempel, Die Völkerrechtssubjektivität internationaler nichtstaatlicher Organisationen, Berlin 1999, p. 127, ss.

especial, com o direito convencional regional, seja a Convenção americana relativa aos Direitos do homem e Comissão correspondente,[323] a Convenção europeia dos direitos do homem e das liberdades fundamentais e o Tribunal de Estrasburgo,[324] ou a Carta africana dos direitos do homem e dos povos e o seu Tribunal dos Direitos do homem e dos povos.[325] Há, contudo, algumas restrições na atuação deste direito de ação, como exemplo, a de não se poderem intentar ações de interesse coletivo (*actio popularis*) na ausência de interesse próprio e direto distinto do dos membros da ONG.[326] Em matéria penal, esta participação das ONG é ainda mais restrita, limitando-se à possibilidade de transmitir informações ao Procurador do Tribunal Penal Internacional, que abre inquérito da sua própria iniciativa.[327]

Uma outra possibilidade que se reconhece às ONG para participar nos processos jurisdicionais internacionais respeita à sua intervenção como *amicus curiae*. Este procedimento, que não constituindo as ONG em partes ou mesmo partes terceiras no processo, lhes permite apresentar comunicações escritas sobre a matéria de facto e de direito do processo, não existe generalizadamente em todas as jurisdições internacionais. Assim acontece, contudo, com as jurisdições que tratam do contencioso respeitante à proteção dos direitos humanos e do Direito Internacional humanitário. As ONG também se veem reconhecer direitos de intervenção como *amicus curiae* perante a justiça penal internacional[328] ou perante o sistema de resolução de litígios da OMC[329] e em processos arbitrais no quadro do Direito Internacional dos investimentos.[330]

Por fim, merece olhar-se à Convenção do Conselho da Europa sobre o reconhecimento da personalidade jurídica das organizações internacionais não governamentais, de 24 de abril de 1986, que afronta diretamente a questão da personalidade jurídica das ONG, consagrando o princípio do reconhecimento por todos

---

[323] *Vide* artigo 44º da Convenção, adoptada em 1969. Cf. texto *in UNTS*, v. 1144, p. 123.
[324] Ver artigo 34º da Convenção de 1950. Cf. *UNTS* 1950, v. 213.
[325] Assim enquanto se não instituiu o futuro Tribunal de Justiça da União Africana. *Vide* artigo 3º do Protocolo relativo à Carta Africana dos direitos do homem e dos povos que cria um tribunal africano dos direitos do homem e dos povos, de 1998. O Tribunal pode ser demandado entre outros sujeitos pelas ONG que tenham obtido o estatuto de observador junto da Comissão. Para que as ONG acreditadas perante a Comissão Africana dos direitos do homem e dos povos possam apresentar petição perante o Tribunal, é ainda necessário que o Estado da nacionalidade de tais ONG tenha aceitado este procedimento por declaração especial.
[326] Cf., por exemplo, o caso *Greenpeace c. Comissão*, C-321/959, *ECR*, 1998, I-01651, p. 293 e, na doutrina, Y. Winisdoerffer, "La jurisprudence de la Cour européenne des droits de l'homme et l'environnement", *RJE*, 2003, v. 2, p. 213.
[327] Assim, artigo 15º do Estatuto de Roma.
[328] Cf. artigo 74º do Regulamento do Tribunal Penal para a Ex-Jugoslávia e artigo 103º do Regulamento do Tribunal Penal Internacional.
[329] Cf. artigo 13º, parágrafo 1 do Acordo (*understanding*, no original em língua Inglesa) sobre as regras e procedimentos para a solução de litígios, anexo 2 ao acordo de Marrakesh.
[330] Cf. os exemplos que damos em casos recentes em que se entrecruzam problemas de Direito Internacional das águas com problemas de Direito Internacional de investimentos, todos respeitantes a casos trazidos perante instâncias de arbitragem internacional ao abrigo de mecanismos de resolução de litígios investidor-Estado de acolhimento, fazendo uso dos recursos do Centro Internacional de Resolução de Litígios sobre Investimentos. P. Canelas de Castro, *Mutações e Constâncias do Direito Internacional da Água. Mudanças de Paradigmas*, Coimbra, 2016, *policopiado*, p. 336, ss. e P. Canelas de Castro, "Towards the harmonization of the human right to water with the protection of international investments in the context of the processes of privatization of water services? – A new development in International Water Law?", *Soochow Law Journal*, 2016, v. XIII, n. 1, p. 43-57.

os Estados-partes de tal personalidade jurídica quando obtida por uma ONG no quadro do direito de outro Estado-parte.[331]

De todos estes desenvolvimentos parece, pois, decorrer a conclusão de que pelo menos algumas ONG adquirem personalidade jurídica internacional.

Minorias e Povos Indígenas. Acrescem-lhes, em décadas mais recentes, outros atores não estaduais, como as minorias e os povos indígenas.

Após um período de alguma menor visibilidade, também minorias e povos vão adquirir, com a globalização, nova notoriedade no quadro jurídico internacional. Trata-se, de facto, em perspetiva histórica, de uma reemergência jurídica, nomeadamente por comparação com o padrão de proteção jurídica internacional que se havia estabelecido nos séculos XVIII e XIX, período em que, por exemplo, os Índios da América do Norte se viram outorgar um estatuto de proteção jurídica limitado, pelo qual eram aceites como partes contratantes em convenções entre governos estaduais e tribos índias. Posteriormente, embora a questão da definição de regimes jurídicos de especial proteção de minorias ainda tivesse figurado com proeminência na era da Sociedade das Nações, com o Tratado de paz de Paris de 1919, a dar origem a um conjunto de tratados de proteção de minorias europeias a elevá-las à condição de questão internacional, verifica-se que a estratégia normativa de proteção das minorias é virtualmente abandonada no imediato pós-II Guerra Mundial. Na segunda metade do século XX, antes politicamente se arguirá que o estatuto de favorecimento especial das minorias havia resultado no agravamento de conflitos étnicos em vários Estados, e que esses conflitos teriam contribuído para a eclosão da II Guerra Mundial. A estratégia jurídico-internacional que antes se veio a propugnar em alternativa foi a de proteção dos direitos humanos de todas as pessoas, sem discriminação de raça, etnia, religião ou outra. Assim se garantiria também a proteção das minorias, através da proteção individualizada dos seus membros.

Em décadas mais próximas, porém, na era da globalização, com o termo da Guerra Fria e a consequente reconceptualização de questões de segurança nacional, compreendendo doravante também um vetor de segurança humana; com a atenção da globalização também a entidades infra e supraestaduais; com o acentuar de conflitos étnicos, desde logo no quadro Europeu dos Balcãs; com os fenómenos de reconstituição de espaços políticos, que também passam a compreender uma alternativa à inclusão no todo estadual, pela integração "mais lassa" regional, operou-se nova mudança de rumo nesta abordagem político-jurídica do problema. A razão desta mudança de rumo normativo pode ainda reconduzir-se ao sucesso do movimento dos Direitos Humanos e dos processos de descolonização e autodeterminação de povos não autónomos.[332]

No quadro do Direito Internacional, esta redefinição do estatuto das minorias no contexto, mais favorável, da globalização[333] vai nomeadamente exprimir-se na adoção

---

[331] Sobre este instrumento, veja-se M.-O. Wiederkehr, "La Convention du Conseil de l'Europe sur le statut des organisations non-gouvernementales", *AFDI*, 1987, v. 33, nº 1, p. 749, ss.

[332] Sobre este último, cf. Miguel Galvão Teles e Paulo Canelas de Castro, "Portugal and the right of peoples to self-determination", *Archiv des Völkerrechts*, 1996, v. 34, n. 1, p. 2-46.

[333] Vide P. Thornberry, *International Law and the Rights of Minorities*, Oxford, 1991, Clarendon Press; G. Alfredsson, "Indigenous Populations, Protection", *EPIL*, v. II, 1995, p. 946-951 e *id.*, "Indigenous Populations, Treaties with", *EPIL*, v. II, 1995 p. 952-953; G. Gilbert, "The Council of Europe and Minority Rights", *Human Rights Quarterly*, 1996, v. 18, p. 160, ss.; J.J. Preece, *National Minorities and the European Nation-States System*, Oxford,

da Declaração das Nações Unidas sobre os Direitos das Pessoas Pertencentes a Minorias Nacionais ou Étnicas, Religiosas e Linguísticas de 1992.[334] Este instrumento constrói-se sobre a base normativa do Pacto Internacional sobre Direitos Civis e Políticos e, em especial, da norma nuclear do artigo 27º, que serve de inspiração à Declaração, como esta expressamente reconhece, e do primeiro tratado internacional do pós-II Guerra Mundial destinado a proteger as minorias da maior ameaça à sua existência, a Convenção para a Prevenção e Punição do Crime de Genocídio de 1948. Mas também os complementa, com a Declaração, nomeadamente, a definir um conjunto novo ou reforçado de direitos das minorias.

Os direitos das minorias étnicas, religiosas ou linguísticas e dos povos indígenas[335] são parte integrante do Direito Internacional dos direitos humanos. Tal como os direitos da criança, dos direitos das mulheres e dos direitos dos refugiados, os direitos das minorias são um quadro jurídico concebido para garantir que um grupo específico, minoritário num quadro estadual, e que, por isso, se encontra numa posição vulnerável, desfavorecida ou marginalizada na sociedade, é capaz de alcançar igualdade substancial e está protegido da perseguição. Estes direitos das minorias compreendem a proteção da existência, a proteção de discriminação e perseguição, a proteção e promoção da identidade e a participação na vida política. Beneficiam destes direitos as pessoas individuais, membros das minorias (o sentido do artigo 27º da Declaração).[336]

O Comentário Geral nº 23 sobre os direitos das minorias, do Comité dos Direitos Humanos, de 1994,[337] que faz uma interpretação autorizada do artigo 27º, afirma que "este artigo estabelece e reconhece um direito que é conferido a indivíduos pertencentes a grupos minoritários e que é distinto de e acresce a todos os outros direitos de que,

---

1998, Clarendon Press; K. Henrard, *Devising an Adequate System of Minority Protection: Individual Human Rights, Minority Rights, and the Right to Self-Determination*, Leiden, 2000, Martinus Nijhoff; R. Hoffman, "Protecting the Rights of National Minorities in Europe", GYBIL, 2001, v. 44, p. 237, ss.; G. Pentassuglia, *Minorities in international law: an introductory study*, Strasbourg, 2002, Council of Europe Publications; J. J. Preece, *Minority Rights: Between Diversity and Community*, Cambridge, 2005, Polity Press; T.H. Malloy, *National Minority Rights in Europe*, Oxford, 2005, Oxford University Press; M. Weller, *The Rights of Minorities in Europe: A Commentary on the European Framework Convention for the Protection of National Minorities*, Oxford, 2006, Oxford University Press; D. Šmihula, "National Minorities in the Law of the EC/EU", *Romanian Journal of European Affairs*, 2008, v. 8 no. 3, p. 2008, p. 51–81; M. Weller, D. Blacklock, K. Nobbs (Ed.). *The Protection of Minorities in the Wider Europe*, Basingstoke, 2008, Palgrave; P. Macklem, "Minority rights in international law", I • CON, 2008, v. 6, Ns. 3 e 4, p. 531 – 552.

[334] Cf. UN Doc. A/RES/47/135.

[335] Como adiante se dirá, embora inicialmente as Nações Unidas tratassem os povos indígenas como uma subcategoria das minorias, existe um corpo de Direito Internacional especificamente dedicado aos povos indígenas, que está, aliás, em expansão, e que hoje se evidencia em particular na Declaração das Nações Unidas sobre os Direitos dos Povos Indígenas (adotada em 14 de setembro de 2007) e na Convenção 169 da Organização Internacional do Trabalho. De entre as principais diferenças entre minorias e povos indígenas, bem como respetivos regimes jurídicos, destaque-se o facto de as minorias não terem necessariamente a longa e ancestral ligação, tradicional e espiritual, às suas terras e territórios, a ligação que geralmente se associa com a autoidentificação dos povos indígenas. Acresce que a Declaração das Nações Unidas sobre os Direitos dos Povos Indígenas de 2007 exige que os Estados consultem e cooperem com os povos indígenas para obter o seu consentimento livre, prévio e informado antes de realizarem atividades de desenvolvimento que possam ter um impacto sobre esses povos, enquanto que a Declaração das Minorias das Nações Unidas de 1992 estatui um direito mais genérico à participação na tomada de decisões e exige que os interesses legítimos de pessoas pertencentes às minorias sejam levados em consideração no planeamento e nos programas nacionais.

[336] Em 2005, o Grupo de Trabalho sobre Minorias adotou um comentário com o intuito de orientar na interpretação e aplicação Declaração das Nações Unidas sobre minorias. Cf. UN Doc. E/CN.4/Sub.2/AC.5/2005/2.

[337] Cf. United Nations Human Rights Committee, *General Comment n. 23: Article 27*, 1994.

como indivíduos, e em comum com todos os demais, já são titulares e têm direito a gozar ao abrigo do Pacto". O artigo 27º constitui assim direitos autónomos no quadro do Pacto. A interpretação do seu âmbito de aplicação pelo Comité de Direitos Humanos teve o efeito de garantir o reconhecimento da existência de diversos grupos dentro de um Estado, do fato de as decisões que procedem a tal reconhecimento não serem da competência exclusiva do Estado, e que os Estados estão obrigados a medidas positivas "necessárias para proteger a identidade de uma minoria e os direitos de seus membros de desfrutar e desenvolver a sua cultura e língua e a praticar sua religião, em comunidade com os outros membros do grupo". Mais especificamente, os direitos das minorias ao abrigo da Declaração são o direito à proteção, pelos Estados, de sua existência e de sua nacionalidade ou etnia, identidade cultural, religiosa e linguística; o direito de desfrutar da sua própria cultura, de professar e praticar a sua religião, e usar a própria língua em particular e em público; o direito de participar efetivamente em atividades culturais, religiosas, sociais, económicas e na vida pública; o direito de participar efetivamente nas decisões que afetam as minorias nos níveis nacional e regional; o direito de estabelecer e manter associações das minorias; o direito de estabelecer e manter contatos pacíficos com outros membros do seu grupo e com pessoas pertencentes a outras minorias, tanto dentro do seu Estados como para além das fronteiras do Estado; a liberdade de exercer os seus direitos, tanto individualmente quanto em comunidade, com outros membros do seu grupo, sem discriminação. A estes direitos correspondem obrigações dos Estados, de adotar medidas que protejam e promovam os direitos dos membros das minorias, e dos organismos especializados e outras organizações internacionais da família das Nações Unidas, de coadjuvar na realização destes direitos.

Este movimento é ainda feito de idêntica expansão e densificação do conteúdo normativo protetor por parte de direito regional das minorias. Assim, em especial, no quadro europeu,[338] após os acontecimentos nos Balcãs, posteriores a 1989, com a adoção de dois tratados no quadro do Conselho da Europa, a Carta Europeia das Línguas Regionais ou Minoritárias, de 1992,[339] e a Convenção-Quadro para a Proteção das Minorias Nacionais, de 1995,[340] [341] com o Documento de Copenhaga, de 1990, da Organização para a Segurança e Cooperação na Europa (OSCE), e com o regime particular das minorias no quadro da Carta dos Direitos Fundamentas da União Europeia. A preocupação de que a falta de proteção da minoria ponha em causa a estabilidade internacional e regional também informa os critérios para adesão à União Europeia (UE) e à NATO. Os países candidatos devem cumprir o Acordo de Copenhaga sobre critérios de admissão à UE que

---

[338] P. Thornberry, M. Estébanez, Minority rights in Europe. A review of the work and standards of the Council of Europe, 2004; J. J. Preece, Minority Rights: Between Diversity and Community, Cambridge, 2005, Polity Press; T.H. Malloy, National Minority Rights in Europe, Oxford, 2005, Oxford University Press; M. Weller, The Rights of Minorities in Europe: A Commentary on the European Framework Convention for the Protection of National Minorities, Oxford, 2006, Oxford University Press; D. Šmihula, "National Minorities in the Law of the EC/EU", Romanian Journal of European Affairs, 2008, v. 8, n. 3, p. 51-81; M. Weller, D. Blacklock, K. Nobbs (Ed.). The Protection of Minorities in the Wider Europe, Basingstoke, 2008, Palgrave; Th. Orlin, Minorities and Human Rights Education. Human Rights Law as a Paradigm for the Protection and Advancement of Minority Education in Europe, 2009.

[339] CETS, n. 148.

[340] CETS, n. 157.

[341] Vide G. Gilbert, "The Council of Europe and Minority Rights", Human Rights Quarterly, 1996, v. 18, p. 160, ss.

foram estabelecidos pelo Conselho Europeu em 1993. Estes critérios incluem o requisito de que os Estados candidatos demonstrem "estabilidade das instituições que garantem a democracia, o Estado de direito, os direitos humanos e o respeito e a proteção das minorias". Um sistema e funcionamento político democrático, que inclua o respeito por pessoas pertencentes a minorias de acordo com os padrões da OSCE, é também um dos critérios para adesão à NATO.

Para além de direitos substantivos,[342] os instrumentos adotados nesta área, na era da globalização, reforçam e aperfeiçoam mecanismos de participação das minorias e seus representantes na aplicação e desenvolvimento destes regimes e na verificação do progresso dos Estados no cumprimento das obrigações consagradas. Esta teia de mecanismos, instrumentos e instituições é hoje muito complexa, compreendendo, desde logo, os órgãos convencionais de Direitos Humanos. Nestes, contam-se, em primeiro lugar, os Comités mandatados para monitorizar o cumprimento dos Pactos Internacionais de Direitos Humanos de 1966, mas também os órgãos com idêntica missão instituídos no quadro de outras convenções de proteção de direitos de grupos vulneráveis ou de luta contra a discriminação (crianças, mulheres, trabalhadores migrantes, pessoas com deficiência, discriminação racial). Atuam com base em relatórios que dão lugar à apreciação e recomendações sob a forma de "Observações conclusivas". Instituíram-se também mecanismos de alerta e procedimentos urgentes para prevenir e responder a crises de respeito dos direitos das minorias. Para além destes, há também os procedimentos especiais de direitos humanos instituídos no quadro do atual Conselho dos Direitos Humanos, antes Comissão dos Direitos Humanos. Tratam de questões especiais ou da situação especial de Estados determinados. Estes procedimentos especiais compreendem a intervenção do perito independente sobre questões de minorias, instituído em 2005, e cuja atribuição é a promoção da aplicação da Declaração de 1992, para o que pode fazer inquéritos sobre questões nacionais ou questões temáticas, cujos resultados dão lugar a relatórios e a diálogo com os Estados; do Fórum sobre questões das minorias, em que participam atores internacionais e globais da mais diversa natureza, no sentido de elencar questões que afetam as minorias e adotar recomendações no sentido de melhorar a sua sorte; e de outros procedimentos especiais, com "mandatos estaduais" ou "temáticos".[343] Há ainda os mecanismos do Conselho dos Direitos Humanos, no quadro do qual, de acordo com o procedimento instituído pela Resolução 60/251 da Assembleia Geral das Nações Unidas, de 2006, se faz uma revista universal periódica do cumprimento de todos os Estados, a cada 4 anos, na base de relatórios apresentados não só pelos governos dos Estados, mas também por outras organizações e que podem compreender contributos de interessados. Há depois também procedimentos mais específicos no quadro da OIT e da UNESCO.[344] Em vários destes mecanismos e procedimentos e perante diversos órgãos neles envolvidos, as minorias têm a oportunidade ou são chamadas a ativamente fornecerem informação e a relatarem experiências relevantes para a avaliação do respeito

---

[342] Para outras fontes de direitos das minorias, *vide* Human Rights Office of the High Commissioner, *Minority Rights: International Standards and Guidance for Implementation*, New York, 2010, United Nations, p. 17-18.

[343] *Idem*, p. 23-24.

[344] Cf. Human Rights Office of the High Commissioner, *Minority Rights: International Standards and Guidance for Implementation*, New York, 2010, United Nations, p. 19, ss.

dos seus direitos e a formulação de políticas ou de novos instrumentos que reforcem ou desenvolvam esses direitos.

Para além das minorias, também os povos indígenas vão encontrar direito de cidade próprio na era da globalização.

O Direito Internacional não dá uma definição unívoca de povos indígenas. Em particular, o principal texto normativo respeitante aos povos indígenas, a Declaração das Nações Unidas de 2007, não contém nenhuma definição. Os seus artigos 9º e 33º afirmam que os povos indígenas e indivíduos têm o direito de pertencer a uma comunidade ou nação indígena, de acordo com as tradições e costumes da comunidade ou nação em questão, e que eles têm o direito de determinar a sua própria identidade.[345] De seu lado, a Organização Internacional do Trabalho (OIT), nesse outro instrumento jurídico dedicado aos indígenas que é a Convenção sobre Povos Indígenas e Tribais em Países Independentes (nº 169), distingue entre povos indígenas e tribais no artigo 1º, para, logo no artigo 2º, destacar também a importância da autoidentificação.

Hoje, os direitos dos povos indígenas resultam, nomeadamente, da Declaração das Nações Unidas sobre os Direitos dos Povos Indígenas, de 2007, e, num quadro mais restrito, da Convenção da OIT nº 169 sobre Povos Indígenas e Tribais em Países Independentes, de 1989. De entre os direitos que são reconhecidos aos povos indígenas, avulta, desde logo, o direito à autodeterminação, que se relaciona intimamente com os seus demais direitos políticos, e, nomeadamente, o direito de participar na tomada de decisões relativamente a questões que afetem os seus direitos e por meio das suas instituições representativas. A estes direitos políticos dos povos indígenas correspondem os deveres dos Estados de consulta e cooperação com estes povos, nomeadamente para obterem o seu consentimento livre, prévio e informado antes da adoção e aplicação de medidas legislativas ou administrativas que possam afetá-los.[346] Também lhes são reconhecidos direitos às suas terras, territórios e recursos naturais,[347] diversos direitos económicos, sociais e culturais,[348] em boa medida inovadores direitos coletivos,[349]

---

[345] No estudo de José Martínez Cobo (Cf. "Study of the problem of discrimination against indigenous populations", UN Doc. E/CN.4/Sub.2/1986/7 and Adds. 1-4), enumera-se uma lista mais vasta de critérios identificativos, mas, de novo, o da autoidentificação assume relevância. Aos critérios mais comuns dos instrumentos convencionais, acresce o Fórum Permanente das Nações Unidas sobre Povos Indígenas ênfase nos elementos de forte conexão com territórios e recursos naturais envolventes, sistemas sociais, económicos e políticos distintos, e a língua, cultura e convicções distintos.

[346] O Mecanismo Especializado das Nações Unidas sobre os Direitos dos Povos Indígenas, que realizou de 2009 a 2011 um estudo detalhado sobre os povos indígenas e o seu direito de participar na tomada de decisão, e o Relator Especial sobre os direitos dos povos indígenas, através de relatórios sobre questões temáticas e questões de país, têm-se concentrado na questão dos direitos de participação dos povos indígenas, reforçando importante evolução jurisprudencial, quer do Comité dos Direitos Humanos, quer do Tribunal Interamericano e da Comissão de Direitos Humanos, no sentido de assegurar que a participação dos povos indígenas implica em particular um especial cuidado na obtenção do seu consentimento prévio, livre e informado, relativamente a atividades que tenham um impacto sobre estes povos, suas terras, territórios e recursos naturais. Cf. Expert Mechanism on the Rights of Indigenous Peoples, *Advice n. 2: indigenous peoples and the right to participate in decision-making*. UN Doc. A/HRC/18/42, annex.

[347] E veja-se a jurisprudência, v.g. no Case of the Mayagna (Sumo) Awas Tingni Community v. Nicaragua, Judgment of 31 August 2001, Series C, n. 79, para. 149.

[348] *V.g.*, Comité dos Direitos Humanos, *Comentário Geral n. 23*, de 1994, e Comité dos Direitos Económicos, Sociais e Culturais, *Comentário Geral n. 21*, de 2009, sobre o direito de participar na vida cultural. De notar ainda o Caso *massacre of the Plan de Sanchez v. Guatemala*, Series C, n. 116, *Judgment of 19 November 2004*.

[349] Salvo a exceção do direito à autodeterminação, os direitos de grupos eram praticamente desconhecidos do, até a data, Direito Internacional dos direitos humanos.

direitos à igualdade e não discriminação, e direitos em relação a tratados, acordos e outros arranjos entre povos indígenas e Estados.[350] Alguns destes direitos são comuns àqueles de que as minorias gozam ao abrigo do direito internacional mais recente, o que decorre de amiúde os povos indígenas também se encontrarem em minoria nos Estados em que residem. A Declaração das Nações Unidas dos Direitos dos Povos Indígenas tem, contudo, um conteúdo protetor mais abrangente do que aquele que resulta dos instrumentos jurídicos internacionais associados às minorias.[351]

Acrescem-lhes desenvolvimentos jurídicos, especialmente em nível regional.[352] É nomeadamente de assinalar a jurisprudência do Tribunal Interamericano dos Direitos Humanos e decisões da Comissão Africana de Direitos Humanos e dos Povos. Esta jurisprudência,[353] relativa a questões nucleares deste estatuto, como a questão sobre a necessidade de projetos de desenvolvimento económico suporem a obtenção de consentimento livre, prévio e informado dos povos indígenas; ou a questão do que constitui consulta suficiente, permitiu assentar, com um sentido globalmente progressista,[354] em que os direitos dos povos indígenas a suas terras, territórios e recursos, bem como o princípio do seu consentimento livre, prévio e informado,[355] fazem parte do *corpus iuris* dos direitos humanos vinculativo.

A estes direitos substantivos acresce um direito de participação dos povos indígenas no complexo sistema institucional das Nações Unidas e da família das Nações Unidas,[356] nomeadamente no quadro da aparelhagem institucional que aplica e executa o complexo normativo dos direitos humanos. Os povos indígenas adquiriram um acesso sem precedentes ao sistema, especialmente aos órgãos cuja ação incide especificamente sobre as questões dos povos indígenas, como acontece com o Fórum Permanente e o

---

[350] "Study on treaties, agreements and other constructive arrangements between States and indigenous populations", UN Doc. E/CN.4/Sub.2/1999/20.

[351] Com idêntica avaliação, United Nations, Office of the High Commissioner, *Indigenous Peoples and Human Rights. The United Nations Human Rights System. Fact Sheet n. 9/Rev.2*, New York e Geneva, 2013, UN, p. 5.

[352] Recentemente, no quadro da América Latina, vide R. Pereira, "Public participation, indigenous peoples' land rights and major infrastructure projects in the Amazon: The case for a human rights assessment framework", *RECIEL*, 2021, p. 1-13.

[353] Feita, em especial, de decisões nos *leading cases* ou casos "emblemáticos" do Tribunal Interamericano dos Direitos Humanos, como o caso *Mary and Carrie Dann vs. USA*, Inter-American Court of Human Rights, Case n. 11, 140. Report n. 7502, 2002; o caso *Mayagna Awas Twingi Community vs. Nicaragua Yaxye Axa Indigenous Community*, Inter-American Court of Human Rights, Case n. 7502 2007, 2001 e 2007; o caso *Saramaka People vs. Suriname*, Inter-American Court of Human Rights (ser. C), Case n. 172, 11-28-07, 2007; o caso *Sarayka vs. Ecuador*, Inter-American Court of Human Rights (ser. C), Case n. 245, 1978, 2012; ou da Comissão Africana de Direitos Humanos e dos Povos, no caso *Endorois – Centre for Minority Rights Development (Kenya) and Minority Rights Group International (on behalf of Endorois Welfare Council) v. Kenya*, communication n. 276/03, 25 November 2009. Relevam ainda o caso *Lubicon Band vs. Canada*, de 1984, UN Doc CCPR/C/38/D/167/1984 (1990); e o caso *Landsman et al. vs. Finland*, no Comité dos Direitos Humanos, de 1976.

[354] Na doutrina, veja-se a avaliação de L. Rodríguez Pinero, "The inter-American system and the UN Declaration on the Rights of Indigenous Peoples: Mutual reinforcement", *in* S. Allen e A. Xanthaki (Ed.). *Reflections on the UN Declaration on the Rights of Indigenous Peoples*, Oxford, 2011, Hart. Para exemplos, no domínio, cada vez mais objeto de conflitos, do Direito Internacional da Água, P. Canelas de Castro, *Mutações e Constâncias do Direito Internacional da Água. Mudanças de Paradigmas*, Coimbra, 2016, policopiado.

[355] Sobre este direito em particular, a sua aplicação e a jurisprudência a que deu lugar, vide J. Anaya, *International human rights and indigenous peoples*, New York, 2009, Kluwer; R.B. Lillich, H. Hannum, S.J. Anaya, e D. Shelton, *International human rights: Documentary*, supplement. Austin, The Netherlands, 2009, Wolters Kluwer; J. S. Phillips, "The rights of indigenous peoples under international law", *Global Bioethics*, 2015, v. 26, n. 2, p. 120-127.

[356] M. Virally, *L'organisation mondiale*, Paris, 1972, Colin.

Mecanismo Especializado. Assim se verifica, em particular, com a prática de habilitar as suas organizações representativas a participar nos eventos e mecanismos de direitos humanos das Nações Unidas sem lhes exigir o credenciamento prévio junto do Conselho Económico e Social, credenciamento que se impõe aos demais atores não estaduais. A extensão de tal participação nas Nações Unidas é bem visível nas sessões anuais do Fórum Permanente e do Mecanismo de Especialistas. Durante essas sessões, os povos indígenas também têm a oportunidade de se encontrar com o Relator Especial[357] para relatar as questões de cumprimento de direitos que se lhes colocam.

A questão do estatuto jurídico dos atores não estaduais. O que tudo conduz à comum questão sobre o estatuto jurídico reconhecido aos atores não estaduais. Uma linha de opinião continua a proclamar, em reiteração algo mecânica e viciosamente circular, que o Direito Internacional é Direito entre os Estados, pelo que as ONG e demais atores não estaduais, não sendo Estados, não têm personalidade jurídica.[358] [359] Esta posição enferma do vício de não indagar de qual seja a resposta normativa efetiva, hoje, do próprio Direito Internacional, quanto ao problema da personalidade jurídica. Outros autores sustentam que não adviria vantagem em reconhecer-se um estatuto jurídico a ONG e outros atores não estaduais, e que, pelo contrário, a ausência de tal estatuto lhes permite exercer um papel utilmente independente e crítico dos Estados, sujeitos dominantes dentro do sistema, papel que lhes permite refletir a opinião pública, defender interesses coletivos e enriquecer o discurso público internacional e propicia a consecução de desejado bem comum.[360] Perante as duas posições, mais cabimento teria, parece, procurar saber se o Direito Internacional efetivamente criou regras e, hoje, contém normas que alarguem a subjetividade jurídica internacional a outras entidades para além das estaduais,[361] porventura para prosseguirem objetivos ou valores como os enunciados na segunda posição enunciada.

Se a definição de personalidade jurídica internacional permanece a de que é a capacidade de titularidade de direitos e obrigações ao abrigo do Direito Internacional, não se vê como se possa negar que algumas ONG e algumas empresas multinacionais tenham alcançado a condição de sujeitos jurídicos internacionais, embora a sua personalidade seja funcional, porque afeta a finalidades determinadas, relevantes no

---

[357] Sobre a figura, *vide* www.ohchr.org/EN/Issues/IPeoples/SRIndigenous Peoples/Pages/SRIPeoplesIndex.aspx.

[358] Assim, por exemplo, K. Doehring, *Völkerrecht*, Heidelberg, 1999, parágrafos 196, ss., que categoricamente recusa a possibilidade de as ONG serem sujeitos de Direito Internacional, sustentando que a própria natureza de associações privadas das ONG *per definitionem* as exclui do espectro de entidades capazes de alcançar a condição de sujeitos de Direito Internacional.

[359] Veja-se ainda a posição, mais dogmaticamente elaborada, de J. Crawford, no seu recente curso geral na Academia de Direito Internacional, em que aduz quatro argumentos fundamentais para chegar a resultado idêntico, de rejeição peremptória do reconhecimento da personalidade jurídica internacional, em especial a respeito das sociedades multinacionais: as entidades são criação dos Estados; falta de obrigações internacionais sobre estas entidades, falta de capacidade judiciária no quadro internacional, falta de aplicação horizontal do direito internacional entre pessoas privadas. Cf. J. Crawford, "Chance, Order, Change: The Course of International Law", *Recueil des Cours*, 2013, v. 35, p. 249.

[360] Assim, S. Riedinger, *Die Rolle nichtstaatlicher Organisationen bei der Entwicklung und Durchsetzung internationalen Umweltrechts*, Berlin, 2001, Duncker & Humblot; A. Mahiou, "Le droit international ou la dialectique de la rigueur et de la flexibilité: cours général de droit international", *Recueil des Cours*, 2009, v. 337, p. 265.

[361] Assim, antes, K. Ipsen, *Völkerrecht*, 4. ed., Munich, 1999, §6 para. 20 que sustenta que os Estados têm a liberdade de atribuir personalidade jurídica internacional às ONG, podendo fazê-lo por tratado. O exemplo dado de como tal terá já ocorrido é o do Comité Internacional da Cruz Vermelha.

quadro das relações internacionais contemporâneas, e tenha carácter limitado.³⁶² O que nem pode surpreender, antes aparece em plena harmonia com a tendência, pelo menos parcial, para o Direito Internacional se transformar, de ordem meramente interestadual, numa ordem jurídica que, doravante, também contém elementos de transnacionalidade, em correspondência com a constatada existência hoje de um sistema internacional globalizado e em resposta normativa às necessidades do mesmo ou às expectativas perante o mesmo. A utilidade no reconhecimento da personalidade jurídica internacional a estes diversos atores, a razão de ser para proceder a esta evolução tão doutrinalmente resistida, estará justamente em tal contribuir para consolidar um Direito Internacional mais capaz de cumprir o projeto normativo que comporta, de assim se concorrer para que a ordem jurídica internacional apareça também mais integradora da realidade e das suas "forças vivas".

2.2 Novas tendências no procedimento de formação de regras jurídicas internacionais

O Direito Internacional sempre foi criado por forma descentralizada, uma vez que na sociedade internacional não há um polo central, institucionalizado, de produção normativa. Uma tal autoridade central de produção normativa continua a não existir. Como continua a não haver na ordem jurídica internacional regra geral enunciadora das fontes do Direito Internacional.³⁶³ De acordo com o Direito e a doutrina jusinternacionalista tradicionais, os meios principais para produção e criação de novos princípios e regras de Direito Internacional são, por um lado, os tratados, bilaterais, plurinacionais, multilaterais, e, por outro, o Direito Internacional consuetudinário, resultante da prática reiterada dos Estados e da confluência de *opinio iuris*³⁶⁴ sobre a obrigatoriedade de tal atuação. Via-se por isso como da natureza necessária do Direito Internacional que os princípios de Direito Internacional e as regras de Direito Internacional assim criados vinculassem apenas aqueles Estados diretamente envolvidos em tal procedimento de criação de Direito. Era, tipicamente, um Direito *inter partes*, tantas vezes um Direito "privado", se não mesmo predominantemente de vizinhos.³⁶⁵

---

³⁶² O que está de acordo com o dictum do Tribunal Internacional de Justiça, no seu Parecer sobre Reparações de danos sofridos ao serviço das Nações Unidas, quando observa que "os sujeitos de direito, num sistema jurídico, não são necessariamente idênticos quanto à sua natureza e à extensão dos seus direitos". Cf. ICJ Reports 1949, p. 178.

³⁶³ O artigo 38º do Estatuto do Tribunal Internacional de Justiça identifica cinco fontes: os tratados entre Estados; o direito consuetudinário resultante da prática dos Estados; os princípios gerais de direito reconhecidos pelas nações civilizadas, e, como meio subsidiário para a determinação das regras e Direito Internacional, as decisões judiciais e os escritos ou a doutrina dos "publicistas mais qualificados". Embora esta lista seja tida por não exaustiva, constitui um ponto de partida útil na análise do problema das fontes no Direito Internacional contemporâneo. Naturalmente, a norma consta de um instrumento convencional particular que *a se* não vale genericamente para todos os sujeitos de Direito Internacional.

³⁶⁴ O Tribunal Internacional de Justiça formulou-o nos Casos da *Plataforma Continental no Mar do Norte*: "não só os atos em causa têm que constituir prática reiterada, mas também ser tais, ou ser conduzidos de tal forma, que constituam evidência de uma convicção de que esta prática se torna obrigatória pela existência de uma regra que a requer. [...] Os Estados a que respeitam têm que sentir que se estão a conformar com o que corresponde a uma obrigação jurídica". Cf. *ICJ Reports*, 1969, p. 3, parágrafo 44.

³⁶⁵ Vizinhos que por isso eram obrigados a estabelecer disciplinas para as relações que a contiguidade impunha. Assim, por exemplo, no Direito Internacional da Água. Cf. P. Canelas de Castro, "O regime jurídico das

A questão que se coloca é se a globalização terá importado ou acentuado a emergência de novas tendências na formação de Direito Internacional, quer ao nível dos tratados quer ao nível da formação do costume internacional.[366]

    a. *Tratados*. Os tratados internacionais definem-se como acordos concluídos por dois ou mais sujeitos de Direito Internacional de acordo com o Direito Internacional.[367] Da própria natureza dos tratados concluídos por partes contratantes determinadas, quer a doutrina quer o Direito tradicional inferiram que os tratados não podiam vincular partes terceiras, salvo consentimento destas. É a máxima *pacta tertiis nec nocent nec prosunt*.[368] Significa isto que não só o Direito Internacional é desprovido de entidade central que autoritariamente o produza em tratados, mas estes também, por força da sua própria natureza, não comportam a possibilidade de se constituírem em verdadeira legislação, ou seja, de aparecerem como atos jurídicos vinculativos de todos os sujeitos de Direito, independentemente de estes estarem envolvidos no procedimento concreto de constituição de Direito.

Logo então, contudo, se podia notar que a doutrina de que os tratados não pudessem vincular se não os Estados diretamente envolvidos na sua feitura se confrontava com situações que, pelo menos, comprovavam a possibilidade de a regra comportar exceções. Acresce que a prática das últimas décadas, e nomeadamente no quadro da globalização, evidencia não só a possibilidade como a efetiva existência de tratados com natureza e eficácia legislativa. A prática internacional antes revela que, sob certas condições, alguns tratados multilaterais gerais celebrados com o intuito de regular assuntos de cuidado geral da comunidade internacional no seu conjunto ou para segmentos da mesma podem vincular Estados que não sejam partes em tais tratados. Vários fatores terão contribuído para este desenvolvimento da prática convencional internacional. Assim, confrontados com crescente interação internacional, mas também com a explosão de comunicação transfronteiriça, os Estados vieram a reconhecer a necessidade de estabelecer disciplinas jurídicas internacionais estáveis, de produzir regimes "objetivos",[369] que não estejam à mercê das vontades acidentais de Estados-partes. Assim aconteceu, desde logo, a respeito do estatuto internacional de importantes

---

    utilizações dos cursos de água internacionais no Projeto da Comissão de Direito Internacional", *RJUA*, 1996, n. 5/6, p. 141-199; "Sinais de (nova) modernidade no Direito Internacional da Água", *Nação e Defesa*, 1998, n. 86, p. 101-129.

[366] Reitera-se (cf. *supra*, nota 77) que, por razões de dimensão do presente trabalho, este se restringe, nesta matéria, à análise das inovações respeitantes às principais fontes de Direito Internacional reconhecidas no âmbito do Direito Internacional clássico e que figuram em primeiro lugar no elenco que delas é feito na "fonte das fontes" correspondente ao artigo 38º do Estatuto do Tribunal Internacional de Justiça. Naturalmente, esta opção, determinada pela necessidade, envolve perda, que se reconhece, pois que inovações em termos de novas fontes, desde logo porque fontes que mais proximamente correspondam aos anseios e capacidade de ação normativa ou de influência da mesma por parte dos novos sujeitos de Direito Internacional antes arrolados, terão um significado pelo menos mais radical na reconceptualização da ordem jurídica internacional globalizada.

[367] Cf. Convenção de Viena sobre o Direito dos Tratados, artigo 2º, 23 de maio de 1969, *UNTS*, 1115, p. 331, ss.

[368] Esta doutrina está hoje normativamente consagrada no artigo 34º da Convenção de Viena sobre o Direito dos Tratados, feita em 1969.

[369] Damos nota de progressos de idêntico sentido no quadro particular do Direito Internacional da Água em P. Canelas de Castro, *Mutações e Constâncias do Direito Internacional da Água. Mudanças de Paradigmas*, Coimbra, 2016, *policopiado*, p. 115, ss. e 239, ss.

cursos de água naturais ou artificiais, cuja vinculatividade perante terceiros se percebeu indispensável. Estabeleceu-se a ideia de que, em determinadas circunstâncias, disciplinas internacionais convencionais de natureza multilateral ou plurinacional antes serão a via adequada para afrontar os problemas que a crescente densidade de relações internacionais colocava; ou, de outro ângulo, reconheceu-se que o melhor interesse de cada Estado antes coincide com tais disciplinas comuns. Tais tratados surgem assim como uma espécie de sucedâneo possível da ausente legislação internacional. Mas se assim vinha sendo já há algum tempo, esta necessidade de evolução acentuou-se nos tempos mais recentes, marcados pelo impacto estrutural da era da globalização e os problemas de regulação que consigo trouxe ou acentuou, como o da proteção ambiental, ou o das alterações climáticas. A consciência destes problemas e da carência de respostas normativas adequadas ainda mais impôs a necessidade de adotar disciplinas convencionais abrangentes, de uma efetiva, substancial legislação no interesse comum, público, de toda a comunidade internacional,[370] já apreendida como mais plural, mas também mais factualmente interdependente e solidária.

Embora não seja possível sustentar que tal Direito Internacional convencional vincule Estados não partes em cada um dos seus detalhes normativos, há outrossim um consenso crescente de que os Estados terceiros estão vinculados pelos princípios fundamentais codificados nestas convenções universais que exprimem e são concluídas com o propósito de proteger o interesse público impostergável.[371] A justificação para a extensão de efeitos jurídicos, *erga omnes*, relativamente a tais instrumentos convencionais é a de que tratados deste tipo servem interesses vitais da humanidade. É em razão desta utilidade que os Estados individuais não podem ser deixados alheios a tal disciplina, que se lhes não admite que atuem de modo contrário ao interesse comum acordado no seio da comunidade internacional, que disponham destas disciplinas fundamentais. Conclui-se, pois, que o direito internacional contemporâneo comporta o reconhecimento de eficácia *erga omnes* a certos princípios fundamentais "legislados" pela comunidade internacional por intermédio de tratados multilaterais concluídos com o intuito de proteger interesses públicos determinados.

b. *Costume*. Os desenvolvimentos respeitantes ao costume jurídico internacional são, aparentemente, diferentes. Sempre que uma prática internacional universal determinada de muitos Estados, e desde logo dos mais interessados na matéria, embora não de todos, se estabeleça e seja acompanhada por convicção de que, ao assim se agir, se está a fazer porque se entende corresponder à obrigatoriedade, terá emergido uma regra de direito internacional consuetudinário e a mesma

---

[370] Tema recorrente em importantes escritos de Christian Tomuschat, muito em particular. Cf. Ch. Tomuschat, "Obligations Arising for States without or against Their Will", *Recueil des Cours*, 1993, v. 241, nº IV, p. 195, ss.; "Die internationale Gemeinschaft", *AVR*, 1995, v. 35, p. 1, ss.; "International Law as the Constitution of Mankind", *in* United Nations (Ed.). *International Law on the Eve of the Twenty-first Century. Views from the International Law Commission*, New York, 1997.

[371] Cf. Ch. Tomuschat, "Obligations Arising for States without or against Their Will", *Recueil des Cours*, 1993, v. 241, nº IV, p. 271; J. Delbrück, "'Laws in the Public Interest' – Some Observations on the Foundations and Identification of *erga omnes* Norms in International Law", *in* V. Götz, P. Selmer, R. Wolfrum (Ed.). *Liber amicorum Günther Jaenicke - Zum 85. Geburtstag*, Berlin, 1998, p. 17, ss.

vinculará todos os Estados.³⁷² É certo que, de acordo com a doutrina tradicional, embora controversa e disputada, mas, normalmente, de facto seguida, uma exceção se podia apor: a de um Estado se colocar como objetor persistente, assim excecionando à regra. Numa tal condição, o Estado que tivesse persistentemente objetado a tal prática internacional tendente a constituir-se como regra de Direito Internacional consuetudinário era considerado não obrigado por tal regra a partir da sua entrada em vigor. A exceção justificava-se por se entender que a soberania do Estado podia impedir a eficácia vinculativa de uma nova regra de direito consuetudinário no respeitante ao Estado objetor. Trata-se, no plano do direito consuetudinário, de efeito paralelo ao que decorre do princípio *pacta tertiis* do Direito Internacional dos tratados. A inferência geral é a de que, de acordo com o Direito Internacional tradicional, os Estados não podiam ver-se vinculados por uma regra de Direito Internacional contrária à sua vontade; nem por via convencional, nem por via consuetudinária.

Mas, tal como a respeito do Direito Internacional dos tratados, a doutrina tradicional sobre o Direito Internacional consuetudinário, ainda estreitamente inspirada numa visão hiperbólica da soberania, veio a conhecer evolução com o decurso do tempo. Em especial, com a aceitação da existência de regras imperativas de Direito Internacional de *ius cogens*, ³⁷³ ³⁷⁴ a regra do objetor persistente, que nunca tinha sido inquestionadamente aceite, perdeu solidez. Como as regras imperativas de valor cimeiro, de *ius cogens*, não podem ser derrogadas, se não por outras de *ius cogens* novo, a noção de objetor persistente veio, crescentemente, a ser vista como inaceitável. A razão para o afastamento desta doutrina mais tradicional é a de que normas com efeito de *ius cogens* incorporam princípios fundamentais do Direito Internacional, princípios que representam o interesse público geral da comunidade internacional dos Estados. A esta luz, passa a ser inaceitável que um Estado individual, por mera vontade individual soberana, se possa desviar dos princípios que são tidos por essenciais, fundamentais, pela generalidade da comunidade internacional.³⁷⁵

---

³⁷² Segundo o *dictum* do TIJ nos Casos da *Plataforma Continental no Mar do Norte*, "essencialmente, o direito internacional consuetudinário coloca obrigações vinculativas para os Estados de acordo com os seus padrões de comportamento. Com a passagem do tempo, as nações passam a depender dos padrões de ação de outras nações, palavras e respostas. Se estes padrões se tornam previsíveis e o princípio "torna-se obrigatório pela existência de uma regra de direito que o requer", então a norma cristaliza-se em direito". Cf. *North Sea Continental Shelf* (*Germany vs. Denmark; Germany vs. The Netherlands*), 1967 ICJ Reports, 1967, parágrafo 77.

³⁷³ Às normas de importância fundamental no sistema jurídico internacional contemporâneo dá-se o estatuto de normas de *ius cogens* ou normas imperativas de Direito Internacional. Trata-se de normas das quais não se permite qualquer derrogação. Diversamente do que acontece com a generalidade das regras ordinárias de direito consuetudinário, das quais os Estados se podem sempre afastar em acordos entre si (*ius dispositivum*), destas regras de *ius cogens* os Estados não se podem afastar, como não podem modificar o seu conteúdo. Daí que a Convenção de Viena preveja no seu artigo 53º que um tratado que conflitue com norma de *ius cogens* seja nulo. De igual modo, essa regra também prevalece sobre regras contrárias de direito consuetudinário.

³⁷⁴ Estas regras de *ius cogens* não são numerosas. Assim acontece com a proibição de agressão, de genocídio, de tortura e de escravatura. Cf. A. Aust, *Modern Treaty Law and Practice*, 2000, p. 257. Os critérios para alcançarem tal estatuto, como decorre do caso do *Mandato de Detenção*, da República Democrática do Congo contra a Bélgica, no julgamento do Tribunal Internacional de Justiça, são rigorosos: aceitação quase universal. Os casos de conflito são também escassos, devendo ser cuidadosamente verificados – no caso alegava-se conflito entre o Direito das imunidades soberanas e a proibição da tortura. Cf. a sentença, de 14 de fevereiro de 2002: *Case concerning the Arrest Warrant of 11 April 2000*, ICJ Reports, 2002, p. 3, ss.

³⁷⁵ Nesta linha, *vide* J. Charney, "Universal International Law", *AJIL*, 1993, v. 87, p. 538, ss.

Exceto no que concerne à noção de interesse comum ou público na modificação da regra do objetor persistente, um tal desenvolvimento não pode ser diretamente reconduzido ao impacto da globalização no Direito Internacional moderno. Contudo, já assim acontece seguramente com outros desenvolvimentos da doutrina jurídica a respeito do direito internacional consuetudinário moderno. Nestes casos, já não parece poder deixar de se atribuir à globalização o surgimento ou, pelo menos, a consolidação destas formas mais inovadoras de costume internacional ou dos modos novos por que é apreendido. Assim, desde logo, quanto ao procedimento de formação do costume. De acordo com a doutrina tradicional, a um primeiro elemento, de prática reiterada por Estados que, pelo decurso do tempo, se verificaria cada vez mais seguida de forma uniforme, seguir-se-ia um segundo elemento, consistente no facto de que, ao assim seguirem aquela prática, os Estados vão ficando convictos de que o fazem em razão do Direito. De acordo com a doutrina clássica estabelecida, a prática internacional, quando acompanhada de *opinio iuris* quanto à sua obrigatoriedade, transforma-se numa regra de direito obrigatória. Os dois elementos têm que estar presentes. Nomeadamente, tem-se por certo que a mera prática não chega para se constituir uma regra consuetudinária; afirmou-o claramente o Tribunal Permanente de Justiça Internacional no caso *SS Lotus*, em 1927,[376] como o declarou o Tribunal Internacional de Justiça no Parecer sobre a *Legalidade da Ameaça ou Uso de Armas Nucleares*, em 1996.[377]

Alguns, contudo, questionaram-se quanto à conformidade desta representação idealizada do procedimento de apuramento da existência de regras consuetudinárias com a prática internacional e nomeadamente com a jurisprudência dos tribunais internacionais.[378] Como quer que seja, parece inegável que a prática internacional posterior à II Guerra Mundial, bem assim como trabalhos doutrinais vários,[379] revelam pelo menos um afastamento quanto à necessidade de se seguir uma tal sequência de passos no procedimento de formação das regras internacionais consuetudinárias. O que, muito diversamente, evidenciam é que, perante os numerosos *fora* internacionais e mesmo universais hoje existentes, como as instituições da família da ONU, os órgãos plenários de outras Organizações Internacionais, e até as grandes conferências internacionais em que os Estados frequentemente se encontram e em que discutem as suas perspetivas sobre a regulação da comunidade internacional e as suas estratégias normativas próprias ou comuns em busca do tratamento normativo adequado para os temas da agenda global, o que antes mais habitualmente se verifica é o apuramento, primeiro, de uma *opinio iuris*, só depois se vindo a afirmar uma prática internacional correspondente. Há como que uma inversão da ordem normal dos passos conducentes à constituição de uma regra de direito internacional. É este fenómeno aquilo que René-Jean Dupuy designava de *costume selvagem*, justamente porque "heterodoxo" no seu procedimento de formação.[380]

---

[376] PCIJ Series A, N. 10, Judgment September 7, 1927.
[377] Legality of the Threat or Use of Nuclear Weapons, ICJ Reports 1996, advisory opinion of 8 July 1996, p. 226, ss.
[378] Cf., a título de exemplo, o que anota D. Fidler, "Challenging the Classical Concept of Custom: Perspectives on the Future of Customary International Law", *GYBIL*, 1996, v. 39, p. 198-248.
[379] V.g. B. Schlütter, Developments in Customary International Law, 2010, Brill.
[380] Cf. R.-J. Dupuy, "Coutume sage et coutume sauvage", In *La communauté internationale: Mélanges offerts à Charles Rousseau*, Paris, 1974, Pédone, p. 75-87 e "Droit déclaratoire et droit programmatoire: de la coutume sauvage à la 'soft law'", in SFDI, *L'élaboration du droit international public, colloque de Toulouse*, Paris, Pédone, 1975, p. 132-148.

Podendo, numa primeira observação, parecer tratar-se de mudança meramente formal, o que tal procedimento antes deve significar é uma profunda alteração substancial do entendimento do costume. O que tal transformação fundamental significa é a capacidade de a comunidade internacional dos Estados, reunida nos seus *fora* universais, também por esta forma, no quadro de procedimentos plásticos de formação de consensos no plano internacional, fazer o que substancialmente equivale à produção legislativa, mais voluntaristicamente determinada, dos contextos nacionais. As pronúncias que os Estados fazem, ao participar nestes *fora* globais sobre o modo como assuntos determinados de interesse comum devem ser normativamente regulados, contribuem para convergências de posições ou para a formação dos consensos,[381] que constituem o modo mais habitual por que, hoje, as Organizações Internacionais trabalham no plano normativo. Naturalmente, *per se*, estas declarações solenes, ou mesmo as resoluções da Organização internacional em causa a que venham a dar lugar, não podem pretender ter força normativa suficiente própria. Para se poderem alçar à condição de direito consuetudinário, ainda é necessário que a estas pronúncias públicas se junte correspondente prática internacional. De notar, contudo, que esta prática internacional é, em tal contexto, diversa daquela que dava lugar à formação de regra consuetudinária no quadro do direito costumeiro tradicional. Em vez de a prática internacional se estabelecer inicialmente sem qualquer sentido de obrigatoriedade e, só depois, no decurso do tempo, se revelar como base para a emergência de uma *opinio iuris* correspondente, o que esta novel prática internacional, posterior a pronúncias no quadro de *fora* internacionais universais, antes contém ou revela é, justamente, uma aspiração legiferante da comunidade internacional, num processo de fazer Direito paralelo ao da feitura de leis nos quadros jurídicos internos.

A esta transformação, uma outra se junta, como primeiro para tal alertou o jusinternacionalista chinês Bin Cheng: a da constituição de costumes (quase) instantâneos.[382] Aliás, por vezes, aquele primeiro modo novo de fazer direito consuetudinário, consistente no chamado costume selvagem, coincide com este outro, o do costume instantâneo. De acordo com a teoria de Bin Cheng, a *opinio iuris* é o único elemento realmente necessário para a criação de Direito Internacional consuetudinário novo. Na fórmula do mencionado jusinternacionalista, o costume pode surgir "da noite para o dia", desde que a *opinio iuris* sobre a sua existência não seja rejeitada pelos Estados-membros da comunidade internacional. Neste outro novo procedimento, formam-se, de modo não voluntaristicamente determinado, regras ou princípios quase instantaneamente obrigatórios sobre assuntos de interesse comum carentes de regulação. Algumas condições parecem necessárias para que tal resultado se produza, de acordo

---

[381] Outra técnica de tempos da globalização para adoção de textos normativos em conferências ou Organizações internacionais é a do "negócio de pacote" (*package deal*). Sobre uns e outra, *vide* H. Caminos, M. R. Molitor, "Progressive Development of International Law and the Package Deal", *AJIL*, 1985, v. 79, p. 871-890; A. Boyle, "Further Development of the 1982 Convention on the Law of the Sea: Mechanisms for Change", *in* D. Freestone, R. Barnes, D. Ong (Ed.). *The Law of the Sea: Progress and Prospects*, Oxford, 2006, Oxford University Press, p. 40-41; J. Harrison, *Making the Law of the Sea: A Study in the Development of International Law*, Cambridge, 2011, Cambridge University Press;.

[382] *Vide* Bin Cheng, "Custom: The Future of General State Practice In a Divided World", *in* R. St.J. Macdonald e Douglas M. Johnston (Ed.). *The Structure and Process of International Law: Essays in Legal Philosophy Doctrine and Theory*, 1983, p. 513, 532.

com a doutrina que estudou os diversos "precedentes" de alegado costume instantâneo: em primeiro lugar, a *opinio iuris* tem que ser declarada em *fora* universais, após um debate público; em segundo lugar, os Estados terão que ter tido a oportunidade de participar em tais *fora*; e, em terceiro lugar, o consenso substancial tido por genericamente emergente das diversas declarações normativas terá que ter sido seguido por, pelos menos, algumas instâncias de prática internacional. Neste entendimento, os costumes instantâneos antes de facto evocam um procedimento legislativo no plano internacional, que não o modo tradicional de formação de Direito Internacional consuetudinário. De acordo com a análise de Jonathan Charney,[383] este desvio perante a forma axiomática tradicional de formação de costume justifica-se pela necessidade de a comunidade internacional encontrar formas eficientes e rápidas de formação de direito em matérias de interesse comum para toda a Humanidade.[384] Ora, nem o moroso costume internacional tradicional nem sequer o mais moderno instrumento dos tratados multilaterais sobre questões de interesse comum asseguram estas desejadas eficiência e rapidez. De notar ainda que esta análise não corresponde apenas à elucubração doutrinal *de lege ferenda*. Ela antes decorre exemplarmente de alguma prática internacional. Assim, por exemplo, com a afirmação no Direito Internacional contemporâneo da figura e de regras fundamentais do regime da zona económica exclusiva.[385] Correspondendo, inicialmente, a simples consenso que rapidamente havia emergido no quadro dos debates no contexto da Conferência das Nações Unidas sobre o Direito do Mar, rapidamente se viu coonestado por prática internacional, consistente na proclamação uniforme de várias zonas económicas exclusivas por vários Estados costeiros. Quer a doutrina internacional quer os governos de diversos Estados acolheram estes atos unilaterais como constitutivos de Direito Internacional consuetudinário;[386] assim o fizeram bem antes de a Convenção das Nações Unidas de 1982 ser adotada e ter entrado em vigor, já no final de 1994.

O novo modo de formação de costume internacional, conjuntamente com o reconhecimento, tanto pela doutrina jusinternacionalista como pela prática internacional, de uma eficácia *erga omnes* não só de regras de *ius cogens* mas também de princípios fundamentais codificados em tratados amplamente participados, por vezes designados de tratados-lei (*traités-lois*),[387] adotados no interesse comum da humanidade, demonstram que o Direito Internacional tem vindo, gradualmente, a transformar-se numa ordem jurídica objetiva, cuja força jurídica não mais radica na vontade soberana dos Estados,[388]

---

[383] J. Charney, "Universal International Law", *AJIL*, 1993, v. 87, p. 543, ss.; J. Charney, "International Lawmaking – Art. 38 of the Statute of the ICJ", in J. Delbrück (Ed.). *New Trends in International Lawmaking – International "Legislation" in the Public Interest?*, Berlin 1997, p. 171-191.

[384] Um dos primeiros tratamentos do tema da Humanidade, ainda com muita atualidade, é o de R.-J. Dupuy, "L'émergence de l'humanité", in *Federico Mayor Amicorum Liber*, Bruxelles, Bruylant, 1995, p. 811-819.

[385] *Vide* R. Bernhardt, "Der Einfluss der UN-Seerechtskonvention auf das geltende und künftige internationale Seerecht", in J. Delbrück (Ed.). *Das neue Seerecht*, Berlin 1984, p. 213, ss.

[386] *Vide* R.J. Dupuy, "La mer sous compétence nationale", in R.-J. Dupuy e D. Vignes (Ed.). *Traité du Nouveau Droit de la Mer*, 1985, p. 219-273, R.W. Smith, *Exclusive Economic Zone Claims. An Analysis and Primary Documents*, 1986.

[387] A categoria, referida a tratados constitutivos de veras leis da comunidade internacional, com efeitos para todos, constituindo elemento do ordenamento jurídico geral, opõe-se à de "tratados-contrato" (*traités contrats*) que são os acordos entre as partes apenas.

[388] Assim o diz o Tribunal Permanente de Justiça Internacional: "as regras do Direito Internacional que vinculam os Estados [...] emanam da sua própria vontade livre". Cf. Caso *SS Lotus* (France v. Turkey), PCIJ Series A, Nº 10, p. 18.

no seu consentimento a particulares obrigações, mas antes se funda no reconhecimento de que o Direito Internacional, como todo o Direito, é necessário na medida em que se figure como o meio de salvaguarda de valores fundamentais da comunidade e das suas aspirações teleológicas, a crer nos instrumentos da comunidade internacional que se podem identificar como o seu substancial momento constitucional, sendo que, em última instância, estes respeitam à sobrevivência da humanidade em geral, à proteção da dignidade humana dos indivíduos[389] e à liberdade e cooperação dos povos. Não deve surpreender que estas profundas transformações se tenham tornado mais percetíveis ou visíveis nas últimas décadas. Tal desenvolvimento antes se deve imputar à era da globalização e suas características, constituindo evidência dos seus impactos e resposta aos desafios estruturais que a globalização coloca. É porque a conceção hiperbólica da soberania e o papel inflacionado do Estado soberano, intencionado à prossecução dos seus estreitos interesses nacionais, com ela entram em profunda crise ou estrutural declínio, que se afirmam estes processos novos, a que se poderiam acrescer outros, conducentes à própria revisão do elenco das fontes do Direito Internacional. Em conjunto, eles antes traduzem as aspirações de uma comunidade internacional consciente de si própria e dos valores e finalidades comuns que pretende prosseguir. Eles antes são a resposta normativa aos reptos globais. Uma resposta normativa que é eminentemente cooperativa; desde logo dos Estados, mas que também, crescentemente, os transcende, envolvendo outros sujeitos no processo de formação. E que é, na sua função ou sentido, eminentemente pública(o), pois, que este Direito Internacional novo prossegue finalidades e valores de todos e que, por isso, a todos se impõem.

2.3 Impacto da globalização na conceção da soberania e do papel e estatuto do Estado

Desde os primeiros tempos da constituição do sistema internacional que a figura do Estado territorial está indissociavelmente ligada ao princípio da soberania. Este, no seu sentido mais absoluto, significa que o Estado é supremo, *i.e.*, que ele não está sujeito a qualquer outra autoridade quanto às suas atuações nos domínios político, militar e económico, mas também na sua relação com o Direito Internacional. A soberania era apreendida como o paradigma dominante do Direito Internacional clássico e da regulação das relações internacionais tradicionais. Mas, à medida que a independência dos Estados crescentemente deu lugar à interdependência, a perceção da soberania como uma supremacia *de facto* e *de iure*, como um direito absoluto (de *ab-solutus*, livre de) dos Estados, foi tida como abertamente contrastante com o desequilíbrio de facto na distribuição de poder no sistema. Passou também a ser crescentemente vista como contraditória com as exigências de uma cooperação internacional eficaz e credível, ela própria consagrada como valor cimeiro do novo quadro jurídico, que antes pede restrições, *de facto* mas também *de iure*, ao precipitado de poder que essa noção de soberania estadual procura acreditar. De um ponto de vista de Direito Internacional, este desenvolvimento significou

---

[389] Cf. Ch. Tomuschat, "Ethos, Ethics and Morality in International Relations", *EPIL*, v. II, 1999, p. 120-127. *Vide* ainda R.J. Dupuy (Ed.). *The Future of Law in a Multicultural World*, 1984.

que o princípio jurídico da soberania não mais podia ser entendido como legitimador de um exercício absoluto, livre, de poderes. Em termos de Direito, a soberania antes doravante aparece como um conceito relativo, que encontra a sua limitação, mas também a justificação, na soberania dos demais Estados, igualmente titulares e com direito a idênticos direitos e respeito.[390] De igual sorte, a soberania passa também a ser relativizada pelas limitações jurídicas que decorrem dos princípios jurídicos fundamentais que protegem os interesses comuns de uma comunidade internacional, constituída ainda, primacialmente, por Estados, mas também por muitos outros sujeitos que igualmente são expressão da humanidade no seu conjunto.[391] Este processo de crescente relativização do conceito-chave de soberania tem vindo a acelerar-se em resultado da globalização. Pode mesmo ser tido como um dos seus impactos fundamentais.

Há, desde logo, indicações de que a doutrina jurídica internacional tem vindo a reagir a este desenvolvimento através da introdução de um novo entendimento do conceito da soberania. Nesta reconceptualização, a soberania antes é "participação nos regimes que constituem a substância da vida internacional [...]. A soberania, no fim de contas, é estatuto – a vindicação da existência estadual como membro do sistema internacional".[392] Uma tal modificação do sentido e âmbito do princípio da soberania, uma soberania "funcional", orientada para cumprir funções (funções novas) no sistema, tem importantes consequências para o Direito Internacional no que respeita ao estatuto e ao papel do Estado.[393] Assim, em particular, quanto à dimensão territorial do Estado moderno. O princípio da integridade territorial dos Estados é provavelmente o mais fundamental princípio-decorrência do princípio da soberania.[394] Como será o princípio que mais intrinsecamente está ligado ao princípio de soberania estadual. Não surpreenderá por isso que também tenha conhecido um número importante de modificações do seu entendimento, de modo paralelo ao que aconteceu como o próprio princípio da soberania. O artigo 2º, nº 4 da Carta das Nações Unidas[395] reconhece o princípio da integridade territorial como elemento essencial da ordem de paz internacional, baseado na proibição genérica da utilização da força nas relações internacionais. E, porém, o artigo 2º, nº 4 da Carta das Nações Unidas fundamentalmente também o altera quando igualmente afirma que a integridade territorial é garantida apenas relativamente a violações "incompatíveis com as finalidades e os princípios das Nações Unidas".[396] O que vale por dizer, *a contrario*, que os Estados membros das Nações Unidas têm que tolerar as violações da sua integridade territorial que sejam compatíveis com as finalidades

---

[390] *Vide* G. Dahm, J. Delbrück, R. Wolfrum, *Völkerrecht*, v. I/1, New York, 2012, De Gruyter, p. 214, ss.
[391] Christoph Schreuer, "The Waning Sovereign State: Towards a New Paradigm of International Law?", *European Journal of International Law*, v. 4, 1993, p. 447-471.
[392] A. Chayes/A. H. Chayes, *The New Sovereignty. Compliance with International Regulatory Agreements*, Cambridge, Massachussets, 1995, Harvard University Press, p. 27.
[393] *Vide* H. Wilke, *Supervision des Staates*, Frankfurt am Main, 1997, Surkamp.
[394] Sobre os princípios conexos, vide Ph. Kunig, *Das völkerrechtliche Nichteinmischungsprinzip*, Baden-Baden, 1981.
[395] A. Cassese (Ed.). *The Current Regulation of the Use of Force*, 1986; A. Randelzhofer, "Article 2 (4)", *in* B. Simma et al. (Ed.). *The Charter of the United Nations. A Commentary*, v. I, 2. ed., Oxford, 2002, Oxford University Press, p. 112-136.
[396] J. Delbrück, "Effektivität des Gewaltverbots – Bedarf es einer Modifikation der Reichweite des Art. 2 (4) UN-Charta?", *Die Friedens-Warte*, 1999, p. 144, ss.

e os propósitos das Nações Unidas. Nomeadamente, assim acontece relativamente às constrições que resultem de medidas de execução do Direito Internacional que sejam determinadas ou autorizadas pelo Conselho de Segurança das Nações Unidas no intuito de afastar violações dos princípios fundamentais do Direito Internacional que igualmente sejam protegidos pela Carta das Nações Unidas, como seja, por exemplo, o princípio da proteção dos direitos humanos fundamentais.[397] Num contexto em que há crescente preocupação com a proteção dos direitos humanos e se constata o seu reconhecimento como interesse comum da humanidade, uma tal modificação do princípio da integridade territorial dos Estados alcançou condição proeminente no Direito Internacional moderno, uma condição que não corresponde à previsão determinante inicial dos fundadores da Carta das Nações Unidas.[398]

Um outro exemplo das modificações de um outro princípio bem reconhecido de Direito Internacional, igualmente ligado à estadualidade e ao vetor território da *trias politica* estadual: o princípio da territorialidade.[399] O princípio da territorialidade, é o princípio que define o âmbito territorial da jurisdição do Estado. Essa jurisdição vale no território estendendo-se até aos seus limites definidos pelas fronteiras estaduais. Mas a jurisdição também é, em princípio, limitada por estas fronteiras. Com a globalização e o impacto crescente das transações transnacionais feitas por empresas multinacionais, a prática internacional das últimas décadas evidencia uma tendência crescente para, em alguns casos, estender esta jurisdição para lá das fronteiras estaduais.[400] De início, este movimento para garantir um efeito extraterritorial a leis internas defrontou-se à oposição denodada de Estados atingidos. Por exemplo, assim aconteceu quando os Estados Unidos da América procuraram estender a sua jurisdição a empresas comerciais que, embora formalmente constituídas ao abrigo de jurisdições estrangeiras, estavam estreitamente ligadas a empresas dos Estados Unidos da América. Em particular, os Estados Europeus objetaram veementemente, declarando que tal extensão da jurisdição americana constituía violação do princípio da territorialidade.[401] Porém, o impacto da "desterritorialização" das transações comerciais, em particular através da internet, tem levado à emergência de um consenso crescente no sentido de reconhecer a possibilidade

---

[397] *Vide supra* no ponto I.3, a propósito da prática das Nações Unidas, posterior ao termo da Guerra Fria, de sanções em situações de violações de direitos humanos.

[398] A. Bleckmann, "Article 2", *in* B. Simma et al. (Ed.). *The Charter of the United Nations. A Commentary*, v. I, 1. ed., Oxford, 1995, Oxford University Press, parágrafo 30.

[399] J. Delbrück, *Das Staatsbild im Zeitalter wirtschaftsrechtlicher Globalisierung*, 2002, p. 16, ss.; U Di Fabio, *Der Verfassungsstaat in der Weltgesellschaft*, p. 52, ss.

[400] P. Saladin, *Wozu noch Staaten? Zu den Funktionen eines modernen demokratischen Rechtsstaats in einer zunehmend überstaatlichen Welt*, Bern/München, 1995, p. 18, ss.

[401] Vários exemplos podem ser evocados, a começar pelo caso dos anos oitenta conhecido como "litígio do pipeline de gás natural". *Vide* Klaus Bockslaff, "The Pipeline Affair 1981/82 – A Case Study", *GYBIL*, 1984, v. 27, p. 28-37; Detlev F. Vagts, "The Pipeline Controversy: An American Viewpoint", *ibid.*, p. 38-53; A.V. Lowe, "International Law Issues Arising in the "Pipeline" Dispute: the British Position", *ibid.*, p. 54-71; Karl M. Meessen, "Extraterritoriality of Export Control: A German Lawyer's Analysis of the Pipeline Case", *ibid.*, p. 97-108. Mais amplamente, K.P. Kißler, *Die Zulässigkeit von Wirtschaftssanktionen der Europäischen Gemeinschaft gegenüber Drittstaaten*, 1984; M.P. Malloy, *Economic Sanctions and US Trade*, 1990; S. Oeter, "CoCom und das System der koordinierten Exportkontrollen. Überlegungen aus völkerrechtlicher und völkerrechtspolitischer Perspektive", *Rabels Zeitschrift*, 1991, v. 55, p. 436-462.

e, por vezes até, a necessidade de, em algumas matérias, os Estados criarem regimes de regulação que não sejam territorialmente baseados.[402] [403]

Em termos ainda mais gerais, pode-se igualmente constatar que as fronteiras estaduais se estão a tornar menos relevantes a respeito do exercício de poder regulatório por determinados Estados, justamente num contexto em que a política, os mercados, e o Direito se vão tornando mais globalizados.[404] Mesmo no domínio militar, se pode documentar uma menor importância de considerações territoriais na utilização da força militar para objetivos para lá da estrita legítima defesa.[405] Por fim, este movimento de desterritorialização do exercício da jurisdição estadual é claramente evidenciado pela internacionalização, pela supranacionalização e, ainda, pela interpenetração das administrações nacionais, internacional e supranacional,[406] [407] [408] [409] bem como a crescente interconexão e integração de estruturas constitucionais de Estados, de Organizações Internacionais e de Organizações supranacionais.[410]

---

[402] Esta tendência foi gradualmente sendo assumida por diversos agrupamentos políticos na sociedade internacional, como exemplo, o Grupo dos Sete. Na cimeira de Denver, em 1997, faz um apelo a uma regulação global dos mercados financeiros globais. Há dois anos, em maio de 2019, o G7 anunciava planos para adotar regulação de conteúdos tóxicos, de ódio, por parte das gigantescas empresas tecnológicas, após o primeiro "Apelo de Christchurch". Cf. Romain Dillet, "G7 countries to sign charter on tech regulation in August", *TechCrunch*, May 15, 2019. Já há cerca de um ano, em abril de 2020, os líderes, ministros das finanças e governadores dos bancos centrais dos Estados membros do G7, perante o que descreveram como "os reptos inéditos para a economia global" resultantes da novel pandemia, deliberaram a aplicação coordenada de um conjunto de medidas sanitárias, económicas e de estabilização financeira na luta contra a crise de saúde mundial e para mitigar os seus efeitos. Cf. deliberação de 14 de abril de 2020, de acordo com *Press Release* in www.home.treasury.gov. Ainda mais recentemente, em abril de 2021, perante os desafios cruzados da economia digital e da pandemia, os países do G7 e a União Europeia assinaram um acordo que define uma agenda conjunta para a área do digital e da tecnologia, que procura melhorar a segurança *on-line* através de uma regulação conjunta e a livre circulação transfronteiriça de dados. Cf. *ComputerWeekly.com*, April 29, 2021.

[403] Na doutrina, ainda no fim do século XX, *v.g.*, W. Meng, "Völkerrechtliche Zulässigkeit und Grenzen wirtschaftsverwaltungsrechtlicher Hoheitsakte mit Auslandswirkung", *ZaöRV*, 1984, v. 44, p. 675-783; A. V. Lowe, "The Problems of Extraterritorial Jurisdiction: Economic Sovereignty and the Search for a Solution", *ICLQ*, 1985, v. 33, p. 724-746; W. Meng, "Extraterritorial Effects of Administrative, Judicial and Legislative Acts", *EPIL*, v. II, 1999, p. 337-343.

[404] J. Delbrück, "Globalization of Law, Politics, and Markets – Implications for Domestic Law – A European Perspective", *Indiana Journal of Global Legal Studies*, 1993, p. 9, ss.; D. Held, A. McGrew, D. Goldblatt, J. Perraton (Ed.). *Global Transformations: Politics, Economics and Culture*, Stanford, 1999, Stanford University Press, p. 49, ss.

[405] Assim, S. Hobe, Der offene Verfassungsstaat zwischen Souveränität und Interdependenz, Berlin 1997, p. 207, ss.

[406] Para uma análise profunda da internacionalização do Direito administrativo e da sua aplicação, vide, em especial, Ch.Tietje, *Internationalisiertes Verwaltungshandeln*, Kiel, 2001, Veröffentlichungen des Walther-Schücking-Instituts für Internationales Recht an der Universität Kiel, v. 136. O fenómeno radica-se no facto de hoje quase todas as atividades humanas estarem sujeitas a alguma forma de regulação global. Bens e atividades que estão além do controle efetivo de qualquer Estado são regulados em nível global. Estes regimes regulatórios globais cobrem uma vasta gama de diferentes áreas temáticas, como a proteção da floresta, o controle da pesca, a regulação da água, a, mais ampla, proteção ambiental, mas também o controle de armamento, a segurança alimentar, a regulação financeira e contabilística, o governo da internet, a regulação de produtos farmacêuticos, a proteção da propriedade intelectual, os padrões de trabalho, a regulação da concorrência, para apenas citar alguns dos domínios em causa. Este aumento no número e no âmbito de tais regimes regulatórios é acompanhado pelo enorme crescimento das competências das Organizações Internacionais na aplicação de tais regimes. Existem, é claro, grandes diferenças entre os vários regimes regulatórios. Enquanto que alguns apenas fornecem um quadro para a ação do Estado, outros estabelecem diretrizes detalhadas com extenso impacto na ação das entidades administrativas nacionais. Alguns chegam a ter efeito direto sobre os agentes da sociedade civil nacional (por exemplo, com Gomes Canotilho, perguntámo-nos se assim não poderia acontecer relativamente a normas do regime da propriedade intelectual; cf. Gomes Canotilho e P. Canelas de Castro, "Do efeito directo do artigo 33º do Acordo TRIPS", in Faculdade de Direito da Universidade de Lisboa (Ed.).

Em suma, o Estado moderno territorial tem evoluído com alterações fundamentais nos últimos três séculos. Vai-se tornando uma parte apenas de um sistema composto

---

Homenagem ao Professor Doutor André Gonçalves Pereira, Coimbra, 2006, Coimbra Editora, p. 747-801). De igual sorte, enquanto que alguns regimes regulatórios criam os seus próprios mecanismos de aplicação, outros dependem de autoridades nacionais ou regionais para essa tarefa. Para dirimir litígios, enquanto que alguns regimes regulatórios estabeleceram órgãos judiciais (ou quase judiciais), outros recorrem a modos de solução de litígios "mais suaves", político-diplomáticos. Em tais contextos regulatórios, de administração global, os mecanismos tradicionais de relação entre a instância nacional e a instância internacional, baseados numa rígida separação de esferas de competência, no consentimento do Estado, e expressos por meio de tratados ou costumes, simplesmente não mais se revelam adequados ou capazes de dar ou propiciar as respostas pedidas pelas atividades globais. É este novo espaço regulatório, distinto do das relações interestaduais, que parcialmente transcende tanto a esfera de influência do Direito Internacional como a do direito administrativo interno, que pode ser definido como o espaço administrativo global. Certo é que nele, como *supra* se aventava, as OI se tornaram muito mais do que instrumentos dos governos dos seus Estados-Membros. Elas antes estabelecem as suas próprias normas e regulam o seu campo de atividade; elas geram e seguem os seus próprios procedimentos particulares; e podem conceder direitos participativos a sujeitos, públicos e privados, afetados pelas suas atividades, como também *supra* vimos a propósito de empresas multinacionais e ONG. Em última análise, as OI em interação com as estruturas nacionais surgem como verdadeiras administrações públicas globais. De outro ângulo, são estas estruturas, estes procedimentos e estes padrões normativos refletidos em decisões regulatórias aplicáveis às instituições que participam na governação global (e que põem ênfase em exigências de transparência, participação e sindicabilidade e recurso) bem como os mecanismos instituídos e juridicamente definidos para os aplicar e executar que justamente constituem este domínio específico das teoria e prática jurídicas que se designa de direito administrativo global. O foco principal deste domínio normativo emergente não é o conteúdo particular das regras substantivas geradas por instituições reguladoras globais, mas sim a questão da aplicação real ou potencial de princípios, as regras de procedimento e os mecanismos de apuramento de responsabilidades, bem como exigências de transparência, e participação que a estes atores se colocam num quadro jurídico que se pretende que reja a governação global afirmando um estado de direito global.

[407] Na literatura relativa a este emergente Direito Internacional/global administrativo ou Direito administrativo global, releve-se ainda S. Cassese, "Administrative Law without the State? The Challenge of Global Regulation", *New York University Journal of International Law and Politics*, 2005, v. 37, p. 663, ss; B. Kingsbury, N. Krisch e R. B. Stewart, "The Emergence of Global Administrative Law", *Law and Contemporary Problems*, 2005, v. 68, p. 15, ss.; L. Casini, "Diritto amministrativo globale", *in* S. Cassese (Ed.). *Dizionario di diritto pubblico*, Milano 2006; D. C. Esty, "Good Governance at the Supranational Scale: Globalizing Administrative Law", *Yale Law Journal*, 2006, v. 115, p. 1490, ss.; S. Battini e G. Vesperini (Ed.). *Global and European Constraints Upon National Right to Regulate: the Service Sector*, 2008; S. Cassese, B. Carotti, L. Casini, E. Cavalieri, E. Macdonald (Ed.). *Global Administrative Law: The Casebook*, 3. ed., 2012.

[408] O emergente e importante Direito Internacional Administrativo começa por ser um Direito Internacional das Organizações Internacionais. Mas não se confunde com o Direito administrativo internacional, que é o Direito administrativo das Organizações Internacionais que rege por exemplo as actividades dos funcionários, dos serviços, da burocracia destas Organizações. Trata-se, na lição de Diogo Freitas do Amaral, *Curso de Direito Administrativo – Vol. I*, Coimbra, 2012, 3. ed., Almedina, p. 191, de "regras que são administrativas pela sua natureza, mas internacionais pelo seu objecto". E, como decorre *supra* da nota 407, não se restringe a Direito Internacional destas Organizações, contendendo também com outros sujeitos e, desde logo, os Estados, membros ou não das OI. Muito próximo do conceito de Direito Internacional Administrativo, mas também mais amplo, pois que as relações estão em vista se não restringem a relações interestaduais, diretamente entre Estados ou envolvendo também OI, é o de Direito Global Administrativo ou Direito Administrativo Global.

[409] Do lado da ciência do Direito administrativo, movimento "paralelo" é captado como uma necessidade de redefinição deste por forma a captar a tendência para o que se designa da sua internacionalização (*Internationalisierung*). Um dos maiores expoentes desta tendência para repensar e conformar de novo a teoria ou dogmática do Direito administrativo por forma a captar a crescente influência destas relações administrativas além-fronteira, internacionais, no sistema administrativo interno, nos sujeitos relevantes, nas suas formas jurídicas de atuação, nos seus instrumentos jurídicos e fontes, nos procedimentos, no próprio contencioso, e para relevar a aproximação geral do Direito administrativo com o Direito Internacional, é Eberhard Schmidt-Assmann, em vários estudos, muitos coligidos no seu *Aufgaben und Perspektiven verwaltungsrechtlicher Forschung: Aufsätze 1975-2005*, Tübingen, 2006, Mohr Siebeck.

[410] *Vide* o que *infra*, em 'Observações Finais', dizemos sobre a constitucionalização do Direito Internacional.

de níveis múltiplos, no qual as diversas funções jurídicas, a função legislativa, a função administrativa, e a função judicial, são atribuídas a instituições nacionais, internacionais e supranacional,[411] em razão de qual destas instituições pode preencher tais funções mais eficientemente e no melhor interesse das gentes. Tal reconhecimento não deve, porém, fazer com que se ignore que esta reestruturação da organização política de nações ou sociedades levanta questões muito sérias sobre como se legitima o exercício da autoridade pública por instituições não estaduais neste sistema multinível. É em particular cabido questionar desta legitimidade à luz de valores democráticos, mas também tendo em conta outras considerações.

Observações Finais

O processo de globalização tem indubitavelmente contribuído para importantes transformações do sistema internacional. Nomeadamente, induziu uma expansão horizontal e a diversificação deste sistema internacional, ao propiciar a integração de atores não estaduais, como as ONG e outras entidades privadas empresariais, bem como o aprofundamento do estatuto dos indivíduos. Mais recentemente, tem integrado atores cuja presença se tinha esbatido no pós-II Guerra Mundial, como povos e minorias. Acresce que o sistema internacional também se expandiu e diversificou num sentido "vertical", ao aprofundar as relações entre os sistemas político e jurídico internacional e os correspondentes sistemas nacionais. Com a globalização, praticamente todos os principais aspetos de relações políticas, económicas e sociais de algum modo se internacionalizaram ou globalizaram.

O Direito Internacional tem vindo a responder a este novo quadro sociológico de relações internacionais globais, mais complexas e diversas, de modo gradual. Fá-lo, em primeiro lugar, através da sua abertura ou aceitação de novos sujeitos de Direito Internacional, ainda que sujeitos funcionais e limitados, com uma personalidade mais restrita e condicionada do que aquela que se reconhece aos Estados, que permanecem os sujeitos primários da ordem jurídica internacional. Certo é que a ideia de que a personalidade jurídica internacional corresponde a um *numerus clausus*, a um clube seleto, fechado, cujos membros cooptam com parcimónia o ingresso de alguns novos pares, faz parte das relíquias da História. No processo, quase insensivelmente, o Direito Internacional vai-se também transformando como *corpus iuris* e ordem jurídica. Para além da dimensão de ordem jurídica puramente interestadual, assume também um vetor de ordem jurídica transnacional, global. Trata-se de desenvolvimento que evidencia mudança funda também ao nível da natureza e substância do Direito Internacional. O corpo de princípios e regras de Direito torna-se mais complexo e diferenciado, ainda que também, quase paradoxalmente, com elementos de sistematicidade e integração, para lá da mais imediatamente aparente fragmentação que resulta das suas notáveis expansão

---

[411] Para uma análise do processo de integração constitucional de ordens jurídicas supranacional e internas, nacionais, no quadro da União Europeia, *vide* Anne Peters, *Elemente einer Theorie der Verfassung Europas*, Berlin, 2001, Duncker & Humblot.

e densificação temática e normativa. Ou seja, o Direito internacional aparece como uma vera e robusta *ordem* jurídica,[412] como vero *sistema* jurídico.[413] [414] [415] [416] Para tal contribui

---

[412] Cf. Paul Reuter, "Principes de droit international public", *Recueil des Cours*, 1961, v. 103, p. 425-652, *notius*, p. 460, em que a descreve como um corpo de regras ordenadas, ainda que aí também diga que a ordem jurídica é mais um "esforço" do que um "ponto de partida".

[413] Afirmando-o como sistema normativo, por contraste com a imagem de mero conjunto de regras esparsas, embora, depois, com variações quanto aos elementos a incluir nele, e sobretudo relativamente a que relações e sujeitos, cf. G. Abi-Saab, "Cours général de droit international public", *Recueil des Cours*, 1987, v. 207, p. 9-463; R. Higgins, *Problems and Process: International Law and How We Use It*, Oxford, 1994, Oxford University Press, p. 1; K. Zemanek, "The Legal Foundations of the International System: General Course on Public International Law", *Recueil des Cours*, 1997, v. 266, p. 1-335, *notius* p. 29-42; P. Malanczuk, *Akehurst's Modern Introduction to International Law*, 7. ed., London, 1997, Routledge, p. 6; S. Rosenne, "The Perplexities of Modern International Law: General Course on Public International Law", *Recueil des Cours*, 2001, v. 291, p. 1-471, *notius* p. 40; J. Crawford, "International Law as an Open System", *in* J. Crawford, *International Law as an Open System: Selected Essays*, London, 2002, Cameron May, prefácio e p. 28; Y. Shany, *The Competing Jurisdictions of International Courts and Tribunals*, Oxford, 2003, Oxford University Press, p. 84-104; A. A. D'Amato, "International Law as an Autopoietic System", *in* R. Wolfrum e V. Röben (Ed.). *Developments of International Law in Treaty-Making*, Berlin, 2005, Springer, p. 335-400; J. Crawford, "Chance, Order, Change: The Course of International Law. General Course on Public International Law", *Recueil des Cours*, 2014, Capítulo 6, intitulado "O Direito Internacional como sistema", p. 138, ss.; H. Thirlway, *The Sources of International Law*, Oxford, 2014, Oxford University Press, p. 2.

[414] Karl Zemanek diferencia "sistema" e "ordem". A primeira noção respeita a conjunto ordenado de regras, enquanto que a segunda que o compreende supõe também a existência de uma base social, em aplicação da máxima *ubi societas, ubi jus*, sujeitos jurídicos e algumas funções. *Vide* também Bin Cheng, "Custom: The Future of General State Practice in a Divided World", *in* R. St J. MacDonald e D. M. Johnston (Ed.). *The Structure and Process of International Law: Essays in Legal Philosophy, Doctrine and Theory*, Leiden, 1983, Martinus Nijhoff, p. 13-54, 516, 519-520, que argui que a ordem jurídica internacional é "a estrutura que resulta da existência e operação do sistema jurídico internacional" e P.-M. Dupuy, "The Danger of Fragmentation or Unification of the International Legal System and the International Court of Justice", *New York University Journal of International Law and Politics*, 1999, v. 31, p. 791, que, a p. 793, diz que a "ordem jurídica" pode ser definida como um "Sistema de normas vinculativas de determinados sujeitos que desencadeiam certas consequências predeterminadas quando os sujeitos violam as suas obrigações", sendo que "a existência da ordem jurídica internacional não deve ser questionada".

[415] Outros falam de "unidade". Cf. Mireille Delmas-Marty, *Trois défis pour un droit mondial*, Paris, 1998, Seuil, 1998; P.-M. Dupuy, "L'unité de l'ordre juridique international", *Recueil des Cours*, 2002, v. 297, p. 1-489; M. Craven, "Unity, Diversity, and the Fragmentation of International Law", *Finnish Yearbook of International Law*, 2003, v. 14, p. 3-34.

[416] Como sistema ou ordem ou unidade, a ideia fundamental é a de que o Direito Internacional se organiza como uma estrutura normativa que detém qualidades sistémicas, pelo menos em sentido metódico e analítico. Cf. A. Gourgounis, "General/Particular International Law and Primary/Secondary Rules: Unitary Terminology of a Fragmented System", *European Journal of International Law*, 2011, v. 22, p. 993-1026, *notius* 998. Qual depois a justificação de tal "sistematicidade", de tal representação de "ordenação" é que volta a constituir problema sobre o qual se digladiam teorias várias: a teoria da validade e hierarquia de normas (Cf. Mireille Delmas-Marty, *Trois défis pour un droit mondial*, Paris, 1998, Seuil, 1998); a teoria sobre as regras secundárias de aplicação em sentido Austiniano (H. L. A. Hart, *The Concept of Law*, 3. ed., Oxford, 2012, Oxford University Press, capítulo V, p. 91-93); teorias "globalistas"-comunitaristas, que procuram nos valores ou interesses comunitários globalmente partilhados a chave para as conexões, não necessariamente de validades diversas, entre diversas regras (*v.g.*, Ch. Tomuschat, "International Law: Ensuring the Survival of Mankind on the Eve of a New Century", *Recueil des Cours*, 1999, v. 281, p. 9-436; P.-M. Dupuy, "L'unité de l'ordre juridique international", *Recueil des Cours*, 2002, v. 297, p. 1-489; Antonio Cassese, "A Plea for a Global Community Grounded in a Core of Human Rights", *in* A. Cassese (Ed.). *Realizing Utopia: The Future of International Law*, Oxford, 2012, Oxford University Press, p. 136-146); teorias de reconceptualização do sistema jurídico internacional pelo prisma do estado de direito ou da democracia (S. Besson, "Theorizing the Sources of International Law", *in* S. Besson e John Tasioulas (Ed.). *The Philosophy of International Law*, Oxford, 2010, Oxford University Press, p. 163-185); ou teorias com radicação nas práticas sociais (J. d'Aspremont, "The Idea of "Rules" in the Sources of International Law", *British Yearbook of International Law*, 2014, v. 84, p. 103-130; J. d'Aspremont, *Formalism and the Sources of International Law. A Theory of the Ascertainment of Legal Rules*, Oxford, 2011, Oxford University Press). Em sentido crítico, mostrando ceticismo perante a possibilidade de haver qualquer sentido unívoco de sistema, e antes denunciando o abuso da sua utilização de modos diversos e contraditórios (formalista como substantivo, positivista como com apelo a valores, axiomático como com recurso à factualidade social) M. Prost, "Chapter 57. System", *in* J. d'Aspremont e S. Singh (Ed.). *Concepts for International Law - Contributions to Disciplinary Thought*, Cheltenham, 2017, Edward Elgar, p. 850-864.

a consolidação de princípios jurídicos fundamentais[417] que exprimem normativamente as opções e os valores fundamentais que a comunidade internacional mais complexa assume e partilha. Tais objetivos e princípios fundamentais, expressos exemplarmente no pórtico normativo da Carta das Nações Unidas, nos seus artigos iniciais, devem ser tidos como tendo assumido gradualmente a natureza e o valor de veros princípios constitucionais desta ordem nova.[418] [419] [420] [421] [422] Assim se diferenciam do conjunto das demais regras jurídicas, agora bem mais numerosas e normativamente precisas ou

---

[417] Vide a sintomática atenção de Gomes Canotilho, logo denotada no próprio título da sua reflexão sobre os novos constitucionalismos, mas sobretudo no núcleo da mesma, em J.J. Gomes Canotilho, "Principios y 'nuevos constitcionalismos': el problema de los nuevos principios", *ReDCE*, 2010, ano 7, n. 14, *notius* p. 329-362.

[418] Sobre o processo de constitucionalização da ordem jurídica internacional, *vide*, ainda no século XX, e antes mesmo da II Guerra Mundial, de modo visionário, em clara antecipação sobre o seu tempo, Alfred Verdross, que introduz o conceito de "Direito constitucional jurídico-internacional" (*"völkerrechtliches Verfassungsrechts"*), no seu, pioneiro, A. Verdross, *Die Verfassung der Völkerrechtsgemeinschaft*, Wien, 1926. E, depois da II Guerra Mundial, H. Mosler, "Völkerrecht al Rechtsordnung", *ZaöRV*, 1976, v. 36, p. 31, ss.; *The International Society as a Legal Community*, Alphen aan den Rijn, 1980; bem como, A. Bleckmann, *Grudprobleme und Methoden des Völkerrechts*, 1982, p. 260, ss. Já depois da Guerra Fria, e já em tempos de efetiva vaga contemporânea de globalização, A. Verdross e B. Simma, *Universelles Völkerrecht*, 3. ed., Berlin, 1984; Ch. Tomuschat, "Obligations Arising For States Without or Against their Will", *Recueil des Cours*, 1993, t. 241, n. IV, p. 216, ss.; B. Simma, "Fom Bilateralism to Community Interest in International Law", *Recueil des Cours*, 1994, v. VI, p. 256, ss.; Ph. Kunig, "Völkerrecht als öffentliches Recht – Ein Glasperlenspiel", *in* A. Randelzhofer, R. Scholz, D. Wilke (Ed.). *Gedächtnisschrift für Eberhard Grabitz*, München, 1995, p. 325, ss.; Ph. Allott, "The Concept of International Law", *EJIL*, 1999, v. 10, p. 31, ss., *notius*, 37, ss.; J. A. Frowein, "Konstitutionalisierung des Völkerrechts", *Berichte der Deutschen Gesellschaft für Völkerrecht*, 2000, v. 39, p. 427, ss.; U. Hingst, *Auswirkungen der Globalisierung auf das Recht der völkerrechtlichen Verträge*, 2001, p. 199, ss.; B. Simma, "Gestaltwandel im Völkerrecht und in der Organisation der Vereinten Nationen", *in* W. Hummer (Ed.). *Paradigmenwechsel im Völkerrecht zur Jahrtausendwende*, Wien, 2002, p. 48, ss.; B.-O. Bryde, "Konstitutionalisierung des Völkerrechts und Internationalisierung des Verfassungsrechts", *Der Staat*, 2003, v. 42, p. 61, ss.; A. Peters, "Global Constitutionalism in a Nutshell", *in Liber Amicorum Jost Delbrück*, 2005, p. 535, ss.; I. Pernice, "The Global Dimension of Multilevel Constitutionalism: A Legal Response to the Challenges of Globalism", *in* P.-M. Dupuy, B. Fassbender, M.N Shaw, K.-P. Sommermann (Ed.). *Völkerrecht als Wertordnung/ Common Values in International Law. Festschrift für/Essays in Honour of Christian Tomuschat*, Kehl, 2006, p. 973, ss.

[419] O comum movimento teórico que descreve ou propugna a constitucionalização do Direito internacional não procura estabelecer uma Constituição estadual mundial, antes se radica no Direito Internacional, nas suas estruturas e instrumentos, elevando-o acima dos contingentes interesses dos Estados e das correspondentes expressões de vontade dos Estados, bem como da relatividade dos direitos e deveres, num sentido de acréscimos de segurança jurídica e de continuidade, acentuando a sua natureza de Direito público, agora também de povos e indivíduos, na determinação de uma constituição substancial da comunidade internacional ou comunidade global no seu conjunto. De comum com a linha teórica próxima de constitucionalismo global, tem a radicação ou fundamentação no Direito Internacional existente, nos seus elementos característicos tradicionais. Este é o seu ponto de partida teórico-dogmático. Porém, o que sobretudo identifica o movimento é o apelo à sua reconstrução ou reconceptualização através da sua aproximação às características fundamentais do Direito constitucional. Daí a qualificação do processo como de constitucionalização. Para tanto, na proposta de alguns, como A. Rosas (cf. A. Rosas, "Globaler Konstitutionalismus", *in* H. Brunkhorst, M. Kettner (Ed.). *Globalisierung und Demokratie. Die organisierte Staatengemeinschaft und das Verlangen nach einer 'Verfassung der Feiheit'*, Frankfurt am Main, 2000, p. 173-175), desempenham papel crucial alguns princípios jurídicos fundamentais, nomeadamente alguns dos que se encontram consagrados na Carta das Nações Unidas e, no entendimento deste Autor, também os que se acolhem na Declaração Universal dos Direitos Humanos. Um outro vetor deste movimento, comum, pelo menos, à maioria dos seus cultores, é o de que, sendo embora importantes os sustentáculos institucionais e, em alguns casos, sendo mesmo necessários alguns desenvolvimentos institucionais, tal não passa pela constituição de um legislador universal ou a constituição, mais sociológica, de uma cidadania universal. Muitos veem na Organização das Nações Unidas e na família institucional de órgãos e estruturas associadas o sustentáculo institucional bastante. A esta estrutura institucional de nível universal competirá estabelecer as regras mínimas para a estadualidade, que vão para além da teoria dos três elementos, podendo aproximá-la de uma democracia pluralista, o que pode levar a novas compreensões mais constritas dos princípios atuais do Direito internacional de não ingerência e de neutralidade. Outro objetivo é a obrigatoriedade dos direitos humanos, o seu reconhecimento como valor universal, através do reforço dos procedimentos de aplicação e garantia do seu cumprimento e respeito, o que pode implicar ir além dos predominantes procedimentos de acesso a informação e participação, antes visando a constituição e utilização de veros tribunais internacionais a escalas internacionais várias.

[420] Já de há muito que alguns exprimem dúvidas ou críticas de princípio, quanto à abordagem "constitucionalista" do Direito Internacional. Assim, por exemplo, U. Haltern, "Internationales Verfassungsrecht?", *AöR*, 2003,

detalhadas, que tendem por isso a constituir regimes jurídicos "coerentes" no conjunto do sistema ou ordem jurídica. Estes regimes, contrariamente a uma leitura que insiste na fragmentação do Direito Internacional,[423] não são estanques, autocontidos, impermeáveis à relação com os demais.[424] [425] Pelo contrário, a coerência do sistema é assegurada,

---

v. 128, p. 511, ss. Trabalhos mais recentes, em especial de uma escola de pensamento com uma compreensão mais funcionalista do Direito Internacional (*v.g.*, J. Klabbers, *An Introduction to International Institutional Law*, 2002, p. 36, ss.), exprimem, com alguma radicação fatual, ceticismo relativamente ao quanto se terá progredido no sentido da constitucionalização do Direito Internacional. Cf. J. Klabbers, "Constitutionalism and the Making of International Law: Fuller's Procedural Natural Law", *No Foundations*, 2008, v. 5, p. 84-112; J. Klabbers, "Setting the Scene", *in* J. Klabbers, A. Peters, G. Ulfstein (Ed.). *The Constitutionalization of International Law*, Oxford, 2009, Oxford University Press, p. 1, ss.; D. Luban, "The Rule of Law and Human Dignity: Reexaminig Fuller's Canons", *Hague Journal on the Rule of Law*, 2010, v. 2, n. 1, p. 29-47. *Vide* ainda N. Krisch, *Beyond Constitutionalism: The Pluralist Structure of Postnational Law*, Oxford, 2010, Oxford University Press; N. Walker, *Intimations of Global Law*, Cambridge, 2015, Cambridge University Press.

[421] Outros ainda, como que a "meio caminho" intelectual, como Jutta Brunnée e Stephen Toope, não negando embora a tendência constitucionalizante do Direito Internacional, que reconduzem aos trabalhos pioneiros de Lon L. Fuller (*notius*, L.L. Fuller, *The Morality of Law*, New Haven, 1969, Yale University Press e "Human Interaction and the Law", *American Journal of Jurisprudence*, 1969, v. 1, p. 1-36), na linha dos quais admitem situar-se, propendem antes para situar o atual estádio de desenvolvimento "constitucional" da ordem jurídica internacional em termos de um "constitucionalismo fino", de fraco conteúdo substantivo, com mais evidente tradução em exigências procedimentais e cuja componente predominante é antes um estado de direito jurídico-internacional reconhecido pelas comunidades de práticos que concordam na necessidade do Direito e em comuns critérios de legalidade e que comporta mesmo uma versão limitada de separação de poderes efetivamente consistente em condições jurídicas para uma diferenciação funcional dos diversos atores no seio da ordem jurídica. Assim se contornaria a dificuldade do que entendem remanescer uma sociedade internacional (ainda) demasiado diversa. Cf. a trajetória desta ideia em J. Brunnée e St. Toope, *notius*: *Legitimacy and Legality in International Law: An Interactional Accou*nt, Cambridge, 2010, Cambridge University Press; "Interactional International Law", *International Theory*, 2011, v. 3, n. 2, p. 307-318; "Interactional International Law and the Practice of Legality", *in* E. Adler, V. Pouliot (Ed.). *International Practices*, Cambridge, 2011, Cambridge University Press, p. 108-135; "Constructivism and International Law", *in* J.L. Dunoff, M.A. Pollack (Ed.). *Interdisciplinary Perspectives on International Law and International Relations: The State of the Art*, Cambridge, 2012, Cambridge University Press, p. 109-145; e de J. Brunnée, "The Sources of International Environmental Law: *An Interactional Accou*nt", *in* S. Besson e J. d' Aspremont (Ed.). *The Oxford Handbook of the Sources of International Law*, Oxford, 2017, Oxford University Press, p. 1091-1118.

[422] Momento crucial do debate teórico sobre a constitucionalização do Direito Internacional consiste em indagar se o movimento também alcança ou em que medida alcança a esfera dos direitos humanos, sendo que a questão em parte contende com a da efetiva universalidade dos direitos humanos. É esta uma das encruzilhadas ou nódulos teóricos que posteriormente determinam níveis ou caminhos diversos no que captamos como comum movimento de constitucionalização do Direito Internacional, uns mais densos, outros, como se viu, mais finos, outros ainda mais céticos ou mesmo a raiar a denegação. *Vide*, em geral, por exemplo, M. Koskenniemi, "The Politics of International Law", *EJIL*, 1990, v. 1, n. 1, p. 4-32; D. Luban, "The Rule of Law and Human Dignity: Reexaminig Fuller's Canons", *Hague Journal on the Rule of Law*, 2010, v. 2, n. 1, p. 29-47.

[423] A tendência é particularmente documentável em cultores do Direito Internacional económico, impressionados com o desenvolvimento que a adoção dos Acordos de Marraquexe e a constituição da Organização Mundial do Comércio trouxe, quer no plano substantivo, quer nos planos procedimental e institucional, a alguns dos segmentos deste direito, nomeadamente o que regula o comércio internacional. Boa reflexão de conjunto colhe-se em Blome, Fisher-Lescano, Franzki, Markard, Oeter, "Contested Collisions: An Introduction", *in* Blome, Fisher-Lescano, Franzki, Markard, Oeter (Ed.). *Contested Regime Collisions: Norm Fragmentation in World Society*, 2016, p. 1-17.

[424] O conceito de "regime autocontido" foi utilizado pela primeira vez pelo Tribunal Internacional de Justiça no caso dos *Reféns de Teerão* (cf. *Case concerning United States Diplomatic and Consular Staff in Tehran* (*United States of America v. Iran*), ICJ Reports 1980), tendo desde então sido amplamente discutido pela doutrina jusinternacionalista. Concebido inicialmente para significar que um tratado ou conjunto de tratados criam um sistema particular de normas que em parte exclui a aplicabilidade do Direito internacional geral, a verdade é que o conceito não esclarece em que medida e fundamento tal exclusão é normativamente possível.

[425] Nesta linha, B. Simma, "Fragmentation in a Positive Light", *Michigan Journal of International Law*, 2004, v. 25, n. 4, p. 845-857; B. Simma e D. Pulkowski, "Of Planets and the Universe: Self-Contained Regimes in International Law", *EJIL*, 2006, v. 17, n. 3, p. 483-529. Os diversos ramos do Direito Internacional repousam sobre uma base

justamente, pelo recurso a estes princípios fundamentais,[426][427] a estes constructos jurídicos com virtualidades jusgénicas ou normogenéticas,[428] como também assinalou Gomes

---

comum única: o Direito Internacional geral. Temos explorado a inadequação desta leitura, que põe uma ênfase que se nos afigura desproporcionada e mesmo metodologicamente "errada" na fragmentação do Direito Internacional, antes procurando demonstrar a utilidade da compreensão do conjunto do sistema jurídico e a sua atuação com fertilização cruzada dos seus princípios nos diversos domínios em que se manifesta, para o domínio particular do Direito Internacional da Água, campo normativo em que, desde meados da década de noventa do século XX, identificamos uma tendência renovadora, de integração jurídica com demais ramos e regras gerais do Direito Internacional que estes princípios essencialmente asseguram. Cf., por exemplo, P. Canelas de Castro, "The Judgment in the Case Concerning the Gabcikovo-Nagymaros Project: Positive Signs for the Evolution of International Water Law", *Yearbook of International Environmental Law*, 1997, v. 8, p. 21-31; "Para que os rios unam: um projecto de Convenção sobre a cooperação para a protecção e a utilização equilibrada e duradoura dos cursos de água luso-espanhóis", Universidade Autónoma de Lisboa, *Portugal – Espanha: O que separa também une*, Lisboa, 1997, UAL, p. 53-90; "Sinais de (nova) Modernidade no Direito Internacional da Água", *Nação e Defesa*, 1998, nº 86, p. 101-129; "New Era in Luso-Spanish Relations in the Management of Shared Basins? The Challenge of Sustainability", in M. Fitzmaurice, M. Szuniewicz (Ed.). *Exploitation of Natural Resources in the 21st Century*, London, 2003, Kluwer, p. 191-234; "The Future of Water Law: The View Projected by the Epistemic Community", in The Permanent Court of Arbitration/Peace Palace Papers, *Resolution of International Water Disputes*, The Hague, February 2003, Kluwer, p. 371-416; "Freshwaters-Sea Interface: Emerging International Legal Field?", *Boletim da Faculdade de Direito da Universidade de Macau*, 2004, v. 16, p. 179-220; *Recent Developments in Water Law. Principles and Comparative Cases*, Lisboa, 2005, Luso-American Foundation; "Evolução do regime jurídico da relação rio-mar: rumo a um Direito (integrado) das águas?", *Revista Jurídica do Urbanismo e do Ambiente*, 2005, Ns. 21/22, p. 159-232; "Mudança de Paradigmas no Direito Internacional da Água? As "Regras de Berlim" da Associação de Direito Internacional", in Carlos Alberto de Bragança (Coord.), *5º Congresso Ibérico, Gestão e Planeamento da Água – Bacias Partilhadas, Bases para a Gestão Sustentável da Água e do Território – Resumos de Comunicações e Lista de posters*, Lisboa, 2006, FCT, p. 125-126; "Nova Era nas Relações Luso-Espanholas na Gestão das Bacias Partilhadas? Em busca da Sustentabilidade", in J.J. Gomes Canotilho (org.), *O regime jurídico internacional dos rios transfronteiriços*, Coimbra, 2006, Coimbra Editora, p. 75-144; "Cambiamento dei paradigmi nella legislazione internazionale e europea a tutela delle acque", *Rivista Giuridica dell'Ambiente*, 2006, nº 6, p. 829-853; "Transição de paradigmas no direito internacional da água", in Luís Veiga da Cunha et al. (Ed.). *Reflexos da Água*, Lisboa, 2007, p. 104-105; "The Global Challenge of Sustainable Water Management: International and European Union Law Responses", *Soochow Law Journal*, 2008, v. V, n. 2, p. 39-44; "Climate Change and Adaptive Water Management – How Much Adaptation does EU Water Law Need?", in The World Jurist Association (Ed.). *Addressing Climate Change. A Survey of National and International Law From Around the World*, Bethesda, Maryland, 2010, WJA, p. 138-148; "A solução pacífica de litígios internacionais relativos à água", in J. Miranda, J.J. Gomes Canotilho, J. de Sousa Brito, M. Nogueira de Brito, M. Lima Rego, P. Múrias (Ed.). *Estudos em Homenagem a Miguel Galvão Teles*, Coimbra, 2012, Almedina, v. II; "Trends of Development of International Water Law", *Beijing Law Review*, 2015, v. 6, n. 4, p. 285-295; "Regional responses to the glocal water crisis: the EU and SADC experiences compared", in F. Laursen (Ed.). *The EU and Federalism Polities and Policies Compared*, 2016, Routledge; "Towards the harmonization of the human right to water with the protection of international investments in the context of the processes of privatization of water services? – A new development in International Water Law?", *Soochow Law Journal*, 2016, v. XIII, n. 1, p. 43-57; *Mutações e Constâncias do Direito Internacional da Água. Mudanças de Paradigmas*, Coimbra, 2016, policopiado; "Revisitação da Convenção sobre Cooperação para a Proteção e o Aproveitamento Sustentável das Águas das Bacias Hidrográficas Luso-Espanholas, Vinte Anos Depois: Um Balanço do Regime da Gestão das Águas Partilhadas", in L. Miguez Macho, J. Sanz Larruga (Ed.). *Instrumentos Jurídico-Administrativos de Cooperación entre España y Portugal en la Gestión de los Recursos Naturales*, Santiago de Compostela, 2020, Andavira Ed., p. 195-248. A "chave" da evolução que ele tem conhecido desde a década de noventa no século passado, atribuímo-la, justamente, à integração no domínio, adormecido, do Direito Internacional da Água de influxos normativos induzidos pela integração de princípios do Direito do ambiente, do Direito Internacional dos direitos humanos, e até do Direito Internacional económico.

[426] J. Esser, *Grundsatz und Norm in der richterlichen Fortbildung des Privatrechts – Rechtsvergleichende Beiträge zur Rechtsquellen- und Interpretationslehre*, 4. ed., Tübingen, 1990: R. Alexy, *Recht-Vernunft-Diskurs. Studien zur Rechtsphilosophie*, Frankfurt am Main, 1985; R. Alexy, *Theorie der Grundrechte*, 3. ed., Frankfurt am Main, 1996; R. Dworkin, *A Matter of Principle*, Oxford, 1986; R. Dworkin, *Law's Empire*, London, 1986; R. Dworkin, *Taking Rights Seriously*, 8. ed., London, 1996.

[427] E desde logo, ao princípio da integração, relevado nos trabalhos da Comissão de Direito Internacional sobre a fragmentação do Direito Internacional, que apela a uma ponderação e à concordância prática (no sentido definitivamente definido por Konrad Hesse, *Grundzüge des Verfassungsrechts der Bundesrepublik Deutschland*, 20. ed., 1999, p. 28, 142, ss. e, no universo da cultura jurídica de matriz Portuguesa, Gomes Canotilho, *Direito Constitucional e Teoria da Constituição*, 7. ed., Coimbra, 2003, Almedina, p. 1185-1187; Gomes Canotilho e Vital Moreira, *Fundamentos da Constituição*, Coimbra, 1991, Coimbra Editora, p. 57) das diversas normas da

Canotilho,⁴²⁹ mas igualmente sistémicas, já que eles aparecem como polinizadores, constructos normativos capazes de fertilização normativa cruzada entre estes diversos regimes.⁴³⁰ ⁴³¹ ⁴³² De relevar ainda que estes regimes, não raramente – mas também não necessariamente –, aparecem apoiados em processos institucionais radicados nas oportunidades de relação e em competências correspondentes à cooperação acrescida ou estruturada que são oferecidas por determinadas Organizações Internacionais.⁴³³

---

ordem jurídica internacional. Neste sentido, A. Emmerich-Fritsche, *Der Grundsatz der Verhältnismässigkeit als Direktive und Schranke der EG-Rechtssetzung. Mit Beiträgen zu einer gemeineuropäischen Grundrechtslehre sowie zum Lebensmittelrecht*, Berlin, 2000, p. 51, 250, ss.; S. Oeter, "12. Kapitel: Wirtschaftsvölkerrecht", in K. Ipsen, *Völkerrecht*, 7. ed., München, 2018, Beck, p. 930. Importante momento na sua identificação e aplicação no Direito Internacional é constituído pela "redescoberta" do artigo 31º, nº 3, alínea c) da Convenção de Viena sobre o Direito dos Tratados de 1969, de acordo com o qual na interpretação de um tratado devem ser levadas em conta todas as regras de Direito Internacional aplicáveis entre as Partes. Cf. M. Koskenniemi, *Fragmentation of International Law: Difficulties Arising from the Diversification and Expansion of International Law. Report of the Study Group of the International Law Commission*, Helsinki, 2007, Erik Castrén Institute.

⁴²⁸ Jorge E. Viñuales fala de função arquitetónica dos princípios. Cf. J. E. Viñuales (Ed.). *The Rio Declaration on Environment and Development: A Commentary*, Oxford, 2015, Oxford University Press, p. 21. Noutro contexto, falámos de cascatas normativas. Cf. P. Canelas de Castro, "Mutações e Constâncias do Direito Internacional do Ambiente", *RJUA*, 1994, nº 2, p. 145-153.

⁴²⁹ Cf. J.J. Gomes Canotilho, *Direito Constitucional e Teoria da Constituição*, Coimbra, 1998, p. 1038, ss. e J.J. Gomes Canotilho, *Direito Constitucional e Teoria da Constituição*, 7. ed., Coimbra, 2003, Almedina, p. 1151, ss.

⁴³⁰ Numa análise respeitante à Comunidade Europeia, depois União Europeia, vide A. Peters, *Elemente einer Theorie der Verfassung Europas*, Berlin, 2001, Duncker & Humblot, notius Parte 3.II.4.

⁴³¹ Temos procurado destacar esta função dos princípios e documentar a sua efetiva utilidade e impacto no quadro do Direito Internacional da Água, nomeadamente pela utilização de princípios oriundos do Direito Internacional do Ambiente, para a "ambientalização" e efetiva reconstrução do sentido e conteúdo do *corpus iuris* dedicado ao governo da proteção e utilização das águas, em diversos trabalhos, como P. Canelas de Castro, "The Global Challenge of Sustainable Water Management: International and European Union Law Responses", *Soochow Law Journal*, 2008, v. V, n. 2, p. 1-49. De igual modo, neles se podem colher exemplos para dois outros vetores da "miscigenização" normativa de diversos regimes jurídicos, quando aludimos à "humanização" do Direito Internacional da Água e a "economicização" do mesmo segmento do Direito Internacional. Noutros trabalhos ainda, assinalamos um outro vector de desenvolvimento do Direito Internacional da Água, aludindo igualmente a amizade ao Direito e ao sistema jurídico-internacional e à integração jurídica que o novo Direito Internacional da Água demanda: por exemplo, P. Canelas de Castro, "New Age in the Luso-Spanish Relations in the Management of Shared Basins? The Challenge of Cooperation in the Protection and Sustainable Utilisation of Waters", in P. Canelas de Castro, *Recent Developments in Water Law. Principles and Comparative Cases*, Lisboa, 2005, Luso-American Foundation, p. 113-117.

⁴³² Estratégia expositiva, discursiva, normativa, interpretativa similar se nos afigura ser seguida por tantos trabalhos de E.-U. Petersmann a propósito, em especial, do Direito Internacional Económico: *v.g., International and European Trade and Environmental Law after the Uruguay Round*, Deventer, 1995, Kluwer; *The GATT/WTO Dispute Settlement System. International Law, International Organizations and Dispute Settlement*, London, 1997; "Time for a United Nations 'Global Compact' for Integrating Human Rights into the Law of Worldwide Organizations: Lessons from European Integration", *EJIL*, 2002, v. 13, n. 3, p. 621-650; *Multilevel Constitutionalism for Multilevel Governance of Public Goods: Methodology Problems in International Law*, 2019, Bloomsbury Academic.

⁴³³ A institucionalização do Direito Internacional, que significa prosseguir o princípio do estado de Direito através de institutos, procedimentos e mecanismos determinados com o recurso a Organizações e órgãos disponíveis, acentua a validade das normas jurídicas internacionais. A institucionalização do Direito Internacional é vista como permitindo evitar que cada ator internacional, Estado ou outro, interprete unilateralmente estas normas, que haja uma autotutela individual, antes assim se faça através de Órgãos e procedimentos cometidos ao reconhecimento, aplicação e execução do programa normativo internacional. A institucionalização é vista como permitindo a organização de uma vontade comum, um Direito realmente público, prosseguindo valores e normas comuns, assim contribuindo para a consolidação e a eficácia da ordem jurídica internacional. Acresce que a institucionalização do Direito Internacional facilita a sindicabilidade do cumprimento do Direito e mesmo a judicialização do Direito Internacional, bem como a objetivação e a justificação normativa de decisões aplicativas. A institucionalização comporta e facilita estes controles jurisdicionais através de mecanismos ou instituições jurisdicionais ou próximas (*v.g.* o Tribunal do Direito do Mar, o sistema de solução de litígios da OMC, o Tribunal Penal Internacional). Neste sentido, em geral, vide H. Krüger, "Souveränität und Staatengemeinschaft", *Berichte der Deutschen Gesellschaft für Völkerrecht*, 1957, v. 1, p. 4, ss., p. 8, ss.; O. Höffe, "Für und Wider eine Weltrepublik", in C. Chwaszcza, W. Kersting (Ed.). *Politische Philosophie der internationalen Beziehungen*, Frankfurt am Main, 1998, p. 222; A. Emmerich-Fritsche, *Vom Völkerrecht zum Weltrecht*, Berlin, 2007,

E, mesmo quando tais regimes não adquirem expressão institucionalizada, costumam agora também aparecer com, pelo menos, um vetor transnacional, incluindo também nos seus procedimentos deliberativos e aplicativos, bem como no desenvolvimento das finalidades e valores do regime, a participação de atores privados não estaduais, no quadro de complexas teias de relações poligonais.[434]

Este, fundo, estrutural, movimento do Direito Internacional, que se pode dizer da sua constitucionalização, vai de par e complementa-se com uma crescente e uma mais profunda relação e mesmo integração entre a ordem jurídica internacional e as ordens jurídicas internas.[435] A multiplicação daqueles regimes jurídicos operacionais resulta, de facto, num processo similar de interconexão dos níveis internacional, supranacional e internos, em particular no quadro de processos institucionalizados de cooperação para a produção legislativa, normativa, para a execução administrativa, e para as instâncias judiciais.[436] Esta interconexão multinível de autoridades múltiplas torna-se especialmente visível e clara quando se pensa na promessa de unívoca suficiência e impermeabilidade que o conceito estadual e de soberania pretendiam acreditar. Essa integração crescente entre ordens jurídicas não significa, contudo, como bem alerta Gomes Canotilho,[437] que se estabeleça uma relação hierárquica entre os princípios fundamentais da ordem jurídica internacional relativamente aos das ordens jurídicas nacionais. Estes princípios antes confluem numa nebulosa de internormatividade cimeira,[438] partilhada entre estas diversas ordens jurídicas.[439] [440] Os princípios fundamentais antes dialogam

---

Duncker & Humblot, p. 351-354. No domínio particular do Direito Internacional do ambiente, *vide* F. Romanin Jacur, *The Dynamics of Multilateral Environmental Agreements: Institutional Architectures and Lawmaking Processes*, Napoli, 2013, Editoriale Scientifica.

[434] Ilustramo-lo no contexto do Direito Internacional da Água mais recente, com referência aos princípios aplicáveis (*v.g.*, subsidiariedade), *in* P. Canelas de Castro, "New Age in the Luso-Spanish Relations in the Management of Shared Basins? The Challenge of Cooperation in the Protection and Sustainable Utilisation of Waters", *in* P. Canelas de Castro, *Recent Developments in Water Law. Principles and Comparative Cases*, Lisboa, 2005, Luso-American Foundation, p. 112.

[435] *Vide* J.J. Gomes Canotilho, "Offenheit vor dem Völkerrecht und Völkerrechtsfreundlichkeit des portugiesischen Rechts", *AVR*, 1996, v. 36, n.1, p. 47-71. Permita-se-nos também evocar os nossos P. Canelas de Castro, *Rapports entre le droit international et le droit interne: la problématique dans la Constitution portugaise de 1976*, Nice, 1987, policopiado, tese de DEA apresentada no Institut du Droit de la Paix et du Développement, Faculté de Droit et des Sciences Economiques, Université de Nice, Nice, França; "Vers un Espace Européen nouveau? Objectifs et dilemmes d'un rapport plus ambitieux entre les Communautés et les pays de l'AELE", *in* L. Balmond, C. Stephanou, M. Torrelli (Ed.). *Les Relations Inter-Européennes*, Paris, 1990, PUF; "Portugal's World Outlook in the Constitution of 1976", *Boletim da Faculdade de Direito da Universidade de Coimbra*, 1995, v. LXXI, p. 469-543.

[436] *Vide* Christian Tietje, *Internationalisiertes Verwaltungshandeln*, Berlin, 2001, Duncker & Humblot.

[437] J.J. Gomes Canotilho, *Direito Constitucional e Teoria da Constituição*, 7. ed., Coimbra, 2003, Almedina, p. 695.

[438] Também para esta questão, bem como para os trabalhos iniciáticos de Peter Häberle (*v.g.*, P. Häberle, *Verfassungslehre als Kulturwissenschaft*, 2. ed., Berlin, 1998; "Pluralismus der Rechtsquellen in Europa nach Maastricht: Ein Pluralismus von Geschrieben und Ungeschrieben vieler Stufen und Räume, von Staatlichen und Transstaatlichen", *JöR*, 1999, v. 47, p. 79, ss.; *Europäische Verfassungslehre*, 3. ed., Baden-Baden, 2005, p. 12, ss.) alerta Gomes Canotilho, pioneiramente, no universo jurídico de matriz Portuguesa, com as suas referências à interconstitucionalidade e intersemioticidade e a demonstração da sua relevância para uma leitura conjugada da constituição europeia e das constituições nacionais. Cf. J.J. Gomes Canotilho, *Direito Constitucional e Teoria da Constituição*, 7. ed., Coimbra, 2003, Almedina, p. 1429-1430. *Vide* também, F. Lucas Pires, *Introdução ao Direito Constitucional Europeu*, Coimbra, 1998.

[439] Recentemente, na literatura jusinternacionalista, entendemos que se destaca a obra de J. Klabbers, G. Palombella (Ed.). *The Challenge of Inter-Legality*, Cambridge, 2019, Cambridge University Press e desde logo o seu contributo introdutório "Situating Inter-Legality", a p. 1-19. Pouco antes, J. Klabbers, T. Piiparinen (Ed.). *Normative Pluralism and International Law: Exploring Global Governance*, Cambridge, 2013, Cambridge University Press.

[440] Casos cimeiros dos últimos lustros, como o caso *Kadi*, na decisão do Tribunal de Justiça da União Europeia, o caso *Al Dulimi*, decidido pelo Tribunal Europeu dos Direitos do Homem, o caso *Yukos*, primeiro decidido por tribunal arbitral internacional, por laudo depois afastado por tribunal holandês, bem evidenciam quão

normativamente, se complementam e até integram, em parte, independentemente da ordem jurídica de que "provêm". Assim constituem um quadro normativo fundamental de natureza e sentido constitucional, multinível[441][442][443] na sua interativa formulação e atuação, que compreende algumas normas de validade superior (*ius cogens*) e, sobretudo,

---

[441] relevante é a crescente interdependência entre ordens jurídicas e normais as tensões na sua conjugação aplicativa, bem como quão candente é o problema teórico-dogmático do relacionamento entre estas diversas ordens normativas. Este reconhecimento antes pede que novas energias teórico-dogmáticas sejam expendidas na sua consideração. Alguns buscam soluções práticas ainda assentes numa hierarquia normativa que advogam ou rejeitam (assim, veja-se, Tzanakopoulos, *Disobeying the Security Council: Countermeasures against Wrongful Sanctions*, Oxford, 2011, Oxford University Press; G. Palombella, "Senza identità. Dal Diritto Internazionale alla Corte Costituzionale tra Consuetudine, Jus Cogens e Principi 'Supremi'", *Quaderni Costituzionali*, 2015, v. 35, p. 815, ss.). Outros sugerem mecanismos de recurso entre instâncias aplicativas (D. Hovell, *The Power of Process: The Value of Due Process in Security Council Sanctions Decision-Making*, Oxford, 2016, Oxford University Press). De comum, estas sugestões parecem comungar de um distanciamento da "solução mágica" trilhada pelas teorias da constitucionalização no quadro do Direito Internacional, antes se configurando como um novo veio de teorias pluralistas do Direito. Reconhece-se inspiração em trabalhos de Boaventura Sousa Santos, como B. de Sousa Santos, *Toward a New Legal Common Sense*, 2. ed., London, 2002, Butterworths, nomeadamente quando, a p. 437, chama a atenção para "espaços jurídicos diferentes, sobrepostos, interpenetrados, e misturados nas nossas mentes, tanto como nas nossas ações", explicando que "vivemos num tempo de [...] juridicidade porosa, múltiplas redes de ordens jurídicas [...]", sendo que tal realidade constitui uma oportunidade: a oportunidade de escolher a ordem jurídica mais sintonizada com as nossas perspetivas. *Vide* também, em idêntico sentido, A. Fischer-Lescano, G. Teubner, *Regime-Kollisionen: Zur Fragmentierung des Globalen Rechts*, Frankfurt am Main, 2006, Suhrkamp, onde, a p. 34-40, se distingue esta internormatividade do pluralismo jurídico tradicional e W. Twining, *Globalisation and Legal Theory*, London, 2000, Butterworths, p. 230, bem como W. Twining, "Diffusion and Globalization Discourse", *Harvard International Law Journal*, 2006, v. 47, p. 507, ss., *notius* p. 513.

[441] J.J. Gomes Canotilho enquadra-o nos novos constitucionalismos que analisa *in* "Principios y 'nuevos constitucionalismos': el problema de los nuevos principios", *ReDCE*, 2010, ano 7, n. 14, p. 326-329. O constitucionalismo multinível é, na origem, com Ingolf Pernice, uma abordagem teórica que procura conceptualizar a Constituição do sistema europeu e a sua relação com as constituições nacionais, como um processo interativo para constituir, dividir, organizar e limitar poderes, envolvendo as constituições nacionais e o quadro "supranacional", ao qual se atribuem propriedades substancialmente constitucionais. As constituições dos Estados-Membros e a Constituição europeia são duas componentes de um sistema jurídico comum, governado pelo pluralismo jurídico, que não por uma hierarquia normativa. Em conjunto, compõem uma Constituição, justamente uma Constituição composta. Como as Constituições dos Estados, é esta Constituição composta por um instrumento jurídico com autoridade particular para constituir, definir, organizar, o governo de autoridades, na base de um princípio de estado de Direito. Este instrumento é normalmente referido a um Estado. A proposta de Pernice é a de libertar a Constituição deste nexo necessário, de olhar mais às funções do instrumento constitucional, de o ver como instrumento por meio do qual as sociedades fazem os seus arranjos políticos no governo ou disciplina de autoridades. Duas dimensões se assinalam nesta articulação entre Constituições nacionais e Direito europeu: uma dimensão vertical, em que se relacionam constituições nacionais e direito europeu, e uma dimensão horizontal, em que se articulam diversas instâncias legislativas, executivas e judiciais. Em ambas, a estrutura de poder é multinível, mas sem hierarquização das diversas unidades. A proposta teórica assenta, pois, num conceito pós-nacional de constituição em que o constitucionalismo se desliga do seu polo tradicional, o Estado. Essencial para uma Constituição, nesta outra conceção, nova, da mesma, é que todos os instrumentos constitucionais – seja o nacional, seja também o subnacional e os instrumentos supranacionais – o são para estabelecer, organizar, limitar autoridades públicas. E que são de carácter fundamental para estabelecer e organizar a relação jurídica básica entre instituições e indivíduos, para governar, quer centros de autoridade, quer os destinatários da mesma. Duas características fundamentais diferenciam este conceito pós-nacional de Constituição: por um lado, a Constituição não é um instrumento exclusivo, antes pode haver vários instrumentos constitucionais; por outro lado, não tem por base e soclo preexistente necessário um Estado, cujo povo com poder constituinte dá a Constituição a este Estado. Há antes uma associação de componentes constitucionais de um sistema plural constitucional, uma constituição composta (*Verfassungverbund*). O fundamento é que na base da constituição, constituição democrática, estão os cidadãos e as suas preocupações, mais do que os abstratos Estados soberanos. A reconceptualização passa pela recriação do campo político de perspetiva nova, da perspetiva dos cidadãos. As constituições assim pluralmente entendidas são instrumentos de Estados como de povos para relevar novos reptos e para alcançar determinados objetivos políticos comuns, no interesse público dos povos em causa. De notar que embora esta construção teórica tenha sido inicialmente concebida para "explicar" o constitucionalismo novo europeu, nada impede que seja aplicada também, por extensão, em nível global; como, aliás, o próprio Pernice reconhece. Cf., em particular, neste último sentido, I. Pernice, "The Global Dimension of Multilevel Constitutionalism: A Legal Response to the Challenges of Globalism", *in* P.-M. Dupuy, B. Fassbender, M.N Shaw, K.-P. Sommermann (Ed.). *Völkerrecht als Wertordnung/ Common Values in International Law. Festschrift für/Essays in Honour of Christian Tomuschat*, Kehl, 2006, p. 973, ss.

normas detentoras de eficácia *erga omnes*. É neste quadro normativo mais complexo mas também mais estruturado e "carregado" de sentido normativo que Estados, Organizações Internacionais, Organizações de integração ou supranacionais, e atores não estaduais, como organizações não governamentais internacionais ou empresas multinacionais, indivíduos, povos, minorias, indígenas e outros grupos (mais vulneráveis) interagem, prosseguindo as suas finalidades, expetativas ou os seus direitos respetivos num partilhado sistema e, comunmente, contribuindo para moldar este sistema, num processo que por vezes implica experimentar instrumentos jurídicos não "canónicos", quando não radicalmente novos.[444]

O Direito Internacional tem vindo a responder às transformações estruturais do sistema internacional e à necessidade crescente para uma produção normativa rápida e

---

[442] Sobre o constitucionalismo multinível, que se inspira em Kant e na sua Constituição mundial de três níveis compreendendo o *ius civitatis*, o *ius gentium* e o *ius cosmopoliticum* (Kant, *Zum ewigen* Frieden, p. 203), *vide*, desde logo, os trabalhos de I. Pernice, "Constitutional Law Implications for a State Participating in a Process of Regional Integration: German Constitution and "Multilevel Constitutionalism", *in* Eibe Reidel (Ed.). *German Reports on Public Law*, 1998, v. 40; "Multilevel Constitutionalism and the Treaty of Amsterdam: European Constitution-Making Revisited?", *CMLR*, 1999, v. 36, p. 703, ss.; "Kompetenzabgrenzung im Europäischen Verfassungsverbund", *JZ*, 2000, p. 866, ss.; *Europäisches und Nationales Verfassungsrecht*, Humboldt-University of Berlin, WHI, *paper* 13/01, 2004; "The Global Dimension of Multilevel Constitutionalism: A Legal Response to the Challenges of Globalism", *in* P.-M. Dupuy, B. Fassbender, M.N Shaw, K.-P. Sommermann (Ed.). *Völkerrecht als Wertordnung/Common Values in International Law. Festschrift für/Essays in Honour of Christian Tomuschat*, Kehl, 2006, p. 973, ss.; "The Treaty of Lisbon: Multilevel Constitucionalism in Action", *Columbia Journal of European Law*, 2009, v. 15, p. 349-406. A corrente de pensamento tem outros interpretes: *vide*, em particular, I. Gutiérrez, "Un Orden Jurídico para Alemania y Europa", *Teoría y Realidad Constitucional*, 1999, v. 3, p. 215, 218; A. von Bogdandy, "The European Union as a Supranational Federation: A Conceptual Attempt in the Light of the Amsterdam Treaty", *Columbia Journal of European Law*, 2000, v. 6, p. 27, 28; J. Shaw, *Law of the European Union*, 3. ed., 2000, p. 168, 179; C.U. Schmid, *Multi-Level Constitutionalism and Constitutional Conflicts*, Florença, 2001, EUI, p. 19, 215; S. Dellavalle, *Uma Costituzione Senza Populo? La Costituzione Europea alla Luce delle Concezioni del Populo come "Potere Constituente"*, 2002, p. 276, ss.; D. Thym, "European Constitutional Theory and the Post-Nice Process", *in* M. Andenas, J. Usher (Ed.). *The Treaty of Nice and Beyond: Enlargement and Constitutional Reform*, 2003, p. 156; J. Bridge, "The United Kingdom Constitution: Autochthonous or European?" *in Festschrift für Thomas Fleiner*, 2003, p. 300, ss.; M. Kotzur, "Wechselwirkingen zwischen Europäischer Verfassungs- und Völkerrechtslehre", *in Liber Amicorum P. Häberle*, 2004, p. 289, ss.; J. Luther, "The Union, States and Regions: How do we Develop Multilevel Rights and Multilevel Democracy?", *in* U. Morelli (Ed.). *A Constitution for the European Union*, 2005, p. 113, ss.; U. Schliesky, *Souveränität und Legitimität von Herrschaftsgewalt – Die Weiterentwicklung von Begriffen der Staatslehre und des Sataatsrechtes im Europäischen Mehrebenensystem*, 2005, p. 359, 502, 532, 571; A. López Pina, *Europa, Un Proyecto Irrenunciable: La Constitución para Europa desde la Teoría Constitucional*, 2006, p. 220, ss.; F. C. Mayer, "The European Constitution and the Courts", *in* A. von Bogdandy, J Bast (Ed.). *Principles of European Constitutional Law*, 2006, p. 314-329; L. Burgorgue-Larsen, "La Démocratie au Sein de L'Union Européenne: de la "Constitution Composée" à la "Démocratie Composée"", *in* H. Bauer, Ch. Calliess (Ed.). *Verfassungsprizipien in Europa*, 2008, v. 83. Sobre todos, J.J. Gomes Canotilho, "Principios y "nuevos constitcionalismos": el problema de los nuevos principios", *ReDCE*, 2010, ano 7, n. 14, p. 328-329.

[443] A abordagem de constitucionalismo multinível suscita reservas a alguns Autores e tem também, mais radicalmente, os seus críticos acerbos. Por entre os primeiros, pode-se contar, em particular, Ch. Grabenwarter, "National Constitutional Law Relating to the European Union", *in* A. von Bogdandy, J. Bast (Ed.). *Principles of European Constitutional Law*, 2006, p. 144, ss; enquanto que os críticos incluem *v.g.*, N. Walker, "Late Sovereignty in the European Union", *in* Neil Walker (Ed.). *Sovereignty in Transition*, 2003, p. 3, 13; M. Jestaedt, "Der Europäische Verfassungsverbund—Verfassungstheoretischer Charme und Rechtstheoretische Insuffienz einer Unschärferelation", *in* R. Krause et al. (Ed.). *Recht der Wirtschaft und der Arbeit in Europa: Gedächtnisschrift für Wolfgang Blomeyer*, 2004, p. 638, 662, 664; P. Kirchhof, "The Legal Structure of the European Union as a Union of States", *in* A. von Bogdandy, J. Bast (Ed.). *Principles of European Constitutional Law*, 2006, p. 776, ss.; G. della Cananea, "Is European Constitutionalism Really "Multilevel"?", *ZaöRV*, 2010, v. 70, p. 283-317.

[444] Por exemplo, *standards*, *benchmarks* e outros padrões normativos não tradicionais na teoria das fontes predominante. *Vide*, a título meramente ilustrativo, E. Reidel, "Standards and Sources – Farewell to the Exclusivity of the Sources Triad in International Law?", *EJIL*, 1991, v. 2, p. 58-84.

eficaz que os diversos reptos colocados pelo processo de globalização originam[445] através da modificação dos modos de produção consuetudinária de normas. Como o tem feito através da modificação da máxima tradicional da relatividade das obrigações, segundo a qual os tratados internacionais apenas vinculam as partes nesses tratados. À medida que o Direito Internacional, tanto consuetudinário como convencional, se vê forçado a lidar com assuntos de importância essencial para a comunidade internacional complexa hodierna no seu conjunto, atribuindo eficácia *erga omnes* às regras produzidas, de novo em resposta às necessidades da comunidade complexa hodierna, vai simultaneamente evidenciando capacidade de se adaptar a este universo problemático novo envolvente, às exigências regulatórias que ele inovadoramente coloca.

Num tão amplo e fundo processo, nem as estruturas fundadoras do Estado e da sua soberania ficam intocadas. Pelo contrário, a soberania vê-se cada vez mais funcionalizada a cometimentos que o são de toda a comunidade internacional, em que o Estado agora participa de acordo com competências e responsabilidades que o Direito Internacional global comete e impõe, num programa normativo que há que respeitar e cumprir, seguindo máximas de estado de Direito Internacional, global.

Naturalmente, estes avanços são ainda "imperfeitos", modestos e nunca verdadeiramente estarão "concluídos", tal a magnitude das transformações do Direito Internacional que os numerosos reptos de governação global colocados pela globalização pedem.[446] Em geral, a principal questão que se parece colocar é a de como é que o Direito Internacional renovado, como ordem constitucionalmente comprometida e como sistema aberto transnacionalmente participado, pode contribuir para que os processos da globalização se desenvolvam num quadro de estado de direito internacional,[447] sem que tal simultaneamente comprometa as forças criativas em que a globalização acreditou. A consideração de domínios de relações internacionais como os do comércio global ou das comunicações digitais, afigura-se-nos bem revelar ou ilustrar quão difíceis podem ser os equilíbrios que o Direito Internacional é chamado a fazer. Ela também nos demonstra que não é seguramente admissível que tais domínios e as relações a que respeitam possam escapar à regulação internacional capaz de assegurar a governação destes sectores da vida internacional e transnacional; como evidencia que tal regulação

---

[445] A teoria das relações internacionais também capta estas transformações. Especialmente assim nos parece acontecer, em termos que entendemos potencialmente auspiciosos para diálogo frutuoso na reconstrução necessária do Direito Internacional, com as teorias construtivistas, que reconhece e alerta para a multiplicidade de estruturas sociais e a multiplicação de atividades que daqui resultam. *Vide*, por todos, A. Wendt, *Social Theory of International Politics*, Cambridge, 1999, Cambridge University Press e Ch. Reus-Smit (Ed.). *The Politics of International Law*, Cambridge, 2004, Cambridge University Press, 2004.

[446] Daí que em alguns trabalhos sobre a evolução do Direito Internacional evoquemos Sísifo. Por exemplo, P. Canelas de Castro, "New Age in the Luso-Spanish Relations in the Management of Shared Basins? The Challenge of Cooperation in the Protection and Sustainable Utilisation of Waters", *in* P. Canelas de Castro, *Recent Developments in Water Law. Principles and Comparative Cases*, Lisboa, 2005, Luso-American Foundation, p. 126; "The Global Challenge of Sustainable Water Management: International and European Union Law Responses", *Soochow Law Journal*, 2008, v. V, n. 2, p. 49.

[447] A nossa indagação já *in* Paulo Canelas de Castro, "Globalization and its Impact on International Law: Towards an International Rule of Law?", *Boletim da Faculdade de Direito da Universidade de Macau*, 2005, ano IX, nº 20, p. 223-281; e "Globalização e Direito Internacional: Rumo ao Estado de Direito nas Relações Internacionais?", *in* Faculdade de Direito da Universidade de Coimbra, *Nos 20 Anos do Código das Sociedades Comerciais. Homenagem aos Profs. Doutores A. Ferrer Correia, Orlando de Carvalho e Vasco Lobo Xavier*, v. III, Coimbra, 2007, Coimbra Editora, p. 759-824.

não poderá deixar de se fazer de acordo com as opções finalísticas e éticas[448] do sistema e da comunidade internacional. Mas é também necessário que esta resoluta procura de ancoragem de tão dinâmicas relações no sistema jurídico-internacional renovado para responder à globalização e a governar, no quadro global, não caia em vícios antes conhecidos nas ordens jurídicas internas para idênticos esforços, como, por exemplo, o de asfixiante sobre-regulação ou o da procura de reprodução de soluções normativas em todas as áreas temáticas, independentemente das especificidades de problemas e sujeitos na relação que cada domínio jurídico apresenta e das condições diversas do sistema internacional, mesmo na era global.[449]

Vale por dizer que o esforço de renovação do Direito Internacional, no sentido de o adaptar a uma realidade diversa colocada pela globalização, de o fazer evoluir apropriadamente para um Direito Global, tem que simultaneamente dar prova de idealismo e realismo. Idealismo, porque importa que se encontrem respostas adequadas aos reptos de uma globalização que não pode deixar de se desenvolver no quadro do respeito da ordem jurídica comum da comunidade internacional, e desde logo do respeito pelas opções teleológicas, éticas e principiais desta. Realismo, porque a primeira condição para que aquela primeira tarefa seja levada a cabo e se transformem adequadamente as relações políticas, económicas e sociais e ecológicas no sentido do desejado é a de que se apreenda e se funde o esforço de modelação do mundo global na efectiva realidade social complexa de referência e, desde logo, os inegáveis efeitos da globalização, os efetivos impactos que esta teve, que se não devem ignorar. Será, por fim, também necessário não perder de vista que esta estrutural transformação do Direito Internacional em resposta aos reptos decorrentes da globalização se faz no tempo e não tem sentido sempre unívoco: que ela é processo ou conjunto de processos. E, por fim, que as dinâmicas de transformação coexistem com "resistências" da realidade instalada e das forças sociais do "velho sistema" que também estas protagonizam ou interpretam;[450] ou seja, que a mudança de paradigmas, não implica a necessária substituição de um por outro, mas antes outrossim a simultânea coexistência de diversos modelos de ordenação, numa tensão instável que se irá esclarecendo com a evolução da comunidade internacional e das suas representações do ideal. Assumem então particular acuidade problemas de "legalidade",[451] legitimidade[452] e democraticidade[453] das deliberações que fazem progredir o sistema, a ordem jurídica.

---

[448] Vide Ch. Tomuschat, "Ethos, Ethics and Morality in International Relations", EPIL, v. II, 1999, p. 120-127, onde, a p. 127, constata um movimento de "moralização" do Direito Internacional. Vide ainda T. Nardin, Morality and the Relations of States, 1983.

[449] Daqui decorre, por exemplo, alguma dúvida quanto a olhar sempre para o Direito da União Europeia como laboratório ou instância de ensaio de soluções normativas reprodutíveis, uma tendência por vezes detetável em alguma doutrina jusinternacionalista de matriz europeia, em geral (v.g., K. Ziegler, "The Relationship between EU Law and International Law", in D. Patterson, A. Soderston (Ed.). A Companion to EU and International Law, 2016, Wiley-Blackwell, p. 42-61), e germânica, em particular. A própria consciência do "paralelo" da "experimentação" juseuropeia, antes, aconselha a que seja antes admitidamente vista como ou limite ou alerta para os limites; como, exemplarmente, se pode verificar quanto a alguma tentação sobrerreguladora ou de menor qualidade, para a qual a União Europeia tem, aliás, vindo a procurar remédio, nomeadamente com a sua "agenda" de "melhor legislação" ("Better Regulation"), encetada pela Comissão Europeia em 2007.

[450] F. Lassale, Was nun? Zweiter Vortrag über Verfassungswesen, 3. ed., Leipzig, 1873, p. 12-13.

[451] Quase nos apetecia escrever "constitucionalidade". Atrevemo-nos a pensar ser esse o subtexto que vai não dito nos textos mencionados supra na nota 450 nos leva a indagar que influência e impacto tem a ideia de estado

Certo é que este Direito Internacional em evolução num sentido de integração de Direito Global que responda aos persistentes desafios da globalização vive, como bem observara Thomas Franck, a sua hora pós-ontológica. Gomes Canotilho disse-o de forma lapidar: "o direito de 'ficar fora' (*opting out*) do direito internacional e das instituições internacionais é cada vez mais uma ficção".[454]

O problema do Direito Internacional contemporâneo não é o da existência, mas antes, como também alertava o jusinternacionalista norte-americano, o da sua justeza[455]. Essa justeza é, como também disse, essencialmente procedimental:

> A justeza do Direito Internacional [...] será julgada, em primeiro lugar, pelo grau por que as regras satisfazem as expetativas dos participantes de distribuição justificável de custos e benefícios, e, em segundo lugar, pela medida em que as regras se fazem e se aplicam de acordo com o que os participantes percebem como o procedimento certo.[456]

Adaptando sugestiva reflexão de Gomes Canotilho[457] ao Direito Internacional, podemos rematar que o Direito Internacional da era global, perante o bem mais complexo sistema internacional ou global contemporâneo, é o necessário, mas também ideal,

> local do diálogo, ou seja, o espaço da interactividade entre os vários sistemas sociais. Mas é mais do que isso: [...] o diálogo é o instrumento destinado a abrir [...] espaços de possibilidade [...]. Por outras palavras: [...] é agora uma gramática aleatória (mas gramática!) fornecedora de regras mínimas garantidoras da própria integridade dos sistemas sociais interactivos e de uma dimensão de justiça no seio da complexidade social.

Informação bibliográfica deste texto, conforme a NBR 6023:2018 da Associação Brasileira de Normas Técnicas (ABNT):

CANELAS DE CASTRO, Paulo. Direito Internacional na era da globalização: mudanças de paradigmas no sistema internacional e na ordem jurídica internacional. *In*: GOMES, Ana Cláudia Nascimento; ALBERGARIA, Bruno; CANOTILHO, Mariana Rodrigues (Coord.). *Direito Constitucional*: diálogos em homenagem ao 80º aniversário de J. J. Gomes Canotilho. Belo Horizonte: Fórum, 2021 p. 929-1014. ISBN 978-65-5518-191-3.

---

de Direito nos dois domínios-teste do Direito Internacional escolhidos para proceder a avaliação da evolução alcançada: o Direito Internacional do comércio e o Direito Internacional do ambiente.

[452] *Vide*, para além das pioneiras aberturas de Thomas Franck, *notius in* "Legitimacy in the International System", *AJIL*, 1988, v. 82, n. 4, p. 705-759; *The Power of Legitimacy Among Nations*, New York, 1990, Oxford University Press; *Fairness in International Law and Institutions*, Oxford, 1995; "The Power of Legitimacy and the Legitimacy of Power: International Law in an Age of Power Disequilibrium", *AJIL*, 2006, v. 100, n. 1, p. 88-106; e, a seu propósito, a análise de Iain Scobbie, "Tom Franck's Fairness", *EJIL*, 2002, v. 13, p. 909-925. *Vide* ainda, mais recentemente, A. Buchanan, *Justice, Legitimacy and Self-Determination*, Oxford, 2004, Oxford University Press; H. Neuhold, "Legitimacy: A Problem in International Law and for International Lawyers?", *in* R. Wolfrüm e V. Röben (Ed.). *Legitimacy in International Law*, Berlin, 2008, Springer, p. 335-351; J. Tasioulas, "The Legitimacy of International Law", *in* S. Besson e J. Tasioulas (Ed.). *The Philosophy of International Law*, 97-118.

[453] R. Buchan, *International Law and the Construction of the Liberal Peace*, Oxford, 2014, Hart.

[454] J.J. Gomes Canotilho, *Direito Constitucional e Teoria da Constituição*, 7. ed., Coimbra, 2003, Almedina, p. 1372.

[455] Cf. Th. Franck, *Fairness in International Law and Institutions*, Oxford, 1995, p. 5.

[456] *Idem*, p. 6.

[457] Buscamo-la na obra de Gomes Canotilho em que nos iniciámos na descoberta do Direito Público, *Direito Constitucional e Teoria da Constituição*, para este efeito na sua 7. ed., Coimbra, 2003, Almedina, a p. 1454.

MOTO-PERPÉTUO: A REPOSIÇÃO DO CONTROLE NO SEIO DO CONSTITUCIONALISMO

RODOLFO VIANA PEREIRA

No universo político-constitucional, o tema do controle sempre foi um assunto de predileção, um argumento de justificação e, muitas vezes, uma ferramenta estratégica voltada à proteção da relação de afastamento entre o mundo dos afazeres políticos e a vida quotidiana. Na ciência política, sua inserção conceitual se deu, de modo mais fértil e mais reputado, ao longo da tentativa de solucionar o problema do envolvimento popular nos processos de tomada de decisões políticas fundamentais. A temática do controle exsurge prioritariamente, nesse contexto, como meio de burlar a participação direta dos cidadãos na esfera decisória ao instituir um critério de legitimação política pontual, estático e retroativo: legitimada se encontra aquela ordem de domínio que sujeita, periodicamente, a titularidade e o exercício do poder ao *controle eleitoral* por intermédio do *voto*. No direito constitucional, a mesma temática assumiu, desde sempre, o viés da busca pela redução do arbítrio julgado ínsito a toda atividade de poder. O *controle* resulta aqui, tradicionalmente, da aparelhagem, fornecida pelas ordens constitucionais, voltada à domesticação do poder, à sua *limitação jurídica*, a fim de assegurar à esfera privada o espaço de liberdade protegida tido como necessário ao livre desenvolvimento de suas potencialidades.

Recentemente, a temática parece voltar a repovoar o imaginário político-jurídico, muito embora os discursos liberais-elitistas que originariamente davam sustento a tais concepções tenham perdido muito da sua força atrativa. O aumento das preocupações em torno de novos desenhos institucionais, da reconfiguração de seus procedimentos e de seu alargamento a domínios paraestatais parece confirmar a assertiva de que há um movimento atual de resgate da sua importância nos quadros da teoria da democracia. Termos como *accountability, responsividade, fiscalização* e *auditoria* são apenas alguns dos "conceitos obrigatórios" que comprovam a tendência global de afirmar a centralidade do *controle* nos dias atuais.

O desafio que se coloca é, portanto, o de atualizar a sua semântica em face das especificidades da contemporaneidade, das idiossincrasias de uma época em que a universalização do discurso democrático convive lado a lado com a exponenciação da complexidade social, com o atordoamento da pretensão normativa do sistema constitucional, com o enfrentamento de graves dilemas operacionais por parte das instâncias decisórias, com as dificuldades na conjugação dos vetores representativo e participativo e com as perplexidades advindas da transposição das conectividades políticas nacionais para as redes globais e regionais.

No âmbito nacional – brasileiro e latino-americano, em especial –, a ubiquidade e a sistematicidade da corrupção instigam o círculo vicioso das sensações de impunidade, impotência e angústia, desafiando o bom senso a reagir, a quebrar a apatia e o imobilismo com vistas a fiscalizar o cumprimento dos preceitos constitucionais. Nesse ambiente, a função do direito e da Constituição parece, muitas vezes, esvair-se diante da potência das lógicas econômica, política, corporativista etc.

Dadas tais adversidades, parece pouco provável que o sentido original do controle consiga perfazer todas as funcionalidades que hoje lhe são exigidas. A insistência na exclusividade da sua função limitadora e contraestatal pode dar azo não só a problemas de ineficiência, como também de perda de legitimidade. Ineficiência das pretensões controladoras ao se depararem com eventos onipresentes, fluidos, dinâmicos, com fontes de poder desviante não reportáveis exclusivamente à estatalidade, com semânticas constitucionais promotoras e com a necessidade de respostas velozes e precisas. Déficits de legitimidade advindos do enclausuramento da gestão de interesses públicos provocado pelas técnicas e instrumentos clássicos de controle, na medida em que reduzem tal gestão a um círculo restrito e defasado de agentes.

O presente artigo é fruto dessas inquietações. Seu objetivo global é apenas o de sugerir a necessidade de repensar o controle como categoria constitucional nesse ambiente de transição e, por consequência, de ajustá-lo a uma compreensão atualizada do princípio da democracia que leve em conta também os influxos da participação. A utilidade do empreendimento se justifica por uma série de razões: em virtude do estado de obscuridade teórica quanto à real definição do *controle* enquanto *categoria constitucional*, em razão da imperiosa necessidade de se sustentar uma metodologia virtuosa quanto à relação de mútua implicação entre *controle* e *democracia* e, enfim, em função da obrigação epistemológica de definir um *marco referencial teórico* para justificar proposições pragmáticas quanto a eventuais desenhos concretos de sistemas positivados de controle.

Isso porque, ao se analisar as abordagens da doutrina constitucional sobre a função controladora, percebe-se a existência de boas doses de equivocidade e de assistematicidade. Apesar de todas elas se referirem obrigatoriamente a termos como *limitação*, *contenção* e *restrição*, não se percebe muito claramente a quais níveis da constitucionalidade é que se referem. Às vezes, os discursos giram exclusivamente em torno da função *constituinte* da ordem constitucional, radicando nela os desígnios do controle. É o caso flagrante da larga e tradicional série de estudos sobre *constitucionalismo*, que vê a Constituição como a aquisição civilizacional habilitadora do controle do poder e do exercício da autoridade. Em muitos outros, a questão se põe apenas quanto a certas normas específicas ou conjuntos jurídico-constitucionais normativos voltados ao delineamento de *técnicas positivadas* de fiscalização e de controle. Nesse âmbito, o foco de estudo mais prestigiado no direito constitucional é o dos sistemas de controle jurisdicional da constitucionalidade dos atos normativos, mas que conta ainda com análises sobre o controle da Administração Pública, das contas públicas, parlamentar, entre tantos outros.

O que em seguida se verá é a definição de uma linha argumentativa que, para além de relembrar a posição tradicionalmente ocupada pela ideia de controle na teoria da Constituição e do constitucionalismo, chama a atenção sobre o atual estado de atordoamento dessa mesma versão clássica. O artigo pretende ter, pois, meros ares de diagnose, uma vez que a prognose escapa aos seus limites, podendo ser encontrada, contudo, em outras paragens.[1]

Constitucionalismo e polissemia conceitual

Constitucionalismo e polissemia conceitual são expressões que interagem desde o momento em que se pretendeu compreender e explicar o fenômeno da organização da convivência política através do filtro do discurso constitucional. Ainda que o termo *Constituição* em sentido moderno surja, mais precisamente, na virada do século XVI para o século XVII, tendo sido ultimado em fins do século XVIII, no grande período de reflexão norte-americana (STOURZH, 1988, p. 37),[2] a reconstituição analítica dos padrões de vida pública pré-modernos já demonstrava a existência de certa geometria variável quanto a noções fundamentais da teoria constitucional, mesmo em relação a conceitos clássicos, como o de *politeia* e o de *fundamental law*.

O primeiro é geralmente caracterizado, segundo a tradição grega, como modo de ser da comunidade política, como o conjunto de traços que denotam a estrutura e a organização do poder, as relações entre agentes públicos e demais cidadãos, bem como as demais relações humanas que se perfazem no contexto da vivência *política*, ou seja, no interior da *polis*.[3] Dada tamanha amplitude, não é raro encontrar posições que decompõem o termo em algum tipo de dicotomia. Erik Wolf, por exemplo, afirma que o conceito convive, ao mesmo tempo, com a abstratalidade e a concretude, na medida em que engloba tanto as noções de "öffentliches Leben", "Sozialität" e "staatliches Gemeinwesen", como também as de "Verfassung", "Regierung", "Rechtspflege", "Verwaltung" e "Erziehung" (WOLF, 1968, p. 297). Com um enfoque similar, Jacqueline Bordes parte do pressuposto de que a constatação mais evidente e mais surpreendente é a ambivalência da noção de *politeia*, que pode se reportar tanto à cidade quanto ao cidadão ("la constatation à la fois la plus évidente et la plus étonnante est l'ambivalence de la notion de *politeia*, qui peut concerner aussi bien la cité que le citoyen") (BORDES, 1982, p. 13). Detecta, como consequência, duas dimensões do conceito: uma *individual*, subsumida nas fórmulas "droit de cité", "droits politiques" e "politique du citoyen", e outra *coletiva*, presente nas expressões "régime politique", "organisation politique"

---

[1] Para uma abordagem integral sobre a reconstrução do relacionamento entre controle, Constituição e democracia, ver Pereira (2007).
[2] Em sentido conexo, Bastid (1985, p. 13); Grimm (2002, p. 102-103) e Mohnhaupt (2002, p. 46). Como era de se supor, à expressão "direito constitucional" reputa-se um surgimento mais tardio. Segundo Jean-Louis Mestre, o termo foi usado pela primeira vez no último quartel do século XVIII, tendo o título de "Professor de Direito Constitucional" sido reconhecido originalmente na França ao Professor Simon Jacquinot da Faculdade de Dijon, em 1791 (MESTRE, 2003, p. 451; 467-468).
[3] Sobre a ideia de Constituição na tradição grega clássica, ver especialmente Crosa (1952).

e "politique de la cité" (BORDES, 1982, p. 16-17).[4] Se seguirmos ainda a descrição de J. P. Rodhes, outros significados podem ser adicionados à lista, tais como "control of the government", "citizenship" e "body of those possessing citizenship" (RHODES, 1981, p. 89-90).

Outra variação pré-moderna do conceito de Constituição encontra-se presente na expressão *fundamental law* (ou *fundamental constitution*) que, sobretudo no decorrer do século XVII, fez parte corrente do vocabulário político inglês, significando normalmente o conjunto de padrões normativos que estruturam e definem a regra de governo (PREUSS, 1995, p. 27 *et seq*.). Mesmo aqui pode-se ressaltar, com J. W. Gough, compreensões distintas do termo segundo se trate de uma abordagem inglesa ou americana. Para os primeiros, não procede a ideia de que as leis fundamentais serviam como limite a todo exercício de poder, uma vez que isso implicaria a possibilidade de imposição de obstáculos formais à atividade legislativa (GOUGH, 1955, p. 3). Nesse caso, a pressuposição de que o princípio da supremacia do parlamento deriva de uma concessão popular expressa provoca, pelo menos no plano formal, a ausência de diferenciação entre aquelas e os demais atos normativos primários. A causa imediata dessa homogeneidade formal está na inexistência de áreas temáticas sujeitas a *quorum* qualificado, o que implica a prevalência do princípio da maioria como padrão para a tomada de quaisquer decisões legislativas e, consequentemente, a sujeição das *fundamental laws* à discricionariedade parlamentar ordinária. Já para a doutrina americana, há muito acostumada com a ideia de legislatura limitada, o significado da expressão abrangia a noção de garantia da liberdade em face de todos os poderes, mesmo ante o Poder Legislativo. Ou seja, as chamadas leis fundamentais poderiam ser interpretadas igualmente como barreiras procedimentais impostas a esse (GOUGH, 1955, p. 3).

O dissenso teórico quanto a termos nucleares do discurso constitucional, como Constituição, governo constitucional e constitucionalismo, não cessou com a sua reformulação operada pela modernidade. Sendo certo que essa repôs o problema da convivência política no âmbito da proteção do indivíduo em sua condição de ser universal e racional – o que caracterizaria em grande parte a distinção entre um constitucionalismo moderno e antigo –,[5] continuam prevalecendo desacordos acerca dos mesmos fenômenos. Não raro, os relatos discorrem sobre a dificuldade em se fornecer uma conceituação universalmente válida em face das diferentes tradições constitucionais baseadas tanto em desenvolvimentos históricos distintos, quanto em compreensões e realizações diferenciadas dos fenômenos constitucionais.[6] Por outro lado, tais termos são, em si, passíveis de diversas apropriações, variando as concepções acerca da natureza da

---

[4] No mesmo sentido, Fioravanti (1999, p. 14) (mudando apenas a terminologia da dicotomia: plano *subjetivo v. objetivo*) e Mohnhaupt (2002, p. 6-7).

[5] Cujo autor de referência obrigatória é Charles McIlwain. Ver, sobretudo, McIlwain (1947).

[6] Sobre a alusão à falta de uniformidade conceitual quanto ao termo *constitucionalismo*, ver, por exemplo, Fleiner (1999, p. 317); Grey (1979, p. 189) e Howard (1991, p. 8). As exceções ao argumento são raras. François Venter é um dos poucos que afirma ser fácil formular uma definição nuclear de constitucionalismo ("To formulate a basic definition of constitutionalism presents no problem at all. This is so because the elements of the definition are self-evident"), muito embora registre a ausência de consenso sobre o tema, bem como a futilidade de toda tentativa de definição cabal (VENTER, 1999, p. 21). Define, então, como componentes elementares do constitucionalismo, a existência de um governo limitado e não arbitrário, direitos legalmente exigíveis e predomínio do direito (VENTER, 1999, p. 21).

Constituição e da função exercida pelo discurso constitucional na configuração teórica do Estado moderno.

O exemplo mais claro dessa polissemia está no espectro de abordagens em torno da palavra *constitucionalismo*. *Idealidade* e *positividade* são dimensões que se interpenetram de tal maneira em seu discurso que se afigura impossível descrevê-lo com base em critérios amplamente consensuados. No primeiro caso, a polissemia resulta da capacidade do termo de fomentar um amplo catálogo de programas políticos, insuflados pelo desejo de transformar idealmente as bases da convivência em determinada comunidade política. No segundo caso, a mesma polissemia resulta de sua enorme capacidade de se adaptar às mais diversas realidades históricas, comprovada pela diversidade dos modelos concretos de ordens constitucionais.

Por outras palavras, o primeiro aspecto do conceito – constitucionalismo como molde teórico para ações de transformação da realidade ou constitucionalismo-*idealidade* –, funda-se como uma teoria acerca da convivência que impõe a racionalidade como critério essencial de justificação, na medida em que o uso da força só se legitima através do consentimento e segundo o padrão da constitucionalidade. O fato de a razão e de o consenso serem também os principais elementos explicativos da modernidade faz com que ao constitucionalismo seja atribuída a nota de prevalência sobre as demais formas de regulação política. Esse critério axiológico de superioridade desencadeia, por consequência, vocações universalistas que, por sua vez, fornecem o combustível necessário a um amplo espectro de movimentos políticos que se estendem desde os revolucionários aos reformistas. Foi essa provocação à ação a inspiração dos movimentos que, calcados no imaginário iluminista, promoveram a derrocada do modelo absolutista de Estado. Segue sendo essa mesma provocação à ação a fonte dos movimentos que, calcados no imaginário tecnológico da *constitutional engineering*, submeteram recentemente o Leste Europeu ao crivo da reforma.[7] Como abordado por Giuseppe de Vergottini em seu trabalho sobre "transições constitucionais", a adoção generalizada do constitucionalismo em países que subscreviam regimes autocráticos ou que passaram por processos de descolonização deve-se muito à capacidade da Constituição de se apresentar simbolicamente como instrumento eficaz de governo e tábua de valores (VERGOTTINI, 1998, p. 11 *et seq*.; 212).[8]

---

[7] Segundo Ulrich Preuss (1995, p. 119). Para uma revisão crítica da maneira pela qual as técnicas de *state building* têm sido conduzidas tanto no Leste Europeu como em outras partes do globo carentes de *constitutional states*, ver Franklin e Baun (1995). Para uma discussão sobre possíveis respostas aos desafios enfrentados pela "Nova Europa" acerca das transformações sofridas em suas tradicionais concepções políticas, no quadro das doutrinas *liberais* e *comunitárias*, ver Bellamy e Castiglione (1996, p. 115 *et seq*.). Para uma análise crítica específica sobre o desempenho dos regimes constitucionais nos contextos africano e latino-americano, ver a obra coletiva Carducci (1999a), em especial o artigo da própria coordenadora, Michele Carducci (1999b), *Transizioni e 'parallelismi'*.

[8] A posição pessoal do autor, no entanto, não deixa de apresentar traços de ceticismo em relação ao que chamou de atual sucesso do constitucionalismo liberal, dada a existência de regimes constitucionais de fachada, consoante se verifica em muitos países africanos, americanos e europeus (VERGOTTINI, 1998, p. 211 *et seq*.). O autor, aliás, classifica o termo *constitucionalismo* como *ideologia* (ideologia liberal garantista): "[...] si deve riconoscere che soltanto in una determnata situazione storica siè affermata una ideologia (il 'costituzionalismo') che ha visto nella formalizzazione della costituzione l'essenza stessa dell'ordinamento sociale e politico, disciplinando la forma di governo in modo che agli individui fossero riconosciuti e garantiti nei confronti del potere politico i diritti di libertà, che il potere fosse condizionato da limiti giuridici, che la stessa organizzazione del potere fosse ripartita secondo un modulo che assicurasse la libertà fondamentali (c.d. separazione dei poteri)" (VERGOTTINI, 2004, p. 2-3).

Quanto ao segundo aspecto – constitucionalismo como configuração concreta de determinada comunidade política em termos jurídico-positivos ou constitucionalismo-*positividade* –, a conclusão inevitável é a de que inexiste fórmula homogênea universalmente aplicável, independentemente de fatores históricos, geográficos, culturais etc. Nesse sentido, não há nada mais estável no constitucionalismo do que sua capacidade de adaptação. Essa nota peculiar representa, aliás, sua maior vantagem: adaptando-se, consegue se perpetuar; sujeitando-se às exigências da tradição e mantendo-se aberto às possibilidades da crítica, viabiliza um processo cíclico de legitimação e acomodação. Fornece, assim, o material de estudo perfeito para análises comparadas. Em análise vertical, é comum demonstrar sua variação na linha do tempo entre vários tipos de "paradigma",[9] reunidos pela doutrina, apesar de certas diferenças terminológicas, nos modelos liberal, social e democrático.[10] Em análise horizontal, suas diferenças são estudadas nos vários contextos geográficos contemporâneos, distinguindo-se algumas tendências majoritárias. Costuma-se, assim, identificar na evolução histórica do Estado constitucional quatro tradições do constitucionalismo, tomando como modelos de análise a Inglaterra, os Estados Unidos, a França e a Alemanha.[11] A diferença entre essas matrizes é tão relevante a ponto de já se ter afirmado não existir constitucionalismo, mas constitucionalismos (CANOTILHO, 1999, p. 47).

O dissenso acerca de sua definição exata se nutre, portanto, a partir e no interior de tal dicotomia – constitucionalismo como *idealidade* e como *positividade*. A partir dessa dicotomia, na medida em que ela sugere duas abordagens paralelas do fenômeno: a primeira que o toma como objeto de reflexão teórica acerca de um modelo ideal de comunidade política – portanto, como teoria *normativa* –, e outra que o analisa como objeto realizado no mundo – portanto, como teoria *analítico-descritiva*. *No interior* de cada uma dessas dimensões, já que não existe nem modelo teórico explicativo que perfaça um forte critério de consenso quanto a suas características ideais, nem sistema concreto que se aplique de maneira uniforme a todas as variáveis históricas, culturais e geográficas.

Por isso, por essa polifonia conceitual e metodológica, torna-se tão difícil apresentar um conceito último, integral e universal de *constitucionalismo*. As dificuldades não desaparecem nem mesmo quando se tenta diminuir o nível de exigência conceitual, focalizando-se em questões mais pontuais. Ou seja, as opiniões seguem divergentes ainda quando se ultrapassa a ilusão de um conceito unitário em prol da tentativa de divisar certas características distintivas que possam fundamentar ao menos uma esfera própria e autônoma de significado. A razão dessa disparidade prende-se à constatação de que a descrição de uma lista de "elementos ou características fundamentais" será sempre

---

[9] A raiz da profunda inserção do termo *paradigma* nos discursos acadêmicos posteriores à década de 1960 deve-se ao impacto produzido pela obra *A estrutura das revoluções científicas* de Thomas Kuhn (1975). Já a ampla difusão do conceito no âmbito da Filosofia do Direito e do Direito constitucional deve-se à obra *Faticidade e validade* de Jürgen Habermas e à sua pretensão de oferecer um "paradigma procedimental do direito" como superação dos "paradigmas liberal e social" (HABERMAS, 1997).

[10] A abordagem clássica coube a Elías Díaz (1998). Ver, ainda sob uma perspectiva clássica, Bonavides (2001). No Brasil, pode-se mesmo dizer que há uma quantidade razoável de autores que trabalham a "trilogia dos paradigmas", focados no constitucionalismo, no Estado e nos direitos fundamentais.

[11] Ver, por exemplo, Andrews (1968) (sobretudo capítulos 2 a 5); Grote (1999); Canotilho (1999, p. 47 *et seq.*); Jiménez Asensio (2003) (sobretudo capítulos II a IV); Preuss (1996, p. 18 *et seq.*); Rosenfeld (2001, p. 1318 *et seq.*); e Venter (1999, p. 22 *et seq.*).

dependente do conjunto de pré-compreensões que se tenha de termos como direitos fundamentais, poder, critérios de tomada de decisões, relacionamento entre poderes etc.

Prova maior da ausência de consenso quanto a tais "elementos essenciais" se encontra na heterogeneidade dos intentos classificatórios. Basta um breve repertório da posição de alguns autores a fim de tornar evidente a inexistência de padrão uniforme global. Segundo Louis Henkin, ditos elementos essenciais seriam: a) existência de uma Constituição; b) soberania popular como critério da legitimidade constitucional; c) governo conforme a Constituição; d) governo democrático; e) governo limitado através dos mecanismos de freios e contrapesos proporcionados pelo princípio da separação de poderes; f) princípio do *rule of law*, na medida em que apenas a lei votada pelos representantes do povo pode justificar invasão à esfera individual; g) Poder Judiciário independente; h) respeito pelos direitos humanos; i) sistemas de controle de constitucionalidade; j) liberdade econômica; k) existência de uma cultura constitucional e de uma ativa sociedade civil; e l) relativismo cultural (HENKIN, 1998, p. 231 *et seq.*). Jan-Erik Lane discorre sobre: a) estabilidade procedimental; b) responsabilidade; c) representação; d) divisão de poderes; e e) abertura (LANE, 1996, p. 50). Judith Squires fala em a) *provisões jurídicas*, que se caracterizam por retirar determinados direitos da área de discricionariedade do controle majoritário e b) *provisões estruturais*, que sujeitam o exercício do poder ao interesse público (caso, por exemplo, da separação de poderes) (SQUIRES, 1996, p. 209). Stefan T. Possony afirma que toda Constituição deve: a) proclamar os objetivos e as obrigações do Estado; b) reconhecer as instituições básicas do Estado; c) distribuir e regular as funções estatais entre essas instituições; d) definir e limitar a soberania; e) reconhecer instituições sociais independentes fora do Estado; e f) promulgar os direitos e liberdades dos grupos e pessoas (POSSONY, 1976). Alessandro Pace, além de mencionar que o constitucionalismo implica uma firme impostação metodológica no que tange à limitação do poder para evitar o abuso, reenvia o leitor a cinco núcleos fortes: a) Constituição escrita; b) poder constituinte; c) declaração de direitos; d) separação de poderes; e e) controle judicial de constitucionalidade das leis (PACE, 2004, p. 403). Dick Howard lista ainda: a) consentimento dos governados; b) governo limitado; c) sociedade aberta; d) santidade do indivíduo; e) *rule of law*; f) meios de cumprimento e execução da Constituição; e g) adaptabilidade (HOWARD, 1991, p. 17 *et seq.*). Cite-se, enfim, Ulrich Preuss, que define "os traços comuns de qualquer conceito de constitucionalismo" como sendo a codificação jurídica da relação entre governantes e governados, vistos como partes de uma *polity* ampla e comum, na qual os últimos são reconhecidos como a fonte máxima de autoridade (PREUSS, 1996, p. 24).[12]

Constitucionalismo se afigura, portanto, como um conceito *dependente*, dotado da capacidade de *adaptabilidade* em razão de um amplo conjunto de variáveis. Segundo mudam as pré-compreensões acerca do indivíduo, da sociedade e do Estado, bem

---

[12] Tradução livre de "the common traits of any concept of constitutionalism". Carlos Santiago Nino chega a descrever dois sentidos de constitucionalismo, um *mínimo*, que se "refiere al requerimiento de que un Estado tenga una Constitución en el vértice de su sistema jurídico" e outro *pleno*, que "requiere no sólo la existencia de normas que organizan el poder [...], sino también y preeminentemente que se satisfagan ciertas exigencias acerca del procedimiento y contenido de las leyes que regulan la vida pública" (SANTIAGO NINO, 1992, p. 2 *et seq.*). Para outros intentos classificatórios, ver também Colomer Viadel (2003, p. 31) e Zoethout (1996, p. 5 *et seq.*).

como de suas relações, mudam igualmente as configurações concretas das ordens constitucionais e das abordagens teóricas, provocando, por consequência, alterações no significado do termo. Um pequeno exemplo: se se parte do critério de tomada de decisões políticas como referencial de análise, pode-se detectar compreensões de constitucionalismos ancoradas tanto nos critérios de consenso, estabilidade e participação como nos de decisão, eficiência e representação.[13] No primeiro caso, figuram os sistemas que estimulam a ampla formação coletiva das decisões, normalmente associando o quesito de legitimidade à capacidade de satisfação abrangente das expectativas através da participação pessoal e das técnicas de promoção de consenso. No segundo caso, encontram-se sistemas que privilegiam a redução do círculo dos que decidem, aliando, em geral, dito critério de legitimidade à capacidade dos agentes políticos de justificarem o uso do seu poder decisório em virtude de critérios de eficiência governamental e de decisões por maioria.

A mesma questão pode ser descrita pelo ângulo da íntima vinculação e mútua implicação entre os conceitos de constitucionalismo e Constituição. Apesar de Augusto Barbera propor sua diferenciação com base em um critério axiológico, em que aquele se diferenciaria deste pelo fato de incorporar elementos valorativos,[14] não há como negar que a compreensão do segundo vinculará sempre o significado do primeiro. Basta constatar a diversidade de compreensões acerca do sentido, da natureza e da função constitucionais para se concluir que o universo semântico do constitucionalismo seguirá marcado pela heterogeneidade.

O núcleo fundamental do problema está justamente na dificuldade em se chegar a um acordo semântico globalizante sobre o próprio fenômeno da constitucionalidade,[15] isto é, que pressuponha ao menos um forte consenso linguístico sobre ele. E o vocábulo *Constituição* é especialmente sensível a sobrecargas ideológicas e normativas (GRIMM, 2002, p. 100), tornadas comuns na esteira do processo de jurisdicionalização e de sociologização do conceito ocorrido no século XIX e XX (MOHNHAUPT, 2002, p. 2). A centralidade da Constituição no projeto da modernidade e sua sobrevivência como termo-referência (ainda que para o exercício da *crítica* e da *desconstrução*) no atual quadro de desencantamento alimentado pelas correntes intituladas pós-modernistas demonstram, no mínimo, sua capacidade de servir como objeto-apropriado de diversas tradições e filiações teóricas.

É possível que uma das razões mais imediatas desse dissenso esteja no fato de a Constituição transitar por entre dois mundos, de ser um instrumento de regência que participa, ao mesmo tempo e com enorme pretensão dirigente, do universo da política e do direito.[16] Adjetivada de "instituição híbrida" por Gunnar Schuppert, a ambivalência

---

[13] A dicotomia aqui apresentada é meramente exemplificativa e não pretende exaurir todos os arranjos constitucionais possíveis relacionados com o problema da tomada de decisões políticas.

[14] Conforme o autor, *Constituição* seria um conjunto de regras fundamentais que dão identidade a um ordenamento, enquanto *constitucionalismo* designaria um movimento político, filosófico e cultural, voltado à conquista de documentos constitucionais marcados por princípios liberais ou liberais-democráticos. Em resumo: o primeiro termo caracteriza-se pela neutralidade conceitual, ao passo que o segundo faz referência explícita a uma ordem precisa de valores constitucionais (BARBERA, 1997, p. 3).

[15] Ver, por todos, Hesse (1990, p. 3-4).

[16] Nesse sentido, ver Schuppert (2004, p. 545). Ver ainda Dalla-Rosa (2002, p. 194-195).

de suas funções explicar-se-ia pela dificuldade em ordenar ambos os mundos, ainda mais tendo em vista que deve buscar impedir a total politização do direito, bem como a total juridicização da política (SCHUPPERT, 2004, p. 543 *et seq*.). Mesmo para o arauto da teoria dos sistemas sociais autopoiéticos, o elogio à Constituição como uma conquista da civilização moderna – em uma expressão: como *evolutionäre Errungenschaft* ("conquista evolutiva") (LUHMANN, 1996) –, não se dá em primeiro lugar pela sua própria capacidade de se diferenciar em relação a outros sistemas, mas sobretudo por viabilizar o "acoplamento estrutural" entre direito e política, reagindo *contra* o seu total afastamento e a *favor* da sua interação (LUHMANN, 1996, p. 87; 101). Para Luhmann, a Constituição normaliza as perturbações recíprocas entre direito e política, favorecendo os seus processos de diferenciação, com a vantagem de não eliminar a identidade e a autonomia dos sistemas acoplados, nem de os integrar em uma ordem hierárquico-assimétrica (LUHMANN, 1996, p. 108-109; 114 *et seq*.).

O resultado dessa onipresença projeta a ambivalência no próprio texto constitucional, cuja redação, muito embora assente a juridicidade como sua qualidade específica – apresentando soluções e enquadramentos jurídicos ao problema da convivência política –, é pontuada, quase sempre, por tonalidades "festivas", segundo ressaltado por alguns no campo dos estudos sobre *estilo constitucional*.[17] O fenômeno linguístico constitucional normalmente alterna, segundo a descrição de Josef Isensee, estilos técnicos predominantes com estilos "patéticos" (ISENSEE, 1999, p. 24) ou ainda, para utilizar a expressão de Gomes Canotilho, incorpora "fórmulas de narratividade emancipatória" (CANOTILHO, 2001, p. XIX), o que abre a porta para as mais distintas compreensões acerca da função e da natureza da Constituição.

O termo *Constituição* desliza, portanto, por caminhos e métodos multifacetários.[18] Em verdade, são duas as polarizações clássicas mais representativas quanto às divergências acerca da natureza da Constituição que podem ser superficialmente reconstituídas de acordo com as seguintes dicotomias: de um lado, a ideia de *Constituição-restritiva* v. a de *Constituição-constituinte* e, de outro lado, a ideia de *Constituição-formal* v. a de *Constituição-material*.

No primeiro caso, atribui-se à Constituição seja uma função meramente negativa (*Constituição-restritiva*), na medida em que se a interpreta como puro mecanismo de contenção do poder em prol de um conceito atomista de liberdade individual, seja uma

---

[17] Sobre o tema, ver Isensee (1999, p. 24) (de quem se retira a expressão "tonalidades festivas"). Heinrich Triepel, em seu clássico estudo *Vom Stil des Rechts*, já sustentava a inexistência de um estilo jurídico puro e independente da cultura tomada em sua globalidade. A estética do direito seria então impregnada pelo "espírito" cultural de uma determinada época (TRIPEL, 1947, p. 67; 79).

[18] Para uma conhecida tipologia dos conceitos de Constituição, veja-se, por exemplo, a de Manuel García-Pelayo, que destaca três modelos: a) *racional-normativo*, em que a Constituição é concebida como um sistema de normas, ou seja, "como un complejo normativo establecido de una sola vez y en el que de una manera total, exhaustiva y sistemática se establecen las funciones fundamentales del Estado y se regulan los órganos, el ámbito de sus competencias y las relaciones entre ellos"; b) *histórico-tradicional*, em que a Constituição "no es un sistema producto de la razón, sino una estructura resultado de una lenta transformación histórica, en la que intervienen frecuentes motivos irracionales y fortuitos irreductibles a un esquema"; e c) *sociológico*, baseado nos seguintes pressupostos: c1) a Constituição é um modo de ser e não de dever ser; c2) a Constituição é resultado da imanência das situações e estruturas sociais do presente; c3) a Constituição se sustenta em uma legalidade social e não em uma norma transcendente; e c4) a preocupação central da teoria gira em torno não das questões acerca da validade ou da legitimidade, mas da vigência (GARCÍA-PELAYO, 1999, p. 33 *et seq*.). Para uma bem fundada reflexão sobre arquétipos constitucionais no direito constitucional comparado, ver Frankenberg (2006).

função positiva (*Constituição-constituinte*), em que é compreendida como instrumento habilitador dos pressupostos constitutivos do bem comum e dos requisitos de formação das virtudes cívicas. O exemplo mais claro dessa polarização reporta-se aos enfrentamentos entre as doutrinas liberal e republicana no quadro da teoria constitucional norte-americana.[19]

No segundo caso, a Constituição ou é interpretada como um sistema formal de normas positivas (*Constituição-formal*), cuja legitimidade se exaure em uma legalidade provida autorreferencialmente ou como um conjunto material de normas (*Constituição-material*), cuja legitimidade supera a mera legalidade e se funda no reconhecimento da validade de outras fontes normativas para além do texto formal. A caracterização mais original dessa dicotomia é contemporânea à própria época de fundação da teoria da Constituição enquanto disciplina científica, precisamente no momento acadêmico alemão de contestação ao positivismo de Carl Friedrich Gerber, Paul Laband e Georg Jellinek, e ao normativismo de Hans Kelsen.[20]

Com tais variadas concepções acerca dos fenômenos que fundamentam a construção teórica dos termos *constitucionalismo* e *Constituição*, resta pouco espaço para definições universais que gozem de um consenso geral entre os autores e as distintas tradições jurídicas. A teoria constitucional parece assim englobar ilhas de consensos parciais, cuja diversidade de núcleos teóricos, multiplicidade de métodos analíticos, divergência de referências descritivas e variedade de modelos prescritivos poderiam induzir à sua caracterização como uma espécie de metateoria que flutuaria em torno da detecção, classificação e análise de teorias subordinadas.

O controle como elemento catalisador de consenso teórico

No entanto, ainda que variem as concepções acerca do constitucionalismo e dos institutos constitucionais e ainda que se divirja sobre a própria natureza e a função da Constituição, a expectativa de encontrar pontos, ilhas consensuais, não parece ser de todo infundada. Deve existir algum elo de convergência teórica que torne a inteligibilidade do conceito de constitucionalismo possível e partilhável entre as diversas tradições, mantendo, enfim, certa unidade mínima e estável de sentido.

A ideia de *controle do modo pelo qual o poder deve ser exercido* parece representar esse elemento catalisador. Com ela pode-se arriscar a descrever um elemento de permanência, uma linha de intersecção, um *núcleo duro*, cuja característica seja a de permear, no seio dessa carência de sintonia conceitual, as distintas abordagens sobre o fenômeno constitucional. Sem dúvida, a função de controle é merecedora de uma centralidade e onipresença inigualáveis no discurso constitucional, a ponto de já se ter constatado que, dentro do legado constitucional, os limites e a autorrestrição são um ideal acalentado e uma aspiração e que, por isso, o "governo limitado tem sido,

---

[19] Para um excelente panorama das distintas teorias da Constituição no ambiente norte-americano, ver Friedman (2004) e Wright (2004).

[20] As obras de maior impacto são, entre outras, Schmitt (1928); Smend (1928); Dau-Lin (1932) e Heller (1934). Mais recentemente essa contraposição se encaminhou para o embate entre perspectivas substancialistas e procedimentalistas. Voltar-se-á posteriormente ao tema de modo mais aprofundado.

nos últimos 200 anos, a demanda basilar dos constitucionalistas".²¹ A ideia de que este implica a sujeição do exercício da autoridade a certos padrões normativos previamente reconhecidos representa talvez um dos poucos, senão o único, pontos de concordância teórica geralmente relacionado ao tema. Para todos os efeitos, o regime constitucional será sempre aquele em que o poder se encontra juridicamente regulado.

A caracterização do controle do poder como elemento necessário, ainda que não suficiente, do constitucionalismo parece ser inquestionável quando se tem em vista sua associação histórica com a justificação do Estado de direito. Retomando a noção de constitucionalismo como teoria e movimento políticos que recriaram a natureza e a função do princípio da soberania e da organização política em virtude da proteção do indivíduo, o controle do exercício do poder através do princípio da legalidade e do arranjo institucional tornou-se, pois, o *modus operandi* desse particular modelo de Estado.²²

A associação explícita de ambas as expressões se encontra presente, por exemplo, no trabalho de autores já considerados clássicos, como Charles McIlwain, Carl Friedrich e Karl Loewenstein.²³ McIlwain, antes mesmo da publicação de sua obra mais conhecida (MCILWAIN, 1947), definia constitucionalismo e governo arbitrário como gêneros opostos de sistemas políticos. Segundo o autor, "o verdadeiro constitucionalismo, dos tempos medievais ao nosso, [...] sempre significou governo limitado pelo Direito".²⁴ Posteriormente, apesar de discorrer sobre a distinção entre constitucionalismo *antigo* e *moderno*, distinguiu-se por ser um dos primeiros a sustentar a existência de um componente imutável ao longo das transformações históricas das diversas organizações coletivas do poder.²⁵ Sua conclusão é a de que a imposição de limitações jurídicas ao poder de governo representa o elemento indiferenciado que une ambas as tradições, a sua qualidade essencial: *constitutional limitations* perfaz, para o autor, a expressão que resume a característica mais antiga e estável do constitucionalismo (MCILWAN, 1947, p. 21-22).

Friedrich, em fins da década de 1940, associava as expressões *Constituição* e *regras do jogo* e, apesar de destacar cinco conceitos básicos de Constituição (filosófico ou totalitário, governamental, legalista, documentário e procedimental), define constitucionalismo como a técnica de limitações efetivas e regularizadas à ação e à política governamentais. Interessante notar que para o autor, como cientista político, meras contenções jurídicas não perfazem de imediato a ordem ou o governo constitucionais. Há outras limitações políticas ou sociais que, embora carentes de natureza jurídica, são igualmente efetivas e devem ser consideradas. Nesse caso, a *regularização* (estabilização e a permanência) dessas limitações é o elemento caracterizador de sua função como garante de uma ordem que

---

[21] Soltan (1993, p. 75). Tradução livre de: "Limited government has been, for the last 200 years, the most basic demand of the constitutionalists".

[22] Voltar-se-á posteriormente ao tema de modo mais detido.

[23] Não se pode deixar de mencionar também Francis Wormuth que, em 1949, identificava o constitucionalismo a um conjunto de "precauções auxiliares", cuja finalidade se encontra na criação de arranjos institucionais para o controle do governo (WORMUTH, 1949, p. 3-4).

[24] McIlwain, *Government by law* (1969), originalmente publicado em janeiro de 1936 na revista *Foreign Affairs* e posteriormente compilado em McIlwain (1969, p. 282). Tradução livre de: "true constitutionalism, from medieval times to our own, [...] has meant government limited by law".

[25] McIlwain é citado, por exemplo, por Scott Gordon como uma das mais reconhecidas autoridades sobre a história do constitucionalismo (GORDON, 1999, p. 5).

possa ser adjetivada de *constitucional* (FRIEDRICH, 1937, p. 103 *et seq.*). Quase quatro décadas depois, tais premissas são encontradas novamente na obra do autor. Sobre o tema, escreve Friedrich: "O constitucionalismo, ao dividir o poder, proporciona um sistema de limitações efetivas à ação governamental. [...] Colocando de um modo mais familiar, embora menos exato, é um corpo de regras asseguradoras do *fair play* que torna o governo 'responsável'".[26]

Loewenstein, por sua vez, partindo da antiga premissa acerca da "demonologia" do poder, ou seja, da tendência humana a abusar de seu exercício, preocupa-se com a teorização de um sistema político que assegure e proteja a democracia: o controle do poder é, pois, concebido como a chave para a compreensão da diferença entre os sistemas autocráticos e democráticos. Ao postular o controle dos "destinatários do poder" (*power addressees*) sobre os "detentores do poder" (*power holders*) como a essência do Estado constitucional, distingue sistemas com *exercício compartilhado* e *controle do poder* de sistemas com *exercício concentrado* e *ausência de controle*. Redesenha a divisão de poderes e cria uma nova tripartição: *policy determination*, *policy execution* e *policy control*, atribuindo a esta o lugar de centralidade, sobretudo ao definir o constitucionalismo como governo contido e responsável. Para ele, "a contenção do poder político pela contenção dos detentores do poder é o núcleo do que se apresenta como constitucionalismo na história política antiga e moderna".[27]

Certo é que a noção de controle, normalmente traduzida por uma ideia limitativa, negativa, não esgota a funcionalidade constitucional atual que, desde a crítica material ao formalismo do constitucionalismo clássico e a revisão democrático-pluralista do constitucionalismo social, não cessou de reivindicar novas configurações. Todavia, mesmo hoje, quando se trata de atualizar a justificação do Estado de direito, o princípio da sujeição do exercício do poder a padrões normativos consubstancia uma das poucas áreas de consenso teórico. Mais do que isso, a versão do controle como instrumento de *limitação* do poder é o elemento basilar que permeia todos ou praticamente todos os discursos constitucionais. Mesmo que várias correntes de pensamento no quadro da teoria da Constituição não vislumbrem a "contenção do poder" como elemento justificador central de seus pressupostos teóricos, todas elas o incorporam, ainda que de maneira indireta. E a razão é simples: não é possível fundar um discurso constitucional que ignore a possibilidade de distúrbios funcionais no desenrolar do exercício da autoridade e que, consequentemente, despreze o arsenal de instituições talhadas para esse desígnio.

Nesse contexto, mesmo constatando que o termo envolve questões muito mais profundas do que apenas a ideia de governo limitado, a Constituição vista como *lei*, na argumentação de Ulrich Preuss, implica sempre a codificação normativa da relação

---

[26] Friedrich (1974, p. 13). Tradução livre de: "Constitutionalism by dividing power provides a system of effective restraints upon governmental action. [...] Putting it another, more familiar, but less exact way, it is a body of rules ensuring fair play, thus rendering the government 'responsible'". Tais palavras já haviam sido ditas na segunda edição da obra *Constitutional government and politics*, o que demonstra a estabilidade e imutabilidade do pensamento de Friedrich quanto ao tema (FRIEDRICH, 1950, p. 26).

[27] Loewenstein (1957, p. 8). Tradução livre de: "the containment of political power by the containment of the power holders is the crux of what in political history, ancient and modern, appears as constitutionalism". Dois anos depois, essa mesma obra foi publicada em Tübingen na Alemanha pela editora J. C. B. Mohr (Paul Siebeck) sob o título *Verfassungslehre*, com tradução de Rüdiger Boerner.

entre governados e governantes, geradora de imposições jurídicas a estes. O fato de institucionalizar a autoridade e vincular o exercício do governo seria, portanto, o traço comum a toda tradição constitucionalista (PREUSS, 1996, p. 24-25). Opinião essa que se coaduna com a afirmação de Dario Castiglione de que o *topoi* clássico concernente à relação entre "governo das leis" e "governos dos homens" captura a essência das discussões acerca do constitucionalismo. Por isso, o fato de serem divergentes as compreensões sobre os sentidos e as funções constitucionais significa apenas, para o autor, que o objetivo mais simples do constitucionalismo – tornar impessoal o poder político – pode ser atingido por distintos meios (CASTIGLIONE, 1996, p. 11). Podemos encontrá-la ainda em autores como Alessandro Pace, que sustenta o retorno do Estado constitucional a um "constitucionalismo garantista", no sentido proposto por McIlwain,[28] afirmando que o grande e verdadeiro desafio que se põe hoje ao constitucionalismo é o "de reencontrar e de reafirmar a própria identidade originária da teoria jurídica dos limites do poder político",[29] ou Jan-Erik Lane, que pressupõe o constitucionalismo como o resultado positivo da realização da Constituição como limite ao poder ou, por outras palavras, como o efeito empiricamente constatável de constranger o poder estatal.[30] [31]

Mesmo quando a teoria constitucional ultrapassa a pré-compreensão liberal do poder como fenômeno malévolo e vislumbra suas potencialidades construtivas, a necessidade de controlá-lo aparece sempre como meta inafastável. Em verdade, toda ordem constitucional pressupõe um método de *gestão do poder* que conta, inevitavelmente, com a ideia de sua contenção.

Não obstante, o grande equívoco das abordagens tradicionais ao poder e ao controle constitucional está na sua tendência simplória ao reducionismo. Em primeiro lugar, por vislumbrar na ideia de controle apenas sua dimensão *dogmática* de garantia da normatividade constitucional, seja através de uma vertente substancialista ou procedimentalista. No primeiro caso, o controle é visto como instrumento de proteção de certos valores constitucionais tidos como superiores e oponíveis ao poder do Estado. Assim é que a tradição dos estudos acerca do constitucionalismo se funda, em sua maior parte, no apreço ao direito de liberdade individual em contraste com a desconfiança em desfavor do poder estatal. No segundo caso, o controle é interpretado apenas como procedimento que visa assegurar a posição privilegiada da Constituição, em termos de rigidez e superioridade formal, no quadro das espécies normativas. Em ambos os casos, restringe-se a noção de controle a um momento posterior ao ato de fundação constitucional, limitando-o à mera função de *garantia* da normatividade predefinida.

---

[28] Pace (2004) (sobretudo notas 13 e 26, respectivamente às p. 396 e 402).

[29] Pace (2004, p. 406). Tradução livre de: "di ritrovare e di riaffermare la propria identità originaria di teoria giuridica dei limiti del potere politico".

[30] "Constitutions are written documents that institutionalize the state. When they really bite, then they restrict state power – this is the doctrine of constitutionalism, both externally and intenally" (LANE, 1999, p. 192) (no mesmo sentido, às p. 184 e 188).

[31] É impossível produzir uma lista exaustiva de obras que associam constitucionalismo a controle. De qualquer modo, cite-se, ainda que de modo exemplificativo, os seguintes textos especialmente dedicados ao tema: Andrews (1968, p. 13); Aragón (1995, p. 12; 15 *et seq.*, 41, entre outras); Bax e Tang (1993, p. 87-88); Brewer-Carías (1987, p. 9); Elkin (1993, p. 21); Elkin (1993, p. 128); Gauba (1996, p. V e 7); Gordon (1999, p. 5); Jiménez Asensio (2003, p. 24); Murphy (1993, p. 5); Queiroz (1990, p. 27; 53); Soltan (1993, p. 75); Vile (1967, p. 8). Para uma interpretação "marxista" do controle como essência do constitucionalismo e instrumento de proteção do sistema burguês de classes, ver Cabo Martín (1978) (sobretudo à p. 9).

Em segundo lugar, as abordagens tradicionais são igualmente reducionistas, já que, em sua maior parte, associam a função do controle a um princípio negativo: *controlar* seria semanticamente equivalente apenas a *reduzir, limitar, paralisar*. "Governo limitado" e "poder proscrito"[32] são, nesse contexto, os únicos resultados esperados das técnicas de controle.

Não obstante, os atuais estágios de desenvolvimento tanto do Estado como da própria sociedade civil implicam uma reconfiguração das funções e da compreensão do controle como categoria constitucional. As possibilidades de prestações positivas e performances *promotoras* – e não apenas *limitadoras* –, bem como de funções *fundantes* e não apenas *garantidoras* impõem-se como princípios a serem redescobertos pela teoria da Constituição e como objetivos a serem alcançados pelas técnicas de engenharia constitucional.

A Constituição atordoada

Nas últimas décadas, essa consensualidade enfrenta, todavia, seu maior desafio. E tal desafio não se dá tanto pelas divergências em torno da extensão e da definição do controle em si, mas em virtude da perda da força reguladora do princípio da constitucionalidade. Prova disso é ter-se tornado lugar-comum na doutrina constitucional contrabalancear os sucessos passados do constitucionalismo na formação de um modelo racionalizado de convivência política[33] com as incertezas que a via constitucional projeta no futuro, dado o seu estado de atordoamento no presente.[34]

Em questão está a própria funcionalidade da Constituição, sua capacidade de regulação de um ambiente que se diversificou, especializou-se e que integra fontes de distúrbio que minaram a capacidade constitucional tradicional de servir como motor de transformações social, política, econômica etc. Há muito se tem alertado para a crise de fundamentação da teoria da Constituição, em especial, da versão cujo discurso majoritário centraliza-se em torno do Estado nacional. Estamos, pois, diante do desafio de uma teoria por construir, para ficarmos com as palavras de Asensi Sabater,[35] ou da

---

[32] Cite-se como emblemática a seguinte assertiva de William Andrews: "If one were to attempt a description of this complex concept in two words, he might call it 'limited government'. Under constitutionalism, two types of limitations impinge on government. *Power is proscribed and procedures prescribed*" (ANDREWS, 1968, p. 13).

[33] Constatado por um amplo painel de autores e correntes que compreende desde a complexa abordagem sistêmica de Niklas Luhmann (Constituição vista como aquisição evolutiva em virtude de ter promovido o "acoplamento estrutural" entre direito e política) a tradicionais perspectivas na linha do discurso clássico do constitucionalismo, como a desenvolvida, entre tantos outros, por Jean-Erik Lane (em que a importância da Constituição é associada majoritariamente à sua capacidade de restringir o poder do Estado). Ver, respectivamente, Luhmann (1996, p. 117 *et seq.*) e Lane (1999, p. 192-193).

[34] Ver, por exemplo, Antoniou (2004, p. 345-346); Canotilho (1999, p. 1255 *et seq.*; 2001, p. VIII *et seq.*); Grimm (2004, p. 156 *et seq.*; 1996, p. 128-129; 2002, p. 101); Hofmann (2002, p. 19; 2004, p. 168 *et seq.*); Kirchhof (1999, p. 189); Lucas Verdú (2002, p. 428 *et seq.*); Moreira (2007); Schmidt (2002, p. 535 *et seq.*); Schuppert (2004, p. 542); Zagrebelsky, Portinaro e Luther (1996, p. XVII).

[35] Asensi Sabater (1998, p. 215). Segundo o autor, "Es indudable que no disponemos hoy de una teoría constitucional que, como en otros tiempos, nos proporcione una respuesta tranquilizadora. Ni siquiera es seguro que exista ya un marco común desde el que sea posible mantener la discrepancia a pesar de la hegemonía que han adquirido ciertos discursos constitucionales. Lo único que parece claro es la necesidad de avanzar hacia la elaboración de una teoría constitucional a la altura de los tiempos, una teoría que habrá de ser en todo caso de tipo proyectual, que trate de comprender el cambio de las sociedades. Una teoría capaz de enfrentarse a los problemas de la sociedad y de los ciudadanos y no un mero 'derecho de profesores' (ZAGREBELSKI, 1995). Una teoría, en fin, que esté a la altura de los problemas que se plantean en las sociedades democráticas actuales".

necessidade de construção de uma teoria constitucional geral, conforme indicado por Zagrebelsky, Portinaro e Luther (1996, p. IX).

As assertivas "O direito constitucional já não é o que era. Por isso ou também por isso, a Constituição já não é o que era" (CANOTILHO, 1999, p. 1255) inspiraram Gomes Canotilho a concluir que a teoria da Constituição encontra-se em uma encruzilhada devido a três fatores essenciais: a crítica às pretensões narrativas e emancipatórias que sobrecarregavam a autossuficiência normativa, a crise do *triângulo mágico* dentro do qual ela se movimentava (falência da compreensão da Constituição como "ordem de valores", a degeneração do controle de constitucionalidade em "positivismo jurisprudencial" e a perda da "plenitude de legalidade" criada pelo legislador com o surgimento de instâncias normativas intralegais e extralegais) e, por fim, a crise do idealismo constitucional que, dada sua cumplicidade com o direito do Estado, não foi capaz de acompanhar o realismo da diferenciação funcional no seio das sociedades complexas (CANOTILHO, 1999, p. 1255-1256).[36]

Tais perplexidades levam necessariamente à constatação de que são várias as dúvidas projetadas sobre a força *dirigente* da Constituição – para usar uma terminologia cara ao constitucionalismo luso-brasileiro.[37] Em geral, podemos classificá-las com o auxílio de um modelo tripartido que, apesar da interconexão entre as causas principais, descreve-as a partir de três patamares: consoante se trate de razões ligadas à *crise de estilo*, à *crise imunológica* ou à *crise de adaptabilidade territorial*.[38]

O primeiro caso evoca a dúvida sobre o *status* da juridicidade como elemento definidor do estilo constitucional. A Constituição, ao se apresentar como norma, ao vestir de juridicidade sua pretensão de validade, vige segundo o dogma da vinculatividade, sendo de observância obrigatória para todos aqueles a que se destina. No entanto, um conjunto de fatores atuais põe em questão essa autodescrição do estilo constitucional, na medida em que a Constituição se torna incapaz de impor sua pretensão de validade a certos sistemas sociais, em especial à política e à economia. Sujeita-se, assim, ao perigo de se tornar um "ordenamento parcial", na expressão de Dieter Grimm (2002, p. 141), incapaz de regular até mesmo os procedimentos comunicativos para a tomada de decisão em uma sociedade aberta e heterogênea, quanto mais implementar uma clara opção pré-discursiva em prol, por exemplo, de maior justiça social em contextos de completa exclusão político-econômica.[39]

---

[36] Como resultado dessa situação de perplexidade e desajuste surgem o que o autor chama de "problemas básicos da Teoria da Constituição", quais sejam, de inclusão, de referência, de reflexividade, de universalização, de materialização do direito, de reinvenção do território, de "tragédia", de fundamentação, de simbolização e de complexidade. Para maiores detalhes, ver Canotilho (1999, p. 1257-1263).

[37] A expressão *Constituição dirigente*, tal como cunhada a partir da obra de Gomes Canotilho, paira sobre o constitucionalismo luso-brasileiro como um referencial simbólico de importância fundamental e com diversas consequências. No Brasil, em especial, serviu de suporte para a refundação teórica da ordem constitucional no processo de consolidação democrática após as duas décadas de ditadura militar, tendo marcado profundamente, desde então, a doutrina constitucional de toda a geração de constitucionalistas pós-1988. As obras decisivas são as já mencionadas *Constituição dirigente e vinculação do legislador* (CANOTILHO, 2001) e *Direito constitucional e teoria da Constituição* (CANOTILHO, 1999).

[38] Em geral, os fatores de crise nesse contexto têm mais ou menos as mesmas fontes da crise da democracia a que se fará alusão posteriormente.

[39] O fenômeno de erosão do Estado enquanto instrumento para realização de fins públicos faz nesse contexto a ordem do dia e não é incomum encontrar na doutrina opiniões que o destacam como uma das principais, senão

O tema da "constitucionalização simbólica" encontra aqui seu campo mais fértil de aplicação.[40] A expressão, no sentido que lhe dá Marcelo Neves, chama a atenção para os déficits de normatividade do texto constitucional em virtude da sua insuficiente concretização ("constitucionalização simbólica em sentido negativo"), insuficiência essa que se exponencia dada a existência de funções político-ideológicas – "ilusórias" – do discurso constitucional que estimulam a formação de expectativas normativas não cumpridas no seio da sociedade ("constitucionalização simbólica em sentido positivo").[41]

Não obstante, faz parte do patrimônio genético da Constituição dotar-se de mecanismos e sistemas de defesa e de ajuste, previstos exatamente para os casos em que se verificam (ou se *interpretam*, para ficarmos com um termo mais em voga) incompatibilidades entre o sentido da sua regulação e o universo do objeto regulado. Os exemplos desses mecanismos se subsumem, todos, na expressão *controles dogmáticos*, entre os quais o modelo mais conhecido é o dos chamados sistemas jurisdicionais de controle da constitucionalidade dos atos normativos. O segundo nível de dúvidas sobre a vinculatividade constitucional, portanto, se abate diretamente sobre tais instrumentos. Aqui, o ponto central relaciona-se com as disfuncionalidades ocorridas no seu próprio "sistema imunológico", ou seja, com a inoperância de vários dos mecanismos que, devendo garantir sua supremacia e a prevalência dos seus preceitos sobre as faticidades social, econômica e política, acabam muitas vezes por sucumbir a eles.

O último degrau de dificuldade imposto ao projeto constitucional diz respeito prioritariamente ao atordoamento vivenciado pelas Constituições nacionais que compõem o espaço comum europeu, em meio ao processo de conformação do direito constitucional ao direito comunitário.[42] Nesse caso específico, trata-se da dificuldade de adaptação geográfica em um território que deixou de ser o nacional, em face de atores constituintes culturalmente distintos e carentes de ampla legitimação democrática[43] e segundo lógicas operativas que não retratam fielmente o princípio da pactuação. Já houve, inclusive, quem afirmasse que, nesse contexto, há poucas chances para o constitucionalismo nacional, nada mais restando às suas constituições do que se abrirem para os direcionamentos supranacionais, ainda que se possa tentar assegurar certos pontos basilares de negociação nos processos de decisão comunitários (GRIMM, 2004, p. 163).[44]

---

a principal causa do atordoamento constitucional. Ver, entre outros, Grimm (2004, p. 156 *et seq.*), Kirchhof (1999, p. 190) e Schuppert (2004, p. 542).

[40] Ver, por todos, Neves (1998).

[41] Ver Neves (1998) (especialmente p. 13; 79-87).

[42] Apesar de os argumentos se aplicarem também, de um modo um pouco menos incisivo, às Constituições nacionais não europeias em relação aos processos de globalização e de formação de instâncias políticas internacionais.

[43] Faz-se referência aos Estados-Membros que são, atualmente, os principais atores constituintes do que autores chamam de "Constituição material" europeia, definida como o conjunto organizativo das instâncias europeias e seus feixes de competência, sem esquecer da Carta Europeia dos Direitos Fundamentais. Aliás, o fato de serem os Estados e as demais instituições comunitárias os que decidem politicamente os rumos e as configurações da União Europeia acabou fomentando várias críticas e uma extensa bibliografia em torno do que se convencionou chamar de *déficit democrático* do processo de integração. Sobre o tema, ver, entre outros, Bignami (1999); Januschkowetz (2003); Mackenzie-Stuart (1999); Majone (1998) e Ridola (2002).

[44] Buscando uma inserção mais adequada das Constituições nacionais no processo de integração para fortalecer, junto à União Europeia (enquanto instituição e enquanto processo), a necessidade de um pleno diálogo

Essa "labirintite constitucional" reflete-se, enfim, na dificuldade em se fundar um novo *status* e uma nova motivação para o discurso da constitucionalidade em prol da redefinição do lugar da Constituição ante os desafios postos, sobretudo, pela fragmentação provocada pelas atuais estruturas móveis de poder e pelo ofuscamento do Estado nacional, em especial da versão do bem-estar social. Como notado por William Scheuerman, o constitucionalismo *in an age of speed* é confrontado com o dilema da obsolescência constitucional (SCHEUERMAN, 2002, p. 362). Em uma época marcada pela aceleração acentuada dos processos de transformação social e econômica, questiona-se a capacidade do constitucionalismo de estabelecer "regras do jogo" capazes de servir como força vinculadora dos atores políticos e jurídicos por um tempo relativamente longo (SCHEUERMAN, 2002, p. 355).

A dificuldade maior está em que o reforço da inteligibilidade e da prestabilidade da narrativa constitucional deve superar um claro paradoxo. Por um lado, não pode arriscar desconsiderar toda a carga teleológica historicamente convertida na temática dos direitos fundamentais, sob pena de se tornar cativa de uma "síndrome do regresso": a crise da vinculatividade constitucional e a perda de suas funcionalidades reguladoras correm o risco de condenar a Constituição a regressar ao *status* medievo de mero *instrument of government*, um quadro débil de regulação procedimental sujeito à faticidade dos processos políticos. Porém, por outro lado, também não pode voltar a incidir no erro de insistir em descrever a norma constitucional como o substituto simbólico da utopia, da esperança, da felicidade.

Basta dizer que grande parte do problema foi autoinduzida ou, no mínimo, alimentada pela própria teoria constitucional. A desilusão e a surpresa com a disfuncionalidade da Constituição respondem ao alto nível de expectativa e aposta na sua ubiquidade e onipotência, estimuladas por parcela da doutrina, quando, em verdade, deveria ter sido relembrado mais vezes que a Constituição, sendo norma, sujeita-se também ao leque de limitações experimentadas pelo direito.[45] Cabe, então, à própria doutrina, bem como aos seus intérpretes (muitas vezes mais a esses do que àquela) parcela da culpa por sobrecargas insuportáveis nos níveis de expectativas em torno da prestação constitucional, cuja causa primeira é a supervalorização do seu papel otimizador, sintetizada por Paul Kirchhof na fórmula "esperança de otimização" (*Optimierungshoffnung*) (KIRCHHOF, 1999, p. 191).[46]

Isso não implica, contudo, esvaziar o conceito, nem abandonar eventuais usos estratégicos do discurso constitucional em prol da transformação social e do enquadramento político-econômico. Há inclusive certos contextos nacionais e culturais em que

---

intercultural, a doutrina portuguesa forjou o conceito de *interconstitucionalidade*. Essa expressão descreve um especial relacionamento entre as ordens constitucionais dos países integrantes que as pressupõe componentes de uma *rede transubjetiva* (*transestatal*) que, se por um lado, deixa os Estados com as portas abertas e com os seus princípios estruturantes relativizados, não provoca, por outro lado, a perda das "marcas registradas" da estrutura constitucional. Ver, por todos, Canotilho (2004), de quem se retiram a descrição do conceito e as expressões destacadas.

[45] Sobre o problema da autonomia do direito, a obra de Castanheira Neves é referência obrigatória. Ver, mais recentemente, Neves (2003, especialmente p. 145 *et seq.*; 2002, especialmente p. 57 *et seq.*).

[46] Um exemplo recente de superdimensionamento da função constitucional pode ser encontrado na abordagem de Xenophon Contiades, que pretende fundamentar um "novo constitucionalismo" como teoria e práxis para "tempos difíceis", capaz de solucionar, através do *texto constitucional*, os problemas de incalculabilidade e insegurança da pós-modernidade e da globalização (CONTIADES, 2005, p. 42).

tal simbologia pode se afigurar produtiva e necessária, desde que mediada por uma consciência crítica acerca dos limites e riscos a que se expõe. Deve-se evitar, assim, que tal uso venha desacompanhado da consciência de sua precariedade, a fim de que, ao se fazer eventualmente a arqueologia dos vestígios dessa constitucionalidade reforçada, não se repute apenas a ela as causas do seu desaparecimento.

No caminho da reconstrução do conceito, uma das principais trilhas a evitar é a que leva a assumir como certa a dissolução da força reguladora da constitucionalidade tal como resulta de certos discursos teóricos. A perspectiva sistêmica de matriz luhmanniana é um exemplo. Nesse ambiente, a Constituição padece de um redutor de funcionalidade, justificando-se tão somente como ferramenta técnica de estabilização de expectativas sociais, independentemente de qualquer padrão referencial preconcebido, de força dirigente e, sobretudo, independentemente de um critério democrático que ultrapasse as circunstâncias negociáveis de um qualquer procedimento discursivo acordado. Francesco Belvisi é um dos autores que transplantam claramente essa abordagem para o seio da teoria da Constituição ao falar de "Constituição sem fundamento". Em sua ótica, a perda da legitimação unânime da Constituição e da sua capacidade de produzir integração social de tipo substancial, bem como a constatação de que vivemos em uma sociedade planetária, conduzem inevitavelmente à transmutação da constitucionalidade (BELVISI, 1997, p. 261). Esse contexto exigiria, então, que a função constitucional fosse reduzida apenas à garantia e à estabilização da diferenciação social, segundo uma lógica que sujeite o catálogo de direitos a uma práxis negocial: "Nesta perspectiva, o catálogo de direitos previstos na nossa constituição deve ser entendido como uma lista de princípios fundamentais, mas negociáveis [...]" (BELVISI, 1997, p. 263).[47]

Divergindo dessas abordagens, a renovação do discurso constitucional deve ser empreendida a partir de sua "adequada colonização" pelo princípio democrático, isto é, segundo determinada metódica constitucional. Em questão estão a própria inteligibilidade e a prestabilidade da ideia de controle constitucional que, se adequadamente reformulada, pode justificar novas possibilidade de sentido para o termo *constitucionalismo*. O objetivo central, portanto, deve ser o de reconstruir a noção de controle com base na otimização da relação entre Constituição e democracia, tanto no que tange à dimensão *fundante* (constituinte) do discurso constitucional, quanto no que toca à dimensão *garantia* (protetiva) da constitucionalidade.

Esses são os pressupostos que se presumem importantes para suscitar novos olhares sobre a renovação das discussões sobre Constituição e constitucionalismo. A fim de analisar as profícuas interações entre a ideia de controle e a ideia de Constituição, deve-se partir, pois, de uma ruptura com os enfoques tradicionais, não para desconstituir a centralidade da noção de limitação do poder na construção da semântica do *controle constitucional*, mas para ressaltar, nessa última, novos significados e novas possibilidades de categorização. Ao final, não é desarrazoado pensar a possibilidade de se encontrar fundamentos em prol da conclusão de que a coimplicação necessária entre Constituição e democracia deve dirigir não apenas o modo pelo qual a ordem constitucional regula

---

[47] Tradução livre de: "In questa prospettiva, il catalogo dei diritti previsti dalle nostre costituzioni deve essere inteso come una lista dei princìpi, bensì fondamentali, ma *negoziabili*".

a *formação legítima do poder*, mas igualmente a maneira pela qual as técnicas *stricto sensu* de controle asseguram a *adequação constitucional do exercício desse mesmo poder*.

Referências

ALEMANHA. BUNDESMINISTERIUM DES INNERN (Org.). *Bewährung und Herausforderung die Verfassung vor der Zukunft*. Opladen: Leske + Budrich, 1999.

ALIVIZATOS, Nikolaos et al. (Org.). *Essays in honour of Geogios I. Kassimatis*. Athens: Ant. N. Sakkoulas, 2004.

ANDREWS, William G. *Constitutions and constitutionalism*. 3. ed. Princeton: D. van Nostrand Company, 1968.

ANTONIOU, Theodora. Die Chancen des Verfassungsstaates im 21. Jahrhundert. *In*: ALIVIZATOS, Nikolaos et al. (Org.). *Essays in honour of Geogios I. Kassimatis*. Athens: Ant. N. Sakkoulas, 2004.

ARAGÓN, Manuel. *Constitución y control del poder*: introducción a una teoría constitucional del control. Buenos Aires: Ediciones Ciudad Argentina, 1995.

ASENSI SABATER, José. *La época constitucional*. Valencia: Tirant lo Blanch, 1998.

BALL, Terence; POCOCK, J. G. A. (Org.). *Conceptual change and the constitution*. Kansas: University Press of Kansas, 1988.

BARBERA, Augusto (Org.). *Le basi filosofiche del costituzionalismo*. Roma: Laterza, 1997.

BARBERA, Augusto. Le basi filosofiche del costituzionalismo. *In*: BARBERA, Augusto (Org.). *Le basi filosofiche del costituzionalismo*. Roma: Laterza, 1997.

BASTID, Paul. *L'idée de constitution*. Paris: Economica, 1985.

BAX, C.; TANG, G. van der. Theses on control in constitutional law. *In*: ZOETHOUT, Carla M.; TANG, G. van der; AKKERMANS, Piet (Org.). *Control in constitutional law*. Dordrecht: Martinus Nijhoff Publishers, 1993.

BELLAMY, Richard (Org.). *Constitutionalism, democracy and sovereignty*: American and European perspectives. Aldershot: Avebury, 1996.

BELLAMY, Richard; CASTIGLIONE, Dario. The communitarian ghost in the cosmopolitan machine: constitutionalism, democracy, and the reconfiguration of politics in the New Europe. *In*: BELLAMY, Richard (Org.). *Constitutionalism, democracy and sovereignty*: American and European perspectives. Aldershot; Brookfiel: Avebury, 1996.

BELLAMY, Richard; CASTIGLIONI, Dario (Org.). *Constitutionalism in transformation*: European and theoretical perspectives. Oxford: Blackwell Publishers, 1996.

BELVISI, Francesco. Un fondamento delle costituzioni democratiche contemporanee? Ovvero: Per una costituzione senza fondamento. *In*: GOZZI, Gustavo (Org.). *Democrazia, diritti, costituzione*: i fondamenti costituzionali delle democrazie contemporanee. Bologna: Il Mulino, 1997.

BIGNAMI, Francesca. The democratic deficit in European community rulemaking. *Harvard International Law Journal*, v. 40, n. 2, p. 451-51, 1999.

BLANKENAGEL, Alexander; PERNICE, Ingolf; SCHULZE-FIELITZ, Helmuth (Org.). *Verfassung im Diskurs der Welt*: Liber Amicorum für Peter Häberle zum siebzigsten Geburtstag. Tübingen: Mohr Siebeck, 2004.

BONAVIDES, Paulo. *Do Estado liberal ao Estado social*. 7. ed. São Paulo: Malheiros, 2001.

BORDES, Jacqueline. *Politeia dans la pensée grecque jusqu'à Aristote*. Paris: Société d'Édition "Les Belles Lettres", 1982.

BRENNER, Michael; HUBER, Peter M.; MÖSTL, Markus (Org.). *Der Staat des Grundgesetzes*: Kontinuität und Wandel: Festschrift für Peter Badura zum siebzigsten Geburtstag. Tübingen: Mohr Siebeck, 2004.

BREWER-CARÍAS, Allan-Randolph. *Estado de derecho y control judicial*: justicia constitucional, contencioso-administrativo y derecho de amparo. Madrid: Instituto Nacional de Administración Pública, 1987.

CABO MARTÍN, Carlos. *Sobre la función histórica del constitucionalismo y sus posibles transformaciones*. Salamanca: Universidad de Salamanca, 1978.

CANOTILHO, José Joaquim Gomes. *Constituição dirigente e vinculação do legislador*: contributo para a compreensão das normas constitucionais programáticas. 2. ed. Coimbra: Coimbra Editora, 2001.

CANOTILHO, José Joaquim Gomes. *Direito constitucional e teoria da Constituição*. 3. ed. Coimbra: Almedina, 1999.

CANOTILHO, José Joaquim Gomes. Interkonstitutionalität und interkulturalität. *In*: BLANKENAGEL, Alexander; PERNICE, Ingolf; SCHULZE-FIELITZ, Helmuth (Org.). *Verfassung im Diskurs der Welt*: Liber Amicorum für Peter Häberle zum siebzigsten Geburtstag. Tübingen: Mohr Siebeck, 2004.

CANOTILHO, José Joaquim Gomes. Prefácio. *In*: CANOTILHO, José Joaquim Gomes. *Constituição dirigente e vinculação do legislador*: contributo para a compreensão das normas constitucionais programáticas. 2. ed. Coimbra: Coimbra Editora, 2001.

CARDUCCI, Michele (Org.). *Il costituzionalizmo "parallelo" delle nuove democrazie*: Africa e America Latina. Milano: Dott. A. Giuffrè Editore, 1999a.

CARDUCCI, Michele. Transizioni e 'parallelismi'. *In*: CARDUCCI, Michele (Org.). *Il costituzionalizmo "parallelo" delle nuove democrazie*: Africa e America Latina. Milano: Dott. A. Giuffrè Editore, 1999b.

CASTIGLIONE, Dario. The political theory of the constitution. *In*: BELLAMY, Richard; CASTIGLIONI, Dario (Org.). *Constitutionalism in transformation*: European and theoretical perspectives. Oxford: Blackwell Publishers, 1996.

COLOMER VIADEL, Antonio. *Constitución, Estado y democracia en el siglo XXI*. 2. ed. Valencia: Nomos, 2003.

CONTIADES, Xenophon I. Neue Grundrechte in der Risikogesellschaft. *In*: HUBER, Hans; HÄBERLE, Peter. *Jahrbuch des öffentlichen Rechts der Gegenwart*. Tübingen: Mohr Siebeck, 2005. v. 53.

CROSA, Emilio. Il concetto di costituzione nell'antichità classica e la sua modernità. *In*: ISTITUTO DI DIRITTO PUBBLICO E DI DOTTRINA DELLO STATO DELL'UNIVERSITÀ DI ROMA. *Studi di diritto costituzionale*: in memoria di Luigi Rossi. Milano: Dott. A. Giuffrè, 1952.

DALLA-ROSA, Luiz Vergílio. *Uma teoria do discurso constitucional*. São Paulo: Landy, 2002.

DAU-LIN, Hsü. *Die Verfassungswandlung*. Berlin und Leipzig: Walter de Gruyter & Co., 1932.

DÍAZ, Elías. *Estado de derecho y sociedad democrática*. 3. ed. Madrid: Taurus, 1998.

EBERLE, Carl-Eugen; IBLER, Martin; LORENZ, Dieter. *Der Wandel des Staates vor den Herausforderungen der Gegenwart*: Festschrift für Winfried Brohm zum 70. Geburtstag. München: C. H. Beck, 2002.

ELKIN, Stephen L. Constitutionalism: old and new. *In*: ELKIN, Stephen L.; SOLTAN, Karol Edward (Org.). *A new constitutionalism*: designing political institutions for a good society. Chicago: The University of Chicago Press, 1993.

ELKIN, Stephen L. Constitutionalism's successor. *In*: ELKIN, Stephen L.; SOLTAN, Karol Edward (Org.). *A new constitutionalism*: designing political institutions for a good society. Chicago: The University of Chicago Press, 1993.

ELKIN, Stephen L.; SOLTAN, Karol Edward (Org.). *A new constitutionalism*: designing political institutions for a good society. Chicago: The University of Chicago Press, 1993.

FIORAVANTI, Maurizio. *Costituzione*. Bologna: Il Mulino, 1999.

FLEINER, Thomas (Org.). *Five decades of constitutionalism*: reality and perspectives (1945-1995). Genève: Helbing & Lichtenhahn, 1999.

FLEINER, Thomas. Five decades of constitutionalism: reality and perspectives (1945-1995). *In*: FLEINER, Thomas (Org.). *Five decades of constitutionalism*: reality and perspectives (1945-1995). Genève: Helbing & Lichtenhahn, 1999.

FRANKENBERG, Günter. Comparing constitutions: ideas, ideals, and ideology – Toward a layered narrative. *International Journal of Constitutional Law*, v. 4, n. 3, p. 439-459, 2006.

FRANKLIN, Daniel P.; BAUN, Michael J. (Org.). *Political culture and constitutionalism*: a comparative approach. New York: M. E. Sharpe, 1995.

FRIEDMAN, Barry. The cycles of constitutional theory. *Law and Contemporary Problems*, v. 67, n. 3, 2004.

FRIEDRICH, Carl Joachim. *Constitutional government and democracy*: theory and practice in Europe and America. 2. ed. rev. Boston: Ginn and Company, 1950.

FRIEDRICH, Carl Joachim. *Constitutional government and politics*: nature and development. New York; London: Harper & Brothers Publishers, 1937.

FRIEDRICH, Carl Joachim. *Limited government*: a comparison. Englewood Cliffs, N. J.: Prentice-Hall, 1974.

GARCÍA-PELAYO, Manuel. *Derecho constitucional comparado*. 5. ed. Madrid: Alianza Editorial, 1999.

GAUBA, O. P. *Constitutionalism in a changing perspective*. New Delhi: Segment Books, 1996.

GORDON, Scott. *Controlling the state*: constitutionalism from ancient Athens to today. Massachusetts: Harvard University Press, 1999.

GOUGH, J. W. *Fundamental law in English constitutional history*. Oxford: Clarendon Press, 1955.

GOZZI, Gustavo (Org.). *Democrazia, diritti, costituzione*: i fondamenti costituzionali delle democrazie contemporanee. Bologna: Il Mulino, 1997.

GREENBERG, Douglas; KATZ, Stanley N.; OLIVIERO, Melanie Beth; WHEATLEY, Steven C. (Org.). *Constitutionalism and democracy*: transitions in the contemporary world. Oxford: Oxford University Press, 1993.

GREY, Thomas C. Constitutionalism: an analytic framework. *In*: PENNOCK, J. Roland; CHAPMAN, John W. (Org.). *Constitutionalism*. New York: New York University Press, 1979.

GRIMM, Dieter. Die Verfassung im Prozess der Entstaatlichung. *In*: BRENNER, Michael; HUBER, Peter M.; MÖSTL, Markus (Org.). *Der Staat des Grundgesetzes*: Kontinuität und Wandel: Festschrift für Peter Badura zum siebzigsten Geburtstag. Tübingen: Mohr Siebeck, 2004.

GRIMM, Dieter. Il futuro della costituzione. *In*: ZAGREBELSKY, Gustavo; PORTINARO, Pier Paolo; LUTHER, Jörg (Org.). *Il futuro della costituzione*. Torino: Einaudi, 1996.

GRIMM, Dieter. Verfassung II: Konstitution, Grundgesetz(e) von der Aufklärung bis zur Gegenwart. *In*: MOHNHAUPT, Heinz; GRIMM, Dieter (Org.). *Verfassung*: zur Geschichte des Begriffs von der Antike bis zur Gegenwart. 2. ed. Berlin: Duncker & Humblot, 2002.

GROTE, Rainer. Rule of Law, Rechtsstaat and l'État de Droit. *In*: STARCK, Christian (Org.). *Constitutionalism, universalism and democracy*: a comparative analysis. Baden-Baden: Nomos, 1999.

HABERMAS, Jürgen. *Direito e democracia*: entre facticidade e validade. Rio de Janeiro: Tempo Brasileiro, 1997.

HELLER, Hermann. *Staatslehre*. Leiden: Sijthoff, 1934.

HENKIN, Louis. Constitutionalism and its values. *In*: KELLERMANN, Alfred E.; SIEHR, Kurt; EINHORN, Talia. *Israel among the nations*: international and comparative law perspectives on Israel's 50th anniversary. The Hague: Kluwer Law International, 1998.

HESSE, Joachim Jens; JOHNSON, Nevil (Org.). *Constitutional policy and change in Europe*. Oxford: Oxford University Press, 1995.

HESSE, Joachim Jens; SCHUPPERT, Gunnar Folke; HARMS, Katharina (Org.). *Verfassungsrecht und Verfassungspolitik in Umbruchsituationen*: zur Rolle des Rechts in staatlichen Transfomationsprozessen in Europa. Baden-Baden: Nomos, 1999.

HESSE, Konrad. *Grundzüge des Verfassungsrechts der Bundesrepublik Deutschland*. 17. ed. Heidelberg: C. F. Müller Juristischer Verlag, 1990.

HOFMANN, Hasso. *Vom Wesen der Verfassung*: abschiedsvorlesung. Berlin: Humboldt-Universität zu Berlin, 2002.

HOFMANN, Hasso. Zu Entstehung, Entwicklung und Krise des Verfassungsbegriffs. *In*: BLANKENAGEL, Alexander; PERNICE, Ingolf; SCHULZE-FIELITZ, Helmuth (Org.). *Verfassung im Diskurs der Welt*: Liber Amicorum für Peter Häberle zum siebzigsten Geburtstag. Tübingen: Mohr Siebeck, 2004.

HOWARD, A. E. Dick. The essence of constitutionalism. *In*: THOMPSON, Kenneth W.; LUDWIKOWSKI, Rett R. (Org.). *Constitutionalism and human rights*: America, Poland, and France. Lanham: University Press of America, 1991. v. 6. Miller Center Bicentennial Series on Constitutionalism.

ISENSEE, Josef. *Vom Stil der Verfassung*: eine typologische studie zu sprache, thematik und sinn des verfassungsgesetzes. Opladen: Westdeutscher Verlag, 1999.

ISTITUTO DI DIRITTO PUBBLICO E DI DOTTRINA DELLO STATO DELL'UNIVERSITÀ DI ROMA. *Studi di diritto costituzionale*: in memoria di Luigi Rossi. Milano: Dott. A. Giuffrè, 1952.

JANUSCHKOWETZ, Elisabeth. *Das Demokratieproblem der Europäischen Union*: der stufenbau der Staatsgewalt als lösung. Wien: Manz, 2003.

JIMÉNEZ ASENSIO, Rafael. *El constitucionalismo*: proceso de formación y fundamentos del derecho constitucional. 2. ed. Madrid: Marcial Pons, 2003.

KELLERMANN, Alfred E.; SIEHR, Kurt; EINHORN, Talia. *Israel among the nations*: international and comparative law perspectives on Israel's 50th anniversary. The Hague: Kluwer Law International, 1998.

KIRCHHOF, Paul. Staat und Verfassung vor der Zukunft. *In*: ALEMANHA. BUNDESMINISTERIUM DES INNERN (Org.). *Bewährung und Herausforderung die Verfassung vor der Zukunft*. Opladen: Leske + Budrich, 1999.

KUHN, Thomas. *A estrutura das revoluções científicas*. 2. ed. São Paulo: Perspectiva, 1975.

LANE, Jan-Erik. Does constitutionalism matter? *In*: HESSE, Joachim Jens; SCHUPPERT, Gunnar Folke; HARMS, Katharina (Org.). *Verfassungsrecht und Verfassungspolitik in Umbruchsituationen*: zur Rolle des Rechts in staatlichen Transfomationsprozessen in Europa. Baden-Baden: Nomos, 1999.

LANE, Jean-Erik. *Constitutions and political theory*. Manchester: Manchester University Press, 1996.

LOEWENSTEIN, Karl. *Political power and the governmental process*. Chicago: The University of Chicago Press, 1957.

LOEWENSTEIN, Karl. *Verfassungslehre*. Tübingen: J. C. B. MOHR, 1959.

LUCAS VERDÚ, Pablo. Crisis del concepto de constitución?: la constitución española entre la norma y la realidad. *In*: PALOMINO MANCHEGO, José; REMOTTI CARBONELL, José Carlos (Org.). *Derechos humanos y Constitución en Iberoamérica*: Libro-Homenaje a Germán J. Bidart Campos. Lima: Instituto Iberoamericano de Derecho Constitucional, 2002.

LUHMANN, Niklas. La costituzione come acquisizione evolutiva. *In*: ZAGREBELSKY, Gustavo; PORTINARO, Pier Paolo; LUTHER, Jörg (Org.). *Il futuro della costituzione*. Torino: Einaudi, 1996.

MACKENZIE-STUART, Alexander Jr. The Amsterdam treaty and after: is there still a 'democratic deficit'? *In*: RODRÍGUEZ IGLESIAS, Gil Carlos (Org.). *Mélanges en hommage à Fernand Schockweiler*. Baden-Baden: Nomos, 1999.

MAJONE, Giandomenico. Europe's 'democratic deficit': the question of standards. *European Law Journal*, v. 4, n. 1, p. 5-28, mar. 1998.

McILWAIN, Charles Howard. *Constitutionalism*: ancient and modern. 2. ed. Ithaca: Cornell University Press, 1947.

MCILWAIN, Charles. Government by law. *In*: MCILWAIN, Charles. *Constitutionalism and the changing world*: collected papers. 2. ed. Cambridge: Cambridge University Press, 1969.

MESTRE, Jean-Louis. Les emplois initiaux de l'expression 'Droit Constitutionnel'. *Revue Française de Droit Constitutionnel*, n. 55, p. 451-472, juil. 2003.

MOHNHAUPT, Heinz. Verfassung I: Konstitution, Status, Leges fundamentales von der Antike bis zur Arklärung. *In*: MOHNHAUPT, Heinz; GRIMM, Dieter (Org.). *Verfassung*: zur Geschichte des Begriffs von der Antike bis zur Gegenwart. 2. ed. Berlin: Duncker & Humblot, 2002.

MOHNHAUPT, Heinz; GRIMM, Dieter (Org.). *Verfassung*: zur Geschichte des Begriffs von der Antike bis zur Gegenwart. 2. ed. Berlin: Duncker & Humblot, 2002.

MOREIRA, Luiz. *A Constituição como simulacro*. Rio de Janeiro: Lumen Juris, 2007.

MURPHY, Walter F. Constitutions, constitutionalism, and democracy. *In*: GREENBERG, Douglas; KATZ, Stanley N.; OLIVIERO, Melanie Beth; WHEATLEY, Steven C. (Org.). *Constitutionalism and democracy*: transitions in the contemporary world. Oxford: Oxford University Press, 1993.

NEVES, António Castanheira. *A crise actual da filosofia do direito no contexto da crise global da filosofia*: tópicos para a possibilidade de uma reflexiva habilitação. Coimbra: Coimbra Editora, 2003.

NEVES, António Castanheira. *O direito hoje e com que sentido?* O problema actual da autonomia do direito. Lisboa: Instituto Piaget, 2002.

NEVES, Marcelo. *Symbolische Konstitutionalisierung*. Berlin: Duncker & Humblot, 1998.

PACE, Alessandro. Le sfide del costituzionalismo nel XXI secolo. *In*: BRENNER, Michael; HUBER, Peter M.; MÖSTL, Markus (Org.). *Der Staat des Grundgesetzes*: Kontinuität und Wandel: Festschrift für Peter Badura zum siebzigsten Geburtstag. Tübingen: Mohr Siebeck, 2004.

PALOMINO MANCHEGO, José; REMOTTI CARBONELL, José Carlos (Org.). *Derechos humanos y Constitución en Iberoamérica*: Libro-Homenaje a Germán J. Bidart Campos. Lima: Instituto Iberoamericano de Derecho Constitucional, 2002.

PENNOCK, J. Roland; CHAPMAN, John W. (Org.). *Constitutionalism*. New York: New York University Press, 1979.

PEREIRA, Rodolfo Viana. *Direito constitucional democrático*: controle e participação como elementos fundantes e garantidores da constitucionalidade. Rio de Janeiro: Lumen Juris, 2007.

POSSONY, Stefan T. The procedural constitution. *In*: WILDENMANN, Rudolf. *Form und Erfahrung*: ein Leben für die Demokratie: Zum 70. Geburtstag von Ferdinand A. Hermens. Berlin: Duncker & Humblot, 1976.

PREUSS, Ulrich K. *Constitutional revolution*: the link between constitutionalism and progress. New Jersey: Humanities Press, 1995.

PREUSS, Ulrich K. Patterns of constitutional evolution and change in Eastern Europe. *In*: HESSE, Joachim Jens; JOHNSON, Nevil (Org.). *Constitutional policy and change in Europe*. Oxford: Oxford University Press, 1995.

PREUSS, Ulrich K. The political meaning of constitutionalism. *In*: BELLAMY, Richard (Org.). *Constitutionalism, democracy and sovereignty*: American and European perspectives. Aldershot: Avebury, 1996.

QUEIROZ, Cristina M. *Os actos políticos no estado de direito*: o problema do controle jurídico do poder. Coimbra: Almedina, 1990.

RHODES, P. J. *A commentary on the Aristotelian athenaion politeia*. Oxford: Clarendon Press, 1981.

RIDOLA, Paolo. Considerazioni sulla legittimazione democratica dell'Unione Europea e sul deficit di democrazia delle Istituzioni comunitarie. *Annuario di Diritto Tedesco*, v. 2001, p. 27-54, 2002.

RODRÍGUEZ IGLESIAS, Gil Carlos (Org.). *Mélanges en hommage à Fernand Schockweiler*. Baden-Baden: Nomos, 1999.

ROSENFELD, Michel. The rule of law and the legitimacy of constitutional democracy. *Southern California Law Review*, v. 74, n. 5, p. 1307-1352, jul. 2001.

SANTIAGO NINO, Carlos. *Fundamentos de derecho constitucional*: análisis filosófico, jurídico y politológico de la práctica constitucional. Buenos Aires: Astrea, 1992.

SCHEUERMAN, William E. Constitutionalism in an age of speed. *Constitutional Commentary*, v. 19, n. 2, p. 353-391, 2002.

SCHMIDT, Reiner. Der Verfassungsstaat im Wandel. *In*: EBERLE, Carl-Eugen; IBLER, Martin; LORENZ, Dieter. *Der Wandel des Staates vor den Herausforderungen der Gegenwart*: Festschrift für Winfried Brohm zum 70. Geburtstag. München: C. H. Beck, 2002.

SCHMITT, Carl. *Verfassungslehre*. München: Ducken & Humblot, 1928.

SCHUPPERT, Gunnar Folke. Verfassung und Verfassungstaatlichkeit in multidisziplinäre Perspektive. *In*: BRENNER, Michael; HUBER, Peter M.; MÖSTL, Markus (Org.). *Der Staat des Grundgesetzes*: Kontinuität und Wandel: Festschrift für Peter Badura zum siebzigsten Geburtstag. Tübingen: Mohr Siebeck, 2004.

SMEND, Rudolph. *Verfassung und Verfassungsrecht*. München: Ducken & Humblot, 1928.

SOLTAN, Karol Edward. Generic constitutionalism. *In*: ELKIN, Stephen L.; SOLTAN, Karol Edward (Org.). *A new constitutionalism*: designing political institutions for a good society. Chicago: The University of Chicago Press, 1993.

SQUIRES, Judith. Liberal constitutionalism, identity and difference. *In*: BELLAMY, Richard; CASTIGLIONI, Dario (Org.). *Constitutionalism in transformation*: European and theoretical perspectives. Oxford: Blackwell Publishers, 1996.

STARCK, Christian (Org.). *Constitutionalism, universalism and democracy*: a comparative analysis. Baden-Baden: Nomos, 1999.

STOURZH, Gerald. Constitution: changing meanings of the term from the early seventeenth to the late eighteenth century. *In*: BALL, Terence; POCOCK, J. G. A. (Org.). *Conceptual change and the Constitution*. Kansas: University Press of Kansas, 1988.

THOMPSON, Kenneth W.; LUDWIKOWSKI, Rett R. (Org.). *Constitutionalism and human rights*: America, Poland, and France. Lanham: University Press of America, 1991. v. 6. Miller Center Bicentennial Series on Constitutionalism.

TRIPEL, Heinrich. *Vom Stil des Rechts*: Beiträge zu einer Ästhetik des Rechts. Heidelberg: Verlag Lambert Schneider, 1947.

VENTER, François. The many faces of constitutionalism: contemporary challenges. *In*: FLEINER, Thomas (Org.). *Five decades of constitutionalism*: reality and perspectives (1945-1995). Bâle; Genève; Munich: Helbing & Lichtenhahn, 1999.

VERGOTTINI, Giuseppe de. *Diritto costituzionale*. 4. ed. Padova: Cedam, 2004.

VERGOTTINI, Giuseppe de. *Le transizioni costituzionali*. Bologna: Il Mulino, 1998.

VILE, Maurice John Crawley. *Constitutionalism and the separation of powers*. Oxford: Clarendon Press, 1967.

WILDENMANN, Rudolf. *Form und Erfahrung*: ein Leben für die Demokratie: Zum 70. Geburtstag von Ferdinand A. Hermens. Berlin: Duncker & Humblot, 1976.

WOLF, Erik. *Platon*: Frühdialoge und Politeia. Frankfurt am Main: Vittorio Klostermann, 1968.

WORMUTH, Francis D. *The origins of modern constitutionalism*. New York: Harper & Brothers Publishers, 1949.

WRIGHT, R. George. Dependence and hierarchy among constitutional theories. *Brooklyn Law Review*, v. 70, n. 1, p. 141-212, 2004.

ZAGREBELSKY, Gustavo; PORTINARO, Pier Paolo; LUTHER, Jörg (Org.). *Il futuro della costituzione*. Torino: Einaudi, 1996.

ZAGREBELSKY, Gustavo; PORTINARO, Pier Paolo; LUTHER, Jörg. La scienza delle constituzioni: una biblioteca da riordinare. *In*: ZAGREBELSKY, Gustavo; PORTINARO, Pier Paolo; LUTHER, Jörg (Org.). *Il futuro della costituzione*. Torino: Einaudi, 1996.

ZOETHOUT, Carla M.; BOON, Piet J. Defining constitutionalism and democracy: an introduction. *In*: ZOETHOUT, Carla M.; PIETERMAAT-KROS, Marlies E.; AKKERMANS, Piet W. C. (Org.). *Constitutionalism in Africa*: a quest for autochthonous principles. Rotterdam: Sanders Instituut, 1996.

ZOETHOUT, Carla M.; PIETERMAAT-KROS, Marlies E.; AKKERMANS, Piet W. C. (Org.). *Constitutionalism in Africa*: a quest for autochthonous principles. Rotterdam: Sanders Institut, 1996.

ZOETHOUT, Carla M.; TANG, G. van der; AKKERMANS, Piet (Org.). *Control in constitutional law*. Dordrecht: Martinus Nijhoff Publishers, 1993.

Informação bibliográfica deste texto, conforme a NBR 6023:2018 da Associação Brasileira de Normas Técnicas (ABNT):

PEREIRA, Rodolfo Viana. Moto-perpétuo: a reposição do controle no seio do constitucionalismo. *In*: GOMES, Ana Cláudia Nascimento; ALBERGARIA, Bruno; CANOTILHO, Mariana Rodrigues (Coord.). *Direito Constitucional*: diálogos em homenagem ao 80º aniversário de J. J. Gomes Canotilho. Belo Horizonte: Fórum, 2021. p. 1015-1038. ISBN 978-65-5518-191-3.

O PAPEL DOS TRIBUNAIS CONSTITUCIONAIS NACIONAIS NA DEMOCRACIA CONSTITUCIONAL EUROPEIA[1]

TERESA VIOLANTE

1   "Integração à força"[2] e défice democrático: o papel dos tribunais constitucionais nacionais na democracia constitucional europeia

No Parecer nº 1/91 do Tribunal de Justiça, de 14.12.1991, o Tribunal esclareceu que as doutrinas do primado e do efeito direto resultaram numa constitucionalização dos tratados:

> Em contrapartida, o Tratado CEE, embora concluído sob a forma de acordo internacional, nem por isso deixa de constituir a carta constitucional de uma comunidade de direito. Segundo jurisprudência constante do Tribunal de Justiça, os Tratados comunitários instituíram uma nova ordem jurídica em cujo benefício os Estados limitaram, em domínios cada vez mais vastos, os seus direitos soberanos, e cujos sujeitos são não apenas os Estados-membros, mas também os seus nacionais (ver, designadamente, acórdão de 5 de fevereiro de 1963, Van Gend en Loos, 26/62, Recueil, p. 1). As características essenciais da ordem jurídica comunitária assim constituída são em especial o seu primado relativamente aos direitos dos Estados-membros e o efeito direto de toda uma série de disposições aplicáveis aos seus nacionais e a eles próprios.[3]

---

[1] Este escrito tem por base reflexões que tenho vindo a desenvolver sobre este tema. V. VIOLANTE, T. The Portuguese Constitutional Court and its Austerity Case Law. In: PINTO, A. Costa; PEQUITO, C. (Ed.). *Political Institutions and Democracy in Portugal*: Assessing the Impact of the Eurocrisis. Cham: Springer, 2019. p. 121-143; VIOLANTE, T. The Eurozone Crisis and the Rise of the Portuguese Constitutional Court. *Quaderni Costituzionale*, 39, p. 208-212; VIOLANTE T.; ANDRÉ, P. The Constitutional Performance of Austerity in Portugal. In: GINSBURG, T.; ROSEN, M.; VANBERG, G. (Ed.). Cambridge: Cambridge University Press, 2019. p. 229-260; VIOLANTE, T. Constitutional Adjudication as a Forum for Contesting Austerity: The Case of Portugal. In: FARAHAT A.; ARZOZ, X. (Ed.). *Contesting Austerity*. [s.l.]: Hart, 2021. No prelo.

[2] MAJONE, G. *Dilemmas of European integration*. The ambiguities & pitfalls of integration by stealth. Oxford: Oxford University Press, 2005.

[3] Parecer 1/91 (Acordo relativo à criação do espaço Económico Europeu), de 14.12.1991, ECLI:EU:C:1991:490, para. 21.

Através de vários acórdãos inovadores, o Tribunal de Justiça (TJUE) transformou a relação entre o direito comunitário e os direitos nacionais numa relação semelhante à que se verifica nos sistemas federais. O reconhecimento constitucional da autonomia do direito da União Europeia apresenta, contudo, duas versões, consoante a dimensão nacional ou supranacional da história que se conta. Assim, para o TJUE, a autonomia do direito da União é incondicional, tomando absoluta precedência relativamente a direito nacional conflituante (*Internationale Handelsgesellschaft*),[4] seja direito infraconstitucional seja direito constitucional. Por outro lado, o TJUE considera-se exclusivamente competente para fiscalizar a validade do direito da União (*Foto-Frost*),[5] que tem competência para definir os seus próprios critérios de validade, mesmo em casos suspeitos de *ultra vires*. Contudo, da perspetiva dos tribunais constitucionais, não existe, em regra, o reconhecimento de um primado absoluto sobre as constituições nacionais, nem estes abdicaram da competência para apreciar, em última instância, a natureza *ultra vires* do direito da União.

Não obstante esta constitucionalização dos tratados, eles não funcionam propriamente como uma Constituição atua no plano nacional, como salienta Dieter Grimm. Enquanto as constituições nacionais contêm disposições que regulam o conteúdo da legislação ordinária, mas relegam as decisões sobre o conteúdo dessa legislação para as instituições políticas, no plano europeu muitas questões são tratadas já de modo exaustivo nos tratados, encontrando-se, portanto, subtraídas à intervenção do poder legislativo. É a este propósito que Gomes Canotilho se refere à força "normativo-dirigente do direito comunitário",[6] de que o TJUE se apresenta como o fiel guardião. "Normativo-dirigente", acrescenta o ilustre Mestre de Coimbra, pois "não vemos como o Tribunal poderá escorar as suas sentenças no 'caráter aberto' do Tratado da União, ou no seu 'caráter democrático'".[7]

Ademais, o legislador europeu revela-se em grande medida incapaz de corrigir as interpretações dos tratados feitas pelo TJUE o que torna este tribunal largamente independente de potenciais influências democráticas quando comparado com os tribunais nacionais. Com efeito, uma vez que a alteração dos tratados requer unanimidade dos vinte e sete Estados-Membros, "corrigir" a jurisprudência do TJUE pela via democrática revela-se uma tarefa muito difícil, se não impossível, de alcançar.[8] Nesta medida, o TJUE constitui, quando comparado com qualquer tribunal nacional, uma instância poderosamente imunizada da influência democrática.

---

[4] Acórdão de 17.12.1970, 11/70, ECLI:EU:C:1970:114, para. 3: "[...] ao direito emergente do Tratado, emanado de uma fonte autónoma, não podem, em virtude da sua natureza, ser opostas em juízo regras de direito nacional, quaisquer que sejam, sob pena de perder o seu carácter comunitário e de ser posta em causa a base jurídica da própria Comunidade; portanto, a invocação de violações, quer aos direitos fundamentais, tais como estes são enunciados na Constituição de um Estado-membro, quer aos princípios da estrutura constitucional nacional, não pode afetar a validade de um ato da Comunidade ou o seu efeito no território desse Estado".

[5] Acórdão de 22.10.1987, 314/85, ECLI:EU:C:1987:452.

[6] CANOTILHO, J. J. G. Da Constituição dirigente ao direito comunitário dirigente. In: CANOTILHO, J. J. G. *"Brancosos" e interconstitucionalidade*. Itinerários dos discursos sobre a historicidade constitucional. Coimbra: Almedina, [s.d.]. p. 223.

[7] CANOTILHO, J. J. G. Da Constituição dirigente ao direito comunitário dirigente. In: CANOTILHO, J. J. G. *"Brancosos" e interconstitucionalidade*. Itinerários dos discursos sobre a historicidade constitucional. Coimbra: Almedina, [s.d.]. p. 223.

[8] GRIMM, D. The role of national constitutional courts in European democracy. In: GRIMM, D. *The Constitution of European democracy*. Oxford: Oxford University Press, 2017. p. 195-196.

Grimm assinala ainda outras consequências resultantes da constitucionalização dos tratados, designadamente o facto de que as matérias que se encontram previstas no direito primário da União Europeia requererem apenas implementação pelas instituições não políticas – a Comissão e o TJUE.[9] Isto significa que as instituições que possuem legitimidade democrática direta – o Conselho e o Parlamento Europeu – não têm competência quanto à implementação e aplicação do direito da União.

Este processo decisório apolítico, prosseguido pela via administrativa e judicial, retira da esfera de influência dos Estados-Membros matérias de importância crucial. Além disso, como Fritz Scharpf[10] bem ilustrou, a constitucionalização do direito europeu da concorrência introduziu uma forte assimetria entre a integração negativa e a integração positiva. Através dessa constitucionalização, o TJUE e a Comissão Europeia reduziram a margem de manobra das instituições políticas nacionais para introduzir mecanismos de correção do mercado. Por outro lado, a possibilidade de introdução de mecanismos desse tipo ao nível supranacional depende de consensos muito difíceis de alcançar. A este propósito, Jan Komarék fala de um colete de forças que, embora se apresente formalmente alterável pelos Estados-Membros, permanece imune a qualquer contestação política significativa.[11] Assim, a constitucionalização dos tratados conduziu, também, a uma "promoção estrutural do liberalismo económico",[12] cuja arquitetura bloqueia o desenvolvimento, quer a nível nacional, quer a nível europeu, de políticas redistributivas e dirigidas à promoção da justiça social e à correção dos desequilíbrios de mercado, que se possam ancorar em esquemas decisórios assentes em processos democráticos.

A arquitetura do direito primário da União, para além de induzir o liberalismo económico, também debilita o processo democrático.[13] Grimm sustenta que, embora correntemente o défice democrático da UE seja assacado ao seu nível institucional, o mesmo se deve sobretudo à ausência de precondições básicas democráticas e constitucionais. Nas áreas reguladas pelos tratados, o poder decisório das instituições com legitimidade democrática direta é reduzido. Inversamente, nessas matérias, o escopo de atuação das instituições com legitimidade democrática reduzida é muito mais amplo, assim se removendo o conteúdo dos tratados do espetro de atuação política. Assim, as decisões sobre a liberalização económica e comercial são tomadas pela via não política, sem a participação dos Estados-Membros, pelas instituições europeias que não prestam contas pela via democrática. Como salienta Grimm, o resultado deslegitimador afeta o sistema democrático na sua totalidade.[14] O principal contributo dos tribunais constitucionais nacionais, no estado atual das coisas, é, portanto, proporcionar

---

[9] GRIMM, D. The role of national constitutional courts in European democracy. *In*: GRIMM, D. *The Constitution of European democracy*. Oxford: Oxford University Press, 2017. p. 196 e ss., nota 4.

[10] SCHARPF, F. *Governing in Europe: effective and democratic?* Oxford: Oxford University Press, 1999, esp. p. 43 ss.

[11] KOMARÉK, J. National constitutional courts in the European constitutional democracy: a rejoinder. *International Journal of Constitutional Law*, v. 15, n. 3, p. 815-825, 2017. p. 818.

[12] GRIMM, D. The role of national constitutional courts in European democracy. *In*: GRIMM, D. *The Constitution of European democracy*. Oxford: Oxford University Press, 2017. p. 198, nota 9.

[13] GRIMM, D. The role of national constitutional courts in European democracy. *In*: GRIMM, D. *The Constitution of European democracy*. Oxford: Oxford University Press, 2017. p. 200 e ss., nota 4.

[14] GRIMM, D. The role of national constitutional courts in European democracy. *In*: GRIMM, D. *The Constitution of European democracy*. Oxford: Oxford University Press, 2017. p. 204, nota 4.

constrangimentos a este processo de enfraquecimento das democracias nacionais por via do direito europeu.

Em sentido análogo, Jan Komarék assinala que a integração europeia permitiu estender a autonomia individual sem que, contudo, propiciasse mecanismos de garantia da autonomia política no plano supranacional.[15] Assim, a democracia constitucional europeia apresenta esta configuração assimétrica, potenciando a autonomia individual dos cidadãos europeus sem que, ao mesmo tempo, garanta a respetiva autonomia política, isto é, as suas dimensões de atuação coletiva, como membros de uma comunidade política. Isto significa que o direito europeu origina uma nova forma de conflito social: entre aqueles que beneficiam da integração e aqueles que surgem como perdedores do processo de integração.[16] Por isso, sustenta Komarék:

> o papel crucial dos tribunais constitucionais nacionais consiste em defender os direitos daqueles que não beneficiam da integração e cuja voz pode ser estruturalmente prejudicada por aquela. Isto não deve, no entanto, ser entendido como uma defesa, pelos tribunais constitucionais, das constituições nacionais ou da democracia nacional. Trata-se, sim, de colocar limites, no contexto europeu, à autonomia individual.[17]

Ademais, os tribunais constitucionais devem ainda "intervir para proteger a capacidade dos Estados-membros de desenvolverem processos internos de redistribuição".[18]

Será que, como pesarosamente reconhece Grimm, os tribunais constitucionais nacionais são, na verdade, o único contrapeso ao processo de tecnocratização e de esvaziamento democrático que ocorre ao nível da UE? Vamos analisar agora um caso em que o Tribunal Constitucional português se confrontou com este fenómeno da "integração à força" – isto é, prosseguida pela via executiva e administrativa e sonegada a mecanismos democráticos – de modo a comprovar as teses de Dieter Grimm e Jan Komarék.

2   O impacto da crise da zona euro em Portugal

A consolidação orçamental e as reformas estruturais faziam já parte do vocabulário político português durante a primeira década do século XXI. Após a década de 90, em que Portugal alcançou rápida convergência económica, com a introdução do euro o país entrou num período de prolongada estagnação económica, a qual foi acompanhada por uma dívida pública crescente (a dívida pública passou de cerca de 51% do PIB para 68% entre 2000 e 2007). A crise financeira que se seguiu ao colapso do Lehman Brothers agravou a situação orçamental. Na sequência das estimativas do Governo para o défice

---

[15] KOMARÉK, J. The place of constitutional courts in the EU. *European Constitutional Law Review*, v. 9, n. 3, p. 420-450, 2013. p. 424.
[16] KOMARÉK, J. The place of constitutional courts in the EU. *European Constitutional Law Review*, v. 9, n. 3, p. 420-450, 2013. p. 426, nota 13.
[17] KOMARÉK, J. The place of constitutional courts in the EU. *European Constitutional Law Review*, v. 9, n. 3, p. 420-450, 2013. p. 426-427, nota 13.
[18] KOMARÉK, J. National constitutional courts in the European constitutional democracy. *International Journal of Constitutional Law*, v. 12, n. 3, p. 525-544, 2014. p. 539.

de 2009, o Conselho Europeu iniciou um procedimento por défice excessivo contra Portugal.[19] No âmbito da vertente corretiva do Pacto de Estabilidade e Crescimento, o governo adotou três pacotes de medidas de austeridade para reduzir o défice, incluindo cortes na despesa pública e aumentos de receitas. As medidas contemplaram cortes progressivos em todos os salários mensais públicos superiores a 1500 euros brutos, variando entre 3,5% e 10%.

Em fevereiro de 2011, a taxa de juro das obrigações soberanas portuguesas excedeu os 7%, um nível considerado insustentável para qualquer Estado. Num contexto de crescente pressão interna e externa, o Parlamento rejeitou um novo pacote de austeridade, o que levou à demissão do governo. A 7.4.2011, o governo demissionário solicitou assistência financeira internacional. O empréstimo de 78 mil milhões de euros seria entregue entre 2011 e 2014, em desembolsos parciais, na sequência de avaliações trimestrais das condições de empréstimo pela Troika – composta por representantes do Fundo Monetário Internacional (FMI), da Comissão Europeia e do Banco Central Europeu.

O Programa de Assistência Económica e Financeira português era constituído por ajuda prestada por três instituições diferentes: o FMI, a União Europeia (UE), no âmbito do Mecanismo Europeu de Estabilização Financeira,[20] estabelecido ao abrigo do artigo 122(2) TFEU, e os países da zona euro, ao abrigo do Mecanismo Europeu de Estabilidade Financeira.[21] O programa era composto por três documentos: o Memorando de Políticas Económicas e Financeiras, o Memorando Técnico de Entendimento e o Memorando sobre Condicionalidade Política Específica (ou seja, o Memorando de Entendimento). Enquanto os dois primeiros documentos foram enviados como anexos a uma carta de intenções endereçada ao Conselho Executivo do FMI, o terceiro documento foi assinado entre Portugal e a Comissão Europeia. O Memorando de Entendimento pormenorizava as condições gerais de política económica incorporadas na Decisão 2011/344/UE do Conselho, de 30.5.2011, relativa à concessão de assistência financeira da UE a Portugal.

O pacote de ajuda financeira de 78 mil milhões de euros sujeitou Portugal a um severo programa de austeridade. Os indivíduos, as empresas e os partidos políticos portugueses foram forçados a aceitar um rigoroso programa de condicionalidade que impunha reduções orçamentais e "reformas estruturais" nas políticas de bem-estar e no mercado de trabalho, bem como uma diminuição generalizada dos direitos às prestações sociais.

A natureza jurídica dos acordos que integram o programa de assistência tem sido controversa. Uma análise persuasiva sugere que prevaleceu a "dimensão europeia" dos memorandos, uma vez que a "posição normativa primordial" foi atribuída às "fontes da UE contendo a condicionalidade do empréstimo [...] e não às fontes internacionais".[22] Em qualquer caso, a condicionalidade foi uma componente vital do programa de resgate.

---

[19] Decisão do Conselho de 19.1.2010 sobre a existência de um défice excessivo em Portugal (2010/288/UE).
[20] Regulamento (UE) nº 407/2010 do Conselho de 11.5.2010, que cria um mecanismo europeu de estabilização financeira. V. também Regulamento (UE) 2015/1360 do Conselho de 4.8.2015, que altera o Regulamento (UE) nº 407/2010, que cria um mecanismo europeu de estabilização financeira.
[21] Substituído, em 2012, pelo Mecanismo Europeu de Estabilidade.
[22] KILPATRICK, C. Are the Bailouts immune to EU social challenge because they are not EU Law? *European Constitutional Law Review*, v. 10, p. 393-421, 2014. p. 401.

Como explica Michael Ioannidis, "a condicionalidade é o novo *topos* da governação económica da UE".[23]

3 A jurisprudência constitucional sobre cortes remuneratórios

O Tribunal Constitucional foi chamado a apreciar a constitucionalidade da condicionalidade económica constante, num primeiro momento, do procedimento por défice excessivo e, num segundo momento, do programa de resgate financeiro. No que se refere à apreciação da austeridade constante do procedimento por défice excessivo, talvez pelo facto de os juízes se terem visto confrontados com questões de agravamentos fiscais, matéria em que, tradicionalmente, a jurisprudência constitucional tende a reconhecer ampla margem de liberdade ao legislador, o Tribunal pautou as suas intervenções pela deferência e por um escrutínio mínimo.[24]

Em setembro de 2011, o Tribunal fiscalizou, pela primeira vez, cortes remuneratórios de trabalhadores públicos, que haviam sido adotados ainda no âmbito do programa de estabilidade e crescimento constante do procedimento por défice excessivo, embora viessem a ser mantidos pelo programa de assistência financeira.[25] Tendo novamente adotado uma intensidade mínima de escrutínio, os juízes consideraram que cabia na margem de escolha legislativa a determinação dos meios adequados para alcançar a consolidação orçamental, sendo possível alguma diferenciação entre trabalhadores públicos e privados. Afastou-se, por conseguinte, qualquer violação dos princípios da proporcionalidade e da igualdade, na dimensão de proibição do arbítrio.

A postura do Tribunal modificou-se, contudo, a partir de 2012, quando foi chamado a apreciar austeridade constante do Memorando de Entendimento, isto é, do programa de assistência económica e financeira. No primeiro caso, reportado a medidas de austeridade constantes do programa de resgate,[26] o Tribunal teve de se pronunciar sobre cortes adicionais sobre os salários e pensões de trabalhadores públicos, traduzidos na suspensão total ou parcial dos subsídios de férias e de Natal. Pela primeira vez, o Tribunal Constitucional adotou uma intensidade de escrutínio reforçado justificada pelo facto de estes cortes acrescerem à redução remuneratória mensal, apresentando, portanto, um efeito cumulativo. O Tribunal entendeu que, embora os objetivos de equilíbrio financeiro das contas públicas pudessem justificar a afetação da posição normativa de certas categorias de trabalhadores, existiam limites decorrentes da observância dos direitos fundamentais e de princípios estruturantes do Estado de direito, como o princípio da igualdade proporcional. Segundo o Tribunal:

> A Constituição não pode certamente ficar alheia à realidade económica e financeira e em especial à verificação de uma situação que se possa considerar como sendo de grave

---

[23] IOANNIDIS, M. EU Financial assistance conditionality after 'two pack'. *Zeitschrift für ausländisches öfentliches Recht und Völkerrecht*, v. 4, p. 61-104, 2014.

[24] Cfr. Acórdão nº 399/2010 em que o Tribunal Constitucional validou agravamentos de impostos sobre o rendimento a meio do ano fiscal, afastando qualquer violação do princípio da proibição da retroatividade da lei fiscal.

[25] Cfr. Acórdão nº 396/2011.

[26] Cfr. Acórdão nº 353/2012.

dificuldade. Mas ela possui uma específica autonomia normativa que impede que os objetivos económicos ou financeiros prevaleçam, sem quaisquer limites, sobre parâmetros como o da igualdade, que a Constituição defende e deve fazer cumprir.

O Tribunal afirmou, portanto, que a sujeição da República às condições de um resgate financeiro internacional não tornou a Constituição ineficaz nem reduziu o escrutínio judicial relativamente a medidas de austeridade. Esta estratégia, contudo, baseou-se na construção das medidas de austeridade como políticas puramente nacionais, negligenciando tanto as suas origens europeias como internacionais e a reduzida margem de manobra do legislador nacional e do Executivo na negociação significativa da condicionalidade com os credores. Aliás, a análise do Tribunal Constitucional ignorou o facto de que os cortes em causa implementavam, efetivamente, uma condição constante do Memorando de Entendimento nos termos da sua segunda revisão. Esta estratégia permitiu ao Tribunal qualificar o conflito como puramente nacional, rejeitando a eventual relevância do direito da União para a resolução daquele, apesar de reconhecer que "o *memorando de entendimento relativo* às *condicionalidades específicas de política económica* se fundamenta, em última análise, no artigo 122º, nº 2, do Tratado sobre o Funcionamento da União Europeia", impondo a "adoção pelo Estado Português das medidas nele consignadas como condição do cumprimento faseado dos contratos de financiamento".

A opção do Tribunal de adotar um escrutínio mais rigoroso levantou algumas dúvidas. Por um lado, o facto de os novos cortes terem sido adotados no contexto de um resgate internacional poderia implicar que ao legislador deveria ser reconhecida uma margem de apreciação mais ampla. No entanto, por outro lado, os novos cortes eram cumulativos, acrescendo às anteriores reduções salariais, criando assim restrições acrescidas aos direitos dos pensionistas e dos trabalhadores. Esta tensão foi resolvida pelo Tribunal através de uma estratégia mista que combinava um escrutínio intenso com um remédio "fraco", que congelou os efeitos da decisão; uma vez que os cortes, tendo sido implementados através de disposições orçamentais, foram efetivamente aplicados durante todo o período da lei orçamental (2012). Uma vez que as opções orçamentais foram efetivamente preservadas durante esse período orçamental, o Tribunal deixou claro que, caso no futuro os limites de sacrifícios exigidos aos funcionários públicos não fossem respeitados, então os efeitos da decisão de inconstitucionalidade se viriam efetivamente a produzir.

Em 2013, o Tribunal impediu uma nova tentativa de aumentar os limites de sacrifícios impostos aos trabalhadores públicos que se encontravam já onerados com cortes remuneratórios mensais.[27]

O Tribunal manteve a validade dos cortes mensais de 2011, mas voltou a rejeitar a possibilidade de aumentar o nível de sacrifício imposto aos funcionários públicos no âmbito da fiscalização da igualdade proporcional. O impacto financeiro da decisão foi reportado como ascendendo a 1,35 mil milhões de euros e desencadeou uma crise política que levou à demissão do Ministro das Finanças, um defensor proeminente da política de austeridade. A erosão política foi também sentida em nível institucional da

---

[27] Cfr. Acórdão nº 187/2013.

UE, uma vez que a decisão do Tribunal levou à renegociação do programa de resgate. Segundo o *The Economist*, os burocratas europeus ficaram indignados com a "última Constituição Socialista na Europa",[28] cuja aplicação punha, assim, em risco a estratégia de austeridade concebida para enfrentar a crise das dívidas soberanas.

Em 2014, o Tribunal pronunciou-se sobre várias normas da lei do orçamento de Estado, rejeitando, uma vez mais, outro esquema legislativo que visava agravar o limiar de cortes salariais de 2011, protegendo assim, novamente, os trabalhadores públicos de reduções acrescidas nos seus salários.[29] A decisão foi anunciada em 30.5.2014, duas semanas antes do encerramento do programa de resgate. As negociações com a Troika para compensar o impacto financeiro da decisão do Tribunal falharam, levando o governo a recusar o último desembolso do empréstimo para evitar uma prorrogação do programa de assistência.

4 A jurisprudência constitucional da austeridade e o princípio da separação de poderes

4.1 A jurisprudência constitucional da austeridade e a separação horizontal de poderes

A jurisprudência do Tribunal tem sido severamente criticada por ser "autárquica",[30] "insular"[31] e "paroquial".[32] De acordo com estas críticas, o Tribunal Constitucional não conseguiu articular os conflitos de austeridade à luz da sua dimensão transnacional nem logrou abordar o impacto da integração europeia no sistema constitucional nacional e no seu próprio papel de guardião da Constituição.

Segundo os críticos, "em situações de grave crise económico-financeira, a ideia de um consentimento livre dos Estados intervencionados assenta numa leitura idílica da realidade".[33]

A discricionariedade deixada ao Estado-Membro beneficiário ao implementar a condicionalidade enunciada no programa de assistência é variável. No entanto, prevalece a noção de que os países que enfrentam um programa de assistência financeira se encontram severamente constrangidos na sua soberania. Como explica Claire Kilpatrick: "Durante um resgate, uma vasta gama de escolhas democráticas nacionais fica suspensa, uma vez que os credores externos estabelecem as condições aplicáveis ao desembolso dos empréstimos".[34]

---

[28] EURO wobbles. *The Economist*, 13 abr. 2013. Disponível em: https://www.economist.com/europe/2013/04/13/euro-wobbles.

[29] Cfr. Acórdão nº 413/2014.

[30] POIARES MADURO, M.; FRADA, A.; PIERDOMINICI, L. A Crisis between crises: placing the Portuguese constitutional jurisprudence of crisis in contexto. *E-Pública*, v. 4, n. 1, p. 5-42, 2017. p. 29.

[31] RIBEIRO, G. Almeida. O constitucionalismo dos princípios. *In*: RIBEIRO, G. Almeida; COUTINHO, L. Pereira (Ed.). *O Tribunal Constitucional e a crise*: ensaios críticos. Coimbra: Almedina, 2014. p. 100.

[32] MEDEIROS, R. *A Constituição portuguesa num contexto global*. Lisboa: Universidade Católica Editora, 2015.

[33] MEDEIROS, R. *A Constituição portuguesa num contexto global*. Lisboa: Universidade Católica Editora, 2015. p. 78, nota 33.

[34] KILPATRICK, C. Constitutions, social rights and sovereign debt states in Europe: a challenging new area of inquiry. *In*: BEUKERS, T.; WITTE, B. de; KILPATRICK, C. (Ed.). *Constitutional change through euro-crisis law*. Cambridge: Cambridge University Press, 2017. p. 310.

Neste contexto, uma análise adequada da jurisprudência constitucional da austeridade não pode ser limitada a quadros doutrinários relativos à adjudicação de direitos em contextos de emergência económico-financeira, ou à legitimidade da justiça constitucional face ao legislador democrático. As transformações estruturais que afetam uma democracia constitucional forçada a aceitar auxílio financeiro internacional para evitar a bancarrota devem também ser tidas em conta. Parte destas transformações estruturais dizem respeito ao princípio democrático e à necessidade de relacionar as políticas públicas às escolhas feitas pelo povo. No caso português, o programa de resgate foi concluído por um governo demissionário que optou por deixar o Parlamento à margem desta decisão. O programa de assistência económica e financeira nunca foi sequer traduzido oficialmente para português nem publicado em Diário da República.

No contexto do papel restrito dos parlamentos e do processo político, em que a margem de decisão dos atores nacionais é comprimida pela necessidade de acomodar as condições dos credores internacionais, os parlamentos e outros fóruns políticos não fornecem o cenário adequado para debates plurais e deliberações relevantes sobre escolhas políticas controversas. Neste contexto, em que as escolhas políticas são apresentadas como inevitáveis e hegemónicas (*there is no alternative*), e o direito soberano dos parlamentos de deliberar e escolher entre diferentes alternativas é cerceado, os tribunais constitucionais têm uma responsabilidade distinta na proteção do direito ao autogoverno como núcleo normativo do direito à democracia.[35]

A literatura sublinha que a crise da zona euro provocou uma mudança na separação de poderes dos Estados intervencionados.[36] À luz da rearticulação do princípio da separação de poderes, os tribunais constitucionais constituíram a última linha de defesa da soberania nacional, enquanto os parlamentos e executivos nacionais foram forçados a recuar em termos políticos, e a ceder às exigências dos credores. Em Portugal, a falta de consenso sobre a implementação da austeridade foi significativamente canalizada através da jurisprudência constitucional, tendo o Tribunal Constitucional substituído o Parlamento como o fórum preferencial para a resolução de conflitos de intensa ressonância política.

4.2 A jurisprudência constitucional de austeridade e a separação vertical de poderes

Através de uma estratégia que qualificou as políticas de austeridade como assuntos puramente internos, o Tribunal conseguiu imunizar a legislação contestada da influência do direito da União e, assim, enquadrar os conflitos constitucionais como

---

[35] Desenvolvi este argumento mais extensivamente em relação à decisão do *Bundesverfassungsgericht* sobre o programa *PSPP*. V. VIOLANTE, T. Bring back the politics: the PSPP ruling in its institutional context. *German Law Journal*, v. 21, p. 1045-1057, 2020.

[36] MORAIS, C. Blanco de. *Curso de direito constitucional*. Teoria da Constituição em tempo de crise do Estado social. Coimbra: Coimbra Editora, 2014. p. 774, nota 27; CISOTTA, R.; GALLO, D. The Portuguese constitutional court case law on austerity measures: a reappraisal. *In*: KILPATRICK, C.; WITTE, B. de (Ed.). *Social rights in times of crises in the eurozone*: the role of fundamental rights' challenges. [s.l.]: EUI Working Papers, [s.d.]. p. 92-93; BRITO, M. Nogueira de. Putting social rights in brackets? The Portuguese experience with welfare rights challenges in times of crisis. *European Journal of Social Law*, v. 1-2, p. 87-102.

meras questões de escolhas políticas nacionais entre alternativas viáveis concorrentes. O raciocínio do Tribunal interpretou e reduziu as medidas de austeridade a escolhas políticas puramente nacionais.

A estratégia de "nacionalização da crise"[37] poupou o Tribunal de enfrentar questões difíceis, como a natureza jurídica dos memorandos ou a relevância normativa do direito da UE face às exigências constitucionais do princípio da igualdade ou da proteção da confiança. Tal estratégia permitiu ao Tribunal, portanto, contornar as difíceis questões constitucionais subjacentes à relação entre a Constituição nacional e o direito da UE.

No entanto, é de notar que o Tribunal Constitucional se revelou o único fórum judicial disponível para a contestação relevante de medidas de austeridade. O quadro fragmentado e complexo subjacente ao programa de assistência financeira, e à condicionalidade adotada no âmbito do procedimento por défice excessivo dificultou o processo de fiscalização judicial. No auge da crise, o TJUE manteve as suas portas fechadas para reenvios formulados pelos tribunais portugueses sobre a compatibilidade da condicionalidade do programa de estabilidade e crescimento com o direito europeu, mais especificamente com a Carta dos Direitos Fundamentais.[38] O único caso em que o TJUE concordou em decidir sobre medidas de austeridade portuguesas foi, ironicamente, quando se encontrava já à beira de outra crise europeia, relativa a ameaças ao Estado de direito na Polónia.[39] No entanto, mesmo nesse caso, manteve silêncio absoluto sobre a relação entre as medidas de austeridade e o direito da União. O caso dizia respeito à redução dos salários dos juízes que, enquanto funcionários públicos, foram também afetados pelas reduções salariais aprovadas em 2014, na sequência do encerramento do programa de resgate. Tanto o reenvio como as conclusões do Advogado-Geral, Saugmandsgaard Øe, argumentaram que a adoção das medidas de austeridade em causa configurava aplicação de direito da UE, pelo que o TJUE era competente para decidir sobre o pedido. O TJUE, contudo, permaneceu em silêncio em relação a este assunto e reivindicou competência, esclarecendo que os juízes em causa poderiam, enquanto tribunal nacional, decidir sobre questões relativas à aplicação ou interpretação do direito da UE, desencadeando assim o limiar dos requisitos essenciais a uma tutela jurisdicional efetiva, nos termos do segundo parágrafo do nº 1 do art. 19 do Tratado da União Europeia. Assim, por meio da "europeização" das medidas nacionais que possam afetar a independência do poder judicial, o TJUE evitou a questão relativa à natureza normativa das medidas de austeridade, designadamente a questão do seu *pedigree* em face do direito da União.

A "nacionalização da crise", prosseguida pelo Tribunal Constitucional em nível interno, foi, por conseguinte, também acompanhada em nível supranacional pelo TJUE:

---

[37] VIOLANTE, T.; ANDRÉ, P. The constitutional performance of austerity in Portugal. *In*: GINSBURG, T.; ROSEN, M.; VANBERG, G. (Ed.). *Constitutions in times of financial crisis*. Cambridge: Cambridge University Press, 2019. p. 254-255.

[38] V. os Acórdãos C-128/12, Sindicato dos Bancários do Norte and Other *v.* BPN (2013) ECLI:EU:C:2013:149; C-264/12, Sindicato Nacional dos Profissionais de Seguros e Afins *v.* Fidelidade Mundial (2014) ECLI:EU:C:2014:2036; e C-665/13, Sindicato Nacional dos Profissionais de Seguros e Afins *v.* Via Directa (2014) ECLI:EU:C:2014:2327.

[39] V. Acórdão C-64/16, Associação Sindical dos Juízes Portugueses *v.* Tribunal de Contas (2018) ECLI:EU:C:2018:117. Este caso versava medidas de austeridade adotadas no âmbito do procedimento por défice excessivo reaberto na sequência do encerramento do programa de assistência económica e financeira.

em primeiro lugar, rejeitando sumariamente os reenvios prejudiciais feitos pelos tribunais portugueses; e, em segundo lugar, evitando subtilmente pronunciar-se sobre a questão de saber se a condicionalidade aprovada no âmbito do procedimento por défice excessivo constituía uma aplicação de direito da UE.

Em retrospetiva, a decisão do Tribunal Constitucional de evitar entrar em diálogo com o TJUE parece sensata. É verdade que, ao recusar reconhecer a dimensão transnacional dos conflitos de austeridade, o Tribunal não levou as questões ao seu palco transnacional, o que permitiria, por essa via, a contestação das verdadeiras raízes da austeridade. Levar a austeridade ao TJUE teria certamente tido a vantagem de forçar o Tribunal do Luxemburgo a enfrentar com seriedade as dificuldades jurídicas subjacentes à governação europeia de resgates e a condicionalidade económico-financeira.

O Tribunal Constitucional português, no entanto, preferiu evitar este confronto e com razão.

Em primeiro lugar, após um longo período de relutância em envolver-se explicitamente com o direito comunitário e o TJUE, o Tribunal Constitucional não dispunha de construções doutrinárias e *standards* normativos aptos a interpretar adequadamente a relação entre o direito constitucional da UE e o direito constitucional nacional. Durante um longo período de tempo, o direito da UE foi visto como separado do direito constitucional. A questão tornou-se ainda mais difícil à luz da disposição constitucional que rege a relação entre o direito da UE e a Constituição, introduzida na revisão constitucional de 2004 para acomodar o sistema constitucional de fontes de direito com o Tratado Constitucional. De acordo com o art. 8(4):

> As disposições dos tratados que regem a União Europeia e as normas emanadas das suas instituições, no exercício das respetivas competências, são aplicáveis na ordem interna, nos termos definidos pelo direito da União, com respeito pelos princípios fundamentais do Estado de direito democrático.

Apesar do fracasso político em que redundou o Tratado Constitucional, o princípio operativo do primado foi consagrado no texto constitucional, com os limites derivados dos "princípios fundamentais do Estado de direito democrático". O alcance normativo deste preceito é alvo de extenso debate doutrinário, e o Tribunal Constitucional só recentemente – em julho de 2020 –[40] se debruçou sobre o mesmo.

O subdesenvolvimento da jurisprudência constitucional portuguesa relativamente ao direito comunitário pode ser parcialmente atribuído a especificidades processuais e doutrinais. A questão é que o impacto normativo e institucional da integração na UE só foi plenamente percecionado ao nível constitucional com a crise da zona euro. Pressionado pela urgência do plano de resgate, o Tribunal preferiu evitar lidar com um possível conflito entre o direito constitucional da UE e o direito interno, evitando assim um confronto com o TJUE sobre esta matéria. Trata-se de um caso em que, retomando Jan Komarék, a não formulação de reenvios prejudiciais é sintoma de *judicial wisdom* e não de *judicial ego*.[41]

---

[40] Cfr. Acórdão nº 422/2020.

[41] KOMARÉK, J. National constitutional courts in the European constitutional democracy. *International Journal of Constitutional Law*, v. 12, n. 3, p. 525-544, 2014. p. 543, nota 12.

5   A jurisprudência constitucional da austeridade como foco de resistência à "integração à força"

Em retrospetiva, a contestação da austeridade através da jurisprudência constitucional demonstrou ser uma estratégia bem-sucedida. Como Blanco de Morais observou sagazmente, nenhum apocalipse se seguiu à invalidação judicial de sucessivas políticas de austeridade.[42] As decisões do Tribunal afetaram o processo político, mas não impediram a prossecução com sucesso do programa de ajustamento. Contudo, tiveram o efeito de forçar as instituições políticas, em coordenação com os credores, a procurar medidas alternativas com um efeito regressivo inferior ao das medidas invalidadas. Assim, as decisões do Tribunal Constitucional que bloquearam políticas de austeridade demonstraram ser focos de resistência à narrativa hegemónica de excecionalidade que enquadrou a condicionalidade do programa como a "única opção credível" para lidar com a situação financeira do país. Forçaram as instituições políticas nacionais, conjuntamente com os credores, a encontrarem alternativas às medidas de austeridade que haviam sido concebidas, num primeiro momento, como insuscetíveis de questionamento, e logrando a definição de escolhas com menor efeito restritivo nas categorias de indivíduos afetadas. Através da jurisprudência constitucional sobre cortes remuneratórios, os trabalhadores públicos e pensionistas alcançaram representação institucional que, até então, lhes tinha sido sonegada pelo processo de elaboração das medidas de austeridade, impostas pelos credores às instituições nacionais em processos decisórios sem grande margem deliberativa. Por outro lado, ao invalidar as medidas, exigindo expressamente a consideração de alternativas, o Tribunal Constitucional português preservou a margem deliberativa que tinha sido retirada ao processo democrático nacional pela narrativa hegemónica da inevitabilidade das medidas de austeridade, forçando a reconsideração de alternativas às escolhas oferecidas ao legislador que o processo de negociação internacional retirara do processo de escolha democrática nacional.

Conclusões

A crise da zona euro viu o Tribunal Constitucional português assumir um papel central no seio do sistema político. O Tribunal tornou-se o último fórum para vários conflitos altamente politizados, disputados em arenas domésticas e europeias.

De uma perspetiva comparada, o papel do Tribunal Constitucional português como contrapeso eficaz às políticas de austeridade é notável devido ao seu impacto não só ao nível interno, mas também nas instituições internacionais e europeias. O Tribunal assumiu um elevado perfil político e mediático, impedindo ou derrubando algumas das mais significativas políticas de austeridade adotadas na execução do programa de assistência financeira.

Num contexto em que os ramos políticos do Poder Público se encontravam severamente limitados, o Tribunal assinalou que a Constituição possui um valor

---

[42]   MORAIS, C. Blanco de. *Curso de direito constitucional*. Teoria da Constituição em tempo de crise do Estado social. Coimbra: Coimbra Editora, 2014. p. 723.

autónomo que impede a precipitada aprovação judicial de uma narrativa política sobre a inevitabilidade de medidas concretas de austeridade, mesmo quando está em jogo o resgate financeiro de um país da zona euro. Ao fazê-lo, o Tribunal Constitucional confirmou o seu *pedigree* institucional: como tribunal constitucional, pode intervir nas decisões políticas mesmo quando estão em jogo interesses políticos e económicos cruciais.

O processo de integração e as exigências económicas não são linhas vermelhas para o Tribunal quando se trata de defender valores constitucionais fundamentais, como os princípios da igualdade e proporcionalidade. Este é o efeito mais notável da crise da zona euro sobre o sistema constitucional português: o protagonismo excecional de um Tribunal Constitucional tradicionalmente discreto. Resta saber se esta se tornará uma característica permanente do sistema político português.

Informação bibliográfica deste texto, conforme a NBR 6023:2018 da Associação Brasileira de Normas Técnicas (ABNT):

VIOLANTE, Teresa. O papel dos tribunais constitucionais nacionais na democracia constitucional europeia. *In*: GOMES, Ana Cláudia Nascimento; ALBERGARIA, Bruno; CANOTILHO, Mariana Rodrigues (Coord.). *Direito Constitucional*: diálogos em homenagem ao 80º aniversário de J. J. Gomes Canotilho. Belo Horizonte: Fórum, 2021. p. 1039-1051. ISBN 978-65-5518-191-3.

SOBRE OS AUTORES

Afonso Patrão
Professor auxiliar da Faculdade de Direito da Universidade de Coimbra. Assessor do Gabinete do Presidente do Tribunal Constitucional.

Alessandra Macedo Franca
Professora do Centro de Ciências Jurídicas da Universidade Federal da Paraíba. Professora Visitante da Faculdade de Direito da Universidade de Turim (2019). Doutora em Direito Internacional pela Universidade de Genebra (Suíça). Pesquisadora do Laboratório Internacional de Investigações em Transjuridicidade, o Labirint (UFPB). Foi pesquisadora visitante na Universidade de Florença (Itália).

Alexandra Aragão
Professora associada da Faculdade de Direito da Universidade de Coimbra. Investigadora integrada no Instituto Jurídico.

Ana Cláudia Nascimento Gomes
Doutora em Direito Público pela Universidade de Coimbra. Mestre em Ciências Jurídico-Políticas pela Faculdade de Direito da Universidade de Coimbra. Estágio Pós-Doutoral do Programa de Pós-Graduação *Stricto Sensu* do UDF. Professora Adjunta IV da Pontifícia Universidade Católica de Minas Gerais. Procuradora do Trabalho; Ministério Público do Trabalho/MPT-MPU. Membro Auxiliar da PGR em matéria trabalhista (2017-2019).
E-mail: anaclaudianascimentogomes@hotmail.com ; anaclaudia.gomes@mpt.mp.br
Orcid: https://orcid.org/0000-0002-0445-3504. *ID Lattes*: 5584946115077617.

Ana Raquel Gonçalves Moniz
Professora associada da Faculdade de Direito da Universidade de Coimbra. Orcid: 0000-0003-3770-8566. Ciência ID: 8517-EAFF-A94F. *E-mail*: anamoniz@fd.uc.pt

Ana Rita Gil
Faculdade de Direito da Universidade de Lisboa. Investigadora do Centro de Investigação em Direito Público.

Bruno Albergaria
Doutor em Ciências Jurídico-Económicas pela Universidade de Coimbra. Mestre pela FDMC. Graduado em Direito pela UFMG. Ex-Diretor de Secretaria da Justiça Federal. Ex-Assessor jurídico municipal. Avaliador do Sistema Nacional de Avaliação da Educação Superior – BASis. Mediador judicial. Advogado. Site: www.albergaria.com.br

Christine Peter da Silva
Doutora em Direito Constitucional. Professora titular no Centro Universitário de Brasília – UniCeub.

Dulce Lopes
Professora auxiliar na Faculdade de Direito da Universidade de Coimbra. Membro do Conselho Coordenador do Instituto Jurídico da Universidade de Coimbra. Foi docente convidada da Faculdade de Direito da Universidade Católica de Lille, França; Assistente na Presidência do Conselho de Ministros e no Parlamento Europeu e Diretora de Estudos em inglês no Curso de Haia de Direito Internacional Privado (2018). Autora de publicações nas áreas do Direito da União Europeia, Direito Internacional Privado e Direito Administrativo e do Urbanismo.

Eloy García
Profesor Catedrático de Derecho Constitucional en la Facultad de Derecho de la Complutense. Director de la colección Clásicos del Pensamiento de Tecnos. Miembro del Consejo de Administración del Instituto Alain (París). Ha introducido en la literatura española a la "escuela de Cambridge" y ha publicado diferentes artículos en materias de su especialidad sobre: la sustitución de la Constitución, el papel del Rey como instancia neutral en la Constitución Española de 1978, y el pensamiento de Benjamín Constant.

Fernando Alves Correia
Professor catedrático jubilado da Faculdade de Direito de Coimbra. Presidente do Conselho Diretivo do Centro de Estudos de Direito do Ordenamento, do Urbanismo e do Ambiente (CEDOUA). Antigo Juiz do Tribunal Constitucional.

Filipa Pais d'Aguiar
Doutora em Direito pela Universidade Lusíada. Pesquisadora do Cejea – Centro de Estudos Jurídicos, Económicos e Ambientais. Professora auxiliar da Universidade Lusíada de Lisboa.

Flávio Paixão de Moura Júnior
Mestre em Ciências Jurídico-Políticas e Doutor em Direito Público pela Universidade de Coimbra. Professor da Escola Superior do Ministério Público da União. Procurador Regional da República no Rio de Janeiro.

Flávio Pansieri
Pós-Doutor pela Universidade de São Paulo. Doutor pela Universidade Federal de Santa Catarina. Mestre pela Universidade de São Paulo. Presidente do Conselho Fundador da Academia Brasileira de Direito Constitucional. Professor de Direito Constitucional da Pontifícia Universidade Católica do Paraná. Conselheiro Federal da Ordem dos Advogados do Brasil. Sócio da Pansieri Campos Advogados.

Francisco Balaguer Callejón
Catedrático de Derecho Constitucional de la Universidad de Granada. Catedrático Jean Monnet *ad personam* de Derecho Constitucional Europeo y Globalización. Director da *Revista de Derecho Constitucional Europeo*. Presidente da *Fundación Peter Häberle*. Coordenador do *Máster Oficial en Derechos Fundamentales en perspectiva nacional, supranacional y global* da Universidade de Granada. Doutor *Honoris Causa* (UFMA/São Luis, 2011) Professor visitante nos Estados Unidos (Indianápolis), França (Montpellier), Itália (Roma e Milão) e Portugal (Lisboa). Codiretor de *La Cittadinanza Europea*, Roma. (http://www.ugr.es/%7Ejmonnet/balaguer/FBC.%20CV%20Abreviado%202020.htm)

Gilmar Ferreira Mendes
Ministro do Supremo Tribunal Federal. Graduado em Direito pela Universidade de Brasília (1978). Mestre em Direito pela Universidade de Brasília (1987). Mestre em Direito pela Universidade de Münster (1989). Doutor em Direito pela Universidade de Münster (1990).

Hélio Pinheiro Pinto
Mestre em Ciências Jurídico-Políticas, menção em Direito Constitucional, pela Faculdade de Direito da Universidade de Coimbra-Portugal. Doutorando em Direito, Justiça e Cidadania no Século XXI pela Universidade de Coimbra. Especialista em Direito Processual Civil pela Universidade Anhanguera – Uniderp. Juiz de Direito do Estado de Alagoas. Coordenador de cursos para magistrados da Escola Superior da Magistratura do Estado de Alagoas. *E-mail*: helio.pinheiro@hotmail.com

Ingo Wolfgang Sarlet
Professor titular de Direito Constitucional, Coordenador do Programa de Pós-Graduação em Direito (Mestrado e Doutorado) e Professor do Programa de Pós-Graduação em Ciências Criminais da Pontifícia Universidade Católica do Rio Grande do Sul (Porto Alegre). Desembargador aposentado do Tribunal de Justiça do Rio Grande do Sul. Advogado. Parecerista.

João Carlos Loureiro
Instituto Jurídico da Faculdade de Direito da Universidade de Coimbra.

João Leal Amado
Professor Associado da Faculdade de Direito da Universidade de Coimbra.

João Nuno Cruz Matos Calvão da Silva
Vice-Reitor da UC para as Relações Externas e *Alumni* (desde 1.3.2019). Professor auxiliar da Faculdade de Direito da Universidade de Coimbra (FDUC). Doutor em Direito da União Europeia pela FDUC (aprovado com distinção e louvor, por unanimidade, 2015). Mestre em Direito da União Europeia pela FDUC (aprovado, por unanimidade, com 18 valores, 2007). Licenciado em Direito pela FDUC (17 valores, vencedor de vários prémios escolares, incluindo o Prémio Doutor Manuel de Andrade – referente ao melhor aluno da licenciatura 1995/2000). Conferências e publicações várias (nacionais e internacionais). Membro dos júris das provas orais de acesso ao Centro de Estudos Judiciários (CEJ). Coordenador do módulo de Jurisprudência Europeia do Curso de Jurisprudência da FDUC. Docente em vários cursos e pós-graduações organizados por institutos da Faculdade de Direito da Universidade de Coimbra (Centro de Estudos de Direito da Regulação e da Concorrência, Instituto Jurídico da Comunicação, Instituto de Direito da Banca, da Bolsa e dos Seguros, Centro do Direito dos Contratos e do Consumo, Associação de Estudos Europeus de Coimbra) e de outras universidades (Católica e ISCTE). Subdiretor da Academia Sino-Lusófona da Universidade de Coimbra (de outubro de 2018 a setembro 2019). Vice-Presidente da Associação dos Estudos Europeus de Coimbra da Faculdade de Direito da Universidade de Coimbra (de fevereiro de 2017 a 1 de março de 2019). Diretor executivo do Instituto Jurídico da Comunicação da Faculdade de Direito da Universidade de Coimbra (de novembro de 2015 a 1 de março de 2019). Consultor jurídico da Ordem dos Notários (2015-2017 e 2007-2009). Adjunto do Ministro de Estado e dos Negócios Estrangeiros (2014-2015). Adjunto do Ministro Adjunto e do Desenvolvimento Regional (2013-2014). *Visiting researcher* do Instituto Universitário Europeu (2011). Assistente da Faculdade de Direito da Universidade de Macau (2002-2004). Advogado (inscrição suspensa a seu pedido desde 2002).

Joaquim de Sousa Ribeiro
Professor jubilado da Faculdade de Direito da Universidade de Coimbra, onde se doutorou, na especialidade de Ciências Jurídico-Civilísticas, com uma dissertação intitulada: *O problema do contrato. As cláusulas contratuais gerais e o princípio da liberdade contratual*. Nesta Faculdade, lecionou diversas cadeiras das áreas de Direito Civil e de Direito Processual Civil, do curso de licenciatura, e de Direito das Empresas, do curso de mestrado. Regeu ainda cursos de mestrado nas Faculdades de Direito da Universidade de Macau e da Universidade Agostinho Neto (Luanda). Desempenhou diversos cargos académicos, entre os quais o de Pró-Reitor da Universidade de Coimbra. Participou em trabalhos de preparação legislativa, entre os quais o da revisão do Código Civil (1977) e do

Direito das Fundações (1999-2001). Integrou o Research Training Network "Fundamental Rights and Private Law", patrocinado pela Comissão Europeia (2005-2006). Proferiu conferências e apresentou comunicações em colóquios, sobre temas da sua especialidade, em Portugal, Espanha, Brasil, Angola, Alemanha, Cabo-Verde, Peru e República do Kosovo. A sua obra versa sobretudo temas de Direito Civil, mas também de Direito Constitucional, de Direito do Trabalho e de Direito das Empresas, dela constando publicações em Portugal, Brasil, Itália, Alemanha, Macau e Estados Unidos da América. Em julho de 2007, foi eleito, pela Assembleia da República, Juiz do Tribunal Constitucional. Em outubro de 2012, foi eleito, pelos seus pares, Presidente do mesmo Tribunal, cargo que desempenhou até julho de 2016.

José Antonio Dias Toffoli
Ministro do Supremo Tribunal Federal. Ex-Presidente do Supremo Tribunal Federal e do Conselho Nacional de Justiça (2018-2020). Ex-Presidente do Tribunal Superior Eleitoral (2014-2016). Advogado-Geral da União (2007-2009). Subchefe para Assuntos Jurídicos da Casa Civil da Presidência da República (2003-2005).

José Manuel Aroso Linhares
Professor Catedrático de Filosofia do Direito, Teoria do Direito e Metodologia Jurídica na Faculdade de Direito da Universidade de Coimbra e na Universidade Lusófona do Porto. Presidente do Conselho Coordenador do Instituto Jurídico (UCILeR – The University of Coimbra Institute for Legal Research). Vice-Presidente da secção portuguesa da IVR (ATFD – Associação Portuguesa de Teoria do Direito, Filosofia do Direito e Filosofia Social). Orcid: https://orcid.org/0000-0003-1380-5396.

Lenio Luiz Streck
Doutor em Direito pela UFSC. Pós-Doutor em Direito pela FDUL. Professor titular da Universidade do Vale do Rio dos Sinos (Unisinos/RS) e da Universidade Estácio de Sá (Unesa/RJ). Membro catedrático da Associação Brasileira de Direito Constitucional – ABDConst. Coordenador do Dasein – Núcleo de Estudos Hermenêuticos. Advogado. Ex-Procurador de Justiça do Estado do Rio Grande do Sul.

Luís Roberto Barroso
Ministro do Supremo Tribunal Federal. Mestre pela Universidade de Yale. Doutor e Livre-Docente pela Universidade do Estado do Rio de Janeiro – UERJ. *Visiting scholar* na Faculdade de Direito de Harvard. *Senior fellow* na Harvard Kennedy School. Professor Titular da Universidade do Estado do Rio de Janeiro – UERJ.

Luiz Edson Fachin
Ministro do Supremo Tribunal Federal.

Luiz Fux
Ministro e Presidente do Supremo Tribunal Federal. Ex-Presidente do Tribunal Superior Eleitoral. Professor livre-docente em Processo Civil da Faculdade de Direito da Universidade do Estado do Rio de Janeiro (UERJ). Doutor em Direito Processual Civil pela Universidade do Estado do Rio de Janeiro (UERJ). Membro da Academia Brasileira de Letras Jurídicas. Membro da Academia Brasileira de Filosofia.

Manuel Porto
Professor das Universidades de Coimbra e Lusíada.

Márcia Mieko Morikawa
Doutora em Ciências Jurídico-Políticas pela Faculdade de Direito da Universidade de Coimbra.

Marcílio Toscano Franca Filho
Professor da Universidade Federal da Paraíba. Subprocurador-Geral do Ministério Público de Contas da Paraíba. Árbitro da Court of Arbitration for Art (Roterdã, Holanda) e da Organização Mundial da Propriedade Intelectual (Genebra, Suíça). Doutor em Direito pela Universidade de Coimbra (Portugal). Pós-Doutor em Direito no Instituto Universitário Europeu (Florença, Itália). Líder do Labirint (UFPB).

Marco Aurélio Mello
Ministro do Supremo Tribunal Federal. Presidente do Supremo Tribunal Federal (maio de 2001 a maio de 2003) e do Tribunal Superior Eleitoral (junho de 1996 a junho de 1997, maio de 2006 a maio de 2008 e novembro de 2013 a maio de 2014). Presidente do Supremo Tribunal Federal, no exercício do cargo da Presidência da República do Brasil (de maio a setembro de 2002, em cinco períodos intercalados).

Néviton Guedes
Desembargador no TRF da 1ª Região. Doutor pela Universidade de Coimbra. Professor de Direito Constitucional.

Nuno Brandão
Professor da Faculdade de Direito da Universidade de Coimbra.

Paula Veiga
Professora associada da Faculdade de Direito da Universidade de Coimbra, onde é docente desde 1997 e membro da direção de dois dos seus institutos (o *Ius Gentium Conimbrigae* – IGC – e o Instituto Jurídico da Comunicação – IJC). Foi também na Faculdade de Direito de Coimbra que obteve todos os graus académicos (licenciatura em 1995, mestrado em 2003, doutoramento em 2011). Tem se dedicado ao Direito Constitucional e ao Direito Internacional Público.

Paulo Canelas de Castro
Universidade de Coimbra. Universidade de Macau. *E-mail*: pcanelas@umac.mo

Paulo Rangel
Docente convidado da Faculdade de Direito da Universidade Católica Portuguesa, onde actualmente lecciona as cadeiras de Ciência Política e de Teoria da Constituição. Docente da Porto Business School da Faculdade de Economia da Universidade do Porto, onde lecciona Política Comparada. Investigação nas áreas do Direito Constitucional, Administrativo e Europeu. Principais obras: *Repensar o Poder Judicial*, Porto, 2001; *O Estado do Estado*, Lisboa, 2009. É Deputado ao Parlamento Europeu desde 2009, foi Deputado à Assembleia da República (2005-2009); Presidente do Grupo Parlamentar do PSD (2008-2009); Secretário de Estado da Justiça (2004-2005). Comentador em várias estações de televisão e rádio (desde 2001) e é articulista no jornal *Público* (desde 2002). É Vice-Presidente do Partido Popular Europeu (desde 2015) e do Grupo Parlamentar do PPE (desde 2009). Preside o Grupo PPE para a Conferência sobre o Futuro da Europa. Prémio D. António Ferreira Gomes (Universidade Católica – 1986); Prémio René Cassin (Conselho da Europa – 1989): Grã Cruz da Ordem do Mérito com estrela da República Federal da Alemanha (2009).

Rodolfo Viana Pereira
Doutor em Ciências Jurídico-Políticas pela Universidade de Coimbra. Mestre em Direito Constitucional pela UFMG. Especialista em Direito Eleitoral pela Universidade de Paris II. Coordenador dos cursos de especialização em Direito Constitucional e em Direito Eleitoral do IEC/PUC Minas. Professor do curso de Direito da PUC Minas.

Teresa Violante
Investigadora da Friedrich-Alexander-Universität Erlangen-Nürnberg. Investigadora visitante do Max-Planck-Institut für ausländisches öffentliches Recht und Völkerrecht.

Vital Moreira
Universidade de Coimbra e Universidade Lusíada-Norte.

Esta obra foi composta em fonte Palatino Linotype, corpo 10
e impressa em papel Offset 75g (miolo) e Supremo 250g (capa)
pela Forma Certa, em Barueri/SP.